BASLER KOMMENTAR

Fusionsgesetz

BASLER KOMMENTAR

Fusionsgesetz

Herausgeber

Rolf Watter
Rechtsanwalt in Zürich

Nedim Peter Vogt
Rechtsanwalt in Zürich

Rudolf Tschäni
Rechtsanwalt in Zürich

Daniel Daeniker
Rechtsanwalt in Zürich

Helbing & Lichtenhahn
Basel · Genf · München

Bibliographische Information Der Deutschen Bibliothek

Die Deutsche Bibliothek verzeichnet diese Publikation in der
Deutschen Nationalbibliographie; detaillierte bibliographische Daten sind im
Internet abrufbar: http://dnb.ddb.de

Zitiervorschlag: BSK FusG-BEARBEITER/IN, Art. 29 N 4

Dieses Werk ist weltweit urheberrechtlich geschützt. Das Recht, das Werk
mittels irgendeines Mediums (technisch, elektronisch und/oder digital)
zu übertragen, zu nutzen oder ab Datenbank sowie via Netzwerke zu kopieren
und zu übertragen oder zu speichern (downloading), liegt ausschliesslich beim Verlag.
Jede Verwertung in den genannten oder in anderen als den gesetzlich zugelassenen
Fällen bedarf deshalb der vorherigen schriftlichen Einwilligung des Verlags.

ISBN 3-7190-2253-6
© 2005 by Helbing & Lichtenhahn Verlag, Basel

Vorwort

Das am 1. Juli 2004 in Kraft getretene Fusionsgesetz ermöglicht neue Transaktionsformen; es erlaubt auch eine grössere Flexibilität in der Planung und Durchführung von Kontrollwechseln über ganze Gruppen, einzelne Betriebe oder andere Sachgesamtheiten. Das neue Gesetz wird sodann Restrukturierungsvorgänge wesentlich beeinflussen, beispielsweise den Rechtskleidwechsel oder konzerninterne Umgruppierungen. Im Rahmen des Erlasses des Fusionsgesetzes sind darüber hinaus steuerliche Erleichterungen eingeführt worden, die das Unternehmenssteuerrecht der Schweiz für die nächsten Jahre massgeblich beeinflussen werden.

Dass das Fusionsgesetz von grosser praktischer Bedeutung sein wird, zeigt die grosse Anzahl bereits erschienener oder angekündigter Kommentierungen, Monographien oder Aufsätze. Ziel des vorliegenden Kommentars ist es, eine praxisnahe Anwendung des Gesetzes aufzuzeigen und anhand des Erfahrungsschatzes der Autoren, die schwergewichtig im Transaktionsbereich oder im Steuerrecht tätig sind, darzulegen, wo sich Lücken in der Regulierung abzeichnen und wie mit diesen umzugehen ist.

Der Aufbau des Kommentars richtet sich einerseits nach den schon erschienenen Bänden des Basler Kommentars. Speziell ist allerdings, dass sich zu jedem Institut auch eine Darstellung der typischen Steuerprobleme gesellt, denn die vom Fusionsgesetz geschaffenen Strukturvarianten können nicht losgelöst von Steuerfragen angegangen werden. Da sich die Herausgeberschaft aus drei auf dem Transaktionsgebiet führenden Kanzleien zusammensetzt, wurde weiter so vorgegangen, dass jede Kanzlei ein oder zwei Institute (bzw. das gesamte Steuerrecht) integral übernahm und für die übrigen Kommentarteile spezialisierte Anwaltskollegen gebeten wurden, mitzuwirken. Im Bereich der Änderungen bestehender Bundesgesetze wurden die Betreuer der entsprechenden Bereiche des Basler Kommentars gebeten, die neuen Bestimmungen zu kommentieren, was eine spätere Integration dieser Ausführungen in die Kommentarreihe erleichtern wird.

Der Kommentar verarbeitet Literatur, die bis Ende Juli 2004 erschienen ist, ferner alle bis zu diesem Zeitpunkt publizierten behördlichen Verlautbarungen. Nicht erschienen sind bis zu diesem Zeitpunkt die Erläuterungen zur neuen Handelsregisterverordnung des EHRA an die Handelsregisterbehörden.

Die Herausgeber danken allen Autorinnen und Autoren für ihre Mitarbeit sowie Frau Marianne Natterer und dem Verlag Helbing & Lichtenhahn für die kompetente Betreuung des Bandes und der gesamten Kommentarreihe. Sie bedanken sich auch bei den Koordinatorinnen in den drei Kanzleien, Frau Estée Jufer, Frau Karin Baumann und Frau Angela Tschappu für ihre nicht immer leichte Aufgabe.

Herausgeber und Verlag hoffen, mit diesem Band ein für Praxis und Lehre wertvolles Hilfsmittel geschaffen zu haben, und sind für Anregungen und Kritik aus dem Benutzerkreis dankbar. Zuschriften per E-mail bitten wir an <r.watter@baerkarrer.ch>, an <rudolf.tschaeni@lenzstaehelin.com> oder an <daniel.daeniker@homburger.ch> zu richten.

Zürich, im August 2004

Die Herausgeber:
Rolf Watter, Nedim Peter Vogt, Rudolf Tschäni und Daniel Daeniker

Verzeichnis der Autorinnen und Autoren

Hansjürg Appenzeller, Dr. iur., M.C.J.
Rechtsanwalt in Zürich
Art. 81, 82, 92, 93; Art. 9a VAG

Mark-Oliver Baumgarten, Dr. iur., LL.M.
Rechtsanwalt in Zürich
Art. 80, 89

Urs L. Baumgartner, Dr. iur., LL.M.
Rechtsanwalt in Zürich
Art. 27, 28, 49, 50, 68, 76, 77

René Bösch, Dr. iur., LL.M.
Rechtsanwalt in Zürich
Art. 61–63

Raffael Büchi, Dr. iur.
Rechtsanwalt in Zürich
Art. 29–35, 51, 52

Marco Colombini, lic. iur.
Art. 47, 48, 68, 102

Daniel Daeniker, Dr. iur., LL.M.
Rechtsanwalt in Zürich
Art. 64–67

Felix Dasser, Dr. iur., LL.M.
Privatdozent, Rechtsanwalt in Zürich
Art. 29a GestG

Hans-Jakob Diem, lic. iur., LL.M.
Rechtsanwalt in Zürich
Art. 9–11

Dieter Dubs, Dr. iur., LL.M.
St. Gallen/Zürich
Art. 105–107

Felix R. Ehrat, Dr. iur., LL.M.
Rechtsanwalt in Zürich
Art. 45–48, 68, 75, 85, 96, 102, 104

Boris Etter, lic. iur. HSG, LL.M., LL.M.
Rechtsanwalt in Zürich
Art. 110

Jürg Frick, lic. iur.
Rechtsanwalt in Zürich
Art. 64–67

Dieter Gericke, Dr. iur., LL.M.
Rechtsanwalt in Zürich
Art. 56–58

Daniel Girsberger, Prof. Dr. iur., LL.M.
o. Professor an der Universität Luzern, Rechtsanwalt in Zürich
Art. 161–164b IPRG

Dieter Grünblatt, Dr. iur., LL.M.
Rechtsanwalt und dipl. Steuerexperte in Zürich
vor Art. 29, Teil 1 vor Art. 69

Harold Grüninger, Dr. iur., LL.M.
Rechtsanwalt in Zürich und Notar in Basel-Stadt
vor Art. 78, Art. 78, 79, 90

Reto Heuberger, Dr. iur., LL.M.
Rechtsanwalt in Zürich
Teile 2 und 3 vor Art. 69, vor Art. 78

Ueli Huber, lic. iur., LL.M.
Rechtsanwalt in Zürich
Art. 88, 91, 94 97

David Hürlimann, lic. iur.
Rechtsanwalt in Zürich
vor Art. 99

Beat Kühni, Fürsprecher, LL.M.
Rechtsanwalt in Zürich
Art. 14–17

Matthias Kuster, lic. iur., LL.M.
Rechtsanwalt in Zürich
Art. 99–101

Claude Lambert, Dr. iur., LL.M.
Rechtsanwalt in Zürich
Art. 59, 60

Ralph Malacrida, Dr. iur., LL.M.
Rechtsanwalt in Zürich
Art. 69–74, 86, 87, 98

Verzeichnis der Autorinnen und Autoren

Benedikt Maurenbrecher, Dr. iur., MBA
Rechtsanwalt in Zürich
Art. 108

Marcel Meinhardt, Dr. iur., LL.M., LL.M.
Rechtsanwalt in Zürich
Art. 5, 6, 22

Andreas Moll, Dr. iur., M.C.J.
Rechtsanwalt in Zürich
Art. 888 Abs. 2, 893 Abs. 2 OR

Lukas Morscher, Dr. iur. et lic. rer. pol.
Rechtsanwalt in Zürich
Art. 1, 2, 4

Peter Müller, lic. iur.
Rechtsanwalt und dipl. Steuerexperte in Zürich
vor Art. 53

Stefan Oesterhelt, lic. iur.
Rechtsanwalt in Zürich
Art. 103, vor Art. 109

Roberta Papa, lic. iur.
Rechtsanwältin in Zürich
Art. 3, 7, 8, 22; Art. 181 Abs. 2 und 4 OR

Daniel C. Pfiffner, lic. iur., LL.M.
Rechtsanwalt in Zürich
Art. 85, 96

Corrado Rampini, Dr. iur., LL.M.
Rechtsanwalt in Zürich
Art. 36, 38–42

Thomas U. Reutter, Dr. iur. et lic. oec. HSG, LL.M.
Rechtsanwalt in Zürich
Art. 37, 43, 44

Peter Riedweg
dipl. Steuerexperte und dipl. Wirtschaftsprüfer in Zürich
vor Art. 29, Teile 1–3 vor Art. 69

Rodrigo Rodriguez, lic. iur.
Rechtsanwalt, Zürich
Art. 161–164b IPRG

Flavio Romerio, Dr. iur., LL.M.
Rechtsanwalt in Zürich
Art. 53–55

Eveline Saupper, Dr. iur.
Rechtsanwältin und dipl. Steuerexpertin in Zürich
vor Art. 3, vor Art. 53, vor Art. 88 und vor Art. 109

Patrick Schleiffer, Dr. iur., M.C.J.
Rechtsanwalt in Zürich
Art. 18–21

Christoph Oliver Schmid, Dr. iur.
Rechtsanwalt in Zürich
vor Art. 88

Christoph Stäubli, lic. oec. HSG et lic. iur., M.C.L.
Rechtsanwalt in Zürich
Art. 738 OR

Roland Truffer, lic. iur., M.Jur.
Rechtsanwalt in Zürich
Art. 25, 26

Rudolf Tschäni, Dr. iur., LL.M.
Rechtsanwalt in Zürich
Art. 3, 7, 8, 22; Art. 181 Abs. 2 und 4 OR

Markus Vischer, Dr. iur., LL.M.
Rechtsanwalt in Zürich
Art. 936a OR

Rolf Watter, Prof. Dr. iur., LL.M.
Rechtsanwalt in Zürich, Professor an der Universität Zürich
Art. 29–42, 51, 52; Art. 727c Abs. 1 OR

Markus Weidmann, Dr. iur.
Rechtsanwalt und dipl. Steuerexperte in Zürich
vor Art. 3, vor Art. 99

Markus Widmer, lic. iur.
Rechtsanwalt in Zürich
Art. 45, 46, 75, 104

Michael Winkler, Dr. iur., LL.M.
Rechtsanwalt in Zürich
Art. 83, 84, 95

Matthias Wolf, lic. iur., LL.M.
Rechtsanwalt in Zürich
Art. 12, 13, 23, 24

Inhaltsverzeichnis

	Art.	Seite
Vorwort		V
Verzeichnis der Autorinnen und Autoren		VII
Inhaltsverzeichnis		IX
Abkürzungsverzeichnis		XIII
Literaturverzeichnis		XXXV
Materialienverzeichnis		XLV

Erstes Kapitel: Gegenstand und Begriffe 1, 2 3

Zweites Kapitel: Fusion von Gesellschaften

Steuerliche Behandlung der Fusion von Gesellschaften 39

Erster Abschnitt:	Allgemeine Bestimmungen	3–6	147
Zweiter Abschnitt:	Anteils- und Mitgliedschaftsrechte	7, 8	181
Dritter Abschnitt:	Kapitalerhöhung, Neugründung und Zwischenbilanz	9–11	201
Vierter Abschnitt:	Fusionsvertrag, Fusionsbericht und Prüfung	12–17	226
Fünfter Abschnitt:	Fusionsbeschluss und Eintragung ins Handelsregister	18–22	302
Sechster Abschnitt:	Erleichterte Fusion von Kapitalgesellschaften	23, 24	351
Siebenter Abschnitt:	Gläubiger- und Arbeitnehmerschutz	25–28	362

Drittes Kapitel: Spaltung von Gesellschaften

Steuerliche Behandlung der Spaltung juristischer Personen 409

Erster Abschnitt:	Allgemeine Bestimmungen	29, 30	502
Zweiter Abschnitt:	Anteils- und Mitgliedschaftsrechte	31	512
Dritter Abschnitt:	Kapitalherabsetzung, Kapitalerhöhung, Neugründung und Zwischenbilanz	32–35	518
Vierter Abschnitt:	Spaltungsvertrag, Spaltungsplan, Spaltungsbericht und Prüfung	36–42	535
Fünfter Abschnitt:	Spaltungsbeschluss und öffentliche Beurkundung	43, 44	589
Sechster Abschnitt:	Gläubiger- und Arbeitnehmerschutz	45–50	603
Siebenter Abschnitt:	Eintragung ins Handelsregister und Rechtswirksamkeit	51, 52	627

Viertes Kapitel: Umwandlung von Gesellschaften

Steuerliche Behandlung von Umwandlungen von Gesellschaften 643

Erster Abschnitt:	Allgemeine Bestimmungen	53–55	717
Zweiter Abschnitt:	Anteils- und Mitgliedschaftsrechte	56	732
Dritter Abschnitt:	Gründung und Zwischenbilanz	57, 58	750

Inhaltsverzeichnis

		Art.	Seite
Vierter Abschnitt:	Umwandlungsplan, Umwandlungsbericht und Prüfung	59–63	764
Fünfter Abschnitt:	Umwandlungsbeschluss und Eintragung ins Handelsregister	64–67	782
Sechster Abschnitt:	Gläubiger- und Arbeitnehmerschutz	68	798

Fünftes Kapitel: Vermögensübertragung

Steuerliche Behandlung der Vermögensübertragung (Teil 1) — 805

Steuerliche Behandlung der konzerninternen Übertragung (Teil 2) — 877

Steuerliche Behandlung von Ersatzbeschaffungen von Beteiligungen (Teil 3) — 933

Erster Abschnitt:	Allgemeine Bestimmungen	69	943
Zweiter Abschnitt:	Übertragungsvertrag	70–72	950
Dritter Abschnitt:	Eintragung ins Handelsregister und Rechtswirksamkeit	73	959
Vierter Abschnitt:	Information der Gesellschafterinnen und Gesellschafter	74	969
Fünfter Abschnitt:	Gläubiger- und Arbeitnehmerschutz	75–77	972

Sechstes Kapitel: Fusion und Vermögensübertragung von Stiftungen

Steuerliche Behandlung von Fusion und Vermögensübertragung von Stiftungen — 989

Erster Abschnitt:	Fusion	78–85	996
Zweiter Abschnitt:	Vermögensübertragung	86, 87	1037

Siebentes Kapitel: Fusion, Umwandlung und Vermögensübertragung von Vorsorgeeinrichtungen

Steuerliche Behandlung der Fusion, Umwandlung und Vermögensübertragung von Vorsorgeeinrichtungen — 1043

Erster Abschnitt:	Fusion	88–96	1062
Zweiter Abschnitt:	Umwandlung	97	1097
Dritter Abschnitt:	Vermögensübertragung	98	1101

Achtes Kapitel: Fusion, Umwandlung und Vermögensübertragung unter Beteiligung von Instituten des öffentlichen Rechts

Steuerliche Behandlung der Fusion, Umwandlung und Vermögensübertragung unter Beteiligung von Instituten des öffentlichen Rechts — 1105

		99–101	1143

		Art.	Seite
Neuntes Kapitel: Gemeinsame Vorschriften			
Erster Abschnitt:	Ausführungsbestimmungen	102	1157
Zweiter Abschnitt:	Handänderungsabgaben	103	1158
Dritter Abschnitt:	Anmeldung beim Grundbuchamt	104	1190
Vierter Abschnitt:	Überprüfung der Anteils- und Mitgliedschaftsrechte	105	1200
Fünfter Abschnitt:	Anfechtung von Fusionen, Spaltungen, Umwandlungen und Vermögensübertragung durch Gesellschafterinnen und Gesellschafter	106, 107	1213
Sechster Abschnitt:	Verantwortlichkeit	108	1232
Zehntes Kapitel: Schlussbestimmungen			
Steuerliche Schlussbestimmungen			1259
		109–111	1274
Änderungen bisherigen Rechts – Anhang (Art. 109)			1279
Sachregister			1413

Abkürzungsverzeichnis

Die Zahlen in den Zitaten beziehen sich auf den Jahrgang der entsprechenden Publikation und auf die Seitenzahl.

a.A.	anderer Ansicht, am Anfang
a.a.O.	am angeführten Ort
a.E.	am Ende
a.F.	alte Folge
a.M.	anderer Meinung
aakG	allgemein anerkannte kaufmännische Grundsätze
abl.	ablehnend
ABl.	Amtsblatt (CH und EG)
Abs.	Absatz
ABV	Aktionärsbindungsvertrag
abw.	abweichend
AcP	Archiv für die civilistische Praxis (Tübingen)
AFG	Bundesgesetz über die Anlagefonds vom 18. März 1994 (*Anlagefondsgesetz*), SR 951.31
AFV	Verordnung über die Anlagefonds vom 19. Oktober 1994 (*Anlagefondsverordnung*), SR 951.311
AFV-EBK	Verordnung der Eidgenössischen Bankenkommission über die Anlagefonds vom 24. Januar 2001, SR 951.311.1
AG	Aktiengesellschaft; in Zusammenhang mit Zitaten: Die Aktiengesellschaft, Zeitschrift für das gesamte Aktienwesen (Köln)
AGB	Allgemeine Geschäftsbedingungen
AGBG	(deutsches) Gesetz zur Regelung des Rechts der Allgemeinen Geschäftsbedingungen vom 9. Dezember 1976
AGE	Appellationsgerichtsentscheide (Basel-Stadt)
AGer	Arbeitsgericht
ähnl.	ähnlich
AHVG	Bundesgesetz über die Alters- und Hinterlassenenversicherung vom 26. Dezember 1946, SR 831.10
AHVV	Verordnung über die Alters- und Hinterlassenenversicherung vom 31. Oktober 1947, SR 831.101
AJP	Aktuelle Juristische Praxis (St. Gallen)
AK	Aktienkapital

Abkürzungsverzeichnis

AktG	(deutsches) Aktiengesetz vom 6. September 1965 in der Fassung des Gesetzes vom 17. Dezember 1990
al.	alinea (= Absatz)
AlkG	Bundesgesetzt über die gebrannten Wasser vom 21. Juni 1931 (*Alkoholgesetz*), SR 680
allg.	allgemein
alt	frühere Fassung der betreffenden Bestimmung
altOR	frühere Fassung der betreffenden OR-Bestimmung
AmtlBull	Amtliches stenographisches Bulletin der Bundesversammlung (bis 1967: StenBull)
ANAG	Bundesgesetz über Aufenthalt und Niederlassung der Ausländer vom 26. März 1931, SR 142.20
Anh.	Anhang
Anm.	Anmerkung(en)
aOR	Bundesgesetz über das Obligationenrecht vom 18. Dezember 1936 (altes OR)
AppGer	Appellationsgericht
AppHof	Appellationshof
ArbR	Mitteilungen des Instituts für Schweizerisches Arbeitsrecht (Zürich)
ArG	Bundesgesetz über die Arbeit in Industrie, Gewerbe und Handel vom 13. März 1964 (*Arbeitsgesetz*), SR 822.11
Art.	Artikel
AS	Eidgenössische Gesetzessammlung. Amtliche Sammlung der Bundesgesetze und Verordnungen. Titel seit 1948: Sammlung der eidgenössischen Gesetze. Amtliche Sammlung der Bundesgesetze und Verordnungen. Titel seit 1969: Sammlung der Eidgenössischen Gesetze
ASA	Archiv für Schweizerisches Abgaberecht (Bern)
ASR	Abhandlungen zum schweizerischen Recht (Bern)
AT	Allgemeiner Teil
Aufl.	Auflage
AV	Anlagevermögen
AVB	Allgemeine Versicherungsbedingungen; Allgemeine Vertragsbedingungen
BAG	Bernische Amtliche Gesetzessammlung
BankG	Bundesgesetz über die Banken und Sparkassen vom 8. November 1934 (*Bankengesetz*), SR 952.0
BankV	Verordnung über die Banken und Sparkassen vom 17. Mai 1972 (*Bankenverordnung*), SR 952.02

Abkürzungsverzeichnis

BAP	Bundesamt für Polizeiwesen
BB	Bundesbeschluss; Branchenbroschüre; in Zusammenhang mit Zitaten: Der Betriebsberater (Heidelberg)
BBl	Bundesblatt
BBPG	Bundesbeschluss über eine Pfandbelastungsgrenze für nichtlandwirtschaftliche Grundstücke vom 6. Oktober 1989
BBSG	Bundesbeschluss über eine Sperrfrist für die Veräusserung nichtlandwirtschaftlicher Grundstücke und die Veröffentlichung von Eigentumsübertragungen von Grundstücken vom 6. Oktober 1989
Bd.	Band
BdBSt	Bundesbeschluss über die direkte Bundessteuer vom 9. Dezember 1940 (vgl. auch DBG)
Bde.	Bände
Begleitbericht zum Vorentwurf FusG	Begleitbericht zum Vorentwurf FusG (vgl. Materialienverzeichnis)
BEHG	Bundesgesetz über die Börsen und den Effektenhandel vom 24. März 1995 (*Börsengesetz*), SR 954.1
BEHV	Verordnung über die Börsen und den Effektenhandel vom 2. Dezember 1996 (*Börsenverordnung*), SR 954.11
BEHV-EBK	Verordnung der Eidgenössischen Bankenkommission über die Börsen und den Effektenhandel vom 25. Juni 1997, SR 954.193
Bekl.	Beklagte(r)
betr.	betreffend
BewB	(alter) Bundesbeschluss über den Erwerb von Grundstücken vom 21. März 1973
BewG	Bundesgesetz über den Erwerb von Grundstücken durch Personen im Ausland vom 16. Dezember 1983, SR 211.412.41
BewV	Verordnung über den Erwerb von Grundstücken durch Personen im Ausland vom 1. Oktober 1984, SR 211.412.411
bez.	bezüglich
BezGer	Bezirksgericht
BG	Bundesgesetz
BGB	Bürgerliches Gesetzbuch für das Deutsche Reich vom 18. August 1896
BGBl.	Bundesgesetzblatt (Österreich, Deutschland)

Abkürzungsverzeichnis

BGE	Entscheidungen des Schweizerischen Bundesgerichtes, Amtliche Sammlung (Lausanne)
BGer	Schweizerisches Bundesgericht in Lausanne
BGH	(deutscher) Bundesgerichtshof
BGHZ	Entscheidungen des deutschen Bundesgerichtshofes in Zivilsachen (Detmold)
BGS	Bereinigte Gesetzessammlung (gefolgt von der amtlichen Abkürzung des Kantons [Bsp.: BGS ZG])
bGS	bereinigte Gesetzessammlung Kanton Appenzell-Ausserrhoden
BIGA	Bundesamt für Industrie, Gewerbe und Arbeit
BJ	Bundesamt für Justiz
BJM	Basler Juristische Mitteilungen (Basel)
BK	Berner Kommentar (Bern) (vgl. Literaturverzeichnis)
BlSchK	Blätter für Schuldbetreibung und Konkurs (Wädenswil)
BMM	Bundesbeschluss über Massnahmen gegen Missbräuche im Mietwesen vom 30. Juni 1972
BN	Der Bernische Notar (Bern)
BörsG	(deutsches) Börsengesetz vom 27. Mai 1908
Botschaft	Botschaft zum Fusionsgesetz (vgl. Materialienverzeichnis)
Botschaft AG	Botschaft über die Revision des Aktienrechts (vgl. Materialienverzeichnis)
Botschaft BEHG	Botschaft zu einem Bundesgesetz über die Börsen und den Effektenhandel (vgl. Materialienverzeichnis)
Botschaft GmbH	Botschaft zur Revision des Obligationenrechts (GmbH-Recht sowie Anpassungen im Aktien-, Genossenschafts-, Handelsregister- und Firmenrecht) (vgl. Materialienverzeichnis)
Botschaft StHG/DBG	Botschaft zu den Bundesgesetzen über die Harmonisierung der direkten Steuern der Kantone und Gemeinden sowie über die direkte Bundessteuer (vgl. Materialienverzeichnis)
BR	Bundesrat/Bundesrätin; in Zusammenhang mit Zitaten: Baurecht, Mitteilungen zum privaten und öffentlichen Baurecht (Freiburg i.Ue.)
BRB	Bundesratsbeschluss
BS	Bereinigte Sammlung der Bundesgesetze und Verordnungen 1848–1947
BSK	Basler Kommentar (Basel/Genf/München) (vgl. Literaturverzeichnis)

Bsp.	Beispiel(e)
bspw.	beispielsweise
Bst.	Buchstabe(n)
BStP	Bundesgesetz über die Bundesstrafrechtspflege vom 15. Juni 1934, SR 312.0
BT	Besonderer Teil
BtG	Bundesgesetz über das Dienstverhältnis der Bundesbeamten vom 30. Juni 1927 (*Beamtengesetz*), SR 172.221.10
BTJP	Berner Tage für die juristische Praxis (Bern)
BV	Bundesverfassung der Schweizerischen Eidgenossenschaft vom 18. April 1999 (*Bundesverfassung*), SR 101
BVG	Bundesgesetz über die berufliche Alters-, Hinterlassenen- und Invalidenvorsorge vom 25. Juni 1982, SR 831.40
BVR	Bernische Verwaltungsrechtsprechung (Bern)
BVV 1	Verordnung über die Beaufsichtigung und die Registrierung der Vorsorgeeinrichtungen vom 29. Juni 1983, SR 831.435.1
BVV 2	Verordnung über die berufliche Alters-, Hinterlassenen- und Invalidenvorsorge vom 18. April 1984, SR 831.441.1
BWF	Bankwirtschaftliche Forschungen (Bern/Stuttgart)
BZP	Bundesgesetz über den Bundeszivilprozess vom 4. Dezember 1947, SR 273
bzw.	beziehungsweise
C.com.	(französischer) Code de commerce vom 10. September 1807
CC fr.	Code civil français vom 21. März 1804
CC it.	Codice civile italiano vom 16. März 1942
CEDIDAC	Centre du droit de l'entreprise (droit industriel, droit d'auteur, droit commercial) de l'Université de Lausanne
CFTC	Commodities Futures Trading Commission
CJ GE	Cour de Justice (Genève)
d.h.	das heisst
DB	Der Betrieb (Stuttgart)
DBA	Doppelbesteuerungsabkommen
DBG	Bundesgesetz über die direkte Bundessteuer vom 14. Dezember 1990, SR 642.11
ders.	derselbe (Autor)
DesG	Bundesgesetz über den Schutz von Design vom 5. Oktober 2001 (*Designgesetz*), SR 232.12

Abkürzungsverzeichnis

dgl.	dergleichen
dies.	dieselbe (Autorin), dieselben (Autoren)
Diss.	Dissertation
DJZ	Deutsche Juristenzeitung (Tübingen)
DSG	Bundesgesetz über den Datenschutz vom 19. Juni 1992 (*Datenschutzgesetz*), SR 235.1
DV	Delegiertenversammlung
E	Entwurf
E.	Erwägung(en)
E FusG	Entwurf FusG (vgl. Materialienverzeichnis)
ebd.	ebenda
EBK	Eidgenössische Bankenkommission
EBK-Bull.	Bulletin der Eidgenössischen Bankenkommission
EBK-GebV	Gebührenverordnung der Eidgenössischen Bankenkommission
EBK-GW-R.	Eidgenössische Bankenkommission, Richtlinien zur Bekämpfung und Verhinderung der Geldwäscherei (Geldwäscherei-Richtlinien), Rundschreiben Nr. 91/3 vom 18. Dezember 1991
EBK-JB	Jahresbericht der Eidgenössischen Bankenkommission
EFD	Eidgenössisches Finanzdepartement
EFTA	European Free Trade Association
EG	Europäische Gemeinschaften
EGV-SZ	Entscheide der Gerichts- und Verwaltungsbehörden des Kantons Schwyz (Schwyz)
EHRA	Eidgenössisches Amt für das Handelsregister
eidg.	eidgenössisch
Einl.	Einleitung
EJPD	Eidgenössisches Justiz- und Polizeidepartement
EK	Eigenkapital
ELR	European Law Reporter (Luxemburg)
ESTV	Eidgenössische Steuerverwaltung
ESTV-DVS	Eidgenössische Steuerverwaltung: Hauptabteilung Direkte Bundessteuer, Verrechnungssteuer, Stempelabgaben
ESTV-MWST	Eidgenössische Steuerverwaltung: Hauptabteilung Mehrwertsteuer
et al.	et alii (= und andere)
etc.	et cetera (= usw.)

EU	Europäische Union
EU-Arbeitnehmer-beteiligungs-RL	Richtlinie des Rates vom 8. Oktober 2001 (2001/86/EG) zur Ergänzung des Statuts der Europäischen Gesellschaft hinsichtlich der Beteiligung der Arbeitnehmer (ABl. L 294 vom 10. November 2001, 22–32)
EU-Betriebsübergangs-RL	Richtlinie des Rates vom 12. März 2001 (2001/23/EG) zur Angleichung der Rechtsvorschriften der Mitgliedstaaten über die Wahrung von Ansprüchen der Arbeitnehmer beim Übergang von Unternehmen, Betrieben oder Unternehmens- oder Betriebsteilen (ABl. L 082 vom 22. März 2001, 16–20)
EU-Eigenkapital-ausstattungs-RL	Richtlinie des Rates vom 15. März 1993 (93/6/EWG) über die angemessene Eigenkapitalausstattung von Wertpapierfirmen und Kreditinstituten (ABl. L 141 vom 11. Juni 1993, 1–26)
EU-EinPersGmbH-RL	Zwölfte Richtlinie des Rates vom 21. Dezember 1989 (89/667/EWG) auf dem Gebiet des Gesellschaftsrechts betreffend Gesellschaften mit beschränkter Haftung mit einem einzigen Gesellschafter (ABl. L 395 vom 30. Dezember 1989, 40–42)
EU-Emmissions-prospekt-RL	Richtlinie des Europäischen Parlaments und des Rates vom 4. November 2003 (2003/71/EG) betreffend den Prospekt, der bei öffentlichen Angeboten von Wertpapieren oder bei deren Zulassung zum Handel zu veröffentlichen ist, und zur Änderung der Richtlinie 2001/34/EG (ABl. L 345 vom 31. Dezember 2003, 64–89)
EUeR	Europäisches Übereinkommen vom 20. April 1959 über die Rechtshilfe in Strafsachen
EU-EWIV-VO	Verordnung des Rates vom 25. Juli 1985 (EWG Nr. 2137/85) über die Schaffung einer Europäischen wirtschaftlichen Interessenvereinigung (ABl. L 199 vom 31. Juli 1985, 1–9)
EU-Fusionssteuer-RL	Richtlinie des Rates vom 23. Juli 1990 (90/434/EWG) über das gemeinsame Steuersystem für Fusionen, Spaltungen, die Einbringung von Unternehmensteilen und den Austausch von Anteilen, die Gesellschaften verschiedener Mitgliedstaaten betreffen (ABl. L 225 vom 20. August 1990, 1–5)
EU-Fus-RL	Dritte Richtlinie des Rates vom 9. Oktober 1978 (78/855/EWG) gemäss Art. 54 Abs. 3 lit. g EWGV betreffend die Verschmelzung von Aktiengesellschaften (ABl. L 295 vom 20. Oktober 1978, 36–43)
EuGH	Europäischer Gerichtshof in Luxemburg

Abkürzungsverzeichnis

EU-Insider-RL	Richtlinie des Europäischen Parlaments und des Rates vom 28. Januar 2003 (2003/6/EG) über Insider-Geschäfte und Marktmanipulation (Marktmissbrauch) (ABl. L 096 vom 12. April 2003, 16–25)
EU-Int.Rechnungsl.-VO	Verordnung des Europäischen Parlaments und des Rates vom 19. Juli 2002 (EG Nr. 1606/2002) betr. die Anwendung internationaler Rechnungslegungsstandards (ABl. L 243 vom 11. September 2002, 1–4)
EU-Jahresabschluss-RL	Vierte Richtlinie des Rates vom 25. Juli 1978 (78/660/EWG) aufgrund von Art. 54 Abs. 3 lit. g EWGV über den Jahresabschluss von Gesellschaften bestimmter Rechtsformen (ABl. L 222 vom 14. August 1978, 11–31)
EU-Kapital-RL	Zweite Richtlinie des Rates vom 13. Dezember 1976 (77/91/EWG) zur Koordinierung der Schutzbestimmungen, die in den Mitgliedstaaten den Gesellschaften im Sinne von Art. 58 Abs. 2 EWGV im Interesse der Gesellschafter sowie Dritter für die Gründung der Aktiengesellschaft sowie für die Erhaltung und Änderung ihres Kapitals vorgeschrieben sind, um diese Bestimmungen gleichwertig zu gestalten (ABl. L 26 vom 31. Januar 1977, 1–13)
EU-Konsolidierungs-RL	Siebente Richtlinie des Rates vom 13. Juni 1983 (83/349/EWG) aufgrund von Art. 54 Abs. 3 lit. g EWGV über den konsolidierten Abschluss (ABl. L 193 vom 18. Juli 1983, 1–17)
EU-Mutter/Tochter-RL	Richtlinie des Rates vom 23. Juli 1990 (90/435/EWG) über das gemeinsame Steuersystem der Mutter- und Tochtergesellschaften verschiedener Mitgliedstaaten (ABl. L 225 vom 20. August 1990, 6–9)
EU-Prüferbefähigungs-RL	Achte Richtlinie des Rates vom 10. April 1984 (84/253/EWG) aufgrund von Art. 54 Abs. 3 lit. g EWGV über die Zulassung der mit der Pflichtprüfung der Rechnungslegungsunterlagen beauftragten Personen (ABl. L 126 vom 12. Mai 1984, 20–26)
EU-Publizitäts-RL	Erste Richtlinie des Rates vom 9. März 1968 (68/151/EWG) zur Koordinierung der Schutzbestimmungen, die in den Mitgliedstaaten den Gesellschaften im Sinne von Art. 58 Abs. 2 EWGV im Interesse der Gesellschafter sowie Dritter vorgeschrieben sind, um diese Bestimmungen gleichwertig zu gestalten (ABl. L 65 vom 14. März 1968, 8–12)
EU-Qualitätssicherungs-Empfehlung	Empfehlung der Kommission vom 15. November 2000 (2001/256/EG) betr. Mindestanforderungen an Qualitätssicherungssysteme für die Abschlussprüfung in der EU (ABl. L 091 vom 31. März 2001, 91–97)

EU-SE-VO	Verordnung des Rates vom 8. Oktober 2001 (EG Nr. 2157/2001) über das Statut der Europäischen Gesellschaft (ABl. L 294 vom 10. November 2001, 1–21)
EU-Spalt-RL	Sechste Richtlinie des Rates vom 17. Dezember 1982 (82/891/EWG) gemäss Art. 54 Abs. 3 lit. g EWGV betreffend Spaltung von Aktiengesellschaften (ABl. L 378 vom 31. Dezember 1982, 47–54)
EU-Übernahmean-gebots-RL	Richtlinie des Europäischen Parlaments und des Rates vom 21. April 2004 (2004/25/EG) betreffend Übernahmeangebote (ABl. L 142 vom 30. April 2004, 12–23)
EU-Vorentwurf für eine Sitzverlegungs-RL	Vorentwurf für eine Sitzverlegungsrichtlinie (Vorentwurf des Vorschlags für eine vierzehnte Richtlinie über die Verlegung des Sitzes einer Gesellschaft in einen anderen Mitgliedstaat mit Wechsel des für die Gesellschaft massgebenden Rechts, KOM XV/6002/97 vom 20. April 1997; abgedruckt in ZIP 1997, 1721 ff.)
EU-Vorschlag für eine Int.Fus-RL	Vorschlag für eine Richtlinie des Europäischen Parlaments und des Rates über die Verschmelzung von Kapitalgesellschaften aus verschiedenen Mitgliedstaaten, KOM/2003/703 (verfügbar auf: http://europa.eu.int/prelex)
EU-Wohlverhaltensregeln-Empfehlung	Empfehlung der Kommission vom 25. Juli 1977 (77/534/EWG) betreffend europäische Wohlverhaltensregeln für Wertpapiertransaktionen (ABl. L 212 vom 20. August 1977, 37–43)
EU-WPDL-RL	Richtlinie des Rates vom 10. Mai 1993 (93/22/EWG) über Wertpapierdienstleistungen (ABl. L 141 vom 11. Juni 1993, 27–46) (aufgehoben)
EU-WPDL und gM-RL	Richtlinie des Europäischen Parlaments und des Rates vom 21. April 2004 (2004/39/EG) über Märkte für Finanzinstrumente, zur Änderung der Richtlinie 85/611/EWG und 93/6/EWG des Rates und der Richtlinie 2000/12/EG des Europäischen Parlaments und des Rates und zur Aufhebung der Richtlinie 93/22/EWG des Rates (ABl. L 145 vom 30. April 2004, 1–44)
EuZW	Europäische Zeitschrift für Wirtschaftsrecht (München/Frankfurt a.M.)
EU-Zweigniederlassungs-RL	Elfte Richtlinie des Rates vom 21. Dezember 1989 (89/666/EWG) über die Offenlegung von Zweigniederlassungen, die in einem Mitgliedstaat von Gesellschaften bestimmter Rechtsformen errichtet wurden, die dem Recht eines anderen Staates unterliegen (ABl. L 395 vom 30. Dezember 1989, 36–39)
evtl.	eventuell
EWG	Europäische Wirtschaftsgemeinschaft

Abkürzungsverzeichnis

EWGV	Vertrag zur Gründung der Europäischen Wirtschaftsgemeinschaft vom 25. März 1957
EWiR	Entscheidungen zum Wirtschaftsrecht (Köln)
EWRV	Abkommen über den Europäischen Wirtschaftsraum vom 2. Mai 1992
EWS	Europäisches Wirtschafts- und Steuerrecht (Heidelberg)
Extraits	Extraits des principaux arrêts rendus par les diverses sections du tribunal cantonal de l'état de Fribourg (Freiburg i.Ue.)
f.	und folgende (Seite, Note usw.)
FER	Fachempfehlungen zur Rechnungslegung, hrsg. von der Fachkommission für Empfehlungen zur Rechnungslegung (Zürich) (vgl. RHB I 663–830)
ff.	und folgende (Seiten, Noten usw.)
FJS	Fiches juridiques Suisses (Genf)
FK	Fremdkapital
FN	Fussnote
frz.	französisch
FS	Festschrift, Festgabe
FSMA	(britischer) Financial Services and Markets Act 2000
FStR	IFF Forum für Steuerrecht (St. Gallen)
FusG	Bundesgesetz über Fusion, Spaltung, Umwandlung und Vermögensübertragung vom 3. Oktober 2003 (*Fusionsgesetz*), SR 221.301
FuW	Finanz und Wirtschaft (Zürich)
FZR	Freiburger Zeitschrift für Rechtsprechung (Freiburg i.Ue.)
G	Gesetz
GarG	Bundesgesetz über die politischen und polizeilichen Garantien zugunsten der Eidgenossenschaft vom 26. März 1934, aufgehoben auf den 1. Dezember 2003 durch Anhang I des Bundesgesetzes über die Bundesversammlung vom 13. Dezember 2002 *(Parlamentsgesetz)*, SR 171.10
GAV	Gesamtarbeitsvertrag
GBV	Verordnung betreffend das Grundbuch vom 22. Februar 1910 (*Grundbuchverordnung*), SR 211.432.1
GebVHreg	Verordnung über die Gebühren für das Handelsregister vom 3. Dezember 1954, SR 221.411.1
gem.	gemäss
GenG	(deutsches) Gesetz betreffend die Erwerbs- und Wirtschaftsgenossenschaften vom 1. Mai 1889

GenV	Verordnung des Bundesgerichtes über den Genossenschaftskonkurs vom 20. Dezember 1937
Ger	Gericht
GestG	Bundesgesetz über den Gerichtsstand in Zivilsachen vom 24. März 2000 (*Gerichtsstandsgesetz*), SR 272
GesV	Gesellschafterversammlung
GewGer	Gewerbegericht
ggf.	gegebenenfalls
GGV	Verordnung über die Gläubigergemeinschaft bei Anleihensobligationen vom 9. Dezember 1949, SR 221.522.1
GL	Geschäftsleitung
gl.A.	gleicher Ansicht
gl.M.	gleicher Meinung
GmbH	Gesellschaft mit beschränkter Haftung
GmbHG	(deutsches) Gesetz betreffend die Gesellschaften mit beschränkter Haftung vom 20. April 1892
GoR	Grundsätze ordnungsmässiger Rechnungslegung
GS	Gesetzessammlung (gefolgt von der amtlichen Abkürzung des Kantons [Bsp.: GS AI])
GV	Generalversammlung
GVG	Gerichtsverfassungsgesetz (gefolgt von der amtlichen Abkürzung des Kantons [Bsp.: GVG ZH]); auch: Bundesgesetz über den Geschäftsverkehr der Bundesversammlung sowie über die Form, die Bekanntmachung und das Inkrafttreten ihrer Erlasse vom 23. März 1962 (*Geschäftsverkehrsgesetz*), SR 171.11
GVP	St. Gallische Gerichts- und Verwaltungspraxis (St. Gallen)
GwG	Bundesgesetz zur Bekämpfung der Geldwäscherei im Finanzsektor vom 10. Oktober 1997 (*Geldwäschereigesetz*), SR 955.0
GzA	Grundsätze zur Abschlussprüfung (vgl. Literaturverzeichnis)
h.A.	herrschende Ansicht
h.L.	herrschende Lehre
h.M.	herrschende Meinung
Habil.	Habilitationsschrift
HGB	Handelsgesetzbuch für das Deutsche Reich vom 10. Mai 1897
HGer	Handelsgericht

Abkürzungsverzeichnis

HRegV	Handelsregisterverordnung vom 7. Juni 1937, SR 221.411
hrsg.	herausgegeben
Hrsg.	Herausgeber/in
Hs.	Halbsatz
HWP	Schweizer Handbuch der Wirtschaftsprüfung 1998 (vgl. Literaturverzeichnis)
i.A.	im Allgemeinen
i.c.	in casu
i.d.R.	in der Regel
i.E.	im Ergebnis
i.e.S.	im engeren Sinne
i.f.	in fine
i.L.	in Liquidation
i.S.	im Sinne
i.S.v.	im Sinne von
i.V.m.	in Verbindung mit
i.w.S.	im weiteren Sinne
ibid.	ibidem (= daselbst, am gleichen Ort, an gleicher Stelle)
IHK	Internationale Handelskammer
inkl.	inklusive
insb.	insbesondere
IOSCO	International Organization of Securities Commissions
IPO	Initial Public Offering
IPR	Internationales Privatrecht
IPRax	Praxis des Internationalen Privat- und Verfahrensrechts (Bielefeld)
IPRG	Bundesgesetz über das internationale Privatrecht vom 18. Dezember 1987, SR 291
IRSG	Bundesgesetz über die internationale Rechtshilfe in Strafsachen vom 20. März 1981, SR 351.1
IRSV	Verordnung über die internationale Rechtshilfe in Strafsachen vom 24. Februar 1982, SR 351.11
ISR	International Securitisation Report (London)
it.	italienisch
JA	Juristische Arbeitsblätter (Frankfurt a.M.)
JAR	Jahrbuch des Schweizerischen Arbeitsrechts (Bern)

JBHReg	Jahrbuch des Handelsregisters (Zürich)
JdT	Journal des Tribunaux (Lausanne)
Jura	Juristische Ausbildung (Berlin, etc.)
JZ	(deutsche) Juristenzeitung (Tübingen)
KAG	Kommanditaktiengesellschaft
KAGG	(deutsches) Gesetz über Kapitalanlagegesellschaften vom 14. Januar 1970
kant.	kantonal
KapErhG	(deutsches) Gesetz über die Kapitalerhöhung aus Gesellschaftsmitteln und über die Verschmelzung von Gesellschaften mit beschränkter Haftung vom 23. Dezember 1959 (*Kapitalerhöhungsgesetz*)
KassGer	Kassationsgericht (gefolgt von der amtlichen Abkürzung des Kantons [Bsp. KassGer GR])
KBVG	Konferenz der kantonalen BVG- und Stiftungsaufsichtsbehörden
KG	Bundesgesetz über Kartelle und andere Wettbewerbsbeschränkungen vom 6. Oktober 1995 (*Kartellgesetz*), SR 251
KGaA	(deutsche) Kommanditgesellschaft auf Aktien
KGE	Kantonsgerichtsentscheid (gefolgt von der amtlichen Abkürzung des Kantons [Bsp.: KGE GR])
KGer	Kantonsgericht (gefolgt von der amtlichen Abkürzung des Kantons [Bsp.: KGer GR])
Kl.	Kläger
KMU	Kleine und mittlere Unternehmen
Komm.	Kommentar; Kommentierung
KOV	Verordnung des Bundesgerichts über die Geschäftsführung der Konkursämter vom 13. Juni 1911
KR	Kotierungsreglement vom 24. Januar 1996
KS	Kreisschreiben
KstG	(deutsches) Körperschaftssteuergesetz vom 31. August 1976
KVG	Bundesgesetz über die Krankenversicherung vom 18. März 1994, SR 832.10
l.c.	loco citato (= am angeführten Ort)
LGVE	Luzerner Gerichts- und Verwaltungsentscheide (Luzern)
lit.	litera (= Buchstabe)
LJZ	Liechtensteinische Juristen-Zeitung (Vaduz)

Abkürzungsverzeichnis

LugÜ	Übereinkommen über die gerichtliche Zuständigkeit und die Vollstreckung gerichtlicher Entscheidungen in Zivil- und Handelssachen vom 16. September 1988 (*Lugano-Übereinkommen*), SR 0.275.11
m.a.W.	mit anderen Worten
m.Bsp.	mit Beispielen
m.E.	meines Erachtens
m.H.	mit Hinweis(en)
m.Nw.	mit Nachweisen
m.V.	mit Verweis(en)
m.w.H.	mit weiteren Hinweisen
m.w.Nw.	mit weiteren Nachweisen
m.w.V.	mit weiteren Verweisen
MB	Merkblatt
MDR	Monatsschrift für Deutsches Recht (Hamburg)
MG	Bundesgesetz über die Armee und die Militärverwaltung vom 3. Februar 1995 (*Militärgesetz*), SR 510.10
MHS	Mitteilungen aus dem Handelswissenschaftlichen Seminar der Universität Zürich (Zürich)
Mitwirkungsgesetz	Bundesgesetz über die Information und Mitsprache der Arbeitnehmerinnen und Arbeitnehmer in den Betrieben vom 17. Dezember 1993, SR 822.14
mp	Mietrechtspraxis: Zeitschrift für schweizerisches Mietrecht (Basel)
MSchG	Bundesgesetz über den Schutz von Marken und Herkunftsangaben vom 28. August 1992 (*Markenschutzgesetz*), SR 232.11
MWSTG	Bundesgesetz über die Mehrwertsteuer vom 2. September 1999 (*Mehrwertsteuergesetz*), SR 641.20
MWSTGV	Verordnung zum Bundesgesetz über die Mehrwertsteuer vom 29. März 2000, SR 641.201
N	Note, Randnote
NASD	National Association of Securities Dealers (USA)
NAV	Normalarbeitsvertrag
NF	Neue Folge
NG	Nidwaldner Gesetzessammlung
NJW	Neue Juristische Wochenschrift (München)
NotariatsV	Verordnung des (Zürcher) Obergerichtes über die Geschäftsführung der Notariate vom 23. November 1960 (*Notariatsverordnung*)

NR	Nationalrat
Nr.	Nummer
NZZ	Neue Zürcher Zeitung (Zürich)
o.	oben
o.e.	oben erwähnt
öAktG	(österreichisches) Aktiengesetz vom 31. März 1965
OECD	Organization for Economic Cooperation and Development
OECD-MA	Musterabkommen der OECD auf dem Gebiet der Steuern vom Einkommen und vom Vermögen
OG	Bundesgesetz über die Organisation der Bundesrechtspflege vom 16. Dezember 1943 (*Bundesrechtspflegegesetz*), SR 173.110
OGAW	Organismen für gemeinsame Anlagen in Wertpapieren
OGE	Obergerichtsentscheid (gefolgt von der amtlichen Abkürzung des Kantons [Bsp.: OGE ZH])
OGer	Obergericht (gefolgt von der amtlichen Abkürzung des Kantons [Bsp.: OGer ZH])
OGH	(österreichischer) Oberster Gerichtshof
oHG	offene Handelsgesellschaft
ÖJZ	Österreichische Juristen-Zeitung (Wien)
OLG	Oberlandesgericht
OR	Bundesgesetz über das Obligationenrecht vom 30. März 1911, SR 220
OS	Offizielle Sammlung der seit dem 10. März 1931 erlassenen Gesetze, Beschlüsse und Verordnungen des Eidgenössischen Standes Zürich
PatG	Bundesgesetz über die Erfindungspatente vom 25. Juni 1954 (*Patentgesetz*), SR 232.14
phG	persönlich haftender Gesellschafter
POG	Bundesgesetz über die Organisation der Postunternehmung des Bundes vom 30. April 1997, SR 783.1
Pra	Die Praxis des Bundesgerichts (Basel)
PrBdSt	Praxis der Bundessteuern (Basel)
Prot.	Protokoll
PS	Partizipationsschein(e)
PS-Kapital	Partizipationskapital
PTS	Proprietary Trading System
PüG	Preisüberwachungsgesetz vom 20. Dezember 1985, SR 942.20

Abkürzungsverzeichnis

RabelsZ	Zeitschrift für ausländisches und internationales Privatrecht, begründet von Ernst Rabel (Berlin und Tübingen)
RB	Rechenschaftsbericht des Verwaltungsgerichts des Kantons Zürich (Zürich); auch: Rechtsbuch (gefolgt von der amtlichen Abkürzung des Kantons [Bsp.: RB UR])
recht	recht, Zeitschrift für juristische Ausbildung und Praxis (Bern)
REPRAX	Zeitschrift für Handelsregisterpraxis (Zürich)
resp.	respektiv
rev.	revidiert
RevV	Verordnung über die fachlichen Anforderungen an besonders befähigte Revisoren vom 15. Juni 1992, SR 221.302
RGZ	Entscheidungen des Deutschen Reichsgerichts in Zivilsachen (Leipzig)
RHB	Treuhandkammer, Schweizerische Kammer der Bücher-, Steuer- und Treuhandexperten, Revisionshandbuch der Schweiz 1992, Zürich 1992 (abgelöst durch HWP)
RIW	Recht der internationalen Wirtschaft (Heidelberg; von 1958–1974 AWD)
RJN	Recueil de jurisprudence neuchâteloise (Neuchâtel)
RK	Kommission für Rechtsfragen (Bern); auch: Rekurskommission
RL	Richtlinie(n)
RPW	Recht und Politik des Wettbewerbs (Bern)
RRV-EBK	Richtlinien der Eidg. Bankenkommission zu den Rechnungslegungsvorschriften der Art. 23–27 BankV vom 14. Dezember 1994
RS	Revisionsstelle; Rundschreiben; auch: Recueil systématique
RSJU	Recueil systématique de la législation – République et Canton du Jura
RSV	Recueil systématique de la législation vaudoise
RTVG	Bundesgesetz über Radio und Fernsehen vom 21. Juni 1991, SR 784.40
R-UEK	Reglement der Übernahmekommission vom 21. Juli 1997
RVOG	Regierungs- und Verwaltungsorganisationsgesetz vom 21. März 1997, SR 172.010
Rz	Randziffer(n)
s.	siehe
S.	Seite(n)

Abkürzungsverzeichnis

s.a.	siehe auch
s.o.	siehe oben
s.u.	siehe unten
SAG	Schweizerische Aktiengesellschaft (Zürich; seit 1990: SZW)
SAR	Systematische Sammlung des Aargauischen Rechts
SAV	Schweizerischer Anwaltsverband; Schweizerischer Anlagefondsverband
SBBG	Bundesgesetz über die Schweizerischen Bundesbahnen vom 20. März 1998, SR 742.31
SB	Spezialbroschüre
SBVg	Schweizerische Bankiervereinigung
SchKG	Bundesgesetz über Schuldbetreibung und Konkurs vom 11. April 1889, SR 281.1
SchlB AG	Schlussbestimmungen des Bundesgesetzes über die Revision des Aktienrechts vom 4. Oktober 1991
SchlT	Schlusstitel
SE	Societas Europaea, Europäische Aktiengesellschaft
SEC	Securities and Exchange Commission (USA)
SemJud	La semaine judiciaire (Genf)
SFA	Swiss Funds Association
SG	Systematische Gesetzessammlung (des Kantons Basel-Stadt)
SGF	Systematische Gesetzessammlung des Kantons Freiburg
SGGVP	St. Gallische Gerichts- und Verwaltungspraxis (St. Gallen)
SGS	Systematische Gesetzessammlung (gefolgt von der amtlichen Abkürzung des Kantons [Bsp.: SGS BL])
sGS	Systematische Gesetzessammlung des Kantons St. Gallen
SHAB	Schweizerisches Handelsamtsblatt (Bern)
SHIV	Schweizerischer Handels- und Industrie-Verein (Vorort)
SHR	Schaffhauser Rechtsbuch
SIA	Schweizerischer Ingenieur- und Architekten-Verein
SIB	Securities and Investment Board (GB)
sic!	Zeitschrift für Immaterialgüter-, Informations- und Wettbewerbsrecht (Zürich)
SICAF	Société d'investissement à capital fixe
SICAV	Société d'investissement à capital variable

Abkürzungsverzeichnis

SIS	SIS SegaInterSettle AG (vormals SEGA, Schweizerische Effekten-Giro AG)
SJ	La semaine judiciaire (Genf)
SJK	Schweizerische Juristische Kartothek (Genf)
SJZ	Schweizerische Juristen-Zeitung (Zürich)
SMI	Schweizerische Mitteilungen zum Immaterialgüterrecht (Zürich)
SNB	Schweizerische Nationalbank
SNV	Schweizerischer Notarenverband
SOG	Solothurnische Gerichtspraxis (Solothurn)
sog.	sogenannt
spez.	speziell
SPR	Schweizerisches Privatrecht (Basel)
SR	Systematische Sammlung des Bundesrechts
SRK	Eidgenössische Steuerrekurskommission
SRL	Systematische Rechtssammlung des Kantons Luzern
SRO	Self Regulating Organisation
SRSZ	Schwyzer Gesetzessammlung
SSA	Schriften zum schweizerischen Arbeitsrecht (Bern)
SSBR	Schweizer Schriften zum Bankrecht (Zürich)
SSHW	Schweizer Schriften zum Handels- und Wirtschaftsrecht (Zürich)
SSTR	Schriftenreihe der Treuhand- und Revisionskammer (Zürich)
ST	Der Schweizer Treuhänder (Zürich)
StE	Der Steuerentscheid (Basel)
StenBull	Amtliches stenographisches Bulletin der Bundesversammlung (seit 1967: AmtlBull)
StG	Bundesgesetz über die Stempelabgaben vom 27. Juni 1973 (*Stempelabgabegesetz*), SR 641.10; auch: Steuergesetz (gefolgt von der amtlichen Abkürzung des Kantons [Bsp.: StG ZH]
StGB	Schweizerisches Strafgesetzbuch vom 21. Dezember 1937, SR 311.0
StHG	Bundesgesetz über die Harmonisierung der direkten Steuern der Kantone und Gemeinden vom 14. Dezember 1990 (*Steuerharmonisierungsgesetz*), SR 642.14
StPO	Strafprozessordnung (gefolgt von der amtlichen Abkürzung des Kantons [Bsp.: StPO ZH])

StR	Ständerat; in Zusammenhang mit Zitaten: Steuer Revue (Muri bei Bern)
str.	streitig
StV	Verordnung über die Stempelabgaben vom 3. Dezember 1973, SR 641.101
SUVA	Schweizerische Unfallversicherungsanstalt
SVZ	Schweizerische Versicherungs-Zeitschrift (Bern, etc.)
SWX	Schweizer Börse (Swiss Exchange), ehemals Elektronische Börse Schweiz (EBS)
SZW	Schweizerische Zeitschrift für Wirtschaftsrecht (Zürich; bis 1989: SAG)
TC	Tribunal cantonal (gefolgt von der amtlichen Abkürzung des Kantons [Bsp.: TC VD])
u.	unten
u.a.	und andere(s); unter anderem (anderen)
u.Ä.	und Ähnliche(s)
u.a.m.	und andere(s) mehr
u.E.	unseres Erachtens
u.U.	unter Umständen
UCC	Uniform Commercial Code, hrsg. von The American Law Institute und National Conference of Commissioners on Uniform State Laws
UEV-UEK	Verordnung der Übernahmekommission über öffentliche Kaufangebote vom 21. Juli 1997, SR 954.195.1
UmwG	(deutsches) Umwandlungsgesetz vom 28. Oktober 1994
URG	Bundesgesetz über das Urheberrecht und verwandte Schutzrechte vom 9. Oktober 1992, SR 231.1
UrhG	(deutsches) Gesetz über Urheberrecht und verwandte Schutzrechte vom 9. September 1965
US-GAAP	Generally Accepted Accounting Principles in the United States, hrsg. vom Financial Accounting Standards Board
US-SA	(amerikanischer) Securities Act von 1933, 15 U.S.C. 77a et seq.
US-SEA	(amerikanischer) Securities Exchange Act von 1934, 15 U.S.C. 78a et seq.
usw.	und so weiter
UV	Umlaufvermögen
UVG	Bundesgesetz über die Unfallversicherung vom 20. März 1981, SR 832.20

Abkürzungsverzeichnis

UWG	Bundesgesetz gegen den unlauteren Wettbewerb vom 19. Dezember 1986, SR 241
V	Verordnung
v.a.	vor allem
VAG	Bundesgesetz betreffend die Aufsicht über die privaten Versicherungseinrichtungen vom 23. Juni 1978, SR 961.01
VE	Vorentwurf
VE FusG	Vorentwurf FusG (vgl. Materialienverzeichnis)
VE GmbH	Vorentwurf GmbH-Recht (vgl. Materialienverzeichnis)
VEB	Verwaltungspraxis der Bundesbehörden (Bern; bis 1964/65, nachher VPB)
VG	Bundesgesetz über die Verantwortlichkeit des Bundes sowie seiner Behördenmitglieder und Beamten vom 14. März 1958, SR 170.32
VGer	Verwaltungsgericht
vgl.	vergleiche
VKK	Veröffentlichung der Schweizerischen Kartellkommission (Zürich; bis 1986)
VKKP	Veröffentlichung der schweizerischen Kartellkommission und des Preisüberwachers (Bern; ab 1997: RPW)
VKU	Verordnung über die Kontrolle von Unternehmenszusammenschlüssen vom 17. Juni 1996, SR 251.4
VMWG	Verordnung über die Miete und Pacht von Wohn- und Geschäftsräumen vom 9. Mai 1990, SR 221.213.11
Vorbem.	Vorbemerkung(en)
VPA	Vereinigung der privaten Aktiengesellschaften
VPB	Verwaltungspraxis der Bundesbehörden (Bern, ab 1964/65; früher VEB)
VR	Verwaltungsrat
vs.	versus (= gegen)
VSB	Vereinbarung über die Standesregeln zur Sorgfaltspflicht der Banken vom 2. Dezember 2002
VSHAB	Verordnung über das Schweizerische Handelsamtsblatt vom 7. Juni 1937, SR 221.415
VStG	Bundesgesetz über die Verrechnungssteuer vom 13. Oktober 1965 (*Verrechnungssteuergesetz*), SR 642.21
VStrR	Bundesgesetz über das Verwaltungsstrafrecht vom 22. März 1974 (*Verwaltungsstrafrechtsgesetz*), SR 313.0

VStV	Vollziehungsverordnung zum Bundesgesetz über die Verrechnungssteuer vom 19. Dezember 1966 (*Verrechnungssteuerverordnung*), SR 642.221
VV	Vollziehungsverordnung
VVAG	Verordnung des Bundesgerichts über die Pfändung und die Verwaltung von Anteilen an Gemeinschaftsvermögen vom 17. Januar 1923
VVG	Bundesgesetz über den Versicherungsvertrag vom 2. April 1908, SR 221.229.1
VwVG	Bundesgesetz über das Verwaltungsverfahren vom 20. Dezember 1968, SR 172.021
WAK	Kommission für Wirtschaft und Abgaben (Bern)
Weko	Wettbewerbskommission
WKR	Übereinkommen der Vereinten Nationen über Verträge über den internationalen Warenkauf vom 11. April 1980 (Wiener Kaufrecht; United Nations Convention on Contracts for the International Sale of Goods [CISG])
WL	Wegleitung
WM	Wertpapier-Mitteilungen (Frankfurt a.M.)
WuB	Entscheidsammlung zum Wirtschafts- und Bankrecht
WuR	Wirtschaft und Recht (Zürich)
z.B.	zum Beispiel
z.T.	zum Teil
ZBB	Zeitschrift für Bankrecht und Bankwirtschaft (Köln)
ZBGR	Schweizerische Zeitschrift für Beurkundungs- und Grundbuchrecht (Wädenswil)
ZBJV	Zeitschrift des Bernischen Juristenvereins (Bern)
ZBl	Schweizerisches Zentralblatt für Staats- und Verwaltungsrecht (Zürich)
ZBR	Zürcher Beiträge zur Rechtswissenschaft (Zürich)
ZGB	Schweizerisches Zivilgesetzbuch vom 10. Dezember 1907, SR 210
ZGR	Zeitschrift für Unternehmens- und Gesellschaftsrecht (Frankfurt a.M.)
ZGRG	Zeitschrift für Gesetzgebung und Rechsprechung in Graubünden (Chur)
ZHR	Zeitschrift für das gesamte Handelsrecht (Heidelberg; seit 1962: Zeitschrift für das gesamte Handels- und Wirtschaftsrecht)
Ziff.	Ziffer

Abkürzungsverzeichnis

ZIP	Zeitschrift für Wirtschaftsrecht und Insolvenzpraxis (Köln)
zit.	zitiert
ZivGer	Zivilgericht
ZK	Zürcher Kommentar (Zürich) (vgl. Literaturverzeichnis)
ZPO	Zivilprozessordnung (gefolgt von der amtlichen Abkürzung des Kantons [Bsp.: ZPO ZH])
ZR	Blätter für Zürcherische Rechtsprechung (Zürich)
ZSR	Zeitschrift für Schweizerisches Recht (Basel)
ZStP	Zürcher Studien zum Privatrecht (Zürich); auch: Zürcher Steuerpraxis (Zürich)
ZStR	Schweizerische Zeitschrift für Strafrecht (Bern)
ZVglRWiss	Zeitschrift für vergleichende Rechtswissenschaft (Heidelberg)
ZWR	Zeitschrift für Walliser Rechtsprechung (Sion)

Literaturverzeichnis

AGNER/DIGERONIMO/ NEUHAUS/STEINMANN	Peter Agner/Angelo Digeronimo/Hans-Jürg Neuhaus/ Gotthard Steinmann, Kommentar zum Gesetz über die direkte Bundessteuer, Ergänzungsband, Zürich 2000
AGNER/JUNG/STEINMANN	Peter Agner/Beat Jung/Gotthard Steinmann, Kommentar zum Gesetz über die direkte Bundessteuer, Zürich 1995
ALBISETTI/BOEMLE/ EHRSAM/GSELL/ NYFFELER/RUTSCHI	Emilio Albisetti/Max Boemle/Paul Ehrsam/Max Gsell/ Paul Nyffeler/Ernst Rutschi, Handbuch des Geld-, Bank- und Börsenwesens der Schweiz, 4. Aufl., Thun 1987
ATHANAS/KUHN	Peter Athanas/Stephan Kuhn, Übersicht und Fallbeispiele zur steuerlichen Behandlung von Unternehmensteilungen, Basel 1998
BAUMGARTNER	Ivo Baumgartner, Umstrukturierungen und Vermögensübertragungen im Mehrwertsteuerrecht, FStR 2001, 37 ff.
BEHNISCH, Umstrukturierung	Urs R. Behnisch, Die Umstrukturierung von Kapitalgesellschaften, Basel 1996
BEHNISCH, ASA 71 (2002/2003)	Urs R. Behnisch, Spaltung im Recht der direkten Steuern, ASA 71 (2002/2003), 711 ff.
BERETTA	Piera Beretta, Vertragsübertragungen im Anwendungsbereich des geplanten Fusionsgesetzes, SJZ 2002, 249 ff.
Berner GestG Kommentar-BEARBEITER/IN	Franz Kellerhals/Nicolas von Werdt/Andreas Güngerich (Hrsg.), Gerichtsstandsgesetz, Kommentar zum Bundesgesetz über den Gerichtsstand in Zivilsachen, Bern 2001
BERTSCHINGER	Urs Bertschinger, Spaltungsvertrag und Vermögensübertragungsvertrag gemäss Fusionsgesetz – neue Nominatkontrakte, in: Honsell/Portmann/Zäch/Zobl (Hrsg.), Aktuelle Aspekte des Schuld- und Sachenrechts, FS Rey, Zürich 2003, 359 ff.
BESSENICH	Balthasar Bessenich, Gedanken zur Einführung der Spaltung im schweizerischen Aktienrecht, SZW 1992, 157 ff.
BF 03	Luc Thévenoz/Urs Zulauf, Bank- und Finanzmarktrecht 2003, Regulierung und Selbstregulierung der Banken, Börsen, Effektenhändler, Anlagefonds und Finanzmärkte in der Schweiz, Zürich 2003
BK-BEARBEITER/IN	Berner Kommentar zum Schweizerischen Privatrecht, Bern ab 1910, unterschiedliche Auflagen, die Nachweise beziehen sich auf die laufende Auflage
BLUMENSTEIN/LOCHER	Ernst Blumenstein/Peter Locher, System des Steuerrechts, 6. Aufl., Zürich 2002
BÖCKLI, Aktienrecht	Peter Böckli, Schweizer Aktienrecht, 3. Aufl., Zürich 2004

Literaturverzeichnis

BÖCKLI, Gewährleistungen	Peter Böckli, Gewährleistungen und Garantien in Unternehmenskaufverträgen, in: Tschäni (Hrsg.), Mergers & Acquisitions, Zürich 1998, 59 ff.
BODMER/KLEINER/LUTZ	Daniel Bodmer/Beat Kleiner/Benno Lutz, Kommentar zum schweizerischen Bankengesetz, 13. Nachl., Zürich 2002
BSK GestG-BEARBEITER/IN	Basler Kommentar zum Schweizerischen Zivilprozessrecht – Bundesgesetz über den Gerichtsstand in Zivilsachen (GestG) mit Kommentierung von Art. 30 Abs. 2 BV, Basel/Genf/München 2001
BSK IPRG-BEARBEITER/IN	Basler Kommentar zum Schweizerischen Privatrecht, Internationales Privatrecht, Basel 1996
BSK Kapitalmarktrecht-BEARBEITER/IN	Basler Kommentar zum Schweizerischen Kapitalmarktrecht, Bundesgesetz über die Börsen und den Effektenhandel (Börsengesetz, BEHG), Bundesgesetz über die Anlagefonds (Anlagefondsgesetz, AFG), Art. 161, 161bis, 305bis, 305ter Strafgesetzbuch, Basel/Genf/München 1999
BSK OR I-BEARBEITER/IN	Basler Kommentar zum Schweizerischen Privatrecht, Obligationenrecht I (Art. 1–529 OR), 3. Aufl., Basel/Genf/München 2003
BSK OR II-BEARBEITER/IN	Basler Kommentar zum Schweizerischen Privatrecht, Obligationenrecht II (Art. 530–1186 OR), 2. Aufl., Basel/Genf/München 2002
BSK SchKG I-BEARBEITER/IN	Basler Kommentar zum Bundesgesetz über Schuldbetreibung und Konkurs, SchKG I (Art. 1–87), Basel 1998
BSK SchKG II-BEARBEITER/IN	Basler Kommentar zum Bundesgesetz über Schuldbetreibung und Konkurs, SchKG II (Art. 88–220), Basel 1998
BSK SchKG III-BEARBEITER/IN	Basler Kommentar zum Bundesgesetz über Schuldbetreibung und Konkurs, SchKG III (Art. 221–352, Nebenerlasse), Basel 1998
BSK ZGB I-BEARBEITER/IN	Basler Kommentar zum Schweizerischen Privatrecht, Zivilgesetzbuch I (Art. 1–456 ZGB), 2. Aufl., Basel/Genf/München 2002
BSK ZGB II-BEARBEITER/IN	Basler Kommentar zum Schweizerischen Privatrecht, Zivilgesetzbuch II (Art. 457–977 ZGB, Art. 1–61 SchlT ZGB), 2. Aufl., Basel/Genf/München 2003
BUCHER	Eugen Bucher, Schweizerisches Obligationenrecht, Allgemeiner Teil, 2. Aufl., Zürich 1988
BÜCHI	Raffael Büchi, Spin-off, Rechtliche Aspekte von Abspaltungen bei Publikumsgesellschaften, Diss. Bern 2001
VON BÜREN/STOFFEL/SCHNYDER/CHRISTEN-WESTENBERG	Roland von Büren/Walter A. Stoffel/Anton K. Schnyder/Catherine Christen-Westenberg, Aktienrecht, Zürich 2000

Literaturverzeichnis

CAGIANUT/HÖHN	Francis Cagianut/Ernst Höhn, Unternehmungssteuerrecht, 3. Aufl., Bern/Stuttgart/Wien 1993
CAMENZIND/HONAUER/ VALLENDER	Alois Camenzind/Niklaus Honauer/Klaus A. Vallender, Handbuch zum Mehrwertsteuergesetz (MWSTG), 2. Aufl., Bern/Stuttgart/Wien 2003
CUENDET	André Cuendet, La fusion par absorption, en particulier le contrat de fusion, dans le droit suisse de la société anonyme, Diss. Neuenburg, Bern 1974
VON DER CRONE	Hans Caspar von der Crone, Unternehmensübernahmen und Börsenrecht, in: Tschäni (Hrsg.), Mergers & Acquisitions II, Zürich 2000, 157 ff.
VON DER CRONE ET AL.	Hans Caspar von der Crone/Andreas Gersbach/Franz J. Kessler/Martin Dietrich/Katja Berlinger, Das Fusionsgesetz, Zürich 2004
DRUEY/VOGEL	Jean Nicolas Druey/Alexander Vogel, Das schweizerische Konzernrecht in der Praxis der Gerichte, Zürich 1999
FORSTMOSER, Aktienrecht	Peter Forstmoser, Schweizerisches Aktienrecht, Bd. I, Zürich 1981
FORSTMOSER, Verantwortlichkeit	Peter Forstmoser, Die aktienrechtliche Verantwortlichkeit, 2. Aufl., Zürich 1987
FORSTMOSER, FS Keller	Peter Forstmoser, Sachausschüttungen im Gesellschaftsrecht, in: Peter Forstmoser/Anton Heini/Hans Giger/Walter R. Schluep (Hrsg.), FS Keller, Zürich 1989, 701 ff.
FORSTMOSER/MEIER-HAYOZ/NOBEL	Peter Forstmoser/Arthur Meier-Hayoz/Peter Nobel, Schweizerisches Aktienrecht, Bern 1996
GAUCH/SCHLUEP/REY	Peter Gauch/Walter R. Schluep/Jörg Schmid/Heinz Rey (Hrsg.), Schweizerisches Obligationenrecht, Allgemeiner Teil, Bd. II, 8. Aufl., Zürich 2003
GAUCH/SCHLUEP/SCHMID	Peter Gauch/Walter R. Schluep/Jörg Schmid/Heinz Rey (Hrsg.), Schweizerisches Obligationenrecht, Allgemeiner Teil, Bd. I, 8. Aufl., Zürich 2003
GLANZMANN	Lukas Glanzmann, Die Kontinuität der Mitgliedschaft im neuen Fusionsgesetz, AJP 2004, 139 ff.
VON GREYERZ	Christoph von Greyerz, Die Aktiengesellschaft, SPR VIII/2, Basel 1982
GRONER	Roger Groner, Barabfindungsfusion (Cash Out-Merger), SJZ 2003, 393 ff.
GUHL-KOLLER GUHL-SCHNYDER GUHL-DRUEY	Theo Guhl/Alfred Koller/Anton K. Schnyder/Jean Nicolas Druey, Das Schweizerische Obligationenrecht, 9. Aufl., Zürich 2000
GzA	Grundsätze zur Abschlussprüfung, Ausgabe 2001, publiziert von der Treuhand-Kammer, Zürich 2001

Literaturverzeichnis

HÄFELIN/MÜLLER	Ulrich Häfelin/Georg Müller, Grundriss des Allgemeinen Verwaltungsrechts, 4. Aufl., Zürich 2002
Handkommentar FusG-BEARBEITER/IN	Baker & McKenzie (Hrsg.), Stämpflis Handkommentar zum Fusionsgesetz, Bern 2003
HANDSCHIN, Konzern	Lukas Handschin, Der Konzern im geltenden schweizerischen Privatrecht, Zürich 1994
HANDSCHIN, GmbH	Lukas Handschin, Die GmbH: Ein Grundriss, Zürich 1996
HÖHN/WALDBURGER, Grundlagen	Ernst Höhn/Robert Waldburger, Steuerrecht, Grundlagen – Grundbegriffe, Bd. 1, 9. Aufl., Bern 2001
HÖHN/WALDBURGER, Steuern	Ernst Höhn/Robert Waldburger, Steuerrecht, Steuern bei Vermögen, Erwerbstätigkeit, Unternehmen, Vorsorge, Versicherung, Bd. 2, 9. Aufl., Bern 2002
HÜFFER	Uwe Hüffer, Aktiengesetz, 5. Aufl., München 2002
HWP	Treuhandkammer, Schweizerische Kammer der Wirtschaftsprüfer, Steuer- und Treuhandexperten, Schweizer Handbuch der Wirtschaftsprüfung 1998, Bde. I–IV, Zürich 1998
IPRG Kommentar-BEARBEITER/IN	IPRG Kommentar, Kommentar zum Bundesgesetz über das Internationale Privatrecht (IPRG) vom 1. Januar 1989, Zürich 1993
ISLER/VON SALIS-LÜTOLF	Peter Isler/Ulysses von Salis-Lütolf, Fusionen nach dem neuen Fusionsgesetz, ZSR 2004 I 9 ff.
JÄGGI/DRUEY/ VON GREYERZ	Peter Jäggi/Jean Nicolas Druey/Christoph von Greyerz, Wertpapierrecht unter besonderer Berücksichtigung von Wechsel und Check, Basel/Frankfurt a.M. 1985
KALLMEYER-BEARBEITER/IN	Kallmeyer (Hrsg.), Umwandlungsgesetz, Kommentar: Verschmelzung, Spaltung und Formwechsel bei Handelsgesellschaften, 2. Aufl., Köln 2001
KÄNZIG	Ernst Känzig, Die direkte Bundessteuer (Wehrsteuer), II. Teil (Art. 48–64 BdBSt), 2. Aufl., Basel 1992
KG Kommentar-BEARBEITER/IN	Eric Homburger/Bruno Schmidhauser/Franz Hoffet/Patrik Ducrey (Hrsg.), Kommentar zum schweizerischen Kartellgesetz, Zürich 1997
KLÄY	Hanspeter Kläy, Das Fusionsgesetz – ein Überblick, BN 2004, 185
KLÄY/TURIN	Hanspeter Kläy/Nicholas Turin, Der Entwurf zum Fusionsgesetz, REPRAX 1/2001, 1 ff.
KLÖTI-WEBER/SIEGRIST/ WEBER	Marianne Klöti-Weber/Dave Siegrist/Dieter Weber, Kommentar zum Aargauer Steuergesetz, 2 Bde., 2. Aufl., Muri bei Bern 2004
KOLLER	Alfred Koller, Schweizerisches Obligationenrecht, Allgemeiner Teil, Bd. I, Bern 1996

Literaturverzeichnis

Kommentar GestG-BEARBEITER/IN	Thomas Müller/Markus Wirth (Hrsg.), Gerichtsstandsgesetz, Kommentar zum Bundesgesetz über den Gerichtsstand in Zivilsachen, Zürich 2001
Kommission Steuerharmonisierung	Kommission Steuerharmonisierung der Konferenz Staatlicher Steuerbeamter, Harmonisierung des Unternehmenssteuerrechts, Muri bei Bern 1995
KÜNG/HUBER/KUSTER	Manfred Küng/Felix M. Huber/Matthias Kuster, Kommentar zum Börsengesetz, Bde. I und II, Zürich 1998
KÜRY	Annelies Küry, Die Universalsukzession bei der Fusion von Aktiengesellschaften, Diss. Basel 1962
LOCHER, Internationales Steuerrecht	Peter Locher, Einführung in das internationale Steuerrecht der Schweiz, 2. Aufl., Bern 2000
LOCHER, Kommentar DBG	Peter Locher, Kommentar zum DBG, Bundesgesetz über die direkte Bundessteuer, Teil I (Art. 1–48 DBG), Therwil/Basel 2001; Teil II (Art. 49–101 DBG), Therwil/Basel 2004
LOCHER, ASA 71 (2002/2003)	Peter Locher, Steuerrechtliche Folgen des Fusionsgesetzes im Recht der direkten Steuern: Zur Einführung, ASA 71 (2002/2003), 673 ff.
LOCHER/AMONN	Peter Locher/Toni Amonn, Vermögensübertragungen im Recht der direkten Steuern, ASA 71 (2002/2003), 763 ff.
LUTTER-BEARBEITER/IN	Marcus Lutter (Hrsg.), Umwandlungsgesetz: Kommentar, Bde. I und II, 2. Aufl., Köln 2000
MALACRIDA	Ralph Malacrida, Spaltung von Gesellschaften, ZSR 2004 I 39 ff.
MEIER-HAYOZ/FORSTMOSER	Arthur Meier-Hayoz/Peter Forstmoser, Schweizerisches Gesellschaftsrecht, 9. Aufl., Bern 2004
MEIER-HAYOZ/VON DER CRONE	Arthur Meier-Hayoz/Hans Caspar von der Crone, Wertpapierrecht, 2. Aufl., Bern 2000
MEIER-SCHATZ, Fusionsgesetz und KMU	Christian J. Meier-Schatz, Fusionsgesetz und KMU, in: Meier-Schatz (Hrsg.), Fusionsgesetz: Bundesgesetz über die Fusion, Spaltung und Umwandlung von Rechtsträgern, ZBJV Sonderband 135bis, Bern 1999, 29 ff.
MEIER-SCHATZ, Fusionsgesetz	Christian J. Meier-Schatz, Das neue Fusionsgesetz, Zürich 2000
MELLINGER	Lutz Mellinger, Die Fusion von Aktiengesellschaften im schweizerischen und deutschen Recht, Diss. Zürich 1971
METZGER	Dieter Metzger, Kurzkommentar zum Mehrwertsteuergesetz, Muri bei Bern 2000
MK-BEARBEITER/IN	Münchner Kommentar zum Bürgerlichen Gesetzbuch, 2. Aufl., München ab 1984
mwst.com-BEARBEITER/IN	Kompetenzzentrum MWST der Treuhand-Kammer (Hrsg.), mwst.com – Kommentar zum Bundesgesetz über die Mehrwertsteuer, Basel/Genf/München 2000

Literaturverzeichnis

NOBEL, Aktienrechtliche Entscheide	Peter Nobel, Aktienrechtliche Entscheide, Praxis zum Schweizerischen Aktienrecht, 2. Aufl., Bern 1991
NOBEL, Finanzmarktrecht	Peter Nobel, Schweizerisches Finanzmarktrecht, Bern 1997
NOBEL, Übernahme	Peter Nobel, Übernahme von Publikumsgesellschaften oder: Die Zielgesellschaft als «Target», Zürich 1998
NUFER	Marc Nufer, Die Europakompatibilität des neuen schweizerischen Fusionsgesetzes, in: Baudenbacher (Hrsg.), Aktuelle Probleme des Europäischen und Internationalen Wirtschaftsrecht, Bd. 4, Basel/Genf/München 2002, 539 ff.
OBERSON	Xavier Oberson, Droit fiscal suisse, 2. Aufl., Basel 2002
OFTINGER/STARK, I	Karl Oftinger/Emil W. Stark, Schweizerisches Haftpflichtrecht, Bd. I, Allgemeiner Teil, 5. Aufl., Zürich 1995
OFTINGER/STARK, II/1	Karl Oftinger/Emil W. Stark, Schweizerisches Haftpflichtrecht, Bd. II/1, Besonderer Teil, 4. Aufl., Zürich 1987
OFTINGER/STARK, II/2	Karl Oftinger/Emil W. Stark, Schweizerisches Haftpflichtrecht, Bd. II/2, Besonderer Teil, 4. Aufl., Zürich 1989
OFTINGER/STARK, II/3	Karl Oftinger/Emil W. Stark, Schweizerisches Haftpflichtrecht, Bd. II/3, Besonderer Teil, 4. Aufl., Zürich 1991
OR Handkommentar-BEARBEITER/IN	Jolanta Kostkiewicz/Urs Bertschinger/Peter Breitschmid/Ivo Schwander (Hrsg.), OR Handkommentar, Zürich 2002
PATRY, Précis de droit suisse des sociétés	Robert Patry, Précis de droit suisse des sociétés, Bd. I, Bern 1976, Bd. II, Bern 1977
PATRY, SPR VIII/1	Robert Patry, Grundlagen des Handelsrechts, SPR VIII/1, Basel/Stuttgart 1976
PFUND	W. Robert Pfund, Die Eidgenössische Verrechnungssteuer, I. Teil (Art. 1–20 VStG), Basel 1971
PFUND/ZWAHLEN	W. Robert Pfund/Bernhard Zwahlen, Die Eidgenössische Verrechnungssteuer, II. Teil (Art. 21–33 VStG), Basel 1985
VON PLANTA	Thomas von Planta, Der Schutz der Aktionäre bei der Kapitalerhöhung, Diss. Basel 1992
PULVER	Urs Pulver, Börsenmässige Optionsgeschäfte, Diss. Zürich 1987
REBSAMEN	Karl Rebsamen, Das Handelsregister, 2. Aufl., Zürich 1999
RECORDON	Pierre-Alain Recordon, La protection des actionnaires lors des fusions et scissions de sociétés en droit suisse et en droit français, Diss. Genf 1974
REICH, Realisation	Markus Reich, Die Realisation stiller Reserven im Bilanzsteuerrecht, Habil. Zürich 1983

REICH, Grundriss	Markus Reich, Grundriss der Steuerfolgen von Unternehmensumstrukturierungen, Basel 2000
REICH, FStR 2001	Markus Reich, Steuerrechtliche Aspekte des Fusionsgesetzes, FStR 2001, 4 ff.
REICH, ZSR 2004 I	Markus Reich, Steuern I (Grundlagen, Fusion und Quasifusion), ZSR 2004 I 109 ff.
REICH/DUSS	Markus Reich/Marco Duss, Unternehmensumstrukturierungen im Steuerrecht, Basel 1996
REIMANN/ZUPPINGER/ SCHÄRRER	August Reimann/Ferdinand Zuppinger/Erwin Schärrer, Kommentar zum Zürcher Steuergesetz, Bde. I–IV, Bern 1961, 1963, 1966 und 1969
RICHNER/FREI/KAUFMANN, Kommentar ZH	Felix Richner/Walter Frei/Stefan Kaufmann, Kommentar zum harmonisierten Zürcher Steuergesetz, Zürich 1999
RICHNER/FREI/KAUFMANN, Ergänzungsband ZH	Felix Richner/Walter Frei/Stefan Kaufmann, Kommentar zum harmonisierten Zürcher Steuergesetz, Ergänzungsband, Zürich 2001
RICHNER/FREI/KAUFMANN, Handkommentar DBG	Felix Richner/Walter Frei/Stefan Kaufmann, Handkommentar zum DBG, Zürich 2003
VON SALIS-LÜTOLF	Ulysses von Salis-Lütolf, Fusionsgesetz, Zürich 2/2004, www.fusionsgesetz.ch
SCHENKER	Urs Schenker, Due Diligence beim Unternehmenskaufvertrag, in: Tschäni (Hrsg.), Mergers & Acquisitions III, Zürich 2001, 209 ff.
SCHERRER	Frank Scherrer, Das europäische und das schweizerische Fusionskontrollverfahren, Zürich 1996
SCHMITT/HÖRTNAGL/ STRATZ	Joachim Schmitt/Robert Hörtnagl/Rolf-Christian Stratz (Hrsg.), Kommentar zum Umwandlungsgesetz, Umwandlungssteuergesetz, 3. Aufl., München 2001
SCHNYDER	Anton K. Schnyder, Internationale Transaktionen unter dem Vorentwurf zu einem Fusionsgesetz, in: Meier-Schatz (Hrsg.), Fusionsgesetz: Bundesgesetz über die Fusion, Spaltung und Umwandlung von Rechtsträgern, ZBJV Sonderband 135bis, Bern 1999, 60 ff.
SCHWEDHELM	Rolf Schwedhelm, Die Unternehmensumwandlung: Verschmelzung, Spaltung, Formwechsel, Einbringung, Köln 1999
SCHWENZER	Ingeborg Schwenzer, Schweizerisches Obligationenrecht, Allgemeiner Teil, 3. Aufl., Bern 2003
SEMLER/STENGEL-BEARBEITER/IN	Johannes Semler/Arndt Stengel (Hrsg.), Beck'sche Kurzkommentare, Bd. 56, Umwandlungsgesetz, München 2003
SIMONEK	Madeleine Simonek, Steuern II (Umwandlung, Spaltung und Vermögensübertragung), ZSR 2004 I 135 ff.

Literaturverzeichnis

SOMMER	Patrick Sommer, Praxis der Schweizer Fusionskontrolle, Zürich 2001
SPORI/GERBER	Peter Spori/Reto Gerber, Fusionen und Quasifusionen im Recht der direkten Steuern, ASA 71 (2002/2003), 689 ff.
VON STEIGER	Werner von Steiger, Gesellschaftsrecht, SPR VIII/1, Basel/Stuttgart 1976
STOCKAR	Conrad Stockar, Übersicht und Fallbeispiele zu den Stempelabgaben und zur Verrechnungssteuer, 3. Aufl., Basel 2000
STOCKAR/HOCHREUTENER	Conrad Stockar/Hans Peter Hochreutener, Die Praxis der Bundessteuern, II. Teil: Stempelabgaben (Bd. 1) und Verrechnungssteuer (Bd. 2), Basel (Loseblattausgabe)
TERCIER, Code des Obligations	Pierre Tercier, La partie spéciale du Code des Obligations, Zürich 1988
TERCIER, Contrats spéciaux	Pierre Tercier, Les contrats spéciaux, 3. Aufl., Zürich 2003
TSCHÄNI, Übernahmeformen	Rudolf Tschäni, Übernahme- und Zusammenschlussformen, in: Tschäni (Hrsg.), Mergers & Acquisitions, Zürich 1998, 1 ff.
TSCHÄNI, M&A-Transaktionen	Rudolf Tschäni, M&A-Transaktionen nach Schweizer Recht, Zürich 2003
TSCHÄNI, ZSR 2004 I	Rudolf Tschäni, Vermögensübertragung, ZSR 2004 I 83 ff.
VON TUHR/ESCHER	Andreas von Tuhr/Arnold Escher, Allgemeiner Teil des schweizerischen Obligationenrechts, Bd. 2, 3. Aufl., Zürich 1974
VON TUHR/PETER	Andreas von Tuhr/Hans Peter, Allgemeiner Teil des schweizerischen Obligationenrechts, Bd. 1, 3. Aufl., Zürich 1979
TUOR/SCHNYDER/SCHMID/RUMO-JUNGO	Peter Tuor/Bernhard Schnyder/Jörg Schmid/Alexandra Rumo-Jungo, Das Schweizerische Zivilgesetzbuch, 12. Aufl., Zürich 2002
TURIN	Nicholas Turin, Le transfer de patrimoine selon le projet de loi sur la fusion, Diss. Neuenburg, Basel/Genf/München 2003
VISCHER, BJM 1999	Frank Vischer, Fusionsgesetz, BJM 1999, 289 ff.
VISCHER, Einführung	Frank Vischer, Einführung in das Fusionsgesetz, in: Meier-Schatz (Hrsg.), Fusionsgesetz: Bundesgesetz über die Fusion, Spaltung und Umwandlung von Rechtsträgern, ZBJV Sonderband 135bis, Bern 1999, 9 ff.
WALKER	Beat Walker, Umstrukturierungen und Steuern, Muri bei Bern 2001
WAMISTER	Patrick Wamister, Die Umwandlung, ZSR 2004 I 63 ff.

Literaturverzeichnis

WATTER, Unternehmensübernahmen	Rolf Watter, Unternehmensübernahmen, Habil. Zürich 1990
WATTER, Handlungsmöglichkeiten	Rolf Watter, Pflichten und Handlungsmöglichkeiten des Verwaltungsrates in Übernahmesituationen, in: Tschäni (Hrsg.), Mergers & Acquisitions IV, Zürich 2002, 1 ff.
WATTER/BÜCHI	Rolf Watter/Raffael Büchi, Demergers (Abspaltung) bei der (Publikums-)Gesellschaft, in: Tschäni (Hrsg.), Mergers & Acquisitions V, Zürich 2003, 1 ff.
WEBER	Rolf H. Weber, Öffentliche Unternehmen und Privatisierungen unter dem Fusionsgesetz, in: Meier-Schatz (Hrsg.), Fusionsgesetz: Bundesgesetz über die Fusion, Spaltung und Umwandlung von Rechtsträgern, ZBJV Sonderband 135bis, Bern 1999, 79 ff.
WEBER/BISCHOF	Rolf H. Weber/Judith Bischof, Umstrukturierung und Privatisierung von Instituten des öffentlichen Rechts, Zürich 2002
ZK-BEARBEITER/IN	Zürcher Kommentar zum Schweizerischen Zivilgesetzbuch, Zürich ab 1909, unterschiedliche Auflagen, die Nachweise beziehen sich auf die laufende Auflage
ZK-BEARBEITER/IN	Frank Vischer (Hrsg.), Zürcher Kommentar zum Fusionsgesetz, Zürich 2004
ZUPPINGER/BÖCKLI/ LOCHER/REICH	Ferdinand Zuppinger/Peter Böckli/Peter Locher/Markus Reich, Steuerharmonisierung, Probleme der Harmonisierung der direkten Steuern der Kantone und Gemeinden, Bern 1984
ZUPPINGER/SCHÄRRER/ FESSLER/REICH	Ferdinand Zuppinger/Erwin Schärrer/Ferdinand Fessler/ Markus Reich, Kommentar zum Zürcher Steuergesetz, Ergänzungsband zum Kommentar, 2. Aufl., Bern 1983
BEARBEITER/IN in: Kommentar zum Schweizerischen Steuerrecht I/1	Martin Zweifel/Peter Athanas, Kommentar zum Schweizerischen Steuerrecht, Teil I/Bd. 1, Bundesgesetz über die Harmonisierung der direkten Steuern der Kantone und Gemeinden (StHG), 2. Aufl., Basel/Genf/München 2002
BEARBEITER/IN in: Kommentar zum Schweizerischen Steuerrecht I/2a bzw. b	Martin Zweifel/Peter Athanas, Kommentar zum Schweizerischen Steuerrecht, Teil I/Bde. 2a (Art. 1–82) und 2b (Art. 83–222), Bundesgesetz über die direkte Bundessteuer (DBG), Basel/Genf/München 2000
BEARBEITER/IN in: Kommentar zum Schweizerischen Steuerrecht II/2	Martin Zweifel/Peter Athanas, Maja Bauer-Balmelli, Kommentar zum Schweizerischen Steuerrecht, Teil II/Band 2, Bundesgesetz über die Verrechnungssteuer (VStG), Basel/ Genf/München 2004
ZWICKER, Besondere Regeln, ZSR 2004 I	Stefan Zwicker, Besondere Regeln des Fusionsgesetzes für Stiftungen, Vorsorgeeinrichtungen und Institute des öffentlichen Rechts, ZSR 2004 I 183 ff.
ZWICKER, Prüfung, ZSR 2004 I	Stefan Zwicker, Die Fusions-, Spaltungs- und Umwandlungsprüfung nach dem Fusionsgesetz, ZSR 2004 I 157 ff.

Materialienverzeichnis

AmtlBull NR 2003	Beratungen des Nationalrates zum Fusionsgesetz, Sitzung vom 12. März 2003, AmtlBull NR 2003, 227–255
AmtlBull NR 2003	Beratungen des Nationalrates zum Fusionsgesetz, Sitzung vom 12. März 2003, AmtlBull NR 2003, 266–275
AmtlBull NR 2003	Beratungen des Nationalrates zum Fusionsgesetz, Sitzung vom 16. Juni 2003, AmtlBull NR 2003, 1035–1037
AmtlBull NR 2003	Beratungen des Nationalrates zum Fusionsgesetz, Sitzung vom 3. Oktober 2003, AmtlBull NR 2003, 1745
AmtlBull StR 2001	Beratungen des Ständerates zum Fusionsgesetz, Sitzung vom 21. März 2001, AmtlBull StR 2001, 142–168
AmtlBull StR 2003	Beratungen des Ständerates zum Fusionsgesetz, Sitzung vom 5. Juni 2003, AmtlBull StR 2003, 488–493
AmtlBull StR 2003	Beratungen des Ständerates zum Fusionsgesetz, Sitzung vom 15. September 2003, AmtlBull StR, 728–732
AmtlBull StR 2003	Beratungen des Ständerates zum Fusionsgesetz, Sitzung vom 3. Oktober 2003, AmtlBull StR, 1031
Begleitbericht zum Vorentwurf FusG	Begleitbericht zum Vorentwurf für ein Bundesgesetz über die Fusion, die Spaltung und die Umwandlung von Rechtsträgern (Fusionsgesetz), November 1997
Bericht Steuern 1	Bericht der Arbeitsgruppe Steuern bei Umstrukturierungen, Aktualisierte Fassung, August 1997
Bericht Steuern 2	Bericht der Arbeitsgruppe Steuern bei Umstrukturierungen/Ergebnisse des Vernehmlassungsverfahrens, Eidgenössisches Finanzdepartement, 23. Juni 1999
Botschaft	Botschaft zum Bundesgesetz über Fusion, Spaltung, Umwandlung und Vermögensübertragung (Fusionsgesetz) vom 13. Juni 2000 (BBl 2000, 4337 ff.)
Botschaft AG	Botschaft über die Revision des Aktienrechts vom 23. Februar 1983 (BBl 1983 II 745 ff.), zit. nach Separatdruck
Botschaft BEHG	Botschaft zu einem Bundesgesetz über die Börsen und den Effektenhandel vom 24. Februar 1993 (BBl 1993 I 1369 ff.), zit. nach Separatdruck
Botschaft GmbH	Botschaft zur Revision des Obligationenrechts (GmbH-Recht sowie Anpassungen im Aktien-, Genossenschafts-, Handelsregister- und Firmenrecht) vom 19. Dezember 2001 (BBl 2002, 3148 ff.)

Materialienverzeichnis

Botschaft StHG/DBG	Botschaft zu den Bundesgesetzen über die Harmonisierung der direkten Steuern der Kantone und Gemeinden sowie über die direkte Bundessteuer vom 25. Mai 1983 (BBl 1983 III 1)
Entwurf FusG (E FusG)	Entwurf zu einem Bundesgesetz über Fusion, Spaltung, Umwandlung und Vermögensübertragung (Fusionsgesetz), Juni 2000 (BBl 2000, 4531 ff.)
Mitbericht WAK NR	Mitbericht der Kommission für Wirtschaft und Abgaben des Nationalrates zum Fusionsgesetz vom 3. Juli 2001
Mitbericht WAK StR	Mitbericht der Kommission für Wirtschaft und Abgaben des Ständerates zum Fusionsgesetz vom 9. November 2000
Prot. RK NR	Protokolle der Kommission für Rechtsfragen des Nationalrates zum Fusionsgesetz (Jahre 2002, 2003)
Prot. RK StR	Protokolle der Kommission für Rechtsfragen des Ständerates zum Fusionsgesetz (Jahre 2000, 2001 und 2003)
Prot. WAK NR	Protokolle der Kommission für Wirtschaft und Abgaben des Nationalrates zum Fusionsgesetz (Jahre 2000, 2001)
Prot. WAK StR	Protokolle der Kommission für Wirtschaft und Abgaben des Ständerates zum Fusionsgesetz (Jahr 2000)
Schlussbericht	Groupe de réflexion «Gesellschaftsrecht», Schlussbericht, 24. September 1993
Vernehmlassungen	Zusammenstellung der Vernehmlassungen zum Bundesgesetz über die Fusion, Spaltung und Umwandlung von Rechtsträgern, Bern 1999
Vorentwurf FusG (VE FusG)	Vorentwurf zu einem Bundesgesetz über die Fusion, Spaltung und Umwandlung von Rechtsträgern (Fusionsgesetz), November 1997
Vorentwurf GmbH-Recht (VE GmbH)	Peter Böckli/Peter Forstmoser/Jean-Marc Rapp, Vorentwurf für eine Reform des Rechts der Gesellschaft mit beschränkter Haftung, Vernehmlassungsunterlagen vom April 1999

Fusionsgesetz

vom 3. Oktober 2003

Erstes Kapitel: Gegenstand und Begriffe

Art. 1

Gegenstand

¹ Dieses Gesetz regelt die Anpassung der rechtlichen Strukturen von Kapitalgesellschaften, Kollektiv- und Kommanditgesellschaften, Genossenschaften, Vereinen, Stiftungen und Einzelfirmen im Zusammenhang mit Fusionen, Spaltungen, Umwandlungen und Vermögensübertragungen.

² Es gewährleistet dabei die Rechtssicherheit und Transparenz und schützt Gläubigerinnen und Gläubiger, Arbeitnehmerinnen und Arbeitnehmer sowie Personen mit Minderheitsbeteiligungen.

³ Ferner legt es die privatrechtlichen Voraussetzungen fest, unter welchen Institute des öffentlichen Rechts mit privatrechtlichen Rechtsträgern fusionieren, sich in privatrechtliche Rechtsträger umwandeln oder sich an Vermögensübertragungen beteiligen können.

⁴ Die Vorschriften des Kartellgesetzes vom 6. Oktober 1995 betreffend die Beurteilung von Unternehmenszusammenschlüssen bleiben vorbehalten.

Objet

¹ La présente loi règle l'adaptation des structures juridiques des sociétés de capitaux, des sociétés en nom collectif, des sociétés en commandite, des sociétés coopératives, des associations, des fondations et des entreprises individuelles par voie de fusion, de scission, de transformation et de transfert de patrimoine.

² Elle garantit la sécurité du droit et la transparence tout en protégeant les créanciers, les travailleurs et les personnes disposant de participations minoritaires.

³ En outre, elle pose les conditions de droit privé auxquelles les instituts de droit public peuvent fusionner avec des sujets de droit privé, se transformer en sujets de droit privé ou participer à des transferts de patrimoine.

⁴ Les dispositions de la loi du 6 octobre 1995 sur les cartels concernant l'appréciation des concentrations d'entreprises sont réservées.

Oggetto

¹ La presente legge disciplina l'adeguamento delle strutture giuridiche di società di capitali, società in nome collettivo e in accomandita, società cooperative, associazioni, fondazioni e ditte individuali per fusione, scissione, trasformazione e trasferimento di patrimonio.

² Essa intende garantire la certezza del diritto e la trasparenza, tutelando nel contempo i creditori, i lavoratori dipendenti e i titolari di partecipazioni minoritarie.

³ Stabilisce altresì le condizioni di diritto privato che gli istituti di diritto pubblico devono soddisfare per partecipare a fusioni con soggetti giuridici di diritto privato, per trasformarsi in soggetti giuridici di diritto privato o per partecipare a trasferimenti di patrimonio.

⁴ Sono fatte salve le disposizioni sulla valutazione delle concentrazioni di imprese previste dalla legge del 6 ottobre 1995 sui cartelli.

Art. 1   1. Kapitel: Gegenstand und Begriffe

Inhaltsübersicht   Note

I. Allgemeine Bemerkungen	1
II. Entstehungsgeschichte des Fusionsgesetzes	7
III. Rechtsvergleich	25
1. Europäische Union	26
2. Deutschland	35
IV. Regelungsbereich (Abs. 1)	36
1. Hauptziel des FusG	36
2. Fusion	37
3. Spaltung	40
4. Umwandlung	42
5. Vermögensübertragung	45
6. Keine Erfassung der einfachen Gesellschaft	50
7. Rechtsvergleich	51
V. Zweck (Abs. 2)	56
1. Rechtssicherheit	56
2. Transparenz	57
3. Gläubigerschutz	61
4. Arbeitnehmerschutz	66
5. Schutz von Personen mit Minderheitsbeteiligungen	71
6. Schutz von Stiftungsdestinatären	75
7. Schutz der Versicherten von Vorsorgeeinrichtungen	76
8. Rechtsvergleich	77
VI. Beteiligung von Instituten des öffentlichen Rechts (Abs. 3)	83
1. Privatrechtliche Voraussetzungen (nur) für drei Transaktionsformen	83
2. Keine Spaltung öffentlich-rechtlicher Institute nach FusG	86
3. Privatisierung vs. Verstaatlichung	87
VII. Verhältnis zum KG (Abs. 4)	89
1. Vorbehalt der Vorschriften zur Fusionskontrolle	89
2. Kumulative Anwendung	92
3. Schnittstellenprobleme	94
4. Rechtsvergleich	97

Literatur

R. BÄR, Die Kognition des Handelsregisterführers: Zum Aufsatz von Prof. Dr. Peter Forstmoser in REPRAX 2/1999, REPRAX 1/2000, 53 ff.; CH. BLÄSI, Der Vorentwurf zum Bundesgesetz über die Fusion, die Spaltung und die Umwandlung (Fusionsgesetz) – Ein erster Überblick über die Bestimmungen betreffend das Handelsregister, JbHReg 1998, 99 ff.; R. VON BÜREN, Der Vorentwurf zu einem BG über die Fusion, Spaltung und Umwandlung von Rechtsträgern (Fusionsgesetz) aus Sicht des Gesellschaftsrechts, ZSR 1998 I 299 ff.; R. VON BÜREN/J. BÜRGI, Rechtsformwechselnde Umwandlung einer GmbH in eine AG de lege lata, REPRAX 2/2000, 3 ff.; R. VON BÜREN/T. KINDLER, Der Vorentwurf zu einem neuen Bundesgesetz über die Fusion, Spaltung und Umwandlung von Rechtsträgern (Fusionsgesetz; FusG), SZW 1998, 1 ff.; P. DUCREY, Beziehungen zwischen Fusionsgesetz und Kartellrecht, SZW 2004, 281 ff.; P. FORSTMOSER, Die Kognitionsbefugnis des Handelsregisterführers, REPRAX 2/1999, 1 ff.; DERS., Wer «A» sagt muss auch «B» sagen: Gedanken zur Privatisierungsdebatte, SJZ 2002, 193 ff.; U. GASSER/CH. EGGENBERGER, Vorentwurf zu einem Fusionsgesetz – Grundzüge und ausgewählte Einzelfragen, AJP 1998, 457 ff.; T. KINDLER/ CH. LANG, Flexibles Gesellschaftsrecht – Erleichterte Umstrukturierungen dank neuem Fusionsgesetz, Anwaltsrevue 1998, 4 ff.; H. KLÄY, Das Fusionsgesetz – ein Überblick, BN 2004, 185 ff.; H. KLÄY/N. TURIN, Fusionsgesetz in der Vernehmlassung, ST 1998, 39 ff.; P. LOSER-KROGH, Die Vermögensübertragung, AJP 2000, 1095 ff.; CH. J. MEIER-SCHATZ, Funktion und Recht des Handelsregisters als wirtschaftliches Problem, ZSR 1989 I 433 ff.; DERS., Die Zulässigkeit aussergesetzlicher Rechtsformwechsel im Gesellschaftsrecht, ZSR 1994 I 353 ff.; DERS., Europäisches Gesellschaftsrecht und der Schweizer Vorentwurf für ein Fusionsgesetz, in: Forstmoser/von der Crone/Weber/Zobl (Hrsg.), FS Zäch, Zürich 1999, 539 ff.; DERS., Einführung in das neue Fusionsgesetz, AJP 2002, 514 ff.; CH. M. MEIER-SCHATZ/U. GASSER, Der Vorentwurf zum Fusionsgesetz aus der Sicht der Familienaktiengesellschaft, SZW 1999, 17 ff.; P. NOBEL, Der Vorentwurf zu einem Bundesgesetz über die Fusion, Spaltung und Umwandlung von Rechtsträgern (Fusionsgesetz), ZSR 1998 I 355 ff.; Praxis des Eidg. Amts für das Handelsregister in Fragen betreffend Umwandlungen und rechtsformüberschreitende Fusionen, REPRAX 1/1999, 41 ff.; H. M. RIEMER, Fusionen bei klassischen und Personalvorsorgestiftungen, SZS 1991, 169 ff.; G. THOMI, Fusionsgesetz – Ausgewählte Fragen, in: Ruf/Pfäffli (Hrsg.), FS Verband bernischer Notare, Langenthal 2003, 443 ff.; R. WATTER/U. KÄGI, Der Übergang von Verträgen bei Fusionen, Spaltungen und Vermögensübertragungen, SZW 2004, 231 ff.; M. WINKLER, Arbeitnehmerschutz nach dem Entwurf zum neuen Fusionsgesetz, SJZ 2001, 477 ff.; R. ZÄCH, Schweizerisches Kartellrecht, Bern 1999; ST. ZWICKER, Einführung in das Fusionsgesetz, ZSR 2004 I 3 ff.

I. Allgemeine Bemerkungen

Das FusG erweitert die Handlungsmöglichkeiten für schweizerische Unternehmen im Bereich der Reorganisation ihrer rechtlichen Strukturen wesentlich. Es regelt die **vier Transaktionsformen** der Fusion, der Spaltung, der Umwandlung und der Vermögensübertragung, denen je ein eigenes Kapitel des Gesetzes gewidmet ist (s. N 2). Bei jeder Transaktionsform wird in einer abschliessenden Aufzählung festgelegt, für welche Rechtsträger sie zur Verfügung steht. Die gesetzlichen Regelungen der Transaktionsformen enthalten jeweils detaillierte Bestimmungen über die zu Informations- und Publizitätszwecken erforderlichen Dokumente und über den Verfahrensablauf. Für alle Transaktionsformen gemeinsam werden Eintragungen im Handelsregister und gegebenenfalls im Grundbuch vorgesehen sowie die Überprüfung von Anteilsrechten, die Anfechtung von Transaktionen und die Verantwortlichkeit der beteiligten Personen geregelt. Für die Fusion, die Spaltung und die Umwandlung von KMU sieht das FusG verfahrens- und publizitätsrechtliche Erleichterungen vor, welche die Transaktionskosten senken und speziell bei Familiengesellschaften dem erhöhten Bedürfnis nach Diskretion Rechnung tragen sollen (s. Art. 2 N 19 ff.). Sodann enthält das FusG Erleichterungen für die Fusion von Kapitalgesellschaften im Mutter-Tochter-Verhältnis und bei gemeinsamer Beherrschung (Art. 23 f.).

Das FusG ist ein **Querschnitterlass** überwiegend des Gesellschaftsrechts, eine «Art horizontale gesellschaftsrechtliche Ordnung» (KLÄY/TURIN, REPRAX 1/2001, 7), die neben den Handelsgesellschaften und Genossenschaften auch im Handelsregister eingetragene Einzelfirmen, Vereine, Stiftungen, Vorsorgeeinrichtungen und Institute des öffentlichen Rechts erfasst. Das Merkmal des Querschnitterlasses ist in zweifacher Hinsicht gegeben: Das FusG bringt zum einen eine *rechtsformunabhängige Regulierung*, da es die einzelnen Transaktionsformen grundsätzlich unabhängig von der Rechtsform des betroffenen Unternehmens bzw. Rechtsträgers regelt (Kap. 2–5); Ausnahme hiervon bilden die separaten Bestimmungen für die Umstrukturierung von Stiftungen, Vorsorgeeinrichtungen und Instituten des öffentlichen Rechts (Kap. 6–8). Zum anderen liegt eine *transaktionsformunabhängige Regulierung* vor, da das FusG mehrere gemeinsame, auf sämtliche Transaktionsformen anwendbare Vorschriften enthält (Kap. 1 und 9).

Mit dem FusG soll die Flexibilität bei der rechtlichen Gestaltung von Unternehmensstrukturen erhöht und deren Anpassung an veränderte Umstände und Bedürfnisse erleichtert werden (s. N 36). Die ursprüngliche **Bezeichnung** «Strukturanpassungsgesetz» konnte sich aber, obwohl sachlich richtiger, wegen der Verwechslungsgefahr mit wirtschaftspolitischen Erlassen nicht durchsetzen. Mangels anderweitigem konsensfähigem Oberbegriff für die vier Transaktionsformen des FusG wurde letztlich mit Blick auf die wohl bekannteste Transaktionsform die Kurzbezeichnung «Fusionsgesetz» gewählt.

4   Mit dem FusG wurde ein **Sondergesetz** geschaffen, obwohl seine Bestimmungen als Teil des Privatrechts sachlich in das ZGB und das OR gehören. Angesichts des weiten Geltungsbereichs für zahlreiche Rechtsinstitute, der erheblichen Regelungsdichte der einzelnen Transaktionsformen sowie der Komplexität und dem entsprechend grossen Umfang der Gesetzesvorlage wäre die Gesamtkodifikation von ZGB und OR mit einer Integration der fusionsrechtlichen Bestimmungen wohl überfordert worden. Eine Zuteilung der Regelungen zu den einzelnen Instituten (Stiftung, Verein, Aktiengesellschaft, GmbH usw.) hätte auch den inneren Zusammenhang der Normen und damit die Systematik der Gesetzesvorlage in Frage gestellt. Aus diesen Gründen fand die Schaffung eines Sondergesetzes bereits in der Vernehmlassung grundsätzlich Zustimmung (Vernehmlassungen, 55 ff.). Die vereinzelten kritischen Stimmen argumentierten vorab mit der unnötigen Durchbrechung der bestehenden Kodifikation des Privatrechts und einer daraus resultierenden Beeinträchtigung der Übersichtlichkeit der für die juristischen Personen geltenden Regeln (Vernehmlassungen, 57; gl.M. NOBEL, ZSR 1998 I 364 mit der Anmerkung, dass die Einheit des Aktienrechts bereits mit Erlass des BEHG durchbrochen wurde).

5   Das FusG bringt auch eine **Änderung weiterer Bundeserlasse** mit sich. So sind zur Erleichterung grenzüberschreitender Transaktionen erstmals Bestimmungen betreffend internationale Fusionen und Spaltungen in das IPRG aufgenommen worden (Art. 161–165 IPRG). Den steuerlichen Aspekten, dass die neue Beweglichkeit unter den Rechtsträgern letztlich nur Sinn macht, wenn die durch das FusG eröffneten rechtlichen Möglichkeiten steuerneutral genützt werden können, ist mittels einer Anpassung der Bundesgesetze über die direkte Bundessteuer, über die Steuerharmonisierung, über die Stempelabgaben und über die Verrechnungssteuer Rechnung getragen worden. Die entsprechenden Änderungen bisherigen Rechts sind im Anhang zum FusG aufgeführt (Art. 109). Zudem werden mit Einführung des FusG alle im Handelsregister eingetragenen Rechtsträger mit einer Identifikationsnummer versehen, die während des Bestehens des Rechtsträgers (auch bei Sitzverlegung, Umwandlung und Änderung des Namens oder der Firma) unverändert bleibt (Art. 936a OR).

6   Das FusG hat seine **verfassungsmässige Abstützung** in Art. 122 Abs. 1 BV, der dem Bund die Kompetenz zur Gesetzgebung auf dem Gebiet des Zivilrechts einräumt. Die gleichzeitig mit dem FusG geänderten Steuergesetze sind jeweils gestützt auf die Bundesverfassung im ordentlichen Verfahren erlassen worden; ihre verfassungsmässige Rechtsgrundlage ist im Ingress der einzelnen Erlasse festgehalten (s. hierzu und zur Verfassungsmässigkeit der Änderungen im Steuerrecht Botschaft, 4517; zu den Handänderungsabgaben s. N 24).

II. Entstehungsgeschichte des Fusionsgesetzes

7   Vor Erlass des FusG war die **gesetzliche Regelung** der Möglichkeiten zur rechtlichen Umstrukturierung von Unternehmen nur **rudimentär und lückenhaft** (so bei der Fusion, der Umwandlung und der Vermögensübertragung) **oder fehlte ganz** (so bei der Spaltung; s. zum Ganzen N 37 f., 40, 42 und 45). Die bisherige Regelung wurde seit der Revision des OR im Jahre 1936 formell nie, auch nicht in der Aktienrechtsrevision von 1991, den veränderten tatsächlichen Bedürfnissen angepasst, mit der Folge, dass bislang

wesentliche gesetzliche Grundlagen für die rechtliche Umstrukturierung von Unternehmen fehlten.

Die **Rechtsfortentwicklung** durch das Bundesgericht und die Handelsregisterbehörden zu Fusion und Umwandlung (s. hierzu N 38 und 42) konnte die angestrebte Flexibilität bei der rechtlichen Gestaltung von Umstrukturierungen nur teilweise herstellen. Sie durfte bereits aus Gründen der Rechtssicherheit nur eine Übergangslösung sein. Insbesondere war es Sache des Gesetzgebers, die Abwägung der Interessen vorzunehmen, die der Schutz der von Umstrukturierungen betroffenen Personen (wie etwa Gläubiger, Arbeitnehmer und Personen mit Minderheitsbeteiligungen) fordert. Das FusG sollte die **Liberalisierung** im Rahmen der bisherigen Praxis, die naturgemäss stets auf einen Einzelfall bezogen und damit bruchstückhaft war, systematisiert weiterführen und klare gesetzliche Vorgaben schaffen. 8

Im Oktober 1992 beauftragte das BJ Prof. Frank Vischer mit der Ausarbeitung eines **Expertenentwurfs** für eine Neuregelung der Fusion von juristischen Personen unter Einschluss der Vereine und Stiftungen sowie der Spaltung von Gesellschaften und der Umwandlung der Rechtsform. Unabhängig davon setzte das EJPD den **Groupe de réflexion «Gesellschaftsrecht»** ein, der in seinem Schlussbericht vom September 1993 ausdrücklich feststellte, dass im Bereich der zivilrechtlichen Regelung von Unternehmensumstrukturierungen ein Handlungsbedarf bestand. Er betonte darin die Notwendigkeit einer Berücksichtigung von steuerlichen Gesichtspunkten sowie des europäischen Rechts, insbesondere der Fusionsrichtlinie und der Spaltungsrichtlinie (s. N 26–34). Mit Blick auf die geforderte Steuerneutralität von Fusion, Spaltung und Umwandlung setzte der Bundesrat 1995 die Arbeitsgruppe Steuern bei Umstrukturierungen («Kommission Stockar») ein, die ihren Schlussbericht (Bericht Steuern 1) im August 1997 vorlegte. 9

Im Dezember 1997 wurde der VE FusG samt Begleitbericht zusammen mit dem Bericht Steuern 1 (s. N 9) in die **Vernehmlassung** gegeben. Die 1999 veröffentlichten Ergebnisse des Vernehmlassungsverfahrens zeigten, dass der Vorentwurf auf grosses Interesse stiess und von den interessierten Kreisen mehrheitlich positiv aufgenommen wurde. Der Revisionsbedarf in den Bereichen Fusion und Umwandlung wurde allgemein anerkannt. Es wurde positiv gewürdigt, dass die vorgeschlagene Regelung weitgehend den Bedürfnissen der Wirtschaft entspreche, die erforderliche Flexibilität bei Unternehmensumstrukturierungen unter gleichzeitiger Sicherstellung der für diese Vorgänge unabdingbaren Rechtssicherheit gewährleiste und die einschlägigen europäischen Richtlinien berücksichtige (Vernehmlassungen, 1 f.). 10

Am **VE FusG** wurde u.a. Folgendes **kritisiert** (s. zum Ganzen auch Vernehmlassungen, 2 f.; Botschaft, 4347 f.): 11

(i) die normative Dichte und der Detaillierungsgrad der Regelungen seien zu hoch, was einen Mangel an Flexibilität verursache; 12

(ii) die Aufgaben der Handelsregister-Behörden seien zu umfangreich und deren Prüfungsbefugnis durch eine Ausdehnung der Prüfung von der formellen auch auf die materielle Rechtmässigkeit zu weitgehend (für eine Beschreibung der in Art. 88 VE FusG vorgesehenen erweiterten Prüfungsbefugnis der Handelsregister-Behörden s. Begleitbericht zum Vorentwurf FusG, 65 f.); eine allfällige Ausdehnung der Kompetenzen der Handelsregister-Behörden müsse allgemein im OR und nicht nur für die Transaktionen gemäss FusG geregelt werden (Vernehmlassungen, 305; NOBEL, ZSR 1998 I 361 f.; BLÄSI, 101 ff. m.w.H. zum VE FusG und den Bestimmungen betreffend das Handelsregister); 13

14 (iii) die Regelung des im Vorentwurf als Unterart der Spaltung vorgesehenen Rechtsinstituts der Ausgliederung sei für die anvisierten Tatbestände zu aufwendig und kostspielig; der Ausgliederung komme nur beschränkt eine gesellschaftsrechtliche Tragweite zu, weshalb die zwingende Unterstellung der Übertragung von Vermögensteilen von Kapitalgesellschaften und Genossenschaften unter die Bestimmungen der Spaltung nicht gerechtfertigt sei (Botschaft, 4360 f.; Vernehmlassungen, 220 ff., 223);

15 (iv) die abschliessende Aufzählung der zulässigen Fusionen, Spaltungen und Umwandlungen (numerus clausus) sei unnötig; eine offene Generalnorm entspreche besser dem Grundsatz der Privatautonomie und werde künftigen, derzeit nicht vorsehbaren Entwicklungen im Bereich der Unternehmensumstrukturierungen eher gerecht;

16 (v) die Interessen und Bedürfnisse von KMU würden zu wenig berücksichtigt; insbesondere führe das FusG zu einer Erhöhung der Transaktionskosten und zu einer v.a. für Familienunternehmen problematischen Erhöhung der Publizität;

17 (vi) es fehlten jegliche Normen zur Stellung der Arbeitnehmer im Umstrukturierungsprozess.

18 Aufgrund der Vernehmlassungsergebnisse wurde der VE FusG erheblich revidiert und im Juni 2000 die bundesrätliche Botschaft mit dem E FusG zuhanden des Parlaments verabschiedet. **Neuerungen des Entwurfs gegenüber dem Vorentwurf** waren etwa die Folgenden (s. zum Ganzen auch MEIER-SCHATZ, Fusionsgesetz, 72 ff.):

19 (i) der Aufgabenumfang der Handelsregister-Behörden und ihre Prüfungsbefugnis wurden (wieder) im Grundsatz auf die Prüfung der formellen Rechtmässigkeit reduziert (zur bisherigen Prüfungsbefugnis des Handelsregisterführers s. statt vieler FORSTMOSER, REPRAX 2/1999, 1 ff.; Begleitbericht zum Vorentwurf FusG, 64 m.w.H. insbesondere auf die bundesgerichtliche Rechtsprechung);

20 (ii) der Entwurf verzichtete auf die Spaltungsform der Ausgliederung und ersetzte diese durch die funktional viel breiter ausgerichtete Vermögensübertragung, die nun als eigentlicher Auffangtatbestand u.a. die Durchführung gesetzlich nicht vorgesehener Umstrukturierungsvorgänge ermöglicht (Art. 69–77);

21 (iii) es wurden Sonderbestimmungen für KMU eingeführt, insbesondere die Möglichkeit des Verzichts auf Erstellung und Prüfung der Transaktionsdokumente (s. Art. 2 N 22);

22 (iv) es wurden Massnahmen zum Schutz der Arbeitnehmer bei Umstrukturierungen eingeführt, wie etwa der Übergang der Arbeitsverhältnisse nach Art. 333 OR oder die Pflicht zur Konsultation der Arbeitnehmervertretung (Art. 27 f., Art. 49 f., Art. 68 Abs. 2, Art. 76 f., Art. 85 Abs. 4, Art. 96 Abs. 5);

23 (v) der Vorbehalt zugunsten des KG wurde aufgenommen (Art. 1 Abs. 4; s. N 89 ff.).

24 Der E FusG wurde im März 2001 vom Ständerat als Erstrat behandelt und mit nur geringfügigen Änderungen verabschiedet. Erst zwei Jahre später nahm der Nationalrat in der Frühjahrssession 2003 als Zweitrat die Beratungen auf. Die wenigen Differenzen zum Ständerat, wie etwa der vorgesehene Eingriff in die kantonale Steuerhoheit im Bereich der Handänderungsabgaben (Art. 103), konnten zügig bereinigt werden. Am 3.10.2003 wurde das FusG in den Schlussabstimmungen der Räte mit grosser Mehrheit angenommen. Das FusG trat am 1.7.2004 in Kraft.

III. Rechtsvergleich

Auch in ausländischen Rechtsordnungen zeigt sich eine allgemeine **Tendenz zur Flexibilisierung des Gesellschaftsrechts** durch Erleichterung der Umstrukturierung von Unternehmungen. Eine solche Liberalisierungstendenz und entsprechende Bemühungen des Gesetzgebers finden sich auf der Stufe der EU wie auch in einzelnen Mitgliedstaaten, so etwa in Deutschland, Italien, Frankreich und Grossbritannien (Schlussbericht, 63). 25

1. Europäische Union

Die Gesetzgebung hat der starken internationalen Ausrichtung der Schweizer Wirtschaft und ihrer kulturellen, politischen und gesellschaftlichen Verflechtung mit dem europäischen Umfeld Rechnung zu tragen. Der Schlussbericht des Groupe de réflexion «Gesellschaftsrecht» hielt bereits 1993 fest, dass unabhängig von Art und Zeitpunkt der weiteren Integration der Schweiz in Europa eine **Harmonisierung** des schweizerischen Gesellschaftsrechts mit den einschlägigen Rahmenvorschriften der EU aus wirtschaftlichen, sachlichen und rechtlichen Gründen erstrebenswert sei (Schlussbericht, 19 f., 80). 26

Obwohl nicht ausdrücklich als Regelungsziel erwähnt, war die **Europakompatibilität** des FusG eine klare Vorgabe für den Gesetzgeber. Durch die Harmonisierung des schweizerischen Rechts mit dem Recht der EU sollte die Rechtssicherheit bei grenzüberschreitenden Fusionen und Spaltungen erhöht und ganz allgemein die Beteiligung ausländischer Investoren an schweizerischen Gesellschaften erleichtert werden (s.a. Botschaft, 4515). Das FusG orientiert sich unverkennbar an den einschlägigen gesellschaftsrechtlichen Richtlinien der EU, insbesondere an der Fusions- resp. Verschmelzungsrichtlinie (EU-Fus-RL) und an der Spaltungsrichtlinie (EU-Spalt-RL). 27

Die **Fusionsrichtlinie** verfolgt im Wesentlichen zwei Aufgaben: sie verpflichtet die Mitgliedstaaten verbindlich zur Einführung des Instituts der Fusion und fördert – mit Blick auf den Schutz der Interessen von Gesellschaftern und Dritten – die Angleichung bereits bestehender Rechtsvorschriften im Bereich der Fusion (NUFER, 552 f.). Thematisch enthält die Fusionsrichtlinie vor allem Bestimmungen über die zu erstellenden Transaktionsdokumente (Fusionsvertrag, Fusionsplan und -bericht) und regelt deren Inhalt sowie Prüfung durch Sachverständige (Art. 5, Art. 9 Abs. 1 und Art. 10 EU-Fus-RL; MEIER-SCHATZ, FS Zäch, 541; s.a. Art. 3 N 34). Die später erlassene **Spaltungsrichtlinie** hält sich eng an die regulatorischen Vorgaben der Fusionsrichtlinie und strebt deren Schutzziele und Garantien auch bei der Spaltung an (womit nicht zuletzt eine Umgehung der fusionsrechtlichen Vorschriften im Wege der Spaltung oder ähnlicher Vorgänge verhindert werden soll; s. NUFER, 553). Im Unterschied zur Fusionsrichtlinie wird die Anwendung der in der Spaltungsrichtlinie enthaltenen Rahmenbestimmungen den einzelnen Mitgliedstaaten überlassen, da die Regelungen über die Spaltung von Aktiengesellschaften nur dann zum Tragen kommen, wenn das jeweilige innerstaatliche Recht das Institut der Spaltung überhaupt zulässt (Präambel der EU-Spalt-RL; Botschaft, 4515; MEIER-SCHATZ, FS Zäch, 541). Im europäischen Recht bestehen **keine speziellen Vorschriften für die Umwandlung** der Rechtsform einer Gesellschaft (Ausnahme hiervon ist Art. 13 Abs. 2 der EU-Kapital-RL, wonach die Gesetzgebung der Mitgliedstaaten bei der Umwandlung von Gesellschaften mit einer anderen Rechtsform in eine Aktiengesellschaft Garantien bieten muss, die denjenigen der Gründung einer Aktiengesellschaft entsprechen; s.a. Botschaft, 4515). 28

Im Bereich der **grenzüberschreitenden Unternehmensumstrukturierung** hat die **EU (noch) nicht legiferiert**. Es bestehen derzeit lediglich ein *Vorschlag für eine internati-* 29 *onale Fusionsrichtlinie* (EU-Vorschlag für eine Int.Fus-RL, welcher den früheren [1984], nach jahrelanger erfolgloser Diskussion von der Europäischen Kommission im Jahre 2001 zurückgezogenen Vorschlag für eine zehnte Richtlinie des Rates nach Art. 54 Abs. 3 lit. g EWGV über die grenzüberschreitende Verschmelzung von Aktiengesellschaften, ABl. C 23 vom 25.1.1985, 11–15 ersetzt und erweitert) und ein *Vorentwurf für eine Sitzverlegungsrichtlinie* (EU-Vorentwurf für eine Sitzverlegungs-RL) (MEIER-SCHATZ, FS Zäch, 544). Die Verabschiedung der Sitzverlegungsrichtlinie wie auch des ursprünglichen Vorschlags für eine internationale Fusionsrichtlinie scheiterte bislang im Wesentlichen an der Frage der Arbeitnehmermitbestimmung (NUFER, 558; SCHNYDER, 74; angesichts der im Zusammenhang mit der EU-SE-VO erlassenen EU-Arbeitnehmerbeteiligungs-RL bestehen Aussichten auf eine baldige Verabschiedung zumindest der internationalen Fusionsrichtlinie). Die Revision des schweizerischen IPRG (s. Änderung bisherigen Rechts im Anhang zum FusG; Art. 109) orientierte sich (dennoch) an diesen beiden lediglich in Form eines Vorschlages (1984) bzw. Vorentwurfs bestehenden Richtlinien über die internationale Fusion bzw. die Sitzverlegung, weshalb die neuen Bestimmungen in Art. 161–165 IPRG mit Ausnahme des strengeren Gläubigerschutzes nach Art. 163b IPRG sowohl im Grundsatz als auch in der Gestaltung im Einzelnen mit den europäischen Vorgaben übereinstimmen (Botschaft, 4516). Für die *grenzüberschreitende Spaltung* besteht derzeit noch *kein Vorschlag* für eine entsprechende EU-Richtlinie.

30 Das FusG ist mit Ausnahme der Erleichterungen für KMU (s. nachstehend) **weitgehend europakonform** (s.a. MEIER-SCHATZ, Fusionsgesetz, 12). **Abweichungen** zwischen den schweizerischen Regelungen und den europäischen Richtlinien bestehen im Wesentlichen in den folgenden Bereichen (s. hierzu auch Botschaft, 4516):

31 (i) die Höhe einer Ausgleichszahlung gemäss Art. 7 Abs. 2 ist auf einen Zehntel des wirklichen Wertes der gewährten Anteile beschränkt (Art. 3 Abs. 1 EU-Fus-RL beschränkt Ausgleichszahlungen auf einen Zehntel des Nennwertes der gewährten Anteile);

32 (ii) Art. 8 sieht die Möglichkeit einer Wahl zwischen Anteils- oder Mitgliedschaftsrechten und einer Abfindung vor (die EU-Fus-RL sieht kein solches Wahlrecht vor);

33 (iii) bei Fusion und Spaltung können die Gesellschaften gemäss Art. 15 Abs. 1 bzw. Art. 40 einen gemeinsamen Revisor wählen (gemäss Art. 10 Abs. 1 EU-Fus-RL ist ein gemeinsamer Revisor von einer Justiz- oder Verwaltungsbehörde zu ernennen);

34 (iv) die Erleichterungen für KMU im Sinne von Art. 2 lit. e (Art. 14 Abs. 2, Art. 15 Abs. 2, Art. 16 Abs. 2, Art. 39 Abs. 2, Art. 40, Art. 41 Abs. 2, Art. 61 Abs. 2 und Art. 62 Abs. 2) sind insoweit mit dem Recht der EU nicht kompatibel, als sie (auch) für Aktiengesellschaften zur Anwendung kommen (die EU-Fus-RL und die EU-Spalt-RL finden auf alle Aktiengesellschaften ungeachtet ihrer Grösse Anwendung; s.a. KLÄY/TURIN, REPRAX 1/2001, 6).

2. Deutschland

35 In Deutschland ist im Jahre 1994 das «Gesetz zur Bereinigung des Umwandlungsrechts» (**Umwandlungsgesetz**, UmwG) erlassen worden, welches die Fusion, Spaltung, Umwandlung und Vermögensübertragung von Rechtsträgern in 325 detailliert gehaltenen Paragraphen regelt. Eine wesentliche Neuerung des UmwG liegt in der Einführung einer partiellen Universalsukzession (sog. Teilübertragung; s. SEMLER/STENGEL-FONK, § 174 N 4 und 14 ff.), wodurch einzelne Vermögensgegenstände im Wege der (teilwei-

sen) Gesamtrechtsnachfolge auf bereits bestehende Rechtsträger übertragen werden können (in Anlehnung an das in den §§ 123 ff. UmwG geregelte, eng verwandte Institut der Spaltung unterscheidet § 174 Abs. 2 UmwG zwischen aufspaltender, abspaltender und ausgliedernder Teilübertragung; s.a. Botschaft, 4382). Gemäss § 1 Abs. 2 UmwG sind Unternehmensumstrukturierungen im Sinne des Gesetzes, d.h. mit den sukzessionsrechtlichen Vorteilen des UmwG, nur für die ausdrücklich im Gesetz vorgesehenen Fälle zulässig (sog. Analogieverbot). Da das UmwG keine Kodifikation des gesamten Umwandlungsrechts darstellt, sondern sich auf die Regelung sukzessionsrechtlich begünstigter Vorgänge beschränkt, sind Umwandlungen ausserhalb des UmwG – etwa in Form von Anwachsung, Einzelübertragung oder Bestandesübertragung – nicht grundsätzlich ausgeschlossen (LUTTER-LUTTER, Einleitung N 39 ff. mit der Anmerkung, dass solche anderen Umwandlungsarten stets nur als echte Alternative neben, nicht jedoch an Stelle der nach den allgemeinen Regeln des UmwG durchführbaren Umstrukturierungsvorgänge treten können). Das UmwG stellt somit lediglich ein Angebot des Gesetzgebers dar, welches keine Sperrwirkung entfaltet und daher auch nicht zwingend in Anspruch genommen werden muss (s. SEMLER/STENGEL-SEMLER, § 1 N 70 ff.; ebenso LUTTER-LUTTER, § 1 N 19).

IV. Regelungsbereich (Abs. 1)

1. Hauptziel des FusG

Art. 1 Abs. 1 umschreibt mit dem Regelungsbereich des FusG dessen eigentliches Hauptziel, die Verbesserung der Möglichkeiten zur Reorganisation von rechtlichen Unternehmensstrukturen und deren erleichterte Anpassung an ein verändertes wirtschaftliches Umfeld und an neue Bedürfnisse (KLÄY/TURIN, REPRAX 1/2001, 6). Das Ziel einer möglichst optimalen rechtlichen Organisation von Unternehmensträgern soll durch eine starke **Erweiterung der Handlungsmöglichkeiten** zur Reorganisation – insbesondere die Neuordnung der Fusion, die Einführung der Spaltung und der Vermögensübertragung sowie die weitestmögliche Beweglichkeit unter den Gesellschaftsformen des OR und den juristischen Personen des ZGB – erreicht werden. Gleichzeitig soll die Privatisierung, d.h. der Wechsel eines Instituts des öffentlichen Rechts in einen Rechtsträger des privaten Rechts, geregelt und erleichtert werden. 36

2. Fusion

Bislang regelte das OR nur die Fusion von Aktiengesellschaften (Art. 748 f. OR), Kommanditaktiengesellschaften (Art. 770 Abs. 3 OR) und Genossenschaften (Art. 914 OR). Eine rechtsformübergreifende Fusion war nur zwischen Aktiengesellschaften und Kommanditaktiengesellschaften vorgesehen (Art. 750 und 770 Abs. 3 OR). Es fehlten insbesondere Vorschriften für die Fusion von Vereinen, Stiftungen, Personengesellschaften, GmbH und öffentlich-rechtlichen Instituten sowie für die grenzüberschreitende Fusion. 37

Die bislang rudimentäre gesetzliche Regelung wurde durch die Praxis der Handelsregister-Behörden und die Rechtsprechung des Bundesgerichts fortentwickelt. In zwei wegweisenden Entscheiden hatte das Bundesgericht trotz fehlender gesetzlicher Grundlage zunächst die Fusion von Vereinen (BGE 53 II 1) und später diejenige von Stiftungen (BGE 115 II 415) zugelassen. Gestützt darauf setzte sich zunehmend die Auffassung durch, auch die Fusion zwischen juristischen Personen mit unterschiedlichen Rechtsformen sei ohne gesetzliche Grundlage zulässig (Botschaft, 4341, mit weiteren Hinweisen), sofern bestimmte **durch Lehre und Rechtsprechung entwickelte Grundsätze** erfüllt waren, insbesondere (i) die rechtlichen Strukturen in ihren Grundzügen kompatibel wa- 38 ren, (ii) die Gläubigerinteressen nicht beeinträchtigt wurden, (iii) die Kontinuität des Vermögens gewährleistet blieb, und (iv) die Kontinuität der Mitgliedschaft gewahrt wurde, wobei die Rechtsstellung der Beteiligten ohne Zustimmung aller Betroffenen nicht in wesentlicher Weise beeinträchtigt werden durfte (diese vom EHRA angewendeten Kriterien wurden im Grundsatzentscheid BGE 125 III 18, insbesondere E. 4a, vom Bundesgericht bestätigt). Im Handelsregister eingetragen wurden so etwa Absorptionen von GmbH und Genossenschaften durch Aktiengesellschaften (Botschaft, 4341 f.) oder die Fusion zwischen einer Stiftung und einer Genossenschaft (MEIER-SCHATZ, ZSR 1994 I 372; im letzteren Fall handelt es sich um die 1948 vom Solothurner Regierungsrat bewilligte Absorption einer Personalfürsorgestiftung durch die genossenschaftliche Pensionskasse des gleichen Unternehmens; s. dazu BK-RIEMER, Art. 88/89 ZGB N 79; s. zum Ganzen auch Art. 3 N 7).

39 Die umfassende Neukonzeption der Fusion im FusG enthält die folgenden wesentlichen **Regelungselemente**: (i) eine breite Abdeckung der bestehenden Rechtsformen, insbesondere derjenigen des ZGB und des OR sowie der öffentlich-rechtlichen Institute, wobei eine Fusion der vom Gesetz erfassten Rechtsträger mit solchen der gleichen Rechtsform stets zulässig ist (Art. 4, Art. 78, Art. 88, Art. 99; zum Vorbehalt bei Stiftungen und Vorsorgeeinrichtungen s. Komm. zu Art. 78 Abs. 2 bzw. Art. 88 Abs. 2); (ii) die Zulassung von nationalen und, über eine Revision des IPRG, internationalen Zusammenschlüssen (Art. 163a f. IPRG); (iii) Regelungen zu rechtsformübergreifenden Fusionen (Art. 4, Art. 99); und (iv) detaillierte Bestimmungen hinsichtlich der Erstellung transaktionsspezifischer Dokumente, namentlich zwecks Bereitstellung von Informationen (Art. 12–17; s.a. MEIER-SCHATZ, Fusionsgesetz, 7). Die Fusion folgt dabei dem Grundsatz der *Kontinuität des Vermögens*, wonach vom Rechtsübergang der Aktiven und Passiven der übertragenden Gesellschaft auf die übernehmende Gesellschaft keinerlei Bestandteile ausgeschlossen bleiben oder vertraglich davon ausgenommen werden können. Hingegen gilt der bisherige Grundsatz der *Kontinuität der Mitgliedschaft*, wonach sämtlichen Gesellschaftern der übertragenden Gesellschaft Anteilsrechte der übernehmenden Gesellschaft eingeräumt werden müssen, aufgrund der Möglichkeit zur Barabfindung von Gesellschaftern (Art. 8, Art. 18 Abs. 5) neu nicht mehr absolut (s. hierzu auch Art. 3 N 9 und Komm. zu Art. 7).

3. Spaltung

40 Das Institut der Spaltung, d.h. der Übertragung von Vermögensteilen einer Gesellschaft gegen Gewährung von Anteilsrechten an der übernehmenden Gesellschaft an die Gesellschafter der übertragenden Gesellschaft (Botschaft, 4355), war dem schweizerischen Privatrecht **bislang gänzlich unbekannt**. Sie galt als unzulässig, sofern sie die Teilung und die Verminderung des Haftungssubstrats einer Gesellschaft zur Folge hatte (Botschaft, 4343; KLÄY/TURIN, ST 1998, 39; GASSER/EGGENBERGER, 471 m.w.H.). In der bisherigen Praxis musste, z.B. zur Abspaltung eines Geschäftsbereichs, eine zeitlich und formal aufwendige und im Ergebnis starre Kombination von Neugründung einer Tochtergesellschaft mit Sacheinlage oder Sachübernahme eines Geschäftsbereichs (aus steuerlichen Gründen oft zum Buchwert des Aktivenüberschusses) in Singularsukzession und anschliessender Ausschüttung der Anteilsrechte der neu gegründeten Tochtergesellschaft als Naturaldividende an die Gesellschafter der Muttergesellschaft vorgenommen werden (symmetrische Spaltung). Eine unterschiedliche Gesellschafterstruktur der beiden Gesellschaften konnte nur durch anschliessende Transaktionen in deren Anteilsrechten erreicht werden (asymmetrische Spaltung).

41 Die Einführung des Rechtsinstituts der Spaltung bringt namentlich die folgenden **Regelungselemente**: (i) eine Beschränkung der zulässigen Spaltungen auf Kapitalgesell-

schaften und Genossenschaften, d.h. eine weniger breite Abdeckung der Rechtsformen wie etwa bei der Fusion (Art. 30); (ii) eine konzeptionelle Unterteilung in die beiden Fälle der Aufspaltung und der Abspaltung, jeweils in den Varianten der symmetrischen und der asymmetrischen Spaltung (Art. 29, Art. 31 Abs. 2); (iii) die Zulassung von nationalen und, über eine Revision des IPRG, internationalen Spaltungen (Art. 163d IPRG); und (iv) detaillierte Bestimmungen hinsichtlich der Erstellung transaktionsspezifischer Dokumente, namentlich zwecks Bereitstellung von Informationen (Art. 36–42; s.a. MEIER-SCHATZ, Fusionsgesetz, 8). Da bei einer Spaltung stets eine Vermögensaufteilung eines Rechtsträgers stattfindet, statuiert das FusG bei dieser Transaktionsform eine im Bereich des Schutzes der Anteilsinhaber, Gläubiger und Arbeitnehmer weitergehende Regelung als etwa bei der Fusion (so das Einsichtsrecht während zweier Monate in Art. 41, den Schuldenruf in Art. 45 und die subsidiäre Haftung in Art. 47).

4. Umwandlung

Die Umwandlung, d.h. die Änderung der Rechtsform einer Gesellschaft unter Fortbestand aller vermögens- und mitgliedschaftsrechtlichen Beziehungen (Botschaft, 4357), war im OR nur für den Fall der Überführung einer Aktiengesellschaft in eine GmbH geregelt (Art. 824 ff. OR). Die **Liberalisierung** in der Praxis zur Fusion (s. N 38) wurde aber teilweise auf Umwandlungen **ausgedehnt**. Auf der Basis einer gedanklichen Zerlegung der Fusion von Gesellschaften unterschiedlicher Rechtsform in (i) die Umwandlung der übertragenden Gesellschaft in die Rechtsform der übernehmenden Gesellschaft und (ii) die anschliessende Fusion von Gesellschaften gleicher Rechtsform, wurden Umwandlungen von Gesellschaften unter denselben Voraussetzungen wie Fusionen von Gesellschaften unterschiedlicher Rechtsform zugelassen und entsprechende Einträge in das Handelsregister genehmigt. Dies betraf etwa die Umwandlungen von GmbH und Genossenschaften in Aktiengesellschaften, die Umwandlung eines Vereins in eine Aktiengesellschaft (Botschaft, 4342), die Umwandlung einer Kommanditaktiengesellschaft in die nahe verwandte Aktiengesellschaft (MEIER-SCHATZ, ZSR 1994 I 371) oder die Umwandlung einer Genossenschaft in einen Verein (BGE 87 I 301). Auch hier bestand aber das Bedürfnis nach weitergehender Flexibilität und klarer gesetzlicher Regelung der jeweiligen Voraussetzungen.

Die im FusG erstmals eingehend geregelte Transaktionsform der Umwandlung zeichnet sich durch folgende **Regelungselemente** aus: (i) Ausgestaltung der Umwandlung als (blosser) Rechtskleidwechsel im Sinne einer rechtsformändernden Umwandlung (Art. 53; im Gegensatz zur bisherigen grundsätzlichen Notwendigkeit der formellen Auflösung des umwandelnden Rechtsträgers, der sog. übertragenden Umwandlung; Ausnahme war etwa Art. 824 ff. OR; s. dazu auch Begleitbericht zum Vorentwurf FusG, 13); (ii) Erfassung sowohl privatrechtlicher als auch öffentlich-rechtlicher Rechtsträger (Art. 54, Art. 99 Abs. 1 lit. b); (iii) Anwendbarkeit von Gründungsvorschriften (Art. 57), obwohl bei einer rechtsformändernden Umwandlung gerade keine Neugründung stattfindet; (iv) Regelung der Rechtsstellung der Gesellschafter (Art. 56); und (v) detaillierte Bestimmungen hinsichtlich der Erstellung transaktionsspezifischer Dokumente, namentlich zwecks Bereitstellung von Informationen (Art. 59–63; s.a. MEIER-SCHATZ, Fusionsgesetz, 9).

Zum **Rechtskleidwechsel** (s. N 43) ist anzumerken, dass im Falle einer Umwandlung einer Personengesellschaft in eine Kapitalgesellschaft oder Genossenschaft zwingend ein Rechtsübergang stattfindet und diese daher einer übertragenden Umwandlung zumindest nahe kommt. Der Rechtsträger (im Sinne des FusG) als solcher bleibt jedoch bestehen und die Eintragung der Umwandlung (Änderung der Rechtsform) im Handelsregister dient als Rechtsgrundausweis für den Übergang von Rechten und Pflichten auf die neu entstehende juristische Person. Damit folgt die Umwandlung einer *dreifachen Kontinuität*: (a) derjenigen des Rechtsträgers selbst, (b) derjenigen des Vermögens des Rechtsträgers, und (c) derjenigen der Mitgliedschaft, wobei die mitgliedschaftlichen Rechte und Pflichten als Folge des Rechtsformwechsels inhaltlich empfindliche Veränderungen erfahren können, was nicht zuletzt einen hinreichenden Schutz der Personen mit Minderheitsbeteiligungen bedingt (s. N 71 f.; vgl. auch KLÄY/TURIN, REPRAX 1/2001, 28 f.).

5. Vermögensübertragung

45 Die bisherige Regelung der **Vermögensübernahme** in Art. 181 OR vermochte den Anforderungen der Praxis, zumal bei teilweiser oder vollständiger Übernahme eines Unternehmens, oft nicht zu genügen. Zwar spricht Art. 181 Abs. 1 OR (noch heute) von der Übernahme eines Vermögens oder Geschäftes mit Aktiven und Passiven, verwendet somit den gleichen Ausdruck wie bei der Fusion von Aktiengesellschaften (Art. 748 altOR), doch statuiert Art. 181 OR nur den gesetzlichen Übergang der Schulden. Die Aktiven müssen gesondert auf dem Wege der Einzelrechtsnachfolge (**Singularsukzession**) übertragen werden. Eine Gesamtrechtsnachfolge (Universalsukzession) findet nicht statt.

46 Das neue Institut der **Vermögensübertragung** stellt eine wesentliche Innovation des FusG dar. Die dogmatische Überlegung, wonach die Universalsukzession den Untergang oder, wie beim Erbgang, den Tod des bisherigen Vermögensträgers voraussetzt, wird im FusG aufgegeben (VISCHER, BJM 1999, 299). Stattdessen bewirkt das Institut der Vermögensübertragung eine (partielle) **Universalsukzession** des zu übertragenden Vermögens (s.a. Art. 73 N 13 f.). Mittels Vermögensübertragung kann ein Rechtsträger sein Vermögen oder Teile davon nach Massgabe eines Inventars uno actu auf andere Rechtsträger übertragen, ohne dass die für die Einzelübertragung der erfassten Vermögenswerte geltenden Vorschriften erfüllt werden müssen (so etwa sind konstitutive Eintragungen im Grundbuch, die Indossierung von Ordrepapieren oder die Zession von Forderungen für die Übertragung nicht erforderlich). Das FusG regelt jedoch nicht, ob und unter welchen Voraussetzungen eine Übertragungsbeschränkung (z.B. ein Abtretungsverbot, ein Zustimmungserfordernis zum Vertragsübergang oder eine Vinkulierung) der Übertragung des betreffenden Vermögenswertes bzw. Vertrages entgegensteht, sowie ob und unter welchen Voraussetzungen Verträge im Rahmen der Vermögensübertragung (ausserhalb der Spezialregelungen für Arbeitsverträge in Art. 333 OR, s. den Verweis in Art. 76 Abs. 1, sowie für Miet- und Versicherungsverträge in Art. 261 und 263 OR bzw. in Art. 54 VVG) auf den übernehmenden Rechtsträger übergehen. Zu diesen Fragen werden verschiedene Ansichten vertreten (s. hierzu TSCHÄNI, ZSR 2004 I 94 ff. mit weiteren Hinweisen). Ein Ausgleich zwischen den Interessen der Transaktionsparteien und denjenigen der betroffenen Dritten (Schuldner, Vertragsgegenparteien) ergibt nach der hier vertretenen Auffassung (in Abweichung zu bestimmten Aussagen in der parlamentarischen Beratung, AmtlBull NR 2003, 243 f.) in den Grundzügen Folgendes: Bei Übertragung eines Betriebs oder Betriebsteils (nicht aber wenn nur einzelne willkürlich gewählte Vermögenswerte übertragen werden, wo die Umgehungsgefahr besonders gross ist) stehen (erstens) rechtsgeschäftliche Übertragungsbeschränkungen (wie ein Abtretungsverbot oder ein Zustimmungserfordernis zum Vertragsübergang) einer Übertragung ohne Zustimmung des Dritten nicht entgegen, während dies bei körperschaftsrechtlichen Beschränkungen der Fall ist (weshalb bei einer Vinkulierung die Zustimmung des Verwaltungsrates zur Aktienübertragung, anders als bei einer Fusion (Art. 22 N 6), stets einzuholen ist) und muss (zweitens) die Zustimmung der Vertragsgegenparteien (ausserhalb von Verträgen, die mit einer bestimmten Person «ad personam» abgeschlossen wurden

oder deren Aufrechterhaltung mit dem übernehmenden Rechtsträger aus anderen Gründen der Vertragsgegenpartei nicht zumutbar ist, weshalb ein Kündigungsrecht der Vertragsgegenpartei besteht) nicht eingeholt werden (s. zum Ganzen auch Komm. zu Art. 69 und Art. 73 Abs. 2). Der Rechtsübergang durch Universalsukzession wird mit der Eintragung der Vermögensübertragung ins Handelsregister rechtskräftig (Art. 73 Abs. 2; zum Vorbehalt des Kartellrechts s. N 89 ff.). Aufgrund des Verzichts auf die gesetzlichen Formvorschriften der Singularsukzession erklärt sich auch, dass zur Herstellung der erforderlichen Publizität des Eigentumsübergangs (s. N 60) der übertragende Rechtsträger zwingend im Handelsregister eingetragen sein muss.

Gemäss dem **neuen Art. 181 Abs. 4 OR** richtet sich die Übernahme des Vermögens oder des Geschäfts von Handelsgesellschaften, Genossenschaften, Vereinen, Stiftungen und Einzelfirmen, die im Handelsregister eingetragen sind, nach den Bestimmungen des FusG. Art. 181 OR soll gemäss Botschaft nach Inkrafttreten des FusG nicht mehr anwendbar sein, wenn der übertragende Vermögens- oder Geschäftsinhaber einer der vorgenannten Rechtsträger und im Handelsregister eingetragen ist (Botschaft, 4492). Diese Aussage ist inzwischen mehrfach kommentiert worden und nach wohl überwiegender Auffassung dahingehend zu relativieren, dass es zwingend ist, bei Übertragung der Aktiven mittels Vermögensübertragung nach FusG auch die Passiven auf diesem Wege zu transferieren, hingegen es weiterhin zulässig ist, Vermögen durch Singularsukzession nach Art. 181 OR zu übertragen, wobei dann für die Passiven die Vorschriften über die Schuldübernahme in Art. 175 ff. OR zur Anwendung gelangen (MALACRIDA, 42 FN 23; TSCHÄNI, ZSR 2004 I 104 f. mit Hinweis auf die Kann-Vorschrift in Art. 69 Abs. 1; TURIN, 65; s.a. Art. 69 N 13, Art. 181 Abs. 4 OR N 7). 47

Die Vermögensübertragung ist nur dann zulässig, wenn das Inventar einen Aktivenüberschuss ausweist (Art. 71 Abs. 2). Sie kann, je nach der vertraglichen Ausgestaltung, mit oder ohne Gegenleistung erfolgen. Der **Anwendungsbereich** der Vermögensübertragung ist sehr breit. Sie stellt einen eigentlichen Auffangtatbestand dar und kann etwa eingesetzt werden (i) als Ersatz für vom FusG nicht vorgesehene Fälle der Fusion, Umwandlung und Spaltung (wie die Übertragung des Vermögens einer Genossenschaft auf eine Stiftung oder die Überführung einer juristischen Person in eine Kollektivgesellschaft oder Einzelfirma); (ii) als Alternative zu den vom FusG vorgesehenen Fällen der Fusion, Umwandlung und Spaltung (insbesondere dort, wo die mitgliedschaftliche Seite ohne Bedeutung ist, etwa bei Einpersonengesellschaften mit identischem Eigentümer); (iii) zur Gründung einer Tochtergesellschaft durch Sacheinlage (horizontale Spaltung, als Ersatz für die im VE FusG vorgesehene Ausgliederung; s. N 14); (iv) zur Veräusserung eines Unternehmensteils an einen Dritten; oder (v) zur Vereinfachung der Liquidation einer Gesellschaft durch Übertragung von Aktiven und Passiven auf die Gesellschafter oder Dritte (s.a. KLÄY/TURIN, REPRAX 1/2001, 36 mit weiteren Beispielen). 48

Im Unterschied zu Fusion, Spaltung und Umwandlung beinhaltet die Vermögensübertragung **keine mitgliedschaftsrechtliche Seite**, sondern bleibt auf eine rein vermögensrechtliche Übertragung beschränkt (so etwa liegt eine Spaltung vor, wenn die Gesellschafter der übertragenden Gesellschaft Anteilsrechte der übernehmenden Gesellschaft erhalten). 49

6. Keine Erfassung der einfachen Gesellschaft

Die einfache Gesellschaft (Art. 530 ff. OR) ist kein Rechtsträger im Sinne des FusG (s.a. Art. 2 N 5) und somit vom Geltungsbereich des FusG nicht erfasst. Sie verfügt weder über Rechtspersönlichkeit noch über «Quasirechtspersönlichkeit», d.h. sie ist auch im Verhältnis zu Dritten **nicht rechtlich verselbständigt** (wie etwa die Kollektiv- oder 50

Kommanditgesellschaft). Einfache Gesellschaften können **nicht im Handelsregister eingetragen** werden (statt vieler MEIER-HAYOZ/FORSTMOSER, § 12 Rz 29, 77), weshalb sie nicht in der Lage wären, die für die Transaktionsformen des FusG notwendige Transparenz (s. N 57 ff.) zu gewährleisten.

7. *Rechtsvergleich*

a) Europäische Union

51 Die **Regelungsbereiche** des FusG, einerseits, und der einschlägigen EU-Richtlinien, andererseits, sind in dreifacher (persönlicher, sachlicher und örtlicher) Hinsicht **unterschiedlich**:

52 (i) Ähnlich wie das UmwG (s. N 55), erfasst das FusG eine Grosszahl von *Rechtsformen* (zum Oberbegriff des Rechtsträgers s. Art. 2 N 1–8). Demgegenüber beschränken sich die Regelungen der EU-Fus-RL und der EU-Spalt-RL grundsätzlich auf die Rechtsform der Aktiengesellschaft (Art. 1 EU-Fus-RL bzw. Verweis in Art. 1 Abs. 2 EU-Spalt-RL). Die EU-Fus-RL findet sogar nur dann Anwendung, wenn sowohl der übertragende als auch der übernehmende Rechtsträger eine Aktiengesellschaft im Sinne von Art. 1 EU-Fus-RL ist.

53 (ii) Das FusG erfasst sämtliche Realtypen der Umstrukturierung von Unternehmen und geht mit seiner Regelung der Umwandlung und der Vermögensübertragung bezüglich der abgedeckten *Transaktionsformen* über die vom EU-Recht vorgesehene Rahmenordnung hinaus. Das EU-Recht verpflichtet die Mitgliedstaaten in der EU-Fus-RL lediglich zu Regelungen im Bereich der Fusion und macht in der EU-Spalt-RL Vorgaben zur Angleichung bestehender innerstaatlicher Regelungen; im Bereich der Umwandlung und der Vermögensübertragung bestehen noch keine Harmonisierungsrichtlinien (s. N 28).

54 (iii) Auch *in territorialer Hinsicht* geht das FusG sowohl über die Vorgaben im europäischen Recht als auch über das deutsche Recht hinaus, indem es auch grenzüberschreitende Transaktionen regelt (s. N 39 und 41).

b) Deutschland

55 Das deutsche UmwG hat in zweifacher (persönlicher und sachlicher) Hinsicht einen **ähnlichen Regelungsbereich** wie das FusG. Es erfasst eine Grosszahl von Rechtsträgern (§ 3, § 124, § 175, § 191 UmwG) und regelt unter dem Oberbegriff der «Umwandlung» die vier Transaktionsformen der Verschmelzung, der Spaltung (Aufspaltung, Abspaltung, Ausgliederung), der Vermögensübertragung und des Formwechsels (§ 1 Abs. 1 UmwG). Im Unterschied zum FusG regelt es aber keine grenzüberschreitenden Transaktionen.

V. Zweck (Abs. 2)

1. Rechtssicherheit

56 Ein wesentliches Ziel des FusG ist die Schaffung von Rechtssicherheit für die Rechtsträger, deren Organe und Gesellschafter sowie andere mit dem Rechtsträger verbundene Personen, wie etwa Gläubiger und Arbeitnehmer. Klare gesetzliche Grundlagen für die Umstrukturierung von Unternehmungen sollen die Lücken des bisherigen Rechts schliessen (KLÄY/TURIN, REPRAX 1/2001, 5). **Rechtssicherheit bei Umstrukturie-**

rungen stellt auch eine wesentliche Voraussetzung für die *Verkehrssicherheit von Gesellschaftsanteilen*, z.B. bei einer Fusion oder Änderung der Rechtsform, dar.

2. Transparenz

Als weiteres wesentliches Ziel strebt das FusG die Schaffung von Transparenz an. Diese soll durch die **Publizität der Vorgänge** etwa wie folgt gewährleistet werden:

(i) durch das Einsichtsrecht der Gesellschafter in die Transaktionsdokumente bei der Fusion (Art. 16), der Spaltung (Art. 41) und der Umwandlung (Art. 63);

(ii) durch die Pflicht zur Eintragung der entsprechenden Transaktionen ins Handelsregister (Art. 21, Art. 51, Art. 66 und Art. 73 Abs. 1); und

(iii) durch die Pflicht zur Anmeldung beim Grundbuchamt, sofern sich aus der Transaktion für das Grundbuch eine Änderung ergibt (Art. 104).

Die Einzelheiten der *Eintragung ins Handelsregister bzw. Grundbuch* und die jeweils einzureichenden Belege werden vom Bundesrat festgelegt (Art. 102). Diesen Anordnungen, die in die Handelsregisterverordnung bzw. Grundbuchverordnung aufzunehmen sein werden (Botschaft, 4486), kommt für die angestrebte Transparenz grosse Bedeutung zu. Insbesondere die Regelungen über Art und Umfang der Belege zur Handelsregister- bzw. Grundbuch-Anmeldung sind hier vordringlich, da diese den interessierten Personen zur Einsicht offen stehen (Art. 9 HRegV). Bestimmte Transaktionsdokumente unterliegen dabei der *öffentlichen Beurkundung*, wie etwa der Fusionsbeschluss (Art. 20 Abs. 1), der Spaltungsbeschluss (Art. 44), der Umwandlungsbeschluss (Art. 65) und, sofern Grundstücke betroffen sind, der Übertragungsvertrag (Art. 70 Abs. 2).

Erhöhte Transparenz ist dabei kein Selbstzweck, sondern verbessert, wie die Rechtssicherheit, den Schutz von Gläubigern, Arbeitnehmern und Personen mit Minderheitsbeteiligungen (**Schutzfunktion**). So dienen die zu erstellenden Transaktionsdokumente auch der Bereitstellung von Informationen zwecks Verhinderung bzw. Verringerung von individuellen Informationsasymmetrien (MEIER-SCHATZ, Fusionsgesetz, 12; einzelne Transparenzvorschriften können durchaus nur dem Schutz einer bestimmten Personengruppe, z.B. der Gesellschafter, dienen; Art. 14 N 5 ff., insb. N 7 und 8a–8i sowie Art. 15 N 8 ff.). Erhöhte Transparenz trägt aber auch zur besseren Funktionsfähigkeit der rechtlichen und praktischen Transaktionsabläufe bei (**Funktionsschutz**). So werden die Handelsregister-Behörden die ihnen zugedachte Prüfung der formellen Rechtmässigkeit (s. N 13 und 19) auf der Basis sämtlicher Belege zur Handelsregister-Anmeldung vornehmen, die Belege zur Handelsregister-Anmeldung enthalten ihrerseits wesentliche Informationen über allfällige aufschiebende Bedingungen bezüglich notwendiger Genehmigungen unter dem KG (s. N 93), und die Eintragungen ins Handelsregister schaffen die notwendige Publizität der Transaktionen, wo unter dem FusG auf die Einhaltung der Vorschriften zur Einzelübertragung von Vermögenswerten verzichtet werden kann.

Letzteres ist etwa bei der Vermögensübertragung der Fall, wo das FusG im Rahmen der Universalsukzession auf die Einhaltung der Vorschriften zur Einzelübertragung verzichtet. Dies setzt voraus, dass die Publizität in anderer Weise, nämlich durch Eintragung der Vermögensübertragung ins Handelsregister, gewährleistet wird (z.B. nach einer Vermögensübertragung mit Grundstücken wird das Grundbuch trotz der Verpflichtung zur umgehenden Anmeldung des Eigentumsübergangs nach Eintritt der Rechtskraft gemäss Art. 104 Abs. 2 während einer bestimmten Frist eine nicht zutreffende Rechtslage wiedergeben).

3. Gläubigerschutz

61 Die Ausgestaltung des Gläubigerschutzes ist auf die strukturellen Eigenheiten des jeweiligen Transaktionsvorgangs ausgerichtet (s.a. MEIER-SCHATZ, Fusionsgesetz, 12).

62 Bei einer *Fusion* findet grundsätzlich kein Entzug von Haftungssubstrat statt. Vorbehalte sind diesbezüglich bei Beteiligung einer überschuldeten Gesellschaft an einer Fusion (zur Sanierungsfusion s. Komm. zu Art. 6) oder gewissen rechtsformübergreifenden Fusionen (zum Wegfall einer allfälligen persönlichen Haftung s.a. N 64) zu machen. Die bisherigen, oft als unpraktikabel kritisierten Pflichten des vorauseilenden Schuldenrufs und der getrennten Vermögensverwaltung (Art. 748 Ziff. 1 und 2 altOR) wurden im FusG durch eine weniger strenge Regelung eines Schuldenrufs nach Vollzug und Eintragung der Fusion im Handelsregister ersetzt (**nachträglicher Gläubigerschutz**; Art. 25; s. hierzu auch Art. 3 N 25).

63 Im Unterschied zur Fusion erfolgt bei einer *Spaltung* regelmässig eine Aufteilung von Haftungssubstrat. Sie enthält damit ein für die Gläubiger erhöhtes Gefahrenpotential. Das FusG führt deshalb bei der Spaltung ein im Vergleich zur Fusion verschärftes, präventiv angelegtes Schutzsystem ein, das bereits vor Vollzug der Spaltung und vor Eintritt deren Rechtswirksamkeit greift (**vorgängiger Gläubigerschutz**). So gilt ein genereller Sicherstellungsanspruch (Art. 46, wobei Schuldenruf und Sicherstellung gleichzeitig mit der Auflage des Spaltungsvertrages oder Spaltungsplans erfolgen sollen; MALACRIDA, 54) und eine generelle subsidiäre Haftung aller an der Spaltung beteiligten Rechtsträger (Art. 47).

64 Demgegenüber verändert eine *Umwandlung* die Vermögenssituation nicht, da das Vermögen nur ein neues Rechtskleid erhält. Entsprechend wird die Stellung der Gläubiger grundsätzlich nicht verschlechtert, weshalb das FusG für die Umwandlung keinen Schuldenruf und keine Sicherstellungspflicht vorsieht. Vorbehalte sind aber auch hier beim Wegfall einer allfällig zuvor bestehenden persönlichen Haftung oder, im Falle der Privatisierung von Instituten des öffentlichen Rechts durch Umwandlung in private Rechtsträger (oder deren Fusion mit privaten Rechtsträgern), einer allfälligen bisherigen Staatshaftung (VISCHER, BJM 1999, 303) zu machen. Das FusG statuiert denn auch, dass eine allfällige persönliche Haftung oder Staatshaftung nach Rechtskraft der betreffenden Umstrukturierung noch während weiteren drei Jahren bestehen bleibt (Art. 68 Abs. 1 i.V.m. Art. 26).

65 Aufgrund des ihr inhärenten Schuldnerwechsels führt die *Vermögensübertragung* zu einer potentiellen Gläubigergefährdung. Wie bei der Spaltung besteht deshalb auch bei der Vermögensübertragung während drei Jahren nach deren Vollzug von Gesetzes wegen eine solidarische Haftung des übertragenden und des übernehmenden Rechtsträgers (Art. 75).

4. Arbeitnehmerschutz

66 Die ausdrückliche Erwähnung des Arbeitnehmerschutzes wurde erst aufgrund der Kritik im Vernehmlassungsverfahren ins FusG aufgenommen (s. N 17 und 22; Vernehmlassungen, 63 ff.). Auch hier ist die Ausgestaltung der Schutzvorschriften auf die strukturellen Eigenheiten des jeweiligen Transaktionsvorgangs ausgerichtet.

67 Bei der *Fusion* wird der Arbeitnehmerschutz im Wesentlichen durch die folgenden Massnahmen gewährleistet: (i) die Anwendung von Art. 333 OR auf den Übergang der Arbeitsverhältnisse auf die übernehmende Gesellschaft (Art. 27 Abs. 1); (ii) die Auswirkungen der Fusion auf die Arbeitnehmer aller beteiligten Gesellschaften sind im Fusi-

onsbericht zu erläutern (Art. 14 Abs. 3 lit. i; zudem sind Hinweise auf den Inhalt eines allfälligen Sozialplans aufzunehmen); (iii) die Massnahmen des Gläubigerschutzes (wie etwa Sicherstellungspflicht, Fortdauer der persönlichen Haftung) sichern alle Forderungen aus Arbeitsvertrag, die bis zum Zeitpunkt einer ordentlichen Beendigung des Arbeitsverhältnisses fällig werden (Art. 27 Abs. 2); und (iv) sowohl die übertragende als auch die übernehmende Gesellschaft hat eine Konsultation der Arbeitnehmervertretung gemäss Art. 333a OR durchzuführen (Art. 28; zum Ganzen s. Komm. zu Art. 27 und Art. 28 sowie Art. 3 N 27 f.).

Bei der *Spaltung* dienen dem Arbeitnehmerschutz dieselben Massnahmen wie bei der Fusion, wobei sich die Absicherung der Forderungen aus Arbeitsvertrag nach dem Konzept des vorgängigen Gläubigerschutzes bei der Spaltung richtet (Art. 49 Abs. 2 i.V.m. Art. 46; s.a. N 63; KLÄY/TURIN, REPRAX 1/2001, 25). Zudem muss der Spaltungsvertrag oder der Spaltungsplan eine Liste der Arbeitsverhältnisse enthalten, die mit der Spaltung übergehen (Art. 37 lit. i; zum Ganzen s. Komm. zu Art. 49 und Art. 50). **68**

Bei der *Umwandlung* findet keine Vermögensübertragung statt, weshalb die Schutzbedürfnisse der Arbeitnehmer weniger ausgeprägt sind und weitergehende Regeln zum Arbeitnehmerschutz hier fehlen. Lediglich eine allfällige persönliche Haftung der Gesellschafter für Forderungen aus dem Arbeitsverhältnis besteht fort (Art. 68 Abs. 2 i.V.m. Art. 27 Abs. 3; zum Ganzen s. Komm. zu Art. 68 Abs. 2). **69**

Aus Sicht der Arbeitnehmer steht die *Vermögensübertragung* nahe bei der Fusion. Der Arbeitnehmerschutz entspricht deshalb grundsätzlich demjenigen bei der Fusion bzw. der Spaltung (Art. 76 f.; zum Ganzen s. Komm. zu Art. 76 und Art. 77). **70**

5. Schutz von Personen mit Minderheitsbeteiligungen

Beim Schutz der Personen mit Minderheitsbeteiligungen steht im Vordergrund, dass diese aufgrund der Umstrukturierung nicht ihrer (wohlerworbenen) Rechte beraubt werden sollen. Hierfür hatte der Gesetzgeber einen rechtspolitisch vertretbaren **Ausgleich** zwischen den Interessen der Unternehmensführung und der Personen mit Minderheitsbeteiligungen zu finden. Während zu vermeiden war, dass Personen mit Minderheitsbeteiligungen sinnvolle bzw. wirtschaftlich erforderliche Umstrukturierungen blockieren können, war zu beachten, dass sie bei Restrukturierungen in besonderem Masse auf den Schutz ihrer Rechte und rechtlich geschützten Interessen angewiesen sind (so z.B. wenn das Gesellschaftsvermögen durch Spaltung aufgeteilt wird; s.a. KLÄY/TURIN, REPRAX 1/2001, 5). **71**

Das FusG enthält deshalb das **Grundprinzip**, dass kein Gesellschafter durch die Umstrukturierung in seiner bisherigen Rechtsstellung ohne seine Zustimmung in wesentlicher Weise beeinträchtigt werden darf. Dieses Grundprinzip wird in zweierlei Hinsicht, jeweils mit gewissen Einschränkungen, umgesetzt: **72**

(i) durch das Prinzip der *Kontinuität der Mitgliedschaft*, welches durch die Möglichkeit zur Barabfindung von Gesellschaftern (Art. 8, Art. 18 Abs. 5) bei der Fusion nicht mehr absolut gilt (s. hierzu auch Art. 3 N 9, Art. 7 N 7 sowie Komm. zu Art. 8); und **73**

(ii) durch das Prinzip, dass dem Gesellschafter *keine (neuen) Pflichten* auferlegt werden dürfen, die über diejenigen unter der alten Rechtsform hinausgehen (wie etwa eine neu begründete persönliche Haftung, eine Nachschusspflicht oder eine über die Zahlung der Einlage hinausgehende Tätigkeitsverpflichtung; s.a. VISCHER, BJM 1999, 305, 309). Da die Gefahr der Entstehung einer solchen Mehrbelastung v.a. bei **74** rechtsformübergreifenden Transaktionen gegeben ist, gelten für den Beschluss über eine entsprechende Fusion, Spaltung oder Umwandlung qualifizierte Mehrheits- bzw. Einstimmigkeitserfordernisse (so etwa in Art. 18 Abs. 1–4, Art. 43 Abs. 2, Art. 64).

6. Schutz von Stiftungsdestinatären

75 Der Schutz von Stiftungsdestinatären ist in Art. 1 Abs. 2 nicht explizit erwähnt. Das FusG enthält jedoch Mechanismen zum Schutz der Destinatäre, v.a. wenn diesen Rechtsansprüche (wie regelmässig etwa bei Familienstiftungen) zukommen. So ist eine Fusion oder Vermögensübertragung von Stiftungen nur zulässig, wenn sie sachlich gerechtfertigt ist und insbesondere der Wahrung und Durchführung des Stiftungszwecks dient (Art. 78 Abs. 2 Satz 1, Art. 86 Abs. 2; das Erfordernis zur Wahrung und Durchführung des Stiftungszwecks wurde aufgenommen, da Stiftungen im Unterschied zu Gesellschaften über keine Mitglieder verfügen, die ihre eigenen Interessen bei der Beschlussfassung wahren und nötigenfalls gerichtlich durchsetzen können; s. ZWICKER, Besondere Regeln, ZSR 2004 I 184 FN 11). Zudem müssen allfällige Rechtsansprüche der Destinatäre gewahrt werden (Art. 78 Abs. 2 Satz 2, Art. 86 Abs. 2). Das oberste Organ der übertragenden Stiftung muss die Destinatäre mit Rechtsansprüchen frühzeitig über eine geplante Fusion und deren Auswirkungen auf ihre Rechtsstellung informieren (Art. 82). Die Fusion bzw. Vermögensübertragung bedarf der Genehmigung durch die zuständige Aufsichtsbehörde (Art. 83 mit Ausnahmen für Familienstiftungen und kirchliche Stiftungen in Art. 84, Art. 87).

7. Schutz der Versicherten von Vorsorgeeinrichtungen

76 Wie der Schutz von Stiftungsdestinatären ist auch der Schutz von Versicherten einer Vorsorgeeinrichtung nach Art. 2 lit. i im Zweckartikel nicht explizit erwähnt, doch bestehen bei der Fusion, der Umwandlung und der Vermögensübertragung von Vorsorgeeinrichtungen besondere Vorkehren für deren Schutz. So sind Fusion, Umwandlung und Vermögensübertragung von Vorsorgeeinrichtungen nur zulässig, wenn der Vorsorgezweck und die Rechte und Ansprüche der Versicherten gewahrt bleiben (Art. 88 Abs. 2, Art. 97 Abs. 2, Art. 98 Abs. 2). Zudem müssen die zuständigen Organe die Versicherten frühzeitig über eine geplante Fusion oder Umwandlung und deren Auswirkungen, insbesondere auf die Rechte und Ansprüche der Versicherten, informieren und den Versicherten Einsicht in den Fusionsvertrag und -bericht bzw. den Umwandlungsplan und -bericht gewähren (Art. 93, Art. 97 Abs. 3). Als Folge des obligatorischen Charakters der Vorsorgeeinrichtungen nach Art. 2 lit. i gilt überdies: (i) Fusionsvertrag, -bericht und Bilanz bzw. Umwandlungsplan, -bericht und Bilanz müssen nicht nur von den Revisionsstellen der beteiligten Vorsorgeeinrichtungen, sondern auch von einem anerkannten Experten für die berufliche Vorsorge geprüft werden (Art. 92 Abs. 1, Art. 97 Abs. 3; s.a. ZWICKER, Besondere Regeln, ZSR 2004 I 188); und (ii) die Fusion, Umwandlung bzw. Vermögensübertragung bedarf der Genehmigung durch die zuständige Aufsichtsbehörde (Art. 95, Art. 97 Abs. 3, Art. 98 Abs. 3; die Vermögensübertragung jedoch nur in bestimmten Fällen, s. Komm. zu Art. 98).

8. Rechtsvergleich

a) Europäische Union

77 Die EU-Fus-RL und die EU-Spalt-RL haben, wenn auch mit etwas anderen Schwerpunkten, **ähnliche Zielsetzungen** wie das FusG.

Besondere Bedeutung hat auch im europäischen Recht die Schaffung von **Rechtssicherheit**, die insbesondere über die Harmonisierungswirkung der Richtlinien (infolge Angleichung der Rechtsvorschriften der Mitgliedstaaten) angestrebt wird. Weiter soll die Rechtssicherheit durch eine Beschränkung der Nichtigkeitsfälle von Verschmelzungen bzw. Spaltungen erhöht werden (so die Präambeln der EU-Fus-RL und der EU-Spalt-RL). 78

Die in der EU-Fus-RL und der EU-Spalt-RL enthaltenen Publizitätsvorschriften (in Form von Handelsregisterpublizität und spezifischen Einsichtsrechten) und die Verweise auf die EU-Publizitäts-RL (Erste Richtlinie 68/151/EWG des Rates vom 9.3.1968 zur Koordinierung der Schutzbestimmungen, die in den Mitgliedstaaten den Gesellschaften im Sinne von Art. 58 Abs. 2 EWGV im Interesse der Gesellschafter sowie Dritter vorgeschrieben sind, um diese Bestimmungen gleichwertig zu gestalten; geändert durch die Richtlinie 2003/58/EG des Europäischen Parlaments und des Rates vom 15.7.2003 zur Änderung der Richtlinie 68/151/EWG des Rates in Bezug auf die Offenlegungspflichten von Gesellschaften bestimmter Rechtsformen; so etwa in Art. 6 und Art. 18 Abs. 1 EU-Fus-RL) dienen der Herstellung von **Transparenz**. Diesbezügliche Gemeinsamkeiten mit dem FusG bestehen auch bei der Transaktionsgestaltung, v.a. betreffend der zu erstellenden Transaktionsdokumente, der dabei zu befolgenden Verfahren und deren Prüfung durch unabhängige Experten (für eine artikelweise Gegenüberstellung der schweizerischen und europäischen Normen s. etwa MEIER-SCHATZ, FS Zäch, 545). 79

Ein wesentliches Ziel der EU-Richtlinien ist auch der **Schutz der Interessen von Gesellschaftern und Dritten**, insbesondere Gläubigern, wobei etwa das (europäische) Konzept des nachträglichen Gläubigerschutzes bei Fusion und Spaltung als Minimalstandard konzipiert ist und die konkrete Ausgestaltung den einzelnen Mitgliedstaaten überlassen wird (MEIER-SCHATZ, FS Zäch, 549, 554 f.). 80

Im Unterschied zum FusG verzichtet das europäische Recht auf den Einbau spezifischer Vorschriften zum **Arbeitnehmerschutz** und verweist in Art. 12 EU-Fus-RL bzw. Art. 11 EU-Spalt-RL bezüglich der Wahrung von Ansprüchen der Arbeitnehmer auf die einschlägige arbeitsrechtliche EU-Richtlinie (EU-Betriebsübergangs-RL; diese hat mit dem 1993 revidierten Art. 333 OR in den wesentlichen Zügen auch im schweizerischen Recht Eingang gefunden; s.a. vor Art. 27 N 47 ff., 49 m.w.H.). 81

b) Deutschland

Als wesentliche Ziele des **deutschen UmwG** gelten die Rechtsbereinigung und, damit verbunden, die Lückenschliessung. Vor Inkrafttreten des UmwG waren die massgebenden Bestimmungen zur Unternehmensumstrukturierung auf insgesamt fünf Gesetze verteilt. Durch Zusammenfassung dieser Bestimmungen (unter Einschränkung der zuvor stark verbreiteten Verweistechnik) sollte eine möglichst übergreifend anwendbare Regelung geschaffen werden, welche die in Bezug auf Umwandlungsarten und im Bereich bestimmter Gesellschaftsformen durch eine nur schrittweise vorgenommene Gesetzgebung entstandenen Gesetzeslücken schliessen und gleichzeitig neue Umwandlungsmöglichkeiten eröffnen sollte. Wie das FusG ist auch das deutsche UmwG dem Anleger-, Gläubiger- und Arbeitnehmerschutz verpflichtet und verfügt in den jeweiligen Bereichen über eine ähnliche Ausgestaltung von Schutzmechanismen (s. SEMLER/STENGEL-SEMLER, Einleitung A N 19 ff.; LUTTER-LUTTER, Einleitung N 8 ff.). 82

VI. Beteiligung von Instituten des öffentlichen Rechts (Abs. 3)

1. Privatrechtliche Voraussetzungen (nur) für drei Transaktionsformen

83 Gemäss Art. 1 Abs. 3 legt das FusG auch die privatrechtlichen Voraussetzungen für die Beteiligung von Instituten des öffentlichen Rechts im Sinne von Art. 2 lit. d an einer Fusion, einer Umwandlung oder einer Vermögensübertragung fest. Ein Institut des öffentlichen Rechts kann auf dem Wege der *Fusion* (Absorptions- oder Kombinationsfusion) mit einem privatrechtlich konstituierten Unternehmen ein privates Rechtskleid erhalten. Die Fusion mit einem Institut des öffentlichen Rechts unterscheidet sich dabei für das übernehmende (privatrechtlich organisierte) Unternehmen nicht von der Fusion mit einem (anderen) privatrechtlich organisierten Rechtsträger. Die Möglichkeit der direkten *Umwandlung* der Rechtsform, d.h. die Umwandlung des Gemeinwesens ohne Beteiligung eines bestehenden privatrechtlichen Rechtsträgers, erlaubt die Annahme einer privatrechtlichen Rechtsform unter Weiterbestand aller Rechtsverhältnisse (VON BÜREN/ KINDLER, 9). Im Bereich der *Vermögensübertragung* mit (partieller) Universalsukzession (s. N 46) ist zu beachten, dass es Instituten des öffentlichen Rechts weiterhin stets offen steht, Teile ihres Vermögens nach Art. 181 OR zu übertragen (Art. 181 Abs. 4 OR e contrario; zur diesbezüglichen Einschränkung bei privatrechtlichen Rechtsträgern s. N 47). Sie müssen also nicht zwingend von der Vermögensübertragung nach FusG Gebrauch machen (s.a. LOSER-KROGH, 1108).

84 Die **Bestimmungen des FusG** zu diesen drei für öffentlich-rechtliche Institute vorgesehenen Transaktionsformen regeln die folgenden Punkte:

(i) die Rechtsformen, die für eine Fusion mit einem öffentlich-rechtlichen Institut als übernehmender Rechtsträger in Frage kommen (Art. 99 Abs. 1 lit. a);

(ii) die Rechtsformen, die einem öffentlich-rechtlichen Institut bei einer Umwandlung in einen privatrechtlichen Rechtsträger zur Verfügung stehen (Art. 99 Abs. 1 lit. b);

(iii) die Feststellung, dass öffentlich-rechtliche Institute Vermögen oder Teile davon auf andere Rechtsträger übertragen oder von anderen Rechtsträgern übernehmen können (Art. 99 Abs. 2);

(iv) das für die beteiligten Parteien anwendbare Recht (Art. 100); und

(v) die Haftung des Gemeinwesens für die Verbindlichkeiten des an einer Fusion, Umwandlung oder Vermögensübertragung beteiligten Instituts des öffentlichen Rechts (Art. 101).

85 Unternehmensumstrukturierungen unter Beteiligung des Gemeinwesens zeichnen sich vorab durch folgende **Besonderheiten** aus: (i) Die Vorschriften des FusG über die Fusion, Umwandlung und Vermögensübertragung finden, mit Ausnahme von Art. 99–101, welche direkt Geltung haben, lediglich sinngemäss Anwendung (Art. 100 Abs. 1; damit ermöglicht das FusG eine Abweichung von seinen Bestimmungen wenn und soweit es in einem konkreten Fall aufgrund der Unterschiede zwischen privatrechtlichen und öffentlich-rechtlichen Rechtsträgern erforderlich sein sollte; Botschaft, 4481 f. m.w.H. und Beispielen aus der Praxis); (ii) bei der Fusion und der Umwandlung, nicht aber bei der Vermögensübertragung (s. N 88), kann das öffentliche Recht für den beteiligten öffentlich-rechtlichen Rechtsträger abweichende Vorschriften vorsehen (Art. 100 Abs. 1 Satz 2); (iii) unabhängig von der Art der geplanten Transaktion (d.h. nicht nur bei einer Vermögensübertragung, sondern auch bei einer Fusion oder Umwandlung) sind die zu übertragenden Vermögenswerte in einem Inventar zu bezeichnen und zu bewerten (Art. 100 Abs. 2); und (iv) da die Überführung eines Instituts des öffentlichen Rechts in

eine Rechtsform des Privatrechts in aller Regel eine besondere gesetzliche Grundlage oder zumindest einen formellen Entscheid einer Behörde erfordert, unterstellt das FusG die Beschlussfassung über ein Umstrukturierungsvorhaben des Gemeinwesens ausdrücklich und ausschliesslich den öffentlich-rechtlichen Vorschriften und Grundsätzen des Bundes, der Kantone und der Gemeinden (Art. 100 Abs. 3).

2. Keine Spaltung öffentlich-rechtlicher Institute nach FusG

Im Gegensatz zu Fusion, Umwandlung und Vermögensübertragung bestehen im FusG keine privatrechtlichen Voraussetzungen der Spaltung von Instituten des öffentlichen Rechts. Im Gesetzgebungsverfahren setzte sich die Auffassung durch, es handle sich bei der Spaltung eines öffentlich-rechtlichen Instituts um einen **verwaltungsinternen Vorgang**, der ausschliesslich nach öffentlich-rechtlichen Bestimmungen durchzuführen sei (VON BÜREN, 310); insbesondere fehle dabei eine gesellschaftsrechtliche Komponente (Botschaft, 4481; **a.M.** etwa WEBER, der im Verzicht auf die Spaltung von öffentlich-rechtlichen Instituten einen Mangel des FusG sieht, da zum einen Spaltungen von öffentlich-rechtlichen Instituten nicht zwingend rein verwaltungsinterne Vorgänge seien und zum anderen die analoge Anwendung der privatrechtlichen Spaltungsregeln auf Institute des öffentlichen Rechts eine kohärente Lösung darstelle; WEBER, 99). Soll ein zuvor (nach öffentlich-rechtlichen Bestimmungen) abgespaltener Teil eines öffentlich-rechtlichen Instituts zu einem späteren Zeitpunkt aus der öffentlichen Verwaltung ausgegliedert und privatisiert werden, so kann (wenigstens) dieser Vorgang auf dem Wege einer Fusion, einer Umwandlung oder einer Vermögensübertragung nach FusG vorgenommen werden.

86

3. Privatisierung vs. Verstaatlichung

Die Überführung von Instituten des öffentlichen Rechts in privatrechtliche Rechtsformen, d.h. die «**Privatisierung**», war bislang nicht gesetzlich geregelt. Neu sieht Art. 99 die Überführung von öffentlich-rechtlichen Instituten mittels Fusion, Umwandlung oder Vermögensübertragung in bestimmte, dort angeführte Rechtsformen des Privatrechts vor (s. N 83). Der umgekehrte Vorgang, die Übernahme des Vermögens eines privatrechtlichen Rechtsträgers durch ein Gemeinwesen, d.h. die «**Verstaatlichung**», war vor Inkrafttreten des FusG für die Übernahme des Vermögens einer Aktiengesellschaft (Art. 751 OR) und einer Genossenschaft (Art. 926 OR) vorgesehen. Verstaatlichungsvorgänge liegen auch künftig **ausserhalb des Regelungsbereichs des FusG**, ebenso wie die Übernahme eines privatrechtlichen Rechtsträgers durch ein Institut des öffentlichen Rechts, die Umwandlung eines privatrechtlichen Rechtsträgers in ein Institut des öffentlichen Rechts und die (nach öffentlich-rechtlichen Bestimmungen durchzuführende) Fusion zwischen öffentlich-rechtlichen Rechtsträgern.

87

Für die Durchführung der vorstehenden Verstaatlichungsvorgänge steht aber dort, wo ein (rein privatrechtlicher) **Rechtsübergang** erfolgen soll, die **Vermögensübertragung** zur Verfügung (Art. 99 Abs. 2; s.a. Botschaft, 4481). Das FusG enthält für die Vermögensübertragung, anders als bei der Fusion und der Umwandlung, keinen Vorbehalt des öffentlichen Rechts (Botschaft, 4482). Im Gegensatz zur Fusion oder Umwandlung, wo das öffentliche Recht abweichende Vorschriften vorsehen kann (s. N 85), sind bei der Vermögensübertragung folglich Abweichungen von der zivilrechtlichen Regelung des Übergangs von Rechten und Pflichten ausgeschlossen (Art. 100 Abs. 1 Satz 2 e contrario).

88

VII. Verhältnis zum KG (Abs. 4)

1. Vorbehalt der Vorschriften zur Fusionskontrolle

89 Der in Art. 1 Abs. 4 enthaltene ausdrückliche Vorbehalt der kartellrechtlichen Vorschriften zur Fusionskontrolle wurde erst aufgrund der **Kritik im Vernehmlassungsverfahren** in das FusG aufgenommen. Er soll klarstellen, dass das FusG die Anpassung der rechtlichen Strukturen von Unternehmen nicht abschliessend regelt, sondern nur deren privatrechtliche Aspekte (Botschaft, 4387). Die Zulässigkeit einer Fusion, einer Spaltung oder einer Vermögensübertragung nach den Bestimmungen des FusG sagt nichts darüber aus, ob der Vorgang auch nach den Bestimmungen des Kartellgesetzes statthaft ist.

90 Das Kartellgesetz regelt ebenfalls den Zusammenschluss von Unternehmen und unterstellt diesen einer wettbewerbspolitischen Kontrolle (Art. 9 ff. und 32 ff. KG; Art. 3–23 VKU). Der **Begriff** des Unternehmenszusammenschlusses nach KG ist aber **weiter** zu verstehen als derjenige nach FusG und erfasst (s. hierzu auch KG Kommentar-DUCREY/DROLSHAMMER, Art. 4 N 88, 91 ff.):

(i) Fusionen zweier oder mehrerer bisher voneinander unabhängiger Unternehmen (Art. 4 Abs. 3 lit. a KG), wobei rechtliche wie auch wirtschaftliche Fusionen erfasst werden, etwa ein Aktientausch, der Erwerb von Aktiven und Passiven eines anderen Unternehmens oder eine Doppelfusion (wie sie bei mehreren Grossfusionen, z.B. zur UBS AG oder Novartis AG, praktiziert wurde; vgl. ZÄCH, Rz 407); und

(ii) als sog. ähnliche Tatbestände, jeden Vorgang, durch den ein oder mehrere Unternehmen unmittelbar oder mittelbar die Kontrolle über ein oder mehrere bisher unabhängige Unternehmen oder über Teile von solchen erlangen (Art. 4 Abs. 3 lit. b KG), wie etwa den Erwerb einer Beteiligung oder den Abschluss eines (Beherrschungs-)Vertrages (s.a. MEIER-SCHATZ, Fusionsgesetz, 51).

91 Somit können nicht nur Fusionen, sondern auch Spaltungen, etwa eine Spaltung zur Übernahme (Botschaft, 4367) oder Spaltungen im Rahmen von Gemeinschaftsunternehmen (Joint Ventures) zweier oder mehrerer Gesellschaften, sowie bestimmte Vermögensübertragungen Unternehmenszusammenschlüsse im Sinne des KG darstellen. Sie sind der Fusionskontrolle durch die Wettbewerbskommission unterstellt, sofern die beteiligten Unternehmen die Aufgreifkriterien in Art. 9 KG erfüllen.

2. Kumulative Anwendung

92 Das FusG und das KG kommen **kumulativ zur Anwendung**, da die beiden Erlasse unterschiedliche Regelungs- und Schutzziele haben (KLÄY/TURIN, REPRAX 1/2001, 9; THOMI, 447). Während das KG als *wirtschaftspolitischer Erlass* (Art. 96 BV) «bezweckt, volkswirtschaftlich oder sozial schädliche Auswirkungen von Kartellen und anderen Wettbewerbsbeschränkungen zu verhindern und damit den Wettbewerb im Interesse einer freiheitlichen marktwirtschaftlichen Ordnung zu fördern» (Art. 1 KG), ist das FusG ein *privatrechtlicher Erlass* und dient im Wesentlichen der erleichterten Reorganisation von rechtlichen Unternehmensstrukturen unter Gewährleistung eines ausreichenden Schutzes der Gläubiger, Arbeitnehmer und der Personen mit Minderheitsbeteiligungen (s. N 56 ff.). Es stellt mithin *keinen Widerspruch* dar, wenn einerseits das KG wettbewerbshindernde Fusionen und ähnliche Tatbestände vereiteln will und andererseits das FusG das rechtliche Instrumentarium für eine flexible und transparente Gestaltung der Unternehmensstrukturen erweitert (s.a. Botschaft, 4367).

Durch die im FusG vorgesehenen Massnahmen zur Schaffung von Transparenz, insbesondere die Pflicht zur Eintragung der entsprechenden Transaktionen ins Handelsregister (Art. 21, Art. 51, Art. 66 und Art. 73 Abs. 1) und die Möglichkeit zur Einsicht in die zugehörigen Belege (Art. 9 HRegV; s. N 57 ff.), dürfte der *Wettbewerbskommission* auch ausserhalb eines formellen Verfahrens die Möglichkeit gegeben sein, die Transaktion in einem ihr zuvor nicht zugänglichen Masse nachzuvollziehen. Gleichzeitig wird das Vorliegen eines meldepflichtigen Zusammenschlusses nach KG aufgrund der Ausführungen über allfällig erforderliche behördliche Bewilligungen in den Transaktionsdokumenten, z.B. im Fusionsbericht (Art. 14 Abs. 3 lit. k), für den *Handelsregisterführer* regelmässig erkennbar sein. Die kumulative Anwendung von FusG und KG dürfte somit kein Problem darstellen, wenn die Transaktionsparteien erkennen, dass es sich um einen meldepflichtigen Zusammenschluss im Sinne des KG handelt, und sie mit dem Vollzug, insbesondere einer Eintragung ins Handelsregister, zuwarten bis der Zusammenschluss behördlich zugelassen ist, die Wartefristen abgelaufen sind oder eine Bewilligung zum vorläufigen Vollzug erteilt wurde (s. Art. 32–34 KG; s.a. TSCHÄNI, M&A-Transaktionen, 10. Kap. Rz 36).

93

3. Schnittstellenprobleme

Nach Massgabe von Art. 34 KG sollen die zivilrechtlichen Wirkungen eines Unternehmenszusammenschlusses selbst dann aufgeschoben sein, wenn die Eintragung ins Handelsregister bereits erfolgt ist (Art. 34 Satz 1 KG: «Die zivilrechtliche Wirksamkeit eines meldepflichtigen Zusammenschlusses bleibt, unter Vorbehalt des Fristablaufs gemäss Artikel 32 Absatz 1 und der Bewilligung zum vorläufigen Vollzug, aufgeschoben.»). Es handelt sich hierbei um eine **heikle Schnittstelle zwischen Privatrecht und öffentlichem Wettbewerbsrecht.** Die Aufschiebung des Eintritts der Rechtswirkungen gemäss KG (s.a. die Vorbehalte von Art. 34 KG in Art. 22 Abs. 1, Art. 52 und Art. 73 Abs. 2) scheint mit dem im FusG zentralen Konzept des Eintritts der Rechtskraft der Transaktionen mit Eintragung ins Handelsregister, die entsprechend eine wesentliche Vollzugshandlung darstellt (s.a. N 93), nicht wirklich vereinbar (s. hierzu auch THOMI, 448; LOSER-KROGH, 1097 f.).

94

Problematisch sind v.a. diejenigen Fälle, in denen die Transaktionsparteien, aus welchem Grunde auch immer, trotz bestehender Meldepflicht (Art. 9 KG) auf eine Meldung an die Wettbewerbskommission verzichten und eine Handelsregister-Anmeldung vornehmen, oder die Parteien nach erfolgter Meldung vorzeitig (d.h. ohne zuzuwarten bis der Zusammenschluss behördlich zugelassen ist, die Wartefristen abgelaufen sind oder eine Bewilligung zum vorläufigen Vollzug erteilt wurde; s. N 93) eine Anmeldung beim Handelsregister vornehmen. In diesen Fällen wird das Erfordernis der Behördenbewilligung gerade nicht aus den Transaktionsdokumenten ersichtlich sein und die Handelsregister-Anmeldung vom Handelsregisterführer vorbehaltlos entgegen genommen werden. Somit besteht dann die Möglichkeit einer **Verletzung des Vollzugsverbotes** in Art. 32 Abs. 2 KG (zum Vollzugsverbot s. KG Kommentar-DUCREY, Art. 32 N 22 ff.; zu den Rechtsfolgen einer Verletzung s. Art. 37, Art. 51 und Art. 55 KG). Der generelle Vorbehalt der kartellrechtlichen Vorschriften zur Fusionskontrolle in Art. 1 Abs. 4 und die besonderen Vorbehalte von Art. 34 KG in Art. 22 Abs. 1, Art. 52, Art. 73 Abs. 2, die dem Eintritt der Rechtskraft der Fusion, Spaltung oder Vermögensübertragung mit Eintragung ins Handelsregister entgegenstehen, könnten dazu führen, dass eine bereits vorgenommene Eintragung ins Handelsregister nachträglich wieder rückgängig gemacht werden muss (zu den zivilrechtlichen Wirkungen der eingetragenen Transaktion und den Aspekten des Gutglaubensschutzes s. Komm. zu Art. 22).

95

96 In der Vernehmlassung wurde in Anlehnung an Art. 3 Abs. 1 BankG («Die Bank bedarf zur Aufnahme der Geschäftstätigkeit einer Bewilligung der Bankenkommission; sie darf nicht ins Handelsregister eingetragen werden, bevor diese Bewilligung erteilt ist.») zum Teil vorgeschlagen, dass bei Vorliegen eines meldepflichtigen Zusammenschlusses nach KG eine Eintragung ins Handelsregister nicht erfolgen darf, solange nicht entweder die erforderliche Bewilligung der Wettbewerbskommission vorliegt oder im Rahmen einer negativen Feststellungsverfügung (die in der heutigen Praxis zum KG allerdings nicht vorgesehen ist) das Vorliegen eines meldepflichtigen Zusammenschlusses verneint wird (so etwa THOMI, 448). Der Gesetzgeber hat **zu Recht darauf verzichtet**, ein solches **Eintragungsverbot in das FusG aufzunehmen** (es hätte auch – wie im BankG – einer positiv-rechtlichen Normierung im FusG bedurft; eine entsprechende Regelung auf Verordnungsstufe, z.B. in der Handelsregisterverordnung, würde dazu nicht ausreichen). Er hat wohl beachtet, dass bereits im Bankenbereich die den Handelsregisterführern auferlegte Pflicht, aufgrund der für den Eintrag einzureichenden Belege zu prüfen, ob ein unterstellungspflichtiges Unternehmen vorliegt und, falls dies zutrifft, ob die Bewilligung erteilt wurde, als problematisch angesehen wird (BODMER/KLEINER/LUTZ, Art. 3 N 5). Dies, obwohl die Prüfungshandlung des Handelsregisterführers im Bankenbereich – im Unterschied zur Überprüfung der Transaktionen nach FusG – insofern erleichtert wird, als er bereits aus der Firma und dem Zweckartikel der Gesellschaft eine geplante Banktätigkeit ersehen kann und im Zweifelsfall die Beibringung eines (für ihn verbindlichen) Unterstellungsentscheides der EBK verlangen darf (BODMER/KLEINER/LUTZ, Art. 1 N 1 und Art. 3 BankG N 5). Die Aufnahme eines Eintragungsverbots in das FusG hätte in der Praxis wohl zur Folge, dass der Handelsregisterführer regelmässig die Wettbewerbskommission für seine (Eintragungs-)Entscheidung beiziehen würde, was mit unzumutbaren Verzögerungen und entsprechender Rechtsunsicherheit für alle Zusammenschlüsse – die zur grossen Mehrheit ohnehin nicht meldepflichtig sind – verbunden wäre. Des weiteren ist zu bedenken, dass die latente Gefahr einer nachträglichen Rückgängigmachung der Handelsregister-Eintragung (s. N 95) durchaus auch eine positive, da disziplinierende Wirkung auf die Parteien haben kann, den Meldepflichten gemäss KG tatsächlich nachzuleben. Die Einführung eines (an Art. 3 Abs. 1 BankG angelehnten) Eintragungsverbotes ist deshalb auch weiterhin abzulehnen.

4. Rechtsvergleich

a) Europäische Union

97 Im Unterschied zum FusG enthalten weder die EU-Fus-RL noch die EU-Spalt-RL eine ausdrückliche Regelung ihres Verhältnisses zum (nationalen oder europäischen) Wettbewerbsrecht.

b) Deutschland

98 Auch das **deutsche UmwG** enthält keine ausdrückliche Bestimmung über sein Verhältnis zum Wettbewerbsrecht. Die Aufnahme einer aufschiebenden Bedingung in den Verschmelzungs- oder Spaltungsvertrag (§ 5 bzw. 126 UmwG), die den Vorbehalt des Kartellrechts berücksichtigt, dürfte aber auch ohne ausdrückliche gesetzliche Regelung zu empfehlen sein (s. etwa LUTTER-LUTTER, § 5 N 78).

Art. 2

Begriffe

In diesem Gesetz gelten als:
a. Rechtsträger: Gesellschaften, Stiftungen, im Handelsregister eingetragene Einzelfirmen und Institute des öffentlichen Rechts;
b. Gesellschaften: Kapitalgesellschaften, Kollektiv- und Kommanditgesellschaften, Vereine und Genossenschaften, sofern es sich nicht um Vorsorgeeinrichtungen gemäss Buchstabe i handelt;
c. Kapitalgesellschaften: Aktiengesellschaften, Kommanditaktiengesellschaften und Gesellschaften mit beschränkter Haftung;
d. Institute des öffentlichen Rechts: im Handelsregister eingetragene, organisatorisch verselbständigte Einrichtungen des öffentlichen Rechts des Bundes, der Kantone und der Gemeinden, unabhängig davon, ob sie als juristische Person ausgestaltet sind oder nicht;
e. kleine und mittlere Unternehmen: Gesellschaften, die keine Anleihensobligationen ausstehend haben, deren Anteile nicht an der Börse kotiert sind und die überdies zwei der nachfolgenden Grössen nicht in den zwei letzten dem Fusions-, dem Spaltungs- oder dem Umwandlungsbeschluss vorangegangenen Geschäftsjahren überschreiten:
1. Bilanzsumme von 20 Millionen Franken,
2. Umsatzerlös von 40 Millionen Franken,
3. 200 Vollzeitstellen im Jahresdurchschnitt;
f. Gesellschafterinnen und Gesellschafter: Anteilsinhaberinnen und -inhaber, Gesellschafterinnen und Gesellschafter in der Kollektiv- und der Kommanditgesellschaft, Genossenschafterinnen und Genossenschafter ohne Anteilscheine, Mitglieder im Verein;
g. Anteilsinhaberinnen und -inhaber: Inhaberinnen und Inhaber von Aktien, Partizipationsscheinen oder Genussscheinen, Gesellschafterinnen und Gesellschafter von Gesellschaften mit beschränkter Haftung, Genossenschafterinnen und Genossenschafter mit Anteilscheinen;
h. Generalversammlung: die Generalversammlung in der Aktiengesellschaft, der Kommanditaktiengesellschaft und in der Genossenschaft; die Gesellschafterversammlung in der Gesellschaft mit beschränkter Haftung; die Versammlung der Mitglieder im Verein; die Delegiertenversammlung, soweit diese in der Genossenschaft oder im Verein nach den Statuten zuständig ist;
i. Vorsorgeeinrichtungen: Einrichtungen, die der Aufsicht gemäss Artikel 61 ff. des Bundesgesetzes vom 25. Juni 1982 über die berufliche Alters-, Hinterbliebenen- und Invalidenvorsorge (BVG) unterstellt sind und die als juristische Person ausgestaltet sind.

Art. 2 1. Kapitel: Gegenstand und Begriffe

Définitions
Au sens de la présente loi, on entend par:
a. *sujets:* les sociétés, les fondations, les entreprises individuelles inscrites au registre du commerce et les instituts de droit public;
b. *sociétés:* les sociétés de capitaux, les sociétés en nom collectif, les sociétés en commandite, les associations et les sociétés coopératives, pour autant qu'elles ne soient pas considérées comme des institutions de prévoyance au sens de la let. i;
c. *sociétés de capitaux:* les sociétés anonymes, les sociétés en commandite par actions et les sociétés à responsabilité limitée;
d. *instituts de droit public:* les institutions de droit public de la Confédération, des cantons et des communes inscrites au registre du commerce et organisées de manière indépendante, qu'elles jouissent ou non de la personnalité juridique;
e. *petites et moyennes entreprises:* les sociétés qui ne sont pas débitrices d'un emprunt par obligations et dont les parts ne sont pas cotées en Bourse, et qui en outre ne dépassent pas deux des grandeurs suivantes pendant les deux exercices qui précèdent la décision de fusion, de scission ou de transformation:
1. total du bilan de 20 millions de francs,
2. chiffre d'affaires de 40 millions de francs,
3. moyenne annuelle de 200 emplois à plein temps;
f. *associés:* les titulaires de parts, les associés de sociétés en nom collectif et de sociétés en commandite, les coopérateurs sans parts sociales et les membres d'associations;
g. *titulaires de parts:* les titulaires d'actions, de bons de participation ou de bons de jouissance, les associés de sociétés à responsabilité limitée et les coopérateurs titulaires de parts sociales;
h. *assemblée générale:* l'assemblée générale de la société anonyme, de la société en commandite par actions et de la société coopérative; l'assemblée des associés de la société à responsabilité limitée; l'assemblée des membres de l'association; l'assemblée des délégués de l'association ou de la société coopérative, pour autant qu'elle soit compétente en vertu des statuts;
i. *institutions de prévoyance:* les institutions qui sont soumises à la surveillance prévue aux art. 61 et suivants de la loi fédérale du 25 juin 1982 sur la prévoyance professionnelle vieillesse, survivants et invalidité (LPP) et qui jouissent de la personnalité juridique.

Definizioni
Ai sensi della presente legge si intendono per:
a. soggetti giuridici: le società, le fondazioni, le ditte individuali iscritte nel registro di commercio e gli istituti di diritto pubblico;
b. società: le società di capitali, le società in nome collettivo e in accomandita, le associazioni e le società cooperative, purché non siano considerate istituti di previdenza ai sensi della lettera i;
c. società di capitali: le società anonime, le società in accomandita per azioni e le società a garanzia limitata;
d. istituti di diritto pubblico: gli istituti di diritto pubblico federali, cantonali e comunali iscritti nel registro di commercio e dotati di autonomia organizzativa, indipendentemente dal fatto che abbiano personalità giuridica;
e. piccole e medie imprese: le società che non sono debitrici di un prestito obbligazionario, che non sono quotate in borsa e che, nel corso dei due ultimi esercizi precedenti la decisione di fusione, di scissione o di trasformazione, non superano due dei valori seguenti:
1. bilancio complessivo di 20 milioni di franchi,
2. cifra d'affari di 40 milioni di franchi,
3. media annua di 200 posti in organico a tempo pieno;

f. soci: i titolari di quote, i soci di società in nome collettivo e in accomandita, i soci di società cooperative senza certificati di quota e i membri di associazioni;
g. titolari di quote: i titolari di azioni, di buoni di partecipazione o di buoni di godimento, i soci di società a garanzia limitata e i soci di una società cooperativa titolari di certificati di quota;
h. assemblea generale: l'assemblea generale nella società anonima, nella società in accomandita per azioni o nella società cooperativa; l'assemblea dei soci di una società a garanzia limitata; l'assemblea dei membri di un'associazione; l'assemblea dei delegati nella società cooperativa o nell'associazione qualora gli statuti la dichiarino competente;
i. istituti di previdenza: gli istituti sottoposti alla vigilanza di cui agli articoli 61 segg. della legge federale del 25 giugno 1982 sulla previdenza professionale per la vecchiaia, i superstiti e l'invalidità, dotati di personalità giuridica.

Inhaltsübersicht

Note

I. Rechtsträger (lit. a) 1
II. Gesellschaften (lit. b) 9
III. Kapitalgesellschaften (lit. c) 13
IV. Institute des öffentlichen Rechts (lit. d) 14
V. Kleine und mittlere Unternehmen (lit. e) 19
VI. Gesellschafter (lit. f) 26
VII. Anteilsinhaber (lit. g) 28
VIII. Generalversammlung (lit. h) 31
IX. Vorsorgeeinrichtungen (lit. i) 33

Literatur

R. von Büren, Fusion, Umwandlung und Vermögensübertragung unter Beteiligung von Instituten des öffentlichen Rechts, SZW 2004, 178 ff.; U. Gasser/Ch. Eggenberger, Vorentwurf zu einem Fusionsgesetz – Grundzüge und ausgewählte Einzelfragen, AJP 1998, 457 ff.; A. Heini, Das Schweizerische Vereinsrecht, Basel 1988; Ch. J. Meier-Schatz, Einführung in das neue Fusionsgesetz, AJP 2002, 514 ff.; P. Nobel, Der Vorentwurf zu einem Bundesgesetz über die Fusion, Spaltung und Umwandlung von Rechtsträgern (Fusionsgesetz), ZSR 1998 I 355 ff.; H. M. Riemer, Vorsorgeeinrichtungen und Fusionsgesetz, SZS 2004, 139 ff.; G. Thomi, Fusionsgesetz – Ausgewählte Fragen, in: Ruf/Pfäffli (Hrsg.), FS Verband bernischer Notare, Langenthal 2003, 443 ff.; vgl. ausserdem die Literaturhinweise zu Art. 1.

I. Rechtsträger (lit. a)

Das FusG regelt als Querschnitterlass (s. Art. 1 N 2) die vier Transaktionsformen der Fusion, der Spaltung, der Umwandlung und der Vermögensübertragung grundsätzlich unabhängig von den Rechtsformen der an diesen Vorgängen beteiligten Rechtsträger. Die Einführung eines von den verschiedenen Rechtsformen **unabhängigen Oberbegriffs** war zum einen notwendig, um den Gesetzestext zu straffen und verständlicher zu machen, entspricht zum anderen aber auch der gesetzgeberischen Konzeption eines Sondergesetzes (s. Art. 1 N 4). 1

In Anlehnung an das deutsche Recht (N 8) verwendet das FusG den Begriff «Rechtsträger» (französisch «sujet», italienisch «soggetto giuridico»). Dieser steht als abstrakte Bezeichnung für die Gesamtheit aller Rechtsformen, die vom **Geltungsbereich des** 2

FusG erfasst werden (Botschaft, 4388). Als **Rechtsträger im Sinne des FusG** gelten demnach (Art. 2 lit. a–d):
- Aktiengesellschaften;
- Kommanditaktiengesellschaften;
- GmbH;
- Kollektivgesellschaften;
- Kommanditgesellschaften;
- Vereine;
- Genossenschaften, sofern es sich nicht um Vorsorgeeinrichtungen gemäss Art. 2 lit. i handelt;
- Stiftungen;
- im Handelsregister eingetragene Einzelfirmen; und
- Institute des öffentlichen Rechts (d.h. im Handelsregister eingetragene, organisatorisch verselbständigte Einrichtungen des öffentlichen Rechts des Bundes, der Kantone und der Gemeinden, unabhängig davon, ob sie als juristische Person ausgestaltet sind oder nicht; Art. 2 lit. d).

3   Die vorstehende Auflistung ergibt sich durch Auflösung der zweifachen Verschachtelung von Art. 2 lit. c «Kapitalgesellschaften», die in lit. b «Gesellschaften» enthalten sind, und von lit. b «Gesellschaften», die in lit. a «Rechtsträger» enthalten sind. Gemäss dieser (Gesamt-)Auflistung der unter den Begriff «Rechtsträger» fallenden Rechtsformen würden **Genossenschaften, die Vorsorgeeinrichtungen gemäss Art. 2 lit. i sind**, nicht als Rechtsträger im Sinne des FusG gelten. Da aber Kapitel 7 des FusG die Fusion, Umwandlung und Vermögensübertragung von Vorsorgeeinrichtungen unabhängig von der Rechtsform regelt (Art. 88–98; s. N 12 und 33) und die in Kapitel 9 enthaltenen gemeinsamen Vorschriften auf den Begriff «Rechtsträger» abstellen, und demnach auch Genossenschaften, die Vorsorgeeinrichtungen gemäss Art. 2 lit. i sind, erfassen müssen (insb. Art. 102–104 und Art. 108; nach RIEMER sind Art. 105–107 auf Vorsorgeeinrichtungen nicht anwendbar, s. RIEMER, 141), kann es sich beim Ausschluss derselben aus der Definition von «Rechtsträger» in Art. 2 lit. a nur um ein *gesetzgeberisches Versehen* handeln. Es wurde wohl beim Herausschneiden der Genossenschaften, die Vorsorgeeinrichtungen gemäss Art. 2 lit. i sind, aus dem mit dem E FusG eingeführten Begriff der «Gesellschaften» (s. N 9) übersehen, dass diese Genossenschaften damit gleichzeitig auch aus der Definition des Begriffs «Rechtsträger» entfernt wurden. Dementsprechend dürfte Art. 2 lit. a wie folgt zu lesen sein: «Rechtsträger: Gesellschaften, Stiftungen, im Handelsregister eingetragene Einzelfirmen und Institute des öffentlichen Rechts *sowie Genossenschaften, sofern es sich um Vorsorgeeinrichtungen gemäss Buchstabe i handelt*».

4   Der Begriff des Rechtsträgers bezeichnet eine allgemeine, hinter den verschiedenen Rechtsformen stehende Wesenseinheit (KLÄY/TURIN, 8). Er ist **funktionalistisch** zu verstehen (NOBEL, ZSR 1998 I 359) und entstammt nicht der juristischen Dogmatik, die grundsätzlich zwischen natürlichen und juristischen Personen unterscheidet. Rechtsträger ist ein «Aufhänger von Rechten und Pflichten» (NOBEL, ZSR 1998 I 359) und ermöglicht den Einschluss der Personengesellschaften sowie der öffentlich-rechtlichen Rechtsträger.

5   Vom Begriff des Rechtsträgers werden sämtliche Gesellschaftsformen des OR mit **Ausnahme der einfachen Gesellschaft** (Art. 530–551 OR) erfasst. Die gesetzliche Auffangform des schweizerischen Gesellschaftsrechts, die immer dann zur Anwendung kommt, wenn nicht die Voraussetzungen einer anderen gesetzlich geregelten Gesellschaft zutreffen (Art. 530 Abs. 2 OR), ist kein Rechtsträger im Sinne des FusG (s.a. Art. 1 N 50).

Im Unterschied zur einfachen Gesellschaft werden die **im Handelsregister eingetragenen Einzelfirmen** vom Geltungsbereich des FusG erfasst. Die Einzelfirma ist, strukturell bedingt, aber nur der Vermögensübertragung zugänglich (s. Art. 4 N 8). Da die Vermögensübertragung als eigenständige Transaktionsform erst mit dem E FusG eingeführt wurde (s. Art. 1 N 20), sind die im Handelsregister eingetragenen Einzelfirmen, die im VE FusG noch nicht als Rechtsträger galten, dann in die Definition von Rechtsträger in Art. 2 lit. a. aufgenommen worden. **6**

Bei der mit Erlass des FusG vorgenommenen **Revision des IPRG** wurde von einer Einführung des Begriffs «Rechtsträger» in das IPRG abgesehen und statt dessen an der Verwendung des bisherigen, sehr breiten **Begriffs der «Gesellschaft»** von Art. 150 Abs. 1 IPRG («organisierte Personenzusammenschlüsse und organisierte Vermögenseinheiten») festgehalten. Der Ausschluss der einfachen Gesellschaft vom Geltungsbereich des FusG steht dennoch in Einklang mit dem IPRG, wonach «[f]ür einfache Gesellschaften, die sich keine Organisation gegeben haben, das auf Verträge anwendbare Recht [gilt] (Art. 166 ff.)» (Art. 150 Abs. 2 IPRG). **7**

Wie das FusG, nimmt auch das **deutsche UmwG** eine Abstraktion vor und verwendet den Begriff des Rechtsträgers (vgl. § 1 Abs. 1 UmwG). Als Vollinhaber eines Rechts verstanden, ist Rechtsträger «jede Rechtseinheit, die Träger von Rechten und Pflichten sein kann, ohne Rücksicht darauf, ob sie rechtlich verselbständigt ist oder nicht» (Semler/Stengel-Semler, § 1 N 20, für eine detaillierte Auflistung der Rechtsträger im Sinne des UmwG s. insb. § 1 N 24 ff.). Im Unterschied zum FusG, das mit Art. 2 lit. a eine Legaldefinition enthält, werden im UmwG die jeweils erfassten Rechtsträger in Spezialnormen zu den einzelnen Umwandlungsarten festgelegt (§§ 3, 124, 175, 191 UmwG), weshalb der in § 1 Abs. 1 UmwG verwendeten Formulierung «Rechtsträger» kein eigenes materielles Gewicht zukommt (Lutter-Lutter, § 1 N 4). **8**

II. Gesellschaften (lit. b)

Die Definition der «Gesellschaften» war im VE FusG noch nicht enthalten und wurde **erst mit dem E FusG eingeführt** (der VE FusG sah im gleichen Kapitel 2 auch die Regelungen der Fusion von Stiftungen und Vorsorgeeinrichtungen vor, die im E FusG in die separaten Kapitel 6 und 7 ausgegliedert wurden). Da Kapitel 2 nunmehr allein die Fusion von Gesellschaften regelt, drängte sich eine Legaldefinition der davon erfassten Rechtsträger auf. **9**

Durch Auflösung der Verschachtelung von Art. 2 lit. c «Kapitalgesellschaften», die in lit. b «Gesellschaften» enthalten sind, ergibt sich folgende Auflistung der **Gesellschaften im Sinne des FusG**: **10**
– Aktiengesellschaften;
– Kommanditaktiengesellschaften;
– GmbH;
– Kollektivgesellschaften;
– Kommanditgesellschaften;
– Vereine; und
– Genossenschaften, sofern es sich nicht um Vorsorgeeinrichtungen gemäss Art. 2 lit. i handelt.

Der Begriff «Gesellschaften» umfasst neben denjenigen Rechtsformen, die das OR in seiner Dritten Abteilung (Die Handelsgesellschaften und die Genossenschaft) aufführt, **auch den Verein**. Dieser wird gemeinhin definiert als eine Personenvereinigung auf ver- **11** traglicher Grundlage zur Verfolgung eines gemeinsamen Zwecks (s. statt vieler HEINI, 6). Der Einbezug des Vereins in den Begriff der Gesellschaft birgt keine Probleme, da er sämtliche wesentlichen Begriffselemente einer Gesellschaft aufweist (Botschaft, 4388 mit Hinweisen). Über die gesellschaftlichen Elemente der Personenmehrheit, der vertraglichen Grundlage und des gemeinsamen Zwecks hinaus, besitzt der Verein grundsätzlich auch Rechtspersönlichkeit (Art. 60 Abs. 1 ZGB).

12 Genossenschaften gelten nur dann als Gesellschaften im Sinne des FusG, sofern es sich **nicht** um **Vorsorgeeinrichtungen gemäss Art. 2 lit. i** handelt. Für die Anpassung der rechtlichen Strukturen von Genossenschaften, die Vorsorgeeinrichtungen gemäss lit. i sind, finden die besonderen, von der Rechtsform unabhängigen Regeln für Vorsorgeeinrichtungen in Kapitel 7 Anwendung (Art. 88–98; s. dazu N 33; s.a. Botschaft, 4388).

III. Kapitalgesellschaften (lit. c)

13 Als Kapitalgesellschaften gelten nach Art. 2 lit. c ausschliesslich die Rechtsformen der *Aktiengesellschaft, Kommanditaktiengesellschaft* und der *GmbH*, was auch der weit überwiegenden Auffassung in der Lehre entspricht (s. statt vieler MEIER-HAYOZ/FORSTMOSER, § 3 Rz 3, wonach den Kapitalgesellschaften, in Abgrenzung von den rein personenbezogenen Gesellschaften, die Aktiengesellschaft als eigentliche Kapitalgesellschaft und die beiden Mischformen der Kommanditaktiengesellschaft und der GmbH als kapitalbezogene Gesellschaften zuzuordnen sind). Genossenschaften sind auch dann keine Kapitalgesellschaften im Sinne des FusG, wenn sie Anteilscheine ausgegeben haben (Botschaft, 4389).

IV. Institute des öffentlichen Rechts (lit. d)

14 Das 8. Kapitel des FusG regelt die Fusion, Umwandlung und Vermögensübertragung unter Beteiligung von Instituten des öffentlichen Rechts. Bislang hat sich weder in Lehre oder Rechtsprechung noch in der Gesetzgebung eine einheitliche Terminologie für die Rechtsformen des öffentlichen Rechts gebildet, weshalb das FusG eine entsprechende Legaldefinition einführt. Sie ist **breit gehalten** und umfasst die Gesamtheit der öffentlich-rechtlichen Einrichtungen des Bundes, der Kantone und der Gemeinden, unabhängig davon ob diese Rechtspersönlichkeit besitzen oder nicht, sofern sie im Handelsregister eingetragen und organisatorisch verselbständigt sind (Art. 2 lit. d).

15 Das Erfordernis der **Eintragung im Handelsregister** leitet sich aus dem im FusG eingeführten Mechanismus ab, dass die Rechtswirkungen der jeweiligen Transaktion, stets unter Vorbehalt von Art. 34 KG (s. Art. 1 N 89 ff.), mit Eintragung ins Handelsregister eintreten. Dementsprechend ist die Eintragung der öffentlich-rechtlichen Einrichtung ins Handelsregister zur Gewährleistung der Publizität des Rechtsübergangs zwingend erforderlich (s.a. Botschaft, 4481).

16 Das Erfordernis der **organisatorischen Verselbständigung** ergibt sich aus den funktionalen Anforderungen an einen Rechtsträger für die Transaktionsformen des FusG. Es ist einer öffentlich-rechtlichen Einrichtung nur dann möglich, an einer Fusion oder einer Umwandlung teilzunehmen, wenn ihr Vermögen von der Gebietskörperschaft (Bund, Kanton, Gemeinde), der sie zugehört, abgetrennt werden kann. Organisatorische Unabhängigkeit und Rechtspersönlichkeit müssen dabei nicht unbedingt deckungsgleich sein. Auch eine öffentlich-rechtliche Einrichtung, die keine Rechtspersönlichkeit besitzt, aber organisatorisch verselbständigt ist, kann an einer Umstrukturierung gemäss FusG teilnehmen (so etwa die unselbständige öffentlich-rechtliche Anstalt; WEBER, 91).

Da ihr Vermögen aber von demjenigen der Körperschaft, welcher die Einrichtung angehört, rechtlich nicht getrennt ist (s. HÄFELIN/MÜLLER, Rz 1323), muss ein Inventar der Gegenstände ihres Aktiv- und Passivvermögens mit eindeutiger Bezeichnung und Bewertung der einzelnen Gegenstände erstellt werden (Art. 100 Abs. 2).

Sofern die Voraussetzungen der Handelsregister-Eintragung und der organisatorischen Verselbständigung erfüllt sind, qualifizieren die öffentlich-rechtlichen Einrichtungen jeder Gebietskörperschaft, unabhängig davon ob sie Rechtspersönlichkeit haben oder nicht, als Institute des öffentlichen Rechts im Sinne des FusG. Dies gilt für: 17

(i) *öffentlich-rechtliche Körperschaften*, d.h. mitgliedschaftlich verfasste Verwaltungsträger mit Rechtspersönlichkeit, die hoheitlich öffentliche Aufgaben erfüllen (z.B. Gebietskörperschaften wie Bund, Kantone, Gemeinden; HÄFELIN/MÜLLER, Rz 1288 ff.);

(ii) *öffentlich-rechtliche Anstalten*, d.h. Verwaltungseinheiten entweder mit oder ohne eigene Rechtspersönlichkeit, denen Personen und Sachen durch Rechtssatz zugeordnet sind und die für eine bestimmte Verwaltungsaufgabe dauernd den Anstaltsbenützern zur Verfügung stehen (z.B. Post, ETH, Universitäten; HÄFELIN/MÜLLER, Rz 1314 ff.);

(iii) *öffentlich-rechtliche Stiftungen*, d.h. Verwaltungseinheiten, die in der Regel mit Rechtspersönlichkeit ausgestattet sind und mit ihrem Stiftungsvermögen öffentliche Aufgaben erfüllen (z.B. Pro Helvetia, Schweizerischer Nationalpark; HÄFELIN/MÜLLER, Rz 1346 ff.).

Es besteht somit für eine **Vielzahl von öffentlich-rechtlichen Organisationstypen**, deren betriebliche Autonomie unter verwaltungsmässigen, finanziellen, organmässigen und rechtlichen Gesichtspunkten unterschiedlich ausgestaltet sein kann (s.a. WEBER, 80), die Möglichkeit, durch Erfüllung der gesetzlichen Voraussetzungen (Handelsregister-Eintragung und organisatorische Verselbständigung) als Institute des öffentlichen Rechts im Sinne des FusG zu qualifizieren. Dies gilt auch für die auf eine erwerbswirtschaftliche Tätigkeit ausgerichteten, als *Profit Center* ausgestalteten Verwaltungsabteilungen, soweit ihnen aufgrund ihrer Eingliederung in die Zentralverwaltung des Gemeinwesens nicht gerade die verlangte organisatorische Verselbständigung fehlt oder ihnen eine Eintragung ins Handelsregister verweigert wird (die Berechtigung zur Eintragung ins Handelsregister ergibt sich aus Art. 934 Abs. 2 OR i.V.m. Art. 52 Abs. 3 HRegV, wonach als Gewerbe im Sinne der HRegV «eine selbständige, auf dauernden Erwerb gerichtete wirtschaftliche Tätigkeit zu betrachten» ist). Als entscheidendes Kriterium erweist sich letztlich die «Selbständigkeit» der erwerbswirtschaftlichen Tätigkeit, da der fusionsrechtliche Begriff der Institute des öffentlichen Rechts die Voraussetzung der organisatorischen Verselbständigung bereits enthält (Art. 2 lit. d) und die Institute des öffentlichen Rechts in das Handelsregister einzutragen sind (Art. 10 Abs. 1 lit. k HRegV; zwecks materieller Abstimmung mit dem FusG wurde in der HRegV der bisher in dieser Bestimmung verwendete Begriff der «selbständigen Gewerbe des öffentlichen Rechts» ersetzt). 18

V. Kleine und mittlere Unternehmen (lit. e)

Die Regelungen des VE FusG zu Fusion, Spaltung und Umwandlung hatten noch keine Unterscheidung hinsichtlich der Grösse der betroffenen Unternehmen gemacht. Aufgrund der in der **Vernehmlassung** geäusserten Kritik, dass die vorgesehenen **Verfahren für KMU zu schwerfällig und zu teuer** seien (Vernehmlassungen, 65 f.), wurden be- 19 sondere Regeln und Erleichterungen für KMU in das FusG aufgenommen. Diese sollten aber die Rechtsstellung und die berechtigten Interessen der Gläubiger und der Personen mit Minderheitsbeteiligungen nicht beeinträchtigen (Botschaft, 4365; zur fehlenden Europakompatibilität der Erleichterungen für KMU s. Art. 1 N 34).

20 Die **KMU-Kriterien** sind im FusG derart festgelegt, dass eine grosse Mehrheit der schweizerischen Unternehmen von den Erleichterungen profitieren kann (Botschaft, 4366 mit statistischen Angaben). Gesellschaften, die nicht alle drei Kriterien – keine Anleihensobligationen (Art. 1156 ff. OR), keine börsenkotierten Anteile, keine Überschreitung von zwei der drei Kennziffern zur Unternehmensgrösse in den vorangegangenen zwei Geschäftsjahren – erfüllen, gelten nicht als KMU im Sinne des FusG. Die KMU-Kriterien entsprechen (in einer Negativformulierung) den aktienrechtlichen Voraussetzungen für diejenigen Gesellschaften, deren Revisoren eine besondere Befähigung aufweisen müssen (Art. 727b Abs. 1 OR), und führen die im Aktienrecht realisierte Idee weiter, dass bestimmte Kleinkonzerne und Zwischenkonzerne weniger hohe Transparenzerfordernisse zu erfüllen haben, sofern sie sich nicht über den Kapitalmarkt finanzieren (so etwa durch die Befreiung von der Konzernrechnungspflicht in Art. 663e OR mit weniger hohen Schwellenwerten für Bilanzsumme und Umsatz; s. dazu auch BÖCKLI, Aktienrecht, § 9 Rz 26 und § 15 Rz 55).

21 Die **Kennziffern zur Unternehmensgrösse** (Bilanzsumme, Umsatzerlös und Anzahl Vollzeitstellen im Jahresdurchschnitt) sind dabei wie die Voraussetzungen zur Fachrevision gemäss Art. 727b Abs. 1 OR (s. dazu BÖCKLI, Aktienrecht, § 15 Rz 53; BSK OR II-WATTER, Art. 727b N 7) **nicht konsolidiert** zu verstehen, sondern beziehen sich auf die an der Transaktion beteiligte Gesellschaft allein, auch wenn diese andere Gesellschaften beherrscht (**a.M.** Handkommentar FusG-REICH, N 9 und ZK-WEIBEL, N 18, der auf REICH verweist, beide mit Hinweis auf die Voraussetzungen zur Konzernrechnungspflicht in Art. 663e OR, die aufgrund einer Aufsummierung der Werte der Einzelabschlüsse, nicht aber auf der Basis einer «Probekonzernrechnung», zu ermitteln sind; s. zur Konzernrechnungspflicht BÖCKLI, Aktienrecht, § 9 Rz 26 und BSK OR II-NEUHAUS/ILG, Art. 663e N 12). Die Auffassung, dass «von einer konsolidierten Betrachtung auszugehen [ist], womit die Zahlen sämtlicher von der Fusion, Spaltung oder Umwandlung effektiv betroffenen Unternehmensteile bzw. Gesellschaften als Summe zu berücksichtigen sind» (Handkommentar FusG-REICH, N 9) trägt dem Regelungszweck einer weitgehenden Erleichterung der KMU gerade nicht Rechnung (so aber Handkommentar FusG-REICH, N 9) und findet in den Materialien zum FusG keinen Halt. Gemäss Kommissionssprecher Schweiger «[sollen] die gleichen Kriterien gelten, wie sie schon heute im Aktienrecht gelten, nämlich in Artikel 727b Absatz 1 OR», was auch dieselbe Art ihrer Ermittlung voraussetzt (siehe vorstehend), und der Gesetzgeber wollte «den KMU-Begriff möglichst weit fassen, damit die KMU möglichst erleichtert und damit auch kostengünstig umstrukturiert werden können» (beide Zitate von Kommissionssprecher Schweiger, AmtlBull StR 2001, 148). Die Konzeption des FusG im Bereich der KMU-Erleichterungen ist es gerade, den Kreis der Gesellschaften, die für solche Erleichterungen qualifizieren, möglichst gross zu halten, sodann aber eine Einschränkung der Erleichterungen aufgrund des Erfordernisses der Zustimmung aller Gesellschafter (s. N 22 f.) vorzunehmen (s. hierzu auch die Ausführungen von BR Metzler, AmtlBull StR 2001, 148).

22 Die **Erleichterungen für KMU** liegen insbesondere im Bereich der **verfahrens- und publizitätsrechtlichen Vorschriften** des FusG. Sie betreffen somit nicht Belange, die den Schutz der Arbeitnehmer zum Gegenstand haben, sondern ermöglichen die Entbindung von Verpflichtungen, die letztlich den Schutz der Gesellschafter und insbesondere

solcher mit Minderheitsbeteiligungen bezwecken (s. Kommissionssprecher Schweiger, AmtlBull StR 2001, 148, wonach «die Rechte der Arbeitnehmerinnen und Arbeitnehmer durch diese Erleichterungen nicht negativ tangiert [werden]»; s.a. Art. 14 N 12). So kann **bei der Fusion, der Spaltung und der Umwandlung** von KMU mit einstimmigem Gesellschafterbeschluss auf die Erfüllung einer oder mehrerer der folgenden Vorschriften verzichtet werden:

(i) *Dokument-Erstellungspflichten*: die Pflicht zur Erstellung eines Fusionsberichts (Art. 14 Abs. 2), eines Spaltungsberichts (Art. 39 Abs. 2), bzw. eines Umwandlungsberichts (Art. 61 Abs. 2);

(ii) *Dokument-Prüfungspflichten*: die Pflicht zur Prüfung des Fusionsvertrags, des Fusionsberichts und der Fusionsbilanz (Art. 15 Abs. 2), zur Prüfung des Spaltungsvertrags oder des Spaltungsplans und des Spaltungsberichts (Art. 40), bzw. zur Prüfung des Umwandlungsplans, des Umwandlungsberichts und der Umwandlungsbilanz (Art. 62 Abs. 2); und

(iii) *Dokument-Einsichtsrechte*: die Pflicht zur Durchführung des Einsichtsverfahrens, unter welchem die Gesellschafter Einsicht in die Unterlagen zur Fusion (Art. 16 Abs. 2), zur Spaltung (Art. 41 Abs. 2), bzw. zur Umwandlung (Art. 62 Abs. 2) nehmen können.

Die Erleichterungen für KMU gelten nur für diejenige Gesellschaft, welche die KMU-Kriterien erfüllt. Liegt ein KMU im Sinne des FusG vor, so kommen für die betreffende Gesellschaft die Erleichterungen zur Anwendung, wenn alle Gesellschafter zustimmen. Das Erfordernis der **Einstimmigkeit** bezieht sich jedoch **nur auf die einzelnen Verfahrenserleichterungen** (s.a. ISLER/VON SALIS-LÜTOLF, 30 f.); der Gesellschafterbeschluss über die Transaktion selbst unterliegt den üblichen darauf anwendbaren Mehrheitserfordernissen (Art. 18, Art. 43 und Art. 64). 23

Über die Möglichkeit eines Verzichts auf die Erfüllung von gewissen publizitäts- und verfahrensrechtlichen Vorschriften mit Zustimmung aller Gesellschafter hinaus, können sich **bei Fusionen von KMU zusätzliche Erleichterungen** ergeben. Denn die Voraussetzungen für eine erleichterte Fusion von Kapitalgesellschaften in Art. 23 dürften bei KMU recht häufig erfüllt sein. 24

Wie das schweizerische Recht, kennt auch das **europäische Recht** den **Begriff der KMU**. So verwenden verschiedene europäische Erlasse Bezeichnungen für kleine oder mittelgrosse Unternehmen, etwa die EU-Richtlinie über den Jahresabschluss von Gesellschaften bestimmter Rechtsformen, welche in Anwendung dreier Kriterien (Höchstwerte von Bilanzsumme, Nettoumsatzerlös und Anzahl Beschäftigter) Kleingesellschaften (nicht aber Gesellschaften mittlerer Grösse) von der Pflicht zur Überprüfung des Jahresabschlusses durch einen Revisor mit besonderer Befähigung entbindet (s. Präambel i.V.m. Art. 11 EU-Jahresabschluss-RL; bei der Revision des Schweizer Aktienrechts wurden die qualitativen Kriterien von Art. 11 EU-Jahresabschluss-RL zur Formulierung der in Art. 727b Abs. 1 OR festgelegten Kriterien übernommen, jedoch die anwendbaren Schwellenwerte derart erhöht, dass neben den kleinen auch die mittelgrossen Unternehmen von der Erleichterung profitieren). Das europäische Recht stellt auch im Bereich wirtschaftspolitischer Förderungsprogramme (wie etwa staatlicher Beihilferegelungen) auf den Begriff der KMU ab. So wurde von der Europäischen Kommission zwecks Vereinheitlichung der Begriffsbestimmungen eine Empfehlung erlassen, welche für die Durchführung dieser Programme einen einheitlichen KMU-Begriff festlegt. Danach gelten als KMU diejenigen Unternehmen, welche (i) weniger als 250 Personen beschäftigen (Vollzeitarbeitnehmer), (ii) einen Jahresumsatz von höchstens 40 Mio. Euro oder 25 eine Jahresbilanz von höchstens 27 Mio. Euro aufweisen, und (iii) zu höchstens 25% im Besitz eines oder mehrerer Unternehmen sind, die selbst nicht als KMU gelten (s. Empfehlung der Kommission vom 3.4.1996 betreffend die Definition der kleinen und mittleren Unternehmen, ABl. L 107 vom 30.4.1996, Art. 1 Abs. 1–3 des Anhangs; die Europäische Kommission hat am 6.5.2003 in Anwendung der in Art. 2 des Anhangs vorgesehenen Möglichkeit, die gewählten Schwellenwerte für Umsatz und Bilanzsumme nach Bedarf im Abstand von vier Jahren den veränderten wirtschaftlichen Gegebenheiten anzupassen, eine neue Empfehlung erlassen, welche mit Wirkung ab 1.1.2005 den relevanten Schwellenwert für den Jahresumsatz von 40 Mio. auf 50 Mio. Euro sowie denjenigen für die Jahresbilanz von 27 Mio. auf 43 Mio. Euro erhöhen wird). Diese Definition der KMU findet aber nur im Rahmen der erwähnten wirtschaftspolitischen Förderungsprogramme Anwendung, sofern in den einschlägigen Bestimmungen die Ausdrücke «KMU», «mittlere Unternehmen», «kleine Unternehmen», «Kleinstunternehmen» oder ähnliches verwendet werden (Art. 3 Abs. 5 des Anhangs der Empfehlung vom 3.4.1996). Eine allfällige Qualifikation einer Aktiengesellschaft als KMU im Sinne der genannten Empfehlung entfaltet im Bereich der Umstrukturierung von Unternehmen demgegenüber keine Wirkung. Die europäische Fusions- wie auch die Spaltungsrichtlinie finden auf Aktiengesellschaften ungeachtet deren Grösse Anwendung (s.a. Art. 1 N 34).

VI. Gesellschafter (lit. f)

26 Der Begriff der Gesellschafter umfasst als Oberbegriff «jede Form der **Beteiligung an einer Gesellschaft** (unter Einschluss des Vereins), **die Mitgliedschaftsrechte verleiht**, unabhängig davon, ob die Mitgliedschaft in einem Anteilschein verkörpert wird oder nicht» (Botschaft, 4390), und damit selbstredend auch unabhängig davon, ob die Gesellschaft für die Anteile physische Zertifikate ausgegeben hat oder die Anteile (aufgrund eines aufgeschobenen oder gar aufgehobenen Titeldrucks) als blosse Wertrechte bestehen (s.a. N 29).

27 Durch Auflösung der Verschachtelung von Art. 2 lit. g «Anteilsinhaberinnen und Anteilsinhaber», die in lit. f «Gesellschafterinnen und Gesellschafter» enthalten sind, ergibt sich folgende Auflistung der **Gesellschafter im Sinne des FusG**:
– Inhaber von Aktien, Partizipationsscheinen oder Genussscheinen;
– Gesellschafter von GmbH;
– Genossenschafter mit Anteilscheinen;
– Gesellschafter in der Kollektiv- und der Kommanditgesellschaft;
– Genossenschafter ohne Anteilscheine; und
– Mitglieder im Verein.

VII. Anteilsinhaber (lit. g)

28 Analog zur Aufteilung in den Oberbegriff «Gesellschaften» (Art. 2 lit. b) und den Unterbegriff «Kapitalgesellschaften» (Art. 2 lit. c) führt das FusG auch auf der Ebene deren Mitglieder den Oberbegriff «Gesellschafter» (Art. 2 lit. f; als Beteiligte an einer Gesellschaft) und den Unterbegriff «Anteilsinhaber» (Art. 2 lit. g; als Beteiligte an einer Kapitalgesellschaft) ein. Einzige Ausnahme hierzu bilden die Genossenschafter mit Anteilscheinen, die auch Anteilsinhaber und nicht bloss Gesellschafter sind (VON SALIS-LÜTOLF, 7), obwohl die Genossenschaft nicht eine Kapitalgesellschaft im Sinne des FusG ist, auch wenn sie Anteilscheine ausgegeben hat (s. N 13). Demgegenüber werden Genossenschafter ohne Anteilscheine (nur) als «Gesellschafter» erfasst.

Anteilsinhaber gemäss Art. 2 lit. g sind die Gesellschafter, deren **Mitgliedschaft in ei-** 29
nem Anteilschein «verkörpert» ist, unabhängig davon, ob die Kapitalgesellschaft oder
Genossenschaft mit Anteilscheinen für die Anteile physische Zertifikate ausgegeben hat
oder die Anteile (aufgrund eines aufgeschobenen oder gar aufgehobenen Titeldrucks)
als blosse Wertrechte (s.a. N 26 und 30) bestehen. Dies gilt für die Inhaber von Aktien
(Art. 622 ff. und Art. 764 OR), Partizipationsscheinen (Art. 656a ff. OR) oder Genussscheinen (Art. 657 OR), die Gesellschafter von GmbH sowie für die Genossenschafter
mit Anteilscheinen.

Im Rahmen der Vernehmlassung zum VE FusG wurde zum Teil angeregt, den Begriff 30
«Anteilsinhaber» durch «Beteiligungsberechtigter» zu ersetzen, da der Ausdruck Inhaber üblicherweise den Besitzer einer Sache nach Art. 919 ZGB bezeichne, das FusG
aber den Eigentümer eines Wertpapiers bzw. Gläubiger eines Wertrechts meine, und zudem Besitz und Eigentum an Wertpapieren auseinander fallen könnten (was namentlich
bei der Verpfändung, Nutzniessung, Miete, Pacht, Leihe und Aufbewahrung der Fall
sein kann; s. Vernehmlassungen, 87 f.). Dieser Vorschlag fand jedoch ebenso wenig Berücksichtigung wie die steuerrechtliche Terminologie im Bereich der Umstrukturierungen, die von Beteiligungsrechten (und nicht von Anteilsrechten) spricht (s. z.B. die
neuen Bestimmungen in Art. 9 Abs. 1 StG und Art. 61 Abs. 5 DBG).

VIII. Generalversammlung (lit. h)

Der Begriff der «Generalversammlung» dient als **Sammelbegriff für die obersten Or-** 31
gane der Aktiengesellschaft, der Kommanditaktiengesellschaft und der Genossenschaft
(Generalversammlungen), der GmbH (Gesellschafterversammlung) und des Vereins
(Mitgliederversammlung). Im Unterschied zum VE FusG gelten die Delegiertenversammlungen in der Genossenschaft und im Verein auch als Generalversammlungen im
Sinne des FusG, soweit sie nach den jeweiligen Statuten zuständig sind. Diese Ergänzung wurde im Parlament damit begründet, dass bei Grossgenossenschaften und in grossen Vereinen die Befugnisse, die normalerweise der Generalversammlung zustehen,
häufig fast vollumfänglich an Delegiertenversammlungen übertragen seien (so Kommissionssprecher Schweiger, AmtlBull StR 2003, 489). Eine Delegiertenversammlung gilt
aber nur dann als Generalversammlung im Sinne des FusG, wenn die betreffenden Ge-
nossenschafts- bzw. Vereinsstatuten die Zuständigkeit, wie z.B. die Fusionskompetenz,
der Delegiertenversammlung zuweisen (s. AmtlBull StR 2003, 489).

Die Gesellschafterversammlungen von Kollektiv- und Kommanditgesellschaften sind 32
keine Generalversammlungen im Sinne des FusG. Diese Personengesellschaften und die
(übrigen) Rechtsträger, die über **kein vergleichbares Organ** verfügen (wie die Stiftung,
die im Handelsregister eingetragene Einzelfirma und die Institute des öffentlichen
Rechts), werden von der Definition der «Generalversammlung» nicht berührt (s.a. Botschaft, 4390).

IX. Vorsorgeeinrichtungen (lit. i)

Umstrukturierungen von Vorsorgeeinrichtungen im Sinne von Art. 2 lit. i werden in 33
Kapitel 7 des FusG **unabhängig von deren Rechtsform und in abschliessender Weise**
geregelt (Art. 88–98; Botschaft, 4475). Als solche Vorsorgeeinrichtungen gelten diejenigen Einrichtungen der beruflichen Vorsorge, die der Aufsicht gemäss Art. 61 ff. BVG
unterstellt und als juristische Person ausgestaltet sind (mit Inkrafttreten der 1. BVG-Revision voraussichtlich am 1.1.2005 werden gemäss Art. 61 revBVG neben den Vorsor-

geeinrichtungen auch «Einrichtungen, die nach ihrem Zweck der beruflichen Vorsorge dienen» der Aufsicht unterstellt; s.a. hierzu RIEMER, 142 f.).

34 Das Recht der beruflichen Vorsorge statuiert die aus dem OR und dem BVG abgeleitete Verpflichtung zur Übertragung der Vorsorgemittel auf einen selbständigen Rechtsträger (THOMI, 445 mit Hinweisen; gemeint ist hier nicht ein Rechtsträger im Sinne des FusG). Der Kreis der Rechtsträger ist durch eine abschliessende Aufzählung möglicher Rechtsformen in Gestalt eines *numerus clausus* beschränkt: Gemäss Art. 48 Abs. 2 BVG i.V.m. Art. 6 Abs. 1 BVV1 (der die Verselbständigungspflicht für den Kreis der gemäss Art. 48 Abs. 1 BVG registrierten Vorsorgeeinrichtungen normiert) und Art. 331 Abs. 1 OR (der eine allgemeine Regelung enthält und auch die nicht registrierten Vorsorgeeinrichtungen erfasst) hat eine Vorsorgeeinrichtung **ausschliesslich die Wahl zwischen** der Rechtsform einer **Stiftung,** einer **Genossenschaft** oder einer **Einrichtung des öffentlichen Rechts.**

35 Neben der geforderten **Aufsicht gemäss 61 ff. BVG** müssen Vorsorgeeinrichtungen im Sinne des FusG als **juristische Personen** ausgestaltet sein. Diese zweite Bedingung hat lediglich Bedeutung für die Vorsorgeeinrichtungen des öffentlichen Rechts. Den privatrechtlich organisierten Einrichtungen kommt als Stiftung oder Genossenschaft stets die notwendige Rechtspersönlichkeit zu. Als Vorsorgeeinrichtungen im Sinne des FusG gelten somit sowohl die registrierten Vorsorgeeinrichtungen gemäss Art. 48 Abs. 1 BVG, die an der obligatorischen Versicherung teilnehmen (unter Einschluss solcher, die zusätzlich im überobligatorischen Bereich tätig sind; Art. 49 Abs. 2 BVG), als auch die Personalfürsorgestiftungen nach Art. 89bis Abs. 1 und 6 ZGB, welche ebenfalls zwingend der Aufsicht gemäss Art. 61 ff. BVG unterstehen (einschliesslich blosse Sparkassen sowie Fürsorgestiftungen bzw. Wohlfahrtsfonds ohne Rechtsansprüche; s. RIEMER, 141).

36 **Keine Vorsorgeeinrichtungen im Sinne des FusG** sind alle im **rein freiwilligen Bereich der beruflichen Vorsorge** tätigen Einrichtungen, wie etwa die sog. Annex-Einrichtungen der 2. Säule (z.B. Anlage-, Finanzierungs- und Freizügigkeitsstiftungen), reine Arbeitnehmerstiftungen, Stiftungen für Selbständigerwerbende und Stiftungen der Selbstvorsorge im Rahmen der Säule 3a (Botschaft, 4390). Für die Umstrukturierung von solchen Stiftungen und (Vorsorge-)Genossenschaften, die keine Vorsorgeeinrichtungen im Sinne von Art. 2 lit. i sind, gelten die allgemeinen Bestimmungen des FusG zu Fusion und Vermögensübertragung von Stiftungen in Kapitel 6 (Art. 78–87), bzw. zur Umstrukturierung von Genossenschaften, die vom Begriff der «Gesellschaft» in Art. 2 lit. b erfasst werden (s.a. N 12; Vernehmlassungen, 75). Durch die Nichtanwendung der Vorschriften für Umstrukturierungen von Vorsorgeeinrichtungen im Sinne von Art. 2 lit. i (Art. 88–98) entfallen auch die dort enthaltenen besonderen Schutzvorkehren für die Versicherten dieser Einrichtungen (s. Art. 1 N 76), was im Falle von Stiftungen insoweit kompensiert wird, als die besonderen Vorkehren zum Schutz von Stiftungsdestinatären greifen (s. Art. 1 N 75).

Zweites Kapitel: Fusion von Gesellschaften

vor Art. 3: Steuerliche Behandlung der Fusion von Gesellschaften

Inhaltsübersicht   Note

- I. Grundlagen 1
  1. Einkommenssteuer 1
     - a) Steuersubjekt 1
     - b) Unbeschränkte Steuerpflicht und beschränkte Steuerpflicht 4
       - ba) Unbeschränkte Steuerpflicht 4
       - bb) Beschränkte Steuerpflicht 9
     - c) Steuerobjekt 10
     - d) Abgrenzung Privat- und Geschäftsvermögen 12
     - e) Steuertatbestand im Geschäftsvermögen 14
       - ea) Steuerbarer Gewinn 14
       - eb) Umstrukturierung von Personengesellschaften 19
       - ec) Übertragung auf eine juristische Person 27
       - ed) Steuerfolgen der Umstrukturierung von juristischen Personen beim Anteilsinhaber oder Mitglied 34
     - f) Beteiligungsrechte im Privatvermögen 37
       - fa) Ertrag aus Beteiligungsrechten 37
       - fb) Veräusserungstatbestände 41
       - fc) Ausschüttungstatbestände 44
       - fd) Transponierung 49
       - fe) Indirekte Teilliquidation 56
       - ff) Mantelhandel 58
     - g) Mitgliedschaftliche Rechte 59
     - h) Destinatär von Stiftungen, Vorsorgeeinrichtungen sowie Instituten öffentlichen Rechts 60
  2. Gewinnsteuer 61
     - a) Steuersubjekt 61
     - b) Steuerobjekt 62
     - c) Umstrukturierung von juristischen Personen 63
       - ca) Konstitutiver oder deklaratorischer Charakter der Umstrukturierungsnormen 63
       - cb) Anwendungsbereich 67
       - cc) Voraussetzungen für den Steueraufschub 69
       - cd) Zeitliche Bemessung 80
       - ce) Verlustverrechnung 82
       - cf) Fusionsgewinn und Fusionsverlust 84
     - d) Steuerfolgen der Umstrukturierung von juristischen Personen beim Gesellschafter (juristische Person) 87
  3. Grundstückgewinnsteuer 94
     - a) Rechtsnatur und Steuerobjekt 94
     - b) Steuersubjekt 98
     - c) Veräusserung eines Grundstücks 99
     - d) Steueraufschub 103
     - e) Kantone mit dualistischem System 107

f) Kantone mit monistischem System 123
4. Handänderungssteuern 133
5. Verrechnungssteuer 140
   a) Charakterisierung und Überblick 140
   b) Steuersubjekte und -objekte im Überblick 143
   c) Verrechnungssteuer auf Gewinnanteilen 149
      ca) Der Verrechnungssteuer unterworfene Rechtsformen 149
      cb) Steuerobjekt 153
      cc) Überwälzung 161
      cd) Steuerschuldner und Haftung 163
   d) Rückerstattung 166
      da) Rückerstattungsberechtigte Personen 166
      db) Rückerstattungsberechtigter Empfänger der steuerbaren Leistung 169
      dc) Meldeverfahren 179
   e) Verrechnungssteuer bei Umstrukturierungen 186
      ea) Ausgangslage 186
      eb) Übertragende Gesellschaft 195
      ec) Übernehmende Gesellschaft 200
      ed) Reserven und Gewinne 204
      ee) Umstrukturierung 205
      ef) Übergang in die Reserven der aufnehmenden Gesellschaft 208
      eg) Übergang von Reserven in Nennkapital 209
      eh) Ausschüttungen 213
      ei) Sperrfrist 218
6. Emissionsabgabe 219
   a) Steuerobjekt 220
   b) Steuersubjekt 226
   c) Steuersatz und Bemessungsgrundlage 227
   d) Befreiungen von der Steuer 229
      da) Umstrukturierung von Kapitalgesellschaften und Genossenschaften 229
      db) Umstrukturierung anderer Rechtsträger als Kapitalgesellschaften und Genossenschaften 242
      dc) Weitere Befreiungstatbestände 248
7. Umsatzabgabe 251
   a) Vorbemerkungen und Übersicht 251
   b) Effektenhändler 253
   c) Steuerbare Urkunden 260
   d) Entgeltliches Geschäft 267
   e) Effektenhändler als Vertragspartei oder Vermittler 272
   f) Steuersätze und Abrechnung über die Steuer 274
   g) Befreiungen von der Steuer 276
      ga) Ausgabe und Rückgabe von steuerbaren Urkunden 276
      gb) Sacheinlage zwecks Liberierung von Beteiligungsrechten 279
      gc) Übertragungen bei Umstrukturierung, insbesondere Fusion, Spaltung oder Umwandlung 285
      gd) Konzerninterne Übertragungen 292
      ge) Ersatzbeschaffung von Beteiligungen 296
      gf) Weitere Befreiungstatbestände 298
8. Mehrwertsteuer 304

- a) Vorbemerkungen 304
- b) Steuersubjekt 306
  - ba) Umsatzgrenzen 306
  - bb) Steuerpflichtiger Rechtsträger 311
  - bc) Gruppenbesteuerung 314
  - bd) Steuernachfolge und Haftung für die Steuer 319
- c) Steuerobjekt und Bemessungsgrundlage 322
  - ca) Umsatz im Inland 322
  - cb) Eigenverbrauch 328
  - cc) Dienstleistungsimport 332
- d) Vorsteuerabzug 333
- e) Umstrukturierungen 338
  - ea) Rechtsformänderungen ohne Übertragungen 338
  - eb) Übertragung von Aktiven und Passiven 339
  - ec) Übertragung von Beteiligungsrechten 353

II. Fusion von Personengesellschaften mit Personengesellschaften 354
1. Einkommenssteuer 354
2. Gewinnsteuer 361
3. Grundstückgewinnsteuer 363
4. Handänderungssteuern 364
5. Verrechnungssteuer 365
6. Emissionsabgabe 367
7. Umsatzabgabe 368
8. Mehrwertsteuer 370

III. Fusion von Personengesellschaften in Kapitalgesellschaften 371
1. Einkommenssteuer 371
2. Gewinnsteuer 377
3. Grundstückgewinnsteuer 382
4. Handänderungssteuern 383
5. Verrechnungssteuer 384
6. Emissionsabgabe 386
7. Umsatzabgabe 388
8. Mehrwertsteuer 390

IV. Fusion von Kapitalgesellschaften und Genossenschaften mit Anteilscheinen 391
1. Gewinnsteuer bei den fusionierenden Gesellschaften 391
   - a) Absorption einer Parallelgesellschaft 393
   - b) Absorption einer Tochtergesellschaft 395
   - c) Absorption der Muttergesellschaft durch die Tochtergesellschaft 401
   - d) Absorption einer teilweise beherrschten Gesellschaft .. 405
   - e) Kombinationsfusion 408
   - f) Immigrationsfusion 409
   - g) Emigrationsfusion 410
2. Steuerfolgen bei den Anteilsinhabern 411
   - a) Einkommenssteuer 411
   - b) Gewinnsteuer 413
3. Grundstückgewinnsteuer 414
4. Handänderungssteuern 415
5. Verrechnungssteuer 416
6. Emissionsabgabe 423
7. Umsatzabgabe 424
8. Mehrwertsteuer 426

V. Fusionsähnliche Zusammenschlüsse von Kapitalgesellschaften 427
   1. Gewinnsteuer bei den sich zusammenschliessenden Gesellschaften 427
   2. Steuerfolgen bei den Anteilsinhabern 433
      a) Einkommensteuer 433
      b) Gewinnsteuer 436
   3. Grundstückgewinnsteuer 439
   4. Handänderungssteuern 440
   5. Verrechnungssteuer 441
   6. Emissionsabgabe 443
   7. Umsatzabgabe 446
   8. Mehrwertsteuer 448
VI. Fusion von Vereinen und Genossenschaften ohne Anteilscheine 449
   1. Gewinnsteuer 449
   2. Einkommensteuer 452
   3. Grundstückgewinnsteuer 453
   4. Handänderungssteuern 454
   5. Verrechnungssteuer 455
   6. Emissionsabgabe 457
   7. Umsatzabgabe 459
   8. Mehrwertsteuer 460
VII. Fusion von Stiftungen, Vorsorgeeinrichtungen sowie Fusion unter Beteiligung von Instituten des öffentlichen Rechts 461

Literatur

P. ATHANAS/ST. WIDMER, Die Emissionsabgabe im Umfeld der gewinnsteuerlichen Gesetzesänderungen aufgrund des Fusionsgesetzes, FStR 2001, 172, 174 ff.; M. BAUER-BALMELLI, Der Sicherungszweck der Verrechnungssteuer – Unter besonderer Berücksichtigung der Erträge aus Beteiligungsrechten, Diss. Zürich 2001; DIES., Altreservenpraxis – ein rechtliches Argumentarium, FStR 2004, 201 ff.; I. BAUMGARTNER, Verlustverrechnung im interkantonalen Verhältnis, FStR 2002, 293 ff.; DERS., Kapitaleinlagen, Subventionen und andere Zuschüsse im Mehrwertsteuerrecht – Anmerkungen zur neueren Verwaltungspraxis, FStR 2003, 258 ff.; DERS., Steuerharmonisierung und interkantonale Freizügigkeit, FStR 2004, 112 ff., 189 ff.; U. R. BEHNISCH/R. HEUBERGER, Die Rechtsprechung des Bundesgerichts zur Dreieckstheorie im Zickzackkurs, Jusletter 8. Mai 2000; P. BÖCKLI, Unternehmens-Umstrukturierungen in der Schweiz: Zwölf steuerliche Hemmschuhe, StR 1990, 215 ff.; DERS., Unternehmens-Umstrukturierungen, ASA 61 (1992/93), 373 ff.; DERS., Fusions- und Spaltungssteuerrecht: Gelöste und ungelöste Probleme, ASA 67 (1998/99), 1 ff.; P. BRÜLISAUER, Sitzverlegung ins Ausland nach Verrechnungssteuerrecht, FStR 2004, 48 ff.; A. BURRI, Rückerstattung der Verrechnungssteuer bei internationalen Umstrukturierungen, FStR 2001, 204 ff.; A. CAMENZIND, Die Umgestaltung von Unternehmungen bei der MWST, ST 1995, 427 ff.; D. CLAVADETSCHER, Das mehrwertsteuerliche Meldeverfahren – Ein Wolf im Schafspelz, ST 1998, 1157 ff.; ST. ERBE/TH. JAUSSI/K. THEILER, Das Fusionsgesetz – Ein Überblick aus rechtlicher und steuerlicher Sicht, StR 2003, 822 ff.; W. FREI, Steuerfolgen des Fusionsgesetzes im DBG und im Steuergesetz des Kantons Zürich, ZStP 2003, 95 ff.; M. GRETER, Unternehmensumstrukturierungen nach Harmonisierungsgesetz: Alter Wein in neuen Schläuchen?, StR 1993, 327 ff.; DERS., Standortbestimmung für die direkten Steuern bei Umstrukturierungen, ST 1995, 219 ff.; DERS., Erfreuliche Fortschritte im Umstrukturierungsrecht, ST 1996, 633 ff.; DERS., Spaltung von juristischen Personen und direkte Steuern, ASA 65 (1996/97), 849 ff.; P. GURTNER, Fusionsgesetz und Steuerrecht, Jusletter 20. Oktober 2003; R. HEUBERGER, Zur steuerrechtlichen Problematik der Fusion und Spaltung, ZSR 1998 I 349 ff.; DERS., Die verdeckte Gewinnausschüttung aus Sicht des Aktienrechts und des Gewinnsteuerrechts, Diss. Bern 2001; P. HINNY, Neues zur Emissionsabgabebefreiung bei Umstrukturierungen – Überblick über das neue EStV-Merkblatt zu Art. 6 Abs. 1 Bst. a[bis] StG sowie die parlamentarischen Beratungen zum Fusionsgesetz, StR 2001, 537; DERS., Emissionsabgabebefreiung bei Umstrukturierungen – Eine Untersuchung hinsichtlich der vom Gesetzgeber verlangten Europakompatibilität, StR 2001, 562 ff.; DERS., Internationale Umstrukturierungen von

Kapitalgesellschaften im Schweizer Steuerrecht, FStR 2001, 189 ff., 283 ff.; H.-P. HOCHREUTENER, Die Rückerstattung der Verrechnungssteuer an holländische Empfänger schweizerischer Dividenden, ASA 54 (1985/86), 357 ff.; W. JAKOB, Die steuerliche Behandlung der Unternehmungsteilung, Diss. St. Gallen 1983; DERS., Unternehmungsteilung – eine Standortbestimmung, ST 1989, 222 ff.; DERS., Strukturveränderungen im Konzern – Gestaltungsformen und Steuerfolgen, StR 1990, 161 ff.; M. KRAMER, Die Voraussetzungen des Meldeverfahrens bei Kapitalerträgen, ASA 54 (1985/86), 329 ff.; ST. KUHN/R. GERBER, Das Fusionsgesetz vor der Beratung im Zweitrat – Zum steuerrechtlichen Anpassungsbedarf, ST 2002, 101; A. LISSI/P. DUSS, Übertragung im Konzern und Ersatzbeschaffung von Beteiligungen. Gewinnsteuerliche Behandlung unter dem neuen Fusionsgesetz, ST 2003, 866 ff., 1139 ff.; G. LUTZ/PH. ROBINSON, Mehrwertsteuer bei Umstrukturierungen und Käufen von Unternehmen, ST 1997, 120 ff.; N. MERLINO, Les aspects fiscaux de la nouvelle loi sur la fusion, SZW 2004, 269 ff.; M. MERZ/M. SCHAER, Das Meldeverfahren der MWST bleibt eine Gefahrenzone, ST 2002, 1165 ff.; M.R. NEUHAUS, Fusionsgesetz – Steuerfolgen bei Verletzung von Sperrfristen, Steuerbilanz, Massgeblichkeit, Nennwertprinzip, Mehrfachbesteuerungen, Grundsatz der Besteuerung nach der wirtschaftlichen Leistungsfähigkeit, FStR 2001, 24 ff.; DERS., Von der Quasifusion zur Spaltung in der Stempelsteuer, ST 2001, 729 ff.; E. OECHSLIN-SAUPPER, Cross border reorganization of corporations, ASA 65 (1996/97), 225 ff.; M. OERTLI/TH. CHRISTEN, Das neue Fusionsgesetz, ST 2004, 105 ff., 219 ff.; ST. PFENNINGER-BISCHOFBERGER, Grundsteuerfolgen von Unternehmensumstrukturierungen, Diss. Zürich 1995; M. REICH, Die Steuerfolgen der Aktienveräusserung nach Umwandlung eines Personenunternehmens in eine Aktiengesellschaft, StR 1978, 496 ff.; DERS., Verdeckte Vorteilszuwendungen zwischen verbundenen Unternehmen, ASA 54 (1985/86), 609 ff.; DERS., Die steuerneutrale Reservenübertragung bei Unternehmensumstrukturierungen – neuere Entwicklungen und Tendenzen, FS Zuppinger, Bern 1989, 379 ff.; DERS., Umwandlung von Genossenschaften in Aktiengesellschaften ohne Änderung der Rechtsträgerschaft, StR 1995, 515 ff.; DERS., Umstrukturierungen im Steuerrecht, Randnotizen zur Revision der steuerrechtlichen Umstrukturierungsvorschriften, ST 1998, 263 ff.; DERS., Steuerrechtliche Implikationen des Fusionsgesetzes, FS Forstmoser, Zürich 2003, 725 ff.; J.-A. REYMOND, Le nouveau régime fiscal des fusions et scissions de sociétés (LIFD et LIHD), FS Oberson, Basel/Frankfurt a.M. 1995, 141 ff.; P. RIEDWEG, Spaltung von Gesellschaften nach Entwurf Fusionsgesetz und Vorschlag steuerlicher Anpassungen, StR 1998, 198 ff.; A. ROUILLER, Unternehmungsteilungen, ASA 56 (1987/88), 303 ff.; W. RYSER, L'exigence de la continuité subjective quant à l'affectation des réserves latentes en cas de restructuration d'entreprises, FS Oberson, Basel/Frankfurt a.M. 1995, 185 ff.; G. SCHAFROTH, Mehrwertsteuer im Gemeinwesen, ASA 64 (1995/96), 447 ff.; DERS., Die Mehrwertsteuer bei Unternehmens-Umstrukturierungen – Ein Überblick für die Praxis, ST 2002, 963 ff.; E. SCHÄRRER, Die Besteuerung der stillen Reserven bei Umwandlungen, Zusammenschlüssen und Teilung von Unternehmungen, StR 1968, 475 ff.; R. SCHUMACHER, Meldeverfahren – kritische Würdigung des Merkblattes Nr. 30, ST 1998, 1153 ff.; P. SPORI, Die Umstrukturierung von Unternehmen nach neuem Bundessteuerrecht (StHG/DBG) in: Höhn/Athanas (Hrsg.), Das neue Bundesrecht über die direkten Steuern, Bern/Stuttgart/Wien 1993, 285 ff.; DERS., Die Unternehmensgruppe in der Mehrwertsteuer, ASA 63 (1994/95), 479 ff.; P. SPORI/M. MOSER, Fusionsgesetz: Kongruenzen und Inkongruenzen zwischen Zivil- und Steuerrecht, ZBJV 2004, 301 ff.; C. STOCKAR, Die Teilrevision vom 4. Oktober 1991 des Bundesgesetzes über die Stempelabgaben, ASA 61 (1992/93), 621 ff.; DERS., Emissionsabgabe bei Umstrukturierungen: Präzisierungen zur Praxis der Eidg. Steuerverwaltung, ASA 63 (1994/95), 571 ff.; DERS., Unternehmensumstrukturierungen bei den Stempelabgaben und der Verrechnungssteuer, ST 1995, 239 ff.; DERS., Umstrukturierungen nach Fusionsgesetz, ST 1998, 51 ff.; O. UNTERSANDER, Kapitalrückzahlungsprinzip im schweizerischen Steuerrecht, Diss. Zürich 2003; F. VUILLEMIN, Zum Begriff des steuerbaren Ertrages im Verrechnungssteuer-Recht, ST 5/1981, 20 ff.; W. STEIGER, Meldeverfahren im Zusammenhang mit Liegenschaften, StR 2003, 535 ff.; B. WALKER, Das neue Fusionsgesetz, Steuerliche Auswirkungen, ZBJV 1999, Sonderband 135bis, 104 ff.; M. WEIDMANN, Einkommensbegriff und Realisation, Diss. Zürich 1996 (zit. Einkommensbegriff); DERS., Realisation und Zurechnung des Einkommens, FStR 2003, 83 ff.; DERS., Die Neuregelung der steuerlichen Folgen von Restrukturierungen, Jusletter 7. Juni 2004; DERS., Group taxation – Schweiz, Cahiers de droit fiscal international 2004, 653 ff.; A. WIDLER, Die echte Realisation im StHG und DBG (unter besonderer Berücksichtigung der Einbringung einzelner Aktiven in eine Tochtergesellschaft durch eine juristische Person), ZStP 1993, 153 ff.; A.S. WIRZ, Die Quasifusion von Aktiengesellschaften im schweizerischen Steuerrecht, Diss. St. Gallen 1997; S. ZIMMERMANN, Internationale Fusionen – Neue Praxis in der Schweiz, ST 1995, 159 ff.

Praxisfestlegungen der Steuerbehörden

Kreisschreiben Nr. 27 der ESTV vom 29.12.1995 betreffend Steuerermässigung auf Beteiligungserträgen von Kapitalgesellschaften und Genossenschaften (Art. 69 und 70 DBG), ASA 64 (1995/96), 710 ff. (zit. ESTV-DVS, KS 27 vom 29.12.1995); Kreisschreiben Nr. 31 der ESTV vom 12.7.1996 betreffend Anlagefonds mit direktem Grundbesitz, ASA 65 (1996/97), 462 ff. (zit. ESTV-DVS, KS 31 vom 12.7.1996); Kreisschreiben Nr. 9 der ESTV vom 9.7.1998 zur Steuerperiode 1998 betreffend Auswirkungen des Bundesgesetzes über die Reform der Unternehmensbesteuerung 1997 auf die Steuerermässigung auf Beteiligungserträgen von Kapitalgesellschaften und Genossenschaften, ASA 67 (1998/99), 117 ff. (zit. ESTV-DVS, KS 9 vom 9.7.1998); Kreisschreiben Nr. 10 der ESTV vom 10.7.1998 betreffend Übertragung von Beteiligungen auf ausländische Konzerngesellschaften, ASA 67 (1998/99), 206 ff. (zit. ESTV-DVS, KS 10 vom 10.7.1998); Kreisschreiben Nr. 4 der ESTV vom 12.4.1999 betreffend Obligationen und derivative Finanzinstrumente als Gegenstand der direkten Bundessteuer, der Verrechnungssteuer sowie der Stempelabgaben, ASA 68 (1999/2000), 21 ff., Anhang III, 2. Aufl. vom 28.1.2002, ASA 70 (2001/2002), 736 ff. (zit. ESTV-DVS, KS 4 vom 12.4.1999); Kreisschreiben Nr. 5 der ESTV vom 19.8.1999 betreffend Unternehmenssteuerreform 1997 – Neuregelung des Erwerbs eigener Beteiligungsrechte, ASA 68 (1999/2000), 300 ff. (zit. ESTV-DVS, KS 5 vom 19.8.1999); Kreisschreiben Nr. 5 der ESTV vom 1.6.2004 betreffend Umstrukturierungen (zit. ESTV-DVS, KS 5 vom 1.6.2004); Merkblatt S-02.140 der ESTV vom Dezember 1998 betreffend REPO-Geschäft (zit. ESTV-DVS, MB REPO-Geschäft S-02.140); Merkblatt S-02.122.1 der ESTV vom April 1999 betreffend Obligationen, ASA 68 (1999/2000), 219 ff. (zit. ESTV-DVS, MB Obligationen S-02.122.1); Merkblatt S-02.122.2 der ESTV vom April 1999 betreffend Kundenguthaben, ASA 68 (1999/2000), 209 ff. (zit. ESTV-DVS, MB Kundenguthaben S-02.122.2); Merkblatt S-02–130.1 der ESTV vom April 1999 betreffend Geldmarktpapiere und Buchforderungen inländischer Schuldner, ASA 68 (1999/2000), 231 ff. (zit. ESTV-DVS, MB Geldmarktpapiere S-02.130.1); Merkblatt S-027.289.1 der ESTV vom April 1999 betreffend Verrechnungssteuer auf Gratisaktien, Gratispartizipationsscheinen und Gratisliberierungen, ASA 68 (1999/2000), 213 ff. (zit. ESTV-DVS, MB Gratisaktien S-027.289.1); Merkblatt S-02.128 der ESTV vom Januar 2000 betreffend Steuerliche Behandlung von Konsortialdarlehen, Schuldscheindarlehen, Wechseln und Unterbeteiligungen (zit. ESTV-DVS, MB Konsortialdarlehen S-02.128); Merkblatt S-02.141 der ESTV vom Februar 2001 zur Bestimmung des Leistungsempfängers bei der Verrechnungssteuer, ASA 69 (2000/2001), 783 ff. (zit. ESTV-DVS, MB Leistungsempfänger S-02.141); Merkblatt Nr. 1 der ESTV zur Gruppenbesteuerung, 610.545–01 (zit. ESTV-MWST, MB 1 Gruppenbesteuerung); Merkblatt Nr. 11 der ESTV zur Übertragung mit Meldeverfahren, 610.545–11 (zit. ESTV-MWST, MB 11 Meldeverfahren); Merkblatt Nr. 23 der ESTV (überarbeitete Neuaufl. per 1.7.2003) betreffend Gesellschafterbeiträge, Beiträge Dritter und Beiträge im Sanierungsfall (zit. ESTV-MWST, MB 23 Gesellschafterbeiträge); Spezialbroschüre Nr. 4 der ESTV betreffend Eigenverbrauch (zit. ESTV-MWST, SB 4 Eigenverbrauch); Spezialbroschüre Nr. 6 der ESTV betreffend Kürzung des Vorsteuerabzuges bei gemischter Verwendung (zit. ESTV-MWST, SB 6 Vorsteuerkürzung); Wegleitung 3 W der ESTV für die Emissionsabgabe vom Januar 1998 (zit. ESTV-DVS, WL Emissionsabgabe); Wegleitung S-677 der ESTV für die Umsatzabgabe (Ausgabe 2001) (zit. ESTV-DVS, WL Umsatzabgabe); Wegleitung 2001 der ESTV zur Mehrwertsteuer, 610.525 (zit. ESTV-MWST, WL Mehrwertsteuer).

I. Grundlagen

1. Einkommensteuer

a) Steuersubjekt

1 **Natürliche Personen** sind in der Schweiz der Einkommensteuer auf Grund der sog. «persönlichen Zugehörigkeit» unterworfen, wenn sie hier ihren steuerrechtlichen Wohnsitz oder ihren steuerrechtlichen Aufenthalt haben oder wenn das Bundesrecht einen besonderen gesetzlichen Wohnsitz vorsieht (Art. 3 StHG; Art. 3 DBG). **Personengesellschaften** sind keine eigenen Steuersubjekte. Ihre Teilhaber versteuern die jeweiligen Gewinnanteile und verrechnen oder tragen die anteiligen Verluste vor (Art. 10 DBG). Personengesellschaften sind also für die Zwecke der Einkommensteuer (und auch für die Gewinnsteuer) «transparent» (anders dagegen bei der Mehrwertsteuer; N 311).

Der Gewinnsteuer und nicht der Einkommenssteuer sind die **ausländischen Handelsgesellschaften** und andere **ausländische Personengesamtheiten ohne juristische Persönlichkeit** unterworfen, die auf Grund wirtschaftlicher Zugehörigkeit steuerpflichtig sind (Art. 11, Art. 49 Abs. 3 DBG). In diesen Fällen wird das Ergebnis der Geschäftstätigkeit nicht beim jeweiligen Anteilsinhaber mit der Einkommenssteuer erfasst, sondern die Personengesellschaften werden bei der Gewinnsteuer als eigene Steuersubjekte behandelt. Diese Regelung beruht auf praktischen Überlegungen. 2

Ausnahmsweise werden auch **bestimmte Einkünfte** von natürlichen Personen mit der **Gewinnsteuer** erfasst, nämlich die Einkünfte aus **Anlagefonds mit direktem Grundbesitz**, soweit diese Einkünfte auf den direkten Grundbesitz zurückgehen. Diese Einkünfte werden gesondert beim Anlagefonds selbst besteuert (Art. 49 Abs. 2, Art. 66 Abs. 3 DBG bzw. Art. 20 Abs. 1, Art. 26 Abs. 3 StHG; dazu ESTV-DVS, KS 31 vom 12.7.1996) und beim Anteilsinhaber von der Einkommenssteuer oder der Gewinnsteuer befreit (Art. 20 Abs. 1 lit. e DBG bzw. Art. 7 Abs. 3 StHG). Die Gründe dafür sind vor allem erhebungstechnischer Natur, weil ansonsten praktisch nicht durchführbare Steuerausscheidungen vorzunehmen wären. 3

b) Unbeschränkte Steuerpflicht und beschränkte Steuerpflicht

ba) Unbeschränkte Steuerpflicht

Wer auf Grund von **Wohnsitz** oder **Aufenthalt** in der Schweiz steuerpflichtig ist, untersteht mit seinem gesamten weltweiten Einkommen den Einkommenssteuern des Bundes, der Kantone und der Gemeinden und mit seinem gesamten weltweiten Vermögen den kantonalen und kommunalen Vermögenssteuern (der Bund erhebt keine Vermögenssteuern). Es kommt grundsätzlich nicht darauf an, wo sich die Quelle der steuerbaren Einkünfte befindet oder wo eine zu steuerbarem Einkommen führende Tätigkeit ausgeübt worden ist. Ebensowenig ist von Belang, ob sich die Vermögenswerte im In- oder Ausland befinden. Das interne Schweizer Recht beschränkt den Umfang der Schweizer Steuerhoheit nur hinsichtlich Geschäftsbetrieben, Betriebsstätten und Grundstücken im Ausland (Art. 6 Abs. 1 DBG), die regelmässig im betreffenden Staat den dortigen Steuern unterliegen. Die Schweiz befreit Einkommen und Vermögen, die auf solche Geschäftsbetriebe, Betriebsstätten und Grundstücke im Ausland entfallen, von ihren Steuern. Die Doppelbesteuerung wird also nicht dadurch vermieden, dass die ausländischen Steuern an die schweizerischen angerechnet würden, was oft in ausländischen Rechtsordnungen vorgesehen ist (vgl. Kommentar OECD-MA, Art. 23 A und 23 B N 28). Die von der Schweiz befreiten Einkommens- und Vermögensteile werden allerdings zur Bestimmung des Steuersatzes herangezogen (sog. **Progressionsvorbehalt** gemäss Art. 7 Abs. 1 DBG, vgl. auch Art. 23 Abs. 3 OECD-MA). Im interkantonalen Verhältnis sind vor allem die Steuerbefugnisse des Kantons des Geschäftsortes, der Betriebsstätte oder der Liegenschaft zu beachten. Im internationalen Verhältnis wird die Schweizer Steuerhoheit auf Grund der von ihr abgeschlossenen Doppelbesteuerungsabkommen eingeschränkt. 4

Einen **steuerrechtlichen Wohnsitz** in der Schweiz hat eine natürliche Person, wenn sie sich hier mit der Absicht dauernden Verbleibens aufhält (Art. 3 Abs. 1 DBG; Art. 3 Abs. 1 StHG). Der steuerrechtliche Wohnsitz ist dort, wo sich der Mittelpunkt der persönlichen und wirtschaftlichen Interessen befindet. Dies ist jener Ort, zu dem eine Person mit Bezug auf ihre Familienverhältnisse, die Art ihrer Erwerbstätigkeit, Aufenthalts- 5 dauer und -zweck sowie die Wohnverhältnisse gesamthaft die engsten Beziehungen unterhält (LOCHER, Kommentar DBG, Art. 3 N 12 ff.; RICHNER/FREI/KAUFMANN, Kommentar ZH, § 3 N 12). Der mithin massgebliche Mittelpunkt der Lebensinteressen einer Person bestimmt sich nach der Gesamtheit der objektiven äusseren Umstände, aus denen sich diese Interessen erkennen lassen, wie Miete und Einrichtung einer Wohnung oder regelmässige Rückkehr an einen vom Arbeitsort verschiedenen Ort. Es ist weder auf die bloss erklärten Wünsche des Steuerpflichtigen noch auf irgendwelche formellen Momente wie Hinterlegung der Schriften oder Ausübung der politische Rechte abzustellen (LOCHER, Kommentar DBG, Art. 3 N 17; RICHNER/FREI/KAUFMANN, Kommentar ZH, § 3 N 18).

6   Bei der Bestimmung des **steuerrechtlichen Aufenthalts** wird danach unterschieden, ob die betreffende Person eine Erwerbstätigkeit ausübt oder nicht. Ein Aufenthalt ist dann anzunehmen, wenn eine Person, ungeachtet vorübergehender Unterbrechung, während mindestens 30 Tagen in der Schweiz verweilt und eine Erwerbstätigkeit ausübt oder während mindestens 90 Tagen in der Schweiz verweilt und keine Erwerbstätigkeit ausübt (Art. 3 Abs. 2 DBG; Art. 3 Abs. 2 StHG). Aufenthalt ist die physische Anwesenheit im Hoheitsgebiet (LOCHER, Kommentar DBG, Art. 3 N 31; RICHNER/FREI/KAUFMANN, Kommentar ZH, § 3 N 41). Die unbeschränkte subjektive Steuerpflicht tritt dadurch ein, dass der Aufenthalt qualifiziert lange angedauert hat, das heisst mehr als 30 oder 90 Tage. Der Aufenthalt muss nicht ununterbrochen sein. Soweit die betreffende Person über einen Wohnsitz in einem anderen Kanton verfügt, geht das Steuerdomizil am Wohnsitz demjenigen am Aufenthalt vor (RICHNER/FREI/KAUFMANN, Kommentar ZH, § 3 N 40).

7   Besondere **gesetzliche Wohnsitze** bestehen für Minderjährige und für Bevormundete. Der gesetzliche Wohnsitz Minderjähriger befindet sich am Wohnsitz des Inhabers der elterlichen Sorge (Art. 25 Abs. 1 ZGB). Der steuerrechtliche Wohnsitz stimmt darin grundsätzlich überein (LOCHER, Kommentar DBG, Art. 3 N 21 ff.); allerdings besteht im interkantonalen Verhältnis für die Besteuerung des Erwerbseinkommens ein besonderes Steuerdomizil am Ort der Erwerbstätigkeit (HÖHN/MÄUSLI, 89; RICHNER/FREI/KAUFMANN, Kommentar ZH, § 3 N 35, § 7 N 32). Der zivilrechtliche und steuerrechtliche Wohnsitz Bevormundeter befindet sich am Ort der Vormundschaftsbehörde (Art. 25 Abs. 2 ZGB; HÖHN/MÄUSLI, 90; LOCHER, Kommentar DBG, Art. 3 N 25; RICHNER/FREI/KAUFMANN, Kommentar ZH, § 3 N 35).

8   Im **internationalen Verhältnis** wird die schweizerische Steuerhoheit über hier steuerlich wohnhafte oder ansässige Personen durch allenfalls anwendbare Doppelbesteuerungsabkommen eingeschränkt. Die Abkommen enthalten regelmässig Bestimmungen nach dem Beispiel von Art. 4 Abs. 2 OECD-MA darüber, welchem der beiden Staaten die unbeschränkte Steuerhoheit zusteht, wenn beide Staaten auf Grund ihres eigenen Rechtes die unbeschränkte Steuerhoheit für sich beanspruchen und dadurch eine aktuelle Doppelbesteuerung droht. Die Steuerhoheit wird nach einer kaskadenartigen Prüfung einem der beiden Staaten zugeteilt: Primär entscheidend ist der Mittelpunkt der Lebensinteressen, sekundär der gewöhnliche Aufenthalt, in dritter Linie die Staatsangehörigkeit, schliesslich das gegenseitige Einvernehmen der zuständigen Behörden der Vertragstaaten. Solche «tie-breaker-rules» bilden nicht die Rechtsgrundlage für die Inanspruchnahme der Steuerhoheit, sondern schränken bloss die nationale Steuerhoheit ein (sog. negative Wirkung der Doppelbesteuerungsabkommen; LOCHER, internationales Steuerrecht, Rz 85).

bb) Beschränkte Steuerpflicht

Gemäss Art. 4 DBG (bzw. Art. 4 Abs. 1 StHG) begründen natürliche Personen ohne 9
steuerrechtlichen Wohnsitz oder Aufenthalt in der Schweiz eine beschränkte Steuerpflicht durch **wirtschaftliche Zugehörigkeit**, wenn sie hier Inhaber, Teilhaber oder Nutzniesser von **Geschäftsbetrieben** sind. Sodann wird eine beschränkte Steuerpflicht dann begründet, wenn die natürliche Person eine **Betriebsstätte** unterhält, wenn sie **Grundstücke** hält oder solche vermittelt oder damit handelt. Wenn auf Grund wirtschaftlicher Zugehörigkeit im Sinne von Art. 4 Abs. 1 StHG eine beschränkte Steuerpflicht besteht, so sind die auf diese Vermögenswerte entfallenden Einkünfte in der Schweiz steuerbar. Die Abgrenzung der Steuerpflicht für Geschäftsbetriebe, Betriebsstätten und Grundstücke erfolgt im Verhältnis zum Ausland, sofern keine besonderen Bestimmungen anwendbar sind, nach den Grundsätzen des Bundesrechts über das Verbot der interkantonalen Doppelbesteuerung sowie nach den anwendbaren Doppelbesteuerungsabkommen. Unter **Geschäftsbetrieben** sind schweizerische Unternehmen d.h. nach schweizerischem Recht errichtete Einzelfirmen oder Personengesellschaften mit Sitz resp. mit festen Anlagen oder Einrichtungen in der Schweiz zu verstehen (BAUER-BALMELLI/NYFFENEGGER in: Kommentar zum Schweizerischen Steuerrecht I/1, Art. 4 StHG N 3). Als **Betriebsstätte** gilt eine feste Geschäftseinrichtung, in der die Geschäftstätigkeit eines Unternehmens oder ein freier Beruf ganz oder teilweise ausgeübt wird. Betriebsstätten sind insbesondere Zweigniederlassungen, Fabrikationsstätten, Werkstätten, Verkaufsstellen, ständige Vertretungen, Bergwerke und andere Stätten der Ausbeutung von Bodenschätzen sowie Bau- oder Montagestellen von mindestens 12 Monaten Dauer (Art. 4 Abs. 2 DBG). Der Begriff des **Grundstückes** entspricht jenem des Zivilrechtes. Somit fallen gemäss Art. 655 Abs. 2 ZGB Liegenschaften, in das Grundbuch eingetragene selbständige und dauernde Rechte, Bergwerke und Miteigentumsanteile an Grundstücken darunter (BAUER-BALMELLI/NYFFENEGGER in: Kommentar zum Schweizerischen Steuerrecht I/1, Art. 4 StHG N 6).

c) Steuerobjekt

Der Einkommensteuer unterliegen alle wiederkehrenden und einmaligen **Einkünfte** 10
(Art. 16 Abs. 1 DBG; Art. 7 Abs. 1 StHG). Gemäss der Rechtsprechung bilden die entsprechenden Bestimmungen der Steuergesetze einkommensteuerliche **Generalklauseln** (BGE 125 II 113, 119 f. = ASA 67 [1998/99], 644, 652 f.). Einkommen wird allgemein definiert als die Summe der wirtschaftlichen Güter, die einem Steuersubjekt in einem Zeitraum zufliessen und zur Befriedigung seiner Bedürfnisse für die Zwecke seiner laufenden Wirtschaft während einer bestimmten Periode ohne Schmälerung seines Vermögens zur Verfügung stehen (LOCHER, Kommentar DBG, Art. 16 N 8 ff.; WEIDMANN, FStR 2003, 86 m.w.H.). Diese Definition muss für die verschiedenen Arten von Einkünften weiter konkretisiert werden, da sie sich sowohl als zu unbestimmt als auch als zu weit erweist (hierzu und namentlich zur Eingrenzung durch die Zuflusstheorie vgl. REICH in: Kommentar zum Schweizerischen Steuerrecht I/1, Art. 7 StHG N 16 ff.; WEIDMANN, FStR 2003, 86 ff.).

Bei Unternehmensumstrukturierungen stellen sich allerdings einkommensteuerliche 11
Fragen in aller Regel entweder für **Geschäftsvermögen** oder im Bereich der **Erträge aus** privat gehaltenen **Beteiligungen** an juristischen Personen. Für beide Bereiche gelten besondere Bestimmungen, welche der Einkommensgeneralklausel vorgehen und welche im Ergebnis zum Teil auch davon abweichen (im Einzelnen N 14 ff. und N 37 ff.).

d) Abgrenzung Privat- und Geschäftsvermögen

12 Von besonderer Bedeutung ist die Unterscheidung zwischen Privat- und Geschäftsvermögen. Für die beiden Bereiche gelten unterschiedliche Regeln nicht nur für die Bemessungsgrundlage, sondern auch was die formellen Aspekte wie Aufzeichnungspflichten (Art. 125 Abs. 2 DBG; Art. 42 Abs. 3 StHG) etc. betrifft. **Selbständig erwerbend** ist, wer eine Tätigkeit auf eigenes Risiko mit der Absicht der Gewinnerzielung sowie unter Teilnahme am Wirtschaftsverkehr ausübt (HÖHN/WALDBURGER, Grundlagen, § 14 Rz 37). Teilhaber einer Personengesellschaft oder einer kaufmännisch tätigen einfachen Gesellschaft sind immer selbständig erwerbstätig. Der Begriff der selbständigen Erwerbstätigkeit ist abzugrenzen gegenüber der **Liebhaberei** einerseits und der **privaten Vermögensverwaltung** andererseits. Bei der Liebhaberei fehlt es am Element der Gewinnstrebigkeit (LOCHER, Kommentar DBG, Art. 18 N 14, 22 f.). Verluste aus Liebhaberei können steuerlich nicht verrechnet werden; die Behandlung allfälliger Einkünfte ist umstritten (vgl. LOCHER, Kommentar DBG, Art. 18 N 15). Die Abgrenzung zwischen privater Vermögensverwaltung und selbständiger Erwerbstätigkeit ist wegen der Steuerfreiheit der privaten Kapitalgewinne (Art. 7 Abs. 4 lit. b StHG; Art. 16 Abs. 3 DBG) von grosser praktischer Bedeutung, insbesondere in Zusammenhang mit Liegenschaften und Wertschriften. Wann ein Steuerpflichtiger – im steuerlichen Sinne – als **gewerbsmässiger Liegenschaften- oder Wertschriftenhändler** zu qualifizieren ist, ist äusserst kontrovers. Indizien für den im steuerlichen Sinne gewerbsmässigen Handel sind namentlich ein systematisches und planmässiges Vorgehen, der Zusammenhang mit dem Geschäft oder der beruflichen Tätigkeit, Beteiligung an einer Personengesellschaft, hohe Fremdfinanzierung und die Verwendung der Veräusserungserlöses (LOCHER, Kommentar DBG, Art. 18 N 25 ff.).

13 Als **Geschäftsvermögen** gelten alle Vermögenswerte, welche dem Geschäft dienen. Indizien dafür sind insbesondere die Behandlung des Wirtschaftgutes in der Bilanz des Selbständigerwerbenden als Geschäfts- oder allenfalls als Privatvermögen, die Herkunft der Mittel etc. Geschäftsvermögen ist regelmässig dann anzunehmen, wenn ein Vermögensobjekt für Geschäftszwecke erworben worden ist und dem Geschäft auch tatsächlich mittelbar oder unmittelbar dient (LOCHER, Kommentar DBG, Art. 18 N 119 ff.; RICHNER/FREI/KAUFMANN, Kommentar ZH, § 18 N 39). **Beteiligungen**, die ein Selbständigerwerbender hält, stellen Geschäftsvermögen dar, wenn sie wirtschaftlich betrachtet einer Erweiterung des Betriebes des Selbständigerwerbenden gleichkommen. Kein Geschäftsvermögen bilden Anteile an einer Gesellschaft, mit der ein Anwalt geschäftliche Beziehungen unterhält (RK I ZH 11.4.1990, StE 1991 B 23.2 Nr. 9). Strenger urteilt das Bundesgericht. Geschäftsvermögen liegt nach seiner Rechtsprechung bereits dann vor, wenn die Kapitalgesellschaft auf dem gleichen Gebiet wie die Personengesellschaft tätig ist (BGer 9.4.2001, ASA 71 [2002/2003], 288, 291 f.). Beteiligungen von mindestens 20% am Grund- oder Stammkapital einer Kapitalgesellschaft oder Genossenschaften können mit besonderer Erklärung zu Geschäftsvermögen erklärt werden (Art. 8 Abs. 2 Hs. 2 StHG; Art. 18 Abs. 2 Satz 2, Hs. 2 DBG), damit – entsprechende Dividendenausschüttungen vorausgesetzt – im Ergebnis die Begrenzung des Schuldzinsenabzuges für Privatvermögen gemäss Art. 33 Abs. 1 lit. a DBG bzw. der entsprechenden kantonalen Norm nicht greift.

e) Steuertatbestand im Geschäftsvermögen

ea) Steuerbarer Gewinn

14 Das Einkommen aus selbständiger Erwerbstätigkeit entspricht dem Ergebnis der handelsrechtlichen Erfolgsrechnung, vermehrt um die der Erfolgsrechnung belasteten Kapitalentnahmen und vermindert um die der Erfolgsrechnung gutgeschriebenen Kapi-

taleinlagen (RICHNER/FREI/KAUFMANN, Kommentar ZH, § 18 N 21). Obwohl dies nicht deutlich aus dem Gesetz hervorgeht, knüpft der Begriff des Einkommens aus selbständiger Erwerbstätigkeit an das Ergebnis der handelsrechtlichen Bilanz und Erfolgsrechnung an (sog. **Massgeblichkeitsprinzip**). Erfolgswirksam sind die «echte» und die «buchmässige» Realisation. Dazu kommen die Tatbestände der steuersystematischen Realisation, nämlich die Überführung in Privatvermögen und das Verlassen der Schweizer Steuerhoheit.

Ein **Ertrag** ist gemäss dem buchführungsrechtlichen Vorsichtsprinzip dann «echt» **realisiert**, wenn eine Forderung aus der Lieferung einer Sache oder der Erbringung einer Dienstleistung nur noch mit solchen Risiken behaftet ist, die durch Wertberichtigungen oder durch Rückstellungen zu erfassen und auszuweisen sind (REICH/DUSS, 26; WEIDMANN, 144 f.; DERS., FStR 2003, 95 f.; VRK I/1 SG 1.11.1999, StE 2000 B 21.2 Nr. 12). Erträge werden also dann realisiert, wenn sie in Form von Geld oder Geld-Äquivalenten (wie unbedingten Forderungen) als wirklich zugegangen zu betrachten sind (BK-KÄFER, Art. 958 OR N 157 f.) bzw. wenn Güter oder Dienstleistungen in eine durchsetzbare, feste und unentziehbare, dem Erwerb von Geld gleichzuhaltende, Forderung umgewandelt werden (BÖCKLI, Aktienrecht, § 8 Rz 127). Das Bundesgericht hält dafür, Erträge seien realisiert, wenn die entsprechenden Leistungen erbracht oder rechtlich vollstreckbar geschuldet seien. Bei Veräusserungsverträgen tritt der Aktivierungspunkt für die Gegenleistung mit der Übertragung der Verfügungsgewalt ein (BGE 116 II 533, 539). In der Praxis fällt der Realisationszeitpunkt meist mit der Rechnungsstellung zusammen (für den Fall einer verzögerten Rechnungsstellung vgl. VGer ZH 19.5.1999, RB 1999 Nr. 141). Die Einräumung einer blossen Anwartschaft und das Bestehen eines noch bedingten Leistungsanspruches erfüllen die Bedingungen der Realisierung nicht (BGer 4.5.1999, ASA 68 [1999/2000], 739, 744 m.w.H.; LOCHER, Kommentar DGB, Art. 16 N 22). Auf die Fälligkeit der Forderung kommt es grundsätzlich nicht an. Sodann spielt es keine Rolle ob das konkrete Geschäft Umlauf- oder Anlagevermögen betrifft (REICH/DUSS, 26; WEIDMANN, 144; anders offenbar BGer 18.5.1979, BGE 105 Ib 238, 242 f. = ASA 49 [1980/81], 61, 65; BGer 31.3.2003, StE 2003 B 21.2 Nr. 17). In der Regel wird ein Ertrag somit nach Vollendung der eigenen Leistung realisiert (Einzelfälle bei LOCHER, Kommentar DGB, Art. 18 N 67). Danach bestehen nur noch Debitoren- und Gewährleistungsrisiken. Diesen Risiken ist, soweit erforderlich, durch Wertberichtigung der Forderungen und durch Bildung einer Rückstellung Rechnung zu tragen. Das Bundesgericht will hingegen bei der Veräusserung von Grundstücken auf den Vertragsabschluss abstellen (BGer 31.3.2003, StE 2003 B 21.2 Nr. 17).

Steuerbar sind auch die buchmässigen Gewinne aus der Aufwertung von Aktiven. Die sog. **buchmässige Realisation** ist letztlich eine Konsequenz des Massgeblichkeitsprinzips, wonach für die Bestimmung des steuerbaren Geschäftsereignisses auf das handelsrechtliche Ergebnis abgestellt wird. Wenn die Umstrukturierungsbestimmungen die Steuerneutralität nur soweit gewähren, als die bisherigen Einkommensteuerwerte fortgeführt werden, handelt es sich deshalb um einen unechten Vorbehalt, weil Aufwertungen ohnehin steuerwirksam sind.

Steuerbar sind sodann die **Privatentnahmen** (Art. 18 Abs. 2 Satz 2 DBG; Art. 8 Abs. 1 StHG), wenn der Verkehrswert des entnommenen Gutes im Zeitpunkt der Entnahme den Einkommenssteuerwert übersteigt. Steuerbar ist diesfalls die Differenz zwischen dem Einkommenssteuer- und dem Verkehrswert.

Ebenfalls einen Tatbestand der steuersystematischen Realisation bilden die **Überführung** von Geschäftsvermögen in **ausländische Betriebe oder Betriebsstätten** (Art. 18 Abs. 2 DBG; Art. 8 Abs. 1 StHG). In der Schweiz zurückbleibendes Geschäftsvermögen bleibt hier der Steuer unterworfen. Eine steuersystematische Realisation greift insofern nicht Platz. Die Verwaltungspraxis will hierzu die objektmässige (direkte) Ausscheidungsmethode anwenden (vgl. ESTV-DVS, KS 5 vom 1.6.2004, Ziff. 3.2.2.2).

eb) Umstrukturierung von Personengesellschaften

19 Die Umstrukturierungen von Personenunternehmen (Einzelfirmen, Personengesellschaften) sind allgemein in Art. 19 Abs. 1 Ingress DBG (bzw. Art. 8 Abs. 3 Ingress StHG) geregelt. Soweit es zur Übertragung von Vermögenswerten auf eine andere Personenunternehmung kommt, ist zusätzlich Art. 19 Abs. 1 lit. a DBG (bzw. Art. 8 Abs. 3 lit. a StHG) zu beachten. Somit können Personengesellschaften steuerneutral umstrukturiert werden:

– soweit die Steuerpflicht in der Schweiz fortbesteht;

– soweit die bisher für die Einkommenssteuer massgeblichen Werte (Einkommenssteuerwerte) übernommen werden; und

– sofern Vermögenswerte übertragen werden: diese auf eine Personenunternehmung übertragen werden.

20 Die Voraussetzung, dass die **Steuerpflicht** in der Schweiz **fortbesteht**, will sicherstellen, dass die stillen Reserven auf den übertragenen Wirtschaftsgütern nach der Umstrukturierung nach wie vor durch den schweizerischen Fiskus besteuert werden können bzw. dass keine steuersystematische Realisation wegen Überführung von Geschäftsvermögen ins Ausland (N 18) vorliegt. Nachdem Personengesellschaften steuerlich transparente Rechtsformen darstellen, kommt es auf die übernehmenden Personen an. Natürliche oder juristische Personen mit Wohnsitz oder Sitz im Ausland, die an einer schweizerischen Personengesellschaft beteiligt sind, sind in der Schweiz aufgrund wirtschaftlicher Zugehörigkeit steuerpflichtig. Das Erfordernis des Fortbestands der Steuerpflicht in der Schweiz ist deshalb auch dann erfüllt, wenn Gesellschafter im Ausland an der Schweizer Personengesellschaft beteiligt und deshalb hier beschränkt steuerpflichtig sind. Bei einer inländischen Betriebsstätte als steuerlichem Anknüpfungspunkt verlangt die Verwaltungspraxis die Anwendung der objektmässigen (direkten) Ausscheidungsmethode (vgl. ESTV-DVS, KS 5 vom 1.6.2004, Ziff. 3.2.2.2; N 28).

21 Die für die **Einkommenssteuer massgeblichen Werte** sind die Buchwerte der übertragenden Personengesellschaft gemäss Handelsbilanz zuzüglich allfälliger versteuerter stiller Reserven. Eine Erhöhung der Buchwerte führt zur buchmässigen Realisation stiller Reserven (N 16) und damit zu steuerbarem Einkommen der Personengesellschafter nach Art. 18 Abs. 2 DBG (bzw. Art. 8 Abs. 1 StHG).

22 Es genügt gemäss Art. 19 Abs. 1 lit. a DBG (bzw. Art. 8 Abs. 3 lit. a StHG), wenn **Vermögenswerte** auf eine **andere Personenunternehmung** übertragen werden. Der bundesrätliche Entwurf knüpfte noch an die bisherige Verwaltungspraxis der Steuerbehörden an und setzte für die Steuerneutralität das Erfordernis der Übertragung eines Betriebs oder eines Teilbetriebs voraus (Botschaft, 4507). Die WAK StR hielt diese Bedingung für unnötig einschränkend, weil auf Grund der steuerlichen Transparenz von Personengesellschaften kein Wechsel des Steuersubjektes stattfinde. Es mangle deshalb an einem Grund zur steuerlichen Abrechnung über die übertragenen stillen Reserven. Dies treffe selbst dann zu, wenn bloss ein einziges Aktivum und kein Betrieb oder Teilbetrieb übertragen werde. Die Übertragung von Geschäftsvermögen auf ein anderes Geschäftsvermögen zum Buchwert desselben Steuersubjektes stelle keine steuerliche Realisation dar (Mitbericht WAK StR, 5). In der Folge wurde das Erfordernis der Betriebs-

bzw. Teilbetriebsübertragung durch das Erfordernis der Übertragung eines Vermögenswertes ersetzt. Somit kann bei der Umwandlung einer Personengesellschaft in eine andere unter den Voraussetzungen von Art. 19 Abs. 1 lit. a DBG (bzw. Art. 8 Abs. 3 lit. a StHG) – Fortbestand der Steuerpflicht in der Schweiz und Übernahme der Einkommenssteuerwerte – das gesamte Geschäftsvermögen einer Personengesellschaft, nur einzelne Vermögenswerte davon oder auch nur ein **einzelner Vermögenswert** steuerneutral übertragen werden (ESTV-DVS, KS 5 vom 1.6.2004, Ziff. 3.1.2.1, und Anhang I, Bsp. Nr. 1).

Im Unterschied zur bisherigen Praxis der Steuerbehörden ist es auch nicht mehr erforderlich, dass der **zurückbleibende Vermögenskomplex** einen Betrieb oder Teilbetrieb darstellt (LOCHER/AMMON, ASA 71 [2002/2003], 781 ff.). 23

Die steuerneutrale Übertragung setzt **Geschäftsvermögen** voraus (bei Privatvermögen wäre ohnehin ein privater Kapitalgewinn gegeben). Weitere Anforderungen an die Qualität der übertragenen Vermögenswerte, beispielsweise dass es sich dabei um «betriebliche» oder «betriebsnotwendige» Vermögenswerte handelt, verlangen Art. 19 Abs. 1 lit. a DBG (bzw. Art. 8 Abs. 3 lit. a) StHG nicht. Die Überführung von Geschäftsvermögen in das **Privatvermögen** erfüllt den Tatbestand der steuersystematischen Realisierung (REICH/DUSS, 29 f.). Sie führt zur Abrechnung über die stillen Reserven auf dem übertragenen Vermögen nach Art. 18 Abs. 2 DBG (bzw. Art. 8 Abs. 1 StHG). Zusätzlich fallen Sozialversicherungsabgaben an (vgl. vor Art. 53 N 71 f.). Eine Privatentnahme kann sowohl für die übertragenen als auch für die zurückbleibenden Vermögenswerte eintreten, soweit diese nicht mehr ganz oder doch wenigstens überwiegend (gemäss der in Art. 18 Abs. 2 Satz 2 Hs. 2 geltenden Präponderanzmethode) der selbständigen Erwerbstätigkeit dienen (ESTV-DVS, KS 5 vom 1.6.2004, Ziff. 3.1.2.1 und Anhang I, Bsp. Nr. 1). Die Verwaltungspraxis stellt sich zu Unrecht auf den Standpunkt, dass die Übertragung von Geschäftsvermögen auf eine **nichtkaufmännische Kollektivgesellschaft** (Art. 553 OR) eine Privatentnahme darstelle, weshalb die stillen Reserven steuersystematisch realisiert würden und mit der Einkommenssteuer (Art. 18 Abs. 2 DBG) zu erfassen seien. Sie begründet ihre Auffassung damit, dass Gesellschafter einer nichtkaufmännischen Kollektivgesellschaft keine selbständige Erwerbstätigkeit ausüben (ESTV-DVS, KS 5 vom 1.6.2004, Ziff. 3.1.2.1). Selbst wenn sie einen kaufmännischen Betrieb führen, werden freie Berufe (z.B. Architekten, Anwälte) und landwirtschaftliche Betriebe ausnahmsweise nicht als kaufmännische Unternehmen i.S.v. Art. 53 lit. c HRegV angesehen (BSK OR II-BAUDENBACHER, Art. 552 N 36). Nach Art. 18 Abs. 1 DBG sind die Einkünfte u.a. aus einem freien Beruf sowie aus jeder anderen selbständigen Erwerbstätigkeit steuerbar. Gemäss Art. 18 Abs. 2 DBG gelten als Geschäftsvermögen «alle Vermögenswerte, die ganz oder vorwiegend der selbständigen Erwerbstätigkeit dienen». Daraus folgt, dass auch die nichtkaufmännische Kollektiv- und die nichtkaufmännische Kommanditgesellschaft ohne weiteres über steuerliches Geschäftsvermögen verfügen können und somit gleich zu behandeln sind wie kaufmännische Personenunternehmungen. 24

Die Vermögenswerte können entgeltlich, teilweise entgeltlich oder unentgeltlich übertragen werden. Übersteigt das **Entgelt** den für die Einkommenssteuer massgeblichen Wert, führt dies zu Einkommenssteuerfolgen beim übertragenden Gesellschafter (Art. 18 Abs. 2 DBG; Art. 8 Abs. 1 StHG). 25

Für Umstrukturierungen nach Art. 19 Abs. 1 lit. a DBG bzw. Art. 8 Abs. 3 lit. a StHG besteht **keine Sperrfrist**. Eine nachträgliche Besteuerung ist gemäss Art. 19 Abs. 2 DBG (bzw. Art. 8 Abs. 3bis StHG) nur für den Fall der Übertragung eines Betriebs oder Teilbetriebs einer Personengesellschaft auf eine juristische Person nach Art. 19 Abs. 1 lit. b DBG (bzw. Art. 8 Abs. 3 lit. b StHG) vorgesehen (N 27 ff.). Eine Sperrfristregelung ist 26 auch nicht nötig, weil im Unterschied zur Umwandlung einer Personengesellschaft in eine juristische Person nach Art. 19 Abs. 1 lit. b DBG bzw. Art. 8 Abs. 3 lit. b StHG kein Wechsel des Steuersubjekts bzw. des Besteuerungsregimes stattfindet.

ec) Übertragung auf eine juristische Person

27 Die Fusion, Spaltung oder Umwandlung von Personenunternehmungen in Kapitalgesellschaften wird in Art. 19 Abs. 1 Ingress DBG (bzw. Art. 8 Abs. 3 Ingress StHG) allgemein und in Art. 19 Abs. 1 lit. b und Abs. 2 DBG (sowie in Art. 8 Abs. 3 lit. b und Abs. 3bis StHG) speziell geregelt. Die Steuerneutralität hängt deshalb – zusätzlich zu den allgemeinen Voraussetzungen des Fortbestandes der Steuerpflicht in der Schweiz und der Übernahme der bisher für die Einkommenssteuer massgeblichen Werte – davon ab, dass ein Betrieb oder Teilbetrieb übertragen wird. Weiter wird die Einhaltung einer fünfjährigen Veräusserungssperrfrist verlangt (Art. 19 Abs. 2 DBG bzw. Art. 8 Abs. 3bis StHG).

28 Das Erfordernis des **Fortbestandes der Steuerpflicht** in der Schweiz bezieht sich auf die **übernehmende juristische Person** und nicht auf die übertragende natürliche Person (ESTV-DVS, KS 5 vom 1.6.2004, Ziff. 3.2.2.2). Anderseits werden stille Reserven nur dann und nur in dem Umfang besteuert, als diese durch eine Überführung ins Ausland fortan der Besteuerung durch den Schweizer Fiskus entzogen werden. Die Übertragung eines Betriebes oder Teilbetriebes auf eine juristische Person ist deshalb beispielsweise auch dann steuerneutral möglich, wenn diese ihren Sitz im Ausland hat, in der Schweiz aber eine Betriebstätte betreibt, welche den Betrieb oder Teilbetrieb übernimmt. Die stillen Reserven bleiben der Besteuerung in der Schweiz verhaftet. Die Verwaltungspraxis verlangt in diesem Fall, dass die internationale Steuerausscheidung des Gewinns und des Kapitals nach der objektmässigen (direkten) Methode erfolgt (LOCHER, internationales Steuerrecht, 309 ff.; ATHANAS/WIDMER in: Kommentar zum Schweizerischen Steuerrecht I/2a, Art. 6 DBG N 33). Nur die objektmässige (direkte) Ausscheidungsmethode stelle sicher, dass die stillen Reserven auch weiterhin uneingeschränkt der Schweiz zugewiesen werden (ESTV-DVS, KS 5 vom 1.6.2004, Ziff. 3.2.2.2; RICHNER/FREI/KAUFMANN, Kommentar ZH, § 19 N 30). Soweit stille Reserven wegen Überführung von Vermögenswerten ins Ausland steuersystematisch realisiert werden, unterliegen sie der Einkommenssteuer nach Art. 18 Abs. 2 DBG (bzw. Art. 8 Abs. 1 StHG). Zusätzlich fallen Sozialversicherungsabgaben an. Die steuerneutrale Umwandlung als Ganzes wird dadurch aber nicht gefährdet.

29 Weiterhin wird die **Fortführung der Einkommenssteuerwerte** der Personenunternehmung durch die übernehmende juristische Person verlangt. Die bisherigen Einkommenssteuerwerte der Personenunternehmung werden neu zu den Gewinnsteuerwerten der juristischen Person. Soweit stille Reserven durch **Aufwertung** buchmässig realisiert werden, unterliegen sie der Einkommenssteuer nach Art. 18 Abs. 2 DBG (bzw. Art. 8 Abs. 1 StHG). Zusätzlich fallen Sozialversicherungsabgaben an (vor Art. 58 N 71 f.). Die steuerneutrale Umwandlung als Ganzes wird durch eine buchmässige Aufwertung stiller Reserven aber nicht gefährdet.

30 Als weitere Voraussetzung für eine steuerneutrale Fusion, Spaltung oder Umwandlung ist die **Übertragung eines Betriebs oder eines Teilbetriebs** vorausgesetzt. Die Begriffe «Betrieb» und «Teilbetrieb» nach Art. 19 Abs. 1 lit. b DBG (bzw. Art. 8 Abs. 3 lit. b StHG) decken sich mit denjenigen bei der Auf- und Abspaltung in Art. 61 Abs. 1 lit. b DBG (bzw. Art. 24 Abs. 3 lit. b StHG). Zur Auslegung dieser Begriffe sei auf die entsprechende Kommentierung verwiesen (vor Art. 29 N 40 ff.). Auf das bisherige Erfordernis, wonach «die übernommenen Geschäftsbetriebe **unverändert weitergeführt**»

werden müssen, verzichtet das neue Recht. Diesem Kriterium kommt in Zukunft grundsätzlich keine Bedeutung mehr zu. Die steuerneutrale Umwandlung einer Personenunternehmung mit anschliessender Liquidation müsste richtigerweise unter dem Gesichtspunkt der Steuerumgehung beurteilt werden. Es wird deshalb auch weiterhin möglich sein, dass die übernehmende juristische Person den Zweck des Betriebes neu ausrichtet und an die veränderten wirtschaftlichen Rahmenbedingungen anpasst.

Der Begriff der **juristischen Person** orientiert sich am Zivilrecht. Juristische Personen sind die Kapitalgesellschaften (Aktiengesellschaft, Kommanditaktiengesellschaft und Gesellschaft mit beschränkter Haftung), die Genossenschaften sowie Vereine und Stiftungen. Die bisherige Voraussetzung der grundsätzlich **gleichbleibenden Beteiligungsverhältnisse** ist in DBG und StHG gestrichen worden (vgl. dazu vor Art. 58 N 106).

Art. 19 Abs. 2 DBG und Art. 8 Abs. 3bis StHG führen die durch die Verwaltungspraxis begründete **Sperrfristregel** fort. Die Sperrfrist bezweckt, die faktische Geschäftsaufgabe bzw. Veräusserung von der Weiterführung abzugrenzen (vor Art. 58 N 120). Die in Art. 19 Abs. 2 DBG (bzw. Art. 8 Abs. 3bis StHG) enthaltene Sperrfrist ist objektiv gefasst. Die Gründe, weshalb der ehemalige Personengesellschafter alle oder einen Teil seiner Beteiligungsrechte vor Ablauf der Sperrfrist veräussert, sind steuerlich unbeachtlich (näher dazu vor Art. 58 N 121 ff.). Soweit Beteiligungsrechte oder Mitgliedschaftsrechte, die bei der Fusion, Spaltung oder Umwandlung einer Personenunternehmung in eine Kapitalgesellschaft oder Genossenschaft geschaffen wurden, innerhalb von fünf Jahren nach der Fusion, Spaltung oder Umwandlung zu einem über dem übertragenen steuerlichen Eigenkapital liegenden Preis veräussert werden, erfolgt nach den Art. 19 Abs. 2 DBG und Art. 8 Abs. 3bis StHG eine Nachbesteuerung der stillen Reserven. Der Sperrfrist unterstehen aufgrund der Steuerfreiheit privater Kapitalgewinne (Art. 16 Abs. 3 DBG bzw. Art. 7 Abs. 4 lit. b StHG) nur Beteiligungsrechte, die sich im Privatvermögen befinden. Veräusserungsgewinne auf Beteiligungsrechten im Geschäftsvermögen unterliegen der Einkommenssteuer (Art. 18 Abs. 2 DBG bzw. Art. 8 Abs. 1 StHG) bzw. der Gewinnsteuer (Art. 58 Abs. 1 DBG bzw. Art. 24 Abs. 1 StHG). Hier erübrigt sich eine Sperrfristenregelung.

Die übernehmende juristische Person kann im Rahmen von Art. 67 Abs. 1 DBG (bzw. Art. 25 Abs. 2 StHG) noch nicht verrechnete **Verlustvorträge** der Personenunternehmung gegen künftige Gewinne zur Verrechnung bringen (ESTV-DVS, KS 5 vom 1.6.2004, Ziff. 3.2.3.3 und Anhang I, Nr. 3). Diese Praxisänderung ist erfreulich, hat doch die ESTV bisher die Übernahme von Verlustvorträgen der Personenunternehmung durch die aus der Umstrukturierung hervorgegangene Kapitalgesellschaft oder Genossenschaft in konstanter Praxis abgelehnt. In der Lehre war die Verlustübernahme umstritten (REICH/DUSS, 106 f. und 214). Steuerrechtlich sind Verluste einer Personenunternehmung nicht dieser selbst, sondern deren Gesellschaftern zuzurechnen. Wie LOCHER darlegt, ist die Übernahme der Verlustvorträge durch die juristischen Personen auf Grund des Leistungsfähigkeitsprinzips geboten und sachgerecht (LOCHER, Kommentar DBG, Rev. Art. 61 N 121 ff., insb. 124). Die Höhe des Wertes des anteiligen Verlustvortrages bestimmt sich individuell nach den persönlichen Verhältnissen jedes Gesellschafters und variiert aufgrund der progressiv ausgestalteten Einkommenssteuersätze von Jahr zu Jahr. Nach der Übertragung wird der Verlustvortrag bei der Festsetzung des steuerbaren Reingewinns vom Gesamtergebnis der Gesellschaft in Abzug gebracht. Dadurch reduziert sich die Steuerbelastung der Gesellschaft. Die Gesellschafter der Kapitalgesellschaft bzw. Genossenschaft teilen sich fortan den von der Gesellschaft übernommenen Verlustvortrag, weshalb die Personengesellschafter in der Praxis einen Ausgleich für diesen Vorteil anstreben dürften.

ed) Steuerfolgen der Umstrukturierung von juristischen Personen beim Anteilsinhaber oder Mitglied

34 Die Besteuerung beim Anteilsinhaber, der die Beteiligungsrechte im Geschäftsvermögen hält, richtet sich nach der buchmässigen Behandlung des Vorganges. Allfällige Nennwertdifferenzen zwischen hingegebenen und erhaltenen Beteiligungsrechten sind anders als im Privatvermögen unbeachtlich, weil es einzig auf den Buchwert der Beteiligungsrechte ankommt. Ausgleichszahlungen sind steuerbar, soweit nicht eine entsprechende Abschreibung auf der Beteiligung geltend gemacht werden kann.

35 Einzelfirmen und Personengesellschaften sind, im Gegensatz zu den Kapitalgesellschaften, handelsrechtlich frei, Beteiligungen über die Anschaffungskosten hinaus bis zum handelsrechtlichen Höchstwert des «Wertes für das Geschäft» aufzuwerten. Das Steuerrecht verpflichtet sie indes nicht dazu. Art. 8 Abs. 1 lit. c StHG und Art. 19 Abs. 1 lit. c DBG halten nunmehr fest, dass bei steuerneutralen Umstrukturierungen die Steuerneutralität auch auf der Stufe der Anteilsinhaber gilt. Dies entspricht der bisherigen Praxis im Bund und in den meisten Kantonen und der kaufmännischen Betrachtungsweise, welche beispielsweise keinen Realisationstatbestand darin erblickt, dass im Zuge einer Fusion neue Beteiligungsrechte ausgegeben werden. Der Tausch von Beteiligungsrechten bei Umwandlungen von juristischen Personen in eine andere Rechtsform hat deshalb als solcher keine steuerlichen Folgen beim Anteilsinhaber.

36 Durch die genannten Bestimmungen ist nunmehr auch klargestellt, dass es beim Tausch von Beteiligungsrechten über die Landesgrenze zu keiner steuerlichen Aufwertung beim Schweizer Inhaber kommt. Die Praxis der Eidgenössischen Steuerverwaltung nahm eine Zeitlang aus auch unter altem Recht nicht überzeugenden Gründen an, dass in solchen Fällen die stillen Reserven auf den eingetauschten Beteiligungsrechten steuerlich als realisiert zu gelten hätten. Vorbehalten bleiben ungeachtet der gesetzlichen Bestimmungen allfällige buchmässige Aufwertungen, die auf Grund des Massgeblichkeitsprinzips zu einem höheren buchmässigen Gewinnausweis und damit zu einer Besteuerung führen.

f) Beteiligungsrechte im Privatvermögen

fa) Ertrag aus Beteiligungsrechten

37 Im Bereich des Privatvermögens ist in Zusammenhang mit Unternehmensumstrukturierungen die Unterscheidung zwischen Beteiligungsertrag und steuerfreiem Kapitalgewinn von Bedeutung. Als Ertrag aus einer Kapitalgesellschaft gilt jede Leistung der Gesellschaft, welche nicht eine Rückzahlung von Nennkapital (im Bereich des Nennwertprinzips) oder von Einlagen der Aktionäre (im Bereich des Kapitalrückzahlungsprinzips) darstellt. Es greift also eine **objektbezogene Betrachtungsweise** Platz anstelle des subjektbezogenen Konzeptes der Einkommensgeneralklausel. Dieses Ergebnis wird im Wesentlichen aus der Steuerbarkeit der Liquidationsüberschüsse hergeleitet (vgl. Art. 20 Abs. 1 lit. c DBG). Im Gegensatz dazu sind der **Gewinn** steuerfrei bzw. bleibt der **Verlust** aus der **Veräusserung** von Aktien etc. steuerlich unbeachtlich, weil das Gesetz die privaten Kapitalgewinne als steuerfrei erklärt. Die Abgrenzung zwischen Veräusserungsgewinn einerseits und steuerbarer Leistung der Gesellschaft andererseits ist nicht immer einfach und Schauplatz einiger der am intensivsten geführten steuerrechtlichen Kontroversen.

38 Zweck dieser Konzeption ist es, die **wirtschaftliche Doppelbesteuerung** der Gewinne auf der Ebene der Gesellschaft und der Aktionäre sicherzustellen, indem spätestens bei der Liquidation die Gewinne der Gesellschaft auch beim Aktionär als Einkommen er-

fasst werden. Die objektbezogene Betrachtungsweise und die Anwendung der subjektbezogenen Einkommensgeneralklausel führt nur in einem Teilbereich zum selben Resultat, nämlich dann, wenn Dividenden aus Gewinnen ausgeschüttet werden, welche die Gesellschaft während der Zeitspanne erarbeitet hat, in welcher der betreffende Steuerpflichtige die Aktien gehalten hat. In anderen Fällen führt die objektmässige Besteuerung zu einer Überbesteuerung des jeweiligen Aktionärs (WEIDMANN, FStR 2003, 91 f.).

Als steuerbarer Ertrag gelten alle geldwerten Leistungen der Gesellschaft, die keine Rückzahlung von Nennwert darstellen (sog. Nennwertprinzip; vgl. auch LOCHER, Kommentar DBG, Art. 20 N 13 f., 56). Steuerbar sind deshalb auch die **Nennwerterhöhungen** aus eigenen Mitteln der Gesellschaft, was sich daraus ergibt, dass gemäss Art. 20 Abs. 1 lit. c DBG Gratisaktien steuerbar sind. Kapitaleinlagen in die Reserven der Gesellschaften (**Agio**) unterliegen bei ihrer Rückzahlung ebenfalls der Steuer. Steuerbar sind auch die Rückzahlungen von **Zuschüssen** der Aktionäre. Beides führt sogar innerhalb der objektbezogenen Betrachtungsweise zu einer Überbesteuerung, weil mit der Rückzahlung von Agio oder von Zuschüssen keine von der Gesellschaft erarbeiteten Gewinne ausgeschüttet werden. Dieser Betrachtungsweise folgt die direkte Bundessteuer und eine Mehrzahl der kantonalen Steuerordnungen. 39

Der Kanton Zürich und einige andere Kantone folgen diesbezüglich einer anderen Praxis und wenden das sog. **Kapitalrückzahlungsprinzip** an. Kapitalrückzahlungen, worunter insbesondere auch die Rückzahlungen von Agio gehören, bleiben steuerlich unbeachtlich (RICHNER/FREI/KAUFMANN, Kommentar ZH, § 20 N 78, 83 ff.; UNTERSANDER, 86 ff.). Erhöhungen des Nennwerts bilden keinen Steuertatbestand; hingegen wird die Steuer bei der Rückzahlung von Gratisnennwerten erhoben. 40

fb) Veräusserungstatbestände

Der **Verkauf** von Beteiligungsrechten ist steuerlich unbeachtlich. Der Gewinn aus einer solchen Veräusserung ist als privater Kapitalgewinn nicht steuerbar (Art. 7 Abs. 4 lit. b StHG; Art. 16 Abs. 3 DBG); der Verlust aus einer solchen Veräusserung kann nicht gegen steuerbares Einkommen verrechnet werden. Die Steuerfreiheit steht allerdings unter dem Vorbehalt, dass nicht ein Tatbestand der Transponierung, der indirekten Teilliquidation oder des Mantelhandels erfüllt ist (N 49 ff.). Ebenfalls einen Veräusserungstatbestand stellt der **Tausch** dar. Der Tausch von Beteiligungsrechten ist deshalb einkommenssteuerlich irrelevant. Dies trifft auch dann zu, wenn das eingetauschte Beteiligungspapier einen höheren Nennwert aufweist als das hingegebene. 41

Ein derartiger Tauschtatbestand liegt namentlich bei der **Quasifusion** vor. Deshalb unterliegt der Aktientausch nicht der Einkommenssteuer. Es ist steuerlich auch dann unbeachtlich, wenn die neu erworbenen Aktien einen höheren Nennwert aufweisen als die hingegebenen. Ausgleichszahlungen, welche die übernehmende Gesellschaft entrichtet, sind als Veräusserungserlös beim privaten Aktionär steuerlich unbeachtlich. Dies steht allerdings unter dem Vorbehalt, dass die übernommene Gesellschaft nicht in der Folge der Quasifusion mit der übernehmenden Gesellschaft verschmolzen wird. Diesfalls wird die Quasifusion wie eine **Fusion** behandelt mit der Folge, dass Nennwerterhöhungen und Ausgleichszahlungen steuerbar sind (BGer 9.11.2001, ASA 72 [2003/2004], 413, 422 ff. = StE 2002 B 24.4 Nr. 66). Die Verwaltungspraxis geht davon aus, eine innert einer Frist von fünf Jahren erfolgte Fusion sei zeitnah und führe deshalb zur Qualifikation des Aktientausches als Fusion und damit zur Steuerbarkeit der Leistungen (KS 5 vom 1.6.2004, Ziff. 4.1.7.3.2). Diese Ansetzung einer starren und objektiven Frist geht an der Sache vorbei und kann sich auch nicht auf die Rechtsprechung stützen. Massgeblich 42 ist, ob es sich bei der Quasifusion mit anschliessender Absorption wirtschaftlich betrachtet um einen einheitlichen Vorgang handelt (MERLINO, in: von der Crone et al., Rz 1287 ff.; REICH, ZSR 2004 I 132 f.).

43 Einen besonderen Fall einer teilweisen Veräusserung bildet der Verkauf eines Bezugsrechtes. **Bezugsrechte** vermitteln das Recht, neue Aktien zu zeichnen (Art. 652b Abs. 1 OR). Der Verkauf des Bezugsrechtes kommt einer Teilveräusserung der Beteiligung gleich. Der Erlös aus dem Bezugsrecht ist deshalb steuerfrei, was auch auf Grund von Art. 7 Abs. 4 lit. a StHG feststeht.

fc) Ausschüttungstatbestände

44 Der Einkommenssteuer unterliegen, wie ausgeführt (N 37 ff.), sämtliche Leistungen der Gesellschaft an den Anteilsinhaber oder an eine nahestehende Person, welche nicht Rückzahlung des eingezahlten Nennkapitals (bzw. von Einlagen der Aktionäre) darstellen. Ebenfalls der Einkommenssteuer unterworfen sind im Bereich der Nennwerttheorie die Nennwerterhöhungen oder Gratisaktien. Keine Ausschüttung von Gesellschaftsmitteln liegt dann vor, wenn die Beteiligungsrechte lediglich ihre **Gestalt wechseln** und die Reserven der Gesellschaft weiterhin bei der Gesellschaft verhaftet sind. Dies trifft namentlich bei rechtsformändernden Umwandlungen von Kapitalgesellschaften zu. Dasselbe gilt auch für Fusionen zwischen Kapitalgesellschaften. Vorbehalten bleiben Erhöhungen des Nennwertes der Beteiligungspapiere. Wenn die übernehmende Gesellschaft bei einer Fusion **eigene Aktien**, über deren Erwerb steuerlich nicht als Teilliquidation abgerechnet wurde, zur Abgeltung der neuen Aktionäre verwendet, so wird darin eine steuerbare geldwerte Leistung zu Gunsten der neuen Aktionäre erblickt. Der Verkehrswert dieser Beteiligungsrechte abzüglich deren Nennwert wird wie eine Barabfindung behandelt (ESTV-DVS, KS 5 vom 1.6.2004, Ziff. 4.1.2.3.7, und Bsp. Nr. 5 im Anhang I). Der Grund liegt darin, dass es bei einem solchen Vorgang zu einer Abnahme der Reserven der fusionierten Gesellschaften kommt (LOCHER, Kommentar DBG, Rev. Art. 61 N 33). Eine **Sanierungsfusion** liegt vor, wenn eine Gesellschaft in eine von den gleichen Aktionären beherrschte, überschuldete Gesellschaft fusioniert wird. Die Rechtsprechung nimmt bei einem solchen Vorgang eine steuerbare geldwerte Leistung zu Gunsten der Aktionäre an, weil die mit der Fusion erreichte Beseitigung des Kapitalverlustes und der Überschuldung sonst nur mit Sanierungsbeiträgen aus ihrem Privatvermögen möglich gewesen wäre (BGer 15.8.2000, ASA 70 [2001/2002], 289, 293 f. = StR 2000, 802, 805 = StE 2001 B 24.4 Nr. 57). Wenn allerdings das Austauschverhältnis den Unternehmenswerten entspricht, kann nicht von einer geldwerten Leistung gesprochen werden (LOCHER, Kommentar DBG, Rev. Art. 61 N 32; SPORI/GERBER, ASA 71 [2002/2003], 694). Die Verwaltungspraxis scheint es aber abzulehnen, derartige Fälle differenziert zu würdigen (ESTV-DVS, KS 5 vom 1.6.2004, Ziff. 4.1.4.3.2).

45 **Ausgleichszahlungen** im Rahmen einer Fusion oder Abspaltung sind keine Veräusserungen des Beteiligungsrechtes, sondern Leistungen der Gesellschaft im Zusammenhang mit dem Gesellschafterverhältnis. Ausgleichszahlungen stellen deshalb steuerbaren Ertrag aus Beteiligung dar (LOCHER, Kommentar DBG, Rev. Art. 61 N 54; REICH/DUSS, 82 f.). Der Vorschlag der Arbeitsgruppe Steuern, Ausgleichszahlungen von der Steuer zu befreien (Bericht Steuern 1, 22 f.), wurde abgelehnt (Botschaft, 4349). Die Verwaltungspraxis erlaubt es, von den steuerbaren Ausgleichszahlungen die Nennwertverluste abzuziehen (ESTV-DVS, KS 5 vom 1.6.2004, Ziff. 4.1.2.3.2).

46 Das Börsengesetz (Art. 33 Abs. 1) erlaubt den **Squeeze-out** von Aktionären, wenn der Anbieter mindestens 98% der Stimmrechte an der Gesellschaft hält. Der Anbieter erhält damit die Möglichkeit, 100% der Anteile an der Gesellschaft an sich zu ziehen. Die

Minderheitsaktionäre werden in bar abgefunden. Das Verfahren war bisher den kotierten Gesellschaften vorbehalten. Das FusG dehnt die Squeeze-out-Bestimmung auf alle Gesellschaften, d.h. auch auf die nicht kotierten, aus (Art. 8 Abs. 2 FusG). Mindestens 90% der Gesellschafter müssen zustimmen (Art. 18 Abs. 5 FusG). Die von der übernehmenden Gesellschaft bezahlte Barabfindung unterliegt der Einkommenssteuer, soweit sie den Nennwert übersteigt und die Abfindung nicht indirekt von Anteilsinhabern der übernehmenden Gesellschaft geleistet wird (Art. 20 Abs. 1 lit. c DBG bzw. Art. 7 Abs. 1 StHG; ESTV-DVS, KS 5 vom 1.6.2004, Ziff. 4.1.2.3.8).

Vorteilszuwendungen zwischen Schwestergesellschaften, d.h. zwischen Gesellschaften, die von denselben Aktionären beherrscht werden, sind nach der sog. **Dreieckstheorie** einerseits als verdeckte Gewinnausschüttung der leistenden Gesellschaft an die Aktionäre und andrerseits als verdeckte Kapitaleinlage der Aktionäre an die empfangende Gesellschaft zu würdigen (VGer ZH 3.10.1989, StE 1991 B 24.4 Nr. 27). Ob eine Vorteilszuwendung geschäftsmässig begründet gewesen sei, ist dabei ausschliesslich vom Standpunkt der steuerpflichtigen juristischen Person aus zu beurteilen, nicht vom Standpunkt des Konzerns aus, dem sie angehört. Massgebend ist das Prinzip des «dealing at arm's length» (VGer ZH 6.2.1984, RB 1985 Nr. 42). Noch wenig geklärt ist die Frage, ob die Dreieckstheorie auch bei einem **Minderheitsaktionär** Anwendung finde. Jedenfalls dort, wo der Minderheitsaktionär nicht an der empfangenden Gesellschaft beteiligt ist und er auch sonst nicht von der verdeckten Vorteilszuwendung profitiert, darf ihm kein Einkommen angerechnet werden, weil er keine geldwerte Leistung empfängt, sondern eine Verminderung des Werts seiner Beteiligung hinzunehmen hat.

47

Die sog. **modifizierte Dreieckstheorie** ist bisher, soweit ersichtlich, nur in Konzernverhältnissen angewendet worden, indem auf eine Anrechnung der Vorteilszuwendung bei der gemeinsamen Muttergesellschaft verzichtet wird (REICH, ASA 54 [1985/86], 636 ff.). Die modifizierte Dreieckstheorie soll nun in der Folge der mit dem FusG vorgenommenen steuerlichen Änderungen in bestimmten Fällen auch im Bereich des Privatvermögens angewendet werden, nämlich dort, wo die Voraussetzungen einer steuerneutralen Spaltung nicht erfüllt sind, indem beim gespaltenen Rechtsträger kein Betrieb zurückbleibt und deshalb beim Aktionär steuerlich eine Liquidationsdividende in Höhe der offenen und stillen Reserven der gespaltenen Gesellschaft aufzurechnen wäre. Auf die Besteuerung wird verzichtet, wenn innerhalb einer Sperrfrist von fünf Jahren die Beteiligungsrechte nicht veräussert werden. Vom Steuerpflichtigen wird die Unterzeichnung eines Revers verlangt (ESTV-DVS, KS 5 vom 1.6.2004, Ziff. 4.3.3.3, und Anhang I, Bsp. Nr. 14). Der Grund liegt darin (vgl. WEIDMANN, Jusletter 7.6.2004, Rz 20), dass ansonsten dasselbe Einkommenssteuersubstrat (die in der gespaltenen Gesellschaft zurückgelassenen offenen und stillen Reserven) mehrfach besteuert würde, nämlich bei der Spaltung, weil die Voraussetzungen der Steuerneutralität nicht erfüllt sind, und später bei der Ausschüttung als Dividende. Auf Grund des Nennwertprinzips kann sich der Aktionär nicht darauf berufen, dass die später ausgeschütteten Mittel bereits der Steuer unterworfen waren und gedanklich neu in die Gesellschaft als Zuschuss eingelegt wurden. Dieses Ergebnis wäre offenkundig stossend.

48

fd) Transponierung

Eine Mittelstellung zwischen Veräusserung und Ausschüttung im Sinne einer Nennwerterhöhung nimmt der Tatbestand der sog. Transponierung ein. Eine Transponierung liegt dann vor, wenn eine Beteiligung, welche im Privatvermögen gehalten wird, vom Aktionär an eine **selbstbeherrschte Aktiengesellschaft** eingebracht wird und wenn diese dem Aktionär entweder Aktien mit einem **höheren Nennwert** als den eingebrachten ausgibt

49

oder ihm eine **Darlehensgutschrift** erteilt. Im Gegensatz zu den latent steuerverhafteten Reserven der eingebrachten Gesellschaft können sowohl der höhere Nennwert als auch die Darlehensgutschrift einkommenssteuerfrei an den Aktionär zurückgezahlt werden. Die Verwaltungspraxis, und ihr folgend das Bundesgericht, nimmt deshalb an, dass in solchen Fällen die Differenz zwischen dem bisher direkt gehaltenen Nennwert und dem neuen Nennwert einen steuerbaren Beteiligungsertrag darstellt (dazu LOCHER, Kommentar DBG, Art. 20 N 114 ff.).

50   Die Transponierungstheorie, die ursprünglich auf den Vorbehalt der Steuerumgehung abgestützt wurde (BGer 19.12.1967, ASA 37 [1968/69], 43 ff.), wird mit zwei unterschiedlichen Argumenten begründet: Die Merkmale eines steuerfreien privaten Kapitalgewinnes seien nicht erfüllt, weil der Verkauf an eine selbstbeherrschte Gesellschaft **keine** eigentliche **Veräusserung** darstelle (VGer ZH 27.10.1987, RB 1987 Nr. 20 = StE 1988 B 24.4 Nr. 11; BGer 10.11.1998, StE 1999 B 24.4 Nr. 52; REICH in: Kommentar zum Schweizerischen Steuerrecht I/2a, Art. 20 DBG N 77). Dagegen wird zu Recht eingewendet, dass eine solche konzernmässige Betrachtungsweise im geltenden Recht keine Stütze findet (LOCHER, Kommentar DBG, Art. 20 N 117). Die zweite Begründung geht dahin, dass durch die fraglichen Vorgänge die **latente Steuerlast aufgehoben** werde, was als steuerbaren Ertrag anzusehen sei (BGer 16.6.2000, StE 2000 B 24.4 Nr. 55; BGE 115 Ib 238, 242 = ASA 58 [1989/90], 689, 693 = StE 1990 B 24.4 Nr. 22). Dieses Argument krankt daran, dass mit der Einbringung kein geldwerter Vorteil realisiert wird. Ein solcher ergibt sich, wenn überhaupt, bei einer Entreicherung der Gesellschaft, deren Beteiligungsrechte eingebracht worden sind, was erst bei der Liquidation oder bei Substanzdividenden der Fall ist (WEIDMANN, FStR 2003, 92). Die Transponierungstheorie wird deshalb praktisch einhellig und zu Recht abgelehnt (LOCHER, Kommentar DBG, Art. 20 N 117); die Besteuerung ist auf Fälle der Steuerumgehung zu beschränken (HÖHN/WALDBURGER, § 14 N 87).

51   Einen Beteiligungsertrag im Sinne der Transponierungstheorie können auch Steuerpflichtige erzielen, die an der übernehmenden Gesellschaft nur eine **Minderheitsbeteiligung** halten. Voraussetzung ist allerdings, dass der betreffende Steuerpflichtige die übernehmende Gesellschaft zusammen mit anderen Anteilsinhabern gemeinsam beherrscht und sich auf diese Weise die wirtschaftliche Verfügungsmacht über die eingebrachten Aktien unverändert erhält (VGer ZH 22.4.1998, RB 1998 Nr. 139 = StE 1999 B 24.4 Nr. 49; BGE 115 Ib 238 = ASA 58 [1989/90], 689, 697 = StE 1990 B 24.4 Nr. 22).

52   Auf die Beherrschung soll es nach Meinung der Eidgenössischen Steuerverwaltung bei einer sog. **Erbenholding** nicht ankommen. Eine Transponierung sei dann anzunehmen, wenn die Erben eine Gesellschaft gründen, welche in der Folge die Aktien des künftigen Erblassers erwirbt (AGNER/DIGERONIMO/NEUHAUS/STEINMANN, 82 f.; näher und kritisch GURTNER, Erbenholding-Konzeption als Transponierungstatbestand – ein sachwidriger, fiskalischer Ansatz, ASA 67 [1998/99], 337 ff.; LOCHER, Kommentar DBG, Art. 20 N 118). Das Bundesgericht hat erkannt (11.6.2004, StE 2004 B 24.4 Nr. 70), der Tatbestand der Transponierung sei mangels Beherrschung der erwerbenden Holdinggesellschaft durch den Veräusserer nicht erfüllt. Jedoch müsse eine solche Konstellation unter dem Gesichtswinkel der indirekten Teilliquidation geprüft werden (N 57).

53   Lange waren nur die Einbringung von **Mehrheitsbeteiligungen** oder von Minderheitsbeteiligungen, die dem einbringenden Aktionär einen entscheidenden Einfluss auf die Dividendenpolitik ermöglichten, von den Behörden aufgegriffen worden. Seit dem Entscheid des Bundesgerichtes vom 6.7.1998 (ASA 68 [1999/2000], 422 = StE 1999 B 24.4 Nr. 48) soll auch die Einbringung von marginalen **Anteilen an Publikumsgesell-**

schaften den Transponierungstatbestand erfüllen. Das Bundesgericht gesteht zwar zu, dass in solchen Fällen realistischerweise kein Einfluss auf die Dividendenpolitik oder gar die Möglichkeit, eine Liquidation zu veranlassen, vermutet werden kann. Dem Bundesgericht genügt indessen bereits die Möglichkeit, dass die laufenden Gewinnausschüttungen, welche die Gesellschaft vornimmt, in die Form von Darlehensrückzahlungen (bzw. Nennwertrückzahlungen) umgewandelt werden können, als Begründung für eine geldwerte Leistung der Gesellschaft. Auch bei der Übertragung einer kleinen Minderheitsbeteiligung würden von einer latenten Ausschüttungssteuerlast betroffene Gesellschaftsmittel in den Bereich steuerfrei rückzahlbarer Darlehen verschoben.

Bei **Sanierungen** und **sanierungsähnlichen Konstellationen** kann es ebenfalls zur Besteuerung eines Vermögensertrages kommen. Eine Reduktion der latenten Ausschüttungslast – und damit ein Fall der steuerbaren Transponierung – lag in einem Fall vor, bei dem Aktien einer Gesellschaft, die **überschuldet** war, **zum Nennwert** in eine andere Gesellschaft **eingebracht** wurden, welche über ein Agio verfügte. Die Sanierung der eingebrachten Gesellschaft, die von den Aktionären, welche die Aktien in ihrem Privatvermögen hielten, hätte bewerkstelligt werden müssen, erfolgte durch die übernehmende Gesellschaft, was eine Reduktion der latenten Ausschüttungslast zur Folge hatte (BGer 16.6.2000, StE 2000 B 24.4. Nr. 55). Bei der **Fusion** einer Gesellschaft **in eine überschuldete**, von denselben Aktionären beherrschte **Gesellschaft** werden ebenfalls der Kapitalverlust und die Überschuldung zu Lasten von Reserven beseitigt. Somit geht damit ebenfalls eine Reduktion der latenten Ausschüttungslast einher, was zur Besteuerung führt (N 44). 54

In der **kantonalen Rechtsprechung** hat sich die Transponierungstheorie trotz oftmals im Wesentlichen gleichlautenden gesetzlichen Grundlagen nicht ohne weiteres durchzusetzen vermocht (RK ZH 2.6.1994, StE 1995 B 24.4 Nr. 37; VGr ZH 5.7.2000; RB 2000 Nr. 117 = StE 2001 B 24.4 Nr. 56, wonach nur Beteiligungen von mehr als 20% «transponiert» werden können; anders noch RICHNER/FREI/KAUFMANN, Kommentar ZH, § 16 N 62). Ob seit dem Inkrafttreten des StHG noch Raum für abweichende Praxen zum kantonalen Recht besteht, wird sich weisen müssen (bejahend REICH in: Kommentar zum Schweizerischen Steuerrecht I/1, Art. 7 StHG N 59). 55

fe) Indirekte Teilliquidation

Eine weitere Schnittstelle zwischen privatem Kapitalgewinn und steuerbarer Ausschüttung der Gesellschaft wird in den Tatbeständen der sog. indirekten Teilliquidation erblickt. Der Grundsachverhalt besteht darin, dass der private Aktionär seine Beteiligung einem Käufer veräussert, welcher die Beteiligung im Geschäftsvermögen hält. Die übertragene Beteiligung wird hierauf liquidiert, worauf bereits der Verkäufer hingewirkt hat, und der Liquidationserlös zur Tilgung des Kaufpreises verwendet. Der Käufer kann die Beteiligung steuerwirksam abschreiben, so dass im Ergebnis der Verkäufer indirekt über den Käufer eine Liquidationsdividende steuerfrei erhält (BGer 19.12.1984, ASA 54 [1985/86], 211 = StR 1986, 263 = StE 1985 B 24.4 Nr. 5; BGer 7.7.1993, StE 1994 B 24.4 Nr. 35; LOCHER, Kommentar DBG, Art. 20 N 110). 56

Die Praxis nimmt eine indirekte Teilliquidation auch an, wenn der Verkäufer weiss oder wissen muss, dass die zur Finanzierung des Kaufpreises dienenden Mittel der verkauften Gesellschaft nicht wieder zugeführt werden (BGer 22.10.2001, ASA 72 [2003/2004], 218, 223). Die kantonale Gerichtspraxis verweist teilweise auf Steuerumgehung (VGr ZH 27.10.1987, RB 1987 Nr. 20 = StE 1988 B 24.4 Nr. 11; VGer ZH 6.9.1988, StE 1988 B 24.4 Nr. 16 = StR 1988, 592, 596; RICHNER/FREI/KAUFMANN, Kommentar ZH, § 16 N 65 f.). Wie die Transponierungstheorie ist auch die ausufernde und Rechts- 57 unsicherheit erzeugende Praxis zur indirekten Teilliquidation zu Recht heftiger Kritik ausgesetzt (vgl. LOCHER, Kommentar DBG; Art. 20 N 110). Neue Unsicherheit hat der sehr weit gehende Entscheid des Bundesgerichts vom 11.6.2004 (StE 2004 B 24.4 Nr. 70) betreffend **Erbenholding** gebracht: Wenn die von den Erben gegründete Holdinggesellschaft dem künftigen Erblasser die Beteiligungsrechte an einer Kapitalgesellschaft abkauft, sei dies nicht – wie von der Eidgenössischen Steuerverwaltung vertreten – als Transponierung zu würdigen (N 52). Es müsse jedoch geprüft werden, ob der Tatbestand der indirekten Teilliquidation erfüllt sei. Die Voraussetzungen, dass die Beteiligungsrechte in ein Geschäftsvermögen veräussert werden und dass Veräusserer und Erwerber bei einer allfälligen Entnahme von Gesellschaftsmitteln zusammenwirken, seien erfüllt. Es spiele im Weiteren keine Rolle, ob die dem Veräusserer zufliessenden Mittel aus bereits erwirtschafteter Substanz oder aus zukünftigen Gewinnen stammen, weil die latente Ausschüttungssteuerlast im Umfang der Darlehensamortisation in gleicher Weise aufgehoben werde wie bei der Finanzierung des Kaufpreises durch eine Substanzdividende. Insofern könne anderslautenden Meinungen in der Lehre nicht gefolgt werden. – Das Bundesgericht hat sich im zitierten Entscheid vom 11.6.2004 auch zu den **Leveraged** oder **Management Buyouts** geäussert, bei denen der Beteiligungserwerb oft in beträchtlichem Mass mit Fremd- oder Verkäuferdarlehen finanziert wird. Das Bundesgericht hat festgehalten, dass aus steuerlicher Sicht kein Unterschied bestehe, ob die Beteiligungsinhaber der übernehmenden Gesellschaft zur Familie gehören oder nicht. Das Bundesgericht habe bisher freilich noch keine Gelegenheit gehabt, sich zu den steuerlichen Folgen eines Leveraged oder Management Buyout zu äussern. Es kann auf Grund dieser Ausführungen des Bundesgerichts nicht ausgeschlossen werden, dass die Praxis den Anwendungsbereich der indirekten Teilliquidation noch weiter als bisher ziehen wird.

ff) Mantelhandel

58 Ein steuerbarer Liquidationsüberschuss und nicht ein steuerfreier Veräusserungsgewinn liegt beim Mantelhandel vor. Der Mantelhandel ist der Verkauf sämtlicher Aktien einer wirtschaftlich liquidierten Gesellschaft, welche die bisherigen Beteiligten nicht weiterführen wollen und deren Aktiven in liquide Form gebracht worden sind (LOCHER, Kommentar DBG, Art. 20 N 89).

g) Mitgliedschaftliche Rechte

59 Der Eintritt in Vereine oder Genossenschaften und auch der Austritt daraus ist steuerlich grundsätzlich unbeachtlich. Vorbehalten bleiben allfällige Leistungen bei Austritt, welche allenfalls als Einkommen zu qualifizieren wären. Die Umwandlung einer mitgliedschaftlichen Position in eine Beteiligung an einer Kapitalgesellschaft ist einkommenssteuerlich grundsätzlich unbeachtlich, weil damit keine Ausschüttungen an das Mitglied bzw. den künftigen Aktionär etc. verbunden sind. Vorbehalten bleibt die Schaffung von Nennwert im Sinne von Gratisaktien, welche im Privatvermögen auf Grund des Nennwertprinzips jedenfalls für die direkte Bundessteuer und i.d.R. für die kantonalen Steuern Einkommen bildet.

h) Destinatär von Stiftungen, Vorsorgeeinrichtungen sowie Instituten öffentlichen Rechts

60 Keine einkommenssteuerlichen Konsequenzen haben i.d.R. Umstrukturierungen bei Stiftungen, Vorsorgeeinrichtungen oder Instituten des öffentlichen Rechts bei den Destinatären etc. Ein Einkommenszufluss könnte höchstens dann vorliegen, wenn im Zuge einer solchen Umstrukturierung den individualisierbaren Destinatären Leistungen vom übernehmenden oder umgewandelten Rechtsträger versprochen würde (vgl. auch vor Art. 99 N 42 ff.).

2. Gewinnsteuer

a) Steuersubjekt

Der Gewinnsteuer unterliegen juristische Personen mit Sitz oder tatsächlicher Verwaltung in der Schweiz (Art. 49 Abs. 1 DBG; Art. 20 Abs. 1 StHG). Als juristische Personen gelten Kapitalgesellschaften (Aktiengesellschaften, Kommanditaktiengesellschaften, Gesellschaften mit beschränkter Haftung), Genossenschaften, Vereine, Stiftungen und übrige juristische Personen. Den übrigen juristischen Personen gleichstellt sind die Anlagefonds mit direktem Grundbesitz im Sinne von Art. 36 Abs. 2 lit. a AFG (Art. 49 Abs. 2 DBG; Art. 20 Abs. 1 StHG), ausländische juristische Personen sowie nach Art. 11 DBG steuerpflichtige, ausländische Handelsgesellschaften und andere ausländische Personengesamtheiten ohne juristische Persönlichkeiten, sofern sie den inländischen juristischen Personen rechtlich oder tatsächlich ähnlich sind (Art. 49 Abs. 3 DBG; Art. 20 Abs. 2 StHG; vgl. auch N 2).

61

b) Steuerobjekt

Steuerobjekt ist der Reingewinn: Ausgangsgrösse ist der Saldo der handelsrechtlichen Erfolgsrechnung, korrigiert um nicht geschäftsmässig begründeten Aufwand oder nicht gutgeschriebene Erträge (sog. **Massgeblichkeitsprinzip**; Art 58 Abs. 1 DBG und Art. 24 Abs. 1 StHG). Zum steuerbaren Reingewinn gehören somit auch Kapitalgewinne aus der entgeltlichen Veräusserung von Aktiven (**echte Realisation**) und Buchgewinne aus Aufwertungen (**buchmässige Realisation**). Der Liquidation gleichgestellt ist die Verlegung des Sitzes, der Verwaltung, eines Geschäftsbetriebes oder einer Betriebsstätte ins Ausland (**steuersystematische Realisation**; Art. 58 Abs. 1 lit. c Satz 2 DBG bzw. Art. 24 Abs. 2 lit. b StHG).

62

c) Umstrukturierung von juristischen Personen

ca) Konstitutiver oder deklaratorischer Charakter der Umstrukturierungsnormen

Unter dem bisherigen Recht ist kontrovers beurteilt worden, ob die Umstrukturierungsnormen für einen Steueraufschub konstitutiv sind, oder ob sie bloss wiedergeben, was bereits in den gewinnsteuerlichen Gewinnermittlungsvorschriften angelegt ist (vgl. dazu LOCHER, ASA 71 [2002/2003], 678 ff. sowie dort zitierte Literatur). Beim Konzept eines Steueraufschubes wird davon ausgegangen, dass der Vorgang grundsätzlich steuerbar ist. Auf besonderer gesetzlicher Grundlage wird jedoch die Besteuerung aufgeschoben und die stillen Reserven auf den übernehmenden Rechtsträger übertragen. Beim Konzept der Steuerneutralität fehlt es bereits an einem Steuertatbestand, weil keine Realisation gegeben ist und weil auch keine steuerrechtliche Korrekturvorschrift Anwendung findet.

63

Die Praxis hat die Frage nicht beantwortet. Sie hat ein zweistufiges Verfahren gewählt, indem sie zunächst prüfte, ob der Vorgang als Realisation anzusehen sei und erst in einem zweiten Schritt, ob, wenn eine solche Realisation zu bejahen wäre, ein Steueraufschub greife (LOCHER, ASA 71 [2002/2003], 678 f.). Die Umstrukturierungsvorschriften wurden für den letzteren Fall als Ausnahme- bzw. Aufschubsbestimmungen aufgefasst. Die Gegenposition dazu besteht darin, den Begriff der Realisation so zu verstehen, dass Umstrukturierungsvorgänge nicht darunter fallen.

64

65 Am neuen Recht wird kritisiert, dass es das erwähnte und problematische zweistufige Vorgehen nicht beseitige und deshalb einen zentralen Mangel der bisherigen Ordnung nicht ausräume. Es sei leider nicht gelungen, zu einer sauberen Einheitslösung zu kommen (LOCHER, ASA 71 [2002/2003], 680 f.). Ob es eine solche Einheitslösung aber überhaupt geben kann, erscheint jedenfalls auch unter dem neuen Recht als fraglich. Unter den neuen Umstrukturierungstatbeständen verschiebt sich die Optik vom Steuersubjekt weg zu einer Betrachtung des Unternehmens und des Konzerns. Die steuerlichen Grenzen zwischen den verschiedenen Steuersubjekten sind wesentlich durchlässiger geworden als unter dem alten Recht. Nichts desto weniger hat das Umstrukturierungsrecht noch nicht den Schritt weg vom subjektbezogenen Steuerrecht hin zu einem unternehmensbezogenen und rechtsformneutralen Steuerrecht vollzogen. Es bleibt also dabei, dass gewisse Umstrukturierungsformen nicht als Realisation angesehen werden können und deshalb den Umstrukturierungsnormen diesbezüglich eine lediglich deklarative Funktion zukommt. Auf der anderen Seite gibt es im neuen Recht Umstrukturierungsformen, die steuerneutral abgewickelt werden können, aber aus der Perspektive des übertragenden Rechtsträgers eigentlich zu einer Realisation führen müssten. Als Beispiele für die erste Gruppe von Umstrukturierungsfällen sei die Fusion erwähnt, welche schon immer zivilrechtlich als Universalsukzession konzipiert gewesen und auch steuerlich nicht als Liquidation angesehen worden ist (LOCHER, ASA 71 [2002/2003], 675). Ein naheliegendes Beispiel für den zweiten Fall bildet die Möglichkeit der konzerninternen Übertragung gemäss Art. 61 Abs. 3 DBG (bzw. Art. 24 Abs. 3^{quater} StHG), wo dem übertragenden Rechtsträger Vermögenswerte entnommen werden und auf einen anderen Rechtsträger im Konzern übertragen werden.

66 Die gesetzlichen Umstrukturierungsnormen haben deshalb einen gemischten Gehalt. In Teilen bekräftigen sie bloss, was bereits auf Grund der Gewinnermittlungsvorschriften gelten würde. Andererseits erweitern sie die Umstrukturierungsmöglichkeiten und bilden ein konstitutives Element der Steuerneutralität. In der Praxis wird es deshalb wohl weiterhin beim genannten zweistufigen Vorgehen bleiben. In der Regel wird sich indessen dieses zweistufige Vorgehen auf die zweite Stufe beschränken, weil die häufigsten Umstrukturierungsvorgänge ausdrücklich in den Umstrukturierungsnormen genannt sind, weshalb sich Überlegungen zum Gehalt des Realisationsprinzips für den konkreten Einzelfall erübrigen.

cb) Anwendungsbereich

67 Trotz der systematischen Stellung bei den Regeln über die Besteuerung der juristischen Personen sahen die bisherigen Fassungen von Art. 61 Abs. 1 DBG und Art. 24 Abs. 3 StHG die steuerneutrale Reservenübertragung bei Umstrukturierungen nur für Kapitalgesellschaften und Genossenschaften vor, nicht aber für die übrigen juristischen Personen. Die Praxis ist jedoch über den Wortlaut hinausgegangen und hat z.T. auch Umstrukturierungen anderer juristischer Personen steuerneutral zugelassen, namentlich bei Vereins- und Stiftungsfusionen. Der Steueraufschub gilt nun ausdrücklich für **sämtliche juristische Personen**.

68 Die steuerrechtlichen Begriffe der Fusion, Umwandlung oder Spaltung sind weiter gefasst als die zivilrechtlichen. Ausser den letzteren erfassen die steuerlichen Begriffe auch alle Vorgänge, welche wirtschaftlich zum selben Ergebnis führen wie eine zivilrechtliche Fusion, Umwandlung oder Spaltung, also namentlich Vermögensübertragungen (sog. **unechte Fusionen, Umwandlungen oder Spaltungen**). Als unechte Fusion ist bereits unter dem bisherigen Recht beispielsweise die Übertragung sämtlicher Aktiven und Passiven einer Aktiengesellschaft auf einen Verein steuerneutral möglich gewe-

sen, obwohl hierfür die zivilrechtliche Fusion auch unter dem FusG nicht angewendet werden kann.

cc) Voraussetzungen für den Steueraufschub

Die Voraussetzungen für eine steuerneutrale Übertragung von stillen Reserven sind: der Fortbestand der Steuerpflicht in der Schweiz, das Beibehalten der Gewinnsteuerwerte (Art. 61 Abs. 1 DBG; Art. 24 Abs. 3 StHG) sowie allenfalls weitere Voraussetzungen und Schranken. Bei der Spaltung sind besondere Voraussetzungen zu beachten, indem ein oder mehrere Betriebe oder Teilbetriebe übertragen werden müssen und die spaltende juristische Person einen Betrieb oder Teilbetrieb weiterführen muss (sog. doppeltes Betriebserfordernis). **69**

Schon vor dem Inkrafttreten des FusG waren Umstrukturierungen gewinnsteuerfrei möglich, sofern die stillen Reserven dem Schweizer Fiskus verknüpft blieben. Massgebend war, ob vor und nach der Transaktion aus steuerlicher Sicht die gleiche Situation bestand. Umstrukturierungen, welche zu einem Wegfall der Besteuerungsmöglichkeit der übertragenen stillen Reserven bei der übernehmenden Gesellschaft führten, wurden besteuert (REICH/DUSS, 263; ESTV-DVS, KS Nr. 5 vom 1.6.2004, Ziff. 2.2.2). An diesem Grundsatz ändert auch das Fusionsgesetz bzw. die revidierten Bestimmungen des DBG und StHG nichts. In den parlamentarischen Beratungen wurde lediglich die Formulierung des Bundesrates von «wenn die Steuerpflicht in der Schweiz fortbesteht» in **«soweit die Steuerpflicht in der Schweiz fortbesteht»** geändert. Diese Änderung hat eine Unsicherheit beseitigt: Über die stillen Reserven ist nur dann und soweit abzurechnen, als sie dem Zugriff des Schweizer Fiskus künftig entzogen werden. Verbleibt nach der Fusion eine Betriebsstätte in der Schweiz oder kann auf einen Teil der stillen Reserven noch zugegriffen werden (z.B. wenn sich eine Liegenschaft in der Schweiz befindet), so erfolgt keine oder nur eine teilweise Besteuerung (LOCHER, Kommentar DBG, Rev. Art. 61 N 35; SPORI/GERBER, ASA 71 [2002/2003], 701 f.). **70**

Diese Formulierung erlaubt allerdings künftig auch grenzüberschreitende Umstrukturierungen, bei der die stillen Reserven das Schweizer Hoheitsgebiet verlassen (Art. 163b IPRG). Voraussetzung ist eine Vereinbarung mit den ausländischen Staaten über die künftige Besteuerung von stillen Reserven, welche im Rahmen von Umstrukturierungen über die Grenze transferiert wurden. Die Basis wurde z.B. im Doppelbesteuerungsabkommen mit den USA gelegt (Art. 13 Abs. 6 DBA USA). Voraussetzung ist, dass der ausländische Staat den späteren steuerlichen Zugriff durch den Schweizer Fiskus bei Realisation der stillen Reserven ermöglicht, obwohl die stillen Reserven die Schweizer Steuerhoheit verlassen haben. **71**

Die revidierten DBG und StHG Bestimmungen bringen keine Änderung bezüglich der Vorschrift, wonach die Umstrukturierungen nicht besteuert wird, soweit die **Gewinnsteuerwerte** übernommen werden. Wenn im Rahmen von Umstrukturierungen aufgewertet wird, kommen die damit aufgedeckten stillen Reserven zur Besteuerung. Wird ein Teil der Aktiven aufgewertet, der andere Teil zu Gewinnsteuerwerten übernommen, kommt es aufgrund der Formulierung «soweit die Gewinnsteuerwerte übernommen werden» lediglich zur Besteuerung der stillen Reserven auf den aufgewerteten Aktiven. Die übrigen Aktiven können steuerneutral übertragen werden (REICH, FStR 2001, 9). Die Aktivierung von Goodwill bei der Absorption einer Tochtergesellschaft stellt keine Aufwertung von Aktiven dar. Übersteigt der Beteiligungswert der Tochtergesellschaft die Nettoaktiven der Tochtergesellschaft, kommt es zum sog. Fusionsverlust. Dieser kann bei der Muttergesellschaft entweder sofort mit offenen Reserven verrechnet werden (womit stille Reserven gebildet werden) oder als Goodwill aktiviert und über fünf **72**

Jahre zu Lasten freier Reserven abgeschrieben werden (HWP 2.34, 199 f.). Der sog. unechte Fusionsverlust kann gewinnsteuerlich nicht geltend gemacht werden (Art. 61 Abs. 5 DBG; N 85).

73 Weitere Voraussetzungen und Schranken ergeben sich aus dem eingangs genannten Grundsatz, wonach der Zugriff auf die stillen Reserven auch nach der Fusion gewährleistet sein muss. Die Überführung der stillen Reserven in eine **steuerbefreite juristische Person** führt zur Besteuerung (LOCHER, Kommentar DBG, Rev. Art. 61 N 19). Aus Art. 24 Abs. 3 StHG lässt sich nicht ableiten, dass eine Fusion einer ordentlich besteuerten Gesellschaft mit einer Holding- oder Domizilgesellschaft nicht steuerneutral möglich sein soll. Die oben genannten Bedingungen der Steuerpflicht in der Schweiz und Übernahme der für die Gewinnsteuer massgebenden Werte sind erfüllt. Die stillen Reserven, die im Rahmen der Fusion in die übernehmende Gesellschaft gelangen, werden erst steuersystematisch realisiert, wenn die übernehmende Gesellschaft auch nach der Fusion die Besteuerung nach Art. 28 Abs. 2, 3 und 4 StHG beantragt (zur Praxis und Problematik des Verlustes des Holdingstatus vgl. DUSS/VON AH/RUTISHAUSER in: Kommentar zum Schweizerischen Steuerrecht I/2a, Art. 28 DGB N 125a). Die Frage ist gesetzlich nicht geregelt. Es wird davon ausgegangen, die Folgen einer Statusänderung sei durch die Kantone zu regeln (Kommission Steuerharmonisierung, 111; DUSS/VON AH/ RUTISHAUSER in: Kommentar zum Schweizerischen Steuerrecht I/1, Art. 28 StHG N 123 ff.). Kantonale Bestimmungen wie z.B. § 75 StG ZH, wonach die stillen Reserven auf Beteiligungen und Immaterialgüterrechten innert 10 Jahren nachbesteuert werden können, sofern sie realisiert werden, bleiben daher bestehen.

74 Nicht ein Statuswechsel, sondern eine **Änderung des Steuersatzes** ergibt sich aus beispielsweise einer Fusion einer Genossenschaft mit einem Verein. Die Genossenschaft untersteht der normalen Bundessteuer von 8.5%, der Verein lediglich der reduzierten Gewinnsteuer von 4.25% (Art. 68, 71 DBG). Ähnliche Situationen bestehen in den Kantonen. Die Verwaltungspraxis verzichtet zu Recht auf eine Besteuerung aufgrund des Tarifwechsels, fordert jedoch einen Zwischenabschluss (ESTV-DVS, KS Nr. 5 vom 1.6.2004, Ziff. 4.2.3.2). Ohne dass dies ausdrücklich gesagt wird, ist davon auszugehen, dass im umgekehrten Fall, d.h. bei einer Übernahme eines Vereins durch eine Kapitalgesellschaft oder Genossenschaft und der damit verbundenen Erhöhung des Tarifs von 4.25% auf 8.5% die Aktiven und Passiven zu den bisherigen Gewinnsteuerwerten übernommen werden müssen und die übertragenen stillen Reserven latent einer höheren Steuer unterworfen werden (ESTV-DVS, KS Nr. 5 vom 1.6.2004, Ziff. 4.2.4.2).

75 Bei der Fusion und der Umwandlung wird nicht vorausgesetzt, dass es sich beim übertragenen Vermögen um einen **Betrieb oder Teilbetrieb** handelt (SPORI/GERBER, ASA 71 [2002/2003], 692; REICH, FStR 2001, 9; GURTNER, Jusletter 20.10.2003, Rz 6). Die stillen Reserven müssen auch nicht ihre bisherige unternehmerische Funktion beibehalten. Sie können für neue Geschäftsbereiche eingesetzt werden. Das Fehlen eines Betriebserfordernisses erlaubt auch die Fusion mit einer Gesellschaft in Liquidation. Nach Art. 5 FusG kann sich eine Gesellschaft in Liquidation als übertragende Gesellschaft an einer Fusion beteiligen, solange sie nicht mit der Verteilung ihres Vermögens begonnen hat. Nach SPORI/GERBER (ASA 71 [2002/2003], 693 f.) soll dieser Grundsatz auch steuerrechtlich gelten, ausser die Gesellschaft sei mit ihrer Liquidation so weit fortgeschritten, dass sie im Zeitpunkt der Fusion bereits in liquide Form gebracht wurde (Mantel). Für eine solche Unterscheidung gibt es keine Grundlage. Vor der Verteilung des Vermögens ist eine zu liquidierende Gesellschaft i.d.R. immer in liquider Form. Das FusG setzt nicht voraus, dass noch eine Geschäftsaktivität besteht, sondern nur, dass mit der Verteilung ihres Vermögens noch nicht begonnen wurde (Art. 5 Abs. 1 FusG). Art. 61 DBG sieht diesbezüglich auch keine Einschränkung vor.

Nicht vorausgesetzt wird im Weiteren, dass die **Aktionäre oder Anteilsinhaber mit Beteiligungsrechten abgefunden** werden. Auf Ebene der Gesellschaft ist die Umstrukturierung selbst dann steuerneutral, wenn eine substantielle oder ausschliessliche Barabgeltung erfolgt (SPORI/GERBER, ASA 71 [2002/2003], 692; GURTNER, Jusletter 20.10.2003, Rz 7; bezüglich der Folgen beim Anteilsinhaber vgl. oben N 44). Zur Besteuerung auf Stufe der Gesellschaft kommt es dann (und in diesem Umfang), wenn die aufnehmende Gesellschaft stille Reserven auflösen muss, um die ausscheidenden Gesellschafter abzugelten (SPORI/GERBER, ASA 71 [2002/2003], 693).	76
Art. 6 Abs. 1 FusG erlaubt die Fusion von **Gesellschaften mit Kapitalverlust oder Überschuldung**. Voraussetzung ist, dass die übernehmende Gesellschaft über genügend frei verwendbare Reserven verfügt, um die Unterdeckung oder Überschuldung der zu übernehmenden Gesellschaft auszugleichen. Auch bezüglich der Fusion mit einer Gesellschaft, die überschuldet ist oder deren Kapital zur Hälfte nicht mehr gedeckt ist, enthält Art. 61 DBG keine Einschränkung. Die Fusion ist ohne Aufdeckung der stillen Reserven möglich; indessen sind die steuerlichen Folgen für die Anteilsinhaber zu berücksichtigen (vgl. N 44).	77
Die Steuerneutralität der Fusion und der Umwandlung von juristischen Personen ist nicht mit **Sperrfristen** verknüpft. Die Beteiligungsrechte können unmittelbar nach der Fusion oder Umwandlung veräussert werden, ohne dass die Steuerneutralität des Vorgangs in Frage gestellt würde (SPORI/GERBER, ASA 71 [2002/2003], 691 f.).	78
Bei der Fusion und der Umwandlung ist im Gegensatz zur Spaltung auch nicht vorausgesetzt, dass Betriebe oder Teilbetriebe übertragen werden. Damit erübrigt sich bei einer solchen Fusion die Diskussion, ob eine Immobiliengesellschaft, eine Holdinggesellschaft oder eine Vermögensverwaltungsgesellschaft einen «Betrieb» oder «Teilbetrieb» führen. Deren Fusion ist sowohl untereinander wie auch mit Gesellschaften mit einem «Betrieb» oder «Teilbetrieb» steuerneutral möglich. Im Gegensatz zur früheren Praxis (Kommission Steuerharmonisierung, 85; REICH/DUSS, 264) ist auch die Fusion mit einer Mantelgesellschaft oder einer Gesellschaft in Liquidation möglich. Dementsprechend und in Weiterführung der früheren Praxis (vgl. REICH/DUSS, 265) ist nicht erforderlich, dass der oder die Geschäftsbetriebe der fusionierten Gesellschaften weitergeführt werden (zur Frage der Verlustverrechnung vgl. N 83).	79

cd) Zeitliche Bemessung

Die Steuerpflicht einer juristischen Person beginnt mit der Gründung der juristischen Person, der Verlegung ihres Sitzes oder ihrer tatsächlichen Verwaltung in die Schweiz oder mit dem Erwerb von in der Schweiz steuerbaren Werten (Art. 54 Abs. 1 DBG). Die Steuerpflicht der aus einer Kombination hervorgehenden Gesellschaft beginnt mit dem Eintrag im Handelsregister (ESTV-DVS, KS 5 vom 1.6.2004, Ziff. 4.1.2.2.3). Absorbiert eine Gesellschaft eine andere, so endet die Steuerpflicht der übertragenden Gesellschaft mit der Übertragung des Vermögens (REICH/DUSS, 270). Die Praxis geht jedoch nach wie vor davon aus, dass die Steuerpflicht erst mit der Löschung im Handelsregister endet (ESTV-DVS, KS 5 vom 1.6.2004, Ziff. 4.1.2.2.3).	80
Die Fusion kann rückwirkend auf einen bestimmten Stichtag erfolgen. In der Regel wird dies der Tag des letzten Jahresabschlusses der zu fusionierenden Gesellschaften sein. Der Fusionsvertrag muss jedoch innert sechs Monaten seit dem zugrunde gelegten Jahresabschluss abgeschlossen werden. Liegt der Abschluss mehr als sechs Monate zurück, muss eine Zwischenbilanz erstellt werden (Art. 11 FusG). Die Zwischenbilanz muss nach den Vorschriften und Grundsätzen für den Jahresabschluss erstellt werden, wobei gewisse	81

Erleichterungen zugestanden werden (Art. 11 Abs. 2 FusG). Das Verwaltungspraxis geht trotz Art. 11 FusG von der alten steuerrechtlichen Praxis aus, wonach nicht der Abschluss des Fusionsvertrages relevant ist, sondern die Anmeldung beim Handelsregister. Erfolgt die Anmeldung beim Handelsregister später als sechs Monate nach dem Stichtag des Jahresabschlusses oder ist die Anmeldung nicht vollständig, wird die rückwirkende Fusion steuerlich nicht akzeptiert (ESTV-DVS, KS 5 vom 1.6.2004, Ziff. 4.1.2.2.3). Mit Blick auf eine Harmonisierung von Zivil- und Steuerrecht wäre es von Vorteil, wenn die Steuerpraxis sich der zivilrechtlichen Regelung anpassen würde.

ce) Verlustverrechnung

82 Die aufnehmende Gesellschaft übernimmt alle Aktiven und Verbindlichkeiten der übernommenen Gesellschaft und tritt damit in das gesamte Steuerrechtsverhältnis ein. Sie übernimmt die Steuerfaktoren der untergehenden Gesellschaft. Die Übernahme der **Steuerfaktoren** bedeutet auch, dass die noch nicht verrechneten **Verluste** übernommen werden (Botschaft, 4370; LOCHER, Kommentar DBG, Rev. Art. 61 N 37 f.; REICH/DUSS, 271; REICH, FStR 2001, 17). Die übernehmende Gesellschaft kann diese Verluste von ihren künftigen Gewinnen in Abzug bringen. Dies ist auch bei **kantonsübergreifenden Fusionen** der Fall (Art. 25 Abs. 4 StHG). Bei **grenzüberschreitenden Fusionen** können Verluste einer ausländischen Gesellschaft ohne Betriebsstätte in der Schweiz nicht verrechnet werden. Anders ist es bei Verlusten einer ausländischen Gesellschaft mit Betriebsstätte in der Schweiz. Im Umfang der Betriebsstättenverluste, welche auf die übernehmende Gesellschaft übergehen, muss eine Verlustverrechnung möglich sein (REICH, FStR 2001, 18).

83 Das FusG erlaubt ausdrücklich die Fusion mit **Gesellschaften in Liquidation** oder mit **Überschuldung**. Deren Verlustvorträge gehen in einer Fusion auf die übernehmende Gesellschaft über. Die Eidgenössische Steuerverwaltung vertritt demgegenüber die Auffassung, dass die Fusion mit einer in liquide Form gebrachten Gesellschaft als Steuerumgehung zu qualifizieren sei und daher der Verlustvortrag nicht zum Abzug zugelassen werde (ESTV-DVS, KS 5 vom 1.6.2004, Ziff. 4.1.2.2.4). Diese Auffassung widerspricht dem FusG und letztlich auch dem Gedanken der wirtschaftlichen Leistungsfähigkeit (BRÜLISAUER/KUHN in: Kommentar zum Schweizerischen Steuerrecht I/2a, Art. 67 DBG N 3 f.). Unternehmen wird ermöglicht, ihre Verluste während sieben Jahren mit künftigen Gewinnen zu verrechnen (Art. 211 und Art. 67 Abs. 1 DBG; Art. 67 Abs. 1 und Art. 25 Abs. 2 StHG). Ein Unternehmen soll also über eine Periode von acht Jahren nicht mehr versteuern müssen als tatsächlich erwirtschaftet wurde. Eine Fusion kann die frühere Überbesteuerung der übertragenden Gesellschaft mildern. Für die Annahme einer Steuerumgehung fehlt es bereits an der Ungewöhnlichkeit dieser Massnahme (zur Steuerumgehung vgl. RICHNER/FREI/KAUFMANN, Kommentar DBG, Vorbem. zu Art. 109–121 N 37 ff.). Die Fusion einer wirtschaftlich gesunden in eine überschuldete Gesellschaft kann, abhängig von den Umständen des Einzelfalles, als Steuerumgehung angesehen werden, so dass die Verlustverrechnung verweigert wird (LOCHER, Kommentar DBG, Art. 61 N 41 m.w.H.).

cf) Fusionsgewinn und Fusionsverlust

84 Entsteht im Rahmen einer Fusion ein **Fusionsgewinn**, weil die Nettoaktiven der absorbierten Gesellschaft den Beteiligungswert der übernommenen Gesellschaft übersteigen, kommt es zur Besteuerung des Fusionsgewinns (Art. 61 Abs. 5 [früher Abs. 3] DBG). Die Arbeitsgruppe Steuern (Bericht Steuern 1, 22) schlug eine direkte Freistellung des Fusionsgewinns vor. Eine Freistellung der Fusionsgewinne wäre in der Tat wünschens-

wert. Der Beteiligungsabzug nach Art. 69 DBG bzw. Art. 28 StHG führt nicht in jedem Fall zu einer Freistellung der Fusionsgewinne. Je nach Allokation der Finanzaufwendungen (hohe Buchwerte der Beteiligungen und tiefe Buchwerte der übrigen Aktiven wie z.B. Marken) kommt es trotz des Beteiligungsabzuges zu einer Besteuerung, welche mit dem Grundsatz der Steuerneutralität von Umstrukturierungen nicht vereinbar ist. Durch den Einbezug der Fusionsgewinne in die Gewinnsteuerberechnung geht ferner die Möglichkeit, laufende Verluste und Verlustvorträge zu verrechnen, verloren (SPORI/ GERBER, ASA 71 [2002/2003], 698; WEIDMANN, Cahiers 2004, 674). Diesem Anliegen wurde jedoch nicht gefolgt und die bisherige Regelung, wonach Fusionsgewinne wie Beteiligungserträge behandelt werden, bleibt bestehen (Botschaft, 4375 f.; ESTV-DVS, KS 5 vom 1.6.2004, Ziff. 4.1.5.2.2).

Der **unechte Fusionsverlust**, nämlich die Differenz zwischen dem (nicht überbewerteten) Beteiligungswert der untergehenden Gesellschaft und deren Nettoaktiven, ist auch in Zukunft nicht abziehbar. Art. 61 Abs. 5 [früher Abs. 3] DBG bleibt unverändert. Wird der unechte Fusionsverlust nicht zulasten des Eigenkapitals der übernehmenden Gesellschaft abgeschrieben, kann er steuerlich (zur handelsrechtlichen Aktivierbarkeit siehe HWP, Bd. I, 199) aktiviert und über die handelsrechtlich geforderte Dauer abgeschrieben werden. Die Aktivierung des unechten Fusionsverlustes stellt keine Aufwertung von Aktiven der übernommenen Tochtergesellschaft dar. Die Muttergesellschaft behält für eine gewisse Zeit den Gewinnsteuerwert der untergehenden Beteiligung aufrecht. Durch die Abschreibung des unechten Fusionsverlustes bildet sie stille Reserven. Aus diesem Grund ist die Abschreibung auch nicht gewinnsteuerwirksam bzw. wird zum handelsrechtlichen Gewinn dazugerechnet (ESTV-DVS, KS 5 vom 1.6.20004, Ziff. 4.1.5.2.3). Bei einer Aktivierung des unechten Fusionsverlustes bleibt allerdings das steuerbare Eigenkapital der übernehmenden Muttergesellschaft bis zur Abschreibung des Goodwills auf höherem Niveau bestehen. Die Abschreibung des Goodwills reduziert jedoch das steuerliche Eigenkapital. 85

Demgegenüber ist der **echte Fusionsverlust** abziehbar. Ein echter Fusionsverlust liegt vor, wenn die Beteiligung an der Tochtergesellschaft in der Muttergesellschaft überbewertet war (ESTV-DVS, KS 5 vom 1.6.2004, Ziff. 4.1.5.2.4). 86

d) Steuerfolgen der Umstrukturierung von juristischen Personen beim Gesellschafter (juristische Person)

Die Steuerfolgen des **Beteiligungsaustausches** im Zusammenhang mit einer Fusion oder einem fusionsähnlichen Zusammenschluss sind für die juristischen Personen neu in Art. 61 Abs. 1 lit. c DBG (bzw. Art. 24 Abs. 3 lit. c StHG) geregelt. Ein Beteiligungsaustausch ist auf der Ebene des Gesellschafters nicht steuerbar. Der Anteilsinhaber hat die neuen in- oder ausländischen Beteiligungsrechte jedoch zu den steuerlichen Buchwerten in seine Bücher einzustellen (Art. 61 Abs. 1 DBG; Art. 24 Abs. 3 StHG). Weitere Bedingungen bestehen nach Art. 61 Abs. 1 lit. c DBG (bzw. Art. 24 Abs. 3 lit. c StHG) nicht (Botschaft, 4508). 87

Die Verwaltungspraxis will diesen Grundsatz einschränken (ESTV-DVS, KS 5 vom 1.6.2004, Ziff. 4.6.2.2). Die übertragende Gesellschaft muss nach dieser Ansicht ihren Reingewinn um die Differenz zwischen dem steuerlichen Buchwert der hingegebenen Beteiligungsrechte und dem Verkehrswert der erhaltenen Beteiligungsrechte erhöhen, wenn 88

– die übertragenen Beteiligungsrechte weniger als 20% am Grund- oder Stammkapital der übertragenen Gesellschaft verkörperte, und

– die erhaltene Beteiligung mindestens 20% des Grund- oder Stammkapitals der übernehmenden Gesellschaft verkörpert.

89 Begründet wird dies mit einer steuersystematischen Realisierung infolge Statuswechsel. Der Statuswechsel wird darin gesehen, dass neu der Beteiligungsabzug auf einem allfälligen späteren Kapitalgewinn gewährt wird. Die Gesellschaft kann im Umfang der Differenz eine besteuerte Reserve begründen. Diese Auffassung läuft nicht nur dem Zweck von Art. 61 Abs. 1 lit. c DBG (bzw. Art. 24 Abs. 3 lit. c StHG) zuwider, sondern übersieht auch, dass die Erhöhung einer Beteiligungsquote nie zu einer «steuersystematischen Realisation» führt (es finden sich denn auch keine entsprechenden Ausführungen in ESTV-DVS, KS 9 vom 9.7.1998). Dafür gibt es auch keine gesetzliche Grundlage (LOCHER, Kommentar DBG, Rev. Art. 61 N 22). Erhöht eine Gesellschaft im Laufe der Zeit ihre Beteiligung durch Zukäufe auf über 20% und verkauft sie sie nach mehr als einem Jahr, erhält sie den Beteiligungsabzug. Würden die von der Verwaltungspraxis angenommenen genannten Folgen eintreffen, wenn die neue Beteiligung im Gegensatz zur alten mehr als 20% beträgt (ESTV-DVS, KS 5 vom 1.6.2004, Ziff. 4.6.2.2), müsste bei einer Reduktion der Quote (z.B. von 25% auf 10%) eine Aufwertung in der Steuerbilanz unter Inanspruchnahme des Beteiligungsabzuges möglich sein. Gerade bei Fusionen dürfte die Verringerung der Beteiligungsquote häufiger sein als eine Erhöhung. Dem würde jedoch Art. 70 Abs. 4 DBG zuwiderlaufen, da dieser nur von Veräusserungen und nicht von Aufwertungen spricht.

90 Der Grundsatz, wonach die bisherigen Gewinnsteuerwerte übernommen werden müssen, gilt nicht nur auf Ebene der Gesellschafter, sondern auch auf Ebene der übernehmenden Gesellschaft (KS 5 vom 1.6.2004, Ziff. 4.6.2.3). Einzig bei Publikumsgesellschaften kann ersatzweise höchstens zum Aktivenüberschuss zu Gewinnsteuern der übernommenen Gesellschaft bilanziert werden (vgl. auch REICH/DUSS, 289).

91 Die an der Fusion beteiligten Gesellschaften können im Fusionsvertrag vorsehen, dass die Gesellschafter zwischen Gesellschaftsrechten und einer Barabfindung wählen können (**Optionale Abfindung**, Art. 8 Abs. 1 FusG). Eine gesetzliche Regelung zur steuerlichen Behandlung von optionalen Abfindungen und **Barabgeltungen** (Spitzenausgleich) fehlt. Der Spitzenausgleich oder die Barabgeltung werden als Beteiligungsertrag besteuert. Sofern die Voraussetzungen für den Beteiligungsabzug gegeben sind und wenn die Summe des Buchwertes der neuen Beteiligung und der Barabfindung höher ist als der alte Buchwert der Beteiligung an der untergegangenen Gesellschaft, kann der Gesellschafter auf der Bargeldabgeltung oder dem Spitzenausgleich den Beteiligungsabzug geltend machen (ESTV-DVS, KS 5 vom 1.6.2004, Ziff. 4.6.2.6 und 4.6.2.7; GURTNER, Jusletter 20.10.2003, Rz 11). Die Abgeltung für Sonderrechte (Art. 7 Abs. 5 FusG) muss analog gehandhabt werden (SPORI/GERBER, ASA 71 [2002/2003], 706 f.).

92 Nach Art. 8 Abs. 2 i.V.m. Art. 18 Abs. 5 FusG kann dem Aktionär statt Beteiligungsrechte an der fusionierten Gesellschaft auch eine Barabfindung ausgerichtet werden, sofern mindestens 90% der Gesellschafter zustimmen (**Squeeze-Out-Abfindung**). Diese Zwangsabfindung wird wie ein Liquidationserlös behandelt (ESTV-DVS, KS 5 vom 1.6.2004, Ziff. 4.1.2.3.8) und berechtigt den Gesellschafter zum Beteiligungsabzug, sofern die Voraussetzungen dazu vorliegen.

93 Die übernehmende Gesellschaft kann bei einer Fusion statt neue Aktien **eigene Aktien** verwenden (s. auch N 401 ff. zum Reverse Merger). Der Rückkauf eigener Aktien zwecks Kapitalherabsetzung sowie der Erwerb von mehr als 10% eigener Aktien führt zur Besteuerung eines Liquidationsüberschusses (Art. 7 Abs. 1bis StHG und Art. 20 Abs. 1 lit. c DBG i.V.m. Art. 4a Abs. 1 VStG). Nach Art. 7 Abs. 1bis StHG und Art. 20

Abs. 1 lit. c DBG i.V.m. Art. 4a Abs. 2 VStG wird der bei der Rückgabe von Beteiligungsrechten, die nicht anschliessend im Rahmen einer Kapitalherabsetzung vernichtet werden, erzielte Erlös jedoch nicht als Liquidationsüberschuss besteuert, wenn die erworbenen Beteiligungsrechte innert sechs Jahren weiterveräussert werden. Hat die Gesellschaft die eigenen Beteiligungsrechte zwecks Bedienung einer Wandel- oder Optionsanleihe oder eines Mitarbeiterbeteiligungsplans erworben, steht diese Frist bis zum Erlöschen der Verpflichtung bzw. bei Mitarbeiterbeteiligungsplänen sechs Jahre still (Art. 4a Abs. 3 VStG). Im Rahmen einer Fusion erhält die aufnehmende Gesellschaft Aktiven und Passiven der untergehenden Gesellschaft bzw. Aktien an der zu übernehmenden Gesellschaft (Quasifusion). Als Gegenleistung kann sie eigene Aktien ausgeben und erhöht ihr Kapital nur um die Differenz zwischen dem Wert der übernommenen Gesellschaft und ihren eigenen Aktien. Sie hat damit ihre Aktien entgeltlich veräussert. Erfolgt dies innert der in Art. 4a Abs. 2 VStG vorgesehenen Sechsjahresfrist, kann dies nicht zu einer Besteuerung führen. Die Verwaltungspraxis möchte die Steuerneutralität der Verwendung eigener Aktien indessen davon abhängig machen, ob der Rückkauf der eigenen Aktien versteuert wurde (ESTV-DVS, KS 5 vom 1.6.2004, Ziff. 4.1.2.3.7). Verwendet die Gesellschaft eigene Aktien und wurden diese bei der Rücknahme nicht bereits besteuert, wird die Differenz zwischen Verkehrswert der eigenen Aktien und deren Nennwert wie eine Barabfindung behandelt. Stammt nur ein Teil der ausgetauschten Beteiligungsrechte aus Eigenbeständen, erfolgt die Besteuerung proportional. Es ist allerdings nicht einzusehen, weshalb diese Einschränkung, die bisher nicht Praxis der Steuerverwaltungen war, gelten soll. Die Gesellschaft veräussert im Rahmen der Fusion ihre eigenen Aktien zum Verkehrswert. Der Bestimmung von Art. 4a Abs. 2 VStG ist somit Genüge getan.

3. *Grundstückgewinnsteuer*

a) *Rechtsnatur und Steuerobjekt*

Bei der Grundstückgewinnsteuer handelt es sich um eine **Spezialeinkommenssteuer**. Die Grundstückgewinnsteuer gehört zu den vom Bund den Kantonen vorgeschriebenen direkten Steuern (Art. 2 Abs. 1 lit. d StHG). Der Bund erhebt keine Grundstückgewinnsteuer, erfasst aber die Gewinne auf Grundstücken des Geschäftsvermögens mit seiner Einkommens- oder Gewinnsteuer. Gewinne aus der Veräusserung von Grundstücken des Privatvermögens bleiben bei der direkten Bundessteuer als private Kapitalgewinne steuerfrei (Art. 16 Abs. 3 DBG). 94

Die Grundstückgewinnsteuer wird erhoben auf den Gewinnen, die sich bei der Veräusserung eines Grundstücks des **Privatvermögens** oder eines **land- oder forstwirtschaftlichen Grundstückes** sowie von Anteilen daran ergeben, soweit der Erlös die Anlagekosten (Erwerbspreis oder Ersatzwert zuzüglich Aufwendungen) übersteigt (Art. 12 Abs. 1 StHG). Art. 12 Abs. 4 Satz 1 StHG erlaubt es den Kantonen, die Grundstückgewinnsteuer auch auf den Gewinnen bei der Veräusserung von Grundstücken des **Geschäftsvermögens** zu erheben. Ist letzteres der Fall, müssen die Grundstückgewinne bei der allgemeinen Einkommens- oder Gewinnsteuer von der Besteuerung ausgenommen oder an diese angerechnet werden. 95

Es bestehen somit zwei Systeme: 96
– **Dualistisches System**: Die Grundstückgewinne des Geschäftsvermögens unterliegen der Einkommens- oder der Gewinnsteuer, während die Grundstückgewinne des Privatvermögens sowie die Gewinne auf land- und forstwirtschaftlichen Grundstücken

von der Grundstückgewinnsteuer erfasst werden. Das dualistische System gilt bei der direkten Bundessteuer und wird von 17 Kantonen angewendet (Aargau, Appenzell Innerrhoden, Appenzell Ausserrhoden, Freiburg, Genf, Glarus, Graubünden, Luzern, Neuenburg, Obwalden, St. Gallen, Schaffhausen, Solothurn, Thurgau für juristische Personen, Waadt, Wallis, Zug; N 107 ff.).

– **Monistisches System**: Die Grundstückgewinnsteuer wird auch auf den Gewinnen auf Grundstücken des Geschäftsvermögens erhoben. Mit der Einkommens- oder der Gewinnsteuer werden nur die sog. wieder eingebrachten Abschreibungen erfasst (vgl. dazu RICHNER/FREI/KAUFMANN, Kommentar ZH, § 216 N 1 ff.). Dementsprechend bildet die Überführung eines Grundstücks vom Geschäfts- ins Privatvermögen keinen Steuertatbestand (Art. 12 Abs. 4 lit. b StHG). Das monistische System wird von einer Minderheit der Kantone angewendet (Bern, Basel-Landschaft, Basel-Stadt, Jura, Nidwalden, Schwyz, Thurgau für natürliche Personen, Tessin, Uri, Zürich; N 123 ff.). Die Kantone, welche das monistische System gewählt haben, nehmen die Grundstückstückgewinne regelmässig von der Einkommens- oder der Gewinnsteuer aus. Die Ausnahme bildet die Regelung im Kanton Genf, wo die Grundstückgewinnsteuer immer erhoben, aber an die Einkommens- oder Gewinnsteuer angerechnet wird (N 111).

97 Im **dualistischen System** ist der Anwendungsbereich der Grundstückgewinnsteuer in den Kantonen für einige Sonderfälle nicht einheitlich von der Einkommens- oder Gewinnsteuer abgegrenzt worden. Im Sinne einer Übersicht unterliegen der Grundstückgewinnsteuer (zu den einzelnen kantonalen Regelungen N 107 ff.):

– Die **privaten Grundstückgewinne** von Bundesrechts wegen (Art. 12 Abs. 1 StHG);

– die Gewinne aus der Veräusserung von **land- und forstwirtschaftlichen Grundstücken** von Bundesrechts wegen (Art. 12 Abs. 1 StHG), auch wenn es sich um Geschäftsvermögen handelt;

– regelmässig die Grundstückgewinne von Eigentümern, die **von der Gewinnsteuer befreit** sind;

– in einigen Kantonen die Grundstückgewinne des Geschäftsvermögens ausserkantonaler Steuerpflichtiger, sofern nur eine **Steuerpflicht wegen Grundeigentums** vorliegt;

– in einigen Kantonen die Grundstückgewinne **ausserkantonaler gewerbsmässiger Liegenschaftenhändler**, sofern nur eine Steuerpflicht wegen Grundeigentums vorliegt.

b) Steuersubjekt

98 Das StHG äussert sich nicht zum Steuersubjekt. Die Kantone bezeichnen regelmässig den Veräusserer als Steuersubjekt. Vereinbaren die Parteien, dass die Grundstückgewinnsteuer durch den Käufer übernommen wird, wird die übernommene Steuer zum Grundstückgewinn hinzugerechnet (RICHNER/FREI/KAUFMANN, Kommentar ZH, § 220 N 33 ff.).

c) Veräusserung eines Grundstücks

99 Die Grundstückgewinnsteuer wird bei jeder Veräusserung eines Grundstücks erhoben (Art 12 Abs. 1 Satz 1 StHG). Unter einer Handänderung oder Veräusserung wird die zivilrechtliche Übertragung von Eigentum verstanden (**zivilrechtliche Handänderun-**

gen). Als zivilrechtliche Handänderung gilt der Übergang von zivilrechtlichem (sachenrechtlichem) Eigentum an einem Grundstück vom bisherigen Rechtsträger auf einen anderen (RICHNER/FREI/KAUFMANN, Kommentar ZH, § 216 N 11 ff.). Die Arten von zivilrechtlichen Handänderungen sind Kaufgeschäfte, der Tausch, Zwangsvollstreckung, Enteignung, richterliches Urteil, Sacheinlage, Sachentnahme, Realteilung, Änderung im Gesellschafterbestand oder Rechtsgeschäfte unter Ehegatten (RICHNER/FREI/KAUFMANN, Kommentar ZH, § 216 N 24 ff.).

Den zivilrechtlichen Handänderungen sind gemäss Art 12 Abs. 1 lit. a, c und d StHG die **wirtschaftlichen Handänderungen** gleichgestellt. Eine wirtschaftliche Handänderung liegt vor, wenn wesentliche Teile der wirtschaftlichen Verfügungsmacht über ein Grundstück vom bisherigen wirtschaftlich Berechtigten auf einen Dritten übergehen. Arten von wirtschaftlichen Handänderungen sind vor allem der Kettenhandel und die Übertragung von Aktien an Immobiliengesellschaften (vgl. Kasuistik in RICHNER/FREI/KAUFMANN, Kommentar ZH, § 216 N 57 ff.; zur Immobiliengesellschaft Art. 103 N 26).

Im dualistischen System ist auch die **Überführung** eines Grundstücks vom Privat- **ins Geschäftsvermögen** einer Veräusserung gleichgestellt (Art. 12 Abs. 2 lit. b StHG).

Die Handänderung muss entgeltlich sein; unentgeltliche Rechtsgeschäfte unterliegen nicht der Grundstückgewinnsteuer (Art. 12 Abs. 1 StHG; RICHNER/FREI/KAUFMANN, Kommentar ZH, § 216 N 4 ff.).

d) Steueraufschub

Die Kantone, welche das **monistische System** anwenden, müssen gemäss Art. 12 Abs. 4 lit. a StHG die in Art. 8 Abs. 3 (Umstrukturierung von Personenunternehmen) und 4 StHG (Ersatzbeschaffungen) und Art. 24 Abs. 3 (Umstrukturierung von juristischen Personen) und 3^{quater} StHG (konzerninterne Übertragungen) genannten Tatbestände als steueraufschiebende Veräusserung behandeln. Spätestens mit Ablauf der dreijährigen Anpassungsfrist gemäss Art. 72e Abs. 1 StHG (per 1.7.2007) können also auch die neuen steuerneutralen Umstrukturierungsformen grundsteuerneutral durchgeführt werden. Bei einer blossen rechtsformändernden Umwandlung liegt keine Veräusserung eines Grundstückes vor, weshalb schon deshalb keine Grundstückgewinnsteuer anfällt.

Der Steueraufschub bedeutet nicht nur, dass die Grundstückgewinnsteuer nicht erhoben werden kann, sondern auch, dass für den Tarif der Grundstückgewinnsteuer, der regelmässig länger gehaltene Grundstücke milder besteuert, die **Haltedauer** der übertragenden Gesellschaft auf die übernehmende Gesellschaft übergeht. Die privilegierte Handänderung fällt ausser Betracht (REICH/DUSS, 118). Die übernehmende Gesellschaft kann sich bei einer späteren Veräusserung der Liegenschaft auch die Haltedauer der untergegangenen oder übertragenden Gesellschaft anrechnen lassen (RICHNER/FREI/KAUFMANN, Kommentar ZH, § 216 N 142).

Im **dualistischen System** bedarf es in aller Regel keiner besonderen Umstrukturierungsnorm für die Übertragung von Grundstücken, weil diese der Einkommens- bzw. Gewinnsteuer unterliegen. Es kann allerdings in gewissen Einzelfällen vorkommen, dass auch in einem Kanton mit dualistischem System die Grundstückgewinnsteuer auf Grundstücke des Geschäftsvermögens Anwendung findet. Je nach kantonaler Ordnung fehlt es aber an einem Steueraufschubstatbestand. In einem solchen Fall muss Art. 12 Abs. 4 lit. a StHG direkt gelten.

Als weitere Steueraufschubstatbestände gelten:
– Eigentumswechsel durch **Erbgang oder Schenkung** (Art. 12 Abs. 3 lit. a StHG):
– bestimmte Eigentumswechsel unter **Ehegatten** (Art. 12 Abs. 3 lit. b StHG);

- **Landumlegungen** (Art. 12 Abs. 3 lit. c StHG);
- die vollständige oder teilweise Veräusserung eines **land- oder forstwirtschaftlichen Grundstücks**, soweit der Veräusserungserlös innert angemessener Frist zum Erwerb eines selbstbewirtschafteten Ersatzgrundstückes oder zur Verbesserung der eigenen, selbstbewirtschafteten land- oder forstwirtschaftlichen Grundstücke verwendet wird (Art. 12 Abs. 3 lit. d StHG);
- unter gewissen Voraussetzungen der **Ersatz einer selbstgenutzten Wohnliegenschaft** (Art. 12 Abs. 3 lit. e StHG).

e) Kantone mit dualistischem System

107 **Aargau:** §§ 27 Abs. 2, 68 Abs. 1, 95 Abs. 1 Steuergesetz des Kantons Aargau vom 15.12.1998, StG AG (SAR 651.100). Gewinne aus der Veräusserung von im Kanton gelegenen Grundstücken oder Anteilen an solchen unterliegen der Grundstückgewinnsteuer (§ 95 Abs. 1 StG AG). Nicht unter die Grundstückgewinnsteuer fallen Gewinne, soweit sie mit der Gewinnsteuer oder mit der Einkommenssteuer erfasst werden (§ 95 Abs. 2 StG AG). Bei Gewinnen natürlicher Personen aus der Veräusserung von land- und forstwirtschaftlichen Grundstücken des Geschäftsvermögens wird nur die Differenz zwischen Anlagekosten und steuerlich massgebendem Buchwert den Einkünften aus selbständiger Erwerbstätigkeit zugerechnet (§ 27 Abs. 4 Satz 1 StG AG). Die für die Gewinnsteuer massgeblichen Anlagekosten von land- und forstwirtschaftlichen Grundstücken des Geschäftsvermögens entsprechen dem Buchwert zuzüglich der bisher vorgenommenen Abschreibungen nach § 27 Abs. 4 StG AG (§ 106 Abs. 1 StG AG). Die Grundstückgewinnsteuer wird aufgeschoben bei Umstrukturierungen von juristischen Personen mit besonderen Zwecken (§ 97 Abs. 1 lit. e StG AG).

108 **Appenzell Ausserrhoden:** Art. 21 Abs. 2, Art. 69 Abs. 1 Steuergesetz des Kantons Ausserrhoden vom 21.5.2000, StG AR (bGS 621.11). Gewinne aus der Veräusserung land- und forstwirtschaftlicher Grundstücke des Geschäftsvermögens natürlicher Personen werden den Einkünften aus selbständiger Erwerbstätigkeit zugerechnet, soweit der Veräusserungserlös die Anlagekosten nicht übersteigt (Art. 21 Abs. 4 StG AR). Der Grundstückgewinnsteuer unterliegen die Gewinne, die aus Veräusserung von Grundstücken des Privatvermögens oder von Anteilen an solchen erzielt werden (Art. 122 Abs. 1 StG AR). Der Grundstückgewinnsteuer unterliegen gemäss Art. 122 Abs. 2 StG AR ferner: Gewinne aus der Veräusserung land- und forstwirtschaftlicher Grundstücke natürlicher Personen (lit. a); Gewinne auf Grundstücken des Geschäftsvermögens, wenn im Kanton lediglich eine Steuerpflicht aus Grundeigentum besteht (lit. b); Gewinne aus der Veräusserung von Grundstücken juristischer Personen, die gemäss Art. 66 Abs. 1 lit. d–h StG AR von der Gewinnsteuerpflicht befreit sind (lit. c); Gewinne aus der Veräusserung von Vereinen, Stiftungen, Korporationen des Privatrechts sowie Körperschaften des öffentlichen Rechts (lit. d).

109 **Appenzell Innerrhoden:** Art. 21 Abs. 2, Art. 60 Abs. 1 Steuergesetz des Kantons Innerrhoden vom 25.4.1999, StG AI (GS 611). Kapitalgewinne aus der Veräusserung land- und forstwirtschaftlicher Liegenschaften des Geschäftsvermögens natürlicher Personen werden den Einkünften aus selbständiger Erwerbstätigkeit zugerechnet, soweit der Veräusserungserlös den Einkommenssteuerwert, nicht aber die Anlagekosten übersteigt (Art. 21 Abs. 4 Satz 1 StG AI). Der Grundstückgewinnsteuer unterliegen die Gewinne, die aus Veräusserung von Grundstücken des Privatvermögens oder von Anteilen an solche erzielt werden (Art. 103 Abs. 1 Satz 1 StG AI). Der Grundstückgewinnsteuer unterliegen gemäss Art. 103 Abs. 1 Satz 2 StG AI ferner: Gewinne aus der Veräusserung

land- und forstwirtschaftlicher Grundstücke natürlicher Personen (lit. a); Gewinne auf Grundstücken des Geschäftsvermögens, wenn im Kanton lediglich eine Steuerpflicht aus Grundeigentum besteht (lit. b); Gewinne aus der Veräusserung von Grundstücken juristischer Personen, die gemäss Art. 58 Abs. 1 lit. d–g StG AI von der Steuerpflicht befreit sind (lit. c); Gewinne aus der Veräusserung von Vereinen, Stiftungen, Korporationen des Privatrechts sowie Körperschaften des öffentlichen Rechts (lit. d). Die Grundstückgewinnsteuer wird gemäss Art. 104 Abs. 1 StG AI u.a. unter näher umschriebenen Voraussetzungen aufgeschoben bei: Umwandlungen von Personenunternehmungen oder juristischen Personen (lit. d); Zusammenschluss (lit. e); Unternehmungsaufteilung (lit. f).

Freiburg: Art. 19 Abs. 2, Art. 100 Abs. 1 Gesetz des Kantons Freiburg vom 6.6.2000 über die direkten Kantonssteuern, DStG FR (SGF 631.1). Die Gewinne natürlicher Personen aus der Veräusserung von land- und forstwirtschaftlichen Grundstücken werden den steuerbaren Einkünften nur bis zur Höhe der Anlagekosten zugerechnet. Die getrennte Besteuerung der Grundstückgewinne bleibt vorbehalten (Art. 19 Abs. 4 DStG FR). Der Grundstückgewinnsteuer unterliegen gemäss Art. 41 DStG FR: Gewinne, die sich bei Veräusserung eines Grundstückes des Privatvermögens oder Anteilen daraus ergeben (lit. a); Gewinne, die sich bei Veräusserung eines land- oder forstwirtschaftlichen Grundstückes oder von Anteilen daran ergeben, soweit der Erlös die Anlagekosten übersteigt (lit. b); Gewinne aus Veräusserung von Grundstücken oder Anteilen daran von juristischen Personen, die gemäss Art. 97 Abs. 1 lit. d–h DStG FR befreit sind (lit. c). 110

Genf: Der Grundstückgewinnsteuer sind die Gewinne aus der Veräusserung von Grundstücken oder Anteilen an solchen, die im Kanton gelegen sind, sowie gewisse andere Gewinne unterworfen, die ohne Veräusserung entstehen (Art. 80 Abs. 1 Loi générale sur les contributions publiques du canton de Genève du 9.11.1887, LCP GE (RSG D 3 05). Die Grundstückgewinnsteuer wird an die jährliche Gewinnsteuer angerechnet oder zurückerstattet, soweit sie deren Betrag übersteigt (Art. 26 Loi sur l'imposition des personnes morales du canton de Genève du 23.9.1994, LIPM GE [RSG D 3 15]). Dies ist der Fall bei den juristischen Personen, die auf dem Gewinn besteuert werden (Art. 11 LIPM), und muss bei den natürlichen Personen auch für diejenigen Steuerpflichtigen, welche für die Grundstückgewinne der Einkommenssteuer unterliegen (Art. 3 Abs. 2 Loi sur l'imposition des personnes physiques – Impôt sur le revenu [revenue imposable] du canton de Genève du 22.9.2000, LIPP-IV GE [RSG D 3 14], Anwendung finden (OBERSON, § 13 Rz 27, offenbar nur hinsichtlich der Liegenschaftenhändler). Die Gewinne aus der Veräusserung land- und forstwirtschaftlicher Grundstücke sind der Einkommenssteuer unterworfen mit dem Teil des Gewinnes, der die Differenz zwischen dem gesamten Wert des Grundstückes vor Abschreibungen und dem Buchwert bei der Veräusserung darstellt. Der Gewinn, der durch die Differenz zwischen dem Veräusserungspreis und den Anlagekosten bestimmt wird, ist der Grundstückgewinnsteuer unterworfen (Art. 3 Abs. 5 LIPP-IV GE). Wenn der Gewinn einer jährlichen Steuer unterliegt, kann der Veräusserer auf Gesuch hin von der Bezahlung der Grundstückgewinnsteuer befreit werden, sofern er eine Bankgarantie stellt (Art. 86A Abs. 4 LCP GE; vgl. OBERSON, § 13 Rz 27). Die Grundstückgewinnsteuer ist somit für gewisse Personen definitiv, aber für diejenigen Personen, die für ihre Grundstückgewinne der Einkommens- oder Gewinnsteuer unterliegen, bloss provisorisch (OBERSON, § 13 Rz 13). 111

Glarus: Art. 18 Abs. 2, 63 Abs. 1 Steuergesetz des Kantons Glarus vom 7.5.2000, StG GL (GS VI/C/1/1). Kapitalgewinne aus der Veräusserung land- und forstwirtschaftlicher Grundstücke des Geschäftsvermögens natürlicher Personen werden den Einkünften aus 112 selbständiger Erwerbstätigkeit zugerechnet, soweit der Veräusserungserlös die Anlagekosten nicht übersteigt (Art. 18 Abs. 4 Satz 1 StG GL). Der Grundstückgewinnsteuer unterliegen die Gewinne, die aus Veräusserung von Grundstücken des Privatvermögens oder von Anteilen an solchen erzielt werden (Art. 105 Abs. 1 StG GL). Der Grundstückgewinnsteuer unterliegen gemäss Art. 105 Abs. 2 StG GL ausserdem: Gewinne aus der Veräusserung land- und forstwirtschaftlicher Grundstücke natürlicher Personen, soweit der Erlös die Anlagekosten (Erwerbspreis oder Ersatzwert zuzüglich Aufwendungen) übersteigt (Ziff. 1); Gewinne aus dem Handel mit Grundstücken natürlicher Personen, sofern im Kanton lediglich eine Steuerpflicht aus Grundeigentum besteht (Ziff. 2); Gewinne aus der Veräusserung von Grundstücken juristischer Personen, sofern im Kanton lediglich eine Steuerpflicht aus Grundeigentum besteht (Ziff. 3); Gewinne aus Veräusserung von Grundstücken juristischer Personen, die gemäss Art. 60 Ziff. 5–9 StG GL von der Steuerpflicht befreit sind (Ziff. 4).

113 **Graubünden:** Art. 18 Abs. 2, Art. 79 Abs. 1 Steuergesetz für den Kanton Graubünden vom 8.6.1986, StG GR (720.000). Die Gewinne aus der Veräusserung, Verwertung und buchmässigen Aufwertung von land- und forstwirtschaftlichen Grundstücken werden den steuerbaren Einkünften nur bis zur Höhe der Anlagekosten zugerechnet (Art. 19 Abs. 3 StG GR). Der Grundstückgewinnsteuer unterliegen gemäss Art. 41 Abs. 1 StG GR: Gewinne aus der Veräusserung von Grundstücken des Privatvermögens (lit. a); Gewinne des Landwirtes aus der Veräusserung land- und forstwirtschaftlicher Grundstücke (lit. b); Gewinne aus der Veräusserung von Grundstücken durch von der Gewinnsteuerpflicht befreite juristische Personen im Sinne von Art. 78 lit. e–h StG GR; die Bestimmungen von Art. 81 lit. e (Verluste auf Geschäftsvermögen) und Art. 84 StG GR (Ersatzbeschaffung) finden analoge Anwendung (lit. c).

114 **Luzern:** § 25 Abs. 2, § 72 Abs. 1 Steuergesetz des Kantons Luzern vom 22.11.1999, StG LU (SRL 620). Kapitalgewinne auf land- und forstwirtschaftlichen Grundstücken sind im Umfang der Differenz zwischen dem massgeblichen Einkommenssteuerwert und den Anlagekosten steuerbar (§ 25 Abs. 4 StG LU). Der Grundstückgewinnsteuer unterliegen Gewinne aus Veräusserung von Grundstücken und von Anteilen an solchen; ausgenommen sind Gewinne aus Veräusserung von Geschäftsvermögen, die der Einkommens- oder Gewinnsteuer unterliegen (§ 1 Abs. 1 Gesetz über die Grundstückgewinnsteuer des Kantons Luzern vom 31.10.1961, GStG LU [SRL 647]). Der Grundstückgewinnsteuer unterliegen gemäss § 1 Abs. 2 GStG LU ferner: Gewinne aus der Veräusserung land- und forstwirtschaftlicher Grundstücke durch natürliche Personen, soweit sie nach dem GStG LU bemessen werden und nicht der Einkommenssteuer unterliegen (Ziff. 1); Gewinne aus dem Handel mit Grundstücken, wenn im Kanton lediglich eine Steuerpflicht aus Grundeigentum besteht (Ziff. 2).

115 **Neuenburg:** Art. 21 Abs. 2, Art. 84 Abs. 1 Loi sur les contributions directes du Canton de Neuchâtel du 21.3.2000, LCdir NE (SGF 631.0). Die Gewinne aus der Veräusserung land- oder forstwirtschaftlicher Grundstücke sind der Gewinnsteuer unterworfen für die Differenz zwischen dem gesamten Wert vor Abschreibungen und dem Einkommenssteuerwert bei der Veräusserung; der Gewinn in der Differenz zwischen dem Veräusserungswert und den gesamten Anlagekosten ist der Grundstückgewinnsteuer unterworfen (Art. 21 Abs. 5 LCdir NE). Die Grundstückgewinnsteuer wird gemäss Art. 56 Abs. 1 LCdir NE auf den Gewinnen erhoben: aus der Veräusserung eines Grundstückes, welches Teil des Privatvermögens des Steuerpflichtigen ist (lit. a); aus der Veräusserung eines land- oder forstwirtschaftlichen Grundstückes, soweit der Gewinn die gesamten Anlagekosten übersteigt (lit. b); bei der Veräusserung eines Grundstückes durch ein von der Gewinnsteuer befreite Person im Sinne von Art. 81 Abs. 1 lit. d–h LCdir NE (lit. c). Die

Gewinne, die der Grundstückgewinnsteuer nicht unterworfen sind, bilden steuerbares Einkommen oder steuerbaren Gewinn (Art. 56 Abs. 2 LCdir NE).

Obwalden: Art. 20 Abs. 2, Art. 78 Abs. 1 Steuergesetz des Kantons Obwalden vom 30.10.1994, StG OW (GS 641.4). Die Gewinne aus der Veräusserung von land- und forstwirtschaftlichen Grundstücken werden den steuerbaren Einkünften im Umfange der Differenz zwischen den Anlagekosten und dem steuerlich massgebenden Buchwert zugerechnet (Art. 20 Abs. 6 StG OW). Der Grundstückgewinnsteuer unterliegen gemäss Art. 144 Abs. 1 StG OW Gewinne aus der Veräusserung von im Kanton gelegenen Grundstücken oder Anteilen an solchen: die zum Privatvermögen gehören (lit. a); land- und forstwirtschaftlicher Natur sind; vorbehalten bleibt die Besteuerung der wiedereingebrachten Abschreibungen gemäss Art. 20 Abs. 6 StG OW (lit. b). Die gemäss Art. 76 Abs. 1 lit. d–h von der Gewinnsteuer befreiten juristischen Personen sind in jedem Fall der Grundstückgewinnsteuer unterworfen (Art. 76 Abs. 2, Art. 144 Abs. 1 lit. c StG OW).

116

Schaffhausen: Art. 19 Abs. 2, Art. 65 Abs. 1 Gesetz über die direkten Steuern des Kantons Schaffhausen vom 20.3.2000, StG SH (SHR 641.100). Die Gewinne aus der Veräusserung von land- und forstwirtschaftlichen Grundstücken werden den steuerbaren Einkünften nur bis zur Höhe der Anlagekosten zugerechnet (Art. 19 Abs. 4 StG SH). Die Grundstückgewinnsteuer wird auf den Gewinnen erhoben, die bei der Veräusserung von im Kanton gelegenen Grundstücken des Privatvermögens oder von Anteilen an solchen erzielt werden (Art. 110 Abs. 1 StG SH). Der Grundstückgewinnsteuer unterliegen gemäss Art. 110 Abs. 2 StG SH ausserdem: Gewinne aus Veräusserung land- und forstwirtschaftlicher Grundstücke natürlicher Personen; für im Liegenschaftsgewinn enthaltene, wiedereingebrachte Abschreibungen gelten die Vorschriften über die Besteuerung von Geschäftsvermögen (lit. a); Gewinne aus dem Handel mit Grundstücken natürlicher Personen, wenn im Kanton lediglich eine Steuerpflicht aus Grundeigentum besteht (lit. b); Gewinne aus Veräusserung von Grundstücken juristischer Personen, die gemäss Art. 62 Abs. 1 lit. d–g StG SH von der Gewinnsteuerpflicht befreit sind (lit. c). Die Besteuerung durch die Grundstückgewinnsteuer schliesst die Besteuerung der gleichen Gewinne mit der Einkommens- oder Gewinnsteuer aus (Art. 110 Abs. 3 StG SH). Die Besteuerung wird aufgeschoben bei Eigentumswechsel u.a. zufolge Fusionen und Teilungen von Vorsorgeeinrichtungen (Art. 112 lit. d StG SH).

117

St. Gallen: Art. 31 Abs. 2, Art. 82 Abs. 1 Steuergesetz des Kantons St. Gallen vom 9.4.1998, StG SG (sGS 811.1). Kapitalgewinne aus der Veräusserung land- und forstwirtschaftlicher Grundstücke des Geschäftsvermögens natürlicher Personen werden den Einkünften aus selbständiger Erwerbstätigkeit zugerechnet, soweit der Anlagewert nach Abzug aufgeschobener Grundstückgewinne im Sinn von Art. 132 Abs. 1 lit. d StG SG den Einkommensteuerwert übersteigt (Art. 31 Abs. 4 Satz 1 StG SG). Der Grundstückgewinnsteuer unterliegen die Gewinne, die aus Veräusserung von Grundstücken des Privatvermögens oder von Anteilen an solchen erzielt werden (Art. 130 Abs. 1 StG SG). Der Grundstückgewinnsteuer unterliegen gemäss Art. 130 Abs. 2 StG SG ausserdem: Gewinne aus Veräusserung land- und forstwirtschaftlicher Grundstücke natürlicher Personen (lit. a); Gewinne aus dem Handel mit Grundstücken natürlicher Personen, wenn im Kanton lediglich eine Steuerpflicht aus Grundeigentum besteht (lit. b); Gewinne aus Veräusserung von Grundstücken juristischer Personen, die gemäss Art. 80 Abs. 1 lit. e–h StG SG von der Steuerpflicht befreit sind.

118

Thurgau: Dualistisches System für juristische Personen gemäss § 76 Abs. 1 Gesetz über die Staats- und Gemeindesteuern des Kantons Thurgau vom 14.9.1992 (RB 640.1); für natürliche Personen gilt das monistische System (N 130). Der Grundstückgewinn-

119

steuer unterliegen gemäss § 126 Abs. 1 StG TG: Gewinne aus der Veräusserung von Grundstücken von natürlichen Personen oder Personengesellschaften (Ziff. 1); Gewinne aus der Veräusserung von Grundstücken juristischer Personen, die gemäss § 75 Abs. 1 Ziff. 4–7 StG TG von der Gewinnsteuer befreit sind (Ziff. 4). Die Besteuerung wird gemäss § 129 StG TG aufgeschoben unter näher umschriebenen Voraussetzungen bei Umwandlungen natürlicher oder juristischer Personen (Ziff. 3), Unternehmenszusammenschlüssen (Ziff. 4) und Unternehmensaufteilungen (Ziff. 5).

120 **Waadt:** Art. 21 Abs. 2, Art. 94 Abs. 1 du Loi du Canton de Vaud du 4.7.2000, StG VD (RSV 9.4). Die Gewinne aus der Veräusserung land- oder forstwirtschaftlicher Grundstücke natürlicher Personen sind der Einkommenssteuer in der Differenz zwischen Anlagekosten und Einkommenssteuerwert unterworfen (Art. 21 Abs. 4 StG VD). Der Grundstückgewinnsteuer sind gemäss Art. 61 Abs. 1 StG VD die Gewinne aus der Veräusserung von Grundstücken oder Anteilen an solchen, die im Kanton gelegen sind, unterworfen: die Teil des Privatvermögens des Steuerpflichtigen sind (lit. a); die für die land- oder forstwirtschaftliche Verwendung durch den Steuerpflichtigen bestimmt sind (lit. b); die einem Steuerpflichtigen gehören, der von der Einkommens- oder Gewinnsteuer befreit ist (lit. c). Die Gewinne, die nicht von der Grundstückgewinnsteuer erfasst werden, bilden Teil des steuerbaren Einkommens oder Gewinnes des Steuerpflichtigen (Art. 61 Abs. 2 StG VD). Die Grundstückgewinnsteuer wird u.a. bei Fusionen und Spaltungen von Vorsorgeeinrichtungen aufgeschoben (Art. 65 Abs. 1 lit. c StG VD).

121 **Wallis:** Art. 14 Abs. 2, Art. 81 Abs. 1 Loi fiscale du canton du Valais du 10.3.1976, StG VS (SGS 642.1). Die Gewinne aus der Veräusserung land- und forstwirtschaftlicher Grundstücke natürlicher Personen sind der Einkommenssteuer nur bis zur Höhe der Anlagekosten unterworfen (Art. 14 Abs. 5 StG VS). Der Grundstückgewinnsteuer sind die Gewinne aus der Veräusserung von Grundstücken oder Anteilen an solchen unterworfen, die Teil des Privatvermögens des Steuerpflichtigen oder eines land- oder forstwirtschaftlichen Grundstückes bilden (Art. 44 Abs. 1 StG VS)

122 **Zug:** § 17 Abs. 2, § 59 Abs. 1 Steuergesetz des Kantons Zug vom 25.5.2000, StG ZG (BGS 632.1). Die Gewinne aus der Veräusserung land- oder forstwirtschaftlicher Grundstücke des Geschäftsvermögens natürlicher Personen werden den steuerbaren Einkünften aus selbständiger Erwerbstätigkeit nur bis zur Höhe der Anlagekosten zugerechnet (§ 17 Abs. 4 Satz 1 StG ZG). Der Grundstückgewinnsteuer unterliegen die Gewinne, die aus der Veräusserung von Grundstücken des Privatvermögens oder von Anteilen an solchen erzielt werden (§ 189 Abs. 1 StG ZG). Der Grundstückgewinnsteuer unterliegen gemäss § 189 Abs. 2 StG ZG ausserdem: Gewinne aus Veräusserung land- und forstwirtschaftlicher Grundstücke natürlicher Personen (lit. a); Gewinne aus dem Handel mit Grundstücken natürlicher Personen, wenn im Kanton lediglich eine Steuerpflicht aus Grundeigentum besteht (lit. b); Gewinne aus Veräusserung von Grundstücken juristischer Personen, die gemäss § 57 lit. e–h StG ZG von der Gewinnsteuer befreit sind (lit. c).

f) Kantone mit monistischem System

123 **Basel-Landschaft:** Soweit Grundstücke durch die Grundstückgewinnsteuer erfasst werden, unterliegen sie der Einkommenssteuer nicht (§ 23 Abs. 4 Gesetz über die Staats- und Gemeindesteuern des Kantons Basel-Landschaft vom 7.2.1974, StG BL [SGS 331]). Nicht zum steuerbaren Reinertrag juristischer Personen gehören die der Grundstückgewinnsteuer unterliegenden Gewinne (§ 53 Abs. 2 StG BL). Der Grundstückgewinnsteuer unterliegen die Gewinne aus Veräusserung von Grundstücken oder Anteilen an solchen (§ 71 StG BL). Die Grundstückgewinnsteuer wird u.a. nicht erho-

ben bei Umwandlung von Einzelfirmen, Personengesellschaften oder juristischen Personen, bei Unternehmungszusammenschluss sowie bei Abspaltung (§ 73 lit. g StG BL).

Basel-Stadt: Gewinne aus der Veräusserung, Verwertung oder buchmässigen Aufwertung von unbeweglichem Geschäftsvermögen natürlicher Personen sind in dem Umfang als Einkommen steuerbar, in dem der Einstandswert den steuerlich massgeblichen Buchwert (Einkommenssteuerwert) übersteigt (§ 19 Abs. 4 Gesetz über die direkten Steuern des Kantons Basel-Stadt vom 12.4.2000, StG BS [SG 640.100]). Der Einkommenssteuer unterliegen die den Bestimmungen über die Grundstückgewinnsteuer unterstellten Grundstückgewinne auf Privat- und Geschäftsvermögen nicht (§ 25 lit. b StG BS). Gewinne juristischer Personen aus der Veräusserung, Verwertung oder buchmässigen Aufwertung von unbeweglichem Vermögen sind in dem Umfang als steuerbar, in dem der Einstandswert den steuerlich massgeblichen Buchwert (Gewinnsteuerwert) übersteigt (§ 69 Abs. 2 StG BS). Die Grundstückgewinnsteuer wird erhoben von den Gewinnen, die sich aus der Veräusserung von im Kanton gelegenen Grundstücken des Privat- und Geschäftsvermögens der natürlichen und juristischen Personen sowie von Anteilen an solchen ergeben (§ 104 Abs. 1 StG BS). Die Grundstückgewinnsteuer wird aufgeschoben u.a. bei Unternehmensumstrukturierungen; die §§ 20 (Unternehmensumstrukturierungen bei natürlichen Personen) und 72 StG BS (Unternehmensumstrukturierungen bei juristischen Personen) gelten sinngemäss (§ 105 Abs. 1 lit. f StG BS).

124

Bern: Gewinne und buchmässige Aufwertungen auf Grundstücken des Geschäftsvermögens werden nur bis zur Höhe der Anlagekosten dem steuerbaren Einkommen zugerechnet (Art. 21 Abs. 3 Steuergesetz des Kantons Bern vom 21.5.2000, StG BE [BSG 661.11]). Gewinne und buchmässige Aufwertungen auf Grundstücken, mit denen eine steuerpflichtige Person in Ausübung ihres Berufes handelt, gehören vollumfänglich zu den Einkünften aus selbständiger Erwerbstätigkeit, sofern sie daran wertvermehrende Arbeiten im Ausmass von mindestens 25% des Erwerbspreises ausgeführt hat (Art. 21 Abs. 4 StG BE). Gewinne und buchmässige Aufwertungen auf Grundstücken juristischer Personen werden nur bis zur Höhe der Anlagekosten dem steuerbaren Reingewinn zugerechnet (Art. 85 Abs. 3 StG BE). Gewinne und buchmässige Aufwertungen auf Grundstücken, mit denen eine juristische Person handelt, gehören vollumfänglich zum steuerbaren Reingewinn, sofern sie daran wertvermehrende Arbeiten im Ausmass von mindestens 25% des Erwerbspreises ausgeführt hat (Art. 85 Abs. 4 StG BE). Der Grundstückgewinnsteuer unterliegen Gewinne aus der Veräusserung eines Grundstücks oder einer Wasserkraft, von Teilen davon sowie von Rechten an solchen (Art. 128 Abs. 1 StG BE). Von der Grundstückgewinnsteuer ausgenommen und der Einkommens- oder Gewinnsteuer unterworfen sind die Gewinne aus Grundstückshandel nach Art. 21 Abs. 4 bzw. nach Art. 85 Abs. 4 StG BE (Art. 129 Abs. 1 lit. a StG BE). Die Grundstückgewinnsteuer wird gemäss Art. 133 Abs. 1 StG BE aufgeschoben u.a.: gemäss lit. b dieser Bestimmung bei Umwandlung, Zusammenschluss oder Teilung von Personenunternehmungen (Art. 22 StG BE) und von Kapitalgesellschaften und Genossenschaften (Art. 88 StG BE); gemäss lit. c dieser Bestimmung bei Zusammenschluss oder Teilung von Vorsorgeeinrichtungen (Art. 83 Abs. 1 lit. e StG BE).

125

Jura: Der Grundstückgewinnsteuer unterliegen Gewinne aus der Veräusserung eines Grundstücks, eines Teils eines Grundstücks oder einer Wasserkraft, die Teil des Privat- oder Geschäftsvermögens des Steuerpflichtigen bilden, ebenso aus der Veräusserung von Rechten an solchen Elementen (Art. 87 Abs. 1 Loi d'impôt du canton du Jura du 26.5.1988, StG JU [RSJU 641.11]). Der Einkommens- oder Gewinnsteuer sind ausnahmsweise die Gewinne aus Grundstückshandel unterworfen (Art. 87 Abs. 4 lit. a StG JU). Die Grundstückgewinnsteuer wird aufgeschoben u.a. bei der Umwandlung, der Fu-

126

sion oder der Spaltung von Einzelfirmen oder Personenunternehmungen gemäss Art. 17 StG JU oder von Kapitalgesellschaften oder Genossenschaften gemäss Art. 73 StG JU (Art. 91 lit. c StG JU).

127 **Nidwalden:** Die Kapitalgewinne natürlicher Personen aus der Veräusserung von Grundstücken unterliegen der Grundstückgewinnsteuer (Art. 19 Abs. 3 Gesetz über die Steuern des Kantons und der Gemeinden des Kantons Nidwalden vom 22.3.2001, StG NW [NG 521.1]). Gewinne aus der Veräusserung von Grundstücken des Geschäftsvermögens natürlicher Personen werden in dem Umfang den steuerbaren Einkünften zugerechnet, in dem Erwerbspreis und wertvermehrende Aufwendungen, einschliesslich der Baukreditzinsen, den Einkommenssteuerwert übersteigen. Der restliche Gewinn unterliegt der Grundstückgewinnsteuer (Art. 21 Abs. 5 StG NW). Im massgeblichen Reingewinn juristischer Personen enthaltene Kapitalgewinne aus Veräusserung, Verwertung oder buchmässiger Aufwertung von Grundstücken unterliegen der Grundstückgewinnsteuer, soweit der Erlös den Erwerbspreis und die wertvermehrenden Aufwendungen übersteigt (Art. 85 Abs. 2 StG NW). Die Grundstückgewinnsteuer wird auf dem Gewinn aus Veräusserung von Grundstücken oder Anteilen von solchen erhoben (Art. 141 Abs. 1 StG NW). Die Besteuerung wird u.a. gemäss Art. 142 Ziff. 3 StG NW aufgeschoben bei Eigentumswechseln, welche im Rahmen von Umstrukturierungen gemäss Art. 22 (Umstrukturierungen eines Personenunternehmens) und 80 StG NW (Umstrukturierung einer juristischen Person) stattfinden, sofern die in lit. a–c für Umwandlung, Unternehmenszusammenschluss und Aufteilung einer Unternehmung aufgestellten Bedingungen erfüllt sind.

128 **Schwyz:** Gewinne auf Grundstücken des Geschäftsvermögens natürlicher Personen werden in dem Umfang den steuerbaren Einkünften zugerechnet, in dem Erwerbspreis und wertvermehrende Aufwendungen, einschliesslich der Baukreditzinsen, den Einkommenssteuerwert übersteigen (§ 19 Abs. 4 Steuergesetz des Kantons Schwyz vom 9.2.2000, StG SZ [SRSZ 172.200]). Gewinne auf Grundstücken juristischer Personen sind in dem Umfang als Gewinn steuerbar, in dem Erwerbspreis und wertvermehrende Aufwendungen, einschliesslich der Baukreditzinsen, den Gewinnsteuerwert übersteigen (§ 64 Abs. 3 StG SZ). Der Grundstückgewinnsteuer unterliegen Gewinne aus der Veräusserung von im Kanton gelegenen Grundstücken des Privat- und Geschäftsvermögens oder von Anteilen an solchen (§ 104 Abs. 1 StG SZ). Nicht unter die Grundstückgewinnsteuer fallen der Einkommens- oder Gewinnsteuer unterliegende Buchgewinne gemäss §§ 19 Abs. 4 und 64 Abs. 3 StG SZ (§ 104 Abs. 2 StG SZ). Die Besteuerung wird gemäss § 107 StG SZ u.a. aufgeschoben unter näher umschriebenen Voraussetzungen für Umwandlung von Personenunternehmen oder juristischen Personen (lit. d), Zusammenschluss (lit. e) und Unternehmensspaltung (lit. f).

129 **Tessin:** Gewinne aus der Veräusserung oder buchmässigen Realisation von Grundstücken des Geschäftsvermögens natürlicher Personen sind bei der Einkommenssteuer bis zur Höhe der Anlagekosten steuerbar (Art. 17 Abs. 3 Legge tributaria della repubblica e cantone Ticino del 21.6.1994, StG TI [RL 10.2.1.1]). Gewinne juristischer Personen aus der Veräusserung oder buchmässigen Realisation von Grundstücken sind bei der Gewinnsteuer bis zur Höhe der Anlagekosten steuerbar (Art. 67 Abs. 2 StG TI). Die Grundstückgewinnsteuer wird auf den Gewinnen aus der Veräusserung von Grundstücken oder Anteilen an solchen erhoben, die sich im Privat- oder Geschäftsvermögen des Steuerpflichtigen befinden (Art. 123 StG TI). Die Grundstückgewinnsteuer wird gemäss Art. 125 lit. e StG TI u.a. aufgeschoben bei Umwandlungen, Zusammenschlüssen oder Spaltungen gemäss Art. 18 (Einzelunternehmen und Personengesellschaften) und 70 StG TI (Kapitalgesellschaften oder Genossenschaften), zudem bei Umwandlungen von juristischen Personen in Personengesellschaften.

Thurgau: Monistisches System für natürliche Personen gemäss § 20 Abs. 3 StG TG; für juristische Personen gilt das dualistische System (N 119). Der Grundstückgewinnsteuer unterliegen gemäss § 126 Abs. 1 StG TG: Gewinne aus der Veräusserung von Grundstücken von natürlichen Personen oder Personengesellschaften (Ziff. 1); Gewinne aus der Veräusserung von Grundstücken juristischer Personen, die gemäss § 75 Abs. 1 Ziff. 4–7 StG TG von der Gewinnsteuer befreit sind (Ziff. 4). Die Besteuerung wird gemäss § 129 StG TG aufgeschoben unter näher umschriebenen Voraussetzungen bei Umwandlungen natürlicher oder juristischer Personen (Ziff. 3), Unternehmenszusammenschlüssen (Ziff. 4) und Unternehmensaufteilungen (Ziff. 5).

Uri: Der Kanton erhebt eine Grundstückgewinnsteuer. Sie wird auf Grundstückgewinnen des Privat- und Geschäftsvermögens erhoben (Art. 1 Abs. 1 Gesetz über die Grundstückgewinnsteuer des Kantons Uri vom 1.12.1996, GStG UR [RB 3.2231]). Die Grundstückgewinnsteuer wird auf Gewinnen erhoben, die sich bei Handänderungen von Grundstücken oder Anteilen an solchen ergeben (Art. 4 Abs. 1 GStG UR). Die Besteuerung wird gemäss Art. 5 GStG UR aufgeschoben unter näher umschriebenen Voraussetzungen bei Umwandlung von Personenunternehmungen oder juristischer Personen (lit. c), Unternehmenszusammenschluss (lit. d) und Unternehmensaufteilung (lit. e).

Zürich: Gewinne auf Grundstücken des Geschäftsvermögens natürlicher Personen werden in dem Umfang den steuerbaren Einkünften zugerechnet, in dem Erwerbspreis und wertvermehrende Aufwendungen, einschliesslich der Baukreditzinsen, den Einkommenssteuerwert übersteigen (§ 18 Abs. 5 Steuergesetz des Kantons Zürich vom 8.6.1997, StG ZH [LS 631.1]). Gewinne auf Grundstücken juristischer Personen sind in dem Umfang als Gewinn steuerbar, in dem Erwerbspreis und wertvermehrende Aufwendungen, einschliesslich der Baukreditzinsen, den Gewinnsteuerwert übersteigen (§ 64 Abs. 3 StG ZH). Von Gesetzes wegen wird vermutet, dass der tiefer als der Anlagewert liegende Einkommens- bzw. Gewinnsteuerwert darauf zurückzuführen ist, dass Abschreibungen getätigt worden sind. Der Steuerpflichtige kann die Vermutung widerlegen, wenn er nachweist, dass keine Abschreibungen zugelassen wurden. Wird zur Bestimmung der Anlagekosten auf den Verkehrswert vor 20 Jahren abgestellt (§ 220 Abs. 2 StG ZH), ist es möglich, dass der Wertzuwachs zwischen dem Erwerb und dem Zeitpunkt vor 20 Jahren steuerfrei bleibt (RK I ZH 6.6.1996, StE 1997 B 72.11 Nr. 4). Die Grundstückgewinnsteuer wird erhoben von den Gewinnen, die sich bei Handänderungen an Grundstücken oder Anteilen an solchen ergeben (§ 216 Abs. 1 StG). Die Grundstückgewinnsteuer wird gemäss § 216 Abs. 3 StG ZH u.a. aufgeschoben unter näher umschriebenen Voraussetzungen bei Umwandlung von Personenunternehmungen oder juristischer Personen (lit. d), Unternehmenszusammenschluss (lit. e) und Unternehmensaufteilung (lit. f).

4. Handänderungssteuern

Die meisten Kantone (oder allenfalls Gemeinden) erheben eine Handänderungssteuer; an deren Stelle oder daneben treten häufig Grundbuchabgaben mit Gemengsteuercharakter. Bei der Handänderungssteuer handelt es sich um eine **Rechtsverkehrssteuer**. Sie knüpft an die Übertragung des zivilrechtlichen oder wirtschaftlichen Grundeigentums an (näher Art. 103 N 22 ff.), weshalb bei einer rechtsformändernden Umwandlung keine Steuer erhoben werden kann. Die Handänderungssteuer wird auf dem Erlös erhoben, unabhängig davon, ob ein Gewinn erzielt wurde (RICHNER/FREI/KAUFMANN, Kommentar ZH, § 227 N 1 ff.). Der Handänderungsbegriff ist i.d.R. derselbe wie bei der Grundstückgewinnsteuer (N 99 ff.).

vor Art. 3 134–140 2. Kapitel: Fusion von Gesellschaften

134 Das StHG regelt die Handänderungssteuer nicht, denn die **Gesetzgebungskompetenz** für die Steuerharmonisierung bezieht sich nur auf die direkten Steuern. Die Arbeitsgruppe Steuern hielt fest, dass Handänderungssteuern Umstrukturierungen behindern können und äusserten den Wunsch an die Kantone, sie möchten die Aufschubtatbestände nicht nur bei der Grundstückgewinnsteuer, sondern auch bei der Handänderungssteuer vorsehen (Bericht Steuern 1, 41). In der Folge kam es zu unterschiedlichen Auffassungen über die Gesetzgebungsbefugnis des Bundes in dieser Angelegenheit. Der schliesslich verabschiedete Art. 103 FusG wird auf die Gesetzgebungskompetenz des Bundes auf dem Gebiet des Zivilrechts (Art. 122 BV) gestützt (Art. 103 N 2 ff.).

135 Art. 103 FusG schliesst die Erhebung von kantonalen und kommunalen Handänderungssteuern bei **Umstrukturierungen** im Sinne von Art. 8 Abs. 3 und Art. 24 Abs. 3 und 3^{quater} StHG. Einzig kostendeckende Gebühren bleiben vorbehalten. Von den Handänderungssteuern befreit sind also die einkommens- bzw. gewinnsteuerneutralen Umstrukturierungen von Personengesellschaften und juristischen Personen sowie die konzerninternen Übertragungen (Art. 103 N 15 ff.).

136 Die **Mehrzahl der Kantone** sieht bereits eine Befreiung von der Handänderungssteuer bei Umstrukturierungen vor, wobei die Voraussetzungen der Steuerbefreiungstatbestände zum Teil noch enger gefasst sind als von Art. 103 FusG gefordert (im Einzelnen vgl. Art. 103 N 83 ff.). Keine oder nur einschränkende Befreiungstatbestände bzw. blosse Steuerreduktionen kennen die Kantone Genf, Wallis, Basel-Landschaft, Jura, Waadt, Schwyz, Neuenburg und Freiburg sowie viele Gemeinden im Kanton Graubünden (Art. 103 N 57, 60 ff.).

137 Ausser den Handänderungssteuern sind die **Grundbuchabgaben** zu berücksichtigen. Die Kantone Glarus, Tessin und Uri erheben anstelle von Handänderungssteuern Grundbuchabgaben mit Gemengsteuercharakter ohne Befreiungstatbestand bei Umstrukturierungen. In den Kantonen Schaffhausen und Zug wird die anstelle der Handänderungssteuer erhobenen Grundbuchabgabe bei Umstrukturierungen lediglich reduziert. Sodann erheben eine Reihe von Kantonen neben ihren Handänderungssteuern Grundbuchabgaben mit Gemengsteuercharakter (Art. 103 N 58 f.).

138 Gemäss Satz 2 von Art. 103 FusG sind die Kantone weiterhin befugt, **kostendeckende Gebühren** zu erheben. Das Kostendeckungsprinzip führt zu einer Begrenzung der Höhe der Grundbuchgebühren (Art. 103 N 35 ff.).

139 Art. 103 FusG tritt erst am 1.7.2009 in Kraft (Art. 111 Abs. 3 FusG; vgl. Art. 103 N 51 ff.).

5. Verrechnungssteuer

a) Charakterisierung und Überblick

140 Der Bund erhebt gestützt auf Art. 132 Abs. 2 BV die Verrechnungssteuer auf dem Ertrag beweglichen Kapitalvermögens, auf Lotteriegewinnen und auf Versicherungsleistungen. Die Verrechnungssteuer ist eine Quellensteuer: Sie wird an der Quelle erhoben, d.h. der Schuldner der steuerbaren Leistung ist zum Abzug der Steuer und zu ihrer Überwälzung auf den Gläubiger verpflichtet. Der Empfänger der von der Verrechnungssteuer belasteten Leistung erhält die Steuer zurückerstattet, wenn die gesetzlichen Voraussetzungen dazu erfüllt sind (vgl. Art. 1 Abs. 2 VStG). Vereinfacht ausgedrückt ist rückerstattungsberechtigt, wer in der Schweiz für die Einkommens- oder Gewinnsteuern steuerpflichtig ist und den mit der Verrechnungssteuer belasteten Ertrag ordnungsgemäss deklariert bzw. verbucht und deklariert hat (Art. 22 ff. VStG). Ganz oder teilweise rückerstattungs-

berechtigt sind zudem im Ausland ansässige Empfänger steuerbarer Leistungen, die sich auf ein Doppelbesteuerungsabkommen berufen können.

Wo dies vorgesehen ist, tritt an die Stelle der Steuerentrichtung die Meldung der steuerbaren Leistung. Die Meldung ist bei Versicherungsleistungen gesetzlich vorgesehen (Art. 19 VStG). Bei Kapitalerträgen umschreiben Art. 24 ff. VStV auf Grund der Delegation in Art. 20 VStG jene Fälle, wo die Steuerentrichtung zu unnötigen Umtrieben oder einer offenbaren Härte führen würde und deshalb die Möglichkeit der Meldung besteht (N 179 ff.). 141

Die Verrechnungssteuer erfüllt somit zwei Zwecke: Zum Ersten stellt sie für den steuerehrlichen Inländer eine Sicherungssteuer dar. Er wird mit der Verrechnungssteuer nicht endgültig belastet, weil ihm diese vollständig zurückerstattet wird. Dasselbe gilt für den Ausländer, der auf Grund des anwendbaren Doppelbesteuerungsabkommens die Verrechnungssteuer im vollen Umfang zurückfordern kann. Zum Zweiten ist sie eine eigentliche Steuer, die den Empfänger des steuerbelasteten Ertrages treffen soll. Die Verrechnungssteuer belastet vorab den Inländer, der die steuerbaren Erträge nicht deklariert hat, also den Defraudanten. Er ist von der Rückerstattung ausgeschlossen (Art. 23, 25 Abs. 1 VStG). Sodann stellt die Verrechnungssteuer für die ausländischen Empfänger verrechnungssteuerbelasteter Erträge eine definitive Belastung dar, soweit ihnen nicht ein Doppelbesteuerungsabkommen das Recht auf Rückerstattung gibt (ausführlich BAUER-BALMELLI/REICH in: Kommentar zum Schweizerischen Steuerrecht II/2, Vorbem. VStG N 64 ff.). 142

b) Steuersubjekte und -objekte im Überblick

Das VStG unterscheidet drei verschiedene Steuerobjekte, nämlich: 143

– Erträge aus beweglichem Kapitalvermögen (Art. 4 ff. VStG);

– Lotteriegewinne (Art. 6 VStG);

– Versicherungsleistungen (Art. 7 f. VStG).

Die beiden letzteren Steuertatbestände werden hier nicht behandelt.

Die Verrechnungssteuer auf Erträgen beweglichen Kapitalvermögens beträgt 35% (Art. 13 Abs. 1 lit. a VStG). Steuerbar sind nicht sämtliche Erträge aus beweglichem Kapitalvermögen, sondern nur die in Art. 4 Abs. 1 VStG aufgeführten vier Unterfälle, die indessen teilweise sehr weit definiert sind: 144

– Hier von besonderer Bedeutung ist die Verrechnungssteuer auf Erträgen aus Aktien und anderen gesellschaftsrechtlichen Beteiligungspapieren (Art. 4 Abs. 1 lit. b VStG). Darauf ist noch im Einzelnen einzugehen (N 149 ff.). 145

– Sodann unterliegen als Kapitalerträge die Zinsen, Renten und sonstige Erträge der Verrechnungssteuer dann, wenn sie Ertrag aus von einem Inländer (N 150) ausgegebenen **Obligationen**, Serienschuldbriefen, Seriengülten und Schuldbuchguthaben darstellen (Art. 4 Abs. 1 lit. a VStG). Die Begriffe der Obligationen etc. sind bei der Verrechnungssteuer und der Umsatzabgabe gleich definiert (vgl. auch Art. 15 VStV; zum Obligationenbegriff N 264 f.). Weil es auf die Verhältnisse bei Fälligkeit der Leistungen ankommt, können Umstrukturierungen die verrechnungssteuerliche Qualifikation von Zinsen verändern. Beispielsweise können bei einer Immigrationsfusion die künftigen Zinszahlungen neu der Verrechnungssteuer unterworfen sein, während bei einer Emigrationsfusion die Verrechnungssteuerpflicht auf künftige Zinsen entfällt (vgl. PFUND, Art. 4 N 2.13). Vorbehalten bleibt die Zuordnung der Schulden zu 146 einer Schweizer Betriebsstätte, die verrechnungssteuerpflichtig wäre. Es kann auch sein, dass bei einem Unternehmenszusammenschluss die bisher verrechnungssteuerfreien Schulden wegen Überschreitens der in der Praxis massgeblichen Gläubigerzahlen neu als Kassenobligationen zu qualifizieren sind, weshalb bei den künftigen Fälligkeiten über die Verrechnungssteuer abzurechnen ist.

147 – Steuerbare Kapitalerträge sind im Weiteren die Erträge aus inländischen **Anlagefonds** oder ähnlichen Vermögen (Art. 4 Abs. 1 lit. c VStG). Vorab fallen alle schweizerischen Anlagefonds unter Art. 4 Abs. 1 lit. c VStG (HESS in: Kommentar zum Schweizerischen Steuerrecht II/2, Art. 4 VStG N 168 ff.). Weiter werden alle Vermögen erfasst, die wirtschaftlich die Funktion eines Anlagefonds haben (BGE 98 Ib 197, 200 = ASA 42 [1973/74], 413 f.; HESS in: Kommentar zum Schweizerischen Steuerrecht II/2, Art. 4 VStG N 206 ff.; in Zusammenhang mit Anlagestiftungen vgl. vor Art. 88 N 50).

148 – Erträge aus **Kundenguthaben** bei einer inländischen Bank oder Sparkasse schliesslich sind ebenfalls als Erträge aus beweglichem Kapitalvermögen der Verrechnungssteuer unterworfen (Art. 4 Abs. 1 lit. d VStG). Grundsätzlich sind sämtliche Zinszahlungen von Banken auf Kundenguthaben steuerpflichtig. Steuerbefreit sind einzig Zinsen bis CHF 50 pro Kalenderjahr auf Sparguthaben (Art. 5 Abs. 1 lit. c VStG). Der verrechnungssteuerliche Begriff der Bank oder Sparkasse ist weiter gefasst als der Bankenbegriff. Gemäss Art. 9 Abs. 2 VStG gilt als Bank oder Sparkasse, wer sich öffentlich zur Annahme verzinslicher Gelder empfiehlt (vgl. Art. 1 Abs. 2 BankG und Art. 2a lit. a BankV) oder wer fortgesetzt Gelder gegen Zins entgegennimmt (ARNOLD in: Kommentar zum Schweizerischen Steuerrecht II/2, Art. 4 VStG N 294; ARNOLD in: Kommentar zum Schweizerischen Steuerrecht II/2, Art. 9 VStG N 75 ff.). Der Schuldner gilt in der Praxis dann als Bank, sobald der Bestand an Gläubigern die Zahl 20 übersteigt und die gesamte Schuldsumme mindestens CHF 500 000 beträgt (ARNOLD in: Kommentar zum Schweizerischen Steuerrecht II/2, Art. 9 VStG N 82 f.). Banken im Sinne des anwendbaren in- oder ausländischen Aufsichtsrechts zählen nicht als Gläubiger (ESTV-DVS, MB Kundenguthaben, S-02.122.2; vgl. auch ARNOLD in: Kommentar zum Schweizerischen Steuerrecht II/2, Art. 9 VStG N 83). Der verrechnungssteuerliche Bankenbegriff stellt nicht auf die Rechtsform ab und kann insbesondere auch Personengesellschaften, Vereine oder Genossenschaften erfassen. Als inländische Bank gilt auch die inländische Zweigniederlassung einer ausländischen Unternehmung, wenn die übrigen Voraussetzungen wie Entgegennahme von Geldern etc. erfüllt sind. Hingegen gelten die ausländischen Zweigniederlassungen von Unternehmen mit Sitz in der Schweiz als Ausländer; dementsprechend schulden sie keine Verrechnungssteuer auf ihren Kundenverbindlichkeiten (JAUSSI/DUSS in: Kommentar zum Schweizerischen Steuerrecht II/2, Art. 9 VStG N 26, 29; PFUND, Art. 4 N 5.42 und Art. 9 N 1.10).

c) Verrechnungssteuer auf Gewinnanteilen

ca) Der Verrechnungssteuer unterworfene Rechtsformen

149 Der Verrechnungssteuer von 35% (Art. 13 Abs. 1 lit. a VStG) sind die Gewinnanteile der von einem **Inländer** ausgegebenen Aktien, Anteilen an Gesellschaften mit beschränkter Haftung, Genossenschaftsanteilen, Partizipationsscheinen und Genussscheinen unterworfen (Art. 4 Abs. 1 lit. b VStG). Somit unterliegen die Gewinnausschüttungen sämtlicher inländischer **Kapitalgesellschaften oder Genossenschaften** der Verrechnungssteuer. Steuerpflichtig ist der Schuldner der steuerbaren Leistung (Art. 10 Abs. 1 VStG), also die inländische Kapitalgesellschaft oder Genossenschaft. Eine inländische **Genos-**

senschaft ist der Verrechnungssteuer allerdings nur dann unterworfen, wenn sie Genossenschaftsanteile im Sinne von Art. 833 Ziff. 1 und Art. 853 OR herausgibt (DUSS/VON AH in: Kommentar zum Schweizerischen Steuerrecht II/2, Art. 4 VStG N 119; PFUND, Art. 4 N 3.5). Ebenfalls der Verrechnungssteuer unterworfen sind inländische **Institute des öffentlichen Rechts**, die Aktien, Partizipationsscheine oder Genussscheine herausgegeben haben (vgl. dazu vor Art. 99 N 55). Keine inländischen Kapitalgesellschaften und somit auf ihren Gewinnüberweisungen an den Hauptsitz nicht verrechnungssteuerpflichtig sind die inländischen **Betriebsstätten** ausländischer juristischer Personen, auch wenn die ausländische Rechtsform den schweizerischen Kapitalgesellschaften vergleichbar ist (JAUSSI/DUSS in: Kommentar zum Schweizerischen Steuerrecht II/2, Art. 9 VStG N 29).

Inländer ist, wer im Inland Wohnsitz, dauernden Aufenthalt oder statutarischen Sitz hat oder als Unternehmen im Handelsregister eingetragen ist (Art. 9 Abs. 1 Hs. 1 VStG). Der **statutarische Sitz** allein genügt, dass eine juristische Person verrechnungssteuerpflichtig wird, selbst wenn sich der Ort der tatsächlichen Verwaltung etc. im Ausland befindet (JAUSSI/DUSS in: Kommentar zum Schweizerischen Steuerrecht II/2, Art. 9 VStG N 21; PFUND, Art. 9 N 1.13). Als Inländer gelten auch juristische Personen oder Handelsgesellschaften ohne juristische Persönlichkeit, die ihren statutarischen Sitz im Ausland haben, jedoch tatsächlich im Inland geleitet werden und hier eine Geschäftstätigkeit ausüben (Art. 9 Abs. 1 Hs. 2 VStG). **Tatsächliche Leitung** und Geschäftstätigkeit im Inland haben namentlich Gesellschaften, die einen bloss statutarischen Sitz im Ausland haben, im Inland über eigene Büros verfügen und hier geleitet werden und ihre Geschäfte abwickeln (BGE 104 Ib 280, 283 f. = ASA 49 [1980/81], 128, 133; JAUSSI/DUSS in: Kommentar zum Schweizerischen Steuerrecht II/2, Art. 9 VStG N 32 ff.). Von der Inländereigenschaft zu trennen ist die Frage nach einer **Steuerumgehung**, welche auch dann vorliegen kann, wenn die Gesellschaft ihren statutarischen und effektiven Sitz im Ausland hat. Unter dem Aspekt der Steuerumgehung werden die Finanzierungen inländischer Konzerne über eine ausländische Gruppengesellschaft mit Garantie der Schweizer Gruppengesellschaft geprüft (vgl. Zirkular Nr. 6746 der SBVg vom 29. 6. 1993, in: STOCKAR, 257; JAUSSI/DUSS in: Kommentar zum Schweizerischen Steuerrecht II/2, Art. 9 VStG N 46 ff.).

Der Verrechnungssteuer auf Erträgen aus inländischen Beteiligungspapieren unterliegen sämtliche im In- und Ausland erzielten Gewinne. Der Inländerbegriff hinsichtlich Beteiligungspapieren unterscheidet sich vom Inländerbegriff bei der Verrechnungssteuer auf Zinsen aus Obligationen etc. und aus Kundenguthaben von Banken im Sinne der Verrechnungssteuer. In diesen Fällen werden Zweigniederlassungen verrechnungssteuerlich gesondert erfasst (vgl. N 146, 148; JAUSSI/DUSS in: Kommentar zum Schweizerischen Steuerrecht II/2, Art. 9 VStG N 29).

Die Gewinne **anderer Gesellschaftsformen** unterliegen nicht der Verrechnungssteuer. Nicht verrechnungssteuerpflichtig auf ihren Gewinnausschüttungen sind deshalb (vgl. DUSS/VON AH in: Kommentar zum Schweizerischen Steuerrecht II/2, Art. 4 VStG N 118; PFUND, Art. 4 N 3.1) **natürliche Personen**, insbesondere die Einzelfirmen, und **Personengesellschaften** (einfache Gesellschaften, Kollektivgesellschaften, Kommanditgesellschaften) als solche (davon zu unterscheiden ist eine etwaige Verrechnungssteuerpflicht eines Gesellschafters). Als juristische Personen sind die **Vereine**, die **Stiftungen**, die **Genossenschaften ohne Anteilscheine** sowie die **Institute des öffentlichen Rechts**, die keine Partizipationsscheine oder Genussscheine herausgegeben haben, nicht der Verrechnungssteuerpflicht unterworfen. Partiarische Darlehen sind verrechnungssteuerlich nicht relevant. Vorbehalten bleibt immer, insbesondere im letztgenannten Fall, cb) Steuerobjekt

153 Der steuerbare Ertrag wird in Art. 4 Abs. 1 lit. b VStG nicht definiert, aber in Art. 20 Abs. 1 VStV näher umschrieben als jede **geldwerte Leistung** der Gesellschaft oder Genossenschaft an die Inhaber gesellschaftsrechtlicher Beteiligungsrechte oder an ihnen nahestehende Dritte, die sich nicht als Rückzahlung der im Zeitpunkt der Leistung bestehenden Anteile am einbezahlten Grund- oder Stammkapital darstellt. Beispielhaft und nicht abschliessend werden in der genannten Bestimmung Dividenden, Boni, Gratisaktien, Gratis-Partizipationsscheine und Liquidationsüberschüsse genannt.

154 Im Bereich der Verrechnungssteuer gilt das – wie bei der Einkommenssteuer kritisierte – **Nennwertprinzip**. Somit sind die gesamten offenen und stillen Reserven der Gesellschaft latent der Verrechnungssteuer unterworfen, selbst wenn die Reserven auf offene oder verdeckte Kapitaleinlagen zurückgehen. Nur das einbezahlte Nennkapital kann verrechnungssteuerfrei ausbezahlt werden; der nicht einbezahlte Teil des Nennkapitals unterliegt der Verrechnungssteuer (DUSS/VON AH in: Kommentar zum Schweizerischen Steuerrecht II/2, Art. 4 VStG N 123 ff.).

155 Als Gewinnausschüttung im Sinne der Verrechnungssteuer gilt auch die Umwandlung von Reserven in Nennkapital durch **Gratisaktien**, weil die Rückzahlung von Nennkapital ohne Belastung mit der Verrechnungssteuer zurückgezahlt werden kann. Die Reserven sollen nicht auf diese Weise der latenten Verrechnungssteuer entzogen werden können. Art. 20 Abs. 1 VStV erwähnt deshalb die Ausgabe von Gratisaktien als steuerbaren Vorgang. Allerdings wäre die Besteuerung bei der Ausgabe nicht nötig, um die Erhebung der Verrechnungssteuer sicherzustellen, indem auch erst bei der Rückzahlung des neu gebildeten Nennkapitals die Verrechnungssteuer erhoben werden könnte (vgl. dazu die analoge Problematik bei der Einkommenssteuer, N 39 f.). Das Bundesgericht hat jedoch die in Art. 20 Abs. 1 VStV festgelegte Ordnung wiederholt geschützt (BGer 4.5.1999, ASA 68 [1999/2000], 739, 742; BGer 15.12.1994, ASA 64 [1995/96], 493, 495 f.; dazu BAUER-BALMELLI, 83 ff.). Soweit die übrigen Voraussetzungen erfüllt sind, kann die Steuer im Meldeverfahren abgewickelt werden (N 180, 182).

156 Jede Entnahme aus den offenen oder stillen Reserven zu Gunsten des Aktionärs oder einer ihm nahestehenden Person stellt einen Steuertatbestand dar. Dies trifft insbesondere für Ausgleichszahlungen zu (N 214). Der Verrechnungssteuer nicht unterworfen sind dagegen **Rechtsgeschäfte** des Anteilsinhabers oder einer nahestehenden Person mit der Gesellschaft, die zu **Drittbedingungen** abgewickelt werden. Die Leistung der Gesellschaft liegt diesfalls nicht im Beteiligungsverhältnis begründet, sondern hat ihre Ursache und Rechtfertigung im Leistungsaustausch (SRK 17.7.2000, VPB 66.60 E. 2a/aa; BGer 15.10.1993, ASA 63 [1994/95], 250, 253).

157 Als **Liquidationsüberschüsse** gelten alle in Folge der Auflösung der Gesellschaft oder Genossenschaft ausgerichteten geldwerten Leistungen, soweit diese nicht eine Rückzahlung der im Zeitpunkt der Auflösung bestehenden Anteile am einbezahlten statutarischen Grund- oder Stammkapital darstellen (PFUND, Art. 4 N 3.42).

158 Die **Auflösung** einer Gesellschaft oder Genossenschaft **ohne Liquidation** und die **Spaltung** sind aus der Sicht der Verrechnungssteuer ebenfalls Vorgänge, durch die ein allfälliges Reinvermögen als Liquidationsüberschuss ausgerichtet wird (PFUND, Art. 4

N 3.44). Die Steuerbarkeit dieser Vorgänge steht indessen unter dem Vorbehalt von Art. 5 Abs. 1 lit. a VStG (N 186 ff.); allenfalls kann das Meldeverfahren benutzt werden.

Die Veräusserung eines Aktienmantels wird unter dem Aspekt der Steuerumgehung einer Liquidation gleichgestellt (PFUND, Art. 4 N 3.38 und 3.48; STOCKAR, 132). Ein **Mantelhandel** liegt vor, wenn die massgeblich Beteiligten ihre Gesellschaft aufgeben, den Betrieb einstellen und ihre Beteiligungsrechte an Dritte veräussern, welche sodann eine aktive Unternehmenstätigkeit ausüben. Die Rechtsprechung stellt darauf ab, ob die Umstände aus wirtschaftlicher Sicht für die Neugründung einer Gesellschaft und nicht für deren Weiterführung sprechen. Neben rein formellen Kriterien (z.B. Sitzverlegung, Zweck- und Namensänderung, Mutationen im Verwaltungsrat) wird ebenfalls auf wirtschaftliche Indizien in Bezug auf die faktische Liquidation abgestellt. Ein Mantelhandel ist stets dann zu bejahen, wenn die Aktionäre die Aktiven in eine liquide Form gebracht haben, danach die Gesellschaft aber nicht auflösen, sondern die Aktien der wirtschaftlich liquidierten Gesellschaft veräussern (SRK 4.4.1997, VPB 61.94 E. 2a; SRK 19.11.1997, VPB 62.81 E. 2c; SRK 29.1.1999, VPB 64.114 E. 2b; BGer 5.5.1993, ASA 62 [1993/94], 628, 631 f.). Auch die konzerninterne Veräusserung eines Aktienmantels wird als steuerbar gewürdigt (SRK 22.2.2000, VPB 64.79 E. 4a).

159

Die faktische und rechtliche **Sitzverlegung** im Inland stellt keinen steuerlichen Anknüpfungspunkt dar. Die rechtliche Sitzverlegung ins Ausland ist demgegenüber der Liquidation gleichgestellt und führt zur verrechnungssteuerlichen Abrechnung über die Reserven (Art. 4 Abs. 2 VStG). Die **Emigrationsfusion** gemäss Art. 163b IPRG gilt auch als Sitzverlegung ins Ausland (ESTV-DVS, KS 5 vom 1.6.2004, Ziff. 4.1.2.4.2). Die Verlegung des Ortes der tatsächlichen Verwaltung ins Ausland unter Beibehaltung des statutarischen Sitzes in der Schweiz kommt verrechnungssteuerlich nicht der Liquidation gleich, da die Gesellschaft weiterhin auf Grund ihres statutarischen Sitzes der Verrechnungssteuer unterstellt ist (BRÜLISAUER in: Kommentar zum Schweizerischen Steuerrecht II/2, Art. 4 VStG N 332). Wenn jedoch in einem solchen Fall der Sitz der Verwaltung in einen Staat verlegt wird, der auf Grund eines mit der Schweiz abgeschlossenen Doppelbesteuerungsabkommens die Steuerhoheit beanspruchen kann, nimmt die Praxis der Eidgenössischen Steuerverwaltung eine steuersystematische Schlussabrechnung vor (zu Recht kritisch im Hinblick auf die fehlende gesetzliche Grundlage BRÜLISAUER in: Kommentar zum Schweizerischen Steuerrecht II/2, Art. 4 VStG N 333 ff.). Bei Sitzverlegung ins Ausland kann allenfalls das Meldeverfahren in Anspruch genommen werden (N 180, 184). Veränderungen in der **Lage der Aktiven** innerhalb der Schweiz sind unbeachtlich, weil sie keinen Einfluss auf die der Verrechnungssteuer unterliegenden Reserven der Gesellschaft haben. Dasselbe gilt grundsätzlich für die Verschiebung von Aktiven ins Ausland, weil weiterhin die gesamten Reserven der Verrechnungssteuer unterliegen. Allenfalls tritt ein Fall der Bezugsgefährdung ein, so dass die Eidgenössische Steuerverwaltung eine Sicherstellung der Verrechnungssteuer fordern kann (Art. 47 Abs. 1 lit. a VStG; Art. 9 Abs. 1 VStV).

160

cc) Überwälzung

Die Verrechnungssteuer ist gemäss Art. 14 Abs. 1 VStG auf den Empfänger der steuerbaren Leistung zu überwälzen, indem die Leistung um den Betrag der Steuer zu kürzen ist (Satz 1). **Widersprechende Vereinbarungen** sind **nichtig** (Satz 2). Die Verwaltungspraxis anerkennt die Gültigkeit einer sog. gross up-Klausel, wenn die Parteien in guten Treuen davon ausgehen dürfen, dass die Leistungen nicht der Verrechnungssteuer unterliegen, ein Mindestzins vereinbart ist, die Steuer tatsächlich auf dem ins Hundert gerechneten Zinsertrag berechnet wird und der Schuldner dem Gläubiger die nötigen

161

Unterlagen zusichert, die zur allfälligen Entlastung von der Verrechnungssteuer notwendig sind (STOCKAR/HOCHREUTENER, Art. 14 Abs. 1 VStG, Nr. 20).

162 Sofern die Steuer nicht überwälzt wird, muss die dem Empfänger ausgerichtete Leistung als Nettozahlung nach Abführung von (bei Beteiligungserträgen) 35% Steuern angesehen werden (Nettozahlung = Bruttozahlung × 65%; somit Bruttozahlung = Nettozahlung ÷ 65%). Die beim verrechnungssteuerpflichtigen Schuldner nachgeforderte Steuer beträgt 35% der Bruttozahlung, mithin (Nettozahlung ÷ 65 × 35 =) gerundet 53.846% der Nettozahlung. Im inländischen Verhältnis kann die Steuerpflicht allenfalls mittels Meldeverfahren erfüllt werden (N 179 ff.).

cd) Steuerschuldner und Haftung

163 Steuerschuldner ist der Schuldner der steuerbaren Leistung (Art. 10 Abs. 1 VStG), bei der Verrechnungssteuer auf Gewinnanteilen an gesellschaftlichen Beteiligungsrechten somit die **Gesellschaft** (JAUSSI in: Kommentar zum Schweizerischen Steuerrecht II/2, Art. 10 VStG N 13). Eine Nachfolge in die Verrechnungssteuer-Pflicht wird von der Praxis überall dort bejaht, wo ein Vermögen oder ein Geschäft mit Aktiven und Passiven übernommen wird, auch wenn die Steuerforderung gerade in Folge dieser Übernahme entstehen sollte (JAUSSI in: Kommentar zum Schweizerischen Steuerrecht II/2, Art. 10 VStG N 18; PFUND, Art. 10 N 1.9).

164 Den Empfänger der steuerbaren Leistung trifft mangels gesetzlicher Grundlage keine Haftung für die Entrichtung der Verrechnungssteuer. Eine **solidarische Mithaftung** ist für zwei Fälle vorgesehen:

– Für die Steuern einer aufgelösten juristischen Person haften die mit der Liquidation betrauten Personen bis zum Betrag des Liquidationsergebnisses (Art. 15 Abs. 1 lit. a VStG; vgl. dazu LINDENMAYER, Die Haftung des Verwaltungsrates für Verrechnungssteuern, in: Jusletter 23.8.2004). Dies gilt insbesondere auch bei Fusion, Umwandlung etc. (PFUND, Art. 15 N 4). Die Haftung tritt auch beim Verkauf eines Aktienmantels ein (BGer 23.9.1999, ASA 69 [2000/2001], 898, 902; vgl. bereits SRK 29.1.1999, VPB 64.114 E. 2c).

– Bei Sitzverlegung ins Ausland (Art. 15 Abs. 1 lit. b VStG); somit wohl auch bei einer Emigrationsfusion.

165 Der maximale **Betrag** der Haftung ist das Liquidationsergebnis bzw. bei der Sitzverlegung ins Ausland das Reinvermögen der juristischen Person (Art. 15 Abs. 1 lit. a und b VStG). Innerhalb dieses Betrages bezieht sich die Haftung auf die Steuer-, Zins- und Kostenforderungen, die während der Geschäftsführung der haftenden Person entstanden sind (Art. 15 Abs. 2 VStG; PFUND, Art. 15 N 17 ff.). Die Haftung entfällt, wenn der Nachweis erbracht wird, dass der Liquidator oder das Organmitglied alles ihm Zumutbare zur Feststellung und Erfüllung der Steuerforderung getan hat (Art. 15 Abs. 2 VStG; vgl. hierzu SRK 25.6.1996, ASA 65 [1996/97], 922, 931; SRK 17.4.2001, VPB 65.113 E. 2b/cc).

d) *Rückerstattung*

da) Rückerstattungsberechtigte Personen

166 Die Rückerstattung können – bei Erfüllen der weiteren Voraussetzungen – die **natürlichen Personen** verlangen, die bei Fälligkeit der steuerbaren Leistung Wohnsitz in der Schweiz hatten (Art. 22 Abs. 1 VStG). Im Weiteren sind der **Bund**, die **Kantone** und **Gemeinden** sowie ihre Anstalten und Betriebe und die unter ihrer Verwaltung stehenden

Spezialfonds (Art. 24 Abs. 1 VStG), die **juristischen Personen** und die **Handelsgesellschaften ohne juristische Persönlichkeit** zur Rückerstattung berechtigt, wenn sie bei Fälligkeit der steuerbaren Leistung ihren Sitz im Inland hatten (Art. 24 Abs. 2 VStG).

Rückerstattungsberechtigt sind sodann die inländischen **Betriebsstätten** ausländischer Unternehmen, soweit es sich bei den steuerbaren Erträgen um Betriebsstätteeinkünfte handelt (Art. 24 Abs. 3 VStG). 167

Nach internem Schweizer Recht sind **Ausländer** nicht rückerstattungsberechtigt, mit der einzigen Ausnahme von bestimmten Einrichtungen zu Gunsten von Auslandschweizern (Art. 24 Abs. 4 VStG). Die Rückerstattungsberechtigung ausländischer natürlicher oder juristischer Personen ergibt sich im Übrigen aus dem allenfalls anwendbaren **Doppelbesteuerungsabkommen** (vgl. PFUND/ZWAHLEN, Art. 21 N 2.7). 168

db) Rückerstattungsberechtigter Empfänger der steuerbaren Leistung

Zur Rückerstattung ist berechtigt, wer bei Fälligkeit der steuerbaren Leistung das **Recht zur Nutzung** des den steuerbaren Ertrag abwerfenden Vermögenswertes besass (Art. 21 Abs. 1 lit. a VStG). Das Recht zur Nutzung ist nicht einfach zu umschreiben und zu konkretisieren. Gemäss der bundesgerichtlichen Rechtsprechung enthält Art. 21 Abs. 1 lit. a VStG nicht einen zivilrechtlichen, sondern einen **wirtschaftlichen Anknüpfungspunkt** und ist dementsprechend in wirtschaftlicher Betrachtungsweise auszulegen (BGer 18.5.1993, ASA 62 [1993/94], 705, 708; SRK 19.2.2001, VPB 65.112 E. 2b/bb). Das Recht zur Nutzung steht im Allgemeinen dem zivilrechtlichen Eigentümer eines Vermögenswertes zu. Das schliesst nicht aus, dass in Ausnahmefällen der zivilrechtliche Eigentümer das Nutzungsrecht nicht besitzt, etwa wenn er vertraglich verpflichtet ist, den Kapitalertrag an Dritte weiterzuleiten (BGer 25.1.1985, ASA 54 [1985/86], 386). Das Nutzungsrecht steht wirtschaftlich betrachtet dem Nutzungseigner auch dann nicht zu, wenn er zwar keiner formellen vertraglichen Verpflichtung zur Weiterleitung des Ertrags unterliegt, aber aus der Gesamtheit der Umstände zu schliessen ist, dass ihm der Kapitalertrag nicht verbleibt (STOCKAR/HOCHREUTENER, Art. 21 Abs. 1 lit. a VStG, Nr. 35). Das Recht zur Nutzung kann somit entweder dinglich, obligatorisch oder rein faktisch begründet sein (BAUER-BALMELLI in: Kommentar zum Schweizerischen Steuerrecht II/2, Art. 21 VStG N 17). 169

Das Recht zur Nutzung wird nach neuerer Rechtsprechung im internationalen Verhältnis dort verneint, wo die Empfängerin der Dividende eine blosse **Durchlaufgesellschaft** ist (SRK 28.2.2001, VPB 65.86 E. 7; BURRI, FStR 2001, 205 f.). Die Abgrenzung zur Steuerumgehung gemäss Art. 21 Abs. 2 VStG ist fliessend; das Bundesgericht hat einen früheren Fall betreffend die Rückerstattungsberechtigung einer niederländischen Domizilgesellschaft unter dem Aspekt des Missbrauches entschieden (BGE 110 Ib 287, 288 ff. = ASA 54 [1985/86], 65, 71 ff.; BURRI, FStR 2001, 205; HOCHREUTENER, ASA 54 [1985/86], 366 f.). 170

Bei der Rückerstattung der Verrechnungssteuer wird seit jeher die sog. **Direktbegünstigtentheorie** angewendet. Rückerstattungsberechtigt ist danach bei steuerbaren geldwerten Leistungen der Gesellschaft nicht der Aktionär, sondern der Empfänger der Leistung, obwohl jenem nicht das Recht zur Nutzung zusteht (STOCKAR/HOCHREUTENER, Art. 21 Abs. 1 VStG, Nr. 3; RK VS 14.9.1989, ASA 59 [1990/91], 496, 499 f.; PFUND/ZWAHLEN, Art. 21 N 5.9; STOCKAR, 208 f.). Die neuere Praxis der Eidgenössischen Steuerverwaltung bringt (seit dem 1.1.2001) in bestimmten Fällen hingegen die Dreieckstheorie zur Anwendung (ESTV-DVS, MB Leistungsempfänger S-02.141, Ziff. II.). Die Dreieckstheorie soll bei geldwerten Leistungen zwischen verbundenen Unternehmen einschlägig sein, wenn 171 entweder eine Gesellschaft einen Beitrag zur Sanierung einer Schwester- oder einer nahestehenden Gesellschaft leistet oder wenn eine sanierungsbedürftige Gesellschaft eine über Reserven verfügende Gesellschaft durch Fusion übernimmt (ESTV-DVS, MB Leistungsempfänger, S-02.141, Ziff. II./1). Weiter werden diejenigen geldwerten Leistungen nach der Dreieckstheorie beurteilt, welche ausschliesslich auf familiären oder freundschaftlichen Beziehungen des Aktionärs der leistenden Gesellschaft und dem Leistungsempfänger oder den Inhabern von Beteiligungsrechten einer empfangenden juristischen Person beruhen (ESTV-DVS, MB Leistungsempfänger, S-02.141, Ziff. II./2; näher BAUER-BALMELLI in: Kommentar zum Schweizerischen Steuerrecht II/2, Art. 21 VStG N 25 ff.).

172   Die Rückerstattung ist gemäss Art. 21 Abs. 2 VStG in allen Fällen unzulässig, wo sie zu einer **Steuerumgehung** führen würde. Dieser gesetzliche Vorbehalt der Steuerumgehung soll verhindern, dass Sachverhalte geschaffen werden, die dem gewöhnlichen Lauf der Dinge objektiv den Zweck der Verrechnungssteuer vereiteln, d.h. dazu führen, dass die Rückerstattung einem Defraudanten oder Ausländer zu Gute kämen (PFUND/ZWAHLEN, Art. 21 N 4.5; vgl. auch BAUER-BALMELLI in: Kommentar zum Schweizerischen Steuerrecht II/2, Art. 21 VStG N 39).

173   Der Vorbehalt der Steuerumgehung spielt im vorliegenden Kontext vor allem im **internationalen Verhältnis** eine wichtige Rolle. Die Steuerumgehung hat sich in einer Reihe von typisierten Fallkonstellationen konkretisiert. Der erste Fall ist jener der internationalen, **verrechnungssteuerlichen indirekten Teilliquidation**. Nicht oder nicht vollumfänglich rückerstattungsberechtigte Ausländer verkaufen eine Schweizer (verrechnungssteuerpflichtige) Gesellschaft einem inländischen Dritten ins Geschäftsvermögen. Die (Substanz-) Ausschüttungen der veräusserten Schweizer Gesellschaften können von der inländischen Erwerberin ohne Belastung mit Verrechnungssteuer vereinnahmt und für die Tilgung der Kaufpreisschuld verwendet werden. Im Ergebnis kommt der Ausländer verrechnungssteuerfrei in den Genuss einer (Teil-) Liquidationsdividende der veräusserten Schweizer Gesellschaft. In diesem Vorgehen erblickt die Praxis eine Steuerumgehung im Sinne von Art. 21 Abs. 2 VStG und verweigert der Schweizer Erwerberin die Rückerstattung der Verrechnungssteuer auf der Dividende der ihr übertragenen Gesellschaft bzw. gegebenenfalls die Durchführung des Meldeverfahrens (BGer 11.12.1981, ASA 50 [1981/82], 583, 587; BURRI, FStR 2001, 208; STOCKAR/HOCHREUTENER, Art. 21 Abs. 2 VStG, Nr. 8 und 12; STOCKAR, 159).

174   Mit dieser ersten Fallkonstellation stimmen die Fälle im Wesentlichen überein, wo der Käufer einer Schweizer Gesellschaft eine **Schweizer Zwischengesellschaft** errichtet, um den Kaufpreis aus verrechnungssteuerfreien (Substanz-) Dividenden zu begleichen. Auch hier wird allenfalls die Rückerstattung der Verrechnungssteuer verweigert (BGer 3.10.1980, ASA 50 [1981/82], 145, 149). Kaufangebote mit zum Voraus bekannter Absorption der erworbenen Gesellschaft werden unter dem Aspekt der Steuerumgehung beurteilt (STOCKAR, 139; vgl. auch ESTV-DVS, KS 5 vom 1.6.2004, Bsp. Nr. 6).

175   Als «**internationale Transponierung**» (vgl. BAUER-BALMELLI in: Kommentar zum Schweizerischen Steuerrecht II/1, Art. 21 VStG N 42) lässt sich jenes Vorgehen bezeichnen, wo Ausländer die Anteile an einer Schweizer Gesellschaft in eine selbstbeherrschte inländische Gesellschaft gegen Aktienkapital oder gegen Darlehensgutschrift einbringen und auf diese Weise die verrechnungssteuerfreie Umwandlung von Dividenden in die Rückzahlung von Aktienkapital zu bewerkstelligen trachten. Die Praxis lässt bei Vorliegen einer Steuerumgehung die Rückerstattung der Verrechnungssteuer auf den Dividenden der eingebrachten Schweizer Gesellschaft nicht zu (BGer 30.4.1971, ASA 40 [1971/72], 512; BURRI, FStR 2001, 207).

Sofern die Schweizer Gesellschaft mit diesen Reserven übergeht, nicht liquidiert wird und weiterhin über ausschüttbare Reserven verfügt, so wird bei künftigen Ausschüttungen in Anwendung der sog. **Altreservenpraxis** die Rückerstattung der Verrechnungssteuer verweigert (vgl. BGer 16.8.1996, ASA 66 [1997/98], 406; BURRI, FStR 2001, 207). Als Altreserven gelten die ausschüttbaren offenen Reserven (BGer 16.8.1996, ASA 66 [1997/98], 406, 415; BURRI, FStR 2001, 207 f.). Künftige Verluste schmälern die Altreserven. Bei Ausschüttungen gelten zuerst die Altreserven als ausgeschüttet (BURRI, FStR 2001, 208). Neu gebildete Reserven können bei Erfüllen der gesetzlichen Voraussetzungen (Art. 21 ff. VStG) unter voller Rückerstattung der Verrechnungssteuer ausgeschüttet werden.

176

Bei einer **Quasifusion** mit zum Voraus bekannter bzw. zeitnaher **Absorption** der erworbenen Gesellschaft prüft die Eidgenössische Steuerwaltung, ob das Vorgehen so gewählt wurde, um die bei einer Fusion anfallende Verrechnungssteuer zu umgehen (Besteuerung von Nennwertgewinnen und Ausgleichszahlungen, N 155 f.). Wenn dies der Fall sein sollte, wird der Vorgang wie eine Fusion behandelt (BGer 9.11.2001, ASA 72 [2003/2004] 413, 422 ff. = StE 2002 B 24.4 Nr. 66, zur direkten Bundessteuer; ESTV-DVS, KS 5 vom 1.6.2004, Ziff. 4.1.7.3.2; STOCKAR, 138). Wenn die Absorption innerhalb von fünf Jahren nach der Übernahme erfolgt, wird grundsätzlich von einem zeitnahen und deshalb von einem mit der Quasifusion zusammenhängenden Vorgang ausgegangen (ESTV-DVS, KS 5 vom 1.6.2004, Ziff. 4.1.7.4 i.V.m. 4.1.7.3.2, sowie Anhang I, Bsp. Nr. 7; vgl. aber N 44).

177

Zu einer Verweigerung der Rückerstattung kommt es auch dort, wo dem Empfänger die **Nutzungsberechtigung** an der Dividende abzusprechen ist (N 169 ff.). Es fehlt hier bereits am «Recht zur Nutzung» gemäss Art. 21 Abs. 1 lit. a VStG; die Abgrenzung zur Verweigerung wegen Steuerumgehung auf Grund von Art. 21 Abs. 2 VStG wird indessen nicht immer klar vorgenommen.

178

dc) Meldeverfahren

Die Möglichkeit, anstelle des Steuerabzugs die steuerbare Leistung zu melden, wird bereits in Art. 1 Abs. 1 VStG erwähnt. Art. 20 VStG bestimmt, dass dem Steuerpflichtigen gestattet werden kann, seine Steuerpflicht durch Meldung der steuerbaren Leistung zu erfüllen, wo die Steuerentrichtung zu unnötigen Umtrieben oder zu einer offenbaren Härte führen würde; die Fälle, in denen dieses Verfahren zulässig ist, werden auf dem Verordnungsweg geregelt. Die Entrichtung der Steuer mit nachfolgendem Rückerstattungsverfahren bildet die Regel. Der hohe Steuersatz von 35% und der Umstand, dass die Verrechnungssteuer frühestens im folgenden Kalenderjahr zurückgefordert werden kann (Art. 29 Abs. 2 VStG), können eine starke, im Einzelfall für Umstrukturierungen gar prohibitive Belastung der Liquidität der Unternehmung zur Folge haben, weshalb das bargeldlos abzuwickelnde Meldeverfahren sehr wichtig sein kann. Das Gesuch ist schriftlich bei der Eidgenössischen Steuerverwaltung mit detaillierten Angaben über die Empfänger der steuerbaren Leistung und über die steuerbare Leistung selber, insbesondere deren Bruttobetrag, einzureichen (Art. 25 Abs. 1 VStV).

179

Bei den folgenden vier in Art. 24 Abs. 1 VStV angeführten Fällen kann das Meldeverfahren in Anspruch genommen werden, sofern feststeht, dass die Leistungsempfänger rückerstattungsberechtigt wären und ihre Zahl nicht mehr als 20 beträgt (Art. 24 Abs. 2 VStV):

180

1. Die Aufrechnung einer **geldwerten Leistung** bei der steuerpflichtigen Gesellschaft (Art. 24 Abs. 1 lit. a VStV).

181

182 2. Ausgabe von **Gratisaktien** (Art. 24 Abs. 1 lit. b VStV). Dieser Fall kommt insbesondere bei Nennwerterhöhungen im Zuge von Umstrukturierungen zum Tragen.

183 3. Ausrichtung von Naturaldividenden oder Liquidationsüberschüssen durch **Abtretung von Aktiven** (Art. 24 Abs. 1 lit. c VStV). Soweit bei einer Umstrukturierung der Steueraufschub gemäss Art. 5 Abs. 1 lit. a VStG nicht Platz greift, muss jeweils geprüft werden, ob der Vorgang verrechnungssteuerlich mit dem Meldeverfahren abgewickelt werden kann. Weil Umstrukturierungsvorgänge regelmässig verrechnungssteuerlich als Liquidation anzusehen sind, ist oftmals Art. 24 Abs. 1 lit. c VStG anwendbar. Die Praxis der Eidgenössischen Steuerverwaltung neigt dazu, das Meldeverfahren für die Übertragung von liquiden Mittel zu verweigern. Es kommt sodann gemäss ihrer Praxis dort nicht zur Anwendung, wo vor der Sachdividende bereits eine Geldzahlung gegen Einräumung eines Forderungsrechtes (regelmässig Darlehen) erfolgte und deshalb mit der Sachdividende eine Geldforderung verrechnet wird oder durch Konfusion untergeht.

184 4. **Sitzverlegung ins Ausland** (Art. 24 Abs. 1 lit. d VStV).

185 Das Meldeverfahren ist sodann beim **Rückkauf eigener Beteiligungsrechte** (Art. 24a VStV) und bei **Dividenden im Konzernverhältnis** (Art. 26a VStV) vorgesehen.

e) Verrechnungssteuer bei Umstrukturierungen

ea) Ausgangslage

186 Bei Umstrukturierungen werden regelmässig Wirtschaftsgüter dem bisherigen Rechtsträger entnommen und auf einen anderen Rechtsträger übertragen. Eine solche Übertragung stellt aus Sicht der Verrechnungssteuer in folgenden Fällen einen steuerfreien Vorgang dar:

187 – Es handelt sich um ein **entgeltliches Geschäft zu Drittbedingungen**. Die übernehmende Gesellschaft entrichtet der übertragenden Gesellschaft ein Entgelt, welches dem Verkehrswert der übertragenen Wirtschaftsgüter entspricht. Die latent der Verrechnungssteuer unterliegenden Reserven der übertragenden Gesellschaft werden deshalb durch die Übertragung nicht berührt. Allenfalls werden stille in offene Reserven umgewandelt oder es materialisiert sich ein Verlust; dies sind jedoch einzig die Folgen eines Geschäftsvorfalles und bilden keine verrechnungssteuerlich beachtlichen Reservenentnahmen.

188 – Die Wirtschaftsgüter werden im Rahmen einer **Herabsetzung des Aktienkapitals** auf die Aktionäre übertragen, wobei der Verkehrswert der Wirtschaftsgüter nicht höher ist als der Betrag, um den das Aktienkapital reduziert wird. Damit wird zwar – anders als im ersten Fall – das Eigenkapital der übertragenden Gesellschaft geschmälert, aber zu Lasten des verrechnungssteuerfrei rückzahlbaren Aktienkapitals (vgl. aber zur Rückzahlung von Agio und Kapitalzuschüssen N 154, 157).

189 – Die Wirtschaftsgüter werden auf eine Tochtergesellschaft als stille oder als offene **Kapitaleinlage** übertragen, weshalb die Reserven weiterhin der Steuer verhaftet bleiben.

190 Wenn hingegen Wirtschaftsgüter entnommen werden, ohne dass die übertragende Gesellschaft eine dem Verkehrswert entsprechende Gegenleistung erhält oder eine Reduktion des Aktienkapitals vornimmt, verlassen der Verrechnungssteuer unterworfene **Reserven** die Gesellschaft, was grundsätzlich – unter dem Vorbehalt des Steueraufschubes von Art. 5 Abs. 1 lit. a VStG – zur Erhebung der Verrechnungssteuer führt. Dabei ist von

Bedeutung, dass das Recht der Verrechnungssteuer eine formale Betrachtungsweise anstellt und insbesondere bei jeglicher Auflösung des bisherigen verrechnungssteuerpflichtigen Rechtsträgers von einer die Steuer auslösenden **Liquidation** ausgeht (N 158). Der Grund für diese Qualifikation von Umstrukturierungsvorgängen als Liquidation ist steuersystematischer Natur und liegt darin, dass verhindert werden soll, dass latent verrechnungssteuerpflichtige Reserven ohne Steuerfolgen in den steuerfreien Bereich gelangen. Unter dieser formalen Betrachtungsweise wird insbesondere bei einer Fusion die untergehende Gesellschaft vollständig liquidiert («Totalliquidation»), indem sämtliche Reserven der Gesellschaft auf einen anderen Rechtsträger übergehen. Die Vermögenswerte der absorbierten Gesellschaft werden durch Übertragung auf die absorbierende Gesellschaft verwertet und die Gegenleistung der absorbierenden Gesellschaft, welche in Aktien dieser Gesellschaft besteht, wird an die Aktionäre der absorbierten Gesellschaft verteilt, womit eine geldwerte Leistung der absorbierten Gesellschaft vorliegen soll (PFUND, Art. 4 N 3.44; STOCKAR, 173 f.). Zivilrechtlich ist indessen eine Fusion schon immer eine Universalsukzession ohne Liquidation gewesen. Sinngemäss gilt dies für die unechten Fusionen, aber auch für – echte oder unechte – Umwandlungen oder Spaltungen.

Die **Konsequenzen** daraus können aber offenkundig unangemessen sein und dem wirtschaftlichen und rechtlichen Gehalt eines Umstrukturierungsvorgangs nicht entsprechen. Die Steuerbarkeit des Vorgangs hätte zudem zur Folge, dass die Steuer abzuführen und von den Aktionären zurückzufordern wäre, was jedenfalls bei Wohnsitz im Ausland nicht immer vollständig möglich ist. Auch das Meldeverfahren würde hier nicht Abhilfe schaffen können. Die Annahme eines steuerbaren Tatbestandes ist aber auch aus fiskalischer Sicht dann und soweit nicht erforderlich, als die Reserven, die bei der untergehenden Gesellschaft der Verrechnungssteuer unterlegen sind, nunmehr bei der aufnehmenden Gesellschaft Verrechnungssteuersubstrat bilden und bei ihrer Ausschüttung an die Anteilseigner besteuert werden können. Das Ziel der Verrechnungssteuer, die Einkommensbesteuerung beim Aktionär sicherzustellen (N 142), kann in einem solchen Fall weiterhin erreicht werden. Aus verrechnungssteuerlicher Sicht gehen allerdings die Reserven nicht immer vollständig in die Reserven der übernehmenden Gesellschaft über. In solchen Fällen muss es zu einer verrechnungssteuerlichen Abrechnung kommen.

Der durch das FusG geänderte Art. 5 Abs. 1 lit. a VStG bestimmt deshalb, dass die Reserven und Gewinne einer Kapitalgesellschaft gemäss Art. 49 Abs. 1 lit. a DBG oder einer Genossenschaft, die bei einer Umstrukturierung nach Art. 61 DBG in die Reserven einer aufnehmenden oder umgewandelten inländischen Kapitalgesellschaft oder Genossenschaft übergehen, von der Verrechnungssteuer ausgenommen sind. In diesem Umfang liegt also ein Steueraufschub vor. In der **ursprünglichen Fassung** von Art. 5 Abs. 1 lit. a VStG war die Ausnahme von der Verrechnungssteuer vorgesehen für «die Reserven und Gewinne einer Aktiengesellschaft, Gesellschaft mit beschränkter Haftung oder Genossenschaft, die bei einer Fusion, Umwandlung oder Aufspaltung in die Reserven der aufnehmenden oder umgewandelten inländischen Gesellschaft oder Genossenschaft übergehen» (AS 1966, 371).

Art. 5 Abs. 1 lit. a VStG wurde in einem späten Stadium des **Gesetzgebungsverfahrens** des Fusionsgesetzes an die geänderten Vorschriften der direkten Steuern angepasst. Die Arbeitsgruppe Steuern hatte noch keinen Bedarf an einer Änderung von Art. 5 Abs. 1 lit. a VStG ausgemacht (Bericht Steuern 1, 8). Die bundesrätliche Vorlage zum FusG beantragte dementsprechend keine Gesetzesänderung (vgl. Botschaft, 4377 f., wo es einzig um die fallen gelassenen Vorschläge hinsichtlich Spitzenausgleich und Nennwerterhöhungen geht). In der Folge der Erweiterung des Anwendungsbereiches der steuerneutralen Konzernübertragung im Sinne von Art. 61 Abs. 3 Satz 1 DBG (bzw. Art. 24 Abs. 3^{quater} Satz 1 StHG) durch den Ständerat wurde erkannt, dass die bisherige Fassung von Art. 5 Abs. 1 lit. a VStG diese neuen Möglichkeiten nicht erfasst, so dass Konzernübertragungen zwar gewinnsteuerneutral hätten vollzogen werden können, aber die Verrechnungssteuer hätte erhoben werden müssen. Aus diesem Grund empfahl der Ständerat dem Bundesrat zu prüfen, das Meldeverfahren nötigenfalls entsprechend auszudehnen und die VStV anzupassen (Prot. WAK StR vom 19.9.2000, 15, sowie Anhang: Antrag 15). Der Bundesrat war bereit, diese Empfehlung entgegenzunehmen, und der Ständerat verabschiedete sie am 21.3.2001 (AmtlBull StR 2001, 169). Die Änderung von Art. 5 Abs. 1 lit. a VStG geht auf einen in der Folge eingebrachten Antrag der Eidgenössischen Steuerverwaltung vom 25.4.2003 zurück. Es wurde geltend gemacht, das Meldeverfahren sei insbesondere wegen der Notwendigkeit, die steuerbare Leistung zu bewerten, aufwändig und zugleich wegen der Verhaftung der Reserven bei der übernehmenden Gesellschaft unnötig, indessen lasse der bisherige Wortlaut von Art. 5 Abs. 1 lit. a VStG keine Ausdehnung seines Anwendungsbereiches durch die Verwaltungspraxis zu. Die neue Fassung bedeute eine Erleichterung sowohl für die Verwaltung als auch für die Steuerpflichtigen (Prot. RK NR vom 29.4.2003, 3, sowie Anhang: Antrag ESTV vom 28.4.2003 betr. Art. 5 Abs. 1 lit. a VStG). Der Vorschlag wurde von den vorberatenden Kommissionen für gut befunden (Prot. RK StR vom 15.5.2003, 5 f.; Prot. RK NR vom 11.6.2003, 12) und in den Räten diskussionslos angenommen (AmtlBull StR 2003, 493; AmtlBull NR 2003, 1037).

194 Die neue Formulierung hat den Anwendungsbereich von Art. 5 Abs. 1 lit. a VStG um die neu eingeführten Umstrukturierungstatbestände der Gewinnsteuer erweitert und bringt so eine zu begrüssende Harmonisierung der Verrechnungssteuer mit der Gewinnsteuer. Die Tragweite der Gesetzesänderung für Fusionen, Umwandlungen und Spaltungen darf nicht überschätzt werden. Wichtig und zu begrüssen ist aber, dass die konzeptionellen Änderungen der direkten Steuern bei der Konzernübertragung sich auch auf die Verrechnungssteuer auswirken.

eb) Übertragende Gesellschaft

195 Die Ausnahmebestimmung von Art. 5 Abs. 1 lit. a VStG setzt zunächst voraus, dass es sich um die Reserven und Gewinne einer Kapitalgesellschaft gemäss Art. 49 Abs. 1 lit. a DBG oder einer Genossenschaft handelt. Art. 49 Abs. 1 lit. a DBG regelt die subjektive Steuerpflicht bei der Gewinnsteuer und nennt als Kapitalgesellschaften Aktiengesellschaften, Kommanditaktiengesellschaften und Gesellschaften mit beschränkter Haftung. Weil die gemäss Art. 4 Abs. 1 lit. b VStG für ihre Gewinne verrechnungssteuerpflichtigen inländischen Kapitalgesellschaften von Art. 49 Abs. 1 lit. a DBG erfasst werden, schränkt die neue Formulierung den Geltungsbereich von Art. 5 Abs. 1 lit. a VStG nicht ein.

196 Die Genossenschaften werden von Art. 49 Abs. 1 lit. a DBG ebenfalls ausdrücklich erfasst, aber bereits in Art. 5 Abs. 1 lit. a VStG genannt, so dass es keinen Verweis auf die erstere Bestimmung braucht. Als Genossenschaften kommen nur solche mit Anteilsscheinen im Sinne von Art. 833 Ziff. 1 und 853 OR in Frage, weil Genossenschaften ohne Anteilsscheine ohnehin nicht der Verrechnungssteuer unterstehen (PFUND, Art. 4 N 3.5). Art. 5 Abs. 1 lit. a VStG will den Anwendungsbereich von Art. 4 Abs. 1 lit. b VStG (N 149 ff.) nicht erweitern.

197 Von Art. 5 Abs. 1 lit. a VStG können auch inländische Kapitalgesellschaften oder Genossenschaften profitieren, die gemäss Art. 56 DBG **von der Gewinnsteuer befreit**

sind. Diese Gesellschaften sind grundsätzlich Art. 49 Abs. 1 lit. a DBG unterworfen, weshalb Art. 5 Abs. 1 lit. a VStG auf sie schon auf Grund seines Wortlautes Anwendung findet. Darüber hinaus liesse sich eine gegenüber den gewinnsteuerpflichtigen Kapitalgesellschaften und Genossenschaften unterschiedliche verrechnungssteuerliche Behandlung nicht begründen, weil die Steuerbefreiung bei der Gewinnsteuer die Verrechnungssteuer nicht berührt.

Die Schwäche der gesetzlichen Formulierung von Art. 5 Abs. 1 lit. a VStG liegt darin, dass diese Bestimmung beim subjektiven Anwendungsbereich nicht an die Verrechnungssteuerpflicht gemäss Art. 4 Abs. 1 lit. b VStG anknüpft. Dies hätte eigentlich nahe gelegen, nachdem es sich ja um einen Aufschub der Verrechnungssteuer und nicht um einen der Gewinnsteuer handelt. In Einzelfällen können sich Fragen ergeben, nämlich dann, wenn **andere juristische Personen** als Kapitalgesellschaften oder Genossenschaften Beteiligungspapiere herausgegeben haben. Dies kann insbesondere für öffentlichrechtliche Institute zutreffen. In derartigen Fällen muss Art. 5 Abs. 1 lit. a VStG aus steuersystematischen Gründen ebenfalls Anwendung finden.

Soweit die umstrukturierende Gesellschaft **nicht verrechnungssteuerpflichtig** ist, benötigt sie selbstverständlich keinen Steueraufschub. Personengesellschaften, Vereine, Stiftungen, Genossenschaften ohne Anteilsscheine und – unter dem soeben erwähnten Vorbehalt – Institute des öffentlichen Rechts können sich deshalb von vorneherein ohne direkte Folgen bei der Verrechnungssteuer umstrukturieren. Allenfalls übertragen sie ihre Reserven in den verrechnungssteuerpflichtigen Bereich, so dass bisher steuerfreie Mittel neu latent mit der Verrechnungssteuer belastet sind. Nur die ins Nennkapital übergehenden Reserven können diesfalls verrechnungssteuerfrei zurückgezahlt werden. Eine verrechnungssteuerliche Steuerbilanz gibt es nicht (N 154, 157); die Verrechnungssteuer unterscheidet nicht danach, ob die Reserven der verrechnungssteuerpflichtigen Gesellschaft von der Gesellschaft selbst erarbeitet oder ob sie vom Anteilseigner in die Gesellschaft eingelegt worden sind. Aus diesen Gründen kann es sich im Einzelfall aufdrängen, bei Umstrukturierungen ein möglichst hohes Nennkapital zu schaffen und dabei die Emissionsabgabe in Kauf zu nehmen.

ec) Übernehmende Gesellschaft

Die übernehmende Gesellschaft muss eine inländische Kapitalgesellschaft oder Genossenschaft sein. Damit wird indirekt vorausgesetzt, dass die aufnehmende Gesellschaft gemäss Art. 4 Abs. 1 lit. a VStG verrechnungssteuerpflichtig ist (N 149 ff.), was auf die inländischen Aktiengesellschaften, Kommanditaktiengesellschaften, Gesellschaften und Genossenschaften mit Anteilsscheinen zutrifft. Genossenschaften ohne Anteilsscheine werden vom Anwendungsbereich von Art. 5 Abs. 1 lit. a VStG nicht erfasst, weil diese nicht der Verrechnungssteuer unterliegen. Der Gesetzeswortlaut ist diesbezüglich zu weit gefasst und irreführend.

Die **Befreiung** der aufnehmenden Gesellschaft von der **Gewinnsteuer** ist verrechnungssteuerlich unbeachtlich. Die Reserven der übertragenden Gesellschaft sind bei der aufnehmenden Gesellschaft weiterhin der Verrechnungssteuer verhaftet. Die Verrechnungssteuer kennt keine den Art. 23 Abs. 1–3 StHG und Art. 56 DBG analoge Befreiungstatbestände.

Bei der Übertragung auf Personengesellschaften, Vereine und Stiftungen sowie auf Institute des öffentlichen Rechts lässt sich der Aufschub von der Verrechnungssteuer nicht in Anspruch nehmen. Dies führt bei der übertragenden Gesellschaft zur Besteuerung der Reserven. Soweit allerdings die Reserven weiterhin der Verrechnungssteuer verhaftet sein sollten, weil der übernehmende Rechtsträger Beteiligungsrechte im Sinne von Art. 4 Abs. 1 lit. b VStG herausgegeben hat, muss Art. 5 Abs. 1 lit. a VStG entsprechend angewendet werden.

203 Bei der Fusion mit einer **ausländischen Kapitalgesellschaft** (Emigrationsfusion i.S.v. Art. 163b IPRG) verlassen die Reserven der untergehenden inländischen Gesellschaft den Bereich der Verrechnungssteuer, was zur verrechnungssteuerlichen Abrechnung führt (Art. 4 Abs. 2 VStG; zum Meldeverfahren vgl. N 180, 184). Art. 5 Abs. 1 lit. a VStG gewährt deshalb keinen Steueraufschub. Dies trifft auch dann zu, wenn die aufnehmende ausländische Gesellschaft nach der Fusion eine Betriebsstätte in der Schweiz unterhält und gewinnsteuerlich keine Abrechnung erforderlich ist, weil die Betriebsstätte einer ausländischen Kapitalgesellschaft nicht der Verrechnungssteuer unterworfen ist (N 149). Anders wäre allenfalls dann zu entscheiden, wenn die aufnehmende Gesellschaft verrechnungssteuerlich eine Inländerin wäre (N 150).

ed) Reserven und Gewinne

204 Mit «Reserven und Gewinne» sind ungeachtet ihrer Bezeichnung in der Bilanz der Gesellschaft sämtliche offenen und stillen Reserven und laufenden oder vorgetragenen Gewinne samt etwaigem nicht einbezahlten Nennkapital gemeint (PFUND, Art. 5 N 2.5). Nicht erfasst ist einzig das einbezahlte Nennkapital, weil dieses der Verrechnungssteuer ohnehin nicht unterworfen ist.

ee) Umstrukturierung

205 Der Ausnahmetatbestand von Art. 5 Abs. 1 lit. a VStG gilt bei Umstrukturierungen nach Art. 61 DBG. Somit ist vorausgesetzt, dass bei der Gewinnsteuer eine steuerneutrale Umstrukturierung vorliegt. Ein Unterschied zwischen echten und unechten Fusionen, Umwandlungen und Spaltungen wird nicht gemacht. Der Steueraufschub gilt insbesondere auch für die Konzernübertragungen i.S. von Art. 61 Abs. 3 DBG; deren Einbezug in die Regelung von Art. 5 Abs. 1 lit. a VStG war der Anlass für dessen Änderung (N 193).

206 Wenn es zu **Aufwertung**en im Rahmen einer ansonsten steuerneutralen Umstrukturierung kommt, führt dies zur Besteuerung mit der Gewinnsteuer. Dessen ungeachtet findet Art. 5 Abs. 1 lit. a VStG Anwendung, weil die Aufwertung auch dann den direkten Steuern unterliegen würde, wenn sie nicht im Rahmen einer Umstrukturierung erfolgte, und weil das Verrechnungssteuersubstrat durch die Aufwertung nicht berührt wird.

207 Bei der Übertragung auf **Tochtergesellschaften** kommt es, unabhängig davon, ob dies gemäss Art. 61 Abs. 1 lit. d DBG gewinnsteuerneutral erfolgt, aus Sicht der Verrechnungssteuer von vornherein zu keiner Besteuerung, weil die Reserven der Muttergesellschaft bei dieser der Verrechnungssteuer verhaftet bleiben, indem sie nunmehr auf der Beteiligung anstatt auf den eingebrachten Vermögenswerten zu finden sind (vgl. PFUND, Art. 5 N 2.11). Ein späterer Veräusserungsgewinn unterliegt bei seiner Ausschüttung an die Aktionäre der Verrechnungssteuer. Die Übertragung auf in- oder ausländische Tochtergesellschaften ist deshalb – unabhängig von der Sperrfrist der Gewinnsteuer (Art. 61 Abs. 2 DBG) – verrechnungssteuerlich ohne Bedeutung (ESTV-DVS, KS 5 vom 1.6.2004, Ziff. 4.4.2.5, und Anhang I, Bsp. Nr. 17 und 18).

ef) Übergang in die Reserven der aufnehmenden Gesellschaft

208 Das Erfordernis, dass die Reserven in die Reserven einer umgewandelten oder aufnehmenden Gesellschaft übergehen, bedeutet, dass diese Reserven weiterhin der Verrech-

nungssteuer verhaftet sein müssen. Dies ist dann nicht der Fall, wenn bisher verrechnungssteuerpflichtige Reserven in verrechnungssteuerfrei rückzahlbares Nennkapital übergeht (N 209 ff.), und wenn Ausschüttungen vorgenommen werden (N 213 ff.).

eg) Übergang von Reserven in Nennkapital

Wenn bei der übernehmenden Gesellschaft im Zuge der Fusion eine Kapitalerhöhung stattfindet, gehen im Umfang der Kapitalerhöhung verrechnungssteuerfreies Nennkapital und verrechnungssteuerbelastete Reserven der absorbierten Gesellschaft in das verrechnungssteuerfreie Nennkapital der aufnehmenden Gesellschaft über. Wenn die aufnehmende Gesellschaft mehr Nennkapital schafft als einbezahltes Nennkapital bei der absorbierten Gesellschaft untergeht, werden verrechnungssteuerbelastete Reserven in steuerfreies Nennkapital umgewandelt. Dieser Fall wird als Schaffung von Gratisaktien angesehen, weshalb die Verrechnungssteuer anfällt (PFUND, Art. 5 N 2.8). Das Meldeverfahren kann gegebenenfalls angewendet werden (N 180, 182). Wenn das Meldeverfahren nicht zum Zuge kommt und die Verrechnungssteuer nicht auf die Aktionäre überwälzt werden kann, muss die Gesellschaft eine Aufrechnung ins Hundert vornehmen (N 161 f.). 209

Auch bei einer Umwandlung kann es zu Erhöhungen des Nennkapitals kommen. Beispielsweise muss bei der Umwandlung einer Gesellschaft mit beschränkter Haftung, welche mit dem minimalen Stammkapital von CHF 20 000 ausgestattet worden ist, in eine Aktiengesellschaft das Nennkapital auf mindestens CHF 100 000 erhöht werden. Soweit die Liberierung des neuen Nennkapitals durch Reserven erfolgt, ist die Verrechnungssteuer geschuldet (Schaffung von Gratisaktien, wofür allenfalls das Meldeverfahren herangezogen werden kann; ansonsten Überwälzung der Steuer oder Aufrechnung ins Hundert). 210

Bei einer Spaltung gehen regelmässig verrechnungssteuerpflichtige Reserven über und wird bei der übernehmenden Kapitalgesellschaft neues Nennkapital geschaffen. Soweit nicht bei der übertragenden Gesellschaft in entsprechendem Umfang eine Herabsetzung des Nennkapitals Platz greift, gehen Reserven ins Nennkapital über und nicht in die Reserven. In diesem Umfang liegt ein der Verrechnungssteuer unterliegender Vorgang mit den entsprechenden Folgen vor. 211

Die übergegangenen Reserven werden dem Zugriff der Verrechnungssteuer auch dann entzogen, wenn sie dazu verwendet werden, durch Verluste verloren gegangenes Nennkapital wiederherzustellen. Ein solcher Vorgang wird wie die Schaffung von Gratisaktien angesehen (PFUND, Art. 5 N 2.9) und unterliegt deshalb der Verrechnungssteuer. Dasselbe gilt, wenn die übergehenden Reserven zur Liberierung nicht vollständig einbezahlter Aktien verwendet werden (PFUND, Art. 5 N 2.8). 212

eh) Ausschüttungen

Häufig wird vor der Fusion eine **Dividende** ausbezahlt, sei es, um den bisherigen Aktionären die nicht betriebsnotwendige Liquidität auszuschütten, sei es, um den Verkehrswert der fusionierenden Gesellschaft zwecks Herstellung eines einfach zu handhabenden Austauschverhältnisses zu reduzieren. Solche Dividenden unterliegen selbstverständlich der Verrechnungssteuer. Soweit es sich nicht um Sachdividenden oder um Konzernverhältnisse handelt, kommt das Meldeverfahren nicht in Frage. 213

Im Weiteren sind die **Ausgleichszahlungen** (auch Spitzenausgleich genannt) im Sinne von Art. 13 Abs. 1 lit. b FusG zu nennen. Ausgleichszahlungen werden von der übernehmenden Gesellschaft den Aktionären der übernommenen Gesellschaft oder ihren bishe- 214 rigen Aktionären bezahlt, um Wertdifferenzen zwischen den alten und neuen Aktien auszugleichen. Bei Ausgleichszahlungen handelt es sich somit um Ausschüttungen aus den Reserven der Gesellschaft, die der Verrechnungssteuer unterworfen sind (PFUND, Art. 5 N 2.7). Der Vorschlag der Arbeitsgruppe Steuern, auf Ausgleichszahlungen keine Einkommens- und Verrechnungssteuern zu erheben (Bericht Steuern 1, 22 f.), wurde angesichts des Widerstands der Kantone und wegen der Unvereinbarkeit mit dem Nennwertprinzip vom Gesetzgeber nicht aufgegriffen (Botschaft, 4349, 4377 f.). Ausgleichszahlungen können nach der Praxis der Eidgenössischen Steuerverwaltung mit allfälligen Nennwertverlusten verrechnet werden (STOCKAR, 137; ESTV-DVS, KS 5 vom 1.6.2004, Ziff. 4.1.2.4.1).

215 Art. 8 FusG ermöglicht es den fusionierenden Gesellschaften, im Fusionsvertrag vorzusehen, dass die Gesellschafter zwischen Anteils- bzw. Mitgliedschaftsrechten und einer **Abfindung** wählen können. Es kann sogar vereinbart werden, dass nur eine Abfindung bezahlt wird (auch **Cash out-Merger** genannt), wobei der Fusionsbeschluss der Zustimmung von mindestens 90% der stimmberechtigten Gesellschafter der übertragenden Gesellschaft bedarf (Art. 18 Abs. 5 FusG). Diese Abfindung ist als Ausrichtung eines Teilliquidationsbetreffnisses zu würdigen und unterliegt der Verrechnungssteuer, sofern sie nicht von einer Drittpartei geleistet wird und deshalb als Veräusserungserlös anzusehen ist (vgl. ESTV-DVS, KS 5 vom 1.6.2004, Ziff. 4.1.2.4.1 i.V.m. 4.1.2.3.8; vgl. bereits Bericht Steuern 1, 26).

216 Der Übergang der Reserven der absorbierten Gesellschaft in die Reserven der Muttergesellschaft kann bei Absorptionen von Tochtergesellschaften dort unter Umständen in Frage gestellt werden, wo die Beteiligung an der zu absorbierenden Gesellschaft mit einem Wert in den Büchern steht, der höher ist als das Aktienkapital. Es handelt sich um den sog. verrechnungssteuerlichen **Fusionsverlust**. Die offenen Reserven der absorbierenden Gesellschaft reduzieren sich um die Differenz zwischen dem früheren Buchwert und dem buchmässigen Aktivenüberschuss der absorbierten Gesellschaft. Dieser Vorgang als solcher beeinträchtigt indessen das der Verrechnungssteuer unterliegende Substrat nicht. Es werden einzig offene in stille Reserven umgewandelt und das bisher verrechnungssteuerfrei rückzahlbare Aktienkapital der absorbierten Gesellschaft wird neu der Verrechnungssteuer unterworfen. Aus Sicht der Verrechnungssteuer ist also die Kombination des Erwerbs der Beteiligung durch die Muttergesellschaft und die kurz darauf folgende Absorption problematisch. Auf diese Weise können im Ergebnis Reserven der untergehenden Gesellschaft ohne Belastung mit der Verrechnungssteuer auf den früheren Aktionär übertragen werden. Der Abfluss an den früheren Aktionär erfolgt indessen – durch Zahlung des Kaufpreises – durch die erwerbende Gesellschaft. Solange dieser Kauf zu Drittbedingungen erfolgt, besteht kein verrechnungssteuerlich relevanter Sachverhalt, da die Gesellschaft nicht entreichert ist (s. auch STOCKAR, 199 ff.; wenig differenzierend PFUND, Art. 5 N 2.9). Ein steuerbarer Tatbestand kann also nur vorliegen, wenn die Voraussetzungen der Steuerumgehung erfüllt sind (vgl. auch N 172 ff.).

217 Schliesslich ist auf die Praxis zum Erwerb von Beteiligungsrechten durch **Quasifusion oder Kaufangebot** mit nachfolgender **Absorption** der erworbenen Beteiligung zu verweisen. Diese Fälle werden unter dem Gesichtswinkel der Steuerumgehung wie eine direkte Fusion behandelt (N 177).

ei) Sperrfrist

218 Die Anwendung von Art. 5 Abs. 1 lit. a VStG unterliegt keiner Sperrfrist. Eine solche ist auch nicht erforderlich, weil die Reserven weiterhin der Verrechnungssteuer unterworfen sind. Die Verwaltungspraxis will allerdings bei Konzernübertragungen im Sinne von

Art. 61 Abs. 3 Satz 1 DBG die Sperrfristenregelung von Art. 61 Abs. 4 DBG anwenden (ESTV-DVS, KS 5 vom 1.6.2004, Ziff. 4.5.3.4).

6. Emissionsabgabe

Die Emissionsabgabe wird vom Bund erhoben und ist eine Rechtsverkehrssteuer. Sie belastet die Ausgabe von Beteiligungsrechten (Art. 1 Abs. 1 lit. a Ziff. 1–3 StG) und Schuldanerkennungen, nämlich Obligationen und Geldmarktpapieren (Art. 1 Abs. 1 lit. a Ziff. 4 und 5; zu den Begriffen Art. 4 Abs. 3–5 StG und N 264 f.) sowie die Zahlung von Versicherungsprämien (Art. 1 Abs. 1 lit. c, Art. 21 ff. StG; vgl. dazu P.-O. GEHRIGER/TH. JAUSSI, Der Versicherungsstempel: Überblick, Fallstricke und Stolpersteine, StR 2004, 285 ff.). Die vorliegende Darstellung beschränkt sich auf die Emissionsabgabe auf Beteiligungsrechten.

a) Steuerobjekt

Die Emissionsabgabe wird erhoben auf der entgeltlichen oder unentgeltlichen **Begründung** und **Erhöhung** des Nennwertes von **inländischen Beteiligungsrechten** in Form von Aktien, GmbH-Anteilen, Genossenschaftsanteilen, Genussscheinen oder Partizipationsscheinen (Art. 5 Abs. 1 StG). Die Ausgabe von **Partizipationsscheinen** von Unternehmen des öffentlichen Rechts ist ebenfalls ausdrücklich der Emissionsabgabe unterstellt (BGer 25.8.1998, ASA 67 [1998/99], 748, 752 f.; BGer 3.10.1996, ASA 65 [1996/97], 827, 831; BGE 115 Ib 233, 235 = ASA 58 [1989/90], 713, 716). Steuerbar ist auch die Umwandlung von Dotationskapital in Zertifikationskapital, das in Form von Partizipationsscheinen ausgestaltet ist (BGer 31.1.2000, ASA 70 [2001/2002], 232, 234).

Gemäss Art. 5 Abs. 2 lit. a StG wird die Emissionsabgabe ebenfalls erhoben bei **Zuschüssen**, welche die Gesellschafter oder Genossenschafter ohne entsprechende Gegenleistung an die Gesellschaft oder Genossenschaft erbringen, ohne dass das im Handelsregister eingetragene Gesellschaftskapital oder der einbezahlte Betrag der Genossenschaftsanteile erhöht wird. Es handelt sich in solchen Fällen um verdeckte Kapitaleinlagen. Zuschüsse von Schwestergesellschaften sind – weil sie nicht vom Aktionär stammen – nicht der Emissionsabgabe unterworfen (vgl. STOCKAR/HOCHREUTENER, Art. 5 Abs. 2 lit. a StG Nr. 24). Die **Dreieckstheorie** (N 47) wird also – wie bei der Verrechnungssteuer (N 171) – nicht zur Anwendung gebracht (vgl. auch ESTV-DVS, KS 5 vom 1.6.2004, Ziff. 4.3.5).

Bei einem **Mantelhandel** wird ebenfalls die Emissionsabgabe erhoben (Art. 5 Abs. 2 lit. b StG; vgl. STOCKAR, 22 f.). Anders als bei der Verrechnungssteuer, wo die Besteuerungsgrundlage des Mantelhandels und der Begriff des Mantels aus dem Vorbehalt der Steuerumgehung hergeleitet werden muss, wird bei der Emissionsabgabe der Aktienmantel gesetzlich umschrieben als eine inländische Gesellschaft oder Genossenschaft, die wirtschaftlich liquidiert oder in liquide Form gebracht worden ist (vgl. Art. 5 Abs. 2 lit. b StG). Die Voraussetzungen des Mantelhandels werden in konstanter Rechtsprechung und Lehre bei der Verrechnungssteuer und der Emissionsabgabe gleich angenommen (SRK 4.4.1997, VPB 61.94 E. 3a).

Die Ausgabe **ausländischer Beteiligungsrechte** unterliegt nicht der Emissionsabgabe (Art. 1 Abs. 1 lit. a, Art. 5 Abs. 1 lit. a StG). Der Begriff des Inländers richtet sich nach Art. 4 Abs. 1 StG. Massgebend ist also der statutarische oder gesetzliche Sitz.

Die Emissionsabgabe wird nicht auf der Ausgabe von Anteilen **inländischer Anlagefonds** erhoben. Der frühere Art. 5 Abs. 1 lit. c StG hatte die Steuerpflicht für «die Begründung von Anteilen an einem Anlagefonds durch einen Inländer oder durch einen Ausländer in Verbindung mit einem Inländer, einschliesslich der Übertragung von Reinerträgen des Fondsvermögens auf das Kapitalkonto der Anleger», vorgesehen (AS 1974 I 13). Diese Bestimmung wurde auf den 1.4.1993 aufgehoben (AS 1993 I 223, 227), um der Abwanderung der Anlagefonds ins Ausland Einhalt zu bieten (BBl 1991 IV 517, 524).

225 Die **Sitzverlegung** vom Ausland **in die Schweiz** unterliegt nicht der Emissionsabgabe. Der frühere Art. 5 Abs. 2 lit. c StG hatte der (steuerbaren) Begründung von Aktien gleichgestellt «die Verlegung des Sitzes einer ausländischen Aktiengesellschaft in die Schweiz ohne Neugründung...». Auch diese Bestimmung wurde auf den 1.4.1993 aufgehoben (AS 1993 I 223, 227). Es war ein damals reduzierter Satz von 1% vorgesehen (ebenfalls aufgehobener, früherer Art. 9 Abs. 1 lit. c StG [AS 1974 I 15; AS 1993 I 223, 227]). Die Aufhebung der Emissionsabgabe bei der Immigration und die gleichzeitige Aufhebung der Emissionsabgabe bei Umstrukturierungen (Einfügung von Art. 6 Abs. 1 lit. a^{bis} StG bzw. Aufhebung von Art. 9 Abs. 1 lit. a StG; N 229) wurde mit der Stempelsteuerbefreiung von Umstrukturierungen und Immigrationen in der Europäischen Union begründet (BBl 1991 IV 516; vgl. dazu auch MEIER-SCHATZ/NOBEL/WALDBURGER, Die Auswirkungen eines EU-Beitritts auf den Finanzplatz Schweiz, Zürich 2001, Rz 240 f.).

b) Steuersubjekt

226 Abgabepflichtig ist die inländische Kapitalgesellschaft oder Genossenschaft oder das Unternehmen des öffentlichen Rechts. Im Falle eines Mantelhandels haftet der Veräusserer der Beteiligungsrechte solidarisch mit der Gesellschaft (Art. 10 Abs. 1 StG).

c) Steuersatz und Bemessungsgrundlage

227 Die Emissionsabgabe wird auf der entgeltlichen oder unentgeltlichen Begründung oder Erhöhung des Nennwertes von Beteiligungsrechten erhoben. Der Steuersatz beträgt 1% (Art. 8 Abs. 1 StG).

228 Die Abgabe wird nicht nur auf dem Betrag des Nennwertes erhoben, sondern auf dem Betrag, der der Gesellschaft oder Genossenschaft als Gegenleistung für die Beteiligungsrechte zufliesst, mindestens aber vom **Nennwert** (Art. 8 Abs. 1 lit. a StG). Bei Einlagen von Sachgütern ist der **Verkehrswert** im Zeitpunkt ihrer Einbringung massgeblich (Art. 8 Abs. 3 StG). Bei einer Überpari-Emission können folgende Emissionsspesen abgezogen werden, sofern sie angemessen erscheinen (STOCKAR/HOCHREUTENER, Art. 8 StG, Nr. 6; STOCKAR, 131): Handelsregistergebühren, Beurkundungsgebühren, Bankenkommissionen und die Emissionsabgabe selbst. Die Letztere ist durch Umrechnung des Emissionspreises von 101 auf 100 zu bestimmen (Nettoausgabepreis [exkl. Abgabe] × 100 ÷ 101). Bei einer Emission zum Nennwert können keine Abzüge geltend gemacht werden. Bei Zuschüssen wird die Steuer vom Betrag des Zuschusses erhoben (Art. 8 Abs. 1 lit. b StG).

d) Befreiungen von der Steuer

da) Umstrukturierung von Kapitalgesellschaften und Genossenschaften

229 Von der Emissionsabgabe auf Beteiligungsrechten ausgenommen sind u.a. Beteiligungsrechte, die in Durchführung von Beschlüssen über Fusionen oder diesen wirtschaftlich gleichkommenden Zusammenschlüssen, Umwandlungen und Aufspaltungen begründet oder erhöht werden (Art. 6 Abs. 1 lit. a^{bis} StG; früherer Art. 9 Abs. 1 lit. a StG [AS 1974 I 15; AS 1993 I 224]). Art. 6 Abs. 1 lit. a^{bis} StG wurde in der deutschen Fassung durch das FusG geändert, indem das Wort Aufspaltungen durch Spaltungen ersetzt

wurde. Diese Änderung war weder von der Arbeitsgruppe Steuern noch vom Bundesrat beantragt worden. Die Änderung kam in Zusammenhang mit einer Reihe von Anträgen aus der Wirtschaft an die vorberatende RK des Nationalrates zustande (vgl. Prot. RK NR vom 3.9.2002, Beilage vom 230.8.2002). «Aufspaltungen» wurde durch «Spaltungen» ersetzt, damit die Bestimmungen über die Umstrukturierungen sowohl bei der Emissionsabgabe als auch bei den direkten Steuern gleich ausgelegt werden können, wie es auch die Empfehlung des Ständerates vom 21.3.2001 fordert (Prot. RK NR vom 3.9.2002, 8). Diese Änderung wurde von National- und vom Ständerat diskussionslos gut geheissen (AmtlBull NR 2003, 251; AmtlBull StR 2003, 492).

230 Art. 6 Abs. 1 lit. a^{bis} StG bezweckt, Umstrukturierungen von Unternehmen zu erleichtern, um ihre Wettbewerbsfähigkeit zu verbessern und zu erhalten. Ausserdem soll eine wirtschaftliche Doppelbelastung bei Aktienemissionen verhindert werden (BGE 102 Ib 140, 144 f. = ASA 45 [1986/87], 30, 34). Sodann ist damit und mit der Befreiung von der Emissionsabgabe bei der Immigration von Gesellschaften eine Angleichung an das Recht der Europäischen Union beabsichtigt (N 225).

231 Die Steuerfreiheit von Umstrukturierungen ist nach dem Gesetzeswortlaut weiterhin auf **Kapitalgesellschaften** (Aktiengesellschaften, Kommanditaktiengesellschaften, GmbH) und **Genossenschaften** beschränkt. Das Bundesgericht lehnt eine Ausdehnung auf andere Rechtsformen, im Besonderen auf Institute des öffentlichen Rechts, ab (BGer 25.8.1998, ASA 67 [1998/99], 748, 755 ff.; BGer 3.10.1996, ASA 65 [1996/97], 827, 835). Hier bringt Art. 9 Abs. 1 lit. e StG eine Korrektur und Erleichterung (N 242 ff.).

232 Die Voraussetzungen für die Befreiung von der Emissionsabgabe sind, dass die Beteiligungsrechte «in Durchführung von Beschlüssen über Fusionen oder diesen wirtschaftlich gleichkommende Zusammenschlüsse, Umwandlungen und Spaltungen» begründet oder erhöht werden. Der Wortlaut wurde zwar nicht gänzlich an die Formulierung «Umstrukturierung, insbesondere einer Fusion, Spaltung oder Umwandlung» angepasst, die in Art. 19 Abs. 1 Ingress DBG (bzw. Art. 8 Abs. 3 Ingress StHG) und Art. 61 Abs. 1 Ingress DBG (bzw. Art. 24 Abs. 1 Ingress StHG) für die **Einkommens- bzw. Gewinnsteuern** verwendet wird. Die Ersetzung des bisherigen Begriffes der «Aufspaltung» mit «Spaltung» bezweckt jedoch, wie sich aus der Entstehungsgeschichte ergibt, eine Angleichung an die Voraussetzungen der Steuerneutralität bei den direkten Steuern. Somit entfällt die Emissionsabgabe immer dann, wenn der fragliche Vorgang bei den Einkommens- bzw. Gewinnsteuern auf Grund der genannten Bestimmungen grundsätzlich steuerneutral abgewickelt werden kann. Für diese Auslegung spricht auch, dass der Ständerat dem Bundesrat empfahl, die Begriffe im Stempelsteuerrecht gleich zu definieren wie im Gewinnsteuerrecht (Mitbericht WAK StR, 15; AmtlBull StR 2001, 168; vgl. ESTV-DVS, KS 5 vom 1.6.2004, Anhang II, 8).

233 Aus Art. 6 Abs. 1 lit. a^{bis} StG kann weder wegen seines Wortlautes noch nach seinem Sinn und Zweck noch auf Grund der Entstehungsgeschichte auf eine vollständige Identität mit den Steueraufschubstatbeständen der Einkommens- und Gewinnsteuern geschlossen werden. Wenn es zu **Aufwertunge**n im Rahmen einer Spaltung kommt, hat dies Steuerfolgen bei der Einkommens- oder Gewinnsteuer. Eine – allenfalls anteilsmässige – Besteuerung des Vorgangs mit der Emissionsabgabe wäre aber nicht sachgerecht, weil die Aufwertung auch dann den direkten Steuern unterliegen würde, wenn sie nicht im Rahmen einer Umstrukturierung erfolgte. Auch eine subjektive **Befreiung von den direkten Steuern** steht einer Befreiung von der Emissionsabgabe gemäss Art. 6 Abs. 1 lit. a^{bis} StG nicht entgegenstehen.

234 Eine **Sperrfrist** ist in Art. 6 Abs. 1 lit. a^{bis} StG nicht vorgesehen. Der Regelung der direkten Steuern entsprechend gilt somit keine Sperrfrist für die Befreiung von der Emissionsabgabe bei Fusionen (ESTV-DVS, KS 5 vom 1.6.2004, Ziff. 4.1.7.5), Umwandlungen (ESTV-DVS, KS 5 vom 1.6.2004, Ziff. 4.2.1.5 und 4.2.2.5.) und Spaltungen (ESTV-DVS, KS 5 vom 1.6.2004, Ziff. 4.3.5). Hingegen will die Verwaltungspraxis bei **Ausgliederungen auf Tochtergesellschaften** im Sinne von Art. 61 Abs. 1 lit. d DBG die Veräusserungssperrfrist von Art. 61 Abs. 2 DBG zur Anwendung bringen. Somit fällt bei der Veräusserung innerhalb der fünfjährigen Frist die Emissionsabgabe anteilsmässig auf dem Verkehrswert des übertragenen Aktivenüberschusses, abzüglich allfälliger Freigrenzen, an (ESTV-DVS, KS 5 vom 1.6.2004. Ziff. 4.4.1.3).

235 Die **echte Fusion** ist immer von der Emissionsabgabe befreit, selbst wenn die beteiligten Gesellschaften **faktisch liquidiert** sind. Insofern greift eine formale Betrachtungsweise Platz (BGer 5.2.1996, ASA 65 [1996/97], 666, 668 ff.). Dasselbe muss für Umwandlungen und Spaltungen gelten. Hingegen wird für die Anerkennung als **fusionsähnlicher Sachverhalt** verlangt, dass sich wirtschaftlich **aktive Gesellschaften** zusammenschliessen (BGer 12.12.1997, StR 1998, 358, 360 f.).

236 Von der Emissionsabgabe ebenfalls ausgenommen ist ein **Agio** (Differenz Aktivenüberschuss der übertragenden Gesellschaft zum tieferen Nennwert der neu ausgegebenen Beteiligungsrechte der übernehmenden Gesellschaft), das bei einer Fusion entsteht. Ebenfalls ausgenommen sind die stillen Reserven, die auf eine übernehmende Gesellschaft übertragen werden.

237 Verwendet die übernehmende Gesellschaft **eigene Aktien**, so unterliegen diese ebenfalls nicht der Emissionsabgabe, selbst wenn über deren Rückkauf bereits bei der Verrechnungs- und den direkten Steuern abgerechnet wurde (ESTV-DVS, KS Nr. 5 vom 1.6.2004, Ziff. 4.1.2.5).

238 Der Zusammenschluss von Unternehmen kann sich über mehrere **Etappen** abwickeln. Die Befreiung von der Emissionsabgabe ist deshalb auch dann zu gewähren, wenn die übernehmende Gesellschaft bereits über eine Beteiligung an der anderen Gesellschaft verfügt und für die Übernahme weiterer Aktien der anderen Gesellschaft ihr Aktienkapital erhöht. Die Befreiung gilt für alle einzelnen Schritte (BGer 5.3.2002, ASA 72 [2003/2004], 170, 173 ff.).

239 Die Praxis der Eidgenössischen Steuerverwaltung verweigert die Steuerbefreiung in folgenden Fällen (ESTV-DVS, KS 5 vom 1.6.2004, Ziff. 4.1.2.5):

– Die Kapitalerhöhung der übernehmenden Gesellschaft geht über das nominelle Kapital der übertragenden Gesellschaft hinaus, sofern die Merkmale der Abgabeumgehung vorliegen. Wenn keine Abgabeumgehung vorliegt, z.B. weil sich der höhere Nennwert aus dem Umtauschverhältnis ergibt, kann das nominelle Kapital über das der untergehenden Gesellschaft erhöht werden.

– Die übernehmende Gesellschaft erhöht das Kapital zusätzlich.

– Die übertragende Gesellschaft erhöht das Kapital im Hinblick auf die Fusion.

240 Bei einer **Quasifusion** wird für die Befreiung von der Emissionsabgabe vorausgesetzt, dass die übernehmende Gesellschaft nach der Übernahme mindestens 50% der Stimmrechte an der übernehmenden Gesellschaft hält und den Gesellschaftern an der übernehmenden Gesellschaft höchstens 50% des effektiven Wertes der übernommenen Beteiligungsrechte gutgeschrieben oder ausbezahlt wird (ESTV-DVS, KS 5 vom 1.6.2004, Ziff. 4.1.7.1).

241 Schliesst sich eine **ausländische Gesellschaft** durch Quasifusion mit einer inländischen Gesellschaft zusammen, welche über ein geringes nominelles Kapital und ein hohes

Agio verfügt, so kann die Kapitalerhöhung im Umfang von 30% des Verkehrswertes der übertragenen Beteiligung erfolgen, ohne dass die Emissionsabgabe erhoben wird (ESTV-DVS, KS 5 vom 1.6.2004, Ziff. 4.1.7.5). Richtigerweise müsste sich auch hier die steuerfrei vollziehbare Kapitalerhöhung aus dem Austauschverhältnis ergeben. Die Grenze von 30% kann nur dort gelten, wo das Austauschverhältnis nicht zu Verkehrswerten erfolgt (was z.B. bei konzerninternen Fusionen denkbar ist). Zudem muss der Nachweis offen stehen, dass im Drittverhältnis höhere Nennwerte geschaffen worden wären.

db) Umstrukturierung anderer Rechtsträger als Kapitalgesellschaften und Genossenschaften

Die Befreiung von der Emissionsabgabe gemäss Art. 6 Abs. 1 lit. a^{bis} StG kommt bei Umstrukturierungen von Einzelfirmen, Vereinen etc. nicht zum Zuge, weil jene Bestimmung nur die Fusion zwischen Kapitalgesellschaften und Genossenschaften erfasst. Gemäss dem neuen, in seinem Anwendungsbereich zur genannten Bestimmung komplementären Art. 9 Abs. 1 lit. e StG beträgt die Emissionsabgabe auf Beteiligungsrechten, die in Durchführung von Beschlüssen über die Fusion, Spaltung oder Umwandlung von Einzelfirmen, Handelsgesellschaften ohne juristische Persönlichkeit, Vereinen, Stiftungen oder Unternehmen des öffentlichen Rechts begründet oder erhöht werden, 1% des neu geschaffenen Nennwertes, sofern der bisherige Rechtsträger bereits während mindestens fünf Jahren bestand und die Beteiligungsrechte in den fünf auf die Fusion folgenden Jahren nicht veräussert werden. Dabei gelten die Freigrenzen gemäss Art. 6 Abs. 1 lit. b bzw. h StG (N 249), soweit sie noch nicht beansprucht worden sind. Wenn der bisherige Rechtsträger jünger als fünf Jahre war, bemisst sich die Emissionsabgabe auf dem Verkehrswert des eingebrachten Vermögens samt etwaigem Goodwill (Art. 8 Abs. 1 lit. a StG).

242

Die Regelung von Art. 9 Abs. 1 lit. e StG wurde im Gesetzgebungsverfahren mit Überlegungen zur Gleichbehandlung begründet. Die Arbeitsgruppe Steuern erwog, dass die von der Befreiung gemäss Art. 6 Abs. 1 lit. a^{bis} StG profitierenden Kapitalgesellschaften und Genossenschaften in den meisten Fällen nur eine Emissionsabgabe auf dem nominellen Kapital hatten entrichten müssen, und schlug deshalb vor, die Emissionsabgabe künftig nur noch auf dem Nennwert der neu geschaffenen Beteiligungsrechte zu erheben (Bericht Steuern 1, 11, 51). Der Bundesrat lehnte den Vorschlag der Arbeitsgruppe Steuern ab (Botschaft, 4379). Der Ständerat kam indessen darauf zurück und fügte Art. 9 Abs. 1 lit. e StG ein, der mit einigen Modifikationen (Einbezug Einzelfirmen; Steuersatz; Sperrfrist) auf den Vorschlag der Arbeitsgruppe Steuern zurückgeht (Mitbericht WAK StR, 13; AmtlBull StR 2001, 162 ff.). Der Nationalrat schloss sich dann der ständerätlichen Fassung an (Mitbericht WAK NR, 9 f.; AmtlBull NR 2003, 251 ff.).

243

Sowohl Art. 6 Abs. 1 lit. a^{bis} StG als auch Art. 9 Abs. 1 lit. e StG bevorzugen somit Umstrukturierungen gegenüber Kapitalerhöhungen, die nicht im Rahmen eines Umstrukturierungstatbestandes erfolgen. Diesfalls ist die Emissionsabgabe auf dem Betrag, welcher der Gesellschaft zufliesst, geschuldet (Art. 8 Abs. 1 lit. a StG). Das gesetzgeberische Motiv liegt darin, dass bei einer Umstrukturierung, anders als bei einer Kapitalerhöhung, i.d.R. keine neuen Mittel zufliessen, und da dies betrieblich geboten ist, nicht steuerlich behindert werden soll. Die Ausnahmebestimmung von Art. 9 Abs. 1 lit. e StG kennt kein Betriebserfordernis. Hingegen muss der bisherige Rechtsträger mindestens fünf Jahre bestanden haben.

244

Werden bei einer Umstrukturierung von Einzelfirmen etc. **keine neuen Beteiligungsrechte** ausgegeben, kommt Art. 9 Abs. 1 lit. e StG nach seinem Wortlaut nicht zur An-

245

wendung, weil dieser die Bemessung der Emissionsabgabe bei der Begründung und Erhöhung von Beteiligungsrechten definiert. Die Annahme eines emissionsabgabepflichtigen Zuschusses (Art. 5 Abs. 2 lit. a StG), der zum Verkehrswert zu versteuern wäre (Art. 8 Abs. 1 lit. b StG), rechtfertigt sich jedoch nicht. Die Praxis hat zu Art. 6 Abs. 1 lit. a^{bis} StG im Zusammenhang mit verbundenen Unternehmungen analog Anwendung zu finden. Die Befreiung gemäss Art. 6 Abs. 1 lit. a^{bis} StG wird auch dann gewährt, wenn keine Kapitalerhöhung durchgeführt wird (ESTV-DVS, KS 5 vom 1.6. 2004, Ziff. 4.1.5.4). Nachdem sowohl Art. 6 Abs. 1 lit. a^{bis} StG als auch Art. 9 Abs. 1 lit. e StG nach ihrem Wortlaut lediglich die Begründung oder Erhöhung von Beteiligungsrechten erfassen, steht einer entsprechenden Anwendung von Art. 9 Abs. 1 lit. e StG nichts im Wege. Die Annahme eines emissionsabgabepflichtigen Zuschusses würde auch zu einer unbotmässigen Benachteiligung gegenüber denjenigen Gesellschaften führen, die im Rahmen einer Fusion, Spaltung oder Umwandlung eine minimale Erhöhung ihres Nominalkapitals vornehmen.

246   Wenn bei der Umstrukturierung Art. 9 Abs. 1 lit. e StG Anwendung gefunden hat, und später die **Sperrfrist verletzt** wird, ist die Steuer auf der höheren Bemessungsgrundlage nachzuentrichten. Die Sperrfrist wird durch die entgeltliche Veräusserung der Beteiligungsrechte verletzt, was sich aus der Formulierung ergibt, dass die Beteiligungsrechte innert der Frist nicht «veräussert» werden dürfen, damit die Befreiung nicht nachträglich dahinfällt. Keine Verletzung stellt deshalb der unentgeltliche Übergang des Eigentums im Rahmen von Erbgang oder Schenkung dar. Steuerneutrale Restrukturierungen führen ebenfalls zu keiner Verletzung der Sperrfrist (ESTV-DVS, KS 5 vom 1.6.2004, Ziff. 3.2.6), weil insofern keine Veräusserung vorliegt.

247   **Bemessungsgrundlage** der **nacherhobenen Steuer** bildet die Differenz zwischen dem Verkehrswert der übertragenen Vermögenswerte (Art. 8 Abs. 1 lit. a StG) und dem bereits versteuerten Nennwert der bei der Fusion, Spaltung oder Umwandlung geschaffenen Beteiligungsrechte. Dabei gelten die Freigrenzen gemäss Art. 6 Abs. 1 lit. b bzw. h StG (N 249), soweit sie noch nicht beansprucht worden sind. Die Besteuerung erfolgt im Verhältnis zur Quote der veräusserten Beteiligungsrechte. Die anteilsmässige Nachbesteuerung ergibt sich aus dem Wortlaut, indem die Steuer erhoben wird, «soweit ... die Beteiligungsrechte veräussert werden». Dies gilt auch dann noch, wenn mehr als 50% der Beteiligungsrechte veräussert werden (ESTV-DVS, KS 5 vom 1.6.2004, Ziff. 3.2.6). Als Konsequenz der Besteuerung des den Nennwert der Beteiligungsrechte übersteigenden Verkehrswertes müssen auch die anteilsmässigen Kosten und Abgaben zum Abzug gebracht werden können, wie es bei einer von Anfang an nicht befreiten Begründung oder Erhöhung von Beteiligungsrechten möglich ist (N 228).

dc)   Weitere Befreiungstatbestände

248   In Art. 6 Abs. 1 StG sind einige weitere Befreiungstatbestände vorgesehen. Vorab werden bestimmte steuerpflichtige Gesellschaften begünstigt:

– für Kapitalgesellschaften und Genossenschaften mit näher umschriebenen **gemeinnützigen Zwecken** (Art. 6 Abs. 1 lit. a StG);

– die Beteiligungsrechte an **Eisenbahnunternehmen** gemäss Art. 56 f. des Eisenbahngesetzes vom 20.12.1957 (SR 742.101) und Art. 20 Abs. 1 SBBG begründen oder erhöhen (Art. 6 Abs. 1 lit. c StG);

– für Zuschüsse, welche die Gesellschafter oder Genossenschafter mit der Übertragung von **Arbeitsbeschaffungsreserven** nach Art. 12 des Bundesgesetzes vom 20.12.1985 über die Bildung steuerbegünstigter Arbeitsbeschaffungsreserven (SR 823.33) leisten (Art. 6 Abs. 1 lit. f StG).

Weiter werden folgende allgemeine **Freigrenzen** festgesetzt: 249

– CHF 50 000 für Beteiligungsrechte an Genossenschaften (Art. 6 Abs. 1 lit. b StG);
– CHF 250 000 bei der Gründung oder Kapitalerhöhung einer Aktiengesellschaft, einer Kommanditaktiengesellschaft oder Gesellschaft mit beschränkter Haftung (Art. 6 Abs. 1 lit. h StG).

Diese Freigrenzen gelten nur bei formeller Begründung und Erhöhung von Beteiligungsrechten, nicht aber bei steuerbaren Zuschüssen gemäss Art. 5 Abs. 2 lit. a StG (STOCKAR/HOCHREUTENER, Art. 6 Abs. 1 lit. h StG, Nr. 4).

Wenn die neuen Beteiligungsrechte aus bereits besteuerten Eigenkapitalzuwendungen 250 geschaffen werden, gelten folgende Ausnahmen von der Steuerpflicht:

– für Beteiligungsrechte, die unter Verwendung **früherer Aufgelder und Zuschüsse** der Gesellschafter oder Genossenschafter begründet oder erhöht werden, sofern die Gesellschaft oder Genossenschaft nachweist, dass sie auf diesen Leistungen die Abgabe entrichtet hat (Art. 6 Abs. 1 lit. d StG);
– für Beteiligungsrechte, die unter Verwendung eines **Partizipationskapitals** begründet oder erhöht werden, sofern die Gesellschaft oder Genossenschaft nachweist, dass sie auf diesem Partizipationskapital die Abgabe entrichtet hat (Art. 6 Abs. 1 lit. g StG).

7. Umsatzabgabe

a) Vorbemerkungen und Übersicht

Die Umsatzabgabe wird erhoben auf der entgeltlichen Übertragung von Eigentum an 251 steuerbaren Urkunden (Art. 13 Abs. 2 StG), sofern eine der Vertragsparteien oder einer der Vermittler ein Effektenhändler ist im Sinne von Art. 13 Abs. 3 StG (Art. 13 Abs. 1 StG). Für die Steuerbarkeit eines Vorganges ist also vorausgesetzt, dass ein Effektenhändler beteiligt ist (N 253 ff.), dass steuerbare Urkunden vorliegen (N 260 ff.), dass Eigentum daran gegen Entgelt übertragen wird (N 267 ff.), und dass der Effektenhändler als Vertragspartei oder Vermittler handelt (N 272 ff.). Die Umsatzabgabe beträgt 1.5‰ auf inländischen und 3‰ auf ausländischen Urkunden (Art. 16 Abs. 1 StG; N 274 f.). Vorbehalten bleiben Befreiungstatbestände (N 276 ff.).

Restrukturierungen können im Ergebnis regelmässig – seit den mit dem FusG vorgenommenen Änderungen und Ergänzungen der Befreiungstatbestände von Art. 14 Abs. 1 lit. b, i und j StG – ohne Folgen bei der Umsatzabgabe vollzogen werden. In manchen Fällen fehlt es bereits an der Voraussetzung, dass ein Effektenhändler als Vertragspartner oder Vermittler beteiligt sein muss. Wo Effektenhändler involviert sind, ist die Steuerfreiheit ein Ergebnis der Anwendung der Befreiungstatbestände. Vor den genannten Änderungen, insbesondere der Einfügung des erwähnten Art. 14 Abs. 1 lit. i StG, deckten die Befreiungstatbestände – auch wegen ihrer restriktiven Interpretation – Restrukturierungsvorgänge nur unvollkommen ab, weshalb es zu beträchtlichen Steuerfolgen kommen konnte. Praktisch besonders bedeutsam sind die Befreiungstatbestände von Art. 14 Abs. 1 lit. b StG (Sacheinlagen von steuerbaren Urkunden; N 279 ff.), Art. 14 Abs. 1 lit. i StG (Übertragung im Rahmen einer Restrukturierung; N 285 ff.) sowie der ebenfalls neu eingefügte Art. 14 Abs. 1 lit. j StG (N 292 ff.), welcher Tochterausgliederungen (Art. 61 Abs. 3 DBG), Ersatzbeschaffung auf Beteiligungen (Art. 64 Abs. 1bis DBG) sowie die

Übertragung von Beteiligungen von mindestens 20% auf eine in- oder ausländische Konzerngesellschaft beschlägt.

b) Effektenhändler

253 Effektenhändler sind die **inländischen Banken** und die **bankähnlichen Finanzgesellschaften** gemäss Art. 1 Abs. 1 BankG i.V.m. Art. 2a BankV sowie die **schweizerische Nationalbank** (Art. 13 Abs. 3 lit. a StG). Auf die Rechtsform kommt es nicht an; inländische Banken sind Effektenhändler ungeachtet dessen, ob sie als Personen- oder als Kapitalgesellschaft organisiert sind. **Ausländische Banken** können zur Effektenhändlerin werden, wenn sie in der Schweiz eine Zweigniederlassung unterhalten. Diesfalls wird die **inländische Zweigniederlassung** als Effektenhändlerin erfasst und die Geschäfte der Zweigniederlassung sind der Umsatzabgabe unterworfen, nicht jedoch diejenigen des Hauptsitzes oder anderer ausländischer Zweigniederlassungen (PFUND, Art. 4 N 5.42 und Art. 9 N 1.10). Ausländische Banken können schliesslich allenfalls als «remote member» einer Schweizer Börse Effektenhändler sein (Art. 13 Abs. 3 lit. e StG; N 259).

254 Als Effektenhändler gelten gemäss Art. 13 Abs. 3 lit. b StG diejenigen inländischen natürlichen und juristischen Personen und Personengesellschaften, inländischen Anstalten und Zweigniederlassungen ausländischer Unternehmen, deren Tätigkeit ausschliesslich oder zu einem wesentlichen Teil darin besteht, für Dritte den Handel mit steuerbaren Urkunden zu betreiben (**Händler**; Art. 13 Abs. 3 lit. b Ziff. 1 StG), oder als Anlageberater oder Vermögensverwalter Kauf und Verkauf von steuerbaren Urkunden zu vermitteln (**Vermittler**; Art. 13 Abs. 3 lit. b Ziff. 2 StG). Als Vermittler wird eine in der Anlageberatung tätige Schweizer Aktiengesellschaft insbesondere dann angesehen, wenn sie gestützt auf die Vollmacht ihres Kunden den Kauf und Verkauf von Titeln initiieren kann, indem sie eine ausländische Bank veranlasst, für den Kunden Wertschriftentransaktionen durchzuführen (STOCKAR/HOCHREUTENER, Art. 13 Abs. 3 StG Nr. 24).

255 Zu den Effektenhändlern gehören gemäss Art. 13 Abs. 3 lit. d StG auch **inländische Kapitalgesellschaften** (Aktiengesellschaften, Kommanditaktiengesellschaften, Gesellschaften mit beschränkter Haftung) und Genossenschaften, deren **Aktiven** nach Massgabe der letzten Bilanz zu **mehr als CHF 10 Mio. aus steuerbaren Urkunden** im Sinne von Art. 13 Abs. 2 StG (N 260 ff.) bestehen. Nachweisbar treuhänderisch verwaltete Urkunden zählen nicht, sofern sie in der Bilanz gesondert ausgewiesen sind (Art. 18 Abs. 2 Satz 2 StV). Massgebend sind gemäss dem Gesetzeswortlaut die Buch- und nicht die Verkehrswerte. Ausländische Kapitalgesellschaften und Genossenschaften sind nicht steuerpflichtig. Nicht unter diese Bestimmung fallen im Weiteren inländische – und ausländische – Personengesellschaften (vorbehältlich einer Steuerpflicht gemäss Art. 13 Abs. 3 lit. a StG), Vereine sowie Stiftungen, selbst wenn sie mehr als CHF 10 Mio. steuerbare Urkunden bilanziert haben (vgl. auch STOCKAR/HOCHREUTENER, Art. 13 Abs. 3 StG Nr. 22). Die Steuerpflicht knüpft an die Rechtsform der Kapitalgesellschaft oder Genossenschaft an. Die etwaige Umsatzabgabepflicht beginnt sechs Monate nach Ablauf des Geschäftsjahres, in dem die genannte Voraussetzung eingetreten ist (Art. 18 Abs. 2 Satz 1 StV).

256 Unter der selben Voraussetzung, dass mehr als CHF 10 Mio. an steuerbaren Urkunden gemäss der letzten Bilanz ausgewiesen werden, sind die **inländischen Einrichtungen der beruflichen Vorsorge** als Effektenhändler umsatzabgabepflichtig (Art. 13 Abs. 3 lit. d StG). Die etwaige Umsatzabgabepflicht beginnt sechs Monate nach Ablauf des Geschäftsjahres, in dem die genannte Voraussetzung eingetreten ist (Art. 18 Abs. 2 Satz 1 StV). Die Unterstellung der Vorsorgeeinrichtungen unter die Umsatzabgabepflicht gilt

seit 1. Januar 2001 und ist bis 31. Dezember 2005 befristet (AS 2000, 2991; AS 2002, 3646). Der – entsprechend befristete – Art. 13 Abs. 4 StG enthält eine sehr weit gehende Umschreibung, was als inländische Einrichtung der beruflichen Vorsorge im Sinne der Umsatzabgabe anzusehen ist. Danach gelten als Effektenhändler: Die Einrichtungen gemäss Art. 48 BVG und Art. 331 OR, der Sicherheitsfonds sowie die Auffangeinrichtung nach den Art. 56 und 60 BVG (lit. a); Freizügigkeitsstiftungen gemäss Art. 10 Abs. 3 und 19 FZV (lit. b); Träger steuerlich geförderter privater Vorsorge gemäss Art. 1 Abs. 1 lit. b BVV 3 (lit. c) sowie die Anlagestiftungen, die sich der Anlage und der Verwaltung von Vermögen von Vorsorgeeinrichtungen gemäss Art. 13 Abs. 4 lit. a–c StG widmen und der Stiftungsaufsicht des Bundes oder der Kantone stehen (lit. d). Zu beachten ist, dass im Bereich der beruflichen Vorsorge vornehmlich Stiftungen, vereinzelt auch noch Genossenschaften anzutreffen sind (vgl. Art. 48 Abs. 2 Satz 1 BVG). Hier gilt die oben für Art. 13 Abs. 3 lit. d StG genannte Einschränkung der Steuerpflicht auf Kapitalgesellschaften und Genossenschaften also nicht. Der Begriff der **Vorsorgeeinrichtung** ist in **Art. 2 lit. i FusG** für die **Zwecke des FusG** anders als in Art. 13 Abs. 4 StG für die Umsatzabgabe umschrieben. Als Vorsorgeeinrichtung gelten für das FusG Einrichtungen, die der Aufsicht gemäss Art. 61 ff. BVG unterstellt sind und die als juristische Person ausgestaltet sind. Keine Vorsorgeeinrichtungen im Sinne des Fusionsgesetzes sind deshalb alle im rein freiwilligen Bereich der beruflichen Vorsorge tätigen Einrichtungen, wie etwa die sog. Annex-Einrichtungen der 2. Säule (z.Bsp. Anlage-, Finanzierungs- und Freizügigkeitsstiftungen), reine Arbeitnehmerstiftungen, Stiftungen für Selbständigerwerbende und Stiftungen der Selbstvorsorge im Rahmen der Säule 3a (Botschaft, 4390; Art. 2 N 36). Keine Vorsorgeeinrichtungen gemäss Fusionsgesetz sind auch die öffentlichrechtlichen, nicht verselbständigten Vorsorgeeinrichtungen, weil sie keine juristischen Personen sind. Der **umsatzabgaberechtliche Begriff** der (inländischen) Einrichtung der beruflichen Vorsorge gemäss Art. 13 Abs. 3 lit. d und Art. 13 Abs. 4 StG ist somit **umfassender konzipiert** als der Begriff der Vorsorgeeinrichtung gemäss Art. 2 lit. i FusG. Vorsorgeeinrichtungen gemäss Art. 2 lit. i FusG sind immer Effektenhändler, sofern sie nach Massgabe der letzten Bilanz über steuerbare Urkunden von mehr als CHF 10 Mio. verfügen (Art. 13 Abs. 4 lit. a StG); der Umkehrschluss kann nicht gezogen werden.

257 Effektenhändler sind auch die Gemeinwesen, nämlich der **Bund**, die **Kantone** und die **Gemeinden** (Art. 13 Abs. 3 lit. f StG). Die Unterstellung der Gemeinwesen unter die Umsatzabgabepflicht gilt seit 1. Januar 2001 und ist bis 31. Dezember 2005 befristet (AS 2000, 2991; AS 2002, 3646). Die Begriffe Bund, Kantone und Gemeinden sind weit zu verstehen. Den Gemeinwesen werden auch ihre **selbständigen Anstalten** des öffentlichen Rechts, also die Gebilde des jeweiligen öffentlichen Rechts mit eigener Rechtspersönlichkeit, zugerechnet (STOCKAR/HOCHREUTENER, Art. 13 Abs. 3 StG Nr. 26).

258 Die inländischen **Einrichtungen der Sozialversicherungen** gelten ebenfalls als Effektenhändler (Art. 13 Abs. 3 lit. f StG). Die Unterstellung unter die Umsatzabgabepflicht gilt seit 1. Januar 2001 und ist bis 31. Dezember 2005 befristet (AS 2000, 2991; AS 2002, 3646). Als inländische Einrichtungen der Sozialversicherungen gelten gemäss dem – ebenfalls befristeten – Art. 13 Abs. 5 StG die Ausgleichsfonds der AHV und der Arbeitslosenversicherung (lit. a), die AHV-Ausgleichskassen sowie die Arbeitslosenkassen (lit. b).

259 Alle bisher behandelten Effektenhändler sind inländische Gesellschaften oder Einrichtungen des öffentlichen Rechts oder inländische Zweigniederlassungen ausländischer Gesellschaften. Vom Fall der inländischen Zweigniederlassung einer ausländischen Unternehmung abgesehen sind die einzigen Ausländer, die in der Schweiz als Effektenhändler im Sinne der Umsatzabgabe steuerpflichtig werden können, die **ausländischen Mitglieder einer Schweizer Börse**, die sog. «**remote members**». Gemäss dem – befristeten – Art. 13 Abs. 3 lit. e StG (in Kraft seit 1.7.1999, befristet bis 31.12.2005 [AS 1999, 1287; 2002, 3645]) gilt die Steuerpflicht nicht für alle entgeltlichen Geschäfte mit steuerbaren Urkunden, sondern beschränkt sich auf die an der betreffenden schweizerischen Börse gehandelten inländischen Titel. Nicht erfasst werden also die ausländischen und die nicht an der betreffenden Börse kotierten inländischen Titel. Indessen wird auch der ausserbörsliche Handel mit inländischen, an der betreffenden schweizerischen Börse kotierten Titeln besteuert. Das steuerpflichtige ausländische Mitglied einer schweizerischen Börse rechnet nicht direkt mit der Eidgenössischen Steuerverwaltung ab. Vielmehr wird die Abgabe durch die schweizerische Börse entrichtet (Art. 17 Abs. 4 StG), die sich wiederum an ihr Mitglied halten muss.

c) Steuerbare Urkunden

260   Vorab ist festzuhalten, dass es für die Steuerbarkeit nicht darauf ankommt, ob Urkunden physisch ausgestellt sind. Werden bei steuerbaren Rechtsvorgängen keine Urkunden ausgestellt oder umgesetzt, so treten gemäss Art. 1 Abs. 2 StG die der Feststellung der Rechtsvorgänge dienenden **Geschäftsbücher oder sonstigen Urkunden** an ihre Stelle (SRK 5.11.1996, ASA 66 [1997/98], 77, 81; vgl. auch ESTV-DVS, WL Umsatzabgabe, Rz 10).

261   Zu den steuerbaren Urkunden gehören gemäss Art. 13 Abs. 2 lit. a Ziff. 2 StG die von **Inländern** herausgegebenen **Aktien, GmbH-Anteile und Genossenschaftsanteile, Partizipations- und Genussscheine**. Die von **Ausländern** ausgegebenen Urkunden, die in ihrer wirtschaftlichen Funktion diesen Titeln gleichstehen, sind ebenfalls steuerbar (Art. 13 Abs. 2 lit. b Satz 1 StG). Massgeblich ist, ob die ausländischen Urkunden funktionell mit den schweizerischen vergleichbar sind. Die vertragliche Vereinbarung eines Gewinnanteilsrechtes an einer ausländischen Gesellschaft entspricht einem schweizerischen Genussschein und stellt deshalb eine steuerbare Urkunde dar (SRK 5.11.1996, ASA 66 [1997/98], 77, 81 ff.).

262   Keine steuerbaren Urkunden sind die **Mitgliedschaften in einer Personengesellschaft** (STOCKAR/HOCHREUTENER, Art. 13 Abs. 1 und 2 StG, 3., Nr. 9, 17). Die Übertragung einer solchen Mitgliedschaft löst also keine Umsatzabgabe aus, selbst wenn die Personengesellschaft in ihrem Vermögen über steuerbare Urkunden verfügt. Vorbehalten bleibt allerdings die Qualifikation der Personengesellschaft als anlagefondsähnlich, weil unter diesem Begriff alle Vermögen umsatzabgaberechtlich erfasst werden, die wirtschaftlich die Funktion eines Anlagefonds haben (N 266), was namentlich bei ausländischen, als Personengesellschaft organisierten Investitionsvehikeln zutreffen kann. Anders ist allenfalls auch der Beitritt bzw. der Einkauf in eine Personengesellschaft mit steuerbaren Urkunden in ihrem Vermögen zu betrachten, wenn ein Effektenhändler an einem solchen Beitritt bzw. Einkauf beteiligt ist. Diesfalls kann ein steuerbares Geschäft vorliegen (vgl. vor Art. 53 N 63).

263   Das **Bezugsrecht** ist ebenfalls keine steuerbare Urkunde weil es keine Mitgliedschaft verkörpert. Aus demselben Grund sind **Kaufsrechte, Derivate etc.** keine steuerbaren Urkunden, sofern nicht anlagefondsähnliche Papiere vorliegen (N 266).

264   Steuerbar sind auch die – von einem in- oder ausländischen Schuldner emittierten – **Obligationen** im Sinne von Art. 4 Abs. 3 und 4 StG (Art. 13 Abs. 2 lit. a Ziff. 1 StG). Obligationen sind schriftliche, auf feste Beträge lautende Schuldanerkennungen, die in einer Mehrzahl herausgegeben werden (Art. 4 Abs. 3 StG). Den Obligationen sind gemäss

Art. 4 Abs. 4 StG gleichgestellt die in einer Mehrzahl ausgegebenen Wechsel und wechselähnliche Papiere (lit. a), die Ausweise über Unterbeteiligungen an Darlehensforderungen (lit. b) sowie die in einer Mehrzahl ausgegebenen, der kollektiven Mittelbeschaffung dienenden Buchforderungen (lit. c). Nach der bundesgerichtlichen Rechtsprechung gelten als Obligationen schriftliche, auf feste Beträge lautende Schuldanerkennungen, die zum Zweck kollektiver Beschaffung von Leihkapital, zur Anlagegewährung oder zur Konsolidierung von Verbindlichkeiten in einer Mehrzahl von Exemplaren zu gleichartigen Bedingungen ausgegeben werden und den Gläubigern zur Nachweisung, Geltendmachung oder Übertragung der Forderung dienen (BGE 108 Ib 12, 15 f. = ASA 51 [1982/83], 650; BGer 26.11.1993, ASA 63 [1994/95], 61, 69 ff., betreffend **Treasury Bills**). In der Praxis der Eidgenössischen Steuerverwaltung liegen Anleihensobligationen – als Unterform der Obligationen – dann vor, wenn ein Schuldner bei mehr als zehn Gläubigern gegen Ausgabe von Schuldanerkennungen Geld zu identischen Bedingungen aufnimmt. Die gesamte Kreditsumme muss mindestens CHF 500 000 betragen. Bei der Ermittlung der Anzahl Gläubiger sind die in- und ausländischen Banken im Sinne der an ihrem Sitz geltenden Bankengesetzgebung nicht mitzuzählen (ESTV-DVS, MB Obligationen S-02.122.1, Ziff. 3a, 3b i.f.). **Kassenobligationen** als weitere Unterform der Obligation im Sinne von Art. 4 Abs. 3 StG werden in einer Mehrzahl von Exemplaren fortlaufend und zu variablen Bedingungen ausgegeben. In der Praxis der Eidgenössischen Steuerverwaltung sind Kassenobligationen dann gegeben, wenn ein inländischer Schuldner (Nichtbank) bei mehr als 20 Gläubigern gegen Ausgabe von Schuldanerkennungen fortlaufend Geld zu variablen Bedingungen aufnimmt. Die gesamte Kreditsumme muss mindestens CHF 500 000 betragen. Bei der Ermittlung der Anzahl Gläubiger sind die in- und ausländischen Banken im Sinne der an ihrem Sitz geltenden Bankengesetzgebung nicht mitzuzählen (ESTV-DVS, MB Obligationen S-02.122.1, Ziff. 3b). Diese Kriterien werden auch auf Konsortialdarlehen, Unterbeteiligungen an Darlehen sowie Buchforderungen, aber auch auf Wechsel, wechselähnliche Schuldverschreibungen und andere Diskontpapiere angewendet (ESTV-DVS, WL Umsatzabgabe, Rz 15).

Geldmarktpapiere sind Obligationen im stempelsteuerlichen Sinne mit einer festen Laufzeit von nicht mehr als zwölf Monaten (Art. 4 Abs. 5 StG; ESTV-DVS, WL Umsatzabgabe, Rz 16; ESTV-DVS, MB Geldmarktpapiere S-02.130.1, Ziff. 1a und 3). Die Ausgabe (Art. 14 Abs. 1 lit. a StG) und der Handel mit in- und ausländischen Geldmarktpapieren (Art. 14 Abs. 1 lit. g StG) sowie deren Rückgabe zur Tilgung (Art. 14 Abs. 1 lit. e StG) sind von der Umsatzabgabe befreit (vgl. auch ESTV-DVS, WL Umsatzabgabe, Rz 28, 63, 74).

Schliesslich stellen die Anteile an einem – in- oder ausländischen (Art. 13 Abs. 2 lit. b Satz 1 StG) – **Anlagefonds** steuerbare Urkunden dar (Art. 13 Abs. 2 lit. a Ziff. 3 StG). Es werden alle Vermögen erfasst werden, die wirtschaftlich die Funktion eines Anlagefonds haben (BGE 98 Ib 197, 200 = ASA 42 [1973/74], 413 f.; HESS in: Kommentar zum Schweizerischen Steuerrecht II/2, Art. 4 VStG N 206 ff.). Als Anteile an einem Anlagefonds gelten auch bestimmte **derivative Produkte** (vgl. z.B. ESTV-DVS, KS 4 vom 12.4.1999, Anhang III [2. Aufl.], Ziff. 3).

d) Entgeltliches Geschäft

Damit die Umsatzabgabe erhoben werden kann, muss eine entgeltliche Übertragung von Eigentum an steuerbaren Urkunden stattfinden. Eine entgeltliche Übertragung liegt beim **Kauf und Verkauf** von Titeln über steuerbare Urkunden vor. Der Steuertatbestand der Übertragung gegen Entgelt erfasst indessen nicht nur den zivilrechtlichen Kauf, sondern **alle Vorgänge**, bei welchen eine steuerbare Urkunde gegen die Entrichtung eines Entgeltes geliefert wird. Steuerbar ist insbesondere die **Ausgabe** von steuerbaren Urkunden (vgl. Art. 13 Abs. 2 lit. b Satz 2 StG, welcher den Bundesrat ermächtigt, die Ausgabe ausländischer Titel von der Abgabe auszunehmen, «wenn die Entwicklung der Währungslage oder des Kapitalmarktes es erfordert»; im Weiteren STOCKAR/HOCHREUTENER, Art. 13 Abs. 1 und 2, 3., Nr. 1 und 7, nunmehr aber Art. 14 Abs. 1 lit. a und f StG, welche die Ausgabe in- und ausländischer Aktien etc. befreien). Dementsprechend ist im Rahmen von Umstrukturierungen jede Eigentumsübertragung von steuerbaren Urkunden gesondert daraufhin zu überprüfen, ob sie entgeltlich ist und ob gegebenenfalls ein Befreiungstatbestand in Anspruch genommen werden kann. Die Ausnahmebestimmungen von Art. 14 Abs. 1 lit. b, i sowie j StG erfassen dabei die wichtigsten Fälle (N 279 ff.).

268 Als steuerbare, entgeltliche Übertragungen gelten auch **Restrukturierungsvorgänge**, bei denen neben den Aktiven (und darunter insbesondere steuerbare Urkunden) auch Drittverpflichtungen übernommen werden. Als steuerbares Geschäft wurde insbesondere die **Sacheinlage** gewürdigt (SRK 4.5.2001, VPB 65.102 E 5 = ASA 70 [2001/2002], 774 = StR 2002, 100, 104), soweit sie nicht ausschliesslich der gemäss Art. 14 Abs. 1 lit. b StG befreiten Liberierung der neu geschaffenen Titel diene (näher dazu N 279 ff.); nunmehr ist aber die Befreiung gemäss Art. 14 Abs. 1 lit. i StG zu beachten (N 285 ff.). Steuerbar ist auch die entgeltliche Übertragung **von Gesetzes wegen** (BGer 28.6.1996, ASA 65 [1996/97], 671, 675 f., betreffend den Zusammenschluss der selbständigen öffentlichrechtlichen Anstalten Hypothekarkasse des Kantons Bern und Kantonalbank von Bern zur – ebenfalls selbständigen öffentlichrechtlichen Anstalt – Berner Kantonalbank auf Grund eines kantonalen Gesetzes).

269 Beim **Tausch** von steuerbaren Urkunden liegen zwei steuerbare Eigentumsübertragungen vor; jede Eigentumsübertragung löst für sich eine Umsatzabgabe aus (STOCKAR, 33; ESTV-DVS, WL Umsatzabgabe, Rz 94). Beim Aktientausch im Rahmen einer **Quasifusion** im Besonderen liegen zwei grundsätzlich steuerbare entgeltliche Eigentumsübertragungen steuerbarer Urkunden vor. Die Befreiung der Sacheinlagen stützt sich auf Art. 14 Abs. 1 lit. b StG (N 279), während die Ausgabe der neuen Aktien durch Art. 14 Abs. 1 lit. a und f StG befreit wird (N 276 f.).

270 Bei einem **Zuschuss** in eine Tochtergesellschaft ist keine Umsatzabgabe geschuldet, weil die leistende Gesellschaft hierfür keine steuerbare Urkunden (in Form von Aktien) erwirbt (STOCKAR/HOCHREUTENER, Art. 13 Abs. 1 und 2 StG, 3., Nr. 16).

271 Mangels Entgelt fällt beim **Securities Lending** and **Borrowing** und bei den **Repo-Geschäften** keine Umsatzabgabe an (näher ESTV-DVS, WL Umsatzabgabe, Rz 92 f.; ESTV-DVS, MB REPO-Geschäft S-02.140).

e) Effektenhändler als Vertragspartei oder Vermittler

272 Die entgeltliche Übertragung steuerbarer Urkunden ist dann steuerbar, wenn ein Effektenhändler **Vertragspartei** ist. Die Steuerpflicht tritt gemäss Art. 13 Abs. 1 StG auch dann ein, wenn ein Effektenhändler **Vermittler** ist. Der Vermittlerbegriff wird weit aufgefasst. Ein Effektenhändler gilt als Vermittler, wenn er am Abschluss eines Geschäftes kausal mitgewirkt hat, d.h., den tatsächlichen Erfolg des Austausches der übereinstimmenden Willenserklärungen wissentlich verursacht (STOCKAR/HOCHREUTENER, Art. 13 Abs. 1 und 2 StG, 2., Nr. 3, 5). Es ist unerheblich, ob der Effektenhändler als Kommissionär, Agent oder Beauftragter tätig wird (BGer 4.3.1985, ASA 54 [1985/86], 599, 603 f.).

In Art. 17 Abs. 3 StG werden gewisse **Eigengeschäfte** von Effektenhändlern von Gesetzes wegen als Vermittlung behandelt. Andernfalls müsste auf wirtschaftlich als Einheit zu würdigenden Vorgängen die Umsatzabgabe zweimal erhoben werden, weil formal zwei entgeltliche Übertragungen mit einem Effektenhändler als Vertragspartei vorliegen. Eine Vermittlung wird angenommen, wenn der Effektenhändler mit seinem Auftraggeber zu den Originalbedingungen des mit der Gegenpartei abgeschlossenen Geschäftes abrechnet (Art. 17 Abs. 3 lit. a StG); wenn der Effektenhändler lediglich Gelegenheit zum Geschäftsabschluss nachweist (Art. 17 Abs. 3 lit. b StG; diese Fälle wären ohnehin als blosse Vermittlung zu qualifizieren); wenn der Effektenhändler die Urkunden am Tage ihres Erwerbs weiterveräussert (Art. 17 Abs. 3 lit. c StG; in solchen Fällen ist wohl häufig ebenfalls die Befreiung für den Handelsbestand gemäss Art. 14 Abs. 3 StG [N 300] anwendbar).

273

f) Steuersätze und Abrechnung über die Steuer

Die Steuer beträgt 1.5‰ auf **inländischen steuerbaren Urkunden** und 3‰ auf **ausländischen steuerbaren Urkunden** (Art. 16 Abs. 1 StG). Eine sachliche Rechtfertigung für die stärkere Belastung der ausländischen Urkunden ist nicht ersichtlich (wobei diese Ungleichbehandlung wegen Art. 191 BV nicht gerichtlich angefochten werden kann und auch die Bilateralen Verträge mit der Europäischen Union wohl keine Abhilfe schaffen). Soweit das Entgelt nicht in einer Geldsumme besteht, ist der Verkehrswert der vereinbarten Gegenleistung massgebend (Art. 16 Abs. 2 StG). Wenn das Entgelt in einer steuerbaren Urkunde besteht, also beim **Tausch**, liegt ein «Doppelkauf» vor, so dass die Umsatzabgabe zweimal anfällt (N 269). Beim reinen Tausch gilt der Verkehrswert der getauschten Urkunden als Entgelt (ESTV-DVS, WL Umsatzabgabe, Rz 94).

274

Der Effektenhändler hat über die Abgabe abzurechnen (Art. 17 Abs. 1 StG; bei den «remote members» die Schweizer Börse, vgl. Art. 17 Abs. 4 StG und N 259). Um die Kumulation mehrerer Umsatzabgaben zu verhindern, wenn mehr als ein Effektenhändler an einem steuerbaren Geschäft beteiligt ist, sieht Art. 17 Abs. 2 StG eine **Verteilung der Abrechnungspflicht** auf die involvierten Effektenhändler vor (näher zu den einzelnen Konstellationen ESTV-DVS, WL Umsatzabgabe, Rz 75 ff.). Danach schuldet ein Effektenhändler, der ein Vermittler ist (Art. 17 Abs. 3 StG), eine halbe Umsatzabgabe für jede Vertragspartei, die sich weder als registrierter Effektenhändler noch als von der Abgabe befreiter Anleger ausweist (lit. a). Ein Effektenhändler, der Vertragspartei ist, schuldet eine halbe Umsatzabgabe für sich selbst und für jede Vertragspartei, die sich weder als registrierter Effektenhändler noch als von der Abgabe befreiter Anleger ausweist (lit. b).

275

g) Befreiungen von der Steuer

ga) Ausgabe und Rückgabe von steuerbaren Urkunden

Von der Umsatzabgabe befreit sind alle **Ausgaben** von steuerbaren Urkunden durch **Inländer**. Befreit sind also die Ausgabe inländischer Beteiligungsrechte, inländischer Obligationen und Geldmarktpapiere sowie inländischer Anlagefonds. Von der Umsatzabgabe ist auch eine allfällige **Festübernahme** befreit (Art. 14 Abs. 1 lit. a StG). Der Emissionsvorgang ist bei inländischen Beteiligungsrechten mit dem Ablauf der Zahlungsfrist für den Ersterwerber beendet. Bei in- und ausländischen Obligationen, Fondsanteilen sowie ausländischen Beteiligungsrechten ist der Emissionsvorgang mit dem Ablauf des Liberierungstages beendet. Findet ein Geschäftsabschluss oder die Bezahlung (Valuta) der Titel nach Beendigung des Emissionsvorganges statt, liegt ein der Umsatzabgabe unterliegendes Geschäft des Sekundärhandels vor (ESTV-DVS, WL Umsatzabgabe, Rz 60). Nicht befreit ist die Lieferung bereits bestehender Titel, beispielsweise bei

276

einer **Wandelanleihe**, welche die Gesellschaft mit eigenen, früher geschaffenen Aktien bedient (neu geschaffene Aktien sind befreit; vgl. Art. 14 Abs. 1 lit. a und f StG). Diesfalls liegt ein steuerbares Umsatzgeschäft vor; die Verwaltungspraxis unterwirft in einem solchen Fall jeden Handel der Umsatzabgabe, es sei denn, es könne klar zwischen Primär- und Sekundärstücken unterschieden werden (ESTV-DVS, WL Umsatzabgabe, Rz 61, 103).

277 Die Ausgabe von **Beteiligungsrechten** durch **ausländische** Gesellschaften ist ebenfalls befreit (Art. 14 Abs. 1 lit. f Satz 1 StG). Die Lieferung bereits bestehender Titel ist steuerbar. Wenn nicht klar zwischen alten und neuen Aktien unterschieden werden kann, unterliegt der gesamte Vorgang der Umsatzabgabe (ESTV-DVS, WL Umsatzabgabe, Rz 61, 103). Befreit sind im Weiteren gemäss Art. 14 Abs. 1 lit. f Satz 1 StG die auf eine fremde Währung lautenden **Obligationen ausländischer Schuldner** (Euroobligationen). Als **Euroobligationen** gelten ausschliesslich Titel, bei denen sowohl die Vergütung des Zinses als auch die Rückzahlung des Kapitals in einer fremden Währung erfolgen (Art. 14 Abs. 1 lit. f Satz 2 StG). Gestützt auf Art. 13 Abs. 2 lit. b Satz 2 StG hat der Bundesrat auch die Ausgabe von auf Schweizer Franken lautenden Obligationen ausländischer Schuldner von der Umsatzabgabe befreit (Art. 1 der Verordnung vom 15.3.1993 des Schweizerischen Bundesrates über die Aufhebung der Umsatzabgabe auf der Emission von Schweizerfranken-Anleihen ausländischer Schuldner; SR 641.131). Demgegenüber fehlt es an einer Befreiungsnorm für die Ausgabe von Anteilen an einem **ausländischen Anlagefonds**. Die Ausgabe ist deshalb steuerbar. Die Verwaltungspraxis unterwirft auch die Ausgabe von Aktien, die in ihrer wirtschaftlichen Funktion den Fondsanteilen gleichgestellt sind, der Umsatzabgabe (ESTV-DVS, WL Umsatzabgabe, Rz 64 f.).

278 Befreit sind alle **Rückgaben** von Urkunden zur Tilgung (Art. 14 Abs. 1 lit. e StG; vgl. auch ESTV-DVS, WL Umsatzabgabe, Rz 26, 65, 99).

gb) Sacheinlage zwecks Liberierung von Beteiligungsrechten

279 Gemäss dem neu gefassten Art. 14 Abs. 1 lit. b StG sind von der Umsatzabgabe ausgenommen die Sacheinlage von Urkunden zur Liberierung in- und ausländischer Aktien, Anteilscheinen von Gesellschaften mit beschränkter Haftung und Genossenschaften, Partizipationsscheinen, Genussscheinen oder Anteilen an einem Anlagefonds. Gemäss der früheren Fassung von Art. 14 Abs. 1 lit. a StG (AS 1993, 227) war nur die **Liberierung inländischer Aktien etc.** befreit, nicht aber die Liberierung **ausländischer Titel**. Bei einer Liberierung ausländischer Anteile durch Einlage steuerbarer Urkunden war deshalb die Umsatzabgabe auf der Lieferung der eingebrachten steuerbaren Urkunden geschuldet. Liberiert z.B. eine Schweizer Gesellschaft, die Effektenhändlerin im Sinne von Art. 13 Abs. 3 StG ist, Aktien einer ausländischen Gesellschaft durch Einlage von Aktien an einer anderen (in- oder ausländischen) Gesellschaft, so ist die Einlage der Aktien nach der neuen Fassung von Art. 14 Abs. 1 lit. b StG nicht umsatzabgabepflichtig. Von der von der Steuer befreiten Liberierung durch Lieferung von steuerbaren Urkunden, muss die Lieferung der neuen – liberierten – steuerbaren Urkunden unterschieden werden. Die Ausgabe der neuen Titel ist gemäss Art. 14 Abs. 1 lit. a bei inländischen Urkunden (N 276) und gemäss Art. 14 Abs. 1 lit. f StG bei ausländischen Urkunden (N 277) befreit.

280 Art. 14 Abs. 1 lit. b StG wird eng ausgelegt. Gemäss der – nicht unumstrittenen – Praxis gelten namentlich **Fusionen**, die unter Beteiligung eines Effektenhändlers (Art. 13 Abs. 3 StG) mit einer Übertragung von steuerbaren Urkunden verbunden sind, als **entgeltliche Vorgänge** im Sinne von Art. 13 Abs. 1 StG, wenn dabei Gutschriften an die

Sacheinleger entrichtet oder wenn Drittverpflichtungen übernommen werden, was bei einer Fusion regelmässig der Fall ist. Als Entgelt für die Übertragung der steuerbaren Urkunden wird also die **Übernahme der Drittschulden** angesehen. Insoweit kommt Art. 14 Abs. 1 lit. b StG nicht zur Anwendung (vgl. dazu das nunmehr aufgehobene [ESTV-DVS, KS 5 vom 1.6.2004, Ziff. 5] Merkblatt S-02.134 der ESTV vom 1.4.1993 betreffend die Umsatzabgabe «Weisung für Fusionen, fusionsähnliche Tatbestände, Umwandlungen und Abspaltungen mit steuerbaren Urkunden», ASA 62 [1993/94], 384 ff.).

Diese Praxis wird damit begründet, dass gemäss der bundesgerichtlichen Rechtsprechung Art. 14 Abs. 1 lit. b StG nicht zur Anwendung gelange, wenn die Übertragung von steuerbaren Urkunden nicht zur **ausschliesslichen Liberierung** der neu geschaffenen Beteiligungsrechte diene (BGE 108 Ib 450, 457 f. = ASA 52 [1983/84], 374, 378 ff. = StR 1985, 170, 172 ff.). Der vom Bundesgericht beurteilte Fall betraf die Absorption einer Tochtergesellschaft, wobei im Umfang der Beteiligung der absorbierenden Muttergesellschaft keine Kapitalerhöhung stattfand. Das Bundesgericht lehnte es ab, Art. 14 Abs. 1 lit. b StG auf diesen Fall direkt oder sinngemäss anzuwenden, sondern hielt fest, dass die Voraussetzungen dieser Bestimmung gerade nicht erfüllt seien. Art. 14 Abs. 1 lit. b StG diene dazu, dass für die gleiche Operation nicht sowohl die Emissions- als auch die Umsatzabgabe bezahlt werden müsse. Das Entgelt bestehe darin, dass die übernehmende Gesellschaft die Passiven der übertragenden Gesellschaft übernommen habe, wobei nur derjenige Anteil an übernommenen Verpflichtungen gegenüber Dritten als Entgelt für die übertragenen steuerbaren Urkunden angesehen werden dürfe, welcher dem Verhältnis ihres Wertes zu den gesamten übernommenen Aktiven entspreche.

Mit dem Inkrafttreten der Befreiung von Umstrukturierungen von der Emissionsabgabe (per 1.4.1993; AS 1993, 222, 224) dehnte die Eidgenössische Steuerverwaltung ihre bisherige Praxis auf alle Fälle von Umstrukturierungen aus, bei denen auf Grund von Art. 6 Abs. 1 lit. a^{bis} StG keine Emissionsabgabe zu entrichten ist (vgl. das in N 280 zitierte Merkblatt). Vor der Einführung von Art. 6 Abs. 1 lit. a^{bis} StG war es lediglich zu einer Reduktion der Emissionsabgabe gekommen (früherer Art. 9 Abs. 1 lit. a StG [AS 1974, 15; AS 1993, 222, 224]; vgl. BGer 5.2.1996, ASA 65 [1996/97], 666, 668).

Im Fall der Berner Kantonalbank hatte das Bundesgericht den durch ein kantonales Gesetz erfolgten **Zusammenschluss** von zwei **kantonalen öffentlichrechtlichen Anstalten** zu beurteilen. Es bestätigte seine bisherige Rechtsprechung, nach welcher in der Übernahme von Drittverbindlichkeiten ein – anteiliges – Entgelt für die Übertragung von Wertschriften liege. Es hielt insbesondere fest, dass auch ein Eigentumsübergang von Gesetzes wegen als entgeltliches Veräusserungsgeschäft gelten könne (BGer 28.6.1996, ASA 65 [1996/97], 671, 695 f.). Bei der **Sacheinlage** eines **Versicherungsgeschäftes** in eine Tochtergesellschaft entschied die Eidgenössische Steuerrekurskommission, dass die dem Deckungskapital einer Versicherungsgesellschaft entsprechenden Rückstellungen Verpflichtungen gegenüber Dritten darstellen (SRK 4.5.2001, VPB 65.102 E. 6a = ASA 70 [2001/2002], 774, 775 = StR 2002, 100, 108).

Die einschränkende Auslegung von Art. 14 Abs. 1 lit. b StG kann nach wie vor dazu führen, dass Restrukturierungsvorgänge die Umsatzabgabe auslösen. Dies kann namentlich dann der Fall sein, wenn der Befreiungstatbestand von Art. 14 Abs. 1 lit. i StG nicht greift. Die Steuer ist wie folgt zu ermitteln (vgl. das in N 280 zitierte Merkblatt, Ziff. A./I. und II., und nunmehr ESTV-DVS, KS 5 vom 1.6.2004, Ziff. 4.3.6): Zunächst werden die gesamten übergehenden Aktiven (zu Buchwerten) ins Verhältnis zu den steuerbaren Urkunden gesetzt. Die Höhe der übernommenen Drittverpflichtungen wird mit dem prozentualen Anteil der steuerbaren Urkunden an den Gesamtaktiven multipliziert.

Das Ergebnis entspricht dem steuerbaren Entgelt. Der Steuersatz bestimmt sich nach dem Anteil der in- und ausländischen am gesamten Bestand an steuerbaren Urkunden, indem das massgebende Entgelt auf Grund der Buchwerte proportional aufzuteilen ist.

gc) Übertragungen bei Umstrukturierung, insbesondere Fusion, Spaltung oder Umwandlung

285 Gemäss dem durch das FusG neu eingefügten Art. 14 Abs. 1 lit. i StG ist die mit einer Umstrukturierung, wie Fusion, Spaltung oder Umwandlung verbundene Übertragung steuerbarer Urkunden von der übernommenen, spaltenden oder umwandelnden Unternehmung auf die aufnehmende oder umgewandelte Unternehmung von der Abgabe ausgenommen (i.S.v. befreit). Der mit dem FusG eingefügte Art. 14 Abs. 1 lit. i StG geht auf einen Vorschlag der Arbeitsgruppe Steuern zurück. Die Arbeitsgruppe erwog zur dargestellten Praxis über die Erhebung der Umsatzabgabe bei Umstrukturierungen (beschränkte Tragweite von Art. 14 Abs. 1 lit. b StG), diese Steuer sei abzuschaffen, denn die mit einer Umstrukturierung verbundene Übertragung von Vermögenswerten beruhe nicht auf einem Veräusserungsgeschäft und könne schwerlich als eine (echte) Veräusserung bezeichnet werden (Bericht Steuern 1, 12). Der Vorschlag wurde im Vernehmlassungsverfahren einhellig begrüsst (Bericht Steuern 2, 28). Der Bundesrat machte sich die Argumentation der Arbeitsgruppe Steuern zu eigen. Er wies zudem darauf hin, dass die Befreiung auch grenzüberschreitende Tatbestände betreffe (Botschaft, 4380). Der Ständerat folgte dem Vorschlag diskussionslos (AmtBull StR 2001, 164). Der Nationalrat passte den Wortlaut an die Umstrukturierungsbestimmungen bei den direkten Steuern an, indem die mit einer «Umstrukturierung», insbesondere einer Fusion etc. verbundene Übertragung steuerbarer Urkunden befreit wurde (AmtlBull NR 2003, 253 f.). Der Ständerat stimmte dem ohne Diskussion zu (AmtlBull StR 2003, 492).

286 Voraussetzung der Befreiung ist das Vorliegen einer «Umstrukturierung, insbesondere einer Fusion, Spaltung oder Umwandlung». Diese Tatbestandsvoraussetzung ist **gleich wie** Art. 19 Abs. 1 Ingress DBG (bzw. Art. 8 Abs. 3 Ingress StHG) und Art. 61 Abs. 1 Ingress DBG (bzw. Art. 24 Abs. 3 Ingress StHG) für die **Einkommens- bzw. Gewinnsteuern** formuliert. Diese vom Gesetzgeber gewollte Übereinstimmung im Wortlaut bedeutet, dass die Befreiung von der Umsatzabgabe gemäss Art. 14 Abs. 1 lit. i StG immer dann greift, wenn der fragliche Vorgang bei den Einkommens- bzw. Gewinnsteuern auf Grund der genannten Bestimmungen grundsätzlich steuerneutral abgewickelt werden kann. Für diese Auslegung spricht auch, dass der Ständerat dem Bundesrat empfahl, die Begriffe im Stempelsteuerrecht gleich zu definieren wie im Gewinnsteuerrecht (Mitbericht WAK StR, 15; AmtlBull StR 2001, 168; vgl. ESTV-DVS, KS 5 vom 1.6.2004, Anhang II, 8).

287 Indem Art. 14 Abs. 1 lit. i StG die **Generalklausel** der Umstrukturierung verwendet, wird klar gestellt, dass neben den ausdrücklich genannten Fusionen, Spaltungen oder Umwandlungen auch andere Umstrukturierungen befreit sind. Insbesondere müssen – auch vor dem Hintergrund der gleichen Begriffe – die in Art. 61 Abs. 1 lit. a–d DBG aufgeführten, besonderen Formen der steuerneutralen Umstrukturierungen von der Umsatzabgabe befreit sein. Deshalb ist namentlich die **Ausgliederung** auf eine Tochtergesellschaft gemäss Art. 61 Abs. 1 lit. d DBG befreit (Übertragung von Betrieben oder Teilbetrieben sowie von Gegenständen des betrieblichen Anlagevermögens durch eine Kapitalgesellschaft oder Genossenschaft auf eine zu mindestens 20% von der übertragenden Gesellschaft beherrschte Kapitalgesellschaft oder Genossenschaft; ESTV-DVS, KS 5 vom 1.6.2004, Ziff. 4.4.1.4). Im Weiteren werden sowohl **«echte» Fusionen** als auch «unechte» Fusionen etc. erfasst, weil auf die steuerlichen Umstrukturierungstatbestände verwiesen wird (vgl. auch ESTV-DVS, KS 5 vom 1.6.2004, Ziff. 4.1.2.1.6).

Aus den Voraussetzungen von Art. 14 Abs. 1 lit. i StG kann hingegen weder wegen seines Wortlautes noch nach seinem Sinn und Zweck noch auf Grund der Entstehungsgeschichte auf eine vollständige Identität mit den Steueraufschubstatbeständen der Einkommens- und Gewinnsteuern geschlossen werden. Wenn es beispielsweise zu **Aufwertunge**n im Rahmen einer Spaltung kommt, hat dies Steuerfolgen bei der Einkommens- oder Gewinnsteuer. Eine – allenfalls anteilsmässige – Besteuerung des Vorgangs mit der Umsatzabgabe wäre aber nicht sachgerecht, weil die Aufwertung auch dann den direkten Steuern unterliegen würde, wenn sie nicht im Rahmen einer Umstrukturierung erfolgte. Dasselbe gilt, wenn die Steuerneutralität bei den direkten Steuern ganz oder teilweise verneint werden muss, weil stille Reserven den Bereich der Schweizer Steuern verlassen. Es käme zu rechtsungleichen Resultaten, indem je nachdem, ob eine steuerliche Verhaftung durch eine Schweizer Betriebsstätte vorliegt oder nicht, die Umsatzabgabe zu erheben wäre. Eine teilweise oder gar gänzliche Verweigerung der Steuerneutralität auf der Ebene der direkten Steuern wegen Aufwertungen oder wegen **Verlassens der Schweizer Steuerhoheit** bildet demnach kein Hindernis für die Steuerfreiheit bei der Umsatzabgabe, sofern der Vorgang grundsätzlich als eine steuerneutrale Umstrukturierung gilt. Um so mehr kann eine subjektive **Befreiung von den direkten Steuern** einer Befreiung von der Umsatzabgabe gemäss Art. 14 Abs. 1 lit. i StG nicht entgegenstehen.

288

Der in Art. 14 Abs. 1 lit. i StG verwendete **Begriff der «Unternehmung»** sowohl für den übertragenden als auch den übernehmenden Rechtsträger kann keine Einschränkung des Anwendungsbereiches auf Effektenhändler bedeuten, die einen Betrieb, Teilbetrieb o.ä. führen. Wie sich aus den Materialien ergibt, bezweckt diese Bestimmung, dass sämtliche Umstrukturierungen von Effektenhändlern gemäss Art. 13 Abs. 3 von der Umsatzabgabe befreit werden (Bericht Steuern 1, 10 f.; Botschaft, 4380; AmtlBull NR 2003, 253). Die Verwaltungspraxis bringt dementsprechend bei den Fusionen und übertragenden Umwandlungen juristischer Personen keinen Vorbehalt an, es müsse ein Betrieb o.ä. übergehen oder der übernehmende Rechtsträger müsse einen Betrieb o.ä. führen (ESTV-DVS, KS 5 vom 1.6.2004, Ziff. 4.1.2.6, 4.2.1.6). Wenn hingegen bei einer Spaltung die Steuerneutralität bei den direkten Steuern wegen fehlendem Betriebserfordernis nicht gewährt werden kann, wird Art. 14 Abs. 1 lit. i StG nicht angewendet (ESTV-DVS, KS 5 vom 1.6.2004, Ziff. 4.3.6). In einem solchen Fall ist die Praxis zu Art. 14 Abs. 1 lit. b StG zu beachten (N 280 ff.).

289

Art. 14 Abs. 1 lit. i StG gilt unabhängig von der **Rechtsform** der in den Vorgang involvierten Effektenhändler. Insbesondere ist bei der Übertragung von Vermögenswerten von Personengesellschaften auf andere Personengesellschaften und bei der Übertragung eines Betriebs oder Teilbetriebs auf eine juristische Person bei Vorliegen einer steuerneutralen Umstrukturierung die Umsatzabgabe nicht geschuldet (ESTV-DVS, KS 5 vom 1.6.2004, Ziff. 3.1.3, 3.2.7). Auch Institute des öffentlichen Rechts profitieren von dieser Regelung (ESTV-DVS, KS 5 vom 1.6.2004, Ziff. 4.2.5.5 i.V.m. 4.2.1.6).

290

Aus Art. 14 Abs. 1 lit. i StG geht im Weiteren nicht hervor, dass für die Zwecke der Umsatzabgabe auf die **Sperrfristenregelung** der direkten Steuern abgestellt werden soll. Anders als Art. 9 Abs. 1 lit. e StG wird keine ausdrückliche Sperrfrist statuiert. Der Verweis auf die Voraussetzungen der Steuerneutralität bei den direkten Steuern ist indirekt und, wie dargestellt, auf einen Teil der Voraussetzungen beschränkt; ein Verweis auf die einschlägigen Art. 19 Abs. 2 und Art. 61 Abs. 2 DBG fehlt. Aus der Gesetzgebungsgeschichte ergeben sich ebenfalls keine Hinweise auf eine Anwendbarkeit der Sperrfristen.

291

Die Eidgenössische Steuerverwaltung bringt die Sperrfristen der direkten Steuern bei der Umsatzabgabe nicht zur Anwendung (ESTV-DVS, KS 5 vom 1.6.2004, Ziff. 2.4.2; anders noch der Entwurf vom 11.2.2004, Ziff. 2.4.2). Dieser Auffassung ist aus den genannten Gründen zuzustimmen.

gd) Konzerninterne Übertragungen

292 Die WAK des Ständerates schlug einen neuen Art. 14 Abs. 1 lit. j StG vor, welcher eine Befreiung für die konzerninternen entgeltlichen Übertragungen von Beteiligungen sowie für die Übertragungen von (Alt-) Beteiligungen auf eine ausländische Konzerngesellschaft gemäss Art. 207a Abs. 3 DBG vorsieht. Die WAK des Ständerates wollte damit ein weiteres steuerliches Hindernis für Umstrukturierungen beseitigen (Mitbericht WAK StR, 14). Der Ständerat schloss sich diesem Antrag an (AmtlBull StR 2001, 164 f.). Die WAK des Nationalrates beantragte, dem Ständerat zu folgen (Mitbericht WAK NR, 10 f.). In der Folge eines Antrages aus den Kreisen der Wirtschaft (Prot. RK NR vom 2.9.2002, Beilage vom 3.8.2002, 5) genehmigte die RK des Nationalrates die schliesslich Gesetz gewordene Fassung von Art. 14 Abs. 1 lit. j StG. In der genannten Eingabe war geltend gemacht worden, die Fassung gemäss Ständerat verweise auf Art. 207a Abs. 3 DBG. Diese Bestimmung stelle aber nur eine Übergangsbestimmung dar, welche am 1.1.2007 hinfällig werde. Die Befreiung müsse jedoch definitiv verankert werden. Unter dem Gebot der Wahrung der Steuerneutralität von Umstrukturierungen sei es zudem wenig sinnfällig, die Befreiung von der Umsatzabgabe nur für die konzerninterne Übertragung von schweizerischen Alt-Beteiligungen ins Ausland vorzusehen. Sodann werde der Holdingstandort Schweiz erheblich aufgewertet, wenn die Ersatzbeschaffungen von Beteiligungen (Art. 64 Abs. 1bis DBG) von der Umsatzabgabe befreit seien. Der Nationalrat (AmtlBull NR 2003, 253 f.) und der Ständerat (AmtlBull StR 2003, 492) beschlossen die in diesem Sinne präzisierte und ergänzte Fassung von Art. 14 Abs. 1 lit. j StG.

293 Art. 14 Abs. 1 lit. j StG enthält somit für Übertragungen von steuerbaren Urkunden innerhalb eines Konzerns zwei Befreiungstatbestände. Zunächst nimmt der erste Hs. dieser Bestimmung den Erwerb oder die Veräusserung von steuerbaren Urkunden im Rahmen von **Umstrukturierungen nach Art. 61 Abs. 3 DBG** von der Umsatzabgabe aus. Die genannte Bestimmung erlaubt die gewinnsteuerneutrale Übertragung von Beteiligungen von mehr als 20%, von Betrieben oder Teilbetrieben zwischen inländischen Konzerngesellschaften. Wenn die Übertragung gewinnsteuerneutral erfolgt, fällt auch keine Umsatzabgabe an. Die fünfjährige Sperrfrist der Gewinnsteuer (Art. 61 Abs. 4 DBG bzw. Art. 24 Abs. 3^{quinquies} StHG) findet mangels entsprechenden Verweises in Art. 14 Abs. 1 lit. j StG keine Anwendung (vgl. auch ESTV-DVS, KS 5 vom 1.6.2004, Ziff. 4.5.5).

294 Im Weiteren befreit Art. 14 Abs. 1 lit. j Hs. 2 StG die **Übertragung von Beteiligungen von mindestens 20%** am Grund- oder Stammkapital anderer Gesellschaften auf eine in- oder ausländische Konzerngesellschaft. Dieser Tatbestand ist insofern enger gefasst als beim ersten Hs., als eine Mindestbeteiligung von 20% gefordert ist. Er ist aber auch weiter formuliert, indem die Übertragung auch auf eine ausländische Konzerngesellschaft oder von einer ausländischen auf eine Schweizer Konzerngesellschaft erfolgen kann.

295 Der Begriff der **Konzerngesellschaft** ist nicht näher definiert (es finden sich auch keine weiteren Ausführungen aus Sicht der Verwaltung in ESTV-DVS, KS 5 vom 1.6.2004, Ziff. 4.5.5). Die Bestimmung kann vorab nicht voraussetzen, dass es sich um einen Konzern mit schweizerischer Konzernmuttergesellschaft handeln muss, so dass auch inner-

halb eines ausländischen Konzerns die Befreiung von der Umsatzabgabe greift, wenn eine Schweizer Konzerngesellschaft eine Beteiligung an eine in- oder ausländische Konzerngesellschaft überträgt oder übernimmt. Dieses Ergebnis stimmt mit der Auslegung des Begriffs der Konzerngesellschaft in Art. 207a Abs. 3 DBG überein, wo es auch nicht darauf ankommt, ob die Konzernspitze im In- oder Ausland ansässig ist (BGer 6.1.2004, StR 2004, 197, 199 ff. = StE 2004 B 72.22 Nr. 10). Dies wird auch durch die Entstehungsgeschichte bestätigt, indem zunächst auf Art. 207a Abs. 3 DBG verwiesen wurde. Dieser Verweis wurde aber als zu eng angesehen. Daraus folgt sodann, dass sowohl Alt- als auch Neubeteiligungen von mindestens 20% umsatzabgabefrei übertragen werden können. Konzerngesellschaften liegen dann vor, wenn sie gemäss Art. 663e Abs. 1 OR zu konsolidieren sind oder wären (falls die Befreiung gemäss Art. 663e Abs. 2 OR anwendbar ist), befände sich die Obergesellschaft in der Schweiz. Wenn diese Voraussetzung erfüllt ist und die übertragene Beteiligung mindestens 20% am Grund- oder Stammkapital ausmacht, fällt keine Umsatzabgabe an.

ge) Ersatzbeschaffung von Beteiligungen

Der Einbezug von Ersatzbeschaffung von Beteiligungen in die neue Befreiungsvorschrift von Art. 14 Abs. 1 lit. j StG geht auf einen Vorschlag aus der Wirtschaft zurück (N 292). Art. 14 Abs. 1 lit. j Hs. 1 StG befreit den Erwerb oder die Veräusserung von steuerbaren Urkunden im Rahmen von Umstrukturierungen insbesondere nach Art. 64 Abs. 1bis DBG. Letztere Bestimmung beschlägt den gewinnsteuerneutralen Ersatz von Beteiligungen (näher dazu Teil 3 vor Art. 69). Die Umsatzabgabe entfällt sowohl auf dem Veräusserungs- als auch auf dem Erwerbsgeschäft. **296**

Die Verwaltungspraxis nimmt den Standpunkt ein, soweit der Veräusserungserlös nicht vollständig reinvestiert oder zurückgestellt werde, sei beim Veräusserungsgeschäft über die Umsatzabgabe abzurechnen. Das Erwerbsgeschäft unterliege soweit der Umsatzabgabe als der Erwerbspreis der neuen Beteiligung den Veräusserungspreis der alten Beteiligung übersteige (ESTV-DVS, KS 5 vom 1.6.2004, Ziff. 4.7.4). Diese Auslegung vermag nicht zu überzeugen. Sie findet weder im Wortlaut noch in den Materialien eine Stütze. Sie ist auch systematisch unzutreffend: Bei der Umsatzabgabe spielen die bisherigen und allenfalls künftigen Buchwerte nie eine Rolle, sondern die Steuer bemisst sich nach dem Entgelt. Die Befreiungsvorschriften von Art. 14 Abs. 1 StG nehmen denn auch generell keinen Bezug auf die Buchwerte der übertragenen steuerbaren Urkunden. Im Falle von Ersatzbeschaffungen von Beteiligungen muss deshalb eine vollständige Steuerbefreiung Platz greifen. **297**

gf) Weitere Befreiungstatbestände

Es bestehen weitere Befreiungstatbestände, die im täglichen Geschäftsverkehr sehr bedeutsam sind, aber keinen oder nur einen entfernten Zusammenhang mit Restrukturierungen aufweisen. Deshalb ist nur am Rande darauf hinzuweisen. **298**

Die entgeltliche Übertragung gewisser steuerbarer Urkunden ist von der Steuer befreit. Vorab unterliegt der Handel mit in- und ausländischen **Geldmarktpapieren** nicht der Umsatzabgabe (Art. 14 Abs. 1 lit. g StG; N 265). Die Vermittlung oder der Kauf und Verkauf von **ausländischen Obligationen** ist von der Umsatzabgabe befreit, soweit der Käufer oder der Verkäufer eine ausländische Vertragspartei ist (Art. 14 Abs. 1 lit. h StG, befristet bis 31.12.2005; AS 1999, 1287; AS 2002, 3645). Die Befreiung bezieht sich nur auf die halbe Abgabe, welche auf die ausländische Vertragspartei entfällt (ESTV-DVS, WL Umsatzabgabe, Rz 72, vgl. auch Rz 79 f.). **299**

300 Effektenhändler gemäss Art. 13 Abs. 3 lit. a und lit. b Ziff. 1 StG (also die Banken und die Händler) sind für den auf sie selbst entfallenden Teil der Abgabe befreit, soweit sie Titel aus ihrem **Handelsbestand** veräussern oder zur Äufnung dieses Bestandes erwerben (Art. 14 Abs. 3 Satz 1 StG; zur Definition des Handelsbestandes vgl. Art. 14 Abs. 3 Satz 2 StG, Art. 25a StV; ESTV-DVS, WL Umsatzabgabe, Rz 56 ff.; STOCKAR, ASA 61 [1992/93], 631 f.). Die halbe Abgabe entfällt auch für das ausländische Mitglied einer ausländischen Börse («**remote member**») gemäss Art. 13 Abs. 3 lit. e StG (befristet bis 31.12.2005 [AS 1999, 1287; AS 2002, 3645]), soweit dieses Mitglied inländische Titel für eigene Rechnung handelt (Art. 19 Abs. 3 StG, befristet bis 31.12.2005 [AS 1999, 1287; AS 2002, 3645]).

301 Von ihrer halben Abgabe gemäss Art. 17 Abs. 2 StG (in der bis 31.12.2005 befristeten Fassung [AS 2000, 2992; AS 2002, 3646]) befreit sind – als sog. befreite Anleger – die in Art. 17a StG (befristet bis 31.12.2005 [AS 2000, 2993; AS 2002, 3646]) aufgeführten **ausländischen institutionellen Anleger** (ausländische Staaten und Zentralbanken, Einrichtungen der Sozialversicherung und der beruflichen Vorsorge sowie die ausländischen Lebensversicherer) und die **inländischen Anlagefonds**.

302 Art. 19 StG (in der bis 31.12.2005 befristeten Fassung [AS 1999, 1288; AS 2002, 3645]) enthält einige Befreiungen für **Geschäfte mit ausländischen Banken und Börsenagenturen:** Bei Geschäften mit ausländischen Banken oder ausländischen Börsenagenten über ausländische Titel entfällt die diese Partei betreffende halbe Abgabe (Art. 19 Abs. 1 Satz 1 StG). Das gleiche gilt für in- und ausländische Titel, die von einer als Gegenpartei auftretenden Börse bei der Ausübung von standardisierten Derivaten übernommen oder geliefert werden (Art. 19 Abs. 1 Satz 2 StG).

303 Beim **Handel** eines inländischen Effektenhändlers über eine **ausländische Börse** entfällt bei über diese Börse gehandelten Titeln die die Gegenpartei betreffende halbe Abgabe (Art. 19 Abs. 3 StG; befristet bis 31.12.2005 [AS 2000, 2993; AS 2002, 3646]).

8. Mehrwertsteuer

a) Vorbemerkungen

304 Die vom Bund erhobene Mehrwertsteuer ist eine allgemeine Verbrauchssteuer nach dem System der Netto-Allphasensteuer mit Vorsteuerabzug (Art. 1 Abs. 1 MWSTG). Bei der Netto-Allphasensteuer mit Vorsteuerabzug (Mehrwertsteuer) wird die Steuer auf jedem Umsatz – bei jeder Lieferung oder Dienstleistung gegen Entgelt – erhoben. Weil der steuerpflichtige Empfänger die Vorsteuer abziehen kann, wird im Ergebnis nur der Nettoumsatz besteuert (vgl. CAMENZIND/HONAUER/VALLENDER, Rz 9).

305 Die Steuer wird erhoben auf folgenden Umsätzen im Inland (Art. 5 MWSTG), sofern sie nicht gemäss Art. 18 MWSTG von der Steuer ausgenommen sind:

– Im Inland gegen Entgelt erbrachte Lieferungen von Gegenständen;

– im Inland gegen Entgelt erbrachte Dienstleistungen;

– Eigenverbrauch im Inland;

– Bezug von Dienstleistungen gegen Entgelt von Unternehmen mit Sitz im Ausland.

Im Weiteren unterliegt der Steuer die Einfuhr von Gegenständen ins Inland (Art. 73 Abs. 1 MWSTG).

b) Steuersubjekt

ba) Umsatzgrenzen

Steuerpflichtig ist, wer eine mit der Erzielung von Einnahmen verbundene gewerbliche oder berufliche Tätigkeit selbständig ausübt, auch wenn die Gewinnabsicht fehlt, sofern seine Lieferungen, seine Dienstleistungen und sein Eigenverbrauch im Inland jährlich die **Umsatzgrenze** von gesamthaft CHF 75 000 übersteigen (Art. 21 Abs. 1 Satz 1 MWSTG). Wenn die steuerbaren Umsätze CHF 75 000 übersteigen, aber nicht mehr als CHF 250 000 betragen, tritt die Steuerpflicht nur ein, wenn die nach Abzug der Vorsteuer verbleibende Steuer (**Steuerzahllast**) regelmässig nicht mehr als CHF 4 000 betragen würde (Art. 25 Abs. 1 lit. a MWSTG). Für Gemeinwesen gilt zusätzlich, dass die Umsätze aus steuerbaren Leistungen an Nichtgemeinwesen CHF 25 000 im Jahr übersteigen müssen (Art. 23 Abs. 1 Satz 1 MWSTG; vor Art. 99 N 82, 86 ff.). Der Umsatz bemisst sich nach den vereinnahmten Entgelten (also nicht nach der Rechnungsstellung) und beim Eigenverbrauch nach Art. 9 Abs. 2 MWSTG nach dem Wert der Arbeiten an Bauwerken für Zwecke, die den Vorsteuerzweck ausschliessen (Art. 21 Abs. 3 MWSTG).

306

Für die Berechnung der Umsatzgrenzen fallen die **steuerbaren Umsätze im Inland** in Betracht, nämlich steuerbare Lieferungen, Dienstleistungen sowie Eigenverbrauch (Art. 21 Abs. 1 Satz 1 MWSTG; CAMENZIND/HONAUER/VALLENDER, Rz 999 f.). Die gemäss Art. 18 MWSTG von der Steuer **ausgenommenen Umsätze** (N 326) sind für die Steuerpflicht unbeachtlich. Die im **Ausland** erwirkten steuerbaren, aber befreiten Umsätze werden ebenfalls nicht in die Berechnung der Umsatzgrenzen gemäss Art. 21 Abs. 1 Satz 1 MWSTG einbezogen, sind aber bei den Voraussetzungen für eine etwaige Option für die Steuerpflicht beachtlich (N 310).

307

Die Steuerpflicht **beginnt** nach Ablauf des Kalenderjahres, in dem der massgebende Umsatz erzielt worden ist. Wenn die für die Steuerpflicht massgebende Tätigkeit nicht während des ganzen Kalenderjahres ausgeübt wurde, ist der Umsatz auf ein ganzes Jahr umzurechnen (Art. 28 Abs. 1 MWSTG). Wenn die für die Steuerpflicht massgebende **Tätigkeit neu aufgenommen** oder durch Geschäftsübernahme oder durch Eröffnung eines Betriebszweiges **erweitert** wird, beginnt die Steuerpflicht mit der Aufnahme der Tätigkeit oder mit der Geschäftserweiterung, wenn zu erwarten ist, dass der für die Steuerpflicht massgebende Umsatz innerhalb der nächsten zwölf Monate CHF 75 000 übersteigen wird (Art. 28 Abs. 2 MWSTG; im Einzelnen CAMENZIND/HONAUER/VALLENDER, Rz 1132 ff.).

308

Gemäss Art. 27 MWSTG bestehen Möglichkeiten, für die Steuerpflicht zu **optieren**. Einen Rechtsanspruch auf freiwillige Unterstellung unter die Steuerpflicht haben insbesondere jene Unternehmen, die eine Tätigkeit aufgenommen haben, welche darauf ausgerichtet ist, spätestens **innert fünf Jahren** im Inland regelmässig steuerbare **Jahresumsätze** von mehr als **CHF 250 000** zu erzielen. Die Steuerpflicht beginnt diesfalls mit der Aufnahme der Tätigkeit (Art. 27 Abs. 2 MWSTG). Die Verwaltungspraxis verlangt, dass eine solche Geschäftsaufnahme glaubhaft gemacht wird. Zusammen mit dem Gesuch um freiwillige Eintragung sind deshalb der Eidgenössischen Steuerverwaltung auch Unterlagen einzureichen wie Businessplan, Investitionsbudget, Werkverträge, Aufträge, Vereinbarungen, Mandatsnachweise u.dgl. Die Verwaltung behält sich vor, Überschüsse abziehbarer Vorsteuern zu sistieren und mit zu erwartenden Steuerschulden für nachfolgende Perioden zu verrechnen. Ferner will sie unter Umständen die freiwillige Unterstellung von der Leistung von Sicherheiten abhängig machen (ESTV-MWST,

309

WL Mehrwertsteuer, Rz 692). Diese Praxis ist nur schwer mit den gesetzlichen Grundlagen in Einklang zu bringen (CAMENZIND/HONAUER/VALLENDER, Rz 1119).

310 Zur Wahrung der Wettbewerbsneutralität oder zur Vereinfachung der Steuererhebung können sich Unternehmen, welche die Bedingungen der Steuerpflicht gemäss Art. 21 Abs. 1 MWSTG nicht erfüllen (Nichterreichen der Umsatzgrenze) oder nach Art. 25 Abs. 1 lit. a MWSTG von der Steuerpflicht ausgenommen sind (Nichterreichen der Steuerzahllast) freiwillig der Steuerpflicht unter den von der Eidgenössischen Steuerverwaltung festzusetzenden Bedingungen unterstellen (Art. 27 Abs. 1 MWSTG). Diese Bedingungen sind im Wesentlichen so festgesetzt worden (ESTV-MWST, WL Mehrwertsteuer, Rz 688), dass das nicht steuerpflichtige Unternehmen pro Jahr mehr als **CHF 40 000 Umsatz** erzielen muss aus:

- steuerbaren Lieferungen und Dienstleistungen an Steuerpflichtige im Inland bzw. an vergütungsberechtigte ausländische Unternehmen;
- Exporten oder Dienstleistungen bzw. Lieferungen von inländischen Unternehmungen im Ausland (für Umsätze, die steuerbar wären, wenn sie im Inland erbracht würden);
- Inlandleistungen, die an sich von der Steuer ausgenommen sind, aber für die gemäss Art. 26 Abs. 1 MWSTG optiert wird.

Die **Mindestdauer** der Option beträgt fünf Jahre (ESTV-MWST, WL Mehrwertsteuer, Rz 687).

bb) Steuerpflichtiger Rechtsträger

311 **Subjektiv steuerpflichtig** sind namentlich natürliche Personen, Personengesellschaften, juristische Personen des privaten und öffentlichen Rechts, unselbständige öffentliche Anstalten sowie Personengesamtheiten ohne Rechtsfähigkeit, die unter gemeinsamer Firma Umsätze tätigen (Art. 21 Abs. 2 MWSTG). Die **Rechtsform** spielt bei der Festlegung der Steuerpflicht keine Rolle. Steuerpflichtig können namentlich auch einfache Gesellschaften, Arbeitsgemeinschaften oder Baukonsortien sein (CAMENZIND/HONAUER/VALLENDER, Rz 996, 1026 ff.). Anders als bei den direkten Steuern sind die Personengesellschaften für die Mehrwertsteuer also nicht «transparent» (vgl. N 1). Bei **Gemeinwesen** stellt die subjektive Steuerpflicht nicht auf die juristische Persönlichkeit der Gemeinwesen ab, sondern die organisatorische Einheit der **autonomen Dienststelle** wird steuerpflichtig (Art. 23 Abs. 1 Satz 1 MWSTG; vgl. vor Art. 99 N 77 ff.).

312 **Betriebsstätten** (zum Begriff ESTV-MWST, WL Mehrwertsteuer, Rz 8) gelten nach der Praxis der Eidgenössischen Steuerverwaltung im grenzüberschreitenden Verhältnis als eigenständige Steuersubjekte. Der Leistungsaustausch über die Landesgrenze zwischen Betriebsstätte und Hauptsitz und zwischen verschiedenen Schweizer Betriebsstätten einer ausländischen Gesellschaft ist deshalb als Aussenumsatz zu behandeln (ESTV-MWST, MB 6 Grenzüberschreitende Dienstleistungen, 3; SCHAFROTH, ST 2002, 967). Im internen Schweizer Verhältnis sind die Leistungsbeziehungen zwischen Hauptsitz und Betriebsstätten miteinander wegen des Grundsatzes der Einheitlichkeit der Unternehmung mehrwertsteuerlich irrelevant (CAMENZIND/HONAUER/VALLENDER, Rz 1024).

313 Wie Art. 21 Abs. 1 MWSTG ausdrücklich festhält, ist für die subjektive Steuerpflicht bei der Mehrwertsteuer nicht vorausgesetzt, dass eine **Absicht der Gewinnerzielung** besteht. Somit fallen insbesondere auch gemeinnützige Institutionen, nicht gewinnstrebige Aktiengesellschaften usw. unter die Steuerpflicht. Unerheblich ist somit auch, ob die betreffende gewinnstrebige oder nicht gewinnstrebige Unternehmung Verluste erlei-

det, solange die Umsatzgrenzen erreicht werden (CAMENZIND/HONAUER/VALLENDER, Rz 1016).

bc) Gruppenbesteuerung

Auf Antrag können gewisse Mehrwertsteuerpflichtige gemeinsam als eine einzige steuerpflichtige Person behandelt werden (**Gruppenbesteuerung**). Vorausgesetzt ist, dass juristische Personen, Personengesellschaften sowie natürliche Personen mit Sitz oder Betriebsstätte in der Schweiz eng miteinander verbunden sind. Die enge Verbindung liegt vor, wenn nach dem Gesamtbild der tatsächlichen Verhältnisse eine natürliche Person, eine Personengesellschaft oder eine juristische Person durch **Stimmenmehrheit** oder auf **andere Weise** eine oder mehrere juristische oder natürliche Personen oder Personengesellschaften unter einheitlicher Leitung zusammenfasst (Art. 22 Abs. 1 MWSTG). Auch die Bildung von **Subgruppen** ist zulässig, sofern alle unter einheitlicher Leitung zusammengefassten Subgruppengesellschaften in die Subgruppe einbezogen werden (Art. 22 Abs. 3 Satz 1 MWSTG). 314

Die **Wirkungen** der Gruppenbesteuerung ist auf Innenumsätze beschränkt (Art. 22 Abs. 2 Hs. 1 MWSTG). Die Umsätze zwischen den Mitgliedern sind somit mehrwertsteuerlich unbeachtlich. Dies kann Vorteile mit sich bringen einerseits hinsichtlich der Liquidität, indem keine Steuer abzuführen und wieder zurückzufordern ist, und vor allem hinsichtlich der rückforderbaren Vorsteuern, wenn der Empfänger der ansonsten steuerbaren Lieferung oder Dienstleistung nicht den vollständigen Vorsteuerabzug geltend machen könnte, weil er die Leistung für von der Steuer ausgenommene Zwecke verwendet. 315

Die Innenumsätze sind buchmässig zu erfassen (Art. 22 Abs. 2 Hs. 2 MWSTG). Im Übrigen erstellt jedes Gruppenmitglied eine eigene **Mehrwertsteuerabrechnung**. Der **Gruppenträger** fasst diese Abrechnungen zusammen und reicht sie für die ganze Gruppe bei der Verwaltung ein. Der **Vorteil**, welcher einem Gruppenmitglied wegen seiner Zugehörigkeit zur Gruppe erwächst, ist zwischen den Mitgliedern der Gruppe auszugleichen. 316

Beginn und Ende der Gruppenbesteuerung sind auf das Ende des Geschäftsjahres des Gruppenträgers festzulegen. Ausser in Fällen der Umstrukturierung ist die Gruppenbesteuerung während mindestens fünf Jahren beizubehalten (Art. 22 Abs. 4 MWSTG). 317

Mit dem Gruppenträger haftet jede an einer Gruppenbesteuerung beteiligte Person oder Personengesamtheit für sämtliche von der Gruppe geschuldeten Steuern (Art. 32 Abs. 1 lit. e MWSTG). Diese unbeschränkte **Haftung** bezieht sich somit auch auf die Steuern, welche auf ein anderes Gruppenmitglied entfallen. Bei Verkäufen von Gruppengesellschaften oder Betrieben hieraus kann die Haftung für die Steuern anderer Gruppengesellschaften ein ernsthaftes Hindernis darstellen, zumal bei zweifelhafter Solvenz der anderen Gruppengesellschaften. 318

bd) Steuernachfolge und Haftung für die Steuer

Der Steuerpflichtige haftet für die Steuer. Es bestehen zwei Fälle der **Steuernachfolge**: 319

– Stirbt die steuerpflichtige Person, so treten ihre **Erben** in ihre Rechte und Pflichten ein. Sie haften solidarisch für die vom Erblasser geschuldeten Steuern bis zur Höhe ihrer Erbteile mit Einschluss der Vorempfänge (Art. 30 Abs. 1 MWSTG).

– Wer ein **Unternehmen** mit Aktiven und Passiven **übernimmt**, tritt in die steuerlichen Rechte und Pflichten des übernommenen Unternehmens ein. Der bisherige Steuer- 320 schuldner haftet mit dem neuen noch während zwei Jahren seit der Mitteilung oder Auskündung der Übernahme solidarisch für die Steuerschulden, welche vor der Übernahme entstanden sind (Art. 30 Abs. 2 MWSTG).

321 Eine **solidarische Mithaftung** trifft die Teilhaber einer **Personengesellschaft** im Rahmen ihrer zivilrechtlichen Haftbarkeit (Art. 32 Abs. 1 lit. a MWSTG). Die solidarische Mithaftung tritt auch bei demjenigen ein, der eine **freiwillige Versteigerung** durchführt oder durchführen lässt (Art. 32 Abs. 1 lit. b MWSTG); beim **Liquidator** einer juristischen Person (Art. 32 Abs. 1 lit. c MWSTG); bei den geschäftsführenden Organen einer juristischen Person, die ihren **Sitz ins Ausland verlegt** (Art. 32 Abs. 1 lit. d MWSTG); bei jeder an einer **Gruppenbesteuerung** beteiligten Person oder Personengesamtheit für sämtliche von der Gruppe geschuldeten Steuern (Art. 32 Abs. 1 lit. e MWSTG; N 318).

c) Steuerobjekt und Bemessungsgrundlage

ca) Umsatz im Inland

322 Ein steuerbarer Inlandumsatz wird charakterisiert als **Leistungsaustausch**. Damit ein Leistungsaustausch vorliegt, müssen **Leistungen** vorliegen, muss ein **Austausch** dieser Leistungen erfolgen und hat dieser Austausch **gegen Entgelt** zu erfolgen (CAMENZIND/HONAUER/VALLENDER, Rz 162).

323 Nicht jede Lieferung oder Dienstleistung bildet einen Umsatz im Sinne der Mehrwertsteuer. Gegenleistungslose Lieferungen sind sog. **Nicht-Umsätze**. Als Nicht-Umsätze sind die **Dividenden** anerkannt (CAMENZIND/HONAUER/VALLENDER, Rz 153). Einlagen ins Geschäft und Einlagen in die Gesellschaft sind ebenfalls Nicht-Umsätze (BAUMGARTNER, FStR 2001, 40; ESTV-MWST, MB 23 Gesellschafterbeiträge, 5). Nicht-Umsätze unterliegen nicht der Mehrwertsteuer; sie berechtigen aber auch nicht zum Vorsteuerabzug (Art. 38 Abs. 4 MWSTG).

324 Eine **Lieferung** liegt vor, wenn die Befähigung verschafft wird, im eigenen Namen über einen Gegenstand wirtschaftlich zu verfügen (Art. 6 Abs. 1 MWSTG). Als **Dienstleistung** gilt demgegenüber jede Leistung, die keine Lieferung eines Gegenstandes ist (Art. 7 Abs. 1 MWSTG).

325 Da der Steuer die entgeltliche Lieferung oder Dienstleistung im Inland unterliegt, kommt es für die Steuerbarkeit darauf an, wo eine Leistung als erbracht gilt. Wenn der Ort der Lieferung oder Dienstleistung im Ausland ist, liegt kein steuerbarer Umsatz vor. Als **Ort der Lieferung** gilt gemäss Art. 13 MWSTG der Ort, wo sich der Gegenstand zum Zeitpunkt der Verschaffung der Befähigung, über ihn wirtschaftlich zu verfügen, der Ablieferung oder der Überlassung zum Gebrauch oder zur Nutzung befindet (lit. a); wo die Beförderung oder Versendung des Gegenstandes zum Abnehmer oder in dessen Auftrag zu einem Dritten beginnt (lit. b). Der **Ort der Dienstleistung** wird in Art. 14 Abs. 1 MWSTG definiert als der Ort, an dem die Dienst leistende Person den Sitz ihrer wirtschaftlichen Tätigkeit oder eine Betriebsstätte hat, von wo aus die Dienstleistung erbracht wird, oder in Ermangelung eines solchen Sitzes oder einer solchen Betriebsstätte ihr Wohnort oder der Ort, von dem aus sie tätig wird. Es bestehen indessen wichtige Ausnahmen von diesem Grundsatz, namentlich – und nicht abschliessend – für Dienstleistungen in Zusammenhang mit **Grundstücken**, welche am Ort als erbracht gelten, wo das Grundstück belegen ist (Art. 14 Abs. 2 lit. a MWSTG). Gewisse Dienstleistungen gelten gemäss Art. 14 Abs. 3 MWSTG als am Ort erbracht, an dem der Empfänger den Sitz seiner wirtschaftlichen Tätigkeit oder eine Betriebsstätte hat (sog. **Empfängerortsprinzip**), namentlich – und nicht abschliessend – die Werbedienstleistungen (lit. b),

die Beratungsdienstleistungen (lit. c) und der Verzicht auf die Ausübung auf einer gewerblichen oder beruflichen Tätigkeit (lit. f).

Sämtliche im Inland gegen Entgelt erbrachten Lieferungen von Gegenständen oder Dienstleistungen sind steuerbar (**steuerbare Umsätze**). Von der Steuer ausgenommen sind die in Art. 18 MWSTG aufgeführten Umsätze (**ausgenommene Umsätze**). Ausgenommene Umsätze sind einerseits nicht steuerbar. Andrerseits berechtigen sie nicht zum Vorsteuerabzug (Art. 38 Abs. 4 MWSTG). Die ausgenommenen Umsätze sind zahlreich. Sodann bestehen weit gehende Möglichkeiten, für die Besteuerung zu optieren (Art. 26 Abs. 1 MWSTG). Von der Steuer ausgenommen sind namentlich die Übertragung und Bestellung von dinglichen Rechten an **Grundstücken** (Art. 18 Ziff. 20 MWSTG; Optionsmöglichkeit gemäss Art. 26 Abs. 1 lit. b MWSTG, sofern die Umsätze nachweislich gegenüber inländischen steuerpflichtigen Personen erbracht werden) und die Überlassung von Grundstücken und Grundstücksteilen zum Gebrauch oder zur Nutzniessung (Art. 18 Ziff. 21 MWSTG; Optionsmöglichkeit gemäss Art. 26 Abs. 1 lit. b MWSTG, sofern die Umsätze nachweislich gegenüber inländischen steuerpflichtigen Personen erbracht werden) und gemäss Art. 18 Ziff. 19 MWSTG weitgehend (ohne Optionsmöglichkeit gemäss Art. 26 Abs. 1 MWSTG) die Umsätze im Bereich des **Geld- und Kapitalverkehrs**, insbesondere die Umsätze einschliesslich der Vermittlung von Wertpapieren etc. sowie von Anteilen an Gesellschaften und anderen Vereinigungen (lit. e Hs. 1). 326

Die **Bemessungsgrundlage** der Steuer ist das Entgelt (Art. 33 Abs. 1 MWSTG). Zum Entgelt gehört alles, was der Empfänger oder an seiner Stelle ein Dritter als Gegenleistung für die Lieferung oder Dienstleistung aufwendet einschliesslich Spenden, die unmittelbar den einzelnen Umsätzen des Empfängers als Gegenleistung zugeordnet werden können (sog. **Preisauffüllung**; Art. 33 Abs. 2 Satz 1 MWSTG), und Ersatz von **Kosten** (Art. 33 Abs. 2 Satz 2 MWSTG). Bei Lieferungen und Dienstleistungen an **nahestehende Personen** gilt als Entgelt der Wert, der unter unabhängigen Dritten vereinbart würde (Art. 33 Abs. 2 Satz 3 MWSTG). Wird einer nahestehenden Person direkt oder indirekt eine Leistung unentgeltlich erbracht, die einem unabhängigen Dritten nicht zugebilligt worden wäre, so geht die Verwaltungspraxis grundsätzlich von einer entgeltlich erbrachten Leistung aus (ESTV-MWST, SB 4 Eigenverbrauch, 11). 327

cb) Eigenverbrauch

Der Eigenverbrauch gilt ebenfalls als steuerbarer Umsatz. Ein steuerbarer Eigenverbrauch setzt gemäss Art. 9 Abs. 1 Ingress MWSTG voraus, dass die steuerpflichtige Person aus ihrem Unternehmen **Gegenstände** dauernd oder vorübergehend **entnimmt**, die oder deren Bestandteile sie zum vollen oder teilweisen **Vorsteuerabzug** berechtigt haben. Wenn diese Berechtigung zum Vorsteuerabzug gegeben war, tritt die Eigenverbrauchssteuer ein, wenn die Gegenstände für unternehmensfremde Zwecke verwendet werden, insbesondere für den privaten Bedarf oder für den Bedarf des Personals (Art. 9 Abs. 1 lit. a MWSTG); wenn sie für eine von der Steuer ausgenommene Tätigkeit verwendet werden (Art. 9 Abs. 1 lit. b MWSTG); wenn sie unentgeltlich abgegeben werden (Art. 9 Abs. 1 lit. c MWSTG; mit Ausnahme für Geschenke bis CHF 300 pro Jahr und Empfänger und für Warenmuster zu Zwecken des Unternehmens); und wenn sie sich bei Wegfall der Steuerpflicht noch in ihrer Verfügungsgewalt befinden (Art. 9 Abs. 1 lit. d MWSTG). 328

Ein besonderer Eigenverbrauchstatbestand liegt vor bei Arbeiten an **Bauwerken** (Art. 9 Abs. 2 MWSTG). 329

In Zusammenhang mit der entgeltlichen oder unentgeltlichen Übertragung eines Gesamt- oder Teilvermögens (wofür das **Meldeverfahren** Anwendung findet; Art. 47 330

Abs. 3 MWSTG) kann beim **Empfänger** (nicht beim Leistenden) eine Eigenverbrauchsbesteuerung eintreten, soweit der steuerpflichtige Lieferungs- oder Dienstleistungsempfänger die von ihm übernommenen Gegenstände oder Dienstleistungen nicht für einen steuerbaren Zweck verwendet, welcher gemäss Art. 38 Abs. 2 MWSTG zum Vorsteuerabzug berechtigt (Art. 9 Abs. 3 MWSTG). Es ist auf die quotale Veränderung gegenüber der bisherigen Nutzung abzustellen (MB 11 Meldeverfahren, 13; BAUMGARTNER, FStR 2001, 47).

331 Die **Bemessungsgrundlage** beim Eigenverbrauch wird durch Art. 34 MWSTG geregelt. Hervorzuheben sind die mehrwertsteuerlichen Abschreibungssätze (**Zeitwert**) für bewegliche Sachen von jährlich linear um einen Fünftel (Art. 34 Abs. 1 lit. b MWSTG) und für unbewegliche Gegenstände von einem Zwanzigstel (Art. 34 Abs. 2 MWSTG).

cc) Dienstleistungsimport

332 Wer von einem Unternehmen mit Sitz im Ausland Dienstleistungen bezieht, für welche der Dienstleistungserbringer nicht selber in der Schweiz steuerpflichtig ist, hat diese Dienstleistungen zu versteuern. Die Steuerpflicht knüpft diesbezüglich alleine an den Dienstleistungsimport an und der Empfänger hat die Steuer zu entrichten, auch wenn er sonst nicht steuerpflichtig ist. Dabei besteht für den ansonsten nicht steuerpflichtigen Empfänger eine Freigrenze von CHF 10 000 (Art. 10 Abs. 1, Art. 24 MWSTG).

d) Vorsteuerabzug

333 Die steuerpflichtige Person ist berechtigt, die Vorsteuern auf inländischen Lieferungen und Dienstleistungen, auf Dienstleistungsimport und aus der Einfuhr-Mehrwertsteuer (Art. 38 Abs. 1 MWSTG) zum Abzug zu bringen, wenn sie die Gegenstände oder Dienstleistungen für steuerbare Zwecke verwendet. Zum Vorsteuerabzug berechtigen steuerbare Lieferungen, steuerbare Dienstleistungen, optierte Umsätze sowie gewisse unentgeltliche Zuwendungen (Art. 9 Abs. 1 lit. c MWSTG) und Arbeiten an Gegenständen, die im Eigenverbrauch (Art. 9 Abs. 2 MWSTG) verwendet werden (Art. 38 Abs. 2 MWSTG). Der Abzug der Vorsteuer kann auch dann geltend gemacht werden, wenn die Gegenstände und Dienstleistungen für von der Steuer befreite Umsätze gemäss Art. 19 Abs. 2 MWSTG verwendet werden, oder wenn sie für Tätigkeiten verwendet werden, die steuerbar wären, wenn sie im Inland bewirkt würden (Art. 38 Abs. 3 MWSTG).

334 **Kein Vorsteuerabzug** besteht für ausgenommene Umsätze gemäss Art. 18 MWSTG, nicht als Umsätze geltende oder private Tätigkeiten sowie Umsätze in Ausübung hoheitlicher Gewalt (Art. 38 Abs. 4 MWSTG). Bei **gemischter Verwendung**, also bei einer Verwendung sowohl für einen zum Vorsteuerabzug berechtigenden Zweck gemäss Art. 38 Abs. 2 MWSTG als auch für nicht zum Vorsteuerabzug berechtigende Zwecke (also namentlich für gemäss Art. 18 MWSTG ausgenommen Umsätze), ist der Vorsteuerabzug im Verhältnis der Verwendung zu kürzen (Art. 41 Abs. 1 MWSTG). Soweit ein überwiegender Teil für steuerbare Umsätze verwendet wird, kann die Vorsteuer ungekürzt abgezogen werden und ist dafür einmal jährlich der Eigenverbrauch zu versteuern (Art. 41 Abs. 2 MWSTG).

335 Die Vorsteuern müssen nach **nachgewiesen** werden (Art. 38 Abs. 1 MWSTG), das heisst, es müssen **Rechnungen** vorliegen, welche die Angaben gemäss Art. 37 Abs. 1 MWSTG enthalten. Wenn der Empfänger weiss oder bei sorgfältiger Prüfung hätte wissen können, dass die Rechnung von einer Person ausgestellt wurde, die nicht steuerpflichtig ist, berechtigt diese Rechnung nicht zum Vorsteuerabzug (Art. 39 Abs. 1 MWSTG).

Der Anspruch auf den Vorsteuerabzug entsteht i.d.R. am Ende der Abrechnungsperiode, in welcher die steuerpflichtige Person die Rechnung erhalten hat (Art. 38 Abs. 7 lit. a MWSTG). Beim Dienstleistungsimport entsteht der Anspruch im **Zeitpunkt**, in welchem die steuerpflichtige Person über diese Steuer abrechnet (Art. 38 Abs. 7 lit. b MWSTG). 336

Waren die Voraussetzungen für den Vorsteuerabzug beim Empfang der Lieferung, der Dienstleistung oder der Einfuhr nicht gegeben, treten sie aber nachträglich ein, so kann gemäss Art. 42 Abs. 1 MWSTG der Vorsteuerabzug in der späteren Periode, in welchem sich die **veränderten Verhältnisse** ergeben haben, geltend gemacht werden (sog. **Einlageentsteuerung**). Bei Gegenständen vermindert sich die anrechenbare Vorsteuer jährlich linear um einen Fünftel bei beweglichen Gegenständen bzw. um einen Zwanzigstel bei unbeweglichen Gegenständen. Bei Dienstleistungen, die vor dem Eintritt der Voraussetzungen für den Vorsteuerabzug teilweise genutzt wurden, berechnet sich die abziehbare Vorsteuer vom Wert des noch nicht genutzten Teils (Art. 42 Abs. 3 MWSTG). Die Verwaltungspraxis setzt voraus, dass die Dienstleistung in der Bilanz aktiviert ist (STEIGER, StR 2003, 537). 337

e) Umstrukturierungen

ea) Rechtsformänderungen ohne Übertragungen

Bei Rechtsformänderungen, die mit keinen Übertragungen verbunden sind (**Rechtskleidwechsel**), liegt kein Umsatz vor. Die Mehrwertsteuer fällt somit nicht an. Die bisherige Mehrwertsteuer-Nummer kann beibehalten werden (SCHAFROTH, ST 2002, 964). Weil bei der Umwandlung die rechtliche Grundlage des Geschäftes, womit steuerbare Umsätze erzielt werden, betroffen ist, müssen die Vorsteuern rückforderbar sein (vgl. SCHAFROTH, ST 2002, 963 mit Anm. 2). 338

eb) Übertragung von Aktiven und Passiven

Übertragungen von Aktiven und Passiven sind auch im Rahmen einer Umstrukturierung grundsätzlich **steuerbar**, soweit nicht ganz oder überwiegend Gegenstände übertragen (oder allenfalls Dienstleistungen erbracht) werden, die gemäss Art. 18 MWSTG von der Steuer ausgenommen sind. Dies kann namentlich bei der Übertragung von Grundstücken (Art. 18 Ziff. 20 MWSTG, soweit nicht gemäss Art. 26 Abs. 1 lit. a MWSTG für die Versteuerung optiert worden ist) oder von Wertschriften oder Gesellschaftsanteilen (Art. 18 Ziff. 19 lit. e Hs. 1 MWSTG) der Fall sein. Die Praxis der Verwaltung neigt dazu, bei der Übertragung von einer Teilbarkeit der Leistung auszugehen (BAUMGARTNER, FStR 2001, 51; vgl. auch STEIGER, StR 2003, 538). 339

Die Erleichterung für Umstrukturierungen besteht in der Anwendung des **Meldeverfahrens** gemäss Art. 47 Abs. 3 MWSTG. Die Steuerpflicht wird nicht durch Bezahlung der Steuer erfüllt (Art. 47 Abs. 1 MWSTG), sondern durch die blosse Meldung des steuerbaren Vorgangs an die Steuerbehörde ohne Zahlung der Steuer und anschliessender Rückforderung. Das Meldeverfahren kommt insofern zum Zuge, als die erbrachten Leistungen der Steuer unterliegen. Wenn die erbrachten Leistungen von der Steuer ausgenommen sind, ist keine Steuer geschuldet und ist das Meldeverfahren nicht durchzuführen (BAUMGARTNER, FStR 2001, 51). Die Voraussetzungen des Meldeverfahrens gemäss Art. 47 Abs. 3 MWSTG sind wie folgt: 340

– Steuerpflicht der Beteiligten;
– Steuerbarkeit der Übertragung;

- Übertragung eines Gesamt- oder Teilvermögens, welche entgeltlich oder unentgeltlich erfolgt;
- Übertragung im Rahmen einer Umstrukturierung.

341 Kein Meldeverfahren ist bei Übertragungen innerhalb einer **Mehrwertsteuergruppe** erforderlich, da ein unbeachtlicher Innenumsatz vorliegt (SCHAFROTH, ST 2002, 964). Wenn die übernehmende oder die übertragende Gruppengesellschaft wegen ausgenommenen Umsätzen Vorsteuerkürzungen hinnehmen muss, so ist zu prüfen, ob ein Eigenverbrauchs- oder ein Einlageentsteuerungstatbestand wegen Nutzungsänderung vorliegt.

342 Die **Anwendung** des Meldeverfahrens ist **zwingend**. Es besteht kein Wahlrecht der steuerpflichtigen Personen, die an der Übertragung beteiligt sind (MB 11 Meldeverfahren, 3; SRK 12.8.2003, VPB 68.18; BAUMGARTNER, FStR 2001, 51). Wenn das Meldeverfahren nicht angewendet wird, riskiert der Übernehmer, dass ihm die Rückerstattung der Vorsteuer verweigert wird oder dass diese von der Verwaltung wieder zurückgefordert wird, wenn sie bereits erstattet wurde. Der Übernehmer hat sich diesfalls an den Übertragenden zu wenden, um von ihm die Rückerstattung der zuviel bezahlten Mehrwertsteuer auf dem Kaufpreis zu verlangen. Er trägt somit das Risiko, dass der Übertragende bei der Geltendmachung dieses Anspruches nicht mehr solvent ist. Die Verwaltung ihrerseits wird die Forderung des Übertragenden mit dessen offenen Steuerschulden verrechnen.

343 Das Meldeverfahren setzt zunächst die **beidseitige Steuerpflicht** der übertragenden und der übernehmenden Person voraus. Es genügt, dass die übernehmende Person in der Folge der Übernahme mehrwertsteuerpflichtig wird. Es ist sodann nicht vorausgesetzt, dass die übertragende Person weiterexistiert. Sie kann auch in der Folge des meldepflichtigen Vorganges untergehen.

344 Die Verwaltungspraxis wendet das Meldeverfahren nur insofern an, als ein steuerbarer Umsatz vorliegt (STEIGER, StR 2003, 538). Optierte **Liegenschaften** werden ins Meldeverfahren eingeschlossen. Es wird dem Übertragenden zugestanden, die Übertragung der Liegenschaften vom Meldeverfahren auszunehmen und dafür über die Eigenverbrauchssteuer gemäss Art. 9 Abs. 3 MWSTG abzurechnen. Damit kann eine allfällige Eigenverbrauchssteuer beim Übernehmenden (vgl. N 330) vermieden werden (STEIGER, StR 2003, 539 f.).

345 Für das Meldeverfahren ist die Übertragung eines **Gesamt- oder Teilvermögens** vorausgesetzt. Ein Gesamtvermögen liegt nach der Verwaltungspraxis vor, wenn alle Aktiven des Unternehmens übertragen werden (ESTV-MWST, MB 11 Meldeverfahren, 5). Das Gesamtvermögen braucht nicht einen Betrieb im Sinne der direkten Steuern zu bilden. Ob ein Teilvermögen gegeben sei, soll aus Sicht des Übertragenden zu beurteilen sein. Das Teilvermögen müsse eine «organische Einheit» bilden. Ein Warenlager wird als Teilvermögen angesehen (ESTV-MWST, MB 11 Meldeverfahren, 7). Die Begriffe des Gesamt- oder Teilvermögens sind somit sehr weit gefasst. Sie stimmen nicht mit der Bedeutung der Begriffe des Betriebs oder Teilbetriebs im Recht der direkten Steuern überein (kritisch BAUMGARTNER, FStR 2001, 53).

346 Die Übertragung kann sodann gemäss Art. 47 Abs. 3 MWSTG **entgeltlich oder unentgeltlich** erfolgen. Es kommt also nicht darauf an, ob für die Übertragung eine Gegenleistung vereinbart wird.

347 Die Übertragung des Gesamt- oder Teilvermögens hat «im Rahmen einer Gründung, einer Liquidation oder einer **Umstrukturierung** (wie z.B. eines Unternehmenszusam-

menschlusses) zu erfolgen. Die Verwaltungspraxis geht beim Vorliegen eines Gesamt- oder Teilvermögens i.d.R. von einer durch das Meldeverfahren abzuwickelnden Umstrukturierung aus (ESTV-MWST, MB 11 Meldeverfahren, 7). Der Begriff der Umstrukturierung wird somit sehr umfassend verstanden und geht weiter als der entsprechende Begriff im Recht der direkten Steuern.

Das Meldeverfahren ist innert 30 Tagen nach der Übertragung durch das hierfür vorgesehene **Formular** durchzuführen. Dem Formular ist eine Liste der übertragenen Gegenstände beizulegen (ESTV-MWST, MB 11 Meldeverfahren, 9). 348

Der Übernehmende hat zu prüfen, ob gemäss Art. 9 Abs. 3 MWSTG ein **Eigenverbrauchstatbestand** vorliegt, weil er die übernommenen Gegenstände oder Dienstleistungen nicht für einen Zweck verwendet, der für den Vorsteuerabzug berechtigt. Die Korrektur des Vorsteuerabzuges wird also nicht beim Übertragenden, sondern beim Übernehmenden vorgenommen. Entsprechendes gilt nach der Praxis für die **Einlageentsteuerung** (vgl. auch Art. 9 Abs. 5, Art. 42 MWSTG; N 337). Der Übernehmer muss hierfür über die Belege des Übertragenden verfügen (BAUMGARTNER, FStR 2001, 47 f.; STEIGER, StR 2003, 540). 349

Eine Übernahme der Mehrwertsteuer des übernommenen Unternehmens ist ausser bei der Umwandlung ausgeschlossen (Art. 56 Abs. 1 MWSTG; ESTV-MWST, MB 11 Meldeverfahren, 9). 350

Was die **Vorsteuern** in Zusammenhang mit der Übertragung eines Gesamt- oder Teilvermögens angeht, so tritt beim Übertragenden eine verhältnismässige Kürzung des Abzugs ein, wenn in der Übertragung ausgenommene Umsätze enthalten sind. Beim Übernehmenden ist die Verwendung der übernommenen Gegenstände oder Dienstleistungen entscheidend (BAUMGARTNER, FStR 2001, 54). Die Verwaltungspraxis verweigert den Vorsteuerabzug, wenn der Übernehmer in der Folge der Übertragung Wertpapiere – also i.d.R. Beteiligungspapiere – ausgibt (ESTV-MWST, SB 6 Vorsteuerkürzung, 19; kritisch SCHAFROTH, ST 2002, 963 mit Anm. 2). 351

Sofern mit der Übernahme des Gesamt- oder Teilvermögens die Übernahme eines Unternehmens mit Aktiven und Passiven verbunden ist, tritt eine **Steuersukzession** ein. Der Übernehmer tritt in die steuerlichen Rechte und Pflichten des übernommenen Unternehmens ein. Der bisherige Steuerschuldner haftet mit dem neuen noch während zwei Jahren seit der Mitteilung oder Auskündung der Übernahme solidarisch für die Steuerschulden, welche vor der Übernahme entstanden sind (Art. 30 Abs. 2 MWSTG; N 320). 352

ec) Übertragung von Beteiligungsrechten

Die Übertragung von Beteiligungsrechten stellt einen **ausgenommenen Umsatz** dar, der somit nicht steuerbar ist (Art. 18 Ziff. 19 lit. e MWSTG). Dies bedeutet indessen auch, dass keine Vorsteuern in Zusammenhang mit der Übertragung geltend gemacht werden können (Art. 38 Abs. 4 MWSTG; vgl. BAUMGARTNER, FStR 2001, 49; SCHAFROTH, ST 2002, 963 f.). Beim Erwerb oder der Veräusserung von beherrschenden Beteiligungen durch ein Mitglied einer **Mehrwertsteuergruppe** sind die damit einhergehenden Effekte in Betracht zu ziehen (N 314 ff.). Bei Erwerb wird die Beteiligung neu Teil der Mehrwertsteuergruppe. Die Innenumsätze sind inskünftig nicht mehr steuerbar. Die Gesellschaft tritt in die Haftung für Steuerschulden ein. Bei der Veräusserung einer Gruppengesellschaft werden die bisher mehrwertsteuerlich unbeachtlichen Innenumsätze wieder steuerbar. Die veräusserte Gesellschaft haftet noch fort für die Steuerschulden der anderen Gruppengesellschaften. 353

II. Fusion von Personengesellschaften mit Personengesellschaften

1. Einkommenssteuer

354 Die Fusion einer Personengesellschaft in eine Personengesellschaft ist gemäss Art. 19 Abs. 1 Ingress DBG (bzw. Art. 8 Abs. 3 Ingress StHG) einkommenssteuerfrei möglich, wenn die Steuerpflicht in der Schweiz fortbesteht und die bisher für die Einkommenssteuer massgeblichen Werte übernommen werden (N 19 ff.).

355 Vorab muss die **Steuerpflicht** in der Schweiz fortbestehen (N 20). Sofern nicht die übernehmende Personengesellschaft ausländisch ist und die Vermögenswerte nicht auf eine inländische Betriebsstätte übergehen, ist dieses Erfordernis erfüllt, weil der Inhaber der Personengesellschaft weiterhin in der Schweiz für seinen Anteil steuerpflichtig ist. Bei einer inländischen Betriebsstätte als steuerlichem Anknüpfungspunkt verlangt die Verwaltungspraxis die Anwendung der objektmässigen (direkten) Ausscheidungsmethode (vgl. ESTV-DVS, KS 5 vom 1.6.2004, Ziff. 3.2.2.2).

356 Die **Einkommenssteuerwerte** müssen von den Inhabern weitergeführt werden. Aufwertungen unterliegen der Einkommenssteuer, gefährden aber die Steuerneutralität der Fusion als Ganzes nicht.

357 Die Fusion mit einer anderen Personengesellschaft unterliegt keiner **Sperrfrist** (e contrario Art. 19 Abs. 2 Hs. 1 DBG; Art. 8 Abs. 3bis Hs. 1 StHG).

358 **Privatentnahmen** sind steuerbar, soweit der Verkehrswert den Einkommenssteuerwert übersteigt. Der Meinung, die Fusion in eine nicht kaufmännische Kollektivgesellschaft bilde ohne weiteres eine Überführung vom Geschäfts- ins Privatvermögen (ESTV-DVS, KS 5 vom 1.6.2004, Ziff. 3.1.2.1), kann nicht gefolgt werden (N 24).

359 Die noch nicht verrechneten **Vorjahresverluste** der Inhaber der fusionierten Personengesellschaft gehen nicht über (ESTV-DVS, KS 5 vom 1.6.2004, Ziff. 3.1.2.3), sondern bleiben beim jeweiligen Inhaber und können nur mit Einkünften dieses Inhabers verrechnet werden.

360 **Ausgleichszahlungen** sind steuerbare Einkünfte aus selbständiger Erwerbstätigkeit. Der Gesellschafter, der die Ausgleichszahlung geleistet hat, kann versteuerte stille Reserven geltend machen. Er kann auf den höheren steuerlichen Buchwerten Abschreibungen tätigen, soweit diese geschäftsmässig begründet sind. Wenn die Ausgleichszahlung nicht bestimmten Vermögenswerten zugeordnet werden kann, gilt sie als Zahlung für Goodwill, der innert fünf Jahren abgeschrieben werden kann (ESTV-DVS, KS 5 vom 1.6.2004, Ziff. 3.1.2.2).

2. Gewinnsteuer

361 Juristische Personen können sich nur als Kommanditäre an Kommanditgesellschaften, nicht aber an Kollektivgesellschaften beteiligen (Art. 552, 594 OR). Werden die von einer juristischen Person gehaltenen quotalen Anteile an den stillen Reserven nicht verändert und die Beteiligung an der fusionierten Gesellschaft zum bisherigen Gewinnsteuerwert in den Büchern des Gesellschafters weitergeführt, hat die Fusion keine Gewinnsteuerfolgen. Die stillen Reserven werden nur dann besteuert, wenn sie nicht mehr der Schweizer Steuerhoheit unterstehen (vgl. N 70).

362 Eine **Sperrfrist** besteht analog zur Einkommenssteuer nicht (e contrario Art. 19 Abs. 2 Hs. 1 DBG; Art. 8 Abs. 3bis Hs. 1 StHG).

3. Grundstückgewinnsteuer

Die Grundstückgewinnsteuer folgt in ihrer Beurteilung grundsätzlich der Gewinnsteuer (vgl. Art. 12 Abs. 4 lit. a StHG; N 103 ff.). Die Fusion einer Personen- in eine Kapitalgesellschaft kann demnach erfolgen, ohne dass die Grundstückgewinnsteuer anfällt, wenn die Voraussetzungen einer einkommenssteuerneutralen Restrukturierung gemäss Art. 8 Abs. 3 lit. a StHG erfüllt sind. Die Haltedauer der übertragenden Personengesellschaft geht auf die aufnehmende Kapitalgesellschaft über (N 104). 363

4. Handänderungssteuern

Die quotale Handänderung an den Immobilien im Falle einer Fusion führt in manchen Kantonen zur Handänderungssteuer. Teilweise können Befreiungstatbestände in Anspruch genommen werden. Die Übertragung von Grundstücken im Rahmen einer Fusion von Personengesellschaften in Kapitalgesellschaften kann nach dem Inkrafttreten von Art. 103 Satz 1 FusG (per 1.7.2009; Art. 111 Abs. 3 FusG) nicht besteuert werden, wenn die Voraussetzungen einer einkommenssteuerneutralen Restrukturierung gemäss Art. 8 Abs. 3 lit. a StHG erfüllt sind (vgl. im Einzelnen Komm. zu Art. 103). 364

5. Verrechnungssteuer

Die Personengesellschaften sind für ihre **Gewinne** nicht verrechnungssteuerpflichtig (N 152), so dass die Fusion keine Verrechnungssteuer auf den Reserven auslöst. Dies gilt auch bei einer Fusion mit einer ausländischen Personengesellschaft und wenn keine Betriebsstätte in der Schweiz verbleibt. Somit bleiben auch die künftigen Gewinne verrechnungssteuerfrei. 365

Sofern die absorbierte Gesellschaft gemäss Art. 4 Abs. 1 lit. a bzw. d VStG wegen der Ausgabe von **Obligationen** etc. oder **Kundenguthaben** verrechnungssteuerpflichtig ist (N 146 i.V.m. 264; N 148), wird die absorbierende Gesellschaft hierauf – allenfalls neu – verrechnungssteuerpflichtig. Es ist auch der Fall denkbar, dass die fusionierte Personengesellschaft für **Kassenobligationen** verrechnungssteuerpflichtig wird, weil durch die Kombination der beiden Vermögensmassen die Schwellenwerte, welche die Praxis definiert hat, überschritten werden (N 146 i.V.m. 264). 366

6. Emissionsabgabe

Die Kapitalbeschaffung der Personengesellschaften unterliegt nicht der Emissionsabgabe (Art. 5 Abs. 1 lit. a StG; N 220 ff.). Die Fusion von Personengesellschaften löst somit keine Emissionsabgabe aus. 367

7. Umsatzabgabe

Als **Effektenhändler** kommen hier die Banken und bankähnlichen Finanzgesellschaften sowie die Händler und Vermittler gemäss Art. 13 Abs. 3 lit. a und b StG in Frage (N 253 f.). Die Fusion unter Beteiligung eines Effektenhändlers wird bei der Umsatzabgabe als entgeltlicher und damit steuerbarer Vorgang angesehen, wenn ausser Aktiven auch **Verbindlichkeiten** auf die übernehmende Gesellschaft übergehen (N 268). 368

Die Befreiungsvorschrift von Art. 14 Abs. 1 lit. a StG ist nicht anwendbar, weil die Übertragung der steuerbaren Urkunden nicht zur (ausschliesslichen) Liberierung neu geschaffener Aktien etc. dient (N 279 ff.). Deshalb muss die Befreiung von der Umsatzabgabe bei Fusionen regelmässig über Art. 14 Abs. 1 lit. i StG erreicht werden (ESTV-DVS, KS 5 vom 1.6.2004, Ziff. 3.1.3; N 285 ff.). Die Umsatzabgabe kann aber dann ge- 369 schuldet sein, wenn sich gewisse Gesellschafter in die Altreserven einkaufen müssen (vgl. dazu auch vor Art. 53 N 63 ff.).

8. Mehrwertsteuer

370 Bei der Fusion wird ein Gesamtvermögen im Sinne von Art. 47 Abs. 3 MWSTG übertragen. Wenn die weiteren Voraussetzungen der beidseitigen Steuerpflicht und der Steuerbarkeit der Übertragung erfüllt sind, muss deshalb das **Meldeverfahren** angewendet werden (N 339 ff.). Zu beachten sind die Eigenverbrauchs- und Entsteuerungstatbestände, die bei der übernehmenden Gesellschaft eintreten (N 349).

III. Fusion von Personengesellschaften in Kapitalgesellschaften

1. Einkommenssteuer

371 Die Fusion einer Personengesellschaft in eine Kapitalgesellschaft ist einkommenssteuerfrei möglich, wenn die Voraussetzungen von Art. 19 Abs. 1 lit. a und Abs. 2 DBG (bzw. Art. 8 Abs. 3 lit. a und Abs. 3bis StHG) erfüllt sind (vgl. auch N 27 ff.). Diese sind der Fortbestand der Schweizer Steuerpflicht, die Übernahme der Einkommenssteuerwerte und das Vorliegen eines Betriebs oder Teilbetriebs. Sodann besteht eine fünfjährige Sperrfrist für die Veräusserung der Beteiligungsrechte an der übernehmenden Gesellschaft.

372 Vorab muss die **Steuerpflicht** in der Schweiz fortbestehen. Diese Erfordernis bezieht sich auf die übernehmende Kapitalgesellschaft und nicht auf die übertragenden Inhaber der Personengesellschaft (N 28). Wenn die Vermögenswerte auf eine inländische Betriebsstätte einer ausländischen juristischen Person erfolgt, so verlangt die Verwaltungspraxis die Anwendung der objektmässigen (direkten) Ausscheidungsmethode (ESTV-DVS, KS 5 vom 1.6.2004, Ziff. 3.2.2.2).

373 Die **Einkommenssteuerwerte** müssen von der übernehmenden juristischen Person (als ihre Gewinnsteuerwerte) weitergeführt werden (vgl. N 28; vgl. auch N 376 in Zusammenhang mit einer Sperrfristverletzung). Aufwertungen unterliegen der Einkommenssteuer, gefährden aber die Steuerneutralität der Fusion als Ganzes nicht. Die noch nicht verrechneten Verluste der Inhaber der Personengesellschaft gehen mit auf die Kapitalgesellschaft über (N 33).

374 Die Begriffe des **Betriebes oder Teilbetriebes** stimmen mit denjenigen in den Bestimmungen über die gewinnsteuerneutrale Spaltung von juristischen Personen überein (Art. 61 Abs. 1 lit. b DBG; Art. 24 Abs. 3 lit. b StHG; näher dazu N 30 und vor Art. 29 N 40 ff.).

375 Wenn die übernehmende Gesellschaft **eigene**, steuerlich nicht abgerechnete **Aktien** verwendet, wird der Verkehrswert dieser Aktien im Zeitpunkt der Fusion abzüglich deren Nennwert wie eine Barabfindung behandelt (ESTV-DVS, KS 5 vom 1.6.2004, Ziff. 4.1.2.3.7 und Anhang I, Bsp. Nr. 5; N 44). Dies bedeutet, dass der private Aktionär in einem solchen Fall auf dem Verkehrswert abzüglich Nennwert der Aktien besteuert wird.

376 Die Fusion unterliegt einer **Sperrfrist** von fünf Jahren (N 32; Art. 19 Abs. 2 Hs. 1 DBG; Art. 8 Abs. 3bis Hs. 1 StHG). Diese Sperrfrist wird durch die Veräusserung der Beteiligungsrechte, die bei der Fusion ausgegeben wurden, zu einem über dem anteiligen Einkommenssteuerwert liegenden Preis verletzt. Auf die Gründe, weshalb die Beteiligungsrechte verkauft werden, kommt es nicht an (ausführlich, auch zum Folgenden, ESTV-DVS, KS 5 vom 1.6.2004, Ziff. 3.2.2.4). Die Sperrfrist beginnt am Tag der Eigentums-

übertragung zu laufen. Erbgang und Schenkung sowie Transponierung (N 49 ff.) und Kapitalerhöhung der übernehmenden Kapitalgesellschaft (anders aber die Veräusserung von Bezugsrechten) bilden keine Sperrfristverletzung. Der Nachbesteuerung unterliegen die übertragenen stillen Reserven, indessen immer anteilsmässig entsprechend der Quote der veräusserten Beteiligungsrechte. Die Nachbesteuerung erfolgt, wenn die Veranlagung des Fusionsjahres bereits in Rechtskraft erwachsen ist, im Nachsteuerverfahren (Art. 151–153 DBG; Art. 53 StHG).

2. Gewinnsteuer

Die übernehmende Kapitalgesellschaft erhält die Aktiven und Passiven der Personengesellschaft gegen Ausgabe von eigenen oder neuen Aktien unter Ausschluss des Bezugsrechtes der alten Aktionäre. Die Aktiven und Passiven der Personengesellschaft sind zu den **Einkommenssteuerwerten** zu übernehmen (Art. 19 Abs. 1 Ingress DBG, Art. 8 Abs. 3 Ingress StHG) und unterliegen bei der übernehmenden Kapitalgesellschaft als Einlagen der Aktionäre nicht der Gewinnsteuer (Art. 60 lit. a DBG; Art. 24 Abs. 2 lit. a StHG). 377

Werden die neuen Gesellschafter zu den Verkehrswerten der eingebrachten Vermögenswerte entschädigt, hat die Übernahme für die Kapitalgesellschaft keine Steuerfolgen. Eine überpreisliche **Entschädigung** wäre als verdeckte Gewinnausschüttung zu würdigen (vgl. ESTV-DVS, KS 5 vom 1.6.2004, Ziff. 3.2.4). Die späteren Abschreibungen auf dem mit einem überhöhten Wert in der Bilanz stehenden Vermögenswertes wären in der Differenz zwischen Verkehrswert und der überhöhten Entschädigung geschäftsmässig nicht begründet und deshalb steuerlich nicht anzuerkennen. 378

Wenn die übernehmende Kapitalgesellschaft **eigene Aktien** zur Abfindung der Inhaber der absorbierten Personengesellschaft verwendet, die steuerlich nicht abgerechnet sind (vgl. Art. 4a VStG), so ist die Differenz zwischen dem Gewinnsteuerwert und dem Verkehrswert als Gewinn steuerbar bzw. als Aufwand gewinnmindernd in Anschlag zu bringen (ESTV-DVS, KS 5 vom 1.6.2004, Ziff. 4.1.2.2.5; vgl. N 93). 379

Die noch nicht verrechneten **Vorjahresverluste** der Personengesellschaft können durch die Kapitalgesellschaft im Rahmen der siebenjährigen Verlustverrechnungsperiode gemäss Art. 67 Abs. 1 DBG (bzw. Art. 25 Abs. 2 StHG) vom künftigen Gewinn in Abzug gebracht werden (ESTV-DVS, KS Nr. 5 vom 1.6.2004, Ziff. 3.2.3.3). Die Verluste bzw. Verlustvorträge stehen an sich nicht der Personengesellschaft zu, sondern den Inhabern. Dementsprechend können die Verlustvorträge auch variieren, je nach Einkommenssituation können die Verluste in unterschiedlichem Masse bereits mit anderen Einkünften des Inhabers verrechnet sein. Die Verwaltungspraxis ist deshalb bemerkenswert, weil mit ihr ein Schritt in die Richtung der Besteuerung des Unternehmens gemacht wird (vgl. WEIDMANN, Jusletter 7.6.2004, Rz 42). Wenn die Inhaber der Personengesellschaft unterschiedliche Verlustvorträge einbringen, so wird das für sie unter Umständen Anlass für eine Abgeltung sein (vgl. vor Art. 53 N 115). Die Verlustvorträge sind allenfalls auch bei der Berechnung des Austauschverhältnisses bei der Fusion einzubeziehen. 380

Liegt eine **Sperrfristverletzung** vor, werden die übertragenen stillen Reserven bei den früheren Inhabern der Personengesellschaft nachbesteuert (vgl. N 32). Die Kapitalgesellschaft kann in diesem Fall entsprechende, als Gewinn versteuerte stille Reserven geltend machen (Art. 19 Abs. 2 Hs. 2 DBG; Art. 8 Abs. 3bis Hs. 2 StHG). Die Kapitalgesellschaft kann diese Vermögenswerte wieder abschreiben, soweit die Abschreibung geschäftsmässig begründet ist (Art. 58 Abs. 1 lit. b Lemma 2 DBG; Art. 24 Abs. 1 StHG). Nicht zuordenbare, besteuerte stille Reserven gelten als Goodwill, der innert fünf Jahren 381 steuerwirksam abgeschrieben werden kann. Weil die Sperrfrist und die entsprechende steuerliche Beurteilung unter Umständen erst nach den rechtskräftigen Veranlagungen der Kapitalgesellschaft für die betroffenen Steuerjahre erfolgt, können die Veranlagungen im Revisionsverfahren (Art. 147–149 DBG; Art. 51 StHG) geöffnet werden (ESTV-DVS, KS 5 vom 1.6.2004, Ziff. 3.2.3.2).

3. Grundstückgewinnsteuer

382 Die Grundstückgewinnsteuer folgt in ihrer Beurteilung grundsätzlich der Gewinnsteuer (vgl. Art. 12 Abs. 4 lit. a StHG; N 103 ff.). Die Fusion einer Personen- in eine Kapitalgesellschaft kann demnach erfolgen, ohne dass die Grundstückgewinnsteuer anfällt, wenn die Voraussetzungen einer einkommenssteuerneutralen Restrukturierung gemäss Art. 8 Abs. 3 lit. b StHG erfüllt sind. Die Haltedauer der übertragenden Personengesellschaft geht auf die aufnehmende Kapitalgesellschaft über (N 104).

4. Handänderungssteuern

383 Die Übertragung von Grundstücken im Rahmen einer Fusion von Personengesellschaften in Kapitalgesellschaften kann nach dem Inkrafttreten von Art. 103 Satz 1 FusG (per 1.7.2009; Art. 111 Abs. 3 FusG) nicht besteuert werden, wenn die Voraussetzungen einer einkommenssteuerneutralen Restrukturierung gemäss Art. 8 Abs. 3 lit. b StHG erfüllt sind. Die Mehrzahl der Kantone befreit bereits jetzt die Übertragung sämtlicher Aktiven und Passiven von Personen- auf Kapitalgesellschaften (vgl. im Einzelnen Komm. zu Art. 103).

5. Verrechnungssteuer

384 Die Personengesellschaften sind für ihre **Gewinne** nicht verrechnungssteuerpflichtig (N 152), so dass die Fusion keine Verrechnungssteuer auf den Reserven der Personengesellschaft auslöst. Das ins **Nennkapital** überführte Eigenkapital der Personengesellschaft kann bei einer Kapitalherabsetzung verrechnungssteuerfrei an die Aktionäre zurückgeführt werden. Anders zeigt sich die Lage bei dem Teil des Eigenkapitals der Personengesellschaft, welcher in die Reserven – also ins **Agio** – der Kapitalgesellschaft übergeht. Allfällige Rückzahlungen unterliegen, obwohl sie nicht aus von der Kapitalgesellschaft erarbeiteten Gewinnen stammen, der Verrechnungssteuer (N 154).

385 Sofern die absorbierte Personengesellschaft gemäss Art. 4 Abs. 1 lit. a bzw. d VStG wegen der Ausgabe von **Obligationen** etc. verrechnungssteuerpflichtig ist (N 146), wird die absorbierende Kapitalgesellschaft hierauf – allenfalls neu – verrechnungssteuerpflichtig. Es ist auch der Fall denkbar, dass die Kapitalgesellschaft für **Kassenobligationen** oder **Kundenguthaben** verrechnungssteuerpflichtig wird, weil durch die Kombination der beiden Vermögensmassen die Schwellenwerte, welche die Praxis definiert hat, überschritten werden (N 146, 148).

6. Emissionsabgabe

386 Bei der Absorption durch eine Kapitalgesellschaft oder Genossenschaft fällt auf der Begründung der neuen Aktien etc. die Emissionsabgabe von 1% auf dem Verkehrswert des übergegangenen Vermögens an (Art. 8 Abs. 1 lit. a StG; N 220 ff.). Der Befreiungstatbestand von Art. 6 Abs. 1 lit. a^{bis} StG kann nicht in Anspruch genommen werden (N 231).

387 Allenfalls sind aber die Voraussetzungen der Reduktion der Emissionsabgabe auf den Nennwert der neuen Beteiligungsrechte erfüllt (Art. 9 Abs. 1 lit. e StG; ESTV-DVS, KS 5 vom 1.6.2004, Ziff. 3.2.6). Der bisherige Rechtsträger muss mindestens fünf Jahre be-

standen haben. Zudem besteht eine fünfjährige Sperrfrist hinsichtlich der Veräusserung der Beteiligungsrechte (N 242 ff.).

7. Umsatzabgabe

Als **Effektenhändler** kommen hier die Banken und bankähnlichen Finanzgesellschaften und die Händler und Vermittler gemäss Art. 13 Abs. 3 lit. a und b StG in Frage (N 253 f.). Die Fusion unter Beteiligung eines Effektenhändlers wird bei der Umsatzabgabe als entgeltlicher und damit steuerbarer Vorgang angesehen, wenn ausser Aktiven auch **Verbindlichkeiten** auf die übernehmende Gesellschaft übergehen (N 268). **388**

Die Befreiungsvorschrift von Art. 14 Abs. 1 lit. a StG ist nur insofern anwendbar, als die Übertragung der steuerbaren Urkunden zur ausschliesslichen Liberierung der neu geschaffener Aktien etc. dient (N 280 ff.). Wenn mit der Fusion auch Passiven übergehen, was regelmässig der Fall sein dürfte, muss die Befreiung von der Umsatzabgabe über Art. 14 Abs. 1 lit. i StG erreicht werden (ESTV-DVS, KS 5 vom 1.6.2004, Ziff. 3.2.7; N 285 ff.). **389**

8. Mehrwertsteuer

Bei der Fusion wird ein Gesamtvermögen im Sinne von Art. 47 Abs. 3 MWSTG übertragen. Wenn die weiteren Voraussetzungen der beidseitigen Steuerpflicht und der Steuerbarkeit der Übertragung erfüllt sind, muss deshalb das **Meldeverfahren** angewendet werden (N 339 ff.). Zu beachten sind die Eigenverbrauchs- und Entsteuerungstatbestände, die bei der übernehmenden Gesellschaft eintreten (N 349). **390**

IV. Fusion von Kapitalgesellschaften und Genossenschaften mit Anteilscheinen

1. Gewinnsteuer bei den fusionierenden Gesellschaften

Bei einer Fusion werden Aktiven und Passiven einer Gesellschaft auf eine andere Gesellschaft im Sinne einer Universalsukzession übertragen. Die Übertragung der Vermögenswerte führt gemäss Art. 61 Abs. 1 DBG (bzw. Art. 24 Abs. 3 StHG) nicht zur Aufdeckung und damit zur Besteuerung der stillen Reserven bei der übertragenden Gesellschaft, wenn die Steuerpflicht in der Schweiz fortbesteht (N 70 ff.) und die für die Gewinnsteuer massgeblichen Werte übernommen werden (N 72). Die Übernahme der Vermögenswerte stellt keinen Ertrag bei der übernehmenden Gesellschaft dar (Art. 60 lit. a DBG; Art. 24 Abs. 2 lit. a StHG). Sperrfristen gelten keine (N 78). **391**

Aus gewinnsteuerlicher Sicht sind folgende Fälle zu unterscheiden: **392**

– Fusion von **Parallelgesellschaften**, d.h. von bisher kapitalmässig nicht verbundenen Gesellschaften;

– Absorption einer **Tochtergesellschaft**;

– Absorption der **Muttergesellschaft** (**reverse merger**);

– Absorption einer **teilweise beherrschten Gesellschaft**;

– **Kombinationsfusion**;

– **Immigrationsfusion**;

– **Emigrationsfusion**.

a) Absorption einer Parallelgesellschaft

393 Sind die auf die Aktien entfallenden anteilmässigen stillen Reserven der Gesellschaften unterschiedlich, führt die Fusion zu einem **Fusionsagio**:

Gesellschaft A			
übrige Aktiven	200	Schulden	50
		Reserven	50
		Aktienkapital	100
Total	200	Total	200

Stille Reserven: 100

Gesellschaft B			
Aktiven	300	Schulden	50
		Reserven	150
		Aktienkapital	100
Total	300	Total	300

Stille Reserven: 250

Gesellschaft B (nach Absorption von Gesellschaft A)			
Aktiven	500	Schulden	100
		Reserven	150
		Agio	100
		Aktienkapital	150
Total	500	Total	500

Stille Reserven: 350

Die übernehmende Gesellschaft B erhöht im Zuge der Fusion ihr Kapital um 50. Die Differenz zwischen der Kapitalerhöhung von 50 und dem ausgewiesenen Eigenkapital der Gesellschaft A von 150 stellt das Agio von 100 dar.

394 Die Fusion erfolgt gewinnsteuerneutral, soweit die Steuerpflicht in der Schweiz fortbesteht und keine Aufwertungen vorgenommen werden. Das Agio ist nicht steuerbar (Art. 60 Abs. 1 lit. a DBG; Art. 24 Abs. 2 lit. a StHG). Die übernommene Gesellschaft muss keinen Betrieb führen, damit die Steuerneutralität der Absorption gewährleistet ist (N 75). Es sind auch keine Sperrfristen zu beachten (N 78). Mit der Übertragung der Vermögenswerte gehen auch deren Steuerfaktoren über. Allfällige Verlustvorträge können von der übernehmenden Gesellschaft mit ihren Gewinnen verrechnet werden (N 82 f.). Eine rückwirkende Fusion wird steuerlich anerkannt, wenn die Anmeldung zusammen mit dem Fusionsbeschluss innerhalb von sechs Monaten nach dem Stichtag der Übernahmebilanz beim Handelsregister eingetroffen ist und die Anmeldung ohne irgendwelche Weiterungen zum Eintrag geführt hat (ESTV-DVS, KS 5 vom 1.6.2004, Ziff. 4.1.2.2.3; vgl. N 81).

b) Absorption einer Tochtergesellschaft

Bei der Absorption der vollständig beherrschten Tochter- durch die Muttergesellschaft übernimmt die Mutter- sämtliche Aktiven und Passiven der Tochtergesellschaft. Neue Beteiligungsrechte werden nicht ausgegeben. Die Muttergesellschaft ersetzt die Beteiligung an der Tochtergesellschaft durch deren Aktiven und Passiven. Je nach Gewinnsteuerwert der Beteiligung in den Büchern der Muttergesellschaft führt die Fusion zu einem Fusionsgewinn oder Fusionsverlust. 395

Beispiel mit **Fusionsgewinn**: 396

Muttergesellschaft			
Aktiven	500	Schulden	200
Beteiligung Tochtergesellschaft (100%)	100	Reserven	300
		Aktienkapital	100
Total	**600**	**Total**	**600**

Stille Reserven: 0

Tochtergesellschaft			
Aktiven	200	Schulden	50
		Reserven	50
		Aktienkapital	100
Total	**200**	**Total**	**200**

Stille Reserven: 100

Muttergesellschaft (nach Absorption Tochtergesellschaft)			
Aktiven	700	Schulden	250
		Reserven (inkl. Fusionsgewinn)	350
		Aktienkapital	100
Total	**700**	**Total**	**700**

Stille Reserven: 100

Der **Fusionsgewinn** ist ein steuerbarer Ertrag (Art. 61 Abs. 5 Hs. 2 DBG; N 84). Der **Beteiligungsabzug** (Art. 69 DBG; Art. 28 Abs. 1 StHG) kann – bei Erfüllen der entsprechenden Voraussetzungen – in Anspruch genommen werden (ESTV-DVS, KS 9 vom 9.7.1998, Ziff. Ziff. 2.4.1b; ESTV-DVS, KS 5 vom 1.6.2004, Ziff. 4.1.5.2.2). Im Umfang früherer offener oder verdeckter Abschreibungen auf der Beteiligung wird der Beteiligungsabzug nicht gewährt (vgl. ESTV-DVS, KS 9 vom 9.7.1998, Ziff. 2.4.1b und Ziff. 2.5). Auf Grund der Berechnungsweise des Beteiligungsabzuges eliminiert er den steuerbaren Gewinn häufig nicht vollständig. Zudem geht der Fusionsgewinn zunächst in die Berechnung des steuerbaren Gewinnes ein, so dass er mit Verlusten und Verlustvorträgen verrechnet wird, bevor es überhaupt zu einer Reduktion der Steuer kommt (N 84). Im Ergebnis wird in solchen Fällen der Fusionsgewinn besteuert. 397

398 Beispiel mit **Fusionsverlust**:

Muttergesellschaft

Aktiven	500	Schulden	200
Beteiligung Tochter-gesellschaft (100%)	200	Reserven	400
		Aktienkapital	100
Total	**700**	**Total**	**700**

Stille Reserven: 0

Tochtergesellschaft

Aktiven	200	Schulden	50
		Reserven	50
		Aktienkapital	100
Total	**200**	**Total**	**200**

Stille Reserven: 100

Muttergesellschaft
(nach Absorption Tochtergesellschaft)

Aktiven	700	Schulden	250
		Reserven (abzüglich Fusionsverlust)	350
		Aktienkapital	100
Total	**700**	**Total**	**700**

Stille Reserven: 0

Die Reserven der Muttergesellschaft von 400 werden um 50, d.h. um die Differenz zwischen Beteiligungswert (200) und Eigenkapital Tochtergesellschaft (150) reduziert.

399 Ein **Fusionsverlust** ist steuerlich nicht abziehbar, soweit er unecht ist (Art. 61 Abs. 5 Hs. 1 DBG; N 85). Unecht ist der Fusionsverlust dann, wenn die Beteiligung bei der übernehmenden Muttergesellschaft nicht überbewertet war. Dies ist im Beispiel der Fall, da die Tochtergesellschaft neben dem ausgewiesenen Eigenkapital von 150 noch über 100 an stillen Reserven verfügt. Ist die Beteiligung überbewertet, ist der Fusionsverlust im Umfang der Überbewertung echt und daher zum Abzug zugelassen (N 86). Dies wäre im Beispiel der Fall, wenn die Tochtergesellschaft nur ein Eigenkapital von 150 aufwiese, d.h. keine stillen Reserven hätte, obwohl die Muttergesellschaft die Beteiligung zu 200 in ihren Büchern führt. Auch ohne Fusion kann die Beteiligung steuerlich wirksam abgeschrieben werden (vgl. REICH/DUSS, 280).

400 Die übernommene Gesellschaft muss keinen Betrieb führen, damit die Steuerneutralität der Absorption gewährleistet ist (N 75). Es sind auch keine Sperrfristen zu beachten (N 78). Mit der Übertragung der Vermögenswerte gehen auch deren Steuerfaktoren über. Allfällige Verlustvorträge können von der übernehmenden Gesellschaft mit ihren Gewinnen verrechnet werden (N 82 f.).

Steuerliche Behandlung

c) *Absorption der Muttergesellschaft durch die Tochtergesellschaft*

Beim sog. **Reverse** oder **Down-Stream Merger** übernimmt die Tochtergesellschaft die Muttergesellschaft. Die Tochtergesellschaft erhält im Zuge der Übernahme der Aktiven der Muttergesellschaft eigene Aktien. Die Tochtergesellschaft (übernehmende Gesellschaft) müsste im nächsten Schritt ihr Kapital erhöhen, um die Aktionäre der Muttergesellschaft (untergehende Gesellschaft) abfinden zu können. Da sie bei der Absorption der Muttergesellschaft eigene Aktien erhält, muss sie ihr Kapital nicht oder nicht in vollem Umfang erhöhen, und kann die eigenen Aktien für die Abfindung der Aktionäre der Muttergesellschaft verwenden. 401

Muttergesellschaft			
Aktiven	500	Schulden	200
Beteiligung Tochtergesellschaft (100%)	100	Reserven	200
		Aktienkapital	200
Total	**600**	**Total**	**600**

Stille Reserven: 0

402

Tochtergesellschaft			
Aktiven	400	Schulden	200
		Reserven	100
		Aktienkapital	100
Total	**400**	**Total**	**400**

Stille Reserven: 0

Tochtergesellschaft (nach Absorption Muttergesellschaft)			
Aktiven	900	Schulden	400
		Reserven	100
		Agio	300
		Aktienkapital	100
Total	**900**	**Total**	**900**

Stille Reserven: 0

Die Tochtergesellschaft verwendet die eigenen Aktien, die sie bei der Absorption der Muttergesellschaft erhalten hat, zur Abfindung der Aktionäre der Muttergesellschaft. Das Agio beträgt deshalb 400 (Aktivenüberschuss der Muttergesellschaft vor der Absorption durch die Tochtergesellschaft) abzüglich des Buchwertes der Beteiligung an der Tochtergesellschaft von 100, mithin 300.

Keine **Kapitalerhöhung** ist notwendig, wenn die Muttergesellschaft vor der Fusion 100% der Aktien an der Tochtergesellschaft hält. Die Aktionäre der Muttergesellschaft erhalten im Verhältnis ihrer früheren Beteiligung an der Muttergesellschaft Aktien an der Tochtergesellschaft. Eine Kapitalerhöhung (oder -reduktion) ist u. U. nötig, wenn 403 die Muttergesellschaft nicht sämtliche Aktien der Tochtergesellschaft hält. Die Aktien, welche die absorbierte Muttergesellschaft hält, reichen diesfalls nicht zur Abgeltung aller Aktionäre aus oder es bleiben Aktien in der Tochtergesellschaft zurück, die entweder an (alte oder neue) Aktionäre verkauft oder mittels Kapitalherabsetzung vernichtet werden. Ein Verkauf oder eine Kapitalherabsetzung drängt sich dann auf, wenn die Tochtergesellschaft nach der Abfindung der Aktionäre immer noch über mehr als 10% (oder 20%) der eigenen Aktien hält oder die offenen Reserven nicht ausreichen, um eine Rückstellung für eigene Aktien zu bilden (vgl. Art. 659 OR).

404 Auf Ebene der absorbierten Muttergesellschaft erfolgt die Fusion steuerneutral, sofern die Steuerpflicht in der Schweiz fortbesteht (N 70 f.) und keine Aufwertungen vorgenommen werden (N 72). Bei der aufnehmenden Tochtergesellschaft stellt der empfangene Aktivenüberschuss eine Einlage der Aktionäre dar, welche gemäss Art. 60 lit. a DBG (bzw. Art. 24 Abs. 2 lit. a StHG) gewinnsteuerneutral ist (ESTV-DVS, KS 5 vom 1.6.2004, Ziff. 4.1.6.2 und Anhang I, Bsp. Nr. 6).

d) Absorption einer teilweise beherrschten Gesellschaft

405 Bei der Absorption einer teilweise beherrschten Gesellschaft ersetzt nur ein Teil des übertragenen Vermögens der Tochtergesellschaft die Beteiligung in den Büchern der Muttergesellschaft:

Muttergesellschaft			
Aktiven	530	Schulden	200
Beteiligung Tochtergesellschaft (70%)	70	Reserven	150
		Aktienkapital	250
Total	600	Total	600

Stille Reserven: 225

Tochtergesellschaft			
Aktiven	200	Schulden	50
		Reserven	50
		Aktienkapital	100
Total	200	Total	200

Stille Reserven: 50

Muttergesellschaft (nach Absorption Tochtergesellschaft)			
Aktiven	730	Schulden	250
		Reserven	185
		Agio	21
		Aktienkapital	274
Total	730	Total	730

Stille Reserven: 0

406 Die Drittaktionäre erhalten Aktien an der fusionierten Gesellschaft im Umfang von 24: Der Wert der Aktien Muttergesellschaft (Nennwert: 10) beträgt 25, der Wert der Aktien der Tochtergesellschaft (Nennwert: 10) beläuft sich auf 20. Das sich hieraus ergebende Austauschverhältnis verlangt, dass fünf Tochteraktien für vier Mutteraktien hingegeben werden. Die Drittaktionäre halten 30 Tochteraktien. Die Differenz zwischen Aktienkapitalerhöhung von 24 und den anteiligen (auf die Drittaktionäre entfallenden) offenen Reserven der Tochtergesellschaft (30% von 150 = 45), mithin 21, bildet Agio. Die Reserven der fusionierten Gesellschaft steigen um den Fusionsgewinn von 35, d.h. der Differenz zwischen Buchwert der Beteiligung und dem anteiligen Eigenkapital der Tochtergesellschaft (70% von 150 abzüglich 70 = 35).

407 Die Fusion erfolgt gewinnsteuerneutral, soweit die Steuerpflicht in der Schweiz fortbesteht und keine Aufwertungen vorgenommen werden. Das Agio ist nicht steuerbar (Art. 60 lit. a DBG; Art. 24 Abs. 2 lit. a StHG). Die übernommene Gesellschaft muss keinen Betrieb führen, damit die Steuerneutralität der Absorption gewährleistet ist (N 75). Es sind auch keine Sperrfristen zu beachten (N 78). Mit der Übertragung der Vermögenswerte gehen auch deren Steuerfaktoren über. Allfällige Verlustvorträge können von der übernehmenden Gesellschaft mit ihren Gewinnen verrechnet werden (N 82 f.). Der Fusionsgewinn, der sich bei der absorbierenden Muttergesellschaft ergibt ist ein steuerbarer Ertrag, für den der Beteiligungsabzug in Anspruch genommen werden kann (vgl. aber N 84).

e) Kombinationsfusion

408 Bei der Kombination wird eine neue Gesellschaft gegründet. Die zwei (oder mehreren) fusionierenden Gesellschaften übertragen ihre Vermögenswerte auf die neu gegründete Gesellschaft und gehen im Anschluss an die Fusion unter. Die Kombination ist steuerlich gleich zu behandeln wie die Absorption von Parallelgesellschaften (N 393 ff.).

f) Immigrationsfusion

409 Eine schweizerische Gesellschaft kann gemäss Art. 163a Abs. 1 IPRG eine ausländische Gesellschaft fusionsweise übernehmen (Immigrationsabsorption) oder sich mit ihr in einer neuen Gesellschaft zusammenschliessen (Immigrationskombination), sofern das ausländische Recht dies gestattet und dessen Voraussetzungen erfüllt sind. Grundsätzlich kann auf die Ausführungen bei innerschweizerischen Fusionen verwiesen werden. Allerdings können die Einschränkungen von Art. 61 Abs. 1 DBG (bzw. Art. 24 Abs. 3 StHG) bezüglich Fortführung der Gewinnsteuerwerte nicht gelten. Die immigrierende Gesellschaft muss ihre Aktiven auf den Verkehrswert aufwerten können. Dies ist insbesondere dann notwendig, wenn der ausländische Fiskus anlässlich der Emigration die stillen Reserven besteuert. Würde keine Aufwertung zugelassen, käme es bei einer späteren Realisation der stillen Reserven in der Schweiz zu einer Doppelbesteuerung.

g) Emigrationsfusion

410 Eine ausländische Gesellschaft kann gemäss Art. 163b Abs. 1 IPRG unter bestimmten Voraussetzungen eine schweizerische Gesellschaft übernehmen (Emigrationsabsorption) oder sich mit ihr zusammenschliessen (Emigrationskombination). Der Gewinnsteuerneutralität dieser Fusion steht die Einschränkung von Art. 61 Abs. 1 DBG (bzw. Art. 24 Abs. 3 StHG) entgegen, wonach die Steuerpflicht in der Schweiz fortbestehen muss. Soweit jedoch der Zugriff auf die stillen Reserven erhalten bleibt (Betriebsstätte, Liegenschaft oder künftige Abkommen mit ausländischen Staaten; N 70 f.), muss die Besteuerung unterbleiben. Die Verwaltungspraxis will voraussetzen, dass eine objektmässige (direkte) Ausscheidungsmethode gewählt wird (ESTV-DVS, KS vom 1.6. 2004, Ziff. 4.1.2.2.2).

2. Steuerfolgen bei den Anteilsinhabern

a) Einkommenssteuer

411 Befinden sich die Beteiligungsrechte der Muttergesellschaft im **Privatvermögen** des Gesellschafters, erzielt der Gesellschafter trotz Austausch der Beteiligungsrechte grundsätzlich kein steuerbares Einkommen. Steuerbar ist jedoch der allfällige **Nennwertzuwachs**, wenn der private Aktionär Aktien mit einem höheren Nennwert erhält (Besteuerung der Gratisaktien, N 39 f.). **Ausgleichszahlungen** oder andere **geldwerte Vorteile** zulasten der Reserven der Gesellschaften sind ebenfalls steuerbar (N 45). Nennwertverluste können verrechnet werden (ESTV-DVS, KS 5 vom 1.6.2004, Ziff. 4.1.2.3.2). **Squeeze Out-Abfindungen** gelten als Liquidationserlöse und sind steuerbar, es sei denn, sie würden indirekt von anderen Anteilsinhabern der übernehmenden Gesellschaft geleistet (ESTV-DVS, KS 5 vom 1.6.2004, Ziff. 4.1.2.3.8; N 46). Wenn die übernehmende Gesellschaft **eigene**, steuerlich nicht abgerechnete **Aktien** verwendet, wird der Verkehrswert dieser Aktien im Zeitpunkt der Fusion abzüglich deren Nennwert wie eine Barabfindung behandelt (ESTV-DVS, KS 5 vom 1.6.2004, Ziff. 4.1.2.3.7 und Anhang I, Bsp. Nr. 5; N 44). Dies bedeutet, dass der private Aktionär in einem solchen Fall auf dem Verkehrswert abzüglich Nennwert der Aktien besteuert wird.

412 Befinden sich die Beteiligungsrechte der absorbierten Gesellschaft im **Geschäftsvermögen** der steuerpflichtigen natürlichen Person, kann der Einkommenssteuerwert der Beteiligungsrechte beibehalten werden und erfolgt keine Besteuerung (Art. 19 Abs. 1 lit. c DBG; Art. 8 Abs. 3 lit. c StHG). Dies gilt auch für ausländische Beteiligungsrechte (ESTV-DVS, KS 5 vom 1.6.2004, Ziff. 3.3.2). **Nennwertdifferenzen** sind im Geschäftsvermögensbereich unerheblich. **Ausgleichszahlungen** und andere **geldwerte Vorteile** sind steuerbar; allenfalls kann eine **Abschreibung** auf den Beteiligungsrechten geltend gemacht werden.

b) Gewinnsteuer

413 Der Beteiligungstausch bewirkt keine Gewinnsteuerfolgen, vorausgesetzt die neue Beteiligung wird zum Gewinnsteuerwert der alten Beteiligung verbucht (Art. 61 Abs. 1 lit. c DBG; Art. 24 Abs. 3 lit. c StHG). Ausgleichszahlungen stellen Beteiligungsertrag dar und berechtigen – bei Erfüllen der weiteren Voraussetzungen – zum Beteiligungsabzug gemäss Art. 69 DBG (bzw. Art. 28 Abs. 1 StHG).

3. Grundstückgewinnsteuer

414 Für Fusionen gilt auch im monistischen System ein Steueraufschub (Art. 12 Abs. 4 lit. a i.V.m. Art. 24 Abs. 3 StHG). Die Haltedauer der übernommenen Gesellschaft und die Anlagekosten gehen auf die übernehmende Gesellschaft über (N 103 ff.).

4. Handänderungssteuern

415 Die Fusion bewirkt eine zivilrechtliche Handänderung, welche grundsätzlich die Handänderungssteuer auslöst. Die Übertragung von Grundstücken im Rahmen einer Fusion kann jedenfalls nach dem Inkrafttreten von Art. 103 Satz 1 FusG (per 1.7.2009; Art. 111 Abs. 3 FusG), welcher auf Art. 24 Abs. 3 StHG verweist, nicht mehr besteuert werden. Die Mehrzahl der Kantone befreit bereits jetzt die Fusionen (im Einzelnen Komm. zu Art. 103).

5. Verrechnungssteuer

Von der Verrechnungssteuer sind – verkürzt ausgedrückt – die Reserven ausgenommen, die in die **Reserven** der übernehmenden Gesellschaft **übergehen** (Art. 5 Abs. 1 lit. a VStG). Die Voraussetzung, dass die übernehmende Gesellschaft verrechnungssteuerpflichtig ist (N 200 ff.), ist hier – unter dem Vorbehalt der Emigrationsfusion – erfüllt. 416

Die Verrechnungssteuer fällt somit an, wenn Reserven der absorbierten Gesellschaft in das verrechnungssteuerfrei rückzahlbare **Nennkapital** der übernehmenden Gesellschaft eingehen. Dieser Fall wird als Schaffung von Gratisaktien angesehen (N 154 ff.). Der Verrechnungssteuer unterliegen im Weiteren sämtliche Ausschüttungen aus den Reserven, also **Dividenden**, **Ausgleichszahlungen** sowie **Abfindungen** und jegliche anderen geldwerten Leistungen (N 153 ff.). Ob sich die Reserven vermindern, ist bei jeder Fusion zu prüfen, also insbesondere bei der Fusion von Parallelgesellschaften und beim Reverse oder Down-Stream Merger. 417

Soweit die absorbierte Schweizer Gesellschaft von **ausländischen Aktionären** in die absorbierende inländische Gesellschaft eingebracht bzw. verkauft worden ist, muss der Vorbehalt der Steuerumgehung (Art. 21 Abs. 2 VStG) berücksichtigt werden (N 172 ff.). Der verrechnungssteuerliche **Fusionsverlust** ist ebenfalls unter dem Aspekt der Steuerumgehung zu prüfen (N 216). 418

Bei einer **Emigrationsfusion** ist über die Verrechnungssteuer auf den gesamten Reserven abzurechnen, weil die Sitzverlegung ins Ausland der Liquidation gleichgestellt wird (Art. 4 Abs. 2 Hs. 1 VStG; ESTV-DVS, KS 5 vom 1.6.2004, Ziff. 4.1.2.4.2; N 160). In besonderen Fällen mag die Verrechnungssteuerpflicht bestehen bleiben, weil die ausländische Gesellschaft als Inländerin gemäss Art. 9 Abs. 1 VStG gilt (näher dazu BRÜLISAUER, FStR 2004, 49). 419

Bei einer **Immigrationsfusion** werden sämtliche Reserven, die nicht ins Nennkapital der Schweizer Gesellschaft eingehen, inskünftig latent der Verrechnungssteuer unterworfen. Eine Steuerbilanz ist für die Zwecke der Verrechnungssteuer nicht vorgesehen (N 154). 420

Unterliegen bei der Fusion geldwerte Leistungen der Verrechnungssteuer, so ist diese zu **überwälzen**, ansonsten eine Aufrechnung der geldwerten Leistung ins Hundert vorzunehmen ist (N 161 f.). 421

Wenn verrechnungssteuerpflichtige geldwerte Leistungen erbracht werden, kann für die Erfüllung der Steuerpflicht allenfalls das **Meldeverfahren** angewendet werden (N 179 ff.). 422

6. Emissionsabgabe

Die Kapitalerhöhung im Rahmen einer Fusion ist gemäss Art. 6 Abs. 1 lit. a^{bis} StG von der Emissionsabgabe befreit (vgl. auch N 229 ff.). Die Praxis der Eidgenössischen Steuerverwaltung verweigert die Steuerbefreiung in folgenden Fällen (ESTV-DVS, KS 5 vom 1.6.2004, Ziff. 4.1.2.5): 423

– Die Kapitalerhöhung der übernehmenden Gesellschaft geht über das nominelle Kapital der übertragenden Gesellschaft hinaus, sofern die Merkmale der Abgabeumgehung vorliegen. Wenn keine Abgabeumgehung vorliegt, z.B. weil sich der höhere Nennwert aus dem Umtauschverhältnis ergibt, kann das nominelle Kapital über das der untergehenden Gesellschaft erhöht werden.

- Die übernehmende Gesellschaft erhöht das Kapital zusätzlich.
- Die übertragende Gesellschaft erhöht das Kapital im Hinblick auf die Fusion.

7. Umsatzabgabe

424 Als **Effektenhändler** kommen hier gemäss Art. 13 Abs. 3 lit. d StG vorab Kapitalgesellschaften und Genossenschaften mit mehr als CHF 10 Mio. steuerbaren Urkunden gemäss der letzten Bilanz in Frage sowie die Banken und bankähnlichen Finanzgesellschaften und die Händler und Vermittler gemäss Art. 13 Abs. 3 lit. a und b StG (N 253 ff.) Die Fusion unter Beteiligung eines Effektenhändlers wird bei der Umsatzabgabe als entgeltlicher und damit steuerbarer Vorgang angesehen, wenn ausser Aktiven auch **Verbindlichkeiten** auf die übernehmende Gesellschaft übergehen (N 268, 280 ff.).

425 Die Befreiungsvorschrift von Art. 14 Abs. 1 lit. a ist nicht anwendbar, soweit die Übertragung der steuerbaren Urkunden nicht zur ausschliesslichen Liberierung der neu geschaffenen Beteiligungsrechte dient (N 279 ff.). Deshalb muss die Befreiung von der Umsatzabgabe bei Fusionen regelmässig über Art. 14 Abs. 1 lit. i StG erreicht werden (N 285 ff.).

8. Mehrwertsteuer

426 Bei der Fusion wird ein Gesamtvermögen im Sinne von Art. 47 Abs. 3 MWSTG übertragen. Wenn die weiteren Voraussetzungen der beidseitigen Steuerpflicht und der Steuerbarkeit der Übertragung erfüllt sind, muss deshalb das **Meldeverfahren** angewendet werden (N 339 ff.). Zu beachten sind die Eigenverbrauchs- und Entsteuerungstatbestände, die bei der übernehmenden Gesellschaft eintreten (N 349).

V. Fusionsähnliche Zusammenschlüsse von Kapitalgesellschaften

1. Gewinnsteuer bei den sich zusammenschliessenden Gesellschaften

427 Der fusionsähnliche Zusammenschluss (auch **Quasifusion** genannt) ist im FusG nicht geregelt. Es handelt sich um eine steuerlichrechtliche Begriffsbildung. Zivilrechtlich stellt der fusionsähnliche Zusammenschluss eine Sacheinlage mit oder ohne Kapitalerhöhung dar (REICH/DUSS, 288 f.). Letzteres ist dann der Fall, wenn die übernehmende Gesellschaft entweder über genügend eigene Aktien verfügt, um die Aktionäre der übernommenen Gesellschaft abzufinden (zur Problematik der Verwendung eigener Aktien N 44, 93), oder wenn der einbringende Gesellschafter die übertragende und die aufnehmende Gesellschaft vollständig beherrscht. Der fusionsähnliche Zusammenschluss führt nicht zu einer Verschmelzung der beiden Gesellschaften. Die Anteilsinhaber der übernommenen Gesellschaft erhalten Anteile der übernehmenden Gesellschaft.

428 Die Botschaft versteht unter einem fusionsähnlichen Zusammenschluss ein Tauschgeschäft, durch das die Gesellschaft gegen Hingabe eigener Beteiligungsrechte die Mehrheitsbeteiligung an einer anderen Gesellschaft erwirbt (Botschaft, 4508). Gemäss der Verwaltungspraxis liegt ein fusionsähnlicher Zusammenschluss nur vor, wenn die übernehmende Gesellschaft nach der Übernahme mindestens **50% der Stimmrechte** an der übernommenen Gesellschaft hält und **nicht mehr als 50%** des Wertes der übernommenen Gesellschaft **gutgeschrieben oder ausbezahlt** wird (ESTV-DVS. KS 5 vom 1.6. 2004, Ziff. 4.1.7.1).

429 Bei der **übernommenen Gesellschaft** löst der fusionsähnliche Tatbestand keine Gewinnsteuer aus (ESTV-DVS, KS 5 vom 1.6.2004, Ziff. 4.1.7.2.1). Bilanz und Erfolgsrechnung der Gesellschaft werden durch den Vorgang nicht berührt.

Bei der **übernehmenden Gesellschaft** ist der fusionsähnliche Zusammenschluss ebenfalls grundsätzlich gewinnsteuerneutral. Für die Steuerneutralität der Quasifusion auf Stufe der übernehmenden Gesellschaft bedarf es Art. 61 Abs. 1 lit. c DBG (bzw. Art. 24 Abs. 3 lit. c StHG) nicht, denn Kapitaleinlagen inkl. Aufgelder (Agio) stellen keinen steuerbaren Gewinn dar (Art. 60 lit. a DBG; Art. 24 Abs. 2 lit. a StHG). Dies muss auch dann gelten, wenn sich auf den eigenen Aktien, welche die übernehmende Gesellschaft als Entschädigung auf die Aktionäre der übernommenen Gesellschaft überträgt, stille Reserven befinden. Stellt sie die Aktien an der übernommenen Gesellschaft zum steuerlichen Buchwert der eigenen Aktien in ihre Bücher ein, ist der Aktientausch steuerneutral. Die Verwaltungspraxis geht demgegenüber von einer Realisation der stillen Reserven aus (ESTV-DVS, KS 5 vom 1.6.2004, Ziff. 4.1.7.2.2). Erfolgt die Sacheinlage gegen neu zu schaffendes Aktienkapital der übernehmenden Gesellschaft, muss nach der Verwaltungspraxis die übernehmende Gesellschaft die neue Beteiligung zu den bisherigen Gewinnsteuerwerten in ihre Bücher aufnehmen. Weil bei Publikumsgesellschaften die bisherigen Gewinnsteuerwerte nicht bekannt sind, kann die übernehmende Gesellschaft die übernommenen Beteiligungsrechte ersatzweise höchstens zum Aktivenüberschuss zu Gewinnsteuerwerten der Gesellschaft, deren Beteiligungsrechte übernommen werden (Zielgesellschaft), übernehmen (ESTV-DVS, KS 5 vom 1.6.2004, Ziff. 4.6.2.3; N 90).

430

Eine **Sperrfrist** besteht nicht, nachdem Art. 61 Abs. 2 DBG (bzw. Art. 24 Abs. 3ter StHG) sich nur auf die Übertragungen auf eine Tochtergesellschaften im Sinne von Art. 61 Abs. 1 lit. d DBG (bzw. Art. 24 Abs. 3 lit. d StHG) beziehen (vgl. auch ESTV-DVS, KS 5 vom 1.6.2004, Ziff. 4.1.7.2.1).

431

Die Quasifusion mit **anschliessender Absorption** hat keine Steuerfolgen auf der Ebene der Gesellschaften, sofern die Voraussetzungen für eine steuerneutrale Fusion (mit Verschmelzung) eingehalten werden (N 69 ff.). Anders ist die Quasifusion mit anschliessender Absorption auf der Ebene der Gesellschafter zu beurteilen, weil die Quasifusion wie eine Fusion (mit Verschmelzung) behandelt wird (N 434).

432

2. Steuerfolgen bei den Anteilsinhabern

a) Einkommenssteuer

Der Tausch der Beteiligungsrechte im Rahmen einer Quasifusion bildet im **Privatvermögen** – unter dem Vorbehalt einer nachfolgenden Absorption der Zielgesellschaft – einen steuerfreien **Kapitalgewinn** (Art. 16 Abs. 3 DBG; Art. 7 Abs. 4 lit. b StHG) oder gegebenenfalls einen steuerlich unbeachtlichen Kapitalverlust. **Nennwerterhöhungen** sind, weil es sich um einen Veräusserungstatbestand handelt, unbeachtlich. **Ausgleichszahlungen** stellen einen steuerfreien Veräusserungserlös dar (ESTV-DVS, KS 5 vom 1.6.2004, Ziff. 4.1.7.3.1).

433

Wenn die Zielgesellschaft im Anschluss an die Quasifusion mit der übernehmenden Gesellschaft durch **Fusion** verschmolzen wird, so beurteilt sich die Quasifusion wie eine Fusion mit der Folge, dass **Nennwerterhöhungen** und **Ausgleichszahlungen** steuerbar sind (BGer 9.11.2001, ASA 72 [2003/2004], 413 = StE 2002 B 24.4 Nr. 66). Die Verwaltungspraxis geht davon aus, eine innert einer Frist von fünf Jahren erfolgte Fusion sei zeitnah und führe deshalb zur Qualifikation des Aktientausches als Fusion und damit zur Steuerbarkeit der Leistungen (KS 5 vom 1.6.2004, Ziff. 4.1.7.3.2).

434

Im **Geschäftsvermögen** kann der bisherige Einkommenssteuerwert gemäss Art. 19 Abs. 1 lit. c DBG (bzw. Art. 8 Abs. 3 lit. c StHG) übernommen werden. Der Beteiligungstausch ist deshalb steuerneutral. **Nennwerterhöhungen** sind im Geschäftsvermö-

435

gen unbeachtlich. **Ausgleichszahlungen** stellen einen steuerbaren Veräusserungserlös dar. Allenfalls können die Beteiligungsrechte abgeschrieben werden, um die steuerbaren Ausgleichszahlungen zu kompensieren.

b) Gewinnsteuer

436 Durch Art. 61 Abs. 1 lit. c DBG (bzw. Art. 24 Abs. 3 lit. c StHG) wird klargestellt, dass auch der übertragende Aktionär den Tausch in- oder ausländischer Beteiligungsrechte steuerneutral vollziehen kann. Voraussetzung ist einzig, dass der übertragende Aktionär die neuen Beteiligungsrechte zu den Buchwerten der alten Beteiligung in seine Bücher einstellt.

437 Die Verwaltungspraxis will allerdings «durch den Beteiligungsabzug bedingte Realisationstatbestände» einführen (ESTV-DVS, KS 5 vom 1.6.2004, Ziff. 4.6.2.2; vgl. dazu auch N 88 f.). Nach dieser verfehlten Ansicht muss die übertragende Gesellschaft ihren Reingewinn um die Differenz zwischen dem steuerlichen Buchwert der hingegebenen Beteiligungsrechte und dem Verkehrswert der erhaltenen Beteiligungsrechte erhöhen, wenn

– die übertragenen Beteiligungsrechte weniger als 20% am Grund- oder Stammkapital der übertragenen Gesellschaft verkörperten, und

– die erhaltene Beteiligung mindestens 20% des Grund- oder Stammkapitals der übernehmenden Gesellschaft darstellen.

Sodann soll es bei der übertragenden Gesellschaft zu einem steuerbaren Gewinn kommen, wenn die übernehmende Gesellschaft die Beteiligungsrechte über dem bisherigen Gewinnsteuerwert bilanziert (vgl. auch N 90).

438 **Ausgleichszahlungen** bilden steuerbaren Beteiligungsertrag. Wenn dessen Voraussetzungen erfüllt sind, kann der Beteiligungsabzug gemäss Art. 69 DBG geltend gemacht werden (ESTV-DVS, KS 5 vom 1.6.2004, Ziff. 4.6.2.6).

3. Grundstückgewinnsteuer

439 Der fusionsähnliche Zusammenschluss führt nicht dazu, dass Grundstücke zivilrechtlich übertragen werden. Insofern hat die Quasifusion keine Grundstückgewinnsteuerfolgen. Handelt es sich bei der übernommenen Gesellschaft um eine Immobiliengesellschaft (N 100), kann es zu einer wirtschaftlichen Handänderung an den Grundstücken kommen. Dies hat in der Vergangenheit zur Besteuerung von Grundstückgewinnen geführt, wenn das kantonale Steuergesetz nicht ausdrücklich vorsah, dass die Grundstückgewinnsteuer bei einer Quasifusion ebenfalls aufgeschoben wird. Art. 12 Abs. 4 lit. a StHG sieht durch den Verweis auf Art. 24 Abs. 3 lit. c StHG vor, dass bei einem fusionsähnlichen Zusammenschlusses die Grundstückgewinnsteuer auch bei einer Quasifusion aufzuschieben ist.

4. Handänderungssteuern

440 Nachdem keine zivilrechtliche Handänderung vorliegt, kann die Handänderungssteuer nur bei der Einbringung einer Immobiliengesellschaft (N 100) wegen wirtschaftlicher Handänderung anfallen. Die Übertragung von Grundstücken im Rahmen eines fusionsähnlichen Zusammenschlusses kann nach dem Inkrafttreten von Art. 103 Satz 1 FusG (per 1.7.2009; Art. 111 Abs. 3 FusG), welcher auf Art. 24 Abs. 3 StHG verweist, nicht mehr besteuert werden. Die Mehrzahl der Kantone befreit bereits jetzt den fusionsähnlichen Zusammenschluss (im Einzelnen Komm. zu Art. 103).

5. Verrechnungssteuer

Die Verrechnungssteuer fällt bei der Quasifusion nicht an, weil keine Ausschüttungen aus den Reserven vorgenommen werden. Vorbehalten bleibt allerdings die nachfolgende Absorption der Zielgesellschaft mit der übernehmenden Gesellschaft (vgl. ESTV-DVS, KS 5 vom 1.6.2004, Ziff. 4.1.7.4 und Ziff. 4.1.7.3.2). Diesfalls bilden die Nennwerterhöhungen und die Ausgleichszahlungen steuerbare geldwerte Leistungen (N 153 ff.). Wenn die Steuer nicht überwälzt werden kann, so hat die übernehmende Gesellschaft eine Aufrechnung ins Hundert vorzunehmen (N 161 f.). **441**

Soweit die eingebrachte Schweizer Gesellschaft von **ausländischen Aktionären** in die übernehmende inländische Gesellschaft eingebracht bzw. verkauft worden ist, muss der Vorbehalt der Steuerumgehung (Art. 21 Abs. 2 VStG) berücksichtigt werden (N 172 ff.). **442**

6. Emissionsabgabe

Art. 6 Abs. 1 lit. a^{bis} StG befreit u.a. Beteiligungsrechte, die in Durchführung von Beschlüssen über Fusionen oder diesen wirtschaftlich gleichkommende Zusammenschlüsse begründet oder erhöht werden. Der Begriff des fusionsähnlichen Zusammenschlusses (Quasifusion) wird wie bei den direkten Steuern ausgelegt. Somit ist die Kapitalerhöhung im Rahmen einer Quasifusion emissionsabgabefrei, wenn die übernehmende Gesellschaft nach der Übernahme mindestens 50% der Stimmrechte an der übernommenen Gesellschaft hält und nicht mehr als 50% des Wertes der übernommenen Gesellschaft gutgeschrieben oder ausbezahlt wird (ESTV-DVS, KS 5 vom 1.6.2004, Ziff. 4.1.7.1 und Ziff. 4.1.7.5). Dies gilt unabhängig davon, ob natürliche oder juristische Personen Einleger sind. **443**

Nach der Verwaltungspraxis wird aber nur eine Kapitalerhöhung im Umfang des nominellen Kapitals der übernommenen Gesellschaft befreit. Eine Kapitalerhöhung der übernehmenden Gesellschaft, die das nominelle Kapital der eingelegten Gesellschaft übersteigt, wird nicht befreit, wenn eine **Abgabeumgehung** vorliegt (ESTV-DVS, KS 5 vom 1.6.2004, Ziff. 4.1.7.5). Dies bedeutet andrerseits, dass die Kapitalerhöhung in jedem Umfang emissionsabgabefrei sein muss, wenn sich die Höhe des neuen Aktienkapitals aus dem Umtauschverhältnis der Aktien ergibt. **444**

Die Verwaltungspraxis will sodann die Kapitalerhöhung nur im Umfang von 30% des Verkehrswertes der übertragenen **ausländischen Beteiligungen** emissionsabgabefrei zulassen, wenn die ausländischen Beteiligungen mit geringem nominellen Kapital und hohem Agio von im Ausland wohnhaften natürlichen Personen oder von in- oder ausländischen Kapitalgesellschaften oder Genossenschaften eingebracht werden (ESTV-DVS, KS 5 vom 1.6.2004, Ziff. 4.1.7.5). Diese Einschränkung kann wohl nur gelten, wenn bei einem höheren neu geschaffenen Nennkapital eine Abgabeumgehung vorliegen würde. Wird eine ausländische Gesellschaft in eine schweizerische Gesellschaft eingebracht, hat die Kapitalerhöhung nach den gleichen Grundsätzen berechnet zu werden wie bei der Einbringung einer schweizerischen Gesellschaft. Ergeben die Wertverhältnisse ein höheres Nennkapital als das von den Verwaltungsrichtlinien festgesetzte, ist die Kapitalerhöhung auch im höheren Umfang emissionsabgabefrei. **445**

7. Umsatzabgabe

Die **Einlage** von Beteiligungsrechten, d.h. steuerbaren Urkunden im Sinne von Art. 13 Abs. 2 lit. a Ziff. 2 bzw. Art. 13 Abs. 2 lit. b Satz 1 StG, zwecks Liberierung in- oder ausländischer Aktien etc. ist von der Umsatzabgabe befreit (Art. 14 Abs. 1 lit. b StG; N 279 ff.). **446**

447 Die **Ausgabe** der in- oder ausländischen Aktien etc. ist ebenfalls von der Umsatzabgabe befreit (Art. 14 Abs. 1 lit. a StG bzw. Art. 14 Abs. 1 lit. f Satz 1 StG; N 276 f.).

8. Mehrwertsteuer

448 Die Übertragung von Beteiligungsrechten stellt einen ausgenommenen Umsatz dar (Art. 18 Ziff. 19 lit. e Hs. 1 MWSTG). Die damit zusammenhängenden Vorsteuern können nicht abgezogen werden (N 334).

VI. Fusion von Vereinen und Genossenschaften ohne Anteilscheine

1. Gewinnsteuer

449 **Vereine** sind gemäss Art. 49 Abs. 1 lit. b DBG (bzw. Art. 20 Abs. 1 StHG) der Gewinnsteuer unterworfen. Die Mitgliederbeiträge werden nicht zum steuerbaren Gewinn gerechnet (Art. 66 Abs. 1 DBG, Art. 26 Abs. 1 StHG). Die Vereine werden im Bund und in den meisten Kantonen tiefer besteuert als die Kapitalgesellschaften und Genossenschaften (für die direkte Bundessteuer 4.25% gemäss Art. 71 Abs. 1 DBG gegenüber 8.5% gemäss Art. 68 DBG für die Kapitalgesellschaften und Genossenschaften). Schon nach der bisherigen Praxis können die Vereine steuerneutral fusionieren, auch wenn die Umstrukturierungsbestimmungen nur die Kapitalgesellschaften und Genossenschaften aufgeführt haben. In der neuen Fassung von Art. 61 Abs. 1 DBG (bzw. Art. 24 Abs. 3 StHG) wird die Steuerneutralität ausdrücklich für alle juristischen Personen gewährleistet. Es bestehen keine besonderen Voraussetzungen für die Steuerneutralität. Die Fusion erfolgt somit gewinnsteuerneutral, soweit keine Aufwertungen vorgenommen werden und soweit die Steuerpflicht in der Schweiz fortbesteht (N 69 ff.); die Verlustvorträge gehen über, sofern keine Steuerumgehung vorliegt (ESTV-DVS, KS 5 vom 1.6.2004, Ziff. 4.1.2.2.4; N 82 f.).

450 Bei der Fusion eines Vereines in eine Kapitalgesellschaft oder Genossenschaft werden die stillen Reserven nach dem Gesagten inskünftig wegen des **Tarifwechsels** einer höheren latenten Gewinnsteuer unterliegen. Ein Ausgleich hierfür ist nicht vorgesehen; der umgekehrte Vorgang (Wechsel in einen tariflich milderen Bereich, z.B. bei der Fusion einer Genossenschaft ohne Anteilscheine in einen Verein) hat ebenfalls keine gewinnsteuerlichen Auswirkungen, insbesondere erfolgt keine Abrechnung über die stillen Reserven zum höheren Tarif oder der Tarifdifferenz. Die Verwaltungspraxis fordert indessen einen Abschluss (vgl. ESTV-DVS, KS 5 vom 1.6.2004, Ziff. 4.2.3.2, zur Umwandlung; N 74).

451 Auch die **Genossenschaften ohne Anteilscheine** können sich auf Art. 61 Abs. 1 DBG (bzw. Art. 24 Abs. 3 StHG) berufen. Genossenschaften wurden bereits vom alten Wortlaut der Umstrukturierungsnormen erfasst. Die Fusion erfolgt somit gewinnsteuerneutral, soweit keine Aufwertungen vorgenommen werden und soweit die Steuerpflicht in der Schweiz fortbesteht (N 69 ff.); die Verlustvorträge gehen über, sofern keine Steuerumgehung vorliegt (ESTV-DVS, KS 5 vom 1.6.2004, Ziff. 4.1.2.2.4). Bei einer Fusion in einen Verein, der im Handelsregister eingetragen ist, tritt ein Tarifwechsel ein, indem künftig der mildere Tarif anwendbar ist, der für die Vereine gilt. Der Tarifwechsel hat keine gewinnsteuerlichen Auswirkungen, insbesondere erfolgt keine Abrechnung über die stillen Reserven zum höheren Tarif oder der Tarifdifferenz. Die Verwaltungspraxis fordert indessen einen Abschluss (vgl. ESTV-DVS, KS 5 vom 1.6.2004, Ziff. 4.2.3.2, zur Umwandlung; N 74).

2. Einkommenssteuer

Die Fusion von Vereinen und Genossenschaften ohne Anteilscheinen hat für die Mitglieder und Genossenschafter grundsätzlich keine einkommenssteuerlichen Folgen. Vorbehalten bleiben allfällige geldwerten Leistungen dieser Gesellschaften an ihre Mitglieder und Genossenschafter. **452**

3. Grundstückgewinnsteuer

Die Grundstückgewinnsteuer folgt in ihrer Beurteilung grundsätzlich der Gewinnsteuer (vgl. Art. 12 Abs. 4 lit. a StHG; N 103 ff.). Die Fusion eines Vereins oder einer Genossenschaft ohne Anteilscheine kann demnach erfolgen, ohne dass die Grundstückgewinnsteuer anfällt, wenn die Voraussetzungen einer gewinnsteuerneutralen Restrukturierung gemäss Art. 24 Abs. 3 StHG erfüllt sind. Dies gilt nach der Praxis auch für Vereine, obwohl diese vom bisherigen Wortlaut der Umstrukturierungsnormen nicht erfasst sind. Die Haltedauer des übertragenden Vereins oder der Genossenschaft ohne Anteilscheine geht auf die aufnehmende juristische Person über (N 104). **453**

4. Handänderungssteuern

Die Übertragung von Grundstücken im Rahmen einer Fusion von Vereinen kann nach dem Inkrafttreten von Art. 103 Satz 1 FusG (per 1.7.2009; Art. 111 Abs. 3 FusG) nicht besteuert werden, wenn die Voraussetzungen einer gewinnsteuerneutralen Restrukturierung gemäss Art. 24 Abs. 3 StHG erfüllt sind. Die Mehrzahl der Kantone befreit bereits jetzt die Fusion von Vereinen, selbst wenn die jeweiligen Befreiungstatbestände nur die Kapitalgesellschaften oder Genossenschaften erwähnen (im Einzelnen Komm. zu Art. 103). **454**

5. Verrechnungssteuer

Weder der Verein noch die Genossenschaft ohne Anteilscheine unterliegen der Verrechnungssteuer auf ihren Reserven (N 152). Die Absorption durch einen Verein, Genossenschaft mit oder Anteilscheine oder eine Kapitalgesellschaft hat somit keine unmittelbaren verrechnungssteuerlichen Folgen. Es entsteht aus derselben auch keine latente Verrechnungssteuerlast, wenn das Vermögen auf einen Verein oder eine Genossenschaft ohne Anteilscheine übergeht. Soweit das Vermögen in das Nennkapital einer Kapitalgesellschaft oder Genossenschaft mit Anteilscheinen aufgeht (welche der Verrechnungssteuer unterworfen sind; Art. 4 Abs. 1 lit. b VStG und N 149), entsteht keine latente Verrechnungssteuerpflicht. Das Vermögen, welches in die Reserven (ins Agio) einer Kapitalgesellschaft oder Genossenschaft mit Anteilscheinen übergeht, ist jedoch neu latent der Verrechnungssteuer unterworfen. **455**

Wenn der Verein oder die Genossenschaft ohne Anteilscheine bisher für Obligationen etc., Kundenguthaben, Lotteriegewinne oder Versicherungsleistungen verrechnungssteuerpflichtig gewesen ist (N 143, 146, 148), wird die absorbierende juristische Person diese Pflicht neu zu erfüllen haben, weil die Voraussetzungen nun bei ihr erfüllt sind. Bei der Fusion mit einer ausländischen Kapitalgesellschaft tritt, weil bloss künftige Verrechnungssteuer betroffen ist, keine verrechnungssteuerliche Abrechnung ein. Wenn eine Betriebsstätte in der Schweiz verbleibt, wird diese verrechnungssteuerpflichtig (N 146, 148). **456**

6. Emissionsabgabe

457 Die Vereine und die Genossenschaften ohne Anteilscheine unterliegen nicht der Emissionsabgabe (N 220 ff.). Die Absorption durch einen Verein oder eine Genossenschaft ohne Anteilscheine löst somit keine Emissionsabgabe aus.

458 Bei der Absorption durch eine Kapitalgesellschaft oder Genossenschaft mit Anteilscheinen fällt auf der Begründung der neuen Aktien etc. die Emissionsabgabe von 1% auf dem Verkehrswert des übergangenen Vermögens an (Art. 8 Abs. 1 lit. a StG; N 227 f.). Der Befreiungstatbestand von Art. 6 Abs. 1 lit. a^{bis} StG kann nicht in Anspruch genommen werden (N 231). Allenfalls sind aber die Voraussetzungen der Reduktion der Emissionsabgabe auf den Nennwert der neuen Beteiligungsrechte erfüllt (Art. 9 Abs. 1 lit. e StG). Der bisherige Rechtsträger muss mindestens fünf Jahre bestanden haben. Zudem besteht eine fünfjährige Sperrfrist hinsichtlich der Veräusserung der Beteiligungsrechte (N 242 ff.).

7. Umsatzabgabe

459 Vorab ist abzuklären, ob bei der Fusion ein Effektenhändler gemäss Art. 13 Abs. 3 StG beteiligt ist. Vereine werden nicht bereits auf Grund des Eigentums an steuerbaren Urkunden steuerpflichtig (vgl. Art. 13 Abs. 3 lit. d StG; N 255), allenfalls aber als Bank oder bankähnliche Finanzgesellschaft (Art. 13 Abs. 3 lit. a StG). Sofern ein Effektenhändler beteiligt ist, muss weiter geprüft werden, ob ein Befreiungstatbestand Anwendung findet, weil Umstrukturierungsvorgänge unter Umständen als entgeltliche und damit steuerbare Geschäfte – soweit steuerbare Urkunden gemäss Art. 13 Abs. 2 StG (N 260 ff.) übertragen werden – gelten (N 268). Der Befreiungstatbestand von Art. 14 Abs. 1 lit. b StG ist eng gefasst und beschlägt nur die Einlage von steuerbaren Urkunden zwecks Liberierung in- oder ausländischer Aktien etc., so dass die hier in Frage stehenden Vorgänge nicht in allen Fällen gemäss dieser Bestimmung befreit sind. In der Regel wird deshalb Art. 14 Abs. 1 lit. i StG herangezogen werden müssen, der die Befreiung von der Umsatzabgabe bei Umstrukturierungen, namentlich bei einer Fusion, statuiert (N 285 ff.).

8. Mehrwertsteuer

460 Bei einer Fusion geht ein Gesamtvermögen über, so dass das Meldeverfahren gemäss Art. 47 Abs. 3 MWSTG zur Anwendung gelangt, sofern die Voraussetzung der beidseitigen Steuerpflicht erfüllt ist (N 339 ff.). Zu beachten sind allfällige Eigenverbrauchs- oder Entsteuerungstatbestände (N 349).

VII. Fusion von Stiftungen, Vorsorgeeinrichtungen sowie Fusion unter Beteiligung von Instituten des öffentlichen Rechts

461 Die Fusion von **Stiftungen** ist in Art. 78 ff. FusG besonders geregelt. Für die steuerlichen Folgen der Fusion von Stiftungen vgl. Komm. vor Art. 78.

462 Die Fusion von **Vorsorgeeinrichtungen** (Art. 2 lit. i FusG) richtet sich nach Art. 88 ff. FusG. Für die steuerlichen Folgen der Fusion von Vorsorgeeinrichtungen vgl. Komm. vor Art. 88.

463 Die Fusion unter Beteiligung von **Instituten des öffentlichen Rechts** untersteht Art. 99 ff. FusG. Für die steuerlichen Folgen der Fusion unter Beteiligung von Instituten des öffentlichen Rechts vgl. Komm. vor Art. 99, insb. vor Art. 99 N 12 ff.

Erster Abschnitt: Allgemeine Bestimmungen

Art. 3

Grundsatz	[1] Gesellschaften können fusionieren, indem: a. die eine die andere übernimmt (Absorptionsfusion); b. sie sich zu einer neuen Gesellschaft zusammenschliessen (Kombinationsfusion). [2] Mit der Fusion wird die übertragende Gesellschaft aufgelöst und im Handelsregister gelöscht.
Principe	[1] La fusion de sociétés peut résulter: a. de la reprise d'une société par une autre (fusion par absorption); b. de leur réunion en une nouvelle société (fusion par combinaison). [2] La fusion entraîne la dissolution de la société transférante et sa radiation du registre du commerce.
Principio	[1] Le società possono operare fusioni mediante: a. l'assunzione di altre società (fusione mediante incorporazione); b. l'unione con altre società in una nuova società (fusione mediante combinazione). [2] La fusione comporta lo scioglimento della società trasferente e la sua cancellazione dal registro di commercio.

Inhaltsübersicht

Note

- I. Allgemeines 1
- II. Entstehungsgeschichte 7
- III. Universalsukzession und mitgliedschaftliche Kontinuität 8
- IV. Anwendungsbereich und Abgrenzungen 10
- V. Durchführung der Fusion 13
  - 1. Ordentliches Verfahren 13
  - 2. Erleichtertes Verfahren 15
  - 3. Erschwertes Verfahren und besondere Vorschriften 22
- VI. Auflösung der übertragenden Gesellschaft (Abs. 2) 23
- VII. Gläubiger- und Arbeitnehmerschutz 24
- VIII. Anfechtung und Verantwortlichkeit 29
- IX. Verhältnis zum Kartellgesetz 33
- X. Rechtsvergleich 34

Literatur

H.C. VON DER CRONE, Die Fusion von Aktiengesellschaften, in: Das neue Fusionsgesetz, Sonderdruck, Bern 2003, 19 ff. (zit. Fusion von Aktiengesellschaften); F. DASSER, Gerichtsstand und anwendbares Recht unter dem Fusionsgesetz, in: von der Crone/Weber/Zäch/Zobl (Hrsg.), Neuere Tendenzen im Gesellschaftsrecht, FS Forstmoser, Zürich 2003, 659 ff.; ST. ERBE/T. JAUSSI/ R. THEILER, Das Fusionsgesetz – ein Überblick aus rechtlicher und steuerlicher Sicht, StR 2003, 822 ff.; W. FREI, Steuerfolgen des Fusionsgesetzes im DBG und im Steuergesetz des Kantons Zürich, ZStP 2003, 95 ff.; U. GASSER/CH. EGGENBERGER, Vorentwurf zu einem Fusionsgesetz – Grundzüge und ausgewählte Einzelfragen, AJP 1998, 457 ff.; DIES., Wachsende Anforderungen an die Revisionsstellen, ST 1998, 1089 ff.; DIES., Fusionsgesetz auf dem Prüfstand, ST 2000, 61 ff.; D. GIRSBERGER, Der Vorentwurf zu einem Bundesgesetz über die Fusion, Spaltung und Umwandlung von Rechtsträgern (Fusionsgesetz) – Internationale Aspekte, ZSR 1998 I 317 ff.; P. GURTNER, Fusionsgesetz und Steuerrecht, in: Das neue Fusionsgesetz, Sonderdruck, Bern 2003, 37 ff.; A. D'HOOGHE, Aspekte der grenzüberschreitenden Fusion gemäss Art. 163a ff. E-IPRG, Zürich/Basel/Genf 2003; M. HOPF, Desideratas und Randnotizen zum vorgeschlagenen Fusionsgesetz, ST 2001, 49 ff.; T. KINDLER/CH. LANG, Flexibles Gesellschaftsrecht – Erleichterte Umstrukturierungen dank dem neuen Fusionsgesetz, Revue 1998, 4 ff.; H. KLÄY/N. TURIN, Fusionsgesetz in der Vernehmlassung, ST 1998, 39 ff.; M. KÜNG, Zum Fusionsbegriff im schweizerischen Recht, SZW 1991, 245 ff.; DERS., Die Eintragung der internationalen Fusion im Handelsregister, JBHReg 1993, 15 ff.; CH.J. MEIER-SCHATZ, Europäisches Gesellschaftsrecht und der Schweizer Vorentwurf für ein Fusionsgesetz, in: Forstmoser/von der Crone/Weber/Zobl (Hrsg.), Der Einfluss des europäischen Rechts auf die Schweiz, FS Zäch, Zürich 1999, 539 ff.; C. MEISTERHANS, Zur Absorptionsfusion mit Passivenüberschuss, JBHReg 1995, 117 ff.; DERS., Der Vorentwurf zum Bundesgesetz über die Fusion, die Spaltung und die Umwandlung (Fusionsgesetz), JBHReg 1998, 79 ff.; M. OERTLE, Das Gemeinschaftsunternehmen (Joint Venture) im schweizerischen Recht, Diss. Zürich 1990; H. M. RIEMER, Die Behandlung der Vereine und Stiftungen im Fusionsgesetz, SJZ 2004, 201 ff.; N.C. STUDER, Die Quasifusion, Bern 1974; M. TAUFER, Fusion von Stiftungen, AJP 1998, 777 ff.; G. THOMI, Fusionsgesetz – Ausgewählte Fragen, in: Ruf/Pfäffli (Hrsg.), FS Verband bernischer Notare, Langenthal 2003, 443 ff.; M.E. WINKLER, Arbeitnehmerschutz nach dem Entwurf zum neuen Fusionsgesetz, SJZ 2001, 477 ff.

I. Allgemeines

1   In der Botschaft wird die Fusion definiert als die rechtliche Vereinigung von zwei oder mehreren Gesellschaften durch Vermögensübernahme ohne Liquidation, wobei in der Regel den Gesellschaftern der übertragenden Gesellschaft Anteils- und Mitgliedschaftsrechte am übernehmenden Rechtsträger eingeräumt werden (vgl. Art. 7; zu den Ausnahmen vgl. Art. 8). Dabei wird die übertragende Gesellschaft aufgelöst und die Gesamtheit ihrer Aktiven und Passiven geht durch Universalsukzession auf die übernehmende Gesellschaft über (vgl. Botschaft, 4391).

2   Unter den Begriff der Gesellschaft i.S.v. Art. 3 fallen Kapitalgesellschaften (also AG, Kommandit-AG, GmbH), Kollektiv- und Kommanditgesellschaften, Vereine und Genossenschaften, sofern es sich nicht um Vorsorgeeinrichtungen gemäss Art. 2 lit. i handelt (Art. 2 lit. b und c; vgl. N 22).

3   Abs. 1 sieht wie die bisherige Regelung in Art. 748 f. altOR zwei Formen der Fusion vor. Bei der **Absorptionsfusion** übernimmt eine der beteiligten Gesellschaften die andere(n) und bleibt bestehen, während die übernommene(n) Gesellschaft(en) untergeht(en). Demgegenüber vereinigen sich im Fall der **Kombinationsfusion** zwei oder mehrere Gesellschaften in einer neu zu gründenden Gesellschaft, wobei alle bisherigen Gesellschaften ohne Liquidation untergehen (vgl. Botschaft, 4391; Prot. RK StR vom 10.11.2000, 9; Prot. RK NR vom 9.7.2002, 30; zur Neugründung vgl. Komm. zu Art. 10). Die Kombinationsfusion wurde unter dem bisherigen Recht selten gewählt. Es ist zu erwarten, dass sich dies auf Grund ihres komplizierten Verfahrens und der wenigen praktischen Erfahrungen auch unter dem neuen Recht nicht ändern wird.

4   In jüngerer Zeit haben schweizerische Publikumsgesellschaften für ihre Zusammenschlussvorhaben besondere Vorgehensweisen gewählt, welche ebenfalls von Abs. 1 erfasst werden. Die fusionswilligen Gesellschaften haben nämlich zunächst eine neue Gesellschaft gegründet, welche ihre Gründer anschliessend absorbiert hat. In der Praxis wird von sog. **umgekehrten Mehrfachabsorptionsfusionen** gesprochen (s. z.B. der Zusammenschluss zwischen der CIBA-GEIGY AG und der Sandoz AG zur Novartis AG einerseits und der Schweizerischen Bankgesellschaft (SBG) mit dem Schweizerischen Bankverein (SBV) zur UBS AG andererseits (sog. **umgekehrte Doppelabsorptionsfusionen**) sowie der Zusammenschluss der Preiswerk Holding AG, der Schmalz Holding

1. Abschnitt: Allgemeine Bestimmungen   5–8   **Art. 3**

AG und der Stuag Holding AG zur Batigroup Holding AG (sog. **umgekehrte Tripelabsorptionsfusion**); s. dazu TSCHÄNI, M&A-Transaktionen, 6. Kap. Rz 125 ff.).

Das Fusionsgesetz regelt die Absorptions- und die Kombinationsfusion grundsätzlich   5
gleich. Es gibt jedoch vereinzelte Bestimmungen, die nur jeweils auf die eine oder andere Form Anwendung finden. So gilt etwa Art. 9 (Kapitalerhöhung) nur für die Absorptionsfusion, Art. 10 (Neugründung), Art. 13 Abs. 1 lit. a (Angaben zur neuen Gesellschaft im Fusionsvertrag) und Art. 14 Abs. 4 (Beilage der Statuten der neuen Gesellschaft zum Fusionsbericht) sind demgegenüber nur auf die Kombinationsfusion anwendbar. Ferner ist Art. 23 Abs. 1 lit. a, welcher die Voraussetzungen für ein erleichtertes Verfahren bei Mutter-Tochter-Fusionen festlegt, nur auf die Absorptionsfusion zugeschnitten und Schwesterfusionen nach Art. 23 Abs. 1 lit. b sind in der Form der Kombinationsfusion zwar theoretisch möglich, praktisch aber kaum von Bedeutung (vgl. N 16 ff., Art. 10 N 4, Art. 23 N 6).

Als Wesensmerkmale der Fusion werden wie unter bisherigem Recht das Prinzip der **Universalsukzession** (vgl. N 8 und Art. 22), die **mitgliedschaftliche Kontinuität** (vgl. N 9 und Art. 7 f.) und die **Auflösung ohne Liquidation** gesehen (BGE 115 II 415, 418; 108 Ib 450, 453; 108 Ib 440, 445 = Pra 1983, 574). Dabei handelt es sich aber eigentlich um die Rechtswirkungen einer Fusion (vgl. dazu Art. 22). Der Fusion liegt nämlich ein Fusionsvertrag zu Grunde, in welchem sich die beteiligten Gesellschaften den Rechtswirkungen der Fusion unterwerfen (vgl. Art. 12 ff.; KÜNG, SZW 1991, 249; vgl. N 13 ff.). Wollen sie gewisse Fusionsfolgen (z.B. die mitgliedschaftliche Kontinuität) vermeiden, steht es ihnen selbstverständlich frei, einen anderen Weg einzuschlagen (Quasifusion, unechte Fusion, Joint Venture, gemeinsame Holding, Vermögensübertragung nach Art. 69 ff.; vgl. N 12).   6

II. Entstehungsgeschichte

Unter bisherigem Recht war die Fusion nur für AG (Art. 748 f. altOR), Kommandit-AG   7
(Art. 770 Abs. 3 altOR) und Genossenschaften (Art. 914 altOR) vorgesehen. Zudem war die Übernahme einer AG durch eine Kommandit-AG gesetzlich geregelt (Art. 750, 770 Abs. 3 altOR). In der Lehre und Rechtsprechung wurden jedoch auch die Fusion von Vereinen (BGE 53 II 1), von Stiftungen (BGE 115 II 415; s. auch TAUFER, AJP 1998, 777 ff.) und allmählich selbst Fusionen zwischen GmbH sowie sog. rechtsformübergreifende Fusionen, also Fusionen zwischen Gesellschaften mit verschiedenen Rechtsformen, für zulässig erklärt (umfassender Literaturhinweis bei GASSER/EGGENBERGER, AJP 1998, 458 Anm. 8; vgl. auch Art. 1 N 38). Dem folgte auch die handelsregisterrechtliche Praxis (KÜNG, SZW 1991, 245 ff.; Mitteilung des EHRA vom 30.3.1999, REPRAX 1/1999, 41 ff. unter Hinweis auf BGE 125 III 18). Das Fusionsgesetz umschreibt nun die zulässigen Fusionsvorgänge in Art. 4 in weit gefasster und abschliessender Weise (Botschaft, 4393; vgl. N 10 f. und Komm. zu Art. 4; zur Entstehungsgeschichte des FusG vgl. Art. 1 N 7 ff.). Dabei ist insbesondere massgebend, dass die Strukturen der beteiligten Rechtsträger in den Grundzügen miteinander übereinstimmen (Botschaft, 4393; s. bereits Verfügung des EHRA vom 23.2.1999 betreffend die Absorption einer AG durch eine Genossenschaft, REPRAX 1/1999, 57 f.; vgl. N 10 f., Art. 1 N 38).

III. Universalsukzession und mitgliedschaftliche Kontinuität

Nach dem **Prinzip der Universalsukzession** gehen sämtliche Aktiven und Passiven der   8
untergehenden Gesellschaft von Gesetzes wegen in einem Schritt (uno actu) auf die

übernehmende Gesellschaft über, ohne dass die besonderen Vorschriften für die Übertragung der einzelnen Aktiven und Passiven eingehalten werden müssten. Von der Übertragung sind auch Verträge erfasst, wobei die Zustimmung der jeweils betroffenen Vertragspartei nicht eingeholt zu werden braucht (im Einzelnen vgl. Art. 22 N 6 ff.; zum Übergang von Arbeitsverträgen vgl. N 27 und Komm. zu Art. 27).

9   Gemäss dem Grundsatz der **mitgliedschaftlichen Kontinuität** erhalten die Gesellschafter der untergehenden Gesellschaft mit Rechtswirksamkeit der Fusion Anteils- und Mitgliedschaftsrechte der übernehmenden Gesellschaft, verlieren dafür aber ihre Rechte in der untergehenden Gesellschaft (vgl. Art. 7). Anlässlich einer Fusion kann somit in der Regel niemand gegen seinen Willen aus der Gesellschaft ausgeschlossen werden. Im Fusionsvertrag kann jedoch vereinbart werden, dass die Gesellschafter zwischen Anteils- und Mitgliedschaftsrechten einerseits und einer Abfindung andererseits wählen können (Art. 8 Abs. 1). Mit Zustimmung von 90 Prozent der stimmberechtigten Gesellschafter der übertragenden Gesellschaft kann sogar vorgesehen werden, dass einzig eine Abfindung ausgerichtet wird (sog. Squeeze-Out Merger, Art. 8 Abs. 2 i.V.m. Art. 18 Abs. 5; zur Berechnung der 90 Prozent-Schwelle vgl. Art. 8 N 10 f. und Art. 18 N 35 ff.).

IV. Anwendungsbereich und Abgrenzungen

10 Grundsätzlich können alle Formen von Handelsgesellschaften sowie Genossenschaften und Vereine fusionieren (vgl. Art. 2 lit. b und c). Aber auch Stiftungen, Vorsorgeeinrichtungen und Institute des öffentlichen Rechts können sich an Fusionen beteiligen. Für letztere bestehen allerdings Sondernormen (vgl. Art. 78 ff., Art. 88 ff., Art. 99 ff.; vgl. N 22). Ausgeschlossen sind dagegen einfache Gesellschaften i.S.v. Art. 530 OR und Einzelfirmen (Botschaft, 4393). Den Einzelfirmen wird eine Fusion untersagt, weil sie in ihrer Struktur zu stark von den Gesellschaften abweichen (Botschaft, 4393; vgl. Art. 4 N 8). Ihnen steht jedoch unter den dort vorgesehenen Voraussetzungen das Institut der Vermögensübertragung zur Verfügung (Art. 69 ff.). Eine Vermögensübertragung kann ganz allgemein immer dann durchgeführt werden, wenn eine Fusion von Gesetzes wegen auf Grund wesentlicher struktureller Unterschiede zwischen den betreffenden Rechtsformen ausgeschlossen ist (Botschaft, 4362). Zur internationalen Fusion vgl. Komm. zu Art. 163a ff. IPRG.

11 Fusionen zwischen Rechtsträgern der gleichen Rechtsform sind immer zulässig (vgl. zur Fusion von Stiftungen Komm. zu Art. 78 ff.), wobei Kapitalgesellschaften (d.h. AG, Kommandit-AG und GmbH, vgl. Art. 2 lit. c) als gleiche Rechtsträger gelten. Fusionen zwischen verschiedenen Rechtsträgern, d.h. **rechtsformübergreifende Fusionen**, sind demgegenüber nur beschränkt zulässig. Grund hierfür sind nebst einer möglichen strukturellen Verschiedenheit der beteiligten Rechtsträger v.a. Überlegungen des Gläubigerschutzes (vgl. hierzu bereits Verfügung des EHRA vom 23.2.1999 betreffend die Absorption einer AG durch eine Genossenschaft, REPRAX 1/1999, 57 f.). So ist beispielsweise die Fusion einer AG mit einer Kollektiv- oder Kommanditgesellschaft als übernehmende Gesellschaft unzulässig, weil ansonsten das als Sperrziffer dienende Aktienkapital verloren geht und die Liquidationsvorschriften für juristische Personen umgangen werden (Botschaft, 4395). Für die zulässigen Fälle im Einzelnen vgl. Komm. zu Art. 4.

12 Die Fusion im gesetzlichen Sinne, auch **echte Fusion** genannt, ist von der unechten Fusion, der Quasifusion, dem Gemeinschaftsunternehmen und der Bildung einer gemeinsamen Holding abzugrenzen. Charakteristisch für die echte Fusion ist die Verschmel-

zung von zwei oder mehreren Gesellschaften zu einer Gesellschaft, ohne dass es dabei zu einer Liquidation kommt. Bei der sog. **unechten Fusion**, die gesetzlich nicht besonders geregelt ist, überträgt dagegen eine Gesellschaft ihr Unternehmen als Sacheinlage auf die erwerbende Gesellschaft und wird anschliessend selber aufgelöst und liquidiert. Die Gesellschafter der aufgelösten Gesellschaft werden dann zu Gesellschaftern der übernehmenden Gesellschaft (TSCHÄNI, M&A-Transaktionen, 6. Kap. Rz 100 f.; vgl. auch Art. 4 N 9 ff.). Auf dem Weg der **Quasifusion** erwirbt die übernehmende Gesellschaft die Anteile der zu akquirierenden Gesellschaft. Sie findet die verkaufenden Gesellschafter dabei durch Hingabe eigener Anteile ab, und zwar entweder vollumfänglich oder so, dass zusätzlich zu den Anteilen auch eine Barabfindung tritt. Anders als bei der echten oder unechten Fusion erfolgt der Zusammenschluss der beteiligten Gesellschaften ohne deren Auflösung. Beide Gesellschaften bleiben folglich mit allen Rechten und Pflichten bestehen (TSCHÄNI, M&A-Transaktionen, 6. Kap. Rz 102 ff.; vgl. auch Art. 4 N 9 f.). Schliesslich können Unternehmen in der Form des **Gemeinschaftsunternehmens (Joint Venture)** teilweise oder über die **Bildung einer gemeinsamen Holding** in vollem Umfang zusammengeschlossen werden. Das geschieht dadurch, dass zwei oder mehrere Personen Teile ihrer Unternehmen in ein Gemeinschaftsunternehmen einbringen. Von der echten Fusion unterscheidet sich das Joint Venture wiederum dadurch, dass die einbringenden Personen weiter bestehen bleiben (OERTLE, 19; TSCHÄNI, M&A-Transaktionen, 7. Kap. Rz 1 ff.). Das Gleiche trifft zu, wenn eine gemeinsame Holding geschaffen wird.

V. Durchführung der Fusion

1. Ordentliches Verfahren

Das **Verfahren** der Fusion wird in Art. 12 ff. im Einzelnen geregelt. Die obersten Leitungs- und Verwaltungsorgane der an der Fusion beteiligten Gesellschaften müssen einen schriftlichen **Fusionsvertrag** abschliessen (Art. 12; vgl. für die AG Art. 716a Abs. 1 OR). Die einfache Schriftlichkeit genügt selbst dann, wenn sich unter den Aktiven Vermögenswerte befinden, die im Rahmen einer Singularsukzession nur auf der Basis eines öffentlich beurkundeten Vertrages übertragen werden könnten. Der zwingende Inhalt des Fusionsvertrages ist in Art. 13 detailliert, wenn auch nicht abschliessend, festgehalten (Botschaft, 4408). Wesentliche Vertragspunkte sind u.a. die Bezeichnung der Parteien, die Verpflichtung zur Fusion, die Art der Fusion und die Bezeichnung, wer absorbiert wird, sowie die Festlegung des Umtauschverhältnisses bzw. die Höhe einer allfälligen Abfindung nach Art. 8. Werden diesbezüglich keine entsprechenden Regelungen getroffen, kommt der Fusionsvertrag folglich nicht gültig zustande (TSCHÄNI, M&A-Transaktionen, 6. Kap. Rz 76). Der Fusionsvertrag muss sich dabei auf aktuelle Bilanzen abstützen (vgl. Art. 11; Botschaft, 4408; VON DER CRONE, Fusion von Aktiengesellschaften, 23). Die obersten Leitungs- und Verwaltungsorgane der beteiligten Gesellschaften müssen sodann je einen, oder aber einen gemeinsamen, **Fusionsbericht** erstellen, in welchem die vorgesehene Transaktion rechtlich und wirtschaftlich erläutert und begründet wird (Art. 14; diese Bestimmung findet auf die Fusion von Vereinen keine Anwendung, Art. 14 Abs. 5; für KMU vgl. N 15). Der Fusionsbericht ist zusammen mit dem Fusionsvertrag und den ihm zu Grunde liegenden Bilanzen durch einen besonders befähigten Revisor i.S.v. Art. 727b OR zu prüfen, wenn die übernehmende Gesellschaft eine Kapitalgesellschaft oder eine Genossenschaft mit Anteilscheinen ist. Der besonders befähigte Revisor hat dabei einen speziellen, schriftlichen **Prüfungsbericht** zu verfassen (Art. 15). Darin muss er sich u.a. zur Angemessenheit der Bewertungsmethode und zur Vertretbarkeit des im Fusionsvertrag festgesetzten Umtauschverhältnisses (oder gegebenenfalls der Abfindung nach Art. 8) äussern. Fusionsvertrag, Fusionsbericht, Jahresrechnungen und Jahresberichte der letzten drei Geschäftsjahre sowie allfällige Zwischenbilanzen (inkl. Prüfungsbericht) müssen den Gesellschaftern während 30 Tagen vor der Beschlussfassung zur Einsicht vorgelegt werden (Art. 16; zur Konsultation der Arbeitnehmervertretung vgl. N 28 und Art. 28). Anschliessend haben *alle* beteiligten Gesellschaften in ihren Generalversammlungen mit dem für den betreffenden Rechtsträger gesetzlich vorgesehenen – oder allenfalls statutarisch erschwerten – Quorum einen **Fusionsbeschluss** zu fassen, der öffentlich beurkundet werden muss (Art. 12 Abs. 2, Art. 18, Art. 20 Abs. 1; anders wenn zwei Vereine fusionieren, Art. 20 Abs. 2; vgl. für das bisherige Recht, wonach grundsätzlich nur die Generalversammlung der übertragenden Gesellschaft einen entsprechenden Beschluss fassen musste, TSCHÄNI, M&A-Transaktionen, 6. Kap. Rz 25 ff.). Der Fusionsbeschluss ist im Handelsregister für alle beteiligten Gesellschaften einzutragen (Art. 21 Abs. 1). Ist die Fusion zudem mit weiteren Änderungen (Kapitalerhöhung, Neugründung) verbunden, sind gleichzeitig die entsprechenden Unterlagen einzureichen (vgl. Art. 21 Abs. 2; zur Kapitalerhöhung vgl. Komm. zu Art. 9 und TSCHÄNI, M&A-Transaktionen, 6. Kap. Rz 81).

14 Die Prüfungsbefugnis des Handelsregisterführers richtet sich nach Art. 940 OR (vgl. auch Art. 111 HRegV i.V.m. Art. 21 HRegV). Die Fusion wird mit dem Handelsregistereintrag rechtswirksam (Art. 22 Abs. 1). Gleichzeitig erfolgt die Löschung der übertragenden Gesellschaft(en) (Art. 3 Abs. 2 i.V.m. Art. 21 Abs. 3; vgl. N 23).

2. Erleichtertes Verfahren

15 **Kleinere und mittlere Unternehmen** (KMU, zum Begriff vgl. Art. 2 lit. e; vgl. auch Art. 2 N 19 ff.) können auf den Fusionsbericht, die Prüfung des Fusionsvertrages, des Fusionsberichts und der Fusionsbilanz sowie auf das Einsichtsverfahren für die Gesellschafter verzichten, sofern alle Gesellschafter den Verfahrenserleichterungen zustimmen (Art. 14 Abs. 2, Art. 15 Abs. 2, Art. 16 Abs. 2; anders noch im VE FusG, der für KMU keine Verfahrenserleichterungen vorsah, s. MEIER-SCHATZ, Fusionsgesetz und KMU, 39 f., 42 ff.). Diese Erleichterungen gelten dabei nur für die KMU und nicht etwa auch für den jeweiligen Fusionspartner (ebenso BÖCKLI, Aktienrecht, § 3 Rz 230 und KLÄY, 213; vgl. Art. 2 N 23, Art. 14 N 21, Art. 15 N 40). Die Sonderstellung der KMU wird dabei insbesondere dadurch begründet, dass für diese die Kosten, die mit einem entsprechenden Vorhaben begründet sind (Erstellen eines Zwischenabschlusses, öffentliche Urkunde, Honorar für die Revisionsstelle etc.), oftmals finanziell nicht tragbar wären (Botschaft, 4347 f.; MEIER-SCHATZ, Fusionsgesetz, 42; DERS., Fusionsgesetz und KMU, 39 f.; MEISTERHANS, JBHReg 1998, 97; demgegenüber kritisch zu den Erleichterungen hinsichtlich der zu schützenden Gläubigerinteressen VON DER CRONE, Fusion von Aktiengesellschaften, 36 Anm. 44 und kritisch insbesondere zum Wegfall des Fusionsberichts in Verbindung mit dem Entfallen seiner Prüfung THOMI, 453 f.; kritisch auch BÖCKLI, Aktienrecht, § 3 Rz 239 ff.).

16 Das Fusionsgesetz gestattet zudem ein erleichtertes Verfahren für Kapitalgesellschaften (d.h. AG, Kommandit-AG und GmbH, vgl. Art. 2 lit. c), und zwar genauer für **Mutter-Tochter-Fusionen** (d.h. die Tochter wird von der Mutter absorbiert) und für **Fusionen zwischen Schwestergesellschaften** (Art. 23 f.). Das erleichterte Verfahren greift auch dann, wenn sämtliche Anteilsrechte an den beteiligten Kapitalgesellschaften, die ein Stimmrecht gewähren, im Besitz einer gesetzlich (z.B. Erbengemeinschaft) oder vertraglich (z.B. einfache Gesellschaft) verbundenen Personengruppe sind. Der Gesetzeswortlaut erfasst jedoch Tochter-Mutter-Fusionen nicht, d.h. Fusionen, bei denen die Tochtergesellschaft die Muttergesellschaft übernimmt (sog. Reverse Merger). In sol-

chen Fällen soll mithin das ordentliche Verfahren (vgl. N 13 f.) durchzuführen sein (Botschaft, 4423).

Die Verfahrenserleichterungen für Mutter-Tochter- resp. Schwesterfusionen sind dadurch begründet, dass in solchen Fällen **keine Gesellschafterinteressen gefährdet** werden (BÖCKLI, Aktienrecht, § 3 Rz 192; ISLER/VON SALIS-LÜTOLF, ZSR 2004 I 25), ist doch die Muttergesellschaft respektive bei Schwesterfusionen der Rechtsträger, die natürliche Person bzw. die gesetzlich oder vertraglich verbundene Personengruppe gesamthaft betrachtet bei der Mutter-Tochter-Fusion als übernehmende Gesellschaft zugleich einzige Anteilsinhaberin der übertragenden Gesellschaft und bei der Schwesterfusion einzige(r) Anteilsinhaber(in) sowohl der übernehmenden als auch der übertragenden Gesellschaft. Die (beträchtlichen) **Erleichterungen** gelten denn auch für alle beteiligten Gesellschaften. Sie bestehen gemäss Art. 24 Abs. 1 im Wesentlichen darin, dass im Fusionsvertrag weniger Angaben, und insbesondere keine Angaben zum Mitgliedschaftsverhältnis und zum Umtauschverhältnis, zu machen sind (Beschränkung auf Art. 13 Abs. 1 lit. a, lit. f–i), dass auf Fusionsbericht (Art. 14), Prüfungsbericht (Art. 15) und Einsichtsverfahren (Art. 16) verzichtet werden kann und dass sich auch die Beschlussfassung durch die Generalversammlung erübrigt (Art. 18). Der Beschluss der Generalversammlung wird in diesem Fall durch den Beschluss des Verwaltungsrates ersetzt. 17

Im Übrigen entfällt auch die Notwendigkeit der übernehmenden Gesellschaft, eine **Kapitalerhöhung** durchzuführen, weil sich die Abfindung mit Anteilen der übernehmenden Gesellschaft insofern erübrigt, als bei der Mutter-Tochter-Fusion die übernehmende Gesellschaft die Anteile der übertragenden Gesellschaft hält bzw. bei der Schwesterfusion der Kreis der Anteilsinhaber identisch ist (s. TSCHÄNI, M&A-Transaktionen, 6. Kap. Rz 81; vgl. auch Art. 7 N 26 und für weitere Fälle ohne Kapitalerhöhung vgl. Art. 9 N 9 ff.). 18

Verfahrenserleichterungen gelten auch dann, wenn die übernehmende Gesellschaft zwar nicht alle, jedoch **zumindest 90 Prozent der stimmberechtigten Anteile** an der übertragenden Gesellschaft hält (Art. 23 Abs. 2; s. KLÄY/TURIN, REPRAX 1/2001, 12 f.). Voraussetzung hierfür ist aber, dass den Inhabern neben Anteilsrechten an der übernehmenden Kapitalgesellschaft auch eine Abfindung zum wirklichen Wert angeboten wird (vgl. Art. 8; im Einzelnen vgl. Komm. zu Art. 23). Aus der Fusion darf zudem weder eine Nachschusspflicht noch eine andere persönliche Leistungspflicht oder eine persönliche Haftung resultieren. Die beteiligten Kapitalgesellschaften dürfen in solchen Fällen auf gewisse Angaben im Fusionsvertrag (Beschränkung auf die Angaben nach Art. 13 Abs. 1 lit. a, b, f–i), auf den Fusionsbericht (Art. 14) und auf den Fusionsbeschluss (Art. 18) verzichten. Der Fusionsvertrag muss jedoch einem besonders befähigten Revisor zur Prüfung vorgelegt werden. Zudem ist – im Unterschied zur Mutter-Tochter- respektive Schwesterfusion, bei denen alle Stimmrechte in einer Hand sind – das Einsichtsrecht nach Art. 16 mindestens 30 Tage vor der Anmeldung der Fusion zur Eintragung ins Handelsregister zu gewähren (Art. 24 Abs. 2). Zur (teilweise) fehlenden Notwendigkeit einer Kapitalerhöhung vgl. N 18, Art. 7 N 26 und Art. 9 N 9 ff. 19

Wie vorstehend ausgeführt (N 17), erklären sich die Verfahrenserleichterungen in den in Art. 23 umschriebenen Fällen dadurch, dass eine Fusion die Interessen der Gesellschafter der beteiligten Parteien nicht gefährdet. Wird von dieser Begründung ausgegangen, müssen die Verfahrenserleichterungen von Art. 24 unter den Voraussetzungen von Art. 23 aber auch in denjenigen Fällen greifen, in denen die übernehmende Kapitalgesellschaft eine Kapitalgesellschaft übernehmen will, an welcher sie bloss indirekt beteiligt ist, oder wenn Kapitalgesellschaften miteinander fusionieren wollen, die beide zu 20

100 Prozent über eine oder mehrere Zwischengesellschaften von derselben Gesellschaft gehalten werden. Dies rechtfertigt sich auch deshalb, weil bei einem Vorgehen in zwei Schritten, d.h. beispielsweise wenn die indirekt gehaltene Gesellschaft zunächst von ihrer Muttergesellschaft, und diese daraufhin ihrerseits von ihrer Muttergesellschaft übernommen wird, ohnehin von den Verfahrenserleichterungen profitiert werden kann (vgl. auch Komm. zu Art. 23; ebenso VON DER CRONE ET AL., Rz 280 f., die das erleichterte Verfahren sogar dann anwenden wollen, wenn die Zwischengesellschaft zu mindestens 90% kontrolliert wird; ISLER/VON SALIS-LÜTOLF, ZSR 2004 I 28; VON SALIS-LÜTOLF, 146 f.; s. auch Vernehmlassungen, 184 f.; kritisch zum engen Wortlaut der Bestimmung ERBE/JAUSSI/THEILER, StR 2003, 828; vgl. auch ZWICKER, Prüfung, ZSR 2004 I 161 Anm. 30; **a.M.** Ständerat Schweiger, AmtlBull StR 2001, 152; Prot. RK StR vom 1.2.2001, 13; KLÄY, 214 Anm. 121; Handkommentar FusG-BOMMER, Art. 23 N 8).

21 Zum erleichterten Verfahren für die Fusion zwischen Vereinen vgl. Art. 13 Abs. 2, Art. 14 Abs. 5, Art. 15 Abs. 1, Art. 20 Abs. 2 und Art. 4 N 26.

3. Erschwertes Verfahren und besondere Vorschriften

22 Gewisse Fusionen haben **erhöhten Anforderungen** zu genügen. Dies gilt zum einen für die Fusion, an der eine **Gesellschaft in Liquidation** beteiligt ist (Art. 5), zum andern aber auch für die Fusion mit einer Gesellschaft, die einen **Kapitalverlust** aufweist oder überschuldet ist (Art. 6; vgl. zum bisherigen Recht, wonach die Zulässigkeit der Übernahme einer überschuldeten Gesellschaft umstritten war, BÖCKLI, Aktienrecht, 2. Aufl., Rz 294f und Rz 296c ff.; FORSTMOSER/MEIER-HAYOZ/NOBEL, § 57 Rz 58 ff.; MEISTER-HANS, JBHReg 1995, 117 ff.; im Einzelnen vgl. Art. 6 N 10 ff.). Überdies gelten für die Fusion von **Stiftungen** (Art. 78 ff.), von **Vorsorgeeinrichtungen** (Art. 88 ff.) und von **Instituten des öffentlichen Rechts** (Art. 99 ff.) besondere Vorschriften.

VI. Auflösung der übertragenden Gesellschaft (Abs. 2)

23 Mit der Fusion wird gemäss Abs. 2 die übertragende Gesellschaft **aufgelöst** und im Handelsregister **gelöscht** (vgl. auch Art. 21 Abs. 3). Die Löschung erfolgt damit bereits mit dem Handelsregistereintrag und folglich zu einem früheren Zeitpunkt als nach bisherigem Recht (vgl. N 24 f. und Art. 22). Nach Art. 748 Ziff. 7 und Art. 914 Abs. 7 altOR war die Löschung nämlich erst nach Befriedigung bzw. Sicherstellung der Gläubiger zulässig, was grundsätzlich erst nach Ablauf eines Sperrjahres erfolgen konnte (vgl. Art. 745 Abs. 2 und 3 OR). Durch die Einführung des Systems des nachträglichen Gläubigerschutzes (vgl. N 25) ist der Grund für diese Regelung entfallen. Das Zusammenfallen des Zeitpunktes der Auflösung und Löschung der übertragenden Gesellschaft steht überdies im Einklang mit dem in Art. 22 Abs. 1 festgehaltenen Grundsatz der Universalsukzession, wonach mit der Eintragung der Fusion alle Rechte und Pflichten der übertragenden Gesellschaft auf die übernehmende Gesellschaft übergehen (Botschaft, 4420; vgl. Art. 21 N 36 ff. und Komm. zu Art. 22). Gemäss Art. 105b Abs. 2 lit. b HRegV wird die übertragende Gesellschaft mit Eintragung der Fusion, welche gemäss Art. 105c Satz 1 HRegV bei allen beteiligten Gesellschaften gleichzeitig erfolgen muss, denn auch von Amtes wegen gelöscht. Befinden sich die beteiligten Gesellschaften nicht im gleichen Registerbezirk, müssen die Handelsregisterämter ihre Eintragungen aufeinander abstimmen (Art. 105c Satz 2 HRegV).

VII. Gläubiger- und Arbeitnehmerschutz

Das bisherige Recht enthielt in Art. 748 altOR und Art. 914 altOR detaillierte Bestimmungen zum **Gläubigerschutz**. Deren Missachtung führte dazu, dass das Handelsregister die Löschung der aufgelösten Gesellschaft verweigern, respektive die Wiedereintragung einer bereits gelöschten Gesellschaft anordnen konnte (BGE 115 II 272, 274 = Pra 1989, 908; Urteil des Handelsgerichts des Kantons Zürich vom 23.5.1990, ZR 1990 Nr. 5). So musste der Verwaltungsrat der übernehmenden Gesellschaft für die Gläubiger der übertragenden Gesellschaft einen Schuldenruf veröffentlichen lassen und das Vermögen der übertragenden Gesellschaft zum Schutz ihrer Gläubiger vom Vermögen der übernehmenden Gesellschaft getrennt verwalten (Letzteres wurde in der Praxis kaum durchgeführt, s. TSCHÄNI, M&A-Transaktionen, 6. Kap. Rz 88). Die übertragende Gesellschaft durfte daraufhin grundsätzlich erst nach Ablauf eines Sperrjahres im Handelsregister gelöscht werden (vgl. N 23; BSK OR II-TSCHÄNI, Art. 748 N 33 ff.; BSK OR II-HÜNERWADEL, Art. 914 N 11 ff.). 24

Art. 25 ff. sehen zum Schutz der Gläubiger der beteiligten Gesellschaften neu vor, dass die *übernehmende* Gesellschaft (die übertragende Gesellschaft ist zu diesem Zeitpunkt ja bereits untergegangen, vgl. N 23) die **Forderungen der Gläubiger sicherstellen** muss, sofern diese es innerhalb von drei Monaten nach der Rechtswirksamkeit der Fusion verlangen (für die Forderungen der Arbeitnehmer vgl. N 27 und Art. 27 Abs. 2; vgl. auch Komm. zu Art. 1 Abs. 2). Es werden im Vergleich zum bisherigen Recht folglich auch die Gläubiger der übernehmenden Gesellschaft geschützt (vgl. BSK OR II-TSCHÄNI, Art. 748 N 32; BSK OR II-HÜNERWADEL, Art. 914 N 11). Sowohl die Gläubiger der übernehmenden wie auch diejenigen der übertragenden Gesellschaft müssen im SHAB dreimal auf ihre Rechte hingewiesen werden (zu den Ausnahmen vgl. Art. 25 Abs. 2 Satz 2 und Abs. 3). Anders als nach bisherigem Recht werden die Gläubigerrechte dabei erst *nach* Vollzug bzw. Eintragung der Fusion im Handelsregister geschützt (**sog. nachträglicher Gläubigerschutz**) und das Erfordernis der getrennten Vermögensverwaltung entfällt. Dies ist dadurch begründet, dass den Gläubigern durch die Fusion kein Haftungssubstrat entzogen wird (Botschaft, 4425; MEIER-SCHATZ, Fusionsgesetz, 13; anders bei der Spaltung, bei welcher die Forderungen der Gläubiger bereits vor Vollzug sichergestellt werden müssen, da im Regelfall auch ein «Splitting» von Haftungssubstrat erfolgt, vgl. Art. 43 Abs. 1 i.V.m. Art. 46). Zu beachten bleibt, dass für die Fusion mit einer Gesellschaft, die eine Unterbilanz aufweist oder überschuldet ist, besondere Vorschriften gelten (sog. Sanierungsfusion, vgl. N 22 und Art. 6). 25

Gesellschafter eines Rechtsträgers, die vor der Übernahme durch einen anderen Rechtsträger persönlich für dessen Verbindlichkeiten hafteten (z.B. Kollektivgesellschafter, Komplementäre und unbeschränkt haftende Aktionäre einer Kommandit-AG), bleiben zudem für sämtliche Verbindlichkeiten, welche vor der Veröffentlichung der Umstrukturierung im SHAB begründet wurden, noch während drei Jahren haftbar (Art. 26 Abs. 1 und 2). 26

Zum **Schutz der Arbeitnehmer** der übertragenden Gesellschaft wird in Art. 27 Abs. 1 vorgesehen, dass Art. 333 OR Anwendung findet. Nach dieser Bestimmung gehen die Arbeitsverhältnisse mit allen Rechten und Pflichten auf die übernehmende Gesellschaft über, sofern der Arbeitnehmer den Übergang nicht ablehnt. Bei Ablehnung des Übergangs wird das Arbeitsverhältnis nach Ablauf der gesetzlichen Kündigungsfrist aufgelöst (im Einzelnen s. BSK OR I-REHBINDER/PORTMANN, Art. 333 N 6 ff.; vgl. Komm. zu Art. 1 Abs. 2, vor Art. 27 und zu Art. 27). Den Arbeitnehmern der übernehmenden Gesellschaft steht nach dem Wortlaut von Art. 27 Abs. 1, der einen Übergang von Arbeits- 27 verhältnissen voraussetzt, kein solches Ablehnungsrecht zu (s. BÖCKLI, Aktienrecht, § 3 Rz 175; WINKLER, SJZ 2001, 479). Die Arbeitnehmer der an der Fusion beteiligten Gesellschaften – und damit auch die Arbeitnehmer der übernehmenden Gesellschaft – können, wie andere Gläubiger auch (vgl. N 25), die Sicherstellung ihrer Forderungen aus Arbeitsvertrag verlangen, die bis zum Zeitpunkt fällig werden, auf den das Arbeitsverhältnis ordentlicherweise beendigt werden kann oder, bei Ablehnung des Übergangs, beendigt wird (Art. 27 Abs. 2). Für solche Forderungen bleiben überdies die Gesellschafter der übertragenden Gesellschaft haftbar, sofern sie bereits vor der Fusion persönlich hierfür hafteten (Art. 27 Abs. 3). Die Auswirkungen der Fusion auf die Arbeitnehmer der an der Fusion beteiligten Gesellschaften sowie Hinweise auf einen allfälligen Sozialplan sind im Fusionsbericht ausdrücklich zu erwähnen (Art. 14 Abs. 3 lit. i). Im Einzelnen vgl. Komm. vor Art. 27 und Komm. zu Art. 27.

28 Bevor die Fusion verbindlich beschlossen wird (vgl. Art. 18; sei es durch die Generalversammlung oder durch das oberste Leitungs- und Verwaltungsorgan im Fall der erleichterten Fusion, vgl. N 13, N 17), müssen sowohl die übertragende als auch die übernehmende Gesellschaft eine **Konsultation der Arbeitnehmervertretung** bzw., wenn es keine solche gibt, der Arbeitnehmer durchführen (Art. 28 Abs. 1 i.V.m. Art. 333a OR; Art. 28 Abs. 2; vgl. Komm. vor Art. 27 und zu Art. 28). Bei Missachtung der Konsultationspflicht kann die Arbeitnehmervertretung die Eintragung der Fusion ins Handelsregister gerichtlich untersagen lassen (Art. 28 Abs. 3; Art. 32 Abs. 2 HRegV; vgl. dazu Komm. zu Art. 28).

VIII. Anfechtung und Verantwortlichkeit

29 Diejenigen Gesellschafter der beteiligten Rechtsträger, welche dem Fusionsbeschluss nicht zugestimmt haben, können den Beschluss innerhalb von zwei Monaten nach der Veröffentlichung der Fusion im SHAB (bzw. nach Beschlussfassung, wo keine Veröffentlichung nötig ist) **anfechten**, sofern die Vorschriften des Fusionsgesetzes verletzt worden sind (Art. 106 Abs. 1). Der Beschluss kann auch dann angefochten werden, wenn – wie bei der erleichterten Fusion – nicht die Generalversammlung, sondern das oberste Leitungs- oder Verwaltungsorgan ihn gefasst hat (Art. 106 Abs. 2).

30 Sofern es sich beim Anfechtungsgrund um einen Mangel handelt, der behoben werden kann, muss das Gericht den betroffenen Gesellschaften eine Frist für die Behebung des Mangels einräumen (Art. 107 Abs. 1). Wird der Mangel nicht innert der angesetzten Frist behoben oder ist dies von vornherein nicht möglich, hebt das Gericht den Beschluss auf und ordnet die erforderlichen Massnahmen an (Art. 107 Abs. 2). Wird geltend gemacht, die Fusion wahre die Anteils- oder Mitgliedschaftsrechte der Gesellschafter nicht in angemessener Weise, steht jedoch die besondere Klage nach Art. 105 zur Verfügung, mit welcher die gerichtliche Festsetzung einer angemessenen Ausgleichszahlung verlangt werden kann (im Einzelnen vgl. Komm. zu Art. 105).

31 Artikel 108 legt fest, dass u.a. alle mit der Fusion oder der Prüfung der Fusion befassten Personen sowohl den Rechtsträgern als auch den einzelnen Gesellschaftern sowie den Gläubigern für den Schaden **verantwortlich** sind, den sie durch absichtliche oder fahrlässige Verletzung ihrer Pflichten verursachen. Falls im Rahmen einer Fusion ein neuer Rechtsträger gegründet wird, sind jedoch die entsprechenden Vorschriften zur Gründerhaftung zu beachten (Art. 108 Abs. 1 Satz 2).

32 Für Klagen, die sich auf das Fusionsgesetz stützen, ist grundsätzlich nach Art. 29a GestG das Gericht am Sitz eines der beteiligten Rechtsträger **zuständig**. Dadurch soll ein alter-

nativer Gerichtsstand geschaffen werden (Botschaft, 4506; für nähere Ausführungen vgl. Komm. zu Art. 29a GestG). Zur Zuständigkeit im internationalen Verhältnis vgl. Komm. zu Art. 164a IPRG.

IX. Verhältnis zum Kartellgesetz

Handelt es sich bei der einzutragenden Fusion um einen nach dem Kartellgesetz **meldepflichtigen Zusammenschluss** (die hierfür massgeblichen Kriterien ergeben sich aus Art. 9 KG), ist die Wettbewerbskommission für den Entscheid zuständig, ob die Fusion untersagt oder (allenfalls mit Bedingungen und Auflagen) zugelassen werden soll. Bis zum Entscheid der Wettbewerbskommission wird die zivilrechtliche Wirksamkeit der Fusion aufgeschoben (Art. 22 Abs. 1 Satz 3; vgl. im Einzelnen Art. 1 N 94 ff., Art. 22 N 19 ff.). 33

X. Rechtsvergleich

In der EG ist die **Fusionsrichtlinie** (EU-Fus-RL) erlassen worden, welche den Mitgliedstaaten Rahmenbestimmungen für die nationale Regelung der Fusion vorgibt. Die Richtlinie regelt sowohl die Absorption wie auch die Kombination (Verschmelzung durch Übernahme und Verschmelzung durch Neugründung). Sie betrifft jedoch nur AG und erfasst nur nationale Fusionen, also Fusionen innerhalb eines Mitgliedstaates. Unter dem Begriff der «Fusion» wird der Übergang aller Aktiven und Passiven auf dem Weg der Auflösung ohne Abwicklung, d.h. ohne Liquidation, gegen Aktien an die Aktionäre der untergehenden Gesellschaft verstanden. Wie in der Schweiz sind also die Universalsukzession, die Auflösung ohne Liquidation und die mitgliedschaftliche Kontinuität die wesentlichen Merkmale bzw. Rechtsfolgen der Fusion (Art. 19 EU-Fus-RL). Ein wesentlicher Unterschied zum Schweizer Recht bestand bisher darin, dass grundsätzlich auch die Generalversammlung der übernehmenden Gesellschaft der Fusion zustimmen musste (Art. 7 f. EU-Fus-RL; s. MEIER-SCHATZ, FS Zäch, 548). Durch die Regelung in Art. 12 Abs. 2 und Art. 18 (vgl. N 13) ist dieser Unterschied nun überholt worden. 34

In der EG besteht auch ein Vorschlag zu einer **Richtlinie über die grenzüberschreitende Fusion von AG** (EU-Vorschlag für eine Int. Fus-RL), welcher jedoch noch nicht angenommen worden ist (s. D'HOOGHE, 10; NUFER, 557 f.; vgl. Art. 1 N 29). 35

Das Fusionsgesetz hat die Vorgaben der EU-Fus-RL weitgehend übernommen, geht aber in seinem Geltungsbereich weiter als die EU-Fus-RL, die nur AG erfasst (vgl. Botschaft, 4515 f.; NUFER, 560 ff.; vgl. auch Art. 1 N 26 ff.). Die revidierten Bestimmungen des IPRG (Art. 163a ff. IPRG) berücksichtigen zudem bereits den noch nicht in Kraft getretenen EU-Vorschlag für eine Int. Fus-RL (betreffend Gläubigerschutz bei Emigrationsfusionen gehen sie sogar über die Richtlinienvorschläge hinaus, vgl. Botschaft, 4516; vgl. Komm. zu Art. 163b Abs. 3 IPRG und zu Art. 164 Abs. 1 IPRG). 36

Art. 4

Zulässige Fusionen

¹ Kapitalgesellschaften können fusionieren:
a. mit Kapitalgesellschaften;
b. mit Genossenschaften;
c. als übernehmende Gesellschaften mit Kollektiv- und Kommanditgesellschaften;
d. als übernehmende Gesellschaften mit Vereinen, die im Handelsregister eingetragen sind.

² Kollektiv- und Kommanditgesellschaften können fusionieren:
a. mit Kollektiv- und Kommanditgesellschaften;
b. als übertragende Gesellschaften mit Kapitalgesellschaften;
c. als übertragende Gesellschaften mit Genossenschaften.

³ Genossenschaften können fusionieren:
a. mit Genossenschaften;
b. mit Kapitalgesellschaften;
c. als übernehmende Gesellschaften mit Kollektiv- und Kommanditgesellschaften;
d. als übernehmende Gesellschaften mit Vereinen, die im Handelsregister eingetragen sind;
e. falls keine Anteilscheine bestehen, als übertragende Gesellschaften mit Vereinen, die im Handelsregister eingetragen sind.

⁴ Vereine können mit Vereinen fusionieren. Im Handelsregister eingetragene Vereine können überdies fusionieren:
a. als übertragende Gesellschaften mit Kapitalgesellschaften;
b. als übertragende Gesellschaften mit Genossenschaften;
c. als übernehmende Gesellschaften mit Genossenschaften ohne Anteilscheine.

Fusions autorisées

¹ Les sociétés de capitaux peuvent fusionner:
a. avec des sociétés de capitaux;
b. avec des sociétés coopératives;
c. en tant que sociétés reprenantes, avec des sociétés en nom collectif et des sociétés en commandite;
d. en tant que sociétés reprenantes, avec des associations inscrites au registre du commerce.

² Les sociétés en nom collectif et les sociétés en commandite peuvent fusionner:
a. avec des sociétés en nom collectif et des sociétés en commandite;
b. en tant que sociétés transférantes, avec des sociétés de capitaux;
c. en tant que sociétés transférantes, avec des sociétés coopératives.

³ Les sociétés coopératives peuvent fusionner:
a. avec des sociétés coopératives;
b. avec des sociétés de capitaux;
c. en tant que sociétés reprenantes, avec des sociétés en nom collectif et des sociétés en commandite;
d. en tant que sociétés reprenantes, avec des associations inscrites au registre du commerce;
e. si elles ne disposent pas de capital social, en tant que sociétés transférantes, avec des associations inscrites au registre du commerce.

1. Abschnitt: Allgemeine Bestimmungen   1   Art. 4

⁴ Les associations peuvent fusionner avec des associations. Les associations inscrites au registre du commerce peuvent en outre fusionner:
a. en tant que sociétés transférantes, avec des sociétés de capitaux;
b. en tant que sociétés transférantes, avec des sociétés coopératives;
c. en tant que sociétés reprenantes, avec des sociétés coopératives sans capital social.

Fusioni permesse

¹ Le società di capitali possono operare una fusione:
a. con altre società di capitali;
b. con società cooperative;
c. in veste di società assuntrici, con società in nome collettivo e società in accomandita;
d. in veste di società assuntrici, con associazioni iscritte nel registro di commercio.

² Le società in nome collettivo o in accomandita possono operare una fusione:
a. con altre società in nome collettivo o in accomandita;
b. in veste di società trasferenti, con società di capitali;
c. in veste di società trasferenti, con società cooperative.

³ Le società cooperative possono operare una fusione:
a. con altre società cooperative;
b. con società di capitali;
c. in veste di società assuntrici, con società in nome collettivo e società in accomandita;
d. in veste di società assuntrici, con associazioni iscritte nel registro di commercio;
e. in veste di società trasferenti, se prive di certificati di quota, con associazioni iscritte nel registro di commercio.

⁴ Le associazioni possono operare fusioni tra loro. Le associazioni iscritte nel registro di commercio possono inoltre operare una fusione:
a. in veste di società trasferenti, con società di capitali;
b. in veste di società trasferenti, con società cooperative;
c. in veste di società assuntrici, con società cooperative prive di certificati di quota.

Literatur

CH. BLÄSI, Der Vorentwurf zum Bundesgesetz über die Fusion, die Spaltung und die Umwandlung (Fusionsgesetz) – Ein erster Überblick über die Bestimmungen betreffend das Handelsregister, JbHReg 1998, 99 ff.; R. VON BÜREN/T. KINDLER, Der Vorentwurf zu einem neuen Bundesgesetz über die Fusion, Spaltung und Umwandlung von Rechtsträgern, SZW 1998, 1 ff.; U. GASSER/ CH. EGGENBERGER, Vorentwurf zu einem Fusionsgesetz – Grundzüge und ausgewählte Einzelfragen, AJP 1998, 457 ff.; M. KÜNG, Zum Fusionsbegriff im schweizerischen Recht, SZW 1991, 245 ff.; CH.J. MEIER-SCHATZ, Einführung in das neue Fusionsgesetz, AJP 2002, 514 ff.; Praxis des Eidg. Amts für das Handelsregister in Fragen betreffend Umwandlungen und rechtsformüberschreitende Fusionen, REPRAX 1/1999, 41 ff.; vgl. ausserdem die Literaturhinweise zu Art. 1.

I. Enumerationsmethode und funktionale Generalklausel

Das FusG erweitert die Handlungsmöglichkeiten zur Reorganisation von Unternehmensstrukturen (s. Art. 1 N 36) im Wesentlichen durch die **Kombination von zwei Regelungselementen**, die dem inhärenten Zielkonflikt zwischen Rechtssicherheit, einerseits, und Flexibilität der gesetzlichen Regelung, andererseits, Rechnung tragen soll: Zum einen legt das FusG abschliessend fest, welche Strukturänderungen durch Fusion, Spaltung und Umwandlung zwischen welchen Rechtsträgern zulässig sind (Art. 4,

1

Art. 30 und Art. 54; sog. *Enumerationsmethode*). Zum anderen enthält es mit der Vermögensübertragung (Art. 69–77) einen eigentlichen *Auffangtatbestand* («funktional eine Art Generalklausel»; KLÄY/TURIN, 17), der mit seinem breiten Anwendungsbereich ergänzend neben die drei anderen, einem *numerus clausus* folgenden Transaktionsformen tritt und mit welchem in der Regel ein wirtschaftlich gleiches oder ähnliches Resultat erzielt werden kann wie mit einer Fusion, Spaltung oder Umwandlung (s. Art. 1 N 45 ff., 48). Das FusG verbindet damit die Vorteile einer Beschränkung des Regelungsumfangs (Erhöhung der Rechtssicherheit durch Verwendung eines *numerus clausus*) mit der Verwirklichung innerer Offenheit (funktionale Generalklausel zur Schaffung von Flexibilität) (s.a. KLÄY/TURIN, 18).

2 Bereits im VE FusG wurde eine **abschliessende Aufzählung der zulässigen Fusionsvorgänge** eingeführt, um der geforderten Rechtssicherheit Rechnung zu tragen und umfangreiche Sonderregelungen für in der Praxis weitgehend inexistente Fälle zu vermeiden (KLÄY/TURIN, 17). Dieser *numerus clausus* der Fusionsmöglichkeiten ist in der Vernehmlassung aus rechtspolitischer und gesetzestechnischer Sicht in Frage gestellt worden. **Kritisiert** wurde namentlich, dass aufgrund der eingeschränkten Handlungsfreiheit bei Fusionen eine – womöglich wünschbare – zukünftige Rechtsentwicklung gehemmt würde. Die Verwendung des *numerus clausus* stelle einen faktischen Rückschritt gegenüber der bisherigen Praxis der Handelsregister-Behörden und des Bundesgerichts (s. Art. 1 N 38) dar und berge die Gefahr, dass die Regelung sinnvoller Rechtsvorgänge vergessen werde und diese Rechtsvorgänge in der Folge aufgrund eines qualifizierten Schweigens als gesetzlich verboten gelten könnten. Von Seiten der Kritiker wurde deshalb vorgeschlagen, die Enumerationsmethode durch eine Generalklausel zur Beschreibung der zulässigen Fusionen (wie auch der zulässigen Spaltungen und Umwandlungen) zu ersetzen (s. Vernehmlassungen, 60 ff.; kritisch auch BLÄSI, 105 f.).

3 Ungeachtet der Kritik in der Vernehmlassung behielt der E FusG die Konzeption einer abschliessenden Aufzählung bei, **erweiterte** aber gegenüber dem VE FusG **die zulässigen Fusionen** (neu hinzu kamen die Möglichkeiten zur Fusion von Vereinen, die im Handelsregister eingetragen sind, als übertragende Gesellschaften mit Kapitalgesellschaften als übernehmende Gesellschaften, Art. 4 Abs. 1 lit. d bzw. Abs. 4 lit. a, und von Kollektiv- und Kommanditgesellschaften als übertragende Gesellschaften mit Genossenschaften als übernehmende Gesellschaften, Art. 4 Abs. 2 lit. c bzw. Abs. 3 lit. c). Die geforderte Generalklausel zur Beschreibung der zulässigen Fusionen vermochte aus Sicht der Praktikabilität und der allseits geforderten Rechtssicherheit nicht zu überzeugen. Gerade bei rechtsformübergreifenden Fusionen hätte eine Generalklausel die sich (durch z.T. signifikante Unterschiede in den Grundstrukturen der beteiligten Rechtsträger) ergebenden heiklen Rechtsfragen wohl regelmässig offen gelassen. Die Rechtsbeständigkeit solcher Vorgänge wäre entsprechend fraglich geblieben (s.a. Botschaft, 4394). Um den abschliessenden Katalog der zulässigen Fusionen (wie auch der zulässigen Spaltungen und Umwandlungen) im Ergebnis dennoch zu öffnen, wurde mit dem E FusG das flexible und breit verwendbare Institut der **Vermögensübertragung als funktionale Generalklausel** (N 1) **eingeführt** (Art. 69–77).

II. Zulässige Fusionen von Gesellschaften

4 Art. 4 enthält eine **detaillierte, abschliessende Aufzählung** der zulässigen Fusionen von Gesellschaften im Sinne von Art. 2 lit. b. Im Einzelnen werden Bestimmungen über die Fusion von Kapitalgesellschaften (Abs. 1), Kollektiv- und Kommanditgesellschaften (Abs. 2), Genossenschaften (Abs. 3) und Vereinen (Abs. 4) aufgeführt. Besondere Rege-

1. Abschnitt: Allgemeine Bestimmungen   5–9 Art. 4

lungen gelten für die Fusion von Stiftungen (Art. 78–85), von Vorsorgeeinrichtungen (Art. 88–96) und von Instituten des öffentlichen Rechts (Art. 99–101).

Der Katalog der zulässigen Fusionen in Art. 4 deckt sich inhaltlich mit den in Art. 54 vorgesehenen zulässigen Umwandlungstatbeständen. Diese **Übereinstimmung zwischen Fusion und Umwandlung** ist sachlogisch, da eine rechtsformübergreifende Fusion gedanklich stets zerlegt werden kann in (erstens) eine Umwandlung der Rechtsform der übertragenden in diejenige der übernehmenden Gesellschaft und (zweitens) eine daran anschliessende Fusion zwischen Rechtsträgern der gleichen Rechtsform (Botschaft, 4394). 5

Aufgrund der beschränkten Anzahl der zivilrechtlichen Gesellschaftsformen waren die möglichen Kombinationsvarianten für zulässige Fusionen von Gesellschaften von vornherein begrenzt. Zunächst gilt, dass **Fusionen zwischen Gesellschaften der gleichen Rechtsform** unter dem FusG **stets zulässig** sind (s.a. Art. 1 N 39; VON BÜREN/KINDLER, 4). Im Bereich der **rechtsformübergreifenden Fusionen** musste den unterschiedlichen Strukturen der beteiligten Rechtsträger Rechnung getragen werden (KLÄY/TURIN, 17). Die Regelung der zulässigen Fusionsvorgänge beruht deshalb auf einer Kombination aus (i) den allgemeinen Wesensmerkmalen einer Fusion (s. Komm. zu Art. 3, Art. 7 und Art. 22) und (ii) den von Lehre und Rechtsprechung zur Fusion von Rechtsträgern unterschiedlicher Rechtsform entwickelten Grundsätzen (s. Art. 1 N 38). Dabei wurden die zulässigen Fusionsvorgänge auf diejenigen Fälle beschränkt, in denen zwischen den beteiligten Rechtsformen **keine qualifizierte Inkompatibilität** besteht (Botschaft, 4393). 6

Bei bestimmten Kombinationen von rechtsformübergreifenden Fusionen macht das FusG insofern eine Einschränkung, als es **zwischen «übernehmendem» und «übertragendem» Rechtsträger unterscheidet** und die entsprechenden Kombinationen nur in eine Richtung zulässt (so können etwa Kollektiv- und Kommanditgesellschaften nur als übertragende Gesellschaften mit Kapitalgesellschaften oder Genossenschaften fusionieren; Art. 4 Abs. 2 lit. b und lit. c). Die beiden Begriffe werden für die Absorptionsfusion und die Kombinationsfusion gemäss FusG einheitlich verwendet. Als übernehmend wird derjenige Rechtsträger bezeichnet, auf welchen das Vermögen des/der aufgelösten Rechtsträger(s) übergeht, wogegen der übertragende Rechtsträger sein Vermögen auf den Übernehmenden überträgt. 7

Im Unterschied zu Gesellschaften können **Einzelfirmen** auch dann nicht fusionieren (oder sich spalten oder umwandeln), wenn sie im Handelsregister eingetragen sind. Die Teilnahme von natürlichen Personen (im Fall der Einzelfirma des alleinigen Inhabers des Geschäfts, Art. 945 Abs. 1 OR) an Fusionen (oder Spaltungen oder Umwandlungen) gemäss FusG wurde abgelehnt. Die Strukturen von Einzelfirmen und Gesellschaften sind zu verschieden, als dass sie auf dem Wege gesellschaftsrechtlicher Vorgänge ineinander überführt werden könnten (Botschaft, 4393). Vielmehr bildet die Vermögensübertragung (Art. 69–77) für Einzelfirmen, die im Handelsregister eingetragen sind, ein geeignetes Instrument zur Restrukturierung (s.a. Art. 1 N 48). 8

Von den (echten) Arten der Fusion gemäss Art. 3 Abs. 1 (Absorptions- und Kombinationsfusion) sind die in der Praxis entwickelten **Zusammenschlussformen der Quasifusion und der unechten Fusion zu unterscheiden**. Diese können zwar wirtschaftlich ein gleiches oder ähnliches Ergebnis wie eine (echte) Fusion erzielen, sind von dieser aber rechtlich verschieden und werden vom FusG nicht geregelt. Dementsprechend findet die abschliessende Aufzählung der zulässigen Fusionen in Art. 4 auf die Quasifusion und die unechte Fusion keine Anwendung. Letztere stehen grundsätzlich allen Rechts- 9

Lukas Morscher

trägern zur Verfügung, wobei das FusG, zumindest auf die unechte Fusion (s. N 11), bestimmte Auswirkungen hat:

10 (i) Bei der **Quasifusion** erwirbt eine Gesellschaft alle oder die Mehrheit der Beteiligungsrechte einer anderen Gesellschaft, wobei die übertragende (eigentlich erworbene) Gesellschaft – im Unterschied zur (echten) Fusion – als Tochtergesellschaft der Übernehmenden bestehen bleibt (FORSTMOSER/MEIER-HAYOZ/NOBEL, § 57 N 19). Die Quasifusion wird durch das FusG weder berührt noch in ihrer wirtschaftlichen Bedeutung eingeschränkt (s.a. VON BÜREN/KINDLER, 11).

11 (ii) Die **unechte Fusion**, die im FusG ebenfalls nicht geregelt wird, ist eine Alternative zu den gesetzlichen Formen der (echten) Fusion. Auf der Grundlage eines Fusionsvertrages wird die übertragende Gesellschaft mittels Sacheinlage, d.h. durch Übertragung von Aktiven und Passiven nach Art. 181 OR in die übernehmende Gesellschaft eingebracht; im Unterschied zur (echten) Fusion erfolgt die Übertragung des (gesamten oder auch nur eines Teils des) Vermögens somit auf dem Wege der Singularsukzession. Anschliessend wird die übertragende (eigentlich absorbierte) Gesellschaft aufgelöst und formell liquidiert (s.a. TSCHÄNI, M&A-Transaktionen, 6. Kap. Rz 101; FORSTMOSER/MEIER-HAYOZ/NOBEL, § 57 N 18). Da sich gemäss dem neuen Art. 181 Abs. 4 OR die Übernahme des Vermögens oder des Geschäfts von Handelsgesellschaften, Genossenschaften, Vereinen, Stiftungen und Einzelfirmen, die im Handelsregister eingetragen sind, nach den Bestimmungen des FusG richtet, stellt sich die Frage, ob Art. 181 OR nach Inkrafttreten des FusG nicht mehr anwendbar sein soll, wenn der übertragende Vermögens- oder Geschäftsinhaber einer der vorgenannten Rechtsträger und im Handelsregister eingetragen ist (so die Botschaft, 4492). Nach wohl überwiegender Auffassung ist es weiterhin zulässig, Vermögen solcher Rechtsträger durch Singularsukzession nach Art. 181 OR zu übertragen, wobei dann für die Passiven die Vorschriften über die Schuldübernahme in Art. 175 ff. OR zur Anwendung gelangen (s. Art. 1 N 47 mit Hinweisen).

12 Die **Gesamtheit der zulässigen Fusionen von Gesellschaften nach FusG** lässt sich in einer Übersicht wie folgt darstellen:

1. Abschnitt: Allgemeine Bestimmungen

übernehmend → übertragend ↓	Aktiengesellschaft	Gesellschaft mit beschränkter Haftung	Kommanditaktiengesellschaft	Kollektivgesellschaft	Kommanditgesellschaft	Genossenschaft mit Anteilscheinen	Genossenschaft ohne Anteilscheine	Verein (nicht im HReg eingetragen)	Verein (im HReg eingetragen)
Aktiengesellschaft	4 I a	4 I a	4 I a			4 I b 4 III b	4 I b 4 III b		
Gesellschaft mit beschränkter Haftung	4 I a	4 I a	4 I a			4 I b 4 III b	4 I b 4 III b		
Kommanditaktiengesellschaft	4 I a	4 I a	4 I a			4 I b 4 III b	4 I b 4 III b		
Kollektivgesellschaft	4 I c 4 II b	4 I c 4 II b	4 I c 4 II b	4 II a	4 II a	4 III c 4 II c	4 III c 4 II c		
Kommanditgesellschaft	4 I c 4 II b	4 I c 4 II b	4 I c 4 II b	4 II a	4 II a	4 III c 4 II c	4 III c 4 II c		
Genossenschaft mit Anteilscheinen	4 I b 4 III b	4 I b 4 III b	4 I b 4 III b			4 III a	4 III a		
Genossenschaft ohne Anteilscheine	4 I b 4 III b	4 I b 4 III b	4 I b 4 III b			4 III a	4 III a		4 IV c 4 III e
Verein (nicht im HReg eingetragen)								4 IV	4 IV
Verein (im HReg eingetragen)	4 I d 4 IV a	4 I d 4 IV a	4 I d 4 IV a			4 III d 4 IV b	4 III d 4 IV b	4 IV	4 IV

Lukas Morscher

III. Zulässige Fusionen von Kapitalgesellschaften (Abs. 1)

13 Die bei Fusionen **weitestgehenden Kombinationsmöglichkeiten** gewährt das FusG den Kapitalgesellschaften im Sinne von Art. 2 lit. c.

14 Zunächst gelten Aktiengesellschaften, Kommanditaktiengesellschaften und GmbH für die Zwecke von Art. 4 als gleiche Rechtsträger (s.a. VON SALIS-LÜTOLF, 19) und können nach dem Grundsatz, dass Gesellschaften gleicher Rechtsform stets miteinander fusionieren können (s. N 6), **beliebig miteinander fusionieren** (Art. 4 Abs. 1 lit. a).

15 Kapitalgesellschaften können **auch mit Genossenschaften beliebig fusionieren** (Art. 4 Abs. 1 lit. b), wobei die Übernahme einer Kapitalgesellschaft durch eine Genossenschaft erhöhten Zustimmungserfordernissen unterliegt. Noch vor Erlass des FusG verweigerte das EHRA die Eintragung der Absorption einer Aktiengesellschaft durch eine Genossenschaft in das Handelsregister mit dem Hinweis auf die stark unterschiedliche Ausgestaltung der betreffenden Gläubigerschutzregime (s. Verfügung des Eidg. Amts für das Handelsregister vom 23.2.1999 betreffend die Absorption einer Aktiengesellschaft durch eine Genossenschaft, REPRAX 1/1999, 57 f.). Zwischen den beiden Rechtsformen bestehen auch mit Blick auf die Rechtsstellung der Gesellschafter gewisse Inkompatibilitäten, etwa dann, wenn Aktionäre nach der Fusion in der übernehmenden Genossenschaft zu Leistungen, die nach Aktienrecht untersagt sind (wie etwa Nachschuss- oder andere persönliche Leistungspflichten; Art. 620 Abs. 2 i.V.m. Art. 680 Abs. 1 OR), verpflichtet werden. Um die Übernahme einer Kapitalgesellschaft durch eine Genossenschaft im FusG zu ermöglichen, wurde dieser partiellen Unvereinbarkeit mit der Einführung von qualifizierten Quorums- bzw. Einstimmigkeitserfordernissen Rechnung getragen (so verlangt Art. 18 Abs. 1 lit. b für den Fusionsbeschluss bei einer Kapitalgesellschaft, die von einer Genossenschaft übernommen wird, die Zustimmung aller Aktionäre bzw. aller Gesellschafter einer GmbH; vgl. auch Botschaft, 4396). Der umgekehrte Fall, d.h. die Übernahme einer Genossenschaft durch eine Kapitalgesellschaft, ist aufgrund der strukturellen Unterschiede zwischen den beiden Rechtsformen (insb. im Falle einer Genossenschaft ohne Genossenschaftskapital) ebenfalls nicht unproblematisch, wird aber als zulässig erachtet (wobei für die Kapitalgesellschaft die üblichen Quoren von Art. 18 Abs. 1 lit. a bzw. lit. c zur Anwendung kommen).

16 Weiter können Kapitalgesellschaften **als übernehmende Gesellschaften mit Kollektiv- und Kommanditgesellschaften** (Art. 4 Abs. 1 lit. c) **und mit Vereinen, die im Handelsregister eingetragen sind** (Art. 4 Abs. 1 lit. d), fusionieren. Diese Fusionen sind jeweils nur in eine Richtung zulässig. Demgegenüber ist die Übernahme einer Kapitalgesellschaft durch eine Kollektiv- oder Kommanditgesellschaft bzw. durch einen Verein aus den folgenden haftungs- und liquidationsrechtlichen Überlegungen zum Schutze der Gesellschaftsgläubiger (gänzlich) unzulässig (s.a. GASSER/EGGENBERGER, 459):

17 (i) Infolge der Absorption einer Kapitalgesellschaft durch eine Kollektiv- oder Kommanditgesellschaft bzw. durch einen Verein würde das der freien Verfügung der Gesellschafter entzogene und als Kapitalsperrquote der Sicherheit der Gläubiger dienende *Aktien- bzw. Stammkapital bei der übertragenden Kapitalgesellschaft vollständig untergehen* (Botschaft, 4395; ISLER/VON SALIS-LÜTOLF, 13; Begleitbericht zum Vorentwurf FusG, 20 mit einem Hinweis auf das französische Recht, das diese Art der Fusion wohl deshalb für zulässig erachtet, weil den Kollektiv- und Kommanditgesellschaften nach französischem Recht Rechtspersönlichkeit zukommt, soweit sie im Handelsregister eingetragen sind, Art. 1842 Code Civil).

18 (ii) Zudem bestünde die Gefahr einer *Umgehung der für juristische Personen massgebenden Liquidationsvorschriften* (s. für die Aktiengesellschaft Art. 739 ff. OR, für

1. Abschnitt: Allgemeine Bestimmungen   19–25 **Art. 4**

die Kommanditaktiengesellschaft Art. 770 Abs. 2 OR, für die GmbH Art. 823 OR, für die Genossenschaft Art. 913 OR und für den Verein Art. 58 ff. ZGB), indem die betreffende Gesellschaft an Stelle der Liquidation als direkte Folge der Fusion im Handelsregister gelöscht würde (Art. 3 Abs. 2).

IV. Zulässige Fusionen von Kollektiv- und Kommanditgesellschaften (Abs. 2)

Entsprechend dem Grundsatz, dass Gesellschaften gleicher Rechtsform stets miteinander fusionieren können (s. N 6), können Kollektiv- und Kommanditgesellschaften **beliebig mit anderen Kollektiv- und Kommanditgesellschaften fusionieren** (Art. 4 Abs. 2 lit. a). 19

Kollektiv- und Kommanditgesellschaften können **mit Kapitalgesellschaften** (d.h. Aktiengesellschaften, Kommanditaktiengesellschaften und GmbH; Art. 2 lit. c) **nur** dann fusionieren, wenn sie **als übertragende Gesellschaft** und die entsprechende Kapitalgesellschaft als übernehmende Gesellschaft an der Fusion teilnimmt (Art. 4 Abs. 2 lit. b). Die Übernahme einer Kapitalgesellschaft durch eine Kollektiv- oder Kommanditgesellschaft ist wegen ihrer unterschiedlichen Gesellschaftsstrukturen aus haftungs- und liquidationsrechtlichen Überlegungen (s. N 16–18) unzulässig. 20

Weiter können Kollektiv- und Kommanditgesellschaften **als übertragende Gesellschaften mit Genossenschaften** fusionieren (Art. 4 Abs. 2 lit. c; diese Bestimmung wurde erst im E FusG eingeführt, nachdem in der Vernehmlassung eine entsprechende Erweiterung verlangt worden war; Vernehmlassungen, 95). Diese Fusion ist also – wie die Fusion von Kapitalgesellschaften mit Kollektiv- und Kommanditgesellschaften – nur in eine Richtung zulässig; die Übernahme einer Genossenschaft durch eine Kollektiv- oder Kommanditgesellschaft bleibt auch unter dem FusG verwehrt. 21

V. Zulässige Fusionen von Genossenschaften (Abs. 3)

Genossenschaften können **beliebig unter sich** (Art. 4 Abs. 3 lit. a) **und mit Kapitalgesellschaften** (Art. 4 Abs. 3 lit. b) **fusionieren**, wobei die Übernahme einer Kapitalgesellschaft durch eine Genossenschaft erhöhten Zustimmungserfordernissen unterliegt (s. N 15; zu den diesbezüglichen Quoren Art. 18 Abs. 1 lit. b). 22

Als übernehmende Gesellschaft steht einer Genossenschaft auch die Fusion **mit Kollektiv- und Kommanditgesellschaften** (Art. 4 Abs. 3 lit. c) **und mit im Handelsregister eingetragenen Vereinen** offen (Art. 4 Abs. 3 lit. d). Das Erfordernis der Eintragung des Vereins im Handelsregister dient dabei der Sicherstellung von Transparenz und Rechtssicherheit (Botschaft, 4395 f.; s.a. Art. 1 N 56 ff.). 23

Zudem können Genossenschaften **als übertragende Gesellschaften von einem im Handelsregister eingetragenen Verein übernommen** werden, **sofern keine Anteilscheine bestehen** (Art. 4 Abs. 3 lit. e). Die Eintragung des Vereins im Handelsregister gewährleistet hier, dass der Verein die Rechtspersönlichkeit erworben hat (Botschaft, 4396; s. dazu auch MEIER-SCHATZ, Fusionsgesetz, 41, wonach diese Begründung für das Erfordernis des Handelsregistereintrags «nicht vollends» zu überzeugen vermag, da ja auch die Fusion von zwei Vereinen gemäss Art. 4 Abs. 4 unabhängig von einem allfälligen Eintrag im Handelsregister stets zugelassen wird; s. zum Erfordernis des Handelsregistereintrags auch N 29). 24

Nicht zulässig ist demgegenüber die **Übernahme einer Genossenschaft durch einen Verein**, sofern die Genossenschaft über ein **Genossenschaftskapital** und damit über 25

Anteilscheine verfügt. Da das Genossenschaftskapital aufgrund der unterschiedlichen Gesellschaftsstrukturen nicht in die Rechtsform eines Vereins überführt werden kann (Botschaft, 4396), würde die Rechtsstellung der Genossenschafter mit Anteilscheinen bei der Übernahme durch einen Verein in nicht unwesentlicher Weise beeinträchtigt und damit die vom Bundesgericht statuierten Grundsätze zur rechtsformübergreifenden Fusion verletzt (BGE 125 III 18, 24; s.a. Art. 1 N 38). Gegebenenfalls könnte jedoch das Genossenschaftskapital vor der Fusion mittels Kapitalherabsetzung auf Null herabgesetzt und somit aufgehoben werden (Botschaft, 4396; ein eigens hierfür vorgesehenes erleichtertes Kapitalherabsetzungsverfahren wurde in der Vernehmlassung vorgeschlagen, aber nicht eingeführt, s. Vernehmlassungen, 96).

VI. Zulässige Fusionen von Vereinen (Abs. 4)

26 Vereine können **stets mit anderen Vereinen fusionieren**, unabhängig davon, ob diese im Handelsregister eingetragen sind oder nicht (Art. 4 Abs. 4 Satz 1). Dabei gilt für die Fusion zwischen Vereinen ein **vereinfachtes Verfahren**, indem:

(i) auf die Erstellung eines Fusionsberichts verzichtet werden kann (Art. 14 Abs. 5);

(ii) die Prüfung des Fusionsvertrags durch einen Revisor unterbleiben darf (Art. 15 Abs. 1);

(iii) der Fusionsbeschluss nicht der öffentlichen Beurkundung unterliegt (Art. 20 Abs. 2);

(iv) sofern keiner der an der Fusion beteiligten Vereine im Handelsregister eingetragen ist, der Fusionsbeschluss ebenfalls nicht in das Handelsregister eingetragen werden muss (Art. 21 Abs. 4), wobei die Fusion dann mit dem Vorliegen des Fusionsbeschlusses aller beteiligten Vereine rechtswirksam wird (Art. 22 Abs. 2; andernfalls ist der Beschluss einzutragen und wird die Fusion mit der Eintragung in das Handelsregister rechtswirksam; Art. 22 Abs. 1); und

(v) zudem den Besonderheiten der Vereine in verschiedenen anderen Bestimmungen Rechnung getragen wird (Art. 13 Abs. 2, Art. 16 Abs. 4, Art. 19; s.a. Botschaft, 4397).

27 Ist ein Verein **im Handelsregister eingetragen**, so kann er mit bestimmten Gesellschaften anderer Rechtsformen fusionieren, nämlich **als übertragende Gesellschaft mit Kapitalgesellschaften** (Art. 4 Abs. 4 lit. a; diese Möglichkeit wurde erst aufgrund der in der Vernehmlassung geäusserten Kritik, dass ein Ausschluss dieser von der Praxis der Handelsregisterbehörden bereits früher zugelassenen Fusion einen Rückschritt darstelle, in den E FusG aufgenommen; Vernehmlassungen, 96) und **als übertragende Gesellschaft mit Genossenschaften** (Art. 4 Abs. 4 lit. b). Die Übernahme eines Vereins durch eine Genossenschaft ist unabhängig vom Bestehen eines Genossenschaftskapitals stets zulässig (Botschaft, 4396; Begleitbericht zum VE FusG, 21).

28 Zudem kann ein im Handelsregister eingetragener Verein **als übernehmende Gesellschaft mit Genossenschaften ohne Anteilscheine** fusionieren (Art. 4 Abs. 4 lit. c). Da das Genossenschaftskapital nicht in die Rechtsform des Vereins überführt werden kann, ist die Übernahme einer Genossenschaft durch einen Verein nur dann zulässig, wenn die übertragende Genossenschaft über kein Genossenschaftskapital und damit über keine Anteilscheine verfügt (s. N 24; im Zusammenhang mit dem VE FusG, der das Erfordernis eines Handelsregistereintrags noch nicht enthielt und in Art. 4 Abs. 4 VE FusG eine rechtsformübergreifende Fusion des Vereins nur gerade mit Genossenschaften vorsah,

1. Abschnitt: Allgemeine Bestimmungen　　　　　　　　　　　　　　　　**Art. 5**

wurde zum Teil noch verlangt, dass eine Genossenschaft ohne Anteilscheine nur dann von einem Verein übernommen werden dürfe, wenn sie einen ideellen Zweck verfolgt; Begleitbericht zum VE FusG, 21; so auch GASSER/EGGENBERGER, 459 FN 23).

Die für eine rechtsformübergreifende Fusion verlangte **Eintragung des Vereins im Handelsregister** entspricht den Erfordernissen der Rechtssicherheit und Transparenz und gewährleistet, dass der Verein die Rechtspersönlichkeit erworben hat (Botschaft, 4396 f.; s.a. N 23). Sie dürfte in der Praxis keine grosse Hürde darstellen. Auch Vereine, die nicht zur Eintragung verpflichtet sind, können sich gemäss Art. 61 Abs. 1 ZGB ins Handelsregister eintragen lassen (die Pflicht zur kaufmännischen Buchführung etwa wird dadurch solange nicht ausgelöst, als der Verein nicht ein nach kaufmännischer Art geführtes Gewerbe betreibt und deshalb zur Eintragung ins Handelsregister verpflichtet ist; Art. 61 Abs. 2 ZGB i.V.m. Art. 957 OR). Vereine, die mit einer Gesellschaft anderer Rechtsform fusionieren wollen, sind deshalb «gegebenenfalls vorher ins Handelsregister einzutragen» (Botschaft, 4397). Der **genaue Zeitpunkt**, in welchem der Eintrag im Handelsregister gegeben sein muss, regelt das FusG nicht. Angesichts des in Art. 21 vorgesehenen Zeitablaufs dürfte der Handelsregistereintrag aber eine Voraussetzung eines rechtsgültigen Fusionsbeschlusses über eine rechtsformübergreifende Fusion eines Vereins darstellen (Art. 21 Abs. 4 e contrario) und wird deshalb spätestens zum Zeitpunkt des Fusionsbeschlusses vorliegen müssen.

29

Art. 5

Fusion einer Gesellschaft in Liquidation	¹ Eine Gesellschaft in Liquidation kann sich als übertragende Gesellschaft an einer Fusion beteiligen, wenn mit der Vermögensverteilung noch nicht begonnen wurde.
	² Das oberste Leitungs- oder Verwaltungsorgan muss gegenüber dem Handelsregisteramt bestätigen, dass die Voraussetzung nach Absatz 1 erfüllt ist.
Fusion d'une société en liquidation	¹ Une société en liquidation peut participer à une fusion en tant que société transférante si la répartition de l'actif n'a pas encore commencé.
	² L'organe supérieur de direction ou d'administration doit présenter à l'office du registre du commerce une attestation selon laquelle la condition fixée à l'al. 1 est remplie.
Fusione di una società in liquidazione	¹ Una società in liquidazione può partecipare a una fusione, in veste di società trasferente, se la ripartizione del patrimonio non è ancora iniziata.
	² L'organo superiore di direzione o di amministrazione deve attestare all'ufficio del registro di commercio l'adempimento della condizione di cui al capoverso 1.

Literatur

L. HANDSCHIN, Auflösung der Gesellschaft aus wichtigem Grund und andere sachgemässe Lösungen, SZW 1993, 43 ff.; E. KRAMER, Juristische Methodenlehre, Bern 1998; K. RÜDLINGER, Widerruf des Auflösungsbeschlusses einer Aktiengesellschaft, REPRAX 2/2000, 52 ff.

Art. 5 1–8   2. Kapitel: Fusion von Gesellschaften

I. Allgemeines

1   Inhaltlich entspricht die Regelung von Art. 5 derjenigen von Art. 3 Abs. 2 der **Verschmelzungsrichtlinie** 78/855/EWG vom 9.10.1978 (EU-Fus-RL). Damit sind in der Schweiz Fusionen von Gesellschaften in Liquidation weitgehend nach den selben Kriterien erlaubt wie in den verschiedenen Mitgliedstaaten der Europäischen Gemeinschaft, namentlich wie nach § 3 Abs. 3 des deutschen Umwandlungsgesetzes. Materialien, Rechtsprechung und Literatur in der Europäischen Gemeinschaft und speziell in Deutschland sind deshalb auch im Rahmen des FusG bedeutsam.

2   Die Formulierung von Art. 5 hat im Rahmen des Gesetzgebungsverfahrens, wohl nicht zuletzt wegen der Nähe zur Regelung in der EU-Fus-RL, nur zwei Änderungen erfahren. Zum einen wurde im Vergleich zum **Vorentwurf** der Anwendungsbereich reduziert und zum anderen die in Abs. 2 vorgesehene Meldung an das Handelsregister vereinfacht.

3   Art. 5 ist an der bisherigen von Lehre und Praxis unter dem Obligationenrecht entwickelten Regelung zur Fusion von Gesellschaften in Liquidation zu messen. Die Meinungen in der Lehre sind diesbezüglich umstritten (vgl. ZK-BÜRGI/NORDMANN, Art. 748 OR N 42), da die Interessenabwägung von Privatautonomie, Rechtssicherheit und Gläubigerinteressen unterschiedlich vorgenommen werden. Ein Teil der Lehre geht davon aus, dass eine sich im Liquidationsstadium befindliche Gesellschaft als **übernehmende Gesellschaft** nur soweit an einer Fusion teilnehmen kann, als auch der Widerruf des Auflösungsbeschlusses zulässig ist (FORSTMOSER/MEIER-HAYOZ/NOBEL, § 57 N 59). Damit verweist bereits die bisherige Praxis auf die bundesgerichtliche Rechtssprechung zum Widerruf des Auflösungsbeschlusses (BGE 123 III 473). Nach dieser Rechtsprechung kann eine übernehmende Gesellschaft solange fusionieren, als noch nicht mit der Vermögensverteilung begonnen wurde. Beteiligte sich eine Gesellschaft in Liquidation als **übertragende Gesellschaft**, wird die Fusion als Vollzugsmassnahme der Auflösung betrachtet und generell als weniger problematisch angesehen (FORSTMOSER/MEIER-HAYOZ/NOBEL, § 57 N 60).

4   Art. 5 beschreibt, welche Fusionen gem. dem FusG zulässig sind. Zusammen mit Art. 4 gehört die Bestimmung somit zu den allgemeinen Bestimmungen der Gesellschaftsfusion, welche die zulässigen, unzulässigen bzw. nur beschränkt zulässigen Fusionen umschreiben. Folglich ist Art. 5 auf **alle Gesellschaftsformen** und auch für das Verfahren der erleichterten Fusion anwendbar.

5   Art. 5 des Vorentwurfes hatte noch sämtliche Rechtsträger in Liquidation erfasst. Art. 5 in seiner definitiven Fassung gilt dagegen nur für Fusionen von Gesellschaften in Liquidation. **Vorsorgeeinrichtungen** jeder Art werden damit vom geltenden Art. 5 nicht erfasst, sondern ausschliesslich in den Art. 88 ff. geregelt. Dies gilt unabhängig von der Rechtsform der Vorsorgeeinrichtung.

6   Ist die Gesellschaft überschuldet oder hat sie einen Kapitalverlust erlitten und befindet sie sich gleichzeitig in Liquidation, stellen sich **Abgrenzungsfragen** zwischen Art. 5 und 6. Darauf wird unter Art. 6 N 8 eingegangen.

7   Die Fusion mit einer Gesellschaft in Liquidation ist sowohl als Absorptions- als auch als Kombinationsfusion möglich. Mit Abschluss der Fusion muss die übertragende Gesellschaft in Liquidation zwingend aufgelöst und aus dem Handelsregister gelöscht werden (Art. 5 Abs. 1 i.V.m. Art. 3 Abs. 2).

8   Im Rahmen einer Fusion mit einer Gesellschaft in Liquidation können auch die Interessen von Personen mit **Minderheitsbeteiligungen** tangiert werden. Durch Art. 5 werden

diese Minderheitsinteressen allerdings nicht geschützt. Einen gewissen Schutz der Interessen der Minderheitsaktionäre bieten die Quorumsvorschriften von Art. 18 (vgl. Komm. zu Art. 18) und vor allem die allgemeinen Bestimmungen des OR, im Aktienrecht etwa kommen die Regeln der Verantwortlichkeitsklagen (Art. 754 OR) oder der Auflösungsklagen (Art. 736 Ziff. 4 OR, BGE 105 II 114 – TOGAL) zum Tragen.

II. Voraussetzungen der Fusion einer Gesellschaft in Liquidation (Abs. 1)

1. Status der übertragenden Gesellschaft

Die übertragende Gesellschaft muss in Liquidation sein. Der **Liquidationsstatus** und damit die Auslegung des Begriffs «in Liquidation» bestimmt sich nach den Regelungen des Obligationenrechts. Ob sich eine Gesellschaft im Stadium der Liquidation befindet und damit Art. 5 anwendbar ist, bestimmt sich für die AG nach Art. 738 ff. OR, für die Kommandit-AG nach Art. 770 Abs. 2 i.V.m. 738 ff. OR, für die GmbH nach Art. 823 i.V.m. 738 ff. OR, für die Genossenschaft nach Art. 913 i.V.m. 738 ff. OR und für die Kollektiv- und die Kommanditgesellschaft nach Art. 582 bzw. 619 i.V.m. 582 OR. 9

Art. 5 äussert sich nicht ausdrücklich zur Frage, wie die Gesellschaft ihren **Liquidationsstatus** erlangt hat. Möglich ist gem. den allgemeinen Regeln eine Auflösung durch Gesellschafterbeschluss, statuarische, gesellschaftsvertragliche Bestimmungen oder durch amtliche bzw. richterliche Verfügung. Die Meinungen dazu, ob Art. 5 zwingend voraussetzt, dass die Liquidation durch Gesellschaftsbeschluss herbeigeführt wird, gehen auseinander (vgl. Botschaft, 4398; Handkommentar FusG-FREY, N 5). 10

Ausgeschlossen ist die Fusion von Gesellschaften in jedem Fall, wenn der **Konkurs** bereits eingetreten ist. Die Gesellschaft kann mit der Konkurseröffnung nicht mehr über ihr Vermögen verfügen (Art. 204 Abs. 1 SchKG) und damit ihr Vermögen auch nicht mittels Fusion in eine andere Gesellschaft einbringen. 11

Nach der hier vertretenen Auffassung ist eine Fusion hingegen zulässig, wenn bei der übertragenden Gesellschaft ein **statutarischer Auflösungsgrund** eingetreten ist, mit welchem die Gesellschaft *eo ipso* in das Beendigungsstadium eintritt. Es ist eine Frage des OR und nicht des FusG, inwiefern eine Auflösung nach Massgabe der Statuten bzw. des Gesellschaftsvertrages nach dem Eintritt des Auflösungsgrundes widerrufen werden kann. Die Generalversammlung bzw. die Gesellschafterversammlung behält auch im Liquidationsverfahren die ihr gesetzlich zugeordneten Befugnisse, insb. beschliesst sie über Änderungen der Statuten. Damit vermag sie auch eine statutarische Auflösung durch Änderungsbeschluss zu «widerrufen». Die Interessenabwägung entspricht derjenigen bei der Auflösung durch Gesellschafterbeschluss. Diesbezüglich hat das Bundesgericht in BGE 123 III 473 die Widerrufbarkeit bejaht (vgl. dazu N 17). Bei Auflösung nach Angabe der Statuten kann nichts anderes gelten. Sind die Voraussetzungen von Art. 5 erfüllt, wird der Widerruf der Auflösung nach Massgabe der Statuten durch einen statutenändernden Beschluss öffentlich beurkundet und im Handelsregister eingetragen (**a.M.** Botschaft, 4398). 12

Es ist umstritten, ob eine Fusion einer Gesellschaft in Liquidation zulässig ist, wenn der **Richter** die Auflösung der Gesellschaft verfügt (vgl. Art. 736 Ziff. 4 OR). Nach der hier vertretenen Auffassung schliesst dieses **Gestaltungsurteil** eine Fusion aus. Hingegen muss es dem Richter unbenommen sein, die Fusion als «andere sachgemässe und den Beteiligten zumutbare Lösung» zu verfügen (vgl. zum Auflösungsurteil BSK OR II-STÄUBLI, Art. 736 N 26 f.; FORSTMOSER/MEIER-HAYOZ/NOBEL, § 55 N 103 ff.; HAND- 13

SCHIN, 44). Wäre die Fusion zulässig nachdem der Richter entschieden hat, so würde dies dem Gestaltungsurteil widersprechen und die vom Gesetzgeber bei Auflösungsklagen vorgenommene Interessenabwägung, wie z.B. betreffend den Minderheitenschutz bei schwerem Machtmissbrauch durch die Mehrheit der Aktionäre im Rahmen der AG (Art. 736 Ziff. 4 OR) oder den Gläubigerschutz von Art. 575 OR, untergraben (vgl. Botschaft, 4398; **a.M.** Handkommentar FusG-FREY, N 5). Das Bundesgericht hat aus diesem Grunde den Vorrang der amtlichen Verfügung in BGE 126 III 283 festgehalten. Dasselbe muss für richterliche Urteile gelten.

14 Da eine Fusion gem. Art. 5 nur zulässig ist, wenn ein Gesellschafterbeschluss oder die Statuten bzw. der Gesellschaftsvertrag die Liquidation herbeigeführt haben, ist Art. 5 nicht anwendbar, wenn die **Auflösung** der Gesellschaft **durch** eine **amtliche Verfügung** ausgesprochen wurde. Dies ist etwa in folgenden Situationen der Fall:
– Domizil- und Nationalitätsanforderungen nicht (mehr) erfüllt (Art. 708 OR);
– Ungenügende Anzahl von Mitgliedern (Art. 625 II OR i.V.m. Art. 86 HRegV);
– Verlust des Rechtsdomizils (Art. 88a HRegV);
– Bewilligungsentzug einer Bank durch die EBK (Art. 23 quinquies BankG); oder
– Bewilligungsentzug einer Börse oder eines Effektenhändlers durch die Aufsichtsbehörde (Art. 36 BEHG).

Die **EBK** kann neu eine Bewilligung auch dann entziehen, wenn keine Aussicht auf Sanierung besteht oder diese gescheitert ist (Art. 33 Abs. 1 BankG). In einem solchen Fall muss die Bank zwingend liquidiert werden, da sie die Bewilligungsvoraussetzungen nicht mehr erfüllt (Botschaft zur Änderung des Bundesgesetzes über Banken und Sparkassen vom 20.11.2002, BBl. 2002 8090). In einem auf diese Weise eingetretenen Liquidationsverfahren ist eine Fusion ausgeschlossen, da andernfalls die zwingende Liquidationsanordnung (Art. 33 BankG) umgangen werden könnte.

Dass in dieser Konstellation eine Fusion einer übertragenden Gesellschaft in Liquidation ausgeschlossen ist, ergibt sich bereits aus BGE 126 III 283. Darin hielt das Bundesgericht fest, dass ein Gesellschafterbeschluss die Auflösung von Amtes wegen **nicht widerrufen** kann, da die Auflösung von Amtes wegen einerseits dem Gläubigerschutz dient und andererseits eine gesetzliche Sanktion für Fehlverhalten der Gesellschaft darstellt. Die Gesellschafterversammlung bzw. die Generalversammlung vermag amtliche Auflösungsverfügungen nicht mittels Fusion rückgängig zu machen oder aufzuheben (RÜDLINGER, 60 f.).

2. Status der übernehmenden Gesellschaft

15 Aus dem Wortlaut von Art. 5 ergibt sich, dass die zu übernehmende Gesellschaft selber **nicht in Liquidation** sein darf. Dies gilt selbst dann, wenn alle an der Fusion beteiligten Gesellschaften, also auch die übertragende Gesellschaft, in Liquidation sind. Art. 5 entspricht inhaltlich der Regelung von Art. 3 Abs. 2 der EU-Fus-RL und § 3 Abs. 3 des deutschen Umwandlungsgesetzes.

16 Die vom Gesetzgeber nunmehr vorgegebene Lösung wäre **keineswegs zwingend** gewesen. Die Botschaft, welche sich auf den Vorentwurf stützt, begründet sie damit, dass eine Übernahme durch eine in Liquidation befindliche Gesellschaft dem Liquidationszweck der übernehmenden Gesellschaft widerspräche, der just nicht auf Weiterführung, sondern auf Auflösung der Gesellschaft gerichtet ist. Eine Gesellschaft in Liquidation könne nur unter gewissen Bedingungen die Auflösung widerrufen und alsdann eine andere Gesellschaft übernehmen (Botschaft, 4397).

Die Lehre zum OR hat die Frage der Zulässigkeit der Fusion durch eine in Liquidation **17** befindliche übernehmende Gesellschaft bislang uneinheitlich beantwortet, aber regelmässig an die Möglichkeit des Widerrufs einer Auflösung durch die Gesellschafter geknüpft (vgl. N 3). Seit BGE 123 III 473 ist geklärt, dass der Auflösungsbeschluss der Gesellschafter grundsätzlich widerrufbar ist. Damit konnte unter dem OR die übernehmende Gesellschaft in Liquidation sein und dennoch fusionieren, zumal Gläubigerschutzbestimmungen, z.B. jene des ehemaligen Art. 748 OR, bei der übernehmenden Gesellschaft keine Rolle spielten. Die Fusionsmöglichkeit dagegen nur wegen des auf die Auflösung begrenzten Gesellschaftszweckes ausschliessen zu wollen, mutet **formalistisch** an. Die Ansicht verkennt zum einen, dass die Generalversammlung ihre Befugnisse auch im Rahmen der Liquidation behält. Sie vermag somit auch statutenändernde Beschlüsse zu fällen (für die AG vgl. Art. 739 Abs. 2 i.V.m. Art. 698 Abs. 2 Ziff. 1 OR). Zum anderen übersieht sie, dass die Beschränkung auf den Liquidationszweck erst mit der Vermögensverteilung «unumkehrbar» wird. Der Liquidationszweck schliesst den Widerruf des Auflösungsbeschlusses durch die Gesellschafter nicht aus (ähnl. Handkommentar FusG-FREY, N 2). Auch das Argument, dass nur bei der übertragenden und nicht bei der übernehmenden Gesellschaft in Liquidation der Widerruf des Auflösungsbeschlusses im zu fassenden Fusionsbeschluss enthalten ist (vgl. ZK-ALBRECHT, N 3 und 10), vermag nicht zu überzeugen. Vielmehr ist entscheidend, ob ein Widerruf des Auflösungsbeschlusses zulässig ist, was das BGer bejaht hat (vgl. N 17).

Die in Art. 5 getroffene Regelung, wonach die übernehmende Gesellschaft nicht in Li- **18** quidation sein darf, lässt sich letztlich nur mit der **Europakompatibilität** des FusG erklären. In ihrer Absolutheit ist sie nicht sinnvoll, zumal damit die Flexibilität nicht zuletzt in Konzernverhältnissen eingeschränkt wird. Praktisch könnte der Widerruf des Auflösungsbeschlusses durch die Gesellschafter und die Fusion zeitlich voneinander entkoppelt werden. Dabei stellt sich freilich die Frage der Umgehung von Art. 5 und damit der Anfechtbarkeit des Gesellschafterbeschlusses, der die Auflösung widerrief.

3. Keine Vermögensverteilung im Rahmen der Liquidation durch die übertragende Gesellschaft

Das Liquidationsverfahren ist weitgehend durch die **Gläubigerinteressen** geprägt. So **19** darf das Gesellschaftsvermögen erst dann an die Gesellschafter verteilt werden, wenn alle Gläubiger befriedigt oder sichergestellt sind. Bei den Kapitalgesellschaften ist dies das Äquivalent für den durch die Liquidation und die Vermögensverteilung bewirkten Wegfall der Garantie für die Erhaltung des Haftungssubstrates der unaufgelösten Gesellschaft (BGE 123 III 473, 482). An deren Stelle tritt die Verpflichtung zur Ersatzsicherheit für die Gläubiger. Diese Ersatzsicherheit besteht nur solange, wie die Gesellschaft noch über unverteiltes Vermögen verfügt. Nach der Verteilung der Vermögenswerte an die Gesellschafter kann die Gesellschaft nicht mehr unternehmerisch tätig sein.

Gesellschaftsgläubiger, die bereits zum Zeitpunkt des Auflösungsbeschlusses Forderun- **20** gen gegen die Gesellschaft haben, sind somit durch die Regeln des Liquidationsverfahrens geschützt. Ginge es um ihre Interessen, wäre es nicht notwendig, für eine Fusion nach Art. 5 vorauszusetzen, dass mit der Vermögensverteilung noch nicht begonnen wurde. Das Erfordernis schützt hingegen jene Gläubiger, die erst **nach dem Auflösungsbeschluss** eine Forderung gegen die Gesellschaft erwerben. Sie sind daran interessiert, dass das Gesellschaftsvermögen in der Phase zwischen Liquidations- und Fusionsbeschluss nicht verteilt wird. Die Voraussetzung dient dem **lückenlosen Gläubigerschutz** (BGE 123 III 473, 482; vgl. auch RÜDLINGER, 57). Wurden somit im Rahmen der Liquidation der übertragenden Gesellschaft bereits Vermögenswerte verteilt, kann nicht mehr fusioniert werden. Allerdings verlangt das Prinzip des lückenlosen Gläubigerschutzes nur, dass nach dem Auflösungsbeschluss keine Vermögenswerte mehr an die Gesellschafter verteilt werden. Hingegen ist eine Fusion weiterhin möglich, wenn die Gläubigerinteressen nicht gefährdet werden, z.B. wenn im Rahmen der Liquidation Gesellschaftsschulden getilgt werden (so auch ZK-ALBRECHT, N 9).

21 Die Fusion gem. Art. 5 bleibt möglich, wenn die übertragende Gesellschaft durch Beschluss der Gesellschafter die Auflösung zwar **beschlossen**, in der Folge aber **rechtswirksam und vor Beginn der Vermögensverteilung** widerrufen hat. Der Abschluss eines Fusionsvertrages beinhaltet faktisch den Widerruf des Auflösungsbeschlusses durch die Gesellschafter. Durch den Fusionsvertrag soll die Gesellschaft nicht mehr liquidiert, sondern mit einer anderen fusioniert werden. Die bundesgerichtliche Rechtsprechung zum Widerruf des Auflösungsbeschlusses von BGE 123 III 473 (worin das Bundesgericht von BGE 91 I 438 abwich) wurde in Art. 5 übernommen und ist einschlägig.

Diese dritte Voraussetzung von Art. 5 nimmt unter dem Titel des lückenlosen Gläubigerschutzes das Verbot der Kapitalrückzahlung der AG von Art. 680 Abs. 2 OR auf und erklärt es zur generell gültigen Maxime für sämtliche Gesellschaften, d.h. nicht nur für Kapitalgesellschaften. Die Regelung ist indes für Personengesellschaften wenig sinnvoll.

III. Bestätigung gegenüber dem Handelsregisteramt (Abs. 2)

22 Nach dem **Vorentwurf** hatte ein besonders befähigter Revisor gegenüber dem Handelsregisteramt zu bestätigen, dass die Voraussetzungen der Fusion einer Gesellschaft in Liquidation erfüllt sind. Diese Regelung wurde im Rahmen der Vernehmlassung zu Recht als teuer und kompliziert kritisiert. Das Gesetz sieht deshalb vor, dass die entsprechende Bestätigung vom obersten Leitungs- oder Verwaltungsorgan der Gesellschaft gegenüber dem Handelsregisterführer abzugeben ist (Botschaft, 4398; Art. 105a Abs. 1 lit. f HRegV).

23 Im Rahmen von Art. 5 ist das **oberste Leitungs- oder Verwaltungsorgan** richtigerweise dasjenige, welches über die Vermögensverteilung im Rahmen der Liquidation der Gesellschaft beschliessen kann. Die Befugnisse der ordentlichen Organe einer Gesellschaft werden mit Eintritt der Liquidation auf diejenigen beschränkt, die ihrer Natur nach nicht von den **Liquidatoren** vorgenommen werden können (Art. 739 Abs. 2 OR). Die Liquidatoren werden bei der auflösenden Gesellschaft zum eigentlichen geschäftsführenden Organ und sind in ihrer Stellung damit bei der AG mit dem Verwaltungsrat vergleichbar (FORSTMOSER/MEIER-HAYOZ/NOBEL, § 56 N 49). Eine teleologische Reduktion (zum Begriff vgl. KRAMER, 161 ff.) des Begriffs des obersten Leitungs- und Verwaltungsorgans ist nicht nur bei der AG, sondern bei sämtlichen Gesellschaftsformen angezeigt. Stets haben die Liquidatoren in dieser Phase die Aufgaben und Kompetenzen geschäftsführender Organe (vgl. FORSTMOSER/MEIER-HAYOZ/NOBEL, § 56 N 49; BÖCKLI, Aktienrecht, § 17 N 31).

24 Nur die mit der Liquidation betrauten Organe der Gesellschaft vermögen zu beurteilen und damit zu erklären, ob mit der Vermögensverteilung schon begonnen wurde oder nicht. Die vom OR getroffene Kompetenzzuweisung in der Phase der Liquidation dient dem **Gläubigerschutz**. Derselbe Gedanke liegt Art. 5 zugrunde. Aus Sicht der Gläubiger ist deshalb die Erklärung von Art. 5 Abs. 2 von den Liquidatoren abzugeben, zumal dies auch unter haftungsrechtlichen Gesichtspunkten sinnvoll erscheint. Eine von der Fusionsentscheidung unabhängige und kompetente Drittinstanz soll gegenüber dem

1. Abschnitt: Allgemeine Bestimmungen   Art. 6

Handelsregisterführer – welcher die Voraussetzung von Art. 5 selber nicht prüfen kann und darf – die notwendige Erklärung abgeben. Nach der hier vertretenen Auffassung ist deshalb die Bestätigung gegenüber dem Handelregister von den mit der Liquidation betrauten Organen abzugeben (gl.M. ZK-ALBRECHT, N 15).

Auch das **Bundesgericht** hielt in BGE 123 III 473 fest, dass die Liquidatoren oder der mit der Liquidation betraute Verwaltungsrat nachzuweisen habe, dass zum Zeitpunkt des Widerrufs noch keine Vermögensverteilung stattgefunden hat. Der Nachweis sei in Form einer entsprechenden schriftlichen Erklärung anlässlich der Anmeldung des Widerrufs des Auflösungsbeschlusses dem Handelsregister vorzulegen (das Bundesgericht revidierte damit seine frühere Auffassung, wonach ein derartiger Nachweis mangels gesetzlicher Grundlage nicht verlangt werden könne). 25

Der Verweis der Botschaft auf Art. 12, wo der Begriff des obersten Leitungs- oder Verwaltungsorgans der Gesellschaft näher umschrieben und definiert wird (Botschaft, 4398), ist deshalb zwar formal richtig, materiell aber nicht sachgerecht. Die in Art. 12 genannten Organe haben die Bestätigung von Art. 5 nur abzugeben, wenn sie mit der Liquidation betraut sind. Anderenfalls sind dafür richtigerweise die Liquidatoren zuständig. Art. 5 sollte der vom OR im Rahmen der Liquidation mit guten Gründen neu vorgenommenen Kompetenzzuweisung nicht widersprechen. 26

Art. 6

Fusion von Gesellschaften im Fall von Kapitalverlust oder Überschuldung

¹ Eine Gesellschaft, deren Aktien-, Stamm- oder Genossenschaftskapital und deren gesetzliche Reserven zur Hälfte nicht mehr gedeckt sind oder die überschuldet ist, kann mit einer anderen Gesellschaft nur fusionieren, wenn diese über frei verwendbares Eigenkapital im Umfang der Unterdeckung und gegebenenfalls der Überschuldung verfügt. Diese Voraussetzung entfällt, soweit Gläubigerinnen und Gläubiger der an der Fusion beteiligten Gesellschaften im Rang hinter alle anderen Gläubigerinnen und Gläubiger zurücktreten.

² Das oberste Leitungs- oder Verwaltungsorgan muss dem Handelsregisteramt eine Bestätigung einer besonders befähigten Revisorin oder eines besonders befähigten Revisors einreichen, wonach die Voraussetzung nach Absatz 1 erfüllt ist.

Fusion de sociétés en cas de perte en capital ou de surendettement

¹ Une société dont la moitié de la somme du capital-actions ou du capital social et des réserves légales n'est plus couverte, ou qui est surendettée, ne peut fusionner avec une autre société que si cette dernière dispose de fonds propres librement disponibles équivalant au montant du découvert et, le cas échéant, du surendettement. Cette exigence ne s'applique pas dans la mesure où des créanciers des sociétés participant à la fusion acceptent que leur créance soit placée à un rang inférieur à celui de toutes les autres créances.

² L'organe supérieur de direction ou d'administration doit présenter à l'office du registre du commerce une attestation d'un réviseur particulièrement qualifié selon laquelle la condition fixée à l'al. 1 est remplie.

Fusione di società in caso di perdita di capitale o di eccedenza di debiti

¹ Una società di cui non sia più coperta la metà del capitale azionario o sociale e delle riserve legali, oppure che presenti un'eccedenza di debiti, può operare una fusione purché l'altra società abbia una dotazione di capitale proprio liberamente disponibile di importo pari allo scoperto e, se del caso,

all'eccedenza di debiti. Questa condizione non si applica nella misura in cui creditori delle società partecipanti alla fusione accettino di essere relegati a un grado posteriore a quello di tutti gli altri creditori.

² L'organo superiore di direzione o di amministrazione deve presentare all'ufficio del registro di commercio un'attestazione in cui un revisore particolarmente qualificato accerti l'adempimento della condizione di cui al capoverso 1.

Literatur

P. FORSTMOSER/H. VOGT, Liberierung durch Verrechnung mit einer nicht werthaltigen Forderung: eine zulässige Form der Sanierung einer überschuldeten Gesellschaft?, ZSR, Bd. 122, 531 ff.; GLANZMANN, Die Kontinuität der Mitgliedschaft im neuen Fusionsgesetz, AJP 2/2004, 139 ff.

I. Allgemeines

1 Die Bestimmung von Art. 6 betreffend die Zulässigkeit einer Sanierungsfusion erfuhr im Rahmen des **Gesetzgebungsverfahrens** zum Teil erhebliche Veränderungen. Der Geltungsbereich wurde auf Gesellschaften reduziert und Vorsorgeeinrichtungen fallen, unabhängig von ihrer Rechtsform, nicht mehr unter Art. 6. Auf die Fusion von Vorsorgeeinrichtungen sind ausschliesslich Art. 88 ff. anwendbar.

Ausserdem wurde die Bestimmung an Art. 725 Abs. 2 OR angepasst. Rangrücktrittserklärungen vermögen die Voraussetzung des frei verwendbaren Eigenkapitals zu ersetzen und ermöglichen unter gewissen Voraussetzungen eine Fusion. Schliesslich wurde in formeller Hinsicht das oberste Leitungs- oder Verwaltungsorgan der Gesellschaft in die Pflicht genommen, indem dieses dem Handelsregisteramt bestätigen muss, dass die Voraussetzungen der Sanierungsfusion erfüllt sind.

2 Neben Art. 6 sind noch **weitere Bestimmungen** im Zusammenhang mit einer Sanierungsfusion zu beachten, insb. Art. 7 f., Art. 9 und Art. 25 ff. Diese Bestimmungen ergänzen sich mit Art. 6 und dienen vorwiegend dem Gläubiger- und Gesellschafter- bzw. Aktionärsschutz. Sofern die Sanierung im FusG nicht spez. geregelt wird, sind die allgemeinen Bestimmungen für die entsprechende Gesellschaftsform und Transaktion gemäss OR anwendbar.

3 Eine ausdrückliche Sonderregelung für Sanierungsfusionen ist notwendig, weil durch die Fusion mit sanierungsbedürftigen Gesellschaften die Interessen Dritter berührt werden. Die Interessen der Gläubiger der gesunden Gesellschaft werden gefährdet, weil die Sanierungsfusion das Haftungssubstrat verringern kann. Die Interessen der Personen mit Minderheitsbeteiligungen, vor allem der gesunden Gesellschaft, werden tangiert, da die gesunde Gesellschaft bei der Sanierungsfusion an Wert verliert. Der **Schutz dieser Drittinteressen** hat den Gesetzgeber dazu bewogen, Sanierungsfusionen nur unter gewissen Voraussetzungen zuzulassen.

4 Sowohl die Gläubigerinteressen wie die Interessen der Personen mit Minderheitsbeteiligungen werden durch Sanierungsfusionen in **Konzernverhältnissen** gewöhnlich weniger stark berührt. Im Vergleich zum Vorentwurf und zum Entwurf des Bundesrates, wurde die Sanierungsfusion im Hinblick auf Konzernverhältnisse deshalb mit Recht unter erleichterten Voraussetzungen (Art. 23 ff.) zugelassen. Dies trägt den wirtschaftlichen Gegebenheiten Rechnung, weil die meisten Sanierungsfusionen in der Praxis zwischen Mutter- und Tochtergesellschaften bzw. zwischen Schwestergesellschaften stattfinden (KLÄY, 216). Dennoch verlangt der Gläubigerschutz auch im Verfahren der

erleichterten Fusion, dass Art. 6 angewendet wird. Unter der Voraussetzung, dass alle Gesellschafter zustimmen, sieht das FusG neben der erleichterten Fusion bei Konzernverhältnissen, weitere Erleichterungen bei der Fusion von KMUs vor (vgl. Art. 14 Abs. 2, Art. 15 Abs. 2, Art. 16 Abs. 2). Auch hier gilt, dass im Rahmen einer Sanierungsfusion Art. 6 zur Anwendung gelangen muss.

Aufgrund der klaren Gesetzessystematik und des Wortlauts ist eine Sanierungsfusion **sowohl** als **Absorptions- als auch** als **Kombinationsfusion** möglich. 5

Die Fusion kann als Sanierungsmassnahme sowohl für die übertragende als auch für die übernehmende Gesellschaft im Rahmen der Voraussetzungen von Art. 6 eingesetzt werden. Im Unterschied zur Bestimmung über die Fusion einer Gesellschaft in Liquidation (Art. 5), ist Art. 6 **vollständig paritätisch** ausgestaltet. 6

Ist die übertragende Gesellschaft überschuldet und bereits in Liquidation, haben die Liquidatoren den Richter zu benachrichtigen, der seinerseits den Konkurs eröffnet (Art. 743 Abs. 2 OR für die Kapitalgesellschaften). Rangrücktrittserklärungen nach Art. 725 Abs. 2 OR führen nach h.L. in dieser Situation nicht mehr zu einem Konkursaufschub (BSK OR II-STÄUBLI, Art. 743 N 15 f.). Eine Fusion ist deshalb ausgeschlossen, wenn die Kapitalgesellschaft während der Liquidation überschuldet ist. 7

Der Sachverhalt von Art. 6 kann sich hingegen gleichzeitig mit demjenigen von Art. 5 einstellen, wenn eine **Kapitalgesellschaft in Liquidation einen Kapitalverlust** i.S.v. Art. 6 erleidet (Art. 743 Abs. 2 OR verlangt die Konkurseröffnung von Gesellschaften welche sich in Liquidation befinden, nicht aber für Gesellschaften mit einem Kapitalverlust). 8

Art. 6 schützt die berechtigten Interessen der Gläubiger und der Aktionäre in einer Situation, in der die an der Fusion beteiligte Gesellschaft sanierungsbedürftig ist. Der Artikel schafft einen materiellrechtlichen Schutz. Demgegenüber werden die Interessen Dritter bei Liquidationen im Rahmen von Art. 5 nicht durch das FusG, sondern durch die spez. Regeln des Liquidationsverfahrens geschützt. Um eine Lücke im System des Gläubigerschutzes zu füllen, sieht Art. 5 in formeller Hinsicht vor, dass die Vermögensverteilung im Auflösungsverfahren der Gesellschaft eine Fusion ausschliesst. Dabei handelt es sich um einen formellen, verfahrensmässigen und nicht um materiellrechtlichen Gläubigerschutz. Die Gläubigerschutzbestimmungen von Art. 5 und 6 haben somit unterschiedliche Regelungs- und Schutzziele. Bei einem Sachverhalt, der sowohl unter Art. 5 als auch unter Art. 6 fällt, müssen daher die **Voraussetzungen beider Bestimmungen erfüllt** sein. Als Konsequenz wird die Parität von Art. 6 aufgehoben, und eine Fusion ist in diesen Situationen nur bei der übertragenden Gesellschaft möglich. 9

II. Begriff der Sanierungsfusion (Abs. 1)

1. Bisherige Rechtslage unter dem OR

Im Falle des **Konkurses** ist eine Fusion zum Zwecke der Sanierung ausgeschlossen. Die konkursite Gesellschaft kann nicht mehr über ihr Vermögen verfügen und folglich ihr Vermögen auch nicht in die Fusion einbringen (Art. 204 SchKG). 10

Die Zulässigkeit der Fusion zum Zweck der Sanierung **ausserhalb des Konkurses** ist im OR nicht geregelt und in der Lehre umstritten. Insb. ist es fraglich, ob die Fusion eine Sanierungsmassnahme i.S.v. Art. 725a OR darstellen kann, durch die sich der Konkurs vermeiden lässt. Die Mehrheit der Lehre zum OR geht davon aus, dass die gesetzlichen Bestimmungen zu Kapitalverlust und Überschuldung von Art. 725 f. OR einer Sanie- 11 rungsfusion nicht entgegenstehen. Sie stützt sich dabei auf die Praxis des Bundesgerichts, wonach auf die Benachrichtigung des Richters und die entsprechende Konkurseröffnung durch den Richter verzichtet werden kann, falls echte Sanierungschancen bestehen (vgl. BGE 116 II 533, 541). Nach BÖCKLI ist die Beseitigung der Überschuldung Vorbedingung für einen Fusionsbeschluss, weshalb eine Sanierungsfusion nicht möglich sei (BÖCKLI, Aktienrecht, § 3 N 6; vgl. auch 2. Aufl., N 294 f.).

12 Bereits das OR fusst auf dem Grundsatz der Sicherung der **Kontinuität der Mitgliedschaft** der Gesellschafter. Die Lehre ging deshalb davon aus, dass bei Sanierungsfusionen, die eine Kapitalerhöhung der übernehmenden Gesellschaft erfordern, die übertragende Gesellschaft bei einem Passivenüberschuss ihre Liberierungspflicht nicht erfüllen könne (vgl. FORSTMOSER/MEIER-HAYOZ/NOBEL, § 57 N 65). Aus praktischer Sicht kamen deshalb vor Inkrafttreten des FusG höchstens Mutter-Tochter- sowie Schwestersanierungsfusionen in Frage. Der Grundsatz der Kontinuität der Mitgliedschaft wird nun in Art. 7 ausdrücklich stipuliert und ist auch bei der Sanierungsfusion – sowohl bei Kapital- als auch bei Personengesellschaften – zu beachten.

2. Tatbestandsmerkmale der Sanierungsfusion

a) Sanierungsbedürftige Gesellschaft

13 Nach dem Wortlaut von Art. 6 darf einzig **eine der** an der Fusion **beteiligten Gesellschaften** sanierungsbedürftig sein. Eine Fusion von nur überschuldeten Gesellschaften bzw. von Kapitalgesellschaften mit Kapitalverlust ist ausgeschlossen (Botschaft, 4399).

14 **Sanierungsbedürftig** ist eine Gesellschaft, die einen Kapitalverlust erlitten hat oder überschuldet ist. Bei der AG ist ein **Kapitalverlust** gegeben, wenn die Hälfte des Aktienkapitals (inkl. Partizipationskapital) gemäss der Definition von Art. 656a Abs. 2 OR zuzüglich der gesetzlichen Reserven nicht mehr gedeckt sind (vgl. BSK OR II-WÜSTINER, Art. 725 N 19; MEIER-HAYOZ/FORSTMOSER, § 16 N 47 ff.). Die Differenz ergibt die Unterdeckung. Bei GmbH und Genossenschaft mit Anteilscheinen liegt ein Kapitalverlust nach OR vor, wenn die Hälfte des Stamm- bzw. Genossenschaftskapitals nicht mehr gedeckt ist. Die gesetzlichen Reserven werden somit nicht berücksichtigt (Art. 817 Abs. 1 OR und Art. 903 Abs. 3 OR). Das FusG macht keinen Unterschied zwischen AG, GmbH und Genossenschaft mit Anteilscheinen. Die aktienrechtliche Definition des Kapitalverlustes gilt nach dem Wortlaut für alle drei Gesellschaftsformen, d.h. die gesetzlichen Reserven sind auch beim Stamm- und Genossenschaftskapital zu berücksichtigen. Weil Art. 6 eine spezielle Gläubigerschutzbestimmung des FusG darstellt ist eine Auslegung «contra verba legis» nicht sachgerecht. Zumal es nicht ersichtlich ist, wieso im Rahmen einer Sanierungsfusion die Gläubiger der AG besser geschützt werden sollen als diejenigen der GmbH oder der Genossenschaft (**a.M.** ZK-ALBRECHT, N 10 f.). Eine **Überschuldung** liegt vor, wenn die Aktiven das Fremdkapital nicht mehr vollständig decken und die Gesellschaft ihren Verpflichtungen gegenüber Dritten nicht mehr nachkommen kann. Das Ausmass der Überschuldung entspricht der arithmetischen Differenz (MEIER-HAYOZ/FORSTMOSER, § 16 N 47 ff.; vgl. auch BSK OR II-WÜSTINER, Art. 725 N 29 ff.). Bei der GmbH (Art 803 OR), der Genossenschaft (Art. 871 OR) und beim Verein (Art. 71 OR i.V.m. Art. 99 HRegV) ist zu beachten, dass Nachschüsse Sanierungsmassnahmen darstellen und helfen können, eine Unterdeckung zu verringern. Gemäss den Bestimmungen des OR ist für das Vorliegen des Kapitalverlustes der **Zeitpunkt** der letzten Jahresbilanz massgebend (Art. 725 Abs. 1 OR und Art. 903 Abs. 3 OR). Im Unterschied zum OR kann Art. 6 seine Funktion als Gläubigerschutzbestimmung jedoch nur dann erfüllen, wenn für die Bilanz der Zeitpunkt der Fusion massgebend ist. Andernfalls wäre nicht sichergestellt, dass die Gläubigerschutzbe-

stimmungen von Art. 6 tatsächlich zur Anwendung gelangen (gl.M. ZK-ALBRECHT, N 14).

Gesellschaften, die **keine Kapitalgesellschaften** i.S. des OR sind, können keinen Kapitalverlust erleiden. Für sie kommt nur der Sanierungsfall der Überschuldung in Frage. 15

b) Freiverwendbares Eigenkapital

Die Sanierungsfusion ist zulässig, wenn die anderen an der Fusion beteiligten Gesellschaften über **frei verwendbares Eigenkapital** im Umfang der Unterdeckung bzw. im Ausmass der Überschuldung verfügen. Art. 6 orientiert sich damit wie das OR am Kapitalschutz. 16

Der Begriff des «frei verwendbaren Eigenkapitals» befindet sich in verschiedenen Bestimmungen des OR. Gemäss Art. 659 Abs. 1 OR, betreffend des Erwerbs eigener Aktien wird darunter derjenige Teil des Eigenkapitals verstanden, der Aktienkapital, Partizipationskapital plus gebundene Reserven übersteigt. Zu den gebundenen Reserven gehören der nicht verwendbare Teil der gesetzlichen Reserven, die Reserven für eigene Aktien, die Aufwertungsreserven und allenfalls die der Ausschüttungen entzogenen statutarischen Reserven (Art. 671 ff. OR, vgl. BSK OR II-LENZ/VON PLANTA, Art. 659 N 6, BÖCKLI, Aktienrecht, § 4 N 229). Gleich verstanden wird der Begriff in Art. 652d Abs. 1 OR und Art. 652e Ziff. 3 OR (vgl. BSK OR II-ISLER/ZINDEL, Art. 652d N 2 ff.; BÖCKLI, Aktienrecht, § 2 N 117). 17

Im Falle einer Mehrfachfusion, d.h. wenn zwei oder mehrere Gesellschaften miteinander fusionieren, dürfen die bei den verschiedenen Gesellschaften bestehenden Unterdeckungen oder Kapitalverluste kumuliert nicht grösser sein als das gesamthaft bestehende frei verwendbare Eigenkapital (gl.M. ZK-ALBRECHT, N 17).

c) Ausnahmeregelung

Der Ständerat nahm im Rahmen der parlamentarischen Debatte zu Art. 6 einen Einwand der Vernehmlassung auf und erleichterte Sanierungsfusionen bei Vorliegen von **Rangrücktritts- bzw. Subordinationserklärungen** gemäss Art. 725 Abs. 2 OR. Art. 6 ist damit nicht anwendbar, falls irgendwelche Gläubiger der an der Fusion beteiligen Gesellschaften Rangrücktritts-/Subordinationserklärungen in Höhe der Unterdeckung oder Überschuldung abgeben. Derartige Rangrücktritts-/Subordinationserklärungen dürften in Konzernverhältnissen am ehesten beizubringen sein. 18

Weil ein besonders befähigter Revisor die Voraussetzungen der Sanierungsfusion bestätigen muss, dürfte die von den Revisionsgesellschaften entwickelte Praxis zu den Rangrücktritts-/Subordinationserklärungen hier übernommen werden. Die Rangrücktrittserklärung muss somit unwiderruflich ausgestaltet sein und darf an keine Bedingungen geknüpft sein, die einer zeitlichen Beschränkung oder einer Kündigung vor Beseitigung der Überschuldung gleichzusetzen sind. Aus Beweisgründen sollte der Rangrücktritt schriftlich abgefasst sein (vgl. HWP, 364 ff.) 19

d) Kontinuität der Mitgliedschaft

Die **Kontinuität der Mitgliedschaft** ist auch bei einer Sanierungsfusion zu wahren (Botschaft, 4399). Die Gesellschafter der übertragenden Gesellschaft erhalten entsprechende Anteils- und Mitgliedschaftsrechte der übernehmenden Gesellschaft. Ist die *übertragende Gesellschaft* überschuldet und wäre sie ohne Fusion in Konkurs gefallen, so gilt dieser Grundsatz trotzdem ihre Anteilsrechte allenfalls wertlos geworden wären 20 (vgl. GLANZMANN, 144). Allerdings wird die Überschuldung der übertragenden Gesellschaft bei der Unternehmensbewertung berücksichtigt, welche die Grundlage für die Berechnung des Austauschverhältnisses bildet (zur Berechnung des Umtauschverhältnisses vgl. Art. 7 N 9 ff.).

21 Anders ist die Situation, wenn die *übernehmende Gesellschaft* überschuldet ist oder einen Kapitalverlust aufweist. Beträgt der Wert der Anteilsrechte an der übernehmenden Gesellschaft weniger als ihr Nennwert, müsste gestützt auf die Berechnung des **Umtauschverhältnisses** den Gesellschaftern der übertragenden Gesellschaft Anteilsrechte unterhalb des Nennwerts ausgeben werden. Dies würde zu einer unzulässigen Unterpari-Emission führen (Art. 624 OR). Um dem Problem aus dem Weg zu gehen, kann bei der übernehmenden Gesellschaft vorgängig eine Nennwertreduktion durchgeführt werden (vgl. die detaillierten Ausführungen bei GLANZMANN, 144 f.). Als Alternative steht sodann die Vermögensübertragung zur Verfügung (Art. 69 ff.). Allerdings hat dieses Vorgehen den Nachteil, dass nach erfolgter Vermögensübertragung bei der übertragenden Gesellschaft immer noch ein Liquidations- oder Konkursverfahren durchgeführt werden muss, was mit einer Sanierungsfusion just verhindert werden kann.

e) Kapitalerhöhungen im Rahmen von Sanierungsfusionen

22 Art. 6 befreit die beteiligten Gesellschaften nicht davor, die Kontinuität der Mitgliedschaft der Gesellschafter der aufgelösten Gesellschaft zu gewährleisten (vgl. Art. 7 und 8). Bei einer Absorptionsfusion ist deshalb das Aktienkapital der übernehmenden Gesellschaft zwingend zu erhöhen (vgl. Art. 9 Abs. 1). Ausnahmen bestehen nur, falls die übernehmende Gesellschaft eigene Aktien hält oder die übertragene Gesellschaft ihrerseits Aktien der übernehmenden Gesellschaft besitzt (Botschaft, 4404).

23 Weil Art. 6 paritätisch ausgestaltet ist, kann auch die sanierungsbedürftige Gesellschaft gezwungen sein, eine Kapitalerhöhung durchzuführen. Dabei stellt sich die Frage, ob die **Liberierung** des Aktienkapitals **mittels Verrechnung** von Forderungen möglich sein soll. Nach der hier vertretenen Auffassung ist dies zulässig, wenn sie die Überschuldung gänzlich beseitigt (FORSTMOSER/VOGT, 531 ff.). Die Liberierung durch Verrechnung kann zudem dazu führen, dass sich der Umfang des frei verfügbaren Eigenkapitals erhöht. Damit die Verrechnung zulässig ist, ist jedoch im Einklang mit FORSTMOSER/VOGT zu verlangen, dass die Fusion zusammen mit der Verrechnung zu einer umfassenden Sanierung der Gesellschaft führt.

f) Sanierung mittels Spaltung, Umwandlung oder Vermögensübertragung

24 Das Gesetz sieht keine spez. Regelungen für **Sanierungen durch Spaltung, Umwandlung und/oder Vermögensübertragung** vor. Es gelten die allgemeinen gesetzlichen Vorschriften. Eine Vermögensübertragung ist jedoch nur zulässig, wenn das Inventar einen Aktivenüberschuss aufweist (vgl. Komm. zu Art. 71 Abs. 2). Obwohl sich das Gesetz nicht dazu äussert, wird ein Aktivenüberschuss auch für die Spaltung verlangt (Botschaft, 4431; vgl. Komm. zu Art. 29). Für den Fall, dass bei der Spaltung kein Aktivenüberschuss vorliegt, möchte ein Teil der Lehre Art. 6 analog anwenden (vgl. VON DER CRONE ET AL., Rz 1218).

25 Durch **Umwandlung der Rechtsform** der sanierungsbedürftigen Gesellschaft kann sich die haftungs- und kapitalmässige Grundlage verändern. Dies kann unter anderem in folgenden Situationen bedeutsam sein:

– Umwandlung einer AG in eine Genossenschaft oder umgekehrt (im Unterschied zur Genossenschaft ist bei der AG das Gesellschaftskapital fixiert, weshalb der Kapital-

1. Abschnitt: Allgemeine Bestimmungen   26–30 Art. 6

verlust einer AG durch Umwandlung in eine Genossenschaft allenfalls beseitigt werden kann und damit eine Fusion erleichtert wird).

– Umwandlung einer Kapitalgesellschaft in eine Kollektiv- oder Kommanditgesellschaft (bei der Kollektivgesellschaft besteht kein Gesellschaftskapital, weshalb bei einer Umwandlung einer AG mit Kapitalverlust der Sanierungsfall von Art. 6 nicht mehr gegeben und damit eine Fusion ohne weiteres möglich ist).

In beiden Fällen stellt sich freilich die Frage der Umgehung von Art. 6. Sind keine Gläubigerinteressen tangiert, sollten diese Formen der Umwandlung in Kombination mit der Fusion jedoch möglich sein. Auf jeden Fall ist im Rahmen einer Sanierung Art. 57 zu berücksichtigen. Danach finden bei einer Umwandlung die Bestimmungen des ZGB und des OR über die Gründung einer entsprechenden Gesellschaft Anwendung. Nach diesen Bestimmungen ist die Gründung einer überschuldeten Gesellschaft ausgeschlossen. Möglich bleibt also nur die Umwandlung einer Gesellschaft die einen Kapitalverlust erlitten hat (VON DER CRONE ET AL., Rz 1220).

3. Verhältnis zu Art. 725 f. OR

Art. 725 OR dient im Rahmen des Aktienrechtes dem Kapitalschutz. Die Vorschrift von Art. 6 nimmt diesen Gedanken auf. Die Interessen von Aktionären und Gläubigern sollen bei Sanierungsfusionen geschützt und bewahrt werden.   26

Art. 6 befreit die Gesellschaft nicht von ihrer gesetzlichen Pflicht, bei Kapitalverlust oder Überschuldung unverzüglich den **Richter zu benachrichtigen**, wie dies für AG, Kommandit-AG, GmbH und Genossenschaft gesetzlich vorgeschrieben ist (vgl. Art. 725a OR, Art. 817 OR und Art. 903 OR). Art. 6 regelt lediglich die Voraussetzungen einer Sanierungsfusion und nicht die Pflichten der Organe im Rahmen einer Sanierung. Die Fusion nach Art. 6 kann eine der möglichen Sanierungshandlungen sein, welche die Organe im Rahmen der Kapitalschutzvorschriften vorzunehmen haben.   27

Gemäss der Rechtsprechung des Bundesgerichts zum Aktienrecht, hat der Verwaltungsrat zuerst die Sanierungschancen zu überprüfen und kann auf eine Benachrichtigung des Richters verzichten, sofern echte Sanierungschancen bestehen. Echte Sanierungschancen bestehen dann, wenn die Massnahmen der Gesellschaft dazu führen, dass diese nicht mehr überschuldet ist (BGE 116 II 533, 541; BSK OR II-WÜSTINER, Art. 725a N 7).   28

Eine Sanierungsfusion nach Art. 6 entbindet den Verwaltungsrat nur dann von der Benachrichtigung des Richters, wenn die Überschuldung beseitigt wird. Auch der Richter kann den Konkurs nur unter dieser Voraussetzung aufschieben.   29

4. Gläubigerschutzbestimmungen

Art. 25 führt das System des **nachträglichen Gläubigerschutzes** ein. Die Botschaft spricht von zurückhaltend konzipiertem Gläubigerschutz. Im Interesse der raschen Abwicklung von Fusionen und der wirtschaftlichen Not gehorchend, sollen die Interessen der Gläubiger die Vorgänge und Transaktionen des FusG erst beeinflussen, sobald diese rechtswirksam sind (vgl. Komm. zu Art. 25). Diese Ordnung ist für Sanierungsfusionen ungenügend. Die Gläubiger des nicht sanierungsbedürftigen Unternehmens müssen bei Fusionen bereits im Vorfeld, d.h. vor der Rechtswirksamkeit geschützt werden. Der Gesetzgeber hat deshalb die Voraussetzung des freiverwendbaren Eigenkapitals im Umfang der Unterdeckung bzw. der Überschuldung eingeführt. Alle an der Fusion beteilig-   30 ten Gesellschaften müssen deshalb mit der Anmeldung zur Fusionseintragung beim Handelsregisteramt ihre Bilanz einreichen (vgl. Art. 105a Abs. 1 lit. b HRegV).

31   Neben den Gläubigerinteressen können auch **Aktionärsinteressen**, vor allem jene der Minderheitsaktionäre, durch eine Sanierungsfusion tangiert werden. Die Fusion mit einer sanierungsbedürftigen Gesellschaft (d.h. mit einer Gesellschaft, die einen Kapitalverlust erlitten hat oder überschuldet ist), kann für die anderen an der Fusion beteiligten Gesellschaften zu einer Verminderung der Reserven führen. Dadurch wird der Wert jedes Gesellschafteranteils anteilmässig reduziert. Art. 6 schützt diese Minderheitsinteressen nicht. Vielmehr kommen die allgemeinen Bestimmungen des OR, im Aktienrecht etwa jene der Verantwortlichkeitsklagen (Art. 754 OR) oder der Auflösungsklagen (Art. 736 Ziff. 4 OR; BGE 105 II 114 – TOGAL) zum Tragen. Einen gewissen Schutz der Interessen der Minderheitsaktionäre bieten die Quorumsvorschriften von Art. 18 (vgl. Kommentar zu Art. 18).

III. Bestätigung gegenüber dem Handelsregister (Abs. 2)

32   Art. 6 Abs. 2 ist ähnlich formuliert wie Art. 5 Abs. 2. Die Regelung geht jedoch über diejenige von Art. 5 hinaus, indem das meldepflichtige Organ der Gesellschaft die Bestätigung nicht alleine und von sich aus, sondern nur in Verbindung mit einem besonders befähigten Revisor rechtsgültig abgeben kann.

33   Für die Meldung ist das **oberste Leitungs- oder Verwaltungsorgan** der Gesellschaft zuständig. Im Gegensatz zu Art. 5 handelt es sich hierbei regelmässig um die in Art. 12 genannten Organe.

34   Die Meldung setzt sodann voraus, dass ein **besonders befähigter Revisor** bestätigt, dass die Voraussetzungen der Sanierungsfusion nach Art. 6 Abs. 1 erfüllt sind. Wer als besonders befähigter Revisor qualifiziert ist, ergibt sich aus den aktienrechtlichen Vorschriften über die Unabhängigkeit des Revisors von Art. 727c OR in Verbindung mit der Verordnung über die fachlichen Anforderungen und besonders befähigte Revisoren vom 15.6.1992 (SR 221.302). Im Zentrum steht danach die praktische Erfahrung. In diesem Sinne gelten insb. der diplomierte Bücherexperte, der diplomierte Treuhandexperte und der Steuerexperte, sowie diplomierte Controller mit einer praktischen Erfahrung von fünf Jahren als besonders befähigte Revisoren (vgl. Art. 1 der Verordnung über die fachlichen Anforderungen an besonders befähigte Revisoren).

35   Der **Inhalt der Bestätigung** beschränkt sich auf die Aussage des besonders befähigten Revisors, wonach die anderen an der Fusion beteiligten Gesellschaften über frei verwendbares Eigenkapital im Umfang der Unterdeckung, gegebenenfalls im Ausmass der Überschuldung verfügen (Art. 105a Abs. 1 lit. g HregV). Werden Rangrücktritts- bzw. Subordinationserklärungen von Gläubigern der an der Fusion beteiligten Gesellschaften abgegeben, so hat die Bestätigung auch diese zu umfassen. Die Rangrücktritts- bzw. Subordinationserklärungen sollten vom besonders befähigten Revisor geprüft werden und müssen die Voraussetzungen von Art. 725 Abs. 2 OR erfüllen (vgl. N 19).

Zweiter Abschnitt: Anteils- und Mitgliedschaftsrechte

Art. 7

Wahrung der Anteils- und Mitgliedschaftsrechte

[1] Gesellschafterinnen und Gesellschafter der übertragenden Gesellschaft haben Anspruch auf Anteils- oder Mitgliedschaftsrechte an der übernehmenden Gesellschaft, die unter Berücksichtigung des Vermögens der beteiligten Gesellschaften, der Verteilung der Stimmrechte sowie aller anderen relevanten Umstände ihren bisherigen Anteils- oder Mitgliedschaftsrechten entsprechen.

[2] Bei der Festlegung des Umtauschverhältnisses für Anteile kann eine Ausgleichszahlung vorgesehen werden, die den zehnten Teil des wirklichen Werts der gewährten Anteile nicht übersteigen darf.

[3] Gesellschafterinnen und Gesellschafter ohne Anteilscheine haben bei der Übernahme ihrer Gesellschaft durch eine Kapitalgesellschaft Anspruch auf mindestens einen Anteil.

[4] Für Anteile ohne Stimmrecht an der übertragenden Gesellschaft muss die übernehmende Gesellschaft gleichwertige Anteile oder Anteile mit Stimmrecht gewähren.

[5] Für Sonderrechte an der übertragenden Gesellschaft, die mit Anteils- oder Mitgliedschaftsrechten verbunden sind, muss die übernehmende Gesellschaft gleichwertige Rechte oder eine angemessene Abgeltung gewähren.

[6] Die übernehmende Gesellschaft muss den Inhaberinnen und Inhabern von Genussscheinen der übertragenden Gesellschaft gleichwertige Rechte gewähren oder ihre Genussscheine zum wirklichen Wert im Zeitpunkt des Abschlusses des Fusionsvertrags zurückkaufen.

Maintien des parts sociales et des droits de sociétariat

[1] Les associés de la société transférante ont droit à des parts sociales ou à des droits de sociétariat de la société reprenante qui correspondent à leurs parts sociales ou droits de sociétariat antérieurs, compte tenu du patrimoine des sociétés qui fusionnent, de la répartition des droits de vote ainsi que de toutes les autres circonstances pertinentes.

[2] Lors de la détermination du rapport d'échange des parts sociales, une soulte peut être prévue; celle-ci ne dépassera pas le dixième de la valeur réelle des parts sociales attribuées.

[3] Les associés sans parts sociales ont droit à au moins une part sociale lors de la reprise de leur société par une société de capitaux.

[4] La société reprenante doit attribuer des parts sociales équivalentes ou des parts sociales avec droit de vote aux titulaires de parts sans droit de vote de la société transférante.

[5] La société reprenante doit attribuer des droits équivalents ou verser un dédommagement adéquat aux associés de la société transférante qui sont titulaires de droits spéciaux attachés aux parts sociales ou aux droits de sociétariat.

⁶ La société reprenante doit attribuer des droits équivalents aux titulaires de bons de jouissance de la société transférante, ou racheter leurs bons de jouissance à leur valeur réelle au moment de la conclusion du contrat de fusion.

Salvaguardia delle quote sociali e dei diritti societari

¹ I soci della società trasferente hanno diritto a quote sociali o a diritti societari in seno alla società assuntrice che corrispondano alle quote o ai diritti che detenevano in precedenza, tenuto conto dei patrimoni delle società partecipanti alla fusione, della ripartizione dei diritti di voto e di ogni altra circostanza rilevante.

² Nell'ambito della determinazione del rapporto di scambio delle quote, può essere previsto un conguaglio che non deve eccedere un decimo del valore reale delle quote attribuite.

³ In caso di assunzione della loro società da parte di una società di capitali, i soci senza quote hanno diritto almeno a una quota.

⁴ La società assuntrice deve attribuire quote equivalenti o quote con diritto di voto per le quote senza diritto di voto della società trasferente.

⁵ La società assuntrice deve attribuire diritti equivalenti o versare un'indennità adeguata per i diritti speciali della società trasferente connessi a quote sociali o a diritti societari.

⁶ La società assuntrice deve attribuire diritti equivalenti ai titolari di buoni di godimento della società trasferente oppure acquisire tali buoni al loro valore reale al momento della conclusione del contratto di fusione.

Inhaltsübersicht

	Note
I. Allgemeines	1
II. Umtauschverhältnis (Abs. 1, 3–6)	9
1. Allgemeine Kriterien für die Festlegung des Umtauschverhältnisses (Abs. 1)	9
2. Besonderheiten (Abs. 3–6)	14
3. Bewertungsmethoden	19
4. Fusionen «ohne Umtausch»	26
III. Ausgleichszahlung (Abs. 2)	28
IV. Schutz der Gesellschafterrechte	31
V. Rechtsvergleich	34

Literatur

M. BOEMLE/C. STOLZ, Unternehmungsfinanzierung, 13. Aufl., Zürich 2002; U. GASSER/CH. EGGENBERGER, Vorentwurf zu einem Fusionsgesetz – Grundzüge und ausgewählte Einzelfragen, AJP 1998, 457 ff.; C. HELBLING, Unternehmensbewertung und Steuern, 9. Aufl., Düsseldorf 1998; DERS., 25 Grundsätze für die Unternehmensbewertung, ST 2002, 735 ff.; M. HOPF, Desideratas und Randnotizen zum vorgeschlagenen Fusionsgesetz, ST 2001, 49 ff.; H. KLÄY, Die Vinkulierung, Basel/Frankfurt a.M. 1997; M. KÜNG, Zum Fusionsbegriff im schweizerischen Recht, SZW 1991, 245 ff.; R. MEIER, Barabgeltung bei Fusionen, in: Schluep/Isler (Hrsg.), Neues zum Gesellschafts- und Wirtschaftsrecht, FS Forstmoser, Zürich 1993, 131 ff.; CH.J. MEIER-SCHATZ, Europäisches Gesellschaftsrecht und der Schweizer Vorentwurf für ein Fusionsgesetz, in: Forstmoser/von der Crone/Weber/Zobl (Hrsg.), Der Einfluss des europäischen Rechts auf die Schweiz, FS Zäch, Zürich 1999, 539 ff.; U. SCHENKER, Die Fusion, AJP 2004, 772 ff.; L. SIEGRIST/R. RAUSCHENBERGER, Unternehmensbewertung, in: Tschäni (Hrsg.), Mergers & Acquisitions V, Zürich/Basel/Genf 2003, 187 ff.; C. WYSS, Bewertung von nichtkotierten Titeln für die Vermögenssteuer, ASA 65 (1996/1997), 871 ff.

2. Abschnitt: Anteils- und Mitgliedschaftsrechte 1–3 **Art. 7**

I. Allgemeines

Abs. 1 legt den Grundsatz der **mitgliedschaftlichen Kontinuität** fest, der in Abs. 2–6 1
konkretisiert wird. Danach müssen im Rahmen einer zulässigen Fusion allen Gesellschaftern der *übertragenden* Gesellschaft Anteils- oder Mitgliedschaftsrechte an der übernehmenden Gesellschaft eingeräumt werden, die ihrer bisherigen Beteiligung entsprechen (zum Begriff der Gesellschafter vgl. Art. 2 lit. f und g; keine Gesellschafter sind Optionsberechtigte, welche grundsätzlich als gewöhnliche Gläubiger zu qualifizieren sind, s. dazu Handkommentar FusG-GLANZMANN, N 7; VON DER CRONE ET AL., Rz 336; ZK-BURCKHARDT, N 7; GLANZMANN, AJP 2004, 140; Botschaft, 4390; Prot. RK NR vom 8.7.2002, 11). Die Mitglieder eines übernommenen Vereins haben beispielsweise Anspruch auf dieselbe Rechtsstellung als Aktiv-, Passiv- oder auch als Ehrenmitglied (ohne Stimmrecht) im übernehmenden Verein (Botschaft, 4400). Zudem wäre die mitgliedschaftliche Kontinuität beispielsweise nicht gewahrt, wenn Aktionäre der übernommenen AG bloss mit Partizipationsscheinen oder Wandel- und Optionsrechten auf Aktien der übernehmenden AG abgefunden würden (MEIER, 145). Zur Abfindung mit vinkulierten Namenaktien der übernehmenden Gesellschaft vgl. KLÄY, 206 f.; VON SALIS-LÜTOLF, 122 f.

Der Begriff der **Anteilsrechte** erfasst die in Aktien, Partizipationsscheinen, Genuss- 2
scheinen und Anteilscheinen (Stammeinlagen bei GmbH, Anteilscheine bei Genossenschaften) verkörperte Mitgliedschaft (vgl. zum Begriff der Anteilsinhaber Art. 2 lit. g). Für diejenigen Rechte der Gesellschafter, die nicht in einem Anteil verkörpert sind, wird der Begriff der **Mitgliedschaftsrechte** verwendet (Stimmrecht, Informationsrechte etc.; Botschaft, 4390, 4400), welcher somit die Rechtsstellung der Kollektiv- und Kommanditgesellschafter, der Genossenschafter ohne Anteilscheine sowie der Vereinsmitglieder umschreibt (zur Rechtsstellung der unbeschränkt haftenden Aktionäre einer Kommandit-AG vgl. Art. 56 N 3). Unter den Begriff der Mitgliedschaft fallen sowohl die Rechte als auch die Pflichten der Gesellschafter. Auch letztere werden vom Grundsatz der mitgliedschaftlichen Kontinuität erfasst, und zwar in dem Sinne, als sie durch die Fusion grundsätzlich nicht wesentlich ausgeweitet werden dürfen (vgl. N 8 und Art. 18 N 2).

Das **Umtauschverhältnis** bestimmt die Anzahl Anteile, welche die Gesellschafter der 3
übertragenden Gesellschaft an der übernehmenden Gesellschaft erhalten werden (vgl. im Einzelnen N 9 ff.). Es ist zusammen mit den Modalitäten des Umtauschs im Fusionsvertrag festzulegen (Art. 13 Abs. 1 lit. b–d; zu den Ausnahmen vgl. Art. 13 Abs. 2 und Art. 23 f.). Die übernehmende Gesellschaft hat die für den Umtausch notwendigen Anteile allenfalls durch Kapitalerhöhung (vgl. Art. 9) zu schaffen, wenn sie über ein Grundkapital verfügt (so die Kapitalgesellschaften i.S.v. Art. 2 lit. c und Genossenschaften mit Genossenschaftskapital; vgl. N 26 f. und Komm. zu Art. 9). Fusionieren demgegenüber Gesellschaften ohne Anteilscheine (z.B. Vereine) miteinander, gibt es auch kein Umtauschverhältnis, da keine Anteilscheine ausgegeben werden (VON SALIS-LÜTOLF, 36; für den Sonderfall der sog. wirtschaftlichen Vereine vgl. ZK-BURCKHARDT, N 79). Diesfalls erhalten die Gesellschafter der übertragenden Gesellschaft bloss Mitgliedschaftsrechte an der übernehmenden Gesellschaft. Wird eine Gesellschaft ohne Anteilscheine von einer Gesellschaft mit Anteilscheinen übernommen, wird der Anspruch der Gesellschafter der übertragenden Gesellschaft aber wiederum durch ein Umtauschverhältnis geregelt, wobei jeder Gesellschafter Anspruch auf mindestens einen Anteil hat (vgl. Abs. 3, N 14). Die Übernahme einer Gesellschaft mit Anteilscheinen durch eine solche ohne Anteilscheine (z.B. die Absorption einer AG durch eine Genossenschaft ohne Anteilscheine; vgl. Art. 4) kann schliesslich nur durch einstimmigen Beschluss der Gesellschafter der übertragenden Gesellschaft erfolgen (vgl. Art. 18 Abs. 1 lit. b). Die

Anteilsrechte der Gesellschafter der übertragenden Gesellschaft werden hier folglich auf diese Weise geschützt (VON SALIS-LÜTOLF, 36).

4 Der Erwerb der Anteils- und Mitgliedschaftsrechte an der übernehmenden Gesellschaft erfolgt sodann mit Rechtswirksamkeit der Fusion (vgl. Art. 22). Ist die Gesellschafterstellung in einem Anteilsrecht verkörpert, sind die Gesellschafter daher grundsätzlich von diesem Zeitpunkt an berechtigt, den Austausch der Anteile zu verlangen.

5 Art. 7 erfasst die Gesellschafter der *übernehmenden* Gesellschaft nicht. Diese haben aber die Möglichkeit, die Angemessenheit des Umtauschverhältnisses gerichtlich überprüfen zu lassen oder den Fusionsbeschluss anzufechten (vgl. Art. 105 ff.; N 31 f.). Es ist jedoch zu beachten, dass im Fall der **Kombinationsfusion**, bei der es im Unterschied zur Absorptionsfusion zwei oder mehrere übertragende Gesellschaften gibt, die Gesellschafter aller beteiligten Gesellschaften einen Anspruch auf Wahrung der mitgliedschaftlichen Kontinuität haben (vgl. Komm. zu Art. 10).

6 Art. 7 findet kraft Verweises auch auf die Spaltung Anwendung (vgl. Art. 31). Ähnliche Bestimmungen sind in Art. 56 für die Umwandlung vorgesehen, wobei dort der Besonderheit Rechnung getragen wird, dass die Umwandlung nur eine einzige Gesellschaft betrifft. Für die Vermögensübertragung (Art. 69 ff.) fehlt demgegenüber eine analoge Bestimmung, da diese die mitgliedschaftlichen Rechte und Pflichten an sich unberührt lässt.

7 Der Grundsatz der mitgliedschaftlichen Kontinuität erfährt in Art. 8 eine wichtige **Einschränkung**. Nach dieser Bestimmung kann den Gesellschaftern der übertragenden Gesellschaft im Fusionsvertrag das Recht eingeräumt werden, zwischen Anteils- und Mitgliedschaftsrechten an der übernehmenden Gesellschaft einerseits und einer Abfindung andererseits zu wählen. Mit Zustimmung von 90 Prozent der stimmberechtigten Gesellschafter der übertragenden Gesellschaft kann sogar einzig eine Abfindung vorgesehen werden (sog. Squeeze-Out Merger, vgl. Art. 8 Abs. 2 i.V.m. Art. 18 Abs. 5; zur Berechnung der 90 Prozent-Schwelle vgl. Art. 8 N 10 f. und Art. 18 N 35 ff.).

8 Der Grundsatz der mitgliedschaftlichen Kontinuität schliesst nicht aus, dass die Rechte und Pflichten der Gesellschafter der übertragenden Gesellschaft in der übernehmenden Gesellschaft inhaltlich verändert werden, weil sich solche Änderungen auf Grund einer Fusion mit einer Gesellschaft anderer Rechtsform ergeben können (Botschaft, 4402; vgl. Abs. 3–6, N 14 ff.; vgl. betr. die Umwandlung auch Art. 56 N 20; zur Beibehaltung der Stimmkraft vgl. N 9). Einen gewissen Schutz gewähren immerhin die Mehrheitserfordernisse für den Fusionsbeschluss, mit welchem auch das Umtauschverhältnis genehmigt wird (vgl. Art. 18). Für wesentliche Änderungen der Rechtsstellung können überdies qualifizierte Quoren oder gar Einstimmigkeit verlangt werden. Letzteres ist beispielsweise für die Übernahme einer AG durch eine Genossenschaft der Fall, weil die Fusion den Übergang zum Kopfstimmrecht bewirkt und sich aus der Übernahme die Einführung einer Nachschusspflicht ergeben kann (Botschaft, 4402 f.; vgl. Art. 14 Abs. 3 lit. h; Art. 18 N 1, N 14 ff.). Es gilt nämlich der Grundsatz, dass dem Inhaber von Anteils- oder Mitgliedschaftsrechten keine Pflichten auferlegt werden sollen, die über diejenigen unter der alten Rechtsform hinausgehen (VISCHER, BJM 1999, 305, 308 f.). Als Beispiel für ein qualifiziertes Mehrheitserfordernis sei auf Art. 18 Abs. 5 verwiesen, welcher für die zwangsweise Abfindung von Minderheitsgesellschaftern die Zustimmung von 90 Prozent der stimmberechtigten Gesellschafter verlangt (zur Berechnung der 90 Prozent-Schwelle vgl. Art. 8 N 10 f. und Art. 18 N 35 ff.).

II. Umtauschverhältnis (Abs. 1, 3–6)

1. Allgemeine Kriterien für die Festlegung des Umtauschverhältnisses (Abs. 1)

Die **Festlegung des Umtauschverhältnisses** ist zwingender Inhalt des Fusionsvertrages (Art. 13 Abs. 1 lit. b und c; Botschaft, 4408; zu den Ausnahmen vgl. Art. 13 Abs. 2 und Art. 23 f.). Es bestimmt sich nach dem Vermögen der beteiligten Gesellschaften, der Verteilung der Stimmrechte und allen anderen relevanten Umständen (Abs. 1; KLÄY/TURIN, REPRAX 1/2001, 11). Die Verteilung der Stimmrechte ist von Bedeutung, weil die finanzielle Beteiligung der Gesellschafter der übertragenden Gesellschaft stark von ihrer Stimmkraft abweichen kann. So haben etwa die Genossenschafter auch dann nur eine Stimme, wenn sie eine unterschiedliche Anzahl von Anteilscheinen übernommen haben (Art. 853 Abs. 2, Art. 885 OR). Im Rahmen der Fusion ist deshalb ein Ausgleich zwischen der finanziellen Beteiligung und dem Stimmrecht zu suchen (Botschaft, 4401). Keinen Anspruch auf Beibehaltung der Stimmkraft hat jedoch beispielsweise ein Mehrheitsaktionär der untergehenden Gesellschaft, der an der übernehmenden Gesellschaft bloss eine Minderheitsbeteiligung erhält, sofern der Wert seiner Beteiligung beibehalten wird (Handkommentar FusG-GLANZMANN, N 17; vgl. auch VON DER CRONE ET AL., Rz 347 f.). Als «weitere relevante Umstände» i.S.v. Abs. 1 sind etwa die Entwicklungsaussichten der beteiligten Gesellschaften oder die sich aus der Fusion ergebenden Synergien zu berücksichtigen (Botschaft, 4401; ISLER/VON SALIS-LÜTOLF, ZSR 2004 I 15; vgl. auch BÖCKLI, Aktienrecht, § 3 Rz 90; VON DER CRONE ET AL., Rz 142 ff., 145; SCHENKER, AJP 2004, 776 Anm. 44; **a.M.** hinsichtlich der Berücksichtigung der Synergien Handkommentar FusG-GLANZMANN, N 11; ZK-BURCKHARDT, N 25, 34 f.; GLANZMANN, AJP 2004, 142).

Gemäss der Botschaft ist bei der Fusion von Kapitalgesellschaften (d.h. AG, Kommandit-AG und GmbH, vgl. Art. 2 lit. c) insbesondere der Wert des Vermögens der beteiligten Gesellschaften massgeblich. Über den Wortlaut von Abs. 1 hinaus ist jedoch nicht nur das Vermögen, sondern der Wert des jeweiligen Unternehmens als Ganzes von Bedeutung, der **nach betriebswirtschaftlich anerkannten Grundsätzen** zu ermitteln ist (s. BÖCKLI, Aktienrecht, § 3 Rz 86 ff., 93; BOEMLE/STOLZ, 578; VON DER CRONE ET AL., Rz 16 ff.; zu den Bewertungsmethoden vgl. N 19 ff.; zum Umtauschverhältnis im Rahmen von Sanierungsfusionen vgl. Art. 6 N 20 f., Handkommentar FusG-GLANZMANN, N 18 ff.; DERS., AJP 2004, 144 f.). Massgebender **Zeitpunkt für die Unternehmensbewertung** ist nach der Vorstellung des Gesetzgebers der Zeitpunkt des Abschlusses des Fusionsvertrages. Die Botschaft hält dies für die Berechnung der Ausgleichszahlung gemäss Abs. 2 fest (vgl. N 29; Botschaft, 4401). Auf den Zeitpunkt, da der Fusionsvertrag abgeschlossen wird, stellen denn auch Abs. 6 (vgl. N 17) und Art. 17 ab. Art. 17 verpflichtet die obersten Leitungs- und Verwaltungsorgane der beteiligten Gesellschaften zur gegenseitigen Information, falls im Vermögen der jeweiligen Gesellschaft zwischen dem Abschluss des Fusionsvertrages und der Beschlussfassung durch die Generalversammlung wesentliche Änderungen eintreten (vgl. im Einzelnen Komm. zu Art. 17). Die Bewertung erfolgt aus praktischen Gründen aber oft auf einen früheren Zeitpunkt, der höchstens sechs Monate vor dem Vertragsschluss liegen darf (VON SALIS-LÜTOLF, 34; vgl. Art. 11). Der Bewertungsvorgang nimmt nämlich eine gewisse Zeit in Anspruch. Als Ausgangspunkt für die Bewertung dienen zudem regelmässig die letzten Abschlüsse. Inwiefern im Fusionsvertrag für den Fall, dass nach dem Bewertungszeitpunkt Änderungen im Vermögen der beteiligten Gesellschaften eintreten, bereits Regelungen zur **Anpassung des Umtauschverhältnisses** an veränderte Verhältnisse enthalten sein können, wird sich in der Praxis weisen. Unseres Erachtens sollte die Vereinbarung von Anpassungsmechanismen zulässig sein (vgl. auch VON DER CRONE ET

AL., Rz 374), sofern sie klar definiert sind, die Anpassungsvoraussetzungen detailliert festlegen und gleichzeitig im Fusionsbericht erläutert und von einem besonders befähigten Revisor als vertretbar bzw. angemessen bestätigt werden. Die endgültige Bestimmung des Umtauschverhältnisses müsste aber wohl spätestens vor der Einberufung der Generalversammlung erfolgen, um den Gesellschaftern zur Kenntnis gebracht werden zu können (vgl. N 13, Art. 14 Abs. 3 lit. c und e, Art. 15 Abs. 4 lit. b–e; vgl. Art. 12 N 19, Art. 17 N 26b, Art. 31 N 9).

11 Das Umtauschverhältnis für die einzelnen Anteils- und Mitgliedschaftsrechte ergibt sich aus dem **Verhältnis** der errechneten Unternehmenswerte der beteiligten Gesellschaften, welche jeweils durch die Anzahl der Anteilsrechte bzw. der einzelnen Mitgliedschaftsstellen geteilt werden (für Berechnungsbeispiele und -formeln s. BÖCKLI, Aktienrecht, § 3 Rz 94 ff.). Ergibt sich kein praktikables Umtauschverhältnis, muss im Vorfeld der Fusion der Wert der Anteile bei der übernehmenden oder bei der übertragenden Gesellschaft geändert werden. Dies ist bei einer AG beispielsweise durch **Erhöhung des Umtauschwertes**, etwa durch freiwillige Zuzahlung der Aktionäre oder durch Verminderung der Anzahl der Aktien, zu erzielen. Möglich – und praktikabler – ist auch eine **Herabsetzung des Aktienwertes**, was etwa durch eine Barausschüttung zu Lasten der freien Reserven, durch die Ausgabe von Gratisaktien (Kapitalerhöhung aus Eigenkapital, vgl. Art. 652d OR), durch die Ausgabe von neuen Aktien an die bisherigen Aktionäre unter dem Börsenkurs bzw. dem inneren Wert (Kapitalverwässerung) oder durch eine Herabsetzung des Aktiennennwertes (vgl. Art. 622 Abs. 4 OR; vgl. für die GmbH Art. 774 Abs. 1 OR) und Barauszahlung des Herabsetzungsbetrages erfolgen kann (im Einzelnen s. BOEMLE/STOLZ, 579 ff.; bei der Wahl der Vorgehensweise sind die steuerrechtlichen Implikationen zu berücksichtigen). Eine weitere Massnahme zur Vereinfachung des Umtauschverhältnisses ist der **Aktiensplit**, wodurch der Aktiennennwert wiederum herabgesetzt, im Gegenzug jedoch die Anzahl der Aktien erhöht wird (vgl. Art. 622 Abs. 4, Art. 623 OR).

12 Im Sinne eines **Spitzenausgleichs** für Differenzen, die aus dem Umtausch der Anteils- oder Mitgliedschaftsrechte resultieren, sind schliesslich zusätzlich zu den gewährten Anteils- oder Mitgliedschaftsrechten Ausgleichszahlungen im Umfang von 10 Prozent der gewährten Anteile zulässig (Abs. 2; vgl. N 28 ff.). Der Fusionsvertrag kann aber allenfalls auch vorsehen, dass die betreffenden Gesellschafter durch Erstattung des Differenzbetrages ein ganzzahliges Umtauschverhältnis beanspruchen können.

13 Ganz allgemein ist festzuhalten, dass den beteiligten Gesellschaften sowohl bei der Bewertung der Gesellschaft als auch bei der Berücksichtigung der Stimmrechte und weiterer Umstände im Einzelfall ein erheblicher **Ermessensspielraum** verbleibt, zumal es sich oftmals um schwer erfassbare Faktoren handelt (s. BÖCKLI, Aktienrecht, § 3 Rz 86; VON DER CRONE ET AL., Rz 36 ff., 40 ff.; HOPF, ST 2001, 50 f.). Dieser Ermessensspielraum darf jedoch nicht willkürlich ausgeübt werden, weshalb die Festlegung des Umtauschverhältnisses und Besonderheiten, die bei der Bewertung der Anteile berücksichtigt wurden – wie etwa Anteile ohne Stimmrechte, Sonderrechte und Genussscheine (VON SALIS-LÜTOLF, 107; vgl. N 15 ff.) –, auch im Fusionsbericht erläutert und begründet werden müssen (Art. 14 Abs. 3 lit. c und e; zu den Ausnahmen vgl. Art. 14 Abs. 2 und Abs. 5 sowie Art. 23 f.). Handelt es sich bei der übernehmenden Gesellschaft um eine Kapitalgesellschaft oder eine Genossenschaft mit Anteilscheinen, sind die Vertretbarkeit des Umtauschverhältnisses und die Angemessenheit der gewählten Bewertungsmethode überdies von einem besonders befähigten Revisor zu bestätigen (Art. 15 Abs. 4 lit. b–e; zu den Ausnahmen vgl. Art. 15 Abs. 2 und Art. 23 f.). Die obersten Leitungs- bzw. Verwaltungsorgane der beteiligten Gesellschaften haben zudem die Möglichkeit, eine **sog.**

Fairness Opinion einzuholen, in welcher ein unabhängiger Dritter (z.B. eine Investmentbank) bestätigt, dass das den Gesellschaftern angebotene Umtauschverhältnis fair ist. In der bisherigen Praxis zur Fusion von AG sind solche Fairness Opinions insbesondere dann erstellt worden, wenn kotierte Gesellschaften beteiligt oder die Verhältnisse kompliziert waren (vgl. Komm. zu Art. 15).

2. Besonderheiten (Abs. 3–6)

Haben die Gesellschafter der übertragenden Gesellschaft **keine Anteilscheine**, gibt ihnen Abs. 3 bei der Übernahme ihrer Gesellschaft durch eine Kapitalgesellschaft Anspruch auf mindestens einen Anteil. Diese Bestimmung greift in jenen Fällen, in denen eine Kapitalgesellschaft (AG, Kommandit-AG, GmbH; vgl. Art. 2 lit. c) eine Gesellschaft ohne Gesellschaftskapital (Kollektiv- und Kommanditgesellschaft, Genossenschaft ohne Genossenschaftskapital, Verein) übernimmt (vgl. Art. 4 Abs. 1 lit. b–d, Art. 14 Abs. 3 lit. g und h). So müssen beispielsweise die Mitglieder eines Vereins, welcher durch eine AG übernommen wird, mindestens eine Aktie erhalten, welche überdies dann stimmberechtigt sein muss, wenn die Vereinsmitglieder auch im Verein stimmberechtigt waren. Sie dürfen nicht bloss mit Bezugsrechten abgefunden werden und haben überdies selbst dann Anspruch auf eine Aktie, wenn diese einen höheren Wert aufweist als ihre Mitgliedschaft im übertragenden Verein (vgl. GLANZMANN, AJP 2004, 146; VON SALIS-LÜTOLF, 36). Nach dem Grundsatz der mitgliedschaftlichen Kontinuität müssen sie diese Aktie auch nicht selber liberieren. Reicht das Vermögen des Vereins für die Liberierung der auszugebenden Aktien nicht aus, hat die übernehmende Gesellschaft hierfür aufzukommen (Botschaft, 4402; Stellungnahme des EHRA vom 8. Februar 1999 zur Umwandlung eines Vereins in eine AG, REPRAX 1/1999, 49 f.). Dabei ist zu berücksichtigen, dass die Aktien auch zum Mindestnennwert gemäss Art. 622 Abs. 4 OR ausgegeben werden können (s. hierzu Begleitbericht zum Vorentwurf FusG, 26; vgl. für die Anteile einer GmbH demgegenüber Art. 774 Abs. 1 OR und für dessen beabsichtigte Änderung im Zuge der Revision des GmbH-Rechts Botschaft GmbH, 3171 f.).

Für **Anteile ohne Stimmrecht** (d.h. v.a. Partizipationsscheine, vgl. Art. 656a ff. OR) an der übertragenden Gesellschaft muss die übernehmende Gesellschaft gleichwertige Anteile (also etwa wiederum Partizipationsscheine) oder aber Anteile mit Stimmrecht gewähren (Abs. 4; für Genussscheine vgl. Abs. 6 als lex specialis). Letzteres muss beispielsweise dann erfolgen, wenn die übernehmende Gesellschaft keine Anteile ohne Stimmrecht ausgeben kann (vgl. Art. 656b Abs. 1 OR). Die übernehmende Gesellschaft kann dadurch, dass sie für Anteile ohne Stimmrecht solche mit Stimmrecht gewährt, auch vermeiden, Partizipationskapital einzuführen, und dadurch eine einfachere Kapitalstruktur bewahren (Botschaft, 4402). Für das Umtauschverhältnis darf dabei berücksichtigt werden, dass das Stimmrecht einen finanziellen Wert hat (Handkommentar FusG-GLANZMANN, N 29; VON SALIS-LÜTOLF, 37; **a.M.** betr. Umwandlung Art. 56 N 30). Nicht als Anteile ohne Stimmrecht gelten Anteile, deren Stimmrecht bloss ruht bzw. nicht ausübbar ist (vgl. z.B. Art. 685f Abs. 3 [Aktionär ohne Stimmrecht] und Art. 692 Abs. 2 OR [Höchststimmklauseln]; s. Handkommentar FusG-GLANZMANN, N 29; zum Fall der vinkulierten Aktien bei der übernehmenden oder der übertragenden Gesellschaft s. KLÄY, 206 f.; VON SALIS-LÜTOLF, 122 f.). Es ist zu beachten, dass Personen mit Anteilen, die kein Stimmrecht gewähren, nach dem Wortlaut von Art. 18 Abs. 1 bei der Beschlussfassung über den Fusionsvertrag nicht stimmberechtigt sind (vgl. Art. 656f Abs. 4 OR, welcher im Gegensatz zu Art. 18 Abs. 1 vorsieht, dass Vorrechte und statutarische Mitwirkungsrechte der Partizipanten grundsätzlich nur mit deren Zustimmung aufgehoben oder beschränkt werden können). Ihnen bleibt aber ein

Vorgehen nach Art. 105 ff. offen (vgl. Art. 656a Abs. 2, Art. 656c Abs. 2 OR e contrario; gl.M. Handkommentar FusG-GLANZMANN, N 30; ZK-BURCKHARDT, N 70; VON SALIS-LÜTOLF, 38 f.). Im Einzelnen vgl. Art. 18 N 8.

16 Die übernehmende Gesellschaft muss nach Abs. 5 auch für **Sonderrechte** (z.B. Stimmrechts- oder Vorzugsaktien, Vetorechte, vgl. Art. 693, Art. 654 ff. OR; Botschaft, 4402; Handkommentar FusG-GLANZMANN, N 31; ZK-BURCKHARDT, N 71) an der übertragenden Gesellschaft, die mit Anteils- oder Mitgliedschaftsrechten verbunden sind, gleichwertige Rechte oder eine angemessene Abgeltung für deren Verlust gewähren. Eine Abgeltung ist folglich grundsätzlich immer möglich und wird u.a. dann ausgerichtet werden, wenn die übernehmende Gesellschaft keine solchen Sonderrechte ausgeben darf (z.B. eine AG, die den Aktionären keine Vetorechte zuweisen kann, vgl. Handkommentar FusG-GLANZMANN, N 31). A maiore minus sollte sie auch wahlweise eingeräumt werden können (vgl. Art. 8 Abs. 1; gl.M. VON SALIS-LÜTOLF, 37). Um die Höhe der Abgeltung vermögenswerter Rechte zu bestimmen, muss bei der übertragenden Gesellschaft eine Unternehmensbewertung erfolgen (vgl. N 9 ff., N 19 ff.; zu den für die Abgeltung verwendbaren Mitteln vgl. N 30). Die Abgeltung darf sich aber nur auf das Sonderrecht als solches beziehen. Die Ausrichtung einer Abfindung für die Anteils- oder Mitgliedschaftsrechte untersteht nämlich den Voraussetzungen von Art. 8 und Art. 18 Abs. 5. Wie für Inhaber von Anteilen ohne Stimmrecht (vgl. N 15), ist die Durchführung einer Sonderversammlung der Inhaber der Sonderrechte nicht vorgesehen (vgl. Art. 18; vgl. Art. 654 Abs. 2 und 3 OR; gl.M. Handkommentar FusG-GLANZMANN, N 31 f.; ZK-BURCKHARDT, N 72; VON SALIS-LÜTOLF, 38 f.; VON DER CRONE ET AL., Rz 343). Im Einzelnen vgl. Art. 18 N 8.

17 Nach Abs. 6 sind auch den Inhabern von **Genussscheinen** der übertragenden Gesellschaft gleichwertige Rechte zu gewähren. Genussscheine verkörpern weder Mitgliedschafts- noch Gläubigerrechte, sondern gewähren nennwertlose Beteiligungsrechte und damit nur finanzielle Rechte (vgl. Art. 657 OR; s. BÖCKLI, Aktienrecht, § 5 Rz 73 ff.). Wie bei Abs. 4 handelt es sich folglich um Beteiligungsrechte ohne Stimmrecht, wobei Abs. 6 als lex specialis vorgeht. Kann die übernehmende Gesellschaft keine Genussscheine, und damit keine gleichwertigen Rechte im Sinne der Bestimmung, einräumen, hat sie die betreffenden Inhaber von Genussscheinen abzufinden. Diese Möglichkeit steht der übernehmenden Gesellschaft auch ansonsten ohne weiteres offen. Abs. 6 sieht nämlich vor, dass die Genussscheine zu ihrem wirklichen Wert im Zeitpunkt des Abschlusses des Fusionsvertrages zurückgekauft werden können (zur hierfür erforderlichen Unternehmensbewertung vgl. N 9 ff., N 19 ff.; zu den für die Abfindung verwendbaren Mitteln vgl. N 30). Inhaber von Genussscheinen können anlässlich einer Fusion folglich – und zwar unabhängig von den Voraussetzungen der Art. 8 und Art. 18 Abs. 5 – ausgeschlossen werden. A maiore minus muss daher auch die Einräumung eines Wahlrechts zwischen gleichwertigen Rechten und einer Abfindung möglich sein (vgl. Art. 8 Abs. 1; gl.M. Handkommentar FusG-GLANZMANN, N 33; ZK-BURCKHARDT, N 73; VON SALIS-LÜTOLF, 38). Dies kann wiederum ohne Abhalten einer Sonderversammlung der Inhaber der Genussscheine erfolgen (vgl. Art. 18; vgl. Art. 657 Abs. 4 OR, der eine Sonderversammlung grundsätzlich verlangen würde; gl.M. Handkommentar FusG-GLANZMANN, N 34; ZK-BURCKHARDT, N 73; VON SALIS-LÜTOLF, 38 f.; VON DER CRONE ET AL., Rz 340). Im Einzelnen vgl. Art. 18 N 8.

18 Zur Erläuterung des Umtauschverhältnisses im Fusionsbericht und zur Prüfung seiner Vertretbarkeit vgl. N 13.

3. Bewertungsmethoden

Die Bewertung einer Gesellschaft kann sich mitunter schwierig erweisen. In der Praxis werden hierfür verschiedene Bewertungsmethoden angewandt, die nach bundesgerichtlicher Rechtsprechung gleichwertig sind, sofern die gewählte Methode «nachvollziehbar, plausibel und anerkannt ist, in vergleichbaren Fällen verbreitete Anwendung findet, begründetermassen besser oder mindestens ebenso bewährt ist wie andere Methoden und den Umständen im Einzelfall Rechnung trägt» (BGE 4C.363/2000, E. 3b; vgl. N 13). Für die Festlegung des Umtauschverhältnisses im Rahmen einer Fusion ist jedenfalls wesentlich, dass für beide Gesellschaften die **gleiche Bewertungsmethode** angewandt wird (BÖCKLI, Aktienrecht, § 3 Rz 84). Sollte in besonderen Ausnahmefällen eine Bewertung der beteiligten Gesellschaften nach unterschiedlichen Methoden geboten sein, ist dies im Fusionsbericht zu erläutern und im Prüfungsbericht ist darzulegen, welche relative Bedeutung den verschiedenen Methoden für die Festlegung des Umtauschverhältnisses beigemessen wurde (vgl. Art. 14 Abs. 3 lit. e, Art. 15 Abs. 4 lit. d; GASSER/EGGENBERGER, AJP 1998, 467; VON DER CRONE ET AL., Rz 140; vgl. zu den Ausnahmen Art. 14 Abs. 2 und Abs. 5, Art. 15 Abs. 2 sowie Art. 23 f.).

19

Im Allgemeinen ist bei der Unternehmensbewertung zunächst das Prinzip der **Bewertungseinheit** zu beachten. Das bedeutet, dass die betriebswirtschaftliche Einheit als Gesamtheit und nicht bloss als Summe der einzelnen Vermögenswerte bewertet wird. Ausserdem ist das nicht-betriebsnotwendige Vermögen, wie z.B. Wertschriften in einem Produktionsbetrieb, gesondert zu Liquidationswerten einzusetzen. Unsicherheitsfaktoren und Risiken (politische, wirtschaftliche, währungspolitische) werden auf unterschiedliche Weise berücksichtigt. In Frage kommen ein Abschlag auf dem Gewinn oder ein Zuschlag auf dem Kapitalisierungszinsfuss; ferner ein prozentualer Abzug vom berechneten Unternehmenswert. Auch mit der Wahl der Bewertungsmethode kann Risiken Rechnung getragen werden.

20

Die Unternehmensbewertung der beteiligten Gesellschaften hat im Rahmen einer Fusion zwingend zum **Fortführungswert** zu erfolgen, wobei der (künftige) Ertrag im Vordergrund steht (zu Liquidationswerten wird demgegenüber bewertet, wenn ein Unternehmen stillgelegt werden soll, BGE 120 II 259, 262; BÖCKLI, Aktienrecht, § 3 Rz 75 ff., 83 f.; VON DER CRONE ET AL., Rz 139; ZK-BURCKHARDT, N 34). Wie bereits erwähnt, wird aber das nicht-betriebsnotwendige Vermögen zu Liquidationswerten veranschlagt (vgl. N 20).

21

In der Praxis wird – insbesondere für die Bewertung von börsenkotierten Unternehmen, aber immer häufiger auch sonst – hauptsächlich die in den USA entstandene **Discounted-Cash-Flow-Methode** (DCF-Methode) angewendet. Bei dieser errechnet sich der Unternehmenswert als kapitalisierter Free Cash Flow (s. HELBLING, 105 ff., 135 ff.; SIEGRIST/RAUSCHENBERGER, 194 ff.; VON DER CRONE ET AL., Rz 25 ff.). Die DCF-Methode gilt heute im Berufsstand der Unternehmensbewertung als «state of the art». Für die Ermittlung des Free Cash Flow wird vom sog. EBIT (Earnings before Interest and Taxes) ausgegangen, welcher um verschiedene Positionen korrigiert wird. Der so ermittelte Free Cash Flow wird auf der Basis der sog. Weighted Average Cost of Capital (WACC) diskontiert (im Einzelnen s. HELBLING, 219 ff.; SIEGRIST/RAUSCHENBERGER, 194 ff.; VON DER CRONE ET AL., Rz 29; vgl. ferner BÖCKLI, Aktienrecht, § 3 Rz 87, der die DCF-Methode als willkürlich kritisiert).

22

Der sich nach der DCF-Methode ergebende Wert wird anschliessend häufig auf Grund von vergleichbaren börsenkotierten Unternehmen bzw. vergleichbaren Transaktionen plausibilisiert. Dabei wird letztlich mit Werten verglichen, die aus den betreffenden

23

Marktwertmethoden resultieren, sog. **Trading Multiples oder Transaction Multiples** (s. dazu SIEGRIST/RAUSCHENBERGER, 196 ff., die sich auch zur Methode des Economic Value Added [EVA] äussern; vgl. ferner VON DER CRONE ET AL., Rz 30 ff.).

24 Die Bewertung von KMU erfolgte in der Vergangenheit sehr häufig nach dem **Mittelwertverfahren (Praktikermethode)** und dem **Ertragswertverfahren**. Beide Verfahren werden heute immer stärker von der DCF-Methode verdrängt. Nach dem Mittelwertverfahren gilt der Durchschnitt zwischen Ertragswert und Substanzwert als Unternehmenswert, auf den Ertragswert allein wird nur dann abgestellt, wenn er kleiner ist als der Substanzwert. Der **Ertragswert** errechnet sich dabei aus den kapitalisierten zukünftigen Erträgen unter Berücksichtigung der laufenden Kosten und der **Substanzwert** stellt die Summe der einzelnen Aktiven abzüglich der Passiven (in der Regel zu Markt- oder Buchwerten) der Gesellschaft dar (zu Ertrags- und Substanzwert im Einzelnen s. TSCHÄNI, M&A-Transaktionen, 1. Kap. Rz 27 ff. mit weiteren Hinweisen und ferner GRONER, SJZ 2003, 395 ff.). Als Variante des Mittelwertverfahrens ist auch anzutreffen, dass der Ertragswert doppelt und der Substanzwert bloss einfach gewichtet wird (s. z.B. Wegleitung zur Bewertung von Wertpapieren ohne Kurswert für die Vermögenssteuer, hrsg. von der Konferenz staatlicher Steuerbeamter und der ESTV, Sektion Wertschriftenbewertung, Ausgabe 1995; WYSS, ASA 65 [1996/1997], 871 ff.). Im Ertragswertverfahren wird der Ertragswert schlechthin als Unternehmenswert betrachtet.

25 Schliesslich wird (insbesondere bei öffentlichen Übernahmeangeboten) die **Börsenkapitalisierung** als Ausgangspunkt eines an der Börse kotierten Unternehmens genommen. Danach ergibt sich der Wert eines Unternehmens als Ergebnis aus der Multiplikation der Anzahl ausstehender Aktien mit dem Börsenkurs der kotierten Titel am betreffenden Tag (s. TSCHÄNI, M&A-Transaktionen, 1. Kap. Rz 32; BOEMLE/STOLZ, 580, die sich aber kritisch zur alleinigen Berücksichtigung des Börsenkurses äussern, da dieser kaum je den tatsächlichen Unternehmenswert wiederspiegle).

4. Fusionen «ohne Umtausch»

26 Eine Besonderheit besteht, wenn die übertragende Gesellschaft durch ihre **Muttergesellschaft** übernommen wird, die all ihre Anteilsrechte hält. In diesem Fall werden selbstverständlich keine neuen Anteilsrechte ausgegeben und es erübrigt sich daher eine Kapitalerhöhung (vgl. Art. 9 N 9 ff.). Am Grundsatz der mitgliedschaftlichen Kontinuität ändert dies jedoch nichts. Ähnlich ist die Lage bei der Fusion von **Schwestergesellschaften**, wo der Gesellschafterkreis für beide Gesellschaften derselbe ist (vgl. Art. 23 f.). Durch die Fusion erhalten die bisherigen Gesellschafter zwar keine zusätzlichen Anteilsrechte, der Wert der gehaltenen Anteilsrechte vermehrt sich jedoch. Die mitgliedschaftliche Kontinuität ist hier somit ebenfalls gewahrt (und auch in diesem Fall erfolgt keine Kapitalerhöhung). Dies gilt gleichermassen für die **Tochter-Mutter-Fusion** (sog. Reverse Merger), durch welche die Tochtergesellschaft die Muttergesellschaft übernimmt. Hier werden die Gesellschafter der Muttergesellschaft mit Rechtswirksamkeit der Fusion zu solchen der Tochtergesellschaft, ohne dass neue Anteilsrechte ausgegeben werden müssten (MEIER, 145). Ein Umtausch von Anteilsrechten (und allenfalls auch eine sonst hierfür nötige Kapitalerhöhung) erübrigt sich folglich jeweils in dem Ausmass, als die übernehmende Gesellschaft Anteile an der übertragenden Gesellschaft oder als letztere eigene Anteile hält (s. GLANZMANN, AJP 2004, 147 f.).

27 Ist der übernommene Rechtsträger eine **Stiftung**, bestehen keine Mitglieder, sondern bloss Destinatäre. In diesem Fall muss die Kontinuität des Destinatärskreises gewahrt werden (KÜNG, SZW 1991, 247). Hierbei ist zu beachten, dass Stiftungen ohnehin nur dann miteinander fusionieren können, wenn sie einen gleichen oder ähnlichen Zweck

verfolgen und allfällige Rechtsansprüche der Destinatäre der beteiligten Stiftungen gewahrt werden (vgl. Art. 78 Abs. 2).

III. Ausgleichszahlung (Abs. 2)

Abs. 2 regelt die bereits unter bisherigem Recht zulässige Ausgleichszahlung (sog. **Spitzenausgleich**). Diese stellt eine ergänzende Bar- oder Realabgeltung zum Umtauschverhältnis der Anteilsrechte (vgl. zum Begriff N 2) dar und darf deshalb 10 Prozent des wirklichen Wertes der gewährten Anteile (z.B. der zugeteilten Aktien) nicht übersteigen (Botschaft, 4401; MEIER, 146; zur Regelung im europäischen Recht vgl. N 34). Ansonsten könnte der Grundsatz der mitgliedschaftlichen Kontinuität unterlaufen werden (vgl. hierzu Komm. zu Art. 8). Es stellt sich die Frage, ob auf die Gesamtheit (so SCHENKER, AJP 2004, 775; Art. 31 N 10) oder auf die dem einzelnen Gesellschafter (so VON DER CRONE ET AL., Rz 353 und wohl auch BK-BURCKHARDT, N 60) gewährten Anteile abzustellen ist. Unseres Erachtens muss in jedem Fall sichergestellt werden, dass jeder einzelne Gesellschafter mindestens einen Anteil an der übernehmenden Gesellschaft erhält. Über den engen Wortlaut von Abs. 2 hinaus können auch Gesellschaften, die keine Anteilsrechte ausgegeben haben oder ausgeben können – so die Vereine, Kollektiv- und Kommanditgesellschaften sowie Genossenschaften ohne Genossenschaftskapital –, Ausgleichszahlungen vornehmen (Handkommentar FusG-GLANZMANN, N 23; ZK-BURCKHARDT, N 61).

Um die Höhe der Ausgleichszahlung festzulegen, ist der wirkliche Wert der gewährten Anteile durch eine Unternehmensbewertung zu ermitteln (vgl. N 9 ff., N 19 ff.). Für die Berechnung des wirklichen Wertes ist der Zeitpunkt des Abschlusses des Fusionsvertrages oder ein früherer Zeitpunkt massgebend, der höchstens sechs Monate zurückliegt (vgl. N 10; Botschaft, 4401). Die Höhe der geplanten Ausgleichszahlung muss im Fusionsvertrag festgehalten (Art. 13 Abs. 1 lit. b; zu den Ausnahmen vgl. Art. 23 f.) und im Fusionsbericht erläutert und begründet werden (Art. 14 Abs. 3 lit. c; zu den Ausnahmen vgl. Art. 14 Abs. 2 und Abs. 5 sowie Art. 23 f.). Daraufhin muss sich der Prüfungsbericht darüber äussern, ob die Höhe der Ausgleichszahlung vertretbar ist (vgl. Art. 15 Abs. 4 lit. b; zu den Ausnahmen vgl. Art. 15 Abs. 2 und Art. 23 f.). Schliesslich muss die Ausgleichszahlung mit dem gewöhnlichen, für den Fusionsbeschluss erforderlichen Quorum, beschlossen werden (vgl. Art. 18).

Die Ausgleichszahlungen dürfen nur aus **frei verwendbarem Eigenkapital** erfolgen (BÖCKLI, Aktienrecht, § 3 Rz 103; ZK-BURCKHARDT, N 66; VON DER CRONE ET AL., Rz 354), wobei u.E. hierfür das frei verwendbare Eigenkapital nach Vollzug der Fusion massgebend ist (gl.M. VON SALIS-LÜTOLF, 35, 45; vgl. Art. 8 N 20).

IV. Schutz der Gesellschafterrechte

Das Umtauschverhältnis wird von den **obersten Leitungs- und Verwaltungsorganen** festgelegt (vgl. Art. 12 Abs. 1, Art. 13 Abs. 1 lit. b). Die Gesellschafter können – die Beschlussfassung in der Generalversammlung nach Art. 18 vorbehalten – hierauf kaum Einfluss nehmen. Art. 105 räumt daher sowohl den Gesellschaftern der *übertragenden* als auch denjenigen der *übernehmenden* Gesellschaft (vgl. N 1, N 5) das Recht ein, innert zwei Monaten seit Veröffentlichung des Fusionsbeschlusses im SHAB vom Richter am Sitz eines der beteiligten Rechtsträger (Art. 29a GestG) die Angemessenheit der ihnen angebotenen Anteils- oder Mitgliedschaftsrechte (oder einer Abfindung nach Art. 8) überprüfen und eine angemessene **Ausgleichszahlung** festsetzen zu lassen (vgl. im Einzelnen Komm. zu Art. 105; für ein Berechnungsbeispiel s. GLANZMANN, AJP 2004, 153 f.; für die Zuständigkeit im Rahmen einer Emigrationsfusion vgl. Komm. zu Art. 164a IPRG). Für Letztere gibt es, anders als nach Abs. 2, keine Höchstgrenze. Klageberechtigt sind auch diejenigen Gesellschafter, welche dem Fusionsbeschluss vorbehaltlos zugestimmt haben. Bei der Klage nach Art. 105 handelt es sich um eine **Gestaltungsklage**, welche zu Gunsten aller Gesellschafter des beteiligten Rechtsträgers wirkt, sofern sie sich in der gleichen Rechtsstellung wie die Klägerin befinden (Art. 105 Abs. 2). Das Rechtsbegehren kann jedoch immer nur auf Geld lauten (ISLER/VON SALIS-LÜTOLF, ZSR 2004 I 36), weil die Klage die Rechtswirksamkeit der Fusion nicht zu hindern vermag (Art. 105 Abs. 4; Botschaft, 4488; zu den Kosten vgl. Art. 105 Abs. 3).

32 Als weiterer Rechtsbehelf steht den Gesellschaftern der beteiligten Rechtsträger, welche dem Fusionsbeschluss nicht zugestimmt haben, gegen eine generelle Verletzung der Vorschriften des Fusionsgesetzes die **Anfechtungsklage** nach Art. 106 zur Verfügung (Botschaft, 4489). Auch diese ist innert zwei Monaten seit Veröffentlichung der Fusion im SHAB am Sitz einer der beteiligten Gesellschaften einzureichen (Art. 106 Abs. 1; Art. 29a GestG). Der Fusionsbeschluss kann dabei selbst dann angefochten werden, wenn er nicht von der Generalversammlung, sondern – wie etwa in den Fällen einer erleichterten Fusion gemäss Art. 23 f. – vom obersten Leitungs- und Verwaltungsorgan gefasst wurde (Art. 106 Abs. 2). Schliesslich besteht auch die Möglichkeit, eine **Verantwortlichkeitsklage** nach Art. 108 zu erheben.

33 Damit die Gesellschafter ihre Rechte ausreichend wahren können, sieht Art. 16 Abs. 1 vor, dass ihnen die beteiligten Gesellschaften an deren Sitz während 30 Tagen vor dem Beschluss über die Fusion Fusionsvertrag, Fusions- und Prüfungsbericht(e), die Jahresrechnungen und -berichte der letzten drei Geschäftsjahre sowie allfällige Zwischenbilanzen zur **Einsicht** vorzulegen haben (zur Ausnahme für KMU vgl. Art. 16 Abs. 2). Diese Unterlagen müssen u.a. darüber Aufschluss geben, ob die Anteils- und Mitgliedschaftsrechte der Gesellschafter angemessen gewahrt werden und dienen dadurch ebenfalls dem Gesellschafterschutz (vgl. N 13).

V. Rechtsvergleich

34 Die **Fusionsrichtlinie** (EU-Fus-RL) geht von der mitgliedschaftlichen Kontinuität aus. Spitzenausgleiche von in der Regel maximal 10 Prozent sind jedoch zulässig (Art. 3 Abs. 1, Art. 4 Abs. 1, Art. 30 EU-Fus-RL; NUFER, 564). Die 10 Prozent-Grenze ist dabei ausdrücklich auf den Nominalwert und nicht auf den wirklichen Wert bezogen. Da diese beiden Werte erheblich voneinander abweichen können, ist die Regelung der EU-Fus-RL nicht sachgerecht, zumal für das Umtauschverhältnis ausschliesslich der wirkliche Wert der Anteilsrechte entscheidend ist. Das Fusionsgesetz ist in diesem Punkt daher bewusst von der EU-Fus-RL abgewichen (vgl. Abs. 2; Botschaft, 4401; vgl. N 28 f.). Zur Vereinbarkeit von Art. 8 mit der EU-Fus-RL vgl. Art. 8 N 24.

Art. 8

Abfindung	¹ Die an der Fusion beteiligten Gesellschaften können im Fusionsvertrag vorsehen, dass die Gesellschafterinnen und Gesellschafter zwischen Anteils- oder Mitgliedschaftsrechten und einer Abfindung wählen können.
	² Die an der Fusion beteiligten Gesellschaften können im Fusionsvertrag auch vorsehen, dass nur eine Abfindung ausgerichtet wird.
Dédommagement	¹ Les sociétés qui fusionnent peuvent prévoir dans le contrat de fusion que les associés peuvent choisir entre les parts sociales ou les droits de sociétariat et un dédommagement.
	² Les sociétés qui fusionnent peuvent également prévoir dans le contrat de fusion que seul un dédommagement sera versé.
Indennità	¹ Nel contratto di fusione, le società partecipanti alla fusione possono prevedere la possibilità per i soci di scegliere tra quote sociali o diritti societari e un'indennità.
	² Nel contratto di fusione, le società partecipanti alla fusione possono anche prevedere che sarà versata solamente un'indennità.

Literatur

T. VON BALLMOOS, Art. 23 Abs. 3 VE Fusionsgesetz – ein problematischer Schritt in Richtung eines allgemeinen Rechts zum Ausschluss der Minderheitsaktionäre, SJZ 1999, 113 ff.; A. D'HOOGHE, Aspekte der grenzüberschreitenden Fusion gemäss Art. 163a ff. E-IPRG, Zürich/Basel/Genf 2003; M. HOPF, Desideratas und Randnotizen zum vorgeschlagenen Fusionsgesetz, ST 2001, 49 ff.; CH.J. MEIER-SCHATZ, Der Vorentwurf zum Fusionsgesetz aus der Sicht der Familienaktiengesellschaft, SZW 1999, 17 ff.; DERS., Europäisches Gesellschaftsrecht und der Schweizer Vorentwurf für ein Fusionsgesetz, in: Forstmoser/von der Crone/Weber/Zobl (Hrsg.), Der Einfluss des europäischen Rechts auf die Schweiz, FS Zäch, Zürich 1999, 539 ff.; A. VON PLANTA/ D. ZARB, Le dédommagement des actionnaires minoritaires: nouvelle forme de *squeeze out*, SZW 2004, 203 ff.; H. SCHÄRER/H. ZEITER, Going Private Transaktionen, in: Tschäni (Hrsg.), Mergers & Acquisitions V, Zürich/Basel/Genf 2003, 35 ff.; U. SCHENKER, Die Fusion, AJP 2004, 772 ff.; S. SEILER/R. M. STRAUB, Ausschluss, Austritt und Abfindung von Gesellschaftern, in: EY Law (Hrsg.), Das neue Fusionsgesetz, Zürich/Bern 2004, 48 ff.

I. Allgemeines

Nach herrschender Lehre zum bisherigen Recht war es nach dem **Prinzip der mitgliedschaftlichen Kontinuität** mit einer Vermögensübertragung im Rahmen einer Fusion zwingend auch verbunden, den Gesellschaftern der übertragenden Gesellschaft Anteils- oder Mitgliedschaftsrechte an der übernehmenden Gesellschaft zu gewähren. Eine Abfindung war nur im Rahmen eines Spitzenausgleichs für Differenzen zulässig, die aus dem Aktientausch resultieren konnten (vgl. Art. 7). Diese Meinung war allerdings nicht unbestritten (vgl. BSK OR II-TSCHÄNI, Art. 748 N 19; WATTER, Unternehmensübernahmen, Rz 645 ff.). Das Fusionsgesetz schränkt dieses Prinzip in Art. 8 durch die Möglichkeit der Einräumung eines Wahlrechts (Abs. 1) oder einer zwangsweisen Abfindung (Abs. 2) nun ausdrücklich ein, was eine wesentliche Neuerung darstellt (vgl. für die Abgeltung von Sonderrechten Art. 7 Abs. 5 und für den Ausschluss von Inhabern von Genussscheinen Art. 7 Abs. 6).

2 Die Möglichkeit einer Abfindung der Gesellschafter der übertragenden Gesellschaft dient der Bereinigung einer zersplitterten Beteiligungsstruktur und kann sich insbesondere dann als sinnvoll erweisen, wenn mit der Fusion eine Veräusserung der übertragenden Gesellschaft durch die bisherigen Gesellschafter bezweckt wird oder wenn die Übernahme durch eine erheblich grössere Gesellschaft erfolgt, so dass den Gesellschaftern der übertragenden in der übernehmenden Gesellschaft keine entscheidrelevante Bedeutung mehr zukäme (KLÄY/TURIN, REPRAX 1/2001, 12). Art. 8 tritt dabei neben das jeweilige, auf die betreffende Rechtsform anwendbare Recht, welches seinerseits ebenfalls die Möglichkeit eines Ausschlusses von Gesellschaftern vorsehen kann (vgl. Art. 72 ZGB für den Verein, Art. 577 f. OR für die Kollektiv- und Kommanditgesellschaft, Art. 681 f. OR für die AG, Art. 799 und Art. 822 Abs. 3 OR für die GmbH sowie Art. 846 OR für die Genossenschaft; GLANZMANN, AJP 2004, 140).

II. Wahlrecht (Abs. 1)

3 Gemäss Abs. 1 können die an der Fusion beteiligten Gesellschaften im Fusionsvertrag vorsehen, dass die Gesellschafter zwischen Anteils- und Mitgliedschaftsrechten einerseits und einer Abfindung andererseits wählen können. A maiore minus muss es u.E. dabei ebenfalls möglich sein, neben Anteils- und Mitgliedschaftsrechten wahlweise eine Kombination aus Anteils- und Mitgliedschaftsrechten und einer Abfindung anzubieten (gl.M. VON SALIS-LÜTOLF, 43; VON DER CRONE ET AL., Rz 353). Unter dem Aspekt des Minderheitenschutzes ist das Einräumen eines Wahlrechts unproblematisch, weil die Gesellschafter durch Ausübung eines entsprechenden Gestaltungsrechts frei entscheiden können, ob sie Gesellschafter der übernehmenden Gesellschaft werden oder dann aus der übertragenden Gesellschaft ausscheiden wollen. Eine Kapitalgesellschaft, die als übernehmende Gesellschaft mindestens 90 Prozent der Anteile der übertragenden Kapitalgesellschaft hält und die von den in Art. 24 aufgezählten Verfahrenserleichterungen profitieren will, muss den Inhabern von Minderheitsanteilen zwingend ein Wahlrecht einräumen (vgl. Art. 23 Abs. 2 lit. a; N 13, N 19; **a.M.** VON SALIS-LÜTOLF, 145).

4 Die Einräumung eines Wahlrechts im Fusionsvertrag wird mit dem gewöhnlichen, für den Fusionsbeschluss erforderlichen **Quorum** beschlossen (vgl. Art. 18 und zur Zuständigkeit bei den einzelnen Rechtsformen Art. 18 N 4 ff.). Seine Durchführung kann mittels genehmigter Kapitalerhöhung erfolgen (Botschaft, 4404; vgl. Art. 9 Abs. 2, wonach für den Erhöhungsbetrag bei AG die Höchstgrenze nach Art. 651 Abs. 2 OR nicht gilt; im Einzelnen vgl. Art. 9 N 37 ff.).

5 Abs. 1 schreibt nicht vor, in welcher Form und innert welcher Frist das Wahlrecht auszuüben ist. In der Praxis sollte aus Gründen der Rechtssicherheit eine **schriftliche Ausübungserklärung** verlangt werden. Die **Frist** für die Ausübungserklärung ist grundsätzlich vertraglich zu vereinbaren und muss angemessen sein (für nähere Ausführungen s. VON SALIS-LÜTOLF, 45 f.). Fehlt eine vertragliche Vereinbarung, muss die übernehmende Gesellschaft zur Ausübung des Wahlrechts Frist ansetzen. Wird dieser Frist nicht Folge geleistet, gerät der betreffende Gesellschafter in Gläubigerverzug und die übernehmende Gesellschaft kann als Schuldnerin der Leistung nach Ansetzen einer angemessenen Nachfrist das Wahlrecht für den Gläubiger ausüben (vgl. Art. 95 OR; BGE 110 II 148, 151 f.; GAUCH/SCHLUEP/REY, Rz 2282, 3047 ff.; **a.M.** Handkommentar FusG-GLANZMANN, N 11 mit Hinweisen auf das deutsche Recht, der die Ansicht vertritt, bei Fehlen einer vertraglichen Regelung sei in Analogie zu Art. 19 Abs. 1 eine zweimonatige Ausübungsfrist anzunehmen). Entscheiden sich die Gesellschafter für die

2. Abschnitt: Anteils- und Mitgliedschaftsrechte 6–8 **Art. 8**

Abfindung und damit für einen Austritt aus der Gesellschaft, wird der **Austritt** (allenfalls rückwirkend) zusammen mit der Fusion mit dem Handelsregistereintrag **wirksam** (vgl. Art. 22 Abs. 1; gl.M. Handkommentar FusG-GLANZMANN, N 12; VON SALIS-LÜTOLF, 46; für den in der Regel nicht eingetragenen Verein vgl. Art. 19 Abs. 2 und Art. 22 Abs. 2; zum Weiterbestehen einer allfälligen persönlichen Haftung für Gesellschaftsschulden vgl. Art. 26). Zu diesem Zeitpunkt entsteht mangels anderer Vereinbarung auch der Anspruch auf Auszahlung der Abfindung (gl.M. VON SALIS-LÜTOLF, 45, 50).

Als Abfindung können Bargeld, aber auch andere Vermögenswerte angeboten werden. Sogar Anteile an einer dritten Gesellschaft (sog. **Dreiecksfusion** oder **Triangular Merger**) können zur Wahl gestellt werden. Sind ausschliesslich solche Anteile auszurichten, müssen allerdings die Voraussetzungen von Abs. 2 und Art. 18 Abs. 5 erfüllt sein, d.h. die Abfindung muss im Fusionsvertrag vorgesehen sein und der Fusionsbeschluss bedarf der Zustimmung von mindestens 90 Prozent der stimmberechtigten Gesellschafter der übertragenden Gesellschaft (vgl. N 8 ff., N 12; Art. 18 N 35 ff.). 6

Dem Wortlaut von Abs. 1 ist nicht klar zu entnehmen, *wer* wahlberechtigt sein soll. Die Bestimmung muss jedoch in Verbindung mit Art. 7 Abs. 1 gelesen und aus praktischen Gründen dahingehend verstanden werden, dass nur den Gesellschaftern der *übertragenden* Gesellschaft ein Wahlrecht eingeräumt werden darf (gl.M. VON PLANTA/ZARB, SZW 2004, 204; VON SALIS-LÜTOLF, 43; zur Gleichberechtigung der wahlberechtigten Gesellschafter vgl. N 22). 7

III. Zwangsweise Abfindung (Abs. 2)

1. Voraussetzungen

Die beteiligten Gesellschaften können im Fusionsvertrag vorsehen, dass den Gesellschaftern der *übertragenden* Gesellschaft ausschliesslich eine Abfindung ausgerichtet wird (Abs. 2). Diesfalls muss der Fusionsbeschluss bei der übertragenden Gesellschaft nach Art. 18 Abs. 5 jedoch durch mindestens 90 Prozent ihrer stimmberechtigten Gesellschafter gefasst werden (die übernehmende Gesellschaft fasst den Fusionsbeschluss demgegenüber mit gewöhnlichem Quorum, vgl. Art. 18 Abs. 1–4, Abs. 6; zur Zuständigkeit für die Beschlussfassung bei den einzelnen Rechtsformen vgl. Art. 18 N 4 ff.). Das ursprünglich im Vorentwurf vorgesehene Einstimmigkeitserfordernis und die 98 Prozent-Schwelle für Kapitalgesellschaften (vgl. Art. 18 Abs. 5, Art. 23 Abs. 3 VE FusG) wurden dadurch zu Gunsten einer praktikableren und den wirtschaftlichen Bedürfnissen besser entsprechenden Regelung fallen gelassen (vgl. Begleitbericht zum Vorentwurf FusG, 27 und die vereinzelte Kritik in der Lehre, welche aus Gründen des Minderheitenschutzes am Einstimmigkeitserfordernis festhalten will, VON BALLMOOS, SJZ 1999, 113 ff.; HOPF, ST 2001, 50 f.; s. demgegenüber MEIER-SCHATZ, Fusionsgesetz, 31, 39, der einen noch tieferen Schwellenwert befürwortet). Durch den Verzicht auf Einstimmigkeit wird zudem verhindert, dass sich einzelne Personen mit Minderheitsbeteiligungen einer an sich sinnvollen Transaktion erfolgreich widersetzen können (es bleibt aber zu beachten, dass sich das Einstimmigkeitserfordernis allenfalls aus Art. 18 Abs. 1 lit. b oder Abs. 2 ergeben kann, vgl. Art. 18 N 38). Gemäss Botschaft dürfte das Angebot einer Abfindung im Allgemeinen auch im Interesse der Personen mit Minderheitsbeteiligungen liegen oder zumindest für sie nicht nachteilig sein (Botschaft, 4403). Dem ist allerdings entgegenzuhalten, dass der zwangsweise Ausschluss als solcher einschneidend in die Rechtsstellung der Minderheitsgesellschafter eingreift und daher zweifelsohne nachteilig ist. 8

9 Abs. 2 ermöglicht es folglich, Personen mit Minderheitsbeteiligungen gegen ihren Willen aus der Gesellschaft hinauszustossen. Man spricht in diesem Zusammenhang daher auch von **Squeeze-Out Merger** (es werden zudem die Begriffe Cash-Out bzw. Freeze-Out Merger verwendet). Zur Rechtswirksamkeit des Austritts und zur Fälligkeit des Anspruchs auf Auszahlung der Abfindung vgl. N 5. Zum Weiterbestehen einer allfälligen persönlichen Haftung vgl. Art. 26. Für die Abgeltung von Sonderrechten vgl. Art. 7 Abs. 5 und für den Ausschluss von Inhabern von Genussscheinen vgl. Art. 7 Abs. 6.

10 Art. 18 Abs. 5 umschreibt nicht näher, wie sich die Schwelle von «mindestens 90 Prozent der stimmberechtigten Gesellschafterinnen und Gesellschafter der übertragenden Gesellschaft» berechnet. Ebenso wenig äussert sich die Botschaft dazu. Der Wortlaut suggeriert, dass die Zahl der Gesellschafter entscheidend sein soll. Dies ist für personenbezogene Rechtsträger wie beispielsweise Kollektiv-, Kommanditgesellschaften und Genossenschaften gerechtfertigt (vgl. Art. 2 lit. f und g), bei welchen in der Regel jedes Mitglied eine Stimme hat (vgl. Art. 557 Abs. 2/Art. 598 Abs. 2 i.V.m. Art. 534, Art. 885 OR). Bei Fusionen von Kapitalgesellschaften (AG, Kommandit-AG, GmbH, vgl. Art. 2 lit. c) ist es demgegenüber nicht sachgerecht, auf die Anzahl der Gesellschafter abzustellen. In diesen Fällen muss sich die 90 Prozent-Schwelle vielmehr auf die **Stimmrechte** der Gesellschafter beziehen (gl.M. BÖCKLI, Aktienrecht, § 3 Rz 198 Anm. 347; GRONER, SJZ 2003, 399 f.; Handkommentar FusG-JERMINI, Art. 18 N 37; ISLER/VON SALIS-LÜTOLF, ZSR 2004 I 16; VON SALIS-LÜTOLF, 48; ferner: GLANZMANN, AJP 2004, 151, der zu Recht darauf hinweist, dass bei einer AG, welche Inhaberpapiere ausgegeben hat, die Anzahl der Gesellschafter unter Umständen gar nicht bekannt ist; ebenso für die asymmetrische Spaltung Art. 47 N 27; **a.M.** KLÄY, 194 ff.). Mit «stimmberechtigten Gesellschaftern» i.S.v. Art. 18 Abs. 5 i.V.m. Art. 2 lit. b müssen die Inhaber von Anteils- und Mitgliedschaftsrechten, welche ein Stimmrecht verleihen, gemeint sein. Dabei kann es nicht massgebend sein, ob das Stimmrecht ausübbar ist oder nicht (vgl. Art. 18 N 36; vgl. für die AG Art. 659a Abs. 1 (eigene Aktien), Art. 685f (Aktionär ohne Stimmrecht) und Art. 692 Abs. 2 OR (Höchststimmklauseln); weitgehend gl.M. VON SALIS-LÜTOLF, 49; vgl. auch Art. 54 lit. a BEHV für die Berechnung der 98 Prozent-Schwelle bei der börsenrechtlichen Kraftloserklärungsklage (vgl. dazu N 14 ff.) und BSK Kapitalmarktrecht-SCHILTKNECHT, Art. 33 BEHG N 8; ferner: SCHÄRER/ZEITER, 41; **a.M.** VON PLANTA/ZARB, SZW 2004, 205). Angesichts der Tragweite des Beschlusses und dem Willen des Gesetzgebers, einen Squeeze-Out Merger nur unter erschwerten Voraussetzungen zuzulassen, muss sich die 90 Prozent-Schwelle zudem auf die Gesamtheit der Stimmrechte, und nicht nur auf die an der Generalversammlung vertretenen Stimmen beziehen (vgl. auch N 8, Art. 18 N 37 und das noch in Art. 18 Abs. 5 VE FusG vorgesehene Einstimmigkeitserfordernis; gl.M. ZK-GELZER, Art. 18 N 33; VON SALIS-LÜTOLF, 49; SCHENKER, AJP 2004, 775; SEILER/STRAUB, 51 Anm. 11; **a.M.** VON DER CRONE ET AL., Rz 384; GLANZMANN, AJP 2004, 151; GRONER, SJZ 2003, 400; D'HOOGHE, 43 Anm. 234). Dabei muss im Nenner die Gesamtzahl der Stimmrechte gemäss Handelsregistereintrag – bei einer AG demnach das im Handelsregister eingetragene Aktienkapital – massgebend sein (gl.M. VON PLANTA/ZARB, SZW 2004, 205). Sind etwa bei einer AG Aktien aus bedingtem Kapital ausgegeben, aber noch nicht im Handelsregister eingetragen worden, sind diese nicht hinzuzurechnen (vgl. Art. 653e Abs. 3, Art. 653g, Art. 653h OR; SCHÄRER/ZEITER, 41; Aktien aus ordentlichem oder genehmigtem Kapital gelten ohnehin erst dann als ausgegeben, wenn der Handelsregistereintrag erfolgt ist, vgl. Art. 652h Abs. 3 OR und TSCHÄNI, M&A-Transaktionen, 8. Kap. Rz 89). Ebenfalls nicht relevant sind Partizipations- und Genussscheine, die kein Stimmrecht verleihen (Art. 18 Abs. 5 spricht ausdrücklich von «stimmberechtigten» Gesellschaftern; vgl. Art. 18 N 36). Inhaber von Partizipations- oder Genussscheinen werden schon bei der

Beschlussfassung über den Fusionsvertrag nicht berücksichtigt und sollen daher auch nicht über einen Squeeze-Out Merger entscheiden können (vgl. Art. 18 Abs. 1 lit. a und Art. 7 N 15, N 17). Für die Berechnung der 90 Prozent der Stimmrechte im Zähler ist auf die Anzahl der vom zustimmenden Gesellschafter vertretenen und ausgeübten Stimmen abzustellen (erfasst werden auch Stimmrechte, die durch ausgegebene, im Handelsregister jedoch noch nicht eingetragene Aktien vermittelt werden, s. zur börsenrechtlichen Kraftloserklärungsklage TSCHÄNI, M&A-Transaktionen, 8. Kap. Rz 90). Nicht ausübbare Stimmen (Art. 685f, Art. 692 Abs. 2 OR) wirken demgemäss wie Nein-Stimmen, was dem Schutzbedürfnis der betreffenden Aktionäre entspricht (gl.M. VON SALIS-LÜTOLF, 49). Die (ruhenden) Stimmen der eigenen Aktien, welche die übertragende Gesellschaft hält, sind demgegenüber den Befürworter-Stimmen hinzuzurechnen, weil der kontrollierende Aktionär ohnehin bewirken könnte, dass die übertragende Gesellschaft ihm diese Aktien verkauft und dass die entsprechenden Stimmrechte über diesen Umweg in seinem Sinn ausgeübt werden (**a.M.** ZK-GELZER, Art. 18 N 33a; VON SALIS-LÜTOLF, 49, 146; VON PLANTA/ZARB, SZW 2004, 205). Zur Bedeutung für die einzelnen Rechtsformen vgl. Art. 18 N 37.

Bei der Berechnung der 90 Prozent-Schwelle nach Art. 18 Abs. 5 fragt sich zudem, ob bei Kapitalgesellschaften das **Kapital** ebenfalls massgebend sein soll, was beispielsweise dann Bedeutung erlangt, wenn in einer AG nebst gewöhnlichen Aktien auch Stimmrechtsaktien ausstehend sind (vgl. Art. 693 OR). In der Lehre wird dies dem Grundsatz nach teilweise bejaht (vgl. D'HOOGHE, 43 Anm. 234; GRONER, SJZ 2003, 400), was u.E. gerechtfertigt ist (gl.M. ZK-GELZER, Art. 18 N 34; VON PLANTA/ZARB, SZW 2004, 205; vgl. auch ISLER/VON SALIS-LÜTOLF, ZSR 2004 I 16 f.). Das Kapital muss schon deshalb berücksichtigt werden, weil für AG, Kommandit-AG und GmbH bereits im Rahmen des Fusionsbeschlusses auf das Kapital abgestellt wird (vgl. Art. 18 Abs. 1 lit. a und c) und Art. 18 Abs. 5 – in Berücksichtigung des gesetzgeberischen Willens, den Squeeze-Out Merger nur unter erschwerten Bedingungen zuzulassen (vgl. N 10) – eine Verschärfung des allgemeinen Quorums für den Fusionsbeschluss darstellt (vgl. Art. 18 N 38 und zur rechtsformspezifischen Auslegung von Art. 18 Abs. 5 vgl. Art. 18 N 37). Zudem sollen auch Gesellschafter, die im Vergleich zu ihrer Kapitalbeteiligung über verhältnismässig weniger Stimmkraft verfügen, nicht leichthin aus der Gesellschaft hinaus gestossen werden können und so um die Möglichkeit gebracht werden, an der Wertentwicklung ihrer Anteile zu partizipieren. Für eine Berücksichtigung des Kapitals spricht bei einer AG schliesslich auch die Tatsache, dass Minderheitsaktionäre, die zusammen mindestens 10 Prozent des Aktienkapitals vertreten, das Recht auf Einberufung einer Generalversammlung und damit durchaus noch wirksame Mitspracherechte haben (vgl. Art. 699 Abs. 3 OR). Nach der hier vertretenen Ansicht ist somit für einen Squeeze-Out Merger die Zustimmung von 90 Prozent der stimmberechtigten Gesellschafter notwendig, die zugleich 90 Prozent des Stimmkapitals – bei einer AG somit 90 Prozent des Aktienkapitals – vertreten (gl.M. ZK-GELZER, Art. 18 N 34; **a.M.** VON DER CRONE ET AL., Rz 384; GLANZMANN, AJP 2004, 151 und GRONER, SJZ 2003, 400, die 90 Prozent der vertretenen Aktienstimmen und -nennwerte für massgebend halten sowie D'HOOGHE, 43 Anm. 234, die für AG 90 Prozent der vertretenen Aktienstimmen und in Analogie zu Art. 18 Abs. 1 lit. a die absolute Mehrheit der vertretenen Aktiennennwerte verlangt; ebenso bzgl. des Doppelquorums des Art. 18 Abs. 1 lit. a BÖCKLI, Aktienrecht, § 3 Rz 199; anders im Rahmen der asymmetrischen Spaltung auch Art. 43 N 31). Bei einer AG muss dabei im Nenner der Gesamtnennwert der Aktien gemäss Handelsregistereintrag die massgebliche Bezugsgrösse sein. Noch nicht eingetragene Kapitalerhöhungen aus bedingtem Kapital sind dabei nicht zu berücksichtigen. Ebenfalls nicht relevant ist ein allfälliges Partizipationsscheinkapital, welches stimmrechtsloses Kapital darstellt (vgl. N 10; SCHÄRER/ZEITER, 41). Im Zähler sind die vom zustimmenden Aktionär gehaltenen Aktiennennwerte bzw. allgemein die vom zustimmenden Gesellschafter gehaltene Kapitalbeteiligung einzusetzen. Vgl. im Einzelnen auch Art. 18 N 37.

2. Art der Abfindung

12 Die Abfindung kann sowohl in einer **Geld-** wie auch in einer **Naturalleistung** bestehen (Botschaft, 4403). Denkbar ist damit irgendein Vermögenswert, wie z.B. Forderungen oder Sachwerte der übernehmenden Gesellschaft, aber auch Vermögenswerte, über welche nicht die übernehmende, sondern die übertragende oder gar eine dritte Gesellschaft verfügt (s. Handkommentar FusG-GLANZMANN, N 15; GRONER, SJZ 2003, 399). Keine Abfindung i.S.v. Abs. 2 stellt die Abfindung mit Anteils- oder Mitgliedschaftsrechten der übernehmenden Gesellschaft dar. Grundsätzlich zulässig ist demgegenüber die Abfindung mit Anteils- oder Mitgliedschaftsrechten an einer dritten Gesellschaft, beispielsweise der Muttergesellschaft der übernehmenden Gesellschaft (sog. **Dreiecksfusion** oder **Triangular Merger**; Botschaft, 4403; Handkommentar FusG-GLANZMANN, N 15; VON DER CRONE ET AL., Rz 356; WATTER, Unternehmensübernahmen, Rz 654 ff.). Da die Minderheitsgesellschafter zwangsweise abgefunden werden, muss jedoch verlangt werden, dass die entsprechenden Vermögenswerte bzw. Anteils- oder Mitgliedschaftsrechte marktfähig, und damit leicht realisierbar, sind (Handkommentar FusG-GLANZMANN, N 15; VON SALIS-LÜTOLF, 42 f.). Mit GLANZMANN kann davon ausgegangen werden, dass dies wohl lediglich dann nicht der Fall sein muss, wenn die übernehmende Gesellschaft die Minderheitsgesellschafter mit Anteils- oder Mitgliedschaftsrechten ihrer Muttergesellschaft abfindet. Die Anteils- oder Mitgliedschaftsrechte der Muttergesellschaft haben zur übernehmenden Gesellschaft nämlich einen Bezug (Handkommentar FusG-GLANZMANN, N 15).

13 Eine zwangsweise Abfindung gemäss Abs. 2 ist ausgeschlossen, wenn eine Kapitalgesellschaft, die als übernehmende Gesellschaft mindestens 90 Prozent der Anteile der übertragenden Kapitalgesellschaft hält, von den in Art. 24 aufgezählten Verfahrenserleichterungen profitieren will. Diesfalls muss den Inhabern von Minderheitsanteilen zwingend ein Wahlrecht gemäss Abs. 1 eingeräumt werden (vgl. Art. 23 Abs. 2 lit. a; vgl. auch N 3, N 19; **a.M.** VON SALIS-LÜTOLF, 145).

3. Ergänzung der börsenrechtlichen Kraftloserklärungsklage

14 Nach **Art. 33 BEHG** kann der Anbieter, der nach einem öffentlichen Übernahmeangebot über mehr als 98 Prozent der Stimmrechte der Zielgesellschaft verfügt, die restlichen Beteiligungspapiere kraftlos erklären lassen. Vergleicht man den Squeeze-Out Merger mit dieser Bestimmung, ist zunächst festzuhalten, dass der Squeeze-Out Merger nicht auf Schweizer Publikumsgesellschaften beschränkt ist, deren Beteiligungspapiere mindestens teilweise an einer Börse in der Schweiz kotiert sind (vgl. Art. 22 BEHG). Zudem kann ein Squeeze-Out Merger bereits dann in die Wege geleitet werden, wenn 90 Prozent der Stimmrechte und allenfalls des Stimmkapitals (vgl. N 10 f.) kontrolliert werden (Art. 18 Abs. 5). Der börsenrechtliche Schwellenwert von 98 Prozent der Stimmrechte ist demgegenüber viel schwieriger zu erreichen. Für die Kraftloserklärung unter dem Börsengesetz wird überdies vorausgesetzt, dass zuvor ein öffentliches Übernahmeangebot unterbreitet und das Kraftloserklärungsverfahren innert drei Monaten eingeleitet worden ist. Diese Voraussetzungen gelten für den Squeeze-Out Merger nicht. Dafür ist der Ablauf einer Fusion aber aufwändiger als das Verfahren der Kraftloserklärung (vgl. Art. 12 ff.).

Die Bestimmungen zu Art und Höhe der Abfindung (vgl. N 12, N 18 f.) zeigen einen weiteren wichtigen Unterschied zur börsenrechtlichen Kraftloserklärungsklage auf. Bei der Kraftloserklärungsklage liegt die Höhe des Preises, den die Minderheitsaktionäre erhalten sollen, grundsätzlich ausserhalb der Kognition des Richters. Der Preis hat dem Angebotspreis zu entsprechen (Verletzungen der Mindestpreisvorschriften und der Best Price Rule vorbehalten, s. hierzu TSCHÄNI, M&A-Transaktionen, 8. Kap. Rz 109 ff.). Beim Squeeze-Out Merger kann der Richter demgegenüber auch die Höhe der Abfindung beurteilen (vgl. Art. 105). 15

Durch die Einführung des Squeeze-Out Merger wird der Anwendungsbereich eines Squeeze-Out wesentlich erweitert, denn dieser steht nicht nur kotierten Publikumsgesellschaften, sondern auch privaten Konzern- oder Familiengesellschaften offen. Zudem ist natürlich der Schwellenwert mit bloss 90 Prozent der Stimmrechte und allenfalls des Stimmkapitals (vgl. N 10 f.) entschieden geringer als jener unter dem Börsengesetz. 16

4. Squeeze-Out Merger und Art. 2 Abs. 2 ZGB

Auf Grund der Möglichkeit, durch einen Squeeze-Out Merger Personen mit Minderheitsbeteiligungen aus einer Gesellschaft auszuschliessen, ist zu erwarten, dass Mehrheitsbeteiligte zu diesem Zweck eine Gesellschaft gründen werden, welche mit der ersten Gesellschaft fusionieren soll. Ein oder mehrere Aktionäre, die zusammen mindestens 90 Prozent an einer AG halten, können beispielsweise eine AG gründen, deren Aktien vollständig in ihrem Eigentum stehen und deren einzige Aktiven liquide Mittel sind. Daraufhin veranlassen sie den Verwaltungsrat der ersten AG, mit der neu gegründeten AG (sog. Übernahmevehikel) zu fusionieren, wobei die Minderheitsaktionäre in bar abgefunden werden. Ein solches Vorgehen sollte im Hinblick auf den Zweck der Bestimmung grundsätzlich zulässig sein (gl.M. D'HOOGHE, 45; KLÄY/TURIN, REPRAX 1/2001, 12), wobei die Fälle offenbaren Rechtsmissbrauchs i.S.v. Art. 2 Abs. 2 ZGB vorbehalten bleiben müssen (vgl. Botschaft, 4403; GRONER, SJZ 2003, 401 f.; SEILER/STRAUB, 52). 17

IV. Höhe und Ausrichtung der Abfindung

Art. 8 äussert sich nicht zur **Höhe** der wahlweise oder zwingend auszurichtenden Abfindung. Mangels gesetzlicher Vorschrift ist sie daher in Analogie zu Art. 7 Abs. 1 namentlich unter Berücksichtigung des Vermögens der beteiligten Gesellschaften bzw. deren Unternehmenswerte festzulegen (vgl. Art. 7 N 9 ff., N 19 ff.; zum Zeitpunkt der Bewertung vgl. Art. 7 N 10). Da die Bewertung einer Gesellschaft jedoch mit erheblichen Unsicherheiten verbunden ist und sich mitunter als schwierig erweisen kann (vgl. Art. 7 N 13), verbleibt den beteiligten Gesellschaften bei der Festlegung der Höhe der Abfindung, die im Fusionsvertrag enthalten sein muss (Art. 13 Abs. 1 lit. f; vgl. für die Fusion zwischen Vereinen Art. 13 Abs. 2), ein erheblicher Ermessensspielraum (nach Ansicht der Botschaft, 4423 muss die Abfindung nicht dem wirklichen Wert der Anteile entsprechen; sollte damit gemeint sein, dass die beteiligten Gesellschaften die Höhe der Abfindung frei bestimmen können, ist dies entschieden abzulehnen). Der Fusionsbericht hat aber die Höhe der Abfindung zu erläutern; soll ausschliesslich eine Abfindung ausgerichtet werden, sind hierfür die Gründe darzulegen (Art. 14 Abs. 3 lit. d; zu den Ausnahmen vgl. Art. 14 Abs. 2 und Abs. 5 sowie Art. 23 f.). Überdies muss sich ein besonders befähigter Revisor darüber äussern, ob die Abfindung «vertretbar» ist (Art. 15 Abs. 4 lit. b; zu den Ausnahmen vgl. Art. 15 Abs. 2 und Art. 23 f.). Ist dies nicht der Fall und erscheint die Abfindung als unangemessen, kann jeder Gesellschafter verlangen, dass das Gericht eine angemessene Ausgleichs- 18 zahlung festsetzt (Art. 105 Abs. 1). Die Kosten des Verfahrens trägt dabei der übernehmende Rechtsträger. Wenn besondere Umstände es rechtfertigen, kann das Gericht die Kosten jedoch ganz oder teilweise dem Kläger auferlegen (Art. 105 Abs. 3). Die Klage hindert zwar die Rechtswirksamkeit der Fusion nicht, doch hat das Urteil für alle Gesellschafter des beteiligten Rechtsträgers Wirkung, sofern sie sich in derselben Rechtsstellung wie der Kläger befinden (Art. 105 Abs. 2 und 4; vgl. im Übrigen Art. 7 N 31 ff.).

19 Bestimmungen über die Höhe der Abfindung finden sich jedoch für den Fall, dass das erleichterte Fusionsverfahren nach Art. 23 Abs. 2 greift. Diesfalls sieht Art. 23 Abs. 2 lit. a ausdrücklich vor, dass die angebotene Abfindung nach Art. 8 dem wirklichen Wert der Anteile entsprechen muss (zur Schwierigkeit der Unternehmensbewertung vgl. N 18 und Art. 7 N 13). Überdies sind den Inhabern von Minderheitsanteilen zusätzlich zur Abfindung auch wahlweise Anteilsrechte an der übernehmenden Gesellschaft anzubieten (ein Squeeze-Out Merger ist in solchen Fällen folglich ausgeschlossen; vgl. N 3, 13; **a.M.** VON SALIS-LÜTOLF, 145). Zudem dürfen sich aus der Fusion weder Nachschusspflichten, andere persönliche Leistungspflichten noch eine persönliche Haftung ergeben (Art. 23 Abs. 2 lit. b).

20 Nach Ansicht der Botschaft stellt die Ausrichtung von Geldleistungen an die Gesellschafter der übertragenden Gesellschaft eine gesetzlich vorgesehene **Kapitalrückzahlung** dar, weshalb die allgemeinen Regeln und Voraussetzungen des Gesellschaftsrechts zur Rückleistung von Einlagen zu beachten sind (Botschaft, 4404). Namentlich muss die Gesellschaft über **frei verwendbares Eigenkapital** im Umfang der Abfindung verfügen, um sicherzustellen, dass die Gläubiger durch die Abfindung nicht geschädigt werden (vgl. für die AG Art. 671–673 OR; Botschaft, 4404; SCHENKER, AJP 2004, 776; VON DER CRONE ET AL., Rz 357; **z.T. a.M.** Handkommentar FusG-GLANZMANN, N 4). Unseres Erachtens ist hierfür das frei verwendbare Eigenkapital bei der übernehmenden Gesellschaft nach Vollzug der Fusion massgebend (gl.M. VON SALIS-LÜTOLF, 45, 50). Keine Kapitalrückzahlung liegt demgegenüber dann vor, wenn die Gesellschafter der übertragenden Gesellschaft mit Anteilsrechten an der übernehmenden oder einer dritten Gesellschaft abgefunden werden (D'HOOGHE, 42). Ist die übernehmende Gesellschaft eine AG, muss hinsichtlich der Aktien, die für die Gesellschafter der übertragenden Gesellschaft bereit zu stellen sind, Art. 659 OR über den Erwerb bzw. das Halten eigener Aktien berücksichtigt werden (Handkommentar FusG-GLANZMANN, N 5 f.).

V. Schutz der Gesellschafterrechte

21 Vgl. N 18 und Art. 7 N 31 ff.

VI. Kein Anspruch auf Abfindung

22 Es ist zu beachten, dass das Fusionsgesetz **kein Austrittsrecht** für die Gesellschafter vorsieht, obwohl dies in der Vernehmlassung und bereits im Rahmen der Aktienrechtsrevision verlangt worden war (MEIER-SCHATZ, Fusionsgesetz und KMU, 52 f.; NUFER, 578 f.; ISLER/VON SALIS-LÜTOLF, ZSR 2004 I 15; Vernehmlassungen, 167 f.; vgl. immerhin Art. 19, der ein Austrittsrecht für Vereinsmitglieder vorsieht). Die Gesellschafter der übertragenden Gesellschaft haben damit keinen Anspruch auf Abfindung oder auf Einräumung eines Wahlrechts. Soll ein Wahlrecht eingeräumt oder eine Abfindung entrichtet werden, müssen die Gesellschafter der übertragenden Gesellschaft jedoch gleich behandelt werden. Vorbehalten bleiben sachliche Gründe, die eine Ungleichbehandlung rechtfertigen. In der Lehre wird die Wünschbarkeit eines Austrittsrechts verschiedentlich bejaht (s. im Einzelnen MEIER-SCHATZ, SZW 1999, 25; NUFER, 580).

3. Abschnitt: Kapitalerhöhung, Neugründung und Zwischenbilanz   **Art. 9**

Ein Austrittsrecht kann den Gesellschaftern jedoch auf Grund des Rechts zustehen, welches auf den jeweiligen Rechtsträger anwendbar ist (vgl. etwa Art. 70 Abs. 2 ZGB für Vereinsmitglieder, Art. 576 OR für die Gesellschafter einer Kollektiv- oder Kommanditgesellschaft, Art. 771 OR für die unbeschränkt haftenden Aktionäre einer KommanditAG, Art. 822 OR für die Gesellschafter einer GmbH und Art. 842 ff. OR für Genossenschafter; s. auch GLANZMANN, AJP 2004, 140).   23

VII. Rechtsvergleich

Im Unterschied zum Fusionsgesetz sieht die **Fusionsrichtlinie** (EU-Fus-RL) weder ein   24
Abs. 1 entsprechendes Wahlrecht zwischen Abfindung und Anteilen noch eine reine Barabfindung vor, wie sie in Abs. 2 ermöglicht wird. Während das Wahlrecht den in der EU-Fus-RL angestrebten Gesellschafterschutz nicht gefährdet, muss die Vereinbarkeit der reinen Barabfindung mit den europäischen Vorgaben verneint werden (Botschaft, 4403, 4419; D'HOOGHE, 48, 50; NUFER, 566 ff.; MEIER-SCHATZ, FS Zäch, 546 hinsichtlich des Wahlrechts; **a.M.** demgegenüber mit Bezug auf die reine Barabfindung DERS., Fusionsgesetz, 39 mit dem Hinweis auf Art. 30 EU-Fus-RL und das deutsche UmwG). Der Ausschluss von Mitgliedern gegen ihren Willen lässt sich nämlich weder mit dem Wortlaut der EU-Fus-RL noch mit dem darin enthaltenen Grundsatz der mitgliedschaftlichen Kontinuität vereinbaren. Das Fusionsgesetz weicht also in diesem Punkt zu Gunsten einer grösseren Flexibilität bei Umstrukturierungen bewusst von der EU-FusRL ab (im Einzelnen s. NUFER, 567 f.).

Dritter Abschnitt: Kapitalerhöhung, Neugründung und Zwischenbilanz

Art. 9

Kapitalerhöhung bei der Absorptionsfusion

¹ Bei der Absorptionsfusion muss die übernehmende Gesellschaft das Kapital erhöhen, soweit es zur Wahrung der Rechte der Gesellschafterinnen und Gesellschafter der übertragenden Gesellschaft erforderlich ist.

² **Die Vorschriften des Obligationenrechts über die Sacheinlagen sowie Artikel 651 Absatz 2 des Obligationenrechts finden bei der Fusion keine Anwendung.**

Augmentation de capital en cas de fusion par absorption

¹ En cas de fusion par absorption, la société reprenante doit augmenter son capital dans la mesure où le maintien des droits des associés de la société transférante l'exige.

² Les dispositions du code des obligations (CO) concernant les apports en nature ainsi que l'art. 651, al. 2, du code des obligations ne s'appliquent pas aux fusions.

Aumento del capitale in caso di fusione mediante incorporazione

¹ In caso di fusione mediante incorporazione, la società assuntrice aumenta il suo capitale nella misura necessaria alla salvaguardia dei diritti dei soci della società trasferente.

² Le disposizioni del Codice delle obbligazioni relative ai conferimenti in natura e l'articolo 651 capoverso 2 del Codice delle obbligazioni non si applicano alla fusione.

Art. 9 1   2. Kapitel: Fusion von Gesellschaften

Inhaltsübersicht   Note

   I. Allgemeines 1
      1. Regelungsgegenstand und Normzweck 1
      2. Entstehungsgeschichte 4
  II. Anwendungsbereich 5
 III. Voraussetzung und Umfang der Kapitalerhöhung (Abs. 1) 8
      1. Voraussetzung und Mindestbetrag der Kapitalerhöhung 8
      2. Höchstbetrag der Kapitalerhöhung 18
 IV. Keine Anwendung der Sacheinlagevorschriften des OR und von Art. 651 Abs. 2 OR (Abs. 2).. 21
      1. Voraussetzung 21
      2. Keine Anwendung der Sacheinlagevorschriften im Allgemeinen 23
      3. Keine Anwendung der Sacheinlagevorschriften bei der Fusion von KMU und der erleichterten Fusion 32
      4. Keine Anwendung von Art. 651 Abs. 2 OR 37
  V. Durchführung der Kapitalerhöhung 40
      1. Ordentliche und genehmigte Kapitalerhöhung 41
      2. Bezugsrechtsausschluss 44
      3. Kapitalerhöhungsbeschluss der GV 45
      4. Durchführungs- und Feststellungsbeschluss des VR; Handelsregistereintragung 46
      5. Anteilszeichnung und Anteilstausch 47
 VI. Rechtsvergleichung 48

Literatur

B.K. GANTENBEIN, Die Fusion von juristischen Personen und Rechtsgemeinschaften im schweizerischen Recht, Diss. Freiburg 1995; U. GASSER/CH. EGGENBERGER, Vorentwurf zu einem Fusionsgesetz – Grundzüge und ausgewählte Einzelfragen, AJP 1998, 457 ff.; D. GERICKE, Die genehmigte Kapitalerhöhung, Diss. Zürich 1996; M. GWELESSIANI, Handelsregisterliche Aspekte zum neuen Fusionsgesetz, Referat, gehalten am Schulthess Symposium vom 8.6.2004, abrufbar auf: <www.hrazh.ch>; Handelsregisteramt des Kantons Luzern, Orientierung über das neue Fusionsgesetz, Luzern 2004 (zit. HRA-LU); F. HUBER/P. HODEL/C. STAUB GIEROW, Praxiskommentar zum Kotierungsrecht der SWX Swiss Exchange, Zürich 2004; M. KÜNG, Zum Fusionsbegriff im schweizerischen Recht, SZW 1991, 245 ff.; M. KÜNG/C. MEISTERHANS, Handbuch für das Handelsregister, Bd. II: Aktiengesellschaft, 2. Aufl., Zürich 2000; NOTARIATSINSPEKTORAT DES KANTONS ZÜRICH (Hrsg.), Ergänzung der Textvorlagen zum Gesellschaftsrecht, Zürich 2004 (zit. ZH FusG-Textvorlagen); U. SCHENKER, Die Fusion, AJP 2004, 772 ff.; R. SCHWARZENBACH/D. WÄLTI, Übertragung von freien Reserven bei der Fusion?, in: EY Law (Hrsg.), Das neue Fusionsgesetz, Zürich/Bern 2004, 103 ff.; H.-U. VOGT, Fusion und Umwandlung nach dem neuen Fusionsgesetz, Schweizerische Zeitschrift für Beurkundungs- und Grundbuchrecht, 2004, 141 ff.; R.H. WEBER, Splitting-Fusion in der Praxis, SZW 1993, 172 ff.; CH.K. WIDMER, Die Liberierung im schweizerischen Aktienrecht, Diss. Zürich 1998.

I. Allgemeines

1. Regelungsgegenstand und Normzweck

1   **Regelungsgegenstand** von Art. 9 ist die Kapitalerhöhung zum Zwecke der Durchführung der Absorptionsfusion, deren wesentliche Merkmale darin bestehen, dass die *neu geschaffenen Anteile den Gesellschaftern der übertragenden Gesellschaft zugewiesen* werden und der gesamte *Ausgabebetrag i.d.R. vollumfänglich durch Einlage des Vermögens der übertragenden Gesellschaft liberiert* wird. Denkbar ist auch eine andere Art der Liberierung, z.B. durch frei verwendbares Eigenkapital der übernehmenden Gesellschaft. Abs. 1 regelt, unter welchen Voraussetzungen und in welchem Umfang die übernehmende Gesellschaft ihr Kapital zu erhöhen hat. Absatz 2 legt fest, dass auf den Regelfall der Erhöhung gegen Einlage des Vermögens der übertragenden Gesellschaft die Sacheinlagevorschriften des OR nicht anwendbar sind und der Betrag einer genehmigten Kapitalerhöhung nicht auf die Hälfte des bisherigen Kapitals begrenzt ist.

Die Vorschrift von **Abs. 1** konkretisiert den in Art. 7 festgelegten Grundsatz der mitgliedschaftlichen Kontinuität und **bezweckt im Rahmen der Absorptionsfusion die Wahrung der Anteils- und Mitgliedschaftsrechte** der Gesellschafter der übertragenden Gesellschaft **durch Schaffung der dazu notwendigen Anteile bei der übernehmenden Gesellschaft**. Gemäss Botschaft (4404) dient die Bestimmung darüber hinaus auch dem **Gläubigerschutz** (so, im Zusammenhang mit der Spaltung, auch Handkommentar FusG-MATHYS, Art. 33 N 3; ferner Begleitbericht zum Vorentwurf FusG, 28). Dies trifft insoweit zu, als die Kapitalerhöhung im Rahmen einer Absorptionsfusion von Kapitalgesellschaften *im Effekt* auch im Interesse der Gläubiger liegt, indem die gesperrte Kapitalquote der übertragenden Gesellschaft im Nominalbetrag der Kapitalerhöhung erhalten bleibt. Abs. 1 *bezweckt* jedoch keinen Gläubigerschutz (gl.M. ISLER/VON SALIS-LÜTOLF, 18 f.; ausführlich VON SALIS-LÜTOLF, 59 f.). Nach dem klaren Wortlaut der Bestimmung kann eine Kapitalerhöhung nämlich ungeachtet der Interessen der Gläubiger unterbleiben, wenn sie zur Wahrung der mitgliedschaftlichen Kontinuität nicht notwendig ist. Damit hat der Gesetzgeber bewusst in Kauf genommen, dass Fusionen im Ergebnis zu einer Herabsetzung des kumulierten Grundkapitals der fusionierenden Gesellschaften führen können (vgl. auch Art. 14 N 8g).

Zweck von **Abs. 2** ist es, die **Kontroverse um die Anwendbarkeit der Sacheinlagevorschriften bei der fusionsdurchführenden Kapitalerhöhung zu beenden** (vgl. Begleitbericht zum Vorentwurf FusG, 28), und damit der **Sonderregelung** des FusG betreffend Prüfungs- und Publizitätserfordernisse **bei der fusionsdurchführenden Kapitalerhöhung** zum Durchbruch zu verhelfen, mitunter Doppelspurigkeiten zu vermeiden (zu Letzterem vgl. Botschaft, 4435, zum deckungsgleichen Art. 33 Abs. 2). Bei der Auslegung der Vorschrift ist ferner auch die politische Zielsetzung des Gesetzgebers zu beachten, KMU bei Zustimmung aller Gesellschafter (und wohl auch reinen Konzerngesellschaften) erhebliche **Erleichterungen für Umstrukturierungen** zuzugestehen (betr. KMU vgl. z.B. das Votum von Bundesrätin Metzler zu Art. 2 lit. e, AmtlBull StR 2001, 148). Die ferner in Abs. 2 vorgesehene Ausnahme von Art. 651 Abs. 2 OR schliesslich bezweckt, das Wahlrecht der Gesellschafter der übertragenden Gesellschaft zwischen Anteilen der übernehmenden Gesellschaft und einer Barabfindung gemäss Art. 8 Abs. 1 nicht indirekt durch eine Begrenzung des Maximalbetrags des bedingten Kapitals einzuschränken (Botschaft, 4404 f.; vgl. N 37 ff.).

2. Entstehungsgeschichte

Abgesehen von terminologischen Anpassungen in Abs. 1 war Art. 9 in seiner geltenden Fassung bereits im VE FusG (dort ebenfalls in Art. 9) enthalten. Während Abs. 1 im Gesetzgebungsverfahren unbestritten war, hat Abs. 2 in der Vernehmlassung zu Kommentaren Anlass gegeben. So wurden namentlich die Dispens von den Sacheinlagevorschriften, der nicht vollends klare Verweis auf Art. 651 Abs. 2 OR sowie das Fehlen einer Ausnahme von der Dreimonatsfrist für den Fall der ordentlichen Kapitalerhöhung (Art. 650 Abs. 3 OR) bemängelt (vgl. Vernehmlassungen, 118 ff., 188). Trotz dieser Kritik wurde Abs. 2 *unverändert* in den E FusG übernommen und hat in der parlamentarischen Beratung zu *keinerlei* Debatten oder Voten Anlass gegeben (vgl. AmtlBull StR 2001, 149; AmtlBull NR 2003, 235).

II. Anwendungsbereich

5   Art. 9 gelangt ausschliesslich bei der **Absorptionsfusion** (vgl. dazu Art. 3 N 3) zur Anwendung. Auf die Kombinationsfusion, bei welcher die übernehmende Gesellschaft neu gegründet wird (Art. 3 Abs. 1 lit. b), ist die Bestimmung nicht anwendbar; dort gilt die mit Abs. 2 in Teilen deckungsgleiche Regelung von Art. 10 (vgl. Komm. zu Art. 10). Auf die Spaltung, Umwandlung und Vermögensübernahme gelangt Art. 9 ebenfalls nicht zur Anwendung. Allerdings sieht Art. 33 bei der Spaltung zur Übernahme, bei welcher die übernehmende Gesellschaft ihr Grundkapital zur Abfindung der Gesellschafter der übertragenden Gesellschaft ebenfalls zu erhöhen hat, eine identische Vorschrift vor (vgl. Komm. zu Art. 33). Bei der Umwandlung (Art. 53 ff.) und der Vermögensübernahme (Art. 69 ff.) fehlt eine entsprechende Vorschrift, da die Umwandlung funktional eine Neugründung darstellt (vgl. Art. 57), und die Vermögensübertragung die mitgliedschaftlichen Rechte und Pflichten an sich unberührt lässt.

6   Die Anwendung von Art. 9 setzt voraus, dass die **übernehmende Gesellschaft** über ein **Grundkapital** verfügt, was bei den Kapitalgesellschaften i.S.v. Art. 2 lit. c (AG, Kommandit-AG und GmbH) (vgl. Botschaft, 4404; ZWICKER, Prüfung, ZSR 2004 I 177 Anm. 98) sowie bei jenen Genossenschaften, die über ein Genossenschaftskapital verfügen, der Fall ist (vgl. Handkommentar FusG-BOMMER, N 1; ZK-ALBRECHT, N 1; zum früheren Recht GANTENBEIN, 36). Sofern es sich bei der übernehmenden Gesellschaft um einen Verein, eine Stiftung, eine Kollektiv- oder Kommanditgesellschaft oder um eine Genossenschaft ohne Genossenschaftskapital handelt, ist eine Kapitalerhöhung weder möglich noch zur Wahrung der mitgliedschaftlichen Kontinuität erforderlich.

7   Abs. 1 ist in seinem Anwendungsbereich zwingend. Soweit zur Wahrung der Rechte der Gesellschafter der übertragenden Gesellschaft erforderlich (vgl. N 8 ff.), muss die übernehmende Gesellschaft ihr Kapital erhöhen. Die Regelung von Abs. 2 ist demgegenüber dispositiver Natur. Der übernehmenden Gesellschaft bleibt es unbenommen, die Sacheinlagevorschriften des OR und Art. 651 Abs. 1 OR auf freiwilliger Basis einzuhalten.

III. Voraussetzung und Umfang der Kapitalerhöhung (Abs. 1)

1. Voraussetzung und Mindestbetrag der Kapitalerhöhung

8   Eine Kapitalerhöhung der übernehmenden Gesellschaft ist gemäss Abs. 1 insoweit durchzuführen, als es zur Wahrung der Rechte der Gesellschafter der übertragenden Gesellschaft erforderlich ist. Bei den **Rechten** i.S.v. Abs. 1 handelt es sich um die **Anteils- oder Mitgliedschaftsrechte** der Gesellschafter der übertragenden Gesellschaft gemäss Art. 7 Abs. 1 (vgl. dazu Art. 7 N 2). Andere Rechte, beispielsweise durch Aktionärsbindungsverträge oder Call-Optionen eingeräumte «Bezugs-» bzw. Kaufrechte, sind zur Beurteilung der Frage, ob die übernehmende Gesellschaft eine Kapitalerhöhung durchzuführen hat, nicht beachtlich, es sei denn, sie stellen Anteils- oder Mitgliedschaftsrechte gemäss Art. 7 Abs. 1 dar.

9   Ob und in welcher Höhe eine Kapitalerhöhung der übernehmenden Gesellschaft notwendig ist, ist nach Massgabe von Art. 7 und Art. 8 zu beurteilen (vgl. Komm. zu Art. 7 u. Art. 8). **Wesentliche Faktoren** sind demnach namentlich die Art der Abfindung (in Anteilsrechten der übernehmenden Gesellschaft oder gemäss Art. 8), das Umtauschver-

hältnis, der Kreis der Anteilsinhaber der fusionierenden Gesellschaften sowie die Frage, ob die erforderlichen Anteilsrechte auch ohne Kapitalerhöhung bereit stehen oder beschafft werden können (vgl. auch TSCHÄNI, M&A-Transaktionen, 6. Kap. Rz 81). Von einer Kapitalerhöhung kann damit in den folgenden Fällen ganz oder teilweise abgesehen werden (vgl. Art. 7 N 26 f.; Botschaft, 4404; Begleitbericht zum Vorentwurf FusG, 28; Handkommentar FusG-BOMMER, N 5 ff.; VON SALIS-LÜTOLF, 55; ZK-ALBRECHT, N 14, N 20 ff.; VON DER CRONE ET AL., Rz 211; GLANZMANN, AJP 2004, 147 f.; zum früheren Recht: BGE 108 Ib 456; BK-KÜNG, Art. 937 OR N 151; KÜNG, 249 ff.; KÜNG/MEISTERHANS, Musterurkunden Nr. 38300–38350; REBSAMEN, Rz 692):

– soweit die Anteilsinhaber der übertragenden Gesellschaft eine gemäss Art. 8 Abs. 1 wahlweise angebotene **Abfindung** annehmen, oder gemäss Art. 8 Abs. 2 ausschliesslich eine Abfindung ausgerichtet wird (vgl. Komm. zu Art. 8); **10**

– soweit die übernehmende Gesellschaft Anteile der übertragenden Gesellschaft hält, namentlich also bei der **Mutter-Tochter-Fusion** (erleichterte Fusion gemäss Art. 23 f.); **11**

– soweit die übertragende Gesellschaft Anteile der übernehmenden Gesellschaft hält, namentlich also bei der **Tochter-Mutter-Fusion**, dem sog. *Reverse Merger* (keine erleichterte Fusion gemäss Art. 23 f.) (vgl. auch Art. 33 N 8); **12**

– soweit der Kreis der Anteilsinhaber der fusionierenden Gesellschaften identisch ist, namentlich also bei der **Schwestern-Fusion** (erleichterte Fusion gemäss Art. 23 f.; vgl. auch KLÄY/TURIN, 13); **13**

– soweit die übernehmende Gesellschaft oder die übertragende Gesellschaft **eigene Anteile** oder **Vorratsanteile** (vgl. z.B. Art. 5 des Fusionsvertrages zwischen Feldschlösschen Holding und Hürlimann Holding AG vom 9.5.1996) hält oder das unbedingte Recht hat, solche spätestens auf den Zeitpunkt der Handelsregistereintragung (vgl. Art. 22 N 2 ff.) hin zu erwerben; **14**

– soweit die zur Abfindung notwendigen Anteile der übernehmenden Gesellschaft in solche mit tieferem Nennwert umgewandelt werden (**Splitting-Fusion**) (vgl. dazu WEBER, 172 ff.), was auch unter Geltung des FusG, obwohl in der Botschaft (4404) nicht erwähnt, nach wie vor zulässig ist. **15**

Im Gegensatz zur EU-Fus-RL (Art. 19 Abs. 2) und zum deutschen Recht (§ 54 UmwG), die im Effekt z.B. bei einer Mutter-Tochter-Fusion eine Kapitalerhöhung ausschliessen, fehlt im FusG, namentlich in Art. 9, eine entsprechende Vorschrift. Unter Vorbehalt der Einhaltung der Kapitalaufbringungsvorschriften (vgl. dazu N 18 ff.) ist im Schweizer Recht daher eine Kapitalerhöhung, obwohl nicht notwendig, in allen in N 10–15 aufgeführten Fällen als zulässig zu erachten. **16**

Durch die in Abs. 1 vorgesehene Ausrichtung auf die mitgliedschaftliche Kontinuität hat der Gesetzgeber bei der Fusion die Möglichkeit einer Verringerung der gesperrten Kapitalquoten von fusionierenden Kapitalgesellschaften (namentlich Aktiengesellschaften) bewusst in Kauf genommen (vgl. auch N 2 m.w.H.). Wird das Grundkapital lediglich in einem Teilbetrag des Aktivenüberschusses zu Buchwerten (Aktiven minus Fremdkapital) der übertragenden Gesellschaft erhöht, resultiert immerhin ein sog. **Fusionsagio** (vgl. HWP I, 199), welches den gesetzlichen Reserven der übernehmenden Gesellschaft zuzuweisen ist und gewissen (allerdings nicht unumstrittenen) Ausschüttungssperren unterliegt (Art. 671 OR; dazu BSK OR II-NEUHAUS/SCHÖNBÄCHLER, Art. 671 N 28 ff. m.w.H.; WIDMER, 94 ff. m.w.H.; vgl. auch SCHWARZENBACH/WÄLTI, 104 ff., die unter Hinweis auf Beispiele aus der Praxis dafür plädieren, dass freie Reserven der übertragenden Gesellschaft auch den freien Reserven der übernehmenden Ge- **17** sellschaft zugewiesen werden dürfen). In diesem Fall liegt der Ausgabebetrag der neuen Aktien über deren Nennwert (vgl. auch Art. 34 N 7).

2. Höchstbetrag der Kapitalerhöhung

18 Art. 9 enthält keine Regelung in Bezug auf den maximalen Nennbetrag, um welchen das Grundkapital der übernehmenden Gesellschaft im Rahmen der Absorptionsfusion erhöht werden darf. Sie ist in den einschlägigen Vorschriften zur Kapitalaufbringung (namentlich Art. 624 OR) zu suchen. Bei der GmbH ist ausserdem die Obergrenze von Art. 773 OR zu beachten (die mit der Revision des GmbH-Rechts allerdings wegfallen dürfte; vgl. Botschaft GmbH, 3265).

19 Wird der Nominalbetrag der Kapitalerhöhung durch Einlage des Vermögens der übertragenden Gesellschaft liberiert, darf er den **Aktivenüberschuss zu Buchwerten** des eingelegten Vermögens nicht übersteigen (vgl. Botschaft, 4404; ZK-BÜRGI/NORDMANN, Art. 748 OR N 52; TSCHÄNI, M&A-Transaktionen, 6. Kap. Rz 21, Rz 81; Handkommentar FusG-COMBŒUF, Art. 15 N 4; BÖCKLI, Aktienrecht, § 3 Rz 136). Gemäss überwiegender Lehre und der Revisionspraxis ist es darüber hinaus zulässig, den durch die Fusion erworbenen **Goodwill**, d.h. die Differenz zwischen dem Nettovermögen zu Buchwerten und dem wirklichen Unternehmenswert der übertragenden Gesellschaft, ganz oder teilweise zu aktivieren (sei dies durch Bildung einer entsprechenden Bilanzposition unter dem Anlagevermögen (Art. 663a Abs. 2 OR) oder durch entsprechende Aufwertung von übertragenen Aktiven), und das Grundkapital der übernehmenden Gesellschaft zusätzlich um den entsprechenden Betrag zu erhöhen (vgl. BK-KÜNG, Art. 940 OR N 153, m.H. auf die Registerpraxis; FORSTMOSER/MEIER-HAYOZ/NOBEL, § 15 N 13; WIDMER, 298; ZWICKER, Prüfung, ZSR 2004 I 165 Anm. 46, 179 Anm. 104; ferner BK-KÄFER, Art. 960 OR N 282; BSK OR II-BINZ/NEUHAUS, Art. 960 N 37; HWP I, 199; HWP IV, 12, 15; zur buchhalterischen Behandlung TSCHÄNI, M&A-Transaktionen, 1. Kap. Rz 33 ff.). Allerdings hat die Aktivierung des Goodwills i.d.R. entscheidende negative **Steuerfolgen** (vgl. Art. 61 Abs. 1 DBG; Art. 24 Abs. 3 StHG; vor Art. 3, N 72), weshalb sie in der Praxis selten vorkommen dürfte.

20 Das Nettovermögen der übertragenden Gesellschaft stellt nur insoweit die Obergrenze für die fusionsdurchführende Kapitalerhöhung dar, als die neuen Anteile nicht auf andere Weise, z.B. durch **Umwandlung von frei verwendbarem Eigenkapital** der übernehmenden Gesellschaft (vgl. Art. 652d OR) liberiert werden (vgl. im Zusammenhang mit der Spaltung auch Handkommentar FusG-MATHYS, Art. 33 N 6; ferner HWP I, 199, wonach die Differenz zwischen dem Aktivenüberschuss zu Buchwerten und dem nominellen Erhöhungsbetrag offen zu Lasten freier Reserven abgeschrieben werden kann). Diese Möglichkeit ist z.B. bei der **Sanierungsfusion** (Art. 6) von Bedeutung, wenn die übertragende Gesellschaft einen **Passivenüberschuss** aufweist, eine Kapitalerhöhung der übernehmenden Gesellschaft zur Wahrung der Rechte der Gesellschafter der übertragenden Gesellschaft gemäss Abs. 1 aber dennoch nicht vermeidbar ist. Theoretisch ist ferner u.U. denkbar, den Nennbetrag der Kapitalerhöhung durch Einlage des Nettovermögens der übertragenden Gesellschaft lediglich in einem **Teilbetrag zu liberieren** (vgl. Art. 34 N 8; Art. 57 N 18 ff.).

IV. Keine Anwendung der Sacheinlagevorschriften des OR und von Art. 651 Abs. 2 OR (Abs. 2)

1. Voraussetzung

Voraussetzung für die Dispens von den Sacheinlagevorschriften des OR und von Art. 651 Abs. 2 OR gemäss Abs. 2 ist, dass das Kapital der übernehmenden Gesellschaft zur **Wahrung der Rechte der Gesellschafter der übertragenden Gesellschaft** erhöht wird. Die Erleichterung greift nur (aber immer) dann, wenn der Nennbetrag der Kapitalerhöhung den gesamten Nennbetrag der den Gesellschaftern der übertragenden Gesellschaft zu gewährenden Anteile nicht übersteigt und durch Einlage des Nettovermögens (allenfalls unter Aktivierung des Goodwills, vgl. N 19) der übertragenden Gesellschaft liberiert wird (vgl. für das deutsche Recht KALLMEYER-KALLMEYER, § 55 UmwG N 1; LUTTER-WINTER, § 55 UmwG N 5; SCHMITT/HÖRTNAGL/STRATZ-STRATZ, § 55 UmwG N 3). Wird hingegen bei Gelegenheit der Fusion durch Einlage anderer Vermögenswerte **zusätzliches Kapital** beschafft, oder werden den **Gesellschaftern der übernehmenden Gesellschaft** oder Dritten (Bezugsrechtshandel mit gleichzeitiger Übertragung der Anteile der übertragenden Gesellschaft ausgenommen) **gegen Einlage des Vermögens der übertragenden Gesellschaft Bezugsrechte eingeräumt**, gelten die Sacheinlagevorschriften des OR und Art. 651 Abs. 2 OR (sofern eine genehmigte Kapitalerhöhung vorliegt) ohne Einschränkungen. Soll eine solche (zusätzliche) Kapitalerhöhung stattfinden, müssen formal zwei getrennte Generalversammlungsbeschlüsse gefasst und für den Teil der zusätzlichen Erhöhung die einschlägigen Bestimmung des OR uneingeschränkt beachtet werden (vgl. für das deutsche Recht LUTTER-WINTER, § 55 UmwG N 5).

Sachlich nicht gerechtfertigt und zu einschränkend ist demgegenüber die Auffassung, wonach die Erleichterung von Abs. 2 nur zum Zuge kommen kann, wenn die Kapitalerhöhung zur Wahrung der Rechte der Gesellschafter der übertragenden Gesellschaft gemäss Abs. 1 notwendig ist (so aber Handkommentar FusG-BOMMER, N 14, Art. 24 N 3; Handkommentar FusG-MATHYS, Art. 33 N 8; wie hier (für die Spaltung) Art. 33 N 9; grundsätzlich ebenso VON SALIS-LÜTOLF, 60 f.). Als Folge dieser einschränkenden Interpretation wären die Sacheinlagevorschriften (zusätzlich zum Fusionsbericht und zur Fusionsprüfung) stets einzuhalten, wenn einer Kapitalerhöhung aus guten Gründen der Vorzug gegeben wird, etwa weil ein an sich möglicher Split der Anteile der übernehmenden Gesellschaft (**Splitting-Fusion**, vgl. N 15 m.w.H.) höhere Kosten verursachen würde oder allenfalls verfügbare eigene Anteile der übernehmenden Gesellschaft zur Bedienung ausstehender Optionen verwendet werden sollen. Da das Risiko der Unter-Pari Emission unabhängig von der Frage besteht, ob die fusionsdurchführende Kapitalerhöhung zur Wahrung der mitgliedschaftlichen Kontinuität notwendig ist oder nicht, besteht kein Bedürfnis und kein Raum für eine in diesem Sinne einschränkende Auslegung von Abs. 2; ausserdem findet sich im FusG im Unterschied zum deutschen Recht (vgl. LUTTER-WINTER, § 55 UmwG N 3) kein Verbot, in bestimmten Fällen eine Kapitalerhöhung unter Inanspruchnahme der Erleichterungen durchzuführen (vgl. N 16). Daher greift die Dispens in Abs. 2 auch im Falle einer **Schwestern-Fusion**, bei welcher (obwohl gemäss Abs. 1 nicht notwendig) das Kapital gegen Einlage des Vermögens der untergehenden Gesellschaft erhöht wird (so auch Art. 24 N 4 f.; **a.M.** Handkommentar FusG-BOMMER, N 14; vgl. ferner N 33 ff.).

2. Keine Anwendung der Sacheinlagevorschriften im Allgemeinen

In der Lehre zum früheren Recht war nicht vollends geklärt, ob und inwieweit die Sacheinlagevorschriften im Falle von Absorptionsfusionen anwendbar sind (vgl. BÖCKLI,

Aktienrecht, 2. Aufl., Rz 295s, Rz 295v; BSK OR II-TSCHÄNI, Art. 748 N 28; FORSTMOSER/MEIER-HAYOZ/NOBEL, § 57 N 169; zur praktischen Handhabung vgl. allerdings REBSAMEN, Rz 683 ff.). Durch Abs. 2 soll diese **Kontroverse beendet** werden (vgl. Begleitbericht zum Vorentwurf FusG, 28). In deutlichen Worten hält die Bestimmung daher fest: *«Die Vorschriften des Obligationenrechts über die Sacheinlagen ... finden bei der Fusion keine Anwendung».*

24 Abs. 2 definiert die im Einzelnen **nicht anwendbaren Sacheinlagevorschriften** nicht, sondern belässt es beim globalen Verweis auf «die» Sacheinlagevorschriften des OR («Les» dispositions; «Le» disposizione). Aus dem Hinweis in der Botschaft (4405), wonach namentlich die Bestimmungen zum Fusionsbericht und dessen Prüfung (Art. 14 f.) die Anwendung der Sacheinlagevorschriften überflüssig machen, wird von einem Teil der Lehre im Ergebnis geschlossen, dass lediglich die Vorschriften über den Kapitalerhöhungsbericht (Art. 652e Ziff. 1 OR) und die Prüfungsbestätigung (Art. 652f OR) vom Ausschluss erfasst werden (so Handkommentar FusG-BOMMER, N 13). Diese Auslegung widerspricht dem klaren Wortlaut von Abs. 2. Es besteht ferner auch kein Grund, die anderen einschlägigen Vorschriften weiterhin anzuwenden, da diese in erster Linie die Transparenz und Publizität der Sacheinlage bezwecken (vgl. WIDMER, 330 ff.), die durch die Publikation der Fusion im SHAB und deren Eintragung im Handelsregister (Art. 20; Art. 105b HRegV) gewährleistet sind. Vielmehr erfasst der Ausschluss in Abs. 2 nach Wortlaut und Zweck *sämtliche* Bestimmungen des OR – und der Handelsregisterverordnung (z.B. Art. 80 Abs. 1 lit. g HRegV) – welchen eine Regelung über Sacheinlagen entnommen werden kann (gl.M. für die Spaltung: Art. 33 N 9; für eine ausführliche Übersicht über die Sacheinlagevorschriften vgl. WIDMER, 34 ff., 330 ff.). Darüber hinaus kann bei der fusionsdurchführenden Kapitalerhöhung auf den Kapitalerhöhungsbericht und die Prüfungsbestätigung vollständig verzichtet werden, da ein entsprechendes Bedürfnis nicht besteht (vgl. N 29 f. m.H. auf **a.M.**). Zusammenfassend ergibt sich Folgendes:

25 (i) Soweit unter früherem Recht überhaupt anwendbar, sind die Bestimmungen des OR und der HRegV zum **Sacheinlagevertrag** unter Geltung des FusG bei Fusionen nicht mehr anzuwenden. Dies betrifft namentlich das allfällige Formerfordernis der öffentlichen Beurkundung (Art. 634 Ziff. 1 OR) und den notwendigen Vertragsinhalt (dazu BK-KÜNG, Art. 940 OR N 350 ff.). Erforderlich ist einzig der **Fusionsvertrag** (so auch VON DER CRONE ET AL., Rz 217), der ausschliesslich (aber immerhin) den Bestimmungen des FusG zu entsprechen hat.

26 (ii) Da wegen der Universalsukzession der Fusion sichergestellt ist, dass die Einlagepflicht erfüllt wird, ist Art. 634 Ziff. 2 OR, wonach die Sacheinlage nur dann als **Deckung** gilt, wenn die Gesellschaft sofort als Eigentümerin darüber verfügen kann, nicht *unmittelbar* anwendbar. Allfälligen Verfügungsbeschränkungen, namentlich Sicherungsrechten Dritter (illustrativ: BGE 119 IV 319), die dem übertragenen Vermögen oder Bestandteilen davon anhaften, ist im Rahmen der Bewertung Rechnung zu tragen.

27 (iii) Rein formal sind bei Fusionen die sacheinlage-spezifischen inhaltlichen Anforderungen an den **Erhöhungs- oder Ermächtigungsbeschluss der GV** (AG: Art. 650 Abs. 2 Ziff. 4, Art. 651 Abs. 3 OR) und an den **Durchführungsbeschluss des VR** bei der genehmigten Kapitalerhöhung (AG: Art. 651 Abs. 4 OR, Art. 81a lit. d HRegV), nicht mehr anwendbar. In der Praxis werden die Beschlüsse allerdings auch unter Geltung des FusG die einschlägigen Angaben enthalten und sich zum eingelegten Vermögen und dessen Bewertung, zur Firma der übertragenden Gesellschaft und zu den den Anteilsinhabern der übertragenden Gesellschaft zukommenden Anteilen äussern

3. Abschnitt: Kapitalerhöhung, Neugründung und Zwischenbilanz   28–30   **Art. 9**

(vgl. ZH FusG-Textvorlagen, 18.1.2; ferner BÖCKLI, Aktienrecht, § 3 Rz 136). Gegebenenfalls müssen die Angaben auch in den **Beschlussanträgen** des VR in der Einladung zur GV (Art. 700 Abs. 2 OR) und in einem allfälligen **Emissionsprospekt** (Art. 652a Abs. 1 Ziff. 7 OR; vgl. aber Art. 21 N 21) bzw. Kotierungsprospekt (Art. 38 KR; dazu HUBER/HODEL/STAUB GIEROW, Art. 38 KR N 6) enthalten sein.

(iv) Der **Hinweis in den Statuten** der übernehmenden Gesellschaft auf die übertragende Gesellschaft, das übertragene Vermögen und die Anzahl bzw. den Betrag der neu geschaffenen Anteile der übernehmenden Gesellschaft (AG: Art. 628 Abs. 1, Kommandit-AG: Art. 628 Abs. 1 i.V.m. Art. 764 Abs. 2 OR, GmbH: Art. 778 Abs. 1 OR, Genossenschaft: Art. 833 Ziff. 2 OR) erübrigt sich (HRA-LU, 15; **a.M.** Handkommentar FusG-BOMMER, N 13; ZK-ALBRECHT, N 9, N 29; zum früheren Recht vgl. z.B. REBSAMEN, Rz 684). Transparenz und Publizität sind durch die Publikation der Fusion im SHAB und deren Eintrag im Handelsregister (Art. 21; Art. 105b HRegV) hinreichend gewährleistet, was den ohnehin als historische Reminiszenz zu betrachtenden Hinweis in den Statuten (vgl. BÖCKLI, Aktienrecht, § 1 Rz 249 ff.) überflüssig macht. Ferner muss die uneingeschränkte Übernahme von Abs. 2 aus dem VE FusG in das FusG trotz der *spezifischen* Kritik in der Vernehmlassung (vgl. Vernehmlassungen, 118 f.) als Ausdruck der bewussten Absicht des Gesetzgebers gewertet werden, auf das Erfordernis des Hinweises in den Statuten bei der fusionsdurchführenden Kapitalerhöhung zu verzichten.   28

(v) Obwohl der **Kapitalerhöhungsbericht** im Allgemeinen immer, also nicht nur bei Sacheinlagen oder anderen qualifizierten Fällen, erforderlich ist, erübrigt er sich bei der fusionsdurchführenden Kapitalerhöhung *i.d.R. vollständig* (**a.M.** BÖCKLI, Aktienrecht, § 3 Rz 137). Diese über den Wortlaut von Abs. 2 hinausgehende Auslegung begründet sich damit, dass mit der Dispens von der Pflicht zur Rechenschaftsablage bezüglich Sacheinlage (AG: Art. 652e Ziff. 1 OR) bei der fusiondurchführenden Kapitalerhöhung regelmässig jedes Bedürfnis nach einem Kapitalerhöhungsbericht weggefallen ist: eine Liberierung durch Verrechnung (AG: Art. 652e Ziff. 2 OR) findet nicht statt, die freie Verwendbarkeit von umgewandeltem Eigenkapital (Ziff. 3) wird gegebenenfalls durch den besonders befähigten Revisor bestätigt (vgl. Art 6), der Bezugsrechtsausschluss (Ziff. 4) ist ohne weiteres zulässig (vgl. N 30), und besondere Vorteile (Ziff. 5) werden keine eingeräumt. Ausnahmsweise, etwa wenn die Kapitalerhöhung ausserhalb von Art. 6 durch Umwandlung von frei verwendbaren Mitteln der übernehmenden Gesellschaft erhöht wird und gleichzeitig ein Fusionsbericht nicht notwendig ist (z.B. bei KMU, vgl. N 33 ff.), muss ein Kapitalerhöhungsbericht gefordert werden. Ausserdem bleibt in allen Fällen die **Stampa-Erklärung** erforderlich (vgl. Art. 21 N 21). – Ob die **Handelsregisterpraxis** der hier vertretenen Auffassung folgen und in teleologischer Auslegung auf das Erfordernis des Kapitalerhöhungsberichts bei der fusionsdurchführenden Kapitalerhöhung vollständig verzichten wird, bleibt abzuwarten. Im gegenwärtigen Zeitpunkt scheint die Auffassung vorzuherrschen, dass auf einen **reduzierten Kapitalerhöhungsbericht**, worin gemäss Art. 652e Ziff. 4 OR über die Einhaltung des Generalversammlungsbeschlusses, insbesondere die Aufhebung des Bezugsrechts, Rechenschaft abgelegt wird, nicht verzichtet werden kann (vgl. ZH FusG-Textvorlagen, 18.1.3; HRA-LU, 15). Das Handelsregisteramt des Kantons Zürich hat allerdings eine Prüfung dieses Standpunkts in Aussicht gestellt (vgl. GWELESSIANI, 6).   29

(vi) Als wichtigste Folge von Abs. 2 kann auf die Prüfung des Kapitalerhöhungsberichts und die **Prüfungsbestätigung der Revisionsstelle** der übernehmenden Ge-   30

Hans-Jakob Diem

sellschaft (Art. 652f OR) **i.d.R. vollständig verzichtet** werden (a.M. BÖCKLI, Aktienrecht, § 3 Rz 137). In Bezug auf die Einhaltung der Sacheinlagevorschriften folgt diese Dispens ohne weiteres aus dem Wortlaut von Abs. 2. In teleologischer Ausdehnung muss aber auch in Bezug auf den bei fusionsdurchführenden Kapitalerhöhungen stets notwendigen **Ausschluss des Bezugsrechts** der Gesellschafter der übernehmenden Gesellschaft eine Ausnahme vom Prüfungsvermerk (Art. 652f Abs. 2 OR) zugelassen werden. Weil der Bezugsrechtsausschluss bei einer Absorptionsfusion, da sachlogisch notwendig, regelmässig zulässig ist (Art. 652b Abs. 2 OR; vgl. BSK OR II-TSCHÄNI, Art. 748 N 28; BÖCKLI, Aktienrecht, § 3 FN 237; BSK OR II-ZINDEL/ISLER, Art. 652b N 17; FORSTMOSER/MEIER-HAYOZ/NOBEL, § 57 N 168), und die Einhaltung der Zustimmungsquoren in der GV (vgl. dazu Art. 18 N 13 ff., N 41 ff.) im Rahmen der Beurkundung (vgl. Art. 20 Abs. 1; Art. 650 Abs. 2 OR) durch die Urkundsperson und im Rahmen der Handelsregistereintragung (vgl. Art. 105a u. 105b HRegV) durch das Handelsregister ohne weiteres geprüft werden kann, besteht für eine diesbezügliche Prüfung und Bestätigung durch die Revisionsstelle weder ein Bedürfnis noch ein Raum (zu allfälligen Ausnahmen vgl. N 29). – Die gegenwärtige **Handelsregisterpraxis** geht offenbar vom Erfordernis einer Prüfungsbestätigung der Revisionsstelle (in Bezug auf den reduzierten Kapitalerhöhungsbericht, vgl. N 29) aus (vgl. ZH FusG-Textvorlagen, 18.1.3; HRA-LU, 15). Sollten die Handelsregisterbehörden der hier vertretenen Auffassung folgen und auch auf den reduzierten Kapitalerhöhungsbericht verzichten (vgl. N 29 m.w.H.), entfällt ohne weiteres auch dessen Prüfung (vgl. Art. 659f Abs. 1 OR) und damit auch die Prüfungsbestätigung der Revisionsstelle.

31 Obwohl in Abs. 1 nicht explizit erwähnt, finden auch die **Sachübernahmevorschriften** auf die fusionsdurchführende Kapitalerhöhung keine Anwendung (gl.M. VON SALIS-LÜTOLF, 57; im Zusammenhang mit der Neugründung bei der Umwandlung auch Art. 57 N 12). Dies begründet sich einerseits damit, dass gar keine Sachübernahme vorliegt. Andererseits würde die in Abs. 1 angeordnete Dispens von der Einhaltung der Sacheinlagevorschriften ins Leere laufen, wenn die Sachübernahmevorschriften beachtet werden müssten, was zweifelsohne weder dem Willen des Gesetzgebers noch dem Sinn der Vorschrift entspricht.

3. Keine Anwendung der Sacheinlagevorschriften bei der Fusion von KMU und der erleichterten Fusion

32 **Die Dispens von den Sacheinlagevorschriften** gilt entgegen der wohl überwiegenden Auffassung auch dann, wenn auf den Fusionsbericht und die Fusionsprüfung verzichtet werden kann, also bei der Kapitalerhöhung im Rahmen der **erleichterten Fusion** (Art. 23 f.) und der **Fusion von KMU** bei Verzicht aller Gesellschafter (Art. 14 Abs. 2, Art. 15 Abs. 2; gl.M. Art. 33 N 10 [für die Spaltung]; ZK-ALBRECHT, N 30 [für die erleichterte Fusion]; ISLER/VON SALIS-LÜTOLF, 19 f.; grundsätzlich VON SALIS-LÜTOLF, 58 f.; wohl auch KLÄY/TURIN, 16f; a.M. ZK-ALBRECHT, N 31 [für die KMU-Fusion]; BÖCKLI, Aktienrecht, § 3 Rz 243 [für die KMU-Fusion]; SCHENKER, 788 [für die KMU-Fusion]; VOGT, 157 [für die KMU-Fusion]; VON DER CRONE ET AL., Rz 216; Handkommentar FusG-BOMMER, Art. 9 N 14, Art. 24 N 3; ZWICKER, Prüfung, ZSR 2004 I 180 f.; auch die **Handelsregisterpraxis** scheint bei der Fusion von KMU auf einen *vollständigen* Kapitalerhöhungsbericht und die entsprechende Prüfungsbestätigung der Revisionsstelle nicht verzichten zu wollen; vgl. GWELESSIANI, 6 f.). Aus den in Art. 14 N 5 ff. angestellten Überlegungen hat der Gesetzgeber nämlich die Möglichkeit in Kauf genommen, dass die Kapitalaufbringungsvorschriften bei der Kapitalerhöhung im Rahmen der Absorptionsfusion nicht eingehalten werden. Darüber hinaus sprechen folgende

3. Abschnitt: Kapitalerhöhung, Neugründung und Zwischenbilanz   33, 34   Art. 9

Gründe für die Anwendung von Abs. 2 auch auf die Fusion von KMU und die erleichterte Fusion. Der **Wortlaut** von Abs. 2 ist in allen drei Landessprachen («... bei der Fusion»; «... aux fusions»; «... alla fusione») klar, umfassend und unzweideutig. Eine Begrenzung der Dispens auf bestimmte Fusionsarten widerspricht ihm. Der klare und umfassende Wortlaut ist die Konsequenz der **Zielsetzung** der Schöpfer des VE FusG, die Kontroverse um die Anwendbarkeit der Sacheinlagevorschriften bei der Fusion (ein für allemal) zu *beenden* (vgl. Begleitbericht zum Vorentwurf FusG, 28). Die weitere **Entstehungsgeschichte** zeigt sodann, dass der Gesetzgeber bewusst darauf verzichtete, den Geltungsbereich von Abs. 2 auf das ordentliche Verfahren einzugrenzen. Über die allgemeine Kritik an Abs. 2 (vgl. N 4 m.w.H.) hinaus wurde in der Vernehmlassung nämlich *spezifisch* gefordert, in Art. 24 sei ausdrücklich vorzusehen, dass bei der erleichterten Fusion die Bestimmungen des OR über die Sacheinlage zur Anwendung gelangen (vgl. Vernehmlassungen, 188). Trotz dieser Forderung wurde eine solche Ausnahme von Abs. 2 weder in den E FusG noch in das FusG aufgenommen. Dass ein bewusster Entscheid des Gesetzgebers vorliegt, wird durch die erklärte politische Zielsetzung des Gesetzgebers in Bezug auf KMU (vgl. N 3 m.w.H.) erhärtet.

Im Weiteren besteht **kein Grund für eine teleologische Reduktion** von Abs. 2 (a.M. **33** GWELESSIANI, 7). Die Kapitalaufbringung durch «normale» Sacheinlage ist wegen des **Interessenkonflikts** des Sacheinlegers kritisch (vgl. BÖCKLI, Aktienrecht, § 1 Rz 212). Bei der Fusion fehlt es an dieser typischen Konfliktsituation, da die Bewertung der eingebrachten Vermögenswerte nicht auf dem einseitigen Willensentscheid der Einleger sondern auf Verhandlungen zwischen voneinander unabhängigen Personen mit entgegengesetzten Interessen beruht. Ferner liegt der Bewertung der Sacheinlage in der Mehrzahl der praktischen Fälle eine durch die Revisionsstelle der übertragenden Gesellschaft geprüfte Bilanz zu Grunde (vgl. Art. 11 N 6 ff.). Die nochmalige Überprüfung dieser Bewertungsgrundlage durch die Revisionsstelle der übernehmenden Gesellschaft im Zusammenhang mit der Prüfungsbestätigung führt zu **Doppelspurigkeiten**, die der Gesetzgeber des FusG vermeiden wollte (vgl. Botschaft, 4435). Auch ergeben sich aus einer Einlage über den (geprüften) Buchwerten erhebliche Steuernachteile. Sodann wird die **Transparenz** und Publizität des Vorgangs der Sacheinlage, neben der Kontrolle durch die Revisionsstelle der zweite Eckpfeiler der Sacheinlagevorschriften (vgl. WIDMER, 330 f.), durch die Publikation der Fusion im SHAB und deren Eintrag im Handelsregister (Art. 21; Art. 105b HRegV) hinreichend gewährleistet, was die diesbezüglichen Sacheinlagevorschriften überflüssig macht (vgl. N 25 ff.). In der Summe ist daher das **Risiko der Unter-Pari Emission bei der Fusion entscheidend geringer** als bei der normalen Sacheinlage (vgl. auch VON SALIS-LÜTOLF, 59), was es rechtfertigt, die **Absorptionsfusion gänzlich von den Sacheinlagevorschriften auszunehmen**. Genau das tut Abs. 2. Schliesslich ist kein Grund dafür ersichtlich, dass bei der Fusion von KMU und der erleichterten Fusion die formellen Schutzmechanismen des OR zur Kapitalaufbringung (Sacheinlage) anwendbar sein sollen, jene zur Kapitalerhaltung (Ausschüttung) hingegen nicht. Soweit nämlich eine **Barabfindung** vorgesehen wird, sieht das FusG im Unterschied zur ordentlichen Gewinnverwendung (für die AG vgl. Art. 728 OR) keinen Prüfungsmechanismus vor, der sicherstellt, dass die zur Barabfindung notwendigen frei verwendbaren Mittel (vgl. Art. 8 N 20) tatsächlich vorhanden sind. Bei der Fusion mit Barabfindung ist somit einzig das Verwaltungsorgan dafür verantwortlich, dass die einschlägigen Kapitalschutzvorschriften eingehalten werden. Bei der Fusion mit Anteilstausch muss dasselbe gelten.

Dass die Erleichterungen gemäss Abs. 2 (vgl. N 24 ff.) bei sämtlichen fusionsdurchführenden Kapitalerhöhungen zur Anwendung gelangen, ergibt sich auch aus der Regelung **34** in der **Handelsregisterverordnung**, die in Bezug auf die Belege für die Kapitalerhöhung keine Unterschiede zwischen der ordentlichen Fusion und der Fusion von KMU unter Zustimmung aller Gesellschafter trifft (vgl. Art. 105a HRegV; zur offenbar abweichenden Handelsregisterpraxis vgl. aber N 32).

35 Die Erleichterungen gemäss Abs. 2 bedeuten nicht, dass die Verwaltungsorgane der übernehmenden Gesellschaft bei der Fusion von KMU unter Zustimmung aller Gesellschafter oder der erleichterten Fusion von der Einhaltung der Vorschriften über die **Kapitalaufbringung** (namentlich Art. 624 OR) und im Falle der Verletzung von den entsprechenden Haftungsfolgen (**Gründungshaftung**, Art. 753 OR i.V.m. Art. 108 Abs. 1 Satz 2) befreit wären (vgl. auch ZWICKER, Prüfung, ZSR 2004 I 178). In der Beratungspraxis ist dies mit aller Deutlichkeit hervorzuheben. Namentlich in kritischen Situationen – von solchen kann u.U. ausgegangen werden, wenn die übertragende Gesellschaft nicht über eine geprüfte Bilanz (vgl. Art. 11 N 6, 17) verfügt oder der nominelle Erhöhungsbetrag bei der Übernahme einer Kapitalgesellschaft nahe an deren Eigenkapital herankommt – ist den Entscheidungsträgern nahezulegen, die Bewertung der Sacheinlage einer freiwillige Überprüfung durch eine sachverständige Drittpartei zu unterziehen. Der Prüfer muss im Falle der Fusion, im Unterschied zur «normalen» Sacheinlage, allerdings nicht ein Revisor sein; es kann z.B. auch eine **Investment Bank** beauftragt werden. Auch können die Sacheinlagevorschriften auf freiwilliger Basis befolgt werden (vgl. N 7).

36 Hinzuweisen ist schliesslich auf die Vorschrift von **Art. 6**, die auch bei der Fusion von KMU unter Zustimmung aller Gesellschafter und der erleichterten Fusion gilt. Weist die übertragende oder die übernehmende Gesellschaft eine Unterbilanz auf oder ist eine von ihnen überschuldet, bedarf es in jedem Fall einer Prüfung durch einen besonders befähigten Revisor. Absatz 2 erscheint in diesem Fall nicht relevant.

4. Keine Anwendung von Art. 651 Abs. 2 OR

37 Wird den Gesellschaftern gemäss Art. 8 Abs. 1 ein Wahlrecht zwischen Anteils- und Mitgliedschaftsrechten und einer Abfindung eingeräumt, kann abhängig von der den Gesellschaftern gesetzten Erklärungsfrist (dazu Art. 8 N 5) im Zeitpunkt der Einberufung der GV ungewiss sein, um welchen Nominalbetrag das Kapital der übernehmenden Gesellschaft erhöht werden muss. Dieser Unsicherheit kann mit einer genehmigten Kapitalerhöhung (AG: Art. 651 ff. OR) Rechnung getragen werden. Um das freie Wahlrecht nicht indirekt einzuschränken, schliesst Abs. 2 die Anwendung von Art. 651 Abs. 2 OR, der u.a. das **genehmigte Kapital** auf die **Hälfte des bisherigen Kapitals** beschränkt, aus (vgl. Botschaft, 4404 f.). Das genehmigte Kapital kann im Zusammenhang mit einer fusionsbedingten Kapitalerhöhung durch entsprechende Statutenbestimmung somit grundsätzlich in beliebiger Höhe festgesetzt werden (zum maximalen Nennbetrag vgl. N 18 ff.). Dies gilt auch ohne konkretes Fusionsvorhaben. Künftig können Statutenbestimmungen zum genehmigten Kapital m.E. generell vorsehen, dass der VR das Kapital «für den Fall einer Fusion gemäss Fusionsgesetz» beliebig erhöhen kann (vgl. auch VON SALIS-LÜTOLF, 56).

38 Art. 651 Abs. 2 OR schreibt ebenfalls vor, dass der **maximale Nennbetrag**, um den der VR das Aktienkapital erhöhen kann, in den **Statuten zu nennen** ist. Bei wörtlicher Auslegung wird auch diese Vorschrift durch den Anwendungsausschluss in Abs. 2 erfasst. Dies ist nicht Sinn und Zweck der Bestimmung, da auch im Rahmen einer wahlweisen Barabfindung gemäss Art. 8 Abs. 1 der maximal notwendige Nennbetrag der Kapitalerhöhung im Voraus bestimmt werden kann (vgl. Handkommentar FusG-BOMMER, N 15) und das FusG an der Zuständigkeit der GV zur Festsetzung des maximalen Erhöhungsbetrages bei der genehmigten Kapitalerhöhung nichts ändern wollte (vgl. auch ZK-AL-

BRECHT, N 26). Der zu weitgehende Wortlaut von Abs. 2 ist allerdings schadlos, da sich das Erfordernis der Bezeichnung des Nennbetrages des genehmigten Kapitals in den Statuten (auch) aus Art. 651 Abs. 3 i.V.m. Art. 650 Abs. 2 Ziff. 1 OR ergibt (vgl. BSK OR II-ZINDEL/ISLER, Art. 651 N 16 f.).

Soweit Art. 651 Abs. 2 OR auch auf die Kommandit-AG und die GmbH anwendbar ist (vgl. BSK OR II-BAHLSEN/WILDHABER, Art. 764 N 8 ff. [zur Kommandit-AG]; BSK OR II-ISLER/ZINDEL, Komm. zu Art. 786 f. [zur GmbH]), muss der Ausschluss dessen Anwendbarkeit in Abs. 2 auch in Bezug auf diese Gesellschaftsformen zur Anwendung gelangen. **39**

V. Durchführung der Kapitalerhöhung

Abs. 2 befreit von der Einhaltung der Sacheinlagevorschriften und von Art. 651 Abs. 2 OR, sowie – nach Sinn und Zweck – auch vom Erfordernis des Kapitalerhöhungsberichts und der Prüfungsbestätigung (vgl. N 29 f. m.w.H.). Abgesehen davon sind bei der fusionsdurchführenden Kapitalerhöhung die auf die übernehmende Gesellschaft anwendbaren **Vorschriften des OR über die Kapitalerhöhung grundsätzlich zu beachten** (vgl. je m.w.H.: BSK OR II-ZINDEL/ISLER, Komm. zu Art. 650 ff. [zur AG]; BSK OR II-BAHLSEN/WILDHABER, Art. 764 N 8 ff. [zur Kommandit-AG]; BSK OR II-ISLER/ZINDEL, Komm. zu Art. 786 f. [zur GmbH]; ferner BSK OR II-TSCHÄNI, Art. 748 N 28; ZK-ALBRECHT, N 4 ff.), wobei sich einige Besonderheiten ergeben. **40**

1. Ordentliche und genehmigte Kapitalerhöhung

Häufig wird die fusionsdurchführende Kapitalerhöhung im Verfahren der **ordentlichen Kapitalerhöhung** (AG: Art. 650 OR) durchgeführt werden. Dabei ist die **Dreimonatsfrist** für die Eintragung im Handelsregister (Art. 650 Abs. 3 OR), von welcher das FusG trotz entsprechenden Forderungen in der Vernehmlassung (vgl. Vernehmlassungen, 119 f.) keine Ausnahme zulässt, einzuhalten. **41**

Sollte die Dreimonatsfrist zu Problemen führen, da behördliche Bewilligungen einzuholen sind (vgl. TSCHÄNI, M&A-Transaktionen, 6. Kap. Rz 129), kann eine **genehmigte Kapitalerhöhung** (AG: Art. 651 ff. OR) Platz greifen (vgl. BÖCKLI, Aktienrecht, § 3 Rz 138; FORSTMOSER/MEIER-HAYOZ/NOBEL, § 57 N 170). Dabei kann sich der VR einerseits auf eine bereits bestehende Statutenbestimmung (Art. 651 OR) abstützen, sofern diese dem Fusionsvorhaben nicht entgegensteht (REBSAMEN, Rz 686; zum Bezugsrechtsausschluss vgl. BSK OR II- ZINDEL/ISLER, Art. 651 N 13, 17). Der Durchführungs- und Statutenänderungsbeschluss des VR ergeht in diesem Fall unmittelbar nach dem Fusionsbeschluss der GV und kann dem Handelsregister zusammen mit diesem zur Eintragung angemeldet werden (vgl. Art. 21 N 22). Fehlt eine (genügende) Ermächtigungsklausel in den Statuten der übernehmenden Gesellschaft, ist es andererseits auch möglich, den Ermächtigungsbeschluss der GV gleichzeitig mit dem Fusionsbeschluss zu fassen. Die Statutenänderung (Aufnahme der Vorschrift zum genehmigten Kapital) wird dann umgehend in das Handelsregister eingetragen (als Änderung einer nicht publikationspflichtigen Tatsache; vgl. BSK OR II-ZINDEL/ISLER, Art. 651 N 10a; REBSAMEN, Rz 560), das erhöhte Kapital – zusammen mit der Fusion – aber erst nach Vorliegen der behördlichen Bewilligungen und dem Durchführungsbeschluss des VR. Hingegen erachtet es die wohl überwiegende Auffassung als nicht zulässig, den Durchführungsbeschluss des VR unmittelbar nach dem Fusions- und Ermächtigungsbeschluss, also vor der Eintragung der Statutenänderung im Handelsregister, zu fassen, da die dazu notwendige statutarische Ermächtigung erst mit der Eintragung in das Handelsregister rechtswirksam wird (BSK OR II-ZINDEL/ISLER, **42**

Art. 651 N 5 m.w.H.; vgl. ferner die Hinweise bei GERICKE, 74 ff.). Die Auffassung überzeugt nicht, namentlich weil das genehmigte Kapital nicht publikationspflichtig ist (vgl. BÖCKLI, Aktienrecht, § 2 Rz 97) und kein Schutzbedürfnis des Publikums ersichtlich ist (vgl. VON SALIS-LÜTOLF, 136; ferner GERICKE, 100). Dementsprechend tragen die kantonalen Handelsregisterämter, soweit bekannt, eine Kapitalerhöhung auch dann ein, wenn der Ermächtigungsbeschluss der GV und der Durchführungsbeschluss des VR gleichzeitig zur Eintragung angemeldet werden. Sollte ein solches Vorgehen im Einzelfall nicht zugelassen werden, ist ein zeitlich gestaffeltes Vorgehen erforderlich: zunächst ist der Fusionsbeschluss und (sofern in diesem nicht ohnehin enthalten, vgl. N 45) der Ermächtigungsbeschluss zu fassen und die Statutenänderung im Handelsregister einzutragen; erst nach der Eintragung der Statutenänderung kann der VR den Durchführungsbeschluss fassen und die Fusion zusammen mit der Kapitalerhöhung beim Handelsregister zur Eintragung anmelden (vgl. auch ZK-ALBRECHT, N 6).

43 Neben der ordentlichen und der genehmigten Kapitalerhöhung steht die **bedingte Kapitalerhöhung** zur Durchführung einer Fusion **nicht zur Verfügung** (vgl. Art. 653 Abs. 1 OR; BSK OR II-ISLER/ZINDEL, Art. 653 N 19 m.w.H.).

2. Bezugsrechtsausschluss

44 Der **Ausschluss des Bezugsrechts** der Anteilsinhaber der übernehmenden Gesellschaft ist für die fusionsdurchführende Kapitalerhöhung sachlich zwingend (BÖCKLI, Aktienrecht, § 3 FN 237) und daher ohne weiteres zulässig (vgl. N 30 m.w.H.). Ein Kapitalerhöhungsbericht des VR und eine Prüfungsbestätigung der Revisionsstelle erübrigen sich nach der hier vertretenen Auffassung gänzlich (vgl. N 29 f. m.w.H.).

3. Kapitalerhöhungsbeschluss der GV

45 Die Kapitalerhöhung im Rahmen der Fusion dürfte in aller Regel einen eigentlichen **Kapitalerhöhungs- bzw. Ermächtigungsbeschluss der Generalversammlung** voraussetzen, der allerdings in der Mehrzahl der Fälle zusammen mit dem eigentlichen Fusionsbeschluss (sic: der Genehmigung des Fusionsvertrages) in einem einzigen Beschlussprotokoll festgehalten werden wird (zum Inhalt des Kapitalerhöhungsbeschlusses der GV vgl. ZH FusG-Textvorlagen, 18.1.2; BÖCKLI, Aktienrecht, § 3 Rz 136; ZK-ALBRECHT, N 5; zum früheren Recht REBSAMEN, Rz 688). Unter Umständen besteht jedoch kein Bedürfnis für einen expliziten Erhöhungs- bzw. Ermächtigungsbeschluss, nämlich dann, wenn sich die gemäss OR für den jeweiligen Beschluss vorgeschriebenen Angaben (AG: Art. 650 Abs. 2, Art. 651 Abs. 2 u. 3 OR), unter Ausnahme der Angaben betreffend Sacheinlagen, aus dem Fusionsvertrag ergeben. In diesem Fall umfasst die Genehmigung des Fusionsvertrages (der eigentliche Fusionsbeschluss) zugleich auch die Zustimmung zu den für die Kapitalerhöhung notwendigen Beschlusspunkten, und es könnte wohl auf einen separaten Beschlusspunkt unter dem Titel «Kapitalerhöhung» verzichtet werden.

4. Durchführungs- und Feststellungsbeschluss des VR; Handelsregistereintragung

46 Der auch bei der fusionsdurchführenden Kapitalerhöhung notwendige **Durchführungsbeschluss** (genehmigte Kapitalerhöhung) sowie der **Feststellungsbeschluss des VR** richten sich nach den einschlägigen Bestimmungen (AG: Art. 651 Abs. 4, 652g OR; vgl. dazu BSK OR II-ZINDEL/ISLER, Komm. zu Art. 651 u. Art. 652g; ZH FusG-Textvorlagen, 18.1.3), wobei vom Kapitalerhöhungsbericht und von der Prüfungsbestätigung sowohl als Voraussetzung (Art. 652g Abs. 1 OR) als auch als Belege (Art. 652g Abs. 2 u. 3 OR) des Feststellungsbeschlusses nach der hier vertretenen Auffassung abgesehen werden kann (vgl.

3. Abschnitt: Kapitalerhöhung, Neugründung und Zwischenbilanz Art. 10

N 29 f. m.w.H.). Schliesslich ist die Kapitalerhöhung zeitgleich mit dem Fusionsbeschluss dem **Handelsregister** zur Eintragung anzumelden (Art. 21 Abs. 2; vgl. Art. 21 N 21).

5. Anteilszeichnung und Anteilstausch

Wie im früheren Recht (vgl. BSK OR II-TSCHÄNI, Art. 748 N 28; ZK-BÜRGI/NORDMANN, Art. 748 OR N 71) findet bei der fusionsdurchführenden Kapitalerhöhung auch unter Geltung des FusG keine **Anteilszeichnung** durch die bisherigen Aktionäre statt (im deutschen Recht ist dies ausdrücklich angeordnet, vgl. LUTTER-WINTER, § 55 UmwG N 17). Der Anteilserwerb der Gesellschafter der übertragenden Gesellschaft beruht nicht auf einer eigenen rechtsgeschäftlichen Erklärung sondern direkt auf Art. 7, dem Fusionsvertrag, dem Fusions- und dem Kapitalerhöhungsbeschluss und der Eintragung im Handelsregister (Art. 22), mit welcher die Gesellschafter der aufgelösten Gesellschaft unmittelbar zu Gesellschaftern der übernehmenden Gesellschaft werden (vgl. Art. 22 N 18). Die einschlägigen Bestimmungen des OR (AG: Art. 652 OR) zur Anteilszeichnung sind somit nicht anwendbar. Der **Aktientausch** stellt anschliessend nur noch eine Anpassung an die bereits bestehende Rechtslage dar, wobei die alten Titel als Bezugsausweise für die neuen dienen (BÖCKLI, Aktienrecht, § 3 Rz 151). 47

VI. Rechtsvergleichung

Die EU-Fus-RL hält zwar den Grundsatz der mitgliedschaftlichen Kontinuität fest (vgl. Art. 7 N 34), enthält aber keine ausdrücklichen Vorschriften über die fusionsdurchführende Kapitalerhöhung. Immerhin schreibt Art. 19 Abs. 2 EU-Fus-RL vor, dass für Aktien der übertragenden Gesellschaft, die sich im Besitz der übernehmenden Gesellschaft oder der übertragenden Gesellschaft oder einer auf deren Rechnung handelnden Person befinden, keine Aktien der übernehmenden Gesellschaft begeben werden dürfen. Das FusG enthält keine entsprechende Einschränkung, weshalb sie unter Vorbehalt der Einhaltung der Kapitalaufbringungsvorschriften für das Schweizer Recht abzulehnen ist (vgl. N 16). Artikel 19 Abs. 1 lit. b EU-Fus-RL bestimmt sodann, dass die Verschmelzung *ipso iure* bewirkt, dass die Aktionäre der übertragenden Gesellschaft zu Aktionären der übernehmenden Gesellschaft werden. Dies gilt im Schweizer Recht ebenso (vgl. N 47). 48

Art. 10

Neugründung bei der Kombinationsfusion	Für die Neugründung einer Gesellschaft im Rahmen einer Kombinationsfusion gelten die Bestimmungen des Zivilgesetzbuches und des Obligationenrechts über die Gründung einer Gesellschaft. Keine Anwendung finden die Vorschriften über die Anzahl der Gründerinnen und Gründer bei Kapitalgesellschaften sowie die Vorschriften über die Sacheinlagen.
Fondation d'une nouvelle société en cas de fusion par combinaison	Les dispositions du code civil (CC) et du code des obligations concernant la fondation d'une société s'appliquent à la fondation d'une nouvelle société dans le cadre d'une fusion par combinaison. Les dispositions concernant le nombre des fondateurs de sociétés de capitaux ainsi que les dispositions concernant les apports en nature ne sont pas applicables.
Costituzione di una nuova società in caso di fusione mediante combinazione	Le disposizioni del Codice civile e del Codice delle obbligazioni relative alla costituzione di una società si applicano alla costituzione di una nuova società nell'ambito della fusione mediante combinazione. Le disposizioni sul numero dei promotori di società di capitali e sui conferimenti in natura non sono applicabili.

Literatur

Vgl. die Literaturhinweise zu Art. 9.

I. Allgemeines

1. Regelungsgegenstand und Normzweck

1 **Regelungsgegenstand** von Art. 10 ist die Neugründung einer Gesellschaft zum Zwecke der Durchführung der Kombinationsfusion. Satz 1 hält den Grundsatz fest, wonach auf die Neugründung die entsprechenden Vorschriften des Zivilgesetzbuches und des Obligationenrechts anwendbar sind. Satz 2 bestimmt als Ausnahme, dass die Bestimmungen über die Anzahl der Gründer bei der Kapitalgesellschaft und die Sacheinlagevorschriften nicht zur Anwendung gelangen.

2 **Zweck** von **Satz 1** ist es, für die fusionsdurchführende Neugründung sicherzustellen, dass die auf die jeweilige Gesellschaftsform anwendbaren **zwingenden Gründungsvorschriften eingehalten werden**. Satz 2 verfolgt durch den Ausschluss der Sacheinlagevorschriften im Wesentlichen denselben Zweck wie Art. 9 Abs. 2 (vgl. die entsprechenden Ausführungen in Art. 9 N 3) und will darüber hinaus sicherstellen, dass die Möglichkeit der Kombinationsfusion in eine Kapitalgesellschaft nicht durch die im Allgemeinen erforderliche Anzahl Gründer eingeschränkt wird.

2. Entstehungsgeschichte

3 Satz 1 von Art. 10 hat aus dem VE FusG (dort ebenfalls Art. 10) unverändert Eingang in das FusG gefunden. Satz 2 wurde dahingehend ergänzt, dass die allgemeinen Vorschriften betreffend Anzahl Gründer nur bei Kapitalgesellschaften (AG, Kommandit-AG und GmbH, vgl. Art. 2 lit. c) nicht eingehalten werden müssen. Abgesehen von zwei unwesentlichen Stellungnahmen war die Vorschrift in der Vernehmlassung unbestritten (vgl. Vernehmlassungen, 120) und hat in der parlamentarischen Beratung zu keinen Debatten oder Stellungnahmen Anlass gegeben (vgl. AmtlBull StR 2001, 149; AmtlBull NR 2003, 235).

3. Die Regelung der Kombinationsfusion im FusG

4 Das FusG regelt die Kombinationsfusion grundsätzlich gleich wie die Absorptionsfusion. Neben Art. 10 finden sich nur in Art. 13 Abs. 1 lit. a (Angaben zur zu gründenden Gesellschaft im Fusionsvertrag) und Art. 14 Abs. 4 (Statutenentwurf als Beilage zum Fusionsbericht) Spezialbestimmungen. Art. 9 gilt demgegenüber ausschliesslich für die Absorptionsfusion. Ferner ist die Regelung von Art. 23 f. für die Kombinationsfusion ohne Bedeutung, da die erleichterte Mutter-Tochter-Fusion durch Kombination unmöglich und die erleichterte Fusion nach Art. 23 Abs. 1 lit. b durch Kombination theoretisch zwar denkbar, praktisch aber wohl irrelevant ist.

II. Anwendungsbereich

5 Art. 10 gelangt ausschliesslich bei der **Kombinationsfusion** (vgl. dazu Art. 3 N 3) zur Anwendung. Auf die Absorptionsfusion, bei welcher die übernehmende Gesellschaft bereits besteht (Art. 3 Abs. 1 lit. a), ist die Bestimmung nicht anwendbar. Eine mit Art. 10 jeweils identische Vorschrift sehen Art. 34 bei der Spaltung zur Neugründung, bei welcher ein Teilvermögen auf eine neu zu gründende Gesellschaft übertragen wird, und Art. 57 bei der Umwandlung, die funktional ebenfalls eine Neugründung darstellt,

vor (vgl. Komm. zu Art. 34 und zu Art. 57). Bei der Vermögensübernahme (Art. 69 ff.) fehlt eine entsprechende Vorschrift, da sie bereits bestehende Rechtsträger voraussetzt und die mitgliedschaftlichen Rechte und Pflichten an sich unberührt lässt. **Satz 1** ist zwingend und gilt **ungeachtet der Gesellschaftsform der übernehmenden Gesellschaft**. Die Regelung in **Satz 2** ist demgegenüber dispositiver Natur und gelangt nur zur Anwendung, wenn es sich bei der **neuen Gesellschaft** um eine **Kapitalgesellschaft** handelt (vgl. auch Art. 9 N 6 m.w.H.).

III. Geltung der allgemeinen Gründungsvorschriften (Satz 1)

1. Grundsatz

Das frühere Recht sah für die Gründung der übernehmenden Gesellschaft im Rahmen einer Kombinationsfusion in Art. 749 Abs. 3 Ziff. 3 aOR eine spezielle Regelung vor, die in der Praxis allerdings unterschiedlich gehandhabt wurde (vgl. REBSAMEN, Rz 706). Im Gegensatz dazu statuiert das FusG **keine speziellen Gründungsregeln**. Im Gegenteil hält Art. 10 den *Grundsatz* fest, dass für die fusionsdurchführende Gründung die allgemeinen Gründungsvorschriften gelten. Unter Vorbehalt von durch die Beurkundungs- und Handelsregisterpraxis zugelassenen Ausnahmen (vgl. N 7) bedeutet dies z.B., dass die übertragenden Gesellschaften bei der Kombination auf eine **AG** eine **Gründerversammlung** abzuhalten haben, im **Errichtungsakt** die **Statuten** festlegen und die Organe bestellen müssen, und – abgesehen von den Bestimmungen bezüglich Sacheinlage und Anzahl Gründer (vgl. N 15 ff.) – ganz allgemein die in Art. 620 ff. OR vorgesehenen Gründungsvorschriften einzuhalten haben, wobei sich eine eigentliche Zeichnung der Aktien der übernehmenden Gesellschaft auch unter Geltung des FusG erübrigen dürfte (gl.M. ZK-ALBRECHT, N 10; zum früheren Recht vgl. BSK OR II-TSCHÄNI, Art. 749 N 9; vgl. ferner Art. 34 N 9 ff.). Der Verweis auf die Gründungsvorschriften bezieht sich dabei grundsätzlich auf alle Bestimmungen des ZGB und OR, die bei einer Gründung der jeweils in Frage stehenden Gesellschaft zu beachten sind (z.B. GmbH: Art. 772 ff. OR), auch wenn sie systematisch nicht unter dem Titel «Gründung» (z.B. GmbH: Art. 779 OR) zusammengefasst sind.

6

2. Handhabung in der Praxis

Der Verweis in Art. 10 Satz 1 auf die allgemeinen Gründungsbestimmungen ist recht allgemein gehalten (REBSAMEN, Rz 706) und lässt Fragen offen, die durch die **Beurkundungs- und Handelsregisterpraxis** zu beantworten sein werden. So wäre es z.B. denkbar, dass die **Gründung** im Falle der Kombinationsfusion **im Rahmen der Feststellungsbeurkundung der Fusionsbeschlüsse** erfolgt (analog zu Art. 745 Abs. 3 Ziff. 3 aOR; so z.B. HRA-LU, 17). Soweit durch die zuständigen Handelsregisterbehörden zugelassen (zur unterschiedlichen Handhabung von Art. 749 Abs. 3 Ziff. 3 aOR vgl. REBSAMEN, Rz 706), bedeutet dieses Vorgehen eine erhebliche Erleichterung, da es z.B. **keinen speziellen Errichtungsakt** und **keine Gründerversammlung** braucht. In der Praxis empfiehlt es sich, nicht zuletzt auf Grund der geringen Erfahrung mit dem früheren Recht, mit den zuständigen Handelsregistern frühzeitig in Kontakt zu treten und die vorgesehene Vorgehensweise und die Transaktionsdokumente **vorprüfen** zu lassen.

7

3. Gründer

Aus der Konzeption des FusG folgt, dass die **übernehmende Gesellschaft durch die übertragenden Gesellschaften** gegründet wird (so auch Handkommentar FusG-BOMMER, N 3; ZK-ALBRECHT, N 10; zum früheren Recht vgl. BÖCKLI, Aktienrecht, 2. Aufl.,

8

Art. 10 9–12   2. Kapitel: Fusion von Gesellschaften

Rz 96i; REBSAMEN, Rz 702; ZK-BÜRGI/NORDMANN, Art. 749 OR N 10). Um die mitgliedschaftliche Kontinuität zu gewährleisten (vgl. N 13), müssen grundsätzlich alle übertragenden Gesellschaften an der Gründung der übernehmenden Gesellschaft als Gründer mitwirken. Die **Gesellschafter** der übertragenden Gesellschaften nehmen an der fusionsdurchführenden Gründung hingegen **formell nicht** teil. Namentlich zeichnen sie bei der übernehmenden Kapitalgesellschaft keine Anteile (vgl. auch Art. 34 N 11).

9 Die übertragenden Gesellschaften werden bei der Gründung im Normalfall durch ihre zur Vertretung befugten Personen vertreten. Eine **gewillkürte Vertretung** mittels **schriftlicher Vollmacht durch direkte Stellvertreter** ist möglich (zur AG vgl. REBSAMEN, Rz 354), was bei der Koordination der Fusionsbeschlüsse der übertragenden Gesellschaften mit der Gründung (vgl. N 10 ff.) hilfreich sein kann. Ausgeschlossen ist demgegenüber die Gründung durch indirekte Stellvertreter («**Strohpersonen-Gründung**»); um die mitgliedschaftliche Kontinuität (vgl. N 13) zu gewährleisten, muss die übernehmende Gesellschaft direkt durch die übertragenden Gesellschaften gegründet werden.

4. Gründung nach Fusionsbeschluss

10 Gemäss Art. 749 Abs. 3 aOR galt, dass die neue Gesellschaft erst gegründet werden konnte, nachdem die Generalversammlungen der übertragenden Gesellschaften die Fusion genehmigt hatten (vgl. BSK OR II-TSCHÄNI, Art. 749 N 8 f.). Obwohl das geltende Recht diesbezüglich keine ausdrückliche Vorschrift enthält (vgl. immerhin Art. 14 Abs. 4, wonach dem Fusionsbericht lediglich der *Entwurf* der Statuten der neuen Gesellschaft beizufügen ist), muss auch unter dem FusG von diesem Grundsatz ausgegangen werden. Die Gründung einer Gesellschaft zwecks Fusion (mit der Folge der Universalsukzession und Auflösung der Gründergesellschaften) ist ein Geschäft, welches durch den **Zweck der übertragenden Gesellschaften nicht gedeckt** ist, weshalb den Organen der übertragenden Gesellschaften vor dem Fusionsbeschluss (Art. 18) gemäss Art. 718a Abs. 1 OR die Vertretungsmacht fehlt (vgl. BSK OR II-WATTER, Art. 718a N 3 ff. m.w.H.). Zudem würde es bei der Gründung einer Kapitalgesellschaft vor den Fusionsbeschlüssen an der bedingungslosen Einlageverpflichtung (AG: Art. 630 Ziff. 2 OR) mangeln, da die Einlage die Durchführung der Fusion bedingt, die wiederum von den zustimmenden Fusionsbeschlüssen abhängig ist; ohne **unbedingte Einlageverpflichtung** ist die Gründung aber ungültig (vgl. BSK OR II-SCHENKER, Art. 630 N 3 m.w.H.). Immerhin kann die Neugründung, abgesehen vom Fall fehlender behördlicher Bewilligungen (vgl. N 11), und sofern die Gründung nicht ohnehin in den Fusionsbeschlüssen enthalten ist (vgl. N 7), **unmittelbar nach Vorliegen aller Fusionsbeschlüsse** stattfinden, etwa unmittelbar im Anschluss an die Generalversammlung der zeitlich letzten übertragenden Gesellschaft unter Mitwirkung der dort ohnehin anwesenden (Art. 20 Abs. 1) Urkundsperson (ausser Verein).

11 Sind zum Vollzug der Kombinationsfusion **behördliche Bewilligungen** (namentlich solche von Wettbewerbsbehörden) notwendig, kann die Gründung der übernehmenden **Kapitalgesellschaft** erst nach Vorliegen der Bewilligungen durchgeführt werden. Dies ergibt sich m.E. aus der Bedingungsfeindlichkeit der Einlageverpflichtung (vgl. N 10 m.w.H.).

12 Bei der Kombinationsfusion wird die Gründung der übernehmenden Gesellschaft gleichzeitig mit der Auflösung der übertragenden Gesellschaften im **Handelsregister** eingetragen (vgl. Art. 21 N 37). Mit der Eintragung wird die Fusion (und damit auch die Gründung) rechtswirksam; beim Zusammenschluss in einen Verein wird die Fusion mit dem letzten Fusionsbeschluss rechtswirksam (vgl. Art. 22 N 1 ff., 23).

5. Mitgliedschaftliche Kontinuität

Da die Gesellschafter der übertragenden Gesellschaft an der Gründung der übernehmenden Gesellschaft nicht mitwirken, beruht ihre **Gesellschafterstellung** nicht auf dem Gründungsakt. Vielmehr entsteht sie *ipso iure* unmittelbar mit der **Eintragung der Fusion im Handelsregister** bzw. bei der Kombinationsfusion in einen Verein mit dem Fusionsbeschluss (vgl. Art. 22 N 18, 23). In Art. 10 fehlt eine zu Art. 9 Abs. 1 analoge Regelung. Dennoch sind auch bei der Kombinationsfusion die **Anteils- und Mitwirkungsrechte** der Gesellschafter der übertragenden Gesellschaften gemäss Art. 7 zu wahren. Daher muss bei der Gründung die notwendige Anzahl **Mitgliedschaftsstellen** geschaffen werden (vgl. auch Art. 34 N 6 f.). Bei der AG erfolgt dies durch Zeichnung der notwendigen Anzahl Aktien durch die übertragenden Gesellschaften. Dabei ist zu beachten, dass bei der Kombinationsfusion – im Unterschied zur Absorptionsfusion, wo es nur eine übertragende Gesellschaft gibt – die Gesellschafter aller fusionierenden Gesellschaften einen Anspruch auf Wahrung ihrer Rechte gemäss Art. 7 haben.

13

6. Erfüllung der Einlageverpflichtung

Bei der Kombinatonsfusion wird die Einlageverpflichtung zwingend durch **Einlage der Vermögen der übertragenden Gesellschaften** erfüllt. Die Sacheinlagevorschriften sind dabei nicht anwendbar (vgl. N 16 f.). Eine andere Einlageart ist nicht denkbar. Das Grundkapital der übernehmenden Gesellschaft kann daher die kumulierten Nettovermögen der übertragenden Gesellschaft nicht übersteigen (vgl. auch Art. 9 N 19).

14

IV. Keine Anwendung der Vorschriften über die Anzahl Gründer bei Kapitalgesellschaften (Satz 2)

In der Mehrzahl der Fälle werden sich nicht mehr als zwei Gesellschaften zu einer neuen Gesellschaft zusammenschliessen. Vor diesem Hintergrund setzt Art. 10 Satz 2 die gesetzlichen Vorschriften betreffend Anzahl der Gründer für die Kapitalgesellschaften ausser Kraft. Der Ausschluss ist nur für die **AG** und **Kommandit-AG** relevant, da nur dort mehr als zwei Gründer vorausgesetzt sind (nämlich drei, vgl. Art. 625 Abs. 1, Art. 625 i.V.m. Art. 764 Abs. 2 OR). Bei der **GmbH** genügen zwei Gründer (Art. 775 Abs. 1 OR). Dasselbe gilt gemäss h.L. beim **Verein** (vgl. BSK ZGB I-Heini/Scherrer, Art. 60 N 30 m.w.H.). Die **Kollektiv- und die Kommanditgesellschaft** setzt sich ebenfalls aus zwei (oder mehr) Personen zusammen (Art. 552 Abs. 1, Art. 594 Abs. 1 OR), weshalb sich auch hier eine Ausnahme im FusG erübrigte. Erstaunlich ist aber, dass sich der Ausschluss von Satz 2 nicht auch auf die **Genossenschaft** bezieht, deren Gründung sieben Mitglieder voraussetzt (Art. 831 Abs. 1 OR). Da es nicht der Wille des Gesetzgebers gewesen sein kann, die Kombinationsfusion in eine Genossenschaft nur bei sieben übertragenden Gesellschaften zuzulassen (**a.M.** aber offenbar HRA-LU, 17), muss Satz 2 dahingehend verstanden werden, dass zur fusionsdurchführenden Gründung einer Genossenschaft zwei Gesellschaften genügen, sofern diese zusammen mindestens sieben Gesellschafter aufweisen (so auch Handkommentar FusG-Bommer, N 3; von Salis-Lütolf, 61; im Zusammenhang mit der Umwandlung: Art. 57 N 6; missverständlich Botschaft, 4405, die davon auszugehen scheint, dass die übernehmende Gesellschaft durch die Gesellschafter der übertragenden Gesellschaften gegründet wird).

15

V. Keine Anwendung der Sacheinlagevorschriften (Satz 2)

16 Analog zu Art. 9 Abs. 2 dispensiert Satz 2 die übertragenden Gesellschaften (die Gründer) von der Einhaltung der Sacheinlagevorschriften. Die Bestimmung ist nur relevant, wenn es sich bei der neu zu gründenden Gesellschaft um eine Kapitalgesellschaft i.S.v. Art. 2 lit. c handelt (AG, Kommandit-AG und GmbH; vgl. Art. 9 N 6 m.w.H.). Im Wesentlichen stellen sich in Bezug auf die fusionsdurchführende Neugründung dieselben Fragen wie in Bezug auf die fusionsdurchführende Kapitalerhöhung, weshalb auf die Ausführungen zu Art. 9 Abs. 2 verwiesen werden kann (vgl. Art. 9 N 23 ff. m.w.H.).

17 Wie Art. 9 Abs. 2 definiert auch Art. 10 die im Einzelnen nicht anwendbaren Sacheinlagevorschriften nicht, weshalb sämtliche Bestimmungen des OR und der HRegV, welchen in Bezug auf die Gründung eine Regelung über Sacheinlagen entnommen werden kann, nicht anwendbar sind. Namentlich sind die übertragenden Gesellschaften von der Erstellung eines **Gründerberichts** (AG: Art. 635 OR) befreit, und bedarf es keines Hinweises in den **Statuten** (AG: Art. 628 Abs. 1 OR; vgl. HRA-LU, 17; **a.M.** ZK-ALBRECHT, N 11) und keiner **Prüfungsbestätigung** durch einen Revisor (AG: Art. 635a OR; ebenso Art. 57 N 10). Auch wird die Sacheinlage im **Handelsregister** nicht speziell vermerkt (AG: Art. 641 OR). Neben den Sacheinlagevorschriften finden auch die Regeln über **Sachübernahmen** keine Anwendung (vgl. Art. 9 N 31 m.w.H.). Die Dispens von den Sacheinlagevorschriften bei der fusionsdurchführenden Gründung gilt auch dann, wenn es sich bei den übertragenden Gesellschaften um **KMU** handelt und alle Gesellschafter zustimmen (zur Begründung vgl. Art. 9 N 32 ff. m.w.H.; ferner, im Zusammenhang mit der Umwandlung, Art. 57 N 10). Bei der **erleichterten Fusion** stellt sich die Problematik nicht, da dort eine Kombinationsfusion nicht denkbar ist (vgl. N 4).

VI. Rechtsvergleichung

18 Gemäss Art. 23 Abs. Abs. 3 EU-Fus-RL muss bei der Verschmelzung zur Neugründung die Hauptversammlung jeder untergehenden Gesellschaft dem Errichtungsakt oder einem Entwurf des Errichtungsakts zustimmen. Diese Regelung unterscheidet sich vom Schweizer Recht insoweit, als die Gesellschafter der untergehenden Gesellschaften hier an der Gründung der übernehmenden Gesellschaft (formell) nicht teilnehmen; allerdings werden durch Zustimmung zum Fusionsbeschluss der Name oder die Firma, der Sitz und die Rechtsform (Art. 18 Abs. 1 i.V.m. Art. 13 Abs. 1 lit. a) und indirekt auch die Statuten der neuen Gesellschaft (die im Entwurf dem Fusionsbericht beiliegen müssen, Art. 14 Abs. 4), genehmigt. Ferner sieht Art. 23 Abs. 4 EU-Fus-RL vor, dass die Mitgliedstaaten bei der Neugründung die in Art. 10 EU-Kapital-RL vorgesehenen Vorschriften für die **Prüfung von Einlagen, die nicht Bareinlagen** sind, **nicht anzuwenden**. Diese Vorschrift entspricht, soweit ersichtlich, der Dispens von der Einhaltung der Sacheinlagevorschriften in Art. 10 Satz 2.

Art. 11

Zwischenbilanz

¹ Liegt der Bilanzstichtag bei Abschluss des Fusionsvertrags mehr als sechs Monate zurück oder sind seit Abschluss der letzten Bilanz wichtige Änderungen in der Vermögenslage der an der Fusion beteiligten Gesellschaften eingetreten, so müssen diese eine Zwischenbilanz erstellen.

² Die Erstellung der Zwischenbilanz erfolgt gemäss den Vorschriften und Grundsätzen für den Jahresabschluss unter Vorbehalt folgender Vorschriften:
a. Eine körperliche Bestandesaufnahme ist nicht notwendig.
b. Die in der letzten Bilanz vorgenommenen Bewertungen brauchen nur nach Massgabe der Bewegungen in den Geschäftsbüchern verändert zu werden; Abschreibungen, Wertberichtigungen und Rückstellungen für die Zwischenzeit sowie wesentliche, aus den Büchern nicht ersichtliche Veränderungen der Werte müssen jedoch berücksichtigt werden.

Bilan intermédiaire

¹ Les sociétés qui fusionnent doivent établir un bilan intermédiaire si la date de clôture du bilan est antérieure de plus de six mois à celle de la conclusion du contrat de fusion ou si des modifications importantes sont intervenues dans leur patrimoine depuis la clôture du dernier bilan.

² L'établissement du bilan intermédiaire est régi par les dispositions et les principes relatifs aux comptes annuels. Les dispositions suivantes sont réservées:
a. il n'est pas nécessaire de procéder à un nouvel inventaire réel;
b. les évaluations figurant au dernier bilan ne sont modifiées qu'en fonction des mouvements d'écritures; les amortissements, les corrections de valeur et les provisions intérimaires ainsi que les changements importants de la valeur n'apparaissant pas dans les écritures doivent cependant être pris en considération.

Bilancio intermedio

¹ Se la data determinante per il bilancio precede di oltre sei mesi la data di conclusione del contratto di fusione o se si sono verificate importanti modifiche patrimoniali posteriormente alla chiusura del bilancio, le società partecipanti alla fusione devono stilare un bilancio intermedio.

² Il bilancio intermedio è stilato conformemente alle disposizioni e ai principi relativi ai conti annuali, fatte salve le disposizioni seguenti:
a. non è necessario procedere a un nuovo inventario fisico;
b. le valutazioni contenute nell'ultimo bilancio sono modificate soltanto in ragione dei movimenti nelle scritture contabili; vanno tuttavia presi in considerazione gli ammortamenti, le correzioni di valore e gli accantonamenti per il periodo intermedio, nonché le modifiche sostanziali di valori che non appaiono nelle scritture contabili.

Literatur

CH.J. MEIER-SCHATZ, Die «Rückwirkung» bei gesellschaftsrechtlichen Transaktionen, SZW 1997, 1 ff.

I. Allgemeines

1. Regelungsgegenstand und Normzweck

1 **Regelungsgegenstand** von Art. 11 ist die **Pflicht zur Erstellung einer Zwischenbilanz**. Abs. 1 hält die Voraussetzungen fest, unter welchen eine solche erforderlich ist. Abs. 2 regelt die Art und Weise, wie die Zwischenbilanz zu erstellen ist. **Zweck** der Bestimmung ist es sicherzustellen, dass die für die Feststellung und Bewertung der Vermögen der beteiligten Gesellschaften wichtigen Bilanzen beim Abschluss des Fusionsvertrages **aktuell** sind (vgl. Botschaft, 4405) und nicht eine Vermögenslage wiedergeben, die sich mittlerweile **wesentlich geändert** hat. Indirekt bezweckt die Vorschrift die Wahrung der Anteils- und Mitgliedschaftsrechte der Gesellschafter der übertragenden Gesellschaften im Sinne von Art. 7 f. und die Gewährleistung der Kapitalaufbringung im Rahmen der fusionsdurchführenden Kapitalerhöhung (Art. 9) bzw. der fusionsdurchführenden Neugründung (Art. 10).

2. Entstehungsgeschichte

2 Art. 10 VE FusG sah die Pflicht zur Erstellung einer Zwischenbilanz lediglich für den Fall vor, dass der Bilanzstichtag mehr als sechs Monate zurückliegt. Auf Grund der Ergebnisse der Vernehmlassung (vgl. Vernehmlassungen, 121 ff.) wurde die Vorschrift um den Fall der wesentlichen Änderung der Vermögenslage seit Abschluss der letzten Bilanz ergänzt. Abs. 2 wurde erst auf Antrag der ständerätlichen Kommission in das Gesetz aufgenommen (vgl. AmtlBull StR 2001, 149 f.).

3. Funktion der Fusionsbilanz

3 Die «der Fusion zu Grunde liegende Bilanz» (Art. 15 Abs. 1) dient verschiedenen Zwecken (vgl. zum Folgenden auch ZK-BÜRGI/NORDMANN, Art. 748 OR N 52). Sie stellt die *Vermögenslage* der beteiligten Gesellschaften dar und bildet damit nach der *Konzeption des Gesetzes* (vgl. Art. 7 Abs. 1 [«*Vermögen*»] u. Art. 17) eine zentrale (Botschaft, 4405) Grundlage für die **Bewertung der beteiligten Gesellschaften** und die **Festlegung des Umtauschverhältnisses** bzw. der Höhe der Abfindung (zu der in der Praxis allerdings meist weitaus bedeutsameren Bewertung nach der DCF-Methode vgl. Art. 7 N 22; ferner Art. 35 N 3). Nach der Fusionsbilanz der *übertragenden* Gesellschaft bestimmt sich sodann der Bestand und der Wert des auf die übernehmende Gesellschaft übergehenden Vermögens. Damit dient sie der **Gewährleistung der Kapitalaufbringung** und ist als Beleg beim Handelsregister einzureichen (Art. 105a Abs. 1 lit. b HRegV; vgl. auch ZK-BÜRGI/NORDMANN, Art. 748 OR N 53). Ferner bilden die Fusionsbilanzen der beteiligten Gesellschaften eine **Grundlage zur Beurteilung gemäss Art. 17**, ob zwischen dem Abschluss des Fusionsvertrages und der Beschlussfassung der Generalversammlung wesentliche Veränderungen im Aktiv- oder Passivvermögen der beteiligten Gesellschaften eingetreten sind (vgl. Komm. zu Art. 17). Schliesslich bestimmt sich nach der Fusionsbilanz i.d.R., ob die Aktiven und Passiven der übertragenden Gesellschaft zu den bisherigen **Gewinnsteuerwerten** weitergeführt werden. – Die Fusionsbilanz ist Gegenstand der **Fusionsprüfung** (Art. 15 Abs. 1) und des **Einsichtsrechts** gemäss Art. 16 (vgl. Komm. zu Art. 15 u. zu Art. 16).

II. Anwendungsbereich

4 Art. 11 gelangt bei der **Absorptionsfusion** und der **Kombinationsfusion** zur Anwendung und gilt auch bei der Fusion von **KMU** unter Zustimmung aller Gesellschafter und

3. Abschnitt: Kapitalerhöhung, Neugründung und Zwischenbilanz 5–8 Art. 11

der **erleichterten Fusion**. Eine mit Art. 11 materiell gleichlautende Vorschrift sehen Art. 35 bei der Spaltung zur Neugründung und Art. 58 bei der Umwandlung vor (vgl. Komm. zu Art. 35 u. zu Art. 58). Bei der Vermögensübernahme (Art. 69 ff.) fehlt eine entsprechende Regelung.

Der Anwendungsbereich von Art. 11 ist auf Gesellschaften beschränkt, die nach Art. 957 OR **buchführungspflichtig** sind, Gesellschaften also, die sich gemäss Art. 934 Abs. 1 OR in das Handelsregister eintragen lassen müssen (Botschaft, 4406). Anwendbar ist die Vorschrift somit auf die **AG, Kommandit-AG, GmbH, Genossenschaft** und die **kaufmännische Kollektiv- und Kommanditgesellschaft**, nicht aber auf den Verein (auch nicht bei einer freiwilligen Eintragung in das Handelsregister; vgl. aber Art. 58 N 5) und die Kollektiv- und Kommanditgesellschaften, die kein nach kaufmännischer Art geführtes Gewerbe betreiben (vgl. BSK OR II-NEUHAUS/BINZ, Art. 957 N 5 ff.). 5

III. Jahresabschlüsse der beteiligten Gesellschaften

Sofern gemäss Abs. 1 nicht eine Zwischenbilanz zu erstellen ist, genügt für die Fusion die **auf den Schluss des letzten Geschäftsjahres erstellte Bilanz** (vgl. Abs. 2: «Jahresabschluss» sowie Art. 16 Abs. 1 lit. d; gl.M. BÖCKLI, Aktienrecht, § 3 N 75; im Ergebnis ebenso ZK-ALBRECHT, N 13). Massgebend ist die **nach den Rechnungslegungsvorschriften des OR erstellte, handelsrechtliche Bilanz**. Bei der AG, Kommandit-AG und Genossenschaft – unter geltendem Recht (Art. 819 OR) aber nicht bei der GmbH, es sei denn, die Statuten sähen eine Kontrollstelle vor (vgl. BSK OR II-WATTER, Art. 819 N 1 ff.) – muss sie in geprüfter Form vorliegen. Abschlüsse, die nach anderen Regelwerken (FER, IFRS, US-GAAP u.ä.) erstellt wurden, können nicht als Fusionsbilanzen i.S.v. Art. 11 (und Art. 15 Abs. 1 und Art. 16 Abs. 1 lit. d) verwendet werden. Erforderlich ist zudem der **Einzelabschluss**; eine **konsolidierte Bilanz** ist unter Art. 11 weder ausreichend noch massgebend. Art. 11 erfasst ferner nur die Bilanz, nicht aber die **Erfolgsrechnung** (vgl. auch VON SALIS-LÜTOLF, 63) oder den **Anhang**. Diese bilden allerdings Gegenstand des Einsichtsrechts nach Art. 16. 6

Abs. 1 richtet sich an «**die beteiligten Gesellschaften**». Erforderlich sind damit die Bilanzen (u.U. Zwischenbilanzen) aller an der Fusion beteiligter Gesellschaften (so auch ZWICKER, Prüfung, ZSR 2004 I 161 f.). Dies im Unterschied zur Praxis zum früheren Recht, die eine Fusionsbilanz der übertragenden Gesellschaft genügen liess (vgl. z.B. BÖCKLI, Aktienrecht, 2. Aufl., Rz 294f; REBSAMEN, Rz 688, Rz 690). Beim Handelsregister als Belege einzureichen sind allerdings nur die Fusionsbilanzen (gegebenenfalls die Zwischenbilanzen) der übertragenden Gesellschaften (Art. 105a Abs. 1 lit. b HRegV). 7

IV. Pflicht zur Erstellung einer Zwischenbilanz (Abs. 1)

1. Sechsmonatsfrist

Liegen zwischen dem letzten Bilanzstichtag und dem Datum des Abschlusses des Fusionsvertrages mehr als sechs Monate, muss die betroffene Gesellschaft gemäss Abs. 1 eine Zwischenbilanz erstellen. In der Regel entspricht der **letzte Bilanzstichtag** dem Abschluss des letzten ordentlichen Geschäftsjahres. Sollte nach dem letzten Jahresabschluss ausnahmsweise ein Zwischenabschluss erstellt und, sofern für den Jahresabschluss gesetzlich oder statutarisch vorgeschrieben, geprüft worden sein, beginnt die Frist von sechs Monaten am Bilanzstichtag dieses Abschlusses. 8

Hans-Jakob Diem

9 Die Frist von sechs Monaten wurde in der Vernehmlassung als zu kurz kritisiert (vgl. Vernehmlassungen, 121 ff.). Die Kritik ist berechtigt (vgl. auch Handkommentar FusG-BOMMER, N 2). Die geforderte Verlängerung auf neun Monate wurde durch den Gesetzgeber unter Hinweis auf die EU-Fus-RL aber ausdrücklich verworfen (vgl. Botschaft, 4405 Anm. 71), weshalb die Sechsmonatsfrist wohl hingenommen werden muss (vgl. aber Art. 35 N 5).

2. Wichtige Änderungen in der Vermögenslage

10 Nach Abs. 1 muss bereits vor Ablauf der Sechsmonatsfrist eine Zwischenbilanz erstellt werden, wenn *seit dem Abschluss der letzten Bilanz wichtige Änderungen in der Vermögenslage* eingetreten sind. Die gesetzliche Terminologie «**Abschluss der letzten Bilanz**» ist verwirrend. Nach Sinn und Zweck der Vorschrift und auf Grund des Stichtagprinzips (vgl. BÖCKLI, Aktienrecht, § 8 Rz 385) kann einzig der **letzte Bilanzstichtag** (s. N 9) gemeint sein (gl.M. Handkommentar FusG-BOMMER, N 9; VON SALIS-LÜTOLF, 61; ferner Art. 35 N 11; Art. 58 N 10). Die Pflicht zur Erstellung einer Zwischenbilanz bei wesentlichen Änderungen endet mit dem Abschluss des Fusionsvertrages. Änderungen zwischen dem Datum des Fusionsvertrages und den Fusionsbeschlüssen folgen der **Regelung von Art. 17**.

11 Die Pflicht zur Erstellung einer Zwischenbilanz trifft nur die in ihrer Vermögenslage betroffene Gesellschaft. Massgebend sind allerdings **negative und positive Änderungen**. Eine Zwischenbilanz muss nicht erstellt werden, wenn sich *ausschliesslich* die **Ertragslage** ändert. Nach dem Zweck von Art. 11 führen auch wichtige **neu bekannt werdende Umstände**, die bereits vor dem letzten Bilanzstichtag vorlagen aber in der letzten Bilanz nicht berücksichtigt sind, zur Pflicht, eine Zwischenbilanz zu erstellen (es sei denn, der ordentliche Abschluss werde ohnehin noch einmal erstellt und geprüft).

12 Das Gesetz definiert nicht, was **wichtige Änderungen** sind. Die Wortwahl ist unglücklich, da sie zu Analogien verleiten könnte (z.B. zum «wichtigen Grund»), die mit dem Rechnungslegungsrecht nichts zu tun haben und auch im Zusammenhang mit Art. 11 nicht massgeblich sein können. Gemeint ist wohl das **Prinzip der Wesentlichkeit** *(materiality)*, das z.B. auch der Regelung von Art. 662a Abs. 2 Ziff. 2 OR oder Art. 663b Ziff. 8 OR zu Grunde liegt. Nur Änderungen, welche wesentlich sind, und zwar in Bezug auf die Funktionen der Fusionsbilanz – Festlegung des Umtauschverhältnisses und Gewährleistung der Kapitalaufbringung (vgl. N 3) – sollen massgeblich sein, während unbedeutende Einflussgrössen ausser acht gelassen werden können. Dabei spielen namentlich absolute Grösse und relative Bedeutung, bezogen auf die Bilanzsumme der beteiligten Gesellschaften, eine Rolle (vgl. HWP I, 47). Nicht jede Änderung im Vermögen, die (sofern überhaupt) zu einer Änderung des **Umtauschverhältnisses** führt, ist ohne weiteres eine «wichtige» Änderung, da sich bei niedrigen Anteilsnennwerten bereits relativ kleine Eigenkapitalveränderungen auswirken können, und die resultierende Änderung des Umtauschverhältnisses aus Sicht der Gesellschafter vernachlässigbar sein kann. Auch können sich positive und negative Veränderungen gegenseitig neutralisieren (BÖCKLI, Aktienrecht, § 3 Rz 81). Allerdings lassen sich ziffernmässige oder feste Abgrenzungen zwischen wesentlich und unwesentlich kaum definieren (HWP I, 48; vgl. aber BÖCKLI, Aktienrecht, § 3 Rz 81, der eine Schwelle von 10% befürwortet). Ob eine Änderung in der Vermögenslage wesentlich ist, bleibt dem **pflichtgemässen Ermessen** der entsprechenden Organe überlassen. Immer wesentlich und damit «wichtig» i.S.v. Abs. 1 ist allerdings jede Änderung im Vermögen der übertragenden Gesellschaft seit dem letzten Bilanzstichtag, die dazu führen könnte, dass die **Kapitalaufbringung**

3. Abschnitt: Kapitalerhöhung, Neugründung und Zwischenbilanz   13–17   Art. 11

(Art. 624 OR) bei der übernehmenden Gesellschaft nicht sichergestellt ist; in einem solchen Fall muss stets eine Zwischenbilanz erstellt werden.

Fraglich ist, ob wesentliche Vermögensänderungen auch dann die Pflicht zur Erstellung einer Zwischenbilanz begründen, wenn sie sich objektiv und mit absoluter Genauigkeit feststellen lassen. Meines Erachtens ist die Frage zu verneinen. Wird z.B. vor Abschluss des Fusionsvertrages eine **Dividende** ausgerichtet, muss keine Zwischenbilanz erstellt werden. 13

V. Erstellung der Zwischenbilanz (Abs. 2)

1. Erstellung

Nach Abs. 2 erfolgt die Erstellung der Zwischenbilanz grundsätzlich gemäss den Vorschriften und Grundsätzen für den Jahresabschluss. Die Bestimmung wurde erst in der parlamentarischen Beratung hinzugefügt, und zwar mit dem erklärten Ziel, «gewisse Erleichterungen» zu gewähren (vgl. die Wortmeldung von Ständerat Schweiger, AmtlBull StR 2001, 150). 14

Zuständig zur Erstellung der Zwischenbilanz sind die **Verwaltungsorgane** der betroffenen Gesellschaft. Bei den anzuwendenden **Vorschriften und Grundsätzen** handelt es sich um die einschlägigen, für die jeweilige Gesellschaftsform geltenden Vorschriften und Grundsätze des OR zum Jahresabschluss (vgl. N 6), bei der AG namentlich um Art. 662 ff. OR. Insbesondere gilt auch für die übertragende Gesellschaft der **Fortführungsgrundsatz** (Art. 662a Abs. 2 Ziff. 4 OR; BÖCKLI, Aktienrecht, § 3 Rz 76; ZK-ALBRECHT, N 18). Als Ausnahmen von den allgemeinen Vorschriften und Grundsätzen sieht Abs. 2 vor, dass eine körperliche Bestandesaufnahme, eine **Inventur**, nicht notwendig ist (lit. a). Ferner brauchen die in der letzten Bilanz vorgenommenen **Bewertungen** nur nach Massgabe der Bewegungen in den Geschäftsbüchern verändert zu werden; Abschreibungen, Wertberichtigungen und Rückstellungen für die Zwischenzeit sowie wesentliche, aus den Büchern nicht ersichtliche Veränderungen der Werte müssen allerdings berücksichtigt werden (lit. b). 15

Art. 11 verpflichtet ausschliesslich zur Erstellung einer Bilanz; eine **Erfolgsrechnung** und ein **Anhang** müssen zumindest nach Massgabe dieser Vorschrift nicht produziert werden (**a.M.** BÖCKLI, Aktienrecht, § 3 FN 125). 16

2. Prüfung der Zwischenbilanz

Gemäss Art. 15 Abs. 1 unterliegt die Fusionsbilanz (und mit ihr die Zwischenbilanz), sofern nicht eine erleichterte Fusion oder eine Fusion von KMU unter Zustimmung aller Gesellschafter vorliegt (zu den weiteren Ausnahmen vgl. Art. 15 N 12), der Prüfung durch den Fusionsprüfer (zum Prüfungsinhalt vgl. Art. 15 N 22 ff.). Aus dem FusG folgt hingegen nicht, dass eine allfällige Zwischenbilanz durch die Revisionsgesellschaft der betreffenden Gesellschaft zu revidieren wäre; namentlich kann Art. 11 eine solche Vorschrift nicht entnommen werden (gl.M. Art. 58 N 14 f. [zu Art. 58]; grundsätzlich ZK-ALBRECHT, N 28; **a.M.** Handkommentar FusG-BOMMER, Art. 9 N 8; VON DER CRONE ET AL., Rz 226; differenzierend VON SALIS-LÜTOLF, 62 f.; wie hier ferner die Stellungnahme des Schweizerischen Handels- und Industrie-Vereins [Vorort], Vernehmlassungen, 122). Die Bestimmung verpflichtet zur «Erstellung» der Zwischenbilanz, was in der Terminologie des OR nichts anderes als die Tätigkeit des VR kennzeichnet (vgl. Art. 662 Abs. 1; Art. 663g Marginalie OR) und von der Prüfung durch die Revisionsstelle (vgl. Art. 728 Abs. 1 OR) klar unterschieden wird. Auch kann aus der Einfügung 17

Hans-Jakob Diem

von Abs. 2 durch den Ständerat nicht geschlossen werden, dass die Praxis unter früherem Recht, die eine geprüfte Zwischenbilanz nicht forderte (vgl. MEIER-SCHATZ, SZW 1997, 8; REBSAMEN, Rz 678; ferner ZK-BÜRGI/NORDMANN, Art. 748 OR N 53; a.M. BÖCKLI, Aktienrecht, 2. Aufl., Rz 294f; ohne Stellungnahme FORSTMOSER/MEIER-HAYOZ/NOBEL, § 57 N 80; BSK OR II-TSCHÄNI, Art. 748 N 28), verschärft werden sollte. Im Gegenteil wurde die Bestimmung mit dem erklärten Ziel eingefügt, die Erstellung der Zwischenbilanz zu erleichtern (vgl. N 14 m.w.H.). Daher ist eine Revision der Zwischenbilanz durch die Revisionsstelle der betreffenden Gesellschaft **m.E. nicht erforderlich**, insbesondere nicht für die übernehmende Gesellschaft oder bei der erleichterten Fusion. Jedenfalls ist eine Prüfung der Zwischenbilanz dann nicht vorgeschrieben, wenn der Jahresabschluss nicht zu prüfen ist (also grundsätzlich bei der GmbH; vgl. N 6 m.w.H.).

VI. Rechtsvergleichung

18 Die Regelung in Abs. 1 entspricht im Wesentlichen Art. 11 Abs. 1 lit. c EU-Fus-RL. Die Bestimmung in Abs. 2 stimmt fast wörtlich mit Art. 11 Abs. 2 EU-Fus-RL überein.

Vierter Abschnitt: Fusionsvertrag, Fusionsbericht und Prüfung

Art. 12

Abschluss des Fusionsvertrags	**¹ Der Fusionsvertrag muss von den obersten Leitungs- oder Verwaltungsorganen der an der Fusion beteiligten Gesellschaften abgeschlossen werden.**
	² Er bedarf der schriftlichen Form und der Zustimmung der Generalversammlung beziehungsweise der Gesellschafterinnen und Gesellschafter der beteiligten Gesellschaften (Art. 18).
Conclusion du contrat de fusion	¹ Le contrat de fusion est conclu par les organes supérieurs de direction ou d'administration des sociétés qui fusionnent.
	² Il doit revêtir la forme écrite et doit être approuvé par les assemblées générales ou, à défaut, par les associés des sociétés qui fusionnent (art. 18).
Conclusione del contratto di fusione	¹ Il contratto di fusione è concluso dagli organi superiori di direzione o di amministrazione delle società partecipanti alla fusione.
	² Esso richiede la forma scritta e l'approvazione dell'assemblea generale, rispettivamente dei soci delle società partecipanti alla fusione (art. 18).

Literatur

R. FAESSLER, La fusion des sociétés anonymes en droit suisse et étranger, Diss. Lausanne 1925; R.W. FREHNER, Die aktienrechtliche Fusion nach schweizerischem Recht, Diss. Zürich 1945; B.K. GANTENBEIN, Die Fusion von juristischen Personen und Rechtsgemeinschaften im schweizerischen Recht, Diss. Freiburg 1995; H. HÄBERLING, Die Fusion von Genossenschaften nach schweizerischem Recht, Diss. Zürich 1951; P.R. ISLER, Break-up Fee bei Unternehmenszusammenschlüssen, in: Vogt et al. (Hrsg.), Der Allgemeine Teil und das Ganze, FS Schulin, Basel/Genf/München 2002, 83 ff.; M. KÜNG, Zum Fusionsbegriff im schweizerischen Recht, SZW 1991, 245 ff.; W. LEHMANN, Die Fusion von Aktiengesellschaften, Diss. Bern 1933; R. MEIER, Die Rechtsnatur des Fusionsvertrages, Diss. Zürich 1986; A. NEUMANN, Fusionen und fusionsähnliche Unternehmenszusammenschlüsse, Bern/Stuttgart/Wien 1994; U. SCHENKER, Die Fusion, AJP 2004, 772 ff.; J. SUTER, Die Fusion von Aktiengesellschaften im Privatrecht und im Steuerrecht, Diss. Zürich 1966; J.J. SIEGER/K. HASSELBACH, Break Fee-Vereinbarung bei Unternehmenskäufen, Betriebs-Berater 55 (2000), 625 ff.; H.-U. VOGT, Fusion und Umwandlung nach dem neuen Fusionsgesetz, in: Schweizerische Zeitschrift für Beurkundungs- und Grundbuchrecht 2004, 141 ff.

I. Allgemeines

Die Bestimmung regelt unter der Marginalie «Abschluss des Fusionsvertrags» die **Zu-** 1 **ständigkeit zum Abschluss** des Fusionsvertrages innerhalb der beteiligten Gesellschaften (Abs. 1) sowie dessen **erforderliche Form** und den **Vorbehalt der Zustimmung** durch die Generalversammlung bzw. die Gesellschafter der beteiligten Gesellschaften (Abs. 2). Der Fusionsvertrag, welcher von den mit Inkrafttreten des FusG aufgehobenen Art. 748 f. altOR eher beiläufig vorausgesetzt worden war, wird damit gesetzlich in knapper Form geregelt und sein notwendiger Inhalt im nachfolgenden Art. 13 festgelegt. Die Bestimmung war in fast unveränderter Form schon im Vorentwurf FusG und im Entwurf FusG enthalten und gab im Parlament wenig Anlass zu Diskussionen. Das Gesetz spricht (anders als der VE FusG) in Art. 12 nur von Gesellschaften, weil die Fusion von Stiftungen, Vorsorgeeinrichtungen und Instituten des öffentlichen Rechts in separaten Kapiteln behandelt wird (Art. 78–85, Art. 88–96 und Art. 99–101; für die Besonderheiten bei Fusionen dieser Rechtsträger vgl. die Kommentierungen zu diesen Bestimmungen).

II. Gegenstand, Bedeutung und Rechtsnatur des Fusionsvertrages

Gegenstand des Fusionsvertrages bildet vor allem die verbindliche **Einigung** mehre- 2 rer Gesellschaften, nach den Bestimmungen des Gesetzes **zu fusionieren**, das heisst die beteiligten Gesellschaften rechtlich zu vereinigen, indem alle Aktiven und Passiven mindestens einer der beteiligten Gesellschaften (der übertragenden Gesellschaft) auf eine andere beteiligte Gesellschaft, nämlich die übernehmende (bei der Absorptionsfusion) oder die neu zu gründende Gesellschaft (bei der Kombinationsfusion), durch **Universalsukzession** übertragen werden und die übertragende Gesellschaft ohne Liquidation aufgelöst wird und – sofern ihr Rechtspersönlichkeit zukam – erlöscht (ähnlich MEIER, 71; Handkommentar FusG-SCHENKER, N 1; vgl. auch Botschaft, 4355 und Komm. zu Art. 3). Daneben enthält der Fusionsvertrag regelmässig weitere Vereinbarungen im Zusammenhang mit der Fusion (vgl. dazu Art. 13 N 18).

Als Einigung über die wirtschaftlichen und rechtlichen Bedingungen der Fusion bildet 3 der Fusionsvertrag das **Grundgeschäft** für die Fusion und stellt ein verbindliches Programm für die beteiligten Gesellschaften, deren Organe und Gesellschafter dar (BÖCKLI, Aktienrecht, § 3 Rz 53; Handkommentar FusG-SCHENKER, N 1). Funktionell kommt dem Fusionsvertrag nicht nur die Vertragsfunktion der **rechtlichen Bindung**, sondern auch eine wichtige **Informationsfunktion** für die Gesellschafter zu. Dies zeigt sich etwa, wenn das Gesetz für seinen Mindestinhalt auch Elemente vorschreibt, die nicht die gegenseitigen Rechte und Pflichten der Fusionsparteien betreffen, sondern für die Gesellschafter unter Transparenzgesichtspunkten von Bedeutung sind (z.B. Art. 13 Abs. 1 lit. h). Für die beteiligten Gesellschaften sowie deren Organe und vor allem deren Gesellschafter ist der Fusionsvertrag daher von erheblicher **Bedeutung**. Dies betrifft insbesondere die für die Gesellschafter der beteiligten Gesellschaften (natürlich nur bei nicht konzerninternen Fusionen) zentrale Frage des **Umtauschverhältnisses** bzw. der **Abfindung** und, damit verbunden, die Frage der **Fusionsbewertung** der beteiligten Gesellschaften. Das vertraglich vereinbarte Umtauschverhältnis ist diejenige Grösse, welche das Verhältnis der im Rahmen einer Fusion zumindest in einem wirtschaftlichen Sinne erbrachten Leistung und Gegenleistung auf der Ebene der Gesellschafter bestimmt. In der Praxis werden allerdings viele Fusionen im Rahmen **konzerninterner Restrukturierungen** vorgenommen. Bei diesen Transaktionen ist der Fusionsvertrag von geringer materieller Bedeutung und beinhaltet regelmässig kaum mehr als die notwendigen Elemente. Das FusG lässt für solche Fusionen denn auch ein **erleichtertes Verfahren** zu, gemäss welchem der notwendige Inhalt des Fusionsvertrages gegenüber dem ordentlichen Fusionsverfahren reduziert ist (Art. 24 Abs. 1 und 2). Bei Fusionen von privat gehaltenen Gesellschaften werden ausserdem häufig viele für die Gesellschafter wichtige Vereinbarungen im Zusammenhang mit einer Fusion (insb. soweit sie Handlungen der übernehmenden Gesellschaft nach Vollzug der Fusion betreffen) auf Gesellschafterstufe vereinbart, v.a. durch **Aktionärbindungsverträge**, weil sich unter Umständen nur auf diese Weise die Durchsetzung sicherstellen lässt (vgl. dazu auch Art. 13 N 18). Ein solches Vorgehen hat auch den Vorteil, dass ein Aktionärbindungsvertrag nicht dem Handelsregister eingereicht werden muss und daher vertraulich bleiben kann. Ausserordentlich bedeutungsvoll ist indessen der Fusionsvertrag (besonders hinsichtlich des Umtauschverhältnisses) bei **Interessenkonflikten** zwischen Mehr- und Minderheitsgesellschaftern, so wenn eine nach Art. 18 Abs. 1 qualifizierte Mehrheit der Beteiligungsrechte der übertragenden Gesellschaft sich in den Händen der übernehmenden Gesellschaft oder deren Mehrheitsgesellschafter befindet. Von grosser Bedeutung ist der Fusionsvertrag schliesslich vor allem bei Fusionen von Gesellschaften mit breit gestreutem Gesellschafterkreis, insb. bei Gesellschaften mit börsenkotierten Beteiligungsrechten.

4 Die **Rechtsnatur** des Fusionsvertrages ist nicht vollständig geklärt und im Einzelnen umstritten (dazu eingehend MEIER, 21 ff.; GANTENBEIN, 215 f.). Etwas vereinfacht unterscheiden sich die Lehrmeinungen darin, ob und inwiefern der Fusionsvertrag als **gesellschaftsrechtlicher oder als gegenseitiger Vertrag** qualifiziert wird (vgl. die Übersicht über die Lehrmeinungen bei MEIER, 22 ff., nach dessen Ansicht ein gesellschaftsrechtlicher Vertrag vorliegt). Das Bundesgericht schien in einem Entscheid zur Stempelsteuer im Fusionsvertrag ein entgeltliches Austauschgeschäft zu sehen, bei welchem die übernommenen Passiven gegenüber Dritten die Gegenleistung zu den erworbenen Aktiven darstellen (BGE 108 Ib 450, 455 f.). Diese dogmatische Begründung wurde schon unter altem Recht kritisiert (MEIER, 25 FN 35). Mit der Befreiung des Erwerbs steuerbarer Urkunden im Rahmen einer Fusion von der Umsatzsteuer durch den neuen Art. 14 Abs. 1 lit. i StG entfällt nun die dem Entscheid zu Grunde liegende Qualifikationsfrage der Entgeltlichkeit für die Stempelsteuer. Vorzuziehen ist m.E. wohl die vermittelnde Meinung, wonach der Fusionsvertrag sowohl Aspekte eines gesellschaftsrechtlichen (bzw. körperschaftsrechtlichen) **Organisationsaktes**, wie auch Aspekte eines gegenseitigen Vertrages aufweist (ähnlich BÖCKLI, Aktienrecht, § 3 Rz 53; vgl. zum deutschen Recht SEMLER/STENGEL-SCHRÖER, § 4 UmwG N 3). Bezüglich der Pflicht der Vertragsparteien, die für die Fusion erforderlichen Handlungen vorzunehmen, ist nach der hier vertretenen Ansicht der Fusionsvertrag als gegenseitiger Vertrag zu qualifizieren. Unbestritten ist, dass dem Fusionsvertrag nur **obligatorische**, das heisst **keine dingliche** (also unmittelbar vermögensrechtliche) **Wirkung** zukommt. Wenn aus der dogmatischen Zuordnung des Fusionsvertrages Schlüsse für dessen Rechtswirkungen gezogen werden sollen, so ist Vorsicht geboten. Bei der Anwendung der allgemeinen Vorschriften des OR ist jedenfalls dem besonderen Charakter des Fusionsvertrages Rechnung zu tragen. Für die Bedeutung der Qualifikationsfrage bei Erfüllungsstörungen vgl. N 20.

4. Abschnitt: Fusionsvertrag, Fusionsbericht und Prüfung

III. Zuständigkeit zum Vertragsabschluss (Abs. 1)

Entgegen der etwas missverständlichen Formulierung des Gesetzes sind **Parteien des Fusionsvertrages** die beteiligten Gesellschaften (bzw. bei der Kombinationsfusion die beiden übertragenden Gesellschaften) und nicht deren Organe, auch nicht während des Schwebezustandes des Vertrages vor der Zustimmung durch die Generalversammlung bzw. die Gesellschafter. Der Fusionsvertrag wird also nicht *von* den obersten Leitungs- oder Verwaltungsorganen, sondern von den beteiligten Gesellschaften abgeschlossen. Die Bedeutung des ersten Absatzes von Art. 12 ist aber auch nicht etwa, dass die Parteien beim Vertragsschluss zwingend *durch* ihre obersten Leitungs- oder Verwaltungsorgane handeln müssten, sich also nicht anders vertreten lassen könnten. Die Bedeutung der Bestimmung liegt vielmehr in der Begründung einer **unübertragbaren Organkompetenz**. Wegen der regelmässig grossen Bedeutung der Fusion für die Parteien hat das Gesetz die **Kompetenz zum Abschluss** des Fusionsvertrages (vorbehältlich der Genehmigung durch die Generalversammlung bzw. die Gesellschafter) dem **obersten Leitungs- oder Verwaltungsorgan** zugewiesen (vgl. Botschaft, 4406 f.). Mit dem Begriff des obersten Leitungs- oder Verwaltungsorganes soll den unterschiedlichen Rechtsformen Rechnung getragen werden. Je nach Gesellschaftsform sind die folgenden Organe zuständig:

– AG: Verwaltungsrat (Art. 707 ff. OR)

– KommanditAG: Verwaltung, bestehend aus den unbeschränkt haftenden Gesellschaftern (Art. 765 OR)

– GmbH: Gemeinschaft der Gesellschafter bzw. – wenn die Geschäftsführung delegiert worden ist – der oder die Geschäftsführer (Art. 811 ff. OR)

– Genossenschaft: Verwaltung (Art. 894 ff. OR)

– Kollektiv- und Kommanditgesellschaft: Die gemäss Gesellschaftsvertrag oder Gesetz geschäftsführenden Gesellschafter (Art. 557 bzw. 599 i.V.m. 535 OR; bei der Kommanditgesellschaft sind das nach dispositivem Gesetzesrecht die unbeschränkt haftenden Gesellschafter)

– Verein: Vorstand (Art. 69 ZGB)

Die **Abschlusskompetenz des obersten Leitungs- oder Verwaltungsorgan** ist in dem Sinne **unübertragbar**, als sie nicht an nachgeordnete Organe delegiert werden kann. Eine in der Vernehmlassung zum Teil vorgeschlagene Möglichkeit der Delegation an nachgeordnete Organe wurde in der Vorlage verworfen (Botschaft, 4406 f.). Die Frage der Entziehbarkeit dieser Organkompetenz durch die Generalversammlung bzw. die Gesellschafter stellt sich im Fall des Fusionsvertrages im Regelfall nicht, da ja deren Zustimmung – mit Ausnahme der Fälle der gemäss Art. 23 f. erleichterten Fusion – zwingend vorbehalten bleibt. Wenn Art. 12 Abs. 1 in Anlehnung an Art. 716a OR als «unentziehbare» Kompetenz bezeichnet wird (Handkommentar FusG-SCHENKER N 11), so mag dies für die AG zutreffen. Auf andere Gesellschaftsformen lässt sich der Begriff der unübertragbaren und unentziehbaren Aufgaben (Art. 716a Abs. 1 OR) aber kaum übertragen (**a.M.** aber offenbar ZK-LUGINBÜHL, N 18). In welchem Masse die Gesellschafter dem obersten Leitungs- oder Verwaltungsorgan Weisungen oder Verbote für oder gegen einen Abschluss eines Fusionsvertrages erteilen können, sollte nach dem Organisationsrecht der einzelnen Gesellschaftsformen beurteilt werden. Eine freiwillige Vorlage an die Generalversammlung bzw. die Gesellschafter ist allerdings m.E. auch bei Anwendung des erleichterten Verfahrens möglich. Die Abschlusskompetenz des obersten Leitungs- oder Verwaltungsorgans wird wahrgenommen, indem das entsprechende Organ den Fusionsvertrag durch **Beschluss** genehmigt. Dem entspricht es auch, wenn sämtliche Mitglieder des entsprechenden Organs den schriftlichen Fusionsvertrag unterzeichnen. Das ist indessen nicht erforderlich (gl.M. Handkommentar FusG-SCHENKER, N 12; ISLER/VON SALIS-LÜTOLF, 22). Wenn das Gesetz den Vertragsschluss selbst als Organkompetenz bezeichnet, wird man daraus folgern müssen, dass der Inhalt des Fusionsvertrages bei Beschlussfassung abschliessend bestimmt ist und ein allgemeiner Zustimmungsbeschluss zu einem Fusionsvertrag mit noch auszuhandelnden Bedingungen nicht zulässig ist (gl.M. Handkommentar FusG-SCHENKER, N 12). Redaktionelle Änderungen am Vertragstext sollten aber zulässig bleiben. Der Gesetzestext ist auch nicht so zu verstehen, dass beim Abschluss des Fusionsvertrages die beteiligten Gesellschaften durch ihre obersten Leitungs- oder Verwaltungsorgane zu handeln hätten. Wie bei anderen Verträgen auch kann die Unterzeichnung des Fusionsvertrages durch vertretungsberechtigte Organe oder Bevollmächtigte erfolgen (gl.M. VOGT, 153 f.). Falls zu diesem Zeitpunkt eine Genehmigung des obersten Leitungs- oder Verwaltungsorgans nicht vorliegt, so bleibt diese aber vorbehalten. Der Genehmigungsbeschluss hat den statutarischen bzw. gesellschaftsvertraglichen Erfordernissen der beteiligten Gesellschaft (insbes. bezüglich allfälliger Mehrheitserfordernisse) zu entsprechen. **Vereinbarungen im Vorfeld einer Fusion**, etwa hinsichtlich Geheimhaltung, Offenlegung, Beratung und Kostentragung fallen nicht unter die zwingende Abschlusskompetenz dieser Bestimmung. **Änderungen** des Fusionsvertrages bedürfen gleichermassen der Zustimmung durch das oberste Leitungs- oder Verwaltungsorgan.

IV. Schriftlichkeit (Abs. 2)

7 Der Fusionsvertrag bedarf der **schriftlichen Form** im Sinne von Art. 12 ff. OR. Der **Formzweck** besteht darin, den Gesellschaftern bzw. Mitgliedern eine sichere Kenntnisnahme des Vereinbarten zu ermöglichen und eine zuverlässige Grundlage für die Fusionsprüfung und die Eintragung im Handelsregister abzugeben. In der Praxis wurde bereits unter dem bisherigen Recht ein Fusionsvertrag fast immer schriftlich abgeschlossen, wenn auch bis anhin kein Formzwang bestand. Der Formzwang beschlägt sämtliche objektiv und subjektiv wesentlichen Vertragspunkte, ist also nicht auf den Mindestinhalt des Fusionsvertrages gemäss Art. 13 beschränkt (gl.M. Handkommentar FusG-SCHENKER, N 14). Eine solche Beschränkung wäre m.E. nicht sachgemäss, da der Formzweck auch der Sicherstellung der Information der Gesellschafter dient. **Schriftlichkeit genügt**, auch wenn durch die Fusion **Grundstücke** auf die übernehmende Gesellschaft übergehen (Botschaft, 4407). Zur Schriftlichkeit gehört die rechtsgültige Unterzeichnung für die beteiligten Gesellschaften als Parteien durch vertretungsberechtigte Organe oder Bevollmächtigte (Art. 13 Abs. 1 OR). Allerdings ist Urkundeneinheit nicht verlangt.

8 Wird die Form nicht erfüllt, so leidet der Vertrag an einem **Formmangel**. Fraglich ist, welche **Rechtsfolgen** von einem Formmangel ausgelöst werden, insbesondere ob die Erfüllung der schriftlichen Form ein **Gültigkeitserfordernis** des Fusionsvertrages darstellt. Gemäss Art. 11 Abs. 2 OR hängt von der Beachtung der Form die Gültigkeit des Vertrages ab, es sei denn, die Vorschriften des Fusionsgesetzes sähen eine andere Bedeutung und Wirkung der Formvorschrift im Sinne dieser Bestimmung vor. Nach der Praxis des Bundesgerichts ist die allgemeine Rechtsfolge eines Formmangels bei Verträgen im Sinne von Art. 11 Abs. 2 OR Nichtigkeit, die von Amtes wegen berücksichtigt wird (BGE 116 II 700, 702; BGE vom 16.11.2001, Nr. 4c.225/2001, E. 2a; BGE 106 II 146, 151). Das Fusionsgesetz sieht nicht ausdrücklich eine andere Rechtsfolge für Formmängel des Fusionsvertrages vor. Es lässt sich aber argumentieren, auch ein sol-

4. Abschnitt: Fusionsvertrag, Fusionsbericht und Prüfung   9 Art. 12

cher Formmangel falle unter Art. 106, was lediglich zur Anfechtbarkeit eines gestützt auf einen mit einem Formmangel behafteten Fusionsvertrag ergangenen Fusionsbeschlusses führen würde. Zu einem Vollzug der Fusion dürften in der Praxis formungültige Fusionsverträge auf Grund der Prüfung durch den Handelsregisterführer selten führen. Allerdings ist die Prüfung durch den Handelsregisterführer keine Garantie für die Erfüllung der Form, weil auch subjektiv wesentliche Elemente formbedürftig sind (N 7). Auch wird der Fusionsvertrag bereits mit den Zustimmungsbeschlüssen der Generalversammlung bzw. der Gesellschafter und im erleichterten Verfahren nach Art. 23 f. bereits mit dem Genehmigungsbeschluss durch das oberste Leitungs- oder Verwaltungsorgan wirksam (N 9). Es können sich daher durchaus praktische Probleme mit Formmängeln bei Fusionsverträgen stellen. Meines Erachtens ist jedenfalls die Rechtsfolge der Nichtigkeit dann nicht sachgerecht, wenn die gestützt auf einen formungültigen Fusionsvertrag beschlossene Fusion trotz des Formmangels im Handelsregister eingetragen wurde. Bezieht sich der Formmangel auf einen notwendigen Vertragsbestandteil gemäss Art. 13 Abs. 1 lit. a–i, so wird eine Eintragung kaum je vorkommen. Das Fusionsgesetz sieht für Gesetzesverletzungen als Rechtsfolge grundsätzlich die **Anfechtbarkeit** der entsprechenden Gesellschaftsbeschlüsse nach Art. 106 f. vor. Bei **behebbaren Mängeln** braucht ausserdem ein Beschluss nicht aufgehoben zu werden, sondern es ist den betroffenen Rechtsträgern Frist zur Behebung anzusetzen (Art. 107 Abs. 2). Nach Eintragung der Fusion im Handelsregister sollte daher vorbehältlich einer Anfechtung nach Art. 106 **Heilung des Formmangels** angenommen werden. Wird die Fusion gestützt auf den mangelhaften Fusionsvertrag angefochten, so dürfte der Formmangel immer dann einen nicht behebbaren Mangel darstellen, wenn die mangelnde Schriftlichkeit zu einem Fehler in der Willensbildung geführt hat. Dann ist eine richterliche Aufhebung des Fusionsbeschlusses angezeigt. Diese Ansicht lässt sich auch damit begründen, dass der Fusionsvertrag mit der Eintragung der Fusion im Wesentlichen erfüllt ist.

V. Vorbehalt der Zustimmung der Generalversammlung bzw. Gesellschafter (Abs. 2)

1. Allgemeines

Der Fusionsvertrag bedarf der Zustimmung der Generalversammlung bzw. der Gesellschafter der beteiligten Gesellschaften. Der **Zweck** der Bestimmung ist der **Schutz der Gesellschafter**; die Grundentscheidung über die Fusion soll auf ihrer Stufe gefällt werden. Der Genehmigungsvorbehalt entfällt bei erleichterten Fusionen im Sinne von Art. 23 f., weil dort ein solches Schutzbedürfnis nicht oder nur in geringerem Mass besteht. In den Fällen des erleichterten Verfahrens wird der Fusionsvertrag, wenn er nicht rechtsgeschäftlich aufschiebend bedingt ist, unmittelbar mit Abschluss bzw. Genehmigung durch das oberste Leitungs- oder Verwaltungsorgan wirksam. Im bisherigen Recht war (nach freilich nicht unumstrittener Lehre) zumindest für die Aktiengesellschaft ein Gesellschafterbeschluss bezüglich der Fusion selbst nur für die übertragende Gesellschaft notwendig (FORSTMOSER/MEIER-HAYOZ/NOBEL, § 57 N 118; **a.M.** BÖCKLI, Aktienrecht, § 3 Rz 128). In der Regel kam es zumindest indirekt zu einem Generalversammlungsbeschluss über die Fusion auch bei der übernehmenden Gesellschaft, weil diese meist Statutenänderungen und eine Kapitalerhöhung zu beschliessen hatte. Die Frage ist mit dem Inkrafttreten des Fusionsgesetzes hinfällig geworden, weil nun – zumindest im ordentlichen Fusionsverfahren – nach dem erklärten Willen des Gesetzgebers erst der Fusionsbeschluss der Gesellschaften den Fusionsvertrag wirksam werden lässt. Der Genehmigungsvorbehalt stellt eine sog. **Rechtsbedingung** dar, auf welche die

Art. 151 ff. OR nicht oder zumindest nur eingeschränkt anwendbar sind (MEIER, 81 m.w.H.; ZK-BÜRGI/NORDMANN, Art. 748 OR N 49). Die erforderliche Mehrheit für den Genehmigungsbeschluss ist in Art. 18 geregelt. Im Übrigen sind die für die entsprechende Gesellschaftsform anwendbaren gesetzlichen und die statutarischen bzw. gesellschaftsvertraglichen Voraussetzungen an Gesellschafterbeschlüsse anwendbar.

10 Dem Normzweck der freien Entscheidungsmöglichkeit auf Stufe der Gesellschafter widersprechen im Fusionsvertrag vereinbarte **Entschädigungszahlungen für den Fall der Nichtzustimmung** eines Fusionspartners (sog. *Break-up Fees*), weil dadurch die Entscheidungsfreiheit der Generalversammlung bzw. der Gesellschafter eingeschränkt wird. So wenig das oberste Leitungs- oder Verwaltungsorgan die Generalversammlung bzw. die Gesellschafter zur Zustimmung verpflichten kann, so wenig kann es die Gesellschaft für den Fall der Nichtzustimmung zu Leistungen verpflichten. Solche Klauseln sind m.E. daher jedenfalls dann ungültig, wenn die Entscheidungsfreiheit der Generalversammlung bzw. der Gesellschafter nicht unerheblich eingeschränkt wird (ähnlich wohl Handkommentar FusG-SCHENKER, N 4 sowie Art. 13 N 24; für etwas weitergehende Zulässigkeit ISLER, 96 und SIEGER/HASSELBACH, 631 für das deutsche Recht). Zur Vereinbarung einer Kostentragungspflicht der nichtzustimmenden Partei vgl. N 14.

11 Im Gegensatz zum deutschen Umwandlungsgesetz ist eine vorgängige **Ermächtigung** des obersten Leitungs- oder Verwaltungsorgans **durch die Generalversammlung bzw. die Gesellschafter** zum Abschluss eines erst im Entwurf vorliegenden Fusionsvertrages an Stelle der Genehmigung eines bereits abgeschlossenen Vertrages nicht vorgesehen. Das Bedürfnis der Praxis für ein solches Vorgehen dürfte auch gering sein.

2. Der Schwebezustand vor der Zustimmung

12 Vor der Zustimmung durch die Generalversammlung bzw. die Gesellschafter ist die **Wirksamkeit des Fusionsvertrages in der Schwebe**. Der Zustimmungsvorbehalt wird zwar als Suspensivbedingung bezeichnet, das bedeutet aber nicht, dass die Art. 151 ff. OR anzuwenden sind, denn es handelt sich nach richtiger Ansicht um eine sog. **Rechtsbedingung** (*condicio iuris*) und nicht um eine rechtsgeschäftliche Bedingung (MEIER, 81 m.w.H.; zur Rechtsbedingung vgl. VON TUHR/ESCHER, 259 ff.). Insbesondere sind die Parteien oder die beteiligten Verwaltungsorgane nicht etwa verpflichtet, auf einen positiven Entscheid durch die Generalversammlung bzw. die Gesellschafter hin zu wirken oder Handlungen zu unterlassen, welche die Durchführung der Fusion gefährden könnten und die Generalversammlung ist in ihrer Entscheidung vollkommen frei. Eine Pflicht gegenüber dem Vertragspartner, alles für die Fusion Notwendige vorzunehmen und alles Hinderliche zu unterlassen, entsteht erst mit der Zustimmung durch die Generalversammlung bzw. die Gesellschafter (möglicherweise **a.M.** Handkommentar FusG-SCHENKER, N 5 unter Verweis auf FORSTMOSER/MEIER-HAYOZ/NOBEL, § 57 N 83 und BÖCKLI, Aktienrecht, 2. Aufl., Rz 294c, allerdings zum bisherigen Recht).

13 Bezüglich bestimmter Vertragspflichten entfaltet der Fusionsvertrag bereits vor der Zustimmung der Generalversammlung bzw. der Gesellschafter rechtlich bindende Wirkung. Dies betrifft die Pflicht der Vertragsparteien, innerhalb einer nützlichen (oder gegebenenfalls einer vertraglich bestimmten) Frist einen **Beschluss** der Generalversammlung bzw. der Gesellschafter über den Fusionsvertrag **herbeizuführen** (Handkommentar FusG-SCHENKER, N 5; SEMLER/STENGEL-GEHLING, § 13 UmwG N 72 m.w.H. zum deutschen Recht). Auch einer vertraglichen Pflicht zur Vornahme weiterer **Vorbereitungshandlungen** wird zum Teil rechtliche Bindungswirkung schon vor der Zustimmung zuerkannt, wenn dies der Parteiabsicht entspricht (Handkommentar FusG-SCHENKER, N 5). Dagegen lässt sich m.E. solange nichts einwenden, als die **Entschei-

dungsfreiheit der Generalversammlung bzw. der Gesellschafter über die Frage der Zustimmung oder Ablehnung der Fusion nicht eingeschränkt wird. Vorbehalten bleiben m.E. auch die Folgen, die sich aus Veränderungen im Vermögen eines Fusionspartners gemäss Art. 17 ergeben können: Kommt das oberste Leitungs- oder Verwaltungsorgan eines Fusionspartners auf Grund der in Art. 17 vorgesehenen Beurteilung zum Schluss, dass eine Zustimmung zum Fusionsvertrag (gegebenenfalls sogar trotz von der Gegenseite zugestandener Vertragsänderungen) nicht im besten Gesellschaftsinteresse ist, so darf (und muss) es den Antrag auf Zustimmung zurückziehen (vgl. Art. 17 N 17 ff.). Unter solchen Umständen wäre es nicht sinnvoll, einen Fusionspartner zur Vornahme von Vorbereitungshandlungen im Hinblick auf die Fusion zu zwingen, da eine Zustimmung kaum zu erwarten wäre (ähnlich Handkommentar FusG-SCHENKER, N 5). Unterlässt ein Fusionspartner ohne Rechtfertigung Vorbereitungshandlungen, zu deren Vornahme er bereits vor dem Zustimmungsbeschluss verpflichtet gewesen wäre, so kann hierin aber ein Grund zu einem **Rücktritt bzw. einer Auflösung** des Fusionsvertrages und einer **Schadenersatzpflicht auf das negative Interesse** liegen (vgl. auch N 20). Auch ohne bereits bestehende Vertragspflichten aus dem Fusionsvertrag kann ausserdem schon während der Schwebezeit vor der Zustimmung der Generalversammlung bzw. der Gesellschafter ein Verhalten eines Fusionspartners Ansprüche aus **culpa in contrahendo** begründen. Eine Haftung aus culpa in contrahendo würde es z.B. wohl begründen, wenn ein Fusionspartner schon bei Vertragsschluss gar nicht die Absicht hat, den Fusionsvertrag der Generalversammlung bzw. den Gesellschaftern zur Zustimmung zu empfehlen.

Nicht vom Genehmigungsvorbehalt erfasst werden nach zutreffender Meinung **Nebenpflichten**, soweit sie nach dem Willen der Parteien unabhängig vom Zustandekommen der Fusion Geltung haben sollen und sie die Entscheidungsfreiheit der Generalversammlung bzw. der Gesellschafter in der Frage der Zustimmung nicht einschränken (ähnlich Handkommentar FusG-SCHENKER, N 7). Sie sind sofort mit Vertragsschluss wirksam und bleiben es auch bei definitiver Nichterteilung der Zustimmung. Vereinbarungen zur **Kostentragung** sind m.E. ebenfalls als gültig anzusehen, soweit sie nicht als verdeckte (unechte) Konventionalstrafen für den Fall der Nichterteilung der Zustimmung anzusehen sind. Die Klausel, dass eine nicht zustimmende Partei die Kosten einer zustimmenden Partei zu übernehmen hat, wird zum Teil unter Verweis auf deren Geringfügigkeit im Verhältnis zum Transaktionsvolumen in der Lehre für zulässig gehalten (Handkommentar FusG-SCHENKER, N 7). Problematisch sind die v.a. bei Zusammenschlüssen grosser Gesellschaften manchmal vereinbarten Entschädigungszahlungen *(Break-up Fees)* für den Fall der Verweigerung der Zustimmung durch die Generalversammlung (dazu vorne N 10). 14

Vom Vorbehalt der Zustimmung der Generalversammlung bzw. der Gesellschaft natürlich ebenfalls nicht erfasst ist die bereits auf Grund des Gesetzes bestehende, zwingende **gegenseitige Informationspflicht** gemäss Art. 17 (vgl. Komm. zu Art. 17). 15

3. Der Fusionsvertrag nach erteilter Zustimmung der Generalversammlung bzw. der Gesellschafter

a) Bindungswirkung

Mit der Zustimmung der Generalversammlungen bzw. der Gesellschafter aller beteiligten Gesellschaften wird der Fusionsvertrag **vollumfänglich wirksam und bindet die beteiligten Gesellschaften**. Davon zu unterscheiden ist die Wirksamkeit der Fusion selbst, die erst mit Eintragung im Handelsregister eintritt (Art. 22). Eine gegenseitige Bindung der Parteien an den Fusionsvertrag tritt erst ein, wenn die Generalversammlungen bzw. Gesellschafter sämtlicher beteiligten Gesellschaften zugestimmt haben. Bleibt 16 ein Entscheid eines Fusionspartners über die Zustimmung des Fusionsvertrages aus, so sollte ein anderer Fusionspartner, der bereits zugestimmt hat und dadurch einseitig gebunden ist, in Analogie zu Art. 38 Abs. 2 OR berechtigt sein, dem Säumigen eine Frist zur Erklärung anzusetzen. Die Frist hat auf die gesetzlichen und allfällige statutarischen oder gesellschaftsvertraglichen Einberufungsfristen Rücksicht zu nehmen. Bleibt die Genehmigung des Fusionspartners aus, so ist der zustimmende Fusionspartner an die Zustimmung seinerseits nicht mehr gebunden. Im Übrigen kann die Zustimmung zum Fusionsvertrag vorbehältlich der Anfechtung des Zustimmungsbeschlusses oder einer Anfechtung des Vertrages gestützt auf Willensmängel nicht mehr einseitig zurückgezogen werden. Die einseitige Bindung des zuerst zustimmenden Fusionspartners kann verhindert werden, indem der Zustimmungsbeschluss durch einen Zustimmungsbeschluss des oder der anderen Fusionspartner aufschiebend bedingt wird.

17 Fraglich ist, ob der Zustimmungsbeschluss per se die Bindungswirkung herbeiführt oder ob darin eine **empfangsbedürftige Willenserklärung** gesehen muss, welche erst mit Zugang beim Fusionspartner wirksam wird. In der Lehre werden zu dieser Frage beide Ansichten vertreten (vgl. die Übersicht bei MEIER, 83 f., der sich für den Zeitpunkt der Beschlussfassung ausspricht). Im deutschen Schrifttum wird unmittelbare Bindungswirkung mit Beschlussfassung angenommen (LUTTER-LUTTER, § 13 UmwG N 18). Für beide Ansichten lassen sich Argumente anführen: Die Theorie der Empfangsbedürftigkeit kann sich auf die Analogie zur Genehmigung bei der vollmachtlosen Stellvertretung (Art. 38 Abs. 1 OR) stützen, bei welcher die Genehmigung durch den Vertretenen als empfangsbedürftige Willenserklärung qualifiziert wird (BK-ZÄCH, Art. 38 OR N 48), während die Theorie der unmittelbaren Wirkung sich darauf berufen kann, die Bedingung der Zustimmung sei im Augenblick der positiven Beschlussfassung erfüllt (so MEIER, 83). Praktisch dürfte die Frage nur in kleineren Verhältnissen aktuell werden, wo es möglich ist, dass der Zustimmungsbeschluss nicht nach Aussen dringt. Es ist m.E. nicht recht einzusehen, warum (etwa in kleinen Verhältnissen) die Generalversammlung bzw. die Gesellschafter nach einem Zustimmungsbeschluss, der noch nicht nach Aussen getragen wurde, nicht auf ihren Beschluss zurückkommen könnten. Die Frage ist daher m.E. eher im Sinne der Empfangsbedürftigkeit zu beantworten (anders aber wohl die herrschende Ansicht zum deutschen Recht, LUTTER-LUTTER, § 13 UmwG N 18 m.w.H.).

18 Zu beachten ist, dass in manchen Fällen die Zustimmungsbeschlüsse selbst noch nicht zum Wirksamwerden des Fusionsvertrages führen, weil dieser weitere, rechtsgeschäftliche **Suspensivbedingungen** wie z.B. die Zustimmung von Wettbewerbs- oder anderen Behörden und Dritten vorsieht (vgl. dazu auch Art. 13 N 18). Ist dies der Fall, so wird der Vertrag erst mit Erfüllung der weiteren, rechtsgeschäftlichen Bedingungen wirksam.

b) Vertragsaufhebung und -abänderung

19 Ist der Fusionsvertrag wirksam geworden, so ist eine **einseitige Änderung oder Aufhebung** des Fusionsvertrages (ausser bei einer erfolgreichen Anfechtung des Zustimmungsbeschlusses) nicht mehr möglich. Zur Möglichkeit einer Anfechtung gestützt auf Willensmängel vgl. N 25. Eine **einvernehmliche Änderung oder Aufhebung** des Fusionsvertrages ist hingegen ohne weiteres möglich. Erforderlich ist dazu allerdings ein **erneuter Zustimmungsbeschluss** der Generalversammlung bzw. der Gesellschafter der beteiligten Gesellschaften zur Abänderung bzw. Aufhebung mit dem in Art. 18 vorgesehenen Mehrheitserfordernis (Botschaft, 4407). Trotz entsprechenden Anregungen aus Wirtschaftskreisen wurde im Gesetzgebungsprozess darauf verzichtet, eine Möglichkeit eines Änderungsvorbehaltes im Sinne einer Delegation an das oberste Verwal-

4. Abschnitt: Fusionsvertrag, Fusionsbericht und Prüfung   20, 21   **Art. 12**

tungsorgan vorzusehen, soweit der notwendige Inhalt des Fusionsvertrages gemäss Art. 13 Abs. 1 lit. a–i betroffen ist. Bezüglich Nebenpunkten, die nicht von Art. 13 Abs. 1 erfasst sind, ist eine solche Ermächtigung m.E. aber zulässig (Botschaft, 4407; AmtlBull StR 2001, 150, Votum Schweiger; Handkommentar FusG-SCHENKER, N 22).

c) Durchsetzung des Fusionsvertrages

Ist der Fusionsvertrag wirksam geworden, d.h. liegen die Zustimmungsbeschlüsse vor und sind auch allfällige rechtsgeschäftliche aufschiebende Bedingungen erfüllt, so kann jede Partei von den anderen **Realerfüllung**, d.h. die Vornahme der notwendigen Handlungen, insbesondere der Anmeldung zur Eintragung der Fusion im Handelsregister verlangen und bei Nichtvornahme gerichtlich erzwingen (MEIER, 125 m.w.H.). Ein Recht der übernehmenden Gesellschaft, die Fusion zur Eintragung für eine übertragende Gesellschaft beim Handelsregister anzumelden besteht anders als im deutschen Recht (§ 16 Abs. 1 Satz 2 UmwG) nicht. Falls man den Fusionsvertrag hinsichtlich der Pflicht zur Herbeiführung der Fusion als Gesellschaftsvertrag qualifiziert, so ist die rechtliche Grundlage für den Erfüllungsanspruch die **Gesellschafterklage** (actio pro socio) der einfachen Gesellschaft (so MEIER, 125). Die Rechtsbehelfe des Obligationenrechts für **gegenseitige Verträge** scheinen m.E. allerdings angemessener, insbesondere hinsichtlich Verzug, Rücktrittsrecht und der Einrede des nicht erfüllten Vertrages (vgl. auch N 4). Auch in der deutschen Lehre folgt man den Regeln über gegenseitige Verträge und lässt bei Verzug oder verschuldeter Unmöglichkeit der geschuldeten Mitwirkungshandlungen den Rücktritt vom Vertrag zu (LUTTER-LUTTER, § 4 UmwG N 25; SEMLER/STENGEL-SCHRÖER, § 4 UmwG N 3, N 40; KALLMEYER-MARSCH-BARNER, § 4 UmwG N 3, N 24). Nimmt man einen Gesellschaftsvertrag an, so wäre bei wesentlicher Verletzung von Mitwirkungspflichten zur Durchführung der Fusion wohl ein wichtiger Grund für eine Auflösungsklage gemäss Art. 545 Abs. 1 Ziff. 7 OR gegeben. Da sich Realerfüllung häufig nicht erzwingen lassen wird und das positive Interesse an der Vertragserfüllung schwer zu bestimmen ist, sollte dem vertragstreuen Fusionspartner bei Verzug oder von der Gegenpartei zu vertretender Unmöglichkeit ein Rücktrittsrecht und bei Verschulden ein Anspruch auf Ersatz des Vertrauensschadens wie bei gegenseitigen Verträgen zustehen (so im Ergebnis auch MEIER, 127 f.). Daneben sind Ansprüche aus positiver Vertragsverletzung möglich. Die Ausübung dieser Rechte sowie möglicher weiterer vertraglich vereinbarter Rechtsbehelfe obliegt m.E. allein dem Exekutivorgan der Gesellschaft. Eine erneute Zustimmung der Generalversammlung bzw. der Gesellschafter ist dazu nicht erforderlich, denn deren ursprüngliche Zustimmung zum Fusionsvertrag ändert nichts an der Pflicht des obersten Leitungs- oder Verwaltungsorgans, vertraglich eingeräumte Rechte im besten Gesellschaftsinteresse wahrzunehmen. Auch verlangt die Wahrnehmung solcher Rechte oft rasches, flexibles Handeln, was eine Mitwirkung der Generalversammlung oder der Gesellschafter praktisch ausschliesst.

Anspruchsberechtigt aus dem Fusionsvertrag sind die Parteien, d.h. die beteiligten Gesellschaften. Unabhängig davon stellt sich die Frage, ob auch die Gesellschafter der beteiligten Parteien anspruchsberechtigt sind. Dies ist bei Vorliegen eines **echten Vertrages zu Gunsten Dritter** der Fall, wenn es also dem Willen der Fusionspartner entsprach, den Gesellschaftern selbständige Ansprüche auf Erfüllung einzuräumen (Art. 112 Abs. 2 OR). Gegen die Möglichkeit einer Einräumung selbständiger Ansprüche an die Gesellschafter der beteiligten Parteien im Fusionsvertrag ist aus dogmatischer Sicht nichts einzuwenden. Tatsächlich wird aber ein Wille der Fusionspartner zur echten Drittbegünstigung regelmässig zu verneinen sein, insbesondere hinsichtlich des primären Erfüllungsanspruches aus dem Fusionsvertrag auf Vornahme der für eine Fusion notwendigen Handlungen. Die Einräumung von Anteils- oder Mitgliedschaftsrechten bzw. die Zahlung einer Abfindung oder einer Ausgleichszahlung sind dagegen Gesellschafterrechte. Was den Erwerb von Anteils- und Mitgliedschaftsrechten an der übernehmenden Gesellschaft betrifft, so erfolgt dieser nach dem Grundsatz der mitgliedschaftlichen Kontinuität mit Vollzug der Fusion kraft Gesetzes. Die übernehmende Gesellschaft ist zur Einräumung von Anteils- bzw. Mitgliedschaftsrechten nur im Rahmen der vereinbarten Fusion und nicht im Sinne einer eigenständigen Vertragspflicht verpflichtet. Ein vom Anspruch der Fusionspartner auf Durchführung der Fusion losgelöster Anspruch der Gesellschafter der übertragenden Gesellschaft auf Einräumung von Anteils- und Mitgliedschaftsrechten ist daher m.E. nicht gegeben. Nach erfolgtem Vollzug der Fusion, d.h. nach Eintragung der Fusion im Handelsregister am Sitz der übernehmenden Gesellschaft (Art. 22 N 2) ist hingegen ein selbständiger, klagbarer Anspruch der Gesellschafter der übertragenden Gesellschaft auf die ihnen gemäss Fusionsvertrag auszurichtenden Leistungen m.E. zu bejahen. Dies betrifft z.B. die Verbriefung von Anteils- oder Mitgliedschaftsrechten, die vorbehaltlose Aufnahme ins Aktienbuch der übernehmenden Gesellschaft und gegebenenfalls die Zahlung einer Abfindung und einer Ausgleichszahlung.

4. Die Rechtsfolgen bei Verweigerung der Zustimmung

22 Wird die Zustimmung von einer der beteiligten Gesellschaften **verweigert**, so ist der Fusionsvertrag **endgültig unwirksam**. Eine von einer Partei bereits erteilte Zustimmung wird hinfällig. Nebenpflichten, die nach dem Willen der Parteien vom Zustandekommen der Fusion unabhängig sind wie z.B. betreffend Kostentragung bleiben bestehen (vgl. N 14).

VI. Der Fusionsvertrag nach Vollzug der Fusion

23 Mit Vollzug der Fusion durch Eintragung im Handelsregister ist der Fusionsvertrag bezüglich der Hauptpflichten, nämlich der Durchführung der Fusion erfüllt (zu weiteren erforderlichen Handlungen im Zusammenhang mit dem Vollzug vgl. Art. 22 N 16). Da eine übertragende Gesellschaft mit Eintragung der Fusion im Handelsregister aufgelöst ist und ihre Rechtspersönlichkeit verliert, erlöschen die zwischen den Fusionspartnern vereinbarten vertraglichen Rechte und Pflichten, soweit sie nicht erfüllt sind, durch **Vereinigung** (Art. 118 Abs. 1 OR). Soweit der Fusionsvertrag Dritten, insbesondere den Gesellschaftern der übertragenden Gesellschaft, Rechte einräumt, bleiben diese indessen bestehen. Zu bejahen ist dies m.E. zum Beispiel für einen Anspruch auf Verbriefung von erworbenen Anteilsrechten, auf Eintragung im Aktienbuch und auf Leistung einer Abfindung oder Ausgleichszahlung (vgl. N 21).

VII. Auslegung des Fusionsvertrages und Anfechtung wegen Willensmängel

1. Auslegung

24 Die **Auslegung** des Fusionsvertrages folgt grundsätzlich den allgemeinen Regeln für die Auslegung von Verträgen, insbesondere dem **Vertrauensprinzip**. Der Fusionsvertrag hat aber nicht nur für die beteiligten Gesellschaften, sondern auch für deren Gesellschafter bzw. Mitglieder rechtliche Bedeutung, und erst der Zustimmungsbeschluss durch die Generalversammlung bzw. die Gesellschafter führt zu seiner Wirksamkeit. Massgebend ist daher das Verständnis der Gesellschafter. Umstände, die nur den an den Verhandlungen Beteiligten oder dem Exekutivorgan bekannt sind, dürfen für die Auslegung nur soweit berücksichtigt werden, als sie den Gesellschaftern bekannt oder wenigstens erkennbar sind. Zumindest bei grösseren Gesellschaften mit offenem Gesell-

4. Abschnitt: Fusionsvertrag, Fusionsbericht und Prüfung   **Art. 13**

schafterkreis nimmt die Auslegung damit einen objektivierten Charakter an und nähert sich damit der Statutenauslegung (dazu etwa FORSTMOSER/MEIER-HAYOZ/NOBEL, § 7 N 33 ff.; zur Auslegung des Fusionsvertrages eingehend MEIER, 131 ff.).

2. Willensmängel

Bezüglich Willensmängel gelten grundsätzlich die Vorschriften des Allgemeinen Teil des OR über Mängel des Vertragsschlusses (Art. 23–31 OR). Geltend gemachte Willensmängel müssen beim obersten Leitungs- oder Verwaltungsorgan vorliegen. Eine **Anfechtung vor der Zustimmung** durch die Generalversammlung bzw. die Gesellschafter ist m.E. zwar möglich, praktisch wird das oberste Verwaltungsorgan indessen unter Umständen eher eine Ablehnung des Vertrages durch die Generalversammlung bzw. die Gesellschafter beantragen. Nach einem Teil der Lehre soll eine **Anfechtung nach Zustimmung** durch die Generalversammlung bzw. die Gesellschafter nicht mehr (bzw. nur noch in der Form der Anfechtung des Zustimmungsbeschlusses) zulässig sein (so FORSTMOSER/MEIER-HAYOZ/NOBEL, § 57 N 84). Massgebend ist dafür m.E., ob der Zustimmungsbeschluss von der Gegenpartei als Genehmigung des Vertrages im Sinne von Art. 31 OR aufgefasst werden darf. Bezogen auf den Fall des Irrtums und der Täuschung ist dies nicht nur dann der Fall, wenn der Beschluss der Generalversammlung bzw. der Gesellschafter in Kenntnis der wahren Umstände erfolgt, sondern auch schon dann, wenn das oberste Verwaltungs- oder Leitungsorgan vor der Beschlussfassung der Generalversammlung bzw. der Gesellschafter den Irrtum oder die Täuschung erkennt und eine Information der Gesellschafter unterlässt (**a.M.** Handkommentar FusG-SCHENKER, 17, der nur auf die Kenntnis der Generalversammlung bzw. der Gesellschafter abstellt). Möglich ist auch die **Anfechtung des Zustimmungsbeschlusses wegen Willensmängeln eines Gesellschafters bei der Stimmabgabe**. Dafür ist mit BÖCKLI (Aktienrecht, § 12 Rz 189 ff.) indessen die für die Anfechtung von Gesellschaftsbeschlüssen notwendige Form (für die Aktiengesellschaft die Anfechtungsklage nach Art. 706 OR) vorzusehen. Nach Eintragung der Fusion im Handelsregister ist eine Anfechtung des Fusionsvertrages gestützt auf Willensmängel nicht mehr möglich. Vorbehalten bleiben die Überprüfungs- und Anfechtungsrechte gemäss Art. 106 f. und die für die Rechtsform der beteiligten Gesellschaft vorgesehenen Rechtsbehelfe gegen Gesellschaftsbeschlüsse, so insbesondere für die AG die Anfechtungsklage und die Klage auf Feststellung der Nichtigkeit gemäss Art. 706 und 706b OR (Handkommentar FusG-SCHENKER, N 18 m.w.H.; MEIER, 122 ff.; HÄBERLING, 49 f. (zum Genossenschaftsrecht); KÜRY, 67; unentschieden GANTENBEIN, 224).

25

Art. 13

Inhalt des Fusionsvertrags	¹ Der Fusionsvertrag enthält: a. den Namen oder die Firma, den Sitz und die Rechtsform der beteiligten Gesellschaften, im Fall der Kombinationsfusion auch den Namen oder die Firma, den Sitz und die Rechtsform der neuen Gesellschaft; b. das Umtauschverhältnis für Anteile und gegebenenfalls die Höhe der Ausgleichszahlung beziehungsweise Angaben über die Mitgliedschaft der Gesellschafterinnen und Gesellschafter der übertragenden Gesellschaft bei der übernehmenden Gesellschaft;

c. die Rechte, welche die übernehmende Gesellschaft den Inhaberinnen und Inhabern von Sonderrechten, von Anteilen ohne Stimmrecht oder von Genussscheinen gewährt;
d. die Modalitäten für den Umtausch der Anteile;
e. den Zeitpunkt, von dem an die Anteils- oder Mitgliedschaftsrechte Anspruch auf einen Anteil am Bilanzgewinn gewähren, sowie alle Besonderheiten dieses Anspruchs;
f. gegebenenfalls die Höhe der Abfindung nach Artikel 8;
g. den Zeitpunkt, von dem an die Handlungen der übertragenden Gesellschaft als für Rechnung der übernehmenden Gesellschaft vorgenommen gelten;
h. jeden besonderen Vorteil, der Mitgliedern eines Leitungs- oder Verwaltungsorgans oder geschäftsführenden Gesellschafterinnen und Gesellschaftern gewährt wird;
i. gegebenenfalls die Bezeichnung der Gesellschafterinnen und Gesellschafter mit unbeschränkter Haftung.

² Bei der Fusion zwischen Vereinen finden Absatz 1 Buchstaben c–f keine Anwendung.

Contenu du contrat de fusion

¹ Le contrat de fusion contient:
a. le nom ou la raison de commerce, le siège et la forme juridique des sociétés qui fusionnent ainsi que, en cas de fusion par combinaison, le nom ou la raison de commerce, le siège et la forme juridique de la nouvelle société;
b. le rapport d'échange des parts sociales et, le cas échéant, le montant de la soulte ou des indications sur le sociétariat des associés de la société transférante au sein de la société reprenante;
c. les droits que la société reprenante attribue aux titulaires de droits spéciaux, de parts sociales sans droit de vote ou de bons de jouissance;
d. les modalités de l'échange des parts sociales;
e. la date à partir de laquelle les parts sociales ou les droits de sociétariat donnent droit à une participation au bénéfice résultant du bilan, ainsi que toutes les modalités particulières relatives à ce droit;
f. le cas échéant, le montant du dédommagement visé à l'art. 8;
g. la date à partir de laquelle les actes de la société transférante sont considérés comme accomplis pour le compte de la société reprenante;
h. tout avantage particulier attribué aux membres d'un organe de direction ou d'administration ou aux associés gérants;
i. le cas échéant, la désignation des associés indéfiniment responsables.

² L'al. 1, let. c à f, ne s'applique pas en cas de fusion entre associations.

Contenuto del contratto di fusione

¹ Il contratto di fusione contiene:
a. il nome o la ditta, la sede e la forma giuridica delle società partecipanti alla fusione nonché, in caso di fusione mediante combinazione, il nome o la ditta, la sede e la forma giuridica della nuova società;
b. il rapporto di scambio delle quote sociali e, se del caso, l'importo del conguaglio, rispettivamente indicazioni sulla qualità di membro dei soci della società trasferente in seno alla società assuntrice;
c. i diritti che la società assuntrice garantisce ai titolari di diritti speciali, di quote senza diritto di voto o di buoni di godimento;
d. le modalità di scambio delle quote sociali;
e. la data a decorrere dalla quale le quote sociali o i diritti societari conferiscono il diritto di partecipare all'utile risultante dal bilancio, nonché tutte le particolari modalità di tale diritto;
f. se del caso, l'importo dell'indennità di cui all'articolo 8;

      g. la data a decorrere dalla quale gli atti della società trasferente si considerano compiuti per conto della società assuntrice;
      h. tutti i vantaggi particolari concessi ai membri di un organo di direzione o di amministrazione e ai soci amministratori;
      i. se del caso, la designazione dei soci illimitatamente responsabili.

² Il capoverso 1 lettere c–f non si applica in caso di fusione tra associazioni.

Literatur

Vgl. die Literaturhinweise zu Art. 12.

I. Allgemeines, Normzweck

Die Bestimmung legt nach dem Vorbild von Art. 5 Abs. 2 der 3. EG-Richtlinie den **Mindestinhalt des Fusionsvertrages** fest. Im bisherigen Recht bestand keine vergleichbare Regelung. **Sinn und Zweck** der detaillierten gesetzlichen Regelung besteht vor allem darin, **den Gesellschaftern bzw. Mitgliedern zu ermöglichen, ihre Meinung über die Fusion in Kenntnis aller wesentlichen Umstände zu bilden.** Ausserdem ermöglicht die eingehende vertragliche Regelung der Einzelheiten eine **gründlichere Prüfung der Fusion** nach Art. 15. Schliesslich ist nach der Konzeption des Gesetzes der Fusionsvertrag auch die **Grundlage des Handelsregistereintrages**. Erleichterungen bezüglich des Mindestinhalts gegenüber dem Katalog in Art. 13 Abs. 1 sind in Art. 24 für bestimmte Fusionen in Konzern- und Beherrschungsverhältnissen vorgesehen. Es steht den Parteien frei, weitere Bestimmungen in den Fusionsvertrag aufzunehmen. Vom gesetzlichen Mindestinhalt des Vertrages zu unterscheiden ist die Frage, ob die verlangte schriftliche Form (Art. 12 Abs. 2) vollständig eingehalten worden ist. Das erste ist ein Inhaltsmangel (der Konsens umfasst nicht sämtliche notwendigen Elemente), das zweite hingegen ein Formmangel (der erzielte Konsens über die notwendigen Elemente wurde nicht vollständig schriftlich festgehalten). Die Bestimmung war fast identisch schon im Vorentwurf FusG und im Entwurf FusG enthalten. Zu einer Änderung in den Parlamentsdebatten bei lit. h vgl. N 11.

II. Der Mindestinhalt des Fusionsvertrages (Abs. 1)

Das nahe liegendste und wichtigste Inhaltselement des Fusionsvertrages, nämlich der **übereinstimmende Wille zu fusionieren**, wird im Gesetz für den Fusionsvertrag stillschweigend vorausgesetzt. Natürlich muss auch darüber ein übereinstimmender Parteiwille bestehen, ebenso über die Verteilung der Parteirollen, d.h. welche Partei die andere übernimmt (bei der Absorption) bzw. dass sich die Parteien in einer neu zu gründenden dritten Gesellschaft zusammenschliessen.

1. Bezeichnung der Parteien (lit. a)

Diese selbstverständliche Bestimmung dient der sicheren Bestimmung der **Vertragsparteien**. Ausser der **Firma** bzw. (beim Verein) dem **Namen** ist auch der **Sitz** und die **Rechtsform** anzugeben. Bei der Kombinationsfusion müssen diese Angaben auch für die neue Gesellschaft gemacht werden; sie ist aber nicht Partei des Fusionsvertrages.

2. Umtauschverhältnis, Ausgleichszahlung, Angaben über die Mitgliedschaft (lit. b)

Das **Umtauschverhältnis** für Anteile gibt an, in welchem Verhältnis die Anteile des bzw. der übertragenden Gesellschaft in solche der übernehmenden Gesellschaft umgetauscht werden. Die Vereinbarung über das Umtauschverhältnis ist vom Standpunkt der Gesellschafter aus in der Regel das wichtigste Element der Einigung über eine Fusion, denn wirtschaftlich betrachtet bestimmt es die Grösse der Gegenleistung, welche auf Gesellschafterebene für den Vermögensübergang geleistet wird. Dies trifft nicht nur für die Gesellschafter der übertragenden, sondern auch der übernehmenden Gesellschaft zu: Diese riskieren, ungenügend abgefunden zu werden, jene, durch die Einräumung von Anteilsrechten an die Gesellschafter der übertragenden Gesellschaft verwässert zu werden. Dem entspricht es, wenn man die Ausgleichsklage gestützt auf Art. 105 auch den Gesellschaftern der übertragenden Gesellschaft zugesteht (Art. 105 N 40); ebenso Handkommentar FusG-GLANZMANN, Art. 7 N 2 und Handkommentar FusG-BÜRGI/ GLANZMANN, Art. 105 N 12). Gleichzeitig ist die Festlegung des Umtauschverhältnisses besonders heikel, da sie von der Fusionsbewertung der beteiligten Gesellschaften abhängt und dadurch regelmässig mit den Unsicherheiten jeder Unternehmensbewertung belastet ist (zur Festlegung und Angemessenheit des Umtauschverhältnisses vgl. Komm. zu Art. 7). Über der dem Umtauschverhältnis zu Grunde liegenden Fusionsbewertung hängt zudem das Damoklesschwert der Ausgleichsklage gemäss Art. 105. Ist neben der Abfindung mit Anteilen der übernehmenden Gesellschaft gemäss Art. 7 Abs. 2 eine **Ausgleichszahlung** (Spitzenausgleich) vertraglich vorgesehen, so ist ausserdem deren Höhe anzugeben. Erläuterungen zu diesen Grössen sind im Vertrag nicht notwendig (wohl aber im Fusionsbericht, Art. 14 Abs. 3 lit. c).

5 Werden den Gesellschaftern bzw. Mitgliedern der übertragenden Gesellschaft nicht Anteile, sondern **Mitgliedschaftsrechte** (im Sinne von Art. 7) eingeräumt, was bei übernehmenden Gesellschaften ohne Nennkapital (Personengesellschaften, Vereine und Genossenschaften ohne Genossenschaftskapital) der Fall ist, so sind im Fusionsvertrag **Angaben über diese Mitgliedschaftsrechte** zu machen. Der Gesetzestext verwendet den Begriff des Umtauschverhältnisses nur für «Anteile» im Sinne von Aktien, Partizipations- und Genusscheinen, GmbH-Anteilen und Anteilen an einem Genossenschaftskapital (vgl. die Legaldefinition des «Anteilsinhabers» in Art. 2 lit. g). Der Sache nach gibt es aber auch bei der Fusion von Personengesellschaften ein Umtauschverhältnis, welches sich am Verhältnis der Unternehmenswerte der beteiligten Gesellschaften zu orientieren hat, nur lässt sich für dessen Darstellung nicht an ein Nennkapital anknüpfen. Wie weit die notwendigen «Angaben über die Mitgliedschaft» im Fusionsvertrag gehen müssen, wird im Gesetz nicht näher festgelegt. In der Regel wird man sich wohl auf die Statuten bzw. den Gesellschaftsvertrag beziehen und gegebenenfalls (bei Personengesellschaften) die Vermögens- und Kapitalanteile der alten und neuen Gesellschafter sowie die weiteren Rechte und Pflichten der Gesellschafter festlegen. Bei Vereinen dürfte in der Regel eine Wiedergabe der Rechte und Pflichten nach den Vereinsstatuten sinnvoll sein.

3. Den Inhabern von Sonderrechten, Anteilen ohne Stimmrechte und Genusssscheine gewährte Rechte (lit. c)

6 Die Bestimmung ist im Zusammenhang mit Art. 7 Abs. 4–6 zu lesen: Bestehen bei der übertragenden Gesellschaft **Anteile ohne Stimmrecht** (**Partizipationsscheine**), so muss die übernehmende Gesellschaft gleichwertige Anteile (gemeint sind wiederum stimmrechtslose, gleichwertige Anteile) oder Anteile *mit* Stimmrecht gewähren. Für mit Anteilen oder Mitgliedschaftsrechten verbundene **Sonderrechte** der Gesellschafter der übertragenden Gesellschaft, z.B. bezüglich Stimmrecht oder Dividendenberechtigung, müssen gleichwertige Rechte oder eine angemessene Abfindung gewährt werden. Hat die übertragende Gesellschaft **Genussscheine** (Art. 657 OR) ausstehend, so müssen diese durch gleichwertige Rechte der übernehmenden Gesellschaft abgegolten oder zum

4. Abschnitt: Fusionsvertrag, Fusionsbericht und Prüfung   7–10   **Art. 13**

wirklichen Wert zum Zeitpunkt des Abschlusses des Fusionsvertrages zurückgekauft werden. In den von Art. 7 Abs. 4–6 geregelten Fällen haben die Parteien im Fusionsvertrag zu vereinbaren, welche der dort vorgesehenen Möglichkeiten zur Anwendung kommen sollen und wie diese Möglichkeiten konkret ausgestaltet sind.

4. Modalitäten des Umtausches der Anteile (lit. d)

Nach dem Grundsatz der **Kontinuität der Mitgliedschaft** erwerben die Gesellschafter die im Fusionsvertrag vereinbarten Anteils- oder Mitgliedschaftsrechte **von Gesetzes wegen** unmittelbar mit der Wirksamkeit der Fusion zum Zeitpunkt der Eintragung im Handelsregister (Art. 22; statt vieler BÖCKLI, Aktienrecht, § 3 Rz 141 ff.). Wenn Abs. 1 lit. d verlangt, dass im Fusionsvertrag eine Vereinbarung über die **Modalitäten des Umtausches der Anteile** getroffen werden müsse, so sind damit nicht die Modalitäten des Rechtserwerbs gemeint, denn dieser erfolgt von Gesetzes wegen und kann durch die Parteien nicht modifiziert werden. Gemeint sind vielmehr die Einzelheiten des Verfahrens des physischen **Umtausches von ausgegebenen Wertpapieren oder Beweisurkunden**. Bei kotierten Gesellschaften wird regelmässig eine Bank mit dem Umtausch und der Durchführung eines allfälligen Spitzenausgleichs oder Handels mit Spitzen beauftragt. Der Umtausch von bei Depotbanken gehaltenen Titeln geschieht in der Regel durch Umbuchung durch die Depotbank. Der **Übergang von Mitgliedschaftsrechten** in Personengesellschaften, Vereinen und Genossenschaften ohne Anteilscheine erfolgt ebenfalls von Gesetzes wegen, eine Regelung von allfälligen Modalitäten im Fusionsvertrag ist nicht verlangt.

7

5. Zeitpunkt des Beginns der Gewinnberechtigung und Besonderheiten dieses Anspruchs (lit. e)

Der Fusionsvertrag muss den **Zeitpunkt** festlegen, von dem an die Anteils- oder Mitgliedschaftsrechte **gewinnberechtigt** sind und hat die **Besonderheiten dieses Anspruchs** festzulegen. Die Parteien sind in der Wahl dieses Zeitpunkts frei. In der Praxis wird oft der Beginn des laufenden Geschäftsjahres gewählt. Wird dagegen der Zeitpunkt des Vollzuges der Fusion gewählt, so besteht der Nachteil, dass sich dieser unter Umständen verzögern kann, was die Beurteilung des Umtauschverhältnisses für die Gesellschafter erschwert.

8

6. Abfindung (lit. f)

Gemäss Art. 8 Abs. 1 kann den Gesellschaftern der übertragenden Gesellschaft ein Wahlrecht zwischen Anteils- bzw. Mitgliedschaftsrechten und einer **Abfindung** oder auch ausschliesslich eine Abfindung eingeräumt werden. Wird von dieser Möglichkeit Gebrauch gemacht, so muss der Fusionsvertrag die **Höhe der Abfindung** darlegen. Sinnvollerweise sollten in diesem Fall auch weitere Angaben über die **Ausübung des Wahlrechts** und die **Modalitäten** der Ausrichtung der Abfindung gemacht werden.

9

7. Stichtag (lit. g)

Die Fusion entfaltet ihre Wirkungen auf den Zeitpunkt des Eintrages im Handelsregister (Art. 22). Im Verhältnis zwischen den Parteien ist es indessen möglich, einen anderen Zeitpunkt als **Stichtag** zu wählen. In der Praxis wird aus praktischen Gründen der Rechnungslegung meist der Beginn eines Geschäftsjahres oder wenigstens eines Semesters oder Quartals gewählt. Im Verhältnis zu Dritten hat der gewählte Stichtag keine Bedeutung, massgebender Stichtag ist für diese Rechtsbeziehungen der Eintrag ins Handelsregister (Art. 22). Die Bedeutung der Vorschrift liegt weniger in der blossen Zuordnung

10

von Rechtshandlungen, denn die Wahl eines Stichtages ändert nichts daran, dass die übernehmende Gesellschaft durch Universalsukzession sämtliche Aktiven und Passiven der übertragenden Gesellschaft zum Zeitpunkt der Eintragung im Handelsregister erwirbt. Die Bestimmung ist vielmehr als **Rechnungslegungsvorschrift** und damit für die Ermittlung des handels- und steuerrechtlich massgebenden Gewinns bedeutsam. In der Praxis der Steuerbehörden wird eine Rückwirkung bis zu sechs Monaten akzeptiert (vgl. REICH/DUSS, 97 ff.).

8. Besondere Vorteile (lit. h)

11 Im Fusionsvertrag ist jeder **besondere Vorteil** anzugeben, der **Mitgliedern eines Leitungs- oder Verwaltungsorgans** oder **geschäftsführenden Gesellschaftern** gewährt wird. Die Bestimmung bezweckt, den Gesellschaftern zu erlauben, mögliche **Interessenkonflikte** zu erkennen. Der Entwurf FusG sah auch die Angabe von besonderen Vorteilen an die Revisoren vor. Aus Gründen der Unabhängigkeit wurde indessen im revidierten Art. 727c OR klargestellt, dass Revisoren keine besonderen Vorteile annehmen dürfen und die Revisoren aus dem Kreis der im Fusionsvertrag offen zu legenden Empfänger besonderer Vorteile gestrichen. Besondere Vorteile sind Leistungen, die **im Hinblick auf die Fusion** an die bezeichneten Personen ausgerichtet werden. Honorare und Saläre für geleistete Arbeit brauchen indessen nicht erwähnt zu werden. Unter die Vorschrift fallen insbesondere Abfindungen, Optionen, Boni, Abgangsentschädigungen und ähnliche Leistungen, die im Hinblick auf die Fusion gewährt wurden. Unerheblich ist m.E. der Zeitpunkt, zu dem ein besonderer Vorteil versprochen wurde und es ist m.E. nicht notwendig, dass der Vorteil im Hinblick auf eine *bestimmte* Fusion versprochen worden ist. Erfasst werden daher z.B. auch Leistungen, die auf Grund von **Kontrollwechselklauseln** in Arbeits- oder Mandatsverträgen fällig werden.

9. Gesellschafter mit unbeschränkter Haftung (lit. i)

12 Sind an der übernehmenden Gesellschaft unbeschränkt haftende Gesellschafter beteiligt (Kollektivgesellschafter, unbeschränkt haftende Gesellschafter in einer Kommanditgesellschaft oder Kommanditaktiengesellschaft sowie gegebenenfalls Genossenschafter oder Vereinsmitglieder bei entsprechender statutarischer Regelung), so führt die Fusion für sie zu einer Ausweitung ihrer Haftung auf die Verpflichtungen der übertragenden Gesellschaft. Die **Nennung der unbeschränkt haftenden Gesellschafter im Fusionsvertrag** hat eine gewisse **Warnfunktion** bezüglich dieser bedeutungsvollen Haftungsausweitung. Nicht erfasst von der Bestimmung sind dagegen m.E. unbeschränkt haftende Gesellschafter der übertragenden Gesellschaft, deren Haftung auf Grund von Art. 26 Abs. 1 für Altschulden weiter besteht.

III. Mindestinhalt des Fusionsvertrages bei der Fusion zwischen Vereinen (Abs. 2)

13 Für die Fusion von zwei oder mehr **Vereinen** gelten gemäss der Bestimmung erheblich **reduzierte Inhaltserfordernisse**, weil dafür bei reinen Vereinsfusionen kein Bedürfnis besteht. Die Erleichterung besteht nur für Fusionen zwischen Vereinen. Fusioniert ein Verein mit einer Kapitalgesellschaft oder einer Genossenschaft, so gelten die gleichen Mindestanforderungen an den Vertragsinhalt (Botschaft, 4409).

IV. Rechtsfolgen bei Fehlen notwendiger Angaben

Dem Fusionsgesetz lässt sich keine ausdrückliche Regelung zu den **Rechtsfolgen bei Fehlen** eines oder mehrerer der in Art. 13 Abs. 1 genannten Elemente entnehmen. Nach der Botschaft (4408) und einem Teil der Lehre (Handkommentar FusG-SCHENKER, N 2; ZK-LUGINBÜHL, N 4) soll es sich bei allen Elementen um objektiv wesentliche Vertragspunkte *(essentialia negotii)* handeln. Danach wäre bei Fehlen einer Einigung bezüglich einzelner Punkte zu schliessen, dass gar kein Fusionsvertrag gültig zustande gekommen ist. Eine Heilung durch die Zustimmungsbeschlüsse der Generalversammlungen bzw. der Gesellschafter wäre nicht möglich und vorbehältlich des Rechtsmissbrauchsverbotes könnte grundsätzlich vor Eintragung der Fusion im Handelsregister jeder Fusionspartner unter Berufung auf die Mangelhaftigkeit des Fusionsvertrages den Vollzug der Fusion verweigern. Dies ist allerdings nicht unproblematisch und kann zu stossenden Ergebnissen führen, wenn eine Partei die Unvollständigkeit des Fusionsvertrages zum Anlass nimmt, sich aus einer aus anderen Gründen unerwünschten Fusion (z.B. wenn inzwischen ein attraktives Übernahmeangebot vorliegt) zurückzuziehen. Die erwähnte Auslegung der Botschaft ist daher zu Recht kritisiert worden (VON SALIS-LÜTOLF, 81; hinsichtlich der ähnlichen Regelung beim Spaltungs- und beim Vermögensübertragungsvertrag BERTSCHINGER, 362 f. und für den Spaltungsvertrag Art. 37 N 5). Der Katalog von Abs. 1 lit. a–i der Bestimmung regelt tatsächlich mehr als den eigentlichen Geschäftskern, die im vertragsrechtlichen Sinne objektiv wesentlichen Elemente der Fusion. Als solche lassen sich im Regelfall neben der Einigung zu fusionieren, eigentlich nur die Identität der Parteien (Abs. 1 lit. a) und das Umtauschverhältnis bzw. die Festlegung der Mitgliedschaftsrechte (Abs. 1 lit. b) bezeichnen (gl.M. VON SALIS-LÜTOLF, 82 und FORSTMOSER/MEIER-HAYOZ/NOBEL, § 57 N 68 ff. zum bisherigen Recht; zum bisherigen Recht weiter BÖCKLI, Aktienrecht, 2. A., Rz 294d; MEIER, 67; GANTENBEIN, 219 ff.).

Darüber hinaus enthält Art. 13 Abs. 1 einmal Punkte, die zwar die gegenseitigen Rechte und Pflichten betreffen, aber entweder nur in gewissen Konstellationen überhaupt zu regeln sind oder für welche eine Lösung kraft dispositiven Rechts besteht und weiter Punkte, die gar nicht die Einigung und Bedingungen der Fusion an sich betreffen, sondern Offenlegungs- und Transparenzzwecke erfüllen (insb. lit. h und i). Die erste Gruppe betrifft allfällige Ausgleichszahlungen für einen Spitzenausgleich (lit. b), den Inhabern von Sonderrechten, Anteilen ohne Stimmrecht oder Genussscheinen gewährte Rechte (lit. c), eine vorgesehene Wahl- oder Zwangsabfindung nach Art. 8 (lit. f), eine vom Zeitpunkt der Wirksamkeit der Fusion abweichende Regelung des Zeitpunkts in dem der Anspruch auf einen Anteil am Bilanzgewinn entsteht und allfällige Besonderheiten dieses Anspruchs (lit. e) sowie ein vom Zeitpunkt der Wirksamkeit der Fusion abweichender Stichtag (lit. g). Darüber sollte man keine Negativerklärungen oder Wiederholungen des dispositiven Gesetzesrechts verlangen. Sind hingegen solche Elemente gegeben (hat z.B. die übertragende Gesellschaft stimmrechtslose Anteile ausgegeben oder ist ein Spitzenausgleich vorgesehen) oder sind Abweichungen vom dispositiven Gesetzesrecht beabsichtigt, so muss die entsprechende Regelung Inhalt des Fusionsvertrages (und damit vom Zustimmungsbeschluss der Generalversammlung bzw. der Gesellschafter erfasst) sein, um überhaupt gültig vereinbart zu werden (ähnlich VON SALI-LÜTOLF, 82 und VON DER CRONE ET AL., 173). Bezüglich der Punkte, die der Offenlegung und Transparenz dienen, ist zu vertreten, dass das Fehlen ihrer Aufnahme in den Fusionsvertrag (und damit ihrer Offenlegung an die Gesellschafter) nicht zur Nichtigkeit des Fusionsvertrages, sondern lediglich zur Anfechtbarkeit des Zustimmungsbeschlusses und zur Verantwortlichkeit der handelnden Personen unter den Voraussetzungen von Art. 106 f. bzw. 108 führt (gl.M. VON SALIS-LÜTOLF, 82 f.). Geringfügige Mängel, die auf die Willensbildung bei der Beschlussfassung vernünftigerweise keinen Einfluss gehabt haben können, können ausserdem gemäss Art. 107 Abs. 1 behoben werden (vgl. Botschaft, 4490 und Handkommentar FusG-SCHENKER, Art. 107 N 9). Was den Fall einer fehlenden Regelung der Modalitäten des Umtausches von Anteilen betrifft, so sollte den obersten Leitungs- oder Verwaltungsorganen der beteiligten Gesellschaften die Kompetenz zur Regelung der Einzelheiten auch ohne ausdrücklichen Vorbehalt im Fusionsvertrag zugestanden werden und eine ausdrückliche Beschreibung im Fusionsvertrag nur dann verlangt werden, wenn etwas Aussergewöhnliches gelten soll (VON SALIS-LÜTOLF, 77).

16   Nach der hier vertretenen Auffassung ist daher ein Fusionsvertrag unter Umständen vom Handelsregisterführer auch dann als genügender Beleg für die Eintragung zu akzeptieren, wenn sich dem schriftlichen Vertragsdokument keine Regelung zu einem der in Abs. 1 lit. c–i aufgeführten Punkte entnehmen lässt. Trotzdem ist für die Praxis zu empfehlen, sämtliche in Abs. 1 lit. a–i aufgeführten Punkte im Fusionsvertrag ausdrücklich anzusprechen und in nicht ganz einfachen Verhältnissen diesen vom zuständigen Handelsregister vorprüfen zu lassen.

V. Weitere (fakultative) Vertragsbestimmungen

17   Es steht den Parteien selbstverständlich frei, zusätzlich zum Katalog von Art. 13 Abs. 1 lit. a–i weitere, **fakultative Vertragspunkte** in den Fusionsvertrag aufzunehmen. Soweit sie subjektiv wesentlich sind, unterliegen diese zwar ebenfalls dem Formerfordernis von Art. 12 Abs. 2, doch wird sich die Prüfung durch den Handelsregisterführer aus praktischen Gründen nicht auf diesen Umstand beziehen. Wenn solche weiteren Punkte in unmittelbarem Zusammenhang mit der Fusion vereinbart werden, so ist zu vertreten, dass sie **in den Fusionsvertrag aufzunehmen** sind und ebenfalls dem Zustimmungsvorbehalt unterliegen, weil der Generalversammlung bzw. den Gesellschaftern eine Beurteilung der Fusion als Ganzes ermöglicht werden soll. Allerdings ist eine Urkundeneinheit nicht notwendig.

18   Wie auch anderen wichtigen Verträgen werden Fusionsverträgen häufig **Präambeln** oder **Zweckklauseln** mit der Beschreibung der unternehmerischen Ziele der Fusion vorangestellt, welche für das Verständnis der Gesellschafter und die Auslegung von Bedeutung sein können. Vor allem bei Fusionen grösserer Gesellschaften sind ausserdem **aufschiebende Bedingungen** für den Vollzug üblich und manchmal – insbesondere hinsichtlich notwendiger Genehmigungen der Wettbewerbsbehörden – gesetzlich gefordert. Manchmal werden auch Bestimmungen über **Änderungen der Firma, Zusammensetzung der Organe, Geschäftstätigkeit, Organisation und Arbeitnehmerschutz** der übernehmenden Gesellschaft in den Fusionsvertrag aufgenommen. Soweit solche Pflichten allerdings nach Vollzug der Fusion zu erfüllen sind, ist ihre Durchsetzung nur möglich, wenn sie als echte Verpflichtungen zu Gunsten Dritter vereinbart werden, weil die übertragende Gesellschaft mit Vollzug der Fusion als eigenes Rechtssubjekt erlischt. Bezüglich Arbeitnehmerschutz vgl. allerdings auch Art. 27 f. und Komm. zu Art. 27 f. Soweit zwingende Organkompetenzen davon betroffen sind (z.B. bezüglich Wahl der Firma und des Sitzes und Zusammensetzung der Verwaltungsorgane), so bleiben diese vorbehalten (Handkommentar FusG-SCHENKER, N 21). Bei privat gehaltenen Gesellschaften werden solche Bestimmungen sinnvollerweise in einem Aktionärbindungsvertrag und nicht im Fusionsvertrag geregelt. **Garantien und Gewährleistungen** finden sich kaum in Fusionsverträgen. Im Verhältnis zwischen den Parteien (z.B. bezüglich der Vermögensverhältnisse der Fusionspartner) wären sie auch nur sinnvoll für die Zeit vor Vollzug der Fusion, da die übertragende Gesellschaft mit Vollzug der Fusion untergeht. Möglich, aber

in der Praxis unüblich, wären sie immerhin als Verträge zu Gunsten der Gesellschafter. Auch hier wird in der Praxis bei privaten Gesellschaften zum Instrument des Aktionärbindungsvertrages gegriffen. Heikel ist die Zulässigkeit von **Entschädigungszahlungen** für den Fall der Verweigerung der Zustimmung durch die Generalversammlung bzw. die Gesellschafter einer Partei (sog. *Break-up Fees*, vgl. dazu Art. 12 N 10, 14) aus dem Gesichtspunkt der Entscheidungsfreiheit der Generalversammlung bzw. der Gesellschafter. Ähnliches gilt für die Verpflichtung, **unerwünschte Übernahmeangebote von Dritten** zu bekämpfen, da die Leitungsorgane zuallererst zur Wahrung der Gesellschafterinteressen verpflichtet sind. Zahlungspflichten für den Fall einer erfolgreichen Übernahme durch einen Dritten nach Zustimmung der Generalversammlung bzw. der Gesellschafter sind m.E. nach den Grundsätzen der Konventionalstrafen zu beurteilen. Grundsätzlich ist der Fusionsvertrag für die Parteien mit der Zustimmung der Generalversammlungen bzw. der Gesellschafter bindend, weshalb **Konventionalstrafen** vorbehältlich des Übermassverbotes von Art. 163 Abs. 3 OR zulässig sind. Bei der Angemessenheit der Höhe ist zu berücksichtigen, dass solchen Klauseln typischerweise die Funktion zu kommt, einen aus der Vertragsverletzung entstehenden Gewinn der Gesellschafter einer Partei mit dem Fusionspartner zu teilen (s. zu solchen Klauseln WATTER, Handlungsmöglichkeiten, 6 f.). Vereinbart werden ausserdem manchmal über die gesetzliche Pflicht zur Nachinformation (Art. 17) hinaus gehende **Informations- und Offenlegungspflichten** der Parteien. Schliesslich enthalten Fusionsverträge regelmässig eine **Geheimhaltungspflicht** und, bei grösseren Fusionen, Medienmitteilungen und Bestimmungen über **Gerichtsstand** bzw. **Schiedsgerichtsbarkeit**.

Art. 14

Fusionsbericht	¹ Die obersten Leitungs- oder Verwaltungsorgane der beteiligten Gesellschaften müssen einen schriftlichen Bericht über die Fusion erstellen. Sie können den Bericht auch gemeinsam verfassen. ² Kleine und mittlere Unternehmen können auf die Erstellung eines Fusionsberichts verzichten, sofern alle Gesellschafterinnen und Gesellschafter zustimmen. ³ Im Bericht sind rechtlich und wirtschaftlich zu erläutern und zu begründen: a. der Zweck und die Folgen der Fusion; b. der Fusionsvertrag; c. das Umtauschverhältnis für Anteile und gegebenenfalls die Höhe der Ausgleichszahlung beziehungsweise die Mitgliedschaft der Gesellschafterinnen und Gesellschafter der übertragenden Gesellschaft bei der übernehmenden Gesellschaft; d. gegebenenfalls die Höhe der Abfindung und die Gründe, weshalb an Stelle von Anteils- oder Mitgliedschaftsrechten nur eine Abfindung gewährt werden soll; e. Besonderheiten bei der Bewertung der Anteile im Hinblick auf die Festsetzung des Umtauschverhältnisses; f. gegebenenfalls der Umfang der Kapitalerhöhung der übernehmenden Gesellschaft;

Art. 14

g. gegebenenfalls die Nachschusspflicht, andere persönliche Leistungspflichten und die persönliche Haftung, die sich für die Gesellschafterinnen und Gesellschafter der übertragenden Gesellschaft aus der Fusion ergeben;
h. bei der Fusion von Gesellschaften mit unterschiedlichen Rechtsformen die Pflichten, die den Gesellschafterinnen und Gesellschaftern in der neuen Rechtsform auferlegt werden können;
i. die Auswirkungen der Fusion auf die Arbeitnehmerinnen und Arbeitnehmer der an der Fusion beteiligten Gesellschaften sowie Hinweise auf den Inhalt eines allfälligen Sozialplans;
j. die Auswirkungen der Fusion auf die Gläubigerinnen und Gläubiger der an der Fusion beteiligten Gesellschaften;
k. gegebenenfalls Hinweise auf erteilte und ausstehende behördliche Bewilligungen.

⁴ Bei der Kombinationsfusion ist dem Fusionsbericht der Entwurf der Statuten der neuen Gesellschaft beizufügen.

⁵ Bei der Fusion zwischen Vereinen findet diese Bestimmung keine Anwendung.

Rapport de fusion

¹ Les organes supérieurs de direction ou d'administration des sociétés qui fusionnent établissent un rapport écrit sur la fusion. Ils peuvent également rédiger le rapport en commun.

² Les petites et moyennes entreprises peuvent renoncer à l'établissement d'un rapport de fusion moyennant l'approbation de tous les associés.

³ Le rapport doit expliquer et justifier du point de vue juridique et économique:
a. le but et les conséquences de la fusion;
b. le contrat de fusion;
c. le rapport d'échange des parts sociales et, le cas échéant, le montant de la soulte, ou le sociétariat des associés de la société transférante au sein de la société reprenante;
d. le cas échéant, le montant du dédommagement et les raisons pour lesquelles seul un dédommagement est attribué au lieu de parts sociales ou de droits de sociétariat;
e. les particularités lors de l'évaluation des parts sociales eu égard à la détermination du rapport d'échange;
f. le cas échéant, le montant de l'augmentation de capital de la société reprenante;
g. le cas échéant, l'obligation de faire des versements supplémentaires, l'obligation de fournir d'autres prestations personnelles et la responsabilité personnelle qui résultent de la fusion pour les associés de la société transférante;
h. en cas de fusion entre sociétés de formes juridiques différentes, les obligations qui peuvent être imposées aux associés dans la nouvelle forme juridique;
i. les répercussions de la fusion sur les travailleurs des sociétés qui fusionnent ainsi que des indications sur le contenu d'un éventuel plan social;
j. les répercussions de la fusion sur les créanciers des sociétés qui fusionnent;
k. le cas échéant, des indications sur les autorisations administratives délivrées ou en passe de l'être.

4. Abschnitt: Fusionsvertrag, Fusionsbericht und Prüfung **Art. 14**

⁴ En cas de fusion par combinaison, le projet de statuts de la nouvelle société doit être annexé au rapport de fusion.

⁵ La présente disposition ne s'applique pas en cas de fusion entre associations.

Rapporto di fusione

¹ Gli organi superiori di direzione o di amministrazione delle società partecipanti alla fusione devono stilare un rapporto scritto sulla fusione. Possono anche redigerlo insieme.

² Le piccole e medie imprese possono rinunciare alla stesura del rapporto previo consenso di tutti i soci.

³ Il rapporto spiega e giustifica sotto il profilo giuridico ed economico:
a. lo scopo e le conseguenze della fusione;
b. il contratto di fusione;
c. il rapporto di scambio delle quote e, se del caso, l'importo del conguaglio, rispettivamente la qualità di membro dei soci della società trasferente in seno alla società assuntrice;
d. se del caso, l'importo dell'indennità e i motivi per i quali, in luogo di quote sociali o diritti societari, è versata solamente un'indennità;
e. le particolarità concernenti la valutazione delle quote in vista della determinazione del rapporto di scambio;
f. se del caso, l'importo dell'aumento di capitale della società assuntrice;
g. se del caso, l'obbligo di effettuare versamenti suppletivi, l'obbligo di fornire altre prestazioni personali e le responsabilità personali dei soci della società trasferente risultanti dalla fusione;
h. in caso di fusione tra società di diversa forma giuridica, gli obblighi che possono essere imposti ai soci nell'ambito della nuova forma societaria;
i. le ripercussioni sui lavoratori delle società partecipanti alla fusione e le indicazioni sul contenuto di un eventuale piano sociale;
j. le ripercussioni sui creditori delle società partecipanti alla fusione;
k. se del caso, indicazioni sulle autorizzazioni amministrative rilasciate o in procinto di esserlo.

⁴ In caso di fusione mediante combinazione, al rapporto di fusione va allegato il progetto di statuto della nuova società.

⁵ Il presente articolo non si applica alla fusione tra associazioni.

Inhaltsübersicht

	Note
I. Allgemeines	1
1. Praxis zum früheren Recht	2
2. Entstehungsgeschichte	4
3. Normzweck	5
II. Pflicht zur Erstellung des Fusionsberichtes (Abs. 1)	13
1. Erstellung durch die obersten Leitungs- oder Verwaltungsorgane	13
2. Schriftform	18
3. Gemeinsamer Fusionsbericht	19
4. Gegenseitige Informationspflichten	20
III. Verzichtsmöglichkeit für KMU (Abs. 2)	21
IV. Umfang und Inhalt des Fusionsberichtes (Abs. 3)	27
1. Berichtskatalog von lit. a–k als Mindestinhalt	27
2. Anforderungen an den Umfang und Detaillierungsgrad der Berichtsinhalte	28
3. Rechtliche und wirtschaftliche Erläuterung und Begründung	37
4. Zweck und Folgen der Fusion (lit. a)	38

5. Fusionsvertrag (lit. b) 42
6. Umtauschverhältnis, Ausgleichszahlung, mitgliedschaftliche Kontinuität (lit. c) 44
7. Höhe und Gründe der Abfindung (lit. d) 50
8. Besonderheiten bei der Bewertung (lit. e) 53
9. Umfang der Kapitalherhöhung (lit. f) 54
10. Nachschusspflicht, persönliche Leistungspflicht und persönliche Haftung (lit. g) 55
11. Gesellschafterpflichten bei rechtsformübergreifender Fusion (lit. h) ... 57
12 Auswirkungen auf die Arbeitnehmer, Hinweise auf Sozialplan (lit. i) .. 59
13 Auswirkungen auf die Gläubiger (lit. j) 62
14. Hinweise auf behördliche Bewilligungen (lit. k) 63
V. Beilage der Statuten (Abs. 4) 64
VI. Keine Anwendung auf Vereine (Abs. 5) 65
VII. Ausnahmen bei erleichterten Fusionen unter Kapitalgesellschaften (Art. 23/24) 66
VIII. Rechtsfolgen eines nicht gesetzeskonformen Fusionsberichtes 67
IX. IPR und Rechtsvergleich 69

Literatur

U. BERTSCHINGER, Fusionsgesetz: Gläubiger- und Arbeitnehmerschutz sowie Verantwortlichkeit, Beitrag zur Tagung des Instituts für Rechtswissenschaft und Rechtspraxis der Universität St. Gallen vom 9.10.2002; R. VON BÜREN, Der Vorentwurf zu einem BG über die Fusion, Spaltung und Umwandlung von Rechtsträgern (Fusionsgesetz) aus der Sicht des Gesellschaftsrechts, ZSR 1998 I 299 ff.; H.C. VON DER CRONE, Die Fusion von Aktiengesellschaften, Referat anlässlich des Symposiums vom 27.8.2003, Bern 2003, 19 ff. (zit. Referat); VON DER CRONE ET AL., Fusion Gesellschafter: Wesentliches für die Gesellschafterinnen und Gesellschafter, www.fusg.ch – die Internetplattform zu Fragen des Transaktionsrechts, Stand: 22.8.2003 (zit. Wesentliches); DIES., Fusion Finanzielles: Bewertungsgrundsätze, www.fusg.ch – die Internetplattform zu Fragen des Transaktionsrechts, Stand: 22.8.2003 (zit. Bewertungsgrundsätze); U. GASSER/C. EGGENBERGER, Vorentwurf zu einem Fusionsgesetz, AJP 1998, 457 ff.; D. GERICKE, Die genehmigte Kapitalerhöhung, Diss. Zürich 1996; D. GIRSBERGER, Der Vorentwurf zu einem Bundesgesetz über die Fusion, Spaltung und Umwandlung von Rechtsträgern, ZSR 1998 I 317 ff.; M. GWELESSIANI, Handelsregisterliche Aspekte zum neuen Fusionsgesetz, Referat, gehalten am Schulthess Symposium vom 8. Juni 2004, abrufbar auf: www.hrazh.ch; CH. MEIER-SCHATZ, Europäisches Gesellschaftsrecht und der Schweizer Vorentwurf für ein Fusionsgesetz, in: Forstmoser et al. (Hrsg.), Einfluss des europäischen Rechts auf die Schweiz, FS Zäch, Zürich 1999, 539 ff.; CH. MEIER-SCHATZ/U. GASSER, Der Vorentwurf zum Fusionsgesetz aus der Sicht der Familienaktiengesellschaft, SZW 1999, 17 ff.

I. Allgemeines

1   Die Bestimmung von Art. 14 verpflichtet die obersten Leitungs- oder Verwaltungsorgane der an der Fusion beteiligten Gesellschaften einen schriftlichen Bericht über die Fusion zu erstellen und bezweckt im Wesentlichen, den Gesellschaftern die **erforderlichen Entscheidgrundlagen für eine sachgerechte Beschlussfassung** über die beantrage Fusion zu schaffen (vgl. N 5 ff.). Auch wenn bereits in der Praxis zum früheren Recht sog. Erläuterungsberichte zumal für grössere Gesellschaften üblich waren (vgl. N 3), stellt die neu eingeführte Pflicht zur Erstellung eines Fusionsberichtes eine der wesentlichen Änderungen des FusG zur Stärkung der Informationsrechte der Gesellschafter im Allgemeinen und zum Schutz von Minderheitsgesellschaftern im Speziellen dar. Die Bestimmung sieht Ausnahmen für KMU vor (vgl. N 21 ff.) und findet für die Fusion von Vereinen keine Anwendung (vgl. N 65). Darüber hinaus sieht auch Art. 23

4. Abschnitt: Fusionsvertrag, Fusionsbericht und Prüfung **2–4 Art. 14**

i.V.m. Art. 24 im Rahmen der erleichterten Fusion von Kapitalgesellschaften (insb. im Konzernverhältnis; vgl. Komm. zu Art. 23 und 24) Ausnahmen von der Pflicht zur Erstellung eines Fusionsberichtes vor.

1. Praxis zum früheren Recht

Das vor Inkrafttreten des FusG geltende Recht enthielt – soweit es Fusionen ausdrücklich vorsah – keine speziellen Vorschriften darüber, welche Informationen den Gesellschaftern im Zusammenhang mit Fusionsvorhaben zur Verfügung zu stellen sind und sah insbesondere keine Pflicht zur Erstellung eines Fusionsberichtes vor (vgl. Art. 748–750 altOR, Art. 770 Abs. 3 altOR sowie Art. 914 f. altOR; BSK OR II-TSCHÄNI, Art. 748 N 29). Allerdings war bereits unter dem früheren Recht für Aktiengesellschaften erforderlich, dass der Verwaltungsrat den Aktionären mit der Einberufung zur Generalversammlung (soweit eine solche überhaupt notwendig war: vgl. BSK OR II-TSCHÄNI, Art. 748 N 27) folgende Angaben machte (vgl. BÖCKLI, Aktienrecht, 2. Aufl., Rz 295p und 295s m.w.H.; BSK OR II-TSCHÄNI, Art. 748 N 29 f.): 2

– Einladung zur Generalversammlung mit Traktandenliste;

– Beschlussanträge mit dem vorgeschlagenen Beschlusstext (insb. Genehmigung von Fusionsvertrag und Fusionsübernahmebilanz, Auflösung ohne Liquidation unter Übertragung der Aktiven und Passiven seitens der übertragenden Gesellschaft, gegebenenfalls Statutenänderungs- und Kapitalerhöhungsanträge mit den Angaben nach Art. 650 Abs. 2 OR seitens der übernehmenden Gesellschaft sowie Anträge für Wahlen in den Verwaltungsrat);

– Fusionsvertrag;

– Fusionsübernahmebilanz;

– letzter Geschäfts- und Revisionsbericht seitens der übertragenden Gesellschaft zur Genehmigung des massgeblichen letzten Abschlusses und der Fusionsübernahmebilanz; sowie

– Statuten der übernehmenden Gesellschaft.

Zusätzlich zu diesen Angaben war in der Praxis, insbesondere bei Publikumsaktiengesellschaften, der Versand eines **Erläuterungsberichtes** des Verwaltungsrates an die Aktionäre üblich. Darin wurde einerseits die Fusion erläutert und andererseits die Angemessenheit des Umtauschverhältnisses unter Beilage von Angemessenheitsbestätigungen (Fairness Opinions) der Revisionsstelle oder beigezogener Revisoren oder Investmentbanken kurz begründet (vgl. BSK OR II-TSCHÄNI, Art. 748 N 29). Als Ausfluss der generellen Erläuterungspflicht des Verwaltungsrates gegenüber der Generalversammlung hat ein Teil der Lehre die Erläuterungen des Verwaltungsrates jedenfalls immer dann, wenn nicht ein Fusionsprüfungsbericht unabhängiger Sachverständiger erstellt und abgegeben wurde, als unumgänglich bezeichnet, ohne die der Aktionär nicht im Stande sei, sich über die Fusion und die Angemessenheit des Umtauschverhältnisses ein Bild zu machen und – soweit er nicht persönlich an der Generalversammlung teilnehme – Weisungen an einen Stimmrechtsvertreter nach Art. 689b OR zu erteilen (vgl. BÖCKLI, Aktienrecht, § 3 Rz 132 m.w.H.). 3

2. Entstehungsgeschichte

Art. 14 entspricht weitgehend dem Wortlaut des Vorentwurfs. Gegenüber dem Vorentwurf sind aufgrund der Ergebnisse des Vernehmlassungsverfahrens u.a. die Ausnahmen 4

Beat Kühni

Art. 14 5–7   2. Kapitel: Fusion von Gesellschaften

für die Erstellung des Fusionsberichtes für **KMU** (vgl. N 21 ff.) sowie für **Vereine** (vgl. N 65) in die Bestimmung eingefügt worden. Zudem wurde gegenüber dem Vorentwurf der Katalog der Erläuterungs- und Begründungspflichten in Abs. 3 ergänzt (lit. d, g sowie i–k) bzw. umformuliert (lit. e). Art. 14 hat in den parlamentarischen Beratungen keinen Anlass zu weiterführenden Wortmeldungen gegeben (AmtlBull StR 2001, 150; AmtlBull NR 2001, 235).

3. Normzweck

5   Art. 14 ergänzt systematisch die inhaltlichen Anforderungen an den Fusionsvertrag (Art. 13), die Fusionsprüfung (Art. 15), das Einsichtsrecht der Gesellschafter vor der Beschlussfassung (Art. 16) sowie die Informationspflicht der obersten Leitungs- oder Verwaltungsorgane über wesentliche Änderungen im Aktiv- oder Passivvermögen der betreffenden Gesellschaft (Art. 17). Die Bestimmung bezweckt in erster Linie, den Gesellschaftern die **erforderlichen Informationen als Entscheidgrundlage für eine sachgerechte Beschlussfassung** über die beantrage Fusion zur Verfügung zu stellen (vgl. Botschaft, 4410).

6   Art. 14 bezweckt damit funktional **Gesellschafterschutz** und begründet i.V.m. Art. 16 transaktionsbezogene spezialgesetzliche Informationsrechte der Gesellschafter, welche die transaktionsbezogenen rechtsformspezifischen Informationsrechte (vgl. für Aktiengesellschaften insb. Art. 663c, 696–697h, 663e, 702 Abs. 3 und 716b Abs. 2 OR) im Bereich von Fusionen ersetzen (vgl. N 34). Die Informationsrechte nach Art. 14 dienen primär der *Willensbildung* der Gesellschafter im Hinblick auf die Beschlussfassung über die Fusion nach Art. 18, werden für die Gesellschafter in der Praxis aber oft auch die Grundlage für deren Beurteilung darstellen, ob sie zur Wahrung ihrer Rechte *gerichtliche Verfahren* (Ausgleichsklage nach Art. 105, Anfechtungsklage gegen den Fusionsbeschluss nach Art. 106/107 oder Verantwortlichkeitsklage nach Art. 108) einleiten wollen (vgl. GRONER, 398). Die Pflicht zur Erstellung eines Fusionsberichtes stellt damit – im Einklang mit den grundlegenden Zielsetzungen des FusG – eine wichtige Neuerung des Gesetzes zur **Schaffung von Transparenz** für alle Gesellschafter sowie zur **Gewährleistung des Schutzes von Minderheitsgesellschaftern** dar (vgl. Art. 1 Abs. 2).

7   Während in der Literatur *unbestritten* ist, dass der Fusionsbericht (und die Fusionsprüfung) **Gesellschafterschutz** bezweckt, wird die Frage *kontrovers* diskutiert, ob damit **ausschliesslich Gesellschafterschutz** (so die hier vertretene Auffassung; vgl. auch BERTSCHINGER, 10; ISLER/VON SALIS-LÜTOLF, 21; MEIER-SCHATZ, Fusionsgesetz und KMU, 45; MEIER-SCHATZ/GASSER, 22; VON SALIS-LÜTOLF, 96) oder direkt oder indirekt auch **Gläubigerschutz** bezweckt wird (BÖCKLI, Aktienrecht, § 3 Rz 111 und 115; Handkommentar FusG-COMBŒUF, N 23 ff. sowie Art. 15 N 4; VON DER CRONE ET AL., Rz 227; ZK-GELZER, N 29). Die Frage ist gerade auch im Zusammenhang mit dem Ausschluss der Sacheinlagevorschriften des Obligationenrechts gemäss Art. 9 Abs. 2 und Art. 10 von erheblicher praktischer Relevanz. Die wohl überwiegende Anzahl der Autoren, die sich bisher dazu geäussert haben, vertreten die Auffassung, dass der Ausschluss der Sacheinlagevorschriften des Obligationenrechts nach Art. 9 Abs. 2 und Art. 10 voraussetze, dass ein Fusionsbericht erstellt und eine Fusionsprüfung durchgeführt werde. Nach diesen Autoren sei – entgegen dem klaren Wortlaut des Gesetzes – die Bestimmung von Art. 9 Abs. 2 und Art. 10 auf dem Wege der teleologischen Reduktion einschränkend zu interpretieren und es sei zu fordern, dass der Verzicht auf die Erstellung eines Fusionsberichtes oder die Durchführung der Fusionsprüfung im Rahmen der KMU-Fusion oder der erleichterten Fusion von Kapitalgesellschaften seitens der übernehmenden Gesellschaft immer dann einen Gründungs- bzw. Kapitalerhöhungsbericht

4. Abschnitt: Fusionsvertrag, Fusionsbericht und Prüfung 8–8c Art. 14

nach Art. 635 bzw. 652e OR und eine Prüfungsbestätigung nach Art. 635a bzw. 652f OR voraussetze, wenn das Anteilskapital der übernehmenden Gesellschaft erhöht werde (vgl. BÖCKLI, Aktienrecht, § 3 Rz 243; Handkommentar FusG-BOMMER, Art. 9 N 13; Handkommentar FusG-COMBŒUF, N 34; VON DER CRONE ET AL., Rz 216 ff.; ZWICKER, Prüfung, ZSR 2004 I 180 f.).

Eine solche Auffassung lässt sich indessen nur vertreten, wenn dem Fusionsbericht und der Fusionsprüfung direkt oder indirekt auch **Gläubigerschutzfunktion** zukommt. Die Frage des Schutzzweckes des Fusionsberichtes und der Fusionsprüfung ist von *erheblicher praktischer Bedeutung* und zwar unabhängig davon, dass die gegenwärtige **Handelsregisterpraxis** (entgegen dem Wortlaut von Art. 105 Abs. 2 der revidierten Handelsregisterverordnung) den Verzicht auf die Erstellung eines Fusionsberichtes oder die Durchführung der Fusionsprüfung offenbar vom Beibringen eines Kapitalerhöhungs- bzw. Gründungsberichts und/oder einer Prüfungsbestätigung abhängig machen will (vgl. ZH FusG-Textvorlagen, 18.1.3; HRA-LU, 15; das Handelsregisteramt des Kantons Zürich hat allerdings bereits eine Prüfung seines Standpunktes in Aussicht gestellt, vgl. GWELESSIANI, 6). Dessen ungeachtet ist **Schutzzweck** von Art. 14 und Art. 15 aber auch für die Auslegung und Konkretisierung der inhaltlichen Anforderungen an den Fusionsbericht (vgl. N 27 ff.) und die Fusionsprüfung (vgl. 15 N 27 ff.) wichtig, und kann für die Bestimmung angemessener Rechtsfolgen bei unrichtigen oder unvollständigen Angaben im Fusionsbericht und damit für die Anfechtung des Fusionsbeschlusses nach Art. 106 sowie für die Verantwortlichkeit der an der Fusion beteiligten Personen nach Art. 108 bedeutsam sein. Die Frage des Schutzzweckes der Bestimmung verdient daher nachfolgend eine etwas eingehendere Kommentierung (vgl. zum Ganzen auch Art. 9 N 23 ff. m.w.H.; VON SALIS-LÜTOLF, 96): 8

– Der Fusionsbericht nach Art. 14 und der Prüfungsbericht nach Art. 15 Abs. 4 sind nach der Gesetzessystematik *vor* der Beschlussfassung der Gesellschafter über die Fusion – und damit als Entscheidgrundlage für die Beschlussfassung – zu erstellen. Dagegen ist der Kapitalerhöhungsbericht und die Prüfungsbestätigung sowohl für die ordentliche (Art. 650 OR), als auch für die genehmigte Kapitalerhöhung (Art. 651 f.) zeitlich *nach* der Beschlussfassung der Generalversammlung über die Kapitalerhöhung – und damit als Rechenschaftsablage über den Vollzug der Beschlussfassung – zu erstellen (vgl. Art. 652e Ziff. 4 OR; vgl. auch BÖCKLI, Aktienrecht, § 2 Rz 152). 8a

– Der Fusionsbericht und der Prüfungsbericht muss nach Art. 16 Abs. 1 *nur* den Gesellschaftern (und insbesondere nicht den Gläubigern) zur Einsicht offen gelegt werden (vgl. Art. 16 N 3 und 9 m.w.H. auf die diesbezüglich einhellige Literatur). Dagegen ist der Kapitalerhöhungsbericht sowohl für die ordentliche (Art. 650 OR) als auch für die genehmigte Kapitalerhöhung (Art. 651 f.) nach dem ausdrücklichen Wortlaut der betreffenden Bestimmung als Rechenschaftsablage ausgestaltet (vgl. Art. 635 bzw. 652e OR) und richtet sich – zusammen mit der Prüfungsbestätigung nach Art. 635a bzw. 652f OR) – in erster Linie an die *Gesellschaftsgläubiger* (vgl. etwa BSK OR II-ZINDEL/ISLER, Art. 652e N 9 m.w.H) und nur indirekt über die generellen Auskunfts- und Einsichtsrechte der Aktionäre nach Art. 697 OR an die Aktionäre (vgl. BÖCKLI, Aktienrecht, § 2 Rz 152, BSK OR II-ZINDEL/ISLER, Art. 652e N 9; **a.M.** GERICKE, 213, der auch für den Kapitalerhöhungsbericht den Aktionärsschutz in den Vordergrund rückt). 8b

– Dass der Gesetzgeber im FusG konsequent *nur die Gesellschafter* als Adressaten des Fusionsberichtes und der Prüfungsbestätigung des Fusionsprüfers betrachtet, ergibt sich auch aus den Ausnahmen für KMU bzw. für erleichterte Fusionen von Kapitalgesellschaften, welche an die Zustimmung *aller Gesellschafter* (und nicht der Gesellschaftsgläubiger) anknüpfen. 8c

Beat Kühni

8d – Die Ausnahmen entsprechen der politischen Zielsetzung des Gesetzgebers, KMU bei Zustimmung aller Gesellschafter (aber auch bei reinen Konzerngesellschaften) *erhebliche Erleichterungen* für Umstrukturierungen zuzugestehen (vgl. betr. KMU bspw. das Votum von alt Bundesrätin Metzler zu Art. 2 lit. e, AmtlBull StR 2001, 148).

8e – Gerade die Ausnahme für KMU ist vom Gesetzgeber im *Bewusstsein* um mögliche Auswirkungen auf den Gläubigerschutz eingeräumt worden (vgl. die Wortmeldung von Studer anlässlich der parlamentarischen Beratungen zu Art. 2 lit. e, AmtlBull StR 2001, 148). Die gewährten Ausnahmen sind in Bezug auf ihre Auswirkungen auf die Gläubiger nach der hier vertretenen Auffassung demnach *nicht* ein gesetzgeberisches Versehen sondern die logische Konsequenz der Auffassung des Gesetzgebers, dass Fusionen – abgesehen von den Spezialfällen der Sanierungsfusion und der persönlichen Haftung der Gesellschafter, die allerdings in Art. 6 und 26 angemessenen Lösungen zugeführt wurden (vgl. Komm. zu Art. 6 und 26) – in aller Regel den Gläubigern kein Haftungssubstrat entziehen und damit grundsätzlich *keine Gläubigergefährdung* bewirken (vgl. KLÄY, 216; KLÄY/TURIN, 14; MEIER-SCHATZ, Fusionsgesetz, 13; VISCHER, BJM 1999, 303).

8f – Der Gesetzgeber hat sich bei Fusionen dementsprechend auch bewusst für die Ablösung des immer wieder als unnötig kompliziert und kaum praktikabel kritisierten Systems der getrennten Vermögensverwaltung (vgl. BÖCKLI, Aktienrecht, § 3 Rz 5 und 154 ff.; BSK OR II-TSCHÄNI, Art. 748 N 34 ff.; MEIER-HAYOZ/FORSTMOSER/NOBEL, § 57 N 203) und ein in sich geschlossenes System des *nachträglichen Gläubigerschutzes* entschieden (Art. 25/26; vgl. Art. 25 N 14 ff.; vgl. Botschaft, 4425; MEIER-SCHATZ, Fusionsgesetz, 13; NUFER, 586). Dem Konzept des nachträglichen Gläubigerschutzes entsprechend, sieht das FusG dafür im Gegenzug bedeutende Verfahrenserleichterungen und eine höhere Flexibilität in der Transaktionsgestaltung vor (MEIER-SCHATZ, FS Zäch, 550).

8g – Auch unter dem System des nachträglichen Gläubigerschutzes nimmt der Gesetzgeber nicht einfach in Kauf, dass Fusionen im Ergebnis zu einer *Anteilskapitalherabsetzung* der fusionierten Gesellschaften oder zu einer – angesichts der eingebrachten Vermögenswerte – nicht gerechtfertigten Erhöhung des Nennwertkapitals und damit zu einer auch unter dem FusG unzulässigen *Unterpari-Ausgabe von Anteilsrechten* führen könnten. Während den Gesellschaftsgläubigern bei einer Anteilskapitalherabsetzung über die Sicherstellungsrechte nach Art. 25 im Vergleich zur ordentlichen Kapitalherabsetzung von Kapitalgesellschaften im Ergebnis gleichwertige Schutzbehelfe zur Verfügung stehen, sind sie bei einer Unterpari-Ausgabe von Anteilen neben den Sicherstellungsrechten nach Art. 25 hinaus auch über Verantwortlichkeitsansprüche gemäss Art. 757, Art. 764 Abs. 2, Art. 827 und Art. 920 OR gegen die mit der Fusion befassten Personen (Art. 108 Abs. 1–3; vgl. Art. 108 N 34) geschützt. Im Ergebnis wird dadurch die Rechtsstellung von (ungesicherten) Gesellschaftsgläubigern durch die Fusion sogar verbessert. Eine Durchbrechung des für Fusionen geschlossen ausgestalteten Systems des nachträglichen Gläubigerschutzes unter dem FusG drängt sich deshalb nicht auf.

8h – Schliesslich sind die Risiken einer Unterpari-Ausgabe von Anteilsrechten im Rahmen einer i.d.R. zwischen unabhängigen Personen verhandelten Fusion in aller Regel wohl geringer als bei der normalen Sacheinlage (vgl. dazu eingehend Art. 9 N 33; VON SALIS-LÜTOLF, 59).

8i – Dass sich der Gesetzgeber bei Fusionen von KMU oder erleichterten Fusionen von Kapitalgesellschaften im Vergleich zu normalen Sacheinlagekapitalerhöhungen nach

OR (für die weiterhin Kapitalerhöhungsberichte und Prüfungsbestätigungen erforderlich sind) im Ergebnis mit weniger weit gehenden Anforderungen begnügt, mag als nicht sachgerecht empfunden werden, ist aufgrund des Gesagten aber als *bewusste gesetzgeberische Entscheidung* hinzunehmen.

– Schliesslich kann auch der *Botschaft*, auf die sich einzelne Autoren abzustützen scheinen (vgl. etwa Handkommentar FusG-COMBŒUF, N 2), nichts anderes entnommen werden. Die Botschaft sagt wörtlich (Botschaft, 4405): «Die Regelung des Entwurfes, namentlich die Bestimmungen zum Fusionsbericht und dessen Prüfung (Art. 14 f.), machen die Anwendung der Vorschriften über die Sacheinlagen überflüssig». Der Botschaft kann damit gerade nicht entnommen werden, ob der Gesetzgeber dabei die Ausnahmen von der Pflicht zur Erstellung des Fusionsberichtes bzw. der Durchführung der Fusionsprüfung übersehen hat. Der Wortlaut lässt letztlich keine abschliessende Schlussfolgerung in die eine oder andere Richtung zu, legt aber eher den Schluss nahe, der Gesetzgeber habe beim Legiferieren über Art. 9 Abs. 2 und Art. 10 einerseits die Gesamtheit der Bestimmungen von Art. 14 und 15 (d.h. unter Einschluss der Ausnahmen von Art. 14 Abs. 2 und Art. 15 Abs. 2) vor Augen gehabt und sich andererseits in seiner Begründung für den Ausschluss der Sacheinlagevorschriften auf den «Erlass» insgesamt – und damit auch auf andere Bestimmungen (wie bspw. den nachträglichen Gläubigerschutz) – abstützen wollen (so mindestens ist wohl der 1. HS und der Einschub des Wortes «namentlich» zu deuten).

8j

Aus den dargelegten Gründen ist demnach die **Funktion** des Fusionsberichtes und der Fusionsprüfung klar von derjenigen des Kapitalerhöhungsberichtes und der Prüfungsbestätigung unter früherem Recht (bzw. nach geltendem Recht bei qualifizierten Kapitalerhöhungen ausserhalb von Fusionen) abzugrenzen: Der Fusionsbericht und die Fusionsprüfung bezwecken die **sachgerechte Information der Gesellschafter** vor der Beschlussfassung und damit **gerade nicht eine Rechenschaftsablage erga omnes**, wie dies beim Kapitalerhöhungsbericht der Fall ist (vgl. GERICKE, 213 f.; BSK OR II-ZINDEL/ISLER, Art. 652e N 9 m.w.H.; vgl. zum Normzweck des Kapitalerhöhungsberichtes unter früherem Recht auch BÖCKLI, Aktienrecht, § 2 Rz 152).

9

Daran ändert auch nichts, dass Art. 105 Abs. 1 lit. d HRegV den Prüfungsbericht als **handelsregisterrechtlichen Beleg** bezeichnet (**a.M.** Handkommentar FusG-COMBŒUF, Vorbem. zu Art. 14–17 N 1, Art. 14 N 2). Der Gläubigerschutzzweck der Prüfungsbestätigung nach Art. 635a und 652 f. OR ergibt sich nicht aus seiner registerrechtlichen Publizität sondern aufgrund seiner materiellrechtlichen Funktion der Rechenschaftsablage erga omnes, die der Fusionsprüfung und dem Fusionsbericht aus den dargelegten Gründen gerade abgehen.

10

Der Gesetzgeber hat sich im Bereich von Fusionen nach der hier vertretenen Auffassung demnach *bewusst* für eine Begrenzung des Einsichtsrechts auf Gesellschafter (Art. 16), ein abschliessendes System des nachträglichen Gläubigerschutzes (Art. 25/26) und die Ausnahmen von der Pflicht zur Erstellung eines Fusionsberichtes bzw. der Durchführung einer Fusionsprüfung entschieden. Für eine Auslegung *gegen* den Wortlaut von Art. 9 Abs. 2, Art. 10, Art. 14 Abs. 2, Art. 16 Abs. 1 sowie Art. 25/26 besteht m.E. weder Raum noch Veranlassung und die Auffassung, dass der Fusionsbericht und die Fusionsprüfung indirekt oder stellvertretend auch Gläubigerschutz bezwecken, ist deshalb abzulehnen. Entgegen der wohl überwiegenden Lehrmeinung und der sich abzeichnenden Handelsregisterpraxis (vgl. N 7–8) **bezweckt der Fusionsbericht daher ebenso wie die Fusionsprüfung nach der hier vertretenen Auffassung ausschliesslich Gesellschafterschutz.**

11

12 Unbestritten ist, dass Art. 14 **nicht Arbeitnehmerschutz** bezweckt (vgl. vor Art. 27 N 10, Handkommentar FusG-COMBŒUF, N 2, 21; ISLER/VON SALIS-LÜTOLF, 21; VON SALIS-LÜTOLF, 92 f.).

II. Pflicht zur Erstellung des Fusionsberichtes (Abs. 1)

1. Erstellung durch die obersten Leitungs- oder Verwaltungsorgane

13 Die Pflicht zur Erstellung des Fusionsberichtes trifft die **obersten Leitungs- oder Verwaltungsorgane** der beteiligten Gesellschaften. Je nach Rechtsform sind folgende Gesellschaftsorgane zuständig:
- der Verwaltungsrat einer Aktiengesellschaft (Art. 707 ff. OR);
- die Verwaltung einer Kommanditaktiengesellschaft (Art. 765 OR);
- der Geschäftsführer einer Gesellschaft mit beschränkter Haftung (GmbH; Art. 811 ff. OR);
- die Verwaltung einer Genossenschaft (Art. 894 ff. OR);
- die geschäftsführungsberechtigten Gesellschafter einer Kollektiv- oder Kommanditgesellschaft (Art. 535, 557 und 599 OR); sowie
- der Vorstand eines Vereins (Art. 69 ZGB).

14 Die Kompetenz zur Erstellung des Fusionsberichtes fällt nach dem klaren Wortlaut von Art. 14 Abs. 1 in die **unentziehbare und nicht delegierbare Zuständigkeit** der obersten Leitungs- oder Verwaltungsorgane (vgl. Botschaft, 4406 f.).

15 Die **Vorbereitung und Ausarbeitung des Fusionsberichtes** kann zwar von den obersten Leitungs- oder Verwaltungsorganen im *Innenverhältnis* an untergeordnete Stellen (Direktion, Geschäftsleitung etc.) oder Dritte delegiert werden, die Verantwortung für die Erstellung des Fusionsberichtes und damit auch für die Richtigkeit und Vollständigkeit der darin enthaltenen Angaben verbleibt im *Aussenverhältnis* aber zwingend bei den obersten Leitungs- oder Verwaltungsorganen (**a.M.** offenbar NUFER, 571, der nur die obersten Leitungs- oder Verwaltungsorgane für die Verfassung des Fusionsberichtes als zuständig erachtet). Die Auffassung, dass die tatsächliche Ausarbeitung des Fusionsberichtes zwingend durch die obersten Leitungs- oder Verwaltungsorgane zu erfolgen hätte, ist abzulehnen. Sie ist praxisfremd und steht insbesondere bei Aktiengesellschaften im Widerspruch zu den unübertragbaren und unentziehbaren Kompetenzen des Verwaltungsrates nach Art. 716a OR, die nach richtiger Auffassung zwar keine Delegation der Entscheidverantwortung erlauben, wohl aber die Delegation der Vorbereitung und Ausarbeitung von Entscheidgrundlagen (vgl. BSK OR II-WATTER, Art. 716a N 27–29; BÖCKLI, Aktienrecht, § 13 Rz 303 und 434; FORSTMOSER/MEIER-HAYOZ/NOBEL, § 30 N 27; ZK-GELZER, N 3). Die Delegation der Vorbereitung und Ausarbeitung von Entwürfen des Fusionsberichtes wird für grössere Gesellschaften nicht nur praktischen Bedürfnissen entsprechen, sondern in den meisten Fällen vielmehr geradezu geboten sein (vgl. BÖCKLI, Aktienrecht, § 13 Rz 434; FORSTMOSER/MEIER-HAYOZ/NOBEL, § 30 N 27).

16 Der Fusionsbericht ist von den obersten Leitungs- oder Verwaltungsorganen formell zu **verabschieden bzw. zu genehmigen**. Dies kann direkt durch Unterzeichnung des Fusionsberichtes (vgl. N 18) oder durch separate Beschlussfassung erfolgen. Ob dabei die Beschlussfassung in jedem Fall unter Vorlage der endgültigen Fassung des Fusionsberichtes erfolgen muss oder im Einzelfall ausnahmsweise auf der Grundlage eines noch nicht in allen Einzelheiten fertig gestellten Entwurfes erfolgen kann, lässt sich dem Wortlaut des Gesetzes nicht entnehmen. Im Unterschied etwa zum Abschluss des

Fusionsvertrages nach Art. 12 Abs. 1, der wohl grundsätzlich die Zustimmung der obersten Leitungs- oder Verwaltungsorgane zum fertig ausgehandelten Fusionsvertrag verlangt (vgl. Art. 12 N 6), erscheint die Genehmigung des Fusionsberichtes auf der Grundlage eines noch nicht in allen Einzelheiten fertig gestellten Entwurfes nicht von Vornherein ausgeschlossen. Die obersten Leitungs- oder Verwaltungsorgane werden ihren Sorgfaltspflichten im Zusammenhang mit der Erstellung des Fusionsberichtes allerdings kaum genügen können, wenn zum Zeitpunkt der Genehmigung des Fusionsberichtes dessen wesentlicher Inhalt nicht vollständig vorliegt. Zudem werden die obersten Leitungs- oder Verwaltungsorgane für allfällige Vervollständigungen, welche nach der Genehmigung des Fusionsberichtes angebracht werden, im Aussenverhältnis die Verantwortung zu tragen haben.

Die **Form des Beschlusses** sowie die dazu erforderlichen **Präsenz- und Beschlussquoren** ergeben sich aus den auf das betreffende Organ anwendbaren Gesetzesbestimmungen, Statuten, Gesellschaftsverträgen und Reglementen. Bei Aktiengesellschaften genügt bspw. die einfache Mehrheit der Verwaltungsratsmitglieder, welche an der für diesen Zweck durchgeführten Verwaltungsratssitzung ihre Stimme abgeben, sofern die Statuten oder ein allenfalls erlassenes Organisationsreglement für diesen Entscheid nicht ein qualifiziertes Quorum vorsehen (vgl. BSK OR II-WERNLI, Art. 713 N 8; BÖCKLI, Aktienrecht, § 13 Rz 117 ff.; FORSTMOSER/MEIER-HAYOZ/NOBEL, § 31 N 23 ff.).

2. Schriftform

Der Fusionsbericht ist in **schriftlicher Form** zu erstellen, d.h. der Erklärungsinhalt ist zu verurkunden und das Schriftstück zu unterzeichnen (Art. 12 und 13 OR). Die **Unterzeichnung** des Fusionsberichtes durch ein vertretungsberechtigtes Mitglied des Verwaltungsrates sollte m.E. genügen (gl.M. ZK-GELZER, N 3); sie erfolgt grundsätzlich eigenhändig (Art. 14 Abs. 1 OR), im Namen der obersten Leitungs- oder Verwaltungsorgane der Gesellschaft und auf der Basis des vorangehenden Genehmigungsbeschlusses (vgl. N 16).

3. Gemeinsamer Fusionsbericht

Der Fusionsbericht kann von den obersten Leitungs- oder Verwaltungsorganen der beteiligten Gesellschaften je **einzeln oder gemeinsam** erstellt werden. Unabhängig von der Art der Fusion (Absorptions- oder Kombinationsfusion) wird es aufgrund der weitgehend identischen inhaltlichen Anforderungen an den Fusionsbericht für die beteiligten Gesellschaften wohl in den meisten Fällen sinnvoll sein, den Fusionsbericht gemeinsam zu erstellen (BÖCKLI, Aktienrecht, § 3 Rz 105; ZK-GELZER, N 4; kritisch im Zusammenhang mit nicht börsenkotierten Gesellschaften VON SALIS-LÜTOLF, 89).

4. Gegenseitige Informationspflichten

Im Unterschied etwa zu Art. 15 Abs. 3 sieht die Bestimmung von Art. 14 *keine* ausdrückliche Verpflichtung der an der Fusion beteiligten Gesellschaften vor, den obersten Leitungs- oder Verwaltungsorganen der jeweils anderen Gesellschaften diejenigen **Informationen und Unterlagen** zur Verfügung zu stellen, welche diese zur Erstellung des Fusionsberichtes benötigen. Auch wenn sich solche Nebenpflichten auch ohne ausdrückliche gesetzliche Grundlage oder Parteivereinbarung aus allgemeinen Nebenpflichten nach Art. 2 ZGB herleiten lassen (vgl. BSK OR I-WIEGAND, Einl. zu Art. 97–109 N 5 f. m.w.H.), wird es in der Praxis dennoch sinnvoll sein, sich gegenseitige vertragliche Informationsrechte und -pflichten im Hinblick auf die Erstellung des Fusionsberichtes einräumen zu lassen (vgl. Art. 13 N 18), falls sich die obersten Leitungs- oder Verwaltungsorgane der beteiligten Gesellschaften nicht ohnehin auf die Erstellung eines gemeinsamen Fusionsberichtes verständigen.

III. Verzichtsmöglichkeit für KMU (Abs. 2)

21 Bei Zustimmung aller Gesellschafter können KMU (vgl. zur Legaldefinition Art. 2 lit. e; Art. 2 N 19 ff.) auf die Erstellung eines Fusionsberichtes **verzichten** (Art. 14 Abs. 2). Entsprechend dem Schutzzweck der Bestimmung (Gesellschafterschutz; vgl. N 5 ff.) ist der Verzicht auf die Erstellung eines Fusionsberichtes allerdings nur möglich, wenn **alle Gesellschafter** der betreffenden Gesellschaft zustimmen. Nur der Verzicht aller an der nachfolgenden Beschlussfassung anwesenden oder vertretenen Gesellschafter ist daher nicht genügend, falls anlässlich der Beschlussfassung nicht alle Gesellschafter vollzählig anwesend oder vertreten sind. Da der Fusionsbericht nach der hier vertretenen Auffassung *ausschliesslich* den Interessen der Gesellschafter dient, besteht eigentlich kein Grund, weshalb der Verzicht auf die Erstellung des Fusionsberichtes bei Zustimmung aller Gesellschafter nicht auch bei anderen Unternehmen als KMU zulässig sein soll (vgl. VON DER CRONE ET AL., Rz 268; Handkommentar FusG-COMBŒUF, N 34; VON SALIS-LÜTOLF, 95 und 156). Die Praxis wird zeigen, ob sich die Verzichtsmöglichkeit auch für Unternehmen durchsetzen kann, die nicht als KMU qualifizieren.

22 Das Gesetz äussert sich nicht zur **Form** des Verzichtes. Auch wenn sich aus praktischen Überlegungen und insbesondere aus Beweisgründen i.d.R. das Einholen von schriftlichen Verzichtserklärungen empfehlen wird, genügen daher **mündliche Verzichtserklärungen** (Art. 11 Abs. 1 OR; **a.M.** Handkommentar FusG-COMBŒUF, N 35, der unter Annahme einer planwidrigen Unvollständigkeit des Gesetzes die schriftliche Protokollierung anlässlich einer Universalversammlung oder eine schriftliche oder öffentlich beurkundete Erklärung verlangt). Entsprechend dem generellen Prinzip der Formfreiheit als Ausfluss der Vertragsfreiheit (vgl. statt vieler BSK OR I-SCHWENZER, Art. 11 N 1 ff., N 11) besteht für die Annahme einer planwidrigen Unvollständigkeit des Gesetzes im Bereich von Formvorschriften kein Raum und die Forderung nach Schriftlichkeit als Gültigkeitserfordernis der Verzichtserklärungen ist abzulehnen.

23 Das Gesetz äussert sich nicht ausdrücklich zum **Zeitpunkt** des Verzichtes. Da der Fusionsbericht den Gesellschaftern vor der Beschlussfassung (Art. 16) zusammen mit den übrigen Informationen zur Fusion zur Einsicht vorgelegt werden muss, sind die Verzichtserklärungen grundsätzlich *vorher* einzuholen (gl.M. BÖCKLI, Aktienrecht, § 3 Rz 232). Wenn die obersten Leitungs- oder Verwaltungsorgane aufgrund der Umstände davon ausgehen dürfen, dass alle Gesellschafter an der Beschlussfassung teilnehmen und auf die Erstellung eines Fusionsberichts verzichten werden, ist das Einholen der Verzichtserklärungen auch *zeitgleich mit der Beschlussfassung* denkbar. Soweit allerdings das Zustimmungsquorum (Einstimmigkeit) zum Verzicht (unter Anwesenheit aller Gesellschafter) nicht erreicht werden kann, ist ein Fusionsbericht zu erstellen und dieser den Gesellschaftern innerhalb der festgelegten Fristen vor der (verschobenen) Beschlussfassung über die Fusion zur Einsicht vorzulegen (Art. 16; vgl. NUFER, 576). Die Zustimmung zum Verzicht ist m.E. *zeitnah* zum Fusionsbeschluss und in Bezug auf das *konkrete Fusionsvorhaben* abzugeben. Eine allgemeine, in die Zukunft gerichtete und damit lediglich auf «Vorrat» gefällte Zustimmung zum Verzicht dürfte diesem Erfordernis ebenso wenig genügen wie z.B. ein in den Statuten der fusionierenden Gesellschaft enthaltener genereller Verzicht auf die Erstellung eines Fusionsberichtes (vgl. auch Handkommentar FusG-COMBŒUF, N 35; BSK OR II-WEBER, Art. 697 N 3; Art. 61 N 12).

4. Abschnitt: Fusionsvertrag, Fusionsbericht und Prüfung **24–27 Art. 14**

Die gewährten Erleichterungsmöglichkeiten für KMU sind in zweifacher Hinsicht **bedeutsam**: Einerseits qualifiziert die weit überwiegende Mehrzahl der in der Schweiz domizilierten Unternehmen als KMU (vgl. Botschaft, 4366 FN 32; Art. 2 N 20). Andererseits ist das Kosteneinsparungspotential bei Verzicht auf die Erstellung des Fusionsberichtes für KMU signifikant. 24

Das Zustimmungserfordernis schafft zweifellos ein nicht unerhebliches **Missbrauchspotential**, indem es Gesellschaftern mit Minderheits- oder Kleinstbeteiligungen aufgrund der u.U. prohibitiv hohen Kosten für die Erstellung des Fusionsberichtes (und der Fusionsprüfung; vgl. Art. 15 N 42) die Möglichkeit eröffnet, durch Verweigerung ihrer Zustimmung eine wirtschaftlich sachgerechte Fusion faktisch zu verunmöglichen (vgl. auch BÖCKLI, Aktienrecht, § 3 Rz 240; KLÄY, 212 f.). Dennoch erscheint die getroffene Lösung im Interesse des Schutzes von Minderheitsgesellschaftern im Ergebnis sachgerecht (vgl. Botschaft, 4410). In der Praxis wird die hohe Schwelle der Zustimmung aller Gesellschafter allerdings dazu führen, dass von der Erleichterung wohl nur personalistische KMU mit einer geringen Anzahl von Gesellschaftern werden profitieren können. Umgekehrt erscheint gerade bei personalistischen KMU, deren Gesellschafter mit den Verhältnissen der Gesellschaft und der vorgesehenen Fusion oft bestens vertraut sein werden und wo sich demnach die Erstellung von kostspieligen Fusions- und Prüfungsberichten eigentlich nicht rechtfertigen würde, die erwähnte Missbrauchsgefahr am grössten. 25

Eine wohl überwiegende Anzahl von Autoren vertritt die Auffassung, dass die übernehmende Gesellschaft, deren Anteilkapital im Zuge der Fusion erhöht werden soll, entgegen dem klaren Wortlaut von Art. 9 Abs. 2 und Art. 10 nur dann auf die Erstellung eines Fusionsberichtes verzichten könne, wenn die obersten Leitungs- oder Verwaltungsorgane der übernehmenden Gesellschaft einen **Kapitalerhöhungsbericht** im Sinne von Art. 635 bzw. 652e OR erstellen und eine **Prüfungsbestätigung** im Sinne von Art. 632a bzw. 652f OR einholen (vgl. mit ausführlichem Literaturnachweis N 7–8; auch die Handelsregisterpraxis scheint auf einen Kapitalerhöhungsbericht und die entsprechende Prüfungsbestätigung bei Verzicht auf den Fusionsbericht bzw. die Fusionsprüfung nicht verzichten zu wollen, vgl. N 8). Die geforderte teleologische Reduktion des an sich klaren Wortlautes von Art. 9 Abs. 2 und 10 lässt sich jedoch nur vertreten, wenn dem Fusionsbericht direkt oder indirekt auch Gläubigerschutzfunktion zukommt, was nach der hier vertretenen Auffassung aus den einlässlich dargelegten Gründen *abzulehnen* ist (vgl. dazu N 6 ff.). Die Erleichterungen von Art. 9 Abs. 2 i.V.m. Art. 14 Abs. 2 bedeuten allerdings nach der hier vertretenen Auffassung nicht, dass die obersten Leitungs- oder Verwaltungsorgane der übernehmenden Gesellschaft bei der Fusion von KMU von der Einhaltung der Vorschriften über die **Kapitalaufbringung** (bei Aktiengesellschaften namentlich Art. 624 OR) und der entsprechenden **Haftungsfolgen** bei Verletzung dieser Bestimmungen (Art. 108) entbunden wären (vgl. Art. 9 N 35). Dies ist in der Beratungspraxis in aller Deutlichkeit hervorzuheben und kann aus Sicht der obersten Leitungs- oder Verwaltungsorgane in besonderen Situationen (insbesondere bei schwierigen Bewertungen oder geringfügigem Fusionsagio; vgl. N 54) eine *freiwillige Überprüfung* der Bewertung der Sacheinlage durch Drittsachverständige nahe legen (vgl. Art. 9 N 35). 26

IV. Umfang und Inhalt des Fusionsberichtes (Abs. 3)

1. Berichtskatalog von lit. a–k als Mindestinhalt

Im Fusionsbericht ist das Fusionsvorhaben rechtlich und wirtschaftlich zu erläutern und zu begründen (Art. 14 Abs. 3). Ausgangspunkt für die Bestimmung des Inhaltes des Fusionsberichtes ist zunächst der **Katalog von Berichtsinhalten nach Art. 14 Abs. 3** 27

lit. a–k. Auch wenn aufgrund der Breite des Wortlautes – insbesondere von Art. 14 Abs. 3 lit. a (Zweck und Folgen der Fusion) – entscheidrelevante Informationen, die nicht bereits vom Katalog der Berichtsinhalte nach Art. 14 Abs. 3 lit. a–k erfasst sind, kaum denkbar sind, ist der Katalog m.E. jedenfalls nicht abschliessend, sondern relativ zwingend zu verstehen und legt den gesetzlich vorgeschriebenen **Mindestinhalt** des Fusionsberichtes fest (vgl. auch ZK-GELZER, N 12 und 31). Soweit im Einzelfall weitere Besonderheiten vorliegen, die für eine sachgerechte Beschlussfassung über die Fusion relevant sind, hat sich der Fusionsbericht auch dazu zu äussern. Von einer ausweitenden Interpretation der Berichtspflicht ist allerdings abzusehen (vgl. N 29 ff.).

2. Anforderungen an den Umfang und Detaillierungsgrad der Berichtsinhalte

28   Der **Umfang** und **Detaillierungsgrad** der einzelnen Berichtsinhalte kann dem FusG nicht entnommen werden und lässt sich auch nicht abschliessend abstrakt festlegen. Er ist im **konkreten Einzelfall**:

– im Hinblick auf die Ermöglichung der Plausibilitätskontrolle durch die Gesellschafter (vgl. N 30);

– aufgrund der Besonderheiten der Fusion, der involvierten Rechtsträger sowie der Beteiligungsverhältnisse der Gesellschafter (vgl. N 31);

– in Abwägung von Gesellschafter- und Gesellschaftsinteressen (vgl. N 33); und

– nach vertrauenstheoretischen Grundsätzen (vgl. N 35) zu ermitteln.

29   Es darf erwartet werden, dass sich die Praxis in Bezug auf den Umfang und die Detailliertheit der Erläuterungen und Begründungen an die bisher üblichen Erläuterungsberichte (vgl. N 3) anlehnen und nicht wesentlich über deren Format hinaus gehen werden, soweit dies nicht für einzelne Berichtsinhalte nach Art. 14 Abs. 3 lit. a–k erforderlich ist. Eine **ausweitende Interpretation** der Berichtspflicht über die einzelnen Berichtspunkte ist aus mehreren Gründen **abzulehnen**:

29a   – Es ist *nicht* der Zweck des Fusionsberichtes, den Gesellschaftern vollständig sämtliche Daten und Angaben zu vermitteln, damit diese – allenfalls unter Beizug von Sachverständigen – die wirtschaftlichen und rechtlichen Hintergründe der Fusion und des Fusionsvertrages *in allen Details selber abschliessend nachvollziehen und beurteilen* können (so auch Handkommentar FusG-COMBŒUF, N 11; vgl. zum deutschen UmwG, SCHMITT/HÖRTNAGL/STRATZ, § 8 N 10).

29b   – Der Fusionsbericht ist vielmehr hinsichtlich der Berichtspflichten nach Art. 15 Abs. 4 lit. a–e Gegenstand der Fusionsprüfung durch den besonders befähigten Revisor (Art. 15 Abs. 1 i.V.m. Art. 15 Abs. 4). Im Interesse der *Überprüfbarkeit* sind deshalb – insbesondere hinsichtlich der Berichtspflichten des Fusionsprüfers nach Art. 15 Abs. 4 lit. a–e – nur klar begrenzte und damit überprüfbare Anforderungen an den Inhalt des Fusionsberichtes zu stellen.

29c   – Im Unterschied etwa zu Art. 9 Fusionsrichtlinie oder § 8 UmwG, welche sich nur allgemein zum Inhalt des Fusionsberichtes äussern, hat sich der Gesetzgeber im FusG dafür entschieden, den erforderlichen Inhalt des Fusionsberichtes *im Gesetz selber zu konkretisieren* und nicht der Praxis zu überlassen. Dies ist bei der Auslegung der Erläuterungs- und Begründungspflichten zu berücksichtigen und steht m.E. einer ausweitenden Interpretation der Berichtspflicht entgegen.

29d   – Im Interesse der *Rechts- und Verkehrssicherheit* müssen die Anforderungen an die Transparenz für die Gesellschaft in der Praxis lebbar sein und dürfen die Gesellschaft

4. Abschnitt: Fusionsvertrag, Fusionsbericht und Prüfung

und deren oberste Leitungs- oder Verwaltungsorgane nicht unnötig der Gefahr von Anfechtungsklagen nach Art. 106 bzw. Verantwortlichkeitsklagen nach Art. 108 wegen behaupteten inhaltlichen Mängeln des Fusionsberichtes aussetzen. Auch dies spricht gegen eine weite Auslegung der Erläuterungs- und Begründungspflichten.

Der Fusionsbericht dient damit weder der Nachprüfung des Fusionsvertrages noch der dem Fusionsentscheid zugrunde liegenden Annahmen der obersten Leitungs- oder Verwaltungsorgane, sondern soll den Gesellschaftern im Hinblick auf die Beschlussfassung eine **Entscheidhilfe** in die Hand geben und eine **Plausibilitätskontrolle** der von den obersten Leitungs- oder Verwaltungsorganen beantragten Fusion ermöglichen (so i.E. auch BÖCKLI, Aktienrecht, § 3, Rz 106; Handkommentar FusG-COMBŒUF, N 11 und N 15; VON DER CRONE ET AL., Rz 207; VON SALIS-LÜTOLF, 89; vgl. zum UmwG, SCHMITT/HÖRTNAGL/STRATZ, § 8 N 10). Eine der wesentlichen – und wohl auch schwierigsten – Aufgaben der obersten Leitungs- oder Verwaltungsorgane im Zusammenhang mit der Erstellung des Fusionsberichtes besteht demnach darin, im Fusionsbericht nach Massgabe des Kataloges der Berichtsinhalte für die Gesellschafter all diejenigen Informationen zusammenzufassen, die den Gesellschaftern im Rahmen der Willensbildung für die Beschlussfassung letztlich die Beurteilung ermöglichen, ob die vorgesehene Fusion **wirtschaftlich sinnvoll und rechtlich zulässig** ist (vgl. zum deutschen UmwG, LUTTER-LUTTER, § 8 N 11). 30

Dementsprechend werden je nach Grösse der beteiligten Gesellschaften, den Beteiligungsverhältnissen, der relativen Bedeutung der Fusion für die betreffende Gesellschaft sowie den Auswirkungen der Fusion auf die rechtliche und wirtschaftliche Stellung der Gesellschafter **unterschiedliche Anforderungen** an den Umfang und Detaillierungsgrad der Erläuterungs- und Begründungspflicht zu stellen sein (gl.M. ZK-GELZER, N 14; vgl. auch MEIER-SCHATZ/GASSER, 22, die für stark personalistisch ausgestaltete Familienaktiengesellschaften, bei denen das Aktionariat ausschliesslich oder grossmehrheitlich aus in der Geschäftsführung aktiven Familienmitgliedern besteht, nicht allzu hohe Anforderungen an die Breite und Tiefe des Informationsprofils im Fusionsbericht stellen wollen). 31

Von einer **Verallgemeinerung** der Erläuterungs- und Begründungspflichten, losgelöst von den Rechtsformen der beteiligten Gesellschaften und den massgebenden Verhältnissen des konkreten Einzelfalls, ist daher *abzusehen* (vgl. aber Handkommentar FusG-COMBŒUF, N 13 ff., der in Anlehnung an die deutsche Lehre zum UmwG weitreichende inhaltliche Anforderungen an den Detaillierungsgrad des Fusionsberichtes zu stellen scheint. Das UmwG ist hinsichtlich der Berichtspflicht indessen nur beschränkt mit dem FusG vergleichbar, indem es aufgrund der weitgehend fehlenden Konkretisierung des Berichtsinhaltes im Gesetzeswortlaut eine weite Auslegung der inhaltlichen Anforderungen erlaubt, für die unter dem FusG angesichts der bewussten gesetzlichen Festlegung des Mindestinhaltes kaum mehr Raum bleibt; vgl. N 29c). Auch wenn aus Gründen der Rechtssicherheit die Bildung von **Mindeststandards** für Fusionsberichte aus Sicht des Praktikers an sich zu begrüssen wäre, kann daher erst im Rahmen des *konkreten Fusionsvorhabens im Einzelfall* der sachgerechte Umfang und Detaillierungsgrad der Erläuterung und Begründung der einzelnen Berichtsinhalte abschliessend bestimmt werden. 32

Der Umfang und Detaillierungsgrad der Berichtspflicht wird oft auch über eine **Abwägung zwischen Gesellschafterinteressen und Gesellschaftsinteressen** zu ermitteln sein. *Geheimhaltungsinteressen* oder andere schutzwürdige Interessen der beteiligten Gesellschaften sind dabei zu berücksichtigen (vgl. für Aktiengesellschaften bspw. Art. 697 Abs. 2 OR) und können dazu führen, dass bestimmte Informationen im Fusions- 33 bericht nicht offen zu legen sind (zu denken ist etwa an Informationen über den aktuellen Forschungsstand oder Preisbildungsgrundlagen von Produkten oder Dienstleistungen; vgl. BSK OR II-WEBER, Art. 697 N 8 ff. m.w.H.; BÖCKLI, Aktienrecht, § 12 Rz 155; a.M. ZK-GELZER, N 13). Allerdings sind überwiegende Geheimhaltungsinteressen oder andere schutzwürdige Interessen nicht leichthin anzunehmen. Sofern im Einzelfall die Interessenabwägung eine Nichtoffenlegung rechtfertigt oder gebietet, ist eine anonymisierte Darstellung zu prüfen. Wo auch dies nicht sachgerecht oder möglich ist, sind u.U. die Gründe für die Geheimhaltungsbedürftigkeit einer Tatsache, welche die obersten Leitungs- oder Verwaltungsorgane nicht offen legen können oder wollen, anzugeben (gl.M. Handkommentar FusG-COMBŒUF, N 12; vgl. für Aktiengesellschaften auch Art. 663h Abs. 1 OR; BSK OR II-NEUHAUS/ILG, Art. 663h N 3 ff.).

34 Im Rahmen der vorerwähnten Interessenabwägung (vgl. N 33) sowie der Konkretisierung der Erläuterungs- und Begründungspflichten sind auch die **rechtsformspezifischen allgemeinen Informationsrechte** der Gesellschafter mitzuberücksichtigen. Aufgrund des Vorrangs der *lex specialis* kommt den **transaktionsspezifischen Informationsrechten** der Gesellschafter nach Art. 14 für den Fusionsbericht allerdings abschliessender Charakter zu. Für *zusätzliche* rechtsformspezifische *transaktionsbezogene* Informationsrechte und -pflichten im Zusammenhang mit der Erstellung des Fusionsberichtes besteht demnach m.E. kein Raum. Umgekehrt gelten allenfalls weitergehende oder ergänzende rechtsformspezifische *allgemeine* Informationsrechte der Gesellschafter *ausserhalb* der Erstellung des Fusionsberichtes, d.h. bspw. im Rahmen der Beschlussfassung, unverändert weiter.

35 In Anwendung von **vertrauenstheoretischen Prinzipien** dürfen sich die obersten Leitungs- oder Verwaltungsorgane darauf beschränken, diejenigen Erläuterungen und Begründungen aufzuführen, die ein vernünftiger Gesellschafter in Kenntnis aller relevanten Besonderheiten der Fusion als Entscheidgrundlage für sein Abstimmungsverhalten als erforderlich erachten würde (vgl. auch Handkommentar FusG-COMBŒUF, N 11, der die Informationsinteressen der Gesellschafter allerdings weiter fasst und ausdrücklich auch auf den Entscheid für ein allfälliges gerichtliches Vorgehen nach Art. 105–108 bezieht).

36 Je nach der **Schwere des Eingriffes** in die rechtliche oder wirtschaftliche Stellung der Gesellschafter ergibt sich eine erhöhte oder verminderte Erläuterungs- und Begründungspflicht. Sofern bspw. die Fusion zur Einführung neuer Rechte oder Pflichten oder zur Neuverteilung von Stimmrechten führt, sind die Gesellschafter einlässlicher zu informieren (vgl. Botschaft, 4410).

3. Rechtliche und wirtschaftliche Erläuterung und Begründung

37 Art. 14 Abs. 3 verlangt, dass der Fusionsbericht die einzelnen Berichtsinhalte **rechtlich und wirtschaftlich zu erläutern und zu begründen** hat. Die Formulierung lehnt sich stark an den Wortlaut von Art. 9 Fusionsrichtlinie sowie § 8 Abs. 1 Satz 1 UmwG an und ist trotz Kritik in der Vernehmlassung (vgl. Vernehmlassungen, 136) unverändert ins FusG übernommen worden. Im Unterschied zu der Fusionsrichtlinie und dem UmwG, welche die Erläuterungs- und Begründungspflicht lediglich allgemein umschreiben, hat das FusG diese Konkretisierung indessen nicht der Praxis überlassen, sondern legt in Art. 14 Abs. 3 lit. a–k den Mindestinhalt des Fusionsberichtes fest (vgl. N 29c). Dies führt dazu, dass die einleitende Umschreibung der rechtlichen *und* wirtschaftlichen Erläuterungs- *und* Begründungspflicht in Art. 14 Abs. 3 (welche unter der EU-Fus-RL und dem UmwG aufgrund der fehlenden Konkretisierung des Inhaltes des Fusionsberichtes sachgerecht ist), für verschiedene Berichtsinhalte unter dem FusG störend wirkt:

So lassen sich etwa die *Gründe* für eine Barabfindung (Art. 14 Abs. 3 lit. d) erläutern aber nicht begründen. Ebenso können *Hinweise* auf erteilte behördliche Bewilligungen (Art. 14 Abs. 3 lit. k) kaum erläutert oder begründet werden. Art. 14 Abs. 3 ist deshalb **nicht streng wörtlich zu interpretieren**: Eine rechtliche und wirtschaftliche Erläuterungs- und Begründungspflicht ist i.S. eines kumulativen Erfordernisses nur dort zu fordern, wo dies *sachgerecht* ist (so im Ergebnis wohl auch ZK-GELZER, N 12).

4. Zweck und Folgen der Fusion (lit. a)

Der Fusionsbericht soll den Gesellschaftern in allgemeiner Art über den mit der Fusion verfolgten Zweck und die Folgen der Fusion informieren (Botschaft, 4410). Darzulegen sind namentlich die **wesentlichen Beweggründe** für die Fusion und die sich daraus ergebenden **Folgen** für die beteiligten Gesellschaften und Gesellschafter (vgl. Botschaft, 4410, welche von Veränderungen der rechtlichen Strukturen sowie wirtschaftlichen und anderen Folgen spricht).

Die **wesentlichen Beweggründe** für die Fusion können strategischer, operativer, finanzieller, steuerlicher und/oder rechtlicher Natur sein. Die obersten Leitungs- oder Verwaltungsorgane dürfen sich nicht darauf beschränken, im Fusionsbericht die wesentlichen Beweggründe lediglich aufzuführen, sondern diese sind auch in angemessener Weise kurz zu erläutern (vgl. N 37). Die Gesellschafter sollen aufgrund der Erläuterungen die wesentlichen Gründe nachvollziehen können, welche aus Sicht der obersten Leitungs- oder Verwaltungsorgane für die Fusion (und damit indirekt gegen den weiteren Alleingang oder alternative Massnahmen) sprechen. Soweit alternative Fusions- oder Reorganisationsvorhaben ernsthaft geprüft und verworfen worden sind, wird sich der Fusionsbericht in aller Regel auch dazu zu äussern haben (in der Praxis werden einer Offenlegung aufgrund von legitimen Geheimhaltungsinteressen oder vertraglichen Geheimhaltungsverpflichtungen der Gesellschaft diesbezüglich allerdings oft enge Grenzen gesetzt sein; vgl. N 33).

In Abgrenzung zu den Berichtsinhalten nach Art. 14 Abs. 3 lit. b–k, welche *spezifische* Folgen der Fusion zum Gegenstand haben, sind unter Art. 14 Abs. 3 lit. a die **allgemeinen Folgen** der Fusion für die Gesellschaft und die Gesellschafter zu verstehen. Darunter fallen zunächst – spiegelbildlich zu den Beweggründen für die Fusion (vgl. N 39) – die erwarteten strategischen, operativen, finanziellen, steuerlichen und/oder rechtlichen Folgen der Fusion für die *Gesellschaft* (bspw. Marktposition, Ertragsentwicklung, Einfluss auf Produktionsstandorte, Forschung und Entwicklung, etc.) und, soweit nicht unter die spezifischen Folgen nach Art. 14 Abs. 3 lit. b–k fallend, für die *Gesellschafter*. Transparenz ist insbesondere bezüglich der Gewährung von **besonderen Vorteilen** im Zusammenhang mit der Fusion für einzelne Gesellschafter, Mitglieder von obersten Leitungs- oder Verwaltungsorganen oder Dritte erforderlich. Zu denken ist etwa an Sachübernahmen, Abfindungen, Boni, Abgangsentschädigungen (vgl. VISCHER, BJM 1999, 297) oder ähnliche Leistungen, welche im Hinblick auf die Fusion oder zu nicht marktkonformen Bedingungen erfolgen. Neben positiven Folgen sind auch *negative Folgen* und *Risiken* zu erwähnen (vgl. N 37). Dabei sind nicht alle theoretisch denkbaren, sondern nur die für eine Plausibilitätskontrolle der Gesellschafter wesentlichen Folgen und Risiken zu berücksichtigen (vgl. N 30).

Im Rahmen der Erläuterung und Begründung der Folgen der Fusion wird es sich nicht nur um sichere und vorhersehbare Folgen, sondern oft auch um mehr oder weniger wahrscheinliche *Prognosen über zukünftige Ereignisse* handeln. Dies hat in der Vernehmlassung zum Vorentwurf vereinzelt zu Kritik geführt (vgl. Vernehmlassungen, 136). Angesichts der notwendigerweise mit Prognosen über zukünftige Ereignisse verbundenen Unsicherheiten, empfiehlt es sich aus Sicht der obersten Leitungs- oder Verwaltungsorgane, im Fusionsbericht einerseits die üblichen Kautelen über die Unsicherheit von zukünftigen Ereignissen aufzunehmen (in der Beratungspraxis werden sich wohl die üblichen Klauseln für «Forward Looking Statements» bspw. in Emissionsprospekten durchsetzen). Andererseits kann es im Einzelfall auch sinnvoll sein, die wesentlichen Annahmen darzulegen, auf denen die Prognosen beruhen. In den Anforderungen an den Detaillierungsgrad von Prognosen ist allerdings Mass zu halten: In den Fusionsbericht aufzunehmen sind nur die zum Zeitpunkt der Erstellung *vernünftigerweise zu erwartenden* Folgen und Risiken, welche zudem im Hinblick auf die Plausibilitätskontrolle für die Gesellschafter *wesentlich* sind. Aus Sicht der obersten Leitungs- oder Verwaltungsorgane kann im Einzelfall allerdings die summarische Erläuterung von sehr hohen Risiken selbst bei verhältnismässig tiefer Eintrittswahrscheinlichkeit empfehlenswert sein. Das Gesetz verlangt jedoch keine ausführliche Liste von Risikofaktoren *(Risk Factors)* im angelsächsischen Stil (so auch Art. 39 N 13; vgl. auch VON DER CRONE ET AL., Rz 208).

5. Fusionsvertrag (lit. b)

42 Grundlage für den Fusionsbericht ist der **Fusionsvertrag** nach Art. 13. Dieser kann relativ technisch ausfallen und ist den Gesellschaftern im Fusionsbericht daher zu erläutern (vgl. Botschaft, 4410). Nur die für eine Plausibilitätskontrolle der Gesellschafter im Hinblick auf die Beschlussfassung *wesentlichen Bestimmungen* sind zu erläutern (vgl. N 30; so i.E. wohl auch Handkommentar FusG-COMBŒUF, N 24). Zusätzlich zu den Berichtsinhalten nach Art. 14 Abs. 3 lit. c–k (vgl. N 44–63) sollte sich der Fusionsbericht i.d.R. zu folgenden Vertragsinhalten zu äussern haben:
– Parteien (fusionierende Gesellschaften) und deren Rechtsform;
– Fusionsart (Absorptions- oder Kombinationsfusion);
– Umtauschverhältnis, Ausgleichszahlungen und allenfalls Abfindungen (vgl. N 44 ff.);
– Kapital- und Beteiligungsstrukturen vor und nach vollzogener Fusion (unter Einschluss der Anteilsrechte mit und ohne Stimmrechte);
– betriebliche Ausrichtung und Organisation nach vollzogener Fusion (falls Vertragsinhalt);
– Führungsstrukturen nach vollzogener Fusion (falls Vertragsinhalt);
– Ablauf, Zeitpunkt und Durchführung der Fusion unter Einschluss der wesentlichen Modalitäten für den Umtausch der Anteile;
– allfällige aufschiebende oder auflösende Bedingungen; sowie
– Kostentragung, Gerichtsstand und anwendbares Recht.

43 Analog zur früheren Praxis zum Erläuterungsbericht (vgl. N 3) wird der Fusionsvertrag in den meisten Fällen dem Fusionsbericht als Anhang beigelegt werden.

6. Umtauschverhältnis, Ausgleichszahlung und mitgliedschaftliche Kontinuität (lit. c)

44 Die obersten Leitungs- oder Verwaltungsorgane der fusionierenden Gesellschaft haben im Fusionsbericht das **Umtauschverhältnis** (vgl. N 45 ff.), allfällige **Ausgleichszahlungen** (vgl. N 48) und die **Mitgliedschaft** der Gesellschafter der übertragenden Gesellschaft bei der übernehmenden Gesellschaft (vgl. N 49) zu erläutern und zu begründen.

45 Das FusG will die **Wahrung der Anteils- und Mitgliedschaftsrechte** der Gesellschafter nach Art. 7 einerseits durch erhöhte Anforderungen an die Transparenz im Fusionsvertrag (Art. 13 Abs. 1 lit. b und c), im Fusionsbericht (Art. 14 Abs. 3 lit. c–e) sowie im Prüfungsbericht des Revisors (Art. 15 Abs. 4 lit. b–e) und andererseits durch das Recht der Gesellschafter auf gerichtliche Überprüfung der Anteils- und Mitgliedschaftsrechte (Art. 105) sicherstellen. Die Anforderungen an die Transparenz sind *kumulativ* zu verstehen, d.h. die obersten Leitungs- oder Verwaltungsorgane dürfen sich im Fusionsbericht m.E. nicht darauf beschränken, integral auf die Erläuterungen des Revisors zum Umtauschverhältnis und den zu Grunde liegenden Bewertungen im Prüfungsbericht zu verweisen. Sie haben vielmehr den Gesellschaftern im Fusionsbericht darzulegen, *weshalb* sie das Umtauschverhältnis als angemessen erachten (vgl. N 37). Dies erscheint auch deshalb erforderlich, weil der Revisor im Prüfungsbericht nach Art. 15 Abs. 4 im Ergebnis lediglich eine Methodenprüfung vornimmt und nicht die Angemessenheit sondern die Vertretbarkeit des Umtauschverhältnisses darzulegen hat (Art. 15 Abs. 4 lit. b; vgl. Art. 15 N 35 ff.).

Die obersten Leitungs- oder Verwaltungsorgane dürfen in ihren Erläuterungen – analog der Praxis zum früheren Recht – auf **Angemessenheitsprüfungen** (Fairness Opinions) von Sachverständigen verweisen, die sie allenfalls zusätzlich zur Fusionsprüfung in Auftrag gegeben haben. Die Angemessenheitsbestätigungen ersetzen allerdings nicht die Begründung der obersten Leistungs- oder Verwaltungsorgane und sind, soweit auf sie verwiesen wird, dem Fusionsbericht i.d.R. beizulegen. 46

Aus Sicht der Gesellschafter kommt der **Angemessenheit des Umtauschverhältnisses** entscheidende Bedeutung zu. Dies gilt umso mehr, als dass den obersten Leitungs- oder Verwaltungsorganen bei der Festlegung des Umtauschverhältnisses ein gewisser *Ermessensspielraum* zusteht (vgl. Botschaft, 4404, 4410) und je nach Wahl der Bewertungsmethode (vgl. N 47b) signifikante Unterschiede in der Bewertung der beteiligten Gesellschaften auftreten können. Eine überzeugende Erläuterung und Begründung des Umtauschverhältnisses wird die Wahrscheinlichkeit einer zustimmenden Beschlussfassung erhöhen und das Risiko einer gerichtlichen Überprüfung der Wahrung der Anteils- und Mitgliedschaftsrechte verringern. Im Einzelnen gilt Folgendes: 47

– Ausgangspunkt für die Erläuterung und Begründung des Umtauschverhältnisses ist die zugrunde liegende **Bewertung** der an der Fusion beteiligten Gesellschaften (vgl. zur Festlegung des Umtauschverhältnisses und zu den Anforderungen an die Bewertung, 7 N 9 ff. und 19 ff.; BÖCKLI, Aktienrecht, § 3 Rz 82–103; FORSTMOSER/MEIER-HAYOZ/NOBEL, Aktienrecht, § 57 N 86 ff.; WATTER, Unternehmensübernahmen, Rz 483 ff.). 47a

– Die gewählte **Bewertungsmethode** ist im Fusionsbericht für beide Gesellschaften angemessen zu erläutern. Zudem ist kurz zu begründen, weshalb die gewählte Bewertungsmethode im vorliegenden Fall sachgerecht erscheint. Aus Sicht der Gesellschafter stehen dabei nicht so sehr die ermittelten absoluten Werte der beteiligten Gesellschaften im Vordergrund, sondern vielmehr die Anwendung von gleichen und für die beteiligten Gesellschaften gleichermassen sachgerechten Bewertungsmethoden sowie die Vergleichbarkeit der Bewertungsergebnisse (vgl. Art. 7 N 19; BÖCKLI, Aktienrecht, § 3 Rz 84; vgl. zum UmwG LUTTER-LUTTER, § 5 N 18 ff.). 47b

– Soweit in besonders gelagerten Ausnahmefällen die Bewertung der zu fusionierenden Gesellschaften nach **unterschiedlichen Bewertungsmethoden** geboten ist (vgl. Art. 7 N 19; GASSER/EGGENBERGER, 467; vgl. allerdings BÖCKLI, Aktienrecht, § 3 Rz 84, der methodisch vorauszusetzen scheint, dass beide Gesellschaften zwingend mit der gleichen Bewertungsmethode zu bewerten sind), ist dies im Fusionsbericht besonders zu erläutern (vgl. N 37). 47c

– Ist im Zusammenhang mit der Fusion von Kapitalgesellschaften seitens der übernehmenden Gesellschaft der **Erwerb von eigenen Anteilen** vorgesehen (sei dies direkt 47d über den Erwerb eigener Anteile oder indirekt über den Erwerb von Anteilen der übertragenden Gesellschaft), so ist der Erwerb, die dafür erforderlichen freien Eigenmittel (für Aktiengesellschaften vgl. Art. 659 OR) und der daraus resultierende Einfluss auf das Umtauschverhältnis i.d.R. kurz zu erläutern (vgl. N 37).

47e – Falls nicht Geheimhaltungsinteressen oder andere schutzwürdige Interessen entgegenstehen (vgl. N 33), sind i.d.R. auch die **wesentlichen Zahlen** zu nennen, auf deren Basis die Bewertung der an der Fusion beteiligten Gesellschaften vorgenommen wurde (gl.M. Handkommentar FusG-COMBŒUF, N 27). Die vollständige Offenlegung aller Zahlen und Annahmen, welche der Bewertung der an der Fusion beteiligten Gesellschaften zugrunde liegen, ist für die Plausibilitätskontrolle der Gesellschafter im Hinblick auf die Beschlussfassung über die Fusion dagegen *nicht* erforderlich (so i.E. auch Handkommentar FusG-COMBŒUF, N 27 m.w.H. zur h.L. unter dem UmwG). Die vollständige Offenlegung aller zweckdienlichen Informationen und Unterlagen ist nach Art. 15 Abs. 3 erst gegenüber dem Revisor im Rahmen der Fusionsprüfung erforderlich (vgl. Art. 15 N 36 ff.).

48 Sofern **Ausgleichszahlungen** gemäss Art. 7 Abs. 2 vorgesehen sind (vgl. dazu Art. 7 N 28 ff.), sind diese, die Berechnung ihrer Höhe sowie das Vorhandensein von genügend frei verwendbarem Eigenkapital seitens der übernehmenden Gesellschaft (vgl. BÖCKLI, Aktienrecht, § 3 Rz 103) kurz zu erläutern (vgl. N 37).

49 Schliesslich ist, ergänzend zu den spezifischen Erläuterungs- und Begründungspflichten unter Art. 14 Abs. 3 lit. g und lit. h, insbesondere bei Fusionen von Gesellschaften mit unterschiedlichen Rechtsformen sowie bei übernehmenden Gesellschaften ohne Anteilskapital die **Mitgliedschaft** der Gesellschafter der übertragenden Gesellschaft bei der übernehmenden Gesellschaft zu erläutern (vgl. N 37). Die Bestimmung trägt der Tatsache Rechnung, dass es bei bestimmten fusionsfähigen Gesellschaften aufgrund ihrer Rechtsform zu keinem Umtausch der Anteilsrechte kommen kann (so insb. beim Verein oder bei einer Genossenschaft ohne Anteilscheine). In diesen Fällen ersetzen die Angaben über die Mitgliedschaft in der übernehmenden Gesellschaft die Ausführungen zum Umtauschverhältnis (vgl. zum UmwG LUTTER-LUTTER, § 8 N 30).

7. Höhe und Gründe der Abfindung (lit. d)

50 Wird den Gesellschaftern der übertragenden Gesellschaft im Fusionsvertrag anstelle von Anteils- oder Mitgliedschaftsrechten an der übernehmenden Gesellschaft eine **Abfindung** wahlweise angeboten (Art. 8 Abs. 1; vgl. Art. 8 N 3 ff.) oder zwangsweise zugewiesen (Art. 8 Abs. 2; vgl. Art. 8 N 8 ff.), hat sich der Fusionsbericht dazu zu äussern. Nach Ansicht der Botschaft stellt die Ausrichtung von Geldleistungen an die Gesellschafter der übertragenden Gesellschaft eine gesetzlich vorgesehene *Kapitalrückzahlung* dar, weshalb die allgemeinen Regeln und Voraussetzungen des Gesellschaftsrechtes zur Rückleistung von Einlagen zu beachten sind (Botschaft, 4404). Der Fusionsbericht wird dementsprechend i.d.R. zu erläutern haben, dass die übernehmende Gesellschaft über frei verwendbares Eigenkapital im Umfang der Abfindung verfügt (vgl. Botschaft, 4404; Art. 8 N 20; kritisch Handkommentar FusG-GLANZMANN, Art. 8 N 4; für Aktiengesellschaften vgl. Art. 671–673 und Art. 680 Abs. 2 OR). Da das FusG keine Vorgaben zu Art und Höhe der Abfindung macht (vgl. Art. 8 N 12 f. und 18 f.; GRONER, 399; vgl. aber Art. 23 Abs. 2 lit. a), verfügen die obersten Leitungs- oder Verwaltungsorgane diesbezüglich über einen erheblichen *Ermessensspielraum* (vgl. Botschaft, 4404). Im Unterschied zur Bewertung der beteiligten Gesellschaften für die Festlegung des Umtauschverhältnisses (vgl. N 47a ff.) stehen bei der Abfindung eher die ermittelten *absoluten Unternehmenswerte* im Vordergrund. Wird die Abfindung Minderheitsgesellschaftern im Zusam-

menhang mit einer erleichterten Fusion von Kapitalgesellschaften angeboten, ist im Fusionsbericht auszuführen, inwieweit die zugewiesene Abfindung dem *wirklichen Wert* der Anteile entspricht (vgl. Art. 23 Abs. 2 lit. a; Art. 23 N 12 ff.).

Insbesondere die Möglichkeit der **zwangsweisen Abfindung** nach Art. 8 Abs. 2 stellt eine bedeutende Ausnahme vom Prinzip der Kontinuität der Mitgliedschaft bei Fusionen dar und birgt für Gesellschafter mit Minderheits- und Kleinstbeteiligungen nicht unerhebliche Gefahren, da diese von einer qualifizierten Mehrheit gezwungen werden können, gegen ihren Willen aus einer Gesellschaft auszuscheiden (vgl. Art. 8 N 8 ff.; ISLER/ VON SALIS-LÜTOLF, 16 ff.; KLÄY/TURIN, 11; **a.M.** offenbar die Botschaft, 4403, nach der eine Abfindung i.d.R. für die Minderheitsgesellschafter nicht nachteilig sei). Dementsprechend sind die Höhe, die Art der Abfindung, die Gründe für die Durchbrechung der Mitgliedschaft und gegebenenfalls die Kriterien, nach denen der Kreis der Gesellschafter festgelegt wurde, die mit einer Abfindung abgegolten werden sollen, kurz zu erläutern (vgl. N 37; **a.M.** ZK-GEIZER, N 20; vgl. auch VON SALIS-LÜTOLF, 91, der keine hohen Anforderungen an die Begründung der Abfindung stellen will; es genüge, wenn plausibel gemacht werde, dass die Abfindung nicht rechtsmissbräuchlich sei). 51

Wird den Gesellschaftern der übertragenden Gesellschaft eine Abfindung **wahlweise angeboten**, so sind die Höhe, die Art und die Gründe der angebotenen Abfindung sowie gegebenenfalls die Kriterien für die Bestimmung der Gesellschafter, an die sich das Abfindungsangebot richtet, ebenfalls darzulegen. Aufgrund des – gegenüber der zwangsweisen Abgeltung – weniger weitgehenden Eingriffes in die Rechtsstellung der Gesellschafter sind bei der wahlweisen Abfindung jedoch geringere Anforderungen an die Erläuterungs- und Begründungspflichten zu stellen. 52

8. *Besonderheiten bei der Bewertung (lit. e)*

Falls sich bei der **Bewertung der Anteile Besonderheiten** ergeben, die im Hinblick auf die Festsetzung des Umtauschverhältnisses von Bedeutung sind, müssen diese im Fusionsbericht erläutert und begründet werden (vgl. Botschaft, 4411). Als Besonderheiten im Sinne von Art. 14 Abs. 3 lit. e sind Bewertungsprobleme zu verstehen, die nicht jeder Bewertung von fusionierenden Gesellschaften inhärent sind (gl.M. Handkommentar FusG-COMBŒUF, N 28 m.w.H). Zu denken ist hier etwa an stimmrechtsprivilegierte Anteile (vgl. Art. 7 N 16), an Wechselkursprobleme bei grenzüberschreitenden Fusionen (GIRSBERGER, 325), sowie an andere Besonderheiten, welche bspw. für die unterliegenden Annahmen zur zukünftigen Ertrags- oder Kostenentwicklung oder für die Bestimmung des Kapitalisierungszinssatzes wichtig sind (vgl. zum UmwG LUTTER-LUTTER, § 8 N 27). 53

9. *Umfang der Kapitalerhöhung (lit. f)*

Die Wahrung der Kontinuität der Mitgliedschaft bei Kapitalgesellschaften setzt i.d.R. voraus, dass den Gesellschaftern der übertragenden Gesellschaft Anteilsrechte an der übernehmenden Gesellschaft zugeteilt werden (Botschaft, 4411). Falls die übernehmende Gesellschaft nicht eine sog. Splitting-Fusion wählt (vgl. Art. 9 N 15) oder selber über genügend eigene Anteilsrechte verfügt, um die Kontinuität der Mitgliedschaft ohne Ausgabe neuer Anteilsrechte sicherzustellen, wird sie i.d.R. ihr Kapital entsprechend erhöhen (vgl. Art. 9 N 8 ff.; Botschaft, 4411). Der genaue Betrag der erforderlichen Kapitalerhöhung wird von verschiedenen Faktoren abhängen (u.a. Umtauschverhältnis, Besitz eigener Anteile, wechselseitige Beteiligung der fusionierenden Gesellschaften, Angebot der Abfindung; vgl. Botschaft, 4414) und muss den Anforderungen von Art. 7 genügen (vgl. Komm. zu Art. 7). Im Fusionsbericht ist der **Umfang der Kapitalerhö-** 54

hung dementsprechend zu erläutern (vgl. N 37). Mit Blick auf das Verbot der Unterpari-Ausgabe von neuem Anteilskapital werden die obersten Leitungs- oder Verwaltungsorgane auch kurz darzulegen haben, dass der absolute Wert der einzubringenden Sacheinlage (d.h. alle Aktiven und Passiven der übertragenden Gesellschaft) mindestens dem Wert des neu geschaffenen Anteilskapitals entspricht. In kritischen Fällen (bspw. wenn nur ein geringfügiges Fusionsagio entsteht, d.h. die im Zuge der Fusion eingelegten Vermögenswerte der übertragenden Gesellschaft das neu geschaffene Anteilskapital nur geringfügig übersteigen, oder die Liberierung des neu geschaffenen Anteilskapitals mindestens teilweise durch Aktivierung von Goodwill erfolgt) sind entsprechend höhere Anforderungen an die Erläuterung im Fusionsbericht zu stellen (vgl. dazu eingehend Art. 9 N 19 m.w.H.).

10. Nachschusspflicht, persönliche Leistungspflicht und persönliche Haftung (lit. g)

55 Die Einführung **zusätzlicher Pflichten** für die Gesellschafter der übertragenden Gesellschaft kann ihre Rechtsstellung grundlegend verändern und für ihre Zustimmung zur Fusion im Rahmen der Fusionsbeschlusses entscheidend sein. Falls die Fusion für die Gesellschafter der übertragenden Gesellschaft zu **Nachschusspflichten**, **persönlichen Leistungspflichten** und/oder **persönlicher Haftung** führt oder führen kann, müssen die Gesellschafter durch die obersten Leitungs- oder Verwaltungsorgane im Fusionsbericht deshalb darüber informiert werden (vgl. Botschaft, 4411). Persönliche Pflichten wie Konkurrenzverbote, Nachschusspflichten oder die Geschäftsführungspflicht können sich bspw. bei der Übernahme einer Aktiengesellschaft durch eine GmbH oder eine Genossenschaft ergeben (vgl. Botschaft, 4411). Aufgrund des Wortlautes der Bestimmung ist davon auszugehen, dass sich die Erläuterungs- und Begründungspflicht nur auf *zusätzliche* Pflichten oder Haftungen bezieht, welche über die *bestehenden* hinausgehen (so wohl auch Botschaft, 4411).

56 Die von den obersten Leitungs- oder Verwaltungsorganen gemäss Art. 14 Abs. 3 lit. g geforderte **Transparenz** ist vor dem Hintergrund der weitreichenden Zulassung von rechtsformübergreifenden Fusionen im FusG und den damit verbundenen Implikationen auf die Rechtsstellung der Gesellschafter sicher *sachgerecht*.

11. Gesellschafterpflichten bei rechtsformübergreifenden Fusionen (lit. h)

57 Bei Fusionen von Gesellschaften mit unterschiedlicher Rechtsform muss im Fusionsbericht erläutert werden, welche **Pflichten** den Gesellschaftern der übertragenden Gesellschaft in der neuen Rechtsform auferlegt werden können (vgl. Botschaft, 4412). Zu denken ist demnach an all diejenigen Pflichten, welche nach Vollzug der Fusion zwar *noch nicht* bestehen, aber den Gesellschaftern der übertragenden Gesellschaft aufgrund der für sie neuen Rechtsform später eingeführt werden *können* (vgl. einlässlich Botschaft, 4412). So sind bspw. die Mitglieder eines Vereins bei dessen Übernahme durch eine Genossenschaft über die aus Art. 866 ff. OR folgenden Pflichten zu informieren (Treuepflicht, eventuelle Pflicht zur Einzahlung von Genossenschaftsanteilen, Möglichkeit einer persönlichen Haftung, falls diese nicht schon in den Statuten des Vereins vorgesehen ist; Botschaft, 4412).

58 Im Interesse möglichst weitgehender Transparenz ist es wohl in aller Regel sachgerecht, über den Wortlaut von Art. 14 Abs. 4 lit. h und Art. 14 Abs. 4 hinaus die **Statuten** bzw. den **Gesellschaftsvertrag** der übernehmenden Gesellschaft dem Fusionsbericht auch bei *Absorptionsfusionen* beizulegen (vgl. zur Kombinationsfusion Art. 14 Abs. 4 und N 64).

12. Auswirkungen auf die Arbeitnehmer, Hinweise auf Sozialplan (lit. i)

Nach Art. 14 Abs. 3 lit. i sind die **Auswirkungen der Fusion auf die Arbeitnehmer** der an der Fusion beteiligten Gesellschaften im Fusionsbericht darzulegen (vgl. N 37) und es ist auf den Inhalt eines allfälligen **Sozialplanes** hinzuweisen. Diese Berichtspflicht war im Vorentwurf nicht enthalten und ist noch vor den parlamentarischen Beratungen ins FusG aufgenommen worden. Die Bestimmung bezweckt Gesellschafterschutz und nicht Arbeitnehmerschutz (vgl. N 12; **a.M.** ZK-GELZER, N 27, der sich allerdings auf die – nicht gegebene – Handelsregisterpublizität des Fusionsberichtes abstützt; die Information der Arbeitnehmer über die für sie relevanten Auswirkungen der Fusion erfolgt über die spezifischen arbeitsrechtlichen Informations- und Konsultationspflichten nach Art. 28 FusG i.V.m. Art. 333a OR; vgl. vor Art. 27 N 24 ff.). 59

Adressaten der Berichtspflicht nach Art. 14 Abs. 3 lit. i sind demnach die *Gesellschafter*, die über alle wesentlichen tatsächlichen und rechtlichen **Auswirkungen der Fusion auf die Arbeitnehmer** der fusionierenden Gesellschaften in Kenntnis zu setzen sind. In tatsächlicher Hinsicht sind bspw. beabsichtigte oder zu erwartende Lohnkürzungen oder die Versetzung, Verlegung, Aufhebung oder Sicherung von Arbeitsplätzen (vgl. Botschaft, 4412) und in rechtlicher Hinsicht die arbeitsrechtlichen Folgen der Fusion nach Art. 27 FusG i.V.m. Art. 333 OR zu erläutern (vgl. N 37). Dabei sind nur die für eine Plausibilitätsprüfung der Gesellschafter wesentlichen Auswirkungen darzustellen (vgl. N 30). 60

Soweit ein **Sozialplan** besteht oder beabsichtigt ist, ist dessen Inhalt kurz zusammenzufassen. Der Wortlaut der Berichtspflicht über den Sozialplan ist missglückt («Hinweise auf den Inhalt eines allfälligen Sozialplanes [sind] rechtlich und wirtschaftlich zu erläutern und zu begründen»). Die Bestimmung scheint aber ausdrücken zu wollen, dass keine detaillierte Erläuterung und Begründung erforderlich ist, sondern die Darstellung der wichtigsten Eckpunkte des Sozialplanes genügt. Dies erscheint wiederum für die Plausibilitätskontrolle der Gesellschafter im Hinblick auf die Beschlussfassung über die Fusion (vgl. N 30) ausreichend. Unbestritten ist, dass die Bestimmung *keine Pflicht zur Erstellung eines Sozialplanes* schafft (vgl. vor Art. 27 N 10; Botschaft, 4412; Handkommentar FusG-COMBŒUF, N 21). 61

13. Auswirkungen auf die Gläubiger (lit. j)

Die Fusion und insbesondere eine Fusion von Gesellschaften mit unterschiedlichen Rechtsformen kann zu einer wesentlichen Veränderung der **Haftungsverhältnisse gegenüber Gläubigern** führen (bspw. im Fall der Übernahme einer Kollektivgesellschaft durch eine GmbH; Botschaft, 4412) oder vertragliche Kündigungsrechte auslösen (bspw. unter Anleihensbedingungen oder Bankfinanzierungen). Im Fusionsbericht sind deshalb den Gesellschaftern die wesentlichen Auswirkungen der Fusion auf die Gläubiger und die sich aus den veränderten Haftungsverhältnissen ergebenden Konsequenzen (vgl. Botschaft, 4412) zu erläutern (vgl. N 37). Zu denken ist bspw. an: 62
– vertragliche Kündigungsrechte und die sich daraus ergebenden Konsequenzen;
– Sicherungsrechte der Gläubiger nach Art. 25;
– veränderte Haftungsverhältnisse für Gläubiger (insb. bei Fusionen von Gesellschaften mit unterschiedlicher Rechtsform);
– zeitlich begrenzte Fortdauer der persönlichen Haftung der Gesellschafter der übertragenden Gesellschaft nach Art. 26; sowie
– Erfüllung der Schutzvoraussetzungen nach Art. 6 bei einer Sanierungsfusion.

14. Hinweise auf behördliche Bewilligungen (lit. k)

63 Gemäss Art. 14 Abs. 3 lit. k ist im Fusionsbericht anzugeben, ob die Fusion einer besonderen **behördlichen Bewilligung** bedarf und ob diese vorliegt oder noch aussteht. Unter Art. 14 Abs. 3 lit. k fallen Bewilligungen von in- und ausländischen Behörden, die für den rechtlichen Vollzug oder für die tatsächliche Umsetzung der Fusion erforderlich oder wesentlich sind. Zu denken ist etwa an (i) banken- oder börsenrechtliche Zustimmungserfordernisse und Meldepflichten (vgl. Art. 3 Abs. 5 und Art. 3ter BankG, Art. 10 BEHG, Art. 28 Abs. 1 und 56 Abs. 3 BEHV), (ii) die Bewilligung von meldepflichtigen Zusammenschlüssen durch die Wettbewerbskommission (Art. 10 KG) oder ausländische Wettbewerbsbehörden, oder (iii) erforderliche Bewilligungen unter dem BewG (Lex Koller).

V. Beilage der Statuten (Abs. 4)

64 Nach Art. 14 Abs. 4 ist dem Fusionsbericht bei *Kombinationsfusionen* der Entwurf der **Statuten** der neuen Gesellschaft beizufügen. Soweit sich zwei Kollektivgesellschaften auf dem Weg der Kombinationsfusion zusammenschliessen, ist der **Gesellschaftsvertrag** der übernehmenden Gesellschaft beizulegen. Die Bestimmung ist gerade bei Kombinationsfusionen sicher sachgerecht, da die Neugründung der übernehmenden Gesellschaft im Vergleich zu den Statuten der übertragenden Gesellschaften zu erheblich abweichenden Statuten führen kann. In der Regel wird es allerdings auch bei *Absorptionsfusionen* sinnvoll sein, die Statuten bzw. den Gesellschaftsvertrag der übernehmenden Gesellschaft dem Fusionsbericht beizulegen (vgl. Art. 14 Abs. 3 lit. h; N 58).

VI. Keine Anwendung auf Vereine (Abs. 5)

65 Bei **Fusionen zwischen Vereinen** ist kein Fusionsbericht zu erstellen. Demgegenüber ist bei Fusionen von Vereinen mit Kapitalgesellschaften oder Genossenschaften ein Fusionsbericht erforderlich (vgl. Botschaft, 4410, und. Art. 4 Abs. 4 lit. a–c). Die Ausnahme für Fusionen zwischen Vereinen rechtfertigt sich nach Auffassung des Gesetzgebers aufgrund des geringeren Schutzbedürfnisses der Vereinsmitglieder, die im Unterschied zu anderen Rechtsformen ein freies Austrittsrechts haben (vgl. Art. 19 FusG und Art. 70 Abs. 2 ZGB; Botschaft, 4410 m.w.H.).

VII. Ausnahmen bei erleichterten Fusionen unter Kapitalgesellschaften (Art. 23/24)

66 **Kapitalgesellschaften**, welche die Voraussetzungen von Art. 23 erfüllen, können unter erleichterten Voraussetzungen fusionieren und müssen keinen Fusionsbericht erstellen (Art. 24; vgl. Komm. zu Art. 23 und 24).

VIII. Rechtsfolgen eines nicht gesetzeskonformen Fusionsberichtes

67 Als Rechtsfolge eines **nicht gesetzeskonformen Fusionsberichtes** kommen im Wesentlichen die Anfechtung des Fusionsbeschlusses nach Art. 106/107 (vgl. Komm. zu Art. 106/107) und/oder die Verantwortlichkeit der obersten Leitungs- oder Verwaltungsorgane und allenfalls weiterer mit der Erstellung des Fusionsberichtes befassten Personen nach Art. 108 (vgl. Komm. zu Art. 108) in Betracht. Falls der Mangel des Fusionsberichtes die Wahrung der Anteils- und Mitgliedschaftsrechte bzw. der Abfindung beschlägt, ist auch die Klage auf Festsetzung einer angemessenen Ausgleichszahlung

nach Art. 105 (vgl. Komm. zu Art. 105) denkbar. Gegenstand der Klage nach Art. 105 ist allerdings nicht der Mangel des Fusionsberichtes an sich, sondern die Angemessenheit des Umtauschverhältnisses bzw. der Abfindung.

Zum Verhältnis dieser Rechtsbehelfe unter sich und deren Voraussetzungen wird auf die eingehende Kommentierung zu Art. 105–108 verwiesen (vgl. Komm. zu Art. 105–108). Die Forderung, wonach in Anlehnung an einzelne Kommentatoren zum deutschen Recht auf das *Erfordernis der Kausalität* von formellen Beschlussmängeln im Rahmen der Anfechtung des Fusionsbeschlusses nach Art. 106 zu verzichten sei (Handkommentar FusG-COMBŒUF, N 39), würde im Ergebnis zu stossenden Ergebnissen führen (selbst formelle Mängel, welche für die Beschlussfassung unbestrittenermassen in keiner Weise kausal sind, könnten nach dieser Auffassung zur gerichtlichen Aufhebung des Fusionsbeschlusses führen) und ist *abzulehnen*. **68**

IX. IPR und Rechtsvergleich

Für **grenzüberschreitende Fusionen** vom Ausland in die Schweiz (Immigrationsfusion) oder von der Schweiz ins Ausland (Emigrationsfusion) wird auf die Kommentierung zu Art. 163a ff. IPRG verwiesen (vgl. Komm. zu Art. 163a ff. IPRG). **69**

Art. 14 orientiert sich grundsätzlich an Art. 9 Abs. 1 **Fusionsrichtlinie** (vgl. Botschaft, 4410). Nach dieser Bestimmung «[erstellen] die Verwaltungs- oder Leitungsorgane jeder der sich verschmelzenden Gesellschaften... einen ausführlichen schriftlichen Bericht, in dem der Verschmelzungsplan und insbesondere das Umtauschverhältnis der Aktien rechtlich und wirtschaftlich erläutert und begründet werden». Im Unterschied zur Minimalvorgabe der Fusionsrichtlinie sind unter dem FusG nur die obersten Leitungs- oder Verwaltungsorgane für die Erstellung des Fusionsberichts zuständig (Art. 14 Abs. 1; vgl. N 13 ff.). Diese können den Fusionsbericht nach Art. 14 Abs. 1 auch gemeinsam erstellen (vgl. N 19), was die Fusionsrichtlinie nicht vorsieht, von einzelnen Staaten der EU in ihrer Umsetzung der Fusionsrichtlinie aber ebenfalls ermöglicht wird (vgl. § 8 Abs. 1 des deutschen UmwG). Art. 14 Abs. 2 gewährt – im Unterschied zur Fusionsrichtlinie – den KMU die Möglichkeit, bei Zustimmung aller Gesellschafter auf die Erstellung des Fusionsberichtes zu verzichten (vgl. N 21 ff.; das deutsche Recht erlaubt allerdings ebenso wie das FusG einstimmig und sogar KMU-unabhängig auf den Fusionsbericht zu verzichten; für alle Aktiengesellschaften vgl. § 8 Abs. 3 UmwG). Inhaltlich geht das FusG in Art. 14 Abs. 3 insoweit über die Vorgabe der Fusionsrichtlinie hinaus, als es detailliert regelt, welche Angaben der Fusionsbericht enthalten muss (vgl. N 29c). Schliesslich geht das FusG auch in seinem Anwendungsbereich über die Fusionsrichtlinie hinaus, indem das FusG rechtsformübergreifende Fusionen erlaubt, während sich der Anwendungsbereich der Fusionsrichtlinie auf Aktiengesellschaften beschränkt (Art. 1 EU-Fus-RL). Insoweit kommt der Ausnahmebestimmung für Vereine in Art. 14 Abs. 5 (vgl. N 65) rechtsvergleichend keine eigenständige Bedeutung zu. **70**

Art. 15

Prüfung des Fusionsvertrags und des Fusionsberichts

¹ Die an der Fusion beteiligten Gesellschaften müssen den Fusionsvertrag, den Fusionsbericht und die der Fusion zu Grunde liegende Bilanz von einer besonders befähigten Revisorin oder einem besonders befähigten Revisor prüfen lassen, falls die übernehmende Gesellschaft eine Kapitalgesellschaft oder eine Genossenschaft mit Anteilscheinen ist. Sie können eine gemeinsame Revisorin oder einen gemeinsamen Revisor bestimmen.

² Kleine und mittlere Unternehmen können auf die Prüfung verzichten, sofern alle Gesellschafterinnen und Gesellschafter zustimmen.

³ Die beteiligten Gesellschaften müssen der Revisorin oder dem Revisor alle zweckdienlichen Auskünfte und Unterlagen geben.

⁴ Die Revisorin oder der Revisor legt in einem schriftlichen Prüfungsbericht dar:
a. ob die vorgesehene Kapitalerhöhung der übernehmenden Gesellschaft zur Wahrung der Rechte der Gesellschafterinnen und Gesellschafter der übertragenden Gesellschaft genügt;
b. ob das Umtauschverhältnis für Anteile beziehungsweise die Abfindung vertretbar ist;
c. nach welcher Methode das Umtauschverhältnis bestimmt worden ist und aus welchen Gründen die angewandte Methode angemessen ist;
d. welche relative Bedeutung gegebenenfalls verschiedenen angewendeten Methoden für die Bestimmung des Umtauschverhältnisses beigemessen wurde;
e. welche Besonderheiten bei der Bewertung der Anteile im Hinblick auf die Festsetzung des Umtauschverhältnisses zu beachten waren.

Vérification du contrat de fusion et du rapport de fusion

¹ Les sociétés qui fusionnent font vérifier le contrat de fusion, le rapport de fusion et le bilan sur lequel se base la fusion par un réviseur particulièrement qualifié si la société reprenante est une société de capitaux ou une société coopérative avec des parts sociales. Elles peuvent désigner un réviseur commun.

² Les petites et moyennes entreprises peuvent renoncer à la vérification moyennant l'approbation de tous les associés.

³ Les sociétés qui fusionnent fournissent tous les renseignements et documents utiles au réviseur.

⁴ Le réviseur expose dans un rapport de révision écrit:
a. si l'augmentation prévue du capital de la société reprenante est suffisante pour garantir le maintien des droits des associés de la société transférante;
b. si le rapport d'échange des parts sociales ou le dédommagement est soutenable;
c. selon quelle méthode le rapport d'échange a été déterminé et pour quelles raisons la méthode appliquée est adéquate;
d. quelle a été l'importance relative donnée, le cas échéant, aux différentes méthodes appliquées pour déterminer le rapport d'échange;

4. Abschnitt: Fusionsvertrag, Fusionsbericht und Prüfung **Art. 15**

e. à quelles particularités, lors de l'évaluation des parts sociales eu égard à la détermination du rapport d'échange, il a fallu veiller.

Verifica del contratto di fusione e del rapporto di fusione

[1] Se la società assuntrice è una società di capitali o una società cooperativa con quote sociali, le società partecipanti alla fusione devono far verificare da un revisore particolarmente qualificato il contratto di fusione, il rapporto di fusione e il bilancio su cui poggia la fusione. Esse possono designare un revisore comune.

[2] Le piccole e medie imprese possono rinunciare alla verifica previo consenso di tutti i soci.

[3] Le società partecipanti alla fusione devono fornire al revisore tutte le informazioni e tutti i documenti utili.

[4] Nella relazione scritta di revisione, il revisore indica:
   a. se l'aumento di capitale previsto dalla società assuntrice è sufficiente a salvaguardare i diritti dei soci della società trasferente;
   b. se il rapporto di scambio delle quote sociali o l'indennità è ragionevole;
   c. il metodo in base al quale è stato determinato il rapporto di scambio e i motivi per i quali il metodo applicato è adeguato;
   d. se del caso, l'importanza relativa assegnata ai diversi metodi applicati al fine di determinare il rapporto di scambio;
   e. le particolarità di cui si è tenuto conto nel valutare le quote sociali in vista della determinazione del rapporto di scambio.

Inhaltsübersicht

Note

I. Allgemeines 1
  1. Überblick 1
  2. Praxis zum früheren Recht 4
  3. Entstehungsgeschichte 5
  4. Normzweck 8
II. Fusionsprüfung durch besonders befähigten Revisor (Abs. 1) ... 12
III. Prüfungsgegenstand und Prüfungsinhalt (Abs. 1 und Abs. 4) ... 20
  1. Prüfungsgegenstand 21
  2. Berichtspflicht und Prüfungsinhalt 22
IV. Prüfungsbericht (Abs. 4) 27
  1. Form, Umfang und Detaillierungsgrad des Berichtes 27
  2. Berichtspflichten im Einzelnen (lit. a–e) 33
V. Informationspflichten gegenüber dem Revisor (Abs. 3) 36
VI. Verzichtsmöglichkeit für KMU (Abs. 2) und Ausnahmen bei erleichterten Fusionen unter Kapitalgesellschaften (Art. 23/24) 40
VII. Rechtsfolgen einer nicht gesetzeskonformen Fusionsprüfung .. 46
VIII. IPR und Rechtsvergleich 49

Literatur

H.C. VON DER CRONE, Die Fusion von Aktiengesellschaften, Referat anlässlich des Symposiums vom 27.8.2003, Bern 2003, 19 ff. (zit. Referat); VON DER CRONE ET AL., Fusion Gesellschafter: Wesentliches für die Gesellschafterinnen und Gesellschafter, www.fusg.ch – die Internetplattform zu Fragen des Transaktionsrechts, Stand: 22.8.2003 (zit. Wesentliches); P. FORSTMOSER, Die Kognitionsbefugnis des Handelsregisterführers, REPRAX 2/1999, 1 ff.; U. GASSER/CH. EGGENBERGER, Fusionsgesetz auf dem Prüfstand: Akzente aus der Diskussion, ST 2000, 61 ff.; DIES., Vorentwurf zu einem Fusionsgesetz – Grundzüge und ausgewählte Einzelfragen, AJP 1998, 457 ff.; DIES., Wachsende Anforderungen an die Revisionsstellen: Neuere Entwicklungen in der Gesetzgebung, ST 1998, 1089 ff.; M. GWELESSIANI, Handelsregisterliche Aspekte zum neuen Fusionsgesetz, Referat, gehalten am Schulthess Symposium vom 8. Juni 2004, abrufbar auf: www.hrazh.ch; M. HOPF, Desideratas and Randnotizen zum vorgeschlagenen Fusionsgesetz: Geglückte Überarbeitung des Vernehmlassungsentwurfes, ST 2001, 49 ff.; CH. MEIER-SCHATZ, Europäisches Gesellschaftsrecht und der Schweizer Vorentwurf für ein Fusionsgesetz, in: Forstmoser et al. (Hrsg.), Einfluss des europäischen Rechts auf die Schweiz, FS Zäch, Zürich 1999, 539 ff.; DERS., Funktion und Recht des Handelsregisters als wirtschaftsrechtliches Problem, ZSR 1989 I 433 ff.; M. NUFER, Die Europakompatibilität des neuen schweizerischen Fusionsgesetzes, in: Baudenbacher (Hrsg.), Aktuelle Probleme des Europäischen und Internationalen Wirtschaftsrechts, Bd. 4, Basel/Genf/München 2002; U. SCHENKER, Die Fusion, AJP, 7/2004, 772 ff.

I. Allgemeines

1. Überblick

1 Art. 15 regelt die Fusionsprüfung und stellt im Wesentlichen die Überprüfung der **Vertretbarkeit des Umtauschverhältnisses** und der **Angemessenheit der Bewertungsmethode** (vgl. N 35 ff.) durch einen Revisor sicher. Die Pflicht zur Durchführung einer Fusionsprüfung ist eine bedeutende Neuerung des FusG zum Schutz der Gesellschafter und stellt die Revisoren vor Aufgaben, welche inhaltlich über die bisher in unserer Rechtsordnung an sie gestellten Anforderungen hinaus gehen. Es wird der Praxis überlassen bleiben, viele der zur Zeit noch offenen Fragen insbesondere im Zusammenhang mit dem Prüfungsinhalt und dem Umfang und der Detaillierung der Berichtspflichten im Prüfungsbericht zu beantworten. Es darf auch erwartet werden, dass die Standesorganisation der Revisoren Empfehlungen über den Inhalt des Prüfungsberichtes abgeben wird.

2 Die Bestimmung verpflichtet die an der Fusion beteiligten Gesellschaften, den Fusionsvertrag, den Fusionsbericht und die Fusionsbilanz einem besonders befähigten Revisor (vgl. N 12 ff.) zur Prüfung vorzulegen und ihm alle erforderlichen Informationen zur Verfügung zu stellen (vgl. N 36 ff.), damit er in einem schriftlichen **Prüfungsbericht** (vgl. N 27 ff.) darlegen kann, (i) ob die vorgesehene Kapitalerhöhung der übernehmenden Gesellschaft zur Wahrung der Rechte der Gesellschafter der übertragenden Gesellschaft genügt (vgl. N 34 f.), (ii) das Umtauschverhältnis bzw. die Abfindung vertretbar (vgl. N 35d) und (iii) die angewandte Bewertungsmethode angemessen ist (vgl. N 35a f.), (iv) welche relative Bedeutung gegebenenfalls verschiedenen Bewertungsmethoden beigemessen wurde (vgl. N 35c) und (v) welche Besonderheiten schliesslich bei der Bewertung der Anteile zu beachten waren (vgl. N 35f).

3 Eine Fusionsprüfung ist nur erforderlich, wenn die übernehmende Gesellschaft eine **Kapitalgesellschaft** oder eine **Genossenschaft mit Anteilscheinen** ist (vgl. N 12) und bei **KMU** nicht alle Gesellschafter auf die Prüfung verzichten (vgl. N 40 ff.). Weitere Ausnahmen von der Fusionsprüfung sehen Art. 23 Abs. 1 i.V.m. Art. 24 Abs. 1 im Rahmen der **erleichterten Fusion** von Kapitalgesellschaften vor (vgl. Komm. zu Art. 23 und 24).

2. Praxis zum früheren Recht

4 Das **frühere Recht** sah – soweit es sich zu Fusionen explizit äusserte – keine Fusionsprüfung im eigentlichen Sinn vor. Falls die übernehmende Gesellschaft im Rahmen der Fusion ihr Kapital erhöhte, war bei Aktiengesellschaften nach wohl h.L. eine Sacheinlageprüfung durch die Revisionsstelle der übernehmenden Gesellschaft im Sinne von Art. 635a OR (Neugründung bei Kombinationsfusion) bzw. 652f OR (Absorptions- oder Kombinationsfusion) erforderlich (vgl. BSK OR II-TSCHÄNI, Art. 748 N 28). Die Revi-

sionsstelle der übernehmenden Gesellschaft bestätigte im Rahmen der Einlageprüfung die *Vertretbarkeit* der vom Verwaltungsrat vorgenommenen Bewertung (vgl. BÖCKLI, Aktienrecht, § 15 Rz 211). Bei Aktiengesellschaften war zudem zur Entlastung des nach dem System von Art. 748 altOR allein verantwortlichen Verwaltungsrates eine Prüfung des Umtauschverhältnisses durch die Revisionsstelle bzw. beigezogene Revisoren oder Investmentbanken bereits unter früherem Recht freiwillig durchgeführt worden (vgl. BÖCKLI, Aktienrecht, § 3 Rz 115). Die eingeholten *Angemessenheitsbestätigungen* (Fairness Opinions) sind dabei i.d.R. dem Erläuterungsbericht (vgl. Art. 14 N 3) beigelegt worden. Im Vergleich zur Praxis unter dem früheren Recht ersetzt der Prüfungsbericht nach Art. 15 Abs. 4 die frühere Prüfungsbestätigung bei der übernehmenden Kapitalgesellschaft. Seitens der übertragenden Gesellschaft wird neu bei Absorptionsfusionen ebenfalls ein Prüfungsbericht erforderlich, falls keine der Ausnahmen nach Art. 15 Abs. 1 und 2 oder Art. 23 Abs. 1 i.V.m. Art. 24 Abs. 1 greift (vgl. N 45; Komm. zu Art. 23/24). Mit der Prüfung ist im Vergleich zum früheren Recht neu ein *besonders befähigter Revisor* zu betrauen.

3. Entstehungsgeschichte

Art. 15 hat aufgrund der Ergebnisse des Vernehmlassungsverfahrens gegenüber dem Vorentwurf bedeutsame Änderungen erfahren (vgl. Vernehmlassungen, 139 ff.; vgl. zur geäusserten Kritik am VE FusG auch MEIER-SCHATZ, Fusionsgesetz, 23 ff.). Die Bestimmung erlaubt nun im Ergebnis eine **Methodenprüfung** (zu bestätigen ist die Vertretbarkeit des Umtauschverhältnisses bzw. der Abfindung; Art. 15 Abs. 4 lit. b; vgl. N 35 ff.) und verlangt nicht mehr eine Bestätigung der Angemessenheit des Umtauschverhältnisses bzw. der Abfindung (was unter dem VE FusG im Ergebnis eine Vollprüfung der Bewertung der fusionierenden Gesellschaften verlangt hätte; vgl. MEIER-SCHATZ, Fusionsgesetz, 24; GASSER/EGGENBERGER, ST 2000, 63; vgl. auch BÖCKLI, Aktienrecht, § 3 Rz 118). 5

Der Katalog der Berichtspflichten bzw. Prüfungsinhalte gemäss Art. 15 Abs. 4 ist im Vergleich zum Vorentwurf nun **abschliessend** formuliert und auf das Erfordernis der Darstellung der Werte, welche sich allenfalls mit einer anderen angemessenen Bewertungsmethode ergeben würden (Art. 15 Abs. 3 lit. d VE FusG), hat der Gesetzgeber verzichtet. Analog zur Regelung von Art. 14 wird schliesslich den **KMU** im Vergleich zum Vorentwurf nun neu in Art. 15 Abs. 2 die Möglichkeit eingeräumt, bei Zustimmung aller Gesellschafter auf die Fusionsprüfung zu *verzichten* (vgl. N 40 ff.). 6

Trotz massiver Kritik von verschiedenster Seite in der Vernehmlassung (vgl. Vernehmlassungen, 139 ff.) hat der Gesetzgeber indessen am Erfordernis der **besonderen Befähigung** des Revisors festgehalten und (i.V. etwa zu Art. 25 Abs. 1 BEHG) Effektenhändler nicht als Fusionsprüfer zugelassen. Damit sind insbesondere *Investmentbanken* als Prüfstelle bei Fusionen ausgeschlossen, die in der Praxis zum früheren Recht oft für Angemessenheitsbestätigungen (Fairness Opinions) beigezogen wurden (vgl. ZWICKER, Prüfung, ZSR 2004 I 158 FN 10). Art. 15 hat in den parlamentarischen Beratungen keinen Anlass zu weiterführenden Wortmeldungen gegeben (AmtlBull StR 2001, 150; AmtlBull NR 2001, 235). 7

4. Normzweck

Aus den in der Kommentierung von Art. 14 einlässlich dargestellten Gründen bezweckt auch die Fusionsprüfung nach der hier vertretenen Auffassung **ausschliesslich Gesellschafterschutz** (vgl. Art. 14 N 5 ff.; gl.M. ISLER/VON SALIS-LÜTOLF, 21; VON SALIS-LÜTOLF, 98 und 156; ZK-GELZER, N 7; vgl. zum VE FusG auch GASSER/EGGENBER- 8

GER, ST 1998, 1092; vgl. zum UmwG LUTTER-LUTTER, § 9 N 4 m.w.H.; STRATZ, § 9 N 1; a.M. BÖCKLI, Aktienrecht, § 3 Rz 115 und 242; Handkommentar FusG-COMBŒUF, N 4; SCHENKER, 785).

9 Im Rahmen der Fusionsprüfung steht insbesondere der **Schutz von Minderheits- und Kleinstgesellschaftern** im Vordergrund. Die Bewertung der an der Fusion beteiligten Gesellschaften und die Festsetzung des Umtauschverhältnisses ist zwar auch für den Mehrheitsgesellschafter oder bedeutende Minderheitsgesellschafter von erheblicher Bedeutung. Diese können allerdings ihren Interessen aufgrund der notwendigen Beschlussquoren für die Fusion nach Art. 18 i.d.R. bereits im Rahmen der Beschlussfassung Nachachtung verschaffen. Dagegen präsentiert sich die Situation für Minderheits- und Kleinstgesellschafter anders: Es ist nicht sichergestellt, dass ihre Interessen (bez. des Fusionsvorhabens an sich, der Bewertung der beteiligten Gesellschaften sowie der Festsetzung des Umtauschverhältnisses bzw. der Abfindung) im Rahmen der Beschlussfassung gebührend berücksichtigt werden. In Durchbrechung des Prinzips der Kontinuität der Mitgliedschaft (vgl. Art. 7 N 1) können Minderheits- und Kleinstgesellschafter mit qualifiziertem Mehrheitsbeschluss über den Weg einer zwangsweisen Abfindung sogar gegen ihren Willen von der Mitgliedschaft in der übernehmenden Gesellschaft ausgeschlossen werden (vgl. dazu Art. 8 N 8 ff.; Art. 18 N 35 ff.). Ihren Schutz will das FusG durch ein übergreifendes System von **Transparenz** (Einsicht in Fusionsunterlagen, Erstellung eines Fusionsberichtes), **präventiver Kontrolle** (Fusionsprüfung) und **nachträglicher gerichtlicher Überprüfung** (Art. 105–108) sicherstellen. Der Fusionsprüfung kommt dementsprechend auch unter dem Aspekt des Schutzes von Minderheitsgesellschaftern grosse Bedeutung zu.

10 Mit der Fusionsprüfung will das FusG erreichen, dass das bisher allein von den obersten Leitungs- oder Verwaltungsorganen verhandelte und i.d.R. wohl mit bedeutenden Gesellschaftern abgesprochene Fusionsvorhaben (betr. relativer Gleichbehandlung und Schranken der Information vgl. statt vieler: BÖCKLI, Aktienrecht, § 13 Rz 694 ff.) einem unabhängigen Dritten als Sachverständigen zur Prüfung vorgelegt wird. Dieser hat den Gesellschaftern das Ergebnis seiner Prüfung noch vor der Beschlussfassung in einem schriftlichen Prüfungsbericht darzulegen. Der Prüfungsbericht ist den Gesellschaftern zur Einsicht offen zu legen (Art. 16). Die Bestimmung dient damit zunächst der **Willensbildung der Gesellschafter** im Hinblick auf die Beschlussfassung nach Art. 18 und begründet – in Verbindung mit Art. 16 – *transaktionsbezogene spezialgesetzliche Informationsrechte* der Gesellschafter (vgl. zum insoweit analogen Art. 14 Art. 14 N 34). Die Fusionsprüfung wird – zusammen mit dem Fusionsvertrag und dem Fusionsbericht – in der Praxis oft auch eine der Grundlagen für die Beurteilung durch die Gesellschafter darstellen, ob sie zur Wahrung ihrer Rechte allenfalls *gerichtliche Verfahren* (Art. 105–108) einleiten wollen (vgl. Art. 14 N 6).

11 Die Fusionsprüfung soll von einem von den beteiligten Gesellschaften, Gesellschaftern und obersten Leitungs- oder Verwaltungsorganen *unabhängigen* und *besonders qualifizierten* Sachverständigen durchgeführt werden und hat deshalb auch **präventive Kontrollfunktion**. Die präventive Kontrolle geht inhaltlich weniger weit als der nachträgliche Rechtsschutz (im Rahmen der Fusionsprüfung ist die *Vertretbarkeit* des Umtauschverhältnisses bzw. der Abfindung zu prüfen, während im Rahmen der Klage auf Ausgleichszahlung nach Art. 105 die *Angemessenheit* des Umtauschverhältnisses bzw. der Abfindung Prozessgegenstand bildet; vgl. Komm. zu Art. 105).

4. Abschnitt: Fusionsvertrag, Fusionsbericht und Prüfung   12–15a **Art. 15**

II. Fusionsprüfung durch besonders befähigten Revisor (Abs. 1)

Art. 15 Abs. 1 verpflichtet die an der Fusion beteiligten Gesellschaften eine Fusionsprüfung zu veranlassen, falls die übernehmende Gesellschaft eine **Kapitalgesellschaft** (d.h. eine Aktiengesellschaft, GmbH oder Kommanditaktiengesellschaft; vgl. Art. 2 lit. c) oder eine **Genossenschaft mit Anteilscheinen** ist (Art. 15 Abs. 1 2. HS). Keine Fusionsprüfung ist damit erforderlich, falls die übernehmende Gesellschaft eine Kollektivgesellschaft, Kommanditgesellschaft oder ein Verein ist (vgl. für Stiftungen Komm. zu Art. 81). Weitere Ausnahmen sehen Art. 15 Abs. 2 für **KMU** (vgl. N 40 ff.) und Art. 23 Abs. 1 i.V.m. Art. 24 Abs. 1 im Rahmen der **erleichterten Fusion von Kapitalgesellschaften** vor (vgl. N 45 und Komm. zu Art. 23 und Art. 24). 12

Art. 15 Abs. 1 verpflichtet die an der Fusion beteiligten **Gesellschaften** eine Fusionsprüfung zu veranlassen und damit – indirekt – auch einen besonders befähigten Revisor zu bestimmen. Im Unterschied bspw. zur Wahl der Revisionsstelle bei Aktiengesellschaften durch die Generalversammlung nach Art. 727 Abs. 1 OR trifft damit das FusG keine ausdrückliche Regelung, *welches* Gesellschaftsorgan für die Bestimmung des besonders befähigten Revisors zuständig ist. Die Wahl der Prüfungsstelle für die Fusionsprüfung fällt in den Bereich der Geschäftsführung der betreffenden Gesellschaft und damit – unter dem Vorbehalt abweichender Bestimmungen in den Statuten bzw. dem Gesellschaftsvertrag der betreffenden Gesellschaft – grundsätzlich in den Zuständigkeitsbereich der **obersten Leitungs- oder Verwaltungsorgane** (vgl. auch Botschaft, 4413). 13

Gemäss 15 Abs. 1 ist ein **besonders befähigter Revisor** mit der Fusionsprüfung zu betrauen. Der Fusionsprüfer muss demnach die *fachlichen Voraussetzungen* für besonders befähigte Revisoren erfüllen, die gestützt auf Art. 727b Abs. 2 OR in der Verordnung vom 15.6.1992 über die fachlichen Anforderungen an besonders befähigte Revisoren (SR 221.302) umschrieben sind (vgl. Botschaft, 4413; vgl. BSK OR II-WATTER, Art. 727b N 10 ff.). In analoger Anwendung von Art. 727c OR muss der besonders befähigte Revisor gegenüber (i) den an der Fusion beteiligten Gesellschaften, (ii) deren Gesellschafter und (iii) obersten Leitungs- oder Verwaltungsorgane zudem auch *unabhängig* sein (vgl. Botschaft, 4413; zu den Anforderungen an die Unabhängigkeit im Einzelnen sowie zur Standesordnung der Treuhand-Kammer vgl. BSK OR II-WATTER, Art. 727c N 3 ff.). Zu beachten ist, dass mit Inkrafttreten des FusG der Katalog von unvereinbaren Tätigkeiten in Art. 727c Abs. 1 OR um die Annahme von besonderen Vorteilen erweitert worden ist (vgl. Komm. zu Art. 727c Abs. 1 OR). 14

Art. 15 Abs. 1 äussert sich nicht explizit zur Frage, ob die Fusionsprüfung auch durch die **gesetzliche Revisionsstelle** vorgenommen werden kann. In analoger Anwendung der Unabhängigkeitsvorschriften nach Art. 727c OR spricht m.E. grundsätzlich nichts gegen die Durchführung der Fusionsprüfung durch die gesetzliche Revisionsstelle, soweit diese aufgrund ihrer allfälligen Mitwirkung oder Beratung im Zusammenhang mit anderen Fusionshandlungen noch als unabhängig im Sinne von Art. 727c OR gelten darf (vgl. NUFER, 575 m.w.H.; hinsichtlich des gemeinsamen Revisors vgl. aber N 16; kritisch Art. 81 N 10 f.): 15

– Ebenso wie bereits unter der Praxis zum früherem Recht die Erstellung einer Angemessenheitsbestätigung durch die Revisionsstelle nicht als *per se* unvereinbar mit der Unabhängigkeit der Revisionsstelle betrachtet wurde, wird die Mitwirkung der Revisionsstelle bspw. bei der *Fusionsbilanz* unter dem FusG i.d.R. nicht in jedem Fall zu ihrer Disqualifikation für die Fusionsprüfung wegen fehlender Unabhängigkeit führen: Im Zentrum der Fusionsprüfung steht die Prüfung der Bewertungsmethode (sog. Methodenprüfung; vgl. N 35 ff.) und gerade nicht eine Vollprüfung der Fusionsunter- 15a

Art. 15   15b–19

lagen (welche auch die von der Revisionsstelle bereits geprüfte Fusionsbilanz umfassen; gl.M. i.E. BÖCKLI, Aktienrecht, § 3 Rz 115 m.w.H. auf das diesbezüglich strengere europäische Gesellschaftsrecht; Handkommentar FusG-COMBŒUF, N 10; VON DER CRONE ET AL., Rz 230; vgl. auch ZWICKER, Prüfung, ZSR 2004 I 159 FN 18, m.H. auf die Tendenz zu zunehmend rigideren Unabhängigkeitsanforderungen insb. an die Revisionsstelle der übernehmenden Gesellschaft; Art. 40 N 6 m.H. auf die Unabhängigkeitsforderungen unter dem Sarbanes-Oxley Act; **a.M.** ZK-GELZER, N 8).

15b – Dagegen ist die Mitwirkung der Revisionsstelle oder eines anderen besonders befähigten Revisors bei der *Bestimmung des Umtauschverhältnisses* (bspw. durch die Erstellung von Angemessenheitsbestätigungen; vgl. Art. 14 N 46) wohl immer unverträglich mit der geforderten Unabhängigkeit der Prüfstelle im Rahmen der Fusionsprüfung: Auch wenn es sich bei der Fusionsprüfung nur um eine Methodenprüfung handelt, ist die Überprüfung einer selbst vorgenommenen oder als angemessen bestätigten Methodenwahl und Bewertung mit der geforderten Unabhängigkeit des Fusionsprüfers m.E. unvereinbar (so i.E. auch NUFER, 575; Art. 81 N 10).

16 Nach Art. 15 Abs. 1 Satz 2 können die Gesellschaften einen **gemeinsamen Revisor** bestimmen. Die Einigung ist grundsätzlich formfrei möglich (Art. 11 OR), wird aus praktischen Überlegungen in der Regel aber – nach Absprache mit dem vorgesehenen Revisor – im Fusionsvertrag erfolgen. Es ist angesichts der Anforderungen an die Unabhängigkeit des Revisors fraglich, ob bei *Absorptionsfusionen* die Revisionsstelle der übertragenden oder der übernehmenden Gesellschaft als gemeinsamer Revisor bestimmt werden kann, soweit die beiden Revisionsstellen nicht identisch sind (kritisch BÖCKLI, Aktienrecht, § 3 Rz 115 f. und § 15 Rz 212; VON SALIS-LÜTOLF, 100; ZWICKER, Prüfung, ZSR 2004 I 160 FN 21; **a.M.** ZK-GELZER, N 8). Umgekehrt stehen Unabhängigkeitsvorschriften der Wahl der Revisionsstelle der übernehmenden Gesellschaft als gemeinsame Prüfstelle bei *Kombinationsfusionen* i.d.R. wohl nicht entgegen (vgl. aber ZWICKER, Prüfung, ZSR 2004 I 160 FN 21, der allerdings nicht zwischen Absorptions- und Kombinationsfusion unterscheidet; kritisch 81 N 10 f.).

17 Im Ergebnis geht damit das FusG hinsichtlich den Anforderungen an den Fusionsprüfer weiter als die Fusionsrichtlinie, die weder besondere Anforderungen an die fachlichen Qualifikationen der Sachverständigen noch höhere Anforderungen an deren Unabhängigkeit stellt (Art. 10 Abs. 1 EU-Fus-RL; vgl. NUFER, 575; **a.M.** BÖCKLI, Aktienrecht, § 3 Rz 115 FN 185 sowie § 15 Rz 212 FN 406).

18 Die Mandatsbeziehung zwischen der fusionierenden Gesellschaft und dem mit der Fusionsprüfung betrauten Revisor unterliegt grundsätzlich dem **Auftragsrecht** (Art. 394 ff. OR). Die zwingenden Bestimmungen des FusG (so insb. die Prüfungspflichten nach Art. 15 Abs. 4 sowie die Verantwortlichkeit der mit der Prüfung betrauten Personen nach Art. 108) gehen allerdings dem Auftragsrecht vor. Das Prüfungsmandat ist *annahmebedürftig*. Sofern der vorgesehene Revisor nicht über die Voraussetzungen der besonderen beruflichen Befähigung oder Unabhängigkeit verfügt, hat er das Mandat *abzulehnen*.

19 Weder dem Gesetz noch den Materialien ist zu entnehmen, ob der als Prüfstelle für die Fusionsprüfung bestimmte Revisor zum *Organ* der betreffenden Gesellschaft wird und seine Prüfungspflichten damit zu Organpflichten werden (bejahend BÖCKLI, Aktienrecht, § 15 Rz 212 FN 408; i.E. wohl ablehnend ZWICKER, Prüfung, ZSR 2004 I 160). Die Frage ist hinsichtlich der Organhaftung – dem in der Praxis wohl wichtigsten Aspekt der Organstellung – allerdings nicht von praktischer Relevanz: Die Haftung nach Art. 108 Abs. 2 ist wörtlich der Revisionshaftung nach Art. 755 OR nachgebildet (vgl. Art. 108 N 30).

III. Prüfungsgegenstand und Prüfungsinhalt (Abs. 1 und Abs. 4)

Das FusG unterscheidet terminologisch nicht ausdrücklich zwischen **Prüfungsgegenstand**, **Berichtspflichten** und **Prüfungsinhalt** im nachfolgend verwendeten Sinn. Die in den Materialien sowie in der noch jungen Literatur zum FusG bisher verwendete Terminologie ist diesbezüglich uneinheitlich (vgl. Begleitbericht zum Vorentwurf FusG, 31; Botschaft, 4413 f.; Handkommentar FusG-COMBŒUF, N 12 ff.; GASSER/EGGENBERGER, ST 1998, 1092; DIES., Fusionsgesetz, 63; HOPF, 52 f.; VON SALIS-LÜTOLF, 101 ff.; Vernehmlassungen, 139 ff.; ZWICKER, Prüfung, ZSR 2004 I 160 ff.) und widerspiegelt das auf den ersten Blick wohl etwas verwirrliche Zusammenspiel von Art. 15 Abs. 1 (der nach der hier verwendeten Terminologie den Prüfungsgegenstand festlegt) und Art. 15 Abs. 4 (der die spezifischen Berichtspflichten des Revisors definiert und den Inhalt der Fusionsprüfung vorgibt). Prüfungsgegenstand und Berichtspflichten bzw. Prüfungsinhalt sind allerdings klar auseinander zu halten (vgl. N 21 ff.):

20

1. Prüfungsgegenstand

Gegenstand der Fusionsprüfung ist nach Art. 15 Abs. 1 der *Fusionsvertrag*, der *Fusionsbericht* (sofern ein solcher für die betreffende Gesellschaft überhaupt zu erstellen ist; vgl. Art. 14 N 21 ff. und 65 f.) sowie die *Fusionsbilanzen* der beteiligten Gesellschaften (vgl. auch BÖCKLI, Aktienrecht, § 3 Rz 116; ZWICKER, Prüfung, ZSR 2004 I 162 FN 36, m.w.H. zum Erfordernis, die Fusionsbilanzen der übertragenden und der übernehmenden Gesellschaft dem Fusionsprüfer vorzulegen). Soweit der Revisor im Hinblick auf seine Berichtspflichten nach Art. 15 Abs. 4 lit. a–e weitere Auskünfte oder Unterlagen verlangt (Art. 15 Abs. 3; vgl. N 36 ff.), werden auch diese zum Gegenstand der Fusionsprüfung.

21

2. Berichtspflicht und Prüfungsinhalt

Art. 15 Abs. 1 legt den Prüfungsgegenstand fest, äussert sich aber nicht zum **Prüfungsinhalt**, d.h. zur Frage, *auf was* der Fusionsvertrag, der Fusionsbericht, die Fusionsbilanzen und allenfalls zusätzlich nach Art. 15 Abs. 3 verlangte Informationen und Unterlagen (in der Komm. zu Art. 15 nachfolgend insgesamt als «**Fusionsunterlagen**» bezeichnet) im Einzelnen zu prüfen sind. Erst Abs. 4 von Art. 15 legt die Prüfungspflichten des Revisors fest. Die Bestimmung verpflichtet den Revisor in einem schriftlichen Prüfungsbericht darzulegen:

22

– ob die vorgesehene Kapitalerhöhung der übernehmenden Gesellschaft zur Wahrung der Rechte der Gesellschafter der übertragenden Gesellschaft genügt (lit. a; vgl. N 33 f.);

– ob das Umtauschverhältnis für Anteile bzw. die Abfindung vertretbar ist (lit. b; vgl. N 35 und 35d f.);

– nach welcher Methode das Umtauschverhältnis bestimmt worden ist und aus welchen Gründen die angewandte Methode angemessen ist (lit. c; vgl. N 35b);

– welche relative Bedeutung gegebenenfalls verschiedenen angewendeten Methoden für die Bestimmung des Umtauschverhältnisses beigemessen wurde (lit. d; vgl. N 35c); sowie

– welche Besonderheiten bei der Bewertung der Anteile im Hinblick auf die Festsetzung des Umtauschverhältnisses zu beachten waren (lit. e; vgl. N 35f).

Art. 15 23–25b 2. Kapitel: Fusion von Gesellschaften

23   Art. 15 Abs. 4 legt demnach die **Berichtspflichten** des Revisors im Prüfungsbericht und damit zwangsläufig auch den Inhalt der Fusionsprüfung fest (Prüfungspflichten ohne Berichtspflichten sind nicht sinnvoll; vgl. etwa auch ZWICKER, Prüfung, ZSR 2004 I 162 FN 37). Dementsprechend ist der Prüfungsgegenstand (d.h. die Fusionsunterlagen) nur auf diejenigen Aspekte zu prüfen, die für die Erfüllung der Berichtspflichten nach Art. 15 Abs. 4 lit. a–e erforderlich sind (gl.M. VON SALIS-LÜTOLF, 105 f.; ZWICKER, Prüfung, ZSR 2004 I 162 ff.; **a.M.** Handkommentar FusG-COMBŒUF, N 12 ff., der eine Prüfung der Fusionsunterlagen auch ausserhalb der Berichtspflichten von Art. 15 Abs. 4 lit. a–e auf Richtigkeit und Vollständigkeit verlangt; ZK-GELZER, N 15–19, der eine inhaltlich und begrifflich schwer nachvollziehbare Prüfung der Fusionsunterlagen auf Rechtmässigkeit und Angemessenheit fordert; vgl. dazu N 25 ff.).

24   Beim **Fusionsvertrag** stehen für den Revisor im Rahmen der Fusionsprüfung demnach die Vertragsinhalte nach Art. 13 lit. b, c, f und h im Vordergrund, während es beim **Fusionsbericht** die Berichtsinhalte nach Art. 14 Abs. 3 lit. c–g sein werden. Sofern im Einzelfall andere Vertragsinhalte bzw. Berichtsinhalte im Rahmen der Berichtspflicht nach Art. 15 Abs. 4 lit. a–e relevant sind, unterliegen auch diese der Fusionsprüfung (ZWICKER, Prüfung, ZSR 2004 I 163 f. FN 47 und 48). Auch die **Fusionsbilanzen** unterliegen keiner umfassenden Prüfung, sondern nur einer Prüfung im Hinblick auf ihre bewertungsunterstützende Funktion (ZWICKER, Prüfung, ZSR 2004 I 162 ff.).

25   COMBŒUF und SCHENKER vertreten dagegen die Auffassung, dass die Fusionsunterlagen – über die Berichtspflichten von Art. 15 Abs. 4 lit. a–e hinaus – auf **Vollständigkeit** und **Richtigkeit** hin zu überprüfen sind (Handkommentar FusG-COMBŒUF, N 12 ff.; SCHENKER, 785 f. unter Verweis auf COMBŒUF; vgl. auch ZK-GELZER, N 15–19) und scheinen sich dabei im Wesentlichen auf das geltende Recht für Prüfungsbestätigungen zu Kapitalerhöhungen ausserhalb von Fusionsvorhaben (Art. 635a und Art. 652f OR; vgl. BÖCKLI, Aktienrecht, § 15 Rz 196 ff.; ZK-BÜRGI/NORDMANN, Art. 748 N 52; HWP, Bd. IV, 15) sowie auf einzelne Autoren abzustützen, die sich allerdings zur Frage nur vage und zum (in wesentlichen Teilen anders lautenden) Vorentwurf äussern (vgl. GASSER/EGGENBERGER, ST 1998, 1092; MEIER-SCHATZ, Fusionsgesetz, 24). Die Frage, ob die Fusionsunterlagen über die Berichtspflichten von Art. 15 Abs. 4 lit. a–e hinaus Gegenstand der Fusionsprüfung bilden (Prüfungsgegenstand) und, falls ja, auf was die Fusionsunterlagen diesfalls zu prüfen sind (Prüfungsinhalt), ist u.a. angesichts der Anfechtungsklage nach Art. 106 sowie der Verantwortlichkeit der mit der Prüfung der Fusion befassten Personen nach Art. 108 Abs. 2 von *erheblicher praktischer Bedeutung* und bedarf deshalb einer eingehenderen Kommentierung (vgl. zum Ganzen auch ZWICKER, Prüfung, ZSR 2004 I 162 ff.):

25a   – Einigkeit besteht zunächst darin, dass der eigentliche **Kern der Fusionsprüfung** in der Prüfung der Bewertungsmethode (Methodenprüfung) liegt: Der Revisor hat im Wesentlichen die Vertretbarkeit des Umtauschverhältnisses und die Angemessenheit der Methodenwahl zu bestätigen (vgl. zu den einzelnen Berichtspflichten N 33 ff.; gl.M. BÖCKLI, Aktienrecht, § 3 Rz 120; Handkommentar FusG-COMBŒUF, N 15; ZK-GELZER, N 24; ZWICKER, Prüfung, ZSR 2004 I 162 ff.; vgl. ferner VON DER CRONE ET AL., Rz 231; VON DER CRONE, Referat, 28).

25b   – Ob ausserhalb von Bewertungsfragen ein **Bedürfnis** für eine umfassende Prüfung der Fusionsunterlagen besteht und ob diesfalls ein Revisor die **geeignete Prüfstelle** wäre, ist weniger offenkundig: Eine Prüfung auf Vollständigkeit und Richtigkeit (i.S. der formellen und materiellen Richtigkeit) der Fusionsunterlagen erscheint in vielerlei Hinsicht *nicht sinnvoll* (so ist bspw. unklar, wie der Fusionsvertrag als Willenserklärung von Parteien über die Bewertungsaspekte von Art. 15 Abs. 4 lit. a–e hinaus

4. Abschnitt: Fusionsvertrag, Fusionsbericht und Prüfung   25c–25g   **Art. 15**

auf Richtigkeit überprüft werden könnte; ebenso ist unklar, wie der Fusionsprüfer Richtigkeit und Vollständigkeit bspw. der Erläuterung der Zweckmässigkeit und Folgen der Fusion im Fusionsbericht bestätigen könnte; vgl. ZWICKER, Prüfung, ZSR 2004 I 164 FN 51; vgl. für Fusionsbilanz auch VON DER CRONE ET AL., Rz 232). Eine Prüfung auf Vollständigkeit und Richtigkeit würde im Ergebnis zudem auf eine Vollprüfung der Fusionsunterlagen hinauslaufen, die vom Gesetzgeber für die Prüfung des Umtauschverhältnisses – als dem zentralen Prüfungsinhalt – im Vergleich zum Vorentwurf ausdrücklich verworfen wurde (vgl. dazu N 5 und 35).

– Soweit sich die Prüfung dagegen auf eine **formelle Vollständigkeitsprüfung** beschränken sollte (Handkommentar FusG-COMBŒUF, N 13, fordert i.E. wohl eine Kombination von formeller Vollständigkeitsprüfung und materieller Richtigkeitsprüfung mit Einschränkungen im Ermessensbereich; völlig unklar bleibt dagegen der Prüfungsmassstab der Rechmässigkeit und Angemessenheit des Inhalts, wie sie GELZER fordert, ZK-GELZER, N 17), ist sie *wenig hilfreich* und im Ergebnis *letztlich unnötig*, weil diese vom Handelsregisterführer im Rahmen seiner beschränkten Kognitionsbefugnis bezüglich der als handelsregisterrechtliche Belege einzureichenden Fusionsunterlagen ohnehin von Amtes wegen vorzunehmen ist (vgl. Komm. zu Art. 21; FORSTMOSER, 5; MEIER-SCHATZ, ZSR 1989, 450).   **25c**

– Damit stellt sich eine über die Berichtspflichten von Art. 15 Abs. 4 lit. a–e hinausgehende Prüfung der Fusionsunterlagen i.E. als entweder zu weitgehend oder unnötig dar. Soweit die Prüfung nicht lediglich auf eine formelle Vollständigkeitsprüfung beschränkt wäre, würde sie zudem zu schwierigen Abgrenzungsfragen über den Prüfungsmassstab führen. Im Interesse der **Rechts- und Verkehrssicherheit** müssen aber die Anforderungen an die Fusionsprüfung klar sein und dürfen die Gesellschaft und die mit der Prüfung befassten Personen nicht unnötig der Gefahr von Anfechtungsklagen nach Art. 106 wegen behaupteten Mängeln der Fusionsprüfung bzw. Verantwortlichkeitsklagen nach Art. 108 Abs. 2 aussetzen. Auch dies steht einer ausweitenden Interpretation von Prüfungspflichten entgegen.   **25d**

– Die von COMBŒUF geforderte Prüfung auf Vollständigkeit und Richtigkeit der Fusionsunterlagen lehnt sich an der **Prüfungsbestätigung** nach OR (Art. 635a und 652f OR) an und entspricht dem in diesen Bestimmungen gesetzlich vorgegebenen Prüfungsinhalt (vgl. BÖCKLI, Aktienrecht, § 2 Rz 160 ff. und § 15 Rz 196 ff.; GERICKE, 220 ff.; BSK OR II-SCHENKER, Komm. zu Art. 635a; BSK OR II-ZINDEL/ISLER, Komm. zu Art. 652f). Im Unterschied zu Art. 635a bzw. 652f OR verlangen aber weder Art. 15 Abs. 1 noch Abs. 4 eine Bestätigung der Vollständigkeit und Richtigkeit der Fusionsunterlagen. Der *Wortlaut* der Bestimmungen von Art. 15 FusG ist im Vergleich zu Art. 635a OR bzw. Art. 652f OR völlig *unterschiedlich* und erlaubt daher m.E. keinen Analogieschluss.   **25e**

– Auch die **Funktion** der Prüfungsbestätigung nach OR (Gläubigerschutz, Rechenschaftsablage erga omnes nach erfolgter Beschlussfassung) ist von derjenigen der Fusionsprüfung (Gesellschafterschutz, präventive Kontrolle durch unabhängigen Sachverständigen vor Beschlussfassung, Plausibilitätskontrolle vor Beschlussfassung, keine Rechenschaftsablage) klar abzugrenzen (vgl. dazu eingehend Art. 14 N 8 ff.) und erlaubt daher nach der hier vertretenen Auffassung auch *funktional* keinen Analogieschluss.   **25f**

– Erhellend ist schliesslich, dass Art. 15 Abs. 4 gegenüber dem Vorentwurf eine bedeutende Änderung erfahren hat: Auf entsprechende Kritik im Vernehmlassungsverfahren (vgl. Vernehmlassungen, 148 f.) ist die vormals beispielhafte Auflistung der   **25g**

Berichtspflichten (durch Streichung des Wortes «insbesondere») in einen *abschliessenden Katalog* von Berichtspflichten abgeändert worden (gl.M. ZWICKER, Prüfung, ZSR 2004 I 164 FN 51; **a.M.** Handkommentar FusG-COMBŒUF, N 20). Zwar hält die Botschaft ausdrücklich fest, dass die Aufzählung von Art. 15 Abs. 4 «nicht abschliessend» sei, nur um aber unmittelbar anzufügen, dass «der Revisor ... auch zu anderen Fragen Stellung nehmen [kann]» (Botschaft, 4414). Der Botschaft lässt sich daher letztlich wenig abgewinnen, da der Umstand, dass der Revisor auch zu anderen Fragen Stellung nehmen kann, nicht gegen den abschliessenden Charakter der Berichts*pflichten* spricht (vgl. N 6). Dennoch ist die Änderung gegenüber dem Vorentwurf insoweit bedeutsam, als dass sie – gesamthaft mit den übrigen Änderungen in Art. 15 – dazu führt, dass die wenigen Literaturstimmen, die sich zu der Frage des Prüfungsinhaltes unter dem Vorentwurf geäussert haben, nur beschränkt für die geltende Fassung des FusG beigezogen werden können (die unter dem VE FusG i.E. noch geforderte Vollprüfung des Umtauschverhältnisses musste – zusammen mit der ausdrücklich beispielhaft ausgestalteten Auflistung von Berichtspflichten – wohl zwangsläufig zur Bejahung von weitreichenden Prüfungs- und Berichtspflichten führen; vgl. GASSER/EGGENBERGER, ST 1998, 1092; NUFER, 573; MEIER-SCHATZ, FS Zäch, 546 f.; DERS., Fusionsgesetz, 23 f.).

26 Für die Auffassung, dass der Fusionsvertrag, der Fusionsbericht und die Fusionsbilanzen über die spezifischen Berichtspflichten und Prüfungsinhalte nach Art. 15 Abs. 4 lit. a–e hinaus auf Vollständigkeit und Richtigkeit oder Rechtmässigkeit und Angemessenheit des Inhalts zu überprüfen sind, findet sich daher nach der hier vertretenen Auffassung keine hinreichende Grundlage. Sie ist entweder nicht sinnvoll (Vollprüfung), unnötig (formelle Vollständigkeit) oder unklar (Rechtmässigkeit und Angemessenheit) und daher *abzulehnen* (gl.M. VON SALIS-LÜTOLF, 105 f.; ZWICKER, Prüfung, ZSR 2004 I 164). Umgekehrt ist es den obersten Leitungs- oder Verwaltungsorganen natürlich unbenommen, im Prüfungsmandat an den Fusionsprüfer den gesetzlichen Katalog von Prüfungsinhalten und Berichtspflichten aufgrund der Besonderheiten den Fusionsvorhabens zu erweitern. Ebenso darf der Fusionsprüfer im Prüfungsbericht auf offensichtliche Gesetzesverstösse, Unregelmässigkeiten, Widersprüche und ähnliche Punkte hinweisen, auf die er in den Fusionsunterlagen im Rahmen der Fusionsprüfung gestossen ist (VON SALIS-LÜTOLF, 105).

IV. Prüfungsbericht (Abs. 4)

1. Form, Umfang und Detaillierungsgrad des Berichtes

27 Der Bericht ist in **schriftlicher Form** zu erstellen (Art. 15 Abs. 4) und vom Revisor dementsprechend eigenhändig zu unterzeichnen (Art. 11–14 OR).

28 Das FusG äussert sich nicht ausdrücklich zum **Umfang** und **Detaillierungsgrad** der einzelnen Berichtspflichten, die sich auch nicht abschliessend abstrakt festlegen lassen. Im Unterschied zur bisherigen Praxis zur Prüfungsbestätigung nach Art. 635a bzw. 652f OR lassen sich die Berichtspflichten (insb. nach Art. 15 Abs. 4 lit. c–e) jedoch nicht mehr in einem kurzen Satz erfüllen (ZWICKER, Prüfung, ZSR 2004 I 167). Auch wenn zu erwarten ist, dass sich in der Praxis *Mindeststandards* herausbilden werden und die Standesorganisation der Revisoren *Empfehlungen* über den Inhalt der Prüfungsberichtes abgeben werden, wird erst aufgrund der konkreten Besonderheiten des *Einzelfalls* abschliessend zu beurteilen sein, welche Anforderungen an den Umfang und die Detaillierung des Prüfungsberichts zu stellen sind.

4. Abschnitt: Fusionsvertrag, Fusionsbericht und Prüfung   29–34   **Art. 15**

Der Prüfungsbericht muss den Gesellschaftern im Hinblick auf ihre **Plausibilitätskontrolle** letztlich *nachvollziehbar darlegen,* ob bspw. das Umtauschverhältnis bzw. die Abfindung vertretbar und aus welchen Gründen die angewandte Bewertungsmethode angemessen ist (vgl. N 35 ff.). Der Prüfungsbericht erhält im Vergleich zur früheren Praxis ein selbständigeres, grösseres Gewicht und ist unter dem FusG nicht mehr einfach das formale Anhängsel des Fusionsberichtes (ZWICKER, Prüfung, ZSR 2004 I 167). 29

Von einer **ausweitenden Interpretation** der Anforderungen an den Umfang und Detaillierungsgrad der Berichtspflichten ist im Interesse der Rechts- und Verkehrssicherheit allerdings *abzusehen*. Die Anforderungen müssen für den Revisor in der Praxis lebbar sein und dürfen die Gesellschaft und die mit der Fusion befassten Personen nicht unnötig der Gefahr von Anfechtungsklagen nach Art. 106 bzw. Verantwortlichkeitsklagen nach Art. 108 wegen behaupteten Mängeln des Prüfungsberichtes aussetzen. 30

Es kann deshalb nicht Zweck des Prüfungsberichtes sein, den Gesellschaftern vollständig alle bewertungsrelevanten Angaben zu machen, damit diese selber in allen Details bspw. die Angemessenheit der Wahl der Bewertungsmethode abschliessend nachvollziehen und beurteilen können. Ebensowenig hat sich der Prüfungsbericht zur wirtschaftlichen, finanziellen, steuerlichen, betrieblichen oder rechtlichen Zweckmässigkeit des Fusionsvorhabens oder zu anderen Fragen zu äussern, soweit diese nicht in den Katalog der Berichtspflichten von Art. 15 Abs. 4 lit. a–e fallen. 31

Ausgangspunkt der Prüfung sind die zu den einzelnen Berichtspflichten in den **Fusionsunterlagen** (Fusionsvertrag, Fusionsbericht, Fusionsbilanzen und allenfalls zusätzlich nach Art. 15 Abs. 3 verlangte Angaben und Unterlagen) enthaltenen Informationen und Angaben. Ergibt die Prüfung der Fusionsunterlagen, dass die darin enthaltenen Angaben hinsichtlich der spezifischen Berichtspflichten nach Art. 15 Abs. 3 lit. a–e *nicht richtig oder unvollständig* sind, ist darauf im Prüfungsbericht hinzuweisen, falls der betreffende Mangel für die Plausibilitätskontrolle der Gesellschafter im Hinblick auf die Beschlussfassung von Bedeutung ist (zur Plausibilitätskontrolle vgl. Art. 14 N 30). Je nach Schwere eines Mangels wird der Revisor von den obersten Leitungs- oder Verwaltungsorganen u.U. auch dessen Beseitigung zu verlangen haben (so insb. wenn sich die festgestellten Mängel nicht mit einem entsprechenden Hinweis im Prüfungsbericht richtig stellen lassen, bspw. bei Rechnungsfehlern in der Festlegung der Umtauschverhältnisse im Fusionsvertrag). 32

2. Berichtspflichten im Einzelnen

Gemäss Art. 15 Abs. 4 lit. a muss der Revisor darlegen, ob die **vorgesehene Kapitalerhöhung** der übernehmenden Gesellschaft zur Wahrung der Rechte der Gesellschafter der übertragenden Gesellschaft **genügt**. Die Berichtspflicht nimmt Bezug auf Art. 7 und 9 (vgl. Komm. zu Art. 7 und 9) und findet bei Absorptions- und Kombinationsfusionen Anwendung (vgl. Botschaft, 4414). Ausgangspunkt der Prüfung sind die entsprechenden Bestimmungen im Fusionsvertrag (Art. 13 Abs. 1 lit. b; vgl. Art. 13 N 4 f.) sowie die Erläuterungen im Fusionsbericht (Art. 14 Abs. 3 lit. c und f; vgl. Art. 14 N 54). 33

Die Prüfung der Kapitalerhöhung auf «Genügen» ist nicht so auszulegen, dass nur zu prüfen sei, ob die Höhe der Kapitalerhöhung zur Wahrung der Anteils- und Mitgliedschaftsrechte der Gesellschafter der übertragenden Gesellschaft genüge und eine zu grosse Erhöhung des Anteilskapitals unter dem FusG unproblematisch wären (vgl. ZWICKER, Prüfung, ZSR 2004 I 163 FN 46; **a.M.** VON SALIS-LÜTOLF, 102). Die Unterpari-Ausgabe von neuen Anteilen ist auch unter dem FusG *unzulässig*. Auch wenn die Prüfung auf Vollliberierung nicht zum gesetzlich vorgegebenen Prüfungsinhalt gehört, wird 34 der Fusionsprüfer dennoch – im Rahmen der sorgfältigen Durchführung seines Prüfungmandates – zur Sicherstellung der Vollliberierung neu ausgegebener Anteile auch die absoluten Werte der einzubringenden Vermögenswerte der übertragenden Gesellschaft im Verhältnis zum neu geschaffenen Anteilskapital und die dahingehenden Erläuterungen der obersten Leitungs- oder Verwaltungsorgane im Fusionsbericht (vgl. Art. 14 N 54) prüfen wollen (so i.E. auch ZWICKER, Prüfung, ZSR 2004 I 163 FN 46; Handkommentar FusG-COMBŒUF, N 15; a.M. VON SALIS-LÜTOLF, 102 und 106).

35 Unter den Berichtspflichten nach Art. 15 Abs. 4 lit. b–e hat sich der Revisor zum **Umtauschverhältnis** und zu **Bewertungsfragen** zu äussern (zur Festlegung des Umtauschverhältnisses und zu den Anforderungen an die Bewertung vgl. generell Art. 7 N 9 ff. und 19 ff.; BÖCKLI, Aktienrecht, § 3 Rz 82–104; FORSTMOSER/MEIER-HAYOZ/NOBEL, § 57 N 86 ff.; WATTER, Unternehmensübernahmen, Rz 483 ff.). Ausgangspunkt der Prüfung sind die entsprechenden Bestimmungen im Fusionsvertrag (Art. 13 Abs. 1 lit. b und f; vgl. Art. 13 N 4 f.), die Erläuterungen im Fusionsbericht (Art. 14 Abs. 3 lit. c–e; vgl. Art. 14 N 47a ff. und N 54) sowie allenfalls eingeholte Angemessenheitsbestätigungen (Fairness Opinions). Im Vergleich zum Vorentwurf ist nicht mehr eine Vollprüfung des Umtauschverhältnisses und der Bewertungsmethode sondern im Ergebnis eine **Methodenprüfung** erforderlich:

35a – Der Revisor hat zunächst die von den obersten Leitungs- oder Verwaltungsorganen angegebenen **Gründe** zu prüfen, die aus Sicht der obersten Leitungs- oder Verwaltungsorgane die **angewandte Methode** als sachgerecht erscheinen lassen. Den obersten Leitungs- oder Verwaltungsorganen steht allerdings in Bezug auf die Wahl der Bewertungsmethode ein gewisses *Ermessen* zu (vgl. Botschaft, 4415), das der Revisor nicht durch sein eigenes Ermessen zu ersetzen hat, sofern die Methodenwahl sachlich begründbar, mit anerkannten Grundsätzen der ordnungsgemässen Unternehmensbewertung vereinbar und im Ergebnis zu vertretbaren Resultaten führt (ähnlich ZWICKER, Prüfung, ZSR 2004 I 167 f.; Handkommentar FusG-COMBŒUF, N 15; VON DER CRONE ET AL., Rz 232). Ist umgekehrt eine Bewertungsmethode den Verhältnissen der beteiligten Gesellschaften *offensichtlich unangemessen* oder *sachlich nicht begründbar*, so hat der Revisor die Bewertungsmethode als unangemessen zu bezeichnen.

35b – Der Revisor kann sich m.E. nicht darauf beschränken, im Prüfungsbericht lediglich die Angemessenheit der Bewertungsmethode zu bestätigen (**a.M.** ZK-GELZER, N 24). Er hat nach Art. 15 Abs. 4 lit. c die **angewandte Methode** für die Gesellschafter nachvollziehbar zu *erläutern* und darzulegen, aus welchen *Gründen* die angewandte Methode angemessen ist.

35c – Falls in besonders gelagerten Ausnahmefällen die Bewertung der zu fusionierenden Gesellschaften auf der Basis von **unterschiedlichen Bewertungsmethoden** erfolgt (vgl. Art. 7 N 19; vgl. GASSER/EGGENBERGER, AJP 1998, 467; zum früheren Recht vgl. aber BÖCKLI, Aktienrecht, § 3 Rz 84), ist dies im Fusionsbericht besonders zu erläutern (vgl. Art. 14 N 47c) und im Prüfungsbericht ist darzulegen, welche **relative Bedeutung** den verschiedenen Methoden für die **Bestimmung des Umtauschverhältnisses** beigemessen wurde (Art. 15 Abs. 4 lit d).

35d – Auf der Basis der angewandten Bewertungsmethode einerseits sowie den Erläuterungen der obersten Leitungs- oder Verwaltungsorgane zur Angemessenheit des Umtauschverhältnisses im Fusionsbericht (soweit ein solcher zu erstellen ist; vgl. Art. 14 N 21 ff. und 65 f.) andererseits, hat der Revisor – als eigentlichen Kern der Fusionsprüfung – sodann die **Vertretbarkeit des Umtauschverhältnisses bzw. der Abfin-**

dungen zu überprüfen. Die Prüfung auf Vertretbarkeit entspricht einem vom Gesetzgeber bewusst gemilderten Prüfungsprofil (vgl. MEIER-SCHATZ, Fusionsgesetz, 42) und erlaubt einen gewissen *Ermessensspielraum* der obersten Leitungs- oder Verwaltungsorgane. Das FusG trägt damit – im Ergebnis wohl zu Recht – dem Umstand Rechnung, dass die unterliegenden Unternehmensbewertungen in der Praxis nicht primär das Resultat abstrakt und wertungsfrei herleitbarer Bewertungsmethoden sind, sondern in vielen Fällen das Resultat zäh verhandelter Fusionsverhandlungen darstellen, welche von denjenigen Personen geführt wurden, die aufgrund ihrer obersten Leitungs- oder Verwaltungsfunktion ihr Unternehmen am besten kennen. Dieser Ermessensspielraum der obersten Leitungs- oder Verwaltungsorgane hat der Revisor im Rahmen der Vertretbarkeitsprüfung des Umtauschverhältnisses bzw. der Abfindung zu respektieren (vgl. auch ZWICKER, Prüfung, ZSR 2004 I 167, der mit eingehender Begründung eine weite Auslegung der Vertretbarkeit fordert).

– Der Revisor hat im Rahmen der **Vertretbarkeitsprüfung** nach Art. 15 Abs. 4 lit. b keine eigenständige Bewertung der beteiligten Gesellschaften vorzunehmen. Er darf sich auf die bereits *bestehende Bewertung* und allenfalls *bestehende Bewertungsgutachten* abstützen, hat diese aber anhand des konkreten Zahlenmaterials nachzurechnen. Vertretbar wird das Umtauschverhältnis bzw. die Abfindung immer dann sein, wenn sich die festgelegten Werte innerhalb einer Bandbreite von plausiblen Bewertungsansätzen halten und nicht offensichtlich unrichtig sind (Handkommentar FusG-COMBŒUF, N 15 m.w.H.; vgl. VON SALIS-LÜTOLF, 103). 35e

– Falls sich schliesslich bei der **Bewertung der Anteile Besonderheiten** ergeben, die im Hinblick auf die Festsetzung des Umtauschverhältnisses von Bedeutung sind, sind diese von den obersten Leitungs- oder Verwaltungsorganen im Fusionsbericht, soweit ein solcher zu erstellen ist, zu erläutern und zu begründen (Art. 14 Abs. 3 lit. e) und vom Fusionsprüfer im Prüfungsbericht darzulegen (vgl. auch Art. 14 N 53 m.H. auf mögliche Besonderheiten). 35f

V. Informationspflichten gegenüber dem Revisor (Abs. 3)

Die **beteiligten Gesellschaften** sind verpflichtet, dem Revisor alle zweckdienlichen **Auskünfte** und **Unterlagen** zu geben (Art. 15 Abs. 3). Die Verpflichtung trifft *alle* an der Fusion beteiligten Gesellschaften, d.h. der Revisor der übernehmenden Gesellschaft kann ebenso wie der Revisor der übertragenden Gesellschaft die zweckdienlichen Auskünfte und Unterlagen von der übernehmenden Gesellschaft *und* der übertragenden Gesellschaft verlangen (vgl. Botschaft, 4414). 36

Die beteiligten Gesellschaften haben ihre Informationspflichten gegenüber dem Revisor durch die Erteilung von mündlichen und sofern zweckmässig auch schriftlichen *Auskünften* sowie durch die Gewährung von *Einsicht in Geschäftsunterlagen* zu erfüllen. Im Unterschied zu den Informationspflichten gegenüber den Gesellschaftern im Fusionsbericht (vgl. Art. 14 N 33) werden Geheimhaltungsinteressen im Einzelfall kaum je eine Beschränkung oder Verweigerung von Auskünften oder Unterlagen gegenüber dem Revisor rechtfertigen (legitime Geheimhaltungsinteressen der beteiligten Gesellschaften sind bspw. durch separate Geheimhaltungsvereinbarungen zu schützen). 37

Dem Fusionsprüfer sind alle **zweckdienlichen Informationen** zur Verfügung zu stellen. Darunter fallen alle Informationen, welche die Prüfstelle vernünftigerweise zur Durchführung der Fusionsprüfung benötigt, wobei die Grenzen der Informationspflicht angesichts der Verantwortlichkeit der Prüfstelle nach Art. 108 Abs. 2 weit zu ziehen sind. Zu- 38 sätzlich zum gesetzlich festgelegten Gegenstand der Fusionsprüfung (Fusionsvertrag, Fusionsbericht und Fusionsbilanzen; vgl. N 21) stehen alle für den Katalog der Berichtspflichten nach Art. 15 Abs. 4 lit. a–e relevanten Informationen im Vordergrund. Dazu zählen primär die den Bewertungen der beteiligten Gesellschaften und der Festlegung des Umtauschverhältnisses zugrunde liegenden Zahlen sowie allenfalls eingeholte Bewertungsgutachten oder Angemessenheitsbestätigungen (Fairness Opinions). Dem Revisor ist dabei das gesamte, der Bewertung zugrunde liegende Zahlenwerk offen zu legen (so auch Handkommentar FusG-COMBŒUF, N 3; VON SALIS-LÜTOLF, 100).

39 In der Praxis sollten die Auskunfts- und Einsichtsrechte des Fusionsprüfers gegenüber den beteiligten Gesellschaften i.d.R. kaum zu Problemen führen: Die obersten Leitungs- oder Verwaltungsorgane der beteiligten Gesellschaften haben dem Fusionsvertrag zum Zeitpunkt des Beizuges der Prüfstelle bereits zugestimmt und (falls erforderlich) den Fusionsbericht erstellt oder stehen kurz vor dem Abschluss des Fusionsvertrages bzw. der Erstellung des Fusionsberichtes. Die möglichst rasche und reibungslose Durchführung der Fusionsprüfung wird deshalb im Interesse aller Beteiligten liegen.

VI. Verzichtsmöglichkeit für KMU (Abs. 2) und Ausnahmen bei erleichterten Fusionen unter Kapitalgesellschaften (Art. 23/24)

40 Bei Zustimmung aller Gesellschafter können **KMU** (vgl. zur Legaldefinition Art. 2 lit. e und Art. 2 N 19 ff.) auf die Fusionsprüfung verzichten (Art. 15 Abs. 2). Die Fusionsprüfung bezweckt nach der hier vertretenen Auffassung ausschliesslich Gesellschafterschutz und insbesondere den Schutz der Minderheitsgesellschafter (vgl. N 8 ff.). Das Erfordernis der Zustimmung aller Gesellschafter ist daher – trotz des ihm notwendigerweise inhärenten Missbrauchspotentials (vgl. Art. 14 N 25) – sachgerecht. Der Verzicht auf die Fusionsprüfung ist nur für die *betreffende Gesellschaft* gültig. Soweit mehrere KMU an einer Fusion beteiligt sind, ist daher für jede Gesellschaft je separat die Zustimmung aller Gesellschafter erforderlich, wenn die Transaktion insgesamt ohne Fusionsprüfung durchgeführt werden soll. Da die Fusionsprüfung nach der hier vertretenen Auffassung *ausschliesslich* den Interessen der Gesellschafter dient, besteht eigentlich kein Grund, weshalb der Verzicht auf die Durchführung der Fusionsprüfung bei Zustimmung aller Gesellschafter nicht auch bei anderen Unternehmen als KMU zulässig sein soll (vgl. VON DER CRONE ET AL., Rz 268; Handkommentar FusG-COMBŒUF, N 24; VON SALIS-LÜTOLF, 156). Die Praxis wird zeigen, ob sich die Verzichtsmöglichkeit auch für Unternehmen durchsetzen kann, die nicht als KMU qualifizieren.

41 Zu **Form** und **Zeitpunkt** der Zustimmung zum Verzicht wird auf die entsprechenden Ausführungen in Art. 14 verwiesen (vgl. Art. 14 N 22 f.).

42 Die gewährten Erleichterungsmöglichkeiten für KMU sind in zweifacher Hinsicht *bedeutsam*: Einerseits qualifiziert die weit überwiegende Mehrzahl der in der Schweiz domizilierten Unternehmen als KMU (vgl. Art. 14 N 24 m.w.H.). Andererseits ist das Kosteneinsparungspotential bei Verzicht auf die Fusionsprüfung signifikant. Die Kosten für eine Fusionsprüfung können für KMU prohibitiv hoch sein und u.U. eine wirtschaftlich sachgerechte Fusion faktisch verunmöglichen. Diese Gefahr ist auch deshalb hoch, weil die Revisionsstellen von kleinen Kapitalgesellschaften – falls sie überhaupt eine Revisionsstelle haben (nach geltendem Recht muss eine GmbH nicht zwingend eine Kontrollstelle vorsehen; Art. 819 Abs. 2 OR) – in der Praxis oft nicht über die für die Fusionsprüfung erforderliche besondere Befähigung (vgl. N 14) verfügen werden. Der Fusionsprüfer wird in diesen Fällen nicht über Vorkenntnisse aus bestehender Revisi-

onstätigkeit verfügen und muss sich mit entsprechenden Kostenfolgen neu in das Mandat einarbeiten.

Die wohl überwiegende Anzahl von Autoren, die sich bisher zu dieser Frage geäussert haben, vertritt die Auffassung, dass die übernehmende Gesellschaft, deren Anteilkapital im Zuge der Fusion erhöht werden soll, entgegen dem klaren Wortlaut von Art. 9 Abs. 2 und Art. 10 nur dann auf die Fusionsprüfung verzichten könne, wenn die obersten Leitungs- oder Verwaltungsorgane der übernehmenden Gesellschaft einen Kapitalerhöhungsbericht im Sinne von Art. 635 OR bzw. 652e OR erstellen und eine *Prüfungsbestätigung* im Sinne von Art. 632a OR bzw. 652f OR einholen (BÖCKLI, Aktienrecht, § 3 Rz 242 f.; Handkommentar FusG-COMBŒUF, N 23; VON DER CRONE ET AL., Rz 21; ZWICKER, Prüfung, ZSR 2004 I 180 f.; ZK-GELZER, N 12). Die von diesen Autoren geforderte teleologische Reduktion des an sich klaren Wortlautes von Art. 9 Abs. 2 und Art. 10 lässt sich jedoch nur vertreten, wenn der Fusionsprüfung direkt oder indirekt auch **Gläubigerschutzfunktion** zukommt, was nach der hier vertretenen Auffassung aus den einlässlich zum Fusionsbericht dargelegten Gründen *abzulehnen* ist (vgl. dazu eingehend Art. 14 N 6 ff. m.w.H.; so i.E. auch VON SALIS-LÜTOLF, 156). Auch wenn Art. 105 Abs. 2 HRegV den Verzicht auf die Fusionsprüfung nicht von der Beibringung einer Prüfungsbestätigung als handelsregisterrechtlichen Beleg abhängig macht, scheint die gegenwärtige **Handelsregisterpraxis** aber genau dies verlangen zu wollen (vgl. ZH FusG-Textvorlagen, 18.1.3; HRA-LU, 15; das Handelsregisteramt des Kantons Zürich hat allerdings bereits eine Prüfung seines Standpunktes in Aussicht gestellt, vgl. GWELESSIANI, 6). 43

Die Erleichterungen von Art. 9 Abs. 2 i.V.m. Art. 15 Abs. 2 bedeuten nach der hier vertretenen Auffassung allerdings nicht, dass die obersten Leitungs- oder Verwaltungsorgane der übernehmenden Gesellschaft bei der Fusion von KMU von der Einhaltung der Vorschriften über die **Kapitalaufbringung** (bei Aktiengesellschaften namentlich Art. 624 OR) und der entsprechenden **Haftungsfolgen** bei Verletzung dieser Bestimmungen (Art. 108) entbunden wären (vgl. Art. 9 N 35 und Art. 14 N 26). Dies ist in der Beratungspraxis in aller Deutlichkeit hervorzuheben und kann aus Sicht der obersten Leitungs- oder Verwaltungsorgane in kritischen Situationen (insbesondere dann, wenn kein oder nur ein geringfügiges Fusionsagio entsteht oder die Liberierung des neu geschaffenen Anteilskapitals mindestens teilweise durch Aktivierung von Goodwill erfolgt; vgl. Art. 14 N 54) oder bei schwierig zu bewertenden Vermögenswerten eine *freiwillige Überprüfung* der Bewertung der Sacheinlage durch Drittsachverständige nahe legen (vgl. Art. 9 N 35). 44

Kapitalgesellschaften, welche die Voraussetzungen von Art. 23 Abs. 1 erfüllen (reine Konzerngesellschaften oder verbundene Personengruppen; vgl. Art. 23 N 1), können unter erleichterten Voraussetzungen fusionieren und müssen **keine Fusionsprüfung** vornehmen lassen (Art. 24 Abs. 1; vgl. Art. 24 N 2; vgl. zur Frage, ob der Verzicht auf die Fusionsprüfung eine Prüfungsbestätigung i.S. von Art. 635a bzw. 652f OR voraussetzt, N 43 m.w.H.). 45

VII. Rechtsfolgen einer nicht gesetzeskonformen Fusionsprüfung

Als Rechtsfolge einer **nicht gesetzeskonformen Fusionsprüfung** kommen im Wesentlichen (i) die Rückweisung der Anmeldung der Fusion durch die Handelsregisterbehörden, (ii) die Anfechtung des Fusionsbeschlusses nach Art. 106/107 (vgl. Komm. zu Art. 106/107) und/oder (iii) die Verantwortlichkeit der mit der Prüfung befassten Personen nach Art. 108 Abs. 2 (vgl. Komm. zu Art. 108) in Betracht. Falls der Mangel der Fusionsprüfung die Wahrung der Anteils- und Mitgliedschaftsrechte bzw. der Aus- 46 gleichszahlung oder Abfindung beschlägt, ist auch die Klage auf Festsetzung einer angemessenen Ausgleichszahlung nach Art. 105 (vgl. Komm. zu Art. 105) denkbar. Gegenstand der Klage nach Art. 105 ist allerdings nicht der Mangel der Fusionsprüfung an sich sondern die Angemessenheit des Umtauschverhältnisses bzw. der Ausgleichszahlung oder Abfindung.

47 Wird der Prüfungsbericht trotz (i) darin gerügten Beanstandungen von anderweitigen Mängeln (bspw. bezüglich der Angemessenheit der Wahl der Bewertungsmethode, der Vertretbarkeit des Umtauschverhältnisses oder festgestellten Mängeln in den Fusionsunterlagen) oder (ii) mangelhafter Fusionsprüfung den Gesellschaftern zur Einsicht und Beschlussfassung vorgelegt und die Fusion beschlossen, hat der **Handelsregisterführer** im Rahmen seiner beschränkten Kognition bei **offensichtlichen** und **unzweideutigen formellen Mängeln** die Anmeldung zurückzuweisen (BGE 125 III 18; 121 III 369; vgl. zur Kognition des Handelsregisterführers MEIER-HAYOZ/FORSTMOSER, 143 ff. m.w.H.). Aufgrund seiner beschränkten Kognitionsbefugnis ist allerdings die Prüfung des Handelsregisterführers auf die **rein formelle Vollständigkeit** der vorgelegten Unterlagen beschränkt und umfasst damit gerade *nicht* eine Prüfung von deren materieller Richtigkeit oder Vollständigkeit. Mit der beschränkten Kognitionsbefugnis unvereinbar wäre bspw. die inhaltliche Überprüfung der Vertretbarkeit des Umtauschverhältnisses und die Rückweisung der Anmeldung durch den Handelsregisterführer, falls das Umtauschverhältnis von ihm – im Gegensatz zum Fusionsprüfer – als nicht vertretbar beurteilt würde. In der Beratungspraxis wird sich dennoch in aller Regel die *frühzeitige Vorprüfung* des Prüfungsberichtes durch den Handelsregisterführer empfehlen.

48 Kommt es trotz mangelhafter Fusionsprüfung oder im Prüfungsbericht gerügter Beanstandungen zur Eintragung der Fusion im Handelsregister, steht den Gesellschaftern (i) die **Klage auf Ausgleichszahlung** nach Art. 105, (ii) die **Anfechtung des Fusionsbeschlusses** nach Art. 106/107 bzw. (iii) die **Verantwortlichkeit** der mit der Fusion oder ihrer Prüfung befassten Personen nach Art. 108 Abs. 1 und 2 offen. Zum Verhältnis dieser Rechtsbehelfe unter sich und deren Voraussetzungen wird auf die eingehende Kommentierung zu Art. 105–108 verwiesen (vgl. Komm. zu Art. 105–108). Die Forderung, wonach in Anlehnung an einzelne Kommentatoren zum deutschen Recht auf das *Erfordernis der Kausalität* von formellen Beschlussmängeln im Rahmen der Anfechtung des Fusionsbeschlusses nach Art. 106 zu verzichten sei (Handkommentar FusG-COMBŒUF, N 26), würde im Ergebnis zu stossenden Ergebnissen führen und ist *abzulehnen* (vgl. Art. 14 N 68).

VIII. IPR und Rechtsvergleich

49 Für **grenzüberschreitende Fusionen** vom Ausland in die Schweiz (Immigrationsfusion) oder von der Schweiz ins Ausland (Emigrationsfusion) wird auf die Kommentierung zu Art. 163a ff. IPRG verwiesen (vgl. Komm. zu Art. 163a ff. IPRG).

50 Auch die Fusionsprüfung nach Art. 15 orientiert sich im Wesentlichen an der europarechtlichen Vorgabe der **Fusionsrichtlinie** (vgl. Art. 10 EU-Fus-RL). Im Unterschied zur Fusionsrichtlinie müssen allerdings nicht nur der dem Verschmelzungsvertrag in der EU entsprechende Fusionsvertrag sondern auch der Fusionsbericht und die der Fusion zugrunde liegende Fusionsbilanz zur Prüfung vorgelegt werden (Art. 15 Abs. 1). Nach der Fusionsrichtlinie reicht eine Prüfung durch unabhängige Sachverständige aus, während das FusG einen besonders befähigten Revisor verlangt (Art. 15 Abs. 1). Das FusG sieht insofern eine Erleichterung gegenüber der Fusionsrichtlinie vor, als die an der Fusion beteiligten Gesellschaften ohne Mitwirkung eines Gerichtes oder einer Verwal-

4. Abschnitt: Fusionsvertrag, Fusionsbericht und Prüfung

tungsbehörde einen gemeinsamen Revisor bestellen können. Analog der Möglichkeit des Verzichts auf die Erstellung des Fusionsberichtes nach Art. 14 Abs. 2 ermöglicht Art. 15 Abs. 2 den KMU, bei Zustimmung aller Gesellschafter auf die Fusionsprüfung zu verzichten. Diese Verzichtsmöglichkeit sieht auch das deutsche Recht (§ 9 Abs. 3 UmwG) für alle Gesellschaften (d.h. nicht nur für KMU) vor. Die Auskunftspflicht der beteiligten Gesellschaften gegenüber dem Revisor nach Art. 15 Abs. 3 findet ihr Pendant im Auskunftsrecht des Revisors nach Art. 10 Abs. 3 der Fusionsrichtlinie. Die inhaltlichen Anforderungen an den Prüfungsbericht (Art. 15 Abs. 4) entsprechen in ihrem Grundgehalt der Fusionsrichtlinie: Hier wie dort wird keine eigentliche Angemessenheitskontrolle des Umtauschverhältnisses sowie allfälliger Abfindungen verlangt sondern nur eine Vertretbarkeits- bzw. Methodenprüfung.

Art. 16

Einsichtsrecht

[1] Jede der an der Fusion beteiligten Gesellschaften muss an ihrem Sitz den Gesellschafterinnen und Gesellschaftern während der 30 Tage vor der Beschlussfassung Einsicht in folgende Unterlagen aller an der Fusion beteiligten Gesellschaften gewähren:
a. den Fusionsvertrag;
b. den Fusionsbericht;
c. den Prüfungsbericht;
d. die Jahresrechnungen und Jahresberichte der letzten drei Geschäftsjahre sowie gegebenenfalls die Zwischenbilanz.

[2] Kleine und mittlere Unternehmen können auf das Einsichtsverfahren nach Absatz 1 verzichten, sofern alle Gesellschafterinnen und Gesellschafter zustimmen.

[3] Die Gesellschafterinnen und Gesellschafter können von den beteiligten Gesellschaften Kopien der Unterlagen nach Absatz 1 verlangen. Diese müssen ihnen unentgeltlich zur Verfügung gestellt werden.

[4] Jede der an der Fusion beteiligten Gesellschaften muss die Gesellschafterinnen und Gesellschafter in geeigneter Form auf die Möglichkeit zur Einsichtnahme hinweisen.

Droit de consultation

[1] Chacune des sociétés qui fusionnent donne la possibilité aux associés, pendant les 30 jours qui précèdent la décision, de consulter à son siège les documents suivants de l'ensemble des sociétés qui fusionnent:
a. le contrat de fusion;
b. le rapport de fusion;
c. le rapport de révision;
d. les comptes annuels et les rapports annuels des trois derniers exercices ainsi que, le cas échéant, le bilan intermédiaire.

[2] Les petites et moyennes entreprises peuvent renoncer à la procédure de consultation prévue à l'al. 1 moyennant l'approbation de tous les associés.

[3] Les associés peuvent exiger des sociétés qui fusionnent des copies des documents énumérés à l'al. 1. Celles-ci sont mises à leur disposition gratuitement.

[4] Chacune des sociétés qui fusionnent informe les associés de manière appropriée de leur possibilité d'exercer leur droit de consultation.

Diritto di consultazione

¹ Durante i 30 giorni precedenti la decisione, ciascuna delle società partecipanti alla fusione deve garantire ai soci, presso la sua sede, la consultazione dei seguenti documenti di tutte le società partecipanti alla fusione:
a. il contratto di fusione;
b. il rapporto di fusione;
c. la relazione di revisione;
d. i conti annuali e i rapporti annuali relativi agli ultimi tre esercizi contabili nonché, se del caso, il bilancio intermedio.

² Le piccole e medie imprese possono rinunciare alla procedura di consultazione di cui al capoverso 1 previo consenso di tutti i soci.

³ I soci possono chiedere alle società partecipanti alla fusione copie dei documenti enumerati nel capoverso 1. Tali copie vanno messe gratuitamente a loro disposizione.

⁴ Ciascuna delle società partecipanti alla fusione deve informare in modo appropriato i soci circa il diritto di consultazione.

Literatur

Vgl. die Literaturhinweise zu Art. 14 und Art. 15.

I. Allgemeines

1   Die Bestimmung von Art. 16 verpflichtet die an der Fusion beteiligten Gesellschaften, den Gesellschaftern während 30 Tagen vor der Beschlussfassung **Einsicht** in den Fusionsvertrag, die Fusions- und Prüfungsberichte sowie die Jahresrechnungen der beteiligten Gesellschaften zu gewähren (vgl. N 5 ff.) und auf Verlangen **kostenlos Kopien** dieser Unterlagen zur Verfügung zu stellen (vgl. N 14). Die Bestimmung verpflichtet die Gesellschaften, ihre Gesellschafter auf das **Einsichtsrecht hinzuweisen** (vgl. N 15) und sieht **Ausnahmen für KMU** bei Zustimmung aller Gesellschafter vor (vgl. N 11 ff.). Weitere Ausnahmen ergeben sich bei erleichterten Fusionen von Kapitalgesellschaften nach Art. 24 Abs. 1 i.V.m. Art. 23 Abs. 1 (vgl. Komm. zu Art. 23 und 24).

2   Das **frühere Recht** enthielt – soweit es Fusionen ausdrücklich vorsah – keine speziellen Einsichtsrechte der Gesellschafter (vgl. Art. 748–750 altOR, Art. 770 Abs. 3 altOR sowie Art. 914/915 altOR; BSK OR II-TSCHÄNI, Art. 748 N 29). Allerdings war bereits unter dem früheren Recht erforderlich, dass die obersten Leitungs- oder Verwaltungsorgane den Gesellschaftern im Hinblick auf die Beschlussfassung und im Rahmen ihrer rechtsformspezifischen Erläuterungs- und Informationspflichten bestimmte Angaben machte (vgl. Art. 14 N 2 f. m.w.H.). Die Bestimmung führt im Vergleich zum früheren Recht zu einer wesentlichen *Erhöhung der Transparenz* (vgl. VISCHER, 298).

3   Im Gegensatz zum Vorentwurf, der noch die Auflage der Unterlagen beim Handelsregister vorsah (Art. 17 Abs. 1 VE FusG), sieht Art. 16 **kein** der Fusion zeitlich vorangehendes **Einsichtsrecht für Dritte** mehr vor (Botschaft, 4416). Der Gesetzgeber hat sich damit konsequent für ein in sich geschlossenes System des *nachträglichen Gläubigerschutzes* entschieden (vgl. Komm. zu Art. 25 und 26; vgl. auch Art. 14 N 8 ff. und Art. 15 N 8 f.). Die Einsichtsrechte stehen nur den Gesellschaftern selbst zu. Dritte sind auf die allgemeine Handelsregisterpublizität (Art. 930 OR) sowie allenfalls weiter gehende rechtsformspezifische Informationsrechte (vgl. insb. für die Aktiengesellschaften Art. 697h Abs. 2 OR) verwiesen (Botschaft, 4416).

4   Art. 16 ergänzt systematisch die inhaltlichen Anforderungen an den Fusionsvertrag (Art. 13), die Fusionsprüfung durch einen besonders befähigten Revisor (Art. 15) sowie

die Informationspflicht der obersten Leitungs- oder Verwaltungsorgane über wesentliche Änderungen im Aktiv- oder Passivvermögen der betreffenden Gesellschaft (Art. 17) und will den Gesellschaftern den Zugang zu den für die Beschlussfassung erforderlichen *Informationen* sicherstellen. Die Bestimmung bezweckt – wie Art. 14 und 15 auch (vgl. Art. 14 N 8 ff. und Art. 15 N 8 ff.) – ausschliesslich **Gesellschafterschutz** (gl.M. VON SALIS-LÜTOLF, 110) und ist für den **Schutz der Minderheitsgesellschafter** von besonderer Bedeutung (vgl. Botschaft, 4416; vgl. VON DER CRONE ET AL., betr. Verfahren und Dokumente). Das Einsichtsrecht nach Art. 16 stellt die *gesellschaftsinterne Transparenz* des Fusionsvorhabens unter den Gesellschaftern sicher (Botschaft, 4415) und dient letztlich der *Durchsetzung* des mit Art. 14 (Fusionsbericht) und Art. 15 (Fusionsprüfung) bezweckten Gesellschafterschutzes.

II. Pflicht zur Gewährung der Einsichtnahme (Abs. 1)

Art. 16 Abs. 1 verpflichtet jede der an der Fusion beteiligten Gesellschaften, den Gesellschaftern an ihrem **Sitz** während der 30 Tage vor der Beschlussfassung Einsicht in folgende **Unterlagen** zu gewähren:
- den Fusionsvertrag (lit. a);
- den Fusionsbericht (lit. b);
- den Prüfungsbericht (lit. c); und
- die Jahresrechnungen und Jahresberichte der letzten drei Geschäftsjahre sowie gegebenenfalls die Zwischenbilanz (lit. d).

5

Die Bestimmung verpflichtet daher *jede* der an der Fusion beteiligten Gesellschaften, den Gesellschaftern Einsicht zu gewähren. Das Einsichtsrecht steht umgekehrt *allen Gesellschaftern* aller beteiligten Gesellschaften zu und erstreckt sich auf die Unterlagen *aller an der Fusion beteiligten Gesellschaften*. Die Bestimmung gibt damit den Gesellschaftern aller an der Fusion beteiligten Gesellschaften das Recht, ihr Einsichtsrecht am Sitz jeder der beteiligten Gesellschaften auszuüben (Botschaft, 4416).

6

Das Einsichtsrecht steht nur **Gesellschaftern** zu, nicht aber Dritten. Dritte können sich allenfalls nach der Eintragung der Fusion im Handelsregister über die Einsichtnahme in handelsregisterrechtliche Belege indirekt Zugang zu den Informationen beschaffen (Art. 930 OR; Botschaft, 4416; ZK-LUGINBÜHL, N 11; was allerdings nach der hier vertretenen Auffassung nichts am Schutzzweck der Unterlagen ändert, vgl. dazu eingehend Art. 14 N 8 ff. und Art. 15 N 8 ff.). Arbeitnehmer wiederum haben Anspruch auf Information im Rahmen des arbeitsrechtlichen Konsultationsverfahrens (Art. 28 FusG i.V.m. Art. 333a OR; vgl. Komm. zu Art. 28) und nicht im Rahmen des Einsichtsverfahrens nach Art. 16.

7

Die Dauer des Einsichtsrechtes von **30 Tagen** vor der Beschlussfassung ist der Fusionsrichtlinie nachgebildet (Art. 11 Abs. 1 EU-Fus-RL; Botschaft, 4416) und – angesichts des damit bezweckten Gesellschafterschutzes – als *Mindestvorschrift* zu verstehen. Es steht den beteiligten Gesellschaften demnach frei, den Gesellschaftern auch längere Einsicht zu gewähren. Die Dauer des Einsichtsrechtes wird die Umsetzung des Fusionsvorhabens selbst bei umsichtiger Vorbereitung verzögern und führt bspw. bei Aktiengesellschaften faktisch zu einer Verlängerung der gesetzlichen Frist für die Einladung zur Generalversammlung (vgl. Art. 700 Abs. 1 OR; vgl. auch Art. 17 N 26a). Für die **Fristberechnung** ist m.E. der Tag der Beschlussfassung nicht zu zählen, so dass die Beschlussfassung frühestens nach Ablauf von 30 Tagen seit Beginn des Einsichtsverfahrens abgehalten werden darf (vgl. zur Spaltung Art. 41 N 18). Aufgrund des Wortlautes

8

der Bestimmung ist zudem davon auszugehen, dass das Einsichtsverfahren in aller Regel *unmittelbar vor* der Beschlussfassung abzuhalten ist.

9 Aus Gründen des Gesellschafterschutzes ist unerheblich, ob die in Art. 16 Abs. 1 aufgelisteten Unterlagen im **Original** oder als **Kopien** zur Einsicht aufliegen. Die Gewährung von Einsicht in Kopien wird daher in der Praxis ausreichend sein. Falls allen Gesellschaftern der beteiligten Gesellschaften alle Unterlagen *freiwillig in Kopie zugestellt* werden, sind die Gesellschaften m.E. nicht mehr zur Gewährung der Einsicht an ihrem Sitz verpflichtet.

10 Die Verpflichtung zur Gewährung der Einsichtnahme ist – unter dem Vorbehalt der Verzichtsmöglichkeit bei KMU bzw. bei der erleichterten Fusion (vgl. N 11 ff.) – **relativ zwingend** zu verstehen, d.h. es steht den beteiligten Gesellschaften frei, *weitergehende Einsicht* in Unterlagen zu gewähren, nicht aber die Einsichtsrechte der Gesellschafter gegen deren Willen zu beschränken. Aufgrund des Vorranges der *lex specialis* ersetzen die Einsichtsrechte nach Art. 16 Abs. 1 die *rechtsformspezifischen transaktionsbezogenen Informationsrechte* der Gesellschafter. Allenfalls weitergehende oder ergänzende *rechtsformspezifische allgemeine Informationsrechte* der Gesellschafter ausserhalb des Einsichtsverfahrens (bspw. im Rahmen der Beschlussfassung) bleiben dagegen i.d.R. unverändert erhalten (vgl. für die Spaltung Art. 41 N 25).

III. Verzichtsmöglichkeit für KMU (Abs. 2) und weitere Ausnahmen bei erleichterten Fusionen unter Kapitalgesellschaften (Art. 23/24)

11 Bei Zustimmung aller Gesellschafter können **KMU** (vgl. zur Legaldefinition Art. 2 lit. e und Art. 2 N 19 ff.) auf die Einsichtsrechte verzichten (Art. 16 Abs. 2). Die Möglichkeit für KMU auf das Einsichtsverfahren zu verzichten, ist im Kontext der Erleichterungsmöglichkeiten von Art. 14 Abs. 2 und 15 Abs. 2 zu sehen und entspricht der Absicht des Gesetzgebers, den KMU bei Zustimmung aller Gesellschafter weitreichende Erleichterungen zuzugestehen (vgl. dazu eingehend Art. 14 N 21 ff.). Da die Einsichtsrechte nach der hier vertretenen Auffassung *ausschliesslich* den Interessen der Gesellschafter dient, besteht eigentlich kein Grund, weshalb der Verzicht auf das Einsichtsverfahren bei Zustimmung aller Gesellschafter nicht auch bei anderen Unternehmen als KMU zulässig sein soll (vgl. VON DER CRONE ET AL., Rz 268; Handkommentar FusG-COMBŒUF, N 13; VON SALIS-LÜTOLF, 156). Die Praxis wird zeigen, ob sich die Verzichtsmöglichkeit auch für Unternehmen durchsetzen kann, die nicht als KMU qualifizieren. Zu **Form** und **Zeitpunkt** der Zustimmung zum Verzicht wird auf die entsprechenden Ausführungen in Art. 14 verwiesen (Art. 14 N 22 f.).

12 Der Verzicht auf das Einsichtsverfahren ist **nur für die betreffende Gesellschaft und ihre Gesellschafter** gültig. Gesellschaftern der verzichtenden Gesellschaft stehen keine Einsichtsrechte bei den anderen an der Fusion beteiligten Gesellschaften zu (**a.M.** BÖCKLI, Aktienrecht, § 3 Rz 230). Wenn mehrere KMU an einer Fusion beteiligt sind, ist für jede Gesellschaft je separat die Zustimmung aller Gesellschafter erforderlich, falls die Transaktion insgesamt ohne Einsichtsverfahren durchgeführt werden soll.

13 **Kapitalgesellschaften**, welche die Voraussetzungen von Art. 23 Abs. 1 erfüllen (reine Konzerngesellschaften bzw. verbundene Personengruppen; vgl. Art. 23 N 1), können unter erleichterten Voraussetzungen fusionieren und müssen kein Einsichtsverfahren durchführen (Art. 24 Abs. 1; vgl. Art. 24 N 2).

IV. Anspruch auf kostenlose Erstellung von Kopien (Abs. 3)

Nach Art. 16 Abs. 3 können die Gesellschafter von den beteiligten Gesellschaften verlangen, dass ihnen **unentgeltlich Kopien** der in Art. 16 Abs. 1 aufgelisteten Unterlagen zur Verfügung gestellt werden. Die Bestimmung lässt offen, ob auch eine Pflicht zum *unentgeltlichen Versand* der Kopien besteht (bejahend Handkommentar FusG-COMBŒUF, N 10, in Anlehnung an Art. 696 OR). **14**

V. Hinweis auf Möglichkeit zur Einsichtnahme (Abs. 4)

Nach Art. 16 Abs. 4 muss jede der an der Fusion beteiligten Gesellschaften die Gesellschafter in geeigneter Form auf die **Möglichkeit zur Einsichtnahme hinweisen**. Geeignet ist eine derartige Mitteilung dann, wenn sie gewährleistet, dass alle Gesellschafter erreicht werden (Botschaft, 4416). Das übliche Publikationsorgan der Gesellschaft wird i.d.R. diese Voraussetzung erfüllen und eine Publikation im SHAB nicht in jedem Fall erforderlich sein (Botschaft, 4416). Falls alle Gesellschafter bekannt sind, genügt deshalb auch ein Brief, in dem auf die Möglichkeit zur Einsichtnahme hingewiesen wird (Botschaft, 4416). Soweit die Unterlagen den Gesellschaftern freiwillig in Kopie zugestellt werden, entfällt m.E. die Pflicht zur Gewährung der Einsichtnahme am Sitz der Gesellschaft (vgl. N 9), sodass sich sachlogisch auch ein Hinweis auf die Möglichkeit zur Einsicht erübrigt. **15**

VI. Rechtsfolgen bei Verletzung des Einsichtsrechtes

Der **Handelsregisterführer** wird die Anmeldung einer Fusion trotz Verletzung der Einsichtsrechte nach Art. 16 aufgrund seiner beschränkten Kognitionsbefugnis (vgl. MEIER-HAYOZ/FORSTMOSER, 143 ff. m.w.H.) in aller Regel *nicht* zurückweisen können (so auch Handkommentar FusG-COMBŒUF, N 14; VON SALIS-LÜTOLF, 112). **16**

In Betracht kommen demnach vor allem die **Anfechtung des Fusionsbeschlusses** nach Art. 106/107 (vgl. Komm. zu Art. 106/107) und/oder die **Verantwortlichkeit** der mit der Fusion befassten Personen nach Art. 108 (vgl. Komm. zu Art. 108). **17**

VII. IPR und Rechtsvergleich

Für **grenzüberschreitende Fusionen** vom Ausland in die Schweiz (Immigrationsfusion) oder von der Schweiz ins Ausland (Emigrationsfusion) wird auf die Kommentierung zu Art. 163a ff. IPRG verwiesen (vgl. Komm. zu Art. 163a ff. IPRG). **18**

Art. 16 ist weitgehend deckungsgleich mit den entsprechenden Normen von Art. 11 der **Fusionsrichtlinie**. Letztere sieht in Abs. 2 i.U. zum FusG spezifische Regelungen zur Erstellung der Zwischenbilanz vor. Während die Fusionsrichtlinie und auch das UmwG (vgl. Art. 14 N 70 und 15 N 50) keinen Verzicht auf das Einsichtsverfahren erlauben, sieht Art. 16 für KMU bei Zustimmung aller Gesellschafter den Verzicht auf das Einsichtsverfahren vor. Die Fusionsrichtlinie enthält keine Pflicht, die Gesellschafter auf die Möglichkeit zur Einsichtnahme hinzuweisen. **19**

Art. 17

Veränderungen im Vermögen

¹ Treten bei einer der an der Fusion beteiligten Gesellschaften zwischen dem Abschluss des Fusionsvertrags und der Beschlussfassung durch die Generalversammlung wesentliche Änderungen im Aktiv- oder im Passivvermögen ein, so muss deren oberstes Leitungs- oder Verwaltungsorgan die obersten Leitungs- oder Verwaltungsorgane der anderen beteiligten Gesellschaften darüber informieren.

² Die obersten Leitungs- oder Verwaltungsorgane aller beteiligten Gesellschaften prüfen, ob der Fusionsvertrag abgeändert werden muss oder ob auf die Fusion zu verzichten ist; trifft dies zu, so müssen sie den Antrag auf Genehmigung zurückziehen. Andernfalls müssen sie in der Generalversammlung begründen, warum der Fusionsvertrag keiner Anpassung bedarf.

Modifications du patrimoine

¹ Si des modifications importantes du patrimoine actif ou passif de l'une des sociétés qui fusionnent interviennent entre la conclusion du contrat de fusion et la décision de l'assemblée générale, l'organe supérieur de direction ou d'administration de cette société en informe les organes supérieurs de direction ou d'administration des autres sociétés qui fusionnent.

² Les organes supérieurs de direction ou d'administration de l'ensemble des sociétés qui fusionnent examinent si le contrat de fusion doit être modifié ou s'il y a lieu de renoncer à la fusion; le cas échéant, ils retirent la proposition d'approbation du contrat de fusion. Dans le cas contraire, ils présentent à l'assemblée générale les raisons pour lesquelles le contrat de fusion ne doit pas être adapté.

Modifiche patrimoniali

¹ Qualora le componenti attive o passive del patrimonio di una delle società partecipanti alla fusione subiscano modifiche importanti tra la conclusione del contratto di fusione e la decisione dell'assemblea generale, l'organo superiore di direzione o di amministrazione di tale società deve informarne gli organi superiori di direzione o di amministrazione delle altre società partecipanti alla fusione.

² Gli organi superiori di direzione o di amministrazione di tutte le società partecipanti alla fusione esaminano se il contratto di fusione debba essere modificato o se si debba rinunciare alla fusione; se tale è il caso, devono ritirare la proposta di approvazione del contratto. Negli altri casi devono indicare all'assemblea generale i motivi per cui il contratto non dev'essere modificato.

Inhaltsübersicht

Note

I. Allgemeines 1
II. Informationspflichten der obersten Leitungs- oder Verwaltungsorgane (Abs. 1) 6
III. Prüfungs- und Handlungspflichten der obersten Leitungs- oder Verwaltungsorgane (Abs. 2) 16
   1. Verzicht auf die Fusion 18
   2. Abänderung des Fusionsvertrages 21
   3. Begründeter Antrag auf Genehmigung 22

IV. Auswirkungen auf die Praxis	26
V. Rechtsfolgen bei Verletzung der Informationspflichten	27
VI. IPR und Rechtsvergleich	28

Literatur

M. BOEMLE/C. STOLZ, Unternehmensfinanzierung, 13. Aufl., Zürich 2002; P. FORSTMOSER, Informationsrechts- und Meinungsäusserungsrechtes des Aktionärs, in: Druey/Forstmoser (Hrsg.), Rechtsfragen um die Generalversammlung, Zürich 1997, 85 ff. (zit. Informationsrechte); vgl. ausserdem die Literaturhinweise zu Art. 14 und 15.

I. Allgemeines

Die Bestimmung von Art. 17 verpflichtet die obersten Leitungs- oder Verwaltungsorgane der an der Fusion beteiligten Gesellschaften, bei **wesentlichen Änderungen im Aktiv- oder Passivvermögen** der betreffenden Gesellschaft nach Abschluss des Fusionsvertrages die obersten Leitungs- oder Verwaltungsorgane der anderen Gesellschaften zu informieren. Die obersten Leitungs- oder Verwaltungsorgane der beteiligten Gesellschaften haben die Auswirkungen auf die Fusion zu **prüfen** und entweder (i) den Fusionsvertrag **anzupassen**, (ii) auf die Fusion zu **verzichten** oder (iii) den Gesellschaftern zu **begründen**, warum der Fusionsvertrag keiner Anpassung bedarf. Ausnahmen sind weder für KMU noch für erleichterte Fusionen von Kapitalgesellschaften nach Art. 23/24 vorgesehen. 1

Schon unter dem **früheren Recht** – soweit es Fusionen ausdrücklich vorsah – waren die obersten Leitungs- oder Verwaltungsorgane den Gesellschaftern der betreffenden Gesellschaft im Vorfeld der Beschlussfassung zur Erläuterung und Information verpflichtet (für Aktiengesellschaften vgl. Art. 697, 697a, 699 OR; BSK OR II-WEBER Art. 696/697; BÖCKLI, Aktienrecht, § 12 Rz 94, 149 ff. und § 13 Rz 694 ff.; FORSTMOSER, Informationsrechte, 85 ff.). Die Praxis hat zudem in den Fusionsverträgen vertragliche Informationspflichten vorgesehen, die sichergestellt haben, dass die obersten Leitungs- oder Verwaltungsorgane der anderen Gesellschaften über wichtige Veränderungen zwischen Vertragsabschluss und Beschlussfassung informiert wurden. Vereinzelt sind in den Fusionsverträgen auch Änderungsvorbehalte vorgesehen worden, welche die obersten Leitungs- oder Verwaltungsorgane unter bestimmten Voraussetzungen durch gemeinsamen Beschluss zur Anpassung des Fusionsvertrages sowie der Beschlussvorlagen an die Generalversammlung berechtigten. 2

Die im FusG nun festgelegten Informations-, Prüfungs- und Handlungspflichten der obersten Leitungs- oder Verwaltungsorgane waren deshalb dem früheren Recht bzw. der früheren Praxis nicht eigentlich fremd. Dennoch ist zu erwarten, dass die Bestimmung von Art. 17 in der Praxis zu einer **erheblichen Erhöhung** der – potentiell haftpflichtbegründenden – **Anforderungen** an die obersten Leitungs- oder Verwaltungsorgane führen wird und die **Umsetzung** von Fusionsvorhaben **erschweren** kann (vgl. N 26 ff.). 3

Art. 17 stellt im Ergebnis sicher, dass die Gesellschafter aller beteiligten Gesellschaften noch *vor* der Beschlussfassung durch die obersten Leitungs- oder Verwaltungsorgane über (i) wesentliche Änderungen im Aktiv- und Passivvermögen einer der beteiligten Gesellschaften nach Abschluss des Fusionsvertrages und (ii) die Auswirkungen dieser Änderungen auf das Fusionsvorhaben informiert werden. Die Bestimmung **bezweckt Gesellschafterschutz** und führt zu einer Stärkung der Transparenz und damit der Infor- 4 mationsrechte der Gesellschafter im Hinblick auf die Beschlussfassung. Diese soll auf der Basis eines *aktualisierten Informationsstandes* erfolgen (vgl. N 8).

5   Die Bestimmung entspricht materiell weitgehend dem Vorentwurf. Zwar ist Abs. 2 von Art. 17 erst im Verlauf der parlamentarischen Beratung im Nationalrat in das FusG eingefügt worden (AmtlBull NR 2003, 235). Die Einfügung erfolgte jedoch lediglich zur Verdeutlichung der gesetzgeberischen Intentionen und entspricht inhaltlich dem Verständnis des Gesetzgebers über die Folgen der Informationspflicht nach Art. 16 VE FusG (vgl. Begleitbericht zum Vorentwurf FusG, 31).

II. Informationspflichten der obersten Leitungs- oder Verwaltungsorgane (Abs. 1)

6   Treten bei einer der an der Fusion beteiligten Gesellschaften zwischen dem Abschluss des Fusionsvertrages und der Beschlussfassung wesentliche Änderungen im Aktiv- oder Passivvermögen ein, so muss deren **oberstes Leitungs- oder Verwaltungsorgan** die obersten Leitungs- oder Verwaltungsorgane der anderen beteiligten Gesellschaften informieren (Art. 17 Abs. 1). Die Informationspflicht trifft demnach die obersten Leitungs- oder Verwaltungsorgane *derjenigen* Gesellschaften in deren Aktiv- oder Passivvermögen wesentliche Änderungen eingetreten sind.

7   Zu informieren sind die obersten Leitungs- oder Verwaltungsorgane der *anderen* beteiligten Gesellschaften (in Art. 16 VE FusG war noch die parallele Information der Gesellschafter vorgesehen, auf die in der parlamentarischen Beratung im Gegenzug zum neu eingefügten Abs. 2 von Art. 17 verzichtet wurde; vgl. N 5).

8   Die Informationspflicht nach Art. 17 Abs. 1 wird ausgelöst, wenn bei der betreffenden Gesellschaft wesentliche Änderungen im **Aktiv- oder Passivvermögen** eintreten. Erstaunlich ist, dass das FusG die Informationspflicht an Wertänderungen von Aktiven und Passiven der beteiligten Gesellschaften anknüpft, die u.U. für die Bewertung des Unternehmens – und damit die Festlegung des Umtauschverhältnisses bzw. der Abfindung – von untergeordneter Bedeutung sein können (abhängig von der angewandten Bewertungsmethode wird der Substanzwert der Gesellschaft möglicherweise untergeordnete, ihre Ertragskraft oder ihr Ertragspotential bspw. im Rahmen einer Discounted-Cash-Flow-Methode (DCF-Methode) aber vorrangige Bedeutung haben; zu Unternehmensbewertungen vgl. BOEMLE/STOLZ, 684 ff.; BÖCKLI, Aktienrecht, § 3 Rz 82–103; WATTER, Unternehmensübernahmen, Rz 483 ff.; FORSTMOSER/MEIER-HAYOZ/NOBEL, § 57 N 87 ff.). Aufgrund der *Systematik* des Gesetzes und der *sprachlichen Annäherung* von Art. 17 Abs. 1 an Art. 11 Abs. 1 und Abs. 2 lit. b wird allerdings erkennbar, dass der Gesetzgeber mit Art. 17 im Ergebnis wohl eine **Aktualisierung** der zugrunde liegenden **Fusionsbilanz bzw. Zwischenbilanz** erreichen wollte. Entgegen dem Wortlaut der Bestimmung müssen sich jedoch die Informations-, Prüfungs- und Handlungspflichten nach Art. 17 richtigerweise auch auf wesentliche Änderungen erstrecken, welche die der Fusion zu Grunde liegende Bewertung der beteiligten Gesellschaften beeinflussen können (gl.M. BÖCKLI, Aktienrecht, § 3 Rz 127 und 215; Handkommentar FusG-COMBŒUF, N 11; SCHENKER, 786 f.; VON DER CRONE ET AL., Rz 187; VON SALIS-LÜTOLF, 115; ZK-LUGINBÜHL, N 5 f.; vgl. N 11 f.).

9   Auch wenn der Gesetzgeber die Informationspflicht nach Art. 17 systematisch wohl bewusst an eine Veränderung der **Aktiven** und **Passiven** in der Bilanz der betreffenden Gesellschaft anknüpft, fallen demnach nach wohl einhelliger Auffassung (vgl. Literaturübersicht in N 8) auch **wesentliche Veränderungen** in den Anwendungsbereich von

Art. 17, welche die **Bewertung** einer der an der Fusion beteiligten Gesellschaften **beeinflussen** können (zu denken ist insbesondere an Faktoren, welche die nachhaltige Ertragskraft einer der beteiligten Gesellschaften beeinflussen können). Umgekehrt unterscheidet der Gesetzgeber bewusst nicht, ob die Veränderung für die Gesellschaft im Ergebnis zu einer **Verbesserung oder Verschlechterung** ihrer Vermögenslage oder Bewertung führt. Daher kann sowohl die Verschlechterung als auch die Verbesserung der Vermögenslage bzw. der für die Bewertung massgebenden Faktoren die Informations-, Prüfungs- und Handlungspflichten von Art. 17 auslösen.

Nur in doppelter Hinsicht **qualifizierte Änderungen** lösen die Informationspflicht nach Art. 17 Abs. 1 aus: Die Änderung muss einerseits **wesentlich** (vgl. N 11) und andererseits **nach Abschluss des Fusionsvertrages** – aber noch vor der Beschlussfassung – **eingetreten** sein (vgl. N 13). 10

Weder das FusG noch die Materialien äussern sich direkt zum Kriterium der **Wesentlichkeit** von Änderungen im Aktiv- oder Passivvermögen bzw. der für die Bewertung massgebenden Faktoren. Es wird daher grundsätzlich der Praxis überlassen bleiben, griffige Kriterien für die Bestimmung der Wesentlichkeit herauszuarbeiten. Aufgrund der engen sprachlichen und systematischen Anlehnung an die Bestimmung von Art. 11 Abs. 1 und Abs. 2 lit. b (vgl. N 8) werden für Änderungen im Aktiv- und Prassivvermögen dabei primär die im Zusammenhang mit der Erstellung der Zwischenbilanz geltenden Kriterien massgebend sein (vgl. Art. 11 N 10 ff.). Darüber hinaus werden folgende Leitlinien zu berücksichtigen sein: 11

– Die Wesentlichkeit von Änderungen lässt sich *nicht absolut* bestimmen, sondern ist von den obersten Leitungs- oder Verwaltungsorganen wertend zu ermitteln. 11a

– Die Wertveränderung der Aktiven oder Passiven bzw. der für die Bewertung massgebenden Faktoren muss *im Verhältnis zur Bilanzsumme* bzw. der Bewertung der betreffenden Gesellschaft ins Gewicht fallen, d.h. selbst betragsmässig hohe Wertveränderungen müssen nicht notwendigerweise wesentlich sein. 11b

– Falls einzelne Aktiven oder Bewertungsfaktoren für das Fusionsvorhaben von *besonderer Bedeutung* sind (bspw. Patentrechte oder prognostizierte Ertragsentwicklung in einzelnen Märkten; vgl. Art. 14 Abs. 3 lit. a und Art. 14 N 38 f.), werden höhere Anforderungen an die gegenseitigen Informationspflichten nach Art. 17 – und damit umgekehrt tiefere Anforderungen an die Wesentlichkeit der das betreffende Aktivum bzw. den betreffenden Bewertungsfaktor beschlagenden Änderungen – zu stellen sein. 11c

– Falls eine Änderung von den beteiligten Gesellschaften bereits im Rahmen der Verhandlungen des Fusionsvertrages als wahrscheinlich erachtet und dementsprechend dem Fusionsvertrag und der Festlegung des Umtauschverhältnisses bzw. der Abfindung zugrunde gelegt wurde (antizipierte Änderung), kann die Änderung bei ihrem Eintritt i.d.R. wohl kaum als wesentlich im Sinne von Art. 17 Abs. 1 gelten. 11d

– Bei der auslegenden Konkretisierung der Wesentlichkeit von Änderungen im Aktiv- oder Passivvermögen ist der *Zweck der Informationspflicht* nach Art. 17 mitzuberücksichtigen: Auch wenn nach Art. 17 Abs. 1 zunächst die obersten Leitungs- oder Verwaltungsorgane der anderen Gesellschaft über allenfalls eingetretene wesentliche Änderungen im Aktiv- oder Passivvermögen zu informieren sind, sind alle wesentlichen Änderungen letztlich den Gesellschaftern aller Gesellschaften offen zu legen, soweit nicht auf das Fusionvorhaben verzichtet oder der Fusionsvertrag angepasst wird (Art. 17 Abs. 2; vgl. N 18 ff.; gl.M. BÖCKLI, Aktienrecht, § 3 Rz 213; **a.M.** ZK- 11e

LUGINBÜHL, N 1). Die Bestimmung will demnach im Ergebnis sicherstellen, dass die Beschlussfassung nach Art. 18 auf der Basis eines **aktualisierten Informationsstandes** der Gesellschafter erfolgt (vgl. N 4). Die Anforderungen an den zu aktualisierenden Informationsstand ergeben sich indirekt aus den inhaltlichen Anforderungen an den Fusionsbericht und die Fusionsprüfung. Änderungen in den Aktiven oder Passiven bzw. den unterliegenden Bewertungsfaktoren, welche im Rahmen der Berichtspflichten nach Art. 14 Abs. 3 lit. a–k bzw. Art. 15 Abs. 4 lit. a–e nicht zu berücksichtigen wären, werden i.d.R. auch nicht als wesentlich im Sinne von Art. 17 gelten können (dies wird grundsätzlich unabhängig davon zu gelten haben, ob im Einzelfall ein Fusionsbericht zu erstellen oder eine Fusionsprüfung durchzuführen ist oder darauf verzichtet werden kann; vgl. Art. 14 N 21 ff. und 65 f. sowie Art. 15 N 40 ff.). Daher werden Änderungen im Aktiv- oder Passivvermögen bzw. der unterligenden Bewertungsfaktoren der Gesellschaft immer dann wesentlich sein, wenn sie für die Gesellschafter auch im Rahmen ihrer **Plausibilitätskontrolle** im Hinblick auf die Beschlussfassung wesentlich sind (vgl. dazu ausführlich Art. 14 N 30 und Art. 15 N 29). Die inhaltlichen Anforderungen an die Berichtspflichten im Fusionsbericht und in der Prüfungsbestätigung sind deshalb bei der Bestimmung der Wesentlichkeit von Änderungen nach Art. 17 *analog mitzuberücksichtigen* (zu den inhaltlichen Anforderungen im Einzelnen vgl. Art. 14 N 28 ff. und Art. 15 N 28 ff.).

11f – Für die Bestimmung der Wesentlichkeit von Änderungen im Aktiv- oder Passivvermögen ist nach der hier vertretenen Auffassung jedoch nicht nur entscheidend, ob die Änderung auf die angewandte *Bewertungsmethode* und damit auf das *Umtauschverhältnis* bzw. die *Abfindung* einen Einfluss hat (**a.M.** Handkommentar FusG-COMBŒUF, N 12 m.w.H. auf die Literatur zum UmwG, die sich aber auf Spaltungen und ausdrücklich nicht auf Fusionen bezieht; VON SALIS-LÜTOLF, 115; ZK-LUGINBÜHL, N 6, der Änderungen im Aktiv- oder Passivvermögen, die nicht zu einer Anpassung des Umtauschverhältnisses führen, von vornherein als unwesentlich erachtet; vgl. N 8). Der Einfluss der Änderung im Aktiv- oder Passivvermögen auf die Bewertung und das Umtauschverhältnis bzw. die Abfindung ist nach der hier vertretenen Auffassung aber erst im Rahmen der Prüfung nach Art. 17 Abs. 2 zu ermitteln (vgl. N 16 ff.). Wenn Änderungen im Sinne von Art. 17 Abs. 1 nur dann wesentlich wären, wenn sie auf die Bewertungsmethode und damit auf das Umtauschverhältnis bzw. die Abfindung einen Einfluss hätten (so i.E. aber Handkommentar FusG-COMBŒUF, N 12; VON SALIS-LÜTOLF, 115, der als Massstab für die Wesentlichkeit einer Vermögensänderung die Frage heranzieht, «ob der durch die Veränderung benachteiligte Fusionspartner nach Treu und Glauben den Fusionsvertrag in Kenntnis der neuen Situation überhaupt nicht oder nur zu anderen Konditionen abgeschlossen hätte»; ZK-LUGINBÜHL, N 6), käme die dritte Handlungsalternative (begründeter Antrag an die Generalversammlung auf Genehmigung des unveränderten Fusionsvertrages; vgl. N 22 ff.) sachlogisch kaum je zur Anwendung.

12 Damit ergibt sich terminologisch einerseits die Unterscheidung zwischen **wesentlichen und unwesentlichen Änderungen** im Sinne von Art. 17 Abs. 1. Innerhalb der wesentlichen Änderungen ist – je nach dem Ausgang der Prüfung gemäss Art. 17 Abs. 2 (vgl. N 16 ff.) – andererseits zwischen Änderungen zu unterscheiden, die (i) zum Verzicht auf die Fusion (vgl. N 18 ff.), (ii) zur Anpassung des Fusionsvertrages (vgl. N 21) oder (iii) zu keinen nachteiligen Folgen für die Gesellschafter und deshalb zu keiner Anpassung des Fusionsvertrages (vgl. N 22 ff.) führen.

13 Die Änderung muss nicht nur wesentlich sein sondern muss in zeitlicher Hinsicht **nach Abschluss des Fusionsvertrages** – und vor der Beschlussfassung – **eingetreten** sein

4. Abschnitt: Fusionsvertrag, Fusionsbericht und Prüfung   14–17 **Art. 17**

(Art. 17 Abs. 1). Für die Beurteilung, ob die Änderung eingetreten ist, sind bezüglich Veränderungen im Aktiv- oder Passivvermögen die anwendbaren *Rechnungslegungsvorschriften* massgebend. Als Änderungen, welche nach Abschluss des Fusionsvertrages eingetreten sind, haben auch Änderungen zu gelten, welche zwar *vor* dem Abschluss des Fusionsvertrages *eingetreten* sind, von den obersten Leitungs- oder Verwaltungsorganen aber erst *nach* Abschluss des Fusionsvertrages *erkannt* werden.

Art. 17 Abs. 1 äussert sich nicht ausdrücklich zum **Zeitpunkt** der Information. Die obersten Leitungs- oder Verwaltungsorgane werden zunächst – bei Kapitalgesellschaften u.U. in Absprache mit ihrer Revisionsstelle – zu beurteilen haben, ob die eingetretene Änderung wesentlich ist. Falls ihre Beurteilung dies bestätigt, sind die obersten Leitungs- oder Verwaltungsorgane der anderen Gesellschaften möglichst *frühzeitig* über die Änderung zu informieren (vgl. Handkommentar FusG-COMBŒUF, N 14; VON SALIS-LÜTOLF, 116, die eine umgehende Information fordern). Falls die obersten Leitungs- oder Verwaltungsorgane davon ausgehen dürfen, dass die Wertveränderung nur vorübergehender Natur ist, werden sie mit der Information u.U. auch zuwarten dürfen (bei bloss vorübergehenden Wertschwankungen wird es möglicherweise schon am Erfordernis des Eintritts der Änderung fehlen; vgl. N 13). Den obersten Leitungs- oder Verwaltungsorganen der anderen Gesellschaften muss jedenfalls genügend Zeit vor der Beschlussfassung für ihre Prüfungspflichten nach Art. 17 Abs. 2 verbleiben (vgl. N 16 ff.). Die Informationspflicht nach Art. 17 Abs. 1 endet erst mit der Beschlussfassung.   14

Die Informations-, Prüfungs- und Handlungspflichten nach Art. 17 sind relativ **zwingender Natur** und können im Fusionsvertrag erweitert, aber nicht wegbedungen werden (so wohl auch Handkommentar FusG-COMBŒUF, N 6). Angesichts der Unbestimmtheit des Kriteriums der Wesentlichkeit werden die obersten Leitungs- oder Verwaltungsorgane im Fusionsvertrag die gegenseitigen Informationspflichten *konkretisieren* wollen, was innerhalb eines vertretbaren Rahmens mit Art. 17 wohl vereinbar sein sollte (vgl. ZK-LUGINBÜHL, N 9; vgl. zur Spaltung auch Art. 42 N 9). Das FusG sieht schliesslich weder Ausnahmen für KMU noch für Kapitalgesellschaften im Rahmen der erleichterten Fusion nach Art. 23/24 vor.   15

III. Prüfungs- und Handlungspflichten der obersten Leitungs- oder Verwaltungsorgane (Abs. 2)

Nach Art. 17 Abs. 2 haben die obersten Leitungs- oder Verwaltungsorgane aller beteiligten Gesellschaften zu prüfen, welche von drei **alternativen Konsequenzen** sie aus der eingetretenen Änderung für das Fusionsvorhaben ziehen wollen: (i) den Verzicht auf die Fusion (vgl. N 18 ff.); (ii) die Abänderung des Fusionsvertrages (vgl. N 21) oder (iii) den begründeten Antrag auf Genehmigung des unveränderten Fusionsvertrages (vgl. N 22 ff.).   16

Die aus Art. 17 Abs. 2 für die obersten Leitungs- oder Verwaltungsorgane fliessenden Prüfungs- und Handlungspflichten sind notwendigerweise *streitanfällig* und werden unter den verschiedenen obersten Leitungs- oder Verwaltungsorganen oft zu *unterschiedlichen Beurteilungen* über die aus ihrer Sicht angemessenen Konsequenzen führen. Falls solche unterschiedlichen Beurteilungen nicht zur Befriedigung aller obersten Leitungs- oder Verwaltungsorgane ausgeräumt werden können, wird das Fusionsvorhaben – insbesondere bei grösseren Kapitalgesellschaften, bei denen den Anträgen der obersten Leitungs- oder Verwaltungsorganen i.d.R. entscheidendes Gewicht zukommt – wohl scheitern. Im Ergebnis führen damit die Prüfungspflichten zu einem *gesetzlichen Rücktrittsrecht* vom Fusionsvertrag bereits auf Stufe der obersten Leitungs- oder Verwal-   17 tungsorgane. In der Praxis werden sich deshalb die obersten Leitungs- oder Verwaltungsorgane aller beteiligten Gesellschaften im Rahmen der Transaktionsplanung bemühen, die weitreichenden und streitanfälligen Informations-, Prüfungs- und Handlungspflichten nach Art. 17 im Ergebnis zu begrenzen bzw. für praktische Bedürfnisse handhabbar zu machen (vgl. N 26). Allerdings sind diesen Bemühungen aufgrund der gesetzlichen Vorgaben enge Grenzen gesetzt (vgl. N 26a ff.). Im Einzelnen sind folgende Konstellationen denkbar:

1. Verzicht auf die Fusion

18 Falls die obersten Leitungs- oder Verwaltungsorgane *aller* beteiligten Gesellschaften nach Prüfung der wesentlichen Änderung(en) übereinstimmend zur Einsicht gelangen, dass auf das Fusionsvorhaben zu **verzichten** sei, werden alle obersten Leitungs- oder Verwaltungsorgane – sofern die Einladungen zu den Generalversammlungen bereits versandt wurden – ihren Antrag auf Genehmigung der Fusion zurückziehen. Auf die Beschlussfassung durch die Generalversammlung bzw. die Gesellschafter kann verzichtet werden. Der Fusionsvertrag wird diesfalls als *einvernehmlich aufgelöst* zu betrachten sein.

19 Falls demgegenüber die obersten Leitungs- oder Verwaltungsorgane *einer* Gesellschaft den Fusionsvertrag unverändert zur Beschlussfassung vorlegen wollen, während die obersten Leitungs- oder Verwaltungsorgane der *anderen* Gesellschaft(en) den Verzicht auf die Fusion als sachgerechter erachten, können letztere i.d.R. wohl nicht einseitig auf die Beschlussfassung durch die Gesellschafter verzichten. Sie sind nach Abschluss des Fusionsvertrages gegenüber den anderen an der Fusion beteiligten Gesellschaften i.d.R. vielmehr zur Vorlage des Fusionsvertrages an die Generalversammlung der eigenen Gesellschaft verpflichtet (i.E. wohl **a.M.** VON DER CRONE ET AL., Rz 289). Sie werden deshalb i.d.R. den **Antrag auf Genehmigung formell zurückzuziehen** und ihren Gesellschaftern im Rahmen ihrer allgemeinen Erläuterungspflicht darzulegen haben, weshalb aus ihrer Sicht die eingetretene(n) Änderung(en) den Verzicht auf das von ihnen ursprünglich genehmigte Fusionsvorhaben nahe legt. Die obersten Leitungs- oder Verwaltungsorgane erfüllen mit dieser Vorgehensweise ihre gesetzlichen Pflichten und werden sich gegenüber den anderen Gesellschaften, welche am Fusionsvorhaben festhalten wollen und dieses durch zustimmende parallele Beschlussfassung allenfalls auch genehmigen, durch den Rückzug des Antrages auf Genehmigung *nicht schadenersatzpflichtig* machen, wenn die eingetretene Änderung wesentlich ist und für die Gesellschafter ihrer Gesellschaft zu nachteiligen Folgen führen würde.

20 Dem Entscheid der obersten Leitungs- oder Verwaltungsorgane, ihren Antrag auf Genehmigung des Fusionsvertrages zurückzuziehen, werden – ausser in klaren Fällen – nach allgemeinen Grundsätzen der Schadenminderungspflicht i.d.R. **Verhandlungen** über die Möglichkeiten zur Anpassung des Fusionsvertrages voranzugehen haben (vgl. N 21). Falls diese Verhandlungen scheitern oder zu keinem befriedigenden Resultat führen und keine Einigung über den einvernehmlichen Verzicht auf das Fusionsvorhaben erzielt werden kann, werden die obersten Leitungs- oder Verwaltungsorgane ihren Antrag auf Genehmigung des Fusionsvorhabens einseitig zurückzuziehen haben. Im Rahmen der Vertragsautonomie sollte es den obersten Leitungs- oder Verwaltungsorganen der beteiligten Gesellschaften innerhalb eines vertretbaren Rahmens wohl auch möglich sein, sich *vertraglich* über Kriterien zur Festlegung zu einigen, welche Änderungen zum (einvernehmlichen) Verzicht auf das Fusionsvorhaben führen und welche Änderungen keine oder neu zu verhandelnde Anpassungen an den Fusionsvertrag erfordern werden (vgl. ZK-LUGINBÜHL, N 9; vgl. zur Spaltung auch Art. 42 N 8 f., wonach bei Spaltungen

die vertragliche Vereinbarung von Wesentlichkeitskriterien und damit ein Festhalten am unveränderten Fusionsvorhaben in einem Bereich von bis zu 5–15% der unterliegenden Unternehmensbewertung offenbar als zulässig erachtet wird).

2. Abänderung des Fusionsvertrages

Falls wesentliche Änderungen im Aktiv- oder Passivvermögen bzw. den unterliegenden Bewertungsfaktoren einer der beteiligten Gesellschaften nach Abschluss des Fusionsvertrages eintreten und die Prüfung der Änderungen ergibt, dass auf das Fusionsvorhaben nicht verzichtet werden muss, sondern **Änderungen am Fusionsvertrag** vorzunehmen sind, haben die obersten Leitungs- oder Verwaltungsorgane aller Gesellschaften die Anträge auf Genehmigung der Fusion zurückzuziehen (Art. 17 Abs. 2 Satz 1 2. HS), wenn zu diesem Zeitpunkt die Einladungen zu den Generalversammlungen bereits versandt worden sind. Die Änderung des Fusionsvertrages wird i.d.R. auch die Anpassung des *Fusionsberichtes*, der *Prüfungsbestätigung* und die nochmalige Durchführung des *Einsichtsverfahrens* erfordern (zu den Ausnahmen bzw. Erleichterungen für den Fusionsbericht und die Prüfungsbestätigung vgl. Art. 14 N 21 ff. und 65 f. sowie Art. 15 N 40 ff.). 21

3. Begründeter Antrag auf Genehmigung

Falls die Prüfung der wesentlichen Änderung im Aktiv- oder Passivvermögen durch die obersten Leitungs- oder Verwaltungsorgane ergibt, dass daraus **keine nennenswerte nachteiligen Folgen** (vgl. N 23) für das Fusionsvorhaben entstehen *und* der Fusionsvertrag deshalb *keiner Anpassung* bedarf, werden die obersten Leitungs- und Verwaltungsorgane an ihrem Antrag an die Generalversammlung auf Genehmigung des (unveränderten) Fusionsvertrages festhalten. Diesfalls müssen sie gegenüber der Generalversammlung (der Gesetzeswortlaut spricht von «in der Generalversammlung») begründen, warum der Fusionsvertrag keiner Anpassung bedarf (Art. 17 Abs. 2 Satz 2; vgl. N 23). 22

Die **Begründungspflicht** von Art. 17 Abs. 2 Satz 2 setzt zunächst voraus, dass die wesentliche Änderung im Aktiv- oder Passivvermögens den Gesellschaftern angemessen *erläutert* wird (**a.M.** ZK-LUGINBÜHL, N 1). Über die Erläuterung der Änderung hinaus haben die obersten Leitungs- oder Verwaltungsorgane ihren Gesellschaftern zudem zu *begründen*, weshalb der Fusionsvertrag trotz der wesentlichen Änderung **keiner Anpassung** bedarf. Dies setzt im Ergebnis voraus, dass die Änderung unter dem Fusionsvertrag für die Gesellschafter zu keinen (oder vernachlässigbaren) nachteiligen Folgen führen wird. Als Gründe sind bspw. denkbar: 23

– dass die wesentliche Änderung aufgrund der angewandten Bewertungsmethode keine praktische Relevanz für die Bewertung der Gesellschaft und damit die Festlegung des Umtauschverhältnisses bzw. der Abfindung hat (vgl. N 8); oder 23a

– dass sich verschiedene wesentliche Änderungen im Ergebnis weitgehend *neutralisieren* und damit keinen Einfluss auf die unterliegenden Unternehmensbewertungen und das festgelegte Umtauschverhältnis bzw. die Abfindung haben. 23b

In Bezug auf den **Umfang und die Detaillierung der Begründungspflicht** sind die für den Fusions- und Prüfungsbericht geltenden Anforderungen wohl analog anwendbar (vgl. Art. 14 N 28 ff. und Art. 15 N 28 ff.). 24

Art. 17 Abs. 2 äussert sich nicht direkt zu **Zeitpunkt** und **Form** der Begründung durch die obersten Leitungs- oder Verwaltungsorgane. Aufgrund des Wortlautes der Bestimmung («... müssen sie *in* der Generalversammlung begründen...»; vgl. Art. 17 Abs. 2 Satz 2 HS 1; Hervorhebung durch den Verfasser) ist anzunehmen, dass der Gesetzgeber 25 eine *mündliche Information anlässlich der Generalversammlung* für ausreichend erachtet. Dies erscheint in zeitlicher Hinsicht immer dann unproblematisch, wenn die Gesellschafter spätestens zum Zeitpunkt der Einladung über den Eintritt der wesentlichen Änderung informiert sind. Ist dies nicht der Fall (etwa weil die Änderung damals den obersten Leitungs- oder Verwaltungsorganen noch nicht bekannt war) und sind bspw. bei Aktiengesellschaften nicht alle Aktionäre persönlich an der Generalversammlung anwesend, so werden i.d.R. die obersten Leitungs- oder Verwaltungsorgane die Beschlussfassung *verschieben* müssen, um den Aktionären einen informierten Entscheid über ihre Teilnahme zu ermöglichen bzw. den nicht persönlich teilnehmenden Aktionären die Gelegenheit zu geben, ihre Stimmrechtsvertreter in Kenntnis der wesentlichen Änderung zu instruieren.

IV. Auswirkungen auf die Praxis

26 Aus Sicht des Praktikers führt die Bestimmung von Art. 17 – in einem späten Transaktionsstadium – zu weitreichenden und notwendigerweise streitanfälligen Anforderungen an die obersten Leitungs- oder Verwaltungsorgane. In der Praxis werden sich deshalb die obersten Leitungs- oder Verwaltungsorgane aller beteiligten Gesellschaften bereits im Rahmen der **Transaktionsplanung** bemühen, die Informations-, Prüfungs- und Handlungspflichten nach Art. 17 im Ergebnis zu begrenzen bzw. für praktische Bedürfnisse handhabbar zu machen. Aus Sicht der obersten Leitungs- oder Verwaltungsorgane kommen insbesondere folgende Möglichkeiten in Betracht:

26a – Die Zeit zwischen Vertragsabschluss und Beschlussfassung ist möglichst kurz zu halten: Denkbar ist bspw. ein *Aufschieben der Unterzeichnung* des verhandelten Fusionsvertrages bis der Fusionsbericht erstellt und die Fusionsprüfung durchgeführt ist (für börsenkotierte Unternehmen wird dies aufgrund von Ad-hoc-Publizitätspflichten nicht oder nur schwer möglich sein). Die Aufschiebung bewirkt im Ergebnis eine wesentliche Verkürzung der Informationspflichten, indem allenfalls bis zur Unterzeichnung eintretenden Veränderungen durch eine Anpassung des Fusionsvertrages (insb. des Umtauschverhältnisses bzw. der Abfindung) und der Fusionsbilanz Rechnung getragen werden kann. Gleichzeitig erlaubt die Aufschiebung der Unterzeichnung die Einleitung des Einsichtsverfahrens nach Art. 16 unmittelbar nach Abschluss des Fusionsvertrages (und nicht erst Wochen oder Monate später).

26b – Denkbar ist auch, dass die Praxis Vereinbarungen zur *Anpassung des Umtauschverhältnisses* an veränderte Verhältnisse entwickeln wird (vgl. Art. 7 N 10). Dies setzt allerdings voraus, dass die Anpassungsvoraussetzungen und die Auswirkung auf das Umtauschverhältnis bzw. die Abfindung im Fusionsvertrag klar definiert sind und gleichzeitig im Fusionsbericht erläutert (Art. 14 Abs. 3 lit. c; vgl. Art. 14 N 44 ff.) und von einem besonders befähigten Revisor im Rahmen der Fusionsprüfung als vertretbar bzw. angemessen bestätigt werden (Art. 15 Abs. 4 lit. b und c; vgl. Art. 15 N 35a ff.). Die endgültige Bestimmung des Umtauschverhältnisses müsste bei Aktiengesellschaften i.d.R. wohl spätestens vor der Einladung zur Generalversammlung erfolgen und den Gesellschaftern zusammen mit den übrigen Unterlagen zur Generalversammlung zur Kenntnis gebracht werden. Die obersten Leitungs- oder Verwaltungsorgane sind bei dieser Vorgehensweise zwar nicht von ihren Informations-, Prüfungs- und Handlungspflichten nach Art. 17 entbunden, sie werden aber aufgrund des Anpassungsmechanismus i.d.R. ohne Weiteres begründen können, dass die eingetretene Änderung ohne (wesentliche) nachteilige Folgen für die Gesellschafter der beteiligten Gesellschaft bleibt.

– Die schwierige Beurteilung, ob Änderungen im konkreten Einzelfall das Kriterium **26c**
der Wesentlichkeit im Sinne von Art. 17 erfüllen (vgl. N 11 ff.) und damit die weitreichenden Informations-, Prüfungs- und Handlungspflichten auslösen, stellt die obersten Leitungs- oder Verwaltungsorgane in der Praxis vor *schwer lösbare* und *potentiell haftungsbegründende Aufgaben*: Sollte bspw. eine Wertminderung von bestimmten Aktiven ihrer Gesellschaft eintreten, so werden sie im Interesse ihrer Gesellschafter die Wesentlichkeit dieser Änderung nicht leichthin annehmen dürfen, während sie umgekehrt angesichts ihrer persönlichen Verantwortlichkeit nach Art. 108 nicht leichtfertig von einer Information der obersten Leitungs- oder Verwaltungsorgane der anderen Gesellschaften absehen dürfen. Der offensichtliche *Pflichtennexus* wird in der Praxis wohl entweder zur **vertraglichen Konkretisierung** der Wesentlichkeit von Änderungen und deren Folgen für das Fusionsvorhaben im Fusionsvertrag oder zu **überschiessender Offenlegung** führen müssen, indem die obersten Leitungs- oder Verwaltungsorgane sich gegenseitig – und über die obersten Leitungs- oder Verwaltungsorgane der anderen Gesellschaften auch die Gesellschafter der anderen Gesellschaften – nicht nur über wesentliche Änderungen, sondern auch über Änderungen informieren werden, die von ihnen zwar nicht als wesentlich im Sinne von Art. 17 Abs. 1 beurteilt werden, aber im Interesse der vollen Transparenz gegenüber den Gesellschaftern (und der Haftungsbegrenzung der obersten Leitungs- oder Verwaltungsorgane) dennoch freiwillig offen gelegt werden.

– Die Informationspflichten nach Art. 17 Abs. 1 werden nicht durch die Kenntnis der **26d**
obersten Leitungs- oder Verwaltungsorgane vom Eintritt der Änderung, sondern vom *Eintritt der Änderung* im Aktiv- oder Passivvermögen bzw. der Kenntnis einer allenfalls früher eingetretenen Änderung ausgelöst (vgl. N 13). Die obersten Leitungs- oder Verwaltungsorgane werden deshalb **organisatorische Massnahmen** zu treffen haben, dass wesentliche Änderungen im Aktiv- oder Passivvermögen ihrer Gesellschaft in der sensitiven Zeitspanne zwischen Abschluss des Fusionsvertrages und Beschlussfassung umgehend festgestellt und an die obersten Leitungs- oder Verwaltungsorgane der anderen Gesellschaften weitergeleitet werden können.

V. Rechtsfolgen bei Verletzung der Informationspflichten

Als Rechtsfolge bei **Verletzung der Informationspflichten** kommen im Wesentlichen **27**
die **Anfechtung des Fusionsbeschlusses** nach Art. 106/107 (vgl. Komm. zu Art. 106/107) und/oder die **Verantwortlichkeit** der obersten Leitungs- oder Verwaltungsorgane sowie der mit der Fusion befassten Personen nach Art. 108 (vgl. Komm. zu Art. 108) in Betracht. Falls die Verletzung der Informationspflichten die Wahrung der Anteils- und Mitgliedschaftsrechte bzw. der Ausgleichszahlung oder Abfindung beschlägt, ist auch die **Klage auf Ausgleichszahlung** nach Art. 105 denkbar (vgl. Komm. zu Art. 105). Gegenstand der Klage nach Art. 105 ist allerdings nicht die Verletzung der Informationspflichten an sich sondern die Angemessenheit des Umtauschverhältnisses bzw. der Ausgleichszahlung oder Abfindung. Zum Verhältnis dieser Rechtsbehelfe unter sich und deren Voraussetzungen wird auf die eingehende Kommentierung zu Art. 105–108 verwiesen (vgl. Komm. zu Art. 105–108).

VI. IPR und Rechtsvergleich

Für **grenzüberschreitende Fusionen** vom Ausland in die Schweiz (Immigrationsfusion) oder von der Schweiz ins Ausland (Emigrationsfusion) wird auf die Kommentierung zu Art. 163a ff. IPRG verwiesen (vgl. Komm. zu Art. 163a ff. IPRG). **28**

29 Art. 17 findet keine vergleichbare Bestimmung in der **Fusionsrichtlinie** und geht damit im Ergebnis wesentlich über die – für die Schweiz nicht anwendbaren – europarechtlichen Vorgaben hinaus.

Fünfter Abschnitt: Fusionsbeschluss und Eintragung ins Handelsregister

Art. 18

Fusionsbeschluss

¹ Bei den Kapitalgesellschaften, den Genossenschaften und den Vereinen muss das oberste Leitungs- oder Verwaltungsorgan den Fusionsvertrag der Generalversammlung zur Beschlussfassung unterbreiten. Folgende Mehrheiten sind erforderlich:
a. bei Aktiengesellschaften und Kommanditaktiengesellschaften mindestens zwei Drittel der an der Generalversammlung vertretenen Aktienstimmen und die absolute Mehrheit des von ihnen vertretenen Aktiennennwerts;
b. bei einer Kapitalgesellschaft, die von einer Genossenschaft übernommen wird, die Zustimmung aller Aktionärinnen und Aktionäre oder, im Fall der Gesellschaft mit beschränkter Haftung, aller Gesellschafterinnen und Gesellschafter;
c. bei Gesellschaften mit beschränkter Haftung mindestens drei Viertel aller Gesellschafterinnen und Gesellschafter, die zudem mindestens drei Viertel des Stammkapitals vertreten;
d. bei Genossenschaften mindestens zwei Drittel der abgegebenen Stimmen oder, wenn eine Nachschusspflicht, andere persönliche Leistungspflichten oder die persönliche Haftung eingeführt oder erweitert werden, mindestens drei Viertel aller Genossenschafterinnen und Genossenschafter;
e. bei Vereinen mindestens drei Viertel der an der Generalversammlung anwesenden Mitglieder.

² Bei Kollektiv- und bei Kommanditgesellschaften bedarf der Fusionsvertrag der Zustimmung aller Gesellschafterinnen und Gesellschafter. Der Gesellschaftsvertrag kann jedoch vorsehen, dass die Zustimmung von mindestens drei Vierteln der Gesellschafterinnen und Gesellschafter genügt.

³ Übernimmt eine Kommanditaktiengesellschaft eine andere Gesellschaft, so bedarf es zusätzlich zu den Mehrheiten nach Absatz 1 Buchstabe a der schriftlichen Zustimmung aller Gesellschafterinnen und Gesellschafter, die unbeschränkt haften.

⁴ Bei Aktiengesellschaften oder Kommanditaktiengesellschaften, die von einer Gesellschaft mit beschränkter Haftung übernommen werden und bei denen durch diese Übernahme eine Nachschusspflicht oder eine andere persönliche Leistungspflicht eingeführt wird, bedarf es der Zustimmung aller Aktionärinnen und Aktionäre, die davon betroffen werden.

5. Abschnitt: Fusionsbeschluss und Eintragung ins Handelsregister — Art. 18

⁵ Sieht der Fusionsvertrag nur eine Abfindung vor, so bedarf der Fusionsbeschluss der Zustimmung von mindestens 90 Prozent der stimmberechtigten Gesellschafterinnen und Gesellschafter der übertragenden Gesellschaft.

⁶ Ergibt sich für die Gesellschafterinnen und Gesellschafter der übertragenden Gesellschaft aus der Fusion eine Änderung des Zwecks der Gesellschaft und ist dafür auf Grund gesetzlicher oder statutarischer Vorschriften eine andere Mehrheit erforderlich als für den Fusionsbeschluss, so gelten für diesen beide Mehrheitserfordernisse.

Décision de fusion

¹ Pour les sociétés de capitaux, les sociétés coopératives et les associations, l'organe supérieur de direction ou d'administration soumet le contrat de fusion à l'approbation de l'assemblée générale. Les majorités suivantes sont requises:
   a. pour les sociétés anonymes et les sociétés en commandite par actions, les deux tiers au moins des voix attribuées aux actions représentées à l'assemblée générale et la majorité absolue des valeurs nominales des actions représentées;
   b. pour une société de capitaux qui est reprise par une société coopérative, l'approbation de tous les actionnaires ou, s'il s'agit d'une société à responsabilité limitée, de tous les associés;
   c. pour les sociétés à responsabilité limitée, au moins trois quarts de tous les associés, lesquels doivent représenter au moins trois quarts du capital social;
   d. pour les sociétés coopératives, au moins deux tiers des voix émises ou, en cas d'introduction ou d'extension d'une obligation de faire des versements supplémentaires, d'une obligation de fournir d'autres prestations personnelles ou de la responsabilité personnelle, au moins trois quarts de tous les coopérateurs;
   e. pour les associations, au moins trois quarts des membres présents à l'assemblée générale.

² Pour les sociétés en nom collectif et les sociétés en commandite, le contrat de fusion doit être approuvé par tous les associés. Le contrat de société peut cependant prévoir que l'approbation de trois quarts de tous les associés suffit.

³ La reprise d'une autre société par une société en commandite par actions requiert, outre les majorités prévues à l'al. 1, let. a, l'approbation écrite de tous les associés indéfiniment responsables.

⁴ Si une obligation de faire des versements supplémentaires ou de fournir d'autres prestations personnelles est introduite suite à la reprise d'une société anonyme ou d'une société en commandite par actions par une société à responsabilité limitée, l'approbation des actionnaires concernés par celle-ci est requise.

⁵ Si le contrat de fusion prévoit seulement un dédommagement, la décision de fusion doit recueillir l'approbation de 90 % au moins des associés de la société transférante qui disposent d'un droit de vote.

⁶ S'il résulte de la fusion une modification du but de la société pour les associés de la société transférante et si, en vertu de dispositions légales ou statutaires, une autre majorité que celle prévue pour la décision de fusion est requise pour la modification de ce but, l'approbation de la décision de fusion doit satisfaire à ces deux majorités.

Art. 18

Decisione di fusione

¹ L'organo superiore di direzione o di amministrazione delle società di capitali, delle società cooperative e delle associazioni deve sottoporre il contratto all'assemblea generale per decisione. Occorrono le seguenti maggioranze:
  a. per le società anonime e le società in accomandita per azioni, almeno due terzi dei voti attribuiti alle azioni rappresentate all'assemblea generale e la maggioranza assoluta del loro valore nominale;
  b. per la società di capitali assunta da una società cooperativa, l'approvazione di tutti gli azionisti, rispettivamente di tutti i soci nel caso di una società a garanzia limitata;
  c. per le società a garanzia limitata, almeno tre quarti di tutti i soci, rappresentanti almeno tre quarti del capitale sociale;
  d. per le società cooperative, almeno due terzi dei voti emessi o, in caso di introduzione o di estensione dell'obbligo di effettuare versamenti suppletivi, dell'obbligo di fornire altre prestazioni personali o delle responsabilità personali, almeno tre quarti di tutti i soci;
  e. per le associazioni, almeno tre quarti dei membri presenti all'assemblea generale.

² Per le società in nome collettivo o in accomandita, il contratto di fusione necessita dell'approvazione di tutti i soci. Il contratto di società può tuttavia disporre che è sufficiente l'approvazione di tre quarti dei soci.

³ Qualora una società in accomandita per azioni assuma un'altra società, oltre alle maggioranze di cui al capoverso 1 lettera a occorre l'approvazione scritta di tutti i soci illimitatamente responsabili.

⁴ Se, a seguito dell'assunzione di una società anonima o di una società in accomandita per azioni ad opera di una società a garanzia limitata, è introdotto un obbligo di effettuare versamenti suppletivi o di fornire altre prestazioni personali, occorre l'approvazione di tutti gli azionisti interessati.

⁵ Se il contratto di fusione prevede semplicemente un'indennità, la decisione di fusione necessita dell'approvazione del 90 per cento almeno dei soci della società trasferente titolari di un diritto di voto.

⁶ Qualora la fusione comporti una modifica dello scopo sociale per i soci della società trasferente e, in virtù di disposizioni legali o statutarie, per modificare tale scopo occorra una maggioranza diversa da quella necessaria per la decisione di fusione, quest'ultima decisione deve soddisfare le due esigenze relative alla maggioranza.

Inhaltsübersicht   Note

  I. Allgemeines 1
 II. Zuständigkeit, Gegenstand und Inhalt des Fusionsbeschlusses (Art. 18 Abs. 1 Satz 1 und Abs. 2 Satz 2) 4
     1. Zuständigkeit 4
     2. Gegenstand und Inhalt des Fusionsbeschlusses 10
III. Allgemeine, bei Fusionen zu beachtende Mehrheits- und Zustimmungserfordernisse (Abs. 1–4) 13
     1. Übersicht 13
     2. Mehrheits- und Zustimmungserfordernisse bei der AG und KAG (Abs. 1 lit. a, b, Abs. 3 und Abs. 4) 14
     3. Mehrheits- und Zustimmungserfordernisse bei der GmbH (Abs. 1 lit. c und Abs. 3) 19
     4. Mehrheits- und Zustimmungserfordernisse bei der Genossenschaft (Abs. 1 lit. d und Abs. 3) 23

5. Abschnitt: Fusionsbeschluss und Eintragung ins Handelsregister **Art. 18**

    5. Mehrheits- und Zustimmungserfordernisse beim Verein (Abs. 1 lit. e und Abs. 3) 27
    6. Mehrheits- und Zustimmungserfordernisse bei der Kollektiv- und Kommanditgesellschaft (Abs. 2 und Abs. 3) 30
    7. Zustimmung der unbeschränkt haftenden Gesellschafter bei der Übernahme durch KAG (Abs. 3) 32
  IV. Mehrheits- und Zustimmungserfordernisse im Fall der zwangsweisen Abfindung (Abs. 5) 35
  V. Mehrheits- und Zustimmungserfordernisse bei Zweckänderung auf Stufe der übertragenden Gesellschaft (Abs. 6) 39
  VI. Einzelfragen 41
    1. Mehrheits- und Zustimmungserfordernisse bei Kapitalerhöhung/Statutenänderung auf Stufe der übernehmenden Gesellschaft 41
    2. Statutarische Mehrheits- und Zustimmungserfordernisse 44
    3. Reihenfolge und Durchführung der Beschlussfassung 45
    4. Sanktionen und Rechtsschutz 47
    5. Übergangsrecht und altrechtliche Statutenbestimmungen 49
  VII. Rechtsvergleich 52

Literatur

R. BÄR, Die Kognition des Handelsregisterführers, REPRAX 1/2000, 53 ff.; C. BLÄSI, Der Vorentwurf zum Bundesgesetz über die Fusion, die Spaltung und die Umwandlung (Fusionsgesetz), JBHReg 1998, 99 ff.; C. BRÜCKNER, Das Personenrecht des ZGB, Zürich 2000 (zit. BRÜCKNER, Personenrecht); DERS., Öffentliche Beurkundung von Urabstimmungen und Zirkularbeschlüssen, SJZ 1998, 33 ff.; DERS., Schweizerisches Beurkundungsrecht, Zürich 1993 (zit. BRÜCKNER, Beurkundungsrecht); R. VON BÜREN, Inkompatibilitäten zwischen Aktien-, Kartell- und Börsenrecht bei Unternehmensübernahmen, in: von Büren (Hrsg.), Aktienrecht 1992–1997: Versuch einer Bilanz, Bern 1998, 51 ff.; H.C. VON DER CRONE/A. GERSBACH, La Fusion et la Scission: Procédure et Réalisation (dans une perspective pratique), SZW 2004, 186 ff.; J. DRUEY, Mängel des GV-Beschlusses, in: Druey/Forstmoser (Hrsg.), Rechtsfragen um die Generalversammlung, Zürich 1997, 131 ff.; D. DUBS, Die bedingte Beschlussfassung der Aktionäre an der Generalversammlung, in: Schweizer/ Burkert/Gasser (Hrsg.), FS Druey, Zürich/Basel/Genf 2002, 355 ff.; P. DUCREY, Beziehungen zwischen Fusionsgesetz und Kartellrecht, SZW 2004, 281 ff.; S. EMMENEGGER/H. GEIGER, Bank-Aktiengesellschaften, Zürich 2004; P. FORSTMOSER, Die Kognitionsbefugnis des Handelsregisterführers, REPRAX 2/1999, 1 ff.; DERS., Vom alten zum neuen Aktienrecht, SJZ 1992, 157 ff.; B. GANTENBEIN, Die Fusion von juristischen Personen und Rechtsgemeinschaften im schweizerischen Recht, Diss. Freiburg i.Ue. 1995; U. GASSER/C. EGGENBERGER, Vorentwurf zu einem Fusionsgesetz – Grundzüge und ausgewählte Fragen, AJP 1998, 457 ff.; M. GWELESSIANI, Handelsregisteramtliche Aspekte aus neuen Fusionsgesetz <http://www.hrazh.ch/wegleitung/unten/deutsch/referat-gw-schulthess. pdf> (besucht am 27.07.04); Handelsregister des Kantons Luzern, Orientierung über das neue Fusionsgesetz, Luzern 2004 (zit. HRA-LU); A. D'HOOGHE, Aspekte der grenzüberschreitenden Fusion gemäss Art. 163a E. IRPG, Zürich/Basel/Genf 2003; M. HOPF, Desideratas und Randnotizen zum vorgeschlagenen Fusionsgesetz, ST 2001, 49 ff.; F. M. HUBER/P. HOBEL/CH. STAUB GIEROW, Praxiskommentar zum Kotierungsrecht der SWX Swiss Exchange, Zürich 2004; M. KÜNG, Urabstimmung und öffentliche Beurkundung, BN 1997, 1 ff.; DERS., Zum Fusionsbegriff im schweizerischen Recht, SZW 1991, 245 ff.; P. KUNZ, Der Minderheitenschutz im schweizerischen Aktienrecht, Bern 2001; M. LANZ/O. TRIEBOLD, Der Rechtskleidwechsel eines Vereins in eine Aktiengesellschaft, SZW 2000, 57 ff.; W. LEDERER, Übergangsbestimmungen FusG, REPRAX 1/2004, 67 ff.; C. MEIER-SCHATZ, Einführung in das neue Fusionsgesetz, AJP 2002, 514 ff.; C. MEISTERHANS, Prüfungspflicht und Kognitionsbefugnis der Handelsregisterbehörde, Diss. Zürich 1996; Notariatsinspektorat des Kantons Zürich (Hrsg.), Textvorlagen von materiellen Urkunden zum Gesellschaftsrecht, Zürich 2004 (zit. ZH FusG-Textvorlagen); A. VON PLANTA/D. ZARB, Le dédommagement des actionnaires minoritaires: nouvelle forme de squeeze out, SZW 2004, 203 ff.; C. REINHARDT, Die Kommanditaktiengesellschaft im schweizerischen Gesellschaftsrecht, Diss. Zürich 1971; J. REYMOND, Die Genossenschaft, SPR VIII/5, Basel/Frankfurt a.M. 1998; H. RIEMER, Die Behandlung der Vereine und Stiftungen im Fusionsgesetz, SJZ 2004, 201 ff.; DERS., Anfechtungs- und Nichtigkeitsklage im schweizerischen Gesellschaftsrecht, Bern 1998; W. RITTER, Internationales Beurkundungsrecht – Eine Standortbestimmung, in: Meier-Schatz/Schweizer (Hrsg.), Recht und Internationalisierung, Zürich 2000, 347 ff.; P. SCHLEIFFER, Die Behandlung der Vereine und Stiftungen im Fusionsgesetz, SJZ 2004, 201 ff.; DERS., Der gesetzliche Stimmrechtsausschluss im schweizerischen Aktienrecht, Diss. Zürich 1993; G. THOMI, Fusionsgesetz – Ausgewählte Fragen, in: Ruf/Pfäffli (Hrsg.), FS 100 Jahre Verband bernischer Notare, Langenthal 2003, 443 ff.; R. TSCHÄNI, Der Fusionsvertrag, SZW 2004, 199 ff.; R. WATTER/T. VON PLANTA, Register- und firmenrechtliche Probleme bei Personengesellschaften, JBHReg 1993, 73 ff.; H. WOHLMANN, GmbH-Recht, Basel/Frankfurt a.M. 1997; R. ZÄCH/P. SCHLEIFFER, Statutarische qualifizierte Quoren, SZW 1992, 263 ff.; U. ZENGER, Fusion von Genossenschaften: Handelsregisterbelege, JBHReg 1992, 24 ff.

I. Allgemeines

1 Art. 18 legt die **Zuständigkeit** für die Genehmigung des Fusionsvertrags und die dafür geltenden *Mehrheiten und Zustimmungspflichten einzelner Gesellschafter* bei der übertragenden und übernehmenden Gesellschaft fest. Die jeweiligen Mehrheiten und Zustimmungserfordernisse hängen dabei zum einen davon ab, welche Gesellschaftsformen an einer Fusion beteiligt sind, und zum anderen, in welchem Ausmass Mitgliedschaftsrechte und -pflichten durch die Fusion tangiert werden (vgl. ISLER/VON SALIS-LÜTOLF, 14). Abs. 1, 3 und 4 regeln die Anforderungen für die als juristische Personen ausgestalteten Gesellschaften, welche auf die verschiedenen Gesellschaftsformen (AG, KAG, GmbH, Genossenschaft und Verein) abgestimmt sind, Abs. 2 jene für die Kollektiv- und Kommanditgesellschaften. Abs. 5 befasst sich mit dem bei der Fusion mit zwangsweiser Abfindung nach Art. 8 Abs. 2 zu beachtenden Quorum, Abs. 6 mit dem bei einer Fusion mit gleichzeitiger Zweckänderung zu beachtenden Mehrheitserfordernis. Die vorgesehenen Zuständigkeiten und Mehrheitserfordernisse orientieren sich an den bestehenden Vorschriften für wichtige Beschlüsse (Botschaft, 4417; VON DER CRONE ET AL., Rz 379; ZK-GELZER, N 8).

2 **Regelungszweck** ist der **Schutz der Gesellschafter** (vgl. ISLER/VON SALIS-LÜTOLF, 14); ihnen soll grundsätzlich (vgl. Art. 24; u. N 7) die Entscheidung über den Fusionsvertrag vorbehalten sein (vgl. Art. 12 N 9). Daneben dient Art. 18, insbesondere was die qualifizierten gesetzlichen Mehrheiten und Zustimmungserfordernisse anbelangt, auch dem **Minderheitenschutz** (Art. 12 N 9; KUNZ, § 13 Rz 89). Art. 18 folgt dem Grundsatz, dass dem Gesellschafter durch die Fusion *keine Mehrbelastung* (in Form einer persönlichen Haftung, Nachschusspflicht oder einer über die Zahlung der Einlage hinausgehenden Tätigkeitsverpflichtung) *ohne seine Zustimmung* auferlegt werden darf. Das Problem der Mehrbelastung stellt sich insbesondere bei der Absorption einer AG oder KAG durch eine Genossenschaft oder eine GmbH mit Nachschusspflicht (GASSER/EGGENBERGER, 464; VISCHER, BJM 1999, 308 f.).

3 Die Bestimmung von Art. 18 wurde im Vergleich zum VE FusG in zwei Punkten abgeändert: Art. 18 Abs. 5 VE FusG sah noch das Einstimmigkeitserfordernis für Beschlüsse bei Fusionen mit zwangsweiser Abfindung (Art. 8 Abs. 2) vor. Aufgrund der in der *Vernehmlassung* vorgebrachten Kritik (Vernehmlassungen, 169 f.), wurde dieses Erfordernis durch das 90 Prozent-Quorum von Art. 18 Abs. 5 ersetzt (kritisch HOPF, ST 2001, 50 f.). Ferner sah Art. 29 VE FusG vor, dass der Fusionsbeschluss beim Verein der Zustimmung von mindestens drei Vierteln der an der Generalversammlung anwesenden Mitglieder bedarf, wenn sich aus der Fusion eine Änderung des Vereinszwecks ergibt. In der *Vernehmlassung* wurde u.a. darauf hingewiesen, dass das Verhältnis von Art. 29 VE FusG zu Art. 74 ZGB, der besagt, dass kein Mitglied die Änderung des Vereinszwecks akzeptieren muss, unklar sei und deshalb im Interesse des Schutzes der Vereins-

5. Abschnitt: Fusionsbeschluss und Eintragung ins Handelsregister **4, 5 Art. 18**

mitglieder der Halbsatz «wenn sich aus der Fusion eine Änderung des Zwecks des Vereins ergibt» gestrichen werden sollte (Vernehmlassungen, 202). Im E FusG wie auch im FusG findet sich dieser Halbsatz nicht mehr. In der *parlamentarischen Beratung* erfuhr der Text von Art. 18 keine Änderung. Dagegen wurde in Art. 2 lit. h eingefügt, dass unter dem Begriff «Generalversammlung» auch die Delegiertenversammlung zu verstehen ist (AmtlBull StR 2001, 150, und 2003, 488 f.; AmtlBull NR 2003, 235 f. und 1037).

II. Zuständigkeit, Gegenstand und Inhalt des Fusionsbeschlusses (Art. 18 Abs. 1 Satz 1 und Abs. 2 Satz 2)

1. Zuständigkeit

Das FusG bestimmt in Art. 12 Abs. 2, Art. 18 Abs. 1 Satz 1 und Abs. 2 Satz 1, dass der von den obersten Leitungs- oder Verwaltungsorganen (vgl. Art. 12 N 5 f.) der an der Fusion beteiligten Gesellschaften abgeschlossene Fusionsvertrag der *Generalversammlung* bzw. den *Gesellschaftern* zur *Genehmigung* unterbreitet werden muss. Der Begriff «Generalversammlung» ist in Art. 2 lit. h definiert und dient als Oberbegriff für das höchste Organ der als AG, KAG, GmbH, Genossenschaft oder Verein organisierten Gesellschaften (Botschaft, 4390; Art. 2 N 31 f.). Gemäss Botschaft soll grundsätzlich die **Generalversammlung** (i.S.v. Art. 2 lit. h) als *höchstes Gesellschaftsorgan* über den Fusionsvertrag befinden, da die Fusion in bedeutender Weise in die Strukturen der beteiligten Gesellschaften eingreift (Botschaft, 4417). Bei den Kollektiv- und Kommanditgesellschaften obliegt die Genehmigung des Fusionsvertrags den **Gesellschaftern**, da diese beiden Gesellschaftsformen über kein der Generalversammlung entsprechendes Organ verfügen (Botschaft, 4417). Die Bestimmungen über die *erleichterte Fusion* nach Art. 23 f. vorbehalten (vgl. u. N 7), bedarf der Fusionsvertrag somit sowohl bei der *übertragenden* als auch bei der *übernehmenden* Gesellschaft der Genehmigung durch die Generalversammlung bzw. Gesellschafter und zwar unabhängig davon, ob mit der Fusion eine Kapitalerhöhung oder eine sonstige Statutenänderung (einschliesslich Zweckänderung) verbunden ist (vgl. u. N 41 ff.). Kein Fusionsbeschluss ist bei der sog. *Dreiecksfusion* (zum Begriff vgl. Art. 8 N 6; VON DER CRONE ET AL., Rz 109 f.) auf Stufe der die Anteilsrechte zur Verfügung stellenden Drittgesellschaft zu fassen. Denn diese tritt nicht als übernehmende Gesellschaft auf; ihre Anteilsrechte gelten als Abfindung nach Art. 8 (VON DER CRONE ET AL., Rz 378).

4

Bei der *AG* (Art. 2 lit. h FusG und Art. 698 Abs. 1 OR), *KAG* (Art. 2 lit. h FusG und Art. 698 Abs. 1 OR i.V.m. Art. 764 Abs. 2 OR) ist die *Generalversammlung* für den Beschluss über den Fusionsvertrag zuständig. Dies entspricht bei der übertragenden AG und KAG der bisherigen Regelung (vgl. BÖCKLI, Aktienrecht, 2. Aufl., Rz 295n; REBSAMEN, Rz 693). Hingegen bedurfte nach bisherigem Recht die Fusion seitens der übernehmenden AG bzw. KAG, eine entgegenstehende Statutenbestimmung vorbehalten und sofern mit der Fusion keine Kapitalerhöhung oder sonstige Statutenänderung verbunden war, keiner Genehmigung durch die Generalversammlung; vielmehr genügte ein Verwaltungsratsbeschluss (GANTENBEIN, 229 f.; FORSTMOSER/MEIER-HAYOZ/NOBEL, § 57 Rz 118.; KÜNG, SZW 1991, 251; KUNZ, § 13 Rz 78; REBSAMEN, Rz 694; BSK OR II-TSCHÄNI, Art. 748 N 27; differenzierend BÖCKLI, Aktienrecht, 2. Aufl., Rz 295r, wonach ein Beschluss des Verwaltungsrats nur im Fall der Absorption der Tochtergesellschaft genügt). Bei der *GmbH* bedarf der Fusionsvertrag der Zustimmung der *Gesellschafterversammlung* (Art. 2 lit. h FusG und Art. 808 Abs. 1 OR; zur bisherigen Rechtslage bei der GmbH vgl. GANTENBEIN, 233 ff.). Bei der *Genossenschaft* ist für die Genehmigung die *Generalversammlung* zuständig (Art. 2 lit. h FusG und Art. 879 Abs. 1

5

OR). Dies entspricht bei der Genossenschaft (sowohl bei der übertragenden als auch übernehmenden Genossenschaft) der bisherigen Rechtslage (GANTENBEIN, 232; BSK OR II-HÜNERWADEL, Art. 914 N 5; ZENGER, 24). Wie nach bisherigem Recht kann bei *konzessionierten Versicherungsgenossenschaften* die Befugnis der Generalversammlung zur Genehmigung der Fusion nicht der Verwaltung übertragen werden (Art. 893 Abs. 2 OR). Beim *Verein* erfolgt die Genehmigung durch die *Vereinsversammlung* (Art. 2 lit. h FusG und Art. 64 Abs. 1 ZGB; zur bisherigen Rechtslage vgl. GANTENBEIN, 236 f.; BK-RIEMER, Art. 76–79 ZGB N 72 ff.). Beim *Verein* und bei der *Genossenschaft* (Art. 892 OR) kann die Genehmigung auch durch die *Delegiertenversammlung* erfolgen, sofern diese nach den Statuten zuständig ist (Art. 2 lit. h). Bei der *Kollektiv-* und der *Kommanditgesellschaft* sind in Ermangelung eines der Generalversammlung (i.S.v. Art. 2 lit. h) entsprechenden Organs die *Gesellschafter* für die Genehmigung des Fusionsvertrags zuständig (Art. 18 Abs. 2 Satz 1).

6   Nicht explizit geregelt ist im FusG, ob der Beschluss über den Fusionsvertrag auch auf dem Weg der **Urabstimmung** gefasst werden kann oder ob wie im deutschen Recht (§ 13 Abs. 1 Satz 2 UmwG; vgl. SEMLER/STENGEL-GEHLING, § 13 N 14) für Fusionsbeschlüsse (unabhängig von der Gesellschaftsform) ein *Versammlungszwang* besteht. Die Urabstimmung kann als eine Form der Beschlussfassung begriffen werden, bei der die Befugnisse des höchsten Gesellschaftsorgans ganz oder teilweise durch schriftliche Stimmabgabe auf dem Korrespondenzweg ausgeübt werden (so die Formulierung in Art. 880 OR für die genossenschaftliche Urabstimmung; ähnlich auch die Formulierung in Art. 808 Abs. 2 OR für die Urabstimmung bei der GmbH). Stellt man ferner darauf ab, dass Art. 18 Abs. 1 Satz 1 i.V.m. Art. 2 lit. h lediglich die Zuständigkeiten für den Beschluss über den Fusionsvertrag regelt, nicht aber, auf welchem Weg die Beschlussfassung erfolgen soll, so muss auch für Fusionsbeschlüsse die Urabstimmung zulässig sein, vorausgesetzt die betreffenden rechtsformspezifischen Vorschriften des ZGB und OR lassen diese Form der Beschlussfassung zu. Damit ist es bei der *GmbH* (Art. 808 Abs. 2 OR), der *Genossenschaft* (Art. 880 OR) und beim *Verein* (Art. 63 und Art. 66 Abs. 2 ZGB), nicht aber bei der AG und der KAG (BSK OR II-TRUFFER/DUBS, Art. 698 N 7; FORSTMOSER/MEIER-HAYOZ/NOBEL, § 23 Rz 13; ZK-TANNER, Art. 698 OR N 65), sofern in den Statuten vorgesehen, auch unter dem FusG zulässig, Fusionsbeschlüsse mittels Urabstimmung zu fassen (gl.M. VON DER CRONE ET AL., Rz 389, 391 und 394; ZK-GELZER, N 25; RIEMER, SJZ 2004, 204). Zu den Voraussetzungen und dem dabei zu beachtenden Verfahren vgl. für die Urabstimmung bei der *GmbH* BSK OR II-SCHENKER, Art. 784 N 5; BSK OR II-TRUFFER/DUBS, Art. 808 N 19 ff.; für die Urabstimmung bei der *Genossenschaft*; BSK OR II-MOLL, Art. 880 N 2 ff. und Art. 888 N 8; BSK OR II-HÜNERWADEL, Art. 914 N 5, für die Urabstimmung beim *Verein* BRÜCKNER, Personenrecht, Rz 1217 ff.; BSK ZGB I-HEINI/SCHERRER, Art. 66 N 4; BK-RIEMER, Art. 66 ZGB N 42 ff.

7   Eine (einzige) *Ausnahme* vom Erfordernis der Genehmigung durch die Generalversammlung nach Art. 18 Abs. 1 Satz 1 besteht für die Fälle der **erleichterten Fusion zwischen Kapitalgesellschaften** gemäss Art. 23, namentlich für die Absorption einer Tochtergesellschaft durch die Muttergesellschaft und die Fusion zwischen Schwestergesellschaften (vgl. Botschaft, 4417; ZK-GELZER, N 2). In den Fällen von Art. 23 muss, wie sich bereits aus dem Wortlaut von Art. 24 ergibt (in beiden Absätzen ist jeweils von den an der Fusion beteiligten Kapitalgesellschaften die Rede), der Fusionsvertrag weder bei der übernehmenden noch bei der übertragenden Kapitalgesellschaft der Generalversammlung (i.S.v. Art. 2 lit. h) zur Genehmigung unterbreitet werden; es genügt der jeweilige Beschluss des obersten Leitungs- oder Verwaltungsorgans der an der Fusion beteiligten Kapitalgesellschaften nach Massgabe von Art. 12 (vgl. Botschaft, 4417; Handkommentar FusG-JER-

MINI, N 3; KLÄY, 215; KLÄY/TURIN, 13; Handkommentar FusG-SCHENKER, Art. 12 N 12). *Anders* als unter bisheriger Praxis (vgl. REBSAMEN, Rz 692 f. und Rz 699) bedarf es somit für Fusionsbeschlüsse, welche die Absorption einer Tochtergesellschaft in die Muttergesellschaft bzw. die Fusion von Schwestergesellschaften vorsehen (soweit mit der Fusion keine Kapitalerhöhung oder sonstige Statutenänderung verbunden ist), auch seitens der *übertragenden AG* keines Generalversammlungsbeschlusses. Den an einer erleichterten Fusion beteiligten Kapitalgesellschaften bleibt es (aufgrund des nicht zwingenden Charakters der Bestimmungen über die erleichterte Fusion zwischen Kapitalgesellschaften; vgl. Art. 24 N 1) allerdings unbenommen, den Fusionsvertrag im Einzelfall oder gestützt auf eine entsprechende Bestimmung in den Statuten der Generalversammlung (i.S.v. Art. 2 lit. h) zur Genehmigung vorzulegen.

Anders als das EU-Recht (Art. 7 Abs. 2 EU-Fus-RL) und das deutsche Recht (vgl. § 65 Abs. 2 UmwG), enthält das FusG keine Bestimmungen über **Sonderversammlungen**, die im Rahmen einer Fusion auf Stufe der übertragenden und/oder übernehmenden Gesellschaft zwingend abgehalten werden müssten. Da sich das FusG in vielen Bereichen an die entsprechenden Bestimmungen der EU-Fus-RL anlehnt (vgl. Botschaft, 4354; NUFER, 550 f. und 578; ISLER/VON SALIS-LÜTOLF, 12), kann davon ausgegangen werden, dass dem Gesetzgeber die Regelung von Art. 7 Abs. 2 EU-Fus-RL bekannt gewesen ist und er bewusst auf die Durchführung von Sonderversammlungen bei Vorliegen verschiedener Gattungen von Beteiligungsrechten verzichtet hat. Wie im bisherigen Recht (BÖCKLI, Aktienrecht, 2. Aufl., Rz 295n FN 648) ist bei Fusionen die Zustimmung von Sonderversammlungen somit nicht zwingend notwendig; der Schutz der Inhaber solcher Rechte erfolgt über Art. 7 und die Klagerechte nach Art. 105–107 (BÖCKLI, Aktienrecht, § 3 Rz 129 FN 208; Handkommentar FusG-JERMINI, N 17; GLANZMANN, 147 f.; VON SALIS-LÜTOLF, 123). Dementsprechend kann davon ausgegangen werden, dass an der Beschlussfassung über den Fusionsbeschluss nur Gesellschafter (i.S.v. Art. 2 lit. f) mitwirken dürfen, die mit einem Stimmrecht ausgestattet sind (bei der AG also die Aktionäre, nicht aber die Inhaber von Partizipationsscheinen oder Genussscheinen).

Die in Art. 18 Abs. 1 Satz 1 und Abs. 2 Satz 1 festgelegten *Zuständigkeitsvorschriften* sind (vorbehältlich Art. 24) **zwingender** Natur und somit einer anders lautenden statutarischen Regelung nicht zugänglich (vgl. ZK-GELZER, N 7; BÖCKLI, Aktienrecht, § 3 Rz 138, wonach die Delegation der Genehmigung des Fusionsvertrags durch die Generalversammlung an den Verwaltungsrat nicht möglich ist). Hingegen kann in den Statuten vorgesehen werden, dass bei Vorliegen verschiedener Gattungen von Beteiligungsrechten Sonderversammlungen der Inhaber dieser Rechte abzuhalten sind (VON SALIS-LÜTOLF, 123).

2. *Gegenstand und Inhalt des Fusionsbeschlusses*

Gegenstand des Fusionsbeschlusses ist gemäss Art. 12 Abs. 2 und Art. 18 Abs. 1 Satz 1 und Abs. 2 Satz 1 der von den obersten Leitungs- oder Verwaltungsorganen der an der Fusion beteiligten Gesellschaften *abgeschlossene Fusionsvertrag* (vgl. Art. 12 N 2 ff.). Der Fusionsbeschluss muss sich somit auf einen *konkreten*, zum Zeitpunkt der Beschlussfassung *abgeschlossenen* Fusionsvertrag beziehen; eine Genehmigung zur Fusion als solcher oder zu einem künftigen Fusionsvorhaben ist nicht ausreichend (vgl. ZK-GELZER, N 4). Ferner genügt nicht, dass bei der Beschlussfassung ein schriftlicher Entwurf vorliegt (Art. 12 N 6 und N 11; ZK-GELZER, N 7; **a.M.** VON SALIS-LÜTOLF, 121, wonach die Genehmigung auch vor Abschluss des Fusionsvertrags erfolgen kann, sofern der endgültige Vertragstext im Zeitpunkt der Beschlussfassung vorliegt und der Vertragsabschluss innert vernünftiger Frist nach der Genehmigung erfolgt). Wird lediglich über einen noch auszuhandelnden Fusionsvertrag entschieden, so ist dieser später (d.h. wenn abgeschlossen) nach Massgabe von Art. 18 zu genehmigen. Die Generalversammlung bzw. die Gesellschafter können daher das oberste Leitungs- oder Verwaltungsorgan nicht ermächtigen, einen noch auszuhandelnden Fusionsvertrag abzuschliessen (Art. 12 N 6; BSK OR II-HÜNERWADEL, Art. 914 N 5, für den Fusionsbeschluss der Genossenschaft nach bisherigem Recht). Erfährt der Fusionsvertrag *nach* seiner Genehmigung durch die Generalversammlung bzw. die Gesellschafter eine **Änderung**, so ist der geänderte Fusionsvertrag nach Massgabe von Art. 12 und Art. 18 wiederum der Generalversammlung bzw. den Gesellschaftern zur Genehmigung zu unterbreiten. Eine *Ausnahme* hiervon rechtfertigt sich in Fällen, in denen die Änderungen Schreibfehler und offensichtlich redaktionelle Mängel betreffen (Art. 12 N 6; VON SALIS-LÜTOLF, 121). Daneben erscheint es aufgrund der Materialien als zulässig, die obersten Leitungs- oder Verwaltungsorgane im Fusionsbeschluss zu ermächtigen, *Änderungen in Nebenpunkten* vorzunehmen, die nicht zum Kreis der Essentialia des Fusionsvertrags nach Art. 13 gehören (AmtlBull StR 2001, 150; Art. 12 N 19; Handkommentar FusG-SCHENKER, Art. 12 N 22). In Art. 12 Abs. 2 ist von der Zustimmung der Generalversammlung bzw. der Gesellschafter zum Fusionsvertrag die Rede; diese legt den Schluss nahe, dass die Generalversammlung nur die Befugnis hat, den Fusionsvertrag zu genehmigen oder abzulehnen, darüber hinaus aber keine Kompetenz hat, selber Änderungen am Fusionsvertrag vorzunehmen (vgl. Art. 12 N 6 und Art. 17 N 21). Zu den **Belegen**, welche der Generalversammlung bzw. den Gesellschaftern bei der Beschlussfassung über den Fusionsvertrag vorzulegen sind, vgl. Art. 20 N 8.

11 **Inhalt** des Fusionsbeschlusses ist gemäss Art. 18 Abs. 1 Satz 1 und Abs. 2 Satz 1 die **Genehmigung** des Fusionsvertrags. Keine explizite Regel enthält Art. 18 darüber, ob die Generalversammlung bzw. die Gesellschafter der übertragenden Gesellschaft neben dem Beschluss über den Fusionsvertrag (wie z.B. unter bisherigem Recht bei der AG gemäss Art. 704 Abs. 1 Ziff. 8 altOR) auch über die Auflösung ihrer Gesellschaft zu befinden haben. Aus Art. 3 Abs. 2 ergibt sich, dass die übertragende Gesellschaft mit der Fusion aufgelöst wird; dies lässt den Schluss zu, dass der Beschluss über den Fusionsvertrag bei der übertragenden Gesellschaft den über ihre **Auflösung** mit einschliesst und somit ein eigenständiger bzw. zusätzlicher Auflösungsbeschluss der übertragenden Gesellschaft nicht notwendig ist (ebenso ZH FusG-Textvorlagen, 18.1.1). Ferner kann davon ausgegangen werden, dass mit dem Beschluss über die Genehmigung des Fusionsvertrags auch der Beschluss über die im Fusionsvertrag vorgesehenen, weiteren gesellschaftsrechtlichen Punkte (**Kapitalerhöhung**, **Statutenänderung**) verbunden werden kann und deshalb ein eigenständiger bzw. zusätzlicher Beschluss über die mit der Fusion verbundenen Kapitalerhöhung oder Statutenänderung (einschliesslich Zweckänderung) als entbehrlich erscheint (VON SALIS-LÜTOLF, 123; ZH FusG-Textvorlagen, 18.1.2; vgl. auch BÖCKLI, Aktienrecht, § 3 Rz 53). Wie unter bisheriger Praxis ist es möglich, über die mit der Fusion verbundenen Kapitalerhöhung oder Statutenänderung in formell getrennten Beschlüssen zu beschliessen, materiell stellen diese weiteren Beschlüsse und der Beschluss über den Fusionsvertrag allerdings eine Einheit dar, d.h. sie bedingen sich gegenseitig (vgl. BÖCKLI, Aktienrecht, § 3 Rz 134; VON SALIS-LÜTOLF, 123 und N 12).

12 Der Fusionsbeschluss kann (wie jeder andere Beschluss) **bedingt** oder **befristet** gefasst werden (vgl. VON DER CRONE ET AL., Rz 177; ZK-GELZER, N 8; DUBS, 363 ff.; FORSTMOSER, SJZ 1992, 162 f.; BSK OR II-DUBS/TRUFFER, Art. 703 N 4a; BK-RIEMER, Art. 66 ZGB N 19; ZK-TANNER, Art. 703 OR N 15). Erfolgen die Beschlüsse bei den beteiligten Gesellschaften nicht zeitgleich, werden die Beschlüsse (implizit) *suspensiv bedingt* gefasst (vgl. BÖCKLI, Aktienrecht, § 3 Rz 128; TSCHÄNI, SZW 2004, 199 f.); sie erlangen ihre

5. Abschnitt: Fusionsbeschluss und Eintragung ins Handelsregister

Wirksamkeit erst, wenn alle an der Fusion beteiligten Gesellschaften den Fusionsvertrag genehmigt haben (so auch die Regelung unter bisherigem Recht, vgl. BÖCKLI, Aktienrecht, 2. Aufl., Rz 295 m; ZK-BÜRGI/NORDMANN, Art. 748 OR N 63; FORSTMOSER/MEIER-HAYOZ/NOBEL, § 57 Rz 108). Ferner kann der Beschluss auch vorsehen, dass die erteilte Genehmigung ausser Kraft tritt, wenn die Fusionsbeschlüsse der anderen beteiligten Gesellschaften nicht bis zu einem bestimmten Datum vorliegen (gl.M. BÖCKLI, Aktienrecht, § 3 Rz 73; VON DER CRONE ET AL., Rz 177; ZK-GELZER, N 8).

III. Allgemeine, bei Fusionen zu beachtende Mehrheits- und Zustimmungserfordernisse (Abs. 1–4)

1. Übersicht

Die folgende graphische Übersicht gibt die bei der *Genehmigung des Fusionsvertrags* von den beteiligten Gesellschaften nach Art. 18 zu beachtenden *Gesetzesbestimmungen*, abgestimmt auf die verschiedenen Gesellschaftsformen und die nach Art. 4 zulässigen Fusionen wieder (im unteren Teil des betreffenden Felds sind jeweils die auf die übertragende Gesellschaft zur Anwendung kommenden Bestimmungen aufgeführt, im oberen Teil die auf die übernehmende Gesellschaft anwendbaren Gesetzesbestimmungen):

übernehmend / übertragend	Aktiengesellschaft	Kommanditaktiengesellschaft	Gesellschaft mit beschränkter Haftung	Genossenschaft	Verein (im Handelsregister eingetragen)	Kollektivgesellschaft	Kommanditgesellschaft
Aktiengesellschaft	18 I a	18 I a	18 I c	18 I d			
	18 I a	18 I a + III	18 I a + IV	18 I b			
Kommanditaktiengesellschaft	18 I a	18 I a	18 I c	18 I d			
	18 I a	18 I a + III	18 I a + IV	18 I b			
Gesellschaft mit beschränkter Haftung	18 I a	18 I a	18 I c	18 I d			
	18 I c	18 I c + III	18 I c	18 I b			
Genossenschaft	18 I a	18 I a	18 I c	18 I d	18 I e		
	18 I d	18 I d + III	18 I d	18 I d	18 I d[1]		
Verein (im Handelsregister eingetragen)	18 I a	18 I a	18 I c	18 I d	18 I e[2]		
	18 I e	18 I e + III	18 I e	18 I e	18 I e		
Kollektivgesellschaft	18 I a	18 I a	18 I c	18 I d		18 II	18 II
	18 II	18 II + III	18 II	18 II		18 II	18 II
Kommanditgesellschaft	18 I a	18 I a	18 I c	18 I d		18 II	18 II
	18 II	18 II + III	18 II	18 II		18 II	18 II

[1] Eine Fusion ist nur möglich, wenn die übertragende Genossenschaft keine Anteilscheine ausgegeben hat (Art. 4 Abs. 3 lit. e).
[2] Bei der Fusion zweier Vereine entfällt das Erfordernis der Eintragung im Handelsregister (Art. 4 Abs. 4).

2. Mehrheits- und Zustimmungserfordernisse bei der AG und KAG (Abs. 1 lit. a, b, Abs. 3 und Abs. 4)

14 Ist bei einer Fusion eine **AG** oder **KAG** als übertragende und/oder übernehmende Gesellschaft beteiligt, muss der Beschluss der Generalversammlung über den Fusionsvertrag mindestens zwei Drittel der vertretenen Stimmen und die absolute Mehrheit der vertretenen Aktiennennwerte auf sich vereinigen (Art. 18 Abs. 1 lit. a). Dies entspricht für die übertragende AG bzw. KAG der bisherigen Regelung von Art. 704 Abs. 1 Ziff. 8 altOR, welcher mit Inkrafttreten des FusG aufgehoben wurde (vgl. Anhang zu Art. 109). Zur Regelung nach bisherigem Recht vgl. o. N 5.

15 Das Quorum von Art. 18 Abs. 1 lit. a ist (wie das qualifizierte gesetzliche Quorum für wichtige Beschlüsse gemäss Art. 704 Abs. 1 OR) als reines *Beschlussquorum* (Stimmenquorum) ausgestaltet, weshalb der Fusionsbeschluss ohne Rücksicht auf die Anwesenheit einer bestimmten Anzahl Aktienstimmen oder Aktionäre bzw. eines bestimmten Anteils am Aktienkapital gefasst werden kann (vgl. ZK-TANNER, Art. 703 OR N 115 ff.; BSK OR II-DUBS/TRUFFER, Art. 703 N 7 und Art. 704 N 4). Da bei der Berechnung des Quorums auf die vertretenen Stimmen abgestellt wird, sind nur die effektiv für den Beschluss über die Fusion *stimmberechtigten* Aktien mitzuzählen; die aufgrund gesetzlicher (z.B. eigene Aktien) oder statutarischer Vorschrift vom Stimmrecht ausgeschlossenen Aktien gelten als nicht vertreten und sind bei der Berechnung des Quorums nicht mitzuberücksichtigen (vgl. BÖCKLI, Aktienrecht, § 12 Rz 355; Handkommentar FusG-JERMINI, N 4; ZK-TANNER, Art. 703 OR N 117, N 134 und N 173 ff.; BSK OR II-DUBS/TRUFFER, Art. 703 N 9 und Art. 704 N 4). Stimmenthaltungen und ungültige Stimmen vermindern hingegen die Berechnungsbasis nicht und wirken sich auf das Abstimmungsergebnis wie «Nein»-Stimmen aus (BSK OR II-DUBS/TRUFFER, Art. 703 N 9 f. und Art. 704 N 4 f.; ZK-TANNER, Art. 703 OR N 86 ff.). Keine Geltung kann beim Fusionsbeschluss aufgrund des einseitig zwingenden Charakters von Art. 18 der in den Statuten allenfalls vorgesehene *Stichentscheid* des Verwaltungsratspräsidenten bzw. Vorsitzenden der GV beanspruchen (allgemein zum Stichentscheid vgl. BSK OR II-DUBS/TRUFFER, Art. 703 N 12; ZK-TANNER, Art. 703 N 160 ff.).

16 Wird eine AG oder KAG von einer **GmbH** übernommen und durch die Fusion für die Aktionäre der übertragenden Gesellschaft eine **Nachschusspflicht** oder eine andere *persönliche Leistungspflicht* eingeführt –, bedarf es auf Stufe der übertragenden AG bzw. KAG der Zustimmung *aller* Aktionäre, die davon betroffen sind (Art. 18 Abs. 4). Dieses Zustimmungserfordernis gilt *zusätzlich* zu dem in Art. 18 Abs. 1 lit. a geregelten Quorum und soll sicherstellen, dass den Aktionären der übertragenden AG bzw. KAG gegen deren Willen durch die Fusion keine zusätzlichen Leistungspflichten auferlegt werden können (Handkommentar FusG-JERMINI, N 4). *Massstab*, ob durch die Fusion zusätzliche Leistungspflichten für die Aktionäre der übertragenden AG bzw. KAG entstehen, bildet m.E. das in Art. 680 Abs. 1 OR stipulierte Gebot, dem Aktionär durch Statuten oder Beschluss der Generalversammlung keine über die Pflicht zur Liberierung hinausgehende weitere Pflichten aufzuerlegen. Nach h.L. fallen unter dieses Verbot nicht nur vermögensmässige Pflichten, die über die Leistung der Einlage hinausgehen (wie z.B. statutarische Nachschuss- bzw. Zuschusspflichten), sondern auch sog. statutarische Nebenverpflichtungen wie Treuepflichten oder Warenlieferungs- und Warenabnahmeverpflichtungen; freiwillige oder vertraglich vereinbarte Mehrleistungen widersprechen diesem Verbot nicht (vgl. FORSTMOSER/MEIER-HAYOZ/NOBEL, § 42 Rz 8 ff.; BSK OR II-KURER, Art. 680 N 5 ff.). Hingegen dürfte die im *GmbH-Recht* geltende *allgemeine Treuepflicht* (vgl. BSK OR II-AMSTUTZ, Art. 818 N 2 ff.), soweit sie in den Statuten (z.B. über die Bestimmung von Art. 818 OR hinaus) keine Verschärfung erfahren hat, nicht ausreichen, um das

Einstimmigkeitsprinzip zur Anwendung zu bringen; andernfalls wäre eine Übernahme durch eine GmbH ohne Zustimmung aller Aktionäre nie möglich (Art. 64 N 15; im Ergebnis ebenso VON SALIS-LÜTOLF, 122, demzufolge Treuepflichten in aller Regel Unterlassungspflichten und nicht persönliche Leistungspflichten darstellen). Aus dem Wortlaut von Abs. 4 ergibt sich, dass erst nach Vollzug der Fusion eingeführte Leistungspflichten, soweit keine Umgehung des Zustimmungserfordernisses von Abs. 4 vorliegt, nicht von dieser Bestimmung erfasst werden. Deren Einführung richtet sich nach den rechtsformspezifischen Vorschriften des GmbH-Rechts.

Wird eine AG oder KAG von einer **Genossenschaft** übernommen, müssen seitens der *übertragenden AG* oder *KAG sämtliche* Aktionäre dem Fusionsvertrag zustimmen (Art. 18 Abs. 1 lit. b). In der *Vernehmlassung* zum VE FusG wurde das Erfordernis der Einstimmigkeit kritisiert, weil es dazu führe, dass bei Kapitalgesellschaften mit grossem Gesellschafterkreis eine Genossenschaft nicht mit einer Kapitalgesellschaft fusionieren könne (Vernehmlassungen, 167). Begründet wird das absolute Einstimmigkeitsquorum (zum Begriff ZK-TANNER, Art. 703 OR N 101) damit, dass die Fusion für die Gesellschafter der übertragenden Gesellschaft umgehend oder später mit der Einführung einer Nachschusspflicht, einer anderen persönlichen Leistungspflicht oder einer persönlichen Haftung verbunden sein könne und sich bei der Übernahme einer Kapitalgesellschaft ein Übergang zum Kopfstimmrecht ergebe (Botschaft, 4418). Auch ist die Aufrechterhaltung der Beteiligung am Grundkapital in einer Genossenschaft ohne Anteilscheine nicht möglich (VISCHER, BJM 1999, 295). Da mit der Übernahme einer Kapitalgesellschaft durch eine Genossenschaft regelmässig eine Aufgabe der Gewinnstrebigkeit der übertragenden Gesellschaft einhergehen wird, erweist sich das Einstimmigkeitsquorum auch unter dem Blickwinkel von Art. 706 Abs. 2 Ziff. 4 OR, wonach der Beschluss der Generalversammlung, der die Gewinnstrebigkeit der AG aufhebt, der Zustimmung sämtlicher Aktionäre bedarf, als sachgerecht (vgl. Art. 64 N 22). **17**

Zum Erfordernis der Zustimmung der *unbeschränkt haftenden Gesellschafter* im Fall der Übernahme durch eine **KAG** vgl. u. N 32 ff. **18**

3. Mehrheits- und Zustimmungserfordernisse bei der GmbH (Abs. 1 lit. c und Abs. 3)

Bei der **GmbH** bedarf der Fusionsvertrag seitens der *übertragenden* und/oder *übernehmenden* GmbH der Zustimmung von mindestens drei Vierteln aller Gesellschafter, die zudem mindestens drei Viertel des Stammkapitals vertreten (Art. 18 Abs. 1 lit. c). Dieses Quorum orientiert sich am bestehenden, allgemeinen Quorum von Art. 784 Abs. 2 OR für Statutenänderungen (Botschaft, 4418; Handkommentar FusG-JERMINI, N 5; BSK OR II-SCHENKER, Art. 784 N 7 f.). **19**

Anders als in Art. 18 Abs. 4, wo das Gesetz die Zustimmung aller Aktionäre verlangt, wenn durch die Übernahme einer AG oder KAG durch eine GmbH eine Nachschusspflicht oder eine andere persönliche Leistungspflicht eingeführt wird (vgl. o. N 16), schreibt das Gesetz keine Einstimmigkeit auf Stufe der übertragenden GmbH vor, wenn die untergehende GmbH umfangmässig mildere (oder gar keine) Nachschusspflichten als die übernehmende GmbH aufweist. Diese Problematik war bereits unter der bisherigen Rechtslage bekannt; in der Doktrin wurde vorgeschlagen, auf diesen Fall Art. 914 Ziff. 11 altOR (Austrittsrecht der Gesellschafter, denen eine erhöhte Nachschusspflicht widerstrebt) oder Art. 784 Abs. 3 OR (Einstimmigkeit bei Statutänderungen, welche zu einer Vermehrung der Nachschusspflichten führen) analog zur Anwendung zu bringen (BSK OR II-AMSTUTZ, Art. 803 N 13; GANTENBEIN, 234 f.). Dies legt den Schluss nahe, dass hier der Gesetzgeber bewusst auf ein Einstimmigkeitsquorum (etwa analog der Re- **20** gelung von Art. 18 Abs. 4) verzichtet hat und daher keine Unvollständigkeit des Gesetzes vorliegt. Somit findet das allgemeine Quorum von Art. 18 Abs. 1 lit. c auch Anwendung, wenn die Nachschusspflichtordnungen der fusionierenden Gesellschaften mit beschränkter Haftung nicht übereinstimmen (zum Quorum, das seitens der übernehmenden GmbH bei der Kapitalerhöhung zu beachten ist, vgl. N 43).

21 Wird eine GmbH von einer **Genossenschaft** übernommen, bedarf der Fusionsvertrag (wie im Fall der Übernahme einer AG oder KAG durch eine Genossenschaft) der *Zustimmung aller Gesellschafter* (Art. 18 Abs. 1 lit. b; vgl. o. N 17).

22 Im Falle der Übernahme einer GmbH durch eine **KAG**, bedarf es (seitens der übertragenden GmbH) zusätzlich zum allgemeinen Quorum von Art. 18 Abs. 1 lit. c der *Zustimmung* derjenigen Gesellschafter, denen nach der Fusion die *Stellung unbeschränkt haftender Gesellschafter* bei der übernehmenden KAG zukommt (Art. 18 Abs. 3; vgl. u. N 32 ff.).

4. Mehrheits- und Zustimmungserfordernisse bei der Genossenschaft (Abs. 1 lit. d und Abs. 3)

23 Bei **Genossenschaften** bedarf der Fusionsvertrag seitens der übertragenden und/oder übernehmenden Genossenschaft grundsätzlich der Zustimmung von mindestens zwei Dritteln der abgegebenen Stimmen (Art. 18 Abs. 1 lit. d 1. HS). Dies entspricht der bisherigen Regelung und Praxis (Art. 888 Abs. 2 OR; Botschaft, 4418; GANTENBEIN, 232 f.; BSK OR II-HÜNERWADEL, Art. 914 N 5). Ist für die Beschlussfassung über den Fusionsvertrag die *Delegiertenversammlung* zuständig, bedarf der Fusionsbeschluss der Zustimmung von mindestens zwei Dritteln der abgegebenen Delegiertenstimmen (Art. 18 Abs. 1 lit. d 1. HS i.V.m. Art. 2 lit. h; Handkommentar FusG-JERMINI, N 6).

24 Beim Quorum von Art. 18 Abs. 1 lit. d handelt es sich (wie beim Quorum für Fusionen von Aktiengesellschaften und Kommanditaktiengesellschaften) um ein reines *Beschlussquorum* (Stimmenquorum). Grundlage für die Berechnung dieses Quorums bildet (anders als bei der Regelung von Art. 18 Abs. 1 lit. a) die Anzahl der abgegebenen Stimmen; Stimmenthaltungen fallen ausser Betracht und sind bei der Berechnung des erforderlichen Quorums nicht mitzuzählen (BSK OR II-MOLL, Art. 888 N 5; ZK-GUTZWILLER, Art. 888 OR N 5). Sofern die Statuten die Ausübung der Befugnisse der Generalversammlung durch eine *Urabstimmung* vorsehen, berechnet sich das für den Fusionsbeschluss erforderliche Quorum nach dem Verhältnis der eingegangenen zustimmenden Stimmen zu den insgesamt eingegangenen Stimmen (so wohl BRÜCKNER, SJZ 1998, 34; a.M. BSK OR II-MOLL, Art. 888 N 8, demzufolge sich bei der Urabstimmung das Quorum nach dem Verhältnis der eingegangenen zustimmenden Stimmen zur Gesamtzahl der Stimmen der Genossenschafter berechnet).

25 Wird durch die Fusion eine **Nachschusspflicht**, eine andere persönliche Leistungspflicht oder eine persönliche Haftung eingeführt oder erweitert, so erhöht sich das Quorum für den Fusionsbeschluss auf drei Viertel aller Genossenschafter (Art. 18 Abs. 1 lit. d 2. HS). Berechnungsgrundlage sind sämtliche Stimmen (gemischtes Präsenz- und Stimmenquorum; zum Begriff vgl. ZK-TANNER, Art. 703 OR N 110 und N 119). Dieses Quorum entspricht demjenigen von Art. 914 Ziff. 11 altOR (Botschaft, 4418). Anders als Art. 914 Ziff. 11 Satz 2 altOR sieht das FusG in Art. 18 lit. d 2. Halbsatz keine Sonderregelung für die nicht der Fusion zustimmenden Genossenschafter in Form eines Austrittsrechts vor. Nach JERMINI ist sich der Gesetzgeber dieser Problematik nicht bewusst gewesen, weshalb von einer planwidrigen Unvollständigkeit des Gesetzes auszugehen sei; diese könne entweder durch ein Zustimmungserfordernis der betroffenen Ge-

nossenschafter (analog Art. 18 Abs. 4) oder durch ein freies Austrittsrecht der nicht zustimmenden Genossenschafter (analog Art. 914 Ziff. 11 altOR) beseitigt werden, wobei den Zielsetzungen des FusG, Umstrukturierungen im Interesse der Unternehmenskontinuität unter Wahrung der Minderheitsinteressen zu erleichtern, das Austrittsrecht besser entspreche (Handkommentar FusG-JERMINI, N 6). In der *Vernehmlassung* wurde auf diese Problematik hingewiesen und vorgeschlagen, dass das Austrittsrecht des der neuen Haftungs- bzw. Nachschussregelung nicht zustimmenden Genossenschafters gemäss Art. 889 OR auch bestehen solle, wenn gegen dessen Willen die persönliche Haftung im Rahmen einer Fusion eingeführt werde (Vernehmlassungen, 167). Dies lässt den Schluss zu, dass der Gesetzgeber dem nicht zustimmenden Gesellschafter bewusst *kein spezielles Austrittsrecht* einräumen wollte und somit für ein sich an der bisherigen Ordnung von Art. 914 Ziff. 11 altOR orientierendes Austrittsrecht (Art. 914 Ziff. 1 altOR wurde gemäss Anhang zu Art. 109 mit Inkrafttreten des FusG aufgehoben) kein Raum besteht (ebenso ZK-GELZER, N 26; **a.M.** Handkommentar FusG-JERMINI, N 6).

Wird eine Genossenschaft durch eine **KAG** übernommen, bedarf der Fusionsvertrag seitens der übertragenden Genossenschaft zusätzlich zur Mehrheit von Art. 18 Abs. 1 lit. d der *schriftlichen Zustimmung* derjenigen Genossenschafter, die nach der Fusion *unbeschränkt haften* sollen (vgl. u. N 32 ff.).

5. Mehrheits- und Zustimmungserfordernisse beim Verein (Abs. 1 lit. e und Abs. 3)

Ist ein **Verein** als übertragender und/oder übernehmender Verein von einer Fusion betroffen, bedarf der Fusionsvertrag nach dem Wortlaut von Art. 18 Abs. 1 lit. e der Zustimmung von mindestens drei Vierteln der an der Generalversammlung anwesenden Mitglieder. Anders als das allgemeine vereinsrechtliche Quorum von Art. 67 Abs. 2 ZGB, welches auf die «Stimmen der anwesenden Mitglieder» abstellt, bilden beim Quorum von Art. 18 Abs. 1 lit. e (dem Wortlaut nach) die «anwesenden Mitglieder» die Berechnungsbasis. Gemäss Wortlaut von Art. 18 Abs. 1 lit. e wäre ein Pluralstimmrecht (in Abweichung vom in Art. 67 Abs. 1 ZGB stipulierten Kopfstimmprinzip können die Statuten beim Verein auch das Pluralstimmrecht vorsehen; vgl. BRÜCKNER, Personenrecht, Rz 1188; BK-RIEMER, Art. 67 ZGB N 8 ff.; BSK ZGB I-HEINI/SCHERRER, Art. 67 N 5) bei der Beschlussfassung über eine Fusion unbeachtlich, was nicht sachgerecht wäre und einen doppelten Eingriff in die Vereinsautonomie (Dreiviertelmehrheit plus Nichtanwendbarkeit des Pluralstimmrechts) bedeuten würde (gl.M. LANZ/TRIEBOLD, 63 FN 66). Aus den Materialien ergeben sich keine Hinweise, dass der Gesetzgeber mit der Formulierung von Art. 18 Abs. 1 lit. e bewusst eine von der allgemeinen Regelung in Art. 67 ZGB abweichende Berechnungsbasis einführen wollte (auch die anderen allgemeinen Quoren von Art. 18 Abs. 1 lit. a, c und d basieren hinsichtlich ihrer Berechnungsbasis auf der jeweiligen Gesellschaftsform). Art. 18 Abs. 1 lit. e ist demnach m.E. so zu verstehen, dass bei Vereinen der Fusionsbeschluss der Zustimmung von mindestens drei Vierteln der Stimmen der anwesenden Mitglieder bedarf. Sofern die Zuständigkeit zur Beschlussfassung über den Fusionsvertrag bei der *Delegiertenversammlung* liegt, bedarf der Beschluss der Zustimmung von mindestens drei Vierteln der Stimmen der anwesenden Delegierten (Art. 18 Abs. 1 lit. e i.V.m. Art. 2 lit. h; Handkommentar FusG-JERMINI, N 8, RIEMER, SJZ 2004, 204). Sofern die Statuten die Ausübung der Befugnisse der Vereinsversammlung durch eine *Urabstimmung* vorsehen, dürfte sich (wie bei der Genossenschaft, o. N 24) das für den Fusionsbeschluss erforderliche Quorum nach dem Verhältnis der eingegangenen zustimmenden Stimmen zu den insgesamt eingegangenen Stimmen berechnen.

28 Wie das allgemeine vereinsrechtliche Quorum von Art. 67 Abs. 2 ZGB ist das Quorum von Art. 18 Abs. 1 lit. e als reines *Beschlussquorum* (Stimmquorum) ausgestaltet. Der Fusionsbeschluss kann deshalb ohne Rücksicht auf die Anwesenheit einer bestimmten Anzahl Stimmen gefasst werden. Nicht stimmberechtigte Vereinsmitglieder (insbesondere die nach Art. 68 ZGB vom Stimmrecht ausgeschlossenen Mitglieder) fallen bei der Bemessung des Quorums ausser Betracht (BK-RIEMER, Art. 67 ZGB N 56). Stimmenthaltungen sind (weil bei der Berechnung des Quorums auf die anwesenden Stimmen abgestellt wird) als «Nein»-Stimmen zu werten (BRÜCKNER, Personenrecht, Rz 1189; BSK ZGB I-HEINI/SCHERRER, Art. 67 N 11; **a.M.** BK-RIEMER, Art. 67 ZGB N 57). Das bisherige Recht kannte keine besonderen gesetzlichen Quoren für Fusionsbeschlüsse (vgl. GANTENBEIN, 236 f.; BK-RIEMER, Art. 76–79 ZGB N 71 ff.).

29 Wird ein Verein durch eine **KAG** übernommen, bedarf es auf Seiten des übertragenden Vereins zusätzlich zum Quorum von Art. 18 Abs. 1 lit. e der *schriftlichen Zustimmung* derjenigen Vereinsmitglieder, denen nach der Fusion die Stellung eines *unbeschränkt haftenden Gesellschafters* bei der übernehmenden KAG zukommen soll (Art. 18 Abs. 3; vgl. u. N 32 ff.).

6. Mehrheits- und Zustimmungserfordernisse bei der Kollektiv- und Kommanditgesellschaft (Abs. 2 und Abs. 3)

30 Der Fusionsvertrag bedarf bei den **Kollektiv-** und **Kommanditgesellschaften** seitens übernehmender wie übertragender Gesellschaft grundsätzlich der *Zustimmung aller Gesellschafter* (Art. 18 Abs. 2 Satz 1). Der Gesellschaftsvertrag kann allerdings vorsehen, dass hierfür die Zustimmung von mindestens drei Vierteln der Gesellschafter genügt (Art. 18 Abs. 2 Satz 2). Dies entspricht der allgemeinen Regel bei Personengesellschaften, wonach bei Kollektiv- und Kommanditgesellschaften Gesellschafterbeschlüsse nur mit Zustimmung aller Gesellschafter gefasst werden, es sei denn, der Gesellschaftsvertrag sehe etwas anderes vor (Art. 557 und Art. 598 i.V.m. Art. 534 OR; vgl. auch BSK OR II-HANDSCHIN, Art. 534 N 5, wonach Gesellschafterbeschlüsse, die zu einer Abänderung des Gesellschaftsvertrags führen, z.B. durch Erhöhung der Beitragspflicht oder Aufnahme neuer Mitglieder, nur einstimmig gefasst werden können, auch wenn Mehrheitsbeschlüsse vorgesehen sind, es sei denn, der Gesellschaftsvertrag sehe solche Beschlüsse ausdrücklich vor; a.M. GANTENBEIN, 238 f., der sowohl seitens der übertragenden als auch seitens der übernehmenden Gesellschaft von einem zwingenden Einstimmigkeitsquorum ausgeht). Die Einführung des vereinfachten Mehrheitserfordernisses von drei Vierteln der Gesellschafter bedarf, vorbehaltlich anders lautender vertraglicher Vereinbarung der Zustimmung aller Gesellschafter (vgl. Botschaft, 4418; Art. 64 N 31).

31 Sofern eine Kollektiv- oder Kommanditgesellschaft von einer **KAG** übernommen wird, bedarf es (seitens der übertragenden Kollektiv- oder Kommanditgesellschaft) zusätzlich zum Quorum von Art. 18 Abs. 2 der *Zustimmung* derjenigen Gesellschafter, denen nach der Fusion die Stellung eines *unbeschränkt haftenden Gesellschafters* bei der übernehmenden KAG zukommen soll (Art. 18 Abs. 3; vgl. u. N 32 ff.).

7. Zustimmung der unbeschränkt haftenden Gesellschafter bei der Übernahme durch KAG (Abs. 3)

32 Übernimmt eine **KAG** eine andere Gesellschaft, so bedarf es gemäss Art. 18 Abs. 3 «zusätzlich zu den Mehrheiten nach Absatz 1 lit. a «der *schriftlichen Zustimmung* aller Gesellschafter, die *unbeschränkt haften*. Gemäss Botschaft, 4418 f., soll die Bestimmung von Art. 18 Abs. 3 verhindern, dass den Gesellschaftern der *übertragenden* Gesellschaft,

die nach der Fusion die Stellung unbeschränkt haftender Gesellschafter erhalten, *gegen ihren Willen* neue Verpflichtungen auferlegt werden können (ebenso Begleitbericht zum Vorentwurf FusG, 33). Indem Art. 18 Abs. 3 die Zustimmung sämtlicher Gesellschafter der übertragenden Gesellschaft verlangt, welchen nach der Fusion bei der übernehmenden KAG die Stellung unbeschränkt haftender Gesellschafter zukommen soll, folgt er dem Grundsatz, das keinem Gesellschafter durch die Fusion ohne dessen Zustimmung eine Mehrbelastung auferlegt werden soll (vgl. o. N 2). Da die KAG in den Grenzen von Art. 4 befugt ist, auch andere Gesellschaften als Aktiengesellschaften oder Kommanditaktiengesellschaften zu übernehmen, erweist sich der Verweis in Art. 18 Abs. 3 auf die Mehrheiten in Abs. 1 lit. a als zu eng; richtigerweise muss er sich auch auf die in Art. 18 Abs. 1 lit. c–e und Abs. 2 statuierten Mehrheiten erstrecken (gl.M. Handkommentar FusG-JERMINI, N 10). Verweigert auch nur ein Gesellschafter seine Zustimmung nach Art. 18 Abs. 3, ist der Fusionsbeschluss abgelehnt. Den durch Art. 18 Abs. 3 geschützten Gesellschaftern kommt somit ein *Vetorecht* zu.

Hingegen findet Art. 18 Abs. 3 m.E. keine Anwendung auf die *unbeschränkt haftenden Gesellschafter* der *übernehmenden KAG* (**a.M.** Handkommentar FusG-JERMINI, N 10; VON SALIS-LÜTOLF, 121 f.). Deren Interessen im Zusammenhang mit einer Fusion werden (neben Art. 18 Abs. 1 lit. a) wie nach bisherigem Recht über Art. 765 Abs. 3 OR (Änderungen im Bestand der unbeschränkt haftenden Mitglieder bedürfen der Zustimmung der bisherigen Mitglieder der Verwaltung i.S.v. Art. 765 Abs. 1 OR und der Änderung der Statuten) und allenfalls Art. 766 OR (Beschlüsse über die Umwandlung des Gesellschaftszwecks, die Erweiterung oder Verengung des Geschäftsbereichs bedürfen der Zustimmung der Mitglieder der Verwaltung i.S.v. Art. 765 Abs. 1 OR) gewahrt (vgl. BSK OR II-BAHLSEN/WILDHABER, Art. 765 N 3 und Art. 766 N 1 ff.; REINHARDT, 83 ff.).

33

Abs. 3 sieht überdies vor, dass diejenigen Gesellschafter der übertragenden Gesellschaft, denen nach der Fusion die Stellung **unbeschränkt haftender Gesellschafter** zukommen soll, *schriftlich* zustimmen müssen. Damit dürfte wohl Schriftlichkeit i.S.v. Art. 13–15 OR gemeint sein. Aus dem Gesetz und den Materialien ergeben sich keine Hinweise, weshalb die Zustimmung schriftlich zu erfolgen hat. Die Erklärung über die Zustimmung ist, weil sie eine zusätzliche Voraussetzung für die Genehmigung des Fusionsvertrags darstellt, von der Stimmabgabe zum Fusionsvertrag nach Art. 18 Abs. 1 und Abs. 2 zu unterscheiden (ebenso ZK-GELZER, N 15); insbesondere kann in der Stimmabgabe für den Fusionsvertrag keine konkludente Erklärung über die Zustimmung nach Art. 18 Abs. 3 erblickt werden, und diese Stimmabgabe für den Fusionsvertrag begründet keine Pflicht zur Zustimmung nach Art. 18 Abs. 3, da andernfalls die mit dem Erfordernis der Schriftlichkeit bezweckte Warnfunktion (vgl. GAUCH/SCHLUEP/SCHMID, Rz 498) leer laufen würde. Es wäre daher möglich, dass der zustimmungsberechtigte Gesellschafter bei der eigentlichen Abstimmung zwar gegen den Fusionsvertrag stimmt, aber, nachdem die erforderliche Mehrheit zustande gekommen ist, trotzdem die notwendige Zustimmung erteilt (so auch die Regelung im deutschen Recht, vgl. SEMLER/STENGEL-GEHLING, § 13 N 60). Aus Art. 18 Abs. 3 ergibt sich, dass die schriftliche Zustimmung neben den erforderlichen Mehrheiten nach Abs. 1 und Abs. 2 ein zusätzliches Erfordernis für das Zustandekommen des Fusionsbeschlusses darstellt. Es sollte daher möglich sein, die Zustimmungserklärung auch *vor der Beschlussfassung* über den Fusionsvertrag einzuholen bzw. abzugeben. Da die Zustimmungserklärung schriftlich zu erfolgen hat, setzt sie, um wirksam zu sein, nicht die Teilnahme (sei es persönlich oder durch Vertretung) des zustimmungsberechtigten Gesellschafters an der Abstimmung über den Fusionsvertrag voraus. Hingegen dürfte es, da die schriftliche Zustimmung Voraussetzung für den Fusionsbeschluss ist (anders als im deutschen Recht, das gemäss § 13 Abs. 3 Satz 2 UmwG ausdrücklich die Möglichkeit der nach-

34

träglichen Einreichung von Zustimmungserklärungen vorsieht, vgl. SEMLER/STENGEL-REICHERT, § 50 N 47), nicht möglich sein, die Zustimmungserklärungen erst nachträglich, d.h. nach der Generalversammlung bzw. nach der Beschlussfassung der Gesellschafter über den Fusionsvertrag, beizubringen (**a.M.** ZK-GELZER, N 15, wonach die Zustimmung auch nach der Beschlussfassung erfolgen kann).

IV. Mehrheits- und Zustimmungserfordernisse im Fall der zwangsweisen Abfindung (Abs. 5)

35 Der Fusionsvertrag, der gemäss Art. 8 Abs. 2 lediglich eine **Abfindung** vorsieht (auch Squeeze-Out, Cash-Out oder Freeze-Out Merger genannt), bedarf gemäss Art. 18 Abs. 5 der Zustimmung von mindestens «90 Prozent der stimmberechtigten Gesellschafterinnen und Gesellschafter» der übertragenden Gesellschaft. Der VE FusG sah für solche Fälle noch die Zustimmung aller Gesellschafter vor. In der *Vernehmlassung* wurde gegen dieses Einstimmigkeitsquorum insbesondere vorgebracht, eine Fusion mit zwangsweiser Abfindung solle auch dann möglich sein, wenn nicht ganz alle Gesellschafter ihr zustimmen würden, ansonsten Querulanten eine an sich sinnvolle Fusion blockieren könnten (Botschaft, 4419; Vernehmlassungen, 169 f.; vgl. auch Art. 8 N 8 f.; kritisch HOPF, ST 2001, 50 f.).

36 Art. 18 Abs. 5 spricht von «stimmberechtigten Gesellschaftern». Damit sind in Anwendung von Art. 2 lit. f und lit. g die Inhaber von Anteils- und Mitgliedschaftsrechten gemeint, die in der betreffenden Gesellschaft über ein Stimmrecht verfügen. Inhaber von Anteilen ohne Stimmrecht (wie Partizipationsscheine oder Genussscheine) haben somit auch beim Beschluss über die Fusion mit Zwangsabfindung keine Mitsprachemöglichkeit (vgl. o. N 8; Art. 8 N 10; VON SALIS-LÜTOLF, 48 f.; vgl. auch die entsprechende Formulierung in Art. 23 Abs. 2 und Art. 43).

37 Art. 18 Abs. 5 umschreibt nicht näher, wie sich das **Quorum** von «90 Prozent der stimmberechtigten Gesellschafterinnen und Gesellschafter» berechnet. Der Wortlaut suggeriert, dass ungeachtet der bei einer Fusion involvierten Gesellschaftsformen die Zahl der Personen entscheidend sein soll (so KLÄY, 194 ff.). Das Abstellen auf die Zahl der Personen erweist sich als sachgerecht bei denjenigen Gesellschaften, bei denen die Willensbildung wie bei der Genossenschaft (Art. 885 OR) nach dem Kopfstimmprinzip erfolgt, nicht aber bei den Kapitalgesellschaften (AG, KAG und GmbH), da sich bei denen das Stimmrecht grundsätzlich nach dem Kapital bemisst (vgl. Art. 8 N 10; VON DER CRONE/GERSBACH, SZW 2004, 190; VON SALIS-LÜTOLF, 48; SCHLEIFFER, 21 f.). Da die Bestimmung von Art. 18 Abs. 5 (anders als die bei der Fusion von Kapitalgesellschaften, Genossenschaften und Vereinen zu beachtenden allgemeinen Quorumsbestimmungen von Art. 18 Abs. 1 und Abs. 2) nicht rechtsformspezifisch formuliert ist, muss sie m.E. *rechtsformspezifisch* ausgelegt und angewendet werden; ob sich bei der Beschlussfassung über einen Squeeze-Out Merger das Stimmrecht nach Köpfen oder Kapital richtet, bestimmt sich daher nach der jeweiligen *Gesellschaftsform* (ebenso ISLER/VON SALIS-LÜTOLF, 16 f.; VON SALIS-LÜTOLF, 48; **a.M.** KLÄY, 194 ff.). Ferner ist bei der Auslegung von Art. 18 Abs. 5 den allgemeinen fusionsrechtlichen Quorumsbestimmungen von Art. 18 Abs. 1 und Abs. 2 Rechnung zu tragen; das bedeutet, dass bei denjenigen Gesellschaftsformen, die bereits für den allgemeinen Fusionsbeschluss nach Abs. 1–4 ein Doppelquorum (z.B. bei der AG und KAG das Abstellen sowohl auf die Stimmen als auch die Aktiennennwerte) vorsehen, auch beim Beschluss über den Squeeze-Out Merger ein *Doppelquorum* Anwendung finden sollte (vgl. Art. 8 N 11; ZK-GELZER, N 34; GRONER, 400; GLANZMANN, 151; D'HOOGHE, 43 FN 234). Dies ergibt sich daraus, dass

das Quorum von Art. 18 Abs. 5 eine Verschärfung der allgemeinen Quoren von Abs. 1–4 darstellt (vgl. auch Art. 8 N 11). In Anbetracht des Wortlauts von Art. 18 Abs. 5 und des Willens des Gesetzgebers, die zwangsweise Abfindung nur unter erschwerten Voraussetzungen zuzulassen, ist folglich bei der Berechnung des Quorums auf die *Gesamtheit der Stimmen* (bemessen nach Köpfen oder Kapital) und nicht nur auf die an der Generalversammlung (i.S.v. Art. 2 lit. h) vertretenen Stimmen abzustellen (Art. 8 N 10, mit weiteren Ausführungen zur Berechnung; ZK-GELZER, N 33; VON PLANTA/ZARB, SZW 2004, 205; VON SALIS-LÜTOLF, 48 f.; **a.M.** VON DER CRONE ET AL., Rz 383; GRONER, 400; GLANZMANN, 151; D'HOOGHE, 43 FN 234). Wird zudem (bei der AG und KAG) auf die Aktiennennwerte abgestellt, so muss ebenfalls auf den Gesamtnennwert der Aktien abgestellt werden; bei der GmbH muss (wie bereits in Art. 18 Abs. 1 lit. c ausdrücklich vorgesehen) auf das gesamte Stammkapital abgestellt werden (Art. 8 N 10 f., mit weiteren Ausführungen zur Berechnung). Somit bedarf es bei der *AG* oder *KAG* im Fall eines Squeeze-Out Mergers der Zustimmung von mindestens 90 Prozent aller Aktienstimmen, die zudem mindestens 90 Prozent des Aktienkapitals vertreten (ausführlich hierzu Art. 8 N 11; **a.M.** VON DER CRONE ET AL., Rz 384, wonach die absolute Mehrheit der vertretenen Aktiennennwerte genügt). Ist eine *GmbH* beteiligt, ist die Zustimmung von mindestens 90 Prozent aller Gesellschafter erforderlich, die zudem mindestens 90 Prozent des Stammkapitals vertreten. Bei der *Genossenschaft* (sofern bei dieser Gesellschaftsform überhaupt ein Squeeze-Out Merger möglich oder praxisrelevant ist) bedarf der Beschluss über die Zwangsabfindung der Zustimmung von mindestens 90 Prozent aller Genossenschafter bzw. Delegierten. Beim *Verein* (sofern bei dieser Gesellschaftsform überhaupt ein Squeeze-Out Merger möglich oder praxisrelevant ist) ist die Zustimmung von mindestens 90 Prozent aller Stimmen der Mitglieder bzw. Delegierten notwendig. Sehen die Statuten die Urabstimmung vor, bedarf der Beschluss über den Fusionsvertrag der Zustimmung von mindestens 90 Prozent aller Genossenschafter bzw. Stimmen der Mitglieder.

Das in Art. 18 Abs. 5 statuierte Quorum stellt eine *Verschärfung* der allgemeinen fusionsrechtlichen Quoren dar, weshalb es *zusätzlich* zu diesen allgemeinen Quoren gilt. Soweit das Gesetz (wie in Abs. 1 lit. b oder Abs. 2) Einstimmigkeit vorsieht, gilt im Fall eines Squeeze-Out Mergers ebenfalls das absolute Einstimmigkeitsquorum (und nicht das Quorum vom Art. 18 Abs. 5). Kein über die ordentlichen Quoren und Zustimmungserfordernisse hinausgehende Mehrheit ist im Fall der Zwangsabfindung bei der übernehmenden Gesellschaft zu beachten (VON SALIS-LÜTOLF, 49). Sieht der Fusionsvertrag ein **Wahlrecht** zwischen einer Abfindung oder Anteils- und Mitgliedschaftsrechten an der übernehmenden Gesellschaft nach Art. 8 Abs. 1 vor, so finden im Gegensatz zur zwangsweisen Abfindung die ordentlichen Quoren von Art. 18 Abs. 1 und Abs. 2 Anwendung, da die Einräumung eines Wahlrechts unter dem Aspekt des Minderheitenschutzes unproblematisch ist (Art. 8 N 3 f.; vgl. auch ZK-GELZER, N 35; GLANZMANN, 151; ISLER/VON SALIS-LÜTOLF, 16; VON SALIS-LÜTOLF, 43). **38**

V. Mehrheits- und Zustimmungserfordernisse bei Zweckänderung auf Stufe der übertragenden Gesellschaft (Abs. 6)

Ergibt sich für die Gesellschafter der übertragenden Gesellschaft aus der Fusion eine **Zweckänderung** und ist hierfür aufgrund gesetzlicher, statutarischer oder vertraglicher Vorschriften eine andere (grössere) Mehrheit erforderlich als für den Fusionsbeschluss, so müssen nach Art. 18 Abs. 6 beide Mehrheitserfordernisse kumulativ erfüllt sein. Gemäss Botschaft soll durch diese Bestimmung verhindert werden, dass die Voraussetzungen für eine Änderung des Gesellschaftszwecks auf dem Weg einer Fusion umgangen **39** werden können (Botschaft, 4419; vgl. ZK-GELZER, N 36). Ob eine solche Zweckänderung vorliegt, hat sich aufgrund des unterschiedlichen Inhalts der Zweckartikel zu ergeben und nicht aufgrund derer unterschiedlichen Formulierung; denn sonst müsste (da bei einer Fusion wohl nur in den seltensten Fällen die Zweckartikel der übertragenden und übernehmenden Gesellschaften wörtlich übereinstimmen) die Beschlussfassung über den Fusionsbeschluss bei der übertragenden Gesellschaft stets über Abs. 6 erfolgen. Ferner sollte m.E. für diese Frage nur der Hauptzweck der an der Fusion beteiligten Gesellschaften relevant sein (ebenso ZK-GELZER, N 36, demzufolge es auf eine Änderung der Stossrichtung des Gesellschaftszwecks ankommt). Diese Bestimmung ist neu: unter bisheriger Rechtslage und Praxis bedurfte bei der übertragenden Gesellschaft der Beschluss über die Auflösung ohne Liquidation nicht kumulativ der Einhaltung des für eine Zweckänderung erforderlichen Mehrheitserfordernisses (vgl. FORSTMOSER/MEIER-HAYOZ/NOBEL, § 57 Rz 102 ff., TSCHÄNI, M&A-Transaktionen, 6. Kap. Rz 25). Da eine Zweckänderung bei der AG (Art. 704 Abs. 1 Ziff. 1 OR), GmbH (Art. 784 Abs. 2 OR) sowie der Genossenschaft (Art. 888 Abs. 2 OR) der gleichen qualifizierten Mehrheit wie der Fusionsbeschluss bedarf, bleibt dieses kumulative Mehrheitserfordernis, soweit die Statuten hierfür kein verschärftes Quorum vorsehen, ohne praktische Relevanz; gleiches gilt für die Kollektiv- und Kommanditgesellschaft, bei denen, vorbehältlich der Regelung zum Gesellschaftsvertrag, sowohl die Zweckänderung als auch die Fusion der Zustimmung aller Gesellschaften bedarf (ZK-GELZER, N 37). Zum Fall, dass mit der Fusion auf Stufe der übernehmenden Gesellschaft eine Kapitalerhöhung oder sonstige Statutenänderung verbunden ist, vgl. unten N 41 ff.

40 Es stellt sich die Frage, ob Art. 74 ZGB (nach dieser Bestimmung kann keine Umwandlung des Vereinszwecks einem Mitglied aufgenötigt werden, und das der Zweckumwandlung nicht zustimmende Vereinsmitglied kann den betreffenden Vereinsbeschluss gemäss Art. 75 ZGB anfechten oder umgehend aus wichtigem Grund aus dem Verein austreten; vgl. BSK ZGB I-HEINI/SCHERRER, Art. 74 N 10 ff. und Art. 75 N 1 ff.; BK-RIEMER, Art. 74 ZGB N 27 ff.) über Art. 18 Abs. 6 auch Anwendung beim Fusionsbeschluss des übertragenden Vereins beansprucht, sofern sich für dessen Mitglieder daraus eine Zweckumwandlung i.S.v. Art. 74 ZGB (zum Begriff der Zweckumwandlung vgl. BK-RIEMER, Art. 74 ZGB N 8 ff.) ergibt. Gestützt auf die Materialien (vgl. o. N 3) und den Regelungszweck von Art. 18 Abs. 6, wonach eine Zweckänderung (und damit eingeschlossen eine Zweckumwandlung beim Verein) nicht durch die Hintertür der Fusion möglich sein soll (vgl. o. N 39), ist dies zu bejahen (**a.M.** wohl RIEMER, SJZ 2004, 205). Zu beachten ist, dass Art. 74 ZGB nach heute vorherrschender Auffassung dispositives Recht ist und für Zweckumwandlungen statutarisch auch blosse Mehrheitsentscheidungen vorgesehen werden dürfen (BK-RIEMER, Art. 74 ZGB N 6 f., mit weiteren Hinweisen). Nach bisherigem Recht und bisheriger Praxis bedeutete der Fusionsbeschluss des übertragenden Vereins keine Zweckumwandlung, sofern nicht – wie u.U. bei Auflösung und sofortiger Neugründung – eine Umgehung von Art. 74 ZGB vorliegt (vgl. BGE 52 II 175, 183; BGE 53 II 1, 6; BK-RIEMER, Art. 74 ZGB N 25).

VI. Einzelfragen

1. Mehrheits- und Zustimmungserfordernisse bei Kapitalerhöhung/Statutenänderung auf Stufe der übernehmenden Gesellschaft

41 Ist mit der Fusion auf Stufe der übernehmenden Gesellschaft eine **Kapitalerhöhung** oder eine sonstige **Statutenänderung** (einschliesslich **Zweckänderung**) verbunden und gilt hierfür aufgrund gesetzlicher und statutarischer Vorschrift eine andere (grössere) Mehrheit, müssen bei der übernehmenden Gesellschaft beide Mehrheitserfordernisse erfüllt sein (ISLER/VON SALIS-LÜTOLF, 23). Dieser Grundsatz ist in Art. 18 zwar nicht explizit verankert, ergibt sich aber aus Art. 9 Abs. 1 und Art. 21 Abs. 2 und entspricht der Regelung unter bisherigem Recht (vgl. REBSAMEN, Rz 683; BSK OR II-TSCHÄNI, Art. 748 N 27 f.).

Bei der übernehmenden *AG* macht dieses Erfordernis unter Vorbehalt strengerer, über Art. 18 Abs. 1 lit. a FusG bzw. Art. 704 Abs. 1 OR hinausgehender statutarischer Bestimmungen insofern keinen Unterschied, als der mit der Kapitalerhöhung zwangsläufig verbundene Ausschluss des Bezugsrechts gemäss Art. 704 Abs. 1 Ziff. 6 OR der gleichen qualifizierten gesetzlichen Mehrheit bedarf wie der eigentliche Fusionsbeschluss (FORSTMOSER/MEIER-HAYOZ/NOBEL, § 57 Rz 115; BSK OR II-TSCHÄNI, Art. 748 N 28). Soll die Kapitalerhöhung aus genehmigten Kapital erfolgen, so bedarf es zu dessen Schaffung ebenfalls der qualifizierten gesetzlichen Mehrheit (Art. 704 Abs. 1 Ziff. 4 OR). **42**

Gemäss Art. 784 Abs. 3 OR können bei der *GmbH* Statutenänderungen, mit denen eine «Vermehrung der Leistungen oder eine Ausdehnung der Haftung der Gesellschafter» verbunden sind, nur mit Zustimmung aller Gesellschafter gefasst werden; nach allgemeiner Auffassung erfasst diese Bestimmung jede Kapitalerhöhung, weil eine solche zwangsläufig mit einer Erhöhung der Haftung nach Art. 802 OR verbunden ist (GANTENBEIN, 234 f.; HANDSCHIN, GmbH, § 25 Rz 22; MEIER-HAYOZ/FORSTMOSER, § 18 Rz 92; BSK OR II-SCHENKER, Art. 784 N 9; ZK-VON STEIGER, Art. 784 OR N 37; WOHLMANN, 32 und 103). Muss demnach bei der übernehmenden GmbH eine Kapitalerhöhung durchgeführt werden, so bedarf der Fusionsbeschluss (wie nach bisherigem Recht) der Zustimmung aller Gesellschafter (vgl. GANTENBEIN, 234 f.; HANDSCHIN, § 25 Rz 22). **43**

2. Statutarische Mehrheits- und Zustimmungserfordernisse

Die in Art. 18 aufgestellten Mehrheits- und Zustimmungserfordernisse dienen dem Gesellschafterschutz und insbesondere, weil sie als qualifizierte Mehrheits- und Zustimmungserfordernisse ausgestaltet sind, dem Minderheitsschutz (vgl. o. N 2); sie sind daher (wie generell qualifizierte gesetzliche Quoren: ZK-GELZER, N 5 und N 11; KLÄY, 208 FN 94; Art. 64 N 8; für die AG bzw. KAG vgl. BSK OR II-DUBS/TRUFFER, Art. 704 N 3a und N 13 ff.; ZK-TANNER, Art. 704 OR N 3; ZÄCH/SCHLEIFFER, 264 ff.; für die GmbH BSK OR II-SCHENKER, Art. 784 N 7; für die Genossenschaft vgl. BSK OR II-MOLL, Art. 888 N 7 ff.) als **einseitig zwingend** zu erachten und können dementsprechend statutarisch zwar erschwert, nicht aber erleichtert werden. In Anlehnung an die Regelung von Art. 704 Abs. 2 OR ist davon auszugehen, dass Statutenbestimmungen, die für die Fassung von Fusionsbeschlüssen grössere Mehrheiten als die vom Gesetz vorgeschriebenen festlegen, nur mit dem dafür vorgesehenen Mehr eingeführt werden können; ebenso ist bei der Abschaffung oder Lockerung von erschwerenden Mehrheitserfordernissen das zu beseitigende oder zu lockernde Quorum einzuhalten (zur diesbezüglichen Regelung im Aktienrecht vgl. BÖCKLI, Aktienrecht, § 12 Rz 395 und Rz 401 f.; BSK OR II-DUBS/TRUFFER, Art. 704 N 9; FORSTMOSER/MEIER-HAYOZ/NOBEL, § 24 Rz 49 und Rz 51; ZK-TANNER, Art. 704 OR N 91 ff.; ZÄCH/SCHLEIFFER, 265 f.). **44**

3. Reihenfolge und Durchführung der Beschlussfassung

Das FusG enthält keine Bestimmungen darüber, in welcher **Reihenfolge** die beteiligten Gesellschaften über den Fusionsvertrag abzustimmen haben. Wie unter bisherigem **45**

Recht (FORSTMOSER/MEIER-HAYOZ/NOBEL, § 57 Rz 120) können die Parteien des Fusionsvertrags darüber frei bestimmen (vgl. Handkommentar FusG-JERMINI, N 16; VON SALIS-LÜTOLF, 121). Sofern die Beschlüsse bei den beteiligten Gesellschaften nicht zeitgleich erfolgen, werden die Beschlüsse suspensiv bedingt gefasst (vgl. o. N 12).

46 Das FusG enthält keine allgemeinen Regeln, welche sich mit der **Durchführung der Generalversammlung** (einschliesslich der Delegiertenversammlung) i.S.v. Art. 2 lit. h bzw. der Beschlussfassung in der Kollektiv- und Kommanditgesellschaft (z.B. betreffend Einberufung, Traktandierung, Antragstellung, Vertretung, Protokollierung, Universalversammlung, Urabstimmung) befassen. Es gelten somit, soweit das FusG keine Sonderregelung (wie betreffend das Einsichtsrecht nach Art. 16 oder die Orientierung der Generalversammlung über die Konsultation der Arbeitnehmervertretung gemäss Art. 28 Abs. 2) enthält, die einschlägigen rechtsformspezifischen Vorschriften des ZGB und OR sowie die Statutenbestimmungen der betreffenden Gesellschaften (vgl. Handkommentar FusG-JERMINI, N 14).

4. Sanktionen und Rechtsschutz

47 Soweit ein nach dem Fusionsgesetz **nicht zuständiges Organ** den Beschluss über den Fusionsvertrag gefasst hat, ist der betreffende Beschluss als nichtig zu erachten (Art. 106 N 15 f., mit weiteren Ausführungen). Dies entspricht der bisherigen Rechtslage (vgl. FORSTMOSER/MEIER-HAYOZ/NOBEL, § 25 N 117; DRUEY, 148). Ebenfalls nichtig sind bei der AG und der KAG Fusionsbeschlüsse, die auf dem Weg der **Urabstimmung** gefasst wurden (vgl. BGE 67 I 346 f.; BSK OR II-DUBS/TRUFFER, Art. 698 OR N 7, mit weiteren Hinweisen).

48 Die Frage, ob die **Verletzung von Quorumsvorschriften** die **Nichtigkeit** des betreffenden Gesellschaftsbeschlusses oder bloss dessen **Anfechtbarkeit** zur Folge hat, wird in der Lehre und Praxis uneinheitlich und zudem je nach dabei involvierter Gesellschaftsform unterschiedlich beantwortet (für das Aktienrecht vgl. etwa BGE 86 II 78, 88; BÖCKLI, Aktienrecht, § 16 Rz 174 FN 340; ZK-BÜRGI, Art. 706 OR N 11; DRUEY, 144 ff.; BSK OR II-DUBS/TRUFFER, Art. 706b N 18; für das GmbH-Recht vgl. etwa HANDSCHIN, GmbH, § 10 Rz 60; RIEMER, Rz 276; für das Genossenschaftsrecht vgl. etwa BGE 78 III 33, 43 ff.; 80 II 271, 278; KassGer Freiburg, FZR 1999, 47; BSK OR II-MOLL, Art. 888 N 15 und Art. 891 N 18; für das Vereinsrecht BK-RIEMER, Art. 75 ZGB N 107 ff.). Davon ausgehend, dass formelle Fehler nur dann zur Nichtigkeit des betreffenden Beschlusses führen, wenn eine nachträgliche «Heilung», wie es sie bei anfechtbaren Beschlüssen nach unbenutztem Ablauf der Anfechtungsfrist gibt, als absolut unerträglich erscheint (Art. 106 N 12; vgl. auch BÖCKLI, Aktienrecht, § 16 Rz 175), sind nach der hier vertretenen Auffassung Fusionsbeschlüsse, die in Verletzung von Quorumsvorschriften ergehen, weil hier lediglich die Interessen der Gesellschafter und nicht die Grundstruktur der juristischen Person auf dem Spiel stehen, bloss als anfechtbar (und nicht als nichtig) zu betrachten und dies unabhängig davon, welche Gesellschaftsform involviert ist (ebenso Art. 106 N 17; **a.M.** wohl Handkommentar FusG-SCHENKER, Art 106 N 11, wonach sich die Frage der Nichtigkeit von Beschlüssen nach den jeweiligen rechtsformspezifischen Vorschriften beurteilt). Das FusG regelt nicht nur die gesetzlichen Beschlussquoren, sondern bestimmt auch, wann und in welchem Umfang hiervon abgewichen werden kann (vgl. o. N 44; Art. 106 N 17). Dies legt den Schluss nahe, dass sich auch die Rechtsfolgen von Verletzungen von *statutarischen* Quoren bei Fusionsbeschlüssen einheitlich nach dem FusG richten (ebenso Art. 106 N 17). Ist mit der Fusion eine Kapitalerhöhung oder sonstige Statutenänderung (einschliesslich Zweckänderung) verbunden, sind Quorumsmängel, welche die Kapitalerhöhung oder sonstige Statutenän-

5. Übergangsrecht und altrechtliche Statutenbestimmungen

Gemäss der Übergangsbestimmung von Art. 110 findet das FusG Anwendung auf Fusionen, Spaltungen, Umwandlungen und Vermögensübertragungen, die nach seinem Inkrafttreten beim Handelsregister zur Eintragung angemeldet werden (zum Zeitpunkt, wann eine Fusion beim Handelsregister zur Eintragung angemeldet ist, vgl. LEDERER, REPRAX 1/2004, 67). Beschlüsse betreffend Fusionen, die nach dem Inkrafttreten des FusG beim Handelsregister zur Eintragung angemeldet werden, müssen deshalb, selbst wenn sie noch vor Inkrafttreten des FusG gefasst worden sind, den Bestimmungen des FusG entsprechen (vgl. Botschaft, 4491; Art. 110 N 8; LEDERER, REPRAX 1/2004, 67).

Anders als das BG vom 4.10.1991 über die Änderung des Obligationenrechts (Die Aktiengesellschaft) enthält das FusG keine Art. 2 SchlB AG entsprechende Regelung. Damit fallen Statutenbestimmungen, die den neuen gesetzlichen Quorumsvorschriften nicht entsprechen, mit Inkrafttreten des FusG dahin bzw. entfalten bereits vor Inkrafttreten des FusG keine Wirkungen mehr bei Fusionen, die erst nach Inkrafttreten des FusG beim Handelsregister angemeldet werden. Umgekehrt behalten statutarische Mehrheits- und Zustimmungserfordernisse, die vor Inkrafttreten des FusG erlassen wurden und den neuen gesetzlichen Quorumsvorschriften nicht widersprechen (z.B. ein über in Art. 18 Abs. 1 lit. a hinausgehendes Quorum) auch unter der Herrschaft des FusG ihre Gültigkeit; diese ergibt sich aus dem einseitig zwingenden Charakter der in Art. 18 geregelten Mehrheits- und Zustimmungsvorschriften (vgl. o. N 44).

Unklar ist, was für **Statutenbestimmungen** gilt, welche bloss den *Wortlaut* der bisherigen gesetzlichen Regelung wiedergeben bzw. aus einem *Verweis* auf eine bestimmte, mit Inkrafttreten des FusG aufgehobene Gesetzesstelle bestehen. Diese Frage kann beispielsweise von praktischer Bedeutung sein im Fall der erleichterten Fusion nach Art. 23, bei der nach Art. 24 (*anders* als nach bisherigem Recht) kein Beschluss der Generalversammlung der übertragenden AG notwendig ist, die Statuten der übertragenden AG jedoch die Regelung von Art. 704 Abs. 1 Ziff. 8 altOR mehr oder weniger wörtlich wiedergeben. Hier ist in Anlehnung an die von BÖCKLI (Aktienrecht, 2. Aufl., Rz 2189 ff.) im Zusammenhang mit Art. 6 SchlB AG entwickelte Theorie davon auszugehen, dass Statutenbestimmungen, welche bloss mehr oder weniger wörtlich die bisherige gesetzliche Regelung wiedergeben bzw. nur aus einem Verweis auf eine nunmehr aufgehobene Gesetzesbestimmung bestehen und somit keinen eigenständigen normativen Gehalt aufweisen (was durch Auslegung der betreffenden Statutenbestimmung zu ermitteln ist), mit dem Wegfall der betreffenden Gesetzesbestimmung ihre Geltung verlieren und somit die entsprechende gesetzliche Quorumsordnung von Art. 18 gilt.

VII. Rechtsvergleich

Für das EU-Recht schreibt Art. 7 Abs. 1 und Abs. 3 EU-Fus-RL für die innerstaatliche Fusion von Aktiengesellschaften die Genehmigung des Verschmelzungsplanes (entspricht weitgehend dem Fusionsvertrag) durch die Hauptversammlungen der sich verschmelzenden Gesellschaften vor. Dieser Beschluss umfasst neben der Genehmigung des Verschmelzungsplanes auch die zu seiner Durchführung notwendigen Satzungsänderungen. Das für das Zustandekommen des Fusionsbeschlusses erforderliche Quorum muss mindestens zwei Drittel der vertretenen Wertpapiere oder des vertretenen gezeichneten Kapitals oder allenfalls eine Doppelmehrheit (einfache Mehrheit und mindestens

50 Prozent des Kapitals) betragen; Art. 18 Abs. 1 lit. a erfüllt demnach die europäischen Mindestvorschriften und geht sogar darüber hinaus (vgl. NUFER, 578). Ferner sieht das europäische Recht im Unterschied zur Regelung im FusG (vgl. o. N 8) bei Vorliegen verschiedener Gattungen von Aktien, sofern deren Rechte durch die Verschmelzung beeinträchtigt werden, Sonderversammlungen vor (Art. 7 Abs. 2 EU-Fus-RL). Mit Ausnahme der erleichterten Fusion nach Art. 23 f. sieht das FusG keine Möglichkeit vor, vom Erfordernis der Zustimmung der Generalversammlung zum Fusionsvertrag abzusehen. Damit hat der Gesetzgeber die in Art. 8 EU-Fus-RL unter gewissen Voraussetzungen vorgesehenen, generellen Ausnahmen von der Zustimmung durch die Haupt- bzw. Generalversammlung nicht aufgenommen (vgl. NUFER, 580). Zur Frage der Vereinbarkeit der reinen Barabfindung gemäss Art. 8 Abs. 2 mit der EU-Fus-RL vgl. Art. 8 N 24.

Art. 19

Austrittsrecht bei der Fusion von Vereinen

¹ Vereinsmitglieder können innerhalb von zwei Monaten nach dem Fusionsbeschluss frei aus dem Verein austreten.

² Der Austritt gilt rückwirkend auf das Datum des Fusionsbeschlusses.

Droit de sortie en cas de fusion d'associations

¹ Les membres de l'association sont libres de quitter cette dernière dans les deux mois qui suivent la décision de fusion.

² La sortie prend effet rétroactivement à la date de la décision de fusion.

Diritto di recesso in caso di fusione di associazioni

¹ I membri di associazioni possono recedere dall'associazione entro due mesi dalla decisione di fusione.

² Il recesso vale retroattivamente dalla data della decisione di fusione.

Literatur

Vgl. die Literaturhinweise zu Art. 18.

I. Allgemeines

1 Art. 19 regelt das **Austrittsrecht** von Vereinsmitgliedern bei Fusionen: Abs. 1 dessen Voraussetzungen und Abs. 2 den Zeitpunkt, in dem der Austritt aus dem Verein wirksam wird.

2 Art. 19 gibt dem Vereinsmitglied das Recht, im Fall einer Fusion aus seinem Verein *auszutreten*. Damit soll verhindert werden, dass ein Vereinsmitglied durch die Fusion gegen seinen Willen Gesellschafter in der übernehmenden Gesellschaft wird bzw. Mitglied eines Vereins bleibt, der einen anderen Verein oder eine Genossenschaft ohne Anteilscheine übernimmt. Art. 19 kodifiziert somit den bereits unter bisherigem Recht bestehenden *Grundsatz*, wonach Mitgliedern des untergehenden Vereins die Mitgliedschaft im übernehmenden Verein *nicht aufgezwungen* werden kann (vgl. BGE 53 II 1, 4; Handkommentar FusG-REICH, N 2; BSK ZGB I-HEINI/SCHERRER, Art. 76 N 10; BK-RIEMER, Art. 76–79 ZGB N 78; vgl. auch GLANZMANN, 152), geht aber, was das Austrittsrecht des Vereinsmitglieds im übernehmenden Verein anbelangt, über die bisherige Praxis hinaus (vgl. u. N 4). Das Austrittsrecht kann als Folge der *persönlichen Bindung* verstan-

den werden, die eine Mitgliedschaft in einem Verein mit sich bringt, und dient dem **Persönlichkeitsschutz** des einzelnen Mitglieds (vgl. AmtlBull StR 2001, 151 f.; Botschaft, 4419; ZK-GELZER, N 1; Handkommentar FusG-REICH, N 2; BK-RIEMER, Art. 70 ZGB N 270; VISCHER, BJM 1999, 309). Das Bestehen des Austrittsrechts nach Art. 19 erlaubt zudem, in Art. 18 auf die Zustimmung aller Vereinsmitglieder zu verzichten, wenn es sich bei der übernehmenden Gesellschaft um eine Gesellschaft mit Nachschusspflicht handelt (vgl. Botschaft, 4419; ZK-GELZER, N 3; VISCHER, BJM 1999, 309).

In der *Vernehmlassung* war (das in Art. 30 VE FusG vorgeschlagene Austrittsrecht fand sich noch in einem speziellen Abschnitt, der bei der «Fusion von Vereinen» zur Anwendung gelangen sollte) die gesetzliche Normierung eines besonderen Austrittsrechts für Vereinsmitglieder an sich unbestritten; es wurde jedoch vorgeschlagen, im Gesetz auch die finanziellen Folgen des Austritts (Anspruch auf Rückzahlung bereits bezahlter Mitgliederbeiträge, Anspruch auf das Vereinsvermögen bzw. auf angemessene Entschädigung, sofern in den Statuten vorgesehen) explizit zu umschreiben (Vernehmlassungen, 203). In der *parlamentarischen Beratung* wurde das Austrittsrecht von einer Minderheit im Ständerat angesichts der bereits heute bestehenden Austrittsmöglichkeiten nach Art. 70 ZGB als unnötig erachtet (AmtlBull StR 2001, 151 f.). Ferner wurde in der parlamentarischen Beratung die im VE FusG und E FusG enthaltene Einschränkung fallen gelassen, wonach das Austrittsrecht nur denjenigen Vereinsmitgliedern zusteht, die der Fusion nicht zugestimmt haben (AmtlBull NR 2003, 235 f.; AmtlBull StR 2003, 489).

II. Anwendungsbereich und Voraussetzungen (Abs. 1)

1. Anwendungsbereich

Da dem Persönlichkeitsschutz des Vereinsmitglieds dienend, aktualisiert sich das Austrittsrecht *bei jeder Fusion*, in die ein Verein involviert ist. Für die Anwendbarkeit von Art. 19 kann es deshalb keinen Unterschied machen, ob an einer Fusion ausschliesslich Vereine oder auch Gesellschaften beteiligt sind, die nicht in der Rechtsform des Vereins organisiert sind (vgl. Handkommentar FusG-REICH, N 5; Botschaft, 4419). Ebenso spielt es keine Rolle, ob das austrittswillige Vereinsmitglied Mitglied des übertragenden oder des übernehmenden Vereins ist (vgl. VON SALIS-LÜTOLF, 127). Nach bisheriger Praxis bestand ein Austrittsrecht für Mitglieder des übernehmenden Vereins nicht in jedem Fall; eine Fusion konnte aber einen Grund für einen Austritt aus wichtigen Gründen darstellen (BK-RIEMER, Art. 76–79 ZGB N 86). Das Austrittsrecht steht jedem Mitglied des Vereins zu, unabhängig davon, ob im betreffenden Verein mehrere Mitgliedschaftskategorien (Aktiv-, Passiv-, Ehrenmitglieder [ohne Stimmrecht] etc.) bestehen (vgl. RIEMER, SJZ 2004, 204 FN 16).

2. Voraussetzungen

Art. 19 Abs. 1 gewährt dem einzelnen Vereinsmitglied das Recht, «frei» aus dem Verein auszutreten. Dies bedeutet, dass das Austrittsrecht nach Art. 19 an sich *voraussetzungslos* besteht. Insbesondere muss das austretende Mitglied (im Unterschied zur allgemeinen vereinsrechtlichen Austrittsmöglichkeit aus wichtigem Grund; vgl. BGE 71 II 194, 197; BSK ZGB I-HEINI/SCHERRER, Art. 70 N 46; BK-RIEMER, Art. 70 ZGB N 285 ff.) hierfür keinen wichtigen Grund darlegen (AmtlBull StR 2001, 152; ZK-GELZER, N 5). Ferner ist der Austritt (im Unterschied zur Regelung des allgemeinen vereinsrechtlichen Austrittsrechts nach Art. 70 Abs. 2 ZGB), ausser, dass er gemäss Wortlaut von Art. 19 Abs. 1 innerhalb von zwei Monaten nach dem Fusionsbeschluss zu erfolgen hat (vgl. u. N 7 f.), an keine weiteren Fristen oder Kündigungstermine (vgl. u. N 14) gebunden.

Schliesslich ist für die Berechtigung zum Austritt nach Art. 19 Abs. 1 auch irrelevant, ob das austrittswillige Vereinsmitglied dem Fusionsbeschluss zugestimmt hat oder nicht (vgl. o. N 3).

6 Beim Austrittsrecht nach Art. 19 handelt es sich (wie beim allgemeinen vereinsrechtlichen Austrittsrecht nach Art. 70 Abs. 2 ZGB) um ein aufhebendes Gestaltungsrecht. Es kann als Befugnis des Vereinsmitglieds verstanden werden, durch einseitige, empfangsbedürftige Willenserklärung (Austrittserklärung) aus dem Verein auszutreten (vgl. BK-RIEMER, Art. 70 ZGB N 266; allgemein zu Gestaltungsrechten GAUCH/SCHLUEP/SCHMID, N 65). Entsprechend ihrer Natur als Gestaltungsrecht bzw. -geschäft (vgl. GAUCH/SCHLUEP/SCHMID, N 151; VON THUR/PETER, 146 f.) hat die **Austrittserklärung** unwiderruflich und unzweideutig zu erfolgen (Handkommentar FusG-REICH, N 8; BK-RIEMER, Art. 70 ZGB N 266). Hingegen kann die Ausübung an Bedingungen geknüpft werden, sofern trotz Bedingung bei der Gesellschaft, welche die Austrittserklärung empfängt, keine Unsicherheit über die Rechtslage entsteht bzw. die entstehende Rechtsunsicherheit zumutbar erscheint und die Interessen des Berechtigten an der Wirksamkeit des bedingten Gestaltungsrechts überwiegen (vgl. u. N 8; BK-RIEMER, Art. 70 ZGB N 266; VON SALIS-LÜTOLF, 128; BGE 123 III 246, 248; allgemein zur teilweisen Bedingungsfeindlichkeit von Gestaltungsrechten vgl. GAUCH/SCHLUEP/SCHMID, Rz 154 f. und GAUCH/SCHLUEP/REY, Rz 4218, je mit Hinweisen auf abweichende Lehrmeinungen). Eine *Begründungspflicht* besteht (wie beim Austrittsrecht nach Art. 70 Abs. 2 ZGB; vgl. BK-RIEMER, Art. 70 ZGB N 267) nicht und kann wegen des einseitig zwingenden Charakters von Art. 19 (vgl. u. N 14) auch nicht statutarisch oder im Fusionsvertrag vorgesehen werden. Das Gesetz schreibt für die Gültigkeit der Austrittserklärung keine *Form* vor; der Austritt kann daher in Anlehnung an die zum allgemeinen vereinsrechtlichen Austrittsrecht entwickelten Regeln auch mündlich erklärt werden, etwa zuhanden des Protokolls anlässlich der Vereinsversammlung, die über den Fusionsvertrag beschliesst. Abweichende Formvorschriften in den Statuten oder im Fusionsvertrag dürften auch beim Austrittsrecht nach Art. 19 zulässig sein, sofern sie den Austritt nicht wesentlich erschweren (Handkommentar FusG-REICH, N 8; BK-RIEMER, Art. 70 ZGB N 268).

7 Nicht ganz klar ist, ab welchem Zeitpunkt die in Art. 19 Abs. 1 statuierte **Austrittsfrist** von zwei Monaten zu laufen beginnt. Der Wortlaut von Art. 19 Abs. 1 nennt hierfür den *Zeitpunkt* des Fusionsbeschlusses, ohne aber zu spezifizieren, welcher der verschiedenen Fusionsbeschlüsse im Rahmen einer Fusion damit gemeint ist. Würde man auf den Fusionsbeschluss des betreffenden Vereins abstellen, müsste das Vereinsmitglied, um die Zweimonatsfrist zu wahren, seinen Austritt womöglich zu einem Zeitpunkt erklären, zu dem noch gar nicht feststeht, ob die Fusion zustande gekommen ist. Dies ist weder im Interesse des austrittswilligen Vereinsmitglieds noch im Interesse des übertragenden Vereins oder der übernehmenden Gesellschaft. Sinnvollerweise kann sich das Austrittsrecht erst aktualisieren, wenn Gewissheit über das Zustandekommen der Fusion besteht. Dies ist bei einer Fusion zwischen Vereinen, die nicht im Handelsregister eingetragen sind, dann der Fall, wenn die Fusionsbeschlüsse *aller* beteiligten Vereine vorliegen (Art. 22 Abs. 2; vgl. Art. 22 N 23). Bei einer Fusion, an der neben dem Verein noch andere Gesellschaften oder Vereine beteiligt sind, die im Handelsregister eingetragen sind, ist diesbezüglich auf die *Eintragung* im Handelsregister abzustellen (Art. 22 Abs. 1; vgl. Art. 22 N 1 ff.). Art. 19 Abs. 1 ist somit in Anlehnung an Art. 22 dahingehend zu verstehen, dass die Austrittsfrist (erst) mit Vorliegen der Fusionsbeschlüsse aller beteiligten Vereine (sofern diese nicht im Handelsregister eingetragen sind) bzw. mit Eintragung der Fusion im Handelsregister (sofern an der Fusion auch im Handelsregister eingetragene Vereine oder andere Gesellschaften beteiligt sind) zu laufen beginnt (zur Frage, ob

das austrittswillige Vereinsmitglied bereits vor Beginn dieser Frist seinen Austritt erklären kann vgl. u. N 8).

Als *empfangsbedürftiges* Gestaltungsgeschäft hat die Austrittserklärung spätestens am letzten Tag der Zweimonatsfrist beim betreffenden Verein bzw. bei der übernehmenden Gesellschaft einzutreffen (vgl. VON SALIS-LÜTOLF, 128; zur Regelung beim allgemeinen vereinsrechtlichen Austrittsrecht nach Art. 70 Abs. 2 ZGB vgl. BK-RIEMER, Art. 70 ZGB N 266 ff.). Erklärt das Vereinsmitglied seinen Austritt erst *nach Ablauf der Austrittsfrist*, so hat es das Austrittsrecht (wie beim Austritt aus wichtigen Gründen, vgl. BK-RIEMER, Art. 70 ZGB N 292) **verwirkt**. Ist das Austrittsrecht verwirkt, d.h. die Frist hierzu unbenutzt abgelaufen, steht dem Vereinsmitglied nur noch der Austritt (sofern überhaupt möglich) nach Massgabe der auf die übernehmende Gesellschaft anwendbaren gesetzlichen oder statutarischen Vorschriften offen. Da es sich beim Austrittsrecht um eine *Schutzvorschrift* zugunsten des einzelnen Vereinsmitglieds handelt, sollte es diesem möglich sein, den Austritt direkt im Anschluss an die Beschlussfassung über die Fusion zu erklären. In diesem Fall steht allerdings u.U. noch gar nicht fest, ob die Fusion zustande gekommen ist (vgl. o. N 7); die Austrittserklärung erfolgt deshalb unter der Bedingung, dass die Fusion wirksam wird (vgl. VON SALIS-LÜTOLF, 128, wonach die [bedingte] Ausübung des Austrittsrechts sogar bereits vor der Beschlussfassung zulässig sein soll).

III. Wirksamwerden des Austritts (Abs. 2)

Art. 19 Abs. 2 bestimmt, dass der Austritt «rückwirkend auf das Datum des Fusionsbeschlusses» seine **Wirksamkeit** erlangt. Mit Datum des Fusionsbeschlusses ist nach der hier vertretenen Auffassung (vgl. N 7) das *Datum* gemeint, an dem die Fusionsbeschlüsse *aller* beteiligten Vereine i.S.v. Art. 22 Abs. 2 vorliegen oder, allgemein ausgedrückt, an dem die Fusion gemäss Art. 22 Abs. 1 *rechtswirksam* wird (gl.M. GLANZMANN, 150). Erklärt das Vereinsmitglied seinen Austritt vor diesem Datum, wird der Austritt an diesem Datum wirksam; erklärt er ihn nach diesem Datum, so entfaltet der Austritt seine Wirkung rückwirkend auf dieses Datum. Aus Sicht der Vereinsmitglieder des übertragenden Vereins erfolgt die Mitgliedschaft in der übernehmenden Gesellschaft mithin resolutiv bedingt (Handkommentar FusG-REICH, N 10; VON SALIS-LÜTOLF, 128, spricht von einer suspensiv bedingten Mitgliedschaft der austretenden Mitglieder in der «kombinierten Gesellschaft»). Keinen Einfluss hat die Rückwirkung auf bereits vollzogene Rechtsgeschäfte oder Willenserklärungen, insbesondere behalten Beschlüsse der Vereinsversammlung ihre Gültigkeit, an denen das austrittswillige Vereinsmitglied vor der Erklärung seines Austritts mitgewirkt hat (vgl. GLANZMANN, 150).

IV. Auswirkungen des Austritts

Art. 19 regelt lediglich den Zeitpunkt des Eintretens der Wirkungen des Austritts (Art. 19 Abs. 2), nicht aber dessen **Auswirkungen**. Diese ergeben sich mangels eigener Regelung aus den auf das allgemeine vereinsrechtliche Austrittsrecht nach Art. 70 Abs. 2 ZGB anwendbaren gesetzlichen oder statutarischen Vorschriften (vgl. u. N 13).

Mit der Wirksamkeit des Austritts enden die aus der **Vereinsmitgliedschaft** fliessenden Rechte und Pflichten. Mangels anders lautender Statutenbestimmung hat das ausgeschiedene Mitglied gemäss Art. 73 Abs. 1 ZGB und der hierzu entwickelten Praxis keinen Anspruch auf das Vereinsvermögen; so kann es etwa weder Abfindungsansprüche geltend machen, noch eine Weiterdauer mitgliedschaftlicher Benutzungsrechte verlangen (BSK ZGB I-HEINI/SCHERRER, Art. 73 N 2 ff.; BK-RIEMER, Art. 73 ZGB N 9 ff.). Da der Austritt seine Wirkung (rückwirkend) auf das Datum des Wirksamwerdens der Fusion entfaltet, endet die **Beitragspflicht** i.S.v. Art. 71 Abs. 1 ZGB ebenfalls mit diesem Datum (Art. 19 Abs. 2 FusG i.V.m. Art. 73 Abs. 2 ZGB). Zu diesem Zeitpunkt noch offene, periodisch zu entrichtende Beiträge sind demnach *pro rata temporis* nachzuzahlen, bereits bezahlte Beiträge *pro rata temporis* zurückzuzahlen. Einmalige Beiträge (z.B. Eintrittsgelder) verbleiben hingegen mangels anders lautender Statutenbestimmung beim Verein bzw. bei der übernehmenden Gesellschaft (vgl. BSK ZGB I-HEINI/ SCHERRER, Art. 73 N 5; Handkommentar FusG-REICH, N 11; BK-RIEMER, Art. 73 ZGB N 14 f.).

12 Soweit eine **Beitragspflicht** zur Deckung von Vereinsschulden i.S.v. Art. 71 Abs. 2 ZGB oder eine **Nachschusspflicht** i.S.v. Art. 99 HRegV besteht, richtet sich die **Fortdauer der persönlichen Haftung** auch des ausscheidenden Mitglieds des übertragenden Vereins grundsätzlich nach den Regeln von Art. 26 (vgl. Handkommentar FusG-REICH, N 11). Der massgebende *Zeitpunkt* für die Fortdauer der persönlichen Haftung dürfte dabei in Anwendung von Art. 19 Abs. 2 der Zeitpunkt des Wirksamwerdens des Austritts aus dem Verein sein (und nicht die Veröffentlichung des Fusionsbeschlusses wie in Art. 26 statuiert), weshalb das austretende Mitglied nur für Vereinsschulden und Nachschusspflichten einzustehen hat, die während seiner Mitgliedschaft entstanden sind (gl.M. wohl auch Handkommentar FusG-REICH, N 11; ebenso die h.L. für das allgemeine vereinsrechtliche Austrittsrecht nach Art. 70 Abs. 2 ZGB, BSK ZGB I-HEINI/ SCHERRER, Art. 73 N 7; BK-RIEMER, Art. 73 ZGB N 17).

V. Einzelfragen

1. Verhältnis zum allgemeinen vereinsrechtlichen Austrittsrecht

13 Art. 19 regelt das Verhältnis zwischen dem Austrittsrecht nach Art. 19 und der *allgemeinen vereinsrechtlichen Austrittsmöglichkeit* nach Art. 70 Abs. 2 ZGB nicht explizit. Die Verweise in der parlamentarischen Beratung (AmtlBull StR 2001, 151 f.) auf das **allgemeine vereinsrechtliche Austrittsrecht** deuten darauf hin, dass der Gesetzgeber mit der Regelung von Art. 19 *keine abschliessende* Austrittsordnung bei Fusionen schaffen wollte und somit ein Austritt nach Massgabe und in den Grenzen von Art. 70 Abs. 2 ZGB bzw. der Statuten auch im Zusammenhang mit einer Fusion weiterhin möglich ist (vgl. Handkommentar FusG-REICH, N 6). Das Austrittsrecht nach Art. 19 kann daher als Unterart des allgemeinen vereinsrechtlichen Austrittsrechts verstanden werden, auf das die gesetzlichen und statutarischen Vorschriften des allgemeinen vereinsrechtlichen Austrittsrechts nach Art. 70 Abs. 2 ZGB Anwendung finden, sofern das FusG nichts anderes bestimmt.

2. Einseitig zwingender Charakter des Austrittsrechts bei der Fusion von Vereinen

14 Die Regelung von Art. 19 dient dem Schutz des einzelnen Vereinsmitglieds und ist daher als **einseitig zwingend** zu erachten. Es sollte deshalb möglich sein, die Voraussetzungen des Austrittsrechts zugunsten der Vereinsmitglieder statutarisch oder im Fusionsvertrag zu erleichtern, etwa durch Verlängerung der Ausübungsfrist von Art. 19 Abs. 1. Eine *Erschwerung* des Austrittsrechts, etwa durch Verkürzung der Ausübungsfrist oder durch Verpflichtung zur Leistung eines Austrittsgeldes, wäre (wie beim allgemeinen vereinsrechtlichen Austrittsrecht nach Art. 70 Abs. 2 ZGB) mit dem einseitig zwingenden Charakter der Regelung von Art. 19 nicht vereinbar (vgl. BSK ZGB I-HEINI/SCHERRER, Art. 70 N 45; BK-RIEMER, Art. 70 ZGB N 270 ff.; VON SALIS-LÜTOLF, 127 f.).

3. Rechtsschutz

Das FusG enthält keine spezifischen, den Austritt betreffende *Rechtsschutznormen*. Eine Klage auf Überprüfung der Wahrung der Anteils- oder Mitgliedschaftsrechte nach Art. 105 oder eine Klage auf Anfechtung der Fusion nach Art. 106 kommt beim Austritt, weil ausserhalb des Anwendungsbereichs dieser beiden Klagen liegend, nicht in Frage. Denkbar im Zusammenhang mit einem Austritt nach Art. 19 sind die *Klage auf Feststellung der Mitgliedschaft* bzw. *Nichtmitgliedschaft in der übernehmenden Gesellschaft* (vgl. BK-RIEMER, Art. 70 N 319 f. und Art. 75 ZGB N 141 f.) sowie eine *Forderungsklage*, z.B. auf *Rückerstattung zuviel einbezahlter Beiträge* (BK-RIEMER, Art. 73 ZGB N 35).

15

Art. 20

Öffentliche Beurkundung	¹ Der Fusionsbeschluss bedarf der öffentlichen Beurkundung. ² Bei der Fusion zwischen Vereinen findet diese Bestimmung keine Anwendung.
Acte authentique	¹ La décision de fusion fait l'objet d'un acte authentique. ² La présente disposition ne s'applique pas à la fusion entre associations.
Atto pubblico	¹ La decisione di fusione richiede l'atto pubblico. ² Questa disposizione non si applica alla fusione tra associazioni.

Literatur

Vgl. die Literaturhinweise zu Art. 18.

I. Allgemeines

Art. 20 Abs. 1 bestimmt, dass der Fusionsbeschluss der **öffentlichen Beurkundung** bedarf. Keine öffentliche Beurkundung ist gemäss Abs. 2 notwendig für die Fusionsbeschlüsse bei der Fusion zwischen Vereinen.

1

Der Text von Art. 20 hat in der *parlamentarischen Beratung* keine Änderung erfahren (AmtlBull StR 2001, 152; AmtlBull NR 2003, 236). Die Stellungnahmen zu dieser Bestimmung fielen in der *Vernehmlassung* unterschiedlich aus. So wurde von verschiedener Seite die Notwendigkeit der öffentliche Beurkundung von Fusionsbeschlüssen generell oder zumindest hinsichtlich der übernehmenden Gesellschaft in Frage gestellt. Ferner wurde vorgeschlagen, den Mindestinhalt der Urkunde auf Ebene des FusG gesetzlich zu verankern (Vernehmlassungen, 171 ff.).

2

Die öffentliche Beurkundung des Fusionsbeschlusses hat die Belegbeschaffung und die Schaffung zuverlässiger Grundlagen für den Registereintrag sowie die Kontrolle des rechtmässigen Ablaufs der Beschlussfassung zum Zweck (vgl. BRÜCKNER, Beurkundungsrecht, § 6 Rz 240 ff. und Rz 283 ff.; FORSTMOSER/MEIER-HAYOZ/NOBEL, § 14 Rz 70 ff.; ZK-GELZER, N 1; BSK ZGB I-SCHMID, Art. 9 N 12; vgl. auch Botschaft, 4419, wonach das Erfordernis der öffentlichen Beurkundung im Interesse der Rechtssicherheit gewährleisten soll, dass sich Zeitpunkt und Inhalt des Fusionsbeschlusses zweifelsfrei festlegen lassen).

3

4 Der *Begriff* der öffentlichen Beurkundung gehört nach h.L. (trotz Fehlens einer bundesrechtlichen Umschreibung) dem Bundesrecht an. Dieses bestimmt, welche Rechtsgeschäfte zu ihrer Gültigkeit der Form der öffentlichen Beurkundung bedürfen, sowie die Wirkungen beim Fehlen der Beurkundung (BRÜCKNER, Beurkundungsrecht, § 2 Rz 5 ff.; BSK ZGB II-SCHMID, Art. 55 SchlT N 1, 4 ff.). Nach Art. 55 SchlT ZGB verpflichtet Bundesrecht die Kantone, Vorschriften über das Beurkundungsverfahren und die Organisation des Notariatswesens aufzustellen. Diese haben ihr Beurkundungsverfahren in einer Weise auszugestalten, welche die Verwirklichung des vom Bund mit dem Formzwang verfolgten Zwecks gewährleistet, und dürfen keine Vorschriften erlassen, die dem Bundesrecht widersprechen oder die Anwendung des Bundesrechts unnötig erschweren (vgl. BGE 113 II 501, 503 f.; BGE 106 II 146, 147 f.; BGE 99 II 159, 162; BRÜCKNER, Beurkundungsrecht, § 2 Rz 8 ff.; BSK ZGB II-SCHMID, Art. 55 SchlT N 2, 7, 14).

5 Im FusG finden sich keine Vorschriften über das bei der Herstellung von öffentlichen Urkunden über Fusionsbeschlüsse zu beachtende Verfahren. Das **Verfahren** der Beurkundung von Fusionsbeschlüssen richtet sich demnach nach dem am Errichtungsort (d.h. am Ort, an dem die Beschlussfassung stattfindet) anwendbaren kantonalen Recht (vgl. BRÜCKNER, Beurkundungsrecht, § 90 Rz 2722 f.). Dementsprechend bestimmt sich die **örtliche Zuständigkeit** zur öffentlichen Beurkundung von Fusionsbeschlüssen im *innerkantonalen* Verhältnis nach kantonalem Recht (BRÜCKNER, Beurkundungsrecht, § 27 Rz 695 ff.; BK-KUMMER, Art. 9 ZGB N 28). Im *interkantonalen* Verhältnis ist vom Grundsatz der Freizügigkeit auszugehen; Fusionsbeschlüsse können deshalb an einem beliebigen Ort in der Schweiz öffentlich beurkundet werden, und die nach den dort geltenden Verfahrensvorschriften errichtete Urkunde muss in der ganzen Schweiz von jedem Kanton anerkannt werden (vgl. BGE 113 II 501, 504; BK-KUMMER, Art. 9 ZGB N 28; BSK ZGB I-SCHMID, Art. 9 N 18; BSK ZGB II-SCHMID, Art. 55 SchlT N 19). Die Frage der Anerkennung von im *Ausland* errichteten Urkunden über Fusionsbeschlüsse in der Schweiz ist eine Frage des internationalen Privatrechts und damit des Bundesrechts und richtet sich grundsätzlich nach den Regeln von Art. 31 IPRG und, da es sich um dem Handelsregister einzureichende Urkunden handelt, auch nach den Vorschriften von Art. 30 HRegV (vgl. Handkommentar FusG-JERMINI, N 5 ff.; BK-KÜNG, Art. 932 OR N 641 ff.; RIEMER, Rz 282; RITTER, 355 ff., 363).

II. Der öffentlichen Beurkundung unterliegende Fusionsbeschlüsse (Abs. 1)

1. Anwendungsbereich

6 Art. 20 Abs. 1 unterstellt (vorbehältlich Abs. 2) den Fusionsbeschluss der **öffentlichen Beurkundung**. Damit bedarf der Fusionsbeschluss sowohl der übertragenden als auch der übernehmenden Gesellschaft zwingend der öffentlichen Beurkundung und zwar unabhängig davon, ob seitens der übernehmenden Gesellschaft mit der Fusion eine Kapitalerhöhung oder eine sonstige Statutenänderung verbunden ist (Handkommentar FusG-JERMINI, N 2; MEIER-SCHATZ, Fusionsgesetz, 31). Ein Verzicht auf die öffentliche Beurkundung ist somit (wie unter bisherigem Recht) auch nicht durch sämtliche Gesellschafter der beteiligten Gesellschaften möglich. Art. 20 i.V.m. Art. 12 Abs. 2 und Art. 18 bestimmen ferner, dass nur der Fusionsbeschluss der öffentlichen Beurkundung unterliegt. Der Fusionsvertrag (dieser bedarf gemäss Art. 12 Abs. 2 lediglich der schriftlichen Form), der Beschluss des höchsten Leitungs- oder Verwaltungsorgans gemäss Art. 12 Abs. 1 über den Fusionsvertrag wie auch allfällige Verzichtserklärungen der Gesellschafter betreffend die Erstellung des Fusionsberichts (Art. 14 Abs. 2) oder des Prüfungsberichts (Art. 15 Abs. 2) oder betreffend das Einsichtsverfahren (Art. 16 Abs. 2)

5. Abschnitt: Fusionsbeschluss und Eintragung ins Handelsregister   7–9   **Art. 20**

bedürfen nicht der öffentlichen Beurkundung. Dementsprechend ist auch im Fall der erleichterten Fusion von Kapitalgesellschaften nach Art. 23 f. keine öffentliche Beurkundung erforderlich.

2. Öffentliche Beurkundung

Gegenstand der öffentlichen Urkunde bildet bei den als *juristische Personen* ausgestalteten Gesellschaften die *notarielle Protokollierung* der Beschlussfassung über den Fusionsbeschluss (vgl. ZK-GELZER, N 4; BRÜCKNER, Beurkundungsrecht, § 90 Rz 2709 ff., § 106 Rz 2963 ff. und Rz 2988 ff.). Ist mit der Fusion eine Kapitalerhöhung, sonstige Statutenänderung (einschliesslich Zweckänderung) oder eine Neugründung verbunden, hat die Beurkundung hierüber (sofern ein Beschluss der Generalversammlung notwendig ist, vgl. oben N 6) im Rahmen der Beurkundung des Fusionsbeschlusses zu erfolgen. Begreift man die Beschlussfassung über den Fusionsvertrag, die Kapitalerhöhung, die Statutenänderung oder die Neugründung materiell als einen Akt (vgl. Art. 18 N 11), sollte es hinsichtlich der Frage der Beurkundung keinen Unterschied machen, ob über die mit der Fusion verbundenen gesellschaftsrechtlichen Geschäfte getrennt oder in einem einzigen Beschluss abgestimmt wird. Dementsprechend ist m.E. der getrennt gefasste Beschluss der Generalversammlung über die Kapitalerhöhung, Statutenänderung oder Neugründung öffentlich zu beurkunden, selbst wenn für das betreffende Geschäft nach den einschlägigen rechtsformspezifischen Vorschriften (z.B. ist für die Neugründung einer Genossenschaft eine öffentliche Urkunde nicht vorgeschrieben; vgl. REBSAMEN, Rz 1038) an sich keine öffentliche Beurkundung erforderlich wäre. Bei der *Kollektiv-* und *Kommanditgesellschaft* hat die Beurkundung des Fusionsbeschlusses mangels eines der Generalversammlung entsprechenden Organs dadurch zu erfolgen, dass die Urkundsperson die vor ihm abgegebenen Zustimmungserklärungen der Gesellschaft beurkundet (ZK-GELZER, N 5). Nicht erforderlich ist dabei, dass alle Zustimmungserklärungen gleichzeitig abgegeben werden; der Fusionsbeschluss kommt zustande, sobald alle Gesellschafter ihre Zustimmung zum Fusionsvertrag gegeben haben (ZK-GELZER, N 5).

Art. 20 enthält keine Angaben darüber, welche **Belege** bei der Beschlussfassung über den Fusionsvertrag vorzuliegen haben. In Anlehnung an die Regelung von Art. 16 Abs. 1 ist davon auszugehen, dass der Generalversammlung bzw. den Gesellschaftern der übertragenden und der übernehmenden Gesellschaft der Fusionsvertrag mit den Fusionsbilanzen (bzw. den Zwischenbilanzen) der übertragenden Gesellschaften gemäss Art. 12 und 13, der Fusionsbericht gemäss Art. 14 (soweit nicht auf die Erstellung eines solchen gemäss Art. 14 Abs. 2 verzichtet wird) sowie der Prüfungsbericht gemäss Art. 15 (soweit nicht auf die Erstellung eines solchen gemäss Art. 15. Abs. 2 verzichtet wird) als Belege vorzulegen sind (vgl. ZH FusG- Textvorlagen 18.1.1 und 18.1.2; vgl. auch Vernehmlassungen, 173; zur Frage, welche dieser Dokumente als Belege bei der *Anmeldung* zur *Eintragung* der Fusion dem Handelsregister einzureichen sind vgl. Art. 21 N 18 ff.).

Müssen bei einer Fusion nach Art. 18 Abs. 3 Gesellschafter ihre **schriftliche Zustimmung** geben, hat die Urkundsperson das Vorhandensein der erforderlichen schriftlichen Zustimmungserklärungen in die öffentliche Urkunde aufzunehmen (vgl. BRÜCKNER, Beurkundungsrecht, § 103 Rz 2926). Erklären die betroffenen Gesellschafter ihre Zustimmung erst bei der Beschlussfassung über den Fusionsvertrag, so ist dem Erfordernis der schriftlichen Zustimmung Genüge getan, wenn sie die öffentliche Urkunde über den Fusionsbeschluss unterzeichnen (vgl. BRÜCKNER, Beurkundungsrecht, § 5 Rz 108). Anders als im deutschen Recht (vgl. § 13 Abs. 3 Satz 1 UmwG) sind die Zustimmungserklärungen (ungeachtet, ob sie vor oder im Rahmen der Beschlussfassung über den

Fusionsvertrag abgegeben werden) nicht öffentlich zu beurkunden (ebenso ZK-GELZER, N 9).

10 Nach heute herrschender Auffassung ist die **Urabstimmung** auch bei Beschlüssen zulässig, die der öffentlichen Beurkundung bedürfen (BRÜCKNER, SJZ 1998, 33 ff.; KÜNG, BN 1997, 15 f.; ZK-VON STEIGER, Art. 777 OR N 39; BSK OR II-TRUFFER/DUBS, Art. 808 N 24; kritisch HANDSCHIN, GmbH, § 10 Rz 52 f.). Somit können die öffentlich zu beurkundenden Fusionsbeschlüsse bei der GmbH, der Genossenschaft und beim Verein auch auf dem Weg der Urabstimmung (soweit diese Form der Abstimmung statutarisch vorgesehen ist, vgl. Art. 18 N 6) gefasst werden (ebenso ZK-GELZER, N 6; zum Verfahren vgl. BRÜCKNER, SJZ 1998, 33 ff.; ZK-GELZER, N 10).

11 Die Regelung von Art. 20 Abs. 1 entspricht bei der AG, der KAG und der GmbH insofern der **bisherigen Rechtslage**, als für den Beschluss der übertragenden AG, KAG und GmbH, da mit der Fusion die Auflösung (Art. 736 Ziff. 2 und Art. 820 Ziff. 2 OR) verbunden ist, ebenfalls die öffentliche Beurkundung verlangt wurde (Botschaft, 4419 f.; REBSAMEN, Rz 682; FORSTMOSER/MEIER-HAYOZ/NOBEL, § 57 Rz 107; BSK OR II-TSCHÄNI, Art. 748 N 26). Hingegen genügte nach bisheriger Praxis etwa auf Stufe der übernehmenden AG bzw. KAG, eine entgegenstehende Statutenbestimmung vorbehalten und sofern damit keine Kapitalerhöhung und/oder Statutenänderung verbunden war, zur Genehmigung des Fusionsvertrags ein Verwaltungsratsbeschluss in einfacher Schriftform (REBSAMEN, Rz 694). Ferner bedurfte nach bisherigem Recht der Fusionsbeschluss bei Genossenschaften weder bei der übertragenden noch bei der übernehmenden Genossenschaft der öffentlichen Beurkundung; es genügten Protokolle in Schriftform (BSK OR II-MOLL, Art. 879 N 16; REBSAMEN, Rz 1220; RIEMER, Rz 282).

III. Nicht der öffentlichen Beurkundung unterliegende Fusionsbeschlüsse (Abs. 2)

12 Art. 20 Abs. 2 statuiert eine **Ausnahme** vom allgemeinen Beurkundungserfordernis nach Abs. 1 für Fusionsbeschlüsse bei der «Fusion zwischen Vereinen». Art. 20 Abs. 2 spricht von «Fusion zwischen Vereinen» (in der französischen Fassung «fusion entre associations» bzw. in der italienischen Fassung «fusione tra associazioni») und nicht, wie in Art. 19, von «Fusion von Vereinen» («fusion d'associations» bzw. «fusione di associazioni»). Daraus lässt sich der Schluss ziehen, dass der Gesetzgeber nur bei Fusionen, an denen *ausschliesslich* Vereine beteiligt sind, eine Ausnahme vom allgemeinen Beurkundungserfordernis nach Art. 20 Abs. 1 machen wollte und in allen übrigen Fällen. d.h. wenn bei der Fusion auch Gesellschaften involviert sind, die nicht als Verein organisiert sind, der Fusionsbeschluss des Vereins ebenfalls der öffentlichen Beurkundung nach Art. 20 Abs. 1 bedarf (ebenso ZK-GELZER, N 18; VON SALIS-LÜTOLF, 126). Hingegen ist es für die Frage der öffentlichen Beurkundung unbeachtlich, ob die an der Fusion beteiligten Vereine im Handelsregister eingetragen sind oder nicht.

13 Die Gesetz gewordene Regelung entspricht, soweit an der Fusion ausschliesslich Vereine beteiligt sind, der *allgemeinen Ordnung* im Vereinsrecht, wonach Beschlüsse (sofern in den Statuten nicht anders geregelt) generell (auch im Fall von Statutenänderungen) nicht der öffentlichen Beurkundung bedürfen (vgl. RIEMER, Rz 282; REBSAMEN, Rz 1334).

IV. Rechtsschutz und Sanktionen

Das FusG befasst sich nicht explizit mit den Folgen der Verletzung der Vorschriften von Art. 20. Nach allgemeiner Auffassung bewirkt das **Fehlen der öffentlichen Beurkundung** grundsätzlich die *Nichtigkeit* des betreffenden Beschlusses (BÖCKLI, Aktienrecht, Rz 136; Entscheid der Direktion der Justiz und des Innern des Kantons Zürich vom 9.9.2001, REPRAX 3/2001, 50 f.). Im Einzelfall kann allerdings eine *Heilung*, z.B. nach erfolgtem Handelsregistereintrag erfolgen (BGE 78 III 33, 43 ff.; Heilung eines nichtigen Beschlusses, der nach erfolgter Eintragung im Handelsregister während mehrerer Jahre nicht in Frage gestellt wurde; RIEMER, Rz 282, unter Verweis auf BGE 78 III 33, 43 ff.; ZK-TANNER, Art. 706b OR N 124; kritisch FORSTMOSER/MEIER-HAYOZ/NOBEL, § 25 Rz 117, wonach ein Handelsregistereintrag grundsätzlich nichtige Beschlüsse nicht heilen kann; hiervon können allerdings Ausnahmen zum Schutz gutgläubiger Dritter gemacht werden; **a.M.** ZR 1982 Nr. 17, 44: keine Heilung von nichtigen Beschlüssen infolge Handelsregistereintrags). Dementsprechend sind Fusionsbeschlüsse, die in Verletzung von Art. 20 ergehen, grundsätzlich als *nichtig* zu betrachten; eine *Heilung* ist aber denkbar, wenn inzwischen der Handelsregistereintrag erfolgte und die Fusion nicht angefochten wurde.

14

V. Rechtsvergleich

Im **EU-Recht** ist der Fusionsbeschluss der Hauptversammlung grundsätzlich öffentlich zu beurkunden (Art. 16 Abs. 1 EU-Fus-RL). Dabei hat der beurkundende Notar das Vorliegen, die Rechtmässigkeit der Rechtshandlungen und Förmlichkeiten sowie das Vorliegen und die Rechtmässigkeit des Verschmelzungsplans zu prüfen und zu bestätigen (Art. 16 Abs. 2 EU-Fus-RL).

15

Art. 21

Eintragung ins Handelsregister	[1] Sobald der Fusionsbeschluss aller an der Fusion beteiligten Gesellschaften vorliegt, müssen deren oberste Leitungs- oder Verwaltungsorgane dem Handelsregisteramt die Fusion zur Eintragung anmelden. [2] Muss die übernehmende Gesellschaft infolge der Fusion ihr Kapital erhöhen, so sind dem Handelsregisteramt zusätzlich die geänderten Statuten und die erforderlichen Feststellungen über die Kapitalerhöhung (Art. 652g OR) zu unterbreiten. [3] Die übertragende Gesellschaft wird mit der Eintragung der Fusion im Handelsregister gelöscht. [4] Diese Bestimmung findet keine Anwendung auf Vereine, die im Handelsregister nicht eingetragen sind.
Inscription au registre du commerce	[1] Une fois la décision de fusion prise par l'ensemble des sociétés qui fusionnent, leurs organes supérieurs de direction ou d'administration requièrent l'inscription de la fusion au registre du commerce. [2] Si la société reprenante doit augmenter son capital en raison de la fusion, les statuts modifiés et les constatations requises quant à l'augmentation du capital (art. 652*g* CO) sont également soumis à l'office du registre du commerce.

Art. 21 1, 2   2. Kapitel: Fusion von Gesellschaften

	³ La société transférante est radiée du registre du commerce par l'inscription de la fusion.
	⁴ La présente disposition ne s'applique pas aux associations qui ne sont pas inscrites au registre du commerce.
Iscrizione nel registro di commercio	¹ Quando la decisione di fusione è stata presa dall'insieme delle società partecipanti alla fusione, gli organi superiori di direzione o di amministrazione di queste ultime devono chiedere l'iscrizione della fusione all'ufficio del registro di commercio.
	² Se la società assuntrice deve aumentare il suo capitale a causa della fusione, vanno parimenti sottoposti all'ufficio del registro di commercio lo statuto modificato e i necessari accertamenti relativi all'aumento del capitale (art. 652g CO).
	³ La società trasferente è cancellata dal registro di commercio all'atto dell'iscrizione della fusione.
	⁴ Il presente articolo non si applica alle associazioni che non sono iscritte nel registro di commercio.

Inhaltsübersicht   Note

    I. Allgemeines 1
   II. Anmeldung zur Eintragung der Fusion (Abs. 1 und Abs. 2) 4
      1. Eintragungspflicht 4
      2. Zuständigkeit zur Anmeldung 6
      3. Anmeldende Personen und Form der Anmeldung 8
      4. Zeitpunkt der Anmeldung 11
      5. Anmeldung der Kapitalerhöhung/Statutenänderung 15
      6. Örtliche Zuständigkeit 17
      7. Einzureichende Belege 18
      8. Kognition des Handelsregisterführers 35
  III. Eintragung der Fusion ins Handelsregister (Abs. 3) 36
      1. Eintragung der Fusion und Löschung der übertragenden Gesellschaft ... 36
      2. Einzutragende Tatsachen 41
  IV. Ausnahmen für nicht im Handelsregister eingetragene Vereine (Abs. 4) ... 42
   V. Rechtsvergleich 45

Literatur

Vgl. die Literaturhinweise zu Art. 18.

I. Allgemeines

1 Art. 21 befasst sich mit der **Eintragung** der Fusion und der allenfalls damit auf Stufe der übernehmenden Gesellschaft verbundenen Kapitalerhöhung ins Handelsregister (Abs. 1 und Abs. 2). Ferner befasst sich Art. 21 mit der **Löschung** der übertragenden Gesellschaft nach erfolgter Eintragung der Fusion ins Handelsregister (Abs. 3). Schliesslich ordnet Abs. 4 an, dass die in Abs. 1–3 aufgestellten Regeln keine Anwendung auf Vereine finden, die nicht im Handelsregister eingetragen sind.

2 Art. 21 erfuhr in der *parlamentarischen Beratung* keine Änderung (AmtlBull StR 2001, 152; AmtlBull NR 2003, 236). Der VE FusG sah in Art. 20 Abs. 3 noch explizit vor, dass die übertragende Gesellschaft mit der Eintragung der Fusion von Amtes wegen zu löschen sei. In der *Vernehmlassung* wurde vorgeschlagen, Art. 21 Abs. 1 VE FusG dahingehend zu ändern, dass die Anmeldung erst erfolgen könne, wenn alle Bedingungen des Fusionsvertrags erfüllt seien (Vernehmlassungen, 176). Ferner wurde vorgeschlagen, die Löschung der übertragenden Gesellschaft im Fall, dass die fusionierenden Gesellschaften ihren Sitz in verschiedenen Registerbezirken haben, analog den Regeln zur Sitzverlegung gemäss Art. 49 Abs. 3 und Abs. 4 HRegV vorzunehmen (Vernehmlassungen, 177 f.). Auch wurde auf die Praxis der Handelsregisterbehörden hingewiesen, gemäss der die Löschung infolge Fusion erst erfolgt, wenn die kantonalen und eidgenössischen Steuerbehörden den Handelsregisterführer hierzu ermächtigt haben (Vernehmlassungen, 178).

Begründet werden kann die Pflicht zur Eintragung von Fusionen ins Handelsregister (und der anschliessenden Publikation im SHAB) damit, dass aufgrund der umfangreichen Auswirkungen einer Fusion auf die Struktur der beteiligten Gesellschaften und der damit zusammenhängenden Folgen für ihre Mitglieder, Gläubiger und Arbeitnehmer ein *öffentliches Interesse* an der Publikation von Fusionen besteht (vgl. GANTENBEIN, 243 f.; allgemein zu Zweck und Funktion des Handelsregisters vgl. BK-KÜNG, Art. 927 OR N 11 ff.; MEIER-HAYOZ/FORSTMOSER, § 6 Rz 5 ff.). 3

II. Anmeldung zur Eintragung der Fusion (Abs. 1 und Abs. 2)

1. Eintragungspflicht

Aus Art. 21 Abs. 1 i.V.m. Abs. 3 ergibt sich, dass mit Ausnahme der Vereine, die nicht im Handelsregister eingetragen sind (vgl. u. N 42 ff.), eine uneingeschränkte **Eintragungspflicht** der Fusion für alle daran beteiligten Gesellschaften besteht. Eine Eintragungspflicht besteht somit insbesondere auch dann, wenn bei der übernehmenden Gesellschaft keine Statutenänderung vorgesehen ist. 4

Für die AG und die KAG (vgl. Art. 748 Ziff. 7 und Art. 770 Abs. 3 altOR) und im Rahmen einer Kombinationsfusion auch für die neugegründete AG bzw. KAG (vgl. Art. 749 Abs. 3 Ziff. 3 altOR) entspricht die Regelung von Art. 21 Abs. 1 der bisherigen Praxis. Diese verlangte selbst dann eine Eintragung der Fusion, wenn auf Stufe der übernehmenden AG oder KAG mit der Fusion keine Kapitalerhöhung oder sonstige Statutenänderung verbunden war (KÜNG, SZW 1991, 251; FORSTMOSER/MEIER-HAYOZ/NOBEL, § 57 Rz 135; BSK OR II-TSCHÄNI, Art. 748 N 30). Bei der Genossenschaft bedurfte bereits unter der bisherigen Rechtslage und Praxis der Fusionsbeschluss sowohl der übertragenden als auch der übernehmenden Genossenschaft der Eintragung ins Handelsregister (Art. 914 Ziff. 7 altOR; vgl. GANTENBEIN, 34; BSK OR II-HÜNERWADEL, Art. 914 N 7; REBSAMEN, Rz 1223 ff.). 5

2. Zuständigkeit zur Anmeldung

Gemäss Art. 105 Abs. 1 HRegV muss jede Gesellschaft, die an der Fusion beteiligt ist, die sie betreffenden Tatsachen selber zur Eintragung in das Handelsregister anmelden. *Zuständig* für die Einreichung der Anmeldungen sind die obersten Leitungs- oder Verwaltungsorgane der beteiligten Gesellschaften (vgl. u. N 8 f.); bei einer Kombinationsfusion erfolgt die Anmeldung der Fusion seitens der zu gründenden Gesellschaft (entsprechend der bisherigen Praxis; vgl. REBSAMEN Rz 701 ff.) durch deren designierte Organe. 6

Die getroffene Regelung entspricht der bisherigen Praxis (vgl. REBSAMEN, Rz 677 ff.). Die *Löschung* der übertragenden Gesellschaft im Handelsregister erfolgt nicht von Am- 7 tes wegen, wie dies der Wortlaut von Art. 21 Abs. 3 bzw. Art. 3 Abs. 2 allenfalls suggeriert, sondern bedarf weiterhin der Anmeldung durch die übertragende Gesellschaft (vgl. Art. 105 Abs. 1 HRegV).

3. Anmeldende Personen und Form der Anmeldung

8   Art. 21 Abs. 1 bestimmt, dass die Anmeldung zur Eintragung der Fusion durch die *obersten Leitungs- oder Verwaltungsorgane* der an der Fusion beteiligten Gesellschaften zu erfolgen hat. Damit wird klargestellt, dass die Anmeldung der Fusion wie unter bisherigem Recht Sache des obersten Leitungs- oder Verwaltungsorgans ist (vgl. REBSAMEN, Rz 37).

9   Hinsichtlich der **Unterzeichnung** der Anmeldung finden gemäss Botschaft die einschlägigen rechtsformspezifischen Vorschriften Anwendung (Botschaft, 4420). Damit bleiben auch für Fusionen nach neuem Recht die im ZGB, OR und in der HRegV zur Bestimmung der anmeldepflichtigen Personen aufgestellten Vorschriften massgebend (Handkommentar FusG-PASSADELIS, N 4). Dementsprechend hat die Anmeldung bei der übernehmenden *AG* oder *KAG* durch den Präsidenten des Verwaltungsrats oder seinen Stellvertreter sowie durch den Sekretär oder ein zweites Mitglied des Verwaltungsrats zu erfolgen, bei einem einzigen Verwaltungsratsmitglied durch diesen allein (Art. 22 Abs. 2 HRegV und Art. 640 Abs. 2 OR). Bei der *GmbH* ist die Anmeldung von allen Geschäftsführern zu unterzeichnen (Art. 780 Abs. 2 OR; REBSAMEN, Rz 822). Bei der *Genossenschaft* obliegt die Anmeldung dem Präsidenten oder seinem Stellvertreter zusammen mit dem Sekretär oder einem zweiten Mitglied der Verwaltung (Art. 22 Abs. 2 HRegV und Art. 835 Abs. 3 OR). Beim im *Handelsregister eingetragenen Verein* erfolgt die Anmeldung durch den Präsidenten oder seinen Stellvertreter zusammen mit dem Sekretär oder einem zweiten Vorstandsmitglied (Art. 22 Abs. 2 HRegV; zu den Einzelheiten vgl. BK-RIEMER, Art. 61 ZGB N 34). Bei der *Kollektiv-* und *Kommanditgesellschaft* schliesslich sind für die Anmeldung alle Gesellschafter zuständig (Art. 556 Abs. 1 und Art. 597 Abs. 1 OR; zur Ausnahme von diesem Erfordernis bei Personengesellschaften mit grossem Gesellschafterkreis vgl. WATTER/VON PLANTA, JBHReg 1993, 75 ff.). Unter dem Stellvertreter des Präsidenten versteht die herrschende Registerpraxis den im Handelsregister eingetragenen Vizepräsidenten des Verwaltungsrats bzw. der Verwaltung; als Sekretär des Verwaltungsrats bzw. der Verwaltung gilt, wer in dieser Eigenschaft im Handelsregister eingetragen ist (BK-KÜNG, Art. 932 OR N 99).

10 Die Anmeldung kann gemäss Art. 19 Abs. 1 HRegV mündlich oder schriftlich erfolgen (zu den Einzelheiten vgl. Art. 23 HRegV und BK-KÜNG, Art. 932 OR N 91 ff.).

4. Zeitpunkt der Anmeldung

11 Art. 21 Abs. 1 bestimmt, dass die Fusion beim Handelsregister anzumelden ist, sobald der Fusionsbeschluss aller an der Fusion beteiligten Gesellschaften vorliegt. Die Fusion kann erst eingetragen werden, wenn alle beteiligten Gesellschaften ihre Anmeldung eingereicht haben (vgl. Art. 105c Satz 1 HRegV). Das Vorliegen aller Anmeldungen der beteiligten Gesellschaften ist daher Voraussetzung für die Eintragung der Fusion (und damit für jede einzelne Anmeldung) im Sinne von Art. 19 Abs. 2 HRegV. Ferner kann die Anmeldung erst erfolgen, wenn alle gesetzlichen oder vertraglichen Vollzugsbedingungen erfüllt sind (vgl. u. N 12 f.; Art. 51 N 4; VON DER CRONE ET AL., Rz 253).

12 Art. 21 Abs. 1 geht ferner von einer gewissen *zeitlichen Nähe* zwischen den Fusionsbeschlüssen und den Anmeldungen aus, verzichtet aber, anders als Art. 650 Abs. 3 OR, auf eine genaue Fixierung des für die jeweiligen Anmeldungen einzuhaltenden Zeitrahmens

(Handkommentar FusG-PASSADELIS, N 5). Davon ausgehend, dass bei Fusionen, die etwa der Genehmigung oder Freistellung durch Wettbewerbs- oder sonstige Behörden unterliegen, das entsprechende Verfahren mehrere Monate dauern kann und die Anmeldung erst erfolgen kann, wenn alle notwendigen Genehmigungen und Freistellungen vorliegen und auch alle übrigen Bedingungen erfüllt sind, an die der Fusionsvertrag geknüpft ist, erscheint der Verzicht des Gesetzgebers auf die Normierung einer fixen Frist für die Anmeldung zur Eintragung der Fusion als sachgerecht (Handkommentar FusG-PASSADELIS, N 5; zu den Rechtsfolgen, die eintreten, wenn trotz Vorliegens eines meldepflichtigen Zusammenschlusses nach Art. 34 KG die Anmeldung der Fusion erfolgt und eingetragen wird, vgl. u. N 13 und Art. 22 N 21 f.). Bedauerlich ist hingegen, dass der Gesetzgeber im Zuge der Schaffung des FusG nicht auch Art. 650 Abs. 3 OR entsprechend revidiert hat (vgl. VON BÜREN, 52 ff.; BSK OR II-ZINDEL/ISLER, Art. 650 N 35a). Somit ist auch unter neuem Recht bei einer Fusion, die auf Stufe der übernehmenden Gesellschaft mit einer *ordentlichen Kapitalerhöhung* verbunden ist, die Dreimonatsfrist von Art. 650 Abs. 3 OR zu beachten (vgl. u. N 15). Immerhin finden gemäss Art. 9 Abs. 2 die Vorschriften über den Höchstbetrag, um den der Verwaltungsrat im Rahmen der Bestimmungen über die genehmigte Kapitalerhöhung das Kapital bei einer AG erhöhen darf, keine Anwendung bei Fusionen, weshalb in Fällen, in denen mit einem über die Dauer der Dreimonatsfrist von Art. 650 Abs. 3 OR hinausgehenden Verfahren zu rechnen ist, (will man keine Kombinationsfusion durchführen) über eine genehmigte Kapitalerhöhung vorzugehen wäre.

Art. 105d HRegV i.V.m. Art. 22 Abs. 1 hält fest, dass die Fusion, welche die Anforderungen eines *meldepflichtigen Zusammenschlusses* gemäss Art. 9 KG erfüllt, erst zur Eintragung ins Handelsregister angemeldet werden darf, wenn die kartellrechtlichen Voraussetzungen erfüllt sind (vgl. Art. 22 N 19 ff.; DUCREY, SZW 2004, 284; THOMI, 448 f.). **13**

Dadurch dass der Gesetzgeber in Art. 21 Abs. 1 auf eine feste Frist zur Einreichung der Anmeldung verzichtet, kommt den für die Anmeldung zuständigen Organen beim Entscheid, wann die Fusion beim Handelsregister anzumelden ist, ein gewisses *Ermessen* zu, welches sie im Rahmen ihrer Treue- und Sorgfaltspflicht pflichtgemäss auszuüben haben (vgl. Art. 51 N 4 und 6 mit Beispielen, in denen mit der Anmeldung der Fusion gewartet werden darf); für eine *pflichtwidrig verspätete Anmeldung* können sie bei Vorliegen eines daraus entstandenen Schadens nach Massgabe von Art. 108 oder Art. 942 OR verantwortlich gemacht werden (Handkommentar FusG-PASSADELIS, N 5; Art. 51 N 7). **14**

5. *Anmeldung der Kapitalerhöhung/Statutenänderung*

Muss infolge der Fusion das Kapital bei der übernehmenden AG, KAG oder GmbH erhöht werden, so ist gemäss Art. 21 Abs. 2 die **Kapitalerhöhung** gleichzeitig mit der Fusion dem Handelsregister zur Anmeldung zu bringen (Botschaft, 4420). Erfolgt die Erhöhung des Aktienkapitals auf dem Weg der *ordentlichen Kapitalerhöhung*, ist die Dreimonatsfrist von Art. 650 Abs. 3 OR zu beachten (vgl. o. N 12). Bei der Genossenschaft hingegen wird die Ausgabe neuer Anteilscheine wie auch das Genossenschaftskapital (weil variabel) nicht im Handelsregister eingetragen (vgl. Art. 93 HRegV; Botschaft, 4420 FN 95; BK-KÜNG, Art. 932 OR N 372 ff.; REYMOND, 50 f. und 61 ff.; MEIER-HAYOZ/FORSTMOSER, § 19 Rz 96). **15**

Nicht explizit im Gesetz ist hingegen der Fall geregelt, dass bei der übernehmenden Gesellschaft zur Durchführung der Fusion (mit oder ohne Kapitalerhöhung) eine **Zweck-** oder sonstige **Statutenänderung** notwendig ist. Hier ist wie nach bisherigem Recht da- **16** von auszugehen, dass die Statutenänderung ebenfalls *gleichzeitig* mit der Fusion anzumelden ist (zum bisherigen Recht vgl. FORSTMOSER/MEIER-HAYOZ/NOBEL, § 57 Rz 125; BSK OR II-TSCHÄNI, Art. 748 N 30).

6. Örtliche Zuständigkeit

17   **Örtlich zuständig** für die Entgegennahme der Anmeldungen sowohl der übertragenden Gesellschaft(en) als auch der übernehmenden Gesellschaft ist das Handelsregisteramt am Sitz der übernehmenden Gesellschaft (vgl. Art. 105 Abs. 2 Satz 1 HRegV; GWELESSIANI, 3 f.; HRA-LU, 13). Diesem obliegt die Verfahrensherrschaft und ihm sind auch sämtliche Belege einzureichen (GWELESSIANI, 3). Für die *neugegründete* Gesellschaft im Fall der Kombinationsfusion ist dasjenige Handelsregister zuständig, in dessen Bezirk sich der in Aussicht genommene Sitz befindet (Art. 640 Abs. 1 OR für die AG und die KAG; Art. 780 Abs. 1 OR für die GmbH; Art. 835 Abs. 1 OR für die Genossenschaft; Art. 56 und Art. 61 ZGB für den Verein; Art. 554 Abs. 1 und Art. 596 Abs. 1 OR für die Kollektiv- und Kommanditgesellschaft; allgemein zur örtlichen Zuständigkeit des Handelsregisters BK-KÜNG, Art. 932 OR N 87 ff.). Zum Ablauf der Eintragung im Fall, dass sich die an der Fusion beteiligten Gesellschaften in *verschiedenen Registerbezirken* befinden vgl. u. N 39.

7. Einzureichende Belege

a) Absorptionsfusion ohne Kapitalerhöhung

18   Gemäss Art. 105a Abs. 1 lit. a–d HRegV müssen die beteiligten Gesellschaften bei einer **Absorptionsfusion ohne Kapitalerhöhung** dem Handelsregister mit der Anmeldung zur Eintragung der Fusion (Art. 21 Abs. 1) folgende Belege einreichen:
– den Fusionsvertrag (Art. 12 und Art. 13);
– die Fusionsbilanzen der übertragenden Gesellschaften, gegebenenfalls die Zwischenbilanzen (Art. 11);
– die Fusionsbeschlüsse aller an der Fusion beteiligten Gesellschaften, soweit erforderlich öffentlich beurkundet (Art. 18; zu den Ausnahmen vgl. u. N 26 und N 42 ff.)
– die Prüfungsberichte der beteiligten Gesellschaften gemäss Art. 15 (zu den Ausnahmen vgl. u. N 25 f.).

19   Nicht einzureichen sind die Fusionsberichte (e contrario Art. 105a Abs. 1 HRegV) sowie die Bilanz der übernehmenden Gesellschaft (e contratio Art. 105c Abs. 1 lit. b HRegV; GWELESSIANI, 5). Ferner nicht einzureichen sind die schriftlichen Zustimmungserklärungen nach Art. 18 Abs. 3. Diese müssen lediglich dem den Fusionsbeschluss beurkundenden Notar vorliegen (Art. 20 N 9). Vgl. auch die Übersicht der einzureichenden Belege bei HRA-LU, 14.

b) Absorptionsfusion mit Kapitalerhöhung

20   Bei der **Absorptionsfusion mit Kapitalerhöhung** hat die übernehmende Gesellschaft gemäss Art. 21 Abs. 2 FusG und Art. 105 Abs. 1 lit. e HRegV zusätzlich zu den bei der Absorptionsfusion ohne Kapitalerhöhung einzureichenden Belegen (o. N 18) diejenigen Belege einzureichen, welche für eine **Kapitalerhöhung** bei einer Absorptionsfusion nach Art. 9 notwendig sind.

21   Ist die übernehmende Gesellschaft eine AG oder KAG und erfolgt die Kapitalerhöhung auf dem Weg der *ordentlichen Kapitalerhöhung*, sind gemäss Art. 21 Abs. 2 FusG und Art. 80 HRegV (zusätzlich zu den bei der Absorptionsfusion ohne Kapitalerhöhung einzureichenden Belegen) mit der Anmeldung folgende Belege einzureichen:

5. Abschnitt: Fusionsbeschluss und Eintragung ins Handelsregister   22, 23   Art. 21

– die öffentliche Urkunde über die Feststellungen des Verwaltungsrats und die Statutenänderung;
– eine beglaubigte Ausfertigung der geänderten Statuten;
– eine Erklärung des Verwaltungsrats (sogenannte Stampa-Erklärung) gemäss Art. 80 Abs. 1 lit. d HRegV, dass im Zusammenhang mit der Kapitalerhöhung keine weiteren als die bekannt gegebenen qualifizierten Tatbestände vorliegen (vgl. HRA-LU, 15).

Das Gesetz geht in Art. 21 Abs. 1 davon aus, dass der nach Art. 650 Abs. 2 OR erforderliche Kapitalerhöhungsbeschluss im Rahmen des Fusionsbeschlusses erfolgt und deshalb kein separater Beschluss notwendig ist (vgl. Art. 9 N 45; Art. 18 N 11; VON SALIS-LÜTOLF, 136). Nach Art. 9 Abs. 2 sind die Vorschriften über die Sacheinlagen bei der Kapitalerhöhung im Rahmen der Absorptionsfusion nicht einzuhalten, weshalb diesbezüglich auch keine Belege einzureichen sind (Art. 9 N 40 ff.). Ferner ist nach der hier vertretenen Auffassung kein Kapitalerhöhungsbericht gemäss Art. 652e OR und keine Prüfungsbestätigung der Revisionsstelle gemäss Art. 652f OR erforderlich (Art. 9 N 23 ff.; **a.M.** HRA-LU, 15; BÖCKLI, Aktienrecht, § 3 Rz 137; ZH FusG-Textvorlagen, 18.1.3, denen zufolge stets ein Kapitalerhöhungsbericht und eine Prüfungsbestätigung erforderlich sind). Hingegen wird auch unter neuem Recht eine Stampa-Erklärung (Art. 628 Abs. 2 f.) beizulegen sein (Art. 9 N 29; HRA-LU, 15). Da im Rahmen einer Fusion keine Aktien (öffentlich) zur Zeichnung angeboten werden, ist m.E. kein *Emissionsprospekt* i.S.v. Art. 652a Abs. 1 OR erforderlich und somit auch nicht als Beleg gemäss Art. 80 Abs. 1 lit. k OR einzureichen; an dessen Stelle treten die in Art. 16 Abs. 1 aufgeführten Dokumente (insbesondere Fusionsvertrag, Fusionsbericht und Prüfungsbericht) (vgl. VON DER CRONE ET AL., Rz 219 f.; VON SALIS-LÜTOLF, 136). Zur Frage, wann bei einer Fusion, an der eine oder mehrere börsenkotierte Gesellschaften beteiligt ist bzw. sind, die Pflicht zur Erstellung eines *Kotierungsprospekts* besteht, vgl. HUBER/HODEL/STAUB/GIEROW, Art. 38 Kotierungsreglement der SWX, N 3 ff.

Ist die übernehmende Gesellschaft eine AG und erfolgt die Kapitalerhöhung auf dem Weg der *genehmigten Kapitalerhöhung*, sind gemäss Art. 21 Abs. 2 FusG sowie Art. 81, Art. 81a und Art. 81b HRegV (zusätzlich zu den bei der Absorptionsfusion ohne Kapitalerhöhung einzureichenden Belegen) mit der Anmeldung folgende Belege einzureichen: **22**
– der Kapitalerhöhungsbeschluss des Verwaltungsrats;
– die öffentliche Urkunde über die Feststellungen des Verwaltungsrats und die Statutenänderung;
– eine beglaubigte Ausfertigung der geänderten Statuten;
– eine Erklärung des Verwaltungsrats (sogenannte Stampa-Erklärung) gemäss Art. 80 Abs. 1 lit. d HRegV, dass im Zusammenhang mit der Kapitalerhöhung keine weiteren als die bekanntgegebenen qualifizierten Tatbestände vorliegen.

Auch hier ist davon auszugehen, dass die für die Schaffung von genehmigtem Kapital erforderliche Statutenänderung im Rahmen des Fusionsbeschlusses erfolgen kann und deshalb kein separater Beschluss hierüber erforderlich ist (vgl. o. N 21). Zur Frage, ob der Kapitalerhöhungsbeschluss des Verwaltungsrats zwingend erst nach Eintragung der für die Schaffung von genehmigtem Kapital erforderlichen Statutenbestimmung im Handelsregister gefasst werden kann, vgl. Art. 9 N 42 und VON SALIS-LÜTOLF, 136.

c) Absorptionsfusion mit Statutenänderung

Nicht explizit erwähnt ist in Art. 105 HRegV der Fall, dass mit der Fusion bei der übernehmenden Gesellschaft eine **Zweck-** oder sonstige **Statutenänderung** verbunden ist. Hier ist davon auszugehen, dass zusätzlich zu den bei der Absorptionsfusion ohne Ka-   **23**

Patrick Schleiffer   339

pitalerhöhung einzureichenden Belegen eine beglaubigte Ausfertigung der geänderten Statuten einzureichen ist. Der eigentliche Beschluss über die Statutenänderung erfolgt im Rahmen des Fusionsbeschlusses, weshalb kein separater Beschluss erforderlich ist (Art. 18 N 11). Ist mit der Zweck- oder sonstigen Statutenänderung im Rahmen der Absorptionsfusion auch eine Kapitalerhöhung verbunden, genügt ein beglaubigtes Exemplar der geänderten Statuten (vgl. REBSAMEN, Rz 531).

d) Kombinationsfusion mit Neugründung

24 Gemäss Art. 105a Abs. 1 lit. h HRegV muss die übernehmende Gesellschaft bei der **Kombinationsfusion** mit Neugründung dem Handelsregister mit der Anmeldung zur Eintragung der Fusion (Art. 21 Abs. 1) zusätzlich zu den bei der Absorptionsfusion ohne Kapitalerhöhung notwendigen Belegen die *Belege* für die *Neugründung* einreichen (vgl. die Übersicht der einzureichenden Belege bei HRA-LU, 17). Nach Art. 10 gelten für die Neugründung einer Gesellschaft im Rahmen einer Kombinationsfusion die Bestimmungen des ZGB und des OR über die Gründung einer Gesellschaft, wobei die Vorschriften über die Anzahl der Gründer bei Kapitalgesellschaften sowie die Vorschriften über die Sacheinlagen keine Anwendung finden.

e) Sonderfälle

25 Gemäss Art. 14 Abs. 2 und Art. 15 Abs. 2 können *kleinere und mittlere Unternehmen* i.S.v. Art. 2 lit. e auf die Erstellung eines Fusionsberichts und die Prüfung verzichten, sofern alle Gesellschafter zustimmen. Art. 105a Abs. 2 HRegV dispensiert die fusionierenden Gesellschaften von der Einreichung der in Art. 105a Abs. 1 lit. d HRegV als Belege erwähnten Prüfungsberichte (Art. 15), sofern sie eine von mindestens einem Mitglied des obersten Leitungs- oder Verwaltungsorgans unterzeichnete Erklärung einreichen, in der nachgewiesen wird, dass sämtliche Gesellschafter auf die Erstellung des Fusionsberichts (dieser ist nicht als Beleg einzureichen; vgl. o. N 19) oder auf die Prüfung verzichten und die Gesellschaft die Anforderungen nach Art. 2 lit. e erfüllt. Ausserdem hat sie auf die massgeblichen Unterlagen wie Erfolgsrechnungen, Bilanzen, Jahresberichte, Verzichtserklärungen oder das Protokoll der Generalversammlung Bezug zu nehmen (Art. 105a Abs. 2 Satz 2 HRegV).

26 Bei der *erleichterten Fusion von Kapitalgesellschaften* nach Art. 23 f. müssen die fusionierenden Gesellschaften anstelle der Fusionsbeschlüsse (Art. 105a Abs. 1 lit. c HRegV) sowie der Prüfungsberichte (Art. 105a Abs. 1 lit. d HRegV) die Auszüge aus den Protokollen der obersten Leitungs- oder Verwaltungsorgane der an der Fusion beteiligten Gesellschaften über den Abschluss des Fusionsvertrags einreichen, sofern der Fusionsvertrag nicht von allen Mitgliedern dieser Organe unterzeichnet ist (Art. 105a Abs. 3 lit. a HRegV). Zudem müssen die fusionierenden Gesellschaften bzw. deren oberste Leitungs- oder Verwaltungsorgane unter Bezugnahme auf die konkreten Umstände nachweisen, dass die Voraussetzungen von Art. 23 gegeben sind (vgl. ISLER/VON SALIS-LÜTOLF, 30, wonach bei einer Konstellation gemäss Art. 23 Abs. 1 lit. b die Stimmbindungsvereinbarung selbst nicht als Beleg verlangt werden kann, sondern eine Bestätigung der Verwaltungsräte der beteiligten Gesellschaften, dass eine Stimmbindung von 100% der Stimmrechte für die Fusion besteht, als Beleg genügen muss), sofern dies nicht aus den anderen Belegen hervorgeht (Art. 105a Abs. 3 Satz 2 HRegV; vgl. auch HRA-LU, 16).

27 Gemäss Art. 5 Abs. 1 kann sich eine *Gesellschaft in Liquidation* als übertragende Gesellschaft an einer Fusion beteiligen, wenn mit der Vermögensverteilung noch nicht begonnen wurde. Dabei hat das oberste Leitungs- oder Verwaltungsorgan dieser Gesell-

schaft (d.h. die Liquidatoren) gegenüber dem Handelsregisteramt zu bestätigen, dass diese Voraussetzungen erfüllt sind (Art. 5 Abs. 2; vgl. Art. 5 N 22 ff.). Nach Art. 105a Abs. 1 lit. f HRegV ist diese Bestätigung, welche von mindestens einem Mitglied des obersten Leitungs- oder Verwaltungsorgans zu unterzeichnen ist, als Beleg mit der Anmeldung zur Eintragung der Fusion dem Handelsregisteramt einzureichen.

Schliesslich verlangt Art. 105a Abs. 1 lit. g HRegV, dass mit der Anmeldung zur Eintragung bei der Fusion von *Gesellschaften mit Kapitalverlust oder Überschuldung* die Bestätigung eines besonders befähigten Revisors gemäss Art. 6 Abs. 2 beizubringen ist, dass die Voraussetzungen gemäss Art. 6 Abs. 1 erfüllt sind (vgl. Art. 6 N 32 ff.). 28

f) Weitere Belege

Weitere Belege können aufgrund des BG über den Erwerb von Grundstücken durch Personen im Ausland erforderlich sein, wenn das Handelsregisteramt im Zusammenhang mit der Anmeldung eine Bewilligungspflicht nach diesem Gesetz nicht ohne weiteres ausschliessen kann (vgl. HRA-LU, 15 und 17; REBSAMEN, Rz 533). 29

Zusätzliche Belege können sich ferner daraus ergeben, dass mit der Fusion bei der übernehmenden Gesellschaft weitere eintragungspflichtige Änderungen verbunden sind (z.B. in der Zusammensetzung des Verwaltungsrats, in der Revisionsstelle oder bei den zeichnungsberechtigten Personen). 30

Im Zusammenhang mit Sachübernahmen, die bei einer Kapitalerhöhung oder Neugründung getätigt werden oder beabsichtigt sind, können sich ebenfalls zusätzliche Belege ergeben. 31

Weitere Belege können sich ferner aus dem BankG und dem BEHG ergeben (vgl. Art. 3 Abs. 1 und Abs. 3 BankG; Art. 10 Abs. 6 BEHG und Art. 25 BEHV; EMMENEGGER/GEIGER, 22 ff.; REBSAMEN, Rz 380). 32

g) Form und Sprache der Belege

Für die **Form** der Belege gelten die allgemeinen Vorschriften von Art. 28 HRegV, der im Rahmen der Anpassungen der HRegV an das FusG ebenfalls revidiert wurde. Gemäss Art. 28 Abs. 2 HRegV ist im Fall, dass die einzutragenden Tatsachen auf einem Beschluss von Organen einer juristischen Person beruhen und das Gesetz nicht eine öffentliche Urkunde vorschreibt, das *Protokoll* oder ein *Auszug* aus dem Protokoll des Organs als Beleg zur Anmeldung einzureichen; das Protokoll oder der Auszug muss dabei vom Vorsitzenden und vom Protokollführer unterzeichnet sein. Nach neuem Recht ist somit in einem solchen Fall kein beglaubigter Protokollauszug mehr notwendig, was eine erhebliche Erleichterung bei der Anmeldung darstellt. Ferner kann das Dokument (wie unter altem Recht) auch als beglaubigte Fotokopie beigebracht werden (Art. 28 Abs. 2 Satz 3 HRegV; zur Regelung unter bisherigem Recht vgl. REBSAMEN, Rz 39). 33

Eintragungsbelege (nicht aber gemäss Praxis die Anmeldung; vgl. Art. 66 N 10; HRA-LU, 13; BK-KÜNG, Art. 929 N 150; REBSAMEN, Rz 35) können in einer anderen **Sprache** als der beim betreffenden Handelsregisteramt geltenden Amtssprache eingereicht werden. Dieses kann jedoch eine beglaubigte Übersetzung verlangen, wenn die Einsichtnahme durch Dritte beeinträchtigt wird (Art. 7 Abs. 2 HRegV; vgl. REBSAMEN, Rz 40). Vgl. auch GWELESSIANI, 3, wonach es denkbar sei, dass beim Fusionsvertrag lediglich die Essentialia übersetzt werden müssen. 34

8. Kognition des Handelsregisterführers

35 Anders als Art. 88 VE FusG, der in der *Vernehmlassung* auf beträchtliche Kritik stiess (vgl. Vernehmlassungen, 305 ff.; BLÄSI, 101 ff.), enthält das FusG keine Sonderbestimmungen zur **Kognitionsbefugnis** des Handelsregisterführers bei der Eintragung einer Fusion, Spaltung oder Umwandlung (Botschaft, 4420). Gemäss Art. 111 Abs. 1 HRegV richtet sich die Prüfungspflicht der Handelsregisterbehörden auch bei Fusionen nach der allgemeinen Vorschrift von Art. 21 HRegV (zum Regelungskonzept von Art. 940 OR und Art. 21 HRegV vgl. BK-KÜNG, Art. 940 OR N 32 ff., mit weiteren Hinweisen). Begründet wird dies damit, dass eine derartige Erweiterung der Kognitionsbefugnis im OR und nicht in einem Spezialgesetz zu erfolgen habe (vgl. Botschaft, 4420). Somit bestimmt sich die Prüfungsbefugnis des Handelsregisterführers auch im Bereich von Fusionen nach den allgemeinen Regeln von Art. 940 OR und Art. 21 HRegV (Botschaft, 4420; ZK-GELZER, N 14 f.; Handkommentar FusG-PASSADELIS, N 13; Art. 51 N 12; Art. 66 N 14; allgemein zur Kognitionsbefugnis des Handelsregisterführers bei Eintragungen vgl. statt vieler BGE 125 III 18 ff.; 120 II 374, 379; BGE 117 II 186, 188; BÄR, REPRAX 1/2000, 53 ff.; BSK OR II-ECKERT, Art. 940 N 1 ff.; FORSTMOSER, REPRAX 2/1999, 1 ff.; BK-KÜNG, Art. 940 OR N 25 ff.; MEISTERHANS, 134–391; MEIER-HAYOZ/FORSTMOSER, § 6 Rz 30 ff.).

III. Eintragung der Fusion ins Handelsregister (Abs. 3)

1. Eintragung der Fusion und Löschung der übertragenden Gesellschaft

36 Art. 105c Satz 1 HRegV besagt, dass die *Eintragung* der Fusion bei allen beteiligten Gesellschaften am *gleichen* Tag erfolgen muss, womit sichergestellt ist, dass die Fusion für alle beteiligten Gesellschaften zum gleichen Zeitpunkt **rechtswirksam** wird (vgl. u. N 39). Der Eintritt der Rechtswirkungen richtet sich nach den allgemeinen Bestimmungen von Art. 932 Abs. 1 OR (Botschaft, 4421). Nach Art. 932 Abs. 1 OR bestimmt sich der *Zeitpunkt* der Eintragung nach der Einschreibung ins *Tagebuch*, wobei die Eintragung gemäss Art. 115 HRegV noch der Genehmigung durch EHRA bedarf. Mit der Erteilung der Genehmigung entfaltet die Eintragung ihre Rechtswirkungen rückwirkend auf den Tag des Tagebucheintrags (Botschaft, 4421 f.). Gegenüber gutgläubigen Dritten wird die Fusion hingegen erst am Tag nach ihrer Veröffentlichung im SHAB wirksam (vgl. Art. 22 N 4).

37 Art. 21 Abs. 3 bestimmt, dass mit der Eintragung der Fusion ins Handelsregister die übertragende Gesellschaft gelöscht wird. Die **Löschung** der übertragenden Gesellschaft erfolgt somit *gleichzeitig* mit deren **Auflösung** gemäss Art. 3 Abs. 2 auf den Zeitpunkt der Eintragung der Fusion (vgl. Art. 105b Abs. 2 lit. b HRegV). Diese Lösung steht in Einklang mit der Regelung von Art. 22 Abs. 1, wonach mit der Eintragung der Fusion alle Rechte und Pflichten der übertragenden Gesellschaft durch *Universalsukzession* auf die übernehmende Gesellschaft übergehen (vgl. Botschaft, 4420). Mit der Neuregelung des *Gläubigerschutzes* durch Art. 25 und des damit verbundenen Verzichts auf eine getrennte Vermögensverwaltung bei der übertragenden und übernehmenden Gesellschaft besteht auch kein Grund mehr, an der Regelung von Art. 748 Ziff. 7 und Art. 914 Ziff. 7 altOR festzuhalten, gemäss der die Löschung der übertragenden Gesellschaft erst nach Befriedigung bzw. Sicherstellung der Gläubiger erfolgen konnte (was grundsätzlich erst nach Ablauf eines Sperrjahrs möglich war). Diese Bestimmungen wurden deshalb aufgehoben (vgl. Botschaft, 4420; MEIER-SCHATZ, AJP 2002, 519 und 526; Handkommentar FusG-FREY, Art. 3 N 11; zur bisherigen Lösung vgl. BGE 115 II 272, 274 f.; BÖCKLI,

Aktienrecht, § 3 Rz 5; GANTENBEIN, 251 f.; BSK OR II-HÜNERWADEL, Art. 914 N 7 und N 13; REBSAMEN, Rz 717 ff. und Rz 1227; BSK OR II-TSCHÄNI, Art. 748 N 23).

Da nach neuem Fusionsrecht die übertragende Gesellschaft gleichzeitig mit der Eintragung der Fusion gelöscht wird, bleibt für die bisherige Praxis der Handelsregisterämter, die Löschung der übertragenden Gesellschaft im Handelsregister erst einzutragen, wenn die Steuerbehörden ihre Zustimmung erteilt haben (vgl. REBSAMEN, Rz 720 und Rz 1230; BK-KÜNG, Art. 938 OR N 28, unter Hinweis auf ein diesbezügliches Kreisschreiben des EJPD vom 23.10.1970), kein Raum mehr. Da auch Steuerschulden mit Eintragung der Fusion ins Handelsregister durch Universalsukzession auf die übernehmende bzw. neugegründete Gesellschaft übergehen (vgl. TSCHÄNI, M&A-Transaktionen, 6. Kap. Rz 45; HÖHN/WALDBURGER, Grundlagen, § 9 Rz 24), besteht für eine solche Praxis (auch) unter neuem Recht kein Bedürfnis (ebenso Vernehmlassungen, 178).

38

Befinden sich die fusionierenden Gesellschaften in *verschiedenen Registerbezirken*, so ist gemäss Art. 105 Abs. 2 Satz 1 HRegV das Handelsregisteramt am Ort der *übernehmenden* Gesellschaft für die Prüfung der Fusion und sämtlicher Belege zuständig (vgl. o. N 17). Dabei hat es das Handelsregisteramt am Sitz der übertragenden Gesellschaft(en) über die vorzunehmenden Eintragungen zu informieren und ihm die betreffende Anmeldung(en) zu übermitteln (Art. 105 Abs. 2 Satz 2 HRegV). Letzteres hat daraufhin die Löschung der übertragenden Gesellschaft(en) ohne weitere Prüfung einzutragen; die Handelsregisterämter haben dabei ihre Eintragungen zeitlich aufeinander abzustimmen (Art. 105c Satz 2 HRegV). Die *Koordination* der Eintragungen stellt sicher, dass die übertragende Gesellschaft nicht vor der Eintragung der Fusion am Sitz der übernehmenden Gesellschaft gelöscht wird (Botschaft, 4420; vgl. auch THOMI, 450).

39

Gemäss Art. 74a Abs. 1 HRegV bleiben im Fall einer Fusion die Eintragungen der **Zweigniederlassungen** bestehen, sofern nicht deren Löschung angemeldet wird. Ergeben sich durch eine Fusion Änderungen bei Zweigniederlassungen bzw. der eingetragenen Tatsachen, z.B. Firma der Zweigniederlassung, so hat deren Abmeldung durch den übernehmenden Rechtsträger zu erfolgen (Art. 74a Abs. 2 HRegV; zur bisherigen Praxis vgl. GWELESSIANI, 7).

40

2. Einzutragende Tatsachen

Im Interesse der Transparenz und der einheitlichen Eintragung ordnet die HRegV selber an, welche Tatsachen im Zusammenhang mit einer Fusion *zwingend* in das Handelsregister eingetragen werden müssen. Die bei der übernehmenden Gesellschaft **einzutragenden Tatsachen** ergeben sich aus Art. 105b Abs. 1 lit. a–g HRegV. Bei der übertragenden Gesellschaft ergeben sie sich aus Art. 105b Abs. 3 lit. a–b HRegV. Die Eintragungen sind im SHAB zu publizieren (Art. 113 ff. HRegV).

41

IV. Ausnahmen für nicht im Handelsregister eingetragene Vereine (Abs. 4)

Art. 21 Abs. 4 befreit **Vereine**, die *nicht im Handelsregister* eingetragen sind, von der **Pflicht zur Eintragun**g der Fusion. Es handelt sich dabei um Vereine, die entweder kein kaufmännisches Gewerbe betreiben und damit gemäss Art. 61 Abs. 2 ZGB nicht eintragungspflichtig sind oder sich nicht auf freiwilliger Basis (d.h. bei Vereinen ohne Gewerbebetrieb i.S.v. Art. 61 Abs. 2 ZGB und Art. 934 Abs. 1 OR) gemäss Art. 61 Abs. 1 ZGB ins Handelsregister eintragen lassen (Botschaft, 4421; ZK-GELZER, N 18; BK-RIEMER, Art. 61 ZGB N 73). Dementsprechend wird die Fusion, an der *ausschliesslich* Vereine beteiligt sind, die nicht im Handelsregister eingetragen sind, (weil die Rechtswirksamkeit

42

Art. 22

der Fusion nicht an die Eintragung ins Handelsregister geknüpft werden kann) mit dem Vorliegen der Fusionsbeschlüsse *aller* beteiligten Vereine **rechtswirksam** (Art. 22 N 23). Eine **Löschung** des übertragenden Vereins, der nicht im Handelsregister eingetragen ist, ist weder erforderlich noch mangels Eintragung möglich.

43 Sind an einer Fusion (neben einem nicht im Handelsregister eingetragenen Verein) auch ein oder mehrere Vereine beteiligt, die *im Handelsregister* eingetragen sind, ist bei diesen Vereinen die Fusion anzumelden und einzutragen und zwar ungeachtet, ob es sich hierbei um die Eintragung der Fusion beim übernehmenden Verein oder um die Auflösung und Löschung des übertragenden Vereins handelt (Botschaft, 4421; ZK-GELZER, N 18). Der Zeitpunkt der Fusion bestimmt sich diesfalls für alle beteiligten Gesellschaften nach Art. 22 Abs. 1.

44 Nach allgemeiner Auffassung ist die Rechtsstellung des *pflichtwidrig nicht eingetragenen Vereins* grundsätzlich die gleiche, wie diejenige eines berechtigterweise nicht eingetragenen Vereins, und auch der eintragungspflichtige Verein erwirbt seine Rechtspersönlichkeit nach Massgabe von Art. 60 ZGB und nicht erst durch seine Eintragung im Handelsregister (vgl. BK-KÜNG, Art. 933 OR N 22; MEIER-HAYOZ/FORSTMOSER, § 4 Rz 23 f.; BK-RIEMER, Art. 61 ZGB N 50 und N 76). Dies legt den Schluss nahe, dass auch beim pflichtwidrig nicht eingetragenen Verein die Fusion mit Vorliegen der Fusionsbeschlüsse aller beteiligten Vereine rechtswirksam wird. Die Eintragung des Vereins und der Fusion ist in diesem Fall jedoch nachzuholen und hat, soweit sie trotz Aufforderung unterbleibt, von Amtes wegen zu geschehen (vgl. Art. 57 und Art. 63 HRegV; vgl. BK-RIEMER, Art. 61 ZGB N 49).

V. Rechtsvergleich

45 Im EU-Recht bestimmt Art. 19 Abs. 1 EU-Fus-RL, dass die übertragende Gesellschaft gleichzeitig und *ipso iure* mit dem Übergang der Aktiven und Passiven der übertragenden Gesellschaft auf die übernehmende und dem Erwerb der Mitgliedschaft in der übernehmenden Gesellschaft durch die Aktionäre der übertragenden Gesellschaft gelöscht wird. Darüber hinaus bestimmen gemäss Art. 17 EU-Fus-RL die Mitgliedstaaten den Zeitpunkt, an dem die Verschmelzung wirksam wird.

Art. 22

Rechtswirksamkeit	**[1] Die Fusion wird mit der Eintragung ins Handelsregister rechtswirksam. In diesem Zeitpunkt gehen alle Aktiven und Passiven der übertragenden Gesellschaft von Gesetzes wegen auf die übernehmende Gesellschaft über. Artikel 34 des Kartellgesetzes vom 6.10.1995 bleibt vorbehalten.** **[2] Die Fusion von Vereinen, die im Handelsregister nicht eingetragen sind, wird mit dem Vorliegen des Fusionsbeschlusses aller beteiligten Vereine rechtswirksam.**
Effets juridiques	[1] La fusion déploie ses effets dès son inscription au registre du commerce. A cette date, l'ensemble des actifs et passifs de la société transférante sont transférés de par la loi à la société reprenante. L'art. 34 de la loi du 6 octobre 1995 sur les cartels est réservé. [2] La fusion d'associations qui ne sont pas inscrites au registre du commerce déploie ses effets une fois la décision de fusion prise par l'ensemble des associations.

5. Abschnitt: Fusionsbeschluss und Eintragung ins Handelsregister **1, 2 Art. 22**

Validità giuridica

¹ La fusione acquisisce validità giuridica con l'iscrizione nel registro di commercio. A tale data, tutti gli attivi e i passivi della società trasferente sono trasferiti per legge alla società assuntrice. È fatto salvo l'articolo 34 della legge del 6 ottobre 1995 sui cartelli.

² La fusione di associazioni che non sono iscritte nel registro di commercio acquisisce validità giuridica quando tutte le associazioni hanno adottato la decisione di fusione.

Literatur

D. BACHMANN/R. BRÜTSCH, Fusionsgesetz und kartellrechtliche Zusammenschlusskontrolle, in: EY Law (Hrsg.), Das neue Fusionsgesetz, Zürich/Bern 2004, 112 ff.; CH. BOVET, in: Tercier/Bovet (Hrsg.), Droit de la concurrence, Commentaire romand, Genf/Basel/München 2002; T. CALAME, M&A und Immaterialgüterrechte, in: Tschäni (Hrsg.), Mergers & Acquisitions IV, Zürich 2002, 91 ff.; H.C. VON DER CRONE, Die Fusion von Aktiengesellschaften, in: Das neue Fusionsgesetz, Sonderdruck, Bern 2003, 19 ff. (zit. Fusion von Aktiengesellschaften); R.M. HILTY, Lizenzvertragsrecht, Bern 2001; C. JAEGER/H. ROELLI, Kommentar zum schweizerischen Bundesgesetz über den Versicherungsvertrag vom 2.4.1908, Bd. II, Schadensversicherung, Bern 1932; H. KLÄY/N. TURIN, Der Entwurf zum Fusionsgesetz, REPRAX 1/2001, 1 ff.; T. LEHNER, Die Einwirkung der aktienrechtlichen Fusion auf Verträge, unter besonderer Berücksichtigung der Lizenzverträge, Zürich 1975; P. LOSER-KROGH, Die Vermögensübertragung: Kompromiss zwischen Strukturanpassungsfreiheit und Vertragsschutz im Entwurf des Fusionsgesetzes, AJP 2000, 1095 ff.; R. MEIER, Die Rechtsnatur des Fusionsvertrages, Diss. Zürich 1986; Schweizerischer Verband der Immobilien-Treuhänder SVIT (Hrsg.), Schweizerisches Mietrecht, Kommentar, 2. Aufl., Zürich 1998 (zit. SVIT-Kommentar); CH.J. MEIER-SCHATZ, Die «Rückwirkung» bei gesellschaftsrechtlichen Transaktionen, SZW 1997, 1 ff.; F. VON STEIGER, Das Recht der Aktiengesellschaft in der Schweiz, 3. Aufl., Zürich 1966 (zit. Aktiengesellschaft); G. THOMI, Fusionsgesetz – Ausgewählte Fragen, in: Ruf/Pfäffli (Hrsg.), FS Verband bernischer Notare, Langenthal 2003, 443 ff.; H.U. VOGT, Der öffentliche Glaube des Handelsregisters, Zürich/Basel/Genf 2003; R. WATTER/U. KÄGI, Der Übergang von Verträgen bei Fusionen, Spaltungen und Vermögensübertragungen, SZW 2004, 231 ff.; M.E. WINKLER, Arbeitnehmerschutz nach dem Entwurf zum neuen Fusionsgesetz, SJZ 2001, 477 ff.

I. Allgemeines

Die Fusion wird mit der Eintragung ins Handelsregister **rechtswirksam** (Abs. 1 Satz 1; vgl. Art. 21). Der Handelsregistereintrag ist folglich **konstitutiv**. Dies deckt sich mit der bisher herrschenden Auffassung (ZK-BÜRGI/NORDMANN-ZIMMERMANN, Art. 748 OR N 80; MEIER, 16; Urteil des Handelsgerichts des Kantons Zürich vom 23.5.1990, ZR 1990 Nr. 5). Damit wird ausdrücklich von der bisherigen bundesgerichtlichen Rechtsprechung abgewichen, welche die Genehmigung des Fusionsvertrages als massgebenden Zeitpunkt betrachtete (vgl. BGE 108 Ib 450, 454). Der in Abs. 1 Satz 1 bestimmte Zeitpunkt der Rechtswirksamkeit gilt für die Fusion von Kapitalgesellschaften, Kollektiv- und Kommanditgesellschaften, im Handelsregister eingetragenen Vereinen, Genossenschaften (vgl. Art. 2 lit. b) und grundsätzlich auch von Stiftungen und Vorsorgeeinrichtungen (Art. 83 Abs. 4, Art. 95 Abs. 5). Für die Fusion von Familienstiftungen und kirchlichen Stiftungen gelten allerdings besondere Vorschriften (vgl. Art. 84 Abs. 1). Zum Zeitpunkt der Rechtswirksamkeit der Fusion von nicht im Handelsregister eingetragenen Vereinen vgl. N 23.

1

Dem Wortlaut des Gesetzes ist nicht klar zu entnehmen, ob für den Eintritt der Rechtswirksamkeit der Zeitpunkt des Handelsregistereintrags bei der übertragenden oder derjenige bei der übernehmenden Gesellschaft massgebend sein soll. In der Botschaft wird hierfür eine Regelung in der HRegV verlangt, welche sicherzustellen hat, dass die über-

2

tragende Gesellschaft nicht gelöscht wird, bevor die Fusion am Sitz der übertragenden Gesellschaft eingetragen worden ist (Botschaft, 4420). Art. 105c HRegV trägt diesem Anliegen dadurch Rechnung, dass die Fusion bei allen beteiligten Gesellschaften am gleichen Tag ins Tagebuch eingetragen werden muss. Befinden sich nicht alle Gesellschaften im gleichen Registerbezirk, müssen die HandesIsregisterämter ihre Eintragungen aufeinandern abstimmen. Sollte dies aus irgendwelchen Gründen nicht gelingen, muss für die Rechtswirkungen der Fusion aber der Handelsregistereintrag bei der übernehmenden Gesellschaft massgebend sein (so auch BÖCKLI, Aktienrecht, § 3 Rz 141; ZK-GELZER, N 5; NUFER, 582 f. mit Verweis auf § 20 UmwG; Vernehmlassungen, 179).

3   Die Eintragung in das Handelsregister gilt als in dem Zeitpunkt erfolgt, in dem die Anmeldung in das **Tagebuch** eingeschrieben wird. Die Einschreibung in das Tagebuch steht jedoch unter dem Vorbehalt der Genehmigung durch das EHRA (Art. 932 Abs. 1 OR; Art. 11 HRegV; zum Vorbehalt von Art. 34 KG vgl. N 19 ff.; zur Kognition des Handelsregisterführers vgl. Art. 21 N 35). In diesem Zeitpunkt geht die Gesamtheit der Aktiven und Passiven der untergehenden Gesellschaft von Gesetzes wegen und uno actu auf die übernehmende Gesellschaft über (Universalsukzession; vgl. N 6 ff.; zu den Rechtswirkungen der sog. partiellen Universalsukzession im Rahmen der Vermögensübertragung vgl. Komm. zu Art. 73 Abs. 2 und TSCHÄNI, ZSR 2004 I 93 ff.). Die übertragende Gesellschaft wird aufgelöst und im Handelsregister gelöscht (vgl. N 2 und Art. 3 Abs. 2, Art. 21 Abs. 3). Die Eintragung bewirkt ferner, dass die Gesellschafter der übertragenden Gesellschaft zu Gesellschaftern der übernehmenden Gesellschaft werden (Grundsatz der mitgliedschaftlichen Kontinuität, vgl. Komm. zu Art. 7; zu den Ausnahmen vgl. Komm. zu Art. 8). Ist die Gesellschafterstellung in einem Anteilsrecht verkörpert, sind die Gesellschafter daher von diesem Zeitpunkt an berechtigt, den Austausch der Anteile zu verlangen (Botschaft, 4421).

4   Es ist zu beachten, dass die Fusion gegenüber (gutgläubigen) Dritten grundsätzlich erst am Werktag nach ihrer Veröffentlichung im SHAB wirksam wird (Botschaft, 4422; vgl. auch BÖCKLI, Aktienrecht, § 3 Rz 147; VON DER CRONE ET AL., Rz 258), was der allgemeinen Regel von Art. 932 Abs. 2 OR entspricht (vgl. auch BGE 104 Ib 321, 322; im Einzelnen s. BSK OR II-ECKERT, Art. 932 N 22 ff.). Die Botschaft äussert sich in diesem Zusammenhang nicht dazu, wie sich Art. 22 Abs. 1 zu Art. 647 Abs. 3 OR (AG) und Art. 785 Abs. 2 OR (GmbH) verhält. Diese Bestimmungen sehen für Statutenänderungen (z.B. auf Grund von Kapitalveränderungen oder Zweckänderungen) vor, dass sie Dritten gegenüber bereits unmittelbar mit der Eintragung im Handelsregister wirksam werden (vgl. Art. 932 Abs. 3 OR). Dies würde in der Praxis dazu führen, dass die Rechtswirkungen solcher Statutenänderungen vor den Rechtswirkungen der Fusion eintreten. Unseres Erachtens sollten Art. 647 Abs. 3 und Art. 785 Abs. 2 OR auf die Fusion aber ohnehin keine Anwendung finden, da sie dem Wesen der Universalsukzession, die ein einheitliches Eintreten der Rechtswirkungen verlangt, nicht gerecht werden. Überdies sollten Art. 647 Abs. 3 und Art. 785 Abs. 2 OR als Ausnahmen von Art. 932 Abs. 2 OR einschränkend ausgelegt werden. Zu erwähnen ist in diesem Zusammenhang, dass Art. 647 Abs. 3 und Art. 785 Abs. 2 OR im Zuge der Revision des GmbH-Rechts aufgehoben werden sollen (s. Botschaft GmbH, 3180; vgl. auch Art. 52 N 19). Dadurch würden Statutenänderungen gleichzeitig mit anderen Eintragungen im Handelsregister rechtswirksam werden, d.h. Dritten gegenüber am Werktag nach der Veröffentlichung im SHAB.

5   Den beteiligten Gesellschaften steht es frei, vertraglich die **(unechte) Rückwirkung** der Fusion unabhängig vom Handelsregistereintrag zu regeln, was u.U. aus steuerrechtlichen Gründen und aus Gründen der Rechnungslegung gemacht wird (vgl. Art. 13 Abs. 1

lit. g und Art. 13 N 10). Eine solche Vereinbarung zeitigt jedoch – ebenso wie eine vertraglich vereinbarte aufschiebende Wirkung der Fusion – Dritten gegenüber keine Wirkung (Botschaft, 4409; zur unechten Rückwirkung aus steuerrechtlicher bzw. rechnungslegerischer Sicht s. MEIER-SCHATZ, SZW 1997, 1 ff.; vgl. ferner BÖCKLI, Aktienrecht, § 3 Rz 63 f.; REICH/DUSS, 97 ff.; VON SALIS-LÜTOLF, 78 f.).

II. Universalsukzession

1. Allgemeines

Abs. 1 Satz 2 statuiert das Prinzip der **Universalsukzession**, d.h. die besonderen Vorschriften für die Übertragung der einzelnen Aktiven und Passiven müssen nicht eingehalten werden. So hat für bewegliche Sachen keine Tradition zu erfolgen (vgl. Art. 714 ZGB), bei Grundstücken bildet der Grundbucheintrag nicht Voraussetzung für die Eigentumsübertragung (vgl. Art. 656 Abs. 1 ZGB) und Forderungen bedürfen keiner schriftlichen Zession (vgl. Art. 165 OR). Forderungen gehen zudem auch dann über, wenn ein pactum de non cedendo bestanden hat (VON STEIGER, Aktiengesellschaft, 346). Ebenso wenig braucht für den Übergang von Schulden die Zustimmung der Gläubiger eingeholt zu werden (vgl. Art. 176 OR). Immaterialgüterrechte gehen ebenfalls von selbst auf die übernehmende Gesellschaft über (CALAME, 104; vgl. aber N 17). Wertpapiere müssen weder tradiert noch indossiert werden. Handelt es sich um vinkulierte Namenaktien, ist für die Eintragung des neuen Aktionärs keine Zustimmung des Verwaltungsrates der betreffenden Gesellschaft erforderlich. Art. 685b Abs. 4 und 685d Abs. 3 OR gelten nämlich auch für Fusionstatbestände (BGE 109 II 130, 135; BÖCKLI, Aktienrecht, § 6 Rz 288; TURIN, 112 ff.). Bei nicht börsenkotierten Namenaktien bleibt eine Ablehnung des übernehmenden Rechtsträgers als Aktionär jedoch möglich, sofern ihm die Übernahme der Aktien zum wirklichen Wert angeboten wird (Art. 685b Abs. 4 OR). 6

Die Universalsukzession erfasst die **Gesamtheit** der Aktiven und Passiven der übertragenden Gesellschaft, und zwar unabhängig davon, ob die einzelnen Aktiven und Passiven auch bekannt sind (Botschaft, 4421). Einzelne Vermögensbestandteile können nicht etwa durch Vertrag vom Rechtsübergang ausgeschlossen werden. Ein sog. «cherry picking» ist im Rahmen einer Fusion im Gegensatz zur Vermögensübertragung unzulässig (ZK-BÜRGI, Vorbem. zu Art. 748–750 OR N 16; KLÄY/TURIN, REPRAX 1/2001, 11). Allerdings gehen gewisse Rechte und Pflichten unter, welche unübertragbar mit der absorbierten Gesellschaft verbunden sind (z.B. gewisse öffentlich-rechtliche Bewilligungen und Konzessionen, Persönlichkeitsrechte; vgl. Art. 52 N 16). 7

In der Lehre zum bisherigen Recht wurde einhellig die Meinung vertreten, dass der **gutgläubige Erwerb** von beweglichen Sachen, die dem übertragenden Rechtsträger nicht gehören, durch den übernehmenden Rechtsträger ausgeschlossen ist. Zur Begründung wurde angeführt, dass sich der übernehmende Rechtsträger das Kennen oder Nichtkennen, Wissen oder Nichtwissen des übertragenden Rechtsträgers auf Grund des vertraglichen Rechtserwerbs als eigenes anrechnen lassen muss (VON STEIGER, Aktiengesellschaft, 346). Dieser Ansicht ist auch unter dem Fusionsgesetz zu folgen. 8

2. Übergang von Verträgen im Besonderen

Von der Übertragung sind auch **Verträge** erfasst, die zwischen den an der Fusion beteiligten Rechtsträgern und Dritten bestehen, d.h. es findet betreffend sämtlichen Rechten und Pflichten ein Schuldner- bzw. Gläubigerwechsel statt (Verträge zwischen den an der 9

Fusion beteiligten Rechtsträgern gehen demgegenüber durch Konfusion unter). Die Zustimmung der jeweils betroffenen Vertragspartei braucht hierfür nicht eingeholt zu werden (TSCHÄNI, M&A-Transaktionen, 6. Kap. Rz 64). Dies ist selbst dann der Fall, wenn die Vertragsparteien vereinbart haben, dass eine solche Zustimmung zwingend erforderlich ist. Die fehlende Zustimmung stellt dann lediglich eine Vertragsverletzung dar. Durch vertragliche Vereinbarung kann die gesetzlich vorgesehene Universalsukzession nämlich nicht vermieden werden (vgl. N 7; BERETTA, SJZ 2002, 255).

10 Demgegenüber sind Vereinbarungen zulässig, wonach das Vertragsverhältnis sofort beendet ist oder beendet werden kann, falls eine Partei eine Fusion durchführt, die einen Wechsel der Vertragspartei bewirkt (sog. **Change of Control-Klauseln**). Ebenso können für einen solchen Fall Regeln über die **Vertragsanpassung** festgelegt werden (s. hierzu BERETTA, SJZ 2002, 255 f., die überdies die Meinung vertritt, dass der Vertragsübergang als solcher u.U. Anlass zu einer Vertragsanpassung geben kann). Im Übrigen steht der Drittpartei bei **Dauerschuldverhältnissen** ein **ausserordentliches Kündigungsrecht** aus wichtigem Grund zu, sofern ihr die Fortführung des Vertragsverhältnisses unter den gegebenen Umständen nicht zugemutet werden kann (BGE 128 III 428, 429; 122 III 262, 265; 92 II 299, 300). Unzumutbarkeit wird dabei etwa dann angenommen, wenn der Vertrag im Hinblick auf besondere Eigenschaften des ursprünglichen Vertragspartners abgeschlossen wurde, die der neue nicht mitbringt oder wenn der neue Vertragspartner ein Konkurrent der Drittpartei ist (die Tatsache der Fusion allein vermag demgegenüber in der Regel keine Unzumutbarkeit zu begründen, ZK-BÜRGI/NORDMANN-ZIMMERMANN, Art. 748 OR N 89).

11 Der Übergang von **Arbeitsverhältnissen** ist in Art. 27 Abs. 1 besonders geregelt. Vgl. dazu Komm. zu Art. 27.

12 Bei **Mietverträgen** stellt sich die Frage, ob Art. 261 OR gelten soll, wonach das Mietverhältnis zwar auf den Erwerber übergeht, dieser als Vermieter aber bei dringendem Eigenbedarf Geschäfts- und Wohnräume selber beanspruchen darf. Die Frage ist u.E. zu verneinen, weil das Prinzip der Universalsukzession vorrangig ist und ohne weiteres den Übergang des Rechtsverhältnisses bewirkt (gl.M. SVIT-Kommentar, Art. 261–261a OR N 3; BSK OR I-Weber, Art. 261 N 2; ZK-HIGI, Art. 261–261a OR N 8). Demgemäss muss die übernehmende Gesellschaft den Vertrag so erfüllen, wie er zwischen der untergehenden Gesellschaft und dem Mieter vereinbart worden ist. War die untergehende Gesellschaft Mieterin, muss sich der Vermieter den Mieterwechsel auf Grund der Fusion gefallen lassen. Auch Art. 263 OR ist nicht anwendbar, welcher vorschreibt, dass der Mieter von Geschäftsräumen das Mietverhältnis nur mit Zustimmung des Vermieters auf einen Dritten übertragen kann. Das Mietverhältnis geht hier also ebenfalls ohne Zustimmung des Vermieters auf die übernehmende Gesellschaft über. Es ist jedoch zu beachten, dass den Vertragsparteien das Recht zusteht, den Mietvertrag aus wichtigen Gründen, welche die Vertragserfüllung für sie unzumutbar machen, ausserordentlich zu kündigen (Art. 266g OR; vgl. N 10).

13 **Lizenzverträge**, die typischerweise als Dauerverträge ausgestaltet sind, gehen grundsätzlich ebenfalls auf die übernehmende Gesellschaft über (HILTY, 720; CALAME, 104 f.; zu allfälligen Change of Control-Klauseln vgl. N 10). Dem Vertragspartner bleibt unter Umständen die Möglichkeit, den Vertrag aus wichtigen Gründen aufzulösen (vgl. N 10 und HILTY, 946, 977 ff.).

14 Für **Versicherungsverträge** ist Art. 54 VVG zu beachten (JAEGER/ROELLI, Art. 54 VVG N 32). Diese Bestimmung gilt auch für den Fall der Fusion, weshalb der Versicherungsvertrag grundsätzlich auf die übernehmende Gesellschaft übergeht, wobei die Vertrags-

parteien den Versicherungsvertrag aber kündigen können (anders WATTER/KÄGI, SZW 2004, 247).

Gewisse Verträge enthalten besondere Bestimmungen über die Rechte und Pflichten im Fall einer Fusion. So wird beispielsweise in den Bedingungen von **Anleihen** hierfür häufig die Pflicht vorgesehen, dass die Gesellschaft unter gewissen Voraussetzungen die Anleihe zurückzahlen muss. Es ist daher ratsam, vor einer Fusion alle Verträge von einer gewissen wirtschaftlichen Tragweite – vor allem die langfristigen Verträge wie Mietverträge, Lizenzverträge und dergleichen – daraufhin zu überprüfen, ob sie eine Regelung zur Fusion enthalten.

15

3. Parteiwechsel im hängigen Prozess

Der **Parteiwechsel** im hängigen Prozess wird in den einschlägigen Zivilprozessordnungen geregelt und wird in der Regel für die Fusion auch ohne Zustimmung der Gegenpartei gestattet. Die Bundeszivilprozessordnung regelt demgegenüber, dass die Fusion gar nicht als Parteiwechsel gilt und dass sich die Zustimmung der übrigen Prozessparteien schon deshalb erübrigt (Art. 17 Abs. 3 BZPO; § 49 Abs. 2 ZPO ZH; vgl. auch Art. 73 Abs. 4 des VE für eine Schweizerische Zivilprozessordnung).

16

4. Vollzug der Übertragung

Das Prinzip der Universalsukzession darf nicht darüber hinweg täuschen, dass gewisse Massnahmen für den **Vollzug** der Übertragung dennoch notwendig sind. So muss beispielsweise bei Grundstücken gleichwohl eine Grundbucheintragung erfolgen, damit über diese verfügt werden kann (Art. 656 Abs. 2 ZGB). In Art. 104 Abs. 1 ist neu sogar ausdrücklich vorgesehen, dass entsprechende Änderungen innert drei Monaten seit Eintritt der Rechtswirksamkeit der Fusion beim Grundbuchamt anzumelden sind. Bewegliche Sachen sind selbstverständlich noch physisch zu übertragen. Ausserdem empfiehlt sich die Mitteilung an einen Dritten, der die übergegangenen Aktiven verwahrt. Beim Übergang von Forderungen rät sich ausserdem, dem Schuldner Anzeige zu machen. Ebenso sollte der Übergang von Verträgen der Vertragsgegenpartei mitgeteilt werden. Schliesslich sollte der Übergang von Patenten, Design sowie Marken im Register eingetragen werden. Als Nachweis dazu genügt ein beglaubigter Handelsregisterauszug, der die Fusion belegt. Der Eintrag ist namentlich wichtig, um den gutgläubigen Erwerb durch Dritte zu verhindern und die Passivlegitimation der übernehmenden Gesellschaft zu gewährleisten (Art. 33 Abs. 3 und 4 PatG; Art. 17 Abs. 2 und 3 MSchG; Art. 14 Abs. 2 und 3 DesG; TSCHÄNI, M&A-Transaktionen, 6. Kap. Rz 7 ff., Rz 66).

17

III. Mitgliedschaftliche Kontinuität

Mit Rechtswirksamkeit der Fusion werden die Gesellschafter der übertragenden Gesellschaft nach dem Grundsatz der **mitgliedschaftlichen Kontinuität** zu Gesellschaftern der übernehmenden Gesellschaft (vgl. Komm. zu Art. 7). Dieser Grundsatz kann unter den Voraussetzungen von Art. 8 und Art. 18 Abs. 5 durchbrochen werden, wonach die Gesellschafter der übertragenden Gesellschaft u.U. ausschliesslich in bar abgefunden werden können (vgl. Komm. zu Art. 8 und zu Art. 18). Diesfalls haben die betreffenden Gesellschafter, sobald die Fusion rechtswirksam wird, einen obligatorischen Anspruch auf Ausrichtung der Abfindung (VON SALIS-LÜTOLF, 137). Vorbehalten bleiben abweichende Vereinbarungen im Fusionsvertrag.

18

IV. Aufschub der Rechtswirksamkeit der Fusion auf Grund von Art. 34 KG (Abs. 1 Satz 3)

19 Handelt es sich bei der einzutragenden Fusion um einen nach dem Kartellgesetz **meldepflichtigen Zusammenschluss** (die hierfür massgeblichen Kriterien ergeben sich aus Art. 9 KG), ist die Wettbewerbskommission für den Entscheid zuständig, ob die Fusion untersagt oder (allenfalls mit Bedingungen und Auflagen) zugelassen werden soll. Bis zum Entscheid der Wettbewerbskommission wird die zivilrechtliche Wirksamkeit der Fusion aufgeschoben (Abs. 1 Satz 3; zur Erläuterung einer allfälligen Bewilligungspflicht im Fusionsbericht vgl. Art. 14 Abs. 3 lit. k). Artikel 105d HRegV sieht denn auch vor, dass eine meldepflichtige Fusion erst dann zur Eintragung ins Handelsregister angemeldet werden kann, wenn die kartellrechtlichen Voraussetzungen erfüllt sind. Dies widerspiegelt die bisherige Rechtslage und wiederholt das Vollzugsverbot, welches in Art. 32 Abs. 2 KG statuiert ist (BOVET, Art. 32 KG N 6; TSCHÄNI, M&A-Transaktionen, 10. Kap. Rz 32 ff.).

20 Das Kartellgesetz und das Fusionsgesetz werden somit **kumulativ** angewendet (vgl. Komm. zu Art. 1 Abs. 4; Botschaft, 4367; KLÄY/TURIN, 9; vgl. auch Art. 1 N 92 ff.). Dies stellt kein Problem dar, sofern den beteiligten Unternehmen die **Meldepflicht von Art. 9 KG** bewusst ist. Das Verpflichtungsgeschäft wird in diesem Fall regelmässig bedingt abgeschlossen und mit dem Vollzug, d.h. namentlich der Eintragung im Handelsregister, wird zugewartet, bis der Entscheid der Wettbewerbskommission vorliegt.

21 In der Praxis wird Art. 34 KG deshalb im Verpflichtungsgeschäft mittels aufschiebender Bedingungen (Art. 151 ff. OR) Rechnung getragen. Problematisch sind somit nur die Fälle, in denen (i) die Meldung an die Wettbewerbskommission unterbleibt und die Fusion zur Eintragung im Handelsregister angemeldet (und somit vollzogen) wird, obgleich die Voraussetzungen für die Meldepflicht nach Art. 9 KG erfüllt sind, oder (ii) die Handelsregisteranmeldung innerhalb der Wartefristen von Art. 32 und Art. 33 KG ohne (vorzeitige) Genehmigung der Wettbewerbskommission erfolgt (vgl. Art. 1 N 94 ff., Art. 52 N 23 ff.). Der Handelsregisterführer würde eine entsprechende Eintragung nämlich grundsätzlich vornehmen, da es ihm nicht obliegt, die Einhaltung des Kartellgesetzes in materieller Hinsicht zu überprüfen (vgl. BSK OR II-ECKERT, Art. 940 N 1, N 22 f. m.w.H.; BACHMANN/BRÜTSCH, 120 f.).

22 Die genannten Fälle würden das in Art. 32 Abs. 2 KG statuierte **Vollzugsverbot** verletzen. Die Wettbewerbskommission kann in solchen Fällen, was zwar selten vorkommen wird, die Fusion untersagen und ihre **Rückabwicklung** anordnen (als weitere mögliche Massnahmen vgl. die Entflechtungsmassnahmen in Art. 37 KG und die Sanktionen in Art. 51 f. KG). Gegenüber Dritten, zu denken ist hier etwa an Arbeitnehmer, Gläubiger (wie z.B. finanzierende Banken) oder Schuldner, führt diese Folge u.U. zu unbilligen Ergebnissen und widerspricht dem Grundsatz der Rechtssicherheit. Die Frage ist letztlich, ob das Vertrauen in fehlerhafte Handelsregistereinträge bis zum Augenblick, in dem der fehlerhafte Handelsregistereintrag berichtigt wird, zu schützen sei. Die bundesgerichtliche Rechtsprechung ist diesbezüglich unklar. In der neueren Lehre scheint sich jedoch die Ansicht durchzusetzen, dass dem Handelsregister – zumindest in der Regel – **öffentlicher Glaube** zukommen soll, obgleich eine gesetzliche Regelung fehlt (vgl. demgegenüber Art. 973 ZGB für das Grundbuch; VOGT, § 1 Rz 181 ff.; für eine Übersicht über Lehre und Rechtsprechung s. MEIER-HAYOZ/FORSTMOSER, § 6 Rz 74 ff. m.w.H.; vgl. auch Art. 52 N 25). Die Frage ist nach richtiger Ansicht mittels einer **Interessenabwägung** zu beurteilen (VOGT, § 1 Rz 222 ff.), wobei die Interessen der Verkehrssicherheit und des Vertrauensschutzes dem Interesse an der Durchsetzung der kartellrechtlichen Vorschriften gegenüber zu stellen sind. Dabei muss Ausschlag gebend

sein, dass die übernehmende Gesellschaft für die fehlerhafte Eintragung verantwortlich ist und ihr die Verletzung des Kartellgesetzes nicht zum Vorteil gereichen soll (vgl. N 21). Dritte, die sich bis zur Berichtigung der fehlerhaften Eintragung gutgläubig auf diese verlassen und Dispositionen getroffen haben, sind folglich in ihrem Vertrauen zu schützen.

V. Rechtswirksamkeit der Fusion von Vereinen (Abs. 2)

Die Fusion von **Vereinen**, die im Handelsregister eingetragen sind, richtet sich nach Abs. 1. Sind die beteiligten Vereine demgegenüber nicht im Handelsregister eingetragen (vgl. Art. 61 ZGB), muss auch die Fusion nicht im Handelsregister eingetragen werden (Art. 21 Abs. 4; für pflichtwidrig nicht eingetragene Vereine vgl. Art. 21 N 44). Für die Wirksamkeit der Fusion ist dann nach Abs. 2 der Zeitpunkt massgebend, in dem die Fusionsbeschlüsse aller beteiligten Vereine vorliegen. 23

Sechster Abschnitt: Erleichterte Fusion von Kapitalgesellschaften

Art. 23

Voraussetzungen
¹ Kapitalgesellschaften können unter erleichterten Voraussetzungen fusionieren, wenn:
  a. die übernehmende Kapitalgesellschaft alle Anteile der übertragenden Kapitalgesellschaft besitzt, die ein Stimmrecht gewähren; oder
  b. ein Rechtsträger, eine natürliche Person oder eine gesetzlich oder vertraglich verbundene Personengruppe, alle Anteile der an der Fusion beteiligten Kapitalgesellschaften besitzt, die ein Stimmrecht gewähren.

² Besitzt die übernehmende Kapitalgesellschaft nicht alle, jedoch mindestens 90 Prozent der Anteile der übertragenden Kapitalgesellschaft, die ein Stimmrecht gewähren, so kann die Fusion unter erleichterten Voraussetzungen erfolgen, wenn den Inhaberinnen und Inhabern von Minderheitsanteilen:
  a. neben Anteilsrechten an der übernehmenden Kapitalgesellschaft eine Abfindung nach Artikel 8 angeboten wird, die dem wirklichen Wert der Anteile entspricht; und
  b. aus der Fusion weder eine Nachschusspflicht, eine andere persönliche Leistungspflicht noch eine persönliche Haftung erwächst.

Conditions
¹ Des sociétés de capitaux peuvent fusionner à des conditions simplifiées:
  a. si la société de capitaux reprenante détient l'ensemble des parts sociales conférant droit de vote de la société de capitaux transférante;
  b. si un sujet, une personne physique ou un groupement de personnes basé sur un contrat ou sur la loi détient l'ensemble des parts sociales conférant droit de vote des sociétés de capitaux qui fusionnent.

² Si la société de capitaux reprenante ne détient pas l'ensemble, mais au moins 90%, des parts sociales conférant droit de vote de la société de capitaux transférante, la fusion peut avoir lieu à des conditions simplifiées:

	a. si les titulaires de parts minoritaires se voient offrir, outre des parts sociales de la société de capitaux reprenante, un dédommagement au sens de l'art. 8 qui corresponde à la valeur réelle des parts sociales, et b. s'il ne résulte pas de la fusion une obligation de faire des versements supplémentaires, une obligation de fournir d'autres prestations personnelles ou une responsabilité personnelle pour les titulaires de parts minoritaires.
Condizioni	[1] Le società di capitali possono operare una fusione a condizioni agevolate se: a. la società di capitali assuntrice possiede tutte le quote della società di capitali trasferente che conferiscono un diritto di voto, oppure b. un soggetto giuridico, una persona fisica o un gruppo di persone fondato su un contratto o sulla legge possiede tutte le quote delle società di capitali partecipanti alla fusione che conferiscono un diritto di voto. [2] Qualora la società di capitali assuntrice non possieda la totalità, ma il 90 per cento almeno delle quote della società di capitali trasferente che conferiscono un diritto di voto, la fusione può avvenire a condizioni agevolate se: a. ai titolari di quote di minoranza è offerta, oltre a quote sociali della società di capitali assuntrice, un'indennità ai sensi dell'articolo 8 che corrisponda al valore reale delle quote; e b. dalla fusione non risultano, per i titolari di quote di minoranza, né un obbligo di effettuare versamenti suppletivi, né un obbligo di fornire altre prestazioni personali, né responsabilità personali.

Literatur

U. GASSER/CH. EGGENBERGER, Vorentwurf zu einem Fusionsgesetz, AJP 1998, 457 ff.; M. GWELESSIANI, Handelsregisterrechltiche Aspekte zum neuen Fusionsgesetz, Referat, gehalten am Schulthess Symposium vom 8.6.2004, abrufbar auf www.hrazh.ch; M. HOPF, Desideratas und Randnotizen zum vorgeschlagenen Fusionsgesetz, ST 2001, 49 ff.; M. KÜNG, Zum Fusionsbegriff im schweizerischen Recht, SZW 1991, 245 ff.; Y. MÜLLER, Fusionen im Konzern, ST 1996, 235 ff.; R.H. WEBER, Splitting-Fusion in der Praxis, SZW 1993, 172 ff.

I. Allgemeines, Normzweck

1   Die Bestimmung soll für gewisse Tatbestände, bei denen der Schutz der Gesellschafter aufgrund von Beherrschungsverhältnissen überflüssig oder doch weniger dringend ist, **das Fusionsverfahren vereinfachen**. Sie regelt die **Voraussetzungen**, unter denen ein erleichtertes Verfahren möglich ist, während der nachfolgende Art. 24 die einzelnen Erleichterungen nennt. Im Fall von Abs. 2 besteht zwar durchaus ein (sogar dringendes) Schutzbedürfnis der Minderheitsbeteiligten, doch lassen sich die Verfahrenserleichterungen rechtfertigen, da sie den Minderheitsbeteiligten nur um den Preis des Wahlrechts von Abs. 2 lit. a zugemutet werden können und der Generalversammlungsbeschluss aufgrund der 90%-Mehrheit von vornherein feststeht. Es ist zuzugeben, dass dadurch die Minderheitsbeteiligten (bei der AG) im Ergebnis um ihr Auskunfts- und Einsichtsrecht (Art. 697 OR) gebracht sind, weil dieses an der Generalversammlung auszuüben ist (kritisch daher Handkommentar FusG-BOMMER, Art. 24 N 5; VON SALIS-LÜTOLF, 143 und ZK-BURCKHARDT, Art. 24 N 12). Die Fusionsprüfung durch den unabhängigen, besonders befähigten Revisor, von der im Fall von Abs. 2 nicht abgesehen werden kann, sollte indessen dieses Manko ein Stück weit ausgleichen (vgl. Art. 15 N 9). Das bisherige Recht sah keine derartigen Erleichterungen vor. Dadurch, dass bei bestimmten Konzernfusionen eine Kapitalerhöhung bei der übernehmenden Gesellschaft entbehrlich war, ergab sich allerdings bereits unter dem bisherigen Recht eine gewisse Vereinfachung. Ge-

genüber dem Vorentwurf wurde die Bestimmung in zweierlei Hinsicht geändert: Zum einen hatte der Vorentwurf FusG noch eine Art. 33 BEHG nachgebildete Möglichkeit vorgesehen, dass eine Kapitalgesellschaft, die über mindestens 98% der Stimmrechte der übertragenden Gesellschaft verfügte, die Zwangsübertragung der übrigen Anteile gegen Erstattung des wirklichen Werts verlangen konnte. Zum Zweiten wurde die erleichterte «Schwestern-Fusion» nach Abs. 1 lit. b ausgeweitet auf die Beherrschung zweier Kapitalgesellschaften durch eine natürliche Person und gesetzlich oder vertraglich verbundene Personengruppen.

Das erleichterte Fusionsverfahren nach Art. 23 f. ist von den Erleichterungen, die an **KMU** gewährt werden, **zu unterscheiden**. Im Gegensatz zu den Erleichterungen für KMU gelten die Erleichterungen aufgrund von Art. 23 f. **nur für die Fusion von Kapitalgesellschaften** und kommen jeweils **bei allen Fusionsparteien** zur Anwendung.

II. Fusion einer hundertprozentigen Tochtergesellschaft in die Muttergesellschaft (Abs. 1 lit. a)

Gemäss Abs. 1 lit. a **können Kapitalgesellschaften erleichtert fusionieren, wenn die übernehmende Kapitalgesellschaft alle Anteile der übertragenden Kapitalgesellschaft hält, die ein Stimmrecht gewähren**. Angesichts des diesbezüglich klaren Wortlauts des Gesetzes wird man akzeptieren müssen, dass damit Fusionen einer Muttergesellschaft als übertragende Gesellschaft in ihre hundertprozentige Tochtergesellschaft (sog. **Tochter-Mutter Fusion** oder *downstream mergers*) von Abs. 1 lit. a (aber nach der hier vertretenen Ansicht nicht notwendigerweise von Abs. 1 lit. b, s. hinten N 10) **ausgeschlossen** sind (**a.M.** ZWICKER, Prüfung, ZSR 2004 I, 161 FN 31, der für die Tochter-Mutter Fusion das erleichterte Verfahren aufgrund von lit. a für zulässig hält). Ein Schutzbedürfnis für die Anteilsinhaber ist indessen auch in diesem Fall nicht auszumachen (**a.M.** ZK-BURCKHARDT, N 7). Für die Anteilsinhaber der Muttergesellschaft unterscheidet sich nämlich die Situation nicht, ob nun die Tochtergesellschaft in die Muttergesellschaft fusioniert oder umgekehrt. In beiden Fällen werden sie mit Vollzug der Fusion Anteilsinhaber einer Gesellschaft, welche sämtliche Aktiven und Passiven von Mutter und Tochter in sich vereinigt (vgl. zur Tochter-Mutter-Fusion KÜNG, SZW 1991, 250).

Wenn das Gesetz den Begriff «**besitzen**» verwendet, so ist damit nicht Besitz im Rechtssinne, sondern grundsätzlich Eigentum gemeint. Fraglich ist indessen, ob es auch genügt, wenn alle oder ein Teil der Anteile nicht von der übernehmenden Gesellschaft selbst, sondern von einem **Treuhänder** oder einer oder mehreren anderen, direkten oder indirekten **Tochtergesellschaften** der übernehmenden Gesellschaft (Zwischengesellschaften) gehalten werden (z.B. bei der Fusion der «Enkelin» mit der «Grossmuttergesellschaft»). Der Wortlaut des Gesetzes schliesst dies m.E. nicht aus. Nach dem Sinn und Zweck der Art. 23 f. sollten die Erleichterungen auch in diesen Fällen zur Anwendung kommen (gl.M. ISLER/VON SALIS-LÜTOLF, 28; VON SALIS-LÜTOLF, 146; VON DER CRONE ET AL., Rz 280; **a.M.** bezüglich indirekter Beteiligungen Handkommentar FusG-BOMMER, N 8; GWELESSIANI, 7 und das Votum Schweiger, AmtlBull StR 2001, 152). Die Erleichterungen von Art. 24 Abs. 1 (reduzierter Mindestinhalt des Fusionsvertrages, Dispens vom Fusionsbericht, der Fusionsprüfung, der Gewährung des Einsichtsrechts und der Beschlussfassung durch die Generalversammlungen) werden gewährt, weil in gewissen Konstellationen für die entsprechenden Verfahrensschritte kein Schutzbedürfnis der Anteilsinhaber bezüglich möglicher Verletzungen ihrer Rechte, insbesondere des Rechts auf angemessene Beteiligung an der übernehmenden Gesellschaft, besteht (Botschaft, 4422; Begleitbericht zum Vorentwurf FusG, 34). Bei Treuhandverhältnissen hat der Treuhänder kein vom Treugeber losgelöstes Bedürfnis nach Information, fachmännischer Beurteilung und Einsicht und Mitwirkung bei der Beschlussfassung, weil diese Rechte allesamt nach den Instruktionen und im Interesse des Treugebers ausgeübt werden müssen. Aber auch bei indirekten hundertprozentigen Beherrschungsverhältnissen ist ein Schutzbedürfnis zu verneinen. In Frage kämen höchstens Gläubigerinteressen gegenüber der direkt beteiligten Konzerngesellschaft, z.B. die Gefahr, dass diese sich zum Schaden ihrer Gläubiger mit einem ungünstigen Umtauschverhältnis oder einer zu geringen Abfindung zufrieden gegeben habe. Über solche Handlungen würde den Gläubigern aber durch das ordentliche Fusionsverfahren keine Kontrolle ermöglicht, so dass ihnen durch die Befolgung des ordentlichen Verfahrens nicht gedient ist. Darüber hinaus sollte bedacht werden, dass die Verfahrensschritte, um welche das Fusionsverfahren gemäss Art. 24 erleichtert wird, nicht den Schutz der Gläubiger, sondern der Anteilsinhaber bezwecken (vgl. dazu eingehend für den Fusionsbericht und die Fusionsprüfung Art. 14 N 5 ff.). Schliesslich sollte man sich bei einer anderen Gesetzesauslegung im Klaren sein, dass in der Praxis wohl einfach im Hinblick auf eine Fusion direkte Beteiligungsverhältnisse (unter Umständen als Treuhandverhältnisse) hergestellt würden.

5   Problematischer als eine Ausweitung der Erleichterung von Abs. 1 lit. a auf Treuhand- und indirekte Beteiligungsverhältnisse ist der Umstand, dass **nur Anteile, die ein Stimmrecht gewähren, für die hundertprozentige Beteiligung massgebend** sind. Hier scheint nicht berücksichtigt worden zu sein, dass die Schutzvorkehren des ordentlichen Fusionsverfahrens, insbesondere der Fusionsbericht, die Fusionsprüfung und das Einsichtsrecht zu einem nicht unerheblichen Teil auch der Beurteilung der Frage dienen, ob das **Recht auf angemessene Beteiligung** an der übernehmenden Gesellschaft (bzw. bei Genussscheininhabern gegebenenfalls auf «Rückkauf» zum wirklichen Wert gemäss Art. 7 Abs. 6) **der Anteilsinhaber gewahrt** ist (zu diesem Nebenzweck GRONER, 398). Davon sind aber Inhaber von Anteilen ohne Stimmrecht gleichermassen betroffen (kritisch daher auch Handkommentar FusG-BOMMER, N 4). Partizipanten und Genussscheininhaber sind nach der gesetzlichen Regelung damit bei erleichterten Fusionen für ihren Schutz einzig auf die Überprüfungsklage nach Art. 105 verwiesen.

III. Fusion zwischen Tochtergesellschaften (Abs. 1 lit. b; «Schwesternfusion»)

6   Gemäss lit. b von Abs. 1 können Kapitalgesellschaften erleichtert fusionieren, wenn ein **Rechtsträger**, eine **natürliche Person** oder eine **gesetzlich oder vertraglich verbundene Personengruppe** alle Anteile der an der Fusion beteiligten Kapitalgesellschaften besitzt, die ein Stimmrecht gewähren. Die Bestimmung erleichtert damit sog. «Schwesterfusionen.» Meines Erachtens erfasst die Bestimmung (im Gegensatz zu den Fällen von Abs. 1 lit. a) auch Kombinationsfusionen zweier Schwestergesellschaften.

7   Für den Begriff des **Rechtsträgers** vgl. Art. 2 lit. a und der Komm. dazu. Eine **gesetzlich oder vertraglich verbundene Personengruppe** im Sinne von Abs. 1 lit. b soll nach der Botschaft namentlich bei der einfachen Gesellschaft, der Kollektiv- und Kommanditgesellschaft, der Erbengemeinschaft (Art. 602 ZGB) und der ehelichen Gemeinschaft (Art. 159 ZGB) vorliegen (Botschaft, 4423). Kollektiv- und Kommanditgesellschaften fallen indessen als Gesellschaften schon unter den Begriff des Rechtsträgers gemäss Art. 2 lit. a. Massgebendes Kriterium für das Vorliegen einer gesetzlichen oder vertraglichen Personengruppe im Sinne der Bestimmung sollte m.E. sein, ob das die «Personengruppe» verbindende gesetzliche oder vertragliche Rechtsverhältnis zu einer **gemeinsamen Ausübung des Stimmrechts** beim Zustimmungsbeschluss zum Fusions-

6. Abschnitt: Erleichterte Fusion von Kapitalgesellschaften 8–10 Art. 23

vertrag in den Generalversammlungen aller fusionierenden Gesellschaften führt. Das ist für die Erbengemeinschaft und zumindest bei der AG aufgrund von Art. 690 Abs. 1 OR überhaupt für alle Mit- oder Gesamteigentum begründenden Rechtsverhältnisse zu bejahen. Für die eheliche Gemeinschaft ist dies hingegen (jedenfalls unter dem ordentlichen Güterstand der Errungenschaftsbeteiligung) nicht der Fall, denn jeder Ehepartner kann innerhalb der gesetzlichen Schranken sein Vermögen verwalten, nutzen und darüber verfügen (Art. 201 Abs. 1 ZGB). Indessen steht es Ehegatten, die zusammen sämtliche stimmberechtigten Anteile der fusionierenden Gesellschaften halten, m.E. frei, über die Fusion einen Vertrag abzuschliessen und so als vertraglich verbundene Personengruppe zu qualifizieren (dazu sogleich).

Bezüglich **vertraglich verbundener Personengruppen** bedeutet dies, dass unter diesen Begriff Vertragsverhältnisse fallen, die aufgrund **vereinbarter Stimmbindungen** zu **einstimmigen Zustimmungsbeschlüssen** sämtlicher Inhaber von Anteilen mit Stimmrecht in den Generalversammlungen der beteiligten Kapitalgesellschaften führen, d.h. Vertragsverhältnisse, welche bezüglich der Zustimmungsbeschlüsse Stimmbindungen für alle Stimmrechte vorsehen (gl.M. ISLER/VON SALIS-LÜTOLF, 29; VON SALIS-LÜTOLF, 144; VON DER CRONE ET AL., Rz 275). Wie die Willensbildung unter den Vertragsparteien (d.h. innerhalb der Personengruppe) vertraglich geregelt ist, ist dagegen unerheblich. Es ist daher m.E. zulässig, dass sich die Inhaber sämtlicher Anteile mit Stimmrecht der fusionierenden Gesellschaften gerade im Hinblick auf die Fusion vertraglich einer Stimmbindung unterziehen (gl.M. ISLER/VON SALIS-LÜTOLF, 29; VON DER CRONE ET AL., Rz 275). Dagegen sollte nicht eingewendet werden, damit werde eine vom Gesetzgeber nur für KMU vorgesehene Verzichtsmöglichkeit auf Formalitäten des ordentlichen Fusionsverfahrens geschaffen (vgl. Art. 14 Abs. 2, Art. 15 Abs. 2 und Art. 16 Abs. 2). Die Hürde für das Vorliegen einer vertraglichen Personengruppe gemäss Art. 23 Abs. 1 lit. b liegt höher als bei den Erleichterungen für KMU, weil sämtliche Inhaber von Anteilen mit Stimmrecht *aller* fusionierenden Gesellschaften in die vertragliche Vereinbarung eingebunden sein müssen. Im Übrigen ist nicht anzunehmen, dass das Gesetz einen aufgezwungenen Schutz der Anteilsinhaber vorsieht. Eine solche Lösung dürfte bei Aktiengesellschaften auch nicht im Widerspruch zur EU-Fus-RL stehen, sehen doch die Umwandlungsrechte unserer Nachbarländer zum Teil ausdrücklich die einstimmige Verzichtsmöglichkeit der Anteilsinhaber vor (vgl. § 8 Abs. 3 und § 9 Abs. 3 des deutschen Umwandlungsgesetzes und § 232 Abs. 2 des österreichischen Aktiengesetzes; zur Richtlinienkonformität LUTTER/LUTTER, § 8 UmwG N 49; SEMLER/STENGEL-GEHLING, § 8 UmwG N 72).

Unerheblich sind m.E. die **konkreten Beteiligungsverhältnisse** insofern, als **nicht verlangt** ist, **dass jede fusionierende Gesellschaft die identischen Anteilsinhaber in identischen Anteilsverhältnissen aufweist**. Zulässig ist daher das erleichterte Verfahren auch dann, wenn z.B. die drei Parteien einer vertraglich verbundenen Personengruppe an der übernehmenden Kapitalgesellschaft zu je einem Drittel und an der übertragenden Gesellschaft zu 50%, 30% und 20% der Anteile beteiligt sind oder – im Extremfall – dass ein einziger Anteilsinhaber der übernehmenden Gesellschaft mit dem (nicht identischen) Anteilsinhaber der übertragenden Gesellschaft(en) eine vertraglich verbundene Personengruppe bildet (gl.M. VON SALIS-LÜTOLF, 144). Unter solchen Umständen (wenn nicht die identischen Anteilsinhaber an jeder Fusionsgesellschaft in identischen Verhältnissen beteiligt sind) kann es zu einem Umtausch von Anteilsrechten im Rahmen der Fusion kommen. Ebenso gut könnte das Problem aber durch (eventuell fiduziarische) Übertragungen von Anteilen gelöst werden. Es wäre aber nicht sinnvoll, so etwas zu verlangen.

Hinsichtlich **Treuhandverhältnissen** und **indirekten Beteiligungsverhältnissen** ist m.E. für Abs. 1 lit. b das gleiche wie für lit. a zu vertreten. Das bedeutet, dass es genügt, wenn der Rechtsträger bzw. die natürliche Person oder die Mitglieder der gesetzlich oder vertraglich verbundenen Personengruppe sämtliche Stimmrechtsanteile der fusionierenden Gesellschaften indirekt, d.h. über hundertprozentige Zwischengesellschaften halten (gl.M. VON SALIS-LÜTOLF, 147; VON DER CRONE ET AL., Rz 280 f.). Eine Fusion einer Muttergesellschaft als übertragende Gesellschaft in ihre Tochtergesellschaft *(downstream merger)* wäre danach in jenen Fällen erleichtert möglich, wenn eine Zwischengesellschaft in ihre Tochtergesellschaft fusioniert wird, weil dann die «Grossmuttergesellschaft» direkt oder indirekt sämtliche stimmberechtigten Anteile beider Gesellschaften hält (**a.M.** Handkommentar FusG-BOMMER, N 8).

11 Unerheblich ist es m.E., ob im Rahmen der erleichterten Fusion nach Abs. 1 lit. b eine **Kapitalerhöhung** bei der aufnehmenden Gesellschaft durchgeführt wird oder nicht. Eine Kapitalerhöhung bei der Schwesternfusion ist zulässig (FORSTMOSER/MEIER-HAYOZ/NOBEL, § 57 N 179) und kann steuerlich sinnvoll sein, weil dadurch Nennkapital erhalten wird, das später steuerfrei zurückbezahlt werden kann. Wenn eine gesetzlich oder vertraglich verbundene Personengruppe sämtliche Anteile der fusionierenden Kapitalgesellschaften hält, die Anteile unter den einzelnen Mitglieder der Personengruppe an den fusionierenden Gesellschaften aber nicht in identischen Verhältnissen gehalten werden, kann eine Kapitalerhöhung eine Möglichkeit der Bereitstellung zusätzlicher Anteile für einen Anteilsumtausch darstellen. Alternativen dazu sind eine Fusion mit eigenen Aktien oder eine Splitting-Fusion (s. dazu KÜNG, SZW 1991, 249 ff.; WEBER, SZW 1993, 172 ff.) oder auch, wenn alle Anteilsinhaber zustimmen, eine einvernehmliche Neuverteilung der Anteile.

IV. Mutter-Tochter-Fusion bei mindestens neunzigprozentiger Beherrschung (Abs. 2)

12 Eine erleichterte Fusion ist schliesslich möglich, wenn die übernehmende Kapitalgesellschaft nicht alle, aber **mindestens 90 Prozent der Stimmrechtsanteile** der übertragenden Gesellschaft hält und **kumulativ zwei zusätzliche Voraussetzungen** (Abs. 2 lit. a und lit. b) erfüllt sind. In diesem Fall gehen aber die Erleichterungen weniger weit als in den Fällen der hundertprozentigen Beherrschung von Abs. 1 (vgl. Art. 24 Abs. 2 und Komm. zu Art. 24 Abs. 2). Die zusätzlichen Voraussetzungen bezwecken den Schutz der Minderheitsaktionäre, indem diesen nach Wahl Anteilsrechte oder eine Abfindung angeboten werden muss und ausgeschlossen wird, dass ihnen aus der Fusion eine Nachschusspflicht, eine andere persönliche Leistungspflicht oder eine persönliche Haftung erwächst. Eine Anwendung der gleichen Regeln auf die Konstellation der «Schwesternfusion» ist gesetzlich nicht vorgesehen. Das leuchtet zumindest in jenem Fall nicht ganz ein, dass eine Kapitalgesellschaft, die zu 100 Prozent von einer Muttergesellschaft gehalten wird, mit ihrer Schwestergesellschaft, an der die Mutter jedoch nur 90 Prozent hält, fusioniert werden soll. Die Interessenlage der Beteiligten wäre mit dem gesetzlich geregelten Fall eigentlich gleichwertig (für eine Ausweitung des Anwendungsbereiches auf Schwestergesellschaften, die zu mindestens 90 Prozent einheitlich gehalten werden, daher VON DER CRONE ET AL., 278). Allerdings kann die gemeinsame Muttergesellschaft in jenem Fall ihre 90%-Beteiligung an ihre hundertprozentige Tochtergesellschaft übertragen und so die gesetzlich vorausgesetzte Konstellation herstellen. Im Übrigen sind aber nach der hier vertretenen Ansicht bei der Anwendung von Abs. 2 wie bei Abs. 1 **auch indirekte Beteiligungsverhältnisse** zu berücksichtigen, so wenn z.B. eine «Grossmuttergesellschaft» als übernehmende Gesellschaft mit der «Enkelgesellschaft» fusioniert, aber die zu hundert Prozent von der übernehmenden Gesellschaft gehaltene

Zwischengesellschaft nur 90 Prozent der stimmberechtigten Anteile an der übertragenden Gesellschaft hält.

Die **erste Zusatzvoraussetzung** besteht darin, dass den Minderheitsanteilsinhabern an der übertragenden Gesellschaft zwingend ein **Wahlrecht zwischen Anteilsrechten an der übernehmenden Gesellschaft und einer Abfindung** nach Art. 8 angeboten werden muss, welche dem wirklichen Wert der Minderheitsanteile entspricht. Zur Abfindung nach Art. 8 im Allgemeinen vgl. Komm. zu Art. 8. Für die Höhe der Abfindung ist der **wirkliche Wert** massgebend. Für die Konkretisierung dieses Begriffes ist wohl auf die Praxis zu Art. 685b Abs. 4 OR abzustellen (vgl. dazu bzw. zu dem dieser Bestimmung entsprechenden Art. 686 Abs. 4 altOR BGE 120 II 259 ff.). Damit soll nach der Botschaft (4423) ein anderer Massstab gelten als bei der Abfindung im ordentlichen Fusionsverfahren (vgl. dazu Art. 8 N 18 ff.). Das scheint fragwürdig, da die Höhe der Abfindung nicht vom Fusionsverfahren abhängen sollte. Eine **Fusion mit zwangsweiser Abfindung** (sog. *squeeze-out merger*) nach Art. 8 Abs. 2 kann nach dem Wortlaut der Bestimmung **nicht im erleichterten Fusionsverfahren** durchgeführt werden. Zwar dürfte die Überprüfung der Angemessenheit einer Zwangsabfindung wohl einfacher und mit weniger Risiken behaftet sein als die Überprüfung, ob die angebotene Abfindung dem wirklichen Wert der Anteile entspricht und die als Alternative angebotenen Anteile an der übertragenden Gesellschaft die Anteilsrechte der Minderheit angemessen wahren. Indessen wird man den Ausschluss wohl als bewussten Entscheid des Gesetzgebers akzeptieren müssen (für eine Zulässigkeit des erleichterten Verfahrens auch bei Zwangsabfindung dagegen ISLER/VON SALIS-LÜTOLF, 27 und VON SALIS-LÜTOLF, 145). Eine Fusion mit ausschliesslicher Abfindung ist immerhin gemäss Abs. 1 lit. b dann im erleichterten Verfahren möglich, wenn die Minderheitsanteilsinhaber der übertragenden Gesellschaft mit sämtlichen Inhabern von stimmberechtigten Anteilen der übernehmenden Gesellschaft eine gesetzlich oder vertraglich verbundene Personengruppe bilden.

Als **zweite Zusatzvoraussetzung** verlangt das Gesetz, dass den Minderheitsanteilsinhabern aus der Fusion (wenn sie die alternativ angebotenen Anteile der übernehmenden Gesellschaft wählen) **weder eine Nachschusspflicht, eine andere persönliche Leistungspflicht noch eine persönliche Haftung** erwächst. Solche Pflichten könnten bei entsprechender statutarischer Ausgestaltung für die Minderheitsanteilsinhaber mit der Fusion bei übernehmenden GmbH (Nachschusspflicht [Art. 803 OR], Pflicht zu weiteren Leistungen über die Stammeinlage hinaus [Art. 777 Ziff. 2 OR] und solidarische Haftung bis zur Höhe einer nicht einbezahlten Stammeinlage [Art. 802 OR]) sowie bei übernehmenden Kommanditaktiengesellschaften (unbeschränkte Haftung des Komplementärs, Art. 764 Abs. 1) entstehen. Soweit solche Pflichten schon vor der Fusion bestehen, können sie im vorbestehenden Rahmen allerdings weiterhin vorgesehen werden (Handkommentar FusG-BOMMER, N 12).

V. Massgebender Zeitpunkt

Das Gesetz äussert sich nicht zur Frage, **zu welchem Zeitpunkt** die vorausgesetzten Beteiligungsverhältnisse bestehen müssen, um in den Genuss der Erleichterungen zu kommen. Dazu ist m.E. zu vertreten, dass die entsprechenden Beteiligungsverhältnisse bereits **zum Zeitpunkt des Abschlusses des Fusionsvertrages und bis zur Eintragung im Handelsregister** vorliegen müssen (gl.M. VON SALIS-LÜTOLF, 146). Bei der erleichterten Fusion wird der Fusionsvertrag, wenn er nicht rechtsgeschäftlich aufschiebend bedingt wird, mit seinem Abschluss wirksam (Art. 12 N 9). Falls zu diesem Zeitpunkt die Voraussetzungen der Erleichterungen nicht gegeben sind, so würde ein unvoll-

Art. 24

ständiger Fusionsvertrag abgeschlossen. Indessen sollte es den Parteien möglich sein, den Fusionsvertrag in dem Sinne aufschiebend bedingt abzuschliessen, dass er erst wirksam wird, wenn die vorausgesetzten Beteiligungsverhältnisse hergestellt sind, in welchem Fall nur die Eintragung im Handelsregister massgebend ist.

Art. 24

Erleichterungen

¹ Die an der Fusion beteiligten Kapitalgesellschaften, welche die Voraussetzungen nach Artikel 23 Absatz 1 erfüllen, müssen im Fusionsvertrag nur die Angaben nach Artikel 13 Absatz 1 Buchstaben a und f–i machen. Sie müssen weder einen Fusionsbericht (Art. 14) erstellen noch den Fusionsvertrag prüfen lassen (Art. 15) noch das Einsichtsrecht gewähren (Art. 16) noch den Vertrag der Generalversammlung zur Beschlussfassung unterbreiten (Art. 18).

² Die an der Fusion beteiligten Kapitalgesellschaften, die die Voraussetzungen nach Artikel 23 Absatz 2 erfüllen, müssen im Fusionsvertrag nur die Angaben nach Artikel 13 Absatz 1 Buchstaben a, b und f–i machen. Sie müssen weder einen Fusionsbericht (Art. 14) erstellen noch den Fusionsvertrag der Generalversammlung zur Beschlussfassung unterbreiten (Art. 18). Das Einsichtsrecht nach Artikel 16 muss mindestens 30 Tage vor der Anmeldung der Fusion zur Eintragung ins Handelsregister gewährt werden.

Allégements

¹ Les sociétés de capitaux qui fusionnent et qui remplissent les conditions fixées à l'art. 23, al. 1, ne font figurer dans le contrat de fusion que les indications prévues à l'art. 13, al. 1, let. a et f à i. Elle ne doivent ni rédiger de rapport de fusion (art. 14), ni faire vérifier le contrat de fusion (art. 15), ni octroyer le droit de consultation (art. 16), ni soumettre le contrat de fusion à l'approbation de l'assemblée générale (art. 18).

² Les sociétés de capitaux qui fusionnent et qui remplissent les conditions fixées à l'art. 23, al. 2, ne font figurer dans le contrat de fusion que les indications prévues à l'art. 13, al. 1, let. a, b et f à i. Elle ne doivent ni rédiger de rapport de fusion (art. 14), ni soumettre le contrat de fusion à l'approbation de l'assemblée générale (art. 18). Le droit de consultation prévu à l'art. 16 est accordé au moins 30 jours avant la réquisition d'inscription de la fusion au registre du commerce.

Agevolazioni

¹ Le società di capitali che adempiono le condizioni di cui all'articolo 23 capoverso 1 devono indicare nel contratto di fusione soltanto gli elementi di cui all'articolo 13 capoverso 1 lettere a e f–i. Esse non devono né elaborare un rapporto di fusione (art. 14), né far verificare il contratto di fusione (art. 15), né garantire il diritto di consultazione (art. 16), né sottoporre il contratto di fusione all'assemblea generale per decisione (art. 18).

² Le società di capitali che adempiono le condizioni di cui all'articolo 23 capoverso 2 devono indicare nel contratto di fusione soltanto gli elementi di cui all'articolo 13 capoverso 1 lettere a, b e f–i. Esse non devono né elaborare un rapporto di fusione (art. 14), né sottoporre il contratto di fusione all'assemblea generale per decisione (art. 18). Il diritto di consultazione di cui all'articolo 16 va garantito almeno trenta giorni prima della richiesta d'iscrizione della fusione nel registro di commercio.

6. Abschnitt: Erleichterte Fusion von Kapitalgesellschaften   1–3 **Art. 24**

Literatur

Vgl. die Literaturhinweise zu Art. 23.

I. Allgemeines

Die Bestimmung regelt den **Umfang der Erleichterungen** des Fusionsverfahrens, für 1
welche in Art. 23 die Voraussetzungen aufgestellt werden. Der erste Absatz bestimmt die
Erleichterungen für die von Art. 23 Abs. 1 lit. a und b erfassten Konstellationen (Fusion
von Tochtergesellschaften in die Muttergesellschaft und Fusion von Gesellschaften unter gemeinsamer Kontrolle). Der zweite Absatz bestimmt die weniger weit gehenden Erleichterungen für die von Art. 23 Abs. 2 erfassten Konstellationen (Fusion einer
90%igen Tochtergesellschaft in die Muttergesellschaft). Die Erleichterungen sind **freiwillig**. Es steht den Parteien frei, dem ordentlichen Fusionsverfahren zu folgen oder
über die Mindestanforderungen des Gesetzes hinauszugehen und nur von einzelnen
Schritten des Fusionsverfahrens (z.B. der Prüfung eines freiwillig erstellten Fusionsberichts) abzusehen.

II. Erleichterungen bei der Fusion einer hundertprozentigen Tochtergesellschaft in die Muttergesellschaft und bei der Fusion von Tochtergesellschaften (Abs. 1)

Unter den Voraussetzungen von Art. 23 Abs. 1 kommen die folgenden **Erleichterungen** 2
zur Anwendung:

– Im **Fusionsvertrag** kann auf die **Angaben im Zusammenhang mit der Wahrung der mitgliedschaftlichen Kontinuität** (Art. 13 Abs. 1 lit. b–e) verzichtet werden (Umtauschverhältnis und gegebenenfalls Ausgleichszahlung; den Inhabern von Sonderrechten, Anteilen ohne Stimmrechte und Genussscheinen gewährte Rechte; Modalitäten des Umtausches; Zeitpunkt der Gewinnberechtigung).

– Die Pflicht zur Erstellung eines **Fusionsberichts** (Art. 14) entfällt.

– Die Pflicht zur **Prüfung des Fusionsvertrags** (Art. 15) entfällt.

– Die Pflicht zur Gewährung des **Einsichtsrechts** (Art. 16) entfällt.

– Die Notwendigkeit von **Zustimmungsbeschlüssen der Generalversammlungen** (Art. 18 Abs. 1) der fusionierenden Kapitalgesellschaften entfällt.

Was den **reduzierten Inhalt des Fusionsvertrages** angeht, so werden im Einzelfall allerdings gewisse Erleichterungen nicht beansprucht werden können. Wenn mehrere gesetzlich oder vertraglich verbundene Personen zusammen sämtliche Stimmrechtsanteile
der Fusionsgesellschaften halten, aber die Anteile unter den Mitgliedern der Personengruppe ungleich verteilt sind, so ist unter Umständen ein Umtausch von Anteilen
notwendig, in welchem Fall die entsprechenden Angaben zum Umtauschverhältnis, allfälligen Sonderrechten, den Modalitäten des Umtausches und zum Beginn der Gewinnberechtigung (Art. 13 Abs. 1 lit. b–e) zu machen sind. Ausserdem scheint übersehen
worden zu sein, dass sich die vorausgesetzten Beteiligungsverhältnisse nur auf Anteile
mit Stimmrecht beziehen (vgl. Art. 23). Sind **Partizipations- oder Genussscheine ausstehend**, so sind auch hierfür die nach Art. 13 Abs. 1 notwendigen Angaben zum Umtauschverhältnis und gegebenenfalls zur Abfindung und die weiteren Angaben (Art. 13
Abs. 1 lit. c–e) im Fusionsvertrag zu machen. Problematisch ist in diesem Zusammenhang, dass den **Partizipanten** und **Genussscheininhabern** bei erleichterten Fusionen 3

Matthias Wolf

kein Recht auf Einsicht zusteht. Nach der gesetzlichen Regelung wäre es sogar möglich, dass Partizipanten und Genussscheininhaber von der Fusion und einer Umwandlung ihrer Anteile erst durch die Veröffentlichung im Schweizerischen Handelsamtsblatt erfahren, denn eine Generalversammlung, über welche die Partizipanten gemäss Art. 656d OR zu orientieren wären, findet bei der erleichterten Fusion nicht statt. Das kann allerdings nicht die Meinung des Gesetzgebers gewesen sein. Zu vertreten ist, dass den Partizipanten zumindest in Analogie zu Art. 656d Abs. 2 OR die Beschlüsse des obersten Leitungs- oder Verwaltungsorgans mit dem Fusionsvertrag bekannt zu geben sind. Allfällige weitergehende statutarischen Rechte bleiben ausserdem vorbehalten.

4 Wird im Rahmen einer erleichterten Schwesternfusion das Anteilskapital erhöht, so ist fraglich, ob auf eine solche Kapitalerhöhung die **Dispensation von den Sacheinlagevorschriften** von Art. 9 Abs. 2 anwendbar ist. Die Dispensation von den Sacheinlagevorschriften hat zur Folge, dass, sofern eine Kapitalerhöhung durchgeführt wird, die Werthaltigkeit des durch Fusion eingebrachten Vermögens bei Anwendung des erleichterten Verfahrens nicht mehr die «Gütesiegel» des Kapitalerhöhungsberichts und der Prüfungsbestätigung (bei der AG Art. 652e und Art. 652f OR) tragen und damit die Verlässlichkeit der Nennkapitalziffer beeinträchtigt wird. Trotzdem ist nach der hier vertretenen Meinung die Anwendbarkeit von Art. 9 Abs. 2 zu bejahen, solange das Kapital **ausschliesslich zur Durchführung der Fusion** erhöht wird, d.h. der Nennbetrag der Kapitalerhöhung vollumfänglich durch Einlage der Nettoaktiven der übertragenden Gesellschaft im Rahmen der Fusion liberiert wird und die neuen Anteilsrechte ausschliesslich den Anteilsinhabern der übertragenden Gesellschaft(en) zugeteilt werden (vgl. Art. 9 N 32 ff.; grundsätzlich gl.M. VON SALIS-LÜTOLF, 58, der allerdings die Sacheinlagevorschriften dann für anwendbar hält, wenn der Nennwert der Kapitalerhöhung höher ist als der Nennwert des Kapitals der übertragenden Gesellschaft). Es ist zuzugeben, dass diese wichtige Frage im Gesetz nicht mit letzter Klarheit geregelt worden ist, obwohl darauf in der Vernehmlassung hingewiesen worden war (Vernehmlassungen, 188). Die (wohl überwiegende) Gegenmeinung (Handkommentar FusG-BOMMER, N 3 und Art. 9 N 14; ZWICKER, Prüfung, ZSR 2004 I, 180 f.; ZK-BURCKHARDT, N 6; VON DER CRONE ET AL., Rz 216) beruft sich unter Anderem auf Art. 9 Abs. 1 und vertritt, dass Art. 9 Abs. 2 nur zur Anwendung kommt, wenn und soweit eine Kapitalerhöhung zur Wahrung der Rechte der Anteilsinhaber *erforderlich* ist. Das ist namentlich bei der Schwesternfusion nicht der Fall, aber auch dann nicht, wenn und soweit die fusionierenden Gesellschaften eigene Anteile oder Anteile des Fusionspartners halten. Nach dem Wortlaut von Art. 9 Abs. 2 ist die Dispensation allerdings nicht auf Fusionen im ordentlichen Verfahren beschränkt und dem Gesetzgeber sollte bewusst gewesen sein, dass mit den im FusG gewährten Ausnahmen des erleichterten Verfahrens und den Ausnahmen für KMU für eine Vielzahl von Fusionen das ordentliche Verfahren gerade nicht gelten würde. Das Abstellen auf die «Erforderlichkeit» einer Kapitalerhöhung ist ausserdem fragwürdig, weil in den allermeisten Fällen auch eine Splitting-Fusion möglich wäre, und eine fusionsdurchführende Kapitalerhöhung (jedenfalls bei der AG) daher streng genommen selten zur Bereitstellung der benötigten Mitgliederstellen wirklich erforderlich ist. Nicht der Wortlaut von Art. 9 Abs. 2 scheint interpretationsbedürftig, sondern derjenige von Abs. 1 jener Bestimmung: Entgegen einer Bemerkung der Botschaft (4404) gibt es keine «Pflicht» zur Kapitalerhöhung im Rahmen einer Fusion zum Schutz der Gläubiger, das zeigt die Praxis zur zulässigen Schwesternfusion ohne Kapitalerhöhung (BGE 108 Ib 450, 456) und zur Splitting-Fusion. Dies wollte der Gesetzgeber nicht einschränken. Er nimmt im Gegenteil in Kauf, dass bei einer Fusion (auf addierter Basis) Nennkapital auch in starkem Ausmass herabgesetzt werden kann, so wenn eine Gesellschaft mit vergleichsweise geringem Anteilskapital eine Gesellschaft mit grossem Anteilskapital übernimmt.

Eine teleologische Reduktion der Anwendbarkeit von Art. 9 Abs. 2 auf die Fälle der ordentlichen Fusion rechtfertigt sich aber auch darum nicht, weil die Verfahrensschritte, um welche das Fusionsverfahren gemäss Art. 24 erleichtert wird (insbesondere der Fusionsbericht und die Fusionsprüfung) **nicht den Schutz der Gläubiger, sondern den der Anteilsinhaber bezwecken** (dazu eingehend Art. 14 N 5 ff.; **a.M.** Handkommentar FusG-COMBŒUF, Vorbem. zu Art. 14–17 N 1, Art. 14 N 23). Altgläubiger bedürfen angesichts der weit gehenden Art. 25 ff. kaum weiteren Schutzes. Bezüglich Neugläubigern ist zu akzeptieren, dass das Gesetz eine erhöhte Gefahr einer Unterpari-Ausgabe von Anteilsrechten als Folge der Erleichterungen von Art. 23 f. sowie der Erleichterungen für KMU hingenommen hat. Zur ähnlich gelagerten Problematik bezüglich der Verzichtsmöglichkeiten von KMU vgl. ausserdem Art. 14 N 7 ff., zu den Rechtsbehelfen der Gesellschaftsgläubiger Art. 14 N 8g.

III. Erleichterungen bei der Mutter-Tochterfusion bei mindestens neunzigprozentiger Beherrschung (Abs. 2)

Die Erleichterungen für Fusionen, welche die Voraussetzungen von Art. 23 Abs. 2 erfüllen, sind **ähnlich**, **gehen aber** angesichts der zu wahrenden Minderheitsinteressen **weniger weit**. Bezüglich der einzelnen Erleichterungen gilt Folgendes:

– Im **Fusionsvertrag** müssen anders als bei den Erleichterungen nach Abs. 1 Angaben zum **Umtauschverhältnis** und zu einer allfälligen **Ausgleichszahlung** gemacht werden. Dagegen soll nach dem Gesetzestext auf die Angaben von Art. 13 Abs. 1 lit. c (den Inhabern von Sonderrechten, Anteilen ohne Stimmrechte und Genussschein gewährte Rechte), lit. d (Modalitäten des Umtausches) und lit. e (Zeitpunkt des Beginns der Gewinnberechtigung) verzichtet werden. Dabei handelt es sich möglicherweise um ein gesetzgeberisches Versehen. Da ja Anteile als Alternative angeboten werden müssen (Art. 23 Abs. 2 lit. a), sind auch Angaben über die Modalitäten und den Zeitpunkt der Gewinnberechtigung notwendig. Bestehen Sonderrechte, Anteile ohne Stimmrecht oder Genussscheine, so müssen auch die entsprechenden Angaben gemacht werden.

– Die Pflicht zur Erstellung eines **Fusionsberichts** (Art. 14) entfällt.

– Die Pflicht zur **Prüfung des Fusionsvertrags** (Art. 15) bleibt zum Schutz der Minderheitsanteilsinhaber bestehen.

– Die Pflicht zur Gewährung des **Einsichtsrechts** (Art. 16) bleibt modifiziert bestehen: Vor der Anmeldung der Fusion zur Eintragung im Handelsregister muss das Einsichtsrecht während 30 Tagen gewährt werden.

– Die Notwendigkeit von **Zustimmungsbeschlüssen der Generalversammlungen** (Art. 18 Abs. 1) der fusionierenden Kapitalgesellschaften entfällt.

Siebenter Abschnitt: Gläubiger- und Arbeitnehmerschutz

Art. 25

Sicherstellung der Forderungen

¹ Die übernehmende Gesellschaft muss die Forderungen der Gläubigerinnen und Gläubiger der an der Fusion beteiligten Gesellschaften sicherstellen, wenn diese es innerhalb von drei Monaten nach der Rechtswirksamkeit der Fusion verlangen.

² Die an der Fusion beteiligten Gesellschaften müssen ihre Gläubigerinnen und Gläubiger im Schweizerischen Handelsamtsblatt dreimal auf ihre Rechte hinweisen. Sie können von einer Publikation absehen, wenn eine besonders befähigte Revisorin oder ein besonders befähigter Revisor bestätigt, dass keine Forderungen bekannt oder zu erwarten sind, zu deren Befriedigung das freie Vermögen der beteiligten Gesellschaften nicht ausreicht.

³ Die Pflicht zur Sicherstellung entfällt, wenn die Gesellschaft nachweist, dass die Erfüllung der Forderung durch die Fusion nicht gefährdet wird.

⁴ Anstatt eine Sicherheit zu leisten, kann die Gesellschaft die Forderung erfüllen, sofern die anderen Gläubigerinnen und Gläubiger nicht geschädigt werden.

Garantie des créances

¹ La société reprenante garantit les créances des créanciers des sociétés qui fusionnent si ceux-ci l'exigent dans le délai de trois mois à compter de la date à laquelle la fusion déploie ses effets.

² Les sociétés qui fusionnent informent leurs créanciers de leurs droits par une triple publication dans la Feuille officielle suisse du commerce. Elles peuvent renoncer à cette publication si un réviseur particulièrement qualifié atteste que l'ensemble des créances connues ou escomptées peuvent être exécutées au moyen de la fortune disponible des sociétés qui fusionnent.

³ L'obligation de fournir des sûretés s'éteint si la société prouve que la fusion ne compromet pas l'exécution de la créance.

⁴ La société tenue de fournir des sûretés peut, en lieu et place, exécuter la créance dans la mesure où il n'en résulte aucun dommage pour les autres créanciers.

Garanzia dei crediti

¹ La società assuntrice deve garantire i crediti dei creditori delle società partecipanti alla fusione se questi ne fanno domanda entro tre mesi a contare dal momento in cui la fusione acquisisce validità giuridica.

² Le società partecipanti alla fusione devono, mediante triplice pubblicazione nel Foglio ufficiale svizzero di commercio, informare i creditori circa i loro diritti. Possono rinunciare a tale pubblicazione se un revisore particolarmente qualificato attesta che tutti i crediti noti o prevedibili possono essere soddisfatti mediante il patrimonio a disposizione delle società partecipanti alla fusione.

³ L'obbligo di prestare garanzia si estingue se la società prova che la fusione non compromette la soddisfazione del credito.

⁴ In luogo della costituzione di garanzie, la società che vi è tenuta può soddisfare il credito, purché non ne risulti un danno per gli altri creditori.

Übersicht

Note

I. Das Problem der Gläubigergefährdung durch die Fusion (und durch das Fusionsrecht) 1
II. Altes Recht und Revisionsgeschichte 5
III. Gläubigerschutz im Fusionsgesetz 10
IV. Gläubigerschutz durch nachträgliche Sicherstellungspflicht (Art. 25) 14
   1. Die Pflicht zur Sicherstellung (Abs. 1) 15
   2. Die erfassten Forderungen 17
   3. Die Art der Sicherstellung 23
   4. Das Verfahren: Publikation und Forderungsanmeldung (Abs. 2) 26
   5. Die Befreiung von der Sicherstellungspflicht (Abs. 3) 34
   6. Durchsetzung und Sanktionen 40
   7. Der Vorbehalt der Erfüllung (Abs. 4) 44
V. Rechtsvergleichung 46

Literatur

C. BLÄSI, Der Vorentwurf zum Bundesgesetz über die Fusion, die Spaltung und die Umwandlung (Fusionsgesetz) – Ein erster Überblick über die Bestimmungen betreffend das Handelsregister, JBHReg 1998, 99 ff.; EHRA, Die Praxis des Eidg. Amtes für das Handelsregister in Fragen betreffend Umwandlungen und rechtsformüberschreitende Fusionen, REPRAX 1/1999, 41 ff.; U. GASSER/C. EGGENBERGER, Vorentwurf zu einem Fusionsgesetz – Grundzüge und ausgewählte Einzelfragen, AJP 1998, 457 ff.; P. HERZOG/W.H. HESS, Die zivilrechtliche Sicht zum Fusionsgesetz, ST Sonderausgabe 6/1998, 5 ff.; J. KOCH, Handelsregisterliche Eintragungen, Zürich 1996; C.J. MEIER-SCHATZ, Einführung in das neue Fusionsgesetz, AJP 2002, 514 ff.; DERS., Europäisches Gesellschaftsrecht und der Schweizer Vorentwurf für ein Fusionsgesetz, in: Forstmoser et al. (Hrsg.), Der Einfluss des europäischen Rechts auf die Schweiz, FS Zäch, Zürich 1999; P. NOBEL, Zusammenfassende Beurteilung des Vorentwurfs zum Fusionsgesetz, ZSR 1998 I 355 ff.; R. RUEDIN, La protection des créanciers dans le projet de loi sur la fusion, in: von der Crone et al. (Hrsg.), Neuere Tendenzen im Gesellschaftsrecht, FS Forstmoser, Zürich 2003; U. SCHENKER, Die Fusion, AJP 2004, 772 ff.; M. STAEHELIN, Zur Frage der Sicherstellung bei der Herabsetzung des Aktienkapitals, ZSR 1938, 234 ff.; F. VON STEIGER, Das Recht der Aktiengesellschaft in der Schweiz, 4. Aufl., Zürich 1970; R. TRIGO TRINDADE, Le nouveau droit des fusions, SemJud 2003 II, 435 ff.; F. VISCHER, Drei Fragen aus dem Fusionsrecht, SZW 1993, 1 ff.; DERS., Des principes de la loi sur la fusion et de quelques questions controversées, SZW 2004, 155 ff.

I. Das Problem der Gläubigergefährdung durch die Fusion (und durch das Fusionsrecht)

Eine **Auswechslung seines Schuldners** muss sich kein Gläubiger gegen seinen Willen gefallen lassen (Art. 176 OR). Demgegenüber kann der Gläubiger sich blossen **Veränderungen im Bestand der Aktiven oder Passiven** seines Schuldners im allgemeinen weder widersetzen, noch daraus besondere Rechte ableiten, obschon sich mit solchen Veränderungen offensichtlich auch die Bonität des Schuldners verändern kann. Erst im Falle der Zahlungsunfähigkeit bzw. -einstellung des Schuldners stehen ihm unter bestimmten Umständen besondere Rechte zur Verfügung (z.B. Art. 83 OR; Art. 897 ZGB; Art. 190 Abs. 1 Ziff. 2 SchKG). Der Gläubiger einer Kapitalgesellschaft ist zudem durch die Kapitalschutzvorschriften gegen bestimmte, vor allem freiwillige (zugunsten der Gesellschafter erfolgende) Verschlechterungen in der Vermögenslage seiner Schuldnerin geschützt. Eine Regelung des Gläubigerschutzes in der Fusion muss zwischen diesen Grundsätzen den richtigen Weg finden.

Durch die Fusion einer Schuldnergesellschaft erfolgt, anders als bei der Spaltung, nicht notwendig ein Abfluss von Haftungssubstrat (der allerdings im Falle der Ausrichtung von

1

2

Ausgleichszahlungen oder Abfindungen vorkommen kann, Art. 7 f., vgl. dazu N 41; ferner erlöschen allfällige Forderungen gegenüber dem Fusionspartner). Jedoch konkurriert jeder Gläubiger nach der Fusion auch mit den Gläubigern der anderen Gesellschaft um die vereinigten Aktiven beider Gesellschaften. Der Vorgang steht jedenfalls wirtschaftlich **einer blossen Vermögensveränderung näher** als einem Austausch des Schuldners; jede der fusionierenden Gesellschaften (wenn man sich die übertragende als in der übernehmenden fortgesetzt denkt) behält grundsätzlich ihre bisherigen Aktiven und Passiven und erwirbt lediglich neue hinzu. Dem Gläubiger der robusteren unter den fusionierenden Gesellschaften widerfährt insofern nichts, was er nicht in anderer rechtlicher Gestaltung grundsätzlich schutzlos hinzunehmen hätte (vgl. BGE 115 II 415, 420 E. 2c; FORSTMOSER/MEIER-HAYOZ/NOBEL, § 57 Rz 209). Immerhin erfolgt die Änderung der Vermögenslage im Zuge der Fusion plötzlich und vielleicht radikaler, als es typischerweise im ordentlichen Geschäftsgang eines Unternehmens geschehen würde. Zudem können sich, insbesondere im Falle der Fusion zwischen Gesellschaften ungleicher Rechtsform, aus Sicht der Gläubiger der übertragenden Gesellschaft unwillkommene Änderungen in der Haftungs- und Kapitalschutzordnung ergeben, die zu ihrem Schutze besteht (bezüglich der Haftungsordnung trägt diesem Aspekt insbesondere Art. 26 über die fortdauernde persönliche Haftung der Gesellschafter Rechnung; vgl. auch N 35).

3 Wichtig für die Gläubiger ist zunächst, dass aufgrund der Ausgestaltung des **Fusionsverfahrens** nicht geradezu eine Lücke im Kapitalschutz entsteht (wozu im Fusionsgesetz bestimmte Fragen offen sind, vgl. N 11 f.; vgl. auch BGE 123 III 473, 483: die Vermeidung einer Lücke zwischen allgemeinem Kapital- und besonderem Gläubigerschutz im Liquidationsverfahren war der Leitgedanke des BGer für den Entscheid, bis zu welchem Zeitpunkt der Auflösungsbeschluss einer AG widerrufen werden kann; vgl. dazu jetzt Art. 5). Für einen **besonderen Schutz** der Gläubiger gegen die Gefahren der Fusion kommen verschiedene Systeme in Betracht. Es können ihnen insbesondere Widerspruchsrechte, Rechte auf vorzeitige Befriedigung oder Sicherstellung oder Privilegien in einem späteren Konkurs der übernehmenden Gesellschaft eingeräumt werden (RUEDIN, 691 ff.). Alle diese Systeme haben allerdings auch gewichtige Nachteile.

4 Auch die vom schweizerischen Gesetzgeber gewählte Anordnung der **Sicherstellung der Forderungen der Gläubiger** ist in mehrfacher Hinsicht **ein problematisches System** (vgl. auch VON SALIS-LÜTOLF, 161). Für die fusionierenden Gesellschaften durchkreuzt es die Finanzplanung, da für erst in der Zukunft fällig werdende Schulden unter Umständen sofort Mittel abgestellt werden müssen (vgl. BÖCKLI, Aktienrecht, § 2 Rz 351, § 3 Rz 169, 207; dieses Problem verschärft sich, wenn sogar die Sicherstellung künftiger, aufschiebend bedingter oder bestrittener Forderungen verlangt wird, vgl. N 18 f.). Im Extremfall erzwingt die Sicherstellungspflicht eine von niemandem wirklich gewollte (Teil-)Liquidation der Gesellschaft. Gefährlich ist sie aber insbesondere auch für diejenigen Gläubiger, die von ihrem Recht, Sicherstellung zu verlangen, *keinen* Gebrauch machen: soweit andere Gläubiger dies tun, wird zu deren Gunsten ihren rücksichtsvolleren oder weniger aufmerksamen Artgenossen ein Teil ihres Haftungssubstrates gänzlich entzogen (vgl. BÖCKLI, Aktienrecht, § 2 Rz 351, § 3 Rz 168; ZK-BÜRGI/ NORDMANN, Art. 748 OR N 111 zum Schädigungspotential für die Gläubiger der übernehmenden Gesellschaft im alten Fusionsrecht).

II. Altes Recht und Revisionsgeschichte

5 Soweit vor dem Inkrafttreten des Fusionsgesetzes die Fusion von Gesellschaften im Gesetz überhaupt geregelt war (**Art. 748–750 altOR**, Aktiengesellschaft, und **914 altOR**,

Genossenschaft; Art. 770 Abs. 3 altOR verwies für die Kommanditaktiengesellschaft auf das Aktienrecht), betrafen die entsprechenden Bestimmungen vor allem den Gläubigerschutz. Sie beschränkten sich dabei auf **Schutzvorkehren für die Gläubiger der übertragenden Gesellschaft**, gaben deren Schutz aber grosses Gewicht. Im Zentrum stand die Bestimmung, wonach die übernehmende Gesellschaft das Vermögen der übertragenden Gesellschaft so lange getrennt verwalten musste, bis deren Gläubiger befriedigt oder sichergestellt waren (Art. 748 bzw. 914 Ziff. 2 altOR), damit es im Falle des Konkurses vorweg zur Befriedigung dieser Gläubigergruppe verwendet werden konnte (Art. 748 bzw. 914 Ziff. 5 altOR). Die Gläubiger der übertragenden Gesellschaft waren durch einen Schuldenruf zur Anmeldung ihrer Ansprüche aufzufordern (Art. 748 bzw. 914 Ziff. 1 altOR), und die Mitglieder des Verwaltungsrates bzw. der Verwaltung der übernehmenden Gesellschaft waren ihnen für die Durchführung der getrennten Vermögensverwaltung persönlich verantwortlich (Art. 748 bzw. 914 Ziff. 3 altOR). Gemäss der Lehre zum alten Recht bedeutete die vom Gesetz angeordnete getrennte Vermögensverwaltung allerdings nicht zwingend eine physische Trennung der Aktiven und bewirkte auch keine Verfügungsbeschränkung; es genügte vielmehr eine getrennte Buchführung für diese Vermögensmasse («Schattenrechnung»; BÖCKLI, Aktienrecht, 2. Aufl., Rz 296d; BSK OR II-TSCHÄNI, Art. 748 N 34, 36; BSK OR II-HÜNERWADEL, Art. 914 N 13. ZK-BÜRGI/NORDMANN, Art. 748 OR N 105, verlangten zusätzlich die «getrennte Kassenführung»).

Für die **gesetzlich nicht geregelten**, aber von der Praxis zugelassenen **Fusionsformen** wurde die sinngemässe Anwendung der Grundsätze von Art. 748 und 914 altOR verlangt, soweit sie sich auf die in Frage stehende Rechtsform übertragen liessen (BGE 115 II 415, 422 sowie BK-RIEMER, Art. 88/89 ZGB N 114 betr. Stiftungen; VISCHER, SZW 1993, 6: Anwendung von Art. 914 altOR für eine Fusion zwischen GmbH und AG). Eine der Bedingungen, die für die rechtsfortbildende Zulassung solcher Fusionen statuiert wurde, war die Abwesenheit einer Beeinträchtigung der aktuellen oder potentiellen Gläubigerinteressen (BGE 125 III 18, 24, 27). Unter Berufung auf diesen Grundsatz bezeichnete das EHRA die Annexion einer Aktiengesellschaft durch eine Genossenschaft als unzulässig, weil die Aktiengesellschaft einem stärker ausgestalteten Gläubigerschutz unterstehe (EHRA, REPRAX 1/1999, 58).   6

Für die **Gläubiger der übernehmenden Gesellschaft** sah das alte Recht keine besonderen Schutzvorkehren vor. Sooft allerdings für die Durchführung der Fusion bei einer übernehmenden Aktiengesellschaft eine Kapitalerhöhung erforderlich war, kamen die Vorschriften über Sacheinlagen zur Anwendung, die einen beschränkten Schutz zugunsten dieser Gläubiger boten (FORSTMOSER/MEIER-HAYOZ/NOBEL, § 57 Rz 169, 224; BSK OR II-TSCHÄNI, Art. 748 N 28; ZK-BÜRGI/NORDMANN, Art. 748 OR N 72; vgl. aber Art. 749 N 3).   7

Die spezifischen Gläubigerschutzbestimmungen des altOR für die Fusion werden in der jüngeren Lehre recht einhellig als überspannt und unpraktikabel **kritisiert** (Botschaft, 4425; vgl. z.B. BÖCKLI, Aktienrecht, § 3 Rz 5; KLÄY/TURIN, 2 f.; RUEDIN, 696; VISCHER, Einführung, 22). Einerseits wird das Gefährdungspotential einer Fusion für die Gläubiger der beteiligten Gesellschaften neuerdings stark relativiert (Botschaft, 4425; BÖCKLI, Aktienrecht, § 3 Rz 156; Handkommentar FusG-AFFENTRANGER, N 2; ISLER/VON SALIS-LÜTOLF, 32; KLÄY/TURIN, 14; MEIER-SCHATZ, AJP 2002, 526). Andererseits wird insbesondere erkannt, dass das Erfordernis der getrennten Vermögensverwaltung nach Vollzug der Fusion nicht nur zum Grundsatz der Universalsukzession in einem Spannungsverhältnis steht, sondern auch zu dem typischen Motiv einer Fusion, durch die Zusammenführung zweier Unternehmen Mehrwerte zu realisieren; die Botschaft (4425,   8 m.w.Nw.) bezeichnet die getrennte Vermögensverwaltung sogar als «in der Praxis kaum durchführbar». Fusionierende Gesellschaften liessen regelmässig verlauten, dem Erfordernis des Gesetzes werde durch die Führung von «Schattenrechnungen» nachgelebt. Es darf allerdings bezweifelt werden, wieviel Sorgfalt auf diese getrennte Rechnungsführung jeweils tatsächlich verwendet wurde (vgl. auch FORSTMOSER/MEIER-HAYOZ/NOBEL, § 57 Rz 203). Abgesehen von der Fragwürdigkeit der Anordnung einer getrennten Vermögensverwaltung krankte die Gläubigerschutzordnung von Art. 748 f. und Art. 914 OR auch daran, dass sie sich in mancher Hinsicht an die gesetzliche Regelung der Liquidation der Gesellschaft anlehnte (VON GREYERZ, 289) und nicht ausreichend berücksichtigte, dass im Falle der Fusion eine solche gerade nicht beabsichtigt ist.

9   Gemäss Art. 1 Abs. 2 will auch das **Fusionsgesetz** im Rahmen der Regelung von Strukturanpassungen die Gläubiger schützen. Es handelt sich dabei um ein «Kernanliegen bei der Umsetzung [des] Regelungsziels» des Gesetzes, Umstrukturierungen zu erleichtern (Handkommentar FusG-REICH, Art. 1 N 14; vgl. auch VISCHER, Einführung, 19). Gegenüber dem teilweise präventiven Konzept des alten Rechts (Sicherstellung der Gläubiger zwar nach der Fusion, aber vor der endgültigen Vereinigung der Vermögensmassen) geht das Fusionsgesetz in Art. 25 allerdings für die Fusion zu einem Konzept des nachträglichen Gläubigerschutzes über (GASSER/EGGENBERGER, 469; anders bei der Spaltung, Art. 43 Abs. 1 und Art. 46 f.). Unter Einbezug der (präventiv wirkenden) Regel von Art. 6 für «Sanierungsfusionen» (vgl. N 11) lässt sich auch von einem System des nach dem Gefährdungspotential der konkreten Fusion abgestuften Gläubigerschutzes sprechen (TRIGO TRINDADE, 446). Die Regelung von Art. 25 war in ihren Grundzügen bereits in Art. 25 VE FusG enthalten und stiess in der Vernehmlassung und der Lehre auf wenig Widerspruch. Freilich liess der *Vorentwurf* die Frist von drei Monaten für das Verlangen der Sicherstellung mit der Veröffentlichung des Fusionsbeschlusses beginnen, die gemäss Art. 22 VE FusG vorgeschrieben und mit einem Hinweis auf die Rechte der Gläubiger zu verbinden war; dafür war der dreimalige Schuldenruf noch nicht vorgesehen. Der endgültige Wortlaut des Artikels stammt aus dem *Entwurf* des Bundesrates.

III. Gläubigerschutz im Fusionsgesetz

10   Die Sicherstellungspflicht und die Fortdauer der persönlichen Haftung, wie sie in Art. 25 und 26 geregelt sind (vgl. auch Art. 81 Abs. 3 und Art. 85 für Stiftungen, Art. 96 für Vorsorgeeinrichtungen und Art. 101 Abs. 1 für Institute des öffentlichen Rechts), stellen nur zwei Elemente im gesetzlichen Konzept des Gläubigerschutzes bei Fusionen dar. Bereits der Katalog der zulässigen Fusionen (Art. 4) ist auch von Überlegungen des Gläubigerschutzes geprägt (ISLER/VON SALIS-LÜTOLF, 15). Daneben tragen auch andere Gesetzesbestimmungen den Interessen der betroffenen Gläubiger Rechnung (vgl. RUEDIN, 696 FN 14). Wie weit der Kreis der Bestimmungen mit Gläubigerschutzfunktion (auch im Hinblick auf die Verantwortlichkeit gemäss Art. 108) im Einzelnen zu ziehen ist, ist allerdings umstritten (vgl. N 12).

11   Unzweifelhaft eine Gläubigerschutzvorschrift ist Art. 6 über die Fusion von Gesellschaften im Fall von **Kapitalverlust oder Überschuldung**; ihr kommt in dieser Hinsicht neben Art. 25 die grösste Bedeutung zu (vgl. Botschaft, 4425: diese Sondervorschrift für besonders risikoträchtige Fusionen wird als Rechtfertigung für den bloss nachträglichen Gläubigerschutz gemäss Art. 25 genannt). Art. 6 stellt klar, dass (ausser im Falle von Rangrücktritten) aus einer Fusion keine überschuldete Gesellschaft und keine Kapitalgesellschaft mit hälftigem Kapitalverlust (i.S.v. Art. 725 Abs. 1, Art. 817 Abs. 1 und Art. 903 Abs. 3 OR) hervorgehen darf, mag auch bei einer der fusionierenden

Gesellschaften vor der Fusion ein solcher Zustand vorgelegen haben. Der Kapitalverlust oder die Überschuldung der einen Gesellschaft darf zudem nur durch frei verwendbares (d.h. ausschüttbares) Eigenkapital der anderen Gesellschaft ausgeglichen werden. Namentlich im Interesse der Durchsetzung dieser Vorschrift sollten die Fusionsbilanzen beider fusionierenden Gesellschaften notwendige Belege für die Anmeldung beim Handelsregister darstellen; gemäss Art. 105a Abs. 1 lit. b HRegV genügt aber die Fusionsbilanz der übertragenden Gesellschaft (vgl. dazu ZK-ALBRECHT, Art. 6 N 28). Besteht bei einer Gesellschaft ein Kapitalverlust oder eine Überschuldung, so ist auch die Bestätigung eines besonders befähigten Revisors gemäss Art. 6 Abs. 2 einzureichen (Art. 105a Abs. 1 lit. b und g HRegV). **Abfindungen** gemäss Art. 8 sind nur insoweit zulässig, als die kombinierte Gesellschaft über frei verfügbares Eigenkapital zu ihrer Ausrichtung verfügt (Botschaft, 4404; ISLER/VON SALIS-LÜTOLF, 20); dasselbe muss für **Ausgleichszahlungen** gemäss Art. 7 Abs. 2 gelten (BÖCKLI, Aktienrecht, § 3 Rz 103). Für die **Verantwortlichkeitsklage** gegen die mit der Fusion befassten Personen sind die Gläubiger ausdrücklich aktivlegitimiert (Art. 108).

Im **Fusionsbericht** müssen die zuständigen Organe der beteiligten Gesellschaften neben dem Umtauschverhältnis und der Höhe von Ausgleichszahlungen und Abfindungen (einschliesslich von «Besonderheiten bei der Bewertung der Anteile») auch explizit die Auswirkungen der Fusion auf die Gläubiger der beteiligten Gesellschaften «rechtlich und wirtschaftlich... erläutern und... begründen» (Art. 14 Abs. 3 lit. c–e, j; nicht anwendbar bei Vereinen, Abs. 5). Ist die übernehmende Gesellschaft eine Kapitalgesellschaft oder eine Genossenschaft mit Anteilscheinen, so sind dieser Fusionsbericht wie auch die der Fusion zu Grunde liegenden Bilanzen von einem besonders befähigten Revisor zu prüfen (Art. 15, **Fusionsprüfung**). Es ist umstritten, ob diese Prüfung die Vollständigkeit und Richtigkeit dieser Dokumente überhaupt etablieren oder nur gerade soweit gehen muss, wie es die von Art. 15 Abs. 4 vorgeschriebenen Aussagen erfordern (ZWICKER, Prüfung, ZSR 2004 I, 162 ff. m.H.; vgl. auch BÖCKLI, Aktienrecht, § 3 Rz 117; VON DER CRONE ET AL., Rz 233; SCHENKER, 785 f.). Gemäss einem Teil der Lehre dienen Fusionsbericht und -prüfung nicht nur den Interessen der (Minderheits-)Gesellschafter, sondern haben *auch Gläubigerschutzfunktion* (Handkommentar FusG-COMBŒUF, Art. 14 N 2, Art. 15 N 4; für die Fusionsprüfung BÖCKLI, Aktienrecht, § 3 Rz 111, 115 f., 157; «eingeschränkte Gläubigerschutzfunktion», weil anstelle der Sacheinlageprüfung tretend, gemäss ZWICKER, Prüfung, ZSR 2004 I, 165 FN 52; ähnlich VON DER CRONE ET AL., Rz 227; vgl. auch SCHENKER, 785, und zum alten Recht BEHNISCH, 70 FN 66). Im Falle der Fusionsprüfung spricht dafür namentlich, dass von der Richtigkeit der Fusionsbilanzen die Durchsetzung von Art. 6 abhängt (s. N 11). Die Gegenmeinung (Art. 14 N 8 ff., Art. 15 N 8; VON SALIS-LÜTOLF, 93, 95 f., 49; vgl. auch ISLER/VON SALIS-LÜTOLF, 21; ZK-GELZER, Art. 15 N 7) sieht als Zweck dieser Bestimmungen lediglich den Schutz der Gesellschafter. Sie kann sich insbesondere auf Art. 14 Abs. 2 und Art. 15 Abs. 2 berufen, wonach bei kleinen und mittleren Unternehmen die *Gesellschafter* einstimmig auf Fusionsbericht und Prüfung sollen verzichten können (entsprechende Dispensationen sind auch in den Fällen der «erleichterten Fusion von Kapitalgesellschaften» vorgesehen; Art. 24). Auch müssen gemäss Art. 105a Abs. 1 HRegV zwar die Prüfungsberichte, nicht aber die Fusionsberichte beim Handelsregister eingereicht werden, so dass letztere den Gläubigern nicht ohne weiteres zugänglich werden. Die Kontoverse über den Gläubigerschutzzweck setzt sich teilweise in der Frage fort, ob der *Ausschluss der Sacheinlagevorschriften* (die einen Gründungs- bzw. Kapitalerhöhungsbericht und dessen Prüfung vorschreiben) gemäss Art. 9 Satz 2 und Art. 10 Satz 2 auch in den Fällen gilt, in denen das Gesetz auf Fusionsbericht und Fusionsprüfung verzichtet (so hier Art. 14 N 8 ff.; *contra* BÖCKLI, Aktienrecht, § 3 Rz 243; Handkommentar FusG-BOMMER, Art. 9 N 13; Handkommentar FusG-COMBŒUF, Art. 15 N 4; VON DER CRONE ET AL., Rz 216; SCHENKER, 788; ZWICKER, Prüfung, ZSR 2004 I, 180 f.; vgl. Botschaft, 4405, wo die Entbehrlichkeit der Beachtung der Sacheinlagevorschriften in der Fusion mit der besonderen, fusionsgesetzlichen Berichts- und Prüfungspflicht begründet wird; differenzierend ZK-ALBRECHT, Art. 9 N 30 f.; ISLER/VON SALIS-LÜTOLF, 19 f., und VON SALIS-LÜTOLF, 58 f.). Schliesslich kann sich auch die Pflicht zur Erstellung einer **Zwischenbilanz** (Art. 11) im Interesse der Gläubiger der beteiligten Gesellschaften auswirken.

13 Der **Vorentwurf** sah noch ein Recht der Gläubiger auf **Einsicht** in die Jahresrechnungen und Jahresberichte der letzten drei Geschäftsjahre sowie gegebenenfalls in die Zwischenbilanz und auf den Erhalt von Kopien dieser Dokumente vor (Art. 17 Abs. 4 VE FusG). Damit sollten den Gläubigern Grundlagen für den Entscheid über die Ausübung ihres Rechtes auf Sicherstellung zugänglich gemacht werden (Begleitbericht zum VE FusG, 32). Nach Kritik in der Vernehmlassung und aus der Lehre (HERZOG/HESS, 6; MEIER-SCHATZ, Fusionsgesetz und KMU, 48 f.; demgegenüber regte BLÄSI, 100 FN 4/5, eine Ausdehnung der Einsichtsrechte der Gläubiger an) wurde die Bestimmung im Entwurf des Bundesrates (Art. 16 E FusG) nicht mehr aufgenommen. Die Botschaft weist stattdessen auf die Möglichkeit der Einsichtnahme in die Handelsregisterbelege sowie auf die aktienrechtliche Vorschrift von Art. 697h Abs. 2 OR hin und ergänzt, das von der genannten Bestimmung vorausgesetzte schutzwürdige Interesse des Gläubigers sei im Falle einer Fusion fraglos gegeben (Botschaft, 4416; «in der Regel» gemäss ISLER/VON SALIS-LÜTOLF, 32). Es ist indessen nicht zu übersehen, dass auf diesen Wegen nicht die gesamte in Art. 17 Abs. 4 VE FusG vorgesehene Information erhältlich sein wird. Beim Handelsregister ist lediglich die der Fusion zugrunde liegende Bilanz der übertragenden Gesellschaft einzureichen (Art. 105a Abs. 1 lit. b HRegV). Auch Art. 697h Abs. 2 OR gibt – soweit er zur Anwendung kommt – gemäss Lehre und Rechtsprechung nur Zugang zum jeweils letzten Jahresabschluss (Einzelrichter im summ. Verfahren des BezGer ZH, ZR 1995, 129, 130; BÖCKLI, Aktienrecht, § 12 Rz 221; MEIER-SCHATZ, Fusionsgesetz und KMU, 48 FN 128; BSK OR II-WEBER, Art. 697h N 6) und nicht zum Jahresbericht; zudem verleiht er kein Recht auf den Erhalt von Kopien.

IV. Gläubigerschutz durch nachträgliche Sicherstellungspflicht (Art. 25)

14 Die in Abs. 1 angeordnete Sicherstellung angemeldeter Forderungen muss erst nach Eintritt der Rechtswirksamkeit der Fusion stattfinden, und im Gegensatz zum bisherigen Recht (oben N 5) sind in diesem Zeitpunkt auch die **Vermögen** der beiden Gesellschaften **bereits vorbehaltlos vereinigt**. Die Botschaft (4425) rechtfertigt dieses Konzept mit dem Hinweis auf die Sonderregelung von Art. 6 für «diejenigen Fusionen, die ein besonderes Risiko für die Gläubigerinnen und Gläubiger beinhalten». Im Vergleich zum bisherigen Recht ist die Gesellschaft von der lästigen Pflicht zur getrennten Verwaltung der Vermögen befreit; andererseits steht ihr aber auch nicht mehr die Möglichkeit offen, durch Fortführung der getrennten Vermögensverwaltung die Sicherstellungspflicht aufzuschieben (etwa wenn sie durch eine verlangte Sicherstellung in Liquiditätsprobleme geraten würde). Ist die Fusion einmal eingetragen, so kann die Gesellschaft der Pflicht zur Sicherstellung nur noch durch den Nachweis gemäss Abs. 3 (N 34 ff.) oder durch die Erfüllung der Forderung (Abs. 4; N 44 f.) entgehen.

1. Die Pflicht zur Sicherstellung (Abs. 1)

15 Die Pflicht zur Sicherstellung trifft gemäss Abs. 1 die **übernehmende Gesellschaft**, die alleine nach Eintritt der Rechtswirksamkeit der Fusion noch besteht, und wird sofort fäl-

lig (Art. 75 OR i.V.m. Art. 7 ZGB; **a.A.** ZK-ALBRECHT, N 9: erst mit Ablauf der Anmeldungsfrist). Sie entsteht nicht («entfällt»), falls die Erfüllung der Forderung durch die Fusion nicht gefährdet wird, wofür die Gesellschaft die Beweislast trägt (Abs. 3; N 34 ff.).

Die Sicherstellungspflicht ist eine privatrechtliche, direkt auf dem Gesetz beruhende Pflicht der übernehmenden Gesellschaft. Sie verlangt allerdings ein rechtzeitiges Tätigwerden des Gläubigers nach der Rechtswirksamkeit der Fusion. Absatz 1 (wie auch Abs. 3) stellt zwischen den Parteien der Forderung **dispositives Recht** dar; ein aktueller oder potentieller Gläubiger kann mithin vor der Fusion seines Schuldners (oder nach der Fusion, aber vor Ablauf der Dreimonatsfrist) gültig auf sein Sicherstellungsrecht verzichten. Schon die Gläubigerschutzbestimmungen von Art. 748 altOR wurden als verzichtbar betrachtet (ZK-BÜRGI/NORDMANN, Art. 748 N 98; F. VON STEIGER, 360), und sogar das Recht auf Zurückbehaltung der eigenen Leistung bis zur Sicherstellung, welches Art. 83 OR im Falle der Zahlungsunfähigkeit der Gegenpartei vorsieht, gilt als dispositiv (BSK OR I-LEU, Art. 83 N 1). Der Verzicht kann im Hinblick auf eine konkret bevorstehende Fusion geleistet werden; es kann aber auch beispielsweise schon in dem Vertrag, der die Forderung begründet, das Sicherstellungsrecht für künftige Fusionen des Schuldners generell ausgeschlossen werden. In manchen Fällen wird es zur sorgfältigen Evaluation eines Fusionsprojektes gehören, frühzeitig abzuklären, ob von Seiten bedeutender Gläubiger mit Sicherstellungsbegehren zu rechnen ist, und nötigenfalls Verzichtserklärungen auszuhandeln.

2. Die erfassten Forderungen

Anders als im bisherigen Recht (oben N 5, 7) können gemäss Abs. 1 nicht nur die Gläubiger der **übertragenden**, sondern ebenso diejenigen der **übernehmenden Gesellschaft** Sicherstellung verlangen. Das Recht besteht für jede Forderung, die einen Vermögenswert darstellt; lautet sie nicht auf Geld, so ist Sicherstellung für den Betrag zu leisten, der im Falle der Nichterfüllung zu zahlen wäre (z.B. positives Vertragsinteresse, Art. 98, 107 OR; Ersatzzahlung, in die die Pflicht im Vollstreckungsverfahren nötigenfalls umzuwandeln wäre, vgl. z.B. § 309 ZPO ZH; SCHMITT/HÖRTNAGEL/STRATZ, § 22 UmwG N 5 m.w.Hw.).

Auf Verlangen sicherzustellen sind in jedem Fall diejenigen Forderungen, die im Zeitpunkt der Rechtswirksamkeit der Fusion als solche bestehen, also **entstanden** (wenn auch noch nicht fällig) sind (vgl. auch Art. 13 EU-Fus-RL; s. N 46). Anders als in Art. 26 Abs. 1 (Fortdauer der persönlichen Haftung) sieht der Wortlaut von Art. 25 nicht vor, dass es ausreiche, wenn ein «Entstehungsgrund» der Forderung zeitlich vor der Fusion liegt. Gleichwohl wird auch zu Art. 25 eine ähnlich grosszügige Abgrenzung der geschützten Gläubiger vertreten (VON SALIS-LÜTOLF, 161 f., mit Differenzierungen). Danach wären insbesondere auch *aufschiebend bedingte Forderungen* sicherzustellen (Handkommentar FusG-AFFENTRANGER, N 9, und VON DER CRONE ET AL., Rz 405, unter Hinweis auf die Lehre zur Sicherstellungspflicht bei der Kapitalherabsetzung der AG: FORSTMOSER/MEIER-HAYOZ/NOBEL, § 53 Rz 163; VON SALIS-LÜTOLF, 162; ebenso zu Art. 748 altOR BESSENICH, 159, 161 f.). Im Falle eines im Fusionszeitpunkt bestehenden *(Dauer-)Vertrages* müssen nach dieser Auffassung auch die erst in der Zukunft daraus entstehenden Forderungen sichergestellt werden, zumindest (in Analogie zu Art. 27 Abs. 2) soweit sie vor dem Zeitpunkt entstehen, auf den das Dauerschuldverhältnis nach dem Fusionszeitpunkt erstmals ordentlicherweise beendet werden könnte (Handkommentar FusG-AFFENTRANGER, N 7 f.; VON DER CRONE ET AL., Rz 404; VON SALIS-LÜTOLF, 162; vgl. auch BESSENICH, 161, 162 f.; **a.A.** ZK-ALBRECHT, N 6). Zur

Begründung wird spezifisch auf eine Formulierung in der Botschaft zu Art. 25 verwiesen (S. 4426: «Verbindlichkeiten, die vor der Rechtswirksamkeit der Fusion begründet wurden»); zudem wird erwogen, Art. 25 und 26 liege dieselbe Interessenabwägung zugunsten der Gläubiger der übertragenden Gesellschaft zu Grunde (Handkommentar FusG-AFFENTRANGER, Art. 26 N 2; vgl. auch VON SALIS-LÜTOLF, 165).

19 Im Falle (aufschiebend) bedingter Forderungen hat diese Sichtweise den Vorzug des Einklanges mit Art. 152 Abs. 2 OR. Aus der *Sicht des Gläubigers* einer solchen Forderung (die, solange die Bedingung schwebt, eine Anwartschaft darstellt) kann ein ähnliches Sicherheitsbedürfnis vorliegen wie bei einer bereits entstandenen Forderung (etwa im Falle einer Bürgschaft). Wenn die Gleichsetzung für die spezialgesetzliche Regel von Art. 25 FusG dennoch Bedenken erweckt (dieselbe Kontroverse besteht auch im deutschen Recht; vgl. SCHMITT/HÖRTNAGEL/STRATZ, § 22 UmwG N 6 f. m.Hw.), so hat dies mit der grundsätzlichen Problematik der Sicherstellungspflicht als Gläubigerschutzmassnahme zu tun (N 4). Die *Interessenlage der Verpflichteten* ist in Art. 25 und 26 nämlich grundlegend verschieden: sieht Art. 26 nur die Fortgeltung einer Haftungsordnung vor, die vor der Fusion bestand und ohne sie fortbestanden hätte, so auferlegt Art. 25 der Gesellschaft eine neue und besondere Pflicht. Anders als Ansprüche aufgrund von Art. 26 wird die Sicherstellungspflicht zudem nach der Fusion ohne Rücksicht auf den Verfall der zugrunde liegenden Forderung sofort fällig und führt in der Regel zur Blockierung von Gesellschaftsmitteln. Kann dies für die Gesellschaft schon bei entstandenen, aber noch nicht fälligen Forderungen zum Problem werden, dann um so mehr bei erst in der Zukunft entstehenden und namentlich bei aufschiebend bedingten Forderungen, die eventuell nie zur Entstehung gelangen werden. Die Gesellschaft ist möglicherweise eine Anzahl solcher bedingter Verpflichtungen gerade im (ev. statistisch untermauerten) Vertrauen darauf eingegangen, dass sie nicht alle zur Entstehung gelangen werden. So müsste eine Versicherungsgesellschaft nach der oben dargestellten Ansicht (vorbehältlich des Nachweises gemäss Abs. 3) wohl für jeden möglichen künftigen Schaden Sicherheit leisten, der im Falle seines Eintritts zu einer Versicherungsleistung berechtigen würde (denn es handelt sich hier um eine auf den Eintritt des Versicherungsfalles bedingte Schuld des Versicherers, vgl. A. MAURER, Schweizerisches Privatversicherungsrecht, 3. Aufl. Bern 1995, 379; für die Versicherten einer Vorsorgeeinrichtung schliesst Art. 96 Abs. 3 den Sicherstellungsanspruch spezifisch aus). Namentlich aufgrund dieser Überlegungen ist es nach der hier vertretenen Ansicht mit dem Begriff der «Forderungen der Gläubigerinnen und Gläubiger» in Abs. 1 (der mit der bewusst weit gewählten Umschreibung in Art. 26 Abs. 1 kontrastiert) streng zu nehmen; es sind mithin nur entstandene Forderungen, nicht blosse Anwartschaften sicherzustellen.

20 Für Forderungen aus **Arbeitsvertrag** enthält Art. 27 Abs. 2 eine Sonderregelung: sicherzustellen sind diejenigen Forderungen, die bis zu dem Zeitpunkt entstehen (der Wortlaut «fällig werden» ist missverständlich; vgl. vor Art. 27 N 43; WINKLER, 481), «auf den das Arbeitsverhältnis ordentlicherweise beendigt werden könnte oder, bei Ablehnung des Übergangs, von der Arbeitnehmerin oder dem Arbeitnehmer beendigt wird». Die Inhaber von **Genussscheinen** werden im Fusionsgesetz nicht als Gläubiger, sondern als Anteilsinhaber behandelt (Art. 2 lit. g).

21 Für eine **bereits besicherte Forderung** brauchen nicht noch zusätzliche Sicherheiten bestellt zu werden, wenn die bestehenden nach Art und Höhe den Anforderungen von Abs. 1 i.V.m. Abs. 3 genügen (vgl. ZK-ALBRECHT, N 5; VON DER CRONE ET AL., Rz 405; ZK-BÜRGI/NORDMANN, Art. 748 OR N 108; Art. 13 Abs. 2 EU-Fus-RL, zit. unten N 46; SCHMITT/HÖRTNAGEL/STRATZ, § 22 UmwG N 19). Genügen sie nicht, sind sie durch taugliche Sicherheiten im erforderlichen Ausmass zu ergänzen (ähnlich Handkommentar

FusG-AFFENTRANGER, N 9, wonach eine Sicherstellungspflicht im Umfang des potentiellen Verwertungsausfalls bestehe; differenzierend nach der Herkunft der bestehenden Sicherheiten VON SALIS-LÜTOLF, 162). Auch ein **Konkursprivileg** der angemeldeten Forderung schliesst die Sicherstellungspflicht nicht *per se* aus (Handkommentar FusG-AFFENTRANGER, N 9), wird der Gesellschaft aber den Nachweis nach Abs. 3 erleichtern (N 34). Ist eine Forderung im Gegenteil von einem **Rangrücktritt** erfasst (vgl. Art. 6 Abs. 1), kann für sie keine Sicherstellung verlangt werden, denn dies widerspräche der im Rücktritt enthaltenen Erklärung, aus dem Vermögen der Gesellschaft erst nach allen anderen Gläubigern befriedigt werden zu wollen (vgl. BSK OR II-WÜSTINER, Art. 725 N 46; Entsprechendes gilt gemäss VON DER CRONE ET AL., Rz 405, und VON SALIS-LÜTOLF, 161, auch für Ausgleichszahlungen und Abfindungen i.S.v. Art. 7 f.).

Die aktienrechtliche Lehre und Praxis verlangen bei der Kapitalherabsetzung die Sicherstellung (Art. 733 OR) auch für **bestrittene Forderungen** (BSK OR II-KÜNG, Art. 734 N 6; FORSTMOSER/MEIER-HAYOZ/NOBEL, § 53 Rz 163; Justizdirektion ZH, SAG 1939, 82; vgl. auch für die Liquidation Art. 744 Abs. 2 OR). Die Übertragung dieser Sichtweise auf Art. 25 des Gesetzes (Handkommentar FusG-AFFENTRANGER, N 9; VON DER CRONE ET AL., Rz 405; VON SALIS-LÜTOLF, 162) ist aber missverständlich. Gewiss befreit die Bestreitung als solche nicht von der Sicherstellungspflicht. Die Sicherstellung der Gläubiger ist jedoch gemäss Art. 25 nicht mehr Voraussetzung für einen Vollzugsschritt der Fusion (anders im alten Recht, wo sie gemäss Art. 748 Ziff. 2 altOR Voraussetzung für die endgültige Vereinigung der Vermögen war; ebenso ist sie gemäss Art. 734 OR Voraussetzung für die Durchführung der Kapitalherabsetzung), sondern eine gewöhnliche Verbindlichkeit der übernehmenden Gesellschaft. Ihre Nichtleistung hat keine besonderen Folgen, der Gläubiger kann sie lediglich klageweise durchsetzen (vgl. N 40). Im entsprechenden Zivilprozess kann, ebenso wie etwa ein Streit über das Gelingen des Nachweises mangelnder Gefährdung (Abs. 3) oder über das Genügen einer angebotenen Sicherheit, auch der Streit über die Existenz der angemeldeten Forderung (vorfrageweise) entschieden werden, die eine Anspruchsvoraussetzung bildet (vgl. SCHMITT/HÖRTNAGEL/STRATZ, § 22 UmwG N 14). Aus Sicht der Gesellschaft besteht damit kein Anlass zur Sicherstellung bestrittener Forderungen.

3. Die Art der Sicherstellung

Sprach Art. 748 Ziff. 2 altOR noch von einer Sicherstellung der *Gläubiger*, erscheinen in Art. 25 Abs. 1 nun deren *Forderungen* als Objekt der Sicherstellung. Wie in Art. 748 altOR wird jedoch auch im Fusionsgesetz der Begriff der Sicherstellung selbst nicht näher bestimmt (anders das deutsche Recht, wo die von § 22 Abs. 1 UmwG angeordnete «Sicherheitsleistung» in § 232 ff. BGB konkretisiert ist; SCHMITT/HÖRTNAGEL/STRATZ, § 22 UmwG N 20). Die Botschaft (4426) erwähnt die Sicherstellung «in Form einer **Personalsicherheit** (Bürgschaft, Art. 492 ff. OR; Vertrag zu Lasten eines Dritten, Art. 111 OR; kumulative Schuldübernahme) oder als **Realsicherheit** (Pfandrecht, Art. 793 ff., 884 ff. ZGB)». Diese Aufzählung ist nicht abschliessend, und sie kann auch nicht dahin verstanden werden, dass jedes der genannten Sicherungsmittel in jedem Falle genügen würde (restriktiv ZK-ALBRECHT, N 8). Der Wert einer Realsicherheit hängt vom (veränderlichen) Wert und der Veräusserlichkeit des Gegenstandes, derjenige einer Personalsicherheit von der Bonität des Interzedenten ab. Es können je nach der Sachlage auch unkonventionelle Vorkehren als «Sicherstellung» in Betracht kommen, wenn sie nur dem Gläubiger den erforderlichen Grad an Gewissheit verschaffen, seine Forderung bei Fälligkeit erfüllt zu sehen.

Dieser Grad oder dieses **Mass an Sicherheit**, welches die «Sicherstellung» dem Gläubiger verschaffen muss, ist an denselben Kriterien zu messen wie der Nachweis gemäss

Abs. 3 (dazu N 35 ff.): dem Gläubiger muss mindestens solche Gewissheit der Erfüllung seiner Forderung verschafft werden, dass sie nicht mehr im Sinne von Abs. 3 als (durch die Fusion) «gefährdet» erscheint (oder, wenn sie es schon vor der Fusion war, nicht stärker als zuvor). Eine Personalsicherheit beispielsweise muss demgemäss nicht etwa zwingend von einer Bank gestellt werden; es genügt jedenfalls die Interzession einer Gesellschaft, die mindestens so solide ist wie die Schuldnergesellschaft vor der Fusion. In diesem Sinne sicherzustellen ist allerdings die gesamte Forderung (Handkommentar FusG-AFFENTRANGER, N 12; VON DER CRONE ET AL., Rz 406, 408; im Ergebnis auch VON SALIS-LÜTOLF, 161; zum alten Recht ZK-BÜRGI/NORDMANN, Art. 748 N 108), nicht nur eine Quote entsprechend der relativen Verschlechterung der Bonität der Schuldnergesellschaft, wie es für die Kapitalherabsetzung von einem Teil der Lehre vertreten wird (insb. FORSTMOSER/MEIER-HAYOZ/NOBEL, § 53 Rz 164; STAEHELIN, 269 ff.; und nun auch BÖCKLI, Aktienrecht, § 2 Rz 352; **a.A.** BSK OR II-KÜNG, Art. 733 N 5). Eine solche Quotenberechnung wäre im Falle der Fusion kaum praktikabel.

25 Die **Auswahl** einer (genügenden) Art der Sicherstellung steht der Gesellschaft zu (RUEDIN, 698; Handkommentar FusG-AFFENTRANGER, N 11).

4. Das Verfahren: Publikation und Forderungsanmeldung (Abs. 2)

a) Die Publikation

26 Über den **Zeitpunkt der Publikationen** im SHAB schweigt der Wortlaut des Gesetzes. Dem Zweck der ‹Schuldenrufe›, die Gläubiger auf ihr befristetes Recht aufmerksam zu machen, würde mit einer dreimaligen Publikation noch *vor dem Beginn* dieser Frist optimal entsprochen, mithin vor dem Eintritt der Rechtswirksamkeit der Fusion (so Handkommentar FusG-AFFENTRANGER, N 14; vgl. auch Art. 85 Abs. 1 und Art. 96 Abs. 1). Damit im Einklang steht die Formulierung in Abs. 2, wonach die Publikation von allen «an der Fusion beteiligten Gesellschaften» auszugehen hat (nach der Wirksamkeit der Fusion existiert nur noch eine Gesellschaft). Der vorangehende Schuldenruf hat allerdings den praktischen Nachteil, dass er den letzten Tag der Anmeldungsfrist nicht genau bezeichnen kann. Auch wird eingewendet, dass sich bei dieser Auslegung eine vom Gesetzgeber nicht beabsichtigte Verzögerung zwischen der Genehmigung der Fusion durch die zuständigen Organe und ihrer Anmeldung zur Eintragung im Handelsregister ergäbe. Die Publikationen sollen daher nach einer anderen Ansicht noch *während* der Dreimonatsfrist erfolgen dürfen, wobei Sicherstellungsbegehren bis mindestens einen Monat nach der dritten Publikation (gegebenenfalls über das Ende der Dreimonatsfrist gemäss Abs. 1 hinaus) zulässig wären (ISLER/VON SALIS-LÜTOLF, 33 f.; VON SALIS-LÜTOLF, 159, 163; für nachträgliche Publikation auch VON DER CRONE ET AL., Rz 401; VISCHER, SZW 2004, 158). Diese Ansicht strapaziert allerdings wiederum den Wortlaut von Abs. 1. Die sinnvollste Lösung treffen wohl die Autoren, die eine Veröffentlichung *unverzüglich nach* Eintritt der Rechtswirksamkeit verlangen (BÖCKLI, Aktienrecht, § 3 Rz 159, und ZK-ALBRECHT, N 11a, wo darunter allerdings bis zu ein Monat verstanden wird). Der Lauf der Verwirkungsfrist von Abs. 1 (N 33) ist nach der hier vertretenen Ansicht von den Publikationen gemäss Abs. 2 unabhängig (**a.A.** ZK-ALBRECHT, N 11a, und die oben Genannten); eine verspätete oder unterlassene Publikation kann jedoch zu Verantwortlichkeitsansprüchen führen (Art. 108).

27 Der **Inhalt der Publikation** muss die Gläubiger «auf ihre Rechte hinweisen». Sie muss daher einerseits durch Angabe der übernehmenden und der übertragenden Gesellschaft die Fusion identifizieren und andererseits das gesetzliche Recht der Gläubiger auf Sicherstellung gemäss Abs. 1 erwähnen, einschliesslich der Fristvorschrift für seine

Geltendmachung. Anders als gemäss Art. 748 Ziff. 1 altOR i.V.m. Art. 742 Abs. 2 OR braucht die Veröffentlichung keine eigentliche Aufforderung an die Gläubiger zur Anmeldung ihrer Forderungen zu enthalten (für ein Formulierungsbeispiel unter bisherigem Recht vgl. KOCH, 162). Ebenfalls ist es nicht (mehr) erforderlich, neben der Publikation **besondere Mitteilungen** an die bekannten Gläubiger zu richten. Hingegen dürfte es weiterhin geboten sein, den Schuldenruf ausser im SHAB auch in einer allfälligen weiteren «von den Statuten vorgesehenen Form» für Bekanntmachungen der Gesellschaft zu erlassen (vgl. Art. 742 Abs. 2 OR).

b) Die Befreiung von der Publikation

Die beteiligten Gesellschaften können von der Publikation absehen, wenn ihnen eine **Bestätigung eines besonders befähigten Revisors** mit dem in Abs. 2 umschriebenen Inhalt vorliegt. Der Begriff des besonders befähigten Revisors ist aus dem Aktienrecht entliehen (Handkommentar FusG-FREY, Art. 6 N 10; MEIER-SCHATZ, Fusionsgesetz und KMU, 47; ZWICKER, Prüfung, ZSR 2004 I, 158); die fachlichen Anforderungen an solche Revisoren werden gestützt auf Art. 727b Abs. 2 OR vom Bundesrat näher umschrieben (VO vom 15.6.1992 über die fachlichen Anforderungen an besonders befähigte Revisoren; SR 221.302). Soweit es mit seiner besonderen Aufgabe vereinbar ist, sind auf diesen Revisor auch die übrigen Vorschriften von Art. 727 ff. OR analog anzuwenden (so etwa Art. 727a OR über die allgemeine Befähigung; Art. 727c OR über die Unabhängigkeit; Art. 727d OR über die Wahl einer Handelsgesellschaft oder Genossenschaft und Art. 730 OR über die Schweigepflicht). 28

Der besonders befähigte Revisor muss bestätigen, dass **keine Forderungen «bekannt oder zu erwarten»** sind, zu deren Befriedigung «das freie Vermögen der beteiligten Gesellschaften nicht ausreicht». Massgebend ist der Zeitpunkt der Fusion, nicht der Stichtag der Bilanzen (BÖCKLI, Aktienrecht, § 3 Rz 162). Da ausdrücklich auch (noch) nicht bekannte, aber zu erwartende Forderungen eine Rolle spielen, kann der Revisor sich nicht mit der formalen Überprüfung der Bücher der Gesellschaft und mit Vollständigkeitserklärungen der Organe begnügen; er muss sich vielmehr mit der Tätigkeit und Geschichte der Gesellschaft soweit vertraut machen, dass er sich ein eigenes Urteil darüber bilden kann, mit welchen Forderungen (nach Art und Höhe) in etwa zu rechnen ist. Bestrittene Forderungen sind zu berücksichtigen, soweit nach der Einschätzung des Revisors ihre erfolgreiche Durchsetzung ein ernsthaftes Risiko darstellt (vgl. FORSTMOSER/MEIER-HAYOZ/NOBEL, § 53 Rz 94, zum Revisionsbericht gemäss Art. 732 OR: «vorsichtige Beurteilung der Risiken»). 29

Das Gesetz verwendet in Abs. 2 den nicht näher bestimmten Begriff des «**freien Vermögens**». Da dieses zur Befriedigung der Forderungen dienen soll, sind damit jedenfalls Aktiven gemeint (nicht etwa das in Art. 659 Abs. 1 OR genannte «frei verwendbare Eigenkapital»). In der Lehre wird es manchmal mit dem Gesellschaftsvermögen schlechthin gleichgesetzt (KLÄY/TURIN, 14 f.; MEIER-SCHATZ, AJP 2002, 526; RUEDIN, 698; vgl. auch Art. 81 Abs. 3, wo nur vom «Vermögen der beteiligten Stiftungen» die Rede ist; BÖCKLI, Aktienrecht, § 3 Rz 162, sieht in dem Begriff einen Hinweis auf eventuell notwendige Anpassungen gegenüber den Fusionsbilanzen). Richtig dürfte es sein, den Aspekt der Liquidität mit zu berücksichtigen (vgl. auch BÖCKLI, Aktienrecht, § 3 Rz 162; **a.A.** ZK-ALBRECHT, N 12): «freies Vermögen» ist nur solches, das im Zeitpunkt der Fälligkeit der fraglichen Forderungen auch in liquider Form für ihre Befriedigung zur Verfügung stehen kann. Soweit bilanzierte Aktiven durch dingliche Sicherungsrechte (Pfandrecht, Sicherungsübereignung etc.) belastet sind, stellen sie für die Befriedigung anderer als gerade der gesicherten Forderungen kein «freies Vermögen» dar (vgl. 30

VON DER CRONE ET AL., Rz 402; VON SALIS-LÜTOLF, 160). Kein «freies Vermögen» bilden selbstverständlich auch Mittel, die für Ausgleichszahlungen oder Abfindungen gemäss Art. 7 f. benötigt werden oder die aus anderen Gründen im Rahmen der Fusion abfliessen werden. Hingegen darf der Revisor bei der Beurteilung der Liquiditätssituation wohl, sofern er im Übrigen zu einem positiven Ergebnis kommt, davon ausgehen, dass der Gesellschaft im Bedarfsfall auch der Nachweis gemäss Abs. 3 gelingen wird und sie daher keine Sicherstellungen wird leisten müssen, selbst wenn es einzelne Gläubiger trotz unterbliebenem Schuldenruf verlangen sollten (vgl. zum Verhältnis von Abs. 2 und 3 N 38).

31 Adressaten der **Bestätigung** des besonders befähigten Revisors sind die fusionierenden Gesellschaften. Sie sollte ihnen bei der Anmeldung der Fusion zur Eintragung im Handelsregister vorliegen, befreit sie sie doch von der Pflicht zu einer Publikation, die andernfalls unverzüglich nach der Veröffentlichung der Eintragung in Auftrag zu geben wäre (vgl. näher N 26). Die Bestätigung ist freilich kein Anmeldungsbeleg (Art. 105a HRegV; anders noch die Erwartung bei Handkommentar FusG-AFFENTRANGER, N 15; nicht klar wird daher der Hinweis auf die «Wachsamkeit des Registerführers» bei BÖCKLI, Aktienrecht, § 3 Rz 165). Unabhängig davon, welcher Ansicht man zur Frage des genauen Zeitpunktes der Publikation zuneigt (vgl. N 26), erfolgt diese jedenfalls funktional im Hinblick auf einen nachträglichen Gläubigerschutz (vgl. N 9) und ist daher nicht unter die «gesetzlichen Voraussetzungen für die Eintragung» zu rechnen, die vom Handelsregisterführer zu prüfen sind (Art. 940 Abs. 1 OR).

32 **Weitere Ausnahmen** von der Publikationspflicht bestehen nicht; insbesondere muss auch eine Gesellschaft (vorbehältlich der Ausnahme gemäss Abs. 2) der Publikationspflicht nachkommen, die der Meinung ist, keine Gläubiger zu haben oder alle zu kennen (vgl. BGE 115 II 272, 274 zu Art. 748 Ziff. 1 altOR i.V.m. Art. 742 Abs. 2 OR; BGE 102 Ib 21, 25 zu Art. 733 OR). Die Bestätigung des besonders befähigten Revisors gemäss Art. 25 Abs. 2 und diejenige gemäss Art. 6 Abs. 2 (Voraussetzungen für die Fusion im Falle von Kapitalverlust oder Überschuldung) beschlagen verschiedene Sachverhalte; keine impliziert ohne weiteres die andere (so wird nur in Art. 25 auf das «freie Vermögen» und damit – nach der hier vertretenen Ansicht – auch auf die Liquidität abgestellt, s. N 30; andererseits verlangt Art. 6 nicht nur die Deckung der Schulden, sondern auch mindestens der Hälfte des Aktien-, Stamm- oder Genossenschaftskapitals).

c) Die Anmeldung der Forderungen

33 Das **Sicherstellungsbegehren** eines Gläubigers muss der Gesellschaft spätestens an dem Tage im dritten Monat nach der Rechtswirksamkeit der Fusion zugehen (zur allgemeinen Geltung der Zugangstheorie für privatrechtliche empfangsbedürftige Willenserklärungen vgl. BSK OR I-BUCHER, Art. 9 N 3), der nach seiner Zahl dem Tage des Eintritts der Rechtswirksamkeit entspricht (Art. 77 Abs. 1 Ziff. 3 OR analog). Andernfalls ist sein Anspruch auf Sicherstellung *verwirkt* (Handkommentar FusG-AFFENTRANGER, N 10; BÖCKLI, Aktienrecht, § 3 Rz 166). Da es um ein Verhältnis zu Dritten geht, ist als Zeitpunkt der Rechtswirksamkeit hier gemäss Art. 932 Abs. 2 OR derjenige der Veröffentlichung der relevanten Handelsregistereintragung im SHAB zu verstehen (genauer der «nächste Werktag..., der auf den aufgedruckten Ausgabetag derjenigen Nummer des Schweizerischen Handelsamtsblattes folgt, in der die Eintragung veröffentlicht ist»; vgl. ISLER/VON SALIS-LÜTOLF, 33). Wie aus der Botschaft (4422) ersichtlich wird, sollte mit Art. 22 Abs. 1 keine Ausnahmevorschrift im Sinne von Art. 932 Abs. 3 OR statuiert werden (vgl. Art. 22 N 4). Das Begehren braucht von Gesetzes wegen nicht schriftlich zu sein (VON SALIS-LÜTOLF, 163) und kann auch schon vor der Rechtswirk-

samkeit der Fusion und dem Ergehen der Schuldenrufe gestellt werden. Die Gesellschaft muss aus dem Begehren (ev. in Verbindung mit ihren eigenen Büchern) neben der Identität des Gläubigers auch die Identität und Höhe der Forderung(en) ersehen können, für welche Sicherstellung verlangt wird. Im Hinblick auf die Gefahr, die von der Sicherstellung einzelner Gläubiger für die anderen ausgehen kann (vgl. N 4), ist insbesondere auch ein *bedingtes Begehren* zuzulassen, mit dem die Sicherstellung nur für den Fall verlangt wird, dass andere Gläubiger fristgerecht (und ohne solche Bedingung) die Sicherstellung ihrer Forderungen verlangen.

5. Die Befreiung von der Sicherstellungspflicht (Abs. 3)

Gemäss Abs. 3 «entfällt» die Pflicht zur Sicherstellung einer Forderung, «wenn die Gesellschaft nachweist», dass deren **Erfüllung durch die Fusion nicht gefährdet** wird (vgl. BÖCKLI, Aktienrecht, § 2 Rz 351, mit einer ähnlichen Lösung *de lege lata* zu Art. 733 OR über die Kapitalherabsetzung). Dies ist nicht in dem Sinne wörtlich zu nehmen, dass ein Anspruch des Gläubigers auf Sicherstellung in diesem Falle zunächst entstehen und erst mit der Erbringung des Nachweises durch die Gesellschaft wieder erlöschen würde. Fehlt es an der Gefährdung der Erfüllung durch die Fusion, so entsteht von Anbeginn kein solcher Anspruch. Die Obliegenheit der Gesellschaft, die Nicht-Gefährdung nachzuweisen, ist nur beweisrechtlicher Art («Umkehr der Beweislast»); sie muss den Nachweis daher von Gesetzes wegen erst im Prozess erbringen. Art. 25 Abs. 3 verlangt den «Nachweis» und begnügt sich nicht mit der Glaubhaftmachung (Handkommentar FusG-AFFENTRANGER, N 16; VON SALIS-LÜTOLF, 164; kritisch MEIER-SCHATZ, Fusionsgesetz und KMU, 54). Wenn deshalb vom «vollen Beweis» der Nicht-Gefährdung der Erfüllung gesprochen wird, ist allerdings zu bedenken, dass es sich dabei eigentlich nicht um eine gegenwärtige Tatsache, sondern um eine *Voraussage* handelt (N 35 ff.), was sich auch für die Natur des «Nachweises» auswirkt. Ob eine Gefährdung der Erfüllung vorliegt und damit Sicherstellung geschuldet ist, muss grundsätzlich für jede angemeldete Forderung individuell entschieden werden (vgl. Botschaft, 4426). Die Antwort kann namentlich vom Fälligkeitszeitpunkt sowie von der Klasse abhängen, in die die Forderung im Konkurs des Schuldners fallen würde (Art. 219 Abs. 4 SchKG; vgl. Art. 27 N 8). Die Gefährdung muss sich allerdings gerade aus der Fusion ergeben; eine vorbestehende Gefährdung, die durch die Fusion nicht verschärft wird, verleiht kein Recht auf Sicherstellung (Handkommentar FusG-AFFENTRANGER, N 19; VON SALIS-LÜTOLF, 164).

Solange eine Forderung nicht erfüllt ist, bleibt ihre Erfüllung ein ungewisses zukünftiges Ereignis. Aussagen über ihre Sicherheit oder Gefährdung sind notwendige *Voraussagen*, Einschätzungen der Wahrscheinlichkeit der Erfüllung oder ihres Ausbleibens. Abs. 3 wirft daher die Frage nach dem **massgeblichen Grad der Gefährdung** auf: wie wahrscheinlich muss die Nicht-Erfüllung der Forderung infolge der Fusion werden, damit der Gläubiger eine Sicherstellung verlangen kann? Eine Fusion, deren Ergebnis eine Gesellschaft mit mindestens *hälftigem Kapitalverlust* oder eine *überschuldete Gesellschaft* wäre, ist gemäss Art. 6 (ausser im Fall genügender Rangrücktritte) nicht erlaubt. Wurde mit einer konkreten Fusion gegen diese Regel verstossen, indem etwa die Fusionsbilanzen nicht die tatsächliche Vermögenslage der beteiligten Gesellschaften zeigen, so wird oftmals (zumindest bei Überschuldung) eine Gefährdung der Erfüllung im Sinne von Abs. 3 anzunehmen sein; ja es dürfte sich hier um den wichtigsten Anwendungsfall der Sicherstellungspflicht handeln (eine Anfechtung der Fusion steht den Gläubigern nicht offen, Art. 106). Nach der Vorstellung des Gesetzgebers kann eine hinreichende Gefährdung aber auch in anderen Fällen vorliegen (Botschaft, 4426); als mögliche Gefährdungsgründe werden beispielhaft «strukturell[e] Schwächen, die langfristig den Fortbestand der Gesellschaft gefährden,» oder verschieden strenge Kapitalschutzvorschriften im Falle einer Fusion von Gesellschaften unterschiedlicher Rechtsform genannt (was «je nach den Umständen» eine Sicherstellungspflicht rechtfertigen soll; Botschaft, 4426).

36 Die Sicherstellungspflicht ist nach dem Gesetzeswortlaut zwar technisch die Regel, sollte wegen der ihr anhaftenden schwerwiegenden Nachteile und der begrenzten Gefährlichkeit von Fusionen für die Gläubiger (vgl. N 4, 8) in praktischer Hinsicht jedoch die **Ausnahme** bleiben (vgl. VISCHER, Einführung, 22; für zurückhaltende Annahme auch VON SALIS-LÜTOLF, 161). Eine relevante Gefährdung ist nicht schon deshalb anzunehmen, weil sich die Wahrscheinlichkeit der Erfüllung aus Sicht des Gläubigers durch die Fusion (geringfügig) verringert; namentlich weil seine Schuldnerin vor der Fusion eine höhere Bonität aufwies als ihre Fusionspartnerin (BÖCKLI, Aktienrecht, § 3 Rz 170 f., verlangt eine «merkliche», «bis in die Gefahrenzone reichende Verschlechterung» der Gläubigerlage). Andernfalls könnten bei jeder Fusion zumindest die Gläubiger einer der beteiligten Gesellschaften Sicherstellung verlangen. Auch dass in der übertragenden (Schuldner-)Gesellschaft die strengeren Kapitalschutzvorschriften galten als in der übernehmenden, kann bei gesunden Vermögensverhältnissen für sich allein keine hinreichende Gefährdung begründen. Im Falle vertraglich begründeter Forderungen könnte aus dogmatischer Sicht auf den hypothetischen Parteiwillen abgestellt und gefragt werden, ob der Gläubiger bei Kenntnis von der künftigen Fusion seines Schuldners das Rechtsgeschäft nicht ohne Einräumung einer besonderen Sicherheit zu den gegebenen Bedingungen abgeschlossen hätte. Dieses Kriterium befriedigt allerdings unter dem Gesichtspunkt der Praktikabilität nicht und hilft zudem bei anderen als vertraglich begründeten Forderungen nicht weiter.

37 Ein taugliches (einheitliches) Kriterium für die hinreichende Gefährdung der Erfüllung gemäss Abs. 3 ist hingegen wohl darin zu sehen, ob die Situation des Schuldners nach der Fusion **nach den «allgemein anerkannten kaufmännischen Grundsätzen»**, auf die das Gesetz bei der Buchführungspflicht verweist (Art. 959 OR; zur Bewertung insb. Art. 960 Abs. 2 OR, vgl. auch Art. 669 Abs. 1 OR), dem Gläubiger eine Bilanzierung der Forderung zu ihrem vollen Betrag noch erlauben oder ob sie eine Wertberichtigung verlangen würde (sc. bei einer Einzelbetrachtung, d.h. abgesehen von der Praxis der Bildung pauschaler Delkredere-Wertberichtigungen auf Debitorenbeständen; vgl. auch Art. 26 Abs. 1 des Vorentwurfes zu einem Bundesgesetz über die Rechnungslegung und Revision (RRG) vom 29.6.1998: «Forderungen sind zum Nennwert unter Berücksichtigung ihrer Einbringlichkeit einzusetzen»). Eine Gefährdung im Sinne von Abs. 3 liegt mit anderen Worten vor, wenn die Forderung nach anerkannter Bewertungspraxis aufgrund der Fusion **nicht mehr vollwertig** erscheint. Dieses einheitliche Kriterium für die Anwendung von Abs. 3 schliesst nicht aus, dass in ganz besonderen Fällen (etwa bei einem Darlehen, dessen Konditionen eine genaue Bonitätsbeurteilung reflektieren; diesfalls wird aber meistens eine ausdrückliche vertragliche Regelung vorliegen) ein Vertragsgläubiger aufgrund der gebotenen Auslegung oder richterlichen Ergänzung des Vertrages schon bei einer weniger gravierenden Gefährdung eine Sicherstellung verlangen kann (oder andere Konsequenzen eintreten); der Anspruch beruht dann aber nicht auf Gesetz (Art. 25), sondern auf dem (gegebenenfalls richterlich ergänzten) Vertrag.

38 Liegt einer Gesellschaft der **in Abs. 2 vorgesehene Bericht** eines besonders befähigten Revisors vor, wonach das «freie Vermögen» der fusionierenden Gesellschaften zur Befriedigung der bekannten oder zu erwartenden Forderungen ausreicht (siehe zur Bedeutung oben N 29 f.), so kann sie damit zumindest ‹prima facie› auch den von Abs. 3 verlangten Nachweis erbringen, wenn zusätzlich erstellt ist, dass die zur Anmeldung gebrachten For-

derungen dem Revisor bekannt waren (vgl. BÖCKLI, Aktienrecht, § 3 Rz 177; RUEDIN, 698; Handkommentar FusG-AFFENTRANGER, N 16; VON SALIS-LÜTOLF, 160). Die Beurteilung des Revisors kann freilich den Richter nicht binden; zudem vermag ein Gläubiger vielleicht Tatsachen darzulegen, die dem Revisor nicht bekannt waren und den *prima facie*-Nachweis erschüttern.

Als taugliche **Beweismittel** für den Nachweis der Nicht-Gefährdung werden ausserdem die Jahresrechnungen (Botschaft, 4416; ISLER/VON SALIS-LÜTOLF, 33) und Zwischenbilanzen (Handkommentar FusG-AFFENTRANGER, N 16) der an der Fusion beteiligten Gesellschaften oder eine besondere Bestätigung eines Revisors genannt (ZK-ALBRECHT, N 12; BÖCKLI, Aktienrecht, § 3 N 171; MEIER-SCHATZ, Fusionsgesetz und KMU, 54 FN 175; VON SALIS-LÜTOLF, 164; VISCHER, Einführung, 22; im Gesetzgebungsverfahren wurde vorgeschlagen, das Genügen einer Bestätigung eines besonders befähigten Revisors im Gesetz ausdrücklich festzuhalten: Vernehmlassungen, 194 f.). In Zweifelsfällen kann ein Gutachten eines gerichtlich bestellten Sachverständigen erforderlich sein (BÖCKLI, Aktienrecht, § 3 Rz 171). 39

6. *Durchsetzung und Sanktionen*

Verweigert oder verzögert die übernehmende Gesellschaft die Erfüllung einer bestehenden Sicherstellungspflicht (oder ist sie zur Erfüllung etwa gar nicht in der Lage), so hat dies *per se* auf den Bestand und die Rechtmässigkeit der Fusion keinen Einfluss (Handkommentar FusG-AFFENTRANGER, N 13; ZK-ALBRECHT, N 3; vgl. auch BÖCKLI, Aktienrecht, § 3 Rz 165; MEIER-SCHATZ, Fusionsgesetz und KMU, 54). Der Gläubiger kann aber gegen die Gesellschaft **auf Sicherstellung klagen**. Er muss dabei die Voraussetzungen des Sicherstellungsanspruchs gemäss Abs. 1 beweisen, insbesondere den Bestand seiner Forderung (**a.A.** ZK-ALBRECHT, N 10: nur glaubhaft machen). Da sich der Anspruch auf das Fusionsgesetz stützt, gilt für den Gerichtsstand Art. 29a GestG (vgl. Art. 29a GestG N 13, 14; VON DER CRONE ET AL., Rz 408 FN 447). 40

Zur Vorschrift von Art. 914 altOR wurde die Ansicht vertreten, eine allfällige **Abfindungszahlung** an austretende Genossenschafter der aufgelösten Genossenschaft dürfe erst nach erfolgter Sicherstellung der Gläubiger ausbezahlt werden (BSK OR II-HÜNERWADEL, Art. 914 N 17; vgl. auch Art. 826 Abs. 3 altOR zur Umwandlung einer AG in eine GmbH). Die Regelung des Fusionsgesetzes bietet für eine solche Annahme keinen Anhaltspunkt; der Gläubigerschutz gemäss Art. 25 soll den Vollzug der Fusion, zu dem auch die Ausrichtung von Ausgleichszahlungen und Abfindungen gemäss Art. 7 f. gehört, nicht aufhalten. Die Interessen der Gläubiger sind (lediglich) dadurch geschützt, dass für solche Zahlungen Schranken des Kapitalschutzes bestehen (vgl. Art. 7 N 30; Art. 8 N 20; Botschaft, 4404; GLANZMANN, 146, 149 ff.; Handkommentar FusG-GLANZMANN, Art. 8 N 4 ff.). 41

Eine **Verantwortlichkeit** von Organpersonen gemäss Art. 108 ist namentlich bei unbegründetem Unterlassen der Veröffentlichung im SHAB denkbar (die Schuldenrufe bzw. die Bestätigung des Revisors gemäss Abs. 2 sind keine notwendigen Belege für die Anmeldung der Fusion beim Handelsregister: Art. 105a HRegV und dazu oben N 31). Die Nichtleistung einer geschuldeten Sicherstellung durch die Gesellschaft begründet demgegenüber keine Verantwortlichkeit der Organe nach dieser Vorschrift (**a.A.** ZK-BERETTA, Art. 108 N 13). Unterlassen es die Verantwortlichen, die Auswirkungen möglicher, durch die Fusion ausgelöster Sicherstellungspflichten auf die Gesellschaft rechtzeitig zu bedenken, so kommt allerdings eine Verantwortlichkeit wegen Verletzung der Sorgfaltspflicht gemäss den Bestimmungen der betreffenden Rechtsform in Betracht (für die AG Art. 754 i.V.m. Art. 717 OR). 42

43 In der Lehre zu Art. 748 altOR wurde darauf hingewiesen, dass die gesetzliche Anordnung der Sicherstellung deren **paulianische Anfechtung** gemäss Art. 287 Abs. 1 Ziff. 1 SchKG (*Überschuldungsanfechtung* bei einer Sicherstellung, zu der der Schuldner nicht verpflichtet war) ausschliesse (ZK-BÜRGI/NORDMANN, Art. 748 OR N 100). Dies wird auch für Art. 25 gelten, soweit gemäss Abs. 1 und 3 tatsächlich eine Sicherstellungspflicht bestand (d.h. gegebenenfalls für die Gläubiger der solideren, nicht etwa auch für diejenigen der dubioseren Gesellschaft; gemäss ZK-ALBRECHT, N 9, zudem nur bei Leistung der Sicherheit nach Ablauf der Anmeldungsfrist); die Anfechtung gemäss Art. 287 Abs. 1 SchKG setzt freilich ohnehin voraus, dass die Gesellschaft im Zeitpunkt der Sicherheitsleistung überschuldet war, was sie gemäss Art. 6 jedenfalls unmittelbar nach der Fusion nicht sein dürfte. Die *Absichtsanfechtung* gemäss Art. 288 SchKG kann demgegenüber auch zur Anwendung kommen, wenn der Schuldner eine bestehende und fällige Verpflichtung erfüllt hat (BGE 99 III 89, 91 E.4). Die vom Gesetzgeber bei der Fusion in Kauf genommene Bevorzugung derjenigen Gläubiger, die rechtzeitig Sicherstellung verlangen (N 4), dürfte aber auch hier zum Ausschluss der Anfechtung führen.

7. Der Vorbehalt der Erfüllung (Abs. 4)

44 Abs. 4 drückt zunächst eine Selbstverständlichkeit aus: eine erfüllte Forderung braucht die Gesellschaft nicht mehr sicherzustellen. Unklar ist jedoch nach dem Wortlaut, ob diese Bestimmung die **Rechte der Gesellschaft** zur Erfüllung von Forderungen (insbesondere vor deren Fälligkeit) für den Fall der Fusion erweitern, einschränken oder nur in Erinnerung rufen will. Ersteres scheint vom Gesetzgeber nicht beabsichtigt zu sein, kommt doch laut der Botschaft (4426) Abs. 4 nur für Forderungen zum Tragen, die gemäss der Regel von Art. 81 OR bereits erfüllbar sind (ebenso VON SALIS-LÜTOLF, 164). Die Fusion verschafft der Gesellschaft kein Recht zur vorzeitigen Erfüllung. Aber auch der beigefügte Vorbehalt («sofern die anderen Gläubigerinnen und Gläubiger nicht geschädigt werden») ist wohl als blosse Verweisung auf Einschränkungen zu verstehen, die sich aus anderen Gesetzen ergeben können (a.A. BÖCKLI, Aktienrecht, § 3 Rz 173: «eigenständiger Lehrsatz des Fusionsrechts»; zudem gelte ein Gleichbehandlungsprinzip bei der vorzeitigen Befriedigung, und Verletzungen führten zur Verantwortlichkeit gemäss Art. 108; wohl auch ZK-BERETTA, Art. 108 N 13). Zu denken ist etwa an Art. 167 StGB («Bevorzugung eines Gläubigers» im Bewusstsein der eigenen Zahlungsunfähigkeit; vgl. aber N 45). Die betreibungsrechtlichen Bestimmungen über die Anfechtung von Rechtshandlungen des Schuldners (Art. 285 ff. SchKG, auf welche in der Botschaft, 4426, verwiesen wird; vgl. N 43; Handkommentar FusG-AFFENTRANGER, N 20, und ZK-ALBRECHT, N 15, sehen Abs. 4 als Vorbehalt der paulianischen Anfechtung; vgl. auch VON SALIS-LÜTOLF, 164) statuieren weder zivil- noch öffentlichrechtliche Verbote, ordnen aber den Einbezug bestimmter, vom Schuldner zivilrechtlich gültig veräusserter Vermögenswerte in die Zwangsvollstreckung an (BSK SchKG III-STAEHELIN, Art. 285 N 8 ff.; BSK SchKG III-BAUER, Art. 291 N 8).

45 Mit Recht wird auf die Ungereimtheit hingewiesen, dass das Gesetz an die **Gefahr der Schädigung anderer Gläubiger** in Abs. 4 für den Fall der *Erfüllung* eigens erinnert, diese Gefahr aber genauso bei der *Sicherstellung* einzelner Gläubiger besteht, die vom Gesetz gerade angeordnet wird (BÜCHI, 136 FN 872; Vernehmlassungen, 194 f.). Dies betrifft die grundsätzliche Problematik des Gläubigerschutzes durch eine Sicherstellungspflicht (N 4). Im Hinblick auf Art. 167 StGB und Art. 288 SchKG stellt sich die Frage, ob eine Gläubigerbevorzugung, die das Gesetz in der einen Form (Sicherstellung) verlangt, in einer anderen Form (Erfüllung) strafbar sein beziehungsweise in der Vollstreckung missachtet werden kann (vgl. BGE 71 III 80, 89 f. zum Verhältnis von Sicherstellung und Erfüllung bei der paulianischen Anfechtung).

V. Rechtsvergleichung

Art. 13 **EU-Fus-RL** verlangt, dass die Gesetzgebungen der Mitgliedstaaten «ein angemessenes Schutzsystem für die Interessen der Gläubiger der sich verschmelzenden Gesellschaften vorsehen, deren Forderungen vor der Bekanntmachung des Verschmelzungsplans entstanden und zum Zeitpunkt dieser Bekanntmachung noch nicht erloschen sind» (Abs. 1). «Zumindest» müssen diese Gläubiger «Anspruch auf angemessene Garantien haben, wenn die finanzielle Lage der sich verschmelzenden Gesellschaften einen solchen Schutz erforderlich macht und die Gläubiger nicht schon derartige Garantien haben» (Abs. 2). Der Schutz kann für die Gläubiger der übernehmenden und der übertragenden Gesellschaft unterschiedlich sein (Abs. 3). Es wird somit von der Richtlinie nur eine Rahmenordnung vorgegeben und die konkrete Ausgestaltung des Gläubigerschutzes den Mitgliedstaaten überlassen (MEIER-SCHATZ, FS Zäch, 549).

46

Die Rechte der **Nachbarstaaten der Schweiz** sehen unterschiedliche Konzepte des Gläubigerschutzes vor: während nach deutschem Recht ein Anspruch der Gläubiger auf Sicherheiten im Falle der Gefährdung von Gesetzes wegen besteht (N 48), ist nach dem französischen und dem italienischen Recht die Sicherstellung eine der möglichen Anordnungen des zuständigen Gerichts im Fall des Widerspruchs eines Gläubigers gegen die Fusion (vgl. Botschaft, 4424; RUEDIN, passim).

47

Das **deutsche Recht** enthält in § 22 UmwG eine Art. 25 FusG sehr ähnliche Lösung: Gläubiger der fusionierenden Gesellschaften, welche noch keine Befriedigung verlangen können, haben das Recht, innerhalb von sechs Monaten nach der Bekanntmachung der Verschmelzung (in der sie darauf hingewiesen werden) Sicherheitsleistung zu verlangen. Sie müssen dafür jedoch glaubhaft machen, dass durch die Verschmelzung die Erfüllung ihrer Forderung gefährdet wird.

48

Art. 26

Persönliche Haftung der Gesellschafterinnen und Gesellschafter

¹ Gesellschafterinnen und Gesellschafter der übertragenden Gesellschaft, die vor der Fusion für deren Verbindlichkeiten hafteten, bleiben dafür haftbar, soweit die Verbindlichkeiten vor der Veröffentlichung des Fusionsbeschlusses begründet wurden oder deren Entstehungsgrund vor diesem Zeitpunkt liegt.

² Die Ansprüche aus persönlicher Haftung der Gesellschafterinnen und Gesellschafter für die Verbindlichkeiten der übertragenden Gesellschaft verjähren spätestens drei Jahre nach Eintritt der Rechtswirksamkeit der Fusion. Wird die Forderung erst nach der Veröffentlichung des Fusionsbeschlusses fällig, so beginnt die Verjährung mit der Fälligkeit. Die Begrenzung der persönlichen Haftung gilt nicht für Gesellschafterinnen und Gesellschafter, die auch für die Verbindlichkeiten der übernehmenden Gesellschaft persönlich haften.

³ Bei Anleihensobligationen und anderen Schuldverschreibungen, die öffentlich ausgegeben wurden, besteht die Haftung bis zur Rückzahlung, es sei denn, der Prospekt sehe etwas anderes vor. Vorbehalten bleiben die Bestimmungen über die Gläubigergemeinschaft bei Anleihensobligationen nach den Artikeln 1157 ff. des Obligationenrechts.

Art. 26

2. Kapitel: Fusion von Gesellschaften

Responsabilité personnelle des associés

¹ Les associés de la société transférante qui répondaient de ses dettes avant la fusion continuent de répondre des dettes nées avant la publication de la décision de fusion ou dont la cause est antérieure à cette date.

² Les prétentions découlant de la responsabilité personnelle des associés pour les dettes de la société transférante se prescrivent au plus tard par trois ans à compter de la date à laquelle la fusion déploie ses effets. Si la créance ne devient exigible qu'après la publication de la décision de fusion, la prescription court dès l'exigibilité. La limitation de la responsabilité personnelle ne s'applique pas aux associés qui assument également une responsabilité personnelle pour les dettes de la société reprenante.

³ Pour les emprunts par obligations et les autres titres d'obligation émis publiquement, la responsabilité subsiste jusqu'à leur remboursement, à moins que le prospectus n'en dispose autrement. Sont réservées les dispositions concernant la communauté des créanciers dans les emprunts par obligations au sens des art. 1157 et suivants CO.

Responsabilità personale dei soci

¹ I soci della società trasferente che, prima della fusione, rispondevano dei suoi debiti continuano a rispondere dei debiti contratti prima della pubblicazione della decisione di fusione o la cui causa è anteriore a tale data.

² I diritti derivanti dalla responsabilità personale dei soci per i debiti della società trasferente si prescrivono al più tardi dopo tre anni a contare dalla data in cui la fusione acquisisce validità giuridica. Se il credito diventa esigibile soltanto dopo la pubblicazione della decisione di fusione, la prescrizione comincia a decorrere con l'esigibilità. La limitazione della responsabilità personale non si applica ai soci che assumono una responsabilità personale per i debiti della società assuntrice.

³ Per i prestiti obbligazionari e le altre obbligazioni oggetto di pubblica emissione, la responsabilità sussiste finché siano stati rimborsati, salvo che il prospetto preveda altrimenti. Sono fatte salve le disposizioni sulla comunione degli obbligazionisti per i prestiti obbligazionari di cui agli articoli 1157 e seguenti del Codice delle obbligazioni.

Literatur

M.E. WINKLER, Arbeitnehmerschutz nach dem Entwurf zum neuen Fusionsgesetz, SJZ 2001, 477 ff.; D. ZOBL, Die Umwandlung von Gesellschaften nach neuem FusG, SZW 2004, 169 ff.

I. Problem und bisherige Rechtslage

1 Das Fusionsgesetz erlaubt Fusionen zwischen Gesellschaften unterschiedlicher Rechtsform (Art. 4). In solchen Fällen, aber auch wo die Fusionspartner dieselbe Rechtsform aufweisen (z.B. Genossenschaften bzw. Vereine mit und ohne statutarisch begründete Haftung der Mitglieder für Gesellschaftsschulden; vgl. N 6), können bei der übertragenden und bei der übernehmenden Gesellschaft ganz verschiedene Regeln hinsichtlich der Haftung der Gesellschafter für die Gesellschaftsschulden gelten (die Botschaft, 4426, nennt beispielhaft die Übernahme einer Kollektivgesellschaft durch eine Aktiengesellschaft). Zudem werden nicht notwendigerweise alle Gesellschafter der übertragenden Gesellschaft im Zuge der Fusion zu Gesellschaftern der übernehmenden Gesellschaft (Möglichkeit des Ausscheidens gegen Abfindung, Art. 8). Es kann daher sein, dass einzelne oder alle Gesellschafter der übertragenden Gesellschaft infolge der Fusion aus dem Kreis der Personen ausscheiden, die für deren Schulden haften, oder sich zumindest in dieser Hinsicht in der übernehmenden Gesellschaft unter günstigeren Regeln wieder finden. In solchen Situationen will Art. 26 das **Vertrauen der Gläubiger** der

übertragenden Gesellschaft in die Haftungsregelung **schützen**, unter der sie dieser Kredit gewährt haben (vgl. Botschaft, 4427), und lässt daher die persönliche Haftung der Gesellschafter der übertragenden Gesellschaft noch für eine bestimmte Zeit nach dieser alten Regelung bestehen. Die Vorschrift gilt freilich auch für Fälle, in denen keine Kreditgewährung vorliegt und kein Vertrauen betätigt wurde (etwa bei einer Forderung aus Delikt, vgl. N 9).

Das bisherige Recht enthielt in **Art. 914 Ziff. 9 und 10 altOR** Bestimmungen über die fortdauernde Haftung der Genossenschafter der übertragenden Genossenschaft (soweit diese eine Haftung der Genossenschafter für Gesellschaftsschulden kannte) bei einer Fusion. Diese Genossenschafter hafteten noch während der Dauer der getrennten Vermögensverwaltung (Art. 914 Ziff. 2 altOR; vgl. Art. 25 N 5) von Gesetzes wegen *ausschliesslich* den Gläubigern der übertragenden Genossenschaft, und zwar nach der bisherigen Haftungsordnung. In der Lehre wurde allerdings gefordert, dass der damit verbundene Aufschub einer allfälligen statutarischen Haftung dieser Genossenschafter in der übernehmenden Genossenschaft (der im Interesse der Gläubiger der übertragenden Genossenschaft, nicht der Genossenschafter selbst statuiert war) nur dann gelten sollte, wenn bei der übertragenden Genossenschaft auch tatsächlich eine Haftung der Genossenschafter bestand (BSK OR II-HÜNERWADEL, Art. 914 N 16).

Das OR enthält ausserdem (nicht fusionsspezifische) Regeln über die **Fortdauer und Verjährung der persönlichen Haftung** der Gesellschafter bei Auflösung der Gesellschaft oder Ausscheiden eines Gesellschafters (Art. 591–593 OR für die Kollektivgesellschaft, auf die Art. 619 Abs. 1 [Kommanditgesellschaft], Art. 764 Abs. 1 [Kommanditaktiengesellschaft] und Art. 802 Abs. 1 OR [GmbH] verweisen; Art. 876 und 878 OR für die Genossenschaft) sowie intertemporale Regeln für Fälle einer **Änderung in der Haftungsordnung** (Art. 609 OR: Verminderung der Kommanditsumme; Art. 874 OR: Änderung der Haftungsbestimmungen in der Genossenschaft).

Für die gesetzlich nicht geregelten, aber von der Praxis zugelassenen Fusionsformen wurde, soweit sich das Problem stellte, in der Lehre weitgehend die **analoge Anwendung von Art. 914 Ziff. 9 und 10 OR** statuiert (z.B. für die Fusion von Vereinen BK-RIEMER, Art. 76–79 ZGB N 73 f.). Sie sollten freilich den Art. 591 ff. OR bei den von diesen beherrschten Gesellschaftsformen nicht derogieren (im einzelnen GANTENBEIN, 275 f., 281; vgl. auch BÖCKLI, Aktienrecht, 2. Aufl., Rz. 296 l). Einen anderen Weg beschritt das EHRA, als es das Fehlen (bzw. die vorgängige Aufhebung) einer persönlichen Haftung oder Nachschusspflicht (ja sogar einer Beitragspflicht) der Genossenschafter zur Voraussetzung für die Annexion der Genossenschaft durch eine AG erklärte (EHRA, REPRAX 1999, 58).

II. Revisionsgeschichte

Art. 26 wurde seit seiner Fassung im Vorentwurf materiell nur in einem Punkt geändert: während Art. 26 Abs. 2 VE FusG noch eine Verjährung spätestens «fünf Jahre nach der Veröffentlichung des Fusionsbeschlusses» vorsah, sind es nun gemäss Abs. 2 «drei Jahre nach Eintritt der Rechtswirksamkeit der Fusion». Die Änderung erfolgte im Entwurf des Bundesrates und wird mit dem Einklang mit dem geänderten Art. 181 Abs. 2 OR erklärt (Botschaft, 4427).

III. Fortdauernde persönliche Haftung (Abs. 1): Anwendungsbereich und Umfang

6 Von den **Gesellschaftsformen**, denen das Gesetz die Beteiligung an einer Fusion als übertragende Gesellschaft erlaubt, kennen einige zwingend (Kollektivgesellschaft, Art. 568 ff. OR; Kommanditgesellschaft, Art. 594, 604 ff. OR; Kommanditaktiengesellschaft, Art. 764 OR; GmbH, Art. 802 OR), andere fakultativ (Genossenschaft, Art. 869 ff. OR; Verein, Art. 71 ZGB, Art. 99 HRegV) eine persönliche Haftung aller oder eines Teils der Gesellschafter, wobei die Haftung unbeschränkt oder in verschiedener Weise beschränkt sein kann. Die beschränkte persönliche Haftung der Gesellschafter der GmbH soll allerdings in der Revision des GmbH-Rechts entfallen (vgl. Botschaft GmbH, BBl 2002, 3158 f.).

7 Für die zeitliche Abgrenzung der Verbindlichkeiten, die von der fortdauernden persönlichen Haftung betroffen sind, stellt Abs. 1 auf die «**Veröffentlichung des Fusionsbeschlusses**» ab. Dieser Wortlaut ist ein Relikt aus dem Vorentwurf, dessen Art. 22 anordnete, «der Fusionsbeschluss» (gemäss dem Begleitbericht, 34, «die Fusionsbeschlüsse») sei im SHAB zu publizieren, wobei die Gläubiger auf ihre Rechte nach Art. 25 Abs. 1 hinzuweisen seien. Die Bestimmung wurde als unklar kritisiert (Vernehmlassungen, 180 f.) und ist im Gesetz entfallen; der Hinweis auf die Rechte der Gläubiger erfolgt nun gemäss Art. 25 Abs. 2 durch einen dreimaligen Schuldenruf, der aber bei Vorliegen einer Bestätigung eines besonders befähigten Revisors unterbleiben kann. Eine Veröffentlichung von Fusionsbeschlüssen ist nicht mehr vorgesehen. Hingegen sind die im Zuge der Fusion erfolgenden Handelsregistereintragungen im SHAB zu veröffentlichen (Art. 931 Abs. 1 OR).

8 Es ist daher für Abs. 1 auf die SHAB-Publikation der Handelsregistereintragung abzustellen, mit der die Fusion rechtswirksam wird (Art. 22 Abs. 1; gl.A. VON DER CRONE ET AL., Rz 413). Gemäss Art. 105c HRegV muss die Eintragung der Fusion ins Tagebuch des Handelsregisters bei allen beteiligten Gesellschaften am gleichen Tag erfolgen. Soweit im Einzelfall die Veröffentlichungen der Eintragung trotzdem nicht in derselben Ausgabe des SHAB enthalten sein sollten, ist die Veröffentlichung hinsichtlich der übertragenden Gesellschaft entscheidend, deren Verbindlichkeiten in Frage stehen. In Analogie zu Art. 932 Abs. 2 OR muss als «vor der Veröffentlichung» erfolgt wohl alles gelten, was noch vor dem «nächsten Werktage» geschieht, «der auf den aufgedruckten Ausgabetag derjenigen Nummer des Schweizerischen Handelsamtsblattes folgt, in der die Eintragung veröffentlicht ist.» Im Falle einer Fusion nicht eingetragener Vereine erfolgt überhaupt keine Publikation (vgl. Art. 21 Abs. 4, Art. 22 Abs. 2). Es ist in diesem Fall für die Abgrenzung gemäss Abs. 1 *faute de mieux* auf den Zeitpunkt der Rechtswirksamkeit der Fusion gemäss Art. 22 Abs. 2 (Vorliegen der Fusionsbeschlüsse) abzustellen.

9 Die Fortdauer der persönlichen Haftung betrifft neben Verbindlichkeiten, die vor diesem massgebenden Zeitpunkt entstanden sind («begründet wurden») auch solche, «deren **Entstehungsgrund vor diesem Zeitpunkt liegt**». Der Gesetzgeber dachte insbesondere an die Situation, dass eine vor dem relevanten Zeitpunkt begangene unerlaubte Handlung erst später einen Schaden zeitigt (Botschaft, 4427; Begleitbericht zum VE FusG, 37). Daneben kommt insbesondere auch ein Vertragsschluss als «Entstehungsgrund» in Betracht, der mit zeitlicher Verzögerung zur Entstehung von Forderungen führt (aufschiebend bedingte oder befristete Vertragsgeltung oder Begründung einzelner Ansprüche, Dauerverträge mit periodisch entstehenden Leistungspflichten, etc.; vgl. LUTTER-SCHMIDT, § 45 UmwG N 11). Haftet der Gesellschafter für eine vertragliche Pflicht, so auch für Schadenersatz aus deren Verletzung, selbst wenn sie nach der Fusion geschieht

(a.A. ZK-ALBRECHT, N 7). Art. 27 Abs. 3 bestimmt für den Arbeitsvertrag, dass die Haftung der Gesellschafter nur diejenigen Forderungen erfasst, die bis zu dem Zeitpunkt entstehen (der Wortlaut «fällig werden» ist missverständlich; vgl. vor Art. 27 N 43; WINKLER, 481), «auf den das Arbeitsverhältnis ordentlicherweise beendet werden könnte oder, bei Ablehnung des Übergangs, von der Arbeitnehmerin oder dem Arbeitnehmer beendigt wird». Mit Recht wird die analoge Anwendung dieser Regel für alle **Dauerverträge** gefordert, unter denen Leistungspflichten periodisch entstehen (Handkommentar FusG-AFFENTRANGER, N 2), um eine «ewige» Fortdauer der Haftung der Altgesellschafter zu vermeiden, die sich sonst ergeben könnte, da gemäss Abs. 2 die besondere Verjährung erst mit der Fälligkeit der Forderung beginnt.

Für die so umschriebenen Verbindlichkeiten der übertragenden Gesellschaft dauert eine vorbestehende Haftung ihrer Gesellschafter fort, und zwar (obschon Abs. 1 dies nicht ausdrücklich sagt) grundsätzlich mit den **vor der Fusion geltenden Voraussetzungen, Beschränkungen und Modalitäten** (vgl. ZK-ALBRECHT, N 5 f.; VON DER CRONE ET AL., Rz 412). So kann etwa ein ehemaliger Kollektivgesellschafter erst in Anspruch genommen werden, wenn er in Konkurs geraten oder die schuldnerische Gesellschaft «aufgelöst oder erfolglos betrieben worden ist» (Art. 568 Abs. 3 OR), wobei es dafür nun auf die übernehmende Gesellschaft als neue Schuldnerin ankommen muss (d.h. es genügt nicht die Auflösung der übertragenden Kollektivgesellschaft durch die Fusion; Entsprechendes gilt für Art. 610 und Art. 802 Abs. 4 OR). **10**

Gemäss seinem Wortlaut handelt Art. 26 nicht von (statutarischen) **Nachschusspflichten**. Diese können allerdings für die Gläubiger einer Gesellschaft dieselbe Funktion erfüllen wie Haftungsbestimmungen, und ihre Abänderung wird im OR verschiedentlich denselben Regeln unterstellt wie diejenige einer statutarisch begründeten Haftung der Gesellschafter (vgl. Art. 874 und 876 OR; Art. 914 Ziff. 10 altOR). Es ist daher anzunehmen, dass auch die Grundsätze von Art. 26 auf Nachschusspflichten analog anzuwenden sind, soweit es zur Befriedigung von Gläubigern gemäss Abs. 1 erforderlich ist (**a.M.** ZK-ALBRECHT, N 3; ZOBL, SZW 2004, 177). **11**

IV. Besondere Verjährung (Abs. 2 und 3)

Art. 26 statuiert eine **einheitliche Verjährungsregel** für alle Fälle der fortdauernden persönlichen Haftung bei der Fusion und lässt die Ansprüche gegenüber dem (nur noch) aufgrund von Art. 26 Haftenden spätestens in drei Jahren verjähren (gilt für die Forderung selbst eine kürzere Verjährungsfrist, so bleibt es dabei selbstverständlich auch gegenüber dem haftenden Gesellschafter; vgl. Art. 591 Abs. 1 OR). Die Botschaft (4427) weist darauf hin, dass diese Frist derjenigen entspricht, die gemäss Art. 181 Abs. 2 revOR im Falle des Schuldnerwechsels infolge der Übernahme eines Vermögens oder Geschäftes gilt (bisher: zwei Jahre). Von Art. 181 OR wurde auch die Regelung übernommen, wonach die Dreijahresfrist frühestens mit der Fälligkeit der Forderung zu laufen beginnt (ebenso Art. 591 Abs. 2 OR). Fristauslösend ist die Fälligkeit der Forderung gegenüber der Gesellschaft, selbst wenn der Anspruch gegen den Gesellschafter noch nicht geltend gemacht werden kann (vgl. N 10). Eine Verjährungs- und keine Verwirkungsfrist wurde gemäss den Materialien (Botschaft, 4427; Begleitbericht zum VE FusG, 37) statuiert, um eine Verlängerung der Haftungsdauer durch Unterbrechung der Frist zu ermöglichen. Hiefür und für die weiteren Modalitäten der Verjährung gelten die allgemeinen Bestimmungen von Art. 130 ff. OR. Insbesondere ist auch für den Beginn dieser besonderen Verjährung die Zulässigkeit einer Kündigung der eigentlichen Fälligkeit gleichzuhalten (Art. 130 Abs. 2 OR; vgl. Vernehmlassungen, 197). **12**

13 Der dritte Satz von Abs. 2 über die Nichtanwendung der «Begrenzung der persönlichen Haftung» (d.h. der besonderen Verjährung) auf Gesellschafter, die auch für die Verbindlichkeiten der übernehmenden Gesellschaft persönlich haften, verdeutlicht, dass die befristete Fortdauer der **Haftung nach alter Ordnung** gemäss Art. 26 für die Gesellschafter der übertragenden Gesellschaft **kumulativ** zu den Auswirkungen der Fusion gilt: soweit sie in der Fusion Gesellschafter der übernehmenden Gesellschaft werden, haften sie in jedem Fall (auch) nach deren Vorschriften für deren sämtliche Schulden (anders noch Art. 914 Ziff. 9 und 10 altOR; vgl. N 2).

14 Der Begriff der **Anleihensobligationen** in Abs. 3 verweist auf Art. 1156 ff. OR. Für die Abgrenzung des «öffentlichen Ausgebens» von Schuldverschreibungen kann auf die Diskussion zu Art. 652a und 1156 OR verwiesen werden (vgl. BSK OR II-ZINDEL/ISLER, Art. 652a N 2 ff. m.w.Hw.; BSK OR II-WATTER, Art. 1156 N 8). Eine Abweichung von der gesetzlichen Regel der unbefristeten Haftung der Gesellschafter knüpft Abs. 3 an die Bekanntmachung im Prospekt (Art. 1156 OR); die Verankerung in den Anleihensbedingungen, die an sich die Rechtsstellung des Schuldners regeln (BSK OR II-WATTER, Art. 1156 N 5, 22), scheint weder notwendig noch genügend zu sein. Absatz 3 behält die Bestimmungen von Art. 1157 ff. OR über die Gläubigergemeinschaft bei Anleihensobligationen vor. Gemäss Art. 1170 Abs. 1 Ziff. 7 OR ist die Gläubigergemeinschaft befugt, einer Änderung der für ein Anleihen bestellten Sicherheiten zuzustimmen oder auf solche gänzlich oder teilweise zu verzichten. Es stellt sich die Frage, ob die von Art. 26 angeordnete fortdauernde persönliche Haftung der Altgesellschafter als solche Sicherheit zu betrachten ist. Sie ist wohl zu verneinen, da es sich nicht um eine zusätzlich zur Verpflichtung des Anleihensschuldners «bestellte» Sicherheit handelt, sondern um eine blosse Konsequenz der auf diesen anwendbaren gesellschaftsrechtlichen Ordnung.

V. Verhältnis zum OR

15 Als *lex specialis* geht Art. 26 im Falle einer Fusion den Regeln des OR über Änderungen der Haftungsordnung sowie über die Fortdauer und Verjährung der persönlichen Haftung bei Auflösung der Gesellschaft oder Ausscheiden eines Gesellschafters (s. oben N 3) vor. Dies hält auch Art. 592 Abs. 2 OR für das Verhältnis zu Art. 181 altOR fest (neu ginge es hier wohl um das Verhältnis zu den Vorschriften des Fusionsgesetzes über die Vermögensübertragung; die Anpassung dieser Bestimmung an die Änderungen von Art. 181 OR durch das Fusionsgesetz scheint vergessen gegangen zu sein).

VI. Rechtsvergleich

16 Da die **EU-Fus-RL** nur die Verschmelzung von Aktiengesellschaften zum Gegenstand hat, enthält sie keine Regeln über eine persönliche Haftung der Gesellschafter.

17 Das **deutsche Recht** enthält in § 45 UmwG eine Regelung für die zeitliche Begrenzung der (nach anderen Gesetzen) fortdauernden Haftung von Gesellschaftern: Überträgt eine Personenhandelsgesellschaft ihr Vermögen durch Verschmelzung auf einen Rechtsträger anderer Rechtsform, dessen Anteilsinhaber für seine Verbindlichkeiten nicht unbeschränkt haften, so dauert die Haftung der ehemaligen Personengesellschafter für deren Verbindlichkeiten an, soweit solche *innert fünf Jahren* nach der Verschmelzung fällig werden und innert derselben Frist bestimmte weitere Voraussetzungen erfüllt (z.B. Vollstreckungshandlungen vorgenommen) werden. Es handelt sich nicht um eine Verjährungsregel, sondern um eine Ausschlussfrist (LUTTER-SCHMIDT, § 45 N 4). § 95 UmwG regelt zudem die Fortdauer der Nachschusspflicht von Genossenschaften, soweit über den übernehmenden Rechtsträger binnen zwei Jahren nach der Verschmelzung ein Insolvenzverfahren eröffnet wird.

Vorbemerkungen vor Art. 27

Inhaltsübersicht

	Note
I. Allgemeines zum Arbeitnehmerschutz im Fusionsgesetz	1
II. Der Übergang der Arbeitsverhältnisse	16
III. Gesamtarbeitsverträge	19
IV. Informations- und Konsultationspflicht	24
V. Sanktionen bei Verletzung der Informations- und Konsultationspflicht	30
VI. Solidarhaftung und Sicherstellung	41
VII. Stiftungen und Vorsorgeeinrichtungen	46
VIII. Rechtsvergleich, insbesondere Europäische Union	47
IX. IPR	55
X. Emigration	62
XI. Übergangsrecht	65

Literatur

G. AUBERT, Die neue Regelung über Massenentlassungen und den Übergang von Betrieben, AJP 1994, 699 ff.; T. BRÄNDLI, Outsourcing, Diss. Bern 2001; J. BRÜHWILER, Kommentar zum Einzelarbeitsvertrag, 2. Aufl. Bern/Stuttgart/Wien 1996; F. DASSER, Gerichtsstand und anwendbares Recht unter dem Fusionsgesetz, in: von der Crone/Weber/Zäch/Zobl (Hrsg.), Neuere Pendenzen im Gesellschaftsrecht, FS Forstmoser, Zürich 2003, 659 ff.; Y. DONZALLAZ, La Convention de Lugano, Berne 1998; F. EMMEL, Aus dem Arbeitsrecht: Gültige Kündigung vor einem Betriebsübergang?, in: NZZ vom 11.5.2003; T. GEISER, Arbeitsverhältnisse im Konzern, ZBJV 2003, 757 ff.; S. GERBER, Scheinselbständigkeit im Rahmen des Einzelarbeitsvertrages, Diss. Bern 2003; A. HEINI, Das Schweizerische Vereinsrecht, Basel/Frankfurt a.M. 1988; E. KARAGJOZI, Les transferts d'entreprises en droit du travail, Zurich/Bâle/Genève 2003; R. KUHN/G.L. KOLLER, Arbeitsrecht in der Schweiz, Loseblatt, 1981 ff.; F. LORANDI, Keine Anwendung des Art. 333 Abs. 3 (Solidarhaftung des Erwerbers eines Betriebes) im Falle des Konkurses, AJP 2003, 1093 ff.; P. LOSER-KROGH, Die Vermögensübertragung, AJP 2000, 109 ff.; C.J. MEIER-SCHATZ, Einführung in das Fusionsgesetz, AJP 2002, 514 ff.; R.A. MÜLLER, Die neuen Bestimmungen über den Betriebsübergang, AJP 1996, 149 ff.; M. OERTLI/TH. CHRISTEN, Das neue Fusionsgesetz, ST 2004, 105 ff.; W. PORTMANN, Individualarbeitsrecht, Zürich 2000; M. REHBINDER, Schweizerisches Arbeitsrecht, 15. Aufl. Bern 2002; K. SIEHR, Das Internationale Privatrecht der Schweiz, Zürich 2002; J.-F. STÖCKLI, Schweizerisches Arbeitsrecht und europäische Integration, Basel 1993; K. STÖCKLI, Neues vom Bundesgericht zum Art. 333 OR, ST 2003, 761 ff.; U. STREIFF/A. VON KAENEL, Der Arbeitsvertrag, 5. Aufl. Zürich 1992; G. THOMI, Fusionsgesetz – Ausgewählte Fragen, in: Ruf/Pfäffli (Hrsg.), FS 100 Jahre Verband bernischer Notare, Langenthal 2003, 443 ff.; N. TURIN, Le transfer de patrimoine selon le projet de la loi sur la fusion, Basel/München/Genf 2003; V. VALLENDER, St. Galler Kommentar zur BV; M. WINKLER, Unternehmensumwandlungen und ihre Auswirkungen auf Arbeitsverträge, Diss. Bern 2001 (zit. Unternehmensumwandlungen); DERS., Arbeitnehmerschutz nach dem Entwurf zum neuen Fusionsgesetz, SJZ 2001, 477 ff.; R. WYLER, Loi sur la fusion et protection des travailleurs, SZW 2004, 249 ff.

I. Allgemeines zum Arbeitnehmerschutz im Fusionsgesetz

Das Thema Arbeitnehmerschutz bei Fusionen wurde bereits 1997 im Parlament thematisiert (Parlamentarische **Initiative** 97.407 NR **Gross Jost** vom 19.3.1997, Folge gegeben am 16.3.1998). Die Initiative sieht eine Ausdehnung des Geltungsbereichs von Art. 333 Abs. 1 OR auf den Übergang von Betrieben und Betriebsteilen zu Folge Fusion vor und will Nachlass- und Konkursbehörden ermächtigen, den Übergang anzuordnen, wenn ein Betrieb oder Betriebsteil durch Nachlassvertrag mit Vermögensabtretung oder Konkurs mit Verkauf von Aktiven auf einen neuen Rechtsträger übergeht. Die Behandlung der Initiative wurde aber während und wegen der Arbeiten am Fusionsgesetz hinausgeschoben; das Bundesamt für Justiz ist derzeit damit beschäftigt, eine Gesetzesvorlage auszuarbeiten, welche die noch offenen Punkte v.a. der Sozialplanpflicht und Übernahme aus Konkurs und Nachlass aufnimmt.

2   Die *Vernehmlassungsvorlage* zum Fusionsgesetz enthielt jedoch noch *keine Vorschriften bezüglich Übergang der Arbeitsverhältnisse*. Insbesondere bei den Fusionen und Spaltungen fehlten die entsprechenden Bestimmungen. Bei der Umwandlung hingegen sind solche Vorschriften ohnehin überflüssig (vgl. Komm. zu Art. 68) und der Tatbestand der Vermögensübertragung wurde erst mit der Botschaft des Bundesrates in den Entwurf aufgenommen. Der Begleitbericht zum Vorentwurf FusG hatte lediglich festgehalten, dass «sich der *Schutz der Arbeitnehmerinnen und Arbeitnehmer bei der Fusion nach Art. 333 des geltenden Obligationenrechts bestimmt*» und auf die Bestimmungen über den Gläubigerschutz verwiesen (S. 11, für die Spaltung analog S. 13). Dabei wurde allerdings übersehen, dass die Anwendbarkeit von Art. 333 OR bei Fusionen in der bisherigen Lehre umstritten war (Botschaft, 4364; GEISER, 781 m.w.H.; ZK-STAEHELIN, N 4, hält unmissverständlich fest, dass Art. 333 OR für den Fall der Universalsukzession durch Fusion *nicht* gelte; vgl. insbesondere BRÜHWILER, 281, wonach die Fusion keinen Betriebsübergang im Sinne von Art. 333 OR darstellt). Bei Spaltungen wird ohnehin Neuland betreten. Es ist daher schon im Interesse der Rechtssicherheit unerlässlich, die Frage des Arbeitnehmerübergangs, der Sicherung der Ansprüche der Arbeitnehmer und der Informations- und Konsultationsverfahren zu regeln. Die heutigen Art. 27, 49 und 76 regeln den *Übergang* der Arbeitsverhältnisse mit Verweis auf Art. 333 OR. Ebenso verweisen die Art. 28, 50 und 77 bezüglich der (Informations- und) *Konsultationspflicht* auf Art. 333a OR. An anderen Stellen des FusG wird auf die genannten Bestimmungen verwiesen, so bei der Fusion von Stiftungen (Art. 85 Abs. 4), bei der Vermögensübertragung von Stiftungen (Art. 86 Abs. 2), bei der Fusion von Vorsorgeeinrichtungen (Art. 96 Abs. 5) und bei der Vermögensübertragung von Vorsorgeeinrichtungen (Art. 98 Abs. 2).

3   Die Bedeutung des Arbeitnehmerschutzes im Fusionsgesetz zeigt sich nicht zuletzt darin, dass schon im Ständerat als Erstrat (und über die Botschaftsvorlage hinausgehend) auf Antrag der Kommission der **Zweckartikel** 1 Abs. 2 diskussionslos ergänzt wurde, so dass das FusG nunmehr in Art. 1 Abs. 2 ausdrücklich den *Schutz der Arbeitnehmerinnen und Arbeitnehmer* (nebst Gläubigern und Minderheitsbeteiligten) *bezweckt*. Damit ist ein teleologisches Auslegungselement für das FusG vorgegeben: Verwirklichung des Arbeitnehmerschutzes (WINKLER, SJZ 2001, 477 f.).

4   Die Mehrheit der Kommission des NR (als Zweirat) wollte als **Art. 101a** eine Bestimmung mit folgendem Wortlaut einfügen: «Bei Fusionen, Umwandlungen und Vermögensübertragungen von **Instituten des öffentlichen Rechts** ist die Konsultation der Arbeitnehmerinnen und Arbeitnehmer sowie ihrer Vertretungen zu gewährleisten». Diese Bestimmung wurde allerdings schon vom NR auf Antrag der Kommissionsminderheit mit 81 zu 57 Stimmen als unzulässiger *Eingriff in kantonales Recht* und als Verstoss gegen die *Grundsätze des Föderalismus* abgelehnt. Zudem wurde darauf hingewiesen, dass Umstrukturierungen von öffentlichrechtlichen Rechtsträgern in der Regel politische Entscheidungen darstellen und daher insofern über die kantonalen Parlamente eine gewisse Mitsprache gewährleistet sei. Die Kommissionsmehrheit sah die *Verfassungs-*

grundlage für eine Bestimmung betreffend Arbeitnehmerschutz bei Beteiligung öffentlichrechtlicher Rechtsträger in Art. 110 Abs. 1 lit. b BV (Verhältnis zwischen Arbeitnehmern und Arbeitgebern), was von der bundesrätlichen Sprecherin jedoch bezweifelt wurde. Das Thema wurde in späteren parlamentarischen Debatten nicht wieder aufgenommen. – Die Arbeitnehmerschutzvorschriften des FusG sind allerdings zu beachten, wenn nebst öffentlichrechtlichen auch privatrechtliche Rechtsträger an einer Umstrukturierung beteiligt sind; Art. 100 Abs. 1 erklärt deren sinngemässe Anwendung. Dies bedeutet angesichts der vorerwähnten Gesetzgebungsgeschichte, dass die Arbeitnehmerschutzvorschriften allesamt nur für den beteiligten privaten Rechtsträger gelten. Das Konsultationsverfahren muss also bei einer Fusion nur beim übernommenen *privaten* Rechtsträger durchgeführt werden, auch wenn das beteiligte öffentlichrechtliche Institut selber Arbeitnehmer hat. Arbeitnehmer des öffentlichrechtlichen Instituts haben keine Ansprüche darauf, die Handelsregistereintragung zu verhindern. Sicherstellungsansprüche bestehen nur zu Gunsten von Arbeitnehmern, die von privatrechtlichen Rechtsträgern auf öffentlichrechtliche Institute übertragen werden (vgl. auch Art. 101).

Der Begriff des **Arbeitnehmers** wird im Rahmen der Begriffsbestimmungen in Art. 2 nicht definiert. Der umfassende Verweis auf Art. 333 f. OR legt aber klar, dass allein die arbeitsrechtliche Definition massgeblich ist (vgl. ZK-SCHÖNENBERGER/STAEHELIN zu Art. 319 OR); sozialversicherungsrechtliche, steuerrechtliche oder ausländerrechtliche Arbeitnehmerumschreibungen haben hier keinen Platz (zum Ganzen: GERBER passim). Die Abgrenzungen zu selbständiger und *scheinselbständiger Erwerbstätigkeit* müssen daher unter rein arbeitsvertragsrechtlichem Blickwinkel vorgenommen werden. – Das schweizerische Arbeitsprivatrecht unterscheidet auch nicht zwischen leitenden und anderen Angestellten. Die Arbeitnehmerschutzvorschriften des FusG gelten für alle Arbeitnehmer.

Das FusG enthält auch im Bereich des Arbeitnehmerschutzes keinerlei Vorschriften darüber, welche *Umstrukturierungen zulässig* sein sollen. Weder aus den Bestimmungen des Gesetzes selber (Art. 27, 28, 49, 50, 68, 76, 77, 85, 86, 96, 98) noch aus den Art. 333 und 333a OR ergeben sich *materielle Ausschlussgründe für bestimmte Umstrukturierungen*. Gemäss der ständerätlichen Kommission obliegt «die Abfederung sozialpolitischer Probleme nicht dem Fusionsgesetz, sondern dem Arbeitsrecht und anderen sozialrechtlichen Vorschriften» (AmtlBull StR 2001, 143, NR 2003, 228, 230). Anträge einer Minderheit der nationalrätlichen Kommission auf Aufnahme von Mitsprache- und Mitgestaltungsrechten, Sozialplanpflicht etc. wurden als «Wachstumsbarrieren» und Verstoss gegen den Standortfaktor flexibler Arbeitsmarkt abgelehnt (AmtlBull NR 2003, 231). BR Metzler wies darauf hin, dass die Verfolgung strukturpolitischer Ziele nicht der Sinn eines privatrechtlichen Gesetzes sein kann und darf (AmtlBull NR 2003, 231/2). Das FusG ist weder Sozialrecht noch Kartellgesetz. Das Gesetz enthält lediglich Vorschriften betreffend Form, Rahmen und Ablauf der Transaktionen. Werden diese nicht eingehalten, haben die betroffenen Arbeitnehmer allerdings die Möglichkeit, die Transaktion zu blockieren (dazu näher N 30 ff.). Der Gesetzgeber brachte klar zum Ausdruck, dass ein Ziel des FusG sein müsse, «der Dynamik der Wirtschaft gerecht zu werden» (AmtlBull NR 2003, 234).

Der Entwurf gemäss Botschaft wurde in der parlamentarischen Beratung (mitsamt der Artikel-Nummerierung) in allen Bestimmungen betreffend Übergang der Arbeitsverhältnisse bzw. Arbeitnehmerschutz praktisch unverändert übernommen; eingefügt wurden im 6. Kapitel betreffend Stiftungen Art. 85 Abs. 4 und im 7. Kapitel betreffend Vorsorgeeinrichtungen Art. 96 Abs. 5, die beide für den Arbeitnehmerschutz auf die Art. 27 und 28 verweisen. Das Parlament attestierte dem Bundesrat, er habe «in einem Mega-

Sprung dieser Vorlage ... konsequent die Arbeitnehmerkonsultation als substantiellen Beitrag zur Umstrukturierung der Unternehmung in das Gesetz eingebaut ... selten ist der Bundesrat gelehriger gewesen ...» (AmtlBull NR 2003, 232).

8   Der *Verweis* auf die Art. 333 und 333a OR ist *integral und umfassend* (NUFER, 588). Das FusG verzichtet darauf, eigenständige Rechtsgrundsätze zu entwickeln beispielsweise zum Arbeitnehmerbegriff, zur Definition des Betriebs(-teils), zu den Fristenläufen (soweit im OR bereits geregelt), zu Inhalt von Information oder Konsultation. Einzig die Konsequenzen der Nichtbefolgung von Art. 333 f. OR (Art. 28 Abs. 3, Art. 77 Abs. 2) und der Konsultationszeitpunkt bei Fusionen (Art. 28 Abs. 2) werden (zusätzlich) bestimmt, und die Konsultationspflicht wird auf den *übernehmenden* Betrieb ausgedehnt (Art. 28 Abs. 1, 50, 77 Abs. 1). Der Gesetzgeber hat auf die obligationenrechtlichen Bestimmungen in der jeweils geltenden Fassung (inkl. allfällige spätere Änderungen) und gemäss der jeweiligen (auch künftigen) Interpretation durch die Gerichte verwiesen. Es kann somit auf die entsprechenden Kommentierungen verwiesen werden (BSK OR I-REHBINDER/PORTMANN, Art. 333 und 333a mit Verweisen).

9   Voraussetzung für die Anwendung der Art. 333 und 333a OR ist grundsätzlich, dass ein **Betrieb** oder **Betriebsteil** übergeht (für die Definition von Betrieben und Teilen vgl. Art. 76 N 8). Der umfassende Verweis des FusG auf die beiden Art. des OR sowohl bei Fusion, Spaltung wie Vermögensübertragung lässt zunächst vermuten, dass der *arbeitsrechtliche* Betriebsbegriff auch *umwandlungsrechtlich* Anwendung finden sollte. Die Schutzfunktion von Art. 333 Abs. 1 OR – Übergang des Arbeitsverhältnisses ex lege ohne Ablehnungsmöglichkeit des übernehmenden Rechtsträgers, aber mit Ablehnungsmöglichkeit des Arbeitnehmers – würde dann nur greifen, wenn ein Betrieb oder Betriebsteil Gegenstand des Übergangs ist. Eine solche Lesart wird allerdings Wesen und Zweck des FusG (insbesondere auch dem in Art. 1 Abs. 2 ausdrücklich festgeschriebenen Arbeitnehmerschutz, N 3) nicht gerecht. Bei der *Fusion* ist der «Betrieb» definiert durch die Gesamtheit aller Arbeitsverhältnisse des zufolge Absorption oder Kombination untergehenden Rechtsträgers. Es gehen alle Arbeitsverhältnisse über, ohne dass ein Zustimmungsbedürfnis des Arbeitnehmers bei fehlender Zugehörigkeit zu einem Betrieb oder Betriebsteil im Sinne der bisherigen Praxis zu Art. 333 OR besteht (VON SALIS-LÜTOLF, 169 Ziff. 21.2). Das Recht aller Arbeitnehmer, den Übergang unter Einhaltung der gesetzlichen Kündigungsfristen aufzulösen (N 17), wird dem persönlichkeitsrechtlichen Charakter der Arbeitsverhältnisse vollauf gerecht. Bei der *Spaltung* ist der Grundsatz der Universalsukzession insofern relativiert, als eine Zuordnung der einzelnen Vermögenswerte unerlässlich und der Umfang der von der Gesamtrechtsnachfolge erfassten Rechtsverhältnisse nicht ohne nähere Definition klar ist. Auch hier gilt das arbeitsrechtliche Schutzprinzip, dass alle zu einem Betrieb oder Betriebsteil gehörenden Arbeitsverhältnisse vom Geltungsbereich der Art. 333 f. OR erfasst werden. Zusätzlich wird die Zahl der erfassten Arbeitsverhältnisse ergänzt durch die Liste der Arbeitsverhältnisse im Spaltungsvertrag (Art. 37 lit. i), es findet also eine *umwandlungsrechtliche* Erweiterung des Wirkungsbereichs von Art. 333 f. OR statt; für Einzelheiten vgl. Art. 49 N 2. Bei der *Vermögensübertragung* sind die an der Übertragung beteiligten Rechtsträger in der Definition des Übertragungsgegenstandes noch flexibler als bei der Spaltung. Auch hier muss aber gelten, dass der arbeitsrechtliche Betriebsbegriff Anwendung findet, d.h. die entsprechenden Arbeitsverhältnisse gehen auch dann über, wenn sie nicht in der Liste gemäss Art. 71 Abs. 1 lit. e aufgeführt sein sollten, während die Parteien des Übertragungsvertrages frei sind, zusätzliche Arbeitsverhältnisse in der Liste aufzuführen und damit dem Schutz von Art. 333 OR (Übergang ex lege) zu unterstellen. Vergleiche betreffend Vermögensübertragung für Einzelheiten Art. 76 N 7 ff. Sowohl bei der Spaltung wie bei der Vermögensübertragung können Arbeitsverhältnisse, die zu ei-

nem *anderen* Betrieb gehören, wegen Art. 333 OR nicht ohne Zustimmung der betroffenen Arbeitnehmer durch Aufnahme in die Liste übertragen werden. Die hier vertretene Auffassung entspricht dem von WINKLER (Unternehmensumwandlungen, v.a. 23 ff.) schon unter der Rechtslage vor Erlass des FusG entwickelten Konzept (von dem er bezüglich des FusG dann ohne Begründung und ohne ersichtlichen Anlass abgewichen ist, DERS., SJZ 2001, 478). Durchwegs gleich wie hier TSCHÄNI, ZSR 2004 I 98; VON DER CRONE ET AL., Rz 423; Handkommentar FusG-REINERT, Art. 27 N 3, für die Fusion, widersprüchlich Art. 49 N 3 für die Spaltung, abweichend Art. 76 N 2 für die Vermögensübertragung; uneinheitlich auch NUFER, 588/602; ZK-HUBSCHMID, Art. 27 N 7; VON DER CRONE ET AL., Rz 677.

Ein allfälliger Personalabbau im Rahmen von Umstrukturierungen unter dem FusG ist ausschliesslich unter Art. 335d ff. OR zu beurteilen. Ein Antrag der Minderheit der Kommission für Rechtsfragen NR auf Einfügung eines Abs. 2bis in Art. 27 sah vor, dass Unternehmen, die fusionieren, aber *in ihrer wirtschaftlichen Existenz nicht bedroht sind, keine Massenentlassungen vornehmen* können, ohne zuvor die Behörden konsultiert und einen von der Arbeitnehmervertretung gutgeheissenen **Sozialplan** sowie Massnahmen zum Schutz der Arbeitsplätze vorgelegt zu haben. Der Antrag wurde mit 86 zu 61 Stimmen abgelehnt und in der Folge bei der weiteren Beratung (Spaltung, Vermögensübernahme) nicht wieder aufgenommen (AmtlBull NR 2003, 237 ff.). Die Sozialplanpflicht wurde schon in der Botschaft ausgeschlossen (vgl. BBl 2000, 4412; Art. 14 Abs. 3 lit. i). Auch die parlamentarischen Redner von linker Seite hielten daran fest und verwiesen auf anderweitige Gesetzgebungsprojekte (N 1; AmtlBull NR 2003, 238 ff.).

Geblieben ist damit lediglich die Verpflichtung, im Fusionsbericht (Art. 14 Abs. 3 lit. i) bzw. im Spaltungsbericht (Art. 39 Abs. 3 lit. g) auf die Auswirkungen der Umstrukturierung auf die Arbeitsverhältnisse der an der Umstrukturierung beteiligten Gesellschaften sowie «auf den Inhalt eines allfälligen Sozialplans» hinzuweisen. Die gleiche Verpflichtung obliegt dem obersten Leitungs- oder Verwaltungsorgan der übertragenden Gesellschaft bei der Orientierung der Generalversammlung bzw. im Anhang zur Jahresrechnung im Fall von Vermögensübertragungen (Art. 74 Abs. 2 lit. d).

Die Arbeitnehmerschutzvorschriften des FusG gelten auch für **kleine und mittlere Unternehmen** (KMU) vollumfänglich. Allerdings entfällt für KMU die Pflicht, einen Fusionsbericht bzw. Spaltungsbericht zu erstellen; zudem können sie auf die Prüfung und Auflage des Berichts zur Einsichtnahme verzichten. Damit entfällt die Pflicht zur rechtlichen und wirtschaftlichen Begründung der Auswirkungen der Fusion bzw. Spaltung auf die Arbeitnehmer der beteiligten Gesellschaften und zur Angabe des Inhalts eines allfälligen Sozialplans (Art. 14 Abs. 3 lit. i, Art. 39 Abs. 3 lit. g, Art. 74 Abs. 2 lit. d). Sedes materie für die Information und Konsultation der Mitarbeiter sind nun allerdings nicht die genannten, zum Schutz von Minderheiten-Gesellschaftern aufgestellten Bestimmungen, sondern die Verweise auf Art. 333 f. OR. Aufgrund des FusG haben Arbeitnehmer und andere Dritte vor der Handelsregisteranmeldung kein **Einsichtsrecht** in Fusionsbericht (Art. 16 Abs. 1), Spaltungsbericht (Art. 41 Abs. 1) oder Umwandlungsbericht (Art. 63 Abs. 1).

Es stellt sich die Frage, ob die Konsequenzen der Art. 333 f. OR vermieden werden können, wenn bei Umstrukturierungen die vom neuen Arbeitgeber nicht mehr benötigten oder gewünschten Arbeitskräfte durch den bisherigen Arbeitgeber auf den Zeitpunkt des Vollzugs der Umstrukturierung (oder vorher) **vorsorglich gekündigt** werden. Der Übergang der Arbeitsverhältnisse könnte so vermieden werden. An Stelle von Art. 333 f. OR kämen höchstens die Vorschriften über die (auch bei Betriebsübergang zufolge Umstrukturierung zulässige) Massentlassung zur Anwendung (Art. 335d ff. OR). Vor allem aber könnte die solidarische Haftung des übernehmenden Arbeitgebers (Art. 333 Abs. 3 OR) ausgeschlossen werden. Die herrschende Lehre bezeichnet zwar eine Kündigung *einzig wegen des Betriebsübergangs* in Anlehnung an die Richtlinie der europäischen Union vom 14. 2. 1977 zur Angleichung der Rechtsvorschriften der Mitgliedstaaten über die Wahrung von Ansprüchen der Arbeitnehmer beim Übergang von Unternehmen, Betrieben oder Betriebsteilen (ABl. 61/26 vom 5.3.1977, aufgehoben und ersetzt durch: Richtlinie 2001/23/EG vom 12.3.2001 [EU-Betriebsübergangs-RL]) als unzulässig.

13 Gleichzeitig wird aber konsequent darauf hingewiesen, dass (analog zu Art. 4 Ziff. 1 Abs. 1 EU-Betriebsübergangs-RL) damit eine *Kündigung* aus wirtschaftlichen, technischen oder organisatorischen Gründen *weiterhin zulässig* und die Möglichkeit, *Entlassungen aufgrund von wirtschaftlichen, technischen oder organisatorischen Überlegungen* vorzunehmen, unangetastet bleibt; es gibt *keinen verstärkten* **Bestandesschutz** für die Arbeitsverhältnisse bei Betriebsübergang (VON SALIS-LÜTOLF, 170 Ziff. 21.8; WINKLER, SJZ 2001, 485; AUBERT, 704; J.-F. STÖCKLI, 91; ZK-STAEHELIN, Art. 333 N 12; BRÄNDLI, N 362 und 268; noch weitergehend EMMEL, der den Betriebsübergang an sich als Kündigungsgrund gelten lässt; MÜLLER, 158; REHBINDER/PORTMANN bezeichnen eine derartige Kündigung dagegen gestützt auf ein bisher vereinzelt gebliebenes zweitinstanzliches Genfer Urteil als rechtsmissbräuchlich und damit in Anlehnung an europäisches Recht nichtig: BSK OR I-REHBINDER/PORTMANN, Art. 333 N 4; ablehnend dazu BRÄNDLI, N 362 und 268; ZK-STAEHELIN, Art. 333 N 12; zum FusG vgl. Handkommentar FusG-REINERT, Art. 27 N 4 m.w.H.).

14 Es gibt auch keinen **Inhaltsschutz** und **Änderungskündigungen** bleiben selbstverständlich zulässig, d.h. die Anstellungsbedingungen können durch den bisherigen wie durch den neuen Arbeitgeber unter Einhaltung der anwendbaren (nicht: der gesetzlichen) Kündigungsfristen zu Ungunsten der Arbeitnehmer angepasst werden. Die Harmonisierung der Anstellungsbedingungen im Hinblick auf eine Umstrukturierung bzw. nach vollzogener Umstrukturierung ist möglich und es gibt keinen Arbeitnehmeranspruch auf Besitzstandswahrung (Handkommentar FusG-REINERT, Art. 27 N 4; WINKLER, Unternehmensumwandlungen, 116). Zulässig sind auch breitflächige Änderungskündigungen («Massen-Änderungskündigungen»), ohne dass deswegen die Vorschriften betreffend Massenentlassungen anwendbar würden (vgl. N 31).

15 Der Betrieb und damit die Arbeitsverhältnisse gehen auf den **Zeitpunkt** der Eintragung der Umstrukturierung im Handelsregister über (Fusion Art. 22 Abs. 1, Spaltung Art. 52, Vermögensübertragung Art. 73 Abs. 2, Fusion von Stiftungen Art. 83 Abs. 4, Vermögensübertragung von Stiftungen Art. 87 Abs. 3 und 4, Fusion von Vorsorgeeinrichtungen Art. 95 Abs. 5). Alle anderen Termine – Information oder Konsultation der Mitarbeiter, Ablauf allfälliger Kündigungsfristen, Fristenläufe in Verfahren der Massenentlassung, Beschlüsse von Organen der beteiligten Rechtsträger, insbesondere auch gemäss Art. 13 Abs. 1 lit. g bzw. Art. 37 lit. g – sind für den Zeitpunkt des Übergangs der Arbeitsverhältnisse ohne Bedeutung. Konsequenterweise hat die Nicht-Einhaltung der Informations- und Konsultationspflichten zur Folge, dass die *Arbeitnehmervertretung* die *Eintragung* der Umstrukturierung im Handelsregister gerichtlich untersagen lassen kann (Art. 28 Abs. 3, 50, 77 Abs. 2, 85 Abs. 4, 96 Abs. 5).

II. Der Übergang der Arbeitsverhältnisse

16 *Alle Arbeitsverhältnisse*, die vom Übergang erfasst werden (N 9), gehen ex lege auf den Zeitpunkt des Betriebsübergangs mit allen Rechten und Pflichten, unmittelbar und unverändert, über auf den übernehmenden Rechtsträger. Bei einer Fusion (wie auch bei ei-

ner Umwandlung) kann kein Zweifel entstehen, welche Arbeitsverhältnisse von der Umstrukturierung betroffen sind (N 9). Alle Arbeitsverhältnisse, in denen der übernommene Rechtsträger Vertragspartei ist, gehen auf den übernehmenden Rechtsträger über; vom Übergang nicht erfasst sind Arbeitnehmer, die trotz *Anstellung bei einer verbundenen Gesellschaft* (auch) für den übernommenen Betrieb tätig waren (WINKLER, SJZ 2001, 487, weist hier auf eine Regelungslücke hin). Zum Kreis der bei Spaltung und Vermögensübertragung betroffenen Arbeitnehmer ergeben sich schwierige Interpretationsfragen (vgl. N 9 und Art. 76 N 8 ff.).

Die Arbeitnehmer können allerdings den **Übergang des Arbeitsverhältnisses ablehnen.** Art. 333 OR sieht keine *Fristen* vor, innert denen die Arbeitnehmer ihr Recht auf Ablehnung ausüben müssen. In der Praxis wird eine Frist von *wenigen Wochen*, in einem Grossteil der Literatur von einem Monat, als angemessen betrachtet (Zusammenstellung bei VON SALIS-LÜTOLF, 169 FN 305). Mit der (sehr zu empfehlenden!) Fristansetzung kann bereits festgelegt werden, dass Stillschweigen über diesen Zeitraum hinaus als Zustimmung gilt. Die *Frist beginnt* nicht erst mit der Eintragung der Umstrukturierung im Handelsregister, sondern bereits *mit der Information der Mitarbeiter* oder, falls ein Konsultationsverfahren durchzuführen ist (N 25), nach Abschluss desselben (VON SALIS-LÜTOLF, 169 Ziff. 21.3). Ab dem Tag des Betriebsübergangs ist die Ablehnung naturgemäss nicht mehr möglich und auch der Arbeitnehmer kann den Arbeitsvertrag nur noch unter Einhaltung der Kündigungsfristen gemäss Einzelarbeitsvertrag (gegebenenfalls GAV oder Personalreglement) kündigen (**a.M.** VON DER CRONE ET AL., Rz 424; ZK-HUBSCHMID, Art. 27 N 14). Es besteht also in der Regel ausreichend Gelegenheit, die Transaktion so zu strukturieren, dass im Zeitpunkt des Vollzugs bekannt ist, welche Mitarbeiter den Übergang ablehnen. – Kein Ablehnungsrecht haben die Arbeitnehmer eines *übernehmenden* Rechtsträgers, da ihre Arbeitsverhältnisse nicht übergehen (WINKLER, SJZ 2001, 479; **a.M.** VON SALIS-LÜTOLF, 169 Ziff. 21.4). Auch ihnen stehen aber unter dem FusG die Informations- und Konsultationsrechte zu (Art. 28 Abs. 1, 77 Abs. 1). 17

Bei Ablehnung des Übergangs endigt das Arbeitsverhältnis mit Ablauf der *gesetzlichen Kündigungsfrist* auf ein Monatsende (Art. 333 Abs. 2 i.V.m. 335c Abs. 1 OR). Die Kündigungsfrist beginnt mit dem Zugang der Ablehnungserklärung beim (bisherigen) Arbeitgeber. Fristen gemäss Einzelarbeitsvertrag, Gesamtarbeitsvertrag oder Personalreglement sind nicht massgeblich. Zulässig ist aber selbstverständlich, dass die beteiligten Rechtsträger als Arbeitgeber (je mit Bezug auf die in ihre Zuständigkeit fallende Dauer der Arbeitsverhältnisse bzw. Kündigungsfristen) längere Kündigungsfristen einräumen, z.B. für alle Arbeitnehmer drei Monate. Die Sperrfristen gemäss Art. 336 ff. OR finden keine Anwendung (VON SALIS-LÜTOLF, 169 bei FN 311; Handkommentar FusG-REINERT, 27 N 6). Endigt die Kündigungsfrist erst nach Vollzug der Transaktion, wird das Arbeitsverhältnis für *beschränkte Zeit mit dem Erwerber des Betriebs* fortgesetzt (Art. 333 Abs. 2 OR). 18

III. Gesamtarbeitsverträge

Der integrale Verweis auf Art. 333 OR in den Art. 27 Abs. 1, 49 Abs. 1 und 76 Abs. 1 umfasst auch Art. 333 Abs. 1bis OR, wonach GAV noch während eines Jahres ab Übergang eines Betriebs (bzw. Betriebsteils) Anwendung finden. Dieser Verweis ist zu Unrecht als Versehen des Gesetzgebers bezeichnet worden (Handkommentar FusG-REINERT, Art. 27 N 5). GAV sind komplexe Rechtsgebilde mit mehrschichtigen Strukturen: Die *schuldrechtlichen* Bestimmungen regeln das Verhältnis zwischen den Vertragsparteien, 19 d.h. zwischen den vertragsschliessenden Verbänden auf Arbeitgeberseite bzw. Arbeitnehmerseite (bzw. ggf. den einzelnen Arbeitgeberunternehmungen und den Betriebsgewerkschaften). Die *indirekt-schuldrechtlichen* Bestimmungen enthalten z.B. Konfliktschlichtungsregeln, begründen aber keine direkten Rechte und Pflichten zwischen Arbeitnehmern und Arbeitgebern. Die *normativen* Bestimmungen begründen Verpflichtungen Dritter, haben in der Regel Rechte und Pflichten zwischen Arbeitgebern und Arbeitnehmern zum Inhalt wie z.B. Bestimmungen über Abschluss, Inhalt und Beendigung der einzelnen Arbeitsverhältnisse (vgl. die ausführliche Erörterung bei BRÄNDLI, N 335 ff.).

20 Der GAV ist ein Vertrag, der in der Regel von einem *Arbeitgeberverband* mit einer *Gewerkschaft* abgeschlossen wird. Auf die einzelne Unternehmung wird er wegen deren Mitgliedschaft beim Arbeitgeberverband anwendbar. Es besteht aber im schweizerischen Recht ein Verbot des Verbandszwangs. Mit dem Austritt des Arbeitgebers aus dem Verband endet auf jeden Fall die kollektivrechtliche Fortgeltung der GAV-Bestimmungen (WINKLER, Unternehmensumwandlungen, 69/70). Die (negative) **Koalitionsfreiheit** (Art. 28 Abs. 1 und 110 Abs. 2 BV; VALLENDER, Art. 28 N 12; BK-STÖCKLI, Art. 356a N 2 ff.; MÜLLER, 151; BRÄNDLI, N 335) und die persönlichkeitsrechtliche (ideelle) Struktur der Verbandsmitgliedschaft (Vereinsmitgliedschaft; Art. 70 Abs. 3 ZGB; HEINI, 47 Ziff. 6; BSK ZGB I-HEINI/SCHERRER, Art. 70 N 47; WINKLER, Unternehmensumwandlungen, 69) verbieten einen Übergang der Mitgliedschaftsposition ex lege qua Universalsukzession. Erst recht kann bei partieller Universalsukzession oder Übertragung gemäss Inventar kein Übergang der Mitgliedschaftsposition erfolgen. Der übernehmende bzw. überlebende Rechtsträger wird nicht ohne eigenen Beitrittswillen Mitglied einer GAV-Partei. – Ist ausnahmsweise nicht ein Arbeitgeberverband, sondern ein *einzelner Arbeitgeber* Partei in einem GAV *(«Firmenvertrag»)*, tritt der übernehmende Rechtsträger qua (partielle) Universalsukzession in die Rechtsstellung des übertragenden Rechtsträgers ein; es bestehen weder personenrechtliche noch koalitionsrechtliche Bedenken und die normativen GAV-Bestimmungen gelten weiterhin kollektivrechtlich (WINKLER, Unternehmensumwandlungen, 75).

21 Mit dem Wegfall der Mitgliedschaft entfällt auch die normative Wirkung bzw. direkte Anwendbarkeit der *normativen GAV-Bestimmungen* für das Verhältnis zwischen dem neuen Arbeitgeber (übernehmendem Rechtsträger etc.) und den Arbeitnehmern, die vom Übergang des Betriebs betroffen sind. Die materiellen Gehalte der normativen GAV-Bestimmungen bleiben (dies ist Sinn und Zweck des Verweises auf Art. 333 Abs. 1bis OR) aber für die Dauer eines Jahres als einzel-arbeitsvertragliche Vorschriften gültig (individual-rechtliche Weitergeltung; MÜLLER, 154; BRÄNDLI, N 338; WINKLER, Unternehmensumwandlungen, 71). Die Jahresfrist ist allerdings eine Maximalfrist, die nur Anwendung findet, wenn der GAV des ursprünglichen Arbeitgebers nicht vorher abläuft oder, soweit diese Möglichkeit im GAV vorgesehen ist, *von einer GAV-Partei* gekündigt wird (WINKLER, Unternehmensumwandlungen, 73). Der Kreis der Mitarbeiter, die sich auf die normativen (einzelvertraglich fortgeltenden) Bestimmungen berufen können, ändert mit dem Betriebsübergang nicht (VON SALIS-LÜTOLF, 170 Ziff. 21.7). Die vom Geltungsbereich bisher nicht erfassten Arbeitnehmer des ursprünglichen Arbeitgebers können sich weiterhin nicht darauf berufen; die Arbeitnehmer des übernehmenden Rechtsträgers bleiben dem für sie schon vorher geltenden GAV unterstellt bzw. können sich weiterhin nicht auf einen GAV berufen. Wird ein Betriebsteil ausgegliedert, der ausserhalb der eigentlichen Geschäftstätigkeit liegt und auf den bisher ein GAV nur wegen des Grundsatzes der Tarifeinheit Anwendung fand, entfällt die Anwendbarkeit der normativen GAV-Bestimmungen auf den Kreis dieser Mitarbeiter (BK-STÖCKLI, Art. 356b N 5 OR). Soweit die normativen GAV-Bestimmungen gestützt auf die Ver-

weise des FusG auf Art. 333 Abs. 1bis OR weiter Anwendung finden, sind die Bestimmungen *im Zeitpunkt des Betriebsübergangs* massgeblich (die gesetzliche Verweisung ist als *statische Verweisung* zu qualifizieren, BK-STÖCKLI, Art. 356b N 21). Allfällige spätere Änderungen bleiben irrelevant (ausdrückliche anders lautende Vereinbarung, sog. Verweisungsabrede, vorbehalten; WINKLER, Unternehmensumwandlungen, 64 ff.).

Schwieriger ist die Rechtslage bezüglich der *indirekt-schuldrechtlichen GAV-Bestimmungen* zu beurteilen. Mit BRÄNDLI, N 337 ist davon auszugehen, dass das verfassungsmässige Recht auf Koalitionsfreiheit verhindert, dass der Betriebserwerber an Bedingungen gebunden ist, welche die Zugehörigkeit zu einem Arbeitgeberverband voraussetzen. Die Weitergeltung von Schiedsklauseln scheitert am Recht auf den verfassungsmässigen Richter in Art. 30 Abs. 1 BV. Viele indirekt-schuldrechtliche Normen werden schon aus organisatorischen Gründen nicht mehr vollziehbar sein (ausführlich MÜLLER, 152 f.; BRÄNDLI, N 337). **22**

GAV-Bestimmungen können durch ausdrückliche Verweise in den Einzelarbeitsverträgen zu deren Bestandteil geworden sein. Ihre Geltungskraft ergibt sich dann nicht aus der normativen Wirkung des GAV, sondern aus der privatvertraglichen Vereinbarung zwischen Arbeitgeber und einzelnem Arbeitnehmer. Das Wegfallen solcher Vertragsbestimmungen könnte zu Regelungslücken im Einzel-Arbeitsvertrag führen. Sie gelten daher als einzelarbeitsvertragliche Bestimmungen auch nach Beendigung (sei es durch Kündigung, durch Ablauf der Geltungsdauer oder durch Ablauf der Jahresfrist von Art. 333 Abs. 1bis OR) eines GAV fort, vgl. BGE 130 III 19. **23**

IV. Informations- und Konsultationspflicht

Die Art. 28, 50 und 77 sprechen lediglich von «Konsultationspflicht». Damit wird konsequent der Titel von Art. 333a OR aufgenommen. Effektiv wird aber sowohl die **Informationspflicht** (Art. 333a Abs. 1 OR) wie auch – bei Vorliegen der entsprechenden Voraussetzungen – die Konsultationspflicht (Art. 333a Abs. 2 OR) angesprochen. Auch hier kann auf die bisherige Judikatur und Literatur verwiesen werden (zusammengefasst bei BSK OR I-REBINDER/PORTMANN, Art. 333a OR). Die Pflicht, zu informieren, besteht bei jeder Übertragung eines Betriebs oder Betriebsteils und sie umfasst folgenden gesetzlich vorgeschriebenen Mindestinhalt: Den Grund des Übergangs sowie die rechtlichen, wirtschaftlichen und sozialen Folgen des Übergangs für die Arbeitnehmer. Zudem muss auf das Recht der Arbeitnehmer, den *Übergang abzulehnen* (Art. 333 Abs. 1 OR) und (falls eine Sicherstellungspflicht besteht, was bei Arbeitsverhältnissen nicht o.W. anzunehmen ist, vgl. Art. 27 N 8) das Recht *Sicherstellung* zu verlangen (Art. 27 Abs. 2, 49 Abs. 2, 76 Abs. 2) hingewiesen werden. Kein ausdrücklicher Hinweis ist erforderlich, soweit keine Fristen für Handlungen der Arbeitnehmer ausgelöst werden, wie z.B. Hinweise auf (den Arbeitnehmern ohnehin bekannte) GAV (die überdies nur für den Kreis der bisherigen Mitarbeiter anwendbar bleiben), persönliche Haftung von Gesellschaftern (Art. 27 Abs. 3, 48, 76 Abs. 2 i.V.m. 75 Abs. 1); **a.M.** Handkommentar FusG-REINERT, Art. 28 N 5. Die Information soll vor allem den Mitarbeitern die Grundlage für den Entscheid über die Ablehnung des Übergangs der Arbeitsverhältnisse ermöglichen (Art. 333 Abs. 1 OR). Sie dient aber auch als Grundlage für den Entscheid, Sicherstellung zu verlangen (Art. 25, 45 f., 75 Abs. 3) und ist wie gezeigt Teil des allfälligen Konsulationsverfahrens. **24**

Sind infolge des Übergangs *Massnahmen beabsichtigt, welche die Arbeitnehmer betreffen*, so hat die Konsultation der Arbeitnehmervertretung oder, falls es keine solche gibt, der Arbeitnehmer rechtzeitig vor dem Entscheid über die Massnahmen zu erfolgen. **25**

Nicht jede Umstrukturierung führt also zur **Konsultationspflicht** (a.M. VON SALIS-LÜTOLF, 171 Ziff. 21.11). «Massnahmen» können sein: Kündigungen, Lohnreduktionen oder andere wesentliche Verschlechterungen von Anstellungsbedingungen (Mehrarbeitsentschädigung, Pauschalspesen, Ferien), Einführungen von Kurzarbeit, Änderung des Arbeitsortes, Änderungen des Pflichtenheftes etc. Das FusG enthält keinen Verweis auf das **Mitwirkungsgesetz**. Dieses findet aber als öffentlichrechtlicher Erlass ohnehin Anwendung (vgl. auch Art. 10 lit. b MitwG). Das Mitwirkungsgesetz beinhaltet kein **Mitbestimmungsrecht** der Arbeitnehmer der beteiligten Rechtsträger. Die Arbeitnehmer haben keinen Anspruch auf Mitgestaltung des Inhalts der Transaktion. Die in **Art. 105/106** vorgesehenen Rechte stehen nur den Gesellschaftern zu.

26 Eine **Konsultationspflicht** besteht nach herrschender Lehre und einem Urteil des Zürcher Obergerichts (ZR 2004 Nr. 5) auch dann, wenn eine schweizerische *Gesellschaft vollständig von einer ausländischen beherrscht* und der Entscheid z.B. zur Betriebsschliessung im Ausland gefällt wird. Nach dieser Praxis sind Massenentlassungen infolge Betriebsschliessung ohne vorgängige Konsultation der betroffenen Arbeitnehmer missbräuchlich. Entsprechendes muss für das FusG gelten.

27 Die **Information** hat **rechtzeitig** (vgl. auch N 8) zu erfolgen und die **Konsultation** muss so ausgestaltet werden, dass den Arbeitnehmern *ausreichend Zeit bleibt, Vorschläge zu unterbreiten*, die weniger einschneidende Auswirkungen auf ihr Arbeitsverhältnis haben. Auf die konkreten Fristen ist am gegebenen Ort näher einzugehen (Art. 28, 50 und 77).

28 Falls eine **Arbeitnehmervertretung** besteht, ist diese anzuhören. Die Rückkoppelung zwischen Arbeitnehmervertretung und der gesamten Belegschaft ist nicht mehr Sache des Arbeitgebers. In Unternehmungen ohne *Arbeitnehmervertretung* muss die *Gesamtheit aller Mitarbeitenden* informiert werden. Obwohl sowohl das FusG (Titel und Text Art. 28, 50 und 77) wie das OR (Titel zu Art. 333a OR) nur von «der Arbeitnehmervertretung» sprechen, entfällt selbstverständlich die Informationspflicht nicht, wo keine Arbeitnehmervertretung bestellt ist (so auch der klare Wortlaut von Art. 333a Abs. 1 und Abs. 2 OR; vgl. hinten N 33). Denkbar ist auch, dass beim gleichen Rechtsträger in verschiedenen Betrieben oder Betriebsteilen mehrere Arbeitnehmervertretungen bzw. in einzelnen Betriebsteilen oder Betrieben keine Arbeitnehmervertretungen bestehen. Das Informations- und ggf. Konsultationsverfahren muss sicherstellen, dass alle Arbeitnehmer (ev. indirekt) erfasst werden (Handkommentar FusG-REINERT, Art. 28 N 3).

29 Falls der übernehmende Betrieb keine **Arbeitnehmervertretung** hat (das **Mitwirkungsgesetz** schreibt eine solche auch bei Betrieben mit mehr als 50 Mitarbeitern nicht zwingend vor), muss er mit der Übernahme eines Betriebs mit Arbeitnehmervertretung nach dem Fusionsgesetz auch keine solche einführen. Dies gilt selbst dann, wenn die Arbeitnehmervertretung des bisherigen Betriebs in (indirekt-schuldrechtlichen) GAV-Bestimmungen vorgesehen ist (N 22).

V. Sanktionen bei Verletzung der Informations- und Konsultationspflicht

30 Die Verletzung sowohl der Informations- wie der Konsultationspflichten ist im FusG, anders als unter Art. 333a OR, mit einer wirksamen **Sanktion** bewehrt: Untersagung der Eintragung der Fusion, Spaltung oder Vermögensübertragung ins Handelsregister durch das Gericht (Art. 28 Abs. 3, Art. 50, Art. 77 Abs. 2). Dies bedeutet eine wesentliche Verbesserung der Stellung der Arbeitnehmer, denen bisher nur Schadenersatzansprüche gestützt auf Art. 97 ff. OR und – allerdings nur bei Massenentlassungen – allenfalls Pönalen

wegen missbräuchlicher Kündigung (Art. 336 Abs. 2 lit. c i.V.m. 336a Abs. 3 OR) zustanden, wenn trotz Beeinträchtigung der rechtlichen, wirtschaftlichen oder sozialen Position des Arbeitnehmers keine Konsultation stattfand bzw. die Arbeitnehmer keine Gelegenheit hatten, rechtzeitig Vorschläge zu unterbreiten. Die Informationspflicht ist verletzt, wenn die Information unvollständig ist (N 24) oder zu spät erfolgt (N 27). Die Konsultationspflicht ist verletzt, wenn unvollständig oder zu spät informiert wird, aber auch, wenn die Arbeitnehmer nicht angehört werden (N 36). Bei Fusionen und Spaltungen ist die Konsultationspflicht zudem verletzt, wenn die Orientierung des beschlussfassenden Organs über das Ergebnis der Konsultation nicht oder zu spät erfolgt (Art. 28 Abs. 2, 50); diese Sanktionsmöglichkeit entfällt bei der Vermögensübertragung, weil die Information der Gesellschafter erst nach Vollzug der Transaktion erfolgen kann (Art. 74 Abs. 1).

Die Vorschriften bzgl. **Massenentlassung** (Art. 335d ff. OR) gelten – nur bezogen auf die Rechtsträger, bei denen Massenentlassungen vorgenommen werden – weiter; Verletzung der Konsultationspflichten gemäss Art. 335f OR ist missbräuchlich und kann zu Pönalzahlungen von höchstens zwei Monatslöhnen führen (Art. 336a Abs. 3 OR). Art. 335f OR enthält zusätzliche Vorschriften zum Konsultationsverfahren bei Massenentlassungen (vgl. auch Art. 10 lit. c Mitwirkungsgesetz). Gemäss Art. 335g OR sind zudem die Behörden zu benachrichtigen und eine verzögerte Benachrichtigung führt zu einer Verschiebung des Kündigungstermins.

Antragsberechtigt sind nur die Arbeitnehmervertretungen desjenigen an einer Umstrukturierung beteiligten Rechtsträgers, der die Pflichten gemäss Art. 333a OR verletzt hat.

Die Konsultation kann durchaus zu einer Vielzahl sich auch widersprechender Stellungnahmen und Vorschläge führen. Das Recht, die Eintragung im Handelsregister zu untersagen (Aktivlegitimation), steht nur der *Arbeitnehmervertretung* zu, nicht aber einzelnen Arbeitnehmern oder Gruppen von Arbeitnehmern. Bei Betrieben oder Unternehmungen ohne Arbeitnehmervertretung entfällt daher die Möglichkeit, die Umstrukturierung zu blockieren. Vgl. Art. 28 N 14 für das europäische Recht. Die Pflicht zur **Information** und **Konsultation** der *Arbeitnehmer-Gesamtheit* bei Fehlen einer Arbeitnehmervertretung ergibt sich aus dem expliziten Wortlaut von Art. 333a Abs. 1 und 2 OR (N 28), worauf die Art. 28 Abs. 1 und 76 Abs. 1 verweisen. Die **Sanktionen** in Art. 28 Abs. 3 und 76 Abs. 2 sind aber *eigenständige fusionsrechtliche Vorschriften*, die explizit *nur der Arbeitnehmervertretung das Recht zugestehen, die Eintragung zu verhindern (vgl. N 8)*. Diese Auffassung stimmt überein mit den von den vorberatenden Kommissionen angehörten Experten und mit den in den Kommissionsberatungen geäusserten Meinungen (Prot. RK StR 1.02.2001 S. 14, Mitbericht WAK NR 3.07.2001 S. 4; Botschaft 4429; gl.M. OERTLI/CHRISTEN, 106; WYLER, 252).

Selbst wenn man dieser dem klaren Gesetzeswortlaut entsprechender Auffassung nicht folgen würde, stünde *einzelnen Arbeitnehmern* ein Verhinderungsrecht keinesfalls zu. Es bedürfte einer *Mehrheit aller Arbeitnehmer* in einer schriftlichen Abstimmung oder der *Mehrheit der Anwesenden* in einer Arbeitnehmerversammlung (gl.M. WYLER, 253; **a.M.** Handkommentar FusG-REINERT, Art. 28 N 16; ISLER/VON SALIS-LÜTOLF, 37; VON DER CRONE ET. AL., Rz 420, 672, 943; ZK-HUBSCHMID, Art. 28 N 20). Zweck des FusG ist die Wahrung der Interessen der Arbeitnehmer bei gesellschaftsrechtlichen Umstrukturierungen. Würde man einzelnen (querulatorischen) Arbeitnehmern zugestehen, die Umstrukturierung verhindern zu können, würden die Interessen der Mehrheit der Arbeitnehmer offensichtlich verletzt. Eine derartig falsch verstandene individualistisch-egoistische Ausdehnung der Arbeitnehmerrechte würde einzelnen Arbeitnehmern im Ergebnis unangemessene Druckmittel in die Hand geben. Auch aus Art. 4 des Mitwirkungsgesetzes lässt sich ein solches «Individualrecht» nicht ableiten (**a.M.** ZK-HUBSCHMID, Art. 28 N 20). –

Es versteht sich überdies von selbst, dass einzelne Arbeitnehmer oder eine Minderheit von Arbeitnehmern nicht aktivlegitimiert sind, wenn eine Arbeitnehmervertretung bestellt ist und diese beschliesst, die Rechte gemäss Art. 28 Abs. 3, 50, 77 Abs. 2 nicht geltend zu machen (gl.M. VON SALIS-LÜTOLF, 174 Ziff. 21.22; **a.M.** Handkommentar FusG-REINERT Art. 28 N 16). – Ist die Information erfolgt und die Konsultation (wo erforderlich) durchgeführt, sind aber einzelne Mitarbeiter (auch ohne ihr Verschulden) nicht einbezogen worden, steht diesen kein Anspruch auf Verhinderung der Eintragung zu, auch wenn im betreffenden Betrieb keine Arbeitnehmervertretung besteht. – Nicht antragsberechtigt sind auch Gewerkschaften (mangels entsprechender gesetzlicher Grundlage und in Übereinstimmung mit der ständerätlichen Kommission, Prot. RK StR vom 17.08. 2000, S. 8).

35 Aktivlegitimiert sind die Arbeitnehmervertretungen sowohl des übertragenden wie auch des *übernehmenden* Rechtsträgers (Art. 28 N 2, 50 N 1, 77 N 1), allerdings nur, wenn *in ihrem Betrieb* die Informations- und Konsultationspflichten verletzt wurden. Diese Regel ist gerechtfertigt, weil die Gründe für die Bestimmung des überlebenden Rechtsträgers aus Sicht der Arbeitnehmer oft zufällig oder nicht nachvollziehbar sind. Die auf eine Umstrukturierung folgenden personellen Massnahmen treffen, wie die Wirtschaftsgeschichte zeigt, in aller Regel sowohl die Arbeitnehmer des übergehenden wie des übernehmenden Betriebs. Diese Aktivlegitimation besteht unabhängig von den konkreten Auswirkungen der Umstrukturierung auf die einzelnen Arbeitsverhältnisse, zumal diese vor dem gesellschaftsrechtlichen Vollzug der Transaktion noch gar nicht bekannt sind.

36 Die Nichtberücksichtigung von Vorschlägen und Anträgen seitens der Arbeitnehmer gibt keinen Anspruch auf Verhinderung der Eintragung der Transaktion im Handelsregister. Die Konsultation umfasst lediglich die Information, die Einräumung einer ausreichenden Frist für die Prüfung, Ausarbeitung und Einreichung allfälliger Vorschläge und deren Unterbreitung an die zuständigen Organe (z.B. bei der Fusion die Generalversammlung, bei der erleichterten Fusion der Verwaltungsrat). Diese Organe sind jedoch bei ihrem Entscheid über die materielle Gestaltung der Fusion frei und nicht an Arbeitnehmervorschläge gebunden. Die Konsultation beinhaltet lediglich ein Anhörungsrecht, nicht aber ein Mitbestimmungsrecht (einhellige bisherige Lehrmeinung; WYLER, 252).

37 Die Handelsregisterämter haben keine eigene Kompetenz zur materiellen Prüfung der Einsprache. Werden Anträge auf Untersagung der Eintragung direkt bei den Handelsregisterämtern gestellt, müssen diese von Amtes wegen an das zuständige Gericht weitergeleitet werden («Privatrechtliche Einsprache» nach Art. 32 Abs. 1 HRegV). Die Arbeitnehmerschutzvorschriften haben nicht zu einer Änderung der HRegV geführt. Konsequenterweise schweigt sich die Änderung der HRegV vom 21.4.2004 zu diesem Thema vollständig aus.

38 Das Verfahren – in der Regel ein *Massnahmeverfahren* – richtet sich nach der anwendbaren kantonalen Zivilprozessordnung. Die Handelsregistersperre kann von einer **Sicherstellung** für allfällige, aus der Sperre resultierende Schäden abhängig gemacht werden (NUFER, 588).

39 Das Gerichtsverfahren wird obsolet, wenn die Leitungsorgane der an der Fusion beteiligten Rechtsträger den (inzwischen informierten) Mitarbeitern eine Konsultationsmöglichkeit eröffnen. Haben die beschlussfassenden Generalversammlungen (für die Fusion: Art. 18 Abs. 1) schon stattgefunden, müssen diese wiederholt werden. Es besteht kein anderer Anspruch der Arbeitnehmer als derjenige auf Durchführung (Nachholung) des Konsultationsverfahrens.

40 Zuständig ist gestützt auf **Art. 29a GestG** das Gericht am Sitz eines der beteiligten Rechtsträger, nicht aber das Gericht am Sitz der beklagten Partei oder am Ort, wo der

Arbeitnehmer gewöhnlich die Arbeit verrichtet gemäss teilzwingendem Art. 24 Abs. 1 GestG (es handelt sich bei der Verhinderung der Eintragung *nicht* um eine *arbeitsrechtliche* Klage; Botschaft 4429; vgl. Komm. zu Art. 29a GestG N 25; DASSER, 665). Die sachliche Zuständigkeit richtet sich nach kantonalem Prozessrecht. Dabei sind allerdings nicht die Arbeitsgerichte, sondern die ordentlichen oder allenfalls Handelsgerichte zuständig. Strittig ist ein vom FusG dominierter Verfahrensablauf und zu entscheiden ist über eine Massnahme gegenüber dem Handelsregister, nicht aber eine «arbeitsrechtliche Klage». Daher kommt auch *nicht* das einfache, rasche und unentgeltliche Verfahren zur Anwendung, wie es für arbeitsrechtliche Streitigkeiten sensu technico vorgeschrieben ist (**a.M.** Handkommentar FusG-REINERT, Art. 28 N 18; ZK-HUBSCHMID, Art. 28 N 24).

VI. Solidarhaftung und Sicherstellung

Gemäss Art. 333 Abs. 3 OR haften der *bisherige Arbeitgeber und der Erwerber des Betriebes* solidarisch für die Forderungen des Arbeitnehmers, die vor dem Übergang fällig geworden sind oder bis zu dem Zeitpunkt fällig werden (bzw. entstehen, N 43), auf den das Arbeitsverhältnis ordentlicherweise beendigt werden könnte oder bei Ablehnung des Übergangs durch den Arbeitnehmer beendigt wird. Diese Solidarhaftung besteht mit Bezug auf alle vom Betriebsübergang betroffenen Arbeitsverhältnisse. Sie umfasst (nebst der Gesamtheit der vor dem Übergang fällig gewordenen Forderungen) alle Forderungen derjenigen Arbeitnehmer, die den Übergang ablehnen (bis zur Beendigung des Arbeitsverhältnisses) sowie sämtliche Arbeitnehmerforderungen, die nach dem Übergang bis zum Ablauf der *vertraglichen* Kündigungsfrist (darauf verweist der Begriff «ordentlicherweise») fällig werden.

41

Eine heftige Kontroverse ist in der Literatur und in der Judikatur entbrannt zur Frage, ob diese Solidarhaftung auch gilt, wenn ein Betrieb aus einem **Konkursverfahren** übernommen wird (zuletzt, mit zahlreichen Verweisen: MEIER, BlSchK 2003, 21). Das Bundesgericht hat der Kontroverse mit dem Entscheid BGE 129 III 335 ein Ende bereitet und unter Würdigung von Art. 333 OR, aufgrund konkursrechtlicher Überlegungen, in eurokompatibler Auslegung und mit dem Hinweis auf pendente Gesetzgebungsverfahren (vorne N 1) entschieden, dass Übernehmer eines Betriebs oder Betriebsteils aus der Konkursmasse für Forderungen, die vor der Konkurseröffnung entstanden sind, nicht der Solidarhaftung von Art. 333 Abs. 3 OR unterliegen. Diese Praxis ist auch für die Anwendung des FusG bedeutungsvoll, da eine Abspaltung eines Betriebs oder Betriebsteils von einem konkursiten Unternehmen mit anschliessender Übernahme durch einen Dritten oder die Übernahme eines Vermögens oder Vermögensteils aus einem Konkurs denkbar sind. Vom Bundesgericht nicht entschieden wurde die Frage, ob ein Übernehmer eines Betriebs aus einem **Nachlassverfahren** unter Art. 333 Abs. 3 OR solidarisch haftet. Folgt man der erwähnten bundesgerichtlichen Argumentation, müsste allerdings auch diese Frage verneint werden (gl.M. K. STÖCKLI, 761). In eine andere Richtung geht allerdings die parlamentarische **Initiative Gross**, welche eine Anwendung des Art. 333 OR auf Auffanggesellschaften nach Nachlassstundung mit Vermögensabtretung und Konkurs mit Verkauf von Aktiven vorsieht (dazu N 1).

42

Das FusG sieht nun allerdings eine wesentliche Verbesserung der Stellung der Arbeitnehmer vor, indem diese zusätzlich zur Solidarhaftung aus OR **Sicherstellung** ihrer arbeitsvertraglichen Forderungen verlangen können (Art. 27 Abs. 2, 49 Abs. 2, 76 Abs. 2 i.V.m. 75 Abs. 3). Im Gegensatz zu Art. 333 Abs. 2 und 3 OR können zudem auch die Arbeitnehmer des *übernehmenden* Betriebs (deren Arbeitsverhältnisse gar nicht übergehen) Sicherstellung verlangen (WINKLER, SJZ 2001, 480). Diese Sicherstellungspflicht

43

deckt Forderungen mit derselben Fälligkeit wie unter Art. 333 Abs. 3 OR ab. Mit guten Gründen wird die Ansicht vertreten, dass entgegen dem Gesetzeswortlaut nicht die *Fälligkeit*, sondern der *Entstehungszeitpunkt* massgebend sein soll (VON DER CRONE ET AL., Rz 430, 690; VON SALIS-LÜTOLF, 170 Ziff. 21.9; WINKLER, SJZ 2001, 481). Allerdings kann die Sicherstellung im Falle einer *Fusion* nur innert drei Monaten ab Handelsregistereintrag (Art. 25 Abs. 1 i.V.m. 22 Abs. 1) bzw. bei der *Spaltung* nur innert zwei Monaten ab der Aufforderung an die Gläubiger (Art. 49 Abs. 2 i.V.m. 46 Abs. 1) verlangt werden; innert drei Jahren ab Veröffentlichung der *Vermögensübertragung* (bzw. ab Fälligkeit, falls diese nach der Veröffentlichung eintritt, Art. 75). Zudem ist die allfällige persönliche Haftung der Gesellschafter auf drei Jahre ab Übergang beschränkt (Art. 26 Abs. 2, 75 Abs. 1).

44 Drittens sodann *haften* (bei der Fusion und Spaltung, nicht aber bei der Vermögensübertragung) sogar *Gesellschafter* der übertragenden Gesellschaft gemäss ausdrücklicher Gesetzesvorschrift (Art. 27 Abs. 3, 49 Abs. 3) für Verbindlichkeiten aus dem Arbeitsvertrag. Dabei handelt es sich allerdings nicht um eine selbständige Haftungsnorm, sondern um eine Klarstellung, dass vor der Umstrukturierung bereits bestandene Haftungen weiterbestehen. Eine persönliche Haftung der Gesellschafter kann somit nur bestehen, falls die übertragende Gesellschaft eine der folgenden Rechtsformen aufweist: Kollektivgesellschaft, Kommanditgesellschaft (Komplementäre), Kommandit-AG (unbeschränkt haftende Gesellschafter), Genossenschaft (soweit die Statuten eine persönliche Haftung der Genossenschafter vorsehen) und Verein (soweit die Statuten die persönliche Haftung nicht ausschliessen). Eine Haftung von Aktionären, nicht unbeschränkt haftenden Gesellschaftern der Kommandit-AG, Gesellschaftern der GmbH oder der Kommanditäre, der Genossenschafter bei der Genossenschaft ohne persönliche Haftung (mit oder ohne Anteilscheinkapital) wird mit dieser Regelung nicht begründet (die Haftung besteht nur für Personen, «die vor der Fusion für deren Verbindlichkeiten hafteten»).

45 Ein Arbeitnehmerschutz kann sich auch aus der Organverantwortlichkeit gemäss Art. 108 ergeben.

VII. Stiftungen und Vorsorgeeinrichtungen

46 Im Verlaufe der parlamentarischen Beratung sind Arbeitnehmerschutzvorschriften durch Verweis auf andere Bestimmungen des Gesetzes ausdrücklich auch bei Fusionen und Vermögensübernahmen bei Stiftungen und Vorsorgeeinrichtungen aufgenommen worden. Vergleiche N 2 sowie die Komm. zu Art. 85 Abs. 4, 86 Abs. 2, 96 Abs. 5 und 98 Abs. 2.

VIII. Rechtsvergleich, insbesondere Europäische Union

47 Eines der erklärten Ziele des Fusionsgesetzes war die Erreichung einer gewissen *Harmonisierung* der *schweizerischen Rechtsordnung mit dem Recht der umliegenden Staaten und der Europäischen Union* (Botschaft, 4354). Daher wurden die geltenden Rechtsordnungen in Deutschland, Frankreich und Italien (vgl. Botschaft, 4382 ff.) sowie die 3. (Verschmelzungsrichtlinie) und die 6. Richtlinie (Spaltungsrichtlinie) der Europäischen Union auf dem Gebiet des Gesellschaftsrechts (Botschaft, 4515 f.) bei der Ausgestaltung des bundesrätlichen Entwurfs zum FusG berücksichtigt.

48 Bereits vor Inkrafttreten des FusG orientierte sich die Praxis bei der Auslegung des Betriebsübergangsbegriffes im Sinne von Art. 333 OR an der Rechtsprechung des EuGH (BGE 127 V 183).

7. Abschnitt: Gläubiger- und Arbeitnehmerschutz

Im Bereich des Arbeitnehmerschutzes bei betrieblichen Umstrukturierungen ist im *europäischen Recht* die EU-Betriebsübergangs-RL vom 12.3.2001 zur Angleichung der Rechtsvorschriften der Mitgliedstaaten über die Wahrung von Ansprüchen der Arbeitnehmer beim Übergang von Unternehmen, Betrieben oder Unternehmens- oder Betriebsteilen massgebend. Sowohl die Verschmelzungs- als auch die Fusionsrichtlinie der EG verweisen auf die Bestimmungen der EU-Betriebsübergangs-RL. Für die Umwandlung der Rechtsform einer Gesellschaft kennt das europäische Recht jedoch keine besonderen (Arbeitnehmerschutz-) Vorschriften. **49**

Die Richtlinie ist nur anwendbar, wenn das Unternehmen bzw. der Betrieb oder Unternehmens- oder Betriebsteil, das bzw. der übergeht, sich innerhalb der Europäischen Union befindet (Art. 1 Ziff. 2 EU-Betriebsübergangs-RL). Sie greift somit im Gegensatz zum FusG (vgl. Art. 28 Abs. 4, 50, 77 Abs. 3, 85 Abs. 4) nicht, wenn der Übernehmer Sitz im Ausland hat. **50**

Sofern die EU-Mitgliedstaaten nichts anderes vorsehen, gelten die Vorschriften betreffend Übergang der Rechte und Pflichten des ehemaligen Arbeitgebers auf den neuen Arbeitgeber nicht bei Unternehmens- bzw. Betriebsübergängen im Rahmen eines Insolvenzverfahrens (Art. 5 Ziff. 1 EU-Betriebsübergangs-RL). **51**

Das *deutsche Recht* regelt den Arbeitnehmerschutz bei Umstrukturierungen einerseits in § 613a BGB und andererseits im UmwG. Sowohl die Bestimmungen zur Fusion («Verschmelzung», § 2 ff. UmwG) als auch diejenigen zur Spaltung (§ 123 ff. UmwG), zur Vermögensübertragung (§ 174 ff. UmwG) und zur Umwandlung («Formwechsel», § 190 ff. UmwG) enthalten für den Arbeitnehmerschutz relevante Regeln (§§ 5 Abs. 1 Ziff. 9, 20 Abs. 1 Ziff. 1, 126 Abs. 1 Ziff. 11, 126 Abs. 3, 176, 178, 180, 194 Abs. 1 Ziff. 7, 194 Abs. 2, 323 und 324 UmwG). **52**

Inhaltlich werden grundsätzlich die Bestimmungen der EU-RL übernommen bzw. konkretisiert. Einzig die Regelung der Umwandlung und deren Folgen für die Arbeitnehmer stellt eine Ergänzung des europäischen Rechtes dar. **53**

Auch der *italienische Gesetzgeber* hat grundsätzlich die Regelung der EU-RL in den Codice Civile und die Legge 29.12.1990 n. 428 übernommen. Eine Besonderheit stellt jedoch der letzte Satz des art. 2112 Codice Civile dar: Dieser erklärt die Bestimmungen betreffend den Arbeitnehmerschutz bei Übergang eines Unternehmens auch für den Fall der Nutzniessung oder der Vermietung einer Unternehmung für anwendbar. **54**

IX. IPR

Die Regelung des auf die Stellung des Arbeitnehmers bei einer Fusion, Spaltung oder Vermögensübertragung *anwendbaren Rechtes* bzw. der entsprechenden *örtlichen Zuständigkeit* wurde im Gesetzgebungsprozess nicht ausdrücklich erörtert. Die neuen Bestimmungen des IPRG haben denn auch in der vorberatenden ständerätlichen Kommission offenbar «zu keinen Diskussionen Anlass gegeben» und wurden im Ständerat nicht behandelt, da sie «so kompliziert sind, dass im Plenum wohl kaum eine Diskussion entstehen würde» (AmtlBull StR 2001, 162). Der Nationalrat stimmte bezüglich der Art. 169a ff. IPRG gänzlich dem Beschluss des Ständerates zu (AmtlBull NR 2003, 274). **55**

Das auf die rechtliche Stellung der Arbeitnehmer im Rahmen einer Fusion (Übergang des Arbeitsverhältnisses, Widerspruchsrecht, Recht auf Sicherstellung etc.) **anwendbare Recht** wird im IPRG nicht speziell erwähnt, so dass gemäss Art. 169a ff. bei der Fusion das Recht der übernehmenden, bei der Spaltung dasjenige der sich spaltenden **56** und bei einer Vermögensübertragung das Recht der übertragenden Gesellschaft auch auf die rechtliche Stellung der Arbeitnehmer anwendbar wäre.

57 Dagegen sieht Art. 121 Abs. 1 IPRG vor, dass ein Arbeitsvertrag grundsätzlich dem Recht desjenigen Staates untersteht, in dem der Arbeitnehmer gewöhnlich seine Arbeit verrichtet. Gemäss der bisherigen Lehre beurteilt sich nach dem auf Grund von Art. 121 IPRG anwendbaren Recht auch die Frage, ob beim Arbeitgeberwechsel durch Betriebsübernahme das Arbeitsverhältnis fortgesetzt werde (IPRG Komm. KELLER/KREN KOSTKIEWICZ, Art. 121 N 36).

58 Ein Zweck des FusG ist explizit der Schutz der Arbeitnehmer (Art. 1 Abs. 2). In diesem Zusammenhang erfolgt denn auch der *integrale Verweis auf Art. 333 f. OR*, welcher die Rechtsstellung der Arbeitnehmer im Falle einer Betriebsübernahme regelt. Das FusG selbst enthält nur vereinzelte Vorschriften bezüglich Form und Ablauf der Sicherstellung der arbeitnehmerischen Ansprüche. Nach dem Arbeitsvertragsstatut beurteilen sich hingegen sämtliche Fragen des Arbeitsverhältnisses, wie das Zustandekommen eines Arbeitsvertrages, dessen Erfüllung und Abwicklung, aber auch unerlaubte Handlungen, die bei Erfüllung eines Arbeitsvertrages begangen wurden (SIEHR, 296). Wo konkurrenzierende Bestimmungen bestehen, ist grundsätzlich dem Arbeitsvertragsstatut der Vorrang zu geben (vgl. auch Art. 122 Abs. 3 IPRG zur Arbeitnehmererfindung). Dementsprechend sind die Rechte der Arbeitnehmer aus Art. 333 und 333a OR bzw. aus Art. 27, 28 Abs. 1 und 2, 49 Abs. 1 und 2, 50, 76 Abs. 1 und 77 Abs. 1 nach dem *auf das Arbeitsverhältnis anwendbaren Recht* zu beurteilen.

59 Dagegen beurteilen sich die Sicherstellung der Arbeitnehmerforderung, die Haftung der Gesellschafter und das Recht, die Eintragung der Fusion bzw. Spaltung im Handelsregister untersagen zu lassen, nach dem *Fusionsstatut*, da es sich hierbei primär um gesellschafts- bzw. handelsregisterrechtliche Fragen handelt.

60 Bei internationalen Fusionen, Spaltungen oder Vermögensübertragungen, an denen Gesellschaften mit Sitz in *LugÜ*-Staaten beteiligt sind, liegt der **Gerichtsstand** für die Durchsetzung der Arbeitnehmerrechte grundsätzlich am Ort der Arbeitsverrichtung (Art. 5 Nr. 1 LugÜ). Zusätzlich zu diesem teilzwingenden Gerichtsstand (vgl. Art. 17 Abs. 5 LugÜ) steht es dem Arbeitnehmer offen, seine Rechte im Sitzstaat des Arbeitgebers einzuklagen (Art. 2 Abs. 1 LugÜ). Sofern die Klage jedoch die Auflösung oder Neugründung einer Gesellschaft zum Gegenstand hat (Einspruch gegen Eintragung der Fusion oder Spaltung), geht der zwingende Gerichtsstand am Sitz der Gesellschaft (Art. 16 Nr. 2 LugÜ) vor (DONZALLAZ, N 6314 ff.).

61 Der Gerichtsstand bei Fusionen, Spaltungen oder Vermögensübertragungen *ausserhalb des Anwendungsbereiches des LugÜ* bestimmt sich bezüglich der Rechte des Arbeitnehmers nach Art. 115 IPRG (Gerichtsstand am Schweizer Sitz des Arbeitgebers, am Ort der Arbeitsverrichtung sowie am Wohnsitz oder Aufenthaltsort des Arbeitnehmers bei einer Klage des Arbeitnehmers aus Arbeitsvertrag). Für gesellschaftsrechtliche Klagen, inklusive der Eintragung ins Handelsregister, sind jedoch die schweizerischen Gerichte am Sitz der Gesellschaft zuständig (Art. 151 Abs. 1 IPRG). Für Fragen hinsichtlich der Haftung der Gesellschafter besteht zudem ein Gerichtsstand am schweizerischen Wohnsitz bzw. Aufenthaltsort des Gesellschafters (Art. 151 Abs. 2 IPRG).

X. Emigration

62 Gemäss ausdrücklicher Vorschrift müssen die Arbeitnehmerschutzvorschriften des FusG auch beachtet werden, wenn die übernehmende Gesellschaft im Ausland ist (Emi-

grationsfusion) und zwar auch mit Bezug auf die Information und *Konsultation der Mitarbeiter der übernehmenden Gesellschaft* (Art. 28 Abs. 4). Das Gleiche gilt bei Vermögensübertragungen auf einen ausländischen Rechtsträger (Art. 77 Abs. 3). Der entsprechende Verweis in Art. 50 bezüglich der Spaltung ist hier ohne Bedeutung, weil vor dem Vollzug der Spaltung ein reiner Inlandsachverhalt vorliegt.

Es ist hier nicht der Ort, über die Grenzen nationaler Privatrechtssetzungskompetenz zu theoretisieren. Praktisch bedeutungsvoll ist, dass (sofern *je in ihrem Betrieb* die Informations- und Konsultationsansprüche verletzt sind) die Mitarbeiter sowohl des schweizerischen wie auch des ausländischen Rechtsträgers gerichtlich die *in der Schweiz* erforderlichen Handelsregistereintragungen untersagen lassen können (Art. 28 Abs. 3, 50, 77 Abs. 2). Es handelt sich um eine «loi d'application immédiate» im Sinne von Art. 18 IPRG; vgl. Botschaft, 4429; DASSER, 669; TURIN, 219. 63

Immerhin ist hier darauf hinzuweisen, dass bei einer *Sitzverlegung* ins Ausland (vgl. Art. 163 IPRG) keine Arbeitnehmerschutzvorschriften greifen, auch wenn im Zielland keine Schutzbestimmungen analog Art. 333 f. OR gelten. 64

XI. Übergangsrecht

Die Arbeitnehmerschutzvorschriften des FusG müssen beachtet werden, falls die Umstrukturierung nach dem Inkrafttreten des Gesetzes (1.7.2004) beim Handelsregister zur Eintragung angemeldet wird (Art. 110). 65

Bei der Fusion bedeutet dies vor allem, dass das Ergebnis der Arbeitnehmerkonsultation der Generalversammlung mitgeteilt werden muss, bevor über die Fusion beschlossen wird, wenn die Eintragung erst nach dem 1.7.2004 erfolgt. Im Übrigen ist klargestellt, dass Art. 333 f. OR bei Fusionen spätestens ab dem 1.7.2004 trotz bisher umstrittener Lehre und Rechtsprechung gelten. 66

Spaltungen, Umwandlungen und Vermögensübertragungen müssen sich ohnehin nach dem FusG richten, weshalb sich keine übergangsrechtlichen Fragen stellen. 67

Art. 27

Übergang der Arbeitsverhältnisse, Sicherstellung und persönliche Haftung

¹ Für den Übergang der Arbeitsverhältnisse auf die übernehmende Gesellschaft findet Artikel 333 des Obligationenrechts Anwendung.

² Die Arbeitnehmerinnen und Arbeitnehmer der an der Fusion beteiligten Gesellschaften können gemäss Artikel 25 die Sicherstellung ihrer Forderungen aus Arbeitsvertrag verlangen, die bis zum Zeitpunkt fällig werden, auf den das Arbeitsverhältnis ordentlicherweise beendigt werden könnte oder, bei Ablehnung des Übergangs, von der Arbeitnehmerin oder dem Arbeitnehmer beendigt wird.

³ Gesellschafterinnen und Gesellschafter der übertragenden Gesellschaft, die vor der Fusion für deren Verbindlichkeiten hafteten, bleiben für alle Verbindlichkeiten aus Arbeitsvertrag haftbar, die bis zum Zeitpunkt fällig werden, auf den das Arbeitsverhältnis ordentlicherweise beendigt werden könnte oder, bei Ablehnung des Übergangs, von der Arbeitnehmerin oder dem Arbeitnehmer beendigt wird.

Urs L. Baumgartner

Transfert des rapports de travail, garantie et responsabilité personnelle	¹ Le transfert des rapports de travail à la société reprenante est régi par l'art. 333 CO.

² Les travailleurs des sociétés qui fusionnent peuvent, conformément à l'art. 25, exiger la garantie des créances résultant du contrat de travail qui deviennent exigibles jusqu'à la date à laquelle les rapports de travail pourraient normalement prendre fin ou prendront fin si le travailleur s'oppose au transfert.

³ Les associés de la société transférante qui répondaient de ses dettes avant la fusion continuent de répondre des dettes résultant du contrat de travail qui deviennent exigibles jusqu'à la date à laquelle les rapports de travail pourraient normalement prendre fin ou prendront fin si le travailleur s'oppose au transfert. |
| Trasferimento dei rapporti di lavoro, garanzia e responsabilità personale | ¹ Il trasferimento dei rapporti di lavoro alla società assuntrice è retto dall'articolo 333 del Codice delle obbligazioni.

² I lavoratori delle società partecipanti alla fusione possono chiedere, conformemente all'articolo 25, che siano garantiti i crediti derivanti dal contratto di lavoro divenuti esigibili entro il termine in cui il rapporto di lavoro può essere sciolto normalmente o è sciolto per opposizione del lavoratore al trasferimento.

³ I soci della società trasferente che rispondevano dei suoi debiti prima della fusione continuano a rispondere dei debiti derivanti dal contratto di lavoro divenuti esigibili entro il termine in cui il rapporto di lavoro può essere sciolto normalmente o è sciolto per opposizione del lavoratore al trasferimento. |

Literatur

Vgl. Literaturhinweise zu Vorbem. vor Art. 27.

I. Übergang der Arbeitsverhältnisse

1   Mit Art. 27 Abs. 1 und 28 Abs. 1 wird die Kontroverse in der Literatur obsolet, ob Art. 333 und 333a OR auch bei Fusionen Anwendung finden, denn das FusG verweist integral auf die genannten Bestimmungen. Vergleiche für detaillierte Kommentierung vor Art. 27 N 2.

2   Der Fusionsvorgang als *Universalsukzession* erfasst alle Arbeitsverhältnisse, bei denen der untergehende Rechtsträger Arbeitgeber, d.h. *formeller Vertragspartner* im Einzelarbeitsverhältnis, ist. Unklarheiten bezüglich der Abgrenzung des Kreises der vom Betriebsübergang betroffenen Arbeitnehmer kann es de lege lata nicht geben (vgl. vor Art. 27 N 9).

3   Dies bedeutet zunächst, dass Mitarbeiter des untergehenden Rechtsträgers nur dann vom Übergang nicht erfasst werden, wenn deren Arbeitsvertrag *vor der Fusion endigt* (durch Kündigung, Arbeitgeberwechsel, im Rahmen einer Abspaltung oder einer Vermögensübertragung etc.). Es ist nicht möglich, im Fusionsvertrag den Übergang einzelner Betriebe oder Betriebsteile bzw. dazugehöriger Arbeitsverhältnisse auszuschliessen.

4   Andere Mitarbeiter (z.B. Arbeitnehmer einer mit der übernommenen Gesellschaft verbundenen Unternehmung, die aber im Rahmen einer Personalüberlassung für die über-

nommene Rechtsträgerin tätig waren) können nur gestützt auf eine separate Transaktion zu Mitarbeitern des übernehmenden Rechtsträgers werden (vor Art. 27 N 9). Denkbar ist eine Kündigung oder einvernehmliche Auflösung des bisherigen Arbeitsverhältnisses, aber auch eine Vermögensübertragung.

II. Sicherstellung der Forderungen

Gemäss Art. 333 Abs. 2 OR sind der neue Arbeitgeber und der Arbeitnehmer bis zum Ablauf des Arbeitsverhältnisses zur Vertragserfüllung verpflichtet, auch wenn der Arbeitnehmer den Übergang des Arbeitsverhältnisses ablehnt. Gemäss Abs. 3 haften bisheriger Arbeitgeber und Erwerber des Betriebs solidarisch für Arbeitnehmerforderungen, die (a) vor dem Übergang des Betriebs fällig geworden sind und (b) nachher bis zum Zeitpunkt fällig werden, auf den das Arbeitsverhältnis ordentlicherweise beendigt werden könnte oder bei Ablehnung des Übergangs durch den Arbeitnehmer beendigt wird. Ordentlicherweise beendigt werden kann das Arbeitsverhältnis auf den Ablauf der *vertraglichen* Kündigungsfristen. Bei der Fusion, wo mit Eintrag im Handelsregister die übernommene Gesellschaft untergeht (Art. 21 Abs. 3 und 22 Abs. 1), verliert allerdings die Regelung in Art. 333 OR ihre Bedeutung, soweit der bisherige Arbeitgeber verpflichtet wird. Art. 27 Abs. 2 auferlegt dem übernehmenden Rechtsträger die zusätzliche Verpflichtung, die im Sinne von Art. 333 Abs. 3 OR umschriebenen Forderungen der Arbeitnehmer sicherzustellen, falls dies die Arbeitnehmer innert drei Monaten nach Rechtswirksamkeit der Fusion verlangen. Ohne entsprechendes Begehren der Gläubiger (hier: Arbeitnehmer) bleibt es auch im Bereich des Arbeitsrechts bei einer blossen Anspruchsberechtigung ohne Sicherstellungspflicht. Für die Einzelheiten vergleiche vor Art. 27 N 41 ff. und Kommentierung zu Art. 25. 5

Die Formulierung «Forderungen aus Arbeitsvertrag..., die bis zum Zeitpunkt fällig werden, auf den das Arbeitsverhältnis ordentlicherweise beendigt werden könnte...» in Art. 27 Abs. 2 ist inhaltlich deckungsgleich mit der Formulierung «Forderungen des Arbeitnehmers, die vor dem Übergang fällig geworden sind und die nachher bis zum Zeitpunkt fällig werden, auf den das Arbeitsverhältnis ordentlicherweise beendigt werden könnte» in Art. 333 Abs. 3 OR. Vgl. aber vor Art. 27 N 43 betreffend *Fälligkeit* und *Entstehungszeitpunkt*. 6

Da die Dreimonatsfrist gemäss Art. 25 Abs. 1 erst ab Rechtswirksamkeit der Fusion läuft, überdauert sie in der Regel den Zeitpunkt der Beendigung des Arbeitsverhältnisses bei Ablehnung des Übergangs durch den Arbeitnehmer. Information und allenfalls Konsultation der Arbeitnehmerschaft müssen vor der beschlussfassenden Generalversammlung erfolgen. Ab Information läuft eine maximal einmonatige Bedenk- und anschliessend die höchstens dreimonatige (vorne N 5) Kündigungsfrist (vgl. vor Art. 27 N 17). 7

Die Publikationspflicht gemäss Art. 25 Abs. 2 erstreckt sich auch auf Arbeitnehmerforderungen. Die Informations- und Konsultationspflichten gemäss Art. 28 i.V.m. Art. 333a OR decken lediglich die obligationenrechtlich vorgesehenen materiellen Inhalte ab, nicht aber die im Fusionsgesetz zusätzlich vorgesehene Sicherstellungsmöglichkeit. Gemäss Art. 219 Abs. 4 Erste Klasse lit. a SchKG sind Arbeitnehmerforderungen in der ersten Klasse privilegiert. Gemäss Art. 25 Abs. 3 entfällt die Sicherstellungspflicht, wenn die Erfüllung *der Forderung* (Einzahl) durch die Fusion nicht gefährdet wird. Die Sicherstellungspflicht für Arbeitnehmerforderungen entfällt daher schon dann, wenn die Erfüllung nur der in der ersten Klasse privilegierten Forderungen nachweislich nicht gefährdet ist. 8

9 Gemäss klarem Wortlaut steht auch den Arbeitnehmern der *übernehmenden* Gesellschaft ein Sicherstellungsanspruch zu (Art. 27 Abs. 2).

10 Der Sicherstellungsanspruch der Arbeitnehmer ist in Art. 27 Abs. 2 in zeitlicher Hinsicht begrenzt und damit gegenüber Art. 25 eingeschränkt. Forderungen von Arbeitnehmern, die nicht *«aus Arbeitsvertrag»* resultieren, unterliegen dieser zeitlichen Beschränkung nicht. Für die Abgrenzung kann auf die Praxis zu Art. 128 Ziff. 3 OR (Verkürzung der Verjährungsfrist auf fünf Jahre für Arbeitnehmerforderungen) verwiesen werden.

III. Haftung von Gesellschaftern

11 Art. 27 Abs. 3 begründet keine neue Haftung, sondern dehnt vorbestehende Haftungen zeitlich aus (vor Art. 27 N 44). Für die Abgrenzung der Zeitperiode vergleiche N 6.

IV. Rechtsvergleich

12 Die *Regelung und Sicherung der Ansprüche der Arbeitnehmer* in Art. 3 der EU-Betriebsübergangs-RL entspricht weitgehend den Art. 27 Abs. 1 FusG und 333 Abs. 1, 1bis und 3 OR. Im Gegensatz zum schweizerischen Recht (Art. 27 Abs. 2) gewährt das europäische Recht den Arbeitnehmern jedoch keinen Anspruch auf Sicherstellung ihrer Forderungen. Auch die solidarische Haftung des Veräusserers und des Erwerbers besteht nur, wenn die Mitgliedstaaten dies in den nationalen Gesetzen vorsehen. Dafür hält die RL ausdrücklich fest, dass die Verletzung der Pflicht des Veräusserers, den Erwerber über alle Rechte und insbesondere Pflichten gegenüber den Arbeitnehmern zu unterrichten, weder den Übergang noch die Ansprüche der Arbeitnehmer gegenüber dem Erwerber und/oder Veräusserer berührt.

13 Grundsätzlich hat der Erwerber die in einem *Gesamtarbeitsvertrag («Kollektivvertrag»)* vereinbarten Arbeitsbedingungen bis zur Kündigung oder zum Ablauf des GAV oder dessen Aufhebung durch einen neuen GAV einzuhalten. Den Mitgliedstaaten steht es jedoch frei, die Aufrechterhaltung der GAV-Bestimmungen zeitlich auf ein Jahr oder länger zu beschränken (Art. 3 Ziff. 3 EU-Betriebsübergangs-RL). Verschiedene Mitgliedstaaten (z.B. Deutschland und Österreich) haben von dieser Möglichkeit Gebrauch gemacht, so dass wie im Schweizer Recht (vor Art. 27 N 19 ff.) die Bestimmungen des GAV nur während eines Jahres nach Übergang des Unternehmens bzw. Betriebes fortwirken.

14 Wie bereits in den Vorbemerkungen (vor Art. 27 N 12) ausgeführt, ist gemäss herrschender Schweizer Lehre eine *Kündigung* von Seiten des Arbeitgebers *einzig* auf Grund des Betriebsüberganges unzulässig. Art. 4 Ziff. 1 EU-Betriebsübergangs-RL hält diesen Grundsatz ausdrücklich fest, bestimmt jedoch auch, dass ebenfalls im Einklang mit Schweizerischem Recht (vor Art. 27 N 13) Kündigungen aus wirtschaftlichen, technischen oder organisatorischen Gründen zulässig sind.

15 Ein generelles *Widerspruchsrecht des Arbeitnehmers* gegen den Übergang des Arbeitsverhältnisses (wie in Art. 333 Abs. 1 OR) ist im europäischen Recht nicht vorgesehen. In einzelnen Mitgliedstaaten (z.B. Deutschland, Grossbritannien) besteht jedoch ein Widerspruchsrecht des Arbeitnehmers ohne Angabe besonderer sachlicher Gründe, andere (z.B. Österreich) gewähren nur in Ausnahmefällen ein Recht zur einseitigen Auflösung des Arbeitsverhältnisses. Art. 4 Ziff. 2 EU-Betriebsübergangs-RL bestimmt, dass die Beendigung des Arbeitsverhältnisses als durch den Arbeitgeber verursacht gilt, wenn

7. Abschnitt: Gläubiger- und Arbeitnehmerschutz   Art. 28

der Übergang wesentliche, für den Arbeitnehmer negative Änderungen der Arbeitsbedingungen zur Folge hat, welche zur Beendigung führten.

V. IPR

Vgl. vor Art. 27 N 55 ff.   16

Art. 28

Konsultation der Arbeitnehmervertretung

¹ Für die Konsultation der Arbeitnehmervertretung findet für die übertragende wie auch für die übernehmende Gesellschaft Artikel 333a des Obligationenrechts Anwendung.

² Die Konsultation muss vor der Beschlussfassung gemäss Artikel 18 erfolgen. Das oberste Leitungs- oder Verwaltungsorgan muss die Generalversammlung anlässlich der Beschlussfassung über das Ergebnis der Konsultation informieren.

³ Werden die Vorschriften der Absätze 1 und 2 nicht eingehalten, so kann die Arbeitnehmervertretung vom Gericht verlangen, dass es die Eintragung der Fusion ins Handelsregister untersagt.

⁴ Diese Bestimmung findet auch Anwendung auf übernehmende Gesellschaften mit Sitz im Ausland.

Consultation de la représentation des travailleurs

¹ La consultation de la représentation des travailleurs est régie, tant pour la société transférante que pour la société reprenante, par l'art. 333*a* CO.

² La consultation a lieu avant la décision prévue à l'art. 18. L'organe supérieur de direction ou d'administration informe l'assemblée générale du résultat de la consultation lors de la décision.

³ Si les dispositions des al. 1 et 2 ne sont pas respectées, la représentation des travailleurs peut exiger du juge qu'il interdise l'inscription de la fusion au registre du commerce.

⁴ La présente disposition s'applique également aux sociétés reprenantes dont le siège est à l'étranger.

Consultazione dei rappresentanti dei lavoratori

¹ La consultazione dei rappresentanti dei lavoratori è retta, per la società trasferente e la società assuntrice, dall'articolo 333a del Codice delle obbligazioni.

² La consultazione deve avvenire prima della decisione di cui all'articolo 18. L'organo superiore di direzione o di amministrazione deve riferire sull'esito della consultazione all'assemblea generale, prima della decisione.

³ Se le disposizioni di cui ai capoversi 1 e 2 non sono rispettate, la rappresentanza dei lavoratori può chiedere al giudice che vieti l'iscrizione della fusione nel registro di commercio.

⁴ Il presente articolo si applica anche alle società assuntrici con sede all'estero.

Literatur

Vgl. Literaturhinweise zu Vorbem. vor Art. 27.

I. Normzweck, Allgemeines

1 Art. 28 verweist bezüglich Information und Konsultation integral auf Art. 333a OR und damit auf die dazu entwickelte Lehre und Rechtsprechung, vgl. vor Art. 27 N 8 und Art. 27 N 1.

2 Neu ist allerdings, dass für Betriebsübergänge im Rahmen von Fusionen (wie auch Spaltungen, Art. 50, und Vermögensübertragungen, Art. 77 Abs. 1) die Konsultation der Arbeitnehmervertretung auch der *übernehmenden* Gesellschaft vorgeschrieben ist, weil «Massnahmen..., welche die Arbeitnehmer betreffen» (Art. 333a Abs. 2 OR) in verschiedener Hinsicht Auswirkungen auf die Arbeitnehmer der übernehmenden Gesellschaft haben können (WYLER, 250).

3 In beiden Fällen erfasst der Verweis auf Art. 333a OR auch die Informationspflicht, die selbst dann zu erfüllen ist, wenn die Voraussetzungen für die Konsultationspflicht nicht erfüllt sind (vor Art. 27 N 24 ff.).

4 Bezüglich Massenentlassung vgl. vor Art. 27 N 31. Wird der übernommene Rechtsträger zu Pönalzahlungen verpflichtet, haftet dafür der übernehmende Rechtsträger nur solidarisch mit, falls die Pönale innert einem bis maximal drei Monaten nach Fusionsvollzug fällig wird (Art. 333 Abs. 3 i.V.m. 335c OR); auf die gleiche Dauer besteht die Sicherstellungspflicht gemäss Art. 27 Abs. 2. Ebenfalls für drei Monate besteht die Sicherstellungspflicht gemäss Art. 27 Abs. 2 i.V.m. 25 Abs. 1.

II. Zeitpunkt der Konsultation

5 *Umstrukturierungsrechtlich* muss die Konsultation vor der Beschlussfassung gemäss Art. 18 erfolgen und das oberste Leitungs- oder Verwaltungsorgan hat anlässlich der Beschlussfassung die Generalversammlung über das Ergebnis der Konsultation zu informieren. Der Generalversammlungsbeschluss über die Fusion (der übernommenen wie der übernehmenden Gesellschaft) muss *in Kenntnis der Auswirkungen der Fusion auf die Arbeitsverhältnisse* (Teil des Fusionsberichts, Art. 14 Abs. 3 lit. i) sowie der *Reaktion der Arbeitnehmervertretung* bzw. Arbeitnehmerschaft hierauf erfolgen. Diese Reaktion wird nicht bereits Teil des Fusionsberichts sein können, weshalb sie Gegenstand einer separaten Orientierung des beschlussfassenden Organs sein muss. Bei der erleichterten (d.i. im Wesentlichen: konzerninternen) Fusion von Kapitalgesellschaften entfällt der Generalversammlungsbeschluss (Art. 24 Abs. 1). Der Verwaltungsrat muss diesfalls die Arbeitnehmer vor dem Vertragsabschluss informieren (und ggf. konsultieren) oder einen bedingten Vertrag abschliessen und nach dem Informations- oder Konsultationsverfahren formell feststellen, dass die Bedingung erfüllt ist (ZK-HUBSCHMID, N 16; ISLER/VON SALIS-LÜTOLF, 28). Die Arbeitnehmer haben zwar kein durchsetzbares Recht auf inhaltliche Mitgestaltung der Fusion, aber gleichsam einen Anspruch auf *rechtliches Gehör*.

Arbeitsrechtlich muss die Konsultation vor einem definitiven Entscheid über «Massnahmen, welche die Arbeitsverhältnisse betreffen», erfolgen (Art. 333a Abs. 2 OR).

6 Der Konsultationsprozess muss genügend lang andauern, dass die Arbeitnehmerschaft in der Lage ist, die vorgesehene Umstrukturierung und deren (negative) Auswirkungen auf die Arbeitsverhältnisse zu *prüfen* und Vorschläge für eine bessere Wahrung der Arbeitnehmerinteressen zu *erarbeiten* und zu *unterbreiten*. Eine präzise *Frist* nennt das Gesetz zu Recht nicht, weil je nach Umfang und Komplexität der Transaktion verschiedene Fristen angemessen sein können. Schon aus Praktikabilitätsgründen wird Art. 16

Abs. 1 zu berücksichtigen sein, der den Gesellschaftern ein dreissigtägiges Einsichtsrecht vor der Beschlussfassung einräumt. Die Information der Mitarbeiter und damit die Auslösung des Konsultationsprozesses hat somit auch *dreissig Tage* vor der Generalversammlung zu erfolgen (vgl. Art. 1 Abs. 2). Allerdings findet bei KMU eine solche Auflage nicht zwingend statt (Art. 16 Abs. 2). Folgt man der bisherigen Lehre und Rechtsprechung zur Konsultation bei *Massenentlassungen* (Art. 335d ff. OR), ist eine Frist von 24 Stunden auf jeden Fall zu kurz und selbst bei komplexen Verhältnissen eine Frist von einer bis maximal zwei Wochen ausreichend (ähnlich WYLER, 251; Handkommentar FusG-REINERT, Art. 28 N 11; 3 bis 5 Tage: KUHN/KOLLER, 11/2.8.3.2.2. mit Verweis auf ein Genfer Urteil zweiter Instanz; BGE 123 III 176 E. 4b; BGE 4C.263/2003 vom 16.12.03 mit Bericht in NZZ Nr. 17 vom 22.1.2004, S. 25).

Die Information der Arbeitnehmer und das Konsultationsverfahren müssen auch dann rechtzeitig erfolgen, wenn nur *kleine und mittlere Unternehmungen* an der Fusion beteiligt sind und sämtliche Gesellschafter auf das Einsichtsverfahren verzichten (Art. 16 Abs. 2). Eine Konsultation vor Abschluss eines Fusions- oder Übertragungsvertrags ist allerdings nicht erforderlich (**a.M.** WINKLER, SJZ 2001, 487), vgl. N 10.

Abs. 2 verweist mit dem Begriff «Konsultation» nicht nur auf die Konsultationspflicht im technischen Sinn gemäss Art. 333a Abs. 2 OR, sondern auch auf die blosse Informationspflicht gemäss Art. 333a Abs. 1 OR: Die Information über den Grund der Fusion und deren rechtliche, wirtschaftliche und soziale Folgen für die Arbeitnehmer hat ebenfalls vor der Beschlussfassung gemäss Art. 18 zu erfolgen. Gelegenheit zur Konsultation muss allerdings nicht eingeräumt werden, wenn die geplanten Massnahmen keine Arbeitnehmer betreffen, und der Bericht des obersten Leitungs- oder Verwaltungsorgans wird sich diesfalls auf die Mitteilung beschränken, dass die Arbeitnehmer informiert worden sind.

Fusionsverhandlungen unterliegen oft höchster *Vertraulichkeit* (schon aus börsengesetzlichen Gründen; Botschaft, 4428). Die Pflicht zur Information oder ggf. Konsultation der Arbeitnehmer kann damit kollidieren. Information bzw. Eröffnung des Konsultationsverfahrens können aber nur bis höchstens 30 Tage vor der Beschlussfassung (Einsichtsrecht gemäss Art. 16 Abs. 1) bzw. der gesetzlichen Einladungsfrist zur Generalversammlung (20 Tage bei der Aktiengesellschaft gemäss Art. 700 Abs. 1 OR) hinausgeschoben werden.

In aller Regel wird im Zeitpunkt der Arbeitnehmerinformation der Fusionsvertrag bereits abgeschlossen (Art. 12 Abs. 1) und der Fusionsbericht erstellt (Art. 14) sein (**a.M.** Botschaft, 4428). Die Möglichkeiten zur Einflussnahme der Arbeitnehmer auf die inhaltliche Gestaltung der Transaktion sind daher beschränkt. Ein Antrag der Kommissionsminderheit im Nationalrat, die Konsultation habe vor Abschluss des Fusionsvertrags zu erfolgen, wurde allerdings mit 69 zu 51 Stimmen abgelehnt unter Hinweis darauf, dass die Fusionsverhandlungen in Ruhe abgewickelt werden müssen und dass es den Arbeitnehmern nicht zustehe, sich in operative Entscheidungen des Führungsorgans einzumischen (AmtlBull NR 2003, 241).

III. Sanktionen

Vergleiche die Ausführungen in vor Art. 27 N 30 ff.

IV. Übernehmende Gesellschaften im Ausland

12 Mit Absatz 4 wird die Informations- und Konsultationspflicht nach schweizerischem Arbeitsrecht auch ausländischen übernehmenden Rechtsträgern (sofern eine Absorbtionsfusion vorliegt) auferlegt. Die Verletzung der Konsultationspflicht durch die an der Fusion beteiligte ausländische Gesellschaft eröffnet den betroffenen Arbeitnehmern die Möglichkeit, die Löschung der zu übernehmenden schweizerischen Gesellschaft im schweizerischen Handelsregister zu verzögern. Den Arbeitnehmern der untergehenden schweizerischen Gesellschaft steht ein entsprechendes Antragsrecht nur zu, wenn das Konsultationsverfahren *bei der schweizerischen Gesellschaft* nicht gemäss Abs. 1 und 2 durchgeführt wurde.

13 Art. 163b IPRG regelt die Fusion von der Schweiz ins Ausland (Emigrationsabsorbtion und -kombination), ohne auf die Arbeitnehmerrechte einzugehen. Gemäss dessen Absatz 2 muss die schweizerische Gesellschaft alle Vorschriften des schweizerischen Rechts erfüllen, die für die übertragende Gesellschaft gelten. Gemäss Art. 163b Abs. 4 IPRG untersteht die Fusion im Übrigen dem Recht der übernehmenden ausländischen Gesellschaft. Art. 28 Abs. 4 enthält dazu eine nicht unbedeutende Erweiterung (vgl. auch vor Art. 27 N 55 ff. und Kommentar Art. 169a ff. IPRG).

V. Rechtsvergleich

14 Zusätzlich zu den Informationen, die auch Art. 333a OR verlangt, müssen gemäss europäischem Recht die Arbeitnehmervertretungen der übernehmenden und der übernommenen Gesellschaft auch über den geplanten *Zeitpunkt des Betriebsübergangs* informiert werden (Art. 7 Ziff. 1 EU-Betriebsübergangs-RL). Eine Konsultationspflicht besteht nur gegenüber der Arbeitnehmervertretung der von den Massnahmen betroffenen Gesellschaft. Existiert *keine Arbeitnehmervertretung*, ist nur die Information, nicht jedoch die Konsultation, der betroffenen Mitarbeiter sicherzustellen (Art. 7 Ziff. 6 EU-Betriebsübergangs-RL).

15 Die RL bestimmt ferner, dass der Arbeitgeber auch dann für Information und Konsultation verantwortlich ist, wenn der Entscheid über den Betriebs- bzw. Unternehmensübergang bei einer den Arbeitgeber beherrschenden Gesellschaft liegt und diese dem Arbeitgeber die entsprechenden Informationen ebenfalls nicht übermittelt hat (Art. 7 Ziff. 4 EU-Betriebsübergangs-RL).

16 Zur Durchsetzung ihrer Rechte steht den Arbeitnehmern gemäss der RL nur der Gerichtsweg offen, vorsorgliche Massnahmen, wie die Einsprache beim Handelsregisteramt nach Art. 28 Abs. 3 FusG, sieht das europäische Recht nicht vor (vgl. Art. 9 EU-Betriebsübergangs-RL). Nach *deutschem Recht* ist jedoch die rechtzeitige Gewährung der Einsichtnahme in den Fusionsvertrag durch die Arbeitnehmervertretung Voraussetzung für die Eintragung der Fusion ins Handelsregister (§ 17 Abs. 1 UmwG).

17 Im Gegensatz zum schweizerischen Recht sind allerdings im Recht einzelner Mitgliedstaaten der EU (z.B. Deutschland) die Verletzungen der Informations- und Konsultationspflichten mit Nichtigkeit der Transaktion bedroht (vgl. vor Art. 27 N 30).

18 Die Anwendbarkeit der EU-Betriebsübergangs-RL beschränkt sich auf Tatbestände, bei denen der übergehende Betrieb seinen Sitz in einem der Vertragsstaaten hat (Art. 1 Ziff. 2).

VI. IPR

19 Vgl. vor Art. 27 N 55 ff.

Drittes Kapitel: Spaltung von Gesellschaften

vor Art. 29: Steuerliche Behandlung der Spaltung juristischer Personen

Inhaltsübersicht   Note

I. Zivilrechtliche Einordnung	1
1. Spaltungsformen	1
a) Spaltung nach Fusionsgesetz	1
b) Bisherige Spaltungsformen	4
c) Spaltung mit zweistufigem Verfahren	7
2. Spaltung «nach unten» und Spaltung «nach oben»	8
II. Gewinnsteuer auf Unternehmensebene	11
1. Überblick	11
2. Gegenüberstellung bisheriges und neues Recht	12
3. Entstehungsgeschichte	13
4. Allgemeine Voraussetzungen der Steuerneutralität	19
a) Fortführung der Steuerpflicht in der Schweiz	19
aa) Fiskalische Verknüpfung	19
ab) Haupttatbestände	20
b) Übernahme der für die Gewinnsteuer massgeblichen Werte	21
ba) Massgebliche Werte	21
bb) Spaltung zwecks Sanierung	23
5. Realisationstatbestand	27
6. Spaltungsspezifische Voraussetzungen der Steuerneutralität	34
a) Juristische Personen	34
b) Übertragung eines Betriebs oder Teilbetriebs	40
ba) Gesamt- oder Teilvermögen	40
bb) Doppeltes Betriebserfordernis	41
(1) Kennzeichnendes Element	41
(2) Einzelne Aktiven	43
(3) Missbrauchsregelung	44
(4) Vergleich mit Tochterausgliederung und Konzernübertragung	45
bc) Betriebserfordernis bei Vereinen, Stiftungen und übrigen juristischen Personen	47
bd) Bisherige Betriebsdefinition	48
be) Der Teilbetrieb	49
bf) Sonderfälle	53
(1) Immobilien	53
(2) Beteiligungen und Holdinggesellschaften	56
(a) Bisherige Auffassung	56
(b) Beteiligung als Betrieb oder Teilbetrieb	58
(c) Holdinggesellschaften	61
(3) Vermögensverwaltungsgesellschaften	65
(4) Finanz- und Immaterialgüterverwertungsgesellschaften	66
(5) Vorsorgeeinrichtungen	67
c) Weiterführung eines Betriebs oder Teilbetriebs	68
d) Sperrfrist bzw. Fortführung des wirtschaftlichen Engagements	71

da) Bisheriges Recht 71
    (1) Sperrfrist 71
    (2) Subjektive oder objektive Sperrfrist? 72
db) Neues Recht 73
    (1) Gesetzgebungsprozess 73
    (2) Keine Sperrfrist unter neuem Recht 74
dc) Veräusserung von Anteils- und Mitgliedschaftsrechten unmittelbar nach Spaltung 75
dd) Nachfolgende Umstrukturierungen und verwässernde Kapitalerhöhungen 76
de) Asymmetrische Spaltung 77
df) Altrechtliche Sperrfristen 79
    (1) Bund 79
    (2) Kantone 81
dg) Wegfall der Sperrfrist 82
    (1) Lehre 82
    (2) Eigene Beurteilung 83
7. Eigenkapitalveränderungen infolge der Spaltung 84
  a) Kapitalherabsetzung 84
  b) Offene Reserven 85
  c) Verwendung eigener Aktien 87
  d) Buchwertverkauf bei Aktivenüberschuss 90
  e) Passivenüberschuss 95
8. Steuerpflicht und zeitliche Bemessung 97
  a) Spaltungsstichtag 97
  b) Steuerpflicht, Steuerperiode und zeitliche Bemessung 98
  c) Verlustvorträge 99
  d) Beteiligungen 103
  e) Steuersukzession 105
  f) Systemwechselfälle 106
    fa) Spaltung auf eine privilegiert besteuerte Gesellschaft oder eine steuerbefreite Institution 106
    fb) Spaltung von einer privilegiert besteuerten auf eine ordentlich besteuerte Gesellschaft 108
    fc) Spaltung von einer Kapitalgesellschaft oder Genossenschaft auf einen Verein, eine Stiftung oder einen Anlagefonds mit direktem Grundbesitz 109
        (1) Zivilrechtliche Zulässigkeit 109
        (2) Steuerliche Beurteilung 110
    fd) Spaltung von einem Verein, einer Stiftung, einer übrigen juristischen Person oder einer steuerbefreiten Institution auf eine Kapitalgesellschaft oder Genossenschaft 115
III. Gewinn- und Einkommenssteuer der Anteilseigner 116
1. Wert der Beteiligung an der gespaltenen Gesellschaft 116
2. Beteiligungstausch unter bisherigem Recht 117
3. Beteiligungstausch unter neuem Recht 118
  a) Grundsatz 118
  b) Begriff des Austauschs 119
  c) Übernahme der für die Gewinnsteuer massgeblichen Werte 120
    ca) Gewinnsteuerwerte und Gestehungskosten 120
    cb) Zwangsaufwertung nach Art. 62 Abs. 4 DBG 122

	cc) Umklassifizierung von Alt- und Neubeteiligungen	124
d)	Fortführung der Steuerpflicht	125
	da) Grundsatz	125
	db) Steuersystematische Realisation infolge Statuswechsel für den Beteiligungsabzug	127
	dc) Grenzüberschreitender Beteiligungstausch	129
4. Leistungen der Gesellschaft an die Anteilsinhaber		130
a) Zivilrecht		130
	aa) Ausgleichszahlungen (Spitzenausgleich)	130
	ab) Abfindungen	131
	ac) Abgeltungen für Sonderrechte	132
	ad) Abgeltung für Genussscheine	133
b) Steuerrecht		134
	ba) Ausgleichszahlungen	134
	bb) Abfindungen, Abgeltung für Sonderrechte, Abgeltung für Genussscheine	138
	bc) Nennwertzuwachs	140
	bd) Verwendung eigener Aktien	141
5. Leistungen zwischen Anteilsinhabern		142
6. Vereine, Stiftungen, Anlagefonds mit direktem Grundbesitz		143
a) Spaltung Verein oder Stiftung in Kapitalgesellschaft oder Genossenschaft		143
b) Spaltung Kapitalgesellschaft oder Genossenschaft in Verein oder Stiftung		144
c) Spaltung von Kapitalgesellschaft oder Genossenschaft in Anlagefonds mit direktem Grundbesitz und umgekehrt		146
IV. Gewinn- und Einkommenssteuer bei Verletzung der Steuerneutralitätsvoraussetzungen		147
1. Gesellschaftsebene		147
a) Verletzung objektiver Spaltungsvoraussetzungen		147
b) Bisheriges Recht		148
c) Neues Recht		150
	ca) Fehlen einer umfassenden gesetzlichen Regelung	150
	cb) Formeller und materieller Ansatz zur Bestimmung der Steuerfolgen	151
	(1) Formeller Ansatz	151
	(2) Materieller Ansatz	154
	(3) Kreisschreiben Umstrukturierung	155
	(a) Rechtsgleichheits- und Steuergerechtigkeitsaspekte	157
	(b) Abgrenzungsschwierigkeiten	159
	(4) Massgeblichkeit des formellen Ansatzes	160
	(a) Gesetz und Materialien	160
	(b) Ergebnis	165
	cc) Spezialfall Sanierungsspaltung	166
	cd) Vergleichende Gegenüberstellung	168
	ce) Methode der Nachbesteuerung	169
	cf) Steuerfolgen bei der übernehmenden Gesellschaft	170
2. Ebene Anteilsinhaber		172
a) Grundsatz		172
b) Juristische Personen		173
c) Natürliche Personen		174

ca) Geschäftsvermögen 174
cb) Privatvermögen 175
d) Keine Neubeurteilung bei ursprünglicher Abrechnung 178
e) Methode der Nachbesteuerung 179
V. Gewinn- und Einkommensteuer bei internationalen Sachverhalten 180
1. Immigrationsspaltung 180
2. Emigrationsspaltung 182
3. Anteilsinhaber 185
VI. Grundstückgewinnsteuer 188
VII. Handänderungssteuer 193
VIII. Verrechnungssteuer 197
1. Inländische Kapitalgesellschaften oder Genossenschaften als übertragende und übernehmende Gesellschaften 197
a) Ausnahme nach Art. 5 Abs. 1 lit. a VStG 197
b) Leistungen anlässlich einer Spaltung 199
ba) Gratisnennwert 199
bb) Ausgleichszahlungen, Abfindungen, Abgeltungen 200
bc) Verwendung eigener Aktien 202
c) Leistungen bei Verletzung von Art. 61 Abs. 1 lit. b DBG 203
ca) Verletzung des Betriebs- und Weiterführungserfordernisses 203
cb) Sanierungsspaltung 208
cc) Spaltung mit Buchwertabgeltung 210
cd) Spaltung mit Passivenüberschuss 211
2. Spaltung auf eine nicht verrechnungssteuerpflichtige juristische Person   213
3. Spaltung von nicht verrechnungssteuerpflichtigen juristischen Personen   215
4. Grenzüberschreitende Spaltungen 216
a) Emigrationsspaltung 216
b) Immigrationsspaltung 218
IX. Stempelabgaben 219
1. Emissionsabgabe 219
a) Inländische Kapitalgesellschaften oder Genossenschaften als übernehmende Gesellschaft 219
aa) Ausnahme von der Emissionsabgabe nach Art. 6 Abs. 1 lit. a^{bis} StG 219
ab) Direktbegünstigungstheorie bei Spaltung ohne Ausgabe von Beteiligungsrechten 222
ac) Dreieckstheorie bei Spaltung mit Ausgabe von Beteiligungsrechten und bei Sanierungsspaltung 223
(1) Spaltung mit Ausgabe von Beteiligungsrechten 223
(a) Ausnahme gemäss Art. 6 Abs. 1 lit. a^{bis} StG 223
(b) Keine Sperrfristen unter neuem Recht und Wegfall altrechtlicher Sperrfristen 226
(c) Wegfall der altrechtlichen Praxis zur Abspaltung von Beteiligungen 228
(2) Sanierungsspaltung 229
b) Emissionsabgabenfolgen bei Verletzung der Steuerneutralitätsvoraussetzungen 230
c) Andere juristische Personen als Kapitalgesellschaften und Genossenschaften als übernehmende Gesellschaft 232
d) Immigrationsspaltung 233
2. Umsatzabgabe 234

       a) Einheitliche Begriffsauslegung 234
       b) Grundtatbestand 235
       c) Sacheinlage von steuerbaren Urkunden 236
       d) Übertragung steuerbarer Urkunden 237
       e) Ausgabe von Beteiligungsrechten 238
       f) Austausch von Beteiligungsrechten zwischen Anteilsinhabern und Verkauf von Beteiligungsrechten 239
       g) Steuerpflicht bei nicht steuerneutraler Spaltung 240
X. Mehrwertsteuer 242
    1. Inländische Spaltung 242
       a) Meldeverfahren bei Übertragung von Gesamt- oder Teilvermögen ... 242
           aa) Subjektive Steuerpflicht 242
           ab) Umstrukturierungstatbestand 243
           ac) Gesamt- und Teilvermögen und Teilbarkeit der Leistungen 244
           ad) Abrechnungs- und Steuerzahlungspflicht 245
       b) Eigenverbrauch 246
       c) Vorsteuerkürzung 247
    2. Emigrationsspaltung 248

Literatur

P. BÖCKLI, Unternehmens-Umstrukturierungen in der Schweiz: Zwölf steuerliche Hemmschuhe, StR 1990, 215 ff.; DERS., Unternehmens-Umstrukturierungen, ASA 61 (1992/93), 373 ff.; DERS., Fusions- und Spaltungssteuerrecht: Gelöste und ungelöste Probleme, ASA 67 (1998/99), 1 ff.; P.-M. GLAUSER, Aspects fiscaux de la vente et du transfert de participations au sein du groupe, ST 2002, 711 ff.; M. GRETER, Unternehmensumstrukturierungen nach Harmonisierungsgesetz: Alter Wein in neuen Schläuchen?, StR 1993, 327 ff.; DERS., Standortbestimmung für die direkten Steuern bei Umstrukturierungen, ST 1995, 219 ff.; DERS., Erfreuliche Fortschritte im Umstrukturierungsrecht, ST 1996, 633 ff. (zit. Fortschritte); DERS., Spaltung von juristischen Personen und direkte Steuern, ASA 65 (1996/97), 849 ff.; DERS., Umwandlungen im Recht der direkten Steuern, ASA 71 (2002/03), 735 ff.; P. GURTNER, Fusionsgesetz und Steuerrecht, Jusletter 20.10.2003; T. HESS, Die Besteuerung der Anlagefonds und der anlagefondsähnlichen Instrumente sowie deren Anteilsinhaber in der Schweiz, Zürich 2000; H. KURZ, Interkantonale Verlustverrechnung neu geregelt, ST 2001, 853 ff.; M.R. NEUHAUS, Fusionsgesetz – Steuerfolgen bei Verletzung von Sperrfristen, Steuerbilanz, Massgeblichkeit, Nennwertprinzip, Mehrfachbesteuerungen, Grundsatz der Besteuerung nach der wirtschaftlichen Leistungsfähigkeit, FStR 2001, 24 ff.; J.R. NOLAN ET AL., Black's law dictionary, H.C. Black (Hrsg.), 6. Aufl., St. Paul/USA 1990 (zit. *Black's law dictionnary*); M. OERTLI/TH. CHRISTEN, Das neue Fusionsgesetz, ST 2004, 105 ff. und 219 ff.; R. PROBST, DBG – Das Gesetz über die direkte Bundessteuer, Bd. 2, Basel 1995; M. REICH., Verdeckte Vorteilszuwendungen zwischen verbundenen Unternehmen, ASA 54 (1985/86), 609 ff.; DERS., Umstrukturierungen im Steuerrecht, Randnotizen zur Revision der steuerrechtlichen Umstrukturierungsvorschriften, ST 1998, 263 ff.; DERS., Steuerrechtliche Aspekte des Fusionsgesetzes, FStR 2001, 4 ff.; DERS. Steuerrechtliche Implikationen des Fusionsgesetzes, FS Forstmoser, Zürich 2003, 725 ff. (zit. FS Forstmoser); P. RIEDWEG, Spaltungen von Gesellschaften nach Entwurf Fusionsgesetz und Vorschlag steuerlicher Anpassungen, StR 1998, 198 ff.; H.J. SCHÄFER/E. SCHLARB, Leitfaden zum Umwandlungssteuerrecht, 2. Aufl., Neuwied/Kriftel/Berlin 1999; M. SPRING, Die Besteuerung der Immobilienanlagefonds nach dem Bundesgesetz über die direkte Bundessteuer – Vor- und Nachteile des Direktbesitzes unter besonderer Berücksichtigung der Grenzsteuersätze ausgewählter Anlegergruppen, StR 1996, 405 ff.; W. STEIGER, Meldeverfahren im Zusammenhang mit Liegenschaften, StR 2003, 535 ff.; C. STOCKAR, Umstrukturierungen nach Fusionsgesetz, ST 1998, 51 ff.; J. WALKER, Steuerrechtliche Aspekte der Abspaltung von Unternehmensteilen, ST 1997, 1003 ff.; ST. WIDMER, Beteiligungsumstrukturierungen aufgrund der Unternehmenssteuerreform, ST 1998, 1347 ff.

Praxisfestlegungen der Steuerbehörden

Kreisschreiben Nr. 5 der ESTV vom 1.6.2004 betreffend Umstrukturierungen (zit. ESTV-DVS, KS 5 vom 1.6.2004); Kreisschreiben Nr. 9 der ESTV vom 9.7.1998 betreffend Auswirkungen des Bundesgesetzes über die Reform der Unternehmensbesteuerung 1997 auf die Steuerermässigung auf Beteiligungserträgen von Kapitalgesellschaften und Genossenschaften, ASA 67 (1998/99), 117 ff. (zit. ESTV-DVS, KS 9 vom 9.7.1998); Kreisschreiben Nr. 31 der ESTV vom 12.7.1996 betreffend Anlagefonds mit direktem Grundbesitz (zit. ESTV-DVS, KS 31 vom 12.7.1996); Merkblatt S-027.289.1 der ESTV vom April 1999 betreffend Verrechnungssteuer auf Gratisaktien, Gratispartizipationsscheinen und Gratisliberierungen, ASA 68 (1999/2000), 213 ff. (zit. ESTV-DVS, MB Gratisaktien S-027.289.1); Merkblatt S-02.141 der ESTV vom Februar 2001 zur Bestimmung des Leistungsempfängers bei der Verrechnungssteuer, ASA 69 (2000/2001), 783 ff. (zit. ESTV-DVS, MB S-02.141 Leistungsempfänger); Merkblatt betreffend Anwendung von Art. 6 Abs. 1 Bst. a[bis] des Bundesgesetzes über die Stempelabgaben (StG) vom Mai 2001 mit Änderung August 2002 (zit. ESTV-DVS, MB Art. 6 Abs. 1 Bst. a[bis] StG); Merkblatt S-02.134 der ESTV vom April 1993 betreffend die Umsatzabgabe: Weisung für Fusionen, fusionsähnliche Tatbestände, Umwandlungen und Abspaltungen mit steuerbaren Urkunden (zit. ESTV-DVS, MB Umsatzabgabe Umstrukturierungen); Richtlinie der ESTV für die Anwendung von Art. 6 Abs. 1 Bst. a[bis] StG vom April 1997 (zit. ESTV-DVS, Richtlinie Art. 6 Abs. 1 Bst. a[bis] StG); Merkblatt Nr. 11 der ESTV zur Übertragung mit Meldeverfahren, 610.545-11 (zit. ESTV-MWST, MB 11 Meldeverfahren); Spezialbroschüre Nr. 5 der ESTV, Nutzungsänderungen, 610.530-05 (zit. ESTV-MWST, SB 5 Nutzungsänderungen); Spezialbroschüre Nr. 6 der ESTV, Kürzung des Vorsteuerabzugs bei gemischter Verwendung, 610.530-06 (zit. ESTV-MWST, SB 6 Kürzung Vorsteuerabzug).

I. Zivilrechtliche Einordnung

1. Spaltungsformen

a) Spaltung nach Fusionsgesetz

1 Das FusG sieht zwei Formen der Spaltung vor: die Aufspaltung (Art. 29 lit. a FusG) und die Abspaltung (Art. 29 lit. b FusG). Es regelt auch die grenzüberschreitende Spaltung (Art. 163d IPRG). Eine **Aufspaltung** nach Art. 29 lit. a FusG liegt vor, wenn eine Gesellschaft ihr gesamtes Vermögen direkt auf zwei oder mehrere Gesellschaften überträgt und anschliessend aufgelöst und im Handelsregister gelöscht wird. Demgegenüber liegt eine **Abspaltung** vor, wenn eine Gesellschaft einen Teil oder mehrere Teile ihres Vermögens auf eine bestehende Gesellschaft (Spaltung zur Übernahme) oder neue Gesellschaft (Spaltung zur Neugründung) überträgt (Art. 29 lit. b FusG). Die übernehmende Gesellschaft muss ihr **Kapital erhöhen**, soweit es zur Wahrung der Rechte der Gesellschafter der übertragenden Gesellschaft erforderlich ist (Art. 33 FusG). Es ist folglich zulässig, eine Spaltung ohne Kapitalerhöhung bei der übernehmenden Gesellschaft durchzuführen, wenn an dieser die gleichen Aktionäre mit den gleichen Beteiligungsquoten wie an der spaltenden Gesellschaft beteiligt sind. **Ausgleichszahlungen** an die Aktionäre von bis zu 10% des wirklichen Wertes der gewährten Anteile sollen bei der Spaltung analog der Fusion zulässig sein (s. Art. 31 N 10).

2 Die Spaltung erfolgt durch **Herabsetzung des Nominalkapitals** und unter Verwendung **freier Reserven** (Botschaft, 4434; Art. 32 FusG). Im angelsächsischen Sprachraum wird im Zusammenhang mit der Kapitalverwendung der übertragenden Gesellschaft zwischen *Spin-off* und *Split-off* unterschieden. Als *Spin-off* wird eine Abspaltung ohne Rückgabe von Anteilsrechten der übertragenden Gesellschaft für neue Anteilsrechte und als *Split-off* eine solche mit Rückgabe von Anteilsrechten der übertragenden Gesellschaft bezeichnet (s. *Black's law dictionary*, 1400 f. m.w.H.). Der *Split-off* führt zu einer Kapitalverdichtung durch Reduktion der Anzahl ausstehender Aktien.

Steuerliche Behandlung 3, 4 vor Art. 29

Das FusG lässt neben der sog. **symmetrischen Auf- und Abspaltung**, bei der alle Gesellschafter der spaltenden Gesellschaft im Anschluss an die Auf- oder Abspaltung Anteils- und Mitgliedschaftsrechte an der übertragenden und der übernehmenden Gesellschaft besitzen, die sog. **asymmetrische Auf- und Abspaltung** zu, bei der sich die Beteiligungsverhältnisse ändern (Botschaft, 4433). Im Extremfall lässt sich die asymmetrische Spaltung dazu verwenden, zwei Aktionärsgruppen zu trennen, so dass beispielsweise nach der Abspaltung die eine Gesellschaftergruppe ausschliesslich Beteiligungsrechte der übertragenden Gesellschaft hält und die andere Gesellschaftergruppe ausschliesslich Beteiligungsrechte der übernehmenden Gesellschaft (Botschaft, 4434). In der bisherigen steuerlichen Terminologie wurde die asymmetrische Spaltung auch als Realteilung bezeichnet. 3

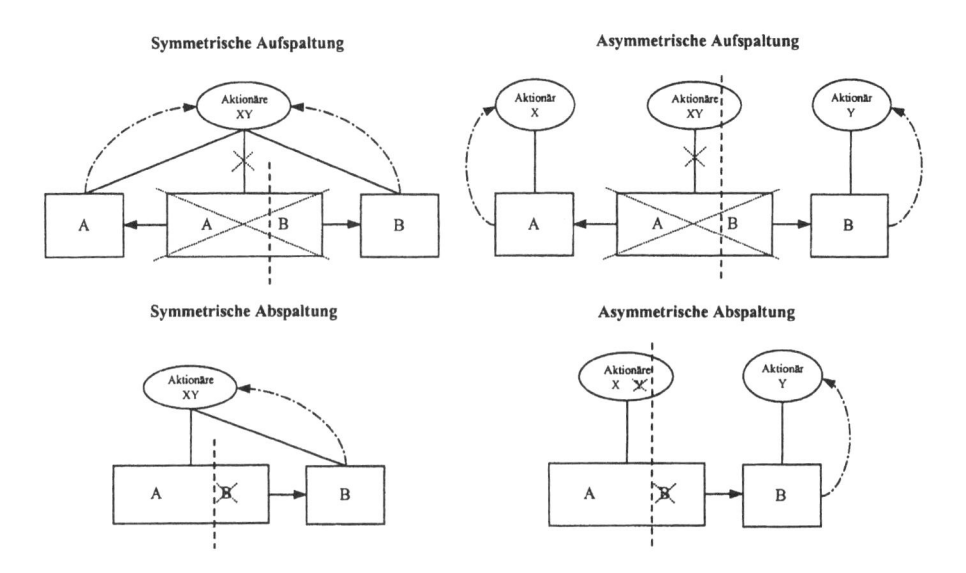

b) Bisherige Spaltungsformen

Unter bisherigem Recht war die direkte Abspaltung oder Aufspaltung eines Vermögens von einer Gesellschaft auf eine oder mehrere andere Gesellschaften zivilrechtlich nicht vorgesehen. Es musste ein indirektes, **zweistufiges Verfahren** angewendet werden. Dabei bestand üblicherweise der erste Schritt in der Ausgliederung der betreffenden Aktiven und Passiven durch die Muttergesellschaft in eine Tochtergesellschaft und der zweite Schritt in der Übertragung der Aktien der Tochtergesellschaft durch die Muttergesellschaft auf ihre Aktionäre. Die Aktivenübertragung erfolgte durch Singularsukzession und die Schuldenübertragung i.d.R. durch Universalsukzession nach Art. 181 OR. Die Aktien der übernehmenden Gesellschaft wurden den Aktionären der übertragenden Gesellschaft durch Rückzahlung von Aktienkapital oder als Sachdividende eingeräumt. Möglich war auch, dass die Aktionäre die neuen Beteiligungsrechte zum Nennwert selbst liberierten. Selten wurde das zu übertragende Vermögen oder Teilvermögen zunächst auf die Gesellschafter übertragen, welche dieses sodann in die übernehmende Gesellschaft einlegten (vgl. Art. 29 N 1 und 12 ff.; Handkommentar FusG-EPPER, Art. 29 N 1; MEIER-HAYOZ/FORSTMOSER, § 24 N 62 ff.). 4

5 Die folgenden Beispiele sind bekannte Spaltungen, welche im indirekten zweistufigen Verfahren durchgeführt wurden:

(1) **Kapitalerhöhung mit Bezugsrechtverzicht**: Abspaltung der Ciba Specialty Chemical Holding AG von der Novartis AG (1997)

Die Muttergesellschaft legt Aktiven und Passiven zu Buchwerten gegen minimales Aktienkapital und im Restbetrag des Aktivenüberschusses gegen Darlehen in eine neue Tochtergesellschaft ein. Danach erhöht die Tochtergesellschaft ihr Aktienkapital (zu pari). Die Muttergesellschaft verzichtet zugunsten ihrer Aktionäre auf die Ausübung der Bezugsrechte. Die Bezugsrechte sind handelbar. Nach durchgeführter Kapitalerhöhung tilgt die neue Tochtergesellschaft das Darlehen der Muttergesellschaft. Die Aktienkapitalerhöhung unterliegt der Emissionsabgabe (s. Ciba Specialty Chemical Holding Inc., Rights Offering Circular vom 26.2.1997, 20, 22 f., 25 f., 89).

(2) **Sachdividende**: Abspaltung der Givaudan SA von der Roche Holding Ltd. (2000)

Bei der steuerlich weniger attraktiven Dividendenmethode legt die Muttergesellschaft die Aktiven und Passiven zum Buchwert gegen Aktienkapital und Reserven in eine neue Tochtergesellschaft ein und schüttet die neu geschaffenen Aktien der Tochtergesellschaft als Sonderdividende gegen freie Reserven an ihre Aktionäre aus. Die Sonderdividende unterliegt im Umfang des neuen Nennwertes der Verrechnungssteuer und der Einkommenssteuer (s. Givaudan SA, Listing Prospectus vom 22.5.2000, 16 f., 71).

(3) **Indirekte Nennwertliberierung** über Call Optionen: Abspaltung der Syngenta AG von der Novartis AG (2000)

Die Abspaltung erfolgt in mehreren Schritten. Beim Hauptschritt legt die Muttergesellschaft steuerneutral Aktiven und Passiven zum Buchwert gegen Aktienkapital und Reserven in eine neue Tochtergesellschaft ein und teilt ihren Aktionären steuerneutral Kaufrechte auf die Aktien der Tochtergesellschaft mit einem Ausübungspreis entsprechend dem Nennwert der Aktien der Tochtergesellschaft zu. Damit wird eine Kapitalherabsetzung bei der Muttergesellschaft bzw. eine verrechnungssteuer- und einkommenssteuerpflichtige (Privataktionäre) Gratisnennwertschaffung vermieden. Bei Ausübung der Kaufrechte fliesst der Muttergesellschaft der Ausübungspreis zu. Die Aktienübertragung bei Ausübung der Kaufrechte unterliegt der Umsatzabgabe (vgl. Novartis AG, Informationsbroschüre über die Schaffung von Syngenta vom 18.9.2000, 6 f., 23 f., 35 ff.).

(4) **Kapitalherabsetzung**: Abspaltung der Sulzer-Medica AG (heute: Centerpulse AG) von der Sulzer AG (2001)

Die Muttergesellschaft legt steuerneutral Aktiven und Passiven zu Buchwerten gegen Aktienkapital und Reserven in eine neue Tochtergesellschaft ein. Sie beschliesst eine Kapitalherabsetzung im Umfang des in der Tochtergesellschaft neu geschaffenen Nennwerts und händigt ihren Aktionären die Aktien der Tochtergesellschaft steuerfrei als Kapitalrückzahlung aus (vgl. InCentive Capital, Public Tender Offer by InCentive Capital Ltd, Zug, Offer Prospectus vom 30.3.2001, 17 f., 22).

6 Die Beispiele zeigen, dass mit Spaltungen im indirekten zweistufigen Verfahren differenzierte wirtschaftliche Ergebnisse für die übertragende Gesellschaft sowie deren Anteilseigner möglich sind. Die Literatur geht einhellig davon aus, dass das FusG Spaltun-

Steuerliche Behandlung 7–9 vor Art. 29

gen nach bisherigem Recht nicht ausschliesst, sofern sinngemäss die Bestimmungen des Spaltungsrechts eingehalten werden (Art. 29 N 12 ff.; WATTER/BÜCHI, 28 ff.; Handkommentar FusG-EPPER, Art. 29 N 1; MALACRIDA, 8 f.).

c) Spaltung mit zweistufigem Verfahren

Mit dem Zivilrecht ist für das Steuerrecht davon auszugehen, dass nach Art. 61 Abs. 1 lit. b DBG und Art. 24 Abs. 3 lit. b StHG sowohl Spaltungen nach Art. 29 ff. FusG als auch Spaltungen mittels indirektem zweistufigen Verfahren steuerneutral durchgeführt werden können. Bei wörtlicher Auslegung von Art. 61 Abs. 1 lit. b DBG und Art. 24 Abs. 3 lit. b StHG könnte man anzunehmen versucht sein, der Spaltungstatbestand privilegiere steuerlich einzig die Auf- und Abspaltung im zivilrechtlichen Sinn, nicht aber Vorgänge mit aufeinander folgenden Schritten, mit denen dasselbe Resultat zu erreichen versucht wird, oder dass diesfalls die fünfjährige Sperrfrist bei der Tochterausgliederung zu beachten sei. Nach der in der Literatur für die steuerliche Beurteilung von Umstrukturierungsvorgängen einhellig vertretenen **wirtschaftlichen Auslegung** ist nicht die zivilrechtliche Abwicklung, sondern das wirtschaftliche Ergebnis steuerrechtlich massgebend (BEHNISCH, ASA 71 [2002/03], 724 f.; LOCHER/AMONN, 771; LOCHER, Kommentar DBG, Art. 61 N 65; REICH, FS Forstmoser, 727). Die ESTV bestätigt, dass es keine Rolle spielt, wie die Spaltung zivilrechtlich bewerkstelligt wird (ESTV-DVS, KS 5 vom 1. 6. 2004, Ziff. 4.3.2.1). Wird das indirekte zweistufige Verfahren angewendet und ist gewährleistet, dass die handelsrechtlich aufeinander folgenden Rechtsvorgänge sich steuerrechtlich als ein **einheitlicher Gesamtvorgang** darstellen, so bleiben Art. 61 Abs. 1 lit. b DBG und Art. 24 Abs. 3 lit. b StHG anwendbar.

2. Spaltung «nach unten» und Spaltung «nach oben»

Die nach bisheriger Terminologie mehrheitlich als **Ausgliederung** bezeichnete **Spaltung «nach unten»** ist weder zivil- noch steuerrechtlich eine Spaltung. Bei der Ausgliederung überträgt eine Gesellschaft ihr Vermögen oder Teile davon auf eine andere Gesellschaft, wobei die übertragende Gesellschaft als Gegenleistung Anteilsrechte an der übernehmenden Gesellschaft erhält bzw. im Fall der sog. Tochterausgliederung alle Anteilsrechte der übernehmenden Gesellschaft bereits besitzt, so dass eine Kapitalerhöhung nicht erforderlich ist. Im Unterschied zur Spaltung kommen bei der Ausgliederung die Anteilsrechte am übernehmenden Rechtsträger nicht den Gesellschaftern der übertragenden Gesellschaft, sondern der übertragenden Gesellschaft selbst zu (Botschaft, 4360).

Die Ausgliederung fällt zivilrechtlich unter den Tatbestand der Vermögensübertragung (Botschaft, 4360; Art. 69 ff. FusG). Es sind allerdings auch andere zivilrechtliche Übertragungsformen denkbar. Art. 61 Abs. 1 lit. d DBG und Art. 24 Abs. 3 lit. d StHG sehen vor, dass stille Reserven bei einer Ausgliederung unbesteuert bleiben, wenn ein Betrieb, ein Teilbetrieb oder Gegenstände des betrieblichen Anlagevermögens auf eine inländische Tochtergesellschaft übertragen werden. Dabei ist steuerlich vorteilhaft, dass bereits eine Beteiligung nach der Ausgliederung von mindestens 20% am Grund- oder Stammkapital der anderen Gesellschaft als Tochtergesellschaft gilt. Die steuerliche Regelung der Ausgliederung **unterscheidet** sich summarisch in den folgenden Punkten von der Spaltung (s. zur Ausgliederung ausführlich Teil 1 vor Art. 69 N 75 ff.):

(1) Die Spaltung ist bei Übertragung eines Betriebes oder Teilbetriebes und der Fortführung eines Betriebes oder Teilbetriebes durch die beteiligten juristischen Personen steuerneutral («doppeltes Betriebserfordernis» und «Weiterführungserfordernis», dazu N 41 ff. und N 68 ff.). Bei der Ausgliederung ist das **Betriebs- und**

Weiterführungserfordernis nicht massgebend, da bereits einzelne Gegenstände des betrieblichen Anlagevermögens steuerneutral übertragen werden können und in der übertragenden Gesellschaft kein Betrieb oder Teilbetrieb fortgeführt werden muss.

(2) Bei der Ausgliederung ist eine **Sperrfrist** vorgesehen. Die übertragenen stillen Reserven werden nachbesteuert, soweit während den der Ausgliederung nachfolgenden fünf Jahren die übertragenen Vermögenswerte oder Beteiligungs- oder Mitgliedschaftsrechte an der Tochtergesellschaft veräussert werden. Verschärfend kommt hinzu, dass die Sperrfrist objektiv ist. Ihre Verletzung führt in jedem Fall zur nachträglichen Abrechnung. Bei der Spaltung hat der Gesetzgeber dagegen ausdrücklich auf jede Sperrfrist verzichtet (s. N 71 ff.). In der Literatur wird diese unterschiedliche Sperrfristenregelung als fragwürdig kritisiert (s. BEHNISCH, ASA 71 [2002/03], 730; LOCHER/AMONN, 774 f.; REICH, FS Forstmoser, 740 f.; s. ausführlich N 46 und 82 f.).

10   Die sog. **Spaltung «nach oben»** ist gleichfalls weder zivil- noch steuerrechtlich eine Spaltung. Sie ist eine Übertragung von Vermögen auf die eigenen Gesellschafter durch Reserven- oder Kapitalverwendung. Eine Spaltung «nach oben» kann mittels Vermögensübertragung erfolgen. Im steuerlichen Umstrukturierungsrecht kann sie ein Anwendungsfall der konzerninternen Übertragung gemäss Art. 61 Abs. 3 DBG und Art. 24 Abs. 3^{quater} StHG sein. Die steuerlichen Aspekte der Spaltung «nach oben» sind bei der konzerninternen Übertragung in Teil 2 vor Art. 69 N 53 ff. kommentiert.

II. Gewinnsteuer auf Unternehmensebene

1. Überblick

11   Art. 61 Abs. 1 lit. b DBG und Art. 24 Abs. 3 lit. b StHG i.V.m. Art. 61 Abs. 1 DBG und Art. 24 Abs. 3 StHG regeln die Voraussetzungen für eine steuerneutrale Auf- oder Abspaltung. Es müssen die allgemeinen Voraussetzungen des **Fortbestehens der Steuerpflicht in der Schweiz** (vgl. N 19 ff.) und der **Übernahme der Gewinnsteuerwerte** (vgl. N 21 ff.) gegeben sein. Spaltungsspezifisch muss ein Betrieb oder **Teilbetrieb übertragen** werden (vgl. N 41 ff.) und müssen die nach der Spaltung bestehenden juristischen Personen einen Betrieb oder **Teilbetrieb weiterführen** (vgl. N 68 ff.). Das Verhalten der Gesellschafter hat nach dem Willen des Gesetzgebers keine Auswirkungen auf die Steuerneutralität: Die in der Verwaltungspraxis bisher auferlegte **Sperrfrist** ist **entfallen** (vgl. N 71 ff.).

2. Gegenüberstellung bisheriges und neues Recht

Die Übersicht zeigt die Hauptunterschiede zwischen bisherigem und neuem Recht:

Bisheriges Recht	Neues Recht
A. Unternehmensebene	
Kapitalgesellschaften und Genossenschaften	Juristische Personen
Übernahme der Gewinnsteuerwerte	Übernahme der Gewinnsteuerwerte
Fortbestand der Steuerpflicht in der Schweiz	Fortbestand der Steuerpflicht in der Schweiz
Übertragung von in sich geschlossenen Betriebsteilen	Übertragung eines oder mehrerer Betriebe oder Teilbetriebe
Unveränderte Weiterführung der übernommenen Geschäftsbetriebe	Weiterführung eines Betriebes oder Teilbetriebes durch die nach der Spaltung bestehenden juristischen Personen
B. Beteiligtenebene	
Veräusserungssperrfrist für Anteilsinhaber	Keine Veräusserungssperrfrist
Inlandtausch steuerfrei, soweit keine Aufwertung	Inlandtausch steuerfrei, soweit keine Aufwertung
Auslandtausch: • Neubeteiligung ≥ 20% Anwendungsfall von Art. 70 DBG • Altbeteiligung ≥ 20% steuerfreie Übertragung auf ausländische Konzerngesellschaft nach Art. 207a Abs. 3 DBG	Auslandtausch: • ≥ 20% steuerfrei
in allen übrigen Fällen: steuerbar	< 20% steuerfrei
Nennwerterhöhungen und Ausgleichsleistungen für Anteilsinhaber steuerbar	Nennwerterhöhungen und Ausgleichsleistungen für Anteilsinhaber steuerbar

3. Entstehungsgeschichte

In Praxis, Rechtsprechung und Lehre setzte sich die Auffassung durch, dass stille Reserven erst bei der tatsächlichen **unternehmerischen Realisierung** und nicht bei einer Umstrukturierung zu besteuern sind (BÖCKLI, ASA 67 [1998/99], 3; REICH, FS Forstmoser, 727 f.). Die Nichtbesteuerung bei Umstrukturierung sei allerdings davon abhängig zu machen, dass die **stillen Reserven objektiv, subjektiv und fiskalisch verknüpft bleiben** (vgl. statt vieler: HÖHN/WALDBURGER, Steuern, § 48 N 323 ff.; REICH/DUSS, 314 ff.; GRETER, ASA 65 [1996/97], 859). Neben den allgemeinen Voraussetzungen des Fortbestehens der Steuerpflicht und der Fortführung der Gewinnsteuerwerte wurde aus diesen Grundsätzen für die Spaltung abgeleitet, dass:

(i) in sich geschlossene Betriebsteile übertragen werden (kritisch: BÖCKLI, ASA 67 [1998/99], 11 und CAGIANUT/HÖHN, 761, nach denen es genügt, wenn nach der Übertragung ein in sich geschlossener, lebensfähiger Betrieb vorliegt);

(ii) die übernommenen Geschäftsbetriebe unverändert weitergeführt werden (kritisch: HÖHN/WALDBURGER, Steuern, § 48 N 329, die als massgebend erachten, dass die stille Reserven aufweisenden Wirtschaftsgüter vor und nach der Abspaltung im Wesentlichen die gleiche betriebliche Funktion haben);

(iii) die zurückbleibenden Vermögensgegenstände einen Betrieb darstellen (BGE vom 3.3.1989 i.S. ESTV gegen X. AG und Verwaltungsrekurskommission des Kantons St. Gallen publ. in ASA 58 [1989/90], 676 = StE 1990 B 72.15.3 Nr. 1; kritisch: BÖCKLI in ASA 67 [1998/99], 11, der ausführt, dass in der wirtschaftlich begründeten Abspaltung eines Teilbetriebs mangels Erfolgswirksamkeit nicht plötzlich ein Steuertatbestand erblickt werden könne, nur weil die zurückbleibenden Aktiven das Kriterium «Teilbetrieb» nicht erfüllen); und

(iv) die bisherigen Gesellschafter ihr wirtschaftliches Engagement während einer fünfjährigen Sperrfrist fortführen (ablehnend: BEHNISCH, Umstrukturierung, 251; HÖHN/WALDBURGER, Steuern, § 48 N 330).

Das Betriebserfordernis bot in der Spaltungspraxis bei **Holdinggesellschaften** Probleme, da diese per Definition in der Schweiz keine Geschäftstätigkeit ausüben dürfen und demgemäss über keinen inländischen Betrieb verfügen (Art. 28 Abs. 2 StHG). Traditionell ist auch die Spaltung von **Immobiliengesellschaften** bzw. die Spaltung von Immobilienkomplexen problematisch, da die Praxis nur auf einen Betrieb schliesst, wenn umfangreicher und aktiv bewirtschafteter Immobilienbesitz vorliegt, und ansonsten von nichtbetrieblicher Vermögensverwaltung ausgeht.

14 Die am 1.7.2004 in Kraft gesetzten Art. 61 Abs. 1 lit. b DBG und Art. 24 Abs. 3 lit. b StHG zeichnen zum einen die bisherige Spaltungspraxis und -regelung nach oder verdeutlichen diese, so beim beibehaltenen (doppelten) Betriebserfordernis und beim steuerneutralen Beteiligungstausch auf Ebene der Beteiligten (Ausnahme: grenzüberschreitender Beteiligungstausch im Geschäftsvermögen bei Nichtanwendbarkeit von Art. 70 DBG oder Art. 207a Abs. 3 DBG). Zum anderen enthalten sie **Neuerungen** von zum Teil weitreichender Bedeutung, so die Ausdehnung der Spaltungsvorschriften auf alle juristischen Personen, die Liberalisierung des Betriebsbegriffes durch Aufnahme des Kriteriums Teilbetrieb, die neuerdings klar formulierte Zulässigkeit asymmetrischer Spaltungen, die Steuerfreiheit des Auslandtauschs von Beteiligungsrechten im Geschäftsvermögen sowie der Verzicht auf jede Veräusserungssperrfrist.

15 Diese Änderungen gehen teils auf Empfehlungen der **Arbeitsgruppe Steuern bei Umstrukturierungen** zurück, die vom Bundesrat im Jahr 1995 mit der Ausarbeitung eines Gesetzesentwurfes beauftragt wurde. Die Arbeitsgruppe Steuern schlug vor, das unklare Kriterium «in sich geschlossene Betriebsteile» in Anlehnung an die bundesgerichtliche Rechtsprechung zur Emissionsabgabe (ASA 53 [1984/85], 438) durch «selbständige Betriebe oder Betriebsteile» zu ersetzen. Für die Beteiligtenebene empfahl sie eine subjektive fünfjährige Veräusserungssperrfrist, die es den Beteiligten bei Beteiligungsveräusserung innerhalb der Sperrfrist erlaubt, die Nachbesteuerung durch den Nachweis zu vermeiden, dass sie im Zeitpunkt der Spaltung keine Veräusserungsabsicht hatten. Die Arbeitsgruppe Steuern regte ferner an, für die Abspaltung von Immobilien und die Spaltung von Holdinggesellschaften auf das Vorliegen selbständiger Betriebe oder Betriebsteile zu verzichten. Weiter hielt sie dafür, Ausgleichszahlungen und Nennwerterhöhungen bei Spaltungen gestützt auf Art. 31 Abs. 1 bzw. Art. 7 Abs. 2 FusG von der Verrechnungssteuer und der Einkommenssteuer auszunehmen (Bericht Steuern 1, 26 ff.).

16 Der Bundesrat übernahm in seiner **Botschaft** wesentliche Teile dieser Vorschläge, führte jedoch in Anlehnung an die Terminologie der EU nicht das von der Arbeitsgruppe Steuern bei Umstrukturierungen vorgeschlagene Kriterium «selbständiger Betrieb oder Betriebsteil», sondern das des «Betriebs» und «Teilbetriebs» in die schweizerische Steuergesetzgebung ein, nachdem die Verbände im Vernehmlassungsverfahren das Kriterium «selbständiger Betrieb oder Betriebsteil» als zu einengend kritisiert hatten und die Kantone einen Verzicht auf das Adjektiv «selbständig» anregten, da eine Umstrukturierung bereits als steuerneutral anerkannt werden könne, wenn ein Betrieb oder Betriebsteil übertragen werde (Bericht Steuern 2, 13 und 20; Botschaft, 4350 und 4507). Auf Ablehnung stiess beim Bundesrat die Freistellung von Nennwerterhöhungen und Ausgleichszahlungen von der Verrechnungs- und Einkommenssteuer sowie der Verzicht auf das Betriebserfordernis bei der Abspaltung von Immobilien und der Spaltung von Holdinggesellschaften. Unter Hinweis auf Vorbringen der Kantone im Vernehmlassungsverfahren begründete der Bundesrat die Ablehnung im ersten Punkt damit, dass mit der Steuerfreiheit von Nennwerterhöhungen und Ausgleichszahlungen das als grundlegend bezeichnete Nennwertprinzip aufgegeben werde und sich die Besteuerung von Gratisaktien kaum mehr rechtfertigen liesse sowie ein nicht vernachlässigbares Risiko von Einnahmeausfällen bestehe, wenn bei Umstrukturierungen steuerfrei zusätzliches Eigenkapital zu Lasten der Reserven geschaffen werde, welches später mittels Kapitalherabsetzung steuerfrei an die Anteilsinhaber ausbezahlt werden könne. Zum zweiten Punkt bemerkte der Bundesrat, dass die Praxis die steuerneutrale Spaltung von Holdinggesellschaften bereits zulasse, sofern die Spaltung mit der Übertragung von Beteiligungen an Betriebs- oder Handelsgesellschaften verbunden sei und diese Praxis auch in Zukunft weitergeführt werden könne. Weiter sei der Verzicht auf das Betriebserfordernis bei der Abspaltung von Immobilien nicht annehmbar, da dem Betriebserfordernis seit der Unternehmenssteuerreform 1997 eine erhöhte Bedeutung zukomme und bei der Übertragung einzelner Liegenschaften nicht auf die Besteuerung der stillen Reserven verzichtet werden könne (Botschaft, 4351 f., 4377 f.).

Die **WAK StR** stimmte der Vorlage des Bundesrates in ihren Grundzügen zu, schlug jedoch vor, den Tatbestand der steuerneutralen Spaltung im Einklang mit der bisherigen Praxis dahingehend zu präzisieren, dass Steuerneutralität nur gegeben sein solle, «sofern die nach der Spaltung bestehenden Beteiligungsrechte einen oder mehrere Betriebe oder Teilbetriebe verkörpern». Weiter schlug sie vor, auf eine Veräusserungssperrfrist ganz zu verzichten, da die Spaltung als Gegenstück zur Fusion eine direkte Vermögensteilung bewirke und mit dem doppelten Betriebserfordernis die Umgehung der steuerbaren Teilliquidation genügend verhindert werde (Mitbericht WAK StR, 7 ff.). Im Einklang mit den Vernehmlassungen der Kantone und Verbände empfahl sie die als zu einschränkend empfundene Bedingung zu streichen, dass die Gegenleistung die Gewährung von Beteiligungs- oder Mitgliedschaftsrechten einschliessen müsse. In der Vernehmlassung führten die Kantone an, dass eine Spaltung gegen Gegenleistung, d.h. auch gegen eine Geldleistung oder eine durch Darlehen begründete Forderung möglich sein solle, und die Verbände ergänzten, dass als genügende Gegenleistung auch die Schaffung zusätzlicher Reserven, übernommene Drittverpflichtungen und Schulden und die Verrechnung gegenseitiger Forderungen anzuerkennen sei (Botschaft, 4350; Bericht Steuern 2, 14 und 21 f.). 17

Der **Ständerat** folgte mit Beschluss vom 21.3.2001 den Anträgen der WAK StR (AmtlBull StR 2001, 49). Die **WAK NR** empfahl dem Nationalrat, die vom Ständerat gegenüber der bundesrätlichen Vorlage beschlossenen Änderungen vollumfänglich zu übernehmen, mit dem Hinweis, dass die neuen zivilrechtlichen Handlungsmöglichkeiten durch das Steuerrecht nicht vereitelt werden sollen (Mitbericht WAK NR, 5 f.). Der **Nationalrat** stimmte dem Vorschlag in seiner Sitzung vom 12.3.2003 zu, ergänzte Art. 61 Abs. 1 lit. b DBG und Art. 24 Abs. 3 lit. b StHG jedoch in folgendem Punkt: Er verdeutlichte das doppelte Betriebserfordernis, d.h. das Erfordernis der Weiterführung eines Betriebs oder Teilbetriebs durch die nach der Spaltung bestehenden juristischen Personen (AmtlBull NR 2003, 254). Der **Ständerat** stimmte der so bereinigten Fassung der 18

Art. 61 Abs. 1 lit. b DBG und Art. 24 Abs. 3 lit. b StHG in seiner Sitzung am 5.6.2003 kommentarlos zu (AmtlBull StR 2003, 491). Bis zur **Schlussabstimmung** am 3.10. 2003 kam es zu keinen Änderungen mehr.

4. Allgemeine Voraussetzungen der Steuerneutralität

a) Fortführung der Steuerpflicht in der Schweiz

aa) Fiskalische Verknüpfung

19 Das Kriterium der Fortführung der Steuerpflicht war nach Art. 61 Abs. 1 altDBG bzw. Art. 24 Abs. 3 altStHG erfüllt, «wenn die Steuerpflicht [der Kapitalgesellschaft oder Genossenschaft] in der Schweiz fortbesteht». Diese Formulierung wurde in den neuen Art. 61 Abs. 1 DBG und Art. 24 Abs. 3 StHG in «**soweit die Steuerpflicht in der Schweiz fortbesteht**» geändert. Damit ist geklärt, dass der Fortbestand der Steuerpflicht bzw. die für eine Nichtbesteuerung der übertragenen stillen Reserven erforderliche **fiskalische Verknüpfung** nicht Bedingung für die Steuerneutralität von Umstrukturierungen ist, sondern lediglich den **Umfang** der **Steuerneutralität** einer Umstrukturierung regelt. Kommt es zu einer teilweisen oder vollständigen Abrechnung von stillen Reserven auf Unternehmensebene wegen Nichtfortführung der Steuerpflicht in der Schweiz (z.B. bei einer Spaltung auf eine steuerprivilegierte Gesellschaft oder bei einer Emigrationsspaltung, s. N 20), so führt dies folglich nicht zu einer generell nichtsteuerneutralen Spaltung und hat nicht zwangsläufig Steuerfolgen auf Beteiligtenebene zur Folge. Das Unternehmen führt die Steuerpflicht in dem Umfang fort, als dem betreffenden Gemeinwesen (Bund, Kanton, Gemeinde) nach der Umstrukturierung die **Besteuerungsmöglichkeit** über latent steuerbelastete stille Reserven verbleibt. Dies ist der Fall, wenn die stillen Reserven weiterhin mit einer **gleichen oder gleichartigen Steuer** (Gewinn- oder Einkommenssteuer, Grundstückgewinnsteuer) erfasst werden können (Botschaft, 4370 und 4516 f.; REICH/DUSS, 51 ff.; Bericht Steuern 1, 34 ff.; ESTV-DVS, KS 5 vom 1.6.2004, Ziff. 2.2.2).

ab) Haupttatbestände

20 In Praxis und Lehre werden zwei Haupttatbestände genannt, bei denen die fiskalische Verknüpfung entfällt und die betroffenen stillen Reserven **steuersystematisch realisiert** werden (vgl. REICH/DUSS, 51 ff.; ESTV-DVS, KS 5 vom 1.6.2004, Ziff. 2.2.2 und 4.6.2.2). Der eine Fall ist die Reservenübertragung in einen **steuerfreien oder -privilegierten Bereich**. Darunter fällt die Übertragung von Vermögenswerten durch Kapitalgesellschaften und Genossenschaften auf Tochtergesellschaften (Beteiligungsabzug auf Kapitalgewinnen auf Beteiligungen nach Art. 69 und 70 DBG bzw. Art. 28 Abs. 1 und 1bis StHG), die Übertragung auf privilegiert besteuerte Gesellschaften (Art. 28 Abs. 2–4 StHG) und die Übertragung auf steuerbefreite juristische Personen (Art. 56 DBG; Art. 23 StHG; vgl. dazu N 106 ff.). Nach abzulehnender neuester Auffassung der ESTV soll eine steuersystematische Realisierung auf Beteiligtenebene auch bei Statuswechsel für den Beteiligungsabzug vorliegen, also bei Erhöhung der Beteiligungsquote anlässlich eines umstrukturierungsbedingten Beteiligungstauschs von weniger als 20% der übertragenen Beteiligung auf mindestens 20% der erhaltenen Beteiligung (dazu N 127 f.). Der andere Fall ist die Übertragung latent steuerbelasteter stiller Reserven **über die Grenze**. Dies ist bei der Emigrationsspaltung der Fall (dazu N 182 ff.).

b) Übernahme der für die Gewinnsteuer massgeblichen Werte

ba) Massgebliche Werte

Die Übertragung zu Gewinnsteuerwerten durch die abspaltende Gesellschaft und die Übernahme und Weiterführung dieser **Gewinnsteuerwerte** durch die aufnehmende Gesellschaft ist zweite Grundvoraussetzung einer steuerneutralen Spaltung (Art. 61 Abs. 1 DBG und Art. 24 Abs. 1 StHG). Zu den für die Gewinnsteuer massgeblichen Werten zählen bei Beteiligungen nach Art. 70 Abs. 4 DBG und Art. 28 Abs. 1bis StHG die **Gestehungskosten** und die **Haltedauer** sowie bei Beteiligungen nach Art. 207a Abs. 1 DBG und entsprechender kantonaler Norm die **übergangsrechtliche Qualifikation**.

21

Spaltungen sind in dem Umfang steuerneutral, als Aktiven und Passiven zu Gewinnsteuerwerten übergehen. Die Steuerneutralität geht wie beim Kriterium der Fortführung der Steuerpflicht (vgl. N 19) nicht generell verloren, wenn die abspaltende Gesellschaft gewisse stille Reserven auf den übertragenen Aktiven oder Passiven vor der Spaltung bspw. durch Aufwertung buchmässig realisiert oder die Realisation bei der übernehmenden Gesellschaft erfolgt (vgl. N 23 ff.). Besteuert werden einzig diejenigen stillen Reserven, die nach Art. 58 Abs. 1 lit. c DBG und Art. 24 Abs. 1 lit. b StHG echt, buchmässig oder steuersystematisch realisiert werden. Die übrigen stillen Reserven bleiben aufgrund von Art. 61 Abs. 1 lit. b DBG und Art. 24 Abs. 3 lit. b StHG unbesteuert.

22

bb) Spaltung zwecks Sanierung

Die Spaltung nach Art. 61 Abs. 1 lit. b DBG und Art. 24 Abs. 3 lit. b StHG lässt die steuerneutrale Abspaltung von Betrieben oder Teilbetrieben zwischen inländischen juristischen Personen innerhalb der Schranken des Zivilrechts unabhängig davon zu, ob die übernehmende Gesellschaft operativ oder finanzwirtschaftlich (Liquidität, Rentabilität, Eigenkapital) gesund ist. Den Materialien oder dem Gesetzestext sind keine Bedingungen an die finanzielle Situation der übernehmenden (oder übertragenden) Gesellschaft zu entnehmen.

23

Die Spaltung kann insbesondere im Konzern als **Sanierungsmassnahme** in Betracht gezogen werden. Mit der Abspaltung eines Betriebs oder Teilbetriebs kann der übernehmenden, finanziell angeschlagenen Gesellschaft steuerneutral offenes und stilles Eigenkapital zugeführt, das Finanzierungsverhältnis verbessert und die zukünftige Ertragskraft gesteigert werden. Mit dem gestärkten Ertragspotential kann die Gesellschaft in die Lage versetzt werden, steuerliche anerkannte **Verluste** aus maximal sieben der Steuerperiode vorangegangenen Geschäftsjahren nach Art. 67 Abs. 1 DBG und Art. 25 Abs. 2 StHG von laufendem und künftigem Reingewinn in Abzug zu bringen. Wird der übertragene Betrieb kurz nach Spaltung eingestellt, kann nach der ESTV eine **Steuerumgehung** vorliegen, was zur Ablehnung der Übertragung der Vorjahresverlust führt (ESTV-DVS, KS 5 vom 1.6.2004, Ziff. 4.3.2.14; s. zu den Folgen einer solchen Spaltung N 166 f.). Diese Ergänzung der ESTV ist nicht notwendig, wird doch in Art. 61 Abs. 1 lit. b DBG und Art. 24 Abs. 3 lit. b StHG die Weiterführung eines Betriebs oder Teilbetriebs der nach der Spaltung bestehenden juristischen Personen ausdrücklich verlangt (vgl. N 68 ff.).

24

Fraglich sein kann, ob das Erfordernis der Übernahme der Gewinnsteuerwerte eingehalten ist, wenn die übernehmende, finanziell angeschlagene Gesellschaft im Anschluss an die Spaltung systematisch zur Auflösung stiller Reserven auf dem übernommenen Betrieb oder Teilbetrieb durch **Rückgängigmachung früherer Abschreibungen**, **Rückstellungen** oder **Wertberichtigungen** bis zum Anschaffungswert bzw. bis zu den Herstellungskosten oder, darüber hinaus, durch **Aufwertung** von Beteiligungen und Grundstücken

25

nach Art. 670 Abs. 1 OR schreitet (HWP 2.2, 268). Ist davon auszugehen, dass Art. 61 Abs. 1 DBG und Art. 24 Abs. 3 StHG lediglich den Umfang der Steuerneutralität regeln, kann die Frage bei formeller Betrachtung bejaht werden. Die Besteuerung der aufgelösten stillen Reserven ist durch Art. 58 Abs. 1 lit. c DBG und Art. 24 Abs. 1 lit. b StHG gewährleistet. Materiell kann ein solches Vorgehen aber den Grundgedanken der steuerneutralen Umstrukturierung, die Nichtbesteuerung stiller Reserven bis zur tatsächlichen unternehmerischen Realisierung, strapazieren (Botschaft, 4369), vor allem wenn im Anschluss an die Umstrukturierung nahezu sämtliche stillen Reserven aufgelöst werden. Aspekte der interkantonalen Steuerhoheit können zusätzliche Bedenken gegen ein solches Vorgehen wecken.

26 Die ESTV will Aufwertungen der übertragenen Vermögenswerte bei Abspaltungen zwecks Sanierung der übernehmenden Gesellschaft auf **Steuerumgehung** prüfen (ESTV-DVS, KS 5 vom 1.6.2004, Ziff. 4.3.2.15), wobei die Limitierung auf Aufwertungen vermutlich zu kurz greift. Bei Prüfung von Steuerumgehung ist zu beachten, dass der objektive Tatbestand nicht allein durch Auflösung eines Teils der unversteuerten, stillen Reserven auf übertragenen betrieblichen Vermögenswerten durch Rückgängigmachung von Abschreibungen, Rückstellungen oder Wertberichtigungen oder durch Aufwertung erfüllt wird. Die Auflösung muss vielmehr im Gesamtzusammenhang der Reorganisation beurteilt werden. Weiter muss subjektiv die missbräuchliche Absicht beider beteiligten Unternehmen nachgewiesen sein. Wird auf Steuerumgehung geschlossen, so wird die Spaltung wie eine verdeckte Vorteilszuwendung mit den für die Gesellschaften in N 166 f. und für die Anteilsinhaber in N 172 ff. beschriebenen Folgen beurteilt.

5. Realisationstatbestand

27 Die Vermögenswerte scheiden bei einer steuerneutralen Spaltung zu den bisher für die Gewinnsteuer massgeblichen Werten aus. Im Ausmass des gewinnsteuerlichen Aktivenüberschusses nimmt die übertragende Gesellschaft entweder eine Ausbuchung **zulasten der offenen Reserven** (s. N 85 f.) oder des **Nennkapitals** (s. N 84) vor **oder** erhält **entgeltlich** einen Gegenwert (z.B. Geld, Forderung, usw.; **a.M.** ESTV-DVS, KS 5 vom 1.6.2004, Ziff. 4.3.2.4, s. dazu N 90 ff.). Die **stillen Reserven** fliessen unentgeltlich ab, was einer Reservenverwendung bzw. einer verdeckten Vorteilszuwendung gleichkommt. Die Reservenübertragung löst keine Steuerfolgen aus, wenn die Voraussetzungen von Art. 61 Abs. 1 lit. b DBG bzw. Art. 24 Abs. 3 lit. b StHG gegeben sind.

28 Die Verwaltungspraxis und ein Teil der Lehre sind zum **Verhältnis** der **Spaltungsnormen** zu den **Gewinnermittlungsnormen** in Art. 58 Abs. 1 lit. c DBG und Art. 24 Abs. 1 lit. b StHG der Meinung, dass im Rahmen einer Umstrukturierung übertragene stille Reserven grundsätzlich realisiert werden und die übertragende Gesellschaft diesbezüglich den Steuertatbestand erfüllt, die Besteuerung unter Weitergabe der latenten Steuerlast jedoch aufgeschoben wird, wenn die spezifischen Umstrukturierungsvoraussetzungen erfüllt sind. Diese Meinung wird mit dem Massgeblichkeitsprinzip und dem subjektbezogenen System des Gewinnsteuerrechts (steuersystematische Realisation, Steueraufschub, Dreieckstheorie) begründet (ESTV-DVS, KS 5 vom 1.6.2004, Ziff. 2.2.2; vgl. BEHNISCH, 1996, 207 ff., REICH/DUSS, 314; REICH in: Kommentar zum Schweizerischen Steuerrecht I/2a, Art. 61 DBG N 55; GRETER, ASA 65 [1996/97], 859). Das Massgeblichkeitsprinzip vermag bei der Spaltung keine Begründung für eine Realisation abzugeben, da die übertragende Gesellschaft (wie bei einer Fusion) handelsrechtlich keine stillen Reserven realisiert. Wie BÖCKLI darstellt, berührt die Spaltung als Strukturänderung die Bilanz, nicht aber die Erfolgsrechnung, in welcher sich nach Art. 24 Abs. 1

StHG und Art. 58 Abs. 1 DBG das Massgeblichkeitsprinzip der Gewinnermittlung erfüllt (BÖCKLI, ASA 67 [1998/99], 5). Nach dem Massgeblichkeitsprinzip ergibt sich die Steuerneutralität der Spaltung folglich direkt aus den Grundsätzen des Unternehmenssteuerrechts.

Die Entwicklung einer Steuerneutralitäts-**Systematik** für Umstrukturierungsvorgänge kann vom **Realisationsbegriff** von REICH ausgehen, welcher eine Nichtrealisation im Rahmen des steuerlichen Umstrukturierungsrechtes annimmt (REICH, Grundriss, 42 ff.; REICH in: Kommentar zum Schweizerischen Steuerrecht I/2a, Art. 19 DBG N 12; BEHNISCH, Umstrukturierung, 187 ff.; LOCHER, ASA 71 [2002/03], 676 ff.; DERS. Kommentar DBG, Art. 61 N 4 ff.). Alternativ kann auf das von LOCHER propagierte **Steuerneutralitätsrecht** bei Umstrukturierungen abgestellt werden, welches sich an die neuen privatrechtlichen Grundlagen des FusG anlehnt und sich auf den ursprünglich von KÄNZIG definierten Realisationsbegriff abstützt (LOCHER, ASA 71 [2002/03], 682 f.; DERS., Kommentar DBG, Art. 61 N 15; BEHNISCH, Umstrukturierung, 179 ff.). LOCHER/AMONN schlagen bei der Diskussion der steuersystematischen Einordnung der Vermögensübertragung vor, verschiedene Fallgruppen auseinander zu halten, den Effekt der Vermögensübertragung wirtschaftlich zu analysieren und für die Einordnung steuersystematische Überlegungen einzubeziehen. Insbesondere sei zu prüfen, ob durch eine Vermögensübertragung latente Steuerlasten erhalten bleiben oder nicht. Dies führt sie zu einer vierstufigen Wertungskaskade: Steuerneutrale Vermögensübertragungen im Rahmen von (1) Fusionen, Spaltungen und Umwandlungen, (2) von weiteren Umstrukturierungen und (3) von speziellen gesetzlichen Bestimmungen. Diese grenzen sie (4) gegenüber den steuerbaren Vermögensübertragungen ab (LOCHER/AMONN, ASA 71 [2002/03], 769; LOCHER, Kommentar DBG, Art. 61 N 10 ff.; vgl. auch OERTLI/CHRISTEN, 222). Für den Pragmatiker wirkt diese Ordnung eher unzugänglich.

Das neue Recht erweitert den steuerrechtlichen Umstrukturierungsbegriff u.a. um die **Übertragung einzelner Vermögenswerte** des Geschäftsvermögens von Personenunternehmungen (Art. 19 Abs. 1 lit. a DBG bzw. Art. 8 Abs. 3 lit. a StHG), den Austausch von Beteiligungs- und Mitgliedschaftsrechten (Art. 19 Abs. 1 lit. c und Art. 61 Abs. 1 lit. c DBG bzw. Art. 8 Abs. 3 lit. c und Art. 24 Abs. 3 lit. c StHG) sowie die Übertragung von Gegenständen des betrieblichen Anlagevermögens im Konzern oder auf eine Tochtergesellschaft (Art. 61 Abs. 3 DBG bzw. Art. 24 Abs. 3^{quater} StHG; Art. 61 Abs. 1 lit. d DBG bzw. Art. 24 Abs. 3 lit. d StHG). Die Möglichkeit der steuerneutralen Übertragung einzelner Vermögenswerte ist eine der Errungenschaften der neuen Steuerrechtsordnung. Damit werden bisherige Konzepte und Systeme aufgebrochen und der **steuerrechtliche Umstrukturierungsbegriff** massgeblich erweitert. Auch ist unverkennbar, dass der Gesetzgeber bei der Spaltung sich vom starren subjektbezogenen Denksystem des Steueraufschubs (steuersystematische Realisation; Steueraufschub, Dreieckstheorie) weitgehend gelöst und auf ein unternehmensbezogenes System der Steuerneutralität eingeschwenkt ist. Dafür spricht, dass nun für die steuerliche Beurteilung des Spaltungsvorgangs allein Vorgänge auf Ebene des Unternehmens wesentlich sind und das Verhalten der Gesellschafter unbeachtlich ist: Die Spaltung bleibt, anders als in Lehre und Praxis bis anhin vertreten wurde, aufgrund des Wegfalls der Veräusserungssperrfrist steuerneutral, selbst wenn Gesellschafter ihre Anteils- und Mitgliedschaftsrechte unmittelbar nach der Spaltung veräussern (s. N 75 ff.). Das Erfordernis der **subjektiven Verknüpfung** der latent steuerbelasteten stillen Reserven, d.h. der Kontinuität auf Ebene der Unternehmensträgerschaft, wurde **aufgegeben**. Ausgehend vom allgemeinen Einkommens- und Gewinnermittlungsbegriff kann angesichts dieser Neuordnung eine Systematik folgendermassen konzipiert werden:

31 1. Beurteilung des Sachverhaltes anhand des steuerrechtlichen Einkommens- bzw. Gewinnbegriffs anknüpfend an die kaufmännische Erfolgsermittlung (Grundsatz der Massgeblichkeit der Handelsbilanz), welche eine **echte** oder zumindest eine **buchmässige Realisierung** des entsprechenden Einkommens oder Gewinns voraussetzt, ergänzt um Tatbestände, welche eine **steuersystematische Realisierung** auslösen. Liegt nach diesen Grundsätzen keine steuerrechtliche Realisierung vor – beispielsweise weil eine Buchwertübertragung buchführungsrechtlich zulässig oder gar zwingend ist – bedarf der steuerlich zu beurteilende Sachverhalt keiner weiteren Prüfung. Für den Steuerpflichtigen stellt dies i.d.R. die günstigste Ausgangslage dar. Die Steuerneutralität ist nicht von Bedingungen (bspw. dem Betriebsbegriff) oder der Einhaltung einer Veräusserungssperrfrist abhängig. Als Beispiel kann die Ausgliederung einer Beteiligung zum Gewinnsteuerwert auf eine Tochtergesellschaft genannt werden (ESTV-DVS, KS 5 vom 1.6.2004, Ziff. 4.4.2.2.1).

32 2. Vermag die Analyse der steuerrechtlichen Einkommens- bzw. Gewinnermittlung kein steuerneutrales Resultat zu erzeugen, ist die Steuerneutralität anhand der einschlägigen **steuerrechtlichen Umstrukturierungsnormen** zu prüfen. Dabei ist denkbar, jedoch nicht zwingend, die Fusion, Spaltung und Umwandlung nach FusG quasi als *numerus clausus* den übrigen Umstrukturierungsvorgängen voranzustellen. Schliesslich ist der Sachverhalt aufgrund der übrigen steuerrechtlichen Umstrukturierungsnormen zu beurteilen. Dem Steuerpflichtigen verbleibt bei diesem Konzept die **Wahl der geeigneten Umstrukturierungsnorm**, sofern sich der Sachverhalt unter verschiedene Normen subsumieren lässt. Will ein Steuerpflichtiger beispielsweise eine Betriebsübertragung unter der Norm der Konzernübertragung anstelle der Spaltung umsetzen, ist nicht ersichtlich, weshalb ihm diese Wahl nicht offen stehen sollte (so bspw. die Abgeltung des buchmässigen Aktivenüberschusses bei der Spaltung; vgl. N 90 ff.).

33 Die Ansicht der ESTV, es handle sich bei den steuerlichen Umstrukturierungsnormen (Art. 19 bzw. Art. 61 DBG) um Ausnahmen zu den allgemeinen Einkommens- und Gewinnermittlungsvorschriften bzw. deren Anwendung setze einen steuerlichen **Realisationstatbestand** voraus, ist aus steuersystematischer Sicht **abzulehnen** (ESTV-DVS, KS 5 vom 1.6.2004, Ziff. 2.2.1 und 2.2.2). Obwohl diese Ansicht in der Praxis weit verbreitet ist, ist den Realisationsnormen von Art. 18 Abs. 2 bzw. Art. 58 Abs. 1 DBG keine **Normenpriorität** gegenüber den steuerlichen Umstrukturierungsbestimmungen in Art. 19 bzw. Art. 61 DBG zu entnehmen. Beide Normenkategorien stehen sich vielmehr gleichgeordnet gegenüber. Konsequenterweise kann auch die auf einem Umkehrschluss beruhende Auslegung der ESTV, dass den Umstrukturierungsvorschriften eine **steuerbegründende Wirkung** zukommen kann, nicht geteilt werden (vgl. ESTV-DVS, KS 5 vom 1.6.2004, Ziff. 4.3.2.13 und 4.3.3.3 sowie Bsp. Nr. 14, Anhang I; vgl. ausführlich N 155 ff.). Die ESTV ist gestützt auf einen BGE aus dem Jahre 1990 (ASA 58 [1989/90] 676 = StE 1990 B 72.15.3 Nr. 1) der Ansicht, bei Spaltungen sei bei Nichteinhaltung des doppelten Betriebserfordernisses auf denjenigen stillen Reserven steuerlich abzurechnen, die auf dem Vermögen bestehen, das den Betriebsbegriff nicht erfüllt und zwar unabhängig davon, ob dieses Vermögen übertragen wurde oder zurückblieb. Ein solcher Umkehrschluss ist steuersystematisch unzulässig und der Entscheid des Bundesgerichts unzutreffend. Art. 19 und 61 DBG regeln die Nichtbesteuerung von stillen Reserven bei Umstrukturierungen. Eine andere Funktion – insbesondere eine steuerbegründende – kommt ihnen nicht zu (REICH in: Kommentar zum Schweizerischen Steuerrecht I/2a, Art. 19 DBG N 12; REICH/DUSS, 17 f.; REICH, FStR 2001, 15; Kommission Steuerharmonisierung, 61; Handkommentar FusG-DIETRICH, Art. 19 Abs. 1 und 2 DBG/Art. 8 Abs. 3 und 3bis StHG N 7; eingehend N 155 ff.). Zur Neuordnung lässt sich Gegenteiliges weder der Botschaft noch den parlamentarischen Beratungen entnehmen. Geben die steuerlichen Umstrukturierungsnormen keine Grundlage für eine Besteuerung stiller Reserven nach Art. 58 Abs. 1 DBG und von Beteiligungsertrag nach Art. 20 Abs. 1 lit. c DBG ab, ist bei Verletzung des doppelten Betriebserfordernisses bei der Spaltung zu prüfen, ob eine der übrigen Steuerrechtsnormen Anwendung findet, beispielsweise die Konzernübertragung nach Art. 61 Abs. 3 DBG oder die allgemeinen steuerrechtlichen Gewinnermittlungsvorschriften nach Art. 58 Abs. 1 lit. c DBG (gewöhnliche Vorteilszuwendung aufgrund Subjektwechsel).

6. *Spaltungsspezifische Voraussetzungen der Steuerneutralität*
a) *Juristische Personen*

Das FusG legt den **Kreis der Gesellschaften**, die sich als übertragende und aufnehmende Gesellschaft eines Vermögens oder Teilvermögens an einer Spaltung beteiligen können, in Art. 30 abschliessend auf Kapitalgesellschafen und Genossenschaften (ohne Vorsorgeeinrichtungen in der Form von Genossenschaften, Art. 98 FusG) fest. Kapitalgesellschaften umfassen nach Art. 2 FusG Aktiengesellschaften, Kommanditaktiengesellschaften und Gesellschaften mit beschränkter Haftung. Rechtsformübergreifende Spaltungen innerhalb dieses Kreises sind zulässig (vgl. Art. 30 N 3). Anderen Gesellschaften, d.h. Kollektiv- und Kommanditgesellschaften, Vereinen, Stiftungen und Instituten des öffentlichen Rechts, steht das zivilrechtliche Institut der Spaltung nicht zur Verfügung. Sie können jedoch u.a. das ebenfalls neu geschaffene Institut der Vermögensübertragung (Art. 69 ff. FusG) verwenden, um ähnliche Ergebnisse zu erreichen (vgl. dazu Komm. in Teil 1 vor Art. 69).

Das Steuerrecht zieht den Kreis von Personen, die nach Art. 61 Abs. 1 lit. b DBG und Art. 24 Abs. 3 lit. b StHG bei einer Spaltung steuerneutral einen Betrieb oder Teilbetrieb übertragen oder übernehmen können, anders als das Zivilrecht, indem es auf den Begriff **«juristische Personen»** abstellt. Damit wird eines der Hauptpostulate der Revision der Umstrukturierungsbestimmungen erfüllt. Dieses bestand darin, die Möglichkeit, stille Reserven im Zuge einer Umstrukturierung ohne Steuerfolgen zu übertragen, nicht nur wie bisher den Kapitalgesellschaften und den Genossenschaften, sondern **sämtlichen juristischen Personen**, d.h. auch den Vereinen, Stiftungen und übrigen juristischen Personen, einzuräumen (Bericht Steuern 1, 26; Botschaft, 4369). Die steuerneutrale **rechtsformübergreifende Spaltung**, z.B. von einer Aktiengesellschaft auf einen Verein oder umgekehrt, ist somit zulässig (s. N 109 ff.).

In den Umstrukturierungsbestimmungen ist der **Begriff** «juristische Personen» nicht definiert. Auch in den Gesetzesmaterialien findet sich kein Hinweis darauf, ob der Begriff im zivilrechtlichen Sinne zu verstehen ist, oder ob auf die Definition in **Art. 49 DBG** abzustellen ist. Art. 49 DBG regelt, welche Unternehmen als juristische Personen besteuert werden. AGNER/JUNG/STEINMANN (173) sowie ATHANAS/WIDMER (in: Kommentar zum Schweizerischen Steuerrecht I/2a, Art. 49 DBG N 2) sind der Ansicht, dass Art. 49 DBG eine Legaldefinition des Begriffs juristische Person für den Bereich der Gewinnsteuer enthalte, soweit sich aus den einzelnen Bestimmungen nichts Abweichendes ergebe. Folgt man der Konzeption, dass Erlasse in erster Linie aus sich selbst auszulegen sind, ist zu fragen, wieweit die nach Art. 49 DBG als juristische Personen besteuerten Unternehmen auch als nach Art. 61 Abs. 1 lit. b DBG und Art. 24 Abs. 3 lit. b StHG spaltbare bzw. übernehmende juristische Personen gelten.

Nach Art. 49 DBG gelten als **juristische Personen** die inländischen Kapitalgesellschaften (Aktiengesellschaft [Art. 620 ff. OR], Kommanditaktiengesellschaft [Art. 764 ff. OR], Gesellschaften mit beschränkter Haftung [Art. 772 ff. OR]), die Genossenschaften

[Art. 828 ff. OR] sowie die Vereine [Art. 60 ff. ZGB], Stiftungen [Art. 80 ff.] und übrigen juristischen Personen. Nach Abs. 3 von Art. 49 DBG werden überdies als juristische Personen die **ausländischen** juristischen Personen besteuert, welche in der Schweiz unbeschränkt oder beschränkt steuerpflichtig sind. Dabei werden sie jenen inländischen juristischen Personen, denen sie rechtlich oder tatsächlich am ähnlichsten sind, gleichgestellt. Es ist kein sachliches Kriterium erkennbar, diese Gesellschaften nicht ebenfalls unter den Begriff juristische Person in Art. 61 Abs. 1 lit. b DBG und Art. 24 Abs. 3 lit. b StHG zu subsumieren, namentlich, wenn das gesetzgeberische Motiv, die Umstrukturierungstatbestände auf alle juristischen Personen auszudehnen, und das Gleichbehandlungsgebot und das Diskriminierungsverbot nach Art. 24 Abs. 3 OECD MA (bzw. der entsprechenden Doppelbesteuerungsabkommen) bedacht wird. So sind die Spaltungsvorschriften nach Art. 61 Abs. 1 lit. b DBG und Art. 24 Abs. 3 lit. b StHG dem Grundsatz nach anwendbar, wenn eine ausländische juristische Person inländische Geschäftsbetriebe, Betriebsstätten oder Liegenschaften, welche einen Betrieb oder Teilbetrieb im Sinne des Steuerrechts darstellen bzw. zu einem solchen zählen, auf eine andere in- oder ausländische juristische Person abspaltet.

38   Nach Art. 49 Abs. 2 DBG und Art. 20 Abs. 1 StHG werden die **Anlagefonds mit direktem Grundbesitz** im Sinne von Art. 36 Abs. 2 lit. a AFG den übrigen juristischen Personen gleichgestellt, allerdings bei der Gewinnsteuer nur mit Bezug auf den Ertrag aus direktem Grundbesitz (Art. 66 Abs. 3 DBG, Art. 26 Abs. 3 StHG) und bei der Kapitalsteuer nur mit Bezug auf das Reinvermögen aus direktem Grundbesitz, wie es nach den Bestimmungen für die natürlichen Personen berechnet wird (Art. 29 Abs. 2 lit. c StHG; ESTV-DVS, KS 31 vom 12.7.1996). Das übrige Fondsvermögen und dessen Erträge werden steuerlich bei den Zertifikatsinhabern besteuert. Anlagefonds verfügen nicht über Rechtspersönlichkeit und werden mit Bezug auf direkten Grundbesitz nur Kraft ausdrücklicher Gesetzesbestimmung als juristische Personen besteuert. Die ESTV vertritt die Auffassung, dass nicht nur die laufenden Erträgnisse, sondern auch Kapitalgewinne auf direktem Grundbesitz Bestandteil des steuerbaren Gewinns bilden (ESTV-DVS, KS 31 vom 12.7.1996, Ziff. 2.1). Damit wird für private Zertifikatsinhaber der Grundsatz durchbrochen, dass im Bund Kapitalgewinne auf Grundstücken steuerfrei sind, was in der Steuerrechtsliteratur mehrheitlich abgelehnt wird (ausführlich HESS, § 12 N 2.2.2.1.1.4, s. auch SPRING, StR 1996, 411 ff.; LUTZ in: Kommentar zum Schweizerischen Steuerrecht I/2a, Art. 66 DBG N 14). Konsequenterweise sollte ein Anlagefonds mit direktem Grundbesitz trotz mangelnder zivilrechtlicher Rechtspersönlichkeit als übernehmende oder übertragende Partei nach Art. 61 Abs. 1 lit. b DBG und Art. 24 Abs. 3 lit. b StHG steuerneutral auf dem Wege der Spaltung Vermögen übertragen oder übernehmen können. Dabei kann allerdings das doppelte Betriebserfordernis Schwierigkeiten bieten (zum Betriebserfordernis bei Immobilien, N 53 ff.).

39   Schliesslich werden nach Art. 49 Abs. 3 DBG und Art. 20 Abs. 2 StHG die ausländischen Handelsgesellschaften und anderen **ausländischen Personengesamtheiten ohne juristische Persönlichkeit**, welche in der Schweiz beschränkt steuerpflichtig sind, als Steuersubjekte besteuert und entrichten die Steuern nach den Bestimmungen für die juristischen Personen. Personenunternehmen sind bei den direkten Steuern normalerweise keine Steuersubjekte. Steuerpflichtig sind einzig die an den Personenunternehmen beteiligten natürlichen oder juristischen Personen für ihren Anteil am Ergebnis und am Kapital der Personengesellschaft. Die Regelungen in Art. 49 Abs. 3 DBG und Art. 20 Abs. 2 StHG wurden vorgesehen, um die Behörden von der Nachforschung zu entbinden, ob es sich bei einem ausländischen Beteiligten um eine natürliche oder juristische Person handelt. Diese Regelungen bieten für die Anwendung der Spaltungsvorschriften von Art. 61 Abs. 1 lit. b DBG und Art. 24 Abs. 3 lit. b StHG keine Schwierigkeiten, so

lange hinter einer derart besteuerten Personengesellschaft juristische Personen als Beteiligte stehen. Wird beispielsweise aus der inländischen Betriebsstätte einer ausländischen Personengesellschaft ein Betrieb oder Teilbetrieb auf eine inländische Schwestergesellschaft (Kapitalgesellschaft oder Personengesellschaft) übertragen, an welcher die gleichen in- oder ausländischen juristischen Person beteiligt sind, so stellt dies eine Abspaltung dar, die nach den Voraussetzungen von Art. 61 Abs. 1 lit. b DBG bzw. Art. 24 Abs. 3 lit. b StHG steuerneutral bleibt. Insofern führt die Fiktion von Art. 49 Abs. 3 DBG und Art. 20 Abs. 2 StHG für die Anwendung von Art. 61 Abs. 1 lit. b DBG bzw. Art. 24 Abs. 3 lit. b StHG zum gleichen Ergebnis. Dies ist jedoch bei grundsätzlich gleichem Sachverhalt nicht zwingend der Fall, wenn den Beteiligten natürliche Personen angehören. Hier stellt sich die Frage, ob Art. 19 Abs. 1 lit. b DBG bzw. Art. 8 Abs. 3 lit. b StHG (einschliesslich Veräusserungssperrfrist) anwendbar sind oder ob Art. 61 Abs. 1 lit. b DBG bzw. Art. 24 Abs. 3 lit. b StHG i.V.m. Art. 49 Abs. 3 DBG bzw. Art. 20 Abs. 2 StHG vorgehen. Der Wortlaut der Bestimmung spricht für Letzteres. Wird dagegen, wie vorliegend, auf den allein in der Praktikabilität liegenden Normenzweck sowie das Gleichbehandlungsgebot bezüglich der Besteuerung inländischer natürlichen Personen als Gesellschafter in- oder ausländischer Personengesellschaften abgestellt, so wird für die inländischen Beteiligten eher auf die Anwendbarkeit von Art. 19 Abs. 1 lit. b DBG und Art. 8 Abs. 3 lit. b StHG zu schliessen sein (sinngemäss AGNER/JUNG/STEINMANN, 174; **a.M.** ATHANAS/WIDMER in: Kommentar zum Schweizerischen Steuerrecht I/2a, Art. 49 DBG N 17). Für ausländische natürliche Personen als Gesellschafter kommt in jedem Fall Art. 61 Abs. 1 lit. b DBG bzw. Art. 24 Abs. 3 lit. b StHG zur Anwendung.

b) Übertragung eines Betriebs oder Teilbetriebs

ba) Gesamt- oder Teilvermögen

40 Gegenstand der zivilrechtlichen Spaltung nach Art. 29 ff. FusG kann ein **Gesamt- oder Teilvermögen** sein. Ein Teilvermögen kann im Extremfall aus einem beliebigen Vermögenswert der übertragenden Gesellschaft bestehen (Botschaft, 4431), beispielsweise einem Grundstück oder einer einzelnen beweglichen Sache (vgl. Art. 29 FusG). Dagegen wird die steuerneutrale Übertragung stiller Reserven bei der Spaltung nach Art. 61 Abs. 1 lit. b DBG und Art. 24 Abs. 3 lit. b StHG nicht von der Übertragung eines Gesamt- oder Teilvermögens, sondern von der **Übertragung** eines oder mehrerer **Betriebe oder Teilbetriebe** und von der Weiterführung eines Betriebs oder Teilbetriebs durch die nach der Spaltung bestehenden juristischen Personen abhängig gemacht. Der Begriff «in sich geschlossener Betriebsteil» des bisherigen Rechts, der in der Lehre auf Kritik gestossen ist (Bericht Steuern 1, 25; BÖCKLI, ASA 67 [1998/99], 10; vgl. N 13) wurde aufgegeben. Steuerrechtlich gilt als Betrieb ein organisatorisch-technischer Komplex von Vermögenswerten, welcher für die unternehmerische Leistungserstellung eine relativ unabhängige, organische Einheit darstellt und als Teilbetrieb der kleinste für sich lebensfähige Organismus eines Unternehmens (vgl. dazu N 48 ff.). Diese Definitionen zeigen ohne weiteres, dass der **steuerliche Spaltungsgegenstand** deutlich **enger** gezogen ist als der zivilrechtliche.

bb) Doppeltes Betriebserfordernis

(1) Kennzeichnendes Element

41 Der Gesetzgeber verlangt bei der Spaltung in Art. 61 Abs. 1 lit. b DBG und Art. 24 Abs. 3 lit. b StHG, dass «ein oder mehrere Betriebe oder Teilbetriebe übertragen werden» und «die nach der Spaltung bestehenden juristischen Personen einen Betrieb oder Teilbetrieb weiterführen». Diese Formulierung wurde im Gesetzgebungsverfahren eingehend diskutiert und der Gesetzestext verschiedentlich verändert (Bericht Steuern 1, 26; Botschaft, 4509; Mitbericht WAK StR, 7; StR Frühjahrssession 2001, 10. Sitzung vom 21.3.2001, AmtlBull StR 2001, 143 f., 146 und 166, vgl. zur Entstehungsgeschichte ausführlich N 164). Nach dem in Art. 61 Abs. 1 lit. b DBG und Art. 24 Abs. 3 lit. b StHG nun unmissverständlich zum Ausdruck kommenden Willen des Gesetzgebers ist für die Steuerneutralität einer Spaltung erforderlich, dass **mindestens zwei Teilbetriebe vor und nach der Spaltung** gegeben sind. Mit diesem **doppelten Betriebserfordernis**, welches als das die Spaltung **kennzeichnende Element** bezeichnet werden kann, grenzt der Gesetzgeber die Spaltung von anderen Umstrukturierungstatbeständen ab, insbesondere vom verwandten Tatbestand der konzerninternen Übertragung eines Betriebs oder Teilbetriebs auf eine Schwestergesellschaft (Art. 61 Abs. 3 DBG und Art. 24 Abs. 3^{quater} StHG). Dort ist es ausreichend, wenn ein Betrieb oder Teilbetrieb übertragen wird. Anforderungen an die zurückbleibenden Wirtschaftsgüter bestehen nicht (s. Teil 2 vor Art. 69 N 29 ff.).

42 Die ESTV verlangte bereits nach bisheriger Praxis für die Spaltung zwei Betriebe. Einzelne Kantone folgten dieser Ansicht nicht (Botschaft, 4350). In der Literatur war die Frage umstritten, wobei der überwiegende Teil der Lehre sich für das doppelte Betriebserfordernis aussprach (so GRETER, ASA 65 [1996/97], 861; REICH/DUSS, 318 ff.; HÖHN/WALDBURGER, Steuern, § 48 N 328; **a.M.** BÖCKLI, ASA 67 [1998/99], 11; CAGIANUT/HÖHN, 760). CAGIANUT/HÖHN führen aus, dass die Begrenzung auf die reine «Betriebsteilung» sachfremd sei und an den wirtschaftlichen Gegebenheiten vorbeigehe, weil zwischen «Betrieben» und anderen wirtschaftlichen Betätigungen kein steuerrechtlich relevanter Unterschied bestehe (ebenso BÖCKLI, ASA 67 [1998/99], 11). Demgegenüber vertreten vor allem REICH/DUSS (319) und HÖHN/WALDBURGER (Steuern, § 48 N 328) die Auffassung, dass mindestens zwei Betriebe bzw. Teilbetriebe vorliegen müssen. Sie begründen dies mit dem formalen Argument, dass eine Unternehmensaufteilung *begrifflich* das Vorliegen von mindestens zwei Betrieben voraussetze, da andernfalls lediglich ein Betrieb übertragen, aber kein Unternehmen geteilt werde (ebenso Botschaft, 4509). HÖHN/WALDBURGER fügen bei, dass es sich um eine Aufteilung im wirtschaftlichen Sinn handeln müsse, d.h. nicht lediglich einzelne Wirtschaftsgüter in der abspaltenden Gesellschaft verbleiben dürfen und nähern sich insofern der Auffassung von CAGIANUT/HÖHN an. Dieser Abgrenzungsaspekt ist bei der Betriebsdefinition zu erörtern (vgl. N 48 ff.).

(2) Einzelne Aktiven

43 Ziel des doppelten Betriebserfordernisses (und des Weiterführungserfordernisses) ist die Gewährleistung der **betrieblichen Verknüpfung** der Wirtschaftsgüter, welche latent steuerbelastete stille Reserven aufweisen, und damit die Abgrenzung einer Umstrukturierung von verkappten Liquidationshandlungen (z.B. Isolierung von Kapitalanlagen vom Betrieb). Das doppelte Betriebserfordernis schliesst somit die steuerneutrale Abspaltung oder Isolierung **einzelner Aktiven** aus, selbst wenn damit Schulden sachlich verbunden sind. Eine Trennung von Betrieb und sonstigen Aktiven kann nur durch Tochterausgliederung nach Art. 61 Abs. 1 lit. d DBG bzw. Art. 24 Abs. 3 lit. d StHG oder Konzernübertragung nach Art. 61 Abs. 3 DBG bzw. Art. 24 Abs. 3^{quater} StHG steuerneutral bewerkstelligt werden, wird aber mit einer fünfjährigen Sperrfrist erkauft.

(3) Missbrauchsregelung

44 Der Gesetzgeber begründet das doppelte Betriebserfordernis nicht mit Auswirkungen auf Ebene des Unternehmens. Dort bleiben die stillen Reserven der Besteuerung verhaf-

tet, ungeachtet, ob ein einzelnes Aktivum (wie z.B. bei der Konzernübertragung nach Art. 61 Abs. 3 DBG) oder ein Betrieb übertragen wird. Er begründet das doppelte Betriebserfordernis vielmehr mit der Verhinderung von missbräuchlichem Zusammenwirken von Unternehmen und Anteilsinhabern. In den parlamentarischen Diskussionen wurde mehrmals vorgebracht, das Betriebserfordernis diene dazu, eine steuerneutrale Umstrukturierung von einem steuerbaren Veräusserungsgeschäft abzugrenzen und das steuerneutrale Abspalten bzw. Zurücklassen einzelner Wirtschaftsgüter zu verhindern (Mitbericht StR, 8; Bundesrat *Villiger* in der Ständeratsdebatte vom 21.3.2001, Amtl. Bull StR 2001, 166; ebenso REICH/DUSS, 318 f.). Bundesrat *Villiger* (AmtlBull StR 2001, 166) führte aus, es solle damit verhindert werden, dass die Steuerneutralität *missbraucht* werde, um einzelne Aktiven, beispielsweise einzelne Liegenschaften, auf eine Schwestergesellschaft abzuspalten und der Aktionär danach die Beteiligungsrechte an der neuen Kapitalgesellschaft *steuerfrei* veräussere. Das doppelte Betriebserfordernis stellt somit nichts weiter als eine **verobjektivierte Missbrauchsregelung** dar. Die Missbrauchsorientierung des doppelten Betriebserfordernisses zeigt sich auch darin, dass der Gesetzgeber bei der Fusion, also dem Zusammenführen von Vermögenskomplexen oder Wirtschaftsgütern, die Steuerneutralität nicht vom Vorliegen von Betrieben abhängig macht. Hier begünstigt der Gesetzgeber die Kumulation latenter Steuerbelastung.

(4) Vergleich mit Tochterausgliederung und Konzernübertragung

Im Konzernverhältnis steht für die Übertragung von Betrieben oder Teilbetrieben neben der Spaltung die Tochterausgliederung nach Art. 61 Abs. 1 lit. d DBG und Art. 24 Abs. 3 lit. d StHG (vgl. Teil 1 vor Art. 69 N 73 ff.) sowie die konzerninterne Übertragung nach Art. 61 Abs. 3 DBG und Art. 24 Abs. 3^{quater} StHG zur Verfügung (vgl. Teil 2 vor Art. 69 N 27 f.). Bei beiden Umstrukturierungsformen können auch einzelne Gegenstände des betrieblichen Anlagevermögens steuerneutral übertragen werden, so dass dem **Betriebserfordernis** bei diesen eine weit **geringere Bedeutung** als bei der Spaltung zukommt. Weiter kommt es für die Steuerneutralität nicht darauf an, welche Gegenstände bei der übertragenden Gesellschaft zurückbleiben bzw. ob die übernehmende Gesellschaft einen Betrieb oder Teilbetrieb weiterführt. Der Gesetzgeber begegnet hier Missbrauchsaspekten statt mit dem doppelten Betriebserfordernis mit einer fünfjährigen objektiven **Veräusserungssperrfrist**, deren Verletzung in jedem Fall zu einer Nachbesteuerung nach Art. 151–153 DBG führt (vgl. Teil 1 vor Art. 69 N 94 ff. und Teil 2 vor Art. 69 N 78 ff.).   45

Die heutige Regelung der Spaltung, der Tochterausgliederung und der Konzernübertragung weist bei der Übertragung von Betrieben oder Teilbetrieben zwei konzeptuelle **Bruchstellen** auf: Die Konzernübertragung ist nur zwischen inländischen Kapitalgesellschaften oder Genossenschaften zulässig, die unter einheitlicher Leitung einer Kapitalgesellschaft oder Genossenschaft zusammengefasst sind. Wird eine Gruppe von Kapitalgesellschaften direkt von natürlichen Personen gehalten, so ist für diese eine Konzernübertragung ausgeschlossen, trotz der aus Missbrauchsüberlegungen angeordneten Veräusserungssperrfrist. Während sich im Falle der Spaltung Konzerngesellschaften beim Scheitern des Nachweises des doppelten Betriebs auf die Konzernübertragung berufen können (so ESTV-DVS, KS 5 vom 1.6.2004, Ziff. 4.3.2.13), steht diese Möglichkeit privat beherrschten Gesellschaften nicht offen. Vor diesem Hintergrund ist die zweite Bruchstelle, der gänzliche Wegfall einer Veräusserungssperrfrist bei der Spaltung für juristische und natürliche Personen, um so erstaunlicher (s. N 82 f.). So könnte zum Beispiel mit Hilfe der Spaltung, sofern das doppelte Betriebserfordernis erfüllt ist, die Sperrfrist bei einer Tochterausgliederung vermieden werden, indem zunächst ein   46

Betrieb durch Spaltung auf eine Schwestergesellschaft abgespalten und die Anteile der Schwestergesellschaft danach steuerneutral in die spaltende Gesellschaft eingelegt werden (keine Sperrfrist bei Spaltung und keine Sperrfrist bei Sacheinlage der Beteiligung; ESTV-DVS, KS 5 vom 1.6.2004, Ziff. 4.4.2.2.1 und 4.4.2.2.4).

bc) Betriebserfordernis bei Vereinen, Stiftungen und übrigen juristischen Personen

47 Das Betriebserfordernis wird nach dem Gesetzeswortlaut bei der Spaltung aller juristischen Personen verlangt, somit auch bei der Spaltung von Vereinen, Stiftungen und übrigen juristischen Personen. Wird bei Vereinen und Stiftungen innerhalb der gleichen Rechtsform gespalten (Abspaltung auf einen anderen Verein oder eine andere Stiftung), steht dem Mitglied oder Destinatär die Möglichkeit der Realisierung eines steuerfreien Kapitalgewinns gar nicht offen, so dass dem **Missbrauchsaspekt** und dem Betriebserfordernis bei solchen Spaltungsvorgängen **keine Bedeutung** zukommt. Bei der Spaltung von Vorsorgeeinrichtungen wird denn auch in Art. 80 Abs. 2 BVG ausdrücklich auf das Betriebserfordernis verzichtet. Hält der Gesetzgeber bei der Spaltung von Vereinen, Stiftungen und nicht gewinnstrebigen anderen juristischen Personen am Betriebserfordernis fest, verhindert er, was er mit der Gesetzesrevision eigentlich anstrebte, nämlich die Spaltung steuerneutral für alle juristischen Personen zuzulassen. Der Schluss auf eine **Fehlkonzeption** des Gesetzgebers lässt sich vermeiden, wenn für solche juristischen Personen das Betriebserfordernis in Beziehung zur **spezifischen Tätigkeit** oder zum spezifischen **Zweck** der betreffenden juristischen Person gesetzt wird (dazu N 50).

bd) Bisherige Betriebsdefinition

48 Nach bisheriger Diskussion in Lehre und Rechtsprechung, welche auf die steuerneutrale Spaltung von Unternehmen in der Form von Kapitalgesellschaften und Genossenschaft ausgerichtet war und die nun mögliche steuerneutrale Spaltung anderer juristischer Personen nicht berücksichtigte, wird als **Betrieb** jeder organisatorisch-technische Komplex von Vermögenswerten, welcher im Hinblick auf die unternehmerische Leistungserstellung eine relativ unabhängige **organische Einheit** bildet, verstanden (BEHNISCH, ASA 71 [2002/03], 727; GRETER, ASA 65 [1996/97], 859 f.; HÖHN/WALDBURGER, Steuern, § 48 N 326; REICH/DUSS, 44; WALKER, ST 1997, 1005; ZUPPINGER/SCHÄRRER/FESSLER/REICH, § 161 N 175; BGer in ASA 58 [1989/90], 437 ff.; ASA 58 [1989/90], 681 = StE 1990 B 72.15.3 Nr. 1). Diese **Definition** wurde von der ESTV ins neue Recht **übernommen** (KS 5 vom 1.6.2004, Ziff. 4.3.2.5). Im Allgemeinen weist die Lehre darauf hin, dass Inhalt und Umfang des Betriebskriteriums unscharf bzw. unklar sei und das Vorliegen eines Betriebs im Einzelfall in Abwägung aller Umstände zu prüfen sei (BEHNISCH, ASA 71 [2002/03], 727; GRETER, ASA 65 [1996/97], 859 f.; HÖHN/WALDBURGER, Steuern, § 48 N 326; REICH/DUSS, 44; WALKER, ST 1997, 1005).

be) Der Teilbetrieb

49 Da der mit Art. 61 Abs. 1 lit. b DBG und Art. 24 Abs. 3 lit. b StHG ins neue Recht eingeführte Begriff «**Teilbetrieb**» neben dem Begriff «Betrieb» verwendet wird, muss ihm ein anderer Begriffsinhalt als diesem zukommen. Mit dem Wortzusatz «Teil» bringt der Gesetzgeber zum Ausdruck, dass er an einen Teilbetrieb weniger weit reichende Anforderungen als an einen Betrieb stellt. Dieser Ansicht ist auch die ESTV (s. aber N 53 ff.). Sie definiert den Teilbetrieb als **kleinsten für sich lebensfähigen Organismus** (ESTV-DVS, KS 5 vom 1.6.2004, Ziff. 4.3.2.5 und Ziff. 4.3.2.13). Das Kriterium des «Teilbetriebs» macht die in der Lehre vertretene Ansicht unmassgeblich, wonach sich ein Betrieb durch ein hohes Mass an Autonomie auszeichnen müsse, so dass er, auch wenn das

Band zur jeweiligen übergeordneten Wirtschaftseinheit durchtrennt sei, ein für sich lebensfähiger auf die Erzeugung von wirtschaftlichen Gütern ausgerichteter Organismus darstelle (REICH/DUSS, 44). Mit dem Begriff Teilbetrieb werden die **Anforderungen** an den Spaltungsgegenstand gegenüber dem alten Recht **gemildert** und es kommt dem Teilbetrieb als **Mindestvoraussetzung** an den Spaltungsgegenstand nach Art. 61 Abs. 1 lit. b DBG und Art. 24 Abs. 3 lit. b StHG die entscheidende Bedeutung zu (a.M. LOCHER, Kommentar DBG, Art. 61 N 84, der Betrieb und Teilbetrieb als Synonyme betrachtet).

Als kleinster für sich lebensfähiger Organismus kann ein **abgrenzbarer Teil eines Betriebs** (bspw. Produktion und Vertrieb), ein **übergreifender Teil mehrerer Betriebe oder Teilbetriebe** (bspw. verschiedene Produktionsstufen) oder eine abgrenzbare **Querfunktion eines Gesamtunternehmens** verstanden werden (bspw. Logistik, Vertrieb, Marketing, Treasury, Immobilien eines Gesamtunternehmens), dem **Kosten und Erlöse** zugeordnet werden können und der über die nötigen **personellen und sachlichen Ressourcen** verfügt. Dabei können die personellen Ressourcen (Dienstleistungsbranche) oder die sachlichen Ressourcen (Fabrikationsbetrieb, Immobilienbetrieb, Holding, Vermögensverwaltung) je nach Branchenzugehörigkeit überwiegen bzw. allein ausschlaggebend sein. Personelle Ressourcen müssen nicht zwingend übertragen werden. Sie können z.B. bei einer Spaltung zur Übernahme bei der übernehmenden Gesellschaft gegeben sein. Auf das Vorhandensein zentraler betriebswirtschaftlicher und organisatorischer Funktionen (Stabsfunktionen, Administrationsfunktionen, usw.) sowie Hilfsfunktionen (Buchführung, EDV), welche einen eigenständigen Gesamtbetrieb oder einen Betrieb kennzeichnen, kommt es nicht an. Dem Teilbetrieb können in Relation zu seiner Bedeutung **neutrale Wirtschaftgüter** und Verbindlichkeiten (liquide Mittel, Wertpapiere des Umlaufvermögens, vermietete Grundstücke) zugeordnet werden (ebenso KS 5 vom 1.6.2004, Ziff. 4.3.2.5). Wird weiter berücksichtigt, dass das Betriebs- bzw. Teilbetriebserfordernis eine Missbrauchregelung darstellt (Verhinderung verkappter Veräusserungen, s. N 44) und dass die Spaltung nach Art. 61 Abs. 1 lit. b DBG und Art. 24 Abs. 3 lit. b StHG allen juristischen Personen offen steht (s. N 47), so ist dem Betriebskriterium ein von der jeweiligen Zwecksetzung der betroffenen juristischen Person abhängiger **relativer Gehalt** beizumessen. Bei wirtschaftlicher Zielsetzung muss eine im Zeitpunkt der Spaltung nach Verkehrsanschauung abgrenzbare **wirtschaftliche Tätigkeit** und bei anderer Zielsetzung eine abgrenzbare **zweck-** oder **aufgabenkonforme Tätigkeit** vorliegen. Bei letzterer kann demzufolge ein Betrieb oder Teilbetrieb auch als abgrenzbarer **Aufgabenbereich** verstanden werden. 50

Der Teilbetrieb muss im **Zeitpunkt der Spaltung**, d.h. der tatsächlichen zivilrechtlichen Übertragung gegeben sein. Auf den Zeitpunkt des Übergangs von Nutzen und Gefahr kommt es nicht an. Daher kann ein Teilbetrieb beispielsweise im Rahmen einer betrieblichen Reorganisation auch erst vor der Spaltung geschaffen werden, beispielsweise indem die übertragende Gesellschaft vor der Spaltung einen neuen Teilbetrieb eröffnet, einen Teilbetrieb erwirbt oder ein neuer Investor einen solchen mittels Sacheinlage einbringt (kritisch ESTV-DVS in KS 5 vom 1.6.2004, Ziff. 4.3.2.5 mit Hinweis auf den allg. Vorbehalt der Steuerumgehung). Regelmässig wird erforderlich sein, dass ein Teilbetrieb über gewisse Aussenbeziehungen verfügt (Marktauftritt, Kundenkreis, Einkaufsbeziehungen, Destinatäre, Investoren). Diese Aussenbeziehungen können ausschliesslich gegenüber verbundenen Unternehmen bestehen oder durch die Spaltung erst entstehen. Eine gewinnsteuerneutrale Spaltung ist daher auch möglich, wenn ein Teilbetrieb sich erst in Vorbereitung befindet und die eigentliche Lebensfähigkeit erst mit der Spaltung beginnt, wie dies im Konzern bei der Schaffung einer Immaterialgüterverwertungs- oder Immobiliengesellschaft der Fall sein kann. Dieser Auffassung folgen CAGIANUT/HÖHN, 51 wenn sie festhalten, dass Gegenstand der Übertragung ein Komplex von Aktiven und Passiven sein kann, der geeignet ist, **nach der Abtrennung** eine wirtschaftliche («organische») Einheit zu bilden und Grundlage einer unternehmerischen Tätigkeit zu sein. Es kommt ihnen zu Recht nicht darauf an, ob dieser Komplex schon vor der Teilung eine selbständige Einheit darstellte oder gar einen Betriebsteil bildete (CAGIANUT/HÖHN, § 19 N 58). Der Unternehmung sollte es freigestellt sein, ihre unternehmerischen Aktivitäten neu zu ordnen, zu gestalten und ihr Vermögen unterschiedlichen Verwendungen zuzuführen. Entsprechend ist auch nicht erkennbar, weshalb die **Abspaltung einzelner Aktiven aus verschiedenen Gruppengesellschaften**, welche im Sinne einer **Querfunktion einer Unternehmensgruppe** (bspw. eines Konzerns) zusammen einen Betrieb darstellen bzw. einen neuen Betrieb ergeben, von der Steuerneutralität der Spaltung auszuschliessen ist. Genau diese unternehmerische Bewegungsfreiheit war Ziel der Revision des Unternehmenssteuerrechts (s. Leitlinien für die Revision des Steuerrechts, Botschaft 4368 f.; a.M. ESTV-DVS, KS 5 vom 1.6.2004, Ziff. 4.3.2.13). Sachlich wird nach Art. 61 Abs. 1 lit. b DBG und Art. 24 Abs. 3 lit. b StHG gefordert, dass ein Betrieb übertragen wird (und Betriebe weitergeführt werden). Diese Voraussetzung ist mit der Übertragung einer unternehmerischen Querfunktion gegeben. Wird einer Unternehmensgruppe dieser direkte Weg verschlossen, müsste sie zuerst die betroffenen Gesellschaften fusionieren, die zu übertragenden Aktiven zu einem Betrieb bündeln und danach steuerneutral abspalten (Bündelung bspw. von Immaterialgüterrechten, Produktion, Marketing, Vertrieb oder von Immobilien zu einem Betrieb). Dies ergibt eine unsinnige, in mehreren Schritten vollzogene, steuerneutrale Umstrukturierung, die von der Verwaltung hinzunehmen wäre. Zuzustimmen ist der ESTV dagegen, wenn sie nach der geltenden Rechtslage die steuerneutrale Auf- oder Abspaltung einzelner Wirtschaftsgüter ausserhalb einer solchen gesamtunternehmerischen Querfunktion auf eine Schwestergesellschaft ausschliesst (KS 5 vom 1.6.2004, 4.3.2.13; ebenso Mitbericht WAK StR, 8).

52 **Quantitative Elemente** wie eine bestimmte Anzahl eigenen oder beauftragten Personals sowie Aufwand- und Ertragsrelationen können im Einzelfall in Abwägung aller Umstände für die Beurteilung, ob das Teilbetriebskriterium erfüllt ist, herangezogen werden, sind jedoch für das Vorliegen eines Teilbetriebs genauso wenig konstituierend, wie die Frage, ob die juristische Person ihre Leistungen und Güter am Markt oder an verbundene Unternehmen absetzt. Vor diesem Hintergrund ist die **schematische Regelung** der **ESTV abzulehnen**. Die ESTV verlangt *kumulativ*, dass der Teilbetrieb Leistungen auf dem Markt oder an verbundene Unternehmen erbringt, über Personal verfügt bzw. Personal beauftragt, wobei in gewissen Fällen mindestens eine Vollzeitstelle verlangt wird, und der Personalaufwand des Teilbetriebs in einem sachgerechten Verhältnis zu seinem Ertrag steht (ESTV-DVS, KS 5 vom 1.6.2004, Ziff. 4.3.2.5). Dieser kumulative Kriterienkatalog ist realitätsfremd und führt zu willkürlichen Unterscheidungen. Verfehlt ist namentlich die Verpflichtung zu einer Vollzeitstelle bei Finanz-, Immaterialgüter- und Immobiliengesellschaften (bei welchem Gehalt bzw. bei welcher Dienstleistungsentschädigung?) sowie das Erfordernis des angemessenen Personalaufwands im Verhältnis zum Ertrag (ist etwa die bei Immobilien verlangte Relation von 1:20 angemessen und gelten ähnliche Relationen für andere Gesellschaften?). Die ESTV scheint mit diesem Kriterienkatalog zu versuchen, die quantitative Grösse spaltbarer Betriebe zu beeinflussen. Dies entgegen der mit dem neuen Teilbetriebskriterium herabgesetzten Anforderungen an den Spaltungsgegenstand (vgl. N 49) und entgegen der eigenen Definition des Teilbetriebs als kleinster für sich lebensfähiger Organismus. Für die Beurteilung der Betriebs- oder Teilbetriebsqualität ist die **qualitative Beurteilung** unter **Berücksichtigung aller wirtschaftlichen und unternehmerischen Aspekte massgebend** und nicht holzschnittartige Kriterien.

bf) Sonderfälle

(1) Immobilien

Das Bundesgericht hat zur Frage, ob **Immobiliengesellschaften** gespalten oder aus einer Betriebsgesellschaft Immobilien steuerneutral herausgelöst werden können, noch unter dem BdBSt entschieden, dies sei nur möglich, sofern der Immobilienbesitz so umfangreich sei, dass ihm Betriebsqualität zukomme (ASA 58 [1989/90], 681 = StE 1990 B 72.15.3 Nr. 1). Trotz des Rufs der Wirtschaft nach Flexibilisierung blieb die Praxis der Steuerbehörden in der Anerkennung der Steuerneutralität zurückhaltend. Der Vorschlag der Arbeitsgruppe Steuern bei Umstrukturierungen bei Immobilien auf das Betriebserfordernis ganz zu verzichten, wurde – trotz Koppelung mit einer fünfjährigen subjektiven Sperrfrist – mit dem Argument abgelehnt, dem Betriebserfordernis komme seit der Unternehmenssteuerreform 1997 (Beteiligungsabzug für Kapitalgewinne auf qualifizierten Beteiligungen) erhöhte Bedeutung zu (Bericht Steuern 1, 29 f.; Botschaft, 4351 und 4378). In der **Gesetzesdebatte** signalisierte Bundesrat *Villiger* eine **Flexibilisierung** hinsichtlich des Betriebserfordernisses bei der Spaltung von Immobiliengesellschaften bzw. bei der Abspaltung von Immobilien zuzulassen und für den Bund die sog. St. Galler-Praxis zu übernehmen (AmtlBull StR 2001, 166). Die ESTV hat diese Praxis mit ausdrücklichem Hinweis auf die bundesrätliche Äusserung ins KS 5 vom 1.6.2004 aufgenommen (Ziff. 4.3.2.8). **53**

Das Halten und Verwalten von Immobilien stellt nach der ESTV einen Betrieb oder Teilbetrieb dar, wenn in Anlehnung an ihre abzulehnende allgemeine Betriebsqualifikation (s. N 52) kumulativ folgende **Voraussetzungen** erfüllt sind: (i) Es erfolgt ein Marktauftritt oder es werden Betriebsliegenschaften an Konzerngesellschaften vermietet; (ii) die Unternehmung beschäftigt oder beauftragt mindestens eine Person für die Verwaltung der Immobilien (eine Vollzeitstelle für rein administrative Arbeiten); und (iii) die Mieterträge betragen mindestens das 20-fache des marktüblichen Personalaufwands für die Immobilienverwaltung (ESTV-DVS, KS 5 vom 1.6.2004, Ziff. 4.3.2.8). Welche innere Begründung gerade das 20-fache des marktüblichen Personalaufwands als sachrichtiges Verhältnis von Personalaufwand zu Mietertrag hat, lässt sich den Materialien sowie den Praxisfestlegungen der ESTV ebenso wenig entnehmen, wie ob die Sachrichtigkeit sich auf eine wirtschaftliche Beurteilung abstützt oder ein rein steuerliches bzw. verwaltungsökonomisches Abgrenzungskriterium darstellt. Beides ist vor dem Legalitätsprinzip problematisch. Mit der Relation von Personalaufwand und Mietertrag schreibt die ESTV die **Grösse des erforderlichen Immobilienkomplexes** vor. Bei einem Personalaufwand von CHF 120 000 für den vorausgesetzten Verwalter müssen, um das Teilbetriebserfordernis zu erfüllen, Mieterträge von mindestens CHF 2,4 Mio. erzielt werden. Diese Mieterträge entsprechen bei einer Bruttorendite von 8% einem Liegenschaftskomplex von CHF 30 Mio. Während diese Beträge für Immobiliengesellschaften i.d.R. unproblematisch zu erreichen sind, dürften andere Unternehmen, die aus unternehmerischen Gründen, Betriebe und Liegenschaften (beispielsweise aus haftungsrechtlichen Überlegungen) trennen möchten, die erforderliche Grössenordnung oft nicht erreichen. Erschwerend kommt hinzu, dass die ESTV das Betriebserfordernis auch dann nicht als erfüllt erachtet, wenn verschiedene Gesellschaften einer Unternehmensgruppe einzelne Immobilien in einer Gesellschaft mittels Abspaltung zu einem Betrieb zusammenführen möchten (ESTV-DVS, KS vom 1.6.2004, Ziff. 4.3.2.13; s. N 51). **54**

Das Betriebskriterium gemäss Art. 19 Abs. 1 lit. b DBG und Art. 8 Abs. 3 lit. b StHG für Personenunternehmen und gemäss Art. 61 Abs. 1 lit. b und d und Abs. 3 DBG und Art. 24 Abs. 3 lit. b und d und Abs. 3^{quater} StHG für juristische Personen bzw. Kapitalgesellschaften und Genossenschaften ist gleich zu verstehen. Mit CAGIANUT/HÖHN und **55**

GURTNER ist daher für die Spaltung von Immobiliengesellschaften zu folgern, dass die angestrebte Praxis der ESTV **widersprüchlich** ist, zumal die Gewinne eines **Quasi-Liegenschaftenhändlers** einkommenssteuerlich dem Geschäftsvermögen und damit letztlich einem Betrieb zugeordnet werden, weil sich der Steuerpflichtige steuerrechtlich betrachtet gewerbsmässig verhält, das Vorliegen eines Betriebs anlässlich einer Umwandlung jedoch verneint wird (GURTNER, ASA 71 [2002/03], 739 f.). Zwischen «Betrieben» und anderen wirtschaftlichen Betätigungen besteht steuerrechtlich kein relevanter Unterschied (CAGIANUT/HÖHN, § 19 N 57; **a.M.** BGer ohne materielle Begründung in ASA 58 [1989/90], 681 = StE 1990 B 72.15.3 Nr. 1). Im Einklang mit der Teilbetriebsdefinition als abgrenzbarer Tätigkeit ist daher der **Betriebsbegriff bei Immobilien** demjenigen des Geschäftsvermögens des Quasi-Liegenschaftenhändlers **anzugleichen**.

(2) Beteiligungen und Holdinggesellschaften

(a) Bisherige Auffassung

56 Während unbestritten ist, dass bei Spaltungen Beteiligungen den entsprechenden Betrieben oder Teilbetrieben zugeordnet und mit diesen steuerneutral herausgelöst werden können, war die bisherige Praxis zur Abspaltung von Beteiligungen und zur Spaltung von Holding- und Beteiligungsgesellschaften **uneinheitlich**. Teils wurde die Steuerneutralität bei der Spaltung von Holdinggesellschaften mit dem formalen Argument abgelehnt, Holdinggesellschaften verfügten *per definitionem* über keinen Betrieb, teils wurde auf den wirtschaftlichen Gehalt abgestellt und die Spaltung von Holdinggesellschaften oder die Abspaltung einzelner Beteiligungen steuerneutral zugelassen, wenn diese operative Gesellschaften verkörperten (BÖCKLI, ASA 67 [1998/99], 11; HÖHN/WALDBURGER, Steuern, § 48 N 334; KUHN/BRÜLISAUER in: Kommentar zum Schweizerischen Steuerrecht I/1, Art. 24 StHG N 193; REICH/DUSS, 316). Die Frage, ob Holdinggesellschaften steuerneutral gespalten werden können oder eine Beteiligung einen Betrieb verkörpert, wurde, soweit ersichtlich, bis anhin vom Bundesgericht nicht entschieden. Die Literatur geht teilweise unter Berufung auf das Urteil des Bundesgerichts vom 3.3.1989 i.S. ESTV gegen X. AG und Verwaltungsrekurskommission des Kantons St. Gallen (publ. in ASA 58 [1989/90], 676 ff. 681 = StE 1990 B 72.15.3 Nr. 1) davon aus, dass die Steuerpraxis recht grosse Zurückhaltung bei der steuerneutralen Aufteilung von Immobilien- und Holdinggesellschaften übe (REICH/DUSS, 316) bzw. eine solche Aufteilung im Grundsatz nicht steuerneutral möglich sei (KUHN/BRÜLISAUER in: Kommentar zum Schweizerischen Steuerrecht I/1, Art. 24 StHG N 191). Aus dem zitierten Entscheid, der die Abspaltung eines Betriebs aus einer Handelsgesellschaft unter Zurücklassung eines nicht als Betrieb beurteilten Immobilienvermögens betraf, lässt sich für die Frage der Holdingspaltung nur ableiten, dass einzelne Aktiven nicht steuerneutral abgespalten werden können. Nicht beantwortet ist damit die Frage, ob das Aktivum **Beteiligung** bei der Gesellschaft, welche die Beteiligung hält, selbst einen **Betrieb verkörpern** kann.

57 Die Arbeitsgruppe Steuern bei Umstrukturierungen schlug vor, bei der Spaltung von Holdinggesellschaften auf das Betriebserfordernis zu verzichten (Bericht Steuern 1, 29 f.). Der Vorschlag wurde von den Wirtschaftsverbänden begrüsst und vom Bund und der Mehrheit der Kantone abgelehnt. Diese lehnten den Vorschlag ab, weil die geltende Praxis die Steuerneutralität akzeptiere, sofern die Spaltung einer Holdinggesellschaft mit der Übertragung von Beteiligungen an Betriebs- oder Handelsgesellschaften verbunden sei (Botschaft, 4378; Bericht Steuern 2, 15) bzw. weil wegen der Unternehmenssteuerreform 1997 kein Handlungsbedarf bestehe (Botschaft, 4351). Letzteres trifft nur

beschränkt zu. Mit der Unternehmenssteuerreform 1997 ist im Bund und in den Kantonen (soweit eine Gesellschaft nicht über das Holdingprivileg verfügt) die Übertragung von Neubeteiligungen von mindestens 20 Prozent am Grund- oder Stammkapital einer anderen Gesellschaft durch Veräusserung zum *Verkehrswert* unter Inanspruchnahme des Beteiligungsabzugs (Art. 70 Abs. 1 DBG bzw. Art. 28 Abs. 1bis StHG) im Konzern oder auf Dritte möglich. Für Altbeteiligungen kann hingegen bis Ende 2006 der Beteiligungsabzug nicht beansprucht werden. Die Übertragung von Beteiligungen durch Spaltung zum Gewinnsteuerwert oder die indirekte Freistellung über den Beteiligungsabzug zum Verkehrswert kann zu wesentlich anderen Ergebnissen führen. Während die Übertragung durch Spaltung generell steuerneutral bleibt, ist die indirekte Freistellung über den Beteiligungsabzug im Falle renditeabhängiger Tarife progressionswirksam. Überdies wird bei einer Verlustsituation der Kapitalgewinn nach Art. 70 Abs. 4 DBG und Art. 28 Abs. 1bis StHG mit steuerlichen Verlusten bzw. Verlustvorträgen verrechnet, während diese Steuerfolge bei der Übertragung durch Spaltung nicht eintritt. Weiter schliesst die spaltungsweise Übertragung die Zwangsaufwertung nach Art. 62 Abs. 4 DBG und Art. 28 Abs. 1bis letzter Satz StHG aus (**a.M.** ESTV-DVS, KS 5 vom 1.6.2004, Ziff. 4.3.2.9). Schliesslich umfasst der Beteiligungsbegriff bei der Spaltung von Holdinggesellschaften auch Beteiligungen unter 20% sowie den Streubesitz.

(b) Beteiligung als Betrieb oder Teilbetrieb

Eine Beteiligung **repräsentiert** aus Sicht der sie haltenden Gesellschaft die in der Beteiligung **verselbständigten** Betriebe oder **Teilbetriebe**. Eine Beteiligung an einer aktiven Gesellschaft, d.h. einer Gesellschaft welche einen Betrieb oder Teilbetrieb führt, ist daher bei der Gesellschaft, welche die Beteiligung hält, gleichfalls einem Betrieb oder Teilbetrieb gleichzusetzen (gl.M. ATHANAS/KUHN, 80, REICH/DUSS, 316, **a.M.** vermutlich ESTV-DVS, KS 5 vom 1.6.2004, Ziff. 4.3.2.6). Dabei ist der direkten Beteiligung an einer Betriebsgesellschaft die indirekte Beteiligung über Zwischenholdings sachlich gleichzustellen. Die Richtigkeit der Gleichstellung eines direkt gehaltenen Betriebes mit einem indirekt über eine Beteiligung gehaltenen Betrieb zeigt sich darin, dass es einer Gesellschaft möglich ist, vor der Spaltung die in den Tochter- oder Enkelgesellschaften verkörperten Betriebe oder Teilbetriebe fusionsweise zu absorbieren, sich so mit den erforderlichen Betrieben oder Teilbetrieben zu versehen und diese anschliessend ab- oder aufzuspalten. Es kann daher für den Betriebsbegriff nicht darauf ankommen, ob die Gesellschaft den Betrieb selbst oder durch eine Tochter- oder Enkelgesellschaft führt. Diesem Aspekt trägt z.B. das deutsche Umwandlungssteuerrecht Rechnung, indem es wenigstens eine hundertprozentige Kapitalbeteiligung als «fiktiven» Teilbetrieb anerkennt, der für sich zusammen mit dazugehörigen Darlehen und Verbindlichkeiten steuerneutral abgespalten werden kann (SCHÄFER/SCHLARB, 162 ff.).

58

Eine Beteiligung kann nach dem Sinn der Spaltungsbestimmungen nur dann einen Betrieb oder Teilbetrieb darstellen, wenn sie eine **Einflussnahme** des Beteiligten **auf** die betriebliche Tätigkeit des in der **Beteiligung** verkörperten Unternehmens zulässt. Im Sinne einer einheitlichen Auslegung des Umstrukturierungsrechts erscheint das **Kriterium** der **Tochtergesellschaft**, welches der Gesetzgeber in Art. 61 Abs. 1 lit. d DBG verwendet, als sachgerecht. Als solche gilt eine Beteiligung von mindestens 20% am Grund- oder Stammkapital einer anderen Gesellschaft. Die ESTV folgt grundsätzlich dieser Beurteilung, indem sie bei der Holdingspaltung darauf abstellt, dass die übertragene Beteiligung mindestens 20% des Grund- oder Stammkapitals der anderen Gesellschaft ausmacht *oder auf andere Weise einen massgebenden Einfluss ermöglicht* (ESTV-DVS, KS 5 vom 1.6.2004, Ziff. 4.3.2.6). Ausser Zweifel steht die Möglichkeit der Einflussnahme bei Beteiligungen, welche unter **einheitlicher Leitung** gemäss Art. 61 Abs. 3 DBG und

59

Art. 24 Abs. 3^(quater) StHG stehen. Einheitliche Leitung ist gegeben, wenn Gesellschaften nach dem Gesamtbild der tatsächlichen Verhältnisse durch Stimmenmehrheit oder auf andere Weise unter einheitlicher Leitung einer anderen Gesellschaft zusammengefasst – mithin konsolidierungsfähig (Art. 663e Abs. 1 OR) – sind (vgl. Teil 2 vor Art. 69 N 16 ff. zum Begriff der einheitlichen Leitung). Die ESTV äussert sich nicht ausdrücklich zur Frage, ob und unter welchen Voraussetzungen eine Beteiligung an einer aktiven Gesellschaft aus Sicht der spaltenden Gesellschaft einen Betrieb darstellt. Aus der Entstehungsgeschichte des Kreisschreibens sowie den diesbezüglichen Ausführungen zur Holdingspaltung (vgl. N 56 f. und 61 ff.) besteht jedoch kaum ein Zweifel, dass sie dies ablehnt. Damit stellt sich die ESTV klarerweise in Widerspruch zu den Ausführungen in der Botschaft, wonach die geltende Praxis die Spaltung einer Holding mit der Übertragung von Beteiligungen an Betriebs- oder Handelsgesellschaften zulasse und diese Praxis auch in Zukunft weitergeführt werden könne (Botschaft, 4378; Bericht Steuern 2, 15; vgl. N 57). Es ist bedenklich, wenn im Gesetzgebungsverfahren der von der Arbeitsgruppe Steuern vorgeschlagene Verzicht auf den Betriebsbegriff bei Holdingspaltungen mit dem Argument der Zulässigkeit der Abspaltung von Beteiligungen an Betriebs- oder Handelsgesellschaften begegnet wird, in den Ausführungsvorschriften der ESTV jedoch eine Art von Betriebstätigkeit auf der Stufe der Holdinggesellschaft selbst verlangt wird (ESTV-DVS, KS vom 1.6.2004, Ziff. 4.3.2.6; s. N 61 ff.). Entsprechend ist es nicht überraschend, dass sich Vertreter der ESTV anerkennend zur Spaltung bei einer konsolidierungsfähigen Beteiligung äusserten (H.-J. NEUHAUS/M. NEUHAUS/RIEDWEG, Kammer-Seminar vom 19.9.2003 zum FusG).

60 Folgt man der hier vertretenen Auffassung, so umfasst das Arsenal der **Möglichkeiten der Übertragung von Beteiligungen** die Spaltung (Art. 61 Abs. 1 lit. b DBG und Art. 24 Abs. 3 lit. b StHG), die konzerninterne Übertragung (Art. 61 Abs. 3 DBG; Art. 24 Abs. 3^(quater) StHG), die Veräusserung (Art. 70 Abs. 1 DBG; Art. 28 Abs. 1^(bis) StHG), die Ersatzbeschaffung (Art. 64 Abs. 1^(bis); Art. 24 Abs. 4^(bis) StHG), die verdeckte Kapitaleinlage (ESTV-DVS, KS 9 vom 9.7.1998, Ziff. 2.5.3.e; KS 5 vom 1.6.2004, Ziff. 4.4.2.2.1 und 4.4.2.2.4) und die übergangsrechtliche Übertragung auf ausländische Konzerngesellschaften (Art. 207a Abs. 3 DBG).

(c) Holdinggesellschaften

61 Kommt es, wie oben ausgeführt (N 58 ff.), nicht darauf an, ob die spaltende Gesellschaft den Betrieb selber oder durch eine Tochtergesellschaft führt, so kann eine Holdinggesellschaft, gleich wie eine Betriebsgesellschaft, eine oder mehrere qualifizierte **Beteiligungen an aktiven Tochtergesellschaften** unter Zurücklassen mindestens einer solchen Beteiligung zusammen mit dazugehörigen Darlehen und Verbindlichkeiten steuerneutral abspalten (zum deutschen Umwandlungssteuerrecht: SCHÄFER/SCHLARB, 162 ff.). Dabei können u.E. den Beteiligungen neutrale Wirtschaftsgüter und Verbindlichkeiten in Relation zur Bedeutung der Beteiligungen (z.B. liquide Mittel, Wertpapiere des Umlaufvermögens) zugeordnet werden (grundsätzlich gl.M. ESTV-DVS, KS 5 vom 1.6.2004, Ziff. 4.3.2.5). Die Zulässigkeit einer Holdingspaltung mit Fokussierung auf der betrieblichen Tätigkeit ihrer Tochtergesellschaften bestätigt sich darin, dass es Holdinggesellschaften aufgrund von Art. 28 Abs. 2 StHG nicht erlaubt ist, in der Schweiz eine Geschäftstätigkeit auszuüben. Ein eigentlicher Betrieb kann für Holdinggesellschaften daher nicht gefordert werden (**a.M.** ESTV-DVS, KS 5 vom 1.6.2004, Ziff. 4.3.2.6).

62 Die **ESTV** nimmt im KS 5 vom 1.6.2004 in Ziff. 4.3.2.6 zur integralen Spaltung von Holdinggesellschaften Stellung. Sie verlangt **kumulativ** (i) dass es sich bei den übertra-

Steuerliche Behandlung 63, 64 vor Art. 29

genen Beteiligungen wertmässig überwiegend um Beteiligungen an aktiven Gesellschaften handelt; (ii) die Beteiligungen mehrheitlich mindestens 20% des Grund- oder Stammkapitals der anderen Gesellschaften ausmachen oder auf andere Weise einen massgebenden Einfluss ermöglichen (z.B. durch einen Aktionärbindungsvertrag); (iii) die nach der Spaltung bestehenden Holdinggesellschaften tatsächlich mit eigenem Personal oder über beauftragte Personen eine **Holdingfunktion** im Sinne der Koordination der Geschäftstätigkeit mehrerer Tochtergesellschaften oder der strategischen Führung wahrnehmen; und (iv) die nach der Spaltung bestehenden Holdinggesellschaften weiterbestehen.

Die von der ESTV angestrebte Praxis zur integralen Holdingspaltung ist nicht haltbar (ebenso ZK-GRIESSHAMMER, Steuern: Spaltung, N 24). Will man wie die ESTV bei Holdinggesellschaften überhaupt am Betriebserfordernis festhalten, so gilt das doppelte Betriebserfordernis als gewahrt, wenn mindestens eine Beteiligung, die eine Einflussnahme auf die betriebliche Tätigkeit des in der Beteiligung (auch über Zwischenholdings) verkörperten Unternehmens ermöglicht (vgl. dazu N 59), durch die Holdinggesellschaft abgespalten wird und eine solche Beteiligung bei ihr zurückbleibt. Demgegenüber verlangt die ESTV, dass das **Betriebserfordernis** gewissermassen **auf zwei Ebenen** zu erfüllen ist, nämlich einerseits auf Ebene der übertragenen Beteiligungen, welche mehrheitlich 20-Prozent-Beteiligungen an aktiven Gesellschaften darstellen müssen, also Betriebe oder Teilbetriebe darstellen, und andererseits auf Ebene der Holdinggesellschaft selbst, die eine betriebliche Tätigkeit in Form der Koordination und strategischen Führung der Geschäftstätigkeit der in den Beteiligungen verkörperten Betriebe und Teilbetriebe wahrnehmen muss. Bezüglich des zweiten Punktes verschärft die von der ESTV angestrebte Praxis die geltende insofern, als bis anhin auf Ebene der Holding keine Geschäftsleitungsfunktionen gefordert wurden. Im Widerspruch hierzu hielten die Kantone im Vernehmlassungsverfahren zum Vorentwurf fest, dass die geltende Praxis die Steuerneutralität akzeptiere, sofern die Spaltung einer Holding mit der Übertragung von Beteiligungen an Betriebs- oder Handelsgesellschaften verbunden sei (Botschaft, 4378; Bericht Steuern 2, 15). Das Erfordernis einer Geschäftsleitungsfunktion ist methodisch sehr problematisch, da Art. 28 Abs. 2 StHG es Holdinggesellschaften nicht gestattet, in der Schweiz eine Geschäftstätigkeit auszuüben. Die Holdingfunktion ist somit grundsätzlich auf passive Aufgaben wie das Verwalten und Finanzieren von Beteiligungen eingeschränkt (s. in diesem Zusammenhang auch die kategorische Ablehnung der ESTV einer betrieblichen Tätigkeit bei Vermögensverwaltungsgesellschaften, N 65). Die kantonale Praxis ist vor dem Hintergrund der Einschränkungen von Art. 28 Abs. 2 StHG unterschiedlich restriktiv, so dass in der Praxis Abgrenzungsschwierigkeiten und rechtsungleiche Interpretationen des Kriteriums «Koordination und strategische Führung» durch die kantonalen Steuerverwaltungen zu erwarten sind.

63

Richtigerweise schränkt die ESTV den Spaltungsgegenstand bei Holdinggesellschaften nicht auf aktive Beteiligungen ein. Dementsprechend können bei einer integralen Holdingspaltung auch passive Beteiligungen und Beteiligungen, welche weniger als 20% des Grund- oder Stammkapitals einer anderen Gesellschaft ausmachen, steuerneutral übertragen werden (ESTV-DVS, KS 5 vom 1.6.2004, Ziff. 4.3.2.6). Ebenso können mit den Beteiligungen verbundene Wirtschaftsgüter wie Markenrechte übertragen und den Beteiligungen neutrale Wirtschaftsgüter und Verbindlichkeiten zugeordnet werden (so auch ESTV-DVS, KS 5 vom 1.6.2004, Ziff. 4.3.2.5). Auch das Zurücklassen neutraler Wirtschaftsgüter ist unschädlich, sofern in der übertragenden Gesellschaft ein Teilbetrieb verbleibt.

64

(3) Vermögensverwaltungsgesellschaften

65 Das Halten und Verwalten von Wertschriften, die lediglich der Anlage von eigenem Vermögen dienen, gilt nach der ESTV selbst bei einem grossen Vermögen nie als Betrieb (ESTV-DVS, KS 5 vom 1.6.2004, Ziff. 4.3.2.6). Eine derart enge Auslegung des Betriebs- bzw. Teilbetriebsbegriffes ist nicht nachvollziehbar, namentlich wenn mittels qualifizierten Personals eine wertschöpferische Tätigkeit ausgeübt wird. Die Vermögensverwaltungsgesellschaft ist u.U. täglich auf dem Markt durch Kauf und Verkauf von Wertschriften und anderen Anlagen tätig und nimmt am Marktgeschehen, vergleichbar einer Immobiliengesellschaft durch Vermietung ihrer eigenen Immobilien, aktiv teil. Weiter lässt sich, wie beim Immobilienvermögen (s. N 55), einwenden, dass die Haltung der ESTV widersprüchlich ist, wenn die Praxis zum **Quasi-Wertschriftenhändler** berücksichtigt wird. Im Einklang mit der Teilbetriebsdefinition als abgrenzbarer Tätigkeit ist der **Betriebsbegriff bei Vermögensverwaltungsgesellschaften** demjenigen des Geschäftsvermögens des Quasi-Wertschriftenhändlers **anzugleichen**. Dafür spricht auch, dass bei aktiver Verwaltung von Finanzanlagen in verschiedenen Kantonen das Holdingprivileg – trotz massgeblicher Beteiligungen – nicht beansprucht werden kann, weil nach Auffassung dieser Kantone bei aktiver Verwaltung eine *Geschäftstätigkeit* in der Schweiz ausgeübt wird (Art. 28 Abs. 2 StHG; so bspw. der Kanton ZH zu § 73 Abs. 1 StG).

(4) Finanz- und Immaterialgüterverwertungsgesellschaften

66 Finanz- und Immaterialgüterverwertungsgesellschaften führen nach Auffassung der ESTV einen Betrieb, wenn die Leistungen mittels mindestens einer vollzeitbeschäftigten angestellten oder beauftragten Person im Markt oder Konzern angeboten werden (ESTV-DVS, KS 5 vom 1.6.2004, Ziff. 4.3.2.7). Ob im Falle der Spaltung einer Finanz- und Immaterialgüterverwertungsgesellschaft ein Betrieb oder Teilbetrieb gegeben ist, bestimmt sich nach einer qualitativen Beurteilung unter Berücksichtigung aller Aspekte und nicht nach einer Auswahl schematischer Kriterien. Aus den in N 52 dargestellten Gründen sind solche schematischen Regelungen, insbesondere die Anordnung einer vollzeitbeschäftigten Person, verfehlt und entbehren der gesetzlichen Grundlage.

(5) Vorsorgeeinrichtungen

67 Vorsorgeeinrichtungen (einschliesslich solcher, die nicht im Register für die berufliche Vorsorge eingetragen sind) sind von den direkten Steuern des Bundes, der Kantone und der Gemeinden befreit (Art. 80 Abs. 1 und 2 BVG). Art. 80 Abs. 4 BVG behält jedoch die Besteuerung von Mehrwerten bei der Veräusserung von Liegenschaften mit der allgemeinen Gewinnsteuer oder einer speziellen Grundstückgewinnsteuer vor. Im Sinne einer Gegenausnahme verbietet Art. 80 Abs. 4 BVG – ohne Betriebe oder Teilbetriebe vorauszusetzen – die Besteuerung von Mehrwerten bei Liegenschaften mit der allgemeinen Gewinnsteuer oder einer speziellen Grundstückgewinnsteuer anlässlich von Fusionen und Aufteilungen. Die Steuerneutralität der Spaltung von Vorsorgeeinrichtungen ergibt sich somit direkt aus Art. 80 BVG. Die Voraussetzungen gemäss Art. 61 Abs. 1 lit. b DBG und Art. 24 Abs. 3 lit. b StHG sind demzufolge für die Spaltung von Vorsorgeeinrichtungen nicht massgebend (vgl. die weitergehenden Ausführungen zur Umstrukturierung von Vorsorgeeinrichtungen in Komm. vor Art. 88).

c) Weiterführung eines Betriebs oder Teilbetriebs

68 Das nach bisherigem Recht für eine steuerneutrale Spaltung vorausgesetzte und als realitätsfern kritisierte Erfordernis der *«unveränderten Weiterführung des übernommen*

Geschäftsbetriebes» wurde mit Art. 61 Abs. 1 lit. b DBG und Art. 24 Abs. 3 lit. b StHG unter **Streichung** des Wortes «**unverändert**» durch das offenere Kriterium der «**Weiterführung eines Betriebs oder Teilbetriebs**» ersetzt. REICH war bezüglich des alten Kriteriums der Auffassung, unternehmenswirtschaftlich betrachtet sei das Festhalten an einer *unveränderten* Weiterführung nicht sehr sinnvoll, verhindere es doch wirtschaftlich erwünschte Anpassungen der Unternehmen an veränderte Marktverhältnisse. Aufgrund des klaren Gesetzeswortlauts käme dem Kriterium aber ein zu beachtender normativer Gehalt zu (REICH/DUSS, 49). Andere Autoren reduzierten den Normgehalt hingegen darauf, dass die stille Reserven aufweisenden Wirtschaftsgüter vor und nach der Abspaltung im Wesentlichen die gleiche betriebliche Funktion haben müssten (HÖHN/WALDBURGER, Steuern, § 48 N 329).

Teleologisch ausgelegt bezweckt das Kriterium der Betriebsweiterführung gleich dem Betriebserfordernis, welches den entsprechenden Sachverhalt im Spaltungszeitpunkt regelt, nichts anderes als die Verhinderung missbräuchlicher Liquidationshandlungen *nach der Spaltung*, d.h. die formelle Spaltung von Betrieben oder Teilbetrieben mit bereits bei der Spaltung beabsichtigter, nachfolgender verdeckter Liquidation des abgespaltenen oder zurückbleibenden Betriebs oder Teilbetriebs. In diesem Sinne führten HÖHN/WALDBURGER bereits zum alten Recht aus, dass einzig zu prüfen sei, ob eine wirtschaftliche Liquidation mit anschliessender Aufnahme einer völlig anderen Tätigkeit stattfinde (HÖHN/WALDBURGER, Steuern, § 48 N 329). Kommt dem **Weiterführungserfordernis** aber wie dem doppelten Betriebserfordernis eine auf den Spaltungszeitpunkt gerichtete Bedeutung zu, so hat es gegenüber dem doppelten Betriebserfordernis **keine eigenständige Bedeutung**. Beide Kriterien beleuchten aus unterschiedlicher zeitlicher Richtung die gleiche Frage, nämlich ob im Spaltungszeitpunkt eine echte Umstrukturierung oder eine verkappte Teilliquidation bzw. ein verkapptes Veräusserungsgeschäft vorgelegen hat. Das Weiterführungserfordernis ist somit keine Resolutivbedingung, wie etwa die Sperrfrist bei der konzerninternen Übertragung, sondern regelt den aus Sicht der Steuerbehörden im Spaltungszeitpunkt im **subjektiven Tatbestand nicht abschliessend beurteilbaren Sachverhalt**: Die Manifestierung des Fortführungswillens zwecks abschliessender Feststellung, dass das doppelte Betriebserfordernis bei Spaltung vorgelegen hat bzw. bei Spaltung keine verkappte Teilliquidation oder Veräusserung verfolgt wurde.

69

Was gilt nun aber als schädliche Liquidation im Sinne des Weiterführungserfordernisses? Mit der ersatzlosen Streichung des Ausdrucks «unverändert» stellt der Gesetzgeber gegenüber dem alten Recht klar, dass trotz des prinzipiellen Weiterführungserfordernisses **unternehmerisch motivierte strukturelle Anpassungen**, im Extremfall sogar die Liquidation eines in die Spaltung involvierten Betriebs oder Teilbetriebs, auch wenn die Anpassung zeitnah zur Spaltung erfolgt, keine unzulässige Liquidationshandlung darstellt. Solche Anpassungen dürfen Steuernormen, welche die Anpassung unternehmerischer Strukturen steuerneutral ermöglichen sollen, nicht untersagen. Die unbeschränkte Zulässigkeit struktureller Anpassungen bringt der Gesetzgeber zum Ausdruck, indem er in Art. 61 Abs. 1 lit. b DBG und Art. 24 Abs. 3 lit. b StHG nicht die Fortführung *des* übertragenen und *des* zurückbleibenden Betriebs oder Teilbetriebs, sondern *eines* Betriebs oder Teilbetriebs verlangt. In sachlicher Hinsicht bekräftigt der Gesetzgeber damit, dass die fraglichen Wirtschaftsgüter ihre bisherige wirtschaftliche Funktion nicht unverändert beibehalten müssen. Änderungen und Anpassungen in der Struktur und der Zusammensetzung des Teilbetriebs verletzen das Erfordernis der Kontinuität ebenso wenig wie die vollständige Integration eines Betriebs oder Teilbetriebs in einen anderen Betrieb oder Teilbetrieb. Das Weiterführungserfordernis verlangt nichts weiter, als die **Absicht** der beteiligten Unternehmen im **Spaltungszeitpunkt**, die betriebliche Funktion und die

70

unternehmerische Verknüpfung der Wirtschaftsgüter des betreffenden Betriebs oder Teilbetriebe aufrecht zu erhalten und deren nachfolgende tatsächliche Bestätigung. Für die Beurteilung der Frage, ob eine Weiterführung vorliegt, ist das **Verhalten der Anteilsinhaber** nach dem unmissverständlichen Willen des Gesetzgebers **unmassgeblich** (Mitbericht WAK StR, 9). Sie ist ausschliesslich aus der Sicht der betroffenen Unternehmung zu beurteilen, weshalb auch eine Beteiligungsveräusserung durch die Anteilsinhaber (kurz) nach der Spaltung unschädlich ist (ebenso ESTV-DVS, KS 5 vom 1.6.2004, Ziff. 4.3.2.3).

d) Sperrfrist bzw. Fortführung des wirtschaftlichen Engagements

da) Bisheriges Recht

(1) Sperrfrist

71 Die Praxis und ein Teil der Lehre erachteten bis anhin die **Fortführung des wirtschaftlichen Engagements** durch die Anteilsinhaber als weitere und zentrale Voraussetzung für die Steuerneutralität einer Spaltung für das Unternehmen und als Konsequenz auch für den Aktionär (REICH/DUSS, 320 ff., GRETER, ASA 65 [1996/97], 860 f.; AGNER/JUNG/STEINMANN, 259; ESTV-DVS, KS 9 vom 9.7.1998, Ziff. 2.5.3.b). Sie leiteten aus diesem Element unter Bezugnahme auf das Realisations- und Leistungsfähigkeitsprinzip ab, dass die **Beteiligungsverhältnisse** für die Anteile der gespaltenen und der abgespaltenen Gesellschaften während einer i.d.R. fünfjährigen **Sperrfrist** gleich bleibend sein müssten. Eine Verletzung der Sperrfrist führte zu einer nachträglichen Besteuerung der im Zeitpunkt der Umstrukturierung vorhandenen stillen Reserven auf dem übertragenen Betrieb bei der spaltenden Gesellschaft und beim Aktionär zu einem steuerbaren Ertrag aus beweglichem Vermögen (s. N 147 f.). Es gab aber namhafte Meinungen, welche bei der Spaltung als Gegenstück zur Fusion nicht von einem Realisationstatbestand ausgingen (BÖCKLI, ASA 67 [1998/99], 5, vgl. N 28). Ein anderer Teil der Lehre vertrat die Meinung, die Sperrfrist, die letztlich nur dazu diene, missbräuchliche Vorbereitungshandlungen zur Teilliquidation zu verhindern (s. N 43 f.), sei überschiessend und verstosse gegen das Legalitätsprinzip, da anders als bei der übertragenden Umwandlung (Art. 61 Abs. 1 lit. a altDBG und Art. 24 Abs. 3 lit. a altStHG) für die Spaltung weder im DBG noch im StHG eine gesetzliche Grundlage für eine allgemeine Sperrfrist bestehe (HÖHN/WALDBURGER, Steuern, § 48 N 330). Selbst die Befürworter einer Sperrfrist (einschliesslich der ESTV) anerkannten, dass eine Sperrfrist bei Publikumsgesellschaften zu erheblichen Anwendungsschwierigkeiten führe und dispensierten teilweise oder gänzlich von der Veräusserungssperrfrist mit dem Argument, dass Publikumsaktionäre typischerweise lediglich Kapitalgeber seien und von einem unternehmerischen Engagement a priori nicht gesprochen werde könne (REICH/DUSS, 50 und 322; s. auch die Diskussion bei ATHANAS/KUHN, 99 ff., mit Stellungnahme der ESTV). Statt einer umfassenden und objektivierten Sperrfrist verlangte die ESTV bei der Spaltung von Publikumsgesellschaften, dass die *Geschäftsleitung* im Zeitpunkt der Spaltung keine Veräusserungsabsichten hegte (s. ATHANAS/KUHN, 102). Keine Dispensierung erfolgte für Anteilsinhaber von Publikumsgesellschaften mit unternehmerischer Beteiligung, wobei in Lehre und Praxis unklar war, wann eine finanzielle oder eine unternehmerische Beteiligung vorlag.

(2) Subjektive oder objektive Sperrfrist?

72 In Lehre und Praxis war sodann umstritten, ob die Sperrfrist als eine **objektive** oder **subjektive** zu verstehen sei. Während bei einer subjektiven Sperrfrist der Unternehmung der Nachweis offen steht, dass mit dem Verkauf der Anteile des gespaltenen oder

abgespaltenen Rechtsträgers keine Steuerumgehung vorliegt bzw. im Spaltungszeitpunkt keine Veräusserungsabsicht bestand, ist dieser Nachweis bei einer objektiven Sperrfrist nicht zugelassen. Ein Teil der Lehre, allen voran REICH, knüpfte an den Gedanken der rechtsgleichen Besteuerung wirtschaftlich vergleichbarer Tatbestände an und trat für eine objektive Sperrfrist ein (REICH/DUSS, 55 und 320 f.). In früheren Urteilen des Bundesgerichts zur direkten Bundessteuer wurde bei der Umwandlung von Personenunternehmungen in Kapitalgesellschaften unter dem Aspekt der *Steuerumgehung* verlangt, dass die Anteile nicht kurz nach der Umwandlung veräussert werden (ASA 47 [1978/79], 323 ff.; ASA 42 [1973/74], 400 ff.). Da die Steuerumgehung ein subjektives Moment umfasst, wurde der Entlastungsbeweis zugelassen. Keine Gerichtsentscheide finden sich zur Verletzung von Sperrfristen bei juristischen Personen. In späteren Entscheiden leitete das Bundesgericht mit REICH die Sperrfristen aus dem gesetzlichen Realisationskonzept und nicht mehr aus dem Steuerumgehungsgedanken ab. Um eine rechtsgleiche Besteuerung wirtschaftlich vergleichbarer Tatbestände zu gewährleisten, verstand das Bundesgericht die Sperrfrist fortan als objektive und lehnte für die Beurteilung der Frage der Nachbesteuerung eine Berücksichtigung der Gründe für die vorzeitige Veräusserung ab (BGer 28.12.1998, ASA 68 [1999/2000], 71 = StR 1999, 342 = StE 1999 B 23.7 Nr. 9; VGer LU 15.1.2002, LGVE 2002 II 219, 222 f.).

db) Neues Recht

(1) Gesetzgebungsprozess

Die Arbeitsgruppe Steuern bei Umstrukturierungen schlug im Rahmen der Anpassung der steuerlichen Umstrukturierungsnormen an die neuen zivilrechtlichen Bestimmungen des FusG eine subjektive Veräusserungssperrfrist vor (Bericht Steuern 1, 31). Sie argumentierte, bei der Spaltung sei die Umstrukturierung zwecks Weiterführung von der verkappten Unternehmensveräusserung (die immer aus Sicht der Anteilseigner zu beurteilen sei) abzugrenzen. Diese Abgrenzungsproblematik stelle sich hauptsächlich bei stark personengeprägten Gesellschaften. Der Vorentwurf des Bundesrates zum FusG folgte diesem Konzept (Botschaft, 4374). Im Gesetzgebungsprozess beantragte die WAK StR dem StR jedoch mit Mitbericht vom 9.11.2000, die Sperrfrist bei der Spaltung zu streichen, mit dem Argument, dass es sich bei der Spaltung um einen neuen zivilrechtlichen Vorgang handle, der eine direkte Vermögensteilung bewirke (Gegenstück zur Fusion; Realteilung) und mit dem Betriebserfordernis für alle aus der Spaltung hervorgehenden juristischen Personen eine Umgehung der Vorschriften der steuerbaren Teilliquidation genügend vermieden werde. Schliesslich blieben die **stillen Reserven auf Gesellschaftsebene** weiterhin der Besteuerung **verhaftet**, wodurch sich bei den **Beteiligten** auch **keine Restriktionen** aufdrängten. Ausserdem könne das Verhalten der Aktionäre zu einer steuersystematischen Realisation der stillen Reserven auf der Stufe der juristischen Person führen, ohne dass diese über ein entsprechendes Entgelt verfüge (Mitbericht WAK StR, 7 f.). Ohne auf Widerstand des Bundesrates bzw. der Verwaltung zu stossen, **strich** der Ständerat mit Beschluss vom 21.3.2001 dem Antrag der WAK StR folgend die **Sperrfrist** bei der Spaltung (AmtlBull StR 2001, 49). Die WAK NR übernahm die Argumentation der WAK StR mit dem ergänzenden Hinweis, dass die neuen zivilrechtlichen Handlungsmöglichkeiten durch das Steuerrecht nicht vereitelt werden sollen (Mitbericht WAK NR, 5 f.). Der Nationalrat verabschiedete die Streichung der Sperrfrist ohne weitere Diskussion mit Beschluss vom 12.3.2003 (AmtlBull NR 2003, 50).

(2) Keine Sperrfrist unter neuem Recht

74 Die am 1.7.2004 in Kraft getretenen neuen Spaltungsnormen des DBG und des StHG sehen für die Beteiligungsrechte an den nach der Spaltung bestehenden juristischen Personen **keine Sperrfrist** vor (Art. 61 Abs. 1 lit. b DBG und Art. 24 Abs. 3 lit. b StHG; ESTV-DVS, KS 5 vom 1.6.2004, Ziff. 4.3.3.1). Damit ist unmassgeblich, ob bei den Beteiligten eine finanzielle oder unternehmerische Beteiligung besteht und ob bei einer unternehmerischen Beteiligung nach der Spaltung das **unternehmerische Engagement** fortgesetzt wird oder nicht. Es kommt für die Steuerneutralität der Spaltung lediglich darauf an, dass **objektiv** eine Spaltung mit Betrieben oder Teilbetrieben vorliegt und solche von den nach der Spaltung bestehenden juristischen Personen weitergeführt werden. Die **Absichten** der Geschäftsleitung der involvierten juristischen Personen und der Anteilsinhaber sind unerheblich (ebenso ESTV-DVS, KS 5 vom 1.6.2004, Ziff. 4.3.2.3).

dc) Veräusserung von Anteils- und Mitgliedschaftsrechten unmittelbar nach Spaltung

75 Mangels Sperrfrist ist mit der neuen Ordnung klargestellt, dass Betriebe oder Teilbetriebe durch Spaltung steuerneutral nach Art. 61 Abs. 1 lit. b DBG und Art. 24 Abs. 3 lit. b StHG getrennt werden können und die Anteilsinhaber unmittelbar im Anschluss an die Spaltung ihre **Anteils- und Mitgliedschaftsrechte** an den nach der Spaltung bestehenden juristischen Personen **veräussern** können, **ohne** dass dies zu einer Umqualifikation der Spaltung in eine steuerbare verkappte Liquidationshandlung für die übertragende juristische Person und die Anteilsinhaber führen würde (ESTV-DVS, KS 5 vom 1.6.2004, Ziff. 4.3.2.3). Realisiert eine Kapitalgesellschaft oder Genossenschaft anlässlich einer solchen Veräusserung einen Kapitalgewinn, so wird dieser nach Art. 70 Abs. 1 DBG bzw. Art. 28 Abs. 1bis StHG indirekt über den **Beteiligungsabzug** freigestellt, wenn die veräusserten Anteilsrechte mindestens 20% am Grund- oder Stammkapital der anderen Gesellschaft ausmachen. Da die abgespaltene Beteiligung die Qualifikation der vorbestehenden Beteiligung übernimmt, ist die erforderliche **einjährige Haltefrist** für die abgespaltene Beteiligung erfüllt, wenn die vorbestehende Beteiligung bereits während mindestens eines Jahres gehalten wurde. Bis Ende 2006 sind Kapitalgewinne auf Altbeteiligungen allerdings noch vom Beteiligungsabzug ausgenommen (Art. 207a Abs. 1 DBG und entsprechende kantonale Regelungen). Halten Anteilsinhaber Anteilsrechte im Privatvermögen, bleibt ein Kapitalgewinn nach Art. 16 Abs. 3 DBG und Art. 7 Abs. 4 lit. b StHG steuerfrei. Mittels Spaltung kann somit ein bisher für das Unternehmen steuerbarer **Verkauf eines Unternehmensbereichs** (sog. Asset Deal) **steuerneutral** strukturiert werden. Der Veräusserungserlös fällt statt auf Ebene des Unternehmens auf Ebene der Anteilsinhaber als steuerfreier privater Kapitalgewinn an oder als Kapitalgewinn auf einer qualifizierten Beteiligung. Vorbehalten bleiben bei Verkäufen aus dem Privatvermögen Fälle des gewerbsmässigen Wertschriftenhandels (vgl. vor Art. 3 N 12). Wegen des klaren Verzichts des Gesetzgebers auf Sperrfristen kann auf gewerbsmässigen Wertschriftenhandel nicht allein deshalb geschlossen werden, weil eine Spaltung mit Verkaufsabsicht erfolgt. Erforderlich wäre vielmehr eine Kumulation der üblichen Kriterien selbständiger Erwerbstätigkeit hinsichtlich der bereits bei der Spaltung gehaltenen Beteiligungsrechte. Allfällige neue Beteiligungsrechte aus der Spaltung übernehmen bei gegebener vorbestehender Gewerbsmässigkeit die Qualifikation dieser Beteiligungsrechte. Bei Beteiligungsverkäufen im Anschluss an eine Spaltung sind schliesslich die Tatbestände der indirekten Teilliquidation (vgl. vor Art. 3 N 56 f.) und der Transponierung (vgl. vor Art. 3 N 49 ff.) zu beachten.

dd) Nachfolgende Umstrukturierungen und verwässernde Kapitalerhöhungen

Mit Wegfall der Sperrfrist entfällt die bisher unklare Frage der Wirkung nachfolgender Umstrukturierungen, verwässernder Kapitalerhöhungen oder einseitiger Kapitalherabsetzungen auf die Verletzung des Kriteriums der Fortführung des wirtschaftlichen Engagements durch die Beteiligten (vgl. zum bisherigen Recht: ATHANAS/KUHN, 86 ff.; REICH/DUSS, 320 ff.). Mit der Unschädlichkeit direkter Veräusserungen sind indirekte Veräusserungen (Bezugsrechtsverkauf, Ausgleichszahlungen, etc.) für die Frage der Steuerneutralität auf Ebene der Unternehmung ebenso irrelevant wie nachfolgende Umstrukturierungen (vgl. dazu auch N 68 ff.). 76

de) Asymmetrische Spaltung

Bei asymmetrischen Spaltungen werden die bisherigen relativen Beteiligungsverhältnisse nicht gewahrt. Die ursprünglich Beteiligten sind nach der asymmetrischen Spaltung nicht im gleichen Verhältnis an der übernehmenden und der übertragenden Gesellschaft (Abspaltung) oder den übernehmenden Gesellschaften (Aufspaltung) beteiligt (vgl. N 3 mit Graphik). Durch eine asymmetrische Spaltung kann im Extremfall der **Realteilung** erreicht werden, dass die einen Gesellschafter lediglich Anteils- und Mitgliedschaftsrechte an der übernehmenden Gesellschaft erhalten und aus der übertragenden Gesellschaft ausscheiden, während die anderen Gesellschafter eine Alleinbeteiligung an der übertragenden Gesellschaft behalten. Im bekannten Fall der Elektrowatt wurde unter altem Recht eine asymmetrische Spaltung mit nachfolgender Veräusserung der aus der Spaltung stammenden Beteiligungsrechte steuerneutral zugelassen, während die ESTV die Steuerneutralität der vorgängig vorgeschlagenen symmetrischen Spaltung mit nachfolgendem Verkauf der Beteiligungsrechte an den abgespaltenen Unternehmungen infolge der damals anwendbaren, altrechtlichen Veräusserungssperrfrist verneinte. 77

Asymmetrische Spaltungen sind für die Steuerneutralität auf Unternehmensebene unproblematisch. Wie bei symmetrischen Spaltungen müssen das doppelte Betriebserfordernis und das Erfordernis der Weiterführung eines Betriebes durch die involvierten Unternehmungen nach der Spaltung erfüllt sein. Probleme stellten sich bis anhin auf Beteiligtenebene unter dem eingangs erwähnten Aspekt missbräuchlicher Veräusserungshandlungen und Veräusserungssperrfristen. Mit dem neuen Recht ergibt sich für die Beteiligten die Steuerneutralität asymmetrischer Spaltungen direkt aus Art. 61 Abs. 1 lit. c DBG bzw. Art. 24 Abs. 3 lit. c StHG, welche die **Steuerneutralität** eines **Beteiligungsaustauschs** anlässlich von Umstrukturierungen anordnen (vgl. zur wirtschaftlichen Auswirkung einer asymmetrischen Spaltung auf die Anteilsrechte N 119). Für die Steuerneutralität einer Spaltung ist somit unmassgeblich, ob die Beteiligten nach der Spaltung proportional zu ihrer bisherigen Beteiligung an den nach der Spaltung bestehenden Gesellschaften beteiligt sind oder nicht. Für die Steuerneutralität ist weiter nicht entscheidend, ob am Beispiel einer asymmetrischen Abspaltung diese technisch durch Rückgabe von Anteilsrechten an die spaltende Gesellschaft zur Vernichtung (Spaltung gegen Kapitalherabsetzung) und gegen Erhalt neuer Anteilsrechte der übernehmenden Unternehmung durchgeführt wird oder, wenn bei der übertragenden Gesellschaft keine Kapitalherabsetzung durchgeführt wird, durch Tausch von Anteilsrechten unter den Anteilsinhabern (Nennwertgewinne vorbehalten). Nicht zuletzt wegen der vom Gesetzgeber klar verworfenen Veräusserungssperrfrist dürfte der asymmetrischen Spaltung in Zukunft bei der Planung von Unternehmensveräusserungen einige Bedeutung zukommen. Die Zulässigkeit asymmetrischer Spaltungen wird durch das erklärte Ziel des Gesetzgebers untermauert, die steuerlichen Umstrukturierungsvorschriften des DBG, StHG, VStG und StG auf das geänderte Zivilrecht auszurichten und zu verhin- 78 dern, dass die zivilrechtlichen Gestaltungsmöglichkeiten durch das Steuerrecht vereitelt werden (Botschaft, 4368; ESTV-DVS, KS 5 vom 1.6.2004, Ziff. 4.3.1).

df) Altrechtliche Sperrfristen

(1) Bund

79 Mit Art. 19 Abs. 2 sowie Art. 61 Abs. 2 und 4 DBG bzw. Art. 8 Abs. 3bis sowie Art. 24 Abs. 3ter und 3^{quinquies} StHG wurde für Umwandlungen, Ausgliederungen und konzerninterne Übertragungen eine fünfjährige Sperrfrist ausdrücklich ins Gesetz aufgenommen. Der Umkehrschluss gebietet, dass mit Inkrafttreten der neuen Gesetzesbestimmungen bei Spaltungen – ungeachtet der Frage der Zulässigkeit von Sperrfristen bei Spaltungen unter altem Recht (vgl. N 71) – im Bund somit **keine Veräusserungssperrfristen mehr** bestehen (vgl. zu intertemporalen Aspekten des neuen Rechts generell vor Art. 109 N 1 ff.).

80 Die ESTV teilt grundsätzlich diese Auffassung. Gemäss Ziff. 5 ihres KS 5 vom 1.6.2004 sind noch laufende Sperrfristen für Beteiligungsrechte, die aus einer Spaltung hervorgegangen sind, mit Wirkung ab dem 1.7.2004 aufgehoben. Die ESTV scheint die Aufhebung jedoch auf Spaltungen einzuschränken, **welche die neurechtlichen Voraussetzungen nach Art. 61 Abs. 1 lit. b DBG** erfüllen. Dies legt nahe, dass die ESTV im Einzelfall eine altrechtliche Spaltung auf die Voraussetzungen des neuen Rechts prüfen und von der altrechtlichen Sperrfrist nur absehen will, wenn die Spaltung die neurechtlichen Voraussetzungen erfüllt. Begründet man, wie hier, die «Aufhebung» altrechtlicher Veräusserungssperrfristen mit der Unzulässigkeit der Sperrfristen unter altem Recht, so ist eine solche Beurteilung altrechtlicher Spaltungen unter neuem Recht unzulässig. Wird hingegen von der Zulässigkeit altrechtlicher Sperrfristen ausgegangen und die Aufhebung mit der unechten Rückwirkung der geänderten Bestimmungen des DBG auf einen zeitlich offenen Dauersachverhalt begründet, erscheint eine Beurteilung alter Spaltungen unter neuem Recht als zulässig (vgl. dazu vor Art. 109 N 21). In diesem Fall kann es zu heiklen und unter Rechtssicherheits- und Legalitätsaspekten fraglichen Abgrenzungsschwierigkeiten, insbesondere in Bezug auf das Betriebserfordernis, kommen (vgl. die Kritik in N 52 ff. an der Betriebsdefinition der ESTV unter neuem Recht insbesondere für Holding-, Immobilien-, Vermögensverwaltungs- und Finanzgesellschaften). Die bisherige kantonale Verwaltungspraxis interpretierte den Betriebsbegriff zum Teil liberaler als die ESTV im KS 5 vom 1.6.2004, die trotz der Einführung des Teilbetriebsbegriffes und der damit nach neuem Recht herabgesetzten Anforderungen an den Spaltungsgegenstand vor allem bei Spezialgesellschaften diesen restriktiv versteht (KS 5 vom 1.6.2004, Ziff. 4.3.2.6 ff.; vgl. auch N 53 ff.). Auch waren gewisse Kantone bei Anwendung des doppelten Betriebserfordernisses toleranter. In diesem Zusammenhang erscheint die liberale Behandlung bemerkenswert, welche die Holdingspaltung bei der Emissionsabgabe durch die ESTV unter dem per 1.7.2004 aufgehobenen MB Art. 6 Abs. 1 lit. a^{bis} StG erfuhr (Aufteilung nach einer gewissen Systematik, ohne dass die neu vom KS 5 vom 1.6.2004, Ziff. 4.3.2.6 geforderte geschäftsleitende betriebliche Tätigkeit bei der Holdinggesellschaft gegeben sein musste). Unter neuem Recht ist von einem einheitlichen Begriffsverständnis im Stempelsteuerrecht und im DBG auszugehen (vgl. N 221 und N 234), mit der Folge, dass die ESTV auch für das Stempelsteuerrecht die Messlatte gemäss KS 5 vom 1.6.2004 zur Anwendung bringen wird.

(2) Kantone

81 Die Kantone haben gemäss Art. 72e StHG ihre Gesetzgebung bis zum 1.7.2007 an die neuen Umstrukturierungsnormen anzupassen. Unabhängig von dieser Anpassungsfrist

ist bereits heute vom Wegfall der Sperrfristen bei Spaltungen auch in den Kantonen auszugehen, soweit die Sperrfristen unter altem Recht ohne gesetzliche Grundlage angeordnet wurden (vgl. vor Art. 109 N 19). Die Ansetzung von Sperrfristen durch die Verwaltungspraxis befand sich im Widerspruch zum Gesetzeswortlaut, welcher, wie das neue Recht, Tatbestände unterschied, welche gleich bleibende Beteiligungsverhältnisse nach der Umstrukturierung voraussetzten und solchen, bei denen dies wie bei der Spaltung nicht der Fall war (vgl. N 71 und N 82 f.). Unabhängig vom Zeitpunkt der Anpassung der kantonalen Steuergesetzgebungen an die geänderten Gesetzesbestimmungen des StHG entbehren somit noch laufende Veräusserungssperrfristen bei Spaltungen einer gesetzlichen Grundlage. Sie haben deshalb nach richtiger Auslegung des StHG bei den **Staatssteuern** als **aufgehoben** zu gelten.

dg) Wegfall der Sperrfrist

(1) Lehre

Anders als bei der Spaltung gilt bei der Ausgliederung (Art. 61 Abs. 2 DBG und Art. 24 Abs. 3ter StHG) und bei der konzerninternen Übertragung (Art. 61 Abs. 4 DBG und Art. 24 Abs. 3^{quinquies} StHG) eine objektive fünfjährige Sperrfrist für die Anteilsinhaber. BEHNISCH und LOCHER/AMONN bezeichnen die **unterschiedliche Sperrfristenregelung** oder vielmehr die unterschiedliche Regelung der Steuerneutralitätsvoraussetzungen bei der Ausgliederung und der Spaltung als fragwürdig (BEHNISCH, ASA 71 [2002/03], 722 f.; LOCHER/AMONN, ASA 71 [2002/03], 774 f.). Sie erachten es als stossend, dass bei der Ausgliederung eine fünfjährige Sperrfrist angeordnet wird, auch wenn ganze Betriebe oder Teilbetriebe ausgegliedert werden. Ihrer Ansicht nach wäre eine Sperrfrist bei der Ausgliederung nur bei der Übertragung einzelner Aktiven ohne Betriebscharakter gerechtfertigt, d.h. bei der Übertragung von Gegenständen des betrieblichen Anlagevermögens, für das insbesondere auch keine Ersatzbeschaffung geltend gemacht werden kann. Nach REICH ist unter neuem Recht die Betriebsübertragung nach unten recht detailliert geregelt und mit starren Sperrfristen belegt, während die wirtschaftliche, viel näher bei den Veräusserungstatbeständen liegenden Betriebsübertragungen zur Seite in der Form der Spaltung weitgehend ohne Restriktionen möglich sind, sieht man vom Betriebserfordernis ab. Diese Regelung, so REICH, müsse sich den Vorwurf der Unausgeglichenheit und der mangelnden Symmetrie gefallen lassen: Es fehle ein einheitliches Grundkonzept (REICH, FS Forstmoser, 740 f.). 82

(2) Eigene Beurteilung

Der erwähnten Kritik an einem mangelnden Grundkonzept ist zuzustimmen. Ein Grundkonzept kann geschaffen werden, indem die Ausgliederung der Spaltung oder diese jener angeglichen wird. In ein Grundkonzept ist die Konzernübertragung einzubeziehen. Nach hier vertretener Ansicht müsste in Beachtung eines in der Schweiz fehlenden Konzernsteuerrechts ein Grundkonzept auf die Auferlegung von Sperrfristen bei der Ausgliederung nach Art. 61 Abs. 1 lit. d DBG und Art. 24 Abs. 3 lit. d StHG und der Konzernübertragung nach Art. 61 Abs. 3 DBG und Art. 24 Abs. 3^{quater} StHG verzichten (vgl. zu dieser Frage auch Teil 1 vor Art. 69 N 109 ff.). Wie bei der Spaltung ist das vom Gesetzgeber dort als ausreichend erachtete Vorliegen eines Umstrukturierungstatbestandes und die damit einhergehende fiskalische Verknüpfung der stillen Reserven auf Unternehmensebene als genügend zu erachten (Mitbericht WAK StR, 7 f.). Mit der fiskalischen Verknüpfung ist eine Besteuerung der stillen Reserven bei künftiger Realisation sichergestellt. Der Gesetzgeber hat wie bei der Spaltung die Einführung der konzerninternen Übertragung mit diesen Überlegungen begründet, ist mit der Sperrfristenregelung 83 aber auf halbem Weg stehen geblieben (Mitbericht WAK StR, 10, der sich auf eine «wirtschaftliche Betrachtungsweise, wie sie auch für die Gruppenbesteuerung für die Mehrwertsteuer gilt», beruft). Die bei diesen Sachverhalten einzig aus Missbrauchsaspekten angeordneten, fünfjährigen, objektiven Veräusserungssperrfristen (Übertragung und Verkauf der Beteiligung mit Beteiligungsabzug), deren Verletzung in jedem Fall zur rückwirkenden Nachbesteuerung der übertragenen stillen Reserven führt, umfasst einen in der heutigen Wirtschaftswelt unkalkulierbaren Zeithorizont. Soweit Betriebe oder Teilbetriebe als Umstrukturierungsgegenstand betroffen sind, dürfte der Gesetzgeber mit der Sperrfrist bei der Ausgliederung und der konzerninternen Übertragung einen Trend zur Abspaltung gesetzt haben, die allenfalls mit einer ebenfalls sperrfristenfreien verdeckten Kapitaleinlage der Beteiligung, auf welche abgespalten wurde, kombiniert werden kann (vgl. Teil 1 vor Art. 69 N 84 ff. und N 88 ff.).

7. Eigenkapitalveränderungen infolge der Spaltung

a) Kapitalherabsetzung

84 Für die Frage der Gewinnssteuerneutralität einer Spaltung ist es ohne Belang, ob die Ausbuchung des Aktivenüberschusses des abgespaltenen Betriebs oder Teilbetriebs bei der abspaltenden Gesellschaft gegen Herabsetzung des Nominalkapitals (Kapitalgesellschaften) bzw. gegen offene Reserven erfolgt. Die abspaltende Gesellschaft wird jedoch im Regelfall eine Kapitalherabsetzung in Höhe des Nominalbetrags der Kapitalerhöhung der übernehmenden Gesellschaft durchführen, um wegen der Gratisnennwertbesteuerung die Verrechnungssteuer für sich selbst (vgl. N 199) sowie die Einkommenssteuer für im Inland ansässige Privataktionäre zu vermeiden (vgl. N 140; s. Bsp. Nr. 3 N 86). Die übertragende Gesellschaft muss eine Kapitalherabsetzung vornehmen, soweit sie nicht über hinreichend frei verwendbares Eigenkapital verfügt. Alternativ können diese Steuerfolgen ohne Kapitalherabsetzung bei der abspaltenden Gesellschaft vermieden werden, indem das erforderliche Aktienkapital der übernehmenden Gesellschaft durch die Aktionäre der übertragenden Gesellschaft liberiert wird.

Beispiel 1: Symmetrische Spaltung: A AG spaltet den Betrieb I mit einem Aktivenüberschuss zu Buch- und Steuerwerten von 200 gegen Kapitalherabsetzung von 150 und Übertragung offener Reserven von 50 auf B AG ab, die ihr Aktienkapital um 150 erhöht, die neuen Aktien an die Aktionäre von A AG ausgibt und die restlichen 50 des Aktivenüberschusses ihren offenen Reserven gutschreibt:

Bilanz A AG vor und nach Abspaltung						Bilanz B AG vor und nach Abspaltung					
	vor	nach		vor	nach		vor	nach		vor	nach
Aktiven Betrieb I[1]	400	0	Fremdkapital Betrieb I	200	0	Aktiven alt	400	400	Fremdkapital alt	200	200
Aktiven Betrieb II[2]	700	700	Fremdkapital Betrieb II	300	300	Aktiven Betrieb I[1]	0	400	Fremdkapital Betrieb I	0	200
			Reserven	300	250				Reserven	100	150
			Aktienkapital	300	150				Aktienkapital	100	250
Total	1 100	700	Total	1 100	700	Total	400	800	Total	400	800

Werte A AG:
[1] Stille Reserven auf Betrieb I von 100
[2] Stille Reserven auf Betrieb II von 200

Werte B AG:
– Die Bilanzwerte entsprechen dem Verkehrswert

Austauschverhältnis:
– B AG übernimmt den Betrieb I zum inneren Wert von 300
– B AG hat einen inneren Wert von 200
– Für die Übernahme des Betriebs I ist eine Kapitalerhöhung von 150 bei B AG erforderlich. Die A AG setzt in diesem Umfang ihr Aktienkapital herab

Steuerliche Behandlung 85, 86 vor Art. 29

b) Offene Reserven

Die Spaltung kann ohne Kapitalherabsetzung bei der übertragenden Gesellschaft statt- 85
finden, wenn diese über ausreichend freie Reserven verfügt. Eine Spaltung ausschliesslich gegen Reserven wird nur vorgenommen, wenn die Aktionäre der bereits bestehenden übernehmenden Gesellschaft mit jenen der übertragenden identisch und zu gleichen Quoten an der übertragenden und übernehmenden Gesellschaft beteiligt sind (z.B. Spaltung zur Übernahme im Konzern).

Beispiel 2: Symmetrische Spaltung: A AG, deren Aktionäre zu proportional gleichen Teilen alle Aktien der B AG besitzen, spaltet auf B AG den Betrieb I mit einem Aktivenüberschuss zu Buch- und Steuerwerten von 200 und stillen Reserven von 100 gegen Übertragung offener Reserven von 200 und stiller Reserven von 100 ab:

Bilanz A AG vor und nach Abspaltung						Bilanz B AG vor und nach Abspaltung					
	vor	nach		vor	nach		vor	nach		vor	nach
Aktiven Betrieb I[1)]	400	0	Fremdkapital Betrieb I	200	0	Aktiven alt	400	400	Fremdkapital alt	200	200
Aktiven Betrieb II[2)]	700	700	Fremdkapital Betrieb II	300	300	Aktiven Betrieb I[1)]	0	400	Fremdkapital Betrieb I	0	200
			Reserven	300	100				Reserven	100	300
			Aktienkapital	300	300				Aktienkapital	100	100
Total	1 100	700	Total	1 100	700	Total	400	800	Total	400	800

Werte A AG: Werte B AG:
[1)] Stille Reserven auf Betrieb I von 100 – Die Bilanzwerte entsprechen dem Verkehrswert
[2)] Stille Reserven auf Betrieb II von 200

Will die übertragende Gesellschaft ihr Nennkapital nicht herabsetzen und muss die 86
übernehmende Gesellschaft zur Wahrung der Anteils- und Mitgliedschaftsrechte der übertragenden Aktionäre Aktienkapital schaffen, so gehen Reserven unter und es liegt der Verrechnungssteuer unterliegender (vgl. N 199) und bei Privataktionären als Einkommen steuerbarer Gratisnennwert (vgl. N 140) vor.

Beispiel 3: A AG spaltet auf B AG den Betrieb I mit einem Aktivenüberschuss zu Buch- und Steuerwerten von 200 und stillen Reserven von 100 gegen Übertragung offener Reserven von 200 und stiller Reserven von 100 ab, die ihr Aktienkapital zulasten der Reserven um 150 erhöht, die restlichen 50 des Aktivenüberschusses ihren Reserven gutschreibt und die neuen Aktien an die Aktionäre von A AG ausgibt:

Bilanz A AG vor und nach Abspaltung						Bilanz B AG vor und nach Abspaltung					
	vor	nach		vor	nach		vor	nach		vor	nach
Aktiven Betrieb I[1)]	400	0	Fremdkapital Betrieb I	200	0	Aktiven alt	400	400	Fremdkapital alt	200	200
Aktiven Betrieb II[2)]	700	700	Fremdkapital Betrieb II	300	300	Aktiven Betrieb I[1)]	0	400	Fremdkapital Betrieb I	0	200
			Reserven	300	100				Reserven	100	150
			Aktienkapital	300	300				Aktienkapital	100	250
Total	1 100	700	Total	1 100	700	Total	400	800	Total	400	800

Werte A AG: Werte B AG:
[1)] Stille Reserven auf Betrieb I von 100 – Die Bilanzwerte entsprechen dem Verkehrswert
[2)] Stille Reserven auf Betrieb II von 200

Austauschverhältnis:
– B AG übernimmt den Betrieb I zum inneren Wert von 300
– B AG hat einen inneren Wert von 200
– Für die Übernahme des Betriebs I ist eine Kapitalerhöhung von 150 bei B AG erforderlich

c) Verwendung eigener Aktien

87 Die übernehmende Gesellschaft kann bei einer Spaltung statt neuer Aktien **eigene Aktien** für die Abfindung der Aktionäre der übertragenden Gesellschaft verwenden (vgl. Art. 33 N 2). In diesem Umfang braucht sie ihr Aktienkapital nicht zu erhöhen. Nach Art. 7 Abs. 1bis StHG und Art. 20 Abs. 1 lit. c DBG jeweils i.V.m. Art. 4a VStG wird, wenn eine Gesellschaft eigene Beteiligungsrechte im Rahmen von Art. 659 OR erwirbt, ohne anschliessend ihr Kapital herabzusetzen, keine direkte Teilliquidation (Rückkaufpreis abzüglich Nennwert) angenommen, wenn die erworbenen Beteiligungsrechte im Regelfall innert 6 Jahren wieder veräussert werden. Entgegen bisheriger Praxis hält die ESTV hinsichtlich der Verwendung eigener Beteiligungsrechte, deren Rückkauf nicht zu einer Besteuerung geführt hat, bei der Fusion fest, dass der **Verkehrswert** im Zeitpunkt der Fusion, der für den Aktientausch verwendeten eigenen Beteiligungsrechte **wie eine Barabfindung** zu behandeln sei (ESTV-DVS, KS 5 vom 1.6.2004, Ziff. 4.1.2.3.7; vgl. vor Art. 3 N 92). Die ESTV äussert sich bei der Spaltung zu diesem Punkt nicht. Es ist jedoch eine analoge Behandlung zur Fusion zu erwarten. Die steuerliche Tücke der Verwendung eigener Anteilsrechte liegt darin, dass die übernehmende Gesellschaft die eigenen Anteilsrechte, die sie dem Anteilsinhaber der übertragenden Gesellschaft aushändigt, einzig gegen **Reserven ausbuchen** kann, in diesem Umfang also offene Reserven zum Verschwinden bringt bzw. verwendet.

Beispiel 4: Symmetrische Spaltung: A AG spaltet den Betrieb I mit einem Aktivenüberschuss zu Buch- und Steuerwerten von 200 und stillen Reserven von 100 gegen Kapitalherabsetzung von 140 und Übertragung offener Reserven von 60 sowie stiller Reserven von 100 auf B AG ab, die 140 neue Aktien und 10 eigene Aktien (Wert: 20) an die Aktionäre der A AG ausgibt:

Bilanz A AG vor und nach Abspaltung					
	vor	*nach*		*vor*	*nach*
Aktiven Betrieb I[1)]	400	0	Fremdkapital Betrieb I	200	0
Aktiven Betrieb II[2)]	700	700	Fremdkapital Betrieb II	300	300
			Reserven	300	240
			Aktienkapital	300	160
Total	1 100	700	Total	1 100	700

Bilanz B AG vor und nach Abspaltung					
	vor	*nach*		*vor*	*nach*
Aktiven alt	380	380	Fremdkapital alt	200	200
Eigene Aktien	20	0	Fremdkapital Betrieb I	0	200
Aktiven Betrieb I[1)]	0	400	Reserven	80	140
			Reserve für eigene Aktien	20	0
			Aktienkapital	100	240
Total	400	780	Total	400	780

Werte A AG:
[1)] Stille Reserven auf Betrieb I von 100
[2)] Stille Reserven auf Betrieb II von 200

Austauschverhältnis:
– B AG übernimmt den Betrieb I zum inneren Wert von 300
– B AG hat einen inneren Wert von 200
– Für die Übernahme des Betriebs I sind B-Aktien im Nennwert von 150 erforderlich
– Da B AG bereits 10 eigene Aktien mit einem Wert von 20 besitzt, ist eine Kapitalerhöhung von 140 ausreichend

Werte B AG:
– Die Bilanzwerte entsprechen dem Verkehrswert

88 Für den Gesellschafter der übertragenden Gesellschaft ist es bedeutungslos, wie sich die übernehmende Gesellschaft die auszugebenden Titel beschafft, sei es durch Kapitalerhöhung, Kauf im Markt oder Übernahme im Rahmen der Spaltung, wenn eine wechselseitige Beteiligung besteht. Für den übertragenden Gesellschafter dienen die neuen Anteilsrechte zur Wahrung seiner vermögens- und mitgliedschaftlichen Rechte. Mit dem Erhalt der neuen Anteilsrechte findet bei ihm nur eine Wertverlagerung von den bisherigen auf die neuen Anteilsrechte, jedoch kein Wertzufluss statt, was gleichermassen zutrifft, wenn ihm die übernehmende Gesellschaft bereits bestehende, eigene Anteilsrechte oder im Rahmen einer Kapitalerhöhung neu geschaffene aushändigt. Er wird nicht begünstigt und erhält auch keine Ausgleichszahlung oder Barabfindung (Nennwerterhöhungen vorbehalten). Auch liegt aus demselben Grund keine verdeckte Gewinnausschüttung an den Gesellschafter durch unterpreisliche Ausgabe der eigenen Aktien im Sinne von Ziff. 4.1 lit. b des KS 5 vom 19.9.1999 der ESTV-DVS vor. Vielmehr erhält er diese eigenen Aktien entgeltlich als Ausgleich für den Wertverlust seiner Aktien am übertragenden Unternehmen (vgl. N 199). Aus diesen Überlegungen, aus der Anordnung der Steuerneutralität des Austauschs von Beteiligungsrechten bei Umstrukturierungen im Geschäftsvermögen (Art. 19 Abs. 1 lit. c DBG und Art. 61 Abs. 1 lit. c DBG sowie Art. 8 Abs. 3 lit. c StHG und Art. 24 Abs. 3 lit. c StHG) sowie der Steuerfreiheit von Kapitalgewinnen im Privatvermögen (Art. 16 Abs. 3 DBG und Art. 7 Abs. 4 lit. b StHG) lässt sich ableiten, dass beim Gesellschafter der Erhalt von Anteilsrechten, welche er in Wahrung seines Besitzstandes erhält, steuerneutral bzw. steuerfrei bleibt, auch wenn es sich dabei um eigene Beteiligungsrechte handelt.

Die Reservenausbuchung bei der übernehmenden Gesellschaft ist letztlich eine Folge der Nichtbesteuerung des Liquidationsüberschusses aufgrund von Art. 4a VStG anlässlich des Verkaufs der Anteilsrechte an die Gesellschaft. Als «Begünstigter» der erforderlichen Reservenausbuchung wäre eigentlich der Gesellschafter zu betrachten, welcher seinerzeit die Beteiligungsrechte ohne Teilliquidationsfolgen an die Gesellschaft veräusserte. Mangels gesetzlicher Grundlage kann die Verminderung der offenen Reserven aufgrund der Verwendung der eigenen Beteiligungsrechte zur Abfindung der übertragenden Gesellschafter nicht bei diesen ersatzweise vorgenommen werden. 89

d) Buchwertverkauf bei Aktivenüberschuss

Bis anhin war die Frage umstritten, ob die Betriebsübertragung gegen teilweise oder gänzliche Abgeltung des Buchwertes des Aktivenüberschusses zulässig sei, oder die Spaltung zwingend voraussetze, dass sie gegen Reduktion des **offenen Eigenkapitals** beim bisherigen Rechtsträger zu erfolgen habe. Sowohl das bisherige als auch das revidierte Steuerrecht enthalten dazu keine Regelung. Ein Teil der Lehre lehnt die gänzliche oder teilweise Abgeltung des Aktivenüberschusses mit dem Argument ab, dass eine Spaltung gegen Einräumung einer Buchforderung gegenüber der Schwestergesellschaft als **Veräusserung** zu qualifizieren sei, welche nicht unter den Steueraufschubstatbestand falle (BEHNISCH, Umstrukturierung, 245) bzw. unentgeltlich (d.h. gegen Eigenkapital) erfolgen müsse, da ansonsten keine eigentliche Teilung vorliege (GRETER, Fortschritte, 638; KOMMISSION STEUERHARMONISIERUNG, 88 f.). Zulässig ist nach Auffassung der KOMMISSION STEUERHARMONISIERUNG bloss der Ausgleich von geringfügigen Wertdifferenzen über die Begründung von Darlehen oder anderen Forderungen. In der Lehre wird weiter argumentiert, dass bei Zulässigkeit der gänzlichen oder teilweisen Barabgeltung des Aktivenüberschusses eine **Abgrenzung** zum Verkauf an die Aktionäre schwierig bzw. unmöglich sei (GRETER, Fortschritte, 638). Nach neuem Recht könnten überdies Abgrenzungsschwierigkeiten zur konzerninternen Übertragung ins Feld geführt werden, die entgeltlich zum Gewinnsteuerwert erfolgen kann (vgl. Teil 2 vor Art. 69 N 44 ff.; ESTV-DVS, KS 5 vom 1.6.2004, Ziff. 4.3.2.4). 90

Die Arbeitsgruppe Steuern bei Umstrukturierungen schlug im Zusammenhang mit der Finanzierung der Übertragung eines Betriebs oder Teilbetriebs durch Spaltung vor, dass als gewinnsteuerlich zu privilegierende Spaltungen grundsätzlich nur Fälle gelten sollten, in denen die Gegenleistung der übernehmenden juristischen Person im Wesentlichen in der Gewährung von Beteiligungs- oder Mitgliedschaftsrechten bestehe. Eine Ausnahme solle nur für die Übertragung von Beteiligungen und Betrieben im inner- 91 schweizerischen Konzernverhältnis gelten (Bericht Steuern 1, 19). In der Vernehmlassung wurde diese Formulierung aber als zu einengend kritisiert (Bericht Steuern 2, 14 und 21). Die Kantone meinten, dass eine Spaltung gegen Gegenleistung (Geldleistungen, durch Darlehen begründete Forderungen) steuerneutral sein solle, wenn das Eigenkapital ausreiche und die Übertragung zu dem Wert, der für die Gewinnsteuer massgebend sei, vorgenommen werde. Nach Auffassung der Verbände sollten als genügende Gegenleistung auch übernommene Drittverpflichtungen und Schulden und die Verrechnung gegenseitiger Forderungen anerkannt werden. Im Gesetzesentwurf zur Botschaft wurde die Formulierung in der Folge abgeschwächt und es wurde nur noch verlangt, dass die Gegenleistung der anderen juristischen Person die Gewährung von **Beteiligungs- oder Mitgliedschaftsrechten** einschliessen müsse (Botschaft, 4507). Die WAK StR **strich** dieses Erfordernis schliesslich ganz. Sie argumentierte, dass bei einer Auf- oder Abspaltung einer juristischen Person steuerlich dann keine Realisation stattfinde, wenn das Betriebserfordernis für alle aus der Spaltung hervorgehenden und verbleibenden Gesellschaften erfüllt sei (Mitbericht WAK StR, 7 ff.). Ständerat und Nationalrat verabschiedeten die Streichung ohne weitere Diskussion mit Beschlüssen vom 21.3. 2001 (AmtlBull StR 2001, 49) und vom 12.3.2003 (AmtlBull NR 2003, 50).

92 REICH weist darauf hin, dass das steuerliche Barabgeltungsverbot des Aktivenüberschusses möglicherweise von **zivilrechtlichen Überlegungen** beeinflusst sei (REICH/DUSS, 324). Nach Art. 29 ff. FusG hat bei der zivilrechtlichen Spaltung einer Kapitalgesellschaft die übernehmende Kapitalgesellschaft zwingend eine Kapitalerhöhung vorzunehmen, soweit dies zur Wahrung der Vermögens- und Mitgliedschaftsrechte der Aktionäre erforderlich ist. Gemäss Art. 29 ff. FusG ist aber eine Kapitalerhöhung nicht erforderlich, wenn die übertragende und die übernehmende Kapitalgesellschaft zu gleichen Teilen von den gleichen Beteiligten beherrscht werden, was typischerweise bei Konzernen oder unter einer Holding zusammengefassten Gesellschaften der Fall ist. Eine Kapitalerhöhung ist schliesslich auch dann nicht erforderlich, wenn die Beteiligten als Vorbereitungshandlung zur Spaltung (z.B. um eine steuerbare Nennwertbegründung zu vermeiden) eine neue Gesellschaft gründen und ihr Aktienkapital liberieren. Das Steuerrecht lässt sodann, anders als das Zivilrecht, die Spaltung nicht nur von Kapitalgesellschaften, sondern auch von übrigen juristischen Personen zu, bei denen keine Vermögensrechte, sondern nur Mitgliedschafts- oder Destinatärsrechte begründet werden (z.B. Vereine). Mit dem Zivilrecht lässt sich das Barabgeltungsverbot des Aktivenüberschusses nicht begründen.

93 Entgelt kann in der Gewährung von Beteiligungsrechten, in der Übernahme von Verbindlichkeiten, in Form der Barabgeltung oder der Begründung eines Forderungsverhältnisses bestehen. Eine Nichtzulässigkeit der Abgeltung des Aktivenüberschusses in bar oder durch Forderungsbegründung als Entgeltsform bei der Spaltung lässt sich weder aus dem Gesetzestext noch der Entstehungsgeschichte von Art. 61 Abs. 1 lit. b DBG und Art. 24 Abs. 3 lit. b StHG ableiten (vgl. N 91) noch sind etwaige formale Abgrenzungsschwierigkeiten zur Veräusserung oder zur konzerninternen Übertragung nach Art. 61 Abs. 3 DBG und Art. 24 Abs. 3^{quater} StHG (GRETER, Fortschritte, 638; ESTV-DVS, KS 5 vom 1.6.2004, Ziff. 4.3.2.4) ein sachlicher Grund, um die Barabgeltung des Buchwertes als zulässige Entgeltsform bei der Spaltung auszuschliessen. Mit dem doppelten Betriebserfordernis hat der Gesetzgeber die Spaltung hinreichend von der konzerninternen Übertragung abgegrenzt (**a.M.** ESTV-DVS, KS 5 vom 1.6.2004, Ziff. 4.3.2.4 sowie Bsp. Nr. 11, Anhang I). Die Umstrukturierungsnormen sind auf die steuerneutrale **Übertragung stiller Reserven** gerichtet, was durch die Gewinnsteuerwertübernahme **gewährleistet** ist. Auch wenn bei einer Spaltung der buchmässige Aktivenüberschuss teilweise oder gänzlich in bar oder durch eine Forderung abgegolten wird, bleiben die

stillen Reserven – wie bei der Konzernübertragung, wo die ESTV die Buchwertabgeltung als zulässig erachtet (ESTV-DVS, KS 5 vom 1.6.2004, Ziff. 4.5.2.4 mit Bsp. Nr. 20, Anhang I) – unverändert mit den übertragenen Aktiven und Passiven verhaftet. Zu berücksichtigen ist weiter, dass die Höhe des Aktivenüberschusses des zu übertragenden Betriebs oder Teilbetriebs durch die Zuordnung von Finanzmitteln, Forderungen und übriger Aktiven sowie von Kreditoren und bestehenden Schulden massgeblich beeinflusst werden kann und somit die Frage der Zulässigkeit der teilweisen oder gänzlichen Buchwertabgeltung des «**modellierbaren**» **Aktivenüberschusses** wohl eher zu einer akademischen Auseinandersetzung verkommt. Wer vermag denn beispielsweise die bestehenden Verbindlichkeiten (z.B. langfristige Bankschulden) oder noch vielmehr die flüssigen Mittel einer Unternehmung zweifelsfrei dem einen oder anderen Betrieb zuzuordnen? Der Denkfehler im Ausschluss der Buchwertabgeltung wird ferner darin sichtbar, dass Entschädigungen statt an die übernehmende Gesellschaft an die Anteilsinhaber in Form von **Ausgleichszahlungen und Abfindungen zulässig** sind (vgl. N 134 ff.).

Entscheidend ist, dass bei der Spaltung die **erforderliche Eigenkapitalausstattung** der umstrukturierten Betriebe unter Berücksichtigung des offenen *oder* stillen Eigenkapitals des übertragenen *und* des zurückbleibenden Betriebs unter Einbezug aller Umstände für die Beurteilung heranzuziehen ist (gl.M. REICH/DUSS, 323 f.). Es ist folglich bei einer Spaltung auch die **wirtschaftliche Situation** der übertragenden und der übernehmenden juristischen Person zu berücksichtigen. Insgesamt kann eine Buchwertabgeltung somit ein betriebswirtschaftlich sinnvolles Element einer Spaltung sein, dem die steuerliche Beurteilung Rechnung zu tragen hat. Die Einschränkung der ESTV, dass mit dem Betrieb oder Teilbetrieb ein angemessenes Eigenkapital in Form von Aktienkapital und offenen Reversen übertragen werden müsse, geht wortwörtlich verstanden klarerweise zu weit und entbehrt der gesetzlichen Grundlage (ESTV-DVS, KS 5 vom 1.6.2004, Ziff. 4.3.2.4). Vielmehr kann damit nur die angemessene Eigenkapitalausstattung der übernehmenden Gesellschaft im Sinne des verdeckten Eigenkapitals verstanden werden (Art. 65 DBG und Art. 29a StHG).

Beispiel 5: Symmetrische Spaltung: A AG, deren Aktionäre zu proportional gleichen Teilen alle Aktien der B AG besitzen (z.B. gemeinsame Muttergesellschaft), spaltet auf B AG den Betrieb I mit einem Aktivenüberschuss zu Buch- und Steuerwerten von 200 und stillen Reserven von 100 gegen eine Forderung über den buchmässigen Aktivenüberschuss von 200 und Übertragung stiller Reserven von 100 ab:

Bilanz A AG vor und nach Abspaltung						Bilanz B AG vor und nach Abspaltung					
	vor	*nach*		*vor*	*nach*		*vor*	*nach*		*vor*	*nach*
Aktiven Betrieb I[1)]	400	0	Fremdkapital Betrieb I	200	0	Aktiven alt	400	400	Fremdkapital alt	200	200
Aktiven Betrieb II[2)]	700	700	Fremdkapital Betrieb II	300	300	Aktiven Betrieb I[1)]	0	400	Fremdkapital Betrieb I	0	200
Forderung gegen B AG	0	200							Schuld gegen B AG	0	200
			Reserven	300	300				Reserven	100	100
			Aktienkapital	300	300				Aktienkapital	100	100
Total	1 100	900	Total	1 100	900	Total	400	800	Total	400	800

Werte A AG:
[1)] Stille Reserven auf Betrieb I von 100
[2)] Stille Reserven auf Betrieb II von 200

Werte B AG:
– Die Bilanzwerte entsprechen dem Verkehrswert

e) Passivenüberschuss

95 Die zivilrechtliche Lehre ist der Meinung, dass eine Spaltung nach Art. 29 ff. FusG auch bei einem Passivenüberschuss des zu übertragenden Vermögens zulässig sei, sofern analog der Fusion (Art. 6 FusG) die aufnehmende Gesellschaft über genügend freie Reserven verfügt, um die für die Spaltung notwendigen Aktien aus eigenen Mitteln zu liberieren (vgl. vor Art. 29 N 23; Handkommentar FusG-EPPER, Art. 29 N 23; **a.M.** Botschaft, 4431). Notwendig sind am Beispiel einer Aktiengesellschaft **freie Reserven** im Betrag des **Passivenüberschusses** und des zu **schaffenden Aktienkapitals**. Buchhalterisch wird der Passivenüberschuss des übertragenen Vermögens mit den freien Reserven der übernehmenden Gesellschaft verrechnet und zudem jener Teil der freien Reserven, der dem nominellen Kapital der neu geschaffenen Aktien entspricht, in Aktienkapital umgebucht. EPPER übersieht möglicherweise, dass freies Eigenkapital der übernehmenden Gesellschaft auch im Umfang des neu zu schaffenden Aktienkapitals erforderlich ist (vgl. Bsp. Nr. 6 N 96). Da bei der übernehmenden Gesellschaft das Aktienkapital zur Wahrung der Mitgliedschafts- und Vermögensrechte der bisherigen Aktionäre der übertragenden Gesellschaft zu erhöhen ist, weist das übertragene Vermögen (bzw. steuerlich gesprochen, der Betrieb oder Teilbetrieb) zu Verkehrswerten einen Aktivenüberschuss und nur zu Buchwerten einen Passivenüberschuss auf.

96 Weder BÜCHI noch EPPER äussern sich dazu, wie die Übertragung bei der abspaltenden Gesellschaft zu verbuchen ist. Aufgrund der Massgeblichkeit der Handelsbilanz kann in einem solchen Fall die **übertragende Gesellschaft Reserven** im Umfang des Passivenüberschusses zu Buchwerten **einbuchen** (vgl. nachfolgendes Bsp. Nr. 6; Art. 5 Abs. 1 lit. a VStG *in analogiam*, s. N 211 f.). Als Alternative kommt eine Abgeltung des negativen Buchwertsaldos durch die übertragende Gesellschaft in Betracht (vgl. nachfolgendes Bsp. Nr. 7). Hierbei sind die Überlegungen, welche für die Zulässigkeit der Abgeltung des Buchwertes bei einem Aktivenüberschuss sprechen, analog anwendbar (vgl. N 90 ff.). Wenn die Bedingungen für eine steuerneutrale Spaltung erfüllt sind, sind im Einklang mit dem Grundgedanken, dass die Besteuerung stiller Reserven bis zu deren tatsächlichen Realisierung aufgeschoben werden soll, keine sachlichen Gründe erkennbar, die gegen die Steuerneutralität einer Abspaltung eines Betriebs oder Teilbetriebs mit unechtem Passivenüberschuss zu Buchwerten sprechen. Die **umgekehrte Flussrichtung offener Reserven** ist **unschädlich**. Die gegenteilige Auffassung würde entgegen dem Normzweck von Art. 61 Abs. 1 und Art. 24 Abs. 3 StHG dazu führen, dass die übertragende Gesellschaft vor der Spaltung gezwungen würde, soweit handelsrechtlich zulässig, im Umfang des Passivenüberschusses stille Reserven aufzulösen und/oder die zu übertragenden Aktiven und Verbindlichkeiten (steuerlich ein Betrieb oder Teilbetrieb) anders zusammenzusetzen. Nicht gewinnsteuerneutral möglich sein dürfte dagegen die Übernahme eines Betriebs oder Teilbetriebs mit echtem Passivenüberschuss, wenn der echte Passivenüberschuss nicht abgegolten wird (vgl. ESTV-DVS, KS 5 vom 1.6.2004, Ziff. 4.3.2.15 zum umgekehrten Vorgang). Soweit der für die neuen Aktien benötigte Nennwert nicht durch die Aktionäre einbezahlt wird, kommt es nach der Verwaltungspraxis in diesem Umfang zu einer Verrechnungssteuerpflicht bei der Gesellschaft und für private Anteilsinhaber zu steuerbarem Gratisnennwert (in Bsp. Nr. 6 von 30, vgl. auch N 86).

Steuerliche Behandlung	97 vor Art. 29

Beispiel 6: Symmetrische Spaltung: A AG spaltet auf B AG den Betrieb I mit unechtem Passivenüberschuss zu Buch- und Steuerwerten von 40 und stillen Reserven von 100 gegen Kapitalerhöhung der B AG von 30 und Übertragung offener Reserven der B AG von 40 *auf A AG* ab:

Bilanz A AG vor und nach Abspaltung					Bilanz B AG vor und nach Abspaltung				
	vor	nach		vor	nach		vor	nach	
Aktiven Betrieb I[1)]	400	0	Fremdkapital Betrieb I	440	0	Aktiven alt	400	400	Fremdkapital alt	200	200
Aktiven Betrieb II[2)]	700	700	Fremdkapital Betrieb II	60	60	Aktiven Betrieb I[1)]	0	400	Fremdkapital Betrieb I	0	440
			Reserven	300	340				Reserven	100	30
			Aktienkapital	300	300				Aktienkapital	100	130
Total	1 100	700	Total	1 100	700	Total	400	800	Total	400	800

Werte A AG:
[1)] Stille Reserven auf Betrieb I von 100
[2)] Stille Reserven auf Betrieb II von 200

Werte B AG:
– Die Bilanzwerte entsprechen dem Verkehrswert

Austauschverhältnis:
– B AG übernimmt den Betrieb I zum inneren Wert von 60
– B AG hat einen inneren Wert von 200
– Für die Übernahme des Betriebs I sind B-Aktien im Nennwert von 30 erforderlich

Beispiel 7: Symmetrische Spaltung: A AG, deren Aktionäre zu proportional gleichen Teilen alle Aktien der B AG besitzen, spaltet auf B AG den Betrieb I mit unechtem Passivenüberschuss zu Buch- und Steuerwerten von 40 und stillen Reserven von 100 gegen Forderung der *B AG gegen A AG* im Umfang des Passivenüberschusses von 40 ab (keine Eigenkapitalbuchung bei A AG oder B AG):

Bilanz A AG vor und nach Abspaltung					Bilanz B AG vor und nach Abspaltung				
	vor	nach		vor	nach		vor	nach	
Aktiven Betrieb I[1)]	400	0	Fremdkapital Betrieb I	440	0	Aktiven alt	400	400	Fremdkapital alt	200	200
Aktiven Betrieb II[2)]	700	700	Fremdkapital Betrieb II	60	60	Aktiven Betrieb I[1)]	0	400	Fremdkapital Betrieb I	0	440
			Schuld bei B AG	0	40	Guthaben bei A AG	0	40			
			Reserven	300	300				Reserven	100	100
			Aktienkapital	300	300				Aktienkapital	100	100
Total	1 100	700	Total	1 100	700	Total	400	840	Total	400	840

Werte A AG:
[1)] Stille Reserven auf Betrieb I von 100
[2)] Stille Reserven auf Betrieb II von 200

Werte B AG:
– Die Bilanzwerte entsprechen dem Verkehrswert

Austauschverhältnis:
– B AG übernimmt den Betrieb I zum inneren Wert von 60
– B AG hat einen inneren Wert von 200
– Keine Kapitalerhöhung bei B AG wegen identischem Aktionariat

8. Steuerpflicht und zeitliche Bemessung

a) Spaltungsstichtag

Nach konstanter Verwaltungspraxis können Umstrukturierungen wie Spaltungen steuerlich und buchhalterisch mit einer **Rückwirkung** von bis zu **sechs Monaten** erfolgen. Spaltungen werden steuerlich und buchhalterisch häufig rückwirkend auf den Beginn des Geschäftsjahres vorgenommen. Die Rückwirkung wird von der ESTV akzeptiert, wenn der Handelsregistereintrag innerhalb von sechs Monaten nach dem Stichtag der massgeblichen Bilanz erfolgt oder die Anmeldung zusammen mit dem Spaltungsbeschluss innerhalb der gleichen Periode beim Handelsregister eingetroffen ist und ohne irgendwelche Weiterungen zum Eintrag führt (ESTV-DVS, KS 5 vom 1.6.2004, Ziff. 4.3.2.2). Ist dies nicht der Fall, wird auf den **Handelsregistereintrag** (Tagebuch) abgestellt, mit der Folge, dass für die Festsetzung des steuerbaren Gewinns ein Zwischenabschluss der an der Spaltung beteiligten Gesellschaften per Datum des Handelsregistereintrags erstellt werden muss.

b) Steuerpflicht, Steuerperiode und zeitliche Bemessung

98 Grundsätzlich beginnt oder endet die Steuerpflicht von Gesellschaften, welche im Rahmen von Auf- oder Abspaltungen gegründet oder gelöscht werden, seit Geltung des Postnumerandosystems mit dem Eintrag im **Handelsregister** (Art. 54 Abs. 1 DBG und entsprechende kantonale Regelungen). Bei einer statthaften rückwirkenden Aufspaltung enden dagegen die Steuerpflicht, die Steuerperiode und die Bemessungsperiode der aufgespaltenen Gesellschaft mit dem **Spaltungsstichtag**. Bei einer abspaltenden Gesellschaft ergibt sich keine Änderung in Bezug auf ihre Steuerpflicht, jedoch kann sie das seit dem Spaltungsstichtag erzielte Ergebnis des übertragenen Betriebs oder Teilbetriebs aus ihren übrigen Steuerfaktoren ausschliessen. Die Steuerpflicht, die Steuerperiode und die Bemessungsperiode der neuen Gesellschaft oder Gesellschaften beginnen bei Rückwirkung der Aufspaltung und Abspaltung zur Neugründung mit dem Spaltungsstichtag. Liegt keine Spaltung zur Neugründung vor, ergibt sich keine Änderung in Bezug auf die Steuerpflicht. In diesem Fall muss die übernehmende Gesellschaft das seit dem Spaltungsstichtag erzielte Ergebnis des übernommenen Betriebs oder Teilbetriebs zusammen mit ihren übrigen Steuerfaktoren versteuern.

c) Verlustvorträge

99 Sachlich mit der Steuerfaktorenübernahme verknüpft ist die Übernahme der auf den betreffenden Betrieb oder Teilbetrieb entfallenden Verlustvorträge. Gemäss ESTV ergibt sich die Verlustübernahme direkt aus Art. 67 Abs. 1 DBG (ESTV-DVS, Ziff. 4.3.2.14 vermutlich gestützt auf Botschaft, 4370). Obwohl es dem schweizerischen Steuerrecht fremd ist, Verlustvorträge einem bestimmten Betrieb oder Teilbetrieb zuzuordnen und diese nur mit dessen späteren Gewinnen zur Verrechnung zuzulassen, besteht in der Literatur Einigkeit darüber, dass bei der Spaltung bestehende Verlustvorträge nach dem **Verursacherprinzip** auf die verbleibenden und die übertragenen Teilbetriebe aufzuteilen sind (BÖCKLI, ASA 67 [1998/99], 34; HÖHN/WALDBURGER, Steuern, § 48 N 303 und N 324). Auf das Verursacherprinzip verweist wohl auch die ESTV, wenn sie in Ziff. 4.3.2.14 des KS 5 der ESTV-DVS vom 1.6.2004 eine Übertragung der auf den übertragenen Betrieb oder Teilbetrieb «entfallenden» Verlustvorträge vorsieht.

100 Die Zuordnung nach dem Verursacherprinzip kann in der Praxis **schwierig** zu lösen sein. Sie erfordert, innerhalb der siebenjährigen Verlustvortragsperiode zu untersuchen, wo die wirtschaftlichen Ursachen der vergangenen Verluste liegen und welchen Betrieben oder Teilbetrieben sie zuzuordnen sind. Dies bedingt, dass die betreffende Gesellschaft über aussagekräftige Spartenrechnungen verfügt. Wird der Teilbetrieb als kleinster lebensfähiger Organismus verstanden, dürfte eine aussagekräftige Zuordnung nach dem Verursacherprinzip in der Praxis nur in einer Minderheit von Fällen möglich sein. Entsprechend sollte aus **Praktikabilitätsgründen** der Gesellschaft eine Aufteilung anhand schematischer Grössen offen stehen. Es kommt beispielsweise eine Zuordnung im Verhältnis der übergehenden Aktiven zu den Gesamtaktiven, der übergehenden Nettoaktiven zu den gesamten Nettoaktiven, der Umsätze oder anderer, aussagefähiger Grössen der Bilanz und Erfolgsrechnung (vergleichbar mit den Hilfsfaktoren der quotenmässigen in-

terkantonalen Steuerausscheidung) in Betracht. Die übertragenen Verlustvorträge sind **frei** mit laufenden und künftigen steuerbaren Gewinnen der aufnehmenden juristischen Person **verrechenbar**. Art. 61 Abs. 1 lit. b DBG und Art. 24 Abs. 3 lit. b StHG sind keinerlei Einschränkungen der Verrechenbarkeit nur mit künftigen Gewinnen des übertragenen Betriebs oder Teilbetriebs zu entnehmen.

Bei **interkantonalen Spaltungen** kann seit dem Inkrafttreten am 1.1.2001 des Bundesgesetzes zur Koordination und Vereinfachung der Veranlagungsverfahren für die direkten Steuern im interkantonalen Verhältnis (AS 2001, 1050) der übernehmende Kanton die Anrechnung der dem übertragenen Betrieb oder Teilbetrieb zugeordneten Verluste nicht mehr verweigern (Art. 25 Abs. 4 StHG). Die Kantone sind gehalten, bei Sitzverlegung bzw. Verlegung der tatsächlichen Verwaltung in einen anderen Kanton bisherige kantonssteuerliche **Verlustvorträge** im Rahmen der zeitlichen Begrenzung zu **übernehmen**, was gleichermassen auf kantonsübergreifende Umstrukturierungen anwendbar ist (Art. 25 Abs. 4 StHG; KUHN/BRÜLISAUER in: Kommentar zum Schweizerischen Steuerrecht I/1, Art. 25 StHG N 80 ff.; KURZ, 857 ff.; SPORI/GEIGER, Fusionen, 699 m.w.H.). **101**

Spaltet ein ausländisches Unternehmen einen ausländischen Betrieb oder Teilbetrieb mit Verlustvorträgen auf eine in der Schweiz ansässige Gesellschaft ab (**Immigrationsspaltung**), so stellt sich die Frage, ob diese Verlustvorträge durch die schweizerische Gesellschaft übernommen werden können. Eine direkt anwendbare gesetzliche Bestimmung fehlt. Die frühere Praxis zur interkantonalen Übernahme von Verlustvorträgen lässt vermuten, dass eine grosse Zurückhaltung hinsichtlich der Übernahme besteht. Allenfalls könnte eine Verlustübernahme auf Art. 23 Abs. 3 StHG im Sinne einer kantonalen Steuererleichterung bzw. im Bund auf den Bundesbeschluss zugunsten wirtschaftlicher Erneuerungsgebiete vom 6.10.1995 (AS 1996 II 1918, SR 951.93) abgestützt werden. **102**

d) Beteiligungen

Befinden sich unter den übertragenen Aktiven Beteiligungen, so behalten diese ihre übergangsrechtliche **Qualifikation** als Alt- oder Neubeteiligungen, die Gewinnsteuerwerte, die Gestehungskosten, Abschreibungen bzw. Wertberichtigungen auf den Gestehungskosten und die Haltedauer gemäss Art. 70 Abs. 4 lit. b DBG und Art. 28 Abs. 1bis StHG bei (ESTV-DVS, KS 5 vom 1.6.2004, Ziff. 4.3.2.10). Auch Beteiligungen, welche von einem Steueraufschub aufgrund eines vorgängigen Statuswechsels profitieren (vgl. N 106 f.), behalten ihre entsprechende Qualifikation. Die Steuerpflicht trifft bei nachfolgender Veräusserung einer solchen Beteiligung die übernehmende Gesellschaft (vgl. unten zur Steuersukzession, N 105). Das DBG und StHG ordnen anders als bei der Konzernübertragung (Art. 61 Abs. 4 DBG; Art. 24 Abs. 3^{quinquies} StHG) weder eine Nachbesteuerung im Rahmen einer Veräusserungssperrfrist noch eine subsidiäre Haftung der übertragenden Gesellschaft an. **103**

Die ESTV will bei der Veranlagung einer Gesellschaft, die eine Beteiligung zum Gewinnsteuerwert durch Spaltung auf eine andere inländische Gesellschaft übertragen hat, prüfen, inwieweit allfällige Abschreibungen oder Rückstellungen auf den Gestehungskosten dieser Beteiligung noch begründet sind. Ist eine nachhaltige Erholung dieser Beteiligung eingetreten, soll im nicht mehr begründeten Umfang besteuert werden (ESTV-DVS, KS 5 vom 1.6.2004, Ziff. 4.3.2.9). Gegen diese Auffassung ist grundsätzlich nichts einzuwenden, spiegelt sie doch lediglich den Wortlaut von **Art. 62 Abs. 4 DBG** und Art. 28 Abs. 1bis StHG wieder. Befremdlich wirkt einzig, dass die Überprüfung aus Anlass der Umstrukturierung vorgenommen werden soll. Abzulehnen ist demgegenüber eine Besteuerung der Werterholung der Beteiligung bei den Anteilseignern der übernehmenden Gesellschaft (vgl. N 122 f. und Teil 2 vor Art. 69 N 65 ff.). **104**

e) Steuersukzession

105 Ein Übergang der Verfahrensrechte und -pflichten sowie der Steuerschuld von der übertragenden auf die übernehmende juristische Person findet nur statt, wenn sämtliche Aktiven und Passiven auf eine andere juristische Person übertragen werden (Art. 54 Abs. 3 DBG und entsprechende kantonale Regelungen wie z.B. § 59 Abs. 3 StG ZH). Die Steuersukzession kommt ihrer Natur nach bei Spaltungen daher **nur** bei **Aufspaltungen** in Betracht, wo die aufgespaltene Gesellschaft vor Erfüllung ihrer Steuerpflicht zu existieren aufhört (Art. 29 lit. a FusG; BGer 1.6.1976 = ASA 45 [1976/77], 359). Da bei einer Aufspaltung mindestens zwei übernehmende Gesellschaften vorhanden sind, tritt jede Gesellschaft nur für die von ihr übernommenen Steuerfaktoren in das Schuldverhältnis der aufgespaltenen Gesellschaft ein. Im Steuerrecht ist keine solidarische Haftung angeordnet (vgl. aber die Haftungsregelung im Zivilrecht, Art. 49 FusG).

f) Systemwechselfälle

fa) Spaltung auf eine privilegiert besteuerte Gesellschaft oder eine steuerbefreite Institution

106 Beim Übergang eines Betriebs oder Teilbetriebs von einer ordentlich besteuerten Gesellschaft auf eine als **Holding-**, **Domizil-** oder **gemischte Gesellschaft** privilegiert besteuerte Gesellschaft (Art. 28 Abs. 2–4 StHG) oder auf eine **steuerbefreite Institution** (Art. 56 DBG und Art. 23 StHG) fragt sich, ob die durch Spaltung in den gewinnsteuerfreien Bereich bzw. in den privilegiert besteuerten Bereich übertragenen stillen Reserven auf kantonaler Ebene **steuersystematisch realisiert** werden (s. dazu N 19 f.). Der Gesetzgeber hat einzig bei der Konzernübertragung von Gegenständen des betrieblichen Anlagevermögens in Art. 24 Abs. 3^{quater} StHG einen expliziten Besteuerungsvorbehalt für stille Reserven, welche durch Umstrukturierung von einem Steuerstatuswechsel betroffen sind, angeordnet (vgl. Teil 2 vor Art. 69 N 72 ff.). Bereits die bisherige Praxis schloss bei Statuswechsel auf steuersystematische Realisierung, da andernfalls die übertragenen stillen Reserven im Kanton aufgrund der Privilegierung bei einer späteren Veräusserung nicht oder nicht mehr voll besteuert werden können (s. BÖCKLI, StR 1990, 222 ff.; REICH/DUSS, 51 ff.; RICHNER/FREI/KAUFMANN, Kommentar ZH, § 75 N 3 ff.; DIES., Ergänzungsband ZH, § 75 N 7 ff.). An dieser grundsätzlich sachlogischen Regelung eines Entstrickungstatbestands ändert sich mit der Reform der steuerlichen Umstrukturierungsnormen nichts. Da die steuersystematische Realisierung jedoch zu einer problematischen **Besteuerung ohne Wertzufluss** führt, wäre es wünschbar gewesen, wenn der Harmonisierungsgesetzgeber eine entsprechende **Aufschubsregelung** vorgesehen hätte, namentlich unter dem Aspekt interkantonaler Übertragungen und nachfolgender Sitzverlegungen (bspw. Vermeidung der Wegzugsbesteuerung mittels Reverslösung). Unter den **bestehenden kantonalen Regelungen** halten manche Kantone die stillen Reserven im Zeitpunkt des Übergangs fest und schieben die ordentliche Besteuerung der beim Statuswechsel vorhandenen stillen Reserven bis zum Zeitpunkt der späteren echten Realisierung auf, wobei die Besteuerung auf die in diesem Zeitpunkt noch vorhandenen stillen Reserven beschränkt sein sollte (vgl. bspw. Art. 88 Abs. 2 StG SG i.V.m. Art. 48 der Steuerverordnung SG). Andere Kantone erheben bei der späteren Veräusserung eine Sondersteuer, wobei entweder nur die beim Statuswechsel vorhandenen stillen Reserven oder sämtliche bei Veräusserung realisierten stillen Reserven besteuert werden (z.B. § 75 Abs. 1 und 2 StG ZH). Ein solches Besteuerungsrecht kann wie im Kanton Zürich zeitlich befristet sein (10 Jahre). Einige Kantone lassen einen Steueraufschub nur für stille Reserven auf Beteiligungen nach Art. 28 Abs. 1bis StHG und Immaterialgüterrechten (bspw. § 77 StG SZ, § 75 StG ZH), nicht aber für weitere

Steuerliche Behandlung   107, 108   vor Art. 29

aktiv- und passivseitige stille Reserven zu. Da sich das Problem der Besteuerung stiller Reserven ohne Wertzufluss für alle stillen Reserven gleich stellt, ist diese Beschränkung sachlich nicht befriedigend, sondern sollte für alle stillen Reserven gelten. Als Reminiszenz an die missliche Wegzugssteuer machen gewisse Kantone den Steueraufschub vom Fortbestehen der Steuerpflicht im Kanton abhängig (bspw. Art. 88 Abs. 2 StG SG). Auf derartige antiquierten Hemmnisse sollte verzichtet werden. Diese kantonalen Regelungen sind regelmässig auf die Übertragung stiller Reserven auf Holding-, Domizil- oder gemischte Gesellschaften beschränkt. Es ist jedoch kein sachlicher Grund ersichtlich, weshalb bei Übertragungen auf steuerbefreite Institutionen keine entsprechende Lösung zur Anwendung kommen sollte. Kommt es bei einer Übertragung auf eine nach Art. 56 lit. g DBG steuerbefreite Institution zur Abrechnung über stille Reserven, so ist bei der übertragenden Gesellschaft ein Betrag von bis zu 10% des Reingewinnes als freiwillige Geldleistung nach Art. 59 Abs. 1 lit. c DBG abziehbar. In den Kantonen bestehen gestützt auf Art. 25 Abs. 1 lit. c StHG entsprechende Regelungen.

Wegen der bei Holding-, Domizil- und gemischten Gesellschaften grundsätzlich unzulässigen bzw. nur eingeschränkt zulässigen Geschäftstätigkeit in der Schweiz (Art. 28 Abs. 2–4 StHG) und des für die steuerneutrale Spaltung geforderten doppelten Betriebserfordernisses können Systemwechselfälle bei Spaltungen nur **eingeschränkt** vorkommen. Gleiches gilt bei Übertragungen auf steuerbefreite Institutionen nach Art. 56 DBG und Art. 23 StHG. Denkbar ist immerhin die Holdingabspaltung aus einer Betriebsgesellschaft oder die Abspaltung einer auslandorientierten Geschäftstätigkeit (Immaterialgüterverwertung, Finanzierung, Handel, Prinzipalfunktion, etc.) auf eine Domizil- oder gemischte Gesellschaft.   **107**

fb)   Spaltung von einer privilegiert besteuerten auf eine ordentlich besteuerte Gesellschaft

Die Übertragung eines Betriebs oder Teilbetriebs durch Ab- oder Aufspaltung von einer nach Art. 28 Abs. 2–4 StHG besteuerten Gesellschaft (Holding-, Domizil- und gemischte Gesellschaft) auf eine ordentlich besteuerte Kapitalgesellschaft oder Genossenschaft ist **steuerneutral** möglich. Trotz kantonaler Privilegierung bzw. Gewinnsteuerfreiheit (Holding) werden die **Spaltungsvoraussetzungen** auch im Kanton zu beachten sein, da nach heutiger Praxis grundsätzlich eine Umstrukturierung gegeben sein muss, um eine verdeckte Gewinnausschüttung der abgespaltenen Vermögenswerte mit Steuerfolgen für (private) Anteilseigner zu vermeiden (vgl. ESTV-DVS, KS 5 vom 1.6.2004, Ziff. 4.3.3.3). Entsprechend muss das doppelte Betriebserfordernis für die Steuerneutralität (Art. 61 Abs. 1 lit. b DBG und Art. 24 Abs. 3 lit. b StHG) gegeben sein, während die allgemeinen Voraussetzungen der Übernahme der Gewinnsteuerwerte und der Fortführung der Steuerpflicht in der Schweiz infolge der gänzlichen oder teilweisen Nichtbesteuerung der privilegiert besteuerten Gesellschaft auf kantonaler Ebene nur bedingt anwendbar sind. Vielmehr kommt es auf Verlangen der steuerpflichtigen Gesellschaft aufgrund des Wechsels zur regulären Besteuerung im Kanton zu einer **steuersystematischen Realisation** durch **Aufdeckung** der **stillen Reserven** vergleichbar mit der Umwandlung eines Instituts des öffentlichen Rechts (vgl. ESTV-DVS, KS 5 vom 1.6.2004, Ziff. 4.2.5.2; vor Art. 99 N 32 ff.). Gestützt auf eine sachgerechte Bewertung ist es der steuerpflichtigen Unternehmung zu gestatten, ihre stillen Reserven **unabhängig** vom **Massgeblichkeitsprinzip** der handelsrechtlichen Jahresrechnung auf kantonaler Steuerebene aufzudecken, in ihrer Steuerbilanz als versteuerte stille Reserven aufzunehmen und sie im Rahmen der steuerlichen Gewinnermittlung künftig steuerlich wirksam abzuschreiben.   **108** fc) Spaltung von einer Kapitalgesellschaft oder Genossenschaft auf einen Verein, eine Stiftung oder einen Anlagefonds mit direktem Grundbesitz

(1) Zivilrechtliche Zulässigkeit

109 Die Spaltung von einer Kapitalgesellschaft oder Genossenschaft auf einen Verein oder eine Stiftung bzw. einen Anlagefonds mit direktem Grundbesitz ist nach Art. 30 FusG wegen der Umgehung der Liquidationsvorschriften und der grundsätzlichen Nichtkompatibilität der betreffenden Gesellschaftsformen nicht zulässig (s. Botschaft, 4432). Auch kann nur ein Verein und ein Anlagefonds mit direktem Grundbesitz, nicht aber eine Stiftung den Beteiligten Mitgliedschaftsrechte bzw. Anteilsrechte zuteilen. Bei letzterer ist lediglich die Zuordnung von Destinatärsrechten (i.d.R. Anwartschaften) denkbar. Eine solche Spaltung lässt sich zivilrechtlich – unter Beachtung der Liquidationsvorschriften – mit einem wirtschaftlich ähnlichen Ergebnis mittels einer Vermögensübertragung nach Art. 69 ff. FusG erreichen.

(2) Steuerliche Beurteilung

110 Nach dem Buchstaben des neuen Art. 61 Abs. 3 lit. b DBG und Art. 24 Abs. 3 lit. b StHG ist eine Übertragung eines Betriebs oder Teilbetriebs von einer Kapitalgesellschaft oder Genossenschaft durch Ab- oder Aufspaltung auf einen Verein (bspw. mittels Vermögensübertragung, vgl. Teil 1 vor Art. 69 N 140 ff.) oder auf eine Stiftung (vgl. Teil 1 vor Art. 69 N 152 ff.) im Gegensatz zum alten Recht möglich, da der Kreis der Personen, welchen die steuerliche Spaltung zugänglich ist, von Kapitalgesellschaften und Genossenschaften auf juristische Personen erweitert wurde (vgl. N 34 ff.). Nach der hier vertreten Auffassung ist auch die Abspaltung eines Immobilienbetriebs auf einen Anlagefonds mit direktem Grundbesitz möglich (vgl. N 38).

111 Steuerlich dürften Spaltungen auf einen Verein oder eine Stiftung im Lichte der grundsätzlich idealen Zweckverfolgung des Vereins (Art. 60 Abs. 1 ZGB) und der Vermögenswidmung für einen besonderen Zweck der Stiftung (Art. 80 ZGB) am Betriebserfordernis scheitern (vgl. N 48 ff.), es sei denn, das **Betriebserfordernis** werde, wie in N 47 und N 50 vorgeschlagen, in Beziehung zur spezifischen Tätigkeit oder zum spezifischen Zweck des Vereins bzw. der Stiftung gesetzt und bei einer abgrenzbaren, aufgabenkonformen Tätigkeit als gegeben erachtet. Im Bund und den Kantonen sind die Anlagefonds mit direktem Grundbesitz den übrigen juristischen Personen gleichgestellt (Art. 49 Abs. 2 DBG und entsprechende kantonale Regelungen; vgl. N 38). Verfügt eine juristische Person (einschliesslich Kapitalgesellschaften und Genossenschaften) über ein abspaltbares Immobilienvermögen (zu den Voraussetzungen N 53 ff.) und einen weiteren Betrieb oder Teilbetrieb, so kann nach der hier vertretenen Meinung gestützt auf Art. 61 Abs. 1 lit. b DBG und Art. 24 Abs. 3 lit. b StHG der Immobilienbetrieb gewinnsteuerneutral gegen Ausgabe von Anlagefondsanteilen auf einen Anlagefonds mit direktem Grundbesitz abgespalten werden (vgl. N 146 zur Regelung bei den Anteilsinhabern).

112 Eine Betriebsübertragung durch Spaltung auf einen Verein, eine Stiftung oder eine übrige juristische Person (einschliesslich Anlagefonds mit direktem Grundbesitz) ist im Bund mit einem **Tarifwechsel** von proportional 8.5% auf proportional 4.25% verbunden (Art. 68 DBG und Art. 71 DBG). Die kantonalen Steuergesetze sehen analoge unterschiedliche Steuertarife vor. Im Kanton Zürich beträgt beispielsweise der gesetzliche Maximalsteuersatz für Kapitalgesellschaften und Genossenschaften 10% (§ 71 StG ZH; ab 1.1.2005 proportional 8%) und für Vereine, Stiftungen und übrige juristischen Personen (ohne Anlagefonds mit direktem Grundbesitz) 4% (§ 76 StG ZH; ab 1.1.2005 gilt für Anlagefonds mit direktem Grundsatz statt des Einkommenssteuertarifs der proportionale Gewinnsteuertarif von 4%). Trotz des Tarifwechsels bleiben solche Spaltungen steuerneutral (ESTV-DVS, KS 5 vom 1.6.2004, Ziff. 4.2.3.2).

Der Wechsel des Steuertarifs erfordert, dass für den auf einen Verein, eine Stiftung oder übrige juristische Person abgespaltenen Betrieb oder Teilbetrieb ein **(Zwischen-)Abschluss** auf den Zeitpunkt der Abspaltung erstellt wird (ESTV-DVS, KS 5 vom 1.6.2004, Ziff. 4.2.3.2). Dieser Abschluss dient der zeitlich korrekten Erfassung der Gewinne mit dem auf die jeweilige Rechtsform anwendbaren Gewinnsteuersatz. Erfolgt die Übertragung mit steuerlicher und buchhalterischer Rückwirkung, so ist der Abschluss auf den Zeitpunkt der Rückwirkung zu erstellen. Fällt der Rückwirkungszeitpunkt mit dem Ende des Geschäftsjahres (bzw. mit dem Beginn des nächsten Geschäftsjahres) und damit mit dem Ende der Steuerperiode zusammen, kann auf einen Zwischenabschluss verzichtet werden.

113

Vereine, Stiftungen und übrige juristische Personen können den **Beteiligungsabzug** nach Art. 69 und 70 DGB und Art. 28 Abs. 1 und Art. 28 Abs. 1bis StHG nicht beanspruchen. Beteiligungserträge und Kapitalgewinne auf Beteiligungen können nicht über den Beteiligungsabzug indirekt freigestellt werden. Aufgrund des Wechsels in eine nicht mehr indirekt über den Beteiligungsabzug freigestellte latente Steuerbelastung empfiehlt sich, offene Reserven der Gesellschaft, an welcher die Beteiligung besteht, unter Inanspruchnahme des Beteiligungsabzugs vorgängig der Spaltung auszuschütten und/oder die Beteiligung unter Beanspruchung des Beteiligungsabzugs zum Verkehrswert zu übertragen.

114

fd) Spaltung von einem Verein, einer Stiftung, einer übrigen juristischen Person oder einer steuerbefreiten Institution auf eine Kapitalgesellschaft oder Genossenschaft

Sofern bei einer Spaltung von einem Verein, einer Stiftung, einer übrigen juristischen Person oder einer steuerbefreiten Institution auf eine Kapitalgesellschaft oder Genossenschaft das Betriebserfordernis überhaupt erfüllbar ist (s. N 47 ff.), führt die Übertragung eines Betriebs oder Teilbetriebs durch Ab- oder Aufspaltung von ordentlich besteuerten Vereinen, Stiftungen oder übrigen juristischen Personen auf Kapitalgesellschaften oder Genossenschaften für unbesteuerte stille Reserven zu einem Wechsel vom reduzierten Tarif von 4.25% zum ordentlichen von 8.5% im Bund und zu einem entsprechenden Wechsel im Kanton (vgl. N 112 zum umgekehrten Fall; N 109 zur zivilrechtlichen Durchführung sowie die ausführliche Kommentierung in Teil 2 vor Art. 69 N 132 ff.). Der Wechsel in einen höheren Tarif führt dazu, dass eine **Aufdeckung** der stillen Reserven gegenüber der Steuerneutralität zu bevorzugen ist. Da Vereine, Stiftungen und die übrigen juristischen Personen nicht zum Beteiligungsabzug berechtigt sind, bildet die Übertragung von **Beteiligungen** im Sinne von Art. 69 und 70 DBG und Art. 28 Abs. 1 und Art. 28 Abs. 1bis StHG eine **Ausnahme** von diesem Grundsatz. Für die theoretischen Spaltungen von steuerbefreiten Institutionen (Art. 56 DBG und Art. 23 StHG) auf ordentlich besteuerte Vereine, Stiftungen und übrige juristische Personen sowie ordentlich oder privilegiert besteuerte Kapitalgesellschaften und Genossenschaften gelten die vorstehenden Überlegungen sinngemäss.

115

III. Gewinn- und Einkommenssteuer der Anteilseigner

1. Wert der Beteiligung an der gespaltenen Gesellschaft

Eine Spaltung führt für den Beteiligten zu einer **Wertverminderung** der Beteiligungs- und Mitgliedschaftsrechte an der übertragenden Gesellschaft. Die Wertverminderung

116

wird bei symmetrischen Abspaltungen durch die proportionale Zuweisung von Beteiligungs- oder Mitgliedschaftsrechten den übernehmenden Gesellschaften ausgeglichen (Art. 31 FusG). Die Anzahl zuzuweisender Beteiligungsrechte bestimmt sich nach dem Unternehmenswert des übertragenen Betriebs oder Teilbetriebs im Verhältnis zum Unternehmenswert der übernehmenden Gesellschaft (Art. 31 FusG i.V.m. Art. 7 FusG; vgl. Bsp. Nr. 1 in N 84). Im Spezialfall der asymmetrischen Abspaltung erhält bzw. behält der Beteiligte ausschliesslich Beteiligungs- oder Mitgliedschaftsrechte an der übernehmenden oder übertragenden Gesellschaft (vgl. die Graphik in N 3). Im Falle der Aufspaltung tauschen die Anteilsinhaber ihre Beteiligungsrechte am sich aufspaltenden Unternehmen vollständig gegen neue Anteile der übernehmenden Unternehmen oder, im Falle einer asymmetrischen Aufspaltung, an einem der übernehmenden Unternehmen.

2. Beteiligungstausch unter bisherigem Recht

117 Bei Geschäftsvermögen fragt sich, ob durch die spaltungsbedingten Veränderungen im Titelbestand der Anteilsinhaber der Realisationstatbestand erfüllt wird. Bis anhin fehlten im DBG und StHG Bestimmungen, welche die Steuerfolgen auf Ebene der Beteiligten regelten, wenn man vom Vorbehalt im DBG absieht, dass buchmässige Aufwertungen und Ausgleichszahlungen bei Umstrukturierungen der Einkommens- und Gewinnbesteuerung unterliegen (Art. 19 Abs. 2 DBG und Art. 61 Abs. 2 DBG; vgl. N 134 ff.). In der Verwaltungspraxis blieben Veränderungen im Titelbestand des Geschäftsvermögens als mechanische Folge der Umstrukturierung steuerneutral, wenn auf Unternehmensebene eine steuerneutrale Umstrukturierung gegeben war (HÖHN/WALDBURGER, Steuern, § 48 N 343; REICH/DUSS, 326). Bei Privatvermögen blieb die Realisationsfrage wegen der generellen Steuerfreiheit privater Kapitalgewinne unerheblich (Art. 16 Abs. 3 DBG und Art. 7 Abs. 4 lit. b StHG).

3. Beteiligungstausch unter neuem Recht

a) Grundsatz

118 Eine Spaltung im Sinne von Art. 61 Abs. 1 lit. b DBG und Art. 24 Abs. 3 lit. b StHG führt bei den Beteiligten zu **keiner Realisierung**. Die bisherige Beteiligungsquote wird in den aufgespaltenen Teilen fortgeführt. Dieser Grundsatz ist für das **Geschäftsvermögen** neu in Art. 19 Abs. 1 lit. c DBG bzw. in Art. 8 Abs. 3 lit. c StHG für natürliche Personen und in Art. 61 Abs. 1 lit. c DBG bzw. Art. 24 Abs. 3 lit. c StHG für juristische Personen festgehalten (ESTV-DVS, KS 5 vom 1.6.2004, Ziff. 4.6.2.1). Trotz der in diesen Bestimmungen verselbständigten Regelung bleibt die Steuerneutralität des Beteiligungstausches im Grundsatz abhängig vom Tatbestand einer Umstrukturierung auf Unternehmensebene. Nicht jeder Beteiligungstausch, sondern nur derjenige anlässlich einer Umstrukturierung oder eines fusionsähnlichen Zusammenschlusses, soll steuerneutral sein (ESTV-DVS, KS 5 vom 1.6.2004, Ziff. 3.3.2 und 4.6.2.1). Nach den allgemeinen Grundsätzen der Steuerneutralität nach Art. 61 Abs. 1 DBG bzw. Art. 24 Abs. 3 StHG ist auf Beteiligtenebene eine Nichtrealisation soweit gegeben, als hinsichtlich der Beteiligungsrechte die Steuerpflicht in der Schweiz fortbesteht (vgl. N 19 f.) und die bisher für die Einkommens- oder Gewinnsteuer massgeblichen Werte weitergeführt werden (s. N 21 f. und N 120 f.). Bei Beteiligungsrechten im **Privatvermögen** stellt sich die Realisationsfrage wegen der generellen **Steuerfreiheit privater Kapitalgewinne** unverändert nicht (Art. 16 Abs. 3 DBG und Art. 7 Abs. 4 lit. b StHG).

b) Begriff des Austauschs

Der **Begriff** Austausch beinhaltet nicht nur den **formalen** Austausch, sondern umfasst aufgrund des systematischen Verweises in den genannten Normen jede Form des umstrukturierungsbedingten Austausches, somit auch den «**wirtschaftlichen**» **Austausch** von Beteiligungs- oder Mitgliedschaftsrechten. Demzufolge unterbleibt die Reservenrealisation gestützt auf diese Bestimmungen auch bei symmetrischen Abspaltungen, bei denen der Beteiligte als Ausgleich für den Wertverlust seiner alten Beteiligungsrechte in Folge der Wertverminderung der übertragenden Gesellschaft neue Beteiligungsrechte an der übernehmenden Gesellschaft erhält, ohne dass sich numerisch der Bestand seiner Aktien an der übertragenden Gesellschaft ändert. Liegt eine gemeinsame Muttergesellschaft der spaltenden und aufnehmenden Gesellschaften vor und bedarf es entsprechend bei der aufnehmenden Gesellschaft keiner Kapitalerhöhung und Ausgabe von Beteiligungs- oder Mitgliedschaftsrechten, spricht die ESTV von steuerneutraler Vermögensumschichtung, ohne auf Art. 61 Abs. 1 lit. c DBG Bezug zu nehmen (ESTV-DVS, KS 5 vom 1.6.2004, Ziff. 4.3.2.12 und Bsp. Nr. 10, Anhang I). Auch bei Spaltungen von Kapitalgesellschaften oder Genossenschaften auf Stiftungen werden keine Beteiligungs- oder Mitgliedschaftsrechte ausgetauscht. Diesfalls erhält der Anteilsinhaber i.d.R. nur Destinatärsrechte. Bei einer Spaltung von einer Kapitalgesellschaft oder Genossenschaft auf einen Verein werden dem Gesellschafter lediglich Mitgliedschafts- jedoch keine Beteiligungsrechte eingeräumt.

119

c) Übernahme der für die Gewinnsteuer massgeblichen Werte

ca) Gewinnsteuerwerte und Gestehungskosten

Die Steuerneutralität von umstrukturierungsbedingten Veränderungen im Titelbestand des Geschäftsvermögens setzt voraus, dass die Beteiligten die bisher für die Einkommens- bzw. Gewinnsteuer massgeblichen Werte übernehmen (Art. 61 Abs. 1 DBG; Art. 24 Abs. 3 StHG). Aus dem Erfordernis zur Steuerwertfortführung fliesst der **Grundsatz**, dass Steuerneutralität nur gegeben ist, wenn die **Summe** der **Steuerwerte** und, bei Kapitalgesellschaften und Genossenschaften, der **Gestehungskosten** der Beteiligungen **unverändert** bleibt (ESTV-DVS, KS 9 vom 9.7.1998, Ziff. 2.5.3b und KS 5 vom 1.6.2004, Ziff. 4.3.2.12 und Bsp. Nr. 10, Anhang I). Diesbezüglich kann auf die Ausführungen in N 21 verwiesen werden. Da die steuerneutrale Spaltung auf Unternehmungsebene zu Gewinnsteuerwerten erfolgt, stellt sich die in der Lehre umstrittene Frage, wie Wertverschiebungen von der übertragenden zur übernehmenden Gesellschaft auf Ebene der von dieser **Wertverschiebung** indirekt betroffenen Anteilsinhaber buchmässig und steuerlich zu reflektieren sind (vgl. Teil 2 vor Art. 69 N 46 ff.; DUSS/ALTORFER in: Kommentar zum Schweizerischen Steuerrecht I/2a, Art. 70 DBG N 55; HÖHN/WALDBURGER, Steuern, § 48 N 345, WIDMER, ST 1998, 1347 ff.).

120

Die Verwaltungspraxis erachtet es bei Vorliegen einer gemeinsamen Muttergesellschaft der abspaltenden und aufnehmenden Gesellschaften, in welchen auf der Beteiligung an der übertragenden Gesellschaft ausreichend stille Reserven bestehen, als zulässig, den Gewinnsteuerwert und die Gestehungskosten beider Beteiligungen unverändert zu lassen (ESTV-DVS, KS 9 vom 9.7.1998, Ziff. 2.5.3b und Bsp. Nr. 14, Anhang und KS 5 vom 1.6.2004, Ziff. 4.3.2.12 und Bsp. Nr. l0, Anhang I). Wird hingegen aufgrund der Wertverschiebungen für die Beteiligung an der übertragenden Gesellschaft handelsrechtlich eine Abschreibung verbucht bzw. müsste eine solche verbucht werden, so sei diese aufgrund der zwingend anwendbaren modifizierten Dreieckstheorie durch eine Aufwertung der Beteiligung an der übernehmenden Gesellschaft zu kompensieren («**Abschreibungs-Modell**»). Dieser Ausgleich soll durch Umbuchung von der Beteili-

121

gung «übertragende Gesellschaft» an die Beteiligung «übernehmende Gesellschaft» erfolgen. Dessen ungeachtet stellt die ESTV bei einer symmetrischen Spaltung im Bsp. Nr. 10, Anhang I zum KS Nr. 5 vom 1.6.2004 das Abschreibungs- und das nachfolgend beschriebene Verkehrswert-Modell zahlenmässig dar. WIDMER ist der Ansicht, dass mit einer Abspaltung eine Aufteilung des Eigenkapitals der gespaltenen Gesellschaft einhergehe, was bei gemeinsamer Muttergesellschaft eine anteilige, erfolgsneutrale Umbuchung auf den Beteiligungskonti erfordere. Der Buchwert der Beteiligung an der leistenden Gesellschaft müsse reduziert und im Gegenzug der Buchwert der empfangenden Beteiligung erhöht werden. Analog würden sich die Gestehungskosten im Ausmass der «Desinvestition» bei der abgebenden Beteiligung vermindern und sich bei der Beteiligung, in welche investiert wird, erhöhen. In der Regel könne mit der Aufteilung nach Massgabe der Verkehrswerte ein sachgerechtes Ergebnis erzielt werden (WIDMER, ST 1998, 1347 ff.; «**Verkehrswert-Modell**»). Für weitergehende Ausführungen zur Aufteilung der Steuerwerte und Gestehungskosten nach den beiden Modellen und für eine vergleichende Darstellung der beiden Modelle mit Beispielen sei auf die Kommentierung von Art. 61 Abs. 3 DBG und Art. 24 Abs. 3^{quater} StHG verwiesen (Teil 2 vor Art. 69 N 45 ff.).

cb) Zwangsaufwertung nach Art. 62 Abs. 4 DBG

122 Nach Art. 62 Abs. 4 DBG und Art. 28 Abs. 1bis StHG können **Wertberichtigungen und Abschreibungen auf qualifizierten Beteiligungen** wieder dem Gewinn zugerechnet werden, soweit sie nicht mehr geschäftsmässig begründet sind. Die geschäftsmässige Begründetheit ist nicht mehr gegeben, soweit eine nachhaltige **Werterholung** der Beteiligung eingetreten ist (BRÜLISAUER/KUHN in: Kommentar zum Schweizerischen Steuerrecht I/2a, Art. 62 DBG N 34 ff.). Die Übertragung eines Betriebs oder Teilbetriebs bei einer Spaltung zur Übernahme im Konzern bewirkt eine Wertzunahme der Beteiligung an der übernehmenden Gesellschaft um das übertragene Nettoaktivenvermögen zu Verkehrswerten. Liegt der Gewinnsteuerwert der bisherigen Beteiligung an der Tochtergesellschaft unter deren Gestehungskosten (z.B. infolge früherer Abschreibungen), so stellt sich die Frage, ob im Rahmen einer steuerneutralen Übertragung von Betrieben oder Teilbetrieben nach Art. 61 Abs. 1 lit. b DBG bzw. Art. 24 Abs. 3 lit. b StHG eine steuerbare Werterholung im Sinne von Art. 62 Abs. 4 DBG und Art. 28 Abs. 1bis StHG eintreten kann.

123 Sinn und Zweck der Spaltungsnormen von Art. 61 Abs. 1 lit. b DBG bzw. Art. 24 Abs. 3 lit. b StHG ist die steuerneutrale Übertragung stiller Reserven. Dabei wird die übertragende Gesellschaft entreichert und die übernehmende bereichert. Gleichermassen verändern sich auf Stufe der Beteiligten die Verkehrswerte ihrer Beteiligungen; der Verkehrswert der übertragenden Gesellschaft nimmt ab und jener der übernehmenden zu (vgl. das Bsp. in N 67 in Teil 2 vor Art. 69). Die abgeschriebene Beteiligung erholt sich durch eine solche Übertragung nicht eigenständig im Wert. Ihr werden vielmehr indirekt stille Reserven zugeführt. Mit einer Zwangsaufwertung nach Art. 62 Abs. 4 DBG und Art. 28 Abs. 1bis StHG würden zwar dem Schein nach wiedereingebrachte Abschreibungen steuerlich erfasst, faktisch würden jedoch **stille Reserven besteuert**. Nicht die abgeschriebene Beteiligung, sondern der übertragene Betrieb oder **Teilbetrieb weist** einen **Mehrwert** auf. Der ursprüngliche Grund der Abschreibung auf der Beteiligung hat sich nicht verflüchtigt, er wurde bloss durch Zuführung stiller Reserven wettgemacht. Eine Besteuerung der stillen Reserven würde den Intentionen des Gesetzgebers zuwiderlaufen, der mit Übertragungen nach Art. 61 Abs. 1 lit. b DBG bzw. Art. 24 Abs. 3 lit. b StHG eine Besteuerung stiller Reserven eben gerade verhindern wollte. Es gilt der Grundsatz des steuerlichen Umstrukturierungsrechtes, wonach stille Reserven erst anlässlich ihrer

tatsächlichen Realisierung besteuert werden sollen (Botschaft, 4368 f., 4374 und 4509; Mitbericht WAK StR, 9 f.). Dieser Grundsatz kann sich nicht bloss auf die stillen Reserven des übertragenen Betriebs oder Teilbetriebs beziehen, sondern hat auch die bereits bestehenden stillen Reserven auf der Ebene der Beteiligten einzuschliessen (vgl. dazu auch Teil 2 vor Art. 69 N 65 ff.). Die Meinung der ESTV ist unklar. Im Kreisschreiben Nr. 5 vom 1.6.2004 findet sich im Abschnitt zur Spaltung kein Vorbehalt der Besteuerung nach Art. 62 Abs. 4 DBG, während sich ein solcher an anderen Stellen bei vergleichbaren Sachverhalten findet (vgl. ESTV-DVS, KS 5 vom 1.6.2004, Bsp. Nr. 17, Anhang I zur Ausgliederung von Beteiligungen mit Hinweis auf Besteuerung; a.a.O., Ziff. 4.5.2.7 zur konzerninternen Übertragung mit Hinweis auf Besteuerung und Verweis auf ESTV-DVS, KS 9 vom 9.7.1998, Ziff. 2.5.2; a.a.O. Bsp. Nr. 18, Anhang I zur konzerninternen Übertragung).

cc) Umklassifizierung von Alt- und Neubeteiligungen

Eine Spaltung kann zu einer Umklassifizierung von Alt- und Neubeteiligungen führen. Wird von einer Altbeteiligung ein Betrieb oder Teilbetrieb auf eine Neubeteiligung übertragen, so wird die Neubeteiligung nach Massgabe des Verkehrswertes des übertragenen Betriebs oder Teilbetriebs zum gesamten Wert der übernehmenden Beteiligung anteilig zu einer Altbeteiligung. Da im Falle der Spaltung zur Neugründung der innere Wert ausschliesslich aus dem übertragenen Betrieb oder Teilbetrieb resultiert, wird die Beteiligung am übernehmenden Unternehmen vollständig zu einer Altbeteiligung. Umgekehrt wird eine übernehmende Altbeteiligung anteilig zur Neubeteiligung, wenn sie einen Betrieb oder Teilbetrieb von einer Neubeteiligung erhält (vgl. ESTV-DVS, KS 5 vom 1.6.2004, Bsp. Nr. 10, Anhang I und KS 9 vom 9.7.1998, Ziff. 3.3.4 lit. c und Bsp. Nr. 14, Anhang).

d) Fortführung der Steuerpflicht

da) Grundsatz

Das Kriterium des Fortbestands der Steuerpflicht bezieht sich auf die fiskalische Verknüpfung der von der Umstrukturierung betroffenen stillen Reserven. Die fiskalische Verknüpfung ist gegeben, wenn die stillen Reserven unverändert von einer gleichen oder gleichartigen Steuer erfasst werden (s. dazu und zum Folgenden N 19 f. und vor Art. 3 N 28). In Verwaltungspraxis und Lehre gelten unter dem Gesichtspunkt der fiskalischen Verknüpfung stille Reserven aufgrund Entstrickung dann als steuersystematisch realisiert, wenn sie in einen steuerfreien Bereich (z.B. auf privilegiert oder nicht besteuerte Gesellschaften) oder über die Grenze übertragen werden (vgl. N 20, N 106 f. und N 129).

Bei nationalen Spaltungssachverhalten sind bei Kapitalgesellschaften und Genossenschaften kaum Fälle ersichtlich, die bei den Anteilsinhabern zu einer steuersystematischen Realisierung der stillen Reserven auf Beteiligungen führen könnten. Mit einer Spaltung allein verändert sich beim Anteilsinhaber die auf den subjektiven Steuerstatus bezogene Erfassbarkeit mit einer gleichen oder gleichartigen Steuer nicht. Ein mit der Fortführung der Steuerpflicht (und der Gewinnsteuerwerte) der Beteiligten verwandtes Thema stellt sich bei Spaltung von Kapitalgesellschaften und Genossenschaften auf Vereine, Stiftungen und übrige juristische Personen einschliesslich Anlagefonds mit direktem Grundbesitz (dazu N 144 f.).

db) Steuersystematische Realisation infolge Statuswechsel für den Beteiligungsabzug

127 Ein Statuswechsel für den Beteiligungsabzug aufgrund spaltungsbedingter Erhöhung der Beteiligungsquote ist bei symmetrischen Spaltungen undenkbar, kann jedoch bei asymmetrischen Spaltungen oder, sofern zivilrechtlich zulässig, bei Spaltungen mit Barabfindung eines Teils der Anteilsinhaber durch die Gesellschaft vorkommen. Die ESTV vertritt entgegen der in Art. 61 Abs. 1 lit. c DBG und Art. 24 Abs. 3 lit. c StHG ausdrücklich vorgeschriebenen Steuerneutralität die Auffassung, dass Kapitalgesellschaften und Genossenschaften stille Reserven auf Beteiligungsrechten, welche weniger als 20% des Grund- oder Stammkapitals einer Gesellschaft ausmachen, steuersystematisch realisieren, wenn sich aufgrund der Umstrukturierung die Beteiligungsrechte auf 20% oder mehr am Grund- oder Stammkapital der Gesellschaft erhöhen. Die Realisation wird mit dem faktischen Wegfall der Steuerpflicht auf dem latenten Kapitalgewinn infolge Statuswechsel zum Beteiligungsabzug (ESTV-DVS, KS 5 vom 1.6.2004, Ziff. 4.6.2.2) begründet.

128 Es ist keine gesetzliche Grundlage ersichtlich, worauf sich eine solche Besteuerung stützen könnte, da weder das Grunderfordernis des Fortbestehens der Steuerpflicht in der Schweiz verletzt wird (Art. 61 Abs. 1 DBG), noch ein Besteuerungsrecht aus Art. 70 DBG abgeleitet werden kann. In den Materialien finden sich denn auch keine Hinweise, dass der Gesetzgeber eine solche Besteuerung beabsichtigt hätte. Anders als bei den Systemwechselfällen der Übertragung stiller Reserven von einer ordentlich besteuerten Gesellschaft auf eine Holding-, Domizil- oder Verwaltungsgesellschaft, führt die grundsätzliche Berechtigung zum Beteiligungsabzug für den latenten Kapitalgewinn auf einer Beteiligung von mindestens 20% am Grund- oder Stammkapital der anderen Gesellschaft **nicht** zum **Wegfall** der **Steuerpflicht** auf einer solchen Beteiligung, da (i) Abschreibungen auf den Gestehungskosten nicht von der Besteuerung freigestellt sind und (ii) eine Freistellung nicht erfolgt, wenn nur Beteiligungsrechte von weniger als 20% am Grund- oder Stammkapital veräussert werden, obwohl die Beteiligungsquote von 20% erfüllt ist. Die gehaltene Beteiligungsquote ist denn auch irrelevant für die Anwendung von Art. 70 Abs. 1 DBG. So ist es willkürlich und vor Art. 61 Abs. 1 lit. c DBG und Art. 24 Abs. 3 lit. c StHG geradezu widersinnig, wenn auf steuersystematische Realisation geschlossen wird, wenn im Zuge einer Umstrukturierung durch mechanischen, nicht realisierenden Tausch eine Beteiligung auf 20% oder mehr ansteigt, nicht aber, wenn der Anstieg gewollt durch Zukauf erfolgt. Art. 70 Abs. 1 DBG zielt auf die Vermeidung der wirtschaftlichen Mehrfachbelastung von Beteiligungsertrag. Es lässt sich damit eine steuersystematische Reservenrealisierung zulasten des Steuerpflichtigen genauso wenig rechtfertigen wie eine steuerneutrale Reservenaufdeckung zugunsten des Steuerpflichtigen, wenn eine Beteiligung durch Teilverkauf oder Umstrukturierung (bspw. durch Spaltung eines Betriebs von einer kleinen auf eine grosse Gesellschaft) unter die Grenze von 20% fällt. Positive wie negative Veränderungen der Qualifikation einer Beteiligung nach Art. 69 und 70 DBG sind **systembedingt** und gewollt.

dc) Grenzüberschreitender Beteiligungstausch

129 Durch die explizite Anordnung der Steuerneutralität auf Beteiligtenebene ist nun auch klargestellt, dass der **grenzüberschreitende Tausch** von Beteiligungsrechten **steuerneutral** ist und es zu keiner Gewinnrealisation an der Grenze kommt (Botschaft, 4508; ESTV-DVS, KS 5 vom 1.6.2004, Ziff. 4.6.2.8). Damit bleibt für die Beteiligten eine grenzüberschreitende Spaltung, bei der eine inländische Gesellschaft einen Betrieb auf eine ausländische Gesellschaft gegen Anteilsrechte an dieser Gesellschaft abspaltet, steuerneutral, ungeachtet der Frage, ob die übertragenen Aktiven und Passiven einer

schweizerischen Betriebsstätte der übernehmenden ausländischen Person steuerlich zuzurechnen sind oder nicht. Trotz Abrechnungspflicht über unversteuerte stille Reserven auf dem übertragenen Betrieb, soweit dafür die Steuerpflicht in der Schweiz endet, bleibt daher die Steuerneutralität des Anteilstauschs auf Beteiligtenebene erhalten. Diese Folgerung ergibt sich aus dem in Art. 61 Abs. 1 lit. c DBG und Art. 24 Abs. 3 lit. c StHG niedergelegten Gedanken der Nichtrealisation bei umstrukturierungsbedingtem Anteilstausch. Selbst wenn ableitend auf die Unternehmensebene abgestellt würde, käme man zum gleichen Schluss. Das Erfordernis der Steuerpflichtfortführung regelt auf Unternehmens- und auf Beteiligtenebene aufgrund des Wortes «soweit» (grammatikalisch ein restriktiver Subjunktor) den Umfang der Steuerneutralität, nicht aber die Steuerneutralität einer Umstrukturierung als solche (vgl. N 19). Das weitere Kriterium der Gewinnsteuerwertfortführung wird obsolet, soweit eine Abrechnung stattgefunden hat.

4. Leistungen der Gesellschaft an die Anteilsinhaber

a) Zivilrecht

aa) Ausgleichszahlungen (Spitzenausgleich)

Das FusG lässt bei Spaltungen Ausgleichszahlungen analog Art. 7 Abs. 2 FusG von bis zu 10% des wirklichen Werts der gewährten Anteile zu (vgl. Art. 31 N 10 mit Beispielen und N 17). Ausgleichszahlungen sind bei Spaltungen zur Übernahme und bei asymmetrischen Spaltungen denkbar. **130**

ab) Abfindungen

Das FusG lässt wahlweise Abfindungen nach Art. 8 Abs. 1 FusG bei Spaltungen zu. Die Zulässigkeit von zwangsweisen Abfindungen analog der Fusion (Art. 8 Abs. 2 FusG) ist umstritten (vgl. Art. 31 N 5 m.w.H.; Botschaft, 4420 f.). **131**

ac) Abgeltungen für Sonderrechte

Art. 7 Abs. 5 FusG sieht bei der Fusion eine angemessene Entschädigung für mit Anteils- oder Mitgliedschaftsrechten verbundenen Sonderrechte (Stimmrechts- oder Vorzugsaktien, Vetorechte) an der übertragenden Gesellschaft vor, wenn die übernehmende Gesellschaft nicht gleichwertige Rechte gewährt. Sofern im Spaltungsrecht analog anwendbar, sind Entschädigungen für Sonderrechte an der übertragenden Gesellschaft bei asymmetrischen Abspaltungen zur Übernahme und bei Aufspaltungen denkbar (vgl. Art. 7 N 16). **132**

ad) Abgeltung für Genussscheine

Art. 7 Abs. 6 FusG sieht bei Fusionen eine Abgeltung zum wirklichen Wert für Genussscheine (nennwertlose Beteiligungsrechte nur mit Vermögensrechten) vor, wenn die übernehmende Gesellschaft keine gleichwertigen Rechte gewährt. Sofern im Spaltungsrecht analog anwendbar, sind solche Entschädigungen bei Aufspaltungen denkbar (vgl. Art. 7 N 17). **133**

b) Steuerrecht

ba) Ausgleichszahlungen

Die Arbeitsgruppe Steuern bei Umstrukturierungen sprach sich dafür aus, Ausgleichszahlungen bei der Spaltung von den Einkommenssteuern des Bundes, der Kantone und **134** der Gemeinde und der Verrechnungssteuer auszunehmen, damit Spaltungen nicht an diesem steuerlichen Hindernis scheitern (dazu Bericht Steuern 1, 25 f. und 34). Der Vorschlag der Arbeitsgruppe Steuern bei Umstrukturierungen wurde indes nicht ins neue Recht übernommen (vgl. Botschaft, 4349; N 16). Eine ausdrückliche gesetzliche Regelung zur steuerlichen Behandlung von Ausgleichszahlungen (Spitzenausgleich) fehlt im neuen Recht. Art. 19 Abs. 2 und Art. 61 Abs. 2 altDBG, welche bestimmten, die «... Besteuerung von buchmässigen Aufwertungen und Ausgleichszahlungen bleibt vorbehalten», wurden ersatzlos gestrichen (vgl. N 117).

135 Ausgleichszahlungen stellen für die übernehmende Gesellschaft **anteilige Anschaffungskosten** zum Erwerb des übernommenen Betriebs oder Teilbetriebs bzw. des damit verbundenen Aktivenüberschusses dar (vgl. HÖHN/WALDBURGER, Steuern, § 48 N 229 zur Fusion). Die Gegenleistung für den Erwerb erfolgt jedoch nicht an die übertragende Gesellschaft, sondern an deren **Anteilsinhaber**. Die Ausgleichszahlungen führen bei der übernehmenden Gesellschaft entsprechend zu einer **Reservenabnahme**. Erfolgt die Ausgleichsleistung hingegen von der übertragenden Gesellschaft, entspricht sie im Ergebnis einer **Teilausschüttung**.

136 Ausgleichszahlungen gelten nach herrschender Lehre und Verwaltungspraxis nicht als Veräusserungen des Beteiligungsrechtes, sondern als Leistungen der Gesellschaft im Zusammenhang mit dem Gesellschafterverhältnis. Sie stellen nach dem Herkunftsprinzip beim empfangenden **privaten** Anteilsinhaber steuerbaren **Vermögensertrag** dar (BEHNISCH, Umstrukturierung, 254; HÖHN/WALDBURGER, Steuern, § 48 N 348; REICH in: Kommentar zum Schweizerischen Steuerrecht I/2a, Art. 20 DBG N 56; ESTV-DVS, KS 5 vom 1.6.2004, Ziff. 3.3.2 und 4.6.2.6 *in analogiam*). Soweit Ausgleichszahlungen allfällige **Nennwertverluste** der Beteiligungsrechte an der übertragenden und der übernehmenden Gesellschaft nicht übersteigen, hat eine Besteuerung zu unterbleiben (s. ESTV-DVS, KS 5 vom 1.6.2004, Ziff. 4.1.2.3.3). Dabei sollte unbeachtlich bleiben, ob die Ausgleichszahlungen von der übertragenden oder der übernehmenden Gesellschaft geleistet werden.

137 Hält der Empfänger seine Anteilsrechte im **Geschäftsvermögen**, kann die Ausgleichszahlung im Umfang eines geschäftsmässig begründeten **Abschreibungsbedarfs** der Anteilsrechte verrechnet werden (ESTV-DVS, KS 9 vom 9.7.1998, Ziff. 2.5.1). Bei Vorliegen der Voraussetzungen haben Kapitalgesellschaften und Genossenschaften, soweit die Ausgleichszahlung einen allfälligen Abschreibungsbedarf übersteigt (Art. 70 Abs. 3 DBG und entsprechende kantonale Regelungen), Anspruch auf den **Beteiligungsabzug** (Art. 69 DBG; Art. 28 Abs. 1 StHG; ESTV-DVS, KS 9 vom 9.7.1998, Ziff. 2.4.1).

bb) Abfindungen, Abgeltung für Sonderrechte, Abgeltung für Genussscheine

138 Wahlweise oder zwangsweise Abfindungen, die Abgeltung für Sonderrechte sowie die Abgeltung für Genussscheine sind steuerlich analog der in N 134–137 dargestellten Regeln zu handhaben (vgl. ESTV-DVS, KS 5 vom 1.6.2004, Ziff. 4.1.2.3.3–4.1.2.3.6). SPORI/GERBER weisen bei der Fusion zu Recht auf die **unbilligen Steuerfolgen** hin, die sich für einen **zwangsweise abgefundenen Privataktionär** einstellen (steuerbarer Vermögensertrag im Umfang der Abfindung abzüglich Nennwert). Sie empfehlen als Lösungsansatz eine analoge Regelung wie beim Erwerb eigener Aktien (vgl. SPORI/ GERBER, 708 f.). Die steuerliche Unbill ist auf das **sachwidrige Nennwertprinzip** zurückzuführen (vgl. HÖHN/WALDBURGER, Steuern, § 39 N 99).

139 Eine **Barspaltung**, bei der gänzlich auf die Gewährung von Anteils- und Mitgliedschaftsrechten verzichtet wird und ausschliesslich eine Abfindung vorgesehen wird,

wird von der Verwaltungspraxis analog der Barfusion steuerlich wie eine **Totalliquidation** des übertragenen Betriebs oder Teilbetriebs behandelt (ESTV-DVS, KS 5 vom 1.6.2004, Ziff. 4.1.2.3.6). Dies ist nachvollziehbar, da damit eine vollständige Abgeltung des offenen und stillen Eigenkapitals des übertragenen Betriebs oder Teilbetriebs verbunden ist, und kaum mehr von einer Umstrukturierung gesprochen werden kann. Letztlich stellen Abfindungen (oder Ausgleichszahlungen) wie die Buchwertabgeltung nichts anderes dar, als eine Entschädigung für den übertragenen Betrieb oder Teilbetrieb, mit dem einzigen Unterschied, dass hier die Entschädigung nicht an die übertragende Gesellschaft, sondern an die Anteilsinhaber fliesst. Es stellt sich die Frage, wo die **Grenze** der steuerlich noch **zulässigen Abfindung** zu ziehen ist. Unter altem Recht wurde unter dem Aspekt der Fortführung des wirtschaftlichen Engagements dafür gehalten, dass kein Steueraufschub eintrete, wenn allfällige Ausgleichszahlungen das Mass der Geringfügigkeit übersteigen (StE 1992 B 42.24 Nr. 2). Nachdem die Veräusserungssperrfrist entfallen ist, vermag dieses Argument nicht mehr zu tragen. Die ESTV hat sich zum Mass des Zulässigen bei der Spaltung nicht geäussert (vgl. aber ESTV-DVS, KS 5 vom 1.6.2004, Ziff. 4.1.7.1 zur Quasifusion, wo die Limite 50% des Verkehrswertes beträgt). Die Praxis wird unter Berücksichtigung der zulässigen Zahlungen nach FusG zeigen müssen, wo die Limite in Zukunft liegen wird.

bc) Nennwertzuwachs

Führt die Spaltung wegen Gratisliberierung des neuen Kapitals der übernehmenden Kapitalgesellschaft oder Genossenschaft zu Lasten der Reserven der übertragenden oder übernehmenden Kapitalgesellschaft oder Genossenschaft beim Anteilsinhaber zu einem **Nennwertgewinn**, so unterliegt der Nennwertzuwachs gemäss Verwaltungspraxis als Vermögensertrag der direkten Bundessteuer sowie gemäss jenen kantonalen Steuerordnungen, die dem Nennwertprinzip folgen, unverändert der **Einkommensbesteuerung**, sofern die Beteiligungs- bzw. Mitgliedschaftsrechte im **Privatvermögen** gehalten werden (Art. 20 Abs. 1 lit. c DBG; ESTV-DVS, KS 5 vom 1.6.2004, Ziff. 4.3.3.2). Eine Gratisliberierung liegt in dem Umfang vor, als die übertragende Gesellschaft ihr Aktienkapital nicht herabsetzt und die Anteilsinhaber den Nennwert nicht selbst liberieren, die Anteilsinhaber also von der übernehmenden Gesellschaft mit Aktien abgefunden werden, die gegen offene Reserven der übertragenden oder übernehmenden Gesellschaft liberiert wurden (s. Bsp. Nr. 3 N 86). In denjenigen Kantonen, die das Nennwertprinzip nicht anwenden (z.B. die Kantone ZH und BL), erfolgt die Besteuerung der in Grundkapital umgeschichteten Reserven nach dem Kapitalrückzahlungsprinzip erst bei deren späterer Ausschüttung an die Anteilsinhaber. Die Besteuerung beim Anteilsinhaber, der die Beteiligungsrechte im **Geschäftsvermögen** hält, richtet sich nach der **buchmässigen Behandlung** des Vorgangs. Allfällige Nennwertdifferenzen sind, anders als im Bereich des Privatvermögens, unbeachtlich, weil es einzig auf den Buch- bzw. Einkommens- oder Gewinnsteuerwert der Beteiligungsrechte ankommt.

bd) Verwendung eigener Aktien

Die ESTV will bei Fusionen unter der Verwendung eigener Beteiligungsrechte, deren Rückkauf nicht zu einer Besteuerung geführt hat (Art. 4a VStG i.V.m. Art. 20 Abs. 1 lit. c DBG), diese im Ausmass des Verkehrswertes (abzüglich Nennwert) wie eine **Barabfindung** behandeln (für die Fusion: ESTV-DVS, KS 5 vom 1.6.2004, Ziff. 4.1.2.3.7). Gleiches ist wohl auch für die Verwendung eigener Beteiligungsrechte anlässlich einer Spaltung zu erwarten (vgl. N 87 ff. mit Bsp. Nr. 4). Es gelten die in N 136 f. dargestellten Besteuerungsgrundsätze.

5. Leistungen zwischen Anteilsinhabern

142 Es ist denkbar, dass es im Zusammenhang mit Spaltungen zu Zahlungen als Abgeltung für Beteiligungsrechte zwischen Anteilsinhabern kommt. Eine asymmetrische Spaltung kann beispielsweise durch symmetrische Spaltung mit nachfolgendem Beteiligungstausch und Beteiligungsverkauf erfolgen. Wegen des Wegfalls der Veräusserungssperrfrist beeinflussen solche Zahlungen die Steuerneutralität der Spaltung nicht. Ausgleichszahlungen zwischen Anteilsinhabern sind Teilveräusserungen, die im Privatvermögen als steuerfreier privater **Kapitalgewinn** und im Geschäftsvermögen als steuerbarer Kapitalgewinn gelten. Kapitalgesellschaften und Genossenschaften können gegebenenfalls den Beteiligungsabzug nach Art. 70 Abs. 4 DBG und Art. 28 Abs. 1bis StHG geltend machen (vgl. N 137).

6. Vereine, Stiftungen, Anlagefonds mit direktem Grundbesitz

a) Spaltung Verein oder Stiftung in Kapitalgesellschaft oder Genossenschaft

143 Bei Spaltung eines Betriebs oder Teilbetriebs von einem Verein oder einer Stiftung auf eine Kapitalgesellschaft oder Genossenschaft ist der Austritt sowie der Wegfall von Destinatärsrechten steuerlich bedeutungslos. Vorbehalten bleiben eventuelle Leistungen bei Austritt bzw. Wegfall von Destinatärsrechten, welche gegebenenfalls als Einkommen bzw. Kapitalertrag zu beurteilen sind. Der Wechsel von einer mitgliedschaftlichen Position des Vereinsmitglieds in eine Beteiligung an einer Kapitalgesellschaft oder Genossenschaft ist nach Art. 19 Abs. 1 lit. c DBG bzw. Art. 8 Abs. 3 lit. c StHG bei der Einkommenssteuer und nach Art. 61 Abs. 1 lit. c DBG und Art. 24 Abs. 3 lit. c StHG bei der Gewinnsteuer steuerlich grundsätzlich unbeachtlich, weil damit **keine Ausschüttungen** an das Vereinsmitglied bzw. den künftigen Anteilsinhaber verbunden sind (so auch die ESTV bei der Umwandlung von Vereinen usw. in eine Kapitalgesellschaft oder Genossenschaft, KS 5 vom 1.6.2004, Ziff. 4.2.4.3). Erfolgt allerdings bei der übernehmenden Kapitalgesellschaft oder Genossenschaft eine Liberierung von Anteilsrechten zugunsten der Vereinsmitglieder, ist im Umfang des geschaffenen **Nennwerts** im Privatvermögen von steuerbarem Einkommen auszugehen (vgl. N 140; ESTV-DVS, KS 5 vom 1.6.2004; Ziff. 4.2.4.3). Eine unechte Spaltung von einer Stiftung auf eine Kapitalgesellschaft oder Genossenschaft beurteilt sich analog.

b) Spaltung Kapitalgesellschaft oder Genossenschaft in Verein oder Stiftung

144 Die ESTV ist der Auffassung, dass bei «Umwandlung» einer Kapitalgesellschaft oder Genossenschaft in einen Verein oder eine Stiftung der **Liquidationsüberschuss** (offene und stille) Reserven bei den bisherig beteiligten natürlichen Personen zu besteuern ist, weil die latente Steuerlast auf den Ausschüttungen an die Gesellschafter oder Genossenschafter wegfällt (ESTV-DVS, KS 5 vom 1.6.2004, Ziff. 4.2.3.3; vgl. Teil 1 vor Art. 69 N 142 ff. und N 154 ff.). Sie vertritt diese Auffassung in Analogie zur Beurteilung der Umwandlung einer Kapitalgesellschaft oder Genossenschaft in eine Personenunternehmung (dazu ausführlich Teil 1 vor Art. 69 N 44 f.). Die Abspaltung eines Betriebs oder Teilbetriebs von einer Kapitalgesellschaft oder Genossenschaft auf einen Verein oder eine Stiftung kann als **Teilumwandlung** der Kapitalgesellschaft oder Genossenschaft betrachtet werden. LUDWIG weist zu Recht darauf hin, dass bei nicht steuerbefreiten Stiftungen grundsätzlich eine steuerliche Doppelbelastung von Stiftung und Destinatär besteht (ZK-LUDWIG, Stiftungen: Steuern, N 9). Entsprechendes gilt bei Vereinen. Die rein steuerlich motivierte Auffassung der ESTV ist mit den Argumenten in Teil 1 vor Art. 69 N 44 f. abzulehnen, soweit den Gesellschaftern oder Genossenschaftern kein Gegenwert (Ausschüttungen, Nennwerterhöhung, Gratisaktien, Ausgleichszahlungen,

etc.) zufliesst. Es ist unter Rechtsgleichheitsaspekten bedenklich, wenn der Austausch von Mitgliedschafts- und Destinatärsrechten gegen Anteilsrechte bei Spaltung eines Vereins oder einer Stiftung auf eine Kapitalgesellschaft oder Genossenschaft, d.h. der Wechsel in eine latente Steuerlast, für das Privatvermögen steuerneutral möglich sein soll, nicht aber der umgekehrte Fall.

Im Geschäftsvermögen ist von einem **steuerneutralen Anteilstausch** auszugehen (vgl. Teil 1 vor Art. 69 N 145; ESTV-DVS, KS 5 vom 1.6.2004, ohne Hinweise). Die Steuerneutralität ergibt sich für natürliche Personen, welche die Anteilsrechte in ihrem Geschäftsvermögen halten, aus Art. 19 Abs. 1 lit. c DBG bzw. Art. 8 Abs. 3 lit. c StHG und für juristische Personen aus Art. 61 Abs. 1 lit. c DBG bzw. Art. 24 Abs. 3 lit. c StHG. Mitgliedschaftsrechte bei einem Verein oder Destinatärsrechte bei einer Stiftung werden i.d.R. handelsrechtlich nicht aktivierbar sein, so dass im Umfang der geschäftsmässig begründeten Wertverminderung eine Wertberichtigung auf den übertragenen Anteilsrechten zu verbuchen ist. 145

c) Spaltung von Kapitalgesellschaft oder Genossenschaft in Anlagefonds mit direktem Grundbesitz und umgekehrt

Der Austausch von Anteilsrechten an einer Kapitalgesellschaft oder Genossenschaft gegen Anteilscheine an einem Anlagefonds mit direktem Grundbesitz bei Spaltung eines Immobilienbetriebs von einer Kapitalgesellschaft oder Genossenschaft auf einen Anlagefonds mit direktem Grundbesitz sowie der umgekehrte Vorgang ist im **Geschäftsvermögen** nach Art. 19 Abs. 1 lit. c DBG bzw. Art. 8 Abs. 3 lit. c StHG bei der Einkommenssteuer und nach Art. 61 Abs. 1 lit. c DBG und Art. 24 Abs. 3 lit. c StHG bei der Gewinnsteuer **steuerneutral** möglich. Es kann auf die Ausführungen in N 118 ff. verwiesen werden. Für Anteilscheine an einem Anlagefonds mit direktem Grundbesitz kann kein Beteiligungsabzug geltend gemacht werden (vgl. zur subjektiven Berechtigung Duss/Altorfer in: Kommentar zum Schweizerischen Steuerrecht I/2a, Art. 69 DBG N 3 ff.). Gestützt auf die Ausführungen im Kreisschreiben Umstrukturierungen bezüglich der Umwandlung von Kapitalgesellschaften oder Genossenschaften in Vereine und Stiftungen ist vermutlich davon auszugehen, dass die ESTV für Anteilseigner, welche die Beteiligungs- oder Mitgliedschaftsrechte in ihrem **Privatvermögen** halten, davon ausgeht, dass der Austausch von Anteilsrechten an einer Kapitalgesellschaft oder Genossenschaft gegen Anteilscheine an einem Anlagefonds mit direktem Grundbesitz zur Erhebung der Einkommenssteuer führt (ESTV-DVS, KS 5 vom 1.6.2004, Ziff. 4.2.3.3, vgl. N 144). 146

IV. Gewinn- und Einkommenssteuer bei Verletzung der Steuerneutralitätsvoraussetzungen

1. Gesellschaftsebene

a) Verletzung objektiver Spaltungsvoraussetzungen

Als Fälle der Verletzung der objektiven Spaltungsvoraussetzungen in Art. 61 Abs. 1 lit. b DBG und Art. 24 Abs. 3 lit. b StHG gelten die Nichteinhaltung des doppelten Betriebserfordernisses (s. N 41 ff.) und des damit verbundenen Weiterführungserfordernisses (s. N 68 ff.). Weiter soll gemäss der hier nicht geteilten Auffassung der ESTV die Abgeltung des buchmässigen Aktivenüberschusses zu einer nicht steuerneutralen Behandlung führen (s. N 90 ff.). Die Verwaltungspraxis will auch den Spezialfall der Sanierungsspaltung nicht steuerneutral behandeln (s. N 23 ff. und N 166 f.). 147

b) Bisheriges Recht

148 Die Folgen einer Verletzung der objektiven Voraussetzungen bei einer Spaltung wurden unter bisherigem Recht **kontrovers** beurteilt. In seinem Entscheid vom 3.3.1989 (ASA 58 [1989/90], 676 = StE 1990 B 72.15.3 Nr. 1) kam das Bundesgericht unter Aspekten der **Rechtsgleichheit** zum Schluss, dass es bei Verletzung des doppelten Betriebserfordernisses für die Beurteilung der Steuerfolgen keine Rolle spielen dürfe, ob die als Betrieb geltenden Wirtschaftsgüter abgespalten werden, oder jene, welche die Voraussetzungen an einen Betrieb nicht erfüllen. Das Bundesgericht schloss deshalb auf **Besteuerung** der stillen Reserven auf den **nicht** als **Betrieb** beurteilten, **nicht übertragenen** Wirtschaftsgütern. Die ESTV folgte dieser Auffassung ursprünglich nicht (so ESTV in ATHANAS/KUHN, 83), will sie aber unter neuem Recht anwenden (ESTV-DVS, KS 5 vom 1.6.2004, Ziff. 4.3.2.13, vgl. N 155). Der Bundesgerichtsentscheid wurde vor allem von REICH kritisiert, der argumentierte, dass für eine Besteuerung der stillen Reserven auf den im angestammten Unternehmen zurückgelassenen, nicht als Betrieb qualifizierten Wirtschaftsgütern, ein **Realisationstatbestand** (Subjektwechsel oder Statusänderung) **fehle** (REICH/DUSS, 319 f.). Bei Verletzung des doppelten Betriebserfordernisses könnten aufgrund des Realisationsprinzips nur die stillen Reserven auf dem übertragenen Vermögen besteuert werden, ohne Berücksichtigung, ob dieses einen Betrieb darstelle oder nicht.

149 In Fällen, in denen die Beteiligten ihr **wirtschaftliches Engagement** (Betriebsweiterführung, Veräusserungssperrfrist) verletzten, schloss die ESTV mit der Lehre unter Anwendung der **Dreieckstheorie** bei der übertragenden Gesellschaft auf eine rückwirkende Nachbesteuerung der stillen Reserven auf den **übertragenen Wirtschaftsgütern** (ATHANAS/KUHN, 86 ff.; REICH/DUSS, 318 ff.). In Lehre und Verwaltungspraxis schälte sich über die Zeit die Überzeugung heraus, dass bei Sperrfristverletzung durch die Anteilsinhaber nur eine anteilige rückwirkende Abrechnung über die übertragenen stillen Reserven beim Unternehmen im Verhältnis zu den veräusserten sperrfristbelasteten Beteiligungsrechten vorzunehmen sei (ATHANANS/KUHN, 87 mit Hinweis auf die Praxis der ESTV). Kontrovers beurteilten Lehre und Praxis die Frage, ob bei Spaltung eine Abgeltung des buchmässigen Aktivenüberschusses ausgeschlossen sei und diese ausschliesslich gegen offene Reserven und Aktienkapital zu erfolgen habe (vgl. N 90 ff.).

c) Neues Recht

ca) Fehlen einer umfassenden gesetzlichen Regelung

150 In den neuen Bestimmungen des DBG und StHG fehlt eine ausdrückliche Regelung über die Steuerfolgen bei Verletzung der objektiven Voraussetzungen einer steuerneutralen Spaltung. In der bundesrätlichen Botschaft ist zu diesem Punkt lediglich erwähnt, dass unter bisherigem Recht der Fragenkomplex der Reservenrealisation bei den Inhabern der Beteiligungsrechte an den von der Umstrukturierung betroffenen Unternehmen nicht geregelt worden sei. In der gleichen Ziffer fordert der Bundesrat, dass sich die **Änderung** des Steuerrechts in **das für** die **Unternehmensbesteuerung geltende Konzept** des DBG und StHG einfügen lassen müsse (Botschaft, 4368 f.).

cb) Formeller und materieller Ansatz zur Bestimmung der Steuerfolgen

(1) Formeller Ansatz

151 Die Übertragung von Wirtschaftsgütern durch Spaltung führt zur Entreicherung der übertragenden Gesellschaft im Ausmass des übertragenen offenen und stillen Eigenkapitals. Sind die objektiven Voraussetzungen für die Steuerneutralität nicht gegeben, liegt

Steuerliche Behandlung 152–154 vor Art. 29

nahe, die Spaltung als **gewöhnliche verdeckte Vorteilszuwendung** an eine Schwestergesellschaft zu beurteilen. Bei einer solchen werden die übertragenen stillen Reserven nach dem Prinzip des Subjektwechsels oder des «dealing at arm's length» (VGer ZH 6.2.1985, RB 1985 Nr. 42) bei der übertragenden Gesellschaft gestützt auf Art. 58 Abs. 1 lit. b DBG bzw. Art. 24 Abs. 1 StHG als realisiert betrachtet und rückwirkend zum steuerbaren Gewinn gerechnet. Die übernehmende Schwestergesellschaft kann die Übertragung der stillen Reserven nach der **Dreieckstheorie** (vgl. vor Art. 3 N 47 f.) als **steuerfreie Kapitaleinlage** behandeln und in der Steuerbilanz als versteuerte Reserve geltend machen (ausführlich Teil 2 vor Art. 69 N 100 ff.; BRÜLISAUER/KUHN in: Kommentar zum Schweizerischen Steuerrecht I/2a, Art. 58 DBG N 244 ff.). Im Folgenden wird die Bestimmung der Steuerfolgen aufgrund verdeckter Gewinnausschüttung nach Art. 58 Abs. 1 lit. b DBG und Art. 24 Abs. 1 StHG in Anwendung der Dreieckstheorie als **formeller Ansatz** bezeichnet.

Ein vergleichender Blick auf Art. 61 Abs. 2 und 4 DBG bzw. Art. 24 Abs. 3ter und 3^{quinquies} StHG zeigt, dass bei Verletzung der fünfjährigen Veräusserungssperrfrist bei der **Tochterausgliederung** und der **konzerninternen Übertragung** eine Nachbesteuerung der **übertragenen stillen Reserven bei der übertragenden Gesellschaft** erfolgt. Der übernehmenden Gesellschaft steht ein **korrespondierendes Recht** zur Geltendmachung von als Gewinn **versteuerten stillen Reserven** zu (vgl. im Einzelnen Teil 1 vor Art. 69 N 104 ff. für die Ausgliederung und Teil 2 vor Art. 69 N 100 ff. für die konzerninterne Übertragung). Zwar liegt bei der Tochterausgliederung keine verdeckte Gewinnausschüttung, sondern eine verdeckte Kapitaleinlage vor, bei welcher der Gesetzgeber die Sperrfristenregelung vor dem Hintergrund des Beteiligungsabzugs für Kapitalgewinne auf qualifizierten Beteiligungen für notwendig erachtete. Die Gleichordnung der Nachbesteuerungssystematik mit der konzerninternen Übertragung bei der analog der Spaltung potentiell verdeckte Vorteilszuwendungen vorliegen, zeigt aber, dass der Gesetzgeber von einem **einheitlichen Nachbesteuerungskonzept** ausgeht (vgl. auch die in N 150 erwähnte bundesrätliche Leitlinie). **152**

Die Beurteilung einer nichtsteuerneutralen Spaltung unter dem **formellen Ansatz** als verdeckte Vorteilszuwendung führt dazu, dass die unversteuerten stillen Reserven auf den **übertragenen Wirtschaftsgütern abzurechnen** sind. Aus dem Folgenden ergibt sich, dass nach der hier vertretenen Auffassung das DBG und das StHG dem formellen Ansatz folgen (**a.M.** ESTV-DVS, KS 5 vom 1.6.2004, Ziff. 4.3.2.13 und Bsp. Nrn. 12–14, Anhang I; dazu N 155 f.). **153**

(2) Materieller Ansatz

Nach dem Grundgedanken der steuerneutralen Behandlung von Umstrukturierungen, stille Reserven bis zur tatsächlichen *unternehmerischen* Realisierung nicht zu besteuern (Botschaft, 4369) könnte ein anderer Ansatz für die Bestimmung der Steuerfolgen einer Spaltung, welche die Voraussetzungen nach Art. 61 Abs. 1 lit. b DBG und Art. 24 Abs. 3 lit. b StHG verletzt, darin liegen, **stets** über die **stillen Reserven abzurechnen**, welche mit dem **Nichtbetrieb** (Verletzung doppeltes Betriebserfordernis) oder **Nichtmehrbetrieb** (Verletzung Weiterführungserfordernis) verbunden sind (**materieller Ansatz**). Beim materiellen Ansatz spielt somit anders als beim formellen Ansatz die Tatsache der Übertragung keine Rolle. Da das schweizerische Steuerrecht auf dem formellen Ansatz aufbaut, ist der materielle Ansatz nur mit entsprechender **gesetzlicher Grundlage** zulässig, führt er doch in Fällen, wo der Nichtbetrieb zurückbleibt oder die spaltende Gesellschaft nach der Spaltung den zurückgebliebenen Betrieb oder Teilbetrieb missbräuchlich stilllegt, zu einer **Abrechnung** über stille Reserven, **ohne** dass eine **Realisa-** **154**

tion nach heutigem Verständnis vorliegt. Sollte der materielle Ansatz tatsächlich zulässig sein (vgl. N 155 ff.), wäre damit eine substantielle Aushöhlung des Realisationsprinzips und der Dreieckstheorie bei verdeckten Gewinnausschüttungen an nahe stehende Personen verbunden, beide von Gesetzgeber, Bundesgericht, Verwaltungspraxis und Lehre hoch gehaltene Grundsätze (vgl. BRÜLISAUER/KUHN in: Kommentar zum Schweizerischen Steuerrecht I/2a, Art. 58 DBG N 244 ff.).

(3) Kreisschreiben Umstrukturierung

155 Die ESTV verlangt bei einer nichtsteuerneutralen Spaltung wegen Verletzung des **doppelten Betriebserfordernisses** oder des **Weiterführungserfordernisses stets** die Abrechnung über die **stillen Reserven**, welche mit dem **Nichtbetrieb** oder **Nichtmehrbetrieb** verbunden sind (Verletzung doppeltes Betriebserfordernis: KS 5 vom 1.6.2004, Ziff. 4.3.2.13 und Bsp. Nr. 12, Anhang I; Verletzung Weiterführungserfordernis: Ziff. 4.3.2.13 und Bsp. Nr. 14, Anhang I, wobei im Bsp. entgegen der Beschreibung im Titel von Anfang an keine zwei Betriebe gegeben sind). Die ESTV stützt sich hierbei auf die vom Bundesgericht im Entscheid vom 3.3.1989 (ASA 58 [1989/90], 676 = StE 1990 B 72.15.3 Nr. 1) aufgeführten Rechtsgleichheits- und Steuergerechtigkeitsüberlegungen (Ziff. 4.3.2.13), schliesst in den Beispielen Nrn. 12 und 13, Anhang I für Übertragungen, welche das Betriebserfordernis nicht erfüllen, auf geldwerte Leistungen (Art. 58 Abs. 1 lit. c DBG) und im Beispiel Nr. 14, bei welchem die Vermögenswerte der zurückbleibenden Gesellschaft nicht als Betrieb qualifizieren, gestützt auf eine wirtschaftliche (ergebnisorientierte) Betrachtungsweise (Umkehrschluss aus Art. 61 Abs. 1 lit. b i.V.m. Art. 58 Abs. 1 lit. c DBG) auf einen Liquidationsgewinn im Umfang der bei der übertragenden Gesellschaft verbliebenen stillen Reserven (gl.M. LOCHER, Kommentar DBG, Art. 61 N 85). Worin die wirtschaftliche, ergebnisorientierte Auslegung von Spaltungsvorgängen, die steuerlich eben gerade keine sind, ihre Stütze findet, bleibt unbeantwortet. Im Ergebnis stimmt die Methode der ESTV mit dem materiellen Ansatz überein. Da sie jedoch in der Begründung abweicht, wird sie im Folgenden als **quasi-materieller Ansatz** bezeichnet.

156 Bei Verletzung der Spaltungsvorschriften durch Abgeltung des **buchmässigen Aktivenüberschusses** sowie bei der **Sanierungsspaltung** verlangt die ESTV anders als bei Verletzung der Betriebserfordernisse eine Abrechnung nach dem **formellen Ansatz**. Sie beurteilt die Spaltung gegen Buchwertabgeltung als verkapptes Veräusserungsgeschäft und verlangt die Abrechnung auf den übertragenen Wirtschaftsgütern (ESTV-DVS, KS 5 vom 1.6.2004, Ziff. 4.3.2.4 mit Bsp. Nr. 11, Anhang I; vgl. N 90 ff. mit Bsp. Nr. 5). Hierbei bleibt unbeachtlich, ob es sich bei diesen um einen Betrieb oder Teilbetrieb handelt. Die Sanierungsspaltung wird gleichfalls nach dem Realisationsprinzip und der Dreieckstheorie beurteilt (ESTV-DVS, KS 5 vom 1.6.2004, Ziff. 4.3.2.15; vgl. N 166 f.).

(a) Rechtsgleichheits- und Steuergerechtigkeitsaspekte

157 Die von der ESTV zur Rechtfertigung für den quasi-materiellen Ansatz angeführten Rechtsgleichheits- und Steuergerechtigkeitsüberlegungen gehen auf den BGE vom 3.3.1989 (ASA 58 [1989/90], 676 = StE 1990 B 72.15.3 Nr. 1; dazu N 148) zurück, dessen rechtliche Fragwürdigkeit in der Lehre einlässlich diskutiert wurde (s. N 148). Vorliegend ist von Bedeutung, dass die Abrechnung über einen nichtübertragenen Nichtbetrieb bzw. einen nichtübertragenen Nichtmehrbetrieb zu einer **unsachlichen Ungleichbehandlung** dieser Vorgänge mit **gewöhnlichen verdeckten Vorteilszuwendungen** führt, bei denen auf den übertragenen Wirtschaftsgütern abzurechnen ist. Wieso eine kunstvolle verdeckte Vorteilszuwendung in der Form einer gescheiterten Spaltung, die sich letztlich immer als verkapptes Veräusserungsgeschäft (s. N 44 und 69) darstellt, unter Rechtsgleichheits- und Steuergerechtigkeitsaspekten anders als eine gewöhnliche verdeckte Vorteilszuwendung oder anders als eine Veräusserung beurteilt werden soll, ist nicht nachvollziehbar.

Mit dem quasi-materiellen Ansatz wird die nichtsteuerneutrale Spaltung auch anders als die **nichtsteuerneutrale konzerninterne Übertragung** behandelt. Wird bei letzterer ein Betrieb oder Teilbetrieb übertragen und ein Nichtbetrieb zurückgelassen, so hat dies keine Folgen. Wird nun aber im Nachhinein festgestellt, dass es sich bei den übertragenen Vermögenswerten nicht um einen Betrieb oder Teilbetrieb und auch nicht um Gegenstände des betrieblichen Anlagevermögens handelt oder wird die Sperrfrist verletzt, so kommt es bei der übertragenden Gesellschaft in jedem Fall zur Abrechnung über die übertragenen stillen Reserven auf dem Betrieb. Konzerne haben die Möglichkeit, zunächst die sperrfristenfreie Spaltung zu versuchen, und wenn sie nicht klappt, die sperrfristenbelastete konzerninterne Übertragung geltend zu machen. Sie können damit eine Abrechnung über die stillen Reserven des Nichtbetriebs vermeiden bzw. bei nachfolgender Verletzung die Besteuerung auf den übertragenen Wirtschaftsgütern sicherstellen. Bei Privatpersonen als Anteilseigner der übertragenden Gesellschaften steht dieser Schachzug nicht zur Verfügung. **158**

(b) Abgrenzungsschwierigkeiten

Der quasi-materielle Ansatz bietet überdies Abgrenzungsschwierigkeiten. Das Kreisschreiben Umstrukturierungen (ESTV-DVS, KS 5 vom 1.6.2004) lässt offen, ob der Ansatz auch bei einer zivilrechtlichen Spaltung gilt, bei der die Voraussetzungen von Art. 61 Abs. 1 lit. b DBG bzw. Art. 24 Abs. 3 lit. b StHG von Anfang an bewusst nicht erfüllt sind, diese Bestimmungen bewusst nicht angerufen werden oder vielleicht doch nur, wenn die steuerneutral versuchte Spaltung das Plazet der Steuerbehörden nicht (mehr) findet. Ist der quasi-materielle Ansatz aber nur bei einer nichtsteuerneutralen Spaltung wegen Verletzung des Betriebserfordernisses anwendbar, so haftet ihm eine pönale Note an. Die Abrechnung auf dem Nichtbetrieb bzw. dem Nichtmehrbetrieb läuft auf eine **Aberkennung** des **zivilrechtlich** gewählten **Vorgehens** hinaus, ein Resultat, zu dem Steuerumgehungen führen. Die ESTV macht aber nirgends geltend, ihre wahren (Steuergerechtigkeits-)Motive für die Anordnung des quasi-materiellen Ansatzes lägen in der Widerrechtlichkeit, nämlich im missbräuchlichen Versuch der Gesellschaft und ihrer Anteilsinhaber, eine steuerneutrale Spaltung herbeizuführen. Unklar ist ferner, wie bei interkantonalen Sachverhalten zu verfahren sein wird, wenn der quasi-materielle Ansatz nicht in allen Kantonen einheitlich angewendet wird. Vor einem System der Steuerneutralität nicht zu rechtfertigende **Divergenzen** ergeben sich mit diesem Ansatz zudem bei der Grundstückgewinnsteuer (N 192), der Handänderungssteuer (N 196), der Verrechnungssteuer (N 205 f.) und den Stempelabgaben (N 231 und N 241), wo jeweils der zivilrechtliche Vorgang massgebend ist bzw. sein soll. **159**

(4) Massgeblichkeit des formellen Ansatzes

(a) Gesetz und Materialien

Eine Auseinandersetzung mit den Gesetzesmaterialien zeigt, dass der Gesetzgeber von der Massgeblichkeit des formellen Ansatzes ausgeht. Der Bundesrat schlug in seiner Botschaft bei Verletzung der bei der Spaltung ursprünglich noch vorgesehenen Sperrfrist eine Nachbesteuerung der übertragenen stillen Reserven analog der Regelung bei konzerninternen Übertragungen von Beteiligungen vor (Botschaft, 4374 f.). Im Verlaufe **160** des Gesetzgebungsverfahrens wurde die Sperrfrist bei der Spaltung durch das doppelte Betriebserfordernis ersetzt. Der Gesetzgeber erachtete dieses als ausreichend, um den steuerlichen Umstrukturierungstatbestand der Spaltung vom verkappten Veräusserungsgeschäft abzugrenzen (vgl. N 73). Eine Ersatzregelung wurde nicht getroffen (vgl. Mitbericht WAK StR, 8 f.; N 17 f.). Dem doppelten Betriebserfordernis kommt in den Augen des Gesetzgebers die gleiche Funktion wie der Sperrfrist zu und die Umstrukturierungsnormen müssen sich in das geltende Konzept des DBG und StHG einfügen lassen (ebenso Botschaft, 4369). Daraus lässt sich ableiten, dass der Gesetzgeber Fälle nichtsteuerneutraler Übertragungen bei der Spaltung entsprechend einer Sperrfristverletzung und analog der Regelung der Ausgliederung und der konzerninternen Übertragung beurteilt wissen wollte.

161 Diese Folgerung bestätigt der Wortlaut von Art. 61 Abs. 1 lit. b DBG und Art. 24 Abs. 3 lit. b StHG. Danach werden stille Reserven nicht besteuert, sofern ein oder mehrere Betriebe oder Teilbetriebe übertragen werden und soweit die nach der Spaltung bestehenden juristischen Personen einen Betrieb oder Teilbetrieb weiterführen. Das **doppelte Betriebserfordernis** und das daraus folgende Erfordernis der Übertragung eines Betriebs oder Teilbetriebs ist **Grundbedingung** für die **Steuerneutralität** einer Spaltung überhaupt. Liegen nicht von Anfang an mindestens zwei Teilbetriebe vor, ist nicht erfindlich, wieso die Spaltungsbestimmungen überhaupt zum Zuge kommen sollten. Eine «Spaltung» bei der nicht mindestens zwei Teilbetriebe gegeben sind, stellt eine **gewöhnliche verdeckte Vorteilszuwendung** an eine Schwestergesellschaft dar.

162 Zu keiner anderen Schlussfolgerung gelangt man bei Verletzung des **Weiterführungserfordernisses**. Gegen dieses wird verstossen, wenn im Spaltungszeitpunkt zwei Betriebe oder Teilbetriebe vorliegen, ein Betrieb oder Teilbetrieb unter Zurücklassung mindestens eines Teilbetriebs übertragen wird, eine der an der Spaltung beteiligten juristischen Personen anschliessend aber die Spaltung ihres materiellen Gehalts entleert, indem sie ihren Betrieb oder Teilbetrieb missbräuchlich stilllegt oder veräussert (dazu N 68 ff.). Zur Veranschaulichung diene folgendes Beispiel: Die A AG spaltet den Produktionsteil unter Zurücklassung des Finanzvermögens und eines Minibetriebs ab. Die Privataktionäre der A AG verkaufen nach der Spaltung ihre A AG-Aktien und realisieren einen steuerfreien Kapitalgewinn. Der an das Finanzvermögen angehängte Minibetrieb wird anschliessend stillgelegt. Eine solche Spaltung wird behandelt, **als hätte das doppelte Betriebserfordernis von Anfang an nicht bestanden**. Es liegt nach dem Verständnis des Gesetzgebers ein verkapptes Veräusserungsgeschäft vor. Entsprechendes gilt, wenn man der hier nicht geteilten Auffassung ist, die Abgeltung des **buchmässigen Aktivenüberschusses** mache die Spaltung zu einem Veräusserungsgeschäft (vgl. dazu N 90 ff. und N 156). Stellen sich alle diese Geschäfte als verkappte Veräusserungen dar, erscheint der formelle Ansatz auch unter diesen Aspekten als für die Bestimmung der Steuerfolgen massgebend.

163 Das Gesetz bestimmt beim Weiterführungserfordernis, «stille Reserven ... werden nicht besteuert, ... soweit die nach der Spaltung bestehenden juristischen Personen einen Betrieb oder Teilbetrieb weiterführen» (Art. 61 Abs. 1 lit. b DBG bzw. Art. 24 Abs. 3 lit. b StHG). Aufgrund der Verwendung des Wortes «soweit» könnte man versucht sein, auf den materiellen oder quasi-materiellen Ansatz zu schliessen. Die Zulässigkeit eines solchen Schlusses bedingt, dass Art. 61 Abs. 1 lit. b DBG und Art. 24 Abs. 3 lit. b StHG nicht nur die Steuerneutralität regeln, sondern **zusätzlich** einen **Steuertatbestand** beinhalten, da mit dem materiellen oder quasi-materiellen Ansatz bei der spaltenden Gesellschaft entgegen dem fundamentalen Realisationsprinzip in Art. 58 DBG bzw. Art. 24 Abs. 1 StHG auf Realisation der stillen Reserven auf dem zurückgebliebenen Nichtbetrieb oder Nichtmehrbetrieb geschlossen wird, ohne dass eine echte, buchmässige oder

steuersystematische Realisierung stattgefunden hat. Die Gesetzesmaterialien lassen jedoch den Schluss auf einen solchen Steuertatbestand in Art. 61 Abs. 1 lit. b DBG und Art. 24 Abs. 3 lit. b StHG nicht zu.

Die erwähnte Formulierung zum Weiterführungserfordernis geht auf einen Antrag der nationalrätlichen Rechtskommission an den Nationalrat zurück, zu dem es aufgrund einer **Empfehlung der Verwaltung** an die Rechtskommission kam. Die Verwaltung begründete ihre Empfehlung mit einem **redaktionellen Mangel** in der bisherigen Fassung des Ständerates, die lautete: «..., sofern die nach der Spaltung bestehenden Beteiligungsrechte einen oder mehrere Betriebe oder Teilbetriebe verkörpern» (AmtlBull StR 2001, 166). Die Verwaltung erläuterte der Rechtskommission, in der Lehre sei diese Formulierung kritisiert worden, da sie lediglich festhalte, dass ein Betrieb zurückbleiben müsse, nicht aber, dass auch ein solcher übertragen werden müsse. Um den Willen des Gesetzgebers auszudrücken, seien beide Ideen miteinander zu verknüpfen. Es müsse gesagt werden, einerseits müsse ein Betrieb übertragen werden und andererseits müssen die Gesellschaften, die aus der Spaltung hervorgehen auch Betriebe weiterführen (Prot. RK NR vom 28.10.2002, 25). Dem Antrag seiner vorberatenden Rechtskommission folgend, stimmte der Nationalrat der heutigen Fassung ohne Diskussion mit Beschluss vom 12.3.2003 zu (AmtlBull NR 2003, 254). Der Ständerat genehmigte die Fassung diskussionslos mit Beschluss vom 5.6.2003 (AmtlBull StR 2003, 491). Bis zur Schlussabstimmung am 3.10.2003 kam es zu keinen weiteren Wortmeldungen zu Art. 61 Abs. 1 lit. b DBG und Art. 24 Abs. 3 lit. b StHG. Aus der gesamten Gesetzesdebatte geht lediglich die Absicht des Gesetzgebers und der Verwaltung hervor, das doppelte Betriebserfordernis eindeutig zu umschreiben, nicht aber die Verankerung eines Steuertatbestandes bzw. des materiellen oder quasi-materiellen Ansatzes.

(b) Ergebnis

Aufgrund des Gesetzeswortlautes, der Gesetzesmaterialien und der Steuersystematik ist davon auszugehen, dass der Gesetzgeber von einer **einheitlichen Nachbesteuerungssystematik** im Sinne des **formellen Ansatzes** bei allen Umstrukturierungen ausgeht, welche die Voraussetzungen an die Steuerneutralität nicht erfüllen. Der von der ESTV einzig bei der Spaltung vorgesehene **quasi-materielle Ansatz** ist mangels gesetzlicher Grundlage **abzulehnen** (a.M. ESTV-DVS, KS 5 vom 1.6.2004, Ziff. 4.3.2.13 und Bsp. Nrn. 12–14, Anhang I und LOCHER, Kommentar DBG, Art. 61 N 85, der aus der Verankerung des doppelten Betriebserfordernisses in Art. 61 Abs. 1 lit. b DBG ohne weitere Begründung eine Besteuerungsgrundlage ableitet). Weder Gesetzeswortlaut, Gesetzesmaterialien noch Steuersystematik bieten irgendeinen Anhaltspunkt für diesen Ansatz. Es ist daher bei einer Spaltung, welche die Voraussetzungen von Art. 61 Abs. 1 lit. b DBG bzw. Art. 24 Abs. 3 lit. b StHG nicht erfüllt, auf eine verdeckte Vorteilszuwendung an eine Schwestergesellschaft zu schliessen, die nach Art. 58 Abs. 1 lit. b DBG und Art. 24 Abs. 1 StHG zur **Realisation** der **übertragenen stillen Reserven** bei der spaltenden Gesellschaft führt.

cc) Spezialfall Sanierungsspaltung

Die Abspaltung zwecks Sanierung einer übernehmenden Gesellschaft kann für Unternehmen eine geeignete Reorganisationsmassnahme sein (N 23 ff.). Bei einer Sanierungsspaltung ist auslösender Grund für eine Besteuerung die Reduktion der latenten Ausschüttungslast und nicht die Verletzung eines objektiven Kriteriums nach Art. 61 Abs. 1 lit. b DBG bzw. Art. 24 Abs. 3 lit. b StHG. Eine Reduktion der latenten Ausschüttungslast – und damit ein Fall der steuerbaren Transponierung – lag in einem Fall vor, bei dem Aktien einer Gesellschaft, die **überschuldet** war, **zum Nennwert** in eine andere Gesellschaft **eingebracht** wurden, welche über offene Reserven verfügte. Die Sanierung der eingebrachten Gesellschaft, die von den privaten Aktionären hätte bewerkstelligt werden müssen, erfolgte durch die übernehmende Gesellschaft, was eine Reduktion der latenten Ausschüttungslast zur Folge hatte (BGer 16.6.2000, StE 2000 B 24.4 Nr. 55; vgl. vor Art. 3 N 54).

167   Bei der **Spaltung** einer Gesellschaft **in eine sanierungsbedürftige**, von denselben Aktionären beherrschte **Gesellschaft** kann deren Kapitalverlust oder Überschuldung ebenfalls zu Lasten von übertragenen Reserven beseitigt werden. Im entsprechenden Umfang geht eine Reduktion der latenten Ausschüttungslast einher, was im Privatvermögen zu einer Besteuerung führen kann (ESTV-DVS, KS 5 vom 1.6.2004, Ziff. 4.3.2.15; BGer 15.8.2000, ASA 70 [2001/02], 289, 293 f.). Nach Ansicht der ESTV ist eine Sanierungsspaltung wie eine gewöhnliche Vorteilszuwendung zu behandeln: mit Abrechnungspflicht über **sämtliche** unversteuerten stillen Reserven auf dem übertragenen Betrieb oder Teilbetrieb (ESTV-DVS, KS 5 vom 1.6.2004, Ziff. 4.3.2.15). Diese Steuerfolge ist **überschiessend** und verstösst gegen Sinn und Zweck von Art. 61 Abs. 1 lit. b DBG und Art. 24 Abs. 3 lit. b StHG («soweit» anstelle von «sofern»). Die Reduktion der latenten Steuerlast kann sich nur auf den Umfang der Beseitigung des Kapitalverlustes bzw. der Überschuldung beziehen. Im Umfang der abgerechneten Reserven kann die übernehmende Gesellschaft eine entsprechende, als Gewinn versteuerte stille Reserve geltend machen, die aufgrund der in solchen Fällen angewandten **Dreieckstheorie** nicht zu einer Verrechnung mit Verlustvorträgen führt (vgl. N 156 i.V.m. N 151 f.). Allfällig vorgenommene Aufwertungen sind steuerlich als Kapitaleinlagen der Anteilseigner zu neutralisieren (Art. 60 DBG; Art. 24 Abs. 2 StHG).

cd)   Vergleichende Gegenüberstellung

168   Nachstehende Gegenüberstellung zeigt, welche Wirtschaftsgüter bei einer nichtsteuerneutralen Spaltung gemäss der hier vertretenen Auslegung von Art. 61 Abs. 1 lit. b DBG und Art. 24 Abs. 3 lit. b StHG und gemäss der Auslegung der ESTV besteuert werden sollen.

Verletztes Kriterium	Formeller Ansatz/Lehre	Quasi-materieller Ansatz/ ESTV-DVS, KS 5 vom 1.6.2004
Doppeltes Betriebserfordernis: – Übertragung Betrieb/Verbleib Nichtbetrieb – Übertragung Nichtbetrieb/Verbleib Betrieb	– Realisierung übertragene offene und stille Reserven – Wie oben	– Realisierung zurückgelassene offene und stille Reserven – Realisierung übertragene stille Reserven
Weiterführungserfordernis: – durch übertragende Gesellschaft – durch übernehmende Gesellschaft	– Realisierung übertragene offene und stille Reserven – Wie oben	– Realisierung zurückgelassene offene und stille Reserven – Realisierung übertragene offene und stille Reserven
Sanierungsspaltung	– Realisierung im Umfang der untergehenden latenten Steuerlast	– Realisierung sämtlicher übertragener offener und stiller Reserven

ce) Methode der Nachbesteuerung

Liegt keine steuerneutrale Spaltung vor (Verletzung doppeltes Betriebserfordernis oder Weiterführungserfordernis, Abgeltung buchmässiger Aktivenüberschuss), so sind die übertragenen stillen Reserven (**a.M.** ESTV-DVS, KS 5 vom 1.6.2004, Ziff. 4.3.2.13 bei Verletzung Betriebs- oder Weiterführungserfordernis: Abrechnung über stille Reserven auf Nichtbetrieb oder Nichtmehrbetrieb, s. N 155) bzw. im Falle der Sanierungsspaltung die untergegangene latente Steuerlast (**a.M.** ESTV-DVS, KS 5 vom 1.6.2004, Ziff. 4.3.2.15: Abrechnung über sämtliche stillen Reserven; s. N 166 f.) analog der gesetzlichen Regelung bei der konzerninternen Übertragung bei der übertragenden Gesellschaft **rückwirkend** als Gewinn zu besteuern. Rückwirkend sind auf den Zeitpunkt der Spaltung steuerlich jene Verhältnisse herzustellen, wie sie bestanden hätten, wenn die Gesellschaft die fraglichen Wirtschaftsgüter von Anfang an unter Aufdeckung der stillen Reserven bzw. der untergegangenen latenten Steuerlast übertragen hätte. Weil keine Drittrealisation stattfindet, ist der Verkehrswert der teilliquidierten Wirtschaftsgüter zu schätzen. Dabei ist gemäss REICH der Verkehrswert um die latenten Einkommens- bzw. Gewinnsteuern auf den übertragenen stillen Reserven zu kürzen (REICH/DUSS, 241). Es gelten die damaligen Gewinnermittlungsvorschriften, wobei die geschäftsmässig begründeten Aufwendungen einschliesslich der abzugsfähigen Steuern auf der versuchten Spaltung ebenfalls zu berücksichtigen sind. Ist die entsprechende Veranlagung bereits in Rechtskraft erwachsen, ist die Besteuerung der stillen Reserven im **Nachsteuerverfahren** rückwirkend auf den Übertragungszeitpunkt vorzunehmen (vgl. Teil 1 vor Art. 69 N 104 ff.). Da die Steuer in allen Fällen bei der übertragenden Gesellschaft erhoben wird, trägt sie das Steuerrisiko, insbesondere auch der Weiterführung eines Betriebs durch die übernehmende Gesellschaft, was namentlich bei asymmetrischen Spaltungen ein Problem sein kann und der vertraglichen Absicherung bedarf.

cf) Steuerfolgen bei der übernehmenden Gesellschaft

Mit der rückwirkenden Besteuerung bei der übertragenden Gesellschaft werden die übertragenen stillen Reserven bzw. die untergegangene latente Steuerlast (Sanierungsspaltung) steuerrechtlich aufgedeckt. In der Folge muss der Gesellschaft, welche diese Vermögenswerte zu den damaligen Gewinnsteuerwerten und Gestehungskosten (bei Beteiligungen) übernommen hat, konsequenterweise zugestanden werden, die Differenz zwischen den neuen und den damaligen Gewinnsteuerwerten nachträglich **gewinnsteuerfrei** in der **Steuerbilanz offenzulegen** (ebenso ESTV-DVS, KS 5 vom 1.6.2004, Ziff. 4.3.2.4 und 4.3.2.13 sowie Bsp. Nrn. 11–14, Anhang I). Die Gewinnsteuerwerte der Aktiven (bei Beteiligungen auch Gestehungskosten) werden um die besteuerten stillen Reserven erhöht, und der Gesamtbetrag der stillen Reserven wird dem Eigenkapital der Steuerbilanz gutgeschrieben. Verschiedentlich wird in der Literatur anstelle dieser Eigenkapitalbuchung eine Gutschrift auf ein Aktionärskreditorenkonto gefordert, um die spätere steuerfreie Rückführung dieses Mehrwertes an die Beteiligten zu ermöglichen (NEUHAUS, FStR 2001, 28 ff. m.w.H.). Steuersystematisch wäre eine solche steuerliche Korrekturbuchung zu begrüssen, sie lässt sich jedoch weder dem Gesetzestext noch den Materialien entnehmen. Eine rückwirkende Abkehr von der tatsächlichen zivilrechtlichen Gestaltung (einschliesslich der Übertragung von stillen Reserven) lässt sich ohne steuergesetzliche Grundlage kaum rechtfertigen. Dazu bedarf es entweder einer entsprechenden steuergesetzlichen Sonderregelung oder eines umfassend normierten Kapitalrückzahlungsprinzips, welches erlaubt, Reserveeinlagen der Beteiligten steuerfrei an diese zurückzuführen. Mittels der modifizierten Dreieckstheorie kann aus Gesellschaftersicht ein ähnliches Resultat wie mit einer Korrekturbuchung erzielt werden (vgl. N 176).

171 Im Rahmen der steuerlichen Gewinnermittlungsvorschriften kann die übernehmende Gesellschaft diese erhöhten Vermögenswerte wieder steuerlich **abschreiben** bzw. steuerlich zulässige **Wertberichtigungen** und Rückstellungen bilden. Folgt man der zeitlichen Systematik der Nachbesteuerung bei der übertragenden Gesellschaft, muss es der übernehmenden Gesellschaft ihrerseits erlaubt sein, diese Abschreibungen, Rückstellungen und Wertberichtigungen ab dem Übernahmejahr und den darauf folgenden Steuerperioden geltend zu machen (NEUHAUS, FStR 2001, 27). Gemäss ESTV liegt analog der konzerninternen Übertragung Goodwill vor, der innert fünf Jahren steuerwirksam abgeschrieben werden kann, soweit die stillen Reserven nicht lokalisiert werden können (ESTV-DVS, KS 5 vom 1.6.2004, Ziff. 4.5.2.17). Auch bei der übernehmenden Gesellschaft muss der Grundsatz gelten, dass rückwirkend auf den Zeitpunkt der Übertragung der Vermögenswerte steuerlich jene Verhältnisse herzustellen sind, wie sie bestanden hätten, wenn die übertragende Gesellschaft die übertragenen Vermögenswerte von Anfang an unter Aufdeckung der stillen Reserven an die übernehmende Gesellschaft übertragen hätte. Solche nachträglichen Korrekturen des steuerbaren Gewinnes können für offene Veranlagungen im ordentlichen Verfahren vorgenommen werden. Liegt bereits eine definitive Veranlagung vor, erfolgt die Neuveranlagung im Revisionsverfahren nach Art. 147 ff. DBG bzw. Art. 51 ff. StHG (ESTV-DVS, KS 5 vom 1.6.2004, Ziff. 4.5.2.17).

2. Ebene Anteilsinhaber

a) Grundsatz

172 Bei einer nichtsteuerneutralen Spaltung erstreckt sich die Nachbesteuerung steuersystematisch nach der **Dreieckstheorie** auch auf die Ebene der Anteilsinhaber der übertragenden Gesellschaft. Im Ausmass der übertragenen offenen und stillen Reserven vereinnahmen die Anteilsinhaber an der übertragenden Gesellschaft im Grundsatz eine steuerbare verdeckte Vorteilszuwendung (vgl. REICH, ASA [1985/86], 619 ff.; Kommission Steuerharmonisierung, 90).

b) Juristische Personen

173 Gemäss ESTV kommt bei **juristischen Personen** als Muttergesellschaft der spaltenden und aufnehmenden Gesellschaft aufgrund der Massgeblichkeit der Handelsbilanz nicht die reine Dreieckstheorie, sondern **zwingend** die **modifizierte Dreieckstheorie** zur Anwendung (ESTV-DVS, KS 5 vom 1.6.2004, Ziff. 4.3.2.12; vgl. auch Ziff. 4.5.2.16 betreffend konzerninterne Übertragung auf eine Schwestergesellschaft und Bsp. Nr. 24, Anhang I). Danach werden die Steuerfolgen für die übertragende und die übernehmende Gesellschaft nach der Dreieckstheorie bestimmt, während die Beteiligten ausgeklammert werden. Die spaltungsbedingte verdeckte Vorteilszuwendung führt bei den Anteilsinhabern folglich zu keinen anderen Steuerfolgen als eine steuerneutrale Spaltung. Es bleibt bei der **wertmässigen Umschichtung** von der Beteiligung der spaltenden Gesellschaft auf die Beteiligung der übernehmenden Gesellschaft. Wie bei der steuerneutralen Spaltung ist die verdeckte Vorteilszuwendung für die Anteilsinhaber nur mittelbar relevant, wenn aufgrund der Vorteilszuwendung handelsrechtlich auf der Beteiligung der spaltenden Gesellschaft eine **Abschreibung** vorgenommen werden muss (REICH, ASA 54 [1985/86], 638; BRÜLISAUER/KUHN in: Kommentar zum Schweizerischen Steuerrecht I/2a, Art. 58 DBG N 256). Diese ist im gleichen Umfang durch eine Aufwertung der Beteiligung an der begünstigten Gesellschaft zu kompensieren (ESTV-DVS, KS 5 vom 1.6.2004, Ziff. 4.3.2.12). Auch die aus Anlass der Spaltung nach dem Abschreibungs- oder Verkehrswertmodell (s. N 121) auf die spaltende und aufnehmende Beteiligung verlegten Gestehungskosten bleiben trotz Wegfalls der Steuerneutralität unverändert, denn nach der Verwaltungspraxis bewirken nur als Gewinn versteuerte verdeckte Kapitaleinlagen eine Erhöhung der Gestehungskosten (ESTV-DVS, KS 9 vom 9.7. 1998, Ziff. 2.5.1b). Analog ist mangels Besteuerung von Beteiligungsertrag bei der Muttergesellschaft gemäss Praxis der ESTV eine Umqualifikation einer Alt- in eine Neubeteiligung nicht zulässig (vgl. ESTV-DVS, KS 9 vom 9.7.1998, Ziff. 3.3.4; BRÜLISAUER/ KUHN in: Kommentar zum Schweizerischen Steuerrecht I/2a, Art. 58 DBG N 251 ff.; REICH, ASA 54 [1985/86], 636 ff. m.w.H.).

c) Natürliche Personen

ca) Geschäftsvermögen

Bei natürlichen Personen, welche die Anteilsrechte an der spaltenden und aufnehmenden Gesellschaft im Geschäftsvermögen halten, kommt ebenfalls die **modifizierte Dreieckstheorie** zur Anwendung (REICH, ASA 54 [1985/86], 637 f.). Es kann auf die Ausführungen in N 173 zu juristischen Personen als Anteilsinhaber verwiesen werden. **174**

cb) Privatvermögen

Im **Privatvermögen** ist aufgrund der **Dreieckstheorie** nach Art. 20 Abs. 1 lit. c DBG bzw. Art. 7 Abs. 1 StHG eine Liquidationsdividende in Höhe der offenen und stillen Reserven (nach Abzug von Steuern und allfällig herabgesetztem Aktienkapital) der nicht als Betrieb oder Teilbetrieb beurteilten Wirtschaftsgüter aufzurechnen, wenn die Voraussetzungen einer steuerneutralen Spaltung nicht erfüllt sind (ESTV-DVS, KS 5 vom 1.6.2004, Ziff. 4.3.3.3). Noch wenig geklärt ist die Frage, ob die Dreieckstheorie auch bei einem **Minderheitsaktionär** Anwendung findet (vgl. vor Art. 3 N 47). **175**

Es ist begrüssenswert, dass die ESTV auch bei Privatpersonen die **modifizierte Dreieckstheorie** anwenden will. Sie will auf die Besteuerung nach der Dreieckstheorie verzichten, wenn der Steuerpflichtige einen **Revers** unterzeichnet und innerhalb einer **Sperrfrist von fünf Jahren** die Beteiligungsrechte an der **Gesellschaft, die keinen Betrieb** weiterführt, nicht veräussert (ESTV-DVS, KS 5 vom 1.6.2004, Ziff. 4.3.3.3 und Bsp. Nrn. 12–14, Anhang I). Der Grund für die Anwendung der modifizierten Dreieckstheorie liegt darin, dass ansonsten dasselbe Steuersubstrat (die zurückgelassenen oder übertragenen offenen und stillen Reserven) mehrfach besteuert würde, nämlich bei der Spaltung, weil die Voraussetzungen der Steuerneutralität nicht erfüllt sind, und später bei deren Ausschüttung als Dividende (vgl. vor Art. 3 N 48). Auf Grund des Nennwertprinzips kann sich insbesondere der Aktionär, der die Anteile in seinem Privatvermögen hält, nicht darauf berufen, dass die später ausgeschütteten Mittel bereits der Einkommenssteuer unterworfen waren und gedanklich neu in die Gesellschaft als Zuschuss eingelegt wurden. Bei der modifizierten Dreieckstheorie handelt es sich gemäss ESTV um eine «Billigkeitslösung», die aus Gründen der Rechtsgleichheit jedoch auf alle Fälle angewendet werden muss. **176**

Keine Anwendung finden soll die «modifizierte Dreieckstheorie» bei **Sanierungsspaltungen** (Vorliegen einer echten Unterbilanz), welche als Steuerumgehung beurteilt wird (ESTV-DVS, KS 5 vom 1.6.2004, Ziff. 4.3.3.3 und 4.1.4.3.2). Der Grund für die Verweigerung dürfte darin liegen, dass die ESTV Sanierungen ausschliesslich als Aufgabe des Gesellschafters erachtet und bei Sanierungssituationen auch bei der Verrechnungssteuer nicht die sonst anwendbare Direktbegünstigungs- sondern die Dreieckstheorie anwenden will (vgl. ESTV-DVS, MB S-02.141 Leistungsempfänger, Ziff. H.II.1). **177**

d) Keine Neubeurteilung bei ursprünglicher Abrechnung

178 Eine nachträgliche Neubeurteilung der Spaltungsvoraussetzungen bei Übertragungen von Kapitalgesellschaften und Genossenschaften auf Vereine, Stiftungen und Anlagefonds mit direktem Grundbesitz (vgl. N 144 und N 146), die beim Anteilsinhaber bereits zur Abrechnung über die übertragenen offenen und stillen Reserven als Liquidationsüberschuss geführt haben (ESTV-DVS, KS 5 vom 1.6. 2004, Ziff. 4.2.3.3), kann nicht zu einer nachträglichen, zweiten Steuerpflicht über die offenen und stillen Reserven auf den zurückgelassenen Wirtschaftsgütern führen, wenn das doppelte Betriebs- oder das Weiterführungserfordernis verletzt ist. In diesen Fällen geht die ursprüngliche, dem formellen Ansatz (Dreieckstheorie) folgende Abrechnung selbst dann vor, wenn ansonsten der quasi-materielle Ansatz vertreten wird (s. N 155 ff.).

e) Methode der Nachbesteuerung

179 Kommt beim privaten Anteilsinhaber die modifizierte Dreieckstheorie nicht zur Anwendung oder veräussert der private Anteilsinhaber die Beteiligungsrechte innerhalb der Revers-Sperrfrist von fünf Jahren, so liegt im Umfang der auf den betreffenden Wirtschaftsgütern aufgedeckten offenen und stillen Reserven (nach Steuern und herabgesetztem Aktienkapital) steuerbarer Vermögensertrag vor (vgl. ESTV-DVS, KS 5 vom 1.6. 2004, Ziff. 4.3.3.3 und Bsp. Nrn. 12–14, Anhang I). Die Besteuerung erfolgt **rückwirkend** auf den Übertragungszeitpunkt (Tagebuchdatum bzw. Vollzugsdatum). Bei anteiliger Veräusserung sperrfristenbelasteter Beteiligungsrechte ist lediglich eine anteilige Abrechnung gerechtfertigt (sinngemäss Art. 61 Abs. 2 DBG bzw. Art. 24 Abs. 3ter StHG). Ist die entsprechende Veranlagung bereits in Rechtskraft erwachsen, erfolgt die Besteuerung im **Nachsteuerverfahren** nach Art. 151 ff. DBG bzw. Art. 53 StHG (s. N 169).

V. Gewinn- und Einkommensteuer bei internationalen Sachverhalten

1. Immigrationsspaltung

180 Eine ausländische Gesellschaft kann im Rahmen einer Ab- oder Aufspaltung einen ausländischen Betrieb oder Teilbetrieb auf eine schweizerische Gesellschaft oder auf eine inländische Betriebsstätte einer ausländischen Gesellschaft abspalten (Immigrationsabspaltung bzw. -aufspaltung; Art. 163d IPRG i.V.m. 163a IPRG), sofern das ausländische Recht dies zulässt. **Gewinnsteuerlich** ist eine Immigrationsspaltung als **Sacheinlagegründung** zu beurteilen, da es nicht darum geht, latent steuerbelastete inländische stille Reserven steuerneutral zu verlagern. Die spaltungsspezifischen Steuerneutralitätsvoraussetzungen von Art. 61 Abs. 1 lit. b DBG bzw. Art. 24 Abs. 3 lit. b StHG (doppeltes Betriebserfordernis, Weiterführungserfordernis) sind für die gewinnsteuerliche Behandlung einer Immigrationsspaltung daher ebenso wenig massgebend wie die allgemeinen Einschränkungen von Art. 61 Abs. 1 DBG und Art. 24 Abs. 3 StHG, insbesondere bezüglich der Gewinnsteuerwerte (vgl. aber die abweichende Beurteilung bei der Emissionsabgabe in N 235).

181 Die übernehmende schweizerische Gesellschaft kann die mit dem Betrieb oder Teilbetrieb übernommenen Aktiven und Passiven in der Steuerbilanz mit dem **Verkehrswert** einstellen. Dies ist insbesondere dann unerlässlich, wenn die stillen Reserven anlässlich der Emigration im Ausland aufgrund eines Wegzugs steuersystematisch realisiert und besteuert werden (vgl. N 182 zum umgekehrten Vorgang). Würde die Einstellung zu Verkehrswerten verweigert, käme es bei einer späteren Realisation der stillen Reserven

in der Schweiz zu einer Doppelbesteuerung. Grundsätzlich ist die Verkehrswerteinbuchung anlässlich der Immigrationsspaltung jedoch unabhängig davon, ob die grenzüberschreitende Betriebsübertragung im Herkunftsland einer Wegzugsbesteuerung unterliegt, von einem Steueraufschub profitiert oder allenfalls gar nicht von einer Besteuerung erfasst wird. Auch die Massgeblichkeit der handelsrechtlichen (ausländischen) Bilanz ist unbeachtlich. Die übertragenen Aktiven und Passiven (einschliesslich Goodwill) können in der Eröffnungsbilanz der schweizerischen Betriebsstätte mit ihrem wirklichen Wert eingesetzt werden. Diese Werte werden neu der schweizerischen Besteuerung unterstellt und sind in keiner Weise von einer schweizerischen Buchwert-Historie belastet. Sollte, aus welchen Gründen auch immer, eine Verkehrswerteinbuchung aus schweizerischen handelsrechtlichen oder anderen Bestimmungen nicht möglich sein, können die Mehrwerte in der schweizerischen steuerlichen Ergänzungsbilanz als versteuerte stille Reserven aufgedeckt werden (vgl. auch die Ausführungen in REICH/DUSS, 631 f. zur Sitzverlegung vom Ausland in die Schweiz). Auch die steuerliche Behandlung beim ausländischen oder allenfalls schweizerischen Anteilseigner hat auf diese gewinnsteuerliche Behandlung keinen Einfluss.

2. *Emigrationsspaltung*

Eine schweizerische Gesellschaft kann einen Betrieb oder Teilbetrieb im Rahmen einer Abspaltung oder Aufspaltung auf eine ausländische Gesellschaft übertragen (Emigrationsabspaltung oder -aufspaltung; Art. 163d IPRG i.V.m. Art. 163b IPRG). Art. 61 Abs. 1 DBG und Art. 24 Abs. 3 StHG schränken die Steuerneutralität einer solchen Spaltung ein, soweit die Steuerpflicht in der Schweiz nicht fortbesteht (vgl. N 19 f.; ausführlich zu internationalen Aspekten von Umstrukturierungen Teil 1 vor Art. 69 N 169 ff.). In jüngerer Zeit hat sich die Auffassung durchgesetzt, dass grenzüberschreitende Spaltungen bei einer in der Schweiz verbleibenden Betriebstätte steuerneutral bleiben, soweit die stillen Reserven weiterhin mit einer gleichen oder gleichartigen Steuer (Gewinnsteuer, Grundstückgewinnsteuer) erfasst werden können (vgl. Art. 51 Abs. 1 lit. b DBG; Bericht Steuern 1, 35; Botschaft, 4370 und 4516 f.; AGNER/JUNG/STEINMANN, 259 f.; REICH/DUSS, 658 f.) und die spezifischen Bedingungen der Spaltung nach Art. 61 Abs. 1 lit. b DBG und Art. 24 Abs. 3 lit. b StHG eingehalten werden (doppeltes Betriebs- und Weiterführungserfordernis). Unter **Betriebsstättenvorbehalt** bleibt eine **Emigrationsspaltung** somit **steuerneutral**, soweit der von der inländischen Gesellschaft auf eine ausländische Gesellschaft abgespaltene Betrieb oder Teilbetrieb im Inland als Betriebsstätte fortgeführt wird. Wird anlässlich einer Emigrationsspaltung ein Betrieb oder Teilbetrieb, der Liegenschaften in der Schweiz enthält, auf eine ausländische Gesellschaft übertragen, und führen nach der Spaltung die an der Spaltung beteiligten juristischen Personen einen Betrieb weiter, so bleibt auch bei Nichtverbleib eines Betriebs oder Teilbetriebs in der Schweiz diese Spaltung soweit steuerneutral, als das Besteuerungsrecht für unbesteuerte stille Reserven auf **Liegenschaften** in der Schweiz nach Art. 51 Abs. 1 lit. c DBG bzw. Art. 21 Abs. 1 lit. c StHG erhalten bleibt.

Eine Emigrationsspaltung ist in dem Umfang steuerneutral, als die gewählte internationale Ausscheidungsmethode eine Besteuerung der übertragenen stillen Reserven in der Schweiz sicherstellt. Die **objektmässige oder die quotenmässig direkte Ausscheidungsmethode**, die den Betriebsstättengewinn aufgrund einer eigenständigen Betriebsstättenbuchführung wie bei einem selbständigen Unternehmen nach schweizerischem Recht ermittelt (Fiktion der Selbständigkeit), wird regelmässig eine umfassende Besteuerungsmöglichkeit gewährleisten. Die objektmässige Methode ist nach herrschender Lehre und Praxis bei einer Betriebsstätte eines ausländischen Unternehmens in der Schweiz nach Art. 52 Abs. 2 und 4 DBG für das Bundessteuerrecht **zwingend** vorgeschrieben (AGNER/JUNG/STEINMANN, 182 f.; ATHANAS/WIDMER in: Kommentar zum Schweizerischen Steuerrecht I/2a, Art. 52 DBG N 37 ff.) und wird von der ESTV für eine Steuerneutralität der Emigrationsspaltung auf eine schweizerische Betriebsstätte vorausgesetzt (ESTV-DVS, KS 5 vom 1.6.2004, Ziff. 4.3.2.1 mit Verweis auf Ziff. 4.1.2.2.2). Kantonal kann je nach Regelung auch eine andere Ausscheidungsmethode zulässig sein, welche ein Besteuerungsrecht der Schweiz sicherstellt, insbesondere die **quotenmässige Methode**.

184 BÖCKLI schlägt bei grenzüberschreitenden Umstrukturierungen eine Abkehr vom steuersystematischen Realisationstatbestand vor. Er fordert im Einklang mit dem Gedanken, dass Umstrukturierungen nicht zu einer Reservenrealisation führen, einen Besteuerungsaufschub mittels unbesteuerter **Sonderrücklage** analog jener bei der Beteiligungsübertragung nach Art. 207a Abs. 3 DBG bis zur echten Realisation im Ausland (BÖCKLI, ASA 67 [1998/99], 25 f.; vgl. auch Teil 1 vor Art. 69 N 193). SAUPPER/WEIDMANN (vor Art. 3 N 71) weisen in Analogie zu BÖCKLI darauf hin, dass die Neuformulierung («wenn» ersetzt durch «soweit») künftig eine Nichtbesteuerung erlaubt, wenn die stillen Reserven ins Ausland verlagert werden, sofern mit dem ausländischen Staat wie in Art. 13 Abs. 6 DBA USA die nachträgliche Besteuerung bei einer Realisation vereinbart wurde (ebenso SPORI/GERBER, ASA 71 [2002/03], 701).

3. Anteilsinhaber

185 Liegt eine Emigrationsspaltung vor, welche die besonderen Voraussetzungen von Art. 61 Abs. 1 lit. b DBG bzw. Art. 24 Abs. 3 lit. b StHG erfüllt, ist jedoch auf **Gesellschaftsebene** über die stillen Reserven ganz oder teilweise **abzurechnen**, weil diesbezüglich nach Art. 61 Abs. 1 DBG bzw. Art. 24 Abs. 3 StHG die Steuerpflicht in der Schweiz nicht fortgeführt wird, so hat dies für den **Anteilsinhaber keine Steuerfolgen** (vgl. vorne N 129).

186 Befinden sich die Beteiligungsrechte der spaltenden ausländischen oder inländischen Gesellschaft im **Privatvermögen** des Anteilsinhabers, erzielt der Anteilsinhaber trotz echtem oder wirtschaftlichem Austausch (zum Begriff: N 119) seiner bisherigen Beteiligungsrechte gegen (zusätzliche) Beteiligungsrechte der übernehmenden inländischen oder ausländischen Gesellschaft kein steuerbares Einkommen, ausser er erhält Beteiligungsrechte mit einem insgesamt höheren Nennwert (vgl. N 140), Ausgleichszahlungen (vgl. N 134 ff.) oder andere geldwerte Vorteile zulasten der Reserven der Gesellschaften (vgl. N 138 f. und N 141).

187 Befinden sich die Beteiligungsrechte der übernehmenden in- oder ausländischen Gesellschaft im **Geschäftsvermögen** einer natürlichen oder juristischen Person, hat der Beteiligungstausch oder der Erhalt zusätzlicher Beteiligungsrechte keine Einkommens- bzw. Gewinnsteuerfolgen, wenn die Summe der Steuerwerte aller Beteiligungsrechte unverändert bleibt (vgl. N 120 f.). Dies gilt auch für ausländische Beteiligungsrechte (ESTV-DVS, KS 5 vom 1.6.2004, Ziff. 3.3.2 und 4.6.2.8). Werden Ausgleichs- oder Abfindungszahlungen geleistet, stellen diese nach Verrechnung mit einem allfälligen Abschreibungsbedarf Einkommen aus selbständigem Erwerb bzw. Beteiligungsertrag dar, gegebenenfalls mit Berechtigung zum Beteiligungsabzug für letzteren (vgl. N 137).

VI. Grundstückgewinnsteuer

188 Erfassen Kantone Grundstückgewinne bei juristischen Personen nicht mit der Gewinnsteuer, sondern einer gesonderten Grundstückgewinnsteuer, so ordnet **Art. 12 Abs. 4**

lit. a StHG an, dass die Übertragung eines Grundstücks im Rahmen eines in Art. 24 Abs. 3 StHG genannten Tatbestandes, einschliesslich der Spaltung, als **steueraufschiebende** Veräusserung zu behandeln ist (vgl. vor Art. 3 N 107 ff. zu den in den Kantonen anwendbaren Systemen). Voraussetzung des Aufschubs der Grundstückgewinnsteuer ist somit das Vorliegen **einer steuerneutralen Spaltung nach Art. 24 Abs. 3 lit. b StHG**. Damit ist u.a. die problematische gewinnsteuerliche Definition des Immobilienbetriebs für die Grundstückgewinnsteuer relevant (N 53 ff.). Bezüglich der Steuerneutralitätsvoraussetzungen kann generell auf die Ausführungen zum Gewinnsteuerrecht verwiesen werden.

Die Spaltung von Kapitalgesellschaften und Genossenschaften führte bereits unter dem bisher geltenden Recht zu einem **Aufschub der Grundstückgewinnsteuer**. Der bisherige Art. 12 Abs. 4 lit. a altStHG verwies aber versehentlich auf Art. 24 Abs. 4 altStHG, statt auf Art. 24 Abs. 3 altStHG (vgl. RICHNER/FREI/KAUFMANN, Kommentar ZH, § 216 N 221). Durch redaktionelle Änderung von Art. 12 Abs. 4 lit. a StHG ist dieses Versehen nun korrigiert worden. Eine materielle Änderung erfuhr Art. 12 Abs. 4 lit. a StHG damit, dass unter neuem Recht alle juristischen Personen und nicht nur Kapitalgesellschaften und Genossenschaften steuerneutral gespalten werden können (s. zum Vergleich Art. 24 Abs. 3 lit. c altStHG und Art. 24 Abs. 3 lit. b StHG). Diese Änderung tritt spätestens mit Ablauf der dreijährigen Anpassungsfrist gemäss Art. 72e Abs. 1 StHG (per 1.7.2007) in Kraft. 189

Der in Art. 12 Abs. 4 lit. a StHG angeordnete **Steueraufschub** bewirkt, dass bei einem Eigentumsübergang bei einer Spaltung keine Grundstückgewinnsteuer erhoben werden darf. Aufgrund des Steueraufschubs bestimmt sich die Steuerbemessung anlässlich der nächsten relevanten Handänderung nicht nach der Handänderung, bei welcher die aufnehmende Gesellschaft das Grundstück von der spaltenden Gesellschaft übertragen erhalten hat, sondern nach der letzten steuerbaren Handänderung vorgängig der Spaltung. Die aufnehmende Gesellschaft tritt somit in die grundstückgewinnsteuerliche Position der spaltenden Gesellschaft (bzw. ihres Rechtsvorgängers bei steuerneutralem Erwerb ihrerseits) ein und übernimmt die Anlagekosten und die latente Steuerlast auf dem aufgelaufenen Mehrwert des Grundstückes (RICHNER/FREI/KAUFMANN, Kommentar ZH, § 216 N 141 ff. und 218 ff.; REICH/DUSS, 117 ff.). Sie kann sich im Gegenzug jedoch eine allfällige Haltedauer seit der letzten steuerbaren Handänderung anrechnen lassen (vgl. als Bsp. § 225 Abs. 3 StG ZH). 190

Der Verweis in Art. 12 Abs. 4 lit. a StHG auf die Umstrukturierungsnormen des Gewinnsteuerrechtes in Art. 24 Abs. 3 StHG ist zweifellos umfassend zu verstehen, so dass eine **Verletzung einer Steuerneutralitätsbedingung der Spaltung nach Art. 24 Abs. 3 lit. b StHG** (Betriebs- oder Weiterführungserfordernis) ohne weiteres zu einer nachträglichen Erhebung der Grundstückgewinnsteuer führt. 191

Wie bereits ausführlich zur Gewinnbesteuerung nach Art. 61 Abs. 1 lit. b DBG und Art. 24 Abs. 3 lit. b StHG dargestellt, ist davon auszugehen, dass der Gesetzgeber von einer einheitlichen Nachbesteuerungssystematik im Sinne des formellen Ansatzes und damit von der zivilrechtlichen Eigentumsübertragung als Realisationstatbestand ausgeht (vgl. N 147 ff. und insb. N 159 ff.). Entsprechend werden die Kantone bei **Wegfall** der **Steuerneutralität** einer Spaltung auf den **zivilrechtlichen Vorgang** abstellen und die Grundstückgewinnsteuer auf den übertragenen Liegenschaften erheben und zwar unabhängig davon, ob diese übertragenen Liegenschaften einem Betrieb angehören oder nicht (vgl. RICHNER/FREI/KAUFMANN, Kommentar ZH, § 216 N 230). Die ESTV sieht demgegenüber eine Gewinnbesteuerung jener stiller Reserven vor, die mit dem Nichtbetrieb oder Nichtmehrbetrieb verbunden sind, ohne dass es darauf ankommt, ob die entspre- 192 chenden Vermögenswerte zivilrechtlich übertragen worden sind oder nicht (ESTV-DVS, KS 5 vom 1.6.2004, Ziff. 4.3.2.13; im Einzelnen vgl. N 155 ff.). Gelten die zurückgelassenen Vermögenswerte als Nichtbetrieb oder Nichtmehrbetrieb, so führt dieser Ansatz der ESTV (sog. **quasi-materieller Ansatz**; s. N 155) zu einer vollständigen gewinnsteuerlichen Abrechnung über die stillen Reserven auf den zurückgelassenen Wirtschaftsgütern einschliesslich der Liegenschaften und, wenn die Kantone für die Grundstückgewinnsteuer diesem ESTV-Ansatz nicht folgen, sondern vielmehr dem formellen Ansatz (N 151) der Eigentumsübertragung nachleben, über die Grundstückgewinnsteuer auf dem Mehrwert der übertragenen Liegenschaften. Dies wäre ein steuersystematisch **inakzeptables Ergebnis**, das der geforderten Parallelität der Steuernormen im Umstrukturierungssteuerrecht zuwider läuft und die offenkundige Unzulänglichkeit des quasi-materiellen Ansatzes der ESTV zeigt. Sollte der quasi-materielle Ansatz tatsächlich Verwaltungspraxis im Bund und den Kantonen werden, müssten die betreffenden Kantone trotz zivilrechtlicher Handänderung auf eine Erhebung der Grundstückgewinnsteuer **verzichten**, wenn gewinnsteuerlich nicht auf dem übertragenen Betrieb mit Liegenschaften, sondern auf dem zurückgelassenen Nichtbetrieb oder Nichtmehrbetrieb (ohne Liegenschaften) abzurechnen wäre. Eine analoge Systemwidrigkeit ergibt sich bei der Handänderungssteuer (vgl. N 196). Allerdings bestimmt die ESTV bei der Verrechnungssteuer, der Emissionsabgabe und der Umsatzabgabe die Steuerfolgen selbst nicht nach dem quasi-materiellen Ansatz, sondern nach dem zivilrechtlichen Vorgang (entsprechend dem sog. formellen Ansatz; ESTV-DVS, KS 5 vom 1.6.2004, Ziff. 4.3.4.1 [Verrechnungssteuer]; Ziff. 4.3.5 [Emissionsabgabe] und Ziff. 4.3.6 [Umsatzabgabe]; s. N 204 f., N 231 und N 241).

VII. Handänderungssteuer

193 Art. 103 FusG schliesst die Erhebung von kantonalen und kommunalen Handänderungssteuern bei Umstrukturierungen im Sinne von Art. 8 Abs. 3 und Art. 24 Abs. 3 sowie 3^{quater} StHG aus. Einzig kostendeckende Gebühren bleiben vorbehalten. Von den Handänderungssteuern **befreit** ist also auch die gewinnsteuerneutrale Spaltung von juristischen Personen (s. die detaillierten Ausführungen in Art. 103 N 15 ff.). Art. 103 FusG tritt erst am 1.7.2009 in Kraft (Art. 111 Abs. 3 FusG; vgl. Art. 103 N 51 ff.).

194 Die **Mehrzahl der Kantone** sieht bereits heute eine Befreiung von der Handänderungssteuer bei Umstrukturierungen vor, wobei die Voraussetzungen der Steuerbefreiungstatbestände zum Teil noch enger gefasst sind als in Art. 103 FusG (im Einzelnen vgl. Art. 103 N 83 ff.). Keine oder nur einschränkende Befreiungstatbestände bzw. blosse Steuerreduktionen kennen die Kantone Genf, Wallis, Basel-Landschaft, Jura, Waadt, Schwyz, Neuenburg und Freiburg sowie viele Gemeinden im Kanton Graubünden (vgl. Art. 103 N 57, 60 ff.).

195 Ausser den Handänderungssteuern sind die **Grundbuchabgaben** zu berücksichtigen. Die Kantone Glarus, Tessin und Uri erheben anstelle von Handänderungssteuern Grundbuchabgaben mit Gemengsteuercharakter ohne Befreiungstatbestand bei Umstrukturierungen. In den Kantonen Schaffhausen und Zug wird die anstelle der Handänderungssteuer erhobene Grundbuchabgabe bei Umstrukturierungen lediglich reduziert. Sodann erheben eine Reihe von Kantonen neben ihren Handänderungssteuern Grundbuchabgaben mit Gemengsteuercharakter (im Einzelnen vgl. Art. 103 N 58 f.). Gemäss Satz 2 von Art. 103 FusG sind die Kantone weiterhin befugt, **kostendeckende Gebühren** zu erheben. Das Kostendeckungsprinzip führt zu einer Begrenzung der Höhe der Grundbuchgebühren (Art. 103 N 35 ff.).

Bei **Wegfall** der **Steuerneutralität** einer Spaltung werden die Kantone wohl nachträglich auf den zivilrechtlichen Vorgang abstellen und die Handänderungssteuern auf den übertragenen Liegenschaften nacherheben. Demgegenüber will die ESTV in einem solchen Fall die Gewinnsteuer auf dem Nichtbetrieb oder Nichtmehrbetrieb abrechnen, selbst wenn dieser nicht übertragen wurde. Die damit verbundene offensichtliche Systemwidrigkeit ergibt sich auch bei der Grundstückgewinnsteuer, so dass auf die dortigen Ausführungen verwiesen werden kann (N 192).

VIII. Verrechnungssteuer

1. Inländische Kapitalgesellschaften oder Genossenschaften als übertragende und übernehmende Gesellschaften

a) Ausnahme nach Art. 5 Abs. 1 lit. a VStG

Bei der Spaltung einer inländischen Kapitalgesellschaft oder Genossenschaft werden regelmässig verrechnungssteuerpflichtige Reserven übertragen (vgl. die Bsp. in N 84 ff.). Gemäss Art. 5 Abs. 1 lit. a VStG sind jedoch **Reserven** von der Verrechnungssteuer **ausgenommen**, die bei einer **Umstrukturierung nach Art. 61 DBG** in die Reserven einer aufnehmenden **inländischen Kapitalgesellschaft oder Genossenschaft** übergehen (vgl. zur Entstehungsgeschichte von Art. 5 Abs. 1 lit. a VStG vor Art. 3 N 193 f. und Teil 2 vor Art. 69 N 118 ff.). Art. 5 Abs. 1 lit. a VStG ist ein Anwendungsfall der nach Bundesgericht und Verwaltungspraxis in Art. 1 Abs. 2 VStG verankerten **Direktbegünstigungstheorie** (ASA 61 [1992/93], 537; ASA 65 [1996/97], 397, 400 f.; PFUND/ZWAHLEN, Art. 21 Abs. 3 N 5.9 f.; ESTV-DVS, MB S-02.141 Leistungsempfänger, Ziff. I). Für die Anwendung von Art. 5 Abs. 1 lit. a VStG ist die Definition von Reserven gemäss Art. 4 Abs. 1 lit. b VStG i.V.m. Art. 20 VStV (vgl. vor Art. 3 N 204) und die Definition von inländischen Kapitalgesellschaften oder Genossenschaften gemäss Art. 9 VStG i.V.m. Art. 4 Abs. 1 lit. b VStG (vgl. vor Art. 3 N 195 ff.) massgebend. Da Art. 5 Abs. 1 lit. a VStG auf Art. 61 DBG verweist, greift die Ausnahme für Spaltungen nur, wenn sie die Voraussetzungen von Art. 61 Abs. 1 lit. b DBG erfüllt.

Art. 5 Abs. 1 lit. a VStG ist auf den **Erhalt** des **Verrechnungssteuersubstrats** gerichtet und will eine Erhebung der Verrechnungssteuer auf den übertragenen Reserven bei einer späteren Ausschüttung an die Anteilsinhaber gewährleisten. Die **Ausnahme** greift daher nur **soweit**, als die übertragenen Reserven in die **Reserven** der aufnehmenden Kapitalgesellschaft oder Genossenschaft **übergehen**. Gehen mit einem abgespaltenen Betrieb oder Teilbetrieb verknüpfte Reserven nicht vollumfänglich in die Reserven der übernehmenden Kapitalgesellschaft oder Genossenschaft über, so ist die Verrechnungssteuer auf den **untergehenden Reserven** geschuldet. Dies ist der Fall, wenn anlässlich der Spaltung Nennwert zu Lasten der Reserven geschaffen wird oder Ausgleichszahlungen (Spitzenausgleich), Abfindungen für Aktien sowie Abgeltungen für Sonderrechte oder Genussscheine geleistet werden. Nach Ansicht der ESTV führt auch die Verwendung eigener Aktien zu einer Verrechnungssteuerpflicht.

b) Leistungen anlässlich einer Spaltung

ba) Gratisnennwert

Die Ausbuchung des handelsrechtlichen Aktivenüberschusses des abgespaltenen Betriebs oder Teilbetriebs kann bei der spaltenden Gesellschaft gegen herabgesetztes Nennkapital und/oder offene Reserven erfolgen. Wird bei der übernehmenden Kapitalgesellschaft neues Nennkapital geschaffen (vgl. Bsp. Nr. 3 in N 86), ohne dass Nennkapital bei der übertragenden Gesellschaft im entsprechenden Umfang herabgesetzt wird, gehen anlässlich der Spaltung Reserven ins Nennkapital und nicht in die Reserven über. In diesem Umfang greift Art. 5 Abs. 1 lit. a VStG nicht und liegt eine der Verrechnungssteuer von 35% unterliegende Ausgabe von **Gratisaktien** bzw. **Gratisnennwert** vor (Art. 4 Abs. 1 lit. b VStG i.V.m. Art. 20 Abs. 1 VStV; im Bsp. Nr. 3 in N 86 von 150; ESTV-DVS, KS 5 vom 1.6.2004, Ziff. 4.3.4.2).

bb) Ausgleichszahlungen, Abfindungen, Abgeltungen

200 **Ausgleichszahlungen** werden von der spaltenden oder der übernehmenden Gesellschaft den Aktionären der spaltenden Gesellschaft oder der übernehmenden Gesellschaft bezahlt, um Wertdifferenzen zwischen Anteilsrechten an der spaltenden und der übernehmenden Gesellschaft auszugleichen. Bei Ausgleichszahlungen handelt es sich um Ausschüttungen aus den Reserven der Gesellschaft, die der Verrechnungssteuer unterworfen sind (PFUND, Art. 5 N 2.7 zur Fusion; vgl. N 134 ff.). Der Vorschlag der Arbeitsgruppe Steuern, auf Ausgleichszahlungen keine Einkommens- und Verrechnungssteuern zu erheben (Bericht Steuern 1, 22 f.), wurde vom Bundesrat wegen der ablehnenden Haltung der Kantone und der Durchbrechung des Nennwertprinzips nicht aufgenommen (Botschaft, 4377 f.). Sofern Ausgleichszahlungen nicht mit allfälligen Nennwertverlusten verrechnet werden können (ESTV-DVS, KS 5 vom 1.6.2004, Ziff. 4.1.2.4.1 analog; bereits Bericht Steuern 1, 31), unterliegen sie nach Art. 4 Abs. 1 lit. b VStG der Verrechnungssteuer. Verrechnungssteuerpflichtig ist die leistende Gesellschaft.

201 Die an einer Spaltung beteiligten Gesellschaften können im Spaltungsvertrag vorsehen, dass die Gesellschafter zwischen Anteils- bzw. Mitgliedschaftsrechten und einer **Abfindung** wählen können (in analoger Anwendung von Art. 8 Abs. 1 FusG). Ein Teil der Lehre vertritt die Auffassung, dass auch bei der Spaltung analog der Fusion nur eine Abfindung vereinbart werden kann (Art. 8 Abs. 2 FusG; vgl. N 131). Solche von der spaltenden oder übernehmenden Gesellschaft geleisteten Abfindungen unterliegen als Teilliquidationsbetreffnis nach Art. 4 Abs. 1 lit. b VStG der Verrechnungssteuer (vgl. zur entsprechenden Beurteilung bei der Fusion: ESTV-DVS, KS 5 vom 1.6.2004, Ziff. 4.1.2.4.1 i.V.m. Ziff. 4.1.2.3.8; Botschaft, 4404; Bericht Steuern 1, 23). Die vorstehenden Ausführungen gelten sinngemäss für **Abgeltungen für Sonderrechte**.

bc) Verwendung eigener Aktien

202 Verwendet die übernehmende Gesellschaft eigene Beteiligungsrechte, deren Rückkauf nicht zu einer Besteuerung geführt hat (Art. 4a Abs. 2 VStG), zur Erfüllung des Lieferungsanspruchs der übertragenden Gesellschafter gemäss Umtauschverhältnis im Spaltungsvertrag, hält die ESTV dafür, dass die eigenen Beteiligungsrechte zum Verkehrswert wie eine Barabfindung zu behandeln sind (vgl. für die Fusion: ESTV-DVS, KS 5 vom 1.6.2004, Ziff. 4.1.2.3.7; ausführlich N 87 ff.). Bei dieser hier nicht geteilten Auffassung der ESTV hat die übernehmende Gesellschaft für ausgehändigte eigene Aktien die Verrechnungssteuer zu entrichten und auf die Empfänger zu überwälzen. Für in der Schweiz ansässige Anteilseigner kann das **Meldeverfahren** nach Art. 24 Abs. 1 lit. c VStV (dazu vor Art. 3 N 179 ff.) angewandt werden, sofern die weiteren Voraussetzungen von Art. 24 Abs. 2 VStV eingehalten sind. Da ein Abzug der Verrechnungssteuer nicht möglich ist, müssen entweder die Gesellschafter die Verrechnungssteuer von 35% der Gesellschaft erstatten oder muss die Gesellschaft die ins Hundert gerechnete Verrechnungssteuer abliefern.

c) Leistungen bei Verletzung von Art. 61 Abs. 1 lit. b DBG

ca) Verletzung des Betriebs- und Weiterführungserfordernisses

Wird das doppelte Betriebserfordernis verletzt, d.h. wird entweder kein Betrieb oder Teilbetrieb übertragen oder bleibt kein Betrieb oder Teilbetrieb zurück, liegt **keine gewinnsteuerneutrale Umstrukturierung** nach Art. 61 DBG vor. Das ist auch der Fall, wenn das Weiterführungserfordernis verletzt wird. Nicht gesetzlich geregelt ist die Frage, ob bei Nichteinhaltung dieser Bedingungen auch die Verrechnungssteuer nachzuerheben sei. Art. 5 Abs. 1 lit. a VStG sieht keine Nachbesteuerung vor (vgl. GLAUSER, ST 2002, 717, der zum alten Recht bei Sperrfristverletzung bei Spaltungen nach Art. 61 Abs. 1 lit. c altDBG eine nachträgliche Erhebung der Verrechnungssteuer nach Art. 5 Abs. 1 lit a. altVStG ablehnt). Ist davon auszugehen, dass der allgemeine Verweis auf die Umstrukturierungsnorm von Art. 61 DBG in Art. 5 Abs. 1 lit. a VStG auch eine Nachbesteuerung umfasst? Diese Frage ist zu verneinen, da keine gesetzliche Grundlage für eine **Nachbesteuerung** besteht. Zudem darf nicht übersehen werden, dass das Verrechnungssteuersubstrat tatsächlich auf die übernehmende Gesellschaft übergeht und anders als bei der Gewinnsteuer, bei welcher die übernehmende Gesellschaft die nachträglich versteuerten stillen Reserven in ihrer Steuerbilanz aufwerten kann, für die Verrechnungssteuer, sieht man von der modifizierten Dreieckstheorie ab, kein entsprechendes Korrektiv besteht. Entsprechend ist die Meinung der ESTV, nämlich Abrechnung einer geldwerten Leistung, **abzulehnen** (ESTV-DVS, KS 5 vom 1.6.2004, Ziff. 4.3.4.1). Zum Zweck der ausführlichen Auseinandersetzung mit der Verwaltungspraxis der ESTV wird für die nachfolgenden Ausführungen dennoch von einer geldwerten Leistung im Sinne der ESTV ausgegangen.

203

Für die Verrechnungssteuer gilt grundsätzlich die **Direktbegünstigungstheorie** (ESTV-DVS, MB S-02.141 Leistungsempfänger, Ziff. I). Danach erfolgt der Leistungsfluss nicht im Dreieck über die Anteilsinhaber, sondern es gilt direkt diejenige Person als Empfängerin der geldwerten Leistung, die nach aussen in deren Genuss gelangt. Auf diese Person ist die Verrechnungssteuer zu überwälzen, und sie muss die Voraussetzung für die Rückerstattung der Verrechnungssteuer erfüllen. Ist keine steuerneutrale Spaltung nach Art. 61 Abs. 1 lit. b DBG und Art. 24 Abs. 3 lit. b StHG gegeben, so liegt nach Meinung der ESTV gestützt auf den massgeblichen zivilrechtlichen Vorgang eine **verrechnungssteuerpflichtige Leistung** an eine **Schwestergesellschaft** vor (vgl. N 197 f.; Art. 1 Abs. 2 VStG und Art. 4 Abs. 1 lit. b VStG; Art. 20 Abs. 1 VStV; ESTV-DVS, KS 5 vom 1.6.2004, Ziff. 4.3.4.1 mit Beispielen Nrn. 12–14, Anhang I).

204

Diese Beurteilung steht im Widerspruch zur **Gewinnsteuer**, wo die ESTV nach dem hier nicht verfochtenen quasi-materiellen Ansatz immer eine Abrechnung auf dem **Nicht- oder Nichtmehrbetrieb** vorsieht, ohne dass für die ESTV beachtlich ist, ob dieser übertragen wurde oder nicht (ESTV-DVS, KS 5 vom 1.6.2004, Ziff. 4.3.2.13 mit Beispielen Nrn. 12–14, Anhang I; dazu ausführlich N 155 ff.). Dies führt bei Verletzung des doppelten Betriebserfordernisses durch Zurücklassung eines Nichtbetriebs und bei Verletzung des Weiterführungserfordernisses durch missbräuchliche Stilllegung des nicht übertragenen Betriebs oder Teilbetriebs zum steuersystematisch **zweifelhaften Resultat**, dass gewinnsteuerlich über den Nichtbetrieb bzw. Nichtmehrbetrieb abzurechnen ist, verrechnungssteuerlich dagegen über die offenen und stillen Reserven auf dem übertragenen Betrieb oder Teilbetrieb.

205

Hält man den von der ESTV bei der Gewinnsteuer vorgesehenen quasi-materiellen Ansatz für zulässig, so ist dieser Ansatz aufgrund des Verweises in Art. 5 Abs. 1 lit. a VStG auf Art. 61 DBG auch bei der Verrechnungssteuer anzuwenden. Eine andere Handha-

206

bung führt zu einem unzulässigen Methodendualismus. Sinngemässes gilt, wenn die übernehmende, nicht aber die übertragende Gesellschaft den Betrieb weiterführt. Es ist in diesen Fällen folglich **keine Verrechnungssteuerpflicht** gegeben. Die ESTV folgt diesem Ansatz lediglich bei der Aufspaltung: Überträgt eine Gesellschaft im Rahmen ihrer Aufspaltung einen Nichtbetrieb sowie einen Betrieb soll eine Verrechnungssteuerpflicht *nur* für die Reserven des Nichtbetriebs bestehen (ESTV-DVS, KS 5 vom 1.6. 2004, Bsp. Nr. 14, Anhang I). Nach dem quasi-materiellen Ansatz liegt hingegen gleich wie beim formellen Ansatz eine grundsätzlich verrechnungssteuerpflichtige Leistung an eine Schwestergesellschaft vor, wenn ein Teilbetrieb zurück bleibt und ein Nichtbetrieb übertragen wird oder wenn die übertragende, nicht aber die übernehmende Gesellschaft den Betrieb weiterführt.

207 Besteht eine Verrechnungssteuerpflicht und ist die Schwestergesellschaft in der Schweiz ansässig, ist das **Meldeverfahren** nach Art. 24 Abs. 1 lit. c VStV anwendbar, sofern die weiteren Voraussetzungen nach Art. 24 Abs. 2 VStV eingehalten sind (dazu vor Art. 3 N 179 ff.). Die ganze Abwicklung der Verrechnungssteuerpflicht wäre also lediglich ein Papiertiger, wenn nicht die **Zinsfolge** wäre. Nach Ansicht der ESTV ist die Verrechnungssteuerforderung ab dem 31. Tag nach dem Vollzug der Spaltung (Tagebucheintrag im Handelsregister) mit 5% zu verzinsen (Art. 12 VStG und 16 Abs. 1 lit. c VStG; Art. 1 Abs. 1 der VO des EFD über die Verzinsung ausstehender Verrechnungssteuern vom 29.11.1996, SR 642.212) und zwar unabhängig davon, ob ein Meldeverfahren zur Anwendung kommt oder nicht.

cb) Sanierungsspaltung

208 Erfolgt eine Spaltung zwecks Sanierung, d.h. Beseitigung einer echten Unterbilanz (zum Begriff Unterbilanz vgl. Teil 2 vor Art. 69 N 123) der übernehmenden Gesellschaft, so erlangt der Anteilsinhaber eine geldwerte Leistung im Umfang der **untergehenden Reserven** gestützt auf die Anwendung der **Dreiecksstheorie** (vgl. ausführlich N 166 f.). Diese Folge lässt sich direkt aus Art. 5 Abs. 1 lit. a VStG ableiten, wird dort doch explizit verlangt, dass die übertragenen (offenen und stillen) Reserven in diejenigen der aufnehmenden Gesellschaft übergehen, was bei einer echten Unterbilanz der empfangenden Gesellschaft eben nicht der Fall ist. Diese Auslegung entspricht der bisherigen Praxis zu Art. 5 Abs. 1 lit. a VStG (PFUND, Art. 5 N 2.9) und auch der Ansicht der ESTV (ESTV-DVS, KS 5 vom 1.6.2004, Ziff. 4.3.4.3). Begünstigte einer solchen geldwerten Leistung sind die Anteilsinhaber der übertragenden Gesellschaft (ESTV-DVS, MB S-02.141 Leistungsempfänger, Ziff. II.1.a).

209 Für in der Schweiz ansässige Anteilsinhaber kann das **Meldeverfahren** nach Art. 24 Abs. 1 lit. c VStV angewandt werden, sofern die weiteren Voraussetzungen von Art. 24 Abs. 2 VStV eingehalten sind (vgl. vor Art. 3 N 179 ff.). Da ein Abzug der Verrechnungssteuer nicht möglich ist, müssen die Anteilsinhaber, wenn das Meldeverfahren nicht zur Anwendung kommt, der Gesellschaft die Verrechnungssteuer von 35% erstatten oder die Gesellschaft der ESTV die ins Hundert gerechnete Verrechnungssteuer abliefern. Rückerstattungsberechtigt sind die Anteilsinhaber (dazu vor Art. 3 N 166 ff.). Zur Zinsfolge kann auf die Ausführungen in N 207 verwiesen werden.

cc) Spaltung mit Buchwertabgeltung

210 Nach abzulehnender Ansicht der ESTV ist eine Spaltung mit Abgeltung des buchmässigen Aktivenüberschusses wie ein Veräusserungsgeschäft zu beurteilen (s. N 90 ff.). Entsprechend schliesst sie gewinnsteuerlich auf eine Liquidation des übertragenen Betriebs oder Teilbetriebs mit Abrechnungspflicht der Gesellschaft bei der Verrechnungs-

steuer über sämtliche übertragenen offenen und stillen Reserven (ESTV-DVS, KS 5 vom 1.6.2004, Ziff. 4.3.2.4 mit Bsp. Nr. 11, Anhang I). Begünstigte und Rückerstattungsberechtigte ist aufgrund der Direktbegünstigungstheorie die übernehmende Gesellschaft. Betreffend Meldeverfahren und Zinsfolge kann auf die Ausführungen in N 207 verwiesen werden.

cd) Spaltung mit Passivenüberschuss

Bei Abspaltung eines Betriebs oder Teilbetriebs mit einem buchmässigen Passivenüberschuss wird der Passivenüberschuss des übertragenen Vermögens buchhalterisch mit den freien Reserven der übernehmenden Gesellschaft verrechnet und jener Teil der freien Reserven, der dem nominellen Kapital der neu geschaffenen Aktien entspricht, in Aktienkapital umgebucht (vgl. N 95 f. mit Bsp. Nr. 6 in N 96). Aufgrund der Massgeblichkeit der Handelsbilanz kann die *übertragende Gesellschaft* ihrerseits Reserven im Umfang des Passivenüberschusses zu Buchwerten einbuchen. Um eine Verrechnung von Reserven bei der übernehmenden Gesellschaft zu vermeiden, kann der Passivenüberschuss durch die übertragende Gesellschaft abgegolten werden (**a.M.** ESTV-DVS, KS 5 vom 1.6.2004, Ziff. 4.3.2.4; bei Abgeltung des buchmässigen Aktivenüberschusses vgl. N 90 ff.). **211**

Sind die Bedingungen für eine steuerneutrale Spaltung erfüllt, sind im Einklang mit dem Grundgedanken, dass die Besteuerung stiller Reserven bis zu deren tatsächlichen Realisation aufgeschoben werden soll, keine sachlichen Gründe gegen die Anwendung von Art. 5 Abs. 1 lit. a VStG bei einer Abspaltung eines Betriebs oder Teilbetriebs mit **unechtem Passivenüberschuss** zu Buchwerten erkennbar. Die umgekehrte Flussrichtung offener Reserven ist unschädlich. Soweit die übernehmende Gesellschaft zu Lasten der Reserven Nennwert schafft, erhalten die Anteilsinhaber verrechnungssteuerpflichtigen Gratisnennwert mit den in N 199 beschriebenen Folgen. **212**

2. Spaltung auf eine nicht verrechnungssteuerpflichtige juristische Person

Die Übertragung der offenen und stillen Reserven einer Kapitalgesellschaft oder Genossenschaft auf eine nicht verrechnungssteuerpflichtige juristische Person (einschliesslich Anlagefonds mit direktem Grundbesitz) als übernehmende Gesellschaft führt zur Abrechnung über die **Verrechnungssteuer**. Verrechnungssteuerlich erfolgt eine Teilliquidation der Kapitalgesellschaft oder Genossenschaft (ESTV-DVS, KS 5 vom 1.6.2004, Ziff. 4.2.3.4; PFUND, Art. 4 N 3.44), da künftig die übernehmende juristische Person nicht verrechnungssteuerpflichtig ist (e contrario Art. 4 Abs. 1 lit. b VStG). Die Ausnahmenorm von Art. 5 Abs. 1 lit. a VStG greift nicht, da sie bloss für die Übertragung von Reserven und Gewinnen einer Kapitalgesellschaft oder Genossenschaft auf eine andere inländische Kapitalgesellschaft oder Genossenschaft Anwendung findet. **213**

Die Frage, wer bei einer solchen Spaltung, die nach Art. 61 Abs. 1 lit. b DBG und Art. 24 Abs. 3 lit. b StHG auf Ebene der juristischen Personen (u.U. aber nicht auf Ebene der Anteilsinhaber) steuerneutral möglich ist (vgl. N 109 ff.), verrechnungssteuerlich als nach aussen erkennbare Empfängerin der Leistung zu gelten hat, kann nicht generell beantwortet werden (keine Aussage dazu in ESTV-DVS, KS 5 vom 1.6.2004, einschliesslich Ziff. 4.2.3.4). Grundsätzlich ist von einer **Direktbegünstigung** auszugehen (ESTV-DVS, MB S-02.141 Leistungsempfänger, Ziff. I), da gewinnsteuerlich eine Unternehmensumstrukturierung vorliegt (vgl. N 197). Es ist jedoch nicht auszuschliessen, dass bei einer rechtsformübergreifenden Spaltung, z.B. auf einen Verein oder eine Stiftung, ausschliesslich «familiäre oder freundschaftliche» Beziehungen zwischen den Anteilsinhabern der spaltenden Gesellschaft von der ESTV als massgeblich erachtet werden. In **214** diesem Fall wird auf die **Dreieckstheorie** abgestellt (ESTV-DVS, MB S-02.141 Leistungsempfänger, Ziff. II.2.b). Nach der ESTV benutzt der Anteilsinhaber der leistenden Gesellschaft diesfalls seine Unternehmung nur als Instrument für die Vornahme einer Schenkung. Im Falle der Abspaltung auf einen Anlagefonds mit direktem Grundbesitz ist die Fondsleitung Empfängerin (Art. 26 VStG). Betreffend Abrechnungspflicht bzw. Meldeverfahren und Zinsfolge kann auf die Ausführungen in N 207 verwiesen werden.

3. Spaltung von nicht verrechnungssteuerpflichtigen juristischen Personen

215 Ist eine inländische, nicht verrechnungssteuerpflichtige juristische Person (Verein, Stiftung, Genossenschaft ohne Anteilscheine, Anlagefonds mit direktem Grundbesitz) übertragende Person, so hat die Spaltung mangels Verlust von Verrechnungssteuersubstrat keine Verrechnungssteuerfolgen (ESTV-DVS, KS 5 vom 1.6.2004, Ziff. 4.2.4.4). Soweit bei der übernehmenden inländischen Kapitalgesellschaft oder Genossenschaft mit Anteilscheinen das übertragene Eigenkapital in Nennkapital übergeht, entsteht keine latente Verrechnungssteuerpflicht. Das übrige Eigenkapital ist dagegen neu latent der Verrechnungssteuer unterworfen.

4. Grenzüberschreitende Spaltungen

a) Emigrationsspaltung

216 Bei der Ab- oder Aufspaltung eines Betriebs oder Teilbetriebs auf eine ausländische Kapitalgesellschaft oder Genossenschaft (Emigrationsabspaltung oder -aufspaltung nach Art. 163d IPRG i.V.m. Art. 163b IPRG) bleiben die **Reserven** der ab- oder aufspaltenden inländischen Gesellschaft nicht bei einer inländischen Kapitalgesellschaft oder Genossenschaft erhalten, was zur vollständigen **verrechnungssteuerlichen Abrechnung** über die übertragenen offenen und stillen Reserven führt (Art. 4 Abs. 2 VStG; vgl. Teil 1 vor Art. 69 N 200 f.). Dies trifft auch dann zu, wenn die aufnehmende ausländische Gesellschaft nach der Spaltung eine Betriebsstätte in der Schweiz unterhält und gewinnsteuerlich keine Abrechnung erforderlich ist, weil die Betriebsstätte einer ausländischen Kapitalgesellschaft oder Genossenschaft nicht der Verrechnungssteuer unterworfen ist.

217 Eine Emigrationsspaltung einer Kapitalgesellschaft oder Genossenschaft wird verrechnungssteuerlich wie eine **fiktive Liquidation wegen Sitzverlegung** ins Ausland behandelt (Art. 4 Abs. 2 VStG; ESTV-DVS, KS 5 vom 1.6.2004, Ziff. 4.3.4.1 i.V.m. Ziff. 4.1.2.4.2). Die ESTV bezeichnet den **Anteilseigner** als **Leistungsempfänger** und **Rückerstattungsberechtigten** (ESTV-DVS, KS 5 vom 1.6.2004, Ziff. 4.1.2.4.2, vgl. dazu auch Teil 1 vor Art. 69 N 206 f.). Für in der Schweiz ansässige Anteilseigner kann das **Meldeverfahren** nach Art. 24 Abs. 1 lit. d VStV (dazu vor Art. 3 N 179 ff.) angewendet werden, sofern die weiteren Voraussetzungen von Art. 24 Abs. 2 VStV eingehalten sind. Dem ausländischen Anteilseigner verbleibt bloss das **Rückerstattungsverfahren** unter Inanspruchnahme eines allenfalls anwendbaren Doppelbesteuerungsabkommens (s. vor Art. 3 N 168). Inländische Anteilseigner der spaltenden Kapitalgesellschaft oder Genossenschaft haben in der Folge den Liquidationsüberschuss in ihrer Steuerdeklaration als Ertrag mit Verrechnungssteuer zu deklarieren (ESTV-DVS, KS 5 vom 1.6.2004, Ziff. 4.3.4.1 i.V.m. 4.1.2.4.2). Wenig konsequent wendet die ESTV dagegen bei inländischen Spaltungen die Direktbegünstigungstheorie an und bezeichnet die übernehmende Gesellschaft als rückerstattungsberechtigt (vgl. N 197).

b) Immigrationsspaltung

Bei einer Immigrationsspaltung auf eine Kapitalgesellschaft oder Genossenschaft werden offene und allenfalls stille Reserven in den verrechnungssteuerpflichtigen Bereich verlagert. Nur die ins Nennkapital übergehenden Reserven können diesfalls verrechnungssteuerfrei zurückgezahlt werden (vgl. auch die einschränkenden Bestimmungen bezüglich der Höhe des emissionsabgabefrei zu schaffenden nominellen Nennkapitals in ESTV-DVS, KS 5 vom 1.6.2004, Ziff. 4.4.2.3, welche sich indirekt auch auf die Verrechnungssteuer auswirken, N 224 f.). 218

IX. Stempelabgaben

1. Emissionsabgabe

a) Inländische Kapitalgesellschaften oder Genossenschaften als übernehmende Gesellschaft

aa) Ausnahme von der Emissionsabgabe nach Art. 6 Abs. 1 lit. a^{bis} StG

Die teilentgeltliche oder unentgeltliche Begründung und Erhöhung des **Nennwertes** von Beteiligungsrechten an Kapitalgesellschaften und Genossenschaften durch Übertragung von Vermögenswerten unterliegt der Emissionsabgabe (Art. 5 Abs. 1 lit. a StG). **Zuschüsse** in das Kapital solcher Gesellschaften ohne Ausgabe von Beteiligungsrechten sind der Nennwertbegründung oder -erhöhung gleichgestellt (Art. 5 Abs. 2 lit. a StG). 219

Art. 6 Abs. 1 lit. a^{bis} StG nimmt **Beteiligungsrechte**, die in Durchführung von Beschlüssen über Fusionen oder diesen wirtschaftlich gleichkommende Zusammenschlüsse, Spaltungen und Umwandlungen begründet werden, von der Emissionsabgabe aus. Obwohl sich Art. 6 Abs. 1 lit. a^{bis} StG dem Wortlaut nach nur auf die Begründung von Beteiligungsrechten bezieht, ist unbestritten, dass offene und stille **Reserveneinlagen** anlässlich von Umstrukturierungen ebenso **abgabenbefreit** sind (ESTV-DVS, MB Art. 6 Abs. 1 lit. a^{bis} StG, Ziff. IV.b [aufgehoben per 1.7.2004]; ESTV-DVS, KS 5 vom 1.6.2004, Ziff. 4.3.5). 220

Art. 6 Abs. 1 lit. a^{bis} StG erfuhr im Rahmen der Anpassungen des StG an das FusG eine redaktionelle Änderung, indem in Anpassung an Art. 29 FusG das Wort «Aufspaltung» durch das Wort «Spaltung» ersetzt wurde. Eine materielle Änderung ergibt sich daraus, dass diese redaktionelle Anpassung zusammen mit der vom Ständerat am 21.3.2001 beschlossenen Empfehlung, die Begriffe in den Vollzugsbestimmungen zum Verrechnungssteuer- und Stempelsteuerrecht gleich wie im Gewinnsteuerrecht zu definieren und anzuwenden, den begrüssenswerten Willen des Gesetzgebers zur **einheitlichen Rechtsanwendung** bei den verschiedenen Steuern dokumentiert (vgl. Mitbericht WAK StR, 15; AmtlBull StR 2001, 168; ESTV-DVS, KS 5 vom 1.6.2004, Ziff. 2.4.1 und die Empfehlung 01.3015 des Ständerates, Anhang II, 8; s. auch Teil 1 vor Art. 69 N 119 ff.). Damit ist für die Anwendung von Art. 6 Abs. 1 lit. a^{bis} StG erforderlich, dass die zu befreiende Nennwertbegründung und Reserveneinlage bei der aufnehmenden Gesellschaft auf einer Spaltung nach **Art. 61 Abs. 1 lit. b DBG** beruht (ebenso ESTV-DVS, KS 5 vom 1.6.2004, Ziff. 4.3.5 und Anhang II, 8). Es kann diesbezüglich generell auf die Ausführungen zum Gewinnsteuerrecht verwiesen werden. 221

ab) Direktbegünstigungstheorie bei Spaltung ohne Ausgabe von Beteiligungsrechten

Wird im **Konzern** oder bei sonst **identischen Anteilsinhabern** ein Betrieb oder Teilbetrieb durch Spaltung auf eine Schwestergesellschaft unentgeltlich oder teilentgeltlich 222 mit Abgeltung des buchmässigen Aktivenüberschusses (**a.M.** ESTV-DVS, KS 5 vom 1.6.2004, Ziff. 4.3.2.4, die von einer Veräusserung ausgeht, s. N 90 ff.) übertragen, **ohne dass die Schwestergesellschaft ihr Nennkapital** erhöht, stellt sich die Frage der Erhebung der Emissionsabgabe nur bei Anwendung der Dreieckstheorie. Für die Emissionsabgabe gilt aber grundsätzlich, wie für die Verrechnungssteuer, die **Direktbegünstigungstheorie** (ESTV-DVS, MB Leistungsempfänger, S-02.141, Ziff. I). Danach erfolgt der Leistungsfluss nicht im Dreieck über die Muttergesellschaft bzw. die Anteilsinhaber, sondern es gilt direkt diejenige Person als Empfängerin der geldwerten Leistung, die nach aussen in deren Genuss gelangt. Auf diese Person ist die Verrechnungssteuer zu überwälzen, und sie muss die Voraussetzung für die Rückerstattung der Verrechnungssteuer erfüllen. Stellt folglich die Leistung keinen Zuschuss der Gesellschafter nach Art. 5 Abs. 2 lit. a StG dar, ist die Erhebung der Emissionsabgabe ausgeschlossen. Diese rechtliche Beurteilung entspricht der bisherigen Praxis zur teil- oder unentgeltlichen Übertragung von Vermögenswerten zwischen Schwestergesellschaften ohne Ausgabe von Beteiligungsrechten (STOCKAR, 208 f.; STOCKAR/HOCHREUTENER, Art. 5 Abs. 2 lit. a StG, Nr. 4, und Art. 21 Abs. 1 VStG, Nrn. 3–5; GLAUSER, ST 2002, 717). Nicht die Direktbegünstigungs- sondern die Dreieckstheorie ist demgegenüber bei Ausgabe von Beteiligungsrechten und bei Sanierungsspaltungen anwendbar (N 223 ff. und N 229 ff.).

ac) Dreieckstheorie bei Spaltung mit Ausgabe von Beteiligungsrechten und bei Sanierungsspaltung

(1) Spaltung mit Ausgabe von Beteiligungsrechten

(a) Ausnahme gemäss Art. 6 Abs. 1 lit. a^{bis} StG

223 **Erhöht** die übernehmende Schwestergesellschaft im Zuge der Spaltung ihr **Nennkapital** zu Gunsten der Anteilsinhaber, gilt die **Dreieckstheorie** und unterliegt der Vorgang grundsätzlich aufgrund von Art. 5 Abs. 1 lit. a StG der Emissionsabgabe. In diesem Fall greift jedoch die Ausnahme von **Art. 6 Abs. 1 lit. a^{bis} StG**, wenn die Spaltung die Voraussetzungen von Art. 61 Abs. 1 lit. b DBG erfüllt (vgl. N 221).

224 Die ESTV will bei einer Spaltung mit Ausgabe von Beteiligungsrechten die Befreiung nach Art. 6 Abs. 1 lit. a^{bis} StG nicht gewähren, soweit das neu geschaffene, nominelle Kapital das minimal erforderliche Eigenkapital gemäss Kreisschreiben vom 6.6.1997 zum verdeckten Eigenkapital nach Art. 65 DBG übersteigt und sofern die Merkmale der **Abgabeumgehung** erfüllt sind (ESTV-DVS, KS 5 vom 1.6.2004, Ziff. 4.3.5; zum alten Recht das per 1.7.2004 aufgehobene MB Art. 6 Abs. 1 lit. a^{bis} StG, Ziff. IV.a). Diese Limitierung, welche die ESTV unter dem Aspekt der Möglichkeit der steuerfreien Rückzahlbarkeit von Nominalkapital beurteilt, findet keine Anwendung auf die Einlage von offenen und stillen Reserven, welche unbeschränkt abgabefrei zulässig ist (vgl. Teil 1 vor Art. 69 N 122 ff.). Während die ESTV unter altem Recht in Abweichung zur gewinnsteuerrechtlichen Bestimmung des verdeckten Eigenkapitals gemäss KS 6 vom 6.6.1997 (Ziff. 2.1) für die Ermittlung des maximal emissionsabgabenfrei bildbaren nominellen Kapitals von den Buchwerten der übertragenen Aktiven ausging (ESTV-DVS, MB Art. 6 Abs. 1 lit. a^{bis} StG, IV.a.3), ist nun unter neuem Recht wie bei der Gewinnsteuer der **Verkehrswert massgebend**. Dies ist zu begrüssen.

225 Das bei einer Spaltung zu schaffende Nennkapital ergibt sich nicht aus dem minimalen Eigenkapital, das erforderlich ist, um verdecktes Eigenkapital bei der Gewinnsteuer zu verhindern. Ist vielmehr im Rahmen einer Spaltung eine Kapitalerhöhung erforderlich, so ist diese Kapitalerhöhung in jedem Fall von der Emissionsabgabe befreit. Aber auch in allen andern Fällen ist aus dem Stempelabgabenrecht keine Limitierung ersichtlich,

welche die Gesellschaften in der Eigenkapitalausstattung der übernehmenden Gesellschaft einschränken würde (Art. 33 Abs. 1 FusG, vgl. N 84 ff.). Die Gesellschaften können frei wählen, wie die Übertragung des buchmässigen Aktivenüberschusses bei der übernehmenden Gesellschaft passivseitig angerechnet werden soll, sei dies als Nennkapital, Reserven oder Fremdkapital bei Abgeltung des buchmässigen Aktivenüberschusses (allerdings schliesst die ESTV auf Unzulässigkeit der Buchwertabgeltung, vgl. N 90 ff.). Das Zivilrecht auferlegt ausser bei der GmbH keine Schranken. Dort ist der Spielraum bei der Erhöhung des Stammkapitals der GmbH durch Art. 773 OR gegen oben noch auf CHF 2 Mio. beschränkt (wobei diese Limite mit der Revision des GmbH-Rechts entfallen dürfte; s. Art. 773 Entwurf zum OR GmbH-Recht sowie Anpassungen im Aktien-, Genossenschafts-, Handelsregister- und Firmenrecht [BBl 2002, 3265 ff.]). Aufgrund der Vorschrift zur Gewinnsteuerwertübernahme gemäss Art. 61 Abs. 1 DBG ergeben die **Gewinnsteuerwerte** der übernommenen Aktiven und Passiven die maximale, betragsmässige Wertgrenze der passivseitigen Anrechnung bei der übernehmenden Gesellschaft. Diese klare gesetzliche Vorschrift ist für die Emissionsabgabe **massgebend**. Das Gesetz sieht keine weiteren Einschränkungen vor.

(b) Keine Sperrfristen unter neuem Recht und Wegfall altrechtlicher Sperrfristen

In Art. 6 Abs. 1 lit. a^{bis} StG ist **keine Sperrfrist** für die **Beteiligungsrechte** an der spaltenden und aufnehmenden Gesellschaft angeordnet. **Veräusserungs- und Verwässerungssachverhalte** (Kapitalerhöhungen mit Beteiligung Dritter) durch Beteiligung Dritter sind daher wie bei den direkten Steuern künftig unschädlich, auch wenn sie unmittelbar im Anschluss an die Spaltung erfolgen (ebenso ESTV-DVS, KS 5 vom 1.6.2004, Ziff. 4.3.5).

Altrechtliche Sperrfristen auf Beteiligungsrechten, die anlässlich einer emissionsabgabebefreiten Spaltung vor dem 30.6.2004 angeordnet wurden, sind per 1.7.2004 **aufgehoben** (ESTV-DVS, KS 5 vom 1.6.2004, Ziff. 5). Obschon für die Anordnung dieser Sperrfrist wie unter neuem Recht keine Gesetzesgrundlage bestand, will die ESTV den Wegfall altrechtlicher Sperrfristen davon abhängig machen, dass die fragliche Spaltung einer Spaltung gemäss neuem Recht entspricht. Die Frage der rechtlichen Zulässigkeit dieser Bedingung ist ausführlich bei der Gewinnsteuer behandelt, weshalb auf die dortige Kommentierung verwiesen werden kann (N 79 f.).

(c) Wegfall der altrechtlichen Praxis zur Abspaltung von Beteiligungen

Die Umgruppierung bzw. Sacheinlage von Beteiligungen durch Gesellschaften einer in- oder ausländischen Unternehmensgruppe in eine inländische Kapitalgesellschaft wurde bisher aus dem Blickwinkel der Spaltung mit Sperrfrist betrachtet, wenn die übertragenden Personen Kapitalgesellschaften waren, ansonsten als fusionsähnlicher Tatbestand ohne Sperrfrist (ESTV-DVS, MB Art. 6 Abs. 1 lit. a^{bis} StG, Ziff. III). Mit Wegfall der Sperrfrist bei der Spaltung hat sich bei der ESTV der Grund für diese kaum nachvollziehbare Praxis verflüchtigt. Neu akzeptiert die ESTV jede Begründung von Beteiligungsrechten, die in Durchführung von Fusionsbeschlüssen begründet oder erhöht werden, unabhängig davon, ob natürliche oder juristische Personen Einleger sind, als emissionsabgabenbefreite Quasifusion (ESTV-DVS, KS 5 vom 1.6.2004, Ziff. 4.1.7.5) bzw. als emissionsabgabebefreite Ausgliederung von Beteiligungen auf eine Tochtergesellschaft (ESTV-DVS, KS 5 vom 1.6.2004, Ziff. 4.4.2.3).

(2) Sanierungsspaltung

229 Die **Dreieckstheorie** ist massgebend, wenn einer notleidenden Gesellschaft durch Spaltung ein Betrieb oder Teilbetrieb als **Sanierungsleistung** übertragen wird (ESTV-DVS, MB S-02.141 Leistungsempfänger, Ziff. II). Entsprechend ist wohl die spaltungsweise Übertragung eines Betriebs oder Teilbetriebs bei einer Sanierungsspaltung (zur Definition, vgl. N 166 f.) in Anwendung des Dreiecks im Umfang des Aktivenüberschusses zu Verkehrswerten als emissionsabgabepflichtiger Zuschuss durch den Aktionär nach Art. 5 Abs. 2 lit. a StG zu qualifizieren, wobei aber in dieser Konstellation die Frage des **Erlasses** nach Art. 12 StG zu prüfen ist. Interessanterweise schweigt sich das Kreisschreiben Umstrukturierung zu diesem Sachverhalt aus bzw. es ist ihm diesbezügliche keine Einschränkung zu abgabefreien Spaltungen zu entnehmen (ESTV-DVS, KS 5 vom 1.6.2004, Ziff. 4.3.5).

b) Emissionsabgabefolgen bei Verletzung der Steuerneutralitätsvoraussetzungen

230 Eine nicht gewinnsteuerneutrale Spaltung führt wie in N 151 ff. dargestellt nach der massgeblichen **Direktbegünstigungstheorie** zu einer Vorteilszuwendung an eine Schwestergesellschaft (Ausnahme Sanierungsspaltung: vgl. N 166 f., N 177). Es liegt folglich **kein Zuschuss** der Gesellschafter nach Art. 5 Abs. 2 lit. a StG an die aufnehmende Gesellschaft vor. Die Erhebung der Emissionsabgabe ist ausgeschlossen. Die Emissionsabgabe ist nur soweit geschuldet, als bei der übernehmenden Gesellschaft aus Anlass der nicht steuerbefreiten Spaltung **Nennwert** über die Freigrenze von gegenwärtig CHF 250 000 (Art. 6 Abs. 1 lit. h StG) geschaffen wurde (ESTV-DVS, KS 5 vom 1.6.2004, Ziff. 4.3.5).

231 Konzeptuell behandelt die ESTV eine nicht emissionsabgabenneutrale Spaltung teilweise **anders** als eine nicht gewinnsteuerneutrale Spaltung. Während sie hier in allen Fällen ausser der Sanierungsspaltung wie bei der Verrechnungssteuer nach dem zivilrechtlichen Vorgang von einer Vorteilszuwendung des übertragenen Bereichs an eine Schwestergesellschaft ausgeht, schliesst sie bei der **Gewinnsteuer** auf Abrechnung der stillen Reserven des Nichtbetriebs bzw. Nichtmehrbetriebs und zwar unabhängig davon, ob es sich dabei um die übertragenen Vermögenswerte oder die zurückgebliebenen handelt. Wird über die stillen Reserven auf dem zurückbleibenden Vermögen abgerechnet, entfernt sich die ESTV vom zivilrechtlich massgebenden Übertragungssachverhalt und auch von der hier dargestellten emissionsabgaberechtlichen Beurteilung. Diese Rechtsauffassung bezüglich der Gewinnsteuer ist u.E. als unzutreffend abzulehnen (vgl. N 155 ff.).

c) Andere juristische Personen als Kapitalgesellschaften und Genossenschaften als übernehmende Gesellschaft

232 Spaltungen von Betrieben oder Teilbetrieben auf inländische Gesellschaften, welche keine Kapitalgesellschaften und Genossenschafen nach Art. 5 Abs. 1 lit. a StG sind, unterliegen der Emissionsabgabe nicht. Gleiches gilt für Spaltungen von Betrieben oder Teilbetrieben auf ausländische juristische Personen und auf inländische Betriebsstätten ausländischer Unternehmungen.

d) Immigrationsspaltung

233 Während eine Immigrationsspaltung bei der Gewinnsteuer als Sacheinlagegründung zu beurteilen ist, für welche die Umstrukturierungsnormen von Art. 61 Abs. 1 DBG und Art. 24 Abs. 3 StHG nicht anwendbar sind (s. N 180), ist davon auszugehen, dass die

spaltungsspezifischen Voraussetzungen für eine Befreiung gemäss Art. 6 Abs. 1 lit. a^{bis} StG gegeben sein müssen. Entsprechend bedarf es für die Abgabebefreiung einer grenzüberschreitenden Immigrationsspaltung einer ausländischen Kapitalgesellschaft mittels Übertragung von Vermögenswerten auf eine inländische Kapitalgesellschaft oder Genossenschaft des doppelten Betriebs- und des Weiterführungserfordernisses vergleichbar mit einer inländischen Spaltung (ESTV-DVS, KS 5 vom 1.6.2004, Ziff. 4.3.5 zur inländischen Spaltung). Eine Veräusserungssperrfrist besteht für Spaltungen nicht. Für die Höhe des emissionsabgabefrei bildbaren Nennkapitals kann auf die entsprechenden Ausführungen zu inländischen Spaltungen in N 224 f. verwiesen werden.

2. *Umsatzabgabe*

a) Einheitliche Begriffsauslegung

Der Ständerat empfahl dem Bundesrat, die Begriffe im Stempelsteuerrecht gleich zu definieren wie im Gewinnsteuerrecht (vgl. Mitbericht WAK StR, 15; Empfehlung 01.3015 des Ständerates, Anhang II, 8 des KS 5 vom 1.6.2004 der ESTV-DVS; s. auch Teil 1 vor Art. 69 N 119 ff.). Es ist daher auch für die Umsatzabgabe von einem mit dem Gewinnsteuerrecht **übereinstimmenden Begriffsverständnis** auszugehen. **234**

b) Grundtatbestand

Die Umsatzabgabe wird erhoben auf der entgeltlichen Übertragung von Eigentum an steuerbaren Urkunden (Art. 13 Abs. 1 und 2 StG), sofern eine der Vertragsparteien oder einer der Vermittler ein Effektenhändler im Sinne von Art. 13 Abs. 3 StG ist. Für die Begriffsdefinitionen kann auf die Kommentierung vor Art. 3 N 251 ff. verwiesen werden. **235**

c) Sacheinlage von steuerbaren Urkunden

Die Sacheinlage von steuerbaren Urkunden zur Liberierung inländischer Beteiligungsrechte unterlag bereits nach bisherigem Recht nicht der Umsatzabgabe. Art. 14 Abs. 1 lit. b StG wurde nun ergänzt und nimmt auch die **Sacheinlage** von Urkunden zur **Liberierung ausländischer Beteiligungsrechte** von der Umsatzabgabe aus (ESTV-DVS, KS 5 vom 1.6.2004, Ziff. 2.4.2 und 4.4.1.4). **236**

d) Übertragung steuerbarer Urkunden

Der neue Art. 14 Abs. 1 lit. i StG nimmt die mit einer **Umstrukturierung**, insbesondere einer **Spaltung** verbundene Übertragung steuerbarer Urkunden von der spaltenden auf die aufnehmende Gesellschaft von der Umsatzabgabe aus. Art. 14 Abs. 1 lit. i StG enthält keine geografische Einschränkung. Vielmehr ist darin generell, ohne den einschränkenden Zusatz «inländisch», von Unternehmungen die Rede und entsprechend kommt die Ausnahme somit auch für steuerbefreite **grenzüberschreitende Spaltungen** zur Anwendung (Botschaft, 4380). Die Ausnahme hat auch bei Abgeltung des buchmässigen Aktivenüberschusses zu gelten (a.M. ESTV-DVS, KS 5 vom 1.6.2004, Ziff. 4.3.2.4; vgl. die Ausführungen in N 90 ff.). Mit Art. 14 Abs. 1 lit. i StG entfällt die bisherige unsachgemässe Praxis bei Spaltungen und anderen steuerneutralen Umstrukturierungen, auf einen anteiligen entgeltlichen und damit umsatzabgabepflichtigen Vorgang zu schliessen, insoweit die Aktiven des Betriebs oder Teilbetriebs steuerbare Urkunden enthielten und sich unter den Passiven Drittverpflichtungen befanden (vgl. aber bei nicht steuerneutralen Spaltungen, N 240). Die Besteuerung erfolgte mit dem Argument, dass im Umfang der anteilig übernommenen Drittverpflichtungen die übertragenen steuerbaren Urkunden nicht zur Liberierung der neu geschaffenen Beteiligungsrechte bzw. des **237**

Eigenkapitals dienen würden. In diesem Umfang schloss die ESTV mit Rückendeckung des Bundesgerichts unter Ausschluss von Art. 14 Abs. 1 lit. b StG auf eine steuerbare entgeltliche Übertragung (ESTV-DVS, MB Umsatzabgabe Umstrukturierungen; BGE 108 Ib 450, 457 f. = ASA 52 [1983/84], 374, 378 ff. = StR 1985, 170, 172 ff.).

e) Ausgabe von Beteiligungsrechten

238 Die Ausgabe inländischer sowie ausländischer Beteiligungsrechte ist nach bisherigem wie neuem Recht von der Umsatzabgabe ausgenommen (Art. 14 Abs. 1 lit. a und f StG). Die Ausgabe von und der Handel mit Bezugsrechten im Rahmen einer Spaltung unterliegt der Umsatzabgabe nicht.

f) Austausch von Beteiligungsrechten zwischen Anteilsinhabern und Verkauf von Beteiligungsrechten

239 Kommt es anlässlich einer Spaltung zum unentgeltlichen Austausch von Beteiligungsrechten zwischen den Anteilsinhabern (z.B. bei einer asymmetrischen Spaltung), so ist dieser Anteilstausch aufgrund von Art. 14 Abs. 1 lit. i StG von der Umsatzabgabe ausgenommen (ESTV-DVS, KS 5 vom 1.6.2004, Ziff. 3.3.3 und 4.6.5). Demgegenüber ist die entgeltliche Veräusserung von Beteiligungsrechten, sei dies vor, anlässlich oder nach der Umstrukturierung, von der Umsatzabgabe betroffen, sofern ein Effektenhändler gemäss Art. 13 Abs. 3 StG (s. die Definition vor Art. 3 N 253 ff.) als Vertragspartei oder Vermittler an dieser entgeltlichen Übertragung beteiligt ist.

g) Steuerpflicht bei nicht steuerneutraler Spaltung

240 Liegt keine steuerneutrale Spaltung im Sinne von Art. 61 Abs. 1 lit. b DBG vor (z.B. mangels doppeltem Betriebserfordernis oder Nichtweiterführung eines Betriebes), greift der Ausnahmetatbestand von Art. 14 Abs. 1 lit. i StG nicht. Werden bei einer nicht steuerneutralen Spaltung steuerbare Urkunden zwecks Liberierung von in- oder ausländischen Beteiligungsrechten in eine aufnehmende Gesellschaft eingelegt, so liegt gemäss ESTV wie bis anhin Entgeltlichkeit im Umfang der Gutschriften an die Sacheinleger und der übernommenen Drittverpflichtungen vor (ESTV-DVS, KS 5 vom 1.6. 2004, Ziff. 4.3.6). Die Umsatzabgabe ist wie folgt zu ermitteln: Zunächst werden die gesamten übergehenden Aktiven (zu Buchwerten) ins Verhältnis zu den übertragenen steuerbaren Urkunden gesetzt. Danach wird dieser prozentuale Anteil der steuerbaren Urkunden an den Gesamtaktiven mit den übernommenen Drittverpflichtungen und den Gutschriften an die Sacheinleger multipliziert. Das Ergebnis entspricht dem abgabepflichtigen, entgeltlichen Anteil der übertragenen steuerbaren Urkunden. Der Steuersatz bestimmt sich nach dem Anteil der in- und ausländischen am gesamten Bestand übertragener steuerbarer Urkunden. Die Umsatzabgabe fällt bei der Übertragung der steuerbaren Urkunden an bzw. ist bei nachträglichem Wegfall der steuerneutralen Spaltung (z.B. Verletzung Weiterführungserfordernis) nachzuerheben. Erfolgt die Übertragung nur gegen Reserveneinbuchung, ist mangels Entgelt keine Umsatzabgabe geschuldet.

241 Konzeptuell behandelt die ESTV eine nicht steuerneutrale Spaltung in Bezug auf die Umsatzabgabe (wie bei der Verrechnungssteuer und der Emissionsabgabe, vgl. N 204 und N 231) teilweise anders als bei der Gewinnsteuer. Während sie nach dem zivilrechtlichen Vorgang von einer Teilentgeltlichkeit für übertragene steuerbare Urkunden im Umfang der mit dem Betrieb oder Teilbetrieb übernommenen Drittverpflichtungen ausgeht und darauf die Umsatzabgabe erhebt, schliesst sie bei der Gewinnsteuer auf Abrechnung der stillen Reserven des Nichtbetriebs bzw. Nichtmehrbetriebs und zwar unabhängig davon, ob es sich dabei um die übertragenen Vermögenswerte oder die zurück-

gebliebenen handelt. Wird über die stillen Reserven auf dem zurückbleibenden Vermögen abgerechnet, entfernt sich die ESTV vom zivilrechtlich massgebenden Übertragungssachverhalt und auch von der hier dargestellten umsatzabgaberechtlichen Beurteilung. Diese Auffassung ist mit der in N 155 ff. gegebenen Begründung als unzutreffend abzulehnen (vgl. N 155 ff.).

X. Mehrwertsteuer

1. Inländische Spaltung

a) Meldeverfahren bei Übertragung von Gesamt- oder Teilvermögen

aa) Subjektive Steuerpflicht

Sofern die übertragende und die übernehmende Gesellschaft mehrwertsteuerpflichtig sind, kommt auf die Spaltung zwangsweise das **Meldeverfahren** nach Art. 47 Abs. 3 MWSTG zur Anwendung, sofern es sich um eine Umstrukturierung und beim übertragenen Vermögen um ein Gesamt- oder Teilvermögen handelt. Die **subjektive Steuerpflicht** muss im Zeitpunkt der Spaltung bestehen. Dabei ist unschädlich, wenn der Übertragende durch den Vorgang wegen Tätigkeitsaufgabe aus der Steuerpflicht ausscheidet oder der Übernehmende erst durch den Vorgang wegen Tätigkeitsaufnahme in die Steuerpflicht eintritt (ESTV-MWST, MB 11 Meldeverfahren, Ziff. 2.3). Gehören die spaltende und die übernehmende Gesellschaft zur gleichen Mehrwertsteuergruppe, so ist das Meldeverfahren nicht anwendbar, da der mit der Übertragung bewirkte Innenumsatz keine unter das MWSTG fallende Leistung darstellt (Art. 22 MWSTG; ESTV-MWST, MB 11 Meldeverfahren, Ziff. 2.2).

242

ab) Umstrukturierungstatbestand

Bei Spaltungen dürften die geringen Anforderungen des MWSTG für die Anwendung des Meldeverfahrens an das Erfordernis einer **Umstrukturierung** erfüllt sein: So liegt gemäss MB 11 Meldeverfahren bereits eine Umstrukturierung bzw. Reorganisation vor, wenn «... der Umfang oder die Tätigkeit(en) eines Unternehmens ganz oder teilweise ändern» (Ziff. 2.5).

243

ac) Gesamt- und Teilvermögen und Teilbarkeit der Leistungen

Die Begriffe des **Gesamt-** und **Teilvermögens** decken sich nicht mit jenen des Betriebs bzw. Teilbetriebs der Spaltung. Derjenige des Mehrwertsteuerrechts ist weiter und umfasst etwa auch ein Warenlager (ESTV-MWST, MB 11 Meldeverfahren, 5 ff.). Allerdings ist das Meldeverfahren nur anzuwenden, wenn die erbrachten **Leistungen** der **Mehrwertsteuer unterliegen**. Besteht der Betrieb oder Teilbetrieb ausschliesslich aus ausgenommenen Umsätzen nach Art. 18 MWSTG wie etwa Beteiligungen, Wertschriften oder Immobilien, für welche nicht optiert wurde, so ist das Meldeverfahren nicht anwendbar. Liegen steuerbare und ausgenommene Umsätze vor, so geht die ESTV von einer teilbaren Leistung aus (ESTV-MWST, MB 11 Meldeverfahren, Ziff. 2.2 i.f.; BAUMGARTNER, FStR 2001, 51).

244

ad) Abrechnungs- und Steuerzahlungspflicht

Das Meldeverfahren betrifft hinsichtlich der **Abrechnungspflicht** trotz Teilbarkeit sämtliche Umsätze. Die Befreiung von der Entrichtung der Mehrwertsteuer erstreckt sich jedoch natürlich nur auf den steuerpflichtigen Teil der Lieferung. Mit durchgeführtem

245

Meldeverfahren auf Formular 764 ist die Abrechnungs- *und* die **Steuerzahlungspflicht** erfüllt. Die betreffenden Umsätze sind nicht in die ordentlichen Deklarationen aufzunehmen (STEIGER, StR 2003, 539). Ist das Meldeverfahren nicht anwendbar, so ist auf der Übertragung steuerbarer Leistungen Mehrwertsteuer geschuldet und die Abrechnungs- und Steuerzahlungspflicht ordentlich zu erfüllen (Art. 43 ff. MWSTG). Dabei gilt bei Lieferungen und Dienstleistungen an nahe stehende Personen als Entgelt der Wert, der unter unabhängigen Dritten vereinbart würde. Für die Zwecke der Mehrwertsteuer ist selbst dann auf den **Verkehrswert** abzustellen, wenn auf Stufe der Gewinnsteuer die Übertragung zum Buchwert akzeptiert wird, wie etwa bei der Spaltung nach Art. 61 Abs. 1 lit. b DBG.

b) Eigenverbrauch

246 Verwendet die übernehmende Gesellschaft die übertragenen Vermögenswerte nicht vollumfänglich für steuerbare Zwecke, liegt ein steuerbarer **Eigenverbrauch** vor (vgl. ESTV-MWST, MB 11 Meldeverfahren, 12 f.; ESTV-MWST, SB 5 Nutzungsänderungen; BAUMGARTNER, FStR 2001, 54, zum Eigenverbrauch vor Art. 3 N 328 ff.). Für die Ermittlung der Eigenverbrauchssteuer im Falle einer Nutzungsänderung ist nicht bilanzierter *Goodwill* nicht in die Bemessungsgrundlage miteinzubeziehen (ESTV-MWST, MB 11 Meldeverfahren, Ziff. 4.4).

c) Vorsteuerkürzung

247 Der Vorsteuerabzug für die mit ausgenommenen Umsätzen verbundenen Leistungsbezüge ist ausgeschlossen (Art. 38 MWSTG; ESTV-MWST, SB 6 Kürzung Vorsteuerabzug, Ziff. 1.1.1 ff.). Soweit aktivseitig ausgenommene Umsätze übertragen werden, verbleibt auf den Leistungen zur Vorbereitung und Durchführung der Spaltung eine **Vorsteuerkürzung** (taxe occulte), insbesondere auf den anteiligen Verwaltungskosten, Beraterhonoraren und Kosten einer Kapitalerhöhung, da die ESTV im Rahmen der Anwendung des Meldeverfahrens von Teilbarkeit der Leistungen ausgeht (s. N 244). Passivseitig mitübertragene Drittverpflichtungen sind unbeachtlich. Diesbezüglich unterscheidet sich die mehrwertsteuerliche Behandlung einer steuerneutralen Spaltung nach Art. 61 Abs. 1 lit. b DBG nicht von übrigen Vorsteuerkürzungen auf Leistungsbezügen für ausgenommene Umsätze. Entsprechend sind Umstrukturierungen in der Form der Spaltung im Mehrwertsteuerrecht nicht steuerneutral. Dies bedarf der künftigen Korrektur im Gesetzes- oder Administrativverfahren.

2. Emigrationsspaltung

248 **Spaltungen** mit Übertragungen von Wirtschaftsgütern von inländischen, steuerpflichtigen Unternehmungen auf **ausländische Unternehmungen** sind aufgrund von Art. 19 Abs. 2 Ziff. 1 MWSTG für die **Lieferung** von Gegenständen und aufgrund von Art. 14 Abs. 3 MWSTG für **Dienstleistungen** (einschliesslich immaterieller Werte) von der Mehrwertsteuer befreit (Bestimmungsland- bzw. Empfängerortprinzip). Die steuerpflichtige spaltende Gesellschaft kann i.d.R. auf diesen Umsätzen den **Vorsteuerabzug** geltend machen (Art. 38 Abs. 3 MWSTG). Werden die Wirtschaftsgüter nicht exportiert bzw. liegt der Ort der Dienstleistung in der Schweiz, so kann ein steuerbarer Umsatz vorliegen und sich empfehlen, die aufnehmende ausländische Gesellschaft in der Schweiz als mehrwertsteuerpflichtig zu registrieren (evtl. nach Art. 27 MWSTG), um den Vorsteuerabzug zu gewährleisten bzw. das Meldeverfahren anzuwenden. Werden mit den in der Schweiz verbleibenden Wirtschaftsgütern Umsätze erzielt, ohne dass eine Betriebsstätte gemäss N 250 gegeben ist, so hat sich die ausländische Gesellschaft im

Inland als Steuerpflichtige zu registrieren und gegebenenfalls einen Vertreter gemäss Art. 72 Abs. 2 MWSTG zu ernennen.

Inländische **Betriebsstätten** ausländischer Unternehmungen sind der Steuerpflicht für die Mehrwertsteuer unterworfen, sofern sie die in Art. 21 MWSTG erwähnten subjektiven Voraussetzungen erfüllen (zum Begriff der Betriebsstätte vgl. ESTV-MWST, WL Mehrwertsteuer, Rz 8). Entsprechend unterliegen im Inland gegen Entgelt erbrachte Lieferungen von Gegenständen, im Inland gegen Entgelt erbrachte Dienstleistungen, Eigenverbrauch im Inland sowie der Bezug von Dienstleistungen gegen Entgelt von Unternehmen mit Sitz im Ausland einschliesslich von Dienstleistungen des ausländischen Hauptsitzes der Mehrwertsteuer (CAMENZIND/HONAUER/VALLENDER, N 539 f.).

Überträgt eine steuerpflichtige, inländische Unternehmung ihr Vermögen oder Teile davon im Rahmen einer Spaltung auf eine inländische Betriebsstätte einer ausländischen Unternehmung, so unterliegt diese Übertragung von materiellen und immateriellen Vermögenswerten der Mehrwertsteuer. Handelt es sich beim übertragenen Vermögen um ein **Gesamt- oder Teilvermögen**, hat die steuerpflichtige Unternehmung ihre Steuerpflicht gestützt auf Art. 47 Abs. 3 MWSTG durch Meldung der steuerbaren Lieferung und Dienstleistung zu erfüllen, wenn die inländische Betriebsstätte steuerpflichtig ist oder wird.

Erster Abschnitt: Allgemeine Bestimmungen

Art. 29

Grundsatz	Eine Gesellschaft kann sich spalten, indem sie: a. ihr ganzes Vermögen aufteilt und auf andere Gesellschaften überträgt. Ihre Gesellschafterinnen und Gesellschafter erhalten Anteils- oder Mitgliedschaftsrechte der übernehmenden Gesellschaften. Die übertragende Gesellschaft wird aufgelöst und im Handelsregister gelöscht (Aufspaltung); oder b. einen oder mehrere Teile ihres Vermögens auf andere Gesellschaften überträgt. Ihre Gesellschafterinnen und Gesellschafter erhalten dafür Anteils- oder Mitgliedschaftsrechte der übernehmenden Gesellschaften (Abspaltung).
Principe	La scission d'une société peut résulter: a. soit de la division de l'ensemble de son patrimoine et du transfert des parts de ce dernier à d'autres sociétés; ses associés reçoivent des parts sociales ou des droits de sociétariat des sociétés reprenantes; la société transférante est dissoute et radiée du registre du commerce (division); b. soit du transfert d'une ou de plusieurs parts de son patrimoine à d'autres sociétés; ses associés reçoivent des parts sociales ou des droits de sociétariat des sociétés reprenantes (séparation).
Principio	La scissione di una società può avvenire: a. dividendo l'insieme del suo patrimonio e trasferendolo ad altre società; i suoi soci ricevono quote sociali o diritti societari delle società assuntrici; la società trasferente è sciolta e cancellata dal registro di commercio (divisione); oppure b. trasferendo una o più parti del suo patrimonio ad altre società; i suoi soci ricevono quote sociali o diritti societari delle società assuntrici (separazione).

Literatur

M. Frey/M. Lambelet, Spaltung – rechtliche und steuerliche Aspekte, AJP 2004, 790; Ch.J. Meier-Schatz, Einführung in das neue Fusionsgesetz, AJP 2002, 514 (zit. Einführung); M. Pfeifer/A. L. Meier, Ausschließlichkeit der Regelung des FusG für Strukturanpassungen, insbesondere für Spaltungen?, AJP 2004, 833.

I. Allgemeines

1. Definition

1   Art. 29 ff. führen als eine der wichtigsten Neuerungen **die Spaltung in einem Schritt** ein. Die Spaltung war im schweizerischen Privatrecht bis zum Inkrafttreten des FusG nicht verankert und als technisch-juristischer Begriff unbekannt (Botschaft, 4340), sie wurde aber – obwohl in der Botschaft nicht ausdrücklich (aber indirekt, vgl. N 15) erwähnt – de facto in einem Verfahren **in zwei Schritten** dennoch durchgeführt, u.a. auch in grossen und publizitätswirksamen Transaktionen (Abspaltung der Ciba SC und später der Syngenta von Novartis, der Lonza von Algroup, der Givaudan von Roche und der Sulzer Medica von Sulzer). Nach diesem «traditionellen» Verfahren werden in einem

ersten Schritt die abzuspaltenden Vermögensteile *ausgegliedert* (durch Übertragung auf eine neu gegründete oder bereits bestehende Tochtergesellschaft) und in einem zweiten Schritt die Anteile der Tochtergesellschaft *an die Anteilsinhaber der Muttergesellschaft übertragen* (vgl. N 12; zur Abspaltung BÜCHI, 76 ff.; BÖCKLI, Aktienrecht, § 3 Rz 280; WATTER/BÜCHI, 10 ff., mit Beispielen aus der Spin-off-Praxis).

Art. 29, der im Parlament gegenüber dem Botschaftstext nicht geändert wurde, **definiert die Spaltung** als *Übertragung von Vermögensteilen* auf eine (oder mehrere) übernehmende Gesellschaft(en) gegen die *Gewährung von Anteils- oder Mitgliedschaftsrechten* dieser (übernehmenden) Gesellschaften an die Gesellschafter der übertragenden Gesellschaft. Die Spaltung hat damit – wie die Fusion – eine vermögensrechtliche und eine mitgliedschaftsrechtliche Seite: Einerseits wird das Vermögen aufgeteilt, andererseits werden Mitgliedschaftsrechte neu zugewiesen (MEIER-SCHATZ, Einführung, 521; KLÄY/TURIN, 19). Nach der begrifflichen Konzeption des FusG ist eine Spaltung immer entweder eine **«Aufspaltung»** oder eine **«Abspaltung»** (vgl. N 20 und 21 f.): Bei der Aufspaltung (lit. a) wird die übertragende Gesellschaft aufgelöst, bei der Abspaltung (lit. b) bleibt sie bestehen. 2

Art. 39 lit. c. VE FusG sah wie das deutsche UmwG (§ 123 [3] UmwG) als dritte Form neben der Auf- und Abspaltung die **Ausgliederung** vor: «Ein Rechtsträger kann sich spalten, indem er einen oder mehrere Teile seines Vermögens auf andere Rechtsträger überträgt und er dafür Anteils- oder Mitgliedschaftsrechte der übernehmenden Rechtsträger oder eine Abfindung erhält (Ausgliederung)». Dass die Ausgliederung den strengen, für die Auf- und Abspaltung geltenden Verfahrensvorschriften unterworfen sein sollte, stiess in der Vernehmlassung jedoch auf Kritik (vgl. z.B. die Kritik der SECA, Vernehmlassungen, 222 f.; Botschaft, 4360; Übersicht der Kritik bei BÜCHI, 116 f.). Nach «eingehender Überprüfung des Vorentwurfs» wurde die Ausgliederung als dritte Spaltungsform aufgegeben (zur Begründung vgl. Botschaft, 4360) – der Begriff «Ausgliederung» findet sich damit im FusG nicht mehr. Ausgliederungen werden praktisch durch das gegenüber dem Vorentwurf völlig neu konzipierte Institut der Vermögensübertragung erfolgen (Art. 69 ff.), indem Vermögensteile als Sacheinlage (oder gegen Entgelt) auf eine neue oder bestehende Tochtergesellschaft übertragen werden. 3

2. *Charakteristika der Spaltung*

Auf die Charakteristika des neuen Instituts Spaltung wird in denjenigen Artikeln eingegangen, in denen diese verankert und umschrieben sind. An dieser Stelle soll jedoch ein **kurzer Überblick** über die Spaltung vorangestellt werden. 4

Nach der Konzeption des FusG kann die Spaltung entweder **symmetrisch** (Art. 31 Abs. 2 lit. a) oder **asymmetrisch** (Art. 31 Abs. 2 lit. b) durchgeführt werden. Bei der symmetrischen Auf- oder Abspaltung werden die Anteile an allen übernehmenden Gesellschaften den Gesellschaftern der (sich) spaltenden Gesellschaft *pro rata ihrer bisherigen Beteiligung* übertragen. Im Gegensatz dazu werden bei der asymmetrischen Auf- oder Abspaltung die Beteiligungsverhältnisse geändert, wobei verschiedene Varianten denkbar sind (vgl. detailliert Art. 31 N 14 ff.). 5

Sowohl bei der symmetrischen wie der asymmetrischen Spaltung **kann das betroffene Vermögen** entweder **auf bereits bestehende** (nach der Terminologie der Botschaft, 4432, «Spaltung zur Übernahme» – u.E. ist «Spaltung *mit* Übernahme» treffender; vgl. Art. 33 zur Kapitalerhöhung) **oder** auf im Rahmen der Spaltung **neu gegründete Gesellschaften** («Spaltung mit Neugründung» vgl. Art. 34) übertragen werden. Beim klassischen Fall der Spaltung, der **symmetrischen vertikalen Spaltung**, sind weder Drit- 6 taktionäre involviert, noch erfolgt eine Verschiebung der Beteiligungsverhältnisse, sodass das Prinzip der Kontinuität (vgl. N 8 und Art. 31 Abs. 1) uneingeschränkt verwirklicht wird.

7 Die verschiedenen Spaltungsformen nach Art. 29 ff. **stehen lediglich Kapitalgesellschaften und Genossenschaften zur Verfügung** (Art. 30). Wo sich eine Gesellschaft, die in einer anderen Rechtsform organisiert ist, spalten möchte, kann mittels Vermögensübertragung als Sacheinlage und – falls die Rechtsform dies erlaubt – mit anschliessender Ausschüttung der erhaltenen Anteile wirtschaftlich gesehen ein ähnliches Resultat wie bei der direkten Spaltung erreicht werden – anders gesagt sind diese Gesellschaftsformen allenfalls auf die bisherige Vorgehensweise bei Spaltungen (vgl. detailliert N 12 ff.) angewiesen. In Einzelfällen können spaltungswillige Gesellschafter solcher nichtqualifizierenden Gesellschaften auch zunächst eine (ggf. «symmetrisch» gehaltene) «Schwestergesellschaft» gründen, auf die dann mittels Vermögensübertragung der abzuspaltende Vermögensteil gegen ein – allenfalls verbilligtes – Entgelt übertragen wird.

8 In Art. 31 ist das bei der Spaltung grundsätzlich geltende Prinzip **mitgliedschaftlicher und vermögensmässiger Kontinuität** verankert, welches im Vergleich mit anderen für Umstrukturierungen zur Verfügung stehenden Rechtsinstituten (z.B. der Vermögensübertragung, welche keine mitgliedschaftliche Komponente aufweist) einen Hauptunterschied darstellt (Art. 31).

9 Die Spaltung nach Art. 29 ff. zeichnet sich weiter dadurch aus, dass die der Spaltung unterworfenen Betriebsteile per **(partieller) Universalsukzession** übertragen werden können (Art. 52).

10 Die Spaltung – insb. die asymmetrische – birgt für Gläubiger und Gesellschafter mit Minderheitsbeteiligungen erhebliche Risiken, denn mittels Spaltung lässt sich bei der Aufteilung des Vermögens sozusagen die Spreu vom Weizen trennen (Botschaft, 4357; BÖCKLI, Aktienrecht, § 3 Rz 297). Diesen Risiken begegnet der Gesetzgeber mit wuchtigen **Schutzvorschriften zugunsten der Gläubiger- und (Minderheits-)Gesellschafter** – u.a. mit einer «ewigen» (subsidiären) Solidarhaftung der an der Spaltung beteiligten Gesellschaften (Art. 47) und dem Zustimmungserfordernis von 90% aller Gesellschafter, die über ein Stimmrecht verfügen, bei der asymmetrischen Spaltung (Art. 43 Abs. 3).

11 Generell kann die Spaltung als eine Art **«umgekehrte Fusion»** (englisch bildhaft «Demerger») verstanden werden (wobei die asymmetrische Aufspaltung- oder Abspaltung, bei der ein Teil der bisherigen Aktionäre nur an einer der neuen Gesellschaften beteiligt bleibt, ein anderer Teil nur an der [oder den] anderen, diesem Bild am nächsten kommt). Aus diesem Grundkonzept folgt denn auch, dass sich die Vorgehensweise, Charakteristika und Institutionen bei Fusion und Spaltung stark gleichen und die Spaltung oft mit Rückverweisen auf das Fusionsrecht agiert (so in Art. 31 Abs. 1 betr. Kontinuität mit Verweis auf Art. 7) oder Institute sehr ähnlich geregelt werden (so Art. 35 zur Zwischenbilanz als «Zwilling» von Art. 11 und Art. 41 zum Einsichtsrecht als Pendant zu Art. 16).

Das Verständnis als «umgekehrte Fusion» soll allerdings nicht darüber hinwegtäuschen, dass sich bei der Spaltung im Vergleich mit der Fusion zahlreiche Zusatzprobleme stellen (BÖCKLI, Aktienrecht, § 3 Rz 277; KLÄY, 200).

II. Auswirkungen der Spaltungsvorschriften auf bisherige Spaltungsmethoden

12 Die direkte Spaltung in einem Schritt steht erst seit dem Inkrafttreten des FusG zur Verfügung. Um zum aus wirtschaftlicher Sicht gleichen Ergebnis wie bei der direkten Spal-

tung zu gelangen, **mussten Gesellschaften bisher in zwei Schritten vorgehen** (vgl. N 1). Im ersten Schritt wurden die von der Spaltung betroffenen Geschäftsbereiche definiert und von den bei der Muttergesellschaft verbleibenden Geschäftsbereichen separiert. Zu diesem Zweck wurden die der Spaltung unterworfenen Vermögenswerte per Singularsukzession oder (betr. Schulden) nach Art. 181 OR auf eine neu gegründete oder bereits bestehende Tochtergesellschaft übertragen *(Ausgliederung)*. Im zweiten Schritt übertrug die (spaltende) Muttergesellschaft ihren Anteilsinhabern die Anteile der auf diese Weise in die wirtschaftliche Selbständigkeit entlassenen Tochtergesellschaft. Der zweite Schritt – die Übertragung der Anteile der Tochter auf die Anteilsinhaber der Mutter – wurde dabei mittels verschiedener Methoden bewältigt: Per direkter Ausschüttung der Anteile der Tochtergesellschaft als Sachdividende, per indirekter Übertragung der Anteile der Tochtergesellschaft über die Ausschüttung von Bezugs- oder Kaufsrechten, im Zuge einer Kapitalherabsetzung oder einer Liquidation der übertragenden Gesellschaft (s. im Detail mit Beispielen aus der Praxis WATTER/BÜCHI, 10 ff.; MALACRIDA, 42).

Auch wenn das FusG nun die Spaltung in einem Schritt ermöglicht, ist denkbar, dass spaltungswillige Gesellschaften weiterhin ein Vorgehen in zwei Schritten wählen wollen, um wirtschaftlich dasselbe Resultat zu erreichen wie mit der direkten Spaltung. Nahe liegend ist dies, wenn bereits eine «spaltungsfertige» Tochtergesellschaft besteht, d.h. wenn bereits früher Vermögenswerte übertragen wurden oder ein Konzern verschiedene Divisionen in unterschiedlichen rechtlichen Einheiten geführt hatte und damit der erste Schritt bereits getan ist. Möglich ist auch, dass Vermögensteile – nach den Vorschriften der Vermögensübertragung (Art. 69 ff.) oder im Rahmen von einzelnen Sacheinlagen (mittels Singularsukzession) – zuerst gegen die Einräumung von Anteilen auf eine Tochtergesellschaft übertragen werden, mit oder (noch) ohne Absicht, die Anteile der Tochter den eigenen Aktionären auszuschütten und die Tochter damit vollends in die wirtschaftliche Selbständigkeit zu entlassen. Wird (allenfalls erst später) beschlossen, die Anteile der Tochter auf die Aktionäre zu übertragen und damit aus wirtschaftlicher Sicht die Spaltung vollzogen, fragt sich, ob dieser zweite Schritt nach herkömmlichem Muster mittels Sachdividende (oder mittels anderer bewährter Methoden wie der Zuteilung von Bezugs- oder Kaufsrechten) ohne Anwendung der Spaltungsvorschriften durchgeführt werden kann, **oder ob auch für die blosse Ausschüttung der Anteile der (voll oder nur teilweise beherrschten) Tochter die Art. 29 ff. direkt oder per Analogie bzw. «Ausstrahlung»** (für die ausschliessliche Anwendung dieses Begriffs PFEIFER/MEIER, 837) **greifen**. Anders gesagt ist zu entscheiden, ob *alle* wirtschaftlich der Spaltung entsprechenden Transaktionen *vorbehaltlos und ohne Ausnahme* (sei es durch direkte Anwendung oder per Analogie) den Spaltungsvorschriften unterworfen sind.

13

Ein allgemeines Verbot von Umstrukturierungen ausserhalb des FusG findet sich weder im FusG, noch lässt es sich aus dem rev. Art. 181 Abs. 4 OR ableiten (PFEIFER/MEIER, 833 f.). Auch die Suche nach einem gesetzlichen «Spezialverbot» herkömmlicher Spaltungen bleibt ergebnislos, denn weder der gesetzlichen Definition der Spaltung (Art. 29) noch der Vermögensübertragung (Art. 69) lässt sich entnehmen, ob sich eine spaltungswillige Gesellschaft auch dann den spaltungsrechtlichen Vorschriften zu unterziehen hat, wenn sie bereits Vermögensteile auf eine Tochter transferiert hat und die dafür erhaltenen Anteilsrechte nun auf ihre Anteilsinhaber übertragen will. Zwar sieht der zweite Satz von Art. 69 Abs. 1 vor, dass nur eine Spaltung, nicht aber eine Vermögensübertragung zulässig ist, falls die Beteiligten der übertragenden Gesellschaft Anteils- oder Mitgliedschaftsrechte der übernehmenden Gesellschaft erhalten, «um jede Verwechslung zwischen diesen zwei Rechtsinstituten zu vermeiden» (Botschaft, 4460). Auch diese «Klärung» schliesst jedoch nicht aus, dass eine Spaltung in zwei Schritten

14

durchgeführt werden kann, ohne dass dabei die spaltungsrechtlichen Vorschriften beachtet werden: ausgeschlossen wird nämlich einzig, dass Spaltungen *in einem Schritt* nach den Vorschriften der Vermögensübertragung durchgeführt werden können. Mit anderen Worten ist dann nach Spaltungsrecht vorzugehen, wenn als Teil einer (in sich geschlossenen) **Transaktion in einem Schritt** Anteile der übernehmenden Gesellschaft an die Anteilsinhaber der Muttergesellschaft ausgeschüttet werden. Werden jedoch im Rahmen einer Transaktion *in zwei Schritten*, welche gemessen an ihren wirtschaftlichen Resultaten einer direkten Spaltung entsprechen mag, Anteile einer bereits früher «spaltungsfertig» gemachten Tochtergesellschaft an die Anteilsinhaber der Muttergesellschaft ausgeschüttet, hilft die scheinbare Präzisierung und Klärung von Art. 69 für die Beantwortung der Frage, ob auch in diesem Fall nach Art. 29 ff. vorgegangen werden muss, nicht weiter.

15 Die Botschaft erwähnt Spaltungen nach bisherigem Muster nicht ausdrücklich, bei genauerem Studium lassen sich aber Äusserungen finden, aus welchen sich schliessen lässt, dass die **Botschaft implizit von einer weiter bestehenden Zulässigkeit des Vorgehens in zwei (getrennten) Schritten ausgeht**, denn sie meint mit dem Terminus «Spaltung» nicht alle Transaktionen, welche wirtschaftlich dasselbe Resultat zeitigen, wie die Spaltung in einem Schritt nach FusG. Dies lässt sich aus der Wendung auf S. 4345 schliessen, wo zur Entstehungsgeschichte des Gesetzes und der Notwendigkeit einer gesetzlichen Regelung ausgeführt wird, dass – nach bisherigem Recht – «eine eigentliche gesellschaftsrechtliche Spaltung mangels gesetzlicher Grundlage nicht möglich» sei; *e contrario* erachtet die Botschaft eine «uneigentliche» Spaltung nach bisherigem Recht als möglich und zulässig. Wer die Botschaft anders versteht (offenbar ZK-PFEIFER/MEIER, vor Art. 29–52 N 3) muss konsequenterweise annehmen, dass die Botschaft die Zulässigkeit der Spaltung in zwei Schritten nach bisherigem Recht *absolut* verneint (vgl. Botschaft, 4343, 4432), was mit Blick auf die bisher durchgeführten Spaltungen realitätsfremd und nicht sachgerecht wäre und – soweit ersichtlich – auch von niemandem in dieser kategorischen Form vertreten wird (vgl. BÜCHI, 67 f.). Vor dem Hintergrund dieser Begriffsverwendung («Spaltung» als «Spaltung in einem Schritt») sind sämtliche Ausführungen der Botschaft zur Spaltung zu lesen. Wenn die Botschaft etwa statuiert, dass das FusG die Spaltung als «neues Rechtsinstitut» erst einführt (Botschaft, 4355), so meint sie damit die Spaltung in einem Schritt. Diese – aber nur diese – fällt unter die Art. 29 ff. und muss stets nach den dort statuierten Vorschriften (und nicht etwa nach den Vorschriften der Vermögensübertragung) abgewickelt werden. Dass Spaltungen in zwei Schritten nach bisherigem Muster ebenfalls zwingend nach Art. 29 ff. durchgeführt werden müssen, lässt sich der Botschaft jedenfalls nicht entnehmen und auch aus der Beratung im Parlament folgt nicht anderes.

16 In Anbetracht der Tatsache, dass sich dem FusG und der Botschaft weder ein Verbot der Verwendung der bisherigen Spaltungssysteme in zwei Schritten noch ein Zwang entnehmen lässt, diese den Spaltungsvorschriften zu unterstellen und mit Blick auf den erklärten Zweck des FusG – die Erhöhung der Flexibilität für Unternehmen im Bereich Umstrukturierungen (Botschaft, 4338) – **können Spaltungen u.E. weiterhin in zwei (getrennten) Schritten durchgeführt werden, ohne dass dabei die auf die direkte Spaltung in einem Schritt zugeschnittenen Spaltungsvorschriften zur Anwendung kommen müssen** (i.E. ebenso Handkommentar FusG-EPPER, N 6; FREY/LAMBELET, 791, mit weiteren Verweisen; VON DER CRONE ET AL., Rz 452; mit Einschränkungen PFEIFER/MEYER, 837 f., welche die Zulässigkeit der zweistufigen Spaltung ohne Anwendung der Spaltungsvorschriften davon abhängig machen wollen, dass die «Beschlussfassung zur Vermögensübertragung ... nicht in Funktion zu einem späteren Beschluss zur Übertragung von Anteils- oder Mitgliedschaftsrechten» steht und ZK-

PFEIFER/MEIER, vor Art. 29–52 N 16 ff., welche von der im «zweistufigen Verfahren» spaltenden Gesellschaft den Beweis verlangen wollen, «dass die Zuteilung der Anteils- und Mitgliedschaftsrechte nicht von Anfang an ... geplant war»). Damit stellt die Spaltung in einem Schritt eine *Alternative* zu bisherigen Vorgehensweisen (Verfahren in zwei Schritten) dar – *keine Schablone*, in welche all diejenigen Transaktionen gepresst werden müssen, welche wirtschaftlich zu gleichen Endresultaten führen wie die Spaltung in einem Schritt. Für eine alternative Zulassung eines Vorgehens in zwei Schritten ausserhalb des spaltungsrechtlichen Normengefüges sprechen auch praktische Überlegungen, denn müssten die Spaltungsvorschriften *stets* beachtet werden, wäre – Ausgliederung mittels Vermögensübertragung im ersten Schritt vorausgesetzt – überall dort doppelter Aufwand unausweichlich, wo sich die Verfahrensvorschriften der Vermögensübertragung und der Spaltung decken.

Als Konsequenz der parallelen Zulassung der bisherigen Spaltungsmethoden in zwei (allerdings getrennten) Schritten ohne Unterstellung unter die Spaltungsvorschriften, d.h. Ausgliederung mittels Vermögensübertragung und spätere Ausschüttung der Anteile der abzuspaltenden Gesellschaft als Sachdividende (oder mittels der anderen erwähnten Mittel, vgl. N 12), **werden die Gesellschafter und Gläubiger primär gem. den Vorschriften über die Vermögensübertragung** (falls eine solche Ausgliederung mittels Vermögensübertragung als erster Schritt notwendig war, was allerdings oft nicht der Fall sein wird), **sekundär durch die bestehenden Ausschüttungsvorschriften im OR** (für das wichtigste Bsp. der AG: Vorhandensein ausschüttbarer Reserven im Umfang des Buchwertes der ausgeschütteten Aktiva, vgl. Art. 674 und 671 OR – oder dann Kapitalherabsetzung nach Art. 732 ff. OR; Gleichbehandlung aller Aktionäre, vgl. Art. 660 Abs. 1, Art. 706 Abs. 2 Ziff. 3 OR; vgl. WATTER/BÜCHI, 15) **geschützt**. Für eine analoge Anwendung bzw. Ausstrahlung der spaltungsrechtlichen Schutzvorschriften auf Spaltungen ausserhalb des FusG lassen sich u.E. keine durchschlagenden Argumente finden (ebenso PFEIFER/MEIER, 837; FREY/LAMBELET, 791). Die Ungereimtheiten und Unklarheiten betr. die bisherigen Spaltungssysteme sind negative Folgen des späten und – angesichts der schwierigen Aufgabe – wohl überhasteten Einbaus des Instituts der Vermögensübertragung, unter welches die als Schritt 1 bisweilen notwendige Ausgliederung fällt. Nach der Konzeption des deutschen UmwG im Bereich Spaltung – und nach den Bestimmungen des Vorentwurfs – hätten für diese Ausgliederung die gleichen Vorschriften gegolten wie für die beiden anderen Spaltungsformen, womit bei der Durchführung der Spaltung in zwei Schritten die gleichen Vorschriften zur Anwendung gekommen wären, wie bei der direkten Spaltung.

Die Unterschiede zwischen der Spaltung nach herkömmlichem Vorgehen in zwei Schritten und der Spaltung in einem Schritt nach FusG lassen sich – am Bsp. der AG – wie folgt zusammenfassen:

	Spaltung in einem Schritt	Spaltung in zwei (getrennten) Schritten
Anwendbarkeit von Art. 29 ff.	Gegeben	Nicht gegeben
Spaltungsvertrag/Spaltungsplan	Vorgeschrieben (Art. 36); Inhalt in den Grundzügen vorgegeben (Art. 37), übertragene Aktiven und Passiven müssen in einem Inventar aufgelistet werden (Art. 37b FusG)	Nicht vorgeschrieben, aber praktisch regelmässig notwendig, insb. um das Verhältnis der beiden Gesellschaften während einer Übergangsfrist zu regeln. Im ersten Schritt ist meist ein Sacheinlage- und/oder ein Vermögensübertragungsvertrag nötig
Spaltungsbericht	Vorgeschrieben (Ausnahme KMU); Inhalt in den Grundzügen vorgegeben (Art. 39)	Nicht vorgeschrieben. Insb. bei Spaltungen von Publikumsgesellschaften erfüllen aber Informationsbroschüren für die Aktionäre regelmässig die inhaltlichen Anforderungen, welche Art. 39 an den Spaltungsbericht stellt
Prüfung	Vorgeschrieben (Ausnahme KMU) (Art. 40)	Vorgeschrieben: Entweder im Rahmen einer (allenfalls notwendigen) Kapitalherabsetzung (Art. 732 ff., insb. Art. 732 Abs. 2 OR) oder bei der Sachausschüttung aus freien Reserven nach Art. 729c OR (keine KMU-Ausnahme)
Einsicht in Spaltungsdokumente	Gegeben, während zweier Monate vor Spaltungsbeschluss (Art. 41)	Evtl. gegeben, wenn Vermögenswerte im ersten Schritt per Vermögensübertragung transferiert werden (Art. 74), für den zweiten Schritt allgemeine Informationsrechte des Aktionärs nach Art. 697 OR
Beschluss der GV	Ja, mit qualifiziertem Mehr, Beschluss ist öffentlich zu beurkunden	Ja, mit einfachem Mehr (es sei denn, die Spaltung sei mit einer Zweckänderung verbunden), Beschluss nur bei (allenfalls notwendiger) Kapitalherabsetzung öffentlich zu beurkunden
Gläubigerschutz	Umfassend (Art. 45, 46)	Umfassend nur bei (allenfalls notwendiger) Kapitalherabsetzung (Art. 732 ff. OR), sonst gelten die allgemeinen Kapitalschutzbestimmungen nach Art. 660, 671, 674, 675 Abs. 2, 678 und Art. 729c OR
Haftung	Subsidiäre Solidarhaftung der an der Spaltung beteiligten Gesellschaften, zeitlich unbeschränkt (Art. 47)	Solidarhaftung der übertragenden Gesellschaft, zeitlich beschränkt auf 3 Jahre, falls im ersten Schritt Vermögenswerte per Vermögensübertragung transferiert werden (Art. 75); in gewissen Fällen kann auch Art. 678 OR als Haftungsgrundlage dienen
Handelsregistereintrag	Vorgeschrieben (Art. 51); Rechtswirksamkeit der Spaltung mit Handelsregistereintrag	Nur notwendig, wenn im ersten Schritt Vermögenswerte per Vermögensübertragung transferiert werden (Art. 73) oder wenn die Spaltung mit einer Änderung der Statuten (z.B. bei einer Kapitalherabsetzung oder Zweckänderung) verbunden ist (Fazit: Wird im ersten Schritt per Singularsukzession übertragen und bleiben die Statuten unverändert, muss das Handelsregisteramt nicht begrüsst werden)

Unseres Erachtens ist dieses Vorgehen in zwei Schritten auch zulässig, wo eine **nicht** **19** **für die Spaltung qualifizierende Gesellschaft** wirtschaftlich ein ähnliches Resultat erreichen möchte (N 7 o.).

III. Die Aufspaltung im Besonderen (lit. a)

Bei der **Aufspaltung wird das gesamte Vermögen** der übertragenden Gesellschaft auf **20** existierende (Art. 33 und 36 Abs. 1) oder neue (Art. 34 und 36 Abs. 2) – oder eine Kombination davon – Gesellschaften **übertragen**. Mit Eintragung der Aufspaltung im Handelsregister (Art. 51; Art. 29 lit. a a.E.) wird die übertragende Gesellschaft **aufgelöst** und (u.E. in jedem Fall ohne weitere Liquidationshandlungen, vgl. Art. 51 N 15) **gelöscht** und die übertragenen Vermögen gehen per (partieller) Universalsukzession (vgl. N 9 und Art. 51 N 15 sowie Art. 52 N 2 ff.) auf die aufnehmenden Gesellschaften über. Die Gesellschafter der übertragenden Gesellschaft werden mit dieser Auflösung zu Gesellschaftern aller oder einzelner der übernehmenden Gesellschaften (je nachdem, ob die Aufspaltung symmetrisch oder asymmetrisch durchgeführt wird, vgl. N 5 o.), s. Art. 29 lit. a Satz 2 und Art. 31. Bei einem «going private» durch Aufspaltung – der Aufspaltung einer börsenkotierten Gesellschaft auf nicht kotierte Gesellschaften – sind die anwendbaren börsengesetzlichen Regelungen zu beachten (vgl. ZK-MEIER, N 9).

IV. Die Abspaltung im Besonderen (lit. b)

Bei der **Abspaltung werden nur Vermögens*teile* übertragen** – zumindest ein Vermö- **21** gensteil bleibt bei der übertragenden Gesellschaft zurück (zum Betriebserfordernis Art. 52 N 8). Wie bei der Aufspaltung (vgl. N 20) kann die Übertragung auf existierende oder neue Gesellschaften (oder eine Kombination davon) erfolgen. Anders als bei der Aufspaltung bleibt die übertragende Gesellschaft bestehen, der Handelsregistereintrag führt aber dazu, dass die übertragenen Vermögensteile per (partieller) Universalsukzession (vgl. N 9 und Art. 52 N 2 ff.) auf die aufnehmenden Gesellschaften übergehen und die Gesellschafter der übertragenden Gesellschaft zu Gesellschaftern aller oder einzelner der übernehmenden Gesellschaften werden (analog zur Situation bei der Aufspaltung, vgl. N 20).

Die Beteiligungsverhältnisse an der übertragenden Gesellschaft können dabei bei der **22** asymmetrischen Spaltung (vgl. Art. 31 N 13 ff.) ebenfalls geändert werden (so ausdrücklich Botschaft, 4431), indem bspw. ein Aktionär der Gesellschaft A als einziger alle Aktien an der im Rahmen einer Abspaltung neu gegründeten Gesellschaft B übernimmt und gleichzeitig auf seine Beteiligung bei der Gesellschaft A verzichtet. Dies setzt allerdings (wenigstens im Grundsatz) eine Kapitalherabsetzung bei der übertragenden Gesellschaft voraus. Möglich ist wohl auch, dass die Gesellschaft A in diesem Beispielfall die Aktien des Aktionärs A übernimmt (und als eigene Aktien hält), aber nur, wenn die Gesellschaft A so viele freie Reserven hat, dass sie (a) die abgespaltenen Werte gegen diese Reserven abbuchen kann und (b) die vom Aktionär übernommenen Aktien zusätzlich im Rahmen von Art. 659 ff. OR erwerben kann, wobei u.E. dafür vom anteilsmässigen Buchwert dieser Aktien (und nicht vom Verkehrswert) auszugehen ist.

V. Spezialfragen

1. Übertragung eines Vermögens mit Passivenüberschuss

23 Obwohl bei der Spaltung – im Gegensatz zur Regelung bei der Vermögensübertragung (Art. 71 Abs. 2) – nicht verlangt wird, dass der übertragene Vermögensteil einen **Aktivenüberschuss** aufweist, schreibt dies die Botschaft explizit vor (4431). In Übereinstimmung mit Handkommentar FusG-EPPER, N 23 und mit ZK-MEIER, N 8, wird vorliegend aber – analog der Regelung von Art. 6 – die Ansicht vertreten, dass die Übertragung eines Vermögensteils mit einem **Passivenüberschuss** dann möglich sein muss, wenn die aufnehmende Gesellschaft über genügend freie Reserven verfügt, um die für die Spaltung notwendigen Aktien aus eigenen Mitteln zu liberieren. Notwendig sind u.E. (erklärt hier am Bsp. der AG) freie Reserven (verstanden als der Teil des Eigenkapitals, der nicht dem nominellen Kapital oder den gebundenen Reserven nach Art. 671–673 OR zuzurechnen ist, wobei eine Umwandlung bspw. eines Agios in freie Reserven in den Grenzen von Art. 671 Abs. 3 oder Art. 671 Abs. 4 i.V.m. Abs. 1 OR erlaubt ist, dazu BSK OR II-NEUHAUS, Art. 671 N 36) im Betrag (a) des Passivenüberschusses plus (b) des nominell geschaffenen Aktienkapitals (anders betr. dieses zweiten Postens Handkommentar FusG-EPPER, N 23). Buchhalterisch wird der Passivenüberschuss von den freien Reserven abgezogen und wird weiter der Teil der freien Reserven, der dem nominalen Kapital der neu geschaffenen Aktien entspricht, in nominelles AK umgebucht. Ob weiter (und in Analogie zu Art. 6 Abs. 2) eine Bestätigung eines besonders befähigten Revisors zu verlangen ist (so Handkommentar FusG-EPPER, N 23) oder einfach auf die Regelung von Art. 652d OR abgestellt werden kann, ist wohl im ersten Sinn zu beantworten, auch wenn diese Lösung nicht ohne weiteres einleuchten will.

2. Spaltung einer Gesellschaft in Liquidation

24 Ebenfalls in Übereinstimmung mit Handkommentar FusG-EPPER, N 24 wird hier die Auffassung vertreten, dass die Durchführung der Spaltung in Analogie zu Art. 5 N 21 und im Einklang mit der bundesgerichtlichen Praxis zur Rückgründung (BGE 123 III 473) zulässig ist, solange die Verteilung des Vermögens auf die Gesellschafter nicht begonnen hat. Fasst eine Gesellschaft in Auflösung einen Spaltungsbeschluss, impliziert sie damit den Widerruf des Auflösungsbeschlusses (gleich wie bei der Fusion, vgl. Art. 5 N 3 ff.). Dem Handelsregisteramt ist eine Bestätigung einzureichen, dass mit der Verteilung des Vermögens noch nicht begonnen wurde (gleich bei der Fusion, vgl. Art. 5 N 24 f.).

VI. Rechtsvergleich

25 Die **EU-Spalt-RL** definiert die Spaltung – gemessen an der Terminologie des FusG – als *Aufspaltung* (Art. 2 EU-Spalt-RL; vgl. NUFER, 598 f.), erklärt die Regelungen zur Aufspaltung aber (grundsätzlich) auch auf *Abspaltungen* anwendbar, sofern die Rechtsvorschriften der Mitgliedstaaten eine solche gestatten (Art. 25 EU-Spalt-RL). Art. 29 ff. übernehmen die Regelungen der EU-Spalt-RL inhaltlich zu einem wesentlichen Teil.

26 Auch das **deutsche UmwG** stand – wie die EU-Spalt-RL (vgl. N 25) – beim Entwurf des FusG ganz offensichtlich Pate. Allerdings wird die Ausgliederung nach § 123 (3) UmwG den Spaltungsregeln unterstellt, wovon die Konzeption des FusG mit der «Ausgliederung der Ausgliederung» unter das Institut der Vermögensübertragung abweicht (nachdem sich im Vorentwurf noch das «deutsche Modell» gespiegelt hatte, vgl. N 3; NUFER, 590).

Art. 30

Zulässige Spaltungen	**Kapitalgesellschaften und Genossenschaften können sich in Kapitalgesellschaften und in Genossenschaften spalten.**
Scissions autorisées	Les sociétés de capitaux et les sociétés coopératives peuvent se scinder en sociétés de capitaux et en sociétés coopératives.
Scissioni permesse	Le società di capitali e le società cooperative possono scindersi in società di capitali o in società cooperative.

I. Normzweck und Normgeschichte

Art. 30, welcher im Parlament gegenüber dem Botschaftstext nicht geändert wurde, begrenzt den Kreis der Gesellschaften, welche an einer Spaltung nach Art. 29 ff. beteiligt sein bzw. aus ihr hervorgehen dürfen, auf **Kapitalgesellschaften** (Aktiengesellschaften, Kommanditaktiengesellschaften und GmbH, Art. 2 lit. c) und **Genossenschaften**. *Innerhalb dieser Rechtsformen sind alle Kombinationen möglich – rechtsformändernde bzw. -übergreifende Spaltungen sind erlaubt* (Botschaft, 4432). 1

Andere Rechtsträger – namentlich Personengesellschaften und Stiftungen – **sind vom Institut Spaltung ausgeschlossen**. Sie müssen sich des multifunktionalen Instituts der Vermögensübertragung bedienen, um die Spaltung «nachzubauen» und damit wirtschaftlich ein ähnliches Resultat zu erreichen (Botschaft, 4394; Art. 29 N 7, 19; vgl. auch N 5). Zweifel (so bei Handkommentar FusG-EPPER, N 2) an der «spaltungsrechtlichen Apartheitspolitik» des Gesetzgebers und an den Argumenten der Botschaft – nämlich die Inkompatibilität der betr. Gesellschaftsformen und die Gefahr, dass die Liquidationsvorschriften juristischer Personen umgangen werden könnten (Botschaft, 4432) – sind u.E. zwar berechtigt, aber – angesichts des klaren Wortlauts – wohl (leider) rein akademischer Natur. 2

II. Rechtsfolgen

Bei Spaltungen können auf der übertragenden und auf der übernehmenden Seite Aktiengesellschaften, Kommanditaktiengesellschaften, GmbH oder Genossenschaften stehen – innerhalb dieser Gesellschaftsformen sind theoretisch beliebige Kombinationen denkbar: So kann sich bspw. eine AG in eine Genossenschaft und eine GmbH aufspalten, oder eine GmbH kann eine KAG abspalten etc. Anzunehmen ist immerhin, dass solche **rechtsformübergreifenden Spaltungen** die absolute Ausnahme sein werden. Am ehesten ist praktisch noch denkbar, dass eine GmbH oder eine Genossenschaft im Rahmen einer Spaltung Vermögensteile auf eine AG überträgt. 3

Nach Art. 111 i.V.m. Art. 21 HRegV prüft das Handelsregisteramt insb., «ob die Spaltung nach dem FusG zulässig ist (Art. 30)». Sind – auf der übertragenden oder übernehmenden Seite – Gesellschaften ausserhalb des durch Art. 30 definierten numerus clausus der Spaltungstatbestände beteiligt, **lehnt das Handelsregisteramt die Eintragung ab** (Art. 111 Abs. 2 HRegV). 4

Wird ein Spaltungsvertrag entgegen der Bestimmung von Art. 30 bspw. zwischen einer Kollektivgesellschaft als übertragende und einer AG als übernehmende Partei geschlossen, so wird die Vertragsauslegung zeigen müssen, ob eine **Uminterpretation** dieses Vertrags in eine Transaktion möglich ist, bei der bspw. entweder (i) die Kollektivgesellschaf- 5 ter eine AG mittels Barliberierung gründen, die dann die abzuspaltenden Vermögenswerte im Rahmen einer Vermögensübertragung kauft, wobei die Kollektivgesellschaft den Kaufpreis wieder an die Gesellschafter verteilt oder (ii) die Kollektivgesellschaft mittels Sacheinlage (bzw. Vermögensübertragung) eine Tochtergesellschaft gründet und dann die Aktien an die Gesellschafter ausschüttet. Ist eine solche Uminterpretation nicht möglich (bspw. weil sie die Vertragsparteien explizit ausgeschlossen haben), ist der Vertrag nichtig.

III. Rechtsvergleich

6 Die **EU-Spalt-RL** betrifft lediglich Aktiengesellschaften. In **Deutschland** steht die Spaltung einem wesentlich grösseren Kreis von Rechtsträgern zur Verfügung – spaltungsfähig sind neben Kapitalgesellschaften auch Personenhandelsgesellschaften und wirtschaftliche Vereine (§ 124 UmwG, mit Verweis auf § 3 Abs. 1; vgl. auch NUFER, 590).

Zweiter Abschnitt: Anteils- und Mitgliedschaftsrechte

Art. 31

[1] Bei der Spaltung müssen die Anteils- und Mitgliedschaftsrechte gemäss Artikel 7 gewahrt werden.

[2] **Den Gesellschafterinnen und Gesellschaftern der übertragenden Gesellschaft können:**
a. **Anteils- oder Mitgliedschaftsrechte an allen an der Spaltung beteiligten Gesellschaften im Verhältnis ihrer bisherigen Beteiligung zugewiesen werden (symmetrische Spaltung);**
b. **Anteils- oder Mitgliedschaftsrechte an einzelnen oder allen an der Spaltung beteiligten Gesellschaften unter Abänderung der Beteiligungsverhältnisse zugewiesen werden (asymmetrische Spaltung).**

[1] En cas de scission, les parts sociales et les droits de sociétariat sont maintenus conformément à l'art. 7.

[2] Les associés de la société transférante peuvent se voir attribuer:
a. des parts sociales ou des droits de sociétariat de l'ensemble des sociétés participant à la scission qui soient proportionnels à leur participation antérieure (scission symétrique);
b. des parts sociales ou des droits de sociétariat de certaines ou de l'ensemble des sociétés participant à la scission qui ne soient pas proportionnels à leur participation antérieure (scission asymétrique).

[1] Nell'ambito della scissione, le quote sociali e i diritti societari vanno salvaguardati conformemente all'articolo 7.

[2] Ai soci della società trasferente possono essere attribuiti:
a. quote sociali o diritti societari di tutte le società partecipanti alla scissione che siano proporzionali alle precedenti partecipazioni (scissione simmetrica);
b. quote sociali o diritti societari di talune o di tutte le società partecipanti alla scissione che non siano proporzionali alle precedenti partecipazioni (scissione asimmetrica).

Literatur

M. FREY/M. LAMBELET, Spaltung – rechtliche und steuerliche Aspekte, AJP 2004, 790.

2. Abschnitt: Anteils- und Mitgliedschaftsrechte 1–4 **Art. 31**

I. Normzweck und Normgeschichte

Art. 31, welcher Art. 41 des VE FusG entspricht und auch im Parlament gegenüber dem Botschaftstext nicht geändert wurde, **verankert** in Absatz 1 das **Prinzip der Kontinuität der Mitgliedschaft** und **definiert** – in Absatz 2 – **die symmetrische** (lit. a) und die **asymmetrische** (lit. b) **Spaltung**. Mit der Aufnahme der asymmetrischen Spaltung in den Strauss der Spaltungsmöglichkeiten wird das Prinzip der Kontinuität – kaum ist es in Absatz 1 mit Verweis auf Art. 7 als fusionsrechtliches Äquivalent statuiert – bereits im nächsten Absatz *erheblich relativiert* (zu weiteren Ausnahmen vom Grundsatz der Kontinuität vgl. N 4 ff., sowie Art. 7 Abs. 6 für Genussscheininhaber). 1

Art. 31 **beschreibt die Folgen der Spaltung für die Gesellschafter der übertragenden Gesellschaft**, *nicht* aber – bei einer Spaltung mit Übernahme (vgl. Art. 33) die Konsequenzen der Spaltung für die Gesellschafter der *übernehmenden* Gesellschaft (Handkommentar FusG-GLANZMANN, N 1 f.). Zum Instrumentarium der Gesellschafter der übernehmenden Gesellschafter, sich gegen für sie unvorteilhafte Regelungen (insb. gegen ein unangemessenes «Umtauschverhältnis» – zum Begriff vgl. N 6) des Spaltungsvertrags zur Wehr zu setzen, sei auf Art. 105–107 verwiesen. 2

II. Das Prinzip der Kontinuität der Mitgliedschaft (Abs. 1)

Das Prinzip der mitgliedschaftlichen Kontinuität liegt sowohl der Spaltung als auch der Fusion zugrunde (was sich im Verweis auf **Art. 7** niederschlägt, wo das Prinzip der Kontinuität in Abs. 1 umschrieben und in Abs. 2–6 konkretisiert wird, vgl. Art. 7 N 1 ff.; kritisch zur gesetzlichen Verankerung des Prinzips der Kontinuität bei sämtlichen Umstrukturierungstatbeständen GLANZMANN, 139). **Nach dem Prinzip der mitgliedschaftlichen Kontinuität erhalten die Gesellschafter** (zum Begriff der Gesellschafter vgl. Art. 2 lit. f und g sowie Art. 7 N 1) **der übertragenden Gesellschaft «Anteils- oder Mitgliedschaftsrechte der übernehmenden Gesellschaft(en)**, die unter Berücksichtigung des Vermögens der beteiligten Gesellschaften, der Verteilung der Stimmrechte sowie aller anderen relevanten Umstände ihren bisherigen Anteils- oder Mitgliedschaftsrechten entsprechen» (Art. 7 Abs. 1). Das Prinzip der Kontinuität grenzt die Spaltung (und die Fusion) insb. von der *Vermögensübertragung* ab, bei der die Gesellschafter der übertragenden Gesellschaft *keine* Anteile der übernehmenden Gesellschaft erhalten (Art. 69 Abs. 1) und bei der die Entschädigung für die Übertragung auf Stufe der beteiligten Gesellschaften erfolgt. 3

Der Wortlaut des Gesetzes (kraft Verweis Art. 7 Abs. 1, vgl. N 2) könnte dahingehend missverstanden werden, dass bei einer Spaltung nach dem Prinzip der mitgliedschaftlichen Kontinuität am Status Quo betr. Anteils- oder Mitgliedschaftsrechte *nichts* verändert werden dürfe, dass mithin die Situation *nach* der Spaltung betr. Verteilung der Stimmrechte und aller anderen relevanten Umstände *spiegelbildlich* der Situation *vor* der Spaltung entspreche. Dies trifft auch bei symmetrischen Spaltungen (zur asymmetrischen Spaltung vgl. N 13 ff.) insb. dann nicht zu, **wenn** im Zuge der Spaltung **die Rechtsform geändert wird** – wenn etwa eine AG eine Genossenschaft abspaltet, oder wenn sich eine GmbH in zwei Aktiengesellschaften aufspaltet – denn ein neues Rechtskleid ist stets mit einer Veränderung der Rechte und Pflichten der Gesellschafter verbunden (vgl. ebenso Art. 7 N 8; ZK-MEIER, N 5). Die Umschreibung des Prinzips der Kontinuität in Art. 7 Abs. 1 muss darum u.E. dahingehend (relativierend) verstanden werden, **dass sich die vermögens- und mitgliedschaftsrechtliche Stellung jedes einzelnen Gesellschafters mit der Spaltung unter Berücksichtigung aller relevanten Umstände** – zu denen neben den Entwicklungsaussichten der beteiligten Gesellschaften 4

(Botschaft, 4401) auch die gewählte Spaltungs- und Rechtsform gehören – **nicht willkürlich verschlechtern darf** (im Resultat ebenso Botschaft, 4401). Spaltungsbedingte, «systemimmanente» Veränderungen des mitgliedschaftlichen Status – so insb. bei der asymmetrischen Spaltung aber auch bei einer symmetrischen Spaltung mit Rechtsformwechsel – sind innerhalb des von Art. 29 ff. gesetzten Rahmens ohne weiteres zulässig.

5   Der Wortlaut von Abs. 2 deutet u.E. darauf hin, dass eine eigentliche **Squeeze-out Spaltung**, bei der ein Teil der bisherigen Anteilsinhaber durch die Spaltung gegen Entrichtung einer **Abfindung** (i.S.v. Art. 8) ganz aus den an der Spaltung beteiligten Gesellschaften verabschiedet werden, nicht zulässig ist («Den Gesellschaftern... können Anteils- oder Mitgliedschaftsrechte an einzelnen oder allen an der Spaltung beteiligten Gesellschaften... zugewiesen werden»). In diesem Sinne äussert sich die Botschaft, indem sie zum Thema mitgliedschaftliche Kontinuität ausführt, dass die Gesellschafter (der übertragenden Gesellschaft) «anlässlich der Spaltung nicht aus der Gesellschaft ausgeschlossen werden» (Botschaft, 4430). Allerdings geht die Feststellung, dass die Gesellschafter der übertragenden Gesellschaft bei einer Spaltung «stets Anteils- oder Mitgliedschaftsrechte der übernehmenden Gesellschaft erhalten» (Botschaft, 4430 f.), zu weit, was die Botschaft gleich selber dadurch belegt, dass sie zum Thema mitgliedschaftliche Kontinuität beispielhaft einen Spaltungsfall anführt, bei dem «nur ein Teil der Gesellschafterinnen und Gesellschafter der übertragenden Gesellschaft» Anteils- oder Mitgliedschaftsrechte erhält, «während die übrigen Gesellschafterinnen und Gesellschafter ihren Beteiligungsanteil an der übertragenden Gesellschaft erhöhen» (Botschaft, 4431). **Unzulässig sind u.E. damit lediglich Spaltungen, bei denen Gesellschafter aus sämtlichen an der Spaltung beteiligten Gesellschaften ausgeschlossen werden** (ebenso VON DER CRONE ET AL., Rz 616). Ein «teilweiser» Squeeze-out (bei dem sämtliche Gesellschafter nach der Spaltung noch mindestens an einer Gesellschaft beteiligt sind, d.h. kein Gesellschafter ganz ausgeschlossen wird) – etwa im Zuge einer symmetrischen Spaltung mit Übernahme, verbunden mit einer **Abfindung** i.S.v. Art. 8 (Handkommentar FusG-GLANZMANN, N 14, der zutreffend bemerkt, dass die Spaltung mit Übernahme betr. des zu übertragenden Vermögens materiell einer Fusion entspricht; MALACRIDA, 46; GLANZMANN, 149; FREY/LAMBELET, 792; KLÄY, 199) – **ist u.E. hingegen zulässig**, auch wenn im Spaltungsrecht ein Verweis auf Art. 8 fehlt.

6   Das **Umtausch- oder** (bei einer symmetrischen Abspaltung) **Zuteilungs**verhältnis – zum «*Umtausch*» kommt es per definitionem nur bei einer Aufspaltung oder einer asymmetrischen Spaltung (vgl. BÜCHI, FN 201) – und die Modalitäten des Umtauschs bzw. der Zuteilung sind im **Spaltungsvertrag** zu bestimmen (Art. 37 lit. c und e). Die Verwendung des Begriffs «Umtausch» überzeugt allerdings auch bei der Aufspaltung und der asymmetrischen Spaltung nicht, denn «Umtausch» impliziert, dass die betroffenen Gesellschafter aktiv werden und ihre Anteile gegen neue Anteile umtauschen, was beim Rechtsübergang ex lege mit dem «automatischen» Übergang der Anteile (vgl. Art. 52 N 18 ff.) gerade nicht der Fall ist (vgl. aber das Vorgehen bei Publikumsgesellschaften, dass einem «Umtausch» eher entspricht N 16). Verfügt – im Falle einer Spaltung auf eine bereits bestehende Gesellschaft – diese (übernehmende) Gesellschaft nicht über genug Anteile, um alle Aktionäre zu bedienen, hat sie diese Anteile mittels einer Kapitalerhöhung zu schaffen (Art. 33). Die Mitgliedschaft wird mit Eintragung ins Handelsregister übertragen (vgl. Art. 52 N 18 ff.).

7   Betr. **Umtauschverhältnis** kann – unter Berücksichtigung spaltungsrechtlicher Besonderheiten, z.B. die Beschränkung auf Kapitalgesellschaften und Genossenschaften (Art. 30) – grundsätzlich auf die Ausführungen zu **Art. 7** verwiesen werden (vgl. Art. 7

N 9 ff.), nämlich zu den **allgemeinen Kriterien für die Festlegung des Umtauschverhältnisses** (vgl. Art. 7 N 9–13), zu **Besonderheiten** (vgl. Art. 7 N 14–18) und zu **Bewertungsmethoden** (vgl. Art. 7 N 19–25). Zur (geringen) Bedeutung der **Spaltungsbilanz** für die Bewertung vgl. Art. 35 N 3.

Gesellschafter, welche mit dem Umtauschverhältnis nicht einverstanden sind, werden einerseits *präventiv* über ihr **zweimonatiges Einsichtsrecht** (Art. 41) und durch die für den Spaltungsbeschluss erforderlichen **Quoren** (Art. 43) geschützt, andererseits stehen ihnen *nach dem Spaltungsbeschluss* die **Überprüfung** der Anteils- und Mitgliedschaftsrechte nach Art. 105 (vgl. Art. 105 N 34) und die **Anfechtungsklage** nach Art. 106 (vgl. Art. 106 N 26 ff.) zur Verfügung (zum Schutz der Gesellschafterrechte bei der Fusion vgl. Art. 7 N 31 ff.). **8**

Massgebender Zeitpunkt für die Bewertung ist wie bei der Fusion (vgl. Art. 7 N 29; Botschaft, 4401) grundsätzlich der *Zeitpunkt des Abschlusses des Spaltungsvertrags*. Da dieser aber während **zwei Monaten** am Sitz der an der Spaltung beteiligten Gesellschaften aufliegen muss, wird sich das Werteverhältnis der beteiligten Gesellschaften vom Abschluss des Spaltungsvertrag bis zum Vollzug der Spaltung (durch Eintragung ins Handelsregister) regelmässig verschieben, was (zumindest theoretisch) zu Anpassungsbedarf führen kann, bzw. zur Stipulierung von **Anpassungsklauseln.** Wie bei der Fusion werden solche Klauseln aber eher die Ausnahme bilden, da die Parteien bei der relativen Wertberechnung der involvierten Vermögensmassen in aller Regel künftige Entwicklungen miteinzubeziehen versuchen. **9**

Ein **Spitzenausgleich** – eine (ausgleichende) Zahlung in bar bei *nicht ganzzahligen* Austauschverhältnissen – oder eine **bare Zuzahlung** (so die Terminologie im deutschen Recht, § 54 Abs. 4 UmwG) – eine zusätzliche Barabfindung bei *ganzzahligen* Austauschverhältnissen – darf bei der Spaltung im Verhältnis zum Werte der Anteile geringe Beträge schon aus steuerlichen Gründen nicht übersteigen, denn mit substanzieller Barkomponente könnte die Spaltung Züge einer Teilliquidation annehmen (vgl. vor Art. 29, N 138 f.; BÜCHI, FN 792). Zur Frage der maximal zulässigen Höhe der Barkomponente wird bei der Fusion von 10% des wirklichen Wertes der gewährten Anteile (vgl. zum Spitzenausgleich Art. 7 N 12 und N 28 ff.; Botschaft, 4401) ausgegangen. **Mit anderen Worten darf der gesamte den Anteilsinhabern in bar bezahlte Betrag 10% des Gesamtwerts aller gewährten Anteile nicht übersteigen** (a.M. VON DER CRONE ET AL., Rz 629, mit dem «zehnten Teil des wirklichen Wertes der einem einzelnen Gesellschafter gewährten Anteile» als Referenzgrösse). Bei *symmetrischen vertikalen Spaltungen* (zum Begriff Art. 29 N 6) erfolgt kein Umtausch, sondern eine Zuteilung von Anteilen. Nicht ganzzahlige Austauschverhältnisse (Splittergrössen) und Spitzenausgleich werden darum stets über die Anpassung der Gesamtzahl der zugeteilten Anteile – abhängig vom Nennkapital und dem Nennwert der Anteile der abgespaltenen Gesellschaft – vermieden werden können (BÜCHI, 124; MALACRIDA, 46). Hingegen kann auch bei einer symmetrischen Spaltung mit Neugründung eine bare Zuzahlung vereinbart werden. Nicht ganzzahlige Austauschverhältnisse können sich bei einer symmetrischen Spaltung mit Übernahme oder bei einer asymmetrischen Spaltung ergeben (zu den Ausgleichszahlungen bei der asymmetrischen Spaltung N 17) ergeben. Denkbar sind generell zwei Systeme: Entweder wird bspw. pro Aktie A der übertragenden Gesellschaft dem Aktionär eine Aktie der aufnehmenden Gesellschaft B plus CHF 10 zugeteilt, oder es wird vereinbart, dass pro 5 Aktien A der Aktionär 6 Aktien B erhält und für den Zweck des Spitzenausgleichs die Aktie B mit CHF 100 bewertet werde. In diesem zweiten System erhält ein Aktionär mit einer Aktie A eine Aktie B plus CHF 20, derjenige mit 4 Aktien A 4 Aktien B plus CHF 80, derjenige mit 6 Aktien A 6 Aktien B plus CHF 20. Beschränkt ist – wie **10** oben gesagt – die gesamte Barzahlung immer so, dass die gesamte Zahlung 10% des Gesamtwerts aller gewährten Anteile nicht übersteigen darf. Anzumerken ist, dass im zweiten geschilderten System für die Beteiligten nicht genau abschätzbar ist, wie hoch die Barzahlungen sein werden, da sich die einzelnen Aktienbestände zwischen Vertragsunterzeichnung und Vollzug ändern können (würden in diesem Bsp. alle Aktionäre bei Vollzug nur noch je eine Aktie halten, wäre die Obergrenze von 10% überschritten).

III. Symmetrische Spaltung (Abs. 2 lit. a)

11 Bei **symmetrischen Spaltungen** (vgl. zu den Unterformen Auf- und Abspaltung Art. 29 N 20 und 21 f., zur Spaltung mit Neugründung Art. 34 N 6, vertikalen Spaltung Art. 29 N 5, sowie zur Spaltung mit Übernahme Art. 33 N 1) werden die Anteile der übernehmenden Gesellschaft oder Gesellschaften allen Gesellschaftern der übertragenden Gesellschaft exakt **pro rata** ihrer bisherigen Beteiligung an der übertragenden Gesellschaft zugeteilt (Botschaft, 4433, mit Bsp.). Ein «Umtausch» (vgl. N 6) von Anteilen – wie bei der asymmetrischen Spaltung – findet jedenfalls bei Abspaltungen nicht statt (vgl. Art. 37 N 20; SCHMITT/HÖRTNAGL/STRATZ, § 126 N 22). Die symmetrische Spaltung ist darum hinsichtlich Wahrung der mitgliedschaftlichen Kontinuität weit weniger problematisch als die asymmetrische Spaltung (vgl. N 10; ZK-MEIER, N 15; zur asymmetrischen Spaltung sogleich N 13 ff.). Bei der vertikalen Spaltung ist auch die Bewertung der entstehenden Vermögensmassen nur von sekundärer Bedeutung (vgl. Art. 35 N 3), dies im Gegensatz zur Spaltung mit Übernahme (dazu sogleich).

12 Bei **Spaltungen mit Übernahme** (vgl. Art. 33) durch eine Gesellschaft, an welcher **Dritte beteiligt** sind, ändern sich die Beteiligungsverhältnisse bei letzterer insofern, als dass Anteile der übernehmenden Gesellschaft(en) mit Eintrag ins Handelsregister auf die Anteilsinhaber der übertragenden Gesellschaft übergehen und die Beteiligung mit den bisherigen Anteilsinhabern der übernehmenden Gesellschaft im Verhältnis der relativen Bewertung der übertragenen Vermögensmasse und derjenigen der übernehmenden Gesellschaft geteilt werden muss. Die Beteiligung der Gesellschafter der übertragenden Gesellschaft an der übernehmenden Gesellschaft wird sich darum – in Prozenten der Anteile der übernehmenden Gesellschaft(en) gemessen – von ihrer Beteiligung an der übertragenden Gesellschaft unterscheiden.

IV. Asymmetrische Spaltung (Abs. 2 lit. b)

13 Bei der **asymmetrischen Spaltung** (definiert in Abs. 2 lit. b) wird das Prinzip der mitgliedschaftlichen Kontinuität fast bis zur Unkenntlichkeit eingeschränkt. Anders als bei der symmetrischen Spaltung, werden den Gesellschaftern der übertragenden Gesellschaft bei der asymmetrischen Spaltung die Anteile an – einzelnen oder allen – an der Spaltung beteiligten Gesellschaften in **Abänderung der Beteiligungsverhältnisse** zugewiesen. Von Kontinuität kann nur noch insoweit die Rede sein, als dass gemessen am Wortlaut von Abs. 2 lit. b («Anteils- oder Mitgliedschaftsrechte an einzelnen oder allen an der Spaltung beteiligten Gesellschaften») *nach* der asymmetrischen Spaltung mindestens ein Teil der Gesellschafter der übertragenden Gesellschaft Anteile an wenigstens *einer* der übernehmenden Gesellschaften halten muss, damit die Transaktion überhaupt als Spaltung und nicht anders (z.B. als Vermögensübertragung) strukturiert werden muss (vgl. die Umschreibung der Vermögensübertragung in Art. 69 Abs. 1: «Wenn die Gesellschafterinnen und Gesellschafter der übertragenden Gesellschaft Anteils- oder Mitgliedschaftsrechte der übernehmenden Gesellschaft erhalten, gilt Kapitel 3 über die Spaltung»). Es liegt auf der Hand, dass die asymmetrische Spaltung gerade für Minderheitsgesellschafter *erheb-*

liche Risiken birgt. Dementsprechend hoch ist das für den Spaltungsbeschluss erforderliche Quorum angesetzt (Art. 43 Abs. 3). Denkbar ist, dass der Richter im Rahmen einer Auflösungsklage nach Art. 736 Abs. 4 OR eine asymmetrische Spaltung anordnet (eine «andere sachgemässe und den Beteiligten zumutbare Lösung» als die Auflösung; ebenso Botschaft, 4434).

Innerhalb der genannten Schranken (vgl. N 13; ZK-MEIER, N 22, will die Schranken enger ziehen und in bestimmten Fällen die tatsächliche Zustimmung der Gesellschafter zum Spaltungsbeschluss verlangen) sind bei der asymmetrischen Spaltung **fast beliebige Spielarten** denkbar, bspw. die Abspaltung einer Vermögensmasse B von einem Unternehmen AB, so dass eine Gruppe der Gesellschafter beim abspaltenden Unternehmen verbleibt, die andere nur an der B aufnehmenden Gesellschaft beteiligt ist (vgl. Botschaft, 4520, vgl. auch Botschaft, 4434 mit dem analogen Bsp. einer Aufspaltung). Dabei muss es auch möglich sein, Minderheitsaktionäre insoweit zu «enteignen», als sie gezwungen werden können, ihre Beteiligung an der abspaltenden Gesellschaft aufzugeben und eine an der aufnehmenden anzunehmen, denn es kann nicht sein, dass die übertragende Gesellschaft zum Mittel der Aufspaltung greifen muss, um dieses Ziel zu erreichen (vgl. auch N 5); diesfalls erlischt die entsprechende Mitgliedschaftsstelle mit dem Handelsregistereintrag. Notwendig wird in aller Regel eine Kapitalherabsetzung (vgl. Art. 32 N 2). 14

In überschaubaren Verhältnissen **mit kleinem Gesellschafterkreis** (diese Konstellation liegt den Bsp. in Botschaft, 4434 zugrunde) dürfte es sinnvoll sein, dass Aktionäre, die in einer asymmetrischen Spaltung eine Beteiligung aufgeben, den Spaltungsvertrag mitunterzeichnen. Vorbehältlich einer Irrtumsanfechtung verlieren sie damit das Recht, den GV-Beschluss anzufechten oder eine Klage nach Art. 105 zu erheben. 15

Bei **Publikumsgesellschaften** (wo das Zustimmungsquorum sowieso eine fast unüberwindliche Hürde darstellt) müssen die Aktionäre entweder gattungsmässig (z.B. die «Inhaberaktionäre») oder individuell bestimmt werden, bspw. wenn namentlich bekannte Aktionäre – etwa ein Grossaktionär, welcher lediglich an einem Teil des Gesamtunternehmens interessiert ist – als Spaltungsakteure auftreten (vgl. Art. 37 N 22). In allen anderen Fällen lässt sich eine asymmetrische Spaltung bei Publikumsgesellschaften praktisch nur mit *flankierenden Massnahmen* durchführen, mit denen der Kreis der asymmetrisch mit Anteilen der übernehmenden Gesellschaft(en) bedachten Gesellschafter definiert wird, indem bspw. die Gesellschaft alternativ ausübbare Bezugsrechte ausschüttet oder eine Wahlmöglichkeit zwischen Dividenden und dem Erhalt einer speziellen Titelkategorie gibt. Denkbar ist auch, eine Spaltung nach ‹altem System› (vgl. Art. 29 N 12) durchzuführen (bei der die übertragende Gesellschaft am abzuspaltenden Unternehmen beteiligt bleibt) und anschliessend Tauschmöglichkeiten anzubieten (wobei die übertragende Gesellschaft im Tausch gegen Anteile am abzuspaltenden Unternehmen eigene Anteile zurücknimmt und diese durch Kapitalherabsetzung vernichtet). Zum erforderlichen Quorum für den Beschluss einer asymmetrischen Spaltung nach symmetrischer Ausschüttung von Zuteilungsrechten vgl. Art. 43 N 24. 16

Ausgleichszahlungen, mit denen Anteilsinhaber bei einer asymmetrischen Spaltung für Wertverluste ihrer Beteiligung entschädigt werden können, sind u.E. zulässig (vgl. N 5). Gerade bei der Separierung von Betrieben durch asymmetrische Spaltung wird der Wert der jeweils zu übertragenden Vermögensteile die Beteiligungsverhältnisse oft nicht genau reflektieren, insb. weil das steuerrechtliche Betriebskriterium der Freiheit, das von der Spaltung erfasste Teilvermögen wertmässig genau auf die Beteiligungsverhältnisse zuzuschneiden, Grenzen setzt (wobei immerhin durch Übertragung einer angepassten Höhe von Schulden praktisch meist eine Lösung gefunden wird). Soll die asymmetri- 17 sche Spaltung als *realisierbare* Umstrukturierungsform zur Verfügung gestellt werden, müssen konsequenterweise auch wertmässige Inkongruenzen durch Ausgleichszahlungen behoben werden können (vgl. SCHMITT/HÖRTNAGL/STRATZ, § 128 N 21 ff.).

V. Rechtsvergleich

18 Auch die **EU-Spalt-RL** (Art. 5 Abs. 2) und das **deutsche Umwandlungsgesetz** (§ 128 UmwG) sehen die Möglichkeit der *asymmetrischen Spaltung* vor (wobei in Deutschland allerdings eine hohe Hürde zu überwinden ist, müssen einer asymmetrischen Spaltung nach § 128 UmwG doch *alle* Anteilsinhaber des übertragenden Rechtsträgers zustimmen; vgl. NUFER, 596).

Dritter Abschnitt: Kapitalherabsetzung, Kapitalerhöhung, Neugründung und Zwischenbilanz

Art. 32

Herabsetzung des Kapitals bei der Abspaltung	Wird im Zusammenhang mit der Abspaltung das Kapital der übertragenden Gesellschaft herabgesetzt, so finden die Artikel 733, 734, 788 Absatz 2 und 874 Absatz 2 des Obligationenrechts keine Anwendung.
Réduction de capital en cas de séparation	Si la société transférante réduit son capital en raison de la séparation, les art. 733, 734, 788, al. 2, et 874, al. 2, CO ne sont pas applicables.
Riduzione del capitale in caso di separazione	Gli articoli 733, 734, 788 capoverso 2 e 874 capoverso 2 del Codice delle obbligazioni non si applicano se la società trasferente riduce il suo capitale a seguito della separazione.

I. Normzweck und Normgeschichte

1 Nach Art. 32 (im Parlament gegenüber dem Botschaftstext nicht geändert) finden bestimmte obligationenrechtliche Bestimmungen zur Kapitalherabsetzung keine Anwendung, wenn im Zuge einer **Abspaltung** das Kapital der übertragenden Gesellschaft herabgesetzt wird. Die Aufspaltung wird nicht erwähnt, da sie immer mit der Auflösung der übertragenden Gesellschaft verbunden ist (vgl. Art. 29 N 20), was natürlich die Notwendigkeit einer Kapitalherabsetzung von vornherein ausschliesst. Die Vorschrift bezweckt somit im Wesentlichen, die Anwendung der obligationen- und fusionsrechtlichen (Gläubigerschutz-)Bestimmungen zu koordinieren und Doppelspurigkeiten zu vermeiden. Der – wenn auch nur in einem gewissen Sinne – spiegelbildliche Vorgang zur Kapitalherabsetzung, die *Kapitalerhöhung* bei der übernehmenden Gesellschaft, wird in Art. 33 geregelt.

II. Voraussetzungen

2 Weder Art. 32 noch andere Bestimmungen des Spaltungsrechts definieren, unter welchen **Voraussetzungen** das Kapital der übertragenden Gesellschaft im Zuge einer Spaltung herabgesetzt werden muss. Nach Botschaft (4434 f.) und der im Schrifttum vorherrschenden Meinung (Handkommentar FusG-MATHYS, N 1) und analog zur allge-

mein anerkannten Rechtslage bei Spaltungen, die vor Inkrafttreten des FusG durchgeführt wurden (vgl. sogleich) **ist bei einer Abspaltung eine Kapitalherabsetzung dann zwingend durchzuführen, wenn die abspaltende Gesellschaft nicht über *frei verwendbares Eigenkapital*** (die Botschaft spricht von «freien Mitteln», vgl. zur Ungenauigkeit dieser Terminologie BÖCKLI, Aktienrecht, § 3 Rz 332) in der Höhe des Buchwerts des zu übertragenden Teilvermögens (bzw. genauer: im Umfang der Nettoaktiven der Spaltungsbilanz; vgl. BÖCKLI, Aktienrecht, § 3 Rz 332) verfügt (zur hier anderen Ansicht N 4).

Die Frage, ob es sachgerecht ist, auf den **Buchwert** abzustellen, stellte sich schon bei Spaltungen in zwei Schritten nach herkömmlichem Muster (vgl. zum Vorgehen Art. 29 N 12). Das Schrifttum erachtet es – soweit es sich überhaupt zum Thema Sachdividende äussert (so namentlich FORSTMOSER, FS Keller, 701 ff.) – als selbstverständlich, dass die Ausschüttung der Anteile aus der Handelsbilanz der spaltenden Gesellschaft bei einer Spaltung *zum Buchwert* erfolgt und dass dementsprechend auf der Passivseite ausschüttbares EK in identischem Betrag vorhanden sein muss (WATTER/BÜCHI, 17, mit Verweisen). Immerhin könnte auch die Ansicht vertreten werden, dass ausschüttbare Reserven im Umfang des *Verkehrswerts* der übertragenen Vermögenswerte vorhanden sein müssen, so dass die fraglichen Aktiven vor ihrer Ausschüttung noch auf ihren Verkehrswert aufgewertet werden müssten (was zu einer Erhöhung des Eigenkapitals führen würde, wenn auch nicht unbedingt des *frei verwendbaren* Eigenkapitals, s. Art. 670 OR). Wird statt zu Verkehrswerten – nach gängiger Praxis – zu Buchwerten ausgeschüttet, liegt die Auffassung, dass im Rahmen der Differenz zwischen Buch- und Verkehrswert eine Art verdeckte Gewinnausschüttung erfolgt, mindestens nicht fern (vgl. BEHNISCH, Umstrukturierung, 245). Ob eine solche Aufwertung jedoch überhaupt zulässig wäre, ist in Anbetracht der gesetzlichen Voraussetzungen für die Aufwertung von Beteiligungen (Art. 670 OR) fraglich. Jedenfalls würde sie im Falle der AG die Freiheit der GV, über die Verwendung des Bilanzgewinnes zu befinden (Art. 698 Abs. 2 Ziff. 4 OR), beschneiden, könnte sie doch eine Ausschüttung der Aktien der abgespaltenen Gesellschaft nur mit dem Placet des Verwaltungsrats zur Aufwertung beschliessen, denn diesem steht die Kompetenz betr. Aufwertung gem. Art. 716 Abs. 1 Ziff. 6 OR unübertragbar und unentziehbar zu. Unzulässig wäre es, eine solche Aufwertung erfolgswirksam zu verbuchen (um direkt einen entsprechenden Betrag an frei verwendbarem Eigenkapital zu erhalten), denn damit würde ein Bild vom Unternehmenserfolg gezeichnet, welches den wahren Verhältnissen nicht entspräche; die Gesellschaft erzielt nämlich durch die Ausschüttung keinen Gewinn und hat die stillen Reserven nicht realisiert (vgl. WATTER/BÜCHI, 16 f.). Insb. in Anbetracht des gegenüber dem alten Recht stark verstärkten Gläubigerschutzes (s. insb. Art. 47) besteht u.E. kein Anlass, an der bisherigen Praxis, den Buchwert des zu übertragenden Vermögens als Massstab zu nehmen, etwas zu ändern.

Die Botschaft begründet die Notwendigkeit von frei verwendbarem Eigenkapital damit, dass die Spaltung je nach Ausmass des vorhandenen Aktienkapitals (und der gebundenen Reserven) einen Kapitalverlust oder gar die Überschuldung der übertragenden Gesellschaft zur Folge haben könnte (Botschaft, 4435), wenn der Buchwert des zu übertragenden Vermögens das frei verwendbare Eigenkapital übersteigt und keine Kapitalherabsetzung durchgeführt wird. Es stellt sich aber die Frage, ob es möglich sein soll, **auf eine Kapitalherabsetzung zu verzichten, auch wenn kein (oder nicht genügend) frei verwendbares Eigenkapital vorhanden ist**, z.B. dort, wo «nur» Agio vorhanden ist oder gar nur nominelles AK, einzig aber der abzuspaltende Vermögensteil Verluste generierte und anzunehmen ist, dass der verbleibende Teil in Zukunft Gewinne generiert, die den entstehenden Verlust bald wieder auffüllen wird. Ein Teil der bisherigen Lehre (vgl. etwa Handkommentar FusG-MATHYS, N 1; VON DER CRONE ET AL., Rz 528) scheint diese Frage implizit zu verneinen. Diese Ansicht geht u.E. aber zu weit, führt doch eine Abspaltung «über das frei verwendbare Eigenkapital hinaus» nicht notwendigerweise zum Kapitalverlust oder gar zur Überschuldung – was auch die Botschaft nicht behauptet («könnte»; Botschaft, 4435). Die Gläubiger der abspaltenden Gesellschaft sind durch Art. 725 OR (bzw. Art. 817 OR bei der GmbH und Art. 903 OR bei der Genossenschaft) u.E. genügend geschützt; weiter bewirkt Art. 47 eine solidarische Haftung. *Unseres Erachtens muss damit die Spaltung auch dann ohne Kapitalherabsetzung möglich sein*, wenn nicht genügend frei verwendbares Eigenkapital vorhanden ist, *solange die Spaltung nicht dazu führt, dass die in Art. 725 Abs. 1 OR definierte Schwelle (gegen unten) durchbrochen wird* (gl.M. ZK-BURCKHARDT BERTOSSA, N 6), d.h., wenn nach der letzten Jahresbilanz die Hälfte des Aktienkapitals und der gesetzlichen Reserven nicht mehr gedeckt sind, bzw. wenn der Verlustsaldo die Hälfte des Aktienkapitals und der gesetzlichen Reserven – nach Verrechnung mit den übrigen Reserven (Art. 672 f. OR) – übersteigt» (BSK OR II-WÜSTINER, Art. 725 N 18) – oder gar die Schwelle von Art. 725 Abs. 2 OR erreicht wird.

III. Rechtsfolgen

5   Als von der Anwendung auf Kapitalherabsetzungen im Rahmen von Abspaltung **ausgenommene Bestimmungen** nennt Art. 32 im Sinne einer abschliessenden Aufzählung die Art. 733, 734 (beide zur AG), 788 Abs. 2 (GmbH) und 874 Abs. 2 (Genossenschaft) OR. Dadurch sollen Doppelspurigkeiten beim Gläubigerschutz vermieden werden, welcher in Art. 45 ff. geregelt wird.

6   **Weiterhin anwendbar bleibt Art. 732 OR**. Damit hat die GV auch bei der Kapitalherabsetzung im Zusammenhang mit der Abspaltung eine entsprechende Statutenänderung zu beschliessen (Art. 732 Abs. 1 OR). Der Beschluss unterliegt der Voraussetzung, dass ein besonderer Revisionsbericht – erstellt durch einen besonders befähigten Revisor – feststellt, dass die Forderungen der Gläubiger trotz der Herabsetzung des Kapitals *voll gedeckt* sind (Art. 732 Abs. 2 OR). Diese Feststellung geht über die Erläuterung der Auswirkungen der Spaltung auf die Gläubiger der an der Spaltung beteiligten Gesellschaften (Art. 39) hinaus (Handkommentar FusG-MATHYS, N 6). Ergibt sich aus der Kapitalherabsetzung ein Buchgewinn (weil die Herabsetzung über den Buchwert des übertragenen Vermögens hinausgeht, was u.E. zulässig ist), muss dieser ausschliesslich zu Abschreibungen verwendet werden (Art. 732 Abs. 4 OR).

7   Interessanterweise **findet** – mindestens nach dem **Wortlaut** von Art. 32 – **Art. 732 OR auf die GmbH und auf die Genossenschaft keine entsprechende Anwendung mehr**, denn Art. 788 Abs. 2 und 874 Abs. 2 OR – wo die Verweise auf Art. 732 OR verankert sind – werden nach Art. 32 bei Spaltungen «ausser Kraft gesetzt». Dies hat zur Konsequenz, dass bei der mit einer Spaltung verbundenen Kapitalherabsetzung bei diesen beiden Gesellschaftsformen kein besonderer Revisionsbericht mehr feststellen muss, dass die Forderungen der Gläubiger voll gedeckt sind. Gründe für die unterschiedliche Behandlung der AG auf der einen Seite und GmbH und Genossenschaft auf der anderen Seite gibt es u.E. keine. Damit handelt es sich beim Streichen dieser Verweise wohl um ein **gesetzgeberisches Versehen**, welches dahingehend korrigiert werden muss, als dass Art. 732 OR sowohl auf die GmbH wie auf die Genossenschaft weiterhin Anwendung findet (ebenso ZK-BURCKHARDT BERTOSSA, N 8 f.).

8   Werden die erforderlichen Belege nicht vollständig eingereicht oder die Voraussetzungen gem. den Vorschriften des FusG anderweitig nicht erfüllt, **lehnt das Handelsregisteramt die Eintragung der Spaltung ins Handelsregister ab**.

Es obliegt dem Exekutivorgan der abspaltenden Gesellschaft, zu entscheiden, ob und – wenn ja – in welchem Umfang eine Kapitalherabsetzung geboten ist; den eigentlichen Beschluss hat dann die GV zu fällen. Kommt das Exekutivorgan fahrlässig zum Schluss, dass keine Kapitalherabsetzung notwendig ist (weil die Abspaltung dazu führt, dass Art. 725 Abs. 1 oder gar Abs. 2 OR (bzw. die analogen Vorschriften bei GmbH und Genossenschaft) verletzt wird und resultieren daraus später Schäden für Aktionäre oder Gläubiger, **so macht sich das Organ nach Art. 108 haftbar**. 9

IV. Rechtsvergleich

Die **EU-Spalt-RL** selbst enthält keine Bestimmungen zur Kapitalherabsetzung. Es gelten jedoch die allgemeinen Normen der EU-Kapital-RL (Art. 15 und 30 ff.; vgl. Nufer, 592). 10

Das **UmwG** regelt die Kapitalherabsetzung bei der GmbH in § 139, bei der AG in § 145. Bei beiden Gesellschaftsformen kann die Kapitalherabsetzung in vereinfachter Form durchgeführt werden (§§ 139 und 145 jeweils erster Satz; vgl. Schmitt/Hörtnagl/Stratz § 139 N 5 ff. und § 145 N 2 ff.). 11

Art. 33

Kapitalerhöhung	**¹ Die übernehmende Gesellschaft muss das Kapital erhöhen, soweit es zur Wahrung der Rechte der Gesellschafterinnen und Gesellschafter der übertragenden Gesellschaft erforderlich ist.** **² Die Vorschriften des Obligationenrechts über die Sacheinlagen sowie Artikel 651 Absatz 2 des Obligationenrechts finden bei der Spaltung keine Anwendung.**
Augmentation de capital	¹ La société reprenante augmente son capital dans la mesure où le maintien des droits des associés de la société transférante l'exige. ² Les dispositions du code des obligations concernant les apports en nature ainsi que l'art. 651, al. 2, CO ne s'appliquent pas aux scissions.
Aumento del capitale	¹ La società assuntrice deve aumentare il capitale nella misura necessaria alla salvaguardia dei diritti dei soci della società trasferente. ² Le disposizioni del Codice delle obbligazioni sui conferimenti in natura e l'articolo 651 capoverso 2 del Codice delle obbligazioni non si applicano alla scissione.

I. Normzweck und Normgeschichte

Art. 33 (welcher im Parlament gegenüber dem Botschaftstext nicht geändert wurde) betrifft die **Kapitalerhöhung** im Zuge einer – symmetrischen oder asymmetrischen – **Auf- oder Abspaltung mit Übernahme** (bzw. «Spaltung zur Übernahme», Botschaft, 4432) d.h. die Übertragung der von der Spaltung erfassten Vermögenswerte auf eine oder mehrere bereits bestehende aufnehmende Gesellschaften. Werden die übernehmenden Gesellschaften anlässlich der Spaltung *neu gegründet*, findet Art. 34 Anwendung. 1

Art. 33 ist das Pendant von Art. 9 Abs. 1 und schreibt der übernehmenden Gesellschaft eine **Kapitalerhöhung** in dem Umfang vor, wie dies zur (in Art. 31 Abs. 1 vorgeschrie- 2 benen) Wahrung der Rechte der Gesellschafter der übertragenden Gesellschaft erforderlich ist, soweit die übernehmende Gesellschaft die notwendigen Anteile nicht schon z.B. im Rahmen von Art. 659 OR als eigene Aktien hält (s.a. Art. 807 OR) oder fähig ist, die im Vollzugszeitpunkt benötigten Anteile von bisherigen Anteilsinhabern zu erwerben (oder diese Anteile gar im Rahmen der Spaltung erhält, vgl. N 4). Abs. 2 sieht im Sinne einer **Erleichterung** vor, dass die obligationenrechtlichen Bestimmungen über die *Sacheinlagen* (vgl. Art. 9 N 3) sowie Art. 651 Abs. 2 OR – der *genehmigtes Kapital auf 50% des bisherigen Aktienkapitals limitiert* – bei der Spaltung keine Anwendung finden. **Zweck der Norm** ist mithin, das Prinzip der Kontinuität (Art. 31) zu konkretisieren und seiner Verwirklichung (mittels Kapitalerhöhung) allfällige Steine aus dem Weg zu räumen. In Art. 33 spiegelt sich aber nicht nur das Prinzip der mitgliedschaftlichen Kontinuität, sondern auch die gesetzliche Konzeption des Nennkapitals als Haftungssubstrat (Botschaft, 4435). Die Vorschrift dient nämlich neben dem Schutz der Gesellschafter insofern dem Gläubigerschutz, als bei einer Kapitalerhöhung der Erhöhungsbetrag durch einen Aktivenüberschuss des übertragenen Vermögens liberiert werden muss (vgl. Art. 9 N 2).

3 Im Gegensatz zu Art. 34 ist bei Art. 33 nicht explizit gesagt, wohl aber implizit gemeint, dass die «normalen» Vorschriften über die Kapitalerhöhung (abgesehen von der Bestimmung in Abs. 2) Anwendung finden. Damit ist (entgegen Kritik in der Vernehmlassung, vgl. Vernehmlassungen, 120) namentlich auch die Bestimmung von Art. 650 Abs. 3 OR gültig, welche die Wirkung des GV-Beschlusses auf 3 Monate beschränkt, was dann ein Problem darstellen kann, wenn die Spaltung Teil eines meldepflichtigen Zusammenschlussvorhabens ist und der **Fusionskontrolle** (Art. 9 i.V.m. Art. 4 Abs. 3 KG) unterliegt (vgl. Art. 9 N 4). Da hier Abs. 2 mit der Ausserkraftsetzung der Grenze von Art. 651 Abs. 2 OR Abhilfe schafft, wird die aufnehmende Gesellschaft künftig bei Spaltungen wohl eher eine genehmigte als eine ordentliche Kapitalerhöhung beschliessen.

II. Voraussetzungen und Umfang der Kapitalerhöhung (Abs. 1)

4 Nach dem Wortlaut von Art. 33 ist eine Kapitalerhöhung nur soweit erforderlich, als dies das Prinzip der mitgliedschaftlichen Kontinuität (Art. 31) verlangt. Demzufolge kann *erstens* auf eine Kapitalerhöhung verzichtet werden, wenn die bereits vorhandenen eigenen Aktien (oder Stammanteile) ausreichen, um dem Prinzip der Kontinuität Genüge zu tun oder *zweitens* die Gesellschaft die Möglichkeit hat, die notwendigen Aktien oder Stammanteile zu erwerben (vgl. N 2), oder *drittens* wenn im Rahmen der Spaltung gar keine Aktien benötigt werden, weil bei der betr. Spaltung das Prinzip der Kontinuität aufgeweicht oder durchbrochen wird – wie im Falle der asymmetrischen Spaltung (vgl. Art. 31 N 13 ff.) denkbar. Die Botschaft (4435) spricht lediglich den ersteren Fall an: Keine Kapitalerhöhung ist laut Botschaft erforderlich, wenn die übernehmende Gesellschaft an der übertragenden Gesellschaft beteiligt ist oder bereits über genügend eigene Anteilsrechte verfügt, um die Gesellschafter der übertragenden Gesellschaft zu beteiligen. Diese Erläuterung ist (präzisierend) dahingehend zu verstehen, dass es auf den *Umfang* der bereits vorhandenen eigenen Anteile und der gegenseitigen Beteiligung ankommen muss, ob – zusätzlich – eine Kapitalerhöhung durchgeführt werden muss, um das Prinzip der Kontinuität zu wahren (vgl. Handkommentar FusG-MATHYS, N 5; **a.M.** BÖCKLI, Aktienrecht, § 3 Rz 334, der die Meinung vertritt, dass eine Beteiligung der übernehmenden Gesellschaft an der übertragenden keine Rolle spielt. Dies trifft u.E. insoweit nicht zu, als im Umfang der von der übernehmenden Gesellschaft gehaltenen Anteile der übertragenden Gesellschaft keine Anteilsrechte der übernehmenden Gesellschaft benötigt werden).

Um eine verbotene Unterpari-Emmission (Art. 624 sowie Art. 764 Abs. 2 i.V.m. Art. 624 OR und Art. 779 Abs. 2 Ziff. 2 OR) zu vermeiden, **darf der Nominalbetrag der Kapitalerhöhung den Nettowert der übertragenen Vermögensteile nicht übersteigen** (Botschaft, 4435; Handkommentar FusG-MATHYS, N 6; ZK-BURCKHARDT BERTOSSA, N 4; vgl. immerhin auch Art. 34 N 8 f. zur Teilliberierung). Der Spielraum bei der Erhöhung des Stammkapitals der GmbH ist durch Art. 773 OR ausserdem gegen oben auf 2 Millionen Franken beschränkt (wobei diese Limite der Revision des GmbH Rechts zum Opfer fallen dürfte; s. Art. 773 Entwurf zum OR betr. GmbH-Recht sowie Anpassungen im Aktien-, Genossenschafts-, Handelsregister- und Firmenrecht; BBl 2002, 3265 ff.). Im Gegensatz zur von der Botschaft (4431) vertretenen Auffassung, dass das übertragene Vermögen stets einen Aktivsaldo aufzuweisen habe, muss u.E. die Übertragung eines Vermögens mit **Passivsaldo zulässig** sein, wenn die übernehmende Gesellschaft über genügend frei verwendbares Eigenkapital verfügt, diesen Passivsaldo zu absorbieren (vgl. Art. 29 N 23; gl.M. Handkommentar FusG-MATHYS, N 6; ZK-BURCKHARDT BERTOSSA, N 4) und die neu ausgegebenen Aktien zu liberieren. Es kann sogar argumentiert werden, es genüge, wenn mittels freier Reserven liberiert wird und der Negativsaldo als Verlust fortgeschrieben wird, da Art. 725 OR die Gläubiger genügend schützt.

Betr. **Relevanz der Spaltungsbilanz, Bedeutung und Berechnung des Agios** bzw. des Ausgabebetrags kann auf die Ausführungen in Art. 34 N 7 und Art. 9 N 17 f. verwiesen werden. Technisch erfolgt der Kapitalerhöhungsbeschluss im Rahmen der die Spaltung genehmigenden GV der aufnehmenden Gesellschaft (Art. 43).

Im Übrigen kann auf die Ausführungen zu Art. 9 – insb. zur Möglichkeit, die übertragenen Vermögenswerte vom Buch- auf den Verkehrswert aufzuwerten – verwiesen werden. Im Weiteren gilt – wie in N 3 o. festgehalten – das normale Kapitalerhöhungsverfahren, mit den in N 9 ff. genannten Vorbehalten.

Wenn sich im übertragenen Vermögen Aktien der übernehmenden Gesellschaft finden, dürfen diese u.E. von der übernehmenden Gesellschaft – in Vollzug des Spaltungsvertrags – gleich wieder ausgeschüttet werden, ohne dass in Bezug auf diese Aktien eine Kapitalerhöhung notwendig wäre. Dies steht im Einklang mit der Praxis bei Fusionen unter dem alten Recht, wo sich die gleiche Frage schon stellte, auch wenn hier (im Gegensatz zu einem Kauf), die Aktien erst mit Vollzug bei der aufnehmenden Gesellschaft «eintreffen» – in der gleichen logischen Sekunde, in der sie wieder ausgeschüttet werden (vgl. zur Fusion auch Art. 9 N 12).

III. Keine Anwendung der Sacheinlagevorschriften des OR und von Art. 651 Abs. 2 (Abs. 2)

Nach Abs. 2 sind **die obligationenrechtlichen Vorschriften betr. Sacheinlagen bei der Spaltung nicht anwendbar**. Dieser Ausschluss umfasst nach Wortlaut und Zweck *sämtliche* Bestimmungen des OR und der Handelsregisterverordnung, welchen betr. Sacheinlagen Regelungen entnommen werden kann (vgl. Art. 9 N 24 ff.; **a.M.** offenbar Handkommentar FusG-MATHYS, N 7), falls die Kapitalerhöhung im Rahmen der Spaltungen durchgeführt wird (**a.M.** Handkommentar FusG-MATHYS, N 8, der die Erleichterungen nur greifen lassen will, wenn die Kapitalerhöhung zur Wahrung der Rechte der Gesellschafter erforderlich ist, was dazu führt, dass die Ausnahme dann nicht gegeben ist, wenn die Gesellschaft z.B. eigene Aktien hält und sich dennoch für eine Kapitalerhöhung entscheidet; wie hier [für die Fusion] Art. 9 N 22).

Zur Begründung führt die Botschaft (4435) die Vermeidung von Doppelspurigkeiten an, da insb. die Bestimmungen zum Spaltungsbericht (Art. 39) und dessen Prüfung

(Art. 40), die Anwendung der Vorschriften über die Sacheinlagen überflüssig machen würden (Botschaft, 4405, per Verweis in FN 116). Diese Argumentation stösst – betr. Spaltungsbericht und dessen Prüfung – logischerweise dann ins Leere, wenn KMU auf diesen *verzichten* (Art. 39 Abs. 2, Art. 40 i.V.m. Art. 15 Abs. 2). Trotzdem ist angesichts des unmissverständlichen Wortlauts und gestützt auf die bei Art. 9 (N 32 ff.) angeführten Argumente anzunehmen, dass **die Sacheinlagevorschriften des Obligationenrechts auch dann nicht anwendbar sind, wenn KMU auf den Spaltungsbericht und die Prüfung der Spaltungsdokumente** (Art. 40 i.V.m. Art. 15 Abs. 2) **verzichten** (a.M. Handkommentar FusG-MATHYS, N 8; BÖCKLI, Aktienrecht, § 3 Rz 336; ZK-BURCKHARDT BERTOSSA, N 7; VON DER CRONE ET AL., Rz 537; gl.M. Art. 9 N 32 ff. mit weiteren Verweisen; s.a. Art. 106 Abs. 2 a.E. HRegV).

11 **Nicht notwendig ist** damit ein **separater Sacheinlagevertrag** (er wird durch den Spaltungsvertrag ersetzt, vgl. Art. 9 N 25), **unbeachtlich** ist die Bestimmung, wonach **sofortige Verfügbarkeit** bestehen muss (vgl. Art. 9 N 26), die **GV muss nur den Spaltungsbeschluss fällen** (vgl. Art. 9 N 27), es besteht **keine Statutenpublizität** (vgl. Art. 9 N 28). Auch ein **Kapitalerhöhungsbericht ist nicht notwendig** (vgl. Art. 9 N 29), obwohl dieses Dokument bei der «normalen» Kapitalerhöhung auch dann erforderlich ist, wenn keine Sacheinlage (vgl. BSK OR II-ZINDEL/ISLER, Art. 652e N 2) und namentlich auch **keine Prüfungsbestätigung erfolgt** (vgl. Art. 9 N 30).

12 **Anwendbar** sind demgegenüber die Vorschriften über die **Gründerhaftung** (Art. 753 OR i.V.m. Art. 108 Abs. 1), dies namentlich auch dann, wenn kein Spaltungsbericht erstellt wird und keine Prüfung erfolgt (ebenso Art. 9 N 35 ff.).

13 Ebenfalls **keine Anwendung findet bei der Spaltung Art. 651 Abs. 2 OR**. Nach dem zweiten Satz dieser Bestimmung darf das genehmigte Kapital die Hälfte des bisherigen Aktienkapitals nicht übersteigen. Die Aufhebung dieser Bestimmung bewirkt zunächst, dass auf der zeitlichen Achse Flexibilität erreicht werden kann (vgl. N 3). Weiter hat die Aufhebung zur Folge, dass genehmigtes Kapital auch dann verwendet werden kann, wenn den Aktionären der übertragenden Gesellschaft ein Wahlrecht analog zu Art. 8 Abs. 1 eingeräumt wird und damit nicht bekannt ist, wie viele Aktien konkret verwendet werden müssen. Die Bedeutung dieser Erleichterung ist allerdings nicht besonders gross. Es ist nämlich kaum vorstellbar, dass eine (aufnehmende) Gesellschaft ein Vermögen übernimmt, das mehr als halb so gross ist wie ihr eigenes und den Gesellschaftern der übertragenden Gesellschaft die Wahl zwischen Anteilen und Abgeltung lässt. Würden sämtliche Gesellschafter eine Abgeltung wählen, müsste die aufnehmende Gesellschaft über Barmittel verfügen, welche 50% des Unternehmenswerts übersteigen.

14 Die Ausnahme in Abs. 2 muss wohl so verstanden werden, dass genehmigtes Kapital, das die Grenze von 50% übersteigt, auch *ausserhalb* eines konkreten Spaltungs- oder Fusionsprojekts beschlossen werden kann – immerhin muss der Text dann vorsehen, dass dieses Kapital nur im Zusammenhang mit Fusionen oder Spaltungen verwendet werden kann (vgl. Art. 9 N 37).

15 Art. 33 Abs. 2 statuiert an sich, dass der *gesamte* Absatz 2 (von Art. 651 OR) nicht anwendbar ist, also auch der erste Satz, der die Offenlegung des Nennbetrags, um den der Verwaltungsrat das AK erhöhen kann, in den Statuten vorschreibt (was in der Vernehmlassung zur analogen Bestimmung des Vorentwurfs einige Verwirrung stiftete, vgl. Vernehmlassungen, 118). Der Wortlaut geht u.E. zu weit – die Bestimmung bezweckt nicht, dass die GV eine nach oben unbegrenzte Kompetenz einräumen kann (was auch nicht notwendig ist). Damit ist die **Autorisierung nach wie vor gegen oben zu begrenzen** (vgl. Art. 9 N 38).

IV. Durchführung der Kapitalerhöhung

Betr. **Durchführung der Kapitalerhöhung** (vgl. N 4 zur Anwendbarkeit) kann vollumfänglich auf die bei Art. 9 gemachten Ausführungen verwiesen werden (N 40 ff.). Bewahrheitet sich die hier geäusserte Vermutung, dass im Bereich der Spaltung die genehmigte Kapitalerhöhung der Normalfall werden könnte, wird – wenn kein genehmigtes Kapital besteht – die GV, welche die Spaltung genehmigt auch das Kapital schaffen (u.U. eingeschränkt auf das konkrete Spaltungsvorhaben) und der VR das Kapital dann erhöhen, wenn er die genauen Bedürfnisse kennt (vgl. Art. 9 N 42 zu den konkreten Beschlüssen und zur Notwendigkeit, den Registereintrag des genehmigten Kapitals abzuwarten).

16

V. Rechtsvergleich

Die EU-Spalt-RL selbst enthält keine Bestimmungen zur Kapitalerhöhung. Es gelten jedoch die allgemeinen Normen der **EU-Kapital-RL** (Art. 8 und 25 ff.; vgl. Nufer, 592).

17

In **Deutschland** gelten wie in der Schweiz gewisse Erleichterungen, wenn eine als übernehmender Rechtsträger beteiligte AG im Zusammenhang mit einer «Spaltung zur Aufnahme» eine Kapitalerhöhung durchführt (§ 142 UmwG; vgl. Schmitt/Hörtnagl/Stratz, § 142 N 1 ff.).

18

Art. 34

Neugründung	Für die Neugründung einer Gesellschaft im Rahmen einer Spaltung gelten die Bestimmungen des Obligationenrechts über die Gründung einer Gesellschaft. Keine Anwendung finden die Vorschriften über die Anzahl der Gründerinnen und Gründer bei Kapitalgesellschaften sowie die Vorschriften über die Sacheinlagen.
Fondation d'une nouvelle société	Les dispositions du code des obligations concernant la fondation d'une société s'appliquent à la fondation d'une nouvelle société lors d'une scission. Les dispositions concernant le nombre des fondateurs de sociétés de capitaux et les apports en nature ne sont pas applicables.
Costituzione di una nuova società	Alla costituzione di una nuova società nell'ambito di una scissione si applicano le disposizioni del Codice delle obbligazioni relative alla costituzione di una società. Le disposizioni relative al numero dei promotori di società di capitali e ai conferimenti in natura non si applicano.

I. Normzweck und Normgeschichte

Art. 34, welcher im Parlament gegenüber dem Botschaftstext nicht geändert wurde (wohl aber gegenüber dem Text des Vorentwurfs, vgl. N 12), **regelt die Neugründung der übernehmenden Gesellschaft(en) im Zuge einer Spaltung mit Neugründung** (oder «Spaltung zur Neugründung», wie die Materialien sagen). Anders als bei der Spaltungsart, bei der das übertragene Vermögen von einer (oder mehreren) bereits bestehenden Gesellschaft(en) aufgenommen wird (vgl. Art. 33, «Spaltung mit Übernahme») – wird das übertragene Vermögen in der vorliegenden Konstellation in eine (oder mehrere) neu gegründete Gesellschaft(en) eingebracht.

1

2   Ob in der **Praxis** tatsächlich die Spaltung mit Neugründung zur Anwendung kommt, oder die spaltungswillige Partei nicht eher mit minimalem Kapitaleinsatz eine Gesellschaft gründen wird, welche die zu übertragenden Vermögenswerte aufnimmt, was im Einzelfall gewisse Vorteile haben kann, wird sich noch zeigen müssen (vgl. Art. 36 N 2).

3   Art. 34 – das Pendant von Art. 10 (zur Kombinationsfusion) – **bezweckt** die Verankerung der einschlägigen obligationenrechtlichen Gründungsvorschriften (Satz 1) im FusG, mit bestimmten, auf die Spaltung zugeschnittenen *Erleichterungen* (Satz 2).

II. Anwendungsbereich

4   Art. 34 gelangt nur bei Spaltungen (symmetrische oder asymmetrische Auf- oder Abspaltungen, vgl. zu den Spaltungstypen Art. 29 N 5 ff. und Art. 31 N 11 ff.) mit Neugründung(en) zur Anwendung (vgl. N 2). Während der erste Satz sämtliche spaltungsfähigen Gesellschaften betrifft, ist Satz zwei lediglich auf Kapitalgesellschaften, nicht aber auf Genossenschaften (vgl. N 12) anwendbar.

III. Geltung der allgemeinen Gründungsvorschriften (Satz 1)

5   Der erste Satz von Art. 34 hält fest, dass für die Neugründung einer Gesellschaft im Rahmen einer Spaltung grundsätzlich die **Gründungsbestimmungen des OR** gelten. Betreffend Durchführung der Gründung kann grundsätzlich auf die bei Art. 10 gemachten Ausführungen verwiesen werden, welche – gewisse fusionsspezifische Punkte ausgenommen – (analog) auch bei der Spaltung gelten (vgl. Art. 10 N 6 ff.). Zusätzlich gilt Folgendes:

6   Soweit es sich bei der neu zu gründenden Gesellschaft um eine Kapitalgesellschaft handelt, muss sie mit *genügend Kapital* ausgestattet werden, um den Gesellschaftern der übertragenden Gesellschaft im Sinne des Prinzips der **mitgliedschaftlichen Kontinuität** (Art. 31) die ihnen nach Spaltungsplan zustehenden Anteilsrechte auszurichten (Botschaft, 4436) – bei einer symmetrischen Spaltung muss jedem Anteilsinhaber der übertragenden Gesellschaft mindestens ein Anteil der übernehmenden Gesellschaft(en) zugeteilt werden können. Dies führte vor der Revision von Art. 622 Abs. 4 OR bei Aktiengesellschaften mit hoher Aktienzahl dazu, dass die übernehmenden Gesellschaften «zwangsweise» mit hohem Eigenkapital ausgestattet werden mussten (vgl. BÜCHI, FN 793). Mit der Senkung des Mindestnennwerts einer Aktie auf ein Rappen (seit 1.5.2001) wurde erheblich mehr Flexibilität geschaffen. Unter der Annahme, die übertragende Gesellschaft habe beispielsweise 20 Millionen Aktien ausstehend, muss das Aktienkapital der übernehmenden Gesellschaft nunmehr minimal CHF 200 000 betragen (20 Millionen multipliziert mit 1 Rappen).

7   In der **Praxis wird in aller Regel so vorgegangen**, dass anhand der Spaltungsbilanz (vgl. Art. 35 N 7 f.) eruiert wird, wie gross die zu übertragenden Nettoaktiven sind (wobei bei zu geringen Nettoaktiven auch ein Guthaben der aufnehmenden Gesellschaft gegen die übertragende Gesellschaft gebildet werden kann) und gleichzeitig gestützt auf die relativen Wertverhältnisse bestimmt wird, welche Anzahl Aktien notwendig ist. Gestützt darauf wird dann der Nennwert dieser Aktien bestimmt, wobei steuerliche Überlegungen einerseits für einen hohen Nennwert sprechen können (Möglichkeit zur späteren steuergünstigen Nennwertrückzahlungen), andererseits aber auch einen tiefen Nominalwert verlangen können, falls auf Seiten der übertragenden Gesellschaft keine Nennwertreduktion erfolgt. Die Differenz zwischen den übertragenen Nettoaktiven und dem neu zu schaffenden Aktienkapital wird dann bei der neu zu gründenden Gesell-

schaft als Agio verbucht und für die Gründungsurkunde auf einen Betrag pro Aktie hinuntergebrochen, da Nominalwert pro Aktie plus anteilsmässiges Agio den Ausgabebetrag pro Aktie bestimmen.

Ist der im Rahmen der Spaltung übertragene Nettowert zu gering, ist theoretisch im Rahmen von Art. 632 und 774 OR (vgl. zur Teilliberierung bei der Genossenschaft BSK OR II-NIGG Art. 852/853 N 16) auch eine **Teilliberierung** denkbar. 8

Konkret ist damit für die Gründung einer im Rahmen einer Spaltung geschaffenen Gesellschaft ein **Errichtungsakt** notwendig, der **technisch in die öffentliche Urkunde über die Zustimmung der Generalversammlungen integriert werden kann** (ebenso BÖCKLI, Aktienrecht, § 3 Rz 337). Denkbar ist aber auch, dass die übertragende Gesellschaft die Gründung separat vorbereitet und beschliesst. 9

Bei der AG oder GmbH muss eine öffentliche Urkunde (Art. 629 und 779 OR, vgl. auch das abweichende Verfahren bei der Genossenschaft in Art. 830 ff. OR und N 9 zur Integration in den Spaltungsbeschluss) verfasst werden, die den *Gründungswillen* (der übertragenden Gesellschaft) spiegelt, die *Statuten* festsetzt, die *Organe* bestimmt und die notwendigen *Feststellungen betreffend Schaffung der Aktien* enthält (vgl. N 11). Dieser Errichtungsakt ist zusammen mit den notwendigen weiteren Belegen dem Handelsregister vor dem Vollzugsdatum einzureichen (vgl. z.B. Art. 78 HRegV für die AG und Art. 106 Abs. 1 lit. f HRegV), die Eintragung erfolgt dann gemäss Art. 106b Abs. 1 lit. f HRegV. 10

Die Spaltung birgt die Besonderheit, dass die **Zeichnung** nicht durch die künftigen Eigentümer der Aktien-, Stammanteile oder Genossenschaftsanteile erfolgt, sondern – analog zur bisherigen Fusion – die an der Transaktion beteiligten Gesellschaften die Zeichnung sozusagen auf Rechnung der nach Fusions- bzw. Spaltungsvertrag berechtigten Gesellschafter vornehmen. Die im Errichtungsakt notwendige Feststellung gemäss Art. 629 Abs. 2 bzw. 779 Abs. 2 OR muss entsprechend modifiziert werden – konkret muss sie beinhalten, dass die im Rahmen der Neugründung geschaffenen Aktien (oder Stammanteile) dem im Spaltungsplan definierten Personenkreis im dort bestimmten Verhältnis zukommen. 11

IV. Erleichterungen (Satz 2)

Der zweite Satz von Art. 34 setzt die obligationenrechtlichen Vorschriften betreffend Anzahl der Gründer für Kapitalgesellschaften ausser Kraft. Die dadurch ermöglichte **Einmann-Gründung** erleichtert das Verfahren der Spaltung, denn damit kann auf das Beiziehen von treuhänderischen Gründern verzichtet werden. Gemäss der Definition in Art. 2 lit. c werden **Genossenschaften** auch dann nicht unter den Begriff «Kapitalgesellschaften» subsumiert, wenn diese Anteilscheine ausgegeben haben (Botschaft, 4389). Dies bedeutet, dass bei der Neugründung einer Genossenschaft im Rahmen einer Spaltung weiterhin mindestens sieben Mitglieder beteiligt sein müssen (Art. 831 Abs. 1 OR), womit laut Botschaft (4436, FN 118) dem gesetzlichen Zweck der Genossenschaft (Förderung oder Sicherung bestimmter wirtschaftlicher Interessen ihrer Mitglieder in gemeinsamer Selbsthilfe, Art. 828 Abs. 1 OR) Rechnung getragen wird. Betreffend «Spezialbehandlung» der Genossenschaft liess sich der Gesetzgeber offenbar von der während der Vernehmlassung geäusserten Kritik (Zusammenstellung der Vernehmlassungen, 235) überzeugen und gab die kompromisslosere Linie des Vorentwurfs (Art. 44 VE FusG) auf. 12

Analog zu Art. 33 Abs. 2 dispensiert der zweite Satz von Art. 34 die Gründer – die übertragende Gesellschaft – von der Anwendung der **Sacheinlagevorschriften**. Da sich die 13 betreffend Sacheinlage bei der Spaltung mit Neugründung stellenden Fragen nicht von denen bei der Spaltung mit Übernahme unterscheiden, kann auf das zu Art. 33 Ausgeführte (vgl. dort N 9 ff.) verwiesen werden.

V. Rechtsvergleich

14 Die **EU-Spalt-RL** definiert und regelt die «Spaltung durch Gründung neuer Gesellschaften» in Art. 21 und 22. Art. 22 Abs. 4 und 5 überlassen es den Mitgliedstaaten, punkto «Bericht über die Prüfung von Einlagen» (Abs. 4) und «Sachverständigenbericht» (Abs. 5) gewisse Erleichterungen vorzusehen (vgl. NUFER, 592).

15 Nach § 135 Abs. 1 **UmwG** sind die Vorschriften der «Spaltung zur Aufnahme» (§§ 126 bis 134) «auf die Spaltung zur Neugründung im wesentlichen entsprechend anwendbar» (vgl. SCHMITT/HÖRTNAGL/STRATZ, § 135 N 1). Nach § 135 Abs. 2 UmwG sind bei der Gründung des neuen Rechtsträgers die für die jeweilige Rechtsform des neuen Rechtsträgers geltenden Gründungsvorschriften anzuwenden, soweit sich aus dem Spaltungsrecht und – kraft Verweis in § 125 UmwG – aus dem Recht der «Verschmelzung» nicht etwas anderes ergibt (vgl. SCHMITT/HÖRTNAGL/STRATZ, § 135 N 13).

Art. 35

Zwischenbilanz

¹ Liegt der Bilanzstichtag beim Abschluss des Spaltungsvertrags oder bei der Erstellung des Spaltungsplans mehr als sechs Monate zurück oder sind seit Abschluss der letzten Bilanz wichtige Änderungen in der Vermögenslage der an der Spaltung beteiligten Gesellschaften eingetreten, so müssen diese eine Zwischenbilanz erstellen.

² Die Erstellung der Zwischenbilanz erfolgt gemäss den Vorschriften und Grundsätzen für den Jahresabschluss unter Vorbehalt folgender Vorschriften:
a. Eine körperliche Bestandesaufnahme ist nicht notwendig.
b. Die in der letzten Bilanz vorgenommenen Bewertungen brauchen nur nach Massgabe der Bewegungen in den Geschäftsbüchern verändert zu werden; Abschreibungen, Wertberichtigungen und Rückstellungen für die Zwischenzeit sowie wesentliche, aus den Büchern nicht ersichtliche Veränderungen der Werte müssen jedoch berücksichtigt werden.

Bilan intermédiaire

¹ Les sociétés participant à la scission établissent un bilan intermédiaire si la date de clôture du bilan est antérieure de plus de six mois à celle de la conclusion du contrat de scission ou de l'établissement du projet de scission, ou si des modifications importantes sont intervenues dans leur patrimoine depuis la clôture du dernier bilan.

² L'établissement du bilan intermédiaire est régi par les dispositions et les principes relatifs aux comptes annuels. Les dispositions suivantes sont réservées:
a. il n'est pas nécessaire de procéder à un nouvel inventaire réel;
b. les évaluations figurant au dernier bilan ne sont modifiées qu'en fonction des mouvements d'écritures; les amortissements, les corrections de valeur et les provisions intérimaires ainsi que les changements importants de la valeur n'apparaissant pas dans les écritures sont cependant pris en considération.

3. Abschnitt: Kapitalherabsetzung, Kapitalerhöhung, ... **1, 2 Art. 35**

Bilancio intermedio ¹ Se la data determinante per il bilancio precede di oltre sei mesi la conclusione del contratto di scissione o l'elaborazione del progetto di scissione oppure se si sono verificate importanti modifiche patrimoniali dopo la chiusura del bilancio, le società partecipanti alla scissione devono stilare un bilancio intermedio.

² Il bilancio intermedio è stilato conformemente alle disposizioni e ai principi relativi ai conti annuali, fatte salve le disposizioni seguenti:
a. non è necessario procedere a un nuovo inventario fisico;
b. le valutazioni contenute nell'ultimo bilancio sono modificate soltanto in ragione dei movimenti nelle scritture contabili; vanno tuttavia presi in considerazione gli ammortamenti, le correzioni di valore e gli accantonamenti per il periodo intermedio, nonché le modifiche sostanziali di valori che non appaiono nelle scritture contabili.

Literatur

P. BÖCKLI/J.N. DRUEY/P. FORSTMOSER/A. HIRSCH/P. NOBEL, Rechtsgutachten zu Handen der Schweizerischen Zulassungsstelle betreffend die Veröffentlichung von Zwischenabschlüssen in Emissionsprospekten, SZW 1993, 282.

I. Normzweck und Normgeschichte, Allgemeines zum Verständnis der Norm

Art. 35 wurde **gegenüber dem Botschaftstext ergänzt** – das Parlament fügte wie in 1
Art. 11 den Abs. 2 hinzu (vgl. AmtlBull StR 2001, 150, 153 – die Änderung wurde vom NR diskussionslos übernommen). Der Artikel regelt vordergründig (vgl. N 2) die Notwendigkeit der Erstellung einer Zwischenbilanz, falls seit der letzten ordentlichen Bilanz der an der Spaltung beteiligten Unternehmen entweder mehr als 6 Monate vergangen sind oder wichtige Änderungen eingetreten sind.

Art. 35 bleibt letztlich – ähnl. wie Art. 11 – unklar. Klärungsbedürftig ist v.a., ob Art. 35 2
von der eigentlichen **Spaltungsbilanz** spricht (bzw. von der Notwendigkeit, diese Spaltungsbilanz durch eine [Spaltungs-]Zwischenbilanz zu ersetzen, falls sie ein gewisses Alter hat), oder ob generell die Rechnungslegung der an der Spaltung beteiligten Gesellschaften (s. dazu die Regelung in Art. 41 Abs. 1 lit. d) angesprochen wird (so offenbar das Verständnis bei Handkommentar FusG-MATHYS, N 1, 3; Handkommentar FusG-BOMMER, Art. 11 N 1; VON DER CRONE ET AL., Rz 543 ff.; vgl. zum Ganzen auch die Botschaft, 4405, laut der der Bilanz für die Bewertung der Vermögen eine zentrale Rolle zukommen soll, was eher wieder dafür zu sprechen scheint, dass die Spaltungsbilanz zumindest *auch* gemeint ist; dazu N 3 u.). Überraschenderweise lässt sich nämlich weder aus dem Gesetzeswortlaut noch aus der Botschaft direkt schliessen, dass das Gesetz die Erstellung einer Spaltungsbilanz wirklich verlangt (vgl. BÖCKLI, Aktienrecht, § 3 Rz 306). Vielmehr kann die Botschaft so gelesen werden, dass sich aus dem Inventar – welches von der Botschaft als «Grundlage, auf der der Wert der übertragenen Vermögensteile bestimmt wird» bezeichnet wird (4438) – Bewertungsfragen in zufriedenstellender Weise lösen lassen und dem Schutzbedürfnis der Gesellschafter damit auch ohne Spaltungsbilanz Genüge getan wird. *Dieses Verständnis ist u.E. falsch*, nur schon deshalb, weil im Inventar gar keine Bewertung verlangt ist (vgl. nun allerdings aber Art. 106b Abs. 1 lit. c HRegV). Grundlage einer Übertragung eines Vermögenskomplexes ist nämlich immer eine Bilanz, welche die Konturen des zu übertragenden Vermögens mit Aktiven und Passiven und dazugehöriger Bewertung abbildet. Das war stets so bei der *Fusion*, war so bei Übertragungen im Rahmen von *altrechtlichen Spaltungen* (vgl. zum Verfahren Art. 29 N 12) und bei bisherigen *Umwandlungen* (bspw. der Um-

wandlung einer Kollektivgesellschaft in eine AG mittels Sacheinlagegründung). Auch die Steuerbehörden haben stets auf solche spezifische Umstrukturierungsbilanzen abgestellt, wenn sie bspw. abschätzen mussten, ob die Übertragung oder Umwandlung wirklich zu bisherigen Buchwerten stattfindet. Ferner kann nur eine (Spaltungs-)Bilanz die im Rahmen einer Spaltung notwendigen Funktionen erfüllen (vgl. N 7 ff.). Aus diesen Gründen muss **eine Spaltungsbilanz** erstellt werden (i.E. ebenso BÖCKLI, Aktienrecht, § 3 Rz 306). Sie ist eine handelsrechtliche, nichtkonsolidierte Bilanz, aus ihr (und nur ihr) folgt (vgl. N 9 ff.), (i) wie gross der Aktivenüberschuss des übertragenen Vermögens ist (vgl. auch Art. 29 N 23 zur Situation bei negativem Saldo), (ii) ob dieser Betrag bei Neugründung oder Kapitalerhöhung ausreicht, das neu geschaffene Kapital zu liberieren und (iii) ob die spaltende Gesellschaft ihr Kapital herabsetzen muss oder die Abspaltung gegen freie Reserven verrechnen kann. Die Spaltungsbilanz entspricht bei der Spaltung mit Neugründung der Eröffnungsbilanz der neuen Gesellschaft; bei der Spaltung auf eine existierende Gesellschaft wird diese Spaltungsbilanz gleichsam Posten für Posten zu den Werten der übernehmenden Gesellschaft addiert. Umgekehrt werden die Werte der Spaltungsbilanz von den bisherigen handelsrechtlichen Werten der abspaltenden Gesellschaft abgezogen und definieren ihre Bilanz nach Spaltung. *Vor diesem Hintergrund muss u.E. die Bezeichnung «Bilanz» in Art. 35 primär als «Spaltungsbilanz» gelesen werden* (zur Bedeutung der Spaltungsbilanz s. auch N 7 ff.), sekundär als (wiederum handelsrechtliche) Bilanz der aufnehmenden Gesellschaft (dazu N 7). Diese muss dasselbe Datum tragen wie die Spaltungsbilanz, damit ohne weiteres ersichtlich ist, wie die Bilanz der aufnehmenden Gesellschaft nach der Spaltung aussehen wird (N 7, 10).

3   Von der Erstellung dieser (Spaltungs-)Bilanz ist die **Bewertungsfrage weitgehend zu trennen (a.M.** ZK-MEIER, Art. 31 N 10), dies aus doppeltem Grund: Erstens erfolgt die Bewertung in einer Transaktion stets zu *wirklichen Werten* und nicht zu Buchwerten – dabei stützt sich die Bewertung (wenn ein Teilkonzern übertragen wird) nicht auf eine handelsrechtliche Bilanz, sondern auf konsolidierte Werte. Zweitens – und dies ist noch wichtiger – ist die Substanz (die ja in der Bilanz abgebildet wird) stets nur *ein* Element der Bewertung – und erst noch ein relativ unwichtiges. Viel wichtiger für die Bewertung sind die gegenwärtigen und in Zukunft erwarteten Cashflows, bei denen nicht die Bilanz, sondern die Erfolgsrechnung oder ein Geschäftsplan als Basis der Berechnung dienen (vgl. zu den Bewertungsgrundsätzen VON DER CRONE ET AL., Rz 16 ff.). Solche Bewertungsfragen stellen sich v.a. bei asymmetrischen Spaltungen (Art. 31 Abs. 2 lit. b) und bei Spaltungen auf eine existierende Gesellschaft mit anderer Gesellschafterbasis. Viel weniger kritisch ist die Bewertung hingegen grundsätzlich bei symmetrischen Spaltungen (Art. 31 Abs. 2 lit. a, vgl. auch BÜCHI, 129).

4   Nach Abs. 1 müssen die beteiligten Gesellschaften eine **Spaltungs-Zwischenbilanz** aufstellen, wenn der letzte Bilanzstichtag, auf dem die Spaltungsbilanz fussen soll, beim Abschluss des Spaltungsvertrags oder beim Erstellen des Spaltungsplans mehr als sechs Monate zurückliegt. Auf Seiten der *aufnehmenden* Gesellschaft muss dann – nach Wortlaut des Gesetzes, der klar von *allen* an der Spaltung beteiligten Gesellschaften spricht – eine **Zwischenbilanz** mit demselben Datum erstellt werden, damit die korrekte «Eröffnungsbilanz» nach Spaltung erstellt werden kann (diese Notwendigkeit kann sich auf Seiten der aufnehmenden Gesellschaft auch dann ergeben, wenn auf Seiten der übertragenden Gesellschaft keine Zwischenbilanz erstellt wird, vgl. ferner N 11). Die Berechtigung einer solchen Bilanz ist nicht gleich klar wie die der Spaltungsbilanz, aber nachdem das Gesetz unmissverständlich von *allen* beteiligten Gesellschaften spricht, ist kaum eine andere Auslegung denkbar.

Die Frist von sechs Monaten (sie entspricht der Frist von Art. 9 [1] c EU-Spalt-RL, was von der Botschaft, 4405, als einzige Begründung dafür angeführt wird, die in der Vernehmlassung vorgeschlagene Verlängerung der Frist auf neun Monate nicht aufzunehmen) führt – falls wörtlich gelesen – zu einer starken Einschränkung des Zeitraums, in dem **Spaltungen auf Basis des ordentlichen Jahres- oder Halbjahresabschlusses durchgeführt werden können**. Unter der Annahme, dass der geprüfte Jahresabschluss ungefähr zwei Monate nach Jahresende vorliegt (und die Erstellung einer Zwischenbilanz auch etwa zwei Monate beansprucht), können Spaltungen bei Gesellschaften, die als Geschäftsjahr das Kalenderjahr haben, nur in der Zeit von Ende Februar bis Ende Juni und Ende August bis Ende Dezember eingeleitet werden, ausser die Parteien wären bereit, bspw. einen Abschluss per 31.3. oder per 30.9. zu erstellen, was bei der Gesellschaft, deren Finanzberichterstattung auf das Kalenderjahr ausgerichtet ist, allerdings eine zeitraubende Angelegenheit sein kann. Analog zu Art. 652a Abs. 1 Ziff. 5 OR (vgl. BSK OR II-ZINDEL/ISLER, Art. 652a N 4; BÖCKLI/DRUEY/FORSTMOSER/HIRSCH/NOBEL, 285) und auch gestützt auf die mit dem Kotierungsreglement gesammelten Erfahrungen (vgl. Vernehmlassungen SECA und SHIV, Vernehmlassungen, 122) muss diese gesetzliche Frist von 6 Monaten u.E. als 9 Monate gelesen werden, bzw. wie bei der Prospekterstellung eine Toleranzfrist gewährt werden. Mit der Verlängerung der Frist auf neun Monate wird die Durchführung der Spaltung auf der Basis des Jahresabschlusses von März bis September und auf der Basis des Halbjahresabschlusses von September bis März ermöglicht, was sachgerecht ist (insb., wenn man die eingeschränkte Bedeutung der Bilanz beachtet, vgl. N 2 f.). Ob die Handelsregisterpraxis diesem Vorschlag folgen wird, wird sich erst noch zeigen müssen.

Zusammenfassend gesagt muss damit (abgesehen von seltenen Fällen, wo keine bilanzrelevanten Vermögenswerte abgespalten werden, beispielsweise nur Verträge) stets eine Spaltungsbilanz erstellt werden, die auf den Übergangsstichtag (Art. 37 lit. g) ausgelegt ist und aufzeigt, welche Bilanzwerte bei der übertragenden Gesellschaft «verschwinden» und welche bei der übernehmenden neu hinzukommen. Da die Spaltungsbilanz mit Bewertung wenig, mit Fragen der Liberierung, der notwendigen Kapitalherabsetzung und ähnlichen Fragen aber viel zu tun hat, hat diese Bestimmung in der hier verstandenen Auslegung primär **Gläubigerschutzcharakter**. Wegen der Regelung von Art. 35 kann die Spaltungsbilanz kein beliebiges Datum haben, sondern kann nur dann auf dem letzten ordentlichen Abschluss beruhen, wenn dieser nicht mehr als sechs (bzw. nach hier vertretenem Verständnis neun) Monate zurückliegt. Ist dies nicht gegeben, ist ein spezieller Abschluss der übernehmenden Gesellschaft zu erstellen – nicht nur für den übertragenen Vermögensteil, sondern auch für das zurückbleibende Vermögen. Auf Seiten der aufnehmenden Gesellschaft muss per dieses gleiche Datum eine Bilanz erstellt werden (vgl. N 2).

II. Gliederung und Bedeutung der Spaltungsbilanz

Die Spaltungsbilanz, welche die Aktiven und Passiven des zu übertragenden Vermögensteils enthält und typischerweise als **zweite Spalte zur Bilanz der übertragenden Gesellschaft dargestellt wird** (die dritte Spalte zeigt dann die Bilanz *nach* Spaltung und ergibt sich durch Subtraktion der Werte der zweiten Spalte von den Werten der ersten Spalte) und die Bilanz der aufnehmenden Gesellschaft haben verschiedene Funktionen:

a. Sie stellen eine (wenn auch eine untergeordnete, vgl. N 3) **Komponente dar für die Berechnung des (relativen) Wertes des zu übertragenden Vermögensteils** (vgl.

Botschaft, 4405 zum analogen Art. 11) verglichen mit den Vermögenswerten der aufnehmenden Gesellschaft. Relevant ist dies primär bei asymmetrischen Spaltungen oder dann, wenn ein Vermögensteil auf eine existierende Gesellschaft mit einer anderen Gesellschafterbasis abgespalten wird. Erfolgt demgegenüber bspw. eine symmetrische Abspaltung auf eine neu zu gründende Tochtergesellschaft hat diese relative Bewertung kaum Bedeutung (vgl. N 3).

b. Die Spaltungsbilanz dient als **Eröffnungsbilanz** bei einer Spaltung mit Neugründung (Art. 34), bzw. zeigt auf, welche Werte die **aufnehmende Gesellschaft** per (buchhalterischem) Übertragungsstichtag – dem Zeitpunkt, von dem an die Handlungen der übertragenden Gesellschaft als für Rechnung der übernehmenden Gesellschaft vorgenommen gelten (Art. 37 lit. g) – in ihre Bilanz zu übernehmen hat. Der Betrag der Nettoaktiven zeigt dann insb. auch auf, ob diese Werte ausreichend sind, um die in der Spaltung neu ausgegebenen Anteile zu **liberieren**, bzw. zeigen, wie hoch der Ausgabebetrag (der sich aus Nominalkapital und Agio zusammensetzt) pro Anteil ist. Angesichts dieser v.a. aus handelsregisterlicher Sicht wichtigen Funktion erstaunt es nicht, dass die Spaltungsbilanz und die Bilanz der übernehmenden Gesellschaft nach bisherigem Recht dem Spaltungsvertrag in aller Regel als Anhang beigefügt wurden. Dies wird sich mit Inkrafttreten des FusG kaum ändern, obwohl die (Spaltungs-)Bilanz nicht zum gesetzlich vorgeschriebenen Vertragsinhalt gehört (Art. 37, vgl. N 2).

c. Die Spaltungsbilanz kann nebst dem Inventar (Art. 37 lit. b) als **Auslegungsmittel** dienen, falls Unklarheiten betr. der Zusammensetzung der zu übertragenden Vermögenswerte bestehen.

d. Die Spaltungsbilanz gibt auch – im Gegensatz zum Inventar – **Antwort auf rein buchhalterische Fragen der Spaltung** (etwa betr. Zuweisung von Reserven oder Rückstellungen zwischen der übertragenden und der übernehmenden Gesellschaft).

e. Die Spaltungsbilanz hilft bestimmen, ob auf Seiten der übertragenden Gesellschaft eine **Kapitalherabsetzung** notwendig ist (dies ist dann der Fall, wenn die übertragenen Nettoaktiven die freien Reserven der abspaltenden Gesellschaft in einem Masse übersteigen, dass die in Art. 725 Abs. 1 OR definierte Schwelle gegen unten durchbrochen wird; vgl. Art. 32 N 4; **a.M.** Handkommentar FusG-MATHYS, Art. 32 N 1).

8 Gestützt auf diese Funktionen stellt sich die Frage, ob es zulässig ist, allenfalls **verschiedene Bilanzen** zu verwenden, etwa eine («technische Spaltungsbilanz») bezogen auf den Übertragungsstichtag (vgl. N 9) und eine neuere (oder ältere), die für die Bewertung verwendet wird (vgl. N 3). Dies ist zu bejahen, wobei dann beide Rechnungen zur Einsicht aufgelegt werden müssen (vgl. Art. 41 N 1).

III. Notwendigkeit der Erstellung eines Zwischenabschlusses (Abs. 1)

9 **Fristauslösendes Element für die Berechnung** der 6 (bzw. 9; vgl. N 5) Monatsfrist ist der Abschluss des Spaltungsvertrages bzw. der Erlass des Spaltungsplanes (vgl. ZK-BURCKHARDT BERTOSSA, N 3). Nach diesem Datum folgen das Verfassen des Spaltungsberichtes (Art. 39), dessen Prüfung (Art. 40), die Auflage zur Einsicht (Art. 41) und die Aufforderung an die Gläubiger (Art. 45), die allfällige Sicherstellung (Art. 46) und der oder die Spaltungsbeschlüsse (Art. 43).

10 Liegt der letzte Abschluss auf Seiten der **übertragenden Gesellschaft** innerhalb dieser Frist, kann er als Basis für die Erstellung der Spaltungsbilanz verwendet werden (vgl.

zur Prüfung N 17). Wie oben ausgeführt (vgl. N 2) muss der Gesetzestext, der von allen beteiligten Gesellschaften spricht, so verstanden werden, dass auf Seiten der aufnehmenden Gesellschaft eine Bilanz auf das gleiche Datum zu erstellen ist (auch wenn das nur bedingt sinnvoll ist). Folgt man dieser Auslegung, ist das letzte Abschlussdatum der **übernehmenden Gesellschaft** letztlich irrelevant, da sie sowieso eine (allerdings u.E. nicht zu prüfende) handelsrechtliche Bilanz auf das Datum der Spaltungsbilanz zu erstellen hat (vgl. N 11 ff. für den Fall, dass bei der übernehmenden Gesellschaft grössere Verluste eintreten).

Die Notwendigkeit zur Erstellung einer Zwischenbilanz kann sich auch dann ergeben, wenn seit dem letzten Bilanzstichtag (der innerhalb der letzten 6 bzw. 9 Monate liegt) – so ist die Bezeichnung «Bilanz» in Abs. 1 zu lesen (ebenso Handkommentar FusG-BOMMER, Art. 11 N 4) – **wichtige Änderungen in der Vermögenslage** eingetreten sind. Der Gesetzestext bezieht dies auf beide Gesellschaften, was u.E. differenziert gelesen werden muss, um der Lösung Sinn zu geben: zu beachten sind bei der **übertragenden Gesellschaft** sowohl der zu übertragende als auch der «zurückbleibende» Teil dann, wenn bspw. die Verluste so gross sind, dass sich die Frage stellt, ob beide Teile nach der Spaltung noch überlebensfähig sind, was sich bei der AG wegen des Umstandes, dass sich die Pflichten nach Art. 725 OR (s. auch die Regelung in Art. 817 und 903 OR) an der handelsrechtlichen Bilanz messen, aus beiden Bilanzen nach Spaltung ergibt (die Bilanz wird auch zeigen, ob für das Überleben genügend Liquidität vorhanden ist). Wo es nicht gerade um das Überleben geht, kann sich trotzdem ein Bedarf nach einem Zwischenabschluss «nach Verlusten» ergeben, dies aber nur, wenn die Vermögensminderung den zu übertragenden Vermögensteil betrifft, weil die Spaltungsbilanz ja u.a. Basis für die Entscheidung der Frage ist, ob neu ausgegebene Aktien korrekt liberiert werden – würde hier die Bilanz «vor Verlusten» verwendet, würden ggf. Aktien unter dem Ausgabebetrag begeben. Auf Seiten der **aufnehmenden Gesellschaft** ist die Notwendigkeit einer Zwischenbilanz ebenfalls dann gegeben, wenn ganz erhebliche Verschlechterungen eintreten, die wiederum die Überlebensfähigkeit nach Spaltung tangieren können (praktisch primär wohl wieder im Hinblick auf die Regelung in den Art. 725, 817 und 903 OR); in dieser Konstellation hat die aufnehmende Gesellschaft eine Zwischenbilanz «nach Verlusten» und die übertragende Gesellschaft eine Spaltungsbilanz auf das gleiche Datum zu erstellen. Wo keiner dieser Spezialfälle vorliegt und sich die negativen Änderungen in der Vermögenslage «nur» auf die Bewertung auswirken – oder es gar um positive Änderungen geht – genügt u.E. die Sicherungsregel von Art. 42: es müssen dann keine neuen Abschlüsse erstellt, aber allenfalls die Umtauschverhältnisse angepasst werden. Wird das nicht gemacht, werden die obersten Leitungs- und Verwaltungsorgane dies im Spaltungsbericht zu begründen haben.

Solche Änderungen in der Vermögenslage können primär aus **grossen Verlusten** bestehen, andererseits etwa mit einer (ungünstigen oder grossen) Akquisition zusammenhängen, oder endlich direkt die **EK-Basis** betreffen – etwa wegen eines *Aktienrückkaufes* oder einer grossen *Dividendenzahlung*. Die Botschaft führt (bei der analogen Bestimmung bei der Fusion, Art. 11) den Austritt zahlreicher Mitglieder einer Genossenschaft als Bsp. an (4405). Denkbar ist auch, dass das EK nur unwesentlich tangiert ist, sich die **Liquiditätssituation** aber so verschlechtert hat, dass die Bilanzierung zu Fortführungswerten nicht mehr gesichert ist. Auch in diesen Konstellationen ist u.E. eine aktuellere Zwischenbilanz zu erstellen.

Im Sinne einer **Faustregel** muss damit u.E. gelten, dass eine Zwischenbilanz wegen Veränderungen in der Vermögenslage nur zu erstellen ist, wenn (a) als deren Folge die Überlebensfähigkeit einer der beteiligten Gesellschaften in Frage steht oder (b) das EK (bzw. die Nettoaktiven) in der Spaltungsbilanz wesentlich (d.h. wohl um mindestens 10%) kleiner ist als am letzten Bilanzstichtag oder (c) ein Liquiditätsengpass einer der beteiligten Gesellschaften droht.

IV. Inhalt des Zwischenabschlusses (Abs. 2)

14 Grundsätzlich gelten für die Erstellung des Zwischenabschlusses die gleichen Grundsätze wie für die Erstellung eines (statutarischen) Jahresabschlusses, was namentlich für die Gliederungsvorschriften zutrifft, aber auch auf die Bewertung Einfluss hat. Die Erstellung eines Anhanges ist u.E. nicht notwendig. Wie in N 7 oben erwähnt, wird die typische Darstellung bei der übertragenden Gesellschaft eine **Spaltenform** haben, mit sämtlichen Bilanzwerten vor Spaltung in der ersten, allen von der Spaltung betroffenen Werten in der zweiten und den von der Spaltung nicht berührten Aktiven und Passiven in der dritten Spalte (was der Differenz von erster minus zweiter Spalte entspricht). Auf Seiten der aufnehmenden Gesellschaft ist ein normaler handelsrechtlicher, nichtkonsolidierter Abschluss verlangt.

15 Der Gesetzestext enthält **zwei praktisch relativ unbedeutende Erleichterungen** von diesem Grundsatz, nämlich:

a. Eine körperliche Bestandesaufnahme ist nicht notwendig. Bedeuten dürfte dies, dass bspw. der Stand des Lagers ohne weiteres aus der Lagerbuchhaltung abgelesen werden kann. Da auch beim ordentlichen Abschluss Stichproben die Regel sind, schlägt diese Erleichterung gegenüber dem «normalen» Verfahren (beim ordentlichen Abschluss) kaum zu Buche.

b. Aktivposten müssen nicht einzeln bewertet werden. Dessen ungeachtet sind bspw. Abschreibungen linear fortzuschreiben und – wo nötig – Rückstellungen zu bilden und Wertberichtigungen (z.B. auf einem Wertschriftenbestand) zu machen.

16 Will sich eine der Gesellschaften auf diese Erleichterungen berufen, wird sie dies in der Bilanz, allenfalls mittels einer Fussnote oder im (freiwillig erstellten) Anhang erwähnen.

V. Die Prüfung des Zwischenabschlusses

17 Die Prüfung des **Zwischenabschlusses** ist in Art. 40 – im Gegensatz zu Art. 15 Abs. 1 – nicht ausdrücklich erwähnt. Unseres Erachtens handelt es sich dabei (allerdings nur teilweise) um einen gesetzgeberischen Irrtum (weiter Handkommentar FusG-MATHYS, N 5). Die **Spaltungsbilanz** ist damit u.E. zu prüfen, nicht aber die Teile der Bilanz, die bei der übertragenden Gesellschaft «zurückbleiben». Zu prüfen ist damit nur die in N 7 erwähnte zweite Spalte, wobei diese Prüfungstätigkeit dazu führen könnte, dass auch die erste und die dritte Spalte ohne viel zusätzlichen Aufwand vom Testat miterfasst werden können.

18 Wo sich die spaltende Gesellschaft auf die Erleichterungen nach Abs. 2 stützt, wird das Testat dies erwähnen müssen, falls die Revisionsstelle zum Schluss kommt, dass die verwendete Vorgehensweise in einem ordentlichen Abschluss nicht zulässig gewesen wäre.

19 Nicht zu prüfen ist u.E. die Bilanz der **übernehmenden Gesellschaft** – eine Notwendigkeit dafür ist nicht ersichtlich.

VI. Rechtsfolgen bei Unterlassung des Erstellens eines Zwischenabschlusses

Zweifelhaft ist, ob das **Handelsregister** die Eintragung der Spaltung verweigern kann, wenn keine aktuelle Zwischenbilanz erstellt wurde, allenfalls gestützt auf Art. 106b Abs. 1 lit. c HRegV. Nicht ersichtlich ist für das Handelsregister jedenfalls die Unterlassung der Erstellung einer Zwischenbilanz nach grösseren Verlusten. Unseres Erachtens darf das Handelsregister die Eintragung dann verweigern, wenn der Spaltungsvertrag auf eine zu alte Bilanz verweist (ebenso ZK-BURCKHARDT BERTOSSA, N 7). 20

Zudem ist der Beschluss der GV, welcher die Spaltung genehmigt, i.S.v. **Art. 106 f.** anfechtbar, wenn keine Zwischenbilanz erstellt wurde, die den Vorschriften entspricht. Das Gericht wird die Klage allerdings wohl abweisen, wenn es zur Überzeugung gelangt, dass eine korrekt erstellte Zwischenbilanz nicht zu einem anderen Beschluss geführt hätte. Auch einer Klage nach **Art. 105** wird nicht immer Erfolg beschieden sein, erfolgt doch die Bewertung in aller Regel auf anderen Grundlagen (vgl. N 3). 21

Endlich machen sich die obersten Leitungs- und Verwaltungsorgane (u.a. Personen) nach **Art. 108** verantwortlich, wenn sie den Generalversammlungen eine Vorlage unterbreiten, die nicht auf einem genügend aktuellen (oder auf einem in anderer Hinsicht falschen) Zwischenabschluss beruht – relevant ist dies insb. dort, wo wesentliche Änderungen in der Vermögenslage eingetreten sind (vgl. N 11 ff.), da dies in aller Regel nur das Leitungs- und Verwaltungsorgan beurteilen kann. Diese Klage dürfte bei einer Verletzung von Art. 35 die relevanteste Klage sein und – da Art. 35 eher auf den Gläubigerschutz ausgerichtet ist – primär durch Gläubiger angestrengt werden, die in Folge der Spaltung zu Schaden kommen. 22

VII. Rechtsvergleich

Die Regelung in Abs. 2 entspricht im Wesentlichen Art. 9 der **EU-Spalt-RL**. Die Ergänzung des StR (Abs. 2, vgl. N 1) ist praktisch identisch mit Art. 9 Abs. 2 der EU-Spalt-RL. 23

Vierter Abschnitt: Spaltungsvertrag, Spaltungsplan, Spaltungsbericht und Prüfung

Art. 36

Spaltungsvertrag und Spaltungsplan

[1] Überträgt eine Gesellschaft durch Spaltung Vermögensteile auf bestehende Gesellschaften, so schliessen die obersten Leitungs- oder Verwaltungsorgane der beteiligten Gesellschaften einen Spaltungsvertrag ab.

[2] Will eine Gesellschaft durch Spaltung Vermögensteile auf neu zu gründende Gesellschaften übertragen, so erstellt ihr oberstes Leitungs- oder Verwaltungsorgan einen Spaltungsplan.

[3] Der Spaltungsvertrag und der Spaltungsplan bedürfen der schriftlichen Form und der Zustimmung der Generalversammlung (Art. 43).

Contrat et projet de scission	¹ Si une société transfère par voie de scission des parts de son patrimoine à des sociétés existantes, les organes supérieurs de direction ou d'administration des sociétés participant à la scission concluent un contrat de scission.
² Si une société entend transférer par voie de scission des parts de son patrimoine à des sociétés qui vont être constituées, l'organe supérieur de direction ou d'administration établit un projet de scission.
³ Le contrat ou le projet de scission revêt la forme écrite et est soumis à l'approbation de l'assemblée générale (art. 43).
Contratto di scissione e progetto di scissione	¹ Se una società trasferisce per scissione parti del suo patrimonio a società preesistenti, gli organi superiori di direzione o di amministrazione delle società partecipanti alla scissione devono concludere un contratto di scissione.
² Se una società intende trasferire parti del suo patrimonio mediante scissione a società costituende, il suo organo superiore di direzione o di amministrazione elabora un progetto di scissione.
³ Il contratto di scissione e il progetto di scissione richiedono la forma scritta e l'approvazione dell'assemblea generale (art. 43).

Literatur

U. GASSER/CHR. EGGENBERGER, Vorentwurf zu einem Fusionsgesetz – Grundzüge und ausgewählte Einzelfragen, AJP 1998, 457 ff.

I. Normzweck und Normgeschichte

1 Art. 36, der im Parlament gegenüber dem Botschaftstext nicht geändert wurde, regelt die **Einleitung** der Spaltung, die juristisch je nachdem, ob ein (oder mehrere) Teilvermögen auf eine (oder mehrere) bestehende (Abs. 1) oder neu zu gründende (Abs. 2, Art. 34) Gesellschaft(en) übertragen werden, durch den Abschluss eines Spaltungsvertrages oder die Erstellung eines Spaltungsplans (zum Inhalt Art. 37) erfolgt. Denkbar ist auch, die beiden Möglichkeiten zu kombinieren, indem beispielsweise ein Vermögensteil auf eine bestehende, ein anderer Teil auf eine neu zu gründende Gesellschaft übertragen wird (Botschaft, 4436). Spaltungsvertrag und Spaltungsplan unterscheiden sich mehr durch die Ein-/Zweiseitigkeit, als durch ihren Inhalt (vgl. Art. 37). Aus diesem Grunde spricht nichts dagegen, im Falle einer Kombination der Übertragung auf eine bestehende und eine neu zu gründende Gesellschaft Spaltungsvertrag und Spaltungsplan in einem einzigen Dokument zu kombinieren (in diesem Sinne die Botschaft, 4436) – dieses Vorgehen scheint sogar geboten, da auch das Verhältnis der aufnehmenden bestehenden Gesellschaft zur aufnehmenden neu zu gründenden Gesellschaft der Regelung bedarf.

2 Es wird sich zeigen, ob in Zukunft dann, wenn wirtschaftlich eine Ab- oder Aufspaltung auf **neu zu gründende Gesellschaften** erfolgt, wirklich der Weg nach Abs. 2 gegangen wird, oder ob die spaltungswillige Gesellschaft es vorziehen wird, vorgängig eine **Tochtergesellschaft** zu gründen, damit dann nach Abs. 1 vorgegangen werden kann (was sicher zulässig ist, wenn sich bei Handkommentar FusG-SCHENKER, N 2 auch gewisse Vorbehalte gegen solche «künstlichen Vertragsgebilde» zu finden scheinen). Die Vorteile eines solchen Vorgehens können darin bestehen, dass Vorbereitungshandlungen für die Phase eigener Existenz (z.B. die Bestellung und Registrierung von Direktoren und Prokuristen, der Abschluss von Verträgen) bereits im Vorfeld der eigentlichen Spaltung rechtsgültig vorgenommen werden können. Die vorgängige Gründung kann als Bargründung erfolgen, jedenfalls wenn die anschliessende Abspaltung mit einer Kapitalerhöhung durchgeführt wird; diesfalls dispensiert Art. 33 von der Einhaltung der Sachein-

lagevorschriften in der Kapitalerhöhung, was a fortiori betreffend der Frage, ob eine beabsichtigte Sachübernahme vorliegt, für die vorgängige Gründung gelten muss; Art. 34 ist in diesem Sinne weit auszulegen.

Art. 36 regelt ferner in Analogie zur Fusion (Art. 12) die **Kompetenzverteilung** so, dass zum Abschluss des – jeweils schriftlich zu fassenden – Spaltungsvertrages bzw. zur Erstellung des Spaltungsplanes das jeweils oberste Leitungs- oder Verwaltungsorgan (N 7) zuständig ist und die Zustimmung der Generalversammlung(en) notwendig ist. 3

II. Ab- und Aufspaltung auf bestehende Gesellschaften (Abs. 1): der Spaltungsvertrag

1. Allgemeines

Werden Vermögensteile (vgl. zum Umstand, dass aus zivilrechtlicher Sicht kein eigentlicher Betrieb übertragen werden muss, Art. 52 N 8) auf eine oder mehrere bestehende Gesellschaften übertragen, stehen dafür **zwei Möglichkeiten** zur Verfügung, entweder die **Spaltung** (zum Begriff Art. 29 N 2 ff.) oder die **Vermögensübertragung** (Art. 69 ff.). Bei beiden Formen wird ein Vertrag zwischen der übertragenden und der aufnehmenden Gesellschaft geschlossen, wobei bei der Spaltung aber eine «Verkürzung der Bilanz» der übertragenden Gesellschaft erfolgt, während dies bei der Vermögensübertragung (zumindest typischerweise) nicht der Fall ist, da dort der übertragene Vermögensteil in aller Regel durch einen Kaufpreis (oder eine Beteiligung an der aufnehmenden Gesellschaft) ersetzt wird. Bei der Spaltung werden direkt die Aktionäre der abspaltenden Gesellschaft entschädigt (indem sie Anteils- oder Mitgliedschaftsrechte der übernehmenden Gesellschaft erhalten), bei der Vermögensübertragung erfolgt die Entschädigung an die übertragende Gesellschaft (BERTSCHINGER, 360 f., GASSER/EGGENBERGER, 473), die immerhin dann ihrerseits ihre Anteile an der aufnehmenden Gesellschaft an ihre Aktionäre ausschütten kann, was vor Inkrafttreten des FusG die übliche Art der Abspaltung war (vgl. zur Zulässigkeit Art. 29 N 12 ff. mit Verweisen). 4

Anwendbar ist die Bestimmung von Abs. 1 unabhängig davon, ob die übernehmende Gesellschaft von der ab- oder sich aufspaltenden Gesellschaft **abhängig oder unabhängig** ist (vgl. auch N 2 oben). Ist die übernehmende Gesellschaft abhängig, haben ihre Leitungsorgane beim Abschluss des Vertrages die Interessen dieser Gesellschaft wahrzunehmen und beispielsweise sicherzustellen, dass der Spaltungsvertrag keine der Gesellschaften übervorteilt und beide Gesellschaften nach der Spaltung über genügend Liquidität und Eigenkapital verfügen, um ihr Geschäft für die voraussehbare Zukunft betreiben zu können. 5

2. Durchführung

Besteht wirtschaftlich über den Umfang der Ab- oder Aufspaltung, über die Art des Vorgehens und über die Höhe der Entschädigung an die Aktionäre der ab- oder sich aufspaltenden Gesellschaft Einigkeit, besteht der juristisch **erste Schritt** der Spaltung im Abschluss eines **Spaltungsvertrages**, dessen Inhalt in Art. 37 vorgegeben wird. Rechtstechnisch handelt es sich bei diesem Vertrag um ein zwei- oder mehrseitiges Rechtsgeschäft, das zwingend der (grundsätzlich suspensiven) Bedingung unterliegt, dass die Generalversammlungen diesem Geschäft zustimmen müssen. Die Parteien können allerdings im Vertrag auch Bestimmungen aufnehmen, die sofort wirken und auch dann weitergelten, wenn eine, mehrere oder alle Generalversammlungen den Vertrag ablehnen – zu denken ist etwa an Geheimhaltungsklauseln, Break-up fees, die sich im Bereich eines 6

Kostenersatzes bewegen oder Kostentragungsregeln (vgl. Art. 37 N 45, ebenso Handkommentar FusG-SCHENKER, N 8).

7   **Zuständig** für den Abschluss dieses Vertrages sind zwingend (ebenso Handkommentar FusG-SCHENKER, N 6) die obersten Leitungs- oder Verwaltungsorgane der beteiligten Gesellschaften (vgl. auch Art. 12), konkret also (vgl. Botschaft, 4406, 4437) bei der Aktiengesellschaft und der Kommanditaktiengesellschaft der Verwaltungsrat (Art. 707 ff., Art. 765 OR), bei der Gesellschaft mit beschränkter Haftung die Geschäftsführer (Art. 811 ff. OR), bei der Genossenschaft die Verwaltung (Art. 894 ff. OR). Diese Zuständigkeitsordnung bedeutet nicht, dass dieses Organ den Vertrag auch aushandeln müsste; dies kann ohne weiteres beispielsweise durch das Management erfolgen oder durch beauftragte Dritte wie Rechtsanwälte. Notwendig ist hingegen, dass der Verwaltungsrat (bzw. die entsprechenden Organe bei den anderen Gesellschaftsformen) dem Vertrag mittels Beschluss zustimmt, dies mit den Anwesenheits- und Mehrheitsquoren, die sich aus Gesetz, Statuten und Organisationsreglement ergeben.

8   Der Spaltungsvertrag muss in **schriftlicher Form** (Art. 12 ff. OR) abgeschlossen werden (Abs. 3). Öffentliche Beurkundung ist auch dann nicht notwendig, wenn im Rahmen der Spaltung Grundstücke übertragen werden (wenn dieser Punkt in den parlamentarischen Beratungen auch umstritten war, vgl. AmtlBull SR 2001, 153 ff.). Genügend ist die Unterzeichnung des Vertrages durch zeichnungsberechtigte Personen (es braucht also z.B. nicht die Unterschrift der Mehrheit der Mitglieder des Verwaltungsrates), diese Unterzeichnung muss sich aber auf einen Beschluss des obersten Leitungs- oder Verwaltungsorgan (N 7 oben) stützen können – denkbar ist auch eine spätere Ratifikation durch dieses Organ. Nebenabreden (d.h. Abreden ausserhalb der *essentialia negotii*) können mündlich geschlossen oder in separaten Dokumenten vereinbart werden, wenn es auch üblich ist, dass Verträge von der Wichtigkeit eines Spaltungsvertrages Klauseln enthalten, die festhalten, dass dieser Vertrag das gesamte Verständnis der Parteien wiedergibt und nur schriftlich geändert werden kann.

9   Die **Auslegung** des Vertrages hat bezüglich der gemäss Art. 37 erforderlichen Punkte objektiviert zu erfolgen, d.h. vergleichbar mit einer Gesetzesauslegung (ebenso Handkommentar FusG-SCHENKER, N 11). Zu berücksichtigen ist damit insbesondere auch das, was der Generalversammlung präsentiert wird (wozu im Ergebnis auch der Spaltungsbericht nach Art. 39 gehört), was wiederum dazu führt, dass die Parteien sich oft werden versprechen lassen, dass sie bei der Ausgestaltung der Aktionärsinformation der anderen Gesellschaft ein Mitspracherecht haben (vgl. auch Art. 39 Abs. 1 Satz 2 zur Möglichkeit, den Spaltungsbericht gemeinsam zu verfassen). Die anderen Bestimmungen des Vertrages sind mit normalen Vertragsauslegungsregeln zu interpretieren.

10 **Willensmängel** können nach den allgemeinen Grundsätzen geltend gemacht werden, dies aber nur bis zur Phase vor dem Handelsregistereintrag. Die Genehmigung durch die Generalversammlungen schliesst die Berufung auf Willensmängel dann aus, wenn die Generalversammlung den Vertrag trotz Kenntnis des Mangels genehmigt. Nach Eintragung der Spaltung ist nur noch eine Anfechtungsklage (Art. 106 ff.; Art. 706 OR), eine Feststellungsklage auf Nichtigkeit (Art. 706b OR) und eine Überprüfungsklage (Art. 105) möglich (ebenso Handkommentar FusG-SCHENKER, N 12).

11 Der Spaltungsvertrag kann grundsätzlich nur vom obersten Leitungs- oder Verwaltunsorgan **geändert** werden – immerhin kann der Vertrag vorsehen, dass Änderungen ausserhalb der in Art. 37 geregelten Punkte auch von einem anderen Organ vorgenommen werden können (häufig werden in der Praxis die beiden Präsidenten zusammen mit den beiden Konzernleitern ermächtigt, solche Änderungen vorzunehmen).

Notwendig ist sodann die **Zustimmung der Generalversammlung** (vgl. dazu Art. 2 lit. h), wobei der Zeitpunkt dieses Beschlusses und die notwendigen Mehrheiten in Art. 43 näher geregelt werden, die Beurkundungsform in Art. 44.

III. Ab- und Aufspaltung auf neue Gesellschaften (Abs. 2): der Spaltungsplan

Erfolgt die Ab- oder Aufspaltung auf eine oder mehrere neu zu gründende Gesellschaften (vgl. allerdings N 2 oben, ferner Art. 34), ist statt eines Vertrages ein **Spaltungsplan** zu erstellen, der als einseitiges, durch die Zustimmung der Generalversammlung suspensiv bedingtes Rechtsgeschäft zu qualifizieren ist; der Inhalt des Spaltungsplanes ist grundsätzlich identisch mit jenem des Spaltungsvertrages (Art. 37). Soweit der Spaltungsplan über den Zeitpunkt der Durchführung der Spaltung Wirkung entfaltet (beispielsweise Regeln über die Zuteilung von Vermögenswerten, wohl aber auch Regeln über die künftige Zusammenarbeit zwischen der übertragenden und der neuen Gesellschaft), wird auch die neu gegründete Gesellschaft dadurch gebunden. Der Spaltungsplan enthält mithin nach der Gründung vertragsähnliche Wirkung. Zur Abänderbarkeit inkl. Berufung auf einen Willensmangel gilt das oben Gesagte (N 10 f.) analog.

IV. Rechtsfolge einer Verletzung der Bestimmungen

Wird ein Spaltungsvertrag bzw. ein Spaltungsplan nicht vom obersten Führungs- und Leitungsorgan abgeschlossen bzw. erlassen, oder erfüllt der Vertrag oder Plan das Erfordernis der Schriftlichkeit nicht, ist der Vertrag oder der Plan ungültig. Denkbar ist natürlich eine Heilung durch Ratifikation des zuständigen Organs oder eine Korrektur der falschen Form. Im Weiteren muss wohl gelten, dass dann, wenn ein solch ungültiges Rechtsgeschäft nicht nur die Zustimmung der Generalversammlung erhalten hat, sondern auch im Handelsregister eingetragen und vollzogen worden ist, der Mangel geheilt wurde. Das Handelsregister hat allerdings das Recht und die Pflicht, die Eintragung eines nicht vom obersten Führungs- und Leitungsorgan abgeschlossenen bzw. erlassenen oder formungültigen Spaltungsvertrages oder -planes zu verweigern.

V. Rechtsvergleich

Im Gegensatz zum Schweizer und zum deutschen Recht (§ 126 und 136 UmwG) unterscheidet die EU-Spalt-RL terminologisch nicht zwischen Spaltungsvertrag und Spaltungsplan, sondern verwendet nur den letzteren Begriff. Ansonsten entspricht Art. 36 der Regelung der EU-Spalt-RL (Art. 3 Abs. 1 und Art. 5 Abs. 1 EU-Spalt-RL).

Art. 37

Inhalt des Spaltungsvertrags oder des Spaltungsplans	Der Spaltungsvertrag oder der Spaltungsplan enthält: a. die Firma, den Sitz und die Rechtsform der beteiligten Gesellschaften; b. ein Inventar mit der eindeutigen Bezeichnung, der Aufteilung und der Zuordnung der Gegenstände des Aktiv- und des Passivvermögens sowie der Zuordnung der Betriebsteile; Grundstücke, Wertpapiere und immaterielle Werte sind einzeln aufzuführen;

Art. 37

      c. das Umtauschverhältnis für Anteile und gegebenenfalls die Höhe der Ausgleichszahlung beziehungsweise Angaben über die Mitgliedschaft der Gesellschafterinnen und Gesellschafter der übertragenden Gesellschaft bei der übernehmenden Gesellschaft;
      d. die Rechte, welche die übernehmende Gesellschaft den Inhaberinnen und Inhabern von Sonderrechten, von Anteilen ohne Stimmrecht oder von Genussscheinen gewährt;
      e. die Modalitäten für den Umtausch der Anteile;
      f. den Zeitpunkt, von dem an die Anteils- oder Mitgliedschaftsrechte Anspruch auf einen Anteil am Bilanzgewinn gewähren, sowie alle Besonderheiten dieses Anspruchs;
      g. den Zeitpunkt, von dem an die Handlungen der übertragenden Gesellschaft als für Rechnung der übernehmenden Gesellschaft vorgenommen gelten;
      h. jeden besonderen Vorteil, der Mitgliedern eines Leitungs- oder Verwaltungsorgans oder geschäftsführenden Gesellschafterinnen und Gesellschaftern gewährt wird;
      i. eine Liste der Arbeitsverhältnisse, die mit der Spaltung übergehen.

Contenu du contrat ou du projet de scission

Le contrat ou le projet de scission contient:
  a. la raison de commerce, le siège et la forme juridique des sociétés participant à la scission;
  b. un inventaire renfermant la désignation claire, le partage et l'attribution des objets du patrimoine actif et passif ainsi que l'attribution des fractions d'entreprise; les immeubles, les papiers-valeurs et les valeurs immatérielles sont mentionnés individuellement;
  c. le rapport d'échange des parts sociales et, le cas échéant, le montant de la soulte ou des indications sur le sociétariat des associés de la société transférante au sein de la société reprenante;
  d. les droits que la société reprenante attribue aux titulaires de droits spéciaux, de parts sociales sans droit de vote ou de bons de jouissance;
  e. les modalités de l'échange des parts sociales;
  f. la date à partir de laquelle les parts sociales ou les droits de sociétariat donnent droit à une participation au bénéfice résultant du bilan ainsi que toutes les modalités particulières relatives à ce droit;
  g. la date à partir de laquelle les actes de la société transférante sont considérés comme accomplis pour le compte de la société reprenante;
  h. tout avantage particulier attribué aux membres d'un organe de direction ou d'administration ou aux associés gérants;
  i. une liste des rapports de travail transférés en raison de la scission.

Contenuto del contratto di scissione o del progetto di scissione

Il contratto di scissione o il progetto di scissione contiene:
  a. la ditta, la sede e la forma giuridica delle società partecipanti alla scissione;
  b. un inventario con la chiara designazione, la ripartizione e l'attribuzione delle componenti attive e passive del patrimonio, nonché l'attribuzione delle parti dell'azienda; i fondi, i titoli di credito e i beni immateriali devono essere indicati singolarmente;
  c. il rapporto di scambio delle quote sociali e, se del caso, l'importo del conguaglio, rispettivamente indicazioni sui diritti societari dei soci della società trasferente in seno alla società assuntrice;
  d. i diritti che la società assuntrice riconosce ai titolari di diritti speciali, di quote sociali senza diritto di voto o di buoni di godimento;

e. le modalità dello scambio delle quote sociali;
f. la data a decorrere da cui le quote sociali o i diritti societari danno diritto a una parte dell'utile risultante dal bilancio, nonché tutte le particolarità di tale diritto;
g. la data a decorrere dalla quale gli atti della società trasferente sono considerati compiuti per conto della società assuntrice;
h. ogni vantaggio particolare concesso ai membri di un organo superiore di direzione o di amministrazione o ai soci amministratori;
i. un elenco dei rapporti di lavoro trasferiti a causa della scissione.

Inhaltsübersicht Note

I. Normzweck und Normgeschichte 1
II. Der notwendige Inhalt des Spaltungsvertrages bzw. -planes 3
III. Der gesetzlich vorgegebene Inhalt 7
  1. Die Bezeichnung der beteiligten Gesellschaften (lit. a) 7
  2. Das Inventar (lit. b) 9
  3. Umtauschverhältnis und Ausgleichszahlung (lit. c) 21
  4. Behandlung von Gesellschaftern mit Sonderstatus (lit. d) 27
  5. Modalitäten für den Umtausch von Anteilen (lit. e) 30
  6. Dividendenberechtigung neuer Anteile (lit. f) 32
  7. Wirkungszeitpunkt der Spaltung (lit. g) 34
  8. Offenlegung besonderer Vorteile zugunsten Organpersonen (lit. h) 35
  9. Liste der Arbeitsverhältnisse (lit. i) 39
IV. Rechtsfolgen bei ungültigem oder mit Willensmängeln geschlossenem Spaltungsvertrag 41
V. Zusätzliche Vereinbarungen 43
VI. Rechtsvergleich, insbesondere mit anwendbaren EU-Richtlinien 46

Literatur

H.C. VON DER CRONE/A. GERSBACH, La fusion et la scission: procédure et réalisation (dans une perspective pratique), SZW 2004, 186 ff.; M. FREY/M. LAMBELET, Spaltung – rechtliche und steuerliche Aspekte, AJP 2004, 790 ff.; L. GLANZMANN, Der Umstrukturierungsvertrag bzw. -plan im neuen Fusionsgesetz, AJP 2004, 815 ff. (zit. GLANZMANN, AJP 2004); A. Koller, Schweizerisches Obligationenrecht, Allgemeiner Teil, Bd. I, Bern 1996; P. SPORI/M. MOSER, Fusionsgesetz, Kongruenzen und Inkongruenzen zwischen Zivil- und Steuerrecht, ZBJV 2004, 301 ff.; R. WATTER/ U. KÄGI, Der Übergang von Verträgen bei Fusionen, Spaltungen und Vermögensübertragungen, SZW 2004, 231 ff.

I. Normzweck und Normgeschichte

Artikel 37, der im Parlament gegenüber dem Botschaftstext nicht geändert wurde, regelt   1
den **Inhalt des Spaltungsvertrags** und **des Spaltungsplans**. Die von Art. 37 verlangten Angaben decken sich in vielen Punkten mit den inhaltlichen Anforderungen an den Fusionsvertrag (vgl. Art. 13), aber auch teilweise mit jenen an den Übertragungsvertrag bei der Vermögensübertragung (Art. 71). Der in Art. 37 aufgeführte Katalog von Angaben entspricht weitgehend der Regelung in der EU-Spaltungsrichtlinie (Art. 3 Abs. 2 EU-Spalt-RL), wurde aber auf die schweizerischen Besonderheiten angepasst. Gemäss Botschaft (4437; vgl. auch 4408 zu Art. 13 E FusG) führt Art. 37 den gesetzlichen Minimalinhalt des Spaltungsvertrages oder Spaltungsplanes auf.

Der Normzweck von Art. 37 besteht einerseits darin, bei der Regelung der Spaltung   2
durch die Parteien für klare Verhältnisse und somit **Rechtssicherheit** zu sorgen. Ande-

rerseits will Art. 37 aber auch im Zusammenspiel mit dem Einsichtsrecht nach Art. 41 die grösstmögliche **Transparenz** bezüglich der Auswirkungen der Spaltung auf die Gesellschafter bewirken. Diese sollen den Genehmigungsbeschluss nach Art. 43 in Kenntnis der relevanten Spaltungsparameter vornehmen können.

II. Der notwendige Inhalt des Spaltungsvertrages bzw. -planes

3   Die **objektiv wesentlichen Punkte** des Spaltungsvertrages im **schuldrechtlichen Sinne** sind die Nennung bzw. Identifikation der Parteien bzw. der involvierten Gesellschaften (vgl. auch Art. 36 N 13 zur Frage, wie neu zu gründende Gesellschaften zu behandeln sind) und deren Rolle (z.B. übertragende/übernehmende Gesellschaft), die zu übertragenden Aktiven und Passiven bzw. Betriebsteile (Inventar) und die dafür den Gesellschaftern der übertragenden Gesellschaft gewährte Gegenleistung in Form von Anteilen oder Mitgliedschaftsstellen (vgl. auch BERTSCHINGER, 362).

4   Art 37 sieht noch weitere in den Spaltungsvertrag aufzunehmende Regelungstatbestände vor, die aber vertragsrechtlich kaum als «objektiv wesentlich» in dem Sinne gewertet werden können, dass ein Spaltungsvertrag ohne die entsprechenden Punkte **nicht als gültig zustande gekommen** betrachtet werden könnte (vgl. auch BERTSCHINGER, 362 und Art. 13 N 15; **a.A.** Handkommentar FusG-SCHENKER, N 2; vgl. auch N 5). Diese Punkte können zum Teil nicht einmal den Konditionen bzw. Modalitäten des Spaltungsvorgangs zugeordnet werden, sondern sind reine **Offenlegungsnormen**. Ein Beispiel einer solchen Bestimmung mit überwiegendem «Offenlegungscharakter» ist Art. 37 lit. h betreffend die Erwähnung von besonderen Vorteilen an gewisse Organpersonen. Der Katalog von Art. 37 weist somit neben den eigentlichen Spaltungskonditionen und -modalitäten auch Offenlegungsvorschriften aus.

5   Artikel 37 regelt allerdings nicht nur den Spaltungsvertrag, sondern auch den Spaltungsplan, weshalb eine Beurteilung der «objektiven Wesentlichkeit» der vom Gesetzgeber in dieser Bestimmung verlangten Angaben nicht nur im Sinne vertragsrechtlich-konsensualer *Essentialia* erfolgen kann. Die in Art. 37 aufgeführten Punkte sind in dem Sinne «objektiv wesentlich» als sie den vom Gesetzgeber vorgegebenen Mindestinhalt des Spaltungsvertrages bzw. -planes abstecken. Was bedeutet dies für den Fall des **Fehlens der von Art. 37 verlangten Angaben**? Nach verbreiteter Ansicht ist ein Spaltungsvertrag bzw. -plan ohne die von Art. 37 verlangten Punkte nicht gültig zustande gekommen und die Eintragung der Spaltung sei daher vom Handelsregister zurückzuweisen; (Handkommentar FusG-SCHENKER, N 2; vgl. auch Art. 13 N 14 zur entsprechenden Regelung bei der Fusion; Entsprechendes gilt auch in Deutschland, SCHMITT/HÖRTNAGL/STRATZ § 4 N 12 [zur Fusion]). Die Botschaft, die von Schenker als Beleg für erstere Aussage in Anspruch genommen wird, stellt allerdings lediglich fest, dass die von Art. 37 verlangten Angaben «objektiv wesentlich» seien, macht aber keine Ausführungen zu den Rechtsfolgen von Lücken. Unseres Erachtens ist die Verweigerung des Handelsregistereintrages insbesondere dann stossend, wenn die Generalversammlung beispielsweise (a) den Spaltungsvertrag genehmigt hat (ohne dass an der Generalversammlung – oder vorher – die Lücke moniert worden wäre) und die vertragsrechtlichen *Essentialia* (vor allem Angaben gemäss Art. 37 lit. a – d) in diesem Vertrag enthalten sind oder (b) die Vertragsauslegung es erlaubt, eine Lücke zu schliessen (beispielsweise die Rechtsform oder der Sitz nicht genannt ist, dieser aber ohne weiteres bestimmbar ist) oder (c) – was allerdings nur ein Anwendungsfall einer solchen Vertragsauslegung ist –, wenn im Spaltungsvertrag keine Negativerklärungen betreffend einzelne in Art. 37 vorgesehene Punkte enthalten sind (z.B. hinsichtlich Sonderrechten für Gesellschafter

gemäss lit. d oder hinsichtlich besonderer Vorteile für Organpersonen gemäss Art. 37 lit. h). In diesen Fällen sollte die Spaltung (vorausgesetzt alle anderen notwendigen Elemente sind erfüllt) dennoch rechtswirksam sein und im Handelsregister eingetragen werden. Opponierenden Gesellschaftern verbleibt die Möglichkeit, eine Handelsregistersperre zu erwirken und/oder den Beschluss beim zuständigen Gericht anzufechten (Art. 106), wobei dazu u.E. glaubhaft darzulegen ist, dass die Lücke einen Einfluss auf die Beschlussfassung hatte. Meist dürfte der Richter auch dann die Behebung des Mangels innert einer anzusetzenden Frist anordnen (Art. 107); denkbar ist im Einzelfall auch, dass die Lücke Basis für eine Verantwortlichkeitsklage bilden kann (Art 108).

Ungeachtet der vorstehenden Meinung ist in der Praxis zu empfehlen, im Spaltungsvertrag alle in Art. 37 aufgeführten Punkte zu erwähnen bzw. die entsprechenden **Negativerklärungen** bei Nichtanwendbarkeit abzugeben und den Spaltungsvertrag dem zuständigen Handelsregister zur **Vorprüfung** einzureichen. **6**

III. Der gesetzlich vorgegebene Inhalt

1. Die Bezeichnung der beteiligten Gesellschaften (lit. a)

Artikel 37 lit. a verlangt die Nennung von **Firma, Sitz und Rechtsform** der an der Spaltung beteiligten Gesellschaften im Spaltungsvertrag bzw. Spaltungsplan. Beim Spaltungsvertrag sind diese Gesellschaften zugleich die Vertragsparteien, etwas anderes gilt nur, wenn eine der Gesellschaften im Rahmen der Spaltung neu gegründet wird und somit eine Kombination von Spaltungsvertrag und Spaltungsplan vorliegt. Selbstverständlich sind auch diese neu gegründeten Gesellschaften im Spaltungsvertrag bzw. -plan zu bezeichnen. Mit «Sitz» ist der rechtliche Sitz der Gesellschaft gemeint im Gegensatz etwa zum Ort der tatsächlichen Verwaltung. Die Sitzbestimmung gibt zugleich das zuständige Handelsregisteramt an (Handelsregisteramt am Sitz der übertragenden Gesellschaft, Art. 106 Abs. 2 HRegV). Als Rechtsformen an der Spaltung beteiligter Gesellschaften kommen nur Kapitalgesellschaften und Genossenschaften in Betracht (vgl. Art. 30). **7**

Artikel 37 verlangt **keine Erwähnung oder Identifikation der Gesellschafter** der an der Spaltung beteiligten Gesellschaften. Dies ist nicht selbstverständlich, denn den Gesellschaftern kommt beim Spaltungsvertrag eine «Quasi-Parteistellung» zu, da sie beim Vertrag durch Genehmigung mitwirken und direkt die «Gegenleistung» in Form von Anteilen oder Mitgliedschaftsstellen erhalten. Angesichts dieses Umstandes wurde der Spaltungsvertrag schon als «Vertrag zugunsten Dritter» bezeichnet (BERTSCHINGER, 368; anzumerken ist allerdings, dass der Spaltungsvertrag auch «zu Lasten» der Gesellschafter abgeschlossen wird, da ihre Anteile bzw. Mitgliedschaftsstellen an der übertragenden Gesellschaft an Wert einbüssen). Die Gesellschafter haben indes keine direkt klagbaren Rechte auf Vollzug des Spaltungsvertrages oder Schadenersatz, falls das oberste Leitungsorgan sich entscheidet, vom Vorhaben trotz vorliegender Genehmigung durch die Generalversammlung Abstand zu nehmen. Notwendig ist aber eine Identifikation der Gesellschafter der übertragenden Gesellschaft (die auch «gattungsmässig» erfolgen kann) bei der asymmetrischen Spaltung, da hier die «Gegenleistung» unterschiedlich ausfällt (vgl. Art. 31 N 13 ff. und unten N 23). **8**

2. Das Inventar (lit. b)

Artikel 37 lit. b verlangt die Erstellung einer Übersicht der durch die übertragende Gesellschaft auf Rechnung von deren Gesellschaftern erbrachten «Leistung» in Form eines **9**

Inventars, aufgrund dessen im Prinzip die «Gegenleistung» in Form neuer Anteile oder Mitgliedschaftsrechte des übernehmenden Rechtsträgers (und allenfalls Ausgleichszahlungen), welche direkt an die Gesellschafter der übertragenden Gesellschaft gehen, festgelegt wird (vgl. dazu die Botschaft, 4438). Vereinfacht ausgedrückt beschreibt Art. 37 lit. b somit das **rechtlich** durch die übertragende **Gesellschaft** aber **wirtschaftlich** durch deren **Gesellschafter** veräusserte Objekt. Art. 37 lit. c beschreibt demgegenüber das rechtlich und wirtschaftlich von diesen Gesellschaftern vereinnahmte Entgelt für das veräusserte Objekt. Das Inventar stellt im Prinzip nichts anderes als eine Identifikation der von der Spaltung umfassten Aktiven und Passiven dar, d.h. derjenigen Aktiven und Passiven, die nicht beim übertragenden Rechtsträger verbleiben. Die Bedeutung des Inventars ergibt sich aus Art. 52. Nach dieser Bestimmung gehen die im Inventar aufgeführten Aktiven und Passiven von Gesetzes wegen auf die übernehmende Gesellschaft über (partielle Universalsukzession; vgl. Art. 52 N 2 ff.). Anzumerken ist, dass nach der hier vertretenen Meinung in aller Regel auch die Erstellung einer Spaltungsbilanz notwendig ist, auf welche das Inventar Bezug nehmen kann (vgl. Art. 35 N 2).

10 Artikel 37 lit. b verlangt als Vorgabe für das Inventar eine eindeutige Bezeichnung sowie die Aufteilung und Zuordnung der Gegenstände des Aktiv- und Passivvermögens. Damit soll mit anderen Worten unzweifelhaft klargestellt werden, was auf welchen Rechtsträger im Rahmen der Spaltung übertragen wird. Die Botschaft bezeichnet das Inventar als «Kernstück» der Spaltung zumindest in **vermögensrechtlicher Hinsicht** (Botschaft, 4437). Es dient auch der Rechtssicherheit indem es klarstellt, welche Gesellschaft für welche Verbindlichkeiten einzustehen hat und welche Gesellschaft an welchen Aktiven berechtigt wird. Die gesetzliche Konzeption des Inventars geht somit von einer Übertragung von Wirtschaftsgütern zwischen Rechtsträgern im Rahmen der Spaltung aus. In der Praxis ist es jedoch oft so, dass keine Übertragung mehr stattfinden muss, da alle Wirtschaftsgüter eines gewissen Geschäftes bereits in einem Rechtsträger, zum Beispiel in einer Tochtergesellschaft der übertragenden Gesellschaft, zusammengeführt sind, welche im Rahmen eines Spin-off an die Gesellschafter der übertragenden Gesellschaft ausgeschüttet wird. In einem solchen Fall muss die Bezeichnung der Aktien dieser Tochtergesellschaft als «Inventar» genügen (allenfalls unter Beifügung ihrer nicht konsolidierten Bilanz), sofern der entsprechende Spin-off überhaupt nach den Vorschriften des Fusionsgesetzes abgewickelt wird und nicht einfach Anteile als Sachdividende ausgeschüttet werden (dazu Art. 29 N 12 ff.).

11 Bereits erwähnt wurde, dass mit dem Inventar zumindest nach der Vorstellung des Gesetzgebers auch die Basis für die Bewertung der Gegenleistung bzw. der Festlegung des «Umtauschverhältnisses» gelegt wird: «Das Inventar ist im Übrigen auch die Grundlage, auf welcher der Wert der übertragenden Vermögensteile bestimmt wird. Diese **Wertbestimmung** dient u.a. der Festsetzung des Umtauschverhältnisses für die Anteilsrechte (Art. 31 i.V.m. Art. 7)» (Botschaft, 4438). In der Praxis dürfte eine Aufstellung einzelner Aktiven und Passiven jedoch zumindest bei der Übertragung von Unternehmensteilen für die Wertberechnung bzw. das Umtauschverhältnis keine grosse Rolle spielen. Abgesehen von der mangelnden konsolidierten Betrachtungsweise (wenn Tochtergesellschaften abgespalten werden) sind ohnehin ertragsspezifische und dynamische Wertberechnungsmethoden viel wichtiger als die dem Gesetzgeber offenbar vorschwebenden Substanzbetrachtung (vgl. Art. 35 N 30; GLANZMANN, 142). Zu erwähnen ist auch, dass der (zumindest putativen) «Wertbestimmungsfunktion» des Inventars bei der symmetrischen (vertikalen) Spaltung auf eine neu gegründete oder neu zu gründende Gesellschaft eine weniger gewichtige Rolle zukommt, da die Eigentümer- bzw. Gesellschafterstruktur unverändert bleibt und lediglich in neuen Anteilen oder Mitgliedschaftsrechten ausgedrückt werden (vgl. dazu N 24).

Nach Art. 37 lit. c müssen insbesondere Gründstücke, Wertpapiere und immaterielle **12**
Rechte einzeln aufgeführt werden, wobei Bestimmbarkeit genügen muss (vgl. BERTSCHINGER, 365 mit Beispielen wie «alle Grundstücke im Kanton Zürich» als genügende Identifikation). Damit ist *e contrario* gesagt, dass die anderen Vermögenswerte und Passiven als **Sammelpositionen** im Inventar aufgeführt werden können (vgl. Botschaft, 4438 FN 123 und das Beispiel in Handkommentar FusG-SCHENKER, N 5, FREY/LAMBELET, 794; GLANZMANN, AJP 2004, 82; vgl. auch sogleich zum Zusammenspiel Spaltungsbilanz – Inventar). Gemäss Botschaft gilt allerdings, dass nur eine «hinreichend genaue Bezeichnung der übertragenden Vermögensteile» die erforderliche **Rechtssicherheit** zu gewährleisten vermöge, eine Spaltungsbilanz – wie von zahlreichen Stellen anstelle des Inventars im Vernehmlassungsverfahren gefordert – vermöge diesen Anforderungen an den Detaillierungsgrad nicht zu genügen (Botschaft, 4438; ebenso Handkommentar FusG-SCHENKER, N 5, der von einer strengen Identifikationspflicht spricht und ZK-PFEIFER/MEIER, N 6). Unseres Erachtens braucht es sowohl die Spaltungsbilanz (vgl. auch Art. 35), wie auch das Inventar, das einzelne Bilanzposten aufschlüsselt, dies allerdings nur insoweit, als dies zur Identifikation der übergehenden Vermögenswerte notwendig ist, denn mehr zu verlangen, wäre – speziell auch in Anbetracht des Umstandes, dass das Inventar schon aus zeitlichen Gründen von sehr begrenztem Nutzen ist – unnötiger Formalismus (vgl. auch MALACRIDA, 51, VON DER CRONE/GERSBACH, 194 sowie BÖCKLI, Aktienrecht, § 3 Rz 307). Wird beispielsweise der Bilanzposten «handelbare Wertpapiere» gesamthaft im Rahmen einer Spaltung übertragen, so ist nicht einzusehen, weshalb dieser Posten (der im Vollzugszeitpunkt ja völlig anders aussehen wird, vgl. N 15 unten) aufzuschlüsseln wäre. Anders stellt sich die Lage dar, wenn beispielsweise vom Posten Grundstücke, der vor Spaltung der Gesellschaft mit 100 bewertet war, Grundstücke im Wert von 40 abgespalten werden. In diesem Fall sind diese Grundstücke im Inventar detailliert zu bezeichnen, wobei auch hier Bestimmbarkeit genügen muss. Lücken im Inventar werden schliesslich durch Art. 38 abgedeckt (vgl. N 14).

Besondere Bedeutung hat das Inventar nicht nur dort, wo einzelne Posten der Spaltungs- **13**
bilanz aufzuschlüsseln sind, sondern auch dort, wo solche Posten gar **nicht bilanzmässig erfasst** sind, was in der Praxis vor allem bei Rechtsbeziehungen, wie Verträgen (vgl. dazu WATTER/KÄGI, 235 und Art. 52 N 5 ff.) oder Ansprüchen (inkl. Gerichtsverfahren, Bewilligungen, Konzessionen, hängige Patentanmeldungen etc.), die zu keiner Verbuchung geführt haben, oder bei Eventualverbindlichkeiten (Garantien, Bürgschaften) der Fall ist. Auch in dieser Kategorie gehören Gegenstände, die vollständig abgeschrieben sind oder gar nie bilanzmässig erfasst wurden (z.B. kleinere Kunstwerke in Büroräumlichkeiten).

Unbestritten ist, dass (wo die Spaltungsbilanz nicht genügt) eine möglichst detaillierte **14**
Auflistung aller Aktiven und Passiven im Inventar im Sinne der Rechtssicherheit wünschbar und vom Gesetz mit Art. 37 lit. b auch verlangt wird. Diese Vorschrift stösst – vor allem bei Übertragung von grossen Betrieben – einerseits jedoch an **Praktikabilitätsgrenzen** und wird anderseits vom Gesetz insofern **nicht sanktioniert**, als eine nicht eindeutige Bezeichnung von Aktiven und Passiven lediglich die in Art. 38 abschliessend vorgesehenen Rechtsfolgen auslöst und – vorbehaltlich fehlender *Essentialia* – **keine Ungültigkeit des Spaltungsvertrages- oder planes nach sich zieht**. Die von Art. 37 lit. b verlangte Detaillierung und individuelle Auflistung ist daher immer vor dem Hintergrund von Art. 38 zu sehen und erweist sich insofern als blosse **Ordnungsvorschrift**. Die Eintragung einer Spaltung im Handelsregister kann somit (alleine) wegen Verletzung dieser Vorschrift nicht verweigert werden (ähnlich BERTSCHINGER, 365; vgl. auch Art. 52 N 8 ff.). Ebenso wenig sollte die Nichtbeachtung dieser Vorschrift eine

Einschränkung im Prüfungsbericht (Art. 40) nach sich ziehen. Die nachfolgenden Ausführungen sind mit diesem Verständnis zu lesen.

15 Zu beachten ist auch, dass das Inventar zwangsläufig vergangenheitsbezogen ist (d.h. in aller Regel nicht einmal auf das Datum des Spaltungsvertrages abstellen kann, sondern auf einen früheren Zeitpunkt, praktisch meist auf das Datum der Spaltungsbilanz). Zwangsläufig kann das Inventar damit höchstens für statische Güter (und Schulden) vernünftige Hinweise geben, wie sie am Vollzugszeitpunkt zuzuteilen sind. Offensichtlich geht dies nicht für Gegenstände des Umlaufvermögens (Bankguthaben, erhaltene Checks, Debitoren, Lager, Halbfabrikate) und für die Kreditoren, ja unter Umständen nicht einmal für Anlagegüter, denn es kann ohne weiteres sein, dass in der langen Periode zwischen Abschluss des Spaltungsvertrages und dessen Vollzug (vgl. Art. 41) beispielsweise ein nichtbetriebsnotwendiges Grundstück veräussert wird. Schliesslich kann es auch vorkommen, dass längerfristige Schulden in dieser Periode zurückbezahlt werden müssen. Hier schafft in aller Regel die Spaltungsbilanz (allenfalls verbunden mit dem Inventar) insofern Klarheit, als der Ertrag aus dem Verkauf (sowohl buchhalterisch, wie auch geldmässig) dann der Vermögensmasse zuzuordnen ist, der das Aktivum in der Bilanz zugeordnet war. Analoges gilt für die Bezahlung einer Schuld.

16 Die (Ordnungs-)Vorschrift zur Individualisierung gilt für **Grundstücke, Wertpapiere und immaterielle Rechte**. Was ein Grundstück ist, ergibt sich aus Art. 655 ZGB; es sind dies insbesondere die Liegenschaften, die im Grundbuch aufgenommenen selbständigen und dauernden Rechte (vor allem Baurechte) und Miteigentumsanteile an Grundstücken. Dies gilt selbstverständlich auch für vergleichbare Institute im Ausland. Die vom Gesetz geforderte Individualisierung sollte hier in der Regel keine Probleme bereiten (ebenso Handkommentar FusG-SCHENKER, N 7). Zu beachten ist in diesem Zusammenhang auch Art. 104, der unter anderem die Nachführung des Grundbuches nach Übertragung von Grundstücken im Rahmen einer Spaltung regelt (Botschaft, 4486, BERTSCHINGER, 365).

17 Weniger klar bleibt demgegenüber, was unter dem Begriff «**Wertpapiere**» *(papiers-valeurs)* alles einzeln aufzuführen ist. Stützt man sich auf die Legaldefinition in Art. 965 OR, wären auch Checks, Wechsel und andere Urkunden, mit denen ein Recht geltend gemacht oder übertragen werden muss, einzeln aufzuführen, während nicht verbriefte Effekten oder beispielsweise GmbH-Anteile (vgl. Art. 789 Abs. 3) nicht einzeln offengelegt werden müssten. Darin zeigt sich die Fragwürdigkeit einer Unterscheidung nach Art der Verbriefung eines Rechtes. Der Terminus ist wohl so auszulegen, dass er einerseits «Effekten» im Sinne des BEHG (d.h. auch Derivate) umfasst, wobei auch nicht zum massenweisen Handel geeignete Valoren aufzuführen sind (wie beispielsweise Aktien von Tochtergesellschaften), andererseits aber im Bereich der übrigen Wertpapiere nur solche mit einer gewissen wirtschaftlichen Bedeutung zu erfassen sind, andernfalls jede Fahrkarte im Inventar aufzuführen wäre. Aus der gemeinsamen Aufzählung mit Grundstücken und immateriellen Rechten ist zu schliessen, dass im Inventar (wo nötig; vgl. die Beispiele in N 12) nur die aktivseitigen «Wertpapiere» einzeln aufzuführen sind, d.h. ausgegebene Anleihensobligationen oder ausgegebene Optionen, welche auf den übernehmenden Rechtsträger übergehen sollen, als Sammelposition ausgewiesen werden können. Bemerkenswert ist sodann die Tatsache, dass durch eine individuelle Auflistung von Wertpapieren im Rahmen der Spaltung eine Offenlegungspflicht für Beteiligungen aller Art eingeführt werden könnte, die weit über das hinausgeht, was bislang vom Börsengesetz verlangt wurde.

18 Individualisiert sind schliesslich auch «**immaterielle Werte**» aufzuführen. Gemeint ist damit wohl das, was in der Rechtslehre als «Immaterialgüter» bezeichnet wird (so auch

Handkommentar FusG-SCHENKER, N 7). Es ist schwer vorstellbar, wie andere «immaterielle» Bilanzwerte wie beispielsweise Goodwill für ein Inventar individualisiert werden könnten – Zuteilung des Goodwills (der ohnehin eher ein Problem im Zusammenhang mit konsolidierten Bilanzen ist) muss aus der Spaltungsbilanz folgen, ebenso einer globalen Rückstellung (wo es im Einzelfall immerhin sinnvoll sein kann, inventarmässig anzugeben, wofür eine Rückstellung gebildet wurde). Die Einzeldarstellung trifft somit vor allem in einem Register eintragbare Immaterialgüterrechte wie Marken, Patente und Designrechte, welche auch leichter individualisiert werden können (ebenso Handkommentar FusG-SCHENKER, N 7). Sinnvoll kann dabei sein, zu spezifizieren, für welche Länder der entsprechende Immaterialgüterrechtsschutz besteht. Einzeln aufzuführen sind neben den registrierfähigen auch andere Immaterialgüterrechte wie beispielsweise Urheberrechte, wobei diese Aufstellung mangels entsprechenden Registereintrags und oft auch mangels entsprechender Kenntnis des Inhabers der Rechte schwerer durchzuführen ist (vgl. Handkommentar FusG-SCHENKER, N 7). Wie an allen anderen Orten muss auch hier eine gattungsmässige Umschreibung genügen.

Unklar ist angesichts der verlangten Auflistung von Aktiven und Passiven das zusätzliche Erfordernis der **Zuordnung der Betriebsteile** (dies wurde bereits in der Vernehmlassung bemängelt, vgl. BÜCHI, 154 und ist für sich ein Beleg für den Umstand, dass die Formulierung der ganzen lit. b verunglückt ist). Diese Forderung lässt sich ebenfalls nur im Rahmen der allgemeinen vorgenannten Schranken so verstehen, dass Betriebsteile im Sinne eines Auffangbeckens Verwendung finden können. Entsprechende Formulierungen finden sich denn auch in den grossen, öffentlich zugänglichen Abspaltungsverträgen der Vergangenheit, von der Abspaltung von Ciba SC, Lonza, Syngenta bis zu Sulzer Medica: Gesagt wurde dort jeweils, dass beispielsweise Aktiven und Passiven (aber auch Verträge und künftige Verbindlichkeiten), welche hauptsächlich im Zusammenhang mit dem Betrieb des Spezialitätenchemie-, des Agro- bzw. des Medizinalgeschäftes stehen, Teil des abgespaltenen Vermögens sind.

Das Inventar betrifft nur die Vermögensteile des übertragenden Rechtsträgers, nicht aber von dessen Tochtergesellschaften, d.h. es gibt **keine konsolidierte Betrachtungsweise** für die Erstellung des Inventars (wie auch die Spaltungsbilanz grundsätzlich nicht konsolidiert ist, auch wenn es im Einzelfall sinnvoll sein kann, zusätzlich eine konsolidierte Spaltungsbilanz zu erstellen).

3. Umtauschverhältnis und Ausgleichszahlung (lit. c)

Artikel 37 lit. c verlangt die Offenlegung der «Gegenleistung» für die Übertragung der im Inventar aufgeführten Vermögenswerte bzw. Betriebsteile. Diese Gegenleistung wird im Normalfall an die Gesellschafter der übertragenden Gesellschaft in Form von neuen Anteilen an der übernehmenden Gesellschaft oder allenfalls einer Ausgleichszahlung erbracht. Der Terminus «Umtauschverhältnis» will diesen Vorgang beschreiben, greift aber zu kurz. Ein eigentlicher Umtausch, d.h. die Hingabe von Anteilen an der übertragenden Gesellschaft gegen Anteile an der übernehmenden Gesellschaft (bzw. an den übernehmenden Gesellschaften) findet nur bei der Aufspaltung (und in Spezialkonstellationen bei der asymmetrischen Spaltung) statt. Bei der (symmetrischen) Abspaltung gibt es grundsätzlich keine Hingabe bisheriger Anteile, sondern lediglich eine Zuteilung bzw. ein Bezug neuer Anteile, d.h. von Anteilen an der oder den übernehmenden Gesellschaft(en) oder allenfalls – im Falle der Genossenschaft ohne Grundkapital – die Zuweisung von reinen Mitgliedschaftsstellen (vgl. Handkommentar FusG-SCHENKER, N 9).

Gemäss Botschaft (4438) erfolgt eine Spaltung «stets gegen Gewährung von Anteils- und Mitgliedschaftsrechten». Dies ist zwar richtig, gilt aber nicht für alle Gesellschafter der übertragenden Gesellschaft. Bei einer asymmetrischen Spaltung ist es möglich, dass nur gewisse Gesellschafter der übertragenden Gesellschaft Anteile bzw. Mitgliedschaftsstellen der übernehmenden Gesellschaft erhalten (Art. 31 N 14, 16).

23 Bei der asymmetrischen Spaltung stellt sich weiter das Problem, dass die «Gegenleistung» an die Gesellschafter der übertragenden Gesellschaft ungleich ausfällt. Die übertragende Gesellschaft muss daher genau identifizieren und im Spaltungsvertrag aufzeigen können, **welcher Gesellschafter welche Leistung erhält**. Bei kleineren, geschlossenen Gesellschaften dürfte diese Identifikation keine Probleme bereiten. Bei Publikums(aktien-)gesellschaften bereitet diese Aufteilung der Gesellschafter jedoch Probleme, da das Aktionariat oder ein grosser Teil davon (Inhaberaktien, Dispoaktien) der Gesellschaft nicht bekannt ist. Zumindest theoretisch könnte die übertragende Publikumsgesellschaft, sofern sie Namenaktien ausgegeben hat, im Rahmen der asymmetrischen Spaltung eine unterschiedliche Behandlung bzw. ein unterschiedliches Umtauschverhältnis vorsehen, je nachdem ob ein Aktionär im Aktienregister eingetragen ist (bekannt) oder nicht (unbekannt). Dieses Vorgehen dürfte jedoch kaum je ökonomisch oder rechtlich zu rechtfertigen sein. Als alternative Kriterien für die Festlegung unterschiedlicher «Umtauschverhältnisse» blieben die Art der Beteiligungspapiere (Valorennummern) oder aber die Bezeichnung eines der Gesellschaft namentlich bekannten Grossaktionärs (sofern ein solches Vorgehen aus Gleichbehandlungsgrundsätzen möglich ist). Denkbar sind im Einzelfall auch (limitierte) Wahlrechte.

24 Das Umtauschverhältnis ergibt sich aus der **Bewertung** der einzelnen beteiligten Gesellschaften (unter der Annahme des Vollzugs der Spaltung) und der **Anzahl Mitgliedschaftsstellen** an der jeweiligen Gesellschaft. Bei der «klassischen» **symmetrischen Spaltung** auf eine neugegründete oder neuzugründende Gesellschaft (ohne nennenswerte Aktiven) ist die Bewertung für das Umtauschverhältnis von geringerer Bedeutung, da die Gesellschafter – ungeachtet der Aufteilung der Werte und unter Ausklammerung steuerlicher Effekte – den entsprechenden Wert entweder in der alten oder der neuen Mitgliedschaftsstelle haben und ihre gesamte Vermögensposition sich somit nicht ändert. Die **relativen Anteile** eines Gesellschafters an der übertragenden und an der übernehmenden Gesellschaft **bleiben gewahrt**. Im Einzelfall kann immerhin auch in dieser Konstellation die Bewertung im Rahmen der Spaltung Signalwirkung in dem Sinne haben, dass sich künftige Kauf- und Verkaufspreise für die jeweiligen Anteile danach orientieren können. (vgl. zum Ganzen auch Art. 31 und 35 sowie MALACRIDA, 48; BÜCHI, 123). Bei Spaltungen zur Übernahme oder bei asymmetrischen Spaltungen spielen die Bewertung und somit das Umtauschverhältnis dagegen eine zentrale Rolle, denn die **relativen Anteile** der Gesellschafter **werden geändert**. Bei der asymmetrischen Spaltung ergibt sich dies bereits aus der Legaldefinition in Art. 31 Abs. 2 lit. b (vgl. auch den Ausdruck «nichtverhältniswahrende Spaltung» im deutschen Umwandlungsgesetz). Bei der Spaltung zur Übernahme treten bislang nicht an der übertragenden Gesellschaft beteiligte Gesellschafter hinzu, mit denen das neue Gesamtvermögen der übernehmenden Gesellschaft – wie bei einer Fusion – zu «teilen» ist.

25 Möglich ist es, das Umtauschverhältnis in dem Sinn flexibel auszugestalten, als künftige Ereignisse in die Bewertung miteinfliessen können (dazu auch N 44). Notwendig ist aber stets, dass die am Vollzugsdatum den Gesellschaftern der übertragenden Gesellschaft auszurichtende Anzahl Anteile (und eine allfällige Zahlung) bestimmbar bleiben. Um den Registereintrag vorbereiten zu können, muss das Umtauschverhältnis sogar etwas vor dem Vollzugsdatum definitiv festgelegt werden; immerhin erlauben flankierende Strukturmassnahmen (teilweise Bedienung aus eigenen Aktien [sofern steuerlich unschädlich], genehmigtes Kapital, Securities' Lending) in gewissen Grenzen eine Anpassungsmöglichkeit bis nahe an den Vollzug.

Notwendige Anpassungen zur Austarierung der Wertverhältnisse können beispielsweise 26
durch **Nennwertadjustierungen** (bzw. Aktiensplits), eine **Kapitalerhöhung oder -herabsetzung, Ausschüttungen** an Gesellschafter oder auch durch **Ausgleichszahlungen** erfolgen. Art. 37 lit. c erwähnt nur die letzteren. Anzumerken ist, dass das Fusionsgesetz die «Ausgleichszahlung» bei der Spaltung im Unterschied zur Fusion (Art. 7 Abs. 2) nur im Zusammenhang mit dem Inhalt des Spaltungsvertrages bzw. -planes erwähnt (vgl. zur Höhe der Zahlung und zur Klärung der Begriffe «Ausgleichszahlung», «barer Zuzahlung», «Spitzenausgleich» und «Abfindung», Art. 31 N 5 ff.).

4. Behandlung von Gesellschaftern mit Sonderstatus (lit. d)

Artikel 37 lit. d möchte sicherstellen, dass die Auswirkungen der Spaltung auf Inhaber 27
von **Sonderrechten**, von **Anteilen ohne Stimmrecht** und von **Genussscheinen** im Spaltungsvertrag geregelt und offengelegt werden. Diese Bestimmung ist an sich nicht notwendig, denn die Inhaber solcher Rechte oder Anteile sind in der Terminologie des Gesetzes «Gesellschafter» (vgl. Art. 2 lit. f i.V.m. Art. 2 lit. g) und eine Beschreibung der ihnen im Rahmen der Spaltung zukommenden Rechte ergibt sich bereits aus dem Umtauschverhältnis oder den «Angaben über die Mitgliedschaft», deren Darstellung von Art. 37 lit. c verlangt wird.

Artikel 37 lit. d impliziert, dass die Inhaber solcher Sonderrechte beziehungsweise solcher Anteile dem Grundsatz der Kontinuität entsprechend mit **«Rechten» der übernehmenden Gesellschaft** abgefunden werden. Dies ist jedoch bei der asymmetrischen Spaltung nicht unbedingt der Fall. Statt Zuteilung von Rechten an der übernehmenden Gesellschaften zu erhalten können gewisse Gesellschafter einen höheren relativen Anteil an der übertragenden Gesellschaft (durch Zuteilung von Anteilen, die von Gesellschaftern gehalten werden, die neu an der übernehmenden Gesellschaft beteiligt sind oder durch Herabsetzung des bisher von solchen Gesellschaftern gehaltenen Kapitals) oder eine «Abfindung» erhalten (vgl. N 26 oben). Dies gilt auch für Inhaber eines in Art. 37 lit. d beschriebenen Sonderstatus. Selbstverständlich sind auch solche Entschädigungen im Spaltungsvertrag darzulegen. Dies ergibt sich aus Art. 37 lit. c. 28

Die Betonung der Rechte in Art. 37 lit. d darf ferner nicht darüber hinweg täuschen, dass 29
auch allfällige im Rahmen der Spaltung zu übernehmende oder einzugehende **Pflichten** im Spaltungsvertrag bzw. -plan offengelegt werden müssen. Dies gilt insbesondere bei einer Gesellschaft mit beschränkter Haftung oder einer Genossenschaft als übernehmender Gesellschaft. Eine entsprechende Regelung im Spaltungsvertrag – oder Spaltungsplan bedarf auch die **Abschaffung von Rechten** der in Art. 37 lit. d erwähnten Gesellschafter im Rahmen der Spaltung. In Zusammenhang mit der Abschaffung von Rechten stellt sich auch die Frage der **Sonderversammlungen** der betroffenen Gesellschafter, also beispielsweise der Vorzugs- oder Stimmrechtsaktionäre (vgl. Art. 654 Abs. 2 und 3 OR betreffend Vorzugsaktien) oder der ebenfalls in Art. 37 lit. d erwähnten Inhaber von Genussscheinen oder der Partizipanten (zur Frage von Sonderversammlungen bei der Spaltung vgl. Art. 43 N 36).

5. Modalitäten für den Umtausch von Anteilen (lit. e)

Artikel 37 lit. e knüpft an die bereits von Art. 37 lit. c verlangte Darstellung der den Gesellschaftern im Rahmen der Spaltung zukommenden «Gegenleistung» an und schreibt die Offenlegung der Modalitäten (*modalités*) des Umtausches im Spaltungsvertrag bzw. -plan vor. Der Begriff «Modalitäten» ist unscharf. Aufzuzeigen sind unter diesem Titel aber auf jeden Fall die einzelnen **Abwicklungsschritte der Spaltung aus Sicht des Gesellschafters**. Dazu gehören beispielsweise Angaben, welche Nachweise an die Gesell- 30 schafterstellung zu erbringen sind, wo physisch vorhandene Titel vorzulegen sind (z.B. bei Heimverwahrern bei Publikumsgesellschaften), wie und wann neue Anteile zugestellt oder in Depots gebucht werden oder wie und wann Ausgleichsleistungen oder Abfindungen bezahlt werden (Valutadatum). Gerade bei den letzteren Punkten ist allerdings zu beachten, dass Zeitangaben und gegebenenfalls auch andere Abwicklungsparameter bei komplexen Spaltungen (z.B. bei Publikumsgesellschaften) mit grossen Unsicherheiten behaftet sind und unter Umständen zum Zeitpunkt der Auflage des Spaltungsvertrages (vgl. das zweimonatige Einsichtsrecht gemäss Art. 41) gar nicht bekannt sind. Es muss daher in den meisten Fällen genügen, im Spaltungsvertrag nur die Grundzüge der «Umtauschmodalitäten» zu regeln und auf noch zu erfolgende Instruktionen zu verweisen (z.B. Deponentenschreiben der Banken mit Instruktionen) oder einen Vorbehalt betreffend Spezifizierung anzubringen (N 44).

31 Aufgrund der erwähnten Unschärfe der Vorgaben von Art. 37 lit. e stellt sich die Frage, ob noch weitere Angaben oder vertragliche Regelungen unter die Wendung «Modalitäten des Umtausches» subsumiert werden müssen. Zu denken ist dabei an die **Kosten- und Steuerfolgen** der Spaltung für den Gesellschafter oder an die **Bedingungen des Spaltungsvertrages**. Wie auch immer man diese Frage beantworten will, für alle praktischen Zwecke dürfte klar sein, dass zumindest Kostenfolgen und Bedingungen (dazu N 43) im Spaltungsvertrag oder -plan darzulegen sind.

6. Dividendenberechtigung neuer Anteile (lit. f)

32 Litera f von Art. 37 bezieht sich auf die Berechtigung am Bilanzgewinn der **übernehmenden Gesellschaft** unter Vorbehalt eines entsprechenden Ausschüttungsbeschlusses. Die Bestimmung verlangt einerseits die Festlegung bzw. Offenlegung des **Zeitpunktes** ab dem die «Anteils- oder Mitgliedschaftsrechte Anspruch auf einen Teil am Bilanzgewinn gewähren» und andererseits die **«Besonderheiten»** eines solchen (bedingten) Anspruchs. Bezüglich des Zeitpunktes der Dividendenberechtigung ergeben sich im Prinzip nur bei der Spaltung zur Übernahme gewisse Probleme. Bei allen anderen Spaltungen halten die Gesellschafter einen Teil des durch die bisherigen Anteile oder Mitgliedschaftsstellen vermittelten Vermögens in anderer Form, ohne dass neue Vermögenswerte anderer Gesellschafter hinzukommen. Es ist daher davon auszugehen, dass die bisherigen Gesellschafter an der übernehmenden Gesellschaft von Anfang an, d.h. mit Eintritt der Rechtskraft der Spaltung, dividendenberechtigt sind (vgl. auch Handkommentar FusG-SCHENKER, N 13). Auch bei der Spaltung zur Übernahme werden die bisherigen Gesellschafter der übertragenden Gesellschaft wohl in den meisten Fällen mit den bisherigen Gesellschafter der übernehmenden Gesellschaft hinsichtlich der Dividendenberechtigung gleich gestellt sein (vgl. aber Handkommentar FusG-SCHENKER, N 13). Nur beispielsweise bei unsicherem Vollzugsdatum kann es angezeigt sein, festzuhalten, dass die neu ausgegebenen Aktien beispielsweise an der bezogen auf das Geschäftsjahr X auszuschüttenden (im Spaltungsvertrag definierten) Dividenden nicht mehr partizipieren (falls die Dividende erst nach Vollzug bezahlt werden sollte). Diesfalls ist darauf zu achten, dass die Titel unterscheidbar bleiben.

33 Die von Art. 37 lit. f verlangte Offenlegung des *Zeitpunktes* der Dividendenberechtigung (vgl. auch Art. 650 Abs. 2 Ziff. 3 OR) bedeutet zunächst nicht, dass die neu ausgegebenen Aktien nicht auch für frühere Geschäftsjahre dividendenberechtigt sein könnten. Erfolgt beispielsweise der Vollzug der Spaltung im März des Jahres X und plant die aufnehmende Gesellschaft Y an ihrer ordentlichen Generalversammlung im Mai die Ausschüttung einer Dividende, so können die neuen Aktien durchaus dividendenberechtigt sein, auch wenn sie erst nach Ablauf des abgelaufenen Geschäftsjahres geschaffen

wurden. Ferner gilt, dass im Spaltungsvertrag oder Spaltungsplan der Anspruch auf einen Anteil des Bilanzgewinns auch auf andere Weise beschrieben werden kann. So kann beispielsweise gesagt werden, die Anteile seien für ein bestimmtes Geschäftsjahr dividendenberechtigt oder die Anteile seien den bisherigen Anteilen in Sachen Dividendenberechtigung gleichgestellt. Es braucht also mit anderen Worten nicht immer ein Zeit*punkt* festgelegt zu werden.

Ausschüttungen im Rahmen der Spaltung sind von Art. 37 lit. e nicht erfasst. Sie sind unter Art. 37 lit. c darzulegen.

7. Wirkungszeitpunkt der Spaltung (lit. g)

Anzuzeigen ist nach Art. 37 lit. g auch der Zeitpunkt, ab dem die Handlungen der übertragenden Gesellschaft als für Rechnung der übernehmenden Gesellschaft vorgenommen gelten. Dieser Zeitpunkt ist praktisch identisch mit dem Datum der Spaltungsbilanz (dazu Art. 35 N 6). Ab diesem Datum erfolgen alle Geschäfte der übertragenden Gesellschaft auf Rechnung der übernehmenden Gesellschaft. Konsequenterweise sind diese Geschäfte in der Bilanz und Erfolgsrechnung der übernehmenden Gesellschaft zu verbuchen, auch wenn sie vor Vollzug stattgefunden haben. Dabei ist nicht erforderlich, dass die übertragende Gesellschaft Handlungen bereits im Namen der übernehmenden Gesellschaft vornehmen würde – die Rechtswirkungen dieser Geschäfte werden mittels Universalsukzession im Zeitpunkt des Handelsregistereintrages auf die übernehmende Gesellschaft übertragen (vgl. Art. 52).

8. *Offenlegung besonderer Vorteile zugunsten Organpersonen (lit. h)*

Artikel 37 lit. h verlangt – wie schon Art. 13 lit. h bei der Fusion – die Offenlegung besonderer Vorteile, die den Mitgliedern eines Leitungs- oder Verwaltungsorgans oder geschäftsführenden Gesellschaftern gewährt werden. Gemäss Art. 37 lit. h E FusG hätten auch besondere Vorteile an Revisoren (Wirtschaftsprüfer) offengelegt werden müssen (vgl. zum Beispiel § 126 Ziff. 8 des deutschen Umwandlungsgesetzes). Diese Offenlegung ist aufgrund einer Intervention der Redaktionskommission gestützt auf eine entsprechende Änderung von Art. 13 lit. h in den parlamentarischen Beratungen (vgl. Amtl-Bull NR, 235; Handkommentar FusG-SCHENKER, N 15) nicht mehr im rechtsgültigen Gesetzestext enthalten. Allerdings ist den Revisoren die Entgegennahme besonderer Vorteile ohnehin untersagt, dies stellte der Nationalrat mit dem neuen Art. 727c Abs. 1 3. Satz OR klar.

Die Offenlegung der von lit. h erwähnten Vorteile dient – vor allem in Fällen der Drittorganschaft – dazu, mögliche Interessenkonflikte von Organpersonen zu erkennen (vgl. auch Art. 13 N 11). Diese Offenlegung dient den Gesellschaftern auch als Entscheidungsgrundlage für deren Beschlussfassung, da Zahlungen an Organe die Parameter eines Spaltungsvertrags in neuem Licht erscheinen lassen können. Allerdings dürfte die Gefahr von Missbräuchen durch solche Organzahlungen bei der Spaltung geringer sein als bei der Fusion, dies jedenfalls beim klassischen symmetrischen Spin-off. Bei fusionsähnlichen Spaltungen zur Übernahme und asymmetrischen Spaltungen ergibt sich demgegenüber ein grösseres Gefahrenpotential, da es hier durch Wertverschiebungen Gewinner und Verlierer unter den Gesellschaftern geben kann. Dennoch scheint es uns nicht angezeigt, bei Fehlen der von lit. h verlangten Angaben sowohl auf Ungültigkeit der gewährten Vorteile als auch auf Ungültigkeit des Spaltungsvertrags bzw. -plans zu erkennen (so aber GLANZMANN, AJP 2004, 826). Aufgrund der in der Botschaft vorgenommenen Analogie zu den Gründervorteilen im Aktienrecht (Art. 628, Art. 627 Ziff. 9; Botschaft, 4409) könnte man diesen Schluss zwar scheinbar historisch belegen, allerdings fehlt im Fusionsgesetz ein Hinweis, dass besondere Vorteile zu ihrer Verbindlichkeit der Aufnahme in den Spaltungsvertrag bedürfen (vgl. Art. 627 OR). Die Ungültigkeit des besonderen Vorteils kann sich u.E. daher nur aus einem anderen Gesetz (z.B. Art. 678 OR, Art. 680 Abs. 2 OR) ergeben, nicht aber aus einer unterlassenen Offenlegung in einem Spaltungsdokument (vgl. dazu auch N 4 und 5 v.).

37 Die in Art. 37 lit. h erwähnten «besonderen Vorteile» stellen geldwerte Leistungen dar. Erfasst sind also beispielsweise Zahlungen (z.B. Gratifikationen, Abgangsentschädigungen), Zuteilungen von Aktien oder Optionen, aber auch Vergünstigung von Leistungen (z.B. zinsloses Darlehen, Gratismiete) oder verdeckte Gewinnausschüttungen. Es ist nicht erforderlich, dass die besonderen Vorteile im Sinne von Art. 678 OR rückerstattungspflichtig sind oder eine steuerlich aufrechenbare verdeckte Gewinnausschüttung oder Gewinnvorwegnahme darstellen. Ein gemäss Art. 37 lit. h offenzulegender besonderer Vorteil muss hingegen im **Zusammenhang mit einer Spaltung** stehen (ebenso Art. 13 N 11). Dies ergibt sich zwar nicht aus dem Wortlaut des Gesetzes, doch würde ein Offenlegungszwang für besondere Vorteile jeder Art im Rahmen von Umstrukturierungen den begrenzten Rahmen der fusionsgesetzlichen Regelungsmaterie sprengen. Ein Zusammenhang mit der Spaltung ist immer dann gegeben, wenn ein besonderer Vorteil durch die Spaltung ausgelöst oder zugunsten des Empfängers des Vorteils abgeändert wird (zu restriktiv GLANZMANN, AJP 2004, 826, der nur Vorteile, «die ausdrücklich im Hinblick auf die durchzuführende Transaktion gewährt werden», offenlegen will). Dies kann – je nach Wortlaut der entsprechenden Abrede – zum Beispiel auch bei Kontrollwechselklauseln der Fall sein, doch dürfte gerade der typische Fall einer «klassischen» (symmetrischen) Spaltung gar keinen Fall eines Kontrollwechsels darstellen.

38 Empfänger dieser besonderen Vorteile sind die Mitglieder eines Leitungs- oder Verwaltungsorgans oder geschäftsführende Gesellschafter. Das Gesetz macht keine rechtsformspezifische Umschreibung der Mitglieder eines Leitungs- oder Verwaltungsorganes. Immerhin dürfte dennoch klar sein, dass mit dieser Umschreibung bei der Aktiengesellschaft nicht nur die Mitglieder des Verwaltungsrates, sondern auch des obersten Management erfasst sein dürften (vgl. dazu die Richtlinie der SWX betreffend Informationen zur Corporate Governance, insbesondere Kapitel 5). Mit dem Terminus «geschäftsführende Gesellschafter» wollte der Gesetzgeber Personen mit Gesellschafterstatus in die Offenlegungspflicht miteinbeziehen, die zwar nicht Mitglied eines Leitungs- oder Verwaltungsorganes sind, aber dennoch die Geschicke der Gesellschaft wesentlich mitbestimmen. Nicht offengelegt werden müssen besondere Vorteile an **nahestehende Personen** der in Art. 37 lit. h ausdrücklich erwähnten Organpersonen. Dies mag zwar im Einzelfall bedauerlich sein, doch lässt sich anderes *de lege lata* nicht aus dem Gesetzestext lesen (vgl. immerhin die Richtlinie der SWX betreffend Informationen zur Corporate Governance Ziff. 5.7). Honorare, die im Zusammenhang mit der Spaltung an ein Beratungsunternehmen eines Mitglieds des Leitungs- oder Verwaltungsorgans ausgerichtet werden, sind daher nicht offenlegungspflichtig (abgesehen davon, dass sie im Zeitpunkt der Auflage des Spaltungsvertrages oder -plans kaum je abschätzbar sein dürften).

9. Liste der Arbeitsverhältnisse (lit. i)

39 Im Rahmen der Spaltung sind nicht nur die Vermögenswerte anhand des Inventars (lit. b oben), sondern auch die Mitarbeiter den verschiedenen Rechtsträgern zuzuordnen. Litera i verlangt deshalb «eine Liste der Arbeitsverhältnisse, die mit der Spaltung übergehen». Aufzulisten sind somit diejenigen Arbeitsverhältnisse, die nicht bei der übertragenden Gesellschaft verbleiben. Entgegen dem zu engen Wortlaut, aber im Einklang mit dem Normzweck und der Regelung in lit. b sollte sich die Liste gemäss lit. i nicht darauf

beschränken, die «abgehenden» Arbeitsverhältnisse aufzulisten, sondern auch eine Zuordnung auf die einzelnen übernehmenden Gesellschaften vornehmen. Die Liste wäre ansonsten insbesondere bei der Aufspaltung bedeutungslos. Die Liste muss eine eindeutige Identifikation der übergehenden Arbeitsverhältnisse enthalten, wozu in aller Regel der Name des entsprechenden Mitarbeiters ausreicht. Weitergehende Informationen sind nicht nützlich und wären aufgrund des Einsichtsrechts der Gesellschafter in den Spaltungsvertrag (Art. 41) und der Öffentlichkeit des Handelsregisters vor dem Hintergrund des Schutzes der Privatsphäre der Arbeitnehmer ohnehin fragwürdig (vgl. aber ZK-PFEIFER/MEIER, N 27).

Zur Bedeutung der Arbeitnehmerliste vor dem Hintergrund der von Art. 49 FusG verlangten Anwendbarkeit von Art. 333 OR auf Spaltungen von Gesellschaften vgl. Art. 49 N 2 und vor allem Art. 76 N 8 ff. sowie Handkommentar FusG-SCHENKER, N 16. **40**

IV. Rechtsfolgen bei ungültigem oder mit Willensmängeln geschlossenem Spaltungsvertrag

Ist der Vertrag unvollständig, d.h. enthält er nicht alle von Art. 37 verlangten Angaben, gilt das in N 5 Gesagte. Darüber hinaus sind die allgemeinen Grundsätze über die Gesetzeswidrigkeit von Verträgen wegen Verstosses gegen zwingende Normen des Privatrechtes (einschliesslich des Fusionsgesetzes) oder des öffentlichen Rechtes anwendbar. Zu beachten ist dabei, dass sie die Rechtsfolge eines solchen Verstosses grundsätzlich aus der verletzten Norm selbst ergibt (vgl. KOLLER, N 956 ff. m.w.H.). Mit anderen Worten kann in einem solchen Fall nicht ohne Weiteres Nichtigkeit bzw. Unwirksamkeit des entsprechenden Spaltungsvertrages angenommen werden. **41**

Bezüglich Willensmängel gelten grundsätzlich die allgemeinen Regeln des Obligationenrechtes (vgl. SCHMITT/HÖRTNAGL/STRATZ, § 4 N 13 UmwG zum «Verschmelzungsvertrag»). Wie in N 8 erwähnt können die Gesellschafter keine direkt klagbaren Rechte aus dem Spaltungsvertrag ableiten und sind daher auch nicht zur Anfechtung des Spaltungsvertrages legitimiert. Falls der Willensmangel vor der Generalversammlung entdeckt wird, dürfte ein Antrag auf Ablehnung des Spaltungsvertrages an die Generalversammlung aussichtsreicher als eine Anfechtung sein. Die allgemeinen obligationenrechtlichen Grundsätze gelten etwa auch für die gegenseitige Aufhebung des Spaltungsvertrages oder die *clausula rebus sic stantibus*. **42**

V. Zusätzliche Vereinbarungen

Der Spaltungsvertrag oder -plan kann selbstverständlich noch weitere als die in Art. 37 vorgesehenen Klauseln bzw. Angaben umfassen. In der Praxis trifft man etwa auf Normen, wie künftig der Verwaltungsrat der übernehmenden Gesellschaft zusammengesetzt sein soll, wie die Abgrenzung der Geschäftstätigkeit erfolgen soll (einschliesslich allfälliger Konkurrenzverbote) oder welche Dienstleistungen nach der Spaltung zwischen den beteiligten Gesellschaften erbracht werden sollen. Meist enthält der Spaltungsvertrag auch **Gewährleistungen** oder **Garantien**. Damit sollen die dem Umtauschverhältnis zugrunde liegenden Annahmen (z.B. Fehlen von Eventualverbindlichkeiten) rechtlich geschützt werden. Sollten diese sich nachträglich als falsch erweisen und wurden sie durch eine Gewährleistung abgedeckt, steht der betreffenden (in der Regel der übernehmenden) Gesellschaft eine Entschädigung zu (zur Abgrenzung von der Klage der Gesellschafter auf Ausgleichszahlung vgl. GLANZMANN, AJP 2004, 828). In diesem Zusammenhang sind auch Klauseln betreffend **Schadloshaltung** der jeweils anderen **43**

Partei(en) der Spaltung zu erwähnen. Solche Klauseln können dann aktuell werden, wenn eine Gesellschaft für eine Verbindlichkeit, die gemäss Spaltungsvertrag einer anderen Gesellschaft zugeordnet wurde, einzustehen hat, sei es, weil beispielsweise die Zustimmung einer Drittpartei für deren Übertragung erforderlich war und nicht gegeben wurde oder sei es, weil eine Gesellschaft beispielsweise gemäss Art. 47 lit. e bei Sitzverlegung ins Ausland der primär haftenden Gesellschaft subsidiär haftbar wurde. Häufig sind auch detaillierte Bestimmungen über Rücktrittsrechte (z.B. in Folge einer noch stattfindenden Due Diligence Prüfung) oder überhaupt **Bedingungen**, denen der Vertrag unterliegt wie beispielsweise die Bewilligung der Wettbewerbsbehörden (vor allem bei einer Abspaltung auf eine bestehende Gesellschaft) oder sonstiger Zustimmung von Drittparteien (vgl. Art. 52; vgl. GLANZMANN, AJP 2004, mit Beispielen). Jeder Spaltungsvorgang und somit auch der entsprechende Vertrag ist im Übrigen durch die Zustimmung der Generalversammlungen der beteiligten Gesellschaften bedingt (vgl. Handkommentar FusG-SCHENKER, N 18). Im Gegensatz etwa zum Übernahmerecht gibt es darüber hinaus keine spezialgesetzliche Regelung der Bedingungen im Fusionsgesetz. Dies bedeutet, dass den Parteien hinsichtlich Stipulierung von Bedingungen ausser durch das Obligationenrecht und allgemeine Rechtsgrundsätze keine Beschränkungen auferlegt sind.

44 Fraglich ist, inwieweit der Spaltungsvertrag **Abänderungs- oder Anpassungsklauseln** beinhalten darf, speziell solche, die erst nach der Generalversammlung wirken. Abänderungsklauseln im Sinne einer Ermächtigung an das oberste Leitungs- oder Verwaltungsorgan, den Spaltungsvertrag oder -plan in eigenem Ermessen zu ändern, widersprechen der vom Fusionsgesetz vorgenommen Kompetenzordnung und sind daher unzulässig (Botschaft, 4407 [zur Fusion]). Zulässig sind demgegenüber Anpassungsklauseln, die auf klar überprüfbare Kriterien abstellen (allenfalls zusätzlich einen neutralen Schiedsgutachter einbeziehen) und dem obersten Leitungs- oder Verwaltungsorgan kein Ermessen einräumen. Es geht dabei meist nicht um eine Vertragsänderung, sondern um die Ermittlung des Resultats eines im voraus vereinbarten Algorithmus (z.B. für das Umtauschverhältnis oder für Ausgleichszahlungen zwischen den Gesellschaften aufgrund Bestandesveränderungen). Zulässig müssen aber auch Spezifizierungen oder gar **Abänderungen der Abwicklungsmodalitäten** (dazu N 30) sein, selbst wenn dabei dem obersten Leitungs- oder Verwaltungsorgan ein gewisses Ermessen zukommt, andernfalls wäre ein Vollzug der Spaltung bei unsicherem Bedingungseintritt nahezu unmöglich. Soweit Anpassungsklauseln das Umtauschverhältnis tangieren, muss die Änderung durch den Prüfungsbericht des besonders befähigten Revisors abgedeckt sein. Dies bedeutet, dass sich der Revisor dann zur Vertretbarkeit einer gewissen Spanne des Umtauschverhältnisses zu äussern hat. Solche Klauseln werden im Übrigen bei symmetrischen Abspaltungen auf eine neu gegründete Gesellschaft weit weniger kritisch sein als bei asymmetrischen Spaltungen oder Spaltungen zur Übernahme.

45 Der Spaltungsvertrag enthält ferner in der Regel Bestimmungen über die Kostenregelung und Tragung allfälliger Steuern. Auch die Festsetzung so genannter «Break-up Fees» im Falle eines durch eine oder mehrere Parteien des Spaltungsvertrages verursachten Scheiterns der Spaltung kann (im Falle einer Spaltung zur Übernahme) vorkommen (zu deren Zulässigkeit vgl. Art. 12 N 10). Häufig sind auch Bestimmungen über die **Geheimhaltung** und den gegenseitigen **Informationsaustausch** im Rahmen der Spaltung und während einer gewissen Frist nach deren Durchführung. Als Besonderheit sollte bei der **Aufspaltung** im Fusionsvertrag auch die Tatsache der Auflösung der übertragenden Gesellschaft erwähnt werden, um eine klare Grundlage für deren Löschung im Handelsregister zu haben (vgl. Art. 43 N 8). Schliesslich werden in aller Regel auch der Gerichtsstand (oder allenfalls eine Schiedsvereinbarung) und das anwendbare Recht

in den Spaltungsvertrag aufgenommen (zum anwendbaren Recht vgl. Art. 163d IPRG; zum Gerichtsstand vgl. Art. 29a GestG).

VI. Rechtsvergleich, insbesondere mit anwendbaren EU-Richtlinien

Artikel 37 entspricht in wesentlichen Teilen Art. 3 EU-Spalt-RL und § 126 UmwG. Gewisse von Art. 37 verlangte Angaben stimmen fast wörtlich mit der deutschen und der EU-Regelung überein, so zum Beispiel die Angaben über Firma und Sitz der beteiligten Rechtsträger, die Dividendenberechtigung oder den Spaltungsstichtag. Die deutsche Regelung ist allerdings ausführlicher und verlangt im Allgemeinen mehr Informationen als Art. 37 FusG. So sind zum Beispiel gemäss § 126 Ziff. 11 auch die Folgen der Spaltung für die Arbeitnehmer offen zu legen, eine Information, die in einem Spaltungsvertrag gemäss FusG grundsätzlich nicht aufzuführen ist (wohl aber im Spaltungsbericht des obersten Leitungs- und Verwaltungsorganes, vgl. Art. 39 lit. g FusG). In gewissen Belangen geht die deutsche Regelung allerdings weniger weit, so wird namentlich kein Inventar der zu übertragenden Vermögenswerte verlangt. Stattdessen fordern sowohl das Umwandlungsgesetz als auch die EU-Spaltungsrichtlinie lediglich eine «genaue Beschreibung und Aufteilung der Gegenstände des Aktiv- und Passivvermögens» (Art. 3 lit. h EU-Spalt-RL) bzw. eine «genaue Bezeichnung und Aufteilung der Gegenstände des Aktiv- und Passivvermögens» (§ 126 Ziff. 9 UmwG).

46

Art. 38

Nicht zugeordnete Vermögenswerte

¹ Ein Gegenstand des Aktivvermögens, der sich auf Grund des Spaltungsvertrags oder des Spaltungsplans nicht zuordnen lässt:
   a. gehört bei der Aufspaltung allen übernehmenden Gesellschaften zu Miteigentum, und zwar im Verhältnis, in dem das Reinvermögen nach Spaltungsvertrag oder Spaltungsplan auf sie übergeht;
   b. verbleibt bei der Abspaltung bei der übertragenden Gesellschaft.

² Absatz 1 gilt sinngemäss für Forderungen und immaterielle Rechte.

³ Die an einer Aufspaltung beteiligten Gesellschaften haften solidarisch für Verbindlichkeiten, die sich auf Grund des Spaltungsvertrags oder des Spaltungsplans nicht zuordnen lassen.

Valeurs patrimoniales non attribuées

¹ Les objets du patrimoine actif qui ne peuvent être attribués sur la base du contrat ou du projet de scission:
   a. appartiennent, en cas de division, en copropriété à l'ensemble des sociétés reprenantes, proportionnellement à la fortune nette qui leur revient en vertu du contrat ou du projet de scission;
   b. demeurent, en cas de séparation, au sein de la société transférante.

² L'al. 1 s'applique par analogie aux créances et aux droits immatériels.

³ Les sociétés participant à une division sont solidairement responsables des dettes qui ne peuvent être attribuées sur la base du contrat ou du projet de scission.

Beni non attribuiti

¹ Una componente attiva del patrimonio che non può essere attribuita in base al contratto di scissione o al progetto di scissione:
a. in caso di divisione, appartiene in comproprietà a tutte le società assuntrici in proporzione al patrimonio netto spettante loro in virtù del contratto di scissione o del progetto di scissione;
b. in caso di separazione, resta in seno alla società trasferente.

² Il capoverso 1 si applica per analogia ai crediti e ai diritti immateriali.

³ Le società partecipanti a una divisione sono solidalmente responsabili dei debiti che non possono essere attribuiti in base al contratto di scissione o al progetto di scissione.

Literatur

Vgl. die Literaturhinweise zu Art. 36.

I. Normzweck und Normgeschichte

1   Art. 38, der im Parlament gegenüber dem Botschaftstext nur leicht geändert wurde (N 3), regelt die Zuweisung von Gegenständen des Aktiv- und Passivvermögens, die sich auf Grund des Spaltungsvertrages oder -planes und des Inventars nicht zuordnen lassen. Die Nichterwähnung kann verschiedene Ursachen haben: So können Vermögenswerte vergessen gegangen oder mit Absicht nicht erwähnt worden sein. Praktisch relevanter werden freilich die Fälle sein, bei welchen sich der Bestand der Vermögenswerte zwischen dem Abschluss des Spaltungsvertrages bzw. -planes und dem Vollzug der Spaltung verändert, ohne dass der Spaltungsvertrag oder -plan (oder das Inventar) die Veränderung geregelt hätten.

2   Die gesetzliche Ordnung gestaltet sich dabei wie folgt: **In erster Linie** bestimmt sich die Zuordnung von Vermögenswerten und Verbindlichkeiten **nach dem Spaltungsvertrag oder -plan**, dessen Inhalt durch Auslegung zu bestimmen ist (N 7). Bei Fehlen einer vertraglichen Zuweisung (bzw. Zuweisung im Plan) greift **in zweiter Linie** die Regelung von **Art. 38**, wonach Gegenstände des Aktivvermögens bei der Aufspaltung allen übernehmenden Gesellschaften zu Miteigentum gehören (und zwar im Verhältnis ihrer Beteiligung am übergehenden Reinvermögen, Abs. 1 lit. a), während sie bei der Abspaltung bei der übertragenden Gesellschaft verbleiben (Abs. 2 lit. b). Für Forderungen und immaterielle Rechte gilt diese Regelung sinngemäss (Abs. 2). Für Verbindlichkeiten gilt bei Aufspaltungen im Verhältnis zum Gläubiger Solidarität (Abs. 3; zum Verhältnis unter den beteiligten Gesellschaften N 23). Bei Abspaltungen haftet mangels einer gesetzlichen Regelung weiterhin ausschliesslich die übertragende Gesellschaft für vertraglich nicht zugewiesene Verbindlichkeiten (Botschaft, 4439). Lässt die Natur des Vermögenswertes die von Art. 38 vorgesehene Regelung nicht zu, so fällt er nach hier vertretener Auffassung **in dritter Linie** jener Gesellschaft **ungeteilt** zu, zu deren Vermögen er einen engeren Konnex aufweist, im Zweifelsfall der Gesellschaft mit dem grössten Anteil am Reinvermögen, während den übrigen an der Spaltung beteiligten Gesellschaften für ihren Anteil am Reinvermögen ein **wertmässiger Ausgleichsanspruch** zusteht. Zu denken ist etwa an den (praktisch schon vorgekommenen) Fall einer Aufspaltung, bei der vergessen wurde, zu regeln, an welche Partei der Fussballplatz für Firmenfussball, der in der Nähe einer Fabrik liegt (aber weitab von allen anderen Betriebsliegenschaften), zuzuteilen ist. Miteigentum aller übernehmenden Gesellschaften wäre hier zwar theoretisch möglich, die richtige Lösung kann aber einzig darin liegen, den Platz jener Gesellschaft zuzuteilen, der auch die Fabrik gehören wird (anzumerken ist dabei, dass man

aufgrund einer korrekten Auslegung bzw. Lückenfüllung des Spaltungsvertrages wohl auf dasselbe Resultat kommen würde).

Abs. 1 entspricht mit gewissen redaktionellen Änderungen Art. 48 VE FusG; namentlich wurde im Parlament der Begriff «Nettoaktivvermögen» in lit. a durch den Begriff «Reinvermögen» ersetzt, dies weil der erstere Ausdruck dem Schweizer Recht unbekannt sei (AmtlBull SR 2001, 4006). Anzumerken ist immerhin, dass auch der Begriff «Reinvermögen» nur im Steuerrecht vorkommt (vgl. etwa Art. 29 Abs. 2 lit. c StHG) und dem Bilanzierungsrecht des OR fremd ist. Weil die Terminologie des ersten Absatzes («... gehört ... zu Miteigentum») für Forderungen und immaterielle Rechte unpassend ist, wurde neu Abs. 2 eingefügt (Botschaft, 4438). Abs. 3 entspricht Art. 58 VE FusG, der jedoch generell auf «Spaltungen» anwendbar war; die Solidarität wurde im Gesetz zu Recht auf Aufspaltungen beschränkt. 3

II. Rechtsnatur

Art. 38 stellt **in doppeltem Sinne dispositives Gesetzesrecht** dar. Erstens handelt es sich um eine (subsidiäre) **gesetzliche Zuordnungsregel für vertraglich (bzw. gemäss Spaltungsplan) nicht zugeordnete Vermögenswerte** (ähnl. Art. 72 N 1). Als solche findet sie nur auf Vermögenswerte Anwendung, für welche – nach Auslegung des Vertrages – im Spaltungsvertrag oder -plan eine Zuweisung fehlt. 4

Zweitens ist diese subsidiäre **gesetzliche Zuordnungsregel** für vertraglich (bzw. gemäss Spaltungsplan) nicht zugeordnete Vermögenswerte **selbst dispositives Recht** (a.A. Art. 72 N 4). Die Parteien können im Spaltungsvertrag oder -plan eine von Art. 38 abweichende Zuordnungsregel für nicht zugeordnete Vermögenswerte treffen, also beispielsweise nicht zugeordnete Vermögenswerte (statt zu Miteigentum aller beteiligten Gesellschaften) dem Alleineigentum einer Gesellschaft bzw. bei der Abspaltung der aufnehmenden Gesellschaft zuweisen (was dann sinnvoll ist, wenn in der übertragenden Gesellschaft nur ein bestimmtes Geschäft verbleiben soll, während das gesamte Restvermögen abgespalten wird). In der Praxis werden die Parteien dies in aller Regel auch tun, und zum Beispiel vorsehen, dass nicht zugeordnete Vermögenswerte jener Gesellschaft gehören, mit deren Geschäft sie am engsten zusammenhängen. Ist diese im Spaltungsvertrag oder -plan getroffene Zuordnungsregel wiederum lückenhaft (etwa die Zuordnung von geschäftsfremdem Aktiven wie Kunstwerke im Sitzungsraum des Verwaltungsrates nicht regelt), greift wiederum die dispositive Regelung von Art. 38. 5

III. Anwendungsbereich

Anwendung findet Art. 38 gemäss dem Wortlaut auf «Gegenstände des Aktivvermögens» (Abs. 1) bzw. «Forderungen und immaterielle Rechte» (Abs. 2). Intention des Gesetzgebers ist wohl gewesen, sämtliche Arten von Vermögenswerten lückenlos zu erfassen, um für alle Aktiven eine subsidiäre gesetzliche Zuordnungsregel aufzustellen. Die Begriffe sind deshalb untechnisch zu verstehen. Unter «Gegenstände des Aktivvermögens» fallen alle dem Miteigentum zugänglichen Vermögenswerte, während als «Forderungen und immaterielle Rechte» alle anderen Vermögenswerte gelten, auch, aber nicht nur, Immaterialgüterrechte (anders als in Art. 37 lit. b, vgl. Art. 37 N 18). Unseres Erachtens werden auch Vertragsverhältnisse als Ganze von der Bestimmung erfasst (N 17). Entsprechend sind unter «Verbindlichkeiten» alle Arten von Obligationen und Rechtspflichten zu verstehen. 6

IV. Voraussetzungen

7 Voraussetzung für die Anwendbarkeit von Art. 38 ist das Fehlen einer vertraglichen Zuweisungsregelung. Damit geht der Anwendung von Art. 38 zwingend die **Auslegung des Spaltungsvertrages** bzw. -planes voraus, namentlich des Inventars (vgl. dazu die Regelung bei der Vermögensübertragung, Art. 72, welche nur auf das Inventar abstellt; zur Auslegung des Spaltungsvertrages und des Spaltungsplanes vgl. Art. 36 N 9). Wesentliche Bedeutung kommt dabei der wirtschaftlichen Zugehörigkeit des in Frage stehenden Vermögenswertes zu einem der übertragenen oder verbleibenden Vermögen zu, welche in aller Regel je einen Betrieb oder Betriebsteil darstellen (SCHMITT/HÖRTNAGL/STRATZ, § 131 UmwG N 103), denn wenn aus dem Vertrag ersichtlich wird, dass die Parteien eine Gesellschaft in gewisse Teilbetriebe spalten wollten, ist auch anzunehmen, dass sie alle Gegenstände, die mit diesen Betrieben direkt oder indirekt verbunden sind, bei diesen Betrieben belassen wollen; Schwierigkeiten bilden denn in der Praxis auch relativ oft nicht betriebsnotwendige Aktiven (vgl. die Beispiele in N 2 und 5 oben) und die Finanzschulden, die nicht zu einem Betrieb gehören (anders wieder die Kreditoren, die in aller Regel aus betrieblicher Tätigkeit stammen). Auch die *Spaltungsbilanz* kann zur Auslegung herangezogen werden (Art. 35 N 7c); sie zeigt in aller Regel namentlich im Bereich der Passiven klar auf, welche Schulden die Parteien wie verteilt haben wollten; aber auch im Bereich der Aktiven kann durch Konsultation der einzelnen Konten oft eruiert werden, wohin ein bestimmtes Aktivum nach Meinung der Parteien gehören sollte.

V. Rechtsfolgen des Abs. 1

1. Im Allgemeinen

8 Rechtsfolge von Abs. 1 ist, dass der entsprechende Gegenstand bei einer Aufspaltung im Zeitpunkt der Wirksamkeit der Spaltung (Art. 52) direkt ins Miteigentum aller beteiligten Gesellschaften überführt wird; bei der Abspaltung verbleibt er unverändert im Eigentum der übertragenden Gesellschaft. Die Rechtsfolge gilt sowohl mit Wirkung unter den an der Spaltung beteiligten Gesellschaften (mithin im «Innenverhältnis»), wie auch gegenüber Dritten (im «Aussenverhältnis»), dies im Gegensatz zu Abs. 3, der nur das Aussenverhältnis betrifft.

2. Bei der Aufspaltung

9 Bei der Aufspaltung fällt ein nicht vertraglich bzw. gemäss Spaltungsplan zugeordneter Gegenstand ins Miteigentum aller an der Spaltung beteiligten Gesellschaften. Es entsteht im Zeitpunkt der Wirksamkeit der Spaltung (Art. 52) von Gesetzes wegen Miteigentum im Sinne von Art. 646 ff. ZGB, jedoch entgegen der gesetzlichen Vermutung von Art. 646 Abs. 2 ZGB nicht zu gleichen Teilen, sondern im Verhältnis, «in dem das Reinvermögen nach Spaltungsvertrag oder Spaltungsplan auf sie übergeht». Unter dem Begriff des Reinvermögens, der dem Steuerrecht entlehnt wurde (AmtlBull SR 2001, 4006), ist dabei das Vermögen (wohl bewertet zu Markt- und nicht bloss zu Buchwerten) abzüglich aller Verbindlichkeiten zu verstehen. Ausschlaggebend ist die Aufteilung des Reinvermögens der übertragenden Gesellschaft unter die aufnehmenden Gesellschaften. In praktischer Hinsicht ist den Parteien zu empfehlen, die Quote ihrer Beteiligung am Reinvermögen bereits im Spaltungsvertrag bzw. -plan verbindlich festzulegen, damit Streitigkeiten über die Bewertung der jeweiligen Anteile vermieden werden können.

10 Praktisch bedeutet die Zuweisung ins Miteigentum, dass die übernehmenden Gesellschaften den Gegenstand im Miteigentum nur gemeinsam (mit Zustimmung aller) **ver-**

äussern oder belasten können (Art. 648 Abs. 2 ZGB); zur Verfügung über ihre ideelle Quote am Miteigentum ist hingegen jede Gesellschaft berechtigt. Weiter darf jede der beteiligten Gesellschaften den Gegenstand nur insoweit vertreten, gebrauchen oder nutzen, wie dies mit den Rechten der anderen verträglich ist (Art. 648 Abs. 1 ZGB). Betreffend Verwaltung gilt gemäss den Regeln des Miteigentums, dass gewöhnliche **Verwaltungshandlungen** von jedem Miteigentümer getätigt werden dürfen (Art. 647a ZGB), wichtigere bloss bei Zustimmung der Mehrheit aller Miteigentümer, die zugleich den grösseren Teil der Sache vertritt (Art. 647b f. ZGB), was bei einer Aufspaltung in zwei Gesellschaften einem Einstimmigkeitserfordernis gleichkommt. Zwingend hat jeder Miteigentümer die Befugnis, zu verlangen, dass die für die Erhaltung des Wertes und der Gebrauchsfähigkeit der Sache notwendigen Verwaltungshandlungen durchgeführt und nötigenfalls vom Gericht angeordnet werden, und jeder kann von sich aus auf Kosten aller Miteigentümer die Massnahmen ergreifen, die sofort getroffen werden müssen, um die Sache vor drohendem oder wachsendem Schaden zu bewahren (Art. 647 Abs. 2 ZGB). Diese dispositive Gesetzesordnung kann sich als unpraktisch oder unbefriedigend erweisen, was zur Aufhebung des Miteigentums (Art. 650 f. ZGB) oder mindestens zur Vereinbarung einer Nutzungs- oder Verwaltungsordnung führen kann (Art. 647 ZGB). Die **Aufhebung** kann jederzeit – jedoch nicht zur Unzeit – von jedem Miteigentümer verlangt werden (es sei denn, die Aufhebung sei durch die Bestimmung der Sache für einen dauernden Zweck ausgeschlossen, Art. 650 ZGB). Können sich die Miteigentümer über die Art der Aufhebung nicht einigen, so wird nach Anordnung des Gerichts die Sache körperlich geteilt oder, wenn dies ohne wesentliche Verminderung ihres Wertes nicht möglich ist, öffentlich unter den Miteigentümern versteigert (Art. 651 Abs. 2 ZGB).

Anzumerken ist, dass in der Rechtspraxis die Parteien kaum je Miteigentum vereinbaren würden, würden sie sich die Frage stellen, wie ein bestimmtes Aktivum zuzuteilen wäre. Wo Parteien ein bestimmtes Gut gemeinsam nutzen sollen, wird es in der Praxis einem der an der Aufspaltung beteiligten Gesellschaften zugewiesen und im Spaltungsvertrag geregelt, dass die andere während einer bestimmten Phase das Recht hat, dieses Aktivum mitzubenutzen, sei dies unentgeltlich oder gegen eine Zahlung. Die Details dieser Mitbenutzung werden dann typischerweise in einem Anhang zum Spaltungsvertrag geregelt.

3. Bei der Abspaltung

Bei der Abspaltung verbleiben demgegenüber nicht vertraglich bzw. gemäss Spaltungsplan zugeordnete Gegenstände im Vermögen der übertragenden Gesellschaft (analog bei der Vermögensübertragung, Art. 72). Diese Regelung ist eigentlich überflüssig, weil nicht vom Vertrag erfasste Vermögenswerte mangels rechtsgeschäftlicher Übertragung zwangsläufig beim bisherigen Eigentümer verbleiben müssen (in diesem Sinne die Lehre zum deutschen UmwG, welches keine gesetzliche Zuordnungsregel für die Abspaltung kennt, vgl. z.B. HÖRTNAGL, in SCHMITT/HÖRTNAGL/STRATZ, N 110 zu § 131 UmwG – dies gilt zwar grundsätzlich auch bei der Aufspaltung, doch ist in diesem Falle wegen des Untergangs der übertragenden Gesellschaft eine gesetzliche Regelung unerlässlich).

VI. Forderungen und immaterielle Rechte

Für Forderungen und immaterielle Rechte, ja generell dem Miteigentum nicht zugängliche Vermögenswerte (N 6), gilt die Regelung von Abs. 1 sinngemäss (vgl. Abs. 2). Bei

Abspaltungen verbleiben Forderungen und immaterielle Rechte demnach bei der übertragenden Gesellschaft. Mehr Probleme bereitet der Verweis bei Aufspaltungen:

14 Dem Miteigentum entspricht gemäss der Lehre bei Forderungen die **gemeinschaftliche Gläubigerschaft mit Quotenbeteiligung** (GAUCH/SCHLUEP/REY, Nr. 3789; P. SIMONIUS/TH. SUTTER, Schweizerisches Immobiliarsachenrecht, Bd. I, Basel/Frankfurt a.M. 1995, § 14 Nr. 14). Bei dieser ist jeder Gläubiger mit den übrigen Gläubigern auf die gesamte (ungeteilte) Forderung berechtigt, so dass die Gläubiger die Forderung nur gemeinsam (oder durch einen gemeinsamen Vertreter) gegenüber dem Schuldner geltend machen und nur gemeinsam über die Forderung verfügen können (z.B. durch Abtretung oder Erlass). Der Schuldner kann sich nur durch Leistung an alle befreien. Hingegen steht jedem Gläubiger (wie beim Miteigentum) eine ideelle Quote zu, über die er selbständig verfügen kann.

15 Die Notwendigkeit eines gemeinsamen Vorgehens beim Einfordern der Forderung kann sich als unpraktisch erweisen, doch erscheint sie gerade im Falle des Art. 38 Abs. 2, bei welchem die Gläubigermehrheit von Gesetzes wegen aufgrund einer ungenügenden vertraglichen Regelung entsteht, zum Schutze der Mitgläubiger gerechtfertigt. Art. 70 Abs. 1 OR, der für Forderungen auf unteilbare Leistungen vorsieht, dass jeder Gläubiger die Forderung einfordern kann, jedoch nur durch Leistung an alle, findet bei Spaltungen keine Anwendung. Analog zum Miteigentum kann freilich jeder Mitgläubiger Massnahmen ergreifen, um die Forderung zu sichern, und jede der übernehmenden Gesellschaften ist deshalb z.B. zur Vornahme einer Unterbrechungshandlung bei drohender Verjährung oder zur Abgabe einer Mängelrüge bei drohender Verwirkung der Mängelrechte berechtigt.

16 Der Schuldner hat wie gesagt grundsätzlich an alle übernehmenden Gesellschaften gemeinsam zu leisten. Besteht unter diesen Uneinigkeit über die Berechtigung an der Forderung, namentlich wenn mehrere die Forderung für sich alleine beanspruchen, ist der Schuldner – bei gegebenen Voraussetzungen – gemäss Art. 96 OR zur Hinterlegung oder zum Rücktritt berechtigt. Auch können die übernehmenden Gesellschaften in Gläubigerverzug geraten, wenn sie für die Leistung an alle erforderliche Mitwirkungshandlungen (z.B. gemeinsame Instruktionen) verweigern. Vergleiche zur Frage, ob sich der Schuldner, der in Unkenntnis vom Gläubigerwechsel an die falsche Gesellschaft leistet, befreit wird, Art. 73 N 11 f.

17 Die dargelegten Grundsätze gelten dabei auch bei der Ausübung anderer Rechte, z.B. nicht verbrieften Mitgliedschaftsrechten an anderen Gesellschaften. Unseres Erachtens werden von Art. 38 auch «vergessene» Vertragsverhältnisse als Ganze erfasst, so dass sich daraus ergebende Gestaltungsrechte, z.B. Mängelrechte bei Werkverträgen, (mit der in N 15 in fine gemachten Einschränkung) gemeinsam ausgeübt werden müssen.

18 Zu beachten ist jedoch, dass Forderungen und Rechte, die direkt im Zusammenhang mit einer im Miteigentum der beteiligten Gesellschaften stehenden Sache stehen (sei es, dass das Miteigentum vertraglich begründet wurde oder qua Abs. 1 lit. a entstanden ist), direkt durch die Miteigentumsregeln geregelt werden. Dies betrifft zum Beispiel die Ausübung von Rechten aus Miet-, Pacht- oder Werkverträgen an im Miteigentum stehenden Sachen; soweit solche Verträge den Rahmen gewöhnlicher Verwaltungshandlungen nicht sprengen, ist jede der beteiligten Gesellschaften zur Geltendmachung der Rechte für die Gesamtheit berechtigt (Art. 647a ZGB). Die Kündigung eines Miet- oder Pachtvertrages bedarf jedoch der Zustimmung der Mehrheit aller Miteigentümer, die zugleich den grösseren Teil der Sache vertritt (Art. 647b ZGB).

Auch bei Immaterialgüterrechten regeln sich die Rechte der berechtigten übernehmenden Gesellschaften in Analogie zu den Miteigentumsbestimmungen (vgl. dazu z.B. W. STRAUB, Mehrfache Berechtigung an Marken, Diss. Basel, Bern 1988, 39 f.). Art. 38 schafft deshalb beispielsweise keine Miturheberschaft im Sinne von Art. 7 URG, so dass die übernehmenden Gesellschaften eine Urheberrechtsverletzung nicht nach Art. 7 Abs. 3 URG im eigenen Namen einklagen dürfen (vgl. dazu BGE 121 III 118). 19

VII. Verbindlichkeiten (bei Aufspaltungen)

1. Im Verhältnis zum Gläubiger: Solidarhaftung (Abs. 3)

Abs. 3 regelt das rechtliche Schicksal von nicht zugeordneten Verbindlichkeiten bei Aufspaltungen (für Abspaltungen vgl. N 2), jedoch nur im Verhältnis zum Gläubiger (im Gegensatz zu Abs. 1 und 2, der auch das Verhältnis zwischen den beteiligten Gesellschaften regelt). Die Bestimmung bezweckt primär den Schutz des Gläubigers, indem alle beteiligten Gesellschaften (genauer die aufnehmenden Gesellschaften, da die übertragende Gesellschaft ohne Liquidation aufgelöst wird) im Zeitpunkt der Wirksamkeit der Spaltung (Art. 52) solidarisch für deren Erfüllung haften, so dass der Gläubiger nach Wahl die (ganze) Forderung gegenüber jeder der beteiligten Gesellschaften oder Teilforderungen geltend machen kann (Art. 144 Abs. 1 OR). Die ungenügende Regelung im Spaltungsvertrag oder -plan soll dem Gläubiger nicht zum Nachteil gereichen. Es handelt sich um einen Fall gesetzlicher Solidarität (Art. 143 Abs. 2 OR). 20

Der Rückgriff der leistenden Gesellschaft auf die anderen an der Spaltung beteiligten Gesellschaften (Art. 148 Abs. 2 OR) richtet sich nach der Regelung im Innenverhältnis (vgl. dazu sogleich N 23). 21

Wie bei Abs. 1 und 2 handelt es sich bei Abs. 3 um dispositives Gesetzesrecht. Es steht den Parteien damit frei, eine andere Rechtsfolge vorzusehen, indem sie beispielsweise bestimmen, dass nicht zugeordnete Verbindlichkeiten einzig jener Gesellschaft zukommen, mit deren Betrieb sie wirtschaftlich zusammenhängen, oder indem bei der Abspaltung nicht zugeordnete Verbindlichkeiten auf die übernehmende Gesellschaft übergehen. 22

2. Im Verhältnis zwischen den Parteien

Nicht geregelt wird in Abs. 3 das Verhältnis zwischen den Parteien. Haben die Parteien diesbezüglich keine Regelung im Spaltungsvertrag oder -plan getroffen, muss u.E. in Analogie zu Abs. 1 gelten, dass die Verbindlichkeit im Innenverhältnis im Verhältnis des Reinvermögens zu tragen ist. Die gesetzliche Vermutung der Beteiligung zu gleichen Teilen (Art. 148 Abs. 1 OR) findet keine Anwendung. 23

VIII. Rechtsvergleich

Art. 3 Abs. 3 EU-Spalt-RL sieht analoge Bestimmungen zu Art. 38 Abs. 1 lit. a und Abs. 3 vor, welche qua Verweis in Art. 25 dem Wortlaut nach eigentlich auch auf Abspaltungen Anwendung finden sollen, was nicht sinnvoll ist. Im deutschen Recht ist die Abs. 1 lit. a entsprechende Bestimmung, § 131 Abs. 3 UmwG, wie im Schweizer Recht auf Aufspaltungen beschränkt, und zudem wird vorgesehen, dass der Gegenwert eines «vergessenen» Gegenstandes des Aktivvermögens im entsprechenden Verhältnis zu ver- 24

Art. 39　　　　　　　　　　　　　　　3. Kapitel: Spaltung von Gesellschaften

teilen ist, wenn die Zuteilung an mehrere Rechtsträger nicht möglich ist. Für «vergessene» Verbindlichkeiten besteht keine ausdrückliche Bestimmung (vgl. jedoch § 133 UmwG).

Art. 39

Spaltungsbericht

¹ Die obersten Leitungs- oder Verwaltungsorgane der beteiligten Gesellschaften müssen einen schriftlichen Bericht über die Spaltung erstellen. Sie können den Bericht auch gemeinsam verfassen.

² Kleine und mittlere Unternehmen können auf die Erstellung eines Spaltungsberichts verzichten, sofern alle Gesellschafterinnen und Gesellschafter zustimmen.

³ Im Bericht sind rechtlich und wirtschaftlich zu erläutern und zu begründen:
a. der Zweck und die Folgen der Spaltung;
b. der Spaltungsvertrag oder der Spaltungsplan;
c. das Umtauschverhältnis für Anteile und gegebenenfalls die Höhe der Ausgleichszahlung beziehungsweise die Mitgliedschaft der Gesellschafterinnen und Gesellschafter der übertragenden Gesellschaft bei der übernehmenden Gesellschaft;
d. Besonderheiten bei der Bewertung der Anteile im Hinblick auf die Festsetzung des Umtauschverhältnisses;
e. gegebenenfalls die Nachschusspflicht, andere persönliche Leistungspflichten und die persönliche Haftung, die sich für die Gesellschafterinnen und Gesellschafter aus der Spaltung ergeben;
f. die Pflichten, die den Gesellschafterinnen und Gesellschaftern in der neuen Rechtsform auferlegt werden können, sofern Gesellschaften verschiedener Rechtsformen an der Spaltung beteiligt sind;
g. die Auswirkungen der Spaltung auf die Arbeitnehmerinnen und Arbeitnehmer der an der Spaltung beteiligten Gesellschaften sowie Hinweise auf den Inhalt eines allfälliges Sozialplans;
h. die Auswirkungen der Spaltung auf die Gläubigerinnen und Gläubiger der an der Spaltung beteiligten Gesellschaften.

⁴ Bei der Neugründung einer Gesellschaft im Rahmen einer Spaltung ist dem Spaltungsbericht der Entwurf der Statuten der neuen Gesellschaft beizufügen.

Rapport de scission

¹ Les organes supérieurs de direction ou d'administration des sociétés participant à la scission établissent un rapport écrit sur la scission. Ils peuvent également rédiger le rapport en commun.

² Les petites et moyennes entreprises peuvent renoncer à l'établissement d'un rapport de scission moyennant l'approbation de tous les associés.

³ Le rapport explique et justifie du point de vue juridique et économique:
a. le but et les conséquences de la scission;

4. Abschnitt: Spaltungsvertrag, Spaltungsplan, ...   **Art. 39**

b. le contrat ou le projet de scission;
c. le rapport d'échange des parts sociales et, le cas échéant, le montant de la soulte ou le sociétariat des associés de la société transférante au sein de la société reprenante;
d. les particularités lors de l'évaluation des parts sociales eu égard à la détermination du rapport d'échange;
e. le cas échéant, l'obligation de faire des versements supplémentaires, l'obligation de fournir d'autres prestations personnelles et la responsabilité personnelle qui résultent de la scission pour les associés;
f. en cas de scission à laquelle participent des sociétés de formes juridiques différentes, les obligations qui peuvent être imposées aux associés dans la nouvelle forme juridique;
g. les répercussions de la scission sur les travailleurs des sociétés participant à la scission ainsi que des indications sur le contenu d'un éventuel plan social;
h. les répercussions de la scission sur les créanciers des sociétés qui y participent.

⁴ En cas de fondation d'une nouvelle société dans le cadre d'une scission, le projet de statuts de la nouvelle société est annexé au rapport de scission.

Rapporto di scissione ¹ Gli organi superiori di direzione o di amministrazione delle società partecipanti alla scissione redigono un rapporto scritto sulla scissione. Possono anche redigere insieme il rapporto.

² Le piccole e medie imprese possono rinunciare alla redazione di un rapporto scritto previo consenso di tutti i soci.

³ Il rapporto spiega e giustifica sotto il profilo giuridico ed economico:
a. lo scopo e le conseguenze della scissione;
b. il contratto o il progetto di scissione;
c. il rapporto di scambio delle quote sociali e, se del caso, l'importo del conguaglio, rispettivamente la qualità di membro dei soci della società trasferente in seno alla società assuntrice;
d. le particolarità di cui si è tenuto conto nel valutare le quote sociali in vista della determinazione del rapporto di scambio;
e. se del caso, l'obbligo di effettuare versamenti suppletivi, l'obbligo di fornire altre prestazioni personali e le responsabilità personali dei soci risultanti dalla scissione;
f. in caso di scissione cui partecipano società di diversa forma giuridica, gli obblighi che possono essere imposti ai soci nell'ambito della nuova forma societaria;
g. le ripercussioni della scissione sui lavoratori delle società partecipanti alla scissione e le indicazioni sul contenuto di un eventuale piano sociale;
h. le ripercussioni della scissione sui creditori delle società partecipanti alla scissione.

⁴ In caso di costituzione di una nuova società nell'ambito di una scissione, il progetto di statuto della nuova società va allegato al rapporto di scissione.

Literatur

Vgl. die Literaturhinweise zu Art. 36.

I. Normzweck und Normgeschichte

Art. 39, der im Parlament gegenüber dem Botschaftstext nicht geändert wurde, regelt die Pflicht und Zuständigkeit zur Erstellung eines Spaltungsberichts (Abs. 1), dessen Inhalt

(Abs. 3), die Notwendigkeit der Beifügung des Entwurfs der Statuten bei Neugründung einer Gesellschaft im Rahmen der Spaltung (Abs. 4) sowie die Verzichtsmöglichkeit auf die Erstellung eines Spaltungsberichts bei KMU (Abs. 2). Die Bestimmung wurde gegenüber dem Vorentwurf namentlich in Abs. 3 redaktionell geändert und um lit. g (Auswirkungen auf die Arbeitnehmer) und lit. h (Auswirkungen auf die Gläubiger) ergänzt; neu hinzu kam auch die KMU-Ausnahme.

2   Der Spaltungsbericht dient in erster Linie der Information der Gesellschafter im Hinblick auf die Beschlussfassung in der Generalversammlung (Art. 43, vgl. GASSER/EGGENBERGER, 474). Zu diesem Zweck muss er von einem besonders befähigten Revisor geprüft (Art. 40 i.V.m. Art. 15) und den Gesellschaftern während zweier Monate zur Einsicht aufgelegt werden (Art. 41); später dürfte er als Beleg bzw. als Teil der Urkunde beim Handelsregister einsehbar sein, auch wenn Art. 106a HRegV den Spaltungsbericht (im Gegensatz zum Entwurf) nicht mehr explizit erwähnt. **Primärer Zweck** ist damit der **Gesellschafterschutz** (ausführlich zum Fusionsbericht Art. 14 N 5 ff.). In *zweiter Linie* dient der Spaltungsbericht weitergehenden Zielen, indem er sich über die Auswirkung der Spaltung auf Arbeitnehmer (lit. g) und Gläubiger (lit. h) auszusprechen hat (**a.A.** zum Fusionsbericht Art. 14 N 7 ff.; vgl. aber wie hier Handkommentar FusG-COMBŒUF, N 2). Der Schutz der Gläubiger und Arbeitnehmer besteht jedoch nur indirekt, da weder diese noch jene ein Recht auf Einsicht in den Spaltungsbericht haben (Art. 41 N 12), so dass sich zum Beispiel bestehende Gläubiger beim Entscheid, Sicherstellung zu verlangen, nicht darauf abstützen können. Immerhin können Gläubiger und Dritte allenfalls nach der Anmeldung der Spaltung beim Handelsregister Kenntnis vom Bericht nehmen. Läge der Bericht *ausschliesslich* im Gesellschafterinteresse, würde nichts dagegen sprechen, die Verzichtsmöglichkeit bei Einstimmigkeit aller Gesellschafter auch auf andere Gesellschaften als KMU auszudehnen. Mit der Gewährung der Ausnahme für KMU wurde im Rahmen eines politischen Kompromisses bei solchen Gesellschaften bewusst auf den mittelbar aus dem Spaltungsbericht fliessenden Schutz der Gläubiger verzichtet.

II. Pflicht zur Erstellung des Spaltungsberichts (Abs. 1)

1. Beteiligte Gesellschaften als Adressaten

3   Die Pflicht zur Erstellung eines Spaltungsberichts trifft die beteiligten Gesellschaften, d.h. sowohl die übertragende Gesellschaft wie auch die aufnehmende(n) Gesellschaft(en). Im Rahmen der Spaltung nach Art. 34 neugegründete Gesellschaften müssen keinen Bericht erstellen – der Spaltungsbericht ist (wo ein Spaltungsplan erstellt wird, Art. 36 Abs. 2), nur durch die übertragende Gesellschaft zu erstellen, nachdem auch nur deren Gesellschafter über die Spaltung zu beschliessen haben. Immerhin ist denkbar, dass sich das designierte oberste Exekutivorgan der zu gründenden Gesellschaft in dieser Konstellation selbst aus seiner Sicht äussert, dies beispielsweise in der Form eines gemeinsamen Berichts (N 5). Sinnvoll kann das namentlich bezüglich der Auswirkungen der Spaltung auf Arbeitnehmer und Gläubiger sein.

2. Interne Zuständigkeit

4   Zuständig für die Erstellung des Spaltungsberichts ist das oberste Leitungs- oder Verwaltungsorgan der jeweiligen Gesellschaft (vgl. Art. 14 N 13). Es handelt sich dabei um **eine unentziehbare und nicht delegierbare Kompetenz dieses Organs**, auch wenn die Ausarbeitung des Berichts weitestgehend an einzelne Mitglieder, die Geschäftsführung, interne Stellen und namentlich Dritte wie Anwälte und andere Berater delegiert

werden kann. Die Verantwortlichkeit für die Verabschiedung des Berichts und namentlich für dessen Richtigkeit und Vollständigkeit verbleibt jedoch in jenem Falle beim obersten Leitungs- oder Verwaltungsorgan (Art. 14 N 15).

3. Gemeinsamer Bericht

Art. 14 Abs. 1 Satz 2 stellt es den beteiligten Gesellschaften anheim, einen gemeinsamen Bericht zu erstellen. Dieser dispensiert die Gesellschaften jedoch nicht, den Berichtsinhalt gemäss Abs. 3 **aus der Sicht der jeweiligen Gesellschaft** darzustellen, und nötigenfalls zu differenzieren, wenn sich in Bezug auf die beteiligten Gesellschaften Unterschiede ergeben, was namentlich bei den Auswirkungen auf Arbeitnehmer und Gläubiger der Fall sein kann. Auch wenn sich die Gesellschaften für separate Berichte entscheiden, wird man in der Praxis kaum auf eine Abstimmung der Berichte verzichten können, da die Gesellschaften widersprüchliche Darstellungsweisen aus Haftungsgründen in jedem Fall vermeiden müssen; denkbar ist insbesondere, dass Entwürfe der Spaltungsberichte dem Spaltungsvertrag als Anhang angefügt werden, und die beteiligten Gesellschaften vereinbaren, die definitiven Berichte im Wesentlichen gemäss den Vertragsbeilagen auszugestalten.

III. Verzichtsmöglichkeit für KMU (Abs. 2)

KMU (zur Legaldefinition Art. 2 lit. e; vgl. Art. 2 N 19 ff.) können gemäss Abs. 2 auf die Erstellung eines Spaltungsberichts verzichten (vgl. auch Art. 40 N 22), sofern alle Gesellschafter zustimmen (Einstimmigkeitserfordernis). Zulässig ist es u.E. auch, bloss auf die Erstellung eines Teils des Berichts zu verzichten, wobei praktisch vor allem die Beschränkung auf Fragen der Bewertung denkbar ist.

Dem Verzicht zustimmen müssen grundsätzlich alle Gesellschafter, welche im Zeitpunkt des Spaltungsbeschlusses Gesellschafter sind. In der Praxis müssen wohl ab Abschluss des Spaltungsvertrages von allen Gesellschaftern Verzichtserklärungen eingeholt werden, damit das oberste Leitungs- oder Verwaltungsorgan nicht nur auf die Erstellung des Spaltungsberichtes und die Beauftragung des Prüfers verzichten (Art. 40), sondern auch ohne Einsichtsverfahren (Art. 41) zur Gesellschafterversammlung einladen kann. Nur wenn das oberste Leitungs- oder Verwaltungsorgan davon ausgehen darf, an der Gesellschafterversammlung keine Überraschungen erleben zu müssen (und die Anwesenheit aller Gesellschafter sicher ist), kann es planen, den Verzicht zusammen mit der Beschlussfassung einzuholen. Praktisch ist dies nur bei Einpersonengesellschaften und Gesellschaften mit wenigen Gesellschaftern mit gleichgerichteten Interessen denkbar. Vorausgesetzt bleibt bei der vorgängigen Einholung von Verzichtserklärungen, dass sich der Verzicht auf ein konkretes Spaltungsprojekt bezieht (ein unbestimmter Verzicht pro futuro wäre deshalb ebenso nichtig wie die Festschreibung des Verzichts in den Statuten) und die Gesellschafter vor dem Verzicht in den Grundzügen über die geplante Spaltung informiert werden. Ein rechtsgültig abgegebener Verzicht kann unseres Erachtens nicht widerrufen werden, auch wenn er – naturgemäss – aufgrund bloss beschränkter Information erfolgt ist; offen ist einzig die Anfechtung wegen Willensmängel (Art. 23 ff. OR). Ein Erwerber von Aktien, der diese zwischen der Abgabe der Verzichtserklärung und der Gesellschafterversammlung erwirbt, ist u.E. an den Verzicht des Veräusserers nicht gebunden, wenn er die Aktien gutgläubig (Art. 3 Abs. 2 ZGB) in Unkenntnis des Verzichts erworben hat, wobei der gute Glaube zerstört ist, wenn der Erwerber von der Einladung zur Gesellschafterversammlung Kenntnis nehmen konnte. Vorsichtshalber wird damit zusammen mit dem Verzicht auch eine Veräusserungssperre vereinbart.

8   Der Verzicht hat u.E. nicht zwingend schriftlich zu erfolgen, sondern kann beispielsweise auch an einer Universalversammlung mündlich erfolgen (vgl. Art. 14 N 22, **a.A.** Handkommentar FusG-ZENHÄUSERN, N 2; Handkommentar FusG-COMBŒUF, Art. 14 N 35). Auch wenn beim Handelsregisteramt richtigerweise keine schriftlichen Verzichtserklärungen einzureichen sind, sondern eine entsprechende Bestätigung des obersten Leitungs- oder Verwaltungsorgans genügt (Art. 106a Abs. 2 HRegV), wird es zu Beweiszwecken nötig sein, den Verzicht schriftlich zu dokumentieren.

IV. Umfang und Inhalt des Spaltungsberichts (Abs. 3)

1. Allgemeines

9   Der Inhalt des Spaltungsberichts wird durch Abs. 3 festgelegt. Bei diesem Katalog handelt es sich um den Minimalinhalt, indem der Bericht mindestens diese Punkte abdecken muss, jedoch auf weitere Aspekte eingehen kann (namentlich auf die Auswirkung der Spaltung auf den Wert der Anteile, was vom Gesetz nicht explizit verlangt wird). Hingegen erstreckt sich die Berichtspflicht nicht generell auf sämtliche relevanten Punkte (in diesem Sinne aber Art. 14 N 27); die Pflicht zur Information über sonstige gesellschafterrelevante Umstände (zu denken ist etwa an die Einzelheiten der technischen Abwicklung des Umtauschs) kann durchaus auch ausserhalb des Spaltungsberichts erfolgen, beispielsweise anlässlich der Generalversammlung (vgl. auch N 12).

10 Der notwendige Detaillierungsgrad des Spaltungsberichts ergibt sich in erster Linie aus seinem Zweck, Entscheidgrundlage und -hilfe für die Gesellschafter in der Gesellschaftsversammlung zu sein. Der Bericht hat sich dabei am typischen Informationsbedürfnis eines vernünftigen Gesellschafters zu orientieren und den Zielen der Korrektheit, Vollständigkeit, Verständlichkeit und Lesbarkeit des Berichts, sowohl für Laien (Kleinaktionäre), wie auch für institutionellen Anlegern gerecht zu werden. Regelmässig wird der Bericht nicht den gleichen Detaillierungsgrad wie die dem obersten Leitungs- und Verwaltungsorgan bei der Beschlussfassung zur Verfügung stehenden Unterlagen aufweisen, sondern die wesentlichen Informationen in aufbereiteter und kondensierter Form so darlegen, dass das Spaltungsvorhaben nachvollziehbar und überprüfbar wird.

11 Das Gesetz verlangt dabei eine **rechtliche und wirtschaftliche Erläuterung und Begründung**. Einzugehen ist deshalb nicht nur auf rechtliche und steuerrechtliche Aspekte, sondern namentlich auf die wirtschaftlichen Auswirkungen des Spaltungsvorhabens, d.h. insbesondere auf die Stellung der beteiligten Gesellschaften im Markt, die Beeinflussung ihrer Ertragslage, die Liquidität nach der Spaltung etc. Anzumerken ist, dass sich der Bericht nur zu den direkt an der Spaltung beteiligten Gesellschaften äussern muss – die Sichtweise ist damit grundsätzlich nicht «konsolidiert», auch wenn es bei einzelnen Berichtspunkten durchaus Sinn machen kann, die Auswirkungen auf die ganze Gruppe zu beschreiben.

12 Zusätzliche Informationen können dabei an der Generalversammlung, in der Einladung zur Generalversammlung oder in einer zusätzlichen Informationsbroschüre dargelegt werden.

2. Zweck und Folgen der Spaltung (lit. a)

13 Der Bericht hat sich in erster Linie über den Zweck der Spaltung auszusprechen. Gemeint sind damit einerseits die Gründe, welche zum Spaltungsvorhaben geführt haben (z.B. mangelnde Synergien zwischen einzelnen Geschäftsbereichen), ebenso wie die

Ziele, die verfolgt werden (z.B. die Fokussierung jeder Gesellschaft auf wenige Geschäftsbereiche). Die Berichtspflicht bezieht sich dabei auf absehbare direkte Folgen; einzugehen ist, wenn auch mit der notwendigen Vorsicht, auf naheliegende (wahrscheinliche) wesentliche Chancen und Risiken. Das Gesetz verlangt jedoch keine ausführliche Liste von Risikofaktoren («Risk Factors») im angelsächsischen Stil.

3. Spaltungsvertrag (lit. b)

Zu erläutern ist sodann der wesentliche Inhalt des Spaltungsvertrages, soweit dazu nicht bereits an anderer Stelle im Bericht Stellung genommen wird (vgl. Art. 14 N 42 für einen Katalog möglicher zu behandelnder Punkte bei der Fusion). Der Fokus liegt dabei einerseits auf den für die Gesellschafter direkt relevanten Punkten und andererseits auf Bestimmungen technischer Natur, welche einem Laien nur schwer zugänglich sein können (Art. 14 N 42). Nicht erforderlich ist hingegen, dass in jedem Fall sämtliche Vertragspunkte gemäss Art. 37 abgedeckt werden, da der Spaltungsvertrag den Gesellschaftern im Rahmen des Einsichtsverfahrens zugänglich ist und sich die Gesellschafter darüber aus erster Hand informieren können. Zusammengefasst werden kann der Inhalt namentlich, wenn der Spaltungsvertrag beispielsweise samt Spaltungsbericht und weiterer Informationen in Form einer sog. Informationsbroschüre den Aktionären zugestellt wird. Im Spaltungsbericht kann diesfalls mit Verweisen auf den Vertrag gearbeitet werden. Keinesfalls notwendig ist es damit, jede Vertragspassage noch einmal in anderen Worten wiederzugeben.

14

4. Umtauschverhältnis, Ausgleichszahlung und mitgliedschaftliche Stellung (lit. c)

Bei der Erläuterung des Umtauschverhältnisses soll einerseits dargelegt werden, auf welcher Grundlage das Umtauschverhältnis ermittelt wurde, und andererseits begründet werden, weshalb die obersten Leitungs- und Verwaltungsorgane das sich daraus ergebende Umtauschverhältnis als angemessen erachten. Der Fokus liegt demnach auf der Darstellung der angewandten Bewertungsmethoden und der Würdigung des Resultats. Dabei dürfte regelmässig auch auf allfällige Fairness Opinions von Dritten verwiesen werden, dies freilich nur im Sinne einer Ergänzung, nicht an Stelle der Begründung des Verwaltungsrates. Nicht notwendig sind u.E. die Nennung der konkret angewandten Parameter, etwa des Diskontierungssatzes oder des Multiplikators, wenn die Wertbestimmung aufgrund von historischen Gewinnvergleichen erfolgte. Sinnvoll wird es oft sein, beispielsweise auf die allfällige Gewinnverwässerung durch die im Rahmen der Spaltung ausgegebenen Aktien hinzuweisen, was wiederum die Verwendung gewisser Proforma-Zahlen erfordern kann. Zu erläutern ist auch, wie man von der relativen Wertbestimmung der Unternehmensteile auf das konkrete Umtauschverhältnis und allfällige Ausgleichszahlungen gekommen ist, beispielsweise wie noch nicht ausgeübte Mitarbeiteroptionen in die Bewertung pro Aktie eingeflossen sind.

15

Kurz zu erläutern ist auch die Rechtsstellung der Gesellschafter der übertragenden Gesellschaft bei der übernehmenden Einheit, dies insbesondere (aber nicht nur) bei rechtsformübergreifenden Spaltungen oder bei Beteiligung einer Genossenschaft ohne Anteilsscheine, bei welcher diese Ausführungen an Stelle der Ausführungen zum Umtauschverhältnis der Anteile treten (vgl. Botschaft, 4411; Art. 14 N 49). Dies kann insbesondere eine kurze Zusammenfassung der statutarischen Besonderheiten erfordern. Notwendig ist aber auch, darzulegen, wie die Stellung der Gesellschafter in wirtschaftlicher Hinsicht ist, indem beispielsweise darauf hingewiesen wird, dass die Gesellschafter in der übernehmenden Gesellschaft einem beherrschenden Mehrheitsgesellschafter gegenüberstehen.

16

5. Besonderheiten bei der Bewertung (lit. d)

17 Speziell zu erläutern sind sodann allfällige Besonderheiten bei der Bewertung. Darunter zu verstehen sind einerseits Vermögensteile, welche separat mit besonderen Methoden bewertet wurden (z.B. nur zum Substanzwert nach Schliessungskosten, weil eine Einstellung einer betrieblichen Teilaktivität geplant ist, oder die Bewertung des Potentials von bestehenden Kunden), anderseits z.B. die Anrechnung von potentiellen Synergiegewinnen. Für andere Beispiele vgl. Art. 14 N 53.

6. Nachschusspflicht, persönliche Leistungspflicht und persönliche Haftung (lit. e)

18 Ist der Erwerb der Mitgliedschaft an einer der übernehmenden Gesellschaften mit einer Nachschusspflicht, persönlichen Leistungspflichten (z.B. einer Geschäftsführungspflicht oder einem Konkurrenzverbot) oder der persönlichen Haftung der Gesellschafter verbunden, so muss im Spaltungsbericht besonders darauf hingewiesen werden. Praktisch kann dies der Fall sein, wenn es sich bei der übernehmenden Gesellschaft um eine GmbH oder eine Genossenschaft handelt (vgl. Botschaft, 4411), doch wäre u.E. auch bei einer AG mit teilliberierten Aktien als übernehmende Gesellschaft auf die Liberierungspflicht hinzuweisen. Die Beschreibung kann zusammen mit derjenigen nach lit. f (vgl. sogleich N 19) erfolgen.

7. Gesellschafterpflichten bei rechtsformübergreifenden Spaltungen (lit. f)

19 Bei rechtsformübergreifenden Spaltungen ist des Weiteren auf Pflichten (über die in N 18 geschilderten hinaus) hinzuweisen, «die den Gesellschafterinnen und Gesellschaftern in der neuen Rechtsform auferlegt werden können». Die Botschaft versteht darunter Pflichten, welche nicht unmittelbar nach Vollzug der Spaltung bestehen, aber später eingeführt werden können (Botschaft, 4412; Art. 14 N 57 und Handkommentar FusG-ZENHÄUSERN, N 11). Zu erläutern sind u.E. auch andere Auswirkungen, die sich daraus ergeben können, dass die den Gesellschaftern der betreffenden Gesellschaft zukommenden Anteile eine andere Rechtsform haben. Hinzuweisen wäre etwa auf die stark komplizierte Übertragung von GmbH-Anteilen gegenüber Aktien (Art. 791 OR), ferner etwa auf das allfällige Fehlen einer Revisionsstelle bei der GmbH (Art. 819 OR). Lit. f muss durch den Bericht der übertragenden Gesellschaft abgedeckt werden, da deren Gesellschafter von den Veränderungen betroffen sind, während sich der Bericht der übernehmenden Gesellschaft dazu nicht äussern muss.

8. Auswirkungen auf Arbeitnehmer, Hinweise auf Sozialplan (lit. g)

20 Im Hinblick auf Arbeitnehmer ist weniger zum Übergang ihrer Arbeitsverhältnisse, welcher von Gesetzes wegen erfolgt (Art. 49 Abs. 1 i.V.m. Art. 33 OR), und zum Recht auf Sicherstellung (Art. 49 Abs. 2) Stellung zu nehmen, als vielmehr zur Frage, ob die übernehmende Gesellschaft die Arbeitsverhältnisse weiterzuführen gedenkt oder Entlassungen geplant sind; anzufügen ist wohl auch, ob das Lohnniveau nach der Spaltung auf absehbare Zeit gehalten werden kann, ob Versetzungen oder Verlegungen notwendig sind etc. (vgl. auch Art. 14 N 60). Der frühe Erstellungszeitpunkt des Spaltungsberichts bei Einhaltung des zweimonatigen Einsichtsverfahrens kann dazu führen, dass die beteiligten Gesellschaften noch keine genauen Vorstellungen zu diesen Punkten haben, dies einerseits wegen der nach Art. 28 (in Verbindung mit Art. 50) notwendigen Konsultation, anderseits weil eine Vorankündigung von Stellenabbau ohne individuelle Information der betroffenen Arbeitnehmer problematisch sein kann. Soweit Entlassungen geplant sind, ist auch über das Bestehen und den Inhalt eines allfälligen Sozialplanes zu

informieren. Eine Pflicht zur Erstellung eines Sozialplanes ergibt sich aus dem FusG jedoch nicht (Botschaft, 4412; Art. 14 N 61 m.w.Hw.).

9. Auswirkungen auf die Gläubiger (lit. h)

Einzugehen ist auch auf die Folgen für die Gläubiger, wobei es u.E. dabei nicht darum gehen kann, den an sich gesetzlich sehr gut ausgebauten Schutz (Art. 45 ff.) im Bericht noch einmal darzulegen (Hinweise dazu Art. 14 N 62 und Handkommentar FusG-COMBŒUF, Art. 14 N 22). Vielmehr ist konkret darauf hinzuweisen, dass Gläubigern nach erfolgter Spaltung ein anderes Haftungssubstrat zur Verfügung steht. Werden durch die Spaltung ausserordentliche Kündigungsrechte ausgelöst (Art. 14 N 62) oder Schulden vorzeitig zur Rückzahlung fällig, so ist darauf hinzuweisen, falls wesentliche Schulden betroffen und negative Auswirkungen auf die Liquidität zu erwarten sind. Bei sehr langfristigen Schulden (z.B. Anleihensobligationen) kann es sich auch aufdrängen, etwas darüber zu sagen, ob die Rückzahlung dannzumal durch die Spaltung weniger wahrscheinlich geworden ist. Unseres Erachtens hat der Bericht sowohl der übertragenden wie auch der aufnehmenden Gesellschaft(en) die Situation aller Gläubiger zu behandeln, also sowohl der Gläubiger, deren Schuldner wechselt, als auch der bisherigen, von keinem Schuldnerwechsel tangierten Gläubiger (wobei bei der aufnehmenden Gesellschaft die Aussage genügt, dass Nettoaktiven transferiert werden und sich damit die Position dieser Gläubiger abgesehen von Liquiditätsfragen verbessert). Anzumerken ist, dass gerade hier die Sichtweise nicht konsolidiert, sondern nur in Bezug auf die an der Spaltung beteiligten Gesellschaften erfolgt.

10. Hinweise auf behördliche Bewilligungen?

Entgegen der Bestimmung zum Fusionsbericht (Art. 14 Abs. 3 lit. k) werden beim Spaltungsbericht Hinweise auf erteilte und ausstehende behördliche Bewilligungen nicht verlangt. Eine sachliche Rechtfertigung dafür besteht nicht, denn Bewilligungen in- oder ausländischer Behörden (vgl. für Beispiele Art. 14 N 63) können auch für die Durchführung einer Spaltung wesentlich oder erforderlich sein, nicht nur bei der Abspaltung an eine bestehende Gesellschaft, auch bei der Aufspaltung (vgl. BESSENICH, 159). Auch wenn dies nach Gesetz nicht erforderlich ist, werden die obersten Leitungs- und Verwaltungsorgane im Spaltungsbericht damit wohl regelmässig auch zu solchen Bewilligungen Auskunft geben, soweit nicht der Erhalt solcher Bewilligungen Vertragsbedingung ist (womit dieser Punkt dann nach lit. b erfasst wird).

V. Beilage der Statuten (Abs. 4)

Abs. 4 verlangt, dass bei der *Neugründung* einer Gesellschaft im Rahmen der Spaltung (Art. 34) dem Spaltungsbericht der Entwurf der Statuten der neuen Gesellschaft beizulegen ist. Abweichungen untergeordneter Natur vom beigelegten Entwurf der Statuten müssen aber wohl noch möglich bleiben, ebenso Änderungen, die sich aus der konkreten Ausgestaltung der Spaltung ergeben können. So verhindert Abs. 4 beispielsweise nicht, dass gleichzeitig eine zusätzliche Kapitalerhöhung durchgeführt wird, auch wenn deren Erfolg und damit die definitive Kapitalstruktur noch ungewiss ist.

VI. Rechtsfolgen eines nicht gesetzeskonformen Fusionsberichtes

Ein nicht gesetzeskonformer Spaltungsbericht kann unterschiedliche Folgen haben. Mängel im Spaltungsbericht begründen in erster Linie ein Recht der Gesellschafter auf

Anfechtung des Spaltungsbeschlusses (Art. 106 N 41 f.). Des Weiteren können sie – bei gegebenen Voraussetzungen, namentlich eines Schadens auf Seiten des Gesellschafters – Grundlage für die Verantwortlichkeit der obersten Leitungs- oder Verwaltungsorgane und der weiteren mit der Erstellung des Fusionsberichtes befassten Personen bilden (Art. 108).

25 Da die Vollständigkeit und Richtigkeit des Spaltungsberichts nicht Inhalt der Spaltungsprüfung bildet (Art. 40 N 10 und 13 f.), wird der Spaltungsprüfer den Prüfungsbericht unseres Erachtens nur verweigern dürfen, wenn sich aus dem Spaltungsbericht materielle Mängel in Bezug auf den eigentlichen Prüfungsinhalt gemäss Art. 40 i.V.m. Art. 15 Abs. 4 (Art. 40 N 11) ergeben. Zulässig, ja allenfalls sogar geboten, bleibt jedoch die Anbringung eines Hinweises, wenn der Prüfer bei der Prüfung andere inhaltliche Mängel des Spaltungsberichts feststellt; bei weniger gravierenden Mängeln kann der Prüfer auch im Rahmen eines Management Letters auf Unstimmigkeiten aufmerksam machen und das oberste Leitungs- und Verwaltungsorgan zur Richtigstellung im Rahmen der Generalversammlung oder via Pressecommuniqué auffordern. In Anbetracht der Formulierung von Art. 106a HRegV (vgl. N 2) ist nicht mehr zu erwarten, dass die Handelsregisterbehörden die Anmeldung der Spaltung bei grundlegenden Mängeln zurückweisen werden.

VII. Rechtsvergleich

26 Die Erstellung eines Spaltungsberichtes wird von den Art. 7 Abs. 1 und 2 i.V.m. Art. 10 und 22 Abs. 2 EU-Spalt-RL analog geregelt. Die schweizerische Bestimmung ist aber wesentlich ausführlicher, namentlich betreffend den Inhalt des Spaltungsberichts. Die Möglichkeit eines gemeinsamen Berichts wird im EU-Recht nicht vorgesehen.

27 Art. 10 EU-Spalt-RL erlaubt dabei den Mitgliedstaaten, die Möglichkeit zum einstimmigen Verzicht auf die Erstellung eines Spaltungsberichtes jeder Art von Gesellschaft (und nicht nur KMU) einzuräumen; davon wurde zum Beispiel im deutschen Recht (wenn auch mit strengen Formanforderungen an die Verzichtserklärungen: notarielle Beurkundung) Gebrauch gemacht (§ 8 Abs. 3 i.V.m. § 125 UmwG).

Art. 40

Prüfung des Spaltungsvertrags oder des Spaltungsplans und des Spaltungsberichts

Für die Prüfung des Spaltungsvertrags oder des Spaltungsplans und des Spaltungsberichts gilt Artikel 15 sinngemäss.

Vérification du contrat ou du projet de scission ainsi que du rapport de scission

L'art. 15 s'applique par analogie à la vérification du contrat ou du projet de scission ainsi que du rapport de scission.

Verifica del contratto o del progetto di scissione nonché del rapporto di scissione

L'articolo 15 si applica per analogia alla verifica del contratto o del progetto di scissione nonché del rapporto di scissione.

Literatur

D. KETTERER/F. HUBER/U. KORRODI, Aufgaben und Stellung des Revisors unter dem neuen Fusionsgesetz, ST 2004, 469 ff.

I. Normzweck und Normgeschichte

Art. 40 wurde in den parlamentarischen Beratungen nicht diskutiert. Die Bestimmung wurde vom Text der Botschaft **unverändert übernommen** (zu den Änderungen in Art. 15, die allerdings auch schon in der Botschaft vorgenommen wurden, vgl. dort, insb. N 5 ff.). Analog zu Art. 15 wird vorgesehen, dass der Spaltungsvertrag oder -plan (Art. 36 f.) und der Spaltungsbericht (Art. 39) durch einen besonders befähigten Revisor geprüft werden und dieser über die Prüfung einen schriftlichen Bericht ablegt. Im **Zentrum der Prüfung** stehen die **Bewertungsverhältnisse** (vgl. auch Art. 15 N 1), die primär bei der asymmetrischen Spaltung und bei der Abspaltung auf eine Gesellschaft (vgl. 29 N 21 f.) von Interesse sind.

Gesetzgebungstechnisch wird auf **Art. 15 verwiesen, der «sinngemäss» gelten soll**. Grundsätzlich kann damit auf die Kommentierung zu Art. 15 verwiesen werden. Die Analogie ist denn auch weitgehend gegeben, wobei immerhin anzumerken ist, dass bei einer Fusion meistens eine relative Bewertung notwendig ist (ausser die beiden zu fusionierenden Gesellschaften hätten den genau identischen Gesellschafterkreis oder im Falle der Mutter-Tochterfusion), während dies bei der Spaltung im Normalfall (vertikale Spaltung, vgl. Art. 29 N 6) gerade nicht der Fall ist. Interessant ist, dass Art. 15 explizit auf die Fusionsbilanz verweist, die im Spaltungsrecht nicht explizit erwähnt wird, aber nach der hier vertretenen Auffassung in aller Regel unabdingbar ist (Art. 35 N 2).

Inhaltlich bezweckt die Prüfung im Rahmen der Spaltung primär den **Schutz der Gesellschafter** (vgl. Art. 41 Abs. 1 lit. c), in limitierten Bereichen auch **Gläubigerschutz** (vgl. N 11c unten und Art. 39 N 2; wie hier Handkommentar FusG-COMBŒUF, N 4; anders zur Fusionsprüfung Art. 15 N 8), was daraus folgt, dass nur bei KMU alle Gesellschafter auf die Erstellung des Berichts verzichten können. Analog zur Fusion sind viele Gesellschaften wegen ihrer Grösse bei Einstimmigkeit der Gesellschafter (vgl. N 22 unten; die Ausnahme von gewissen Gesellschaftsformen bei Art. 15 spielt bei der Spaltung wegen Art. 30 praktisch keine Rolle, vgl. immerhin Art. 30 N 5) von der **Prüfung befreit** (vgl. Art. 15 N 3, 40 ff.). Die Spaltungsprüfung ist damit der mittlere Pfeiler des Schutzgebäudes für Minderheiten, das sich aus Transparenz (Art. 41), eben der Prüfung (Art. 40) und der Überprüfung (Art. 105 ff., vgl. ferner zur Prüfung durch die Registerbehörden Art. 51) zusammensetzt (ebenso Art. 15 N 9). Dass der Prüfungsbericht zu den zur Einsicht aufzulegenden Unterlagen gehört (Art. 41 Abs. 1 lit. c) zeigt, dass er primär den Gesellschaftern bei ihrer eigenen Entschlussfassung helfen soll.

Bei den **bisherigen Spaltungsformen** (vgl. Art. 29 N 1) wurde in aller Regel nur geprüft, ob – analog zu einer Dividende, vgl. Art. 728 Abs. 1 und 729c Abs. 1 OR – die Ausschüttbarkeit der Bezugs- oder Kaufrechte, bzw. der Anteile bei einer Sachdividende gegeben war. Die Prüfung einer Spaltung nach neuem Recht ist wesentlich umfassender (vgl. N 10 ff. unten).

II. Zugelassene Prüfer

Die Prüfungspflicht trifft alle an der Spaltung beteiligten Gesellschaften, die sich auf- oder abspaltende Gesellschaft, aber auch die aufnehmenden Gesellschaften. Der Revisor muss die **fachlichen Voraussetzungen** gemäss Art. 727b Abs. 2 OR bzw. der einschlägigen Verordnung (SR 221.302) erfüllen und **unabhängig** sein (vgl. auch zur Ergänzung von Art. 727c OR die Ausführungen in diesem Kommentar).

6 Erfüllt die «normale» **Revisionsstelle** diese Voraussetzungen, kann sie die Aufgabe übernehmen; unproblematisch ist dies nicht, vor allem bei der aufnehmenden Gesellschaft, da die Revisionsstelle später, im Rahmen ihrer üblichen Revisionstätigkeit, die von ihr bereits geprüfte Bewertung des übertragenen Vermögens nur ungern in Frage stellen wird. Aus diesem Grund erachtet etwa die amerikanische Rechtsordnung Prüfungsberichte, wie sie im Bereich von Art. 40 verlangt werden, als unvereinbare Tätigkeiten (vgl. dazu auch BSK OR II-WATTER, Art. 727c N 9 und Sec. 201 des Sarbanes Oxley Act). Nach geltendem Recht ist aber dennoch davon auszugehen, dass nicht nur die eigene Revisionsstelle für die Spaltungsprüfung eingesetzt werden kann, sondern diese ihr Amt auch später weiterführen darf.

7 Soll eine **andere Gesellschaft** eingesetzt werden – sei es um den in N 6 erläuterten Konflikt auszuschliessen, sei es aus anderen Gründen –, kann (mangels einer gesetzlichen Regelung, vgl. für die AG Art. 716 Abs. 1 OR) das oberste Leitungs- oder Verwaltungsorgan deren Bestimmung übernehmen (vgl. auch Art. 15 N 13). Auch diese Regelung bringt Gefahren, bestimmt doch dasjenige Organ, welches die zu überprüfenden Dokumente verhandelt und erstellt hat darüber, wer sie überprüft.

8 Aus Praktikabilitätsgründen dürfen die beteiligten Gesellschaften auch einen **gemeinsamen Revisor** bestimmen, was im Spaltungsvertrag oder separat (namentlich in einem gemeinsamen Mandatsbrief) erfolgen kann. Dass der Revisor sich dabei in einem gewissen Konflikt befinden kann (speziell dann, wenn er Revisionsstelle bei einer der beteiligten Gesellschaften ist, nicht aber bei den anderen) hat der Gesetzgeber in Kauf genommen. Wird ein gemeinsamer Revisor bestimmt, kann er einen einzigen Bericht verfassen (vgl. auch Art. 39 Abs. 1), der die Prüfungsarbeiten für beide Gesellschaften aufzeigen muss.

9 Vgl. zur **Rechts- und Mandatsbeziehung** Revisor – Gesellschaft(en) Art. 15 N 18 f.

III. Prüfungsgegenstand, Prüfungsverfahren und Prüfungsinhalt

10 Der **Prüfungsgegenstand** (zur Terminologie Art. 15 N 20) ist in Art. 15 Abs. 1 geregelt: Er umfasst den Spaltungsvertrag oder -plan (Art. 37), den Spaltungsbericht (Art. 39) und die im Spaltungsrecht nicht explizit genannte Spaltungsbilanz (Art. 35 N 2; Handkommentar FusG-ZENHÄUSERN, N 4 vgl. auch zum anders gelagerten Fusionsrecht Art. 15 Abs. 1).

11 Der **Prüfungsinhalt** wird indirekt durch Art. 15 Abs. 4 definiert (Art. 15 N 22) – der Revisor hat das zu prüfen, worüber er Bericht abzulegen hat, bei der Spaltung also:

a) ob die vorgesehene **Kapitalerhöhung** der aufnehmenden Gesellschaft zur Wahrung der Rechte der Gesellschafter der übertragenden Gesellschaft genügt (lit. a);

b) ob die **relativen Bewertungen** (die genauer zu untersuchen sind) und die daraus resultierenden **Umtauschverhältnisse** vertretbar und die angewandten Methoden angemessen sind (lit. b–e), soweit dies bei der Spaltung überhaupt eine Rolle spielt (vgl. N 2 oben); und u.E. endlich

c) ob bei der übertragenden Gesellschaft entweder genügend **freie Reserven** zur Verfügung stehen oder eine **adäquate Kapitalherabsetzung** geplant ist. Dieses aus dem Gesetz nicht direkt hervorgehende Erfordernis folgt u.E. zunächst daraus, dass

Art. 15 nur sinngemäss anzuwenden ist und ein entsprechender Hinweis bei der Fusion schon deshalb fehlen muss, weil sich Fragen der «Ausschüttbarkeit» dort gar nicht stellen. Sodann ist nicht einzusehen, weshalb dieser für Gläubiger wichtige Aspekt nicht auch untersucht werden soll, dies umso mehr, als dieser Aspekt eine typische Revisionstätigkeit ist (dies im Gegensatz zur Bestimmung von relativen Verkehrswerten von Unternehmen, die vor allem in grösseren Verhältnissen und bei Börsenkotierungen eher Investmentbanken oder spezialisierten Abteilungen innerhalb von Revisionsfirmen vorbehalten sind). Weiter gilt nach der hier vertretenen Auffassung, dass der Prüfungsbericht eine (wenn auch limitierte) Gläubigerschutzfunktion hat, was schon daraus folgt, dass nur bei KMU die Gesamtheit der Gesellschafter auf die Prüfung verzichten kann, nicht aber bei grösseren Gesellschaften; diese ist speziell im Bereich der Gestaltung der Bilanz der übertragenden Gesellschaft wichtig. Endlich ist die Prüfung dieses Aspektes nur das (notwendige) Pendant zur in lit. a genannten Prüfung der Kapitalerhöhung.

Damit wird der Revisor im Bereich des **Spaltungsvertrages** bzw. -planes insb. die Regelungen gemäss Art. 37 lit. b (Inventar, das zusammen mit der Spaltungsbilanz den Umfang des übertragenen Vermögens definiert), lit. c über das Umtauschverhältnis, lit. d über Sonderrechte, lit. f über den Beginn der Dividendenberechtigung und lit. g über das effektive Spaltungsdatum analysieren müssen. Auch die Regelungen nach lit. h und i wird er im Einzelfall genauer anschauen müssen, können doch hohe Vorteile darauf hindeuten, dass die Transaktion nicht im Interesse der Gesellschafter ist oder kann eine zu kurze oder zu lange Liste von Arbeitsverhältnissen, die übergehen, den Wert des übertragenen Vermögens beeinflussen (wie hier Art. 15 N 24). **12**

Beim **Spaltungsbericht** wird sich der Prüfer mit den Berichtspunkten nach Art. 15 Abs. 3 lit. a auseinandersetzen müssen (da Zweck und Folgen Wertkomponenten enthalten), speziell aber mit lit. c und d, da dort die Sicht der Exekutivorgane über Bewertung und Umtauschverhältnis einfliessen. Auch die Offenlegung von lit. e–g kann wertrelevant sein; weniger wichtig ist demgegenüber die Offenlegung gemäss lit. h, da nach hier vertretener Ansicht keine generelle Prüfung von Gläubigerfragen erfolgt, sondern nur eine limitierte Betrachtung, ob die Spaltung bilanziell auf Seiten der übertragenden Gesellschaft korrekt behandelt wird (was allerdings Gläubigerschutzcharakter hat). Selbstverständlich ist, dass sich der Revisor auch mit Anhängen zum Spaltungsbericht, z.B. einer Fairness Opinion, wird auseinandersetzen müssen. **13**

Anders gesagt erfolgt **keine umfassende Prüfung der Vollständigkeit und Richtigkeit der Fusionsunterlagen** (vgl. detailliert Art. 15 N 25 ff.; **a.M.** Handkommentar FusG-ZENHÄUSERN, N 2; Handkommentar FusG-COMBŒUF, N 12f; zum deutschen Recht LUTTER-LUTTER, § 9 UmwG N 9; § 12 UmwG N 6; Stratz in SCHMITT/HÖRTNAGL/STRATZ, § 9 N 5: Rechtmässigkeitsprüfung). **In zeitlicher Hinsicht** hat der Prüfungsbericht auf die Faktenlage im Zeitpunkt der Abgabe des Berichtes abzustellen. Erhält der Prüfer nach Abgabe des Berichts Kenntnis von neuen Umständen, welche das Ergebnis der Prüfung ändern, so hat er (mithin analog zu Art. 42 bzw. 17) die obersten Leitungs- oder Verwaltungsorgane zu informieren, allenfalls den Prüfungsbericht von sich aus zu ergänzen und in der Generalversammlung auf die Änderungen hinzuweisen. Aus diesem Grunde, und zur Beantwortung von Fragen zum Bericht, muss der Prüfer (vorbehältlich eines einstimmigen Verzichts der Gesellschafter) an der Generalversammlung zugegen sein, und er wird sich vorsichtigerweise durch die obersten Leitungs- und Verwaltungsorgane auf den Zeitpunkt der Generalversammlung durch eine Vollständigkeitserklärung bestätigen lassen, dass seit der Abgabe des Berichtes keine wesentlichen Änderungen eingetreten sind. **14**

15 Betreffend das **Prüfungsvorgehen** folgt aus Art. 15 Abs. 3, dass der Revisor zwar von den obgenannten Unterlagen auszugehen hat, er aber für seinen Bericht auf weitere Unterlagen zurückgreifen darf, soweit solche vorhanden sind und für den Prüfer ein Bedarf besteht. Dazu zählen wohl namentlich
- Bewertungsunterlagen, welche dem obersten Leitungs- und Verwaltungsorgan bei der Beschlussfassung zur Verfügung standen;
- Protokolle der Organe, die das Vorhaben besprochen haben (z.B. gesamter Verwaltungsrat, Strategiekomitee, Audit Committee, Konzernleitung);
- interne Studien über das Vorhaben, insb. Business Pläne;
- zuhanden der beteiligten Gesellschaften erstellte Berichte über die Due Diligence;
- Entwürfe zum Vertrag und Spaltungsbericht;
- Steueranalysen, soweit diese bewertungsrelevant sind.

Auf diese Dokumente wird der Prüfer dann greifen, wenn er Regelungen und Aussagen im Spaltungsvertrag oder -bericht nicht versteht, oder ihm diese wenig schlüssig oder gar falsch erscheinen. Analoges gilt für Auskünfte, die der Revisor einholen darf. Im Übrigen kann für Fragen zur **Auskunftspflicht** und zur **Pflicht, Unterlagen herauszugeben** auf Art. 15 N 36 ff. verwiesen werden. Zu betonen ist vor allem, dass diese Pflicht auch die anderen am Spaltungsvorhaben beteiligten Gesellschaften trifft, also auch «übers Kreuz» gilt (Art. 15 N 36). Konzernunternehmen unterstehen (mangels einer gesetzlichen Regelung; anders im deutschen Recht, vgl. § 11 UmwG) – wie Dritte, beispielsweise weitere involvierte Berater – der Auskunfts- und Unterlagenherausgabepflicht nicht, doch sind die beteiligten Gesellschaften grundsätzlich verpflichtet, – soweit dies in ihrer rechtlichen und faktischen Möglichkeit steht – auch Auskünfte und Unterlagen ihrer Konzerngesellschaften, auch ausländischer, zu beschaffen. Eine Grenze besteht in der Auskunftspflicht insoweit, als nur «zweckdienliche» Unterlagen und Auskünfte abzugeben sind (vgl. Art. 15 N 38). Zu betonen ist auch, dass der Revisor nicht sein eigenes Urteil an Stelle desjenigen der obersten Leitungs- und Verwaltungsorgane zu stellen hat (und damit nicht eine eigene Zweckmässigkeitsprüfung etwa von Business Plänen vorzunehmen oder noch einmal eine Due Diligence durchzuführen hat).

16 Erhaltene Unterlagen und Auskünfte darf der Revisor grundsätzlich in seinen Bericht aufnehmen, ohne dabei fürchten zu müssen, sich nach **Art. 321 StGB** strafbar zu machen. Anzufügen ist dabei, dass diese Bestimmung u.E. grundsätzlich anwendbar ist, auch wenn die Formulierung, «nach Obligationenrecht zur Verschwiegenheit verpflichtet» wohl eher auf den Art. 730 OR zielt (dessen Anwendbarkeit nicht offensichtlich ist, falls es sich nicht um die eigene Revisionsstelle handelt), als auf den auch anwendbaren Art. 398 OR, der nur implizit eine Geheimhaltungspflicht enthält.

IV. Prüfungsbericht

17 Der Bericht ist **schriftlich** zu erstellen und vom Revisor zu unterzeichnen (Art. 15 N 27). In der Praxis dürfte sich ein Mustertext etablieren, wobei aber schon aufgrund der gesetzlichen Vorgaben klar ist, dass sich kaum auf einen oder wenige Sätze reduzierte Standardformeln werden finden lassen, wie dies im Bereich der Prüfungen der Revisionsstelle (Art. 729 OR) oder bei Kapitalerhöhungsprüfungen (Art. 635a, 652f und 653f OR) der Fall ist (vgl. auch Art. 15 N 28). In diesem Sinne dürfte der Bericht praktisch eher der Form eines Erläuterungsberichtes nach Art. 729a OR entsprechen.

18 Während der Bericht im Bereich der **Kapitalerhöhung** und einer allfälligen **Kapitalherabsetzung** (N 11a und c oben) einfach bestätigen wird, dass das geplante Vorhaben **gesetzeskonform** ist (d.h. dass beispielsweise genügend Nettoaktiven transferiert werden, um die neuen Aktien zu liberieren – mithin keine Unterpariemission geplant ist – und dass im Gegenzug auf Seiten der übertragenden Gesellschaft keine Kapitalherabsetzung notwendig ist, weil genügend ausschüttbare Reserven existieren), ist im **Bewertungsbereich** nachvollziehbar darzulegen, ob die von den Exekutivorganen verwendeten Methoden sinnvoll erscheinen und plausibel sind, dies unter Einbezug aller relevanten Umstände, wie etwa auch eine allfällige Gewinnverwässerung der Aktien der aufnehmenden Gesellschaft, umgekehrt aber auch deren erhöhte Liquidität, Indexzugehörigkeit bei kotierten Titeln etc. Der blosse Hinweis auf die Branchenüblichkeit einer Methode genügt dabei u.E. nicht (**a.A.** Handkommentar FusG-COMBŒUF, Art. 15 N 17). Wie schon in N 15 oben gesagt (vgl. auch Botschaft, 4415, und Art. 15 N 35 ff. mit weiteren Verweisen), hat der Revisor nicht ein ihm richtig erscheinendes Bewertungsverhältnis (und daraus abgeleitet ein Umtauschverhältnis) zu definieren, sondern die angewandten Methoden aus seiner Sicht in den richtigen Kontext zu stellen. Kernaussage muss sein, ob die angewandten **Methoden und deren Mix angemessen und vertretbar sind** und ob aus der relativen Bewertung korrekt auf ein angemessenes Umtauschverhältnis geschlossen wurde. Es kann im Einzelfall durchaus vertretbar sein, dass etwa das übertragene Vermögen (oder Teile davon) nach einer reinen (rückwärtsgewandten) Substanzmethode bewertet wird, das aufnehmende Vermögen aber nach künftigen, abdiskontierten frei verfügbaren Cash Flows oder einem EBITDA-Vielfachen (gestützt beispielsweise auf den Durchschnitt des gegenwärtigen und der Schätzung der zwei nächsten Jahre); nur müssen für diese Methodenpluralität (und den Methodenmix bei der aufnehmenden Gesellschaft) Gründe bestehen (die z.B. im Geschäftsbereich liegen können, in dem die beteiligten Unternehmen tätig sind). Vgl. für weitere Fragen auch Art. 15 N 35 ff.

Allerdings kann sich der Bericht nicht nur auf die Aussage beschränken, Bewertung und Umtauschverhältnis seien angemessen und vertretbar – die **Methoden** sind nach Art. 15 Abs. 4 lit. c auch zu **erläutern**. Hier muss aber gelten, dass dem Gesellschafter zuzumuten ist, den Prüfungsbericht im Zusammenhang mit dem Spaltungsbericht zu lesen – auf Wiederholungen kann somit verzichtet werden. Im Weiteren ist vom Revisor zu beachten, dass primärer Empfänger des Berichtes die Gesellschafter sind, bei denen wahrscheinlich nicht jeder über Bewertungskenntnisse verfügt. Dies will nicht heissen, dass der Prüfungsbericht eine Einführung in die Bewertungslehre sein soll, sondern dass die Ergebnisse leicht verständlich zu kommunizieren sind.

19

Unseres Erachtens kann der Bericht namentlich bei der (symmetrischen) **vertikalen Spaltung** auch festhalten, dass relative Bewertungen bei dieser Spaltungsform unnötig sind.

20

Es ist durchaus denkbar, dass der Revisor **Vorbehalte** macht oder festhält, ihm erschienen die verwendeten Bewertungsansätze oder das Umtauschverhältnis als nicht vertretbar. Dies stellt kein Hindernis dar für die Beschlussfassung über die Spaltung und deren Eintragung ins Handelsregister, kann aber natürlich Basis einer Klage nach Art. 105 ff. sein. Ein Recht, eine Abänderung zu verlangen, hat der Revisor nicht, praktisch wird es aber in aller Regel so sein, dass sich die Exekutivorgane kaum werden leisten wollen, ihren Gesellschaftern einen Prüfungsbericht mit Vorbehalten vorzulegen.

21

V. Die KMU-Ausnahme

Direkte Anwendung bei der Spaltung findet Art. 15 Abs. 2, der es KMU (Art. 2 lit. e) erlaubt, bei Einstimmigkeit auf die Erstellung eines Prüfungsberichtes zu verzichten (vgl. Art. 15 N 40 ff., betr. Form und Zeitpunkt Art. 39 N 7 oder Art. 14 N 22 ff.).

22

23 Vergleiche ferner Art. 33 N 10 sowie Art. 15 N 43 zur Frage, ob bei einem Verzicht auf einen Prüfungsbericht dennoch auf Seiten der aufnehmenden Gesellschaft eine Prüfungsbestätigung im Sinne von Art. 635 OR bzw. 652e OR und eine Prüfungsbestätigung im Sinne von Art. 635a OR bzw. 652f OR nötig ist; u.E. ist dies nicht der Fall. Auf Seiten der übertragenden Gesellschaft bleibt im Falle einer Kapitalherabsetzung ein besonderer Revisionsbericht gemäss Art. 732 Abs. 2 OR erforderlich (vgl. Art. 32 N 6 f.).

VI. Rechtsfolgen eines falschen oder unvollständigen Prüfungsberichtes

24 Hauptfolge eines falschen oder unvollständigen Prüfungsberichtes ist eine Verantwortlichkeit des Revisors nach Art. 108 Abs. 2.

25 Hält der Prüfungsbericht dagegen Mängel fest, und wird die Spaltung dennoch beschlossen, dürfte als Mittel zum Schutz der Minderheitsrechte vor allem Art. 105, allenfalls auch Art. 106 zur Anwendung kommen.

VII. Ausländisches Recht und Rechtsvergleich

26 Art. 40 folgt im Wesentlichen der Regelung der EU-Spalt-RL (vgl. Art. 8 und 10 EU-Spalt-RL), welche betreffend des Prüfumfangs in Art. 8 Abs. 2 auf Art. 10 Abs. 2 und 3 der EU-Fus-RL verweist (vgl. dazu Art. 15 N 50 i.f.). Im Gegensatz zu Art. 40 i.V.m. Art. 15 sieht die EU-Spalt-RL (analog zur EU-Fus-RL) keine Prüfungspflicht des Spaltungsberichtes vor, sondern nur des Spaltungsplanes (Art. 8 EU-Spalt-RL; vgl. zum deutschen Recht: § 9 Abs. 1 i.V.m. § 125 UmwG). Im deutschen Recht besteht die Möglichkeit, den Prüfer durch ein Gericht bestellen zu lassen (§ 10 Abs. 1 UmwG) – im Falle der Bestellung eines gemeinsamen Prüfers (die EU-Spalt-RL überlässt es den Mitgliedstaaten, ob sie eine gemeinsame Prüfung zulassen wollen) wird die Bestellung durch ein Gericht oder eine Verwaltungsbehörde in Art. 10 EU-Spalt-RL zwingend vorgeschrieben (vgl. zum deutschen Recht §§ 60 und 78 UmwG). Die Möglichkeit eines einstimmigen Verzichts der Aktionäre auf die Prüfung des Spaltungsplans können die Mitgliedstaaten nach Art. 10 EU-Spalt-RL allen Aktiengesellschaften – und nicht nur den KMU – einräumen. Im Gegensatz zum Schweizer Recht stellt die EU-Spalt-RL keine besonderen fachlichen Voraussetzungen der Prüfer auf, sondern verlangt lediglich, dass diese «unabhängigen Sachverständigen» von einem Gericht oder einer Verwaltungsbehörde bestellt oder *zugelassen* sind (vgl. zur Umsetzung im deutschen Recht § 11 UmwG).

Art. 41

Einsichtsrecht

¹ Jede der an der Spaltung beteiligten Gesellschaften muss an ihrem Sitz den Gesellschafterinnen und Gesellschaftern während zweier Monate vor der Beschlussfassung Einsicht in folgende Unterlagen aller an der Spaltung beteiligten Gesellschaften gewähren:
a. den Spaltungsvertrag oder den Spaltungsplan;
b. den Spaltungsbericht;
c. den Prüfungsbericht;
d. die Jahresrechnungen und die Jahresberichte der letzten drei Geschäftsjahre sowie gegebenenfalls die Zwischenbilanz.

² **Kleine und mittlere Unternehmen können auf das Einsichtsverfahren nach Absatz 1 verzichten, sofern alle Gesellschafterinnen und Gesellschafter zustimmen.**

³ **Die Gesellschafterinnen und Gesellschafter können von den beteiligten Gesellschaften Kopien der Unterlagen nach Absatz 1 verlangen. Diese müssen ihnen unentgeltlich zur Verfügung gestellt werden.**

⁴ **Jede der an der Spaltung beteiligten Gesellschaften muss im Schweizerischen Handelsamtsblatt auf die Möglichkeit zur Einsichtnahme hinweisen.**

Droit de consultation

¹ Chacune des sociétés participant à la scission donne la possibilité aux associés, pendant les deux mois qui précèdent la décision, de consulter à son siège les documents suivants de l'ensemble des sociétés participant à la scission:
a. le contrat ou le projet de scission;
b. le rapport de scission;
c. le rapport de révision;
d. les comptes annuels et les rapports annuels des trois derniers exercices ainsi que, le cas échéant, le bilan intermédiaire.

² Les petites et moyennes entreprises peuvent renoncer à la procédure de consultation prévue à l'al. 1 moyennant l'approbation de tous les associés.

³ Les associés peuvent exiger des sociétés participant à la scission des copies des documents énumérés à l'al. 1. Celles-ci sont mises à leur disposition gratuitement.

⁴ Chacune des sociétés participant à la scission annonce la possibilité d'exercer le droit de consultation par une publication dans la Feuille officielle suisse du commerce.

Diritto di consultazione

¹ Durante i due mesi precedenti la decisione, ciascuna delle società partecipanti alla scissione deve garantire ai soci, presso la sua sede, la consultazione dei seguenti documenti di tutte le società partecipanti alla scissione:
a. il contratto o il progetto di scissione;
b. il rapporto di scissione;
c. la relazione di revisione;
d. i conti annuali e i rapporti annuali relativi agli ultimi tre esercizi contabili nonché, se del caso, il bilancio intermedio.

² Le piccole e medie imprese possono rinunciare alla procedura di consultazione di cui al capoverso 1 previo consenso di tutti i soci.

³ I soci possono chiedere alle società partecipanti alla scissione copie dei documenti enumerati nel capoverso 1. Tali copie vanno messe gratuitamente a loro disposizione.

⁴ Ciascuna delle società partecipanti alla scissione deve, mediante pubblicazione nel Foglio ufficiale svizzero di commercio, informare i soci circa il loro diritto di consultazione.

Literatur

Vgl. die Literaturhinweise zu Art. 36.

I. Normzweck und Normgeschichte

1 Art. 41, der im Parlament nicht abgeändert (nicht einmal diskutiert) wurde, entspricht in wesentlichen Teilen **Art. 16**, ist für die beteiligten Gesellschaften aber insoweit einschneidender, als Art. 41 eine **längere (zweimonatige) Frist** für die Einsichtsnahme gewährt (und damit das Verfahren verlängert, Abs. 1) und nur **eine Art der Benachrichtigung** der Gesellschafter (Publikation im SHAB) vorsieht (vgl. Abs. 4).

2 Die Norm (die im Detail einige Mängel aufweist, dazu N 10 und 14 unten) bezweckt, dass sich die **Gesellschafter** der an der Spaltung beteiligten Gesellschaften (nicht aber andere Stakeholders wie Arbeitnehmer, Gläubiger oder das Gemeinwesen) ein **genaues Bild** über das beabsichtigte Vorhaben machen können. Sie können die für die Beschlussfassung relevanten Dokumente nicht nur einsehen, sondern auch kostenlos Kopien verlangen, was in der Praxis wohl dazu führen wird, dass die Dokumente zumindest bei grösseren Gesellschaften den Aktionären im Rahmen von Informationsbroschüren aufforderungslos zugestellt oder über das Internet zugänglich gemacht werden.

3 Praktisch relevant ist die Vorschrift vor allem insofern, als sie den **zeitlichen Ablauf** des gesamten Verfahrens wesentlich mitprägt: Nach Abschluss der (im allgemeinen geheim gehaltenen) Verhandlungen (bzw. der Ausarbeitung des Spaltungsplanes), Unterzeichnung des Spaltungsvertrages und nach öffentlicher Ankündigung des Spaltungsvorhabens wird mit Hochdruck am Spaltungsbericht gearbeitet werden müssen (falls dieser nicht schon parallel während der Vertragsverhandlungen ausgearbeitet wurde oder gar eine Beilage zum Vertrag bildet), damit (anschliessend) die Prüfer ihren Bericht erstellen können. Erst dann kann im SHAB auf die Einsichtsnahme hingewiesen werden (mit dem Schuldenruf gemäss Art. 45 wird jeweils früher begonnen werden, da dieser dreimal erscheinen muss – für diesen Aufruf müssen ja weder Bericht noch Prüfung abgewartet werden), worauf dann eine zweimonatige Warteperiode beginnt, innert der zu den Generalversammlungen eingeladen wird und allfällige Meldungen an Wettbewerbsbehörden zu erfolgen haben.

4 Eine Ausnahme vom Verfahren gilt für **KMU**, vgl. Abs. 2 und Art. 2 lit. e, ferner N 21 f. unten.

II. Die spaltungsrelevanten Unterlagen

5 Art. 41 gibt den Gesellschaftern der am Spaltungsvorhaben beteiligten Gesellschaften das Recht auf Einsicht (und Erhalt von Kopien) nicht nur betreffend der Dokumente der «eigenen» Gesellschaft, sondern auch **bezüglich der anderen am Vorhaben beteiligten Gesellschaften**. Dies wird in der Praxis dazu führen, dass beispielsweise die Spaltungsberichte von den Parteien in einem gewissen Masse abgestimmt werden müssen (vgl. auch die in Art. 39 Abs. 1 vorgesehene Möglichkeit des gemeinsamen Berichtes), denn es wird kaum angehen, dass beispielsweise beide Seiten behaupten, die Transaktion sei besonders vorteilhaft für die eigene Seite.

6 Zu den **spaltungsrelevanten Unterlagen** zählen im Einzelnen:

7 a. Der **Spaltungsvertrag** bzw. der **Spaltungsplan** (Art. 36 f.), wobei darunter nicht nur der eigentliche Vertrag (bzw. Plan) gehört, sondern auch dessen Beilagen (beispielsweise das Inventar gemäss Art. 37 lit. b). Nicht vom Einsichtsrecht erfasst sind demgegenüber Entwürfe oder etwa ein früherer «Letter of Intent». Wo Nebenabreden in separaten Dokumenten festgehalten werden (beispielsweise Geheimhaltungsvereinbarungen oder Verträge über zukünftige Leitungen, sog. «Transition Service Agree-

ments»), ist im Einzelfall zu entscheiden, ob sie für die Beurteilung durch die Generalversammlung relevant und damit offen zu legen sind – dies wird jedenfalls dann zu bejahen sein, wenn sie die Bewertung der Gesellschaften beeinflussen. Aus Gründen des Datenschutzes muss u.E. die Liste der Arbeitsverhältnisse (Art. 37 lit. i) durch generelle, zusammenfassende Umschreibungen ersetzt werden.

b. Der **Spaltungsbericht** (Art. 39), ebenfalls mit seinen allfälligen Beilagen (wie etwa Fairness Opinions oder die Statuten gemäss Art. 39 Abs. 4). 8

c. Der **Prüfungsbericht** (Art. 40). 9

d. Die **Jahresrechnungen** (Art. 662 Abs. 2 OR, bestehend aus Erfolgsrechnung, Bilanz und Anhang, Art. 663 ff. OR) und die **Jahresberichte** (Art. 663d OR) der letzten drei Geschäftsjahre. Gemeint sind hier u.E. nicht nur die statutarischen Abschlüsse, sondern auch die **konsolidierten Rechnungen** (Art. 663e OR), was aus dem Wortlaut freilich nicht ohne weiteres hergeleitet werden kann (der Gesetzestext hätte eigentlich auf den Terminus «Geschäftsbericht» gemäss Art. 662 OR verweisen müssen), aber wohl aus dem Sinn der Regelung (die allerdings im Detail nicht sehr stimmig ist, dazu sogleich) folgt. **Nicht verlangt** ist, dass Einsicht in die *Spaltungsrechnung* (d.h. die «Divisionsrechnung» des zu übertragenden Vermögenswertes) *über drei Jahre* gewährt wird, was eigentlich logischer gewesen wäre (die gesamte Jahresrechnung der übertragenden Gesellschaft ist nämlich nur von sehr bedingter Aussagekraft). Ebenso wenig verlangt ist auf Seiten der aufnehmenden Gesellschaft eine *Proforma-Darstellung*, wie sich das übertragene Vermögen auf Bilanz und Erfolgsrechnung auswirkt (was ebenfalls bedauerlich ist). Immerhin können sich in diesem Bereich Offenlegungspflichten ergeben, falls die aufnehmende Gesellschaft mit der Abspaltung neu kotiert wird oder als bereits kotierte Gesellschaft eine prospektpflichtige Kapitalerhöhung durchführt (vgl. die SWX-Richtlinie betr. Veröffentlichung von zusätzlichen Finanzzahlen im Kotierungsprospekt [historische Rechnungen und/oder Pro-forma-Rechnungen] vom 11.11.2002, N 30 ff.). Verlangt sind volle drei Geschäftsjahre; dank des Vorjahresvergleichs in der ältesten der drei Rechnungen (Art. 662a Abs. 1 OR) werden für die Berechtigten auch die Zahlen eines vierten Geschäftsjahres ersichtlich. 10

e. Die **Spaltungsbilanz,** bzw. die **Zwischenbilanz** (Art. 35), wobei im Gesetz nur letzterer Begriff erwähnt ist. Wie soeben erwähnt (N 10) sind diese Zahlen ohne Vorjahreszahlen zu liefern, es sind auch keine konsolidierten Zahlen verlangt (Art. 35 N 2), ebenso wenig eine Erfolgsrechnung (weder statutarisch, noch konsolidiert). 11

III. Einsichtsberechtigte Personen

Zur Einsicht berechtigt sind **nur die Gesellschafter** der am Spaltungsvorhaben beteiligten Gesellschaften (vgl. N 2 oben). Kein Einsichtsrecht (entgegen Art. 52 i.V.m. Art. 17 Abs. 4 VE FusG auch kein auf Jahresrechnungen, Jahresberichte und Zwischenbilanzen beschränktes Einsichtsrecht) haben die *Gläubiger* (die lediglich für ihre Forderungen gemäss Art. 45 f. Sicherheit verlangen können), ebenso wenig die *Arbeitnehmer* (die gemäss Art. 50 informiert werden). Erst nach Eintragung im Handelsregister können die als Belege einzureichenden Dokumente im Handelsregister eingesehen werden. 12

Behörden haben ebenfalls kein Einsichtsrecht. Wo aber beispielsweise der zu übertragende Vermögensteil von einer bestehenden Gesellschaft übernommen wird, kann sich die Notwendigkeit einer Meldung des Zusammenschlusses gemäss Art. 9 KG ergeben, falls die Umsatzschwellen erreicht werden. Diesfalls sind die meisten der oben erwähn- 13 ten spaltungsrelevanten Dokumente einzureichen (vgl. Art. 11 der V über Unternehmenszusammenschlüsse, SR 251.4).

IV. Inhalt und Modalitäten des Einsichtsrechts (Abs. 1 und 3)

14 Der **Hinweis auf das Einsichtsrecht ist im SHAB zu publizieren** (Abs. 4), und zwar anders als beim Schuldenruf, der dreimal zu erfolgen hat (Art. 45), nur einmal. Entgegen der Regelung bei der Fusion (Art. 16 Abs. 4) haben die beteiligten Gesellschaften keine Möglichkeit, ihre Gesellschafter auf andere geeignete Art und Weise zu informieren, was wohl ein gesetzgeberischer Fehler ist (wenn die Botschaft, 4439, dies auch als bewussten Entscheid darstellt). Dies kann nur dadurch erklärt werden, dass gemäss dem Vorentwurf der Hinweis auf das Einsichtsrecht und der (gemäss VE FusG nur einmalige) Schuldenruf mit derselben SHAB-Publikation erfolgen sollte, Art. 52 Abs. 2 VE FusG (was – wohl auch infolge der Streichung des beschränkten Einsichtsrechts der Gläubiger – nicht ins Gesetz übernommen wurde). In der Praxis wird der Hinweis an die Gesellschafter entweder kurz nach dem Schuldenruf erfolgen (vgl. N 3 oben und N 17 unten zum Umstand, dass die Gläubiger meist früher orientiert werden können), da dieser dreimal zu publizieren ist und die Sicherstellung der Gläubiger vor der Beschlussfassung zu erfolgen hat (vgl. Art. 43 Abs. 1), oder gleichzeitig oder zusammen mit einer der drei Publikationen des Schuldenrufs.

15 Selbstverständlich ist es den beteiligten Gesellschaften unbenommen, ihre **Aktionäre zusätzlich (z.B. brieflich) über das Vorhaben und das Einsichtsrecht zu informieren** – die SHAB-Publikation kann dadurch aber nicht ersetzt werden (ebenso Handkommentar FusG-ZENHÄUSERN, N 11). Immerhin dürfte u.E. gelten, dass z.B. ein Namenaktionär, der persönlich rechtzeitig informiert wurde, beispielsweise eine verspätete (oder gar nicht erfolgte) Publikation im SHAB nicht geltend machen kann, da dies als Rechtsmissbrauch qualifiziert werden müsste. Andererseits kann sich beispielsweise ein Inhaberaktionär oder ein Aktionär, der Aktien innert der Zweimonatsfrist erworben hat, auf die mangelhafte Publikation berufen (N 26 f. unten).

16 Hinzuweisen ist im SHAB nach Gesetzestext nur auf die Möglichkeit zur Einsichtnahme am Sitz der Gesellschaft und nicht notwendigerweise auf die Alternative, Kopien anfordern zu können, auch wenn dies Gesellschaften meist machen werden.

17 Das Einsichtsrecht muss während **zwei Monaten** ausübbar sein (was gegenüber der Fusion, vgl. Art. 16 Abs. 1, eine Verdoppelung der Frist darstellt). Die Botschaft (4439) begründet dies damit, dass wegen der Möglichkeit der Gläubiger, vor dem Spaltungsbeschluss (Art. 43) während zwei Monaten Sicherstellung für ihre Forderungen zu verlangen (vgl. Art. 46), sich gegenüber der Fusion ohnehin eine Verzögerung ergibt (vgl. zum Ablauf N 3 oben). Diese Begründung überzeugt allerdings nicht wirklich, ist doch zu beachten, dass die Frist gegenüber den Gläubigern unmittelbar nach Ankündigung der Spaltung «ausgelöst» werden kann, währenddem die Gesellschafter erst dann auf ihr Einsichtsrecht aufmerksam gemacht werden können, wenn alle relevanten Unterlagen (namentlich auch der Prüfungsbericht) vorliegen. Eine Verkürzung der Einsichtsfrist hätte also auf der Zeitachse etwas gebracht, ohne dass deswegen die Interessen der Gläubiger tangiert worden wären.

18 Für die **Fristberechnung** gilt u.E., dass der Tag der Publikation und der Tag der Generalversammlung nicht zu zählen sind und damit die Generalversammlung frühestens zwei Monate nach dem zweiten, auf das Publikationsdatum folgenden Kalendertag (vgl. Art. 77 Abs. 1 Ziff. 3 OR) durchgeführt werden kann (bei einer Publikation am 10.2.

also am 12.4.). Als Publikationsdatum gilt das auf dem SHAB aufgedruckte Datum, auch wenn das SHAB erst einen Tag nach dem aufgedruckten Datum erscheint.

Auszuüben ist das Einsichtsrecht am **Sitz** der «eigenen» Gesellschaft, die aber auch die Unterlagen der anderen am Spaltungsvorhaben beteiligten Gesellschaften auflegen muss (N 5 oben). Zulässig ist es u.E., den ihr Einsichtsrecht ausübenden Gesellschaftern Kopien (und nicht die Originale) vorzulegen. 19

In der Praxis werden sich Gesellschafter allerdings nicht mit dem Einsichtsrecht begnügen, sondern **Kopien anfordern** (Abs. 3), die ihnen unentgeltlich zur Verfügung zu stellen sind. Dies bedeutet u.E. nicht nur, dass die Gesellschaften auch zu akzeptieren haben, dass «Bestellungen» von Kopien schriftlich (oder telephonisch oder per E-Mail) an sie gerichtet werden (und nicht etwa darauf bestehen können, dass solche Begehren am Sitz vorgebracht werden, ebenso Handkommentar FusG-ZENHÄUSERN, N10), sondern auch, dass sie diese Unterlagen ihren Gesellschaftern auf Aufforderung unverzüglich zuzustellen haben (praktisch hat der Versand wohl innert zwei Arbeitstagen ab Aufforderung zu erfolgen). Gesellschaften dürften praktisch die Unterlagen unaufgefordert zusenden (allenfalls erst mit der Einladung für die Generalversammlungen) oder noch einfacher auf dem Internet zur Verfügung stellen. 20

V. Die KMU-Ausnahme (Abs. 2)

KMU nach Art. 2 lit. e können «auf das **Einsichtsverfahren** gemäss Abs. 1» **verzichten, wenn alle Gesellschafter zustimmen**. Präzisierend ist anzufügen, dass alle, welche im Zeitpunkt des Spaltungsbeschlusses Gesellschafter sind, zugestimmt haben müssen. Praktisch wird die Zustimmung wohl in der Regel dennoch frühzeitig eingeholt werden, um das Risiko der Zustimmungsverweigerung zu verringern, wobei dieses Risiko auch diesfalls bei Gesellschafterwechseln nicht ausgeschlossen werden kann (Art. 39 N 7). Die Zustimmung hat u.E. nicht zwingend schriftlich zu erfolgen (**a.A.** Handkommentar FusG-ZENHÄUSERN, N15), sondern kann beispielweise an einer Universalversammlung mündlich erfolgen (vgl. auch Art. 14 N 22, Art. 39 N 8). Aus Beweiszwecken wird es nötig sein, den Verzicht schriftlich zu dokumentieren (Art. 39 N 8). 21

Da einzig den Gesellschaftern Einsicht in die Unterlagen gemäss Ziff. 1 gewährt werden muss, nicht aber Gläubigern, Arbeitnehmern oder Dritten, besteht eigentlich kein Grund, weshalb der Verzicht durch alle Gesellschafter nicht auch bei anderen Unternehmen als KMU zulässig sein soll. Es verhält sich hier anders als beim Verzicht auf die *Erstellung* oder *Prüfung* eines Fusions- oder Spaltungsberichts (Art. 14 Abs. 2 bzw. Art. 39 Abs. 2), da deren Erstellung und Prüfung indirekt immer auch im Allgemeininteresse ist und zumindest der Prüfungsbericht als Beleg im Handelsregister einsehbar ist (Art. 106a Abs. 1 lit. c HRegV, vgl. auch Art. 39 N 2). Unseres Erachtens muss deshalb die Ausnahme gemäss Abs. 2 entgegen ihrem Wortlaut auf **alle Unternehmen**, nicht nur auf KMU Anwendung finden. 22

Denkbar ist, dass zwar nicht auf die Erstellung eines Spaltungsberichtes verzichtet wird (Art. 39 Abs. 2), sondern nur auf das Einsichtsverfahren. A maiore minus können die Gesellschafter sich wohl auch mit einer **zeitlichen Abkürzung** des Einsichtsverfahrens einverstanden erklären, was dann sinnvoll sein kann, wenn die Erstellung des Spaltungsberichtes und dessen Prüfung einige Zeit beansprucht und die Gläubiger bereits zur Stellung allfälliger Sicherungsbegehren aufgefordert wurden. 23

Aus der Formulierung von Abs. 2 folgt u.E., dass die Gesellschafter das Recht behalten, nach Abs. 3 **Kopien** des Spaltungsvertrages (und des Spaltungsberichtes, falls ein sol- 24

VI. Verhältnis zu den allgemeinen Einsichtsrechten des Gesellschafters

25 Das Einsichtsverfahren nach Art. 41 ersetzt bezüglich der spaltungsrelevanten Dokumente (nicht aber bezüglich anderer Dokumente) das Einsichtsrecht nach Art. 697 Abs. 3 und 4, 819 bzw. 541 und 857 Abs. 2 OR. Selbstverständlich berührt es das Auskunftsrecht des Aktionärs nach Art. 697 Abs. 1 und 2 OR (bzw. die Rechte nach Art. 819 OR) nicht, sondern kann vielmehr gerade die Basis für zielgerichtete Fragen an die Leitungsorgane der Gesellschaft sein.

VII. Rechtsfolgen eines unterlassenen oder nicht korrekt durchgeführten Einsichtsverfahrens

26 Ein nicht korrekt durchgeführtes Einsichtsverfahren kann zur Anfechtbarkeit des Generalversammlungsbeschlusses nach Art. 106 führen. Nichtigkeit nach Art. 706b OR dürfte in aller Regel nicht gegeben sein.

27 Denkbar ist auch eine Verantwortlichkeitsklage nach Art. 108. Zum Verhältnis der Klage nach Art. 108 zu derjenigen nach 106 vgl. Art. 106 N 7 und Art. 108 N 15.

VIII. Rechtsvergleich

28 Art. 41 entspricht weitgehend der Regelung von Art. 9 EU-Spalt-RL, wobei die Einsichtsfrist dort bloss einen Monat beträgt. Eine Pflicht zur öffentlichen Ankündigung der Möglichkeit zur Einsichtnahme besteht nicht. Die EU-Spalt-RL räumt den Mitgliedstaaten in Art. 10 die Möglichkeit ein, den Verzicht aller Gesellschafter (nicht bloss bei KMU) auf Auflage gewisser Dokumente zu gestatten, wobei jedoch der Spaltungsplan, die Jahresabschlüsse und Geschäftsberichte zwingend aufzulegen sind.

Art. 42

Information über Veränderungen im Vermögen	Für die Information über Veränderungen im Vermögen gilt Artikel 17 sinngemäss.
Information sur les modifications du patrimoine	L'art. 17 s'applique par analogie à l'information sur les modifications du patrimoine.
Informazione sulle modifiche patrimoniali	L'articolo 17 si applica per analogia alle informazioni sulle modifiche patrimoniali.

Literatur

Vgl. die Literaturhinweise zu Art. 36.

I. Normzweck und Normgeschichte

Art. 42 wurde (im Gegensatz zu Art. 17, der im Nationalrat geändert wurde, vgl. Art. 17 N 7) in den parlamentarischen Beratungen nicht diskutiert. Die Norm statuiert – primär im Interesse der beteiligten Gesellschafter, sekundär auch zum Schutz der Gläubiger – im Gleichlauf mit der Fusion (a) die *Pflicht zur Information* der *Vertragsgegenseite,* (b) die Pflicht, eine allfällig notwendige vertragliche Anpassung zu *prüfen* oder auf die Transaktion gar zu verzichten und (c) die Pflicht, die eigene *Generalversammlung* zu orientieren, dies falls **wesentliche Änderungen im Geschäft zwischen dem Vertragsabschluss** (oder dem Erlass des Spaltungsplanes) und der **Genehmigung durch die Generalversammlung** eintreten oder entdeckt werden (vgl. N 6). Sichergestellt werden soll mit anderen Worten, dass die beteiligten Gesellschaften bzw. deren Gesellschafter (und sekundär Gläubiger) Nettoaktiven im vorgestellten Umfang erhalten bzw. übertragen und die Spaltung dann ablehnen können, wenn sich diese Vorstellung als nicht mehr korrekt erweisen sollte. Durch Art. 42 sollen damit auch Klagen nach Art. 105 ff. eingeschränkt werden.

Die **Bestimmung von Art. 17** ist nach Gesetzestext «**sinngemäss**» anzuwenden, was insbesondere bedeutet, dass jeweils zu analysieren ist, welcher Vermögensteil bei der Spaltung betroffen ist (bei der Fusion ist zwangsläufig immer das gesamte Vermögen der Parteien betroffen) und ob eine Änderung überhaupt wirtschaftlich relevant ist (was namentlich bei der symmetrischen vertikalen Spaltung, Art. 29 N 6, meist nicht der Fall ist, vgl. N 22 unten).

Damit ergibt sich bei der Spaltung folgendes «**Informationsaustauschkonzept**»: Während der Verhandlungen besteht eine Pflicht der Parteien, dann eine Zwischenbilanz zu erstellen, wenn seit dem letzten (nichtkonsolidierten) Abschluss «wichtige Änderungen in der Vermögenslage» eingetreten sind, wobei diese Bestimmung nach der hier vertretenen Ansicht vor allem dem Gläubigerschutz dient (Art. 35 N 6 und 7 unten), auch wenn aus der Zwischenbilanz natürlich auch Sachverhalte ersichtlich werden können, welche die Bewertung der involvierten Vermögensteile beeinflussen und damit für das Umtauschverhältnis ausschlaggebend sein können. Nach Vertragsschluss gilt Art. 42, der primär einen Bewertungs- und damit Gesellschafterfokus hat, in Sonderfällen aber auch wieder die Gläubiger schützen kann, indem entdeckte Sachverhalte nicht nur das Umtauschverhältnis, sondern auch die Spaltungsbilanz beeinflussen können (N 6 unten). Vergleiche ferner N 24 unten zur Frage, ob die Parteien wegen diesem Konzept auch in den Vertragsverhandlungen eine gegenüber dem Normalfall gesteigerte Offenlegungspflicht haben.

II. Auslösender Sachverhalt

Notwendig ist zunächst eine gemäss Art. 17 «wesentliche Änderung im Aktiv- oder Passivvermögen», die sich auf Seite der **übertragenden Gesellschaft** bei der **symmetrischen Abspaltung** aber nur auf den *zu übertragenden Vermögensteil* beziehen kann, ausser die Änderung im Bereich des «zurückbleibenden» Teils sei so einschneidend, dass dieser nach der Spaltung möglicherweise nicht mehr überlebensfähig ist. Ist dies der Fall (was selten sein wird) entsteht u.E. ebenfalls eine Informationspflicht gegenüber dem Vertragspartner (den die erhaltene Information allerdings je nach Konstellation unberührt lassen dürfte), primär aber eine Informationspflicht gegenüber der eigenen Generalversammlung (bzw. allenfalls die Pflicht, die Ablehnung des Vorhabens zu beantragen). Bei der **asymmetrischen Spaltung** muss die übertragende Gesellschaft über Änderungen in beiden Vermögensteilen informieren.

5 Auf Seiten der **übernehmenden Gesellschaft** besteht stets eine Informationspflicht, wenn bei ihr wesentliche Änderungen eintreten.

6 In **zeitlicher Hinsicht** bezieht sich Art. 17 gemäss dessen Wortlaut auf Änderungen, die zwischen dem Abschluss des Spaltungsvertrages bzw. -planes und der Generalversammlung *eintreten*. Dies ist dahin zu präzisieren, dass nicht auf den Eintritt der Änderungen, sondern auf den Zeitpunkt der Entdeckung der Änderungen abzustellen ist. Relevant sind alle Änderungen, welche zwischen Abschluss des Spaltungsvertrages bzw. -planes und Generalversammlung entdeckt werden, auch wenn sie bereits vor dem Abschluss des Spaltungsvertrages bzw. -planes eingetreten sind, damals aber nicht berücksichtigt wurden (weil sie eben nicht bekannt waren). Die neue Erkenntnis kann sich des Weiteren auf Sachverhalte beziehen, die vor dem Stichtag der Spaltungsbilanz eingetreten sind (in der Spaltungsbilanz der übertragenden Gesellschaft also hätten berücksichtigt werden müssen), oder später. Vergleiche auch N 24 unten zur Frage, wie die Konstellation zu beurteilen ist, wonach die betroffene Partei den Umstand in den Vertragsverhandlungen kannte, die andere aber nicht.

7 Spricht das Gesetz von «**Aktiv- und Passivvermögen**», so ist dies in verschiedener Hinsicht zu präzisieren:

– Von den **betroffenen Vermögensmassen her** ist zu beachten, dass es primär nur um Veränderungen im übertragenen Vermögen und um Veränderungen im (bisherigen) Vermögen der aufnehmenden Gesellschaft (N 4 f.) gehen kann.

– Umfangmässig geht es um **alle Faktoren, welche die relative Bewertung der involvierten Vermögensteile betrifft,** womit auf Ebene Bilanz die Betrachtung eine konsolidierte ist, und insbesondere auch Änderungen auf der Ebene der Erfolgsrechnung relevant sind (falls diese bei der Bewertung eine Rolle spielte, was allerdings regelmässig der Fall ist, vgl. Art. 35 N 3).

– Auch sich erst **künftig auswirkende Umstände** unterliegen der Informationspflicht (betreffen diese nun Bilanzposten oder künftige Erträge; ähnl. Handkommentar FusG-COMBŒUF, N 11); zu informieren ist etwa über die Kündigung eines langfristigen Vertrages, der für die Existenz des Unternehmens wichtig ist. Ausgelöst wird eine Informationspflicht aber nur, wenn die Auswirkung *mit hinreichender Sicherheit* quantifiziert werden kann – blosse, noch unbestimmte Befürchtungen über einen Umsatzrückgang sind demnach ebenso wenig zu melden wie die noch wenig konkrete Hoffnung, ein grosses Geschäft abschliessen zu können.

– **Positive und negative Änderungen können sich gegenseitig kompensieren** – diesfalls ist an sich keine Meldung nach Art. 42 erforderlich, obwohl eine Information (die die Kompensation aufzeigt) aus Beweisgründen sinnvoll sein kann;

– die Veränderung muss sich in der **eigentlichen Spaltungsbilanz** (würde diese angepasst) nicht unbedingt zeigen (zur Spaltungsbilanz Art. 35 N 2) – dies gilt namentlich (aber nicht nur) dort, wo sich der Sachverhalt auf künftige Umstände bezieht;

– der Informationspflicht unterliegen auch (netto) **positive Abweichungen** (ebenso Handkommentar FusG-ZENHÄUSERN, N 2); dadurch werden die Gesellschafter der abspaltenden Gesellschaft davor geschützt, dass das abzuspaltende Vermögen zu einem zu tiefen Austauschverhältnis übertragen wird;

– unerheblich ist, ob die Umstände im betroffenen Unternehmen selbst eingetroffen sind, oder ihr Grund **ausserhalb des Unternehmens** liegt: So kann beispielsweise eine zentrale Erfindung eines Wettbewerbers auch zu einer Informationspflicht führen, desgleichen beispielsweise der Konkurs eines wichtigen Abnehmers;

— unerheblich ist ferner, ob der fragliche Umstand dem Vertragspartner **auch sonst bekannt wird**: Berichten beispielsweise Zeitungen über Probleme mit dem Debitorenbestand einer Firma, so ist dieser Umstand dennoch mitzuteilen.

«Ausgelöst» wird die Bestimmung von Art. 42 nur dann, wenn die Änderung **«wesentlich»** ist, was in der Praxis im Sinne einer Faustregel in etwa bedeuten muss, dass die Änderung mindestens so bedeutend sein muss, dass das Austauschverhältnis – wäre dieser Sachverhalt schon bei Vertragsschluss bekannt gewesen – mutmasslich um mehr als 10% verändert worden wäre. Damit die gesetzliche Stufenfolge Information, Prüfungspflicht, Vertragsänderung oder Information der GV eingehalten werden kann, ist aber wohl zu fordern, dass eine Information schon dann erfolgt, wenn diese Grenze erreicht werden könnte: Nachdem Bewertung ja keine exakte Wissenschaft ist, muss damit wohl eine Information gemacht werden, wenn bei der betroffenen Gesellschaft (zumindest bei negativen Abweichungen) in guten Treuen eine Änderung von zwischen 5–10% der relativen Bewertung geschätzt wird. Man kann sich dann vorstellen, dass das Exekutivorgan der anderen Partei (falls sich die betroffene Partei nicht verhandlungsbereit zeigt) bei einer Bewertungsabweichung von etwa 5–15% zum Schluss kommen kann, es verzichte auf eine Anpassung, orientiere aber die Generalversammlung, während bei Abweichungen grösseren Ausmasses wohl spezielle Umstände vorliegen müssen, damit am Vorhaben festgehalten werden darf. 8

Da das Gesetz (und die Botschaft) kaum Anhaltspunkte zur Konkretisierung dieses Wesentlichkeitskriteriums gibt, wird in der Praxis kaum darauf verzichtet werden können, den **Begriff der Wesentlichkeit vertraglich zu definieren bzw. zu konkretisieren**, was u.E. – in vernünftigen Grenzen – zulässig ist. Unproblematisch ist zunächst, dass im Vertrag festgehalten wird, welche Bewertungsfaktoren relevant waren, womit gleichzeitig gesagt wird, in welchen Bereichen Änderungen wesentlich sind. Denkbar ist auch, dass ab mutmasslichen 5% Bewertungsunterschied eine Mitteilungspflicht besteht, dann eine Verpflichtung beider Parteien, in guten Treuen ein neues Umtauschverhältnis zu verhandeln mit dem Recht der von der negativen Änderung nicht betroffenen Partei, ab 15% Abweichung vom Vertrag zurückzutreten. 9

Ob bei **kotierten Gesellschaften** der *Börsenkurs* der aufnehmenden Gesellschaft als Gradmesser für die Wesentlichkeit von Änderungen herangezogen werden kann, scheint fraglich. Denkbar ist zwar, dass der Kurs der Aktie dieser Gesellschaft (der nach Ankündigung der Spaltung diese Transaktion schon reflektieren sollte) beim Bekanntwerden einer Änderung im abgespaltenen Vermögensteil stark reagiert. Zu beachten wird aber sein, dass der Börsenkurs gerade die in Art. 42 vorgesehene Anpassungsmöglichkeit eskomptieren dürfte, mithin der Ausschlag an der Börse (gerade bei wesentlichen Änderungen, welche zu Anpassungen führen) zu schwach ausfallen dürfte. 10

Anders gesagt enthält der (bis zur Genehmigung durch die Generalversammlung nur suspensiv bedingt gültige) Spaltungsvertrag je nach Verständnis entweder eine Art gesetzlich vorgeschriebene **«clausula rebus sic stantibus»** oder eine **vertragliche Informationspflicht**, welche die Parteien zwingt, bis zur Generalversammlung Änderungen in der Geschäftsgrundlage offen zu legen, um der anderen Seite die Möglichkeit zu geben, wirtschaftlich vom Vertrag «zurückzutreten», konkret der eigenen Generalversammlung die Ablehnung zu empfehlen, sollte keine Anpassung möglich sein (vgl. dazu N 21 unten). 11

Unseres Erachtens kann die Anwendung von Art. 42 von den **Parteien im Spaltungsvertrag nicht generell wegbedungen**, wohl aber innert gewisser Grenzen vertraglich definiert bzw. konkretisiert werden (N 9 oben), beispielsweise indem die Parteien ver- 12 einbaren, dass gewisse Sachverhalte, welche die Parteien nicht als zentral erachten, weder zu einer Informationspflicht, noch dazu führen sollen, dass der Spaltungsvertrag angepasst werden muss. Für andere, wichtigere Sachverhalte kann noch vereinbart werden, dass sie zwar zu einer Informationspflicht, nicht aber zu einer Vertragsanpassung führen (was bedeutet, dass an der Generalversammlung zwar immer noch Annahme empfohlen, über die Veränderung aber informiert wird); denkbar ist etwa, dass positive Veränderungen bei einer Gesellschaft von einer Anpassungspflicht ausgenommen werden – das Exekutivorgan dieser Gesellschaft ist dann aber schon aus seinen allgemeinen gesellschaftsrechtlichen Organpflichten heraus verpflichtet, die eigene Generalversammlung darüber zu orientieren, dass sich die eigenen Geschäfte sehr positiv entwickelt haben und damit gegebenenfalls die geplante Transaktion weniger vorteilhaft geworden ist, aber immer noch angenommen werden sollte (in Einzelfällen kann eine solche positive Entwicklung auch dazu führen, dass der Spaltungsbericht angepasst werden muss, vgl. auch N 17 unten). Auch steht es den Parteien frei, im Spaltungsvertrag bzw. -plan für Änderungen (ob sie die Grenze der Wesentlichkeit erreichen oder nicht) direkt Anpassungsregeln vorzusehen, beispielsweise eine formelmässig vereinbarte Anpassung der Gegenleistung mittels einer Ausgleichszahlung.

13   Zulässig muss es auch sein, die Pflichten des Art. 42 vertraglich auf **die Zeit nach der Genehmigung durch die Generalversammlungen** zu erstrecken, und vorzuschen, dass die Exekutivorgane die Spaltung bei wesentlichen Änderungen den beiden Generalversammlungen noch einmal vorlegen müssen, solange die Handelsregistereintragung noch nicht erfolgt ist. Zu beachten ist grundsätzlich ferner, dass stets eine Berufung auf einen Willensmangel möglich bleibt (vgl. Art. 36 N 10). Möglich ist es auch, in dieser Phase formelmässige Anpassungen vorzusehen (N 12 oben), denn es muss genügen, dass die Generalversammlung über eine bloss bestimmbare und noch nicht definitiv bestimmte Leistung abstimmt.

III. Information des Vertragspartners (Verweis auf Art. 17 Abs. 1)

14   Tritt ein Sachverhalt gemäss N 4 ff. ein (bzw. wird ein solcher entdeckt), so ist sofort die Vertragsgegenseite zu informieren und zwar **durch das Exekutivorgan der betroffenen Gesellschaft**. Eine «sofortige» Information wird zwar vom Gesetz nicht explizit verlangt, folgt u.E. aber aus dem Normzweck. Sehr oft finden sich in Verträgen Mitteilungsklauseln, die darlegen, an wen und mit welchen Kommunikationsmitteln generell Mitteilungen zu machen sind. Diese Klauseln dürften gelten, auch wenn das Gesetz die Information des Exekutivorgans der Gegenseite verlangt.

15   Zulässig ist jedoch, dass die betroffene Gesellschaft den Sachverhalt zunächst abklärt – sie muss mit anderen Worten **nicht bereits Verdachtsmomente übermitteln** (vgl. auch N 7 oben). Dies gilt u.E. auch dann, wenn die Generalversammlung des Vertragspartners unmittelbar ansteht. Das Exekutivorgan der betroffenen Partei hat aber in solchen Konstellationen die Pflicht, die Abklärungen so schnell wie möglich durchzuführen.

16   Bei der Spaltung mit Neugründung ist technisch keine Information des Vertragspartners möglich. Zu erwägen ist u.E. aber, ob nicht in Analogie zur Bestimmung von Art. 17 Abs. 1 zu verlangen ist, dass die **künftigen Mitglieder des obersten Exekutivorgans der zu gründenden Gesellschaft** zu informieren sind, damit diese entscheiden können, ob sie in Anbetracht der geänderten Verhältnisse ihr Amt immer noch antreten wollen.

IV. Prüfungspflicht und Orientierung der Generalversammlung (Art. 17 Abs. 2)

Nächster Schritt ist eine **Prüfung** durch die Exekutivorgane der beteiligten Gesellschaften, ob in Anbetracht der neuen Umstände die Spaltung noch wie vorgesehen durchgeführt werden kann, oder ob sich allenfalls Änderungen im Vertrag aufdrängen. Praktisch wird bei der Abspaltung die aufnehmende Gesellschaft bei negativen Änderungen im abzuspaltenden Vermögen bzw. die übertragende Gesellschaft bei positiven Änderungen im abzuspaltenden Vermögen verlangen, dass die Konditionen im Spaltungsvertrag zu ihren Gunsten geändert werden (insbesondere, dass das Umtauschverhältnis angepasst wird). Stimmt dem das Exekutivorgan der anderen Gesellschaft zu, wird der *Spaltungsvertrag geändert* und den Generalversammlungen in dieser geänderten Form zur Zustimmung unterbreitet. Dabei ist von den Exekutivorganen gleichzeitig zu prüfen, ob nebst dem Austauschverhältnis auch die *Spaltungsbilanz* anzupassen ist, oder ob deren Werte (die ja eher einen Gläubigerfokus haben und durch Änderungen in der Bewertungsgrundlage nicht betroffen sein müssen, vgl. N 6 oben und Art. 35 N 6) unverändert belassen werden können. Auch wo sich dies nicht als notwendig erweist, wird stets der *Spaltungsbericht* anzupassen sein, allenfalls mittels eines Nachtrages. Die *Spaltungsprüfung* muss dann wiederholt bzw. ergänzt werden und das Einsichtsverfahren (Art. 41) ist allenfalls zu verlängern (vgl. N 18 unten), was eine Verschiebung der Generalversammlung nötig machen kann. 17

Das Gesetz enthält keine Regelung über die Frage, wie in diesen Konstellationen mit dem **Einsichtsverfahren** nach Art. 41 umzugehen ist. Unseres Erachtens führt ein geänderter Spaltungsvertrag (und geänderter Spaltungsbericht) nicht dazu, dass mit dem Einsichtsverfahren (das sowieso schon über eine mehr als grosszügige Dauer angesetzt ist) noch einmal zu beginnen wäre. Hingegen ist zu fordern, dass dann, wenn die Anpassungen noch vor der Einladung zur Generalversammlung erfolgen, in der Einladung auf die Änderungen explizit hingewiesen wird. Erfolgen die Anpassungen erst nach dem Versand der Einladungen, hat u.E. das Exekutivorgan zu entscheiden, ob die Änderungen für die Gesellschafter so einschneidend sind, dass den Aktionären noch einmal eine volle Einladungsfrist zu gewähren ist, um sich mit den neuen Verhältnissen vertraut zu machen (was allerdings die absolute Ausnahme sein dürfte) – diesfalls ist neu einzuladen. 18

Keine besonderen Regeln sind u.E. gegenüber den **Gläubigern** zu beachten, und zwar nicht einmal dann, wenn die Spaltungsbilanz angepasst werden muss. 19

Wird keine Einigung über Anpassungen gefunden, kann es zunächst sein, dass die Exekutivorgane beider Gesellschaften entscheiden, gemeinsam auf das **Spaltungsvorhaben zu verzichten**. Diesfalls können die Generalversammlungen abgesagt werden. 20

Besteht weder eine Einigung über die Anpassungen, noch über einen (gemeinsamen) Verzicht auf das Vorhaben, wird das Exekutivorgan der nichtbetroffenen Gesellschaft (oder das Exekutivorgan der betroffenen Gesellschaft, wenn es um eine positive Abweichung geht) entscheiden müssen, ob **es weiter am Vorhaben festhalten will** (was es seiner Generalversammlung gegenüber zu begründen hat; je nach Sachlage wird u.E. auch in dieser Konstellation eine Anpassung des Spaltungsberichtes notwendig, dies mit den in N 17 f. geschilderten Konsequenzen), oder ob der Antrag auf Genehmigung zurückzuziehen ist. Ob das Exekutivorgan diesfalls die Arbeiten am Spaltungsbericht oder die Prüfungsarbeiten einstellen darf, falls diese noch nicht beendet sind, oder gar darauf verzichten kann, die Generalversammlung einzuberufen (so Handkommentar FusG-COMBŒUF, N 16 und 18), oder ob das Exekutivorgan die Spaltung weitertreiben muss, 21 der Generalversammlung aber Ablehnung empfiehlt, hängt u.E. vom Einzelfall ab. Grundsätzlich verpflichtet u.E. Art. 152 OR das Exekutivorgan, in guten Treuen alles zu unternehmen, um den Spaltungsvertrag umzusetzen, was so interpretiert werden kann, dass der Generalversammlung wenigstens die Möglichkeit gegeben werden muss, das Vorhaben trotz anders lautender Empfehlung des Exekutivorgans dennoch gutzuheissen. Liegt der Fall aber so klar, dass dies sehr unwahrscheinlich ist, muss dem Exekutivorgan wohl die Möglichkeit gegeben werden, schon aus Kostengründen auf die Generalversammlung zu verzichten.

22 **Keine Änderung** wird in der Regel dort angezeigt sein, wo eine symmetrische vertikale Auf- oder Abspaltung an eine eigene Tochtergesellschaft erfolgt, da dann einfach deren «Gewicht» (bei negativen Änderungen) abnimmt. Zu prüfen haben die Exekutivorgane in dieser Konstellation aber immerhin, ob die neue Einheit überlebensfähig sein wird (vgl. auch N 4 oben für den Fall, wo das «zurückbleibende Vermögen» betroffen ist).

23 Zu beachten ist endlich, dass u.E. **stets eine Orientierung der Generalversammlung** nötig ist, wenn eine Meldung nach Art. 42 erfolgt, auch wenn die Exekutivorgane zum Schluss kommen, dass keine Anpassung am Vorhaben vorzunehmen ist. Zu fordern ist wohl, dass auch die von einer negativen Änderung betroffene Partei ihre eigene Generalversammlung orientiert, auch wenn dies dort kaum zu einer Änderung der Haltung führen wird. Analoges gilt bei einer positiven Abweichung (vgl. auch N 7 oben).

V. Auswirkungen von Art. 42 auf die Vertragsverhandlungen?

24 Art. 42 und 35 (vgl. auch N 3 oben zum «Informationsaustauschkonzept») müssen u.E. – speziell, wenn man bedenkt, dass der Zweck von Art. 42 u.a. darin liegt, Klagen nach Art. 105 ff. zu vermeiden – so verstanden werden, dass auch in den Vertragsverhandlungen eine gegenüber einer normalen Vertragsverhandlung erhöhte **Offenlegungspflicht** besteht, namentlich die Gegenseite über offensichtliche Falschvorstellungen zu informieren ist, denn es kann nicht sein, dass der Gesetzgeber will, dass man die Gegenseite bei den Vertragsverhandlungen über zentrale Aspekte im Dunkeln lässt und dann erst nach Vertragsschluss eine Offenlegungspflicht für später entdeckte Abweichungen entsteht.

25 Diese Aussage bedeutet nicht, dass nicht versucht werden darf, für die eigene Seite einen vorteilhaften Vertrag auszuhandeln. Auch kann es nicht darum gehen, gemeinsam einen «**iustum pretium**» zu definieren, oder die andere Seite etwa darin zu belehren, welche Bewertungsformel im konkreten Fall die angemessenere wäre. Die Gesellschaften sind jedoch verpflichtet, bei der Gegenseite keine Irrtümer aufkommen zu lassen.

VI. Rechtsfolgen bei Verletzung

26 Wird der Informationspflicht nicht nachgelebt, unterliegt der Fusionsbeschluss der **Anfechtung** nach Art. 106 f. Denkbar ist insbesondere auch, dass eine **Ausgleichszahlung** nach Art. 105 geltend gemacht wird. Die Mitglieder der obersten Leitungs- oder Verwaltungsorgane (und andere involvierte Personen) können zudem nach Art. 108 für einen allfälligen Schaden zur **Verantwortung** gezogen werden, der aus der unterlassenen Meldung (oder unterlassener Information der Generalversammlung) folgt. Dabei kann u.E. beispielsweise auch ein Aktionär der aufnehmenden Gesellschaft gegen das Exekutivorgan der übertragenden Gesellschaft klagen, falls dieses seiner Informationspflicht nicht nachgekommen ist.

Keine Verantwortlichkeit des Exekutivorgans besteht in der Regel, wenn dieses den Vertrag ohne Änderung (trotz Information durch die Gegenseite) akzeptiert und die Information in allen Konsequenzen der Generalversammlung gegenüber offengelegt hat und diese den Vertrag dennoch genehmigt. 27

VII. Rechtsvergleich

Art. 7 Abs. 3 der EU-Spalt-RL sieht eine analoge Informationspflicht zu Art. 17 Abs. 1 sowie zur Pflicht zur Information der Generalversammlung (Art. 17 Abs. 2 zweiter Satz) vor, ebenso das deutsche Recht, vgl. § 143 UmwG. Hingegen ist eine Pflicht der Leitungs- oder Verwaltungsorgane zur Prüfung einer Vertragsanpassung und nötigenfalls zum Rückzug des Antrags auf Genehmigung des Spaltungsvertrages (Art. 17 Abs. 1 erster Satz) weder in der EU-Spalt-RL noch im UmwG ausdrücklich vorgesehen. 28

Fünfter Abschnitt: Spaltungsbeschluss und öffentliche Beurkundung

Art. 43

Spaltungsbeschluss	¹ Die obersten Leitungs- oder Verwaltungsorgane der beteiligten Gesellschaften dürfen den Spaltungsvertrag oder den Spaltungsplan erst der Generalversammlung zur Beschlussfassung unterbreiten, wenn die Sicherstellung nach Artikel 46 erfolgt ist. ² Für die Beschlussfassung gelten die erforderlichen Mehrheiten nach Artikel 18 Absätze 1, 3, 4 und 6. ³ Bei der asymmetrischen Spaltung müssen mindestens 90 Prozent aller Gesellschafterinnen und Gesellschafter der übertragenden Gesellschaft, die über ein Stimmrecht verfügen, zustimmen.
Décision de scission	¹ Les organes supérieurs de direction ou d'administration des sociétés participant à la scission ne peuvent soumettre le contrat ou le projet de scission à l'approbation de l'assemblée générale qu'une fois les sûretés fournies conformément à l'art. 46. ² Les majorités requises à l'art. 18, al. 1, 3, 4 et 6, sont applicables à la prise de décision. ³ En cas de scission asymétrique, l'approbation de 90 % au moins des associés de la société transférante qui disposent d'un droit de vote est requise.
Decisione di scissione	¹ Gli organi superiori di direzione o di amministrazione delle società partecipanti alla scissione possono sottoporre per decisione il contratto o il progetto di scissione all'assemblea generale soltanto dopo aver prestato garanzia conformemente all'articolo 46. ² Per la decisione occorrono le maggioranze di cui all'articolo 18 capoversi 1, 3, 4 e 6. ³ In caso di scissione asimmetrica, è necessaria l'approvazione di almeno il 90 per cento dei soci della società trasferente che dispongono di un diritto di voto.

Inhaltsübersicht

Note

- I. Normzweck und Normgeschichte 1
- II. Kompetenzen der GV bei der Spaltung 5
- III. Voraussetzungen des Spaltungsbeschlusses (Abs. 1) 10
- IV. Durchführung der Generalversammlung 16
- V. Quoren für symmetrische Spaltung (Abs. 2) 18
  - 1. Aktiengesellschaft (einschliesslich Kommandit-AG) 19
  - 2. Gesellschaft mit beschränkter Haftung 21
  - 3. Genossenschaften 22
- VI. Quoren für asymmetrische Spaltung (Abs. 3) 23
  - 1. Norminhalt und Normgeschichte 23
  - 2. Auslegung von Art. 43 Abs. 3 FusG 25
  - 3. Anwendbarkeit des 90% Quorums 32
- VII. Vorbehalt gesetzlicher oder statutarischer Quoren bei Zweckänderung 34
- VIII. Sonderfragen 35
  - 1. Bedingte Beschlussfassung 35
  - 2. Sonderversammlungen 36
  - 3. Rechtsschutz und Sanktionen 37
  - 4. Rechtsvergleich 38

Literatur

H.C. VON DER CRONE/A. GERSBACH, La fusion et la scission: procédure et réalisation (dans une perspective pratique), SZW 2004, 186 ff.; M. FREY /M. LAMBELET, Spaltung – rechtliche und steuerliche Aspekte, AJP 2004, 790 ff.; H. KLÄY, Das Fusionsgesetz – ein Überblick, Der Bernische Notar, 2004, 185 ff.; A. VON PLANTA/D. ZARB, Le dédommagement de l'actionnaire minoritaires: nouvelle forme de *squeeze out*, SZW 2004, 203 ff.; P. SPORI/M. MOSER, Fusionsgesetz, Kongruenzen und Inkongruenzen zwischen Zivil- und Steuerrecht, ZBJV 2004, 301 ff.; R. WATTER/U. KÄGI, Der Übergang von Verträgen bei Fusionen, Spaltungen und Vermögensübertragungen, SZW 2004, 231 ff.

I. Normzweck und Normgeschichte

1 Art. 43 regelt den Einbezug der Generalversammlung bei der Durchführung von Spaltungen. Im Gegensatz zur entsprechenden Regelung von Art. 18 fehlt eine ausdrückliche Bestimmung in Art. 43, wonach der Spaltungsvertrag bzw. -plan der Generalversammlung zur Beschlussfassung zu unterbreiten ist (dies im Gegensatz zu Art. 53 VE FusG). Dieses Erfordernis wird in Art. 43 indessen vorausgesetzt und ergibt sich im Übrigen aus Art. 36 Abs. 3. Die Kompetenzverteilung ist im Wesentlichen dieselbe wie bei der Fusion: Das oberste Leitungs- und Verwaltungsorgan schliesst den Spaltungsvertrag ab oder – bei Spaltungen zur Neugründung – entwirft den Spaltungsplan (vgl. Art. 36 Abs. 2), die sodann der Generalversammlung zur Genehmigung zu unterbreiten sind.

2 Die Generalversammlungen aller an der Spaltung beteiligten Gesellschaften haben grundsätzlich einen Spaltungsbeschluss zu fassen. Bei einer Spaltung auf eine neu gegründete Gesellschaft (oder mehrere solche Gesellschaften) fasst hingegen nur die übertragende Gesellschaft (allenfalls auch mehrere Gesellschaften) einen Spaltungsbeschluss durch Genehmigung des Spaltungsplanes (Handkommentar FusG-JERMINI, N 2). Mit Blick auf den **Anwendungsbereich** von Art. 43 ist weiter zu präzisieren, dass nur die Generalversammlungen von Aktiengesellschaften, Kommanditaktiengesellschaften, Gesellschaften mit beschränkter Haftung (Gesellschafterversammlung) sowie Genossenschaften erfasst sind. Nur solche Gesellschaften können an einer Spaltung be-

teiligt sein (vgl. Art. 30 sowie Art. 2 lit. c für die Begriffsdefinition der «Kapitalgesellschaft» und Art. 2 lit. h für die Begriffsdefinition der «Generalversammlung»).

Eine Spaltung bewirkt eine wesentliche Veränderung der Rechtsstellung der Gesellschafter der betroffenen Gesellschaften. Mit dem Einbezug der Generalversammlung in das Verfahren der Spaltung und der Festlegung von Quoren will Art. 43 sicherstellen, dass die betroffenen Gesellschafter bei diesem für sie wichtigen Vorgang das letzte Wort haben. Dies gilt in erhöhtem Mass für die asymmetrische Spaltung, wo die Gefahr der Benachteiligung einzelner Gesellschafter besonders ausgeprägt ist und Abs. 3 daher ein erhöhtes Quorum für den Spaltungsbeschluss verlangt. Art. 43 dient somit vor allem dem **gesellschaftsrechtlichen Minderheitenschutz**, greift aber auch Anliegen des **Gläubigerschutzes** auf, indem Abs. 1 sicherstellen will, dass die gesellschaftsrechtliche Beschlussfassung erst nach Berücksichtigung der Anliegen der Gläubiger erfolgen kann. 3

Art. 43 wurde in den parlamentarischen Beratungen gegenüber dem Entwurf FusG nicht verändert oder erörtert. Die Fassung der Botschaft erlangte somit Gesetzeskraft. Änderungen ergaben sich hingegen gegenüber dem Vorentwurf FusG. Art. 53 Abs. 1 VE FusG lautete: «Bei der Aufspaltung und der Abspaltung muss das oberste Leitungs- und Verwaltungsorgan der beteiligten Rechtsträger den Spaltungsvertrag oder den Spaltungsplan der Generalversammlung zur Beschlussfassung unterbreiten». Es fehlte demgegenüber ein Hinweis auf das Erfordernis der vorgängigen Sicherstellung von Gläubigerforderungen. Bezüglich des Quorums der asymmetrischen Spaltung ergaben sich im Vergleich zum Vorentwurf ebenfalls Änderungen, auf die noch im Einzelnen zurückzukommen sein wird (vgl. N 23 ff.). 4

II. Kompetenzen der GV bei der Spaltung

Art. 36 Abs. 3 verlangt die Zustimmung der Generalversammlung zum Spaltungsvertrag bzw. zum Spaltungsplan. Gemäss Art. 37 hat der Spaltungsvertrag bzw. -plan alle wesentlichen Elemente und Rechtsfolgen der Spaltung aufzuzeigen. Hervorzuheben sind die Zuordnung der Aktiven und Passiven auf die verschiedenen Rechtsträger (Art. 37 lit. b), die Festlegung der Umtauschverhältnisse und allfälliger Ausgleichszahlungen (Art. 37 lit. c) sowie besondere Vorteile an Mitglieder von Leistungs- oder Verwaltungsorgane oder an geschäftsführende Gesellschafter (Art. 37 lit. d). Durch das Erfordernis der Zustimmung zum Spaltungsvertrag bzw. -plan ist sichergestellt, dass die Generalversammlung sowohl die Tatsache der Spaltung als auch deren wichtigste Parameter sanktioniert. Der «Spaltungsbeschluss» bedeutet somit die **Genehmigung des Spaltungsvertrages** (alle beteiligten Rechtsträger) oder Spaltungsplanes (nur übertragender Rechtsträger) durch die Generalversammlung. 5

Diese Zuständigkeit der Generalversammlung ist für den Spaltungsbeschluss **ausschliesslich**, denn im Gegensatz zur Regelung bei der Fusion besteht keine Delegationsmöglichkeit an das oberste Leitungs- oder Verwaltungsorgan. Eine Art. 23 bzw. 24 entsprechende Ausnahmeregelung fehlt bei der Spaltung. Somit ist auch bei einer Spaltung einer zu hundert Prozent kontrollierten Tochtergesellschaft ohne Änderung der Beteiligungsverhältnisse eine Generalversammlung durchzuführen (**a.M.** VON DER CRONE ET AL., Rz 596, welche die vom Gesetzgeber für Fusionen vorgesehenen Erleichterungen analog anwenden wollen). Die Zuständigkeit der Generalversammlung ist auch **zwingend** in dem Sinne, dass der Spaltungsbeschluss nicht durch Gesellschafterbeschluss bzw. Regelung in den Statuten an das oberste Leitungs- oder Verwaltungsorgan übertragen werden kann (vgl. zum dt. Recht SCHMITT/HÖRTNAGL/STRATZ, § 13 N 11). 6

7 Allerdings gilt auch bei der Spaltung, dass die Kompetenz zum Abschluss des Spaltungsvertrages bzw. Ausarbeitung des Spaltungsplanes beim obersten Leitungs- oder Verwaltungsorgan liegt (vgl. Art. 36 Abs. 1). Fraglich ist hingegen, ob die Generalversammlung nur die **Genehmigungskompetenz** hat, d.h. den Spaltungsvertrag bzw. -plan entweder genehmigen oder ablehnen kann, oder aber ob ihr auch die Befugnis zukommt, diese Rechtsakte **materiell zu verändern**. Letzteres würde dann im Falle eines Spaltungsvertrages einen neuen Antrag zum Vertragschluss an die anderen beteiligten Gesellschaften bedeuten. Diese Frage ist im Hinblick auf die in Art. 36 Abs. 1 vorgenommene Kompetenzzuordnung zum obersten Leitungs- oder Verwaltungsorgan zu verneinen (Art 36 N 7). Die Generalversammlung kann jedoch insofern gestaltend auf den Inhalt des Spaltungsvertrages (oder auch des Spaltungsplanes) einwirken, als sie ihn beispielsweise ablehnen kann und für den Fall einer bestimmten Änderung (z.B. des Umtauschverhältnisses) bedingt genehmigen kann. Komplexe Änderungen sind auf diesem Wege allerdings kaum durchzusetzen. Dabei wäre die Generalversammlung als Organ möglicherweise überfordert, das Einsichtsrecht der Gesellschafter unter Umständen vereitelt und sowohl Spaltungsbericht als auch Prüfungsbericht wären ggfs. zu überarbeiten. Dennoch sollte es – vor allem im Hinblick auf Veränderungen im Vermögen (Art. 42) und die lange Frist zwischen Auflage der Spaltungsdokumentation und Beschlussfassung – möglich sein, Anpassungen des Umtauschverhältnisses noch an der Generalversammlung selbst mittels **bedingter Beschlussfassung** vorzunehmen. Bleiben die übrigen Konditionen des Spaltungsvertrages bzw. -planes im Wesentlichen unverändert, kann dieses Dokument durch das oberste Leitungs- oder Verwaltungsorgan formell angepasst und dem Handelsregister eingereicht werden. Dabei ist allerdings vorausgesetzt, dass das Umtauschverhältnis im Rahmen dessen bleibt, was im Sinne des Prüfberichtes als «vertretbar» erscheint (vgl. Art. 40).

8 Der eigentliche Spaltungsbeschluss, d.h. die Genehmigung von Spaltungsvertrag oder -plan wird oft nicht der einzige von der betreffenden Generalversammlung im Rahmen der Spaltung zu fassende Beschluss sein. In Frage kommen vor allem auch eine Beschlussfassung über eine **Zweckänderung** oder eine **Veränderung des Kapitals**. Die entsprechenden Anträge sind dann separat zu traktandieren (BERTSCHINGER, 372; MALACRIDA, 75). Sind die entsprechenden Voraussetzungen gegeben, hat die Generalversammlung der übertragenden Gesellschaft bei der Abspaltung überdies eine Kapitalherabsetzung zu beschliessen (vgl. dazu Art. 32 und Handkommentar FusG-JERMINI, N 1). Bei der Aufspaltung stellt sich die Frage, ob die übertragende Gesellschaft neben dem Spaltungsbeschluss noch einen separaten **Auflösungsbeschluss** zu fällen hat. Diese Frage ist grundsätzlich zu verneinen, denn die Aufspaltung bewirkt zwingend eine Auflösung des sich aufspaltenden Rechtsträgers (Art. 29 lit. a). Um die erforderliche Rechtssicherheit zu gewährleisten und die Grundlage für die Löschung im Handelsregister zu liefern, muss die Auflösung jedoch klar aus dem Spaltungsvertrag bzw. Spaltungsplan hervorgehen. Leider hat es der Gesetzgeber versäumt, eine entsprechende Vorschrift in Art. 37 aufzunehmen. Bei der übernehmenden Gesellschaft muss es in der Regel zu einer Kapitalerhöhung kommen, soweit es zur «Wahrung der Rechte der Gesellschafterinnen und Gesellschafter der übertragenden Gesellschaft erforderlich ist» (vgl. Art. 33). Die Notwendigkeit einer Kapitalerhöhung bedeutet jedoch nicht *eo ipso* die Notwendigkeit eines entsprechenden Generalversammlungsbeschlusses, insbesondere wenn die übernehmende Gesellschaft eine AG ist und genehmigtes Kapital oder eigene Aktien geschaffen hat. Anzumerken ist in diesem Zusammenhang, dass eine Art. 9 Abs. 2 entsprechende Ausnahmeregelung vom Maximalbetrag des genehmigten Aktienkapitals gemäss Art. 651 Abs. 2 OR bei der Spaltung fehlt und die Kompetenz der Generalversammlung in dieser Hinsicht nicht geschmälert wird.

Im Rahmen der Spaltung kommt es nicht notwendigerweise zu einer Statutenänderung der beteiligten Rechtsträger. Der Spaltungsbeschluss selbst bewirkt **keine Änderung der Statuten**. Namentlich sieht das Gesetz auch keine Offenlegung der Spaltung in den Statuten der übernehmenden Gesellschaft vor (wie etwa bei Sacheinlage oder Sachübernahme). Hingegen ziehen sowohl eine Zweckänderung als auch eine Kapitalveränderung im Rahmen der Spaltung eine Änderung der Statuten nach sich, welche entsprechend traktandiert werden muss. 9

III. Voraussetzungen des Spaltungsbeschlusses (Abs. 1)

Art. 43 Abs. 1 verknüpft den gesellschaftsrechtlichen Akt der Beschlussfassung über die Spaltung mit dem *ex ante* Gläubigerschutz des 6. Abschnitts. Diese Bestimmung stellt eine Verbotsnorm an die Adresse der obersten Leitungs- oder Verwaltungsorgane der beteiligten Gesellschaften dar. Sie dürfen den Spaltungsvertrag bzw. -plan erst der Generalversammlung zur Beschlussfassung unterbreiten, wenn eine «Sicherstellung» nach Art. 46 erfolgt ist. 10

Aus praktischer Sicht ist festzuhalten, dass die Handelsregisterbehörden die Einhaltung dieser Vorschrift nur sehr **beschränkt überprüfen** bzw. überprüfen können. Die Prüfungspflicht kann sich nur und soll sich auf die formellen Aspekte (z.B. Durchführung der Schuldenrufe, Einhaltung von Fristen) erstrecken, nicht aber auf den Vollzug der Sicherstellung der Forderungen. Die Eintragung eines Spaltungsbeschlusses im Handelsregister bietet demnach keine Gewähr dafür, dass die Vorschrift von Art. 43 Abs. 1 eingehalten worden ist. 11

Die Botschaft, 4440 und die Lehre (Handkommentar FusG-JERMINI, N 4; MEIER-SCHATZ, Fusionsgesetz, 64; ZK-BURCKHARDT BERTOSSA, N 4) erblicken in Art. 43 Abs. 1 eine **Voraussetzung der Gültigkeit** des Spaltungsbeschlusses. Folgt man dieser Auffassung, wäre ein Spaltungsbeschluss ohne Beachtung der Gläubigerschutzbestimmungen von Art. 46 nichtig. Diese Rechtsfolge erscheint jedoch aus mehreren Gründen als zu harsch. Gemäss Wortlaut von Art. 43 Abs. 1 statuiert diese Bestimmung ein Dürfen (bzw. «Nicht-Dürfen») des obersten Leitungs- oder Verwaltungsorgans und nicht ein gesellschaftsrechtliches Können. Zudem kann oft unklar sein, ob Art. 46 richtig angewendet wurde, insbesondere wenn Zweifel am rechtsgenüglichen Nachweis eines Wegfalls der Pflicht zur Sicherstellung bestehen (vgl. Art. 46 Abs. 2). Wäre die Beachtung von Art. 46 Voraussetzung der Gültigkeit des Beschlusses, entstünde während Jahren eine grosse Rechtsunsicherheit. Dies insbesondere deshalb, weil man sich nicht auf die Eintragung im Handelsregister verlassen kann (s. N 11), was im Hinblick auf den Grundsatz der Registerpublizität und die «heilende» Wirkung des Eintrages (vgl. MALACRIDA, 60; vgl. auch ZK-BURCKHARDT BERTOSSA, N 4, die den Spaltungsbeschluss ohne vorgängige Sicherstellung zwar für ungültig hält, einem dennoch erfolgten Handelsregistereintrag aber heilende Wirkung attestiert) problematisch ist. Hinzu kommt, dass Art. 47 ein ausgebautes System des *ex post* Gläubigerschutzes aufstellt, das die Gläubigerinteressen bereits hinlänglich schützt. Ein Gläubiger könnte darüber hinaus die Spaltung während Jahren verunmöglichen, wenn er die Fragen der Pflicht zur Sicherstellung oder der Art der Sicherheit zum Gegenstand eines Gerichtsverfahrens macht (vgl. Botschaft, 4442). Schliesslich zeigt die Analogie zu Art. 107, dass die Ungültigkeit eines Beschlusses lediglich *ultima ratio* darstellt, wenn der Mangel nicht auf andere Weise behoben werden kann. 12

In Anbetracht des Gesagten ist zumindest dann von der Gültigkeit des GV-Beschlusses auszugehen, wenn die Beachtung von Art. 46 nachträglich «heilend» erfolgt, z.B. wenn 13 der entsprechende Spaltungsbeschluss unter der Bedingung der Sicherstellung erfolgt oder die Sicherstellung nach Art. 46 sonstwie vor Eintragung des Spaltungsbeschlusses im Handelsregister gewährt wird. Aber auch in den anderen Fällen erscheint es angebracht, die Verantwortlichkeitsklage nach Art. 108 verbunden mit einer (bei Unterlassung der Aufforderung an die Gläubiger gemäss Art. 45) Fortdauer der Sicherstellungspflicht als Sanktion vorzusehen.

14 Aus dem Wortlaut von Art. 43 Abs. 1 wird nicht restlos klar, bis wann die Pflicht zur Sicherstellung (bzw. der Nachweis einer Befreiung davon) erfüllt sein muss. Die verwendeten Termini «darf erst zur Beschlussfassung unterbreiten» könnten zum Schluss verleiten, dass den Anforderungen des *ex ante* Gläubigerschutzes bereits im Zeitpunkt der Einladung zur Generalversammlung Genüge getan sein muss. Die Botschaft, 4440 stellt jedoch klar, dass der Zeitpunkt der Beschlussfassung der Generalversammlung massgebend ist. Nach der hier vertretenen Ansicht, kann die Sicherstellung unter Umständen auch noch nachträglich mit heilender Wirkung erfolgen (vgl. oben N 13).

15 Art. 43 Abs. 1 erwähnt nur die Gewährung des Gläubigerschutzes als Voraussetzung des Spaltungsbeschlusses. Auch die Konsultation der Arbeitnehmervertretung (Art. 50 i.V.m. Art. 28 FusG) sowie das Einsichtsrecht der Gesellschafter müssen aber vor dem Spaltungsbeschluss erfolgen. Zu den Sanktionen bei Nichtbeachtung dieser Vorhandlungen vgl. Art. 50 N 3 und Art. 106 N 33 (Konsultation Arbeitnehmervertretung) sowie Art. 41 N 26 f. (Einsichtsrecht).

IV. Durchführung der Generalversammlung

16 Die Durchführung der Generalversammlung richtet sich nach den entsprechenden Vorschriften für die jeweilige Gesellschaftsform. Allerdings spielen auch die Vorschriften des Fusionsgesetzes hierbei eine nicht zu unterschätzende Rolle. So wird in der Praxis wohl die **Einladungsfrist** für die Generalversammlung in den meisten Fällen (vgl. aber die Ausnahmen für KMU in Art. 41 Abs. 2) auf zwei Monate verlängert, da das Einsichtsrecht gemäss Art. 41 während dieser Zeitspanne zu gewähren ist. Die zeitliche Kombination von Versand (bzw. Publikation) der Einladung zur Generalversammlung und Bekanntmachung des Einsichtsrechtes im Schweizerischen Handelsamtsblatt (vgl. Art. 41 Abs. 4) erfolgt jedoch lediglich im Sinne der Praktikabilität und ist rechtlich nicht erforderlich (so offenbar auch Handkommentar FusG-JERMINI, N 17). Neben dem Einsichtsrecht der Gesellschafter ist auch der Schuldenruf für die Gläubiger und deren allfällige Sicherstellung (vgl. N 10 ff.) bei der Organisation der Generalversammlung zu berücksichtigen. Zu beachten ist, dass ein dreimaliger Schuldenruf im SHAB zu erfolgen hat (Art. 45) und den Gläubigern danach ebenfalls eine Frist von zwei Monaten zur Geltendmachung der Sicherstellung zur Verfügung steht (Art. 46).

17 Die Einladung wird durch das oberste Leitungs- und Verwaltungsorgan vorgenommen. Angesichts der Zuständigkeitsverteilung beim Spaltungsbeschluss ist eine Einberufung durch die Gesellschafter selbst kaum denkbar. Die **Reihenfolge der Traktanden** wird im Normalfall nicht von besonderer Bedeutung sein. Allerdings erscheint es «logisch», zunächst den (grundsätzlichen) Spaltungsbeschluss zu fassen und erst danach, über eine allfällige damit verbundene Zweckänderung oder Kapitalanpassung zu befinden. Um widersprechende Beschlüsse zu vermeiden ist es jedoch wichtig, die Gültigkeit des einen Beschlusses von der rechtsgültigen Annahme des anderen Beschlusses abhängig zu machen. Typischerweise wird die übertragende Gesellschaft vor der übernehmenden Gesellschaft über die Spaltung (und allfällig damit verbundene Statutenänderungen) befinden (vgl. Handkommentar FusG-JERMINI), doch kommt dieser Abfolge angesichts

der notwendigen Zustimmung aller beteiligten Gesellschaften (und der damit verbundenen «Bedingtheit» des ersten Beschlusses) rechtlich keine Bedeutung zu.

V. Quoren für symmetrische Spaltung (Abs. 2)

Der Spaltungsbeschluss der Generalversammlung der an der Spaltung beteiligten Gesellschaften muss gewissen Mehrheitserfordernissen genügen. Abs. 2 von Art. 43 verweist hierfür auf Art. 18 Abs. 1, 3, 4 und 6, wo die entsprechenden – für Kapitalgesellschaften und somit auch für die Spaltung relevanten – Quoren für die Fusion festgelegt sind. 18

1. Aktiengesellschaft (einschliesslich Kommandit-AG)

Die Mehrheitserfordernisse für Spaltungsbeschlüsse von Aktiengesellschaften und Kommanditaktiengesellschaften sind weitgehend deckungsgleich. Die nachfolgenden Ausführungen gelten demnach auch für die Kommanditaktiengesellschaft, soweit nicht ausdrücklich etwas anderes vermerkt ist. Der Spaltungsbeschluss von Aktiengesellschaften muss mindestens mit dem aus Art. 704 Abs. 1 OR bekannten Quorum von **zwei Dritteln der vertretenen Stimmen** und der **absoluten Mehrheit der vertretenen Nennwerte** gefasst werden (Art. 43 Abs. 2 i.V.m. Art. 18 Abs. 1 lit. a). Wird ein Teil der Aktiengesellschaft auf eine Genossenschaft abgespalten oder erfolgt eine Aufspaltung der AG auf Genossenschaften, so muss der Spaltungsbeschluss der übertragenden Aktiengesellschaft *einstimmig* erfolgen (Art. 43 Abs. 2 i.V.m. Art. 18 Abs. 1 lit. b). Das Einstimmigkeitserfordernis gilt hingegen nicht für die übernehmende Genossenschaft. 19

Überträgt eine Aktiengesellschaft auf dem Wege der Spaltung Vermögenswerte auf eine GmbH und soll dadurch eine «Nachschusspflicht oder persönliche Leistungspflicht» eingeführt werden, so ist die **Zustimmung aller** von der Einführung solcher Pflichten betroffener **Aktionäre** erforderlich (Art. 43 Abs. 2 i.V.m. Art. 18 Abs. 4). Geht es lediglich um die für die GmbH typische Treuepflicht der Gesellschafter, wird man allerdings kaum von einer «persönlichen Leistungspflicht» sprechen können. Bei der symmetrischen wie auch der asymmetrischen Spaltung bedeutet dies ein Einstimmigkeitserfordernis, welches immer dann zu beachten ist, wenn mit dem Aktionärsstatus nicht vereinbare Verpflichtungen bei der übernehmenden GmbH bestehen oder im Rahmen der Spaltung eingeführt werden sollen (vgl. zum Ganzen auch Art. 18 N 16 m.w.H.). Bei der Spaltung einer AG auf eine Kommandit-AG ist neben dem eingangs geschilderten qualifizierten Quorum die **schriftliche Zustimmung aller unbeschränkt haftenden Gesellschafter** erforderlich. Dies ergibt sich aus dem Verweis auf Art. 18 Abs. 3. Fraglich ist, ob dieses Erfordernis nur für die bisherigen Aktionäre als künftig unbeschränkt haftende Gesellschafter der Kommandit-AG gelten soll oder auch für die übernehmende Kommandit-AG zu fordern ist. Vor dem Hintergrund des Schutzes der unbeschränkt haftenden Gesellschafter ist Letzteres zu befürworten, da die Spaltung eine Übertragung wertloser Aktiven unter gleichzeitiger Übernahme von Passiven bei der übertragenden Gesellschaft bewirken kann (vgl. aber Art. 18 N 33 f. zur Fusion). 20

2. Gesellschaft mit beschränkter Haftung

Bei Gesellschaften mit beschränkter Haftung ergibt der Verweis auf Art. 18 Abs. 1 lit. c für den Spaltungsbeschluss ein erforderliches Quorum von mindestens **drei Vierteln der Gesellschafter**, die zudem mindestens **drei Viertel des Stammkapitals** vertreten müssen. Dies entspricht dem für Statutenänderungen bei der GmbH gesetzlich vorgesehenen Quorum (Art. 784 Abs. 2 OR), was im Gegensatz zur Regelung bei der AG somit 21 kein «qualifiziertes» Mehrheitserfordernis darstellt. Die Zustimmung aller Gesellschafter ist erforderlich bei der Spaltung auf eine Genossenschaft (Art. 43 Abs. 2 i.V.m. Art. 18 Abs. 1 lit. b). Bei der Spaltung einer GmbH auf eine Kommandit-AG ist neben dem Quorum von Art. 18 lit. c die schriftliche Zustimmung aller unbeschränkt haftenden Gesellschafter erforderlich (vgl. N 20 und Art. 18 N 32). Zur Frage, ob bei einer Spaltung auf eine andere GmbH, bei der eine Nachschusspflicht oder eine andere persönliche Leistungspflicht im grösseren Umfang als bisher eingeführt wird, analog zu Art. 18 Abs. 4 die Zustimmung aller Gesellschafter erforderlich ist, vgl. Art. 18 N 18.

3. Genossenschaften

22 Der Spaltungsbeschluss von Genossenschaften muss mindestens **zwei Drittel** der in einer Generalversammlung oder Urabstimmung (im Falle des Spaltungsbeschlusses durch eine Delegiertenversammlung) **abgegebenen Stimmen** auf sich vereinigen (Art. 43 Abs. 2 i.V.m. Art. 18 Abs. 1 lit. d). Dieses Quorum entspricht dem gesetzlich für Statutenänderungen sowie für die Auflösung und Fusion von Genossenschaften in Art. 888 Abs. 2 OR vorgesehenen Mehrheitserfordernis. Abweichend hiervon ergibt der Verweis auf Art. 18 Abs. 1 lit. d überdies ein qualifiziertes Quorum der Zustimmung von **drei Vierteln aller Genossenschafter**, wenn im Rahmen der Spaltung «eine Nachschusspflicht, andere persönliche Leistungspflichten oder die persönliche Haftung eingeführt oder eine bestehende Nachschusspflicht, andere persönliche Leistungspflichten oder die persönliche Haftung erweitert wird». Diese Vorschrift betrifft die übertragende Genossenschaft, wenn im Rahmen einer Spaltung auf eine andere Genossenschaft (oder allenfalls auf eine GmbH) zusätzliche Verpflichtungen auf die Genossenschafter zukommen. Für die übernehmende Genossenschaft ist sie demgegenüber wohl nicht einschlägig; die in den Statuten dieser Gesellschaft für eine Einführung solcher Pflichten vorgesehenen Mehrheiten sollten in diesem Fall anwendbar sein. Nach dem Willen des Gesetzgebers sollen Genossenschafter im Hinblick auf die Einführung von Gesellschafterpflichten offenbar schlechter geschützt sein als Gesellschafter anderer Gesellschaftsformen (vgl. die Beispiele und Kritik von Handkommentar FusG-JERMINI, N 8). Man kann man sich in Analogie zur entsprechenden Regelung für die Kommandit-AG (vgl. Art. 18 Abs. 3) fragen, ob die persönlich unbeschränkt haftenden Genossenschafter (vgl. Art. 869 OR) der übertragenden Gesellschaft nicht einstimmig zustimmen müssen. Zur Frage des Austrittsrechts der nicht zustimmenden Genossenschafter vgl. Art. 18 N 25.

VI. Quoren für asymmetrische Spaltung (Abs. 3)

1. Norminhalt und Normgeschichte

23 Abs. 3 verlangt für die asymmetrische Spaltung (in Deutschland als «nicht verhältniswahrende Spaltung» bezeichnet) die Zustimmung von «mindestens 90 Prozent aller Gesellschafterinnen und Gesellschafter der übertragenden Gesellschaft, die über ein Stimmrecht verfügen.» Das verlangte Quorum dürfte trotz leicht anders lautender Formulierung mit Art. 18 Abs. 5 betreffend die Fusion mit ausschliesslicher Entrichtung einer Abfindung übereinstimmen, welcher ein Erfordernis von «mindestens 90 Prozent der stimmberechtigten Gesellschafterinnen und Gesellschafter der übertragenden Gesellschaft» vorsieht. Das von Abs. 3 verlangte Quorum gilt – wie schon der Gesetzestext ergibt – nur für den übertragenden Rechtsträger.

24 Der Vorentwurf sah in Anlehnung an § 128 UmwG das Erfordernis der **Einstimmigkeit** (Art. 53 Abs. 2 VE FusG) vor, d.h. der Zustimmung aller Gesellschafter der übertragenden Gesellschaft vor. Im Sinne einer Aufweichung einer als zu rigide angesehenen Vor-

schrift wurde das Quorum dann im E FusG auf 90% der Gesellschafter (die über ein Stimmrecht verfügen), herabgesetzt (vgl. dazu Art. 18 N 35). Im Parlament gab diese Bestimmung zu keinen Diskussionen Anlass, weshalb sie unverändert Gesetzeskraft erlangt hat.

2. *Auslegung von Art. 43 Abs. 3 FusG*

Art. 43 Abs. 3 ist in mehrfacher Hinsicht klärungsbedürftig. Fraglich ist zum einen, ob das Quorum tatsächlich auf die **Anzahl der Gesellschafter** abstellt, wie dies der Wortlaut nahelegt, oder ob das Mehrheitserfordernis nicht vielmehr bereits bei Zustimmung von 90% der **Mitgliedschaftsstellen** (z.B. Aktien) erreicht ist. Eine weitere Auslegungsfrage betrifft die Stimmberechtigung, welche Abs. 3 als weitere Qualifikation der Gesellschafter bzw. der Mitgliedschaftsstellen verlangt. Sind damit ganz allgemein alle Gesellschafterstellungen erfasst, die ihrer Natur nach ein Stimmrecht vermitteln (z.B. alle Aktionäre) oder aber nur jene, die tatsächlich stimmberechtigt sind (z.B. weil im Aktienregister eingetragen) oder gar nur jene, die an der betreffenden Generalversammlung für den Spaltungsbeschluss tatsächlich stimmberechtigt sind. Zumindest in der Theorie ergäben sich aus dem Gesagten sechs mögliche Interpretationsvarianten.

Im Hinblick auf die erste Frage der Auslegung als Quorum von Gesellschaftern oder Mitgliedschaftsstellen ist zunächst vom klaren Wortlaut auszugehen, der von «Gesellschafterinnen und Gesellschaftern» spricht. Dies deutet auf ein Zählung nach **Köpfen**, und nicht etwa auf eine Zählung nach Mitgliedschaftsstellen (bzw. Aktienstimmen bei einer AG) hin, was durch einen systematischen Vergleich gestärkt wird, da für Letzteres im Allgemeinen der Terminus «Aktienstimmen» (Art. 703 OR), «Stimmen» (Art. 704 Abs. 1 OR) oder «Stimmrechte» (Art. 33 Abs. 1 BEHG) verwendet wird. Auch in den Materialien (insbes. der Botschaft) ist durchwegs von «Gesellschafterinnen und Gesellschaftern» die Rede (vgl. Botschaft, 4440). Allerdings hört die historische Auslegung hier nicht auf. Wie bereits eingangs erwähnt, ist den Materialien auch zu entnehmen, dass das ursprüngliche Einstimmigkeitserfordernis durch das 90% Quorum ersetzt wurde (vgl. dazu auch Art. 8 N 8 zur «Squeeze-out Fusion»). Bei Einstimmigkeit spielt die Unterscheidung zwischen Gesellschaftern und Mitgliedschaftsstellen keine Rolle. Wenn 100% der Gesellschafter zustimmen, stimmen auch 100% der Mitgliedschaftsstellen zu und *vice versa*. Erst bei einem Abrücken von der Einstimmigkeit entsteht eine Dichotomie. Der Verdacht liegt nahe, dass beim Ersetzen von «Zustimmung aller Gesellschafterinnen» durch «Zustimmung von 90% aller Gesellschafterinnen» die Tragweite dieser Änderung (insb. dass ein Gesellschafter mehrere Mitgliedschaftsstellen innehaben kann) und mithin das **Entstehen unterschiedlicher Messgrundlagen** des Quorums nicht bedacht wurde.

Bei der Auslegungsfrage Gesellschafter oder Mitgliedschaftsstellen als Grundlage des Quorums sind auch die Rechtsfolgen zu berücksichtigen. Stellt man auf die Anzahl Gesellschafter ab (Kopfstimmrecht) wäre die Durchführung einer asymmetrischen Spaltung bei einer Publikums-AG nahezu unmöglich, ganz abgesehen davon, dass die Anzahl Gesellschafter sich mit jeder Börsentransaktion ändert und (bei Inhaberaktien und wohl auch bei Namenaktien [Dispoaktien]) kaum feststellbar wäre. Offen wäre auch, wie das treuhänderische Halten von Aktien (z.B. durch Nominees) gehandhabt würde. Ein Kopfstimmrecht wäre mit den Grundstrukturen der Aktiengesellschaft ausserdem nicht vereinbar und würde zu absurden Resultaten führen (vgl. BÖCKLI, Aktienrecht, § 3 Rz 329), da Aktionäre mit weniger als 1% der Stimmen gegen den Willen einer Mehrheit von über 99% der Stimmen eine asymmetrische Spaltung beschliessen könnten (z.B. wenn bei einer Gesellschaft mit 10 Millionen Aktien sich noch 99 Aktien im «Publikum» befinden und der Rest von einem Aktionär gehalten wird; vgl. auch das Beispiel bei GRONER, 399). Es sprechen daher gute Gründe dafür, die Termini «Gesellschafterinnen und Gesellschafter» in Art. 43 Abs. 3 *contra verba legis* aber wohl dem mutmasslichen Willen des Gesetzgebers entsprechend als «Mitgliedschaftsstellen» aufzufassen. In der bislang erschienenen Literatur wird wie hier mehrheitlich die Meinung vertreten, Art. 43 Abs. 3 sei entgegen dem Wortlaut auszulegen und statuiere kein Kopfstimmprinzip (BÖCKLI, Aktienrecht, § 3 Rz 329; Handkommentar FusG-JERMINI, Art. 43 N 13 [*qua* Verweis auf Art. 18 N 12]; GLANZMANN, 152 [FN 159]; FREY/LAMBELET, 795; VON DER CRONE ET AL., Rz 642; **a.M.** MALACRIDA, 580, der eine Abweichung vom Wortlaut als «kaum zulässig» erachtet; ZK-BURCKHARDT BERTOSSA, Art. 43 N 15 [für Kopfstimmprinzip unter Hinweis auf den eindeutigen Gesetzestext und den Normzweck]; KLÄY, 202). Noch eindeutiger ist das Schrifttum mit Bezug auf die Auslegung des fast identischen Art. 18 Abs. 5 (ebenfalls gegen das Kopfstimmprinzip Handkommentar FusG-JERMINI, Art. 18 N 12; ISLER/VON SALIS-LÜTOLF, 18; VON SALIS-LÜTOLF, 48; GRONER, 399 f.; GLANZMANN, 151; VON PLANTA/ZARB, 205; SPORI/MOSER, 329; ZK-GELZER, Art. 18 N 33 ff.; vgl. auch Art. 8 N 10 und Art. 18 N 37; **a.M.** KLÄY, 194 ff.).

28 Es bleibt weiter die Frage zu klären, wie die Einschränkung «die über ein Stimmrecht verfügen» zu verstehen ist. Wie eingangs erwähnt, kann diese Einschränkung **«abstrakt»** oder **«konkret»** verstanden werden. Im ersteren Fall (**Variante 1**) sind Mitgliedschaftsstellen erfasst, die ihrer Natur nach ein Stimmrecht vermitteln (also beispielsweise Aktien im Gegensatz etwa zu Partizipationsscheinen), im letzteren Fall gibt es zwei Unterfälle: Es sind nur Mitgliedschaftsstellen erfasst, die tatsächlich stimmberechtigt sind – z.B. weil eine Eintragung als Aktionär mit Stimmrecht vorliegt und es sich nicht um eigene Aktien handelt (**Variante 2**), oder die – weil eine entsprechende Stimmkarte vorliegt – an der Generalversammlung betreffend den konkreten Spaltungsbeschluss stimmberechtigt sind (**Variante 3**). Variante 2 wäre zwar eine naheliegende «Kompromisslösung» und wird auch in der Literatur vertreten (jedenfalls bezüglich des fast identischen Wortlauts von Art. 18 Abs. 5, vgl. VON PLANTA/ZARB, 205), muss aber aus verschiedenen Erwägungen verworfen werden. Sie würde zu nicht zu rechtfertigenden, unterschiedlichen Quoren bei Inhaberaktien und Namenaktien (Dispoaktien) führen. Ausserdem ist kaum anzunehmen, dass der Gesetzgeber, der eine rechtsformenübergreifende Regelung schuf, eine neue – d.h. weder dem OR (für Kapital- oder Personengesellschaften) noch dem Börsengesetz bekannte – Berechnungsgrundlage für Quoren einführen wollte oder gar Erleichterungen in dem Sinne anstrebte, dass Dispoaktien nicht für das Erreichen des Quorums relevant sind. Variante 3 wird – jedenfalls mit Bezug auf den analogen Wortlaut in Art. 18 Abs. 5 zur Barabfindungsfusion – von GRONER, 400, D'HOOGHE, 43 sowie GLANZMANN, 51, vertreten. Die Vorzüge dieser Variante sind ihre Praxis- bzw. «Spaltungsfreundlichkeit» und ihr Einklang mit den Quorumsgrundlagen des Aktienrechtes (vgl. Art. 704 OR). Allerdings sprechen der Wortlaut und der Schutzzweck des erhöhten Quorums gegen eine solche Auslegung. Bezüglich Wortlaut wird man kaum leugnen können, dass auch Aktien, die nicht an der entsprechenden GV vertreten sind, über ein Stimmrecht verfügen (zumindest wenn – bei Namenaktien – ein entsprechender Eintrag im Register vorliegt). Der Schutzzweck der Norm, d.h. Sicherstellung einer möglichst grossen Zustimmung als Minderheitenschutz und im Sinne einer «Richtigkeitsgewähr», kommt in dieser Auslegungsvariante ebenfalls zu kurz. Gegen das Kriterium der vertretenen Stimmen spricht auch die Entstehungsgeschichte. Gemäss Vorentwurf wäre, wie erwähnt, die Zustimmung **aller** Gesellschafter (Mitgliedschaftsstellen) zur asymmetrischen Spaltung erforderlich gewesen. Die Berechnungsbasis (Nenner) wurde im Entwurf aber nicht geändert; es wurde ledig-

lich das Quorum auf 90% (Zähler) herabgesetzt (ebenso VON DER CRONE ET AL., Rz 642; gl.M. mit Bezug auf das analoge Quorum der «Squeeze-out Fusion» VON SALIS-LÜTOLf, 48 f., der allerdings eigene Aktien vom Nenner abziehen will [und insoweit gewissermassen «Variante 1½» befürwortet, vgl. zum Einbezug eigener Aktien nachfolgend N 30]; ebenso SPORI/MOSER, 329; TSCHÄNI, M&A Transaktionen, 253 [FN 123]; vgl. auch Art. 8 N 10 und Art. 18 N 37).

Im Einzelnen ergibt sich daraus für den **Nenner**, dass die Gesamtzahl der Stimmrechte aller Mitgliedschaftsstellen an der jeweiligen Gesellschaft massgebend ist. Aus Rechtssicherheits- und Praktikabilitätsgründen ist hierbei auf den Handelsregistereintrag abzustellen (d.h. beispielsweise bei der AG, dass noch nicht eingetragene Aktien aus bedingtem Kapital nicht berücksichtigt werden; vgl. auch Art. 8 N 10). Anteils- und Mitgliedschaftsrechte, die nicht über ein Stimmrecht verfügen (vgl. den Wortlaut von Art. 43 Abs. 3) wie beispielsweise Partizipationsscheine oder Genussscheine, sind im Nenner nicht zu berücksichtigen. **29**

Für die Berechnung der 90 Prozent der Stimmrechte im **Zähler** ist auf die Anzahl der von zustimmenden Gesellschaftern in der Generalversammlung rechtsgültig abgegebenen Stimmen abzustellen. Dies bedeutet im Ergebnis, dass bei einer Publikums-AG nicht ausübbare Stimmen (nicht im Aktienregister eingetragene Aktien [Dispo-Aktien] oder im Aktienregister ohne Stimmrecht eingetragenen Aktien [bei statutarischen Stimmrechtsbeschränkungen]) für die Berechnung des Zählers nicht in Betracht kommen (vgl. auch Art. 8 N 10 m.w.H. zur Fusion mit Abfindung nach Art. 8 Abs. 2). Hingegen rechtfertigt es sich, die ebenfalls nicht stimmberechtigten **eigenen Anteilsrechte** (vor allem eigene Aktien) anders zu behandeln. Diese stehen im Eigentum der Gesellschaft und somit indirekt in jenem der betreffenden Gesellschafter. Soweit diese also die asymmetrische Abspaltung mehrheitlich (d.h. mit der Mehrheit der vertretenen Stimmen) befürworten und allfällige gesetzliche Beschränkungen (z.B. gemäss Art. 659) eingehalten worden sind, sollen die eigenen Anteilsrechte das von der Mehrheit der Gesellschafter gewollte Schicksal erleiden. Dies bedeutet technisch, dass sie im Zähler hinzugerechnet werden (vgl. auch Art. 8 N 10 zur analogen Problematik bei der «Squeezeout» Fusion). **30**

Im Sinne eines Doppelquorums verlangt Art. 43 Abs. 3 neben der erörterten Stimmenmehrheit auch die Erfüllung eines **Kapitalquorums**. Ein Teil der Lehre postuliert – jedenfalls für den fast identischen Art. 18 Abs. 5 und im Hinblick auf die Aktiengesellschaft – die Zustimmung von 90% des vertretenen Kapitals für die Gültigkeit einer asymmetrischen Spaltung (GLANZMANN, 151; GRONER, 400; so wohl auch VON PLANTA/ZARB, 205; **a.M.** VON SALIS-LÜTOLF, 6.20, so offenbar auch Handkommentar FusG-JERMINI, ART. 18 N 12). Ein anderer Teil der Lehre verlangt – jedenfalls für die Abfindungsfusion nach Art. 8 Abs. 2 – 90% des gesamten Kapitals (ZK-GELZER, Art. 18 N 34; vgl. auch Art. 8 N 11 sowie Art. 18 N 37). Nach der hier vertretenen Auffassung lässt sich aus Art. 43 Abs. 3 kein gegenüber dem symmetrischen Spaltungsbeschluss erhöhtes Kapitalquorum ableiten, weshalb bei der Aktiengesellschaft die Zustimmung der absoluten Mehrheit der **vertretenen** Aktiennennwerte ausreichend ist (ebenso VON DER CRONE ET AL., Rz 642, so wohl auch BÖCKLI, Aktienrecht, § 3 Rz 330). **31**

3. Anwendbarkeit des 90% Quorums

Das in Ziff. 2 geschilderte Quorum ersetzt die in Art. 43 Abs. 2 i.V.m. Art. 18 Abs. 1 lit. a., c. und d. vorgesehenen Quoren für die symmetrische Spaltung (vgl. aber zum Kapitalquorum N 31). Wo bereits bei der symmetrischen Spaltung qua Verweis auf Art. 18 Abs. 1 Einstimmigkeit verlangt wird, bleibt dieses Quorum selbstverständlich bestehen. **32**

Auch wo neben der allgemeinen Zustimmungsquote ein zusätzliches Quorum verlangt wird, also beispielsweise die Zustimmung besonders betroffener Gesellschafter oder Zustimmungserfordernisse betreffend Nennwerten, bleibt dieses bestehen.

33 Wenn zunächst symmetrisch Anrechte an Gesellschafter abgespalten werden, sodann ein Handel in diesen Anrechten stattfindet und danach die definitiven Anteile an der übernehmenden Gesellschaft, welche durch Ausübung von Anrechten bezogen werden können, wegen inzwischen erfolgter Handänderungen nicht mehr symmetrisch verteilt sind, findet das qualifizierte Quorum von Art. 43 Abs. 3 m.E. keine Anwendung, auch wenn die Anteile an der übernehmenden Gesellschaften unter Umständen von Anfang an asymmetrisch verteilt sind.

VII. Vorbehalt gesetzlicher oder statutarischer Quoren bei Zweckänderung

34 Eine Spaltung kann für die Gesellschafter der übertragenden Gesellschaft eine (zumindest faktische) **Änderung des Gesellschaftszweckes** zur Folge haben, dies beispielsweise dadurch, dass sie aufgrund der Abspaltung der operativen Geschäftstätigkeit zu einer Holdinggesellschaft wird. Falls für den Fall der Zweckänderung statutarisch oder gesetzlich ein anderes Quorum als für den Spaltungsbeschluss verlangt ist, sollen nach Art. 43 Abs. 2 i.V.m. Art. 18 Abs. 6 «beide Mehrheitserfordernisse» anwendbar sein. Dies bedeutet, dass der Spaltungsbeschluss nur dann als angenommen gilt, wenn er das **jeweils höhere Quorum** erreicht. Andernfalls könnte mittels Spaltung eine faktische Zweckänderung bewirkt werden, ohne dass das dafür notwendige gesetzliche oder statutarische (in der Praxis wird wohl nur Letzteres von Bedeutung sein) Mehrheitserfordernis eingehalten würde (vgl. die Botschaft, 4419; Handkommentar FusG-JERMINI, Art. 43 N 12; Art. 18 N 39).

VIII. Sonderfragen

1. Bedingte Beschlussfassung

35 Nach Art. 51 muss das oberste Leitungs- und Verwaltungsorgan die Spaltung beim Handelsregister anmelden, «sobald der Spaltungsbeschluss vorliegt». Es kann jedoch möglich sein, dass unmittelbar nach Spaltungsbeschluss noch Bedingungen des Spaltungsvertrages ausstehend sind. In diesem Fall kann bzw. muss der Verwaltungsrat mit der Anmeldung an das Handelsregister zuwarten, bis die entsprechenden Bedingungen eingetreten sind. Wie im Beispiel in N 7 gezeigt, kann auch der Spaltungsbeschluss selbst bedingt sein, indem die Genehmigung der Gesellschafter vom Eintritt oder Ausfall noch unbestimmter Ereignisse abhängig gemacht wird.

2. Sonderversammlungen

36 Für die Frage der Notwendigkeit von Sonderversammlungen kann auf Art. 18 N 8 verwiesen werden (vgl. auch Handkommentar FusG-JERMINI, Art. 43 N 19).

3. Rechtsschutz und Sanktionen

37 Zur Frage der Rechtsfolgen bei Nichtbeachtung von Abs. 1 vgl. N 12 f. Die Sanktionen der Nichteinhaltung von Quoren gemäss Abs. 2 und Abs. 3 sind in Art. 106 N 17 und Art. 18 N 47 f. dargestellt.

4. Rechtsvergleich

Die EU-Spalt-RL verlangt für die Spaltung die Zustimmung der Hauptversammlung der beteiligten Gesellschaften, wobei für die erforderlichen Mehrheiten auf Art. 7 der Fus-RL verwiesen wird. Diese verlangt eine Mehrheit von nicht weniger als zwei Dritteln der Stimmen der vertretenen Wertpapiere oder des vertretenen gezeichneten Aktienkapitals. Allerdings können die Rechtsvorschriften der Mitgliedstaaten vorschreiben, dass die einfache Mehrheit der Stimmen ausreicht, sofern mindestens die Hälfte des gezeichneten Kapitals vertreten ist. Im Hinblick auf den Gläubigerschutz schreibt die Spaltungsrichtlinie den Mitgliedstaaten u.a. vor, den Gläubigern Anspruch auf Sicherstellung zu verschaffen, wenn die finanzielle Lage der beteiligten Gesellschaften einen solchen Schutz erforderlich machen, sowie eine gesamtschuldnerische (solidarische) Haftung der beteiligten Gesellschaften für nicht befriedigte Verpflichtungen zu verankern.

38

In Deutschland wird die Spaltung von Gesellschaften durch das UmwG vom 28.10. 1994 geregelt (§ 123 ff. UmwG). Dort ist vorgesehen, dass die Anteilsinhaber der beteiligten Rechtsträger einen Spaltungsbeschluss zu fassen haben, wobei als Quorum die Zustimmung von je mindestens drei Viertel des bei der Beschlussfassung vertretenen Grundkapitals erforderlich ist (§ 125 i.V.m. § 13 UmwG und entsprechend anwendbare besondere Vorschriften in §§ 39 ff.). Abweichend vom FusG ist für die nicht verhältniswahrende Spaltung (asymmetrische Spaltung) Einstimmigkeit erforderlich (§ 128 UmwG). Für den Spaltungsbeschluss ist des Weiteren keine vorgängige Sicherstellung der Forderungen vorgesehen, sondern der Anspruch auf Sicherstellung kann erst nach dem Registereintrag der Spaltung geltend gemacht werden (§ 125 i.V.m. § 22 UmwG). Schliesslich bringt das UmwG für die sogenannte up-stream-Spaltung insofern eine Erleichterung, als ein Hauptversammlungsbeschluss der Muttergesellschaft nicht erforderlich ist, sofern eine mindestens 90%ige Tochtergesellschaft gespalten wird (§ 62 UmwG). Spiegelbildlich kann gestützt auf dieselbe Bestimmung ein Spaltungsbeschluss bei der übertragenden Mutter-Aktiengesellschaft unterbleiben, wenn die übernehmende Tochter-Kapitalgesellschaft zu 90% von der übertragenden Mutter-Aktiengesellschaft gehalten wird (vgl. SAGASSER/SICKINGER in: Sagasser/Bula/Brünger, Umwandlungen, 2. Aufl., München 2000, Rz 144).

39

Art. 44

Öffentliche Beurkundung **Der Spaltungsbeschluss bedarf der öffentlichen Beurkundung.**

Acte authentique   La décision de scission fait l'objet d'un acte authentique.

Atto pubblico   La decisione di scissione richiede l'atto pubblico.

Literatur

C. BRÜCKNER, Schweizerisches Beurkundungsrecht, Zürich 1993; R.W. ISENSCHMID, Sinn und Zweck der öffentlichen Beurkundung, in: Schluep/Isler (Hrsg.), Neues zum Gesellschafts- und Wirtschaftsrecht, Zum 50. Geburtstag von Peter Forstmoser, Zürich 1993, 305 ff.; P. RUF, Die Gründungsbeurkundung einer Aktiengesellschaft, in: von Büren (Hrsg.), Aktienrecht 1992–1997, FS zum 70. Geburtstag von Rolf Bär, Bern 1998, S. 321 ff.

1 Art. 44 bestimmt in schlichten Worten, dass der Spaltungsbeschluss, d.h. die Genehmigung des Spaltungsvertrages oder des Spaltungsplanes durch die Generalversammlung, der öffentlichen Beurkundung bedarf. Diese Bestimmung entspricht Art. 20 Abs. 1, der für den Fusionsbeschluss ebenfalls die öffentliche Beurkundung verlangt. Wie auch beim Fusionsbeschluss, wo der Botschaft im Gegensatz zum Spaltungsbeschluss entsprechende Ausführung zu entnehmen sind, soll das Erfordernis der Beurkundung der **Rechtssicherheit** dienen, indem sich Zeitpunkt und Inhalt des Spaltungsbeschlusses später zweifelsfrei feststellen lassen (vgl. Botschaft, 4419, [zu Art. 20 E FusG]; Art. 20 N 3 m.w.H.). Die Beurkundung fördert ausserdem eine sichere Grundlage für die Eintragung der Spaltung im Handelsregister (zu weiteren mit der öffentlichen Beurkundung verfolgten Zielsetzungen vgl. ISENSCHMID, 305 ff.; Art. 20 N 3 m.w.H.). Das Erfordernis der Beurkundung gemäss Art. 44 ist insofern neu als vor Inkrafttreten des Fusionsgesetzes Spaltungen («Spin-offs») in der Regel in der Form von «Ausschüttungen» vorgenommen wurden (vgl. zur Zulässigkeit dieses Vorgehens unter dem Regime des FusG Art. 29 N 12 ff.) und entsprechende Beschlüsse der Generalversammlung nicht beurkundungspflichtig waren.

2 Die Beurkundung umfasst die notarielle Protokollierung des **Spaltungsbeschlusses**, d.h. des Willensaktes der Gesellschafter einer an einer Spaltung beteiligten AG (einschliesslich Kommandit-AG), GmbH oder Genossenschaft betreffend die **Genehmigung** (oder allenfalls Ablehnung) **des Spaltungsvertrages oder Spaltungsplanes**. Da sich dieser Willensakt auf den Spaltungsplan bzw. den Spaltungsvertrag bezieht, haben auch diese Dokumente selbstverständlich Belege der öffentlichen Urkunde zu sein. Weitere Belege sind der Spaltungsbericht (Art. 39) und der Prüfungsbericht (Art. 40) sowie gegebenenfalls die Spaltungsbilanz (vgl. dazu Art. 35 N 2). Diese Belege müssen in schriftlicher Form vorliegen, sind aber nicht selbst öffentlich zu beurkunden. Bei einem bedingten Beschluss enthält die Beurkundung den Wortlaut der Bedingung. Der Bedingungseintritt ist demgegenüber nicht mehr zu beurkunden, sondern dem Handelsregister auf andere Weise darzutun (z.B. durch Einreichen von Bestätigungen etc.). Nach der hier vertretenen Auffassung sind die schriftlichen **Zustimmungserklärungen** der unbeschränkt haftenden Gesellschafter der Kommandit-AG (vgl. Art. 43 N 20) ebenfalls nicht von der öffentlichen Beurkundung erfasst (vgl. demgegenüber die ausdrückliche Vorschrift in § 13 Abs. 3 UmwG). Die Urkundsperson hat jedoch das Vorhandensein der erforderlichen schriftlichen Zustimmungserklärungen in die öffentliche Urkunde aufzunehmen (dazu Art. 20 N 9). Die Beurkundung eines Spaltungsbeschlusses einer GmbH oder einer Genossenschaft, der in der Form einer Urabstimmung durchgeführt wird, ist ebenfalls möglich (vgl. die Ausführungen zur Fusion in Art. 20 N 10).

3 Die Beurkundung bezieht sich grundsätzlich auf die Spaltungsbeschlüsse **aller an der Spaltung beteiligter Gesellschaften**, soweit sich der Spaltungsvorgang nach schweizerischem Recht richtet. Eine im Rahmen einer Spaltung neu gegründete Gesellschaft fasst allerdings keinen Spaltungsbeschluss (vgl. Art. 43 N 2); entsprechend muss auch diesbezüglich keine Beurkundung stattfinden. Zur Frage der Beurkundung in Fällen, in denen mit der Spaltung eine Kapitalerhöhung, sonstige Statutenänderung oder eine Neugründung verbunden ist, vgl. Art. 20 N 7.

4 Die Beurkundung des Spaltungsbeschlusses ist ein **Gültigkeitserfordernis**. Ein nicht in Gegenwart einer Urkundsperson gefasster und von dieser beurkundeter Beschluss wäre nichtig und dürfte nicht im Handelsregister eingetragen werden (vgl. dazu Entscheid der Direktion der Justiz und des Inneren des Kantons Zürich vom 9.9.2001 betreffend Folgen der Durchführung einer Generalversammlung in Abwesenheit des Notars, REPRAX 2001, 47 ff., 51 m.w.H). Zur Frage einer allfälligen Heilung vgl. Art. 20 N 14.

Der Begriff der Urkunde ist dem ungeschriebenen Bundesrecht zuzuordnen (BGE 113 5
II 404; vgl. auch Art. 20 N 4). Demgegenüber richtet sich das Beurkundungsverfahren
in der Schweiz gemäss Art. 55 SchlT ZGB nach kantonalem Recht (z.B. hinsichtlich der
Anforderungen an die Urkundsperson). In der Regel wird ein im betreffenden Kanton
des Ortes der Generalversammlung zuständiger Notar die Beurkundung vornehmen.
Schweizerischem Recht unterstehende Spaltungsbeschlüsse können auch im Ausland
öffentlich beurkundet werden. Zur Anerkennung von solchen im Ausland öffentlich beurkundeten Spaltungsbeschlüssen in der Schweiz vgl. Art. 20 N 5 sowie Handkommentar FusG-JERMINI, Art. 43 N 5 ff.

Sechster Abschnitt: Gläubiger- und Arbeitnehmerschutz

Art. 45

Aufforderung an die Gläubigerinnen und Gläubiger	Die Gläubigerinnen und Gläubiger aller an der Spaltung beteiligten Gesellschaften müssen im Schweizerischen Handelsamtsblatt dreimal darauf hingewiesen werden, dass sie unter Anmeldung ihrer Forderungen Sicherstellung verlangen können.
Avis aux créanciers	Les créanciers de l'ensemble des sociétés participant à la scission sont informés par une triple publication dans la Feuille officielle suisse du commerce qu'ils peuvent exiger des sûretés s'ils produisent leurs créances.
Diffida ai creditori	I creditori di tutte le società partecipanti alla scissione vanno informati, mediante triplice pubblicazione nel Foglio ufficiale svizzero di commercio, che, se notificano i loro crediti, possono esigere la costituzione di garanzie.

Literatur

U. GASSER/C. EGGENBERGER, Vorentwurf zu einem Fusionsgesetz – Grundzüge und ausgewählte Einzelfragen, AJP 1998, 457 ff.; C.J. MEIER-SCHATZ, Einführung in das neue Fusionsgesetz, AJP 2002, 514 ff.; DERS., Europäisches Gesellschaftsrecht und der Schweizer Vorentwurf für ein Fusionsgesetz, in: Forstmoser/von der Crone/Weber/Zobl (Hrsg.), Der Einfluss des europäischen Rechts auf die Schweiz, FS Zäch, Zürich 1999, 539 ff.; R. RUEDIN, La protection des créanciers dans le projet de la loi sur la fusion, in: von der Crone/Weber/Zäch/Zobl (Hrsg.), Neuere Tendenzen im Gesellschaftsrecht, FS Forstmoser, Zürich 2003, 687 ff.; A. THÉVENAZ, La protection des créanciers et des associés lors de la scission de sociétes, SZW 2004, 208 ff.; R. WATTER/U. KÄGI, Der Übergang von Verträgen bei Fusionen, Spaltungen und Vermögensübertragungen, SZW 2004, 231 ff.

I. Ausgangslage und Normzweck

Anders als bei der Fusion findet bei der Spaltung aus Sicht der Gläubiger der übertragenden Gesellschaft ein *Abfluss von Haftungssubstrat* statt (ZK-BURCKHARDT BERTOSSA, N 3). Reduziert sich bei der Abspaltung (Art. 29 lit. b) das Vermögen der übertragenden Gesellschaft um das abgespaltete Teilvermögen, wird im Falle der Aufspaltung (Art. 29 lit. a) das ganze Vermögen der sich spaltenden Gesellschaft auf andere Gesellschaften aufgeteilt und Erstere im Handelsregister gelöscht (Art. 51 Abs. 3). Zudem kann die Spaltung für die Gläubiger der übertragenden Gesellschaft (auch entgegen deren Willen; vgl. demgegenüber die allgemeine vertragsrechtliche Regel gemäss Art. 176 OR) zu einem *Schuldnerwechsel* führen. Bei der Aufspaltung ist dies regelmässig der Fall: Das Vermögen der sich spaltenden Gesellschaft wird mit Aktiven und Passiven vollständig auf andere Gesellschaften übertragen (Art. 29 lit. a; Botschaft, 4441). Bei der Abspaltung hingegen sehen sich lediglich die Gläubiger von übertragenen Verbindlichkeiten mit einem Schuldnerwechsel konfrontiert. Schliesslich tragen sowohl bei der Auf- wie auch bei der Abspaltung die Altgläubiger der übernehmenden Gesellschaft das Risiko, dass die Übernahme des Teilvermögens *negative Auswirkungen* auf das Vermögen der übernehmenden Gesellschaft hat (MALACRIDA, ZSR 2004 I 53; Botschaft, 4441). Die vorstehend erwähnten Faktoren begründen allesamt die *Gefahr der Benachteiligung* der Gläubiger der an einer Spaltung beteiligten Gesellschaften, weshalb ihnen im Recht der Spaltung **Bonitätsschutz** zugestanden werden muss. Diesem Erfordernis ist der Gesetzgeber mit dem Erlass der Art. 45–49 nachgekommen.

2   Die in Art. 1 Abs. 2 formulierten Grundprinzipien der Transparenz und des Gläubigerschutzes gelten auch für die Spaltung. Der **Zweck** von Art. 45 besteht darin, Transparenz zu Gunsten der Gläubiger der an einer Spaltung beteiligten Gesellschaften zu schaffen mit dem Ziel, ihnen die Ausübung ihres Sicherstellungsanspruchs als Element der Gläubigerschutzbestimmungen zu ermöglichen.

II. Bisheriges Recht und Normgeschichte

3   Vergleiche zum bisherigen Recht Art. 29 N 12 ff. Artikel 45 wurde im Parlament gegenüber der Botschaft nicht geändert. Allerdings erfuhr der Botschaftstext gegenüber dem Vorentwurf (Art. 56) einige Änderungen, indem die Botschaft vom Erfordernis, wonach die Publikation des Hinweises auf den Sicherstellungsanspruch *gleichzeitig* mit der Auflage des Spaltungsvertrags oder des Spaltungsplans zu erfolgen hat, absieht. Der Text des Vorentwurfs wurde im Weiteren insofern ergänzt und präzisiert, als die Publikation nunmehr *dreimal* zu erfolgen hat und die Gläubiger nicht mehr nur «auf ihre Rechte hinzuweisen» sind, sondern vielmehr darauf, dass sie «Sicherstellung verlangen können».

III. Konzeption und Elemente des Gläubigerschutzes im Recht der Spaltung nach FusG

4   Im Vergleich zur Fusion unterscheidet sich die Risikolage für die Gläubiger der an einer Spaltung beteiligten Gesellschaften wesentlich (N 1). Entsprechend ist auch ihr Schutz konzeptionell anders ausgestaltet. Sieht Art. 25 bei der Fusion einen *nachträglichen Gläubigerschutz* vor, bestehend aus Informations- und Sicherstellungspflichten *nach* Rechtswirksamkeit der Fusion, basiert die Spaltung auf dem System des **präventiven Gläubigerschutzes** bereits *vor* Rechtswirksamkeit der Spaltung (ZK-BURCKHARDT BERTOSSA, N 4). Der präventive Gläubigerschutz wird verwirklicht, indem die Spaltung unter Vorbehalt der Fälle von Art. 46 Abs. 2 und 3 erst dann vollzogen werden darf, wenn die Gläubiger, die rechtmässig Sicherstellung verlangt haben, auch tatsächlich sichergestellt worden sind (Art. 43 Abs. 1 i.V.m. Art. 46 Abs. 1). Neben den generellen Sicherstellungsanspruch treten wie bei der Fusion (Art. 26) Bestimmungen betreffend Haftungskontinuität bei Bestehen einer persönlichen Haftung der Gesellschafter der übertragenden Gesellschaft (Art. 48). Im Weiteren enthält Art. 47 eine Sonderregelung hinsichtlich der subsidiären solidarischen Haftung derjenigen an der Spaltung beteiligten Gesellschaften, denen die Verbindlichkeiten im Rahmen der Spaltung nicht zugeordnet wurden. Eine Gläubigerschutzbestimmung stellt zudem auch der sozialpolitisch motivierte Art. 49 dar, der die Arbeitnehmer als besondere Kategorie von Gläubigern schützt. Als weitere Sicherheit für die Gläubiger besteht gemäss Art. 38 Abs. 3 eine so-

lidarische Haftung der an einer *Aufspaltung* beteiligten Gesellschaften für Verbindlichkeiten, die sich aufgrund des Spaltungsvertrags oder des Spaltungsplans nicht zuordnen lassen. Für Schulden, die im Rahmen einer *Abspaltung* nicht eindeutig zugewiesen wurden, haftet weiterhin ausschliesslich die übertragende Gesellschaft (Botschaft, 4439; vgl. auch Art. 38 N 2). Abgerundet werden die Gläubigerschutznormen im Recht der Spaltung schliesslich durch die Verantwortlichkeitsbestimmungen gemäss Art. 108, welche auch von den Gläubigern der an einer Spaltung beteiligten Gesellschaften angerufen werden können.

Mit Blick auf die Gesamtheit der Normen des FusG, welche die Gläubiger der an einer Spaltung beteiligten Gesellschaften vor Benachteiligungen schützen sollen, fällt auf, dass der Gesetzgeber bestrebt war, einen möglichst **umfassenden Gläubigerschutz** bereit zu stellen. Davon zeugt nicht zuletzt auch der von verschiedener Seite kritisierte Art. 47 (vgl. dazu Art. 47 N 3 m.w.Nw.). Diese gesetzgeberische Absicht steht in einem gewissen Kontrast zur Ausgestaltung des Gläubigerschutzes bei der Vermögensübertragung, wo sich der Gesetzgeber mit dem Erlass von Art. 75 f. im Wesentlichen auf den *nachträglichen* Schutz der Gläubiger von *übertragenen* Verbindlichkeiten beschränkt hat, während Gläubigerschutznormen für die Gläubiger von Verbindlichkeiten, die beim übertragenden und dem übernehmenden Rechtsträger verbleiben bzw. bestehen, weitgehend fehlen (vgl. dazu Art. 75 N 4 ff.).

IV. Publikation des Hinweises auf den Sicherstellungsanspruch

1. Normadressaten

Nach dem Wortlaut von Art. 45 müssen die Gläubiger *aller* an der Spaltung beteiligten Gesellschaften auf ihr Recht, Sicherstellung zu verlangen, hingewiesen werden. Somit trifft die Pflicht, die Gläubiger zur Anmeldung ihrer Forderungen und ihres Begehrens zur Sicherstellung derselben durch eine entsprechende Publikation im Schweizerischen Handelsamtsblatt aufzufordern, im Grundsatz **alle an der Spaltung beteiligten Gesellschaften**, also die sich aufspaltende bzw. abspaltende sowie die übernehmende(n) Gesellschaft(en). Das Gesagte bedarf jedoch in dreierlei Hinsicht der Präzisierung: *Erstens* ist zu beachten, dass die Pflicht zur Sicherstellung ausschliesslich die jeweilige *Schuldnergesellschaft* trifft (vgl. Art. 46 N 6 m.w.Nw.). Entsprechend ist nur diese zur Publikation des Hinweises auf das Recht ihrer Gläubiger, Sicherstellung zu verlangen, verpflichtet. *Zweitens* sind (Tochter-)Gesellschaften, deren Anteile im Rahmen einer Auf- oder Abspaltung auf übernehmende Gesellschaften übertragen werden, nicht als an der Spaltung beteiligte Gesellschaften zu betrachten. Denn sie stellen weder übertragende noch übernehmende Gesellschaften dar, sondern sind vielmehr aufgrund der Übertragung ihrer Anteile *mittelbar Gegenstand* der Spaltung. Folglich sind sie weder zur Publikation noch zur Sicherstellung nach Art. 45 f. verpflichtet. Das ist sachgerecht, denn den Gläubigern der betreffenden Gesellschaften wird durch die Spaltung (abgesehen von Ausnahmefällen wie etwa dem Vorliegen von Konzern- oder Vertrauenshaftungstatbeständen) weder Haftungssubstrat entzogen, noch müssen sie sich einen Schuldnerwechsel gefallen lassen. *Drittens* trifft die übernehmenden Gesellschaften dann keine Publikations- und Sicherstellungspflicht, wenn sie im Rahmen einer Auf- oder Abspaltung neu gegründet werden (Art. 34), erlangen sie die Rechtspersönlichkeit doch erst mit der Eintragung der Spaltung ins Handelsregister, im Rahmen derer auch die neu errichteten Gesellschaften in das Handelsregister einzutragen sind (Art. 106a Abs. 1 lit. f und Art. 106b f. HRegV; vgl. auch Art. 51 f.).

2. Form, Zeitpunkt und Inhalt der Publikation

7 Mit Blick auf die **Form** der Publikation müssen die an der Spaltung beteiligten Gesellschaften (N 6) im Schweizerischen Handelsamtsblatt (SHAB) dreimal auf das Recht ihrer Gläubiger hinweisen, dass sie unter Anmeldung ihrer Forderungen Sicherstellung verlangen können. Nicht erforderlich ist aufgrund des klaren Wortlauts des Gesetzes ein zusätzlicher Hinweis an die der Gesellschaft bekannten Gläubiger durch persönlichen Brief (vgl. zur Fusion Art. 25 N 27). Die vom Gesetzgeber verlangte dreimalige Publikation bedeutet, dass sie in drei verschiedenen Ausgaben des SHAB erfolgen muss, die sich einander auch unmittelbar folgen können. Die dreimalige Publikation im SHAB ist *zwingend* und muss somit auch dann erfolgen, wenn sämtliche bekannten Gläubiger darauf verzichten oder wenn aus der Bilanz keine Gläubiger ersichtlich sind (vgl. ZK-BURCKHARDT BERTOSSA, N 8; zu Art. 733 OR FORSTMOSER/MEIER-HAYOZ/NOBEL, § 53 N 139, 140 (FN 45a) sowie 149 m.w.Nw.; vgl. auch BGE 102 Ib 25, 115 II 272 = Pra 1989, 908).

8 Hinsichtlich des **Zeitpunkts** der Publikation dürfte diese regelmässig mit dem ebenfalls im SHAB zu veröffentlichenden Hinweis auf das Einsichtsrecht der Gesellschafter gemäss Art. 41 Abs. 4 zusammenfallen bzw. verbunden werden (MALACRIDA, ZSR 2004 I 54 FN 99; Handkommentar FusG-ZENHÄUSERN, Art. 41 N 14; vgl. auch BÖCKLI, Aktienrecht, § 3 Rz 318). Jedenfalls hat die dritte Publikation mindestens zwei Monate *vor* der Beschlussfassung der Generalversammlungen über den Spaltungsvertrag oder den Spaltungsplan zu erfolgen. Denn nach Art. 46 Abs. 1 muss den Gläubigern eine entsprechende Frist zur Anmeldung derjenigen Forderungen eingeräumt werden, die noch *vor* der Beschlussfassung der Generalversammlungen sicherzustellen sind (Art. 43 Abs. 1 i.V.m. Art. 45 f.; VON DER CRONE ET AL., Rz 648; vgl. zur Konzeption des präventiven Gläubigerschutzes auch N 4).

9 Zum **Inhalt** der Publikation gehört vorab die Angabe der an der Spaltung beteiligten Gesellschaften (N 6) zum Zwecke der Identifikation der Spaltung. Im Weiteren muss die Publikation den *Hinwei*s an die Gläubiger enthalten, dass sie innert der gesetzlichen Frist von zwei Monaten seit der dritten Publikation im SHAB (vgl. Art. 46 N 9) unter Anmeldung ihrer Forderungen bei der Gesellschaft Sicherstellung verlangen können. Eine eigentliche Aufforderung zur Geltendmachung des Sicherstellungsanspruchs ist im Einklang mit dem Text von Art. 45 (aber entgegen dessen Titel und des Textes von Art. 46 Abs. 1) nicht nötig. Gegebenenfalls ist es ratsam, die Gläubiger im Rahmen der Publikation im SHAB oder mittels Gewährung von Einsicht in die relevanten Spaltungsdokumente zusätzlich über Umstände zu informieren, die für ihren Entscheid, ob Sicherstellung verlangt werden soll, massgebend sein können; eine diesbezügliche Pflicht der Gesellschaft besteht aber nicht. Denn die Gläubiger sind im Gegensatz zu den Gesellschaftern weder zur Einsicht in die Spaltungsdokumente nach Art. 41 befugt, noch können sie sich die notwendigen Informationen über das Recht beschaffen, beim Handelsregister Einsicht in die Anmeldung der Spaltung und die dafür erforderlichen Belege zu nehmen (Art. 930 OR und Art. 106a HRegV), da das Begehren um Sicherstellung (wie auch die Sicherstellung selbst) *vor* dem Eintrag der Spaltung in das Handelsregister gestellt werden muss (Art. 43 Abs. 1 i.V.m. Art. 45 f.; Art. 51 f.). Aus Sicht der Gesellschaft kann die entsprechende Information der Gläubiger u.U. den Vorteil haben, dass bei Spaltungen, welche für die Interessen der Gläubiger der beteiligten Gesellschaften keine Gefährdung darstellen, die Zahl der eingereichten Sicherstellungsbegehren möglicherweise auf ein Minimum beschränkt werden kann.

V. Rechtsvergleich

Die **EU-Spalt-RL** sieht in Art. 12 aufgrund der grossen Unterschiede bei den nationalen Vorschriften nur minimale Gläubigerschutzbestimmungen vor. Immerhin verlangt sie in Abs. 1 der genannten Bestimmung ein *angemessenes Schutzsystem* für die Interessen der Gläubiger der an der Spaltung beteiligten Gesellschaften, deren Forderungen vor der Bekanntmachung des Spaltungsplans entstanden und zum Zeitpunkt dieser Bekanntmachung noch nicht fällig sind. Das Schutzsystem muss grundsätzlich einen Anspruch der Gläubiger auf angemessene Garantien beinhalten, sofern die finanzielle Lage der gespaltenen und der übernehmenden Gesellschaft es erfordert (Abs. 2). Im Einzelnen wird in Abs. 3 eine *subsidiäre solidarische Haftung der übernehmenden Gesellschaften* statuiert, indem diese für diejenigen Verpflichtungen als Gesamtschuldner haften, die von der Gesellschaft, auf welche die Verpflichtungen im Zuge der Spaltung übertragen worden waren, nicht befriedigt wurden. Allerdings ist ein Mitgliedstaat gemäss Abs. 6 dann nicht an die vorstehend erwähnten Bestimmungen gebunden, wenn er die übernehmenden Gesellschaften für die Verpflichtungen der gespaltenen Gesellschaft (a priori) als Solidarschuldnerinnen haften lässt.

10

Das **deutsche Umwandlungsgesetz (UmwG)** sieht in §§ 133–135 einen umfassenden Gläubigerschutz in allen Fällen der Spaltung (Aufspaltung, Abspaltung und Ausgliederung) vor, indem die Gläubiger des übertragenden Rechtsträgers während fünf Jahren durch eine *primäre gesamtschuldnerische Haftung* aller an der Spaltung beteiligten Rechtsträger geschützt werden (vgl. Art. 47 N 17). Damit werden diese Gläubiger wirtschaftlich für fünf Jahre so gestellt, als ob die Spaltung noch nicht vollzogen worden wäre (LUTTER-HOMMELHOFF, 1353). Ausserdem sieht § 133 Abs. 1 UmwG einen Anspruch der Gläubiger der übertragenden und der übernehmenden Rechtsträger auf *Sicherheitsleistung* unter bestimmten Voraussetzungen vor (vgl. dazu Art. 46 N 17). Schliesslich besteht gemäss § 125 i.V.m. § 45 UmwG in gewissen Fällen eine *Fortdauer der persönlichen Haftung* der Gesellschafter von Personenhandelsgesellschaften, die Vermögen übertragen, sofern die Anteilsinhaber der übernehmenden Rechtsträger für deren Verbindlichkeiten nicht unbeschränkt haften (vgl. Art. 48 N 8).

11

Art. 46

Sicherstellung der Forderungen	**¹ Die an der Spaltung beteiligten Gesellschaften müssen die Forderungen der Gläubigerinnen und Gläubiger sicherstellen, wenn diese es innerhalb von zwei Monaten nach der Aufforderung an die Gläubigerinnen und Gläubiger verlangen.** **² Die Pflicht zur Sicherstellung entfällt, wenn die Gesellschaft nachweist, dass die Erfüllung der Forderung durch die Spaltung nicht gefährdet wird.** **³ Anstatt eine Sicherheit zu leisten, kann die Gesellschaft die Forderung erfüllen, sofern die anderen Gläubigerinnen und Gläubiger nicht geschädigt werden.**
Garantie des créances	¹ Les sociétés qui participent à la scission garantissent les créances si les créanciers l'exigent dans le délai de deux mois à compter de la publication de l'avis aux créanciers. ² L'obligation de fournir des sûretés s'éteint si la société prouve que la scission ne compromet pas l'exécution de la créance.

Garanzia dei crediti

³ La société tenue de fournir des sûretés peut, en lieu et place, exécuter la créance dans la mesure où il n'en résulte aucun dommage pour les autres créanciers.

¹ Se i creditori ne fanno domanda entro due mesi dalla diffida, le società partecipanti alla scissione devono garantire i loro crediti.

² L'obbligo di prestare garanzia si estingue se la società prova che la scissione non compromette la soddisfazione del credito.

³ Invece di prestare garanzia, la società che vi è tenuta può soddisfare il credito, nella misura in cui non ne risulti alcun danno per gli altri creditori.

Literatur

U. GASSER/C. EGGENBERGER, Vorentwurf zu einem Fusionsgesetz – Grundzüge und ausgewählte Einzelfragen, AJP 1998, 457 ff.; C.J. MEIER-SCHATZ, Einführung in das neue Fusionsgesetz, AJP 2002, 514 ff.; DERS. Europäisches Gesellschaftsrecht und der Schweizer Vorentwurf für ein Fusionsgesetz, in: Forstmoser/von der Crone/Weber/Zobl (Hrsg.), Der Einfluss des europäischen Rechts auf die Schweiz, FS Zäch, Zürich 1999, 539 ff.; R. RUEDIN, La protection des créanciers dans le projet de la loi sur la fusion, in: von der Crone/Weber/Zäch/Zobl (Hrsg.), Neuere Tendenzen im Gesellschaftsrecht, FS Forstmoser, Zürich 2003, 687 ff.; A. THÉVENAZ, La protection des créanciers et des associés lors de la scission de sociétés, SZW 2004, 208 ff.; R. WATTER/U. KÄGI, Der Übergang von Verträgen bei Fusionen, Spaltungen und Vermögensübertragungen, SZW 2004, 231 ff.

I. Ausgangslage und Normzweck

1   Eine Spaltung birgt für die Gläubiger der an der Spaltung beteiligten Gesellschaften mannigfache Gefahren der Benachteiligung (vgl. dazu Art. 45 N 1), weshalb ihnen in Befolgung des Grundprinzips des Gläubigerschutzes gemäss Art. 1 Abs. 2 **Bonitätsschutz** zugestanden werden muss. Diesem Erfordernis ist der Gesetzgeber mit dem Erlass der Art. 45–49 nachgekommen, wobei der in Art. 46 statuierte Anspruch der Gläubiger auf *vor* dem Vollzug der Spaltung (vgl. N 2 und 5 sowie Art. 45 N 4) zu leistende Sicherheit das *Kernstück* des Gläubigerschutzes im Recht der Spaltung darstellt.

2   Der **Zweck** von Art. 46 besteht darin, eine Schlechterstellung der Gläubiger der an einer Spaltung beteiligten Gesellschaften hinsichtlich der Werthaltigkeit ihrer Ansprüche zu verhindern, indem ihnen das Recht eingeräumt wird, von der jeweiligen Schuldnergesellschaft (N 6) bereits *vor* dem Vollzug der Spaltung Sicherstellung ihrer Forderungen zu verlangen (Abs. 1; vgl. Art. 43 Abs. 1 i.V.m. Art. 45 f.; Art. 51 f.). Nicht gerechtfertigt ist der Anspruch auf Sicherstellung allerdings in jenen Fällen, in denen die Spaltung keine Gefahr für die Erfüllung der Forderungen darstellt. Entsprechend wird der Schuldnergesellschaft das Recht auf den Nachweis eingeräumt, dass die Erfüllung der Forderung durch die Spaltung nicht gefährdet wird, womit die Pflicht zur Sicherstellung entfällt (Abs. 2). Angesichts der einschneidenden Konsequenzen, welche die Sicherstellungspflicht für die Schuldnergesellschaft haben kann (vgl. Art. 25 N 4), sieht Abs. 3 im Weiteren vor, dass die Gesellschaft anstatt Sicherheit zu leisten die Forderung erfüllen kann. Dies ist allerdings nur möglich, sofern die anderen Gläubiger dadurch nicht geschädigt werden und aus Inhalt oder Natur des Vertrages nicht auf einen anderen Parteiwillen geschlossen werden muss (vgl. N 16).

II. Bisheriges Recht und Normgeschichte

3   Vergleiche zum bisherigen Recht Art. 29 N 12 ff. Artikel 46 wurde im Parlament gegenüber der Botschaft nicht geändert. Allerdings erfuhr der Botschaftstext gegenüber dem

Vorentwurf (Art. 57) eine wichtige Änderung, indem die Botschaft den Kreis der zur Sicherstellung verpflichteten Gesellschaften nicht mehr auf die «übertragenden Rechtsträger» beschränkt sondern vielmehr auf «die an der Spaltung beteiligten Gesellschaften» ausdehnt. Im Weiteren verkürzt die Botschaft die Frist, innert der die Gläubiger Sicherstellung verlangen können, von drei auf zwei Monate, gerechnet ab der dritten Publikation des Hinweises auf den Sicherstellungsanspruch im Schweizerischen Handelsamtsblatt (SHAB; vgl. N 9).

III. Konzeption und Elemente des Gläubigerschutzes im Recht der Spaltung nach FusG

Vgl. dazu Art. 45 N 4 f.   4

IV. Gläubigerschutz durch vorgängige Sicherstellungspflicht (Abs. 1)

Im Gegensatz zur Fusion muss die Sicherstellung im Recht der Spaltung bereits *vor* der Fassung des Spaltungsbeschlusses bzw. **vor der Rechtswirksamkeit der Spaltung** erfolgen (Art. 43 Abs. 1 i.V.m. Art. 45 f.; Art. 51 f.). Diese Konzeption ist auf die potentiell höheren Bonitätsrisiken zurückzuführen, mit welchen sich die Gläubiger der an einer Spaltung beteiligten Gesellschaften konfrontiert sehen (vgl. Art. 45 N 1). Die vorgängige Pflicht zur Sicherstellung hat zur Folge, dass Streitigkeiten hinsichtlich der Sicherstellungspflicht den Vollzug der Spaltung erheblich verzögern können (vgl. dazu N 11; Botschaft, 4442).

1. Kreis der zur Sicherstellung verpflichteten Gesellschaften

Nach dem Wortlaut von Abs. 1 trifft die Sicherstellungspflicht *«die an der Spaltung beteiligten Gesellschaften»*. Während der Vorentwurf noch davon ausging, dass (lediglich) die übertragenden Rechtsträger zur Sicherstellung verpflichtet sind (vgl. N 3), haben Botschaft und Gesetzgeber diese Einschränkung des Kreises der sicherstellungspflichtigen Gesellschaften fallen gelassen. Entsprechend können im Grundsatz die Gläubiger **aller an der Spaltung beteiligten Gesellschaften** Sicherstellung verlangen, also auch die Altgläubiger von übernehmenden Gesellschaften. Diese Auslegung korrespondiert mit Art. 45, wonach die Gläubiger *«aller an der Spaltung beteiligten Gesellschaften»* auf ihr Recht, Sicherstellung verlangen zu können, hinzuweisen sind (vgl. Art. 45 N 6). Die Botschaft begründet das Schutzbedürfnis der Altgläubiger von übernehmenden Gesellschaften damit, dass die Übernahme eines Teilvermögens im Rahmen einer Spaltung je nach den Umständen die Solvenz der übernehmenden Gesellschaft negativ beeinflussen kann (Botschaft, 4441). Die Feststellung, wonach im Grundsatz alle an einer Spaltung beteiligten Gesellschaften auf Verlangen der Gläubiger zur Sicherstellung verpflichtet sind, bedarf jedoch insofern der Präzisierung, als ausschliesslich die jeweilige **Schuldnergesellschaft** sicherstellungspflichtig ist (Botschaft, 4442; VON DER CRONE ET AL., Rz 654; vgl. auch Art. 45 N 6). Zu weiteren Einschränkungen des Kreises der zur Sicherstellung verpflichteten Gesellschaften vgl. Art. 45 N 6.

2. Gegenstand der Sicherstellungspflicht

Auf Verlangen sicherzustellen sind in *zeitlicher Hinsicht* die **vor der Publikation** des 7
Hinweises auf den Sicherstellungsanspruch (vgl. dazu Art. 45 N 6 ff.) **entstandenen Forderungen** (gl.M. VON DER CRONE ET AL., Rz 655; vgl. zu Art. 733 OR FORSTMOSER/MEIER-HAYOZ/NOBEL, § 53 N 162), wobei auf die dritte Publikation abzustellen ist (vgl.

auch Art. 733 OR). Diese zeitliche Beschränkung ist einerseits damit zu begründen, dass nur Gläubiger, die der Schuldnergesellschaft im Vertrauen auf die bisherige Vermögensbasis Kredit gewährten, vom Anspruch auf Sicherstellung profitieren sollen (vgl. zu Art. 733 OR FORSTMOSER/MEIER-HAYOZ/NOBEL, § 53 N 162). Andererseits ist die zeitliche Limitierung insofern notwendig, als die Spaltung sonst oftmals gar nicht durchgeführt werden könnte, wenn während oder nach Ablauf der Zweimonatsfrist neue Forderungen entstehen, welche wiederum sichergestellt werden müssten (VON DER CRONE ET AL., Spaltung). In *sachlicher Hinsicht* ist die Schuldnergesellschaft (N 6) auf Verlangen zur Sicherstellung **jeder Forderung** verpflichtet, die einen **Vermögenswert** aufweist, auch wenn sie im Zeitpunkt der Vermögensübertragung noch nicht fällig ist (Art. 25 N 17 f.). *Fällige Forderungen* sind grundsätzlich zu erfüllen, nicht sicherzustellen (VON DER CRONE ET AL., Rz 655; vgl. zur Fusion VON SALIS-LÜTOLF, 161). Mit Blick auf die Problematik der Sicherstellung von *Anwartschaften,* wie beispielsweise einer suspensiv bedingten Forderung (vgl. dazu GAUCH/SCHLUEP/SCHMID/REY, N 4227 f.), wird hier mit TRUFFER die Meinung vertreten, dass sie nicht Gegenstand der Sicherstellungspflicht sind (vgl. Art. 25 N 18 f. m.w.Nw.). Für eine **bereits besicherte** Forderung brauchen nicht noch zusätzliche Sicherheiten bestellt zu werden, wenn die bestehenden nach Art und Höhe den Anforderungen von Abs. 1 i.V.m. Abs. 2 genügen (Art. 25 N 21 m.w.Nw.). Hingegen sind grundsätzlich auch **bestrittene Forderungen** sicherzustellen (Handkommentar FusG-AFFENTRANGER, N 2; **a.M.** Art. 25 N 22). Allerdings ist im Hinblick auf die Gefahr von Obstruktionen eine *minimale Glaubhaftigkeit* der Forderung zu verlangen. Wer *offensichtlich* nicht bestehende Forderungen anmeldet, kann keine Sicherstellung verlangen. Denn darin liegt ein offenbarer Missbrauch der durch Art. 43 Abs. 1 eingeräumten Rechtsposition, wonach der Spaltungsbeschluss erst gefasst werden darf, wenn die Sicherstellung erfolgt ist. Solches Verhalten ist rechtsmissbräuchlich und findet gemäss Art. 2 Abs. 2 ZGB keinen Schutz.

8 Die Pflicht zur Sicherstellung gilt auch für die Forderungen der Arbeitnehmer, für die Art. 49 Abs. 2 auf Art. 46 verweist. Entsprechend sind alle Verbindlichkeiten aus auf die übernehmende Gesellschaft gemäss Art. 333 OR übergehenden **Arbeitsverhältnissen** sicherzustellen, die bis zum Zeitpunkt entstehen (der Gesetzeswortlaut «fällig werden» ist missverständlich, vgl. vor Art. 27 N 43), auf den das Arbeitsverhältnis ordentlicherweise beendigt werden könnte oder, bei Ablehnung des Übergangs, durch die Arbeitnehmerin oder den Arbeitnehmer beendigt wird. Die Sicherstellungspflicht wird somit für Forderungen aus Arbeitsverhältnissen auf zukünftige Forderungen erweitert, was aber regelmässig keine praktischen Probleme verursacht, da solche Forderungen im Voraus im Wesentlichen abschätzbar sind (VON DER CRONE ET AL., Rz 690). Die Sicherstellungspflicht gilt im Weiteren auch für Forderungen aus **anderen Dauerschuldverhältnissen**, wobei hier der Anspruch auf Sicherstellung in Analogie zu Art. 49 Abs. 2 auf diejenigen Forderungen zu beschränken ist, die bis zum Zeitpunkt entstehen (vgl. vor Art. 27 N 43), auf den das betreffende Schuldverhältnis ordentlicherweise beendet werden könnte (vgl. Fusion Handkommentar FusG-AFFENTRANGER, Art. 25 N 8; VON SALIS-LÜTOLF, 162).

3. Sicherstellungsbegehren

9 Gemäss Abs. 1 haben die an der Spaltung beteiligten Rechtsträger die Forderungen der Gläubiger sicherzustellen, wenn diese es innerhalb von zwei Monaten nach der Aufforderung an die Gläubiger *verlangen*. Das Gesetz verlangt von den Gläubigern somit wie bei der Fusion (Art. 25 Abs. 1), dass sie ihren Anspruch auf Sicherstellung mittels eines *Sicherstellungsbegehrens* geltend machen. Dieses ist mangels anderer gesetzlicher Anordnungen **formlos** gültig (Art. 11 OR). Allerdings empfiehlt sich aus Beweisgründen Schriftlichkeit. Adressatin des Begehrens ist die **Schuldnergesellschaft** (N 6). Aus dem

Begehren muss die **Identität des Gläubigers** sowie dessen **Wille** hervorgehen, **Sicherstellung zu beanspruchen**. Zudem ist die **Forderung** samt deren Höhe **zu bezeichnen**, für welche der Anspruch geltend gemacht wird (vgl. zur Fusion VON SALIS-LÜTOLF, 163; Art. 25 N 33). Die Frist für die Einreichung des Sicherstellungsbegehrens beträgt **zwei Monate**, gerechnet ab der dritten Publikation des Hinweises auf den Sicherstellungsanspruch im SHAB (Botschaft, 4442). In Analogie zu Art. 77 Abs. 1 Ziff. 3 OR muss das Sicherstellungsbegehren der Schuldnergesellschaft spätestens an demjenigen Tage im zweiten Monat nach der dritten Publikation zugehen (zur allgemeinen Geltung der Zugangstheorie für privatrechtliche empfangsbedürftige Willenserklärungen vgl. BSK OR I-BUCHER, Art. 9 N 3), der nach seiner Zahl dem Tage der dritten Publikation des Hinweises auf den Sicherstellungsanspruch entspricht (vgl. zur Fusion Art. 25 N 33 m.w.Nw.). Die Zweimonatsfrist ist als **Verwirkungsfrist** konzipiert: Begehren die Gläubiger nicht fristgerecht Sicherstellung für ihre Forderungen, verlieren sie dieses Recht unwiederbringlich (VON DER CRONE ET AL., Rz 649; vgl. zur Fusion Handkommentar FusG-AFFENTRANGER, Art. 25 N 10; Art. 25 N 33 m.w.Nw.). Folglich kann die Beschlussfassung der Generalversammlung nach Art. 43 Abs. 1 auch in solchen Fällen erfolgen. Zu beachten ist, dass für die Gläubiger keine Pflicht besteht, ihre Forderungen anzumelden (Botschaft, 4442). Rechtsfolge einer unterlassenen Forderungsanmeldung innerhalb der Zweimonatsfrist ist einzig – aber immerhin – der Verlust des Anspruchs auf Sicherstellung (nicht aber der Ansprüche gemäss Art. 47, vgl. Botschaft, 4442). Allerdings riskiert derjenige Gläubiger, der von seinem Recht auf Sicherstellung keinen Gebrauch macht, dass ihm zu Gunsten der sorgfältigeren Mitgläubiger, die Sicherstellung verlangen, Haftungssubstrat entzogen wird (Art. 25 N 4). Vgl. zur Zulässigkeit *bedingter Sicherstellungsbegehren* Art. 25 N 33.

4. Umfang, Art und Wahl der Sicherheit

Das Sicherstellungsrecht bezweckt, eine Schlechterstellung der Gläubiger der an einer Spaltung beteiligten Gesellschaften hinsichtlich der Werthaltigkeit ihrer Ansprüche zu verhindern (N 2). Entsprechend ist der **gesamte Nominalbetrag** einer Forderung mit allen bis zum Zeitpunkt des dritten Schuldenrufs (N 7) entstandenen **Nebenansprüchen** (wie z.B. aufgelaufenen Zinsen) sicherzustellen (vgl. zur Fusion VON SALIS-LÜTOLF, 161; Art. 25 N 24 m.w.Nw.; unklar VON DER CRONE ET AL., Rz 657). Die Sicherheit kann in Form einer **Personal-** (z.B. Garantie oder Bürgschaft eines Dritten) oder **Realsicherheit** (z.B. Pfandrecht, Sicherungsübereignung) geleistet werden (vgl. auch Botschaft, 4426, 4442). Die Gläubiger haben keinen Anspruch auf gleichartige Sicherheiten; jeder Gläubiger hat indes Anspruch darauf, dass die ihm gewährten Sicherheiten *werthaltig* sind (VON SALIS-LÜTOLF, 164). Die Wahl der Art der Sicherheit steht nach den allgemeinen Regeln des Obligationenrechts im Ermessen der *Schuldnergesellschaft* (vgl. FORSTMOSER/MEIER-HAYOZ/NOBEL, § 53 N 167).

5. Verfahren der Sicherstellung

Fristgemäss angemeldete Forderungen, welche Gegenstand der Sicherstellungspflicht sind (N 7 f.), müssen von der Schuldnergesellschaft vorbehältlich der Fälle von Abs. 2 und 3 sichergestellt werden. Die Sicherstellung hat gemäss Art. 43 Abs. 1 *vor* der Fassung des Spaltungsbeschlusses zu erfolgen. Ist die Gesellschaft der Ansicht, sie treffe in casu keine Pflicht zur Sicherstellung (etwa wenn sie davon ausgeht, dass die Erfüllung der Forderung durch die Spaltung gemäss Art. 46 Abs. 2 nicht gefährdet ist oder die Forderung offensichtlich nicht besteht, vgl. N 7), kann die verlangte Sicherstellung verweigert werden (VON DER CRONE ET AL., Rz 652). Der Gläubiger hat in diesem Falle die Möglichkeit, die Frage der Sicherstellungspflicht gerichtlich beurteilen zu lassen

(N 13). Da sich die Kognitionsbefugnis der Handelsregisterbehörden primär auf formelle Aspekte beschränkt (z.B. die Durchführung der Schuldenrufe und die Einhaltung von Fristen), können sie den Vollzug der Sicherstellung der Forderungen nicht prüfen (vgl. Art. 111 HRegV i.V.m. Art. 21 HRegV; Art. 43 N 11). Damit ist die **Eintragung der Spaltung ins Handelsregister** grundsätzlich **auch ohne die verlangte Sicherstellung möglich**. Ist die Sicherstellung zu Unrecht nicht erfolgt, geht die Botschaft pauschal von der *Ungültigkeit der Spaltung* aus, ohne zwischen dem rechtlichen Schicksal des Spaltungsbeschlusses und dem Vollzug der Spaltung durch Eintrag ins Handelsregister (Art. 51 f.) zu differenzieren (Botschaft, 4440). Ein Teil der Lehre ist gestützt auf Art. 43 Abs. 1 der Ansicht, dass ein *Spaltungsbeschluss*, welcher in Verletzung von Art. 46 gefasst wird, *ungültig* ist, ohne allerdings darauf einzugehen, welchen Einfluss diese Ungültigkeit des Spaltungsbeschlusses auf den Vollzug der Spaltung hat (Handkommentar FusG-JERMINI, Art. 43 N 4; MEIER-SCHATZ, S. 64; a.M. Art. 43 N 12 f.; in terminologischer Hinsicht wäre es in casu mit Blick auf Art. 706, 706b und 891 OR wohl präziser, von der Anfechtbarkeit bzw. Nichtigkeit des Spaltungsbeschlusses zu sprechen). Unseres Erachtens ist in solchen Fällen aus Gründen der Rechts- und Verkehrssicherheit sowie der Praktikabilität davon auszugehen, dass dem *Vollzug der Spaltung* mittels **Eintragung ins Handelsregister** (Art. 51 f.) analog zu Art. 643 Abs. 2 OR (Gründungsmängel bei der AG) zumindest **heilende Wirkung** zukommt, so man denn überhaupt davon ausgeht, der betreffende Spaltungsbeschluss sei anfechtbar bzw. nichtig (vgl. FORSTMOSER/MEIER-HAYOZ/NOBEL, § 17 N 14 ff. m.w.Nw.). Da die heilende Wirkung des Handelsregistereintrags jedoch nicht von der Pflicht, Mängel zu beheben und fehlende Voraussetzungen nachzuholen, dispensiert, **dauert die** (klagbare, vgl. N 13) **Pflicht zur Sicherstellung zu Lasten der an der Spaltung beteiligten Gesellschaften fort** (vgl. Art. 43 N 13; FORSTMOSER/MEIER-HAYOZ/NOBEL, § 17 N 16). Mit dieser nachträglichen Sicherstellungspflicht, dem System des *ex post*-Gläubigerschutzes nach Art. 47 f. sowie dem Institut der Verantwortlichkeitsklage (Art. 108) wird dem Gläubigerschutz im Regelfall auch in denjenigen Fällen genügend Rechnung getragen, wo eine Spaltung unter Verletzung der Bestimmungen über die Sicherstellungspflicht in das Handelsregister eingetragen wird (vgl. Art. 43 N 12). Zu beachten ist, dass es die Gläubiger bei vermuteter Verletzung ihres Anspruchs auf Sicherstellung unter Vorbehalt offensichtlich rechtswidriger Begehren (BK-KÜNG, Art. 929 OR N 193) in der Hand haben, als Sofortmassnahme einen **privatrechtlichen Einspruch** gemäss Art. 32 Abs. 2 HRegV (sog. Handelsregistersperre) zu erheben (VON DER CRONE ET AL., Rz 650). Bei Gutheissung wird damit die Eintragung der Spaltung ins Handelsregister vorerst verhindert und deren Rechtswirksamkeit hinausgeschoben (Art. 52), was zu **erheblichen Verzögerungen** der Spaltung führen kann.

12   Mit Blick auf die Gefahr, dass ein Spaltungsbeschluss vom Richter möglicherweise als anfechtbar oder gar als nichtig qualifiziert wird, wenn er ohne die erforderliche Sicherstellung nach Art. 43 Abs. 1 i.V.m. Art. 46 gefasst wird (N 11), kann es sich für die an einer Spaltung beteiligten Gesellschaften je nach Umständen empfehlen, **zwischen dem Ablauf der Frist zur Einreichung von Sicherstellungsbegehren gemäss Abs. 1 und dem Datum der Generalversammlung genügend Zeit einzuplanen** (vgl. auch Handkommentar FusG-JERMINI, Art. 43 N 4). Damit wird gewährleistet, dass die beteiligten Gesellschaften die Frage der Sicherstellungspflicht im Einzelnen abklären, die allenfalls notwendigen Verhandlungen mit den Gläubigern führen und gegebenenfalls Sicherheit leisten können, bevor die Generalversammlung den Spaltungsbeschluss trifft. BÖCKLI ist gar der Ansicht, dass es meistens erst nach Abschluss der Gläubigerschutzphase möglich ist, die Generalversammlung für den Spaltungsbeschluss einzuberufen (BÖCKLI, Aktienrecht, § 3 Rz 318).

6. Gerichtliche Durchsetzung des Sicherstellungsanspruchs

Im Falle, dass die Schuldnergesellschaft zu Unrecht keine oder ungenügende Sicherheit leistet, kann der Sicherstellungsanspruch **gerichtlich durchgesetzt** werden, wobei die Klägerrolle dem Gläubiger zufällt (Botschaft, 4442; VON DER CRONE ET AL., Rz 651; Handkommentar FusG-AFFENTRANGER, N 3; vgl. zur Fusion Art. 25 N 40). Denkbar ist auch die *vorsorgliche gerichtliche Durchsetzung* des Anspruchs auf Sicherstellung nach Massgabe der einschlägigen kantonalen Bestimmungen (**a.M.** ZK-PFEIFER, N 5). Örtlich zuständig ist nach Art. 29a GestG das **Gericht am Sitz eines der an der Spaltung beteiligten Rechtsträger**. Nach Abs. 2 entfällt der Anspruch auf Sicherstellung, wenn der Schuldnergesellschaft im Prozess der **Beweis** gelingt, dass die Erfüllung der Forderung durch die Spaltung nicht gefährdet wird (dazu N 15). Dagegen obliegt nach den allgemeinen Grundsätzen (Art. 8 ZGB) dem Gläubiger der Beweis für die Behauptung, die Sicherheit sei ungenügend. Da den Gläubigern regelmässig kein Rechtsöffnungstitel zur Verfügung steht, ist eine allfällige Betreibung auf Sicherheitsleistung gemäss Art. 38 SchKG erst nach einem erstrittenen Gerichtsurteil möglich, das den betreffenden Rechtsträger zur Sicherheitsleistung in Geld verpflichtet (VON DER CRONE ET AL., Rz 666, 928). Fraglich ist, welcher Einfluss ein hängiges Gerichtsverfahren betreffend die Sicherstellungspflicht auf das Verfahren der Spaltung hat, darf doch der Spaltungsbeschluss gemäss Art. 43 Abs. 1 erst gefasst werden, wenn die Sicherstellung erfolgt ist. Nach der Botschaft darf im Falle eines Streits zwischen der Gesellschaft und einem Gläubiger über die Pflicht zur Sicherstellung oder die Art der Sicherheit der Spaltungsbeschluss erst gefasst werden, wenn ein gerichtlicher Entscheid vorliegt (Botschaft, 4442; vgl. auch THÉVENAZ, 213). Wird der Spaltungsbeschluss vorher gefasst, ist mit Blick auf Art. 43 Abs. 1 fraglich, ob dieser Beschluss rechtsbeständig ist (vgl. auch N 11). Jedenfalls ist u.E. ein mangels vorsorglicher Massnahmen oder einer Handelsregistersperre während eines hängigen Gerichtsverfahrens betreffend die Sicherstellungspflicht vorgenommener *Vollzug der Spaltung* mittels Eintragung ins Handelsregister nicht als ungültig, sondern aufgrund der Eintragung zumindest als *geheilt* zu betrachten, so man denn überhaupt davon ausgeht, der betreffende Spaltungsbeschluss sei anfechtbar bzw. nichtig (vgl. N 11).

7. Rechtsnatur des Anspruchs auf Sicherstellung

Die Sicherstellungspflicht stellt wie bei der Fusion (Art. 25 N 16) **dispositives Recht** dar. Ein Gläubiger kann somit gültig auf das Recht auf Sicherstellung verzichten.

V. Befreiung von der Sicherstellungspflicht (Abs. 2)

Nach Abs. 2 entfällt die Pflicht zur Sicherstellung einer Forderung, wenn die Gesellschaft nachweist, dass die **Erfüllung durch die Spaltung nicht gefährdet** wird. Bei der vorliegenden Bestimmung handelt es sich um das Pendant zu Art. 25 Abs. 3 (Befreiung von der Sicherstellungspflicht bei der Fusion), weshalb auch auf die Kommentierung dieser Bestimmung verwiesen wird (Art. 25 N 34 ff.). Bei der zum Nachweis gemäss Abs. 2 berechtigten Gesellschaft handelt es sich um die *Schuldnergesellschaft* (N 6). Die Umkehr der Beweislast ist notwendig, weil nur die Gesellschaft ihre finanzielle Situation darzulegen imstande ist, was namentlich mittels der Jahresrechnung geschehen kann (Botschaft, 4416, 4442; ZK-PFEIFER, N 2). Zu beachten ist allerdings auch das Einsichtsrecht der Gläubiger von Aktiengesellschaften gemäss Art. 697h Abs. 2 OR. Im Falle einer Spaltung erscheint ein schutzwürdiges Interesse im Sinne dieser Bestimmung regelmässig als gegeben (vgl. zur Fusion Botschaft, 4416). Sind sich Schuldnergesellschaft und Gläubiger uneinig, ob in casu der Tatbestand von Abs. 2 erfüllt und somit die Gesellschaft von der Sicherstellungspflicht befreit ist, steht dem Gläubiger der Gang zum Richter offen (N 13).

VI. Vorbehalt der Erfüllung (Abs. 3)

16 Anstatt Sicherheit zu leisten, kann die Gesellschaft (womit die *Schuldnergesellschaft* gemeint ist, vgl. N 6) die **Forderung erfüllen**, sofern die anderen Gläubiger dadurch nicht geschädigt werden und aus Inhalt oder Natur des Vertrages nicht auf einen anderen Parteiwillen geschlossen werden muss (Botschaft, 4442; ZK-PFEIFER, N 4; vgl. auch Art. 81 OR). Die vorliegende Bestimmung entspricht inhaltlich Art. 25 Abs. 4 (Vorbehalt der Erfüllung bei der Fusion), weshalb auf die Kommentierung dieser Bestimmung verwiesen wird (Art. 25 N 44 f.).

VII. Rechtsvergleich

17 Vgl. zur **EU-Spalt-RL** Art. 45 N 10. Das **deutsche Umwandlungsgesetz (UmwG)** sieht in § 133 i.V.m. §§ 125 und 22 einen Anspruch der Gläubiger der an einer Spaltung beteiligten Rechtsträger (also der übertragenden *und* der übernehmenden Rechtsträger, vgl. LUTTER-HOMMELHOFF, 1361) auf Sicherheitsleistung für im Moment der Spaltung noch nicht fällige Forderungen vor, sofern die Spaltung die Erfüllung dieser Forderungen gefährdet. Der Anspruch richtet sich gegen jenen Rechtsträger, dem die abzusichernde Verbindlichkeit im Spaltungsvertrag oder -plan zugewiesen ist, also allein gegen den Hauptschuldner, nicht jedoch gegen als Gesamtschuldner mithaftende Rechtsträger (LUTTER-HOMMELHOFF, 1361). Ist die zu sichernde Verbindlichkeit dagegen beim übertragenden Rechtsträger verblieben, richtet sich der Anspruch auf Sicherheitsleistung gegen den übertragenden Rechtsträger als ursprünglichen Schuldner, während der Altgläubiger eines übernehmenden Rechtsträgers, dem eine noch nicht fällige Forderung zusteht, einen Anspruch auf Sicherheitsleistung gegen diesen Rechtsträger hat (LUTTER-HOMMELHOFF, 1361, 1371).

Art. 47

Subsidiäre Haftung der an der Spaltung beteiligten Gesellschaften

¹ Werden die Forderungen einer Gläubigerin oder eines Gläubigers von der Gesellschaft, der die Verbindlichkeiten durch den Spaltungsvertrag oder den Spaltungsplan zugeordnet wurden (primär haftende Gesellschaft), nicht befriedigt, so haften die übrigen an der Spaltung beteiligten Gesellschaften (subsidiär haftende Gesellschaften) solidarisch.

² Subsidiär haftende Gesellschaften können nur belangt werden, wenn eine Forderung nicht sichergestellt ist und die primär haftende Gesellschaft:
a. in Konkurs geraten ist;
b. Nachlassstundung oder Konkursaufschub erhalten hat;
c. bis zur Ausstellung eines definitiven Verlustscheins betrieben worden ist;
d. den Sitz ins Ausland verlegt hat und in der Schweiz nicht mehr belangt werden kann;

e. **den Sitz im Ausland verlegt hat und dadurch eine erhebliche Erschwerung der Rechtsverfolgung eingetreten ist.**

Responsabilité subsidiaire des sociétés participant à la scission

[1] Les autres sociétés participant à la scission (sociétés responsables à titre subsidiaire) sont solidairement responsables envers les créanciers qui n'ont pas été désintéressés par la société à laquelle les dettes ont été attribuées en vertu du contrat de scission ou du projet de scission (société responsable à titre principal).

[2] Les sociétés responsables à titre subsidiaire ne peuvent être recherchées que si la créance n'a pas été garantie et que la société responsable à titre principal:
a. a été déclarée en faillite;
b. a obtenu un sursis concordataire ou un ajournement de la faillite;
c. a fait l'objet de poursuites ayant abouti à la délivrance d'un acte de défaut de biens définitif;
d. a transféré son siège à l'étranger et ne peut plus être recherchée en Suisse;
e. a transféré son siège d'un Etat étranger à un autre, entravant ainsi sensiblement l'exercice du droit du créancier.

Responsabilità sussidiaria delle società partecipanti alla scissione

[1] Se un creditore non è stato soddisfatto dalla società cui il contratto o il progetto di scissione ha attribuito il suo credito (società responsabile a titolo primario), le altre società partecipanti alla scissione (società responsabili a titolo sussidiario) rispondono in solido.

[2] Le società responsabili a titolo sussidiario possono essere convenute in giudizio solamente se un credito non è stato garantito e se la società responsabile a titolo primario:
a. ha fatto fallimento;
b. fruisce di una moratoria o di un differimento del fallimento;
c. è stata oggetto di una procedura d'esecuzione che ha portato al rilascio di un attestato di carenza di beni definitivo;
d. ha trasferito la sede all'estero e non può più essere convenuta in giudizio in Svizzera;
e. ha trasferito la sede estera da uno Stato all'altro, complicando notevolmente l'esercizio dei diritti del creditore.

Literatur

C.J. MEIER-SCHATZ, Europäisches Gesellschaftsrecht und der Schweizer Vorentwurf für ein Fusionsgesetz, in: Forstmoser/von der Crone/Weber/Zobl (Hrsg.), Der Einfluss des europäischen Rechts auf die Schweiz, FS Zäch, Zürich 1999, 539 ff.; R. RUEDIN, La protection des créanciers dans le projet de la loi sur la fusion, in: von der Crone/Weber/Zäch/Zobl (Hrsg.), Neuere Tendenzen im Gesellschaftsrecht, FS Forstmoser, Zürich 2003, 687 ff.; A. THÉVENAZ, La protection des créanciers et des associés lors de la scission de sociétés, SZW 2004, 208 ff.; S. ZWICKER/H.R. KÜNZLE, Abspaltung von Unternehmensteilen bei der AG – Rechtliche Aspekte, ST 1997, 993 ff.

I. Ausgangslage und Normzweck

Jeder Spaltungsvorgang führt aus Sicht der Gläubiger zu einer Veränderung des **Haftungssubstrats** der übertragenden bzw. übernehmenden Gesellschaft(en) (RUEDIN, FS Forstmoser, 689). Betroffen sind – je nach Zuteilung der Passiven im Spaltungsvertrag bzw. Spaltungsplan – die Gläubiger der übertragenden oder der übernehmenden Gesellschaft(en). Wird ein Vermögen mit *Aktivenüberschuss* übertragen, verkleinert sich das Haftungssubstrat der *übertragenden* Gesellschaft. Wird hingegen ein Vermögen mit *Passivenüberschuss* (vgl. dazu Art. 29 N 23) übertragen, gehen die Gläubiger der *überneh-*

1

menden Gesellschaft eines Teils «ihres» Haftungssubstrats verlustig. Art. 47 soll diese der Spaltung inhärente Gefährdung der Gläubigerinteressen ausgleichen. Der gesetzliche Ausgleich besteht aus der subsidiären, solidarischen Haftung der übrigen an der Spaltung beteiligten Gesellschaften für Forderungen, die von der primär haftenden Gesellschaft nicht befriedigt werden. Zusätzlich regelt Art. 47 Abs. 1 die gesetzliche Haftungs- und Regressordnungssystematik der an der Spaltung beteiligten Gesellschaften.

II. Bisheriges Recht und Normgeschichte

2   Im Rahmen der bisher praktizierten Spaltung in zwei Schritten übertrug die Gesellschaft die dem Transaktionsvorgang unterworfenen Verbindlichkeiten nach Art. 181 OR oder per Singularsukzession auf eine neugegründete oder bereits bestehende Tochtergesellschaft (vgl. dazu Art. 29 N 1 m.w.H.). Gemäss **Art. 181 Abs. 2 OR** haftete die übertragende Gesellschaft zusammen mit der übernehmenden Gesellschaft während zwei Jahren solidarisch für die übertragenen Forderungen (BSK OR I-TSCHÄNI, Art. 181 N 14).

3   Die schon im Art. 59 VE FusG vorgesehene Subsidiärhaftung der an der Spaltung beteiligten Gesellschaften wurde in den Vernehmlassungen teilweise als *«überflüssig und konstitutionell inkonsistent»* disqualifiziert (MEIER-SCHATZ, Fusionsgesetz, 26; Vernehmlassungen, 256 ff.). Insbesondere wurde auch eine Begrenzung der ewigen Haftungsdauer – in Analogie zu Art. 181 Abs. 2 OR – auf zwei Jahre seit Rechtswirksamkeit der Spaltung gefordert (Vernehmlassungen, 256 ff.). Diese kritischen Voten stiessen jedoch auf taube Ohren – die Bestimmung blieb unverändert. Über die Gründe für das Beharren des Gesetzgebers auf den Vorentwurf schweigt sich die Botschaft aus.

III. Anwendungsbereich

4   Wird die Forderung eines Gläubigers von der Gesellschaft, der die Verbindlichkeit durch den Spaltungsvertrag oder -plan zugeordnet wurde, nicht befriedigt, so haften die übrigen an der Spaltung beteiligten Gesellschaften solidarisch (Art. 47 Abs. 1), wenn die entsprechende Verbindlichkeit nicht sichergestellt wurde *und* falls die primär haftende Gesellschaft nicht mehr (erfolgreich) belangt werden kann bzw. eine erhebliche Erschwerung der Rechtsverfolgung eingetreten ist (Art. 47 Abs. 2).

1. Die durch Spaltungsvertrag oder Spaltungsplan zugeordneten Verbindlichkeiten (Abs. 1)

5   Gegenstand der subsidiären Haftung sind nach dem Wortlaut von Abs. 1 die *«durch den Spaltungsvertrag oder den Spaltungsplan zugeordneten»* Verbindlichkeiten. Da nur die **zu übertragenden Verbindlichkeiten** zum Inhalt des Spaltungsvertrages (bei der Spaltung mit Übernahme) bzw. des Spaltungsplanes (bei der Spaltung zur Neugründung) gehören (Art. 37 lit. b; Botschaft, 4437), ist unklar, ob auch Schulden, die nach einer *Ab*spaltung bei der übertragenden Gesellschaft *verbleiben*, sowie Schulden der *Alt*gläubiger der *übernehmenden* Gesellschaft(en) von der subsidiären Solidarhaftung der anderen an der Spaltung beteiligten Gesellschaft(en) gedeckt sind. Bei der *Aufspaltung* werden die Gläubiger durch die solidarische Haftung der übernehmenden Gesellschaften gemäss Art. 38 Abs. 3 (vgl. dazu Art. 38 N 20 ff.) für im Aufspaltungsvertrag bzw. -plan nicht aufgelisteten Verbindlichkeiten ausreichend geschützt.

6   Die grammatikalische Auslegung von Abs. 1 lässt wenig Raum für eine Ausdehnung der Subsidiärhaftung auf die von der *Ab*spaltung nicht erfassten, **bei der übertragenden Gesellschaft verbleibenden Verbindlichkeiten**. Eine *teleologische* Auslegung führt jedoch

zur entgegensetzten Lösung. In Anbetracht der Tatsache, dass auch die Gläubiger der übertragenden Gesellschaft einen Teil «ihres» ursprünglichen Haftungssubstrats (in der Höhe des übertragenen Nettovermögens) verlieren (RUEDIN, FS Forstmoser, 689), ist nicht einzusehen, warum diese «zurückbleibenden» Gläubiger schlechter behandelt werden sollten als die Gläubiger der übertragenen Forderungen (VON DER CRONE ET AL., Rz 658; ZWICKER/KÜNZLE, 999; BESSENICH, 165). Soweit die Belangbarkeitsvoraussetzungen von Abs. 2 erfüllt sind, haften demzufolge u.E. die übernehmenden Gesellschaften – subsidiär zur übertragenden Gesellschaft (Art. 38 N 2; Botschaft, 4439) – auch für die im Abspaltungsvertrag bzw. -plan nicht aufgelisteten und bei der übertragenden Gesellschaft verbliebenen Verbindlichkeiten. Ziel der gesetzlichen Präzisierung von Abs. 1 (*«von der Gesellschaft, der die Verbindlichkeiten durch den Spaltungsvertrag oder den Spaltungsplan zugeordnet wurden (primär haftende Gesellschaft)»*) ist nicht die Einschränkung der Subsidiärhaftung auf die übertragenen Forderungen sondern die Festsetzung der Haftungsordnung in primär und sekundär haftende Gesellschaften (vgl. N 1 und 13 ff.). In rechtsvergleichender Hinsicht ist darauf hinzuweisen, dass auch der deutsche Gesetzgeber in § 133 Abs. 1 UmwG eine Haftung (obwohl primär und solidarisch) aller an der Spaltung beteiligten Rechtsträger für sämtliche Verbindlichkeiten des übertragenden Rechtsträgers vorsieht (LUTTER-HOMMELHOFF, 1355 ff.). Zudem behandelt auch Art. 12 EU-Spalt-RL übertragene und verbliebene Forderungen gleich (BESSENICH, 163).

Die Auf- bzw. Abspaltung mit Übernahme stellt auch für **Altgläubiger der übernehmenden Gesellschaft(en)** eine potentiell risikoreiche Transaktion dar. Zum einen kommen regelmässig neue konkurrierende Gläubiger hinzu, ohne dass eine gleichwertige Zunahme der Haftungsmasse gewährleistet ist; zum anderen kann sich die Übertragung eines Teilvermögens mit Passivenüberschuss negativ auf das Vermögen der übernehmenden Gesellschaft auswirken (RUEDIN, FS Forstmoser, 689; MALACRIDA, ZSR 2004 I 53; Botschaft, 4441). Trotz dieser Gefahren sind die Gläubiger der übertragenden Gesellschaft in der Regel – die Übertragung eines Teilvermögens mit Passivenüberschuss bildet eine Ausnahme – schutzbedürftiger als die Altgläubiger der übernehmenden Gesellschaft (vgl. dazu auch LUTTER-HOMMELHOFF, 1370). In Anbetracht dessen, dass auch die Altgläubiger der übernehmenden Gesellschaft Sicherstellung nach Art. 46 verlangen können (vgl. Art. 46 N 6), ist eine (moderate) Ungleichbehandlung derselben durch Wegfall der Subsidiärhaftung nach Art. 47 aufgrund des gemilderten Gefährdungspotentials gerechtfertigt (a.M. RUEDIN, FS Forstmoser, 695; MEIER-SCHATZ, FS Zäch, 555 f.). Während der europäische Richtliniengeber die Altgläubiger der begünstigten Gesellschaften als gleich schutzbedürftig wie alle anderen Gläubiger einstuft (Art. 12 Abs. 1 und 2 EU-Spalt-RL), hält der deutsche Gesetzgeber – im Einklang mit der hier vertretenen Meinung – die Gläubiger des übertragenden Rechtsträgers für weitaus schutzbedürftiger als die Altgläubiger des übernehmenden Rechtsträgers (LUTTER-HOMMELHOFF, 1370; SCHMITT/HÖRTNAGL/STRATZ, 684).

In zeitlicher Hinsicht sind u.E. die von der Subsidiärhaftung betroffenen Verbindlichkeiten gleich wie die fortdauernde persönliche Haftung des Gesellschafters gemäss Art. 48 i.V.m. Art. 26 Abs. 1 einzugrenzen (vgl. auch VON DER CRONE ET AL., Spaltung). Die an der Spaltung beteiligten Gesellschaften sind daher für jede Verbindlichkeit der primär haftenden Gesellschaft subsidiär haftbar, die **vor Rechtskraft der Spaltung**, d.h. vor demjenigen Werktag, welcher der Publikation der Spaltung im SHAB folgt (Art. 52 FusG i.V.m. Art. 932 Abs. 2 OR; vgl. Art. 52 N 19), begründet wurde oder deren Entstehungsgrund vor diesem Zeitpunkt liegt (vgl. im Detail Art. 48 N 5 und Art. 26 N 7 f.). Diese zeitliche Abgrenzung vervollständigt den Gläubigerschutz: Für Forderungen, die vor dem Schuldenruf entstanden sind (vgl. dazu Art. 46 N 7), kann Sicherstellung verlangt werden, Forderungen, die nach dem Schuldenruf entstanden sind, werden durch die Subsidiärhaftung von Art. 47 gedeckt.

2. Normadressaten: primär und subsidiär haftende Gesellschaften (Abs. 1)

9 Als **primär haftend** wird diejenige Gesellschaft qualifiziert, der die Forderung entweder durch Spaltungsvertrag bzw. -plan oder durch gesetzgeberische Anordnung (bei Aufspaltung vgl. Art. 38 Abs. 3; bei Abspaltung vgl. Botschaft, 4439) zugewiesen wird.

10 **Subsidiär haften** *«die übrigen an der Spaltung beteiligten Gesellschaften»*. Bei der Aufspaltung sind dies die übrigen übernehmenden Gesellschaften, bei der Abspaltung – je nach Konstellation – die übertragende und/oder die übernehmende(n) Gesellschaft(en). Subsidiär zur primär haftenden Gesellschaft haften allfällig *übrige* übernehmende Gesellschaften mit der übertragenden solidarisch für im Rahmen der Abspaltung übertragene Schulden, da das auf sie übertragene Nettovermögen für die Schwächung des dem Gläubiger vor der Abspaltung zustehenden Haftungssubstrats kausal war. Wie das deutsche Recht (vgl. Art. 133 UmwG; LUTTER-HOMMELHOFF, 1350) sieht auch das schweizerische Recht *keine* Beschränkung der Haftung der übernehmenden Gesellschaften auf das im Rahmen der Spaltung erhaltene «Nettoaktivvermögen» vor (im Unterschied zu Art. 12 Abs. 3 und 7 EU-Spalt-RL). Zu den internen Regressansprüchen vgl. N 15.

3. Belangbarkeitsvoraussetzungen (Abs. 2)

11 Subsidiär ist die Haftung, weil sie sich nur **aktualisiert**, wenn die von der primär haftenden Gesellschaft nicht befriedigte Verbindlichkeit nicht i.S.v. Art. 46 sichergestellt wurde *und* falls die primär haftende Gesellschaft faktisch nicht mehr bzw. nur erschwert belangt werden kann (MALACRIDA, ZSR 2004 I 55; Botschaft, 4443). Die Durchsetzung der in Frage stehenden Forderung wird verunmöglicht bzw. erschwert, wenn eine der folgenden Konstellationen eintritt:

– Über die primär haftende Gesellschaft wird der Konkurs eröffnet (Art. 159 ff. SchKG). Nicht notwendig ist die Durchführung oder die Ausstellung eines Verlustscheines (BSK OR I-PESTALOZZI, Art. 495 N 3);

– Der Nachlassrichter gewährt der primär haftenden Gesellschaft die Nachlassstundung (Art. 295 SchKG);

– Der Gläubiger betreibt die primär haftende Gesellschaft bis zur Ausstellung eines definitiven Verlustscheines (Art. 149 SchKG; vgl. dazu BSK OR I-PESTALOZZI, Art. 495 N 6);

– Die primär haftende Gesellschaft verlegt ihren Sitz ins Ausland und verunmöglicht bzw. erschwert dem Gläubiger dadurch ihre Rechtsverfolgung.

IV. «Ewige» Haftung der sekundär haftenden Gesellschaften?

12 Für die Subsidiärhaftung der übrigen an der Spaltung beteiligten Gesellschaften sieht Art. 47 keine Verjährung vor. Weder Botschaft (Botschaft, 4442 f.) noch Begleitbericht zum Vorentwurf (Begleitbericht zum Vorentwurf FusG, 72) begründen den Verzicht auf eine zeitliche Begrenzung (vgl. oben N 3). In Analogie zur entsprechenden Regelung bei der Vermögensübertragung (vgl. Art. 75 Abs. 3 lit. a; BÜCHI, 136; WATTER/BÜCHI, 27; **a.M.** MALACRIDA, ZSR 2004 I 55) und als Ausgleich für die hier befürwortete extensive Auslegung der Bestimmung (vgl. oben N 6, 10) ist u.E. in teleologischer Ausle-

gung die subsidiäre Haftung von Art. 47 trotz ausdrücklicher gesetzlicher Verankerung **auf drei Jahre** zu befristen.

V. Subsidiäre solidarische Haftung und Ausgleich im Innenverhältnis

Die Haftung der übrigen an der Spaltung beteiligten Gesellschaften ist insoweit **subsidiär**, als sich bestimmte Tatsachen verwirklichen müssen (vgl. N 11), bevor der Gläubiger die sekundär Haftenden belangen kann. Sind diese Voraussetzungen eingetreten, so haften die übrigen an der Spaltung beteiligten Gesellschaften solidarisch mit derjenigen Gesellschaft, welcher die Verbindlichkeit durch den Spaltungsvertrag bzw. -plan zugeordnet wurde. **13**

Die **Solidarität** der übrigen an der Spaltung beteiligten Gesellschaften besteht daher in zweifacher Hinsicht: Einmal gegenüber der primär haftenden Gesellschaft und zweitens gegenüber anderen sekundär haftenden Gesellschaften. Mit dem Eintritt einer der Belangbarkeitsvoraussetzungen von Art. 47 Abs. 2 haftet jede Gesellschaft für die ganze Schuld und der Gläubiger kann nach seinem Belieben von allen Schuldnern je nur einen Teil oder das Ganze fordern (Art. 144 Abs. 1 OR). **14**

Art. 47 regelt hingegen nicht das interne Verhältnis unter den im Aussenverhältnis haftenden Gesellschaften. Der sekundär haftenden Gesellschaft, die den Gläubiger befriedigt, steht ein **Regressanspruch** in *vollem* Umfang des Geleisteten gegenüber der Gesellschaft zu, der die Verbindlichkeit durch den Spaltungsvorgang zugewiesen wurde. Soweit gegen die primär haftende Gesellschaft kein Regress genommen werden kann (z.B. wenn die Rechtsverfolgung durch Sitzverlegung ins Ausland verunmöglicht wird) oder dieser Regress erfolglos bleibt, stehen der leistenden Gesellschaft Regressrechte gegen die anderen sekundär haftenden Gesellschaften zu (zur ähnlichen Rechtslage beim Kollektivgesellschafter vgl. BSK OR I-PESTALOZZI/WETTENSCHWILER, Art. 568 N 14f.; ZK-SIEGWART, Art. 568, 569 OR N 40). Haben die subsidiär haftenden Gesellschaften diesbezüglich keinen internen Allokationsplan im Spaltungsvertrag oder -plan vorgesehen, muss u.E. in Analogie zu Art. 38 Abs. 1 gelten, dass die Verbindlichkeiten im Innenverhältnis im Verhältnis des ihnen im Rahmen der Spaltung zugeteilten *Reinvermögens* zu tragen sind (= Nettoaktivvermögen gemäss Art. 12 Abs. 3 EU-Spalt-RL) (vgl. dazu im Detail Art. 38 N 9 und 23). Die gesetzliche Vermutung nach Art. 148 Abs. 1 OR, wonach *«ein jeder einen gleichen Teil zu übernehmen»* hat, findet keine Anwendung. Unabhängig hiervon tun die an der Spaltung beteiligten Parteien in jedem Falle gut daran, eine entsprechende Regressregelung im Spaltungsvertrag bzw. -plan vorzusehen. **15**

VI. Rechtsvergleich

1. Europäische Union

Die von den mitgliedstaatlichen Gesetzgebern umzusetzenden Leitlinien und Grundsätze für ein angemessenes Schutzsystem der Gläubiger der an der Spaltung beteiligten Gesellschaften sind in **Art. 12 EU-Spalt-RL** enthalten. Wird eine Forderung eines Gesellschaftsgläubigers von der Gesellschaft, auf welche die Verpflichtung nach dem Spaltungsplan übertragen wurde, nicht erfüllt, haften sämtliche an der Spaltung beteiligten Gesellschaften für diese Forderung *primär und solidarisch* (Art. 12 Abs. 3 EU-Spalt-RL). Den mitgliedstaatlichen Gesetzgebern wird erlaubt, eine Beschränkung der Haftung auf das jeder dieser Gesellschaften zugeteilte Nettoaktivvermögen vorzusehen; da- **16** von ausgenommen ist die Gesellschaft, auf die die Verpflichtung übertragen wurde (Art. 12 Abs. 3 und 7 EU-Spalt-RL).

2. Deutschland

17 Das deutsche Recht schützt die Interessen der Gläubiger der an der Spaltung beteiligten Gesellschaften in §§ 133–135 UmwG. Für sämtliche Formen der Spaltung, also Aufspaltung, Abspaltung und Ausgliederung, sind die Gläubiger des übertragenden Rechtsträgers durch die *gesamtschuldnerische Haftung* aller an der Spaltung beteiligten Rechtsträger geschützt (§ 133 Abs. 1 UmwG). Während der ersten fünf Jahre nach Aktualisierung der Spaltung haften sämtliche an ihr beteiligten Rechtsträger, d.h. Hauptschuldner (primär haftende Gesellschaft nach Art. 47) und Mithafter (sekundär haftende Gesellschaft nach Art. 47) unterschiedslos als Gesamtschuldner für die (Alt-)Verbindlichkeiten des *übertragenden* Rechtsträgers (LUTTER-HOMMELHOFF, 1356). Dem vom Gläubiger in Anspruch genommenen Mithafter steht gegenüber dem Hauptschuldner ein entsprechender Erstattungsanspruch im vollen Umfang zu (§ 426 Abs. 1 BGB). Den Mithaftern stehen zusätzlich Erstattungsansprüche gegeneinander zu (LUTTER-HOMMELHOFF, 1372). Im Unterschied zur Subsidiärhaftung gemäss Art. 47 handelt es sich bei § 133 UmwG um eine *primäre, gegenständlich und summenmässig unbegrenzte, aber zeitlich auf fünf Jahre beschränkte Gesamtschuld* sämtlicher an der Spaltung beteiligten Gesellschaften. Im Einklang mit der schweizerischen Regelung (vgl. N 7), aber im Gegensatz zur EU-Spalt-RL (LUTTER-HOMMELHOFF, 1370) stuft der deutsche Gesetzgeber die Gläubiger des übertragenden Rechtsträgers als schutzbedürftiger ein als die Altgläubiger des übernehmenden Rechtsträgers. § 133 UmwG befasst sich daher nur mit (übertragenen oder verbliebenen) Forderungen des übertragenden Rechtsträgers.

Art. 48

Persönliche Haftung der Gesellschafterinnen und Gesellschafter	**Für die persönliche Haftung von Gesellschafterinnen und Gesellschaftern gilt Artikel 26 sinngemäss.**
Responsabilité personnelle des associés	L'art. 26 s'applique par analogie à la responsabilité personnelle des associés.
Responsabilità personale dei soci	L'articolo 26 si applica per analogia alla responsabilità personale dei soci.

Literatur

R. RUEDIN, La protection des créanciers dans le projet de la loi sur la fusion, in: von der Crone/Weber/Zäch/Zobl (Hrsg.), Neuere Tendenzen im Gesellschaftsrecht, FS Forstmoser, Zürich 2003, 687 ff.; A. THÉVENAZ, La protection des créanciers et des associés lors de la scission de sociétés, SZW 2004, 208 ff.; S. ZWICKER/H.R. KÜNZLE, Abspaltung von Unternehmensteile bei der AG – Rechtliche Aspekte, ST 1997, 993 ff.

I. Ausgangslage und Normzweck

1 Bei *rechtsformändernden bzw. -übergreifenden* Spaltungen (vgl. Art. 30 N 1 und 3; Botschaft, 4432), aber auch in den Fällen, wo die an der Spaltung beteiligten Gesellschaften

dieselbe Rechtsform aufweisen (z.B. Genossenschaften mit und ohne statutarisch begründete (un)beschränkte Haftung der Genossenschafter), können die übertragende und die übernehmende(n) Gesellschaft(en) verschiedenen Regeln hinsichtlich der persönlichen Haftung ihrer Gesellschafter unterstehen (RUEDIN, FS Forstmoser, 689). Zudem werden nicht alle Gesellschafter der sich auf- bzw. abspaltenden Gesellschaft zu Gesellschaftern der übernehmenden Gesellschaft, der die Verbindlichkeit durch Spaltungsvorgang zugeteilt wurde. Es kann daher sein, dass dem Gläubiger einer übertragenen Forderung ein Teil seines ursprünglichen **Haftungssubstrats** verloren geht, indem Gesellschafter der übertragenden Gesellschaft aus dem Kreis der Haftenden ausscheiden oder sich zumindest in der übernehmenden Gesellschaft unter günstigeren Haftungsregeln wiederfinden (zu den einzelnen Fällen vgl. N 4). Der Rückverweis auf Art. 26 schützt das Vertrauen der Gläubiger in die Haftungsregelung der übertragenden Gesellschaft, unter welcher sie die Forderung gewährten, und lässt daher die (un)beschränkte Haftung der Gesellschafter noch für eine bestimmte Zeit nach der alten Regelung und den alten Modalitäten weiter bestehen (vgl. auch Art. 26 N 1).

II. Bisheriges Recht

Weder die bisherigen gesetzlichen Vorschriften noch die bisherige Rechtssprechung sahen eine fortdauernde persönliche Haftung der Gesellschafter der übertragenden Gesellschaft vor. Zum Gläubigerschutz im Rahmen der bisherig praktizierten Spaltung in zwei Schritten vgl. Art. 29 N 17, MALACRIDA, ZSR 2004 I 53 f. und ZWICKER/KÜNZLE, 999.

III. Subsidiarität von Art. 48 gegenüber Art. 47?

Der Gläubigerschutz bei der Spaltung ist grundlegend (und konzeptionell) anders geartet als bei der Fusion, da der Transaktionstypus der Spaltung ein erhöhtes Risiko für die Gläubiger mit sich bringt (MEIER-SCHATZ, Fusionsgesetz, 62; Art. 45 N 1 ff.). Sowohl bei der Fusion als auch bei der Spaltung führt eine Beschränkung oder der Wegfall der ursprünglichen subsidiären Haftung der Gesellschafter aus der Sicht der Gläubiger zu einer Gefährdung des Haftungssubstrats (vgl. dazu im Detail N 1 und Art. 26 N 1). Art. 26 bzw. Art. 48 i.V.m. 26 sollen diese beiden Transaktionstypen inhärente Gefährdung ausgleichen. *Zudem* führt jede Spaltung gleichzeitig zu einer Veränderung des Haftungssubstrats der beteiligten Gesellschaften (vgl. dazu Art. 47 N 1). Als gesetzlicher Ausgleich für diese spaltungsspezifische Gefährdungslage wird das Instrumentarium des nachträglichen Gläubigerschutzes bei der Spaltung durch Art. 47 ergänzt. Eine koordinierte Anwendung der zwei Bestimmungen (Art. 47 und Art. 48) ist angebracht. Diese darf insbesondere dem obligationenrechtlichen Grundsatz nicht zuwiderlaufen, nach dem die Haftung des Gesellschafters *erst* dann ausgelöst wird, wenn die Rechtsverfolgung der Gesellschaft sich als unmöglich bzw. erfolglos erwiesen hat. Die Verteilung des Haftungssubstrats der übertragenden Gesellschaft auf übernehmende Gesellschaften führt zu keiner materiellen Veränderung dieses Grundsatzes, sondern nur zu einer *verfahrensrechtlichen*. Dem Gläubiger wird kein Teil des ursprünglichen Haftungssubstrats entzogen, lediglich die prozessrechtliche Ausgestaltung der Rechtsverfolgung ändert sich. Erfolgte der Zugriff auf das ganze Gesellschaftsvermögen vor der Spaltung in einem einzigen Schritt, so bedarf es nach der Spaltung so viele Schritte, wie Gesellschaften beteiligt sind. Daraus folgt, dass eine Haftung des Gesellschafters der übertragenden Gesellschaft sich *erst* aktualisiert, wenn der Gläubiger sowohl die *primär* haftende als auch die *sekundär* haftende(n) Gesellschaft(en) erfolglos belangt hat bzw. die Rechtverfolgung der primär und sekundär haftenden Gesellschaften unmöglich geworden ist. Im Rahmen einer *Aufspaltung* löst weder die Auflösung der übertragenden Gesellschaft, noch der nachfolgende Ausfall der primär haftenden Gesellschaft, oder der nachfolgende Ausfall einer von mehreren subsidiär haftenden Gesellschaften schon eine Haftung des Gesellschafters der übertragenden Gesellschaft gemäss Art. 48 aus. Gleiches gilt bei der *Abspaltung* für den Ausfall der primär haftenden Gesellschaft und für den nachfolgenden Ausfall einer von mehreren subsidiär haftenden Gesellschaften. Insoweit ist Art. 48 zu Art. 47 im Verhältnis der Subsidiarität.

IV. Anwendungsbereich der fortdauernden persönlichen Haftung

4   Ein **Wegfall** oder eine **Beschränkung** der ursprünglichen Haftung der Gesellschafter der übertragenden Gesellschaft für Gesellschaftsschulden ergibt sich namentlich in den folgenden Fällen:

– Die unbeschränkte Subsidiärhaftung des *Gesellschafters einer Kommanditaktiengesellschaft* nach Art. 764 Abs. 1 OR i.V.m. Art. 568 Abs. 3 OR wird eingeschränkt bzw. entfällt, wenn die Schuld der Kommanditaktiengesellschaft auf eine Aktiengesellschaft oder auf eine Gesellschaft mit beschränkter Haftung übertragen wird. Gleiches gilt je nach statutarischer Ausgestaltung der Haftung für die Übertragung der Schuld auf eine Genossenschaft. Bei der Übertragung auf eine andere Kommanditaktiengesellschaft ist entscheidend, ob der Gesellschafter unbeschränkt haftender Gesellschafter der übernehmenden Gesellschaft wird.

– Die beschränkte Subsidiärhaftung des *Gesellschafters einer Gesellschaft mit beschränkter Haftung* (Art. 802 Abs. 1 OR) entfällt, wenn die Schuld der Gesellschaft mit beschränkter Haftung auf eine Aktiengesellschaft übertragen wird. Wird die Schuld auf eine andere Gesellschaft mit beschränkter Haftung übertragen, kann die beschränkte Subsidiärhaftung des Gesellschafters der übertragenden Gesellschaft, je nach Höhe des einbezahlten Stammkapitals, eingeschränkt werden oder entfallen. Wird eine Schuld im Zuge einer Spaltung auf eine Genossenschaft übertragen, so kommt es je nach statutarischer Ausgestaltung der Haftung ebenfalls zu einer Haftungseinschränkung oder zum Haftungsausschluss. Hinzuweisen ist, dass die persönliche unbeschränkte Haftung gemäss Art. 802 OR im Rahmen der Revision des GmbH-Rechts entfallen soll (Botschaft GmbH, 3159).

– Die (un)beschränkte Subsidiärhaftung der *Genossenschafter* (Art. 869, Art. 870 OR) entfällt, wenn die Schuld der Genossenschaft auf eine Aktiengesellschaft übergeht. Bei der Übertragung der Schuld auf eine Gesellschaft mit beschränkter Haftung kann die (un)beschränkte Subsidiärhaftung des Genossenschafters, je nach Höhe des einbezahlten Stammkapitals, eingeschränkt werden bzw. entfallen. Bei der Übertragung auf eine Kommanditaktiengesellschaft gilt dies nur, wenn der Genossenschafter kein unbeschränkt haftendes Mitglied i.s.v. Art. 769 Abs. 1 OR wird. Bei der Übertragung auf eine andere Genossenschaft ist entscheidend, ob die Statuten der übernehmenden Gesellschaft eine (un)beschränkte Haftung des Genossenschafters vorsehen.

V. Umfang der fortdauernden persönlichen Haftung (Art. 48 i.V.m. Art. 26)

5   Der Gesellschafter, der für eine Verbindlichkeit der übertragenden Gesellschaft haftete, bleibt auch nach deren Übertragung auf eine übernehmende Gesellschaft nach den alten Haftungsmodalitäten weiter haftbar, soweit die Forderung **vor Rechtskraft der Spaltung**, d.h. vor demjenigen Werktag, welcher der Publikation der Spaltung im SHAB

6. Abschnitt: Gläubiger- und Arbeitnehmerschutz **Art. 49**

folgt (Art. 52 FusG i.V.m. Art. 932 Abs. 2 OR) begründet wurde oder deren Entstehungsgrund vor diesem Zeitpunkt liegt (vgl. im Detail Art. 26 N 7 f.).

Die Befristung der Fortdauer der alten Haftungsordnung auf **drei Jahre** (Art. 26 Abs. 2 Satz 3) gilt *nur* für Gesellschafter, die entweder nicht Gesellschafter der übernehmenden Gesellschaft geworden sind oder deren Haftung umfangmässig beschränkt wird. Dies gilt beispielsweise für den *unbeschränkt* haftenden Gesellschafter einer Kommanditaktiengesellschaft, der im Zuge der Spaltung *beschränkt* haftender Gesellschafter der übernehmenden Genossenschaft gemäss Art. 803 OR geworden ist. In diesem Fall haftet er einerseits umfangmässig unbeschränkt aber zeitlich auf drei Jahre begrenzt für die übertragenen Schulden (Art. 764 Abs. 1 i.V.m. Art. 568 Abs. 3 OR) und andererseits zeitlich unbegrenzt für die übrigen Verbindlichkeiten der Genossenschaft gemäss den Statuten (Art. 870 OR).

6

VI. Rechtsvergleich

1. Europäische Union

Die **EU-Spalt-RL** sieht keine fortdauernde persönliche Haftung des Gesellschafters der übertragenden Gesellschaft vor.

7

2. Deutschland

Gemäss **§ 125 UmwG** ist die in **§ 45 UmwG** vorgesehene Regelung für die zeitliche Begrenzung der fortdauernden Haftung von Gesellschaftern bei Verschmelzungen auch auf Spaltungen anwendbar (LUTTER-TEICHMANN, 1254 ff.): Ist eine Personenhandelsgesellschaft der übertragende Rechtsträger des Spaltungsvorganges, so bleibt die persönliche Haftung ihrer Gesellschafter bestehen, wenn der übernehmende Rechtsträger eine Rechtsform hat, die keine persönliche Haftung der Anteilsinhaber vorsieht. Die Haftung ist auf fünf Jahre begrenzt (LUTTER-TEICHMANN, 1411).

8

Art. 49

Übergang der Arbeitsverhältnisse, Sicherstellung und persönliche Haftung	**¹ Für den Übergang der Arbeitsverhältnisse findet Artikel 333 des Obligationenrechts Anwendung.** **² Die Arbeitnehmerinnen und Arbeitnehmer der an der Spaltung beteiligten Gesellschaften können gemäss Artikel 46 die Sicherstellung ihrer Forderungen aus Arbeitsvertrag verlangen, die bis zum Zeitpunkt fällig werden, auf den das Arbeitsverhältnis ordentlicherweise beendigt werden könnte oder, bei Ablehnung des Übergangs, durch die Arbeitnehmerin oder den Arbeitnehmer beendigt wird.** **³ Artikel 27 Absatz 3 findet entsprechende Anwendung.**
Transfert des rapports de travail, garantie et responsabilité personnelle	¹ Le transfert des rapports de travail est régi par l'art. 333 CO. ² Les travailleurs des sociétés participant à la scission peuvent, conformément à l'art. 46, exiger la garantie des créances résultant du contrat de travail qui deviennent exigibles jusqu'à la date à laquelle les rapports de travail pourraient normalement prendre fin ou prendront fin si le travailleur s'oppose au transfert. ³ L'art. 27, al. 3, est applicable par analogie.

Art. 49

Trasferimento dei rapporti di lavoro, garanzia e responsabilità personale	¹ Il trasferimento dei rapporti di lavoro è retto dall'articolo 333 del Codice delle obbligazioni. ² I lavoratori delle società partecipanti alla scissione possono esigere, conformemente all'articolo 46, la garanzia dei crediti derivanti dal contratto di lavoro divenuti esigibili entro il termine in cui il rapporto di lavoro può essere sciolto normalmente o è sciolto per opposizione del lavoratore al trasferimento. ³ Si applica per analogia l'articolo 27 capoverso 3.

Literatur

Vgl. die Literaturhinweise zu Vorbemerkungen vor Art. 27.

I. Übergang der Arbeitsverhältnisse

1   Auch bei der Spaltung – Aufspaltung wie Abspaltung – gehen Betriebe bzw. Betriebsteile qua Universalsukzession auf eine andere Gesellschaft über. Abs. 1 lautet dementsprechend identisch zu Art. 27 Abs. 1, so dass auf das dort und in den Abschnitten I und II vor Art. 27 Gesagte verwiesen werden kann.

2   Während bei der Fusion alle formell mit dem Rechtsträger bestehenden Arbeitsverhältnisse übergehen, bedarf die Definition des Spaltungsprodukts bzw. der Spaltungsprodukte näherer Umschreibung. Die Arbeitsverhältnisse gehen über, (a) soweit ein Betrieb oder Betriebsteil übernommen wird, sowie (b) wenn die Arbeitsverhältnisse in der Liste gemäss Art. 37 lit. i aufgeführt sind (vgl. vor Art. 27 N 9 und Kommentierung bei Art. 76 N 8 ff.; ZK-HUBSCHMID, N 1). Bei der *Abspaltung* verbleiben Arbeitsverhältnisse, die weder zu einem übergehenden Betrieb oder Betriebsteil gehören noch in der Liste gemäss Art. 37 lit. i aufgeführt sind, beim bisherigen Arbeitgeber (vgl. Art. 38 Abs. 1 lit. b), während die in der Liste gemäss Art. 37 lit. i aufgeführten Arbeitsverhältnisse übergehen unter Vorbehalt des Ablehnungsrechts des Arbeitnehmers. Bei der *Aufspaltung* verbleiben Arbeitsverhältnisse beim bisherigen Betrieb oder Betriebsteil. Falls sie sich keinem solchen zuordnen lassen, können die Spaltungspartner via Liste gemäss Art. 37 lit. i frei über die Zuordnung verfügen und damit vorbehältlich des Ablehnungsrechts der Arbeitnehmer (vor Art. 27 N 17) verbindlich entscheiden. Arbeitsverhältnisse, die weder zu einem Betrieb oder Betriebsteil gehören, noch über den Spaltungsvertrag zugeordnet werden, gehen mit dem Untergang des bisherigen Arbeitgeber-Rechtsträgers (Art. 51 Abs. 3) unter (für Einzelheiten s. WINKLER, SJZ 2001, 479). Eine Regelung analog Art. 38 Abs. 1 lit. a (Miteigentum) ist wegen der Natur der Arbeitsverhältnisse ausgeschlossen.

II. Sicherstellung; Solidarische, subsidiäre und persönliche Haftung

3   Auch hier lautet Abs. 2 inhaltlich identisch wie Art. 27 Abs. 2. Es kann auf die dortige Kommentierung sowie auf die Kommentierung zu Art. 46 verwiesen werden.

4   Art. 46 unterscheidet sich von Art. 25 insoweit, als die Sicherstellung *innert zwei Monaten nach der Aufforderung an die Gläubiger* (statt: innert drei Monaten nach der Eintragung der Fusion) verlangt werden muss.

5   Die Sicherstellungspflicht trifft nur die bisherige Arbeitgeberin vor Spaltungsvollzug, da die Sicherstellung Voraussetzung für die Beschlussfassung in der Generalversammlung über die Spaltung ist (Art. 43 Abs. 1). Die Sicherstellungspflicht und die Solidar-

haftung nach Art. 333 Abs. 3 OR decken die gleichen Forderungen ab (vgl. vor Art. 27 N 43).

Die Zahl der den Arbeitnehmern gebotenen Sicherheiten ist mit dem FusG für die im Anwendungsbereich der Spaltung liegenden Transaktionen erheblich erweitert worden. Zur *solidarischen Haftung* gemäss Art. 333 Abs. 3 OR tritt die *Sicherstellungspflicht* gemäss Art. 49 Abs. 2 i.V.m. Art. 46. Zudem besteht als dritte Sicherheit eine *solidarische Haftung* der an einer Aufspaltung beteiligten Gesellschaften für Verbindlichkeiten, die sich aufgrund des Spaltungsvertrags oder Spaltungsplans nicht zuordnen lassen (Art. 38 Abs. 3); in diesem Ausnahmefall haftet auch die übernehmende Gesellschaft unter Umständen für Verbindlichkeiten aus Arbeitsverträgen anderer als ihrer eigenen Mitarbeiter. Allerdings wird dies lediglich einzelne Verbindlichkeiten, wie z.B. Entschädigung von Überstunden, Rückstellung für Ferienansprüche etc., nicht aber ein ganzes Arbeitsverhältnis betreffen können. Als vierte Sicherheit besteht die *persönliche Haftung* von Gesellschaftern übertragender Gesellschaften gemäss Art. 48 i.V.m. 26 weiter. Schliesslich gilt auch für Arbeitnehmerforderungen Art. 47 betreffend *subsidiärer Haftung* der an der Spaltung beteiligten Gesellschaften. Art. 47 kann für Arbeitnehmerforderungen neben Art. 49 Abs. 1 i.V.m. Art. 333 Abs. 3 OR eine selbständige Bedeutung haben, weil er auch eine Haftung von Gesellschaften begründet, die nicht Arbeitgeberstatus hatten oder haben. Anderseits geht Art. 49 Abs. 1 i.V.m. Art. 333 Abs. 3 OR wesentlich weiter als Art. 47, weil er eine solidarische an Stelle einer bloss subsidiären Haftung vorsieht; diese Regeln gehen als *lex specialis* Art. 47 vor.

Solidarische Arbeitgeberhaftung, persönliche Gesellschafterhaftung, subsidiäre Haftung von Spaltungspartnern und Sicherstellung sind unter den je normierten Bedingungen *kumulativ* anwendbar (**a.M.** Winkler, SJZ 2001, 483). Das heisst z.B.: Der Sicherstellungspflichtige kann sich nicht durch Verweis auf die bestehende Haftung seiner Pflicht entziehen, sofern er nicht nachweist, dass die Erfüllung der Forderung durch die Spaltung nicht gefährdet ist oder sofern er die Forderung erfüllt (Art. 46 Abs. 2 und 3, in Übereinstimmung mit Art. 25 Abs. 3 und 4). Die Arbeitnehmer können m.a.W. auch trotz der umfassenden Haftung vieler Beteiligter für ihre Forderungen mit dem Begehren nach Sicherstellung *die Beschlussfassung* (und nicht bloss die Handelsregistereintragung) über die Spaltung verhindern (Art. 43 Abs. 1).

III. Rechtsvergleich

Die EU-Spaltungs-RL verweist bezüglich der Wahrung der Ansprüche der Arbeitnehmer auf die EU-Betriebsübergangs-RL. Die bei Art. 27 und 28 kommentierten Bestimmungen der EU-Betriebsübergangs-RL finden daher auch auf die Spaltung Anwendung. Es kann somit auf die Bemerkungen zu Art. 27 (N 12 ff.), Art. 8 (N 14 ff.) und vor Art. 27 (N 47 ff.) verwiesen werden.

IV. IPR

Vgl. vor Art. 27 N 55 ff.

Art. 50

Konsultation der Arbeitnehmervertretung	**Die Konsultation der Arbeitnehmervertretung richtet sich nach Artikel 28.**
Consultation de la représentation des travailleurs	L'art. 28 s'applique à la consultation de la représentation des travailleurs.
Consultazione dei rappresentanti dei lavoratori	La consultazione dei rappresentanti dei lavoratori è retta dall'articolo 28.

Literatur

Vgl. die Literaturhinweise zu Vorbemerkungen vor Art. 27.

I. Allgemeines

1 Art. 50 verweist integral auf Art. 28, welcher wiederum auf Art. 333a OR verweist. Es sei auf die dortige Kommentierung und insbesondere vor Art. 27 N 24 ff. verwiesen. *Konsultation* beinhaltet immer auch *Information*. Die Information ist Grundlage für die Konsultation und kann daher nicht nach der Konsultation erfolgen (**a.M.** Handkommentar FusG-REINERT, N 6). Hat die Umstrukturierung keine *Massnahmen* zur Folge, *welche die Arbeitsverhältnisse betreffen*, bleibt es bei der Informationspflicht (Art. 50 i.V.m. 28 Abs. 1 i.V.m. 333a Abs. 1 OR; vgl. vor Art. 27 N 24 ff.). In Erweiterung zu Art. 333a OR müssen die Arbeitnehmervertretungen bzw. die Arbeitnehmer *aller* beteiligten Gesellschaften informiert und ggf. konsultiert werden (Art. 50 i.V.m. 28 Abs. 1 i.f.).

2 Analog zu Art. 28 Abs. 2 i.V.m. Art. 18 muss sowohl die Information wie die Konsultation *vor dem Spaltungsbeschluss* (Art. 43) erfolgen. Die Information der Mitarbeiter ist eine Form der Mitwirkung, dient zweitens als Grundlage für den Entscheid über die Ablehnung des Übergangs des Arbeitsverhältnisses (Art. 333 Abs. 1 OR) und ist drittens notwendig für den Entscheid, allenfalls Sicherstellung der Forderungen zu verlangen (Art. 49 Abs. 2 i.V.m. 46 Abs. 1). Daher muss die Information der Mitarbeiter *mindestens zwei Monate vor dem Spaltungsbeschluss* erfolgen (Art. 43 Abs. 1 i.f.). Nicht erforderlich ist eine Information oder Konsultation vor Abschluss des Spaltungsvertrags (VON DER CRONE ET AL., Spaltung), falls nicht bereits der Spaltungsvertrag definitiv Massnahmen festlegt, welche die Arbeitnehmer betreffen (vgl. Art. 28 N 5, N 10, 77 N 3).

II. Sanktion

3 Bei Verletzung der Informations- und Konsultationspflicht können die Mitarbeiter die *Eintragung der Spaltung gerichtlich untersagen lassen* (Art. 50 i.V.m. 28 Abs. 3). Vgl. hierzu vor Art. 27 N 30 ff.

4 Auch bei der Spaltung sind Arbeitnehmer *ausländischer übernehmender Rechtsträger* zu informieren und zu konsultieren (Art. 50 i.V.m. 28 Abs. 4).

III. Rechtsvergleich

Bezüglich der Rechtsvergleichung mit dem europäischen Recht sei auf vor Art. 27 N 47 ff., 28 N 14 ff. und 49 N 8 verwiesen.

IV. IPR

Für die sich im Zusammenhang mit Art. 50 stellenden Fragen des IPR kann auf vor Art. 27 N 55 ff. verwiesen werden.

Siebenter Abschnitt: Eintragung ins Handelsregister und Rechtswirksamkeit

Art. 51

Eintragung ins Handelsregister	[1] Sobald der Spaltungsbeschluss vorliegt, muss das oberste Leitungs- oder Verwaltungsorgan dem Handelsregisteramt die Spaltung zur Eintragung anmelden. [2] Muss die übertragende Gesellschaft infolge der Abspaltung ihr Kapital herabsetzen, so sind dem Handelsregisteramt zusätzlich die geänderten Statuten zu unterbreiten. [3] Im Falle der Aufspaltung wird die übertragende Gesellschaft mit der Eintragung der Spaltung im Handelsregister gelöscht.
Inscription au registre du commerce	[1] Une fois la décision de scission prise, l'organe supérieur de direction ou d'administration requiert l'inscription de la scission au registre du commerce. [2] Si la société transférante réduit son capital en raison de la séparation, les statuts modifiés sont également soumis à l'office du registre du commerce. [3] En cas de division, la société transférante est radiée du registre du commerce par l'inscription de la scission.
Iscrizione nel registro di commercio	[1] Una volta decisa la scissione, l'organo superiore di direzione o di amministrazione deve chiedere l'iscrizione della scissione all'ufficio del registro di commercio. [2] Se la società trasferente deve ridurre il suo capitale a causa della separazione, va sottoposto all'ufficio del registro di commercio anche lo statuto modificato. [3] In caso di divisione, la società trasferente è cancellata dal registro di commercio all'atto dell'iscrizione della scissione.

I. Normzweck und Normgeschichte

Art. 51, der im Parlament gegenüber dem Botschaftstext nicht geändert wurde, bestimmt, dass die Spaltung rechtzeitig im **Handelsregister** anzumelden ist (zur Wirkung der Eintragung Art. 52). Nach erfolgtem Eintrag im Register wird die Spaltung gem. Art. 931 Abs. 1 OR im SHAB **veröffentlicht** (Botschaft, 4444).

2 Der **Vorentwurf** verlangte zur Eintragung noch die Bestätigung eines besonders befähigten Revisors, wonach die Bestimmungen zum Gläubigerschutz eingehalten worden sind (Art. 61 VE FusG). Auf dieses Erfordernis wurde schon im E FusG verzichtet und diese Verantwortung allein dem obersten Leitungs- oder Verwaltungsorgan überbunden (s.a. Art. 43 Abs. 1 und Art. 46). Die Prüfung der Einhaltung dieser Bestimmungen muss dabei schon vor Vorlage der Spaltung an die GV erfolgen, nicht erst vor der Anmeldung an das Handelsregister (Art. 43 Abs. 1).

3 Art. 102 lit. a überträgt dem BR, in der **Handelsregisterverordnung** (HRegV) die Einzelheiten der Eintragung ins Handelsregister zu regeln. Dies ist durch die Änderungen vom 21.4.2004 geschehen. Die Erläuterungen des EHRA zu den Änderungen und neuen Bestimmungen lagen zum Zeitpunkt der Drucklegung des vorliegenden Werkes noch nicht vor.

II. Anmeldung im Handelsregister

4 Gemäss Absatz 1 (und in Übereinstimmung mit Art. 22 Abs. 2 HRegV für juristische Personen) ist es Aufgabe des **obersten Leitungs- oder Verwaltungsorgans** die Spaltung beim Handelsregister zur Eintragung anzumelden. Dabei ist jede an der Spaltung beteiligte Gesellschaft verpflichtet, die sie betr. relevanten Tatsachen selber beim zuständigen Handelsregister (vgl. N 5; Art. 106 Abs. 1 HRegV) anzumelden. Zuständig für die Prüfung der Belege ist das Handelsregisteramt am Ort der übertragenden bzw. sich auflösenden Gesellschaft (Art. 106 Abs. 2 HRegV). Gemäss Gesetzestext hat die Anmeldung zu erfolgen, sobald der **Generalversammlungsbeschluss** (Art. 43) vorliegt. Dies bedeutet bei der Spaltung mit Neugründung (vgl. Art. 34; Art. 36 N 2) grundsätzlich, dass die Anmeldung unmittelbar nach der Zustimmung der GV der übertragenden Gesellschaft zeitgleich mit der Anmeldung für die Eintragung der neu gegründeten Gesellschaft(en) zu erfolgen hat (Botschaft, 4444). Hat die GV ihre Zustimmung unter einer Bedingung erteilt, ist der Wortlaut von Abs. 1 dahingehend ergänzend zu verstehen, dass das oberste Leitungs- und Verwaltungsorgan die Spaltung unmittelbar nach dem Eintritt der Bedingung zur Eintragung anmeldet, denn die Eintragung eines bedingten Beschlusses wäre – wenn nicht gar unmöglich – so doch sicher wenig praktikabel; Analoges muss gelten, wo der Beschluss von Gesetzes wegen aufgeschoben ist, was namentlich bei Fusionskontrollverfahren der Fall ist (vgl. Art. 52 N 23 ff.; Art. 106e HRegV). Bei der Spaltung auf existierende Gesellschaften (vgl. Art. 36 N 4 ff.) müssen beide Beschlüsse vorhanden sein.

5 Die Anmeldung durch die **übernehmende(n) Gesellschaft(en)** ist dann notwendig, wenn diese ihr Kapital erhöhen muss (Art. 33); dies ist etwa dort nicht nötig, wo sie über eigene Aktien verfügt, die sie im Rahmen der Spaltung einsetzen kann (vgl. Art. 33 N 4). Die Koordination unter verschiedenen Registerämtern erfolgt gem. Art. 106 Abs. 2 HRegV unter Regie des zuständigen Handelsregisteramts am Sitz der übertragenden Gesellschaft. Dieses Amt prüft sämtliche eingereichten Spaltungsbelege und informiert die übrigen Registerämter am Sitz der übernehmenden Gesellschaft(en) über die Ergebnisse seiner Prüfung. Gleichzeitig übermittelt es diesen Amtsstellen die Anmeldung sowie beglaubigte Kopien der massgeblichen Belege. Bei der/den übernehmenden Gesellschaft(en) ist die Spaltung ohne weitere Prüfung einzutragen (Art. 106 Abs. 2 HRegV).

6 **Zeitlich** ist zunächst notwendig, dass vor der Anmeldung auch die öffentliche Urkunde (Art. 44) ausgefertigt ist. Dem zuständigen Organ steht im Weiteren für die Bestimmung des Anmeldezeitpunktes ein gewisses pflichtgemäss auszuübendes Ermessen zu (ebenso Handkommentar FusG-PASSADELIS, Art. 21 N 5). Zudem ist es u.E. zulässig, dass die

GV das zuständige Exekutivorgan beauftragt, mit der Anmeldung zuzuwarten, bspw. bis gewisse steuerliche Fragen abgeklärt sind (vgl. auch N 4). Demgegenüber ist es wohl nicht zulässig, die Frage, ob die Spaltung überhaupt je angemeldet werden soll, gänzlich dem zuständigen Exekutivorgan zu überlassen, da dies eine unzulässige Kompetenzverschiebung von der GV auf die Exekutive bedeuten würde.

Wird die Anmeldung **grundlos verzögert** und entsteht dadurch den Beteiligten ein Schaden, so ist das pflichtvergessene zuständige Organ gestützt auf Art. 108 oder Art. 942 OR für diesen Schaden verantwortlich. 7

Die **Unterzeichnung** der Anmeldung richtet sich für die übertragende Gesellschaft nach Art. 22 Abs. 2 HRegV, bei Neugründungen sind zusätzlich die Art. 640 Abs. 2 (AG), Art. 780 Abs. 2 (GmbH) und Art. 835 Abs. 3 OR (Genossenschaft) zu beachten. 8

Die **notwendigen Belege**, die mit der Anmeldung einzureichen sind, richten sich nach Art. 106a Abs. 1 lit. a–f HRegV, und sind 9

– bei der Aufspaltung: Spaltungsvertrag (Art. 36 Abs. 1, Art. 37; Vertragsteile, die über den in Art. 37 geregelten Minimalgehalt des Spaltungsvertrags hinausgehen, müssen nicht eingereicht werden), Spaltungsbilanzen (ggf. Zwischenbilanzen, Art. 35, auch wenn diese von der HRegV nicht genannt werden, sind sie u.E. für die Beurteilung der Kapitalerhöhung oder Neugründung in aller Regel unabdingbar; a.M. ZK-BURCKHARDT BERTOSSA, N 5), öffentliche Urkunde über die Spaltungsbeschlüsse (Art. 43), Bericht des Spaltungsprüfers (Art. 40, evtl. samt Nachweis seiner Befähigung), ggf. Belege für eine Kapitalerhöhung bei der/den übernehmenden Gesellschaft(en) (Art. 33) oder deren Neugründung (Art. 44).

– bei der Abspaltung auf eine neu zu gründende Gesellschaft: Spaltungsvertrag (Art. 36 Abs. 1, Art. 37), Spaltungsbilanzen der beteiligten Gesellschaften (ggf. Zwischenbilanz, Art. 35), öffentliche Urkunde über den Spaltungsbeschluss (Art. 43), Bericht des Spaltungsprüfers (Art. 40), Belege über die Neugründung der übernehmenden Gesellschaft (diese Neugründung erfolgt im Rahmen der Feststellungsbeurkundung des Spaltungsbeschlusses der übertragenden Gesellschaft – analog dem bisherigen Recht bei der Kombinationsfusion, Art. 749 Abs. 3 Ziff. 3 altOR).

– bei der Abspaltung auf eine existierende Gesellschaft: Spaltungsvertrag (Art. 36 Abs. 1, Art. 37), Spaltungsbilanzen der beteiligten Gesellschaften (ggf. Zwischenbilanz; Art. 35), öffentliche Urkunde über die Spaltungsbeschlüsse (Art. 43), Bericht des Spaltungsprüfers (Art. 40), ggf. Belege für eine Kapitalerhöhung bei der/den übernehmenden Gesellschaft(en) (Art. 33), ferner Belege für eine Kapitalherabsetzung bei der übertragenden Gesellschaft, sofern anwendbar (Art. 32 i.V.m. Art 51 Abs. 2; vgl. Handkommentar FusG-PASSADELIS, N 5).

Die Anmeldung der Spaltung hat auf Eintragungen von **Zweigniederlassungen** keinen Einfluss. Diese bleiben ohne Anmeldung von Löschungen oder Änderungen unverändert bestehen (Art. 74a Abs. 1 HRegV). Ergeben sich durch eine Spaltung Änderungen bei Zweigniederlassungen bez. der eingetragenen Tatsachen, so hat deren Anmeldung durch den/die übernehmenden Rechtsträger zu erfolgen (Art. 74a Abs. 2 HRegV). 10

Wird die **KMU-Erleichterung** geltend gemacht (Art. 2 lit. e, Art. 39 Abs. 2, Art. 40), so können die obersten Leitungs- oder Verwaltungsorgane gem. Art. 106a Abs. 2 HRegV dem Handelsregister anstelle der Spaltungs- und Prüfungsberichte eine Bestätigung einreichen, in der zu erklären ist, dass die Gesellschaft die gesetzlichen KMU-Voraussetzungen erfüllt (was durch ‹Bezugnahme› auf entsprechende Dokumente zu geschehen hat, die aber offenbar nicht einzureichen sind) und sämtliche Gesellschafterinnen und Gesell- 11 schafter auf die Erstellung des Spaltungsberichts oder auf dessen Prüfung verzichten. Diese Bestätigung ist von mindestens einem Mitglied des Exekutivorgans zu unterzeichnen (Art. 106a Abs. 2 HRegV).

12 Die **Kognition des Handelsregisterführers** richtet sich nach Art. 940 OR bzw. Art. 21 HRegV (vgl. hierzu bspw. BGE 125 III 18; Botschaft, 4420). Im Gegensatz zum Vorentwurf (Art. 88 VE FusG) verzichtet das Gesetz auf eine Sonderbestimmung hinsichtlich der Prüfungsbefugnis. Keine Änderungen der Prüfungsbefugnis und Prüfungspflicht bewirkt u.E. die Bestimmung von Art. 111 Abs. 2 HRegV, die besagt, dass das Handelsregister die Eintragung von Spaltungen zu verweigern habe, falls die erfassten Gegenstände nicht frei übertragbar seien. Diese Bestimmung kann sich nur auf ganz offensichtliche Fälle beziehen, etwa auf die Übertragung von Gegenständen, die klarerweise nicht der übertragenden Gesellschaft gehören (gl.M. KLÄY, 230; VON DER CRONE ET AL., Rz 574; vgl. für Vertragsverhältnisse WATTER/KÄGI, 247 f.), dies allein schon deswegen, weil die dem Handelsregister einzureichenden Belege in aller Regel gar nicht erlauben, die Übertragbarkeit von einzelnen Gegenständen zu beurteilen.

13 Der **Inhalt der Eintragungen** ist in den Art. 106b (Aufspaltung) und Art. 106c (Abspaltung) HRegV geregelt. Hinzuweisen ist namentlich auf die Eintragung der jeweiligen Identifikationsnummern (dazu Art. 111a und Art. 111b Abs. 2 HRegV), ferner auf die Bestimmung in Art. 106b Abs. 1 lit. c HRegV, wonach der gesamte Wert der gem. Inventar übertragenen Aktiven und Passiven ins Register einzutragen ist. Dieser Wert lässt sich am besten aus der Spaltungsbilanz herauslesen, die nach der in diesem Kommentar vertretenen Ansicht in aller Regel zu erstellen ist (Art. 35 N 2 ff.). Wo die Parteien ausnahmsweise keine Spaltungsbilanz verwenden (weil z.B. die abzuspaltenden Vermögenswerte gar [noch] nicht bilanzierbar sind oder es sich nur um einzelne Vermögenswerte handelt) sind im Inventar Wertangaben zu machen, dies u.E. unter Verweis darauf, ob die Werte bisher schon bilanziert wurden oder künftig bilanziert werden.

III. Bei einer Kapitalherabsetzung (Abs. 2)

14 Muss die übertragende Gesellschaft bei der Abspaltung ihr Kapital herabsetzen (weil sie nicht über frei verfügbare Reserven im Umfang des Buchwertes des abgespaltenen Vermögensteils verfügt), so sind dem Handelsregisteramt nach Absatz 2 auch die **geänderten Statuten** zu unterbreiten (Art. 106a Abs. 1 lit. d HRegV), aus denen das neue, niedrigere Kapital ersichtlich ist (Art. 32).

IV. Bei der Aufspaltung (Abs. 3)

15 Im Falle der **Aufspaltung** wird die übertragende Gesellschaft mit der Eintragung der Spaltung ins Handelsregister gelöscht (Art. 29 lit. a). Die Löschung kann ohne Gefahr für die Gläubiger der übertragenden Gesellschaft vorgenommen werden, da diese bereits vor der Genehmigung der Spaltung durch die GV der übertragenden Gesellschaft Gelegenheit hatten, ihre Rechte auszuüben und die Sicherstellung ihrer Forderungen zu verlangen (Art. 43 Abs. 1 und Art. 46). Im Gegensatz zum alten Fusionsrecht bleibt die Gesellschaft also *nicht* vorderhand als «aufgelöste» Gesellschaft im Register eingetragen, sondern wird sofort gelöscht. Fraglich ist, was mit Vermögenswerten zu geschehen hat, welche von der partiellen Universalsukzession nicht erfasst werden – zu denen nach der (u.E. falschen) Ansicht der Botschaft auch Vertragsverhältnisse, resp. deren aller Aktiven und Passiven entleerten Hüllen gehören (vgl. Art. 52 N 5 ff.). Denkbar ist, dass so «zurückgebliebene Aktiven» in analoger Anwendung von Art. 38 Abs. 1 lit. a allen überneh-

menden Gesellschaften zu Miteigentum gehören, bzw. bei Passiven und nicht bilanzierbaren, nicht «miteigentumsfähigen» Werten (bzw. personengebundene Konzessionen oder – folgt man der Botschaft – Verträge) entweder als aufgelöst bzw. untergegangen zu gelten haben oder von den Parteien analog Art. 38 Abs. 3 gemeinsam und in solidarischer Verantwortlichkeit «verwaltet» werden (indem sie bspw. eine Aufhebungsvereinbarung abschliessen). Die gelöschte Gesellschaft nach deutschem Vorbild (SCHMITT/HÖRTNAGL/STRATZ, N 54) als «noch nicht beendet» anzusehen und die weder in analoger Anwendung von Art. 38 übertragenen bzw. gemeinsam verwalteten, noch untergegangenen bilanzierbaren und nicht bilanzierbaren Werte vor der definitiven Beendigung im Rahmen einer Liquidation zu versilbern, ist u.E. nur schon darum nicht praktikabel, weil völlig ungewiss wäre, nach welchen Regeln eine solche – systematisch quer in der Landschaft stehende – *«Liquidation nach Löschung»* zu erfolgen hätte.

V. Rechtsvergleich

Art. 164 Abs. 2 **IPRG** bestimmt, dass im schweizerischen Handelsregister eingetragene Gesellschaften, welche durch eine Spaltung in ausländische Gesellschaften aufgegliedert werden, nur aus dem Register gelöscht werden können, soweit der Bericht eines besonders befähigten Revisors die Einhaltung der anwendbaren Gläubigerschutzbestimmungen gem. Art. 46 bestätigt und darüber hinaus nachgewiesen wird, dass die Spaltung nach dem auf die ausländische(n) Gesellschaft(en) anwendbaren Recht rechtsgültig geworden ist. Schliesslich ist durch die Bestätigung eines besonders befähigten Revisors darzulegen, dass den anspruchsberechtigten Gesellschaftern der schweizerischen Gesellschaft die ihnen zustehenden Anteils- und Mitgliedsrechte eingeräumt wurden oder Ausgleichszahlungen/Abfindungen ausgerichtet oder sichergestellt sind. 16

Die **EU-Spalt-RL** verweist in Art. 16 auf Art. 3 der EU-Publizitäts-RL und sieht damit ebenfalls die Eintragung in ein öffentliches Register und eine Veröffentlichung des Eintrags vor. 17

Art. 52

Rechtswirksamkeit	Die Spaltung wird mit der Eintragung ins Handelsregister rechtswirksam. In diesem Zeitpunkt gehen alle im Inventar aufgeführten Aktiven und Passiven von Gesetzes wegen auf die übernehmenden Gesellschaften über. Artikel 34 des Kartellgesetzes vom 6. Oktober 1995 bleibt vorbehalten.
Effets juridiques	La scission déploie ses effets dès son inscription au registre du commerce. A cette date, l'ensemble des actifs et passifs énumérés dans l'inventaire sont transférés de par la loi aux sociétés reprenantes. L'art. 34 de la loi du 6 octobre 1995 sur les cartels est réservé.
Validità giuridica	La scissione acquisice validità giuridica con l'iscrizione nel registro di commercio. A tale data, tutti gli attivi e i passivi figuranti nell'inventario sono trasferiti per legge alla società assuntrice. È fatto salvo l'articolo 34 della legge del 6 ottobre 1995 sui cartelli.

Art. 52 1–3   3. Kapitel: Spaltung von Gesellschaften

Inhaltsübersicht   Note

    I. Normzweck und Normgeschichte 1
    II. Partielle Universalsukzession 2
    III. Übertragung der Anteile 18
    IV. Der relevante Zeitpunkt (Satz 1) 19
    V. Der Vorbehalt der kartellrechtlichen Meldepflicht (Satz 3) 23
    VI. Rechtsvergleich 27

Literatur

U. BEHNISCH/R. BÜCHI, Mängel des Fusionsgesetz-Entwurfes, in: NZZ vom 15./16.9.2001 (Nr. 214), 22; J. BORER, Kommentar zum schweizerischen Kartellgesetz, Zürich 1998 (zit. Komm-KG); M. FREY/M. LAMBELET, Spaltung – rechtliche und steuerliche Aspekte, AJP 2004, 790; E. HOMBURGER/B. SCHMIDHAUSER/F. HOFFET/P. DUCREY, Kommentar zum schweizerischen Kartellgesetz, Loseblatt, Stand: 2. Lieferung 1997, Zürich 1997; P. TERCIER/CH. BOVET, Droit de la concurrence – Loi sur les cartels, loi sur le marché intérieur, loi sur les entraves techniques au commerce, Genf et al. 2002; H.U. VOGT, Der öffentliche Glaube des Handelsregisters, Zürich et al. 2003; R. WATTER/U. KÄGI, Der Übergang von Verträgen bei Fusionen, Spaltungen und Vermögensübertragungen, SZW 2004, 231; R. ZÄCH, Schweizerisches Kartellrecht, Bern 1999.

I. Normzweck und Normgeschichte

1   Art. 52 definiert den Zeitpunkt der **Rechtswirksamkeit** der Spaltung – die Eintragung ins Handelsregister – und die **Rechtswirkungen** der Eintragung – nämlich die Universalsukzession des übertragenen Vermögens auf die übernehmende Gesellschaft und die Übertragung ihrer Anteile auf die Gesellschafter der (sich) spaltenden übertragenden Gesellschaft. Während das Parlament Art. 52 gegenüber dem Botschaftstext unverändert beliess, fügte es betr. Grundstücke Art. 104 ein, welcher bestimmte Anmeldungsobliegenheiten verankert (vgl. Art. 104 N 6 ff.).

II. Partielle Universalsukzession

2   Mit der Eintragung ins Handelsregister wird die Spaltung rechtswirksam. «Im Zeitpunkt der Eintragung gehen alle im Inventar aufgeführten Aktiven und Passiven ... von Gesetzes wegen mit einem Rechtsakt (**uno actu**) von der übertragenden auf die übernehmende Gesellschaft über und zwar unabhängig von den gesetzlichen Bestimmungen, die für die Übertragung der betr. Vermögenswerte massgebend sind» (Botschaft, 4445). Die üblichen **Formvorschriften** für die Übertragung der betr. Vermögenswerte – z.B. Zession, Indossament, Grundbucheintrag – müssen nicht beachtet werden (Botschaft, 4445).

3   Die **Art. zur Rechtswirksamkeit bei der Fusion** (Art. 22), **der Spaltung und bei der Vermögensübertragung** (Art. 73) **sind identisch formuliert**. Vorausgesetzt, dass bei der Fusion nach Art. 22 wie bisher nach Art. 748 altOR (vgl. statt aller BGE 115 II 415, 418 und ZK-BÜRGI/NORDMANN, Vorbem. zu den Art. 748–750 OR, N 15) die Universalsukzession greift (worauf die übereinstimmende Verwendung der Formulierung «Aktiven und Passiven» hindeutet, sowie die Tatsache, dass das FusG Umstrukturierungen jedenfalls nicht erschweren will), legt der **Wortlaut** der betr. Bestimmungen den Schluss nahe, dass es sich auch bei der Spaltung (und bei der Vermögensübertragung, vgl. Art. 73) wie bei der Fusion um eine **Universalsukzession** handelt, die – im Unterschied zur Fusion – als logische Konsequenz der Konzeption der Spaltung – bei der Ab-

spaltung nur das abzuspaltende, im Inventar bezeichnete Vermögen erfasst (so auch BE-RETTA, 252). Bei der Aufspaltung wird – gleich wie bei ihrem «Spiegelbild», der Fusion – zwar das gesamte Vermögen der übertragenden Gesellschaft erfasst, dieses aber (anders als bei der Fusion) auf *mehrere* übernehmende Gesellschaften übertragen. Diese Schlussfolgerung scheint die Botschaft (4465) prima vista zu bestätigen, indem sie ausführt, dass der Vermögensübergang bei der Spaltung (wie bei der Vermögensübertragung, s. Art. 73) «genau besehen kein Fall der Univeralsukzession im eigentlichen Sinne – dies im Unterschied zur Fusion (Art. 22) und zum Erbgang (Art. 560 ZGB)» sei, sondern «eine Art **partielle Universalsukzession**» (eine «Übertragung gem. Inventar»), weil nur die «in einem Inventar aufgeführten Vermögenswerte» übertragen werden.

Der Begriff «partielle Universalsukzession» – der von der Botschaft für Übertragung gem. Inventar synonym verwendet wird – lässt sich theoretisch auf zwei Arten verstehen: «Partiell» kann den *Umfang* des von der Universalsukzession erfassten Vermögens beschreiben oder aber auch auf die *Wirkung* der Universalsukzession, bzw. auf die Art des Übergangs bezogen sein. Im ersten Fall meint «partielle Universalsukzession» eine *quantitativ* oder gegenständlich beschränkte Universalsukzession – die Universalsukzession erfasst nur einen im Inventar bezeichneten Teil des Vermögens, *diesen aber ganz* (universaliter). So wird die partielle Universalsukzession nach UmwG in Deutschland verstanden (SCHMITT/HÖRTNAGEL/STRATZ, § 123 N 5; LUTTER-TEICHMANN, § 123 N 9), auch wenn nach dem *Wortlaut* von UmwG § 132 Übertragungshindernisse für die Singularsukzession auch auf die partielle Universalsukzession anzuwenden sind (vgl. LUTTER-TEICHMANN, § 132 N 11). Im zweiten Fall bedeutet «partielle Universalsukzession», dass die Universalsukzession auch *qualitativ* beschränkt ist – die Sukzession erfolgt nur teilweise (partiell) universaliter. Diese zweite Deutung macht aber schon begriffslogisch keinen Sinn (trotzdem mit dieser Deutung KLÄY, 234). Im **FusG findet sich**, wie schon im Vorentwurf, denn auch **kein Indiz für eine solche Deutung des Begriffs «partielle Universalsukzession» im Sinne einer *qualitativen* Beschränkung der Wirkung der partiellen Universalsukzession** – anders als im UmwG findet sich keine Bestimmung, die i.S.v. § 132 UmwG statuiert, dass singularsukzessorische Übertragungshindernisse auch bei der partiellen Universalsukzession Geltung haben.

Trotzdem scheint die Botschaft die von ihr selbst für die Übertragung gem. Inventar synonym verwendete Bezeichnung «partielle Universalsukzession» als eine «nicht universelle Universalsukzession» zu verstehen (so explizit KLÄY, 234). Die Botschaft schränkt nämlich die Wirkung der Universalsukzession – verglichen mit der Wirkung, die ihr Lehre und Rechtssprechung etwa bei der Fusion zumessen – bei der Übertragung gem. Inventar in einem entscheidenden Bereich ein: **Laut Botschaft werden Verträge vom Vermögensübergang uno actu bei der Übertragung gem. Inventar nicht erfasst**. «Für den Wechsel einer Vertragspartei ist grundsätzlich das Einverständnis aller Vertragsparteien erforderlich. Sonderbestimmungen sind aber in den Art. 261 und 333 OR zu finden» (Botschaft, 4445). Diese Einschränkung der Wirkung der partiellen Universalsukzession wird bei der Vermögensübertragung an entsprechender Stelle (Art. 73) weder wiederholt, noch wird darauf verwiesen. Würde daraus allerdings geschlossen, dass die Spaltung gegenüber der Vermögensübertragung mit Nachteilen im Bereich der Übertragung von Verträgen verbunden ist, würde dies spaltungswillige Gesellschaften geradezu in ein Verfahren in zwei Schritten (vgl. Art. 29 N 12 ff.) zwingen, um Verträge *universaliter* übertragen zu können. Dass dies die Absicht der Botschaft oder gar des Gesetzgebers war, kann kaum behauptet werden – schon gar nicht unter Berücksichtigung der Voten von *Cina* und *Metzler* zum Minderheitsantrag *Ménétrey-Savary* anlässlich der Besprechung von Art. 71 im NR (AmtlBull NR 2003, 243 ff.; vgl. N 9 u. und Art. 73). Die Botschaft begründet eine allfällige qualitative Unterscheidung zwischen der Übertragung gem. Inventar und der Universalsukzession denn auch nicht, was umso erstaunlicher ist, als die Botschaft bez. Wirkung der partiellen Universalsukzession gegenüber dem Begleitbericht zum Vorentwurf eine Kehrtwende vollzieht, hatte dieser doch noch verkündet, dass «die Kontroverse, ob Dauerschuldverhältnisse, die mit dem übertragenen Geschäft verbunden sind, im Wege der Geschäftsübernahme nach OR 181 übertragen werden können» mit der Annahme eines Rechtsüberganges von Gesetzes wegen entfalle (Begleitbericht, 73). Damit implizierte der Begleitbericht, dass von der partiellen Universalsukzession auch Vertragsverhältnisse erfasst werden – was angesichts der Tatsache, dass das UmwG als «Vorlage» für das FusG diente und dort Einigkeit darüber herrscht, dass Verträge von der partiellen Universalsukzession erfasst werden (vgl. LUTTER-TEICHMANN, § 132 N 38; BÜCHI, 47 f.), niemanden überraschte. Dass die Botschaft eine Begründung für ihr Verständnis der partiellen Universalsukzession schuldig bleibt, ist wohl kein Zufall, denn die Auffassung der Botschaft findet weder Rückhalt im Wortlaut des Gesetzes, noch genügen strukturelle Unterschiede zwischen Spaltung und Fusion, um sie zu rechtfertigen (vgl. BÜCHI, 162 ff.; a.M. KLÄY, 235).

6   Ein weiteres Argument gegen die Auffassung der Botschaft, dass Verträge bei der Spaltung nicht uno actu übergehen, kann daraus gewonnen werden, dass im Spaltungsvertrag das Inventar – im Gegensatz zum Übertragungsvertrag bei der Vermögensübertragung (Art. 71 Abs. 1 lit. b) – nicht nur die Gegenstände des Aktiv- und Passivvermögens zuordnen muss, sondern auch die **Betriebsteile** (Art. 37 lit. b). Die Bezeichnung «Betriebsteil» muss u.E. als Gefäss für alles, was zu einem Betrieb gehört, aber nicht in die Kategorien «Aktiven» und «Passiven» passt, gedeutet werden – insb. also die Vertragsverhältnisse. Die Formulierung lässt weiter darauf schliessen, dass der Gesetzgeber davon ausgegangen ist, dass bei der Spaltung – mindestens im Normalfall – **Betriebe** übertragen werden, d.h. Aktiven und Passiven u.a., nicht bilanzierbare Werte – etwa Verträge –, die zueinander in organischem Zusammenhang stehen und am Markt als Einheit auftreten (vgl. Definition bei BEHNISCH, Umstrukturierung, 249 f.).

7   Es kommt hinzu, dass die Folgen einer die Vertragsverhältnisse nicht erfassenden, partiellen Universalsukzession insb. bei Aufspaltungen nicht sachgerecht wären, bzw. Aufspaltungen wohl praktisch verhindert würden, kann es doch nicht sein, dass die in vielen Unternehmen zentralen längerfristigen Verträge bei fehlender Zustimmung des Vertragspartners in einer im Rahmen der Spaltung zu löschenden Gesellschaft verbleiben sollen (vgl. auch Art. 51 N 15).

8   Hintergrund der zaudernden Haltung der Botschaft betr. Wirkung der partiellen Universalsukzession auf Vertragsverhältnisse ist die Tatsache, dass die Spaltung nach FusG nicht nur für die Übertragung von Betrieben oder Betriebsteilen – bestehend aus Aktiven und Passiven und anderen Vermögenswerten, welche betriebswirtschaftlich gesehen eine organische Einheit bilden – zur Verfügung steht, sondern auch für die **Übertragung beliebig zusammengestellter Aktiven und Passiven**, die zueinander in keinem Zusammenhang stehen müssen, ja sogar für die Übertragung einzelner Vermögenswerte (vgl. ZK-PFEIFER, Art. 30 N 3). Einziges Kriterium ist, dass die von der Spaltung erfassten Vermögenswerte in einem detaillierten Inventar erfasst sind und dass bei der Spaltung zur Neugründung (Art. 34) das übertragene Vermögen einen Aktivsaldo aufweisen muss, welcher das Kapital der neu gegründeten Gesellschaft deckt (Verbot der Unterpari-Emission, vgl. Art. 29 N 23 zur Lage bei der Übertragung auf eine bestehende Gesellschaft). Diese sehr breite Verwendbarkeit der Spaltung bringt es mit sich, dass die Spaltung nach der Konzeption des FusG nicht nur für eigentliche Umstrukturierungen verwendet werden kann, sondern allenfalls auch für die Übertragung von mit Übertragungshindernissen belasteten Vermögenswerten – was die Gefahr von **Missbräuchen** birgt. Vor diesem Hin-

tergrund mag es verständlich erscheinen, dass die Botschaft plötzlich vor dem zu Recht schon als «sensationell» bezeichneten (LUTTER-TEICHMANN, § 123 N 9) Schritt zurückschreckt, die Universalsukzession zum parteiautonom gewählten und – punkto der Universalsukzession unterliegendem Vermögen – gestalteten Mittel der Übertragung von Vermögenswerten zuzulassen. Auch wenn es widersinnig erscheinen mag, die Übertragung einzelner Aktiven und Passiven im Wege der Universalsukzession zu ermöglichen, wäre es doch falsch, die Universalsukzession ungeachtet des Umfangs und der Art des zu übertragenden Vermögens *in keinem Fall* zuzulassen. Einschränkungen der Übertragbarkeit wären allenfalls dann angebracht, wenn durch die Spaltung kein Betrieb oder Betriebsteil – kein organisch als Einheit auftretender Komplex von Aktiven oder Passiven (BEHNISCH, Umstrukturierung, 249) – übertragen wird. Dies wird aus steuerlichen Gründen allerdings von vornherein nur selten der Fall sein (vgl. FREY/LAMBELET, 798 f.; ebenso Handkommentar FusG-EPPER, Art. 29 N 10; BEHNISCH/BÜCHI, 22). Auch der Wortlaut von Art. 37 lit. b lässt – wie (N 6) dargelegt – darauf schliessen, dass der Gesetzgeber bei der Spaltung von Betrieben ausgegangen ist. Andererseits hätte der Missbrauchsgefahr mit der Verankerung eines **Betriebskriteriums** nach Vorbild des Steuerrechts oder mit einer Missbrauchsklausel wirkungsvoller begegnet werden können (BEHNISCH/BÜCHI, 22).

Allerdings ist der **Auslegung von Art. 52 bez. Rechtswirkung der Übertragung gem. Inventar** im Einklang mit der bundesgerichtlichen Praxis (BGE 112 Ia 97, 104) dem Willen des Gesetzgebers angesichts der «Jugendlichkeit» des FusG grundsätzlich besonderes Gewicht zuzumessen. Unseres Erachtens ist der Wille des Gesetzgebers bez. der Rechtswirkungen der Übertragung gem. Inventar bei der Spaltung aber alles andere als klar, denn sie wurden weder im Ständerat noch im NR thematisiert. Aus der Tatsache, dass der Minderheitsantrag im NR zu Art. 71 Abs. 1 lit. e, jedoch nicht zur «Schwesterbestimmung» bei der Spaltung, Art. 37 lit. i gestellt wurde und dass die Spaltung in den darauffolgenden Voten nie erwähnt wurde (vgl. AmtlBull NR, 2003, 243 f.), lässt jedenfalls auch den Umkehrschluss zu, dass der Gesetzgeber bei der Spaltung – wie bei der Fusion aber anders als bei der Vermögensübertragung – von einer umfassenden Übertragungswirkung ausging. Auch die Materialien geben in der Gesamtschau kein einheitliches Bild ab, denn der Absatz über das Schicksal der Verträge in der Botschaft zu Art. 52 (vgl. Botschaft, 4445) steht im Widerspruch zur Beschreibung der Übertragung gem. Inventar als partielle Universalsukzession (Botschaft, 4465) und zu den Äusserungen zum Thema während der früheren Entstehungsgeschichte des FusG (etwa im Begleitbericht, vgl. N 5). Auch wenn trotzdem angenommen würde, dass der gesetzgeberische Wille dahin zu verstehen sei, dass der Übertragung gem. Inventar bei der Spaltung grundsätzlich nicht die gleiche Wirkung wie der Universalsukzession bei der Fusion zukomme, hat dieser Wille im Gesetzestext keinen Niederschlag gefunden, weshalb er nach bundesgerichtlicher Praxis für die Auslegung nicht entscheidend sein darf (BGE 114 V 239, 250). Damit überwiegen u.E. die teleologischen – der Sinn und Zweck des FusG liegt darin, Neustrukturierungen zu *erleichtern* (Botschaft, 4338) – und systematischen bzw. grammatikalischen Elemente – der partiellen Universalsukzession muss bei der Spaltung als «Spiegelfusion» bei gleicher Formulierung grundsätzlich die gleiche Wirkung zukommen, wie bei der Fusion.

Versuchen, Verträge und mit Übertragungshindernissen behaftete Vermögenswerte in missbräuchlicher Weise mittels Spaltung mit Hilfe der Universalsukzession zu übertragen, muss – mangels einer spezifischen Vorschrift im FusG – gestützt auf das allgemeine Missbrauchsverbot nach Art. 2 Abs. 2 ZGB begegnet werden (ebenso MALACRIDA, 63; BÖCKLI, Aktienrecht, § 3 Rz 339b). **Dabei muss u.E. als offenbarer Missbrauch qualifiziert werden, wenn Verträge entgegen dem vernünftigerweise zu vermutenden**

Parteiwillen mit Wirkung ex lege übertragen werden sollen, obwohl sie zu den mitübertragenen Vermögenswerten in keinerlei Zusammenhang stehen. In diesem Fall muss u.E. wie bisher die Zustimmung der betroffenen Parteien eingeholt werden. Nicht grundsätzlich als offenbarer Missbrauch i.S.v. Art. 2 Abs. 2 ZGB ist die Übertragung von Verträgen per Universalsukzession jedoch zu werten, wenn zwischen den mitübertragenen Vermögenswerten und den Verträgen zwar ein Zusammenhang besteht – der gesamte, übertragene Vermögenskomplex jedoch keine betriebliche Einheit darstellt (so etwa bei der Übertragung einer Liegenschaft mit zugehörigem Wartungsvertrag). Unseres Erachtens ist in solchen Fällen zu fordern, dass die übertragenen Vertragsverhältnisse im Inventar aufgelistet werden müssen, um die Transparenz für die Vertragspartner zu erhöhen. *Im Gegensatz dazu müssen u.E. bei der Übertragung von Verträgen als Teil von Betrieben im Inventar nur diejenigen Vertragsverhältnisse aufgelistet werden, welche aus der Sicht eines Dritten dem übertragenen Betrieb nicht ohne weiteres zuordenbar sind* (bei der Abspaltung einer Division z.B. Verträge, welche Dienstleistungen regeln, die vor der Spaltung dem Konzern als Ganzes erbracht wurden und jetzt auf die abzuspaltende Division übertragen werden sollen, ohne dass sie zu dieser in einem «organischen» Zusammenhang stehen; s. Art. 37 lit. b).

11 Zu beachten ist ferner, dass Vertragspartner selbstverständlich auch Klauseln in den Vertrag aufnehmen können, wonach der Vertrag im Spaltungsfall nicht oder nur mit Zustimmung der betroffenen Partei in die zu übertragende Vermögensmasse fallen darf (vgl. WATTER/KÄGI, 241 f.). Missachtet die übertragende Partei die entsprechenden Klauseln und ordnet das Vertragsverhältnis (ohne Zustimmung der anderen Partei) der zu übertragenden Vermögensmasse zu, geht der Vertrag – falls die Übertragung nicht als missbräuchlich (vgl. N 13) qualifiziert werden muss – trotz anders lautender Vereinbarung der Parteien per Universalsukzession über. Die betroffene Partei kann aus Vertragsverletzung auf Schadenersatz klagen (ebenso BERETTA, 255; **a.M.** BÖCKLI, Aktienrecht, § 3 Rz 338a). Schliesslich können **Change of Control Klauseln** vorsehen, dass im Falle einer Spaltung der Vertrag entweder automatisch aufgelöst wird, oder nach einer zu bestimmenden Formel gekündet werden kann. Selbst wenn keine Change of Control Klauseln verankert sind – oder wenn «universalsukzessionsverhindernde» Klauseln leer greifen –, kann es u.U. angemessen sein (insb. im Falle von «ad personam» gerichteten Verträgen), der betroffenen Partei ein ausserordentliches Kündigungsrecht zu gewähren, wenn eine Weiterführung des Vertragsverhältnisses für die betroffene Partei als unzumutbar angesehen werden muss (vgl. BERETTA, 255 f.; BÖCKLI, Aktienrecht, § 3 Rz 339a).

12 **Vor diesem Hintergrund muss u.E. bei der Spaltung die Übertragung gem. Inventar als vollwertige, wenn auch in quantitativer Hinsicht nur partielle Universalsukzession anerkannt werden** (gleich i.E. VISCHER, BJM 1999, 299; BÖCKLI, Aktienrecht, § 3 Rz 338; MALACRIDA, 63; Handkommentar FusG-PASSADELIS, Art. 52 N 4; Handkommentar FusG-EPPER, Art. 29, N 14 f.; Handkommentar FusG-FRICK, Art. 69 N 18 ff.; ZK-PFEIFER/MEIER, vor Art. 29–52 N 9 ff.; VON DER CRONE ET AL., Rz 577; BERTSCHINGER, 365; WATTER/BÜCHI, 28; BERETTA, 253; **a.M.** KLÄY, 234, der allerdings auf «eine Auseinandersetzung mit der Frage der Übertragung von Verträgen im Rahmen einer Spaltung» verzichtet, wobei er sibyllinisch darauf hinweist, dass zwischen Vermögensübertragung und Spaltung sowie zwischen Auf- und Abspaltung «allenfalls eine differenzierende Betrachtung angezeigt erscheinen kann» (227, FN 177)), **jedenfalls, wenn ein Betrieb übertragen wird** (BÜCHI, 171; ebenso FREY/LAMBELET, 796).

13 Im Weiteren führt betreffend die Übertragung von Verträgen auch eine andere Theorie zum gleichen Ergebnis: Man kann argumentieren, dass bei einer Übertragung aller gegenwärtigen und künftigen aus einem Vertrag entstehenden Forderungen und Verpflich-

tungen aus vertragsrechtlichen Gründen auch das gesamte Vertragsverhältnis übergeht, inkl. sämtlicher Gestaltungsrechte aus dem Vertrag (vgl. ausführl. zur sog. Zerlegungstheorie WATTER/KÄGI, 232). Selbst wenn man auch dies ablehnt (und die Übertragungswirkung nicht so wie hier versteht), kann in praktischer Hinsicht durch die Übertragung aller Forderungen und Verpflichtungen zumindest in praktischer Hinsicht ein akzeptables Resultat erreicht werden.

In praktischer Hinsicht ist damit zu empfehlen, dass im Inventar bspw. aufgeführt wird: «Vertrag mit X vom [Datum] betreffend Z bzw. alle aus diesem Vertrag bereits entstandenen und noch entstehenden Rechte und Verpflichtungen.» **14**

Nach den Regeln der Universalsukzession gehen nach Lehre und Rechtsprechung grundsätzlich (zu möglichen Ausnahmen N 11 f.) «die gesamten vermögensrechtlichen Beziehungen ..., alle Forderungen, alle Schulden, das Eigentum an allen Vermögenswerten, jeglicher Vertrag ... kraft Gesetzes und ohne Beobachtung der Formvorschriften auf die übernehmende Gesellschaft über» (VON GREYERZ, 286; Art. 22). Dies bedeutet im Einzelnen Folgendes: **15**

a. Im Bereich der **Aktiven** gehen Gründstücke (und grundstücksgleiche Rechte) bereits mit Eintragung der Spaltung ins Handelsregister über. Auch wenn deren Übertragung ausserbuchlich erfolgt, muss «mit Blick nach vorne» der Rechtsübergang dennoch angemeldet und das Grundbuch angepasst werden, denn nach ZGB 656 Abs. 2 kann einerseits der Erwerber erst nach der Eintragung, andererseits der bisherige Eigentümer noch immer über das betr. Grundstück verfügen (ZGB 963 Abs. 1) und (nach ZGB 973 Abs. 1) einem gutgläubigen Dritten auch nach dem ausserbuchlichen Rechtsübergang nach FusG noch Rechte übertragen. Diese dogmatischen Unebenheiten versucht der vom Parlament eingefügte Art. 104 zu glätten, welche dem übernehmenden Rechtsträger bestimmte Anmeldungspflichten und -fristen auferlegt (vgl. Art. 104 N 6 ff.). Nach Abs. 1 müssen generell alle Änderungen, die sich für das Grundbuch aus der Spaltung ergeben, innert dreier Monate nach Eintritt der Rechtswirksamkeit angemeldet werden, wobei bei Übergängen von Grundstücken durch Abspaltung die Anmeldung nach Abs. 2 lit. b *umgehend* nach Eintritt der Rechtswirksamkeit zu erfolgen hat. «Umgehend» ist laut Botschaft (4487) als «sofort» bzw. «so schnell wie möglich» zu verstehen (vgl. Art. 104 N 17). Ebenfalls mit Eintrag gehen Forderungen (Debitoren) – auch wenn sie mit Abtretungsverboten behaftet sind (BÜCHI, 172; vgl. aber auch WATTER/KÄGI, 242) –, Lager und angefangene Arbeiten, Einrichtungsgegenstände, Mobilien und Fahrzeuge über; für Immaterialgüterrechte gilt – ähnlich wie bei Grundstücken – dass später allenfalls die Register noch angepasst werden müssen, der Rechtsübergang aber mit Eintragung im Handelsregister erfolgt.

b. Im Bereich der **Passiven** gehen Verbindlichkeiten nach Massgabe des Inventars im Spaltungsvertrag bzw. Spaltungsplan mit Eintragung über, ohne dass es der Mitwirkung der Gläubiger bedarf. Rückstellungen werden u.E. demgegenüber nur transferiert, wenn dies der Spaltungsbilanz zu entnehmen ist.

c. Bei **Verträgen** (die als solche weder zu den Aktiven oder Passiven gehören) gilt nach den vorstehenden Ausführungen (vgl. N 5–14), dass sie grundsätzlich übergehen (vgl. zur Wirkung von Klauseln, welche den Übergang verhindern sollen, N 11), dies aber nur, wenn sie im Inventar aufgeführt sind, bzw., bei der Übertragung von Betrieben, diesen ohne weiteres zuordenbar sind. Für **Arbeitsverträge** gilt Art. 49.

Der Grundsatz, dass die Universalsukzession alles erfasst, gilt nach einhelliger Meinung (statt aller ZK-BÜRGI/NORDMANN, Vorbem. zu den Art. 748–750 OR N 16) **nicht** **16**

uneingeschränkt. Denkbar ist, dass der Wirkung der Universalsukzession öffentlichrechtliche Verbote entgegenstehen oder dass der übertragenden Gesellschaft die Verfügungsmacht abgeht (BÜCHI, 171 f.). Ausgeschlossen ist darum der gutgläubige Erwerb durch die übernehmende Gesellschaft dann, wenn die übertragende Gesellschaft nicht Eigentümerin war (ebenso Handkommentar FusG-EPPER, Art. 29 N 21; WATTER/KÄGI, FN 102). Allerdings werden – wenn die übertragende Gesellschaft noch kein Eigentum begründet hatte, selbst aber gutgläubig war – allfällig von der übertragenden Gesellschaft begonnene Ersitzungs- oder andere Fristen im Rahmen der Universalsukzession weitergegeben. Dagegen hindern Übertragungshindernisse vertraglichen Ursprungs – z.B. Abtretungsverbote oder Übertragungsverbote bei Verträgen – die Universalsukzession nicht (vgl. N 11; BÜCHI, 172, mit Verweis auf die allgemeine Auffassung in Deutschland; vgl. aber auch WATTER/KÄGI, 241 f.). Die Persönlichkeit des übertragenden Rechtsträgers spielt bei Kapitalgesellschaften und Genossenschaften hingegen bei der Eingrenzung weiterer Ausnahmen vom Prinzip der Universalsukzession eine untergeordnete Rolle, denn das persönliche Element wird bei Rechtsgeschäften, welche mit einer spaltungsfähigen (Art. 30) Gesellschaft abgeschlossen werden, regelmässig fehlen (KÜRY, 75). Ausser der Firma und *personenbezogener* (nicht aber sachbezogener) öffentlichrechtlicher Rechte und Pflichten (gewisse Bewilligungen und Konzessionen) sind kaum Rechtspositionen vorstellbar, die nicht von der Universalsukzession erfasst werden, weil sie mit der Persönlichkeit der übertragenden Gesellschaft untrennbar verknüpft sind (BÜCHI, 172).

III. Übertragung der Anteile

17 **Zeitgleich** mit der Übertragung des der Spaltung unterliegenden Vermögens – gehen **mit Eintragung ins Handelsregister** auch die Anteile an den übernehmenden Gesellschaften nach Massgabe des Spaltungsvertrags oder -plans auf die Gesellschafter der übertragenden Gesellschaft über.

18 Dies gilt auch dann, wenn die Mitgliedschaftsrechte bei der übernehmenden Gesellschaft grundsätzlich verurkundet sind – die berechtigten Gesellschafter der übertragenden Gesellschaft erwerben dann einen (zusätzlichen) Anspruch auf Auslieferung der zu übertragenden Titel, haben aber schon mit Eintrag volle Gesellschafterstellung.

IV. Der relevante Zeitpunkt (Satz 1)

19 Relevant ist nach Satz 1 der Handelsregistereintrag. Gemeint ist damit der **Eintrag der Anmeldung ins Tagebuch** gem. Art. 932 Abs. 1 OR, wobei die Eintragung gem. Botschaft **Dritten gegenüber** – i.S.v. Art. 932 Abs. 2 OR – «erst am nächsten Werktag wirksam wird, der auf den aufgedruckten Ausgabetag derjenigen Nr. des SHAB folgt, in der die Eintragung veröffentlicht wird» (Botschaft, 4445, FN 137 mit Verweis auf 4422). Tatsächlich lässt der Wortlaut von Art. 52 (und Art. 22 und 73) nicht auf eine unmittelbare «Drittwirkung» schliessen, denn eine Formulierung, welche als «besondere gesetzliche Vorschrift» i.S.v. Art. 932 Abs. 3 OR qualifizieren könnte, fehlt. Eine solche Vorschrift, nach der sich die Wirkung der Eintragung auch gegenüber Dritten *unmittelbar* mit der Eintragung entfaltet, findet sich z.B. – *noch* – in Art. 647 Abs. 3 OR (Abs. 3 soll jedoch anlässlich der GmbH Revision gestrichen werden; vgl. Art. 22 N 4) – was zur Folge hat, dass sich die Rechtswirkungen der mit der Spaltung verbundenen Statutenänderungen früher entfalten, als die Rechtswirkungen der Spaltung selber. Es ist anzunehmen, dass diese Diskrepanz vom Gesetzgeber übersehen wurde. Keine Dritten im Sinne der Botschaft sind die Anteilsinhaber der an der Spaltung beteiligten Gesellschaften. Sie

werden in jedem Fall mit Tagebucheintrag Anteilsinhaber der aufnehmenden Gesellschaft. Dies ist speziell dort von praktischem Interesse, wo die aufnehmende Gesellschaft kotiert ist: Ab diesem Moment existieren die neuen Titel und können zusammen mit den bisherigen an der Börse ge- und verkauft werden. (Gutgläubige) Schuldner dürfen in der Periode zwischen Tagebucheintrag und Veröffentlichung des Spaltungseintrags im SHAB hingegen nach wie vor mit befreiender Wirkung an die abspaltende Gesellschaft leisten, auch wenn ihre Schuld übergegangen ist.

Mit dieser Eintragung (vgl. Art. 51 N 4 ff.) werden auch die **Anteilsrechte der übernehmenden Gesellschaft** ausgegeben (vgl. N 19). 20

Auch eine mit **Mängeln** behaftete Spaltung wird aufgrund der konstitutiven Wirkung des Registereintrags mit der Eintragung ins Handelsregister rechtswirksam, ohne dass dem Registereintrag jedoch eine **heilende Wirkung** im eigentlichen Sinn zukäme. Mängel sind nach Möglichkeit zu beheben. Wo dies nicht möglich ist, muss nach verhältnismässigen Lösungen gesucht werden – eine Rückabwicklung der Spaltung ist somit praktisch ausgeschlossen (MALACRIDA, 60). 21

Anzumerken ist, dass die Parteien im **Innenverhältnis** die **Wirkung der Spaltung** in aller Regel an ein anderes Datum knüpfen werden, typischerweise an das **Datum der Spaltungsbilanz** (vgl. Art. 35 N 7). Dies bedeutet, dass buchhalterisch die Spaltung so behandelt wird, wie wenn sie am Tag der Spaltungsbilanz wirksam geworden wäre. Ab diesem Datum erfolgen alle Geschäfte der übertragenden Gesellschaft auf Rechnung der übernehmenden Gesellschaft (vgl. Art. 37 N 33). Dies kann (je nach Vertrag) bedeuten, dass die übertragende Gesellschaft der übernehmenden bspw. auch Debitoren übertragen muss, die seit diesem Datum im übertragenen Vermögen entstanden sind oder dass die übertragende Gesellschaft verpflichtet wird, einen zusätzlichen Baranteil zu übertragen, der die Gewinne seit dem ‹internen› Spaltungsdatum ausgleicht. 22

V. Der Vorbehalt der kartellrechtlichen Meldepflicht (Satz 3)

Der Vorbehalt von Satz 3 ist nur dann relevant, wenn die Spaltung Teil eines **meldepflichtigen Zusammenschlussvorhabens** i.S.v. Art. 9 i.V.m. Art. 4 Abs. 3 KG ist. Ein Bsp. für einen **Zusammenschlusstatbestand** ist der Fall, wo das Teilvermögen auf ein anderes Unternehmen im Sinne des Kartellgesetzes übertragen wird. Bildet die Spaltung Teil eines Zusammenschlussvorhabens i.S.v. Art. 4 Abs. 3 KG, ist zu prüfen, ob die beteiligten Unternehmen (i.S.v. Art. 3 VKU, SR 251.4) die Umsatzschwellen von Art. 9 Abs. 1 bzw. Abs. 3 KG erreichen bzw. das Zusammenschlussvorhaben gem. Art. 9 Abs. 4 KG zu **melden** ist. 23

Gemäss Art. 34 KG bleibt die zivilrechtliche Wirksamkeit eines meldepflichtigen Zusammenschlusses aufgeschoben bis entweder (i) die Wettbewerbskommission den Zusammenschluss zugelassen hat (bzw. die an die Zulassung geknüpften Bedingungen erfüllt sind), (ii) den vorläufigen Vollzug bewilligt hat oder (iii) die Ein-Monats-Frist gem. Art. 32 Abs. 1 KG bzw. die Vier-Monats-Frist gem. Art. 33 Abs. 3 KG verstrichen ist, ohne dass die Wettbewerbskommission eine Entscheidung getroffen hätte. 24

Bislang nicht entschieden ist, welche Geschäfte überhaupt von der in Art. 34 Satz 1 KG statuierten aufgeschobenen zivilrechtlichen Unwirksamkeit betroffen sind. Zur Beantwortung dieser Frage ist davon auszugehen, dass Art. 34 KG der Durchsetzung des Vollzugsverbots dient (vgl. auch Art. 106e HRegV). Demgemäss können von Art. 34 KG überhaupt nur eigentliche Vollzugsgeschäfte sowie Verpflichtungen zur Vornahme von Vollzugshandlungen betroffen sein (wie etwa der Pflicht, den Handelsregistereintrag 25 vorzunehmen). Ebensowenig entschieden ist, was genau unter dem in Art. 34 Satz 1 KG statuierten Aufschub der zivilrechtlichen Wirksamkeit zu verstehen ist. Die Botschaft zum Kartellgesetz von 1995 spricht davon, dass vor einer Unbedenklichkeitserklärung der Wettbewerbskommission vorgenommene Vollzugsgeschäfte «nicht sofort und endgültig nichtig, sondern schwebend unwirksam» (BBl 1995 I 609) sind. Ein Teil der Lehre ist der Auffassung, dass entsprechende Vollzugsgeschäfte nicht nichtig i.S.v. Art. 20 OR sind (BOVET, in: TERCIER/BOVET, Art. 34 N 18; ähnl. wohl BORER, Komm-KG, Art. 34 N 6), ein anderer Teil der Lehre geht von Nichtigkeit aus (SCHERRER, 390–392; DUCREY, in: HOMBURGER/SCHMIDHAUSER/HOFFET/DUCREY, Art. 34 N 9; ZÄCH, 363 N 657, der *ex-tunc* Nichtigkeit fordert). Nicht geklärt sind namentlich die sich hieraus ergebenden Folgen für Rechtsverhältnisse gegenüber den am Zusammenschluss unbeteiligten Dritten wie etwa Abnehmern, Gläubigern etc. – falls sich ein Gläubiger z.B. Forderungen, die im Wege der Spaltung auf die übernehmende Gesellschaft übertragen wurden, zur Sicherung zedieren lässt. Hier trägt die in Art. 34 Satz 1 KG vorgesehene Rechtsfolge der schwebenden Nichtigkeit dem Bedürfnis des Geschäftsverkehrs nach Rechtssicherheit keine Rechnung und ist deshalb rechtspolitisch unglücklich (zumal mit den Sanktionen gem. Art. 51 und Art. 55 KG sowie der Möglichkeit von Entflechtungsmassnahmen gem. Art. 37 KG genügend Hilfsmittel zur Verfügung stehen, um dem Vollzugsverbot gem. Art. 32 Abs. 2 und Art. 33 Abs. 2 KG Nachachtung zu verschaffen). Der Verweis in Art. 52 Satz 3 kollidiert zudem mit den allgemeinen Rechtswirkungen von Eintragungen (Art. 932 und 933 OR), denn grundsätzlich ist wohl davon auszugehen, dass dem Handelsregistereintrag bei einer Spaltung öffentlicher Glaube zukommt. Hierfür spricht jedenfalls eine entsprechende Abwägung der widerstreitenden Interessen (s. hierzu allg.: VOGT, 72–87; 182–185), wobei diesbezüglich nur Dispositionen geschützt werden, die *vor* dem Handelsregistereintrag getroffen wurden (vgl. auch Art. 22 N 22). Der BR hat versucht, mögliche Konflikte zum öffentlichen Glauben zu vermeiden, indem er in Art. 106e HRegV vorschreibt, dass eine Spaltung im Falle eines meldepflichtigen Zusammenschlusses erst beim Vorliegen der kartellrechtlichen Voraussetzungen zur Eintragung in das Handelsregister angemeldet werden darf (wobei der BR zu Recht davon ausgeht, dass es nicht in der Kompetenz des Handelsregisterführers liegt, einen Eintrag gestützt auf den Umstand einer fehlenden Bewilligung des Zusammenschlusses seitens der Wettbewerbskommission abzulehnen). Mit Art. 106e HRegV wird auf Verordnungsstufe indessen nur festgehalten, was kraft des in Art. 32 Abs. 2 und Art. 33 Abs. 2 KG statuierten Vollzugsverbotes ohnehin schon gilt. Wird die Spaltung trotz fehlender Bewilligung der Wettbewerbskommission eingetragen, bleibt das betr. Unternehmen aufgrund von Art. 37 Abs. 1 KG weiterhin verpflichtet, die Massnahmen zu treffen, die notwendig sind, um wirksamen Wettbewerb wieder herzustellen.

26 Aus dem Umstand, dass Art. 52 Satz 3 nur einen Vorbehalt zugunsten der schweizerischen Zusammenschlusskontrolle anbringt, ist zu folgern, dass allfällige von ausländischen Fusionskontrollregimen verhängte Nichtigkeitsfolgen unter Art. 52 Satz 3 unbeachtlich sind.

VI. Rechtsvergleich

27 Die **EU-Spalt-RL** sieht in Art. 17 Abs. 1 vor, dass die Spaltung ipso iure bewirkt, dass «sowohl zwischen den gespaltenen Gesellschaften und den begünstigten Gesellschaften als auch gegenüber Dritten ... das gesamte Aktiv- und Passivvermögen der gespaltenen Gesellschaft auf die begünstigten Gesellschaften» übergeht – allerdings «bleiben die Rechtsvorschriften der Mitgliedstaaten, die für die Wirksamkeit der Übertragung bestimmter, von der gespaltenen Gesellschaft eingebrachter Vermögensgegenstände,

Rechte und Pflichten gegenüber Dritten besondere Förmlichkeiten erfordern» (Abs. 3; vgl. NUFER, 600) vorbehalten.

Betr. **Rechtswirkung der Übertragung gem. Inventar** ist festzuhalten, dass – im Gegensatz zur in der Botschaft vertretenen Interpretation, dass die Rechtswirkung der Übertragung gem. Inventar Verträge nicht erfassen soll – in **Deutschland** Einigkeit darüber besteht, dass Vertragsverhältnisse, die im Rahmen einer Spaltung übertragen werden sollen, im Wege der (partiellen) Universalsukzession grundsätzlich ohne Zustimmung der beteiligten Parteien übergehen (vgl. statt aller LUTTER-TEICHMANN, § 132 N 38; NUFER, 600). Der Übergang der Vertragsverhältnisse, unabhängig vom Willen der Beteiligten, wird in von deutschen Kommentatoren unisono als ein entscheidender Vorteil der Durchführung der Spaltung nach umwandlungsrechtlichen Vorschriften angesehen. Mit grossem Argumentationsaufwand wird darum UmwG § 132, welcher als Spaltungsbremse auch betr. der Übertragung von Vertragsverhältnissen gedeutet werden könnte, über eine weite Auslegung spaltungsfreundlich gebogen (vgl. BÜCHI, 45 f.). Das Verständnis der partiellen Universalsukzession als «vollblütige» Universalsukzession hat in Deutschland (soweit ersichtlich) zu keinerlei Problemen geführt.

Viertes Kapitel: Umwandlung von Gesellschaften

vor Art. 53: Steuerliche Behandlung der Umwandlung von Gesellschaften

Inhaltsübersicht   Note

- I. Vorbemerkungen 1
  - 1. Begriff der Umwandlung 1
  - 2. Reine Umwandlung und gemischte Umwandlung 3
  - 3. Rechtsformändernde Umwandlung und übertragende Umwandlung 4
- II. Umwandlung von Personenunternehmungen 5
  - 1. Umwandlung von Personengesellschaften in Personengesellschaften mit einer anderen Rechtsform 5
    - a) Zivilrecht 5
    - b) Steuerrecht 6
      - ba) Vorbemerkungen 6
        - (1) Steuersubjekt bei Personengesellschaften 6
        - (2) Realisation stiller Reserven als einkommenssteuerbegründender Tatbestand 7
      - bb) Verrechnung von Verlustvorträgen 10
      - bc) Einkommenssteuer 13
        - (1) Steuerneutrale Übertragung 13
        - (2) Normzweck 14
        - (3) Inhalt 15
        - (4) Nachträgliche Besteuerung/Sperrfrist 23
        - (5) Umwandlung einer Kollektivgesellschaft in eine Kommanditgesellschaft durch Eintritt eines Kommanditärs (Art. 55 Abs. 1 lit. a FusG) 24
          - (a) Verzicht auf Zahlung eines Aufgeldes 26
          - (b) Leistung eines Aufgeldes 29
        - (6) Umwandlung einer Kommanditgesellschaft in eine Kollektivgesellschaft durch Austritt des Kommanditärs (Art. 55 Abs. 2 lit. a FusG) 36
        - (7) Umwandlung ohne Änderung der Beteiligungsverhältnisse (Art. 55 Abs. 1 lit. b und Abs. 2 lit. b FusG) 40
      - bd) Gewinnsteuer 41
        - (1) Umwandlung einer Kollektivgesellschaft in eine Kommanditgesellschaft durch Eintritt eines Kommanditärs (Art. 55 Abs. 1 lit. a FusG) 42
        - (2) Umwandlung einer Kommanditgesellschaft in eine Kollektivgesellschaft durch Austritt eines Kommanditärs (Art. 55 Abs. 2 lit. a FusG) 45
        - (3) Umwandlung ohne Änderung der Beteiligungsverhältnisse (Art. 55 Abs. 1 lit. b und Abs. 2 lit. b FusG) 46
      - be) Grundstückgewinnsteuer 47
        - (1) Zivilrechtliche Handänderung bei der Umwandlung 48
        - (2) Steuerrechtliche Folgen 49
      - bf) Handänderungssteuer 54
      - bg) Verrechnungssteuer 61

bh)	Emissionsabgabe	62
bi)	Umsatzabgabe	63
	(1) Allgemeines	63
	(2) Umsatzabgabe auf der Übertragung steuerbarer Urkunden	64
	(3) Umsatzabgabe auf der Ausgabe steuerbarer Urkunden	66
bj)	Mehrwertsteuer	67

c) Sozialversicherungsabgaben 71
2. Umwandlung von Personengesellschaften in Einzelunternehmungen und von Einzelunternehmungen in Personengesellschaften 73
   a) Zivilrecht 73
   b) Steuerrecht 74

ba)	Vorbemerkung	74
	(1) Steuersubjekt bei Personenunternehmungen	74
	(2) Realisation stiller Reserven als einkommensbegründender Tatbestand	75
	(3) Verlustverrechnung	76
	(4) Nachträgliche Besteuerung/Sperrfrist	77
bb)	Einkommenssteuern	78
	(1) Normzweck	79
	(2) Fortbestand der Steuerpflicht in der Schweiz	80
	(3) Übernahme der bisher für die Einkommenssteuer massgeblichen Werte	81
	(4) Übertragung von Vermögenswerten	82
	(5) Übertragung auf eine andere Personenunternehmung	83
bc)	Grundsteuern	85
bd)	Verrechnungssteuer	86
be)	Emissionsabgabe	87
bf)	Umsatzabgabe	88
bg)	Mehrwertsteuer	89

c) Sozialversicherungsabgaben 90
3. Umwandlung von inländischen Personenunternehmungen in ausländische Personenunternehmungen 91
4. Umwandlung von Personenunternehmungen in Kapitalgesellschaften und Genossenschaften 94
   a) Zivilrecht 94
   b) Steuerrecht 96

ba)	Einkommenssteuer	96
	(1) Überblick über die gesetzlichen Änderungen	97
	(2) Sprachliche Präzisierung	99
	(3) Fortbestand der Steuerpflicht in der Schweiz	100
	(4) Übernahme der bisher für die Einkommenssteuer massgeblichen Werte	102
	(5) Übertragung eines Betriebs oder Teilbetriebs	104
	(6) Übertragung auf eine juristische Person	106
	(7) Weitere Voraussetzungen	107
	(8) Beteiligungsrechte im Geschäftsvermögen oder im Privatvermögen	110
	(9) Übernahme von Verlustvorträgen	114
	(10) Sonderfälle	116
	(11) Nachträgliche Besteuerung/Sperrfrist	118
	(a) Entstehungsgeschichte	119

		(b) Normzweck	120
		(c) Objektiviertes Sperrfristkonzept	121
		(d) Entgeltliche Veräusserung von Beteiligungs- oder Mitgliedschaftsrechten	123
		(e) Unentgeltliche Veräusserung von Beteiligungs- oder Mitgliedschaftsrechten	127
		(f) Veräusserung zu einem über dem übertragenen steuerlichen Eigenkapital liegenden Preis	129
		(g) Veräusserung während den der Umstrukturierung folgenden fünf Jahren	130
		(h) Verfahren der Nachbesteuerung	134
		(i) Steuerfolgen der Sperrfristverletzung beim Inhaber von Beteiligungs- und Mitgliedschaftsrechten	135
		(j) Steuerfolgen der Sperrfristverletzung bei der Kapitalgesellschaft oder Genossenschaft	138
		(k) Intertemporales Recht	141
	bb)	Grundstückgewinnsteuer	144
		(1) Vorbemerkung	145
		(2) Voraussetzungen des Steueraufschubs	146
		(3) Eintritt in die Besitzesdauer	147
	bc)	Handänderungssteuer	148
		(1) Voraussetzungen der Steuerbefreiung	149
		(2) Eintritt in die Besitzesdauer	150
		(3) Art. 14 Abs. 3 und 4 Bundesgesetz über die Banken und Sparkassen (BankG)	151
		(4) Intertemporales Recht	152
	bd)	Verrechnungssteuer	153
	be)	Emissionsabgabe	155
		(1) Entstehungsgeschichte	156
		(2) Voraussetzungen der Entlastung bei der Emissionsabgabe	157
		(a) Umwandlung	157
		(b) Bestand während mindestens fünf Jahren	158
		(c) Rechtsfolge	160
		(3) Weitere Fragen	162
		(4) Nachträgliche Besteuerung/Sperrfrist	164
	bf)	Umsatzabgabe	170
		(1) Entstehungsgeschichte	171
		(2) Anwendungsbereich	172
		(3) Voraussetzungen	174
		(4) Nachbesteuerung	175
	bg)	Mehrwertsteuer	177
c)	Sozialversicherungsabgaben		178
III. Umwandlung von juristischen Personen			179
1. Umwandlung von Kapitalgesellschaften in Kapitalgesellschaften mit anderer Rechtsform und in Genossenschaften sowie von Genossenschaften in Kapitalgesellschaften			179
a) Zivilrecht			179
b) Steuerrecht			180
	ba)	Gewinnsteuern bei der umwandelnden Kapitalgesellschaft oder Genossenschaft	181
	bb)	Steuerfolgen bei den Anteilsinhabern	186

		(1) Einkommenssteuern 186

        (1) Einkommenssteuern 186
        (2) Gewinnsteuern 188
        (3) Übernahme von Verlustvorträgen 189
    bc) Grundstückgewinnsteuer 190
    bd) Handänderungssteuer 191
    be) Verrechnungssteuer 192
    bf) Emissionsabgabe 198
    bg) Umsatzabgabe 199
    bh) Mehrwertsteuer 201
2. Umwandlung von Genossenschaften in Vereine 203
  a) Zivilrecht 203
  b) Steuerrecht 204
    ba) Gewinnsteuern bei der umwandelnden Genossenschaft 204
    bb) Gewinnsteuern bei den Genossenschaftern 206
    bc) Einkommenssteuern bei den Genossenschaftern 207
    bd) Besonderheiten 208
    be) Übernahme von Verlustvorträgen 210
    bf) Grundstückgewinnsteuer 211
    bg) Handänderungssteuer 213
    bh) Verrechnungssteuer 214
    bi) Emissionsabgabe 215
    bj) Umsatzabgabe 216
    bk) Mehrwertsteuer 218
3. Umwandlung von Vereinen in Kapitalgesellschaften und Genossenschaften 221
  a) Zivilrecht 221
  b) Steuerrecht 222
    ba) Gewinnsteuern beim Verein 222
    bb) Gewinnsteuern bei den Mitgliedern 225
    bc) Einkommenssteuern 226
    bd) Besonderheiten 228
    be) Übernahme von Verlustvorträgen 230
    bf) Grundstückgewinnsteuer 232
    bg) Handänderungssteuer 234
    bh) Verrechnungssteuer 236
    bi) Emissionsabgabe 237
    bj) Umsatzabgabe 240
    bk) Mehrwertsteuer 242
4. Umwandlung von Kapitalgesellschaften und Genossenschaften in Personenunternehmungen 243
  a) Zivilrecht 243
  b) Steuerrecht 244
    ba) Gewinnsteuern 244
        (1) Fortbestand der Steuerpflicht in der Schweiz und Übernahme der für die Gewinnsteuer massgeblichen Werte 246
        (2) Weitere Voraussetzungen 248
    bb) Gewinnsteuern und Einkommenssteuern bei den Gesellschaftern 249
    bc) Besonderheiten 250
    bd) Übernahme von Verlustvorträgen 254
    be) Grundstückgewinnsteuer 255

bf)	Handänderungssteuer	256
bg)	Verrechnungssteuer	257
bh)	Emissionsabgabe	258
bi)	Umsatzabgabe	259
bj)	Mehrwertsteuer	260

 5. Umwandlung eines Vereins in eine Personenunternehmung 261
 6. Umwandlungen eines Vereins in eine Stiftung 263
 7. Umwandlung von Personenunternehmungen in Vereine und Stiftungen 264
 8. Umwandlung von Kapitalgesellschaften und Genossenschaften in Vereine 265
 9. Umwandlung von Kapitalgesellschaften und Genossenschaften in Stiftungen 266
10. Umwandlung von Instituten des öffentlichen Rechts 267
11. Umwandlung von Betriebstätten 268

Literatur

J. BÜHLER, Steuerfolgen von Änderungen im Bestand der Beteiligten bei Unternehmungen, Schriftenreihe Finanzwirtschaft und Finanzrecht, Bd. 49, Bern/Stuttgart 1986; P. GURTNER, Fusionsgesetz und Steuerrecht, Jusletter 20.10.2003; E. HÖHN, Handbuch des internationalen Steuerrechts der Schweiz, Schriftenreihe Finanzwirtschaft und Finanzrecht, Bd. 38, 2. Aufl., Bern/Stuttgart/Wien 1993; M. KLÖTI-WEBER/D. SIEGRIST/D. WEBER ET AL., Kommentar zum Aargauer Steuergesetz, 2. Aufl., Muri-Bern 2004; R. SCHÄUBLE, Die Besteuerung der Personengesellschaften, Schriftenreihe Finanzwirtschaft und Finanzrecht, Bd. 10, Bern/Stuttgart 1972.

Praxisfestlegungen der Steuerbehörden

Kreisschreiben Nr. 5 der ESTV vom 1.6.2004 betreffend Umstrukturierungen (zit. ESTV-DVS, KS 5 vom 1.6.2004); Kreisschreiben Nr. 9 der ESTV vom 9.7.1998 betreffend Auswirkungen des Bundesgesetzes über die Reform der Unternehmensbesteuerung 1997 auf die Steuerermässigung auf Beteiligungserträgen von Kapitalgesellschaften und Genossenschaften (zit. ESTV-DVS, KS 9 vom 9.7.1997); Kreisschreiben Nr. 6 der ESTV vom 6.6.1998 betreffend verdecktes Eigenkapital (Art. 65 und Art. 75 DBG) bei Kapitalgesellschaften und Genossenschaften (zit. ESTV-DVS, KS 6 vom 6.6.1997); Spezialbroschüre Nr. 5 der ESTV, Nutzungsänderungen (Einlageentsteuerung bzw. Eigenverbrauchsbesteuerung), 610.530–05 (zit. ESTV-MWST, SB 5 Nutzungsänderungen); Spezialbroschüre Nr. 6 der ESTV, Kürzung des Vorsteuerabzuges bei gemischter Verwendung, 610.530–06 (zit. ESTV-MWST, SB 6 Kürzung Vorsteuerabzug); Merkblatt Nr. 11 der ESTV Übertragung mit Meldeverfahren gemäss Artikel 47 Abs. 3 des Bundesgesetzes über die Mehrwertsteuer (MWSTG), 610.545–11 (zit. ESTV-MWST, MB 11 Meldeverfahren); Praxismitteilung der ESTV, Umwandlung von Gesellschaften, Vorsorgeeinrichtungen und öffentlichrechtlichen Instituten – Praxisänderung betreffend Ziff. 2.5 des Merkblattes Nr. 11 «Übertragung mit Meldeverfahren» (zit. Praxismitteilung Meldeverfahren); Wegleitung über die Beiträge der Selbständigerwerbenden und Nichterwerbstätigen (WSN) in der AHV, IV und EO, BBL, Vertrieb Publikationen, 3003 Bern; Steuerinformationen der Interkantonalen Kommission für Steueraufklärung, Bern 2003, D. Einzelne Steuern, die Handänderungssteuer (zit. Steuerinformationen Handänderungssteuer).

I. Vorbemerkungen

1. Begriff der Umwandlung

Umwandlung ist die Änderung der Rechtsform eines Unternehmens unter Fortbestand aller vermögens- und mitgliedschaftlichen Beziehungen. Die Umwandlung ist im FusG **zivilrechtlich** als rechtsformändernde Umwandlung konzipiert (Art. 53 Satz 2 FusG, Botschaft, 4357). Bei einer rechtsformändernden Umwandlung bleibt die bisherige Ge-   1 sellschaft bestehen. Sie ändert lediglich ihre Rechtsform. Das FusG enthält einen Numerus clausus an zivilrechtlich möglichen Umwandlungen durch Rechtsformwechsel (vgl. die grafische Übersicht in der Botschaft, 4524, sowie Art. 54 N 1).

2 Der **steuerrechtliche Begriff der Umwandlung** deckt sich nicht mit dem Begriff der Umwandlung nach Zivilrecht. Das Steuerrecht fasst den Begriff der Umwandlung weiter. Der steuerrechtliche Gesetzgeber subsumiert darunter nicht nur Umwandlungen nach Art. 53 ff. FusG, sondern sämtliche Umstrukturierungen, die zu einer Änderung des «äusseren Rechtskleides» einer Gesellschaft führen. Für das Steuerrecht spielt es keine Rolle, auf welchem zivilrechtlichen Weg die Umstrukturierung erreicht wird (ALTORFER/VON AH, Kommentar zum Aargauer Steuergesetz, § 28 N 38).

2. Reine Umwandlung und gemischte Umwandlung

3 Die Steuerrechtswissenschaft unterscheidet in terminologischer Hinsicht zwischen der reinen Umwandlung und der gemischten Umwandlung. Bei der **reinen Umwandlung** bleiben der Kreis der wirtschaftlichen Unternehmensträger und deren wertmässige Beteiligungsquoten am Unternehmen unverändert. Es ändern sich lediglich die Haftungsverhältnisse. Eine **gemischte Umwandlung** liegt demgegenüber vor, wenn sich die Beteiligungsverhältnisse am Unternehmen als Folge der Umwandlung verändern, insbesondere durch Ein- oder Austritt (REICH in: Kommentar zum Schweizerischen Steuerrecht I/2a, Art. 19 DBG N 20; REICH/DUSS, 191 f.; HÖHN/WALDBURGER, Steuern, § 47 N 166; KÄNZIG, Art. 21 N 181).

3. Rechtsformändernde Umwandlung und übertragende Umwandlung

4 Bei der **rechtsformändernden Umwandlung** besteht der bisherige Rechtsträger unter Fortbestand der vermögens- und mitgliedschaftsrechtlichen Beziehungen der Beteiligten in einer neuen Rechtsform weiter, ohne dass es zu einer Übertragung von Rechten und Pflichten kommt. Die Umwandlung erschöpft sich in einem blossen Rechtskleidwechsel. Bei der **übertragenden Umwandlung** scheiden Vermögenswerte aus dem bisherigen Rechtsträger aus und gehen auf einen neu gegründeten Rechtsträger über. Der bisherige Rechtsträger wird anschliessend liquidiert (Botschaft, 4357; HÖHN/WALDBURGER, Steuern, § 48 N 357 ff. sowie § 48 N 360 ff.).

II. Umwandlung von Personenunternehmungen

1. Umwandlung von Personengesellschaften in Personengesellschaften mit einer anderen Rechtsform

a) Zivilrecht

5 Das FusG kodifiziert in Art. 55 FusG erstmals die bereits bisher als rechtlich zulässig anerkannten Formen der Umwandlung von Personengesellschaften in Personengesellschaften mit anderer Rechtsform (BGE 95 II 547, 550; für Hinweise auf die Lehre vgl. Art. 55 N 4). Nach dem FusG erfolgt die Umwandlung entweder als gemischte Umwandlung (N 3) durch eine Änderung im Kreis der Gesellschafter (Art. 55 Abs. 1 lit. a und Abs. 2 lit. a FusG) oder als eine reine Umwandlung (N 3) durch blosse Änderung der persönlichen Haftung der Gesellschafter und ohne Änderung in den Beteiligungsverhältnissen (Art. 55 Abs. 1 lit. b und Abs. 2 lit. b FusG). Die Umwandlung von Personengesellschaften in Personengesellschaften mit einer anderen Rechtsform beruht auf einer vertraglichen Abrede der Gesellschafter (für zivilrechtliche Einzelheiten vgl. Art. 55 N 1 ff.).

b) Steuerrecht

ba) Vorbemerkungen

(1) Steuersubjekt bei Personengesellschaften

Personengesellschaften sind bei den direkten Steuern keine Steuersubjekte. Ihr Gewinn und ihr Kapital werden nach den Besteuerungsregeln für natürliche Personen bzw. den Besteuerungsregeln für juristische Personen direkt bei den Gesellschaftern besteuert. Personengesellschaften werden deshalb in der Steuerrechtspraxis gelegentlich als **steuerlich transparent** bezeichnet. Aufgrund der steuerlichen Transparenz der Personengesellschaften sind bei Umwandlungen immer nur die Gesellschafter selbst steuerlich betroffen. Auf der Ebene der Personengesellschaft ergeben sich nie Steuerfolgen. **Natürliche Personen** entrichten auf ihrem anteiligen Gewinn der Kollektiv- oder Kommanditgesellschaft die Einkommenssteuer (Art. 10 und Art. 18 DBG; Art. 7 und Art. 8 StHG) und auf dem anteiligen Unternehmenskapital die kantonale Vermögenssteuer (Art. 13 StHG). Der anteilige Gewinn und das anteilige Kapital bestimmen sich nach Massgabe des Gesellschaftsvertrages. **Juristische Personen** können sich nur als Kommanditäre einer Kommanditgesellschaft an einer Personengesellschaft beteiligten (Art. 594 Abs. 2 OR, vgl. auch Art. 552 Abs. 1 OR). Andere Formen der Beteiligung von juristischen Personen an Personengesellschaften gestattet das schweizerische Zivilrecht im Gegensatz zu vereinzelten ausländischen Rechtsordnungen – wie beispielsweise von Deutschland, Grossbritannien, Holland, Irland oder den USA – nicht. Sind juristische Personen als Kommanditäre an einer Kommanditgesellschaft beteiligt, unterliegen sie für ihren Anteil am Gewinn der Gewinnsteuer (Art. 51 DBG; Art. 21 StHG) und für ihren Anteil am Unternehmenskapital auf kantonaler Ebene der Kapitalsteuer (Art. 29 f. StHG).

(2) Realisation stiller Reserven als einkommenssteuerbegründender Tatbestand

Kapitalgewinne aus der Veräusserung von **Privatvermögen** sind steuerfrei (Art. 16 Abs. 3 DBG; Art. 7 Abs. 4 lit. b StHG), während Kapitalgewinne im **Geschäftsvermögensbereich** der Einkommenssteuer unterliegen (Art. 18 Abs. 2 DBG; Art. 8 Abs. 1 StHG). Zur Abgrenzung von Privatvermögen und Geschäftsvermögen vgl. REICH in: Kommentar zum Schweizerischen Steuerrecht I/2a, Art. 18 DBG N 48 ff. sowie vor Art. 3 N 12 f.).

Kapitalgewinne auf Geschäftsvermögen werden realisiert durch Veräusserung (echte Realisation), durch buchmässige Aufwertung (buchmässige Realisation) sowie durch Überführung von Geschäftsvermögen in das Privatvermögen oder in ausländische Betriebe oder Betriebstätten (steuersystematische Realisation). Kapitalgewinne auf dem Geschäftsvermögen sind Bestandteil des Einkommens aus selbständiger Erwerbstätigkeit (Art. 18 Abs. 2 DBG; Art. 8 Abs. 1 StHG).

Die **unentgeltliche Übertragung** von Geschäftsvermögen durch Schenkung (Art. 239 ff. OR) oder durch Verfügung von Todes wegen (Art. 467 ff. ZGB) führt mangels Entgelt nicht zu einer Realisierung stiller Reserven und somit auch nicht zu steuerbarem Einkommen aus selbständiger Erwerbstätigkeit (REICH/DUSS, 22). Die unentgeltliche Übertragung von Geschäftsvermögen kann aber zur Erhebung einer kantonalen Schenkungs- bzw. Erbschaftssteuer führen.

bb) Verrechnung von Verlustvorträgen

10 **Verluste aus selbständiger Erwerbstätigkeit** aus den sieben der Steuerperiode vorangegangenen Geschäftsjahren (Art. 211 DBG bzw. Art. 67 Abs. 1 StHG) bzw. der drei vorangegangenen Bemessungsperioden (Art. 31 Abs. 1 DBG bzw. Art. 10 Abs. 2 StHG) können in Abzug gebracht werden, soweit die Verluste bei der Berechnung des steuerbaren Einkommens noch nicht berücksichtigt worden sind. Seit dem 1.1.2001 gilt dies auch bei Verlegung des steuerrechtlichen Wohnsitzes innerhalb der Schweiz (Art. 67 Abs. 2 StHG; BG vom 15.12.2000 zur Koordination und Vereinfachung der Veranlagungsverfahren für die direkten Steuern im interkantonalen Verhältnis; AS 2001, 1050). Aufgrund der steuerlichen Transparenz von Personengesellschaften (N 6) sind Verluste aus der Geschäftstätigkeit der Personengesellschaft subjektiv mit der Person des Gesellschafters verknüpft (HÖHN/WALDBURGER, Steuern, § 47 N 70). Bei der Umwandlung von Personengesellschaften in Personengesellschaften mit anderer Rechtsform verbleiben die noch nicht verrechneten Verluste deshalb bei den Gesellschaftern und können innerhalb der gesetzlichen Verlustvortragsperiode von deren künftigen steuerbaren Einkommen in Abzug gebracht werden. Nicht verrechnete Vorjahresverluste können nicht auf andere Personen übertragen werden (ESTV-DVS, KS 5 vom 1.6.2004, Ziff. 3.1.2.3).

11 Neu eintretende Gesellschafter, die bisher bereits eine selbständige Erwerbstätigkeit ausgeübt haben und aus dieser Tätigkeit über steuerlich verrechenbare Verluste verfügen, können diese im Rahmen von Art. 211 DBG bzw. Art. 67 Abs. 1 StHG (Art. 31 Abs. 1 DBG bzw. Art. 10 Abs. 2 StHG) gegen Gewinne der Personengesellschaft, der sie anlässlich einer Umwandlung als Komplementär oder Kommanditär beigetreten sind, zur Verrechnung bringen. Tritt ein Gesellschafter anlässlich einer Umwandlung einer Personengesellschaft aus und übt er auch weiterhin eine selbständige Erwerbstätigkeit aus, kann er den auf ihn entfallenden Teil des Verlustvortrages der Personengesellschaft im Rahmen von Art. 211 DBG bzw. Art. 67 Abs. 1 StHG (Art. 31 Abs. 1 DBG bzw. Art. 10 Abs. 2 StHG) ebenfalls gegen künftige Gewinne aus selbständiger Erwerbstätigkeit zur Verrechnung bringen. Die Zulässigkeit der Verrechnung von Geschäftsverlusten nach Aufgabe der selbständigen Erwerbstätigkeit ist umstritten (vgl. dazu den Meinungsstand bei REICH/ZÜGER in: Kommentar zum Schweizerischen Steuerrecht I/2a, Art. 31 DBG N 17 ff.).

12 Bei der Umwandlung einer Personengesellschaft in eine Personengesellschaft mit anderer Rechtsform nach Art. 55 Abs. 1 lit. b resp. nach Art. 55 Abs. 2 lit. b FusG erfolgt bloss eine Änderung der Haftungsverhältnisse. Die bisherigen Gesellschafter können den auf sie entfallenden Anteil am Verlust auch bei dieser Form der Umwandlung wiederum im Rahmen von Art. 211 DBG bzw. Art. 67 Abs. 1 StHG (Art. 31 Abs. 1 DBG bzw. Art. 10 Abs. 2 StHG) gegen den anteiligen künftigen Gewinn zur Verrechnung bringen. Der Anteil jedes Gesellschafters am Verlust richtet sich in erster Linie nach dem Gesellschaftsvertrag. Fehlt eine gesellschaftsvertragliche Regelung der Verlusttragung, greift subsidiär die gesetzliche Regelung (Art. 557 Abs. 2 i.V.m. Art. 533 OR für die Kollektivgesellschaft; Art. 601 und 598 Abs. 2 i.V.m. Art. 557 Abs. 2 und Art. 533 OR für die Kommanditgesellschaft).

bc) Einkommenssteuer

(1) Steuerneutrale Übertragung

13 Das Einkommenssteuerrecht regelt die Umwandlung einer Personengesellschaft in eine andere Personengesellschaft im Ingress Art. 19 Abs. 1 DBG bzw. im Ingress Art. 8 Abs. 3 StHG. Soweit es bei der Umwandlung zur Übertragung von Vermögenswerten einer Personengesellschaft auf eine andere Personengesellschaft kommt, sind zusätzlich Art. 19 Abs. 1 lit. a DBG bzw. Art. 8 Abs. 3 lit. a StHG zu berücksichtigen. Somit können Personengesellschaften steuerneutral in Personengesellschaften mit anderer Rechtsform umgewandelt werden:

– soweit die Steuerpflicht in der Schweiz fortbesteht; und

– soweit die bisher für die Einkommenssteuer massgeblichen Werte (Einkommenssteuerwerte) übernommen werden; und

– sofern dabei Vermögenswerte übertragen werden: die Vermögenswerte auf eine andere Personengesellschaft übertragen werden.

(2) Normzweck

Ingress Art. 19 Abs. 1 DBG bzw. Ingress Art. 8 Abs. 3 StHG regeln die Steuerneutralität der Umwandlung von Personenunternehmungen. Soweit bei der Umwandlung Vermögenswerte einer anderen Personenunternehmung auf die umzuwandelnde Personenunternehmung bzw. der umzuwandelnden Personenunternehmung auf eine andere Personenunternehmung übertragen werden, sind zusätzlich die Art. 19 Abs. 1 lit. a bzw. Art. 8 Abs. 1 lit. a StHG zu berücksichtigen (ausführlich Teil 1 vor Art. 69 N 14 ff.). Nach Art. 19 Abs. 1 lit. a bzw. Art. 8 Abs. 1 lit. a StHG können Vermögenswerte aus dem Geschäftsvermögensbereich einer Personenunternehmung steuerneutral zum Einkommenssteuerwert in den Geschäftsvermögensbereich einer anderen Personenunternehmung übertragen werden, soweit die Steuerpflicht in der Schweiz fortbesteht. Diese Voraussetzung will sicherstellen, dass die stillen Reserven auf den übertragenen Wirtschaftsgütern im Fall einer Realisation nach wie vor durch den schweizerischen Fiskus besteuert werden können.

14

(3) Inhalt

Personengesellschaften sind steuerlich transparente Rechtsformen (N 6). Das Erfordernis des **Fortbestands der Steuerpflicht in der Schweiz** gemäss Ingress Art. 19 Abs. 1 DBG und Ingress Art. 8 Abs. 3 StHG bezieht sich deshalb auf die übernehmenden Personen. Natürliche oder juristische Personen mit Wohnsitz oder Sitz im Ausland, die an einer schweizerischen Personengesellschaft beteiligt sind, sind in der Schweiz aufgrund wirtschaftlicher Zugehörigkeit steuerpflichtig (Art. 4 Abs. 1 lit. a DBG bzw. Art. 4 Abs. 1 StHG bzw. Art. 51 Abs. 1 lit. a DBG bzw. Art. 21 Abs. 1 lit. a StHG). Das Erfordernis des Fortbestands der Steuerpflicht in der Schweiz ist deshalb auch dann erfüllt, wenn Gesellschafter im Ausland an der Personengesellschaft beteiligt sind.

15

Die für die **Einkommenssteuer massgeblichen Werte** gemäss Ingress Art. 19 Abs. 1 DBG und Ingress Art. 8 Abs. 3 StHG sind die Buchwerte der Personengesellschaft gemäss Handelsbilanz zuzüglich allfälliger versteuerter stiller Reserven. Eine Erhöhung der Buchwerte führt zur buchmässigen Realisation stiller Reserven und damit zu steuerbarem Einkommen der Personengesellschafter nach Art. 18 Abs. 2 DBG bzw. Art. 8 Abs. 1 StHG.

16

Nach Art. 19 Abs. 1 lit. a DBG bzw. Art. 8 Abs. 3 lit. a StHG genügt es, dass **Vermögenswerte** übertragen werden. Der bundesrätliche Entwurf knüpfte noch an die bisherige Verwaltungspraxis der Steuerbehörden an und setzte für die Steuerneutralität das Erfordernis der Übertragung eines Betriebs oder eines Teilbetriebs voraus. Die WAK StR hielt diese Bedingung für unnötig einschränkend. In ihrem Mitbericht vom 9.11.2000 führte sie hierzu aus, dass aufgrund der steuerlichen Transparenz von Personengesell-

17

schaften kein Wechsel des Steuersubjektes stattfinde, weshalb es an einem Grund zur steuerlichen Abrechnung über die übertragenen stillen Reserven mangle. Dies treffe selbst dann zu, wenn bloss ein einziges Aktivum und kein Betrieb oder Teilbetrieb übertragen werde. Die Übertragung von Geschäftsvermögen auf ein anderes Geschäftsvermögen zum Buchwert desselben Steuersubjektes stelle keine steuerliche Realisation dar (Mitbericht WAK StR vom 9.11.2000, 5; BM-DIETRICH, 679). Die WAK StR strich in der Folge in der Vorlage das Erfordernis der Betriebs- bzw. Teilbetriebsübertragung und ersetzte es durch das Erfordernis der Übertragung eines Vermögenswertes. Somit kann bei der Umwandlung einer Personengesellschaft in eine Personengesellschaft mit anderer Rechtsform unter den Voraussetzungen von Art. 19 Abs. 1 lit. a DBG bzw. Art. 8 Abs. 3 lit. a StHG das gesamte Geschäftsvermögen einer Personengesellschaft, nur einzelne Vermögenswerte oder auch nur ein **einzelner Vermögenswert** steuerneutral übertragen werden (ESTV-DVS, KS 5 vom 1.6.2004, Ziff. 3.1.2.1). Ein Bsp. hierzu findet sich in ESTV-DVS, KS 5 vom 1.6.2004, Anhang I, Nr. 1.

18 Im Unterschied zur bisherigen Praxis der Steuerbehörden ist es auch nicht mehr erforderlich, dass der zurückbleibende Vermögenskomplex einen Betrieb oder Teilbetrieb darstellt (LOCHER/AMMON, ASA 71 [2002/2003], 781 ff.).

19 Nach Art. 19 Abs. 1 lit. a DBG bzw. Art. 8 Abs. 3 lit. a StHG werden «stille Reserven einer Personenunternehmung» nicht besteuert. Damit bringt der Gesetzgeber zum Ausdruck, dass die steuerneutrale Umwandlung eine Übertragung von **Geschäftsvermögen** voraussetzt. Weitere Anforderungen an die Qualität der übertragenen Vermögenswerte, beispielsweise dass es sich dabei um «betriebliche» oder «betriebsnotwendige» Vermögenswerte handelt, verlangen Art. 19 Abs. 1 lit. a DBG bzw. Art. 8 Abs. 3 lit. a StHG nicht.

20 Die Überführung von Geschäftsvermögen in das **Privatvermögen**, die Privatentnahme, erfüllt den Tatbestand der steuersystematischen Realisierung (REICH/DUSS 29 f.). Sie führt zur Abrechnung über die stillen Reserven auf dem übertragenen Vermögen nach Art. 18 Abs. 2 DBG bzw. Art. 8 Abs. 1 StHG. Zusätzlich fallen Sozialversicherungsabgaben an (N 71 f.). Eine Privatentnahme kann sowohl für die übertragenen als auch für die zurückbleibenden Vermögenswerte eintreten, soweit diese nicht mehr ganz oder doch wenigstens überwiegend (Präponderanzmethode) der selbständigen Erwerbstätigkeit dienen (ESTV-DVS, KS 5 vom 1.6.2004, Ziff. 3.1.2.1 und Anhang I, Nr. 1) bzw. nicht mehr zum Geschäftsvermögen gehören (LOCHER, ASA 71 [2002/2003], 782).

21 Die ESTV stellt sich zu Unrecht auf den Standpunkt, dass die Übertragung von Geschäftsvermögen auf eine **nichtkaufmännische Kollektivgesellschaft** (Art. 553 OR) immer eine Privatentnahme darstelle, weshalb die stillen Reserven steuersystematisch realisiert würden und mit der Einkommenssteuer (Art. 18 Abs. 2 DBG) zu erfassen seien. Die ESTV begründet ihre Auffassung damit, dass Gesellschafter einer nichtkaufmännischen Kollektivgesellschaft keine selbständige Erwerbstätigkeit ausüben (zit. «Art. 553 OR; keine selbständige Erwerbstätigkeit» in ESTV-DVS, KS 5 vom 1.6.2004, Ziff. 3.1.2.1). Diese Ansicht gründet auf der Überlegung, dass nichtkaufmännische Kollektivgesellschaften nicht über steuerliches Geschäftsvermögen verfügen können. Die Haltung der ESTV wurde schon im Rahmen des Vernehmlassungsverfahrens zum KS ESTV-DVS, KS 5 vom 1.6.2004 von verschiedener Seite kritisiert, doch blieb die Kritik ungehört. Freie Berufe (z.B. Architekten, Anwälte) und landwirtschaftliche Betriebe werden ausnahmsweise nicht als kaufmännische Unternehmen i.S.v. Art. 53 lit. c HRegV angesehen, obwohl sie einen kaufmännischen Betrieb führen (BSK OR II-BAUDENBACHER, Art. 552 N 36). Nach Art. 18 Abs. 1 DBG sind sodann steuerbar «alle Einkünfte aus einem Handels- Industrie-, Gewerbe-, Land- und Forstwirtschaftsbetrieb, aus

Steuerliche Behandlung 22–25 vor Art. 53

einem freien Beruf sowie aus jeder anderen selbständigen Erwerbstätigkeit». Gemäss Art. 18 Abs. 2 DBG gelten als Geschäftsvermögen ferner «alle Vermögenswerte, die ganz oder vorwiegend der selbständigen Erwerbstätigkeit dienen». Es steht ausser Frage, dass die oben genannten Unternehmen eine selbständige Erwerbstätigkeit nach Art. 18 Abs. 1 DBG ausüben und die betreffenden Vermögenswerte zum Geschäftsvermögen gehören. Schliesslich geht auch Art. 17 AHVV davon aus, dass die freien Berufe Einkommen aus selbständiger Erwerbstätigkeit erzielen. Daraus folgt, dass auch die nichtkaufmännische Kollektivgesellschaft ohne weiteres über steuerliches Geschäftsvermögen verfügen kann und somit gleich zu behandeln ist wie die kaufmännische Kollektivgesellschaft. Dasselbe trifft im Übrigen aus denselben Überlegungen auch für die **nichtkaufmännische Kommanditgesellschaft** (Art. 595 OR) zu.

Die Vermögenswerte können entgeltlich, teilweise entgeltlich oder unentgeltlich übertragen werden. Übersteigt das Entgelt den für die Einkommenssteuer massgeblichen Wert, führt dies zu Einkommenssteuerfolgen beim übertragenden Gesellschafter (Art. 18 Abs. 2 DBG; Art. 8 Abs. 1 StHG). 22

(4) Nachträgliche Besteuerung/Sperrfrist

Für Umwandlungen nach Ingress Art. 19 Abs. 1 DBG bzw. Ingress Art. 8 Abs. 3 StHG besteht **keine Sperrfrist**. Art. 19 Abs. 2 DBG bzw. Art. 8 Abs. 3bis StHG sehen eine nachträgliche Besteuerung nur für den Fall der Übertragung eines Betriebs oder Teilbetriebs einer Personengesellschaft auf eine juristische Person nach Art. 19 Abs. 1 lit. b DBG bzw. Art. 8 Abs. 3 lit. b StHG vor (N 118). Eine Sperrfristregelung ist auch nicht nötig, da im Unterschied zur Umwandlung einer Personengesellschaft in eine juristische Person nach Art. 19 Abs. 1 lit. b DBG bzw. Art. 8 Abs. 3 lit. b StHG kein Wechsel des Steuersubjekts stattfindet. 23

(5) Umwandlung einer Kollektivgesellschaft in eine Kommanditgesellschaft durch Eintritt eines Kommanditärs (Art. 55 Abs. 1 lit. a FusG)

Die Steuerfolgen beim **eintretenden Gesellschafter**, der Geschäftsvermögen in die Gesellschaft einbringt, beurteilen sich nach den Voraussetzungen von Art. 19 Abs. 1 lit. a DBG bzw. Art. 8 Abs. 3 lit. a StHG (N 13 ff.; ausführlich Teil 1 vor Art. 69 N 14 ff.). Sind diese Voraussetzungen eingehalten, kann Geschäftsvermögen steuerneutral übertragen werden. Überträgt der eintretende Gesellschafter Vermögenswerte seines Privatvermögens auf die Personengesellschaft, treten bei ihm aufgrund der steuerlichen Freistellung privater Kapitalgewinne durch Art. 16 Abs. 3 DBG bzw. Art. 7 Abs. 4 lit. b StHG keine Einkommenssteuerfolgen ein. 24

Verfügt die Kollektivgesellschaft über stille Reserven, müssen die **bisherigen Gesellschafter** mit dem neu eintretenden Gesellschafter über dessen Berechtigung an den im Zeitpunkt seines Eintritts vorhandenen stillen Reserven der umzuwandelnden Gesellschaft und damit über eine allfällige Zahlung eines Aufgelds durch den eintretenden Gesellschafter eine Vereinbarung treffen. Hierzu stehen ihnen zwei Möglichkeiten offen: Die Parteien können zunächst vereinbaren, dass an den stillen Reserven (Altreserven) nur die bisherigen Gesellschafter berechtigt sind und somit die Beteiligungen wertmässig nicht gleichgestellt werden. In diesem Fall **entfällt die Bezahlung eines Aufgeldes** durch den eintretenden Gesellschafter (N 26 ff.). Sie können aber auch vereinbaren, dass alle Gesellschafter an der Gesellschaft wertmässig in gleichem Mass beteiligt sind. Dies erfordert die **Bezahlung eines Aufgeldes** durch den eintretenden Gesellschafter (N 29 ff.; vgl. CAGIANUT/HÖHN, § 15 N 49 ff. sowie BÜHLER, 75 ff. und 96 ff., auch zum Folgenden). 25

(a) Verzicht auf Zahlung eines Aufgeldes

26 Die Gesellschafter können vereinbaren, dass die bisherigen stillen Reserven der Gesellschaft (stille Reserven der Gesellschaft bis zum Zeitpunkt ihrer Umwandlung in eine Kommanditgesellschaft) weiterhin nur den bisherigen, unbeschränkt haftenden Gesellschaftern zustehen, und dass der Kommanditär nur an den seit seinem Eintritt in die Gesellschaft neu gebildeten stillen Reserven beteiligt ist. In diesem Fall entfällt die Zahlung eines Aufgeldes durch den eintretenden Kommanditär. Die Beteiligungen der Gesellschafter werden einander wertmässig nicht gleichgestellt. Die bisherigen Gesellschafter **realisieren keine stillen Reserven** und die Umwandlung in eine Kommanditgesellschaft durch Eintritt eines Kommanditärs führt bei den bisherigen Gesellschaftern nicht zu Einkommenssteuerfolgen oder Sozialversicherungsabgaben (REICH/Duss, 193 m.w.H.; CAGIANUT/HÖHN, § 15 N 50, HÖHN/WALDBURGER, Steuern, § 47 N 169).

Beispiel 1 (Verzicht auf Zahlung eines Aufgeldes):

Handelsbilanz der Kollektivgesellschaft A & B vor Umwandlung			
Aktiven bisher	400	Kapital A	200
		Kapital B	200
	400		**400**

Stille Reserven: 600. Diese stehen A und B je zur Hälfte zu.

Handelsbilanz der Kommanditgesellschaft A & B nach Umwandlung			
Aktiven bisher	400	Kapital A	200
Aktiven neu	200	Kapital B	200
		Kapital C	200
	600		**600**

Stille Reserven 600. Die stillen Reserven stehen A und B weiterhin je zur Hälfte zu. C leistet eine Kapitaleinlage von 200. C ist an den Altreserven von 600 nicht beteiligt. Mangels Zahlung eines Aufgeldes ist C wertmässig mit den Komplementären A und B nicht gleichgestellt. C ist nur an den seit der Umwandlung entstandenen stillen Reserven zu einem Drittel berechtigt.

27 Die Gesellschaft bucht die Kommandite in der **Handelsbilanz** auf das Kapitalkonto des Kommanditärs. Die Führung einer separaten **Steuerbilanz erübrigt sich** in diesem Fall. Im Hinblick auf eine spätere Auseinandersetzung unter den Gesellschaftern sollte die Höhe der vorhandenen stillen Reserven im Zeitpunkt der Umwandlung festgestellt werden. Dies erfordert eine Bewertung sämtlicher Aktiven und Verbindlichkeiten der Gesellschaft auf diesen Zeitpunkt.

28 Den bisherigen Gesellschaftern steht es frei, die Altreserven auf den Bilanzaktiven und den Verbindlichkeiten im Zeitpunkt der Umwandlung der Gesellschaft buchmässig aufzulösen. Diese Auflösung der stillen Reserven führt zu einer buchmässigen Realisierung und damit zur Besteuerung der aufgelösten stillen Reserven mit der Einkommenssteuer bei den bisherigen Kollektivgesellschaftern nach Art. 18 Abs. 2 DBG sowie Art. 8 Abs. 1 StHG. Zusätzlich fallen Sozialversicherungsabgaben an (N 71 f.). Aus diesem Grund wird in der Praxis in der Regel auf eine Aufwertung der Altreserven verzichtet.

(b) Leistung eines Aufgeldes

Es bestehen zwei Möglichkeiten, den wertmässigen Gleichstand aller Gesellschafter 29
durch Zahlung eines Aufgeldes zu erreichen. Nach der einen Variante leistet der eintretende Gesellschafter – zusätzlich zur Kapitaleinlage – ein **Aufgeld für den vollen Wert** der stillen Reserven (Variante 1). *Beispiel*: Die stillen Reserven der Kollektivgesellschaft A & B betragen 600 (=2/3). Der neu eintretende Gesellschafter C leistet ein Aufgeld von 300 (=1/3). Nach einer zweiten Möglichkeit leistet der eintretende Gesellschafter nur ein **anteiliges Aufgeld** für die stillen Reserven (Variante 2). *Beispiel:* Die stillen Reserven der Kollektivgesellschaft A & B betragen 600 (=3/3). Der neu eintretende Gesellschafter C leistet ein Aufgeld von 200 (=1/3). Vgl. dazu die grafische Übersicht in CAGIANUT/HÖHN, § 15 N 60.

In Variante 1 (Leistung eines Aufgeldes für den vollen Wert der stillen Reserven) können 30
die Gesellschafter vereinbaren, dass das Aufgeld in voller Höhe entweder dem eintretenden Gesellschafter allein oder allen Gesellschaftern anteilsmässig zusteht. Steht das **Aufgeld dem eintretenden Gesellschafter alleine** zu, treten bei den bisherigen Gesellschaftern unterschiedliche Steuerfolgen ein, je nach dem, ob die Altreserven aufgelöst werden (Bsp. 2) oder nicht (Bsp. 3). Die Altreserven werden durch Aufwertung der Aktiven oder Reduktion der Verbindlichkeiten aufgelöst. Dies führt zu einer buchmässigen Realisation der stillen Reserven. Der daraus resultierende Aufwertungsgewinn unterliegt bei den bisherigen Gesellschaftern der Einkommensbesteuerung (Art. 18 Abs. 2 DBG; Art. 8 Abs. 1 StHG). Zusätzlich fallen Sozialversicherungsabgaben an (N 71 f.). Keine Einkommenssteuern und Sozialversicherungsabgaben ergeben sich für die bisherigen Gesellschafter, wenn auf die buchmässige Auflösung der stillen Reserven verzichtet wird.

Beispiel 2 (Auflösung der Altreserven):

Handelsbilanz der Kollektivgesellschaft A & B vor Umwandlung			
Aktiven bisher	400	Kapital A	200
		Kapital B	200
	400		**400**

Stille Reserven: 600. Diese stehen A und B je zur Hälfte zu.

Handelsbilanz der Kommanditgesellschaft A & B nach Umwandlung			
Aktiven bisher (400+600)	1 000	Kapital A	500
Aktiven neu	500	Kapital B	500
		Kapital C	500
	1 500		**1 500**

Stille Reserven: 0. C legt insgesamt 500 in die Gesellschaft ein. Von den 500 werden 200 als Kapitalanteil und 300 als Aufgeld eingebucht. Die Gutschrift des Aufgeldes erfolgt auf dem Kapitalkonto von C. A und B decken gleichzeitig durch Aufwertung von Aktiven je 300 stille Reserven auf. Das Kapitalkonto von A und B erhöht sich entsprechend. A und B unterliegen für je 300 der Einkommensbesteuerung sowie den Sozialversicherungsabgaben. Die Führung einer separaten Steuerbilanz für A, B und C erübrigt sich. Diese Variante hat den Vorteil, dass klare Verhältnisse über die Berechtigung an den stillen Reserven geschaffen werden. Steuerlich ist sie allerdings unattraktiv.

Beispiel 3 (Verzicht auf Auflösung der Altreserven):

Handelsbilanz der Kollektivgesellschaft A & B vor Umwandlung

Aktiven bisher	400	Kapital A	200
		Kapital B	200
	400		**400**

Stille Reserven: 600. Diese stehen A und B je zur Hälfte zu.

Handelsbilanz der Kommanditgesellschaft A & B nach Umwandlung

Aktiven bisher	400	Kapital A	200
Aktiven neu	500	Kapital B	200
		Kapital C	200
		Privat C	300
	900		**900**

Stille Reserven: 600. Die stillen Reserven stehen weiterhin je hälftig A und B zu. Zur wertmässigen Gleichstellung mit A und B legt C insgesamt 500 ein (=1/3 von 1 500), wovon 200 als Kapitalanteil und 300 als Aufgeld gebucht werden. Das Aufgeld kann dem Kapitalkonto oder dem Privatkonto von C gutgeschrieben werden. A und B decken keine stillen Reserven auf, weshalb sich für sie weder Einkommensfolgen ergeben noch Sozialversicherungsbeiträge erhoben werden. Eine separate Steuerbilanz müssen weder A, B noch C führen. Die Entwicklung der stillen Reserven (Altreserven) muss in speziellen Konti festgehalten werden.

31 Steht das **Aufgeld allen Gesellschaftern** zu, realisieren die bisherigen Kollektivgesellschafter einen steuerbaren *Vermögensstandsgewinn* in Höhe des anteiligen Aufgeldes. Dieser Gewinn resultiert daraus, dass die bisherigen Kollektivgesellschafter einen Teil ihres Anspruchs an den stillen Reserven der Gesellschaft entgeltlich an den eintretenden Kommanditär abtreten. Der Vermögensstandsgewinn wird als Einkommen aus selbständiger Erwerbstätigkeit mit der Einkommenssteuer besteuert (Art. 18 Abs. 2 DBG; Art. 8 Abs. 1 StHG). Sodann fallen auch Sozialversicherungsabgaben an (N 71 f.). Das Aufgeld wird in der Handelsbilanz den Kapitalkonti aller Gesellschafter (Komplementäre und Kommanditäre) anteilig im Verhältnis ihrer Berechtigung an den stillen Reserven gutgeschrieben. Das Aufgeld kann stattdessen auch auf dem Privatkonto der Gesellschafter verbucht werden. Die buchmässige Auflösung der stillen Reserven des Kommanditärs in der Handelsbilanz unterbleibt hingegen. Damit der Anteil des Kommanditärs an den Altreserven bei einer späteren Realisierung nicht der Einkommensbesteuerung unterworfen wird, muss dieser eine separate Steuerbilanz führen. In der Steuerbilanz des Kommanditärs wird die Kapitaleinlage im Kapitalkonto bzw. im Privatkonto mit dem vollen Betrag ausgewiesen. In der Steuerbilanz der Komplementäre ergeben sich keine Änderungen.

Steuerliche Behandlung

Beispiel 4 (Berechtigung aller Gesellschafter am Aufgeld):

Handelsbilanz der Kollektivgesellschaft A & B vor Umwandlung

Aktiven bisher	400	Kapital A	200
		Kapital B	200
	400		**400**

Stille Reserven: 600. Diese stehen A und B je zur Hälfte zu.

Handelsbilanz der Kommanditgesellschaft A & B nach Umwandlung

Aktiven bisher	400	Kapital A	300
Aktiven neu	500	Kapital B	300
		Kapital C	300
	900		**900**

Stille Reserven: 600. C legt 500 in die Gesellschaft ein, wovon 200 dem Kapitalkonto und 100 als Aufgeld gegen Gutschrift auf dem Kapitalkonto von C eingebucht werden. Die weiteren 200 Aufgeld werden je hälftig auf das Kapitalkonto von A und B gebucht. Durch die Erhöhung des Kapitalkontos von A und B um je 100 realisieren diese Gesellschafter steuerbares Einkommen von je 100. Die stillen Reserven von 600 stehen je zu 1/3 den Gesellschaftern A, B und C zu.

Steuerbilanz von C nach Umwandlung

Aktiven bisher	600	Kapital A	300
Aktiven neu	500	Kapital B	300
		Kapital C	500
	1 100		**1 100**

Stille Reserven: 400. In der Steuerbilanz von C erscheint das Kapitalkonto mit dem vollen Betrag der Einlage von 500. Stille Reserven von 200 auf den bisherigen Aktiven werden aufgedeckt.

Der Einkauf in die stillen Reserven kann auch erfolgen, indem die bisherigen Gesellschafter dem Kommanditär **einen Teil ihrer stillen Reserven der Gesellschaft gegen Entgelt verkaufen**. Dabei realisieren sie einen Teil der Altreserven durch Veräusserung. In der Handelsbilanz wird der *Veräusserungserlös* dem Kapital- oder dem Privatkonto der bisherigen Gesellschafter gutgeschrieben. Das Kapitalkonto des Kommanditärs entspricht der Kapitaleinlage. Die buchmässige Auflösung der stillen Reserven in der Handelsbilanz unterbleibt. Der Kommanditär muss zur Vermeidung der Einkommensbesteuerung bei der späteren Realisierung von stillen Reserven eine separate Steuerbilanz führen, in der seine Kapitaleinlage mit voller Höhe auszuweisen ist. Die Steuerbilanz der Komplementäre bleibt unverändert. Steuerlich realisieren die bisherigen Gesellschafter steuerbares Einkommen durch Realisierung von Altreserven. Das steuerbare Einkommen ergibt sich aus der Zunahme des Kapital- oder Privatkontos.

32

Beispiel 5 (Leistung eines Aufgeldes für den anteiligen Wert der stillen Reserven):

Handelsbilanz der Kollektivgesellschaft A & B vor Umwandlung			
Aktiven bisher	400	Kapital A	200
		Kapital B	200
	400		**400**

Stille Reserven: 600. Diese stehen A und B je zur Hälfte zu.

Handelsbilanz der Kommanditgesellschaft A & B nach Umwandlung			
Aktiven bisher	400	Kapital A	200
Aktiven neu	400	Privat A	100
		Kapital B	200
		Privat B	100
		Kapital C	200
	800		**800**

Stille Reserven: 400. C legt 400 in die Gesellschaft ein. Davon werden 200 dem Kapital von C gutgeschrieben. A und B werden für je 100 einkommenssteuer- und sozialabgabepflichtig. Die besteuerten stillen Reserven von je 100 werden dem Privatkonto von A und B gutgeschrieben.

Steuerbilanz von C nach Umwandlung			
Aktiven bisher	600	Kapital A	200
Aktiven neu	400	Privat A	100
		Kapital B	200
		Privat B	100
		Kapital C	400
	1 000		**1 000**

Stille Reserven: 400. In der Steuerbilanz von C erscheint das Kapitalkonto mit dem vollen Betrag der Einlage.

33   Die **Einkommenssteuerfolgen für die bisherigen Gesellschafter** sind bei Leistung eines vollen Aufgeldes mit Berechtigung aller Gesellschafter am Aufgeld (Bsp. 4) und bei Leistung eines Aufgeldes für den anteiligen Wert der stillen Reserven identisch (Bsp. 5). Der Einkauf in die stillen Reserven nach der zweiten Variante erfordert allerdings den geringeren Kapitaleinsatz des Kommanditärs, weshalb sich die zweite Variante unter dem Gesichtspunkt der Finanzierung des Anteils des Kommanditärs als vorteilhafter erweist.

34   Vereinbaren die bisherigen Kollektivgesellschafter mit dem neu eintretenden Kommanditär, dass alle Gesellschafter wertmässig im gleichen Mass an den bisherigen stillen Reserven der Gesellschaft (Altreserven) beteiligt sind und verzichten die bisherigen Kollektivgesellschafter auf eine Entschädigung durch den Kommanditär hierfür, erfolgt eine **Schenkung** der bisherigen Gesellschafter an den neu eintretenden Kommanditär in Höhe seiner anteiligen Berechtigung an den stillen Reserven (Altreserven) der Gesellschaft (KÄNZIG, Art. 21 N 187, 196; CAGIANUT/HÖHN, § 15 N 52, 72). Weil die Kollektivgesellschafter und die juristische Person, die sich als Komplementär an der Komman-

ditgesellschaft beteiligt, in der Regel unabhängige Dritte sind, ist u.E. auch bei der unentgeltlichen Überlassung stiller Reserven durch die Kollektivgesellschafter an eine juristische Person eine Schenkung anzunehmen. Steuersystematisch geht der Schenkung eine Privatentnahme der bisherigen Kollektivgesellschafter voraus, weshalb bei diesen an sich die Einkommenssteuer auf den dem Neubeteiligten übertragenen stillen Reserven erfolgen müsste. Die Praxis verzichtet jedoch auf eine Besteuerung, wenn die Gesellschaft die bisherigen Buchwerte fortführt und die Gesellschafter die Buchwerte für eine allfällige spätere Abrechnung über realisierte stille Reserven anerkennen (ALTORFER/VON AH, Kommentar zum Aargauer Steuergesetz, § 28 N 44; REICH, Realisation, 189 f.; KÄNZIG, Art. 21 N 196; REIMANN/ZUPPINGER/SCHÄRRER, Bd. II, § 19 lit. b N 408).

Zusammenfassung 35

Sachverhalt	Varianten	Note(n)
Verzicht auf Zahlung eines Aufgeldes	Keine	26–28
Leistung eines Aufgeldes	Aufgeld für den vollen Wert der stillen Reserven mit alleiniger Berechtigung des eintretenden Gesellschafters am Aufgeld	29, 30
	Aufgeld für den vollen Wert der stillen Reserven mit Berechtigung aller Gesellschafter am Aufgeld	31, 32
	Aufgeld für den anteiligen Wert der stillen Reserven	32, 33
Unentgeltliche Überlassung stiller Reserven		34

(6) Umwandlung einer Kommanditgesellschaft in eine Kollektivgesellschaft durch Austritt des Kommanditärs (Art. 55 Abs. 2 lit. a FusG)

Dem austretenden Kommanditär steht ein Anspruch auf Abfindung seines Kapitalanteils (der Kommandite) und der anteiligen stillen Reserven zu. Der Kapitalanteil des austretenden Kommanditärs ergibt sich aufgrund der Handelsbilanz der Gesellschaft. Sind mehrere Kommanditäre an der Gesellschaft beteiligt, berechnet sich ihr Anteil an der Kommandite in erster Linie nach Massgabe des Gesellschaftsvertrages. Zur Bestimmung der stillen Reserven müssen die Gesellschafter eine Auseinandersetzungsbilanz zu Verkehrswerten erstellen. Dies erfordert eine Unternehmensbewertung der Gesellschaft auf das Datum des Austritts der Kommanditäre und damit auf das Datum der Umwandlung der Gesellschaft in eine Kollektivgesellschaft. Der Anteil jedes der austretenden Kommanditäre an den stillen Reserven berechnet sich ebenfalls nach Gesellschaftsvertrag (vgl. zum Ganzen auch CAGIANUT/HÖHN, § 15 N 73 ff. sowie BÜHLER, 110 ff.). 36

Beim Austritt des Kommanditärs können Vermögenswerte unter den Voraussetzungen von Art. 19 Abs. 1 lit. a DBG bzw. Art. 8 Abs. 3 lit. a StHG steuerneutral auf eine andere Personenunternehmung übertragen werden (N 13). Dabei wird vorausgesetzt, dass der **austretende Gesellschafter** die Vermögenswerte nach wie vor im Geschäftsvermögen hält (N 19). Die stillen Reserven sind in der Handelsbilanz der Kollektivgesellschaft mangels Realisierung nicht aufzudecken. Die Steuerbilanzen der verbleibenden Kollektivgesellschafter bleiben ebenfalls unverändert. Bei den verbleibenden Kollektivgesellschaf- 37 tern sowie beim austretenden Kommanditär treten als Folge der Vermögensübertragung nach Art. 19 Abs. 1 lit. a DBG bzw. Art. 8 Abs. 3 lit. a StHG keine Einkommenssteuerfolgen ein.

38 Anders ist die Situation bei Übertragung der Vermögenswerte ins Privatvermögen des austretenden Gesellschafters und – sofern man der unzutreffenden Auffassung der ESTV folgt – bei der Übertragung der Vermögenswerte auf eine nichtkaufmännische Kollektiv- oder Kommanditgesellschaft (zu Letzterem vgl. N 21). In diesen Fällen liegt eine **Privatentnahme** durch den austretenden Gesellschafter vor. Die Privatentnahme führt zur Realisierung stiller Reserven durch den austretenden Gesellschafter und damit zur Besteuerung der realisierten stillen Reserven mit der Einkommenssteuer (Art. 18 Abs. 2 DBG; Art. 8 Abs. 1 StHG). Auch fallen Sozialversicherungsabgaben an (N 71 f.). Aufgrund der einkommenssteuerlichen Erfassung der stillen Reserven beim austretenden Gesellschafter können die verbleibenden Kollektivgesellschafter in der Handelsbilanz die stillen Reserven, die den austretenden Kommanditären vergütet wurden, aufdecken, indem die Aktiven um den auf sie entfallenden Betrag der stillen Reserven aufgewertet und/oder Verbindlichkeiten entsprechend herabgesetzt werden. Soweit dem austretenden Kommanditär ein Goodwill vergütet wurde, kann die Kollektivgesellschaft den entsprechenden Betrag aktivieren. Schliesslich sind auch die Kapitalkonti der Kollektivgesellschafter anteilsmässig zu erhöhen. Die Steuerbilanzen der verbleibenden Kollektivgesellschafter bleiben unverändert.

39 Der teilweise oder vollständige Verzicht des austretenden Kommanditärs auf die Abgeltung der stillen Reserven sowie eines allfälligen Goodwills stellt eine **Schenkung** an die verbleibenden Gesellschafter dar. Erklärt der austretende Gesellschafter seinen **Verzicht auf Entschädigung erst anlässlich seines Austritts** und führt die Kollektivgesellschaft die Aktiven und Verbindlichkeiten zu den bisherigen Einkommenssteuerwerten fort, entfällt nach der Praxis die Besteuerung der stillen Reserven bei den verbleibenden Kollektivgesellschaftern mit der Einkommenssteuer. In diesem Fall ist der Wille einer schenkungsweisen Zuwendung beim austretenden Gesellschafter ohne weiteres gegeben. Die unentgeltliche Übertragung von Geschäftsvermögen kann aber zur Erhebung einer kantonalen Schenkungssteuer führen. (BÜHLER, 114; REIMANN/ZUPPINGER/SCHÄRRER, Bd. II, § 19 lit. b N 414). Beruht der Verzicht des Gesellschafters auf Entschädigung der stillen Reserven und eines allfälligen Goodwills auf einer **gesellschaftsvertraglichen Vereinbarung** (z.B. auf einer Bestimmung im ursprünglichen Gesellschaftsvertrag oder einer geänderten Fassung des Gesellschaftsvertrages), wonach die unentgeltlich überlassenen stillen Reserven allen verbleibenden Gesellschaftern zukommen, verneint die Praxis das Vorliegen einer Schenkung und besteuert die Differenz zwischen dem Verkehrswert des Entschädigungsanspruchs und der effektiv erfolgten Entschädigung beim verzichtenden Gesellschafter mit der Einkommenssteuer (BGE 98 Ia 258 ff., 264; ZBl 62, 400 ff.; ZBl 67, 291 f.). Die verbleibenden Gesellschafter können in der Folge die realisierten stillen Reserven in der Handelsbilanz offenlegen und den Goodwill aktivieren. Eine gewinnstrebige Kapitalgesellschaft kann dagegen keine Schenkung vornehmen. Tritt eine Kapitalgesellschaft unter Verzicht auf die Abgeltung der anteiligen stillen Reserven aus der Kommanditgesellschaft aus, liegt deshalb keine Schenkung an die zurückbleibenden Komplementäre vor. Der Zuwachs der stillen Reserven wird in diesem Fall mit der Einkommenssteuer erfasst.

(7) Umwandlung ohne Änderung der Beteiligungsverhältnisse (Art. 55 Abs. 1 lit. b und Abs. 2 lit. b FusG)

40 Die Umwandlung einer Kollektivgesellschaft in eine Kommanditgesellschaft nach Art. 55 Abs. 1 lit. b FusG und einer Kommanditgesellschaft in eine Kollektivgesellschaft nach Art. 55 Abs. 2 lit. b FusG vollzieht sich ohne Änderung der Beteiligungsverhältnisse. Es liegt eine reine Umwandlung vor (N 3). Es tritt lediglich eine Änderung in den Haftungsverhältnissen ein, indem der Kapitalanteil zur Kommandite wird oder die Kommandite zum Kapitalanteil. Die Umwandlung nach Art. 55 Abs. 1 lit. b und Abs. 2 lit. b FusG führt folglich nicht zu Einkommenssteuerfolgen bei den Gesellschaftern.

bd) Gewinnsteuer

41 DBG und StHG regeln die Gewinnsteuerfolgen juristischer Personen bei Änderungen der Gesellschafter durch Ein- oder Austritt nicht speziell. Die Gewinnsteuerfolgen beurteilen sich deshalb nach den allgemeinen Besteuerungsregeln.

(1) Umwandlung einer Kollektivgesellschaft in eine Kommanditgesellschaft durch Eintritt eines Kommanditärs (Art. 55 Abs. 1 lit. a FusG)

42 Die Beteiligung einer juristischen Person an einer Kommanditgesellschaft als Kommanditär (Art. 594 Abs. 2 OR) führt bei der juristischen Person sowohl bei Bareinlage wie bei Sacheinlage zu einem Aktiventausch und bei der Übernahme von Schulden der Personengesellschaft zur Zunahme der Passiven unter gleichzeitiger Erhöhung der Aktiven in gleicher Höhe. Die Bareinlage und die Sacheinlage in die Kommanditgesellschaft bzw. die Übernahme von Verbindlichkeiten der Kommanditgesellschaft werden gegen die Beteiligung an der Kommanditgesellschaft gebucht.

43 Beteiligt sich eine juristische Person an einer Kommanditgesellschaft als Kommanditär anlässlich einer Umwandlung, ergeben sich für die juristische Person aus der Umwandlung keine Gewinnsteuerfolgen, soweit die juristische Person den **Buchwert** der Sacheinlage als Buchwert ihrer Beteiligung an der Kommanditgesellschaft **fortführt**. Verbucht die juristische Person hingegen die Beteiligung an der Personengesellschaft zu einem höheren Wert als dem Buchwert der Sacheinlage, erzielt sie einen Aufwertungsgewinn. Der Aufwertungsgewinn unterliegt nach Art. 58 Abs. 1 lit. c DBG und Art. 24 Abs. 1 lit. b StHG der Gewinnsteuer.

44 **Inländische juristische Personen** unterliegen für ihren Anteil am Gewinn der Personengesellschaft der Gewinnsteuer nach Art. 57 ff. DBG bzw. Art. 24 ff. StHG. **Ausländische juristische Personen** werden denjenigen inländischen juristischen Personen gleichgestellt, denen sie rechtlich oder tatsächlich am ähnlichsten sind (Art. 49 Abs. 3 DBG bzw. Art. 20 Abs. 2 StHG). Hält die Personenunternehmung Beteiligungen an Kapitalgesellschaften oder Genossenschaften und bezieht sie daraus Beteiligungserträge gemäss Art. 69 DBG bzw. Art. 28 Abs. 1 StHG, können inländische juristische Personen sowie ausländische juristische Personen, die aufgrund von Art. 49 Abs. 3 DBG bzw. Art. 20 Abs. 2 StHG wie inländischen Kapitalgesellschaft oder Genossenschaft besteuert werden, nach der hier vertretenen Auffassung infolge der steuerlichen Transparenz von Personengesellschaften (N 6), den **Beteiligungsabzug** i.S.v. Art. 69 f. DBG bzw. Art. 28 StHG beanspruchen. Die Berechtigung ausländischer juristischer Personen ergibt sich aufgrund des umfassenden Verweises von Art. 11 DBG auf Art. 49 bis 82 DBG bzw. Art. 20 Abs. 2 StHG) (vgl. dazu auch HÖHN, ASA 65 [1996/1997], 180 sowie DONATI, StR 3/2002, 140 ff.). Der Beteiligungsabzug berechnet sich auf dem anteiligen Beteiligungsertrag der Personengesellschaft, welcher gemäss Gesellschaftsvertrag der juristischen Person zusteht.

(2) Umwandlung einer Kommanditgesellschaft in eine Kollektivgesellschaft durch Austritt eines Kommanditärs (Art. 55 Abs. 2 lit. a FusG)

45 Die Differenz zwischen dem Buchwert der Beteiligung an der Kommanditgesellschaft und der Entschädigung stellt steuerbaren Ertrag dar und unterliegt beim Kommanditär der Gewinnsteuer (Art. 58 Abs. 1 lit. a DBG; Art. 24 Abs. 1 StHG). Gewinnanteile an Personengesellschaften berechtigen nicht zum Beteiligungsabzug nach Art. 69 f. DBG bzw. Art. 28 StHG, es sei denn, im Gewinnanteil der Personengesellschaft sind Beteiligungserträge enthalten (vgl. N 44). Ein allfälliger Verlust auf der Beteiligung kann als geschäftsmässig begründeter Aufwand vom steuerbaren Gewinn in Abzug gebracht werden.

(3) Umwandlung ohne Änderung der Beteiligungsverhältnisse (Art. 55 Abs. 1 lit. b und Abs. 2 lit. b FusG)

46 Juristische Personen können sich an einer Kommanditgesellschaft nur als Kommanditäre beteiligen (Art. 594 Abs. 2 OR). Der Wechsel vom Komplementär zum Kommanditär oder vom Kommanditär zum Komplementär im Rahmen einer reinen Umwandlung der Personengesellschaft ist für eine juristische Gesellschaft handelsrechtlich nicht vorgesehen.

be) Grundstückgewinnsteuer

47 Die Grundstückgewinnsteuer besteuert den bei einer Handänderung realisierten Wertzuwachs auf Grundstücken. Es handelt sich um eine Objektsteuer. Massgebende Handänderungen sind die zivilrechtliche Handänderung infolge Übertragung des zivilrechtlichen Eigentums sowie die wirtschaftliche Handänderung aufgrund der Übertragung der wirtschaftlichen Verfügungsgewalt (HÖHN/WALDBURGER, Grundlagen, § 22 N 20 ff.; vor Art. 3 N 99 f.).

(1) Zivilrechtliche Handänderung bei der Umwandlung

48 Bei der Übertragung eines Grundstücks durch den eintretenden Gesellschafter auf die Personengesellschaft scheidet das Grundstück aus dem Alleineigentum des eintretenden Gesellschafters aus und geht in das Gesamteigentum aller Gesellschafter über. Die bisherigen Gesellschafter erhalten eine ideelle Quote am eingebrachten Grundstück. Es tritt eine zivilrechtliche Handänderung ein. Diese erfolgt aber nicht am gesamten Grundstück, sondern bloss anteilsmässig (VGer ZH StE 1989 B 42.34). In dem Umfang, in dem der eintretende Kommanditär am Grundstück beteiligt bleibt, erfolgt keine zivilrechtliche Handänderung (ZBl 66, 27 f. = ZR 65 Nr. 22). Die zivilrechtliche Handänderung verwirklicht sich mit der Eintragung des Gesamteigentums der Gesellschaft im Grundbuch (BK-MEIER-HAYOZ, Art. 652 ZGB N 61). Im umgekehrten Fall, der Übertragung eines Grundstücks durch die Personengesellschaft auf den austretenden Gesellschafter, gelangt das Grundstück aus dem Gesamteigentum aller Gesellschafter ins Alleineigentum des austretenden Gesellschafters. Wiederum bleibt eine zivilrechtliche Handänderung in dem Umfang aus, in dem der austretende Gesellschafter bereits am Grundstück beteiligt ist.

(2) Steuerrechtliche Folgen

49 Sind die Voraussetzungen einer steuerneutralen Umwandlung nach Art. 8 Abs. 3 StHG erfüllt, wird die Grundstückgewinnsteuer aufgrund der Bestimmung in Art. 12 Abs. 4 lit. a StHG **aufgeschoben**.

50 Art. 12 Abs. 4 lit. a StHG knüpft den Steueraufschub bei der Grundstückgewinnsteuer unmittelbar an das Recht der direkten Steuern an. Sind die Voraussetzungen einer steuerneutralen Umstrukturierung nach Art. 8 Abs. 3 StHG erfüllt, tritt **ohne weiteres** ein **Steueraufschub** bei der Grundstückgewinnsteuer ein. Der Steueraufschub verhindert eine Besteuerung des Mehrwertes des Grundstücks, der in der Zeit zwischen der letzten steuerbaren Handänderung und dem Zeitpunkt der Umwandlung eingetreten ist. Dies hat zur Folge, dass die übernehmende Personenunternehmung bzw. deren Gesellschafter den latenten Grundstückgewinn und damit die latente Grundstückgewinnsteuer übernehmen (REICH/DUSS, 117 ff.). Entsprechend können sich die Personengesellschafter dafür auch die Dauer seit der letzten steuerbaren Handänderung als Haltedauer anrechnen lassen (vgl. z.B. § 225 Abs. 3 des Steuergesetzes des Kantons Zürich vom 8.6.1997; OS 54, 193).

51 Die Umwandlung einer Kollektivgesellschaft in eine Kommanditgesellschaft nach Art. 55 Abs. 1 lit. b FusG und einer Kommanditgesellschaft in eine Kollektivgesellschaft nach Art. 55 Abs. 2 lit. b FusG vollzieht sich ohne Änderung der Beteiligungsverhältnisse. Es tritt lediglich eine Änderung in den Haftungsverhältnissen ein, indem im ersten Fall der Kapitalanteil zur Kommandite und im zweiten Fall die Kommandite zum Kapitalanteil wird. Im Regelfall bleiben bei der Umwandlung nach Art. 55 Abs. 1 lit. b und Abs. 2 lit. b FusG die Eigentumsquoten aller Gesellschafter an den Grundstücken unverändert. Es besteht deshalb kein Anlass zur Besteuerung eines Grundstückgewinnes und die Umwandlung kann für die beteiligten Gesellschafter grundstückgewinnsteuerneutral erfolgen.

52 Sind die Voraussetzungen einer steuerneutralen Umwandlung nach Art. 12 Abs. 4 lit. a i.V.m. Art. 8 Abs. 3 StHG nicht erfüllt, bleibt ein Steueraufschub bei der Grundstückgewinnsteuer aus. In den **monistischen Steuerordnungen** wird ein Wertzuwachs im Privat- wie im Geschäftsvermögensbereich mit der Grundstückgewinnsteuer erfasst. Wertzuwachs ist die Differenz zwischen dem Veräusserungserlös und den Anlagekosten (vgl. vor Art. 3 N 95). Die Übertragung von Grundstücken anlässlich der Umwandlung von Personengesellschaften führt immer nur zu einer anteiligen zivilrechtlichen Handänderung am eingebrachten Grundstück (N 48), weshalb die Grundstückgewinnsteuer auch nur auf dem anteiligen Grundstückgewinn erhoben wird. In jenen Steuerordnungen, die das **dualistische Steuersystem** anwenden (vgl. vor Art. 3 N 107 ff.), ergeben sich Grundstückgewinnsteuerfolgen nur im Privatvermögensbereich. Bringt der eintretende Kommanditär ein Grundstück aus seinem Privatvermögen als Sacheinlage in die Gesellschaft ein und realisiert er dabei einen Wertzuwachs, unterliegt dieser Wertzuwachs der Grundstückgewinnsteuer. Ein Wertzuwachs im Geschäftsvermögen natürlicher Personen wird mit der Einkommenssteuer, ein Wertzuwachs im Geschäftsvermögen juristischer Personen mit der Gewinnsteuer besteuert. **Steuersubjekt** bei der Grundstückgewinnsteuer im Rahmen einer Umwandlung nach Art. 55 Abs. 1 lit. a FusG ist der Kommanditär, welcher das Grundstück in die Gesellschaft einbringt. Steuersubjekt bei der Grundstückgewinnsteuer im Rahmen einer Umwandlung nach Art. 55 Abs. 2 lit. a FusG demgegenüber sind die Gesellschafter, welche ihre ideellen Quoten am Grundstück an den austretenden Gesellschafter abtreten, bei denen also eine zivilrechtliche Handänderung stattfindet. In der Vereinbarung der Gesellschafter, wonach die Grundstückgewinnsteuer nicht durch die subjektiv grundstückgewinnsteuerpflichtige(n) Person(en) zu bezahlen ist, liegt eine zusätzliche, ebenfalls der Grundstückgewinnsteuer unterliegende Entschädigung.

53 Überträgt der neu eintretende Gesellschafter das Grundstück **unentgeltlich** auf die Gesellschaft, erhalten die bisherigen Gesellschafter einen ideellen Anteil am Grundstück. Die unentgeltliche Einbringung eines Grundstücks in die Gesellschaft stellt eine Schenkung dar. Eine Schenkung liegt auch dann vor, wenn dem austretenden Kommanditär durch die zurückbleibenden Gesellschafter ein Grundstück unentgeltlich überlassen wird. Zwischen jedem der zurückbleibenden Gesellschafter einerseits und dem austretenden Kommanditär andererseits erfolgt eine separate Schenkung in der Höhe des individuellen quotalen Anteils am Grundstück. Durch die Schenkung wird kein Grundstückgewinn realisiert. Die Grundstückgewinnsteuer wird aufgeschoben (Art. 12 Abs. 3 lit. a StHG). In Kantonen, welche Schenkungen nicht besteuern, entfällt die Schenkungssteuer. In den anderen Kantonen führt die unentgeltliche Überlassung des Grundstücks grundsätzlich zur Besteuerung mit der Schenkungssteuer. Weil immer nur eine anteilsmässige Übertragung des Grundstücks vorliegt, wird die Schenkungssteuer auch nur auf dem übertragenen Teil des Grundstücks erhoben. Zur steuerlichen Problematik bei Beteiligung einer juristischen Person bei der unentgeltlichen Übertragung von Grundstücken vgl. auch N 34.

bf) Handänderungssteuer

54 Die Handänderungssteuer besteuert sowohl den Übergang des zivilrechtlichen Eigentums als auch den Übergang der wirtschaftlichen Verfügungsmacht eines Grundstücks. Es handelt sich um eine Rechtsverkehrssteuer (HÖHN/WALDBURGER, Grundlagen, § 28 N 3 und 7; vor Art. 3 N 133).

55 Sind die Voraussetzungen einer steuerneutralen Umstrukturierung nach Art. 8 Abs. 3 StHG erfüllt, entfällt nach Art. 103 FusG die Handänderungssteuer (vgl. Art. 103 N 15 ff.). Die Erhebung kostendeckender Gebühren bleibt vorbehalten (vgl. Art. 103 N 35 ff.). Art. 103 FusG umschreibt die Voraussetzungen gleich wie Art. 12 Abs. 4 lit. a StHG. Im Gegensatz zur Grundstückgewinnsteuer, bei der Art. 12 Abs. 4 lit. a StHG zu einem Aufschub der Grundstückgewinnsteuer führt, tritt unter den Voraussetzungen von Art. 103 FusG eine **Befreiung von der Handänderungssteuer** ein. Die Personengesellschaft bzw. deren Gesellschafter können sich die Dauer seit der letzten Handänderung als Haltedauer bei der Berechnung der Handänderungssteuer anrechnen lassen (vgl. z.B. § 231 des Steuergesetzes des Kantons Zürich vom 8.6.1997; OS 54, 193). Art. 103 FusG tritt fünf Jahre nach den übrigen Bestimmungen des FusG in Kraft (Art. 111 Abs. 3 FusG); vgl. für weitere Ausführungen Art. 103 N 51 ff. sowie vor Art. 109 N 42 ff.).

56 Sind die Voraussetzungen einer steuerneutralen Umwandlung nach Art. 8 Abs. 3 StHG nicht erfüllt, tritt keine Befreiung von der Handänderungssteuer ein. Die Handänderungssteuer wird in diesem Fall nach den allgemeinen Regeln erhoben. Der Begriff der Handänderungssteuer ist kein gesamtschweizerisch einheitlich verwendeter Begriff. Die kantonalen Steuergesetze bezeichnen die Handänderungssteuer vereinzelt auch als Abgabe oder Gebühr (Steuerinformationen Handänderungssteuer, 1).

57 Das **Steuersubjekt** ist in den kantonalen oder kommunalen Gesetzen unterschiedlich geregelt. In der Regel ist die Handänderungssteuer vom Erwerber zu bezahlen. Vereinzelt sehen die kantonalen und kommunalen Gesetze auch die Steuerpflicht des Erwerbers und des Veräusserers vor (vgl. Steuerinformationen Handänderungssteuer, 11). Steuerpflichtig sind einzig die Gesellschafter (N 6). Dabei müssen alle Gesellschafter gleichermassen als Steuersubjekte betrachtet werden.

58 Die Einbringung eines Grundstücks durch den eintretenden Kommanditär aus seinem Privat- oder Geschäftsvermögen in die Gesellschaft führt infolge zivilrechtlicher Handänderung zur Erhebung der Handänderungssteuer. Weil in jenem Umfang, in welchem der eintretende Kommanditär am Gesellschaftsvermögen beteiligt wird, keine zivilrechtliche Handänderung angenommen wird (N 48), ist Bemessungsgrundlage der Handänderungssteuer nur der anteilig übertragene Wert des Grundstücks. Im umgekehrten Fall, der Abtretung eines Grundstücks durch die verbleibenden Gesellschafter an den austretenden Kommanditär in dessen Privat- oder Geschäftsvermögen, wird infolge zivilrechtlicher Handänderung ebenfalls die Handänderungssteuer ausgelöst. Der austretende Gesellschafter war bis zu seinem Austritt aus der Gesellschaft bereits als Gesamteigentümer am Grundstück berechtigt. Die Abtretung des Grundstückes an den austretenden Kommanditär führt deshalb nur zu einer anteiligen zivilrechtlichen Handänderung an der abgetretenen Quote.

59 Erfolgt die **Handänderung unentgeltlich aufgrund einer Schenkung**, fällt in der Regel mangels Entgelts keine Handänderungssteuer an (vgl. z.B. § 229 Abs. 1 lit. a des Steuergesetzes des Kantons Zürich vom 8.6.1997; OS 54, 193). Einzelne Kantone wie beispielsweise der Kanton Schwyz erheben eine Handänderungssteuer aber auch bei unentgeltlicher Übertragung von Grundstücken (Gesetz über die Erhebung der Handänderungssteuer vom 27.4.1997, 172.500, e contrario §§ 4 und 5 i.V.m. § 11 Abs. 2).

60 Nach der **intertemporalrechtlichen Norm in Art. 111 Abs. 3 FusG** wird Art. 103 FusG erst fünf Jahre nach Inkrafttreten des FusG, somit erst am 1.7.2009, direkt anwendbar. Während der Übergangsfrist von fünf Jahren müssen die Kantone ihre kantonale Gesetzgebung an Art. 103 FusG anpassen. Vgl. für weitere Ausführungen Art. 103 N 51 ff. sowie vor Art. 109 N 45 f.

bg) Verrechnungssteuer

61 Der Verrechnungssteuer unterliegen nach Art. 4 Abs. 1 lit. b VStG Gewinnanteile und sonstige Erträge der von einem Inländer ausgegebenen Aktien, GmbH- und Genossenschaftsanteile sowie Partizipations- und Genussscheine. **Nicht der Verrechnungssteuer unterworfen** sind hingegen Gewinnausschüttungen von Personengesellschaften an ihre Gesellschafter (vgl. PFUND, Art. 4 N 3.1). Der Grund für einen Verzicht des Gesetzgebers auf die Erfassung der Gewinnausschüttung liegt darin, dass Personengesellschaften keine eigenen Rechtssubjekte und damit auch keine Steuersubjekte sind. Der Gewinn von Personengesellschaften ist unmittelbar durch die Gesellschafter zu versteuern (steuerliche Transparenz der Personengesellschaft, vgl. N 6). Damit aber unterbleibt eine Gewinnausschüttung der Personengesellschaft an den Gesellschafter. Im Gegensatz zu den Kapitalgesellschaften und Genossenschaften entfällt damit auch das Bedürfnis, Gewinnausschüttungen steuerlich durch eine Quellensteuer zu sichern. Vorbehalten bleibt die Verrechnungssteuerpflicht im Zusammenhang mit der Ausgabe von Obligationen oder aus anderen Gründen durch die Gesellschaft (Art. 4 VStG).

bh) Emissionsabgabe

62 Der Emissionsabgabe unterliegt die entgeltliche oder unentgeltliche Begründung oder Erhöhung des Nennwertes von Beteiligungsrechten durch inländische Kapitalgesellschaften oder Genossenschaften (Art. 5 Abs. 1 lit. a StG). Der Emissionsabgabe unterliegen nach Art. 5 Abs. 2 lit. a StG auch die Zuschüsse, welche die Gesellschafter oder Genossenschafter ohne entsprechende Gegenleistung an die Gesellschaft oder Genossenschaft erbringen, ohne dass das im Handelsregister eingetragene Gesellschaftskapital oder der einbezahlte Betrag der Genossenschaftsanteile erhöht wird. Kollektivgesellschaften und Kommanditgesellschaften verfügen über **kein Nennkapital**. Ihre Kapitalbeschaffung unterliegt somit nicht der Emissionsabgabe (Art. 5 StG). Die Umwandlung von Personengesellschaften in Personengesellschaften mit anderer Rechtsform löst somit **keine Emissionsabgabe** aus. Dabei spielt es keine Rolle, ob die Umwandlung der Personengesellschaft durch Eintritt eines beschränkt haftenden Gesellschafters in eine Kollektivgesellschaft nach Art. 55 Abs. 1 lit. a FusG, durch Austritt eines beschränkt haftenden Gesellschafters aus einer Kommanditgesellschaft nach Art. 55 Abs. 2 lit. a FusG oder durch Änderung in den Haftungsverhältnissen nach Art. 55 Abs. 1 lit. b FusG bzw. Art. 55 Abs. 2 lit. b FusG erfolgt.

bi) Umsatzabgabe

(1) Allgemeines

63 Die entgeltliche Übertragung von Urkunden i.S.v. Art. 13 Abs. 2 StG löst die Umsatzabgabe aus, sofern eine Partei oder ein Vermittler Effektenhändler gemäss Art. 13 Abs. 3 StG ist (Art. 13 Abs. 1 StG). Das Bundesgesetz über die Banken und Sparkassen gestattet es **Banken und bankähnlichen Finanzgesellschaften**, sich als Kollektiv- oder als Kommanditgesellschaft zu organisieren (Art. 1 BankG). Als Banken und bankähnliche Finanzgesellschaften sind Personengesellschaften **Effektenhändler i.S.v. Art. 13 Abs. 3 lit. a StG**. Personengesellschaften kann auch der Effektenhändlerstatus nach Art. 13 Abs. 3 lit. b StG zukommen. Im Unterschied zu den direkten Steuern, wo die Personengesellschaft nicht Steuersubjekt ist (vgl. N 6), ist die **Personengesellschaft** bei der Umsatzabgabe **selber Steuersubjekt**, sofern sie Effektenhändlerin ist (Art. 17 Abs. 1 StG i.V.m. Art. 13 Abs. 3 StG). Gemäss Art. 1 BankG können Banken und bankähnliche Finanzgesellschaften auch in der Rechtsform einer Einzelfirma tätig sein. Auch als Einzelfirmen organisierte Banken und bankähnliche Finanzgesellschaften sind Effektenhändler i.s.v. Art. 13 Abs. 3 lit. a StG. Ihnen kann ebenfalls der Effektenhändlerstatus nach Art. 13 Abs. 3 lit. b StG zukommen.

(2) Umsatzabgabe auf der Übertragung steuerbarer Urkunden

64 Art. 14 Abs. 1 lit. i StG ist neu ins Stempelsteuerrecht aufgenommen worden. Die Bestimmung nimmt die mit einer Umstrukturierung, insbesondere einer Fusion, Spaltung oder Umwandlung verbundene Übertragung steuerbarer Urkunden von der übernommenen, spaltenden oder umwandelnden Unternehmung auf die aufnehmende oder umgewandelte Unternehmung von der Umsatzabgabe aus.

65 Art. 14 Abs. 1 lit. i StG knüpft die Steuerneutralität an das Erfordernis einer «Umstrukturierung» an, ohne den Begriff der Umstrukturierung durch einen Verweis auf die Umstrukturierungsnormen im Recht der direkten Steuern näher zu konkretisieren, wie dies beispielsweise in Art. 5 Abs. 1 lit. a VStG der Fall ist. Der Ständerat unterbreitete dem Bundesrat am 2.3.2001 die Empfehlung, die Begriffe in den Vollzugsbestimmungen zum Verrechnungssteuer- und Stempelsteuerrecht gleich wie im Gewinnsteuerrecht zu definieren und anzuwenden. Der Bundesrat nahm diese Empfehlung am 16.3.2001 an (Empfehlung 01.3015 der Kommission für Rechtsfragen des Ständerates vom 2.3.2001 zur Anpassung der Vollzugsbestimmungen zum Verrechnungs- und Stempelsteuerrecht). Der Begriff «Umstrukturierung» in Art. 14 Abs. 1 lit. i StG muss sich deshalb nach der hier vertretenen Auffassung inhaltlich mit dem im Gewinnsteuerrecht bzw. aufgrund der analogen Problematik im Einkommenssteuerrecht, d.h. nach Art. 61 Abs. 1 DBG bzw. Art. 19 Abs. 1 DBG und Art. 24 Abs. 3 StHG bzw. Art. 8 Abs. 3 StHG, verwendeten Begriff der Umstrukturierung decken. Soweit eine Umstrukturierung im Sinne des Einkommens- bzw. Gewinnsteuerrechts vorliegt, ist auch die Umsatzabgabe aufgrund von

Art. 14 Abs. 1 lit. i StG nicht geschuldet (so auch ESTV-DVS, KS 5 vom 1.6.2004, Ziff. 3.1.3). Vgl. hierzu auch Teil 1 vor Art. 69 N 31.

(3) Umsatzabgabe auf der Ausgabe steuerbarer Urkunden

Personengesellschaften verfügen über kein Grund- oder Genossenschaftskapital. Bei der Umwandlung von Personengesellschaften in Personengesellschaften mit anderer Rechtsform werden keine steuerbaren Urkunden i.S.v. Art. 13 Abs. 2 StG an die Gesellschafter ausgegeben. Die Umwandlung erfolgt deshalb für die aus der Umwandlung hervorgehende Personengesellschaft **ohne Umsatzabgabefolgen**. Kommanditgesellschaften waren nicht immer von der Emissionsabgabe befreit. Nach Art. 38 der Übergangsordnung des Finanzhaushaltes vom 22.12.1938 waren Kommanditeinlagen von Kommanditgesellschaften der Emissionsabgabe unterworfen. Mit dem Bundesgesetz über die Verrechnungssteuer vom 13.10.1965, das am 1.1.1967 in Kraft getreten ist, ist die Emissionsabgabe auf Kommanditeinlagen aufgehoben worden (Art. 72 Abs. 1 lit. c VStG).

bj) Mehrwertsteuer

Abweichend vom Recht der direkten Steuern (N 6) sind **Personenunternehmungen Steuersubjekte der Mehrwertsteuer**. Personenunternehmungen (Einzelunternehmungen und Personengesellschaften) sind steuerpflichtig, sofern sie die Voraussetzungen gemäss Art. 21 MWSTG erfüllen. Steuerobjekt der Mehrwertsteuer ist der Umsatz (Art. 5 MWSTG). Im Recht der Mehrwertsteuer stellt sich im Zusammenhang mit der Umwandlung von Personengesellschaften in Personengesellschaften mit anderer Rechtsform immer die Frage, ob ein **mehrwertsteuerlich relevanter Umsatz** vorliegt, oder ob ein **mehrwertsteuerlich unbeachtlicher Nichtumsatz** vorliegt. Das MWSTG enthält keine Legaldefinition des Umsatzes. In Art. 5 MWSTG werden lediglich verschiedene Umsatzarten aufgezählt. Allgemein kann festgestellt werden, dass eine Mehrwertsteuerpflicht immer dann entsteht, wenn anlässlich der Umwandlung durch einen Steuerpflichtigen eine Lieferung von Gegenständen oder eine Dienstleistung i.S.v. Art. 6 bzw. Art. 7 MWSTG gegen Entgelt in einem Leistungsaustausch erbracht wird oder Eigenverbrauch vorliegt.

Ein steuerbarer Umsatz und damit eine Mehrwertsteuerpflicht entsteht immer dann, wenn eine steuerpflichtige Personenunternehmung ihr gesamtes Vermögen oder Teile davon gegen Entgelt auf eine andere Personenunternehmung überträgt. Wird ein Gesamt- oder ein Teilvermögen übertragen, muss die steuerpflichtige Personengesellschaft ihre Steuerpflicht gestützt auf Art. 47 Abs. 3 MWSTG im **Meldeverfahren** erfüllen (vgl. ESTV-MWST, MB 11 Meldeverfahren, Ziff. 2 ff.). Das Meldeverfahren kommt nur bei steuerbaren Umsätzen zur Anwendung. Seine Anwendung bleibt bei Umsätzen, die nach Art. 18 MWSTG von der Mehrwertsteuer ausgenommen sind, versagt. Dies trifft etwa zu auf die Übertragung von Immobilien, für welche nicht nach Art. 26 MWSTG optiert wurde, aber auch für die Übertragung von Beteiligungen bzw. von Wertschriften im Allgemeinen. Verwendet die übernehmende Personengesellschaft die übertragenen Vermögenswerte nicht vollumfänglich für steuerbare Zwecke, ist der Tatbestand des **Eigenverbrauchs** erfüllt (vgl. ESTV-MWST, MB 11, Meldeverfahren, Ziff. 4; ESTV-MWST, SB 5 Nutzungsänderung; BAUMGARTNER, FStR 2001, 54). Die ESTV will bei der Umwandlung von Personengesellschaften in Personengesellschaften mit anderer Rechtsform auf die Anwendung des Meldeverfahrens verzichten (Praxismitteilung Umwandlung). Der Verzicht auf die Anwendung des Meldeverfahrens bei der Umwandlung von Personengesellschaften in Personengesellschaften mit anderer Rechtsform dürfte sich auf den Fall der Umwandlung ohne Änderung der Beteiligungsverhältnisse nach Art. 55 Abs. 1 lit. b und Abs. 2 lit. b FusG beschränken. In allen anderen Fällen von Umwandlungen finden in der Regel Übertragungen von Gesamt- oder Teilvermögen statt, weshalb richtigerweise auch das Meldeverfahren zur Anwendung kommen sollte. Bei Einlagen eines nicht mehrwertsteuerpflichtigen Gesellschafters ist unter den Voraussetzungen von Art. 42 MWSTG durch **Einlageentsteuerung** ein vollumfänglicher oder teilweiser Vorsteuerabzug möglich (vgl. im Übrigen auch vor Art. 3 N 337).

69 Kein steuerbarer Leistungsaustausch liegt bei der **schenkungsweisen Überlassung** der stillen Reserven oder des Gesellschaftsanteils an den eintretenden Gesellschafter vor. Es fehlt an der Verknüpfung von Leistung und Gegenleistung und damit an einem Umsatz.

70 Zahlungen zwischen den Gesellschaftern zum Ausgleich von Ansprüchen, die sich aus der Umwandlung ergeben, sind mehrwertsteuerlich unbeachtlich (CAMENZIND/HONAUER/VALLENDER, Rz 337 f., 347).

c) Sozialversicherungsabgaben

71 Als Bestandteil des beitragspflichtigen Einkommens aus selbständiger Erwerbstätigkeit i.S.v. Art. 9 Abs. 1 AHVG gelten nach Art. 17 AHVV alle «in selbständiger Stellung erzielten Einkünfte aus einem Handels-, Industrie-, Gewerbe-, Land- und Forstwirtschaftsbetrieb, aus einem freien Beruf, sowie aus jeder anderen selbständigen Erwerbstätigkeit, einschliesslich der Kapital- und Überführungsgewinne nach Art. 18 Abs. 2 DBG und der Gewinne aus der Veräusserung von land- und forstwirtschaftlichen Grundstücken nach Art. 18 Abs. 4 DBG, mit Ausnahme der Einkünfte aus zu Geschäftsvermögen erklärten Beteiligungen nach Art. 18 Abs. 2 DBG». Zum beitragspflichtigen Einkommen gehört auch Goodwill, der beim Geschäftsverkauf realisiert wird (BGE 99 V 81 = Pra 1974, 309). Sozialversicherungsrechtlich ist Einkommen aus selbständiger Erwerbstätigkeit jedes Erwerbseinkommen, das nicht Entgelt für in unselbständiger Erwerbstätigkeit geleistete Arbeit darstellt (Art. 9 Abs. 1 AHVG). Wie das Steuerrecht, betrachtet auch das Sozialversicherungsrecht **Gesellschafter von Kollektivgesellschaften** uneingeschränkt als Selbständigerwerbende (Art. 20 Abs. 3 AHVV; WSN, Rz 1024). **Komplementäre von Kommanditgesellschaften** erzielen nach den Grundsätzen des Sozialversicherungsrechts Einkommen aus selbständiger Erwerbstätigkeit, soweit der Gewinnanteil, der Zins für den Gesellschaftsanteil und für allfällige weitere Kapitaleinlagen sowie das Arbeitsentgelt den Zins für das im Betrieb investierte Eigenkapital übersteigen (WSN, Rz 1027). Die Rechtsprechung lehnt es jedoch ab, den Kommanditär in jedem Fall als selbständigerwerbend anzusehen (BGE 100 V 140). Das Einkommen des Kommanditärs aus der Kommanditgesellschaft gilt unter AHV-rechtlichen Gesichtspunkten grundsätzlich als Kapitalertrag und nicht als Einkommen aus selbständiger Erwerbstätigkeit. Vom Einkommen aus selbständiger Erwerbstätigkeit wird ein Beitrag an die Alters- und Hinterlassenenversicherung (Art. 8 Abs. 1 AHVG), an die Invalidenversicherung (Art. 2 ff. IVG; Bundesgesetz über die Invalidenversicherung; SR 831.20) sowie an die Erwerbsersatzordnung (Art. 26 f. EOG) abgezogen. Nach Art. 17 AHVV gehören zum Einkommen aus selbständiger Erwerbstätigkeit unter anderem auch Kapitalgewinne nach Art. 18 Abs. 2 DBG.

72 Die Beiträge an die Alters- und Hinterlassenenversicherung, an die Invalidenversicherung sowie an den Ausgleichsfonds der Erwerbsersatzordnung bemessen sich aufgrund des für die direkte Bundessteuer massgebenden rechtskräftig veranlagten Erwerbseinkommens (Art. 23 Abs. 1 AHVV). Dementsprechend führt **jede Realisierung stiller Reserven auch zur Erhebung der entsprechenden Sozialversicherungsbeiträge**. Umgekehrt führt ein Steueraufschub bei den Einkommenssteuern, z.B. aufgrund von

Art. 19 Abs. 1 lit. a DBG bzw. Art. 8 Abs. 3 lit. a StHG oder infolge Schenkung, immer auch zu einem Aufschub der Erhebung der Sozialversicherungsabgaben.

2. Umwandlung von Personengesellschaften in Einzelunternehmungen und von Einzelunternehmungen in Personengesellschaften

a) Zivilrecht

Die Umwandlung einer Personengesellschaft in eine Einzelunternehmung kann zivilrechtlich nach Art. 579 OR erfolgen, indem ein Gesellschafter aus der Gesellschaft ausscheidet (oder ausgeschlossen wird) und der andere Gesellschafter Aktiven und Verbindlichkeiten der Gesellschaft übernimmt und das Geschäft als Einzelunternehmer fortführt. Die Personengesellschaft wird aufgelöst. Die Umwandlung nach Art. 579 OR ist nach Rechtsprechung und Lehre nicht auf Zweimanngesellschaften beschränkt. Art. 579 OR ist auch anwendbar, wenn eine Gesellschaft mit mehr als zwei Gesellschaftern aufgelöst wird, indem alle Gesellschafter ausser einem austreten und das Geschäft vom verbleibenden Gesellschafter als Einzelunternehmung fortgeführt wird (BGE 101 Ib 456, 460, BSK OR II-STAEHELIN, Art. 579 N 1). Möglich ist auch die Übernahme der Aktiven und Verbindlichkeiten der Personengesellschaft durch einen der Gesellschafter (oder einen Dritten) nach den Regeln der Vermögensübertragung nach Art. 69 ff. FusG (vgl. Art. 55 N 8 m.w.H.). Eine Einzelunternehmung wird in eine Personengesellschaft «umgewandelt», indem zwei oder mehrere Personen eine Personengesellschaft gründen (Bsp.: Zwei Einzelunternehmer gründen eine Kollektivgesellschaft und bringen hierzu ihre Einzelunternehmungen in die Kollektivgesellschaft ein).

73

b) Steuerrecht

ba) Vorbemerkung

(1) Steuersubjekt bei Personenunternehmungen

Vgl. N 6

74

(2) Realisation stiller Reserven als einkommensbegründender Tatbestand

Vgl. N 7.

75

(3) Verlustverrechnung

Steuerlich sind Verluste aus einer Einzelunternehmung oder aus einer Personengesellschaft nicht dieser selbst, sondern deren Gesellschaftern zuzurechnen (HÖHN/WALDBURGER, Steuern, § 47 N 70). Werden Vermögenswerte übertragen, verbleiben die noch nicht verrechneten Verluste bei den bisherigen Gesellschaftern. Diese können steuerliche Verlustvorträge auf ihrem Geschäftsvermögen, soweit diese bei der Berechnung des steuerbaren Einkommens noch nicht berücksichtigt worden sind, im Rahmen von Art. 211 DBG bzw. Art. 67 Abs. 1 StHG (Art. 31 Abs. 1 DBG bzw. Art. 10 Abs. 2 StHG) gegen künftige Gewinne zur Verrechnung bringen. Vgl. hierzu im Übrigen auch N 10 ff. Die Verlustübertragung auf andere Gesellschafter ist ausgeschlossen (ESTV-DVS, KS 5 vom 1.6.2004, Ziff. 3.1.2.3). Zur Zulässigkeit der Verrechnung von Geschäftsverlusten nach Aufgabe der selbständigen Erwerbstätigkeit vgl. zum Meinungsstand REICH/ZÜGER in: Kommentar zum Schweizerischen Steuerrecht I/2a, Art. 31 DBG N 17 ff.

76

(4) Nachträgliche Besteuerung/Sperrfrist

77 Für Umwandlungen nach Art. 19 Abs. 1 lit. a DBG bzw. Art. 8 Abs. 3 lit. a StHG besteht **keine Sperrfrist**. Art. 19 Abs. 2 DBG bzw. Art. 8 Abs. 3bis StHG sehen eine nachträgliche Besteuerung nur für den Fall der Übertragung eines Betriebs oder Teilbetriebs auf eine juristische Person vor. Eine Sperrfristregelung für Umstrukturierungen nach Art. 19 Abs. 1 lit. a DBG bzw. Art. 8 Abs. 3 lit. a StHG ist auch nicht nötig, da im Unterschied zur Umstrukturierung nach Art. 19 Abs. 1 lit. b DBG bzw. Art. 8 Abs. 3 lit. b StHG kein Wechsel des Steuersubjekts stattfindet (steuerliche Transparenz von Personenunternehmungen, N 6).

bb) Einkommenssteuern

78 Personengesellschaften können steuerneutral in Einzelunternehmungen und Einzelunternehmungen können steuerneutral in Personengesellschaften umgewandelt werden (Art. 19 Abs. 1 lit. a DBG bzw. Art. 8 Abs. 3 lit. a StHG; ausführlich Teil 1 vor Art. 69 N 14 ff.):

– soweit die Steuerpflicht in der Schweiz fortbesteht;

– soweit die bisher für die Einkommenssteuer massgeblichen Werte (Einkommenssteuerwerte) übernommen werden; und

– sofern Vermögenswerte übertragen werden.

(1) Normzweck

79 Art. 19 Abs. 1 lit. a DBG bzw. Art. 8 Abs. 3 lit. a StHG bezwecken, die Übertragung von Vermögenswerten beim Eintritt von Gesellschaftern in eine Einzelunternehmung (anlässlich ihrer Umwandlung in eine Personengesellschaft) bzw. beim Austritt von Gesellschaftern aus einer Personengesellschaft (bei der Umwandlung in eine Einzelunternehmung) steuerneutral zuzulassen, sofern die Vermögenswerte weiterhin dem **Geschäftsvermögensbereich** der ein- bzw. austretenden Gesellschafter verhaftet bleiben.

(2) Fortbestand der Steuerpflicht in der Schweiz

80 Einzelunternehmungen und Personengesellschaften sind steuerlich transparente Rechtsformen (N 6). Sie sind bei den direkten Steuern keine Steuersubjekte. Gewinn und Kapital der Einzelunternehmungen und Personengesellschaften werden nach den Besteuerungsregeln für natürliche Personen bei den Gesellschaftern besteuert. Das Erfordernis des Fortbestandes der Steuerpflicht in der Schweiz bezieht sich deshalb auf die **übernehmenden natürlichen Personen**. Vgl. auch N 15.

(3) Übernahme der bisher für die Einkommenssteuer massgeblichen Werte

81 Die für die Einkommenssteuer massgeblichen Werte sind die Buchwerte der umwandelnden Personenunternehmung gemäss **Handelsbilanz zuzüglich allfälliger versteuerter stiller Reserven**. Die steuerlichen Buchwerte müssen durch die umgewandelte Personenunternehmung fortgeführt werden. Eine Erhöhung der steuerlichen Buchwerte führt zur buchmässigen Realisation stiller Reserven infolge buchmässiger Aufwertung und damit zu steuerbarem Einkommen der Gesellschafter nach Art. 18 Abs. 2 DBG bzw. Art. 8 Abs. 1 StHG. Vgl. auch N 16.

(4) Übertragung von Vermögenswerten

Art. 19 Abs. 1 lit. a DBG bzw. Art. 8 Abs. 3 lit. a StHG verlangen für eine steuerneutrale Umwandlung die Übertragung von Vermögenswerten. DBG und StHG stellen in qualitativer Hinsicht **keine besonderen Anforderungen** an die übertragenen Vermögenswerte. Diese müssen weder das Erfordernis eines Betriebs noch eines Teilbetriebs erfüllen noch «betrieblich» oder «betriebsnotwendig» sein. Dies steht im Gegensatz zu Art. 19 Abs. 1 lit. b DBG bzw. Art. 8 Abs. 3 lit. b StHG, die für eine steuerneutrale Umwandlung einer Personengesellschaft in eine juristische Person das Vorliegen eines Betriebs oder Teilbetriebs verlangen (u. N 96 ff. und 104 ff.). Eine Personenunternehmung kann deshalb auch bloss **einzelne Vermögenswerte** – sowohl Gegenstände als auch Rechte – steuerneutral auf eine andere Personenunternehmung übertragen (vgl. N 17 ff.). 82

(5) Übertragung auf eine andere Personenunternehmung

Die Übertragung der Vermögenswerte muss sodann auf eine andere Personenunternehmung erfolgen. Personenunternehmungen sind die **Einzelunternehmung**, die Kollektivgesellschaft sowie die Kommanditgesellschaft (**Personengesellschaften**). Was die Übertragung von Vermögenswerten auf Personengesellschaften betrifft, ergeben sich aufgrund von Art. 18 Abs. 2 DBG und Art. 8 Abs. 1 StHG gewisse Einschränkungen. Die übertragenen Vermögenswerte müssen auch weiterhin dem **Geschäftsvermögensbereich** verhaftet sein, weshalb die Übertragung von Vermögenswerten des Geschäftsvermögens ins **Privatvermögen** zu einer Besteuerung der stillen Reserven infolge steuersystematischer Realisierung nach Art. 18 Abs. 2 DBG bzw. Art. 8 Abs. 1 StHG führt. Zu der u.E. unzutreffenden Auffassung der ESTV (ESTV-DVS, KS 5 vom 1.6.2004, Ziff. 3.1.2.1), wonach bei der Übertragung von Vermögenswerten auf eine nichtkaufmännische Kollektiv- oder Kommanditgesellschaft eine steuersystematische Realisierung vorliegt vgl. N 21. 83

Bei der Umwandlung einer Einzelunternehmung in eine Personengesellschaft sowie im umgekehrten Fall stellen sich auf der Ebene der bisherigen Gesellschafter dieselben Probleme wie bei der Umwandlung von Personengesellschaften in Personengesellschaften mit anderer Rechtsform. Es kann daher auf N 21 ff. verwiesen werden. 84

bc) Grundsteuern

Art. 12 Abs. 4 lit. a StHG führt bei den in Art. 8 Abs. 3 StHG genannten Tatbeständen bei der **Grundstückgewinnsteuer** zu einem **Aufschub**. Unter denselben Voraussetzungen **entfällt** aufgrund von Art. 103 FusG die **Handänderungssteuer** (vgl. Art. 103 N 15 ff.). Unter dem Gesichtspunkt der Grundsteuern (Grundstückgewinnsteuer und Handänderungssteuer) stellen sich dieselben Probleme wie bei der Umwandlung von Personengesellschaften durch Eintritt eines Kommanditärs nach Art. 55 Abs. 1 lit. a FusG und Austritt aller Kommanditäre nach Art. 55 Abs. 2 lit. a FusG (vgl. dazu bezüglich Grundstückgewinnsteuer N 47 ff. sowie bezüglich Handänderungssteuern N 54 ff.). 85

bd) Verrechnungssteuer

Der Kapitalanteil an Kollektiv- und Kommanditgesellschaften, die Erträge der Vermögenseinlagen des Kommanditärs sowie der Kapitalanteil an einer Einzelunternehmung sind nicht der Verrechnungssteuer unterworfen (PFUND, Art. 4 N 3.1). Die **Verrechnungssteuer** ist deshalb bei der Umstrukturierung **nicht betroffen**. 86

be) Emissionsabgabe

87 Weder Einzelunternehmung noch Personengesellschaft unterliegen der Emissionsabgabe, weshalb die **Emissionsabgabe nicht betroffen** ist (vgl. N 62).

bf) Umsatzabgabe

88 Unter dem Gesichtspunkt der Umsatzabgabe stellen sich bei der Umwandlung von Einzelunternehmungen in Personengesellschaften sowie bei der Umwandlung von Personengesellschaften in Einzelunternehmungen dieselben Probleme wie bei der Umwandlung von Personengesellschaften durch Eintritt eines Kommanditärs nach Art. 55 Abs. 1 lit. a FusG und Austritt aller Kommanditäre nach Art. 55 Abs. 2 lit. a FusG (vgl. dazu N 63 ff.).

bg) Mehrwertsteuer

89 Unter dem Gesichtspunkt der Mehrwertsteuer stellen sich bei der Umwandlung von Einzelunternehmungen in Personengesellschaften sowie im umgekehrten Fall dieselben Probleme wie bei der Umwandlung von Personengesellschaften durch Eintritt eines Kommanditärs nach Art. 55 Abs. 1 lit. a FusG und Austritt aller Kommanditäre nach Art. 55 Abs. 2 lit. a FusG (vgl. dazu N 67).

c) Sozialversicherungsabgaben

90 Unter sozialversicherungsrechtlichen Gesichtspunkten stellen sich dieselben Probleme wie bei der Umwandlung von Personengesellschaften in Personengesellschaften mit anderer Rechtsform (vgl. N 71 f.).

3. Umwandlung von inländischen Personenunternehmungen in ausländische Personenunternehmungen

91 Inländische Personenunternehmungen können aufgrund von (Ingress) Art. 19 Abs. 1 lit. a DBG bzw. (Ingress) Art. 8 Abs. 3 lit. a StHG steuerneutral zum Einkommenssteuerwert auch in eine ausländische Personenunternehmung umgewandelt werden, soweit die Vermögenswerte der Personenunternehmung weiterhin der schweizerischen Steuerhoheit verhaftet bleiben. Das ist in der Regel bei der Umwandlung einer schweizerischen Personenunternehmung in eine ausländische Personenunternehmung mit schweizerischem Geschäftsbetrieb oder schweizerischer Betriebstätte der Fall (Botschaft, 4370; REICH, FStR 2001, 9). Dabei müssen die stillen Reserven der umgewandelten inländischen Personenunternehmung im Rahmen der internationalen Steuerausscheidung auch weiterhin uneingeschränkt der Schweiz zur Besteuerung zugewiesen werden. Die **internationale Steuerausscheidung** muss nach Ansicht der ESTV in Analogie zur Umwandlung in eine juristische Person mit Sitz im Ausland nach der **direkten (objektmässigen) Ausscheidungsmethode** erfolgen (ESTV-DVS, KS 5 vom 1.6.2004, Ziff. 3.2.2.2, sowie N 100). Die Beschränkungen der Methode der internationalen Steuerausscheidung auf die objektmässige Ausscheidung ist zu restriktiv. Entscheidend muss alleine sein, dass die stillen Reserven auch in Zukunft unverändert in voller Höhe der Schweiz zur Besteuerung zugewiesen werden. Das kann auch bei Anwendung der **indirekten Ausscheidungsmethode** der Fall sein.

92 Ausländische Personenunternehmungen mit Geschäftsbetrieb oder Betriebstätte in der Schweiz sind aufgrund wirtschaftlicher Zugehörigkeit in der Schweiz beschränkt steuerpflichtig (Art. 4 Abs. 1 DBG bzw. Art. 4 Abs. 2 StHG). Ausländische Handelsgesellschaften und ausländische Personengesamtheiten ohne juristische Persönlichkeit, wel-

Steuerliche Behandlung 93, 94 vor Art. 53

che aufgrund wirtschaftlicher Zugehörigkeit im Inland steuerpflichtig sind, werden denjenigen inländischen juristischen Personen gleichgestellt, denen sie rechtlich oder tatsächlich am ähnlichsten sind (Art. 11 DBG i.V.m. Art. 49 Abs. 3 DBG bzw. Art. 20 Abs. 2 StHG). Bei der Umwandlung einer inländischen Personenunternehmung in eine ausländische Personenunternehmung mit Geschäftsbetrieb oder Betriebstätte in der Schweiz tritt ein **Wechsel von der Einkommensbesteuerung** nach Art. 18 DBG bzw. Art. 8 StHG **zur Gewinnbesteuerung** nach Art. 57 ff. DBG bzw. Art. 24 ff. StHG ein. Der Systemwechsel vermag die steuerneutrale Umwandlung nicht zu verhindern. Die Voraussetzung des Fortbestandes der schweizerischen Steuerpflicht gilt als erfüllt, wenn die übertragenen stillen Reserven auch nach erfolgter Umstrukturierung mit der gleichen oder mit einer gleichartigen Steuer erfasst werden können. Die Einkommenssteuer natürlicher Personen und die Gewinnsteuer von Kapitalgesellschaften oder Genossenschaften gelten als gleichartige Steuern, auch wenn sie nicht gleichwertig sind (vgl. dazu Botschaft, 4371 f. und 4376 f. mit Ausführungen zur Weiterführung des unternehmerischen Engagements bei der Umwandlung einer Personenunternehmung in eine Kapitalgesellschaft und umgekehrt). Dies war bereits unter Art. 19 Abs. 1 altDBG bzw. Art. 8 altStHG der Fall (vgl. REICH in: Kommentar zum Schweizerischen Steuerrecht I/2a, Art. 19 DBG N 13).

Noch nicht verrechnete **Verluste der umgewandelten Personenunternehmung** bzw. deren Gesellschafter können auf den inländischen Geschäftsbetrieb bzw. auf die inländische Betriebstätte der ausländischen Personenunternehmung **übertragen** werden und innerhalb der Verlustvortragsperiode vom künftigen steuerbaren Gewinn der inländischen Betriebstätte bzw. des inländischen Geschäftsbetriebs in Abzug gebracht werden (vgl. ausführlich Teil 1 vor Art. 69 N 176 m.w.H.). 93

4. Umwandlung von Personenunternehmungen in Kapitalgesellschaften und Genossenschaften

a) Zivilrecht

Personenunternehmungen sind die Einzelunternehmung, die Kollektivgesellschaft und die Kommanditgesellschaft. **Juristische Personen** sind die Aktiengesellschaft, die Kommanditaktiengesellschaft, die Gesellschaft mit beschränkter Haftung, die Genossenschaft, der Verein sowie die Stiftung. Aktiengesellschaften, Kommanditaktiengesellschaften und Gesellschaften mit beschränkter Haftung werden unter dem Oberbegriff der **Kapitalgesellschaften** zusammengefasst. Die Umstrukturierung von Personenunternehmungen in juristische Personen durch Umwandlung ist im Fusionsgesetz nur für die Personengesellschaften (Kollektiv- und Kommanditgesellschaft) und nur für die Umwandlung in Kapitalgesellschaften und Genossenschaften vorgesehen (Art. 54 Abs. 2 FusG für die Umwandlung einer Kollektivgesellschaft; Art. 54 Abs. 3 FusG für die Umwandlung einer Kommanditgesellschaft). Personengesellschaften können durch Umwandlung sowohl in eine Genossenschaft mit Anteilscheinen als auch in eine Genossenschaft ohne Anteilscheine umstrukturiert werden. Personengesellschaften können aber auch auf dem Wege der Vermögensübertragung nach Art. 69 ff. FusG auf eine bereits bestehende Kapitalgesellschaft oder Genossenschaft oder – wie bisher – durch Sacheinlage der Aktiven und Verbindlichkeiten der Personengesellschaft in eine neu gegründete Kapitalgesellschaft oder Genossenschaft «umgewandelt» werden. Die Umwandlung einer Einzelunternehmung in eine Kapitalgesellschaft oder Genossenschaft sowie die Umwandlung von Personenunternehmungen in Vereine müssen zivilrechtlich durch Vermögensübertragung erfolgen (Art. 69 ff. FusG; vgl. Teil 1 vor Art. 69 N 64 f. für die Umwandlung einer Einzelunternehmung in eine Kapitalgesellschaft oder Genos- 94 senschaft sowie Teil 1 vor Art. 69 N 141 für die Umwandlung einer Personenunternehmung in einen Verein).

95 Die Umwandlung von Personengesellschaften in Kapitalgesellschaften und Genossenschaften erfolgt nach Art. 53 i.V.m. Art. 54 FusG durch rechtsformändernde Umwandlung. Die rechtsformändernde Umwandlung einer Personengesellschaft in eine Kapitalgesellschaft oder Genossenschaft nach Art. 53 i.V.m. Art. 54 Abs. 2 und Abs. 3 FusG zeichnet sich dadurch aus, dass der bisherige Rechtsträger unter Fortbestand der vermögens- und mitgliedschaftlichen Beziehungen in einer neuen Rechtsform fortbesteht, ohne dass es zu einer Übertragung von Rechten und Pflichten kommt. Die Umwandlung erscheint als blosser Rechtskleidwechsel (Botschaft, 4357 f.). Personengesellschaften können unter eigener Firma Rechte erwerben und Verbindlichkeiten eingehen (Art. 562 OR, Art. 602 OR). So können Personengesellschaften beispielsweise als Eigentümer von Grundstücken im Grundbuch eingetragen werden (Art. 31 Abs. 2 lit. b GBV). In Wirklichkeit steht das Sondervermögen aber allen Gesellschaftern zur gesamten Hand zu (OGer ZH 17.6.1981, ZR 1982, 73 f.). Im Aussenverhältnis erscheinen Personengesellschaften somit als eine mit Sondervermögen ausgestattete Einheit (MEIER-HAYOZ/FORSTMOSER, § 13 N 19). Rechtspersönlichkeit kommt Personengesellschaften nicht zu. Bei der Umwandlung einer Personengesellschaft in eine Kapitalgesellschaft oder Genossenschaft wird ein Rechtsträger ohne Rechtspersönlichkeit in einen Rechtsträger überführt, der als juristische Person ausgestaltet ist. Genau besehen handelt es sich deshalb bei der Umwandlung einer Personengesellschaft in eine Kapitalgesellschaft oder eine Genossenschaft entgegen Art. 53 FusG **nicht um eine formändernde Umwandlung**. Tatsächlich liegt eine **übertragende Umwandlung** vor, indem das Gesamthandsvermögen bei der Umwandlung von den Gesellschaftern auf die Kapitalgesellschaft oder Genossenschaft übertragen wird (vgl. Art. 53 N 9 sowie Art. 54 N 9 f.; LOCHER, Kommentar DBG, Rev. Art. 61 N 100; GURTNER, ASA 71 [2002/2003], 737; KLÄY/TURIN, REPRAX 1/2001, 27).

b) Steuerrecht

ba) Einkommenssteuer

96 Die Umwandlung von Personenunternehmungen in Kapitalgesellschaften wird in Art. 19 Abs. 1 lit. b und Abs. 2 DBG sowie in Art. 8 Abs. 3 lit. b und Abs. 3bis StHG geregelt. DBG und StHG machen die steuerneutrale Umwandlung – neben den allgemeinen Voraussetzungen des Fortbestandes der Steuerpflicht in der Schweiz und der Übernahme der bisher für die Einkommenssteuer massgeblichen Werte – davon abhängig, dass ein Betrieb oder Teilbetrieb übertragen wird. Weiter wird die Einhaltung einer fünfjährigen Veräusserungssperrfrist verlangt.

(1) Überblick über die gesetzlichen Änderungen

97 Als wesentlichste Neuerung gegenüber der bisherigen gesetzlichen Regelung ist zunächst die Kodifizierung einer Sperrfristregelung in Art. 19 Abs. 2 DBG und Art. 8 Abs. 3bis StHG zu nennen. Die Verwaltungspraxis verlangte bereits unter dem bisherigen Recht die Einhaltung einer Sperrfrist. Neu ist aber die Regelung der Sperrfrist auf Gesetzesstufe in einem Gesetz im formellen Sinn. Nach dem Wortlaut von Art. 19 Abs. 1 lit. b DBG bzw. Art. 8 Abs. 3 lit. b StHG genügt es für die Steuerneutralität der Umstrukturierung neuerdings sodann, dass «ein Betrieb oder Teilbetrieb auf eine juristische Person» übertragen wird (immer unter der Voraussetzung, dass die Steuerpflicht in der Schweiz fortbesteht und die bisher für die Einkommenssteuer massgeblichen Werte übernommen werden). Auf die im bisherigen Art. 19 Abs. 1 lit. a DBG resp. Art. 8 Abs. 3

lit. a StHG enthaltenen Erfordernisse der unveränderten Weiterführung des Geschäftsbetriebes und der gleich bleibenden Beteiligungsverhältnisse verzichtet der neue Gesetzeswortlaut. In redaktioneller Hinsicht erfuhr die bisherige Sachüberschrift von Art. 19 DBG eine Änderung, indem die in der Überschrift bisher einzeln genannten Reorganisationstatbestände «Umwandlungen, Zusammenschlüsse und Teilungen» durch den Oberbegriff «Umstrukturierungen» ersetzt wurden. Weitere redaktionelle Änderungen betreffen die Gesetzessystematik, indem der Tatbestand der Umwandlung von Personenunternehmungen in Kapitalgesellschaften und Genossenschaften neu in Art. 19 Abs. 1 lit. b DBG (bisher: Art. 19 Abs. 1 lit. a) resp. in Art. 8 Abs. 3 lit. b StHG (bisher: Art. 8 Abs. 3 lit. a StHG) geregelt wird sowie die Ersetzung der Konjunktion «wenn» durch «soweit» im Ingress zu Art. 19 Abs. 1 DBG und Art. 8 Abs. 3 StHG.

Weil es bei der Umwandlung von Personenunternehmungen in Kapitalgesellschaften und Genossenschaften wie bisher in der Regel zu einer Übertragung von Vermögen kommt (N 95) stellen sich im Wesentlichen dieselben steuerlichen Fragen wie bei der Umwandlung durch Vermögensübertragung nach Art. 69 Abs. 1 FusG. Vgl. dazu auch Teil 1 vor Art. 69 N 64 f. **98**

(2) Sprachliche Präzisierung

Art. 19 Abs. 1 DBG bzw. Art. 8 Abs. 3 StHG **präzisieren den bisherigen Gesetzeswortlaut**, indem das Wort «wenn» durch «soweit» ersetzt wurde. Damit wurde die geltende Verwaltungspraxis ins DBG bzw. StHG übernommen. Diese redaktionelle Änderung ist zu begrüssen. **99**

(3) Fortbestand der Steuerpflicht in der Schweiz

DBG und StHG verlangen wie bisher den Fortbestand der Steuerpflicht in der Schweiz. Dieses Erfordernis bezieht sich auf die **übernehmende Kapitalgesellschaft oder Genossenschaft** und nicht auf die übertragende natürliche Person (ESTV-DVS, KS 5 vom 1.6.2004, Ziff. 3.2.2.2). Mit dem Erfordernis des Fortbestands der Steuerpflicht in der Schweiz will der Gesetzgeber sicherstellen, dass die übertragenen stillen Reserven der Personenunternehmung nach erfolgter Umwandlung weiterhin uneingeschränkt der Besteuerung durch den Schweizer Fiskus verhaftet bleiben. Andererseits werden stille Reserven nur dann und nur in dem Umfang besteuert, als diese durch eine Überführung ins Ausland fortan der Besteuerung durch den Schweizer Fiskus entzogen werden. Die Umwandlung einer Personenunternehmung in eine Kapitalgesellschaft oder Genossenschaft ist deshalb beispielsweise auch dann steuerneutral möglich, wenn die umgewandelte Kapitalgesellschaft oder Genossenschaft im Anschluss an die Umstrukturierung ihren Sitz ins Ausland verlegt, in der Schweiz aber unter Fortführung aller Aktiven und Verbindlichkeiten der bisherigen Personenunternehmung eine Betriebstätte betreibt. Die stillen Reserven bleiben der Besteuerung in der Schweiz verhaftet. Die ESTV (ESTV-DVS, KS 5 vom 1.6.2004, Ziff. 3.2.2.2) verlangt in diesem Fall, dass die internationale Steuerausscheidung des Gewinns und des Kapitals nach der objektmässigen (direkten) Methode erfolgt (zur direkten [objektmässigen] Methode vgl. LOCHER, Internationales Steuerrecht, 309 ff.; HÖHN, Handbuch des Internationalen Steuerrechts der Schweiz, 264; RICHNER/FREI/KAUFMANN, Kommentar ZH, § 5 N 22 ff.). Nach Ansicht der ESTV stellt nur die direkte (objektmässige) Ausscheidungsmethode sicher, dass die stillen Reserven auch weiterhin uneingeschränkt der Schweiz zugewiesen werden (ESTV-DVS, KS 5 vom 1.6.2004, Ziff. 3.2.2.2; gl.M.: RICHNER/FREI/KAUFMANN, Kommentar ZH, § 19 N 30). Zur Kritik der Anwendung nur der objektmässigen Ausscheidungsmethode vgl. N 91. **100**

101 Soweit stille Reserven infolge Export ins Ausland steuersystematisch realisiert werden, unterliegen sie der Einkommenssteuer nach Art. 18 Abs. 2 DBG bzw. Art. 8 Abs. 1 StHG. Zusätzlich fallen Sozialversicherungsabgaben an (N 71 f.). Die steuerneutrale Umwandlung als solche wird dadurch aber nicht gefährdet.

(4) Übernahme der bisher für die Einkommenssteuer massgeblichen Werte

102 **Keine Änderungen gegenüber dem bisherigen Recht** erfuhren DBG und StHG auch bezüglich des Erfordernisses der Übernahme der bisher für die Einkommenssteuer massgeblichen Werte. DBG und StHG verlangen für eine steuerneutrale Umwandlung weiterhin die Fortführung der Gewinnsteuerwerte der Personenunternehmung durch die aus der Umwandlung hervorgegangene Kapitalgesellschaft oder Genossenschaft. Die bisherigen Einkommenssteuerwerte der Personenunternehmung werden neu zu den Gewinnsteuerwerten der Kapitalgesellschaft oder Genossenschaft.

103 Soweit stille Reserven durch Aufwertung buchmässig realisiert werden, unterliegen sie der Einkommenssteuer nach Art. 18 Abs. 2 DBG bzw. Art. 8 Abs. 1 StHG. Zusätzlich fallen Sozialversicherungsabgaben an (N 71 f.). Die steuerneutrale Umwandlung als solche wird durch eine buchmässige Aufwertung stiller Reserven aber nicht gefährdet.

(5) Übertragung eines Betriebs oder Teilbetriebs

104 Als weitere Voraussetzung für eine steuerneutrale Umwandlung setzen DBG und StHG die **Übertragung eines Betriebs oder Teilbetriebs** voraus. Zwischen einem «Geschäftsbetrieb» gemäss bisherigem Recht und einem «Betrieb oder Teilbetrieb» nach neuem Recht besteht kein sachlicher Unterschied (LOCHER, Kommentar DBG, Rev. Art. 61 N 104; GURTNER, ASA 71 [2002/2003], 739). Die Begriffe «Betrieb» und «Teilbetrieb» nach Art. 19 Abs. 1 lit. b DBG bzw. Art. 8 Abs. 3 lit. b StHG sind inhaltlich deckungsgleich mit denjenigen der Auf- und Abspaltung in Art. 61 Abs. 1 lit. b DBG bzw. Art. 24 Abs. 3 lit. b StHG. Zur Auslegung dieser Begriffe kann auf die entsprechende Kommentierung der Spaltung vor Art. 29 N 48 ff. verwiesen werden. Vgl. dazu auch ESTV-DVS, KS 5 vom 1. 6. 2004, Ziff. 3.2.2.3 bei der Umwandlung sowie Ziff. 4.3.2.5 bei der Spaltung.

105 Es wird auch weiterhin möglich sein, dass die umgewandelte Kapitalgesellschaft oder Genossenschaft den Zweck des Betriebes neu ausrichtet und an die veränderten wirtschaftlichen Rahmenbedingungen anpasst.

(6) Übertragung auf eine juristische Person

106 Der Begriff der juristischen Person orientiert sich am Zivilrecht. Juristische Personen sind die Kapitalgesellschaften (Aktiengesellschaft, Kommanditaktiengesellschaft und Gesellschaft mit beschränkter Haftung), die Genossenschaften sowie Vereine und Stiftungen.

(7) Weitere Voraussetzungen

107 Die Voraussetzung der grundsätzlich **gleichbleibenden Beteiligungsverhältnisse** ist im DBG und StHG **gestrichen** worden. Damit gehören Diskussionen darüber, ob sich die Wendung «grundsätzlich» nur auf wertmässige oder auch auf quotale Beteiligungsverschiebungen während der Sperrfrist bezieht, der Vergangenheit an (LOCHER, Kommentar DBG, Rev. Art. 61 N 102; VGE LU vom 15.1.2002, LGVE 2002 II 219 ff. = StE 2002 B 23.7 Nr. 12). Neu wird auch nicht mehr strittig sein, ob der Ausdruck «grundsätzlich» Beteiligungsverkäufe in geringem Umfang ohne schädliche Realisierung stiller Reserven zulässt und wo die Grenze eines steuerlich unschädlichen Beteiligungsver-

kaufs anzusetzen ist. Schliesslich erledigt sich durch die Revision inskünftig auch die Diskussion darüber, ob der Ausdruck «grundsätzlich» der Abgrenzung der schädlichen entgeltlichen von der unschädlichen unentgeltlichen Änderung in den Beteiligungsverhältnissen dienen soll. Das Erfordernis der gleichbleibenden Beteiligungsverhältnisse wirkt unter dem Gesichtspunkt des Nachbesteuerungsrechts bzw. der Sperrfrist gemäss Art. 19 Abs. 2 DBG bzw. Art. 8 Abs. 3bis StHG allerdings nach (zum Nachbesteuerungsrecht N 118 ff.).

108 Art. 19 Abs. 1 lit. a DBG resp. Art. 8 Abs. 3 lit. a StHG verzichten auf das im bisherigen Recht enthaltene Erfordernis, wonach «die übernommenen Geschäftsbetriebe **unverändert weitergeführt**» werden müssen. Diesem Kriterium kommt in Zukunft grundsätzlich keine Bedeutung mehr zu. Die steuerneutrale Umwandlung einer Personenunternehmung mit anschliessender Liquidation müsste richtigerweise unter dem Gesichtspunkt der Steuerumgehung beurteilt werden.

109 Die Gesetzesentwürfe zu Art. 19 Abs. 1 lit. b DBG resp. Art. 8 Abs. 3 lit. b StHG, wie sie der Bundesrat dem Parlament in der Botschaft FusG unterbreitete, sahen als weiteres Erfordernis der Steuerneutralität der Umwandlung einer Personenunternehmung in eine Kapitalgesellschaft oder Genossenschaft vor, dass «die **Gegenleistung** der juristischen Person die **Gewährung von Beteiligungs- oder Mitgliedschaftsrechten** einschliesst» (Botschaft, 4507, 4574). Die Kommission für Wirtschaft und Abgaben des Ständerates hielt diese Bedingung für zu einschränkend und strich sie deshalb aus der Gesetzesvorlage (Mitbericht WAK StR vom 9.11.2000, 5). Die WAK StR begründete ihre Auffassung damit, dass nach (bisher) geltendem Recht Personenunternehmungen steuerneutral auf Kapitalgesellschaften übertragen werden können, indem der ganze Aktivenüberschuss dem Aktionär gutgeschrieben wird (Verkauf zum Buchwert). Die WAK StR sah keinen Grund, dies künftig nicht mehr steuerneutral zuzulassen. Der Ständerat schloss sich am 21.3.2001 seiner vorberatenden Kommission an (Prot. StR vom 21.3.2001, 166 und 168). Damit folgte der Ständerat der Kritik unter anderem von Reich (REICH, FStR 2001, FusG 11 f.), der dieses Erfordernis als «zahnlose Voraussetzung» bezeichnete. **Anderer Meinung** sind LOCHER (Kommentar DBG, Rev. Art. 61 N 108) sowie GURTNER (ASA 71 [2002/2003], 742), die für die steuerneutrale Umwandlung einer Personenunternehmung in eine Kapitalgesellschaft oder Genossenschaft notwendigerweise die Abgeltung mit Beteiligungsrechten verlangen. Die Umwandlung kann aber auch derart erfolgen, dass die Personenunternehmung ihren Betrieb mit allen Aktiven und Verbindlichkeiten in eine Kapitalgesellschaft oder Genossenschaft einlegt, die sich bereits im Geschäftsvermögen der Personenunternehmung befindet (N 116).

(8) Beteiligungsrechte im Geschäftsvermögen oder im Privatvermögen

110 Bei der Umwandlung einer Personenunternehmung in eine Kapitalgesellschaft oder Genossenschaft scheiden die Aktiven und Verbindlichkeiten aus dem Geschäftsvermögen des Gesellschafters aus. Hierfür erhält der Gesellschafter in der Regel (zur Ausnahme vgl. N 116) Aktien einer Aktiengesellschaft oder Anteile an einer GmbH oder Genossenschaft.

111 Die Umwandlung einer Personenunternehmung in eine Kapitalgesellschaft oder Genossenschaft, deren Beteiligungsrechte ebenfalls zum **Geschäftsvermögen** der Gesellschafter gehören, führt grundsätzlich zu einem steuerneutralen Austauschtatbestand. Das Geschäftsvermögen der Personenunternehmung geht in das Geschäftsvermögen der Kapitalgesellschaft oder Genossenschaft über. Werden die übertragenen Vermögenswerte bei der übernehmenden Kapitalgesellschaft oder Genossenschaft zum bisherigen Einkommenssteuerwert der Personenunternehmung eingebucht, erfolgt keine Einkommensbesteuerung. Bucht die übernehmende Kapitalgesellschaft oder Genossenschaft jedoch die übertragenen Vermögenswerte zu einem die Einkommenssteuerwerte der Personenunternehmung übersteigenden Wert ein, realisieren die Gesellschafter einen steuerbaren Gewinn infolge Aufwertung stiller Reserven. Gewinne durch Aufwertung stiller Reserven gehören zum steuerbaren Einkommen aus selbständiger Erwerbstätigkeit (Art. 18 Abs. 2 DBG; Art. 8 Abs. 1 StHG). Zusätzlich fallen Sozialversicherungsabgaben an (N 71 f.).

112 Die Umwandlung einer Personenunternehmung in eine Kapitalgesellschaft oder Genossenschaft, deren Beteiligungsrechte sich im **Privatvermögen** der Gesellschafter befinden, führt steuersystematisch zu einer steuerbaren Privatentnahme. Die Gesellschafter überführen Geschäftsvermögen aus der Personenunternehmung in ihr Privatvermögen (Art. 18 Abs. 2 DBG; Art. 8 Abs. 1 StHG). Anschliessend legen sie die entnommenen Vermögenswerte in die umgewandelte Kapitalgesellschaft oder Genossenschaft ein. Die Beteiligungs- bzw. Mitgliedschaftsrechte gehören fortan zum Privatvermögen. Ein allfällig realisierter Kapitalgewinn auf der Veräusserung der Beteiligungsrechte ist grundsätzlich steuerfrei (Art. 16 Abs. 3 DBG bzw. 7 Abs. 4 lit. b StHG). Die Privatentnahme kann unter den Voraussetzungen von Art. 19 Abs. 1 lit. b und Abs. 2 DBG bzw. Art. 8 Abs. 3 lit. b und Abs. 3bis StHG ohne Einkommenssteuerfolgen bei den beteiligten Gesellschaftern erfolgen. Dadurch werden die steuerneutralen Umstrukturierungen von den steuerbaren Privatentnahmen nach Art. 18 Abs. 2 DBG abgegrenzt. Art. 19 Abs. 1 lit. b DBG bzw. Art. 8 Abs. 3 lit. b StHG stellen **keine Ausnahmen zu Art. 18 Abs. 2 DBG bzw. Art. 8 Abs. 1 StHG** dar. Es handelt sich um selbständige Steuernormen, die neben Art. 18 Abs. 2 DBG bzw. Art. 8 Abs. 1 StHG zur Anwendung kommen. Die Steuerneutralität wird allerdings insoweit eingeschränkt, als einzelne Vermögenswerte bei der übertragenden Personenunternehmung zurückbleiben und diese nicht mehr vollständig oder vorwiegend der selbständigen Erwerbstätigkeit dienen (Präponderanzmethode). In diesem Fall liegt eine steuerbare Privatentnahme vor (ESTV-DVS, KS 5 vom 1.6.2004, Ziff. 3.2.2.1).

113 Bei der Übertragung von Geschäftsvermögen von natürlichen Personen auf eine juristische Person findet ein **Subjektwechsel** statt. Den Gesellschaftern gehören neu Beteiligungs- bzw. Mitgliedschaftsrechte an der Gesellschaft. Der direkte Anspruch auf die Vermögenswerte der Personenunternehmung wird durch einen indirekten Anspruch ersetzt.

(9) Übernahme von Verlustvorträgen

114 Die übernehmende Kapitalgesellschaft oder Genossenschaft kann im Rahmen von Art. 67 Abs. 1 DBG bzw. Art. 25 Abs. 2 StHG noch nicht verrechnete **Verlustvorträge der Personenunternehmung gegen künftige Gewinne zur Verrechnung bringen** (ESTV-DVS, KS 5 vom 1.6.2004, Ziff. 3.2.3.3 und Anhang I, Nr. 3). Diese Praxisänderung ist erfreulich, hat doch die ESTV bisher die Übernahme von Verlustvorträgen der Personenunternehmung durch die aus der Umstrukturierung hervorgegangene Kapitalgesellschaft oder Genossenschaft in konstanter Praxis abgelehnt. In der Lehre war die Verlustübernahme umstritten (REICH/DUSS, 106 f. und 214; kritisch demgegenüber SPORI, in: Höhn/Athanas (Hrsg.), Das neue Bundesrecht über die direkten Steuern, 313 f., der auch die Übernahme von Verlusten unter dem alten Recht nicht ausgeschlossen hat). Die ESTV will die Verlustübernahme allerdings nur für Umwandlungen zulassen, die nach Inkrafttreten des FusG vollzogen werden.

115 Steuerrechtlich sind Verluste einer Personenunternehmung nicht dieser selbst, sondern deren Gesellschaftern zuzurechnen (HÖHN/WALDBURGER, Steuern, § 47 N 70). Jeder

Gesellschafter kann seinen Anteil am Verlust der Personenunternehmung mit seinem übrigen Einkommen verrechnen, wodurch sich seine persönliche Steuerbelastung reduziert. Dem Anteil am Verlustvortrag kommt deshalb ein bestimmter Wert zu. Die Höhe des Wertes des anteiligen Verlustvortrages bestimmt sich individuell nach den persönlichen (Einkommens)Verhältnissen jedes Gesellschafters und variiert aufgrund der progressiv ausgestalteten Einkommenssteuersätze von Jahr zu Jahr. Nach der Umwandlung der Personenunternehmung in eine Kapitalgesellschaft oder Genossenschaft wird der Verlustvortrag bei der Festsetzung des steuerbaren Reingewinns vom Gesamtergebnis der Gesellschaft in Abzug gebracht. Dadurch reduziert sich die Steuerbelastung der Gesellschaft. Die Gesellschafter der umgewandelten Kapitalgesellschaft bzw. Genossenschaft teilen sich fortan den von der Gesellschaft übernommenen Verlustvortrag. Dadurch profitieren jene Gesellschafter, deren Verlustanteil vor der Umwandlung der Personenunternehmung gegen übriges Einkommen verrechnet worden ist, in doppelter Weise, weshalb die Personengesellschafter in der Praxis in den meisten Fällen einen Ausgleich für diesen Vorteil anstreben dürften.

(10) Sonderfälle

Die steuerneutrale Umwandlung einer Personenunternehmung in eine Kapitalgesellschaft oder Genossenschaft setzt nicht notwendigerweise eine Neugründung der aufnehmenden Kapitalgesellschaft oder Genossenschaft voraus. Eine steuerneutrale Umwandlung kann zunächst so erfolgen, dass die Personengesellschafter den Betrieb bzw. die Betriebe ihrer Personenunternehmung mit allen Aktiven und Verbindlichkeiten in eine Kapitalgesellschaft oder Genossenschaft einlegen, die sich bereits im Geschäftsvermögen der umzuwandelnden Personenunternehmung befindet (Botschaft, 4507). Die Einlage kann entweder gegen eine Gegenleistung, d.h. gegen Ausgabe von Aktien, Anteilen oder Anteilscheinen der aufnehmenden Gesellschaft oder Genossenschaft oder ohne Gegenleistung durch Kapitaleinlage in die Reserven der aufnehmenden Gesellschaft oder Genossenschaft erfolgen. Die aufnehmende Gesellschaft oder Genossenschaft verbucht in diesem zweiten Fall die Differenz zwischen Aktiven und Verbindlichkeiten (Nettoaktiven bzw. Eigenkapital) der Personenunternehmung als Agio auf dem Reservenkonto. Die Umwandlung in eine Kapitalgesellschaft oder Genossenschaft kann sodann steuerneutral auch derart erfolgen, dass die Personenunternehmung ihren Betrieb mit allen Aktiven und Verbindlichkeiten in eine bereits bestehende Kapitalgesellschaft oder Genossenschaft Dritter einlegt. Diese Vorgänge kommen wirtschaftlich einer Neugründung einer Kapitalgesellschaft oder Genossenschaft gleich und werden deshalb steuerlich gleich behandelt.

In der Übertragung des Betriebs einer Personenunternehmung auf eine bereits bestehende Kapitalgesellschaft oder Genossenschaft ohne Zurückbleiben eines Geschäftsbetriebs in der Personenunternehmung, liegt eine grundsätzlich steuerbare **Privatentnahme** der Beteiligungsrechte an der übernehmenden Kapitalgesellschaft oder Genossenschaft. Die Umwandlung kann unter den Voraussetzungen von Art. 19 Abs. 1 lit. b DBG und Art. 8 Abs. 3 lit. b StHG allerdings steuerneutral durchgeführt werden (vgl. auch ESTV-DVS, KS 5 vom 1.6.2004, Ziff. 3.2.2.1). Die Steuerbehörden haben eine steuerneutrale Umwandlung einer Personenunternehmung durch Sacheinlage ohne Neugründung der aufnehmenden Gesellschaft vereinzelt bereits vor Inkrafttreten des FusG akzeptiert. Diese Praxis wurde damit begründet, dass es unter steuerlichen Gesichtspunkten keinen Unterschied macht, ob die Umwandlung der Personenunternehmung durch Sacheinlage in eine neu gegründete Kapitalgesellschaft oder Genossenschaft mit nachfolgender Fusion mit der verbundenen Gesellschaft erfolgt, oder die Umwandlung direkt durch Einlage der Nettoaktiven der Personenunternehmung in die verbundene Gesellschaft vollzogen wird. Bei der Umwandlung einer Personenunternehmung ohne Neugründung der aufnehmenden Gesellschaft durch Übertragung bloss eines Teilbetriebs liegt ein **spaltungs-/umwandlungsähnlicher Vorgang** (bei Umwandlung in eine sich bereits im Geschäftsvermögen der Personengesellschaft befindlichen Gesellschaft) bzw. ein **fusions-/umwandlungsähnlicher Vorgang** (bei Umwandlung in eine andere bereits bestehende Gesellschaft oder Genossenschaft) vor.

(11) Nachträgliche Besteuerung/Sperrfrist

118 Art. 19 Abs. 2 DBG und Art. 8 Abs. 3bis StHG führen die durch die Verwaltungspraxis begründete **Sperrfristregel** fort. Soweit Beteiligungsrechte oder Mitgliedschaftsrechte, die bei der Umwandlung einer Personenunternehmung in eine Kapitalgesellschaft oder Genossenschaft geschaffen wurden, innerhalb von fünf Jahren nach der Umwandlung zu einem über dem übertragenen steuerlichen Eigenkapital liegenden Preis veräussert werden, erfolgt nach den Art. 19 Abs. 2 DBG und Art. 8 Abs. 3bis StHG eine Nachbesteuerung der stillen Reserven. Der Sperrfrist unterstehen aufgrund der Steuerfreiheit privater Kapitalgewinne (Art. 16 Abs. 3 DBG bzw. Art. 7 Abs. 4 lit. b StHG) nur Beteiligungsrechte, die sich im **Privatvermögen** befinden. Veräusserungsgewinne auf Beteiligungsrechten im **Geschäftsvermögen** unterliegen ohnehin immer der Einkommensteuer (Art. 18 Abs. 2 DBG bzw. Art. 8 Abs. 1 StHG) bzw. der Gewinnsteuer (Art. 58 Abs. 1 DBG bzw. Art. 24 Abs. 1 StHG). Hier erübrigt sich eine Sperrfristenregelung.

(a) Entstehungsgeschichte

119 Art. 19 Abs. 2 DBG bzw. Art. 8 Abs. 3bis StHG waren bereits in der Botschaft des Bundesrates enthalten. Der **bundesrätliche Entwurf** stützte die Nachbesteuerung der stillen Reserven bei Sperrfristverletzung allerdings noch auf das **Nennwertprinzip** ab. Der Entwurf zu Art. 19 Abs. 2 DBG bzw. Art. 8 Abs. 3bis StHG sah eine Nachbesteuerung vor, soweit «Beteiligungs- oder Mitgliedschaftsrechte zu einem über dem Nennwert liegenden Preis veräussert werden». Die Kommission für Wirtschaft und Abgaben des Ständerates erkannte richtigerweise, dass das Sperrfristkonzept darauf abzielt, die im Zuge der Umstrukturierung steuerneutral übertragenen stillen Reserven nachträglich zu besteuern, und dass stille Reserven nur bei der Veräusserung von Beteiligungsrechten zu einem über dem steuerlich massgebenden Eigenkapital liegenden Preis realisiert werden (Mitbericht WAK StR vom 9.11.2000, 6). Die Kommission für Wirtschaft und Abgaben des Ständerates ersetzte in Art. 19 Abs. 2 DBG und Art. 8 Abs. 3bis StHG den Begriff «Nennwert» durch «übertragenen steuerlichen Eigenkapital». Der Ständerat folgte in der Frühjahrssession 2001 dem Antrag seiner vorbereitenden Kommission, dem sich in der Folge auch der Nationalrat nicht widersetzte Prot. StR vom 21.3.2001, 166 und 168).

(b) Normzweck

120 Die steuerneutrale Übertragung stiller Reserven rechtfertigt sich nur im Hinblick auf die **Fortführung eines Betriebes**. Bezwecken die Gesellschafter nicht die Fortführung des Betriebes, sondern dessen Liquidation oder Veräusserung, fehlen die Voraussetzungen des Steueraufschubs. Um die faktische Geschäftsaufgabe von der Weiterführung abzugrenzen, wurde in der Steuerrechtspraxis deshalb schon seit langem eine fünfjährige Sperrfrist verankert, während der das wirtschaftliche Engagement der Gesellschaft erfüllt sein muss (BGer 28.12.1998, StE 1999 B 23.7 Nr. 9 und StR 1999, 343). In der früheren Rechtsprechung wurde die Sperrfrist vor allem mit dem Steuerumgehungsgedanken begründet. Es bestand die Vermutung, dass bei einer Veräusserung innerhalb der Sperrfrist eine Steuerumgehung vorliege, weil die Umwandlung bloss im Hinblick auf

eine Veräusserung ein ungewöhnliches bzw. sachwidriges Vorgehen darstelle, das nur mit der Absicht der Steuerersparnis erklärt werden könne. Dem Steuerpflichtigen wurde der Gegenbeweis zugestanden, dass er die Umstrukturierung aus anderen als steuerlichen Gründen vorgenommen hat und deshalb keine Steuerumgehung vorliegt. Diese Betrachtung fusst auf einem **subjektivierten Sperrfristkonzept**. In einem die Emissionsabgabe betreffenden Entscheid vom 22.10.1992 (ASA 61 [1992/1993], 831 f.) ist das Bundesgericht erstmals vom subjektivierten Sperrfristkonzept abgerückt und hat ein objektiviertes Konzept angewendet. In seinem Entscheid vom 28.12.1998 (ASA 68 [1999/2000], 71 ff. = StR 1999 B 23.7 Nr. 9 = StE 1999, 343) hat das Bundesgericht das objektivierte Konzept der Sperrfrist auch für die direkten Steuern bestätigt. Die Sperrfrist findet ihre Grundlage seither in der rechtsgleichen Besteuerung wirtschaftlich vergleichbarer Tatbestände.

(c) Objektiviertes Sperrfristkonzept

Mit Art. 19 Abs. 2 DBG bzw. Art. 8 Abs. 3bis StHG wird die Sperrfrist im Bundesrecht zum ersten Mal auf Gesetzesstufe verankert. Die Sperrfrist bei der Umwandlung einer Personenunternehmung in eine Kapitalgesellschaft oder Genossenschaft ist eine **objektive Sperrfrist**. Das Sperrfristkonzept gemäss Art. 19 Abs. 2 DBG bzw. Art. 8 Abs. 3bis StHG folgt damit der früheren bundesgerichtlichen Rechtsprechung. Objektiviert ist die Sperrfrist v.a. deshalb, weil die **Steuerumgehungsabsicht nicht mehr Tatbestandselement** ist. Die Gründe, weshalb der ehemalige Personengesellschafter alle oder einen Teil seiner Beteiligungsrechte vor Ablauf der Sperrfrist veräussert, sind steuerlich unbeachtlich. Zu einer nachträglichen Besteuerung kommt es deshalb beispielsweise dann, wenn der vormalige Personengesellschafter die Beteiligungsrechte infolge Krankheit oder Invalidität vor Ablauf der Sperrfrist verkaufen muss. Mit dieser Lösung entschied sich der Gesetzgeber gegen das von der Arbeitsgruppe Steuern vorgeschlagene Konzept, welches eine Nachbesteuerung der bei der Umwandlung übertragenen stillen Reserven nur für den Fall vorsah, dass der Veräusserer der Gesellschaftsanteile nicht nachweisen kann, die Umstrukturierung zum Zwecke der Weiterführung des Unternehmens durchgeführt zu haben (Umkehr der Beweislast; vgl. Bericht Steuern 1, 18). Ob bereits im Zeitpunkt der Umstrukturierung eine Veräusserungsabsicht bestand, oder ob Umstände, die erst nach der Umstrukturierung eingetreten sind, zu der Veräusserung der Beteiligungsrechte geführt haben, ist steuerlich ohne Bedeutung. Das objektivierte Sperrfristkonzept entspricht dem Grundsatz der Rechtsgleichheit sowie der Rechtssicherheit, mag in Einzelfällen (erzwungener Verkauf z.B. bei Zwangsverwertung, Tod, Invalidität) aber als stossend erscheinen.

121

Gehen die Beteiligungsrechte vor Ablauf der Sperrfrist **unentgeltlich** durch Verfügung von Todes wegen oder durch Schenkung auf einen Dritten über, tritt dieser in die **Sperrfrist** ein. Art. 19 Abs. 2 DBG bzw. Art. 8 Abs. 3bis StHG wird **nicht verletzt**. Die Sperrfrist setzt sich beim erwerbenden Dritten fort.

122

(d) Entgeltliche Veräusserung von Beteiligungs- oder Mitgliedschaftsrechten

Beteiligungsrechte nach Art. 19 Abs. 2 DBG bzw. Art. 8 Abs. 3bis StHG sind Aktien (Art. 622 OR) und Partizipationsscheine (Art. 656a OR) von Aktiengesellschaften (Art. 620 OR), Aktien von Kommanditaktiengesellschaften (Art. 764 OR) sowie Stammanteile (Art. 774 OR) von Gesellschaften mit beschränkter Haftung. **Mitgliedschaftsrechte** sind Anteilscheine mit oder ohne Nennwert (Art. 833 Ziff. 3 OR) von Genossenschaften. Genussscheine fallen nicht unter den Begriff der Beteiligungsrechte (ESTV-DVS, KS 9 vom 9.7.1998, Ziff. 2.3.2).

123

124 Die Sperrfristverletzung setzt nach dem Wortlaut von Art. 19 Abs. 2 DBG bzw. Art. 8 Abs. 3bis StHG zunächst eine **entgeltliche Veräusserung** von Beteiligungs- oder Mitgliedschaftsrechten voraus, was sich daraus ergibt, dass der Veräusserer einen **Preis** als Gegenleistung für die Übertragung seiner Beteiligungs- oder Mitgliedschaftsrechte erhält. Bereits unter der bisherigen Verwaltungspraxis der Steuerbehörden führte nur eine entgeltliche Veräusserung zu einer Sperrfristverletzung (REICH in: Kommentar zum Schweizerischen Steuerrecht I/2a, Art. 19 DBG N 45 f.). Der Erwerber muss den Preis für die Beteiligungs- oder Mitgliedschaftsrechte nicht notwendigerweise in Geld bezahlen. Der Preis kann beispielsweise auch durch Schuldübernahme oder in anderer Form vergütet werden.

125 Eine grammatikalische Auslegung von Art. 19 Abs. 2 DBG bzw. Art. 8 Abs. 3bis StHG verhindert jeden **Beteiligungstausch** während der Sperrfrist (REICH, Grundriss, 75). Beim Beteiligungstausch werden Beteiligungsrechte entgeltlich veräussert, wobei das Entgelt für die veräusserten Beteiligungsrechte nicht in bar, sondern in der Form neuer Beteiligungsrechte bezahlt wird. Nach bisheriger Praxis und Doktrin führte die entgeltliche Veräusserung von Beteiligungsrechten während der Sperrfrist nicht zur Abrechnung der stillen Reserven, wenn dies bloss zu einer **quotalen** und nicht zu einer wertmässigen **Änderung** der Beteiligungsverhältnisse führte (REICH, Grundriss, 43 f.). Die ESTV verneint eine Sperrfristverletzung nur im Falle der Einbringung der Beteiligungsrechte der übernehmenden (umgewandelten) juristischen Person in eine andere, von der gleichen natürlichen Person beherrschte juristische Person (ESTV-DVS, KS 5 vom 1.6.2004, Ziff. 3.2.2.4). Diese Praxis muss u.E. aber ganz allgemein für jede Form des Beteiligungstausches gelten, gleichgültig, ob die übernehmende Gesellschaft von der gleichen natürlichen Person beherrscht wird oder nicht. Eine Abweichung davon würde eine Verschärfung der bisherigen Praxis bedeuten. Es ist nicht einleuchtend, weshalb nur beim Tausch gegen Beteiligungsrechte einer vom gleichen Gesellschafter beherrschten juristischen Person keine Verletzung der Veräusserungssperrfrist vorliegen soll. Die Veräusserungssperrfrist erstreckt sich in einem solchen Fall sowohl auf die eingebrachten Beteiligungsrechte als auch auf die Beteiligungsrechte an der übernehmenden Gesellschaft oder Genossenschaft (ESTV-DVS, KS 5 vom 1.6.2004, a.a.O.). Zur Problematik bei der Erbteilung durch Realteilung vgl. LOCHER, Kommentar DBG, Rev. Art. 61 N 114.

126 Grundsätzlich führt auch der Verkauf einer einzelnen Aktie zur Verletzung der Sperrfrist, woraus sich eine anteilige Nachbesteuerung der übertragenen stillen Reserven ergibt. Der Verkauf einer **Pflichtaktie** (Art. 707 Abs. 1 OR) an die Verwaltungsräte der umgewandelten Aktiengesellschaft führt in Fortführung der bisherigen Praxis (Konferenz staatlicher Steuerbeamter, 74) nicht zu einer Verletzung der Sperrfrist (ESTV-DVS, KS 5 vom 1.6.2004, Ziff. 3.2.2.4).

(e) Unentgeltliche Veräusserung von Beteiligungs- oder Mitgliedschaftsrechten

127 Erfolgt die Veräusserung von Beteiligungs- oder Mitgliedschaftsrechten unentgeltlich durch **Schenkung oder durch Verfügung von Todes wegen** (Erbgang oder Erbvorbezug), tritt mangels Entgeltlichkeit keine Sperrfristverletzung ein. Dies ergibt sich aus dem Gesetzeswortlaut, wonach die Beteiligungsrechte «zu einem... Preis veräussert werden» müssen (Botschaft, 4372). Fehlt ein Entgelt, können auch keine stillen Reserven realisiert werden. Der Erwerber, der die Beteiligungs- bzw. Mitgliedschaftsrechte unentgeltlich erwirbt, tritt in die laufende Veräusserungssperrfrist ein. Die Sperrfrist geht auf den Erwerber über (ESTV-DVS, KS 5 vom 1.6.2004, Ziff. 3.2.2.4).

128 Eine Veränderung der Beteiligungsverhältnisse durch eine **Kapitalerhöhung** der übernehmenden Kapitalgesellschaft oder Genossenschaft führt nicht zu einer Sperrfristverletzung, soweit der übertragenden natürlichen Person keine Leistungen zufliessen. Hingegen führt der Verkauf von Bezugsrechten bei einer Kapitalerhöhung zu einer Sperrfristverletzung (ESTV-DVS, KS 5 vom 1.6.2004, Ziff. 3.2.2.4).

(f) Veräusserung zu einem über dem übertragenen steuerlichen Eigenkapital liegenden Preis

129 Eine Sperrfristverletzung setzt weiter voraus, dass die Beteiligungsrechte zu einem über dem übertragenen steuerlichen Eigenkapital liegenden Preis veräussert werden. Steuerliches Eigenkapital im Sinne von Art. 19 Abs. 2 DBG bzw. Art. 8 Abs. 3bis StHG ist das steuerliche Eigenkapital der aus der Umstrukturierung hervorgehenden Kapitalgesellschaft oder Genossenschaft.

(g) Veräusserung während den der Umstrukturierung folgenden fünf Jahren

130 In zeitlicher Hinsicht wird für die steuerneutrale Reservenübertragung verlangt, dass die Beteiligungsrechte nicht während den der Umstrukturierung folgenden fünf Jahren veräussert werden. Weder Art. 19 Abs. 2 DBG bzw. Art. 8 Abs. 3bis StHG noch den Materialien kann entnommen werden, wie sich die Fünfjahresfrist im Einzelnen berechnet. Auch die Literatur hat sich bis heute nicht vertieft mit dieser Frage auseinandergesetzt.

131 Die Beteiligungsrechte dürfen zunächst **nicht vor Ablauf der Fünfjahresfrist veräussert** werden. Ob der Gesetzgeber mit «veräussert» den Vertragsabschluss (das Verpflichtungsgeschäft), die Vertragserfüllung (den Übergang des Eigentums) oder gar bereits ein vertraglich vereinbarter, vorzeitiger Übergang von Nutzen und Gefahr meint, geht aus Art. 19 Abs. 2 DBG bzw. Art. 8 Abs. 3bis StHG nicht hervor und muss durch Auslegung ermittelt werden. Nach dem Einkommensbegriff des Steuerrechts wird Einkommen erst dann erzielt, wenn es realisiert ist, weshalb es einzig sachgerecht ist, eine Verletzung der Sperrfrist nur dann anzunehmen, wenn vor Ablauf von fünf Jahren seit der Umstrukturierung **Eigentum an den Beteiligungsrechten übertragen** wird, der Vertrag also erfüllt wird. Hinzuweisen ist an dieser Stelle insbesondere auf die Bestimmung in Art. 685c OR. Das Eigentum an nicht börsenkotierten Namenaktien, die einer statutarischen Übertragungsbeschränkung unterliegen (Art. 685a OR), und alle damit verknüpften Rechte verbleiben solange beim Veräusserer, bis der Verwaltungsrat oder die Generalversammlung die erforderliche Zustimmung erteilt hat. Wird der Kaufvertrag vor Ablauf der Sperrfrist vollzogen und überträgt der Veräusserer die Namenaktien durch Indossament auf den Erwerber, wird die Sperrfrist dann nicht verletzt, wenn der Verwaltungsrat der Übertragung nicht oder erst nach Ablauf der fünfjährigen Sperrfrist zustimmt.

132 Schwieriger ist demgegenüber die Festlegung des Zeitpunkts, an dem die **Fünfjahresfrist beginnt**. Das Gesetz sagt hierzu nur, dass die Veräusserung nicht innerhalb von fünf Jahren nach der *Umstrukturierung* erfolgen darf. Es stellt sich deshalb die Frage, welchen Zeitpunkt das Gesetz mit «Umstrukturierung» meint. Nach Ansicht der ESTV beginnt die Veräusserungssperrfrist mit dem Tag der Anmeldung zur Eintragung der umstrukturierten Kapitalgesellschaft oder Genossenschaft im Handelsregister (ESTV-DVS, KS 5 vom 1.6.2004, Ziff. 3.2.2.4). Diese Auffassung geht davon aus, dass die Umwandlung einer Personenunternehmung in eine Kapitalgesellschaft oder Genossenschaft notwendigerweise eine Neugründung oder eine Kapitalerhöhung der Kapitalgesellschaft bzw. Genossenschaft erfordert. Allerdings erfordert die Umwandlung einer Personenunternehmung nicht notwendigerweise eine Neugründung oder Kapitalerhöhung. Die Umwandlung in eine Kapitalgesellschaft oder Genossenschaft kann steuerneutral auch derart erfolgen, dass die Personenunternehmung ihren Betrieb mit allen Aktiven und Verbindlichkeiten ins Agio einer bereits bestehenden Kapitalgesellschaft oder Genossenschaft einlegt (N 116). Erfolgt die Umwandlung auf diese Weise, muss die Fünfjahresfrist zu einem anderen Zeitpunkt beginnen. In diesem Fall beginnt die Sperrfrist richtigerweise am Tag, an dem die letzte Handlung zum Vollzug der Einlage des Betriebes vorgenommen wurde.

133 Nach konstanter Verwaltungspraxis der Steuerbehörden können Umstrukturierungen **steuerlich und buchhalterisch mit einer Rückwirkungsfrist von bis zu sechs Monaten** erfolgen. Mit dieser Praxis werden Umstrukturierungen steuerlich und buchhalterisch jeweils auf den Beginn eines bestimmten Zeitpunktes – in der Regel auf den Beginn des Geschäftsjahres – ermöglicht, obwohl die Umstrukturierung gesellschaftsrechtlich erst zu einem späteren Zeitpunkt erfolgt. In der Praxis werden Umwandlungen deshalb meistens mit Rückwirkung auf einen bestimmten Tag vollzogen. Die rückwirkende Umsetzung der Umwandlung für steuerliche und buchhalterische Zwecke ändert nichts am Beginn der Fünfjahresfrist. Ein Beginn der Fünfjahresfrist bereits ab dem Rückwirkungszeitpunkt würde zu einer gesetzlich unzulässigen Abkürzung der Frist von bis zu sechs Monaten führen.

(h) Verfahren der Nachbesteuerung

134 Bei einer Sperrfristverletzung werden die übertragenen stillen Reserven der Personenunternehmung nach dem Wortlaut von Art. 19 Abs. 2 DBG bzw. Art. 8 Abs. 3bis StHG im Nachsteuerverfahren nach Art. 151 bis 153 DBG resp. Art. 53 StHG besteuert. Der Verweis in Art. 19 Abs. 2 DBG resp. Art. 8 Abs. 3bis StHG ist nicht abschliessend. Die Einleitung eines Nachsteuerverfahrens setzt nach Art. 151 Abs. 1 DBG bzw. Art. 53 Abs. 1 StHG eine rechtskräftige Veranlagung voraus. Die Besteuerung bei Sperrfristverletzung im **Nachsteuerverfahren** erfolgt nur dann, wenn das Steuerjahr, in dem die Umwandlung der Personenunternehmung in eine Kapitalgesellschaft oder Genossenschaft erfolgte, bereits **rechtskräftig veranlagt** ist. Falls die **Veranlagung des Steuerjahres der Umwandlung noch nicht in Rechtskraft erwachsen** ist, erfolgt die Besteuerung entgegen dem Wortlaut von Art. 19 Abs. 2 DBG resp. Art. 8 Abs. 3bis StHG noch im Rahmen des **ordentlichen Veranlagungsverfahrens**. Eine Besteuerung bei Sperrfristverletzung im Nachsteuerverfahren auch von noch nicht rechtskräftig veranlagten Steuerjahren würde klarerweise gegen Art. 151 Abs. 1 DBG bzw. Art. 53 Abs. 1 StHG verstossen. Die Ausführungen im ESTV-DVS, KS 5 vom 1.6.2004, Ziff. 3.2.2.4 sind diesbezüglich zu wenig differenziert.

(i) Steuerfolgen der Sperrfristverletzung beim Inhaber von Beteiligungs- und Mitgliedschaftsrechten

135 Die Verletzung der Sperrfrist führt zur **nachträglichen Besteuerung der stillen Reserven** bei dem Gesellschafter, der die Sperrfrist verletzt hat. Der Besteuerung unterliegen allerdings nur die **stillen Reserven der Gesellschaft im Zeitpunkt der Umwandlung**. Seither eingetretene Wertveränderungen, Werterhöhungen wie Wertverluste, bleiben ausser Betracht. Diese stellen steuerfreie private Kapitalgewinne (Art. 16 Abs. 3 DBG bzw. Art. 7 Abs. 4 lit. b StHG) bzw. steuerlich nicht relevante Kapitalverluste dar. Veräussert ein Gesellschafter vor Ablauf der Sperrfrist nicht die Gesamtheit, sondern nur einen Teil seiner Beteiligungs- oder Mitgliedschaftsrechte, erfolgt nach Art. 19 Abs. 2 DBG resp. Art. 8 Abs. 3bis StHG bloss eine **anteilsmässige Besteuerung der stillen Reserven** entsprechend der Quote der veräusserten Beteiligungsrechte. Dies ergibt sich aus

der Konjunktion «soweit» in Art. 19 Abs. 2 DBG resp. Art. 8 Abs. 3bis StHG (Botschaft, 4508; vgl. auch ESTV-DVS, KS 5 vom 1.6.2004, Ziff. 3.2.2.4 und Anhang I, Nr. 2 sowie LOCHER, Kommentar DBG, Rev. Art. 61 N 115). Die steuerneutrale Umwandlung als solche wird durch die Veräusserung eines Teils der Beteiligungsrechte hingegen nicht gefährdet. Durch Art. 19 Abs. 2 bzw. Art. 8 Abs. 3bis StHG wird die bisherige Steuerpraxis bezüglich Steuersubjekte und quotaler Abrechnung der stillen Reserven bei Sperrfristverletzung unverändert fortgeführt. Die Besteuerung erfolgt mit Wirkung ex tunc auf den Zeitpunkt der Umstrukturierung zurück (vgl. VGE AG vom 17.5.2001, AGVE 2001, 191 = StE B 23.7 Nr. 11). **Bemessungsgrundlage** der nachträglichen Besteuerung bildet die Differenz zwischen Verkehrswert der Personengesellschaft im Zeitpunkt ihrer Umwandlung in eine Kapitalgesellschaft oder Genossenschaft und dem Buchwert des Eigenkapitals im damaligen Zeitpunkt.

Die Sperrfristverletzung durch eine natürliche Person, deren Beteiligungsrechte sich im Privatvermögen befinden, führt zur Besteuerung der stillen Reserven mit der Einkommenssteuer. Als Folge der Sperrfristverletzung realisiert der Personenunternehmer nachträglich **Einkommen aus selbständiger Erwerbstätigkeit** (Art. 18 DBG; Art. 8 StHG). Zudem werden auf den realisierten stillen Reserven **Sozialversicherungsabgaben** an die Alters- und Hinterlassenenversicherung (Art. 8 Abs. 1 AHVG), Invalidenversicherung (Art. 2 f. IVG) und den Ausgleichsfonds der Erwerbsersatzordnung (Art. 26 f. EOG) erhoben (N 71 f.).

Verlegt ein Inhaber von Beteiligungsrechten während der Sperrfrist seinen Sitz oder Wohnsitz ins Ausland, kann die kantonale Verwaltung für die direkte Bundessteuer die **Sicherstellung der latenten Einkommenssteuer** verlangen (Art. 169 Abs. 1 DBG). Überdies können die Steuerbehörden verlangen, dass ein Vertreter in der Schweiz bezeichnet wird (Art. 118 DBG; ESTV-DVS, KS 5 vom 1.6.2004, Ziff. 3.2.2.2).

(j) Steuerfolgen der Sperrfristverletzung bei der Kapitalgesellschaft oder Genossenschaft

Die Sperrfristverletzung durch die Gesellschafter bzw. Genossenschafter führt bei der aus der Umwandlung hervorgegangenen Kapitalgesellschaft oder Genossenschaft nicht zu Gewinnsteuerfolgen. Die Kapitalgesellschaft oder Genossenschaft kann als Folge einer Sperrfristverletzung und Nachbesteuerung der stillen Reserven im Umfang, in dem Beteiligungsrechte veräussert wurden, die Aktiven aufwerten und zum Verkehrswert **ex tunc** in die Steuerbilanz einstellen und eine **als Gewinn versteuerte stille Reserve** geltend machen (Art. 19 Abs. 2 DBG sowie Art. 8 Abs. 3bis StHG jeweils am Ende). Wurde für die veräusserten Beteiligungs- bzw. Mitgliedschaftsrechte ein über dem Verkehrswert der Aktiven liegender Preis bezahlt, ist zusätzlich ein Goodwill in entsprechender Höhe zu aktivieren. Erfolgt vor Ablauf der Sperrfrist bloss ein Teilverkauf, werden die Aktiven nur **quotal** um die stillen Reserven erhöht bzw. bloss ein anteiliger Goodwill aktiviert. Damit wird das steuerlich massgebende Eigenkapital der Kapitalgesellschaft oder Genossenschaft korrigiert, indem jener Zustand hergestellt wird, der bestanden hätte, wenn von Beginn weg eine steuerbare Umwandlung vorgelegen hätte. Die Kapitalgesellschaft oder Genossenschaft ist daher berechtigt, **mit Rückwirkung auf den Zeitpunkt der Umwandlung eine von der Handelsbilanz abweichende Steuerbilanz** zu führen, in welche aktivseitig die Differenz zwischen dem seinerzeitigen Einkommenssteuerwert und dem bisherigen Buchwert verbucht wird. Durch die Einbuchung einer versteuerten stillen Reserve in die Steuerbilanz wird vermieden, dass die mit dem nachbesteuerten Steuersubstrat verbundenen stillen Reserven bei späterer Realisierung durch die Kapitalgesellschaft oder Genossenschaft nochmals besteuert werden. Eine nachträgliche Aufwertung in der Handelsbilanz ist zivilrechtlich ausgeschlossen (Art. 665 ff. OR). Durch die Nachbesteuerung der stillen Reserven und der Einstellung einer als Gewinn versteuerten stillen Reserve wird das **Massgeblichkeitsprinzip durchbrochen**. Was bisher bereits oft Praxis war (BGer 5.7.1979; StR 35, 26 ff.; REICH/DUSS, 208 ff.; REICH, Grundriss, 73) wird nun in Art. 19 Abs. 2 DBG resp. Art. 8 Abs. 3bis StHG gesetzlich kodifiziert.

139 Die rückwirkende Errichtung einer Steuerbilanz auf den Zeitpunkt der Umwandlung hat zur Folge, dass die **Steuerbilanzen der Steuerjahre, die dem Umwandlungsjahr folgen, ebenfalls angepasst** werden müssen. Soweit die Folgesteuerjahre noch nicht definitiv veranlagt worden sind, erfolgt die Neuveranlagung im Rahmen des ordentlichen Veranlagungsverfahrens. Die Neuveranlagung der bereits definitiv veranlagten Folgesteuerjahre erfolgt im **Revisionsverfahren** nach Art. 147 ff. DBG bzw. Art. 51 ff. StHG. Das Verhältniskapital zur Renditebestimmung und damit zur Bestimmung des Steuersatzes, aber auch Abschreibungen und Rückstellungen etc. basieren auf den geänderten, höheren Steuerwerten, was sich in Kantonen, welche ihre Steuersätze nach einem renditeabhängigen Tarif festlegen, zu Gunsten der Kapitalgesellschaft oder Genossenschaft auswirkt. Umgekehrt führt das höhere Eigenkapital zu einer höheren kantonalen Kapitalsteuer.

140 In der Literatur ist kontrovers, wie die **Gegenbuchung als Folge einer Sperrfristverletzung passivseitig in die Steuerbilanz** der Kapitalgesellschaft bzw. Genossenschaft einzustellen ist. Grundsätzlich kann die Einbuchung gegen ein Aktionärskreditorenkonto – ein Konto, aus dem steuerfrei Zahlungen an den Aktionär geleistet werden können und zu diesem Zweck speziell gekennzeichnet ist – oder gegen Reserven erfolgen (M.R. NEUHAUS, FStR 2001, 28). Unter dem Gesichtspunkt der Einkommenssteuerfolgen beim Aktionär spielt die Verbuchung deshalb eine Rolle, weil eine Verbuchung gegen Reserven zu einer latenten Ausschüttungsbelastung (Einkommenssteuern bzw. Gewinnsteuern, Verrechnungssteuer) führt, während bei der Einbuchung eines Aktionärskreditorenkontos die Reserven später steuerfrei auf den Aktionär übertragen werden können. REICH vertritt die Meinung, die Gegenbuchung in die Steuerbilanz habe aufgrund der zivilrechtlichen Rechtslage, die für das Steuerrecht massgebend sei, gegen Reserven zu erfolgen (REICH in: Kommentar zum Schweizerischen Steuerrecht I/2a, Art. 19 DBG N 49; StR 35, 30). Gleicher Meinung wie REICH sind auch ZUPPINGER/ SCHÄRRER/FESSLER/REICH, § 45 N 186 i; REIMANN/ZUPPINGER/SCHÄRER, § 45 N 186 sowie SIMONEK, ZSR 2004, 144, die ihre Auffassung allerdings nicht näher begründen. Auch die ESTV sowie MASSHARDT, Art. 21 Abs. 1 lit. c N 76, ebenfalls ohne Begründung, vertreten die Auffassung, dass die Gegenbuchung gegen Reserven zu erfolgen habe. HÖHN/WALDBURGER, Steuern, § 47 N 198 vertreten unter Hinweis auf die Anwendung des Kapitaleinlageprinzips grundsätzlich ebenfalls die Ansicht, dass die Gegenbuchung gegen Reserven zu erfolgen habe. Aufgrund der Steuerfolgen, welche die Verbuchung als Agio bei Anwendung des Nennwertprinzips ergeben können (Gewinnausschüttung von Agio), treten HÖHN/WALDBURGER allerdings für eine Verbuchung auf ein Aktionärskreditorenkonto ein. Gleicher Meinung ist auch LOCHER, Kommentar DBG, Art. 19 N 31. Nach SCHÄRRER soll die Gegenbuchung gegen Reserven oder gegen Fremdkapital erfolgen können (SCHÄRRER, ASA 43 [1974/1975], 285). NEUHAUS tritt für eine steuerfreie Rückführung der als Gewinn besteuerten Reserve an die Aktionäre ein. Dies erfordert seiner Ansicht nach entweder eine entsprechende Auslegung des Vermögensertragsbegriffes, was die Gegenbuchung steuerlich gegen ein Aktionärskreditorenkonto ermöglicht oder eine gesetzliche Grundlage, welche bei Verbuchung gegen Reserven die steuerfreie Rückzahlung an den Aktionär ermöglicht (M.R. NEUHAUS, FStR, 30 ff., insb. 34). Weil die Offenlegung der versteuerten stillen Reserven nur in der Steu-

erbilanz erfolgt sowie vor dem Hintergrund der massiven Steuerfolgen, welche die Einbuchung gegen Reserven bei Anwendung des Nennwertprinzips (vgl. vor Art. 3 N 39) auslösen können, erachtet auch LOCHER die Verbuchung auf einem Kreditorenkonto für vertretbar (LOCHER, Kommentar DBG, Rev. Art. 61 N 120). Der Gesetzgeber hat es unterlassen, diese – einkommensteuerlich – zentrale Frage im FusG zu regeln (vgl. zum heutigen Meinungsstand M.R. NEUHAUS, FStR 2001, 28 ff.). Mit dem Nachbesteuerungskonzept von Art. 19 Abs. 2 DBG bzw. Art. 8 Abs. 3bis StHG will der Gesetzgeber die zunächst ausnahmsweise steuerneutral erfolgte Privatentnahme nachträglich rückgängig machen. Es soll mit anderen Worten jener steuerliche Zustand wieder hergestellt werden, der bestünde, wenn über die stillen Reserven bereits anlässlich der Umwandlung steuerlich abgerechnet worden wäre. Kommt es zu einer Besteuerung der stillen Reserven anlässlich der Privatentnahme und verwenden die Gesellschafter die entnommenen Vermögenswerte zur Gründung einer Kapitalgesellschaft oder Genossenschaft, steht es ihnen grundsätzlich frei, wie sie die Passivseite der Bilanz der Gesellschaft gestalten. Vor diesem Hintergrund ist nicht einzusehen, weshalb die Umwandlung bei Sperrfristverletzung nachträglich buchhalterisch anders beurteilt werden soll, als bei einer steuerbaren Privatentnahme bereits im Zeitpunkt der Umwandlung. Unseres Erachtens muss die **passivseitige Gegenbuchung in der Steuerbilanz** deshalb gegen ein **Aktionärskreditorenkonto** möglich sein. Im Übrigen würde eine doppelte Besteuerung der stillen Reserven zunächst im Rahmen der Nachbesteuerungsregel von Art. 19 Abs. 2 DBG bzw. Art. 8 Abs. 3bis StHG und anschliessend bei ihrer Ausschüttung im Rahmen der Ausschüttung von Reserven dem Normzweck von Art. 19 Abs. 2 DBG bzw. Art. 8 Abs. 3 bis StHG zuwider laufen. Eine solche wäre unbillig und mit dem Normzweck von Art. 19 Abs. 2 DBG bzw. Art. 8 Abs. 3 bis StHG nicht vereinbar.

(k) Intertemporales Recht

Das objektivierte Sperrfristenkonzept von Art. 19 Abs. 2 DBG und Art. 8 Abs. 3bis StHG entspricht mit Bezug auf die direkte Bundessteuer bereits der bundesgerichtlichen Rechtsprechung vor Inkrafttreten des FusG (BGer 28.12.1998, ASA 68 [1999/2000], 71 ff. = StE 1999 B 23.7 Nr. 9 = StR 1999, 343). Art. 19 Abs. 2 DBG und Art. 8 Abs. 3bis StHG führen auch bezüglich der Dauer der Sperrfrist zu keiner Änderung gegenüber der bisherigen Rechtslage.

Die Verwaltungspraxis einiger Kantone kennt ein subjektiviertes Sperrfristenkonzept. In diesen Kantonen erfolgt **ex lege ein Wechsel des subjektivierten zum objektivierten Sperrfristenkonzept**. Für die direkte Bundessteuer trat der Konzeptwechsel unmittelbar mit Inkrafttreten des FusG am 1.7.2004 in Kraft. Bezüglich der Kantons- und Gemeindesteuern ist die Übergangsfrist in Art. 72e StHG zu beachten, wonach die Kantone ihre Gesetzgebung bis spätestens am 30.6.2007 anzupassen haben. Die Übergangsfrist von drei Jahren nach Art. 72e StHG kann deshalb dazu führen, dass in jenen Kantonen, welche bisher ein subjektiviertes Sperrfristkonzept kannten, während maximal drei Jahren ein Dualismus der Sperrfristkonzepte besteht.

Sperrfristen aufgrund von Umwandlungen von Personenunternehmungen, die vor Inkrafttreten des FusG vollzogen worden sind, werden unter dem neuen Recht **unverändert weitergeführt**. Altrechtliche kantonale Sperrfristen – zu denken ist hier insbesondere an Sperrfristen, die im Rahmen einer verbindlichen Auskunft (Tax Ruling) durch die kantonalen Steuerbehörden auferlegt worden sind – mit einer Dauer von mehr als fünf Jahren, halten nach Ablauf der Übergangsfrist gemäss Art. 72e StHG aufgrund der derogatorischen Kraft des Bundesrecht vor Art. 8 Abs. 3bis StHG allerdings nicht mehr stand. Auf dem Verhandlungswege festgesetzte Sperrfristen, die in zeitlicher Hinsicht

Art. 8 Abs. 3bis StHG verletzen, werden aus demselben Grund ebenfalls *ex lege* auf fünf Jahre abgekürzt.

bb) Grundstückgewinnsteuer

144 Sind die Voraussetzungen einer steuerneutralen Umwandlung nach Art. 8 Abs. 3 StHG bzw. Art. 24 Absätze 3 und 3^{quater} erfüllt, wird die Grundstückgewinnsteuer nach den Bestimmungen in Art. 24 Absätze 3 und 3^{quater} **aufgeschoben**.

(1) Vorbemerkung

145 Die Umwandlung einer Personenunternehmung in eine Kapitalgesellschaft oder Genossenschaft führte bereits unter dem bisher geltenden Recht zu einem **Aufschub der Grundstückgewinnsteuer**. Der bisherige Art. 12 Abs. 4 lit. a StHG verwies aber versehentlich auf Art. 24 Abs. 4 StHG, anstatt auf Art. 24 Abs. 3 StHG. Durch eine redaktionelle Änderung von Art. 12 Abs. 4 lit. a StHG ist dieses Versehen korrigiert worden. In materieller Hinsicht erfuhr Art. 12 Abs. 4 lit. a StHG aber keine Änderung gegenüber dem bisherigen Recht.

(2) Voraussetzungen des Steueraufschubs

146 Voraussetzung des Aufschubs der Grundstückgewinnsteuer ist das Vorliegen **einer steuerneutralen Umwandlung nach Art. 8 Abs. 3 StHG**. Mit dem Verweis auf Art. 8 Abs. 3 StHG knüpft das Grundsteuerrecht den Steueraufschub bei der Grundstückgewinnsteuer unmittelbar an das Recht der direkten Steuern an. Sind die Voraussetzungen einer gewinnsteuerneutralen Umwandlung erfüllt, erfolgt ohne weiteres ein Aufschub der Grundstückgewinnsteuer.

(3) Eintritt in die Besitzesdauer

147 Der Steueraufschub verhindert eine Besteuerung des Mehrwertes des Grundstücks, der in der Zeit zwischen der letzten steuerbaren Handänderung und dem Zeitpunkt der Übertragung des Grundstücks anlässlich der Umwandlung eingetreten ist. Dies hat zur Folge, dass die übernehmende Kapitalgesellschaft oder Genossenschaft den latenten Grundstückgewinn und damit die latente Grundstückgewinnsteuer übernimmt (REICH/DUSS, 117 ff.). Entsprechend kann sich die Kapitalgesellschaft oder Genossenschaft dafür auch die **Dauer seit der letzten steuerbaren Handänderung als Haltedauer anrechnen lassen** (vgl. z.B. § 225 Abs. 2 des Zürcher Steuergesetzes OS 54, 193). Waren nicht alle Personengesellschafter der umstrukturierten Personenunternehmung gleich lang am Grundstück beteiligt (z.B. infolge Ein- oder Austritts von Gesellschaftern in die Personenunternehmung zu unterschiedlichen Zeitpunkten), erscheint es sachgerecht, dass die unterschiedliche Haltedauer jedes der Personengesellschafter bei einer späteren Veräusserung auf deren jeweilige Quote am Grundstück angerechnet wird.

bc) Handänderungssteuer

148 Sind die Voraussetzungen einer steuerneutralen Umstrukturierung nach Art. 8 Abs. 3 StHG erfüllt, entfällt aufgrund von Art. 103 FusG die Erhebung einer Handänderungssteuer (vgl. Art. 103 N 15 ff.). Die Erhebung kostendeckender Gebühren bleibt vorbehalten (vgl. Art. 103 N 35 ff.).

Steuerliche Behandlung **149–153 vor Art. 53**

(1) Voraussetzungen der Steuerbefreiung

Voraussetzung für den Erlass der Handänderungssteuer ist das **Vorliegen einer steuerneutralen Umwandlung nach Art. 8 Abs. 3 StHG**. Eine gewinnsteuerneutrale Umwandlung einer Personenunternehmung in eine Kapitalgesellschaft oder Genossenschaft gemäss Art. 8 Abs. 3 lit. b StHG bewirkt ohne weiteres, dass die Erhebung einer kantonalen oder kommunalen Handänderungssteuer ausgeschlossen ist. Vorbehalten bleibt die Erhebung kostendeckender Gebühren. **149**

(2) Eintritt in die Besitzesdauer

Nach der Steuergesetzgebung vereinzelter Kantone hängt der Steuersatz bei der Handänderungssteuer von der Besitzesdauer ab. Gleich wie bei der Grundstückgewinnsteuer übernimmt die aus der Umwandlung hervorgehende Kapitalgesellschaft oder Genossenschaft die latente Steuerlast der umstrukturierten Personenunternehmung, kann sich andererseits aber auch die **Besitzesdauer der Personengesellschafter bei einer späteren Handänderung anrechnen** lassen (vgl. z.B. § 231 des Zürcher Steuergesetzes, OS 54, 193). **150**

(3) Art. 14 Abs. 3 und 4 Bundesgesetz über die Banken und Sparkassen (BankG)

Aufgrund von Art. 14 Abs. 3 und 4 BankG war es den Kantonen bisher untersagt, bei der Umwandlung einer Bank in der Rechtsform einer Genossenschaft in eine Aktiengesellschaft oder Gesellschaft mit beschränkter Haftung kantonale oder kommunale Handänderungssteuern oder Registrierungsabgaben zu erheben. Mit Inkrafttreten des FusG wurde Art. 14 BankG per 1.7.2004 aufgehoben. Die Befreiung der Umwandlung von Genossenschaftsbanken in Aktiengesellschaften und Gesellschaften mit beschränkter Haftung von der Handänderungssteuer ergibt sich fortan aufgrund von Art. 103 FusG (vgl. Art. 103 N 14 ff.). **151**

(4) Intertemporales Recht

Art. 103 FusG tritt fünf Jahre nach den übrigen Bestimmungen des FusG in Kraft (Art. 111 Abs. 3 FusG; vgl. Art. 103 N 51 ff.; vor Art. 109 N 42 ff.). Damit fehlt bis zum Ablauf der Übergangsfrist am 1.7.2009 ein Befreiungstatbestand auf Bundesebene für die Umwandlung von Genossenschaftsbanken (vgl. auch Art. 103 N 13 f.). Den Kantonen ist es deshalb während der Übergangsfrist wieder möglich, bei der Umwandlung einer genossenschaftlich organisierten Bank in eine Aktiengesellschaft oder Gesellschaft mit beschränkter Haftung kantonale oder kommunale **Handänderungssteuern oder Registrierungsabgaben** zu erheben. Die meisten Kantone befreien Umstrukturierungen aber bereits heute von der Handänderungssteuer, was die praktischen Auswirkungen der intertemporalrechtlichen Regelung in der Praxis etwas entschärfen dürfte. Weil Art. 14 Abs. 3 BankG neben der Befreiung der Umwandlung von der Handänderungssteuer auch eine Befreiung von Kausalabgaben vorsah, welche in praktisch allen Kantonen für den Grundbucheintrag erhoben werden, wird sich das Fehlen eines bundesrechtlichen Befreiungstatbestandes deshalb nicht nur in jenen Kantonen auswirken, die die Handänderungssteuer bei Umstrukturierungen nach wie vor erheben (vgl. diesbezüglich Art. 103 N 22 ff., 35 ff.). **152**

bd) Verrechnungssteuer

Personengesellschaften sind für ihre Gewinne bzw. Gewinnausschüttungen an ihre Teilhaber **nicht verrechnungssteuerpflichtig** (vgl. PFUND, Art. 4 N 3.1). Die Umwandlung **153** einer Personenunternehmung in eine Kapitalgesellschaft oder Genossenschaft hat daher keine verrechnungssteuerliche Abrechnung über die Reserven der Personenunternehmung zur Folge. Soweit das Eigenkapital der Personenunternehmung in das Nennkapital der Kapitalgesellschaft oder Genossenschaft (letztere allerdings nur, soweit die Genossenschaft Anteilscheine ausgegeben hat) übergeht, tritt auch keine latente Verrechnungssteuerpflicht ein. Das ins Nennkapital überführte Eigenkapital der Personenunternehmung kann bei einer formellen Rückzahlung des Nennkapitals der übernehmenden Kapitalgesellschaft oder Genossenschaft verrechnungssteuerfrei an die Gesellschafter bzw. Genossenschafter zurückgeführt werden. Anders ist die Rechtslage bei dem Teil des Eigenkapitals der Personenunternehmung, welcher in die Reserven – also in das Agio – der Kapitalgesellschaft bzw. Genossenschaft eingelegt wird. Aufgrund des **Nennwertprinzips** (vgl. vor Art. 3 N 37, 39) wird eine latente Verrechnungssteuerpflicht geschaffen. Die Reservenausschüttungen unterliegen der Verrechnungssteuer, obwohl sie nicht aus Mitteln stammen, die von der Kapitalgesellschaft bzw. Genossenschaft erarbeiteten worden sind. Die Verrechnungssteuer bewirkt unter Umständen eine endgültige Belastung des Empfängers (z.B. bei Sitz des früheren Gesellschafters im Ausland oder bei dessen späterer Wohnsitzverlegung dorthin), obwohl die Gewinne bereits bei den Teilhabern der Personenunternehmung als Einkommen besteuert worden sind.

154 Wenn die Personenunternehmung bisher die Verrechnungssteuer z.B. auf Obligationen etc., auf Kundenguthaben, Lotteriegewinnen oder Versicherungsleistungen abzuführen hatte, geht diese Pflicht auf die Kapitalgesellschaft bzw. Genossenschaft über, sofern die Voraussetzungen bei dieser fortbestehen.

be) Emissionsabgabe

155 Nach Art. 9 Abs. 1 lit. e StG beträgt die Emissionsabgabe auf Beteiligungen, die in Durchführung von Beschlüssen über die Umwandlung von Einzelfirmen sowie Handelsgesellschaften ohne juristische Persönlichkeit begründet oder erhöht werden, 1% des Nennwertes. Voraussetzung hierzu ist, dass die Personenunternehmung im Zeitpunkt der Umwandlung bereits fünf Jahre bestanden hat. Vorbehalten bleibt die Freigrenze von CHF 250 000 gemäss Art. 6 Abs. 1 lit. h StG. Soweit während den der Umstrukturierung folgenden fünf Jahren die Beteiligungsrechte der umgewandelten Kapitalgesellschaft oder Genossenschaft veräussert werden, kommt es zu einer nachträglichen Abrechnung über den Mehrwert.

(1) Entstehungsgeschichte

156 Die Arbeitsgruppe «Steuern bei Umstrukturierungen» wollte den in der Praxis häufig anzutreffenden Vorgang der Umwandlung von Personengesellschaften in Kapitalgesellschaften und Genossenschaften sowie den Fall der Privatisierung von öffentlichen Unternehmen steuerlich entlasten. Sie hat dem Bundesrat in ihrem Bericht vom 12.6.1996 (aktualisierte Fassung vom August 1997) in der Folge empfohlen, die Emissionsabgabe nur noch auf dem Nennwert der bei der Umwandlung geschaffenen Beteiligungsrechte und nicht mehr wie bis anhin auf dem Verkehrswert der Unternehmung zu erheben. Die Arbeitsgruppe begründete ihren Vorschlag damit, dass die von einer privilegierten Umstrukturierung nach Art. 6 Abs. 1 lit. a[bis] erfassten Kapitalgesellschaften und Genossenschaften die Emissionsabgabe in der Regel ebenfalls nur auf dem Nominalkapital entrichten. Eine vollständige Befreiung von der Emissionsabgabe, wie dies Art. 6 Abs. 1 lit. a[bis] StG für Kapitalgesellschaften und Genossenschaften seit der Gesetzesrevision vom 4.10.1991 (in Kraft seit 1.4.1993) vorsieht, lehnte die Arbeitsgruppe aus Gründen der Rechtsgleichheit und der Wettbewerbsneutralität ab (Bericht Steuern 1, 9). Der

Bundesrat hat sich in seiner Botschaft gegen den Vorschlag der Arbeitsgruppe ausgesprochen. Seiner Ansicht nach hätte die vorgeschlagene Entlastung grössere finanzielle Ausfälle nach sich gezogen. Finanzielle Ausfälle sind nach dem Dafürhalten des Bundesrates aber kaum mit dem Postulat vereinbar, wonach Umstrukturierungen bei der Emissionsabgabe nur begünstigt werden sollen, sofern die betreffenden Unternehmen die Emissionsabgabe bereits einmal entrichtet haben (Botschaft, 4379). Entsprechend sah die Botschaft auch keine steuerliche Privilegierung der Umwandlung von Personenunternehmungen in Kapitalgesellschaften bzw. Genossenschaften bei der Emissionsabgabe vor. Mit Beschluss vom 21.3.2001 hat der Ständerat Art. 9 Abs. 1 lit. e StG in die Gesetzesvorlage eingebracht (Prot. StR vom 21.3.2001, 163). Der Vorschlag basiert im Kern auf dem Gesetzesvorschlag der Arbeitsgruppe «Steuern bei Umstrukturierungen» (vgl. den Gesetzesvorschlag im Bericht Steuern 1, 48). Der Ständerat hat die Erleichterung bei der Emissionsabgabe zunächst an das zeitliche Erfordernis geknüpft, dass der bisherige Rechtsträger während mindestens fünf Jahren bestand und dass über den Mehrwert nachträglich abgerechnet wird, soweit während den folgenden fünf Jahren nach der Umstrukturierung Beteiligungsrechte verkauft werden. Mit diesen zeitlichen Kriterien will der Ständerat sicherstellen, dass Art. 9 Abs. 1 lit. e StG nicht zum Anlass genommen wird, die Emissionsabgabe mit der Gründung einer Personenunternehmung und ihrer späteren Umwandlung in eine Kapitalgesellschaft oder Genossenschaft in missbräuchlicher Weise zu umgehen. Der Nationalrat hat sich dem Vorschlag des Ständerates vorbehaltlos angeschlossen.

(2) Voraussetzungen der Entlastung bei der Emissionsabgabe

(a) Umwandlung

Art. 9 Abs. 1 lit. e StG verlangt zunächst die Umwandlung von Einzelfirmen, Handelsgesellschaften ohne juristische Persönlichkeit, Vereinen, Stiftungen oder Unternehmen des öffentlichen Rechts. Handelsgesellschaften ohne juristische Persönlichkeit sind die kaufmännische sowie die nicht kaufmännische Kollektivgesellschaft und Kommanditgesellschaft (MEIER-HAYOZ/FORSTMOSER, § 4 N 4, vgl. auch die Überschrift zur Dritten Abteilung, Art. 552 ff. OR).

157

(b) Bestand während mindestens fünf Jahren

Die Privilegierung bei der Emissionsabgabe setzt sodann voraus, dass die Personenunternehmung bereits während mindestens fünf Jahren bestanden hat. In zeitlicher Hinsicht stellt sich deshalb die Frage, wie sich die Fünfjahresfrist berechnet. Die kaufmännische Kollektivgesellschaft und die kaufmännische Kommanditgesellschaft entstehen mit Abschluss des Gesellschaftsvertrages. Der Abschluss eines schriftlichen Gesellschaftsvertrages ist keine Gültigkeitsvoraussetzung für die Entstehung der kaufmännischen Kollektiv- oder Kommanditgesellschaft. Die kaufmännische Kollektivgesellschaft und die kaufmännische Kommanditgesellschaft sind zwar im Handelsregister einzutragen (Art. 552 Abs. 2 bzw. Art. 594 Abs. 3 OR), der Eintragung ins Handelsregister kommt aber bloss deklaratorische Bedeutung zu (BGE 63 II 90, 92; 72 I 311, 315). Liegt ein schriftlicher Gesellschaftsvertrag vor, wird der Nachweis der Entstehung der Gesellschaft und damit der **Beginn der Frist** in der Praxis regelmässig aufgrund des Datums des schriftlichen Gesellschaftsvertrages erfolgen. Fehlt ein schriftlicher Gesellschaftsvertrag, kann der Zeitpunkt der Entstehung nicht zweifelsfrei erbracht werden, weshalb vernünftigerweise auf den Eintrag im Handelsregister abzustellen ist. Massgebend ist dabei der Eintrag im Tagebuch. Hat die Gesellschaft ihre Geschäftstätigkeit schon vorher aufgenommen, muss auch das Datum der Geschäftsaufnahme als Entste-

158

hungsdatum akzeptiert werden. Übten die Gesellschafter bisher noch keine selbständige Erwerbstätigkeit aus, muss auch auf das Datum des Wechsels von der unselbständigen Erwerbstätigkeit zur selbständigen Erwerbstätigkeit abgestellt werden können. Die nichtkaufmännische Kollektiv- und Kommanditgesellschaft entsteht erst mit der Eintragung im Handelsregister (Art. 553 bzw. Art. 595 OR).

159 Welchen Zeitpunkt der Gesetzgeber für das **Ende der Fünfjahresfrist** mit «Durchführung der Beschlüsse über die Fusion, Spaltung oder Umwandlung» meint, ergibt sich nicht ohne weiteres aus dem Gesetzestext von Art. 9 Abs. 1 lit. e StG. In Frage kommen beispielsweise der Zeitpunkt des öffentlichen Errichtungsaktes der Gesellschaft (die Errichtung), die Einreichung der Anmeldung der Gesellschaft zur Eintragung in das Handelsregister oder die Eintragung der Gesellschaft im Tagebuch (die Entstehung). In Analogie zur Praxis der ESTV zur Veräusserungssperrfrist nach Art. 19 Abs. 2 DBG bzw. Art. 8 Abs. 3bis StHG dürfte die Fünfjahresfrist nach Art. 9 Abs. 1 lit. e StG im Zeitpunkt der Anmeldung der Gesellschaft zur Eintragung in das Handelsregister enden (ESTV-DVS, KS 5 vom 1.6.2004, Ziff. 3.2.2.4 sowie N 132).

(c) Rechtsfolge

160 Bestand die Personenunternehmung bei ihrer Umwandlung in eine Kapitalgesellschaft oder Genossenschaft während mindestens fünf Jahren, beträgt die Emissionsabgabe 1% des Nennwerts der bei der Umwandlung begründeten oder erhöhten Beteiligungsrechte. Art. 9 Abs. 1 lit. e StG nimmt damit die übertragenen offenen und stillen Reserven von der Emissionsabgabe aus. Bei der Umwandlung von Personenunternehmungen, die im Zeitpunkt ihrer Umwandlung in eine Kapitalgesellschaft oder Genossenschaft weniger als fünf Jahre bestanden, wird die Emissionsabgabe wie bis anhin auf dem gesamten Verkehrswert der Unternehmung erhoben. Bei der Umwandlung einer Personenunternehmung in eine Aktiengesellschaft, Kommanditaktiengesellschaft oder Gesellschaft mit beschränkter Haftung kommt die Freigrenze nach Art. 6 Abs. 1 lit. h StG ebenfalls zur Anwendung. Die Freigrenze nach Art. 6 Abs. 1 lit. h ergänzt Art. 14 Abs. 1 lit. i StG, greift also unabhängig von der Dauer des Bestehens der Personengesellschaft im Zeitpunkt ihrer Umwandlung in eine Kapitalgesellschaft oder Genossenschaft. Art. 6 Abs. 1 lit. h StG findet mithin kumulativ zu Art. 9 Abs. 1 lit. e StG Anwendung. Die Freigrenze kann vom Nennwert in Abzug gebracht werden. Keine Anwendung findet Art. 6 Abs. 1 lit. h StG auf die Ausgabe von Anteilscheinen durch Genossenschaften mit Anteilscheinen.

161 Weil Art. 9 Abs. 1 lit. e StG die übertragenen offenen und stillen Reserven von der Emissionsabgabe ausnimmt (N 160), entfällt die Emissionsabgabe auch dann, wenn die Umwandlung in eine Kapitalgesellschaft oder Genossenschaft derart erfolgt, dass die Personenunternehmung ihren Betrieb mit allen Aktiven und Verbindlichkeiten in eine bereits bestehende Kapitalgesellschaft oder Genossenschaft einlegt (vgl. N 116). Dabei wird allerdings wiederum vorausgesetzt, dass die Personengesellschaft seit mindestens fünf Jahren bestand.

(3) Weitere Fragen

162 Inländische Genossenschaften, deren Statuten Geldleistungen der Genossenschafter oder die Schaffung eines Genossenschaftskapitals durch Genossenschaftsanteile oder von Genusscheinen vorsehen, müssen sich «unverzüglich», d.h. nach der Praxis der ESTV innert 30 Tagen nach ihrer Eintragung ins Handelsregister unter Beilage eines unterzeichneten Exemplars der Statuten bei der ESTV anmelden (Art. 12 Abs. 1 StV). Für Kapitalgesellschaften besteht diese Anmeldepflicht nicht.

Kommanditgesellschaften, die vor dem 31.12.1966 gegründet wurden und deren Kommanditeinlagen der Emissionsabgabe unterlagen (vgl. o. N 66), können nicht steuerprivilegiert umgewandelt werden (BGer 11.4.1984, ASA 53 [1984/1985], 156; BGer 16.6.1989, ASA 58 [1989/1990], 386). **163**

(4) Nachträgliche Besteuerung/Sperrfrist

Soweit innert fünf Jahren seit der Umwandlung der Personenunternehmung Beteiligungsrechte der Kapitalgesellschaft oder Genossenschaft veräussert werden, wird nachträglich über den Mehrwert die Emissionsabgabe abgerechnet (Art. 9 Abs. 1 lit. e StG am Ende). **Mehrwert** ist der Betrag, um den der Verkehrswert der Personenunternehmung im Zeitpunkt der Umwandlung den Nennwert der bei der Umwandlung geschaffenen Beteiligungs- oder Mitgliedschaftsrechte übersteigt. **164**

Bei der Umwandlung von Personenunternehmungen in Kapitalgesellschaften oder Genossenschaften wurde die Emissionsabgabe bisher auf dem Verkehrswert der umstrukturierten Personenunternehmung erhoben, weshalb sich unter dem bisherigen Recht die Frage einer nachträglichen Besteuerung bei einer Teilveräusserung von Beteiligungs- oder Mitgliedschaftsrechten nicht stellte. Nach Art. 9 Abs. 1 lit. e StG erfolgt bei Teilveräusserung bloss eine **anteilsmässige Abrechnung des Mehrwertes**. Dies ergibt sich aus der Konjunktion «soweit». Werden beispielsweise 25% der Stimmrechte einer Aktiengesellschaft, die aus der Umwandlung einer Personenunternehmung hervorgegangen ist, vor Ablauf der fünfjährigen Sperrfrist veräussert, muss die Emissionsabgabe auf 25% des Mehrwertes nachträglich entrichtet werden. Mit einer anteilsmässigen Erhebung der Emissionsabgabe wird erreicht, dass bei jeder Veräusserung von Beteiligungsrechten während der Sperrfrist die Emissionsabgabe erhoben wird. Gleichzeitig wird aber auch verhindert, dass bei Überschreiten einer gewissen Maximalquote die Emissionsabgabe auf dem gesamten Mehrwert abzurechnen ist, wie das nach bisheriger Praxis der ESTV bei der Unternehmensspaltung nach Abschnitt IV Spaltungen, Ziff. 5 des nunmehr aufgehobenen (ESTV-DVS, KS 5 vom 1.6.2004) Merkblattes der ESTV betreffend Anwendung von Art. 6 Abs. 1 lit. a^{bis} des Bundesgesetzes über die Stempelabgaben (Stand Mai 2001 mit Änderungen August 2002, ASA 70 [2001/2002], 83 ff.) der Fall war. Im Rahmen der Beratungen zum FusG hat der Ständerat am 21.3.2001 empfohlen, dass im nunmehr aufgehobenen Kreisschreiben (ESTV-DVS, KS 5 vom 1.6.2004, a.a.O.) dieselben Massstäbe anzuwenden sind, wie bei der direkten Bundessteuer (Empfehlung 01.3015, FusG, Anpassung der Vollzugsbestimmungen zum Verrechnungssteuer- und Stempelsteuerrecht). **165**

Aus dem Wortlaut von Art. 9 Abs. 1 lit. e StG ergibt sich, dass nur die **Veräusserung** von bei der Umwandlung begründeten oder erhöhten Beteiligungsrechten der Sperrfrist unterliegen. Wurde eine Personenunternehmung in eine bereits bestehende Kapitalgesellschaft gegen Agio eingebracht (vgl. N 116), unterliegen die vor der Einbringung der Personenunternehmung bereits bestehenden Beteiligungsrechte nicht der Sperrfrist. **166**

In zeitlicher Hinsicht stellt sich die Frage, wie sich der **Fristenlauf der Fünfjahresfrist** nach Art. 9 Abs. 1 lit. e StG berechnet, welche zur nachträglichen Abrechnung der Emissionsabgabe führt. Die ESTV führt hierzu in ESTV-DVS, KS 5 vom 1.6.2004 lediglich aus, dass über den Mehrwert spontan abzurechnen ist, soweit während den der Umstrukturierung nachfolgenden fünf Jahren Beteiligungsrechte veräussert werden (ESTV-DVS, KS 5 vom 1.6.2004, Ziff. 3.2.6.). **167**

Das Sperrfristenkonzept von Art. 9 Abs. 1 lit. e StG ist identisch mit jenem bei der Einkommenssteuer in Art. 19 Abs. 2 DBG bzw. Art. 8 Abs. 3bis StHG. Aus diesem Grund **168** richtet sich der Beginn des Fristenlaufs nach Art. 9 Abs. 1 lit. e StG nach dem Fristenlauf in Art. 19 Abs. 2 DBG bzw. Art. 8 Abs. 3bis StHG (vgl. hierzu N 132 f.). Auch bezüglich des Ablaufs der Fünfjahresfrist kann auf die Überlegungen verwiesen werden, die zur Sperrfrist bei der Einkommenssteuer angestellt wurden (N 131).

169 Kapitalgesellschaften müssen die Emissionsabgabe auf dem Mehrwert infolge Verletzung der Sperrfrist unaufgefordert innerhalb von 30 Tagen mit der ESTV auf Form 3 abrechnen und überweisen (Art. 11 lit. c StG). Die Emissionsabgabe auf Genossenschaftsanteilen wird durch Veranlagungsverfügung der ESTV festgesetzt (Art. 12 Abs. 3 StV) und ist innerhalb von 30 Tagen seit Erlass der Verfügung zahlbar (Art. 11 lit. a StG, Art. 12 Abs. 4 StV).

bf) Umsatzabgabe

170 Art. 14 Abs. 1 lit. i StG nimmt die Übertragung von steuerbaren Urkunden von der übernommenen, spaltenden oder umwandelnden Unternehmung auf die aufnehmende oder umgewandelte Unternehmung anlässlich von Umstrukturierungen von der Umsatzabgabe aus.

(1) Entstehungsgeschichte

171 Ein weiteres Anliegen der Arbeitsgruppe «Steuern bei Umstrukturierungen» im Bereich der Stempelabgaben betraf die Abschaffung der Umsatzabgabe bei Umstrukturierungen, an denen ein Effektenhändler nach Art. 13 Abs. 3 StG beteiligt ist. Art. 14 Abs. 1 lit. b StG befreit die Sacheinlagen von Urkunden zur Liberierung inländischer Aktien, Stammeinlagen von Gesellschaften mit beschränkter Haftung, Genossenschaftsanteilen, Partizipationsscheinen und Anteilen an einem Anlagefonds. Trotzdem erhob die ESTV gestützt auf die Rechtsprechung des Bundesgerichtes (BGer 22.12.1982, ASA 52 [1983/1984] 374; vgl. auch das nunmehr aufgehobene [ESTV-DVS, KS 5 vom 1.6. 2004, Ziff. 5] Merkblatt S-02.134 der ESTV vom April 1993 betreffend Umsatzabgabe «Weisung für Fusionen, fusionsähnliche Tatbestände, Umwandlungen und Abspaltungen mit steuerbaren Urkunden, ASA 62 [1993/94], 384; STOCKAR/HOCHREUTENER, Art. 14 Abs. 1 lit. b StG, N 9) die Umsatzabgabe, sofern im Zuge der Umstrukturierung Eigentum an steuerbaren Urkunden auf den neuen Rechtsträger übergingen und von diesem gleichzeitig auch Schulden gegenüber Dritten übernommen wurden. Das Entgelt, das der Umsatzabgabe unterlag, bestand in diesem Fall in dem Anteil an den übernommenen Verbindlichkeiten, der dem Verhältnis des Wertes der übertragenen steuerbaren Urkunden zum Wert der übernommenen Aktiven entsprach. Die Arbeitsgruppe «Steuern bei Umstrukturierungen» hat vorgeschlagen, die Erhebung der Umsatzabgabe bei Umstrukturierungen abzuschaffen, weil die mit der Umstrukturierung verbundene Übertragung von Vermögenswerten nicht auf einem Veräusserungsgeschäft beruhte und die im VE FusG vorgesehene Universalsukzession nicht als echte Handänderung betrachtet werden könne. Der Vorschlag der Arbeitsgruppe «Steuern bei Umstrukturierungen» hat mit Art. 14 Abs. 1 lit. i StG Eingang in den Gesetzesentwurf des Bundesrates gefunden. Der bundesrätliche Vorschlag zu Art. 14 Abs. 1 lit. i StG blieb in den parlamentarischen Beratungen unbestritten. Er erfuhr einzig durch den Ständerat eine redaktionelle Harmonisierung mit den Umstrukturierungsnormen im Recht der direkten Steuern.

(2) Anwendungsbereich

172 Die Umsatzabgabe ist nur dann betroffen, wenn die übertragende Personenunternehmung oder die übernehmende Kapitalgesellschaft oder Genossenschaft **Effektenhänd-**

lerin i.S.v. Art. 13 Abs. 3 StG ist und zusammen mit dem Betrieb steuerbare Urkunden i.S.v. von Art. 13 Abs. 2 StG übertragen werden.

Aufgrund von Art. 1 BankG können **Banken und bankähnliche Finanzgesellschaften** in der Rechtsform der Kollektivgesellschaft, der Kommanditgesellschaft oder der Einzelunternehmung organisiert sein. Als Banken und bankähnliche Finanzgesellschaften sind Personenunternehmungen Effektenhändler i.S.v. Art. 13 Abs. 3 lit. a StG (Händler, Anlageberater, Vermögensverwalter, Vermittler). Personenunternehmungen kann auch Effektenhändlerstatus nach Art. 13 Abs. 3 lit. b StG zukommen. Im Unterschied zu den direkten Steuern, wo die Personenunternehmung nicht Steuersubjekt ist (vgl. N 6) ist die Personenunternehmung bei der Umsatzabgabe selber Steuersubjekt, sofern sie Effektenhändlerin ist (Art. 17 Abs. 1 StG i.V.m. Art. 13 Abs. 3 StG). 173

(3) Voraussetzungen

Art. 14 Abs. 1 lit. i StG setzt für die Steuerneutralität eine **Umstrukturierung** voraus. Im Gegensatz zu Art. 9 Abs. 1 lit. e StG, der explizit auf die Durchführung von «Beschlüssen über die Fusion, Spaltung oder Umwandlung» verweist oder Art. 5 Abs. 1 lit. a VStG, der für den Begriff der Umstrukturierung auf Art. 61 DBG verweist, fehlt in Art. 14 Abs. 1 lit. i StG ein Hinweis darauf, welche Vorgänge unter den Begriff der «Umstrukturierung» fallen und die folglich von der Umsatzabgabe befreit sind. Der Gesetzgeber wollte mit den Änderungen in der Steuergesetzgebung dem Grundsatz nach die steuerneutrale Durchführung aller im FusG vorgesehenen Umstrukturierungen ermöglichen. Dem Sinn des Gesetzgebungswerkes entsprechend knüpft Art. 14 Abs. 1 lit. i StG u.E. die Befreiung der Übertragung steuerbarer Urkunden deshalb unmittelbar an das Vorliegen einer Umstrukturierung nach Art. 19 DBG bzw. Art. 8 StHG an (vgl. auch ESTV-DVS, KS 5 vom 1.6.2004, Ziff. 3.2.7). Damit die Übertragung von steuerbaren Urkunden von der Umsatzabgabe befreit ist, müssen sämtliche Voraussetzungen einer steuerneutralen Umstrukturierung nach dem Recht der direkten Steuern erfüllt sein. 174

(4) Nachbesteuerung

Die **Voraussetzungen** einer steuerneutralen Umwandlung i.S.v. Art. 14 Abs. 1 lit. i StG müssen **nur im Zeitpunkt der Umwandlung erfüllt** sein. Fallen sie nachträglich weg, weil die Beteiligungs- oder Mitgliedschaftsrechte der Kapitalgesellschaft oder Genossenschaft veräussert werden, kann die Umsatzabgabe nicht nachträglich erhoben werden. Anders als bei der Emissionsabgabe, wo Art. 9 Abs. 1 lit. e StG ausdrücklich ein Nachbesteuerungsrecht vorsieht, fehlt bei der Umsatzabgabe in Art. 14 Abs. 1 lit. i StG eine gesetzliche Grundlage für eine nachträgliche Besteuerung bei späterem Wegfall der Voraussetzungen für eine gewinnsteuerneutrale Umstrukturierung. 175

Die Ausnahme von Art. 14 Abs. 1 lit. i StG stützt sich auf das Vorliegen einer steuerneutralen Umstrukturierung nach Art. 19 Abs. 1 lit. b DBG bzw. Art. 8 Abs. 3 lit. b StHG (N 174), welche in der dazugehörigen Norm von Art. 19 Abs. 2 bzw. Art. 8 Abs. 3bis StHG eine Nachbesteuerungsmöglichkeit basierend auf dem Sperrfristenkonzept vorsieht. Steuersystematisch erscheint es deshalb an sich als folgerichtig, dass bei nachträglichem Wegfall der Voraussetzungen der steuerneutralen Umstrukturierung mit der Folge der Nachbesteuerung bei der Einkommenssteuer auch die Befreiung der Umwandlung bei der Umsatzabgabe rückwirkend wegfällt. Wo keine Umstrukturierung vorliegt, soll auch keine Ausnahme nach Art. 14 Abs. 1 lit. i StG beansprucht werden können. Aus diesen Überlegungen wollte die ESTV ursprünglich bei Verletzung der Sperrfrist auch die Umsatzabgabe nachträglich erheben. Ziff. 3.2.7 des Entwurfs vom 11.2.2004 des ESTV-DVS KS 5 vom 1.6.2004 enthielt noch einen dritten Absatz, wo- 176 nach bei Verletzung der in Art. 19 Abs. 2 DBG vorgesehenen Sperrfrist die Umsatzabgabe geschuldet und spontan zu deklarieren sei. Dieses Ansinnen der ESTV wurde in der Vernehmlassung im Wesentlichen unter Verweis auf das Legalitätsprinzip verschiedentlich kritisiert. Dieser Kritik ist zuzustimmen. Das Legalitätsprinzip hat im Bereich des Abgaberechts eine besondere Ausgestaltung erfahren. Dem Erfordernis der gesetzlichen Grundlage kommt hier die Bedeutung eines verfassungsmässigen Rechts zu. Das Legalitätsprinzip verbietet die Erhebung von Steuern, die sich nicht auf ein Gesetz im formellen Sinn stützen (Erfordernis der Gesetzesform). Aufgrund der ausdrücklichen Normierung einer Sperrfrist bei den direkten Steuern (Art. 19 Abs. 2 DBG bzw. Art. 8 Abs. 3bis StHG) sowie bei der Emissionsabgabe (Art. 9 Abs. 1 lit. e StG) muss bei Art. 14 Abs. 1 lit. i StG auf ein qualifiziertes Schweigen des Gesetzgebers geschlossen werden. Anders lässt es sich nicht erklären, dass ausser im Recht der Umsatzabgabe Sperrfristenregelungen in die Gesetze aufgenommen wurden. Mangels einer gesetzlichen Grundlage fehlt deshalb eine Sperrfrist in Art. 14 Abs. 1 lit. i StG. Die ESTV trug der Kritik, wie sie im Vernehmlassungsverfahren vorgebracht wurde, Rechnung und strich in der definitiven Fassung des ESTV-DVS KS 5 vom 1.6.2004 den entsprechenden Passus über die Nachbesteuerung.

bg) Mehrwertsteuer

177 Die Umwandlung einer steuerpflichtigen Personenunternehmung in eine Kapitalgesellschaft oder Genossenschaft führt zu einem steuerbaren Leistungsaustausch zwischen der Personenunternehmung und der Kapitalgesellschaft oder Genossenschaft (vgl. N 95). Die Abrechnung der Mehrwertsteuer muss unter den Voraussetzungen von Art. 47 Abs. 3 MWSTG im **Meldeverfahren erfolgen**. Obwohl eine übertragende Umwandlung vorliegt, will die ESTV bei der Umwandlung einer Personengesellschaft in eine Kapitalgesellschaft oder Genossenschaft allerdings auf die Anwendung des Meldeverfahrens verzichten (Praxismitteilung Umwandlung). Übernimmt die Kapitalgesellschaft oder Genossenschaft die Vermögenswerte im Meldeverfahren und ist im Zeitpunkt der Vermögensübertragung bereits bekannt, dass die übernommenen Gegenstände oder Dienstleistungen in Zukunft nicht mehr oder nicht mehr in vollem Umfang für einen steuerbaren Zweck nach Art. 38 Abs. 2 MWSTG verwendet werden, muss der Übernehmende die Eigenverbrauchssteuer entrichten (Art. 9 Abs. 3 MWSTG, vgl. im Übrigen auch ESTV-MWST, MB 11 Meldeverfahren, Ziff. 4.2). Ein Eigenverbrauchstatbestand liegt weiter auch dann vor, wenn die Vermögenswerte zunächst vollumfänglich für steuerbare Zwecke verwendet werden, später aber ganz oder teilweise einem nicht steuerbaren Verwendungszweck zugeführt werden (Art. 9 Abs. 1 und Abs. 4 MWSTG). Vgl. weitergehende Kommentierungen vor Art. 3 N 340 ff. zum Meldeverfahren sowie zur Steuersukzession vor Art. 3 N 352. Bei einer Vermögensübertragung durch eine nicht mehrwertsteuerpflichtige Personenunternehmung ist unter den Voraussetzungen von Art. 43 MWSTG durch **Einlageentsteuerung** ein vollumfänglicher oder teilweiser Vorsteuerabzug möglich.

c) Sozialversicherungsabgaben

178 Als Folge der Sperrfristverletzung realisiert der Personenunternehmer nachträglich **Einkommen aus selbständiger Erwerbstätigkeit** (N 136), auf welchem neben der Einkommenssteuer auch Sozialversicherungsabgaben erhoben werden. Im einzelnen fallen auf den realisierten stillen Reserven Abgaben an die Alters- und Hinterlassenenversicherung (Art. 8 Abs. 1 AHVG), die Invalidenversicherung (Art. 2 f. IVG) und den Ausgleichsfonds der Erwerbsersatzordnung (Art. 26 f. EOG) an (N 71 f.).

III. Umwandlung von juristischen Personen

1. Umwandlung von Kapitalgesellschaften in Kapitalgesellschaften mit anderer Rechtsform und in Genossenschaften sowie von Genossenschaften in Kapitalgesellschaften

a) Zivilrecht

Das Zivilrecht gestattete bisher einzig die Umwandlung einer Aktiengesellschaft in eine Gesellschaft mit beschränkter Haftung (Art. 824 ff. OR). Die Rechtsprechung des Bundesgerichtes, die Praxis der Handelsregisterämter, sowie die Lehre anerkannten in jüngster Zeit aber vermehrt auch aussergesetzliche Rechtsformwechsel. In BGE 125 III 18 (eine deutsche Übersetzung ist in REPRAX 1/1999, 32 ff. abgedruckt) liess das Bundesgericht die Umwandlung einer GmbH in eine AG zu. Das wohl bekannteste Beispiel einer aussergesetzlichen Umwandlung ist der Wechsel der Rechtsform der Rentenanstalt/Swiss Life von der Genossenschaft in eine Aktiengesellschaft im Juni 1997. Dabei wurde die Rentenanstalt/Swiss Life durch einen blossen Rechtskleidwechsel ohne Liquidation von einer Genossenschaft in eine Aktiengesellschaft mit einem Aktienkapital von CHF 391 570 000 und einem bedingten Aktienkapital von CHF 195 780 000 umgewandelt. Das Aktienkapital der Rentenanstalt wurde gestützt auf die Bilanz per 31.12.1996 durch Umwandlung von Reserven in Höhe von CHF 309 000 000 in 6 180 000 Inhaberaktien im Nennwert von CHF 50, durch Umwandlung von 960 000 PS im Nennwert von CHF 50 in 960 000 Inhaberaktien zu je CHF 50 sowie durch Teilumwandlung des Wandeldarlehens der Schweizerischen Bankgesellschaft (heute UBS) über CHF 34 570 000 in 69 140 000 Inhaberaktien zu je CHF 50 gebildet. Die Steuerfolgen der formwechselnden Umwandlung einer Genossenschaft in eine Aktiengesellschaft vor Inkrafttreten des FusG stellt REICH in StR 1995, 515 ff. dar.

b) Steuerrecht

Das Steuerrecht liess Umwandlungen von juristischen Personen bereits vor dem Inkrafttreten des FusG in einem über das Zivilrecht hinausgehenden Masse zu (REICH/DUSS, 219 ff.).

ba) Gewinnsteuern bei der umwandelnden Kapitalgesellschaft oder Genossenschaft

Die Umwandlung einer Kapitalgesellschaft in eine Kapitalgesellschaft mit anderer Rechtsform oder in eine Genossenschaft sowie einer Genossenschaft in eine Kapitalgesellschaft kann gewinnsteuerneutral erfolgen, soweit die **Steuerpflicht in der Schweiz fortbesteht** und die bisher für die **Gewinnsteuer massgeblichen Werte übernommen** werden (Ingress zu Art. 61 Abs. 1 bzw. Art. 24 Abs. 3 StHG). Weitere Voraussetzungen verlangt das Gesetz bei dieser Umstrukturierung nicht. Anders als bei der Umwandlung einer Personenunternehmung in eine juristische Person ist bei der rechtsformändernden Umwandlung **keine Sperrfrist** zu beachten. Weil kein Systemwechsel stattfindet, wäre eine Sperrfrist systemwidrig gewesen. Die Beteiligungsrechte der umgewandelten Gesellschaft können deshalb unmittelbar nach der Umwandlung veräussert werden, ohne dass hierdurch die Steuerneutralität der Umwandlung nachträglich gefährdet wird. Für die Steuerneutralität ist es weiter auch nicht erforderlich, dass die umgewandelte Gesellschaft einen Betrieb führte.

Genau besehen handelt es sich bei Ingress Art. 61 Abs. 1 DBG bzw. Ingress Art. 24 Abs. 3 StHG nicht um spezielle Umstrukturierungsnormen. Durch Umkehrschluss aus Art. 60 lit. b DBG bzw. Art. 24 Abs. 2 lit. b StHG ergibt sich zunächst, dass die Verlegung des Sitzes, der Verwaltung, eines Geschäftsbetriebs oder einer Betriebstätte ins Ausland die steuersystematische Realisierung stiller Reserven auslöst. Aus Art. 58 Abs. 1 lit. c DBG bzw. Art. 24 Abs. 1 StHG folgt sodann, dass eine Erhöhung der für die Gewinnsteuer massgeblichen Werte in die Bemessungsgrundlage zur Gewinnbesteuerung einfliesst. Ingress Art. 61 Abs. 1 bzw. Ingress Art. 24 Abs. 3 StHG verdeutlichen im Wesentlichen deshalb bloss die bereits bestehende Rechtslage. Ungeachtet dessen ist es aus gesetzessystematischen Gründen sinnvoll, die steuerneutrale Umwandlung zusammen mit den übrigen Umstrukturierungstatbeständen in einer speziellen Umstrukturierungsnorm zu regeln.

183 Mit dem Wort «soweit» will der Gesetzgeber klarstellen, dass **stille Reserven** bei der Umwandlung nur in dem Umfang der **Gewinnbesteuerung** zugeführt werden, als sie **steuersystematisch realisiert** werden und deshalb in Zukunft nicht mehr der Gewinnsteuer unterliegen, weil sie dem Schweizer Fiskus entzogen werden oder eine buchmässige Realisation stattfindet. Das Erfordernis des Fortbestands der Steuerpflicht in der Schweiz kann deshalb beispielsweise auch bei einer Sitzverlegung der umgewandelten Gesellschaft ins Ausland erfüllt sein, soweit die Aktiven und Verbindlichkeiten der umgewandelten Gesellschaft unverändert einer schweizerischen Betriebstätte der ausländischen Kapitalgesellschaft oder Genossenschaft zuzurechnen sind (ESTV-DVS, KS 5 vom 1.6.2004, Ziff. 4.2.2.2.2). Die steuersystematische Realisierung stiller Reserven bloss einzelner Aktiven oder die buchmässige Realisierung durch bloss teilweise Aufwertung der Gewinnsteuerwerte führt nicht zu einem Verlust der Steuerneutralität der Umwandlung als Ganzes. Diese Massnahmen führen bloss zur steuerlichen Abrechnung allenfalls steuersystematisch oder buchmässig realisierter stiller Reserven.

184 Gewinne von Kapitalgesellschaften und Genossenschaften unterliegen einer Steuer von 8.5% (Art. 68 DBG). Die Umwandlung führt nicht zu einem Tarifwechsel, weshalb auf einen Zwischenabschluss verzichtet werden kann (ESTV-DVS, KS 5 vom 1.6.2004, Ziff. 4.2.2.2.1).

185 Anstelle der formändernden Umwandlung kann diese auch durch Vermögensübertragung erfolgen. Steuerlich ist es ohne Bedeutung, wie die Umwandlung zivilrechtlich erfolgt. Betreffend Vermögensübertragung nach Art. 69 ff. FusG vgl. die Kommentierung Teil 1 vor Art. 69 N 67 ff.

bb) Steuerfolgen bei den Anteilsinhabern

(1) Einkommenssteuern

186 Die Umwandlung einer Kapitalgesellschaft oder Genossenschaft führt beim Anteilsinhaber, der die Beteiligungsrechte im **Privatvermögen** hält, nicht zu Einkommenssteuererfolgen, sofern der Nennwert der bisherigen Beteiligungsrechte und der Nennwert der Beteiligungsrechte der umgewandelten Kapitalgesellschaft oder Genossenschaft gleich hoch sind. Führt die Umwandlung der Kapitalgesellschaft oder Genossenschaft durch Gratisliberierung des neuen Grund- oder Genossenschaftskapitals zu Lasten der Reserven beim Anteilsinhaber zu einem **Nennwertgewinn**, unterliegt der Nennwertzuwachs als Vermögensertrag bei der direkten Bundessteuer sowie in jenen kantonalen Steuerordnungen, die dem Nennwertprinzip (vgl. vor Art. 3 N 39) verhaftet sind, zur Besteuerung mit der Einkommenssteuer. Dieses Problem stellte sich beispielsweise bei der formändernden Umwandlung der Rentenanstalt/Swiss Life infolge der Umwandlung von Reserven in Aktienkapital (vgl. N 179). In denjenigen Kantonen, die das Nennwertprinzip nicht anwenden (z.B. ZH und BL), erfolgt die Besteuerung der Reserven, die in das Grundkapital umgebucht worden sind, erst bei ihrer späteren Ausschüttung an die An-

teilsinhaber (sog. **Kapitalrückzahlungsprinzip**) (vgl. vor Art. 3 N 40). Ein Nennwertgewinn tritt regelmässig bei der Umwandlung einer Genossenschaft ohne Anteilscheine in eine Kapitalgesellschaft ein.

Für Gesellschafter, die ihre Beteiligungs- bzw. Mitgliedschaftsrechte im **Geschäftsvermögen** halten, führen Nennwerterhöhungen nicht zu Einkommenssteuerfolgen. Hier findet das **Buchwertprinzip** Anwendung. Nennwerterhöhungen aus Gesellschaftsmitteln ziehen nur dann Einkommenssteuerfolgen nach sich, wenn der Beteiligungsbuchwert aufgewertet wird, und die Nennwerterhöhung somit zu einem höheren Beteiligungsbuchwert führt. 187

(2) Gewinnsteuern

Soweit der Beteiligungsbuchwert an der umgewandelten Kapitalgesellschaft oder Genossenschaft als Beteiligungsbuchwert fortgeschrieben wird, führen **Nennwerterhöhungen aus Gesellschaftsmitteln** nicht zu Gewinnsteuerfolgen bei den Anteilsinhabern. Umgekehrt führen Nennwerterhöhungen dann zu Gewinnsteuerfolgen, wenn die Beteiligung aufgewertet wird, sich die Nennwerterhöhung also in einem höheren Buchwert niederschlägt. Die Aufwertung von Beteiligungen ist allerdings nur in den Grenzen von Art. 670 OR zulässig und aufgrund der nachteiligen Steuerfolgen in der Praxis kaum anzutreffen. 188

(3) Übernahme von Verlustvorträgen

Die formändernde Umwandlung führt nicht zu einer Übertragung des steuerlichen Verlustvortrages. Das **Steuersubjekt ändert sich nicht**. Die aus der Umwandlung hervorgehende Kapitalgesellschaft oder Genossenschaft kann die im Zeitpunkt des Vollzuges vorhandenen Verlustvorträge der umgewandelten Kapitalgesellschaft oder Genossenschaft im Rahmen von Art. 67 Abs. 1 DBG bzw. Art. 25 Abs. 2 StHG gegen künftige Gewinne zur Verrechnung bringen. 189

bc) Grundstückgewinnsteuer

In der formwechselnden Umwandlung einer Kapitalgesellschaft oder Genossenschaft liegt **keine Übertragung von Rechtsbeziehungen**. Die bisherige Gesellschaft bleibt bestehen, sie ändert lediglich ihre Rechtsform. Die formändernde Umwandlung führt somit nicht zu einer zivilrechtlichen Handänderung an Grundstücken. Die formwechselnde Umwandlung einer Kapitalgesellschaft oder Genossenschaft führt aber auch nicht zu einer wirtschaftlichen Handänderung, weil die Verfügungsmacht über das Grundstück weiterhin rechtlich und wirtschaftlich bei demselben Rechtsträger verbleibt (REICH, Umwandlung, 526; REICH/DUSS, 233). Die rechtsformändernde Umwandlung kann **grundstückgewinnsteuerneutral** erfolgen, ohne dass dabei auf Art. 12 Abs. 4 lit. a StHG abgestellt werden muss. 190

bd) Handänderungssteuer

Die formwechselnde Umwandlung einer Kapitalgesellschaft in eine Kapitalgesellschaft mit anderer Rechtsform oder in eine Genossenschaft sowie die Umwandlung einer Genossenschaft in eine Kapitalgesellschaft löst infolge **Fehlens einer zivilrechtlichen bzw. wirtschaftlichen Handänderung** (N 190) **keine Handänderungssteuern** aus. Die rechtsformändernde Umwandlung kann handänderungssteuerneutral erfolgen, ohne dass dabei auf Art. 103 FusG abgestellt wird. 191

be) Verrechnungssteuer

192 Nach Art. 5 Abs. 1 lit. a VStG sind die Reserven und Gewinne einer Kapitalgesellschaft gemäss Art. 49 Abs. 1 lit. a DBG oder Genossenschaft, die bei einer Umstrukturierung nach Art. 61 DBG in die Reserven einer aufnehmenden oder umgewandelten inländischen Kapitalgesellschaft oder Genossenschaft übergehen, von der Verrechnungssteuer ausgenommen. Bei der rechtsformändernden Umwandlung bleibt der bisherige Rechtsträger aber bestehen. Er ändert bloss seine Rechtsform (Art. 53 FusG). Eine **Vermögensübertragung** von der umwandelnden Kapitalgesellschaft oder Genossenschaft auf die umgewandelte Kapitalgesellschaft oder Genossenschaft **findet nicht statt** (Botschaft, 4357), weshalb bei der rechtsformändernden Umwandlung aufgrund des blossen Umwandlungsvorgangs keine geldwerte Leistung i.S.v. Art. 4 Abs. 1 lit. b VStG und Art. 20 Abs. 1 VStV an die Gesellschafter bzw. Genossenschafter fliesst. Die Frage der Anwendung der steuerprivilegierenden Umstrukturierungsbestimmung in Art. 5 Abs. 1 lit. a VStG stellt sich bei der formändernden Umwandlung somit nicht. Für die rechtsformändernde Umwandlung muss deshalb nicht auf die Umstrukturierungsbestimmung in Art. 5 Abs. 1 lit. a VStG abgestellt werden.

193 Wenn bei der umgewandelten Kapitalgesellschaft oder Genossenschaft im Zuge der Umwandlung eine **Kapitalerhöhung** stattfindet, ohne dass neue Mittel in die Gesellschaft eingebracht werden, werden im Umfang der Kapitalerhöhung verrechnungssteuerbelastete Reserven der umwandelnden Kapitalgesellschaft oder Genossenschaft in verrechnungssteuerfrei rückzahlbares Nennkapital der umgewandelten Kapitalgesellschaft oder Genossenschaft überführt. Die Verwaltungspraxis der ESTV behandelt diesen Fall als **Schaffung von Gratis-Beteiligungsrechten**, weshalb auf dem Betrag des Nennkapitals, der aus umgewandelten Reserven stammt, die **Verrechnungssteuer** anfällt (PFUND, Art. 5 N 2.8). Steht fest, dass die Empfänger der gratis geschaffenen Beteiligungs- oder Mitgliedschaftsrechte nach Art. 22 f. VStG bzw. 24 ff. VStG Anspruch auf Rückerstattung der Verrechnungssteuer haben und erhalten maximal 20 Personen solche Beteiligungs- bzw. Mitgliedschaftsrechte, kann die Gesellschaft ihre Verrechnungssteuerpflicht durch Meldung erfüllen (Art. 20 VStG i.V.m. Art. 24 Abs. 1 lit. b und Abs. 2 VStV). In allen anderen Fällen muss die Verrechnungssteuer abgerechnet werden. Erfolgt die Umwandlung **ohne Kapitalerhöhung**, indem das Nennkapital der umgewandelten Kapitalgesellschaft oder Genossenschaft gleich hoch ist wie das Nennkapital der umstrukturierten Kapitalgesellschaft oder Genossenschaft, verbleiben sämtliche Reserven der umwandelnden Kapitalgesellschaft oder Genossenschaft unverändert in den Reserven der umgewandelten Kapitalgesellschaft oder Genossenschaft. Es geht kein Verrechnungssteuersubstrat verloren. Die Reserven verbleiben weiterhin unverändert der Verrechnungssteuer verhaftet. Die Umwandlung von Nennkapital der einen Rechtsform in Nennkapital der anderen Rechtsform stellt keine geldwerte Leistung nach Art. 4 Abs. 1 lit. b VStG dar. Die **Umwandlung ohne Veränderung des Nennkapitals** kann deshalb ohne Verrechnungssteuerfolgen vollzogen werden.

194 Eine Besonderheit besteht mit Bezug auf die Umwandlung einer **Genossenschaft ohne Anteilscheine**. Nach der Praxis der ESTV werden geldwerte Leistungen nur dann mit der Verrechnungssteuer erfasst, wenn diese an die Inhaber von gesellschaftsrechtlichen Beteiligungsrechen oder diesen nahestehende Personen ausgerichtet werden. Die Schaffung von Gratis-Genossenschaftskapital durch eine Genossenschaft, die bis anhin nicht über ein aus Anteilscheinen bestehendes Genossenschaftskapital verfügte, unterliegt deshalb nicht der Verrechnungssteuer (PFUND, Art. 4 N 3.15 und 3.37). Die Schaffung von Gratis-Beteiligungsrechten anlässlich der Umwandlung einer Genossenschaft ohne Anteilscheine in eine Kapitalgesellschaft oder eine Genossenschaft mit Anteilscheinen

führt deshalb auch nicht zur Erhebung der Verrechnungssteuer auf dem neu geschaffenen Nennkapital.

Die Umwandlung einer Kapitalgesellschaft oder Genossenschaft in eine andere Rechtsform mit tieferem Nennkapital und Gutschrift des tieferen Nennkapitals gegen Reserven führt zur Umwandlung von bisher nicht verrechnungssteuerbelastetem Nennkapital in verrechnungssteuerpflichtige Reserven. Eine verrechnungssteuerlich relevante Umwandlung von Nennkapital in Reserven ist in der Praxis gelegentlich bei der Umwandlung einer Aktiengesellschaft in eine GmbH anzutreffen. Während Aktiengesellschaften über ein Aktienkapital in beliebiger Höhe verfügen können, darf das Stammkapital einer GmbH nach geltendem Recht nicht mehr als zwei Millionen Franken betragen (Art. 773 OR). Beträgt das Aktienkapital einer Aktiengesellschaft beispielsweise CHF 3 000 000 und wird die Gesellschaft in eine GmbH umgewandelt, dürfen maximal CHF 2 000 000 gegen Stammkapital gebucht werden. Die Differenz zwischen Aktienkapital und Stammkapital muss gegen verrechnungssteuerbelastete Reserven gebucht werden. Dieser Umqualifikation von Nennkapital in Reserven kann dadurch begegnet werden, dass die Aktiengesellschaft vor der Umwandlung ihr Aktienkapital auf die Höhe des künftigen Stammkapitals der aus der Umwandlung hervorgehenden GmbH herabsetzt und den Aktionären den Herabsetzungsbetrag ohne Abzug der Verrechnungssteuer (e contrario Art. 4 Abs. 1 VStG) zurückbezahlt oder einem Aktionärs-Kreditorenkonto gutschreibt. Eine Kapitalherabsetzung ist aber oft nicht erwünscht, weil die Gesellschaft auf die Eigenmittel angewiesen ist. Hinzuweisen ist beispielsweise auf Verpflichtungen der Gesellschaft aus Kreditverträgen mit Banken. Häufig kann eine Kapitalherabsetzung aus praktischen Gründen nicht durchgeführt werden, weil die Gesellschaft nicht über die notwendige Liquidität verfügt. Die vorstehende diskutierte Problematik wird mit Inkrafttreten des revidierten GmbH-Rechts entschärft. Die Beschränkung des Stammkapitals auf maximal zwei Millionen Franken in rev. Art. 773 entfällt (Botschaft GmbH, 3151 ff.).

Ausschüttungen von Kapitalgesellschaften unterliegen unverändert der Verrechnungssteuer nach Art. 4 Abs. 1 lit. b VStG. Dasselbe trifft zu auf Genossenschaften mit einem aus Genossenschaftsanteilen gebildeten Genossenschaftskapital. Dabei ist gleichgültig, ob die Anteilscheine einbezahlt sind oder dem Genossenschaftskapital nur die Funktion eines Garantiekapitals zukommt (PFUND, Art. 4 N 3.15). Dividendenausschüttungen und die Ausschüttung eines Liquidationsüberschusses durch Genossenschaften ohne Genossenschaftskapital unterliegen nach der Praxis der ESTV nicht der Verrechnungssteuer (PFUND, Art. 4 N 3.15 und 3.42).

Wenn die umwandelnde Kapitalgesellschaft oder Genossenschaft bisher die Verrechnungssteuer auf Obligationen oder auf Kundenguthaben abzuführen hatte, besteht diese Pflicht für die umgewandelte Kapitalgesellschaft bzw. Genossenschaft unverändert weiter.

bf) Emissionsabgabe

Nach dem KS ESTV-DVS, KS 5 vom 1.6.2004 führt die rechtsformändernde Umwandlung weder zu einer Begründung noch zu einer Erhöhung von neuen Beteiligungsrechten, weshalb die Emissionsabgabe nicht betroffen ist (ESTV-DVS KS 5 vom 1.6.2004, Ziff. 4.2.1.5). Diese Auffassung ist zu wenig differenziert. Das Obligationenrecht sieht für die verschiedenen Kapitalgesellschaften unterschiedliche Minimalkapitalien vor (AG: CHF 100 000 [Art. 621 OR], KommanditAG: CHF 100 000 [Art. 764 Abs. 2 OR i.V.m. Art. 621 OR], GmbH: CHF 20 000 [Art. 773 OR]) und Genossenschaften dürfen nicht mit einem im Voraus festgesetzten Grundkapital ausgestattet werden (Art. 828 Abs. 2 OR). Bei der Umwandlung von Kapitalgesellschaften und Genossenschaften in

Kapitalgesellschaften mit anderer Rechtsform oder in Genossenschaften können sich deshalb aufgrund der gesellschaftsrechtlichen Vorschriften Nennwertveränderungen ergeben. Wird beispielsweise eine GmbH, die über das gesetzlich minimale Stammkapital von CHF 20 000 verfügt, in eine Aktiengesellschaft mit minimalem Aktienkapital von CHF 100 000 umgewandelt, kommt es zur Schaffung neuer Beteiligungsrechte. Die Schaffung neuer Beteiligungsrechte löst grundsätzlich die Emissionsabgabe aus (Art. 5 Abs. 1 lit. a StG). Die Ausnahme gemäss Art. 6 Abs. 1 lit. a^{bis} StG findet u.E. keine Anwendung. Andernfalls könnte die Erhebung der Emissionsabgabe beispielsweise bei Neugründungen – wenigstens teilweise – leicht umgangen werden. Anwendung findet immer die Freigrenze von CHF 250 000 nach Art. 6 Abs. 1 lit. h StG.

bg) Umsatzabgabe

199 Die Umwandlung einer Kapitalgesellschaft in eine Kapitalgesellschaft mit anderer Rechtsform oder in eine Genossenschaft sowie die Umwandlung einer Genossenschaft in eine Kapitalgesellschaft ist eine formändernde Umwandlung (Art. 53 FusG). Sie erfolgt durch blossen Rechtsformwechsel und unter Beibehaltung der rechtlichen Identität der Gesellschaft. Ihre Rechtsverhältnisse verändern sich dadurch nicht. Bezüglich des Wertschriftenvermögens der umzuwandelnden Gesellschaft ergeben sich deshalb keine Umsatzabgabefolgen, weil es an einer **Übertragung von steuerbaren Urkunden fehlt** (e contrario Art. 13 Abs. 1 StG). Aus diesem Grund findet deshalb Art. 14 Abs. 1 lit. i StG keine Anwendung.

200 Die Ausgabe von inländischen Aktien, Anteilscheinen von Gesellschaften mit beschränkter Haftung und von Genossenschaften und Partizipationsscheinen ist von der Umsatzabgabe aufgrund von Art. 14 Abs. 1 lit. a StG ausgenommen.

bh) Mehrwertsteuer

201 Bei der rechtsformändernden Umwandlung **wird kein steuerbarer Umsatz** i.S.v. Art. 5 ff. MWSTG erzielt. Das Unternehmen wird durch das bisherige Mehrwertsteuersubjekt fortgeführt, wenngleich in einer neuen Rechtsform. Die formwechselnde Umwandlung von Kapitalgesellschaften in Kapitalgesellschaften mit anderer Rechtsform oder in Genossenschaften sowie die Umwandlung von Genossenschaften in Kapitalgesellschaften unterliegt daher nicht der Mehrwertsteuer. Bei der formändernden Umwandlung entfällt die Meldepflicht nach Art. 47 Abs. 3 MWSTG, weil es an einem Übertragungsakt fehlt (vgl. dazu auch ESTV-MWST, MB 11 Meldeverfahren, Ziff. 2.5 und 5.2). Die Mehrwertsteuernummer der umwandelnden Kapitalgesellschaft oder Genossenschaft kann deshalb durch die umgewandelte Kapitalgesellschaft oder Genossenschaft beibehalten werden (vgl. dazu auch ESTV-MWST, MB 11 Meldeverfahren, Ziff. 3.2.1 sowie Praxismitteilung Umwandlung).

202 Bei der Ausgabe von Wertpapieren in Form von Aktien, Partizipationsscheinen, Genussscheinen, Stammanteilen, Genossenschaftsanteilen und anderen Beteiligungsrechten handelt es sich um die Beschaffung von Kapital. Es liegt ein von der Mehrwertsteuer ausgenommener Umsatz mit Wertpapieren nach Art. 18 Ziff. 19 MWSTG vor, der nach der Praxis der ESTV zu einer Vorsteuerkürzung führt (ESTV-MWST, SB 6 Kürzung Vorsteuerabzug, Ziff. 1.2.2.2). Die rechtsformändernde Umwandlung ist keine Massnahme zur Kapitalbeschaffung, sondern ein Umstrukturierungsvorgang. Folglich liegt in der Ausgabe von Wertpapieren an die Inhaber von Beteiligungsrechten auch kein von der Mehrwertsteuer ausgenommener Umsatz vor, der bei der umgewandelten Gesellschaft zu einer Vorsteuerkürzung führt. Vorsteuern wie beispielsweise Beraterhonorare, Druckkosten für Prospekte oder für Wertpapiere können deshalb ungekürzt als Vorsteu-

2. Umwandlung von Genossenschaften in Vereine

a) Zivilrecht

Nur Genossenschaften ohne Anteilscheine können zivilrechtlich durch **rechtsformändernde Umwandlung** in einen Verein umgewandelt werden und nur, wenn der Verein ins Handelsregister eingetragen wird (Art. 54 Abs. 4 lit. b FusG). Wird der Verein nicht ins Handelsregister eingetragen, erfolgt die Umwandlung zivilrechtlich durch Vermögensübertragung. Die rechtsformändernde Umwandlung in eine Stiftung ist zivilrechtlich nicht zulässig (Art. 54 N 4). Sodann schliesst Art. 69 Abs. 1 FusG auch die Umwandlung in eine Stiftung auf dem Wege der Vermögensübertragung zivilrechtlich aus. 203

b) Steuerrecht

ba) Gewinnsteuern bei der umwandelnden Genossenschaft

Die Umwandlung einer Genossenschaft ohne Anteilscheine in einen Verein kann gewinnsteuerneutral erfolgen, soweit die **Steuerpflicht in der Schweiz fortbesteht** und die bisher für die **Gewinnsteuer massgeblichen Werte übernommen** werden (Ingress Art. 61 Abs. 1 DBG bzw. Ingress Art. 24 Abs. 3 StHG). Weitere Voraussetzungen werden bei dieser Umstrukturierung nicht verlangt. Für weitergehende Ausführungen vgl. N 181. 204

Die rechtsformändernde Umwandlung einer Genossenschaft ohne Anteilscheine in einen Verein führt bei der direkten Bundessteuer und in den meisten Kantonen zu einem **Wechsel des Steuertarifs**. Gewinne von Genossenschaften (Art. 68 DBG) werden wie die Gewinne von Vereinen (Art. 71 DBG) mit einem proportionalen Gewinnsteuersatz besteuert. Die Umwandlung führt allerdings dazu, dass der proportionale Gewinnsteuersatz von 8.5%, dem Genossenschaften bei der direkten Bundessteuer unterliegen, durch den proportionalen Gewinnsteuersatz von 4.25% nach Art. 71 DBG für Vereine ersetzt wird. Stille Reserven werden bei der direkten Bundessteuer nach der Umwandlung bloss noch mit der Hälfte des bisherigen Steuersatzes besteuert. Dennoch führt dieser Tarifwechsel **nicht zu einer gewinnsteuerlichen Abrechnung über die stillen Reserven** der Genossenschaft (ESTV-DVS, KS 5 vom 1.6.2004, Ziff. 4.2.3.2). 205

bb) Gewinnsteuern bei den Genossenschaftern

Bei Genossenschaftern, welche ihre Anteile an der Genossenschaft im **Geschäftsvermögen** halten, führt die Umwandlung nicht zu Gewinnsteuerfolgen, soweit diese den Beteiligungsbuchwert der Genossenschaft ohne Anteilscheine als Beteiligungsbuchwert des aus der Umwandlung hervorgehenden Vereins fortschreiben. 206

bc) Einkommenssteuern bei den Genossenschaftern

Die Umwandlung einer Genossenschaft ohne Anteilscheine in einen Verein erfolgt zivilrechtlich durch rechtsformändernde Umwandlung (Art. 54 Abs. 4 lit. b FusG). Soweit natürliche Personen, welche die Anteilsrechte an der Genossenschaft im **Privatvermögen** halten, bei der Umwandlung keine Leistung der Genossenschaft (z.B. Ausschüttungen) beziehen, kann es folgerichtig auch nicht zur steuerlichen Abrechnung der offenen und stillen Reserven mit der Einkommenssteuer kommen. Die ESTV vertritt allerdings die Auffassung, dass als Folge der Umwandlung der Genossenschaft ohne Anteilscheine in ei- 207 nen Verein die latente Ausschüttungsbesteuerung der offenen und stillen Reserven der Genossenschaft ohne Anteilscheine bei den Genossenschaftern entfällt und eine steuersystematische Realisierung der offenen und stillen Reserven eintritt. Die offenen und stillen Reserven werden bei den Inhabern der Beteiligungsrechte, welche die Beteiligungsrechte im Privatvermögen halten, anteilsmässig nach Massgabe ihrer Beteiligung am Grundkapital der Genossenschaft ohne Anteilscheine mit der Einkommenssteuer besteuert (Art. 20 Abs. 1 lit. c DBG; Art. 7 Abs. 1 StHG, ESTV-DVS, KS 5 vom 1.6.2004, Ziff. 4.2.3.3). Zur Begründung der Auffassung der ESTV vgl. Teil 1 vor Art. 69 N 145. Bemessungsgrundlage bildet der Verkehrswert der offenen und stillen Reserven. Weil die Umwandlung zu den Gewinnsteuerwerten der Genossenschaft erfolgt, muss der Verkehrswert des Liquidationsüberschusses geschätzt oder durch Gutachten festgelegt werden. Bei Anteilseignern, welche die Anteile im **Geschäftsvermögen** halten, ergeben sich keine Einkommenssteuererfolgen, soweit diese den bisherigen Beteiligungsbuchwert fortschreiben.

bd) Besonderheiten

208 Nach Ansicht der ESTV soll der **Wechsel des Steuertarifs** (N 205) zu einer Beendigung der Steuerpflicht der Genossenschaft und zu einem Neubeginn der Steuerpflicht des Vereins führen, weshalb die ESTV die Erstellung und Einreichung eines Abschlusses verlangt (ESTV-DVS, KS 5 vom 1.6.2004, Ziff. 4.2.3.2). Unseres Erachtens endet die Steuerpflicht der umwandelnden Genossenschaft nicht. Die Umwandlung einer Genossenschaft ohne Anteilscheine in einen Verein erfolgt durch rechtsformändernde Umwandlung. Der Rechtsträger bleibt derselbe und entsprechend bleibt auch das Steuersubjekt dasselbe. Weil das Steuersubjekt nicht ändert, kann es auch nicht zu einer Beendigung der Steuerpflicht der Genossenschaft und einem Neubeginn der Steuerpflicht des Vereins kommen. Der Erstellung eines (Zwischen)Abschlusses auf den Zeitpunkt der Umwandlung ist zuzustimmen. Der Zwischenabschluss dient der zeitlich korrekten Abgrenzung der Gewinne des Steuersubjektes mit dem auf die jeweilige Rechtsform anwendbaren Gewinnsteuersatz vor bzw. nach seiner Umwandlung. Erfolgt die Umwandlung mit steuerlicher und buchhalterischer Rückwirkung, ist der Zwischenabschluss auf den Zeitpunkt der Rückwirkung zu erstellen. Fällt der Rückwirkungszeitpunkt mit dem Ende des Geschäftsjahres und damit mit dem Ende der Steuerperiode zusammen, kann auf einen Zwischenabschluss verzichtet werden (ESTV-DVS, KS 5 vom 1.6.2004, Ziff. 4.2.1.2.3).

209 Genossenschaften können den **Beteiligungsabzug** nach Art. 69 und Art. 70 DBG beanspruchen, nicht hingegen Vereine. Beteiligungserträge aus qualifizierenden Beteiligungen gemäss Art. 69 DBG können als Folge der Umwandlung fortan nicht mehr über den Beteiligungsabzug freigestellt werden.

be) Übernahme von Verlustvorträgen

210 Die rechtsformändernde Umwandlung erfordert keine Übertragung des Verlustvortrages von einem Rechtsträger auf einen anderen. Das **Steuersubjekt ändert sich nicht**. Der aus der Umwandlung einer Genossenschaft ohne Anteilscheine hervorgehende Verein kann die im Zeitpunkt des Vollzuges der Umstrukturierung vorhandenen Verlustvorträge im Rahmen von Art. 67 Abs. 1 DBG bzw. 25 Abs. 2 StHG gegen künftige Gewinne zur Verrechnung bringen. Aufgrund der mit dem Tarifwechsel (N 205) verbundenen Halbierung des Steuersatzes halbiert sich auch der wirtschaftliche Wert des Verlustvortrages. Verlustvorträge der umgewandelten Genossenschaft können fortan gegen Gewinne verrechnet werden, die nur noch einem proportionalen Gewinnsteuersatz von 4.25% unterliegen (Art. 71 Abs. 1 DBG). Verlustverrechnungen sollten deshalb nach Möglichkeit

durch die Genossenschaft ohne Anteilscheine vor der Umwandlung in einen Verein erfolgen.

bf) Grundstückgewinnsteuer

Die formwechselnde Umwandlung einer Genossenschaft ohne Anteilscheine in einen Verein führt nicht zu einer Übertragung von Rechtsbeziehungen. Der bisherige Rechtsträger bleibt bestehen und ändert lediglich seine Rechtsform. Die formändernde Umwandlung führt somit nicht zu einer zivilrechtlichen Handänderung. Die formwechselnde Umwandlung einer Genossenschaft ohne Anteilscheine führt auch nicht zu einer wirtschaftlichen Handänderung, weil die Verfügungsmacht über das Grundstück weiterhin rechtlich und wirtschaftlich bei demselben Rechtsträger verbleibt (REICH, Umwandlung, 526).

Nach dem Recht der meisten Kantone bestimmt sich die Höhe der Grundstückgewinnsteuer neben der absoluten Höhe des erzielten Gewinnes auch nach der Besitzesdauer. Hat der Veräusserer das Grundstück im Zeitpunkt der Veräusserung während einer bestimmten, minimalen Besitzesdauer gehalten, ermässigt sich die Grundstückgewinnsteuer. Der aus der Umwandlung hervorgehende Verein tritt in die Besitzesdauer der umstrukturierten Genossenschaft ein. Der Verein kann sich die **Besitzesdauer des Rechtsvorgängers** bei einer allfälligen späteren Grundstückveräusserung bei der Berechnung der Grundstückgewinnsteuer in Zukunft **anrechnen** lassen (vgl. hierzu auch N 147).

bg) Handänderungssteuer

Die formwechselnde Umwandlung einer Genossenschaft ohne Anteilscheine in einen Verein löst infolge Fehlens einer zivilrechtlichen bzw. wirtschaftlichen Handänderung, soweit letztere durch das kantonale Recht überhaupt besteuert wird, **keine Handänderungssteuern** aus (vgl. N 212).

bh) Verrechnungssteuer

Nach der Auffassung der ESTV soll die Umwandlung einer Genossenschaft in einen Verein zur Abrechnung der Verrechnungssteuer auf den offenen und stillen Reserven der Genossenschaft führen. Die Umwandlung kommt nach Ansicht der ESTV einer Liquidation gleich (ESTV-DVS, KS 5 vom 1.6.2004, Ziff. 4.2.3.4). Diese Betrachtungsweise ist unter dem zivilrechtlichen Konzept der rechtsformändernden Umwandlung einer Genossenschaft ohne Anteilscheine in einen Verein (Art. 54 Abs. 4 lit. b FusG) unzutreffend. Die Steuerpflicht bei der Verrechnungssteuer setzt voraus, dass die Leistung aufgrund eines gesellschaftlichen Beteiligungsverhältnisses erbracht wird. Zuwendungen einer Genossenschaft an ihre Mitglieder unterliegen deshalb nur dann der Verrechnungssteuer, wenn ein aus Genossenschaftsanteilen gebildetes Genossenschaftskapital besteht und wenn diese den Genossenschaftern als Inhaber von Anteilscheinen zufliessen. Genossenschaften ohne Anteilscheine unterliegen der Verrechnungssteuerpflicht aber nicht (PFUND, Art. 4 N 3.15 und 3.5). Folgerichtig kann die Umwandlung einer Genossenschaft ohne Anteilscheine in einen Verein auch **keine Verrechnungssteuerfolgen** nach sich ziehen.

bi) Emissionsabgabe

Vereine entrichten keine Emissionsabgabe. Sie sind **nicht Steuersubjekte** der Emissionsabgabe (e contrario Art. 5 StG). Die Umwandlung von Genossenschaften in Vereine löst somit keine Emissionsabgabe aus.

bj) Umsatzabgabe

216 Die Umwandlung einer Genossenschaft ohne Anteilscheine in einen Verein ist eine formändernde Umwandlung (Art. 54 Abs. 4 lit. b FusG). Sie erfolgt durch blossen Rechtsformwechsel und unter Beibehaltung der rechtlichen Identität der Gesellschaft. Ihre Rechtsverhältnisse verändern sich dadurch nicht. Die **Umsatzabgabe ist bei dieser Umstrukturierung nicht betroffen.** Bezüglich des Wertschriftenvermögens der umgewandelten Genossenschaft ohne Anteilscheine ergeben sich deshalb keine Umsatzabgabefolgen, weil es an einer Übertragung von steuerbaren Urkunden auf die Kapitalgesellschaft oder Genossenschaft fehlt (e contrario Art. 13 Abs. 1 StG; ESTV-DVS KS 5 vom 1. 6. 2004, Ziff. 4.2.3.5 i.V.m. Ziff. 4.2.1.6). Art. 14 Abs. 1 lit. i StG kommt deshalb nicht zur Anwendung.

217 Das Kapital von Vereinen ist nicht in steuerbare Urkunden i.S.v. Art. 13 Abs. 2 lit. a StG zerlegt. Bei der Umwandlung von Genossenschaften ohne Anteilscheine in Vereine werden deshalb auch keine steuerbaren Urkunden ausgegeben. Bei der Umwandlung einer Genossenschaft ohne Anteilscheine in einen Verein stellen sich mit Bezug auf eine Befreiung von der Umsatzabgabe deshalb von vorneherein keinerlei Probleme. Die Umsatzabgabe ist nicht betroffen.

bk) Mehrwertsteuer

218 Bei der Umwandlung einer Genossenschaft ohne Anteilscheine durch rechtsformändernde Umwandlung in einen Verein nach Art. 54 Abs. 4 lit. b FusG kommt es **nicht zu einem steuerbaren Umsatz** i.S.v. Art. 5 ff. MWSTG. Das Unternehmen wird durch das bisherige Mehrwertsteuersubjekt fortgeführt, wenngleich in der Rechtsform des Vereins. Die formwechselnde Umwandlung einer Genossenschaft ohne Anteilscheine in einen Verein unterliegt folglich nicht der Mehrwertsteuer. Bei der formändernden Umwandlung entfällt die Meldepflicht nach Art. 47 Abs. 3 MWSTG, weil es an einem Übertragungsakt fehlt. Die Mehrwertsteuernummer der umwandelnden Genossenschaft kann deshalb durch den umgewandelten Verein beibehalten werden (ESTV-MWST, MB 11 Meldeverfahren, Ziff. 2.5 und 5.2; Praxismitteilung Meldeverfahren).

219 Ist im Zeitpunkt der Umwandlung bereits bekannt, dass Gegenstände oder Dienstleistungen der bisherigen Genossenschaft durch den Verein in Zukunft nicht mehr oder nicht mehr in vollem Umfang für einen steuerbaren Zweck nach Art. 38 Abs. 2 MWSTG verwendet werden, muss der Verein die **Eigenverbrauchssteuer** entrichten (Art. 9 Abs. 3 MWSTG). Vgl. im Übrigen auch das Beispiel in ESTV-MWST, MB 11 Meldeverfahren, Ziff. 4.2. Ein Eigenverbrauchstatbestand liegt weiter auch dann vor, wenn die Vermögenswerte zunächst vollumfänglich für steuerbare Zwecke verwendet werden, später aber ganz oder teilweise einem nicht steuerbaren Verwendungszweck zugeführt werden (Art. 9 Abs. 1 und Abs. 4 MWSTG).

220 War die umwandelnde Genossenschaft bisher nicht steuerpflichtig, untersteht der umgewandelte Verein jedoch fortan aufgrund von Art. 21 Abs. 1 MWSTG der Steuerpflicht, können mehrwertsteuerlich vorbelastete Gegenstände und Dienstleistungen im Rahmen von Art. 42 MWSTG entsteuert werden (**Einlageentsteuerung**). Art. 42 Abs. 3 MWSTG sieht eine Kürzung der Einlageentsteuerung vor, sofern die Gegenstände oder Dienstleistungen in der Zeit zwischen ihrem Empfang bzw. ihrer Einfuhr in die Schweiz und dem Eintritt der Voraussetzungen für den Vorsteuerabzug bereits in Gebrauch genommen wurden.

3. Umwandlung von Vereinen in Kapitalgesellschaften und Genossenschaften

a) Zivilrecht

Die Umwandlung von Vereinen, die im Handelsregister eingetragen sind, in Kapitalgesellschaften oder Genossenschaften erfolgt zivilrechtlich durch **rechtsformändernde Umwandlung** (Art. 54 Abs. 5 FusG). Es findet deshalb keine Übertragung von Vermögenswerten auf einen neuen Rechtsträger statt. Die Umwandlung erscheint als blosser Rechtskleidwechsel (Botschaft, 4357). Nicht im Handelsregister eingetragene Vereine können nur auf dem Wege der Vermögensübertragung nach Art. 69 ff. FusG in Kapitalgesellschaften oder Genossenschaften umgewandelt werden Teil 1 vor Art. 69 N 132 ff.

221

b) Steuerrecht

ba) Gewinnsteuern beim Verein

Vereine werden als juristische Personen besteuert (Art. 49 Abs. 1 lit. b DBG bzw. Art. 20 Abs. 1 StHG). Vereine, die öffentliche oder gemeinnützige Zwecke verfolgen sowie Vereine, die gesamtschweizerisch Kultuszwecke verfolgen, sind hingegen von der Steuerpflicht befreit (Art. 56 DBG bzw. Art. 23 Abs. 1 StHG; vgl. ferner auch HÖHN/WALDBURGER, Grundlagen, § 18, 139 ff.).

222

Die Umwandlung eines Vereins in eine Kapitalgesellschaft oder Genossenschaft kann gewinnsteuerneutral erfolgen, soweit die **Steuerpflicht in der Schweiz fortbesteht** und die bisher für die **Gewinnsteuer massgeblichen Werte übernommen** werden (Ingress zu Art. 61 Abs. 1 DBG bzw. Ingress zu Art. 24 Abs. 3 StHG; ESTV-DVS, KS 5 vom 1.6.2004, Ziff. 4.1.2.1.1). Weitere Voraussetzungen werden bei dieser Umstrukturierung nicht verlangt. Für weitergehende Ausführungen vgl. N 181.

223

Die Umwandlung eines Vereins in eine Kapitalgesellschaft oder Genossenschaft führt zu einem **Wechsel des Steuertarifs**. Gewinne von Kapitalgesellschaften und Genossenschaften werden beim Bund sowie in den meisten Kantonen wie Gewinne von Vereinen mit einem proportionalen Gewinnsteuersatz besteuert. Die Umwandlung führt aber zu einem Wechsel des Steuersatzes. Bei der direkten Bundessteuer wird der proportionale Gewinnsteuersatz von Vereinen von 4.25% (Art. 71 DBG) durch den proportionalen Gewinnsteuersatz für Kapitalgesellschaften und Genossenschaften von 8.5% (Art. 68 DBG) ersetzt. Nach Ansicht der ESTV führt der Tarifwechsel **nicht zu einer gewinnsteuerlichen Abrechnung über die stillen Reserven des Vereins** (ESTV-DVS, KS 5 vom 1.6.2004, Ziff. 4.2.4.2). Die latente Steuerbelastung der stillen Reserven steigt damit an. Die ESTV verzichtet auch im Falle einer späteren Besteuerung der stillen Reserven zu einem tieferen Gewinnsteuersatz, wie z.B. im umgekehrten Fall der Umwandlung einer Genossenschaft ohne Anteilscheine in einen Verein, auf die Abrechnung der stillen Reserven im Zeitpunkt der Umwandlung (ESTV-DVS, KS 5 vom 1.6.2004, Ziff. 4.2.3.2).

224

bb) Gewinnsteuern bei den Mitgliedern

Vereine verfügen über **kein Nennkapital**. Ihre Umwandlung in eine Kapitalgesellschaft oder Genossenschaft mit Anteilscheinen führt deshalb zur Schaffung von Nennkapital. Nennwerterhöhungen aus Gesellschaftsmitteln führen nicht zu Gewinnsteuererfolgen bei den Anteilsinhabern, soweit die Gesellschafter den Beteiligungsbuchwert des in eine Kapitalgesellschaft oder Genossenschaft umgewandelten Vereins als Beteiligungsbuchwert fortschreiben. Kein Nennkapital wird bei der Umwandlung in eine Genossenschaft ohne Anteilscheine geschaffen.

225

bc) Einkommenssteuern

226 Die Umwandlung eines Vereins in eine **Genossenschaft ohne Anteilscheine** kann ohne Einkommenssteuerfolgen erfolgen. Mangels eines Nennkapitals der Genossenschaft, die keine Anteilscheine herausgegeben hat, ergeben sich unter dem Nennwertprinzip der direkten Bundessteuer und zahlreicher kantonaler Steuerordnungen keine besonderen Probleme bei der Einkommenssteuer. Die Umwandlung eines Vereins in eine **Kapitalgesellschaft oder in eine Genossenschaft mit Anteilscheinen** führt bei den Anteilsinhabern hingegen zu einem Nennwertzuwachs, indem ein Teil der Reserven des Vereins in Grund- oder Genossenschaftskapital umgewandelt wird. Die direkte Bundessteuer sowie jene Kantone, die auf dem Nennwertsystem basieren, erfassen den neu geschaffenen Nennwert als Vermögensertrag mit der Einkommenssteuer, wenn sich die Beteiligungsrechte im **Privatvermögen** des Gesellschafters befinden (Art. 20 Abs. 1 lit. c DBG). In den übrigen Kantonen (z.B. ZH) wird der Nennwertgewinn erst bei der Kapitalrückzahlung einkommenssteuerlich erfasst (sog. Kapitalrückzahlungsprinzip).

227 Im Bereich des **Geschäftsvermögens** natürlicher Personen erzielen Beteiligte in dem Umfange steuerbaren Beteiligungsertrag, als sie die gratis erhaltenen Beteiligungs- oder Mitgliedschaftsrechte der Kapitalgesellschaft oder Genossenschaft mit Anteilscheinen aktivieren oder den Buchwert der Beteiligung aufwerten. Verzichten die Personenunternehmer auf die Aktivierung der Beteiligungs- oder Mitgliedschaftsrechte an der Kapitalgesellschaft oder Genossenschaft oder werden die bisherigen Buchwerte des Vereins als Buchwerte der umgewandelten Kapitalgesellschaft oder Genossenschaft fortgeschrieben, treten bei den Beteiligten keine Einkommenssteuerfolgen ein.

bd) Besonderheiten

228 Der **Wechsel des Steuertarifs** (N 224) bewirkt nach Ansicht der ESTV, dass die Steuerpflicht des Vereins auf den Zeitpunkt ihrer Umwandlung in eine Kapitalgesellschaft oder Genossenschaft endet und die Kapitalgesellschaft oder Genossenschaft neu in die Steuerpflicht eintritt. Zur gleich gelagerten Problematik bei der Umwandlung einer Genossenschaft ohne Anteilscheine in einen Verein s. N 210. Der Wechsel des Steuertarifs erfordert die Erstellung eines (Zwischen)Abschlusses auf den Zeitpunkt der Umwandlung. Dieser dient zur zeitlich korrekten Abgrenzung des Gewinns mit dem auf den Verein bzw. die Kapitalgesellschaft oder Genossenschaft anwendbaren Gewinnsteuersatzes. Erfolgt die Umwandlung mit steuerlicher und buchhalterischer Rückwirkung, ist der Zwischenabschluss auf den Zeitpunkt der Rückwirkung zu erstellen. Fällt der Rückwirkungszeitpunkt mit dem Ende des Geschäftsjahres und damit mit dem Ende der Steuerperiode zusammen, kann auf einen Zwischenabschluss verzichtet werden (ESTV-DVS, KS 5 vom 1.6.2004, Ziff. 4.2.1.2.3). In diesem Fall kann auf den ordentlichen Jahresabschluss abgestellt werden.

229 Kapitalgesellschaften und Genossenschaften können den **Beteiligungsabzug** nach Art. 69 und Art. 70 DBG beanspruchen, nicht hingegen Vereine. Beteiligungserträge aus qualifizierenden Beteiligungen gemäss Art. 69 DBG sowie Kapitalgewinne nach Art. 70 DBG können als Folge der Umwandlung neu über den Beteiligungsabzug indirekt freigestellt werden.

be) Übernahme von Verlustvorträgen

230 Die formändernde Umwandlung von Vereinen, die im Handelsregister eingetragen sind, ergibt keine Besonderheiten bei der Übertragung des Verlustvortrages auf die Kapitalgesellschaft oder Genossenschaft. Das **Steuersubjekt ändert sich nicht**. Die aus der

Umwandlung hervorgehende Kapitalgesellschaft oder Genossenschaft kann die im Zeitpunkt des Vollzuges vorhandenen Verlustvorträge des Vereins im Rahmen von Art. 67 Abs. 1 DBG bzw. Art. 25 Abs. 2 StHG gegen künftige Gewinne zur Verrechnung bringen.

Als Folge der Umwandlung kommt dem steuerlichen Verlustvortrag ein **höherer wirtschaftlicher Wert** zu. Verlustvorträge des umgewandelten Vereins können bei der direkten Bundessteuer fortan gegen Gewinne, die einem proportionalen Gewinnsteuersatz von 8.5% unterliegen (Art. 68 DBG; bisher nur 4.25% gemäss Art. 71 Abs. 1 DBG) verrechnet werden. 231

bf) Grundstückgewinnsteuer

Die formwechselnde Umwandlung eines Vereins in eine Kapitalgesellschaft oder Genossenschaft nach Art. 54 Abs. 5 FusG führt nicht zu einer Übertragung von Rechtsbeziehungen. Der bisherige Rechtsträger bleibt bestehen. Er ändert lediglich seine Rechtsform. Die formändernde Umwandlung führt somit nicht zu einer zivilrechtlichen Handänderung. Die formwechselnde Umwandlung eines Vereins, der im Handelsregister eingetragen ist, führt auch nicht zu einer wirtschaftlichen Handänderung, weil die Verfügungsmacht über das Grundstück weiterhin rechtlich und wirtschaftlich bei demselben Rechtsträger verbleibt (REICH, Umwandlung, 526). Es ergeben sich deshalb **keine Grundstückgewinnsteuerfolgen**. 232

Die aus der Umwandlung hervorgehende Kapitalgesellschaft oder Genossenschaft **tritt in die Besitzesdauer des Vereins ein**. Sie kann sich seine Besitzesdauer bei einer allfälligen späteren Grundstückveräusserung bei der Berechnung der Grundstückgewinnsteuer anrechnen lassen (N 147). 233

bg) Handänderungssteuer

Die formwechselnde Umwandlung eines Vereins, der im Handelsregister eingetragen ist, in eine Kapitalgesellschaft oder in eine Genossenschaft löst infolge Fehlens einer zivilrechtlichen bzw. wirtschaftlichen Handänderung, soweit letztere durch das kantonale Recht überhaupt besteuert wird, **keine Handänderungssteuern** aus. 234

Die aus der Umwandlung hervorgehende Kapitalgesellschaft oder Genossenschaft tritt in die Besitzesdauer des Vereins ein. Sie kann sich deren Besitzesdauer bei einer allfälligen späteren Grundstückveräusserung bei der Berechnung der Grundstückgewinnsteuer dannzumal anrechnen lassen (N 150). 235

bh) Verrechnungssteuer

Vereine unterliegen nicht der Verrechnungssteuer (vgl. PFUND, Art. 4 N 3.1). Beteiligungs- bzw. Mitgliedschaftsrechte, die bei der Umwandlung eines Vereins in eine Kapitalgesellschaft oder Genossenschaft mit Anteilscheinen ausgegeben werden, führen nicht zu einer verrechnungssteuerlichen Abrechnung über das Vermögen des Vereins. Soweit das Vereinsvermögen in das Nennkapital der Kapitalgesellschaft oder Genossenschaft, bei letzterer allerdings nur, soweit sie Anteilscheine ausgegeben hat, übergeht, ergibt sich auch keine latente Verrechnungssteuerpflicht. Das ins Nennkapital überführte Vereinsvermögen kann bei einer formellen Rückzahlung des Nennkapitals der Kapitalgesellschaft verrechnungssteuerfrei an die Inhaber von Beteiligungs- bzw. Mitgliedschaftsrechten zurückgeführt werden. Anders ist die steuerrechtliche Situation bei dem Teil des Vereinsvermögens, welcher in die Reserven – also ins Agio – der Kapitalgesellschaft oder Genossenschaft übergeht. Aufgrund des **Nennwertprinzips** (vgl. vor Art. 3 N 40), 236 dem auch die Verrechnungssteuer folgt, wird eine latente **Verrechnungssteuerpflicht** geschaffen. Die künftigen Auszahlungen unterliegen der Verrechnungssteuer, obwohl sie von einer ursprünglich subjektiv nicht verrechnungssteuerpflichtigen juristischen Person erarbeitet worden sind.

bi) Emissionsabgabe

237 Die Umwandlung von Vereinen in Kapitalgesellschaften oder Genossenschaften fällt nicht unter die Ausnahmebestimmung von Art. 6 Abs. 1 lit. a^{bis} StG. Diese Bestimmung befreit nur die Ausgabe von Beteiligungsrechten, die in Durchführung von Umstrukturierungen von Kapitalgesellschaften oder Genossenschaften begründet oder erhöht werden. Auf den Beteiligungsrechten, welche bei der Umstrukturierung von Vereinen begründet oder erhöht werden, wird die Emissionsabgabe erhoben. Mit dem neu ins Gesetz aufgenommenen Art. 9 Abs. 1 lit. e StG wird die Umwandlung von Vereinen **steuerlich** jedoch gleichwohl **privilegiert**, indem die Emissionsabgabe von Vereinen, die im Zeitpunkt der Umwandlung bereits während mindestens fünf Jahren bestanden, nur auf dem Nennwert der bei der Umwandlung geschaffenen Beteiligungsrechte erhoben wird. Bei der Umwandlung von Vereinen, die im Zeitpunkt ihrer Umwandlung in eine Kapitalgesellschaft oder Genossenschaft weniger als fünf Jahre bestanden, wird die Emissionsabgabe weiterhin auf dem gesamten Verkehrswert des Vereins erhoben.

238 Bei der Umwandlung eines Vereins in eine Aktiengesellschaft, Kommanditaktiengesellschaft oder Gesellschaft mit beschränkter Haftung kommt die Freigrenze nach Art. 6 Abs. 1 lit. h StG zur Anwendung. Art. 6 Abs. 1 lit. h StG befreit das bei der Gründung einer Aktiengesellschaft, Kommanditaktiengesellschaft oder Gesellschaft mit beschränkter Haftung entgeltlich ausgegebene Nennkapital im Umfang von CHF 250 000 von der Emissionsabgabe. Für die Umwandlung eines Vereins in eine **Kapitalgesellschaft oder Genossenschaft** bedeutet dies im Einzelnen folgendes: Bestand der Verein im Zeitpunkt der Umwandlung bereits während mindestens fünf Jahren und wird er in eine Kapitalgesellschaft mit einem Aktien- oder Stammkapital von nicht mehr als CHF 250 000 umgewandelt, kann die Umwandlung vollständig emissionsabgabefrei vorgenommen werden (Art. 6 Abs. 1 lit. h StG in Verbindung mit Art. 9 Abs. 1 lit. e StG). Übersteigt das Aktien- oder Stammkapital der aus der Umwandlung hervorgehenden Kapitalgesellschaft den Betrag von CHF 250 000, ist die Emissionsabgabe nur auf dem übersteigenden Nennkapital geschuldet. Art. 6 Abs. 1 lit. h StG befreit die Ausgabe von Anteilscheinen durch Genossenschaften nicht, weshalb bei der Umwandlung eines Vereins in eine **Genossenschaft mit Anteilscheinen** die Emissionsabgabe nach Art. 9 Abs. 1 lit. e StG auf dem Nennwert der Anteilscheine geschuldet ist. Das Agio ist steuerfrei. Betr. die Berechnung der Fristen siehe N 159 ff.

239 Werden innerhalb von fünf Jahren nach der Umwandlung des Vereins Beteiligungsrechte an der Kapitalgesellschaft oder Genossenschaft, die aus der Umwandlung hervorgegangenen ist, veräussert, sieht Art. 9 Abs. 1 lit. e StG die **nachträgliche Abrechnung der Emissionsabgabe auf dem Mehrwert** vor. Bezüglich der Steuerfolgen bei Teilveräusserung von Beteiligungsrechten sowie der Berechnung der Fristen nach Art. 9 Abs. 1 lit. e StG stellen sich dieselben Probleme wie bei der Umwandlung von Personengesellschaften in Kapitalgesellschaften und Genossenschaften. Es kann auf die entsprechenden Kommentierungen in N 164 ff. verwiesen werden.

bj) Umsatzabgabe

240 Die Umwandlung eines Vereins, der im Handelsregister eingetragen ist, in eine Kapitalgesellschaft oder Genossenschaft ist eine formändernde Umwandlung (Art. 54 Abs. 5

FusG). Sie erfolgt durch blossen Rechtsformwechsel und unter Beibehaltung der rechtlichen Identität der Gesellschaft. Ihre Rechtsverhältnisse verändern sich dadurch nicht. Die Umsatzabgabe ist bei dieser Umstrukturierung nicht betroffen. Bezüglich des Wertschriftenvermögens des umzuwandelnden Vereins ergeben sich deshalb keine Umsatzabgabefolgen, weil **keine Übertragung von steuerbaren Urkunden** auf die Kapitalgesellschaft oder Genossenschaft stattfindet (e contrario Art. 13 Abs. 1 StG). Aus diesem Grund findet Art. 14 Abs. 1 lit. i keine Anwendung. Im Übrigen sind Vereine in der Regel auch keine Effektenhändler. Insbesondere fallen Vereine nicht unter den Effektenhändlerbegriff nach Art. 13 Abs. 3 lit. d StG, der nur auf Kapitalgesellschaften, Genossenschaften und Einrichtungen der beruflichen Vorsorge Anwendung findet.

Die Ausgabe inländischer Aktien, Anteilscheine von Gesellschaften mit beschränkter Haftung und von Genossenschaften, Partizipationsscheine oder Genussscheine ist aufgrund von Art. 14 Abs. 1 lit. a StG von der Umsatzabgabe ausgenommen. Bei der Umwandlung eines Vereins in eine Genossenschaft ohne Anteilscheine stellen sich mit Bezug auf eine Befreiung von der Umsatzabgabe mangels Nennkapital von vornherein keinerlei Probleme. 241

bk) Mehrwertsteuer

Bei der rechtsformändernden Umwandlung eines Vereins, der **im Handelsregister** eingetragen ist, kommt es nicht zu einem steuerbaren Umsatz i.S.v. Art. 5 ff. MWSTG. Das Unternehmen wird durch das bisherige Mehrwertsteuersubjekt fortgeführt, wenngleich in einer neuen Rechtsform. Die formwechselnde Umwandlung eines eingetragenen Vereins in eine Kapitalgesellschaft oder eine Genossenschaft unterliegt daher nicht der Mehrwertsteuer. Bei der formändernden Umwandlung entfällt die Meldepflicht nach Art. 47 Abs. 3 MWSTG, weil es an einem Übertragungsakt fehlt. Die Mehrwertsteuernummer des umwandelnden Vereins kann deshalb durch die umgewandelte Kapitalgesellschaft oder Genossenschaft beibehalten werden (ESTV-MWST, MB 11 Meldeverfahren, Ziff. 2.5 und 5.2; Praxismitteilung Meldeverfahren). Die Umwandlung eines Vereins, der **nicht im Handelsregister eingetragen** ist, in eine Kapitalgesellschaft oder Genossenschaft erfolgt auf dem Wege der Vermögensübertragung nach Art. 69 ff. FusG (vgl. Teil 1 vor Art. 69 N 132 ff.). 242

4. Umwandlung von Kapitalgesellschaften und Genossenschaften in Personenunternehmungen

a) Zivilrecht

Das FusG sieht die direkte Umwandlung von Kapitalgesellschaften und Genossenschaften in Personenunternehmungen nicht vor (Botschaft, 4447, 4395). Die Umwandlung erfolgt zivilrechtlich durch Vermögensübertragung nach den Art. 69 ff. FusG. Vgl. zum Folgenden auch Teil 1 vor Art. 69 N 34, 37 ff.). 243

b) Steuerrecht

ba) Gewinnsteuern

Art. 61 Abs. 1 lit. a DBG bzw. Art. 24 Abs. 3 lit. a StHG sehen die steuerneutrale Umwandlung einer Kapitalgesellschaft oder Genossenschaft in eine Personenunternehmung vor. Dies war unter dem bisherigen Recht noch nicht der Fall (zum bisherigen Recht: REICH/DUSS, 239 ff.). Mit den neuen Gesetzesbestimmungen in DBG und StHG soll nach der Ansicht der Arbeitsgruppe Steuern klargestellt werden, «dass die Besteuerung nicht auf der Stufe der juristischen Person, sondern (ausschliesslich) auf der Ebene des 244

Aktionärs vorzunehmen ist» (Bericht Steuern 1, 33). Der Bundesrat schloss sich in seiner Botschaft dieser Auffassung an (Botschaft, 4377). Kapitalgesellschaften und Genossenschaften können steuerneutral auf dem Wege der Vermögensübertragung nach Art. 69 ff. in eine Personenunternehmung umgewandelt werden, soweit die Steuerpflicht in der Schweiz fortbesteht und die bisher für die Gewinnsteuer massgeblichen Werte übernommen werten (Ingress Art. 61 Abs. 1 DBG bzw. Art. 24 Abs. 3 StHG).

245 Kapitalgesellschaften sind die Aktiengesellschaft, die Kommanditaktiengesellschaft und die Gesellschaft mit beschränkter Haftung. Alle diese Rechtsformen können unter Einhaltung der Voraussetzungen von Art. 61 Abs. 1 lit. a DBG bzw. Art. 24 Abs. 3 lit. a StHG in eine Kollektivgesellschaft, eine Kommanditgesellschaft oder eine Einzelunternehmung umgewandelt werden.

(1) Fortbestand der Steuerpflicht in der Schweiz und Übernahme der für die Gewinnsteuer massgeblichen Werte

246 Personenunternehmungen sind steuerlich transparente Rechtsformen (N 6). Sie sind bei den direkten Steuern keine Steuersubjekte. Gewinn und Kapital der Personenunternehmungen werden nach den Besteuerungsregeln für natürliche Personen direkt bei den Gesellschaftern besteuert. Bei der Umwandlung von Kapitalgesellschaften und Genossenschaften in Personenunternehmungen findet ein Übergang der stillen Reserven einer juristischen Person auf eine oder mehrere natürliche Personen statt. Das Erfordernis des Fortbestandes der Steuerpflicht in der Schweiz bezieht sich deshalb auf die **übernehmenden natürlichen Personen**.

247 Das Erfordernis des Fortbestands der Steuerpflicht in der Schweiz ist auch dann erfüllt, wenn die Kapitalgesellschaft oder Genossenschaft, deren Beteiligungsrechte von einer ausländischen Personenunternehmung gehalten werden, in eine Betriebstätte der ausländischen Personenunternehmung umgewandelt wird und die stillen Reserven in voller Höhe der schweizerischen Betriebstätte verhaftet bleiben. Nach Ansicht der ESTV erfordert die steuerneutrale Umwandlung für diesen Sachverhalt notwendigerweise, dass die **internationale Steuerausscheidung** nach der (objektmässigen) direkten Methode erfolgt (ESTV-DVS, KS 5 vom 1.6.2004, Ziff. 4.2.6.3.3; zum Begriff der (objektmässigen) direkten Methode vgl. LOCHER, Internationales Steuerrecht, 309 ff., HÖHN, Handbuch des internationalen Steuerrecht der Schweiz, 264 ff., ATHANAS/WIDMER in: Kommentar zum Schweizerischen Steuerrecht I/2a, Art. 6 DBG N 33). Zur Kritik an der Verwaltungspraxis der ESTV, bei der internationalen Steuerausscheidung ausschliesslich die (objektmässige) direkte Methode zuzulassen vgl. N 91. Die Gewinnsteuerwerte der Kapitalgesellschaft oder Genossenschaft werden zu den Einkommenssteuerwerten der natürlichen Personen, die als Gesellschafter an der Personenunternehmung beteiligt sind. Es erfolgt ein Wechsel von der Gewinnbesteuerung zur Einkommensbesteuerung. Ist eine juristische Person fortan als Kommanditär beteiligt (Art. 594 Abs. 2 OR), wird der Gewinnanteil weiterhin mit der Gewinnsteuer erfasst.

(2) Weitere Voraussetzungen

248 DBG und StHG enthalten **keine weiteren Voraussetzungen** für die steuerneutrale Umwandlung einer Kapitalgesellschaft oder Genossenschaft in eine Personenunternehmung. Art. 61 Abs. 1 lit. a DBG bzw. Art. 24 Abs. 3 lit. a StHG verlangen keine Fortführung der Personenunternehmung. Änderungen bei den Gesellschaften sind zulässig. Im Unterschied zum umgekehrten Sachverhalt der Umwandlung einer Personenunternehmung in eine Kapitalgesellschaft oder Genossenschaft (Art. 19 Abs. 2 DBG bzw. Art. 8 Abs. 3bis StHG; N 96 ff.) findet auch keine fünfjährige Sperrfrist Anwendung. GURTNER

(ASA 71 [2002/2003], 755 f.; Jusletter 2003, IV Ziff. 3b) verlangt für die steuerneutrale Umwandlung einer Aktiengesellschaft in eine Einzelunternehmung als zusätzliches Erfordernis die Übertragung eines Betriebs von der Aktiengesellschaft auf die Einzelunternehmung. Er begründet seine Auffassung im Wesentlichen damit, dass eine Einzelfirma definitionsgemäss einen Betrieb führt. Er macht einzig eine Ausnahme bei Liegenschaften eines Liegenschaftenhändlers, die zwar keinen Betrieb darstellen, jedoch als Geschäftsvermögen angesprochen werden. ESTV-DVS, KS 5 vom 1.6.2004, Ziff. 4.2.6.3.2 verlangt im Rahmen des Fortbestandes der Steuerpflicht eine Betriebsfortführung. Diese zusätzlichen Erfordernisse sind abzulehnen, weil sie sich zum einen nicht auf eine gesetzliche Grundlage zu stützen vermögen und zum andern aufgrund der Besteuerung der Liquidationsdividende anlässlich der Umwandlung (vgl. N 249) systemwidrig sind.

bb) Gewinnsteuern und Einkommenssteuern bei den Gesellschaftern

Kapitalgesellschaften und Genossenschaften können sich nach FusG nicht direkt in eine Personenunternehmung umwandeln. Die rechtsformändernde Umwandlung ist nicht vorgesehen. Als Folge der Umwandlung der Kapitalgesellschaft oder Genossenschaft in eine Personenunternehmung wird die Kapitalgesellschaft oder Genossenschaft deshalb liquidiert (vgl. Teil 1 vor Art. 69 N 42 ff. sowie ESTV-DVS, KS 5 vom 1.6.2004, Ziff. 4.2.6.4). Die stillen Reserven werden aus dem Bereich der wirtschaftlichen Doppelbelastung in jenen der wirtschaftlichen Einfachbelastung (steuerliche Transparenz von Personenunternehmungen, N 6) überführt. Als Folge der Liquidation realisieren die Gesellschafter eine Liquidationsdividende. Sind an der Kapitalgesellschaft oder Genossenschaft **juristische Personen** (künftige Kommanditäre, Art. 594 Abs. 2 OR) beteiligt, unterliegt der Liquidationsgewinn als Folge der Umstrukturierung der Gewinnsteuer. Dabei handelt es sich um Beteiligungsertrag (Art. 58 Abs. 1 DBG). Kapitalgesellschaften und Genossenschaften, welche die Voraussetzungen von Art. 69/70 DBG erfüllen, können auf dem Liquidationsgewinn den Beteiligungsabzug beanspruchen. Der Liquidationsüberschuss wird bei den **natürlichen Personen**, welche die Beteiligungsrechte im Privatvermögen halten, mit der Einkommenssteuer anteilsmässig nach Massgabe ihrer Beteiligung am Grundkapital der Gesellschaft besteuert (Art. 20 Abs. 1 lit. c DBG; Art. 7 Abs. 1 StHG; vgl. Teil 1 vor Art. 69 N 157 sowie ESTV-DVS, KS 5 vom 1.6.2004, Ziff. 4.2.6.4). Bemessungsgrundlage bildet der Verkehrswert des Liquidationsüberschusses. Weil die Umwandlung zu den Gewinnsteuerwerten der Kapitalgesellschaft oder Genossenschaft erfolgt, muss der Verkehrswert des Liquidationsüberschusses geschätzt oder durch Gutachten festgelegt werden. Natürliche Personen, welche die Beteiligungsrechte im Geschäftsvermögen halten, realisieren Einkommen aus selbständiger Erwerbstätigkeit (Art. 18 Abs. 1 DBG bzw. Art. 8 StHG). Ein noch nicht verrechneter Verlustvortrag kann in Abzug gebracht werden (ESTV-DVS, KS 5 vom 1.6.2004, Anhang I, Bsp. 9; LOCHER/AMMON, ASA 71, [2002/2003], 771). Die Gewinnsteuerwerte der Kapitalgesellschaft bzw. Genossenschaft werden zu den Einkommenssteuerwerten der natürlichen Personen, die als Gesellschafter an der Personenunternehmung beteiligt sind (bezüglich Beurteilung des neuen Rechts vgl. Teil 1 vor Art. 69 N 45).

bc) Besonderheiten

Bei der Besteuerung der Gesellschafter findet ein **Systemwechsel** statt, soweit an der Personenunternehmung ausschliesslich natürliche Personen beteiligt sind. Die Besteuerung wechselt vom System der Gewinnsteuer zum System der Einkommenssteuer. Wird die Kapitalgesellschaft oder Genossenschaft in eine Kommanditgesellschaft umgewandelt, an der juristische Personen als Kommanditäre beteiligt sind (Art. 594 Abs. 2 OR), wird der Gewinnanteil dieser Kommanditäre weiterhin mit der Gewinnsteuer besteuert.

251 Die Umwandlung einer Kapitalgesellschaft oder Genossenschaft in eine Personenunternehmung führt sodann auch zu einem **Tarifwechsel**, soweit an der Personenunternehmung ausschliesslich natürliche Personen beteiligt sind. Der proportionale Gewinnsteuersatz von Kapitalgesellschaften und Genossenschaften von 8.5% (Art. 68 DBG) wird durch den progressiven Steuersatz für natürliche Personen nach Art. 214 DBG (Art. 36 DBG) ersetzt (ESTV-DVS, KS 5 vom 1.6.2004, Anhang I, Nr. 9). Der Wechsel vom Proportionalsatz zum progressiven Steuersatz bewirkt in Analogie zur Verwaltungspraxis der ESTV in anderen Fällen, die zu einem Tarifwechsel führen (ESTV-DVS, KS 5 vom 1.6.2004, Ziff. 4.2.3.2 für die Umwandlung einer Kapitalgesellschaft und Genossenschaft in einen Verein, in eine Stiftung oder in eine übrige juristische Person und Ziff. 4.2.4.2 für die Umwandlung eines Vereins, einer Stiftung oder einer übrigen juristischen Person in eine Kapitalgesellschaft oder Genossenschaft), keine gewinnsteuerliche Abrechnung über die stillen Reserven der Kapitalgesellschaft bzw. Genossenschaft. Wird die Kapitalgesellschaft oder Genossenschaft in eine Kommanditgesellschaft umgewandelt, an der juristische Personen als Kommanditäre beteiligt sind (Art. 594 Abs. 2 OR), kommt es mit Bezug auf den Gewinnanteil dieser Gesellschafter nicht zu einem Tarifwechsel.

252 Der Tarifwechsel (N 251) bewirkt, dass die **Steuerperiode der Kapitalgesellschaft oder Genossenschaft** auf den Zeitpunkt ihrer Umwandlung in eine Personenunternehmung endet und eine neue Steuerperiode für die Personenunternehmung bzw. deren Gesellschafter infolge selbständiger Erwerbstätigkeit beginnt. Beendigung der Steuerperiode der Kapitalgesellschaft bzw. Genossenschaft und Beginn der Steuerperiode der Personenunternehmung erfordern einen Zwischenabschluss auf den Zeitpunkt der Umwandlung. Erfolgt die Umwandlung mit steuerlicher und buchhalterischer Rückwirkung, ist der Zwischenabschluss auf den Zeitpunkt der Rückwirkung zu erstellen. Fällt der Rückwirkungszeitpunkt mit dem Ende des Geschäftsjahres und damit mit dem Ende der Steuerperiode zusammen, kann auf ein Zwischenabschluss verzichtet werden (ESTV-DVS, KS 5 vom 1.6.2004, Ziff. 4.2.1.2.3). In diesem Fall kann auf den ordentlichen Jahresabschluss abgestellt werden.

253 Kapitalgesellschaften und Genossenschaften können den **Beteiligungsabzug** nach Art. 69 und Art. 70 DBG beanspruchen. Dieser entfällt mit der Umwandlung in eine Personenunternehmung.

bd) Übernahme von Verlustvorträgen

254 Die an der Personenunternehmung beteiligten Gesellschafter können steuerlich noch nicht verrechnete Verluste der Kapitalgesellschaft bzw. Genossenschaft im Rahmen von Art. 211 DBG bzw. Art. 67 Abs. 1 StHG (Art. 31 DBG bzw. Art. 10 Abs. 2 StHG) in Abzug bringen (ESTV-DVS, KS 5 vom 1.6.2004, Ziff. 4.2.6.2.2, Anhang I, Nr. 9; vgl. auch Teil 1 vor Art. 69 N 39). Der allen Personengesellschaftern gesamthaft zur Verfügung stehende steuerliche Verlustvortrag entspricht dem steuerlich verrechenbaren Verlustvortrag der Kapitalgesellschaft bzw. Genossenschaft im Zeitpunkt der Erstellung des Zwischenabschlusses. Ein steuerbarer Reingewinn bzw. ein Verlust der letzten Steuerperiode der Kapitalgesellschaft bzw. Genossenschaft ist zu berücksichtigen. Die individuelle Quote jedes Gesellschafters am steuerlichen Verlustvortrag bestimmt sich aufgrund seiner Beteiligung am Eigenkapital der Kapitalgesellschaft bzw. Genossenschaft im Zeitpunkt der Umwandlung in eine Personenunternehmung.

be) Grundstückgewinnsteuer

Voraussetzung des Aufschubs der Grundstückgewinnsteuer ist das Vorliegen einer steuerneutralen Umwandlung nach Art. 24 Abs. 3 lit. a StHG. Sind die Voraussetzungen der gewinnsteuerneutralen Umwandlung einer Kapitalgesellschaft oder Genossenschaft in eine Personenunternehmung gemäss Art. 24 Abs. 3 lit. a StHG erfüllt, wird die Grundstückgewinnsteuer ohne weiteres aufgeschoben. Betr. Eintritt in die Besitzesdauerfristen vgl. Teil 1 vor Art. 69 N 47.

255

bf) Handänderungssteuer

Voraussetzung für den Erlass der Handänderungssteuer ist das Vorliegen einer steuerneutralen Umwandlung nach Art. 24 Abs. 3 lit. a StHG. Sind die Voraussetzungen der gewinnsteuerneutralen Umwandlung einer Kapitalgesellschaft oder Genossenschaft in eine Personenunternehmung gemäss Art. 24 Abs. 3 lit. a StHG erfüllt, ist die Erhebung einer kantonalen oder kommunalen Handänderungssteuer ausgeschlossen (vgl. im Übrigen auch vor Art. 103 N 15 ff.).

256

bg) Verrechnungssteuer

Art. 5 Abs. 1 lit. a VStG nimmt Reserven und Gewinne einer Kapitalgesellschaft nach Art. 49 Abs. 1 lit. a DBG oder Genossenschaft, die bei einer Umstrukturierung nach Art. 61 DBG in die Reserven einer aufnehmenden oder umgewandelten inländischen Kapitalgesellschaft oder Genossenschaft übergehen, von der Besteuerung aus. Die Umwandlung einer Kapitalgesellschaft oder Genossenschaft in eine Personenunternehmung **fällt nicht unter die Ausnahmebestimmung von Art. 5 Abs. 1 lit. a VStG**. Der Grund liegt darin, dass Personenunternehmungen nicht der Verrechnungssteuer unterstehen. Bei der Überführung von Reserven und Gewinnen aus dem verrechnungssteuerpflichtigen Bereich der Kapitalgesellschaft oder Genossenschaft in den nicht verrechnungssteuerpflichtigen Bereich der Personenunternehmung kommt es deshalb zu einer steuerlichen Abrechnung. Der Liquidationsüberschuss, d.h. die Differenz zwischen dem Aktivenüberschuss zu Verkehrswerten und dem nominellen Eigenkapital (REICH/DUSS, 242), der Kapitalgesellschaft oder Genossenschaft unterliegt der Verrechnungssteuer (Art. 4 Abs. 1 lit. b VStG). Vgl. dazu das Beispiel in ESTV-DVS, KS 5 vom 1.6.2004, Anhang I, Nr. 9 sowie Teil 1 vor Art. 69 N 49. Unter den Voraussetzungen von Art. 24 VStV kann das Meldeverfahren angewendet werden. Für Einzelheiten vgl. vor Art. 3 N 179 ff.

257

bh) Emissionsabgabe

Personenunternehmungen sind nicht Steuersubjekte bei der Emissionsabgabe (Art. 5 StG). Die Umwandlung von Kapitalgesellschaften oder Genossenschaften in Personenunternehmungen löst deshalb keine Emissionsabgabe aus.

258

bi) Umsatzabgabe

Die Übertragung von steuerbaren Urkunden bei der Umwandlung von Kapitalgesellschaften oder Genossenschaften in eine Personenunternehmung ist aufgrund von Art. 14 Abs. 1 lit. i StG von der Umsatzabgabe **ausgenommen**. Steuerbare Urkunden, die von der Kapitalgesellschaft oder Genossenschaft im Rahmen einer gewinnsteuerneutralen Umwandlung und unter Beteiligung eines Effektenhändlers auf die Personenunternehmung übertragen werden, sind von der Umsatzabgabe ausgenommen (zur Auslegung

259

des Begriffs der Umstrukturierung im Recht der Umsatzabgabe vgl. N 65). Vgl. im Übrigen die Kommentierung in N 170 ff. sowie Teil 1 vor Art. 69 N 50.

bj) Mehrwertsteuer

260 In der Vermögensübertragung der Kapitalgesellschaft oder Genossenschaft auf die Personenunternehmung liegt grundsätzlich ein steuerbarer Tatbestand. Es ist zu prüfen, ob das **Meldeverfahren** nach Art. 47 Abs. 3 MWSTG und ESTV-MWST, MB 11 Meldeverfahren, anzuwenden ist. Zu den Voraussetzungen des Meldeverfahrens sowie zum Verfahren vgl. vor Art. 3 N 340 ff.

261 Art. 21 MWSTG knüpft die subjektive Steuerpflicht bei der Mehrwertsteuer an die Ausübung einer selbständigen gewerblichen Tätigkeit an. Im Unterschied zu den direkten Steuern definiert die Mehrwertsteuer die subjektive Steuerpflicht unabhängig von der Rechtspersönlichkeit (Art. 21 Abs. 2 MWSTG). So können auch Personenunternehmungen **selbständige Steuersubjekte** bei der Mehrwertsteuer sein (Art. 21 Abs. 2 MWSTG). Das Recht der Mehrwertsteuer behandelt Personenunternehmungen steuerlich damit als nicht transparent. Die Personenunternehmung wird als steuerpflichtige Person ins Mehrwertsteuerregister eingetragen und erhält eine eigene Mehrwertsteuernummer.

5. Umwandlung eines Vereins in eine Personenunternehmung

262 Vgl. Teil 1 vor Art. 69 N 52 ff.

6. Umwandlungen eines Vereins in eine Stiftung

263 Vgl. Teil 1 vor Art. 69 N 159 ff.

7. Umwandlung von Personenunternehmungen in Vereine und Stiftungen

264 Vgl. Teil 1 vor Art. 69 N 141 für die Vermögensübertragung auf einen Verein bzw. Teil 1 vor Art. 69 N 153 für die Vermögensübertragung auf eine Stiftung

8. Umwandlung von Kapitalgesellschaften und Genossenschaften in Vereine

265 Vgl. Teil 1 vor Art. 69 N 142 ff.

9. Umwandlung von Kapitalgesellschaften und Genossenschaften in Stiftungen

266 Vgl. Teil 1 vor Art. 69 N 154 und 157.

10. Umwandlung von Instituten des öffentlichen Rechts

267 Vgl. die Kommentierung vor Art. 99 N 36 ff.

11. Umwandlung von Betriebstätten

268 Die Umwandlung von Betriebstätten erfolgt durch Spaltung. Es kann auf die Kommentierung vor Art. 29 verwiesen werden.

Erster Abschnitt: Allgemeine Bestimmungen

Art. 53

Grundsatz	Eine Gesellschaft kann ihre Rechtsform ändern (Umwandlung). Ihre Rechtsverhältnisse werden dadurch nicht verändert.
Principe	Une société peut changer de forme juridique (transformation). Ses rapports juridiques ne s'en trouvent pas modifiés.
Principio	Una società può modificare la propria forma giuridica (trasformazione) senza che i rapporti giuridici ne risultino modificati.

Literatur

EHRA, Die Praxis des Eidg. Amts für das Handelsregister in Fragen betreffend Umwandlungen und rechtsformüberschreitende Fusionen, REPRAX 1/1999, 41 ff.; R. VON BÜREN, Der Vorentwurf zu einem BG über die Fusion, Spaltung und Umwandlung von Rechtsträgern (Fusionsgesetz) aus der Sicht des Gesellschaftsrechts, ZSR 1198 I 299 ff.; KUHN, Umwandlung der Rentenanstalt/Swiss Life-Genossenschaft in eine Aktiengesellschaft per 30.6.1997, SZW 1999, 275 ff.; M. LANZ/O. TRIEBOLD, Der Rechtskleidwechsel eines Vereins in eine Aktiengesellschaft, SZW 2000, 57 ff.; CH.J. MEIER-SCHATZ, Die Zulässigkeit aussergesetzlicher Rechtsformwechsel im Gesellschaftsrecht, ZSR 1994, 353 ff. (zit. Zulässigkeit); DERS., Die Umwandlung einer Genossenschaft in eine Aktiengesellschaft, JBHReg 1996, 62 ff.; MEISTERHANS, Die rechtsformwechselnde Umwandlung einer Genossenschaft in einen Verein, JBHReg 1997, 65 ff. (zit. Genossenschaft); SAGASSER/BULA/ BRÜNGER, Umwandlungen, 2. Aufl., München 2000.

I. Einleitung

Im 4. Kapitel des FusG wird geregelt, unter welchen Voraussetzungen eine Gesellschaft ihre Rechtsform – ihr «äusseres Rechtskleid» – ändern kann. Das FusG bezeichnet diesen Vorgang als Umwandlung, im deutschen Vorbild des FusG – dem Umwandlungsgesetz – heisst er Formwechsel. Drei Prinzipien prägen die Bestimmungen des FusG über die Umwandlung: 1

– **Freiheit bei Wahl und Wechsel der Gesellschaftsform**: Das FusG anerkennt in Art. 53, dass Gesellschaften und ihre Gesellschafter frei entscheiden können, in welcher Rechtsform sie ihr Unternehmen betreiben wollen. Sie sind nicht an eine einmal gewählte Rechtsform gebunden, sondern können sie jederzeit an geänderte kommerzielle, finanzielle, unternehmerische oder steuerliche Gegebenheiten anpassen.

– **Identitätsprinzip**: Wenn eine Gesellschaft ihre Rechtsform wechselt, ändern sich dabei ihre übrigen Rechtsverhältnisse nicht. Sie wahrt bei der Umwandlung ihre rechtliche und wirtschaftliche Identität.

– **Grundsatz der mitgliedschaftlichen Kontinuität**: Die Umwandlung darf die Anteils- und Mitgliedschaftsrechte der Gesellschafter nicht gegen deren Willen wesentlich beeinträchtigen (vgl. Komm. zu Art. 56 und 64).

Die Umwandlung ist ein rein **gesellschaftsinterner Vorgang**. Dies unterscheidet sie – und die Aufspaltung – von den übrigen Umstrukturierungen des FusG, bei denen immer mindestens zwei Gesellschaften beteiligt sind. Deshalb gibt es bei der Umwandlung auch keinen Vertrag, sondern nur einen Umwandlungsplan, der aber funktional dem Fu- 2 sions-, Spaltungs- und Übertragungsvertrag gleichgestellt ist. Im Gegensatz zu den übrigen im FusG geregelten Umstrukturierungen wird bei der Umwandlung auch kein Vermögen auf einen anderen Rechtsträger übertragen (s. aber N 14). Dem Schutz der Gläubiger und Arbeitnehmer kommt deshalb bei der Umwandlung nicht die gleiche Bedeutung zu, die ihm bei einer Fusion, Spaltung oder Vermögensübertragung beizumessen ist.

3   Art. 53 hat lediglich programmatischen Charakter. Die Voraussetzungen, Formalitäten und Einschränkungen, die bei der Umwandlung einer Gesellschaft zu berücksichtigen sind, ergeben sich aus den Art. 54–68 FusG sowie Art. 107 f. der HRegV. Namentlich schränkt ein Numerus clausus (Art. 54 FusG) den allgemeinen Grundsatz von Art. 53 – «eine Gesellschaft kann ihre Rechtsform ändern» – wieder ein. Ausgeschlossen wird namentlich, dass sich eine Kapitalgesellschaft oder Genossenschaft in eine Kollektiv- oder Kommanditgesellschaft umwandelt.

4   Für die Umwandlung von Vorsorgeeinrichtungen und von Instituten des öffentlichen Rechts bestehen in Art. 97 bzw. Art. 99 ff. besondere Bestimmungen. Nicht im FusG geregelt ist die Umwandlung einer Kollektiv- in eine Kommanditgesellschaft und umgekehrt. Art. 55 Abs. 4 hält fest, dass diese Umwandlungen nicht unter das 4. Kapitel des FusG fallen; massgebend sind weiterhin die Bestimmungen des OR. Das Gleiche gilt für die «Umwandlung» einer Kollektiv- oder Kommanditgesellschaft in eine Einzelfirma gestützt auf Art. 579 OR. Auch dafür gelten die Bestimmungen des FusG nicht.

5   Im bisherigen Recht war die Umwandlung nur punktuell geregelt (vgl. MEIER-SCHATZ, Zulässigkeit, 354 f.). Die Art. 824 ff. OR regelten die Umwandlung einer Aktiengesellschaft in eine GmbH, Art. 14 BankG die Umwandlung einer Genossenschaftsbank in eine Aktiengesellschaft oder eine Kommanditaktiengesellschaft. Diese Bestimmungen wurden bei Inkrafttreten des FusG aufgehoben. Dank einer flexiblen Haltung der Handelsregisterbehörden erfolgten in der Vergangenheit zudem auch Umwandlungen, für die keine ausdrückliche gesetzliche Grundlage bestand. Die Umwandlung der Rentenanstalt/Swiss Life-Genossenschaft in eine Aktiengesellschaft ist ein prominentes Beispiel einer altrechtlichen Umwandlung (vgl. die Darstellung bei KUHN, 275 ff.; ferner MEISTERHANS, 65 ff.). Ebenso wurden ohne gesetzliche Grundlage GmbHs in Aktiengesellschaften (BGE 125 III 18), Genossenschaften in Vereine (MEISTERHANS, Genossenschaft, 70 ff.) oder Vereine in Aktiengesellschaften umgewandelt (EHRA, 1999, 48 ff.; LANZ/TRIEBOLD, 62 ff.). In BGE 125 III 18, 28 anerkannte schliesslich das Bundesgericht, dass Umwandlungen und Fusionen unter bestimmten Voraussetzungen generell auch ohne ausdrückliche gesetzliche Grundlage zulässig sind.

II. Entstehungsgeschichte der Bestimmungen zur Umwandlung

6   Die Bestimmungen zur Umwandlung im 4. Kapitel des FusG wurden von den eidgenössischen Räten – mit einer Ausnahme – angenommen wie vom Bundesrat in der Botschaft vorgeschlagen. Die Ausnahme betrifft den 2. Absatz von Art. 58 FusG, den erst der Ständerat auf Vorschlag seiner vorberatenden Kommission eingefügt hatte. Der Vorschlag des Bundesrats umfasste nur den heutigen 1. Absatz dieses Artikels (Botschaft, 4453).

7   In den **vorberatenden Kommissionen** des National- und Ständerates führten die Bestimmungen zur Umwandlung zu keiner grossen Debatte. In der nationalrätlichen Kommission wurde ein Änderungsantrag zu Art. 68 FusG eingebracht, der für die Arbeitnehmer das gleiche Einsichtsrecht in Umwandlungsplan und -bericht, Prüfungsbericht

sowie Jahresrechnungen und -berichte verlangte, wie es Art. 63 den Gesellschaftern einräumt. Begründet wurde dieser Vorstoss mit den Hinweisen, dass sich die Stellung der Arbeitnehmer namentlich bei der Umwandlung von öffentlich-rechtlichen Unternehmen (z.B. Kantonalbanken) in privatrechtliche Körperschaften wesentlich verändert und sich durch die Umwandlung auch das Haftungssubstrat für Forderungen der Arbeitnehmer vermindern könne. Schliesslich setzte sich aber die Einsicht durch, dass die Interessen der Arbeitnehmer (und Gläubiger) bei einer Umwandlung nicht wesentlich tangiert werden, da die Umwandlung – im Gegensatz zur Fusion, Spaltung und Vermögensübertragung – die rechtliche und wirtschaftliche Identität der betroffenen Gesellschaft nicht berührt. Zudem gelten die Vorschriften des 4. Kapitels des FusG nicht für die Privatisierung von öffentlich-rechtlichen Unternehmen. Der Antrag auf Ergänzung von Art. 68 wurde in der Folge von der Kommissionsmehrheit abgelehnt und im Plenum des Nationalrats nicht mehr gestellt.

Der **Ständerat** befasste sich als Erstrat mit dem FusG. Als Sprecher für die vorberatende Kommission erläuterte Ständerat Schweiger in einem kurzen Votum die vorgeschlagenen Bestimmungen zur Umwandlung. Es gebe drei Umwandlungsformen, nämlich die «blosse Umwandlung der Rechtsform», die «übertragende Funktion, bei der ein Rechtsträger ohne Rechtspersönlichkeit zu einer juristischen Person» werde sowie die «Umwandlung infolge Verminderung im Kreis der Gesellschafter» (AmtlBull StR 2001, 157). Das FusG sei auf die letztgenannte Umwandlungsform nicht anwendbar. Ohne Diskussion hat der Ständerat darauf die Bestimmungen zur Umwandlung angenommen. Auch die Ergänzung von Art. 58 mit einem zweiten Absatz war unbestritten, kein Parlamentarier ergriff dazu das Wort. Der **Nationalrat** handelte die Umwandlung noch schneller als der Erstrat ab; er akzeptierte den Vorschlag des Bundesrats bzw. des Ständerats zur Umwandlung ohne weiteres in einer die Art. 29–67 umfassenden Gesamtabstimmung (AmtlBull NR 2001, 241). Weder der Sprecher der Kommission noch ein anderes Mitglied des Nationalrats verlangte das Wort. Im Amtlichen Bulletin ist somit zur Umwandlung einzig das Votum von Ständerat Schweiger verzeichnet, aus dem sich für die subjektiv-historische Auslegung der Art. 53–68 nichts Wesentliches herleiten lässt. 8

III. Voraussetzungen

1. Arten der Umwandlungen

In der zivilrechtlichen Doktrin werden drei Formen von Umwandlungen unterschieden: die formwechselnde Umwandlung, die übertragende Umwandlung und die Umwandlung durch Veränderungen im Kreise der Gesellschafter. Bei der **formwechselnden Umwandlung** wechselt eine Gesellschaft lediglich ihr rechtliches Gewand und wahrt im Übrigen ihre rechtliche und wirtschaftliche Identität; es werden keine Rechte und Pflichten übertragen und es wird keine neue Gesellschaft gegründet. Eine derartige formwechselnde Umwandlung findet nach FusG bei jeder Umwandlung von einer juristischen Person in eine andere Körperschaft statt. Bei der **übertragenden Umwandlung** werden die Rechte und Pflichten der Gesellschaft auf eine neue, bei der Umwandlung gegründete Gesellschaft in der Ziel-Rechtsform übertragen. Diese Form der Umwandlung ergibt sich zwangsläufig bei der Umwandlung einer Kollektiv- oder Kommanditgesellschaft in eine juristische Person, da Kollektiv- und Kommanditgesellschaften keine juristische Persönlichkeit besitzen und damit die Gesellschafter – nicht die Gesellschaft – Rechtsträger des Gesellschaftsvermögens sind (vgl. N 14). Nach FusG wird aber auch die übertragende Umwandlung durch blosse Änderung des Registereintrags der Kollektiv- oder Kommanditgesellschaft vollzogen (Art. 107a HRegV; KLÄY/TURIN, 9

28). Eine **Umwandlung durch Veränderungen im Kreise der Gesellschafter** ergibt sich, wenn ein Kommanditär einer Kollektivgesellschaft beitritt, ein bisher unbeschränkt haftender Gesellschafter zum Kommanditär wird, wenn alle Kommanditäre aus der Kommanditgesellschaft ausscheiden oder wenn alle Kommanditäre zu unbeschränkt haftenden Gesellschaftern werden (Art. 55 Abs. 1 und 2). Weiter tritt sie ein, wenn alle Komplementäre aus einer Kommandit**aktien**gesellschaft ausscheiden. Das FusG erfasst nur den letzten der genannten Tatbestände. Seine Vorschriften sind einzuhalten, wenn der unbeschränkt haftende Gesellschafter aus einer Kommanditaktiengesellschaft ausscheidet und sie dadurch zur normalen Aktiengesellschaft wird. Diese Umwandlung lässt sich nicht mehr – wie unter bisherigem Recht – mit einer blossen Statutenänderung herbeiführen (BSK OR II-BAHLSEN/WILDHABER, Art. 770 N 4). Nicht unter die Vorschriften des FusG fällt hingegen die Umwandlung einer Kollektiv- in eine Kommanditgesellschaft und umgekehrt (Art. 55 Abs. 4). Sie beruht weiterhin auf der vertraglichen Vereinbarung der Gesellschafter.

2. Anwendungsbereich

10 Die Bestimmungen des 4. Kapitels des FusG über die Umwandlung gelten nur für Gesellschaften. Dazu zählen gemäss der Legaldefinition in Art. 2 lit. b und lit. c FusG Aktien- und Kommanditaktiengesellschaften, Gesellschaften mit beschränkter Haftung, Kollektiv- und Kommanditgesellschaften, Vereine und Genossenschaften (sofern sie keine Vorsorgeeinrichtungen gemäss Art. 2 lit. i sind). Art. 54 bestimmt in einem abschliessenden Katalog, in welche Ziel-Rechtsform sich diese Gesellschaften umwandeln können.

11 Vorsorgeeinrichtungen und Institute des öffentlichen Rechts können sich umwandeln, doch richtet sich ihre Umwandlung nicht nach Art. 53 ff., sondern nach Art. 97 bzw. Art. 99 ff. FusG. Überhaupt nicht umwandeln können sich Stiftungen (mit Ausnahme der Vorsorgeeinrichtungen in Stiftungsform).

3. Grenzüberschreitende Umwandlungen

12 Das FusG und die revidierten Bestimmungen des IPRG sehen eine grenzüberschreitende Umwandlung nicht vor (Botschaft, 4496). Sie ist deshalb nicht *uno actu*, sondern nur in einem **Doppelschritt** möglich, bei dem die Umwandlung mit einer Sitzverlegung nach Art. 163 IPRG verbunden wird. Die Umwandlung kann dabei vor der Sitzverlegung nach FusG oder nach Sitzverlegung nach dem anwendbaren Gesellschaftsstatut erfolgen.

IV. Auswirkungen der Umwandlung auf die Gesellschaft

1. Grundsatz des Fortbestands aller Rechtsverhältnisse

13 Nach Art. 53 gilt das **Identitätsprinzip** für alle Umwandlungen. Die Rechtsverhältnisse ändern sich – ausser bei der Umwandlung von Personengesellschaften (N 14) – durch die Umwandlung nicht (Botschaft, 4446; VON BÜREN, 309). Die rechtliche und wirtschaftliche Identität der Gesellschaft bleibt bei der Umwandlung gewahrt, und sie behält auch ihre Identifikationsnummer (Art. 936a OR). Es muss daher nicht – wie bei der altrechtlichen Umwandlung einer Aktiengesellschaft in eine GmbH nach Art. 824 ff. OR – die alte Gesellschaft aufgelöst, gleichzeitig eine neue gegründet und alle Aktiven und Passiven auf die neue Gesellschaft übertragen werden. Lediglich der Eintrag im Handelsregister wird an den Formwechsel angepasst.

2. Sonderfall der Umwandlung von oder in Kollektiv- und Kommanditgesellschaften

Das Kontinuitätsprinzip wird notwendigerweise durchbrochen, wenn sich eine Kollektiv- oder Kommanditgesellschaft in eine juristische Person umwandelt. Kollektiv- oder Kommanditgesellschaften besitzen nach Rechtsprechung (BGE 116 II 651) und herrschender Lehre (vgl. MEIER-HAYOZ/FORSTMOSER, § 2 N 5, § 13 N 18 ff.; BSK OR II-PESTALOZZI/WETTENSCHWILER, Art. 562 N 4; VON STEIGER, SPR VIII/1, 529) keine volle Rechtsfähigkeit. Auch wenn diese Gesellschaften nach aussen im eigenen Namen auftreten und in praktischer Hinsicht wie eine juristische Person mit eigener Rechtsfähigkeit agieren können, gehört das Gesellschaftsvermögen genau genommen den einzelnen Gesellschaftern zur gesamten Hand. Diese Rechtslage hat zur Folge, dass bei der Umwandlung einer Kollektiv- oder Kommanditgesellschaft in eine juristische Person ein neues Rechtssubjekt entsteht (Botschaft, 4447). Dabei geht das gesamthandschaftliche Eigentum am Gesellschaftsvermögen von den Gesellschaftern auf die neue juristische Person über. Diese Umwandlung wird deshalb auch als «errichtende Umwandlung» bezeichnet, weil dabei eine neue juristische Person errichtet wird.

14

Das gesamthandschaftliche Eigentum der Gesellschafter am Gesellschaftsvermögen geht durch **Universalsukzession** auf die neue juristische Person über. Das FusG hält dies zwar nicht explizit fest, doch ergibt es sich ohne weiteres aus dem Identitätsprinzip von Art. 53 und aus der Analogie zur Vermögensübertragung bei der Fusion, Spaltung und Vermögensübertragung. Auch bei diesen Umstrukturierungen wird das Vermögen stets durch Universal- und nicht durch Singularsukzession übertragen.

15

Unter dem FusG läuft die übertragende Umwandlung einer Kollektiv- oder Kommanditgesellschaft in eine juristische Person wie ein blosser Formwechsel einer juristischen Person ab. In beiden Fällen sind die gleichen Vorschriften und Verfahrensregeln zu beachten. Auch die übertragende Umwandlung einer Kollektiv- oder Kommanditgesellschaft wird durch blosse Änderung des Handelsregistereintrags vollzogen, ohne dass die alte Gesellschaft dabei liquidiert werden müsste (WAMISTER, 66). Die Gesellschaft behält bei der Umwandlung ihre ursprüngliche Identifikationsnummer (Art. 936a OR).

16

Der deutsche Gesetzgeber ging im **UmwG** einen Schritt weiter und sah auch für die Umwandlung von Personenhandelsgesellschaften eine bloss formwechselnde Umwandlung vor, bei der die rechtliche Identität der Gesellschaft trotz der Umwandlung gewahrt bleibt. Mit dieser rechtlichen Fiktion werden die Personenhandelsgesellschaften in Deutschland bezüglich Umwandlungen wie juristische Personen behandelt (LUTTER-DECHER, § 190 N 1 ff.). In der Gesetzesbegründung wird erklärt, dass diese Konzeption «einer modernen Auffassung von der Natur der Personenhandelsgesellschaft» entspreche (vgl. SAGASSER/BULA/BRÜNGER, 607 N 8). Unter dem FusG kommt dieser, auch bei uns geführten dogmatischen Diskussion um die Rechtsnatur von Kollektiv- und Kommanditgesellschaft keine praktische Bedeutung zu. Wie gezeigt (vgl. N 16), bestehen unter dem FusG – auch ohne die rechtliche Fiktion des deutschen UmwG (vgl. SAGASSER/BULA/BRÜNGER, 607 N 9) – keine relevanten Unterschiede zwischen formwechselnder und übertragender Umwandlung.

17

V. Auswirkungen der Umwandlung auf die Gesellschafter

Nach Art. 56 sind die Anteils- und Mitgliedschaftsrechte der Gesellschafter bei der Umwandlung ihrer Gesellschaft zu wahren (vgl. Komm. zu Art. 56). Wegen der **Kontinuität der mitgliedschaftlichen Verhältnisse** scheiden bei der Umwandlung weder bisherige

18

Mitglieder aus noch werden neue Mitglieder aufgenommen. Deswegen lässt das FusG auch keine Cash out-Umwandlung zu, wie sie bei der Fusion möglich ist (vgl. Komm. zu Art. 8 und 23). Ebensowenig ist laut Botschaft (4451) möglich, dass bei der Umwandlung Ausgleichszahlungen an die Mitglieder ausgerichtet werden (**a.M.** Art. 56 N 23 ff., wo für die Zulässigkeit von Ausgleichszahlungen bei der Umwandlung argumentiert wird). Trotz dieser Kontinuität der Mitgliedschaft kann sich ihr rechtlicher Gehalt – die Rechte und Pflichten der Mitglieder – bei der Umwandlung teilweise tiefgreifend verändern (Botschaft, 4451). Wird etwa eine Genossenschaft in eine Aktiengesellschaft umgewandelt und der Genossenschafter damit zum Aktionär, gehen alle persönlichen Pflichten der Genossenschafter unter; übrig bleibt die einzige Pflicht des Aktionärs, die Pflicht zur Liberierung (FORSTMOSER/MEIER-HAYOZ/NOBEL, § 42 N 8). Ebenso wird das zwingende Kopfstimmrecht nach Art. 885 OR aufgehoben und durch ein Stimmrecht nach Kapitaleinsatz ersetzt, das freilich im Rahmen von Art. 692 Abs. 2 und 693 OR durchbrochen werden kann. Wird eine Aktiengesellschaft in eine GmbH umgewandelt, dann muss der Gesellschafter plötzlich weitergehende Pflichten wie Konkurrenzverbote gewärtigen (Art. 818 Abs. 2 OR), die dem Aktienrecht fremd sind.

19 Grundsätzlich muss das Mitglied alle Änderungen seiner Rechte und Pflichten hinnehmen, die sich zwangsläufig aus der Umwandlung ergeben (Botschaft, 4451; WAMISTER, 68). Zum Ausgleich sieht Art. 64 besondere **Mehrheitserfordernisse** für den Umwandlungsbeschluss vor. Bei den für Mitglieder ganz einschneidenden Änderungen – z.B. der Auferlegung von neuen persönlichen Leistungspflichten – verlangt Art. 64 gar, dass alle betroffenen Gesellschafter und Mitglieder – und nicht bloss die an der Versammlung vertretenen – damit einverstanden sind.

VI. Auswirkungen der Umwandlung auf die Gläubiger und Arbeitnehmer

20 Die Umwandlung einer Gesellschaft ist in der Regel für deren Gläubiger unproblematisch (Botschaft, 4458). Weil die Gesellschaft ihre rechtliche und wirtschaftliche Identität wahrt, wechselt der Schuldner nicht, sondern nur dessen Rechtsform. Weil das FusG keine Cash out-Umwandlung oder Abfindungszahlungen anlässlich des Formwechsels vorsieht (s. aber Art. 56 N 23 ff.), vermindert sich durch die Umwandlung auch das Haftungssubstrat nicht. Die Rechtsstellung der Gläubiger kann jedoch bei der Umwandlung tangiert werden, wenn eine Gesellschaft, deren Gesellschafter subsidiär für die Gesellschaftsschulden haften, sich in eine Gesellschaftsform umwandelt, die eine derartige Haftung nicht mehr vorsieht. Dies ergibt sich namentlich in folgenden Konstellationen:

– Bei der Umwandlung einer Kollektiv- oder Kommanditgesellschaft in eine Aktiengesellschaft oder Kommanditaktiengesellschaft entfällt die Haftung der Gesellschafter nach Art. 568 OR;

– bei der Umwandlung eines Vereins in eine Aktiengesellschaft oder Kommanditaktiengesellschaft wird die anteilsmässige Haftung der Vereinsmitglieder für die Gesellschaftsschulden gemäss Art. 71 Abs. 2 ZGB aufgehoben, wonach die Mitglieder die Vereinsschulden decken müssen, sofern die Statuten die Beiträge nicht festsetzen;

– bei der Umwandlung einer Genossenschaft in eine Aktiengesellschaft oder Kommanditaktiengesellschaft entfällt die persönliche Haftung der Genossenschafter für die Verbindlichkeiten der Genossenschaft, sofern sie in deren Statuten gemäss Art. 868 ff. OR vorgesehen ist;

- bei der Umwandlung einer GmbH in eine Aktiengesellschaft oder Kommanditaktiengesellschaft entfällt die Haftung der Gesellschafter nach Art. 802 OR;
- schliesslich entfällt bei der Umwandlung einer Kommanditaktiengesellschaft in eine Aktiengesellschaft die unbeschränkte Haftung der Komplementäre nach Art. 764 OR.

Der Nachteil, den die Gläubiger in diesen Fällen erleiden, wird durch Art. 68 Abs. 1 wieder ausgeglichen (Botschaft, 4458 f.; WAMISTER, 80). Diese Bestimmung erklärt Art. 26 auch für Umwandlungen anwendbar. Dies hat zur Folge, dass die **persönliche Haftung** der Gesellschafter für die Gesellschaftsschulden weiterbesteht. Sie bleiben für alle Verbindlichkeiten haftbar, die vor der Veröffentlichung des Umwandlungsbeschlusses begründet worden sind oder deren Entstehungszeitpunkt vor diesem Zeitpunkt liegt (vgl. Komm. zu Art. 26 Abs. 1).   21

Art. 68 Abs. 2 FusG führt – aus den gleichen Gründen – ein vergleichbares Regime für Verbindlichkeiten aus **Arbeitsvertrag** ein. Nach Art. 27 Abs. 3 haften Gesellschafter, die vor der Umwandlung für diese Verbindlichkeiten ihrer Gesellschaft einstehen mussten, weiterhin für alle Forderungen aus Arbeitsvertrag, die bis zum Zeitpunkt fällig werden, auf den das Arbeitsverhältnis ordentlicherweise beendigt werden könnte (vgl. Komm. zu Art. 27 und 68).   22

Bei der Umwandlung überhaupt nicht zu berücksichtigen sind die Vorschriften von **Art. 333 und 333a OR**. Weil die Umwandlung die rechtliche und wirtschaftliche Identität des Arbeitgebers nicht berührt, werden auch die Arbeitsverträge nicht auf einen Dritten übertragen. Auch bei der Umwandlung einer Kollektiv- oder Kommanditgesellschaft in eine juristische Person, bei der die Arbeitsverträge formell auf das neue Rechtssubjekt übergehen, sind die Vorschriften von Art. 333 und 333a OR nicht einzuhalten. Das Identitäts- und Kontinuitätsprinzip von Art. 53 gilt auch hier und führt bei der übertragenden Umwandlung zur rechtlichen Fiktion, dass der Arbeitnehmer vor und nach der Umwandlung den gleichen Arbeitgeber hat (Handkommentar FusG-AFFENTRANGER/REINERT, Art. 68 N 6 f.). Aus diesen Gründen lehnte die Kommission des Nationalrats (zu Recht) auch den Vorschlag eines Mitglieds ab, die Einsichtsrechte der Gesellschafter nach Art. 63 auf die Arbeitnehmer auszudehnen (vgl. N 7). Offensichtlich passen die Vorschriften von Art. 333 OR nicht zur Umwandlung. Die Kollektiv- oder Kommanditgesellschaft besteht ab Eintrag der Umwandlung im Handelsregister nicht mehr und kann deshalb auch nicht als «alter Arbeitgeber» für die Arbeitnehmer verpflichtet bleiben, die den Übergang ihres Arbeitsvertrags ablehnen. Der Verweis von Art. 68 Abs. 2 auf Art. 27 Abs. 3 bezieht sich daher auch nicht auf den letzten Teil dieses Absatzes, der die Anwendung von Art. 333 OR voraussetzt.   23

VII. Rechtsvergleich zum Gemeinschaftsrecht

Das EU-Gemeinschaftsrecht greift nur in sehr geringfügigem Umfang in das Umwandlungsrecht der Mitgliedstaaten ein. Einzig Art. 13 der Zweiten Richtlinie 77/91/EWG vom 13.12.1976 zum Kapitalschutz bei Aktiengesellschaften bestimmt, dass bei der Umwandlung einer Aktiengesellschaft die (Gründungs-)Vorschriften von Artikel 2 bis 12 der Richtlinie zu beachten sind (Botschaft, 4515; LUTTER-DECHER, Vor § 190 N 35).   24

Art. 54

Zulässige Umwandlungen

¹ Eine Kapitalgesellschaft kann sich umwandeln:
a. in eine Kapitalgesellschaft mit einer anderen Rechtsform;
b. in eine Genossenschaft.

² Eine Kollektivgesellschaft kann sich umwandeln:
a. in eine Kapitalgesellschaft;
b. in eine Genossenschaft;
c. in eine Kommanditgesellschaft.

³ Eine Kommanditgesellschaft kann sich umwandeln:
a. in eine Kapitalgesellschaft;
b. in eine Genossenschaft;
c. in eine Kollektivgesellschaft.

⁴ Eine Genossenschaft kann sich umwandeln:
a. in eine Kapitalgesellschaft;
b. in einen Verein, falls sie über keine Anteilscheine verfügt und der Verein ins Handelsregister eingetragen wird.

⁵ Ein Verein kann sich in eine Kapitalgesellschaft oder in eine Genossenschaft umwandeln, falls er im Handelsregister eingetragen ist.

Transformations autorisées

¹ Une société de capitaux peut se transformer:
a. en une société de capitaux de forme juridique différente;
b. en une société coopérative.

² Une société en nom collectif peut se transformer:
a. en une société de capitaux;
b. en une société coopérative;
c. en une société en commandite.

³ Une société en commandite peut se transformer:
a. en une société de capitaux;
b. en une société coopérative;
c. en une société en nom collectif.

⁴ Une société coopérative peut se transformer:
a. en une société de capitaux;
b. si elle ne dispose pas d'un capital social, en une association qui sera inscrite au registre du commerce.

⁵ Une association peut, si elle est inscrite au registre du commerce, se transformer en une société de capitaux ou en une société coopérative.

Trasformazioni permesse

¹ Una società di capitali può trasformarsi in:
a. una società di capitali di diversa forma giuridica;
b. una società cooperativa.

² Una società in nome collettivo può trasformarsi in:
a. una società di capitali;
b. una società cooperativa;
c. una società in accomandita.

³ Una società in accomandita può trasformarsi in:
a. una società di capitali;
b. una società cooperativa;
c. una società in nome collettivo.

⁴ Una società cooperativa può trasformarsi in:

1. Abschnitt: Allgemeine Bestimmungen   1–4 **Art. 54**

  a. una società di capitali;
  b. un'associazione iscritta nel registro di commercio, se non dispone di capitale sociale.

⁵ Un'associazione iscritta nel registro di commercio può trasformarsi in una società di capitali o in una società cooperativa.

Literatur

H.C. VON DER CRONE, Bericht zu einer Teilrevision des Aktienrechts: Nennwertlose Aktien, REPRAX 1/2002, 1 ff.; M. LANZ/O.TRIEBOLD, Der Rechtskleidwechsel eines Vereins in eine Aktiengesellschaft, SZW 2000, 57 ff.; B. SAGASSER/T. BULA/T. BRÜNGER, Umwandlungen, 2. Aufl., München 2000.

I. Normzweck

Art. 54 führt für Kapitalgesellschaften, Kollektiv- und Kommanditgesellschaften, Genossenschaften und im Handelsregister eingetragene Vereine auf, in welche andere Gesellschaftsform sie sich umwandeln können. Es handelt sich dabei um eine **abschliessende Aufzählung** der Umwandlungen, die für diese Gesellschaften zulässig sind. Die Umwandlung von Vorsorgeeinrichtungen ist in Art. 97 geregelt, die Umwandlung von Instituten des öffentlichen Rechts in den Art. 99 ff. FusG. Der folgende **vereinfachende Überblick** (vgl. Botschaft, 4524) zeigt die nach Art. 54 zulässigen Umwandlungen: 1

von \ in	KG	KomG	AG	KAG	GmbH	Geno	Verein
KG		X	X	X	X	X	O
KomG	X		X	X	X	X	O
AG	O	O		X	X	X	O
KAG	O	O	X		X	X	O
GmbH	O	O	X	X		X	O
Geno	O	O	X	X	X		X
Verein	O	O	X	X	X	X	

KG	Kollektivgesellschaft
KomG	Kommanditgesellschaft
KAG	Kommanditaktiengesellschaft
Geno	Genossenschaft
Verein	im HReg eingetragener Verein
X =	zulässige Umwandlung
O =	nicht zulässig

Art. 54 wurde im Laufe der parlamentarischen Beratung nicht geändert (vgl. Komm. zu Art. 53 N 6 ff.). Diese Bestimmung wurde vom Parlament verabschiedet, wie sie der Bundesrat in seiner Botschaft vorgeschlagen hatte (vgl. Botschaft, 4446 ff.).   2

II. Voraussetzungen

1. Abschliessende Regelung

Art. 54 listet – in einer «Art ‹Kochbuch›» (AmtlBull StR 2001, 144) – für Kapitalgesellschaften, Kollektiv- und Kommanditgesellschaften, Genossenschaften und im Handelsregister eingetragene Vereine auf, in welche andere Gesellschaftsform sie sich umwandeln können. Das Verzeichnis der Umwandlungen deckt sich dabei mit Art. 4 FusG, der die zulässigen **Fusionen** aufführt. Der Bundesrat wollte mit dieser **deckungsgleichen Regelung** der zulässigen Umwandlungen und Fusionen verhindern, dass auf dem Wege der Fusion eine Umwandlung erreicht wird, die nach den Bestimmungen über die Umwandlung nicht zulässig ist – und umgekehrt (Botschaft, 4446 f.).   3

Das Verzeichnis der Umwandlungen in Art. 54 ist als **abschliessende Ordnung** zu betrachten. Dies ergibt sich aus den Materialien (Botschaft, 4446) sowie der Marginalie,   4

Flavio Romerio

die von den «zulässigen» Umwandlungen spricht und damit impliziert, dass die nicht in Art. 54 aufgeführten Umwandlungen eben nicht «zulässig» sind (vgl. KLÄY/TURIN, 31; Handkommentar FusG-RIMLE, N 2). Das vom Bundesgericht in BGE 125 III 24 aufgestellte Erfordernis, dass Ausgangs- und Ziel-Rechtsform der sich umwandelnden Gesellschaft «fondamentalement compatibles» sein müssen, wurde damit in Art. 54 positiv-rechtlich und abschliessend abgehandelt. Umwandlungen, die in Art. 54 nicht vorgesehen sind und auch nicht unter die Sonderbestimmungen in Art. 97 oder 99 ff. oder die Ausnahmetatbestände von Art. 55 fallen, sind demnach nicht zulässig. Ausgeschlossen sind damit folgende Umwandlungen:

- Juristische Personen dürfen sich nicht in eine Kollektiv- oder Kommanditgesellschaft umwandeln.

- Keine Gesellschaft (Art. 2 lit. b FusG) ausser Genossenschaften ohne Anteilscheine darf sich in einen Verein umwandeln.

- Allen Gesellschaften ist es verwehrt, sich in eine Stiftung umzuwandeln, und Stiftungen können sich nicht in Gesellschaften umwandeln (ausser Vorsorgeeinrichtungen nach Art. 97 FusG).

Diese Beschränkungen wurden während der Vernehmlassung – vor allem im Hinblick auf identische Einschränkungen der zulässigen Fusionen (vgl. Art. 4 N 2 f.) – kritisiert (KLÄY/TURIN, 17; Botschaft, 4347). Es wurde vorgeschlagen, durch eine **Generalklausel** alle nur denkbaren Umwandlungen zuzulassen. In der Tat besteht ein gewisses Spannungsfeld zwischen dem Numerus clausus von Art. 54 und der Zielsetzung, Umstrukturierungen generell durch das FusG zu erleichtern. Soweit die Interessen der Mitglieder, Gläubiger und Arbeitnehmer im Wesentlichen gewahrt sind, ist nicht einsichtig, wieso etwa die Umwandlung einer Aktiengesellschaft in eine Kollektivgesellschaft nicht zulässig sein soll. Die Kritik am Numerus clausus fand jedoch kein Gehör beim Gesetzgeber, der in diesem Bereich Rechtssicherheit und Praktikabilität höher gewichtet hat als eine umfassende Flexibilität. Immerhin hat der Bundesrat in der Botschaft die Umwandlungsmöglichkeiten für Vereine erweitert, die sich gemäss dem Vorentwurf nur in Genossenschaften hätten umwandeln können (Art. 69 Abs. VE FusG). Gemäss Art. 54 können sie sich nun auch in eine Kapitalgesellschaft umwandeln, wie es bereits vor Inkrafttreten des FusG zulässig war (LANZ/TRIEBOLD, 59 ff.).

5   Wer eine Umwandlung durchführen will, die in Art. 54 nicht vorgesehen ist, kann sein Ziel auf Umwegen dennoch erreichen. Zunächst besteht immer die Möglichkeit, eine Gesellschaft mit der gewünschten Rechtsform neu zu gründen und das Vermögen der «alten» Gesellschaft durch **Vermögensübertragung** auf die neue Gesellschaft zu übertragen. Dabei sind die Vorschriften von Art. 69 ff. zu beachten. Weiter kann u.U. eine in Art. 54 nicht vorgesehene Umwandlung indirekt durch eine **serielle Umwandlung** erreicht werden. Dabei wird das gewünschte Endresultat durch eine Abfolge von zulässigen Umwandlungen erreicht. So kann sich beispielsweise eine Aktiengesellschaft zunächst in eine Genossenschaft (ohne Anteilscheine, vgl. N 7) und darauf in einen im HR eingetragenen Verein umwandeln, während es nicht zulässig wäre, eine Aktiengesellschaft direkt in einen Verein umzuwandeln. Die dafür erforderlichen Umwandlungen können unmittelbar aufeinander erfolgen, wobei in beiden Fällen die Vorschriften von Art. 56–68 je einzeln einzuhalten sind. Die Tatsache, dass eine derartige serielle Umwandlung durchgeführt wird, stellt kein verpöntes Umgehungsgeschäft dar. Da ein Zweck des FusG gerade ist, Umwandlungen generell zu erleichtern, sollten sie über den Numerus clausus, der in Art. 54 enthalten ist, nicht zusätzlich behindert werden. Soweit

1. Abschnitt: Allgemeine Bestimmungen   6–9 **Art. 54**

die Vorschriften des FusG eingehalten werden, besteht kein Anlass, die von den Gesellschaftern akzeptierten seriellen Umwandlungen zu unterbinden.

2. Umwandlung von Kapitalgesellschaften (Abs. 1)

Art. 54 Abs. 1 regelt die Umwandlung von **Kapitalgesellschaften**. Dazu zählen gemäss 6 der Legaldefinition in Art. 2 lit. c Aktiengesellschaften, Kommanditaktiengesellschaften und Gesellschaften mit beschränkter Haftung. Sie können sich in eine der anderen Kapitalgesellschaften oder in eine Genossenschaft umwandeln. Im Gegensatz zum deutschen UmwG (vgl. SAGASSER/BULA/BRÜNGER, 608 N 11 ff.) lässt das FusG die Umwandlung einer Kapitalgesellschaft in eine Kollektiv- oder Kommanditgesellschaft nicht zu. Die Umwandlung einer Aktiengesellschaft in eine Personengesellschaft lässt sich aber durch Vermögensübertragung auf eine von den Aktionären gegründete Kollektiv- oder Kommanditgesellschaft mit anschliessender Liquidation der Aktiengesellschaft erzielen. Ebenso ist die Umwandlung einer Kapitalgesellschaft in einen Verein oder eine Stiftung ausgeschlossen. Die Botschaft begründet diese Verbote mit den Bestimmungen zum Schutze des Aktien- und Stammkapitals, die für Vereine und Personengesellschaften nicht vorgesehen sind (Botschaft, 4447 und 4395). Anzufügen ist, dass diese Begründung des Bundesrats – für Aktiengesellschaften – durch die geplante Einführung von nennwertlosen Aktien nicht hinfällig wird, da immer noch ein Mindestkapital aufzubringen ist (VON DER CRONE, 12).

Das FusG lässt auch die Umwandlung einer Kapitalgesellschaft in eine **Genossenschaft** 7 **ohne Anteilscheine** zu, wenn alle Gesellschafter zustimmen (Art. 54 Abs. 1 lit. b i.V.m. Art. 64 Abs. 1 lit. b FusG). WAMISTER vertritt dagegen die Meinung, dass diese Umwandlung nicht zulässig sei (69; gleich auch Botschaft, 4450). Dieser Ansicht ist m.E. nicht zu folgen, da Art. 54 in Abs. 4 sehr wohl danach differenziert, ob eine Genossenschaft Anteilscheine hat oder nicht, diese Differenzierung in Abs. 1 aber nicht vornimmt. Kommt hinzu, dass die Umwandlung in eine Genossenschaft ohnehin die Zustimmung aller Gesellschafter erfordert (Art. 64 Abs. 1 lit. b FusG) und deshalb kein Anlass besteht, sie entgegen dem klaren Gesetzeswortlaut und dem Willen aller Gesellschafter zu verbieten (vgl. Art. 56 N 26). Die Umwandlung einer Kapitalgesellschaft in eine Genossenschaft ohne Anteilscheine stellt indes (auch) eine Kapitalherabsetzung dar, weshalb die diesbezüglichen Vorschriften der Ausgangsrechtsform zu beachten sind (vgl. auch Art. 57 N 16).

Die Umwandlung einer Aktien- und Kommanditaktiengesellschaft erfordert nach 8 Art. 64 Abs. 1 lit. a das gleiche **Quorum** wie es Art. 704 OR für «wichtige Beschlüsse» verlangt: mindestens zwei Drittel der vertretenen Stimmen und die absolute Mehrheit des vertretenen Kapitals. Da ein Aktionär ausser der Liberierungspflicht keine gesellschaftsrechtlichen Pflichten trägt, ist die Zustimmung aller betroffenen Aktionäre erforderlich, wenn durch die Umwandlung zusätzliche finanzielle oder persönliche Pflichten begründet werden (vgl. Komm. zu Art. 64). Der Umwandlung einer Kapitalgesellschaft in eine Genossenschaft müssen deshalb alle Gesellschafter zustimmen, nicht bloss die an der Generalversammlung vertretenen (Art. 64 Abs. 1 lit. b FusG). Werden bei der Umwandlung einer Aktiengesellschaft in eine GmbH persönliche Nachschusspflichten oder persönliche Leistungspflichten begründet, dann müssen die davon betroffenen Aktionäre ebenfalls zustimmen (Art. 64 Abs. 1 lit. a FusG).

3. Umwandlung von Kollektiv- und Kommanditgesellschaften (Abs. 2 und 3)

Eine Kollektivgesellschaft kann sich in eine **Kapitalgesellschaft** oder eine **Genossenschaft** 9 umwandeln (lit. a und b). Diese Umwandlungen sind Anwendungsbeispiele der

Flavio Romerio

sog. **übertragenden Umwandlung** (vgl. Art. 53 N 9). Da die Kollektivgesellschaft keine eigene Rechtspersönlichkeit besitzt, entsteht bei der Umwandlung in eine Kapitalgesellschaft oder Genossenschaft zwangsläufig eine neue juristische Person (Botschaft, 4447). Das Vermögen der Kollektivgesellschaft – dessen Rechtsträger die Gesellschafter sind – wird dabei per Universalsukzession auf die bei der Umwandlung gegründete Gesellschaft übertragen (vgl. Art. 53 N 14).

10 Die Umwandlung einer **Kollektiv- in eine Kommanditgesellschaft** ist in Art. 54 Abs. 2 lit. c ebenfalls aufgeführt. Sie ergibt sich, wenn die Gesellschaft einen Kommanditär neu als Gesellschafter aufnimmt (Art. 55 Abs. 1 lit. a) oder einer der bisher unbeschränkt haftenden Kollektivgesellschafter zum Kommanditär wird (Art. 55 Abs. 1 lit. b). Diese Umwandlung einer Kollektiv- in eine Kommanditgesellschaft ist gemäss Art. 55 Abs. 4 FusG nicht den Bestimmungen des FusG unterstellt; für sie gilt weiterhin nur das OR.

11 Nach Art. 54 Abs. 3 kann sich eine Kommanditgesellschaft in eine Kapitalgesellschaft, eine Genossenschaft oder eine Kollektivgesellschaft umwandeln (lit. a–c). Für diese Umwandlungen gilt das in N 9–10 zur Umwandlung der Kollektivgesellschaft Gesagte sinngemäss.

4. Umwandlung von Genossenschaften (Abs. 4)

12 Eine Genossenschaft kann sich gemäss Art. 54 Abs. 4 lit. a i.V.m. Art. 2 lit. c in eine **Aktiengesellschaft**, eine **Kommanditaktiengesellschaft** oder eine **Gesellschaft mit beschränkter Haftung** umwandeln. Weiter kann sie sich in einen Verein umwandeln, wenn die Genossenschaft über keine Anteilscheine verfügt und der Verein ins Handelsregister eingetragen wird (lit. b). Ausgeschlossen ist – wie bei der Umwandlung von Kapitalgesellschaften (vgl. N 6) –, dass sich eine Genossenschaft in eine Kollektiv- oder Kommanditgesellschaft umwandelt. Dazu ist wiederum der Weg über die Vermögensübertragung nach Art. 69 ff. auf eine von den Genossenschaftern gegründete Kollektiv- oder Kommanditgesellschaft zu wählen.

13 Will sich eine **Genossenschaft mit Anteilscheinen** in einen **Verein** umwandeln, muss sie zunächst ihre Anteilscheine aufheben (Botschaft, 4448). Dazu sind die Statuten der Genossenschaft zu revidieren und überdies die Bestimmungen des Aktienrechts über die Herabsetzung des Aktienkapitals zu befolgen (Art. 874 Abs. 2 OR). Massgebend sind die Art. 732 ff. OR, wonach namentlich ein Revisionsbericht erforderlich ist, der feststellt, dass die Forderungen der Gläubiger trotz Aufhebung der Anteilscheine voll gedeckt sind; weiter ist ein Schuldenruf durchzuführen (vgl. BSK OR II-NIGG, Art. 874 N 14). Der aus der Umwandlung einer Genossenschaft hervorgehende Verein ist in das Handelsregister einzutragen; soweit er ein nach kaufmännischer Art geführtes Gewerbe betreibt, ergibt sich die Eintragungspflicht auch aus Art. 61 Abs. 2 ZGB. Wenn der durch Umwandlung aus einer Genossenschaft entstandene Verein kein derartiges Gewerbe führt, kann er sich nach Vollzug der Umwandlung aus dem Handelsregister löschen lassen, da der Verein nach Art. 61 Abs. 1 ZGB nur befugt, aber nicht verpflichtet ist, sich im Handelsregister eintragen zu lassen (REBSAMEN, N 1399, wonach die dazu erforderlichen Formalitäten im Einzelfall mit dem Handelsregisterführer zu besprechen sind). Dadurch entgeht der Verein der Buchführungspflicht nach Art. 957 ff. OR, und er unterliegt nicht mehr der Konkursbetreibung.

5. Umwandlung von Vereinen (Abs. 5)

14 Ein Verein kann sich in eine Kapitalgesellschaft, d.h. eine Aktiengesellschaft, Kommanditaktiengesellschaft oder GmbH (Art. 2 lit. c), sowie in eine Genossenschaft umwan-

deln. Art. 54 Abs. 5 setzt dazu voraus, dass der Verein im Handelsregister eingetragen ist. Vereine, die ein nach kaufmännischer Art geführtes Gewerbe betreiben, sind aufgrund von Art. 61 Abs. 2 ZGB ohnehin dazu verpflichtet. Alle übrigen umwandlungswilligen, aber nicht registrierten Vereine müssen sich in einem ersten Schritt in das Handelsregister eintragen, um sich in einem zweiten Schritt in eine Kapitalgesellschaft oder Genossenschaft umwandeln zu können. Die Umwandlung eines nicht im Register eingetragenen Vereins *uno actu* – d.h. Eintragung ins Register anlässlich der Umwandlung – ist nicht möglich. Die Botschaft begründet diesen Zwang zum zweistufigen Vorgehen damit, dass nur der Eintrag sicherstellt, dass der Verein gültig die Rechtspersönlichkeit erworben hat, und die Möglichkeit bietet, die mit der Verwaltung des Vereins betrauten Personen sicher zu identifizieren (Botschaft, 4448). Da indes der Registereintrag für die Gründung eines Vereins nicht konstitutiv ist (REBSAMEN, N 1263; BSK ZGB I-HEINI/SCHERRER, Art. 61 N 1), bleibt fraglich, ob das zweistufige Vorgehen geeignet ist, die Zielsetzungen des Bundesrats zu erfüllen. Kommt hinzu, dass beide Eintragungen am gleichen Tag und unmittelbar aufeinander erfolgen können, da die Erstellung von Umwandlungsplan und Umwandlungsbericht sowie deren Prüfung und die Beschlussfassung der Vereinsmitglieder (Art. 64 Abs. 1 lit. e FusG) nicht voraussetzen, dass der Verein bereits im Handelsregister eingetragen ist. Im Ergebnis führt deshalb das Erfordernis, dass der Verein für die Umwandlung im Handelsregister eingetragen sein muss, lediglich zu einem zusätzlichen Aufwand für den umwandlungswilligen Verein, ohne gleichzeitig für den Rechtsverkehr einen relevanten Vorteil zu bieten.

Art. 55

Sonderregelung für die Umwandlung von Kollektiv- und Kommanditgesellschaften

¹ Eine Kollektivgesellschaft kann sich in eine Kommanditgesellschaft umwandeln, indem:
a. eine Kommanditärin oder ein Kommanditär in die Kollektivgesellschaft eintritt;
b. eine Gesellschafterin oder ein Gesellschafter zur Kommanditärin oder zum Kommanditär wird.

² Eine Kommanditgesellschaft kann sich in eine Kollektivgesellschaft umwandeln, indem:
a. alle Kommanditärinnen und Kommanditäre austreten;
b. alle Kommanditärinnen und Kommanditäre zu unbeschränkt haftenden Gesellschafterinnen und Gesellschaftern werden.

³ Die Fortführung einer Kollektiv- oder Kommanditgesellschaft als Einzelfirma nach Artikel 579 des Obligationenrechts bleibt vorbehalten.

⁴ Auf die Umwandlung gemäss diesem Artikel finden die Bestimmungen dieses Kapitels keine Anwendung.

Règles spéciales concernant la transformation de sociétés en nom collectif et de sociétés en commandite

¹ Une société en nom collectif peut se transformer en une société en commandite par:
a. l'entrée d'un commanditaire dans la société en nom collectif;
b. l'acquisition de la qualité de commanditaire par un associé.

² Une société en commandite peut se transformer en une société en nom collectif par:
a. la sortie de l'ensemble des commanditaires;

Art. 55 1–3   4. Kapitel: Umwandlung von Gesellschaften

b. l'acquisition de la qualité d'associés indéfiniment responsables par tous les commanditaires.

³ La continuation des affaires d'une société en nom collectif ou en commandite sous la forme d'une entreprise individuelle au sens de l'art. 579 CO est réservée.

⁴ Les dispositions du présent chapitre ne s'appliquent pas à la transformation prévue par le présent article.

Norme speciali concernenti la trasformazione di società in nome collettivo e in accomandita

¹ Una società in nome collettivo può trasformarsi in una società in accomandita se:
a. un accomandante entra nella società in nome collettivo;
b. un socio diventa accomandante.

² Una società in accomandita può trasformarsi in una società in nome collettivo se:
a. tutti gli accomandanti recedono dalla società;
b. tutti gli accomandanti divengono soci illimitatamente responsabili.

³ È fatta salva la continuazione di una società in nome collettivo o in accomandita come ditta individuale ai sensi dell'articolo 579 del Codice delle obbligazioni.

⁴ Le disposizioni del presente capitolo non si applicano alle trasformazioni previste dal presente articolo.

I. Normzweck

1 Art. 55 schränkt in zwei Gebieten den Anwendungsbereich der FusG-Bestimmungen über die Umwandlung ein. Zunächst gelten diese Bestimmungen nicht für die Umwandlung einer Kollektiv- in eine Kommanditgesellschaft und umgekehrt. Hier ändert zwar eine Gesellschaft ihre Rechtsform, doch ist diese Umwandlung lediglich die Folge von Änderungen im Kreise der Gesellschafter oder deren persönlichen Haftung (vgl. Botschaft, 4449). Dies rechtfertigte es für den Gesetzgeber, diese Umwandlungen nicht den Bestimmungen des FusG zu unterwerfen. Zweitens bestimmt Art. 55 Abs. 3 FusG, dass die Fortführung einer Kollektiv- oder Kommanditgesellschaft als Einzelfirma gestützt auf Art. 579 OR ebenfalls nicht den Bestimmungen des FusG unterstellt ist. Auch diese «Umwandlung» – die de facto die Gesellschaft auflöst – ist die Folge von Änderungen im Kreise der Gesellschafter, nämlich dem Ausscheiden von Gesellschaftern. Deshalb wurde auch sie vom Anwendungsbereich des FusG ausgeschlossen.

2 Art. 55 wurde im Laufe der parlamentarischen Beratung nicht geändert (vgl. Art. 53 N 6 ff.). Diese Bestimmung wurde vom Parlament so verabschiedet, wie sie der Bundesrat in seiner Botschaft vorgeschlagen hatte (vgl. Botschaft, 4449).

II. Die Umwandlung von Kollektiv- und Kommanditgesellschaften (Art. 55 Abs. 1 und 2)

3 Art. 55 Abs. 1 FusG hält fest, dass sich eine bereits bestehende Kollektivgesellschaft in eine Kommanditgesellschaft umwandeln kann, indem sie einen Kommanditär neu als Gesellschafter aufnimmt (lit. a) oder einer der bisher unbeschränkt haftenden Kollektivgesellschafter zum Kommanditär wird (lit. b). Die Identität der Gesellschaft bleibt bei dieser Umwandlung gewahrt. Umgekehrt kann sich nach Art. 55 Abs. 2 eine Kommanditgesellschaft in eine Kollektivgesellschaft umwandeln, indem alle Kommanditäre aus der Gesellschaft ausscheiden (lit. a) oder zu unbeschränkt haftenden Gesellschaftern werden (lit. b). Voraussetzung ist, dass die übrigen Gesellschafter die vormalige Kommanditgesellschaft als Kollektivgesellschaft fortführen, die Gesellschaft bei Ausscheiden der Kommanditäre also nicht aufgelöst wird. Diese Fortführung kann sich aufgrund einer vertraglichen Vereinbarung (Art. 576 OR), durch richterlichen Ausschluss (Art. 577 OR) sowie bei Konkurs eines Gesellschafters ergeben (Art. 578 OR).

Die Umwandlung einer Kollektiv- in eine Kommanditgesellschaft (und umgekehrt) wird im OR nicht explizit geregelt. Dennoch war bereits vor Erlass von Art. 55 klar, dass diese Art der Umwandlung rechtlich zulässig ist (vgl. BGE 95 II 550; 551; VON STEIGER, SPR VIII/1, 481 f.; MEIER-HAYOZ/FORSTMOSER, § 13 N 70 und § 14 N 56 f.; REBSAMEN, N 330; BSK OR II-STAEHELIN, Art. 576 N 11). 4

Die Umwandlung der Kollektivgesellschaft zur Kommanditgesellschaft und umgekehrt beruht auf der vertraglichen Abrede der Gesellschafter, wobei die Umwandlung gemäss den Bestimmungen des Gesellschaftsvertrags wirksam wird. Die Umwandlung ist damit an keine Formvorschriften gebunden, kann also auch formlos erfolgen (BGE 95 II 550). Die Vorschriften von Art. 56 ff. sind nicht zu beachten, und auch die Rechtswirksamkeit dieser Umwandlung hängt nicht vom Eintrag in das Handelsregister ab (vgl. VON STEIGER, SPR VIII/1, 602 und 607; MEIER-HAYOZ/FORSTMOSER, § 13 N 69). Eine Ausnahme gilt für nicht-kaufmännische Gesellschaften, bei denen nach Art. 595 OR der Eintrag ins Handelsregister erforderlich ist. Der (neue) Kommanditär kann sich zudem nur auf seine beschränkte Haftung berufen, wenn die Kommanditgesellschaft im Handelsregister eingetragen ist oder der Dritte von der Beschränkung seiner Haftung wusste (Art. 606 u. 608 OR). 5

III. Umwandlung einer Kollektiv- oder Kommanditgesellschaft in eine Einzelfirma

Art. 579 OR sieht vor, dass bei einer Zweimanngesellschaft ein Gesellschafter das Geschäft fortführen kann, wenn der andere Gesellschafter ausscheidet oder ausgeschlossen wird. Entgegen dem engen Wortlaut gehen Rechtsprechung und Doktrin davon aus, dass Art. 579 OR alle Fälle umfasst, in denen ein Gesellschafter nach Auflösung der Gesellschaft das Geschäft fortführt (BGE 101 Ib 460; BSK OR II-STAEHELIN, Art. 579 N 1). Die Fortsetzung des Geschäfts ist gemäss Art. 581 OR in das Handelsregister einzutragen. Bei der «Umwandlung» einer Kollektiv- oder Kommanditgesellschaft in eine Einzelfirma handelt es sich um einen Sonderfall der Auflösung der Gesellschaft, bei der das Geschäft der Gesellschaft nicht liquidiert wird, sondern bestehen bleibt. Eine eigentliche Umwandlung der Kollektiv- oder Kommanditgesellschaft kann gar nicht stattfinden, da es im Bereich der Personengesellschaften keine Einmanngesellschaften gibt (vgl. Botschaft, 4449; BGE 101 Ib 460; VON STEIGER, SPR VIII/1, 564). Das FusG ist gemäss Art. 55 Abs. 3 folgerichtig nicht anwendbar auf diesen Vorgang. 6

Der Wortlaut von Art. 579 OR bezieht sich nur auf Zweimanngesellschaften. Es ist in der Doktrin aber anerkannt, dass diese Bestimmung auch anwendbar ist, wenn bei Gesellschaften mit mehr als zwei Gesellschaftern die Gesellschaft aufgelöst und das Geschäft von einem ehemaligen Gesellschafter weitergeführt wird (vgl. VON STEIGER, SPR VIII/1, 563). Die Bestimmungen des FusG zur Umwandlung sind auch auf diesen Vorgang nicht anwendbar, da es sich – aus zivilrechtlicher Sicht – wiederum um die Auflösung einer Gesellschaft und nicht um deren Umwandlung handelt. 7

Weiterhin möglich bleibt, dass eine Kollektiv- oder Kommanditgesellschaft bei ihrer Auflösung ihr Geschäft nicht gestützt auf Art. 579 OR, sondern nach den neuen Regeln 8 der Vermögensübertragung gemäss Art. 69 ff. FusG auf einen der Gesellschafter (oder einen Dritten) überträgt (MEIER-HAYOZ/FORSTMOSER, § 13 N 84; ferner BSK OR II-STAEHELIN, Art. 579 N 4). Die Gesellschafter können parteiautonom entscheiden, ob das Geschäft ihrer Kollektiv- oder Kommanditgesellschaft gestützt auf Art. 579 OR oder im Rahmen einer Vermögensübertragung nach Art. 69 ff. FusG auf den Gesellschafter übertragen wird, der das Geschäft nach der Auflösung der Gesellschaft fortsetzt. Obwohl im Ergebnis vergleichbar, unterscheiden sich die Rechtsfolgen der Vorgehen nach Art. 579 OR und nach Art. 69 ff. FusG erheblich. Während sich bei Art. 579 OR das Gesamthandvermögen der Gesellschafter in Alleineigentum des Gesellschafters umwandelt – also eine Anwachsung stattfindet (BGE 101 Ib 460) –, wird es bei Art. 69 ff. FusG durch Universalsukzession auf den fortführenden Gesellschafter übertragen. Bei Art. 579 OR haftet der «ausgeschiedene» Gesellschafter noch während 5 Jahren für die Verbindlichkeiten der Gesellschaft (Art. 591 OR); bei der Vermögensübertragung sind es nach Art. 75 FusG nur drei Jahre. Bei der Fortsetzung des Geschäfts nach Art. 579 OR genügt eine formlose Vereinbarung unter den Gesellschaftern (BSK OR II-STAEHELIN, Art. 579 N 2), während bei der Vermögensübertragung ein schriftlicher Übertragungsvertrag mit dem Inhalt gemäss Art. 71 FusG abzuschliessen ist. Werden Grundstücke übertragen, muss der Übertragungsvertrag gar öffentlich beurkundet werden, was im Rahmen von Art. 579 OR nicht erforderlich ist (vgl. LGVE 1996 I Nr. 16, 33; MEIER-HAYOZ/FORSTMOSER, § 13 N 84 m.w.H.). Schliesslich ist der Eintrag ins Handelsregister auch nicht konstitutiv für die Fortsetzung des Geschäfts nach Art. 579 OR (allerdings wirkt die Haftungsbeschränkung des «ausgeschiedenen» Gesellschafters erst ab Eintrag), während die Vermögensübertragung gemäss Art. 73 Abs. 2 FusG erst mit dem Eintrag in das Handelsregister rechtswirksam wird.

Zweiter Abschnitt: Anteils- und Mitgliedschaftsrechte

Art. 56

Wahrung der Anteils- und Mitgliedschaftsrechte

¹ Die Anteils- und Mitgliedschaftsrechte der Gesellschafterinnen und Gesellschafter sind bei der Umwandlung zu wahren.

² Gesellschafterinnen und Gesellschafter ohne Anteilscheine haben bei der Umwandlung ihrer Gesellschaft in eine Kapitalgesellschaft Anspruch auf mindestens einen Anteil.

³ Für Anteile ohne Stimmrecht müssen gleichwertige Anteile oder Anteile mit Stimmrecht gewährt werden.

⁴ Für Sonderrechte, die mit Anteils- oder Mitgliedschaftsrechten verbunden sind, müssen gleichwertige Rechte oder eine angemessene Abgeltung gewährt werden.

⁵ Für Genussscheine sind gleichwertige Rechte zu gewähren, oder sie sind zum wirklichen Wert im Zeitpunkt der Erstellung des Umwandlungsplans zurückzukaufen.

Maintien des parts sociales et des droits de sociétariat

¹ Les parts sociales et les droits de sociétariat des associés sont maintenus lors de la transformation.

² Les associés sans parts sociales ont droit à au moins une part sociale lors de la transformation de leur société en une société de capitaux.

2. Abschnitt: Anteils- und Mitgliedschaftsrechte **Art. 56**

³ La société attribue des parts sociales équivalentes ou des parts sociales avec droit de vote aux titulaires de parts sociales sans droit de vote.

⁴ La société attribue des droits équivalents ou verse un dédommagement adéquat aux associés titulaires de droits spéciaux attachés aux parts sociales ou aux droits de sociétariat.

⁵ La société attribue des droits équivalents aux titulaires de bons de jouissance, ou rachète leurs bons de jouissance à leur valeur réelle au moment de l'établissement du projet de transformation.

¹ Nell'ambito della trasformazione vanno salvaguardati le quote sociali e i diritti societari dei soci.

² Nell'ambito della trasformazione della società in una società di capitali, i soci privi di quote sociali hanno diritto a una quota almeno.

³ Per le quote senza diritto di voto, la società deve attribuire quote equivalenti o quote con diritto di voto.

⁴ Per i diritti speciali connessi a quote sociali o diritti societari, la società deve attribuire quote equivalenti o un'indennità adeguata.

⁵ Per i buoni di godimento, la società deve attribuire diritti equivalenti oppure riscattarli al loro valore reale al momento dell'elaborazione del rapporto di trasformazione.

Inhaltsübersicht Note

```
  I. Entstehungsgeschichte ...........................................   1
 II. Terminologie ....................................................   2
III. Rechtsnatur .....................................................   6
 IV. Normzweck und Grundsatz (Abs. 1) ................................   7
     1. Zweck und Grundsatz .........................................   7
     2. Wahrung von Anteilsrechten als Anteilsrechte .................   9
     3. Wahrung der Vermögens- und der Mitwirkungsrechte .............  10
     4. Anwendung des Grundsatzes von Abs. 1 auf Gesellschafterpflichten ..  15
     5. Liberierungspflichten im Besonderen ..........................  17
     6. Kein Recht auf Beibehaltung von faktischen Vorteilen und Rechten gegenüber Gesellschaftern ........................................  19
     7. Vorbehalt von rechtsformbedingten zwingenden Änderungen der Rechtsstellung ................................................  20
     8. Nutzung von Gestaltungsspielraum; Vorbehalt von Änderungen, die sich aus dispositivem Recht ergeben ................................  21
     9. Barausgleich ................................................  23
    10. Vorgehen bei der Anwendung von Art. 56 Abs. 1 ................  26
  V. Kontinuität der Mitgliedschaft (Abs. 1 und 2) ...................  27
 VI. Anteile ohne Stimmrecht (Abs. 3) ...............................  29
     1. Begriff und Anwendungsbereich ...............................  29
     2. Rechtsfolgen ................................................  30
VII. Sonderrechte (Abs. 4) ..........................................  33
     1. Begriff und Anwendungsbereich ...............................  33
     2. Rechtsfolgen ................................................  37
VIII. Genussscheine (Abs. 5) ........................................  39
 IX. Optionen und Wandelrechte ......................................  44
  X. Einzelne Umwandlungsfälle ......................................  45
     1. Umwandlung einer Personengesellschaft in eine Kapitalgesellschaft ..  46
```

2. Umwandlung einer GmbH in eine Aktiengesellschaft 47
3. Umwandlung einer Genossenschaft in eine Aktiengesellschaft 49
4. Umwandlung einer Aktiengesellschaft in eine GmbH 51
XI. Rechtsschutz 52

Literatur

CH. AYER, La transformation d'une société à responsabilité limitée en société anonyme, Diss. Fribourg, Genf/Basel 2002; DIES., La protection des associés lors de la transformation d'une société à responsabilité limitée en société anonyme, ZBGR 2002, 129 ff.; R. VON BÜREN/J. BÜRGI, Rechtsformwechselnd Umwandlung einer GmbH in eine AG, REPRAX 1/1999, 3 ff.; J. BÜRGI/ CHR. STEINER, Abrakadabra! – Wie die GmbH zur AG wird, Anwaltsrevue 10/1999, 10 ff.; EHRA, Die Praxis des Eidg. Amts für das Handelsregister in Fragen betreffend Umwandlungen und rechtsformüberschreitende Fusionen, REPRAX 1/1999, 41 ff.; L. GLANZMANN, Die Kontinuität der Mitgliedschaft im neuen Fusionsgsetz, AJP 2004, 139 ff.; H.-J. KÄCH, Rechtsformwechselnde Umwandlung einer GmbH in eine AG: Musterurkunde, REPRAX 2/2000, 1 ff.; H. KLÄY, Das Fusionsgesetz – ein Überblick, BN 2004, 185, 202 ff.; H. KLÄY/N. TURIN, Der Entwurf zum Fusionsgesetz, REPRAX 1/2001, 1 ff.; P. V. KUNZ, Umwandlung und Vermögensübertragung im neuen schweizerischen Fusionsrecht, AJP 2004, 802, 807; M. LANZ/O. TRIEBOLD, Der Rechtskleidwechsel eines Vereins in eine Aktiengesellschaft, SZW 2000, 57 ff.; P. WAMISTER, Umwandlung von Gesellschaften, ZSR 2004 I 63 ff.; D. WEHRLI, Die Umwandlung einer Genossenschaft in eine Aktiengesellschaft als Beispiel der Umwandlung einer Körperschaft unter Berücksichtigung der steuerlichen Folgen, Diss. Zürich 1976; F. VISCHER, Fusionsgesetz, BJM 1999, 289 ff.; H. VOGT, Fusion und Umwandlung nach dem neuen Fusionsgesetz, ZBGR 2004, 141, 164; D. ZOBL, Die Umwandlung von Gesellschaften nach neuem FusG, SZW 2004, 169 ff.

I. Entstehungsgeschichte

1 Der Wortlaut von Art. 56 war in den parlamentarischen Beratungen unbestritten und ist identisch mit dem Wortlaut von Art. 56 E FusG. Die Bestimmung entspricht zudem weitgehend dem Wortlaut von Art. 71 VE FusG. Neben unwesentlichen redaktionellen Abweichungen sah der VE FusG in Abs. 2 noch vor, dass für die Erreichung des Ziels, jedem Gesellschafter mindestens einen Anteil zu verschaffen, der Nennwert eines Anteils nötigenfalls unter dem gesetzlichen Mindestnennwert festgesetzt werden könne. Diese Ausnahme hätte vor allem bei Umwandlungen in eine GmbH Anwendung gefunden, da ein GmbH-Anteil nach geltendem Recht auf mindestens CHF 1 000.– und gemäss Art. 774 Abs. 1 VE GmbH noch auf mindestens CHF 100.– lauten muss (vgl. N 51).

II. Terminologie

2 Art. 56 verwendet einzelne Begriffe, namentlich **Gesellschafterinnen und Gesellschafter** sowie **Kapitalgesellschaft**, welche in Art. 2 definiert sind (s. dort). Andere Begriffe werden im Gesetz zwar wiederholt verwendet, jedoch nicht ausdrücklich definiert. Dabei handelt es sich um **Anteils- und Mitgliedschaftsrechte** bzw. **Anteile** (dazu N 3), **Sonderrechte** (dazu N 33) und **Genussscheine** (dazu N 39). Die Bedeutung dieser Begriffe ist anhand der Materialien bzw. systematisch in ihrem Kontext sowie im Lichte der übrigen Bestimmungen des FusG und – gegebenenfalls – ihres sonstigen Gebrauchs in der Rechtsordnung zu ermitteln.

3 Das Begriffspaar der **Anteils- und Mitgliedschaftsrechte**, welches auch in Art. 7 Verwendung findet, war der bisherigen gesellschaftsrechtlichen Terminologie nicht geläufig. Aus Art. 2 lit. g ergibt sich, dass mit **Anteilen** Aktien, Partizipations- und Genussscheine,

Gesellschaftsanteile (Stammeinlagen) an einer GmbH sowie Genossenschaftsanteile an einer Genossenschaft mit Anteilscheinen gemeint sind (Botschaft, 4390). Der Begriff **Anteilsrechte** erfasst die in *«Anteilscheinen verkörperte Mitgliedschaft»* (Botschaft, 4400). Alle anderen Gesellschafterstellungen und Mitgliedschaften werden mit dem Begriff der **Mitgliedschaftsrechte** erfasst. Insbesondere ist dies die Rechtsstellung von Kollektiv- und Kommanditgesellschaftern, von Genossenschaftern ohne Anteilscheine und von Vereinsmitgliedern (vgl. Botschaft, 4390) sowie wohl die Rechtsstellung der unbeschränkt haftenden Mitglieder (Komplementäre) einer Kommanditaktiengesellschaft, soweit sich diese nicht aus ihrer Aktionärsstellung ergibt. Dass Anteile oder Anteilsrechte in einem Anteilschein verkörpert seien, trifft freilich nur *cum grano salis* zu: Während die meisten Anteilsrechte gar nicht in einem Anteilschein verkörpert sein müssen, sondern vielmehr auch papierlos Geltung erlangen, ist eine wertpapierrechtliche *«Verkörperung»* der Anteile bei der GmbH und der Genossenschaft gar unzulässig, allfällige Anteilscheine haben nur Beweisfunktion (Art. 789 Abs. 3, Art. 853 Abs. 3 OR). Auch sachlich ist das Kriterium der Anteilscheine wenig überzeugend, weil es auch die nennwertlosen Genussscheine erfasst, welche zwar bestimmte Rechte vermitteln, aber keine Anteilsquoten verkörpern (vgl. N 39).

Im Kontext von Art. 56 ist ferner die weite Umschreibung des Begriffs der **Mitgliedschaftsrechte** gemäss Botschaft (4400) von Bedeutung: Demnach umfasst dieser Begriff die Rechte *und* die **Pflichten** der Gesellschafter (inkl. Vereinsmitglieder), dazu N 15. 4

Weder Anteils- noch Mitgliedschaftsrechte sind von einem Rechtsträger ausgegebene **Optionen** und **Wandelrechte** auf Anteils- und Mitgliedschaftsrechte (ebenso GLANZMANN, AJP 2004, 140). Vgl. aber zur allfälligen Qualifikation als Sonderrechte N 35 und im Übrigen N 44. 5

III. Rechtsnatur

Einer gesellschaftlichen Satzung liegt unabhängig von der Rechtsform im Kern ein Gesellschaftsvertrag zugrunde (statt vieler MEIER-HAYOZ/FORSTMOSER, § 1 N 4, N 11). Dessen Gestaltung untersteht der Privatautonomie der Gesellschafter, soweit nicht die zwingende Grundstruktur oder Bestimmungen zum Schutze öffentlicher Interessen oder der Interessen Dritter, namentlich von Gläubigern, Schranken auferlegen (vgl. Art. 706b OR). Erfordert eine Umwandlung nach Art. 64 die Zustimmung aller von einer Veränderung Betroffenen oder überhaupt die Zustimmung aller Gesellschafter, kann daher von Art. 56 abgewichen werden, sofern für die Gesellschafter die Transparenz der Abweichungen gewährleistet ist, zumal allfällige Gläubigerinteressen durch Art. 68 geschützt werden. Entsprechend lässt Art. 64 Umwandlungen, die mit einer massgeblichen Erweiterung der Pflichten verbunden sind, mit der Zustimmung aller (betroffenen) Gesellschafter oder qualifizierter Mehrheiten zu (vgl. Art. 64 N 11). Indessen kann auch in anderen Fällen von Art. 56 abgewichen werden, wenn die Betroffenen zustimmen (gl.M. ZK-PESTALOZZI, N 3). Dies ergibt sich u.a. aus der Ausgestaltung des Rechtsschutzes (vgl. N 53): Eine Verletzung von Art. 56 kann mit der *Überprüfungsklage* nach Art. 105 gerügt werden (vgl. N 53), doch führt diese Klage nicht zur Aufhebung des Umwandlungsbeschlusses (Art. 105 Abs. 4). Die *Anfechtungsklage* nach Art. 106 f. kann die Aufhebung bewirken; Gesellschafter, die dem Umwandlungsbeschluss zugestimmt haben, können die Klage jedoch nicht erheben (Art. 106 Abs. 1). Wird innert Frist keine Anfechtungsklage erhoben, ist die Art. 56 verletzende Ausgestaltung der Rechtsstellung der Gesellschafter (unter Vorbehalt der Nichtigkeit) definitiv gültig. Stimmen die betrof- 6 fenen Gesellschafter einer von Art. 56 abweichenden Ausgestaltung zu, so muss dieser Wille auch für den Umwandlungsprüfer gemäss Art. 62 und den Richter gemäss Art. 105 f. (vgl. N 53) verbindlich sein. Ähnliche Überlegungen sprechen dafür, dass Vorgaben der bisherigen Statuten oder des bisherigen Gesellschaftsvertrages für eine allfällige Umwandlung zu beachten sind. Die Beachtung solcher Vorgaben scheint zudem von Art. 56 geradezu geboten (vgl. aber N 33 betr. Behandlung von Vorschriften zur Verteilung des Liquidationserlöses als *Sonderrecht*). Zur Frage, ob die dispositive Natur von Art. 56 im Grundsatz der Kontinuität der Mitgliedschaft eine Schranke findet, vgl. N 27 f.

IV. Normzweck und Grundsatz (Abs. 1)

1. Zweck und Grundsatz

7 *«Diese Bestimmung bezweckt den Schutz der Rechte der Gesellschafterinnen und Gesellschafter beim Wechsel der Rechtsform einer Gesellschaft»* (Botschaft, 4449). Die Erfüllung dieses **Normzwecks**, der sich als Selbstverständlichkeit anhört, ist die «Krux» des materiellen Umwandlungsrechts. So ist der im Titel und in Abs. 1 von Art. 56 festgelegte **Grundsatz**, wonach die Anteils- und Mitgliedschaftsrechte der Gesellschafter *«bei der Umwandlung zu wahren»* sind, letztlich nicht erfüllbar. Aufgrund der unterschiedlich strukturierten Mitgliedschaftsarten und -rechte bei den verschiedenen Rechtsformen können die Anteils- und Mitgliedschaftsrechte bei der Umwandlung gerade nicht gewahrt werden. Die Wahrung der Gleichartigkeit und Inhaltsgleichheit der Rechtsstellung ist ausgeschlossen, die Gesellschafter erhalten eine neue, andere Rechtsstellung. Dennoch hat sich der Gesetzgeber mit einem im Vergleich zu den analogen Bestimmungen bei Fusion (Art. 7 Abs. 1) und Spaltung (Art. 31 Abs. 1) absolut formulierten, verkürzten Grundsatz begnügt und auch keine Ausgleichszahlungen (vgl. Art. 7 Abs. 2 sowie N 23) vorgesehen.

8 In Anlehnung an Art. 7 muss der Grundsatz somit dahingehend **relativiert** werden, dass die Anteils- und Mitgliedschaftsrechte der Gesellschafter an der umgewandelten Gesellschaft unter Berücksichtigung der zwingenden Vorschriften der neuen Rechtsform, der Vermögensquoten, der Verteilung der Stimmrechte und aller anderen relevanten Umstände ihren bisherigen Anteils- und Mitgliedschaftsrechten in angemessener Weise entsprechen sollen (gl.M. ZOBL, SZW 2004, 175; BÖCKLI, Aktienrecht, § 3 N 347; GLANZMANN, AJP 2004, 142; VON DER CRONE ET AL., Rz 770; **a.M.** wohl KUNZ, AJP 2004, 807). Ähnlich verlangt die Botschaft (4450), dass die Gesellschafter *«Anteils- oder Mitgliedschaftsrechte an der neuen Gesellschaft erhalten, die ihrer bisherigen Beteiligung entsprechen, auch wenn sie nicht identisch sind»*. Bei der Beurteilung der **angemessenen Entsprechung** wird weniger die Form als der wesentliche Inhalt massgeblich sein, also z.B. nicht die absolute Anzahl Stimmen, die einem Gesellschafter zusteht und die je nach Strukturierung des Kapitals und der Rechtsform variieren kann, sondern die relative Stimmkraft. ZK-PESTALOZZI (N 15) postuliert überdies den Schutz des «Kerngehalts der Mitgliedschaftsposition», der strukturell «tiefgreifende» Unterschiede von Ausgangs- und Zielrechtsform verbiete. Da jede Umwandlung eine tiefgreifende Veränderung bewirkt und bezweckt, ist dieses Kriterium m.E. ungeeignet, jedenfalls soweit es über die «Bottomline» des Grundsatzes der Kontinuität der Mitgliedschaft (N 27 f.) hinausgeht (vgl. auch KLÄY, BN 2004, 204).

2. Wahrung von Anteilsrechten als Anteilsrechte

Grundsätzlich dürfen ohne Zustimmung der Betroffenen für bisherige Anteilsrechte (mit Nennwert) auch wieder nur Anteilsrechte (mit Nennwert) und nicht blosse Mitgliedschaftsrechte, Genussscheine oder Bezugsrechte (Botschaft, 4450) ausgegeben werden. Dies ist in der Regelung der zulässigen Arten von Umwandlungen (Art. 54) bereits weitgehend berücksichtigt, auch aus Gründen des Gläubigerschutzes (Botschaft, 4395, 4449 f.). 9

3. Wahrung der Vermögens- und der Mitwirkungsrechte

In der gesellschaftsrechtlichen Terminologie werden die Mitgliedschaftsrechte primär in **Vermögensrechte** (z.B. Recht auf Dividende, Recht auf Liquidationserlös) und **Mitwirkungsrechte** (z.B. Stimmrecht, Geschäftsführungsrecht eines GmbH-Gesellschafters) aufgegliedert. Das FusG enthält keine Einschränkung in dem Sinne, dass nur die eine oder die andere Rechtskategorie zu wahren sei. Gemäss Begleitbericht zum Vorentwurf FusG (58) sind zwar *«gleichwertige»* Anteils- und Mitgliedschaftsrechte zu gewähren, was aber kaum wörtlich zu verstehen ist. 10

Somit ist davon auszugehen, dass bei der Umwandlung sowohl die vermögens- als auch die mitwirkungsrechtliche Stellung angemessen zu wahren ist, obwohl eine Art. 7 Abs. 1 entsprechende ausdrückliche Erwähnung der Stimmrechte in Art. 56 fehlt. Eine unveränderte Wahrung aller konkreten Vermögens- und Mitwirkungsrechte wird aus den vorstehend (N 7 f.) erwähnten Gründen jedoch nie möglich sein. Beispielsweise tritt bei der Umwandlung einer Personengesellschaft in eine Aktiengesellschaft an die Stelle der unmittelbaren Gewinnbeteiligung nur das stark relativierte Recht auf Dividende (vgl. N 46); aus dem Recht der Aktionäre, den Verwaltungsrat der Aktiengesellschaft zu wählen, wird bei der GmbH das Recht zur gemeinsamen Geschäftsführung, soweit statutarisch nicht ebenfalls die Drittorganschaft eingeführt wird. Im Normalfall sollte sich die Ausgestaltung der Rechtsstellung daher an folgenden **Grundprinzipien** orientieren, wobei das ersterwähnte Prinzip der Erhaltung des relativen Wertes der Beteiligung in der Regel *vorrangig* ist (vgl. auch AYER, ZBGR 2002, 136; VON DER CRONE ET AL., Rz 711; ferner Botschaft, 4400 ff., betr. Fusion von Kapitalgesellschaften): 11

1. Der **relative Wert** der Beteiligung eines Gesellschafters soll grundsätzlich keine Veränderung erfahren. D.h. die Anteils*quoten* und – nach Möglichkeit – der damit verbundene *Ertragsanspruch* (Dividenden etc.) sind beizubehalten. Gegen eine allfällige Beeinträchtigung des *absoluten* Wertes der Gesellschaftsanteile, welche sich aus der Umwandlung als solcher und aus der Ausgestaltung der Rechtsstellung nach dem Recht der neuen Rechtsform (z.B. Verlust der unmittelbaren Gewinnbeteiligung) ergibt, bietet Art. 56 keinen Schutz. Daher ist der Gesamtwert der Unternehmung anders als bei der Fusion häufig ohne Bedeutung. Massgeblich ist die richtige Aufteilung. 12

2. Die **relative Stimmkraft** eines Gesellschafters soll, soweit diese im konkreten Fall eine *erhebliche Relevanz* aufweist (Stimmenmehrheit, Sperrminorität etc.), grundsätzlich beibehalten werden (vgl. auch das Beispiel in N 8). 13

Beide Prinzipien gelten nicht uneingeschränkt. Insbesondere muss das zweite Prinzip im Einzelfall aufgrund der Eigenheiten der neuen Rechtsform relativiert oder durch eine Barabgeltung ersetzt werden (vgl. N 21 f. und 23 ff.). 14

Art. 56 15–17　　　　　　　　　4. Kapitel: Umwandlung von Gesellschaften

4. Anwendung des Grundsatzes von Abs. 1 auf Gesellschafterpflichten

15　Dem Wortlaut nach lässt Art. 56 Abs. 1 einen ganzen Rechtsfolgebereich der Umwandlung ausser Betracht. Die Umwandlung bringt nicht nur eine Veränderung der Rechte, sondern auch eine **Veränderung der Pflichten** der Gesellschafter mit sich. Gemäss Botschaft (4400) ist mit «Rechte» jedoch die in der Rechtsstellung verkörperte **Mitgliedschaft mit Rechten und Pflichten** gemeint. Entsprechend ist der Grundsatz dahingehend zu präzisieren, dass mit der Wahrung der Anteils- und Mitgliedschaftsrechte die **angemessene Wahrung der Rechtsstellung**, d.h. des Gesamtpaketes von Rechten und Pflichten angesprochen wird (gl.M. ZK-PESTALOZZI, N 1, 8).

16　In Bezug auf die Pflichten muss die Rechtsstellung freilich nur bedingt gewahrt werden: Zunächst besteht die Pflicht nur im Interesse der Gesellschafter als **Grundsatz der Nichtausweitung der Pflichten** bzw. **Verbot der Mehrbelastung der Gesellschafter** (vgl. auch VISCHER, BJM 1999, 308 f.; ZK-PESTALOZZI, N 16; KUNZ, AJP 2004, 805; sowie für die Fusion Art. 7 N 2 und 8). Dass Pflichten der Gesellschafter, namentlich ihre persönliche Haftbarkeit, im Rahmen einer anderen Gesellschaftsform *aufgehoben werden*, nimmt das Gesetz in Kauf. Dieser Verlust wird mit besonderen Übergangsregelungen, namentlich in Bezug auf den Gläubigerschutz ausgeglichen (Art. 68). Auch Pflichten gegenüber der Gesellschaft oder anderen Gesellschaftern können wegfallen (vgl. N 19). Freilich kann das Wegfallen von Pflichten bei der Beurteilung, ob die Rechtsstellung eines Gesellschafters insgesamt gewahrt wurde, eine Rolle spielen (vgl. etwa N 33). Sodann kann ein Gesellschafter keinen Schutz vor einer Pflichtenvermehrung beanspruchen, wenn die neuen Pflichten zur zwingenden Struktur der neuen Rechtsform gehören (Botschaft, 4451 und unten N 20). Schliesslich ist eine Ausweitung der Pflichten grundsätzlich dann zulässig, wenn alle Gesellschafter zustimmen (vgl. N 6) oder wenn die nach Art. 64 erforderlichen **Mehrbelastungsquoren** erreicht werden (z.B. Art. 64 Abs. 1 lit. d für die Umwandlung einer Genossenschaft in eine GmbH mit Nachschusspflichten; zur Ausnahme betr. Liberierungspflicht vgl. N 17). Im Übrigen sind untergeordnete Pflichten, die sich aus der dispositiven, aber rechtsformtypischen Ausgestaltung einer Rechtsform ergeben (z.B. eine Treuepflicht), regelmässig auch ohne Einhaltung von Mehrbelastungsquoren zu akzeptieren (vgl. N 21 f. sowie Art. 64 N 15). Führen besondere Umstände, z.B. die Konkurrentenstellung eines Gesellschafters, zu einer besonderen Belastung, ist aber auch in solchen Fällen dessen Zustimmung zu fordern.

5. Liberierungspflichten im Besonderen

17　Bei der Umwandlung sind die Liberierungsvorschriften der neuen Rechtsform zu wahren (dazu Art. 57 N 4). Dennoch dürfen den bisherigen Gesellschaftern ohne ihre Zustimmung im Rahmen von Kapitalgesellschaften **keine neuen Liberierungspflichten erwachsen**. Das Kapital ist mit dem bestehenden Vermögen des umzuwandelnden Rechtsträgers zu liberieren (gl.M. ZK-PESTALOZZI, N 16; VON DER CRONE ET AL., Rz 766; AYER, ZBGR 2002, 136). Die Zuweisung blosser Bezugsrechte oder von Anteilen mit geringerer Liberierungsquote als bisher ist unzulässig (Botschaft, 4450; vgl. auch EHRA, REPRAX 1/1999, 49 f.; LANZ/TRIEBOLD, SZW 2000, 61, 63). Meines Erachtens dürfen den Gesellschaftern ohne ihre Zustimmung auch dann keine neuen Liberierungspflichten auferlegt werden, wenn das Gesetz die Erweiterung des Pflichtenkreises mit qualifiziertem Mehr erlaubt (z.B. Art. 64 Abs. 1 lit. d). Dies ergibt sich einerseits daraus, dass neue Liberierungspflichten faktisch einem Teilentzug der Mitgliedschaft gleichkommen würden, und andererseits daraus, dass zum Schutz der Gläubiger eine persönliche Verpflichtung der Gesellschafter zur Einzahlung (mindestens) des Nennwerts erforderlich ist (Zeichnung). Aus diesem Grund kann etwa eine Anpassung an einen höheren Minimalnennwert (z.B. bei Umwandlung einer Aktiengesellschaft in eine GmbH) oder an ein höheres Minimalkapital (z.B. bei Umwandlung einer GmbH in eine Aktiengesellschaft) nicht ohne Durchführung einer formellen Kapitalerhöhung durch blosse Senkung der Liberierungsquote bewirkt werden (vgl. Art. 57 N 14, 17).

Wird eine Kapitalgesellschaft oder eine Genossenschaft mit Genossenschaftskapital mit einst voll liberiertem, im Zeitpunkt der Umwandlung jedoch unterdecktem Nominalkapital (**Unterbilanz**) in eine andere dieser Gesellschaftsformen mit dem gleichen Nominalkapital umgewandelt, so lebt die Liberierungspflicht der Gesellschafter deswegen nicht wieder auf; eine Pflicht zur Bilanzsanierung besteht nicht (vgl. Art. 57 N 15). 18

6. *Kein Recht auf Beibehaltung von faktischen Vorteilen und Rechten gegenüber Gesellschaftern*

Ein Anspruch auf Beibehaltung indirekter Vorteile oder Rechte eines Gesellschafters, die sich daraus ergeben, dass ein *anderer* Gesellschafter nach dem Recht der Ausgangsrechtsform der Gesellschaft oder auch direkt den Gesellschaftern gegenüber Pflichten (z.B. Treuepflichten) hat, besteht gewöhnlich nicht. Dies unabhängig davon, ob diese Pflichten vom Gesellschafter eingeklagt werden können (*actio pro socio* – wodurch sie zu unmittelbaren Rechten werden) oder nicht. Der Verlust solcher Vorteile und Rechte geht mit gewissen Rechtsformwechseln notwendigerweise oder typischerweise einher und wird durch die besonderen Quoren von Art. 64 ausgeglichen (vgl. N 20 ff.). 19

7. *Vorbehalt von rechtsformbedingten zwingenden Änderungen der Rechtsstellung*

Hinzunehmen sind Änderungen der Rechtsstellung der Gesellschafter, die sich aus der zwingenden Rechtsstruktur der Zielrechtsform (*Normativbestimmungen*) ergeben. Gemäss Botschaft (4451) sind die Gesellschafter vor Änderungen, «*die sich unvermeidlicherweise aus dem Rechtsformwechsel ergeben*», nicht geschützt. Die von der Botschaft angeführten Beispiele – Treuepflicht bei der Genossenschaft (Art. 866 OR) und Konkurrenzverbot bei der GmbH (Art. 818 OR) liessen sich freilich statutarisch wegbedingen (vgl. BGE 101 II 125, 128 sowie BSK OR II-AMSTUTZ, Art. 818 N 1). Indessen können sich beispielsweise Aktionäre trotz Art. 623 Abs. 2 OR nicht dagegen wehren, dass anlässlich der Umwandlung der Aktiengesellschaft in eine GmbH ihre Aktien zu GmbH-Stammeinlagen zusammengelegt werden, da bei der GmbH jeder Gesellschafter nur eine Stammeinlage besitzen kann (Art. 774 Abs. 2 OR; gemäss Art. 774 E GmbH kann ein Gesellschafter über mehrere Stammanteile verfügen). Solchen Änderungen, die sich aus formfixierten Strukturelementen (Normativbestimmungen) der neuen Gesellschaftsform ergeben, wird (Missbrauch vorbehalten) mit der Festsetzung der Mehrheitserfordernisse für den Umwandlungsbeschluss Rechnung getragen (Art. 64; Botschaft, 4451). 20

8. *Nutzung von Gestaltungsspielraum; Vorbehalt von Änderungen, die sich aus dispositivem Recht ergeben*

Soweit sich Änderungen der Rechtsstellung der Gesellschafter nur aus dispositivem, aber rechtsformtypischem Recht der Zielrechtsform ergeben, ist fraglich, ob der Gestaltungsspielraum voll ausgereizt werden muss, um die bisherige Rechtsstellung so getreu wie möglich abzubilden. Beispielsweise weist die Botschaft (4450) darauf hin, dass eine Veränderung der Stimmverhältnisse der Umwandlung einer Genossenschaft (Kopfstimmrecht) in eine Aktiengesellschaft (Kapitalstimmrecht) immanent sei, doch könnten «*Unebenheiten*» durch Stimmrechtsaktien (Art. 693 OR) und Stimmbeschränkungen (Art. 692 Abs. 2 OR) gemildert werden. In der Tat könnte jede Genossenschaft, die sich 21

Dieter Gericke

in eine Aktiengesellschaft umwandelt, durch Beschränkung des Stimmrechts auf eine Stimme pro Aktionär das genossenschaftliche Kopfstimmrecht weiterführen (Art. 692 Abs. 2 OR; FORSTMOSER/MEIER-HAYOZ/NOBEL, § 24 N 62) und damit dem Wortlaut von Art. 56 Abs. 1 voll Rechnung tragen. Vor diesem Hintergrund stellt sich daher die Frage, ob die Umwandlung einer Genossenschaft mit ungleich verteilten Kapitalanteilen in eine Aktiengesellschaft ohne Einführung der erwähnten Stimmrechtsbeschränkung stets eine Verletzung von Art. 56 darstellt.

22 Meines Erachtens gibt es weder im vorerwähnten Beispiel noch im Allgemeinen eine grundsätzliche Pflicht, rechtsformtypische Veränderungen der Rechtsstellung nach Möglichkeit zu vermeiden, da Umwandlungen sonst zur Farce verkommen würden. Das Ziel der Umwandlung, eine andere Rechtsform mit ihren Eigenheiten anzunehmen, würde verfehlt (vgl. auch WEHRLI, 119, zum bisherigen Recht; einschränkend wohl ZK-PESTALOZZI, N 15). Die in der Botschaft (4451) aufgeführten Beispiele von rechtsform*typischen*, aber nicht zwingenden Änderungen (vgl. N 20), die mit einer Umwandlung einhergehen, sprechen dafür, dass solche Ausformungen der neuen Rechtsform in der Regel zu akzeptieren sind. Auch WAMISTER (69) und VON DER CRONE ET AL. (Rz 772) gehen davon aus, dass die Genossenschafter bei der Umwandlung einer Genossenschaft in eine Aktiengesellschaft, keinen Anspruch auf Beibehaltung des Kopfstimmprinzips haben. Diese Lösung kann sich zudem aus Überlegungen zu den Quoren bei der Zielrechtsform ergeben, wie in N 26 ausgeführt. Als **Grundsatz** ist somit anzunehmen, dass Änderungen der Rechtsstellung, die sich aus **rechtsformtypischen dispositiven Regelungen** ergeben, alle Gesellschafter gleichermassen treffen und aufgrund der konkreten Umstände keine besondere Last bewirken, **zur Umwandlung gehören** und **Art. 56 nicht widersprechen**. Dies wird durch die qualifizierten Quoren gemäss Art. 64 ausgeglichen. Nur wenn die Änderung der Rechtsstellung im konkreten Fall zu vermeidbaren, ungerechtfertigten Ergebnissen führt, etwa zum unvermittelten Gewinn oder Verlust einer Stimmenmehrheit, wird Art. 56 relevant und es sind gegebenenfalls die Mehrbelastungsquoren von Art. 64 anzuwenden. In Extremfällen mag gar die Zustimmung aller Betroffenen notwendig sein (vgl. N 6 und 16). Schliesslich lässt sich etwa der Verlust des Kopfstimmrechts u.U. auch als **Verlust eines Sonderrechts** einstufen, womit Art. 56 Abs. 4 mit der Möglichkeit einer Abgeltung zur Anwendung kommt. Vgl. auch N 24 f. sowie N 34.

9. Barausgleich

23 Eine Art. 7 Abs. 2 entsprechende Bestimmung, die zur Korrektur des Umtauschverhältnisses einen Barausgleich von bis zu 10% des wirklichen Wertes der gewährten Anteile erlaubt, fehlt im Umwandlungsrecht. Der Begleitbericht zum Vorentwurf FusG (58) und die Botschaft (4451) begründen dies damit, dass die Umwandlung lediglich eine einzige Gesellschaft betreffe und keine Vermögenswerte übertragen würden, weshalb die Wertquote der Anteils- und Mitgliedschaftsrechte unverändert bleibe.

24 Die Rechte der Gesellschafter können bei einer Umwandlung in der Regel nur annäherungsweise gewahrt werden (vgl. N 7 f.). Daher ist es gerechtfertigt, das Schweigen des Gesetzes betreffend Barausgleich relevanter Abweichungen nur als **Grundsatz** aufzufassen und im Einzelfall **Ausnahmen** zuzulassen (ähnlich Handkommentar FusG-GLANZMANN, N 8; DERS., AJP 2004, 145; VON DER CRONE ET AL., Rz 298), zumal dieses Resultat auch auf dem Umweg über eine rechtsformübergreifende Fusion mit den gleichen Quoren erreicht werden könnte (vgl. ZK-PESTALOZZI, N 14). Zunächst blenden die in N 23 genannten Materialien nämlich aus, dass es bei der Umwandlung von Personengesellschaften in Kapitalgesellschaften durchaus zu einer Vermögensübertragung

2. Abschnitt: Anteils- und Mitgliedschaftsrechte **25, 26** **Art. 56**

kommt. Ferner wurde offensichtlich nur an einfache Fälle gedacht, in welchen die Anteils- und Mitgliedschaftsrechte praktisch unverändert in die neue Rechtsform übernommen werden können. Indessen macht die von der Botschaft angesprochene «Wertquote» nur einen Teil des Wertes von Anteils- und Mitgliedschaftsrechten aus. Eine andere Form der Gewinnbeteiligung oder eine Veränderung von Mitwirkungsrechten kann trotz unveränderter Wertquote zu einer Wertverschiebung zwischen den Gesellschaftern führen, die sich u.U. am besten durch eine Barauszahlung ausgleichen lässt. Demgegenüber sind atypische Ausgestaltungen, wie sie die Botschaft (4450) beispielhaft erwähnt, als Ausgleich schwerfällig und stehen in der Regel dem Umwandlungszweck entgegen, indem sie die alte Struktur trotz neuem Rechtskleid zementieren (vgl. N 21 f.). Weiter gibt es Fälle, namentlich die Umwandlung einer Aktiengesellschaft in eine GmbH, in welchen mangels Flexibilität bei der Aufteilung der Anteile (Art. 774 OR) im Rahmen der neuen Rechtsform ein Spitzenausgleich unabdingbar ist (vgl. N 1 und 51).

Indessen gibt es keine allgemeine Pflicht, eine ansonsten hinzunehmende Veränderung der Rechtsstellung eines Gesellschafters mit einer Barzahlung auszugleichen. Ein **Barausgleich** kann aber im Einzelfall zur Herbeiführung der gemäss Art. 64 erforderlichen Mehrheiten angezeigt oder zur Verhinderung von stossenden Ergebnissen im Lichte von Art. 56 notwendig sein. Ist die Veränderung als **Verlust von Sonderrechten** zu qualifizieren, so ergibt sich zudem bereits aus Art. 56 Abs. 4 die Pflicht zur Leistung einer Ausgleichszahlung (vgl. N 34). 25

10. *Vorgehen bei der Anwendung von Art. 56 Abs. 1*

Die Anwendung von Art. 56 Abs. 1 kann im Einzelfall Fragen aufwerfen, deren Lösung einigen **Ermessensspielraum** impliziert (gl.M. VON DER CRONE ET AL., Rz 772). Im Rahmen dieses Spielraums dürfte folgende Vorgehensweise angemessen sein: Zu beginnen ist mit einem Blick auf die erforderlichen **Quoren**. Stimmen alle Gesellschafter der Umwandlung zu, ist die Gesellschaft in der Ausgestaltung der Rechte und Pflichten weitgehend frei (dazu N 6). Damit werden Umwandlungen, welche der Zustimmung aller Gesellschafter bedürfen (z.B. Art. 64 Abs. 1 lit. b) oder gruppeninterne Umwandlungen kaum in Konflikt mit Art. 56 kommen. Wo bedeutende Minderheiten übergangen werden können (etwa bei der Umwandlung einer Aktiengesellschaft in eine GmbH, Art. 64 Abs. 1 lit. a Hs. 1), wird man einen strengeren Massstab ansetzen müssen, soweit nicht aufgrund der Änderungen (z.B. Einführung persönlicher Leistungspflichten) die Zustimmung aller Betroffenen erforderlich ist (Art. 64 Abs. 1 lit. a Hs. 2). Auch ein Blick auf die **in der umzuwandelnden Gesellschaft geltenden Quoren** kann hilfreich sein: Könnte im Rahmen der Ausgangsrechtsform mit dem gleichen oder einem geringeren Quorum eine ähnliche Veränderung herbeigeführt werden, ist es nicht gerechtfertigt, den betroffenen Minderheitsgesellschaftern im Hinblick auf die Ausgestaltung der umgewandelten Gesellschaft weitergehende Rechte einzuräumen. Auch die **in der umgewandelten Gesellschaft geltenden Quoren** sind von Bedeutung: Könnte die gleiche oder eine geringere Mehrheit, welche der Umwandlung zustimmt, nach der Umwandlung die fragliche Veränderung der Rechtsstellung (evtl. auch über weitere Umwandlungen und Fusionen) ohne weiteres herbeiführen, sollten Zwischenschritte grundsätzlich verhindert werden können. Zum Beispiel könnte man das genossenschaftliche Kopfstimmprinzip bei der Umwandlung einer Genossenschaft in eine Aktiengesellschaft durch eine Stimmrechtsbeschränkung auf eine Stimme gemäss Art. 692 Abs. 2 OR weiterführen. Indessen könnte diese Stimmrechtsbeschränkung im Rahmen der Aktiengesellschaft mit einer gewöhnlichen Mehrheit der an einer Generalversammlung vertretenen Aktionäre wieder aufgehoben werden, es sei denn, für eine solche Änderung würde statutarisch ein qualifiziertes Quorum vorgesehen. Die Umwandlung der Genossen- 26

Dieter Gericke

schaft verlangt demgegenüber eine Zweidrittelmehrheit (Art. 64 Abs. 1 lit. d). Vgl. zu diesem Beispiel auch N 22. Sodann sind allfällige **besondere Interessen von Gesellschaftern** an der Abbildung ihrer bisherigen Rechtsstellung im dispositiven Rahmen der neuen Rechtsform zu prüfen, wobei die Rechtsformtypizität der neuen Rechtsform nicht ohne besondere Umstände aufgegeben werden sollte (vgl. N 21 f.). Je nach Sachlage werden weitere Gesichtspunkte zu beachten sein, namentlich die Gründe für den Rechtskleidwechsel, die Auswirkungen der Ausgestaltung auf die Verwirklichung dieser Zielsetzungen, die Möglichkeit, vor der Umwandlung ohne finanziellen Nachteil durch Austritt oder Veräusserung «auszusteigen» und die Auswirkungen der Umwandlung auf die Pflichten der Gesellschafter. Schliesslich gilt es, **Missbräuche** zu vermeiden. Das Umwandlungsrecht darf von der Mehrheit nicht missbräuchlich dazu verwendet werden, die Strukturen der verschiedenen Rechtsformen je nach Situation zu instrumentalisieren, allein um die Rechte der Minderheit, Übertragungsbeschränkungen und andere missliebige Ausformungen der bisherigen Rechtsform in einem konkreten Anwendungsfall auszuschalten.

V. Kontinuität der Mitgliedschaft (Abs. 1 und 2)

27   Aus dem Wesen der Umwandlung, welche (ausser bei der Umwandlung von Personengesellschaften in juristische Personen) die Mitgliedschaft nur neu strukturiert, sowie aus dem Grundsatz von Abs. 1 ergibt sich der Grundsatz der **Kontinuität der Mitgliedschaft**, wonach jeder bisherige Gesellschafter auch Gesellschafter der umgewandelten Gesellschaft ist. Abs. 2 stellt dies in Bezug auf Umwandlungen in Kapitalgesellschaften nochmals klar, indem festgehalten wird, dass auch Gesellschafter, welche unter der alten Rechtsform nicht *Anteilsinhaber* (Art. 2 lit. g) waren, sondern Träger sonstiger Mitgliedschaftsrechte (etwa Kollektivgesellschafter oder Vereinsmitglieder, vgl. N 3), Anspruch auf mindestens einen *Anteil* der Kapitalgesellschaft haben. Dies gilt selbst dann, wenn der Wert eines Anteils grösser ist, als der Wert der bisherigen Mitgliedschaft des betreffenden Gesellschafters. Weil der minimale Nennwert eines Anteils nicht unterschritten werden kann (vgl. N 1), müssen die übrigen Gesellschafter daher eine Verwässerung – allenfalls gegen Ausgleichszahlung (vgl. N 23 f.) – ihres Anteils in Kauf nehmen, wenn eine den einzelnen Mitgliedschaften entsprechende Stückelung nicht anderweitig erreicht werden kann. Indessen lässt es der Gesetzeswortlaut offen, ob in besonderen Fällen nicht verlangt werden kann, dass zumindest der Nennwert von den Gesellschaftern ohne Anteilsscheine liberiert werde (dagegen: Botschaft, 4402; GLANZMANN, AJP 2004, 146; ZK-PESTALOZZI, N 20). Jedenfalls kann ein Gesellschafter nicht gegen seinen Willen vom Umwandlungsvorgang ausgeschlossen und abgefunden werden, eine mit Art. 8 Abs. 2 vergleichbare Regelung gibt es nicht (ebenso ZK-PESTALOZZI, N 11, 14). Denkbar ist, dass sich in bestimmten Fällen eine analoge Anwendung von Art. 8 Abs. 2 und 18 Abs. 5 rechtfertigen lässt, wenn der Umweg über eine rechtsformübergreifende Fusion möglich wäre. Vorbehalten bleiben in jedem Fall **Ausschlussrechte** nach dem Recht der Ausgangsrechtsform (z.B. Art. 578 oder Art. 846 OR).

28   Wie bereits der Wortlaut von Art. 56 Abs. 2 nahe legt, sollte – zumal der Verzicht auf einen Anspruch möglich ist (vgl. auch N 6) – ein **freiwilliges Ausscheiden** anlässlich der Umwandlung zulässig sein, obwohl auch dafür eine explizite Grundlage im FusG fehlt (anders z.B. noch Art. 825 altOR). Wo die Ausgangs- oder die Zielrechtsform ein **Austrittsrecht** oder den **Ausschluss** vorsieht, so u.U. Kollektivgesellschaft, Verein, Genossenschaft und GmbH, scheint dies ohnehin klar (vgl. auch EHRA, REPRAX 1/1999, 49; AYER, ZBGR 2002, 134, wonach die Umwandlung stets ein wichtiger Grund i.S.v. Art. 822 Abs. 2 OR sei). Auch in anderen Fällen gibt es kaum Gründe, die dagegen sprechen, zumal die Gläubigerinteressen durch Art. 68 geschützt werden. Beispielsweise

2. Abschnitt: Anteils- und Mitgliedschaftsrechte   29–31   Art. 56

sollte es möglich sein, bei der Umwandlung einer Aktiengesellschaft in eine GmbH dem höheren Mindestnennwert bei der GmbH (vgl. N 51) dadurch gerecht zu werden, dass Aktionären in Analogie zu Art. 8 Abs. 1 der freiwillige Austritt gegen Abfindung angeboten wird, solange sich am Gesamtkapital der Gesellschaft nichts ändert und die Abfindung aus frei verwendbarem Eigenkapital geleistet wird (**a.M.** ZK-PESTALOZZI, N 12).

VI. Anteile ohne Stimmrecht (Abs. 3)

1. Begriff und Anwendungsbereich

Abs. 3 regelt den Umtausch von Anteilen ohne Stimmrecht, v.a. **Partizipationsscheinen** (Botschaft, 4402). Analog wird die Bestimmung zusätzlich zu Abs. 2 auch auf **Vereinsmitgliedschaften ohne Stimmrecht** (dazu MEIER-HAYOZ/FORSTMOSER, § 20 N 42) anwendbar sein, obwohl es sich dabei nicht um «Anteile» im Sinne der Terminologie des FusG handelt (vgl. N 3). Demgegenüber vermittelt die Rechtsstellung des **Kommanditärs** grundsätzlich ein Stimmrecht. Wird dieses vertraglich auf das absolute Minimum reduziert, gleicht sich die Rechtsstellung jedoch derjenigen eines Partizipanten an, womit die Anwendbarkeit von Abs. 3 zu prüfen ist. Da **Genussscheine** keinen Nennwert aufweisen (vgl. N 39), kommt m.E. der in Abs. 3 alternativ vorgesehene Ausgleich mit Anteilen mit Stimmrecht zumindest bei einer Umwandlung in eine Kapitalgesellschaft kaum in Frage. In der Regel wird daher allein Abs. 5 zur Anwendung kommen (vgl. N 39 ff.; ähnlich Handkommentar FusG-GLANZMANN, N 10; ZK-PESTALOZZI, N 22). 29

2. Rechtsfolgen

Abs. 3 sieht vor, dass den Inhabern von Anteilen ohne Stimmrecht entweder gleichwertige Anteile oder dann Anteile mit Stimmrecht gewährt werden müssen. Mit den **gleichwertigen Anteilen** sind m.E. vielmehr «gleichartige» Anteile gemeint, d.h. analoge Anteile ohne Stimmrecht und nicht eine Sachabfindung durch irgendwelche Anteile gleichen Werts. Obwohl nach gesetzgeberischer Terminologie zu den stimmrechtslosen Anteilsrechten gehörig (vgl. N 3), wäre auch die Ausgabe nennwertloser Genussscheine für Partizipationsscheine, die einen Kapitalanteil verkörpern, unzulässig (vgl. N 9). Eine Gewährung von **Anteilen mit Stimmrecht** kommt vor allem dann zum Zug, wenn eine Rechtsform keine analogen Anteile ohne Stimmrecht kennt oder wenn die Ausgabe solcher Anteile im konkreten Fall nicht zulässig ist (vgl. etwa die Schranke in Art. 656b Abs. 1 OR). Darüber hinaus dient Abs. 3 gemäss Botschaft (4451 mit Hinweis auf 4402) und Prot. RK StR (vom 1./2.3.2001, 10) aber auch ganz allgemein der **Vereinfachung der Kapitalstruktur** im Rahmen einer Umwandlung und ist daher nicht subsidiär zur Gewährung gleichwertiger Anteile zu verstehen. Sind beide Lösungen möglich, kann die Gesellschaft daher unter Beachtung der gesellschaftsrechtlichen Grundprinzipien das *Vorgehen wählen* oder den Inhabern der Anteile ohne Stimmrecht ein *Wahlrecht* einräumen. Gewährt eine Gesellschaft Anteile mit Stimmrecht, so kann m.E. der Wert des Stimmrechts bei der Bemessung der Anteile keine Rolle spielen, d.h. die vermögensrechtliche Komponente ist unverändert zu wahren (etwas anderes mag bei der Fusion gelten, wo zwei Gesellschaften involviert sind, vgl. Art. 7 N 15). 30

Fraglich ist, ob eine **Sonderversammlung der Partizipanten** der Neuordnung ihrer Rechte im Zuge der Umwandlung zustimmen muss (Art. 656f Abs. 4 OR). Dabei ist zu *differenzieren*: Ist ohnehin die Zustimmung sämtlicher Gesellschafter erforderlich, so namentlich bei einer Umwandlung in eine Genossenschaft (Art. 64 Abs. 1 lit. b), ist die Zustimmung einer separaten Partizipantenversammlung nicht erforderlich. Im Übrigen müssen die unterschiedlichen Zielsetzungen von FusG und Aktienrecht beachtet wer- 31 den: Art. 64 enthält Quoren, die für die Zustimmung zu einer grundsätzlich zulässigen Umwandlung erforderlich und ausreichend sind. Zulässig ist aber nur eine Umwandlung, welche die Partizipanten nach Massgabe von Art. 56 Abs. 1 und 3 nicht schlechter stellt als zuvor. Demgegenüber regeln die Bestimmungen über die Sonderversammlungen, in welchen Fällen und mit welchen Quoren bereits im Rahmen der bisherigen Rechtsform eine materielle Veränderung zulässig ist. Würde man Art. 56 als einzig anwendbar betrachten, so wäre jede (nicht bereits fusionsgesetzlich zulässige) materielle Verschlechterung ihrer Position, ob mit oder ohne Sonderversammlung, ausgeschlossen. Je nach Situation können daher sowohl die Bestimmungen des FusG als auch des OR zur Anwendung kommen (a.M. Handkommentar FusG-GLANZMANN, N 10 m.H. auf Art. 7 N 30, Handkommentar FusG-JERMINI, Art. 64 N 20 sowie wohl ZK-PESTALOZZI, N 24). Die Beschlussfassung über die Umwandlung erfolgt im Rahmen der Ausgangsrechtsform. Soll mit der Umwandlung eine Veränderung der Rechtsstellung der Partizipanten einhergehen, die zwar nicht nach den Grundsätzen von Art. 56, aber mit Zustimmung einer Sonderversammlung zulässig herbeigeführt werden kann (Art. 656f Abs. 4 OR), so kann sie mit dieser Zustimmung auch im Rahmen einer Umwandlung eingeführt werden. Demgegenüber bedarf eine bereits fusionsgesetzlich zulässige Umwandlung keiner Zustimmung einer Sonderversammlung.

32 Ähnlich ist die Frage zu beurteilen, inwiefern Art. 656f Abs. 2 OR, der eine **vermögensrechtliche Gleichstellung** mit der am wenigsten bevorzugten Klasse von Beteiligungsrechten mit Stimmrecht garantiert, im Rahmen einer Umwandlung zur Anwendung kommt. Auch diesbezüglich ist zu beachten, dass der Umwandlungsbeschluss im Rahmen der Ausgangsrechtsform, d.h. der Aktiengesellschaft ergeht. Art. 656f Abs. 2 OR gilt daher uneingeschränkt. Wird die vermögensrechtliche Stellung der am wenigsten bevorzugten Beteiligungsrechte mit Stimmrecht in der neuen Rechtsform verbessert, müssen die Partizipanten mindestens die gleiche vermögensrechtliche Stellung erhalten. Zur Behandlung von **Sonderrechten von Partizipanten** siehe N 33 ff.

VII. Sonderrechte (Abs. 4)

1. Begriff und Anwendungsbereich

33 Der **Begriff** der Sonderrechte wird im Gesetz nicht definiert. Gemäss Botschaft (4402) handelt es sich unter anderem um die besondere Rechtsstellung der **Stimmrechts-** und **Vorzugsaktionäre**. Auch besondere Minderheitenrechte wie **Vorschlagsrechte** für den Verwaltungsrat der Aktiengesellschaft gemäss Art. 709 Abs. 2 OR oder **Nutzungsrechte** dürften darunter fallen. Dagegen werden Ausprägungen der Rechtsstellung, deren Aufgabe alle Gesellschafter gleichermassen trifft, in der Regel nicht als Sonderrechte gelten. Angesichts der näheren Charakterisierung der Sonderrechte als Rechte, «die mit Anteils- oder Mitgliedschaftsrechten verbunden sind», würden als **besondere Vorteile** im Sinne von Art. 628 Abs. 3 und Art. 650 Abs. 2 Ziff. 6 OR gewährte Rechte nicht unbedingt darunter fallen, da diese nicht zwingend an eine Mitgliedschaft geknüpft sind. Dennoch scheint es angemessen, Abs. 4 auch auf solche statutarischen Rechte anzuwenden. Ferner können u.U. besondere (namentlich statutarische) **Vorschriften zur Verteilung des Liquidationserlöses** als Sonderrechte qualifiziert werden (vgl. auch WEHRLI, 157, zur Massgeblichkeit der Verteilungsvorschriften nach bisherigem Recht sowie ZK-PESTALOZZI, Art. 57 N 15). Bei Personengesellschaften werden die meisten **besonderen Rechte gemäss Gesellschaftervertrag**, z.B. vertragliche Vetorechte (Handkommentar FusG-GLANZMANN, Art. 7 N 31) oder Begünstigungen bei der Gewinn- und Verlustbeteiligung (ZK-PESTALOZZI, N 26) Sonderrechte darstellen. Dagegen kann die gesetzlich vorgese-

hene Geschäftsführungsbefugnis des Komplementärs bei der Kommanditgesellschaft (Art. 599 OR) im Rahmen der Umwandlung in eine Kapitalgesellschaft entschädigungslos verfallen, wenn auch das Gegenstück der persönlichen Haftung entfällt. In Einzelfällen mögen Geschäftsführungsbefugnisse als Sonderrechte zu einer Abfindung berechtigen, einen Anspruch auf Kontinuität der Organschaft gibt es dagegen nicht (vgl. Art. 57 N 3).

Die Qualifikation eines Rechtes als «Sonderrecht» kann sich u.U. erst bei **Zugrundelegen der Zielrechtsform** ergeben. Beispielsweise kann im Rahmen der Umwandlung einer Genossenschaft in eine Aktiengesellschaft das Kopfstimmrecht der Genossenschafter ähnlich wie das Stimmrechtsprivileg bei Stimmrechtsaktien den Charakter eines weiterhin zu gewährenden oder abzugeltenden Sonderrechtes aufweisen (vgl. N 25). Dabei wird die Frage massgeblich sein, ob der Verlust der besonderen Rechtsstellung einen Wertverlust oder eine andere erhebliche Beeinträchtigung mit sich bringt.   34

Von der Gesellschaft ausgegebene **Optionen** und **Wandelrechte**, die auf Erwerb oder Veräusserung von Anteils- oder Mitgliedschaftsrechten lauten, gelten dann als Sonderrechte, wenn sie als Nebenrechte an Anteils- oder Mitgliedschaftsrechte gebunden sind (vgl. Handkommentar FusG-GLANZMANN, Art. 7 N 7). Vgl. aber N 44 betreffend selbständige Rechte.   35

Auf **Sonderrechte, die mit Anteilen ohne Stimmrecht verbunden sind**, ist Art. 56 Abs. 4 kumulativ zu Abs. 3 anwendbar.   36

2. Rechtsfolgen

Art. 56 Abs. 4 sieht vor, dass den Inhabern von Sonderrechten entweder **gleichwertige Rechte** (oder vielmehr «gleichartige» Rechte, vgl. N 30) oder eine **angemessene Abgeltung** zu gewähren sind. Ist beides möglich, kann den Rechtsinhabern ein Wahlrecht eingeräumt werden (gl.M. VON DER CRONE ET AL., N 343). Die Bestimmung lässt die **Art der Abgeltung** (im Gegensatz zu Abs. 5) offen, weshalb grundsätzlich auch eine Sachabfindung, etwa durch die Gewährung zusätzlicher Anteils- und Mitgliedschaftsrechte, in Frage kommt (gl.M. Handkommentar FusG-GLANZMANN, Art. 7 N 31; ZK-PESTALOZZI, N 28). So kann beispielsweise der Verlust vermögensrechtlicher Vorzugsrechte oder besonderer Stimmkraft durch Zuweisung einer entsprechend grösseren Zahl von nicht bevorzugten Anteilen wettgemacht werden. Im Übrigen wird das Gesetz aber eine liquide Abgeltung im Auge haben, weshalb eine Sachabfindung ausser mit marktgängigen Anteilen nur mit Zustimmung des betroffenen Gesellschafters zulässig sein dürfte. Mit **«angemessen»** ist nicht unbedingt finanzielle Gleich*wertigkeit* gemeint, zumal der Wert des Verlustes eines Sonderrechtes unter Umständen schwer zu ermitteln ist (Prot. RK StR vom 1./2.3.2001, 11).   37

Bezüglich der Regelung von Art. 56 Abs. 4 stellt sich die Frage nach dem Verhältnis zu den aktienrechtlichen Vorschriften zum Schutz der Vorzugsaktionäre. So sehen Art. 654 Abs. 2 und 3 OR für die Ausgabe von die Rechte der bestehenden Vorzugsaktionäre beeinträchtigenden Vorzugsaktien und für die Änderung oder Aufhebung der Vorrechte die Zustimmung einer **Sonderversammlung der Vorzugsaktionäre** vor. Ferner sieht Art. 656f Abs. 4 OR in Bezug auf eine Änderung allfälliger Vorrechte von Partizipanten das Erfordernis der Zustimmung einer Sonderversammlung vor. Diese aktienrechtlichen Bestimmungen, welche Eingriffe in die Vorrechte unter gewissen Voraussetzungen zulassen, bleiben bis zum Vollzug der Umwandlung beachtlich. Art. 56 steht dazu nicht im Widerspruch, da diese Bestimmung nicht vor einer bereits vor der Umwandlung zulässigen Verschlechterung der Rechtslage schützt (vgl. im Einzelnen die analogen Überlegungen zu Art. 56 Abs. 3, oben N 31). Indessen bedarf eine Abfindung der Vorrechte ge-   38 mäss Art. 56 Abs. 4 keiner Zustimmung der Sonderversammlung der Vorzugsaktionäre bzw. Partizipanten, da dies bereits fusionsgesetzlich erlaubt ist (ebenso Art. 7 N 17 betr. Fusion; GLANZMANN, AJP 2004, 147).

VIII. Genussscheine (Abs. 5)

39 Mit dem **Begriff** des Genussscheines bezieht sich das Gesetz auf nennwertlose Genussscheine i.S.v. Art. 657 OR (Botschaft, 4390). Auf Genussscheine mit Nennwert käme Art. 56 Abs. 3 zur Anwendung.

40 Art. 56 Abs. 5 sieht vor, dass den Genussscheininhabern entweder **gleichwertige Rechte** (oder vielmehr «gleichartige» Rechte, vgl. N 30) zu gewähren sind oder dass die Genussscheine zum wirklichen Wert im Zeitpunkt der Erstellung des Umwandlungsplans **zurückzukaufen** sind. Sind verschiedene Lösungen möglich, kann die Gesellschaft im Rahmen des Gesellschaftsinteresses das Vorgehen wählen. Die Gesellschaft kann daher die Inhaber von Genussscheinen grundsätzlich auch ohne Notwendigkeit durch Auskauf ausschliessen. Das Gebot der Gleichbehandlung wird gewöhnlich aber nur eine Lösung für alle Genussscheininhaber erlauben. Indessen kann die Gesellschaft den Genussscheininhabern ein Wahlrecht einräumen (vgl. auch Art. 7 N 17). Zum Verhältnis zu Art. 56 Abs. 3 vgl. N 29.

41 Der **Rückkauf** von Genussscheinen stellt die Ausübung eines gesetzlichen Gestaltungsrechts zum «wirklichen Wert» dar. Technisch handelt es sich in der Regel nicht um einen Kauf, sondern um die Beendigung eines Rechts unter finanzieller Abgeltung. Gesellschaftsrechtlich kommt der Zwangsrückkauf einem **Ausschluss** und der freiwillige Rückverkauf einem **Austritt** gleich, soweit Genussscheininhabern Gesellschafterstellung zukommt (so Art. 2 lit. f i.V.m. lit. g). Der Hinweis auf den «Zeitpunkt der Erstellung des Umwandlungsplans» regelt nicht den Zeitpunkt der Durchführung des Rückkaufs. Ein allfälliger Rückkauf ist ohne anderweitige Regelung zunächst nur schwebend verbindlich und wird erst mit der Eintragung der Umwandlung im Handelsregister unbedingt gültig. Die Entschädigung wird frühestens dann fällig und ist Zug um Zug gegen die Rückgabe ausgegebener Urkunden geschuldet.

42 Der Begriff des «**wirklichen Werts**» wird auch in Art. 685b Abs. 1 OR verwendet und ist analog auszulegen. Demnach geht es grundsätzlich um den *inneren Wert* eines Genussscheines (BGE 120 II 259, 261), der vom Marktpreis abweichen kann. Der Bewertung ist die Annahme zugrunde zu legen, dass das Unternehmen fortgeführt wird. Der Wert ist «**im Zeitpunkt der Erstellung des Umwandlungsplans**» zu ermitteln, wofür in den Plan ein Stichtag aufgenommen werden kann.

43 Wie bei Art. 56 Abs. 3 und 4 (vgl. N 31 und 38) stellt sich die Frage nach dem Verhältnis der aktienrechtlichen **Vorschriften zum Schutz der Genussscheininhaber** zu den Regelungen des FusG. Gemäss Art. 657 Abs. 4 OR bedarf eine Verminderung der aus den Genussscheinen fliessenden Rechte der **Zustimmung der Mehrheit der Genussscheininhaber**. Auch hier ist von der Geltung der aktienrechtlichen Bestimmungen bis zum Vollzug der Umwandlung auszugehen. Eine Verschlechterung der Rechtsstellung der Genussscheininhaber, die allein gestützt auf Art. 56 nicht möglich wäre, ist somit auch im Rahmen einer Umwandlung zulässig, sofern Art. 657 Abs. 4 OR eingehalten wird. Soweit eine Änderung bzw. der Rückkauf bereits fusionsgesetzlich zulässig ist, bedarf es freilich keiner Zustimmung einer Sonderversammlung (ebenso Art. 7 N 17 betr. Fusion; GLANZMANN, AJP 2004, 148; ZK-PESTALOZZI, N 32).

IX. Optionen und Wandelrechte

Vom umzuwandelnden Rechtsträger ausgegebene selbständige Optionen und mit Obligationen oder Darlehen verbundene Optionen und Wandelrechte fallen grundsätzlich nicht unter Art. 56 (betr. Rechte, die an Anteils- und Mitgliedschaftsrechte geknüpft sind, vgl. N 5 und N 35). Als rein vertragliche Rechte können sie nur mit dem Einverständnis der Rechteinhaber geändert werden. Ob sich der mit einem Optionsvertrag verbundene Realerfüllungsanspruch bei einer Umwandlung in einen Anspruch auf Leistung von Anteilsrechten der neuen Rechtsform ändert oder ob nur ein Schadenersatzanspruch verbleibt, ist eine Frage der Vertragsauslegung bzw. Lückenfüllung. Bei Derivaten, die sich auf bedingtes Kapital stützen, kommen Art. 653d Abs. 2 sowie Art. 653i OR zur Anwendung (vgl. auch VON DER CRONE ET AL., Rz 767). Im Übrigen wäre es zu begrüssen, die grundsätzlich sachgerechten Regelungen von Art. 653d Abs. 2 OR und Art. 56 Abs. 5 in Ermangelung einer anderen vertraglichen Abmachung oder besonderer Umstände generell lückenfüllend zur Anwendung kommen zu lassen. Demgegenüber ist es (Missbrauch vorbehalten) abzulehnen, einem Optionsinhaber zwecks Erhaltung seines ursprünglichen, bedingten Realerfüllungsanspruches einen Unterlassungsanspruch nach Art. 152 Abs. 1 OR bezüglich einer Umwandlung zu gewähren. Die (unter Vorbehalt von Art. 106 f.) irreversible Rechtswirksamkeit der Umwandlung nach erfolgter Handelsregistereintragung (Art. 67) steht zudem der Anwendung von Art. 152 Abs. 3 OR entgegen.

X. Einzelne Umwandlungsfälle

Im Folgenden werden die für die Praxis bedeutsamsten Fälle der Umwandlung herausgegriffen, um beispielhaft auf konkrete Fragen einzugehen. Vgl. ferner zu verschiedenen Umwandlungsarten nach altem Recht EHRA, REPRAX 1/1999, 41 ff.; zur Umwandlung einer GmbH in eine Aktiengesellschaft KÄCH, REPRAX 2/2000, 1 ff.; zur Umwandlung eines Vereins in eine Aktiengesellschaft LANZ/TRIEBOLD, SZW 2000, 57 ff.; zur Umwandlung einer Genossenschaft in eine AG WEHRLI, 112 ff.; J.-M. VUILLE, Die Umwandlung einer Personengesellschaft in eine Aktiengesellschaft, Diss. Zürich 1966.

1. Umwandlung einer Personengesellschaft in eine Kapitalgesellschaft

Da die Umwandlung einer Personengesellschaft in eine Kapitalgesellschaft gewöhnlich der Zustimmung aller Gesellschafter bedarf (Art. 64 Abs. 2), ist Art. 56 weitgehend obsolet. Die Gesellschafter können die Ausgestaltung der Kapitalgesellschaft und ihrer Rechte frei vereinbaren (vgl. N 6). Soweit die Umwandlung jedoch mit qualifiziertem Mehr möglich ist, gewinnt Art. 56 an Bedeutung. Neben der Festlegung der Wertquoten, wobei allfälligen stillen Reserven Rechnung zu tragen ist (ZK-PESTALOZZI, Art. 57 N 15), kann vor allem die Ausgestaltung der **Vermögensrechte** Probleme aufwerfen: In Personengesellschaften kommen häufig asymmetrische Gewinnverteilungsschlüssel oder die Verteilung nach Köpfen zur Anwendung. Zudem wird der Gewinn nach diesen Verteilschlüsseln oftmals jährlich zugeordnet und vollumfänglich ausbezahlt. Demgegenüber sehen Kapitalgesellschaften grundsätzlich eine kapitalquotenabhängige Gewinnausschüttung vor. Die Gewinnausschüttung ist zudem nur nach Äufnung gesetzlicher Reserven zulässig und unterliegt selbst dann noch der Beschlussfassung der General- bzw. Gesellschafterversammlung. Ein Individualrecht, eine Ausschüttung zu verlangen, besteht gewöhnlich nicht. Die gesetzliche Regelung der Kapitalgesellschaften erlaubt nur zum Teil (namentlich über Vorzugsaktien) die Abbildung solcher personengesellschaftlicher Eigenheiten. Gleiches gilt für die **Mitwirkungsrechte**: Personengesellschaften sehen regelmässig Selbstorganschaft vor, während die Aktiengesellschaft mit dem Verwaltungsrat zwingend Drittorganschaft vorsieht. Immerhin lassen sich die Verhältnisse unter Umständen durch Vorschlagsrechte der Aktionäre für den Verwaltungsrat (Art. 709 Abs. 2 OR) annähern. Zur Frage, ob solche Anpassungen gestützt auf Art. 56 vorgenommen werden *müssen*, vgl. N 21 f.

2. Umwandlung einer GmbH in eine Aktiengesellschaft

47 Die Umwandlung einer GmbH in eine Aktiengesellschaft kommt faktisch der Gründung einer Aktiengesellschaft mit dem GmbH-Kapital als Aktienkapital gleich. Nachdem der Mindestnennwert für Aktien kleiner ist als derjenige von Stammeinlagen, kann die bisherige **Eigentümerstruktur** ohne weiteres abgebildet werden. Sollte das Stammkapital der GmbH weniger als das **Minimalkapital** der Aktiengesellschaft (CHF 100 000.–) betragen, so ist eine Umwandlung freilich nur möglich, wenn zugleich das GmbH-Kapital erhöht wird (vgl. N 17). Nicht umsetzen lassen sich die **personalistischen Elemente** der Gesellschafterstellung bei der GmbH. Die Selbstorganschaft (Art. 811 Abs. 1 OR; zudem muss die Zusammensetzung des Verwaltungsrates Art. 708 OR genügen), das gesetzliche oder ein statutarisches Konkurrenzverbot (Art. 818 OR), Nachschusspflichten (Art. 803 OR), Austrittsrecht und Ausschluss (Art. 822 OR) sowie allgemein über die Liberierungspflicht hinausgehende Pflichten sind bei der Aktiengesellschaft unzulässig (Art. 680 Abs. 1 OR; BGE 125 III 18, 28). Nach bisheriger Rechtsprechung konnte teilliberiertes GmbH-Stammkapital nicht in entsprechend teilliberiertes Aktienkapital überführt werden, weil sich die **solidarische Haftung** der GmbH-Gesellschafter bis zur Vollliberierung des Stammkapitals (Art. 802 OR) nicht auf die Aktiengesellschaft übertragen liess (BGE 125 III 18, 27). Angesichts von Art. 68 Abs. 1 i.V.m. Art. 26 ist diese Rechtsprechung überholt. Die solidarische Haftbarkeit bleibt im Rahmen von Art. 26 weiterhin aufrecht, weshalb diese Art der Umwandlung zulässig ist (gl.M. AYER, ZBGR 2002, 137; VON BÜREN/BÜRGI, REPRAX 1/1999, 10; BÜRGI/STEINER, Anwaltsrevue 10/1999, 13; mit anderer Begründung, ZK-PESTALOZZI, Art. 57 N 12).

48 Die GmbH-rechtlichen Schranken der Anteilsübertragung (Art. 791 OR), die Möglichkeit von Zirkularbeschlüssen der Gesellschafter (Art. 808 Abs. 2 OR; AYER, Diss., 162 f.) und andere **GmbH-typische Elemente** müssen und können in der Regel nicht abgebildet werden (vgl. N 20 ff.). Der Verlust dieser Ordnung wird durch das drei Viertel Kopf- und Kapitalquorum (Art. 64 Abs. 1 lit. c) gedeckt, welches den in Art. 791 Abs. 2 OR für die Zustimmung zur Übertragung sowie in Art. 784 Abs. 2 OR für Statutenänderungen vorgesehenen Mehrheiten entspricht.

3. Umwandlung einer Genossenschaft in eine Aktiengesellschaft

49 Soweit eine Genossenschaft bereits über ein *Genossenschaftskapital* und entsprechend liberierte *Anteilscheine* verfügt, kann sich die **Aktienzuteilung** daran orientieren. Bei Genossenschaften mit Anteilscheinen, die stark von der persönlichen Tätigkeit der Genossenschafter und von der Benutzung der Genossenschaftseinrichtungen durch die Genossenschafter abhängen, können sich freilich analoge Probleme stellen wie im Zusammenhang mit der Wertzuordnung bei einer *Genossenschaft ohne Genossenschaftskapital*. Haben in solchen Fällen einzelne Genossenschafter von Wert und Leistungen der Genossenschaft wesentlich mehr profitiert oder wesentlich mehr zu ihrem Wert beigetragen als andere, namentlich durch persönliche Mitarbeit, entgeltliche oder unentgeltliche Benutzung der Genossenschaftseinrichtungen oder durch den Abschluss bzw. die Vermittlung von Geschäften, ist dies zu berücksichtigen. Die Aktienzuteilung bei der

Umwandlung der Rentenanstalt (Genossenschaft ohne Anteilscheine) erfolgte unter anderem nach solchen Kriterien. U.U. kommt zudem eine Abfindung nach Art. 56 Abs. 4 in Betracht (vgl. N 33).

Die **personalistischen Elemente** der Genossenschafterstellung lassen sich grösstenteils nicht auf die Aktiengesellschaft übertragen. Treuepflicht (Art. 866 OR), Beitrags- und Leistungspflichten (Art. 867 OR), persönliche Haftung (Art. 869 f. OR), Nachschusspflichten (Art. 871 OR) etc. sind bei der Aktiengesellschaft unzulässig (Art. 680 Abs. 1 OR). Zur Frage der Überführung des genossenschaftlichen **Kopfstimmprinzips** (Art. 885 OR) in die Aktiengesellschaft, vgl. N 21 f. 50

4. Umwandlung einer Aktiengesellschaft in eine GmbH

Weil die Gesellschafter einer GmbH je nur eine Stammeinlage besitzen dürfen (Art. 774 Abs. 2 OR), werden bei der Umwandlung einer Aktiengesellschaft in eine GmbH die **Aktien jedes Gesellschafters zu *einem* Anteil zusammengelegt** (*de lege ferenda* ist dies nicht mehr der Fall, Botschaft GmbH, 3171). Dagegen kann das aktienrechtliche Zustimmungserfordernis von Art. 623 Abs. 2 OR grundsätzlich nicht angerufen werden, weil sich diese Änderung aus der zwingenden Struktur der GmbH ergibt und daher durch die besonderen Beschlussfassungsquoren von Art. 64 Abs. 1 lit. a aufgewogen wird (vgl. N 20). Weil ein GmbH-Anteil einen Nennwert von CHF 1 000.– oder ein Vielfaches davon ausweisen muss (Art. 774 Abs. 1 OR; *de lege ferenda* mindestens CHF 100.–, Botschaft GmbH, 3171), kann ein **Spitzenausgleich** in bar erforderlich werden (vgl. N 24). Der Ausschluss von Aktionären, die weniger als CHF 1 000.– (*de lege ferenda* CHF 100.–) an Nennwerten halten, ist nicht zulässig (vgl. N 27). Zur Frage des freiwilligen Austritts gegen Entschädigung, vgl. N 28. 51

XI. Rechtsschutz

Die Überprüfung der Einhaltung von Art. 56 fällt nicht in die **Kognition des Handelsregisteramtes** (ähnlich auch schon EHRA, REPRAX 1/1999, 50, unter bisherigem Recht; gl.M. ZK-PESTALOZZI, N 7), die sich nach Art. 940 OR richtet (vgl. BGE 121 III 371 m.w.H.). Bei Art. 56 handelt es sich nicht um absolut zwingendes Recht (vgl. N 6) und die Beachtung von Art. 56 liegt nur im privaten Interesse der betroffenen Gesellschafter, deren Rechtsschutz gut ausgebaut ist (vgl. sogleich N 53). Schliesslich wird die Einhaltung von Art. 56 im Rahmen der **Umwandlungsprüfung** bereits von einem besonders befähigten Revisor geprüft (Art. 62 Abs. 4). Im Falle einer Verletzung von Art. 56 kann der handelsregisterliche Vollzug der Umwandlung daher nur mittels privatrechtlichem Einspruch verhindert werden (vgl. Art. 32 HRegV sowie N 53). 52

Bei einer Verletzung von Art. 56 steht den Gesellschaftern primär die **Überprüfungsklage** nach Art. 105 zur Verfügung. Dabei wird das Gericht statt einer Barzahlung auch die Zuweisung zusätzlicher Anteile anordnen können, falls dies sachgerechter erscheint und die Gesellschaft über solche Anteile verfügt oder dies anderweitig anbietet. Denkbar wäre auch eine Alternativanordnung des Gerichts, wobei die Gesellschaft die Art der Abfindung (bar oder Anteile) wählen könnte. Umstritten ist die Frage, ob die Zustimmung eines Gesellschafters zur Umwandlung das Klagerecht nach Art. 105 untergehen lässt, zumal eine explizite Anordnung wie in Art. 106 Abs. 1 fehlt (für den Untergang: Handkommentar FusG-BÜRGI/GLANZMANN, Art. 105 N 13; BERTSCHINGER, AJP 2004, 841; Art. 105 N 42; dagegen: ZK-MEIER-DIETERLE, Art. 105 N 13). Meines Erachtens ist dies aufgrund der dispositiven Natur von Art. 56 (vgl. N 6) eine rein materiellrechtliche Frage. Wer einer Schlechterstellung zugestimmt hat, kann weder klagen noch bei 53

Gutheissung der Klage eines anderen Gesellschafters eine Abfindung verlangen. Ob die Zustimmung anlässlich der Beschlussfassung als Verzicht auf die Garantien nach Art. 56 zu werten ist, muss durch Auslegung ermittelt werden, wobei die Frage der Transparenz entscheidend sein wird (vgl. N 6). Klärungsbedürftig ist ferner die Frage, ob bei einer Verletzung von Art. 56 zusätzlich zur Überprüfungsklage auch die **Anfechtungsklage** nach Art. 106 ergriffen werden kann. Falls nicht, müssten die Gesellschafter mit einer Entschädigung vorlieb nehmen, was zur Effizienz der Umwandlungen beitragen würde, aber auch Missbräuchen Vorschub leisten könnte. Weder aus dem Gesetz noch aus den Materialien lässt sich die Subsidiarität von Art. 106 explizit herauslesen, weshalb etwa SCHENKER (Handkommentar FusG, Art. 106 N 9) die kumulative Zulässigkeit befürwortet. Meines Erachtens entspricht es in Anbetracht von Art. 105 Abs. 1 und 4 jedoch der Stossrichtung des Gesetzes, dass eine im wesentlichen vermögensrechtliche Streitsache im Zusammenhang mit Art. 56 grundsätzlich mit der Überprüfungsklage auszutragen ist, damit die Umwandlung ihren Fortgang nehmen kann. Jedenfalls wird die vorsorgliche Aufrechterhaltung eines privatrechtlichen Einspruchs gegen die Handelsregistereintragung (Art. 32 HRegV) im Hinblick auf eine Anfechtungsklage wegen Verletzung von Art. 56 in der Regel nicht angebracht sein, wenn eine Überprüfungsklage möglich wäre. Anders wird zu entscheiden sein, wenn es um die Bewahrung der Kontrolle über die Gesellschaft und andere mitwirkungsrechtliche Aspekte geht, wenn die Erhältlichkeit einer Ausgleichszahlung nach Art. 105 fraglich ist oder wenn Art. 56 offensichtlich in missbräuchlicher Weise missachtet worden ist.

54 Die eine Verletzung von Art. 56 verschuldenden Organe sind nach Art. 108 grundsätzlich für den daraus erwachsenden Schaden haftbar. Indessen lässt sich fragen, ob der fusionsgesetzlichen **Verantwortlichkeitsklage** noch Erfolg beschieden sein kann, wenn keine Überprüfungsklage angehoben worden ist. Der unbenutzte Ablauf der Klagefristen von Art. 105 f. könnte als Heilung der Rechtsverletzung, als stillschweigende Einwilligung der Verletzten oder auch als Verletzung der Schadensminderungspflicht interpretiert werden. Die **Gründungshaftung** gemäss Art. 753 OR kommt nicht zur Anwendung (vgl. Art. 57 N 27).

Dritter Abschnitt: Gründung und Zwischenbilanz

Art. 57

Gründungsvorschriften	Bei der Umwandlung finden die Bestimmungen des Zivilgesetzbuches und des Obligationenrechts über die Gründung einer entsprechenden Gesellschaft Anwendung. Keine Anwendung finden die Vorschriften über die Anzahl der Gründerinnen und Gründer bei Kapitalgesellschaften und die Vorschriften über die Sacheinlagen.
Dispositions concernant la fondation	En cas de transformation, les dispositions du code civil et du code des obligations concernant la fondation d'une société correspondante sont applicables. Les dispositions concernant le nombre des fondateurs de sociétés de capitaux et les apports en nature ne sont pas applicables.
Disposizioni sulla costituzione	Alla trasformazione si applicano le disposizioni del Codice civile e del Codice delle obbligazioni concernenti la costituzione di una società di forma corrispondente. Non sono applicabili le disposizioni sul numero dei promotori di società di capitali e sui conferimenti in natura.

3. Abschnitt: Gründung und Zwischenbilanz   1–4   **Art. 57**

Literatur

CH. AYER, La transformation d'une société à responsabilité limitée en société anonyme, Diss. Fribourg, Genf/Basel 2002; DIES., La protection des associés lors de la transformation d'une société à responsabilité limitée en société anonyme, ZBGR 2002, 129 ff.; J. BÜRGI/CHR. STEINER, Abrakadabra! – Wie die GmbH zur AG wird, Anwaltsrevue 10/1999, 10 ff.; EHRA, Die Praxis des Eidg. Amts für Handelsregister in Fragen betreffend Umwandlungen und rechtsformüberschreitende Fusionen, REPRAX 1/1999, 41 ff.; H.-J. KÄCH, Rechtsformwechselnde Umwandlung einer GmbH in eine AG: Musterurkunde, REPRAX 2/2000, 1 ff.; H. KLÄY/N. TURIN, Der Entwurf zum Fusionsgesetz, REPRAX 1/2001, 1 ff.; M. LANZ/O. TRIEBOLD, Der Rechtskleidwechsel eines Vereins in eine Aktiengesellschaft, SZW 2000, 57 ff.; P. MONTAVON, Umstrukturierungen nach dem neuen Fusionsgesetz, TREX 2004, 143, 148; M. RIEMER, Die Behandlung der Vereine und Stiftungen im neuen Fusionsgesetz, SJZ 2004, 201 ff.; P. WAMISTER, Umwandlung von Gesellschaften, ZSR 2004 I 63 ff.

I. Entstehungsgeschichte

Der Wortlaut von Art. 57 stimmt mit Art. 57 E FusG überein. Die Bestimmung wurde in Anlehnung an die Regelungen betreffend die Gründung der übernehmenden Gesellschaften im Rahmen der Kombinationsfusion (Art. 10) und der Spaltung zur Neugründung (Art. 34) redigiert. Sie passierte beide Räte diskussionslos, obwohl der Hinweis auf die Gründungsvorschriften in der Vernehmlassung als unklar und irreführend kritisiert wurde, da es sich bei der Umwandlung nicht um eine Neugründung handle (Vernehmlassungen, 278 f.). Botschaft (4451) und Begleitbericht (58) stellen zwar klar, dass die **Umwandlung nicht zur Neugründung der Gesellschaft** führt. Dennoch wäre es zu begrüssen gewesen, den Wortlaut von Art. 57 dem tatsächlichen Normzweck bei der Umwandlung anzunähern (dazu unten N 3).   1

Die in Art. 57 Satz 2 enthaltene Ausnahme für die Vorschriften über die Sacheinlagen war in Art. 72 VE FusG noch nicht enthalten. Für den bundesrätlichen Entwurf wurde der Wortlaut an die entsprechenden Regelungen für die Kombinationsfusion und für die Spaltung zur Neugründung (Art. 10 und 34) angepasst.   2

II. Normzweck und Grundsatz (Satz 1)

Gemäss Botschaft (4451, 3. Abschnitt) soll Art. 57 – getreu dem Wortlaut der Bestimmung – gewährleisten, dass die Umwandlung nicht dazu verwendet wird, die spezifischen Gründungsvorschriften der neuen Rechtsform zu umgehen. Da die Vorschriften über die Sacheinlagen und das Gründungsverfahren gerade nicht eingehalten werden müssen (vgl. N 4 und 7 ff.; **a.M.** wohl ZK-PESTALOZZI, N 6), scheint jedoch fraglich, worin eine Umgehung bestehen könnte. Dem Sinn nach, der sich aus den in der Botschaft aufgeführten Beispielen ergibt (4451 f.), schreibt Art. 57 vielmehr vor, dass die formfixierten Elemente, d.h. die **zwingende Rechtsstruktur der neuen Rechtsform**, auch im Zuge einer Umwandlung eingehalten werden müssen: Gesellschaftszweck, Firma, Mindestkapital, Mindestnennwert, Mindestbetrag der Liberierung, Statuteninhalt, Organe und übrige Minimalorganisation haben sich nach dem zwingenden Recht der neuen Rechtsform zu richten. Dabei treten die bisherigen Organmitglieder nicht automatisch in die entsprechende Stellung (ehem. Verwaltungsrat) bei der neuen Rechtsform ein (**a.M.** ZK-PESTALOZZI, N 23).   3

Demgegenüber kommt das **Gründungsverfahren**, d.h. die eigentlichen *«Gründungsvorschriften»* bzw. die *«Bestimmungen ... über die Gründung»* (Randtitel und Art. 57), gerade nicht zur Anwendung, das **Umwandlungsverfahren** wird vielmehr abschliessend im FusG geregelt. So sind bei einer Umwandlung in eine Aktiengesellschaft alle Vor-   4 schriften des Aktienrechts *mit Ausnahme (fast) aller Gründungsvorschriften* (Art. 629 ff. OR) zu befolgen. Insbesondere gibt es keinen Errichtungsakt (Art. 629 OR), (wie bei der Fusion) keine Aktienzeichnung (Art. 630 OR; gl.M. AYER, ZBGR 2002, 136; **a.M.** ZK-PESTALOZZI, N 10), keine Einzahlung auf ein Sperrkonto (Art. 633 OR), keine Offenlegung von Sacheinlagen (Art. 628 OR) und keinen Gründungsbericht (Art. 635 OR; umstritten, vgl. N 10). Von den in den Art. 629 ff. OR enthaltenen Vorschriften über die Gründung ist bei der Umwandlung nur (aber immerhin) Art. 632 OR betreffend die **minimale Liberierungsquote** als Strukturvorschrift von Bedeutung.

5 Die **Gründungs- und Strukturvorschriften der Ausgangsrechtsform** sind für den umgewandelten Rechtsträger nicht mehr beachtlich. Namentlich können die Statuten im Rahmen der zwingenden Vorschriften der Zielrechtsform und der Anforderungen von Art. 56 beliebig festgesetzt werden. Fraglich ist jedoch, ob eine **Statutenbestimmung betreffend Sachübernahmen oder Sacheinlagen**, die unter der alten Rechtsform eingeführt worden ist, im Rahmen der neuen Rechtsform beibehalten werden muss. Die Klausel muss zunächst dann nicht übernommen werden, wenn sie sich unter dem Recht der alten oder der neuen Rechtsform streichen liesse. Im Übrigen wäre die Weiterführung in Anbetracht der Tatsache, dass die Umwandlung als solche vom Gesetz nicht den (Publizitäts-)Vorschriften über die Sacheinlage unterstellt wird (vgl. N 7 ff.), unverhältnismässig und inhaltlich irreführend. Daher ist eine Pflicht zur Weiterführung unter Vorbehalt besonderer Umstände und Missbräuche abzulehnen (a.M. wohl WAMISTER, 72).

III. Vorschriften über die Anzahl der Gründer (Satz 2)

6 Gemäss Art. 57 Satz 2 finden die Vorschriften über die Anzahl der Gründer bei Kapitalgesellschaften (Aktiengesellschaft, Kommanditaktiengesellschaft und GmbH, Art. 2 lit. c) keine Anwendung. Insbesondere kann sich eine Einpersonen-GmbH direkt in eine Einpersonen-Aktiengesellschaft umwandeln (Botschaft, 4452) und umgekehrt. Die Verbreitung der Einpersonen-Gesellschaft und die praktische Bedeutungslosigkeit von Art. 625 Abs. 2 und Art. 775 Abs. 2 OR wurden somit anerkannt. Im Zuge der Revision des GmbH-Rechts sollen die Vorschriften über die Mindestzahl von Gesellschaftern bei der GmbH und der Aktiengesellschaft abgeschafft werden (Botschaft GmbH, 3155), weshalb es sich vorliegend faktisch um eine Übergangsbestimmung handelt. Bei einer Umwandlung in eine Genossenschaft soll die Mindestzahl von sieben Gründern (Art. 831 Abs. 1 OR bei der Umwandlung) jedoch zu respektieren sein (Botschaft, 4452; an dieser magischen Zahl soll bei der Revision des GmbH-Rechts festgehalten werden, Botschaft GmbH, 3235). Indessen gibt es bei der Umwandlung grundsätzlich weder eine Gründung noch Gründer (vgl. N 1 und 3 ff.). Die Eintragung der Umwandlung im Handelsregister wird von der umzuwandelnden Gesellschaft selbst (und allein) veranlasst (Art. 66). Mithin kann die Ausnahme für Genossenschaften nur bedeuten, dass es im Zeitpunkt der Umwandlung in eine Genossenschaft mindestens sieben Gesellschafter geben soll (gl.M. Handkommentar FusG-RIMLE, N 6; WAMISTER, 72). Sinkt die Zahl nach der Umwandlung darunter, bleibt dies indessen folgenlos, wenn kein Genossenschafter oder Gläubiger gerichtlich die Aufstockung verlangt (Art. 831 Abs. 2 OR; MEIER-HAYOZ/FORSTMOSER, § 19 N 12).

IV. Vorschriften über die Sacheinlagen (Satz 2)

7 Eine weitere explizite Ausnahme sieht Art. 57 Satz 2 in Bezug auf die Anwendbarkeit von Vorschriften über die Sacheinlagen vor. Solche **Vorschriften** enthalten im Zusammenhang mit der Gründung neben dem Aktienrecht (Art. 628 Abs. 1, 631 Abs. 2, 634,

635 Ziff. 1, 635a, 641 Ziff. 6 OR) das Recht der GmbH (Art. 774 Abs. 2, 778 Abs. 1, 779 Abs. 2 Ziff. 2 sowie Abs. 4, 780 Abs. 4, 781 Ziff. 6 OR), das Recht der Genossenschaft (Art. 833 Ziff. 2, 834 Abs. 2, 835 Abs. 4 OR), das Recht der Kommanditgesellschaft (Art. 596 Abs. 3, 608 Abs. 3 OR) sowie die einschlägigen Bestimmungen der HRegV. Bislang war die Umwandlungsgründung ein typischer Fall für eine Sacheinlagegründung, indem das einzubezahlende Nennkapital (Aktienkapital, Stammkapital, Genossenschaftskapital, Kommanditsumme) mit dem Nettovermögen der umzuwandelnden Gesellschaft liberiert wurde.

Die Botschaft (4452) begründet die **Ausnahme für die Vorschriften über die Sacheinlage** damit, dass die übrigen im Gesetz vorgesehenen Massnahmen, vor allem Art. 61 und 62, ausreichenden Schutz bieten. Dies trifft sicher dann zu, wenn Umwandlungsbericht und Umwandlungsprüfung erforderlich sind (zu den anderen Fällen vgl. N 10). Der Umwandlungsplan muss die neuen Statuten und Anteile aufführen (Art. 60 lit. b und c), im Umwandlungsbericht wird über die Erfüllung der «Gründungsvorschriften» und damit über die Einhaltung der Liberierungsquote (vgl. N 4 und 18 ff.) Rechenschaft abgelegt (Art. 61 Abs. 3 lit. b) und beide Dokumente sowie die Umwandlungsbilanz sind im Rahmen der Umwandlungsprüfung von einem besonders befähigten Revisor zu prüfen (Art. 62).

Damit ist auch klar, dass die in Art. 57 vermerkte Ausnahme zwar von der Einhaltung der mit Sacheinlagen einhergehenden formellen Verfahrens- und Offenlegungsvorschriften entbindet, nicht aber vom **materiellen Erfordernis**, dass die in der umgewandelten Gesellschaft geltende **Liberierungsquote** durch die Nettoaktiven (Eigenkapital) der umzuwandelnden Gesellschaft tatsächlich **gedeckt sein muss** (zur Ausnahme bei der Umwandlung von Gesellschaften mit Nennkapital vgl. N 15).

Aus dem Umstand, dass die Botschaft zur Begründung der Ausnahme für die Sacheinlagevorschriften unter anderem auf Art. 61 und 62 verweist (vgl. N 8), möchte ein Teil der Lehre (Handkommentar FusG-RIMLE, N 7; WAMISTER, 72; ZK-PESTALOZZI, N 28; VON DER CRONE ET AL., Rz 733, 748; BÖCKLI, Aktienrecht, § 3 N 243) schliessen, dass die Vorschriften über die Sacheinlagen (v.a. Gründungsprüfung und Berichtsprüfung, Art. 635 f. OR) bei der **Umwandlung von kleinen und mittleren Unternehmen** (KMU, Art. 2 lit. e) immerhin dann zur Anwendung gelangen, wenn diese nach Art. 61 Abs. 2 und 62 Abs. 2 (mit Einstimmigkeit) auf das Erstellen eines Umwandlungsberichts oder auf eine Umwandlungsprüfung verzichten. Dieser Vorschlag scheint aus Konsistenzgründen zunächst einleuchtend, weil damit gewährleistet würde, dass bei *jeder* Umwandlung ein Rechenschaftsbericht und eine Berichtsprüfung erfolgen. Genau davon wollte der Gesetzgeber die KMU unter gegebenen Voraussetzungen jedoch befreien. Um diese Erleichterung für KMU zu ermöglichen, wurde die Verringerung der formellen Schutzmassnahmen in Kauf genommen (vgl. AmtlBull StR 2001, 143; Botschaft, 4365 f.). Somit widerspricht der Vorschlag dem Wortlaut und Zweck der gesetzlichen Regelung und würde diese obsolet machen. Auch aus dem Text der Botschaft ergibt sich nichts anderes: Die Botschaft verweist nicht nur auf Umwandlungsbericht und Prüfung. Vielmehr ist zu beachten, dass Missbräuche auch durch das Einstimmigkeitserfordernis (Art. 61 Abs. 2 und 62 Abs. 2), aufgrund der Pflicht zur Präsentation einer Umwandlungsbilanz (Art. 58), aufgrund des Gläubigerschutzes gemäss Art. 68 und durch die Haftungsbestimmung von Art. 108 erschwert werden. Zudem ist die Schutzbedürftigkeit bei der Umwandlung eines bestehenden Unternehmens weniger ausgewiesen, als wenn irgendwelche Sachwerte zwecks Kapitalisierung in eine neu zu gründende Gesellschaft eingebracht werden. Bestehende KMU's sind zudem regelmässig stark von ihren Gläubigern (v.a. Banken) abhängig und können sich eine Umwandlung, die nicht die Zustimmung der Hauptgläubiger findet, kaum leisten. Eine *interpretatio contra legem* findet somit auch sachlich keinen Rückhalt, der sich zu einer rechtspolitischen Lücke verdichten liesse. Schliesslich gäbe es auch bei der Umsetzung Probleme: Wer würde den «Gründungsbericht» verfassen? Der Verwaltungsrat oder – wie es eine analoge Anwendung des Gründungsrechts eigentlich erfordern würde – die Gesellschafter? Nach welchen Bestimmungen würde sich deren Haftung richten? Mithin muss es bei der gesetzlichen Regelung sein Bewenden haben (ebenso Art. 9 N 32, Art. 10 N 17, Art. 14 N 26, Art. 33 N 10; ferner BÜRGI/STEINER, Anwaltsrevue 10/1999, 12, wonach allein Art. 68 i.V.m. Art. 26 den Verzicht auf die Sacheinlagevorschriften rechtfertige).

11 Auch der Vorschlag, dass Art. 628 OR betreffend **Offenlegung der Sacheinlagen in den Statuten** zur Anwendung komme, weil der Umwandlungsbericht keinen gleichwertigen Ersatz dafür darstelle (Handkommentar FusG-RIMLE, N 7), mag rechtspolitisch vertretbar sein. Er widerspricht jedoch dem klaren Wortlaut des Gesetzes und den Absichten des Gesetzgebers und ist deswegen abzulehnen.

V. Anwendbarkeit der Vorschriften über die Sachübernahmen?

12 Art. 57 schweigt sich über die Anwendbarkeit der Vorschriften über die Sachübernahmen aus (vgl. Art. 628 Abs. 2, 631 Abs. 2, 635 Ziff. 1, Art. 635a und 641 Ziff. 6 OR für die Aktiengesellschaft; Art. 778 Abs. 2, 779 Abs. 2 Ziff. 3 und 781 Ziff. 6 OR für die GmbH; Art. 833 Ziff. 3 und 834 Abs. 2 OR für die Genossenschaft). Artikel 57 könnte daher *e contrario* nahe legen, dass diese Vorschriften im Gegensatz zu den Vorschriften über die Sacheinlagen bei der Umwandlung zu beachten sind. Indessen sprechen neben den allgemeinen Erwägungen zur Bedeutung von Art. 57 (N 3 f.) teleologische und systematische Gründe gegen die Anwendung der betreffenden Vorschriften. Die Sach*übernahme*regelungen dienen der Verhinderung der Umgehung der Sach*einlage*vorschriften (BÖCKLI, Aktienrecht, N 70; FORSTMOSER/MEIER-HAYOZ/NOBEL, § 15 N 20; CHR. WIDMER, Die Liberierung im schweizerischen Aktienrecht, Diss. Zürich 1998, 375). Sind aber bereits die Vorschriften über die Sacheinlage nicht anwendbar, impliziert dies auch den Ausschluss der Vorschriften über die Sachübernahme. Sachlich scheint die Anwendung der Sachübernahmevorschriften ebenfalls nicht gerechtfertigt, da zwar formal eine neue Gesellschaft (bei der Umwandlung einer Personengesellschaft in eine juristische Person) bzw. eine neue Rechtsform errichtet wird, wirtschaftlich jedoch eine bestehende Unternehmung fortgesetzt wird, die im Rahmen ihres Zwecks weiterhin Geschäfte tätigt, ohne dass sich an ihrer Kapitalisierung etwas ändert. Somit ist m.E. auch die Anwendung der Sachübernahmevorschriften ausgeschlossen, es sei denn, mit der Umwandlung einer Gesellschaft mit Nennkapital gehe eine Kapitalerhöhung einher.

VI. Festsetzung von Nennkapital und Liberierungsquote

1. Nennkapital

13 Wie in N 9 dargelegt, muss bei der Umwandlung in eine Gesellschaft mit Nennkapital, d.h. in eine Aktiengesellschaft, Kommanditaktiengesellschaft, GmbH oder Genossenschaft mit Anteilscheinen, die Liberierung trotz Ausschlusses der (formellen) Vorschriften über die Sacheinlage gewährleistet sein. Dies bedeutet als **Regel**, dass das **Nennkapital** höchstens im Betrag des Nettovermögens (= Aktivenüberschuss = Aktiven abzüglich Fremdkapital) anzusetzen ist. Indessen sind verschiedene **Sonderfälle** zu beachten:

14 – **Verfügt die Ausgangsrechtsform über kein Nennkapital**, ist der Rechtsträger bei der Umwandlung in eine Gesellschaft mit Nennkapital nicht gezwungen, im vollen

Betrag des Nettovermögens Nennkapital zu schaffen. Vielmehr kann dieses auch darunter angesetzt werden, solange das erforderliche Minimalkapital nicht unterschritten wird und daraus keine Schlechterstellung der Rechtsstellung der Gesellschafter resultiert (Art. 56). Fraglich ist dann freilich, ob und in welchem Umfang der überschiessende Teil als Agio zu betrachten ist und damit den Schranken der freien Verfügbarkeit unterliegt (namentlich Art. 671 OR). Meines Erachtens liegt die Aufteilung des Eigenkapitals in Nennkapital, Agio und freie Reserven im Ermessen der sich umwandelnden Gesellschaft, wobei Art. 56 zu beachten ist: Bestand vor der Umwandlung ein Anspruch auf Ausschüttung, darf dieser nicht ohne Zustimmung der Betroffenen oder sachlichen Grund durch Umwandlung in Agio und andere gebundene Reserven durchkreuzt werden. Ist das Eigenkapital des umzuwandelnden Rechtsträgers kleiner als das Mindestkapital der Zielrechtsform, so muss im Umfang des Fehlbetrags Kapital gezeichnet und (bis zur minimalen Liberierungsquote) einbezahlt werden. Dabei kommen die Kapitalerhöhungsvorschriften der Zielrechtsform zur Anwendung. Freilich kann niemand gegen seinen Willen zur Zeichnung verpflichtet werden (vgl. N 18 sowie Art. 56 N 17).

– **Wird eine Gesellschaft mit Nennkapital in eine andere Gesellschaft mit Nennkapital umgewandelt**, kann das Nettovermögen das Nennkapital m.E. entgegen der allgemeinen Regel (N 13) und der bisherigen Praxis (BGE 125 III 18, 27; EHRA, REPRAX 1/1999, 42; KÄCH, REPRAX 2/2000, 3) unterschreiten: Selbst wenn das Nettovermögen im Zeitpunkt der Umwandlung nicht mehr die Höhe des Nennkapitals erreichen sollte, muss das vorbestehende Nennkapital, soweit es einst tatsächlich liberiert worden ist, ohne Neuaufleben der Liberierungspflicht im vollen Betrag übertragen werden können. Weder OR noch FusG verlangen im Falle einer Unterbilanz eine Bilanzsanierung. Ohnehin wäre eine Verminderung des Nennkapitals aus Gläubigerschutzgründen nur unter Beachtung der Vorschriften über die Kapitalherabsetzung zulässig (vgl. sogleich N 16 sowie Art. 824 Ziff. 1 altOR). 15

– **Soll bei der Umwandlung einer Gesellschaft mit unterdecktem Nennkapital (Unterbilanz) die Bilanz saniert werden**, indem das Nennkapital des Rechtsträgers mit der neuen Rechtsform auf den Betrag des Nettovermögens herabgesetzt wird, so stellt dies eine deklarative Kapitalherabsetzung im Rahmen der Ausgangsrechtsform dar, bei welcher die Vorschriften der Ausgangsrechtsform zu beachten sind (i.d.R. wird auf Art. 732 und Art. 735 OR verwiesen). Soll das neue Nennkapital gar auf einen Betrag unter dem Nettovermögen herabgesetzt werden, so bedeutet dies eine konstitutive Kapitalherabsetzung, auf welche ebenfalls die Vorschriften der Ausgangsrechtsform anwendbar sind (i.d.R. wird auf Art. 732 ff. OR verwiesen; vgl. BÖCKLI, Aktienrecht, § 3 N 364a). 16

– **Möchte sich eine Gesellschaft mit einem Nennkapital von weniger als CHF 100 000.– in eine Aktiengesellschaft** umwandeln, so ist dies nur möglich, wenn das Nennkapital vorher oder gleichzeitig auf CHF 100 000.– erhöht wird (Art. 621 OR; Botschaft, 4451 f.; ZK-PESTALOZZI, N 8; DERS., Art. 57 N 17). Auch eine Erhöhung mit Herabsetzung der Liberierungsquote ist nur auf dem formellen Weg der Kapitalerhöhung (mit Umwandlung von Eigenkapital oder Zeichnung) möglich. Erfolgt die Erhöhung gleichzeitig mit der Umwandlung, so kommen bezüglich der Rechte und Pflichten der Gesellschafter (z.B. Bezugsrecht) und für das Kapitalerhöhungsverfahren die Bestimmungen der Ausgangsrechtsform zur Anwendung (gl.M. BÖCKLI, § 3 N 364a). 17

Art. 57 18–22

2. Liberierungsquote

18 Bei der **Festsetzung der Liberierungsquote** im Rahmen der für die neue Gesellschaftsform geltenden Minimalvorschriften ist der umzuwandelnde Rechtsträger nicht frei. Den Gesellschaftern, welche ihre bisherigen Anteile voll liberiert haben, würde durch eine Senkung der Liberierungsquote eine zusätzliche Liberierungspflicht aufgebürdet, was ohne Zustimmung der Betroffenen unzulässig ist (vgl. Art. 56 N 17 f.). Daher muss der Rechtsträger nach der Umwandlung mindestens den gleichen Liberierungsgrad aufweisen wie zuvor. Auch den Gesellschaftern eines Rechtsträgers ohne Nennkapital kann bei der Umwandlung in eine Gesellschaft mit Nennkapital nur mit Zustimmung der Gesellschafter eine Liberierungspflicht auferlegt werden (gl.M. VON DER CRONE ET AL., Rz 282, 731). Eine blosse Teilliberierung der Anteile mit dem Nettovermögen der umzuwandelnden Gesellschaft ist ebenso unzulässig (vgl. Art. 56 N 17; Botschaft, 4450). Aus diesen Gründen weist eine Aktiengesellschaft nach der Umwandlung einer Gesellschaft *mit* Nennkapital in der Regel (mindestens) die gleiche Liberierungsquote auf wie zuvor, während ihr Aktienkapital nach der Umwandlung einer Gesellschaft *ohne* Nennkapital in der Regel voll liberiert ist.

19 Dazu folgendes **Beispiel**: Wird ein Verein in eine Aktiengesellschaft umgewandelt, so kann der liberierte Kapitalanteil maximal dem Aktivenüberschuss in der (aktienrechtlichen Vorschriften genügenden) Vereinsbilanz entsprechen. Da den Vereinsmitgliedern keine Einzahlungspflicht aufgezwungen werden kann, darf ohne deren Zustimmung zudem bereits der Gesamtbetrag des Aktienkapitals den Aktivenüberschuss nicht übersteigen.

20 **Ausnahmen** sind möglich, wenn sich die Gesellschafter im Rahmen einer Kapitalerhöhung oder – bei der Umwandlung eines Rechtsträgers ohne Nennkapital – durch analoge Beachtung der Gründungsvorschriften der neuen Rechtsform, v.a. in Bezug auf die Zeichnung und Leistung von Einlagen, freiwillig zu Zusatzleistungen verpflichten.

VII. Anwendung in Bezug auf einzelne Zielrechtsformen

21 Nachfolgend werden einzelne Aspekte der Anwendung von Art. 57 bei Umwandlungen in die zwei praktisch bedeutsamsten Zielrechtsformen besprochen. Zusätzlich sind die Ausführungen zur Regelung der Rechte und Pflichten der Gesellschafter im Rahmen der neuen Rechtsform, erläutert im Zusammenhang mit Art. 56, zu beachten. Vgl. ferner zum alten Recht EHRA, REPRAX 1/1999, 41 ff., KÄCH, REPRAX 2/2000, 1 ff. und LANZ/TRIEBOLD, SZW 2000, 57 ff.

1. Umwandlung in eine Aktiengesellschaft

22 Eine Aktiengesellschaft kann jeden legalen **Zweck** aufweisen (Art. 620 Abs. 3 OR), weshalb sich diesbezüglich kein zwingender Anpassungsbedarf ergibt. Die **Firma** ist im Einklang mit Art. 950 f. OR zu bilden. In der Praxis vor allem relevant ist die Beachtung der aktienrechtlichen Vorschriften über die **Höhe und Zusammensetzung des Aktienkapitals** (einschliesslich Partizipationskapital). Neben dem Mindestnennwert von 1 Rappen (Art. 622 Abs. 4 OR) sind vor allem der Mindestkapitalbetrag von CHF 100 000 (Art. 621 OR) sowie das relative Verhältnis eines allfälligen Partizipationskapitals zum Aktienkapital (Art. 656b Abs. 1 OR) zu beachten. Werden Stimmrechtsaktien geschaffen, so gilt das Nennwertverhältnis von maximal 1:10 (Art. 693 Abs. 2 OR). Weiter sind die Bestimmungen über die **Mindestliberierung** einzuhalten. Somit müssen mindestens 20% des Nennwertes jeder Aktie sowie insgesamt mindestens CHF 50 000 liberiert sein. Dabei ge-

3. Abschnitt: Gründung und Zwischenbilanz   23, 24   Art. 57

nügt es, wenn der Minimalbetrag im Rahmen der ursprünglichen Rechtsform liberiert worden ist, wenn es sich um die Umwandlung einer GmbH oder einer Genossenschaft mit Genossenschaftskapital handelt (vgl. N 15). Zur **Festsetzung der Liberierungsquote** innerhalb des gesetzlichen Rahmens vgl. N 14. Die **Statuten** müssen mindestens den Inhalt gemäss Art. 626 OR aufweisen. Als **Minimalorganisation** muss die Aktiengesellschaft Generalversammlung, Verwaltungsrat und Revisionsstelle aufweisen. Letztere ist im Einklang mit den aktienrechtlichen Unabhängigkeitsvorschriften (Art. 727c OR) zu besetzen. Die Anpassung an diese Minimalorganisation führt regelmässig dazu, dass als Teil des Umwandlungsvorgangs Verwaltungsrat und Revisionsstelle neu zu wählen sind (vgl. N 3). Vgl. zur grundsätzlichen Nichtanwendbarkeit der **Gründungsvorschriften i.e.S.** (Art. 629 ff. OR) N 4, zur **Liberierung** N 9 und 13 ff., zur Nichtanwendbarkeit der Vorschriften über die **Sacheinlagen** und **Sachübernahmen** N 7 und 12, zur Entbehrlichkeit von **Gründungsbericht** und **-prüfung** (umstritten) N 4 und 10 sowie zur **Anzahl «Gründer»** N 6. Zur Regelung der **Rechte und Pflichten der Gesellschafter** vgl. Art. 56 N 46 ff.

Die besondere Struktur der **Grossgenossenschaften** und der **Genossenschaftsverbände**, namentlich die Delegiertenversammlung (Art. 892, Art. 922 OR) und das Überwachungs- und Anfechtungsrecht des Genossenschaftsverbandes gegenüber den verbundenen Genossenschaften (Art. 924 OR), lässt sich auf die aktienrechtliche Struktur nicht übertragen (Art. 680 Abs. 1 OR).   23

2. *Umwandlung in eine GmbH*

Die GmbH darf nur einen wirtschaftlichen **Zweck** aufweisen (Art. 772 Abs. 3 OR; diese Beschränkung wird *de lege ferenda* abgeschafft, Botschaft GmbH, 3171). Unter Umständen muss der Gesellschaftszweck daher angepasst werden. Die **Firma** ist im Einklang mit Art. 949 und Art. 951 Abs. 2 OR zu bilden. Was die **Höhe des Stammkapitals** anbelangt, sind die Minimalgrenze von CHF 20 000 und die Maximalgrenze von CHF 2 000 000 (Art. 773 OR) zu beachten, was bei der Umwandlung einer Aktiengesellschaft eine vorgängige Kapitalherabsetzung erforderlich machen kann (vgl. auch ZK-Pestalozzi, N 9, der einen Sonderweg vorschlägt; *de lege ferenda* fällt die Maximalgrenze weg, Botschaft GmbH, 3171). Das Stammkapital ist in *eine* **Stammeinlage** pro Gesellschafter aufzuteilen (Art. 774 Abs. 2 OR, dazu Art. 56 N 51; *de lege ferenda* sind mehrere Stammanteile möglich, Botschaft GmbH, 3171). Diese Stammeinlagen müssen einen Nennwert von CHF 1 000 oder einem Vielfachen davon aufweisen (Art. 774 Abs. 1 OR; *de lege ferenda* mind. CHF 100, Botschaft GmbH, 3171 f.). Ferner müssen die Statuten die Stammeinlagen der Gesellschafter aufführen (Art. 776 Ziff. 3 OR; fällt *de lege ferenda* weg). Das Stammkapital muss zu mindestens 50% **liberiert** sein (Art. 774 Abs. 2 OR; *de lege ferenda* wird volle Liberierung verlangt, Botschaft GmbH, 3177). Ausser mit Zustimmung sämtlicher betroffenen Gesellschafter bzw. qualifizierten Mehrheiten gemäss Art. 64 Abs. 1 lit. a und d ist aufgrund der **solidarischen Haftbarkeit** der GmbH-Gesellschafter in der Höhe des nicht liberierten Stammkapitals (Art. 802 OR; wird *de lege ferenda* abgeschafft, Botschaft GmbH, 3158) dennoch nur die volle Liberierung gestattet. Dies gilt m.E. auch für Ausgangsrechtsformen (z.B. Verein), für welche Art. 64 Abs. 1 kein solches Zustimmungserfordernis erwähnt. Der Mindestinhalt der **Statuten** wird in Art. 776 OR geregelt. Als **Minimalorganisation** schreibt das GmbH-Recht nur die Gesellschafterversammlung vor (Art. 808 OR). Dem Verwaltungsrat bzw. der Geschäftsführung bei der Aktiengesellschaft entsprechende Überwachungs- oder Geschäftsführungsorgane sowie eine Kontrollstelle können fakultativ eingeführt werden (Art. 819 OR; *de lege ferenda* wird die Revisionsstelle für grös-   24

VIII. Rechtsschutz

25 Die **Kognition des Handelsregisterführers** richtet sich grundsätzlich nach Art. 940 OR (dazu BGE 121 III 371 m.w.H.). Soweit die Einhaltung von Art. 57 der **Umwandlungsprüfung** vorbehalten ist (Art. 62 Abs. 1 und 4), wird das Handelsregisteramt jedoch darauf abstellen können und müssen. Im Übrigen ist es möglich, dass der Vollzug der Umwandlung unterbleibt, soweit ein Mangel der Kognition des Handelsregisterführers unterliegt (dazu Art. 66 N 14) oder durch privatrechtlichen Einspruch gemäss Art. 32 Abs. 2 HRegV geltend gemacht wird.

26 Jede Verletzung von Art. 57 kann von Gesellschaftern mit der fusionsgesetzlichen **Anfechtungsklage** (Art. 106) geahndet werden. Nach erfolgter Handelsregistereintragung stehen den Gläubigern sodann die rechtsformspezifischen Rechtsbehelfe der neuen Rechtsform zur Verfügung. Meines Erachtens können Gläubiger beispielsweise nach erfolgter Umwandlung (zumal einer Personengesellschaft) in eine Aktiengesellschaft die Klage nach Art. 643 OR ergreifen. Demgegenüber wird dieser Rechtsbehelf für Aktionäre durch die Anfechtungsklage nach Art. 106 verdrängt.

27 Ferner werden die eine Verletzung von Art. 57 verschuldenden Organe nach Art. 108 (Verantwortlichkeit) für den daraus erwachsenden Schaden haftbar. Fraglich ist das **Verhältnis dieser Klage zur Gründungshaftung**, namentlich zu Art. 753 OR, da gemäss Art. 108 Abs. 1 die Verantwortung der Gründer vorbehalten bleibt. Die Umwandlung führt aber nicht zu einer Neugründung (vgl. N 1). Der Vorbehalt für die Gründungshaftung bezieht sich daher nur auf die Gründung neuer Rechtsträger im Rahmen einer Fusion, Spaltung oder Vermögensübertragung aber nicht auf die Umwandlung (Botschaft, 4490).

IX. Rechtsvergleich

28 Der Wortlaut von Art. 57 entspricht weitgehend § 197 des **deutschen Umwandlungsgesetzes**.

29 Art. 13 **EU-Kapital-RL** sieht vor, dass bei Umwandlungen in Aktiengesellschaften gewisse Kapitalschutzmassnahmen vorzusehen sind, welche insbesondere die Minimalliberierung sicherstellen sollen.

Art. 58

Zwischenbilanz

¹ Liegt der Bilanzstichtag zum Zeitpunkt der Erstattung des Umwandlungsberichts mehr als sechs Monate zurück oder sind seit Abschluss der letzten Bilanz wichtige Änderungen in der Vermögenslage der Gesellschaft eingetreten, so muss diese eine Zwischenbilanz erstellen.

² Die Erstellung der Zwischenbilanz erfolgt gemäss den Vorschriften und Grundsätzen für den Jahresabschluss unter Vorbehalt folgender Vorschriften:
a. Eine körperliche Bestandesaufnahme ist nicht notwendig.

b. **Die in der letzten Bilanz vorgenommenen Bewertungen brauchen nur nach Massgabe der Bewegungen in den Geschäftsbüchern verändert zu werden; Abschreibungen, Wertberichtigungen und Rückstellungen für die Zwischenzeit sowie wesentliche, aus den Büchern nicht ersichtliche Veränderungen der Werte müssen jedoch berücksichtigt werden.**

Bilan intermédiaire
[1] La société établit un bilan intermédiaire si la date de clôture du bilan est antérieure de plus de six mois à celle de l'établissement du rapport de transformation ou si des modifications importantes sont intervenues dans son patrimoine depuis la clôture du dernier bilan.

[2] L'établissement du bilan intermédiaire est régi par les dispositions et les principes relatifs aux comptes annuels. Les dispositions suivantes sont réservées:
a. il n'est pas nécessaire de procéder à un nouvel inventaire réel;
b. les évaluations figurant au dernier bilan ne sont modifiées qu'en fonction des mouvements d'écritures; les amortissements, les corrections de valeur et les provisions intérimaires ainsi que les changements importants de la valeur n'apparaissant pas dans les écritures sont cependant pris en considération.

Bilancio intermedio
[1] Se la data determinante per il bilancio precede di oltre sei mesi quella di redazione del rapporto di trasformazione o si sono verificate importanti modifiche patrimoniali posteriormente alla chiusura del bilancio, le società partecipanti alla trasformazione devono stilare un bilancio intermedio.

[2] Il bilancio intermedio è stilato conformemente alle disposizioni e ai principi relativi ai conti annuali, fatte salve le disposizioni seguenti:
a. non è necessario procedere a un nuovo inventario fisico;
b. le valutazioni contenute nell'ultimo bilancio sono modificate soltanto in ragione dei movimenti nelle scritture contabili; vanno tuttavia presi in considerazione gli ammortamenti, le correzioni di valore e gli accantonamenti per il periodo intermedio, nonché le modifiche sostanziali di valori che non appaiono nelle scritture contabili.

Literatur

EHRA, Die Praxis des Eidg. Amts für das Handelsregister in Fragen betreffend Umwandlungen und rechtsformüberschreitende Fusionen, REPRAX 1/1999, 41 ff.; ST. ZWICKER, Die Fusions-, Spaltungs- und Umwandlungsprüfung nach dem Fusionsgesetz, ZSR 2004 I 159 ff.

I. Entstehungsgeschichte

Der Wortlaut von Art. 58 Abs. 1 stimmt mit Art. 58 E FusG überein. Art. 73 VE FusG sah den zweiten Halbsatz betr. «wichtige Änderungen» noch nicht vor und Abs. 2 wurde erst durch das Parlament eingefügt (AmtlBull StR 2001, 157; AmtlBull NR 2003, 241). Analoge Zusätze finden sich in Art. 11 Abs. 2 zur Fusionsbilanz und in Art. 35 Abs. 2 zur Spaltungsbilanz. Der Kommissionssprecher im StR begründete diese Einschübe damit, dass für *Zwischenbilanzen* «gewisse Erleichterungen» gewährt werden sollen (AmtlBull StR 2001, 150). Der Wortlaut von Art. 11 Abs. 2 wurde von EU-Fus-RL Art. 11 Abs. 2 bzw. EU-Spalt-RL Art. 9 Abs. 2 weitgehend übernommen.

Bereits die bisherige Handelsregister- und Gerichtspraxis verlangte bei der Umwandlung einer GmbH in eine Aktiengesellschaft die Erstellung einer Umwandlungsbilanz (BGE 125 III 18, 27; EHRA, REPRAX 1/1999, 42).

II. Normzweck

3   Die Botschaft (4453, FN 150) erklärt Art. 58 mit einem Hinweis auf BGE 125 III 18, 27, wo das Vorlegen einer jüngeren Bilanz zwecks Überprüfung der Liberierung gefordert wurde (vgl. Art. 57 N 9). Dies würde freilich eher eine pro forma Eröffnungsbilanz nach den Bilanzierungsvorschriften der neuen Rechtsform und unter Berücksichtigung des im Rahmen der neuen Rechtsform vorgesehenen Nennkapitals und der anwendbaren Liberierungsquote nahe legen (vgl. Art. 57 N 19 betr. Umwandlung eines Vereins in eine Aktiengesellschaft und unten N 11; ferner BÖCKLI, Aktienrecht, § 3 N 359). Während die Umwandlungsbilanz etwa bei der Umwandlung einer Personengesellschaft in eine Aktiengesellschaft zwecks Ermittlung des möglichen Aktienkapitals durchaus Sinn macht, besteht letztlich Unsicherheit über den Zweck der Umwandlungsbilanz (vgl. auch Art. 62 N 8 sowie ZWICKER, 175; ZK-PESTALOZZI, N 6).

4   M.E. ist die Umwandlungsbilanz in erster Linie folgenden Zwecken dienlich: Einerseits verhindert sie, dass sich eine überschuldete Gesellschaft in eine andere Rechtsform umwandelt. Andererseits dient sie bei der Umwandlung einer Rechtsform ohne Nennkapital in eine Rechtsform mit Nennkapital (Aktiengesellschaft, GmbH, Genossenschaft mit Genossenschaftskapital) der korrekten Festsetzung des Nennkapitals und der Liberierungsquote (vgl. Art. 57 N 13 ff.). Ferner lässt sich anführen, dass eine Umwandlung stets eine wesentliche strategische Neuausrichtung mit sich bringt und daher nur in Kenntnis der finanziellen Lage der Gesellschaft beschlossen werden sollte.

III. Anwendungsbereich

5   Der Wortlaut des Gesetzes («Bilanzstichtag», «letzte Bilanz») könnte die Annahme implizieren, dass in der Vergangenheit überhaupt Bilanzen erstellt worden sind. Gemäss Botschaft soll die Bestimmung denn auch *«selbstredend»* auf Gesellschaften beschränkt sein, die nach Art. 957 OR buchführungspflichtig sind (Botschaft, 4453 i.V.m. 4406, 4453; ebenso Handkommentar FusG-RIMLE, N 1). Von den zur Umwandlung berechtigten Rechtsträgern sind nur Vereine, die kein kaufmännisches Gewerbe betreiben (aber freiwillig im Handelsregister eingetragen sind) von der Buchführungspflicht ausgenommen. Dass solche Vereine keine Umwandlungsbilanz erstellen sollen, überzeugt sachlich nicht immer: Vor der Umwandlung eines Vereins in eine Kapitalgesellschaft oder eine Genossenschaft mit Genossenschaftskapital (Art. 54 Abs. 5) scheint es auch ohne entsprechende Pflicht unumgänglich, zunächst eine Bilanz aufzustellen, zumal diese Rechtsformen alle die Buchführung vorschreiben und alle über ein der Liberierungspflicht unterstehendes Nennkapital verfügen.

IV. Arten von Umwandlungsbilanzen (Abs. 1)

1. Allgemeines

6   Bei der Umwandlungsbilanz handelt es sich stets um eine Einzelbilanz des umzuwandelnden Rechtsträgers, die nach den anwendbaren handelsrechtlichen Vorschriften erstellt worden ist. Konsolidierte Bilanzen kommen nicht in Frage. Angesichts der Tatsache, dass auch eine bereits für andere Zwecke erstellte Bilanz verwendet werden kann (vgl. N 7), genügt grundsätzlich eine Bilanz, welche den Rechnungslegungsvorschriften der Ausgangsrechtsform entspricht (vgl. aber N 3 f.).

2. Letzte Bilanz

Der gesetzliche Regelfall, d.h. die Möglichkeit der Verwendung der «letzten Bilanz» als Umwandlungsbilanz, wird im Gesetz nicht näher eingegrenzt. Somit muss es sich dabei nicht notwendigerweise um die letzte Jahresbilanz handeln. Vielmehr kann grundsätzlich jede zuletzt erstellte Bilanz (z.B. ein ohnehin erstellter Halbjahresabschluss) Verwendung finden, sofern seither kein Grund für die Erstellung einer Zwischenbilanz eingetreten ist (dazu N 8 ff.). Freilich ist zu fordern, dass die «letzte Bilanz» mindestens den Anforderungen von Art. 58 Abs. 2 entspricht.

3. Zwischenbilanz

In zwei Fällen verpflichtet das Gesetz die umzuwandelnde Gesellschaft zur Erstellung einer Zwischenbilanz nur für die Umwandlung:

Zunächst besteht diese Pflicht, wenn **der Stichtag der letzten Bilanz zum Zeitpunkt der Erstattung des Umwandlungsberichts mehr als sechs Monate zurückliegt**. In der Vernehmlassung wurde verschiedentlich gefordert, diese Frist im Einklang mit den börsenrechtlichen Anforderungen (KR Schema A) und der Lehre zu Art. 652a Ziff. 5 OR auf neun Monate auszudehnen (Vernehmlassungen, 280). In der Tat hätte in Bezug auf die Verwendung revidierter Jahresbilanzen eine Frist von neun Monaten seit dem Bilanzstichtag Vorteile, weil solche Bilanzen manchmal erst rund 3 Monate nach dem Bilanzstichtag in geprüfter Form vorliegen (vgl. Handkommentar FusG-BOMMER, Art. 11 N 2). Die Botschaft hat auf die Kritik an der Frist von sechs Monaten Bezug genommen, eine Verlängerung unter Hinweis auf die EU-Richtlinien jedoch abgelehnt (Botschaft, 4405). Gemäss ZK-PESTALOZZI, N 9, muss die Frist ab Erstellung des Umwandlungsplans zurückgerechnet werden. Dieser Ansicht ist jedenfalls für Fälle, in denen auf die Erstellung eines Berichts verzichtet wird, zuzustimmen.

Weiter besteht gemäss Art. 58 Abs. 1 eine Pflicht zur Erstellung einer Zwischenbilanz, wenn «seit Abschluss der letzten Bilanz **wichtige Änderungen in der Vermögenslage** der Gesellschaft eingetreten» sind. Mit «Abschluss» der letzten Bilanz muss wohl der Bilanzstichtag gemeint sein (ebenso Art. 11 N 10 sowie Handkommentar FusG-RIMLE, N 5). Als «wichtige Änderungen in der Vermögenslage» stehen bei der Umwandlung zunächst Veränderungen des Nennkapitals, d.h. Kapitalerhöhungen und -herabsetzungen sowie Austritte bei Genossenschaften mit Anteilscheinen (Art. 864 OR, Botschaft, 4405) im Vordergrund, weil das veränderte Nennkapital auch für die Kapitalstruktur einer neuen Rechtsform mit Nennkapital wesentlich ist (vgl. Art. 57 N 13 ff.). Sodann ist bei der Umwandlung einer Rechtsform ohne Nennkapital in eine Rechtsform mit Nennkapital zu beachten, dass die Umwandlungsbilanz der Prüfung der Erfüllung der Liberierungspflicht dienlich ist. Somit ist die Erstellung einer Zwischenbilanz immer dann angezeigt, wenn Anzeichen bestehen, dass das Eigenkapital der Gesellschaft geringer ist als der zu liberierende Betrag des in Aussicht genommenen Nennkapitals (vgl. aber Art. 57 N 15) und allgemein bei Anzeichen einer Überschuldung. Demgegenüber können gewöhnliche Vermögensschwankungen aufgrund des ordentlichen Geschäftsganges ohne Relevanz im Lichte des Normzwecks (vgl. N 3 f.) wohl nicht als «wichtig» gelten, selbst wenn sie nicht geringfügig sind. Generell können zudem nur Veränderungen der Vermögenslage, die sich in der Bilanz auswirken, von Bedeutung sein.

V. Erstellen der Zwischenbilanz (Abs. 2)

11 Eine Zwischenbilanz ist gemäss den **Vorschriften und Grundsätzen für den Jahresabschluss** zu erstellen. Wie bei einer allfällig verwendeten «letzten Bilanz» geht es dabei um die Buchführungsvorschriften der Ausgangsrechtsform (vgl. N 6). Die Erstellung einer pro forma Eröffnungsbilanz nach den Vorschriften der Zielrechtsform wäre zwar sinnvoll (vgl. N 3), ist jedoch nicht vorgesehen. Immerhin wird zu verlangen sein, dass die Gliederung der Bilanz den Zwecken der Festsetzung des Nennkapitals und der Liberierungsquote der neuen Rechtsform genügt (vgl. Art. 57 N 13 ff.). Gemäss ZWICKER (S. 175) und BÖCKLI (Aktienrecht, § 3 N 360) soll im Rahmen der Umwandlungsprüfung auch geprüft werden, ob die Umwandlungsbilanz als Bilanz *nach* der Umwandlung den Rechnungslegungsvorschriften der *neuen* Rechtsform entspricht. Dies wäre m.E. aber nur bei einer pro forma Bilanz möglich und entspricht in Anbetracht der Möglichkeit der Verwendung einer bereits erstellten Bilanz (vgl. N 7) nicht dem Willem des Gesetzgebers. Vgl. auch Art. 62 N 11.

12 Nicht erforderlich ist eine **körperliche Bestandesaufnahme**, d.h. der Zwischenbilanz muss keine aktuelle Inventur zugrunde liegen (Abs. 2 lit. a).

13 Zudem kann auf eine Neubewertung der Aktiven und Passiven grundsätzlich verzichtet werden. Es genügt, wenn die Werte der letzten Bilanz nach Massgabe der **Bewegungen in den Geschäftsbüchern** verändert werden (Abs. 2 lit. b Halbsatz 1). Diese Erleichterung erfährt in Halbsatz 2 eine gewichtige **Einschränkung**, indem Abschreibungen, Wertberichtigungen und Rückstellungen sowie wesentliche, aus den Büchern nicht ersichtliche Veränderungen der Werte dennoch berücksichtigt werden müssen. Würde dem Wortlaut dieser Einschränkungen nachgelebt, so wäre entgegen Halbsatz 1 doch eine Neubewertung sämtlicher Aktiven und Passiven notwendig. Damit Halbsatz 1 nicht toter Buchstabe bleibt, müssen die zu berücksichtigenden Veränderungen daher ganz allgemein auf diejenigen «wesentlichen» Änderungen beschränkt werden, welche auch die Pflicht zur Erstellung einer Zwischenbilanz auslösen (vgl. N 10). Eine Plausibilitätsprüfung der Werte, Abschreibungen, und Rückstellungen in Bezug auf sich aufdrängende substantielle und im Sinne von N 10 relevante Veränderungen sollte daher genügen.

VI. Prüfung der Umwandlungsbilanz

14 Grundsätzlich unterliegt die Umwandlungsbilanz der Umwandlungsprüfung, sofern eine solche durchzuführen ist (Art. 62 Abs. 1). Diese bezweckt freilich nicht die Überprüfung und Hinterfragung des Zahlenwerkes als solchem (vgl. Art. 62 N 11). In der Vernehmlassung wurde daher die Frage aufgeworfen, ob die Umwandlungsbilanz (d.h. die «letzte Bilanz» oder eine «Zwischenbilanz») revidiert werden müsse. Vereinzelt wird angenommen, dass diese Frage vom Parlament durch die Einfügung des Einleitungssatzes von Abs. 2, wonach die Zwischenbilanz «gemäss den Vorschriften und Grundsätzen für den Jahresabschluss zu erstellen» sei, so beantwortet worden sei. Zwischenbilanzen von Gesellschaften, deren Jahresabschluss revidiert werden muss, seien daher ebenfalls zu revidieren (Handkommentar FusG-RIMLE, N 7; VON DER CRONE ET AL., Rz 736). Indessen ist die Revisionspflicht (v.a. Art. 728 OR) keine Vorschrift über die Erstellung der Jahresrechnung (vgl. Art. 662 ff. OR). Vielmehr bezweckt die Revision die Prüfung der Übereinstimmung der von den Exekutivorganen erstellten Jahresrechnung mit den Erstellungsvorschriften. So wurde Abs. 2 vom Parlament denn auch allein mit dem Zweck eingefügt, eine *Erleichterung der Erstellung der Zwischenbilanz*

zu bewirken und nicht die Einführung einer zusätzlichen Revisionspflicht (vgl. N 1; gl.M. Art. 11 N 17 betr. Fusion; ZK-PESTALOZZI, N 15).

Abgesehen von der Prüfungspflicht im Rahmen der Umwandlungsprüfung (vgl. N 14) besteht somit weder für die speziell im Hinblick auf die Umwandlung erstellte Zwischenbilanz noch für eine entsprechende «letzte Bilanz» (vgl. N 7) eine Prüfungs- oder Revisionspflicht. Um Haftungsrisiken zu reduzieren, dürfte in der Praxis aber dennoch häufig auf aktualisierte und revidierte oder einem «Review» unterzogene (vgl. HWP, 301, 309) Bilanzen zurückgegriffen werden. 15

VII. Rechtsschutz

Nach Art. 107 Abs. 1 lit. b HRegV ist die Umwandlungsbilanz als **Beleg** dem Handelsregister einzureichen. Somit wird das Fehlen einer Umwandlungsbilanz zur **Verweigerung der Eintragung** der Umwandlung führen. Indessen gibt es weder für die Einreichung einer Bilanz (die damit zum öffentlichen Beleg wird) noch für die Publikation des daraus resultierenden Wertes aller Aktiven und Passiven im SHAB und im Handelsregister (so aber Art. 107a lit. d HRegV) eine gesetzliche Grundlage. Im Gegenteil schliesst Art. 57 eine Publizität i.S.v. Art. 628 und Art. 641 Ziff. 6 OR ausdrücklich aus. Die Gläubigerinteressen sind bei der Umwandlung wenig tangiert, werden jedoch mit der Umwandlungsprüfung (Art. 62) und über Art. 68 sowie 108 umfassend geschützt. Die Interessen an der Geheimhaltung der Geschäftszahlen einerseits und die Einsichtsinteressen Dritter andererseits werden dagegen in speziellen Gesetzesbestimmungen (z.B. Art. 697h, 963 OR) austariert. Die auf Verordnungsstufe statuierte, uneingeschränkte Publizität ist daher sachlich nicht notwendig und rechtlich nicht haltbar. Soweit eine Umwandlungsbilanz eingereicht wird, unterliegt die Einhaltung von Art. 58 in der Regel bereits der **Umwandlungsprüfung** (Art. 62 Abs. 1 und 4), weshalb das Handelsregisteramt darauf abstellen kann und muss. 16

Wird eine Umwandlung ohne oder gestützt auf eine nicht den gesetzlichen Vorschriften entsprechende Bilanz durchgeführt, so ist der Umwandlungsbeschluss jedenfalls dann gemäss Art. 106 **anfechtbar**, wenn der Mangel eine Relevanz aufweist. Hat der Mangel keine materielle Relevanz, war z.B. die verwendete Bilanz bloss zu alt (vgl. N 9), ist die Anfechtbarkeit zu verneinen bzw. der Richter kann, sofern noch ein Rechtsschutzinteresse besteht, Verbesserung i.S.v. Art. 107 Abs. 1 FusG anordnen. Führt der Mangel dazu, dass die Mitgliedschaftsrechte unrichtig ausgestaltet oder verteilt werden, ist auch die **Überprüfungsklage** nach Art. 105 möglich (vgl. Art. 56 N 53). 17

Ferner werden die den Mangel verschuldenden Organe u.U. nach Art. 108 für den daraus erwachsenden Schaden (z.B. aufgrund einer Unterliberierung) haftbar. Die **Gründungshaftung** gemäss Art. 753 OR kommt demgegenüber nicht zur Anwendung (vgl. Art. 57 N 27). 18

VIII. Rechtsvergleich

Vgl. zum EU-Recht N 1.

Vierter Abschnitt: Umwandlungsplan, Umwandlungsbericht und Prüfung

Art. 59

Erstellung des Umwandlungsplans

¹ Das oberste Leitungs- oder Verwaltungsorgan erstellt einen Umwandlungsplan.

² Der Umwandlungsplan bedarf der schriftlichen Form und der Zustimmung der Generalversammlung beziehungsweise der Gesellschafterinnen und Gesellschafter gemäss Artikel 64.

Etablissement du projet de transformation

¹ L'organe supérieur de direction ou d'administration établit un projet de transformation.

² Le projet de transformation revêt la forme écrite et est soumis à l'approbation de l'assemblée générale ou, à défaut, des associés, conformément à l'art. 64.

Redazione del progetto di trasformazione

¹ L'organo superiore di direzione o di amministrazione redige un progetto di trasformazione.

² Il progetto di trasformazione richiede la forma scritta e l'approvazione dell'assemblea generale, rispettivamente dei soci conformemente all'articolo 64.

Literatur

C. MEISTERHANS, Prüfungspflicht und Kognitionsbefugnis der Handelsregisterbehörde, Diss. Zürich 1996.

I. Entstehungsgeschichte

1   Art. 59 wurde – abgesehen vom ergänzend eingefügten expliziten Verweis auf Art. 64 in Abs. 2 – unverändert aus dem VE FusG (Art. 74) in das FusG übernommen.

II. Normzweck

2   Art. 59 regelt die **Kompetenz** für die Erstellung des Umwandlungsplans und dessen **Form**. Der Umwandlungsplan ist das rechtliche Basisdokument der Umwandlung, das dem Fusionsvertrag bei der Fusion und dem Spaltungsvertrag bzw. Spaltungsplan bei der Spaltung entspricht. Der Umwandlungsplan ist vom obersten Leitungs- oder Verwaltungsorgan zu erstellen, wird aber erst verbindlich, wenn der Umwandlungsbeschluss vorliegt (Art. 59 Abs. 2 i.V.m. Art. 64). Die Schriftform dient der Rechtssicherheit und der Transparenz.

3   Im Gegensatz zum Fusions- und zum Spaltungsvertrag handelt es sich beim Umwandlungsplan nicht um ein zweiseitiges, sondern gleich wie beim Spaltungsplan um ein **einseitiges Rechtsgeschäft** (VON DER CRONE ET AL., Rz 721 spricht von einem einseitigen Rechtsakt).

4   Der Umwandlungsplan legt die Grundzüge der Umwandlung fest. Anders als der Umwandlungsbericht, der die Gründe, das angestrebte Ziel sowie die Folgen der Umwandlung darzulegen hat, ist der Umwandlungsplan ein eher **technisches Dokument**. Der

Umwandlungsplan richtet sich an die Gesellschafter. Dritte, wie Gläubiger und Arbeitnehmer, sind nicht Adressaten des Umwandlungsplans. Soweit sich für die Gläubiger oder Arbeitnehmer durch die Umwandlung eine Änderung ihrer Stellung ergibt, werden sie durch andere Regeln geschützt (Art. 54 f.; Art. 68 i.V.m. Art. 26 und Art. 27 Abs. 3).

III. Verfahren

Der Umwandlungsplan muss von einem **besonders befähigten Revisor geprüft** werden (Art. 62 Abs. 1; zur Ausnahme für KMU vgl. Art. 62 Abs. 2). Zudem hat die Gesellschaft an ihrem Sitz den Gesellschaftern während 30 Tagen vor der Beschlussfassung **Einsicht** in den Umwandlungsplan (zusammen mit dem Umwandlungsbericht, dem Prüfungsbericht, den letzten drei Jahresrechnungen und Jahresberichten sowie einer allenfalls zu erstellenden Zwischenbilanz) zu gewähren (Art. 63 Abs. 1; zur Ausnahme für KMU vgl. Art. 63 Abs. 2). Der Umwandlungsplan muss gemäss Art. 59 Abs. 2 i.V.m. Art. 64 der Generalversammlung bzw. den Gesellschaftern zur Genehmigung vorgelegt werden (**Umwandlungsbeschluss**). Der Umwandlungsbeschluss ist **öffentlich zu beurkunden** (Art. 65) und in das **Handelsregister** einzutragen, wobei der Eintrag konstitutive Wirkung hat (vgl. Art. 66 f.).

Die Erstellung eines Umwandlungsplans ist **zwingend**, d.h. es gibt keine Erleichterungen für KMU.

Der Umwandlungsplan ist vor dem Umwandlungsbeschluss zu erstellen und zwar so, dass der besonders befähigte Revisor Gelegenheit zur Prüfung des Umwandlungsplans hat (vgl. Art. 62) und die 30-tägige Frist zur Einsicht der Gesellschafter (vgl. Art. 63 Abs. 1) gewahrt bleibt. Der **Zeitpunkt** der Erstellung des Umwandlungsplans ist zudem für die Wertbestimmung von Genussscheinen massgebend (vgl. Art. 56 Abs. 5).

Der Umwandlungsplan ist ein dem **Handelsregister** einzureichender **Beleg** (Art. 107 Abs. 1 lit. a HRegV und Art. 59 N 13). Folglich ist er für Dritte nach der Eintragung der Umwandlung im Handelsregister einsehbar (ZK-KONKOLY, N 4 kritisiert diese Regel). Der Handelsregisterführer kann zufolge seiner beschränkten Kognition (Art. 21 N 35; Botschaft, 4420 m.V. auf Art. 940 OR; BGE 121 III 371, 125 III 21, 22) die Mangelhaftigkeit des Umwandlungsplans nur in krassen Fällen rügen. Seine Prüfung hinsichtlich des Umwandlungsplans beschränkt sich darauf, ob ein Umwandlungsplan in gesetzlicher Form vorliegt; der Handelsregisterführer wird die Eintragung z.B. dann zurückweisen müssen, wenn zu einem der objektiv notwendigen Punkte des Umwandlungsplans (vgl. Art. 60 N 2) keine Angaben gemacht werden. Als Eintragungsbeleg kann der Umwandlungsplan in einer anderen **Sprache** als der beim betreffenden Handelsregisteramt geltenden Amtssprache verfasst und eingereicht werden. Der Handelsregisterführer kann jedoch eine beglaubigte Übersetzung verlangen, wenn dadurch die Einsichtnahme Dritter beeinträchtigt wird (Art. 7 Abs. 2 HRegV; Kreisschreiben des EJPD vom 20.8.1937, Ziff. 2). Die diesbezügliche Praxis ist unterschiedlich, weshalb eine Rückfrage beim betreffenden Handelsregisteramt ratsam ist (vgl. dazu REBSAMEN, Rz 40). Es empfiehlt sich generell, den Umwandlungsplan dem Handelsregister zur Vorprüfung einzureichen.

IV. Zuständigkeit

Gemäss Abs. 1 hat das **oberste Leitungs- oder Verwaltungsorgan** den Umwandlungsplan zu erstellen. Je nach Rechtsform sind dies die folgenden Gesellschaftsorgane:

- Bei der Kollektiv- und Kommanditgesellschaft: die unbeschränkt haftenden Gesellschafter, ausser wenn der Gesellschaftsvertrag etwas anderes vorsieht (Art. 535, 557, 599 OR);
- bei der Aktiengesellschaft: der Verwaltungsrat (Art. 707 ff. OR);
- bei der Kommanditaktiengesellschaft: die Verwaltung, d.h. die unbeschränkt und solidarisch haftenden Gesellschafter (Art. 765 OR);
- bei der Gesellschaft mit beschränkter Haftung: die Gesellschafter bzw. Geschäftsführer (Art. 811 f. OR);
- bei der Genossenschaft: die Verwaltung (Art. 894 ff. OR);
- beim Verein: der Vorstand (Art. 69 ZGB).

Die Kompetenzregelung entspricht damit derjenigen bei der Fusion (Fusionsvertrag) und der Spaltung (Spaltungsvertrag bzw. -plan).

10 Bei der Erstellung des Umwandlungsplans handelt es sich grundsätzlich um eine **unübertragbare und unentziehbare Kompetenz** der jeweiligen obersten Leitungs- oder Verwaltungsorgane (vgl. Art. 59 N 9). Allerdings bestimmt das Organisationsrecht der einzelnen Gesellschaftsformen, in welchem Masse die Gesellschafter dem obersten Leitungs- oder Verwaltungsorgan Weisungen erteilen können (vgl. Art. 12 N 6). Die Erstellung des Umwandlungsplans kann an einzelne Mitglieder des obersten Leitungs- oder Verwaltungsorgans, an ein untergeordnetes Organ oder Dritte delegiert werden, doch muss dann der Umwandlungsplan vom jeweiligen obersten Leitungs- oder Verwaltungsorgan in seiner endgültigen Form genehmigt werden (vgl. Art. 59 N 13; redaktionelle Änderungen sollten auch nach der Genehmigung noch möglich sein, vgl. dazu auch Art. 12 N 6). In den Statuten bzw. im Organisationsreglement können bei Bedarf spezielle Quoren für die Erstellung des Umwandlungsplans festgelegt werden (bei der Aktiengesellschaft beispielsweise werden Verwaltungsratsbeschlüsse nach Art. 713 Abs. 1 OR mit der Mehrheit der abgegebenen Stimmen gefasst. Nach h.L. ist Art. 713 Abs. 1 Satz 1 OR nur dispositiver Natur (FORSTMOSER/MEIER-HAYOZ/NOBEL, § 31 N 23 ff.), weshalb in den Statuten bzw. im Organisationsreglement andere Beschlussquoren vorgesehen werden können).

11 Liegen die Voraussetzungen vor, sind die Mitglieder des obersten Leitungs- oder Verwaltungsorgans bzw. der besonders befähigte Revisor für den Schaden **verantwortlich**, den sie durch absichtliche oder fahrlässige Verletzung ihrer Pflichten im Zusammenhang mit der Erstellung bzw. Prüfung des Umwandlungsplans verursachen (Art. 108).

12 Gemäss Art. 59 Abs. 2 bedarf der Umwandlungsplan der Zustimmung der Generalversammlung (i.S.v. Art. 2 lit. h) bzw. der Gesellschafter (i.S.v. Art. 2 lit. f) (**Umwandlungsbeschluss**). Die dafür erforderlichen Mehrheiten sind in Art. 64 geregelt. Solange der Umwandlungsbeschluss nicht vorliegt, ist der Umwandlungsplan für die Gesellschaft nicht verbindlich (Art. 59 Abs. 2 i.V.m. Art. 64; vgl. dazu auch Botschaft, 4453 mit Verweis auf Art. 12 Abs. 2 und Art. 36 Abs. 3 für die Fusion bzw. Spaltung).

V. Form

13 Der Umwandlungsplan bedarf gemäss Abs. 2 der **Schriftform** (Art. 12 ff. OR), d.h. alle objektiv und subjektiv wesentlichen Punkte müssen schriftlich im Umwandlungsplan enthalten sein (vgl. dazu Art. 60 N 2). Nur unwesentliche Punkte können ausserhalb des Umwandlungsplans geregelt werden. Zudem muss der Umwandlungsplan handschriftlich durch unterschriftsberechtigte Personen, jedoch nicht zwingend vom obersten Leitungs- oder Verwaltungsorgan (vgl. Botschaft, 4453 i.V.m. 4407), unterzeichnet werden (a.M. ZK-KONKOLY, N 11). Falls nicht alle für das anwendbare Quorum erforderlichen Mitglieder des obersten Leitungs- oder Verwaltungsorgans (vgl. Art. 59 N 10) den Umwandlungsplan unterzeichnen, ist der Genehmigungsbeschluss allerdings in einem separaten Beschlussprotokoll festzuhalten, welcher als Beleg zusammen mit dem Umwandlungsplan dem Handelsregister einzureichen ist (vgl. Art. 59 N 8 und Art. 28 Abs. 2 HRegV). Es spricht nichts dagegen, den Umwandlungsplan sowie den Umwandlungsbericht in einem Dokument zu vereinen.

Die Schriftform genügt auch dann, wenn der umzuwandelnde Rechtsträger **Grundstücke** hält, da nur die Rechtsform, nicht aber der Rechtsträger wechselt (Botschaft, 4453 i.V.m. 4407). Der Rechtsträger, der seine Rechtsform geändert hat, hat innert einer Frist von drei Monaten vom Eintritt der Rechtswirksamkeit an alle Änderungen dem **Grundbuch** anzumelden, die sich aus der Umwandlung ergeben (in der Praxis wohl die neue Firma) (Art. 104 Abs. 1).

Gemäss Bundesgerichtspraxis führt ein **Formmangel** i.S.v. Art. 11 Abs. 2 OR zur Nichtigkeit, die vom Gericht von Amtes wegen zu berücksichtigen ist (statt vieler BSK OR I-SCHWENZER, Art. 11 N 16 f.). In analoger Anwendung von Art. 20 Abs. 2 OR kommt auch Teilnichtigkeit in Frage. Der einmal vorgenommene Eintrag der Umwandlung im Handelsregister hat jedoch insofern «heilende» Wirkung, als der Formmangel vorbehältlich einer Anfechtung nach Art. 106 keinen Einfluss mehr auf die Gültigkeit der Umwandlung hat (MEISTERHANS, 56; vgl. Art. 59 N 18).

VI. Auslegung

Auch formbedürftige Erklärungen dürfen und müssen allenfalls ausgelegt werden. Sie sind nach h.L. wie formfreie Geschäfte auszulegen (vgl. dazu BGE 127 III 254; GAUCH/SCHLUEP/SCHMID/REY, N 1243 ff.).

Soweit sich der tatsächliche Wille aus dem Umwandlungsplan nicht nachweisen lässt, richtet sich dessen Auslegung als einseitiges Rechtsgeschäft grundsätzlich nach dem Willensprinzip, da nur die Interessen des Erklärenden auf dem Spiel stehen (SCHWENZER, Rz 27.36). Zumindest nach gefasstem Umwandlungsbeschluss rechtfertigt sich jedoch bei grösseren Gesellschaften für den Umwandlungsplan eine **objektivierte Auslegung**, da das Verständnis der Gesellschafter beim Umwandlungsbeschluss unter Berücksichtigung der ihnen bekannten Umstände und Dokumente entscheidend sein muss.

VII. Mängel

In der Praxis wird der besonders befähigte Revisor einen **mangelhaften Umwandlungsplan** zur Verbesserung zurückweisen bzw. seinen Prüfungsbericht mit einem Vorbehalt versehen. Es ist anzunehmen, dass ein mit einem Vorbehalt versehenes Testat dazu führen wird, dass die Gesellschafter den Umwandlungsbeschluss nicht fassen werden bzw. der Handelsregisterführer die Eintragung der Umwandlung nicht vornehmen wird. Ist die Prüfung entbehrlich (vgl. Art. 62 Abs. 2) oder wird ein mangelhafter Umwandlungsplan durch den besonders befähigten Revisor vorbehaltlos geprüft, so kann immer noch die Gesellschafterversammlung oder der Handelsregisterführer korrigierend eingreifen, letzterer allerdings nur sehr beschränkt (vgl. Art. 940 OR und Art. 59 N 8). Ein mangelhafter oder gar fehlender Umwandlungsplan hat auf die Gültigkeit der einmal im Handelsregister eingetragenen Umwandlung keinen Einfluss (vgl. Art. 59 N 15). Vorbehalten bleibt die Klage nach Art. 106 f.

19 Wird trotz mangelhaftem Umwandlungsplan ein Umwandlungsbeschluss gefasst, so kann dieser von den ablehnenden Gesellschaftern **angefochten** werden (Art. 106 f.; zum Verhältnis der Anfechtungsklage zur Verantwortlichkeitsklage vgl. Art. 108 N 15). Falls der Umwandlungsbeschluss wegen des mangelhaften Umwandlungsplans bloss an einem formellen Verfahrensmangel leidet, muss der Mangel für eine erfolgreiche Anfechtung kausal für die Beschlussfassung gewesen sein, d.h. die Gesellschaft kann nachweisen, dass sich der mangelhafte Umwandlungsplan nicht negativ auf das Ergebnis des Umwandlungsbeschlusses ausgewirkt hat (analog Art. 691 Abs. 3 OR; BSK OR II-DUBS/TRUFFER, Art. 706 N 9b).

20 Die gesetzlichen Regeln über die **Willensmängel** sind grundsätzlich Mängel des «Vertragsabschlusses» (Randtitel zu Art. 23 ff. OR). Sinngemäss sind die Art. 23 ff. OR aber auch auf einseitige Rechtsgeschäfte anwendbar (BGE 79 II 28; 82 II 192 und 585, 586; 128 III 75; GAUCH/SCHLUEP/SCHMID/REY, N 937). **Vor dem Umwandlungsbeschluss** ist die Geltendmachung eines Willensmangels hinsichtlich des Umwandlungsplans durch das oberste Leitungs- oder Verwaltungsorgans ohne weiteres möglich. In der Praxis wird dann das oberste Leitungs- oder Verwaltungsorgan der Generalversammlung bzw. den Gesellschaftern den Umwandlungsplan bzw. die Umwandlung zur Ablehnung empfehlen. **Nach dem Umwandlungsbeschluss** ist eine Berufung des obersten Leitungs- oder Verwaltungsorgans auf einen Willensmangel dann nicht mehr möglich, wenn (i) entweder der Mangel dem Leitungs- oder Verwaltungsorgan im Zeitpunkt des Umwandlungsbeschlusses bekannt war und es den Gesellschaftern trotzdem die Genehmigung beantragte, da der Mangel dann nicht wesentlich gewesen sein kann, oder (ii) die Gesellschafter in Kenntnis des Mangels den Umwandlungsplan genehmigen. In diesen Fällen stehen nur die Überprüfungs- und Anfechtungsklage gegen den Umwandlungsbeschluss zur Verfügung. Für **Willensmängel der Gesellschafter bzw. der Generalversammlung** sei auf die entsprechenden allgemeinen Ausführungen verwiesen (z.B. für die Aktiengesellschaft, BÖCKLI, Aktienrecht, § 12 Rz 189 und 229).

21 Vergleiche zu den **Formmängeln** Art. 59 N 15.

22 Liegen die Voraussetzungen vor, können die verantwortlichen Organe wegen Mängeln des Umwandlungsplans **haftbar** gemacht werden (Art. 108).

VIII. Änderungen und Aufhebung

23 **Änderungen** des Umwandlungsplans müssen durch das zuständige Organ erfolgen und bedürfen der Schriftform (Art. 12 OR). Es stellt sich die Frage, ob nach der Prüfung durch den besonders befähigten Revisor gemäss Art. 62 Abs. 1 bzw. nach der Auflage zur Einsicht gemäss Art. 63, falls keine Prüfung erfolgt (Art. 62 Abs. 2 FusG), der Umwandlungsplan nicht mehr geändert werden kann, ohne dass die Prüfung nochmals vorgenommen werden bzw. die Frist zur Einsicht nochmals zu laufen beginnen muss. Meines Erachtens ist bei einer Änderung des Umwandlungsplans grundsätzlich eine erneute Prüfung erforderlich. Beim Fristenlauf ist zu differenzieren, ob es sich um eine materielle Änderung handelt, die den Wiederbeginn des Fristenlaufs rechtfertigt, oder bloss um eine unbedeutende Änderung. Letzteres rechtfertigt keinen Wiederbeginn des Fristenlaufs, wenn die Gesellschafter in der Lage sind, den Umwandlungsbeschluss auf informierter Basis zu fassen. Wird nach dem Umwandlungsbeschluss eine Änderung erforderlich oder wünschenswert, so ist das Verfahren nochmals zu durchlaufen, d.h. der abgeänderte Umwandlungsplan muss den Gesellschaftern nochmals zur Einsicht und zur Beschlussfassung vorgelegt werden.

Die **Aufhebung** des Umwandlungsplans ist grundsätzlich formfrei möglich (Art. 115 OR), wobei ein entsprechender Beschluss des obersten Leitungs- oder Verwaltungsorgans erforderlich ist. Die Aufhebung des Umwandlungsplans bzw. der Umwandlung nach dem Umwandlungsbeschluss ist allerdings ohne Zustimmung der Gesellschafter nicht mehr möglich, da das oberste Leitungs- oder Verwaltungsorgan den Auftrag hat, die Umwandlung zu vollziehen und im Handelsregister einzutragen (vgl. Art. 66).

Art. 60

Inhalt des Umwandlungsplans	Der Umwandlungsplan enthält: a. den Namen oder die Firma, den Sitz und die Rechtsform vor und nach der Umwandlung; b. die neuen Statuten; c. die Zahl, die Art und die Höhe der Anteile, welche die Anteilsinhaberinnen und -inhaber nach der Umwandlung erhalten, oder Angaben über die Mitgliedschaft der Gesellschafterinnen und Gesellschafter nach der Umwandlung.
Contenu du projet de transformation	Le projet de transformation contient: a. le nom ou la raison de commerce, le siège et la forme juridique avant et après la transformation; b. les nouveaux statuts; c. le nombre, l'espèce et la valeur des parts sociales qui seront remises aux titulaires de parts après la transformation, ou des indications sur le sociétariat des associés après la transformation.
Contenuto del progetto di trasformazione	Il progetto di trasformazione contiene: a. il nome o la ditta, la sede e la forma giuridica prima e dopo la trasformazione; b. il nuovo statuto; c. il numero, il tipo e il valore delle quote sociali attribuite ai titolari di quote dopo la trasformazione, rispettivamente indicazioni sui diritti societari dei soci dopo la trasformazione.

I. Entstehungsgeschichte

Art. 60 wurde von wenigen formellen Änderungen abgesehen unverändert aus dem VE FusG (Art. 75) in das FusG übernommen.

II. Normzweck

Art. 60 bestimmt den Inhalt des Umwandlungsplans. Artikel 60 enthält **keine abschliessende Aufzählung** des Inhalts des Umwandlungsplans, sondern er legt lediglich dessen Minimalinhalt fest (Gesamtheit der objektiv wesentlichen Punkte). Im Weiteren kann der Umwandlungsplan auch subjektiv wesentliche Punkte wie beispielsweise Modalitäten der Umwandlung, Regelungen bzgl. des Verfahrens und des Zeitplans und über die Organisation der neuen Gesellschaft (VR, Management, Revisionsstelle) enthalten. Ebenso können Bedingungen enthalten sein (vgl. GAUCH/SCHLUEP/SCHMID/REY, N 4210).

III. Mindestinhalt

3 Sämtliche objektiv und subjektiv wesentlichen Punkte sind vom Formerfordernis der Schriftlichkeit umfasst (SCHWENZER, Rz 31.20; vgl. Art. 59 N 13).

4 Sollte auf einen Umwandlungsbericht verzichtet werden (vgl. Art. 61 Abs. 2), nicht jedoch auf eine Prüfung (vgl. Art. 62 Abs. 2), so muss m.E. der Umwandlungsplan wegen Art. 62 Abs. 4 nicht erweitert, sondern die Prüfung eingeschränkt werden (ebenso Art. 61 N 13).

1. Name, Firma, Sitz und Rechtsform (lit. a)

5 Der Umwandlungsplan muss die von der Umwandlung betroffene Gesellschaft genau bezeichnen. Dazu sind die Angabe (i) der Firma oder des Namens (Verein), (ii) des Sitzes und (iii) der (bisherigen und der künftigen) Rechtsform der Gesellschaft vor und nach der Umwandlung erforderlich.

2. Statuten (lit. b)

6 Die Statuten der neuen Gesellschaft müssen im Umwandlungsplan enthalten sein, wobei es möglich ist, dass der Umwandlungsplan auf eine Beilage verweist (WAMISTER, 73). Nicht erforderlich ist die Erläuterung der neuen Statuten (vgl. dazu Art. 61 Abs. 3 lit. c; Art. 61 N 8).

3. Umtauschverhältnis und Mitgliedschaftsrechte (lit. c)

7 Der Umwandlungsplan hat zum Umtauschverhältnis und zu den Mitgliedschaftsrechten folgende Angaben zu enthalten:

– Falls die neue Gesellschaft Anteilsrechte ausgibt (Kapitalgesellschaften und Genossenschaften mit Anteilscheinen): (i) Zahl, (ii) Art und (iii) Höhe der Anteile, welche den Anteilsinhabern zugewiesen werden (Umtauschverhältnis der Anteile). Der Umwandlungsplan muss nicht die einzelnen Anteilsinhaber und die Zahl der ihnen zugeteilten Anteile nennen. Es genügt, wenn jeder Betroffene die Zahl, die Art und die Höhe seiner Anteile aufgrund einer Formel berechnen kann. Allenfalls muss der Umwandlungsplan auch Angaben über Spitzen enthalten (WAMISTER, 73).

– Falls die neue Gesellschaft keine Anteilsrechte ausgibt (Genossenschaft ohne Anteilscheine und Vereine): Umschreibung des Inhalts der Mitgliedschaftsrechte der Gesellschafter nach der Umwandlung.

Für den Umwandlungsplan genügt es, wenn die in Art. 60 lit. c geforderten Angaben gemacht werden (**a.M.** BÖCKLI, Aktienrecht, § 3 N 357, der die Auffassung vertritt, dass zum Umwandlungsplan auch die der Umwandlung zugrundeliegende Bilanz gehört). Nicht erforderlich ist die Erläuterung dieser Angaben (wie z.B. des Umtauschverhältnisses oder des Inhaltes der Mitgliedschaftsrechte). Die Erläuterungsaufgabe übernimmt der Umwandlungsbericht (vgl. dazu Art. 61 Abs. 3 lit. d–f; Art. 61 N 9 ff.; Umwandlungsplan und -bericht können jedoch in einem Dokument vereint werden (vgl. Art. 59 N 13).

Art. 61

Umwandlungsbericht

¹ Das oberste Leitungs- oder Verwaltungsorgan muss einen schriftlichen Bericht über die Umwandlung erstellen.

² Kleine und mittlere Unternehmen können auf die Erstellung eines Umwandlungsberichts verzichten, sofern alle Gesellschafterinnen und Gesellschafter zustimmen.

³ Im Bericht sind rechtlich und wirtschaftlich zu erläutern und zu begründen:
a. der Zweck und die Folgen der Umwandlung;
b. die Erfüllung der Gründungsvorschriften für die neue Rechtsform;
c. die neuen Statuten;
d. das Umtauschverhältnis für Anteile beziehungsweise die Mitgliedschaft der Gesellschafterinnen und Gesellschafter nach der Umwandlung;
e. gegebenenfalls die Nachschusspflicht, andere persönliche Leistungspflichten und die persönliche Haftung, die sich für die Gesellschafterinnen und Gesellschafter aus der Umwandlung ergeben;
f. die Pflichten, die den Gesellschafterinnen und Gesellschaftern in der neuen Rechtsform auferlegt werden können.

Rapport de transformation

¹ L'organe supérieur de direction ou d'administration établit un rapport écrit sur la transformation.

² Les petites et moyennes entreprises peuvent renoncer à l'établissement d'un rapport de transformation moyennant l'approbation de tous les associés.

³ Le rapport explique et justifie du point de vue juridique et économique:
a. le but et les conséquences de la transformation;
b. le respect des dispositions concernant la fondation applicables à la nouvelle forme juridique;
c. les nouveaux statuts;
d. le rapport d'échange des parts sociales ou le sociétariat des associés après la transformation;
e. le cas échéant, l'obligation de faire des versements supplémentaires, l'obligation de fournir d'autres prestations personnelles et la responsabilité personnelle qui résultent de la transformation pour les associés;
f. les obligations qui peuvent être imposées aux associés dans la nouvelle forme juridique.

Rapporto di trasformazione

¹ L'organo superiore di direzione o di amministrazione redige un rapporto scritto sulla trasformazione.

² Le piccole e medie imprese possono rinunciare alla redazione di un rapporto di trasformazione previo consenso di tutti i soci.

³ Il rapporto spiega e giustifica sotto il profilo economico e giuridico:
a. lo scopo e le conseguenze della trasformazione;
b. il rispetto delle disposizioni sulla costituzione della società previste per la sua nuova forma giuridica;
c. il nuovo statuto;
d. il rapporto di scambio delle quote, rispettivamente i diritti societari dei soci dopo la trasformazione;

e. se del caso, l'obbligo di effettuare versamenti suppletivi, l'obbligo di fornire altre prestazioni personali e le responsabilità personali dei soci risultanti dalla trasformazione;
f. gli obblighi che possono essere imposti ai soci nell'ambito della nuova forma societaria.

Literatur

H.-U. Vogt, Fusion und Umwandlung nach dem neuen Fusionsgesetz, ZBGR 2004, 141 ff.; D. ZOBL, Die Umwandlung von Gesellschaften nach neuem FusG, SZW 3/2004, 169 ff.

I. Normzweck

1 Ähnlich wie bei der Fusion (Art. 14) und der Spaltung (Art. 39) muss auch bei der Umwandlung ein Bericht erstellt werden, worin die Umwandlung in eine andere Rechtsform (vereinfacht auch der «Rechtsformwechsel» oder, wie noch im VE FusG verwendet, der «Rechtskleidwechsel») rechtlich und wirtschaftlich im Einzelnen erläutert und begründet wird (VOGT, ZBGR 2004, 165). Der Umwandlungsbericht richtet sich an die Gesellschafter und dient diesen primär zur Information, indirekt aber auch dem Schutz ihrer Interessen (Botschaft, 4454; VON DER CRONE ET AL., Rz 722). Während der Umwandlungsplan das «was» darstellt (WAMISTER, 73 f.; ZOBL, SZW 2004, 173), ist im Umwandlungsbericht der Inhalt des Umwandlungsplans zu präzisieren und es sind die einzelnen rechtlichen und wirtschaftlichen Elemente des Rechtsformwechsels zu erläutern und zu begründen. In finaler Hinsicht soll der Umwandlungsbericht den Gesellschaftern letztlich als **Entscheidungsgrundlage** über den vom obersten Leitungs- oder Verwaltungsorgan vorgeschlagenen Rechtskleidwechsel dienen.

II. Form und Zuständigkeit

2 Wie der Umwandlungsplan (s. Art. 59) ist auch der Umwandlungsbericht gemäss Abs. 1 vom obersten Leitungs- oder Verwaltungsorgan zu erstellen (zum Begriff des obersten Leitungs- oder Verwaltungsorgans vgl. Art. 59 N 9). Obschon der Umwandlungsbericht gemäss Art. 64 nicht Gegenstand der Beschlussfassung in der General- bzw. Gesellschafterversammlung bildet, hat sich der Gesetzgeber nicht mit einer bloss mündlichen Berichterstattung des obersten Leitungs- oder Verwaltungsorgans der Gesellschaft begnügt, sondern fordert die Unterbreitung eines **schriftlichen Berichts**, welcher dem dreissigtägigen Einsichtsrecht gemäss Art. 63 Abs. 1 lit. b unterliegt.

3 Der Gesetzgeber hat sich für eine **klare Kompetenzzuordnung an das oberste Leitungs- oder Verwaltungsorgan** entschieden; diese Kompetenz ist nicht delegierbar. Der Umwandlungsbericht kann zwar durch einzelne Mitglieder des obersten Leitungs- oder Verwaltungsorgans, durch ein untergeordnetes Organ oder sogar durch Dritte erstellt werden, bedarf diesfalls aber der Genehmigung durch das oberste Leitungs- oder Verwaltungsorgan in seiner endgültigen Form. Obschon von Art. 107 Abs. 1 HRegV nicht explizit verlangt, ist der Umwandlungsbericht m.E. analog der Regelung für Kapitalerhöhungsberichte gemäss Art. 652e OR durch mindestens ein vertretungsberechtigtes Mitglied des obersten Leitungs- oder Verwaltungsorgans zu unterzeichnen (vgl. auch Art. 80 lit. e HRegV; gl.M. ZK-KONKOLY, N 7; so auch für den Fusionsbericht Handkommentar FusG-COMBŒUF, Art. 14 N 8). Die Unterzeichnung durch einen Geschäftsführer, der nicht zugleich Mitglied des obersten Leitungs- und Verwaltungsorgans ist, reicht somit nicht aus.

III. Inhalt

1. Allgemeines

Im Umwandlungsbericht sind die in Art. 61 Abs. 3 lit. a–f genannten Bereiche rechtlich und wirtschaftlich zu erläutern und zu begründen. Über die vom obersten Leitungs- oder Verwaltungsorgan dabei anzuwendende **Beschreibungsdichte** hat sich der Gesetzgeber nicht ausgesprochen. Da der Umwandlungsbericht primär der Information der Gesellschafter dient, muss sich das oberste Leitungs- oder Verwaltungsorgan m.E. bei der Erstellung des Umwandlungsberichtes am **Informationsbedürfnis eines durchschnittlichen bzw. vernünftigen Gesellschafters** ausrichten (ähnl. Handkommentar FusG-COMBŒUF, Art. 14 N 11). Unter diesem Blickwinkel dürfte auch die Interessenintensität in den einzelnen Bereichen des Umwandlungsberichts und damit auch der Grad der Transparenz variieren. Für die Schranken der Berichtspflicht, insbesondere aufgrund von Geheimhaltungsinteressen oder anderen schutzwürdigen Interessen der Gesellschaft, kann auf die Ausführungen zum Fusionsplan verwiesen werden (Art. 14 N 33). 4

Im Vergleich zum Fusionsbericht (Art. 14) und Spaltungsbericht (Art. 39) ist der Katalog der im Umwandlungsbericht zu erläuternden Bereiche wesentlich kürzer. Dem Gedanken folgend, dass ein Rechtsformwechsel keine Veränderung im Aktiven- oder Passivenbestand einer Gesellschaft bewirkt, ist im Gegensatz zum Fusions- bzw. Spaltungsbericht im Umwandlungsbericht insbesondere nicht auf die Auswirkungen der Umwandlung auf Arbeitnehmer bzw. Gläubiger hinzuweisen (vgl. auch Art. 62 N 2). 5

2. Inhalt der Berichtspflicht

a) Zweck und Folgen der Umwandlung (lit. a)

Der Umwandlungsbericht muss in allgemeiner Weise die Gründe für die Umwandlung und die damit verbundenen Änderungen, d.h. die wichtigsten wirtschaftlichen und rechtlichen Konsequenzen für die Gesellschafter, darlegen. Primär steht hier somit die Information der Gesellschafter über Gründe und Konsequenzen der Umwandlung im Vordergrund. Entsprechend dem Normzweck der Berichterstattung, den Gesellschaftern die Entscheidfindung über den vorgeschlagenen Rechtskleidwechsel zu erleichtern und damit auch dessen Plausibilität und Zweckmässigkeit zu prüfen, sind neben den Gründen für das gewählte Vorgehen m.E. auch dessen Vor- und Nachteile, die konkret angestrebten Ziele sowie die geprüften, aber verworfenen Alternativen darzulegen, soweit keine legitimen Geheimhaltungsinteressen oder -verpflichtungen dagegen sprechen. 6

b) Erfüllung der Gründungsvorschriften (lit. b)

Art. 57 unterstellt die Umwandlung den Vorschriften des Zivilgesetzbuches und des Obligationenrechts über die Gründung von Gesellschaften mit entsprechender Rechtsform; davon ausgenommen sind die Vorschriften über die Zahl der Gründer bei Kapitalgesellschaften und die Vorschriften über Sacheinlagen, wie dies auch für die Fusion (Art. 9 und 10) sowie die Spaltung (Art. 34) der Fall ist (kritisch zur Ausnahme betreffend Sacheinlagen VON DER CRONE ET AL., Rz 733). Trotz der Kritik, welche dieser Berichtspflicht im Gesetzgebungsverfahren entgegengebracht wurde (siehe z.B. Vernehmlassungen, 283), ist im Umwandlungsbericht zu bestätigen, dass diese Bestimmungen eingehalten sind. Das oberste Leitungs- und Verwaltungsorgan wird diese Berichtspflicht im Umwandlungsbericht wohl mit einem lapidar einfachen Satz erfüllen können, z.B.: «Die Gründungsvorschriften gemäss Art... sind erfüllt.» (WAMISTER, 74 f.; ZK-KONKOLY, N 20). 7

c) Statuten (lit. c)

8 Die neuen Statuten der Gesellschaft sind Bestandteil des Umwandlungsplans (Art. 60 lit. b). Im Umwandlungsbericht dagegen sind die Statuten aus Sicht des Gesellschafters «explizit und detailliert» zu erläutern, damit sich die Gesellschafter Rechenschaft über die Auswirkungen der Umwandlung geben können (Botschaft, 4454). Dabei dürfte das Informationsbedürfnis bzw. Informationsinteresse eines durchschnittlichen Gesellschafters (vgl. dazu vorne N 4) bezüglich der einzelnen Statutenbestimmungen variieren (so auch Handkommentar FusG-GIGER, N 7). Doch selbst bei eher technischen Statutenbestimmungen (wie z.B. der Bestimmung über die Information der Gesellschafter) dürfte dort eine erhöhte Intensität der Beschreibung und Begründung angezeigt sein, wo sich für den Gesellschafter unmittelbare Auswirkungen aus dem Rechtskleidwechsel ergeben (z.B. wenn Einladungen zur Generalversammlung neu nicht mehr den Gesellschaftern direkt zugestellt, sondern nur noch in einem Publikationsorgan veröffentlicht werden oder wenn neu an die Stelle einer Gesellschafterversammlung eine Delegiertenversammlung tritt).

d) Umtauschverhältnis für Anteile bzw. Mitgliedschaft nach Umwandlung (lit. d)

9 Wie der Umwandlungsplan (Art. 60 lit. c) muss auch der Umwandlungsbericht Angaben über die Anteils- oder Mitgliedschaftsrechte enthalten, die den Gesellschaftern nach der Umwandlung zustehen. Um den Vorgaben von Art. 56 Rechnung zu tragen, muss der Umwandlungsbericht transparent und einfach nachvollziehbar darlegen, auf welcher Grundlage das «Umtauschverhältnis» für die Anteils- oder Mitgliedschaftsrechte festgelegt wurde und wie die anteilsmässigen Berechtigungen der Gesellschafter berechnet wurden. Ausserdem hat der Bericht offenzulegen und näher zu begründen, wie und inwiefern die Rechtsstellung der Gesellschafter nach der Umwandlung erhalten bleibt (Botschaft, 4455). Der Bericht muss schliesslich den Gesellschaftern hinreichend Informationen vermitteln, damit diese gestützt auf dem Bericht selbst beurteilen können, ob ihre Rechtsstellung unter Beachtung der Vorgaben von Art. 56 angemessen gewahrt ist bzw. ob und in welchem Umfang ihre Rechtsstellung mit derjenigen vor der Umwandlung vergleichbar ist. Unter diesem Blickwinkel muss der Umwandlungsbericht einem Gesellschafter schliesslich auch die Beurteilung erlauben, ob er gestützt auf Art. 105 einen Anspruch auf eine Ausgleichszahlung hat bzw. beim Gericht die Festsetzung einer angemessenen Ausgleichszahlung verlangen soll (vgl. auch ZK-KONKOLY, N 24). Abzulehnen ist m.E. die Forderung von KONKOLY (ZK-KONKOLY, N 24), dass bei einer ausnahmsweisen Veränderung der Anteile auf die Klagemöglichkeit gemäss Art. 105 hingewiesen werden soll; hierfür findet sich weder im Gesetzeswortlaut noch in den Materialien eine Stütze.

e) Nachschuss- und andere persönliche Leistungspflichten und die persönliche Haftung (lit. e)

10 Soweit sich aus der Umwandlung neu Nachschusspflichten oder andere persönliche Leistungspflichten bzw. persönliche Haftungen ergeben (so z.B. bei der Umwandlung in eine GmbH aus Art. 777 Ziff. 2 OR oder bei der Umwandlung in eine Genossenschaft aus Art. 869 bzw. 871 OR), ist dies im Umwandlungsbericht darzulegen. Der Schutzzweck dieser Bestimmung ruft danach, dass sich das oberste Leitungs- oder Verwaltungsorgan sehr ausführlich über die Begründung und die Konsequenzen der Einführung neuer persönlicher Leistungspflichten bzw. einer persönlichen Haftung zu äussern hat; insbesondere ist m.E. auch darzulegen, weshalb nicht auf solche persönlichen Leistungspflichten oder eine persönliche Haftung verzichtet werden soll bzw. kann. Die Ge-

f) Pflichten in der neuen Rechtsform (lit. f)

Der Bericht muss sich sodann über diejenigen Pflichten aussprechen, die zwar nicht unmittelbar aus der Umwandlung resultieren, die aber «der neuen Rechtsform inhärent» sind (Botschaft, 4455). Insbesondere muss sich der Bericht darüber aussprechen, ob im Rahmen der neuen Rechtsform anders als bisher, später persönliche Pflichten der Gesellschafter eingeführt werden können; zu denken ist hier z.B. an die Einführung einer statutarischen Nachschusspflicht der Genossenschafter nach einer Umwandlung in eine Genossenschaft (vgl. Art. 871 OR).

IV. Verzicht

Wie beim Fusionsbericht (Art. 14 Abs. 2) und beim Spaltungsbericht (Art. 39 Abs. 2) dispensiert Abs. 2 kleine und mittlere Unternehmen i.S.v. Art. 2 lit. e (zum Begriff s. Art. 2 N 19 ff.) von der Pflicht, einen Umwandlungsbericht zu erstellen, sofern **alle Gesellschafter zustimmen**. Die Gültigkeit eines solchen Verzichts erfordert entweder die Abgabe schriftlicher, unterzeichneter Verzichtserklärungen durch sämtliche Gesellschafter (vgl. Handkommentar FusG-GIGER, N 3), die statuten- bzw. reglementskonforme Protokollierung eines Beschlusses, welcher anlässlich einer Universalversammlung einstimmig gefällt wurde, oder einen Feststellungsbeschluss des obersten Leitungs- oder Verwaltungsorgans, welcher bestätigt, dass sämtliche Gesellschafter auf einen Bericht verzichtet haben (vgl. auch HRegV Art. 107 Abs. 2 lit. b). Sodann ist m.E. zu fordern, dass diese Verzichtserklärung bzw. dieser Beschluss in Bezug auf die *konkret* beantragte Umwandlung zu formulieren und *zeitnah* zum Umwandlungsbeschluss gemäss Art. 64 abzugeben bzw. zu fällen ist. Ein allgemeiner, in die Zukunft gerichteter und damit lediglich auf «Vorrat» gefällter Verzichtsbeschluss dürfte diesem Erfordernis ebenso wenig genügen wie z.B. eine in den Statuten der umzuwandelnden Gesellschaft enthaltene Bestimmung, wonach bei einer allfälligen zukünftigen Umwandlung kein Umwandlungsbericht erstellt werden müsste (vgl. auch Handkommentar FusG-COMBŒUF, Art. 14 N 35 und BSK OR II-WEBER, Art. 697 N 3).

Verzichten sämtliche Gesellschafter auf die Vorlage eines Umwandlungsberichtes, reduziert sich die Prüfungspflicht gemäss Art. 62 sowie das Einsichtsrecht gemäss Art. 63 entsprechend. Bei einem solchen Vorgehen nimmt das oberste Leitungs- oder Verwaltungsorgan zur Einhaltung der Gründungsvorschriften keine Stellung, und der Prüfer gemäss Art. 62 kann die Einhaltung dieser Bestimmungen nicht prüfen. Teilweise wird gefordert, dass bei einem Verzicht auf einen Umwandlungsbericht sämtliche Vorschriften über den Gründungsbericht und die Gründungsprüfung unter Einschluss der Bestimmungen über Sacheinlagen zur Anwendung gelangen sollen (so Handkommentar FusG-GIGER, Art. 62 N 11; VON DER CRONE ET AL., Rz 748; anscheinend auch BÖCKLI, Aktienrecht, § 3 Rz 363 i.V.m. § 3 Rz 243). Es war aber gerade das Ziel des Gesetzgebers, die Umstrukturierung von KMU zu erleichtern, auch um den Preis allfälliger negativer Auswirkungen auf den Gläubigerschutz (explizit Votum Ständerat STUDER, AmtlBull StR 2001, 148). Diese bewusste Wertung des Gesetzgebers ist zu akzeptieren und vor dem Hintergrund der schwindenden Bedeutung des Kapitalschutzgedankens auch vertretbar (gl.M. KÜHNI, Art. 14 N 8 ff. mit ausführl. Begründung; GERICKE, Art. 57 N 10; WAMISTER, 72).

Art. 62

Prüfung des Umwandlungsplans und des Umwandlungsberichts

¹ Die Gesellschaft muss den Umwandlungsplan, den Umwandlungsbericht und die der Umwandlung zu Grunde liegende Bilanz von einer besonders befähigten Revisorin oder von einem besonders befähigten Revisor prüfen lassen.

² Kleine und mittlere Unternehmen können auf die Prüfung verzichten, sofern alle Gesellschafterinnen und Gesellschafter zustimmen.

³ Die Gesellschaft muss der Revisorin oder dem Revisor alle zweckdienlichen Auskünfte und Unterlagen geben.

⁴ Die Revisorin oder der Revisor muss prüfen, ob die Voraussetzungen für die Umwandlung erfüllt sind, insbesondere, ob die Rechtsstellung der Gesellschafterinnen und Gesellschafter nach der Umwandlung gewahrt bleibt.

Vérification du projet de transformation et du rapport de transformation

¹ La société doit faire vérifier le projet de transformation, le rapport de transformation et le bilan sur lequel se base la transformation par un réviseur particulièrement qualifié.

² Les petites et moyennes entreprises peuvent renoncer à la vérification moyennant l'approbation de tous les associés.

³ La société fournit tous les renseignements et documents utiles au réviseur.

⁴ Le réviseur vérifie si les conditions de la transformation sont remplies, en particulier si le statut juridique des associés sera maintenu après la transformation.

Verifica del progetto e del rapporto di trasformazione

¹ La società deve far verificare il progetto di trasformazione, il rapporto di trasformazione e il bilancio su cui poggia la trasformazione da un revisore particolarmente qualificato.

² Le piccole e medie imprese possono rinunciare alla verifica previo consenso di tutti i soci.

³ La società deve fornire al revisore tutte le informazioni e i documenti utili.

⁴ Il revisore deve verificare se le condizioni di trasformazione sono adempiute, in particolare se, nell'ambito della trasformazione, è salvaguardato lo statuto giuridico dei soci.

Literatur

C. MEIER-SCHATZ, Einführung in das neue Fusionsgesetz, AJP 2002, 514 ff.

I. Normzweck

1 Wie bei der Fusion (Art. 15) und bei der Spaltung (Art. 40) muss die Gesellschaft die Unterlagen, die der Umwandlung zugrunde liegen, durch einen besonders befähigten Revisor prüfen lassen. Im Gegensatz zur Spaltung verweist indessen Art. 62 für die Umwandlungsprüfung nicht auf die Regelung von Art. 15 betreffend die Fusionsprüfung, sondern regelt die Materie autonom (ZWICKER, Prüfung, 173; anscheinend **a.M.** ZK-KONKOLY, Rz 1).

Die Umwandlungsprüfung dient primär dem **Schutz der Gesellschafter**, wie aus Abs. 4 ersichtlich wird (vgl. dazu auch N 9). Abzulehnen ist dagegen die von GIGER (Handkommentar FusG, Art. 62 N 1) geäusserte Meinung, der Umwandlungsprüfung komme «überdies Gläubigerschutzfunktion» zu: Weder Wortlaut noch Materialien lassen eine solche Ausdehnung des Schutzbereiches von Art. 62 zu (gl.M. VON DER CRONE ET AL., Rz 722). Ausserdem ist mit einem Rechtsformwechsel kein Schuldnerwechsel und auch keine Veränderung im Aktiven- und Passivenbestand der Gesellschaft verbunden. Wie u.a. ein Vergleich der Berichtskataloge in Art. 15, 39 und 61 zeigt, verzichtete der Gesetzgeber bei dieser Transaktionsform deshalb explizit auf die Anwendung von Gläubigerschutzregeln (vgl. Art. 61 N 5; siehe auch MEIER-SCHATZ, AJP 2002, 524 und 526 f.).

Der Prüfung des Umwandlungsplans und des Umwandlungsberichtes kommt **präventive Schutzfunktion** zugunsten der Gesellschafter zu, so dass diese nicht ausschliesslich auf die repressiven Massnahmen gemäss Art. 105 ff. angewiesen sind (Handkommentar FusG-GIGER, N 1). Durch diese Prüfung soll u.a. auch sichergestellt werden, dass die Voraussetzungen für die Umwandlung und somit u.a. auch die Einhaltung der Gründungsvorschriften gemäss Art. 57 gewährleistet sind (BOTSCHAFT, 4456; VON DER CRONE ET AL., Rz 737; vgl. dazu auch N 15).

II. Umwandlungsprüfer

Umwandlungsplan, Umwandlungsbericht und die der Umwandlung zugrunde liegende Bilanz sind von einem besonders befähigten Revisor zu prüfen. Der Revisor gemäss Art. 62 ist nicht automatisch identisch mit der Revisionsstelle gemäss Art. 727 ff. OR: Der Revisor, welcher als Umwandlungsprüfer amtieren soll, ist nämlich gemäss gesetzgeberischer Absicht nicht von der Generalversammlung, sondern **ausschliesslich vom obersten Leitungs- oder Verwaltungsorgan der Gesellschaft zu ernennen** (BOTSCHAFT, 4455; gl.M. ZWICKER, Prüfung, 159; ZK-KONKOLY, N 2; unklar dagegen Handkommentar FusG-GIGER, N 2, nach welchem der Umwandlungsprüfer wohl *auch* von der Generalversammlung gewählt werden könnte).

Voraussetzung für die Wahl als Umwandlungsprüfer ist, dass der Revisor eine **besondere Befähigung** aufweist. Bezüglich dieser besonderen Befähigung kann nach dem Willen des Gesetzgebers direkt auf Art. 727b OR sowie auf die Verordnung vom 15.6.1992 über die fachlichen Anforderungen an besonders befähigte Revisoren verwiesen werden (BOTSCHAFT, 4455). Gemäss der Botschaft sollen überdies die gleichen Unabhängigkeitsvorschriften wie für die Revisionsstelle zur Anwendung gelangen (Art. 727c OR), wenngleich nur per analogiam (Botschaft, 4455; vgl. auch die Revision von Art. 727c Abs. 1 OR im Zuge des Fusionsgesetzes).

Weder Aktienrecht noch Fusionsgesetz verlangen, dass der Umwandlungsprüfer mit der Revisionsstelle identisch ist. Vielmehr mögen im konkreten Fall Umstände vorliegen, die es als ratsam erscheinen lassen, dass das oberste Leitungs- oder Verwaltungsorgan der Gesellschaft einen von der Revisionsstelle unabhängigen, besonders befähigten Revisor mit der Umwandlungsprüfung gemäss Art. 62 betraut. Dadurch, dass die Wahlkompetenz des Umwandlungsprüfers nicht bei der Generalversammlung, sondern beim obersten Leitungs- oder Verwaltungsorgan der Gesellschaft liegt, ist entsprechende Flexibilität vorhanden.

Die Verantwortlichkeit des Umwandlungsprüfers nach Art. 108 Abs. 2 ist weitgehend identisch mit der aktienrechtlichen Verantwortlichkeit der Revisionsstelle nach Art. 755 OR (vgl. Art. 108 N 2).

III. Objekt, Ziel und Inhalt der Prüfung

8 Während der Randtitel von Art. 62 nur von der **Prüfung des Umwandlungsplans** und **des Umwandlungsberichtes** spricht, ergibt sich aus Abs. 1, dass auch die der Umwandlung zugrunde liegende Bilanz zu prüfen ist (vgl. dazu aber unten N 11). Die Pflicht zur Vorlage einer solchen **Umwandlungsbilanz** ergibt sich ausschliesslich aus Art. 58 und ist wohl primär damit zu rechtfertigen, dass sich aus der Umwandlung der Rechtsform Bilanzanpassungen ergeben können (z.B. infolge der Schaffung von Aktienkapital bei einer Umwandlung einer Genossenschaft in eine Aktiengesellschaft; ZWICKER, Prüfung, 174) und deshalb eine Eröffnungsbilanz erforderlich ist (BÖCKLI, Aktienrecht, § 3 Rz 359; vgl. ausführlich zur Umwandlungsbilanz Komm. zu Art. 58). Verzichten die Gesellschafter auf die Vorlage eines Umwandlungsberichtes, nicht aber auf die Prüfung gemäss Art. 62, erstreckt sich die Prüfungspflicht naturgemäss lediglich auf den Umwandlungsplan und die Umwandlungsbilanz.

9 **Prüfungsziel** ist es, ein ordnungsgemässes Umwandlungsverfahren zu sichern. So sind gestützt auf Abs. 1 die transaktionsspezifischen Dokumente auf Vollständigkeit und Richtigkeit zu prüfen. Kernstück der inhaltlichen Prüfung ist nach Abs. 4, ob die materiellen Voraussetzungen für die Umwandlung erfüllt sind, namentlich ob die Rechtsstellung der Gesellschafter nach der Umwandlung gewahrt bleibt. Somit ist in erster Linie zu prüfen, ob die in Art. 56 vorgesehene Wahrung der Anteils- und Mitgliedschaftsrechte der Gesellschafter gewährleistet ist (vgl. ausführlich dazu Art. 56 N 7 ff.). Überdies ist aber auch zu prüfen, ob die in Art. 57 enthaltenen Vorschriften in Bezug auf die Gründung der Gesellschaft eingehalten sind (BOTSCHAFT, 4456; VON DER CRONE ET AL., Rz 737) und ob überhaupt eine zulässige Umwandlung gemäss Art. 54 vorliegt (Handkommentar FusG-GIGER, N 8).

10 **Inhalt der Prüfung** gemäss Art. 62 ist somit eine **Kombination von rechtlichen und betriebswirtschaftlichen Anforderungen bzw. Vorgängen**. Hat sich der Gesetzgeber ausdrücklich (und trotz erheblicher Kritik; siehe MEIER-SCHATZ, Fusionsgesetz, 23 ff.) für die Prüfung sämtlicher dieser Aspekte durch einen besonders befähigten Revisor entschieden, so kann der Meinung von ZWICKER (Prüfung, 174 f.) nicht gefolgt werden, dass sich der Revisor unter Art. 62 auf die Prüfung von Bewertungsfragen beschränken dürfe. Ähnlich wie bei der Fusionsprüfung gemäss Art. 15 oder der Abgabe einer Prüfungsbestätigung gemäss Art. 653f OR hat auch der Umwandlungsprüfer rechtliche Aspekte in seine Prüfung miteinzubeziehen. Ebenfalls nicht zugestimmt werden kann ZWICKER (Prüfung, 175), dass der Pflichtinhalt der Prüfung in Abs. 4 abschliessend umschrieben sei. Im Gegensatz zu ZWICKER und denjenigen Lehrmeinungen zur Fusionsprüfung, welche ebenfalls für einen sehr beschränkten Prüfungsinhalt votieren (vgl. VON SALIS-LÜTOLF, 105; KÜHNI, Art. 15 N 22 ff.), ist m.E. darauf abzustellen, dass es sich bei der Umwandlung um eine Umstrukturierung mit unilateralem Charakter handelt, bei welcher das Schutzbedürfnis der Gesellschafter höher ist als bei bilateralen Sachverhalten, da bei letzteren ein natürlicher Schutzmechanismus in den Interessenvertretungen der beteiligten Parteien besteht. Wie bereits in N 9 dargelegt, ist im Rahmen von Abs. 4 primär auf Art. 56 und 57 zu verweisen, doch muss sich die Prüfung nach der hier vertretenen Meinung auf alle Aspekte erstrecken, die im Umwandlungsplan und Umwandlungsbericht enthalten sind; der konkrete Prüfungsrahmen und damit auch die Prüfungsintensität hängen somit vom Inhalt des Umwandlungsplans bzw. Umwandlungsberichts ab.

11 Die Umwandlungsprüfung kann aber nicht dazu führen, dass die **Umwandlungsbilanz** einer eigentlichen Prüfung im Sinne der Überprüfung der Einhaltung der anwendbaren

Buchführungs- und Rechnungslegungsvorschriften (siehe z.B. Art. 728–729a OR) unterzogen werden muss. Bereits aus Art. 58 folgt, dass die Erstellung einer separaten Zwischenbilanz für die Zwecke der Umwandlung nur dann erforderlich ist, wenn der Bilanzstichtag zum Zeitpunkt der Erstattung des Umwandlungsberichts mehr als sechs Monate zurückliegt oder seit dem Abschluss der letzten Bilanz wichtige Änderungen eingetreten sind, und dass für die Erstellung der Zwischenbilanz keine «körperliche Bestandesaufnahme» notwendig ist. Daher muss sich die Prüfung dieser Umwandlungsbilanz m.E. darauf beschränken, ob die Bilanz den für die neue Rechtsform geltenden gesetzlichen Form- und Gliederungsvorschriften entspricht (anscheinend **a.A.** Handkommentar FusG-RIMLE, Art. 58 N 7; unklar ZWICKER, Prüfung, 175).

Eine Selbstverständlichkeit ordnet Abs. 3 an, nämlich das **Auskunftsrecht** des Umwandlungsprüfers gegenüber der Gesellschaft. Im Rahmen seiner Prüfung wird der Umwandlungsprüfer dieses Auskunftsrecht vor allem dann in Anspruch nehmen, wenn gewisse Erläuterungen im Umwandlungsbericht unklar oder unvollständig sind. 12

Trotz der umfassenden Prüfungspflicht kann es schliesslich nicht angehen, dass der Umwandlungsprüfer sein Ermessen hinsichtlich der konkreten Ausgestaltung des Umwandlungsberichts an die Stelle des obersten Leitungs- oder Verwaltungsorgans setzt. Der Umwandlungsprüfer hat zu prüfen, ob die transaktionsspezifischen Dokumente **vollständig** sind, ob die darin enthaltenen **Aussagen mit der Wirklichkeit übereinstimmen** und ob die **gesetzlichen Minimalanforderungen** an die Umwandlung **eingehalten** sind. Gegebenenfalls wird er auch zu prüfen haben, ob zufolge des Eintritts wesentlicher Veränderungen in der Vermögenslage der Gesellschaft eine Zwischenbilanz gemäss Art. 58 Abs. 1 zu erstellen ist. Sämtliche darüber hinausgehenden Wertungen hat der Umwandlungsprüfer zu unterlassen. Soweit alle geforderten Ausführungen bzw. Informationen in den geprüften Dokumenten in vertretbarer Weise enthalten sind, hat er sein Testat im Prüfungsbericht abzugeben. 13

IV. Prüfungsbericht

Obschon in Art. 62 nicht explizit verlangt, muss das Resultat der Prüfung durch den Umwandlungsprüfer in einem schriftlichen Prüfungsbericht erstattet werden; ableiten lässt sich das Schriftformerfordernis direkt aus der Auflagepflicht gemäss Art. 63 Abs. 1 lit. c. Während sich der Inhalt des **Prüfungsberichts** weitgehend aus der Form und dem Inhalt des Umwandlungsplans, des Umwandlungsberichts und der Umwandlungsbilanz ergibt, sind an die äussere Form des Prüfungsberichts keine weiteren Voraussetzungen gestellt; diesbezüglich kann auf die Kommentierung zum Fusionsprüfungsbericht in Art. 15 verwiesen werden (Art. 15 N 27 ff.). 14

V. Verzicht

Gemäss Abs. 2 können kleine und mittlere Unternehmungen auf eine Prüfung der Umwandlungsdokumente verzichten, sofern alle Gesellschafter zustimmen. Für die Formerfordernisse dieser Verzichtserklärung siehe Art. 61 N 12. 15

Zu beachten ist, dass ein Verzicht auf die Erstellung eines Umwandlungsberichts noch nicht gleichzusetzen ist mit dem Verzicht auf eine Prüfung gemäss Art. 62 überhaupt; die Prüfung gemäss Art. 62 bezieht sich nämlich nicht nur auf den Umwandlungsbericht, sondern auch auf den Umwandlungsplan und die Umwandlungsbilanz. Dementsprechend haben die Gesellschafter, welche integral auf die Erstellung eines Umwandlungsberichts und/oder generell auf die Vornahme einer Prüfung verzichten wollen, die 16

Verzichtserklärung explizit auch auf die Prüfung gemäss Art. 62 auszudehnen und nicht nur auf die Prüfung des Umwandlungsberichts.

17 Die Möglichkeit eines vollständigen Verzichts auf die Umwandlungsprüfung bringt mit sich, dass überhaupt keine Gründungsprüfung durchgeführt wird bzw. dass keine Rechenschaft über die Einhaltung der Gründungsvorschriften gemäss Art. 57 abgelegt werden muss. Dies ist als bewusster Entscheid des Gesetzgebers so zu akzeptieren (vgl. Art. 61 N 13).

Art. 63

Einsichtsrecht	[1] Die Gesellschaft muss an ihrem Sitz den Gesellschafterinnen und Gesellschaftern während der 30 Tage vor der Beschlussfassung Einsicht in folgende Unterlagen gewähren: a. den Umwandlungsplan; b. den Umwandlungsbericht; c. den Prüfungsbericht; d. die Jahresrechnungen und Jahresberichte der letzten drei Geschäftsjahre sowie gegebenenfalls die Zwischenbilanz. [2] Kleine und mittlere Unternehmen können auf das Einsichtsverfahren nach Absatz 1 verzichten, sofern alle Gesellschafterinnen und Gesellschafter zustimmen. [3] Die Gesellschafterinnen und Gesellschafter können von der Gesellschaft Kopien der Unterlagen nach Absatz 1 verlangen. Diese müssen ihnen unentgeltlich zur Verfügung gestellt werden. [4] Die Gesellschaft muss die Gesellschafterinnen und Gesellschafter in geeigneter Form auf die Möglichkeit zur Einsichtnahme hinweisen.
Droit de consultation	[1] La société donne la possibilité aux associés, pendant les 30 jours qui précèdent la décision, de consulter à son siège les documents suivants: a. le projet de transformation; b. le rapport de transformation; c. le rapport de révision; d. les comptes annuels et les rapports annuels des trois derniers exercices ainsi que, le cas échéant, le bilan intermédiaire. [2] Les petites et moyennes entreprises peuvent renoncer à la procédure de consultation prévue à l'al. 1 moyennant l'approbation de tous les associés. [3] Les associés peuvent exiger de la société des copies des documents énumérés à l'al. 1. Celles-ci doivent être mises à leur disposition gratuitement. [4] La société informe les associés de manière appropriée de leur possibilité d'exercer leur droit de consultation.
Diritto di consultazione	[1] Durante i 30 giorni precedenti la decisione, la società deve garantire ai soci, presso la sua sede, la consultazione dei documenti seguenti: a. il progetto di trasformazione; b. il rapporto di trasformazione; c. la relazione di revisione; d. i conti annuali e i rapporti annuali relativi agli ultimi tre esercizi contabili nonché, se del caso, il bilancio intermedio.

² Le piccole e medie imprese possono rinunciare alla procedura di consultazione di cui al capoverso 1 previo consenso di tutti i soci.

³ I soci possono chiedere alla società copie dei documenti enumerati nel capoverso 1. Tali copie vanno messe gratuitamente a loro disposizione.

⁴ La società deve informare in modo appropriato i soci circa il diritto di consultazione.

I. Normzweck

Das Einsichtsrecht gemäss Art. 63 dient der innergesellschaftlichen Transparenz im Rahmen des Umwandlungsverfahrens. Die zuhanden der Gesellschafter zu erstellenden Dokumente, welche Grundlage des Umwandlungsbeschlusses gemäss Art. 64 bilden, sollen den Gesellschaftern zur Einsicht und damit auch zur Prüfung zugänglich gemacht werden. In Analogie zur fusionsrechtlichen Referenznorm von Art. 16 sind Umwandlungsplan, Umwandlungsbericht, Prüfungsbericht, Jahresrechnungen und Jahresberichte der letzten drei Geschäftsjahre sowie gegebenenfalls die Umwandlungszwischenbilanz am Sitz der Gesellschaft zur Einsicht aufzulegen. Weil im Rahmen des Umwandlungsverfahrens auf die Anwendung expliziter Gläubigerschutzregeln verzichtet werden konnte (vgl. Art. 62 N 2), steht das Einsichtsrecht gemäss Art. 63 anders als bei der Spaltung (s. Art. 41 Abs. 4) nur den Gesellschaftern zu, nicht aber den Gläubigern.

II. Das Einsichtsrecht

Analog der fusionsrechtlichen Regelung (Art. 16) sowie analog der Regelung von Art. 696 Abs. 1 OR betreffend Bekanntgabe des Geschäftsberichtes wird in Art. 63 angeordnet, dass die in Abs. 1 genannten Dokumente am Sitz der Gesellschaft während 30 Tagen vor der Beschlussfassung zur Einsicht aufliegen müssen. Das Gesetz verlangt somit nicht die Zustellung der Beschlussunterlagen an die Gesellschafter, sondern nur den Zugang zu diesen Unterlagen. Immerhin sind die Gesellschafter gemäss Abs. 4 in geeigneter Form auf die Möglichkeit zur Einsichtnahme aufmerksam zu machen. Interessant ist indessen, dass anders als bei der Spaltung (vgl. Art. 41 Abs. 4), aber doch gleich wie bei der Fusion (Art. 16 Abs. 4), nicht zwingend eine Publikation im Schweizerischen Handelsamtsblatt vorgesehen ist. Die Publikation der Möglichkeit zur Einsichtnahme in die Umwandlungsdokumente hat in Übereinstimmung mit den statutarischen Bestimmungen über Mitteilungen an die Gesellschafter zu erfolgen (vgl. Botschaft, 4457 i.V.m. 4416).

Die Umwandlungsdokumente müssen während 30 Tagen vor der Beschlussfassung zur Einsicht aufliegen. Bei der Fristberechnung sind, analog der Einberufungsfrist für die Generalversammlung von Art. 700 Abs. 1 OR bzw. der Frist für die Auflage des Geschäftsberichtes vor der Generalversammlung von Art. 696 Abs. 1 OR, der Tag der Publikation des Inserats sowie der Tag der Generalversammlung nicht zu berücksichtigen (so auch Handkommentar FusG-COMBŒUF, Art. 16 N 9; BSK OR II-DUBS/TRUFFER, Art. 700, N 4 f.).

In Analogie zur Rechtslage betreffend Versendung des Geschäftsberichtes gemäss Art. 696 Abs. 1 OR ordnet Abs. 3 von Art. 63 an, dass die Gesellschafter die unentgeltliche Ausfertigung und Zustellung von Kopien verlangen können. Der zweite Satz von Abs. 3 spricht zwar nur davon, dass die Unterlagen unentgeltlich «zur Verfügung gestellt werden müssen», doch ist davon auszugehen, dass auch der *Versand* der Unterlagen kostenlos zu erfolgen hat, dies wiederum in Analogie zur Rechtslage betreffend Versendung der Geschäftsberichte (s.a. BSK OR II-WEBER, Art. 696 N 8; Handkommentar FusG-COMBŒUF, Art. 16 N 10; ZK-KONKOLY, Rz 6).

III. Verzicht

5 Wie auf die Erstellung des Umwandlungsberichtes (Art. 61 Abs. 2) bzw. die Prüfung der Umwandlungsdokumente (Art. 62 Abs. 2) können gemäss Abs. 2 kleine und mittlere Unternehmen auch auf die Durchführung des Einsichtsverfahrens verzichten, sofern die Zustimmung aller Gesellschafter vorliegt. Für die Formerfordernisse dieser Verzichtserklärung siehe Art. 61 N 12.

IV. Mängel des Einsichtsverfahrens

6 Wird das Einsichtsrecht nicht oder nur mangelhaft gewährt (z.B. nicht während den vorgeschriebenen 30 Tagen vor der Beschlussfassung oder durch Auflage nur eines Teils der in Art. 63 Abs. 1 genannten Dokumente), führt dies zur Anfechtbarkeit des Umwandlungsbeschlusses gemäss Art. 106.

Fünfter Abschnitt: Umwandlungsbeschluss und Eintragung ins Handelsregister

Art. 64

Umwandlungsbeschluss

¹ Bei den Kapitalgesellschaften, den Genossenschaften und den Vereinen muss das oberste Leitungs- oder Verwaltungsorgan den Umwandlungsplan der Generalversammlung zur Beschlussfassung unterbreiten. Folgende Mehrheiten sind erforderlich:

a. bei Aktiengesellschaften und Kommanditaktiengesellschaften mindestens zwei Drittel der an der Generalversammlung vertretenen Aktienstimmen und die absolute Mehrheit des von ihnen vertretenen Aktiennennwerts; werden bei der Umwandlung in eine Gesellschaft mit beschränkter Haftung eine Nachschusspflicht oder andere persönliche Leistungspflichten eingeführt, die Zustimmung aller Aktionärinnen und Aktionäre, die davon betroffen werden;

b. bei der Umwandlung einer Kapitalgesellschaft in eine Genossenschaft die Zustimmung aller Gesellschafterinnen und Gesellschafter;

c. bei Gesellschaften mit beschränkter Haftung mindestens drei Viertel aller Gesellschafterinnen und Gesellschafter, die zudem mindestens drei Viertel des Stammkapitals vertreten;

d. bei Genossenschaften mindestens zwei Drittel der abgegebenen Stimmen oder, wenn eine Nachschusspflicht, andere persönliche Leistungspflichten oder die persönliche Haftung eingeführt oder erweitert werden, mindestens drei Viertel aller Genossenschafterinnen und Genossenschafter;

e. bei Vereinen mindestens drei Viertel der an der Generalversammlung anwesenden Mitglieder.

5. Abschnitt: Umwandlungsbeschluss ... Art. 64

² **Bei Kollektiv- und bei Kommanditgesellschaften bedarf der Umwandlungsplan der Zustimmung aller Gesellschafterinnen und Gesellschafter. Der Gesellschaftsvertrag kann jedoch vorsehen, dass die Zustimmung von drei Vierteln der Gesellschafterinnen und Gesellschafter genügt.**

Décision de transformation

¹ Pour les sociétés de capitaux, les sociétés coopératives et les associations, l'organe supérieur de direction ou d'administration soumet le projet de transformation à l'approbation de l'assemblée générale. Les majorités suivantes sont requises:

a. pour les sociétés anonymes et les sociétés en commandite par actions, au moins deux tiers des voix attribuées aux actions représentées à l'assemblée générale et la majorité absolue des valeurs nominales des actions représentées; si une obligation de faire des versements supplémentaires ou de fournir d'autres prestations personnelles est introduite suite à la transformation de la société en une société à responsabilité limitée, l'approbation des actionnaires concernés par celle-ci;

b. en cas de transformation d'une société de capitaux en une société coopérative, l'approbation de tous les associés;

c. pour les sociétés à responsabilité limitée, au moins trois quarts de tous les associés, lesquels doivent représenter au moins trois quarts du capital social;

d. pour les sociétés coopératives, au moins deux tiers des voix émises, ou, en cas d'introduction ou d'extension d'une obligation de faire des versements supplémentaires, d'une obligation de fournir d'autres prestations personnelles ou de la responsabilité personnelle, au moins trois quarts de tous les coopérateurs;

e. pour les associations, au moins trois quarts des membres présents à l'assemblée générale.

² Pour les sociétés en nom collectif et les sociétés en commandite, le projet de transformation est soumis à l'approbation de tous les associés. Le contrat de société peut cependant prévoir que l'approbation de trois quarts de tous les associés suffit.

Decisione di trasformazione

¹ L'organo superiore di direzione o di amministrazione delle società di capitali, delle società cooperative e delle associazioni deve sottoporre il progetto di trasformazione all'assemblea generale per decisione. Occorrono le seguenti maggioranze:

a. per le società anonime e le società in accomandita per azioni, almeno due terzi dei voti attribuiti alle azioni rappresentate all'assemblea generale e la maggioranza assoluta dei valori nominali delle azioni rappresentate; se, a seguito della trasformazione della società in una società a garanzia limitata, è introdotto l'obbligo di effettuare versamenti suppletivi o di fornire altre prestazioni personali, occorre l'approvazione di tutti i soci che ne sono interessati;

b. in caso di trasformazione di una società di capitali in una società cooperativa, l'approvazione di tutti i soci;

c. per le società a garanzia limitata, almeno tre quarti dei soci, rappresentanti almeno tre quarti del capitale sociale;

d. per le società cooperative, almeno due terzi dei voti emessi o, in caso di introduzione o di estensione dell'obbligo di effettuare versamenti suppletivi, dell'obbligo di fornire altre prestazioni personali oppure delle responsabilità personali, almeno tre quarti dei soci;

e. per le associazioni, almeno tre quarti dei membri presenti all'assemblea generale.

² Nelle società in nome collettivo o in accomandita, il progetto di trasformazione dev'essere approvato da tutti i soci. Il contratto di società può tuttavia prevedere che sia sufficiente l'approvazione di almeno tre quarti dei soci.

Literatur

R. BÄR, Die Kognition des Handelsregisterführers, REPRAX 1/2000, 53 ff.; C. BLÄSI, Der Vorentwurf zum Bundesgesetz über die Fusion, die Spaltung und die Umwandlung (Fusionsgesetz), JBHReg 1998, 99 ff.; C. BRÜCKNER, Schweizerisches Beurkundungsrecht, Zürich 1993; R. VON BÜREN, Der Vorentwurf zu einem BG über die Fusion, Spaltung und Umwandlung von Rechtsträgern (Fusionsgesetz) aus der Sicht des Gesellschaftsrechts, ZSR 1998 I, 299 ff.; J. DRUEY, Mängel des GV-Beschlusses, in: Druey/Forstmoser (Hrsg.), Rechtsfragen um die Generalversammlung, Zürich 1997, 131 ff.; P. FORSTMOSER, die Kognitionsbefugnis des Handelsregisterführers, REPRAX 2/1999, 1 ff.; M. HOPF, Desiderates und Randnotizen zum vorgeschlagenen Fusionsgesetz, ST 2001, 49 ff.; R. ISENSCHMID, Sinn und Zweck der öffentlichen Beurkundung, in: Schluep/Isler (Hrsg.), Neues zum Gesellschafts- und Wirtschaftsrecht, FS Forstmoser, Zürich 1993, 305 ff.; M. KUHN, Der Vorentwurf zum Fusionsgesetz beurteilt aus der Praxis, ZSR 1999 I 241 ff.; P. KUNZ, Der Minderheitenschutz im schweizerischen Aktienrecht, Bern 2001; DERS., Umwandlung und Vermögensübertragung im neuen schweizerischen Fusionsrecht – Blicke zurück und nach vorne, AJP 7/2004, 802 ff.; M. LANZ/O. TRIEBOLD, Der Rechtskleidwechsel eines Vereins in eine Aktiengesellschaft, SZW 2000, 57 ff.; C. MEISTERHANS, Prüfungspflicht und Kognitionsbefugnis der Handelsregisterbehörde, Diss. Zürich 1996 (zit. Prüfungspflicht); DERS., Der Vorentwurf zum Bundesgesetz über die Fusion, die Spaltung und die Umwandlung (Fusionsgesetz), JBHReg 1998, 79 ff.; K. REBSAMEN, Das Handelsregister, Zürich 1999; B. TANNER, Quoren für die Beschlussfassung in der Aktiengesellschaft, Diss. Zürich 1987; G. THOMI, Fusionsgesetz – Ausgewählte Fragen, in: Ruf/Pfäffli (Hrsg.), FS Verband bernischer Notare, Langenthal 2003, 443 ff.; H. VOGT, Der öffentliche Glaube des Handelsregisters, Diss. Zürich 2003; P. WAMISTER, Umwandlung von Gesellschaften, ZSR 2004 I 63 ff.; H. WOHLMANN, GmbH-Recht, Basel 1997; R. ZÄCH/P. SCHLEIFER, Statutarische qualifizierte Quoren, SZW 1992, 263 ff.; D. ZOBL, Die Umwandlung von Gesellschaften nach dem neuen FusG, SZW 2004, 169 ff.

I. Normzweck

1 Der Umwandlungsplan wird vom obersten Leitungs- oder Verwaltungsorgan vorbereitet, ist aber vom obersten Organ der Gesellschaft zu beschliessen. Art. 64 regelt, wer mit welchen Mehrheiten den Umwandlungsplan zu genehmigen hat. Abs. 1 regelt die Genehmigung des Umwandlungsplans bei Körperschaften und Abs. 2 bei Rechtsgemeinschaften, d.h. bei Gesellschaften ohne eigene Rechtspersönlichkeit (MEIER-HAYOZ/ FORSTMOSER, 54 ff.). Obwohl sich nach Art. 53 die Rechtsverhältnisse einer Gesellschaft bei der Umwandlung ihrer Rechtsform nicht ändern und kein Rechtsübergang auf einen neuen Rechtsträger kraft Universalsukzession stattfindet (Botschaft, 4458), kann die Rechtsstellung des einzelnen Gesellschafters durch eine Rechtsformumwandlung stark beeinträchtigt werden. Dies gilt insbesondere, wenn sich durch die Umwandlung der **Charakter der Gesellschaft** von einer kapitalbezogenen Gesellschaft zu einer personenbezogenen Gesellschaft wandelt und dem einzelnen Gesellschafter kraft der neuen Rechtsform persönliche Leistungspflichten, wie z.B. eine persönliche Haftung oder Nachschusspflicht, auferlegt werden. Um die einzelnen Gesellschafter vor einer unfreiwilligen Ausweitung ihrer Gesellschafterpflichten zu schützen, orientieren sich die Mehrheitserfordernisse in Art. 64 an den gesetzlichen Mehrheitserfordernissen für wichtige Beschlüsse (Botschaft, 4417 ff. und 4457) oder verlangen vereinzelt gar Einstimmigkeit.

2 In der **Vernehmlassung** zum Vorentwurf des Fusionsgesetzes haben verschiedene Gruppierungen das Einstimmigkeitserfordernis kritisiert (Vernehmlassungen, 289 ff.). Es wurde vorgebracht, das Einstimmigkeitserfordernis verunmögliche Kapitalgesellschaften mit einer breiten Gesellschafterbasis faktisch eine Umwandlung. Als Alternativen wurden hohe, aber nicht hundertprozentige, Mehrheitserfordernisse der anwesenden Gesellschafter sowie Austrittsrechte der nicht zustimmenden Gesellschafter oder gar Abfindungen vorgeschlagen. Trotz dieser Einwände ist der Text des Art. 64 beinahe un-

verändert in den Entwurf des Fusionsgesetzes eingeflossen. Die einzige Änderung erfuhr der Text in Abs. 1 lit. a i.f., wonach bei der Umwandlung einer Aktien- oder einer Kommanditaktiengesellschaft in eine GmbH nicht nur eine Nachschusspflicht, sondern auch andere persönliche Leistungspflichten die Zustimmung aller Aktionäre erfordert. Einschränkend wurde noch ergänzt, dass lediglich die betroffenen Aktionäre zustimmen müssen. Mit Ausnahme einer rein sprachlichen Textänderung in Abs. 1 lit. d wurde der Text des Art. 64 (Art. 79 VE FusG) unverändert in den definitiven Gesetzestext des Fusionsgesetzes übernommen.

II. Mehrheitserfordernisse bei Körperschaften (Abs. 1)

1. Allgemein

a) Körperschaften

Abs. 1 regelt die Genehmigungskompetenz und die Mehrheitserfordernisse bei Kapitalgesellschaften (gem. Definition in Art. 2 lit. c), Genossenschaften und Vereinen. Diesen Gesellschaftsformen ist gemeinsam, dass sie **Körperschaften** sind, d.h. Gesellschaftsformen mit eigener Rechtspersönlichkeit. Die Körperschaften handeln durch ihre Organe und treten im Rechtsverkehr selbständig als Träger von Rechten und Pflichten auf (MEIER-HAYOZ/FORSTMOSER, 40 ff.). Das Schweizer Gesellschaftsrecht kennt nach dem ihm zugrundeliegenden Numerus clausus insgesamt fünf körperschaftliche Gesellschaftsformen (BK-RIEMER, Syst. Teil zu Art. 52–59 ZGB N 10 ff.; MEIER-HAYOZ/FORSTMOSER, 52 und 277 ff.), die alle von Art. 64 umfasst sind.

b) Oberstes Leitungs- oder Verwaltungsorgan

Nach Art. 64 Abs. 1 muss das oberste Leitungs- oder Verwaltungsorgan den Umwandlungsplan der Generalversammlung zur Beschlussfassung unterbreiten. Das oberste Leitungs- oder Verwaltungsorgan ist denn auch verantwortlich für die Erstellung des Umwandlungsplans (Art. 59 Abs. 1) und für den Bericht über die Umwandlung (Art. 61 Abs. 1). Diese Kompetenzzuweisung an das oberste Leitungs- oder Verwaltungsorgan der Gesellschaft rechtfertigt sich durch die Tragweite der Umwandlung (Botschaft, 4457). Welches Organ das oberste Leitungs- oder Verwaltungsorgan ist, hängt von der jeweiligen Gesellschaftsform ab. In jedem Fall handelt es sich um das ausführende oder das **Exekutivorgan**, im Gegensatz zu den Organen der Willensbildung oder der Aufsicht (FORSTMOSER/MEIER-HAYOZ/NOBEL, 177 ff.).

c) Generalversammlung

Der Umwandlungsplan muss der Generalversammlung zur Beschlussfassung unterbreitet und von ihr genehmigt werden. Da eine Rechtsformumwandlung die Struktur der Gesellschaft und die Rechtsstellung der Gesellschafter in grundlegender Weise ändert, weist das FusG die Umwandlungskompetenz der Generalversammlung als dem **obersten Gesellschaftsorgan** zu (Botschaft 4417 und 4457). Die Legaldefinition in Art. 2 lit. h. legt fest, welches das oberste Gesellschaftsorgan bei den einzelnen Körperschaften ist.

d) Rechtsstellung und Interessen der Gesellschafter

Die einzelnen Körperschaften unterscheiden sich idealtypisch durch ihre Ausprägung als kapitalbezogene oder als personenbezogene Gesellschaftsformen (MEIER-HAYOZ/FORSTMOSER, 81 ff.). Diese Ausprägung beeinflusst die Rechtsstruktur der Gesellschaft direkt. Bei **kapitalbezogenen Gesellschaften** liegen die Mittel, mit denen der Gesellschaftszweck erreicht werden soll, in den Kapitalbeiträgen der Gesellschafter. Die Kapitalbeiträge sind zugleich Bemessungsgrundlage für die Mitgliedschaftsrechte und bestimmen das Mass der Haftung der Gesellschafter (MEIER-HAYOZ/FORSTMOSER, 82 ff.).

7 Bei **personenbezogenen Gesellschaften** wird der Gesellschaftszweck durch die Leistungen der Gesellschafter erreicht. Die Mitgliedschaftsrechte sind pro Kopf auf die Gesellschafter aufgeteilt und die Haftung ist regelmässig nicht auf die Kapitalbeteiligung beschränkt, sondern kann darüber hinausgehen oder gar unbeschränkt sein (z.B. Haftung des Komplementärs einer Kommanditaktiengesellschaft nach Art. 764 Abs. 1 OR). In Abhängigkeit zur Gesellschaftsform sind aber nicht nur die Rechte und Pflichten der Gesellschafter unterschiedlich, sondern auch die Interessen der Gesellschafter gegenüber der Gesellschaft. Ein Gesellschafter einer kapitalbezogenen Gesellschaft ist in der Regel einzig an der Rendite seiner Beteiligung interessiert, d.h. an der Gewinnstrebigkeit der Gesellschaft, und nicht am unmittelbaren wirtschaftlichen Zweck der Gesellschaft (MEIER-HAYOZ/FORSTMOSER, 103 f.). Ein Genossenschafter dagegen profitiert direkt vom unmittelbaren wirtschaftlichen Zweck der Genossenschaft, der in einer gemeinsamen Selbsthilfe besteht (Art. 828 Abs. 1 OR). Aufgrund der unterschiedlichen Rechtsstellungen und Interessen der Gesellschafter in den einzelnen Körperschaftsformen wird ersichtlich, dass eine Rechtsformumwandlung die Rechtsstellung eines Gesellschafters stark beeinträchtigen kann. Zum Schutz der Gesellschafter setzt Art. 64 qualifizierte Mehrheitserfordernisse fest, die bis hin zur Einstimmigkeit sämtlicher Gesellschafter gehen.

e) Einseitig zwingende Schutznorm

8 Die Mehrheitserfordernisse in Art. 64 Abs. 1 sind **einseitig zwingend**, d.h. sie können statutarisch erhöht, nicht aber herabgesetzt werden. Der einseitig zwingende Gehalt ergibt sich zwar nicht aus dem Wortlaut von Art. 64, jedoch aus dem Sinn und Zweck dieser Norm (BSK OR I-HUGUENIN, Art. 19/20 N 20). Art 64 ist eine **Schutznorm**, die dem Minderheitenschutz und teilweise dem Individualschutz dient. Zum Schutz der Privatautonomie will Art. 64 verhindern, dass den Gesellschaftern durch eine Rechtsformumwandlung Pflichten auferlegt werden können, mit denen sie im Rahmen der ursprünglichen Rechtsform der Gesellschaft nicht hätten rechnen müssen.

2. Aktiengesellschaft und Kommanditaktiengesellschaft (lit. a)

a) Oberstes Leitungs- oder Verwaltungsorgan

9 Das oberste Leitungs- oder Verwaltungsorgan einer Aktiengesellschaft ist der **Verwaltungsrat** (Art. 707 ff. OR). Bei einer Kommanditaktiengesellschaft wird das oberste Leitungs- oder Verwaltungsorgan aus den unbeschränkt und solidarisch haftenden Gesellschaftern bestellt (Art. 765 ff. OR). Diese Organe sind nach Art. 64 Abs. 1 lit. a berufen, den Umwandlungsplan der Generalversammlung der Aktionäre zur Genehmigung zu unterbreiten.

10 Der Verwaltungsrat ist für die Erstellung des Umwandlungsplans, für den Umwandlungsbericht und für die Unterbreitung des Plans an die Generalversammlung zur Genehmigung verantwortlich. Die entsprechenden Aufgaben sind unübertragbar und unentziehbar i.S.v. Art. 716a OR. Der Verwaltungsrat kann die **Vorbereitung** der entsprechenden Dokumente Ausschüssen oder einzelnen Mitgliedern delegieren, hat alsdann aber für eine angemessene Berichterstattung zu sorgen (Art. 716a Abs. 2 OR). Zulässig dürfte auch die Delegation der Vorbereitungsarbeiten an Dritte sein (dazu generell

BSK OR II-Watter, Art. 716a N 29). In jedem Fall bleibt aber der Gesamt-VR für den endgültigen Umwandlungsplan verantwortlich.

b) Doppeltes Quorum in der Generalversammlung

Die Generalversammlung der Aktionäre genehmigt den Umwandlungsplan, wenn mindestens zwei Drittel der an der Generalversammlung vertretenen Aktienstimmen und die absolute Mehrheit der von ihnen vertretenen Aktiennennwerte dem Antrag zur Genehmigung zustimmen (Abs. 1 lit. a). Dieses **doppelte Quorum** entspricht dem gesetzlichen Mehrheitserfordernis von Aktiengesellschaften und Kommanditaktiengesellschaften für wichtige Beschlüsse gem. Art. 704 OR (Botschaft 4417 und 4457; Böckli, Aktienrecht, § 12 Rz 361). Berechnungsgrundlage bilden die Aktienstimmen und die Aktiennennwerte, die in der Generalversammlung vertreten sind. Um die effektiv vertretenen Aktienstimmen und Aktiennennwerte im Verlauf einer Generalversammlung zu ermitteln, muss laufend kontrolliert werden, welche Aktionäre neu zur Versammlung hinzutreten oder den Versammlungsort verlassen (Böckli, Aktienrecht, § 12 Rz 357 f.; BSK OR II-Dubs/Truffer, Art. 704 N 5). Da die vertretenen Aktienstimmen und nicht die gültig abgegebenen Stimmen massgeblich sind, müssen Stimmenthaltungen, Leerstimmen oder ungültige Stimmen als Nein-Stimmen gezählt werden. Die Stimmrechte eigener Aktien der Gesellschaft ruhen gem. Art. 659a Abs. 1 OR und gelten als nicht vertreten (Böckli, Aktienrecht, § 12 Rz 355; BSK OR II-Dubs/Truffer, Art. 704 N 2).

Solange sich die Stimmrechte der Aktionäre nach den von ihnen vertretenen Aktiennennwerten bemessen, ist das absolute Mehr der Aktiennennwerte in jedem Fall erreicht, wenn zwei Drittel der vertretenen Aktienstimmen dem Genehmigungsantrag zustimmen. Die Doppelhürde des Stimm- und des Kapitalquorums stellt sich erst, wenn die Statuten **Höchststimmklauseln** (Art. 692 Abs. 2 Satz 2 OR) oder **Stimmrechtsaktien** (Art. 693 Abs. 1 OR) vorsehen (Böckli, Aktienrecht, § 4 Rz 142; BSK OR II-Dubs/Truffer, Art. 704 N 3; Tanner, 349 f.).

Da es sich bei dieser Norm um eine **einseitig zwingende Schutznorm** handelt, wäre es nicht zulässig, als Berechnungsgrundlage statutarisch anstelle der vertretenen Aktienstimmen die gültig abgegebenen Stimmen vorzusehen, da dies einer Erleichterung der Beschlussfassung gleichkäme (BSK OR II-Dubs/Truffer, Art. 704 N 3b). Zulässig wäre hingegen, zusätzlich zum gesetzlich vorgesehenen Mehrheitserfordernis statutarisch ein Präsenzquorum für die Beschlussfähigkeit der Generalversammlung einzuführen.

c) Absolute Einstimmigkeit betroffener Aktionäre bei Nachschusspflicht oder persönlicher Leistungspflicht

Wird bei einer Umwandlung einer Aktiengesellschaft oder einer Kommanditaktiengesellschaft in eine GmbH eine **Nachschusspflicht** (Art. 803 OR) oder eine andere **persönliche Leistungspflicht** (Art. 772 Abs. 2 OR; Art. 777 Ziff. 2 OR) eingeführt, die über die blosse Liberierungspflicht nach Art. 680 Abs. 1 OR hinausgeht, so ist ein weiteres, drittes Mehrheitserfordernis zu beachten. Artikel 64 Abs. 1 lit. a i.f. verlangt, dass sämtliche Aktionäre, die von einer Nachschusspflicht oder einer anderen persönlichen Leistungspflicht betroffen sind, der Umwandlung zustimmen müssen.

Andere **persönliche Leistungspflichten** sind statutarische «Nebenleistungspflichten», die den Gesellschafter verpflichten, neben einer allfälligen Nachschusspflicht gegenüber der GmbH noch weitere Geld-, Sach- oder Dienstleistungen zu erbringen oder Duldungs- oder Unterlassungspflichten einzugehen (BK-Janggen/Becker, Art. 777 OR

N 8; BSK OR II-SCHENKER, Art. 777 N 5; HANDSCHIN, 23; WOHLMANN, 87; ZK-VON STEIGER, Art. 777 OR N 22 ff.). Das absolute Zustimmungserfordernis aller betroffenen Aktionäre greift u.E. erst, wenn ihnen konkrete, messbare Leistungspflichten auferlegt werden sollen. Die allgemeine **Treuepflicht** hingegen, welche die Lehre für Gesellschafter einer GmbH allgemein annimmt (WOHLMANN, 41; HANDSCHIN, 118), kann nicht ausreichen, um dieses absolute Zustimmungserfordernis zur Anwendung zu bringen. Andernfalls wäre eine Umwandlung in eine GmbH ohne Zustimmung sämtlicher Aktionäre nicht möglich.

16 Ein Aktionär ist von einer Leistungspflicht **betroffen**, wenn er zum Schuldner einer Nachschusspflicht oder einer anderen persönlichen Leistungspflicht wird. Dies gilt u.E. selbst dann, wenn die Leistungspflicht nur bedingt ist.

17 Verlangt ist **absolute Einstimmigkeit** der betroffenen Aktionäre und nicht bloss Einstimmigkeit der an der Generalversammlung anwesenden Aktionäre. Dieses absolute Einstimmigkeitserfordernis ermöglicht jedem betroffenen Aktionär, allein durch sein Nichterscheinen oder dadurch, dass er sich nicht vertreten lässt, den Genehmigungsbeschluss zum Scheitern zu bringen. Stimmt ein betroffener Aktionär der Genehmigung des Umwandlungsplans nicht zu, ist absolute Einstimmigkeit nicht erreicht und der Beschluss somit grundsätzlich nicht zustande gekommen. Wird ein Beschluss trotz fehlendem Mehrheitserfordernis als zustande gekommen erklärt, so nimmt die Rechtsprechung und Lehre heute überwiegend an, dass ein solcher Beschluss nicht nichtig, sondern aus Gründen der Rechtssicherheit bloss anfechtbar sei. (BGE 88 II 78; 115 II 468; BÖCKLI, Aktienrecht, § 16 Rz 175; FORSTMOSER/MEIER-HAYOZ/NOBEL, 265 f.; DRUEY, 144 ff.; BSK OR II-DUBS/TRUFFER, Art. 706b N 18; TANNER, 191 m.w.H.).

d) Zustimmung der Komplementäre einer Kommanditaktiengesellschaft nach Art. 766 OR

18 Nach Art. 766 OR bedürfen Beschlüsse der Generalversammlung einer Kommanditaktiengesellschaft über Umwandlung des Gesellschaftszwecks, Erweiterung oder Verengung des Geschäftsbereichs und Fortsetzung der Gesellschaft über die in den Statuten bestimmte Zeit hinaus der Zustimmung der **Komplementäre**, d.h. der unbeschränkt haftenden Geschäftsführer. In der Lehre wird die Meinung vertreten, dass sämtliche Beschlüsse der Generalversammlung zustimmungspflichtig seien, welche sich in einer Benachteiligung der Stellung der Komplementäre auswirken (BSK OR II-BAHLSEN/WILDHABER, Art. 766 N 3). Folglich müssen die Komplementäre u.E. auch jeder Rechtsformumwandlung einer Kommanditaktiengesellschaft zustimmen, die eine Benachteiligung ihrer Stellung zur Folge hat. Bei einer Umwandlung in eine Aktiengesellschaft dürfte jedoch keine solche Benachteiligung bestehen, weil der Wechsel von der Selbst- zur Drittorganschaft nicht a priori eine Benachteiligung darstellt.

e) Umwandlung einer Aktiengesellschaft in eine Kommanditaktiengesellschaft

19 Wandelt sich eine Aktiengesellschaft in eine Kommanditaktiengesellschaft um, so ist zusätzlich die Zustimmung der Gesellschafter erforderlich, die als Komplementäre unbeschränkt und solidarisch haften sollen. Dies ergibt sich bereits aus Art. 64 Abs. 1 lit. a i.f., wonach alle Aktionäre, die eine zusätzliche Leistungspflicht übernehmen, zuzustimmen haben.

3. Umwandlung einer Kapitalgesellschaft in eine Genossenschaft (lit. b)

Kapitalgesellschaften im Sinne des FusG sind gem. Art. 2 lit. c die Aktiengesellschaft, die Kommanditaktiengesellschaft und die GmbH. Auch wenn die Kommanditaktiengesellschaft und die GmbH nicht ausschliesslich kapitalbezogene Gesellschaftsformen sind (MEIER-HAYOZ/FORSTMOSER, 75 ff.), so ist den Kapitalgesellschaften im Sinne des FusG trotzdem gemeinsam, dass ihr **mittelbarer Zweck** bzw. ihr Endzweck darin besteht, ihren Gesellschaftern einen ökonomischen, geldwerten Vorteil zu verschaffen (MEIER-HAYOZ/FORSTMOSER, 101 ff.). Darin liegt der Hauptunterschied zur Genossenschaft, deren **unmittelbarer Zweck** darin besteht, die wirtschaftlichen Interessen der Genossenschafter in **gemeinsamer Selbsthilfe** zu fördern und zu sichern (Art. 828 Abs. 1 OR; vgl. auch BK-FORSTMOSER, Art. 828 OR N 217 ff.). 20

Der Solidargedanke (BSK OR II-BAUDENBACHER, Art. 828 N 18), auf dem die Genossenschaft basiert, führt noch zu weiteren Unterschieden. Das in Art. 885 OR statuierte **Kopfstimmrecht** bewirkt absolute Gleichheit aller Genossenschafter. Dies steht im scharfen Gegensatz zum Prinzip des Stimmrechts nach Kapitalanteilen bei Kapitalgesellschaften (Art. 692 OR [i.V.m. Art. 764 Abs. 2 OR]; Art. 808 Abs. 4 OR). Kein wesentlicher Unterschied liegt u.E. in der Treuepflicht nach Art. 866 OR, den weiteren persönlichen Leistungs- oder Unterlassungspflichten oder in der persönlichen Haftung, die Genossenschaftern auferlegt werden können, da diese auch dem GmbH-Recht oder der Rechtsstellung der Komplementäre einer Kommanditaktiengesellschaft eigen sind (**a.A.** Handkommentar FusG-JERMINI, N 11, der darin den Hauptgrund für das Einstimmigkeitserfordernis sieht). 21

Die Umwandlung einer Kapitalgesellschaft in eine Genossenschaft hat zur Folge, dass die Gesellschafter auf den **mittelbaren Zweck** der **Gewinnstrebigkeit** verzichten und dafür den **unmittelbaren Zweck** der gemeinsamen Selbsthilfe akzeptieren. Dafür verlangt Art. 64 Abs. 1 lit. b die absolute Einstimmigkeit der Gesellschafter. 22

4. Gesellschaft mit beschränkter Haftung (lit. c)

Das oberste Leitungs- oder Verwaltungsorgan einer GmbH sind nach Art. 811 f. OR entweder alle Gesellschafter gemeinsam oder einer oder mehrere Gesellschafter oder Dritte, denen die Geschäftsführung durch die Statuten oder durch Gesellschaftsbeschluss übertragen wurde. Die **geschäftsführenden Gesellschafter** sind nach Art. 64 Abs. 1 berufen, den Umwandlungsplan der Gesellschafterversammlung zur Genehmigung zu unterbreiten. 23

Der Genehmigungsbeschluss erfordert mindestens die Zustimmung von drei Viertel aller Gesellschafter, die zudem mindestens drei Viertel des Stammkapitals vertreten. Dieses Mehrheitserfordernis entspricht dem gesetzlichen **Mehrheitserfordernis** für eine Statutenänderung (Art. 784 Abs. 2 OR), für die Übertragung eines Stammanteils (Art. 791 Abs. 2 OR) und für die Auflösung der GmbH durch Gesellschafterbeschluss (Art. 820 Ziff. 2 OR). 24

5. Genossenschaft (lit. d)

Das oberste Leitungs- oder Verwaltungsorgan einer Genossenschaft ist die **Verwaltung** nach Art. 894 ff. OR. Die Verwaltung muss den Umwandlungsplan nach Art. 64 Abs. 1 der Genossenschafterversammlung unterbreiten. Sehen die Statuten der Genossenschaft eine **Delegiertenversammlung** nach Art. 892 OR vor, so liegt die Genehmigungskompetenz bei dieser (Art. 2 lit. h). 25

26 Der Umwandlungsplan ist mit mindestens zwei Dritteln der abgegebenen Stimmen zu genehmigen. Dieses Mehrheitserfordernis entspricht dem qualifizierten **Mehrheitserfordernis** im Genossenschaftsrecht für Statutenänderungen, für eine Fusion oder für die Auflösung der Genossenschaft (Art. 888 Abs. 2 OR). Berechnungsgrundlage sind die abgegebenen Stimmen, d.h. leere Stimmzettel zählen als Nein-Stimmen.

27 Sollen eine **Nachschusspflicht**, eine andere **persönliche Leistungspflicht** oder eine persönliche Haftung eingeführt oder erweitert werden, so müssen mindestens drei Viertel aller Genossenschafter zustimmen. Dieses qualifizierte Mehrheitserfordernis entspricht Art. 889 Abs. 1 OR, der für die Einführung oder die Erhöhung der Nachschusspflicht oder der persönlichen Haftung bei einer Genossenschaft ebenfalls die Zustimmung von drei Vierteln der Genossenschafter vorsieht.

6. Verein (lit. e)

28 Das oberste Leitungs- oder Verwaltungsorgan eines Vereins ist der **Vorstand** nach Art. 69 ZGB. Der Vorstand muss den Umwandlungsplan nach Art. 64 Abs. 1 der Vereinsversammlung unterbreiten. Sehen die Statuten des Vereins eine **Delegiertenversammlung** vor (zur Delegiertenversammlung beim Verein vgl.: BSK ZGB I-HEINI/SCHERRER, Art. 64 N 28 f. m.w.H.), so liegt die Genehmigungskompetenz bei dieser (Art. 2 lit. h).

29 Der Umwandlungsplan ist von mindestens drei Vierteln der an der Versammlung anwesenden Mitglieder bzw. Delegierten zu genehmigen. Wie in Art. 67 Abs. 2 ZGB für Vereinsbeschlüsse allgemein vorgesehen, baut das **Mehrheitserfordernis** auf den anwesenden Mitgliedern bzw. Delegierten auf. Folglich muss durch Präsenzkontrolle die genaue Anzahl während der gesamten Versammlung, zumindest aber vor jeder Abstimmung oder Wahl festgestellt werden (BSK ZGB I-HEINI/SCHERRER, Art. 67 N 8).

III. Umwandlung Kollektiv- und Kommanditgesellschaften (Abs. 2)

30 Bei Kollektiv- und Kommanditgesellschaften muss der Umwandlungsplan nach Art. 64 Abs. 2 Satz 1 von allen Gesellschaftern genehmigt werden. Eine Umwandlung in eine andere Rechtsform erfordert in jedem Fall eine Änderung des bestehenden **Gesellschaftsvertrages**.

31 Der Gesellschaftsvertrag kann nach Art. 64 Abs. 2 Satz 2 vorsehen, dass für die Genehmigung des Umwandlungsplans die Zustimmung von drei Vierteln der Gesellschafter genügt. Die Einführung dieses vereinfachten Mehrheitserfordernisses bedarf indessen der Zustimmung sämtlicher Gesellschafter (Botschaft, 4418 und 4457).

IV. Verzichtsbeschlüsse bei kleinen und mittleren Unternehmen

32 **Kleine und mittlere Unternehmen** gem. Art. 2 lit. e können auf einige Dokumente und Schritte im Umwandlungsverfahren verzichten, sofern alle Gesellschafter zustimmen. Insbesondere können diese Gesellschaften auf einen Umwandlungsbericht (Art. 61 Abs. 2), auf die Prüfung des Umwandlungsplans und des Umwandlungsberichts (Art. 62 Abs. 2) sowie auf ein Einsichtsrecht der Gesellschafter in gewisse für die Umwandlung erforderlichen Dokumente (Art. 63 Abs. 2) verzichten. Falls ein solcher **Verzichtsbeschluss** nicht bereits vorgängig gefasst wurde, muss dies spätestens anlässlich der Genehmigung des Umwandlungsplans nachgeholt werden. Der Verzichtsbeschluss muss mit absoluter Einstimmigkeit aller Gesellschafter gefällt werden. Kommt dieser Ver-

zichtsbeschluss nicht zustande und hat es die Gesellschaft versäumt, einen Umwandlungsbericht zu erstellen und diesen von einer besonders befähigten Revisionsstelle prüfen zu lassen, oder hat die Gesellschaft das Einsichtsrecht nach Art. 63 nicht gewährt, so ist ein Genehmigungsbeschluss gem. Art. 106 Abs. 1 anfechtbar.

V. Weitere Beschlüsse

Oft werden im Rahmen der Umwandlung weitere Beschlüsse nötig sein. Zu denken ist etwa an eine vorgängige Erhöhung des Stammkapitals einer GmbH, die sich in eine Aktiengesellschaft umwandeln will, oder die Wahl neuer Organe. Die Mehrheitserfordernisse dieser **vorbereitenden Beschlüsse** richten sich nicht nach dem Fusionsgesetz, sondern nach den Statuten oder dem entsprechenden Gesellschaftsrecht (WAMISTER, 79). 33

Art. 65

Öffentliche Beurkundung	Der Umwandlungsbeschluss bedarf der öffentlichen Beurkundung.
Acte authentique	La décision de transformation fait l'objet d'un acte authentique.
Atto pubblico	La decisione di trasformazione richiede l'atto pubblico.

I. Normzweck

Die öffentliche Beurkundung des Umwandlungsbeschlusses dient der **Rechtssicherheit** und ist zudem erforderlich, weil eine Gesellschaft durch Umwandlung eine Rechtsform annehmen kann, für deren originäre Errichtung ein öffentlicher Beurkundungsakt erforderlich wäre (Botschaft, 4457). Artikel 57 weist explizit darauf hin, dass bei einer Umwandlung die Bestimmungen über die Gründung der entsprechenden Gesellschaft Anwendung finden. 1

In der **Vernehmlassung** wurde das Erfordernis der öffentlichen Beurkundung teilweise kritisiert, weil z.B. der Verein und die Genossenschaft ohne öffentlichen Beurkundungsakt errichtet werden könnten und daher die allgemeine Formulierung von Art. 65 zu weit gehe (Vernehmlassungen, 291 f.). Andere Interessenvertreter befürchteten, dass aufgrund der Kürze der Bestimmung die öffentliche Beurkundung zur blossen Formalie verkomme und verlangten eine eingehende Regelung des Urkundeninhalts und der dazugehörigen Belege (Vernehmlassungen, 292). Trotz dieser Einwände ist diese Bestimmung unverändert aus dem Vorentwurf in den Entwurf und schliesslich in den definitiven Gesetzestext übernommen worden. 2

II. Anwendungsbereich

Art. 65 verlangt grundsätzlich die **öffentliche Beurkundung** sämtlicher **Umwandlungsbeschlüsse** nach Art. 64. Gemäss Art. 55 Abs. 4 sind jedoch Umwandlungen zwischen Personengesellschaften vom Erfordernis der öffentlichen Beurkundung ausgenommen. Die Umwandlung einer Kollektivgesellschaft in eine Kommanditgesellschaft 3 und umgekehrt richtet sich nach dem Obligationenrecht und kann durch Zu- oder Austritt eines Komplementärs erfolgen (ZOBL, 175; BK-KÜNG, Art. 932 N 21).

III. Öffentliche Beurkundung des Umwandlungsbeschlusses

1. Schweiz

a) Bundesrecht und kantonales Recht

4 Obwohl der **Begriff** der «öffentlichen Beurkundung» ein Begriff des Bundesrechts ist (BRÜCKNER, 3 f. m.w.H.), richtet sich das Verfahren der öffentlichen Beurkundung nach kantonalem Recht (Art. 55 Abs. 1 Schlusstitel zum ZGB). Bundesrecht regelt, was eine öffentliche Beurkundung ist, und kantonales Recht, wie eine öffentliche Beurkundung vonstatten geht.

b) Voraussetzungen

5 Nach BRÜCKNER handelt es sich bei der öffentlichen Beurkundung des Umwandlungsbeschlusses um die **Protokollierung von Vorgängen** (BRÜCKNER, 769 ff.). Im Gegensatz zu Erklärungsbeurkundungen muss sich die Urkundsperson nicht bemühen, den wirklichen inneren Willen der Gesellschafter an der Generalversammlung festzustellen. Da der Umwandlungsplan nicht als Willenserklärung der Generalversammlung beurkundet wird, muss er anlässlich der Generalversammlung auch nicht vorgelesen werden, sondern es genügt, wenn der Umwandlungsplan den Gesellschaftern von der Generalversammlung zur Einsicht zugänglich war (BRÜCKNER, 772).

6 Die Urkundsperson hat sich auf die **Erklärungen des Vorsitzenden** bezüglich der Teilnehmerpräsenz und des Abstimmungsergebnisses abzustützen. BRÜCKNER schlägt vor, dass sich die Urkundsperson bei überschaubaren Verhältnissen die Vollmachten zeigen lassen oder bei unklarem Handmehr zur Wiederholung der Abstimmung auffordern soll (BRÜCKNER, 791 f.). Dies geht u.E. zu weit, da der Urkundsperson generell kein Ermessen darüber zustehen sollte zu entscheiden, was «überschaubare Verhältnisse» sind oder «unklares Handmehr». Die Urkundsperson protokolliert die Erklärung des Vorsitzenden, nicht die eigene Wahrnehmung.

2. Öffentliche Beurkundung im Ausland

7 Nach Art. 30 HRegV akzeptiert das Handelsregister auch im Ausland errichtete öffentliche Urkunden, wenn sie entweder von einer schweizerischen diplomatischen oder konsularischen Vertretung überbeglaubigt wurden (**Superlegalisation**) oder wenn sie gemäss dem Übereinkommen zur Befreiung ausländischer öffentlicher Urkunden von der Beglaubigung, abgeschlossen in Den Haag am 5.10.1961, mit einer **Apostille** versehen sind (REBSAMEN, 11).

Art. 66

Eintragung ins Handelsregister	Das oberste Leitungs- oder Verwaltungsorgan muss dem Handelsregisteramt die Umwandlung zur Eintragung anmelden.
Inscription au registre du commerce	L'organe supérieur de direction ou d'administration requiert l'inscription de la transformation au registre du commerce.
Iscrizione nel registro di commercio	L'organo superiore di direzione o di amministrazione deve chiedere l'iscrizione della trasformazione all'ufficio del registro di commercio.

I. Normzweck

Art. 66 normiert die Pflicht des obersten Leitungs- oder Verwaltungsorgans, die Umwandlung dem Handelsregisteramt zur Eintragung anzumelden. 1

Der Wortlaut dieses Artikels wurde unverändert aus dem Vorentwurf in den Entwurf und letztlich in den definitiven Gesetzestext des Fusionsgesetzes übernommen. Er gab weder in der **Vernehmlassung** noch in der parlamentarischen Beratung zu Stellungnahmen Anlass. 2

Art. 88 VE FusG enthielt darüber hinaus eine Sonderbestimmung zur **Kognitionsbefugnis** des Handelsregisterführers. Danach hätte dieser die Zulässigkeit der Umwandlung, die Vollständigkeit der Berichte der Organe und der Revisionsstelle, die Vollständigkeit der Umwandlungsbeschlüsse und die Einhaltung der erforderlichen Quoren, die Rechtskraft allfälliger Genehmigungen einer Umwandlung nach dem Fusionsgesetz oder anderen Bundesgesetzen und anderes mehr prüfen müssen. Diese Bestimmung ist in der Vernehmlassung auf starke Kritik gestossen und wurde in der Folge ersatzlos gestrichen. Einerseits wurde kritisiert, dass diese Bestimmung gegenüber Art. 940 OR eine Ausweitung der Kognitionsbefugnis enthalte und andererseits, dass die Kognitionsbefugnis des Handelsregisterführers im Obligationenrecht und nicht in einem Spezialgesetz wie dem Fusionsgesetz zu normieren sei (Vernehmlassungen, 304 ff.). 3

II. Anwendungsbereich

Die Eintragungspflicht umfasst grundsätzlich alle in Art. 54 als zulässig erklärten Umwandlungen. Vom Anwendungsbereich des Art. 66 ausgenommen sind nach Art. 55 Abs. 4 Umwandlungen zwischen **Kollektiv- und Kommanditgesellschaften**. Die Eintragung von Umwandlungen zwischen diesen Gesellschaften richtet sich ausschliesslich nach den Regeln des Obligationenrechts (Handkommentar FusG-PASSADELIS, N 2). Umwandlungen zwischen kaufmännischen Personengesellschaften sind zwar nach Art. 552 Abs. 2 OR bzw. 594 Abs. 3 OR eintragungspflichtig, die Eintragung hat jedoch bloss deklaratorische Wirkung (BSK OR II-BAUDENBACHER, Art. 552 N 40). 4

III. Anmeldeverfahren

1. Anmeldepflichtiges Organ

Art. 66 weist das **oberste Leitungs- oder Verwaltungsorgan** an, die Anmeldung vorzunehmen. Dies entspricht der Regel von Art. 22 Abs. 2 HRegV, wonach bei juristischen Personen die Anmeldung durch die Verwaltung zu erfolgen hat. Bei der Aktiengesell- 5 schaft ist dies der Verwaltungsrat (Art. 707 ff. OR), bei der Kommanditaktiengesellschaft die Komplementäre (Art. 765 OR), bei der GmbH die geschäftsführungsberechtigten Gesellschafter oder Dritte (Art. 811 f. OR), bei der Genossenschaft die Verwaltung (Art. 894 ff.) und beim Verein der Vorstand (Art. 69 ZGB). Bestehen diese Organe aus mehreren Personen, so müssen der Präsident oder sein Stellvertreter sowie der Sekretär oder ein zweites Mitglied dieses Verwaltungsorgans die Anmeldung an das Handelsregister unterzeichnen.

2. Zuständiges Handelsregisteramt

6   Die Anmeldung richtet sich an das bereits zuständige Handelsregisteramt am **Sitz der Gesellschaft** (BK-KÜNG, Art. 932 N 88).

3. Zeitpunkt der Anmeldung

7   Den **Zeitpunkt** der Anmeldung regelt Art. 66 nicht. Gemäss Botschaft (Botschaft FusG, 4457) soll die Anmeldung jedoch unmittelbar nach der Genehmigung der Umwandlung, d.h. nach dem Umwandlungsbeschluss gemäss Art. 64 erfolgen.

IV. Anmeldung

1. Anmeldung

8   Die Anmeldung ist die wesentliche Voraussetzung für die Eintragung im Handelsregister (BK-KÜNG, Art. 932 OR N 78). Sie wird als **Antrag** an den Handelsregisterführer um Erlass einer Eintragungsverfügung betreffend der Rechtsformumwandlung qualifiziert (BK-KÜNG, Art. 932 OR N 86).

9   Die **Form** der Anmeldung schreibt Art. 66 nicht vor. Folglich kann die Umwandlung gemäss Art. 19 Abs. 1 HRegV mündlich oder schriftlich angemeldet werden. Erfolgt die Anmeldung mündlich, so unterzeichnen die anmeldenden Personen die Eintragung vor dem Handelsregisterführer (Art. 23 Abs. 1 HRegV). Die anmeldenden Personen müssen sich über ihre Identität ausweisen und der Handelsregisterführer erwähnt die Art des Legitimationsausweises im Anschluss an die Unterzeichnung. Bei der schriftlichen Anmeldung müssen die anmeldenden Personen entweder ihre Unterschriften bereits in beglaubigter Form beim Handelsregister hinterlegt haben oder sie müssen mit der Anmeldung eine Beglaubigung ihrer Unterschriften einreichen (Art. 23 Abs. 2 HRegV).

10 Die Anmeldungen müssen in der **Sprache** des Registerbezirks am Sitz der Gesellschaft verfasst werden (Art. 7 Abs. 1 HRegV). Fremdsprachige Belege müssen auf Verlangen des Registerführers übersetzt oder zweisprachig eingereicht werden, wenn die Einsicht Dritter dadurch beeinträchtigt wird. Bei Belegen in schweizerischen Amtssprachen oder in englischer Sprache dürfte eine Übersetzung nur erforderlich sein, wenn es sich um öffentliche Urkunden oder den Umwandlungsbericht handelt (i.d.S. BSK OR II-ECKERT, Art. 939 N 7). Die Beurkundung und Eintragung beziehen sich jeweils nur auf die Amtssprache (BK-KÜNG, Art. 929 OR N 155).

2. Belege

11 Der Anmeldung sind die nach dem Gesetz und der Natur der Sache erforderlichen **Belege** beizufügen (BSK OR II-ECKERT, Art. 932 N 4). In Art. 102 lit. a wird der Bundesrat beauftragt, Vorschriften über die Einzelheiten der Handelsregisteranmeldung und die einzureichenden Belege zu erlassen. Nach der revidierten Handelsregisterverordnung

(Art. 107 Abs. 1 HRegV) muss die Gesellschaft dem Handelsregister den Umwandlungsplan (Art. 59, 60); die Umwandlungsbilanz und gegebenenfalls die Zwischenbilanz (Art. 58); den Umwandlungsbeschluss (Art. 64); den Umwandlungsbericht (Art. 62) und den Prüfungsbericht einer besonders befähigten Revisionsstelle (Art. 62) sowie die nach den Umständen für die Neugründung der neuen Rechtsform erforderlichen Belege einreichen (Art. 57). Zweifellos müssen zusätzlich die angepassten Statuten eingereicht werden. Vereine, die mangels eines nach kaufmännischer Art geführten Gewerbes nicht buchführungspflichtig sind, können bei einer Rechtsformwandlung u.E. nicht verpflichtet werden, dem Handelsregister eine Umwandlungsbilanz einzureichen.

Kleine und mittlere Unternehmen können auf den Umwandlungsbericht und den Prüfungsbericht verzichten, sofern dem alle Gesellschafter zugestimmt haben (Art. 61 Abs. 2; Art. 62 Abs. 2). Dies setzt aber nach Art. 107 Abs. 2 HRegV voraus, dass das oberste Leitungs- oder Verwaltungsorgan dem Handelsregister eine Bestätigung einreicht, aus welcher hervorgeht, dass die Gesellschaft als kleines und mittleres Unternehmen gilt. Aus dieser Bestätigung muss hervorgehen, dass die Gesellschaft einerseits aufgrund von Unterlagen wie Erfolgsrechnung, Bilanzen oder Jahresberichten die Voraussetzungen für ein kleines und mittleres Unternehmen nach Art. 2 lit. e erfüllt (Art. 107 Abs. 2 lit. a HRegV), und dass andererseits aufgrund von Erklärungen der Gesellschafter und aufgrund des Protokolls der Generalversammlung sämtliche Gesellschafter auf die Erstellung des Umwandlungsberichts oder auf die Prüfung verzichtet haben (Art. 107 Abs. 2 lit. b HRegV).

12

PASSADELIS argumentiert, dass der Handelsregisterführer bei einem Verzicht der Gesellschafter auf die Umwandlungsprüfung aus Gründen des **Kapitalschutzes** trotzdem einen Gründungsbericht und eine Prüfungsbestätigung der Revisionsstelle verlangen könnte (Handkommentar FusG-PASSADELIS, N 5). Dies ist jedoch u.E. abzulehnen, da es zu einer im Gesetz nicht vorgesehenen Aushöhlung der angestrebten Erleichterung für kleinere und mittlere Unternehmen führt (vgl. auch THOMI, 452 f.).

13

V. Kognition des Handelsregisterführers

Nach Art. 107a HRegV prüft der Handelsregisterführer insbesondere ob die Umwandlung nach dem Fusionsgesetz zulässig ist (Art. 54) und alle Voraussetzungen erfüllt sind sowie ob die erforderlichen Belege vorliegen. Allgemein richtet sich die Kognitionsbefugnis des Handelsregisterführers nach Art. 940 OR (vgl. dazu insb. MEISTERHANS, Diss., 216 ff.; BSK OR II-ECKERT, Art. 940 N 1 ff.). Nach der Rechtsprechung des Bundesgerichtes kontrolliert der Registerführer einerseits die formellen (auf registerrechtlichen) Eintragungsvoraussetzungen, namentlich die Vollständigkeit und Formrichtigkeit der einzureichenden Anmeldungen und Belege (BSK OR II-ECKERT, Art. 940 N 15). Hinsichtlich der materiellrechtlichen Überprüfung hat sich der Registerführer dagegen Zurückhaltung aufzuerlegen: Eine Eintragung ist nur dann abzulehnen, wenn sie offensichtlich und unzweideutig dem Recht widerspricht, nicht dagegen, falls sie auf einer ebenfalls denkbaren Gesetzesauslegung beruht (Pra 1997, 280 f.; BGE 121 III 371; BGE 117 II 188; 107 II 247 ff.). Die Rechtsprechung des Bundesgerichtes wird teilweise in der Lehre in Zweifel gezogen (Nachweise bei BSK OR II-ECKERT, Art. 49 N 23), ist u.E. aber dennoch im Ergebnis richtig. Es besteht keine Veranlassung, dem Registerführer quasi-richterliche Kompetenzen aufzuerlegen. Beim Fusionsgesetz gilt dies um so mehr, als das Gesetz in Art. 104 ff. den Rechtssuchenden klare Rechtsbehelfe in die Hand gibt; es geht nicht an, darüber hinaus dem Registerführer eine parallele Entscheidkompetenz zuzugestehen. Vor diesem Hintergrund ist auch die Streichung von Art. 88

14

VE FusG im Rahmen der Gesetzgebungsarbeiten (vgl. vorne N 3) zu verstehen: Der Gesetzgeber wollte offensichtlich die Kompetenzen des Handelsregisterführers eng umschreiben. Damit ist an der zurückhaltenden Rechtsprechung des Bundesgerichtes festzuhalten.

VI. Eintragung in das Handelsregister

15 Nach Art. 107b HRegV werden bei einer Umwandlung folgende Eintragungen ins Handelsregister gemacht: Die Firma oder der Name sowie die Rechtsform vor und nach der Umwandlung; das Datum der neuen Statuten bei juristischen Personen; das Datum des Umwandlungsplans und der Umwandlungsbilanz; der gesamte Wert der Aktiven und Passiven; die den Gesellschaftern zugesprochenen Anteils- oder Mitgliedschaftsrechte sowie die weiteren publikationspflichtigen Tatsachen der neuen Rechtsform.

Art. 67

Rechtswirksamkeit	Die Umwandlung wird mit der Eintragung ins Handelsregister rechtswirksam.
Effets juridiques	La transformation déploie ses effets dès son inscription au registre du commerce.
Validità giuridica	La trasformazione acquisisce validità giuridica con l'iscrizione nel registro di commercio.

I. Normzweck

1 Art. 67 regelt den **Zeitpunkt**, in welchem eine Umwandlung rechtswirksam wird. Diese Bestimmung war unbestritten und ist aus dem Vorentwurf unverändert in den Entwurf und schliesslich in den definitiven Gesetzestext übernommen worden.

2 Im **Vorentwurf** war unmittelbar anschliessend noch ein Artikel vorgesehen, der verlangte, dass der Umwandlungsbeschluss im Schweizerischen Handelsamtsblatt veröffentlicht wird (Art. 83 VE FusG). An diesem Artikel wurde insbesondere kritisiert, dass unklar sei, ob der Umwandlungsbeschluss oder nur die Tatsache der Umwandlung publiziert werden müsse (Vernehmlassungen, 293). Dies führte dazu, dass dieser Artikel bereits im Entwurf nicht mehr enthalten war.

II. Anwendungsbereich

3 Art. 67 stellt grundsätzlich fest, dass die Umwandlung mit Eintrag in das Handelsregister rechtswirksam wird. Vom Anwendungsbereich dieser Bestimmung ausgenommen sind nach Art. 55 Abs. 4 jedoch Umwandlungen zwischen **Kollektiv- und Kommanditgesellschaften**, die sogleich mit dem Zu- oder Austritt eines Komplementärs rechtswirksam werden (BK-KÜNG, Art. 932 OR N 21).

III. Konstitutive Wirkung des Handelsregistereintrags

4 Der Eintrag im Handelsregister hat für die Umwandlung rechtserzeugende, **konstitutive Wirkung** (Botschaft, 4457). Die Umwandlung wird nicht bereits durch den privaten

Rechtsakt der Genehmigung des Umwandlungsplans (Art. 64) rechtswirksam, sondern erst durch den öffentlich-rechtlichen Verwaltungsakt der Handelsregistereintragung (BSK OR II-ECKERT, Art. 933 N 2).

Rechtswirksamkeit der Umwandlung bedeutet, dass die bisherige Rechtsform der Gesellschaft durch die neue Rechtsform abgelöst wird. Mit Eintritt der Rechtswirksamkeit gelten die neuen Statuten und das dispositive Gesellschaftsrecht der neuen Rechtsform findet Anwendung (Botschaft, 4458). Zugleich werden die Anteils- oder Mitgliedschaftsrechte der Gesellschafter durch ihre neuen Beteiligungsrechte gemäss Umwandlungsplan (Art. 60 lit. c) abgelöst, unabhängig davon, ob allenfalls verbriefte Mitgliedschaftsrechte bereits in neue Titel umgetauscht worden sind. Ein Rechtsübergang durch Universalsukzession wie bei einer Spaltung oder einer Fusion findet bei einer Umwandlung nicht statt (Botschaft, 4458). 5

IV. Zeitpunkt der Rechtswirksamkeit

1. Tagebucheintrag

Art. 67 bestimmt, dass die Rechtswirksamkeit im Zeitpunkt der Eintragung ins Handelsregister eintreten soll. Für den Zeitpunkt der Eintragung ist nach Art. 932 Abs. 1 OR die Einschreibung der Anmeldung in das **Tagebuch** massgeblich. Da die genaue Uhrzeit der Eintragung nicht festgehalten wird, ist im Interesse der Rechtssicherheit auf das Datum des Tagebucheintrags abzustellen (BK-KÜNG, Art. 932 OR N 138; BSK OR II-ECKERT, Art. 932 N 18). Bedeutungslos für den Zeitpunkt der Rechtswirksamkeit sind das Datum der Anmeldung sowie das spätere Datum des Eintrags in das Handelsregister (BK-KÜNG, Art. 932 OR N 141). 6

Die Rechtswirksamkeit der Umwandlung tritt mit dem Tagebucheintrag erst bedingt ein, da der Eintrag vorerst noch vom **Eidgenössischen Amt für das Handelsregister** genehmigt werden muss (Art. 115 HRegV). Wird die Genehmigung erteilt, so tritt die Rechtswirksamkeit der Umwandlung rückwirkend auf den Tagebucheintrag ein. (BSK OR II-ECKERT, Art. 932 N 19). Vor der Genehmigung dürfen keine Handelsregisterauszüge erstellt werden (Art. 115 Abs. 2 Satz 2 HRegV). Eine allfällige Verweigerung der Genehmigung durch das Eidgenössische Amt für das Handelsregister (Art. 117 HRegV) führt zu einer Streichung im Tagebuch. Die Eintragung muss neu vorgenommen werden, sobald die Eintragungsvoraussetzungen gegeben sind (Art. 117 Abs. 2 HRegV). 7

2. Publizitätswirkung

Die Publizitätswirkung gegenüber Dritten tritt nach Art. 932 Abs. 2 OR erst nach erfolgter Publikation der Umwandlung im **Schweizerischen Handelsamtsblatt** ein. Massgebend ist der Werktag, der auf den Tag folgt, der als Ausgabetag auf der entsprechenden Nummer, in der die Publikation erfolgte, aufgedruckt ist. Bis zu diesem Zeitpunkt können gutgläubige Dritte auf die Rechtsform der Gesellschaft vor deren Umwandlung vertrauen (Art. 933 Abs. 1 OR). Die Mitglieder der Gesellschaft gelten in diesem Zusammenhang nicht als Dritte. Personen, die anderweitig vom Umwandlungsbeschluss Kenntnis erhalten haben oder die bei der nach den Umständen gebotenen Aufmerksamkeit vom Umwandlungsbeschluss hätten Kenntnis erhalten können oder müssen, können sich nicht auf den guten Glauben berufen (Art. 3 Abs. 2 ZGB). 8

Mit der Veröffentlichung im Schweizerischen Handelsamtsblatt beginnt die **zweimonatige Anfechtungsfrist** nach Art. 106 Abs. 1 zu laufen. 9

Sechster Abschnitt: Gläubiger- und Arbeitnehmerschutz
Art. 68

¹ **Für die persönliche Haftung der Gesellschafterinnen und Gesellschafter findet Artikel 26 entsprechende Anwendung.**

² **Für die Haftung für Verbindlichkeiten aus Arbeitsvertrag findet Artikel 27 Absatz 3 entsprechende Anwendung.**

¹ L'art. 26 s'applique par analogie à la responsabilité personnelle des associés.

² L'art. 27, al. 3, s'applique par analogie à la responsabilité concernant les dettes résultant de contrats de travail.

¹ L'articolo 26 si applica per analogia alla responsabilità personale dei soci.

² L'articolo 27 capoverso 3 si applica per analogia alla responsabilità per i debiti derivanti dal contratto di lavoro.

Literatur

R. VON BÜREN/J. BÜRGI, Rechtsformwechselnde Umwandlung einer GmbH in eine AG de lege lata: Das klärende Wort aus Lausanne, REPRAX 1/1999, 3 ff.; C.G. CORVESE, La Riforma della Società, Milano 2003; EHRA, Die Praxis des Eidg. Amts für das Handelsregister in Fragen betreffend Umwandlungen und rechtsformüberschreitende Fusionen, REPRAX 1/1999, 41 ff.; U. GASSER/C. EGGENBERGER, Vorentwurf zu einem Fusionsgesetz – Grundzüge und ausgewählte Fragen, AJP 1998, 457 ff.; C.F. MEIER-SCHATZ, Zur Umwandlung einer GmbH in eine Aktiengesellschaft, SZW 2000, 191 ff.; R. RUEDIN, La protection des créanciers dans le projet de la loi sur la fusion, in: von der Crone/Weber/Zäch/Zobl (Hrsg.), Neuere Tendenzen im Gesellschaftsrecht, FS Forstmoser, Zürich 2003, 687 ff.; B. SPINNER, Die Zulässigkeit aussergesetzlicher Rechtsformwechsel im Gesellschaftsrecht, ZSR 1994 I 353 ff.; W. WIEGAND/J. WICHTERMANN, Die Überleitung von Rechtsverhältnissen, BTJP 1997, 51 ff.; E. WINKLER, Arbeitnehmerschutz nach dem Entwurf zum neuen Fusionsgesetz, SJZ 2001, 477 ff.; D. ZOBL, Die Umwandlung von Gesellschaften nach neuem FusG, SZW 2004, 169 ff.

I. Gläubigerschutz (Abs. 1)

1. Ausgangslage und Normzweck

1 Die vom Fusionsgesetz zugelassenen Umwandlungsformen einer Gesellschaft sind für deren Gläubiger in der Regel unproblematisch (Botschaft, 4458). Ändert eine Gesellschaft ihre Rechtsform, ändern sich dabei ihre übrigen Rechtsverhältnisse nicht (Art. 53). Die rechtliche und wirtschaftliche Lage bleibt unverändert (**Identitätsprinzip**; vgl. dazu Art. 53 N 1).

2 Da die Gesellschaft bei der Umwandlung lediglich ihr Rechtskleid ändert, findet im Normalfall, d.h. bei der *formwechselnden* Umwandlung, **kein Schuldnerwechsel** statt. Bei den vom Fusionsgesetz vorgesehenen Fällen von *übertragender* (oder auch errichtender) Umwandlung, d.h. bei der Umwandlung einer Kollektiv- oder Kommanditgesellschaft in eine Kapitalgesellschaft oder Genossenschaft (Art. 54 Abs. 2 lit. a und b sowie Art. 54 Abs. 3 lit. a und b) geht die Rechtsträgerschaft von den Gesellschaftern auf eine juristische Person über. Weil die Gesellschaft schon in ihrem Rechtskleid vor der Umwandlung im Aussenverhältnis als geschlossene Einheit auftrat (Art. 562 OR,

Art. 602 OR) und als Rechtssubjekt mit «partieller Rechtsfähigkeit» qualifiziert wurde (WIEGAND/WICHTERMANN, 60), zeitigt diese Änderung der Rechtsträgerschaft grundsätzlich nur interne Folgen und führt zu keiner relevanten Änderung der Rechtsverhältnisse mit den Gläubigern. In dieser Hinsicht ist die abstrakte Qualifizierung der Kollektiv- und Kommanditgesellschaft als *Rechtsträger* gemäss Art. 2 lit. a i.V.m. Art. 2 lit. b unglücklich und rechtsdogmatisch kritisierbar (WIEGAND/WICHTERMANN, 61; ferner vgl. Art. 2 N 4).

Weil der Umwandlung keine Änderung im Bestand des Gesellschaftsvermögens (Botschaft, 4458) folgt, führt dieser Transaktionstypus *grundsätzlich* zu keiner Verminderung bzw. Verschlechterung des **Haftungssubstrats**. Die Haftung ihrer Gesellschafter für Gesellschaftsschulden kann aber vor und nach Umwandlung der Gesellschaft ganz verschiedenen Regeln folgen. Es kann daher sein, dass sich einzelne oder alle Gesellschafter infolge der Umwandlung in der umgewandelten Gesellschaftsstruktur unter günstigeren Haftungsregeln wieder finden (RUEDIN, FS Forstmoser, 668; zu den einzelnen Fällen vgl. N 8). Eine Verschlechterung des Haftungssubstrats wird aber durch den Rückverweis von Art. 68 Abs. 1 auf Art. 26 ausgeglichen (Botschaft, 4458 f.). Der erwähnte Art. 26 schützt das Vertrauen der Gläubiger in die Haftungsregelung der Gesellschaftsform vor dem Rechtskleidwechsel, unter welcher sie die Forderung gewährten, und lässt daher die (un)beschränkte persönliche Haftung der Gesellschafter noch für eine bestimmte Zeit nach der alten Regelung weiter bestehen (vgl. Art. 26 N 1). 3

2. Bisherige Rechtslage

Das **bisherige Recht** enthielt nur in Art. 826 altOR Vorschriften über den Schutz der Gläubiger bei der Umwandlung einer Aktiengesellschaft in eine Gesellschaft mit beschränkter Haftung (vgl. dazu BK-JANGGEN/BECKER, Art. 826 OR N 4–8). Art. 826 Abs. 2 OR schrieb einen dreimaligen Schuldenruf nach Eintragung der neuen Gesellschaft in das Handelsregister vor. Die Gläubiger, die ihre Forderungen anmeldeten, ohne die Gesellschaft als Schuldnerin anzunehmen, hatten Anspruch auf Befriedigung oder Sicherstellung (Art. 826 Abs. 3 altOR). Die Geschäftsführer waren den Gläubigern der aufgelösten Gesellschaft gegenüber persönlich und solidarisch verantwortlich. In ihrer flexiblen Praxis, die bestimmte Umwandlungen auch ohne ausdrückliche gesetzliche Grundlage anerkannte (vgl. Art. 53 N 5), verlangten die Handelsregisterbehörden als unabdingbare negative Voraussetzung für die Zulassung der entsprechenden Umwandlungsformen *extra lege*, dass die rechtsrelevanten Interessen der Gläubiger weder unmittelbar noch potentiell beeinträchtigt werden durften (EHRA, REPRAX 1/1999, 42). Im vielzitierten BGE 125 III 18 anerkannte auch das Bundesgericht die Zulässigkeit aussergesetzlicher Umwandlungen unter der Voraussetzung, dass der Umstrukturierungsvorgang zu keiner «*atteinte aux intérêts directs ou potentiels des créanciers*» führt (BGE 125 III 18, 24). 4

3. System des Gläubigerschutzes im Recht der Umwandlung nach FusG

Art. 68 Abs. 1 i.V.m. Art. 26 stellt das wichtigste Element des Gläubigerschutzes im Recht der Umwandlung dar. Zum System des Gläubigerschutzes gehört zusätzlich **Art. 57**, der die Befolgung der zivil- und obligationenrechtlichen Bestimmungen über die Gründung einer entsprechenden Gesellschaft und insbesondere der Vorschriften zur Mindestliberierung des Gesellschaftskapitals verlangt. Die Bestimmung schreibt vor, dass bei der Umwandlung in eine Gesellschaft mit Nennkapital das zu liberierende Kapital – trotz Ausschlusses der Vorschriften über die Sacheinlage – durch die Nettoaktiven der umzuwandelnden Gesellschaft tatsächlich gedeckt sein muss (zum Sonderfall 5 der Umwandlung einer Gesellschaft mit Nennkapital in eine andere mit Nennkapital vgl. Art. 57 N 15). Damit ist auch die Umwandlung einer überschuldeten oder einen Kapitalverlust aufweisenden Gesellschaft verboten (Botschaft, 4458). Betreffend die Problematik des Ausschlusses der Sacheinlagevorschriften, insbesondere bei der Umwandlung von kleinen und mittleren Unternehmen, kann auf Art. 57 N 7 ff. verwiesen werden. Kommen Gläubiger infolge einer Pflichtverletzung zu Schaden, gibt **Art. 108** den Verletzten die Möglichkeit, eine Verantwortlichkeitsklage gegen die mit der Umwandlung befassten Personen zu erheben (vgl. im Detail Komm. zu Art. 108).

6 Eine zusätzliche Schutzkomponente besteht in der abschliessenden Aufzählung der vom Gesetzgeber als zulässig vorgesehenen Umwandlungen (Art. 54 und Art. 55; vgl. dazu Art. 54 N 4). In Übereinstimmung mit dem vom Bundesgericht in BGE 125 III 18 entwickelten Grundsatz, wonach Ausgangs- und Ziel-Struktur der umstrukturierenden Gesellschaft *«fondamentalement compatibles»* sein müssen, hat der Gesetzgeber die Umwandlung einer juristischen Person in eine Rechtsform ohne juristische Persönlichkeit, d.h. in eine Kollektiv- oder Kommanditgesellschaft (die einfache Gesellschaft zählt nicht zu den Gesellschaften i.S.v. Art. 2 lit. b), sowie die Umwandlung einer Gesellschaft i.S.v. Art. 2 lit. b in einen Verein (mit Ausnahme der Umwandlung einer Genossenschaft ohne Anteilsscheine in einen Verein, Art. 54 Abs. 4 lit. b) aus Gläubigerschutzüberlegungen ausgeschlossen bzw. als unzulässig erklärt (WAMISTER, 67). Weil die strengen Liquidationsvorschriften, die den Körperschaften und Genossenschaften eigen sind, kein gleichwertiges Korrelat in den entsprechenden Bestimmungen über Kollektiv- und Kommanditgesellschaft finden, würde die Zulassung dieser Umwandlungsarten einen Weg zur Umgehung der strengen **Liquidationsvorschriften** öffnen (Botschaft, 4358). Vermieden wird insbesondere, dass den Gläubigern einer kapitalbezogenen Gesellschaft durch die Umwandlung in eine personenbezogene Gesellschaft die Sicherheit des Sperrkapitals verlustig geht.

7 Aufgrund des gemilderten Gefährdungspotentials der Umwandlung (vgl. N 1 ff.) sind Gläubigerinteressen durch einen schwach ausgeprägten *ex-post* Abwehrapparat genügend geschützt, welcher erst nach Vollendung der Umwandlung greift. Anders als bei der Fusion (Art. 25), Spaltung (Art. 46), Vermögensübertragung (Art. 75 Abs. 3) und Umwandlung einer Aktiengesellschaft in eine Gesellschaft mit beschränkter Haftung gemäss Art. 826 altOR sieht das Fusionsgesetz für die Umwandlung **keinen Schuldenruf und keine Sicherstellungspflicht** vor (VON DER CRONE ET AL., Rz 788; VISCHER, Einführung, 23).

4. Anwendungsbereich der fortdauernden persönlichen Haftung

8 Soweit sich aus dem Rechtskleidwechsel eine **Beschränkung** oder ein **Wegfall** einer in der Ausgangsstruktur vorgesehenen subsidiären (un)beschränkten Haftung der Gesellschafter für Gesellschaftsschulden ergibt und deswegen die Rechte der Gläubiger beeinträchtigt werden, findet Art. 26 Anwendung (Art. 68 Abs. 1). Dies ergibt sich namentlich in den folgenden Konstellationen (vgl. auch Art. 53 N 20):

– Die unbeschränkte Subsidiärhaftung der *Kollektivgesellschafter* (Art. 568 OR) entfällt bzw. wird eingeschränkt, wenn die Kollektivgesellschaft sich in eine Aktiengesellschaft, eine Kommanditgesellschaft, eine Kommanditaktiengesellschaft oder in eine Gesellschaft mit beschränkter Haftung umwandelt. Gleiches gilt je nach statutarischer Ausgestaltung der Haftung für die Umwandlung in eine Genossenschaft.

– Die unbeschränkte Subsidiärhaftung der *Komplementäre* (Art. 604 OR i.V.m. Art. 568 OR) und/oder die beschränkte Subsidiärhaftung der *Kommanditäre* (Art. 605 ff. OR) entfällt bzw. wird eingeschränkt, wenn die Kommanditgesellschaft sich in eine Aktiengesellschaft, eine Kommanditaktiengesellschaft oder in eine Gesellschaft mit beschränkter Haftung umwandelt. Gleiches gilt je nach statutarischer Ausgestaltung der Haftung für die Umwandlung in eine Genossenschaft.

– Die unbeschränkte Subsidiärhaftung der *Vereinsmitglieder* (Art. 71 Abs. 2 ZGB) entfällt bzw. wird eingeschränkt, wenn der Verein sich in eine Aktiengesellschaft, eine Gesellschaft mit beschränkter Haftung oder in eine Kommanditaktiengesellschaft umwandelt. Gleiches gilt je nach statutarischer Ausgestaltung der Haftung bei der Umwandlung in eine Genossenschaft.

– Die (un)beschränkte Subsidiärhaftung der *Genossenschafter* (Art. 869 bzw. 870 OR) entfällt bzw. wird eingeschränkt, wenn die Genossenschaft sich entweder in eine Aktiengesellschaft oder in eine Gesellschaft mit beschränkter Haftung umwandelt. Gleiches gilt auch für die Umwandlung einer Genossenschaft ohne Anteilscheine in einen Verein, dessen Mitgliederbeiträge in den Statuten festgesetzt sind (Art. 71 Abs. 1 ZGB). Bei der Umwandlung in eine Kommanditaktiengesellschaft gilt dies nur, wenn der Genossenschafter kein unbeschränkt haftendes Mitglied i.S.v. Art. 764 Abs. 1 OR wird.

– Die beschränkte Subsidiärhaftung der *Gesellschafter einer Gesellschaft mit beschränkter Haftung* (Art. 802) entfällt, wenn die Gesellschaft mit beschränkter Haftung sich in eine Aktiengesellschaft umwandelt. Wandelt sich die Gesellschaft mit beschränkter Haftung in eine Genossenschaft um, so kommt es je nach statutarischer Ausgestaltung der Haftung ebenfalls zu einer Haftungseinschränkung respektive zum Haftungsausschluss. Hinzuweisen ist darauf, dass die persönliche unbeschränkte Haftung gemäss Art. 802 OR im Rahmen der Revision des GmbH-Rechts entfallen soll (Botschaft GmbH, 3159).

– Die unbeschränkte Subsidiärhaftung der persönlich haftenden Mitgliedern *einer Kommanditaktiengesellschaft* (Art. 764 Abs. 1 OR i.V.m. Art. 568 Abs. 3 OR) entfällt bzw. wird eingeschränkt, wenn die Kommanditaktiengesellschaft sich entweder in eine Aktiengesellschaft oder in eine Gesellschaft mit beschränkter Haftung umwandelt. Gleiches gilt je nach statutarischer Ausgestaltung der Haftung bei der Umwandlung in eine Genossenschaft.

5. *Fortdauernde persönliche Haftung (Art. 68 Abs. 1 i.V.m. Art. 26)*

Nach Art. 26 Abs. 1 haften die Gesellschafter für eine Gesellschaftsschuld **nach der alten Haftungsregelung** weiter, soweit die Verbindlichkeit vor Rechtskraft der Umwandlung, d.h. vor demjenigen Werktag, welcher der Publikation der Umwandlung im SHAB folgt (Art. 67 FusG i.V.m. Art. 932 Abs. 2 OR), begründet wurde oder deren Entstehungsgrund vor diesem Zeitpunkt liegt (vgl. Art. 26 N 7 f.). Gemäss ihrem Wortlaut handeln Art. 68 i.V.m. Art. 26 nicht von (statutarischen) Nachschusspflichten. Eine analoge Anwendung dieser Bestimmungen auf Nachschusspflichten ist u.E. auch nicht gerechtfertigt (gl.M. ZOBL, 177; **a.M.** Art. 26 N 11; GASSER/EGGENBERGER, 479). Denn Nachschusspflichten beschlagen das Innenverhältnis zwischen Gesellschaft und Gesellschaftern, während Art. 68 i.V.m. Art. 26 das Verhältnis der Gesellschafter zu den Gesellschaftsgläubigern als aussenstehenden Dritten zum Gegenstand haben (Aussenverhältnis). Entsprechend sind Nachschusspflichten nicht vom Schutzbereich der genannten Bestimmungen erfasst. Die Ansprüche aus fortdauernder persönlicher Haftung für Verbindlichkeiten der Gesellschaft vor der Umwandlung verjähren spätestens drei Jahre nach Eintritt der Rechtswirksamkeit der Umwandlung (Art. 26 Abs. 2). Tritt die

Fälligkeit der Gesellschaftsschuld erst nach Veröffentlichung der Handelsregistereintragung im SHAB ein, so beginnt die Verjährung mit Eintritt der Fälligkeit (vgl. im Detail Komm. zu Art. 26).

6. Gläubigerschutz bei der «Umwandlung» einer Kollektivgesellschaft in eine Kommanditgesellschaft durch Wechsel eines bisherigen Kollektivgesellschafters zum Kommanditär

10 Bei der «**Umwandlung**» **einer Kollektivgesellschaft in eine Kommanditgesellschaft** (Art. 54 Abs. 2 lit. c) durch Wechsel eines bisherigen Kollektivgesellschafters zum Kommanditär (Art. 55 Abs. 1 lit. b; BK-HARTMANN, Art. 594 OR N 11) führt die Beschränkung der persönlichen Haftung des Wechselnden auf die Kommanditsumme zu einer Beeinträchtigung der Gläubigerinteressen. Da Art. 68 auf die spezifische «Umwandlung» keine Anwendung findet (Art. 55 Abs. 4), stellt sich die Frage, wie in diesem Fall die Gläubigerinteressen geschützt werden können. Gemäss Art. 568 Abs. 3 OR bleibt der austretende Kollektivgesellschafter für Verbindlichkeiten, die während seiner Mitgliedschaft entstanden sind oder welche er bei seinem Eintritt in die Kollektivgesellschaft übernommen hat, unbeschränkt solidarisch haftbar. Gemäss Art. 612 Abs. 1 OR haftet derjenige, der einer Kollektiv- oder Kommanditgesellschaft als Kommanditär beitritt, mit der Kommanditsumme auch für die vor seinem Beitritt entstandenen Verbindlichkeiten. Unklar ist, ob den Wechselnden eine *unbeschränkte* (Art. 568 Abs. 3 OR) oder eine *beschränkte* (Art. 612 Abs. 1 OR) persönliche Haftung für die vor der «Umwandlung» entstandenen Verbindlichkeiten trifft. Da sowohl bei der Umwandlung einer Kollektivgesellschaft in eine andere Gesellschaft i.S.v. Art. 2 lit. b als auch bei einem normalen (d.h. ohne einen neuen Eintritt) Austritt aus einer Kollektivgesellschaft eine fortdauernde unbeschränkte Haftung des Gesellschafters bzw. Austretenden vorgesehen ist (Art. 68 i.V.m. Art. 26 bzw. Art. 568 Abs. 3 OR) und da kein Grund für eine unterschiedliche Behandlung der in Frage stehenden Konstellation besteht, haftet der Wechselnde für die vor «Umwandlung» entstandenen Verbindlichkeiten unbeschränkt (Art. 568 Abs. 3 OR).

7. Grenzüberschreitende Umwandlung

11 Eine besondere Regelung über die grenzüberschreitende Umwandlung fehlt, da diese nichts anderes als eine grenzüberschreitende Verlegung der Gesellschaft mit anschliessender Umwandlung in eine adäquate innerstaatliche Rechtsform darstellt (vgl. dazu vor Art. 161–164b IPRG N 6 und Art. 163 IPRG N 13).

8. Rechtsvergleich

a) Europäische Union

12 Die europäische **EU-Kapital-RL** schreibt in **Art. 13** vor, dass die mitgliedstaatlichen Gesetzgeber die notwendigen Massnahmen zu treffen haben, damit die staatliche Gesetzgebung bei der Umwandlung einer Gesellschaft in eine Aktiengesellschaft Garantien bietet, welche denjenigen bei der Gründung einer Aktiengesellschaft entsprechen. Hinsichtlich des Gläubigerschutzes kommt den Bestimmungen zur Mindestliberierung des Aktienkapitals (wie z.B. Art. 6 EU-Kapital-RL) besondere Bedeutung zu.

b) Deutschland

13 Das **deutsche Recht** enthält in §§ 224, 237, 249 und 257 UmwG eine Regelung für die zeitliche Begrenzung der fortdauernden persönlichen Haftung der Gesellschafter beim

Formwechsel (deutsches Korrelat zur schweizerischen Umwandlung): Nach § 224 Abs. 1 UmwG bleibt die Haftung der persönlich haftenden Gesellschafter gemäss § 128 HGB den Gläubigern der formwechselnden Gesellschaft gegenüber unberührt (LUTTER-JOOST, 2171). Im Gegensatz zum schweizerischen Fusionsgesetz sieht das deutsche Umwandlungsgesetz auch bei Formwechsel einen Anspruch der Gläubiger auf Befriedigung und Sicherstellung vor (§ 204 UmwG i.V.m. §§ 22 und 23 UmwG).

c) Italien

Das erst am 1.1.2004 in Kraft getretene neu revidierte **italienische Gesellschaftsrecht** sieht bei der *trasformazione omogenea*, d.h. bei der Umwandlung zwischen Gesellschaften mit wirtschaftlicher Zweckverfolgung, eine fortdauernde persönliche Haftung der Gesellschafter gemäss Art. 2500-*quinquies* comma 1° Codice Civile Italiano vor. Bei der nur seit der Revision zugelassenen *trasformazione eterogenea* (Art. 2500-*octies* Codice Civile Italiano), d.h. bei der Umwandlung einer Gesellschaft mit wirtschaftlicher Zweckverfolgung in eine Gesellschaft ohne wirtschaftliche Zweckverfolgung (d.h. *consorzio, società consortile, comunione d'azienda, associazione riconosciuta e fondazione*), gibt Art. 2500-*novies* i.V.m. Art. 2445 comma 3° Codice Civile Italiano den Gläubigern die Möglichkeit, unter Einhaltung einer Frist von 60 Tagen Einspruch zu erheben (sog. *diritto di opposizione*). Die *trasformazione omogenea* ist aufschiebend bedingt und kann nur erfolgen, wenn sich die Gläubiger mit der Umwandlung einverstanden erklären, keinen Einspruch erheben oder der geltend gemachte Einspruch vom Richter nicht gutgeheissen wird (CORVESE, 406).

II. Haftung für Arbeitnehmerforderungen (Abs. 2)

Bei der Umwandlung bleibt im Gegensatz zu Fusion, Spaltung oder Vermögensübertragung arbeitgeberseitig derselbe Vertragspartner erhalten. Der Arbeitgeber wechselt lediglich das Rechtskleid. Es kommt daher zu *keinem Betriebsübergang* und folgerichtig erübrigen sich Verweise auf den Übergang der Arbeitsverhältnisse ex lege gemäss Art. 333 OR bzw. die Informations- und Konsultationspflichten gemäss Art. 333a OR.

Da beim Umwandlungsvorgang das *wirtschaftliche Substrat* der Arbeitgeberin *erhalten bleibt*, entfällt auch das *Sicherstellungsbedürfnis* zugunsten der Arbeitnehmer (vgl. Art. 27 Abs. 2, 49 Abs. 2, 76 Abs. 2 i.V.m. 75 Abs. 3).

Geblieben ist Abs. 2, wonach eine allfällige *persönliche Haftung von Gesellschaftern* die Umwandlung überdauert (Art. 68 Abs. 2 i.V.m. 27 Abs. 3; WINKLER, SJZ 2001, 485). Angesprochen ist z.B. der Fall der Umwandlung einer Kollektivgesellschaft oder Kommanditgesellschaft in eine Aktiengesellschaft, Kommanditaktiengesellschaft, GmbH oder Genossenschaft ohne Haftung und Nachschusspflicht (Art. 54 Abs. 2 und 3, vgl. Botschaft, 4524). In all diesen Fällen würde mit der Umwandlung die unbeschränkte Haftung der Gesellschafter (Art. 552 Abs. 1 OR) bzw. der Komplementäre (Art. 594 Abs. 1 OR) ohne Verweis auf Art. 27 Abs. 3 endigen.

In mehrfacher Hinsicht unglücklich ist der Verweis in Art. 68 Abs. 2 auf Art. 27 Abs. 3. Diese Bestimmung regelt die Folgen eines – hier gerade nicht vorliegenden – Betriebsübergangs. Dieser Betriebsübergang löst bei Fusionen, Spaltungen und Vermögensübertragungen qua Verweis auf Art. 333 OR ein Ablehnungsrecht der Arbeitnehmer aus, das den Arbeitnehmern einer sich umwandelnden Gesellschaft nicht zusteht (vorbehalten bleibt das ordentliche arbeitsvertragliche Kündigungsrecht). Im Ergebnis gesteht Art. 68 Abs. 2 den Arbeitnehmern die persönliche Haftung der Gesellschafter zu für Forderungen, die bis zum Ablauf der Kündigungsfrist (gemäss Einzelarbeitsvertrag, Personalreglement oder Gesamtarbeitsvertrag) fällig werden, wobei diese Kündigungsfrist mit Ablauf einer Überlegungsperiode nach Kenntnisnahme des Umwandlungsvorhabens durch die Arbeitnehmer (frühestens mit Eröffnung der Einsicht für Gesellschafter gemäss Art. 63 Abs. 1) beginnt. Die Überlegungsfrist ist auf einige Wochen, maximal einen Monat anzusetzen (vor Art. 27 N 17). Sie beginnt spätestens mit der Publikation des Handelsregistereintrags (nicht schon mit der Eintragung selber, Art. 67), da auf den Zeitpunkt der Kenntnisnahme durch den Arbeitnehmer abzustellen ist.

19 Eine Minderheit der nationalrätlichen Kommission wollte ein **Einsichtsrecht der Arbeitnehmer** in Umwandlungsplan, Umwandlungsbericht, Prüfungsbericht, Jahresrechnungen und Jahresberichte gemäss Art. 63 als Absatz 3 in Art. 68 aufnehmen. Auch diese Minderheit sah allerdings kein formelles Informations- und Konsultationsverfahren mit Verweis auf die Art. 333 und 333a OR vor. Trotz diesem beschränkten Normierungsziel wurde der Antrag mit 73 zu 57 Stimmen abgelehnt mit der Begründung, eine Arbeitnehmerkonsultation sei nicht gerechtfertigt, weil die Umwandlung weder eine Vermögensübertragung noch einen Betriebsübergang beinhalte (AmtlBull NR 2003, 242). Unterlassen die Organe der sich umwandelnden Gesellschaft die Information der Arbeitnehmer (ggf. der Arbeitnehmervertretung), verschiebt sich der Beginn der Haftungsdauer bis zur Handelsregisterpublikation.

20 Den Arbeitnehmern steht bei der Umwandlung keine Möglichkeit zu, die Handelsregistereintragung zu verhindern.

21 Ein Anspruch auf Fortführung der Arbeitsverhältnisse (**Bestandesschutz**) oder Fortführung zu bisherigen Bedingungen (**Inhaltsschutz**) besteht auch bei der Umwandlung nicht. Kündigungen von Arbeitsverhältnissen durch den Arbeitgeber, Massenentlassungen und Änderungskündigungen sind im Rahmen der gesetzlichen Vorschriften zulässig (Art. 334 ff. und 335d ff. OR).

22 Das *europäische Recht* enthält einzig in Art. 13 Abs. 2 EU-Kapital-RL die Vorschrift, dass die Gesetzgebung der Mitgliedstaaten bei der Umwandlung einer Gesellschaft mit einer anderen Rechtsform in eine Aktiengesellschaft Garantien bieten muss, welche denjenigen der Gründung einer Aktiengesellschaft entsprechen.

23 Das *deutsche Umwandlungsgesetz* sieht vor, dass bei einem sog. «Formwechsel» eines Rechtsträgers der Umwandlungsbeschluss mindestens einen Monat vor der Gesellschafterversammlung der zuständigen Arbeitnehmervertretung vorgelegt werden muss (§ 194 Abs. 2 UmwG). Der Nachweis der rechtzeitigen Vorlage des Beschlusses ist Voraussetzung für die Eintragung der Umwandlung im Handelsregister (§ 199 UmwG).

Fünftes Kapitel: Vermögensübertragung

Teil 1 vor Art. 69: Steuerliche Behandlung der Vermögensübertragung

Inhaltsübersicht   Note

- I. Zivilrechtliche Einordnung ... 1
  1. Allgemeines ... 1
  2. Anwendungsbereich ... 3
- II. Steuerrechtliche Einordnung ... 5
  1. Allgemeines ... 5
  2. Anwendungsbereich ... 7
- III. Vermögensübertragung auf Personenunternehmungen ... 14
  1. Vermögensübertragung einer Personenunternehmung auf eine andere Personenunternehmung ... 15
     - a) Zivilrecht ... 15
     - b) Steuerrecht ... 16
        - ba) Fusion, Spaltung und Umwandlung ... 16
        - bb) Vermögensübertragung ... 17
           - (1) Einkommenssteuer ... 17
              - (a) Steuerneutrale Übertragung ... 17
              - (b) Entstehungsgeschichte ... 18
              - (c) Umfang ... 19
              - (d) Entgeltlichkeit ... 21
              - (e) Verlustvortrag ... 22
              - (f) Privatentnahme ... 23
           - (2) Grundstückgewinnsteuer ... 25
           - (3) Handänderungssteuer ... 27
           - (4) Umsatzabgabe ... 30
           - (5) Mehrwertsteuer ... 32
  2. Vermögensübertragung einer Kapitalgesellschaft oder Genossenschaft auf eine Personenunternehmung ... 34
     - a) Zivilrecht ... 34
     - b) Steuerrecht ... 35
        - ba) Fusion ... 35
        - bb) Spaltung ... 36
        - bc) Umwandlung ... 37
        - bd) Vermögensübertragung ... 38
           - (1) Gewinnsteuer ... 38
              - (a) Steuerneutrale Übertragung ... 38
              - (b) Verlustvortrag ... 39
              - (c) Umfang der Übertragung von Aktiven und Passiven ... 40
           - (2) Einkommenssteuer ... 42
              - (a) Bisheriges Recht ... 42
              - (b) Entstehungsgeschichte neues Recht ... 43
              - (c) Steuerliche Abrechnung auf Ebene des Anteileigners ... 44
              - (d) Beurteilung des neuen Rechts ... 45
           - (3) Grundstückgewinnsteuer ... 46
           - (4) Handänderungssteuer ... 48

Teil 1 vor Art. 69   5. Kapitel: Vermögensübertragung

		(5) Verrechnungssteuer	49
		(6) Umsatzabgabe	50
		(7) Mehrwertsteuer	51
	3.	Vermögensübertragung eines Vereins auf eine Personenunternehmung ..	52
		a) Zivilrecht	52
		b) Steuerrecht	54
		(1) Gewinnsteuer	54
		(2) Einkommenssteuer	55
		(3) Grundstückgewinnsteuer	56
		(4) Handänderungssteuer	57
		(5) Verrechnungssteuer	58
		(6) Umsatzabgabe	59
		(7) Mehrwertsteuer	60
	4.	Vermögensübertragung einer Stiftung auf eine Personenunternehmung .	61
	5.	Vermögensübertragung einer Vorsorgeeinrichtung auf eine Personenunternehmung	62
	6.	Vermögensübertragung eines öffentlich-rechtlichen Instituts auf eine Personenunternehmung	63
IV.	Vermögensübertragung auf Kapitalgesellschaften und Genossenschaften ..	64
	1.	Vermögensübertragung einer Personenunternehmung auf eine Kapitalgesellschaft oder Genossenschaft	65
		a) Zivilrecht	65
		b) Steuerrecht	66
	2.	Vermögensübertragung einer Kapitalgesellschaft oder Genossenschaft auf eine andere Kapitalgesellschaft oder Genossenschaft	67
		a) Zivilrecht	67
		b) Steuerrecht	68
		ba) Fusion	68
		bb) Spaltung	69
		bc) Umwandlung	70
		bd) Vermögensübertragung	71
	3.	Konzernübertragung	72
	4.	Tochterausgliederung	73
		a) Zivilrecht	73
		b) Steuerrecht	75
		ba) Gewinnsteuer	75
		(1) Steuerneutrale Ausgliederung	75
		(a) Bisheriges Recht	75
		(b) Entstehungsgeschichte des neuen Rechts	76
		(c) Inländische Tochtergesellschaft	81
		(d) Fortbestehen der Steuerpflicht in der Schweiz	83
		(e) Betrieb oder Teilbetrieb	84
		(f) Gegenstände des betrieblichen Anlagevermögens	85
		(g) Beteiligungen	88
		(h) Gewinnsteuerwert und Gestehungskosten	91
		(i) Zwangsaufwertung nach Art. 62 Abs. 4 DBG	92
		(2) Sperrfristregelung zur steuerneutralen Übertragung	94
		(a) Entstehungsgeschichte	95
		(b) Veräusserung	96
		(c) Objektivierte Veräusserungssperrfrist	100
		(d) Beginn Veräusserungssperrfrist	101

		(e) Stille Reserven	102
		(f) Nachbesteuerung	104
		(g) Geltendmachung versteuerter stiller Reserven	107
		(h) Beurteilung Sperrfristenkonzept	109
	bb)	Grundstückgewinnsteuer	111
	bc)	Handänderungssteuer	114
	bd)	Verrechnungssteuer	117
	be)	Emissionsabgabe	118
		(1) Grundsatz	118
		(2) Umstrukturierungen	119
		(a) Auslegung des Begriffs der Spaltung	119
		(b) Kapital	122
		(c) Sperrfrist	125
	bf)	Umsatzabgabe	127
	bg)	Mehrwertsteuer	130

5. Vermögensübertragung eines Vereins auf eine Kapitalgesellschaft oder Genossenschaft 132
   a) Zivilrecht 132
   b) Steuerrecht 134
      ba) Steuerpflicht 134
      bb) Fusion, Umwandlung und Spaltung 135
   c) Vermögensübertragung 136
6. Vermögensübertragung einer Stiftung auf eine Kapitalgesellschaft oder Genossenschaft 137
7. Vermögensübertragung einer Vorsorgeeinrichtung auf eine Kapitalgesellschaft oder Genossenschaft 138
8. Vermögensübertragung eines öffentlich-rechtlichen Instituts auf eine Kapitalgesellschaft oder Genossenschaft 139

V. Vermögensübertragung auf Verein 140
   1. Vermögensübertragung einer Personenunternehmung auf einen Verein .. 141
   2. Vermögensübertragung einer Kapitalgesellschaft oder Genossenschaft auf einen Verein 142
      a) Zivilrecht 142
      b) Steuerrecht 143
         ba) Fusion 143
         bb) Spaltung 144
         bc) Umwandlung 145
         bd) Vermögensübertragung 146
   3. Vermögensübertragung eines Vereins auf einen anderen Verein 147
      a) Zivilrecht 147
      b) Steuerrecht 148
   4. Vermögensübertragung einer Stiftung auf einen Verein 149
   5. Vermögensübertragung einer Vorsorgeeinrichtung auf einen Verein 150
   6. Vermögensübertragung eines öffentlich-rechtlichen Instituts auf einen Verein 151

VI. Vermögensübertragung auf Stiftung 152
   1. Vermögensübertragung einer Personenunternehmung auf eine Stiftung 153
   2. Vermögensübertragung einer Kapitalgesellschaft oder Genossenschaft auf eine Stiftung 154
      a) Zivilrecht 154

	b) Steuerrecht 155
	ba) Fusion 155
	bb) Spaltung 156
	bc) Umwandlung 157
	bd) Vermögensübertragung einzelner Vermögenswerte 158
	3. Vermögensübertragung eines Vereins auf eine Stiftung 159
	a) Zivilrecht 159
	b) Steuerrecht 160
	4. Vermögensübertragung einer Stiftung auf eine andere Stiftung 161
	5. Vermögensübertragung von einer Vorsorgeeinrichtung auf eine Stiftung . 162
	6. Vermögensübertragung von einem öffentlich-rechtlichen Institut auf eine Stiftung 163
VII.	Vermögensübertragung auf Vorsorgeeinrichtung 164
	1. Allgemeines 164
	2. Vermögensübertragung 166
VIII.	Vermögensübertragung auf öffentlich-rechtliches Institut 167
IX.	Vermögensübertragung einer inländischen auf eine ausländische Unternehmung 169
	1. Zivilrecht 169
	2. Steuerrecht 171
	a) Emigrationsfusion 171
	b) Emigrationsspaltung 172
	c) Emigrationsumwandlung und Sitzverlegung 173
	d) Vermögensübertragung ins Ausland 174
	da) Einkommenssteuer 174
	(1) Schweizerischer Geschäftsbetrieb bzw. Betriebsstätte einer ausländischen Personenunternehmung 174
	(2) Ausländischer Geschäftsbetrieb bzw. Betriebsstätte einer inländischen Personenunternehmung 177
	(3) Schweizerische Betriebsstätte einer ausländischen juristischen Person 178
	db) Gewinnsteuer 180
	(1) Übertragung einzelner Vermögenswerte auf inländische Betriebsstätte 181
	(2) Übertragung einzelner Vermögenswerte auf ausländische Betriebsstätte 182
	(3) Übertragung von Beteiligungen ins Ausland 187
	dc) Grundstückgewinnsteuer 191
	dd) Handänderungssteuer 195
	de) Verrechnungssteuer 199
	(1) Übertragung Vermögenswerte auf ausländische Unternehmung 199
	(a) Grundsatz 199
	(b) Übertragung einer Beteiligung 201
	(c) Beteiligte 204
	(2) Übertragung Vermögenswerte auf ausländische Betriebsstätte 209
	df) Emissionsabgabe 210
	dg) Umsatzabgabe 211
	(1) Umstrukturierungen 211
	(2) Beteiligungen 214

(3) Veräusserungssperrfrist	215
dh) Mehrwertsteuer	216

Literatur

P. ATHANAS/D. BÜRGY, Inländerbegriff und unbeschränkte Steuerpflicht juristischer Personen, FStR 2003, 241 ff.; M. BAUER-BALMELLI, Änderungen in der Anwendung von Dreiecks- und Direktbegünstigtentheorie, FStR 2001, 58 ff.; P. BÖCKLI, Fusions- und Spaltungssteuerrecht: Gelöste und ungelöste Probleme, ASA 67 (1998/1999), 1 ff.; P.-M. GLAUSER, Aspects fiscaux de la vente et du transfert de participations au sein du groupe, ST 2002, 711 ff.; M. GRETER, Der Beteiligungsabzug im harmonisierten Gewinnsteuerrecht, Diss. Zürich 2000; P. GURTNER, Umwandlungen im Recht der direkten Steuern, ASA 71 (2002/2003), 735 ff.; R. HEUBERGER, Die verdeckte Gewinnausschüttung aus Sicht des Aktienrechts und des Gewinnsteuerrechts, Diss. Bern 2001; P. HINNY, Neues zur Emissionsabgabebefreiung bei Umstrukturierungen, StR 2001, 537 ff.; DERS., Internationale Umstrukturierungen von Kapitalgesellschaften im Schweizer Steuerrecht, FStR 2001, 180 ff. und 283 ff.; E. HÖHN, Handbuch des internationalen Steuerrechts der Schweiz, 2. Aufl., Bern/Stuttgart/Wien 1993; ST. KUHN/R. GERBER, Das Fusionsgesetz vor der Beratung im Zweitrat, Zum steuerrechtlichen Anspassungsbedarf, ST 2002, 101 ff.; A. LISSI/P. DUSS, Übertragung im Konzern und Ersatzbeschaffung von Beteiligungen, ST 2003, 866 ff. und 1139 ff.; P. LOSER-KROGH, Die Vermögensübertragung, Kompromiss zwischen Strukturanpassungsfreiheit und Vertragsschutz im Entwurf des Fusionsgesetzes, AJP 2000, 1095 ff.; CH. MEIER-SCHATZ, Einführung in das neue Fusionsgesetz, AJP 2002, 514 ff.; M. NEUHAUS, Fusionsgesetz – Steuerfolgen bei Verletzung von Sperrfristen, Steuerbilanz, Massgeblichkeit, Nennwertprinzip, Mehrfachbesteuerungen, Grundsatz der Besteuerung nach der wirtschaftlichen Leistungsfähigkeit und anderes, FStR 2001, 24 ff.; OECD, Model Tax Convention on Income and on Capital, OECD Committee on Fiscal Affairs, Model Convention and Commentary; E. OECHSLIN-SAUPPER, Cross border reorganization of corporations, ASA 65 (1996/1997), 255 ff.; M. OERTLI/TH. CHRISTEN, Das neue Fusionsgesetz, ST 2004, 105 ff. und 219 ff.; M. REICH, Verdeckte Vorteilszuwendungen zwischen verbundenen Unternehmen, ASA 54 (1985/1986), 609 ff. (zit. Vorteilszuwendungen); DERS., Steuerrechtliche Implikationen des Fusionsgesetzes, in: von der Crone/Weber/Zäch/Zobl (Hrsg.), Neuere Tendenzen im Gesellschaftsrecht, FS Forstmoser, Zürich 2003, 725 ff.; G. SCHAFROTH, Die Mehrwertsteuer bei Unternehmensumstrukturierungen, ST 2002, 963 ff.; B. SCHERRER, Die nachträgliche Besteuerung ursprünglich steuerneutraler Buchwertumwandlungen, in: Reich/Zweifel (Hrsg.), Das schweizerische Steuerrecht, Eine Standortbestimmung, FS Zuppinger, Bern 1989, 419 ff.; M. SIMONEK, Steuern II (Umwandlung, Spaltung und Vermögensübertragung), ZSR 2004 I 135 ff.; P. SPORI, Zur steuersystematischen Realisation, ASA 57 (1988/1989), 65 ff.; K. VOGEL/M. LEHNER, Kommentar Doppelbesteuerungsabkommen, 4. Aufl., München, 2003.

Praxisfestlegungen der Steuerbehörden

Kreisschreiben Nr. 5 der ESTV vom 1.6.2004 betreffend Umstrukturierungen (zit. ESTV-DVS, KS 5 vom 1.6.2004); Kreisschreiben Nr. 6 der ESTV vom 6.6.1997 betreffend verdecktes Eigenkapital (Art. 65 und 75 DBG) bei Kapitalgesellschaften und Genossenschaften (zit. ESTV-DVS, KS 6 vom 6.6.1997); Kreisschreiben Nr. 9 der ESTV vom 9.7.1998 betreffend Auswirkungen des Bundesgesetzes über die Reform der Unternehmensbesteuerung 1997 auf die Steuerermässigung auf Beteiligungserträgen von Kapitalgesellschaften und Genossenschaften, ASA 67 (1998/99), 117 ff. (zit. ESTV-DVS, KS 9 vom 9.7.1998); Kreisschreiben Nr. 10 der ESTV vom 10.7.1998 betreffend Übertragung von Beteiligungen auf ausländische Konzerngesellschaften, ASA 67 (1998/99), 206 ff. (zit. ESTV-DVS, KS 10 vom 10.7.1998); Merkblatt der ESTV vom Februar 2001 zur Bestimmung des Leistungsempfängers bei der Verrechnungssteuer, S-02.141 (zit. ESTV-DVS, MB Leistungsempfänger); Merkblatt betreffend Anwendung von Art. 6 Abs. 1 Bst. a[bis] des Bundesgesetzes über die Stempelabgaben (StG) vom Mai 2001 mit Änderung August 2002 (zit. ESTV-DVS, MB Art. 6 Abs. 1 Bst. a[bis] StG); Spezialbroschüre Nr. 5 der ESTV, Nutzungsänderungen, 610.530–05 (zit. ESTV-MWST, SB 5 Nutzungsänderungen); Merkblatt Nr. 1 der ESTV zur Gruppenbesteuerung, 610.545–01 (zit. ESTV-MWST, MB 1 Gruppenbesteuerung); Merkblatt Nr. 11 der ESTV zur Übertragung mit Meldeverfahren, 610.545–11 (zit. ESTV-MWST, MB 11 Meldeverfahren); Wegleitung 2001 der ESTV zur Mehrwertsteuer, 610.525 (zit. ESTV-MWST, WL Mehrwertsteuer).

I. Zivilrechtliche Einordnung

1. Allgemeines

1 Die Vermögensübertragung ist ein Rechtsinstitut, mit dem im Handelsregister eingetragene Rechtsträger ihr Vermögen oder Teile davon nach Massgabe eines Inventars uno actu auf andere Rechtsträger übertragen können, ohne dass die für die Einzelübertragung geltenden Formvorschriften erfüllt werden müssen (vgl. Art. 69 N 1 und N 5). Der Rechtsübergang erfolgt materiell durch (partielle) Universalsukzession und formell mit der Eintragung der Vermögensübertragung im Handelsregister (MEIER-SCHATZ, 524).

2 Im Gegensatz zur Fusion, Spaltung und Umwandlung beinhaltet die Vermögensübertragung keine mitgliedschaftsrechtliche Komponente (unter Vorbehalt der gesellschaftsrechtlichen Informationspflichten). Sie ist auf den blossen Übergang von Vermögenswerten beschränkt (Botschaft, 4362, KLÄY/TURIN, 32). Je nach vertraglicher Ausgestaltung kann eine **Vermögensübertragung** mit oder ohne **Gegenleistung** erfolgen (Art. 71 Abs. 1 lit. d FusG; Botschaft, 4459). Vorschriften über die **Angemessenheit** oder die **Bewertung** bestehen keine (LOSER-KROGH, 1098).

2. Anwendungsbereich

3 Die Vermögensübertragung steht einem weiten Kreis von Gesellschaften zur Verfügung: Eine Vermögensübertragung können Kapitalgesellschaften, Vereine und Genossenschaften, Kollektiv- und Kommanditgesellschaften sowie Einzelfirmen vornehmen, sofern sie im Handelsregister eingetragen sind (vgl. Art. 69 N 5; MEIER-SCHATZ, 524). Die Vermögensübertragung ist derart ausgestaltet, dass sie unabhängig von der Rechtsform der beteiligten Rechtsträger verwendet werden kann. Gegenstand einer Vermögensübertragung können das gesamte Vermögen oder **beliebige Vermögensteile** eines Rechtsträgers sein. Sie kann auf definitive oder temporäre Übertragung (z.B. Nutzniessung) ausgerichtet sein (vgl. Art. 69 N 10). Im FusG wurde darauf verzichtet, die Vermögensübertragung durch bestimmte Anforderungen an ihren Umfang von der Einzelübertragung abzugrenzen. Mit einer Vermögensübertragung kann daher auch ein **einzelnes Recht** übertragen werden (vgl. Art. 69 N 8; KLÄY/TURIN, 33). Dem übertragenden Rechtsträger kann für eine Vermögensübertragung eine Gegenleistung entrichtet werden. Eine solche ist jedoch nicht notwendiges Begriffselement der Vermögensübertragung (Botschaft, 4459).

4 Die Vermögensübertragung stellt funktional eine **Generalklausel** dar; sie kann für alle Vorgänge verwendet werden, für die eine Fusion, Spaltung oder Umwandlung nicht geeignet erscheint (vgl. Art. 69 N 3; KLÄY/TURIN, 33; LOCHER/AMONN, ASA 71 [2002/2003], 765) bzw. für die eine solche im FusG nicht vorgesehen ist. Entsprechend ist zu erwarten, dass die Vermögensübertragung aufgrund ihrer Multifunktionalität einen weiten Anwendungsbereich haben wird (vgl. die Bsp. in Art. 69 N 11 sowie KLÄY/TURIN, 36). Mit der Vermögensübertragung vermag das FusG noch nicht vorhersehbare Umstrukturierungsformen abzudecken.

II. Steuerrechtliche Einordnung

1. Allgemeines

5 Im Steuerrecht ist die Vermögensübertragung als solche nicht abgebildet. Auch nach Inkrafttreten des FusG und der damit einhergehenden Ergänzung der steuerrechtlichen Normen kennt das schweizerische Umstrukturierungssteuerrecht den Tatbestand der **steuerneutralen Vermögensübertragung** nicht. So setzt die Steuerneutralität der

Übertragung eines einzelnen Vermögenswertes nicht zwingend die zivilrechtliche Form der Vermögensübertragung im Sinne von Art. 69 ff. FusG voraus. Auch Übertragungen mittels Kaufvertrag nach Art. 184 ff. OR können einer steuerneutralen Übertragung zugänglich sein, so zum Beispiel die Übertragung von einzelnen Gegenständen des betrieblichen Anlagevermögens im Konzernverhältnis gemäss Art. 61 Abs. 3 DBG bzw. Art. 24 Abs. 3^{quater} StHG. Die zivilrechtliche Form der Vermögensübertragung und die steuerneutralen Umstrukturierungsformen sind nicht deckungsgleich. Es besteht zwischen Zivil- und Steuerrecht keine Parallelität.

Die bundesrätliche Botschaft setzt sich mit der besonderen Vielfalt der zivilrechtlichen Vermögensübertragung und deren **Eingliederung ins Steuerrecht** auseinander. Es wird darin ausgeführt, dass es nicht möglich sei, die Vermögensübertragung im Steuerrecht generell der Fusion, der Spaltung oder der Umwandlung gleichzustellen, da es sich bei der Vermögensübertragung vorab um ein Instrument zur Übertragung von Rechten handle, das zu verschiedenen wirtschaftlichen Zwecken eingesetzt werden könne. Zwar könne die Vermögensübertragung für Umstrukturierungsvorgänge verwendet werden, für welche das Zivilrecht kein gesellschaftsrechtliches Institut zur Verfügung stellt. Die Vermögensübertragung könne aber auch dazu dienen, die einer Gesellschaft gehörenden Vermögenswerte an einen Dritten zu veräussern oder Aktiven einer Gesellschaft als Naturaldividende auf die Aktionäre zu übertragen. Den damit verbundenen Abgrenzungsproblemen trage der Gesetzesentwurf dadurch Rechnung, dass die Aufzählung der steuerneutralen Umstrukturierungsformen (Fusion, Spaltung, Umwandlung) nicht abschliessend sei. Umstrukturierungen, die auf einer Vermögensübertragung beruhten, könnten daher ebenfalls ohne Steuerfolgen durchgeführt werden, sofern sie der Fusion, Spaltung oder Umwandlung wirtschaftlich gleichkämen. Als Beispiele werden die Übertragung eines Betriebs auf eine Tochtergesellschaft (sog. horizontale Spaltung), der Zusammenschluss sowie die Teilung von Stiftungen, die Übernahme einer Genossenschaft durch eine Stiftung und die Überführung einer Kapitalgesellschaft in eine Personenunternehmung genannt (Botschaft, 4370 f.).

2. Anwendungsbereich

Vermögensübertragungen sind innerhalb und ausserhalb von Umstrukturierungsvorgängen zulässig. Es stellt sich die Frage, wann eine Vermögensübertragung als Teil eines Umstrukturierungsvorganges oder aufgrund besonderer Regelung steuerneutral erfolgen kann bzw. wann sie den steuerlichen Realisationstatbestand erfüllt (LOCHER/AMONN, ASA 71 [2002/2003], 764; LOCHER, Kommentar DBG, Rev. Art. 61 N 6 ff.). Bei der offensichtlichen Notwendigkeit, die vielfältigen Gestaltungsmöglichkeiten der Vermögensübertragung einer **steuerlichen Systematik** zuzuführen, kann zu deren Beantwortung auf den Realisationsbegriff von REICH abgestellt werden, welcher von einer Nichtrealisation im Rahmen des steuerlichen Umstrukturierungsrechtes ausgeht (REICH, Grundriss, 42 ff.; REICH in: Kommentar zum Schweizerischen Steuerrecht I/2a, Art. 19 DBG N 12; BEHNISCH, Umstrukturierung, 187 ff.; LOCHER, ASA 71 [2002/2003], 676 ff.; LOCHER, Kommentar DBG, Rev. Art. 61 N 5) oder auf das von LOCHER propagierte Steuerneutralitätsrecht bei Umstrukturierungen, welches sich an die neuen privatrechtlichen Grundlagen des FusG anlehnt und sich auf den ursprünglich von KÄNZIG definierten Realisationsbegriff abstützt (LOCHER, ASA 71 [2002/2003], 682 f.; BEHNISCH, Umstrukturierung, 179 ff.; LOCHER, Kommentar DBG, Rev. Art. 61 N 4).

LOCHER/AMONN schlagen für die systematische Einordnung der Vermögensübertragung vor, verschiedene Fallgruppen auseinander zu halten, den Effekt der Vermögensübertragung wirtschaftlich zu analysieren und für die Einordnung systematische Überlegungen einzubeziehen, insbesondere ob durch eine Vermögensübertragung latente Steuerlasten erhalten bleiben oder nicht. Dies führt sie zu einer vierstufigen Wertungskaskade: steuerneutrale Vermögensübertragungen im Rahmen von (1) Fusionen, Spaltungen und Umwandlungen, (2) von weiteren Umstrukturierungen und (3) von speziellen gesetzlichen Bestimmungen, welche sie (4) gegenüber den steuerbaren Vermögensübertragungen abgrenzen (LOCHER/AMONN, ASA 71 [2002/2003], 769; LOCHER, Kommentar DBG, Rev. Art. 61 N 155 ff.; vgl. auch OERTLI/CHRISTEN, 222). Für den Pragmatiker wirkt diese Ordnung komplex und wenig zugänglich.

9   Das neue Recht erweitert den steuerrechtlichen Umstrukturierungsbegriff u.a. um die Übertragung einzelner Vermögenswerte des Geschäftsvermögens von Personenunternehmungen (Art. 19 Abs. 1 lit. a DBG bzw. Art. 8 Abs. 3 lit. a StHG), den Austausch von Beteiligungs- und Mitgliedschaftsrechten (Art. 19 Abs. 1 lit. c und Art. 61 Abs. 1 lit. c DBG bzw. Art. 8 Abs. 3 lit. c und Art. 24 Abs. 3 lit. c StHG) sowie die Übertragung von Gegenständen des betrieblichen Anlagevermögens innerhalb des Konzerns oder auf eine Tochtergesellschaft (Art. 61 Abs. 3 DBG bzw. Art. 24 Abs. 3^{quater} StHG; Art. 61 Abs. 1 lit. d DBG bzw. Art. 24 Abs. 3 lit. d StHG). Die Möglichkeit der steuerneutralen Übertragung einzelner Vermögenswerte ist eine der Errungenschaften der neuen Steuerrechtsordnung. Damit werden bisherige Konzepte und Systeme aufgebrochen und der **steuerrechtliche Umstrukturierungsbegriff** massgeblich erweitert. Ausgehend vom allgemeinen Einkommens- und Gewinnermittlungsbegriff könnte daher eine Systematik, welche die Neuordnung des Steuerrechts berücksichtigt, folgendermassen konzipiert werden:

10 1. Beurteilung des Sachverhaltes anhand des steuerrechtlichen Einkommens- bzw. Gewinnbegriffs anknüpfend an die kaufmännische Erfolgsermittlung (Grundsatz der Massgeblichkeit der Handelsbilanz), welche eine **echte** oder zumindest eine **buchmässige Realisierung** des entsprechenden Einkommens oder Gewinns voraussetzt, ergänzt durch Tatbestände, welche eine **steuersystematische Realisierung** auslösen. Liegt nach diesen Grundsätzen keine steuerrechtliche Realisierung vor – beispielsweise weil eine Buchwertübertragung buchführungsrechtlich zulässig oder gar zwingend ist – bedarf der steuerlich zu beurteilende Sachverhalt keiner weiteren Prüfung. Für den Steuerpflichtigen stellt dies i.d.R. die günstigste Ausgangslage dar. Die Nichtbesteuerung ist nicht von Bedingungen (bspw. dem Betriebsbegriff) oder der Einhaltung einer Veräusserungssperrfrist abhängig. Als Beispiel sei die Ausgliederung einer Beteiligung zum Gewinnsteuerwert auf eine Tochtergesellschaft genannt (ESTV-DVS, KS 5 vom 1.6. 2004, Ziff. 4.4.2.2.1).

11 2. Vermag die Analyse der allgemeinen, steuerrechtlichen Einkommens- bzw. Gewinnermittlung kein steuerneutrales Resultat zu erzeugen, ist anhand der einschlägigen **steuerrechtlichen Umstrukturierungsnormen** zu prüfen, ob diese eine steuerliche Nichtrealisierung des Sachverhaltes ausgehend von dessen wirtschaftlichem Effekt zulassen. Dabei können Fusion, Spaltung und Umwandlung wie im FusG für zivilrechtliche Sachverhalte vorgesehen, quasi als Numerus clausus den übrigen Umstrukturierungsvorgängen vorangestellt werden, zwingend ist dies jedoch nicht. Schliesslich ist der Sachverhalt aufgrund der übrigen steuerrechtlichen Umstrukturierungsnormen zu beurteilen. Dem Steuerpflichtigen verbleibt die **Wahl der geeigneten Umstrukturierungsnorm**, sofern sich der Sachverhalt unter verschiedene Normen subsumieren lässt. Will ein Steuerpflichtiger beispielsweise eine Betriebsübertragung unter der Norm der Konzernübertragung an Stelle der Spaltung umsetzen, ist nicht ersichtlich, weshalb ihm diese Wahl nicht offen stehen sollte (ebenso ESTV-DVS, KS 5 vom 1.6.2004, Ziff. 4.3.2.13).

Aus steuersystematischer Sicht ist die Ansicht der ESTV, es handle sich bei den steuerlichen Umstrukturierungsnormen (Art. 19 bzw. Art. 61 DBG) um Ausnahmen zu den allgemeinen Einkommens- und Gewinnermittlungsvorschriften bzw. deren Anwendung setze einen steuerlichen **Realisationstatbestand** voraus, abzulehnen (ESTV-DVS, KS 5 vom 1.6.2004, Ziff. 2.2.1 und 2.2.2). Obwohl diese Ansicht in der Praxis weit verbreitet ist (LOCHER, Kommentar DBG, Rev. Art. 61 N 6 ff.), kann den Realisationsnormen von Art. 18 Abs. 2 bzw. Art. 58 Abs. 1 DBG keine **Normenpriorität** gegenüber den steuerlichen Umstrukturierungsbestimmungen in Art. 19 bzw. Art. 61 DBG entnommen werden. Beide Normenkategorien stehen sich vielmehr gleichgeordnet gegenüber. Konsequenterweise kann auch die auf einem Umkehrschluss beruhende Auslegung der ESTV, dass den Umstrukturierungsvorschriften eine **steuerbegründende Wirkung** zukommen kann, nicht geteilt werden (vgl. ESTV-DVS, KS 5 vom 1.6.2004, Ziff. 4.3.2.13 sowie im Anhang I, Bsp. Nr. 14). So vertritt die ESTV gestützt auf den Bundesgerichtsentscheid vom 3.3.1989 (ASA 58 [1989/1990], 676; StE 1990 B 72.15.3 Nr. 1) die Ansicht, bei Spaltungen sei bei Nichteinhaltung des doppelten Betriebserfordernisses auf denjenigen stillen Reserven steuerlich abzurechnen, die auf dem Vermögen bestehen, das den Betriebsbegriff nicht oder nicht mehr erfüllt und zwar unabhängig davon, ob dieses Vermögen übertragen wurde oder zurückblieb. Ein solcher Umkehrschluss ist steuersystematisch unzulässig und der Entscheid des Bundesgerichts als falsch zu bezeichnen. Art. 19 und 61 DBG regeln die Nichtbesteuerung von stillen Reserven bei Umstrukturierungen. Eine andere Funktion – insbesondere eine steuerbegründende – kommt ihnen nicht zu (vgl. vor Art. 29 N 150 ff.; REICH in: Kommentar zum Schweizerischen Steuerrecht, I/2a, Art. 19 DBG N 12; REICH/DUSS, 17 f.; REICH, FStR 2001, 15; Kommission Steuerharmonisierung, 61; Handkommentar FusG-DIETRICH, Art. 19 Abs. 1 und 2 DBG/Art. 8 Abs. 3 und 3bis StHG N 7). Zur Neuordnung lässt sich Gegenteiliges weder der Botschaft noch den parlamentarischen Beratungen entnehmen.

Ausgehend von der dargestellten Systematik wird in den nachfolgenden Kapiteln die steuerliche Behandlung der zahlreichen Anwendungsmöglichkeiten der Vermögensübertragung unter Berücksichtigung aller möglichen Rechtsträger darzustellen versucht. Aufgrund der Multifunktionalität der Vermögensübertragung und der zu erwartenden Dynamik steuerneutraler Umstrukturierungsformen besteht kein Anspruch auf Vollständigkeit.

III. Vermögensübertragung auf Personenunternehmungen

Zu den Personenunternehmungen zählen Einzelfirmen, Kollektiv- und Kommanditgesellschaften. Mittels Vermögensübertragung nach Art. 69 ff. FusG können im Handelsregister eingetragene Gesellschaften und Einzelfirmen ihr Vermögen oder Teile davon mit Aktiven und Passiven in einem Akt (uno actu) auf Personenunternehmungen übertragen.

1. Vermögensübertragung einer Personenunternehmung auf eine andere Personenunternehmung

a) Zivilrecht

Das FusG lässt die direkte **Fusion** und **Umwandlung** einer Einzelfirma mit bzw. in eine andere Personenunternehmung wie auch den umgekehrten Sachverhalt nicht zu. Zulässig ist dies dagegen bei Kollektiv- und Kommanditgesellschaften (Art. 4 und Art. 54 FusG). Auch die direkte **Spaltung** von Personenunternehmungen ist nach FusG nicht möglich (Art. 30 FusG). Mittels **Vermögensübertragung** nach Art. 69 ff. FusG, bei welcher eine Personenunternehmung sämtliche Aktiven und Passiven oder Teile davon auf eine andere Personenunternehmung überträgt, die übertragende Personengesellschaft aufgelöst wird oder bestehen bleibt und der Inhaber der übertragenden Personenunternehmung mit Kapital der aufnehmenden Personenunternehmung abgefunden wird (oder auch nicht, wenn kein zusätzliches Kapital geschaffen wird), kann zivilrechtlich und wirtschaftlich das gleiche Resultat wie mit einer Fusion, Umwandlung oder Spaltung erzielt werden. Gegenstand einer Vermögensübertragung können das **gesamte Vermögen** oder **beliebige Vermögensteile** einer Personenunternehmung sein.

b) *Steuerrecht*

ba) Fusion, Spaltung und Umwandlung

16   Das Einkommenssteuerrecht regelt die Fusions-, Spaltungs- und Umwandlungssachverhalte bei Personenunternehmungen in Art. 19 Abs. 1 DBG und Art. 8 Abs. 3 StHG (vgl. vor Art. 3 N 354 ff. zur Fusion und vor Art. 53 N 5 ff. zur Umwandlung; REICH/DUSS, zum bisherigen Recht: Fusion 251 ff., Spaltung 303 ff. und Umwandlung 192 ff.). Da die Steuerfolgen einer Fusion, Spaltung oder Umwandlung einer Personenunternehmung jenen einer Vermögensübertragung nach Art. 19 Abs. 1 lit. a DBG bzw. Art. 8 Abs. 3 lit. a StHG entsprechen, kann auf die Ausführungen in N 17 ff. verwiesen werden.

bb) Vermögensübertragung

(1) Einkommenssteuer

(a) Steuerneutrale Übertragung

17   Das Einkommenssteuerrecht regelt die Übertragung von Vermögenswerten einer Personenunternehmung auf eine andere Personenunternehmung in Art. 19 Abs. 1 lit. a DBG und Art. 8 Abs. 3 lit. a StHG. Diese Bestimmungen erlauben, Vermögenswerte, die Teil des **Geschäftsvermögens** einer **Personenunternehmung** darstellen, steuerneutral zum Einkommenssteuerwert auf eine andere Personenunternehmung zu übertragen, sofern die Steuerpflicht in der Schweiz fortbesteht.

(b) Entstehungsgeschichte

18   Während für die Abgrenzung steuerfreier Umstrukturierungen von steuerbaren Einzelübertragungen im bundesrätlichen Vorschlag noch am Erfordernis der Übertragung eines Betriebs oder eines Teilbetriebs festgehalten wurde (Botschaft, 4371 sowie 4507), hielt der Ständerat das Betriebserfordernis für unnötig einschränkend. Er war der Ansicht, dass selbst wenn bloss ein einziges Aktivum und kein Betrieb oder Teilbetrieb übertragen wird, kein Grund für die steuerliche Abrechnung über die übertragenen stillen Reserven bestehe, da kein Wechsel des Steuersubjekts stattfinde, denn steuerpflichtig sei der Gesellschafter und nicht die Personengesellschaft. Die Übertragung von Geschäftsvermögen auf anderes Geschäftsvermögen zu Buchwerten bei demselben Steuersubjekt stelle keine steuerliche Realisation dar (Mitbericht WAK StR, 5; Handkommentar FusG-DIETRICH, Art. 19 Abs. 1 und 2 DBG/Art. 8 Abs. 3 und 3bis StHG N 13). In der Folge wurde im Gesetzestext «Betrieb oder Teilbetrieb» durch «**Vermögenswerte**» ersetzt.

(c) Umfang

Sofern die **Steuerpflicht in der Schweiz fortbesteht** und die für die **Einkommenssteuer massgeblichen Werte** übernommen werden, können Übertragungen von Vermögenswerten zwischen Personenunternehmungen steuerneutral abgewickelt werden. Der Anwendungsbereich von Art. 19 Abs. 1 lit. a DBG bzw. Art. 8 Abs. 3 lit. a StHG ist derart umfassend, dass es der spezifischen Erwähnung der Umstrukturierungsformen Fusion, Spaltung und Umwandlung im Ingress von Art. 19 Abs. 1 DBG bzw. Art. 8 Abs. 3 StHG für die Übertragung von Vermögenswerten zwischen Personenunternehmungen gar nicht bedurft hätte. Art. 19 Abs. 1 lit. a DBG bzw. Art. 8 Abs. 3 lit. a StHG enthalten zudem keinerlei Einschränkungen bezüglich der übertragbaren Vermögenswerte wie «betriebsnotwendig» oder «betrieblich» oder «in sich geschlossene Betriebsteile» oder «Anlagevermögen» und ordnen auch keine Veräusserungssperrfrist an. Einzige Voraussetzung ist die **Qualifikation als Geschäftsvermögen**; solches hat vorzuliegen und weiterzubestehen. Damit ist das neue Recht im Vergleich zum bisherigen deutlich liberaler, setzte dieses beispielsweise für eine steuerneutrale Aufteilung von Personenunternehmungen die Übertragung «in sich geschlossener Betriebsteile» voraus und musste der zurückbleibende Vermögenskomplex einen **Betrieb oder Teilbetrieb** darstellen (LOCHER/AMONN, ASA 71 [2002/2003], 781 f.; LOCHER, Kommentar DBG, Rev. Art. 61 N 190; OERTLI/CHRISTEN, 224). LOCHER/AMONN führen als Beispiel nach neuer Ordnung eine steuerneutrale Übertragung einer Geschäftsliegenschaft von einer Einzelfirma auf eine Kollektivgesellschaft an, beurteilen jedoch die blosse Überführung einer Kapitalanlageliegenschaft von einer Kollektivgesellschaft auf eine Einzelfirma des einen Teilhabers kritisch (LOCHER/AMONN, ASA 71 [2002/2003], 782). Sofern im zweiten Beispiel bei der Einzelfirma nicht mehr von Geschäftsvermögen im Sinne von Art. 18 DBG bzw. Art. 8 StHG ausgegangen werden kann (aus welchen Gründen auch immer), ist dieser Auslegung zuzustimmen. Sollte sich dieses Beispiel jedoch an der nichtbetrieblichen Qualifikation der Kapitalanlageliegenschaft stören, wäre die Lösung von LOCHER/AMONN abzulehnen. Eine betriebliche Qualifikation der Vermögenswerte ist nach neuem Recht nicht erforderlich. Ein illustratives Beispiel einer steuerneutralen Übertragung stellt Beispiel Nr. 1 im Anhang I zum Kreisschreiben Nr. 5 der ESTV vom 1.6.2004 dar.

Die Steuerneutralität einer Übertragung von Geschäftsvermögen ist weiter weder vom Zweck der Übertragung noch von der zivilrechtlichen Übertragungsart abhängig. So sind, was den Zweck der Übertragung anbelangt, keine Gründe ersichtlich, weshalb die nach Art. 4 bzw. 54 FusG zulässigen Fusionen und Umwandlungen von Personengesellschaften steuerlich anders als die Übertragung von Vermögenswerten nach Art. 19 Abs. 1 lit. a DBG bzw. Art. 8 Abs. 3 lit. a StHG zu behandeln sind, obschon diese Umstrukturierungsformen im Ingress von Art. 19 Abs. 1 DBG und Art. 8 Abs. 3 StHG spezielle Erwähnung gefunden haben. Betreffend Übertragungsart ist unbeachtlich, ob die Übertragung zivilrechtlich als Vermögensübertragung nach Art. 69 ff. FusG, als Kaufvertrag nach Art. 184 ff. OR oder mittels anderer **zivilrechtlicher Form** erfolgt (so auch ESTV-DVS, KS 5 vom 1.6.2004, Ziff. 3.1.1).

(d) Entgeltlichkeit

Die Übertragung der Vermögenswerte kann **entgeltlich oder unentgeltlich** erfolgen. Die Gegenleistung darf jedoch den **für die Einkommenssteuer massgeblichen Wert** (Buchwert gemäss handelsrechtlicher Bilanz zuzüglich allfälliger versteuerter stiller Reserven) nicht übersteigen. Andernfalls ist steuerlich soweit abzurechnen, als der Übertragungswert den Einkommenssteuerwert übersteigt. So stellen **Ausgleichszahlun-**

gen zwischen den Gesellschaftern einer Personenunternehmung bei Veränderung des Gesellschafterbestandes (Ein- und Austritt) beim empfangenden Gesellschafter steuerbare Einkünfte aus selbständiger Erwerbstätigkeit im Sinne von Art. 18 Abs. 2 DBG bzw. Art. 8 Abs. 1 StHG dar. Der leistende Gesellschafter kann in diesem Fall die Zahlungen in seiner persönlichen Steuerbilanz als versteuerte stille Reserven geltend machen und entsprechend der aktivseitigen Zuordnung steuerwirksam abschreiben, so beispielsweise **Goodwill** über 5 Jahre (ESTV-DVS, KS 5 vom 1.6.2004, Ziff. 3.1.2.2; REICH/DUSS, 192 ff.; vgl. ausführliche Kommentierung zum Ein- und Austritt von Gesellschaftern vor Art. 53 N 24 ff. sowie bezüglich Sozialversicherungsabgaben N 71 f.).

(e) Verlustvortrag

22 Verluste aus selbständiger Erwerbstätigkeit können vom steuerbaren Einkommen der nachfolgenden sieben Steuerperioden abgezogen werden, soweit sie bei der Berechnung des steuerbaren Einkommens noch nicht berücksichtigt wurden (Art. 211 DBG bzw. Art. 67 Abs. 1 StHG). Steuerrechtlich sind **Verluste** einer Personenunternehmung nicht dieser selbst, sondern deren Gesellschafter zuzurechnen (HÖHN/WALDBURGER, Steuern, § 47 N 70). Werden Vermögenswerte im Rahmen einer Vermögensübertragung von einer Personenunternehmung auf eine andere Personenunternehmung übertragen, verbleiben die noch nicht verrechneten Verluste beim bisherigen Gesellschafter und können innerhalb der siebenjährigen Verlustvortragsperiode von dessen künftigem, steuerbarem Einkommen abgezogen werden (vgl. EStV-DVS, KS 5 vom 1.6.2004, Ziff. 3.1.2.3 aus Umkehrschluss).

(f) Privatentnahme

23 Die Steuerneutralität bei Übertragungen nach Art. 19 Abs. 1 lit. a DBG bzw. Art. 8 Abs. 3 lit. a StHG ist eingeschränkt, wenn es dabei zur Überführung von Geschäftsvermögen ins Privatvermögen kommt. Privatentnahmen gelten als steuersystematischer Realisationstatbestand (REICH/DUSS, 29 f.). Eine **Privatentnahme** kann sowohl für die übertragenen wie auch die zurückgebliebenen Vermögenswerte vorliegen, soweit sie nicht mehr ganz oder vorwiegend der selbständigen Erwerbstätigkeit dienen (ESTV-DVS, KS 5 vom 1.6.2004, Ziff. 3.1.2.1) bzw. nicht mehr Geschäftsvermögen darstellen (LOCHER/AMONN, ASA 71 [2002/2003], 782; LOCHER, Kommentar DBG, Rev. Art. 61 N 191). Die Überführung in das Privatvermögen führt zur Besteuerung der unbesteuerten stillen Reserven nach Art. 18 Abs. 2 DBG bzw. Art. 8 Abs. 1 StHG (vgl. OERTLI/CHRISTEN, 224 bez. Überführung von Wertschriften von einer Kollektivgesellschaft auf eine Einzelunternehmung).

24 Die von der ESTV vertretene Ansicht, dass die Übertragung von Geschäftsvermögen auf eine **nichtkaufmännische Kollektivgesellschaft** immer zu einer Überführung ins Privatvermögen führe, ist unzutreffend (ESTV-DVS, KS 5 vom 1.6.2004, Ziff. 3.1.2.1). Die ESTV geht davon aus, nichtkaufmännische Kollektivgesellschaften könnten nicht über steuerliches Geschäftsvermögen verfügen. Es gibt jedoch zum einen nichtkaufmännische Kollektivgesellschaften mit Geschäftsvermögen, wenn zwar ein nach kaufmännischer Art geführtes Gewerbe betrieben wird, der Jahresumsatz jedoch unter CHF 100 000 liegt (vgl. Art. 54 HRegV). Zum andern bestehen nichtkaufmännische Kollektivgesellschaften, wenn Angehörige freier Berufe oder Landwirtschaftsbetriebe, die nicht als kaufmännische Unternehmen angesehen werden, sich in der Rechtsform der nichtkaufmännischen Kollektivgesellschaft organisieren (z.B. im Falle von Architektur- und Anwaltsbüros und bei Vermögensverwaltung; vgl. BSK OR II-BAUDENBACHER, Art. 553 N 1). Es steht nicht in Frage, dass solche Unternehmungen eine selbständige

Erwerbstätigkeit nach Art. 18 Abs. 1 DBG ausüben und die betreffenden Vermögenswerte Geschäftsvermögen darstellen (vgl. REICH in: Kommentar zum Schweizerischen Steuerrecht I/2a, Art. 18 DBG N 13 ff. zur Umschreibung der selbständigen Erwerbstätigkeit).

(2) Grundstückgewinnsteuer

Die Grundstückgewinnsteuer ist eine Objektsteuer auf dem Gewinn, d.h. dem Wertzuwachs, der bei Veräusserung eines Grundstücks realisiert wird. Als Veräusserungen gelten die Übertragung des zivilrechtlichen Eigentums und die Übertragung der wirtschaftlichen Verfügungsmacht auf einen neuen Rechtsträger einschliesslich Tatbestände mit ähnlicher Wirkung. Steuerobjekt ist der erzielte Gewinn (HÖHN/WALDBURGER, Grundlagen, § 22 N 7 ff.).

Die in Art. 8 Abs. 3 StHG aufgeführten Tatbestände sind bei der Grundstückgewinnsteuer nach Art. 12 Abs. 4 lit. a StHG als steueraufschiebende Veräusserungen zu behandeln. Die Übertragung von Grundstücken einer Personenunternehmung auf eine andere führt folglich nach Art. 12 Abs. 4 lit. a StHG zu einem **Steueraufschub**, unabhängig davon, ob eine **Umstrukturierung** im engeren (Fusion, Spaltung und Umwandlung nach Art. 8 Abs. 3 StHG) oder im weiteren Sinne (Übertragung von Vermögenswerten nach Art. 8 Abs. 3 lit. a StHG) vorliegt (vgl. auch LOCHER/AMONN, ASA 71 [2002/2003], 782, welche die Übertragung einer Geschäftsliegenschaft als Bsp. anführen). Der Steueraufschub hat für die übernehmende Personengesellschaft bzw. deren Gesellschafter zur Folge, dass sich die Steuerbemessung anlässlich der nächsten Handänderung nicht nach der Handänderung bestimmt, bei welcher sie das Grundstück übertragen erhalten hat, sondern nach der vorhergehenden Handänderung des übertragenden Rechtsträgers. Die erwerbende Personengesellschaft bzw. deren Gesellschafter treten folglich in die Position des Rechtsvorgängers ein und übernehmen die latente Steuerlast auf dem aufgelaufenen Mehrwert des Grundstücks (REICH/DUSS, 117 ff.), können sich jedoch dafür allfällige Besitzesdauerfristen anrechnen lassen (vgl. als Bsp. § 225 Abs. 3 StG ZH). Für weitere Ausführungen zur Grundstücksgewinnsteuer kann auf die Umwandlung von Personengesellschaften verwiesen werden (vgl. vor Art. 53 N 47 ff.).

(3) Handänderungssteuer

Die Handänderungssteuer ist eine Rechtsverkehrsteuer, die sowohl die Übertragung des zivilrechtlichen Eigentums als auch die Übertragung der wirtschaftlichen Verfügungsmacht auf einen neuen Rechtsträger sowie Tatbestände mit ähnlicher Wirkung umfasst. Steuerobjekt ist die Handänderung von Grundstücken (HÖHN/WALDBURGER, Grundlagen, § 28 N 7).

Art. 103 FusG schliesst die Erhebung von kantonalen und kommunalen Handänderungsabgaben bei Umstrukturierungen im Sinne von Art. 8 Abs. 3 StHG aus; kostendeckende Gebühren bleiben vorbehalten (ausführlich Art. 103). Die Übertragung von Grundstücken einer Personenunternehmung auf eine andere stellt eine unter Art. 103 FusG fallende Umstrukturierung dar. Dabei spielt es keine Rolle, ob sie als **Umstrukturierung** im engeren (Fusion, Spaltung und Umwandlung nach Art. 8 Abs. 3 StHG) oder weiteren Sinn (Übertragung von Vermögenswerten nach Art. 8 Abs. 3 lit. a StHG) durchgeführt wird. Anders als bei der Grundstückgewinnsteuer beinhaltet Art. 103 FusG nicht bloss einen Steueraufschub, sondern eine **Steuerbefreiung**. Wie bei der Grundstückgewinnsteuer tritt die übernehmende Personengesellschaft bzw. deren Gesellschafter in die Position ihres Rechtsvorgängers ein und kann sich allfällige Besitzesdauerfristen anrechnen lassen (vgl. als Bsp. § 231 Abs. 2 StG ZH). Vergleiche auch die Ausführungen zur Umwandlung (vor Art. 53 N 54 ff.).

29 Die Kantone haben ihre Steuergesetzgebung innerhalb von fünf Jahren seit Inkrafttreten des FusG, bis zum 30. Juni 2009 an Art. 103 FusG anzupassen (Art. 111 Abs. 3 FusG). Danach ist die Bundesgesetzgebung direkt anwendbar (vgl. die weitergehenden Ausführungen in Art. 103 N 33 f.).

(4) Umsatzabgabe

30 Aufgrund des neuen Art. 14 Abs. 1 lit. i StG ist die mit einer **Umstrukturierung**, insbesondere einer Fusion, Spaltung oder Umwandlung verbundene Übertragung **steuerbarer Urkunden** von der übernommenen, spaltenden oder umwandelnden Unternehmung auf die aufnehmende oder umgewandelte Unternehmung von der Umsatzabgabe **ausgenommen**. Die Ausnahme gilt unabhängig davon, ob die Übertragung der Vermögenswerte entgeltlich oder unentgeltlich erfolgt (ESTV-DVS, KS 5 vom 1.6.2004, Ziff. 3.1.3; vgl. auch vor Art. 53 N 63 ff.).

31 Fraglich ist, was als Umstrukturierung im Sinne von Art. 14 Abs. 1 lit. i StG zu verstehen ist. Der Ständerat unterbreitete dem Bundesrat auf Initiative seiner Kommission für Rechtsfragen eine Empfehlung, die **Begriffe** in den Vollzugsbestimmungen zum Verrechnungssteuer- und Stempelsteuerrecht gleich wie im Gewinnsteuerrecht zu definieren und anzuwenden. Der Bundesrat erklärte sich am 16. März 2001 bereit, diese Empfehlung entgegenzunehmen (Empfehlung 01.3015 des Ständerates vom 21.3.2001; vgl. ebenfalls ESTV-DVS, KS 5 vom 1.6.2004, Anhang II, 8). Obwohl sich die Empfehlung auf das Gewinn- und nicht auf das Einkommenssteuerrecht bezieht, darf aus Rechtsgleichheitsüberlegungen ohne weiteres geschlossen werden, sie entfalte ihre Wirkung auch auf Umstrukturierungen von Personenunternehmungen. Das Einkommenssteuerrecht definiert die Umstrukturierungen in Art. 19 Abs. 1 DBG bzw. Art. 8 Abs. 3 StHG. Folglich sind alle von diesen Bestimmungen umfassten Umstrukturierungstatbestände einschliesslich der Übertragung von Gegenständen des Geschäftsvermögens zwischen Personengesellschaften von der Umsatzabgabe auszunehmen (ESTV-DVS, KS 5 vom 1.6.2004, Ziff. 3.1.3).

(5) Mehrwertsteuer

32 Überträgt eine steuerpflichtige Personenunternehmung (vgl. vor Art. 53 N 67) ihr Vermögen oder Teile davon gestützt auf Art. 69 ff. FusG in einem Akt (uno actu) auf eine andere Personenunternehmung, so unterliegt diese Übertragung bei gegebener subjektiver Steuerpflicht der Mehrwertsteuer. Handelt es sich beim übertragenen Vermögen um ein **Gesamt- oder Teilvermögen** hat die steuerpflichtige Person (vorliegend die übertragende Personenunternehmung) ihre Steuerpflicht gestützt auf Art. 47 Abs. 3 MWSTG durch **Meldung** der steuerbaren Lieferung und Dienstleistung zu erfüllen, sofern die übernehmende Personengesellschaft gleichfalls steuerpflichtig ist bzw. wird. Mit der Meldung wird die Steuerzahlungs- und Abrechnungspflicht erfüllt. Das Meldeverfahren umfasst nur steuerbare Umsätze, nicht aber die nach Art. 18 MWSTG ausgenommenen (bspw. Übertragung von Beteiligungen, Wertschriften oder Immobilien, für welche nicht optiert wurde). Die Begriffe des Gesamt- und Teilvermögens sind weiter als jene des Betriebs bzw. Teilbetriebs der direkten Steuern. Es besteht somit (leider) keine Deckungsgleichheit (ESTV-MWST, MB 11 Meldeverfahren, 4 ff.). Verwendet die übernehmende Gesellschaft die übertragenen Vermögenswerte nicht vollumfänglich für steuerbare Zwecke, liegt ein steuerbarer **Eigenverbrauch** vor (vgl. ESTV-MWST, MB 11 Meldeverfahren, 12 f.; ESTV-MWST, SB 5 Nutzungsänderungen; BAUMGARTNER,

FStR 2001, 54). Werden **einzelne Gegenstände des Geschäftsvermögens** übertragen, wird i.d.R. kein Gesamt- oder Teilvermögen vorliegen, dessen Übertragung mittels Meldeverfahren erledigt werden könnte. In diesen Fällen ist die Steuerpflicht durch ordentliche Abrechnung und Steuerzahlung zu erfüllen (OERTLI/CHRISTEN, 224). Gehören die übertragende und aufnehmende Personenunternehmung zu einer Mehrwertsteuergruppe nach Art. 22 MWSTG, stellt die Vermögensübertragung einen nicht steuerbaren Innenumsatz dar (vgl. vor Art. 3 N 314 ff.).

Gemäss Art. 33 Abs. 2 Satz 3 MWSTG gilt bei Lieferungen und Dienstleistungen an eine **nahestehende Person** als Entgelt der Wert, der unter unabhängigen Dritten vereinbart würde. Für die Mehrwertsteuer ist daher bei Umstrukturierungen selbst dann auf den **Verkehrswert** abzustellen, wenn bei der Einkommenssteuer wie etwa bei der Übertragung von Vermögenswerten nach Art. 19 Abs. 1 lit. a DBG, die Übertragung zum Einkommenssteuerwert erfolgt (BAUMGARTNER, FStR 2001, 48 f.). 33

2. Vermögensübertragung einer Kapitalgesellschaft oder Genossenschaft auf eine Personenunternehmung

a) Zivilrecht

Die direkte Fusion, Spaltung und Umwandlung einer Kapitalgesellschaft oder Genossenschaft mit bzw. in eine Personenunternehmung ist nach dem FusG nicht zulässig (Art. 4, Art. 30 und Art. 54 FusG). Mittels Vermögensübertragung nach Art. 69 ff. FusG, bei welcher eine Kapitalgesellschaft oder Genossenschaft sämtliche Aktiven und Passiven oder Teile davon auf eine oder mehrere Personenunternehmungen überträgt, die Kapitalgesellschaft oder Genossenschaft aufgelöst wird oder auch nicht und deren Anteilseigner mit Kapital der aufnehmenden Personenunternehmung abgefunden werden, kann rechtlich und wirtschaftlich das gleiche Resultat erzielt werden. Kapitalgesellschaften und Genossenschaften können ihr Vermögen oder Teile davon mittels Vermögensübertragung in einem Akt (uno actu) auf Personenunternehmungen übertragen (Botschaft, 4362 und 4395; KLÄY/TURIN, 36). 34

b) Steuerrecht

ba) Fusion

Fusionssachverhalte, d.h. die echte Fusion sowie die hier interessierende, einer Fusion gleichkommende Übertragung sämtlicher Aktiven und Passiven einer Kapitalgesellschaft oder Genossenschaft auf eine Personenunternehmung (unechte Fusion), sind in Art. 61 Abs. 1 DBG bzw. Art. 24 Abs. 3 StHG geregelt. LOCHER/AMONN verweisen am Beispiel eines Zusammenschlusses einer Aktiengesellschaft mit einer Kollektivgesellschaft (die Aktiengesellschaft wird durch die Kollektivgesellschaft absorbiert) auf den Ingress von Art. 61 Abs. 1 DBG bzw. Art. 24 Abs. 3 StHG und führen aus, dass, sofern die Steuerpflicht in der Schweiz weiterbestehe und die Buchwerte unverändert bleiben, dieser Vorgang bei der übertragenden Aktiengesellschaft keine Gewinnsteuer auslöse. Mit LOCHER/AMONN ist festzuhalten, dass weitere Voraussetzungen gemäss lit. a, b, c oder d von Art. 61 Abs. 1 DBG bzw. von Art. 24 Abs. 3 StHG für Fusionen nicht zu erfüllen sind (LOCHER/AMONN, ASA 71 [2002/2003], 771). Die Abgrenzung der Fusion nach Art. 61 Abs. 1 DBG bzw. Art. 24 Abs. 3 StHG von der Umwandlung nach Art. 61 Abs. 1 lit. a DBG bzw. Art. 24 Abs. 3 lit. a StHG mag von steuersystematischem Interesse sein, praktisch macht es jedoch keinen Unterschied, ob sich die Beurteilung auf den Ingress von Art. 61 Abs. 1 DBG bzw. Art. 24 Abs. 3 StHG (Fusion) oder auf die Spezialbestimmung von Art. 61 Abs. 1 lit. a DBG bzw. Art. 24 Abs. 3 lit. a StHG (Umwand- 35 lung) abstützt. Beide Wege führen bei gleichen Voraussetzungen zur gewinnsteuerlichen Steuerneutralität. Die Steuerfolgen einer Umwandlung nach Art. 61 Abs. 1 lit. a DBG bzw. Art. 24 Abs. 3 lit. a StHG in der zivilrechtlichen Form der Vermögensübertragung sind in N 38 ff. dargestellt.

bb) Spaltung

36 Das Gewinnsteuerrecht regelt den **Spaltungssachverhalt** unter Beteiligung von Personenunternehmungen nicht explizit, da die Auf- oder Abspaltung nach Art. 61 Abs. 1 lit. b DBG bzw. Art. 24 Abs. 3 lit. b StHG auf juristische Personen als übertragende und übernehmende Rechtsträger beschränkt ist. Eine solche Spaltung lässt sich faktisch jedoch mittels Vermögensübertragung nach Art. 69 ff. erzielen. Dabei ist bei einer rechtsformübergreifenden Auf- oder Abspaltung von einer Kapitalgesellschaft oder Genossenschaft auf eine Personengesellschaft gedanklich von zwei Schritten auszugehen: Die Kapitalgesellschaft oder Genossenschaft überträgt die ab- oder aufzuspaltenden Vermögenswerte in einem ersten Schritt auf eine andere Kapitalgesellschaft oder Genossenschaft (bzw. juristische Person), die in einem zweiten Schritt in eine Personengesellschaft umgewandelt wird. Da ein solcher Vorgang sachlich einer Auf- oder Abspaltung einer juristischen Person entspricht, wird zu verlangen sein, dass die Voraussetzungen gemäss Art. 61 Abs. 1 lit. b DBG und Art. 24 Abs. 3 lit. b StHG eingehalten werden, d.h. die Kapitalgesellschaft oder Genossenschaft einen oder mehrere Betriebe oder Teilbetriebe überträgt und die nach der Spaltung bestehende Kapitalgesellschaft oder Genossenschaft sowie die Personengesellschaft einen Betrieb oder Teilbetrieb weiterführen (vgl. dazu vor Art. 29 N 40 ff.). Dabei ist es in Anwendung von Art. 61 Abs. 1 lit. a DBG und Art. 24 Abs. 3 lit. a StHG unschädlich, dass der in eine Personengesellschaft abgespaltene Betrieb oder Teilbetrieb entgegen dem Wortlaut von Art. 61 Abs. 1 lit. b DBG und Art. 24 Abs. 3 lit. b StHG nicht in einer juristischen Person weitergeführt wird. Im Übrigen entsprechen die Steuerfolgen einer Vermögensübertragung, welche einer solchen faktischen Spaltung gleichkommt, denjenigen der unten erwähnten übertragenden Umwandlung nach Art. 61 Abs. 1 lit. a DBG bzw. Art. 24 Abs. 3 lit. a StHG in der zivilrechtlichen Form der Vermögensübertragung (vgl. N 38 ff.).

bc) Umwandlung

37 Eine faktische Umwandlung in der zivilrechtlichen Form der Vermögensübertragung kann nach Art. 61 Abs. 1 lit. a DBG bzw. Art. 24 Abs. 3 lit. a StHG steuerneutral erfolgen (vgl. N 38 ff. und vor Art. 53 N 243 ff.).

bd) Vermögensübertragung

(1) Gewinnsteuer

(a) Steuerneutrale Übertragung

38 Kapitalgesellschaften oder Genossenschaften können nach Art. 61 Abs. 1 lit. a DBG bzw. Art. 24 Abs. 3 lit. a StHG steuerneutral in eine Personenunternehmung umgewandelt werden, soweit die Steuerpflicht in der Schweiz fortbesteht und die bisher für die Gewinnsteuer massgebenden Werte übernommen werden (ausführlich vor Art. 53 N 243 ff.; REICH/DUSS, 239 ff. zum bisherigen Recht). Wie bei der Fusion und der Spaltung ist eine Umwandlung nach Art. 61 Abs. 1 lit. a DBG bzw. Art. 24 Abs. 3 lit. a StHG nicht auf die zivilrechtliche (echte) Umwandlung nach Art. 54 FusG beschränkt. Sie umfasst vielmehr auch echte Umwandlungen gleichkommende Tatbestände, einschliesslich der rechtsformübergreifenden Umwandlung einer Kapitalgesellschaft oder Genossen-

schaft mittels **Vermögensübertragung** in eine Personenunternehmung. Diese steuerliche Gleichbehandlung von echten und unechten Umwandlungen entspricht dem unmissverständlichen Willen des Steuergesetzgebers (Botschaft, 4377 und 4509; ESTV-DVS, KS 5 vom 1.6.2004, Ziff. 4.2.6.1). Der **Fortbestand der schweizerischen Steuerpflicht** bezieht sich nicht auf die übertragende juristische Person, sondern auf die übernehmende Personenunternehmung bzw. deren Gesellschafter. Die Gewinnsteuerpflicht der übertragenden Kapitalgesellschaft oder Genossenschaft wird abgelöst durch die schweizerische Einkommens- oder Gewinnsteuerpflicht der übernehmenden Personengesellschafter (bezüglich System- und Tarifwechsel sowie Steuerperiode vgl. vor Art. 53 N 250 ff.). Diese müssen die für die Gewinnsteuer massgebenden Werte übernehmen. Die stillen Reserven bleiben auf diese Weise mit den entsprechenden Vermögenswerten verknüpft. Art. 61 Abs. 1 lit. a DBG bzw. Art. 24 Abs. 3 lit. a StHG verlangen weder die Fortführung der Personenunternehmung noch den unveränderten Gesellschafterbestand während einer bestimmten Dauer, z.B. einer Veräusserungssperrfrist von fünf Jahren, wie dies beispielsweise beim umgekehrten Tatbestand der Umwandlung einer Personenunternehmung in eine Kapitalgesellschaft der Fall ist (vgl. Art. 19 Abs. 2 DBG bzw. Art. 8 Abs. 3bis StHG). Solcher einschränkender Bedingungen bedarf es wegen der Besteuerung der Liquidationsdividende anlässlich der Umwandlung und der späteren Besteuerung der stillen Reserven bei Veräusserung der betreffenden Vermögenswerte durch die Personenunternehmung bzw. die Gesellschafter nicht. Die Besteuerung der Anteilseigner und der Unternehmung ist lückenlos sichergestellt.

(b) Verlustvortrag

Gestützt auf den Grundsatz der Unternehmensfortführung sowie der Steuerneutralität der Umstrukturierung für die beteiligten Unternehmungen können noch nicht verrechnete **Verluste** der Kapitalgesellschaft oder Genossenschaft auf die Personenunternehmung bzw. auf deren Gesellschafter übertragen werden (bei Spaltung, soweit mit den betreffenden Betrieben verknüpft, vgl. N 99 ff.) und gegen deren künftiges, steuerbares Einkommen bzw. deren Gewinne (bei juristischen Personen als Kommanditgesellschafter) verrechnet werden (ESTV-DVS, KS 5 vom 1.6.2004, Ziff. 4.2.6.2.2; GURTNER, ASA 71 [2002/2003], 756; kritisch ZK-LUDWIG, Vermögensübertragung: Steuern, N 11). HÖHN/WALDBURGER schlugen zum alten Recht gestützt auf eine Reverslösung eine Verrechnung der Verlustvorträge nur gegen künftiges Einkommen aus selbständiger Erwerbstätigkeit vor (HÖHN/WALDBURGER, Steuern, § 48 N 392). Eine solche Beschränkung der Verlustnutzung wäre nach neuem Recht aufgrund der klaren, steuergesetzlichen Konzeption der Unternehmensfortführung mit all ihren Konsequenzen steuersystematisch problematisch bzw. nicht nachvollziehbar.

39

(c) Umfang der Übertragung von Aktiven und Passiven

Bemerkenswert ist die entstehungsgeschichtliche Entwicklung des Wortlautes von Art. 61 Abs. 1 lit. a DBG bzw. Art. 24 Abs. 3 lit. a StHG. In der bundesrätlichen Botschaft war die Rede von «Übertragung auf eine Personenunternehmung». Der Ständerat änderte den Wortlaut in «Umwandlung in eine Personenunternehmung», wobei den Materialien der Grund für diese Änderung nicht entnommen werden kann (Mitbericht WAK StR, 8). Bundesrat und Ständerat gehen bei Art. 61 Abs. 1 lit. a DBG bzw. Art. 24 Abs. 3 lit. a StHG offenbar von einem Tatbestand aus, der wirtschaftlich einer Umwandlung entspricht, nämlich der **Übertragung aller Aktiven und Passiven** unter **Auflösung des bisherigen Rechtsträgers**. Entsprechend wird in der Botschaft ausgeführt, Umstrukturierungen, die auf einer Vermögensübertragung beruhten, könnten ebenfalls ohne Steuerfolgen durchgeführt werden, sofern sie der Fusion, der Spaltung oder der Umwandlung

40

wirtschaftlich gleichkämen. Als Beispiel wurde die Überführung einer Kapitalgesellschaft in eine Personenunternehmung genannt (Botschaft, 4371). Weiter werden in der Botschaft regelmässig Begriffe wie «Auflösung der Kapitalgesellschaft oder Genossenschaft», «Liquidationsgewinn», «Liquidationsdividende», «der die Liquidation des Unternehmens planende Aktionär» sowie «Liquidationsüberschuss» erwähnt (Botschaft, 4376 f. und 4509). Auch das Kreisschreiben Umstrukturierung geht von der Liquidation des bisherigen Rechtsträgers aus (ESTV-DVS, KS 5 vom 1.6.2004, Ziff. 4.2.6.1; GURTNER, ASA 71 [2002/2003], 752 ff.). Die steuerneutrale Übertragung von Betrieben, Teilbetrieben, einzelnen Gegenständen des betrieblichen Anlagevermögens oder anderen Vermögenswerten von einer Kapitalgesellschaft oder Genossenschaft auf eine Personenunternehmung, was zivilrechtlich mittels Vermögensübertragung nach Art. 69 ff. FusG problemlos möglich ist, scheint bei dieser Auslegung ausgeschlossen. Einen zwingenden Grund für eine solch restriktive Gesetzesnormierung, welche nur die Gesamtunternehmung erfasst, jedoch nicht die **Übertragung von Betrieben oder Teilbetrieben** (bspw. durch Spaltung, vgl. N 36) zulässt, ist jedoch nicht erkennbar.

41 GURTNER nimmt an, im Rahmen der Umwandlung müsse ein Betrieb übertragen werden, da eine Personenunternehmung grundsätzlich einen Betrieb führe. Er schliesst folglich die Übertragung einzelner Aktiven von der steuerneutralen Umwandlung aus. Immerhin macht er eine Ausnahme bei Vermögenswerten, wie Liegenschaften bei einem Liegenschaftenhändler, die zwar keinen Betrieb darstellen, jedoch dennoch als Geschäftsvermögen qualifizieren (GURTNER, ASA 71 [2002/2003], 755 f.; LOCHER, Kommentar DBG, Rev. Art. 61 N 129 f.; ZK-LUDWIG, Vermögensübertragung: Steuern, N 9; gl.M. ESTV, welche im Rahmen des Fortbestands der Steuerpflicht von einer **Fortführung eines Betriebes** spricht, ESTV-DVS, KS 5 vom 1.6.2004, Ziff. 4.2.6.3.2). Aufgrund einerseits der Übernahme der Gewinnsteuerwerte und damit der Verstrickung der stillen Reserven im Geschäftsvermögen der Personenunternehmung und andererseits der Besteuerung des Anteilseigners anlässlich der Übertragung der Vermögenswerte erscheint das Betriebserfordernis als überschiessend. Dem Wortlaut von Art. 61 Abs. 1 lit. a DBG bzw. Art. 24 Abs. 3 lit. a StHG ist das Betriebserfordernis jedenfalls im Gegensatz zu beispielsweise Art. 61 Abs. 1 lit. b DBG bzw. Art. 24 Abs. 3 lit. b StHG (Spaltung) nicht zu entnehmen (vgl. vor Art. 53 N 248).

(2) Einkommenssteuer

(a) Bisheriges Recht

42 Das bisherige Recht regelte die steuerliche Behandlung der Umwandlung einer Kapitalgesellschaft oder Genossenschaft in eine Personengesellschaft nicht (mit Ausnahme von Art. 12 Abs. 4 lit. a StHG für die Erhebung der Grundstückgewinnsteuer). Entsprechend kamen in der Veranlagungspraxis für die einkommenssteuerliche Behandlung der Umwandlung verschiedene Modelle zur Anwendung: (1) gänzliche steuerliche Abrechnung auf Unternehmens- und Anteilseignerebene, (2) Besteuerung bloss auf Anteilseignerebene und Steuerneutralität auf Unternehmensebene und (3) Steuerneutralität auf Anteilseignerebene und Besteuerung bloss auf Unternehmensebene (Kommission Steuerharmonisierung, 83 ff.; AGNER/JUNG/STEINMANN, 255; Botschaft, 4376 f.; GURTNER, ASA 71 [2002/2003], 752; REICH/DUSS, 239 ff.; LOCHER, Kommentar DBG, Rev. Art. 61 N 127).

(b) Entstehungsgeschichte neues Recht

43 Bereits die Arbeitsgruppe Steuern und ihrem Vorschlag folgend der Bundesrat, haben sich mit der Frage der Besteuerungsebene vertieft auseinandergesetzt. Beide kamen

zum Schluss, dass sich eine Besteuerung auf Stufe der Unternehmung nicht rechtfertige und eine abschliessende Besteuerung auf Stufe der Anteilseigner unumgänglich sei. In der Botschaft führt der Bundesrat aus, dass eine Kumulation der Besteuerung auf Stufe der Gesellschaft und des Aktionärs nicht vertretbar sei. Eine Besteuerung sei aber unerlässlich, um zu verhindern, dass der die Liquidation des Unternehmens planende Aktionär die Aktiengesellschaft in eine Personenunternehmung umwandle und die beabsichtigte Liquidation im Anschluss an diese Umwandlung durchführe. Mit der Arbeitsgruppe Steuern hielt der Bundesrat in der Folge dafür, dass die stillen Reserven unbesteuert auf den neuen Rechtsträger (d.h. den Personenunternehmer) übergehen könnten, jedoch beim **Aktionär** über die **Liquidations- bzw. Naturaldividende** abzurechnen sei, welche er in Form der übertragenen Vermögensobjekte erhalte. Der Bundesrat schlug vor, die Umwandlung einer juristischen Person in eine Personenunternehmung in Art. 61 Abs. 1 lit. a DBG (und in Art. 24 Abs. 3 lit. a StHG) explizit zu regeln, um damit klarzustellen, dass die Besteuerung nicht auf der Stufe der juristischen Person, sondern auf der Ebene des Aktionärs vorzunehmen sei (Botschaft, 4377 und 4509).

(c) Steuerliche Abrechnung auf Ebene des Anteileigners

Aufgrund dieser Entstehungsgeschichte besteht kein Zweifel darüber, dass der Gesetzgeber **auf der Ebene der Anteilseigner** von einer Liquidation der Kapitalgesellschaft oder Genossenschaft ausgeht und bei diesen im Umfang der Liquidations- bzw. Naturaldividende einen steuerbaren Vermögensertrag nach Art. 20 Abs. 1 lit. c DBG bzw. Art. 7 Abs. 1 StHG annimmt (ebenso ESTV-DVS, KS 5 vom 1.6.2004, Ziff. 4.2.6.4). Weil keine Drittrealisation des Unternehmenswertes stattfindet, ist der Verkehrswert der übertragenen Vermögenswerte zu schätzen. Dabei ist gemäss REICH der Verkehrswert um die latenten Einkommens- bzw. Gewinnsteuern auf den übertragenen stillen Reserven zu kürzen (REICH/DUSS, 241). Natürliche Personen, welche die Anteilsrechte in ihrem Privatvermögen halten, realisieren einen steuerbaren Liquidationsüberschuss (offene und stille Reserven) in der Differenz des geschätzten anteiligen Verkehrswertes abzüglich dem Nennwert ihrer Anteile, den sie nach Art. 20 Abs. 1 lit. c DBG zu versteuern haben (Botschaft, 4509), allenfalls abzüglich eines noch nicht verrechneten Verlustvortrages (ESTV-DVS, KS 5 vom 1.6.2004, Anhang I, Bsp. Nr. 9; LOCHER/AMONN, ASA 71 [2002/2003], 771). Natürliche Personen, welche die Anteilsrechte in ihrem Geschäftsvermögen halten, realisieren Einkünfte aus selbständigem Erwerb (Art. 18 Abs. 1 DBG). Juristische Personen, welche als Kommanditäre (Art. 594 Abs. 2 OR) an der künftigen Personenunternehmung beteiligt sind, erzielen Beteiligungsertrag (Art. 58 Abs. 1 DBG) und können, soweit sie die subjektiven und objektiven Voraussetzungen erfüllen, die Ermässigung des Beteiligungsabzugs nach Art. 69 DBG in Anspruch nehmen.

44

(d) Beurteilung des neuen Rechts

GURTNER prüft, ob mit der neuen Rechtsordnung eine prohibitive Besteuerung vereitelt wird oder ob der Gesetzgeber die Situation (zusätzlich) verschlechtert hat. Anhand eines Zahlenbeispiels legt er dar, dass die neue Regelung unter Beachtung der AHV-Beiträge zu einer klar höheren Steuerbelastung als die bisherige der ESTV führt, welche eine steuerliche Abrechnung auf der Ebene der Unternehmung nicht jedoch beim Anteilseigner vorsah. Aufgrund seiner Schlussfolgerung sieht GURTNER die Umwandlung einer Kapitalgesellschaft in eine Personenunternehmung nach neuem Recht praktisch verunmöglicht und schlägt vor, beim Anteilseigner im Zeitpunkt der Umwandlung lediglich die als Liquidationsdividende ausgeschütteten offenen Reserven als Beteiligungsertrag zu besteuern und auf die Abrechnung über die stillen Reserven zu verzichten. Diese

45

seien nur bei einer Liquidation der Personenunternehmung innerhalb einer Frist von fünf Jahren seit der Umwandlung nachzubesteuern. Er begründet seinen Vorschlag mit der Herstellung der Symmetrie zur Umwandlung eines Personenunternehmens in eine Kapitalgesellschaft (GURTNER, ASA 71 [2002/2003], 752 ff. und 772; ZK-LUDWIG, Vermögensübertragung: Steuern, N 8). Seiner Argumentation ist im Grundsatz zuzustimmen, jedoch ist dem von ihm angeführten Symmetriegedanken folgend, zu fragen, warum eine Lösung auf halbem Wege stehen bleiben soll. Bei der Umwandlung einer Kapitalgesellschaft oder Genossenschaft in eine Personengesellschaft handelt es sich um nichts anderes als um die Umkehrung der Umwandlung einer Personengesellschaft in eine Kapitalgesellschaft oder Genossenschaft (LOCHER, Kommentar DBG, Rev. Art. 61 N 128). Letztere kann aufgrund von Art. 19 Abs. 1 lit. b DBG bzw. Art. 8 Abs. 3 lit. b StHG steuerneutral erfolgen. Der Wechsel zur wirtschaftlichen Doppelbesteuerung von Anteilseigner und Unternehmung ist steuerneutral, während im umgekehrten Fall eine steuerliche Abrechnung erfolgt. Folglich ist auch für die Umwandlung einer Kapitalgesellschaft oder Genossenschaft in eine Personenunternehmung die gänzliche Steuerneutralität zu fordern. Damit ergibt sich ein abgerundetes und in sich schlüssiges Umstrukturierungssteuerrecht. Ängsten der Steuerumgehung kann, wie von GURTNER vorgeschlagen, mit einer fünfjährigen Veräusserungssperrfrist entsprechend Art. 19 Abs. 2 DBG bzw. Art. 8 Abs. 3bis StHG begegnet werden. Erfolgt im Rahmen der Übertragung der Vermögenswerte der Kapitalgesellschaft oder Genossenschaft auf die übernehmende Personengesellschaft eine Gutschrift auf den Kapital- oder Privatkonti der Gesellschafter (bspw. im Umfang der offenen Reserven der Kapitalgesellschaft oder Genossenschaft), so wäre auch über eine aufgeschobene Besteuerung dieser Gutschriften bis zu deren tatsächlichen Bezug nachzudenken. Aufgrund vorstehender Überlegungen sollte die umfassende Steuerneutralität dieses Umstrukturierungsvorgangs anlässlich einer künftigen Steuerrechtsrevision geprüft werden.

(3) Grundstückgewinnsteuer

46 Die in Art. 24 Abs. 3 StHG genannten Tatbestände sind bei der Grundstückgewinnsteuer gestützt auf Art. 12 Abs. 4 lit. a StHG als steueraufschiebende Veräusserung zu behandeln. Die Übertragung eines Grundstücks von einer Kapitalgesellschaft oder Genossenschaft auf eine Personengesellschaft nach Art. 24 Abs. 3 lit. a StHG führt somit zu einem Steueraufschub.

47 Der **Steueraufschub** hat für die übernehmende Personengesellschaft bzw. deren Gesellschafter zur Folge, dass die Steuerbemessung anlässlich der nächsten Handänderung nicht nach der Handänderung, bei welcher sie das Grundstück übertragen erhalten hat, sondern nach der vorhergehenden Handänderung des übertragenden Rechtsträgers bestimmt wird. Die erwerbende Personengesellschaft bzw. deren Gesellschafter tritt in die Position ihres Rechtsvorgängers ein und übernimmt die latente Steuerlast auf dem aufgelaufenen Mehrwert des Grundstückes, kann sich jedoch dafür allfällige Besitzesdauerfristen anrechnen lassen (REICH/DUSS, 117 ff.; vgl. bspw. § 225 Abs. 3 StG ZH).

(4) Handänderungssteuer

48 Art. 103 FusG schliesst mit Ablauf der Übergangsfrist die Erhebung von kantonalen und kommunalen Handänderungsabgaben bei Umstrukturierungen im Sinne von Art. 24 Abs. 3 StHG aus. Kostendeckende Gebühren bleiben vorbehalten (ausführlich Art. 103). Anders als bei der Grundstückgewinnsteuer führt Art. 103 FusG nicht lediglich zu einem Steueraufschub, sondern zu einer **Steuerbefreiung**. Die übernehmende Personengesellschaft bzw. deren Gesellschafter tritt in die Position ihres Rechtsvorgängers und

kann sich allfällige Besitzesdauerfristen anrechnen lassen (vgl. bspw. § 231 Abs. 2 StG ZH).

(5) Verrechnungssteuer

Die formelle Liquidation einer Kapitalgesellschaft oder Genossenschaft **unterliegt** nach Art. 4 Abs. 1 lit. b VStG der **Verrechnungssteuer** (ESTV-DVS, KS 5 vom 1.6.2004, Ziff. 4.2.6.5). Die Ausnahmenorm von Art. 5 Abs. 1 lit. a VStG greift für Umwandlungen von Kapitalgesellschaften und Genossenschaften in Personenunternehmungen nicht, da die offenen und stillen Reserven der liquidierten Kapitalgesellschaft oder Genossenschaft nicht in die Reserven einer aufnehmenden oder umgewandelten inländischen Kapitalgesellschaft oder Genossenschaft, sondern auf eine für die Verrechnungssteuer nicht steuerpflichtige Personenunternehmung übergehen. Da die Übertragung der Vermögenswerte zu Buchwerten erfolgt, um die Steuerneutralität der Umwandlung auf Unternehmensebene nach Art. 61 Abs. 1 lit. a DBG bzw. Art. 24 Abs. 3 lit. a StHG zu gewährleisten, und keine Drittrealisation des Unternehmenswertes stattfindet, ist der Verkehrswert der übertragenen Vermögenswerte zu schätzen. Steuerobjekt ist der **Liquidationsüberschuss**, d.h. die Differenz zwischen dem Aktivenüberschuss zu Verkehrswerten und dem nominellen Kapital (REICH/DUSS, 242). Denkbar ist bei gewissen Sachverhalten unter den Voraussetzungen von Art. 24 VStV die Anwendung des **Meldeverfahrens**.

(6) Umsatzabgabe

Aufgrund des neuen Art. 14 Abs. 1 lit. i StG ist die mit einer Umstrukturierung, insbesondere einer Fusion, Spaltung oder Umwandlung, verbundene Übertragung steuerbarer Urkunden von der übernommenen, spaltenden oder umwandelnden Unternehmung auf die aufnehmende oder umgewandelte Unternehmung von der Umsatzabgabe **ausgenommen**. Das Gewinnsteuerrecht definiert Umstrukturierungen in Art. 61 Abs. 1 DBG bzw. Art. 24 Abs. 3 StHG. Daraus ist zu schliessen, dass alle darin erwähnten Tatbestände einschliesslich der in lit. a DBG bzw. lit. a StHG erwähnten Umwandlung in eine Personengesellschaft von der Umsatzabgabe ausgenommen sind (ESTV-DVS, KS 5 vom 1.6.2004, Ziff. 4.2.6.6 bzw. 4.2.1.6 zweiter Absatz bez. «indirekter Umwandlungen»). Allfällige steuerbare Urkunden, welche von der Kapitalgesellschaft oder Genossenschaft im Rahmen der steuerneutralen Umwandlung auf die Personenunternehmung unter Teilnahme eines umsatzabgabepflichtigen Effektenhändlers übertragen werden, sind damit von der Umsatzabgabe ausgenommen und zwar unabhängig davon, ob in den übertragenen Passiven Drittverbindlichkeiten enthalten sind. Diese Ausnahme gilt unabhängig davon, ob die Übertragung der Vermögenswerte entgeltlich oder unentgeltlich erfolgt.

(7) Mehrwertsteuer

Für die mehrwertsteuerliche Behandlung einer Vermögensübertragung von einer steuerpflichtigen Kapitalgesellschaft oder Genossenschaft auf eine Personengesellschaft kann auf die sinngemäss anwendbaren Ausführungen zur Vermögensübertragung zwischen Personengesellschaften verwiesen werden (vgl. N 32 f.).

3. Vermögensübertragung eines Vereins auf eine Personenunternehmung
a) Zivilrecht

Der Verein ist eine körperschaftlich organisierte Personenverbindung, welcher zur Verfolgung eines idealen Zwecks durch den gemeinsamen Willen seiner Mitglieder geschaffen wird (Art. 60–79 ZGB). Vereine sind juristische Personen, welche aufgrund ihrer Rechtsnatur grundsätzlich keine wirtschaftlichen Zwecke verfolgen. Zur Zweckerfüllung können sie allerdings eine wirtschaftliche Tätigkeit ausüben (TUOR/SCHNYDER/ SCHMID, 136 f.).

53 Das FusG lässt die direkte Fusion (Art. 4 Abs. 4 FusG), Spaltung (Art. 30 FusG) und Umwandlung (Art. 54 Abs. 5 FusG) eines Vereins mit einer bzw. in eine Personenunternehmung nicht zu. Mittels **Vermögensübertragung** nach Art. 69 ff. FusG, bei welcher sämtliche Aktiven und Passiven oder Teile davon eines im Handelsregister eingetragenen Vereins auf eine Personenunternehmung übertragen werden und die Vereinsmitglieder für ihre Mitgliedschaftsrechte mit Kapital der aufnehmenden Personenunternehmung abgefunden werden, kann rechtlich und wirtschaftlich jedoch das gleiche Resultat erzielt werden.

b) Steuerrecht

(1) Gewinnsteuer

54 Vereine werden als juristische Personen besteuert (Art. 49 Abs. 1 lit. b DBG bzw. Art. 20 Abs. 1 StHG), sofern sie nicht nach Art. 56 lit. g bzw. h DBG bzw. Art. 23 Abs. 1 lit. f bzw. g StHG wegen Gemeinnützigkeit oder Verfolgung eines öffentlichen bzw. Kultuszweckes von der Steuerpflicht befreit sind. Steuerpflichtige Vereine können aufgrund von Art. 61 Abs. 1 bzw. Art. 24 Abs. 3 StHG im Sinne einer faktischen **Fusion** oder aufgrund von Art. 61 Abs. 1 lit. a DBG bzw. Art. 24 Abs. 3 lit. a StHG im Sinne einer faktischen **Umwandlung** ihr gesamtes Vermögen steuerneutral auf eine Personenunternehmung übertragen, soweit die Steuerpflicht in der Schweiz fortbesteht und die bisher für die Gewinnsteuer massgebenden Werte übernommen werden. Nach Art. 61 Abs. 1 lit. b DBG bzw. Art. 24 Abs. 3 lit. b StHG ist grundsätzlich auch die **Spaltung** eines Betriebs oder Teilbetriebs von einem Verein auf eine Personengesellschaft denkbar. Vereine zählen zu den juristischen Personen, die nach neuem Steuerrecht gespalten werden können (vgl. vor Art. 29 N 35). In der Regel dürfte eine Vereinsspaltung jedoch am (doppelten) Betriebserfordernis scheitern, wenn für Vereine an das Betriebserfordernis die gleichen Anforderungen wie für Kapitalgesellschaften und Genossenschaften gestellt werden (vgl. vor Art. 29 N 47). Es kann für weitergehende Ausführungen zu den Gewinnsteuerfolgen einer Vermögensübertragung eines Vereins auf eine Personenunternehmung auf die Ausführungen zur **Vermögensübertragung** von Kapitalgesellschaften und Genossenschaften auf Personenunternehmungen verwiesen werden (vgl. N 38 ff.).

(2) Einkommenssteuer

55 Der Verein gibt keine Beteiligungsrechte an seine Mitglieder aus bzw. es bestehen keine solchen im steuerrechtlichen Sinne (REICH in: Kommentar zum Schweizerischen Steuerrecht I/2a, Art. 20 DBG Abs. 1 lit. c N 39 e contrario). Es kommt daher auch keine eigentliche **Liquidationsbesteuerung** nach Art. 20 Abs. 1 lit. c DBG bzw. Art. 7 Abs. 1 StHG bei der Auflösung des Vereins durch Übertragung von dessen Vermögenswerten auf eine Personenunternehmung zur Anwendung. Erfolgt jedoch im Rahmen der Übertragung der Vermögenswerte des Vereins auf die übernehmende Personengesellschaft eine **Gutschrift auf den Kapital- oder Privatkonti** der Gesellschafter, ist wohl von einer steuerbaren geldwerten Leistung an die Gesellschafter (Vereinsmitglieder) auszugehen, da die Gesellschafter den Gegenwert dieser Konti steuerfrei an sich ziehen können. Mangels spezifischer Norm kommt einzig die Besteuerung als einmalige Einkunft im Sinne der Generalklausel von Art. 16 Abs. 1 DBG bzw. Art. 7 Abs. 1 StHG in Betracht

(HÖHN/WALDBURGER sprechen Art. 16 Abs. 1 DBG jedoch den Charakter einer Generalklausel ab; HÖHN/WALDBURGER, Grundlagen, § 14 N 14).

(3) Grundstückgewinnsteuer

Vereine unterliegen der Grundstückgewinnsteuer, auch wenn sie nach Art. 23 Abs. 1 StHG von der Steuerpflicht befreit sind (Art. 23 Abs. 4 StHG; z.B. e contrario § 218 StG ZH; HÖHN/WALDBURGER, Grundlagen, § 22 N 60). Gestützt auf Art. 12 Abs. 4 lit. a StHG wird bei Übertragung eines Grundstücks von einem Verein auf eine Personengesellschaft im Rahmen einer steuerneutralen Umstrukturierung nach Art. 24 Abs. 3 StHG die Grundstückgewinnsteuer **aufgeschoben**. Bezüglich weitergehender Ausführungen kann auf die sinngemäss anwendbaren Ausführungen zur Vermögensübertragung von Kapitalgesellschaften und Genossenschaften auf Personenunternehmungen verwiesen werden (vgl. N 46 f.).

56

(4) Handänderungssteuer

Vereine unterliegen der Handänderungssteuer auf Handänderungen an Grundstücken, auch wenn sie nach Art. 23 Abs. 1 StHG von der Steuerpflicht **befreit** sind (z.B. e contrario § 229 Abs. 3 StG ZH; HÖHN/WALDBURGER, Grundlagen, § 28, N 6). Die Erhebung von kantonalen und kommunalen Handänderungsabgaben bei **Umstrukturierungen** im Sinne von Art. 24 Abs. 3 StHG ist gemäss Art. 103 FusG (vorbehältlich der Übergangsfrist, vgl. Art. 103 N 51) ausgeschlossen, wobei kostendeckende Gebühren vorbehalten bleiben. Für weitergehende Ausführungen zur Handänderungssteuer kann auf die Ausführungen zur Vermögensübertragung von Kapitalgesellschaften und Genossenschaften auf Personenunternehmungen verwiesen werden (vgl. N 48).

57

(5) Verrechnungssteuer

Geldwerte Leistungen von Vereinen unterliegen nicht der Verrechnungssteuer (e contrario Art. 4 VStG; HÖHN/WALDBURGER, Grundlagen, § 21 N 5 und 9 f.). Gleiches gilt für geldwerte Leistungen eines Vereins anlässlich seiner Auflösung.

58

(6) Umsatzabgabe

Selbst wenn in einem seltenen Fall ein Verein Effektenhändler im Sinne von Art. 13 Abs. 3 StG sein sollte, bleibt aufgrund von Art. 14 Abs. 1 lit. i StG die Übertragung steuerbarer Urkunden anlässlich einer **Vermögensübertragung** auf eine Personengesellschaft von der Umsatzabgabe **befreit**. Es kann auf die Ausführungen in N 50 verwiesen werden.

59

(7) Mehrwertsteuer

Für die mehrwertsteuerliche Behandlung einer **Vermögensübertragung** eines steuerpflichtigen Vereins auf eine Personengesellschaft kann auf die sinngemäss anwendbaren Ausführungen zur Vermögensübertragung zwischen Personengesellschaften verwiesen werden (vgl. N 32 f.).

60

4. Vermögensübertragung einer Stiftung auf eine Personenunternehmung

Die Fusion und die Vermögensübertragung von **Stiftungen** ist im 6. Kapitel des FusG geregelt. Gemäss Art. 86 FusG können im Handelsregister eingetragene Stiftungen ihr Vermögen oder Teile davon mit Aktiven und Passiven auf andere Rechtsträger – also auch auf Personenunternehmungen – übertragen, wenn die Vermögensübertragung

61

sachlich gerechtfertigt ist und insbesondere auch der Wahrung und Durchführung des Stiftungszwecks dient (Art. 78 Abs. 2 FusG). Die steuerliche Behandlung einer solchen **Vermögensübertragung** ist in der Kommentierung vor Art. 78 dargestellt.

5. Vermögensübertragung einer Vorsorgeeinrichtung auf eine Personenunternehmung

62 Die Fusion, Umwandlung und Vermögensübertragung von **Vorsorgeeinrichtungen** ist im 7. Kapitel des FusGes geregelt. Gemäss Art. 98 FusG können Vorsorgeeinrichtungen ihr Vermögen oder Teile davon mit Aktiven und Passiven durch Vermögensübertragung auf andere Vorsorgeeinrichtungen oder Rechtsträger – also theoretisch auch auf Personenunternehmungen – übertragen, wenn der Vorsorgezweck und die Rechte und Ansprüche der Versicherten gewahrt bleiben (Art. 88 Abs. 2 FusG). Diese Bedingung dürfte bei einer Übertragung auf eine Personenunternehmung nur schwer einzuhalten sein. Die steuerliche Behandlung der **Vermögensübertragung** von Vorsorgeeinrichtungen ist in der Kommentierung vor Art. 88 (insb. N 77 ff.) dargestellt.

6. Vermögensübertragung eines öffentlich-rechtlichen Instituts auf eine Personenunternehmung

63 Die Fusion, Umwandlung und Vermögensübertragung von **Instituten des öffentlichen Rechts** ist im 8. Kapitel des FusG geregelt. Gemäss Art. 99 Abs. 2 FusG können Institute des öffentlichen Rechts ihr Vermögen oder Teile davon mit Aktiven und Passiven auf andere Rechtsträger – also auch auf Personenunternehmungen – übertragen. Die steuerliche Behandlung einer solchen **Vermögensübertragung** ist in der Kommentierung vor Art. 99 (insb. N 127 ff.) dargestellt.

IV. Vermögensübertragung auf Kapitalgesellschaften und Genossenschaften

64 Zu den Kapitalgesellschaften zählen Aktiengesellschaften, Kommanditaktiengesellschaften sowie Gesellschaften mit beschränkter Haftung und zu den Genossenschaften solche mit und ohne Anteilskapital. Mittels **Vermögensübertragung** nach Art. 69 ff. FusG können im Handelsregister eingetragene Gesellschaften und Einzelfirmen ihr Vermögen oder Teile davon mit Aktiven und Passiven in einem Akt (uno actu) auf Kapitalgesellschaften und Genossenschaften übertragen.

1. Vermögensübertragung einer Personenunternehmung auf eine Kapitalgesellschaft oder Genossenschaft

a) Zivilrecht

65 Das FusG erlaubt die **Fusion** sowie die **Umwandlung** einer Kollektiv- oder Kommanditgesellschaft mit bzw. in eine Kapitalgesellschaft oder Genossenschaft (Art. 4 Abs. 2 sowie Art. 54 Abs. 2 und 3 FusG). Die Fusion oder Umwandlung einer im Handelsregister eingetragenen Einzelfirma mit bzw. in eine Kapitalgesellschaft oder Genossenschaft ist hingegen nicht zulässig. Auch die **Spaltung** von Personenunternehmungen auf eine oder mehrere Kapitalgesellschaften oder Genossenschaften ist nicht möglich (Art. 30 FusG). Mittels **Vermögensübertragung** nach Art. 69 ff. FusG, bei welcher sämtliche Aktiven und Passiven oder Teile davon einer Personenunternehmung (einschliesslich Einzelfirma) auf eine Kapitalgesellschaft oder Genossenschaft übertragen werden, die Personenunternehmung aufgelöst wird oder bestehen bleibt und der Inhaber der übertragenden Personenunternehmung mit Anteilsrechten der aufnehmenden Kapitalgesell-

schaft oder Genossenschaft abgefunden wird (oder auch nicht, wenn keine Kapitalerhöhung erfolgt), kann jedoch rechtlich und wirtschaftlich das gleiche Resultat erzielt werden.

b) Steuerrecht

Das Einkommenssteuerrecht regelt die **Steuerneutralität** der Fusion, Spaltung und Umwandlung einer Personenunternehmung im allgemeinen im Ingress von Art. 19 Abs. 1 DBG bzw. Art. 8 Abs. 3 StHG und im Besonderen bezogen auf die Übertragung von Vermögenswerten auf eine juristische Person in Art. 19 Abs. 1 lit. b DBG bzw. Art. 8 Abs. 3 lit. b StHG. Letztere bedingt die Übertragung eines Betriebs oder Teilbetriebs. Die Steuerfolgen der Fusion, Spaltung, Umwandlung und Vermögensübertragung von Personenunternehmungen in bzw. auf Kapitalgesellschaften und Genossenschaften, sei dies zivilrechtlich als Fusion, Umwandlung oder Vermögensübertragung, sind vergleichbar mit einer Umwandlung, weshalb auf die entsprechende ausführliche Kommentierung vor Art. 53 N 94 ff. verwiesen werden kann.   66

2. Vermögensübertragung einer Kapitalgesellschaft oder Genossenschaft auf eine andere Kapitalgesellschaft oder Genossenschaft

a) Zivilrecht

Das FusG erlaubt die Fusion (Art. 4 Abs. 1 FusG), die Spaltung (Art. 30 FusG) und die Umwandlung (Art. 54 Abs. 1 FusG) einer Kapitalgesellschaft oder Genossenschaft mit bzw. in eine andere Kapitalgesellschaft oder Genossenschaft. Das gleiche rechtliche und wirtschaftliche Resultat kann mittels Vermögensübertragung nach Art. 69 ff. FusG erzielt werden, bei welcher sämtliche Aktiven und Passiven oder Teile davon einer Kapitalgesellschaft oder Genossenschaft auf eine andere Kapitalgesellschaft oder Genossenschaft übertragen werden, die übertragende Kapitalgesellschaft oder Genossenschaft aufgelöst wird oder bestehen bleibt und die Anteilseigner der übertragenden Kapitalgesellschaft oder Genossenschaft mit Anteilsrechten der aufnehmenden Kapitalgesellschaft oder Genossenschaft abgefunden werden (oder auch nicht, wenn keine Kapitalerhöhung stattfindet).   67

b) Steuerrecht

ba) Fusion

Das Gewinnsteuerrecht regelt die **Fusion** einer Kapitalgesellschaft oder Genossenschaft in Art. 61 Abs. 1 DBG bzw. Art. 24 Abs. 3 StHG und zwar unabhängig davon, ob sie zivilrechtlich als Fusion oder mittels Vermögensübertragung durchgeführt wird (ESTV-DVS, KS 5 vom 1.6.2004, Ziff. 4.1.1.2 [echte Fusion] und 4.1.1.3 [unechte Fusion]). Es kann auf die Kommentierung vor Art. 3 N 391 ff. verwiesen werden.   68

bb) Spaltung

Das Gewinnsteuerrecht regelt die steuerneutrale **Spaltung** einer Kapitalgesellschaft oder Genossenschaft in Art. 61 Abs. 1 lit. b DBG bzw. Art. 24 Abs. 3 lit. b StHG und zwar unabhängig davon, ob sie zivilrechtlich als Auf- oder Abspaltung oder mittels Vermögensübertragung durchgeführt wird (ESTV-DVS, KS 5 vom 1.6.2004, Ziff. 4.3.1). Die Steuerneutralität setzt voraus, dass ein oder mehrere Betriebe oder Teilbetriebe übertragen werden und die nach der Spaltung bestehenden Kapitalgesellschaften oder Genossenschaften einen Betrieb oder Teilbetrieb weiterführen. Es kann auf die Kommentierung vor Art. 29 verwiesen werden.   69 bc) Umwandlung

70 Das Gewinnsteuerrecht regelt die steuerneutrale **Umwandlung** einer Kapitalgesellschaft oder Genossenschaft in Art. 61 Abs. 1 lit. a DBG bzw. Art. 24 Abs. 3 lit. a StHG und zwar unabhängig davon, ob sie zivilrechtlich als Umwandlung oder mittels Vermögensübertragung durchgeführt wird (ESTV-DVS, KS 5 vom 1.6.2004, Ziff. 4.2.1.1). Es kann auf die Kommentierung vor Art. 53 N 179 ff. verwiesen werden.

bd) Vermögensübertragung

71 Umstrukturierungen, die auf einer **Vermögensübertragung** beruhen, können steuerneutral durchgeführt werden, sofern sie der Fusion, der Spaltung oder der Umwandlung wirtschaftlich gleichkommen (Botschaft, 4371). Hingegen scheint das Gewinnsteuerrecht die Vermögensübertragung eines einzelnen Vermögenswertes einer Kapitalgesellschaft oder Genossenschaft auf eine andere Kapitalgesellschaft oder Genossenschaft nicht zu regeln, obwohl eine solche Übertragung zivilrechtlich möglich ist (KLÄY/TURIN, 33). Die Fusion nach Art. 61 Abs. 1 DBG bzw. Art. 24 Abs. 3 StHG sowie die Umwandlung nach Art. 61 Abs. 1 lit. a DBG bzw. Art. 24 Abs. 3 lit. a StHG bedingen die Auflösung der übertragenden juristischen Person. Für die Spaltung juristischer Personen nach Art. 61 Abs. 1 lit. b DBG bzw. Art. 24 Abs. 3 lit. b StHG sind zumindest zwei Betriebe oder Teilbetriebe erforderlich. Eine vergleichbare, umfassende Regelung wie sie Art. 19 Abs. 1 lit. a DBG bzw. Art. 8 Abs. 3 lit. a StHG für die Übertragung von (einzelnen) Vermögenswerten zwischen Personenunternehmungen bietet, fehlt für juristische Personen, wenn man von den Spezialnormen der Konzernübertragung nach Art. 61 Abs. 3 DBG bzw. Art. 24 Abs. 3^{quater} StHG und der Tochterübertragung nach Art. 61 Abs. 1 lit. d DBG bzw. Art. 24 Abs. 3 lit. d StHG absieht. Was zu prüfen bleibt ist, ob der im Ingress von Art. 61 Abs. 1 DBG bzw. Art. 24 Abs. 3 StHG genannte allgemeine Begriff «Umstrukturierung» solche Übertragungen zulässt. Nach heutigem Rechtsverständnis lässt sich die **Übertragung eines einzelnen Vermögenswertes** im Gewinnsteuerrecht nicht unter den Begriff der Umstrukturierung subsumieren, weshalb eine solche Vermögensübertragung nicht steuerneutral durchgeführt werden kann (LOCHER/AMONN, ASA 71 [2002/2003], 782 f.; LOCHER, Kommentar DBG, Rev. Art. 61 N 192). Diese Folgerung ergibt sich aus der Gesetzessystematik von Art. 61 DBG und Art. 24 Abs. 1 StHG, da ansonsten die Spezialbestimmungen für Umwandlungen, Spaltungen, Konzern- und Tochterübertragungen schlicht redundant wären, da sie durch den kleinsten Nenner – die Übertragung eines einzelnen Vermögenswerts – vollständig unterlaufen würden.

3. Konzernübertragung

72 Das Gewinnsteuerrecht regelt die steuerneutrale **Vermögensübertragung** einer Kapitalgesellschaft oder Genossenschaft auf eine andere Kapitalgesellschaft oder Genossenschaft im **Konzernverhältnis** in Art. 61 Abs. 3 DBG bzw. Art. 24 Abs. 3^{quater} StHG. Danach können zwischen inländischen Kapitalgesellschaften und Genossenschaften, welche nach dem Gesamtbild der tatsächlichen Verhältnisse durch Stimmenmehrheit oder auf andere Weise unter einheitlicher Leitung einer Kapitalgesellschaft oder Genossenschaft zusammengefasst sind, direkt oder indirekt gehaltene Beteiligungen von mindestens 20% am Grund- oder Stammkapital einer anderen Kapitalgesellschaft oder Genossenschaft, Betriebe oder Teilbetriebe sowie Gegenstände des betrieblichen Anlagevermögens zu den bisher für die Gewinnsteuer massgeblichen Werten übertragen werden. Die konzerninterne Übertragung ist im Teil 2 vor Art. 69 kommentiert.

4. Tochterausgliederung

a) Zivilrecht

Der Vorentwurf FusG sah neben der Aufspaltung und der Abspaltung als Dritte Form der Spaltung die **Ausgliederung** vor. Die Ausgliederung sollte namentlich die steuerneutrale Gründung von Tochtergesellschaften ermöglichen. Für die Ausgliederung wurde dasselbe Verfahren wie für die anderen Spaltungsformen vorgesehen. Da die Ausgliederung jedoch einen wesentlich einfacheren Sachverhalt als die Aufspaltung und die Abspaltung erfasst, wurde der mit dem Spaltungsverfahren verbundene Aufwand in der Vernehmlassung zu recht als übermässig bezeichnet (vgl. Art. 69 N 2). In der Folge wurde von einem Einbezug in die Regelung der Spaltung abgesehen und im neuen Rechtsinstitut der Vermögensübertragung eine wesentlich einfachere Lösung gefunden (KLÄY/TURIN, 34 f.). Hierbei ging der Begriff der Ausgliederung im umfassenderen Begriff der Vermögensübertragung unter und findet sich daher im FusG nicht mehr. 73

Mit einer Vermögensübertragung kann eine Muttergesellschaft ihr **gesamtes Vermögen**, einen **Betrieb** oder **Teilbetrieb** oder bloss einen **einzelnen Vermögenswert** auf ihre Tochtergesellschaft übertragen. So kann beispielsweise die Vermögensübertragung im Rahmen der Gründung einer Tochtergesellschaft als Sacheinlage nach Art. 628 Abs. 1 und Art. 634 OR zur Anwendung gelangen (MEIER-SCHATZ, Einführung, 524). Im Gegensatz zur Fusion, Spaltung und Umwandlung erhalten die Gesellschafter der übertragenden Muttergesellschaft bei einer Vermögensübertragung auf eine Tochtergesellschaft keine Anteilsrechte der übernehmenden Tochtergesellschaft. Vielmehr werden die Anteilsrechte an die übertragende Muttergesellschaft selbst ausgegeben, sofern im Rahmen der Übertragung überhaupt Anteilsrechte geschaffen werden. Für die Vermögensübertragung kann dem übertragenden Rechtsträger eine Gegenleistung gewährt werden. Eine Gegenleistung ist jedoch nicht Begriffselement der Vermögensübertragung (Botschaft, 4459). Die Vermögensübertragung auf die Tochtergesellschaft kann folglich auch gegenleistungslos als Sacheinlage mit Gutschrift auf die offenen Reserven erfolgen. 74

b) Steuerrecht

ba) Gewinnsteuer

(1) Steuerneutrale Ausgliederung

(a) Bisheriges Recht

Seit der Unternehmenssteuerreform 1997 galt die Ausgliederung (im Steuerrecht auch als horizontale Spaltung bezeichnet) nach Auffassung der schweizerischen Steuerbehörden nur noch als steuerneutrale Umstrukturierung, wenn in sich geschlossene Betriebsteile oder Beteiligungen übertragen wurden. Entsprechend führte die Übertragung von einzelnen Vermögenswerten auf eine Tochtergesellschaft im Sinne einer **verdeckten Kapitaleinlage** zur Besteuerung der übertragenen stillen Reserven sowie einer entsprechenden Erhöhung des Gewinnsteuerwertes und der Gestehungskosten der Beteiligung an der Tochtergesellschaft (ESTV-DVS, KS 9 vom 9.7.1998, Ziff. 2.5.3c). Damit sollte verhindert werden, dass einzelne Aktiven steuerneutral auf eine Tochtergesellschaft überführt und danach durch Verkauf der Beteiligung unter Inanspruchnahme des Beteiligungsabzuges praktisch steuerfrei veräussert werden konnten. Demgegenüber vertrat die Mehrheit der Lehre die Auffassung, es liege kein Realisationsvorgang vor (vgl. Literaturhinweise in LOCHER, Kommentar DBG, Art. 61 N 54) bzw. es fehle für eine steuersystematische Realisation die gesetzliche Grundlage (DUSS/ALTORFER, Kommentar zum Schweizerischen Steuerrecht I/2a, Art. 70 DBG N 42). 75

(b) Entstehungsgeschichte des neuen Rechts

76 Dem Vorentwurf zum FusG folgend, welcher neben der Auf- und Abspaltung auch die Ausgliederung von Vermögenswerten auf eine Tochtergesellschaft im Spaltungsartikel regelte, schlug die Arbeitsgruppe Steuern vor, alle drei Umstrukturierungsformen gemeinsam als Spaltung zu behandeln und die Steuerneutralität von der Einhaltung einer subjektiv ausgestalteten Sperrfrist abhängig zu machen (Bericht Steuern 1, 26 ff.).

77 Der bundesrätliche Vorschlag grenzte die zivilrechtliche Spaltung (Art. 29 FusG [Auf- und Abspaltung]) von der Ausgliederung von Vermögenswerten auf eine Tochtergesellschaft ab (vgl. N 73). Für Letztere wurde das Rechtsinstitut der Vermögensübertragung (Art. 69 ff. FusG) geschaffen. Als Folge dieser unterschiedlichen zivilrechtlichen Behandlung wurden die Auf- und Abspaltung und die Ausgliederung steuerrechtlich ebenfalls unterschiedlich normiert. Die **Auf- und Abspaltung** wurde in Art. 61 Abs. 1 lit. b DBG bzw. Art. 24 Abs. 3 lit. b StHG geregelt, wobei ergänzend eine subjektive Sperrfrist vorgesehen war, die später fallengelassen wurde. Die **Ausgliederung auf eine Tochtergesellschaft** wurde neu unter die Konzernübertragung von Art. 61 Abs. 3 DBG bzw. Art. 24 Abs. 3^{quater} StHG subsumiert, für die in Art. 61 Abs. 4 DBG bzw. Art. 24 Abs. 3^{quinquies} StHG eine objektive Sperrfristregelung besteht. Mit Ausnahme der ausführlichen Begründung der Sperrfristregelung (vgl. N 94 ff.) enthält die bundesrätliche Botschaft keine Erläuterungen zur steuerlichen Normierung der Ausgliederung auf eine Tochtergesellschaft.

78 Der Ständerat erweiterte den Gegenstand der Ausgliederung, indem er in Art. 61 Abs. 3 DBG und Art. 24 Abs. 3^{quater} StHG vor «**Beteiligungen**» die Worte «**direkt oder indirekt gehaltene**» hinzufügte und auch den Ausdruck «**Gegenständen des betriebsnotwendigen Anlagevermögens**» in den Gesetzestext aufnahm, beliess jedoch die systematische Einordnung der Ausgliederung auf Tochtergesellschaften in diesem Artikel, der Konzernübertragungen im weitesten Sinne regelt (Mitbericht WAK StR, 9 f.).

79 Der Nationalrat vollzog einen Wechsel. Ihm schien die Regelung für Konzernübertragungen für Übertragungen auf Tochtergesellschaften zu eng. Er führte aus, dass nach der ständerätlichen Fassung eine Tochtergesellschaft nur dann vorliege, wenn die Muttergesellschaft über mindestens 50% der Stimmrechte verfüge. Damit werde insbesondere die steuerneutrale Ausgliederung von Betrieben auf eine von mehreren Kapitalgesellschaften gehaltene Tochtergesellschaft (Joint Venture) verunmöglicht. Aus diesem Grund sei die Ausgliederung auf eine Tochtergesellschaft in Art. 61 Abs. 1 Bst. d DBG und in Art. 24 Abs. 3 Bst. d StHG gesondert zu regeln. Als **Tochtergesellschaft** gelte dabei bereits eine Beteiligung von **mindestens 20% am Grund- oder Stammkapital** der anderen Gesellschaft (Mitbericht WAK NR, 8). Um den Vorrang dieser neuen Regelung für Ausgliederungen auf Tochtergesellschaften gegenüber derjenigen für Konzernübertragungen klarzustellen, brachte er in Art. 61 Abs. 3 DBG und Art. 24 Abs. 3^{quater} StHG einen entsprechenden Vorbehalt an. Bemerkenswert ist, dass die nationalrätliche Neufassung der Ausgliederung auf eine inländische Tochtergesellschaft in Art. 61 Abs. 1 lit. d DBG bzw. Art. 24 Abs. 3 lit. d StHG sich bloss auf Betriebe oder Teilbetriebe sowie auf Gegenstände des betrieblichen Anlagevermögens beschränkt, die Übertragung von Beteiligungen jedoch nicht erwähnt (vgl. N 88 ff.; Teil 2 vor Art. 69 N 62 ff.).

80 Die Erweiterung des Anwendungsbereichs steuerneutraler Übertragungen auf Tochtergesellschaften ist begrüssenswert. Sie wird, wie von der nationalrätlichen Kommission dargestellt, die steuerneutrale Bildung von Joint Ventures erleichtern, sei es, indem mehrere Kapitalgesellschaften zusammen eine gemeinsame Tochtergesellschaft durch Sacheinlage von Vermögenswerten errichten, oder eine zweite Kapitalgesellschaft sich an ei-

ner bestehenden Tochtergesellschaft mittels Sacheinlage als Minderheitsaktionärin (≥ 20%) beteiligt.

(c) Inländische Tochtergesellschaft

Der **Begriff der Tochtergesellschaft** ist in Art. 61 Abs. 1 lit. d DBG bzw. Art. 24 Abs. 3 lit. d StHG definiert. Als Tochtergesellschaft gilt eine Kapitalgesellschaft oder Genossenschaft, an der die übertragende Kapitalgesellschaft oder Genossenschaft zu mindestens 20% am Grund- oder Stammkapital beteiligt ist. Diese Definition ist identisch mit derjenigen des Beteiligungsabzugs von Art. 69 DBG bzw. Art. 28 Abs. 1 StHG, so dass auf die einschlägigen Ausführungsvorschriften und die Literatur verwiesen werden kann (ESTV-DVS, KS 9 vom 9.7.1998, Ziff. 2.3.2; DUSS/ALTORFER in: Kommentar zum Schweizerischen Steuerrecht I/2a, Art. 69 DBG N 7 ff.). Als inländisch gilt eine Kapitalgesellschaft oder Genossenschaft, wenn sie nach Art. 50 DBG bzw. Art. 20 Abs. 1 StHG in der Schweiz unbeschränkt steuerpflichtig ist (ESTV-DVS, KS 5 vom 1.6.2004, Ziff. 4.4.1.2.3; vgl. zum Inländerbegriff auch ATHANAS/BÜRGY, FStR 2003, 241 ff.). 81

Aufgrund der Ausführungen der nationalrätlichen Kommission (insb. aufgrund des Hinweises auf die Joint Venture-Bildung) sowie des Sinns und Zwecks von Art. 61 Abs. 1 lit. d DBG bzw. Art. 24 Abs. 3 lit. d StHG besteht kein Zweifel daran, dass die Mindestbeteiligung von 20% erst nach der steuerneutralen Übertragung von Vermögenswerten und nicht bereits zuvor gegeben sein muss (ESTV-DVS, KS 5 vom 1.6.2004, Ziff. 4.4.1.1). 82

(d) Fortbestehen der Steuerpflicht in der Schweiz

Die steuerneutrale Ausgliederung von Vermögenswerten auf eine inländische Tochtergesellschaft bedingt, dass die **Steuerpflicht** der übernehmenden Tochtergesellschaft **fortbesteht**. Art. 61 Abs. 1 lit. d DBG und Art. 24 Abs. 3 lit. d StHG gewährleisten dies, indem sie nur die Übertragung von Vermögenswerten auf eine inländische Tochtergesellschaft zulassen. Das Fortführungserfordernis bezieht sich auf die übernehmende Tochtergesellschaft und nicht auf die übertragende Muttergesellschaft. Entsprechend löst der Wegfall der Steuerpflicht der übertragenden Muttergesellschaft – beispielsweise bei der Verlegung ihres Sitzes oder ihrer tatsächlichen Verwaltung ins Ausland – die Nachbesteuerung nicht aus. Gemäss Auffassung der ESTV kann jedoch in einem solchen Fall eine Sicherstellung nach Art. 169 DBG für die latente Gewinnsteuer während der Restlaufzeit der Veräusserungssperrfrist verlangt werden (ESTV-DVS, KS 5 vom 1.6.2004, Ziff. 4.4.1.2.2). 83

(e) Betrieb oder Teilbetrieb

Den Begriffen «**Betrieb**» und «**Teilbetrieb**» in Art. 61 Abs. 1 lit. d DBG und Art. 24 Abs. 3 lit. d StHG kommt die gleiche Bedeutung wie bei der Auf- und Abspaltung in Art. 61 Abs. 1 lit. b DBG und Art. 24 Abs. 3 lit. b StHG zu (ebenso ESTV-DVS, KS 5 vom 1.6.2004, Ziff. 4.4.1.2.5), so dass auf die Kommentierung vor Art. 29 N 48 ff. verwiesen werden kann. Dem Betriebsbegriff kommt bei der Ausgliederung nur eine geringe praktische Bedeutung zu, da Art. 61 Abs. 1 lit. d DBG und Art. 24 Abs. 3 lit. d StHG auch die Übertragung von Gegenständen des betrieblichen Anlagevermögens zulassen. Der Betriebsbegriff wird somit durch den kleineren Nenner unterlaufen. Ihm kommt ein eigenständiger Anwendungsbereich nur bei der steuerneutralen Übertragung nichtbetrieblicher Werte als Teil eines Betriebs oder Teilbetriebs zu (vgl. ESTV-DVS, KS 5 vom 1.6.2004, Ziff. 4.3.2.5 zur Mitgabe nicht betriebsnotwendiger Aktiven bei der Spaltung). Wie nach bisherigem Recht muss bei der übertragenden Muttergesellschaft 84 kein Betrieb verbleiben (REICH/DUSS, 338; REICH in: Kommentar zum Schweizerischen Steuerrecht I/2a, Art. 61 DBG N 76; ESTV-DVS, KS 5 vom 1.6.2004, Ziff. 4.4.1.2.5).

(f) Gegenstände des betrieblichen Anlagevermögens

85 Der Nationalrat orientierte sich bei der Formulierung von Art. 61 Abs. 1 lit. d DBG bzw. Art. 24 Abs. 3 lit. d StHG bezüglich der Definition der **Gegenstände des betrieblichen Anlagevermögens** an derjenigen für Konzernübertragungen nach Art. 61 Abs. 3 DBG bzw. Art. 24 Abs. 3^{quater} StHG (vgl. Teil 2 vor Art. 69 N 35 ff.). Als Gegenstände gelten nicht nur körperliche Sachen, sondern auch immaterielle Güter wie Marken und Patente (Mitbericht WAK StR, 10). Da dem Wort «Gegenstand» keine eigenständige, einschränkende Bedeutung zukommt, gelten alle Vermögenswerte, ob bilanziert oder nicht, ob materiell oder immateriell, als Gegenstände im Sinne dieser Norm. Der Übertragungsgegenstand ist auf das Anlagevermögen beschränkt. Dieses setzt sich aus den dem Unternehmen dauernd dienenden körperlichen Anlagen und Immaterialgütern sowie Dauerbeteiligungen und den nicht fälligen langfristigen Geldforderungen zusammen (BK-KÄFER, Art. 958 OR N 343–369). Im Einzelnen gehören dazu u.a. Betriebsgrundstücke, Gebäude, Maschinen, Transportmittel und Einrichtungen sowie Patente, Lizenzen und Konzessionen (REICH in: Kommentar zum Schweizerischen Steuerrecht I/2a, Art. 30 DBG N 7). Die Zuteilung eines Wirtschaftsgutes zum Anlage- oder Umlaufvermögen richtet sich nicht nach der äusseren Beschaffenheit, sondern nach der Zweckbestimmung im Unternehmen. Entsprechend können gleichartige Güter Umlauf- oder Anlagevermögen sein. Ändert die Zweckbestimmung eines Vermögensgutes, kann dies eine Neuzuordnung innerhalb der Aktiven zur Folge haben (HWP, Bd. 1, Ziff. 2.3412a, 169).

86 Der Nationalrat hat den ursprünglich vorgesehenen Begriff «betriebsnotwendig» durch **«betrieblich»** ersetzt und sich damit bewusst von der bisherigen Terminologie zur Ersatzbeschaffung gelöst. Das Anlagevermögen soll für den Betrieb nicht «notwendig» sein müssen, es genügt, dass es «betrieblich» ist. Der grundsätzliche Verweis von LUDWIG auf den **Ersatzbeschaffungstatbestand** von Art. 64 DBG ist abzulehnen (ZK-LUDWIG, Vermögensübertragung: Steuern, N 15). Was dem Betrieb zu dienen vermag, ist betrieblich und zwar unabhängig davon, ob es im Betrachtungszeitpunkt auch tatsächlich im Betrieb Verwendung findet. Die ESTV definiert Gegenstände des betrieblichen Anlagevermögens als solche, die dem Betrieb unmittelbar oder mittelbar dienen und stellt sich auf den Standpunkt, dass Umlaufvermögen und finanzielles Anlagevermögen nicht Gegenstand des betrieblichen Anlagevermögens bilden (ESTV-DVS, KS 5 vom 1.6.2004, Ziff. 4.4.1.2.6). Dieser generelle Ausschluss des finanziellen Anlagevermögens vermag nicht zu überzeugen. Vielmehr ist im Einzelfall zu beurteilen, ob finanzielles Anlagevermögen betriebliches Anlagevermögen im Sinne von Art. 61 Abs. 1 lit. d DBG bzw. Art. 24 Abs. 3 lit. d StHG ist (vgl. Teil 2 vor Art. 69 N 41).

87 Dem Wortlaut von Art. 61 Abs. 1 lit. d DBG bzw. Art. 24 Abs. 3 lit. d StHG kann nicht entnommen werden, ob die Qualifikation als betriebliches Anlagevermögen aus Sicht der übertragenden oder der übernehmenden Gesellschaft zu erfolgen hat. Nach dem Willen der Rechtskommission des Nationalrates ist die künftige betriebliche Nutzung des Vermögenswertes entscheidend, zeigt doch die übertragende Gesellschaft mit der Veräusserung, dass sie das Aktivum nicht mehr benötigt (Prot. RK NR vom 3.9.2002, 15). Deshalb ist die **Betrieblichkeit aus der Sicht der übernehmenden Gesellschaft** massgebend (die ESTV-DVS hat sich dieser Beurteilung angeschlossen, vgl. ESTV-DVS, KS 5 vom 1.6.2004, Ziff. 4.4.1.2.6). Die ESTV schliesst aus der Betrieblichkeit des übertragenen Anlagevermögens, dass die übernehmende inländische Gesellschaft nach der Übertragung einen **Betrieb weiterführen** müsse (ESTV-DVS, KS 5 vom

1.6.2004, Ziff. 4.4.1.2.6). Diese Auffassung findet weder im Gesetzestext noch in den Materialien eine Stütze. Während die Weiterführung eines Betriebs oder Teilbetriebs in Art. 61 Abs. 1 lit. b DBG bzw. Art. 24 Abs. 3 lit. b StHG bei der Spaltung ausdrücklich angeordnet wird, ist dies bei der Tochterausgliederung nicht der Fall. Es ist unzulässig, aus dem Begriff «betrieblich» abzuleiten, die übernehmende Tochtergesellschaft hätte einen Betrieb zu führen bzw. weiterzuführen. Ein betriebliches Aktivum setzt keinen Betrieb voraus und stellt für sich allein auch keinen Betrieb dar (**a.M.** Handkommentar FusG-KOCH, Art. 61 DBG und Art. 64 Abs. 1bis DBG/Art. 24 Abs. 3, 3ter, 3^{quater}, 3^{quinquies} und Abs. 4bis StHG N 80). Diese neue Norm knüpft gedanklich am Konzept der vor der Unternehmenssteuerreform 1997 steuerneutral möglichen, nicht realisierenden, verdeckten Kapitaleinlage an (vgl. dazu DUSS/ALTORFER in: Kommentar zum Schweizerischen Steuerrecht I/2a, Art. 70 DBG N 41 f.) und lässt beispielsweise auch die Übertragung einer betrieblich genutzten Liegenschaft oder eines Immaterialgutes auf eine Tochtergesellschaft zu, selbst wenn diese über keinen Betrieb verfügt. Massgebend für die Auslegung des Begriffes «betrieblich» ist eine wirtschaftliche Betrachtungsweise im Konzernverbund (Mitbericht WAK StR, 10, welcher u.a. auf die Gruppenbesteuerung der Mehrwertsteuer verweist).

(g) Beteiligungen

Bereits nach bisherigem Recht konnten **Beteiligungen** von mindestens 20% am Grund- oder Stammkapital einer anderen Gesellschaft als verdeckte Kapitaleinlage auf in- und ausländische Tochtergesellschaften **steuerneutral zum Gewinnsteuerwert** übertragen werden. Die Beteiligung an der Tochtergesellschaft übernimmt die Funktion, den Gewinnsteuerwert und die Gestehungskosten der bisher direkt gehaltenen Beteiligung (ESTV-DVS, KS 9 vom 9.7.1998, Ziff. 2.5.3e; DUSS/ALTORFER in: Kommentar zum Schweizerischen Steuerrecht I/2a, Art. 70 DBG N 43 f.; GLAUSER, ST 2002, 715).

88

Auch im neuen Umstrukturierungssteuerrecht nimmt die Übertragung von Beteiligungen auf Tochtergesellschaften eine **Sonderstellung** ein. Die Spezialbestimmung für Ausgliederungen auf Tochtergesellschaften von Art. 61 Abs. 1 lit. d DBG bzw. Art. 24 Abs. 3 lit. d StHG umfasst Beteiligungen nicht (LOCHER/AMONN, ASA 71 [2002/2003], 776). Diese Norm kommt für die Übertragung von qualifizierten Beteiligungen auf Tochtergesellschaften i.d.R. nicht zur Anwendung. LISSI/DUSS gehen davon aus, dass Beteiligungen von weniger als 20% u.U. als betriebliches Anlagevermögen beurteilt werden können und somit einer steuerneutralen Ausgliederung nach Art. 61 Abs. 1 lit. d DBG bzw. Art. 24 Abs. 3 lit. d StHG zugänglich sind (LISSI/DUSS, ST 2003, 869 f.).

89

An der bisherigen Praxis der steuerneutralen Buchwertübertragung von Alt- und Neubeteiligungen auf in- und ausländische Tochtergesellschaften nach Art. 70 Abs. 1 und 4 DBG i.V.m. Art. 207a DBG sowie Ziff. 2.5.3e des KS Nr. 9 der ESTV vom 9. Juli 1998 hat sich nichts geändert. Es kommt unverändert **keine Sperrfrist** zur Anwendung (vgl. LOCHER/AMONN, ASA 71 [2002/2003], 776 und 779; SIMONEK, ZSR 2004 I 152; LISSI/DUSS, ST 2003, 868; LOCHER, Kommentar DBG, Rev. Art. 61 N 174). Diese Meinung vertritt auch die ESTV, welche dazu Folgendes ausführt: «Auf eine explizite gesetzliche Regelung wurde verzichtet, weil aus der Sicht der einbringenden Gesellschaft auf den stillen Reserven weiterhin die gleiche Steuerlast besteht (Kapitalgewinn mit den gleichen Folgen in Bezug auf den Beteiligungsabzug). Es liegt keine steuerliche Gewinnrealisation nach Art. 58 Abs. 1 Bst. c DBG vor und es besteht deshalb auch keine Veräusserungssperrfrist» (ESTV-DVS, KS 5 vom 1.6.2004, Ziff. 4.4.2.2.4). An anderer Stelle verweist die ESTV explizit auf die Weiterführung der bisherigen Praxis gemäss Kreisschreiben Nr. 9 der ESTV vom 9. Juli 1998, Ziffer 2.5.3e) sowie auf die generelle Steu-

90

erneutralität des Austauschs von Beteiligungs- oder Mitgliedschaftsrechten anlässlich von Umstrukturierungen nach Art. 61 Abs. 1 lit. c DBG (ESTV-DVS, KS 5 vom 1.6. 2004, Ziff. 4.4.2.2.1).

(h) Gewinnsteuerwert und Gestehungskosten

91 Die Ausgliederung von Vermögenswerten auf eine inländische Tochtergesellschaft im Sinne von Art. 61 Abs. 1 lit. d DBG bzw. Art. 24 Abs. 3 lit. d StHG stellt einen **Austauschtatbestand** dar. Die übertragende Muttergesellschaft kann im Ausmass des Gewinnsteuerwerts der übertragenen Vermögenswerte zwischen einer entgeltlichen Veräusserung (z.B. Geld, Forderung, etc.) und einer teil- oder unentgeltlichen Eigenkapitaleinlage (Kapitalerhöhung, Zuschuss, Agioeinlage) wählen. Die übertragenen stillen Reserven erhöhen den Verkehrswert der Beteiligung und führen zu einer Verdoppelung der stillen Reserven. Die Übertragung von Betrieben, Teilbetrieben und Gegenständen des betrieblichen Anlagevermögens auf eine inländische Tochtergesellschaft bewirkt eine **Erhöhung des Gewinnsteuerwerts und der Gestehungskosten** der Beteiligung an der übernehmenden Tochtergesellschaft im Umfang des unentgeltlich übertragenen Aktivenüberschusses ohne Berücksichtigung der übertragenen stillen Reserven (ESTV-DVS, KS 5 vom 1.6.2004, Ziff. 4.4.1.2.7; ESTV-DVS, KS 9 vom 9.7.1998, Ziff. 2.5.3d).

(i) Zwangsaufwertung nach Art. 62 Abs. 4 DBG

92 Nach Art. 62 Abs. 4 DBG können **Wertberichtigungen und Abschreibungen auf qualifizierten Beteiligungen** wieder dem Gewinn zugerechnet werden, soweit sie nicht mehr geschäftsmässig begründet sind. Die geschäftsmässige Begründetheit ist nicht mehr gegeben, soweit eine nachhaltige **Werterholung** der Beteiligung eintritt (BRÜLISAUER/KUHN in: Kommentar zum Schweizerischen Steuerrecht I/2a, Art. 62 DBG N 34 ff.). Die Ausgliederung von Vermögenswerten bewirkt eine Wertzunahme der Beteiligung um die übertragenen stillen und offenen Reserven. Liegt der Gewinnsteuerwert der bisherigen Beteiligung an der Tochtergesellschaft unter den Gestehungskosten (z.B. infolge früherer Abschreibungen), so fragt sich, ob im Rahmen einer steuerneutralen Übertragung von Vermögenswerten nach Art. 61 Abs. 1 lit. d DBG bzw. Art. 24 Abs. 1 lit. d StHG eine steuerbare Werterholung im Sinne von Art. 62 Abs. 4 DBG eintreten kann. Die Antwort darauf ist anhand einer Analyse des Grundes für die Werterholung zu suchen.

93 Die abgeschriebene Beteiligung hat sich nicht eigenständig im Wert erholt. Ihr wurden vielmehr stille Reserven zugeführt. Mit einer **Zwangsaufwertung** nach Art. 62 Abs. 4 DBG würden dem Schein nach wiedereingebrachte Abschreibungen steuerlich erfasst, faktisch jedoch die übertragenen stillen Reserven. Nicht die abgeschriebene, bisherige Beteiligung, sondern die übertragenen Vermögenswerte weisen einen Mehrwert auf. Der ursprüngliche Grund der Abschreibung hat sich nicht verflüchtigt, er wurde bloss durch Zuführung stiller Reserven überdeckt. Eine **Besteuerung der stillen Reserven** würde den Intentionen des Gesetzgebers klar zuwiderlaufen, der mit Übertragungen nach Art. 61 Abs. 1 lit. d DBG bzw. Art. 24 Abs. 3 lit. d StHG eben gerade eine Besteuerung stiller Reserven verhindern wollte. Massgebend ist der grundlegende Gedanke des Umstrukturierungssteuerrechts, wonach stille Reserven erst anlässlich ihrer tatsächlichen Realisierung besteuert werden sollen (Botschaft, 4368 f. und 4509; Mitbericht WAK StR, 10 f.). Erinnert man sich zudem daran, dass Art. 62 Abs. 4 DBG enstehungsgeschichtlich zwecks Verhinderung der Steuerumgehung geschaffen wurde (AB 1997 N 839 [*Eugen David*]; BRÜLISAUER/KUHN in: Kommentar zum Schweizerischen Steu-

errecht I/2a, Art. 62 DBG N 34), wird vollends deutlich, dass für die Besteuerung **wiedereingebrachter Abschreibungen** im Rahmen einer Tochterausgliederung nach Art. 61 Abs. 1 lit. d DBG bzw. Art. 24 Abs. 3 lit. d StHG kein Platz ist. Die ESTV bringt bei der Ausgliederung von Betrieben, Teilbetrieben sowie von Gegenständen des betrieblichen Anlagevermögens auf Tochtergesellschaften keinen Besteuerungsvorbehalt nach Art. 62 Abs. 4 DBG an (ESTV-DVS, KS 5 vom 1.6.2004, Ziff. 4.4.1), während sie bei vergleichbaren Sachverhalten einen solchen Vorbehalt macht (ESTV-DVS, KS 5 vom 1.6.2004, Anhang I, Bsp. Nr. 17 zur Ausgliederung von Beteiligungen mit Hinweis auf Besteuerung; Ziff. 4.5.2.7 mit Hinweis auf Besteuerung und Verweis auf ESTV-DVS, KS 9 vom 9.7.1998, Ziff. 2.5.2; Anhang I, Bsp. Nr. 18 zur Konzernübertragung; vgl. auch Teil 2 vor Art. 69 N 68 f.).

(2) Sperrfristregelung zur steuerneutralen Übertragung

Nach Art. 61 Abs. 2 DBG bzw. Art. 24 Abs. 3ter StHG werden die auf eine Tochtergesellschaft übertragenen stillen Reserven im Verfahren nach Art. 151–153 DBG bzw. Art. 53 StHG nachträglich besteuert, soweit während den der Umstrukturierung nachfolgenden fünf Jahren die übertragenen Vermögenswerte oder die Beteiligungs- oder Mitgliedschaftsrechte an der Tochtergesellschaft veräussert werden. Die Tochtergesellschaft kann in diesem Fall entsprechende, als Gewinn versteuerte stille Reserven geltend machen.

(a) Entstehungsgeschichte

Aufgrund der nationalrätlichen Neufassung der Übertragung von Vermögenswerten auf eine Tochtergesellschaft ausserhalb der Konzernübertragungen (vgl. N 79) bedurfte es für die Ausgliederung einer neuen bzw. eigenen Sperrfristregelung. Die nationalrätliche Kommission berief sich zur Begründung der Sperrfristregelung auf die **Missbrauchsgefahr** infolge des **Beteiligungsabzuges**: Bei der Übertragung von Vermögenswerten auf eine Tochtergesellschaft (Austauschtatbestand) werde aus Sicht der übertragenden Muttergesellschaft ein latenter Kapitalgewinn übertragen, der bei einer späteren Veräusserung der Beteiligung zum Beteiligungsabzug berechtige. Zudem könnten die Vermögenswerte auch auf eine Tochtergesellschaft übertragen werden, die ihren Sitz in einem anderen Kanton habe. Bei einer tatsächlichen Realisierung durch Verkauf der Beteiligungsrechte an der Tochtergesellschaft oder Verkauf der übertragenen Vermögenswerte innerhalb von fünf Jahren werde deshalb mit der **Veräusserungssperrfrist** nach Art. 61 Abs. 2 DBG bzw. Art. 24 Abs. 3ter StHG sichergestellt, dass die Gewinnsteuer bei der unterpreislich übertragenden Muttergesellschaft und nicht bei der begünstigten Tochtergesellschaft anfalle. Bei Teilveräusserungen solle die Nachbesteuerung der übertragenen stillen Reserven anteilmässig erfolgen. Mit dieser Regelung würden während der fünfjährigen Frist die tatsächlich realisierten stillen Reserven bei der Gesellschaft besteuert, bei der sie entstanden seien (Mitbericht WAK NR, 8; vgl. auch Botschaft, 4374 f. und 4510; Mitbericht WAK StR, 10 f.; vgl. Teil 2 vor Art. 69 N 90 f.). Inhaltlich wurde die Sperrfristregelung für Übertragungen auf Tochtergesellschaften nach Art. 61 Abs. 2 DBG bzw. Art. 24 Abs. 3ter StHG im Wesentlichen von jener bei Konzernübertragungen nach Art. 61 Abs. 4 DBG bzw. Art. 24 Abs. 3^{quinquies} StHG übernommen. Anders als bei dieser wird die Nachsteuer jedoch lediglich bei einer Veräusserung der übertragenen Vermögenswerte oder bei einer Veräusserung der Beteiligungs- oder Mitgliedschaftsrechte erhoben, nicht jedoch bei der Aufgabe der einheitlichen Leitung. Auch ist bei der Ausgliederung keine solidarische Haftung für die Nachsteuer vorgesehen.

(b) Veräusserung

96 Werden im Fall einer Tochterübertragung die übertragenen Vermögenswerte oder die Beteiligungs- oder Mitgliedschaftsrechte an der Tochtergesellschaft während den nachfolgenden fünf Jahren veräussert, kommen die Nachbesteuerungsnormen von Art. 61 Abs. 2 DBG und Art. 24 Abs. 3ter StHG zur Anwendung. Der Begriff der **Veräusserung** wird weder im Gesetz noch in den Materialien definiert, im Recht der direkten Bundessteuer jedoch verschiedentlich verwendet, so beispielsweise in Art. 16 Abs. 3 DBG betreffend Veräusserung von Privatvermögen, in Art. 18 Abs. 2 DBG betreffend Veräusserung von Geschäftsvermögen und in Art. 70 Abs. 4 lit. a und b DBG betreffend Veräusserung von Beteiligungen. Mit REICH ist unter Veräusserung der **Eintausch eines Vermögensrechtes gegen ein anderes** zu verstehen. Der Mehrwert des eingetauschten Vermögensrechts wird in eine andere Wertform umgewandelt bzw. realisiert. An die Stelle des weggegebenen Vermögensrechts tritt das Entgelt, das seiner Form und seinem wirtschaftlichen Gehalt nach ein anderes Vermögensrecht darstellt. Unter Veräusserung ist nicht nur die rechtsgeschäftliche Übereignung von Vermögenswerten wie etwa der Verkauf oder der Tausch zu verstehen, sondern jeder irgendwie geartete Ausscheidungsvorgang, bei welchem die Substanz ganz oder teilweise aus der Vermögenssphäre eines Steuerpflichtigen ausscheidet (REICH in: Kommentar zum Schweizerischen Steuerrecht I/2a, Art. 16 DBG N 51 m.w.N.).

97 Eine Veräusserung im Anschluss an eine Ausgliederung bedingt eine **tatsächliche Realisation** der stillen Reserven durch Verkauf von Beteiligungsrechten an der Tochtergesellschaft oder durch Verkauf der übertragenen Vermögenswerte (Mitbericht WAK NR, 8). Mit der ausdrücklichen Erwähnung der «tatsächlichen Realisation» durch die nationalrätliche Kommission ist die **entgeltliche Drittveräusserung** und damit die Versilberung des Beteiligungswertes gemeint. Eine unentgeltliche oder entgeltliche Übertragung innerhalb der Unternehmensgruppe mittels **steuerneutraler Umstrukturierung** nach Art. 61 DBG bzw. Art. 24 Abs. 3 StHG (einschliesslich einer weiteren Tochterübertragung) oder einer **Ersatzbeschaffung** nach Art. 64 DBG bzw. Art. 24 Abs. 4 und 4bis StHG bleibt unschädlich; sie führt zu einem weiteren Steueraufschub (ESTV-DVS, KS 5 vom 1.6.2004, Ziff. 4.4.1.2.9). Die stillen Reserven bleiben nach wie vor mit den (Ersatz-)Vermögenswerten verhaftet und gelten steuerlich als nicht realisiert.

98 Die Fokussierung der Nachbesteuerung auf die tatsächliche Realisation schliesst andere, **nicht realisierende Veränderungen der Beteiligungsverhältnisse** als Nachbesteuerungstatbestände aus. Entsprechend ist eine Kapitalerhöhung bei der Tochtergesellschaft (Verwässerung) unschädlich, soweit die Muttergesellschaft weder direkt (Veräusserungserlös) noch indirekt (Bezugsrechtsverkauf, Ausgleichszahlungen, etc.) für die Veränderung der Beteiligungsverhältnisse entschädigt wird (ESTV-DVS, KS 5 vom 1.6.2004, Ziff. 4.4.1.2.9 und Bsp. Nr. 16, Variante B im Anhang I).

99 Veräussert die übernehmende Tochtergesellschaft während der fünfjährigen Sperrfrist die übertragenen Vermögenswerte oder die Muttergesellschaft ihre Beteiligungsrechte an der Tochtergesellschaft lediglich teilweise, kommt es, entsprechend der Anordnung in Art. 61 Abs. 2 DBG bzw. Art. 24 Abs. 3ter StHG, dass «soweit» über die stillen Reserven abzurechnen ist, als «während den der Umstrukturierung nachfolgenden fünf Jahren die übertragenen Vermögenswerte oder Beteiligungs- oder Mitgliedschaftsrechte an der Tochtergesellschaft veräussert werden», lediglich zu einer **quotalen steuerlichen Abrechnung** über die übertragenen stillen Reserven, ungeachtet der jeweiligen prozentualen Höhe der Veräusserung. Anders als bei der Konzernübertragung führt die Aufgabe der einheitlichen Leitung bzw. der Beherrschung der Tochtergesellschaft somit nicht zu einer vollständigen steuerlichen Abrechnung über die übertragenen stillen Reserven, sondern nur zu einer quotalen Abrechnung im Umfang der veräusserten Beteiligungsrechte. Mit dieser Regelung werden während der fünfjährigen Frist die tatsächlich realisierten stillen Reserven bei der Gesellschaft besteuert, bei der sie entstanden sind (Mitbericht WAK NR, 8). Das Kreisschreiben Nr. 9 der ESTV vom 9. Juli 1998 ist in diesem Punkt als überholt zu betrachten (ebenso ESTV-DVS, KS 5 vom 1.6.2004, Ziff. 4.4.1.2.9 mit Verweis auf die überholte Ziff. 2.5.3d) ESTV-DVS, KS 9 vom 9.7.1998).

(c) Objektivierte Veräusserungssperrfrist

Die Veräusserungssperrfrist ist **objektiviert**. Die Gründe, die zu einer vorzeitigen Veräusserung führen, sind unerheblich. Für die Nachbesteuerung muss weder ein Verschulden noch eine Steuerumgehung vorliegen bzw. bewiesen werden (ESTV-DVS, KS 5 vom 1.6.2004, Ziff. 4.4.1.2.9). Die Sperrfrist leitet sich aus dem gesetzlichen Realisationskonzept ab und findet ihre Grundlage in der rechtsgleichen Besteuerung wirtschaftlich vergleichbarer Tatbestände (REICH in: Kommentar zum Schweizerischen Steuerrecht I/2a, Art. 19 DBG N 46). Die Botschaft des Bundesrates verweist auf die neuere Rechtsprechung des Bundesgerichts, wonach die sachliche Begründung der Sperrfrist nicht im Steuerumgehungsgedanken, sondern im «gesetzlichen Realisierungskonzept» bzw. im «Differenzierungskonzept» enthalten sei (Botschaft, 4372, 4374 f. und 4510 mit Verweis auf ESTV-DVS, KS 9 vom 9.7.1998, Ziff. 2.5.3d; ASA 68 [1999/2000], 71, 75 = StE 1999 B 23.7 Nr. 9 E. 2c zur Umwandlung einer Personen- in eine Kapitalgesellschaft).

100

(d) Beginn Veräusserungssperrfrist

Aufgrund der steuerrechtlichen Gewinnermittlungsvorschriften kann eine Besteuerung erst bei **Realisation** der stillen Reserven erfolgen. Die Nachbesteuerungsnormen von Art. 61 Abs. 2 DBG und Art. 24 Abs. 3ter StHG sind am Grundsatz der steuerrechtlichen Gewinnermittlung bzw. dem Realisationsbegriff auszurichten. Dementsprechend **beginnt** die **fünfjährige Sperrfrist** im Zeitpunkt der **tatsächlichen Erfüllung des Rechtsgeschäfts** bzw. der tatsächlichen zivilrechtlichen Übertragung der Vermögenswerte zu laufen. Auf diesen Zeitpunkt ist im Falle einer Nachbesteuerung zurückzukommen (vgl. Teil 2 vor Art. 69 N 85 f.). Bei einer Sacheinlagegründung beginnt die Veräusserungssperrfrist mit der Anmeldung im Handelsregister (ESTV-DVS, KS 5 vom 1.6.2004, Ziff. 4.4.1.2.9). Eine allfällige bilanzielle Rückwirkung der Ausgliederung ist für den Beginn der Sperrfrist unmassgeblich.

101

(e) Stille Reserven

Der Begriff «**stille Reserven**» der Nachbesteuerungsnorm von Art. 61 Abs. 2 DBG bzw. Art. 24 Abs. 3ter StHG deckt sich mit jenem der Umstrukturierungsnorm von Art. 61 Abs. 1 DBG bzw. Art. 24 Abs. 3 StHG (s. die Definition bei HÖHN/WALDBURGER, Grundlagen, § 18 N 42). Kommt es zu einer Sperrfristverletzung, sind die stillen Reserven **rückwirkend** auf den Zeitpunkt der tatsächlichen Erfüllung der Übertragung der Vermögenswerte betragsmässig zu bestimmen. Massgebend ist der damalige **Verkehrswert** (vgl. REICH in: Kommentar zum Schweizerischen Steuerrecht I/2a, Art. 19 DBG N 48 zur Sperrfristverletzung bei einer Umwandlung einer Personenunternehmung in eine juristische Person). Die Schwierigkeit, die übertragenen stillen Reserven nachträglich zu bestimmen, liegt darin, sich in die Verhältnisse des Übertragungszeitpunktes zurückzuversetzen, die Umstände des Übertragungszeitpunkts nachzubilden und alle zwischenzeitlichen Veränderungen auszublenden. Entsprechend erscheint es voraus-

102

schauend, wenn der Steuerpflichtige im Übertragungszeitpunkt die stillen Reserven annäherungsweise ermittelt oder zumindest eine **Dokumentation** über die damalige Faktenlage zusammenstellt, um eine spätere Verkehrswertermittlung zu erleichtern. Eine Pflicht dazu ist den allgemeinen Mitwirkungspflichten des Steuerpflichtigen (Art. 126 DBG) jedoch nicht zu entnehmen.

103 Der **Erlös**, der für die Veräusserung der übertragenen Vermögenswerte erzielt wurde, kann allenfalls als Indiz für das Mass der ursprünglich übertragenen stillen Reserven in Betracht gezogen werden. Zu berücksichtigen sind indes auch zwischenzeitliche Wertzunahmen bzw. -abnahmen der übertragenen Vermögenswerte vom Zeitpunkt der Übertragung bis zu deren Veräusserung. Werden die Beteiligungsrechte an der Tochtergesellschaft veräussert, lässt sich allenfalls indirekt aus dem Veräusserungserlös ein Rückschluss auf den ursprünglichen Verkehrswert der übertragenen Vermögenswerte ableiten.

(f) Nachbesteuerung

104 Fällt das objektive Erfordernis der Steuerneutralität im Verlauf der fünfjährigen Sperrfrist dahin, sind die übertragenen stillen Reserven bei der übertragenden Muttergesellschaft **rückwirkend** als Gewinn zu besteuern. Rückwirkend sind auf den Zeitpunkt der Übertragung der Vermögenswerte steuerlich jene Verhältnisse herzustellen, wie sie bestanden hätten, wenn die Muttergesellschaft die übertragenen Vermögenswerte von Anfang an unter Aufdeckung der stillen Reserven an ihre Tochtergesellschaft entgeltlich veräussert hätte. Es gelten die **damaligen Gewinnermittlungsvorschriften**, wobei geschäftsmässig begründete Aufwendungen einschliesslich der abzugsfähigen Steuern auf dieser Übertragung der Vermögenswerte ebenfalls zu berücksichtigen sind.

105 Wird die Beteiligung an der Tochtergesellschaft innerhalb der Sperrfrist veräussert, erfolgt die oben beschriebene **Nachbesteuerung der stillen Reserven**. Dabei sind die zu besteuernden stillen Reserven (d.h. die übertragenen stillen Reserven) klar von denjenigen abzugrenzen, die auf der Beteiligung an der Tochtergesellschaft bereits vor der Übertragung der Vermögenswerte bestanden haben bzw. seit dem Übertragungszeitpunkt neu entstanden sind. Dazu folgendes Beispiel:

Sachverhalt	Beurteilung
Übertragung von Vermögenswerten nach Art. 61 Abs. 1 lit. d DBG:	Nachbesteuerung bei Muttergesellschaft infolge Verletzung Veräusserungssperrfrist:
Ausgangslage: Gewinnsteuerwert und Gestehungskosten Beteiligung an Tochtergesellschaft 1 000 (stille Reserven 500)	a) Nachbesteuerung übertragene stille Reserven von 300 bei Muttergesellschaft und entsprechende Erhöhung Gewinnsteuerwert und Gestehungskosten Beteiligung an Tochtergesellschaft auf 2 000
Schritt 1: Unentgeltliche Übertragung von Vermögenswerten zum Gewinnsteuerwert 700 (stille Reserven 300) von Mutter- auf Tochtergesellschaft; Erhöhung Gewinnsteuerwert und Gestehungskosten	b) Erhöhung Gewinnsteuerwert übertragene Vermögenswerte bei Tochtergesellschaft um 300
Schritt 2: Veräusserung Beteiligung Tochtergesellschaft innerhalb Sperrfrist zu 3 300	c) Steuerbarer Kapitalgewinn aus Veräusserung Beteiligung von 1 300 bei Muttergesellschaft (Beteiligungsabzug Art. 70 Abs. 1 DBG, sofern Neubeteiligung)

106 Ist die entsprechende Veranlagung bereits in Rechtskraft erwachsen, ist die Besteuerung der stillen Reserven im **Nachsteuerverfahren** rückwirkend auf den Übertragungszeit-

punkt vorzunehmen. Begrifflich wie auch inhaltlich decken sich die Ausführungen über die nachträgliche Besteuerung der übertragenen stillen Reserven im Verfahren nach Art. 151–153 DBG bzw. Art. 53 StHG mit denjenigen der steuerneutralen Übertragung eines Betriebs oder Teilbetriebs auf eine juristische Person nach Art. 19 Abs. 2 DBG bzw. Art. 8 Abs. 3bis StHG, so dass auf die diesbezügliche Kommentierung verwiesen werden kann (vor Art. 53 N 134).

(g) Geltendmachung versteuerter stiller Reserven

107 Gemäss Art. 61 Abs. 2 DBG bzw. Art. 24 Abs. 3ter StHG kann die Tochtergesellschaft im Umfang der bei der Muttergesellschaft nachbesteuerten stillen Reserven eine als Gewinn versteuerte **stille Reserve** geltend machen. Somit hat die übertragende Muttergesellschaft die stillen Reserven zu versteuern und kann die übernehmende Tochtergesellschaft diese **gewinnsteuerfrei in der Steuerbilanz aufdecken**. Die Gewinnsteuerwerte der übertragenen Aktiven werden um die besteuerten stillen Reserven erhöht und der Gesamtbetrag der stillen Reserven wird dem Eigenkapital der Steuerbilanz gutgeschrieben. Diese Korrektur bei der übernehmenden Gesellschaft wurde anlässlich des Vernehmlassungsverfahren gefordert (Bericht Steuern 2, 22) und vom Nationalrat ins Gesetz aufgenommen (vgl. Art. 61 Abs. 2 DBG bzw. Art. 24 Abs. 3ter StHG; Mitbericht WAK NR, 8). Verschiedentlich wird in der Literatur anstelle dieser Eigenkapitalbuchung eine Gutschrift auf ein Aktionärskreditorenkonto gefordert, um eine spätere steuerfreie Rückführung dieses Mehrwertes an die Beteiligten zu ermöglichen (vgl. Teil 2 vor Art. 69 N 104; NEUHAUS, FStR 2001, 28 ff. für weitere Ausführungen).

108 Die Tochtergesellschaft kann die erhöhten Vermögenswerte im Rahmen der steuerlichen Gewinnermittlungsvorschriften steuerlich abschreiben bzw. steuerlich zulässige Wertberichtigungen und Rückstellungen bilden. Folgt man der zeitlichen Systematik der Nachbesteuerung bei der übertragenden Muttergesellschaft, muss es der übernehmenden Tochtergesellschaft ihrerseits erlaubt sein, diese **Abschreibungen, Rückstellungen und Wertberichtigungen** ab dem Übernahmejahr und den darauffolgenden Steuerperioden geltend zu machen (NEUHAUS, FStR 2001, 27). Können die aufgedeckten stillen Reserven nicht spezifischen Vermögenswerten zugeordnet werden, ist gemäss Kreisschreiben Umstrukturierung von **Goodwill** auszugehen, der innert fünf Jahren steuerwirksam abgeschrieben werden kann (ESTV-DVS, KS 5 vom 1.6.2004, Ziff. 4.4.1.2.9). Die nachträglichen Korrekturen des steuerbaren Gewinnes können für offene Veranlagungen im ordentlichen **Verfahren** vorgenommen werden. Liegt bereits eine definitive Veranlagung vor, erfolgt die Neuveranlagung im Revisionsverfahren nach Art. 147 ff. DBG bzw. Art. 51 ff. StHG.

(h) Beurteilung Sperrfristenkonzept

109 BEHNISCH kritisiert bei der Übertragung von **Betrieben oder Teilbetrieben** die unterschiedliche Sperrfristenkonzeption bei der Spaltung (keine Veräusserungssperrfrist) und bei der Ausgliederung auf eine Tochtergesellschaft (verobjektivierte Veräusserungssperrfrist). Er führt aus, dass solange ein Gesamtkomplex von Gütern im Sinne einer organischen Einheit bestehe, sich eine steuerliche Abrechnung bei der Ausgliederung von Vermögenswerten auf eine Tochtergesellschaft nicht rechtfertige. Spaltung und Ausgliederung von Betrieben sollten steuerlich gleich – ohne Sperrfrist – behandelt werden (LOCHER, ASA 71 [2002/2003], 722 mit Verweis auf REICH, FS Forstmoser, 740 f.; KUHN/GERBER, ST 2002, 104/106; LOCHER, Kommentar DBG, Rev. Art. 61 N 171). BEHNISCH bringt der Sperrfrist allerdings bei der Übertragung von mehr oder weniger willkürlich zusammengesetztem betrieblichem **Anlage- sowie Umlaufvermögen** auf eine Tochtergesellschaft, wofür auch keine Ersatzbeschaffung geltend gemacht werden könne, Verständnis entgegen. Die Veräusserungssperrfrist, so BEHNISCH, rechtfertige sich nur bei der Übertragung einzelner Aktiven ohne Betriebscharakter. Der Kritik von BEHNISCH ist im Grundsatz zuzustimmen, wobei sich jedoch die Frage stellt, ob hinsichtlich der Sperrfristenkonzeption tatsächlich die Ausgliederung der Spaltung oder jene dieser anzugleichen sei. Beachtet man die in der bundesrätlichen Botschaft und der parlamentarischen Beratungen angemeldeten zahlreichen Bedenken bezüglich einer unmittelbaren Veräusserung der Tochterbeteiligung und damit indirekt der steuerneutral ausgegliederten Vermögensteile (seien es Betriebe, Teilbetriebe oder Gegenstände des betrieblichen Anlagevermögens) mit Freistellung des realisierten Kapitalgewinnes mittels Beteiligungsabzug (Art. 70 Abs. 1 DBG bzw. Art. 28 Abs. 1bis StHG), so erstaunt die Sperrfristenkonzeption für Ausgliederungen auf Tochtergesellschaften nach Art. 61 Abs. 2 DBG bzw. Art. 24 Abs. 3ter StHG nicht. Es überrascht vielmehr die Streichung der ursprünglich vorgeschlagenen subjektiven Sperrfristenlösung bei der Spaltung durch den Ständerat, welche auf einer Umkehr der Beweislast beruhte (vgl. Botschaft, 4374; Mitbericht WAK StR vom 9.11.2000, 8 f.). Die Anteilseigner einer auf- oder abgespaltenen Kapitalgesellschaft oder Genossenschaft profitieren bei der Spaltung von der Freistellung des realisierten Kapitalgewinnes mittels Beteiligungsabzug (Art. 70 Abs. 1 DBG bzw. Art. 28 Abs. 1bis StHG) oder, wenn es sich um natürliche Personen handelt, welche die Anteile in ihrem Privatvermögen halten, gar von einem steuerfreien privaten Kapitalgewinn (Art. 16 Abs. 3 DBG bzw. Art. 7 Abs. 4 lit. b StHG). Die «Gefahr» der Auf- oder Abspaltung einer juristischen Person mit der Absicht der unmittelbaren Veräusserung eines der beiden Unternehmen kann nicht wegdiskutiert werden (vgl. zur unmittelbaren Veräusserung nach Spaltung vor Art. 29 N 75).

110 Nach hier vertretener Meinung ist für ein in sich stimmiges Konzept auf eine Sperrfristenregelung nach Art. 61 Abs. 2 DBG bzw. Art. 24 Abs. 3ter StHG zu verzichten. Die stillen Reserven der übertragenen Vermögenswerte – ob Betrieb, Teilbetrieb oder Gegenstände des betrieblichen Anlagevermögens – bleiben mit den übertragenen Vermögenswerten fiskalisch verknüpft (REICH/DUSS, 51 ff.) und werden bei deren künftigen Realisation besteuert. Das muss genügen (vgl. auch Art. 19 Abs. 1 lit. a DBG bzw. Art. 8 Abs. 3 lit. a StHG für die Übertragung von Geschäftsvermögen). Dies trifft bei der Ausgliederung auf eine Tochtergesellschaft verstärkt zu, da vom Grundsatz her eine wirtschaftliche Doppelbelastung (Besteuerung auf der Stufe der Mutter- wie auch der Tochtergesellschaft) eingegangen wird, die zwar mit dem Beteiligungsabzug (Art. 70 Abs. 1 DBG bzw. Art. 28 Abs. 1bis StHG) gemildert, jedoch oft nicht gänzlich beseitigt wird. Die steuerneutrale Ausgliederung nach Art. 61 Abs. 1 lit. d DBG bzw. Art. 24 Abs. 3 lit. d StHG beschränkt sich zudem auf betriebliche Werte – der Fokus eines jeden modernen steuerlichen Umstrukturierungsrechts – und schliesst nichtbetriebliche Werte implizit von der Steuerneutralität aus.

bb) Grundstückgewinnsteuer

111 Die in Art. 24 Abs. 3 StHG genannten Tatbestände sind bei der Grundstückgewinnsteuer gemäss Art. 12 Abs. 4 lit. a StHG als steueraufschiebende Veräusserung zu behandeln. Entsprechend führt auch die Übertragung eines Grundstücks von einer Kapitalgesellschaft oder Genossenschaft auf eine Tochtergesellschaft im Rahmen von Art. 24 Abs. 3 lit. d StHG zu einem **Steueraufschub**.

112 Aufgrund des Steueraufschubs ist für die übernehmende Tochtergesellschaft für die Steuerbemessung anlässlich der nächsten Handänderung nicht die Handänderung, bei welcher sie das Grundstück übertragen erhalten hat, sondern die vorhergehende Hand-

änderung massgebend. Die erwerbende Tochtergesellschaft tritt folglich in die Position der Muttergesellschaft (Rechtsvorgängerin) ein und übernimmt die latente Steuerlast auf dem aufgelaufenen Mehrwert des Grundstückes (REICH/DUSS, 117 ff.). Sie kann sich jedoch dafür die Besitzesdauerfristen der Muttergesellschaft anrechnen lassen (vgl. als Bsp. § 225 Abs. 3 StG ZH).

Nicht ausdrücklich geregelt ist, ob die Kantone bei Verletzung der **Sperrfrist** nach Art. 24 Abs. 3ter StHG nachträglich die Grundstückgewinnsteuer erheben können. Art. 12 Abs. 4 lit. a StHG sieht keine Nachbesteuerung vor und enthält auch keinen Verweis auf die Sperrfrist nach Art. 24 Abs. 3ter StHG. Fraglich ist, ob der Verweis in Art. 12 Abs. 4 lit. a StHG auf Art. 24 Abs. 3 StHG auch die Nachbesteuerung innerhalb der fünfjährigen Sperrfrist umfasst und das Nachbesteuerungsrecht bei Verletzung der Sperrfrist nicht nur für die Gewinnsteuer gilt, sondern sich auch auf die Grundstückgewinnsteuer erstreckt (vgl. Art. 103 N 29 f.). Es bleibt den Kantonen überlassen, eine klare gesetzliche Grundlage für eine Nachbesteuerung im Sinne von Art. 24 Abs. 3ter StHG in ihren kantonalen Gesetzgebungen aufzunehmen, sofern sie die steueraufschiebende Übertragung von Grundstücken von einer Kapitalgesellschaft oder Genossenschaft auf eine Tochtergesellschaft für die Grundstückgewinnsteuer von der künftigen Nichtveräusserung der übertragenen Grundstücke während einer zeitlich befristeten Veräusserungssperrfrist abhängig machen wollen. Unterlassen sie dies, ist von einem Verzicht auf die Nachbesteuerung auszugehen.

113

bc) Handänderungssteuer

Art. 103 FusG schliesst die Erhebung von kantonalen und kommunalen Handänderungsabgaben bei Umstrukturierungen im Sinne von Art. 24 Abs. 3 StHG (und damit auch von Art. 24 Abs. 3 lit. d StHG) aus. Kostendeckende Gebühren bleiben vorbehalten. Anders als bei der Grundstückgewinnsteuer beinhaltet Art. 103 FusG nicht bloss einen Steueraufschub, sondern eine **Steuerbefreiung**. Wie bei der Grundstückgewinnsteuer tritt die übernehmende Personengesellschaft bzw. deren Gesellschafter in die Position ihres Rechtsvorgängers ein und kann sich allfällige Besitzesdauerfristen anrechnen lassen (vgl. als Bsp. § 231 Abs. 2 StG ZH). Es kann auf die weitergehenden Ausführungen in der Kommentierung von Art. 103 FusG verwiesen werden.

114

Die Kantone haben ihre Steuergesetzgebung innerhalb von fünf Jahren seit Inkrafttreten des FusG, also bis zum 30. Juni 2009, an Art. 103 FusG anzupassen (Art. 111 Abs. 3 FusG). Danach ist die Bundesgesetzgebung direkt anwendbar (s. Art. 103 N 33 f.).

115

Art. 103 FusG regelt die Frage, ob die Kantone bei Verletzung der **Sperrfrist** nach Art. 24 Abs. 3ter StHG nachträglich die Handänderungssteuer erheben können, nicht und enthält auch keinen Verweis auf die Sperrfrist der Gewinnsteuer nach Art. 24 Abs. 3ter StHG (vgl. Art. 103 N 28 ff.). Wollen die Kantone eine Nacherhebung der Handänderungssteuer im Rahmen einer Sperrfristverletzung künftig durchsetzen, bedarf es dazu einer klaren gesetzlichen Grundlage in den kantonalen Gesetzgebungen (vgl. N 113 für die Grundstückgewinnsteuer). Fehlt eine solche, ist von einem Verzicht auf die Nacherhebung der Handänderungssteuer auszugehen.

116

bd) Verrechnungssteuer

Die Übertragung von Vermögenswerten durch eine Kapitalgesellschaft oder Genossenschaft auf eine inländische Tochtergesellschaft führt **nicht zur Erhebung der Verrechnungssteuer**. Es handelt sich nicht um eine Entreicherung der übertragenden Gesellschaft, sondern um einen Austauschtatbestand (REICH/DUSS, 131 f.). Die offenen und

117

stillen Reserven der übertragenden Muttergesellschaft bleiben sich gleich. Die Besteuerungsnorm von Art. 4 Abs. 1 lit. b VStG greift nicht und es bedarf auch keiner Ausnahme im Sinne von Art. 5 Abs. 1 lit. a VStG (ESTV-DVS, KS 5 vom 1.6.2004, Ziff. 4.4.1.5).

be) Emissionsabgabe

(1) Grundsatz

118 Übertragen Kapitalgesellschaften oder Genossenschaften ihr Vermögen oder Teile davon mit Aktiven und Passiven gestützt auf Art. 69 ff. FusG in einem Akt (uno actu) als Sacheinlage gegen Ausgabe neuer Beteiligungsrechte oder als Zuschuss ohne Ausgabe von Beteiligungsrechten auf eine Tochtergesellschaft, so unterliegt die Begründung von Beteiligungsrechten bzw. der Zuschuss grundsätzlich der Emissionsabgabe nach Art. 5 Abs. 1 lit. a bzw. Abs. 2 lit. a StG.

(2) Umstrukturierungen

(a) Auslegung des Begriffs der Spaltung

119 Liegt indessen eine **Umstrukturierung** im Sinne einer Fusion, Umwandlung oder Spaltung gemäss Art. 6 Abs. 1 lit. a^{bis} StG vor, ist die Begründung der Beteiligungsrechte bzw. der Zuschuss von der Emissionsabgabe ausgenommen. Vorliegend interessiert die einzige Änderung, welche diese Norm mit der Ersetzung von «Aufspaltung» durch «Spaltung» erfahren hat. Der Nationalrat änderte die ursprüngliche Bezeichnung in Art. 6 Abs. 1 lit. a^{bis} StG von «Aufspaltung» in «Spaltung», ohne dass den Materialien eine Begründung für diese Änderung entnommen werden kann. Vermutungsweise darf angenommen werden, dass es sich bloss um eine redaktionelle Anpassung des Wortlautes an das FusG handelt, welches in Art. 29 FusG die Spaltung als Aufspaltung und Abspaltung definiert. Die ESTV sieht in dieser redaktionellen Korrektur den Willen des Gesetzgebers zur einheitlichen Anwendung der für steuerneutrale Spaltungen anwendbaren Gesetzesbestimmungen im Recht der Stempelabgaben und der direkten Bundessteuer dokumentiert (ESTV-DVS, KS 5 vom 1.6.2004, Ziff. 2.4.1).

120 Da die Ausgliederung systematisch nicht (mehr) zur Spaltung zählt, stellt sich die Frage, ob mit dem neuen Wortlaut **Sacheinlagen und Zuschüsse auf eine Tochtergesellschaft** in der Form der Vermögensübertragung nach Art. 69 ff. FusG von der Ausnahmenorm von Art. 6 Abs. 1 lit. a^{bis} StG ausgeschlossen sind. Wenn dem so wäre, würde dies zu einer klaren Verschlechterung gegenüber dem früheren Recht führen, welches für die Emissionsabgabe die Auf- und Abspaltung wie auch die Übertragung von Vermögenswerten auf eine Tochtergesellschaft i.d.R. unter den Begriff der Spaltung subsumierte. REICH weist für das alte Recht darauf hin, dass die Voraussetzungen bei **Ausgliederungen** weitgehend denjenigen von Abspaltungen und Aufspaltungen entsprechen, wobei jedoch bei Ausgliederungen keine echte Unternehmensspaltung verlangt werde. Bei der Muttergesellschaft könne nach der Ausgliederung auch bloss die Beteiligung an der aufnehmenden Tochtergesellschaft verbleiben (REICH/DUSS, 340). Gleiches galt nach bisheriger Praxis der ESTV bei der Erhebung der Emissionsabgabe bei Tochterübertragungen, d.h. der sog. «horizontalen Spaltung» (vgl. dazu ESTV-DVS, MB Art. 6 Abs. 1 Bst. a^{bis} StG, Ziff. IV.a.1, aufgehoben durch ESTV-DVS, KS 5 vom 1.6.2004, Ziff. 5).

121 Eine Einschränkung der Ausnahmetatbestände würde den Intentionen des Gesetzgebers klar widersprechen. So verlangte der Bundesrat, die bisher gehandhabte Praxis im Steuerrecht sei weiterzuführen und die neuen zivilrechtlichen Gestaltungsmöglichkeiten dürften durch das Steuerrecht nicht vereitelt werden (Botschaft, 4368 f.). Bezüglich der

Vermögensübertragung führte er explizit aus, dass Umstrukturierungen, die auf einer Vermögensübertragung beruhten, ebenfalls ohne Steuerfolgen durchgeführt werden könnten, sofern sie der Fusion, Spaltung oder Umwandlung wirtschaftlich gleichkämen. Als Spaltungen erwähnte er u.a. die Übertragung eines Betriebs auf eine Tochtergesellschaft (sog. horizontale Spaltung) (Botschaft, 4371 und 4374 f.) und die Bildung eines «Joint Ventures» bei dem zwei voneinander unabhängige Unternehmen je einen Betrieb in eine neu errichtete, von ihnen gemeinsam beherrschte Gesellschaft einbringen (Botschaft, 4373). Diesen Ausführungen ist zu entnehmen, dass der Bundesrat offensichtlich die Übertragung von Vermögenswerten auf eine Tochtergesellschaft im Bereich des Steuerrechts der Spaltung wirtschaftlich gleichsetzte. Auch die spätere gesonderte Regelung der Übertragung von Vermögenswerten auf eine Tochtergesellschaft in Art. 61 Abs. 1 lit. d DBG bzw. Art. 24 Abs. 3 lit. d StHG sowie deren Erweiterung auf die Übertragung von Gegenständen des betrieblichen Anlagevermögens änderte an dieser Grundhaltung nichts. Unverändert ist von **steuerneutralen Ausgliederungen** die Rede (Mitbericht WAK NR, 8). In die gleiche Richtung zielte die Empfehlung des Ständerates, die Begriffe (explizite Erwähnung von Art. 6 Abs. 1 lit. a^{bis} StG) in den Vollzugsbestimmungen zum Verrechnungssteuer- und Stempelsteuerrecht gleich wie im Gewinnsteuerrecht zu definieren und anzuwenden (Mitbericht WAK StR, 15). Aufgrund der bisherigen Rechtsanwendung von Art. 6 Abs. 1 lit. a^{bis} StG sowie der Materialien ist daher darauf zu schliessen, dass eine steuerneutrale Übertragung von Vermögenswerten auf eine Tochtergesellschaft eindeutig angestrebt und eine mit den direkten Steuern harmonisierte Anwendung des Stempelsteuerrechts gewünscht bzw. gefordert wurde. Übertragungen von **Betrieben oder Teilbetrieben** sowie von **Gegenständen des betrieblichen Anlagevermögens** im Sinne von Art. 61 Abs. 1 lit. d DBG bzw. Art. 24 Abs. 3 lit. d StHG sind daher von der Emissionsabgabe aufgrund von Art. 6 Abs. 1 lit. a^{bis} StG auszunehmen und zwar unabhängig davon, ob sie als Sacheinlage gegen Ausgabe von Beteiligungsrechten oder als Zuschuss in die offenen Reserven der übernehmenden Tochtergesellschaft vorgenommen werden (ebenso ESTV-DVS, KS 5 vom 1.6.2004, Ziff. 4.4.1.3, vgl. auch steuerfreie Übertragung eines Gegenstandes des betrieblichen Anlagevermögens auf eine inländische Enkelgesellschaft in Bsp. Nr. 15 bzw. eine inländische Tochtergesellschaft in Bsp. Nr. 16 im Anhang I). Hinsichtlich Umstrukturierungen kommt den Begriffen im Stempelsteuerrecht die gleiche Bedeutung zu wie bei den direkten Steuern. Eine entsprechende Klarstellung in Art. 6 Abs. 1 lit. a^{bis} StG anlässlich einer späteren Revision dahingehend, dass sich ein revidierter Gesetzestext generell auf Umstrukturierungen nach Art. 61 DBG bezieht, wäre ohne Zweifel wünschbar (vgl. Wortlaut von Art. 5 Abs. 1 lit. a VStG).

(b) Kapital

Im alten und per 1. Juli 2004 (Datum des Inkrafttretens des FusG) aufgehobenen Merkblatt der ESTV betreffend Anwendung von Art. 6 Abs. 1 lit. a^{bis} StG wurde der Begriff der Spaltung definiert und insbesondere von den sogenannten fusionsähnlichen Tatbeständen abgegrenzt. Übertragungen von Vermögenswerten von in- und ausländischen Gesellschaften auf inländische Tochtergesellschaften galten ausschliesslich als Spaltungen und wurden damit der fünfjährigen Sperrfrist unterworfen. Zudem war derjenige Teil des **neu geschaffenen nominellen Kapitals** der übernehmenden Gesellschaft, der das minimal erforderliche Eigenkapital nach dem Kreisschreiben Nr. 6 der ESTV betreffend verdecktes Eigenkapital nach Art. 65 und 75 DBG überstieg, nicht abgabebefreit, wenn die Merkmale der **Abgabeumgehung** erfüllt waren. Die Überlegung ging dahin, dass mittels privilegierter Übertragung von Vermögenswerten auf Tochtergesellschaften abgabefrei Kapital gebildet werden könne, was Steuerpflichtige mit Umgehungsabsicht dazu verleiten könnte, abgabefrei (und später verrechnungssteuerfrei rückzahlbares) Kapital, welches ansonsten der Abgabe unterliegen würde, zu bilden (vgl. dazu ESTV-DVS, MB Art. 6 Abs. 1 Bst. a^{bis} StG, Ziff. III.A und IV.a.3, aufgehoben durch ESTV-DVS, KS 5 vom 1.6.2004, Ziff. 5).

123 Die **Limitierung des maximal abgabefrei zu begründenden Kapitals** wurde ins neue Recht übernommen (ESTV-DVS, KS 5 vom 1.6.2004, Ziff. 4.4.1.3). Sie entbehrt unverändert der gesetzlichen Grundlage. Nach bisherigem und neuem Gesellschaftsrecht (Art. 71 Abs. 1 lit. d FusG) sind die einlegende Kapitalgesellschaft oder Genossenschaft sowie die übernehmende Tochtergesellschaft in der Ausgestaltung der Gegenleistung für die übertragenen Vermögenswerte völlig frei. Dem übertragenden Rechtsträger kann eine Gegenleistung gewährt werden, eine solche ist jedoch kein notwendiges Begriffselement der Vermögensübertragung (Botschaft, 4459). Der Einleger und die übernehmende Kapitalgesellschaft oder Genossenschaft haben die **freie Rechtswahl**, ob und wie die Einlage bei der übernehmenden Gesellschaft passivseitig angerechnet werden soll, sei dies als Fremdkapital, Kapital oder als offene Reserven. Soll die Übertragung der Vermögenswerte steuerneutral im Sinne von Art. 61 Abs. 1 lit. d DBG bzw. Art. 24 Abs. 3 lit. d StHG erfolgen, bildet der Gewinnsteuerwert die maximale, betragsmässige Wertgrenze der Übertragung und der passivseitigen Anrechnung bei der übernehmenden Gesellschaft. Diese klare gesetzliche Vorschrift ist massgebend. Weiterer Einschränkungen bedarf es für die Emissionsabgabe nicht. Zu berücksichtigen ist auch, dass Art. 65 DBG ausdrücklich auf eine **wirtschaftliche Sachverhaltsauslegung** bezüglich der Beurteilung des Vorliegens von verdecktem Eigenkapital zielt. Entsprechend bedarf es bei deren Anwendung keines Nachweises der Steuerumgehung (BRÜLISAUER/KUHN in: Kommentar zum Schweizerischen Steuerrecht I/2a, Art. 65 DBG N 11). Diese Voraussetzung zwingt die vermögensübertragende Muttergesellschaft zur **Verdoppelung der offenen Reserven**, was sich insbesondere für grenzüberschreitende Umstrukturierungen bei der Verrechnungssteuer negativ auswirkt. Die ausländische Unternehmung, welche Vermögenswerte auf eine neu errichtete, inländische Tochtergesellschaft überträgt, hat damit gleich zu Beginn offene Reserven zu bilden, welche bei späterer Rückübertragung durch deren Ausschüttung an die ausländische Unternehmung der Verrechnungssteuer unterliegen (Art. 4 Abs. 1 lit. b VStG). Dies mindestens für so lange, als das schweizerische Steuerrecht keine verrechnungssteuerfreie Rückzahlung der ursprünglich eingebrachten offenen Reserven an die Anteilsinhaber zulässt.

124 Die bisherige Praxis der ESTV stützte die Berechnung des maximal emissionsabgabefrei begründbaren Kapitals auf den **Buchwert** der eingelegten Vermögenswerte. Dies in Abweichung zur Berechnung des verdeckten Eigenkapitals, wo auf den **Verkehrswert** der Aktiven abgestellt wird (ESTV-DVS, KS 6 vom 6.6.1997, Ziff. 2.1). Diese einschränkende, auf den Buchwert bezogene Berechnung wurde von der ESTV richtigerweise aufgegeben (ESTV-DVS, KS 5 vom 1.6.2004, Ziff. 4.4.1.3). Künftig gilt der Verkehrswert als Beurteilungsgrundlage.

(c) Sperrfrist

125 Die **Nacherhebung der Emissionsabgabe** ist in Art. 6 Abs. 1 lit. a^{bis} StG nicht geregelt. Art. 6 Abs. 1 lit. a^{bis} StG sieht keine Nachbesteuerung vor und enthält auch keinen Verweis auf die Sperrfrist von Art. 61 Abs. 2 DBG. Unter altem Recht wurde ohne explizite gesetzliche Grundlage der privilegierte Umstrukturierungstatbestand für Ausgliederungen im Emissionsabgaberecht von der wirtschaftlichen Kontinuität und der Aufrechterhaltung des betrieblichen Engagements der Unternehmensträger mittels einer fünfjährigen Sperrfrist abhängig gemacht (REICH/DUSS, 143 f. und 340; vgl. dazu ESTV-DVS,

MB Art. 6 Abs. 1 Bst. a^{bis} StG, Ziff. IV.a.5, aufgehoben durch ESTV-DVS, KS 5 vom 1.6.2004, Ziff. 5). Der Gesetzgeber hat für Tochterübertragungen in Art. 61 Abs. 2 DBG die Nachbesteuerung für die direkten Steuern gesetzlich geregelt, es aber unterlassen, gleiches für Art. 6 Abs. 1 lit. a^{bis} StG vorzusehen. Den Materialien kann eine diesbezügliche Absicht des Gesetzgebers zur Nacherhebung der Emissionsabgabe nicht entnommen werden. Steuersystematisch schiene es zwar folgerichtig, wenn bei nachträglichem Wegfall der Voraussetzungen der steuerneutralen Umstrukturierung bei den direkten Steuern auch die Ausnahme von der Emissionsabgabe rückwirkend dahinfallen würde. Wo keine steuerneutrale Umstrukturierung vorliegt, kann auch keine Ausnahme nach Art. 6 Abs. 1 lit. a^{bis} StG beansprucht werden. Für eine Nachbesteuerung fehlt es jedoch an einer gesetzlichen Grundlage. Demgegenüber sieht die ESTV für Tochterübertragungen eine anteilsmässige Nacherhebung der Emissionsabgabe auf dem **Verkehrswert des übertragenen Aktivenüberschusses** bei Verletzung der Sperrfrist vor und knüpft am Recht der direkten Steuern an (ESTV-DVS, KS 5 vom 1.6.2004, Ziff. 4.4.1.3). Ob dieser Verweis eine gesetzliche Grundlage zu ersetzen vermag, erscheint fraglich. Wer jedoch eine gesetzliche Basis für die Nachbesteuerung verlangt, darf nicht übersehen, dass die abgaberechtliche Privilegierung der Tochterübertragung ebenfalls nicht explizit aus dem Gesetzestext von Art. 6 Abs. 1 lit. a^{bis} StG hervorgeht.

Wird die Nachbesteuerung als zulässig erachtet, gilt es zu beachten, dass wie in N 121 erwähnt, die Begriffe des Stempelsteuerrechts denjenigen der direkten Steuern angepasst wurden und das Merkblatt zu Art. 6 Abs. 1 lit. a^{bis} StG mit Wirkung ab dem Inkrafttreten des FusG ausser Kraft gesetzt wurde (vgl. dazu ESTV-DVS, KS 5 vom 1.6.2004, Ziff. 5). Materiell bedeutet dies, dass fortan eine Sperrfristverletzung nach Art. 61 Abs. 2 DBG auch eine entsprechende, **anteilsmässige Nacherhebung der Emissionsabgabe** zur Folge hat und die bisherige 66⅔% «Alles oder Nichts»-Stimmrechtsregel wegfällt (ESTV-DVS, KS 5 vom 1. Juni 2004, Ziff. 4.4.1.3). Weiter ist damit die Nacherhebung auf **Veräusserungssachverhalte** beschränkt, während die Verwässerung durch Beteiligung Dritter wie bei den direkten Steuern künftig unschädlich ist. 126

bf) Umsatzabgabe

Bereits das bisherige Recht nahm die Ausgabe inländischer bzw. ausländischer Beteiligungsrechte (Art. 14 Abs. 1 lit. a bzw. f StG) und die Sacheinlage von Urkunden zur Liberierung inländischer Aktien, Stammeinlagen von Gesellschaften mit beschränkter Haftung, Genossenschaftsanteilen, Partizipationsscheinen und Anteilen an Anlagefonds (Art. 14 Abs. 1 lit. b StG) von der Umsatzabgabe aus. Nach neuer, erweiterter Fassung von Art. 14 Abs. 1 lit. b StG ist die **Sacheinlage von Urkunden zur Liberierung ausländischer Wertpapiere** ebenfalls von der Umsatzabgabe ausgenommen (ESTV-DVS, KS 5 vom 1.6.2004, Ziff. 2.4.2 und 4.4.1.4; Einschränkung bezüglich entgeltlicher oder teilentgeltlicher Vorgänge vgl. vor Art. 3 N 280 ff.). 127

Der neue Art. 14 Abs. 1 lit. i StG nimmt die mit einer **Umstrukturierung**, insbesondere einer Fusion, Spaltung oder Umwandlung verbundene Übertragung steuerbarer Urkunden von der übernommenen, spaltenden oder umwandelnden Unternehmung auf die aufnehmende oder umgewandelte Unternehmung von der Umsatzabgabe aus. Der Ständerat unterbreitete dem Bundesrat auf Initiative seiner Kommission für Rechtsfragen eine Empfehlung, die Begriffe in den Vollzugsbestimmungen zum Verrechnungssteuer- und Stempelsteuerrecht gleich wie im Gewinnsteuerrecht zu definieren und anzuwenden. Der Bundesrat erklärte sich am 16. März 2001 bereit, diese Empfehlung entgegenzunehmen (Empfehlung 01.3015 des Ständerates vom 21.3.2001; vgl. ebenfalls ESTV-DVS, KS 5 vom 1.6.2004, Anhang II, 8). Dem Begriff der Umstrukturierung nach 128

Art. 14 Abs. 1 lit. i StG kommt demnach der gleiche Gehalt wie nach Art. 61 DBG bzw. Art. 24 Abs. 3 StHG zu. Der Umstrukturierungsbegriff des Gewinnsteuerrechts beinhaltet neben der Fusion, Umwandlung, Auf- oder Abspaltung auch den Austausch von Beteiligungsrechten (lit. c) und die Übertragung auf Tochtergesellschaften (lit. d) (ESTV-DVS, KS 5 vom 1.6.2004, Ziff. 4.4.1.4; vgl. vor Art. 3 N 287). Die vorgenannten Tatbestände beziehen sich auf die Übertragung ganzer Unternehmungen (z.B. Fusion), die Übertragung von Betrieben oder Teilbetrieben (z.B. Auf- oder Abspaltung) und auch auf die Übertragung einzelner Wertschriften (z.B. Austausch von Beteiligungsrechten) oder von Gegenständen des betrieblichen Anlagevermögens (z.B. Übertragung auf Tochtergesellschaft). **Steuerbare Urkunden**, welche unter Mitwirkung eines umsatzabgabepflichtigen Effektenhändlers (Muttergesellschaft, Tochtergesellschaft, Dritter) von einer Kapitalgesellschaft oder Genossenschaft gewinnsteuerneutral **auf eine Tochtergesellschaft übertragen** werden, sind daher von der Umsatzabgabe **ausgenommen**, unabhängig davon, ob die übertragenen Passiven Drittverbindlichkeiten aufweisen und ob die Übertragung der Vermögenswerte entgeltlich oder unentgeltlich erfolgt.

129 Art. 14 Abs. 1 lit. i StG enthält keine Nachbesteuerungsregelung. Zwar stützt sich Art. 14 Abs. 1 lit. i StG auf das Vorliegen einer steuerneutralen Umstrukturierung nach Art. 61 DBG bzw. Art. 24 Abs. 3 StHG, welche in Art. 61 Abs. 2 DBG bzw. Art. 24 Abs. 3ter StHG für Übertragungen auf Tochtergesellschaften basierend auf dem Sperrfristenkonzept eine Nachbesteuerung vorsehen. Steuersystematisch wäre es daher folgerichtig, wenn mit dem nachträglichen Wegfall der Steuerneutralität einer Ausgliederung mit der Folge der Nachbesteuerung bei den direkten Steuern auch die Ausnahme von der Umsatzabgabe rückwirkend entfallen würde. Die Umsatzabgabe kann jedoch nicht nacherhoben werden, da es Art. 14 Abs. 1 lit i StG an einer klaren **gesetzlichen Grundlage** für die **Nacherhebung der Umsatzabgabe fehlt** (vgl. auch vor Art. 3 N 291). Die ESTV schloss sich dieser Ansicht nach anfänglichem Zögern an (ESTV-DVS, KS 5 vom 1.6.2004, Ziff. 2.4.2; vgl. den Entwurf vom 11. Februar 2004, der in Ziff. 4.4.1.4 noch eine Nachbesteuerung vorsah).

bg) Mehrwertsteuer

130 Übertragen steuerpflichtige Kapitalgesellschaften und Genossenschaften ihr Vermögen oder Teile davon gestützt auf Art. 69 ff. FusG in einem Akt (uno actu) auf eine andere Kapitalgesellschaft oder Genossenschaft (hier auf eine Tochtergesellschaft), so unterliegt diese Übertragung der Mehrwertsteuer. Handelt es sich beim übertragenen Vermögen um ein **Gesamt- oder Teilvermögen**, hat die steuerpflichtige Person (vorliegend die übertragende Kapitalgesellschaft oder Genossenschaft) ihre Steuerpflicht gestützt auf Art. 47 Abs. 3 MWSTG durch **Meldung** der steuerbaren Lieferung und Dienstleistung zu erfüllen, sofern die übernehmende Kapitalgesellschaft oder Genossenschaft gleichfalls steuerpflichtig ist bzw. wird. Die Übertragung u.a. von Beteiligungen, Wertschriften und Immobilien, für welche nicht optiert wurde, ist nach Art. 18 MWSTG von der Mehrwertsteuer ausgenommen. Die Begriffe des Gesamt- und Teilvermögens sind weiter als jene des Betriebs bzw. Teilbetriebs der direkten Steuern. Es besteht somit (leider) keine Deckungsgleichheit (ESTV-MWST, MB 11 Meldeverfahren, 5 ff.). Verwendet die übernehmende Gesellschaft die übertragenen Vermögenswerte nicht vollumfänglich für steuerbare Zwecke, liegt ein steuerbarer **Eigenverbrauch** vor (vgl. ESTV-MWST, MB 11 Meldeverfahren, 12 f.; ESTV-MWST, SB 5 Nutzungsänderungen; BAUMGARTNER, FStR 2001, 54). Werden **einzelne Gegenstände des Geschäftsvermögens** übertragen, wird i.d.R. kein Gesamt- oder Teilvermögen vorliegen, dessen Übertragung mittels Meldeverfahren erledigt werden könnte. Diesfalls ist die Steuerpflicht durch ordentliche Abrechnung und Steuerzahlung zu erfüllen (OERTLI/CHRISTEN, 224). Gehören die über-

tragende und aufnehmende Kapitalgesellschaft oder Genossenschaft zu einer Mehrwertsteuergruppe nach Art. 22 MWSTG, so stellt die Vermögensübertragung einen nicht steuerbaren Innenumsatz dar (vgl. vor Art. 3 N 314 ff.).

Gemäss Art. 33 Abs. 2 Satz 3 MWSTG gilt bei Lieferungen und Dienstleistungen an eine **nahestehende Person** als Entgelt der Wert, der unter unabhängigen Dritten vereinbart würde. Für die Mehrwertsteuer ist daher bei Umstrukturierungen selbst dann auf den **Verkehrswert** abzustellen, wenn bei der Gewinnsteuer wie etwa bei der Übertragung von Vermögenswerten nach Art. 61 Abs. 1 lit. d DBG die Übertragung zum Gewinnsteuerwert erfolgt (BAUMGARTNER, FStR 2001, 48 f.). 131

5. Vermögensübertragung eines Vereins auf eine Kapitalgesellschaft oder Genossenschaft

a) Zivilrecht

Der Verein ist eine körperschaftlich organisierte Personenverbindung, welcher zur Verfolgung eines idealen Zwecks durch den gemeinsamen Willen seiner Mitglieder geschaffen wird (Art. 60–79 ZGB). Vereine sind juristische Personen, welche aufgrund ihrer Rechtsnatur grundsätzlich keine wirtschaftlichen Zwecke verfolgen. Zur Zweckerfüllung können sie allerdings eine wirtschaftliche Tätigkeit ausüben (TUOR/SCHNYDER/SCHMID/RUMO-JUNGO, 147 ff.). 132

Das FusG erlaubt die Fusion (Art. 4 Abs. 4 FusG) und die Umwandlung (Art. 54 Abs. 5 FusG) eines Vereins mit einer bzw. in eine Kapitalgesellschaft oder Genossenschaft, hingegen ist die Spaltung (Art. 30 FusG) eines Vereins in eine oder mehrere Kapitalgesellschaften oder Genossenschaften nicht zulässig. Mittels **Vermögensübertragung** nach Art. 69 ff. FusG, bei welcher sämtliche Aktiven und Passiven oder Teile davon eines im Handelsregister eingetragenen Vereins auf eine Kapitalgesellschaft oder Genossenschaft übertragen werden, die Vereinsmitglieder mit Kapital der aufnehmenden Kapitalgesellschaft oder Genossenschaft abgefunden werden (oder auch nicht, wenn keine Kapitalerhöhung stattfindet) und der Verein aufgelöst wird oder bestehen bleibt, kann rechtlich und wirtschaftlich das gleiche Resultat erzielt werden. 133

b) Steuerrecht

ba) Gewinnsteuer

(1) Steuerpflicht

Vereine werden als juristische Personen besteuert (Art. 49 Abs. 1 lit. b DBG bzw. Art. 20 Abs. 1 StHG), sofern sie nicht nach Art. 56 DBG bzw. Art. 23 Abs. 1 StHG wegen Gemeinnützigkeit oder Verfolgung eines öffentlichen bzw. Kultuszweckes von der Steuerpflicht befreit sind (HÖHN/WALDBURGER, Grundlagen, § 18 N 139 ff.). 134

(2) Fusion, Umwandlung und Spaltung

Das Gewinnsteuerrecht regelt die **Fusion** eines Vereins mit einer Kapitalgesellschaft oder Genossenschaft in Art. 61 Abs. 1 DBG bzw. Art. 24 Abs. 3 StHG und zwar unabhängig davon, ob diese zivilrechtlich als Fusion oder mittels Vermögensübertragung durchgeführt wird (ESTV-DVS, KS 5 vom 1.6.2004, Ziff. 4.1.2.1.1 und 4.1.2.1.6). Gleiches gilt für die steuerneutrale **Umwandlung** nach Art. 61 Abs. 1 lit. a DBG bzw. Art. 24 Abs. 3 lit. a StHG (ESTV-DVS, KS 5 vom 1.6.2004, Ziff. 4.2.1.1.1). Gemäss Botschaft des Bundesrates soll die Fusion und die Umwandlung eines Vereins mit bzw. in eine Kapitalgesellschaft oder Genossenschaft steuerneutral durchgeführt werden können (Bot- 135 schaft, 4373). Für weitergehende Ausführungen zu diesen Umstrukturierungsformen mittels Vermögensübertragung kann auf die Kommentierungen zur Fusion (vor Art. 3 N 449 ff.) bzw. Umwandlung (vor Art. 53 N 221 ff.) verwiesen werden. Die steuerneutrale **Spaltung** eines Vereins ist in Art. 61 Abs. 1 lit. b DBG bzw. Art. 24 Abs. 3 lit. b StHG geregelt. Die Steuerneutralität setzt voraus, dass ein oder mehrere Betriebe oder Teilbetriebe übertragen werden und die nach der Spaltung bestehenden Kapitalgesellschaften oder Genossenschaften sowie der übertragende Verein (soweit dieser nicht aufgelöst wurde) einen Betrieb oder Teilbetrieb weiterführen. Für weitergehende Ausführungen kann auf die Kommentierung zur Spaltung verwiesen werden (vgl. vor Art. 29 N 47, 115 und 143).

c) Vermögensübertragung

136 Umstrukturierungen, die auf einer **Vermögensübertragung** beruhen, können ohne Steuerfolgen durchgeführt werden, sofern sie der Fusion, der Spaltung oder der Umwandlung wirtschaftlich gleichkommen (Botschaft, 4371). Nach heutigem Rechtsverständnis fällt hingegen die **Übertragung eines einzelnen Vermögenswertes** eines Vereins auf eine Kapitalgesellschaft oder Genossenschaft nicht unter den Begriff der Umstrukturierung, weshalb eine solche Vermögensübertragung nicht steuerneutral durchgeführt werden kann (vgl. dazu ausführlich N 71).

6. *Vermögensübertragung einer Stiftung auf eine Kapitalgesellschaft oder Genossenschaft*

137 Die Fusion und **Vermögensübertragung** von **Stiftungen** sind im 6. Kapitel des FusG geregelt. Gemäss Art. 86 FusG können im Handelsregister eingetragene Stiftungen ihr Vermögen oder Teile davon mit Aktiven und Passiven auf andere Rechtsträger – also auch auf Kapitalgesellschaften und Genossenschaften – übertragen, wenn die Vermögensübertragung sachlich gerechtfertigt ist und insbesondere der Wahrung und Durchführung des Stiftungszwecks dient (Art. 78 Abs. 2 FusG). Die steuerliche Behandlung einer solchen Vermögensübertragung ist in der Kommentierung vor Art. 78 dargestellt.

7. *Vermögensübertragung einer Vorsorgeeinrichtung auf eine Kapitalgesellschaft oder Genossenschaft*

138 Die Fusion, Umwandlung und **Vermögensübertragung** von **Vorsorgeeinrichtungen** sind im 7. Kapitel des FusG geregelt. Gemäss Art. 98 FusG können Vorsorgeeinrichtungen ihr Vermögen oder Teile davon mit Aktiven und Passiven durch Vermögensübertragung auf andere Vorsorgeeinrichtungen oder Rechtsträger – also auch auf Kapitalgesellschaften und Genossenschaften – übertragen, wenn der Vorsorgezweck und die Rechte und Ansprüche der Versicherten gewahrt bleiben (Art. 88 Abs. 2 FusG). Die steuerliche Behandlung der Vermögensübertragung von Vorsorgeeinrichtungen ist in der Kommentierung vor Art. 88 (insb. N 77 ff.) dargestellt.

8. *Vermögensübertragung eines öffentlich-rechtlichen Instituts auf eine Kapitalgesellschaft oder Genossenschaft*

139 Die Fusion, Umwandlung und **Vermögensübertragung** von **Instituten des öffentlichen Rechts** sind im 8. Kapitel des FusG geregelt. Gemäss Art. 99 Abs. 2 FusG können Institute des öffentlichen Rechts ihr Vermögen oder Teile davon mit Aktiven und Passiven auf andere Rechtsträger – also auch auf Kapitalgesellschaften und Genossenschaften – übertragen. Die Botschaft des Bundesrates weist darauf hin, dass Umstrukturierungen von öffentlich-rechtlichen Instituten ohne Steuerfolgen durchgeführt werden

können. So soll die Übernahme eines öffentlich-rechtlichen Instituts (z.B. einer Anstalt) durch eine Kapitalgesellschaft oder eine Genossenschaft steuerneutral möglich sein. Gleiches gilt für die Umwandlung eines öffentlich-rechtlichen Instituts in eine Kapitalgesellschaft (Botschaft, 4373). Die steuerliche Behandlung solcher Vermögensübertragungen ist in der Kommentierung vor Art. 99 (insb. N 127 ff.) dargestellt.

V. Vermögensübertragung auf Verein

Mittels Vermögensübertragung nach Art. 69 ff. FusG können im Handelsregister eingetragene Gesellschaften und Einzelfirmen ihr Vermögen oder Teile davon mit Aktiven und Passiven in einem Akt (uno actu) auf einen im Handelsregister eingetragenen Verein übertragen. **140**

1. Vermögensübertragung einer Personenunternehmung auf einen Verein

Das FusG erlaubt die **Fusion** (Art. 4 Abs. 2 FusG), die **Spaltung** (Art. 30 FusG) sowie die **Umwandlung** (Art. 54 Abs. 2 und 3 FusG) einer **Personenunternehmung** mit bzw. in einen **Verein** nicht. Mittels **Vermögensübertragung** (Art. 69 Abs. 1 FusG), bei welcher sämtliche Aktiven und Passiven oder Teile davon einer Personenunternehmung auf einen im Handelsregister eingetragenen Verein übertragen werden und die Personenunternehmung aufgelöst wird oder auch nicht, kann rechtlich und wirtschaftlich das gleiche Resultat erzielt werden. Das Einkommenssteuerrecht regelt die Vermögensübertragung einer Personenunternehmung auf eine juristische Person in Art. 19 Abs. 1 lit. b DBG bzw. Art. 8 Abs. 3 lit. b StHG (ESTV-DVS, KS 5 vom 1.6.2004, Ziff. 3.2.1). Die Steuerneutralität setzt voraus, dass ein Betrieb oder Teilbetrieb übertragen wird (vgl. auch Umwandlung einer Personenunternehmung in juristische Personen vor Art. 53 N 94 ff.). **141**

2. Vermögensübertragung einer Kapitalgesellschaft oder Genossenschaft auf einen Verein

a) Zivilrecht

Das FusG erlaubt die **Fusion** (Art. 4 Abs. 1 FusG), **Spaltung** (Art. 30 FusG) und **Umwandlung** (Art. 54 Abs. 1 FusG) einer Kapitalgesellschaft oder Genossenschaft mit Anteilscheinen mit einem bzw. in einen Verein nicht (Ausnahme: Fusion bzw. Umwandlung einer Genossenschaft ohne Anteilscheine mit einem bzw. in einen im Handelsregister eingetragenen Verein gemäss Art. 4 Abs. 3 lit. e bzw. Art. 54 Abs. 4 lit. b FusG). Mittels **Vermögensübertragung** nach Art. 69 ff. FusG, bei welcher sämtliche Aktiven und Passiven oder Teile davon einer Kapitalgesellschaft oder Genossenschaft auf einen oder mehrere im Handelsregister eingetragene Vereine übertragen werden und die übertragende Kapitalgesellschaft oder Genossenschaft aufgelöst wird oder auch nicht, kann rechtlich und wirtschaftlich das gleiche Resultat erzielt werden. **142**

b) Steuerrecht

ba) Fusion

Das Gewinnsteuerrecht regelt die **Fusion** von juristischen Personen in Art. 61 Abs. 1 DBG bzw. Art. 24 Abs. 3 StHG und zwar unabhängig davon, ob diese zivilrechtlich als Fusion oder mittels Vermögensübertragung durchgeführt wird (ESTV-DVS, KS 5 vom 1.6.2004, Ziff. 4.1.2.1.1). Die Fusion bzw. Vermögensübertragung kann steuerneutral erfolgen, soweit die Steuerpflicht in der Schweiz fortbesteht und die bisher für die Ge- **143** winnsteuer massgeblichen Werte übernommen werden. Bezüglich der weiteren Steuerfolgen kann sinngemäss auf die nachfolgenden Ausführungen zur Umwandlung (vgl. N 145) sowie im Allgemeinen auf die Kommentierung der Fusion juristischer Personen verwiesen werden (vor Art. 3 N 449 ff.).

bb) Spaltung

144 Das Gewinnsteuerrecht regelt die steuerneutrale **Spaltung** von juristischen Personen in Art. 61 Abs. 1 lit. b DBG bzw. Art. 24 Abs. 3 lit. b StHG und zwar unabhängig davon, ob diese zivilrechtlich als Auf- oder Abspaltung oder mittels Vermögensübertragung durchgeführt wird (ESTV-DVS, KS 5 vom 1.6.2004, Ziff. 4.3.1). Die Spaltung bzw. spaltende Vermögensübertragung kann steuerneutral erfolgen, soweit die Steuerpflicht in der Schweiz fortbesteht und die bisher für die Gewinnsteuer massgeblichen Werte übernommen werden, ein oder mehrere **Betriebe oder Teilbetriebe** übertragen werden und die nach der Spaltung bestehenden juristischen Personen einen Betrieb oder Teilbetrieb weiterführen. Bezüglich der weiteren Steuerfolgen kann sinngemäss auf die nachfolgenden Ausführungen zur Umwandlung (vgl. N 145) und auf die Kommentierung der Spaltung vor Art. 29 (insbs. N 110 ff. und N 144 f.) verwiesen werden.

bc) Umwandlung

145 Das Gewinnsteuerrecht regelt die steuerneutrale **Umwandlung** von juristischen Personen in Art. 61 Abs. 1 lit. a DBG bzw. Art. 24 Abs. 3 lit. a StHG und zwar unabhängig davon, ob diese zivilrechtlich als Umwandlung oder mittels Vermögensübertragung durchgeführt wird (ESTV-DVS, KS 5 vom 1.6.2004, Ziff. 4.2.3.1). Die Umwandlung bzw. Vermögensübertragung kann steuerneutral erfolgen, soweit die Steuerpflicht in der Schweiz fortbesteht und die bisher für die Gewinnsteuer massgeblichen Werte übernommen werden (vgl. vor Art. 53 N 203 ff.). Insbesondere führt der **Tarifwechsel** von einer Kapitalgesellschaft oder Genossenschaft von 8.5% (Art. 68 DBG) auf 4.25% für einen Verein (Art. 71 DBG) nicht zu einer gewinnsteuerlichen Abrechnung (ESTV-DVS, KS 5 vom 1.6.2004, Ziff. 4.2.3.2). Hingegen führt die Übertragung der offenen und stillen Reserven einer Kapitalgesellschaft oder Genossenschaft auf einen Verein im Rahmen einer Umwandlung zur Abrechnung über die **Verrechnungssteuer** (vgl. vor Art. 53 N 214 für Genossenschaft ohne Anteilscheine). Verrechnungssteuerrechtlich erfolgt eine Liquidation der Kapitalgesellschaft oder Genossenschaft (ESTV-DVS, KS 5 vom 1.6.2004, Ziff. 4.2.3.4), da ein Verein nicht verrechnungssteuerpflichtig ist (e contrario Art. 4 Abs. 1 lit. b VStG). Die Ausnahmenorm von Art. 5 Abs. 1 lit. a VStG greift nicht, da sie bloss für die Übertragung von Reserven und Gewinnen einer Kapitalgesellschaft oder Genossenschaft auf eine andere inländische Kapitalgesellschaft oder Genossenschaft Anwendung findet. Unklar ist hingegen die steuerliche Behandlung auf der Ebene der Beteiligten der aufgelösten Kapitalgesellschaft oder Genossenschaft. Die Frage ist, ob eine steuerliche Abrechnung auf der Ebene der natürlichen Personen zu erfolgen hat, welche die Anteilsrechte in ihrem Privatvermögen halten. Soweit ihnen kein Gegenwert (Ausschüttungen, Nennwerterhöhung, Gratisaktien, Ausgleichszahlungen, etc.) zufliesst, ist nicht erkennbar, wieso es zu einer **Einkommensbesteuerung** kommen sollte. Die ESTV vertritt demgegenüber die Meinung, dass gleich wie bei der Umwandlung einer Kapitalgesellschaft oder Genossenschaft in eine Personenunternehmung (vgl. N 44 und vor Art. 53 N 249), der Liquidationsüberschuss (offene und stille Reserven) bei den bisherigen beteiligten natürlichen Personen der Einkommenssteuer nach Art. 20 Abs. 1 lit. c DBG unterliege (ESTV-DVS, KS 5 vom 1.6.2004, Ziff. 4.2.3.3). Diese Ansicht wird durch die Ausführungen in der Botschaft gestützt, wonach bei der Umwandlung einer Kapitalgesellschaft oder Genossenschaft in eine Personenunternehmung, einen

Verein oder eine Stiftung, die Besteuerung nicht auf der Stufe der Gesellschaft oder Genossenschaft, sondern gestützt auf Art. 20 Abs. 1 lit. c DBG auf der Ebene der Gesellschafter oder Genossenschafter zu erfolgen habe (Botschaft, 4377 und 4509). Mit einer solchen **Liquidationsbesteuerung** wird die Umwandlung einer Kapitalgesellschaft oder Genossenschaft in einen Verein faktisch verunmöglicht (vgl. N 45 und GURTNER, ASA 71 [2002/2003] 752 und 772).

bd) Vermögensübertragung

Umstrukturierungen, die auf einer **Vermögensübertragung** beruhen, können gleichfalls ohne Steuerfolgen durchgeführt werden, sofern sie der Fusion, Spaltung oder Umwandlung wirtschaftlich gleichkommen (Botschaft, 4371). Nach heutigem Rechtsverständnis fällt hingegen die **Übertragung eines einzelnen Vermögenswertes** einer Kapitalgesellschaft oder Genossenschaft auf einen Verein nicht unter den Begriff der Umstrukturierung, weshalb eine solche Vermögensübertragung nicht steuerneutral durchgeführt werden kann (vgl. ausführlich N 71).

146

3. Vermögensübertragung eines Vereins auf einen anderen Verein

a) Zivilrecht

Das FusG erlaubt die **Fusion** eines Vereins mit einem anderen Verein (Art. 4 Abs. 4 FusG) nicht jedoch dessen **Spaltung** (Art. 30 FusG). Mittels der **Vermögensübertragung** nach Art. 69 ff. FusG, bei welcher sämtliche Aktiven und Passiven oder Teile davon eines Vereins auf einen oder mehrere andere im Handelsregister eingetragene Vereine übertragen werden und der übertragende Verein aufgelöst wird oder bestehen bleibt, kann rechtlich und wirtschaftlich das gleiche Resultat erzielt werden.

147

b) Steuerrecht

Das Gewinnsteuerrecht regelt die steuerneutrale **Fusion** eines Vereins mit einem anderen Verein in Art. 61 Abs. 1 DBG bzw. Art. 24 Abs. 3 StHG und die steuerneutrale **Spaltung** eines Vereins in Art. 61 Abs. 1 lit. b DBG bzw. Art. 24 Abs. 3 lit. b StHG und zwar unabhängig davon, ob diese zivilrechtlich als Fusion, Spaltung oder mittels Vermögensübertragung durchgeführt werden (ESTV-DVS, KS 5 vom 1.6.2004, Ziff. 4.1.2.1.1 und 4.3.1). Die fusionierende bzw. spaltende **Vermögensübertragung** kann steuerneutral erfolgen, soweit die Steuerpflicht in der Schweiz fortbesteht und die bisher für die Gewinnsteuer massgeblichen Werte übernommen werden (Botschaft, 4373). Für die Spaltung bedarf es zusätzlich der Übertragung eines oder mehrerer Betriebe oder Teilbetriebe. Ferner haben die nach der Spaltung bestehenden juristischen Personen einen Betrieb oder Teilbetrieb weiterzuführen. Für weitergehende Ausführungen kann auf die Kommentierung vor Art. 3 (Fusion insb. N 449) und vor Art. 29 (Spaltung) verwiesen werden. Nach heutigem Rechtsverständnis fällt hingegen die **Übertragung eines einzelnen Vermögenswertes** eines Vereins auf einen anderen Verein nicht unter den Begriff der Umstrukturierung, weshalb eine solche Vermögensübertragung nicht steuerneutral durchgeführt werden kann (vgl. ausführlich N 71).

148

4. Vermögensübertragung einer Stiftung auf einen Verein

Die Fusion und **Vermögensübertragung** von **Stiftungen** sind im 6. Kapitel des FusG geregelt. Gemäss Art. 86 FusG können im Handelsregister eingetragene Stiftungen ihr Vermögen oder Teile davon mit Aktiven und Passiven durch Vermögensübertragung auf andere Rechtsträger – also auch auf einen Verein – übertragen, wenn die Vermögens-

149

5. Vermögensübertragung einer Vorsorgeeinrichtung auf einen Verein

150 Die Fusion, Umwandlung und **Vermögensübertragung** von **Vorsorgeeinrichtungen** sind im 7. Kapitel des FusG geregelt. Gemäss Art. 98 FusG können Vorsorgeeinrichtungen ihr Vermögen oder Teile davon mit Aktiven und Passiven durch Vermögensübertragung auf andere Vorsorgeeinrichtungen oder Rechtsträger – also theoretisch auch auf einen Verein – übertragen, wenn der Vorsorgezweck und die Rechte und Ansprüche der Versicherten gewahrt bleiben (Art. 88 Abs. 2 FusG). Diese Bedingung kann von einem Verein vermutlich kaum sichergestellt werden. Die steuerliche Behandlung der Vermögensübertragung von Vorsorgeeinrichtungen ist in der Kommentierung vor Art. 88 (insb. N 77 ff.) dargestellt.

6. Vermögensübertragung eines öffentlich-rechtlichen Instituts auf einen Verein

151 Die Fusion, Umwandlung und **Vermögensübertragung** von **Instituten des öffentlichen Rechts** sind im 8. Kapitel des FusG geregelt. Gemäss Art. 99 Abs. 2 FusG können Institute des öffentlichen Rechts ihr Vermögen oder Teile davon mit Aktiven und Passiven durch Vermögensübertragung auf andere Rechtsträger – also auch auf einen Verein – übertragen. Gemäss Botschaft des Bundesrates soll die Übernahme eines öffentlich-rechtlichen Instituts (z.B. einer Anstalt) durch einen Verein steuerneutral möglich sein (Botschaft, 4373). Die steuerliche Behandlung einer solchen Vermögensübertragung ist in der Kommentierung vor Art. 99 (insb. N 127 ff.) dargestellt.

VI. Vermögensübertragung auf Stiftung

152 Mittels Vermögensübertragung nach Art. 69 ff. FusG können im Handelsregister eingetragene Gesellschaften und Einzelfirmen ihr Vermögen oder Teile davon mit Aktiven und Passiven in einem Akt (uno actu) auf eine im Handelsregister eingetragene Stiftung übertragen.

1. Vermögensübertragung einer Personenunternehmung auf eine Stiftung

153 Das FusG erlaubt die **Fusion** (Art. 4 Abs. 2 FusG), die **Spaltung** (Art. 30 FusG) und die **Umwandlung** (Art. 54 Abs. 2 und 3 FusG) einer Personenunternehmung mit bzw. in eine Stiftung nicht. Mittels **Vermögensübertragung** nach Art. 69 ff. FusG, bei welcher sämtliche Aktiven und Passiven oder Teile davon einer Personenunternehmung auf eine im Handelsregister eingetragene Stiftung übertragen werden und die Personenunternehmung aufgelöst wird oder bestehen bleibt, kann rechtlich und wirtschaftlich das gleiche Resultat erzielt werden. Das Einkommenssteuerrecht regelt die Vermögensübertragung einer Personenunternehmung auf eine juristische Person in Art. 19 Abs. 1 lit. b DBG bzw. Art. 8 Abs. 3 lit. b StHG. (ESTV-DVS, KS 5 vom 1.6.2004, Ziff. 3.2.1). Die Steuerneutralität setzt voraus, dass ein Betrieb oder Teilbetrieb übertragen wird (vgl. auch Umwandlung einer Personenunternehmung in eine juristische Person vor Art. 53 N 94 ff.).

2. Vermögensübertragung einer Kapitalgesellschaft oder Genossenschaft auf eine Stiftung

a) Zivilrecht

Das FusG erlaubt die **Fusion** (Art. 4 Abs. 1 und 3 FusG), **Spaltung** (Art. 30 FusG) und **Umwandlung** (Art. 54 Abs. 1 und 4 FusG) einer Kapitalgesellschaft oder Genossenschaft mit einer bzw. in eine im Handelsregister eingetragene Stiftung nicht. Mittels **Vermögensübertragung** nach Art. 69 ff. FusG, bei welcher sämtliche Aktiven und Passiven oder Teile davon der Kapitalgesellschaft oder Genossenschaft auf eine im Handelsregister eingetragene Stiftung übertragen werden und die übertragende Kapitalgesellschaft oder Genossenschaft aufgelöst wird oder bestehen bleibt, kann rechtlich und wirtschaftlich das gleiche Resultat erzielt werden.

154

b) Steuerrecht

ba) Fusion

Das Gewinnsteuerrecht regelt die **steuerneutrale Fusion** einer Kapitalgesellschaft oder Genossenschaft mit einer Stiftung in Art. 61 Abs. 1 DBG bzw. Art. 24 Abs. 3 StHG und zwar unabhängig davon, ob diese zivilrechtlich als Fusion oder mittels Vermögensübertragung durchgeführt wird (ESTV-DVS, KS 5 vom 1.6.2004, Ziff. 4.1.2.1.1). Die Fusion bzw. Vermögensübertragung kann steuerneutral erfolgen, soweit die Steuerpflicht in der Schweiz fortbesteht und die bisher für die Gewinnsteuer massgeblichen Werte übernommen werden. Bezüglich der weiteren Steuerfolgen kann sinngemäss auf die untenstehenden Ausführungen zur Umwandlung (vgl. N 157) sowie im Allgemeinen auf die Kommentierung der Fusion juristischer Personen verwiesen werden (vor Art. 3).

155

bb) Spaltung

Die **steuerneutrale Spaltung** einer Kapitalgesellschaft oder Genossenschaft in eine oder mehrere Stiftungen wird in Art. 61 Abs. 1 lit. b DBG bzw. Art. 24 Abs. 3 lit. b StHG geregelt und zwar unabhängig davon, ob diese zivilrechtlich als Auf- oder Abspaltung oder mittels Vermögensübertragung durchgeführt wird (ESTV-DVS, KS 5 vom 1.6. 2004, Ziff. 4.3.1). Neben dem Fortbestand der Steuerpflicht in der Schweiz und der Übernahme der Gewinnsteuerwerte setzt die Steuerneutralität die Übertragung und Weiterführung eines bzw. mehrerer Betriebe oder Teilbetriebe voraus. Bezüglich der weiteren Steuerfolgen kann sinngemäss auf die untenstehenden Ausführungen zur Umwandlung in N 157 sowie auf die Kommentierung der Spaltung juristischer Personen verwiesen werden (vor Art. 29 N 110 ff. und N 144 f.).

156

bc) Umwandlung

Das Gewinnsteuerrecht regelt die **steuerneutrale Umwandlung** von juristischen Personen in Art. 61 Abs. 1 lit. a DBG bzw. Art. 24 Abs. 3 lit. a StHG und zwar unabhängig davon, ob diese zivilrechtlich als Umwandlung oder mittels Vermögensübertragung durchgeführt wird (ESTV-DVS, KS 5 vom 1.6.2004, Ziff. 4.2.3.1). Die Umwandlung bzw. **Vermögensübertragung** kann steuerneutral erfolgen, soweit die Steuerpflicht in der Schweiz fortbesteht und die bisher für die Gewinnsteuer massgeblichen Werte übernommen werden. Insbesondere führt der **Tarifwechsel** von einer Kapitalgesellschaft oder Genossenschaft von 8.5% (Art. 68 DBG) auf 4.25% für eine Stiftung (Art. 71 DBG) nicht zu einer gewinnsteuerlichen Abrechnung (ESTV-DVS, KS 5 vom 1.6.2004, Ziff. 4.2.3.2). Hingegen führt die Übertragung der offenen und stillen Reserven einer Kapitalgesellschaft oder Genossenschaft auf eine Stiftung im Rahmen einer Umwand-

157

lung zur Abrechnung über die **Verrechnungssteuer**. Verrechnungssteuerrechtlich erfolgt eine Liquidation der Kapitalgesellschaft oder Genossenschaft (ESTV-DVS, KS 5 vom 1.6.2004, Ziff. 4.2.3.4), da eine Stiftung nicht verrechnungssteuerpflichtig ist (e contrario Art. 4 Abs. 1 lit. b VStG). Die Ausnahmenorm von Art. 5 Abs. 1 lit. a VStG greift nicht, da sie bloss für die Übertragung von Reserven und Gewinne einer Kapitalgesellschaft oder Genossenschaft auf eine andere inländische Kapitalgesellschaft oder Genossenschaft Anwendung findet. Unklar ist hingegen die steuerliche Behandlung auf der Ebene der Beteiligten der aufgelösten Kapitalgesellschaft oder Genossenschaft. Die Frage ist, ob eine steuerliche Abrechnung auf der Ebene der natürlichen Personen zu erfolgen hat, welche die Anteilsrechte in ihrem Privatvermögen halten. Soweit diesen kein Gegenwert (Ausschüttungen, Nennwerterhöhung, Gratisaktien, Ausgleichszahlungen, etc.) zufliesst, ist nicht erkennbar, wieso es zu einer **Einkommensbesteuerung** kommen sollte. Die ESTV vertritt die Meinung, dass gleich wie bei der Umwandlung einer Kapitalgesellschaft oder Genossenschaft in eine Personenunternehmung (vgl. N 44 und vor Art. 53 N 249), der Liquidationsüberschuss (offene und stille Reserven) bei den bisherigen beteiligten natürlichen Personen der Einkommensteuer nach Art. 20 Abs. 1 lit. c DBG unterliegt (ESTV-DVS, KS 5 vom 1.6.2004, Ziff. 4.2.3.3). Diese Ansicht wird durch die Ausführungen in der Botschaft gestützt, wonach bei der Umwandlung einer Kapitalgesellschaft oder Genossenschaft in eine Personenunternehmung, einen Verein oder eine Stiftung, die Besteuerung nicht auf der Stufe der Gesellschaft oder Genossenschaft, sondern gestützt auf Art. 20 Abs. 1 lit. c DBG auf der Ebene der Gesellschafter oder Genossenschafter zu erfolgen habe (Botschaft, 4377 und 4509). Mit einer solchen **Liquidationsbesteuerung** wird die Umwandlung einer Kapitalgesellschaft oder Genossenschaft in eine Stiftung faktisch verunmöglicht (vgl. N 45 sowie die Kritik bei GURTNER, ASA 71 [2002/2003] 752 und 772).

bd) Vermögensübertragung einzelner Vermögenswerte

158 Nach heutigem Rechtsverständnis fällt die **Übertragung eines einzelnen Vermögenswertes** einer Kapitalgesellschaft oder Genossenschaft auf eine Stiftung nicht unter den Begriff der Umstrukturierung, weshalb eine solche Vermögensübertragung nicht steuerneutral durchgeführt werden kann (vgl. dazu ausführlich N 71).

3. Vermögensübertragung eines Vereins auf eine Stiftung

a) Zivilrecht

159 Das FusG erlaubt die **Fusion** (Art. 4 Abs. 4 FusG), **Spaltung** (Art. 30 FusG) und **Umwandlung** (Art. 54 Abs. 5 FusG) eines Vereins mit einer bzw. in eine im Handelsregister eingetragene Stiftung nicht. Mittels **Vermögensübertragung** nach Art. 69 ff. FusG, bei welcher sämtliche Aktiven und Passiven eines Vereins oder Teile davon auf eine im Handelsregister eingetragene Stiftung übertragen werden und der übertragende Verein aufgelöst wird oder bestehen bleibt, kann rechtlich und wirtschaftlich das gleiche Resultat erzielt werden.

b) Steuerrecht

160 Bezüglich der **Steuerneutralität** von **Fusion**, **Spaltung**, **Umwandlung** und **Vermögensübertragung** (einschliesslich Übertragung einzelner Vermögenswerte) eines Vereins mit, in bzw. auf eine Stiftung kann auf die Ausführungen für Kapitalgesellschaften und Genossenschaften verwiesen werden (N 155 ff.). Die Möglichkeit, stille Reserven im Zuge einer Umstrukturierung steuerneutral zu übertragen, wird nicht nur den Kapitalgesellschaften und Genossenschaften, sondern sämtlichen juristischen Personen, d.h.

auch Vereinen und Stiftungen, eingeräumt (Botschaft, 4369). Die Umwandlung eines Vereins in eine Stiftung führt nicht zur Erhebung der Verrechnungssteuer und entsprechend erfolgt auch keine Liquidationsbesteuerung bei den Vereinsmitgliedern (ESTV-DVS, KS 5 vom 1.6.2004, Ziff. 4.2.4.4 f.).

4. Vermögensübertragung einer Stiftung auf eine andere Stiftung

Die Fusion und **Vermögensübertragung** von **Stiftungen** sind im 6. Kapitel des FusG geregelt. Im Handelsregister eingetragene Stiftungen können ihr Vermögen oder Teile davon mit Aktiven und Passiven durch Vermögensübertragung (Art. 86 FusG) auf andere Rechtsträger – also auch auf andere Stiftungen – übertragen, wenn die Vermögensübertragung sachlich gerechtfertigt ist und insbesondere der Wahrung und Durchführung des Stiftungszwecks dient (Art. 78 Abs. 2 FusG). In der Botschaft weist der Bundesrat verschiedentlich darauf hin, dass Umstrukturierungen von Stiftungen ohne Steuerfolgen durchgeführt werden können (Botschaft, 4369 und 4371 bez. Zusammenschluss sowie Teilung von Stiftungen sowie Umstrukturierung von Stiftungen im generellen). Die steuerliche Behandlung von Vermögensübertragungen zwischen Stiftungen ist in der Kommentierung vor Art. 78 dargestellt. 161

5. Vermögensübertragung von einer Vorsorgeeinrichtung auf eine Stiftung

Die Fusion, Umwandlung und Vermögensübertragung von **Vorsorgeeinrichtungen** sind im 7. Kapitel des FusG geregelt. Gemäss Art. 98 FusG können Vorsorgeeinrichtungen ihr Vermögen oder Teile davon mit Aktiven und Passiven durch Vermögensübertragung auf andere Vorsorgeeinrichtungen oder Rechtsträger – also auch auf andere Stiftungen – übertragen, wenn der Vorsorgezweck und die Rechte und Ansprüche der Versicherten gewahrt bleiben (Art. 88 Abs. 2 FusG). In der Botschaft wird explizit darauf hingewiesen, dass Umstrukturierungen von Vorsorgeeinrichtungen ohne Steuerfolgen durchgeführt werden können (Botschaft, 4373 bez. Fusion zweier Personalfürsorgeeinrichtungen). Die steuerliche Behandlung der Vermögensübertragung von Vorsorgeeinrichtungen ist in der Kommentierung vor Art. 88 dargestellt. 162

6. Vermögensübertragung von einem öffentlich-rechtlichen Institut auf eine Stiftung

Die Fusion, Umwandlung und **Vermögensübertragung** von **Instituten des öffentlichen Rechts** sind im 8. Kapitel des FusG geregelt. Gemäss Art. 99 Abs. 2 FusG können Institute des öffentlichen Rechts ihr Vermögen oder Teile davon mit Aktiven und Passiven durch Vermögensübertragung auf andere Rechtsträger – also auch auf eine Stiftung – übertragen. Der Bundesrat führt in der Botschaft ausdrücklich aus, dass Umstrukturierungen von öffentlich-rechtlichen Instituten (z.B. einer Anstalt) in Stiftungen ohne Steuerfolgen durchgeführt werden können (Botschaft, 4373). Die steuerliche Behandlung einer solchen Vermögensübertragung ist in der Kommentierung vor Art. 99 dargestellt. 163

VII. Vermögensübertragung auf Vorsorgeeinrichtung

1. Allgemeines

Vorsorgeeinrichtungen sind Körperschaften und Anstalten, welche die kollektive berufliche Vorsorge der sog. zweiten Säule betreiben. Aufgrund der Vorschriften des OR und BVG können Träger der beruflichen Vorsorge nur **Stiftungen** und, seltener, **Genossenschaften** oder **Einrichtungen des öffentlichen Rechts** sein (Art. 331 Abs. 1 OR, Art. 48 Abs. 2 BVG). Als Vorsorgeeinrichtungen im Sinne des FusG gelten gemäss 164

Art. 2 lit. i FusG Einrichtungen, die der Aufsicht gemäss Art. 61 ff. des Bundesgesetzes vom 25. Juni 1982 über die berufliche Alters-, Hinterbliebenen- und Invalidenvorsorge (BVG) unterstellt und als juristische Personen ausgestaltet sind.

165 Die mit Rechtspersönlichkeit ausgestatteten Vorsorgeeinrichtungen des privaten und des öffentlichen Rechts sind gemäss Art. 80 Abs. 2 BVG von den ordentlichen Gewinnsteuern des Bundes, der Kantone und Gemeinden befreit (Art. 56 lit. e DBG, Art. 23 Abs. 1 lit. d StHG), soweit ihre Einkünfte und Vermögenswerte ausschliesslich der beruflichen Vorsorge dienen (GRETER in: Kommentar zum Schweizerischen Steuerrecht I/2a, Art. 56 DBG N 13 f.). Liegenschaften dürfen mit Grundsteuern, insbesondere Liegenschaftensteuern und Handänderungssteuern belastet werden (Art. 80 Abs. 3 BVG). Mehrwerte aus der Veräusserung von Liegenschaften können entweder mit der allgemeinen Gewinnsteuer oder mit einer speziellen Grundstückgewinnsteuer erfasst werden. Bei **Fusionen** und **Aufteilungen** von Vorsorgeeinrichtungen dürfen dagegen keine Gewinnsteuern erhoben werden (Art. 80 Abs. 4 BVG).

2. Vermögensübertragung

166 Die **Fusion, Umwandlung** und Vermögensübertragung von Vorsorgeeinrichtungen sind im 7. Kapitel des FusG geregelt. Vorsorgeeinrichtungen können ihr Vermögen oder Teile davon mit Aktiven und Passiven als **Vermögensübertragung** (Art. 98 Abs. 2 FusG) auf andere Vorsorgeeinrichtungen oder Rechtsträger übertragen, vorausgesetzt, der Vorsorgezweck und die Rechte und Ansprüche der Versicherten bleiben gewahrt (Art. 88 Abs. 2 FusG). In der Botschaft wird explizit darauf hingewiesen, dass Umstrukturierungen von Vorsorgeeinrichtungen ohne Steuerfolgen durchgeführt werden können (Botschaft, 4373, 4369 und 4376: Fusion zweier Personalfürsorgeeinrichtungen, Steueraufschub bei der Grundstückgewinnsteuer, keine einschränkende Betriebsklausel bei Spaltungen infolge Art. 80 Abs. 4 BVG). Die Steuernormen des schweizerischen Umstrukturierungsrechts beziehen sich nicht auf die Vorsorgeeinrichtung als solche, sondern vielmehr auf den umfassenderen Begriff der juristischen Person (z.B. Art. 61 Abs. 1 DBG bzw. Art. 24 Abs. 3 StHG) oder – teilweise etwas enger – auf Kapitalgesellschaften und Genossenschaften (z.B. Art. 61 Abs. 1 lit. d DBG bzw. Art. 24 Abs. 3 lit. d StHG). Auch dem Kreisschreiben Nr. 5 der ESTV vom 1. Juni 2004 sind keine besonderen Bestimmungen oder Sonderregelungen bezüglich Vorsorgeeinrichtungen zu entnehmen. Der Begriff der juristischen Person umfasst die für Vorsorgeeinrichtungen zulässigen Trägerformen der Stiftung, Genossenschaft und Einrichtung des öffentlichen Rechts. Die steuerliche Behandlung der Umstrukturierung von Vorsorgeeinrichtungen einschliesslich der Vermögensübertragung ist in der Kommentierung vor Art. 88 dargestellt.

VIII. Vermögensübertragung auf öffentlich-rechtliches Institut

167 Als Institute des öffentlichen Rechts gelten gemäss Art. 2 lit. d FusG die im Handelsregister eingetragenen, organisatorisch verselbständigten Einrichtungen des öffentlichen Rechts des Bundes, der Kantone und der Gemeinden, unabhängig davon, ob sie als juristische Personen ausgestaltet sind oder nicht. Die Vermögensübertragung von Rechtsträgern des öffentlichen Rechts (sowohl übertragende als auch übernehmende Rechtsträger) richtet sich nach Art. 99 Abs. 2 FusG. Im Handelsregister eingetragene Institute des öffentlichen Rechts können ihr Vermögen oder Teile davon auf andere Rechtsträger übertragen, unabhängig davon, ob diese dem öffentlichen Recht oder dem Privatrecht angehören. Umgekehrt können auch im Handelsregister eingetragene Rechtsträger des

Privatrechts ihr Vermögen oder Teile davon auf Institute des öffentlichen Rechts übertragen (Botschaft, 4459 f.).

In der Botschaft des Bundesrates ist festgehalten, dass **Umstrukturierungen** von **öffentlich-rechtlichen Instituten** ohne Steuerfolgen durchgeführt werden können. So soll für die Übernahme eines öffentlich-rechtlichen Instituts (z.B. einer Anstalt) durch einen Verein, eine Stiftung, eine Kapitalgesellschaft oder eine Genossenschaft Steueraufschub gewährt werden (Botschaft, 4373). Andererseits soll umgekehrt die in den Art. 751 und 915 OR geregelte Übernahme des Vermögens einer Kapitalgesellschaft oder einer Genossenschaft durch den Bund, einen Kanton oder eine Gemeinde nicht zu den steuerbegünstigten Fusionen gehören, da diese Gemeinwesen von den direkten Steuern befreit sind. Ein Verzicht auf die steuerliche Erfassung der übertragenen stillen Reserven lasse sich daher nicht rechtfertigen (Botschaft, 4370). Die steuerliche Behandlung von Vermögensübertragungen von Instituten des öffentlichen Rechts auf andere Rechtsträger und umgekehrt ist in der Kommentierung vor Art. 99 dargestellt.

IX. Vermögensübertragung einer inländischen auf eine ausländische Unternehmung

1. Zivilrecht

Das FusG führt im Binnenverhältnis neben der Fusion neu auch die Spaltung, die Umwandlung und die Vermögensübertragung ein. Diese Vorgänge können auch über die Landesgrenzen hinweg stattfinden (im Falle der Umwandlung im Rahmen einer Sitzverlegung). Das gesamte Vermögen oder beliebige Vermögensteile einer inländischen Gesellschaft kann Gegenstand einer **Vermögensübertragung** auf eine **ausländische Gesellschaft** sein. Der Begriff der Gesellschaft bestimmt sich dabei nicht nach Art. 2 lit. a oder b FusG (Rechtsträger bzw. Gesellschaften), sondern nach Art. 150 IPRG, der organisierte Personenzusammenschlüsse und organisierte Vermögenseinheiten umfasst. In analoger Anwendung des in Art. 163a Abs. 1 IPRG enthaltenen Grundsatzes muss das ausländische Recht die grenzüberschreitende Vermögensübertragung gestatten (vgl. Art. 163d IPRG N 37 ff.).

Das schweizerische internationale Privatrecht erlaubt die Übernahme einer schweizerischen Gesellschaft durch eine ausländische Gesellschaft als **Emigrationsabsorption** oder **Emigrationskombination** (Art. 163b IPRG) und als **Emigrationsaufspaltung** oder **Emigrationsabspaltung** (Art. 163d i.V.m. 163b IPRG), wenn die schweizerische Gesellschaft nachweist, dass mit der Umstrukturierung ihre Aktiven und Passiven gesamthaft oder teilweise auf die ausländische Gesellschaft übergehen und die Anteils- oder Mitgliedschaftsrechte in der ausländischen Gesellschaft angemessen gewahrt bleiben. Die ausländische Gesellschaft tritt ohne weitere Rechtshandlungen kraft Universalsukzession in die vermögensrechtliche Stellung der übertragenden inländischen Gesellschaft ein (umfassender Vermögensübergang aller Aktiven und Passiven, vertraglichen Beziehungen und Rechte und Pflichten), sofern das ausländische Recht dies zulässt (vgl. 163b IPRG N 28; Art. 163d IPRG N 22 f.). Demgegenüber kennt das schweizerische internationale Privatrecht die **Umwandlung** einer schweizerischen Gesellschaft in eine ausländische Gesellschaft nicht explizit, jedoch kommt der **Sitzverlegung** einer schweizerischen Gesellschaft ins Ausland formell wie auch materiell die gleiche Bedeutung zu. Die schweizerische Gesellschaft kann sich durch entsprechenden gesellschaftsrechtlichen Beschluss neu dem Gesellschaftsstatut eines ausländischen Staates unterstellen und damit aus schweizerischer Sicht ohne Liquidation und Neugründung einen Statutenwechsel herbeiführen. Mittels **Vermögensübertragung** nach Art. 163d IPRG, bei welcher sämtliche Aktiven und Passiven oder Teile davon einer schweizerischen Gesellschaft auf eine ausländische Gesellschaft übertragen werden, die übertragende Gesellschaft aufgelöst wird oder bestehen bleibt und die Eigner der übertragenden Gesellschaft oder die übertragende Gesellschaft mit Mitgliedschafts- oder Beteiligungsrechten der aufnehmenden Gesellschaft abgefunden werden (oder auch nicht, wenn keine Kapitalerhöhung stattfindet), kann rechtlich und wirtschaftlich das gleiche Resultat wie bei der grenzüberschreitenden Fusion, Spaltung oder Sitzverlegung erzielt werden. Art. 163d IPRG erlaubt die Übertragung eines Teils oder des gesamten Vermögens einer schweizerischen Gesellschaft durch partielle Universalsukzession auf eine ausländische Gesellschaft. Nach Art. 163d Abs. 2 IPRG untersteht diese Vermögensübertragung dem schweizerischen Recht (vgl. 163d IPRG N 38). In analoger Anwendung des in Art. 163a Abs. 1 IPRG enthaltenen Grundsatzes muss das ausländische Recht die grenzüberschreitende Vermögensübertragung gestatten; d.h. es muss eine solche kennen und auch zulassen. Zu beachten ist, dass ein ausländisches Recht die Universalsukzession allenfalls nur zulässt, wenn ein ganzer Betriebsteil oder eine in sich geschlossene Vermögenseinheit übertragen wird, während dies nach schweizerischem Recht nicht erforderlich ist (Handkommentar-FusG-COURVOISIER, Art. 163d IPRG N 49).

2. Steuerrecht

a) Emigrationsfusion

171 Das Gewinnsteuerrecht regelt die Fusion juristischer Personen in Art. 61 Abs. 1 DBG bzw. Art. 24 Abs. 3 StHG und das Einkommenssteuerrecht diejenige von Personenunternehmungen in Art. 19 Abs. 1 DBG bzw. Art. 8 Abs. 3 StHG und zwar unabhängig davon, ob diese zivilrechtlich als Fusion oder mittels Vermögensübertragung durchgeführt wird (ESTV-DVS, KS 5 vom 1.6.2004, Ziff. 3.1.1, 3.2.1 und 4.1.2.1.1 ff.). Soweit bei einer **grenzüberschreitenden Fusion** die übertragenen Aktiven und Passiven einem schweizerischen Geschäftsbetrieb oder einer Betriebsstätte der übernehmenden ausländischen Person steuerlich zugerechnet werden können, wird das Erfordernis des Fortbestands der Steuerpflicht in der Schweiz nach wie vor erfüllt und von der Besteuerung der stillen Reserven abgesehen (Botschaft, 4370; ESTV-DVS, KS 5 vom 1.6.2004, Ziff. 3.2.2.2 und 4.1.2.2.2; SPORI/GERBER, ASA 71 [2002/2003], 701 f.; Handkommentar FusG-KOCH, Art. 61 DBG und Art. 64 Abs. 1bis DBG/Art. 24 Abs. 3, 3ter, 3[quater], 3[quinquies] und Abs. 4bis StHG N 17; REICH/DUSS, 657 f., mit weiteren Literaturhinweisen). Für weitergehende Ausführungen kann auf die Kommentierung vor Art. 3 N 410 verwiesen werden.

b) Emigrationsspaltung

172 Die steuerneutrale Spaltung einer juristischen Person ist in Art. 61 Abs. 1 lit. b DBG bzw. Art. 24 Abs. 3 lit. b StHG und diejenige einer Personenunternehmung in Art. 19 Abs. 1 DBG bzw. Art. 8 Abs. 3 StHG geregelt, jeweils unabhängig davon, ob sie zivilrechtlich als Auf- oder Abspaltung oder mittels Vermögensübertragung durchgeführt wird (ESTV-DVS, KS 5 vom 1.6.2004, Ziff. 3.1.1, 3.2.1 und 4.3.2.1). Die Steuerneutralität der Spaltung juristischer Personen setzt voraus, dass ein oder mehrere Betriebe oder Teilbetriebe übertragen werden und die nach der Spaltung bestehenden juristischen Personen einen Betrieb oder Teilbetrieb weiterführen. Soweit bei einer **grenzüberschreitenden Spaltung** die übertragenen Aktiven und Passiven einer schweizerischen Betriebsstätte der übernehmenden ausländischen Person steuerlich zugerechnet werden können, wird das Erfordernis des Fortbestands der Steuerpflicht in der Schweiz erfüllt und von der Besteuerung der stillen Reserven abgesehen (ESTV-DVS, KS 5 vom 1.6.

2004, Ziff. 4.3.2.1). Für weitergehende Ausführungen kann auf die Kommentierung vor Art. 29 N 182 ff. verwiesen werden.

c) Emigrationsumwandlung und Sitzverlegung

Das Gewinnsteuerrecht regelt die steuerneutrale Umwandlung einer juristischen Person in Art. 61 Abs. 1 lit. a DBG bzw. Art. 24 Abs. 3 lit. a StHG, unabhängig davon, ob sie zivilrechtlich als Umwandlung oder mittels Vermögensübertragung durchgeführt wird. Entsprechende Regelungen finden sich im Einkommensteuerrecht in Art. 19 Abs. 1 DBG bzw. Art. 8 Abs. 3 StHG für die steuerneutrale Umwandlung einer Personenunternehmung in eine andere Personenunternehmung und in Art. 19 Abs. 1 lit. b DBG bzw. Art. 8 Abs. 3 lit. b StHG für diejenige einer Personenunternehmung in eine juristische Person (ESTV-DVS, KS 5 vom 1.6.2004, Ziff. 3.1.1, 3.2.1 und 4.2.1.1). Soweit anlässlich der **grenzüberschreitenden Umwandlung** die übertragenen Aktiven und Passiven einem schweizerischen Geschäftsbetrieb oder einer schweizerischen Betriebsstätte der übernehmenden ausländischen Person steuerlich zugerechnet werden können, wird das Erfordernis des Fortbestands der Steuerpflicht in der Schweiz erfüllt und von der Besteuerung der stillen Reserven abgesehen. Dieses Erfordernis kann auch bei einer **Sitzverlegung ins Ausland** erfüllt sein und zwar unabhängig von der Art der steuerlichen Zugehörigkeit. Entsprechend ist der Wechsel von der unbeschränkten (Art. 3 bzw. Art. 50 DBG) zur beschränkten Steuerpflicht (Art. 4 bzw. Art. 51 DBG) unschädlich (ESTV-DVS, KS 5 vom 1.6.2004, Ziff. 4.2.2.2.2). Gleiches gilt bei der Umwandlung einer inländischen juristischen Person in eine ausländische Personengesellschaft. Eine inländische juristische Person kann sich aufgrund von Art. 61 Abs. 1 lit. a DBG bzw. 24 Abs. 3 lit. a StHG steuerneutral in eine ausländische Personenunternehmung umwandeln, soweit die stillen Reserven auf den übertragenen Vermögenswerten in einem schweizerischen Geschäftsbetrieb oder einer schweizerischen Betriebsstätte der ausländischen Personenunternehmung verhaftet bleiben (ESTV-DVS, KS 5 vom 1.6.2004, Ziff. 4.2.6.3.3). Weitergehende Ausführungen zur grenzüberschreitenden Umwandlung finden sich in der Kommentierung vor Art. 53 N 91 ff.

d) Vermögensübertragung ins Ausland

da) Einkommensteuer

(1) Schweizerischer Geschäftsbetrieb bzw. Betriebsstätte einer ausländischen Personenunternehmung

Das Einkommensteuerrecht regelt die Übertragung von Vermögenswerten einer Personenunternehmung auf eine andere Personenunternehmung in Art. 19 Abs. 1 lit. a DBG bzw. Art. 8 Abs. 3 lit. a StHG. Nach diesen Bestimmungen können diejenigen Vermögenswerte, die Geschäftsvermögen einer Personenunternehmung darstellen, steuerneutral zum Einkommensteuerwert auf andere Personenunternehmungen übertragen werden, sofern die Steuerpflicht in der Schweiz fortbesteht (vgl. N 17 ff.). Auch die **Übertragung von Vermögenswerten** auf eine **ausländische Personenunternehmung** kann steuerneutral erfolgen, vorausgesetzt, die übertragenen Vermögenswerte verbleiben unter schweizerischer Steuerhoheit, was bei der Übertragung auf einen schweizerischen Geschäftsbetrieb oder eine schweizerische Betriebsstätte der ausländischen Personenunternehmung i.d.R. der Fall ist (Botschaft, 4370; REICH, FStR 2001, 9; Handkommentar FusG-DIETRICH, Art. 19 Abs. 1 und 2 DBG/Art. 8 Abs. 3 und 3bis StHG N 11). Dies bedingt, dass die übertragenen stillen Reserven im Rahmen der internationalen Steuerausscheidung weiterhin uneingeschränkt der Schweiz zugewiesen werden.

175 Der **Systemwechsel** von der **Einkommensbesteuerung** nach Art. 18 DBG bzw. Art. 8 StHG zur **Gewinnbesteuerung** ausländischer Handelsgesellschaften und anderer ausländischer Personengesamtheiten ohne juristische Persönlichkeit nach Art. 11 i.V.m. Art. 49 Abs. 3 DBG bzw. Art. 20 Abs. 2 StHG, welche aufgrund wirtschaftlicher Zugehörigkeit im Inland steuerpflichtig sind, beeinflusst die Steuerneutralität auf Unternehmungsebene nicht negativ, da die Voraussetzung des Fortbestands der schweizerischen Steuerpflicht als erfüllt gilt, wenn die übertragenen stillen Reserven nach erfolgter Umstrukturierung mit der gleichen *oder* einer gleichartigen Steuer erfasst werden können. Die Einkommenssteuer natürlicher Personen und die Gewinnsteuer von Kapitalgesellschaften gelten als gleichartig (vgl. die Ausführungen in der Botschaft zur Weiterführung des unternehmerischen Engagements bei Umwandlung einer Personenunternehmung in eine Kapitalgesellschaft und umgekehrt, 4371 f. und 4376 f.; ESTV-DVS, KS 5 vom 1.6.2004, Ziff. 4.2.6.3.2). Bereits die bisherige Umstrukturierungsnorm von Art. 19 Abs. 1 aDBG für Fusionen, Umwandlungen und Spaltungen wurde in diesem Sinne ausgelegt (REICH in: Kommentar zum Schweizerischen Steuerrecht I/2a, Art. 19 DBG N 14).

176 Noch nicht verrechnete **Verluste** der übertragenden Personenunternehmung bzw. der Gesellschafter können – in Analogie zum innerschweizerischen Verhältnis – auf eine inländische Betriebsstätte einer übernehmenden ausländischen juristischen Person übertragen und innerhalb der siebenjährigen Verlustvortragsperiode vom künftigen, steuerbaren Gewinn der inländischen Betriebsstätte abgezogen werden (vgl. REICH/ZÜGER in: Kommentar zum Schweizerischen Steuerrecht I/2a, Art. 31 DBG N 20; LOCHER, Kommentar DBG, Rev. Art. 61, N 121 ff. m.w.H. sowie ESTV-DVS, KS 5 vom 1.6.2004, Ziff. 3.2.3.3). Gleiches hat auch für die noch nicht verrechneten Verluste der übertragenden Personenunternehmung auf inländische Geschäftsbetriebe oder Betriebsstätten ausländischer Personenunternehmungen zu gelten und zwar unabhängig davon, ob diese der Gewinn- oder Einkommensbesteuerung unterliegen (vgl. N 175). Der Verlust wird dem bzw. den übertragenden Personengesellschafter (inländische Person) bzw. der Personengesellschaft selbst (ausländische Person) zugerechnet (vgl. ATHANAS/WIDMER in: Kommentar zum Schweizerischen Steuerrecht I/2a, Art. 49 DBG N 17 sowie AGNER/JUNG/STEINMANN, Kommentar DBG, Art. 49 N 13 bez. unterschiedlicher Auffassung der Behandlung inländischer Personengesellschafter an ausländischen Personenunternehmungen mit Betriebsstätte bzw. Geschäftsbetrieb in der Schweiz). Die Forderung der ESIV, die Verlustvorträge könnten nicht auf andere Personen übertragen werden (ESTV-DVS, KS 5 vom 1.6.2004, Ziff. 3.1.2.3), relativiert sich insoweit, als die Verluste auf die Personengesellschaft selbst übergehen und im Rahmen der Besteuerung nach Art. 49 Abs. 3 DBG künftig in Abzug gebracht werden können. Diesbezüglich besteht Parallelität mit der Umwandlung einer Personengesellschaft in eine juristische Person nach Art. 19 Abs. 1 lit. b DBG (vgl. ESTV-DVS, KS 5 vom 1.6.2004, Ziff. 3.2.3.3). Soweit es sich um die Übertragung einzelner Vermögenswerte, Betriebe oder Teilbetriebe ohne Auflösung der übertragenden Personenunternehmung handelt, ist der **Verlustvortrag** der übertragenden Personenunternehmung angemessen aufzuteilen. Verlustvorträge, die mit den übertragenen Vermögenswerten in ursächlichem Zusammenhang stehen, teilen deren Schicksal und werden übertragen. Andere Verlustvorträge, die weder den übertragenen noch den verbleibenden Geschäftsaktivitäten zugeordnet werden können, sind anteilmässig zuzuweisen.

(2) Ausländischer Geschäftsbetrieb bzw. Betriebsstätte einer inländischen Personenunternehmung

Anders stellt sich die Situation dar, wenn die stillen Reserven der übertragenen Vermögenswerte der **schweizerischen Steuerhoheit** entzogen werden. Nach Art. 18 Abs. 2 DBG bzw. Art. 8 Abs. 1 StHG ist die Überführung von Geschäftsvermögen auf einen ausländischen Geschäftsbetrieb oder eine Betriebsstätte der Veräusserung gleichgestellt (REICH in: Kommentar zum Schweizerischen Steuerrecht I/2a, Art. 18 DBG N 35). Die Überführung von Geschäftsvermögen einer inländischen Personenunternehmung auf einen ihr zugehörigen **ausländischen Geschäftsbetrieb oder eine Betriebsstätte**, deren Steuerfaktoren aufgrund von Art. 6 Abs. 1 DBG von der schweizerischen Steuerpflicht ausgenommen sind bzw. die Überführung auf eine ausländische Personenunternehmung, welche vor und nach der Vermögensübertragung keiner beschränkten schweizerischen Steuerpflicht nach Art. 4 Abs. 1 DBG bzw. Art. 4 Abs. 1 StHG untersteht, kann nicht steuerneutral durchgeführt werden. Bei der grenzüberschreitenden Übertragung von Vermögenswerten tritt vielmehr eine sog. steuersystematische Realisation der übertragenen unbesteuerten stillen Reserven ein (ESTV-DVS, KS 5 vom 1.6.2004, Ziff. 2.2.1). Da sich das Erfordernis des Fortbestandes der Steuerpflicht in der Schweiz auf die übernehmende und nicht auf die übertragende Person bezieht, wird diese Voraussetzung vorliegend nicht erfüllt (in Analogie zu ESTV-DVS, KS 5 vom 1.6.2004, Ziff. 3.2.2.2).

(3) Schweizerische Betriebsstätte einer ausländischen juristischen Person

Die steuerneutrale Übertragung von Vermögenswerten einer Personenunternehmung auf eine juristische Person setzt nach Art. 19 Abs. 1 lit. b DBG bzw. Art. 8 Abs. 3 lit. b StHG das Vorliegen eines Betriebs oder Teilbetriebs voraus. Soweit anlässlich der **Übertragung eines Betriebs oder Teilbetriebs** einer inländischen Personenunternehmung die übertragenen Aktiven und Passiven einer schweizerischen Betriebsstätte der übernehmenden **ausländischen juristischen Person** steuerlich zugerechnet werden können, wird das Erfordernis des Fortbestands der Steuerpflicht in der Schweiz erfüllt und von der Besteuerung der stillen Reserven abgesehen. Dies gilt unabhängig von der Art der steuerlichen Zugehörigkeit der übernehmenden Unternehmung (beschränkte oder unbeschränkte Steuerpflicht, Einkommens- oder Gewinnbesteuerung, vgl. N 175). Die Steuerneutralität bedingt, dass die übertragenen stillen Reserven im Rahmen der internationalen Steuerausscheidung weiterhin der Schweiz zugewiesen werden. Die von der ESTV verlangte objektmässige Ausscheidungsmethode ist unnötig einschränkend (ESTV-DVS, KS 5 vom 1.6.2004, Ziff. 3.2.2.2). Vernünftigerweise kann nur eine künftige schweizerische Besteuerung unabhängig von der gewählten Ausscheidungsmethode verlangt werden bzw. kann eine Besteuerung der Vermögensübertragung nur soweit unterbleiben, als die gewählte Ausscheidungsmethode eine künftige schweizerische Besteuerung ermöglicht. Bezüglich der Übertragung von Verlustvorträgen kann auf N 176 verwiesen werden.

Nach heutigem Rechtsverständnis fällt die **Übertragung eines einzelnen Vermögenswertes** einer Personenunternehmung auf eine juristische Person nicht unter den Begriff der Umstrukturierung, weshalb eine solche Vermögensübertragung weder im innerschweizerischen noch im grenzüberschreitenden Verhältnis steuerneutral durchgeführt werden kann (vgl. dazu ausführlich N 71).

db) Gewinnsteuer

Grenzüberschreitende Umstrukturierungen juristischer Personen, die auf einer Vermögensübertragung beruhen, können steuerneutral durchgeführt werden, sofern sie der Fusion (Art. 61 Abs. 1 DBG bzw. 24 Abs. 3 StHG), der Umwandlung (Art. 61 Abs. 1 lit. a DBG bzw. 24 Abs. 3 lit. a StHG) oder der Spaltung (Art. 61 Abs. 1 lit. b DBG bzw. Art. 24 Abs. 3 lit. b StHG) wirtschaftlich gleichkommen und die übertragenen stillen Reserven weiterhin uneingeschränkt der schweizerischen Steuerhoheit unterworfen sind bzw. bleiben, so beispielsweise bei einer in der Schweiz verbleibenden Betriebsstätte (Botschaft, 4370; REICH, FStR 2001, 9; Handkommentar FusG-DIETRICH, Art. 19 Abs. 1 und 2 DBG/Art. 8 Abs. 3 und 3bis StHG N 11; vgl. für die Fusion vor Art. 3 N 410, für die Spaltung vor Art. 29 N 182 ff. und für die Umwandlung vor Art. 53 N 100). Dies bedingt die Übertragung aller Aktiven und Passiven (Fusion, Umwandlung, Aufspaltung) oder zumindest das Vorliegen eines Betriebs oder Teilbetriebs (Abspaltung). Fraglich ist jedoch, ob bei juristischen Personen die grenzüberschreitende Übertragung einzelner Vermögenswerte möglich ist.

(1) Übertragung einzelner Vermögenswerte auf inländische Betriebsstätte

181 Für einige wenige, klar abgegrenzte Sachverhalte lässt das gewinnsteuerliche Umstrukturierungsrecht die steuerneutrale **Übertragung einzelner Vermögenswerte** zwischen inländischen juristischen Personen zu. So kann beispielsweise die Ausgliederung von Gegenständen des betrieblichen Anlagevermögens auf eine inländische Tochtergesellschaft nach Art. 61 Abs. 1 lit. d DBG bzw. Art. 24 Abs. 3 lit. d StHG (vgl. N 73 ff.) oder innerhalb eines Konzerns nach Art. 61 Abs. 3 DBG bzw. Art. 24 Abs. 3^{quater} StHG steuerneutral erfolgen (s. Kommentierung der konzerninternen Übertragung, Teil 2 vor Art. 69). Eine allgemeine Norm, welche steuerneutrale Übertragungen von einzelnen Vermögenswerten zwischen inländischen juristischen Personen umfassend regelt, wie dies bei Art. 19 Abs. 1 lit. a DBG bzw. Art. 8 Abs. 3 lit. a StHG für Personenunternehmungen der Fall ist, fehlt im Gewinnsteuerrecht. Abgesehen von den erwähnten Spezialbestimmungen können einzelne Vermögensgegenstände nicht steuerneutral übertragen werden (vgl. N 71). Gleiches gilt bei Vermögensübertragungen einzelner Vermögenswerte auf eine inländische Betriebsstätte der ausländischen juristischen Person.

(2) Übertragung einzelner Vermögenswerte auf ausländische Betriebsstätte

182 Nach dem Recht der direkten Bundessteuer wird die **Verlegung des Sitzes**, der **Verwaltung**, eines **Geschäftsbetriebes** oder einer **Betriebsstätte** einer in der Schweiz ansässigen juristischen Person ins Ausland der Liquidation gleichgestellt (Art. 58 Abs. 1 lit. c DBG; dem StHG als Rahmengesetz ist keine besondere Ordnung der Wegzugsbesteuerung juristischer Personen ins Ausland zu entnehmen). Die Verlegung löst eine **steuersystematische Realisation** aus. Die Voraussetzung der fiskalischen Verknüpfung der stillen Reserven ist nicht mehr erfüllt, soweit die stillen Reserven nach der Verlegung ins Ausland nicht mehr mit der schweizerischen Gewinnsteuer (oder einer gleichartigen Steuer) erfasst werden können. Das Steuersubstrat wird der Schweiz entzogen und entsprechend ist gewinnsteuerlich über jene stillen Reserven abzurechnen, welche die schweizerische Steuerhoheit verlassen (HÖHN/WALDBURGER, Grundlagen, § 18 N 24).

183 Das Konzept von Art. 58 Abs. 1 lit. c DBG beruht auf einer Liquidationsfiktion bei der Verlegung von Sitz, Verwaltung, Geschäftsbetrieb oder Betriebsstätte ins Ausland, ohne den Transfer einzelner Wirtschaftsgüter ausdrücklich zu erfassen (REICH/DUSS, 565). Gestützt auf auf den Wortlaut von Art. 58 Abs. 1 lit. c DBG vertreten BRÜLISAUER/ KUHN die Ansicht, dass im Grundsatz nicht jede Übertragung von Geschäftsvermögen ins Ausland die Wegzugsbesteuerung auszulösen vermöge. Nur bestimmte, qualifizierte und im Gesetz aufgezählte Übertragungssachverhalte, namentlich die Übertragung der unbeschränkten Steuerpflicht oder eines Betriebs oder einer Betriebsstätte, rechtfertiten eine steuerliche Schlussabrechnung. Für die Besteuerung der **Verlegung einzelner Vermögensgegenstände** ins Ausland fehle hingegen eine ausdrückliche gesetzliche Grundlage. Dies im Gegensatz zur Besteuerung von natürlichen Personen, bei welchen Art. 18 Abs. 2 DBG bzw. Art. 8 Abs. 1 StHG die Überführung von Geschäftsvermögen in ausländische Betriebe oder Betriebsstätten der Veräusserung gleichstelle (BRÜLISAUER/KUHN in: Kommentar zum Schweizerischen Steuerrecht I/2a, Art. 58 DBG N 347; HÖHN/WALDBURGER, Steuern, § 46 N 45).

184 AGNER/JUNG/STEINMANN sind demgegenüber der Ansicht, die Übertragung einzelner Aktiven einer schweizerischen juristischen Person auf eine ausländische Betriebsstätte führe aus steuersystematischen Überlegungen immer zur Besteuerung der stillen Reserven (AGNER/JUNG/STEINMANN, Art. 58, N 12; LOCHER, Internationales Steuerrecht, 310; Handkommentar FusG-KOCH, Art. 61 DBG und Art. 64 Abs. 1bis DBG/Art. 24 Abs. 3, 3ter, 3^{quater}, 3^{quinquies} und Abs. 4bis StHG N 18 bez. Übertragungen auf ausländische Konzerngesellschaften). Die gleiche Ansicht vertritt die ESTV, indem sie auf eine **steuersystematische Realisation** schliesst, wenn latent steuerbelastete Kapitalgewinne (faktisch) steuerfrei oder von der Steuerpflicht ausgenommen werden, worunter die Überführung von Vermögenswerten auf ausländische Betriebe oder Betriebsstätten schweizerischer juristischer Personen fallen, auf welche sich die schweizerische Steuerpflicht nach Art. 52 Abs. 1 DBG nicht erstreckt (ESTV-DVS, KS 5 vom 1.6.2004, Ziff. 2.2.2).

185 Aus den Materialien zur Neuordnung der gewinnsteuerlichen Umstrukturierungsvorschriften kann bezüglich einer steuerlichen Nichtrealisation bei Verlegung einzelner Vermögensgegenstände ins Ausland nichts entnommen werden. In der Botschaft wird im Gegenteil darauf hingewiesen, dass bei einer grenzüberschreitenden Fusion nur insoweit von der Besteuerung der stillen Reserven abgesehen werden könne, als die übernehmende Gesellschaft den übernommenen Betrieb in der Schweiz als Betriebsstätte weiterführe (Botschaft, 4370). Die ständerätliche Kommission führte zu diesem Punkt zum Einkommenssteuerrecht aus, dass diejenigen stillen Reserven realisiert und besteuert würden, welche in der Schweiz nicht mehr besteuert werden könnten. Sie wies als Beispiel auf die Fusion einer schweizerischen Personenunternehmung mit einer ausländischen Personenunternehmung hin, bei welcher Vermögenswerte auf eine ausländische Betriebsstätte übertragen würden (Mitbericht WAK StR, 4).

186 Steuersystematisch ist tatsächlich nicht nachvollziehbar, weshalb auf der Übertragung einer Vermögensgesamtheit, welche als Geschäftsbetrieb oder Betriebsstätte qualifiziert, steuerlich abzurechnen ist, während dies bei der Verlegung einzelner Vermögensgegenstände nicht der Fall sein soll. Der materielle Gehalt von Art. 58 Abs. 1 lit. c DBG wäre bei einer solchen Auslegung problemlos zu unterlaufen; anstelle der Verlegung von Geschäftsbetrieben und Betriebsstätten würden bloss einzelne Vermögenswerte verlegt bzw. übertragen. Demgegenüber vermag die von SPORI vorgeschlagene These der **aufgeschobenen Gewinnverwirklichung** eher zu überzeugen. Danach wird die Besteuerung der stillen Reserven bis zum Zeitpunkt der späteren echten Realisation, d.h. der tatsächlichen Gewinnerzielung aus der Sicht der Gesamtunternehmung aufgeschoben. Zwecks Sicherstellung der schweizerischen Besteuerung stellt die schweizerische Unternehmung im Übertragungszeitpunkt die bestehenden stillen Reserven fest, schreibt sie einem Verrechnungsposten gut (es ist wohl eine Rückstellung in der steuerlichen Ergänzungsbilanz des schweizerischen Stammhauses gemeint) und löst diesen nach Massgabe der echten Realisation der stillen Reserven bzw. ihres Verzehrs in der steuerlichen Erfolgsrechnung des Stammhauses auf (SPORI, ASA 57 (1988/1989), 84 ff.; BÖCKLI, ASA 67 (1998/1999), 25; LOCHER, Kommentar DBG, Art. 18 N 111 ff.; BRÜLISAUER/

KUHN in: Kommentar zum Schweizerischen Steuerrecht I/2a, Art. 58 DBG N 348 ff.; BRÜLISAUER/KUHN in: Kommentar zum Schweizerischen Steuerrecht I/1, Art. 24 N StHG 168 ff.; WIDMER in *Höhn,* 254 ff.; RICHNER/FREI/KAUFMANN, Kommentar ZH, § 64 N 157; VOGEL/LEHNER, Art. 7 N 121 ff.). Dieser Lösungsansatz stützt sich nicht auf eine steuersystematische Realisierung ab, für welche eine ausdrückliche gesetzliche Grundlage fehlt, sondern auf die echte Realisierung der Vermögenswerte, die dem Prinzip der wirtschaftlichen Leistungsfähigkeit Rechnung trägt. SAUPPER/WEIDMANN (vor Art. 3 N 71) weisen darauf hin, dass die Neuformulierung («wenn» ersetzt durch «soweit») künftig eine Nichtbesteuerung erlaubt, wenn die stillen Reserven ins Ausland verlagert werden, sofern mit dem ausländischen Staat wie in Art. 13 Abs. 6 DBA USA die nachträgliche Besteuerung bei einer Realisation vereinbart wurde. Der Kommentar zum OECD-Musterabkommen zeigt die Problematik der Gewinnrealisierung und der zeitlichen Dimension bei solchen Übertragungen auf, verweist diesbezüglich jedoch auf die innerstaatlichen Realisationsvorschriften der Vertragsstaaten (Model Tax Convention on Income and on Capital, Volume 1, Commentary on Article 7, N 15).

(3) Übertragung von Beteiligungen ins Ausland

187 Die Übertragung von **Beteiligungen** auf eine ausländische Kapitalgesellschaft oder Genossenschaft nimmt wegen fehlender steuerlicher Realisation von Buchwertübertragungen von Beteiligungen und steuerlicher Spezialvorschriften eine Sonderstellung ein. Bereits nach bisherigem Recht konnte die Übertragung einer **Neubeteiligung** einer inländischen Kapitalgesellschaft oder Genossenschaft als **verdeckte Kapitaleinlage** auf in- und **ausländische Tochtergesellschaften** steuerneutral zum Gewinnsteuerwert erfolgen, wobei die Beteiligung an der Tochtergesellschaft die Funktion, den Gewinnsteuerwert und die Gestehungskosten der bisher direkt gehaltenen Neubeteiligung übernahm (ESTV-DVS, KS 9 vom 9.7.1998, Ziff. 2.5.3e); DUSS/ALTORFER in: Kommentar zum Schweizerischen Steuerrecht I/2a, Art. 70 DBG N 43 f.; ESTV-DVS, KS 5 vom 1.6.2004, Ziff. 4.4.2.2.2). Ein solcher Austausch von Beteiligungsrechten führte steuerlich nicht zur Realisation.

188 Die herrschende Lehre geht davon aus, dass sich aufgrund der neuen steuerrechtlichen Umstrukturierungsvorschriften an der bisherigen Praxis der **steuerneutralen Übertragung von Neubeteiligungen** auf in- oder **ausländische Tochtergesellschaften** zum Gewinnsteuerwert nach Art. 70 Abs. 1 i.V.m. Abs. 4 DBG sowie nach Ziffer 2.5.3e) des Kreisschreibens Nr. 9 der ESTV vom 9. Juli 1998 nichts ändere (LOCHER/AMONN, ASA 71 [2002/2003], 776 und 779; SIMONEK, ZSR 2004 I 152; vgl. Teil 2 vor Art. 69 N 61 ff.; kritisch LOCHER, Kommentar DBG, Rev. Art. 61 N 174). Die gleiche Ansicht vertritt die ESTV: «Die Übertragung von stillen Reserven auf Beteiligungen auf eine Tochtergesellschaft bleibt auch nach der Revision von Art. 61 DBG durch das FusG ein steuerneutraler Vorgang (Austauschtatbestand). Auf eine explizite gesetzliche Regelung wurde verzichtet, weil aus der Sicht der einbringenden Gesellschaft auf den stillen Reserven weiterhin die gleiche Steuerlast besteht (Kapitalgewinn mit den gleichen Folgen in Bezug auf den Beteiligungsabzug). Es liegt keine steuerliche Gewinnrealisation nach Art. 58 Abs. 1 Bst. c DBG vor und es besteht deshalb auch keine Veräusserungssperrfrist» (ESTV-DVS, KS 5 vom 1.6.2004, Ziff. 4.4.2.2.4; vgl. auch Ziff. 4.4.2.2.2). An anderer Stelle verweist die ESTV explizit auf die **Weiterführung der bisherigen Praxis** (ESTV-DVS, KS Nr. 9 vom 9.7.1998, Ziff. 2.5.3e) oder auf die generelle Steuerneutralität des Austauschs von Beteiligungs- oder Mitgliedschaftsrechten anlässlich von Umstrukturierungen nach Art. 61 Abs. 1 lit. c DBG (ESTV-DVS, KS 5 vom 1.6.2004, Ziff. 4.4.2.2.1 und 4.6.2.8). Demgegenüber ist die **Ausgliederung** von **Betrieben, Teil-**

betrieben sowie von **Gegenständen des betrieblichen Anlagevermögens** auf eine ausländische Tochtergesellschaft nicht steuerneutral möglich.

Bei der Übertragung von **Altbeteiligungen** sind die übergangsrechtlichen Bestimmungen von Art. 207a Abs. 3 DBG, welche am 31. Dezember 2006 auslaufen, zu beachten (ESTV-DVS, KS 5 vom 1.6.2004, Ziff. 4.4.2.2.5). Die Buch- oder Verkehrswertübertragung einer Altbeteiligung auf eine ausländische Tochtergesellschaft führt zwar grundsätzlich zur Realisierung der stillen Reserven, die übertragende Muttergesellschaft darf jedoch eine unbesteuerte Reserve bilden, die am 31. Dezember 2006 steuerneutral aufgelöst werden kann (vgl. DUSS/ALTORFER in: Kommentar zum Schweizerischen Steuerrecht I/2b, Art. 207a DBG N 56 und ESTV-DVS, KS 10 vom 10.7.1998, Ziff. 5.3 zur Problematik der steuerneutralen Auflösung bzw. Beteiligungsabzug). Gemäss BGE vom 6.1.2004 (StE 2/2004, B 72.22, Nr. 10) kann die Beteiligungsübertragung nach Art. 207a Abs. 3 DBG nicht bloss auf ausländische Tochter- sondern auch auf ausländische Konzerngesellschaften (Schwester- und Muttergesellschaft) steuerneutral erfolgen (ESTV-DVS, KS 5 vom 1.6.2004, Anhang I, Bsp. Nr. 22, Variante 4).

189

Die steuerneutrale Übertragung von Beteiligungen zum Gewinnsteuerwert auf direkt oder indirekt schweizerisch beherrschte ausländische Konzerngesellschaften wird auch nach dem 31. Dezember 2006 möglich sein und zwar in einem **zweistufigen Verfahren**. Mittels **Konzernübertragung** nach Art. 61 Abs. 3 DBG kann die Beteiligung in einem ersten Schritt von einer schweizerischen Kapitalgesellschaft oder Genossenschaft auf eine andere inländische Kapitalgesellschaft oder Genossenschaft (Schwester- oder Muttergesellschaft) steuerneutral zum Gewinnsteuerwert und zu den bisherigen Gestehungskosten übertragen werden, jedoch unter Beachtung der Veräusserungssperrfrist nach Art. 61 Abs. 4 DBG. Die übernehmende inländische Kapitalgesellschaft oder Genossenschaft kann ihrerseits in einem zweiten Schritt die erhaltene Beteiligung gemäss den obenerwähnten Ausführungen (vgl. N 188) nichtrealisierend auf eine ausländische Tochtergesellschaft **ausgliedern**. Anders als bei Art. 207a Abs. 3 DBG bedingt diese zweistufige Übertragungskette jedoch eine fiskalische Verknüpfung der übertragenen stillen Reserven bei einer inländischen Konzerngesellschaft. Die Konzernübertragung nach Art. 61 Abs. 3 DBG setzt eine inländische, empfangende Gesellschaft voraus, welche ihrerseits die Beteiligung in einem zweiten Schritt nach «unten» auf eine Tochter ausgliedern kann (ESTV-DVS, KS 5 vom 1.6.2004, Ziff. 4.4.2.2.5 und 4.5.2.6 sowie Anhang I, Bsp. Nr. 22, Varianten 2 und 3). Die Übertragung einer Beteiligung zum Gewinnsteuerwert von einer inländischen Kapitalgesellschaft oder Genossenschaft auf eine ausländische Konzerngesellschaft, welche weder direkt noch indirekt schweizerisch beherrscht ist, scheint nach dem Auslaufen der Übergangsnorm von Art. 207a Abs. 3 DBG nach dem 31. Dezember 2006 nicht mehr möglich zu sein. Es ist nicht erkennbar, welche Steuernorm dies erlauben sollte. Eine solche Beteiligungsübertragung ins Ausland kann jedoch als Veräusserung zum Verkehrswert unter Auflösung der stillen Reserven und unter Beanspruchung des Beteiligungsabzugs nach Art. 70 Abs. 1 und 4 DBG erfolgen.

190

dc) Grundstückgewinnsteuer

Gestützt auf Art. 12 Abs. 4 lit. a StHG sind die in Art. 8 Abs. 3 und 4 sowie die in Art. 24 Abs. 3 und 3^{quater} StHG genannten Tatbestände bei der Grundstückgewinnsteuer als steueraufschiebende Veräusserung zu behandeln.

191

Die **Übertragung von Grundstücken** einer Personenunternehmung auf eine andere berechtigt nach Art. 12 Abs. 4 lit. a StHG zu einem solchen Steueraufschub, unabhängig davon, ob die Übertragung als Umstrukturierung im engeren (Fusion, Spaltung und

192

Umwandlung nach Art. 8 Abs. 3 StHG) oder weiteren Sinne (Übertragung von Vermögenswerten nach Art. 8 Abs. 3 lit. a StHG) durchgeführt wird (vgl. N 26). Auch die Überführung eines schweizerischen Grundstücks auf eine **ausländische Personenunternehmung**, welche für dieses Grundstück nach der Vermögensübertragung gestützt auf dessen schweizerischen Belegenheit der beschränkten schweizerischen Steuerpflicht nach Art. 4 Abs. 1 StHG unterworfen ist, kann steuerneutral durchgeführt werden. Die schweizerische Steuerpflicht bezüglich des übertragenen Grundstückes besteht fort. Dies gilt auch für die Übertragung eines Betriebs oder Teilbetriebs mit einem schweizerischen Grundstück auf eine schweizerische Betriebsstätte einer ausländischen juristischen Person (vgl. für die direkte Bundessteuer ESTV-DVS, KS 5 vom 1.6.2004, Ziff. 3.2.2.2).

193   Analoges gilt für die grundstückgewinnsteuerliche Behandlung von Grundstücksübertragungen **juristischer Personen** bei Fusionen, Spaltungen und Umwandlungen. Diese Umstrukturierungsformen erlauben die steuerneutrale Übertragung von Grundstücken. Nicht möglich ist nach Art. 24 Abs. 3 StHG allerdings die steuerneutrale Übertragung eines einzelnen Grundstückes (vgl. N 71). Desgleichen scheint der Wortlaut der Spezialnormen zur Tochterausgliederung (Art. 24 Abs. 3 lit. d StHG) und zur Konzernübertragung (Art. 24 Abs. 3^{quater} StHG) die steuerneutrale Einzelübertragung von Gegenständen des betrieblichen Anlagevermögens auf inländische Betriebsstätten ausländischer Tochtergesellschaften bzw. Konzerngesellschaften nicht zuzulassen. Beide Normen beziehen sich auf inländische Kapitalgesellschaften und Genossenschaften. Eine solch restriktive Auslegung dieser Normen wäre jedoch steuersystematisch verfehlt, entspräche nicht dem Zweck der Gesetzesvorlage, welche explizit auch grenzüberschreitende Umstrukturierungen umfassen will, und könnte als Verstoss gegen das Gleichbehandlungsgebot und das Diskriminierungsverbot von Art. 24 Abs. 3 OECD-MA ausgelegt werden (vgl. Teil 2 vor Art. 69 N 13). Aus diesen Gründen sind auch **inländische Betriebsstätten ausländischer Kapitalgesellschaften oder Genossenschaften** als Empfänger oder Übertragende steuerneutraler Übertragungen von Vermögenswerten (bspw. Grundstücke) nach Art. 24 Abs. 3 lit. d StHG (Tochterübertragung) und Art. 24 Abs. 3^{quater} StHG (Konzernübertragung) zuzulassen. Diese liberale Auslegung wird auch von der ESTV für die Gewinnsteuer der direkten Bundessteuer vertreten, welche in beiden Fällen steuerneutrale Übertragungen auf bzw. von beschränkt steuerpflichtigen schweizerischen Betriebsstätten (Art. 51 Abs. 1 lit. b DBG) zulässt (ESTV-DVS, KS 5 vom 1.6.2004, Ziff. 4.4.1.2.3 inländische Betriebsstätte ausländischer Tochtergesellschaft und 4.5.2.3 inländische Betriebsstätte ausländischer Konzerngesellschaft). Da sich die Steueraufschubsnorm von Art. 12 Abs. 4 lit. a StHG zur Grundstückgewinnsteuer ausdrücklich auf die Umstrukturierungsnormen der Gewinnsteuer in Art. 24 Abs. 3 und 3^{quater} StHG bezieht, gilt dieses Auslegungsergebnis unmittelbar auch für die Grundstückgewinnsteuer. Bei Übertragungen von (einzelnen) Grundstücken auf bzw. von inländischen Betriebsstätten ausländischer Kapitalgesellschaften oder Genossenschaften bei Tochter- und Konzernübertragungen ist deshalb ein Steueraufschub zu gewähren.

194   Nach Art. 72e StHG sind die kantonalen Gesetzgebungen bezüglich der Grundstückgewinnsteuer innert drei Jahren nach Inkrafttreten des FusG den entsprechend geänderten Steuerrechtsnormen anzupassen. Nach Ablauf dieser Frist findet laut Art. 72 Abs. 2 StHG das Bundesrecht direkt Anwendung, sollte ihm das kantonale Recht widersprechen (GREMINGER in: Kommentar zum Schweizerischen Steuerrecht I/2a, Art. 72 DBG N 16; vgl. vor Art. 109 N 3).

dd) Handänderungssteuer

Art. 103 FusG schliesst die Erhebung von kantonalen und kommunalen Handänderungsabgaben bei Umstrukturierungen im Sinne von Art. 8 Abs. 3 sowie Art. 24 Abs. 3 und 3^{quater} StHG aus (vgl. zur Übergangsfrist N 198). Kostendeckende Gebühren bleiben vorbehalten (s. Kommentierung Art. 103).

Die **Übertragung von Grundstücken** von einer Personenunternehmung auf eine andere berechtigt aufgrund von Art. 103 FusG zu dieser Steuerbefreiung, unabhängig davon, ob die Übertragung als Umstrukturierung im engeren (Fusion, Spaltung und Umwandlung nach Art. 8 Abs. 3 StHG) oder weiteren Sinne (Übertragung von Vermögenswerten nach Art. 8 Abs. 3 lit. a StHG) durchgeführt wird (vgl. N 28). Die Handänderungssteuer ist als Objektsteuer ausgestaltet und knüpft an die inländische Belegenheit von Grundstücken an. Die Überführung eines im Inland belegenen Grundstücks auf eine **ausländische Personenunternehmung**, welche für dieses Grundstück nach der Vermögensübertragung der beschränkten schweizerischen Steuerpflicht nach Art. 4 Abs. 1 StHG unterliegt, ist gleichsam von der Erhebung der Handänderungssteuer zu befreien. Aufgrund der schweizerischen Belegenheit des übertragenen Grundstücks besteht die Handänderungssteuerpflicht fort. Gleiches gilt für die Übertragung eines Betriebs oder Teilbetriebs, zu dem ein schweizerisches Grundstück gehört, auf eine schweizerische Betriebsstätte einer ausländischen juristischen Person (vgl. für die direkte Bundessteuer ESTV-DVS, KS 5 vom 1.6.2004, Ziff. 3.2.2.2).

Die handänderungssteuerliche Behandlung von Grundstücksübertragungen bei internationalen Sachverhalten durch **juristische Personen** bei Fusionen, Spaltungen und Umwandlungen folgt analog den vorstehenden Gründsätzen bez. Personenunternehmungen (vgl. N 196). Da sich die Steuerbefreiungsnorm von Art. 103 FusG zu den kantonalen und kommunalen Handänderungsabgaben ausdrücklich auf die Umstrukturierungsnormen der Gewinnsteuer in Art. 24 Abs. 3 und 3^{quater} StHG bezieht, sind **Grundstücksübertragungen** bei gewinnsteuerneutralen Umstrukturierungen ohne weiteres auch von den Handänderungsabgaben befreit. Die Befreiung schliesst auch Grundstücksübertragungen auf inländische Betriebstätten bzw. von inländischen Betriebstätten ausländischer Kapitalgesellschaften oder Genossenschaften nach Art. 24 Abs. 3 lit. d StHG (Tochterübertragung) und nach Art. 24 Abs. 3^{quater} StHG (Konzernübertragung) ein (vgl. N 193).

Innerhalb einer Frist von fünf Jahren seit Inkrafttreten des FusG haben die Kantone ihre kantonale Steuergesetzgebung an Art. 103 FusG anzupassen (Art. 111 Abs. 3 FusG). Danach findet das Bundesrecht nach Art. 72 Abs. 2 StHG direkt Anwendung (GREMINGER in: Kommentar zum Schweizerischen Steuerrecht I/2a, Art. 72 DBG N 16; vgl. für weitergehende Ausführungen die Kommentierung vor Art. 103).

de) Verrechnungssteuer

(1) Übertragung Vermögenswerte auf ausländische Unternehmung

(a) Grundsatz

Die formelle wie auch die **faktische Liquidation** einer Kapitalgesellschaft oder Genossenschaft führt zur Erhebung der Verrechnungssteuer (Art. 4 Abs. 1 lit. b VStG und Art. 20 Abs. 1 VStV). Nach Art. 4 Abs. 2 VStG und Art. 22 Abs. 5 VStV ist der Liquidation die **Sitzverlegung einer Kapitalgesellschaft oder Genossenschaft ins Ausland** gleichgestellt (HÖHN/WALDBURGER, Grundlagen, § 21 N 18 ff.; ESTV-DVS, KS 5 vom 1.6.2004, Ziff. 2.3). Bemessungsbasis für die Erhebung der Verrechnungssteuer ist der

Verkehrswert der übertragenen Nettoaktiven abzüglich Grundkapital (PFUND, Art. 4 Abs. 2 N 6.4; vgl. Kritik REICH/DUSS, 626; ebenso BEHNISCH, Umstrukturierung, 290). Dieser Grundsatz gilt auch bei einer Sitzverlegung unter Beibehaltung einer **schweizerischen Betriebsstätte** (PFUND, Art. 4 Abs. 2 N 6.3; REICH/DUSS, 626 f.; BEHNISCH, Umstrukturierung, 290 f.; HINNY, FStR, 196), unabhängig von einer allfälligen Gewinnsteuerneutralität und eines allfälligen zivilrechtlichen Weiterbestands der Kapitalgesellschaft oder Genossenschaft.

200 Des weiteren stellen der Verrechnungssteuer unterliegender Ertrag alle Leistungen und Vorteile zugunsten der Anteilsinhaber oder diesen nahestehenden Personen im Zusammenhang mit Rechtsgeschäften dar, für die der Empfänger keine angemessene Gegenleistung erbringt (HÖHN/WALDBURGER, Grundlagen, § 21 N 13 ff.; REICH/DUSS, 484 ff.). Die **unterpreisliche Übertragung des gesamten Vermögens oder beliebiger Vermögensteile** auf eine ausländische Mutter- oder Schwestergesellschaft, sei dies als Vermögensübertragung nach Art. 163d IPRG oder auf andere Weise, löst damit die Verrechnungssteuer nach Art. 4 Abs. 1 lit. b VStG auf den übertragenen offenen und stillen Reserven im Sinne einer **geldwerten Leistung** aus. Die Ausnahmenorm von Art. 5 Abs. 1 lit. a VStG findet für Übertragungen von Vermögenswerten auf ausländische Mutter- und Schwestergesellschaften keine Anwendung, da die offenen und stillen Reserven der übertragenden Gesellschaft nicht auf eine inländische Kapitalgesellschaft oder Genossenschaft übergehen (REICH/DUSS, 574 ff.).

(b) Übertragung einer Beteiligung

201 Die Übertragung einer **Beteiligung** zum Buch- bzw. Gewinnsteuerwert auf eine **ausländische Konzerngesellschaft** kann laut ESTV verrechnungssteuerfrei erfolgen, soweit das übertragene Verrechnungssteuersubstrat vollständig bei einer inländischen Gesellschaft erhalten bleibt. Dies ist nach der ESTV der Fall, wenn die übernehmende ausländische Konzerngesellschaft direkt oder indirekt von einer schweizerischen Muttergesellschaft beherrscht wird (ESTV-DVS, KS 5 vom 1.6.2004, Ziff. 4.5.3.2 und Bsp. Nr. 22 im Anhang I). Eine Veräusserungssperrfrist ist bei einer Übertragung auf eine **ausländische Tochtergesellschaft** soweit ersichtlich nicht anwendbar und systembedingt auch nicht erforderlich (ESTV-DVS, KS 5 vom 1.6.2004, Anhang I, Bsp. Nr. 22, Variante 1 sowie Ziff. 4.4.2.2.4, 4.4.2.2.5 und 4.4.2.5).

202 Unter Anwendung eines zweistufigen Verfahrens ist auch die verrechnungssteuerneutrale Übertragung einer Beteiligung auf eine **ausländische Schwestergesellschaft** möglich. Mittels Konzernübertragung nach Art. 61 Abs. 3 DBG wird die Beteiligung in einem ersten Schritt von einer schweizerischen Kapitalgesellschaft oder Genossenschaft auf eine andere inländische Kapitalgesellschaft zum Buchwert übertragen. Die übernehmende inländische Kapitalgesellschaft oder Genossenschaft gliedert in einem zweiten Schritt ihrerseits die erhaltene Beteiligung auf eine ausländische Kapitalgesellschaft aus (ESTV-DVS, KS 5 vom 1.6.2004, Anhang I, Bsp. Nr. 22, Varianten 2 und 3). Die Konzernübertragung hat gewinnsteuerlich unter Beachtung der Veräusserungssperrfrist nach Art. 61 Abs. 4 DBG zu erfolgen. Bei der Verrechnungssteuer erscheint dagegen eine Sperrfrist unnötig, da die offenen und stillen Reserven bei der übernehmenden inländischen Kapitalgesellschaft oder Genossenschaft (erster Schritt) verhaftet bleiben (unklar ESTV-DVS, KS 5 vom 1.6.2004, Ziff. 4.5.3.4 mit Verweis auf Veräusserungssperrfrist nach Art. 61 Abs. 4 DBG, jedoch ohne Hinweis im Anhang I, Bsp. Nr. 22, Varianten 2 und 3).

203 Diese liberale, wirtschaftlich begründete Auffassung der ESTV ist begrüssenswert, sollte jedoch nicht bloss auf die Übertragung von Beteiligungen beschränkt bleiben. Für

die verrechnungssteuerliche Behandlung kann es nicht auf die Art der übertragenen Vermögenswerte (Beteiligungen, die gesamten **Aktiven und Passiven**, **Betriebe**, **Teilbetriebe** oder **Gegenstände des betrieblichen Anlagevermögens**) ankommen, sondern einzig auf die Erhaltung des Verrechnungssteuersubstrats. Werden Vermögenswerte teilentgeltlich (z.B. zum Gewinnsteuerwert) oder unentgeltlich auf eine ausländische Unternehmung übertragen, welche ihrerseits unmittelbar oder mittelbar von einer schweizerischen Kapitalgesellschaft oder Genossenschaft beherrscht wird, wird die von Art. 5 Abs. 1 lit. a VStG geforderte Reservenübertragung zwar nicht direkt, jedoch indirekt erfüllt. Dies ist ausreichend.

(c) Beteiligte

Erbringt eine Kapitalgesellschaft oder Genossenschaft **geldwerte Leistungen** nicht an Beteiligte, sondern an diesen nahestehende Personen, wird für die Verrechnungssteuer i.d.R. die so genannte **Direktbegünstigungstheorie** angewendet, die besagt, dass nicht der Anteilsinhaber, sondern die nahestehende, leistungsempfangende Person als Nutzungsberechtigte im Sinne von Art. 21 Abs. 1 lit. a VStG zu betrachten ist (HÖHN/WALDBURGER, Grundlagen § 21 N 17, REICH/DUSS, 495; PFUND/ZWAHLEN, Art. 21 Abs. 3 N 5.9 f.; ESTV-DVS, MB Leistungsempfänger, Ziff. I). Die Verrechnungssteuer zum Satz von 35% ist durch den Leistungserbringer abzurechnen und nach Art. 14 Abs. 1 VStG zwingend auf den Leistungsempfänger zu überwälzen. Bei der Übertragung von materiellen und immateriellen Vermögenswerten (Sachgüter bzw. Naturalwerte) ist es i.d.R. nicht möglich, die Leistung um den Steuerbetrag zu kürzen. Entsprechend muss der Leistungsempfänger die Verrechnungssteuer an die leistende Gesellschaft zahlen, um die Überwälzung sicher zu stellen. Wird auf die **Überwälzung** verzichtet, entspricht der Wert der übertragenen Vermögensgüter für Zwecke der Berechnung der Verrechnungssteuer 65% der geldwerten Leistung und beträgt, aufgrund der Berechnung ins Hundert, die zu bezahlende Verrechnungssteuer 53.85% der geldwerten Leistung (HÖHN/WALDBURGER, Grundlagen, § 21 N 43). Dies entspricht der bisherigen Praxis zu Übertragungen von Vermögenswerten zwischen Schwestergesellschaften (STOCKAR, 208 f.; STOCKAR/HOCHREUTENER, Art. 21 Abs. 1 VStG N ff.), unabhängig von deren gewinnsteuerlichen Qualifikation. **204**

Ein anderes Konzept wird dagegen bei **Sitzverlegungen** ins Ausland angewandt. Dort wird der Anteilseigner der sitzverlegenden Kapitalgesellschaft oder Genossenschaft als **Leistungsempfänger** und **Nutzungsberechtigter** bezeichnet (REICH/DUSS, 627 ff.; PFUND, Art. 4 Abs. 2 N 6.5; BEHNISCH, Umstrukturierung, 291, der es offen lässt, ob der Anteilseigner oder Leistungsempfänger zur Rückerstattung berechtigt ist). Aufgrund von Art. 24 Abs. 1 lit. d VStV kann für in der Schweiz ansässige Anteilseigner das **Meldeverfahren** angewandt werden, sofern die weiteren Voraussetzungen von Art. 24 Abs. 2 VStV eingehalten sind. Dem ausländischen Anteilseigner verbleibt bloss das **Rückerstattungsverfahren** unter Inanspruchnahme eines allfällig anwendbaren Doppelbesteuerungsabkommens. Diese Steuerfolge vermag nicht zu befriedigen, werden doch keine Vermögenswerte an die Anteilseigner ausgeschüttet, noch wird das Vermögen der sitzverlegenden Kapitalgesellschaft oder Genossenschaft geschmälert oder verteilt (PFUND, Art. 4 Abs. 2 N 6.5). So lange international kein Verbot der Wegzugsbesteuerung besteht, ist diese steuersystematische Abrechnung ohne zivilrechtliche Liquidation jedoch systembedingt hinzunehmen. **205**

Die gleiche Regelung soll nach der ESTV für **Emigrationsfusionen, -umwandlungen** und -**spaltungen** inländischer Kapitalgesellschaften und Genossenschaften mit bzw. in ausländische Gesellschaften gelten. Die ESTV bezeichnet die **Anteilseigner** der fusio- **206** nierten, umgewandelten oder gespaltenen inländischen Kapitalgesellschaft oder Genossenschaft als Leistungsempfänger und damit als **Rückerstattungsberechtigte**. In der Folge haben die Anteilseigner der absorbierten, umgewandelten oder gespaltenen Kapitalgesellschaft oder Genossenschaft den Liquidationsüberschuss in ihrer Steuerdeklaration als Ertrag mit Verrechnungssteuer zu deklarieren (ESTV-DVS, KS 5 vom 1.6.2004, Ziff. 4.1.2.4.2, 4.2.2.4.2). Wenig konsequent wird dagegen im Binnenverhältnis für Spaltungen die Direktbegünstigungstheorie anwendbar erklärt und die übernehmende Unternehmung als rückerstattungsberechtigt bezeichnet (ESTV-DVS, KS 5 vom 1.6. 2004, Ziff. 4.3.4.1 sowie Anhang I, Bsp. Nr. 11, 12, 13 und 14; a.M. BEHNISCH, ASA 71 [2002/2003] 732 f.).

207   Keine direkte Aussage macht die ESTV für **Vermögensübertragungen auf ausländische Unternehmungen.** Es ist jedoch aufgrund verschiedener Ausführungen im Kreisschreiben Nr. 5 der ESTV vom 1. Juni 2004 zu vermuten, dass die ESTV in diesen Fällen die Direktbegünstigungstheorie zur Anwendung bringen will. So wird bei Variante 4 des Beispiels Nr. 22 bei einer teilentgeltlichen Vermögensübertragung einer Beteiligung zum Gewinnsteuerwert von einer schweizerischen auf eine holländische Gesellschaft aufgrund der Direktbegünstigungstheorie letztere als Leistungsempfängerin und Rückerstattungsberechtigte bezeichnet (ESTV-DVS, KS 5 vom 1.6.2004, Anhang I, Bsp. Nr. 22, Variante 4; vgl. auch Anhang I, Bsp. Nr. 24 im Binnenverhältnis).

208   Der ständige und unüberblickbare Methodenwechsel zwischen Direktbegünstigungs- und Dreieckstheorie (vgl. N 204 ff. und ESTV-DVS, MB Leistungsempfänger) berechtigt zur Frage, welche Systematik der Bestimmung der Leistungsempfänger und Rückerstattungsberechtigten für die Verrechnungssteuer in Umstrukturierungsfällen zu Grunde liegt. Wer weiss noch, wann welche Methode zur Anwendung gelangt? Das heutige Hin und Her erscheint als willkürlicher Methodendualismus. Ein klärender Lösungsansatz für die Zukunft könnte darin bestehen, die **Direktbegünstigungstheorie** wieder konsequent zur Anwendung zu bringen. Die Direktbegünstigungstheorie wurde vom Bundesgericht wiederholt geschützt (ASA 59 [1990/1991], 496, ASA 61 [1992/1993], 537, ASA 65[1996/1997], 397) und wird von der ESTV i.d.R. auch angewendet (STOCKAR/HOCHREUTENER, Art. 21 Abs. 1 VStG N 3 ff.; ESTV-DVS, MB Leistungsempfänger, Ziff. I). Die Direktbegünstigungstheorie ist ferner in der Überwälzungsvorschrift von Art. 14 Abs. 1 VStG verankert resp. der Leitvorschrift von Art. 1 Abs. 2 VStG zu entnehmen und findet Ausdruck im wirtschaftlich zu verstehenden Rückerstattungskriterium des «Rechts zur Nutzung» (BAUER-BALMELLI, FStR 2001, 62 f.). Nach Ansicht der Kommentatoren wäre diesem Lösungsansatz jedoch ein Kurswechsel hin zu einer steuersystematisch wünschbaren Anpassung des Verrechnungssteuer- und Stempelabgaberechtes zur **Dreieckstheorie** im Sinne der direkten Steuern vorzuziehen (HINNY, FStR, 196 f.; vgl. zum Begriff der Dreieckstheorie, REICH in: Kommentar zum Schweizerischen Steuerrecht I/2a, Art. 20 DBG N 52 f.). Die ständerätliche Aufforderung nach Harmonisierung der Begriffe und Vollzugsbestimmungen des Verrechnungssteuer- und Stempelabgaberechtes mit denjenigen der direkten Steuern (Mitbericht WAK StR, 15) hätte als Chance genutzt werden können, den Wildwuchs mindestens im verrechnungssteuerlichen Umstrukturierungsrecht zu beseitigen und die verschiedenen Steuerarten auf Bundesstufe zu harmonisieren, einschliesslich der überfälligen Entsorgung der antiquierten Direktbegünstigungstheorie der Verrechnungssteuer.

(2) Übertragung Vermögenswerte auf ausländische Betriebsstätte

209   Die **Übertragung von Vermögenswerten** durch eine inländische Kapitalgesellschaft oder Genossenschaft auf eine eigene **ausländische Betriebsstätte** führt nicht zur Erhe-

bung der Verrechnungssteuer. Es tritt keine Entreicherung der übertragenden Gesellschaft ein. Die übertragenen Vermögenswerte und die damit verbundenen stillen Reserven sowie der Nettoaktivenüberschuss der auf die Betriebsstätte übertragenen Aktiven und Passiven (Aktiven abzüglich Verbindlichkeiten, beides zu Buchwerten) bleiben der inländischen Gesellschaft als verrechnungssteuerliches Steuersubstrat erhalten. Das Betriebsstättevermögen bildet Teil der Aktiven und Passiven ihrer Handelsbilanz. Aus verrechnungssteuerrechtlicher Sicht ist dieser Vorgang vergleichbar mit der Ausgliederung von Vermögenswerten auf eine Tochtergesellschaft (REICH/DUSS, 131 f. zum Austausch- und Entnahmetatbestand). Die offenen und stillen Reserven der übertragenden Gesellschaft bleiben bei diesem Austauschtatbestand ebenfalls gleich. Die Besteuerungsnorm von Art. 4 Abs. 1 lit. b VStG greift nicht, und es bedarf auch keiner Ausnahme nach Art. 5 Abs. 1 lit. a VStG.

df) Emissionsabgabe

Vermögensübertragungen inländischer Kapitalgesellschaften und Genossenschaften auf ausländische Unternehmungen, auf inländische Betriebsstätten ausländischer Unternehmungen oder auf eigene ausländische Betriebsstätten sind der Emissionsabgabe nicht unterworfen (Art. 5 Abs. 1 und 2 StG).

dg) Umsatzabgabe

(1) Umstrukturierungen

Die Ausgabe inländischer bzw. ausländischer Beteiligungsrechte war bereits nach bisherigem Recht von der Umsatzabgabe ausgenommen (Art. 14 Abs. 1 lit. a bzw. f StG). Infolge Erweiterung von Art. 14 Abs. 1 lit. b StG wird neu auch die **Sacheinlage** von Urkunden zur **Liberierung ausländischer Wertpapiere** von der Umsatzabgabe ausgenommen (ESTV-DVS, KS 5 vom 1.6.2004, Ziff. 2.4.2 und 4.4.1.4; Einschränkung bezüglich entgeltlicher oder teilentgeltlicher Vorgänge vgl. vor Art. 3 N 280 ff.).

Der neue Art. 14 Abs. 1 lit. i StG nimmt die mit einer **Umstrukturierung**, insbesondere einer **Fusion**, **Spaltung** oder **Umwandlung** verbundene Übertragung steuerbarer Urkunden von der übernommenen, spaltenden oder umwandelnden Unternehmung auf die aufnehmende oder umgewandelte Unternehmung von der Umsatzabgabe aus. Obwohl die Materialien den in Art. 14 Abs. 1 lit. i StG verwendeten Begriff der Umstrukturierung nicht explizit definieren, ergibt sich aus der Entstehungsgeschichte dieser umsatzabgaberechtlichen Ausnahmenorm, dass der stempelabgaberechtliche Umstrukturierungsbegriff gleich wie bei den direkten Steuern zu verstehen ist. In diesem Zusammenhang führte die Arbeitsgruppe Steuern u.a. aus, dass die mit einer Umstrukturierung verbundene Übertragung von Vermögenswerten nicht auf einem Veräusserungsgeschäft beruhe und mit Rücksicht auf die im FusG vorgesehene Universalsukzession schwerlich als eine (echte) Handänderung bezeichnet werden könne (Bericht Steuern 1, 10 f.). Im gleichen Zusammenhang unterbreitete der Ständerat dem Bundesrat auf Initiative seiner Kommission für Rechtsfragen eine Empfehlung, die Begriffe in den Vollzugsbestimmungen zum Verrechnungssteuer- und Stempelsteuerrecht gleich wie im Gewinnsteuerrecht zu definieren und anzuwenden. Der Bundesrat erklärte sich am 16. März 2001 bereit, diese Empfehlung entgegenzunehmen (Empfehlung 01.3015 des StR vom 21.3.2001; vgl. ebenfalls ESTV-DVS, KS 5 vom 1.6.2004, Anhang II, 8). Es ist daher davon auszugehen, dass Art. 14 Abs. 1 lit. i StG neben den explizit genannten Umstrukturierungsformen der Fusion, Spaltung und Umwandlung auch **alle anderen steuerneutralen Umstrukturierungen** umfasst, welche von Art. 19 DBG bzw. Art. 8 Abs. 3 StHG für Personenunternehmungen und von Art. 61 DBG bzw. Art. 24

Abs. 3 StHG für juristische Personen vorgesehen sind (vgl. vor Art. 3 N 287). Fusionen, Spaltungen und Umwandlungen, die zivilrechtlich als **Vermögensübertragung** oder auf andere Weise durchgeführt werden, sind daher ebenso von der Ausnahme von Art. 14 Abs. 1 lit. i StG umfasst wie die nachfolgend aufgeführten besonderen Arten von Umstrukturierungen, und zwar unabhängig von deren zivilrechtlichen Übertragungsform:

– Übertragung von Vermögenswerten unter Personenunternehmungen nach Art. 19 Abs. 1 lit. a DBG (ESTV-DVS, KS 5 vom 1.6.2004, Ziff. 3.1.3);

– Übertragung eines Betriebs oder Teilbetriebs von einer Personenunternehmung auf eine juristische Person nach Art. 19 Abs. 1 lit. b DBG (ESTV-DVS, KS 5 vom 1.6.2004, Ziff. 3.2.7);

– Austausch von Beteiligungs- und Mitgliedschaftsrechten einer Personenunternehmung anlässlich von Umstrukturierungen nach Art. 19 Abs. 1 lit. c DBG (ESTV-DVS, KS 5 vom 1.6.2004, Ziff. 3.3.3);

– Übertragung von Vermögenswerten auf eine inländische Tochtergesellschaft nach Art. 61 Abs. 1 lit. d DBG (ESTV-DVS, KS 5 vom 1.6.2004, Ziff. 4.4.1.4);

– Austausch von Beteiligungs- und Mitgliedschaftsrechten einer juristischen Person anlässlich von Umstrukturierungen oder von fusionsähnlichen Zusammenschlüssen nach Art. 61 Abs. 1 lit. c DBG (ESTV-DVS, KS 5 vom 1.6.2004, Ziff. 4.6.5).

213 Art. 14 Abs. 1 lit. i StG ist keine geografische Einschränkung zu entnehmen, vielmehr ist von Unternehmungen ohne den einschränkenden Zusatz «inländisch» die Rede. Somit gilt die Ausnahme auch für **grenzüberschreitende Tatbestände**, sofern diese unter eine der vorerwähnten Umstrukturierungsformen subsumiert werden können (Botschaft, 4380). Die Ausnahme hat unabhängig davon zu gelten, ob die Übertragung der Vermögenswerte entgeltlich oder unentgeltlich erfolgt und ob es sich um Betriebe, Teilbetriebe oder einzelne Vermögenswerte handelt.

(2) Beteiligungen

214 Art. 14 Abs. 1 lit. j StG nimmt ferner Übertragungen von **Beteiligungen** von mindestens 20% am Grund- oder Stammkapital anderer Gesellschaften auf eine in- oder **ausländische Konzerngesellschaft** von der Umsatzabgabe aus (ESTV-DVS, KS 5 vom 1.6.2004, Ziff. 2.4.2 und 4.4.2.4 und Anhang I, Bsp. Nr. 18 sowie Bsp. Nr. 22, Variante 4). Die Ausnahme hat unabhängig davon zu gelten, ob die Übertragung der Vermögenswerte entgeltlich oder unentgeltlich erfolgt, beschloss der Nationalrat doch explizit, die Umsatzabgabe auf konzerninternen Beteiligungsübertragungen im In- und Ausland aufzuheben (Mitbericht WAK NR, 10; vgl. auch Nationalratsdebatte vom 12.3.2003). Selbst eine **konzerninterne Beteiligungsveräusserung zum Verkehrswert** ist von der Umsatzabgabe ausgenommen. Diese Folgerung ergibt sich insbesondere daraus, dass die heutige Formulierung von Art. 14 Abs. 1 lit. j StG den früheren Hinweis auf die Übergangsnorm von Art. 207a Abs. 3 DBG, welche bekanntlich auch Veräusserungen zum Verkehrswert zulässt, ersetzt bzw. entsprechend erweitert.

(3) Veräusserungssperrfrist

215 Art. 14 Abs. 1 lit. i und j StG enthalten keine Regelung für eine Nachbesteuerung. Zwar stützen sich diese beiden Ausnahmen auf Umstrukturierungen im Sinne von Art. 19 DBG bzw. Art. 8 Abs. 3 StHG (Personenunternehmungen) und Art. 61 DBG bzw. Art. 24 Abs. 3 StHG (juristische Personen), die in Art. 19 Abs. 2 bzw. Art. 8 Abs. 3bis StHG

(Umwandlung Personenunternehmung in juristische Person), in Art. 61 Abs. 2 DBG bzw. Art. 24 Abs. 3ter StHG (Tochterübertragung) und in Art. 61 Abs. 4 DBG bzw. Art. 24 Abs. 3^{quinquies} StHG (Konzernübertragung) eine Nachbesteuerung basierend auf dem **Sperrfristenkonzept** vorsehen. Steuersystematisch wäre es folgerichtig, wenn mit dem nachträglichen Wegfall der Qualifikation als steuerneutrale Umstrukturierung bei den direkten Steuern auch die Ausnahme von der Umsatzabgabe rückwirkend wegfiele. Da jedoch eine klare **gesetzliche Grundlage** für die **Nacherhebung der Umsatzabgabe fehlt**, kann eine solche nicht erfolgen (vgl. auch vor Art. 3 N 291). Dieser Beurteilung schloss sich die ESTV nach anfänglichem Zögern an (ESTV-DVS, KS 5 vom 1.6.2004, Ziff. 2.4.2 [Rechtliche Grundlagen]; Ziff. 3.2.7 [Umwandlung Personenunternehmung in juristische Person]; Ziff. 4.4.1.4 [Tochterübertragung] und Ziff. 4.5.5 [Konzernübertragung]; vgl. den Entwurf vom 11. Februar 2004, der in den drei letztgenannten Ziffern noch eine Nachbesteuerung vorsah).

dh) Mehrwertsteuer

Vermögensübertragungen von inländischen, steuerpflichtigen Unternehmungen auf **ausländische Unternehmungen** sind aufgrund von Art. 19 Abs. 2 Ziff. 1 MWSTG für die **Lieferung** von Gegenständen und aufgrund von Art. 14 Abs. 3 MWSTG für **Dienstleistungen** (einschliesslich immaterieller Werte) von der Mehrwertsteuer befreit (Bestimmungsland- bzw. Empfängerortprinzip). Die steuerpflichtige Unternehmung kann i.d.R. auf diesen Umsätzen den **Vorsteuerabzug** geltend machen (Art. 38 Abs. 3 MWSTG).

216

Inländische **Betriebsstätten** ausländischer Unternehmungen sind der Steuerpflicht für die Mehrwertsteuer unterworfen, sofern sie die in Art. 21 MWSTG erwähnten subjektiven Voraussetzungen erfüllen (Begriff der Betriebsstätte vgl. ESTV-MWST, WL Mehrwertsteuer Rz 8). Entsprechend unterliegen im Inland gegen Entgelt erbrachte Lieferungen von Gegenständen, im Inland gegen Entgelt erbrachte Dienstleistungen, Eigenverbrauch im Inland sowie der Bezug von Dienstleistungen gegen Entgelt von Unternehmen mit Sitz im Ausland einschliesslich von Dienstleistungen des ausländischen Hauptsitzes der Mehrwertsteuer (vgl. vor Art. 3 N 312; CAMENZIND/HONAUER/VALLENDER, N 539 f.).

217

Überträgt eine steuerpflichtige, inländische Unternehmung ihr Vermögen oder Teile davon mit Aktiven und Passiven gestützt auf Art. 69 ff. FusG in einem Akt (uno actu) auf eine inländische Betriebsstätte einer ausländischen Unternehmung, so unterliegt diese Übertragung von materiellen und immateriellen Vermögenswerten der Mehrwertsteuer. Handelt es sich beim übertragenen Vermögen um ein **Gesamt- oder Teilvermögen**, hat die steuerpflichtige Unternehmung ihre Steuerpflicht gestützt auf Art. 47 Abs. 3 MWSTG durch Meldung der steuerbaren Lieferung und Dienstleistung zu erfüllen, wenn die inländische Betriebsstätte steuerpflichtig ist oder wird. Mit der **Meldung** wird die Steuerzahlungs- und Abrechnungspflicht erfüllt. Das Meldeverfahren umfasst nur steuerbare Umsätze, nicht aber die nach Art. 18 MWSTG ausgenommenen Umsätze wie die Übertragung von Beteiligungen, Wertschriften oder Immobilien, für welche nicht optiert wurde. Der Begriff des Gesamt- oder Teilvermögens deckt sich (leider) nicht mit dem des Betriebs oder Teilbetriebs der direkten Steuern. Derjenige des Mehrwertsteuerrechts ist weiter gefasst (ESTV-MWST, MB 11 Meldeverfahren, 5 ff.). Verwendet die übernehmende Gesellschaft die übertragenen Vermögenswerte nicht vollumfänglich für steuerbare Zwecke, liegt ein steuerbarer **Eigenverbrauch** vor (vgl. ESTV-MWST, MB 11 Meldeverfahren, 12 f.; ESTV-MWST, SB 5 Nutzungsänderungen; BAUMGARTNER, FStR 2001, 54).

218

219 Gemäss Art. 33 Abs. 2 Satz 3 MWSTG gilt bei Lieferungen und Dienstleistungen an eine **nahestehende Person** als Entgelt der Wert, der unter unabhängigen Dritten vereinbart würde. Somit ist für die Zwecke der Mehrwertsteuer selbst dann auf den **Verkehrswert** abzustellen, wenn auf Stufe der Einkommens- bzw. der Gewinnsteuer aufgrund einer steuerneutralen Umstrukturierung die Übertragung zum Buchwert steuerneutral durchgeführt werden kann (BAUMGARTNER, FStR 2001, 48 f.).

220 Liegt zwischen der übertragenden inländischen Unternehmung und der aufnehmenden inländischen Betriebsstätte der ausländischen Unternehmung eine **Gruppenbesteuerung** nach Art. 22 MWSTG vor, stellt die Vermögensübertragung einen nicht steuerbaren Innenumsatz dar (vgl. vor Art. 3 N 314 ff.). Gemäss Art. 22 Abs. 1 MWSTG kann die inländische Betriebsstätte einer ausländischen Unternehmung Teil einer schweizerischen Mehrwertsteuergruppe sein (mwst.com-LEUTENEGGER, Art. 22 N 2 ff.; CAMENZIND/HONAUER/VALLENDER, N 1048 f.).

Teil 2 vor Art. 69: Steuerliche Behandlung der konzerninternen Übertragung

Inhaltsübersicht   Note

I. Gewinnsteuer	1
1. Vorbemerkung zur zivilrechtlichen Einordnung	1
2. Steuerneutrale Übertragung	6
a) Entstehungsgeschichte	8
b) Realisierung stiller Reserven	10
c) Voraussetzungen für die steuerneutrale Übertragung	11
ca) Fortbestehen der Steuerpflicht in der Schweiz	11
cb) Inländische Unternehmen	12
(1) Inländische Kapitalgesellschaften und Genossenschaften	12
(2) Inländische Betriebsstätten ausländischer Unternehmungen	13
(3) Übrige inländische Personen	15
cc) Einheitliche Leitung	16
(1) Aktienrechtliche Auslegung	16
(2) Einheitliche Leitung auf andere Weise	18
(3) Einheitliche Leitung durch eine Kapitalgesellschaft oder Genossenschaft	20
(4) Konsolidierungskreis	21
(5) Ausländische Konzernobergesellschaft	22
cd) Direkt oder indirekt gehaltene Beteiligungen	23
(1) Beteiligungsbegriff	23
(2) Gestaltungsmöglichkeiten	26
ce) Betrieb oder Teilbetrieb	27
(1) Begriff	27
(2) Weiterführung eines Betriebs oder Teilbetriebs	29
(3) Übertragung von Vorjahresverlusten	32
(4) Gestaltungsmöglichkeiten	33
cf) Gegenstände des betrieblichen Anlagevermögens	35
(1) Entstehungsgeschichte	35
(2) Begriff der Gegenstände des betrieblichen Anlagevermögens	36
(3) Betriebliches Anlagevermögen aus wessen Sicht	42
d) Buchwert, Gewinnsteuerwert und Gestehungskosten	44
da) Übertragung auf eine Schwestergesellschaft	44
(1) Übertragende Gesellschaft	44
(2) Übernehmende Gesellschaft	45
(3) Beteiligte	46
db) Übertragung auf die Muttergesellschaft	53
(1) Übertragende Gesellschaft	53
(2) Übernehmende Gesellschaft (Muttergesellschaft)	54
dc) Übertragung von Beteiligungen auf eine Tochtergesellschaft	60
dd) Zwangsaufwertung nach Art. 62 Abs. 4 DBG	65
e) Vorbehalt Übertragung auf Tochtergesellschaft nach Art. 61 Abs. 1 lit. d DBG	70
f) Vorbehalt Übertragung auf eine nach Art. 28 Abs. 2 bis 4 StHG besteuerte Gesellschaft	72

g) Konzernübertragung zwecks Sanierung 75
3. Nachträgliche Besteuerung/Sperrfrist 78
   a) Gesetzeswortlaut 78
   b) Entstehungsgeschichte 79
   c) Verobjektivierte Sperrfrist 83
   d) Nachfolgende fünf Jahre 85
   e) Veräusserung 87
      ea) Begriff der Veräusserung 87
      eb) Quotale Veräusserung 90
   f) Aufgabe der einheitlichen Leitung 92
   g) Stille Reserven 97
      ga) Begriff 97
      gb) Bestimmung der zu besteuernden stillen Reserven 98
   h) Nachbesteuerung 100
      ha) Übertragende Gesellschaft 100
      hb) Beteiligte 102
   i) Geltendmachung versteuerte stille Reserven 103
   j) Solidarische Haftung 106
      ja) Entstehungsgeschichte 106
      jb) Kreis der solidarisch haftenden Personen 107
      jc) Rechtsfolge 111
II. Einkommenssteuer 113
III. Grundstückgewinnsteuer 114
IV. Handänderungssteuer 117
V. Verrechnungssteuer 118
VI. Emissionsabgabe 125
   1. Übertragung auf die Muttergesellschaft 125
   2. Übertragung auf eine Schwestergesellschaft 126
      a) Übertragung ohne Begründung von Beteiligungsrechten 126
      b) Übertragung mit Begründung von Beteiligungsrechten 128
VII. Umsatzabgabe 133
   1. Art. 14 Abs. 1 lit. j StG 133
   2. «Umstrukturierung» im Sinne von Art. 14 Abs. 1 lit. j, erster Halbsatz StG 134
   3. Übertragung von Beteiligungen im Sinne von Art. 14 Abs. 1 lit. j, zweiter Halbsatz StG 136
VIII. Mehrwertsteuer 137
   1. Gruppenbesteuerung und Konzernübertragung 137
   2. Meldeverfahren bei Übertragung von Gesamt- oder Teilvermögen 138
   3. Ausgenommene Umsätze 139
   4. Steuerbare Umsätze 140

Literatur

P. ATHANAS/D. BÜRGY, Inländerbegriff und unbeschränkte Steuerpflicht juristischer Personen, FStR 2003, 241 ff.; P. ATHANAS/ST. WIDMER, Die Emissionsabgabe im Umfeld der gewinnsteuerlichen Gesetzesänderungen aufgrund des Fusionsgesetzes, FStR 2001, 172 ff.; M. BAUER-BALMELLI, Der Sicherungszweck der Verrechnungssteuer, Diss. Zürich 2001; P. BÖCKLI, Unternehmens-Umstrukturierungen, ASA 61 (1992/93), 373 ff.; A. DIGERONIMO, Le traitement fiscal des participations selon la réforme 1997 de l'imposition des sociétés, ASA 66 (1997/98), 693 ff.; P.-M. GLAUSER, Aspects fiscaux de la vente et du transfert de participations au sein du groupe, ST 2002, 711 ff.; M. GRETER, Der Beteiligungsabzug im harmonisierten Gewinnsteuerrecht, Diss.

Zürich 2000; C. HELBLING, Unternehmensbewertung und Steuern, 9. Aufl., Düsseldorf 1998; P. GURTNER, Das Steuerobjekt der Gewinnsteuer, ASA 61 (1992/93), 355 ff.; R. HEUBERGER, Die verdeckte Gewinnausschüttung aus Sicht des Aktienrechts und des Gewinnsteuerrechts, Diss. Bern 2001; P. HINNY, Neues zur Emissionsabgabebefreiung bei Umstrukturierungen, StR 2001, 537 ff.; DERS., Internationale Umstrukturierungen von Kapitalgesellschaften im Schweizer Steuerrecht, FStR 2001, 180 ff. und 283 ff.; E. KÄNZIG, Der Begriff der Realisation von Unternehmensgewinnen, ASA 41 (1972/73), 81 ff.; A. LISSI/P. DUSS, Übertragung im Konzern und Ersatzbeschaffung von Beteiligungen, ST 2003, 866 ff. und 1139 ff.; P. LOCHER, Steuerrechtliche Folgen der Revision des Aktienrechts, ASA 61 (1992/93), 97 ff. (zit. Aktienrecht); TH. MEISTER, Rechtsmittelsystem und Steuerharmonisierung: der Rechtsschutz nach StHG und DBG, Diss. St. Gallen, Bern 1994; C. MEYER, Konzernrechnung, 2. Aufl., Zürich 1996; TH. MÜLLER, Die solidarische Mithaftung im Bundessteuerrecht, Diss. Bern 1999; H.-J. NEUHAUS, Ausgewählte Fragen zum Beteiligungsabzug nach den Artikeln 69 und 70 DBG, ASA 62 (1993/94), 65 ff.; M. NEUHAUS, Fusionsgesetz – Steuererfolgen bei Verletzung von Sperrfristen, Steuerbilanz, Massgeblichkeit, Nennwertprinzip, Mehrfachbesteuerungen, Grundsatz der Besteuerung nach der wirtschaftlichen Leistungsfähigkeit, FStR 2001, 24 ff.; E. OECHSLIN-SAUPPER, Cross border reorganization of corporations, ASA 65 (1996/97), 255 ff.; M. REICH, Verdeckte Vorteilszuwendungen zwischen verbundenen Unternehmen, ASA 54 (1985/86), 609 ff. (zit. Vorteilszuwendungen); DERS., Die steuerneutrale Reservenübertragung bei Unternehmensumstrukturierungen – neuere Entwicklungen und Tendenzen, in: Reich/Zweifel, Das schweizerische Steuerrecht – eine Standortbestimmung, FS Zuppinger, Bern 1989, 379 ff.; DERS., Steuerrechtliche Implikationen des Fusionsgesetzes, in: von der Crone/Weber/Zäch/Zobl, Neuere Tendenzen im Gesellschaftsrecht, FS Forstmoser, Zürich 2003, 725 ff.; G. SCHAFROTH, Die Mehrwertsteuer bei Unternehmensumstrukturierungen, ST 2002, 963 ff.; B. SCHERRER, Die nachträgliche Besteuerung ursprünglich steuerneutraler Buchwertumwandlungen, in: Reich/Zweifel, Das schweizerische Steuerrecht – eine Standortbestimmung, FS Zuppinger, Bern 1989, 419 ff.; A. WIDLER, Die echte Realisation im STHG und DBG, ZStP 1993, 153 ff.; ST. WIDMER, Beteiligungsumstrukturierungen aufgrund der Unternehmenssteuerreform, ST 1998, 1347 ff.; M. ZENHÄUSERN/P. BERTSCHINGER, Konzernrechnungslegung, 2. Aufl., Zürich 1995.

Praxisfestlegungen der Steuerbehörden

Kreisschreiben Nr. 5 der ESTV vom 1.6.2004 betreffend Umstrukturierungen (zit. ESTV-DVS, KS 5 vom 1.6.2004); Kreisschreiben Nr. 9 der ESTV vom 9.7.1998 betreffend Auswirkungen des Bundesgesetzes über die Reform der Unternehmensbesteuerung 1997 auf die Steuerermässigung auf Beteiligungserträgen von Kapitalgesellschaften und Genossenschaften, ASA 67 (1998/99), 117 ff. (zit. ESTV-DVS, KS 9 vom 9.7.1998); Kreisschreiben Nr. 10 der ESTV vom 10.7.1998 betreffend Übertragung von Beteiligungen auf ausländische Konzerngesellschaften, ASA 67 (1998/99), 206 ff. (zit. ESTV-DVS, KS 10 vom 10.7.1998); Merkblatt S-02.141 der ESTV vom Februar 2001 zur Bestimmung des Leistungsempfängers bei der Verrechnungssteuer (zit. ESTV-DVS, MB Leistungsempfänger S-02.141); Spezialbroschüre Nr. 5 der ESTV, Nutzungsänderungen, 610.530–05 (zit. ESTV-MWST, SB 5 Nutzungsänderungen); Merkblatt Nr. 1 der ESTV zur Gruppenbesteuerung, 610.545-01 (zit. ESTV-MWST, MB 1 Gruppenbesteuerung); Merkblatt Nr. 11 der ESTV zur Übertragung mit Meldeverfahren, 610.545–11 (zit. ESTV-MWST, MB 11 Meldeverfahren).

I. Gewinnsteuer

1. Vorbemerkung zur zivilrechtlichen Einordnung

Im Steuerrecht findet mit Art. 61 Abs. 3 DBG bzw. Art. 24 Abs. 3^{quater} StHG eine neue, attraktive und weit reichende Neuerung der steuerneutralen Übertragung von Vermögenswerten im Konzern Eingang. Anders als bei den meisten hier diskutierten Steuernormen ergänzt sie keine der im Fusionsgesetz geregelten privatrechtlichen Handlungsmöglichkeiten, sondern steht **eigenständig** und **unabhängig vom zivilrechtlichen Normengefüge** des Fusionsgesetzes da. Einzig die Motivation des Fusionsgesetzes, Umstrukturierungen von Unternehmen zu erleichtern, bildete die Triebfeder dieser

1

neuen Steuernorm. Entsprechend lässt sich diese nicht direkt auf eine der privatrechtlichen Regelungen abstützen.

2   Die geeignetsten **zivilrechtlichen Formen** für die **Übertragung** von Beteiligungen, Betrieben oder Teilbetrieben sowie Gegenständen des betrieblichen Anlagevermögens im Konzern nach Art. 61 Abs. 3 DBG bzw. Art. 24 Abs. 3^{quater} StHG werden wohl einerseits der **Kaufvertrag** nach Art. 184 ff. OR und andererseits die **Vermögensübertragung** nach Art. 69 ff. FusG sein. Der Kaufvertrag scheint sich für die Übertragung von einzelnen Vermögenswerten (Beteiligungen sowie Gegenständen des betrieblichen Anlagevermögens) im Konzern aufzudrängen, während sich das neue zivilrechtliche Institut der Vermögensübertragung für Vermögensgesamtheiten wie Betriebe oder Teilbetriebe zu eignen scheint (vgl. Art. 69 N 5 ff.). Daneben kommen auch eine Naturaldividende an die Muttergesellschaft (allenfalls mit anschliessender Sacheinlage in eine Schwestergesellschaft) sowie die Abspaltung auf eine Schwestergesellschaft nach Art. 29 lit. b FusG in Frage (ESTV-DVS, KS 5 vom 1.6.2004, Ziff. 4.5.1).

3   Die zivilrechtliche Problematik dieser neuen Steuernorm liegt in der **mangelnden Gegenleistung**. Der steuerrechtliche Vorteil der steuerneutralen Übertragung von stillen Reserven von einer Konzerngesellschaft auf eine andere bewirkt implizit die **Entreicherung** der übertragenden und die Bereicherung der übernehmenden Gesellschaft. Die Vermögenslage der übertragenden Gesellschaft wird geschwächt. Es werden ihr stille Reserven (Eigenkapital) entnommen. Dabei stellt sich die Frage, welche einschlägigen zivilrechtlichen Normen zu beachten sind (vgl. a. LOCHER, Kommentar DBG, Rev. Art. 61 N 188): Bedarf es eines Gewinnverwendungsbeschlusses im Sinne von Art. 698 Abs. 2 Ziff. 4 OR einschliesslich der dafür notwendigen Voraussetzungen wie genehmigte Jahresrechnung, Vorschlag des Verwaltungsrates und Bestätigung der Revisionsstelle? Verletzt der Verwaltungsrat mit der Übertragung zum Buchwert je nach Konstellation die Sorgfalts- und Treuepflicht nach Art. 717 Abs. 1 OR und das Gleichbehandlungsgebot nach Art. 717 Abs. 2 OR? Begründet diese Übertragung einen Rückerstattungsanspruch aus verdeckter Gewinnausschüttung nach Art. 678 Abs. 2 OR, und liegt allenfalls ein Verstoss gegen das Verbot der Einlagerückgewähr nach Art. 680 Abs. 2 OR bzw. eine Verletzung der Beschränkung der Ausrichtung von Dividenden nach Art. 675 Abs. 2 OR (GLAUSER, ST 2002, 715) vor? Besteht die Möglichkeit einer paulianischen Anfechtungsklage nach Art. 285 ff. SchKG, wenn die übertragende Gesellschaft in der Folge in Konkurs fällt und nicht sämtliche Gläubiger voll befriedigt werden können? Kann unter Umständen selbst der Vorwurf der ungetreuen Geschäftsbesorgung nach Art. 158 StGB nicht gänzlich ausgeschlossen werden?

4   Allenfalls vermag das formelle Verfahren der **Vermögensübertragung** nach Art. 69 ff. FusG die handelnden Organe und Personen vor einigen der obenerwähnten Rechtsfolgen zu schützen. Die Vermögensübertragung bedarf eines von den obersten Leitungs- oder Verwaltungsorganen abgeschlossenen Übertragungsvertrages (Art. 70 ff. FusG), einer Handelsregistereintragung (Art. 73 FusG), einer Information der Gesellschafter mittels Offenlegung im Anhang der Jahresrechnung einschliesslich rechtlicher und wirtschaftlicher Begründung der Vermögensübertragung, sofern die übertragenen Aktiven mehr als 5% der Bilanzsumme der übertragenden Gesellschaft ausmachen (Art. 74 FusG), sowie einer solidarischen Haftung der übertragenden Gesellschaft für die übertragenen Schulden (Art. 75 FusG). Nach Art. 69 Abs. 2 FusG bleiben zudem die gesetzlichen und statutarischen Bestimmungen über den Kapitalschutz und die Liquidation vorbehalten. Die Botschaft verweist diesbezüglich auf die Bestimmungen der Einlagerückgewähr von Art. 680 Abs. 2 OR und zum Gläubigerschutz im Rahmen der Liquidation, insbesondere auf den Schuldenruf nach Art. 742 Abs. 2 OR (Botschaft, 4459 ff.; vgl. auch die Kommentierung zu Art. 69 Abs. 2 FusG in Art. 69 N 14 ff.).

Ob das Verfahren der Vermögensübertragung wie angesprochen die handelnden Organe und Personen teilweise oder gänzlich zu schützen vermag, wird die zukünftige Auslegung und Rechtsprechung zeigen. Hingegen kann der **Kaufvertrag** nach Art. 184 ff. OR keine solche Schutzwirkung entfalten. Entsprechend steht wohl die Vermögensübertragung im Vordergrund, insbesondere wenn es sich um materiell gewichtige Übertragungen von Vermögenswerten zwischen Konzerngesellschaften handelt. Gegenstand einer Vermögensübertragung nach Art. 69 ff. FusG können jegliche übertragbare Aktiven und Passiven sein, auch ein einzelnes Recht genügt dazu (Botschaft, 4459 ff.; vgl. Art. 69 N 8 und KLÄY/TURIN, 33).

2. Steuerneutrale Übertragung

Mit der neuen Steuerrechtsnorm von Art. 61 Abs. 3 DBG bzw. Art. 24 Abs. 3^{quater} StHG wird im schweizerischen Gewinnsteuerrecht erstmals der Bedeutung eines Konzerns bzw. einer Unternehmensgruppe Rechnung getragen. Diese neue Norm ermöglicht steuerneutrale Übertragungen von Vermögenswerten zwischen inländischen Konzerngesellschaften. Ein schweizerisches **Teil-Konzernsteuerrecht** entsteht. Die unterpreisliche Übertragung von Vermögenswerten zwischen Tochter- und Muttergesellschaft oder zwischen Schwestergesellschaften, die bislang als verdeckte Gewinnausschüttung behandelt wurde, ist neuerdings steuerneutral zulässig.

Die steuerneutrale Übertragung setzt nach Art. 61 Abs. 3 DBG bzw. Art. 24 Abs. 3^{quater} StHG voraus, dass es sich bei den Parteien um **inländische Kapitalgesellschaften und Genossenschaften** handelt, die unter **einheitlicher Leitung** zusammengefasst sind. Gegenstand der Übertragung können direkt oder indirekt gehaltene Beteiligungen von mindestens 20% am Grund- oder Stammkapital einer anderen Kapitalgesellschaft oder Genossenschaft, Betriebe oder Teilbetriebe sowie Gegenstände des betrieblichen Anlagevermögens sein. Die Übertragung hat zu den bisher für die Gewinnsteuer massgeblichen Werten entgeltlich oder unentgeltlich zu erfolgen. Vorbehalten bleibt die Übertragung auf eine Tochtergesellschaft nach Art. 61 Abs. 1 lit. d DBG bzw. Art. 24 Abs. 3 lit. d StHG. Auf kantonaler Ebene ist ferner aufgrund von Art. 24 Abs. 3^{quater} StHG die Übertragung von Gegenständen des betrieblichen Anlagevermögens auf eine nach Art. 28 Abs. 2–4 StHG privilegiert besteuerte Gesellschaft vorbehalten.

a) Entstehungsgeschichte

Im Bericht der Arbeitsgruppe Steuern wurde erstmals die steuerneutrale Übertragung von **Beteiligungen** und **Betrieben** im innerschweizerischen Konzernverhältnis vorgeschlagen (Bericht Steuern 1, Ziff. 45). Die Arbeitsgruppe führte aus, dass wirtschaftlich sinnvolle Motive dazu führen könnten, dass ein Konzern seine Struktur ändere, indem er die zum Konzern gehörenden Beteiligungen beispielsweise nach Branchen und nicht mehr nach bestimmten Regionen zusammenfasse. Solche Strukturanpassungen, welche die Vielfalt der Umstrukturierungssachverhalte widerspiegeln, seien durch die Übertragung von Beteiligungen oder von Betrieben charakterisiert und liessen sich kaum unter die geltenden Vorschriften des DBG und des StHG subsumieren. Im Vernehmlassungsverfahren wiesen die Kantone darauf hin, dass die Unternehmenssteuerreform 1997 eine solche Norm bezüglich Neubeteiligungen hinfällig mache und dass für die Übertragung von Betrieben die normalen Umstrukturierungsregeln ausreichten. Die Kantone fürchteten sich insbesondere vor einer interkantonalen Verschiebung von Steuersubstrat (auch LOCHER/AMONN, ASA 71 [2002/2003], 781, verweisen auf diese Problematik). Die übrigen Vernehmlassungsteilnehmer begrüssten die vorgeschlagene Norm, machten aber zahlreiche Ergänzungsvorschläge; darunter insbesondere die steuerfreie Übertragung betriebsnotwendiger Anlagegüter (Bericht Steuern 2, Ziff. 423.7, 523.7 und 623.7; REICH, FStR 2001, 11). In der bundesrätlichen Botschaft wurde der Vorschlag der Arbeitsgruppe Steuern inhaltlich im Wesentlichen übernommen und in Art. 62 Abs. 3 DBG bzw. Art. 24 Abs. 3^{quater} StHG eigenständig definiert, einschliesslich einer eigenen Definition des Beteiligungsbegriffs und unter Hinzufügung des Begriffs «Teilbetrieb». Neu wurde die Konzernübertragung durch die **Nachbesteuerungsnorm** von Art. 61 Abs. 4 DBG bzw. Art. 24 Abs. 3^{quinquies} StHG eingeschränkt (Botschaft, 4374 und 4509).

9 In der darauf folgenden parlamentarischen Beratung erweiterte die ständerätliche Rechtskommission den Inhalt von Art. 61 Abs. 3 DBG bzw. Art. 24 Abs. 3^{quater} StHG hinsichtlich «direkt und indirekt» gehaltener Beteiligungen sowie bezüglich der Übertragung von «**Gegenständen des betriebsnotwendigen Anlagevermögens**» (Mitbericht WAK StR, 9 f.). Letztere Ergänzung stellte ohne Zweifel einen Quantensprung in Richtung eines schweizerischen Teil-Konzernsteuerrechts dar. Der Nationalrat nahm eine Präzisierung bezüglich Ausgliederungen (Vermögensübertragungen) auf Tochtergesellschaften vor. Die steuerneutrale Übertragung von Betrieben, Teilbetrieben und Gegenständen des betriebsnotwendigen Anlagevermögens wurde von einer 50-prozentigen Anteilsquote an Tochtergesellschaften auf mindestens 20% reduziert, um die steuerneutrale Ausgliederung auf eine von mehreren Kapitalgesellschaften gehaltene Tochtergesellschaft (Joint Venture) zu ermöglichen. Aus diesem Grunde wurde die **Ausgliederung auf eine Tochtergesellschaft** in Art. 61 Abs. 1 lit. d DBG bzw. Art. 24 Abs. 3 lit. d StHG separat geregelt und aus der Norm von Art. 61 Abs. 3 DBG bzw. Art. 24 Abs. 3^{quater} StHG ausgenommen (Mitbericht WAK NR, 8 f.). Zudem erweiterte der Nationalrat die neue Gesetzesnorm auf Genossenschaften und ersetzte in der Bestimmung zur Übertragung von Gegenständen des Anlagevermögens den Begriff «betriebsnotwendig» durch «**betrieblich**» (Anträge der Kommission für Rechtsfragen des Nationalrates vom 3.9.2002 im Steuerbereich).

b) Realisierung stiller Reserven

10 Grundsätzlich werden stille Reserven realisiert und zum steuerbaren Gewinn hinzugerechnet, wenn eine Gesellschaft einen Vermögenswert zu einem unter dem Verkehrswert liegenden Preis auf eine verbundene Unternehmung überträgt (**verdeckte Gewinnausschüttung**). Bei der übernehmenden Schwestergesellschaft wird die Übertragung der stillen Reserven nach der **Dreieckstheorie** als steuerfreie Kapitaleinlage behandelt, welche in der Steuerbilanz als versteuerte Reserve geltend gemacht werden kann (BRÜLISAUER/KUHN in: Kommentar zum Schweizerischen Steuerrecht I/2a, Art. 58 DBG N 244 ff.). Nach Art. 61 Abs. 3 DBG bzw. Art. 24 Abs. 3^{quater} StHG können konzerninterne Verschiebungen von stillen Reserven unter den nachfolgend dargelegten Voraussetzungen steuerneutral abgewickelt werden.

c) Voraussetzungen für die steuerneutrale Übertragung

ca) Fortbestehen der Steuerpflicht in der Schweiz

11 Die Übertragung von Vermögenswerten zwischen Konzerngesellschaften bedingt den **Fortbestand der Steuerpflicht der übernehmenden Gesellschaft**. Diese Voraussetzung wird zwar weder in Art. 61 Abs. 3 DBG bzw. Art. 24 Abs. 3^{quater} StHG noch in der Nachbesteuerungsnorm von Art. 61 Abs. 4 DBG bzw. Art. 24 Abs. 3^{quinquies} StHG ausdrücklich genannt, jedoch verlangen Art. 61 Abs. 3 DBG bzw. Art. 24 Abs. 3^{quater} StHG die inländische steuerliche Ansässigkeit der übernehmenden Gesellschaft. Ferner ergibt sich die Notwendigkeit des Fortbestands der Steuerpflicht bereits aus dem übrigen Normengefüge des Gewinnsteuerrechts (vgl. vor Art. 3 N 70 ff.). Wird nämlich die schwei-

zerische Steuerpflicht beendet, erfolgt regelmässig eine steuerliche Abrechnung; so bei der formellen oder faktischen Liquidation und der Verlegung des Sitzes oder der tatsächlichen Verwaltung ins Ausland (Art. 58 Abs. 1 lit. c DBG). Dieses Erfordernis des Fortbestandes der Steuerpflicht in der Schweiz bezieht sich auf die übernehmende, nicht jedoch auf die übertragende Gesellschaft. Entsprechend löst der Wegfall der Steuerpflicht der übertragenden Gesellschaft – beispielsweise bei der Verlegung ihres Sitzes oder ihrer tatsächlichen Verwaltung ins Ausland – die Nachbesteuerung nicht aus, jedoch kann nach Auffassung der ESTV aufgrund von Art. 169 DBG Sicherstellung für die latente Gewinnsteuer während der Restlaufzeit der Veräusserungssperrfrist verlangt werden (ESTV-DVS, KS 5 vom 1.6.2004, Ziff. 4.5.2.2).

cb) Inländische Unternehmen

(1) Inländische Kapitalgesellschaften und Genossenschaften

In der Botschaft zum Fusionsgesetz sowie in den parlamentarischen Beratungen wird der Begriff der inländischen Kapitalgesellschaften und Genossenschaften nicht näher spezifiziert. Es erscheint jedoch unbestritten, dass **Kapitalgesellschaften und Genossenschaften** als inländisch gelten, wenn sie nach Art. 50 DBG bzw. Art. 20 Abs. 1 StHG in der Schweiz bzw. im Kanton **unbeschränkt steuerpflichtig** sind (vgl. zum Inländerbegriff ATHANAS/BÜRGY, FStR 2003, 241 ff.). **12**

(2) Inländische Betriebsstätten ausländischer Unternehmungen

Nach dem Wortlaut «inländische Kapitalgesellschaften und Genossenschaften» erscheint eine Anwendung von Art. 61 Abs. 3 DBG bzw. Art. 24 Abs. 3^{quater} StHG auf inländische Betriebsstätten von ausländischen Gesellschaften ausgeschlossen. Es ist jedoch nicht einzusehen, weshalb **inländische Betriebsstätten ausländischer Unternehmungen** gegenüber in der Schweiz ansässigen Kapitalgesellschaften und Genossenschaften für die schweizerischen Gewinnsteuern schlechter gestellt werden sollten (gl.M. ESTV-DVS, KS 5 vom 1.6.2004, Ziff. 4.5.2.3, vgl. auch Teil 1 vor Art. 69 N 180 f.). Eine solche Auslegung könnte einen Verstoss gegen das Gleichbehandlungsgebot und Diskriminierungsverbot nach Art. 24 Abs. 3 OECD MA darstellen, weil eine sachliche Unterscheidung weder erkennbar ist noch gerechtfertigt erscheint. Sie entspräche auch nicht dem Sinn und Geist der Gesetzesvorlage, welche ausdrücklich auch grenzüberschreitende Umstrukturierungen umfassen will (Botschaft, 4496 ff., bezüglich Änderungen zum Internationalen Privatrecht). So wird in den Materialien verschiedentlich auf eine wirtschaftliche und nicht bloss zivilrechtliche Betrachtungsweise des Konzernbegriffs verwiesen, und die ständerätliche Kommission für Wirtschaft und Abgaben wies darauf hin, dass sich die Umstrukturierung nach Art. 61 Abs. 3 DBG bzw. Art. 24 Abs. 3^{quater} StHG nicht auf eine juristische Person, sondern auf den **inländischen Teil eines Konzerns** bezieht (Mitbericht WAK StR, 10 f.). **13**

Gemäss dem Kreisschreiben Umstrukturierungen kann bei der Übertragung von Vermögenswerten auf eine inländische **Betriebsstätte einer ausländischen Gesellschaft** bloss von einem **Fortbestand der Steuerpflicht in der Schweiz** ausgegangen werden, wenn bei der internationalen Steuerausscheidung sichergestellt ist, dass die übertragenen stillen Reserven weiterhin uneingeschränkt der Schweiz zugewiesen werden, was nach dem DBG durch die Anwendung der objektmässigen (direkten) Ausscheidungsmethode gewährleistet sei (ESTV-DVS, KS 5 vom 1.6.2004, Ziff. 4.5.2.2). Diese Voraussetzung erscheint aufgrund des Wortlautes von Art. 52 Abs. 4 DBG als überflüssig, weil diese Norm die objektmässige Ausscheidung mit separater, direkter Gewinnermittlung **14** für schweizerische Betriebsstätten ausländischer Unternehmungen verlangt (ATHANAS/ WIDMER in: Kommentar zum Schweizerischen Steuerrecht I/2a, Art. 52 DBG N 37 ff.)

(3) Übrige inländische Personen

15 Der Kreis der in die Mehrwertsteuergruppe einbezogenen Personen (Art. 22 Abs. 1 MWSTG) ist weiter gefasst als der Kreis der Konzerngesellschaften, die für eine Konzernübertragung qualifizieren. Einerseits bezieht er sich auf inländische juristische Personen, während Art. 61 Abs. 3 DBG bzw. Art. 24 Abs. 3^{quater} StHG bloss inländische Kapitalgesellschaften und Genossenschaften nennen. Andererseits können auch inländische Personengesellschaften und natürliche Personen mit inländischem Wohnsitz in die Mehrwertsteuer-Gruppe einbezogen werden, die in Art. 61 Abs. 3 DBG bzw. Art. 24 Abs. 3^{quater} StHG gänzlich fehlen. Die **Einschränkung der Konzernübertragung** auf **inländische Kapitalgesellschaften und Genossenschaften** ist auf den ersten Blick nachvollziehbar, da nur diese der ordentlichen Gewinnbesteuerung nach Art. 68 DBG unterliegen. Der Einbezug von **Vereinen, Stiftungen und übrigen juristischen Personen**, welche nach Art. 71 Abs. 1 DBG einer reduzierten Gewinnsteuer unterliegen, oder eine Vermischung mit der Einkommensbesteuerung von **Personenunternehmungen** nach Art. 36 DBG ist zwar steuersystematisch anspruchsvoller. Diese Erweiterung wäre jedoch durchaus lösbar, wie Art. 61 Abs. 1 lit. a bzw. Art. 24 Abs. 3 lit. a StHG für Umwandlungen von juristischen Personen in Personenunternehmungen oder andere juristische Personen zeigen (vgl. Teil 1 vor Art. 69 N 38 und N 145). Immerhin ist einzuschränken, dass Stiftungen, Vereine, andere juristische Personen und Personenunternehmungen in der Praxis selten unter einheitlicher Leitung mit Kapitalgesellschaften und Genossenschaften zusammengefasst sind, weshalb deren Fehlen wohl nicht schwer wiegt. Es bleibt einer künftigen Gesetzesrevision vorbehalten, den Anwendungsbereich von Art. 61 Abs. 3 DBG bzw. Art. 24 Abs. 3^{quater} StHG den übrigen steuerrechtlichen Umstrukturierungsnormen entsprechend zu erweitern.

cc) Einheitliche Leitung

(1) Aktienrechtliche Auslegung

16 Bereits die Arbeitsgruppe Steuern, welche die Gesetzesnorm von Art. 61 Abs. 3 DBG erstmals vorschlug, stützte die **Definition des Konzerns** auf **Art. 663e Abs. 1 OR**. Der damalige Wortlaut «... welche nach dem Gesamtbild der tatsächlichen Verhältnisse durch Stimmenmehrheit oder auf andere Weise unter einheitlicher Leitung ... zusammengefasst sind...» findet sich wörtlich in der heute geltenden Norm von Art. 61 Abs. 3 DBG wieder. Fälschlicherweise wurde in der Botschaft auf Art. 663c Abs. 1 OR verwiesen, wobei es sich offensichtlich um ein redaktionelles Versehen handelte (Botschaft, 4509).

17 Die verwendeten Begriffe von Art. 61 Abs. 3 DBG bzw. Art. 24 Abs. 3^{quater} StHG bezüglich «Stimmenmehrheit oder auf andere Weise» sowie «unter einheitlicher Leitung» sind mit Art. 663e OR identisch. Im Schrifttum zur **aktienrechtlichen Konsolidierungspflicht** wird die Frage aufgeworfen, ob für das schweizerische Recht die **einheitliche Leitung** vorliege, wenn die Einflussnahme oder Beherrschung tatsächlich ausgeübt wird, oder entsprechend dem angelsächsischen Control Prinzip, wenn die Möglichkeit dazu gegeben ist (BSK OR II-NEUHAUS/ILG, Art. 663e N 8; OR Handkommentar-EBERLE, Art. 663e N 5 ff.). Nach der ersten Meinung darf die Konzernführung nicht nur die Möglichkeit der Einflussnahme haben, sondern muss die einheitliche Leitung auch tatsächlich vorliegen und ausgeübt werden (HWP Bd. I, Ziff. 2.37 212, 266 f.; BÖCKLI, Aktienrecht, § 11 N 12). Dem steht die Meinung gegenüber, welche im Sinne eines möglichst sicheren Einblicks dem **Control Prinzip** den Vorzug gibt (s. etwa

MEYER, 18 f.), da in der Praxis u.a. eine gewisse Versuchung bestehe, Tochtergesellschaften mit finanziellen Problemen nicht oder im Falle von Akquisitionen so spät als möglich zu konsolidieren. Im Zweifelsfall ist jedenfalls davon auszugehen, dass die Gesellschaft konsolidierungspflichtig ist (BSK OR II-NEUHAUS/ILG, Art. 663e N 19a). Der Wortlaut von Art. 61 Abs. 3 DBG bzw. Art. 24 Abs. 3^{quater} StHG sowie von Art. 663e Abs. 1 OR lässt zudem keinen Zweifel offen, dass bei Vorliegen einer **Stimmenmehrheit**, also ab mehr als 50%, in jedem Fall eine einheitliche Leitung vorliegt. Schwierigkeiten ergeben sich bei der Beurteilung von Joint Ventures, bei denen beide Parteien zu je 50% beteiligt sind und sich die Führung teilen (ZENHÄUSERN/BERTSCHINGER, 69). Nach Ansicht der ESTV genügen 50% der Stimmrechte für die Annahme der einheitlichen Leitung (ESTV-DVS, KS 5 vom 1.6.2004, Ziff. 4.5.2.3).

(2) Einheitliche Leitung auf andere Weise

18 Gemäss Gesetzeswortlaut kann die **einheitliche Leitung** neben der Stimmenmehrheit auch auf «**andere Weise**» gegeben sein (vgl. auch ESTV-DVS, KS 5 vom 1.6.2004, Ziff. 4.5.2.3 und Ziff. 4.5.2.17). So kann sie auf **statutarischer, vertraglicher oder personeller Grundlage** erfolgen. Vertragliche Vereinbarungen betreffend die einheitliche Leitung wie Beherrschungs-, Gewinnabführungs- und Betriebsverpachtungsvertrag, Personalunion der Verwaltungsorgane zweier Gesellschaften, Weisungsrecht bezüglich Geschäftsführung und Unternehmenspolitik sowie Abhängigkeit in Finanzierungsfragen können zur Konsolidierungspflicht der betroffenen Gesellschaft führen (BSK OR II-NEUHAUS/ILG, Art. 663e N 9a; HWP Bd. I, Ziff. 2.37 212, 267). Nach dem Merkblatt der ESTV zur Gruppenbesteuerung Mehrwertsteuer ist der Nachweis der Zusammenfassung unter einheitlicher Leitung immer dann erbracht, wenn ein Unternehmen aufgrund der **tatsächlichen Verhältnisse** die Geschäftspolitik eines anderen befolgen muss (ESTV-MWST, MB 1 Gruppenbesteuerung, 2 ff.). Dies setze eine grundsätzlich hierarchische Struktur der Über- und Unterordnung voraus und müsse wesentliche Unternehmensbereiche erfassen (Unternehmenspolitik, Informatik-, Personal-, Finanz- und Organisationswesen). Um dies zu beurteilen, seien folgende Unternehmensbereiche näher zu prüfen: a) *Informationswesen* (Unternehmenspolitik, Unternehmensplanung, Forschung und Entwicklung, Controlling und interne Revision der gesamten Gruppe, Unternehmenspublizität), b) *Personalwesen* (Personalplanung und Personalkontrolle), c) *Finanzwesen* (Finanzplanung und Finanzkontrolle) und d) *Organisationswesen* (vgl. auch Kritik und Ergänzung dieser Ausführungen in mwst.com-LEUTENEGGER, Art. 22 N 13 ff.).

19 Grundsätzlich sollte bei der Beurteilung von Art. 61 Abs. 3 DBG bzw. Art. 24 Abs. 3^{quater} StHG durchaus eine **grosszügige Auslegung** des Begriffs der einheitlichen Leitung Platz greifen. Der Umstand allein, dass eine Gesellschaft einer anderen einen Vermögenswert zum Buchwert abtritt und somit auf die damit verknüpften stillen Reserven verzichtet, darf wohl als starkes Indiz für das Vorliegen einer einheitlichen Leitung verstanden werden, vorausgesetzt, die Muttergesellschaft der übertragenden Gesellschaft werde nicht anderweitig für diesen Vermögensverlust entschädigt.

(3) Einheitliche Leitung durch eine Kapitalgesellschaft oder Genossenschaft

20 Der Wortlaut von Art. 61 Abs. 3 DBG bzw. Art. 24 Abs. 3^{quater} StHG schränkt den Personenkreis, der die Voraussetzung der einheitlichen Leitung zu erfüllen vermag, auf Kapitalgesellschaften und Genossenschaften ein. Dies schliesst Kapitalgesellschaften und Genossenschaften, die unter einheitlicher Leitung von **natürlichen Personen, Personengesellschaften und übrigen juristischen Personen** stehen, von den steuerlich zulässigen Buchwertübertragungen nach Art. 61 Abs. 3 DBG bzw. Art. 24 Abs. 3^{quater} StHG aus. Zwei oder mehrere Unternehmensgruppen, die unter einheitlicher Leitung einer natürlichen Person oder Personengruppe stehen, weisen jedoch unter Umständen die gleichen wirtschaftlich sinnvollen Gründe für Strukturanpassungen auf, welche bereits die Arbeitsgruppe Steuern zur Einführung von Art. 61 Abs. 3 DBG bzw. Art. 24 Abs. 3^{quater} StHG veranlassten (Bericht Steuern 1, Ziff. 45). Die Bezugnahme auf Kapitalgesellschaften und Genossenschaften in Art. 61 Abs. 3 DBG bzw. Art. 24 Abs. 3^{quater} StHG greift deshalb zu kurz, und eine Begründung dafür kann weder dem Bericht der Arbeitsgruppe Steuern noch der Botschaft des Bundesrates noch den parlamentarischen Beratungen entnommen werden. Dass eine solche Einschränkung nicht zwingend wäre, beweist auch die mehrwertsteuerrechtliche Gruppenbesteuerung. Bei dieser liegt eine enge Verbindung vor, wenn nach dem Gesamtbild der tatsächlichen Verhältnisse eine natürliche Person, eine Personengesellschaft oder eine juristische Person durch Stimmenmehrheit oder auf andere Weise eine oder mehrere juristische oder natürliche Personen oder Personengesellschaften unter einheitlicher Leitung zusammenfasst (Art. 22 Abs. 1 MWSTG). Es ist einer künftigen Gesetzesrevision vorbehalten, die zu enge Formulierung im Recht der direkten Steuern zu erweitern.

(4) Konsolidierungskreis

21 Der Verweis auf Art. 663e Abs. 1 OR in den Gesetzesmaterialien darf nicht so verstanden werden, dass bloss tatsächlich konsolidierte Gesellschaften die neuen Gesetzesnormen von Art. 61 Abs. 3 DBG bzw. Art. 24 Abs. 3^{quater} StHG beanspruchen können. Der Verweis bezieht sich nicht auf die Pflicht zur Erstellung einer Konzernrechnung, sondern vielmehr auf die Definition des Konzernbegriffs (Bericht Steuern 1, Ziff. 45; Botschaft, 4509). Entsprechend sind Befreiungen von der Pflicht zur Erstellung einer Konzernrechnung wie beispielsweise in Art. 663e Abs. 2, Art. 663f und 663h Abs. 2 OR oder Art. 13a Abs. 3 BankV bezüglich der Anwendung von Art. 61 Abs. 3 DBG bzw. Art. 24 Abs. 3^{quater} StHG unerheblich. **Eine tatsächliche Konsolidierung ist nicht zu fordern, bloss die einheitliche Leitung.**

(5) Ausländische Konzernobergesellschaft

22 Gemäss den Ausführungen des Ständerates bezieht sich eine Umstrukturierung nach Art. 61 Abs. 3 DBG bzw. Art. 24 Abs. 3^{quater} StHG auf den inländischen Teil eines Konzerns. Sie setzt das Vorhandensein einer gemeinsamen schweizerischen Muttergesellschaft jedoch nicht voraus (Mitbericht WAK StR, 10 f.). Entsprechend wurde im Gesetzestext das Wort «inländisch» bezüglich der einheitlichen Leitung weggelassen. Der Konzernbegriff soll demnach ein räumlich weiter, grenzüberschreitender sein, der eine gemeinsame inländische Muttergesellschaft nicht voraussetzt; die inländischen Konzerngesellschaften können auch **ausländisch beherrscht** sein (ESTV-DVS, KS 5 vom 1.6.2004, Ziff. 4.5.2.3). Es obliegt den inländischen Konzerngesellschaften bzw. Betriebsstätten ausländischer Unternehmungen, im Rahmen ihrer Verfahrens- und Mitwirkungspflichten gegenüber den Steuerbehörden in geeigneter Weise eine solche einheitliche Leitung durch eine ausländische Kapitalgesellschaft oder Genossenschaft nachzuweisen bzw. die Aufgabe einer solchen mitzuteilen (ESTV-DVS, KS 5 vom 1.6.2004, Ziff. 4.5.2.17).

cd) Direkt oder indirekt gehaltene Beteiligungen

(1) Beteiligungsbegriff

Die Kantone wiesen im Vernehmlassungsverfahren darauf hin, dass die vorgeschlagene neue Bestimmung bezüglich Übertragung von Beteiligungen im Konzern durch die Unternehmenssteuerreform 1997 (gemeint sind Art. 70 Abs. 1 DBG und Art. 28 Abs. 1bis StHG) hinfällig geworden sei (Bericht Steuern 2, Ziff. 423.7). Dieser Auffassung vermochte der Bundesrat in seiner Botschaft nicht zu folgen. Im Rahmen der Unternehmenssteuerreform 1997 sei nämlich ausschliesslich die Übertragung von Beteiligungen auf ausländische Konzerngesellschaften geregelt worden. Nicht geregelt sei dagegen die Übertragung von Beteiligungen im **innerschweizerischen Konzernverhältnis**, beispielsweise auf eine Schwestergesellschaft (Botschaft, 4374). 23

Der Ständerat nahm den bundesrätlichen Vorschlag auf und erweiterte diesen auf **indirekt gehaltene Beteiligungen**. Diese Ausdehnung soll sicherstellen, dass auch Beteiligungen unter 20% am Grund- oder Stammkapital einer anderen Kapitalgesellschaft oder Genossenschaft zwischen inländischen Konzerngesellschaften steuerneutral übertragen werden können, sofern der Konzern insgesamt mindestens 20% hält. In der Praxis würden Beteiligungen nämlich oft (z.B. als Folge früherer Umstrukturierungen) von verschiedenen Konzerngesellschaften gehalten (z.B. 85% direkt durch die Muttergesellschaft und 15% durch eine Schwestergesellschaft). Gerade in solchen Fällen bestehe aus Sicht der Unternehmen ein Bedürfnis, die Beteiligungsstrukturen zu vereinfachen und Beteiligungen zusammenzulegen. Dies soll mit dem Verweis auf «direkt oder indirekt» gehaltene Beteiligungen ermöglicht werden; der Begriff der direkten oder indirekten Beherrschung finde sich auch im ESTV-DVS, KS 10 vom 10.7.1998, Ziff. 3.2 (Mitbericht WAK StR, 9f.). Die Begriffsdefinition der indirekten Beteiligung kann mit folgenden Beispielen illustriert werden: 24

Beispiel 1: Sachverhalt	Beurteilung
Konzerngesellschaften A und B halten 15% bzw. 12% an Gesellschaft C. A will seine 15% auf B übertragen.	Eine steuerneutrale Buchwertübertragung ist möglich, da der Konzern insgesamt 27% an C hält.
Beispiel 2: Sachverhalt	Beurteilung
Konzerngesellschaft A hält 12% eigene A-Aktien. Kann sie diese steuerneutral auf ihre Konzernmutter übertragen, welche die übrigen 88% hält?	Eine steuerneutrale Buchwertübertragung ist möglich, da der Konzern insgesamt 100% an A hält.
Beispiel 3: Sachverhalt	Beurteilung
Konzerngesellschaft A hält 7% der Aktien ihrer Muttergesellschaft Z. Kann sie diese steuerneutral auf ihre Konzernmutter Z übertragen?	Eine steuerneutrale Buchwertübertragung ist möglich, sofern zumindest weitere 13% durch andere Konzerngesellschaften gehalten werden (Vorbehalt Art. 659 OR). Handelt es sich jedoch bei Z um die Konzernmutter, ist eine steuerneutrale Buchwertübertragung wohl kaum möglich, da keine einheitliche Leitung bezüglich der Konzernmutter Z bestehen dürfte.

25 Art. 61 Abs. 3 DBG bzw. Art. 24 Abs. 3^{quater} StHG beziehen sich gemäss dem Wortlaut auf den inländischen Teil eines Konzerns und umfassen somit eine Übertragung von Beteiligungen zum Gewinnsteuerwert auf eine ausländische Konzerngesellschaft nicht. Für **Übertragungen ins Ausland** ist somit das bisherige Recht massgebend. Für Neubeteiligungen steht die Möglichkeit der nicht realisierenden Beteiligungsübertragung zum Gewinnsteuerwert oder der Beteiligungsveräusserung zum Verkehrswert unter Inanspruchnahme des Beteiligungsabzugs (Art. 70 Abs. 1 bzw. Art. 28 Abs. 1bis StHG) offen, während für Altbeteiligungen der Steueraufschub nach der Übergangsbestimmung von Art. 207a Abs. 3 DBG möglich ist (ESTV-DVS, KS 10 vom 10.7.1998; LOCHER, Kommentar DBG, Rev. Art. 61 N 185 und 187; ZK-LUDWIG, Vermögensübertragung: Steuern, N 24). Gemäss höchstrichterlicher Rechtsprechung ist dabei die Übertragung nicht bloss auf ausländische Konzerngesellschaften, welche direkt oder indirekt schweizerisch beherrscht sind (KS 10 vom 10.7.1998, Ziff. 3.2; vgl. auch Teil 1 vor Art. 69 N 187 ff.), sondern auch auf rein ausländisch beherrschte Gesellschaften steuerneutral zulässig (BGer 6.1.2004, 2A.542/2002). Entsprechend ist bis zum Auslaufen der Übergangsordnung nach Art. 207a Abs. 3 DBG am 31.12.2006 die Übertragung von Altbeteiligungen einer schweizerischen Konzerngesellschaft auf ihre ausländischen Schwester- und Muttergesellschaften steuerneutral zulässig. Das Kreisschreiben Umstrukturierungen berücksichtigt diese neue Rechtsprechung des Bundesgerichtes (ESTV-DVS, KS 5 vom 1.6.2004, Ziff. 4.5.2.6, zweiter Absatz und Anhang I, Nr. 22, Variante 4). Mittels Konzernübertragung einer Beteiligung nach Art. 61 Abs. 3 DBG auf eine andere inländische Konzerngesellschaft, welche danach die erhaltene Beteiligung nichtrealisierend auf eine ausländische Tochtergesellschaft ausgliedert, wird auch nach dem 31.12.2006 eine steuerneutrale Beteiligungsübertragung auf eine ausländische Schwestergesellschaft ermöglicht (vgl. ESTV-DVS, KS 5 vom 1.6.2004, Anhang I, Nr. 22, Varianten 2 und 3). Anders als bei Art. 207a Abs. 3 DBG bedingt diese zweistufige Übertragungskette jedoch eine Verknüpfung der übertragenen stillen Reserven bei einer inländischen Konzerngesellschaft (vgl. Teil I vor Art. 69 N 190).

Steuerliche Behandlung konzerninterne Übertragung   26 Teil 2 vor Art. 69

(2) Gestaltungsmöglichkeiten

Die künftigen steuerlichen Gestaltungsmöglichkeiten bezüglich der **gruppeninternen** 26
Umstrukturierung von Beteiligungen sind vielfältig. Je nach Sachverhalt und Zielsetzung gilt es zwischen den nachfolgenden Möglichkeiten die beste auszuwählen:

	konzerninterne Übertragung	Veräusserung	Ersatzbeschaffung	verdeckte Kapitaleinlage	Spaltung	Übertragung auf ausländische Konzerngesellschaft
gesetzliche Grundlage	Art. 61 Abs. 3 DBG/Art. 24 Abs. 3^{quater} StHG	Art. 70 Abs. 1 DBG; Art. 28 Abs. 1bis StHG; KS 9/98	Art. 64 Abs. 1bis DBG; Art. 24 Abs. 4bis StHG	Realisationsprinzip; KS 9/98 Ziff. 2.5.3.e	Art. 61 Abs. 1 lit. b DBG/Art. 24 Abs. 3 lit. b StHG	Art. 207a Abs. 3 DBG; KS 10/98
Beteiligungshöhe übertragene Beteiligung	jegliche Beteiligungshöhe, sofern Konzern direkt oder indirekt mind. 20% hält	veräusserte Beteiligung mind. 20%	veräusserte Beteiligung mind. 20%	mind. 20%	jegliche Beteiligung/Wertschriften sofern Teil eines Betriebs	übertragene Beteiligung mind. 20%
Voraussetzungen	einheitliche Leitung	Haltedauer mindestens ein Jahr	Haltedauer mindestens ein Jahr	≥ 50% Stimmrecht an Tochter	Betriebsqualifikation	einheitliche Leitung
steuerlicher Übertragungswert	Gewinnsteuerwert	Verkehrswert	Verkehrswert	Gewinnsteuerwert	Gewinnsteuerwert	Gewinnsteuer- oder Verkehrswert
Entgeltlichkeit	unentgeltlich oder entgeltlich	entgeltlich zum Verkehrswert	entgeltlich zum Verkehrswert	unentgeltlich oder entgeltlich	unentgeltlich oder entgeltlich	unentgeltlich oder entgeltlich
übernehmende Gesellschaft	inländische Kapitalgesellschaften und Genossenschaften und Betriebsstätten	jegliche Person/Gesellschaft	Kapitalgesellschaften und Genossenschaften	in- oder ausländische Tochtergesellschaft	inländische juristische Personen und Betriebsstätten	ausländische Konzerngesellschaft
Steuerneutralität	ja	nein, jedoch Beteiligungsabzug	ja, im Ausmass der übertragenen stillen Reserven	ja	ja	ja
Veräusserungssperrfrist	5 Jahre Art. 61 Abs. 4 DBG/Art. 24 Abs. 3^{quinquies} StHG	keine	keine	keine	keine	bis 31.12.06
Zwangsaufwertung nach Art. 62 Abs. 4 DBG beim Beteiligten	ESTV ja; Intention Gesetzgeber zu Art. 61 Abs. 3 DBG/Art. 24 Abs. 3^{quater} StHG schliesst jedoch Besteuerung stille Reserven auch beim Beteiligten aus	denkbar, wenn Verkehrswert Beteiligung an veräussernder Gesellschaft steigt	denkbar, da höherer Wert Beteiligung durch Veräusserungswert manifestiert	denkbar, wenn Verkehrswert Beteiligung an empfangender Gesellschaft steigt	ESTV ja; Art. 61 Abs. 1 DBG/Art. 24 Abs. 3 StHG schliesst jedoch Besteuerung stille Reserven auch beim Beteiligten explizit aus	denkbar, wenn Verkehrswert Beteiligung an empfangender ausländischer Gesellschaft steigt

ce) Betrieb oder Teilbetrieb

(1) Begriff

27 Die steuerneutrale Übertragung von Betrieben im innerschweizerischen Konzernverhältnis wurde erstmals im Bericht der Arbeitsgruppe Steuern vorgeschlagen (vgl. Bericht Steuern 1, Ziff. 45) und später in der bundesrätlichen Botschaft durch die Hinzufügung des Begriffs «Teilbetrieb» ergänzt (Botschaft, 4374 und 4509). Begrifflich decken sich die Bezeichnungen «**Betrieb**» und «**Teilbetrieb**» mit denjenigen der steuerneutralen **Spaltung** von Art. 61 Abs. 1 lit. b DBG bzw. Art. 24 Abs. 3 lit. b StHG (gl.M. ESTV-DVS, KS 5 vom 1.6.2004, Ziff. 4.5.2.10), weshalb auf die diesbezügliche Kommentierung verwiesen werden kann (vgl. vor Art. 29 N 40 ff.). Dieses Begriffspaar findet sich für beide Normen bereits in der bundesrätlichen Botschaft. Der Bundesrat änderte den anders lautenden Gesetzesvorschlag der Arbeitsgruppe Steuern ab und gab damit zum Ausdruck, dass er diesbezüglich eine Harmonisierung der Begriffe anstrebt (Botschaft, 4350).

28 Während Art. 61 Abs. 1 lit. b DBG bzw. Art. 24 Abs. 3 lit. b StHG die Präzisierung enthalten, dass «**ein**» oder «**mehrere**» Betriebe oder Teilbetriebe übertragen werden können, fehlen diese in Art. 61 Abs. 3 DBG bzw. Art. 24 Abs. 3^{quater} StHG. Weder die Auslegung des bisherigen Gesetzeswortlautes zur Unternehmensaufteilung in Art. 61 Abs. 1 lit. c aDBG bzw. Art. 24 Abs. 3 lit. c aStHG noch die Entstehungsgeschichte dieser neuen Steuernormen im Rahmen des Fusionsgesetzes lassen jedoch eine eigenständige Bedeutung dieser Präzisierungen erkennen. Deren Fehlen bezüglich Übertragungen von Betrieben und Teilbetrieben im Konzern erscheint deshalb bedeutungslos. Art. 61 Abs. 3 DBG bzw. Art. 24 Abs. 3^{quater} StHG lassen demnach ebenfalls zu, dass «ein» oder «mehrere» Betriebe oder Teilbetriebe auf andere Konzerngesellschaften übertragen werden.

(2) Weiterführung eines Betriebs oder Teilbetriebs

29 Ein bedeutender **Unterschied zur Spaltung** besteht hingegen bezüglich des doppelten Betriebserfordernisses und der Weiterführung eines Betriebs oder Teilbetriebs. Während Art. 61 Abs. 1 lit. b DBG bzw. Art. 24 Abs. 3 lit. b StHG das Bestehen von zwei Betrieben und deren Weiterführung durch die nach der Spaltung bestehenden juristischen Personen ausdrücklich verlangen, ist davon in Art. 61 Abs. 3 DBG bzw. Art. 24 Abs. 3^{quater} StHG keine Rede. Im Rahmen der Entstehungsgeschichte und der parlamentarischen Beratung zur Spaltung (Art. 61 Abs. 1 lit. b DBG bzw. Art. 24 Abs. 3 lit. b StHG) wurden das doppelte Betriebserfordernis und die künftige Weiterführung der Betriebe oder Teilbetriebe eingehend behandelt und der Gesetzestext diesbezüglich verschiedentlich verändert (Botschaft, 4509; Mitbericht WAK StR, 7 f.). Es ist damit davon auszugehen, dass sich für die Spaltung ein Besteuerungsaufschub nur dann rechtfertigt, wenn einerseits ein oder mehrere Betriebe übertragen werden und andererseits bei der spaltenden Gesellschaft ein Betrieb verbleibt und diese Betriebe auch weitergeführt werden (vgl. vor Art. 29 N 41 ff. und 68 ff.).

30 Dagegen enthalten Art. 61 Abs. 3 DBG bzw. Art. 24 Abs. 3^{quater} StHG keinen Hinweis auf ein **doppeltes Betriebserfordernis** und die **Weiterführung eines Betriebs oder Teilbetriebs**. Eine solche Präzisierung wurde weder vom Bundesrat noch vom Parlament vorgeschlagen und – trotz der erwähnten diesbezüglichen intensiven Auseinandersetzung im Rahmen der Spaltungsnorm – weder diskutiert noch gefordert. Daraus folgt, dass Bundesrat und Parlament absichtlich auf die Bedingungen des doppelten Betriebserfordernisses und der Weiterführung eines Betriebs oder Teilbetriebs verzichteten. Entsprechend bedarf es einerseits bei der übertragenden Konzerngesellschaft **keines verbleibenden**

Betriebs und kann andererseits auch bei der übernehmenden Konzerngesellschaft **keine Weiterführung** der übertragenen Betriebe oder Teilbetriebe gefordert werden (Kammer-Seminar vom 19.9.2003 zum Fusionsgesetz, Folie 85).

Die Veräusserung der übernommenen Betriebe oder Teilbetriebe durch die übernehmende Konzerngesellschaft führt zur **Nachbesteuerung** im Rahmen des Sperrfristenkonzepts gemäss Art. 61 Abs. 4 DBG bzw. Art. 24 Abs. 3^{quinquies} StHG. Dass eine solche Nachbesteuerungsnorm für die Spaltung nach Art. 61 Abs. 1 lit. b DBG bzw. Art. 24 Abs. 3 lit. b StHG fehlt, vermag die differenzierte Behandlung bezüglich des doppelten Betriebserfordernisses und der Weiterführung eines Betriebs oder Teilbetriebs zu erklären (vgl. vor Art. 29 N 45). Bedenkt man zudem die Zulässigkeit der steuerneutralen Übertragung von **Gegenständen des betrieblichen Anlagevermögens** nach Art. 61 Abs. 3 DBG bzw. Art. 24 Abs. 3^{quater} StHG, verliert der Betriebsbegriff in dieser Gesetzesnorm vollends seine Bedeutung. Wen interessiert schon die Qualifikation als Betrieb, wenn bereits einzelne Aktiven der steuerneutralen Übertragung zugänglich sind? Das Kreisschreiben Umstrukturierungen bestätigt die hier vertretene Ansicht, dass bei der übertragenden Gesellschaft kein Betrieb zu verbleiben hat, schweigt sich jedoch zur Frage der Weiterführung der übertragenen Betriebe oder Teilbetriebe bei der übernehmenden Gesellschaft aus (ESTV-DVS, KS 5 vom 1.6.2004, Ziff. 4.5.2.10; aufgrund von Ziff. 4.5.2.11 jedoch wohl auch für Betriebe und Teilbetriebe zu vermuten; vgl. N 43).

31

(3) Übertragung von Vorjahresverlusten

Wenn auf die übertragenen Betriebe oder Teilbetriebe noch nicht verrechnete **Vorjahresverluste** entfallen, werden diese **mitübertragen** und können von der übernehmenden Gesellschaft vorbehaltlich einer Steuerumgehung steuerlich geltend gemacht werden (vgl. vor Art. 29 N 99 ff.). Gemäss Kreisschreiben Umstrukturierungen kann eine **Steuerumgehung** vorliegen, wenn der übertragene Betrieb kurz nach Übertragung eingestellt wird (ESTV-DVS, KS 5 vom 1.6.2004, Ziff. 4.5.2.12).

32

(4) Gestaltungsmöglichkeiten

Bei künftigen steuerlichen Gestaltungen von **gruppeninternen Umstrukturierungen von Betrieben und Teilbetrieben** kann je nach Sachverhalt und Zielsetzung zwischen folgenden zwei Möglichkeiten ausgewählt werden:

33

	Konzerninterne Übertragung	Spaltung
gesetzliche Basis	Art. 61 Abs. 3 DBG/Art. 24 Abs. 3^{quater} StHG	Art. 61 Abs. 1 lit. b DBG/Art. 24 Abs. 3 lit. b StHG
Voraussetzungen	einheitliche Leitung; keine Betriebsqualifikation der übertragenen Vermögenswerte; bei übertragender Gesellschaft muss kein Betrieb verbleiben; bei übernehmender Gesellschaft muss (wohl) der Betrieb nicht weitergeführt werden	Betriebsqualifikation der übertragenen Vermögenswerte; bei übertragender wie auch übernehmender Gesellschaften müssen Betriebe verbleiben bzw. weitergeführt werden
steuerlicher Übertragungswert	Gewinnsteuerwert	Gewinnsteuerwert
Entgeltlichkeit	unentgeltlich oder entgeltlich zum Gewinnsteuerwert	unentgeltlich oder entgeltlich bis zum Gewinnsteuerwert
übernehmende Gesellschaft	inländische Kapitalgesellschaften und Genossenschaften und Betriebsstätten	inländische juristische Personen und Betriebsstätten
Steuerneutralität	ja	ja
Veräusserungssperrfrist	5 Jahre Art. 62 Abs. 4 DBG/Art. 24 Abs. 3^{quinquies} StHG	keine
Zwangsaufwertung nach Art. 62 Abs. 4 DBG	ESTV ja; Intention Gesetzgeber zu Art. 61 Abs. 3 DBG/Art. 24 Abs. 3^{quater} StHG schliesst jedoch Besteuerung stille Reserven auch beim Beteiligten aus	ESTV ja; Art. 61 Abs. 1 DBG/ Art. 24 Abs. 3 StHG schliesst jedoch Besteuerung stille Reserven auch beim Beteiligten aus

34 Aufgrund der fehlenden Nachbesteuerungsnorm wird wohl in der Praxis primär eine steuerneutrale **Spaltung** angestrebt. Dagegen drängt sich eine **konzerninterne Übertragung** auf, wenn die übertragenen Vermögenswerte nicht als Betrieb qualifizieren oder wenn kein Betrieb bei der übertragenden Gesellschaft verbleibt.

cf) Gegenstände des betrieblichen Anlagevermögens

(1) Entstehungsgeschichte

35 Der Ständerat nahm die im Vernehmlassungsverfahren zur bundesrätlichen Botschaft vielfach geforderte steuerfreie Übertragung von betriebsnotwendigen Anlagegütern (Bericht Steuern 2, Ziff. 423.7, 523.7 und 623.7) auf und erweiterte den Gesetzestext entsprechend. Danach erstrecken sich steuerneutrale Umstrukturierungen im Konzern auch auf einzelne Gegenstände des betriebsnotwendigen Anlagevermögens. Seine Begründung stützte der Ständerat u.a. auf die frühere Praxis der steuerneutralen Übertragung von einzelnen Aktiven auf Tochtergesellschaften. Diese Praxis sei mit dem Kreisschreiben der ESTV zur Reform der Unternehmensbesteuerung 1997 (ESTV-DVS, KS 9 vom 9.7.1998, Ziff. 2.5.3c) mit der Begründung geändert worden, dass Kapitalgewinne neu indirekt freigestellt würden. Zugleich sei der Wirtschaft eine definitive Lö-

sung im Rahmen des Fusionsgesetzes in Aussicht gestellt worden. Im Konzernverbund sei die Übertragung betriebsnotwendiger Aktiven (insbesondere auch immaterielle Güter oder betriebsnotwendige Immobilien) neben der Übertragung von eigentlichen Betrieben und Teilbetrieben ein häufiger Vorgang. Die beantragte Ergänzung sei deshalb für alle schweizerischen Konzerne von grosser praktischer Bedeutung. Sie beruhe auf einer wirtschaftlichen Betrachtungsweise, wie sie auch für die Gruppenbesteuerung für die Mehrwertsteuer gelte (Mitbericht WAK StR, 9 f.). Die Kommission für Rechtsfragen des Nationalrates schlug in ihrem Antrag vom 3.9.2002 dem Nationalrat vor, den Begriff «betriebsnotwendig» durch «betrieblich» zu ersetzen. Der Nationalrat und schliesslich auch der Ständerat folgten dieser Ergänzung ohne weitere Diskussion.

(2) Begriff der Gegenstände des betrieblichen Anlagevermögens

Der Ständerat bezog sich bei der ursprünglichen Formulierung des Begriffs «Gegenstände des betriebsnotwendigen Anlagevermögens» auf die Ersatzbeschaffungsnorm von Art. 64 Abs. 1 DBG. Als **Gegenstände** im Sinne von Art. 61 Abs. 3 DBG bzw. Art. 24 Abs. 3^{quater} StHG gelten nach der Absicht des Ständerates nicht nur körperliche Sachen, sondern auch immaterielle Güter wie Marken und Patente (Mitbericht WAK StR, 9 f.). Da dem Wort «Gegenstand» keine eigenständige, einschränkende Bedeutung zukommt, können jegliche Vermögenswerte, ob bilanziert oder nicht, ob materiell oder immateriell, als Gegenstände verstanden werden. 36

Das Umlaufvermögen ist durch den Wortlaut von Art. 61 Abs. 3 DBG bzw. Art. 24 Abs. 3^{quater} StHG ausgegrenzt und einer steuerneutralen Übertragung im Konzern nicht zugänglich. Diese Übertragungsnorm beschränkt sich auf das **Anlagevermögen**, welches sich aus den dem Unternehmen dauernd dienenden körperlichen Anlagen und Immaterialgütern sowie auch Dauerbeteiligungen und den nicht fälligen langfristigen Geldforderungen zusammensetzt (BK-KÄFER, Art. 958 OR N 343–369). Im Einzelnen gehören dazu Betriebsgrundstücke, Gebäude, Maschinen, Transportmittel und Einrichtungen sowie Patente, Lizenzen, Konzessionen, usw. (REICH in: Kommentar zum Schweizerischen Steuerrecht I/2a, Art. 30 DBG N 7). Die Zuteilung eines Wirtschaftsgutes zum Anlage- oder Umlaufvermögen richtet sich nicht nach der äusseren Beschaffenheit, sondern nach der Zweckbestimmung im Unternehmen. Entsprechend können gleichartige Güter Umlauf- oder Anlagevermögen sein. Ändert die Zweckbestimmung eines Vermögensgutes, kann dies eine Neuzuordnung innerhalb der Aktiven zur Folge haben (HWP, Bd. 1, Ziff. 2.3412a, 169). 37

Von besonderem Interesse ist die Auslegung des Begriffes «betrieblich» in der Wortkombination des betrieblichen Anlagevermögens von Art. 61 Abs. 3 DBG bzw. Art. 24 Abs. 3^{quater}. Der Nationalrat hat den Begriff «betriebsnotwendig» durch «betrieblich» ersetzt und sich damit bewusst von der bisherigen Terminologie zur Ersatzbeschaffung abgekoppelt (vgl. auch Kritik von REICH bezüglich des Erfordernisses der Betriebsnotwendigkeit und der Anlehnung an den Ersatzbeschaffungstatbestand in REICH, FS Forstmoser, 733 f.). Das Anlagevermögen soll für den Betrieb nicht «notwendig» sein müssen, es genügt, dass es «betrieblich» ist. 38

Gemäss der einschlägigen Literatur zur **Ersatzbeschaffung** nach Art. 64 Abs. 3 DBG sind Wirtschaftsgüter **betriebsnotwendig**, die nach ihrer Zweckbestimmung unmittelbar der Leistungserstellung des Betriebs dienen und ohne Beeinträchtigung des betrieblichen Leistungserstellungsprozesses nicht veräussert werden können (vgl. REICH in: Kommentar zum Schweizerischen Steuerrecht I/2a, Art. 30 DBG N 6 und darin aufgeführte weiterführende Literatur). Als betriebsnotwendiges Anlagevermögen gilt nach Art. 64 Abs. 3 DBG nur das Vermögen, das dem Betrieb unmittelbar dient; ausgeschlos- 39 sen sind insbesondere Vermögensobjekte, die dem Unternehmen nur als Vermögensanlage oder nur durch ihren Ertrag dienen (s. auch BGer 26.8.1982, BGE 108 Ib 325 E. 5a = ASA 52 [1983/84], 476, 481). In der **betriebswirtschaftlichen Literatur** hat der Begriff «betriebsnotwendig» insbesondere im Bereich der Unternehmensbewertung einen festen Platz. HELBLING unterscheidet zwischen betriebsnotwendigem und nichtbetriebsnotwendigem Vermögen sowie innerhalb des betriebsnotwendigen Vermögens weiter zwischen unbedingt betriebsnotwendigem (z.b. ausgelastete Produktionsanlagen, angemessenes Working Capital) und betriebsnotwendigem Vermögen (z.B. Parkplätze für Personal) (vgl. HELBLING, 233).

40 Demgegenüber scheint das **Steuerrecht** den in Art. 61 Abs. 3 DBG bzw. Art. 24 Abs. 3^{quater} verwendeten Begriff des **«betrieblichen» Anlagevermögens** bisher nicht zu kennen. Dass «betrieblich» weiter zu fassen ist als «betriebsnotwendig», folgt jedoch nicht nur aus dem allgemeinen Sprachgebrauch, sondern auch aus der betriebswirtschaftlichen Literatur. Gemäss HELBLING gehören neben den bereits oben erwähnten zwei Klassen des betriebsnotwendigen Vermögens auch betriebstätige, aber nicht unbedingt notwendige Vermögenswerte (z.B. Teile der überhöhten Vorräte) sowie gewisse nicht betriebsnotwendige Vermögenswerte (z.B. Land für Erweiterungsbau) zum betrieblichen Vermögen. Als nichtbetriebliche Vermögenswerte stuft HELBLING dagegen u.a. nichtbetriebstätige und betriebsfremde Vermögenswerte wie Wohnhäuser und Darlehen an Familienangehörige ein (vgl. HELBLING, 233). Speziell verweist er auch auf immaterielle Werte, die seiner Ansicht nach zum betrieblichen oder – seltener – zum nichtbetrieblichen Bereich des Unternehmens gehören und üblicherweise Anlagevermögen darstellen (HELBLING, 241). Das Obligationenrecht verlangt in Art. 663 den separaten Ausweis von betrieblichen, betriebsfremden sowie von ausserordentlichen Erträgen und Aufwendungen für die Erfolgsrechnung. Ob ein Geschäftsvorfall in diesem Zusammenhang betrieblicher oder betriebsfremder Natur ist, entscheidet sich aufgrund des Geschäftszwecks und ist ein sachliches Kriterium (HWP Bd. 1, Ziff. 2.25, 80). Zusammenfassend kann festgehalten werden, dass der Begriff «betrieblich» weit zu fassen und nach objektiven Kriterien zu beurteilen ist. Was dem Betrieb zu dienen vermag, ist betrieblich und zwar unabhängig davon, ob es im Betrachtungszeitpunkt auch tatsächlich im Betrieb Verwendung findet.

41 Das **Kreisschreiben** Umstrukturierungen definiert Gegenstände des betrieblichen Anlagevermögens als solche, die dem **Betrieb unmittelbar oder mittelbar dienen**. Es weist weiter darauf hin, dass Umlaufvermögen und finanzielles Anlagevermögen nicht Gegenstand des betrieblichen Anlagevermögens bilden (ESTV-DVS, KS 5 vom 1.6.2004, Ziff. 4.5.2.11). Bezüglich des finanziellen Anlagevermögens ist diese absolute Aussage sicherlich zu relativieren und aufgrund des Einzelfalls zu beurteilen. So gehört ein langfristiges Darlehen an einen Kunden, Lieferanten oder eine Gruppengesellschaft sicherlich zum betrieblichen Anlagevermögen, während dies für eine langfristige Kapitalanlage (beispielsweise Obligationen) wohl eher auszuschliessen ist, es sei denn, diese Kapitalanlage stelle eine betriebliche Liquiditätsreserve dar.

(3) Betriebliches Anlagevermögen aus wessen Sicht

42 Schliesslich stellt sich die Frage, ob die Qualifikation des betrieblichen Anlagevermögens aus Sicht der übertragenden oder der übernehmenden Gesellschaft zu erfolgen hat. Wie die Kommission für Wirtschaft und Abgaben des Ständerates ausführte, ist die Übertragung betrieblicher (damals noch betriebsnotwendiger) Aktiven im Konzernverbund ein häufiger Vorgang, welcher für alle schweizerischen Konzerne von grosser praktischer Bedeutung ist und auf einer wirtschaftlichen Betrachtungsweise beruht

(Mitbericht WAK StR, 10 f.; vgl. auch Kritik von REICH bezüglich der Betriebsnotwendigkeit bei der bisherigen sowie der übernehmenden Gesellschaft in REICH, FS Forstmoser, 733 f.). Nach dem Willen der Rechtskommission des Nationalrates ist die künftige betriebliche Nutzung des Vermögenswertes im Konzern entscheidend. Mit der Veräusserung zeigt die übertragende Gesellschaft, dass sie das Aktivum nicht mehr benötigt (Prot. RK NR vom 3.9.2002, 15). Deshalb ist die **Betrieblichkeit aus Sicht der übernehmenden Gesellschaft** zu beurteilen. Dieser Auffassung folgt nun auch das Kreisschreiben Umstrukturierungen (ESTV-DVS, KS 5 vom 1.6.2004, Ziff. 4.5.2.11), nachdem in dessen Entwurf vom 11.2.2004 noch eine Beurteilung der übertragenen Vermögenswerte sowohl aus Sicht der übertragenden wie auch der übernehmenden Gesellschaft verlangt worden war. In der Tat macht es anlässlich einer Konzernübertragung keinen Sinn, den betrieblichen Charakter der Vermögenswerte bei der übertragenden Gesellschaft zu fordern. Diese gibt ja gerade mit der Übertragung zu verstehen, dass sie die Vermögenswerte nicht mehr benötigt, weil sie ihre betriebliche Tätigkeit reorganisiert oder gar einstellt. So wäre es beispielsweise durchaus denkbar, dass eine stillgelegte Fabrikliegenschaft bei der übertragenden Gesellschaft nicht mehr als betrieblich beurteilt wird, während diese bei der übernehmenden wieder einer betrieblichen Nutzung zugeführt werden soll. Selbst eine Konzerngesellschaft, die bloss noch ein einziges Aktivum hält (beispielsweise eine Liegenschaft oder ein Immaterialgüterrecht), soll und darf nicht von der Konzernübertragung ausgeschlossen werden. Dazu folgende Beispiele:

Beispiel 1:	Sachverhalt	Beurteilung
	Konzerntochter A hält eine Liegenschaft, welche sie bis anhin für ihre Produktionstätigkeit verwendete, jedoch künftig nicht mehr braucht. Sie will die Liegenschaft auf Konzerntochter B übertragen, welche sie für eine Erweiterung ihrer Produktion einsetzen will.	Aus Sicht der übernehmenden Konzerntochter B handelt es sich bei der übernommenen Liegenschaft um ein betriebliches Aktivum. Die übertragene Liegenschaft wird weiterhin zu Produktionszwecken verwendet. Die stillen Reserven bleiben mit einer betrieblichen Tätigkeit verknüpft.
Beispiel 2:	Sachverhalt	Beurteilung
	Konzerntochter C hält ein Markenrecht, welches sie nicht mehr nutzt. Sie will das Markenrecht auf Konzerntochter D übertragen, welche eine neue Produktlinie unter diesem Markennamen vertreiben will.	Aus Sicht der übernehmenden Konzerntochter D handelt es sich beim übernommenen Markenrecht um ein betriebliches Aktivum. Das übertragene Markenrecht wird weiterhin zu Vermarktungszwecken verwendet. Die stillen Reserven bleiben mit einer betrieblichen Tätigkeit verknüpft.
Beispiel 3:	Sachverhalt	Beurteilung
	Konzerntochter A hält eine Liegenschaft, welche sie bis anhin für ihre Produktionstätigkeit verwendete, jedoch künftig nicht mehr braucht. Sie will diese auf Konzerntochter B übertragen, deren Hauptzweck es ist, Liegenschaften zu halten, zu verwalten und aktiv zu vermarkten.	Aus Sicht der übernehmenden Konzerntochter B handelt es sich bei der übernommenen Liegenschaft um ein betriebliches Aktivum. Die Liegenschaft wird zwar von B nicht mehr selbst für Produktionszwecke verwendet, jedoch stellen Liegenschaften für sie betriebliche Aktiven dar und entsprechend bleiben die stillen Reserven mit einer betrieblichen Tätigkeit verknüpft. Die Abgrenzung gegenüber der blossen Vermögensanlage wird im Einzelfall zu beurteilen sein.
Beispiel 4:	Sachverhalt	Beurteilung
	Konzerntochter C hält ein Markenrecht, welches sie nicht mehr nutzt. Sie will dieses auf Konzerntochter D übertragen, welche Immaterialgüter konzernintern wie auch extern verwertet.	Aus Sicht der übernehmenden Konzerntochter D handelt es sich beim übernommenen Markenrecht um ein betriebliches Aktivum. Das Markenrecht wird zwar von D nicht für eigene Produkte verwendet, jedoch stellen Immaterialgüter für sie betriebliche Aktiven dar und entsprechend bleiben die stillen Reserven mit einer betrieblichen Tätigkeit verknüpft. Im Regelfall eignen sich Immaterialgüter kaum als Vermögensanlage, weshalb dieser Abgrenzung wohl wenig Bedeutung zukommt.

43 Das **Kreisschreiben** Umstrukturierungen verlangt im Rahmen der Übertragung von Gegenständen des betrieblichen Anlagevermögens zudem, dass die übernehmende inländische Gesellschaft nach der Übertragung einen **Betrieb weiterführt** (ESTV-DVS, KS 5 vom 1.6.2004, Ziff. 4.5.2.11). Dieses Erfordernis findet jedoch weder im Gesetzestext

noch in den Materialien eine Stütze. Während die Weiterführung eines Betriebs oder Teilbetriebs in Art. 61 Abs. 1 lit. b DBG bzw. Art. 24 Abs. 3 lit. b StHG zur Spaltung ausdrücklich vorausgesetzt wird (vgl. vor Art. 29 N 68 f.), kann der Norm zur Konzernübertragung nichts Vergleichbares entnommen werden. Es kann auch nicht aus dem Begriff «betrieblich» abgeleitet werden, dass die übernehmende Konzerngesellschaft einen Betrieb zu führen hätte. Denn ein betriebliches Aktivum muss noch keinen Betrieb darstellen.

d) Buchwert, Gewinnsteuerwert und Gestehungskosten

da) Übertragung auf eine Schwestergesellschaft

(1) Übertragende Gesellschaft

Die Übertragung von Beteiligungen, Betrieben oder Teilbetrieben sowie Gegenständen des betrieblichen Anlagevermögens auf eine inländische Schwestergesellschaft nach Art. 61 Abs. 3 DBG bzw. Art. 24 Abs. 3^{quater} StHG stellt eine Mischung von Austausch- und Entnahmetatbestand dar. Die Vermögenswerte scheiden zu den bisher für die Gewinnsteuer massgeblichen Werten aus, wobei im Ausmass des Gewinnsteuerwertes der übertragenen Vermögenswerte die übertragende Gesellschaft entweder einen **entgeltlichen Gegenwert** (z.B. Geld, Forderung, etc.) erhält **oder** eine Ausbuchung **zulasten der offenen Reserven** vorgenommen wird. Die **stillen Reserven** fliessen unentgeltlich ab, was einer Reservenverwendung bzw. einer verdeckten Vorteilszuwendung gleichkommt. Gestützt auf die Konzernübertragungsnorm löst diese Reservenübertragung jedoch keine Steuerfolgen aus.   44

(2) Übernehmende Gesellschaft

Die **Übernahme der für die Gewinnsteuer massgeblichen Werte** (einschliesslich Gestehungskosten und übergangsrechtliche Qualifikation bei Beteiligungen) durch die übernehmende Gesellschaft stellt eine Grundvoraussetzung für jede steuerneutrale Umstrukturierung dar. Die übernehmende Gesellschaft hat die bisherigen Werte weiterzuführen. Diesbezüglich kann auch auf die Ausführungen zu Art. 61 Abs. 1 DBG bzw. Art. 24 Abs. 3 StHG verwiesen werden (vor Art. 3 N 72). Wenn die übertragende Gesellschaft die steuerneutrale Übertragung zu Lasten ihrer offenen Reserven vornimmt, hat die übernehmende Schwestergesellschaft nach Ansicht der ESTV den erhaltenen Aktivenüberschuss spiegelbildlich zu Gunsten ihrer **offenen Reserven** zu **buchen** (ESTV-DVS, KS 5 vom 1.6.2004, Ziff. 4.5.2.15).   45

(3) Beteiligte

Bereits im bisherigen Recht konnten in sich geschlossene Betriebsteile im Sinne einer Unternehmensaufteilung («vertikale Teilung» gemäss bisheriger steuerrechtlicher Terminologie) nach Art. 61 Abs. 1 lit. c aDBG (neu Art. 61 Abs. 1 lit. b DBG) zum Gewinnsteuerwert steuerneutral auf eine neue oder eine bestehende Schwestergesellschaft übertragen werden, sofern die einschlägigen Bedingungen einer steuerneutralen Umstrukturierung eingehalten wurden (insbesondere Betriebsqualifikation und Veräusserungssperrfrist). Die übernehmende Gesellschaft führte die Gewinnsteuerwerte und Gestehungskosten der erhaltenen Vermögenswerte (einschliesslich Beteiligungen) fort (DUSS/ALTORFER in: Kommentar zum Schweizerischen Steuerrecht I/2a, Art. 70 DBG N 54; ESTV-DVS, KS 9 vom 9.7.1998, Ziff. 2.5.3b). Über die buchmässige und steuerliche Behandlung solcher Wertverschiebungen auf der Ebene der Beteiligten der gespaltenen Gesellschaft gingen die Meinungen hingegen auseinander (DUSS/ALTORFER in: Kommentar zum Schweize-   46 rischen Steuerrecht I/2a, Art. 70 DBG N 55). Die Beteiligten sind indirekt betroffen, indem der Verkehrswert ihrer Beteiligung an der leistenden Gesellschaft abnimmt, während der Verkehrswert der empfangenden Gesellschaft im gleichen Mass zunimmt. Nach der Verwaltungspraxis (ESTV-DVS, KS 9 vom 9.7.1998, Ziff. 2.5.3b und Beispiel 14) war es zulässig, die Buchwerte beider Beteiligungen unverändert zu lassen, wenn stille Reserven bei der leistenden Gesellschaft den bisherigen Buchwert rechtfertigten, bzw. diesen nur insoweit herabzusetzen (und bei der übernehmenden Gesellschaft zu erhöhen), als eine Abschreibung verbucht wurde bzw. handelsrechtlich hätte verbucht werden müssen (nachfolgend als «**Abschreibungs-Modell**» bezeichnet) (vgl. auch GLAUSER, ST 2002, 722; AGNER/DIGERONIMO/NEUHAUS/STEINMANN, 264 f.).

47 WIDMER hingegen stellte sich auf den Standpunkt, dass bei einer Abspaltung eine Aufteilung des Eigenkapitals stattfinde, was eine anteilige, erfolgsneutrale Umbuchung auf den Beteiligungskonti erfordere. Der Buchwert der Beteiligung an der leistenden Gesellschaft müsse reduziert und im Gegenzug der Buchwert der empfangenden Beteiligung erhöht werden. Analog würden sich die Gestehungskosten im Ausmass der Desinvestition bei der abgebenden Beteiligung vermindern und sich bei der Beteiligung, in welche investiert wird, erhöhen. In der Regel könne mit der Aufteilung nach Massgabe der Verkehrswerte ein sachgerechtes Ergebnis erzielt werden (nachfolgend als «**Verkehrswert-Modell**» bezeichnet in Anlehnung an WIDMER, der von der «Wertzerlegungsmethode auf Basis der Verkehrswerte» spricht, s. WIDMER, ST 1998, 1347 ff.). Die Auffassung von WIDMER erscheint folgerichtig, da die Unternehmensaufteilung das Gegenstück zur Fusion darstellt, bei welcher die Buchwerte und Gestehungskosten der Beteiligungen zusammengezählt werden (ESTV-DVS, KS 9 vom 9.7.1998, Ziff. 2.5.3a). Entsprechend sind sie bei der Spaltung aufzuteilen. Zum gleichen Ziel führt die systematische Analyse einer Dreiecksbetrachtung, nach welcher die gespaltene Gesellschaft einen Teil ihres Vermögens (einschliesslich Eigenkapital) auf ihre Beteiligten überträgt, die dieses Vermögen als verdeckte Kapitaleinlage in die aufnehmende Gesellschaft einlegen. Diesbezüglich kann auch auf die Ausführungen zu Art. 61 Abs. 1 lit. b DBG bzw. Art. 24 Abs. 3 lit. b StHG verwiesen werden (vor Art. 29 N 151 und 173).

48 Diese Überlegungen zum bisherigen Recht haben grundsätzlich auch für Übertragungen von Vermögenswerten nach Art. 61 Abs. 3 DBG bzw. Art. 24 Abs. 3^{quater} StHG Gültigkeit. Wendet man das erwähnte **Verkehrswert-Modell** an, haben die Beteiligten den Buchwert und die Gestehungskosten ihrer Beteiligung an der leistenden Gesellschaft nach Massgabe der anteiligen Verkehrswerte zu reduzieren und ihre Beteiligung an der aufnehmenden Gesellschaft entsprechend zu erhöhen. Zumindest gilt dies für all jene Fälle, bei denen die Übertragung von Vermögenswerten auf eine Schwestergesellschaft erfolgt. Im Gegensatz zur Spaltung brauchen die Beteiligten der leistenden und aufnehmenden Gesellschaft bei Übertragung von Vermögenswerten nach Art. 61 Abs. 3 DBG bzw. Art. 24 Abs. 3^{quater} StHG jedoch nicht identisch zu sein, es bedarf bloss der einheitlichen Leitung durch eine direkte oder indirekte Muttergesellschaft. Entsprechend würden sich innerhalb der gesamten Beteiligtenkette Korrekturen der Gewinnsteuerwerte und Gestehungskosten ihrer Beteiligungen an der leistenden sowie der aufnehmenden Gesellschaft bis hin zur gemeinsamen Muttergesellschaft ergeben. Ein solches System erscheint ausserordentlich aufwendig und kaum praktikabel.

49 Angesichts dieser praktischen Schwierigkeiten erscheint das von der ESTV bisher angewandte «**Abschreibungs-Modell**» vorteilhaft. Das Abschreibungs-Modell entspricht auch der im Kreisschreiben Umstrukturierungen vorgesehenen Methode: Nach Ansicht der ESTV ist aufgrund des Massgeblichkeitsprinzips zwingend die **modifizierte Dreieckstheorie** anwendbar (ESTV-DVS, KS 5 vom 1.6.2004, Ziff. 4.3.2.12. zur Spaltung

und Ziff. 4.5.2.16 zur Konzernübertragung). Danach werden die Steuerfolgen für die übertragende und die übernehmende Gesellschaft nach der Dreieckstheorie bestimmt, die Beteiligten werden jedoch ausgeklammert. Auf Stufe der Muttergesellschaft der übertragenden Gesellschaft wird kein steuerbarer Ertrag aufgerechnet. Demnach werden Buchwert, Gewinnsteuerwert und Gestehungskosten unverändert belassen, soweit stille Reserven bei der leistenden Gesellschaft die bisherigen Werte bei den Beteiligten rechtfertigen. Ergibt sich aufgrund der Vorteilszuwendung für die Beteiligung an der entreicherten Gesellschaft ein handelsrechtlicher Abschreibungsbedarf (Art. 665/665a OR), muss dieser durch eine Aufwertung der Beteiligung an der begünstigten Gesellschaft kompensiert werden. Die Summen der Gewinnsteuerwerte und der Gestehungskosten der Beteiligungen bleiben unverändert (ESTV-DVS, KS 5 vom 1.6.2004, Ziff. 4.5.2.16 und Anhang I, Nr. 20). Die gleiche Position wird auch im Kreisschreiben Nr. 9 vertreten (ESTV-DVS, KS 9 vom 9.7.1998, Ziff. 2.5.3b). Demgegenüber wird im Beispiel 10 des Kreisschreibens Umstrukturierungen für eine symmetrische Spaltung das Abschreibungs- wie auch das Verkehrswertmodell zahlenmässig dargestellt (ESTV-DVS, KS 5 vom 1.6.2004, Anhang I, Nr. 10).

Nachfolgend sind die Auswirkungen des Abschreibungs-Modells gegenüber dem Verkehrswert-Modell für Übertragungen zwischen Schwestergesellschaften beispielhaft dargestellt.

Beispiel 1: Tochtergesellschaft A überträgt ihre Beteiligungen X, Y und Z auf Tochtergesellschaft B.

Muttergesellschaft					
	neu	*alt*		*neu*	*alt*
Umlaufvermögen		1500	Fremdkapital		3500
Anlagevermögen		2200			
Beteiligung A		600	Reserven		1000
Beteiligung B		500	Aktienkapital		300
Total		**4800**	**Total**		**4800**

Verkehrswerte der Beteiligung A 1300 und B 2000.

Tochtergesellschaft A					
	neu	*alt*		*neu*	*alt*
Umlaufvermögen		1200	Fremdkapital		1400
Forderung B	700				
Anlagevermögen		500	Reserven		500
Beteiligungen X, Y, Z	0	700	Aktienkapital		500
Total		**2400**	**Total**		**2400**

Tochtergesellschaft B					
	neu	*alt*		*neu*	*alt*
Umlaufvermögen		700	Fremdkapital		200
Anlagevermögen		1500	Schuld A	700	
Beteiligungen X, Y, Z	700		Reserven		1800
			Aktienkapital		200
Total		**2200**	**Total**		**2200**

Stille Reserven auf Beteiligungen X, Y, Z 300

Die Buchwerte, Gewinnsteuerwerte sowie Gestehungskosten der Beteiligungen X, Y und Z bei der übernehmenden Gesellschaft B betragen nach wie vor 700. Gemäss dem Abschreibungs-Modell bedarf es bei der Muttergesellschaft keiner Korrektur ihrer Beteiligungsbuchwerte an A und B, da der Verkehrswert ihrer Beteiligung A von 1000 noch

Teil 2 vor Art. 69 51, 52 5. Kapitel: Vermögensübertragung

immer über deren Buchwert von 600 liegt. Eine Erhöhung des Beteiligungsbuchwertes an B ist ebenfalls nicht angezeigt. Nach dem Verkehrswert-Modell müsste in diesem Beispiel die Muttergesellschaft ihren Buchwert, ihren Gewinnsteuerwert und ihre Gestehungskosten an Beteiligung A aufgrund der Verkehrswertveränderung anteilig um ca. 140 reduzieren und die Werte ihrer Beteiligung B um den gleichen Betrag erhöhen. Die Abnahme des Verkehrswertes der Beteiligung A von 1300 auf 1000 entspricht etwa 23%, was vorliegend einen Betrag von 140 ausmacht.

51 *Beispiel 2*: Tochtergesellschaft A überträgt Maschinen auf Tochtergesellschaft B.

Muttergesellschaft					
	neu	alt		neu	alt
Umlaufvermögen		1500	Fremdkapital		3500
Anlagevermögen		2200			
Beteiligung A	300	600	Reserven	700	1000
Beteiligung B		500	Aktienkapital		300
Total		4800	Total		4800

Verkehrswerte der Beteiligung A 600 und B 2000.

Tochtergesellschaft A					
	neu	alt		neu	alt
Umlaufvermögen		1200	Fremdkapital		2100
Forderung B	700				
Anlagevermögen		500	Reserven		150
Maschinen	0	700	Aktienkapital		150
Total		2400	Total		2400

Stille Reserven auf Maschinen 300

Tochtergesellschaft B					
	neu	alt		neu	alt
Umlaufvermögen		700	Fremdkapital		200
Anlagevermögen		1500	Schuld A		700
Maschinen	700		Reserven		1800
			Aktienkapital		200
Total		2200	Total		2200

Der Buchwert und der Gewinnsteuerwert der Maschinen betragen bei der übernehmenden Gesellschaft B nach wie vor 700. Infolge der handelsrechtlichen Höchstwertvorschriften bedarf es bei der Muttergesellschaft einer Korrektur ihres Beteiligungsbuchwertes an A von 600 auf 300. Gemäss Abschreibungs-Modell reduzieren sich im gleichen Mass der Gewinnsteuerwert und die Gestehungskosten von Beteiligung A. Der Beteiligungsbuchwert von B kann voraussichtlich aufgrund der handelsrechtlichen Höchstwertvorschriften nicht erhöht werden und bleibt bei 500 (wäre handelsrechtlich noch zu überprüfen, da B eine verdeckte Kapitaleinlage von 300 erhält), jedoch erhöhen sich der Gewinnsteuerwert und die Gestehungskosten der Beteiligung B auf 800. Nach dem Verkehrswert-Modell würden sich die Wertkorrekturen gleich verhalten.

52 Wie verhalten sich jedoch Buchwert, Gewinnsteuerwert und Gestehungskosten von Beteiligungen an Tochtergesellschaften, sofern die Beteiligten (Muttergesellschaften) der leistenden und aufnehmenden Tochtergesellschaften nicht identisch sind? Die Übertragung von Vermögenswerten nach Art. 61 Abs. 3 DBG bzw. Art. 24 Abs. 3[quater] StHG setzt bloss die einheitliche Leitung voraus, nicht jedoch eine gemeinsame direkte Muttergesellschaft. Ergeben sich innerhalb der gesamten Beteiligtenkette Korrekturen der Buchwerte, Gewinnsteuerwerte und Gestehungskosten der Beteiligungen an der leisten-

den sowie der aufnehmenden Gesellschaft bis hin zur gemeinsamen Muttergesellschaft, sofern bezüglich der Beteiligung an der leistenden Gesellschaft ein handelsrechtlicher Abschreibungsbedarf entsteht? Ist die Beteiligung an der aufnehmenden Gesellschaft entsprechend steuerlich aufzuwerten? Da es sich bei den Muttergesellschaften um verschiedene Steuersubjekte handelt, können Abschreibung und Aufwertung nicht gegeneinander verrechnet werden, was keine ausgeglichene steuerliche Situation erlaubt. Das Kreisschreiben Umstrukturierungen schweigt sich zu dieser Frage aus. Auch die unten dargestellte Methode der ESTV für Übertragungen von Vermögenswerten einer Tochter- auf ihre Muttergesellschaft (N 55 ff.), welche die Abschreibung nicht zum Abzug zulässt (ESTV-DVS, KS 5 vom 1.6.2004, Ziff. 4.5.2.14 und Anhang I, Nrn. 19 und 23), vermag bei **Schwesterübertragungen mit unterschiedlichen Muttergesellschaften** kein befriedigendes Resultat zu erzeugen. Damit verbleibt bei der Muttergesellschaft der leistenden Gesellschaft aufgrund des Massgeblichkeitsprinzips eine steuerlich wirksame Abschreibung, während bei der Muttergesellschaft der aufnehmenden Gesellschaft ein korrespondierender Beteiligungsertrag zu unterbleiben hat.

db) Übertragung auf die Muttergesellschaft

(1) Übertragende Gesellschaft

Die Übertragung von Beteiligungen, Betrieben oder Teilbetrieben sowie von Gegenständen des betrieblichen Anlagevermögens auf eine inländische Muttergesellschaft aufgrund von Art. 61 Abs. 3 DBG bzw. Art. 24 Abs. 3^{quater} StHG stellt ebenfalls eine **Mischung von Austausch- und Entnahmetatbestand** dar. Die Vermögenswerte scheiden zu den bisher für die Gewinnsteuer massgeblichen Werten aus, wobei im Ausmass des Gewinnsteuerwertes der übertragenen Vermögenswerte die übertragende Tochtergesellschaft bei einer teilentgeltlichen Übertragung einen Gegenwert (z.B. Geld, Forderung, usw.) erhält. Wird die Übertragung unentgeltlich gestaltet, erfolgt der Abgang der Vermögenswerte zu Lasten der offenen Reserven der übertragenden Gesellschaft. Die stillen Reserven fliessen in jedem Fall unentgeltlich ab, was einer Reservenverwendung bzw. einer verdeckten Vorteilszuwendung gleichkommt, welche aufgrund der Steuerneutralität der Konzernübertragung jedoch nicht zu einer Gewinnbesteuerung führt.

(2) Übernehmende Gesellschaft (Muttergesellschaft)

Die **Übernahme** der für die Gewinnsteuer massgeblichen **Werte** (einschliesslich Gestehungskosten und übergangsrechtliche Qualifikation bei Beteiligungen) durch die übernehmende Muttergesellschaft stellt eine Grundvoraussetzung für die steuerneutrale Umstrukturierung dar. Wenn die Tochtergesellschaft die steuerneutrale Übertragung zu Lasten ihrer offenen Reserven vornimmt, schüttet sie eine **Substanzdividende** aus, die bei der Muttergesellschaft einen steuerbaren Beteiligungsertrag im Umfang des buchmässigen Aktivenüberschusses darstellt; der Beteiligungsabzug wird unter den entsprechenden Voraussetzungen gewährt (vgl. ESTV-DVS, KS 5 vom 1.6.2004, Ziff. 4.5.2.14 und Anhang I, Nrn. 19 und 23).

Betrachtet man den Sonderfall der Übertragung von Vermögenswerten von der Tochter- auf ihre Muttergesellschaft, stellt sich die Frage der **Wertkorrektur** des bisherigen **Beteiligungsbuchwertes** der Muttergesellschaft an ihrer Tochtergesellschaft. Sollen für die Reduktion des Buchwertes, des Gewinnsteuerwertes und der Gestehungskosten der bisherigen Beteiligung an der Tochtergesellschaft die Werte der übernommenen Vermögenswerte herangezogen werden? Wenn ja, kann sich ein mathematisches Problem ergeben, soweit der Wert der übernommenen Vermögenswerte höher liegt als der bisherige Beteiligungsbuchwert an der Tochtergesellschaft.

Beispiel:

Buchwert, Gewinnsteuerwert und Gestehungskosten Beteiligung an Tochtergesellschaft	1000
Buchwert und Gewinnsteuerwert der übertragenen Vermögenswerte	1500

Der Buchwert, Gewinnsteuerwert und die Gestehungskosten der bisherigen Beteiligung kämen unter Null zu stehen, was nicht möglich ist. Dementsprechend ist diese Methode zu verwerfen.

56   Nach dem obenerwähnten **Verkehrswert-Modell** für Schwesterübertragungen würde die Lösung darin liegen, dass der Buchwert, der Gewinnsteuerwert und die Gestehungskosten der bisherigen Beteiligung an der Tochtergesellschaft nach Massgabe der Verkehrswerte der übertragenen Vermögenswerte im Vergleich zum zurückbleibenden Vermögen zu reduzieren sind. Eine analoge Erhöhung eines anderen Wertes entfällt, da es keinen Wert gibt, den man erhöhen könnte. So muss insbesondere eine Erhöhung der übernommenen Vermögenswerte unterbleiben, weil dies einer unzulässigen steuerneutralen Aufwertung gleichkäme. Entsprechend verbleibt als einzige Lösung, diese Reduktion des Buch- und Gewinnsteuerwertes als Aufwand in der Handels- und Steuerbilanz zu erfassen und die Gestehungskosten ebenfalls zu reduzieren. Dies erscheint aber im Zusammenhang mit einer steuerneutralen Konzernübertragung nach Art. 61 Abs. 3 DBG bzw. Art. 24 Abs. 3^{quater} StHG kaum plausibel. Hier läuft das System ins Leere. Die Verbuchung eines **steuerlich wirksamen Abschreibungsaufwandes** anlässlich einer steuerneutralen Konzernübertragung steht im Widerspruch zu den Grundsätzen der Steuerneutralität des schweizerischen Umstrukturierungssteuerrechts, ist jedoch systembedingt unvermeidbar. Wendet man das **Abschreibungs-Modell** der ESTV an, werden Buchwert, Gewinnsteuerwert und Gestehungskosten unverändert belassen, soweit stille Reserven bei der leistenden Gesellschaft die bisherigen Werte rechtfertigen bzw. diese werden nur insoweit reduziert, als eine Abschreibung handelsrechtlich verbucht wird bzw. hätte verbucht werden müssen. Wird eine Reduktion notwendig (vergleichbar mit einer Substanzausschüttung gemäss Ziff. 2.5.1f sowie Beispiel Nr. 3 des ESTV-DVS, KS 9 vom 9.7.1998), gibt es wie beim Verkehrswert-Modell kein Vermögensobjekt, welches eine entsprechende Erhöhung aufnehmen könnte, weshalb eine solche zu unterbleiben hat. Es bleibt wiederum nur die Möglichkeit, diese Reduktion des Gewinnsteuerwertes als Aufwand in der Handels- und Steuerbilanz zu erfassen und die Gestehungskosten infolge der Desinvestition ebenfalls zu reduzieren (ESTV-DVS, KS 9 vom 9.7.1998, Ziff. 2.6.4).

57   Nach dem Kreisschreiben Umstrukturierungen wird dagegen der Abschreibungsbedarf der Muttergesellschaft auf der Beteiligung an der Tochtergesellschaft als «**steuerneutrale Desinvestition**» qualifiziert mit der Folge, dass die Gestehungskosten auf der Beteiligung im Umfang der Abschreibung reduziert werden, der Abschreibungsaufwand steuerlich aber nicht geltend gemacht werden kann (ESTV-DVS, KS 5 vom 1.6.2004, Ziff. 4.5.2.14 und Anhang I, Nrn. 19 und 23). Soweit aber die Muttergesellschaft eine steuerbare Substanzdividende erhält, soll die Abschreibung gemäss dem Beispiel 23 des Anhangs I zum Kreisschreiben Umstrukturierungen mit dieser verrechnet werden. Mit dieser Methode der «steuerneutralen Desinvestition» wird zwar die Steuerneutralität der Konzernübertragung sichergestellt, sowohl positiv als auch negativ. Formell öffnen sich hingegen einige Fragezeichen. Wie kann es zu einer Aufrechnung einer geschäftsmässig begründeten Abschreibung ausserhalb der massgeblichen handelsrechtlichen Erfolgsermittlung und ohne steuergesetzliche Grundlage kommen? Die Methode der ESTV bedarf einer konkreten Abstützung im Gewinnsteuerrecht. Mangels einer solchen darf der

geschäftsmässig begründete und in der Jahresrechnung vorgenommene Abschreibungsaufwand nicht in der Steuerbilanz aufgerechnet werden. Nachfolgend sind die Auswirkungen der beiden Modelle für Übertragungen auf eine Muttergesellschaft einschliesslich der «steuerneutralen Desinvestition» nach dem Kreisschreiben Umstrukturierungen beispielhaft dargestellt:

Beispiel 1: Tochtergesellschaft A überträgt ihre Beteiligungen X, Y und Z auf ihre Muttergesellschaft.

Muttergesellschaft					
	neu	*alt*		*neu*	*alt*
Umlaufvermögen		1500	Fremdkapital		3500
Anlagevermögen		2700	Schuld A	700	
Beteiligung A		600	Reserven		1000
Beteiligungen X, Y, Z	700		Aktienkapital		300
Total		4800	Total		4800

Verkehrswert der Beteiligung A 1300

Tochtergesellschaft A					
	neu	*alt*		*neu*	*alt*
Umlaufvermögen		1200	Fremdkapital		1400
Forderung Muttergesellschaft	700				
Anlagevermögen		500	Reserven		500
Beteiligungen X, Y, Z	0	700	Aktienkapital		500
Total		2400	Total		2400

Stille Reserven auf Beteiligungen X, Y, Z 300

Die Buchwerte, Gewinnsteuerwerte sowie Gestehungskosten der Beteiligungen X, Y und Z bei der übernehmenden Muttergesellschaft betragen nach wie vor 700. Gemäss dem Abschreibungs-Modell bedarf es bei der Muttergesellschaft keiner Korrektur des Beteiligungswertes an A, da der Verkehrswert von 1000 noch immer über dem Beteiligungsbuchwert von 600 liegt. Nach dem Verkehrswert-Modell müsste in diesem Beispiel der Buchwert, Gewinnsteuerwert und die Gestehungskosten von A aufgrund der Verkehrswertveränderung anteilig um 140 reduziert werden. Es käme zu einer Abschreibung von 140, die gemäss Kreisschreiben Umstrukturierungen steuerlich nicht aufwandwirksam wäre, so dass weder steuerbarer Ertrag noch steuerlich absetzbarer Aufwand aus dieser Konzernübertragung entstünden.

59 *Beispiel 2*: Tochtergesellschaft A überträgt Maschinen auf ihre Muttergesellschaft.

Muttergesellschaft				
	neu	alt	neu	alt
Umlaufvermögen		1500	Fremdkapital	3500
Anlagevermögen		2700	Schuld A	700	0
Beteiligung A	300	600	Reserven	700	1000
Maschinen	700	0	Aktienkapital		300
Total		4800	Total		4800

Verkehrswert der Beteiligung A 600.

Tochtergesellschaft A				
	neu	alt		neu	Alt
Umlaufvermögen		1200	Fremdkapital		2100
Forderung Muttergesellschaft	700	0			
Anlagevermögen		500	Reserven		150
Maschinen	0	700	Aktienkapital		150
Total		2400	Total		2400

Stille Reserven auf Maschinen 300

Der Buchwert und der Gewinnsteuerwert der Maschinen betragen bei der übernehmenden Muttergesellschaft nach wie vor 700. Infolge der handelsrechtlichen Höchstwertvorschriften bedarf es bei der Muttergesellschaft einer Korrektur ihres Beteiligungsbuchwertes an A von 600 auf 300. Eine aufwandwirksame Abschreibung von 300 ist handelsrechtlich vorzunehmen, aber gemäss Kreisschreiben Umstrukturierungen steuerlich nicht aufwandwirksam. Gemäss Praxis ESTV reduzieren sich im gleichen Mass der Gewinnsteuerwert und die Gestehungskosten der Beteiligung an A. Nach dem Verkehrswert-Modell würden sich die Wertkorrekturen gleich verhalten.

dc) Übertragung von Beteiligungen auf eine Tochtergesellschaft

60 Übertragungen auf Tochtergesellschaften stellen einen Austauschtatbestand dar. Dabei kann die übertragende Muttergesellschaft im Ausmass des Gewinnsteuerwertes der übertragenen Beteiligungen zwischen einer entgeltlichen Veräusserung (z.B. Geld, Forderung, usw.) und einer unentgeltlichen Eigenkapitaleinlage (Kapitalerhöhung, Zuschuss, Agioeinlage) wählen. Die übertragenen stillen Reserven erhöhen den Verkehrswert der Beteiligung und führen zu einer Verdoppelung der stillen Reserven.

61 Bereits nach dem bisherigen Recht können Beteiligungsübertragungen im Sinne einer verdeckten Kapitaleinlage auf in- und ausländische Tochtergesellschaften steuerneutral zum Gewinnsteuerwert erfolgen, wobei die Beteiligung an der Tochtergesellschaft die Funktion, den Gewinnsteuerwert und die Gestehungskosten der bisher direkt gehaltenen Beteiligungen übernimmt (ESTV-DVS, KS 9 vom 9.7.1998, Ziff. 2.5.3e; DUSS/ALTORFER in: Kommentar zum Schweizerischen Steuerrecht I/2a, Art. 70 DBG N 43 f.).

62 Auch nach dem neuen steuerlichen Umstrukturierungsrecht nimmt die Übertragung von Beteiligungen auf eine Tochtergesellschaft eine Sonderstellung ein. So umfasst der Spezialartikel für Übertragungen auf Tochtergesellschaften (Art. 61 Abs. 1 lit. d DBG bzw.

Art. 24 Abs. 3 lit. d StHG) die Übertragung von Betrieben, Teilbetrieben und Gegenständen des betrieblichen Anlagevermögens, nicht aber die Übertragung von Beteiligungen (**a.M.** LISSI/DUSS, ST 2003, 869 f., welche davon ausgehen, dass Beteiligungen von weniger als 20% auch als betriebliches Anlagevermögen qualifizieren können). Andererseits bezieht sich die Konzernübertragung nach Art. 61 Abs. 3 DBG bzw. Art. 24 Abs. 3^{quater} StHG auf direkt und indirekt gehaltene Beteiligungen von mindestens 20%. Demnach erscheint die **Konzernübertragung** auch auf die **Übertragung einer Beteiligung auf eine Tochtergesellschaft** anwendbar, wenn es sich bei der übertragenden Mutter und der übernehmenden Tochter um Kapitalgesellschaften oder Genossenschaften handelt. Den Materialien ist allerdings nicht explizit zu entnehmen, dass der Gesetzgeber die Übertragung von Beteiligungen bewusst unter die Norm über Konzernübertragungen subsumieren wollte (vgl. Mitbericht WAK NR, 8, welcher Beteiligungen im Zusammenhang mit der Tochterübertragung nicht erwähnt sowie Prot. WAK NR vom 25.4.2001, in welchem verschiedentlich auf die geltende, im Kreisschreiben Nr. 9 umschriebene Praxis bei Tochterübertragungen verwiesen wird, ohne jedoch speziell auf die Übertragung von Beteiligungen einzugehen).

Dieser gesetzessystematischen Auslegung der Zulässigkeit der Konzernübertragung von Beteiligungen auf Tochtergesellschaften schliesst sich jedoch die bisherige Literatur nicht an. So bestätigen LOCHER/AMONN zwar, dass Art. 61 Abs. 1 lit. d DBG bzw. Art. 24 Abs. 3 lit. d StHG vorliegend nicht zur Anwendung komme. Andererseits bemerken sie jedoch, dass die neue Norm zur Konzernübertragung von Art. 61 Abs. 3 DBG bzw. Art. 24 Abs. 3^{quater} StHG für Ausgliederungen von Beteiligungen nicht anwendbar sei. Sie schliessen daraus, dass sich an der bisherigen Praxis der steuerneutralen Buchwertübertragung von Alt- und Neubeteiligungen auf in- und ausländische Tochtergesellschaften aufgrund von Ziff. 2.5.3e des Kreisschreibens Nr. 9 der ESTV vom 9.7.1998 nichts ändere (LOCHER/AMONN, ASA 71 [2002/2003], 776 und 779; LOCHER, Kommentar DBG, Rev. Art. 61 N 183). Entsprechend komme für solche Beteiligungsübertragungen auch keine Sperrfrist zur Anwendung. Dieser Meinung schliesst sich auch SIMONEK an (SIMONEK, ZSR 2004 I 152). Die gleiche Ansicht wird auch im Kreisschreiben Umstrukturierungen vertreten, welches dazu u.a. folgende Erklärung abgibt: «Auf eine explizite gesetzliche Regelung wurde verzichtet, weil aus der Sicht der einbringenden Gesellschaft auf den stillen Reserven weiterhin die gleiche latente Steuerlast besteht (Kapitalgewinn mit den gleichen Folgen in Bezug auf den Beteiligungsabzug). Es liegt keine steuerliche Gewinnrealisation nach Artikel 58 Absatz 1 Buchstabe c DBG vor und es besteht deshalb auch keine Veräusserungssperrfrist» (ESTV-DVS, KS 5 vom 1.6. 2004, Ziff. 4.4.2.2.4). An anderer Stelle wird ausdrücklich auf die Weiterführung der bisherigen Praxis (ESTV-DVS, KS Nr. 9 vom 9.7.1998, Ziff. 2.5.3e) sowie auf die generelle Steuerneutralität des Austauschs von Beteiligungs- oder Mitgliedschaftsrechten anlässlich von Umstrukturierungen nach Art. 61 Abs. 1 lit. c DBG verwiesen (ESTV-DVS, KS 5 vom 1.6.2004, Ziff. 4.4.2.2.1 sowie Verweis in Ziff. 4.5.2.1).

An dieser Stelle brauchen die Ausführungen zur Gewinnrealisation bzw. dem steuerneutralen Austauschtatbestand gemäss Kreisschreiben Nr. 9 sowie den Ausführungen der erwähnten Steuerrechtskommentatoren zur Weiterführung der bisherigen Praxis nicht hinterfragt zu werden (vgl. auch LOCHER, Kommentar DBG, Rev. Art. 61 N 174). Die steuerpflichtige Unternehmung nimmt diese Auslegung gerne zur Kenntnis. Für die meisten Beteiligungsübertragungen auf Tochtergesellschaften stellt ohne Zweifel die Anwendung des Kreisschreibens Nr. 9, welches eine Nichtrealisation und somit keine Sperrfrist vorsieht, eine vorteilhafte Lösung dar. Was jedoch nach wie vor interessiert, ist die Auslegung unter dem hier besprochenen Art. 61 Abs. 3 DBG bzw. Art. 24 Abs. 3^{quater} StHG für eine **kleine Restmenge an Beteiligungsübertragungen**, welche aufgrund der Norm zur Konzernübertragung Steuerneutralität geniesst, nicht jedoch nach dem Kreisschreiben Nr. 9. Es handelt sich um Beteiligungsübertragungen von weniger als 20%. Aus der oben dargestellten systematischen Auslegung deckt Art. 61 Abs. 3 DBG bzw. Art. 24 Abs. 3^{quater} StHG auch solche Beteiligungsübertragungen. LISSI/DUSS gehen weiter davon aus, dass Beteiligungen von weniger als 20% auch als betriebliches Anlagevermögen (Art. 665a OR) im Sinne von Art. 61 Abs. 3 DBG bzw. Art. 24 Abs. 3^{quater} StHG qualifizieren könnten (LISSI/DUSS, ST 2003, 1139 f.)

dd) Zwangsaufwertung nach Art. 62 Abs. 4 DBG

65 Nach Art. 62 Abs. 4 DBG können **Wertberichtigungen und Abschreibungen auf qualifizierenden Beteiligungen** wieder dem Gewinn zugerechnet werden, soweit sie nicht mehr geschäftsmässig begründet sind. Die geschäftsmässige Begründetheit ist nicht mehr gegeben, soweit eine nachhaltige Werterholung der Beteiligung eintritt (BRÜLISAUER/KUHN in: Kommentar um Schweizerischen Steuerrecht I/2a, Art. 62 DBG N 34 ff.). Es stellt sich nun die Frage, ob im Rahmen einer Konzernübertragung nach Art. 61 Abs. 3 DBG bzw. Art. 24 Abs. 3^{quater} StHG eine solche Werterholung eintreten kann.

66 Sinn und Zweck der Konzernübertragung nach Art. 61 Abs. 3 DBG bzw. Art. 24 Abs. 3^{quater} StHG ist die steuerneutrale Übertragung stiller Reserven. Dabei wird die übertragende Gesellschaft entreichert und die übernehmende bereichert. Gleichermassen verändern sich auf Stufe der Beteiligten die Verkehrswerte ihrer Beteiligungen; derjenige der übertragenden Gesellschaft nimmt ab und derjenige der übernehmenden zu. Dazu zwei Beispiele:

67 **Konzernübertragung auf Schwestergesellschaft**: Die Gesellschaft A überträgt Liegenschaften, welche stille Reserven beinhalten, zum Gewinnsteuerwert auf ihre Schwestergesellschaft B. Durch diese Reservenübertragung erhöht sich der Verkehrswert der Beteiligung an der übernehmenden Gesellschaft B. Nicht bloss die übernehmende Gesellschaft B selbst, sondern auch ihre Muttergesellschaft wird indirekt bereichert, da der Wert ihrer Beteiligung an der übernehmenden Gesellschaft B steigt. Lag nun der Gewinnsteuerwert der bisherigen Beteiligung an der übernehmenden Gesellschaft B unter deren Gestehungskosten (z.B. infolge früherer Abschreibungen), stellt sich die Frage der Besteuerung von wieder eingebrachten Abschreibungen nach Art. 62 Abs. 4 DBG auf der Ebene der beteiligten Muttergesellschaft. Bei der übernehmenden Schwestergesellschaft B ist eine Werterhöhung eingetreten, und entsprechend liegt neu der Verkehrswert der Beteiligung an der übernehmenden Schwestergesellschaft B über deren bisher abgeschriebenem Gewinnsteuerwert.

68 **Konzernübertragung auf Tochtergesellschaft**: Die Muttergesellschaft X überträgt eine Beteiligung, welche stille Reserven beinhaltet, zum Gewinnsteuerwert auf ihre Tochtergesellschaft A. Der bisherige Gewinnsteuerwert und die Gestehungskosten der übertragenen Beteiligung sind auf Stufe der übertragenden Muttergesellschaft zum Beteiligungswert ihrer bisherigen Tochtergesellschaft A zu addieren. Zusätzlich erhöht sich der Verkehrswert der Beteiligung an Tochtergesellschaft A durch die übertragenen stillen Reserven. Lag nun der Gewinnsteuerwert der bisherigen Beteiligung an Tochtergesellschaft A unter deren Gestehungskosten (z.B. infolge früherer Abschreibungen), so stellt sich wiederum die Frage der Besteuerung von wiedereingebrachten Abschreibungen nach Art. 62 Abs. 4 DBG auf der Stufe der übertragenden Muttergesellschaft. Bei der übernehmenden Tochtergesellschaft A ist eine Werterhöhung eingetreten, und entsprechend liegt neu der Verkehrswert der Beteiligung an der übernehmenden Tochtergesellschaft A über deren bisher abgeschriebenem Gewinnsteuerwert. Dieses Beispiel

lässt sich auch am umgekehrten Fall illustrieren, bei welchem der Gewinnsteuerwert der übertragenen Beteiligung infolge früherer Abschreibungen unter deren Gestehungskosten lag. Auf Stufe der Muttergesellschaft wird der Beteiligungswert der übertragenen Beteiligung zum bisherigen Wert der Beteiligung der Tochtergesellschaft A gezählt. Dabei liegen die addierten Gewinnsteuerwerte unter den zusammengezählten Gestehungskosten. Bestehen nun stille Reserven auf der bisherigen Beteiligung an der Tochtergesellschaft A gleichen diese die frühere Wertminderung der addierten übertragenen Beteiligung teilweise oder gänzlich aus.

Diesen Beispielen ist gemeinsam, dass sich die **abgeschriebene Beteiligung nicht eigenständig im Wert erholt**, sondern ihr vielmehr direkt (Tochterübertragung) oder indirekt (Schwesterübertragung) stille Reserven zugeführt werden. Mit einer Zwangsaufwertung nach Art. 62 Abs. 4 DBG würden in diesen Beispielen zwar dem Schein nach wiedereingebrachte Abschreibungen steuerlich erfasst, faktisch handelte es sich jedoch um die Besteuerung stiller Reserven. Nicht die abgeschriebene Beteiligung, sondern die übertragenen Vermögenswerte bzw. die hinzugebuchte zweite Beteiligung weisen einen Mehrwert auf. Der ursprüngliche Grund der Abschreibung hat sich nicht verflüchtigt, er wurde bloss durch Zuführung stiller Reserven überdeckt. Eine **Besteuerung der stillen Reserven** würde den Intentionen des Gesetzgebers zuwiderlaufen, der mit Übertragungen nach Art. 61 Abs. 3 DBG bzw. Art. 24 Abs. 3^{quater} StHG eben gerade eine Besteuerung stiller Reserven verhindern wollte. Es gilt der Grundsatz des steuerlichen Umstrukturierungsrechtes, wonach stille Reserven erst anlässlich ihrer tatsächlichen Realisierung besteuert werden sollen (Botschaft, 4368 f., 4374 und 4509; Mitbericht WAK StR, 9 f.). Dieser Grundsatz kann sich nicht bloss auf die stillen Reserven der übertragenen Vermögenswerte beziehen, sondern hat auch die bereits bestehenden stillen Reserven auf der **Ebene der Beteiligten** einzuschliessen. Erinnert man sich zudem der Entstehungsgeschichte von Art. 62 Abs. 4 DBG, welchem der Gedanke der Verhinderung einer Steuerumgehung zugrunde lag (AmtlBull NR 1997 839 [Eugen David]; BRÜLISAUER/KUHN in: Kommentar zum Schweizerischen Steuerrecht I/2a, Art. 62 DBG N 34), wird klar, dass es im Rahmen von Konzernübertragungen nach Art. 61 Abs. 3 DBG bzw. Art. 24 Abs. 3^{quater} StHG keinen Platz für die Besteuerung wiedereingebrachter Abschreibungen hat (vgl. Teil 1 vor Art. 69 N 92 f.; **a.M.** ESTV-DVS, KS 5 vom 1.6.2004, Ziff. 4.5.2.7 und Anhang I, Nr. 18, mit Verweis auf ESTV-DVS, KS 9 vom 9.7.1998, Ziff. 2.5.2).

e) Vorbehalt Übertragung auf Tochtergesellschaft nach Art. 61 Abs. 1 lit. d DBG

Nach Ansicht des Nationalrates war die vorgeschlagene Regelung für Übertragungen auf Konzerngesellschaften in Art. 61 Abs. 3 DBG bzw. Art. 24 Abs. 3^{quater} StHG, welche eine einheitliche Leitung der übernehmenden Konzerngesellschaften (mindestens 50% der Stimmrechte) voraussetzt, für Ausgliederungen auf Tochtergesellschaften zu restriktiv und bedurfte einer eigenen, weiter gefassten Norm (Mitbericht WAK NR, 7 ff.). Entsprechend wurde die steuerneutrale Übertragung von Betrieben, Teilbetrieben und Gegenständen des betrieblichen Anlagevermögens auf eine Tochtergesellschaft in Art. 61 Abs. 1 lit. d DBG bzw. Art. 24 Abs. 3 lit. d StHG separat geregelt (vgl. Teil 1 vor Art. 69 N 77 ff.). Diese Norm lässt eine steuerneutrale Übertragung bereits bei Vorliegen einer Beteiligung von mindestens 20% am Grund- oder Stammkapital einer Tochtergesellschaft zu und soll insbesondere die steuerneutrale Ausgliederung auf eine von mehreren Kapitalgesellschaften oder Genossenschaften gehaltene Tochtergesellschaft (Joint Venture) ermöglichen.

Zur Vermeidung einer Konkurrenz zwischen den beiden neu geschaffenen Gesetzesartikeln bedurfte es einer klaren Regelung der Normenhierarchie. Entsprechend brachte der Nationalrat in Art. 61 Abs. 3 DBG bzw. Art. 24 Abs. 3^{quater} StHG einen Vorbehalt zu

Gunsten der Übertragung auf eine Tochtergesellschaft im Sinne von Art. 61 Abs. 1 lit. d DBG bzw. Art. 24 Abs. 3 lit. d StHG an. Die Übertragung von Betrieben oder Teilbetrieben sowie Gegenständen des betrieblichen Anlagevermögens auf eine Tochtergesellschaft richtet sich somit ausschliesslich nach Art. 61 Abs. 1 lit. d DBG bzw. Art. 24 Abs. 3 lit. d StHG und ist von Art. 61 Abs. 3 DBG bzw. Art. 24 Abs. 3^{quater} StHG auszunehmen (Mitbericht WAK NR, 7 ff.). Dabei gilt es allerdings zu beachten, dass diese beiden Normen bezüglich der Aufzählung der steuerneutral übertragbaren Vermögenswerte nicht deckungsgleich sind. Die steuerneutrale Übertragung von direkt und indirekt gehaltenen Beteiligungen von mindestens 20% ist in Art. 61 Abs. 1 lit. d DBG bzw. Art. 24 Abs. 3 lit. d StHG nicht enthalten. Sie kann nach dieser Norm nicht durchgeführt werden, und entsprechend kann sie in Art. 61 Abs. 3 DBG bzw. Art. 24 Abs. 3^{quater} StHG auch nicht vorbehalten sein. Die steuerneutrale Übertragung von direkt oder indirekt gehaltenen Beteiligungen von mindestens 20% auf eine Tochtergesellschaft ist somit nach Art. 61 Abs. 3 DBG bzw. Art. 24 Abs. 3^{quater} StHG möglich (vgl. N 62 ff.). Ob dieser steuerneutralen, konzerninternen Übertragung von Beteiligungen in Konkurrenz zur verdeckten Kapitaleinlage (ESTV-DVS, KS 9 vom 9.7.1998, Ziff. 2.5.3e) und zur steuerfreien Beteiligungsveräusserung nach Art. 70 Abs. 1 und 4 DBG bzw. Art. 28 Abs. 1bis StHG eine praktische Bedeutung zukommt, ist zu bezweifeln, wird jedoch abzuwarten sein (vgl. N 26).

f) Vorbehalt Übertragung auf eine nach Art. 28 Abs. 2 bis 4 StHG besteuerte Gesellschaft

72 Nach Ansicht des Nationalrates war die Steuerneutralität nach Art. 24 Abs. 3^{quater} StHG für die Übertragung von **Gegenständen des betrieblichen Anlagevermögens** auf eine nach Art. 28 Abs. 2–4 StHG besteuerte Gesellschaft (Holding-, Domizil- oder gemischte Gesellschaft) einzuschränken. Er argumentierte, dass bei einer solchen Übertragung die gleichen Folgen wie bei einem **steuerlichen Statuswechsel** einzutreten hätten, sofern die übertragende Gesellschaft nicht ihrerseits einen entsprechenden kantonalen Steuerstatus besitze. Weiter wies er darauf hin, dass sich dieses Problem auch im interkantonalen Verhältnis stellen könne. Die Grundbedingung für eine steuerneutrale Abwicklung, wonach die Steuerpflicht in der Schweiz uneingeschränkt fortbestehen müsse, sei bei einer solchen Übertragung nicht gegeben, da die stillen Reserven bei einer späteren Veräusserung nicht oder nicht mehr voll besteuert werden könnten. Die Kantone könnten jedoch in derartigen Fällen ihre für den Fall eines Statuswechsels vorgesehenen Regelungen (auch für interkantonale Übertragungen) zur Anwendung bringen (Mitbericht WAK NR, 7 ff.).

73 Dieser vom Nationalrat eingefügte Vorbehalt erscheint sachlich begründet, da es sich um einen steuerlichen Entstrickungstatbestand handelt. Es kann nicht Sinn und Zweck der steuerneutralen Übertragungsnorm von Art. 24 Abs. 3^{quater} StHG sein, die Besteuerung gänzlich zu vermeiden, sie soll vielmehr bloss aufgeschoben werden. Zudem bleibt es den Kantonen vorbehalten, ihre für den Fall eines Statuswechsels vorgesehenen Übergangsregelungen entsprechend anzupassen (z.B. § 75 Abs. 1 und 2 StG ZH) bzw. solche einzuführen.

74 Der Vorbehalt bezieht sich allerdings nur auf Gegenstände des betrieblichen Anlagevermögens und nicht auf die Übertragung von Beteiligungen, Betrieben und Teilbetrieben. Denn für die Übertragung von **Betrieben und Teilbetrieben** bedarf es keines Vorbehaltes, da die Führung eines inländischen Betriebs oder Teilbetriebs einer nach Art. 28 Abs. 2–4 StHG besteuerten Gesellschaft nicht zugänglich ist. Wie verhält es sich jedoch für steuerneutrale Konzernübertragungen von direkt und **indirekt gehaltenen Beteili-**

gungen von mindestens 20%? Bedarf es infolge des auf Kapitalgewinne erweiterten Beteiligungsabzugs nach Art. 28 Abs. 1bis StHG einer solchen Übertragungsnorm im Konzern gar nicht mehr, so dass ein diesbezüglicher Vorbehalt in Art. 24 Abs. 3^{quater} StHG überflüssig wäre? Dem ist nicht zuzustimmen. Es gibt durchaus Anwendungsfälle, bei welchen Art. 24 Abs. 3^{quater} StHG günstiger erscheint als der Beteiligungsabzug nach Art. 28 Abs. 1bis StHG. Zu denken ist etwa an eine **Verlustsituation**, bei welcher der Kapitalgewinn nach Art. 28 Abs. 1bis StHG mit steuerlichen Verlusten bzw. Verlustvorträgen verrechnet wird, während diese Steuerfolge bei der Übertragung im Konzern nicht eintritt. Weiter vorstellbar wäre auch deren Anwendung bei der steuerneutralen Übertragung von **Altbeteiligungen** (vgl. Art. 207a Abs. 1 DBG bzw. gleich lautende kantonale Vorschriften wie beispielsweise § 282b Abs. 1 StG ZH). Hätte es nun in den genannten Beispielen eines Vorbehalts bezüglich Übertragung von Beteiligungen auf eine nach Art. 28 Abs. 2–4 StHG besteuerten Gesellschaft bedurft? Aufgrund der nachhaltig wirkenden **fünfjährigen Nachbesteuerungsnorm** von Art. 24 Abs. 3^{quinquies} StHG ist dies in den meisten Fällen aus praktischen Erwägungen wohl zu verneinen. Einerseits ist die Verlustvortragsperiode auf sieben Steuerperioden beschränkt (Art. 25 Abs. 2 StHG), und andererseits läuft das sog. Altbeteiligungsregime per Ende 2006 aus. Die nicht vorbehaltene Übertragung von direkt oder indirekt gehaltenen Beteiligungen von mindestens 20% in Art. 24 Abs. 3^{quater} StHG lässt somit einen steuerlichen Gestaltungsspielraum zu, wenn auch in einem sehr eng begrenzten Rahmen.

g) Konzernübertragung zwecks Sanierung

75 Die Konzernübertragung nach Art. 61 Abs. 3 DBG bzw. Art. 24 Abs. 3^{quater} StHG lässt die steuerneutrale Übertragung von Vermögenswerten zwischen inländischen Kapitalgesellschaften oder Genossenschaften unabhängig davon zu, ob die übernehmende Gesellschaft finanziell gesund, angeschlagen oder gar überschuldet ist. Weder dem Gesetzestext noch den Materialien lassen sich irgendwelche Einschränkungen bezüglich des finanziellen Status der übernehmenden Gesellschaft bzw. der Beweggründe der übertragenden Gesellschaft entnehmen. Entsprechend wird die Konzernübertragung auch für **verdeckte Sanierungen** Anwendung finden. Das Fusionsgesetz bietet mit dem neuen zivilrechtlichen Institut der Vermögensübertragung (Art. 69 ff. FusG) auch die geeignete zivilrechtliche Übertragungsart, welche je nach vertraglicher Ausgestaltung sowohl mit als auch ohne Gegenleistung erfolgen kann. Unter Vorbehalt der Wahrung der Rechte und Interessen der Gläubiger und Gesellschafter der übertragenden Gesellschaft (vgl. Art. 69 N 14 ff.) ist die Übertragung von offenen und stillen Reserven von der übertragenden auf die übernehmende Gesellschaft mittels Vermögensübertragung zivilrechtlich möglich (Art. 71 Abs. 1 lit. d FusG; Botschaft, 4459 ff.) bzw. ausdrücklich so vorgesehen.

76 Der in finanziellen Schwierigkeiten steckenden Konzerngesellschaft können werthaltige, mit Ertragspotential verbundene Vermögenswerte steuerneutral übertragen werden, welche deren Eigenkapitalposition und deren künftige Ertragskraft stärken. Bemessungsrechtlich können die zusätzlichen künftigen Gewinne mit Verlusten der übernehmenden Gesellschaft innerhalb der Schranken von Art. 67 DBG bzw. Art. 25 Abs. 2 und 3 StHG verrechnet werden. Diese Rechtsfolge der **steuerneutralen Konzernübertragung** ist zwingend und auch gesetzgeberisch gewollt. Damit wird der Mangel des fehlenden Verlustausgleichs im Konzern im schweizerischen Steuerrechtssystem teilweise gemildert. Dem Konzernsteuerplaner wird ein attraktives neues Gestaltungsinstrument in die Hände gegeben. Steuerumgehungsüberlegungen finden für verdeckte Sanierungen im Rahmen einer Konzernübertragung i.d.R. keine Anhaltspunkte.

77 Wie verhält es sich allerdings, wenn die übernehmende Gesellschaft die stillen Reserven auf den übertragenen Vermögenswerten gänzlich oder teilweise auflöst, sei dies innerhalb der obligationenrechtlichen Höchstwertvorschriften oder als Aufwertung über die Anschaffungs- oder Herstellkosten nach Art. 670 OR (HWP, Bd. I, Ziff. 2.38 432, 382)? Gestützt auf den Grundsatz der Massgeblichkeit der Handelsbilanz wirkt eine solche Aufwertung auch zwingend für die Steuerbilanz. Bestehen Verluste bzw. Verlustvorträge im Sinne von Art. 67 DBG bzw. Art 25 Abs. 2 und 3 StHG, was bei Sanierungen wohl die Regel darstellt, kann der Aufwertungsgewinn mit diesen verrechnet werden. Erfolgt diese Aufwertung unmittelbar nach deren Übertragung bzw. war sie von Anfang an zum Zwecke der steuerlichen Verlustverrechnung geplant, so wird der Grundgedanke der steuerneutralen Umstrukturierung, nämlich der Aufschub der stillen Reserven bis zu deren tatsächlichen Realisierung (Botschaft, 4369), strapaziert. Auch kann nicht mit Überzeugung davon ausgegangen werden, dass die übernehmende Gesellschaft die für die Gewinnsteuer massgeblichen Werte übernimmt, obwohl aus formeller Sicht durchaus so argumentiert werden könnte. Entsprechend diesen Ausführungen kann der Ansicht der ESTV durchaus Verständnis entgegengebracht werden, dass bei Konzernübertragungen zwecks Sanierung der übernehmenden Gesellschaft eine **Steuerumgehung** bei Untergang der latenten Gewinnsteuer auf den übertragenen stillen Reserven zu prüfen sei (ESTV-DVS, KS 5 vom 1.6.2004, Ziff. 4.5.2.13). Letztlich darf jedoch nicht übersehen werden, dass formal kein Anwendungsfall für die Nachbesteuerung nach Art. 61 Abs. 4 DBG bzw. Art. 24 Abs. 3[quinquies] StHG vorliegt, welche eine Veräusserung oder eine Aufgabe der einheitlichen Leitung voraussetzt. Entsprechend hoch sind die Anforderungen an die Steuerbehörden anzusetzen, eine Steuerumgehung (HÖHN/WALDBURGER, Bd. 1, § 5 N 73 ff.) vorliegend nachzuweisen. So genügt beispielsweise eine Aufwertung der übertragenen Vermögenswerte für sich allein auf jeden Fall nicht zur Annahme einer Steuerumgehung, vielmehr bedarf es des Nachweises der missbräuchlichen Absicht des Steuerpflichtigen.

3. Nachträgliche Besteuerung/Sperrfrist

a) Gesetzeswortlaut

78 Art. 61 Abs. 4 DBG bzw. Art. 24 Abs. 3[quinquies] StHG statuieren für die Steuerneutralität der Konzernübertragung eine Sperrfrist von fünf Jahren. Werden die übertragenen Vermögenswerte während der Sperrfrist veräussert oder wird während dieser Zeit die einheitliche Leitung aufgegeben, so werden die übertragenen stillen Reserven im Verfahren nach den Artikeln 151–153 DBG bzw. Art. 53 StHG nachträglich besteuert. Die begünstigte juristische Person kann in diesem Fall entsprechende, als Gewinn versteuerte stille Reserven geltend machen. Die im Zeitpunkt der Sperrfristverletzung unter einheitlicher Leitung zusammengefassten inländischen Kapitalgesellschaften und Genossenschaften haften für die Nachsteuer solidarisch.

b) Entstehungsgeschichte

79 Die steuerneutrale Übertragung von Beteiligungen oder Betrieben im innerschweizerischen Konzernverhältnis wurde erstmals von der Arbeitsgruppe Steuern vorgeschlagen. Eine **Nachbesteuerungsregel** im Sinne von Art. 61 Abs. 4 DBG bzw. Art. 24 Abs. 3[quinquies] StHG findet sich im Bericht der Arbeitsgruppe jedoch nicht. Zwar verweist der damalige Vorschlag zu Art. 62 Abs. 2 DBG auf den damaligen Absatz 1 von Artikel 61 DBG (Bericht Steuern 1, Ziff. 44), welcher sinngemäss gelten sollte und welcher nach damaliger Fassung in lit. b für Spaltungen von Betrieben und Betriebsteilen eine Nachbesteuerung bei Verletzung der fünfjährigen Sperrfrist vorsah. Es kann jedoch nicht davon ausgegangen werden, dass diese spezifische Nachbesteuerungsregel nach Ansicht der Arbeitsgruppe auch für Konzernübertragungen zur Anwendung gelangen sollte (kein Hinweis auf eine Nachbesteuerungsnorm in Bericht Steuern 1, Ziff. 45). Vielmehr trat die Nachbesteuerungsnorm von Art. 61 Abs. 4 DBG bzw. Art. 24 Abs. 3^{quinquies} StHG erstmals in der bundesrätlichen Botschaft in Erscheinung. Bei der Übertragung von Beteiligungen, Betrieben und Teilbetrieben würden stille Reserven und damit Steuersubstrat auf eine Schwester-, Mutter- oder Tochtergesellschaft übertragen. Deshalb müsse sichergestellt werden, dass bei einer Veräusserung innerhalb der Sperrfrist die Gewinnsteuer bei der übertragenden Gesellschaft anfalle. Entsprechend sei in Art. 61 Abs. 4 DBG das objektive Konzept der Sperrfristenregelung vorzusehen, wobei auf die damalige Praxis der fünfjährigen Sperrfrist bei Übertragungen von Betrieben oder Teilbetrieben auf eine Tochtergesellschaft für die Gewinnsteuer gemäss ESTV-DVS, KS 9 vom 9.7.1998, Ziff. 2.5.3d verwiesen wurde (Botschaft, 4374 f. und 4509 f.).

Der Ständerat ergänzte den bundesrätlichen Vorschlag von Art. 61 Abs. 4 DBG bzw. **80** Art. 24 Abs. 3^{quinquies} StHG, indem er die **Aufgabe der einheitlichen Leitung** und die solidarische Haftung hinzufügte. Auch der Ständerat verwies in seiner Begründung auf die Verlagerung von latentem Steuersubstrat auf ein anderes Steuersubjekt. Bei der Vermögensübertragung von Gegenständen des betriebsnotwendigen Anlagevermögens auf eine Tochtergesellschaft (Austauschtatbestand) würde aus Sicht der übertragenden Gesellschaft ein latenter voll steuerbarer Kapitalgewinn in latenten Beteiligungsertrag umgewandelt. Bei einer tatsächlichen Realisation durch den **Verkauf der übertragenen Vermögenswerte** innerhalb der Veräusserungssperrfrist oder der Aufgabe der einheitlichen Leitung müsse deshalb sichergestellt werden, dass die Gewinnsteuer während der Sperrfrist bei der unterpreislich übertragenden und nicht bei der (oder den) begünstigten Gesellschaft(en) anfalle. Auch der Ständerat verwies explizit auf Ziff. 2.5.3d des ESTV-DVS, KS 9 vom 9.7.1998. Dadurch werde bereits nach geltendem Recht sichergestellt, dass latent steuerbare Kapitalgewinne während der Sperrfrist nicht in faktisch steuerfreie Beteiligungsgewinne umgewandelt werden könnten. Ziel des Fusionsgesetzes sei es, die Steuerneutralität vorzusehen und Missbräuche auszuschliessen. Dies werde damit erreicht, dass bei einer Veräusserung innerhalb der Sperrfrist eine Nachsteuer erhoben werde. Nachbesteuert würden die übertragenen stillen Reserven dort, wo sie entstanden seien. Dadurch würde die von den Kantonen befürchtete Verlagerung von Steuersubstrat im Falle der Weiterveräusserung der übertragenen Vermögenswerte vermieden. Die Nachsteuer solle auch erhoben werden, wenn die einheitliche Leitung über die begünstigte oder die entreicherte Konzerngesellschaft aufgegeben werde. Auch dies sei sachgerecht, weil die Steuerneutralität des Vorgangs auf der wirtschaftlichen Betrachtungsweise des Konzerns beruhe. Anderseits sei es zur Vermeidung einer doppelten Besteuerung folgerichtig, dass im Falle der Erhebung einer Nachsteuer die begünstigte juristische Person eine entsprechende, als Gewinn versteuerte stille Reserve geltend machen könne (Mitbericht WAK StR, 10 f.).

Wie erwähnt verwiesen Bundesrat und Ständerat bei ihrer Nachbesteuerungskonzeption **81** nach Art. 61 Abs. 4 DBG bzw. Art. 24 Abs. 3^{quinquies} StHG in erster Linie auf das Steuerumgehungspotential einer Übertragung von Vermögenswerten auf eine Tochtergesellschaft und deren nachträglichen Veräusserung unter Inanspruchnahme des Beteiligungsabzuges nach Art. 70 Abs. 1 DBG bzw. Art. 28 Abs. 1bis StHG. Diese Tochterübertragungen schienen den Inbegriff eines möglichen Missbrauchs darzustellen. Nachdem der Nationalrat nachträglich die Übertragung auf Tochtergesellschaften in einer eigenen Norm in Art. 61 Abs. 1 lit. d DBG bzw. Art. 24 Abs. 3 lit. d StHG regelte und eine eigene dazugehörige Nachbesteuerungsregel in Art. 61 Abs. 2 DBG bzw. Art. 24 Abs. 3ter StHG hinzufügte, hätte er sich auch die Frage stellen können, ob es denn noch der ursprünglichen Nachbesteuerungsregel von Art. 61 Abs. 4 DBG bzw. Art. 24 Abs. 3^{quinquies} StHG für Konzernübertragungen bedürfe. Denn es wurde der Geltungsbereich der Konzernübertragungen von Art. 61 Abs. 3 DBG bzw. Art. 24 Abs. 3^{quater} StHG eingeschränkt, nicht aber derjenige der dazugehörigen Nachbesteuerungsnorm. Den Materialien ist eine solche Wiedererwägung leider nicht zu entnehmen (vgl. auch REICH, FStR 2001, 14, der die Differenzierung des unterschiedlichen Sperrfristenkonzepts von Spaltung einerseits und Konzernübertragung andererseits als unsachgemäss bezeichnet, und LOCHER/AMONN, ASA 71 [2002/2003], 780, die darauf hinweisen, dass die Sperrfrist bzw. Nachbesteuerung infolge Beteiligungsabzug für Neubeteiligungen und Übergangsregelung für Altbeteiligungen gemäss Art. 207a Abs. 3 DBG nicht auf Beteiligungsübertragungen passe).

82 Ob all der Flexibilität in der Auslegung des Konzernbegriffs sowie den vielfältigen Möglichkeiten der Konzernübertragungen schien es dem Ständerat letztlich nicht recht wohl zu sein. Eine solche Flexibilität würde die Gefahr von Missbräuchen in sich bergen: Liquidationen könnten auf dem Weg von Vermögensübertragungen im Konzern umgangen werden. Und weil die Besteuerung nicht sichergestellt wäre, führte der Ständerat die solidarische Haftung sämtlicher Konzerngesellschaften für die Nachsteuer ein (Mitbericht WAK StR, 10 f.). Diese allumfassende **solidarische Haftung** schränkte der Nationalrat wenigstens teilweise ein, indem er diese auf die im Zeitpunkt der Sperrfristverletzung unter einheitlicher Leitung zusammengefassten inländischen Kapitalgesellschaften und Genossenschaften zurückband (Anträge der Kommission für Rechtsfragen des Nationalrates vom 3.9.2002 im Steuerbereich; vgl. auch N 106 ff.).

c) Verobjektivierte Sperrfrist

83 Während der fünfjährigen Sperrfrist dürfen weder die einheitliche Leitung aufgegeben noch die übertragenen Vermögenswerte veräussert werden. Alles, was anlässlich der Konzernübertragung zur Aberkennung der Steuerneutralität führt, löst die nachträgliche Besteuerung der stillen Reserven auf den übertragenen Vermögenswerten aus. Ein nachträglicher Wegfall der zeitraumbezogenen Voraussetzungen wirkt sich ohne weiteres so aus, wie wenn sie von Anbeginn gefehlt hätten. Die neue Tatsache lässt den Übertragungsvorgang in einem neuen Licht erscheinen, und insoweit dieser als Realisationsfall zu qualifizieren ist, werden die stillen Reserven nachträglich ex tunc besteuert.

84 Die Sperrfrist ist objektiviert. Die Gründe, die zu einer vorzeitigen Veräusserung oder Aufgabe der einheitlichen Leitung führen, sind unerheblich. Weder ein Verschulden noch eine Steuerumgehung müssen vorhanden sein bzw. bewiesen werden (ESTV-DVS, KS 5 vom 1.6.2004, Ziff. 4.5.2.17). Diesbezüglich verweist die Botschaft des Bundesrates auf die neuere Rechtsprechung des Bundesgerichts, wonach die sachliche Begründung der Sperrfrist nicht im Steuerumgehungsgedanken, sondern im **«gesetzlichen Realisierungskonzept»** bzw. im **«Differenzierungskonzept»** enthalten ist (Botschaft, 4372; BGer 28.12.1998, ASA 68 [1999/2000], 71, 75 = StE 1999 B 23.7 Nr. 9 E. 2c zur Umwandlung einer Personen- in eine Kapitalgesellschaft; vgl. auch Verweis auf Ziff. 2.5.3d des ESTV-DVS, KS 9 vom 9.7.1998, in Botschaft, 4374 f. und 4509 f.). Die Sperrfrist leitet sich aus dem gesetzlichen Realisationskonzept ab und findet ihre Grundlage in der rechtsgleichen Besteuerung wirtschaftlich vergleichbarer Tatbestände (REICH in: Kommentar zum Schweizerischen Steuerrecht I/2a, Art. 19 DBG N 46).

d) Nachfolgende fünf Jahre

85 Bezüglich der exakten zeitlichen Definition der Begriffsverwendung «nachfolgende fünf Jahre» schweigen sich die Materialien aus. Verwiesen wird bloss verschiedentlich auf Ziff. 2.5.3d des ESTV-DVS, KS 9 vom 9.7.1998, worin diesbezüglich ausgeführt

wird, die Nachbesteuerung erfolge rückwirkend auf den Zeitpunkt der Ausgliederung. Ob damit das **Verpflichtungsgeschäft** (Vertragsunterzeichnung), das **Erfüllungsgeschäft** (tatsächlicher Übergang der Vermögenswerte, Handelsregistereintrag) oder gar ein vertraglich vereinbarter **Übergang von Nutzen und Gefahr** (beispielsweise rückwirkend auf den letzten Bilanzstichtag) gemeint ist, kommt nicht zum Ausdruck. Auch der Steuerrechtsliteratur kann diesbezüglich nichts Eindeutiges entnommen werden. Zwar spricht REICH in Auslegung von Art. 19 Abs. 1 lit. a DBG zum Thema der Sperrfrist bei steuerneutralen Umwandlungen etwa von «vollzogener Reorganisation» oder vom «Zeitpunkt der Übertragung der Aktiven und Verbindlichkeiten» (REICH in: Kommentar zum Schweizerischen Steuerrecht I/2a, zu Art. 19 DBG N 45 f.). Ob sich diese Hinweise jedoch auf den Beginn der fünfjährigen Sperrfrist beziehen, lässt sich nicht mit Gewissheit belegen (vgl. vor Art. 53 N 132 f.).

Die Beantwortung dieser Frage hat sich aus der Systematik des Steuerrechts zu ergeben. Aufgrund der steuerrechtlichen Gewinnermittlungsvorschriften kann eine Besteuerung erst mit **Realisation** der stillen Reserven erfolgen (vor Art. 3 N 62). Auch die Nachbesteuerungsnorm von Art. 61 Abs. 4 DBG bzw. Art. 24 Abs. 3^{quinquies} StHG hat sich an diesem Grundsatz der steuerrechtlichen Gewinnermittlung bzw. dem Realisationsbegriff auszurichten. Damit beginnt die fünfjährige Sperrfrist im Zeitpunkt der tatsächlichen **Erfüllung des Rechtsgeschäfts** bzw. der tatsächlich zivilrechtlich massgebenden Übertragung der entsprechenden Vermögenswerte zu laufen, und auf diesen Zeitpunkt ist im Falle einer Nachbesteuerung zurückzukommen. Das Kreisschreiben Umstrukturierungen geht für den Beginn der Sperrfrist grundsätzlich vom Tag der Eigentumsübertragung aus. Bei der Vermögensübertragung nach Art. 69 ff. FusG stellt es jedoch nicht auf den Tag der Eintragung im Handelsregister nach Art. 73 Abs. 2 FusG ab, sondern auf den Tag der Handelsregisteranmeldung nach Art. 73 Abs. 1 FusG (ESTV-DVS, KS 5 vom 1.6.2004, Ziff. 4.5.2.17). 86

e) *Veräusserung*

ea) Begriff der Veräusserung

Werden im Fall einer Konzernübertragung die übertragenen Vermögenswerte während der nachfolgenden fünf Jahre veräussert, kommt die Nachbesteuerungsnorm von Art. 61 Abs. 4 DBG bzw. Art. 24 Abs. 3^{quinquies} StHG zur Anwendung. Der Begriff der **Veräusserung** wird in den Materialien nicht definiert. Er wird jedoch im Recht der direkten Bundessteuer verschiedentlich verwendet, so beispielsweise in Art. 16 Abs. 3 DBG bezüglich der Veräusserung von Privatvermögen, in Art. 18 Abs. 2 DBG bezüglich Veräusserung von Geschäftsvermögen sowie in Art. 70 Abs. 4 lit. a und b DBG bezüglich der Veräusserung von Beteiligungen. 87

Gemäss REICH ist unter Veräusserung der **Eintausch eines Vermögensrechtes gegen ein anderes** zu verstehen. Der Mehrwert des eingetauschten Vermögensrechts wird in eine andere Wertform umgewandelt bzw. realisiert. An die Stelle des weggegebenen Vermögensrechts tritt das Entgelt, das seiner Form und seinem wirtschaftlichen Gehalt nach ein anderes Vermögensrecht darstellt. Unter Veräusserung ist nicht nur die rechtsgeschäftliche Übereignung von Vermögenswerten wie etwa der Verkauf oder der Tausch zu verstehen, sondern jeder irgendwie geartete Ausscheidungsvorgang, bei welchem die Substanz ganz oder teilweise aus der Vermögenssphäre eines Steuerpflichtigen ausscheidet (REICH in: Kommentar zum Schweizerischen Steuerrecht I/2a, Art. 16 DBG N 51 m.w.N.). 88

Auslösender Tatbestand der Nachbesteuerung ist eine **Drittveräusserung** im Sinne der Versilberung der Vermögenswerte, **nicht** jedoch eine weitere **steuerneutrale Umstruk-** 89 turierung oder eine **Ersatzbeschaffung** (vgl. Teil 1 vor Art. 69 N 97 f.). Dem Zweck der Nachbesteuerungsnorm entsprechend führt eine nachträgliche Übertragung der Vermögenswerte im Rahmen einer weiteren Umstrukturierung (einschliesslich einer Konzernübertragung) nach Art. 61 DBG bzw. Art. 24 Abs. 3 StHG sowie einer Ersatzbeschaffung nach Art. 64 DBG bzw. Art. 24 Abs. 4 und 4bis StHG zu einem weiteren Steueraufschub (ESTV-DVS, KS 5 vom 1.6.2004, Ziff. 4.5.2.17). Die stillen Reserven bleiben nach wie vor mit den (Ersatz-)/Vermögenswerten verhaftet und gelten steuerlich als nicht realisiert. Folglich sind die übernehmenden Gesellschaften einzeln für die in ihrer Zeit angewachsenen stillen Reserven mit einer möglichen Nachbesteuerung belastet. Das folgende Beispiel erläutert diese mehrfache Nachbesteuerungsbelastung:

Sachverhalt	Beurteilung
Konzerntochter A überträgt ein Patent zum Gewinnsteuerwert von 200 (Verkehrswert 300) auf Konzerntochter B. Diese überträgt das gleiche Patent zwei Jahre später zum gleichen Gewinnsteuerwert von 200 (Verkehrswert 350) an Konzerntochter C, welche das Patent schliesslich im dritten Jahr zum Preis von 380 an einen Dritten veräussert.	Infolge Drittveräusserung während der Sperrfrist sind die übertragenen stillen Reserven von 100 bei A und von 50 bei B nachzubesteuern. Der Restgewinn von 30 bildet Teil des steuerbaren Gewinnes von C.

eb) Quotale Veräusserung

90   Veräussert die übernehmende Konzerngesellschaft während der fünfjährigen Sperrfrist die ihr übertragenen Vermögenswerte, kommt es zur nachträglichen steuerlichen Abrechnung über die übertragenen stillen Reserven. Sofern ein übertragener Vermögenswert nur teilweise an Dritte veräussert wird, stellt sich die Frage, welchen Einfluss der Umfang der Veräusserung auf die Nachbesteuerung hat.

91   Den Materialien ist zur Frage der teilweisen Veräusserung nach Art. 61 Abs. 4 DBG bzw. Art. 24 Abs. 3^{quinquies} StHG nichts zu entnehmen, jedoch hat sich die Kommission für Wirtschaft und Abgaben des Nationalrates im Rahmen der Übertragung von Vermögenswerten auf Tochtergesellschaften nach Art. 61 Abs. 1 lit. d DBG bzw. Art. 24 Abs. 3 lit. d StHG dazu geäussert. Danach soll bei **Teilveräusserungen** die Nachbesteuerung der übertragenen stillen Reserven anteilmässig erfolgen. Mit dieser Regelung würden während der fünfjährigen Frist die tatsächlich realisierten stillen Reserven bei der Gesellschaft besteuert, bei der sie entstanden seien (Mitbericht WAK NR, 7 ff.; vgl. auch Teil 1 vor Art. 69 N 99). Diese **quotale Abrechnung** entspricht auch der bisher geltenden Praxis für Sperrfristverletzungen bei Umwandlungen von Personengesellschaften in Kapitalgesellschaften und Aufteilungen (Spaltungen) von Kapitalgesellschaften oder Genossenschaften (REICH in: Kommentar zum Schweizerischen Steuerrecht I/2a, Art. 19 DBG N 48; Kommission Steuerharmonisierung, 76 f.). Es gibt wohl kaum triftige Gründe, die Nachbesteuerung für Konzernübertragungen nach Art. 61 Abs. 4 DBG bzw. Art. 24 Abs. 3^{quinquies} StHG auf andere Weise zu behandeln. Entsprechend hat eine quotale Abrechnung abhängig von der prozentualen Höhe der Teilveräusserung stattzufinden. Dazu folgendes Beispiel:

Sachverhalt	Beurteilung
Konzerntochter A überträgt ein Patent zum Gewinnsteuerwert von 200 (Verkehrswert 300) auf Konzerntochter B. Diese schliesst zwei Jahre später mit einem Dritten einen Kooperationsvertrag ab und veräussert 75% des Patentes zum Preis von 240 an diesen Dritten.	Infolge teilweiser Drittveräusserung während der Sperrfrist sind die ursprünglich von A auf B übertragenen stillen Reserven von 75 (75% von 100) bei A nachzubesteuern. Der Restgewinn von 15 (75% von 20) bildet Teil des steuerbaren Gewinnes von B. Der verbleibende Buchwert beträgt 50 (25%).

f) Aufgabe der einheitlichen Leitung

Die Aufgabe der einheitlichen Leitung in Art. 61 Abs. 4 DBG bzw. Art. 24 Abs. 3^{quinquies} StHG wurde vom Ständerat dem bundesrätlichen Vorschlag hinzugefügt. Die Nachsteuer soll erhoben werden, wenn die **einheitliche Leitung über die begünstigte oder die entreicherte Konzerngesellschaft aufgegeben** werde (Mitbericht WAK StR, 10 f.). Die Materialien schweigen jedoch zur Frage, was unter der Aufgabe der einheitlichen Leitung zu verstehen ist. Auch der einschlägigen aktienrechtlichen Literatur (z.B. BSK OR II-NEUHAUS/ILG, Art. 663e N 1 ff.; HWP, Bd. I, Ziff. 2.37 212, 266 f.) oder der mehrwertsteuerlichen Norm von Art. 22 Abs. 1 Satz 2 MWSTG ist diesbezüglich nichts zu entnehmen.

Die einheitliche Leitung wird in jenem Zeitpunkt aufgegeben, in dem deren Voraussetzungen dahinfallen, in erster Linie somit beim **Wegfall der Konsolidierungspflicht** nach Art. 663e Abs. 1 OR. Dies kann durch Veräusserung der Anteile, Kapitalerhöhung durch Dritte (Verwässerung) oder auch mittels Einbringung der Gesellschaft in eine Joint Venture-Unternehmung geschehen. Das Kreisschreiben Umstrukturierungen verweist diesbezüglich auf den Verlust der Stimmenmehrheit, soweit die Gesellschaften nicht auf andere Weise unter einheitlicher Leitung weiterhin zusammengefasst bleiben (ESTV-DVS, KS 5 vom 1.6.2004, Ziff. 4.5.2.17). Im Übrigen weist SIMONEK zu Recht darauf hin, dass es fraglich sei, ob die Veräusserungsquote immer bloss maximal 49,9% betrage, da im Einzelfall zu entscheiden sei, ob durch den Verkauf von Beteiligungsrechten die einheitliche Leitung aufgegeben werde (SIMONEK, ZSR 2004 I 154; vgl. zur einheitlichen Leitung «auf andere Weise» N 18).

Dem Gesetzeswortlaut ist keine Einschränkung bezüglich des Vorliegens einer tatsächlichen Realisierung der übertragenen stillen Reserven zu entnehmen. So vermag auch die Aufgabe der einheitlichen Leitung im Rahmen einer **steuerneutralen Umstrukturierung** nach Art. 61 DBG bzw. Art. 24 Abs. 3 StHG die nachträgliche Besteuerung weder zu verhindern noch aufzuschieben. Voraussetzung für die Nachbesteuerung ist nicht die Realisierung, d.h. die tatsächliche Versilberung der stillen Reserven in Geldwerten, sondern einzig der Tatbestand der Aufgabe der einheitlichen Leitung. Gemäss den ständerätlichen Ausführungen beschränkt sich die Erhebung der Nachsteuer zudem nicht bloss auf die Aufgabe der einheitlichen Leitung über die übernehmende Konzerngesellschaft, sondern sie bezieht sich auch auf die übertragende Gesellschaft (Mitbericht WAK StR, 10 f.; ESTV-DVS, KS 5 vom 1.6.2004, Ziff. 4.5.2.17).

Der Begriff «einheitlich» meint übereinstimmend, organisch, eine Einheit bildend, zusammengehörig bzw. zusammenhängend. Solange die übertragende und die übernehmende Konzerngesellschaft zusammengehörig sind, besteht Einheitlichkeit. Verlässt die eine oder die andere der beiden Gesellschaften diese Einheitlichkeit, ist steuerlich abzurechnen. Die übertragende und übernehmende Gesellschaft bilden ein Schicksalspaar,

Teil 2 vor Art. 69 96

was hingegen nicht für die gemeinsame, direkte oder indirekte Muttergesellschaft gilt. Diese wird durch die Übertragung der Vermögenswerte weder direkt begünstigt noch benachteiligt. Die Summe ihres Vermögens bleibt grundsätzlich gleich, sieht man von allfälligen Synergievorteilen der Übertragung ab. Daraus ist zu schliessen, dass die **gleichzeitige Aufgabe der einheitlichen Leitung** der übertragenden und der übernehmenden Gesellschaft auf eine **neue, gemeinsame, direkte oder indirekte Muttergesellschaft** diese Einheitlichkeit nicht zerstört. Auch die Materialien erwähnen ausschliesslich die Aufgabe der einheitlichen Leitung zwischen der übertragenden und der übernehmenden Gesellschaft als Nachsteuer auslösenden Tatbestand (Mitbericht WAK StR, 10 f.). Es wäre in der Tat nicht zu begreifen, wieso bei Veräusserung beider Gesellschaften an eine neue gemeinsame Muttergesellschaft abzurechnen wäre, da ja die neue Muttergesellschaft die gleiche Konzernübertragung ebenfalls steuerfrei hätte ausführen können.

96 Die **Aufgabe der einheitlichen Leitung** führt zur **gänzlichen steuerlichen Abrechnung** über die stillen Reserven der übertragenen Vermögenswerte (ESTV-DVS, KS 5 vom 1.6.2004, Ziff. 4.5.2.17). Die einheitliche Leitung ist gegeben oder sie ist es nicht. Etwas dazwischen gibt es nicht. Auch die Auslegung des Konzernbegriffs nach Art. 663e Abs. 1 OR lässt diesbezüglich keinen Spielraum. Entweder ist zu konsolidieren oder nicht (HWP, Bd. I, Ziff. 2.37 212, 267). Dazu einige Beispiele:

Beispiel 1:	**Sachverhalt**	**Beurteilung**
	Konzerngesellschaft A überträgt Mobilien zum Gewinnsteuerwert an Konzerngesellschaft B. Die gemeinsame Muttergesellschaft X veräussert innerhalb der fünfjährigen Sperrfrist 100% der Anteile an Konzerngesellschaft B an einen Dritten. Alternative: Die gemeinsame Muttergesellschaft X veräussert nicht die Anteile an B, sondern diejenigen an A.	Nachbesteuerung in beiden Fällen bei A. Die einheitliche Leitung von A und B wird aufgegeben.

Beispiel 2:	**Sachverhalt**	**Beurteilung**
	Konzerngesellschaft A überträgt ein Markenrecht zum Gewinnsteuerwert auf ihre Muttergesellschaft X. Diese veräussert innerhalb der fünfjährigen Sperrfrist 100% der Anteile an Konzerngesellschaft A an einen Dritten.	Nachbesteuerung bei A. Die einheitliche Leitung von A und ihrer Muttergesellschaft X wird aufgegeben.

Beispiel 3:	**Sachverhalt**	**Beurteilung**
	Konzerngesellschaft A überträgt eine Liegenschaft zum Gewinnsteuerwert an Konzerngesellschaft B. Die gemeinsame Muttergesellschaft X veräussert innerhalb der fünfjährigen Sperrfrist 40% der Anteile an Konzerngesellschaft B an einen Dritten.	Keine Nachbesteuerung bei A. Die einheitliche Leitung von A und B ist nach wie vor gegeben.

Beispiel 4:	**Sachverhalt**	**Beurteilung**
	Konzerngesellschaft A überträgt ein Markenrecht zum Gewinnsteuerwert an Konzerngesellschaft B. Die gemeinsame Muttergesellschaft X veräussert innerhalb der fünfjährigen Sperrfrist 55% der Anteile an Konzerngesellschaft B anlässlich eines IPOs. Alternative: Keine Veräusserung der Anteile an Konzerngesellschaft B jedoch Barkapitalerhöhung von 55% bei B durch einen Dritten.	Nachbesteuerung bei A in beiden Fällen. Eine Veräusserung des Markenrechts und damit die Realisation der stillen Reserven ist nicht ausschlaggebend, sondern einzig und allein die Aufgabe der einheitlichen Leitung zwischen A und B. Die gemeinsame Muttergesellschaft verfügt nach dem IPO bzw. nach der Kapitalerhöhung bloss noch über 45% an B.

Beispiel 5:	**Sachverhalt**	**Beurteilung**
	Konzerngesellschaft A überträgt ein Markenrecht zum Gewinnsteuerwert an Konzerngesellschaft B. Innerhalb der fünfjährigen Sperrfrist werden 55% der Anteile an der gemeinsamen Muttergesellschaft anlässlich eines IPOs veräussert. Alternative: Keine Veräusserung der Anteile an Muttergesellschaft jedoch Kapitalerhöhung von 55% in bar an Muttergesellschaft durch einen Dritten.	Keine Nachbesteuerung in beiden Fällen. Die einheitliche Leitung von A und B wird nicht aufgegeben.

Beispiel 6:	**Sachverhalt**	**Beurteilung**
	Konzerngesellschaft A überträgt einen Teilbetrieb zum Gewinnsteuerwert an Konzerngesellschaft B. Ein neuer, unabhängiger Konzern beteiligt sich innerhalb der fünfjährigen Sperrfrist an B mittels Einbringung seiner Gesellschaft C (Absorptions- oder Quasifusion). Die bisherige Muttergesellschaft hält danach noch 40% der Anteile an B.	Nachbesteuerung bei A. Die einheitliche Leitung von A und B wird aufgegeben.

Beispiel 7:	**Sachverhalt**	**Beurteilung**
	Konzerngesellschaft A überträgt Maschinen zum Gewinnsteuerwert an Konzerngesellschaft B. Die gemeinsame Muttergesellschaft X veräussert innerhalb der fünfjährigen Sperrfrist 100% der Anteile an Konzerngesellschaften A und B an einen Dritten.	Keine Nachbesteuerung bei A. Die einheitliche Leitung von A und B wird nicht aufgegeben sondern dauert bei Drittkäufer an.

g) Stille Reserven

ga) Begriff

97 Begrifflich wie auch inhaltlich deckt sich die Bezeichnung «**stille Reserven**» der Nachbesteuerungsnorm von Art. 61 Abs. 4 DBG bzw. Art. 24 Abs. 3^{quinquies} StHG mit derjenigen der steuerneutralen Umstrukturierung nach Art. 61 Abs. 1 DBG bzw. Art. 24 Abs. 3 StHG. Bezüglich Begriffsbestimmung kann auf die allgemeine Steuerrechtsliteratur (HÖHN/WALDBURGER, Bd. 1, § 18 Rz 42) sowie auf das Buchführungsrecht (HWP Bd. I, Ziff. 2.3426, 230 ff.; BK-KÄFER, Bd. VIII, 2. Abteilung, 2. Teilband, 996 N 183) verwiesen werden.

gb) Bestimmung der zu besteuernden stillen Reserven

98 Die Übertragung von Vermögenswerten im Konzern nach Art. 62 Abs. 4 DBG bzw. Art. 24 Abs. 3^{quater} StHG führt zur Entreicherung der übertragenden Gesellschaft im Ausmass der übertragenen stillen Reserven. Diese stillen Reserven sind bei einer Sperrfristverletzung **rückwirkend** auf den Übertragungszeitpunkt betragsmässig zu bestimmen. Massgebend ist der damalige **Verkehrswert** (vgl. zur Sperrfristverletzung bei einer Umwandlung einer Personenunternehmung in eine juristische Person REICH in: Kommentar zum Schweizerischen Steuerrecht I/2a, Art. 19 DBG N 48). Die Schwierigkeit der nachträglichen Feststellung der übertragenen stillen Reserven liegt darin, auf den Übertragungszeitpunkt zurückzugehen, die Umstände und Verhältnisse des Übertragungszeitpunkts nachzubilden und alle zwischenzeitlichen Veränderungen auszublenden. Theoretisch sinnvoll wäre es, die stillen Reserven im Übertragungszeitpunkt zu ermitteln und im besten Fall gleich mit den Steuerbehörden verbindlich zu fixieren. In der Praxis werden jedoch der Steuerpflichtige und die Steuerbehörden einen solchen Aufwand scheuen. Trotzdem erscheint es klug und vorausschauend, wenn der Steuerpflichtige im Übertragungszeitpunkt die stillen Reserven annäherungsweise zu ermitteln versucht oder zumindest eine **Dokumentation** über die damalige Faktenlage zusammenstellt, um eine spätere Verkehrswertermittlung zu erleichtern. Eine Pflicht dazu kann den allgemeinen Mitwirkungspflichten des Steuerpflichtigen (Art. 126 DBG) jedoch nicht entnommen werden.

99 Der Preis, der für den Drittverkauf der übertragenen Vermögenswerte erzielt wurde, kann als Indiz für das Ausmass der ursprünglich übertragenen stillen Reserven in Betracht gezogen werden. Zu berücksichtigen sind indes auch eine allfällige **Wertzunahme** oder ein **Wertzerfall** der übertragenen Vermögenswerte vom Zeitpunkt der Konzernübertragung bis zu deren Drittveräusserung. Im Falle der Aufgabe der einheitlichen Leitung fällt eine Ableitung vom Veräusserungspreis der Anteile unvergleichlich schwerer bzw. ergibt allenfalls keinen Sinn. Werden die Anteile der übernehmenden Gesellschaft veräussert, kann der Verkehrswert der übertragenen Vermögenswerte allenfalls aus dem Veräusserungspreis der verkauften Anteile abgeleitet werden. Werden hingegen die Anteile der übertragenden Gesellschaft veräussert, lassen sich aus dem Veräusserungspreis keine Anhaltspunkte zum ursprünglichen Verkehrswert der übertragenen Vermögenswerte entnehmen.

h) Nachbesteuerung

ha) Übertragende Gesellschaft

100 Begrifflich wie auch inhaltlich decken sich die Ausführungen über die nachträgliche Besteuerung der übertragenen stillen Reserven im **Verfahren** nach Art. 151–153 DBG bzw. Art. 53 StHG mit denjenigen der steuerneutralen Übertragung eines Betriebs oder

Teilbetriebs auf eine juristische Person nach Art. 19 Abs. 2 DBG bzw. Art. 8 Abs. 3bis StHG sowie mit der steuerneutralen Übertragung von Betrieben oder Teilbetrieben und von Gegenständen des betrieblichen Anlagevermögens auf eine Tochtergesellschaft nach Art. 61 Abs. 2 DBG bzw. Art. 24 Abs. 3ter StHG, weshalb auf die diesbezüglichen Kommentierungen verwiesen werden kann (vor Art. 53 N 134 und Teil 1 vor Art. 69 N 104 ff.).

101 Fällt das objektive Erfordernis der Steuerneutralität im Verlauf der fünfjährigen Sperrfrist dahin, so sind die übertragenen stillen Reserven bei der übertragenden Gesellschaft **rückwirkend** als Gewinn zu besteuern. Rückwirkend sind auf den Zeitpunkt der Übertragung der Vermögenswerte steuerlich jene Verhältnisse herzustellen, wie sie bestanden hätten, wenn die Gesellschaft die übertragenen Vermögenswerte von Anfang an unter Aufdeckung der stillen Reserven an die andere Konzerngesellschaft entgeltlich veräussert hätte. Es gelten die **damaligen Gewinnermittlungsvorschriften**, wobei die geschäftsmässig begründeten Aufwendungen einschliesslich der abzugsfähigen Steuern auf dieser Konzernübertragung ebenfalls zu berücksichtigen sind. Dies schliesst beispielsweise bei der Übertragung einer Neu-Beteiligung im Sinne von Art. 207a Abs. 1 DBG auch die Geltendmachung des Beteiligungsabzuges gemäss Art. 69 und 70 DBG ein (Botschaft, 4510; vgl. a. LOCHER, Kommentar DBG, Rev. Art. 61 N 185 und 187). Ist die entsprechende Veranlagung bereits in Rechtskraft erwachsen, ist die Besteuerung der stillen Reserven im **Nachsteuerverfahren** rückwirkend auf den Übertragungszeitpunkt vorzunehmen (vgl. Teil 1 vor Art. 69 N 104 ff.).

hb) Beteiligte

102 Bei Konzernübertragungen zwischen Schwestergesellschaften erstreckt sich die Nachbesteuerung nach der **Dreieckstheorie** auch auf die Ebene der Beteiligten der übertragenden Gesellschaft. Im Ausmass der übertragenen stillen Reserven vereinnahmen die Beteiligten an der übertragenden Gesellschaft eine steuerbare verdeckte Vorteilszuwendung (analog zur bisherigen Spaltung; vgl. REICH, Grundriss, 326; Kommission Steuerharmonisierung, 90). Sofern es sich um eine qualifizierende Beteiligung im Sinne von Art. 69 DBG bzw. Art. 28 Abs. 1 StHG handelt, kann der Beteiligungsabzug beansprucht werden. Bei den Beteiligten erhöhen sich der Gewinnsteuerwert und die Gestehungskosten ihrer Beteiligung an der übernehmenden Gesellschaft (analog ESTV-DVS, KS 9 vom 9.7.1998, Ziff. 2.5.3c). Gemäss Kreisschreiben Umstrukturierungen kommt jedoch bei Konzernübertragungen zwischen Schwestergesellschaften bei der Muttergesellschaft zwingend die **modifizierte Dreieckstheorie** zur Anwendung (ESTV-DVS, KS 5 vom 1.6.2004, Ziff. 4.5.2.16 und Anhang I, Nr. 20). Danach werden die Steuerfolgen für die übertragende und die übernehmende Gesellschaft nach der Dreieckstheorie bestimmt, während die Beteiligten ausgeklammert werden (vgl. N 49).

i) Geltendmachung versteuerte stille Reserven

103 Gemäss Art. 61 Abs. 4 DBG bzw. Art. 24 Abs. 3^{quinquies} StHG kann anlässlich der Nachbesteuerung die begünstigte juristische Person die entsprechenden, **als Gewinn versteuerten, stillen Reserven** geltend machen. Die übertragende Gesellschaft hat sie zu versteuern, die übernehmende kann sie steuerlich aufdecken. Diese steuerliche Korrektur bei der **übernehmenden Gesellschaft** wurde anlässlich des Vernehmlassungsverfahrens gefordert (Bericht Steuern 2, Ziff. 523.5e), im bundesrätlichen Gesetzesvorschlag entsprechend aufgenommen (Botschaft, 4509f.) und von den Räten bestätigt (Mitbericht WAK StR, 10 f.).

104 Mit der rückwirkenden Besteuerung der stillen Reserven bei der übertragenden Gesellschaft werden die übertragenen stillen Reserven steuerrechtlich aufgedeckt. In der Folge muss der Kapitalgesellschaft, welche diese Vermögenswerte zu den damaligen Gewinnsteuerwerten und Gestehungskosten (bei Beteiligungen) übernommen hat, konsequenterweise zugestanden werden, die Differenz zwischen den neuen und den damaligen Gewinnsteuerwerten nachträglich **gewinnsteuerfrei** in der **Steuerbilanz offen zu legen**. Die Gewinnsteuerwerte der Aktiven (bei Beteiligungen auch Gestehungskosten) werden um die besteuerten stillen Reserven erhöht, und der Gesamtbetrag der stillen Reserven wird dem Eigenkapital der Steuerbilanz gutgeschrieben. Verschiedentlich wird in der Literatur anstelle dieser Eigenkapitalbuchung eine Gutschrift auf ein **Aktionärskreditorenkonto** gefordert, um die spätere steuerfreie Rückführung dieses Mehrwertes an die Beteiligten zu ermöglichen (NEUHAUS, FStR 2001, 28 ff. m.w.N.). Steuersystematisch wäre eine solche steuerliche Korrekturbuchung zu begrüssen, sie lässt sich jedoch dem Gesetzestext und den Materialien nicht entnehmen. Eine rückwirkende Abkehr von der tatsächlichen zivilrechtlichen Gestaltung (einschliesslich der Übertragung von stillen Reserven) lässt sich jedoch ohne steuergesetzliche Grundlage kaum rechtfertigen. Dazu bedarf es entweder einer entsprechenden steuergesetzlichen Sonderregelung oder eines umfassend normierten Kapitalrückzahlungsprinzips, welches erlaubt, Reserveeinlagen der Beteiligten steuerfrei an diese zurückzuführen.

105 Im Rahmen der steuerlichen Gewinnermittlungsvorschriften kann die übernehmende Gesellschaft diese **erhöhten Vermögenswerte** wieder steuerlich **abschreiben** bzw. steuerlich zulässige **Wertberichtigungen** und Rückstellungen bilden. Folgt man der zeitlichen Systematik der Nachbesteuerung bei der übertragenden Gesellschaft, muss es der übernehmenden Gesellschaft ihrerseits erlaubt sein, diese Abschreibungen, Rückstellungen und Wertberichtigungen ab dem Übernahmejahr und den darauf folgenden Steuerperioden geltend zu machen (NEUHAUS, FStR, 2001, 27). Gemäss Kreisschreiben Umstrukturierungen liegt **Goodwill** vor, der innert fünf Jahren steuerwirksam abgeschrieben werden kann, soweit die stillen Reserven nicht lokalisiert werden können (ESTV-DVS, KS 5 vom 1.6.2004, Ziff. 4.5.2.17). Auch bei der übernehmenden Gesellschaft muss der Grundsatz gelten, dass rückwirkend auf den Zeitpunkt der Übertragung der Vermögenswerte steuerlich jene Verhältnisse herzustellen sind, wie sie bestanden hätten, wenn die übertragende Gesellschaft die übertragenen Vermögenswerte von Anfang an unter Aufdeckung der stillen Reserven an die übernehmende Gesellschaft übertragen hätte. Solche nachträglichen Korrekturen des steuerbaren Gewinnes können für offene Veranlagungen im ordentlichen Verfahren vorgenommen werden. Liegt bereits eine definitive Veranlagung vor, erfolgt die Neuveranlagung im Revisionsverfahren nach Art. 147 ff. DBG bzw. Art. 51 ff. StHG (ESTV-DVS, KS 5 vom 1.6.2004, Ziff. 4.5.2.17).

j) Solidarische Haftung

ja) Entstehungsgeschichte

106 Weder der Bericht der Arbeitsgruppe Steuern noch die bundesrätliche Botschaft enthielten einen Hinweis oder einen Gesetzesvorschlag für eine **solidarische Haftung der Konzerngesellschaften für die Nachsteuer**. Vielmehr fand diese erst durch Antrag der Kommission für Wirtschaft und Abgaben des Ständerates Eingang in Art. 61 Abs. 4 DBG bzw. Art. 24 Abs. 3^{quinquies} StHG. Sie bildet gewissermassen den Preis für die Erweiterung der Übertragungsmöglichkeiten im Konzern auf direkt und indirekt gehaltene Beteiligungen und auf Gegenstände des betrieblichen Anlagevermögens, bei gleichzeitig fehlender Voraussetzung einer (einzigen) gemeinsamen schweizerischen Muttergesellschaft. Nach Ansicht der Kommission birgt eine solche Flexibilität die Gefahr von Missbräuchen: Liquidationen könnten auf dem Weg von Vermögensübertragungen im Konzern umgangen werden, und die Besteuerung sei nicht sichergestellt. Deshalb wurde beantragt, in Art. 61 Abs. 4 DBG bzw. Art. 24 Abs. 3^{quinquies} StHG für die Nachsteuer die solidarische Haftung sämtlicher inländischer Konzerngesellschaften festzulegen (Mitbericht WAK StR, 10 f.). Diese umfassend formulierte solidarische Haftung schränkte der Nationalrat teilweise ein, indem er sie auf die **im Zeitpunkt der Sperrfristverletzung** unter einheitlicher Leitung zusammengefassten inländischen Kapitalgesellschaften und Genossenschaften reduzierte (Anträge der Kommission für Rechtsfragen des Nationalrates vom 3.9.2002 im Steuerbereich).

jb) Kreis der solidarisch haftenden Personen

107 Die solidarische Haftung nach Art. 61 Abs. 4 DBG bzw. Art. 24 Abs. 3^{quinquies} StHG trifft **alle** unter einheitlicher Leitung zusammengefassten inländischen Kapitalgesellschaften und Genossenschaften. Anders als im Mehrwertsteuerrecht, wo die solidarisch haftenden Personen aufgrund ihrer nach Art. 22 Abs. 1 MWSTG beantragten Zugehörigkeit zur Mehrwertsteuergruppe klar definiert sind, besteht keine so klare Abgrenzung im Rahmen von Art. 61 Abs. 4 DBG bzw. Art. 24 Abs. 3^{quinquies} StHG. Immerhin kann dem Wortlaut entnommen werden, dass sich diese Haftung auf **inländische Kapitalgesellschaften und Genossenschaften** beschränkt. Damit werden ausländische Unternehmungen von der Haftung ausgeschlossen, was sich direkt aus der mangelnden Möglichkeit der Zwangsvollstreckung von inländischen Steuerforderungen im Ausland ergibt. Damit kann die ausländische Muttergesellschaft nicht für die Nachbesteuerung ihrer schweizerischen Tochtergesellschaft aus Konzernübertragung haftbar gemacht werden, auch wenn sie für deren einheitliche Leitung ursprünglich massgebend war bzw. diese nachträglich innerhalb der Sperrfrist aufgibt. Wie verhält es sich jedoch bezüglich **inländischer Betriebsstätten** von ausländischen Unternehmungen? Wie zur Thematik der inländischen Unternehmung erläutert (vgl. N 13 f.), werden zwar inländische Betriebsstätten ausländischer Unternehmungen in Art. 61 Abs. 3 DBG bzw. Art. 24 Abs. 3^{quater} StHG nicht erwähnt, sollen jedoch trotzdem aufgrund der Zwecksetzung der Gesetzesvorlage von steuerneutralen Konzernübertragungen profitieren können. Folgerichtig wären somit nach einer deckungsgleichen Auslegung auch inländische Betriebsstätten ausländischer Unternehmungen in die solidarische Haftung einzubeziehen (ESTV-DVS, KS 5 vom 1.6.2004, Ziff. 4.5.2.3). Ob eine solche Auslegung jedoch einer richterlichen Prüfung standhält, muss bezweifelt werden. Denn einem Unternehmenstypus (Betriebsstätte einer ausländischen Unternehmung), der im Gesetzestext gar nicht erwähnt wird, kann keine Solidarhaftung aufgebürdet werden.

108 Wie erwähnt präzisierte der Nationalrat den **massgeblichen Zeitpunkt** für die Bestimmung des Kreises der Mithaftenden auf denjenigen der **Sperrfristverletzung** (Anträge der Kommission für Rechtsfragen des Nationalrates vom 3.9.2002 im Steuerbereich; ESTV-DVS, KS 5 vom 1.6.2004, Ziff. 4.5.2.17; LOCHER, Kommentar DBG, Rev. Art. 61 N 186). Dieser Präzisierung kommt zentrale Bedeutung zu, wie der Diskussion zur gleichen Frage bei der Mehrwertsteuer, bei welcher diese Klarstellung fehlt, entnommen werden kann. Die fehlende zeitliche wie auch inhaltliche Einschränkung von Art. 32 Abs. 1 lit. e MWSTG kann die Umgestaltung von Unternehmensgruppen und insbesondere die Veräusserung von Gruppengesellschaften erheblich erschweren, indem von der Veräusserin allenfalls weitreichende Gewährleistungen und Garantien aufgrund der solidarischen Mithaftung der verkauften Gesellschaft für die Mehrwertsteuerschulden der gesamten Gruppe abzugeben sind. Handelt es sich bei der Verkäuferin um eine finanziell notleidende Gesellschaft bzw. Unternehmensgruppe, kann dies gar zur Unver-

käuflichkeit von Konzerngesellschaften führen. Die zeitliche Abgrenzung in Art. 61 Abs. 4 DBG bzw. Art. 24 Abs. 3^{quinquies} StHG soll solch einschneidende Beschränkungen verhindern. Dennoch wird diese solidarische Haftung im Rahmen der Bilanzerstellung der einzelnen Konzerngesellschaften zu berücksichtigen bzw. von der Revisionsstelle zu prüfen sein wie auch bei Due Diligence Prüfungen und der Abgabe von Legal Opinions im Rahmen von Firmenverkäufen (SIMONEK, ZSR 2004 I 153). Im Falle der **Aufgabe der einheitlichen Leitung über eine Konzerngesellschaft** entfällt für diese Gesellschaft die solidarische Haftung für allfällige Steuerschulden aus früheren Konzernübertragungen anderer Gruppengesellschaften, sofern bei ihrem Austritt die Sperrfristverletzung noch nicht eingetreten war. Sie haftet nicht für Nachsteuern aus früheren Konzernübertragungen, auch wenn nach ihrem Austritt die fünfjährige Sperrfrist verletzt wird.

Beispiel 1:	**Sachverhalt**	**Beurteilung**
	Konzerngesellschaft A überträgt Mobilien zum Gewinnsteuerwert an Konzerngesellschaft B. Zwei Jahre später wird die einheitliche Leitung über Konzerngesellschaft C aufgegeben und ein weiteres Jahr danach veräussert Konzerngesellschaft B die Mobilien an einen Dritten.	Nachbesteuerung bei A infolge Veräusserung der Mobilien während der Sperrfrist. Konzerngesellschaft C haftet nicht für diese Nachsteuer, da sie im Zeitpunkt der Sperrfristverletzung nicht mehr unter einheitlicher Leitung mit Konzerngesellschaften A und B stand.

109 Im umgekehrten Fall stellt sich die Frage, ob eine **neu hinzutretende Gesellschaft** in die solidarische Haftung für allfällige Steuerschulden aus früheren Konzernübertragungen anderer Gruppengesellschaften eintritt. Sofern die Sperrfristverletzung im Zeitpunkt des Hinzutretens bereits eingetreten war, kann sie aufgrund des Wortlautes von Art. 61 Abs. 4 DBG bzw. Art. 24 Abs. 3^{quinquies} StHG für die Nachsteuer nicht haftbar gemacht werden. Es fehlt eine Sachverhaltsvoraussetzung, nämlich die Gruppenzugehörigkeit im Zeitpunkt der Sperrfristverletzung.

Beispiel 2:	**Sachverhalt**	**Beurteilung**
	Konzerngesellschaft A überträgt Mobilien zum Gewinnsteuerwert an Konzerngesellschaft B. Zwei Jahre später veräussert Konzerngesellschaft B die Mobilien an einen Dritten. Kurz danach tritt Gesellschaft C neu zur Unternehmensgruppe von A und B hinzu.	Nachbesteuerung bei A infolge Veräusserung der Mobilien während der Sperrfrist. Konzerngesellschaft C haftet nicht für diese Nachsteuer, da sie im Zeitpunkt der Sperrfristverletzung noch nicht unter einheitlicher Leitung mit Konzerngesellschaften A und B stand.

110 Fraglich ist jedoch die Beurteilung, wenn die **Sperrfristverletzung** erst **nach Hinzutritt** ausgelöst wird. Trifft die neu hinzutretende Gesellschaft eine solidarische Haftung für Nachsteuern, welche für Steuerperioden vor ihrer Zugehörigkeit zur Gruppe erhoben werden? Obwohl eine solche solidarische Haftung sonderbar anmutet, kann sie aufgrund des Wortlautes von Art. 61 Abs. 4 DBG bzw. Art. 24 Abs. 3^{quinquies} StHG nicht ausgeschlossen werden. Der Gesetzeswortlaut verlangt nicht eine Zugehörigkeit zur Gruppe im Zeitpunkt der Konzernübertragung, sondern eine solche im Zeitpunkt der Sperrfristverletzung. Nur letztere löst die nachträgliche Steuerschuld aus, für welche die neu hinzutretende Gesellschaft solidarisch haftet. Diese Haftung tritt unabhängig von einem Verschulden ein. Sie dient der Sicherstellung der Gewinnsteuer (Mitbericht WAK StR, 10 f.).

Beispiel 3:	**Sachverhalt**	**Beurteilung**
	Konzerngesellschaft A überträgt Mobilien zum Gewinnsteuerwert an Konzerngesellschaft B. Zwei Jahre später tritt Gesellschaft C neu zur Unternehmensgruppe von A und B hinzu. Kurz danach veräussert Konzerngesellschaft B die Mobilien an einen Dritten.	Nachbesteuerung bei A infolge Veräusserung der Mobilien während der Sperrfrist. Konzerngesellschaft C haftet für diese Nachsteuer, da sie im Zeitpunkt der Sperrfristverletzung unter einheitlicher Leitung mit Konzerngesellschaften A und B stand.

jc) Rechtsfolge

Das Gesetz ordnet die **solidarische Mithaftung** an. Bezüglich der Definition der solidarischen Haftung im Steuerrecht kann auf die einschlägige Literatur verwiesen werden (TH. MÜLLER, 11 ff.; LOCHER, Kommentar DBG, Art. 13 N 25 ff. m.w.N.). Danach versteht man unter solidarischer Mithaftung ein Institut des schweizerischen Steuerrechts, bei dem eine oder mehrere Personen kraft gesetzlicher Anordnung mit ihrem Vermögen zusammen mit dem Steuersubjekt für die Bezahlung des von diesem geschuldeten Steuerbetrags einzustehen haben (TH. MÜLLER, 17 m.w.N.). Art. 143 ff. OR finden als Ersatzrecht Anwendung (BGer 5.12.1982, BGE 108 II 490, 495 f.). Gemäss dieser Ordnung hat die mithaftende Konzerngesellschaft für die Bezahlung des vom Steuersubjekt geschuldeten Steuerbetrags einzustehen. Die Steuerbehörde kann von einem, mehreren oder allen Solidarschuldnern einen Teil oder die ganze Leistung verlangen, und sämtliche Mithaftenden bleiben so lange verpflichtet, bis die gesamte Forderung getilgt ist (Art. 144 Abs. 2 OR). Unter Berücksichtigung der gesetzlichen Intention ist jedoch zu verlangen, dass die Steuerbehörden die Zahlung der Steuerschuld in erster Linie bei der Steuerpflichtigen einfordern und die Mithaftenden erst belangen, wenn die Steuerpflichtige ihre Schuld nicht innerhalb der ordentlichen Zahlungsfrist erfüllt (RICHNER/FREI/KAUFMANN, Kommentar ZH, § 60 N 5). Tilgt ein Solidarschuldner die Forderung durch Zahlung oder Verrechnung ganz oder teilweise, so werden auch die übrigen im entsprechenden Umfang befreit (Art. 147 Abs. 1 OR). Die Solidarschuld erlischt mit Tilgung der ganzen Forderung (Art. 144 Abs. 2 OR). Bezahlt ein Solidarschuldner mehr als seinen Teil, so hat er für den Mehrbetrag ein Rückgriffsrecht auf seine Mitschuldner (TH. MÜLLER, 51 ff. m.w.N.).

Der Mithaftende tritt grundsätzlich nicht in das **Steuerrechtsverhältnis** ein, sondern wird bloss finanziell verpflichtet. Die solidarische Haftung beschränkt sich somit auf die sog. **Zahlungssolidarität** (TH. MÜLLER, 39). Anderweitige steuerliche Obliegenheiten des Steuerpflichtigen, z.B. das Erstellen der Steuererklärung, kann vom Mithaftenden nicht verlangt werden, weil das Steuersubjekt die Steuer schuldet und die Veranlagung vornimmt. Das Gesetz enthält insbesondere keine dem Art. 15 Abs. 3 VStG nachgebildete Vorschrift. Gemäss dieser Norm haben die Mithaftenden im Verrechnungssteuerverfahren die gleichen Rechte und Pflichten wie der Steuerpflichtige. Trotz des Fehlens einer solchen Regelung sollte jedoch der solidarisch Mithaftende im **Veranlagungs- und Justizverfahren** mitwirken können. Denn nach Ansicht der Lehre würde sein **rechtliches Gehör** verletzt, wenn er sich nicht zur Festsetzung der Steuerzahlung äussern könnte, zu der er herangezogen wird (TH. MÜLLER, 97 m.w.N. und 104). Auch ohne besondere Nennung im Gesetz haben die Steuerbehörden deshalb die Pflicht, den solidarisch Mithaftenden über das Nachsteuerverfahren zu benachrichtigen. Dieser kann insbesondere die Veranlagung unabhängig von der gleichzeitigen Anfechtung des Steuersubjekts anfechten (TH. MÜLLER, 97 ff.). Ferner kann die **Rechtskraft der Veranlagung** des Steuerpflichtigen dem im Veranlagungsverfahren nicht beteiligten solidarisch

Mithaftenden nicht entgegengehalten werden, sondern er muss diese nochmals überprüfen lassen können (MEISTER, 120; vgl. zum Verfahren der Verrechnungssteuer auch PFUND, Art. 15 N 21 ff.). Der von den Steuerbehörden belangten Konzerngesellschaft stehen ferner die persönlichen Einreden und Einwendungen zur Verfügung (z.B. keine Zugehörigkeit zum Kreis der solidarisch haftenden Personen) sowie jene, die allen Mithaftenden zustehen (etwa Erfüllung der Steuerschuld) (TH. MÜLLER, 39 f.). Schliesslich kann sich der Mithaftende gegen die Vollstreckung einer rechtskräftigen Veranlagungsverfügung oder eines Veranlagungsentscheids (gem. Art. 165 Abs. 3 DBG) mit den Einwendungen nach Art. 81 Abs. 1 SchKG zur Wehr setzen (TH. MÜLLER, 110).

II. Einkommenssteuer

113 Da die Konzernübertragung eine Übertragung zwischen Konzerngesellschaften unter einheitlicher Leitung einer Kapitalgesellschaft oder Genossenschaft beinhaltet, ist die Einkommenssteuer grundsätzlich nicht betroffen. Diese kann jedoch eine Rolle spielen, wenn natürliche Personen eine Minderheitsbeteiligung an der übertragenden oder empfangenden Gesellschaft halten. Für diese Minderheitsanteilsinhaber muss die Konzernübertragung einkommenssteuerfrei sein, vorausgesetzt sie erhalten keine Ausgleichszahlungen oder anderweitige direkte oder indirekte Abgeltungen. Es darf keine Aufrechnung in Anwendung der Dreieckstheorie erfolgen.

III. Grundstückgewinnsteuer

114 Der Steueraufschub der Grundstückgewinnsteuer war in der Botschaft nur für Umstrukturierungen nach Art. 23 Abs. 3 StHG vorgesehen. Erst der Ständerat erweiterte ihn auf die Konzernübertragungen (Mitbericht WAK StR, 12). Gemäss dem neuen **Art. 12 Abs. 4 lit. a StHG** ist die Übertragung eines Grundstücks im Rahmen von Art. 24 Abs. 3^{quater} StHG als steueraufschiebende Veräusserung zu behandeln (vgl. Ausführungen vor Art. 3 N 103 ff. insbesondere zur Unterscheidung von Kantonen mit monistischem und dualistischem System).

115 Der **Steueraufschub** hat zur Folge, dass der Eigentumsübergang im Rahmen der Konzernübertragung keine Grundstückgewinnsteuer auslöst und sich die Steuerbemessung anlässlich der nächsten Handänderung nicht nach der Handänderung bestimmt, bei welcher die aufnehmende Gesellschaft das Grundstück übertragen erhalten hat, sondern nach der vorhergegangenen Handänderung der übertragenden Gesellschaft. Die Konzerngesellschaft tritt in die grundstückgewinnsteuerliche Position ihres Rechtsvorgängers ein und übernimmt einerseits die latente Steuerlast auf dem aufgelaufenen Mehrwert des Grundstückes (REICH/DUSS, 117 ff.), kann sich jedoch andererseits allfällige Besitzesdauerfristen anrechnen lassen (vgl. als Beispiel § 225 Abs. 3 StG ZH).

116 Nicht ausdrücklich geregelt ist die Frage, ob die Kantone bei Verletzung der Sperrfrist nach Art. 24 Abs. 3^{quinquies} StHG nachträglich die Grundstückgewinnsteuer erheben können. Art. 12 Abs. 4 lit. a StHG sieht keine Nachbesteuerung vor und enthält auch keinen Verweis auf die **Sperrfrist** nach Art. 24 Abs. 3^{quinquies} StHG. Ist davon auszugehen, dass der Verweis auf Art. 24 Abs. 3^{quater} StHG auch die Nachbesteuerung innerhalb der fünfjährigen Sperrfrist umfasst und das Nachbesteuerungsrecht bei Verletzung der Sperrfrist nicht nur für die Gewinnsteuern gilt, sondern sich auch auf die Grundstückgewinnsteuern erstreckt? Es bleibt den Kantonen vorbehalten, eine klare gesetzliche Grundlage für eine Nachbesteuerung im Sinne von Art. 24 Abs. 3^{quinquies} StHG in ihren Gesetzgebungen aufzunehmen, sofern sie die steueraufschiebende Konzernübertragung von Grundstü-

cken für die Grundstückgewinnsteuer von der Einhaltung künftiger Sachverhaltsvoraussetzungen wie der Nichtaufgabe der einheitlichen Leitung und/oder der Nichtveräusserung der übertragenen Grundstücke während einer zeitlich befristeten Sperrfrist abhängig machen wollen. Unterlassen sie dies, wird wohl von einem Verzicht auf eine Nachbesteuerung im Rahmen eines Sperrfristenkonzepts auszugehen sein.

IV. Handänderungssteuer

Nach Art. 103 FusG ist die Erhebung von kantonalen und kommunalen Handänderungsabgaben bei Konzernübertragungen nach Art. 24 Abs. 3^{quater} StHG ausgeschlossen, wobei kostendeckende Gebühren vorbehalten bleiben. Anders als bei der Grundstückgewinnsteuer bewirkt diese Regelung nicht bloss einen Steueraufschub, sondern eine **Steuerbefreiung**. Da Art. 103 FusG nur auf Abs. 3^{quater} und nicht auf Abs. 3^{quinquies} von Art. 24 StHG verweist, darf eine Sperrfristverletzung mangels Rechtsgrundlage nicht zu einer nachträglichen Erhebung der Handänderungssteuern führen (Art. 103 N 28 ff.).

117

V. Verrechnungssteuer

Gemäss Art. 5 Abs. 1 lit. a VStG sind die Reserven von der Verrechnungssteuer **ausgenommen**, die bei einer Umstrukturierung nach Art. 61 DBG in die Reserven einer aufnehmenden inländischen Kapitalgesellschaft oder Genossenschaft übergehen (vgl. vor Art. 3 N 205 ff.). Während die Arbeitsgruppe Steuern und der Bundesrat sich zur Frage der Verrechnungssteuer bei konzerninternen Vermögensübertragungen nicht geäussert hatten, empfahl der Ständerat dem Bundesrat, bei der Verrechnungssteuer wo immer möglich, insbesondere aber bei konzerninternen Vermögensübertragungen, das Meldeverfahren vorzusehen (Mitbericht WAK StR, 15). Auf diese Empfehlung reagierte die ESTV mit dem Antrag auf eine Gesetzesänderung, welche im Rahmen des Bereinigungsverfahrens im Parlament aufgenommen wurde (vgl. Prot. RK StR vom 15.5.2003, 5 f.; Prot. RK NR vom 11.6.2003, 12). Mit der neuen gesetzlichen Ausnahmebestimmung könne die «Papierübung» des Meldeverfahrens gespart werden (Prot. RK StR vom 15.5.2003, 6).

118

Die Bestimmung von Art. 5 Abs. 1 lit. a VStG wurde vor dem Hintergrund eingeführt, dass das **Verrechnungssteuersubstrat erhalten** bleibt, wenn eine Gesellschaft offene oder stille Reserven im Rahmen einer Konzernübertragung auf eine inländische Gesellschaft überträgt und die übertragenen offenen und stillen Reserven bei einer späteren Ausschüttung an die Anteilsinhaber weiterhin der Verrechnungssteuer unterliegen. Gemäss Kreisschreiben Umstrukturierungen soll dies selbst bei der Übertragung einer Beteiligung zum Gewinnsteuerwert auf eine ausländische Konzerngesellschaft der Fall sein, soweit das übertragene Verrechnungssteuersubstrat vollständig bei einer inländischen Gesellschaft erhalten bleibe, was dann der Fall sei, wenn die ausländische Konzerngesellschaft direkt oder indirekt von einer schweizerischen Muttergesellschaft beherrscht werde (ESTV-DVS, KS 5 vom 1.6.2004, Ziff. 4.5.3.2 und Anhang I, Nr. 22). Diese liberale, wirtschaftlich zu begründende Auffassung der ESTV ist zu begrüssen, jedoch nicht bloss auf die Übertragung von Beteiligungen zu beschränken. Für die Verrechnungssteuer kann es nicht auf die Art der übertragenen Vermögenswerte – Beteiligungen, Betriebe, Teilbetriebe sowie Gegenstände des betrieblichen Anlagevermögens – ankommen, sondern vielmehr und einzig auf die Erhaltung des Verrechnungssteuersubstrates.

119

Besonderes Augenmerk bedürfen die Fälle der sogenannten **Altreservenproblematik** (vgl. BGer 16.8.1996, ASA 66 [1997/98], 406, 414 f.; BAUER-BALMELLI, 175 f. und

120

248 f.; REICH, FStR 2001, 20 m.w.N.). Wie verhält es sich bei einer Übertragung von Vermögenswerten zwischen zwei inländischen Konzerngesellschaften, wenn die Muttergesellschaft der übernehmenden Gesellschaft einen höheren Anspruch auf Rückerstattung der Verrechnungssteuer auf Dividendenausschüttungen als die Muttergesellschaft der übertragenden Gesellschaft hat und damit die potentielle definitive Verrechnungssteuerbelastung verringert wird? Wenn etwa der Gewinnsteuer- und Buchwert des übertragenen Vermögenswertes CHF 300 und dessen Verkehrswert CHF 1300 beträgt und die Muttergesellschaft der übertragenden inländischen Gesellschaft ihren Sitz auf den Bahamas hat, während die Muttergesellschaft der übernehmenden inländischen Gesellschaft in der Schweiz liegt, erhöht sich die potentiell rückerstattbare Verrechnungssteuer um CHF 350 (stille Reserven von CHF 1000 × 35% Verrechnungssteuer unter Vernachlässigung der Gewinnsteuern):

121 – Sofern die beiden Muttergesellschaften (mit Sitz in Bahamas bzw. in der Schweiz) ihrerseits von einer gemeinsamen **schweizerischen Muttergesellschaft** gehalten werden, sind in analoger Auslegung der vorhergehenden Ausführungen (vgl. N 120) keinerlei Verrechnungssteuerprobleme zu erwarten, weil letztlich das Verrechnungssteuersubstrat vollständig bei der gemeinsamen schweizerischen Muttergesellschaft erhalten bleibt.

122 – Selbst bei Vorliegen einer gemeinsamen **ausländischen Muttergesellschaft** sollten jedoch grundsätzlich keine Verrechnungssteuerfolgen eintreten. Dafür können zwei Begründungen angeführt werden: Wenn der Ansicht der ESTV gefolgt wird, wonach auch für die Verrechnungssteuer eine fünfjährige Veräusserungssperrfrist bei der Konzernübertragung gilt (vgl. N 124), bleibt das Verrechnungssteuersubstrat während fünf Jahren erhalten. Die Altreserventheorie fusst auf dem Konzept einer «Art objektivierten Steuerumgehung» (BAUER-BALMELLI, 175), welches sich nicht unendlich in der Zukunft fortführt, sondern vielmehr nach Ablauf einer Fünfjahresperiode wohl als ausgesessen betrachtet werden darf. Selbst wenn die Ansicht der ESTV abgelehnt und keine fünfjährige Sperrfrist für die Verrechnungssteuer angewendet wird, sollte die Altreservenpraxis nicht allgemein angewendet werden, sondern nur bei Vorliegen einer **Steuerumgehung** (vgl. die Fälle bei STOCKAR, 223 f. m.w.N.) oder eines **Missbrauchs** im Sinne einer entsprechenden Klausel in einem Doppelbesteuerungsabkommen (vgl. den Fall des BGer 16.8.1996, ASA 66 [1997/98], 406, 414 f.), weil sonst die Verweigerung der Rückerstattung ohne rechtliche Grundlage dem DBA-Recht oder dem Verrechnungssteuergesetz widerspricht (BAUER-BALMELLI, 175 und 248 f.; BEHNISCH, Umstrukturierung, 274 f.). Die Altreservenpraxis wird denn auch im umgekehrten Fall, wenn potentielles Verrechnungssteuersubstrat geschaffen wird, nicht angewendet (BAUER-BALMELLI, 176).

123 Erfolgt gemäss Kreisschreiben Umstrukturierungen eine Übertragung auf eine Schwestergesellschaft mit echter **Unterbilanz**, so erlangt die Muttergesellschaft eine geldwerte Leistung im Umfang der untergehenden Reserven gestützt auf die Anwendung der Dreieckstheorie (ESTV-DVS, KS 5 vom 1.6.2004, Ziff. 4.5.3.3). Das Obligationenrecht verwendet den Begriff der Unterbilanz in Art. 670, 735 und 788 OR und definiert diesen unterschiedlich. Während Art. 670 OR von einer Bilanzsituation ausgeht, bei welcher die Hälfte des Aktienkapitals und der gesetzlichen Reserven infolge von Verlusten nicht mehr gedeckt ist, verstehen sich Art. 735 und 788 OR enger. Danach liegt eine Unterbilanz vor, wenn das nominelle Aktienkapital nicht mehr voll gedeckt ist (BSK OR II-NEUHAUS/SCHÖNBÄCHLER, Art. 670 N 6), d.h. wenn die Aktiven (Vermögen) einer Unternehmung infolge von Verlusten die Passiven (Verbindlichkeiten) nicht mehr voll decken. Das Steuerrecht lehnt sich an diese zweite Definition in der Auslegung des Be-

griffs der Unterbilanz in Art. 67 Abs. 2 DBG an. Als **echte Unterbilanz** wird eine solche verstanden, bei welcher zu wirklichen Werten (Verkehrswerten) ein Teil des Grundkapitals verloren und keine offenen und stillen Reserven vorhanden sind, um den Verlust abzudecken (BRÜLISAUER/KUHN, in: Kommentar zum Schweizerischen Steuerrecht I/2a, Art. 67 DBG N 30 m.w.N.). Liegt eine solchermassen definierte echte Unterbilanz vor, besteht nach dem Kreisschreiben Umstrukturierungen eine geldwerte Leistung im Umfang der mit dieser Unterbilanz verrechneten übertragenen und damit untergehenden Reserven. Diese Betrachtungsweise lässt sich direkt aus Art. 5 Abs. 1 lit. a VStG ableiten, wird doch explizit verlangt, dass die übertragenen (offenen und stillen) Reserven in diejenigen der aufnehmenden Gesellschaft übergehen, was bei einer Unterbilanz der empfangenden Gesellschaft eben gerade nicht der Fall ist. Diese Auslegung entspricht der bisherigen Praxis und Rechtsprechung zu Art. 5 Abs. 1 lit. a VStG. Begünstigte dieser geldwerten Leistung ist die Muttergesellschaft der übertragenden Gesellschaft (vgl. zur Anwendung der Dreieckstheorie im Fall der Sanierung von Schwestergesellschaften ESTV-DVS, MB Leistungsempfänger, S-02.141, Ziff. II.1.a).

Nicht gesetzlich geregelt ist die Frage, ob bei Verletzung der **Sperrfrist** nach Art. 61 Abs. 4 DBG auch die Verrechnungssteuer nachzuerheben sei. Art. 5 Abs. 1 lit. a VStG sieht keine Nachbesteuerung vor und enthält auch keinen expliziten Verweis auf die Sperrfrist von Art. 61 Abs. 4 DBG (vgl. GLAUSER, ST 2002, 717, der zum alten Recht bei Sperrfristverletzung bei Spaltungen nach Art. 61 Abs. 1 lit. c aDBG eine nachträgliche Erhebung der Verrechnungssteuer nach Art. 5 Abs. 1 lit. a VStG ablehnt). Ist davon auszugehen, dass der allgemeine Verweis auf die Umstrukturierungsnorm von Art. 61 DBG in Art. 5 Abs. 1 lit. a VStG auch die Nachbesteuerung umfasst und das Nachbesteuerungsrecht bei Verletzung der Sperrfrist nicht nur für die Gewinnsteuern gilt, sondern sich auch auf die Verrechnungssteuer erstreckt? Steuersystematisch scheint es auf den ersten Blick folgerichtig, dass bei nachträglichem Wegfall der Voraussetzungen der steuerneutralen Umstrukturierung mit der Folge der Nachbesteuerung bei den direkten Steuern auch die Ausnahme von der Verrechnungssteuer rückwirkend dahinfällt. Wo keine Umstrukturierung vorliegt, kann auch keine Ausnahme nach Art. 5 Abs. 1 lit. a VStG beansprucht werden. Es fehlt aber eine gesetzliche Grundlage für diese Nacherhebung. Das Kreisschreiben Umstrukturierungen sieht für die Konzernübertragung eine Nacherhebung der Verrechnungssteuer bei Verletzung der Sperrfrist vor und knüpft am Recht der direkten Steuern an (ESTV-DVS, KS 5 vom 1.6.2004, Ziff. 4.5.3.4). Eine solche Anknüpfung am Umstrukturierungsbegriff der direkten Steuern vermag jedoch keine gesetzliche Grundlage für die Erhebung der Verrechnungssteuer zu ersetzen. Im Übrigen macht die nachträgliche Erhebung der Verrechnungssteuer auch wenig Sinn, da die übertragenen Reserven weiterhin der Verrechnungssteuer unterworfen sind und zudem im Konzern die Verrechnungssteuerpflicht mit dem Meldeverfahren erfüllt werden kann. In letzterem Fall wird bloss zusätzlicher unnötiger administrativer Aufwand kreiert (vgl. auch vor Art. 29 N 207). Die mangelnde Klarstellung durch den Gesetzgeber wird wohl dazu führen, dass die Steuergerichte die Frage zu entscheiden haben.

VI. Emissionsabgabe

1. Übertragung auf die Muttergesellschaft

Die Konzernübertragung führt zu keinen Emissionsabgabefolgen, wenn es sich bei der übernehmenden Gesellschaft um die **Muttergesellschaft** (oder die Grossmuttergesellschaft) der übertragenden handelt (vgl. ESTV-DVS, KS 5 vom 1.6.2004, Anhang I, Nr. 19). In dieser Konstellation kann kein steuerbarer Zuschuss durch einen Beteiligten nach Art. 5 Abs. 2 lit. a StG vorliegen. Dagegen ist die Emissionsabgabe insbesondere bei der Übertragung von Vermögenswerten auf eine **Tochtergesellschaft** zu prüfen. Diese wird im Rahmen der Vermögensübertragung kommentiert (Teil 1 vor Art. 69 N 118 ff.).

2. *Übertragung auf eine Schwestergesellschaft*

a) *Übertragung ohne Begründung von Beteiligungsrechten*

126 Bei der Übertragung von Vermögenswerten auf eine **Schwestergesellschaft** im Rahmen eines Verkaufs **zu Buchwerten** oder einer **unentgeltlichen Übertragung**, welche beide als Normalfälle der Konzernübertragung nach Art. 61 Abs. 3 DBG bezeichnet werden können, stellt sich die Frage der Erhebung der Emissionsabgabe nur bei Anwendung der Dreieckstheorie. Für die Emissionsabgabe gilt dagegen wie für die Verrechnungssteuer grundsätzlich die **Direktbegünstigungstheorie** (ESTV-DVS, MB Leistungsempfänger, S-02.141, Ziff. I; vgl. vor Art. 3 N 171). Danach erfolgt der Leistungsfluss nicht im Dreieck über die Muttergesellschaft, sondern es gilt direkt diejenige Person als Empfängerin der geldwerten Leistung, die nach aussen in deren Genuss gelangt. Auf diese Empfängerin ist die Verrechnungssteuer zu überwälzen, und sie muss die Voraussetzung für die Rückerstattung der Verrechnungssteuer erfüllen. Andererseits wird keine Emissionsabgabe erhoben, weil die Leistung keinen Zuschuss seitens der Gesellschafter nach Art. 5 Abs. 2 lit. a StG darstellt. Diese Rechtsauffassung entspricht der bisherigen Praxis zur teil- oder unentgeltlichen Übertragung von Vermögenswerten zwischen Schwestergesellschaften ohne Ausgabe von Beteiligungsrechten (STOCKAR, 208 f.; STOCKAR/HOCHREUTENER, Art. 5 Abs. 2 lit. a StG, Nr. 4, und Art. 21 Abs. 1 VStG, Nrn. 3, 4 und 5; GLAUSER, ST 2002, 717). Damit kann sich auch die Frage einer Sperrfrist für die Emissionsabgabe bei diesen Normalfällen der Konzernübertragungen nicht stellen (vgl. ESTV-DVS, KS 5 vom 1.6.2004, Ziff. 4.5.4, zweiter Abschnitt, und Anhang I, Nr. 20).

127 Die **Dreieckstheorie** auf der anderen Seite wird im Konzern bei der Verrechnungssteuer und Emissionsabgabe nur angewendet, wenn einer notleidenden Gesellschaft ein Beitrag zur **Sanierung** geleistet wird (ESTV-DVS, MB Leistungsempfänger, S-02.141, Ziff. II). Im Fall der Sanierung wird die Leistung im Konzern nach Auffassung der ESTV in Anwendung des Dreiecks als emissionsabgabepflichtiger Zuschuss durch den Aktionär nach Art. 5 Abs. 2 lit. a StG qualifiziert werden, wobei aber in dieser Konstellation die Frage des Erlasses nach Art. 12 StG zu prüfen ist.

b) *Übertragung mit Begründung von Beteiligungsrechten*

128 Im Sonderfall der Konzernübertragung mittels Sacheinlage oder Sachübernahme und **Ausgabe von Beteiligungsrechten** der empfangenden Schwestergesellschaft ist zwar grundsätzlich die Emissionsabgabe aufgrund von Art. 5 Abs. 1 lit. a StG geschuldet. Gemäss **Art. 6 Abs. 1 lit. a**[bis] **StG** sind jedoch Beteiligungsrechte, die in Durchführung von Beschlüssen über Fusionen oder diesen wirtschaftlich gleichkommende Zusammenschlüsse, Spaltungen und Umwandlungen begründet werden, von der Emissionsabgabe ausgenommen.

129 Mit der Frage der Emissionsabgabe bei Konzernübertragungen befassten sich weder die Arbeitsgruppe Steuern noch der Bundesrat noch das Parlament. Immerhin überwies der Ständerat eine Empfehlung an den Bundesrat, wonach das EFD zu beauftragen sei, die Begriffe in den Vollzugsbestimmungen zum Stempelsteuerrecht gleich wie im Gewinnsteuerrecht zu definieren und anzuwenden. Verwiesen wurde insbesondere auf Art. 6 Abs. 1 lit. a[bis] StG sowie das diesbezügliche Merkblatt der ESTV (ESTV-DVS, MB

Art. 6 Abs. 1 lit. a^bis StG, aufgehoben durch ESTV-DVS, KS 5 vom 1.6.2004, Ziff. 5), in welchem auf den Zeitpunkt des Inkrafttretens des Fusionsgesetzes dieselben Massstäbe anzuwenden seien wie bei der direkten Bundessteuer (Mitbericht WAK StR, 15). Mit Erklärung vom 16.3.2001 zeigte sich der Bundesrat bereit, die Empfehlung entgegenzunehmen. Die ESTV ist dieser Empfehlung gefolgt und subsumiert Übertragungen nach Art. 61 Abs. 3 DBG zwischen inländischen Konzerngesellschaften gegen Ausgabe von Beteiligungsrechten generell unter Art. 6 Abs. 1 lit. a^bis StG (ESTV-DVS, KS 5 vom 1.6.2004, Ziff. 4.5.4).

Diese liberale Auffassung der ESTV ist zu begrüssen, weil sie dem übergeordneten Sinn und Zweck des Fusionsgesetzes – nämlich Umstrukturierungen zu erleichtern – entspricht, auch wenn diese Auffassung vom Gesetzeswortlaut nicht ausdrücklich abgedeckt ist. Der Anwendungsbereich des Ausnahmetatbestandes von Art. 6 Abs. 1 lit. a^bis StG braucht jedoch nur jene Fälle zu umfassen, die ansonsten emissionsabgabepflichtig wären. So lange für die Emissionsabgabe im Konzern die Direktbegünstigungstheorie angewendet wird, ist dies bei der Konzernübertragung demnach einzig die Übertragung gegen Beteiligungsrechte und die Sanierung. Nur für diese Sonderfälle findet die Ausnahme von Art. 6 Abs. 1 a^bis StG Anwendung. Entsprechend kann sich auch nur für diese Sonderfälle die Frage stellen, ob bei einer Verletzung der gewinnsteuerrechtlichen Sperrfrist nachträglich die Emissionsabgabe erhoben wird (vgl. ESTV-DVS, KS 5 vom 1.6.2004, Anhang I, Nr. 24). **130**

Die Nacherhebung der Emissionsabgabe basierend auf einem **Sperrfristenkonzept** ist gesetzlich nicht geregelt. Art. 6 Abs. 1 lit. a^bis StG sieht keine Nachbesteuerung vor und enthält auch keinen Verweis auf die Sperrfrist von Art. 61 Abs. 4 DBG. Nach altem Recht wurde ebenfalls ohne ausdrückliche gesetzliche Normierung der privilegierte Umstrukturierungstatbestand für Spaltungen im Emissionsabgaberecht von der wirtschaftlichen Kontinuität auf betrieblicher Ebene und von der Aufrechterhaltung des betrieblichen Engagements der Unternehmensträger mittels einer fünfjährigen Sperrfrist abhängig gemacht (REICH/DUSS, 143 f.; ESTV-DVS, MB Art. 6 Abs. 1 lit. a^bis StG, Ziff. VI.a.5, aufgehoben durch ESTV-DVS KS 5 vom 1.6.2004, Ziff. 5). Immerhin hat der Gesetzgeber für Konzernübertragungen für die direkten Steuern in Art. 61 Abs. 4 DBG die Nachbesteuerung mit Sperrfristenkonzept gesetzlich geregelt, es aber gleichzeitig unterlassen, gleiches für Art. 6 Abs. 1 lit. a^bis StG vorzusehen. Auch aus den Materialien kann keine diesbezügliche Absicht des Gesetzgebers entnommen werden. Steuersystematisch scheint es zwar folgerichtig, dass bei nachträglichem Wegfall der Voraussetzungen der steuerneutralen Umstrukturierung mit der Folge der Nachbesteuerung bei den direkten Steuern auch die Ausnahme von der Emissionsabgabe (in den beiden genannten Sonderfällen der Übertragung gegen Beteiligungsrechte und Sanierung) rückwirkend dahinfällt. Wo keine Umstrukturierung vorliegt, kann auch keine Ausnahme nach Art. 6 Abs. 1 lit. a^bis StG beansprucht werden. Es fehlt aber eine gesetzliche Grundlage für diese Nacherhebung. **131**

Das **Kreisschreiben** Umstrukturierungen sieht für Konzernübertragungen mit Begründung von Beteiligungsrechten eine Nacherhebung der Emissionsabgabe bei Verletzung der Sperrfrist vor und knüpft am Recht der direkten Steuern an (ESTV-DVS, KS 5 vom 1.6.2004, Ziff. 4.5.4, zweiter Abschnitt, erster Satz). Demgegenüber unterliegen Vorteilszuwendungen ohne Begründung von Beteiligungsrechten infolge der Anwendung der Dreieckstheorie der Emissionsabgabe nicht (ESTV-DVS, KS 5 vom 1.6.2004, Ziff. 4.5.4, zweiter Abschnitt, zweiter Satz, vgl. auch Anhang I, Nr. 24). Ob dieser Verweis auf die direkten Steuern eine gesetzliche Grundlage zu ersetzen vermag, ist fraglich, anderseits ist zu bedenken, dass die Privilegierung der Konzernübertragung ebenfalls nicht ausdrücklich aus dem Gesetzestext von Art. 6 Abs. 1 lit. a^bis StG hervorgeht. **132**

VII. Umsatzabgabe

1. Art. 14 Abs. 1 lit. j StG

133 Gemäss der neuen Bestimmung von Art. 14 Abs. 1 lit. j StG sind der Erwerb und die Veräusserung von steuerbaren Urkunden im Rahmen von Umstrukturierungen nach den Art. 61 Abs. 3 und Art. 64 Abs. 1bis DBG sowie bei der **Übertragung von Beteiligungen** von mindestens 20% am Grund- oder Stammkapital anderer Gesellschaften auf eine in- oder ausländische Konzerngesellschaft von der Umsatzabgabe **ausgenommen** (vgl. vor Art. 3 N 292 ff.). Eine solche Ausnahmeregelung fehlte sowohl im Bericht der Arbeitsgruppe Steuern als auch im bundesrätlichen Vorschlag. Erst der Ständerat entschied nach eingehender Debatte, auch entgeltliche Übertragungen von Beteiligungen im Konzern nach Art. 61 Abs. 3 und Art. 207a Abs. 3 DBG von der Umsatzabgabe auszunehmen, um ein weiteres steuerliches Hindernis für Umstrukturierungen zu beseitigen (Mitbericht WAK StR vom 9.11.2000, 14; AmtlBull StR 2001, 164 f.). Der Nationalrat erweiterte die Ausnahmenorm auf Beteiligungsübertragungen im Rahmen von Ersatzbeschaffungen nach Art. 64 Abs. 1bis DBG und ersetzte den bisherigen Vorschlag bezüglich Beteiligungsübertragungen nach Art. 207a Abs. 3 DBG durch den umfassend redigierten Wortlaut bezüglich Übertragungen von Beteiligungen von mindestens 20% am Grund- oder Stammkapital anderer Gesellschaften auf eine in- oder ausländische Konzerngesellschaft (AmtlBull NR 2003, 253 f.).

2. «Umstrukturierung» im Sinne von Art. 14 Abs. 1 lit. j, erster Halbsatz StG

134 Gemäss Art. 14 Abs. 1 lit. j, erster Halbsatz StG sind Urkunden, die im Rahmen von **Konzernübertragungen** («Umstrukturierungen nach Art. 61 Abs. 3 DBG») erworben oder veräussert werden, von der Umsatzabgabe **ausgenommen**. Die Ausnahme beschränkt sich nicht nur auf Beteiligungen von mindestens 20% am Grund- oder Stammkapital anderer Gesellschaften, sondern bezieht sich auch auf **Wertschriften**, die Teil eines übertragenen Betriebes oder Teilbetriebes sind oder die als betriebliches Anlagevermögen qualifizieren. Die im Entwurf für das Kreisschreiben Umstrukturierungen vom 11.2.2004 vorgesehene Beschränkung auf Beteiligungen von 20% wurde in der definitiven Version fallen gelassen (vgl. ESTV-DVS, KS 5 vom 1.6.2004, Ziff. 4.5.5).

135 Art. 14 Abs. 1 lit. j StG sieht keine Einschränkung bezüglich einer künftigen Nachbesteuerung vor. Zwar stützt sich die Ausnahme von Art. 14 Abs. 1 lit. j StG auf Konzernübertragungen im Sinne von Art. 61 Abs. 3 DBG, welche in der dazugehörigen Norm von Art. 61 Abs. 4 DBG eine Nachbesteuerungsmöglichkeit basierend auf dem **Sperrfristenkonzept** vorsieht. Es fehlt jedoch eine gesetzliche Grundlage für eine Nacherhebung. Ferner würde bei der Übertragung von Beteiligungen selbst bei Anwendung einer Sperrfrist die Umsatzabgabe nachträglich nicht erhoben, weil die Übertragung auch nach Art. 14 Abs. 1 lit. j zweiter Halbsatz StG befreit wäre. Deshalb sieht die ESTV zu Recht von einer Nacherhebung der Umsatzabgabe bei Verletzung der gewinnsteuerrechtlichen Sperrfrist ab (ESTV-DVS, KS 5 vom 1.6.2004, Ziff. 2.4.2, und Anhang I, Nr. 24).

3. Übertragung von Beteiligungen im Sinne von Art. 14 Abs. 1 lit. j, zweiter Halbsatz StG

136 Ausgenommen von der Umsatzabgabe sind nicht nur Konzernübertragungen («Umstrukturierungen nach Art. 61 Abs. 3 DBG»), sondern alle Übertragungen von **Beteiligungen von mindestens 20%** am Grund- oder Stammkapital anderer Gesellschaften auf eine in- oder ausländische Konzerngesellschaft. Die Ausnahme gemäss dem zweiten

Halbsatz erweitert die Steuerbefreiung somit auf jene Übertragungen von Beteiligungen, die nicht als Konzernübertragungen nach Art. 61 Abs. 3 DBG qualifizieren, insbesondere auf den Verkauf und die Übertragung von Beteiligungen zum **Buch- oder Verkehrswert** zwischen **in- und ausländischen Konzerngesellschaften**, selbst wenn sie nicht unter der Leitung einer schweizerischen Konzernobergesellschaft zusammengefasst sind (s. ESTV-DVS, KS 5 vom 1.6.2004, Anhang I, Nr. 22, Variante 4; vgl. die Voten von Schweiger und Dettling in AmtlBull StR 2001, 164 f.; vgl. vor Art. 3 N 294 f.).

VIII. Mehrwertsteuer

1. Gruppenbesteuerung und Konzernübertragung

Im Rahmen des Fusionsgesetzes wurde das Mehrwertsteuerrecht nicht geändert. Im Gegensatz zu anderen Steuerarten kennt dieses aber bereits ein Konzernsteuerrecht, die **Gruppenbesteuerung** nach Art. 22 MWSTG. Danach gelten sämtliche an der Gruppe beteiligten Mitglieder zusammen als ein Steuerpflichtiger. Die Innenumsätze der Gruppe sind nicht steuerbar, und ein Vorsteuerabzug aufgrund von Lieferungen und Leistungen zwischen diesen ist nicht möglich. Dies gilt im Wesentlichen auch für die Übertragung von Vermögenswerten im Rahmen einer Konzernübertragung zwischen zwei Mitgliedern derselben Mehrwertsteuergruppe. Im Übrigen kann die Übertragung von Beteiligungen dazu führen, das eine Gesellschaft aus der Besteuerungsgruppe ausscheidet oder neu Mitglied einer Besteuerungsgruppe wird (vgl. dazu BAUMGARTNER, FStR 2001, 48 ff.; vor Art. 3 N 314 ff.).

2. Meldeverfahren bei Übertragung von Gesamt- oder Teilvermögen

Sofern die übertragende und die übernehmende Gesellschaft zwar nicht Mitglieder derselben Mehrwertsteuergruppe aber trotzdem mehrwertsteuerpflichtig sind, kommt auf die Konzernübertragung das **Meldeverfahren** nach Art. 47 Abs. 3 MWSTG zur Anwendung, sofern es sich beim übertragenen Vermögen um ein **Gesamt- oder Teilvermögen** handelt. Das Meldeverfahren greift nur bei steuerbaren Umsätzen Platz, nicht aber bei den nach Art. 18 MWSTG ausgenommenen Umsätzen wie etwa der Übertragung von Beteiligungen, Wertschriften oder Immobilien, für welche nicht optiert wurde. Die Begriffe des Gesamt- und Teilvermögens decken sich (leider) nicht mit jenen des Betriebs bzw. Teilbetriebs der direkten Steuern. Derjenige des Mehrwertsteuerrechts ist weiter und umfasst etwa auch ein Warenlager (ESTV-MWST, MB 11 Meldeverfahren, 5 ff.). Mit der Meldung wird die Steuerzahlungs- und Abrechnungspflicht erfüllt. Verwendet die übernehmende Gesellschaft die übertragenen Vermögenswerte nicht vollumfänglich für steuerbare Zwecke, liegt ein steuerbarer **Eigenverbrauch** vor (vgl. ESTV-MWST, MB 11 Meldeverfahren, 12 f.; ESTV-MWST, SB 5 Nutzungsänderungen; BAUMGARTNER, FStR 2001, 54; vor Art. 3 N 328 ff.).

3. Ausgenommene Umsätze

Die Übertragung der Anteilsrechte an einer Gesellschaft ist, ob verbrieft oder unverbrieft, nach Art. 18 Ziff. 19 lit. e MWSTG von der Steuerpflicht ausgenommen. Da der Vorsteuerabzug für die mit der Beteiligungsübertragung verbundenen Leistungsbezüge ausgeschlossen ist, verbleibt eine **Vorsteuerkürzung** (taxe occulte) insbesondere auf den anteiligen Verwaltungskosten und Beraterhonoraren (Art. 38 Abs. 3 MWSTG; BAUMGARTNER, FStR 2001, 49). Diesbezüglich unterscheidet sich die mehrwertsteuerliche Behandlung einer steuerneutralen Konzernübertragung nach Art. 61 Abs. 3 DBG nicht von übrigen, nicht steuerlich privilegierter Beteiligungstransaktionen. Entsprechend ist die Steuerneutralität der Umstrukturierungsform der Konzernübertragung im Mehrwertsteuerrecht nicht gegeben und bedarf der künftigen Korrektur im Gesetzes- oder Administrativverfahren.

4. Steuerbare Umsätze

140 Gemäss Art. 33 Abs. 2 Satz 3 MWSTG gilt bei **Lieferungen und Dienstleistungen** an eine nahe stehende Person als Entgelt der Wert, der unter unabhängigen Dritten vereinbart würde. Somit ist für die Zwecke der Mehrwertsteuer selbst dann auf den **Verkehrswert** abzustellen, wenn auf Stufe der Gewinnsteuer die Übertragung zum Buchwert akzeptiert wird, wie etwa bei der Konzernübertragung nach Art. 61 Abs. 3 DBG, welche auch die Übertragung von Vermögenswerten von der Tochter- auf die Muttergesellschaft (z.B. **Naturaldividende**, Sachentnahme) umfasst (BAUMGARTNER, FStR 2001, 49).

Teil 3 vor Art. 69:
Steuerliche Behandlung von Ersatzbeschaffungen von Beteiligungen

Inhaltsübersicht

	Note
I. Gewinnsteuer	1
1. Vorbemerkung zur zivilrechtlichen Einordnung	1
2. Normzweck	2
3. Voraussetzungen	6
4. Rechtsfolgen	11
5. Beispiele	15
a) Beispiel 1 (ohne frühere Abschreibungen)	15
b) Beispiel 2 (mit früheren Abschreibungen)	16
6. Abgrenzung von Art. 64 Abs. 1bis zu Art. 64 Abs. 1 und Art. 30 DBG	17
II. Einkommenssteuer	18
III. Grundstückgewinnsteuer	19
IV. Handänderungssteuer	20
V. Verrechnungssteuer	21
VI. Emissionsabgabe	22
VII. Umsatzabgabe	23
VIII. Mehrwertsteuer	25

Literatur

C. BRÉLAZ, L'imposition des gains en capital réalisés par une entreprise qui les réinvestit, ASA 54 (1985/86), 2 ff.; A. DIGERONIMO, Le traitement fiscal des participations selon la réforme 1997 de l'imposition des sociétés, ASA 66 (1997/98), 693 ff.; P.-M. GLAUSER, Aspects fiscaux de la vente et du transfert de participations au sein du groupe, ST 2002, 711 ff.; M. GRETER, Der Beteiligungsabzug im harmonisierten Gewinnsteuerrecht, Diss. Zürich 2000; P. GURTNER, Ersatzbeschaffung, ST 1985, 155 ff.; E. KÄNZIG, Der Begriff der Realisation von Unternehmensgewinnen, ASA 41 (1972/73), 81 ff.; A. LISSI/P. DUSS, Übertragung im Konzern und Ersatzbeschaffung bei Beteiligungen, ST 2003, 866 ff. und 1139 ff.; P. LOCHER, Ernst Känzig und die Ersatzbeschaffungstheorie in der Schweiz, ASA 57 (1988/89), 53 ff.; H.U. MEUTER, Ersatzbeschaffung, ZStP 2001, 167 ff. und 247 ff.; H.-J. NEUHAUS, Ausgewählte Fragen zum Beteiligungsabzug nach den Artikeln 69 und 70 DBG, ASA 62 (1993/94), 65 ff.; P. SPORI, Ersatzbeschaffungsreserven und Reinvestition, ST 1983/10, 34 f.; A. WIDLER, Die echte Realisation im StHG und DBG, ZStP 1993, 153 ff.

Praxisfestlegungen der Steuerbehörden

Kreisschreiben Nr. 9 der ESTV vom 9.7.1998 betreffend Auswirkungen des Bundesgesetzes über die Reform der Unternehmensbesteuerung 1997 auf die Steuerermässigung auf Beteiligungserträgen von Kapitalgesellschaften und Genossenschaften, ASA 67 (1998/99), 117 ff. (zit. ESTV-DVS, KS 9 vom 9.7.1998); Kreisschreiben Nr. 10 der ESTV vom 10.7.1998 betreffend Übertragung von Beteiligungen auf ausländische Konzerngesellschaften, ASA 67 (1998/99), 206 ff. (zit. ESTV-DVS, KS 10 vom 10.7.1998); Kreisschreiben Nr. 5 der ESTV vom 1.6.2004 betreffend Umstrukturierungen (zit. ESTV-DVS, KS 5 vom 1.6.2004).

I. Gewinnsteuer

1. Vorbemerkung zur zivilrechtlichen Einordnung

1   Die neuen steuerrechtlichen Ersatzbeschaffungsnormen von Art. 64 Abs. 1bis DBG bzw. Art. 24 Abs. 4bis StHG ergänzen keine der im Fusionsgesetz geregelten privatrechtlichen Handlungsmöglichkeiten, sondern stehen eigenständig und unabhängig vom zivilrechtlichen Normengefüge des Fusionsgesetzes da. Sie dienen dem übergeordneten Zweck des Fusionsgesetzes, steuerneutrale Umstrukturierungen zu erleichtern bzw. zu ermöglichen. Die geeignetste zivilrechtliche Form der Veräusserung von Beteiligungen ist ohne Zweifel der Kaufvertrag nach Art. 184 ff. OR, wobei je nach Konstellation auch die Vermögensübertragung nach Art. 69 ff. FusG oder der Tauschvertrag nach Art. 237 f. OR als Sonderform des Kaufvertrages denkbar sind. Die Wahl der zivilrechtlichen Form der Veräusserung und des Erwerbs von Beteiligungen im Rahmen einer Ersatzbeschaffung wird i.d.R. auf deren steuerrechtliche Einordnung ohne Einfluss sein.

2. Normzweck

2   Mit dem Fusionsgesetz wird neu aufgrund von **Art. 64 Abs. 1bis DBG** bzw. **Art. 24 Abs. 4bis StHG** die steuerneutrale Ersatzbeschaffung von Beteiligungen ermöglicht. Danach können stille Reserven beim Ersatz von Beteiligungen auf eine neue Beteiligung übertragen werden, sofern die veräusserte Beteiligung mindestens 20% des Grund- oder Stammkapitals der anderen Gesellschaft ausmacht und als solche während mindestens eines Jahres im Besitze der Kapitalgesellschaft oder Genossenschaft war.

3   Die bestehenden **Art. 64 DBG** und Art. 24 Abs. 4 i.V.m. Art. 8 Abs. 4 StHG regeln die Ersatzbeschaffung von Gegenständen des betriebsnotwendigen Anlagevermögens durch juristische Personen. Art. 64 DBG hat den gleichen Wortlaut wie **Art. 30 DBG**, der auf natürliche Personen anwendbar ist. Die Ersatzbeschaffung erlaubt es, die stillen Reserven eines veräusserten Vermögensobjekts auf ein neu erworbenes Objekt zu übertragen. Sie setzt den Ersatz von betriebsnotwendigem Anlagevermögen durch ein Ersatzobjekt mit gleicher Funktion voraus. Gemäss Abs. 3 von Art. 64 und Art. 30 DBG gilt nur das dem Betrieb unmittelbar dienende Anlagevermögen als betriebsnotwendig, so dass insbesondere Vermögenswerte ausgeschlossen sind, die der Vermögensanlage dienen. Ferner ist eine Ersatzbeschaffung nur innerhalb der Schweiz steuerneutral möglich.

4   Die Botschaft des Bundesrates zum Fusionsgesetz beantragte keine Änderung von Art. 64 DBG. In der Praxis bestanden jedoch Unklarheiten darüber, ob **Beteiligungen** als Gegenstände des **betriebsnotwendigen Anlagevermögens** zu qualifizieren seien. Nach Ansicht der Lehre und nach Praxis der ESTV und verschiedener kantonaler Steuerverwaltungen, wie etwa jener des Kantons Zürich, ist zur Beantwortung dieser Frage auf die Zweckbestimmung der Beteiligung und der von ihr gehaltenen Wirtschaftsgüter abzustellen (AGNER/JUNG/STEINMANN, 272; REICH/ZÜGER, in: Kommentar zum Schweizerischen Steuerrecht I/2a, Art. 30 DBG N 8; LOCHER, Kommentar DBG, Art. 30 N 25, und Art. 64 N 6 f.; RICHNER/FREI/KAUFMANN, Kommentar ZH, § 68 N 12 ff.). Die WAK des Ständerates war der Ansicht, dass die unterschiedliche kantonale Handhabung zu einer rechtsungleichen Behandlung führe. Sie fügte deshalb den neuen Abs. 1bis in Art. 64 (und Abs. 4bis in Art. 24 StHG) ein und stellte damit klar, dass Beteiligungen generell der Ersatzbeschaffung zugänglich sind (Mitbericht WAK StR vom 9.11.2000, 12). National- und Ständerat folgten diesem Vorschlag diskussionslos (AmtlBull StR 2001, 167; AmtlBull NR 2003, 255). Sie haben es dagegen unterlassen, diese Regelung auch in Art. 30 DBG bzw. Art. 8 Abs. 4 StHG aufzunehmen.

Da Kapitalgesellschaften und Genossenschaften auf Kapitalgewinnen aus der Veräusserung von Beteiligungen den Beteiligungsabzug nach Art. 69 f. DBG geltend machen können, ist die **praktische Relevanz** des neuen Art. 64 Abs. 1bis DBG beschränkt. Immerhin hat er noch während der Übergangsfrist von Art. 207a Abs. 1 DBG (bis zum 1.1. 2007) seine Bedeutung für die Veräusserung von Altbeteiligungen. Ferner kann die neue Bestimmung in Fällen bedeutsam werden, in denen Gesellschaften etwa wegen der Verrechnung der Kapitalgewinne mit Verlusten oder Verlustvorträgen den Beteiligungsabzug nicht geltend machen wollen oder in denen infolge der Berücksichtigung des Finanzierungs- und Verwaltungsaufwandes die Wirkungsweise des Beteiligungsabzuges stark vermindert wird. Ausserdem kann die Ersatzbeschaffung auch angewendet werden, um die Umsatzabgabe zu vermeiden (vgl. zu den Konkurrenzen der Ersatzbeschaffung auch die Übersicht in Teil 2 vor Art. 69 N 27).

3. Voraussetzungen

Während Art. 64 DBG auf alle juristischen Personen anwendbar ist, scheint sich der Anwendungsbereich von Art. 64 Abs. 1bis DBG auf **Kapitalgesellschaften und Genossenschaften** zu beschränken. Denn die veräusserte Beteiligung muss gemäss dem Wortlaut während mindestens eines Jahres «im Besitze der Kapitalgesellschaft oder Genossenschaft» gewesen sein. Damit hat der Gesetzgeber dieselbe Einschränkung vorgenommen wie für den Anwendungsbereich des Beteiligungsabzuges nach Art. 69 f. DBG. Ob die veräussernden und erwerbenden Gesellschaften voneinander unabhängig sind oder einer gemeinsamen Unternehmensgruppe angehören, ist nicht von Bedeutung. Beiden steht die Ersatzbeschaffung nach Art. 64 Abs. 1bis DBG offen.

Nach dem Wortlaut der neuen Gesetzesvorschrift muss es sich beim **Veräusserungsobjekt** um eine **Beteiligung** von mindestens **20%** des Grund- oder Stammkapitals an einer anderen Gesellschaft handeln, die während mindestens einem Jahr gehalten worden ist. Die Beteiligung wird demnach gleich definiert wie in Art. 70 Abs. 4 lit. b DBG. Es ist davon auszugehen, dass damit die Auslegung des Begriffs der Beteiligung gemäss einschlägigem Kreisschreiben (ESTV-DVS, KS 9 vom 9.7.1998) auch auf Art. 64 Abs. 1bis DBG anwendbar ist. Weitere Anforderungen stellt der Gesetzeswortlaut nicht an die Beteiligung. Insbesondere muss es sich nicht um eine Beteiligung an einer schweizerischen Gesellschaft handeln. Ferner muss die Beteiligung nicht dem betrieblichen Leistungsprozess der veräussernden Gesellschaft gedient haben. Da die Definition des «betriebsnotwendigen Anlagevermögens» von Art. 64 Abs. 3 DBG nach dem ausdrücklichen Willen der WAK des Ständerates nicht auf Art. 64 Abs. 1bis DBG anwendbar ist, sind auch Beteiligungen der Ersatzbeschaffung zugänglich, die der reinen Vermögensanlage dienen. Damit konstituiert Art. 64 Abs. 1bis DBG einen Steueraufschub, der über die Steuerneutralität der Ersatzbeschaffung nach der Ersatzbeschaffungstheorie hinausgeht (vgl. zur Ersatzbeschaffungstheorie LOCHER, Kommentar DBG, Art. 30 N 1 ff. m.w.N.).

Beim **Ersatzobjekt** muss es sich um eine «**neue Beteiligung**» handeln. Im Gegensatz zu Art. 64 Abs. 1 DBG stellt der neue Abs. 1bis nicht darauf ab, dass das Ersatzobjekt die «gleiche Funktion» hat wie das Veräusserungsobjekt. Wie für das Veräusserungsobjekt enthält die Vorschrift auch für das Ersatzobjekt keine Beschränkung auf Beteiligungen an schweizerischen Gesellschaften. Ferner wird der Begriff der Beteiligung im Gegensatz zum Veräusserungsobjekt nicht näher definiert. Gilt für die Beteiligung die Definition von Art. 69 DBG (mindestens 20% des Grund- oder Stammkapitals), diejenige von Art. 665a Abs. 2 OR (Absicht des dauernden Haltens und massgeblicher Einfluss) oder eine andere? Weil sich der Gesetzeswortlaut dazu ausschweigt, während für die veräusserte Beteiligung eine klare Definition vorgegeben wurde, kann davon ausgegangen werden, dass der Ständerat eine liberale, nicht einschränkende Begriffsdefinition anstrebte. Der Ständerat überlässt diese Qualifikation der steuerpflichtigen Gesellschaft im Rahmen ihrer Buchführung bzw. Bilanzerrichtung, welche vom Steuerrecht aufgrund der Massgeblichkeit der handelsrechtlichen Bilanz zu übernehmen ist. Nach Art. 665a Abs. 2 OR sind Beteiligungen Anteile am Kapital anderer Unternehmen, die mit der Absicht der dauernden Anlage gehalten werden und einen massgebenden Einfluss vermitteln. Dabei gilt nach Art. 665a Abs. 3 OR die Vermutung bzw. Fiktion, dass stimmberechtigte Anteile von mindestens 20% stets eine Beteiligung darstellen, was allerdings nicht ausschliesst, dass auch Anteile von weniger als 20% sich dafür qualifizieren (BSK OR II-NEUHAUS/SCHÖNBÄCHLER, Art. 665a N 7 ff.). Nach der Begriffsdefinition von Art. 665a OR fallen jedoch nicht bloss Anteile an Aktiengesellschaften (einschliesslich Partizipationsscheine), Kommanditaktiengesellschaften, Stammeinlagen von Gesellschaften mit beschränkter Haftung sowie Anteilscheine von Genossenschaften (vgl. Begriffsdefinition in ESTV-DVS, KS 9 vom 9.7.1998, Ziff. 2.3.2) unter den Begriff der Beteiligung, sondern auch Anteile an inländischen einfachen Gesellschaften (HWP, Bd. 1, 196 f.) und Kapitalanteile an inländischen Personengesellschaften (BSK OR II-NEUHAUS/SCHÖNBÄCHLER, Art. 665a N 11, wonach die Rechtsform des Unternehmens keine Rolle spielt). Daraus erhellt einerseits, dass für die neu erworbene Beteiligung keine minimalen, quantitativen Voraussetzungen ausserhalb des obligationenrechtlichen Beteiligungsbegriffes gelten und entsprechend auch Beteiligungen unter 20% als Ersatzobjekt dienen können (gl.M. ESTV-DVS, KS 5 vom 1.6.2004, Ziff. 4.7.3.4). Andererseits bleibt die Frage offen, ob der Beteiligungsbegriff qualitativ einen weiteren Raum als denjenigen von Art. 69 DBG und der dazu erlassenen Verwaltungspraxis (ESTV-DVS, KS 9 vom 9.7.1998, Ziff. 2.3.2) einnimmt. Dies ist zwar aufgrund der Entstehung sowie der systematischen Einordnung dieser neuen Rechtsnorm nicht zwingend zu vermuten, kann jedoch aufgrund des Wortlautes auch nicht ausgeschlossen werden. Immerhin bezweckt die Ersatzbeschaffung den Aufschub der Besteuerung stiller Reserven aus wirtschaftlichen Gründen, weshalb formale Aspekte, wie die Rechtsform des dem Ersatzobjekt zugrundeliegenden Rechtsträgers, zurückzustehen haben.

9 Nach dem allgemeinen Ersatzbeschaffungstatbestand gemäss Art. 64 DBG Abs. 1 muss das Ersatzgut die gleiche wirtschaftliche Funktion haben wie das Veräusserungsobjekt («Identitätstheorie», vgl. Kommission Steuerharmonisierung, 43 f.). Das veräusserte Gut gilt als «**ersetzt**», wenn das Objekt mit gleicher wirtschaftlicher Funktion innerhalb einer angemessenen **Frist** erworben wird. Zwar wird allgemein eine Frist von maximal zwei Jahren als angemessen erachtet; von dieser kann jedoch im Einzelfall aufgrund sachlicher Gründe abgewichen werden (siehe Kommission Steuerharmonisierung, 44; LOCHER, Kommentar DBG, Art. 30 N 15 m.w.N.; REICH/ZÜGER, in: Kommentar zum Schweizerischen Steuerrecht I/2a, Art. 30 DBG N 18; der Kanton St. Gallen gewährt beispielsweise eine Frist von drei Jahren, Art. 27 Abs. 1 StV-SG). Im Übrigen ist es auch möglich, das Ersatzobjekt vor dem Ausscheiden des zu ersetzenden Objekts zu beschaffen («**vorgängige**» Ersatzbeschaffung oder «Vorausbeschaffung», vgl. LOCHER, Kommentar DBG, Art. 30 N 16 m.w.N.; MEUTER, ZStP 2001, 177 f.; REICH/ZÜGER, in: Kommentar zum Schweizerischen Steuerrecht I/2a, Art. 30 DBG N 19 m.w.N.). Die Kommission Steuerharmonisierung verlangte als Voraussetzung dafür einen «adäquaten Kausalzusammenhang» zwischen der Anschaffung des Ersatzgutes und dem Ausscheiden des ersetzten Gutes (Kommission Steuerharmonisierung, 45 f.). Diese Voraussetzung wurde jedoch in der Lehre kritisiert (REICH/DUSS, 65; MEUTER, ZStP 2001, 178) und von den Kantonen teilweise nicht übernommen. Gemäss Praxis im Kanton St. Gallen etwa kann der Erwerb im vorangegangenen Geschäftsjahr erfolgen (Art. 27 Abs. 2

StV-SG). Art. 64 Abs. 1bis DBG verlangt im Gegensatz zu Abs. 1 kein «Ersatzobjekt mit gleicher Funktion», sondern bloss eine «neue Beteiligung». Die Frage, wann eine neu erworbene Beteiligung eine veräusserte Beteiligung «ersetzt», ist deshalb weniger klar als beim übrigen Anlagevermögen. Die eine Auslegungsmöglichkeit besteht darin, allein auf die oben genannten Fristen abzustellen. Dies hätte zur Folge, dass jeder Erwerb einer Beteiligung innerhalb von zwei bis drei Jahren nach dem Verkauf einer anderen Beteiligung und auch der Erwerb einer Beteiligung ein bis zwei Jahre vor dem Verkauf einer anderen Beteiligung einen «Ersatz» darstellt. Die andere Auslegungsmöglichkeit besteht darin, dass zumindest im Falle der Vorausbeschaffung eine Kausalität zwischen Erwerb und Verkauf verlangt wird. Eine solche ist etwa gegeben, wenn der Erlös aus dem Verkauf der Beteiligung zur Tilgung der Schulden aus dem Erwerb des Ersatzobjekts verwendet wird, sofern dieser fremdfinanziert worden ist (vgl. LOCHER, Kommentar DBG, Art. 30 N 16). Solche Abgrenzungskriterien wirken allerdings künstlich und vermögen dem liberalen Geiste des Schöpfers dieser neuen Norm nicht gerecht zu werden. Der Ständerat war sich bewusst, dass Begriffe wie «betriebsnotwendig» oder «gleiche Funktion» beim Ersatz von Beteiligungen wenig sinnvoll sind, werden doch im Wirtschaftsleben gerade diejenigen Beteiligungen abgestossen, die der Unternehmensstrategie nicht mehr entsprechen und durch andere ersetzt, die darauf ausgerichtet sind. Irgendwelche Identifikationsmerkmale zwischen den veräusserten und den erworbenen Beteiligungen zu suchen, erscheint damit verfehlt, seien dies betriebliche, liquiditätsmässige oder andere Gesichtspunkte. Das Kreisschreiben Umstrukturierungen sieht eine Frist von drei Jahren für die nachfolgende Ersatzbeschaffung und die vorgängige Ersatzbeschaffung vor (ESTV-DVS, KS 5 vom 1.6.2004, Ziff. 4.7.3.5). Als **Fristbeginn** hat für nachfolgende Ersatzinvestitionen die Erfüllung des Veräusserungsgeschäftes zu gelten. Zu diesem Zeitpunkt ist der Gewinn realisiert und darf buchmässig erfasst werden (HWP, Bd. 1, 240 f.) und ist der Unternehmer frei, den Veräusserungserlös neu zu investieren (ESTV-DVS, KS 5 vom 1.6.2004, Ziff. 4.7.3.5). Anders ist hingegen das Ende der Frist bezüglich des Neuerwerbs zu beurteilen. Der vorsichtige Kaufmann wird mit Abschluss des Kaufvertrages das Verpflichtungsgeschäft in seinen Büchern zum Ausdruck bringen. Zu diesem Zeitpunkt verpflichtet sich der Unternehmer zur Investition und hat die Mittel aus der vorgängigen Veräusserung für diese Investition zu reservieren. Grundsätzlich gleich verhält sich der Fristenlauf für die vorgängige Ersatzbeschaffung.

Die letzte Voraussetzung für die steuerfreie Ersatzbeschaffung ist aufgrund des Massgeblichkeitsprinzips geboten: **Buchmässig** wird der ausserordentliche Ertrag aus der Veräusserung der Beteiligung (zu einem über dem Buchwert liegenden Preis) dadurch neutralisiert, dass die neu erworbene Beteiligung im Umfang der übertragenen stillen Reserven reduziert wird (**Sofortreduktion**). Die untere Grenze für die Reduktion bildet der Wert der Gestehungskosten der veräusserten Beteiligung. Sofern die Ersatzbeschaffung nicht im gleichen Geschäftsjahr stattfindet, ist gemäss Art. 64 Abs. 2 DBG im Umfang der zu übertragenden stillen Reserven eine «**Rückstellung**» zu bilden. Dabei handelt es sich um eine steuerlich privilegierte Ersatzbeschaffungs-Reserve, «d.h. um eine am Bilanzstichtag aufgedeckte stille Reserve, die nach der Ersatzbeschaffung wieder zur stillen Reserve wird» (LOCHER, Kommentar DBG, Art. 30 N 21). Nach dem Erwerb der neuen Beteiligung ist die Rückstellung zur Reduktion des Buchwertes zu verwenden.

4. Rechtsfolgen

Die Rechtsfolge der Ersatzbeschaffung liegt in der «**Übertragung der stillen Reserven**». Die stillen Reserven entsprechen zwar grundsätzlich der Differenz zwischen dem Erlös der verkauften Beteiligung und deren Buchwert. Für die Ersatzbeschaffung von

Beteiligungen ist dagegen nach Ansicht der ESTV die Differenz zwischen Erlös und Gestehungskosten massgebend; im Umfang der **wiedereingebrachten Abschreibungen**, also der Differenz zwischen Gestehungskosten und (tieferem) Buchwert, können gemäss dem Kreisschreiben Umstrukturierungen die stillen Reserven auf Beteiligungen nicht übertragen werden (ESTV-DVS, KS 5 vom 1.6.2004, Ziff. 4.7.3.10 und Anhang I, Nr. 26). Diese Abschreibungen bzw. Wertberichtigungen sind vielmehr im Sinne von Art. 62 Abs. 4 DBG wieder dem steuerbaren Gewinn zuzurechnen, da sie nicht mehr begründet sind. Diese Auffassung der ESTV lässt sich wohl im Regelfall schwerlich widerlegen. Die Werterholung der Beteiligung im Sinne von Art. 62 Abs. 4 DBG tritt aufgrund des Veräusserungspreises offen zu Tage, und die geschäftsmässige Begründetheit der früheren Abschreibung oder Wertberichtigung ist nicht mehr gegeben (vgl. auch BRÜLISAUER/KUHN, in: Kommentar zum Schweizerischen Steuerrecht I/2a, Art. 62 DBG N 37). Um die Übertragung der stillen Reserven auf das Ersatzobjekt im Rahmen von Art. 64 Abs. 1 bis DBG terminologisch klar von Art. 62 Abs. 4 DBG abzugrenzen, empfiehlt sich, von der Verwendung von Begriffen wie «Abschreibung» oder «Sofortabschreibung» Abstand zu nehmen. Vielmehr handelt es sich um eine Herabsetzung oder Reduktion des Gewinnsteuerwertes sowie der Gestehungskosten.

12 Ferner können die stillen Reserven nur dann in vollem Umfang übertragen werden, wenn der gesamte Erlös aus der Veräusserung der Beteiligung für den Erwerb der neuen Beteiligung verwendet wird. Sofern der Erwerbspreis für die neue Beteiligung unter dem Erlös liegt, gelten die stillen Reserven im Umfang der Differenz (also des **nicht reinvestierten Teils** des Veräusserungserlöses) als realisiert, sollten sie nicht anderweitig reinvestiert werden (ESTV-DVS, KS 5 vom 1.6.2004, Ziff. 4.7.3.7 und Anhang I, Nr. 25; vgl. auch REICH/DUSS, 66). Die Reinvestition beschränkt sich dabei jedoch nicht bloss auf ein einziges Ersatzobjekt, sondern kann sich auf verschiedene, zeitlich auseinanderliegende Ersatzbeschaffungen von neuen Beteiligungen beziehen.

13 Das Ersatzobjekt übernimmt die übergangsrechtliche Qualifikation nach Art. 207a Abs. 1 DBG der veräusserten Beteiligung. Sofern bei der Veräusserung einer Altbeteiligung der Erwerbspreis für das Ersatzobjekt den Veräusserungserlös übersteigt, wird das Ersatzobjekt im Umfang der **zusätzlichen Investition** als Neubeteiligung qualifiziert (ESTV-DVS, KS 5 vom 1.6.2004, Ziff. 4.7.3.11 und Anhang I, Nr. 26).

14 Sofern keine Ersatzbeschaffung erfolgt, ist nach Art. 64 Abs. 2 DBG die **Rückstellung** zugunsten der Erfolgsrechnung **aufzulösen**. Da diese Auflösung in einem späteren Geschäftsjahr als jenem der Veräusserung vorgenommen wird, stellt sich die Frage, ob in diesem späteren Geschäftsjahr der Beteiligungsabzug nach Art. 70 Abs. 1 DBG immer noch geltend gemacht werden kann. Dies ist zu bejahen. Denn es ist kein Grund erkennbar, weshalb bei einer späteren Auflösung der Rückstellung der Steuerpflichtige schlechter zu stellen wäre als bei einem vollständigen Gewinnausweis im Veräusserungsjahr. Diese Ansicht scheint auch die ESTV zu vertreten, weist sie im Kreisschreiben Umstrukturierungen doch darauf hin, dass sich die Gewährung des Beteiligungsabzuges nach den Verhältnissen im Zeitpunkt der Veräusserung der Beteiligung richtet (ESTV-DVS, KS 5 vom 1.6.2004, Ziff. 4.7.3.1). Sofern sich diese Aussage auf die qualitativen Voraussetzungen hinsichtlich Beteiligungsbegriff, Veräusserung und Haltedauer richtet, ist ihr vorbehaltlos zuzustimmen. Bezüglich der quantitativen Elemente stellt sich immerhin die Frage, welche Steuerperiode bezüglich Finanzierungs- und Verwaltungsaufwand massgebend ist, diejenige des tatsächlichen Verkaufs oder jene der Auflösung der Rückstellung. Dem Gesetzeswortlaut von Art. 64 Abs. 2 DBG folgend wäre man geneigt, die Steuerperiode des Auflösungsjahres heranzuziehen, was sich insbesondere dann aufdrängt, wenn die Steuerperiode, in welcher die Beteiligungsveräus-

serung stattgefunden hat, bereits rechtskräftig veranlagt wurde. Für eine Nachbesteuerung im Sinne der Art. 151–153 DBG bleibt mangels gesetzlicher Basis kein Raum. Ob damit jedoch eine sachgerechte Besteuerung erfolgt, muss bezweifelt werden. Vielmehr wäre es angebracht, den anteiligen Finanzierungs- und Verwaltungsaufwand der Veräusserungsperiode für die Kürzung des Beteiligungsertrages in der Auflösungsperiode heranzuziehen. Als praxisgerechte Lösung würde es sich wohl empfehlen, die Veranlagung der Veräusserungsperiode so lange auszusetzen, bis Klarheit über die künftige Verwendung der Rückstellung besteht. Ist sie gänzlich oder teilweise aufzulösen, wäre danach abweichend vom Massgeblichkeitsprinzip die Rückstellung rückwirkend in der Veräusserungsperiode steuerlich aufzurechnen. Vorbehalten bleiben in jedem Fall jedoch Steuerumgehungsabsichten, beispielsweise im Zusammenhang mit steuerlichen Verlustvorträgen. Dem Vernehmen nach will die ESTV demgegenüber eine Besteuerung im Jahr der Auflösung der nicht beanspruchten Rückstellung bewirken.

5. Beispiele

a) Beispiel 1 (ohne frühere Abschreibungen)

Die Gesellschaft X AG hat vor dem 1.1.1997 eine Beteiligung für CHF 400 erworben und seither nicht abgeschrieben (Gestehungskosten = Buchwert = Gewinnsteuerwert = CHF 400). Im Februar 2005 verkauft sie die Beteiligung für CHF 1 200 (Erlös). Die zu übertragenden stillen Reserven betragen somit CHF 800.

Variante A: Wenn die X AG eine neue Beteiligung für CHF 1 300 erwirbt, kann sie die gesamten stillen Reserven übertragen, indem sie die neue Beteiligung um CHF 800 auf CHF 500 reduziert (Gestehungskosten der neuen Beteiligung = CHF 500; ESTV-DVS, KS 5 vom 1.6.2004, Ziff. 4.7.3.9). Die neue Beteiligung übernimmt die Qualifikation als Altbeteiligung mit Ausnahme der zusätzlich investierten CHF 100, welche als Neubeteiligung zu qualifizieren sind; d.h. 1/13 der erworbenen neuen Beteiligung.

Variante B: Wenn sie dagegen eine neue Beteiligung für CHF 1 000 erwirbt, kann sie diese nur bis zum Betrag von CHF 400 reduzieren (Gestehungskosten der neuen Beteiligung = CHF 400). Die Differenz von CHF 200 zwischen Erlös und Erwerbspreis wurde nicht reinvestiert und stellt einen steuerbaren Ertrag (Kapitalgewinn) dar, sofern sie nicht für eine weitere Ersatzbeschaffung Verwendung findet. Vorliegend wird der Beteiligungsabzug auf diesem Kapitalgewinn nicht gewährt, weil er eine Altbeteiligung betrifft, die vor dem 1.1.2007 verkauft wird.

b) Beispiel 2 (mit früheren Abschreibungen)

Die Gesellschaft X AG hat vor dem 1.1.1997 eine Beteiligung für CHF 400 erworben und nach dem 1.1.1997 um CHF 300 auf CHF 100 abgeschrieben (Gestehungskosten = CHF 400; Buchwert = Gewinnsteuerwert = CHF 100). Im Februar 2005 verkauft sie die Beteiligung für CHF 1 200 (Erlös). Die übertragbaren stillen Reserven entsprechen der Differenz zwischen Erlös und Gestehungskosten, also CHF 800 (wie in Beispiel 1), weil im Umfang der wiedereingebrachten Abschreibung keine stillen Reserven übertragen werden können (ESTV-DVS, KS 5 vom 1.6.2004, Ziff. 4.7.3.10 und Anhang I, Nr. 26).

Variante A: Wenn die X AG eine neue Beteiligung für CHF 1 300 erwirbt, kann sie die stillen Reserven im Umfang von CHF 800 übertragen, indem sie die neue Beteiligung um CHF 800 auf CHF 500 reduziert (Gestehungskosten der neuen Beteiligung = CHF 500). Die wiedereingebrachten Abschreibungen von CHF 300 werden als Ertrag besteuert (Art. 62 Abs. 4 DBG). Auf diesem Betrag würde auch bei einer Neubeteiligung kein Beteiligungsabzug zugelassen. Wenn die X AG in der Handelsbilanz die vollen stillen Reserven von CHF 1 100 überträgt, indem sie die neue Beteiligung auf CHF 200 reduziert, werden die Steuerbehörden in der Steuerbilanz eine Aufrechnung der wiedereingebrachten Abschreibung in der Höhe von CHF 300 vornehmen (ESTV-DVS, KS 5 vom 1.6.2004, Ziff. 4.7.3.10 und Anhang I, Nr. 26).

Variante B: Wenn die X AG die neue Beteiligung für CHF 1 000 erwirbt, kann sie diese wie im Beispiel 1 nur bis zum Betrag von CHF 400 reduzieren (Gestehungskosten der neuen Beteiligung = CHF 400). Die wiedereingebrachten Abschreibungen von CHF 300 und die nicht reinvestierten stillen Reserven von CHF 200 stellen steuerbaren Ertrag (Kapitalgewinn) dar, sofern letztere nicht für eine weitere Ersatzbeschaffung Verwendung finden. Die wiedereingebrachten Abschreibungen gehen nicht in die Berechnung des Beteiligungsabzuges ein. Auf dem nicht reinvestierten Kapitalgewinn von CHF 200 wird der Beteiligungsabzug ebenfalls nicht gewährt, weil eine Altbeteiligung vor dem 1.1.2007 verkauft wird. Der Beteiligungsabzug auf diesem Kapitalgewinn könnte geltend gemacht werden, sofern dieser eine Neubeteiligung oder eine nach dem 1.1.2007 verkaufte Altbeteiligung betrifft.

6. Abgrenzung von Art. 64 Abs. 1bis zu Art. 64 Abs. 1 und Art. 30 DBG

17 Der Gesetzgeber hat die Anwendbarkeit von Art. 64 Abs. 1bis DBG auf Kapitalgesellschaften und Genossenschaften beschränkt, und er hat darauf verzichtet, die Ersatzbeschaffung von Beteiligungen auch in Art. 30 DBG aufzunehmen. Damit ist bei natürlichen Personen, Personengesellschaften und juristischen Personen, die keine Kapitalgesellschaften und Genossenschaften sind, die Frage der Betriebsnotwendigkeit der Beteiligung nach Art. 30 Abs. 3 bzw. Art. 64 DBG als Voraussetzung für die Ersatzbeschaffung weiterhin zu prüfen (vgl. a. LOCHER, Kommentar DBG, Art. 64 N 8). Ferner können Art. 64 Abs. 1 und Abs. 3 DBG beim Verkauf oder Erwerb von Beteiligungen durch Kapitalgesellschaften und Genossenschaften weiterhin Anwendung finden, wenn nämlich ein betriebsnotwendiges Vermögensobjekt durch eine betriebsnotwendige Beteiligung ersetzt wird oder umgekehrt oder wenn die veräusserte Beteiligung weniger als 20% des Grund- oder Stammkapitals ausmacht.

II. Einkommenssteuer

18 Da die Ersatzbeschaffung von Beteiligungen nicht auch in Art. 30 DBG eingeführt wurde, ist die Einkommenssteuer nicht relevant. Diese könnte nur im Falle einer Transponierung oder verdeckten Gewinnausschüttung betroffen sein, wenn ein Aktionär oder eine diesem nahestehende Person eine Beteiligung von der Gesellschaft erwirbt oder an diese veräussert.

III. Grundstückgewinnsteuer

19 Eine Grundstückgewinnsteuer kann nur bei Handänderung von Beteiligungen an Immobiliengesellschaften anfallen, deren Liegenschaften in Kantonen mit monistischem System gelegen sind (Basel-Landschaft, Basel-Stadt, Bern, Jura, Nidwalden, Schwyz, Tessin, Uri, Zürich). Da der Steueraufschubtatbestand von Art. 12 Abs. 4 lit. a StHG nicht auf Art. 24 Abs. 4bis StHG verweist, wird eine Ersatzbeschaffung auf einer Beteiligung an einer Immobiliengesellschaft nur gewährt, wenn sie im kantonalen Recht vorgesehen ist. Das kantonale Recht gewährt jedoch den Steueraufschub auf der Ersatzbeschaffung von Liegenschaften des betriebsnotwendigen Anlagevermögens (Art. 12 Abs. 4 lit. a i.V.m. Art. 24 Abs. 4 StHG; siehe beispielsweise § 216 Abs. 1 lit. g StG ZH; vgl. dazu

ZWAHLEN, in: Kommentar zum Schweizerischen Steuerrecht I/1, Art. 12 StHG N 13). Deshalb sollte der Steueraufschub auch bei Ersatzbeschaffung von Beteiligungen an Immobiliengesellschaften zugelassen werden (vgl. VGer ZH 19.8.1992, RB 1992 Nr. 50, zur Ersatzbeschaffung einer Beteiligung an einer Immobiliengesellschaft, der eine vom Veräusserer selbstbewohnte Liegenschaft gehört). Dabei können sich jedoch im interkantonalen und allenfalls auch im interkommunalen Verhältnis komplexe Abgrenzungsaspekte stellen (vgl. Kommission Steuerharmonisierung, 49 ff.).

IV. Handänderungssteuer

Eine Handänderungssteuer kann bei Handänderung von Beteiligungen an Immobiliengesellschaften anfallen. Die Ersatzbeschaffung von Beteiligungen ist keine Umstrukturierung im Sinne von Art. 103 FusG. Ob eine Handänderung im Falle einer Ersatzbeschaffung von Beteiligungen an einer Immobiliengesellschaft anfällt, ist deshalb eine Frage des kantonalen Rechts (vgl. dazu Art. 103 N 19). 20

V. Verrechnungssteuer

Die Verrechnungssteuer fällt bei einer Ersatzbeschaffung nicht an, soweit Transaktionen mit nahestehenden Personen zu marktkonformen Bedingungen durchgeführt werden. Andernfalls kann eine geldwerte Leistung im Sinne von Art. 4 Abs. 1 lit. b VStG bzw. Art. 20 Abs. 1 VStV vorliegen. 21

VI. Emissionsabgabe

Die Ersatzbeschaffung hat keine Folgen für die Emissionsabgabe, sofern nicht die Gesellschaft durch die Transaktion mit ihrem Aktionariat einen steuerbaren Zuschuss im Sinne von Art. 5 Abs. 2 lit. a StG erhält. 22

VII. Umsatzabgabe

Wenn die veräussernde Gesellschaft eine Effektenhändlerin im Sinne von Art. 13 Abs. 3 StG ist, würden sowohl der Verkauf der alten als auch der Erwerb der neuen Beteiligung der Umsatzabgabe unterliegen. Nach **Art. 14 Abs. 1 lit. j StG** sind jedoch der Erwerb und die Veräusserung von steuerbaren Urkunden im Rahmen von Umstrukturierungen nach Art. 64 Abs. 1bis DBG von der Umsatzabgabe ausgenommen. Die Abgabebefreiung der Ersatzbeschaffung von Beteiligungen wurde erst vom Nationalrat als Zweitrat in das Gesetz aufgenommen. Der Bundesrat war gegen diese Ausnahme und sprach von einem Systembruch, weil der Verzicht auf die Besteuerung einen definitiven Steuerausfall zur Folge habe und nicht bloss einen Steueraufschub wie bei der direkten Bundessteuer bewirke (AmtlBull NR 2003, 253 [Villiger]). Zu gewissen Unsicherheiten führt die Formulierung im Gesetz, wonach der Erwerb und die Veräusserung im Rahmen von Umstrukturierungen nach Art. 64 Abs. 1bis DBG abgabebefreit sind. Wollte der Gesetzgeber mit diesem Verweis jegliche unter Art. 64 Abs. 1bis DBG fallenden Veräusserungen und Erwerbe von Beteiligungen von der Umsatzabgabe ausnehmen, oder ist diesem Verweis eine betragliche Beschränkung zu entnehmen? Eine Auslegung in dem Sinne, dass der Erwerb und die Veräusserung nur im Umfang von der Umsatzabgabe befreit werden, in dem die Ersatzbeschaffung nicht zu Gewinnsteuerfolgen führt, ist zwar nicht auszuschliessen, ergibt jedoch für die Umsatzabgabe keinen Sinn. Die Bemessungsbasis der Umsatzabgabe orientiert sich nie am Gewinn, sondern immer am Entgelt (Art. 13 Abs. 1 23

StG). Eine betragliche Limitierung könnte sich nur auf den «Überschuss» des Entgeltes des Kaufs gegenüber dem Verkauf oder umgekehrt beziehen. Im Umfang dieses Überschusses findet keine Ersatzbeschaffung statt. Auf Grund der genannten Äusserung von Bundesrat Villiger und des Wortlautes der Vorschrift liegt aber die Auslegung nahe, dass sowohl die Veräusserung der einen Beteiligung als auch der Erwerb der anderen Beteiligung in vollem Umfang von der Umsatzabgabe ausgenommen sind, wenn eine Ersatzbeschaffung im Sinne von Art. 64 Abs. 1bis DBG vorliegt. Nach Ansicht der ESTV unterliegen dagegen (1) ein nicht für eine Ersatzbeschaffung verwendeter Teil des Verkaufserlös (nicht vollständige Reinvestition oder Rückstellungsbildung) sowie (2) eine den Veräusserungspreis übersteigende Ersatzbeschaffung im Umfang des übersteigenden Teils der Umsatzabgabe (ESTV-DVS, KS 5 vom 1.6.2004, Ziffer 4.7.4 und Anhang I, Nr. 26). Im Entwurf für das Kreisschreiben Umstrukturierungen vom 11.2.2004 war die Umsatzabgabepflicht ferner für die wiedereingebrachten Abschreibungen vorgesehen. Die Unterstellung der wiedereingebrachten Abschreibungen, die bei der Gewinnsteuer aufgerechnet werden, unter die Umsatzabgabe wurde jedoch in der definitiven Fassung des Kreisschreibens zu Recht fallen gelassen. Wie sich der Veräusserungspreis gewinnsteuerlich in Buchwert, wiedereingebrachte Abschreibungen und Kapitalgewinn bzw. in Gewinnsteuerwert und Gestehungskosten aufteilt, ist für die Umsatzabgabe ohne jeden Belang.

24 Die Ersatzbeschaffung schafft auch für die **Abrechnung** der Umsatzabgabe Sonderprobleme, die eine genaue Kontrolle und Dokumentation erforderlich machen. So kann etwa bei der Ersatzbeschaffung mittels **mehrerer**, zeitlich nacheinander gestaffelten **Beteiligungserwerben** die Abrechnung bis zum Zeitpunkt der Nicht-Ersatzbeschaffung aufgeschoben werden. Auf der anderen Seite kann bei der **vorgängigen Ersatzbeschaffung** die auf dem Beteiligungserwerb entrichtete Umsatzabgabe nachträglich zurückgefordert werden. Interessant wird die Frage der zivilrechtlichen Auseinandersetzung, wenn ein nicht abgabepflichtiger Erwerber oder Veräusserer anlässlich einer Beteiligungstransaktion aufgrund vertraglicher Verpflichtung eine halbe oder gar die ganze Umsatzabgabe trägt, diese aber im Nachhinein infolge der Ersatzbeschaffung beim abgabepflichtigen Vertragspartner gar nicht anfällt bzw. von diesem nachträglich zurückgefordert werden kann.

VIII. Mehrwertsteuer

25 Der Kauf und Verkauf von Beteiligungen unterliegen als von der Steuer ausgenommene Umsätze nicht der Mehrwertsteuer (Art. 18 Ziff. 19 lit. e MWSTG). Die damit zusammenhängenden Vorsteuern können nicht abgezogen werden.

Erster Abschnitt: Allgemeine Bestimmungen

Art. 69

¹ Im Handelsregister eingetragene Gesellschaften und im Handelsregister eingetragene Einzelunternehmen können ihr Vermögen oder Teile davon mit Aktiven und Passiven auf andere Rechtsträger des Privatrechts übertragen. Wenn die Gesellschafterinnen und Gesellschafter der übertragenden Gesellschaft Anteils- oder Mitgliedschaftsrechte der übernehmenden Gesellschaft erhalten, gilt Kapitel 3.

² Vorbehalten bleiben die gesetzlichen und statutarischen Bestimmungen über den Kapitalschutz und die Liquidation.

¹ Les sociétés et entreprises individuelles inscrites au registre du commerce peuvent transférer tout ou partie de leur patrimoine avec actifs et passifs à un autre sujet de droit privé. Le chapitre 3 s'applique si les associés de la société transférante reçoivent des parts sociales ou des droits de sociétariat de la société reprenante.

² Les dispositions légales et statutaires concernant la protection du capital et la liquidation sont réservées.

¹ Le società e ditte individuali iscritte nel registro di commercio possono trasferire l'intero patrimonio o parte di esso, con attivi e passivi, a un altro soggetto giuridico di diritto privato. Il capitolo 3 (Scissione di società) si applica se ai soci della società trasferente sono attribuiti quote sociali o diritti societari della società assuntrice.

² Sono fatte salve le disposizioni legali e statutarie relative alla protezione del capitale e alla liquidazione.

Literatur

P. LOSER-KROGH, Die Vermögensübertragung – Kompromiss zwischen Strukturanpassungsfreiheit und Vertragsschutz im Entwurf des Fusionsgesetzes, AJP 2000, 1095 ff.; R. TRINDADE, Le transfert de patrimoine, SZW 2004, 215 ff.; F. VISCHER, Des principes de la loi sur la fusion et de quelques questions controversées, SZW 2004, 155 ff.

I. Funktion des Rechtsinstituts und Normzweck

1. Funktion des Rechtsinstituts

Bis zum Inkrafttreten des FusG konnten Aktiven und Passiven im Rahmen einer Umstrukturierung nur auf dem Weg der Singularsukzession übertragen werden, sofern eine eigentliche Fusion nicht in Frage kam. Lediglich für die Übertragung gewisser Passiven bestand eine Erleichterung, wenn die Parteien vereinbarten, die Schulden gemäss Art. 181 OR übergehen zu lassen, weil dann die Zustimmung der Gläubiger entbehrlich wurde. Mit der Einführung der Vermögensübertragung als neuem Rechtsinstitut wollte der Gesetzgeber die **Übertragung von Vermögen oder Vermögensteilen generell erleichtern** und insbesondere **Art. 181 OR ergänzen** (BÖCKLI, Aktienrecht, § 3 Rz 371). Gesellschaften und Einzelunternehmen sollen unter Wahrung der Transparenz für die Gesellschafter und ohne Gefährdung der Interessen der Gläubiger Aktiven und Passiven auf dem Weg der Universalsukzession unkompliziert übertragen können (Botschaft, 4361; VISCHER, 155).

Die Vermögensübertragung ersetzt die im Vorentwurf FusG enthaltene **Ausgliederung**, welche systematisch nebst der Auf- und Abspaltung als weitere Spaltungsform konzipiert war (Art. 39 lit. c VE FusG), was in der Vernehmlassung auf Kritik stiess (vgl. auch KLÄY/TURIN, 34 f.). Einerseits erschien es unverhältnismässig, auf jede Ausgliederung, der es an einer mitgliedschaftlichen Komponente weitgehend fehlt, das aufwändige Spaltungsverfahren anzuwenden. Anderseits war die Ausgliederung im Hinblick auf das Ziel, die Übertragung von Vermögen zu erleichtern, zu wenig breit ausgelegt (Botschaft, 4360 f.). Im Vergleich zum ursprünglich vorgesehenen Ausgliederungsverfahren wurde das Verfahren für die Vermögensübertragung wesentlich gestrafft: die Pflicht zum dreimaligen Schuldenruf im SHAB wurde gestrichen, auf eine Prüfungspflicht durch einen besonders befähigten Revisor verzichtet und die Entscheidungskompetenz vom konstituierenden Organ auf das oberste Geschäfts- oder Verwaltungsorgan verlagert (Art. 70 Abs. 1). Ferner wurde der subjektive Anwendungsbereich auf alle im Handelsregister eingetragenen Gesellschaften und Einzelunternehmen erweitert (Art. 69 Abs. 1 Satz 1). Als Folge dieser Vereinfachung ergab sich allerdings die Gefahr der Umgehung der Spaltungsvorschriften. Das FusG sieht deshalb jetzt vor, dass das Spaltungsrecht mit seinen ausführlichen Schutzvorschriften für Anteilsinhaber zur Anwendung kommt (Art. 69 Satz 2), sobald im Rahmen einer Übertragung von Vermögensteilen Anteils- oder Mitgliedschaftsrechte der übernehmenden Gesellschaft auf die Gesellschafter der übertragenden Gesellschaft transferiert werden. Der so modifizierte Entwurf warf in der Parlamentsdebatte nur noch wenige Probleme auf und wurde bis auf einen Punkt unverändert verabschiedet. Vom Entwurf abweichend beschloss das Parlament, eine Beurkundungspflicht des Übertragungsvertrags einzuführen, sofern und soweit Grundstücke übertragen werden (AmtlBull StR 2001, 158).

3 Die Vermögensübertragung ist als Ergänzung zu Art. 181 OR zu verstehen (BÖCKLI, Aktienrecht, § 3 Rz 371) und soll überdies die im FusG speziell geregelten Umstrukturierungstatbestände der Fusion, Spaltung und Umwandlung komplementieren (Botschaft, 4362; KLÄY/TURIN, 36). Die Vermögensübertragung hat ihre Funktion also nicht ausschliesslich im Umstrukturierungsrecht, sondern regelt generell eine **neue Übertragungsform für Aktiven und Passiven**, welche auch in anderen Rechtsgebieten Anwendung finden kann (s. dazu N 9 ff.). Dadurch unterscheidet sich die Vermögensübertragung von den anderen im FusG geregelten Rechtsinstituten. Aufgrund des breit angelegten Anwendungsbereichs übernimmt die Vermögensübertragung auch die Funktion einer **Generalklausel im Umstrukturierungsrecht** (KLÄY/TURIN, 39; TSCHÄNI, M&A-Transaktionen, Kap. 3 Rz 108). Sie soll im Sinne eines Auffangtatbestandes für Übertragungen von Aktiven und Passiven in unterschiedlichsten Fallkonstellationen als flexibles und offenes Instrument zur Verfügung stehen (AmtlBull StR 2001, 147).

2. Normzweck

4 Art. 69 definiert den persönlichen und den sachlichen Anwendungsbereich der Vermögensübertragung und grenzt diese von der Spaltung ab, indem festgelegt wird, unter welchen Umständen die strengeren Spaltungsvorschriften einzuhalten sind (Abs. 1). Ausserdem enthält Abs. 2 eine Klarstellung zugunsten der Gläubiger des übertragenden Rechtsträgers dahingehend, dass die allgemeinen Bestimmungen zum Kapitalschutz und zur Liquidation auch im Rahmen einer Vermögensübertragung zu beachten sind.

II. Anwendungsbereich (Abs. 1)

1. Persönlicher Anwendungsbereich (Parteien)

5 Als **übertragende Partei** kann nur eine im Handelsregister eingetragene Gesellschaft (Kapitalgesellschaft, Kollektiv- und Kommanditgesellschaft, Verein oder Genossen-

schaft) oder eine im Handelsregister eingetragene Einzelfirma vom Institut der Vermögensübertragung Gebrauch machen. Dies deshalb, weil die erforderliche Publizität der Vermögensübertragung durch die Eintragung im Handelsregister am Sitz des übertragenden Rechtsträgers erreicht wird (vgl. KLÄY/TURIN, 39). Die Vermögensübertragung wird im Zeitpunkt der Handelsregistereintragung rechtswirksam (Art. 73). Erforderlich ist, dass die übertragende Partei tatsächlich im Handelsregister eingetragen ist, unbesehen davon, ob ein Recht oder eine Pflicht zur Eintragung besteht (LOSER-KROGH, 1097; TSCHÄNI, 86). Aufgrund von Sonderbestimmungen können auch Stiftungen (Art. 86 f.), Vorsorgeeinrichtungen (Art. 98) und Institute des öffentlichen Rechts (Art. 99 ff.) Vermögensübertragungen vornehmen.

Einfache Gesellschaften und diejenigen natürlichen Personen, die nicht als Einzelfirma im Handelsregister eingetragen werden dürfen, weil sie kein nach kaufmännischer Art geführtes Gewerbe betreiben, können keine Vermögensübertragungen vornehmen. Ferner können im Grundsatz nicht mehrere übertragende Parteien im Rahmen der gleichen singulären Vermögensübertragung Aktiven und Passiven auf einen übernehmenden Rechtsträger übertragen (Handkommentar FusG-FRICK, N 6; LOSER-KROGH, 1097). Ausnahmsweise ist eine solch einheitliche Vermögensübertragung mehrerer Parteien aber doch möglich, insbesondere dann, wenn dasselbe Handelsregisteramt für alle übertragenden Parteien zuständig ist oder, falls die übertragenden Parteien unterschiedliche Rechtssitze haben, wenn sich die Eintragungen der verschiedenen Handelsregisterbehörden (zeitlich) koordinieren lassen (in diese Richtung auch TURIN, 96 f.; **a.M.** ZK-BERETTA, N 10), worauf die Parteien aber wohl keinen Rechtsanspruch haben. 6

Als **übernehmende Partei** kommt nach dem Wortlaut des Gesetzes jeder «Rechtsträger» des Privatrechts in Frage, d.h. nach dem Wortlaut von Art. 2 lit. a jede Gesellschaft, Stiftung oder im Handelsregister eingetragene Einzelfirma. Richtigerweise sollten aber auch nicht im Handelsregister als Einzelfirma eingetragene natürliche Personen (auch wenn sie in Form einer einfachen Gesellschaft organisiert sind) als übernehmende Partei zugelassen werden, weil hier die Handelsregistereintragung im Hinblick auf die erforderliche Publizitätswirkung der Transaktion (s. N 5) keine Rolle spielt und das gesetzgeberische Ziel eines möglichst breiten subjektiven Anwendungsbereichs der Vermögensübertragung ansonsten vereitelt werden könnte (so TSCHÄNI, 87; TURIN, 93; i.E. auch Handkommentar FusG-FRICK, N 3; **a.M.** ZK-BERETTA, vor Art. 69–77 N 74). Ausserdem sollte trotz des Wortlautes von Art. 2 lit. a i.V.m. lit. b auch eine Vorsorgeeinrichtung grundsätzlich als übernehmende Partei auftreten können (so auch TURIN, 93 f.). Aufgrund von Sonderbestimmungen sind überdies Institute des öffentlichen Rechts (Art. 99 Abs. 2) und Vorsorgeeinrichtungen (Art. 98 Abs. 1 allerdings nur bei Vermögensübertragungen durch andere Vorsorgeeinrichtungen) als übernehmende Parteien zugelassen. Ohne weiteres möglich ist ferner eine Vermögensübertragung durch eine übertragende Partei auf mehrere Rechtsträger des Privatrechts gleichzeitig, zumal die publizitätswirksame Handelsregistereintragung nur beim Handelsregisteramt des übertragenden Rechtsträgers vorgenommen werden muss (Handkommentar FusG-FRICK, N 6; LOSER-KROGH, 1097; TURIN, 97). 7

2. Sachlicher Anwendungsbereich

a) Begriff des Vermögens

Die Vermögensübertragung hat einen breiten sachlichen Anwendungsbereich. Sie kann grundsätzlich überall dort eingesetzt werden, wo Vermögen in Form von **Aktiven und Passiven** von einem Rechtsträger auf einen anderen übertragen werden soll. Die zu übertragenden Vermögensgegenstände können im Inventar **willkürlich zusammenge-** 8 stellt werden und müssen keinen organisch in sich geschlossenen Teil, kein Geschäft, kein Betrieb und keine sonstige Sachgesamtheit bilden (Handkommentar FusG-FRICK, N 4; KLÄY/TURIN, 32; LOSER-KROGH, 1098; TRINDADE, 217; TSCHÄNI, 88 f.; TURIN, 103 f.; **a.A.** BÖCKLI, Aktienrecht, § 3 Rz 371; VISCHER, 161; ZK-BERETTA, vor Art. 69–77 N 22). Unter dem Vorbehalt des Rechtsmissbrauchs kann im Extremfall auch nur ein einzelnes Aktivum übertragen werden (Botschaft, 4460; **a.M.** BÖCKLI, Aktienrecht, § 3 Rz 371; ZK-BERETTA, vor Art. 69–77 N 22). Unzulässig wäre hingegen die Übertragung eines einzigen Passivums, weil das Inventar zwingend einen Aktivenüberschuss ausweisen muss (Art. 71). Um negative Steuerfolgen zu vermeiden, werden gewisse Vermögensübertragungen, die der Umstrukturierung dienen, allerdings auch künftig Betriebe oder Teilbetriebe zum Gegenstand haben, obwohl das Betriebserfordernis unter dem FusG gelockert worden ist; dies betrifft bspw. Vermögensübertragungen, die wirtschaftlich betrachtet einer Auf- oder Abspaltung gleichkommen, Übertragungen von einer juristischen Person auf ein Personenunternehmen (und umgekehrt) und konzerninterne Vermögensübertragungen (vgl. REICH, 112 f.; SIMONEK, 146 f.). Grundsätzlich kann jede Form von Aktiven und Passiven übertragen werden, inklusive künftige Forderungen und Schulden. Die Tragweite der den Materialien zugrunde liegenden Vorstellung, Aktiven und Passiven müssten übertragbar sein (Botschaft, 4460; reflektiert in Art. 111 Abs. 2 HRegV) und Verträge könnten ohne Zustimmung der Gegenpartei grundsätzlich nicht übertragen werden (Botschaft, 4445), ist kontrovers (s. Komm. zu Art. 73 Abs. 2).

b) Rechtsnatur und Anwendungsgebiete

9 Die Vermögensübertragung ist aufgrund ihrer Funktion ein mehrseitiges **Verfügungsgeschäft** mit einer schuldrechtlichen Komponente (**a.A.** BERTSCHINGER, 361; Handkommentar FusG-FRICK, Art. 70 N 3; LOSER-KROGH, 1098; TSCHÄNI, 88, TURIN, 127 f., welche den Übertragungsvertrag als Verpflichtungsgeschäft und lediglich die Eintragung ins Handelsregister als Verfügungsgeschäft qualifizieren). Durch die Vermögensübertragung werden im Zeitpunkt der Verfügung bestehende (absolute oder relative) subjektive Rechte, oder Teilbefugnisse solcher Rechte, belastet oder übertragen. Die Vermögensübertragung als Verfügungsgeschäft hat zwei Komponenten: einerseits den Abschluss des Übertragungsvertrages und anderseits die Eintragung ins Handelsregister (nach der neueren Lehre wird bspw. auch die Verfügungsform der Tradition als Rechtsgeschäft mit zusätzlichem Realakt qualifiziert, vgl. BK-ZOBL, Art. 884 ZGB N 654). Die Pflicht zur Vornahme der Vermögensübertragung als Verfügungsgeschäft wird in der Regel im jeweiligen Grundgeschäft begründet. Die Qualifikation als Verfügungsgeschäft erlaubt m.E. eine sinnvollere Einordnung der Vermögensübertragung in den jeweiligen Gesamtkontext, weil die Vermögensübertragung in der Regel mit anderen Rechtsgeschäften kombiniert zur Anwendung kommt und von den Parteien in diesem Kontext als besondere Verfügungsform vor allem im Hinblick auf die Wirkung der Universalsukzession gewählt wird, z.B. im Rahmen eines Kaufes oder eines gesellschaftsrechtlichen Vorganges (siehe zur Qualifikation des Übertragungsvertrages auch Komm. zu Art. 71 N 2).

10 Als **Grundgeschäft (causa) einer Vermögensübertragung** kommen nicht nur gesellschaftsrechtliche Umstrukturierungen und schuldrechtliche Veräusserungen in Frage, sondern auch sachenrechtliche, familienrechtliche, erbrechtliche und andere Rechtsgeschäfte. Solche Grundgeschäfte enthalten die eigentliche Pflicht zur Übertragung. Diese Pflicht kann auf eine definitive Übertragung ausgerichtet sein, wie bei Tausch (Art. 237 OR), Schenkung (Art. 239 OR), Hingabe gegen Bestellung einer Leibrente (Art. 516 OR), Eintritt in eine Gesellschaft (Art. 542, Art. 557 Abs. 2, Art. 598 Abs. 2 OR), Ver-

gleichsvertrag im Prozess, Erwerb von der Konkursverwaltung oder aus einem Nachlassvertragsverfahren (Art. 243, Art. 258, Art. 260; Art. 293 ff. SchKG), Begründung von Mit- oder Gesamteigentum (Art. 646 ff. ZGB), fiduziarische Übertragung, usw. Fraglich ist hingegen, ob das Rechtsgrundgeschäft auch die Verpflichtung zu einer bloss temporären Übertragung beinhalten kann, wie bei der Einbringung *quoad usum* oder *quoad sortem* in eine Gesellschaft oder bei der Begründung oder Übertragung eines beschränkten dinglichen Rechts, wie bspw. der Nutzniessung (Art. 745 ff. ZGB) oder der Verpfändung (Art. 884 ff. ZGB). Meines Erachtens ist diese Frage zu bejahen (s. unten N 11). Der sachliche Anwendungsbereich der Vermögensübertragung deckt sich insofern weitgehend mit jenem von Art. 181 OR, den die Vermögensübertragung als Rechtsinstitut grossteils ersetzen soll (zum Anwendungsbereich von Art. 181 OR vgl. ZK-GAUCH/SPIRIG, Art. 181 N 24 ff.; zur Abgrenzung der Vermögensübertragung von Art. 181 OR, vgl. unten N 13 sowie Komm. zu Art. 181 OR).

11 Die Vermögensübertragung als eigenständiges Verfügungsgeschäft kann m.E. (s. oben N 10) nicht nur zur Übertragung bestehender Rechte, sondern im Mobiliarsachenrecht insbesondere auch als Traditionsersatz für die **Begründung beschränkter dinglicher Rechte** eingesetzt werden. Hinsichtlich der Eigentumsübertragung an Fahrnis derogiert die Vermögensübertragung Art. 714 Abs. 1 ZGB, wonach für die Eigentumsübertragung der Übergang des Besitzes auf den Erwerber erforderlich ist. A majore minus ersetzt die Handelsregistereintragung einer Vermögensübertragung bspw. auch hinsichtlich der Begründung eines Pfandrechtes mit dem Inventarvermerk «Pfandrecht am Vermögensgegenstand X» das Traditions- bzw. Faustpfandprinzip (konkretisiert in Art. 884 Abs. 1 und Abs. 3 sowie Art. 888 ZGB). Die Situation für Drittgläubiger präsentiert sich bei der Übertragung von Eigentum und der Begründung von Pfandrechten mittels Vermögensübertragung praktisch identisch und rechtfertigt keine unterschiedliche Behandlung: in beiden Fällen entsteht das entsprechende dingliche Recht beim Übernehmer des Vermögens im Zeitpunkt der Handelsregistereintragung (vgl. Komm. zu Art. 73 Abs. 2), d.h. bevor der Besitz an der Sache übertragen worden ist. Das praktisch wichtigste Einsatzgebiet der Vermögensübertragung wird aber weiterhin im Bereich von **Umstrukturierungs- und Veräusserungstatbeständen** liegen. Zu denken ist insbesondere an:
– Sacheinlagegründungen,
– Liquidationen,
– Veräusserungen eines Unternehmensteils *(Asset Deal)*,
– Kapitalerhöhungen durch Sacheinlage, Kapitalherabsetzungen oder Naturaldividenden, sowie
– Umstrukturierungen, die im Resultat einer Fusion, Spaltung oder Umwandlung gleichkommen.

c) Abgrenzungen

aa) Abgrenzung zur Fusion, Spaltung und Umwandlung

12 Im Unterschied zur **Fusion** und zur **Aufspaltung** wird bei der Vermögensübertragung keine der beteiligten Parteien mit Eintritt der Rechtswirksamkeit ohne Liquidation aufgelöst. Die Vermögensübertragung unterscheidet sich von der **Spaltung** überdies dadurch, dass es bei der Vermögensübertragung der übertragende Rechtsträger ist, der Anspruch auf eine etwaige Gegenleistung hat, und nicht die Gesellschafter des übertragenden Rechtsträgers. Das Gesetz hält denn auch ausdrücklich fest, dass die Vorschriften des Spaltungsrechts zur Anwendung kommen, wenn die Gesellschafter der übertragenden Gesellschaft Anteils- oder Mitgliedschaftsrechte der übernehmenden Gesellschaft erhalten (Art. 69 Abs. 1 2. Satz). Ob durch diese Bestimmung indirekte Methoden der Spaltung ausgeschlossen werden sollen, ist allerdings zu bezweifeln (zur Zulässigkeit solch indirekter Spaltungen vgl. Komm. zu Art. 29 N 12 ff.). Vielmehr ist es unter gewissen Voraussetzungen als zulässig zu betrachten, wenn eine Gesellschaft zunächst in einem ersten Schritt das abzuspaltende Vermögen auf eine Tochtergesellschaft mittels Vermögensübertragung transferiert und dann in einem zweiten Schritt die Anteile an dieser Tochtergesellschaft an ihre Gesellschafter (d.h. an die Gesellschafter der Muttergesellschaft) ausschüttet. Schliesslich sind im Unterschied zu einer **Umwandlung** an einer Vermögensübertragung notwendigerweise mindestens zwei Parteien beteiligt. Im Gegensatz zur Fusion, Spaltung und Umwandlung sieht das FusG für die Vermögensübertragung grundsätzlich auch keine Erleichterungen für KMU vor.

bb) Abgrenzung zu Art. 181 OR

13 Der Gesetzgeber wollte mit der Einführung der Vermögensübertragung im Sinne des FusG die Vorschriften zur Vermögensübernahme gemäss Art. 181 OR ergänzen (Botschaft, 4362). Gemäss dem neuen Art. 181 Abs. 4 OR richtet sich die Übernahme des Vermögens von im Handelsregister eingetragenen Gesellschaften und Einzelfirmen nach den **Vorschriften des FusG**. Der Wortlaut dieser Bestimmung ist allerdings missverständlich und nicht so auszulegen, dass jede Art von Vermögensübertragung zwingend nach den Bestimmungen des FusG abzuwickeln ist. Nach wie vor zulässig ist die Übertragung von Aktiven und Passiven *qua* **Singularsukzession**, d.h. für Passiven nach den Regeln der Schuldübernahme gemäss Art. 175 ff. OR (so auch Handkommentar FusG-FRICK, Vorbem. zu 69–72 N 5; TURIN, 65; ZK-BERETTA, vor Art. 69–77 N 35; vgl. im Übrigen Komm. zu Art. 181 OR N 7).

III. Einhaltung der Bestimmungen über den Kapitalschutz und die Liquidation (Abs. 2)

1. Verfahren gemäss FusG

14 Die Voraussetzungen für die Durchführung einer Vermögensübertragung sind im Vergleich zur Fusion, Spaltung und Umwandlung sehr einfach. Für eine Vermögensübertragung bedarf es in der Regel lediglich des Abschlusses eines Übertragungsvertrages und der Eintragung ins Handelsregister. Ein verbindlicher Beschluss der Gesellschafterversammlung ist im Grundsatz nicht erforderlich; der Entscheid des obersten Geschäfts- oder Verwaltungsorgans genügt (Art. 70 Abs. 1 FusG). Die Gesellschafter werden lediglich im Anhang zur Jahresrechnung bzw. an der nächsten Generalversammlung über die Vermögensübertragung orientiert (Art. 74 Abs. 1 FusG). Bezüglich der Form genügt einfache Schriftlichkeit mit Ausnahme der Übertragung von Grundstücken, welche öffentlich beurkundet werden muss (Art. 70 Abs. 2 FusG).

2. Einhaltung der Bestimmungen über den Kapitalschutz und die Liquidation

15 Als weitere, an sich selbstverständliche Voraussetzung einer Vermögensübertragung sind die gesetzlichen und statutarischen Bestimmungen über den Kapitalschutz und die Liquidation zwingend einzuhalten (Art. 69 Abs. 2). Eine Vermögensübertragung kann zwar grundsätzlich entgeltlich oder unentgeltlich erfolgen (Botschaft, 4361). Erfolgt sie ohne adäquate Gegenleistung, kann dies aber einen Eingriff in das frei verwendbare Eigenkapital oder in das Grundkapital der übertragenden Gesellschaft zur Folge haben. Wenn vom übertragenden Rechtsträger auf eine Gegenleistung verzichtet wird oder wenn die vereinbarte Gegenleistung unter dem wirklichen Wert des übertragenen Vermögens liegt, kann dies einen Verstoss gegen **Kapitalschutzbestimmungen** (Art. 675,

Art. 678, Art. 680, Art. 732 ff., Art. 788, Art. 802 Abs. 2, Art. 804 Abs. 1 sowie Art. 874 Abs. 2 OR oder weitergehende statutarische Bestimmungen) oder **Liquidationsvorschriften** (Art. 582, Art. 619 Abs. 1, Art. 739 ff., Art. 770 Abs. 2, Art. 832, Art. 913 Abs. 1 OR sowie Art. 58 ZGB oder weitergehende statutarische Bestimmungen) bedeuten. Unter Umständen liegt sogar ein strafrechtlich relevantes Verhalten vor (z.B. ungetreue Geschäftsführung gemäss Art. 158 StGB).

Ein rechtmässiger **Eingriff in das frei verwendbare Eigenkapital** setzt bei einer Aktiengesellschaft in der Regel einen Ausschüttungsbeschluss der Generalversammlung sowie das Vorliegen eines Revisionsberichts voraus, der feststellt, dass genügend ausschüttbare Eigenmittel vorhanden sind, wobei hier die Buchwertbetrachtung gilt, wonach die Gläubiger des übertragenden Rechtsträgers nur dahingehend geschützt werden, dass frei verwendbares Eigenkapital in der Höhe des Buchwertes des abzuspaltenden Vermögens vorhanden sein muss (vgl. zu dieser Buchwertbetrachtung im Kontext der Spaltung WATTER/BÜCHI, 15 ff.).

Eine **Disposition zu Lasten des Grundkapitals** ist in der Regel nur zulässig, wenn nebst einem Beschluss der Generalversammlung auch die erhöhten Gläubigerschutzvorschriften zur Anwendung kommen, welche im Rahmen einer Kapitalherabsetzung oder Liquidation Platz greifen. Insbesondere wenn eine Vermögensübertragung als Ersatzmethode für eine auf direktem Weg nicht mögliche Fusion, Spaltung oder Umwandlung dient, kann dies einer Liquidation des übertragenden Rechtsträgers gleichkommen. In einem solchen Fall ist in einem ersten Schritt von der Gesellschafterversammlung des übertragenden Rechtsträges der Auflösungsbeschluss zu fassen und anschliessend im Rahmen der Liquidation das Vermögen über das Rechtsinstitut der Vermögensübertragung auf den übernehmenden Rechtsträger zu transferieren (Botschaft, 4461).

IV. Keine abweichende Vereinbarungen

Der Regelungsgehalt von Art. 69 ist **zwingender Natur** und unterliegt daher nicht der Dispositionsfreiheit der Parteien (vgl. generell TURIN, 184).

V. Rechtsvergleich, insbesondere mit anwendbaren EU-Richtlinien

Weder die **Spaltungsrichtlinie** (EU-Spalt-RL) noch die **Fusionsrichtlinie** (EU-Fus-RL) enthalten Vorgaben zur Regelung eines Rechtsinstituts, das demjenigen der Vermögensübertragung nahe kommt. Das **deutsche Umwandlungsgesetz** (siehe dazu Komm. zu Art. 1 N 19 ff.) erfasst zwar die Vermögensübertragung als Umstrukturierungsart, diese ist aber mit der schweizerischen Regelung nicht direkt vergleichbar. So sieht das deutsche Umwandlungsgesetz insbesondere vor, dass hinsichtlich einer Vollübertragung im Grundsatz die Vorschriften zur Fusion (§ 176 UmwG) und hinsichtlich einer Teilübertragung prinzipiell die Spaltungsvorschriften (§ 177 UmwG) zur Anwendung kommen. Ausserdem steht die Vermögensübertragung gemäss UmwG nur für Übertragungen auf die öffentliche Hand sowie unter Versicherungsunternehmen zur Verfügung (vgl. § 175 UmwG sowie LUTTER-SCHMIDT, vor § 174 N 1). Das UmwG enthält dafür ähnlich dem Entwurf FusG als Unterart der Spaltung eine Regelung der Ausgliederung (vgl. §§ 152 ff. UmwG). In der Schweiz hat die Ausgliederung aufgrund der negativen Ergebnisse in der Vernehmlassung wie oben erwähnt (vgl. N 2) aber keinen Eingang als eigenständiges Rechtsinstitut in das FusG gefunden.

Zweiter Abschnitt: Übertragungsvertrag

Art. 70

Abschluss des Übertragungsvertrags

[1] Der Übertragungsvertrag muss von den obersten Leitungs- oder Verwaltungsorganen der an der Vermögensübertragung beteiligten Rechtsträger abgeschlossen werden.

[2] Der Übertragungsvertrag bedarf der schriftlichen Form. Werden Grundstücke übertragen, so bedürfen die entsprechenden Teile des Vertrages der öffentlichen Beurkundung. Eine einzige öffentliche Urkunde genügt auch dann, wenn Grundstücke in verschiedenen Kantonen liegen. Die Urkunde muss durch eine Urkundsperson am Sitz des übertragenden Rechtsträgers errichtet werden.

Conclusion du contrat de transfert

[1] Le contrat de transfert est conclu par les organes supérieurs de direction ou d'administration des sujets participant au transfert.

[2] Le contrat de transfert revêt la forme écrite. Lorsque des immeubles sont transférés, les parties correspondantes du contrat revêtent la forme authentique. Un acte authentique unique suffit, même lorsque les immeubles sont situés dans différents cantons. L'acte authentique est établi par un officier public au siège du sujet transférant.

Conclusione del contratto di trasferimento

[1] Il contratto di trasferimento è concluso dagli organi superiori di direzione o di amministrazione dei soggetti giuridici partecipanti al trasferimento.

[2] Il contratto di trasferimento richiede la forma scritta. Se vengono trasferiti fondi, le parti corrispondenti del contratto richiedono l'atto pubblico. È sufficiente un solo atto pubblico anche quando i fondi sono situati in più Cantoni. L'atto è steso da un pubblico ufficiale nel luogo di sede del soggetto giuridico trasferente.

I. Allgemeines, Normzweck

1   Der Übertragungsvertrag stellt das Kernstück der Vermögensübertragung dar. Art. 70 regelt die Zuständigkeit für den Abschluss des Vertrages und die für diesen geltenden Formvorschriften. Hinsichtlich der **Zuständigkeit** widerspiegelt Art. 70 Abs. 1 die relevanten Bestimmungen zur Fusion (Art. 12), Spaltung (Art. 36) und Umwandlung (Art. 59). Hinsichtlich der **Formvorschriften** konnte sich das Parlament hingegen nicht zu einem einheitlichen Ansatz für das gesamte FusG durchringen, so dass diese in den jeweiligen Kapiteln unterschiedlich geregelt sind, was einer gewissen Logik entbehrt (AmtlBull StR 2001, 158). Vom Entwurf FusG abweichend beschloss das Parlament nachträglich, für den Übertragungsvertrag eine Beurkundungspflicht einzuführen, sofern und soweit Grundstücke übertragen werden (AmtlBull StR 2001, 158). Im Rahmen der Diskussion der Formvorschriften für Spaltungen hatte das Parlament von der Beurkundungspflicht bei Grundstücksübertragungen noch abgesehen und lediglich einfache Schriftlichkeit verlangt (AmtlBull StR 2001, 157).

II. Zuständigkeit zum Abschluss des Übertragungsvertrages (Abs. 1)

1. Grundsatz der Zuständigkeit des obersten Leitungs- und Verwaltungsorgans

Der Vermögensübertragungsvertrag muss von den **obersten Leitungs- und Verwaltungsorganen** abgeschlossen werden. Die gleiche Zuständigkeitsvorschrift besteht bei der Fusion und der Spaltung (vgl. Art. 12 und 34). Die obersten Leitungs- und Verwaltungsorgane sind der Verwaltungsrat bei der AG (Art. 707 ff. OR), die Verwaltung bei der Kommandit-AG (Art. 765 OR), die Geschäftsführung bei der GmbH (Art. 811 ff. OR), die Verwaltung bei der Genossenschaft (Art. 894 ff. OR), die geschäftsführungsberechtigten Gesellschafter bei der Kollektiv- und der Kommanditgesellschaft (Art. 535, Art. 557, Art. 599 OR), der Vorstand beim Verein (Art. 69 ZGB) sowie der Firmeninhaber bei der Einzelfirma.

Das oberste Leitungs- und Verwaltungsorgan muss über den Abschluss des Vertrages **zwingend selbst beschliessen** (a.M. BERTSCHINGER, 370 f., der von einer nicht zwingenden Zuständigkeit des Verwaltungsrats ausgeht, und LOSER-KROGH, 1100, der in Fällen von geringer Tragweite für eine teleologische Reduzierung des Anwendungsbereichs argumentiert). Die entsprechenden Auszüge aus den Protokollen der obersten Leitungs- oder Verwaltungsorgane der beteiligten Rechtsträger über den Abschluss des Übertragungsvertrages sind dem Handelsregisteramt als Belege einzureichen, sofern der Vermögensübertragungsvertrag nicht von allen Mitgliedern dieser Organe unterzeichnet ist (Art. 108 lit. b HRegV). Das oberste Leitungs- und Verwaltungsorgan kann die Vertragsverhandlungen und die Unterzeichnung des Vertrages aber nach unten an das Management, andere Angestellte oder Dritte delegieren (Botschaft, 4406; Handkommentar FusG-FRICK, N 6; TSCHÄNI, 90; TURIN, 129 f.). In der Praxis wird bei Vermögensübertragungen zwischen Aktiengesellschaften davon auszugehen sein, dass sich die Parteien darauf verlassen dürfen, dass der notwendige Verwaltungsratsbeschluss vorliegt und keine spezielle Prüfungspflicht besteht, wenn seitens der Gegenpartei «nur» normal Zeichnungsberechtigte den Übertragungsvertrag unterschreiben (**a.M.** ZK-BERETTA, N 14); m.a.W. sollte nicht davon ausgegangen werden, dass die Gutgläubigkeit der Parteien im Sinne von Art. 718a Abs. 2 OR alleine durch das Wissen der Notwendigkeit eines Verwaltungsratsbeschlusses zerstört wird. Die Zuständigkeitsordnung ist absolut formuliert und kommt daher unabhängig vom Wert und von den Gegenständen des übertragenen Vermögens zur Anwendung. Insbesondere bei unbedeutenden Vermögensübertragungen, welche nicht die Tragweite und strategische Bedeutung aufweisen, wie dies bei Fusionen und Spaltungen in der Regel der Fall ist, lässt sich die vom Gesetz vorgesehene Zuständigkeitsordnung kaum begründen, es sei denn aus Praktikabilitätsgesichtspunkten, weil eine klare Unterscheidung zwischen bedeutenden und unbedeutenden Vermögensübertragungen kaum möglich ist.

2. Zuständigkeit der Generalversammlung

Die Zuständigkeitsvorschrift von Abs. 1 konkretisiert lediglich die allgemeine gesetzliche und statutarische Ordnung, ohne diese verändern zu wollen (Botschaft, 4462). Der Gesetzgeber hat mit anderen Worten klargestellt, dass der Abschluss des Übertragungsvertrags zur Oberleitung einer Gesellschaft gehört. Das heisst, dass der Übertragungsvertrag grundsätzlich keiner Genehmigung durch die Generalversammlung bedarf und eine haftungsbeschränkende, freiwillige Delegation des Beschlusses über die Genehmigung des Übertragungsvertrages an die Generalversammlung unzulässig ist, weil es sich hierbei um eine unübertragbare Aufgabe des obersten Leitungs- und Verwaltungsorganes handelt (vgl. FORSTMOSER/MEIER-HAYOZ/NOBEL, § 30 N 68 ff.; in diese Richtung auch TURIN, 136). In Ausnahmefällen ist die Zustimmung der Generalversammlung aber trotzdem zwingend erforderlich. Dies betrifft insbesondere Vermögensübertragungen, die bei einer Kapitalgesellschaft zu einer **(faktischen) Zweckänderung** oder zu einer **(Teil-)Liquidation** führen (Botschaft, 4461 f.; BERTSCHINGER, 372; FRICK, Handkommentar FusG-FRICK, N 8 ff.; LOSER-KROGH, 1099; TSCHÄNI, 91 f.; TURIN, 133 ff.; zur ausnahmsweisen Zulässigkeit einer Betriebsveräusserung durch den Verwaltungsrat einer AG ohne Zustimmung der Generalversammlung vgl. BGE 116 II 320) oder die im Kontext eines öffentlichen Übernahmeangebots erfolgen, sofern durch sie das Vermögen des übertragenden Rechtsträgers als Zielgesellschaft in bedeutender Weise verändert wird (Art. 29 Abs. 2 BEHG; BERTSCHINGER, 372).

III. Formvorschriften (Abs. 2)

5 Für den Übertragungsvertrag ist einfache Schriftform im Sinne von Art. 12 ff. OR vorgeschrieben und sofern Grundstücke übertragen werden, die öffentliche Beurkundung der die Grundstücke betreffenden Vertragsteile. Die öffentliche Urkunde bildet allerdings nicht Teil des Übertragungsvertrages selbst, für den die Wahrung der einfachen Schriftform genügt, sondern stellt einen separaten Rechtsakt dar (vgl. TURIN, 140 ff.). Liegen die zu übertragenden Grundstücke in verschiedenen Kantonen, so genügt eine einzige öffentliche Urkunde, welche durch eine Urkundsperson am Sitz des übertragenden Rechtsträgers zu erstellen ist. Der übernehmende Rechtsträger muss sodann nach Eintritt der Rechtswirksamkeit der Vermögensübertragung den Eigentumsübergang am Grundstück umgehend beim Grundbuchamt anmelden (Art. 104 Abs. 2). Ausserdem ist die Urkundsperson, welche im Rahmen der Vermögensübertragung die öffentliche Beurkundung vorgenommen hat, namens des übernehmenden Rechtsträgers ebenfalls zur Anmeldung beim Grundbuchamt befugt (Art. 104 Abs. 4). Die unverzügliche Nachtragungspflicht im Grundbuch ändert allerdings nichts daran, dass die Grundbucheintragung lediglich deklaratorisch wirkt.

6 Sofern die Vermögensübertragung im Rahmen einer Sacheinlage- oder Sachübernahme erfolgt, geht Art. 70 Abs. 2 als *lex specialis* vor (vgl. TURIN, 139).

7 Hinsichtlich des **Umfangs des Formzwanges** gilt der allgemeine Grundsatz, dass der gesamte Vertrag mit sämtlichen Vertragspunkten, die objektiv und subjektiv wesentlich sind, formbedürftig ist, wobei dieser Grundsatz dahingehend zu präzisieren ist, dass sich der Formzwang im subjektiv-wesentlichen Bereich nur auf solche Punkte bezieht, die ihrer Natur nach ein Element des Übertragungsvertrags sind, d.h. Punkte betreffen, welche die Übertragung von Aktiven und Passiven als Verfügungsgeschäft regeln (vgl. zum Umfang des Formzwanges generell GAUCH/SCHLUEP/SCHMID/REY, N 537 f. m.w.V.). Um den Formvorschriften Genüge zu tun, muss der Übertragungsvertrag aber nicht in einem separaten Dokument enthalten sein, er kann vielmehr auch Bestandteil der das Grundgeschäft betreffenden Vereinbarung bilden und bspw. als Teil eines Sacheinlage- oder Sachübernahmevertrages oder als Vollzugsbestimmung im Rahmen eines Kaufvertrages in Erscheinung treten. Wenn der Übernahmevertrag mit einem Grundgeschäft in einem Dokument kombiniert wird, ist der gesamte Vertrag als Beleg beim Handelsregister einzureichen und dem Publikum zur Einsicht offen zu legen, sofern nicht ein öffentlich beurkundeter Auszug aus dem Originalvertrag, der die Essentialia des Übertragsvertrages enthält, erstellt wird. Möglich ist aber auch, den Übertragungsvertrag als separates Dokument zu verfassen, das dem Hauptvertrag als Beilage beigefügt und dann ohne Hauptvertrag beim Handelsregisteramt eingereicht werden kann.

IV. Rechtsfolgen einer Verletzung der Zuständigkeits- oder Formvorschriften

Etwaige Verletzungen von Zuständigkeits- oder Formvorschriften beurteilen sich nach den allgemeinen Regeln des Obligationen- und Gesellschaftsrechts. Fehlt es bei einer AG am erforderlichen Beschluss des Verwaltungsrates und wird der Übertragungsvertrag von zeichnungsberechtigten Personen unterschrieben, so wird der Vertrag trotzdem rechtsverbindlich, wenn die Gegenpartei gutgläubig war (Art. 718a Abs. 2 OR). Ein Formmangel macht den Vertrag grundsätzlich ungültig (Art. 11 Abs. 2 OR). Allerdings wird ein Zuständigkeits- oder Formmangel geheilt, wenn die Vermögensübertragung trotz des Mangels ins Handelsregister eingetragen wird (so auch Handkommentar FusG-FRICK, N 12; LOSER-KROGH, 1002 f.; **a.M.** TURIN, 162 f.; vgl. im Übrigen Komm. zu Art. 73 Abs. 2).

8

Art. 71

Inhalt des Übertragungsvertrags

¹ Der Übertragungsvertrag enthält:
a. die Firma oder den Namen, den Sitz und die Rechtsform der beteiligten Rechtsträger;
b. ein Inventar mit der eindeutigen Bezeichnung der zu übertragenden Gegenstände des Aktiv- und des Passivvermögens; Grundstücke, Wertpapiere und immaterielle Werte sind einzeln aufzuführen;
c. den gesamten Wert der zu übertragenden Aktiven und Passiven;
d. die allfällige Gegenleistung;
e. eine Liste der Arbeitsverhältnisse, die mit der Vermögensübertragung übergehen.

² Die Vermögensübertragung ist nur zulässig, wenn das Inventar einen Aktivenüberschuss ausweist.

Contenu du contrat de transfert

¹ Le contrat de transfert contient:
a. la raison de commerce ou le nom, le siège et la forme juridique des sujets participant au transfert;
b. un inventaire qui désigne clairement les objets du patrimoine actif et passif qui sont transférés; les immeubles, les papiers-valeurs et les valeurs immatérielles doivent être mentionnés individuellement;
c. la valeur totale des actifs et des passifs qui sont transférés;
d. une éventuelle contre-prestation;
e. la liste des rapports de travail transférés en raison du transfert de patrimoine.

² Le transfert de patrimoine n'est autorisé que si l'inventaire présente un excédent d'actifs.

Contenuto del contratto di trasferimento

¹ Il contratto di trasferimento contiene:
a. la ditta o il nome, la sede e la forma giuridica dei soggetti giuridici partecipanti al trasferimento;
b. un inventario che designi chiaramente le componenti attive e passive del patrimonio trasferito; i fondi, i titoli di credito e i beni immateriali vanno indicati singolarmente;
c. il valore complessivo degli attivi e dei passivi trasferiti;
d. l'eventuale controprestazione;

e. un elenco dei rapporti di lavoro trasferiti a seguito del trasferimento di patrimonio.

² Il trasferimento di patrimonio è permesso soltanto se l'inventario presenta un'eccedenza di attivi.

I. Allgemeines, Normzweck

1 Durch den Übertragungsvertrag wird von den Parteien autonom bestimmt, was Gegenstand einer «Universalsukzession» werden soll (zum Begriff der Universalsukzession vgl. Komm. zu Art. 73 N 13 ff.). Der Übertragungsvertrag und das ihm zugehörige Inventar wird daher zum Kernstück des Rechtsinstituts. Die Vermögensübertragung ist in der Regel eine «partielle» Universalsukzession, weil sie nicht das ganze Vermögen des übertragenden Rechtsträgers umfasst. Art. 71 Abs. 1 bezweckt, die **Essentialia des Übertragungsvertrages** zu definieren. Ausserdem enthält Abs. 2 eine **Schutzvorschrift zugunsten der Gläubiger** des übernehmenden Rechtsträgers.

II. Inhalt des Übertragungsvertrages (Abs. 1)

1. Rechtsnatur und Essentialia

a) Rechtsnatur

2 Der Übertragungsvertrag ist ein **Verfügungsvertrag mit einer schuldrechtlichen Komponente**. Die Qualifikation des Übertragungsvertrags als Veräusserungsvertrag (so BERTSCHINGER, 361; ZK-BERETTA, Art. 70 N 25; in diese Richtung auch TSCHÄNI, 88) oder als Verpflichtungsgeschäft (so Handkommentar FusG-FRICK, Art. 70 N 3; LOSER-KROGH, 1098; TURIN, 127 f.) greift zu kurz. Der Übertragungsvertrag ist kein reines Verpflichtungsgeschäft, weil sein Zweck nicht in erster Linie darauf ausgerichtet ist, eine Verpflichtung zu einer Leistung zu begründen, sondern darauf abzielt, die Übertragung eines Rechts zu bewirken (s. Komm. zu Art. 69 N 9 ff.). Das ergibt sich schon daraus, dass im Übertragungsvertrag nicht spezifiziert werden muss, unter welchem Rechtstitel die im Inventar zu bezeichnenden Vermögensgegenstände übertragen werden, d.h. ob dem übernehmenden Rechtsträger an diesen Vermögensgegenständen dingliche, beschränkte dingliche oder vertragliche Rechte eingeräumt werden. Die Bestimmungen zur Vermögensübertragung enthalten jedenfalls keine Einschränkung dahingehend, dass die Übertragung grundsätzlich nur der Verschaffung eines Vollrechts oder der Eigentumsübertragung dienen könnte (s. zum sachlichen Anwendungsbereich der Vermögensübertragung Komm. zu Art. 69 N 9 ff). Der Rechtsgrund für die Übertragung lässt sich vielmehr dem jeweiligen Grundgeschäft entnehmen. Zwar löst der Übertragungsvertrag den Vermögensübergang nicht direkt aus, er ist aber ein unabdingbarer Teil des Verfügungsgeschäfts (in diese Richtung auch ZK-BERETTA, Art. 70 N 26; s. Komm. zu Art. 69 N 10). Immerhin beinhaltet der Übertragungsvertrag auch eine schuldrechtliche Komponente, weil das oberste Leitungs- oder Verwaltungsorgan des übertragenden Rechtsträgers mit Abschluss des Vertrages kraft Gesetzes verpflichtet wird, die Vermögensübertragung dem Handelsregisteramt zur Eintragung anzumelden.

b) Essentialia

3 Die objektiv wesentlichen Punkte des Übertragungsvertrages werden in Art. 71 Abs. 1 lit. a bis lit. e ausdrücklich geregelt. Objektiv wesentlich ist die genaue Identifizierung der Vertragsparteien, die Bezeichnung der zu übertragenden Aktiven und Passiven (inklusive deren Wert) und die Angabe einer Gegenleistung, sofern eine solche vereinbart

2. Abschnitt: Übertragungsvertrag 4–8 Art. 71

wird. Hinsichtlich der Liste der übergehenden Arbeitsverhältnisse gemäss lit. e wird hier auf die Komm. zu Art. 76 N 7 ff. verwiesen. Den Parteien steht es überdies frei, im Vertrag weitere Punkte zu regeln, bei denen es sich um subjektiv wesentliche oder um Nebenpunkte handeln kann. Zu erwähnen sind in diesem Zusammenhang z.B. Gewährleistungsregeln und Vereinbarungen zwecks Regelung von Leistungsstörungen (LOSER-KROGH, 1098).

2. Identifizierung der Parteien (lit. a)

Der Übertragungsvertrag muss die Firma oder den Namen, den Sitz und die Rechtsform der beteiligten Rechtsträger ausdrücklich aufführen. Sofern vorhanden sollten auch die Identifikationsnummern erwähnt werden. 4

3. Inventar (lit. b)

Das **Inventar** definiert die Objekte der Vermögensübertragung. Es kann entweder Teil des Übertragungsvertrages selbst sein oder diesem als Anhang beigefügt werden. Das Gesetz verlangt aus Gründen der Rechts- und Verkehrssicherheit eine «eindeutige Bezeichnung» der zu übertragenden Aktiven und Passiven. Das heisst, dass auch aus der Sicht Dritter (insbesondere von Gläubigern) die zu übertragenden Aktiven und Passiven so klar umschrieben werden müssen, dass keine Zweifel über deren Zuordnung bestehen (Botschaft, 4462). **Grundstücke, Wertpapiere und immaterielle Werte** (immaterielle Rechte, Knowhow, Goodwill) sind **einzeln aufzuführen**. E contrario ist zu folgern, dass die übrigen Vermögensgegenstände nicht einzeln, sondern gruppenweise umschrieben werden können, wobei eine rein summarische Auflistung nicht genügen soll (so TURIN, 148 f.; im Kontext der Spaltung Botschaft, 4437 f.). 5

Pauschale Bezeichnungen der zu übertragenden Aktiven und Passiven sind m.E. grundsätzlich zuzulassen, solange die zu übertragenden Vermögensgegenstände bestimmbar sind (so auch BERTSCHINGER, 365; TSCHÄNI, 89). Im Inventar können auch künftige Forderungen (inklusive Anwartschaften) und Schulden aufgenommen werden (vgl. Art. 75 Abs. 2 Satz 2). An die Spezifizierung der zu übertragenden Aktiven und Passiven sind insbesondere dann keine erhöhten Anforderungen zu stellen, wenn ein Betrieb oder ein Teilbetrieb übertragen und als solcher umschrieben wird. In diesem Fall kann eine pauschale Umschreibung für die Parteien und für Dritte sogar klarer und sicherer sein als die Auflistung einer Vielzahl von einzelnen Objekten, weil bei einer solchen Auflistung die Gefahr besteht, dass gewisse Gegenstände oder Positionen vergessen gehen und daher nicht übertragen werden, obgleich dies der ursprünglichen Intention der Parteien entsprochen hätte. Jedenfalls aufzulisten sind sodann die zu übertragenden Verträge (so Handkommentar FusG-FRICK, N 3), allerdings nur, sofern diese nicht klarerweise zu einem Betrieb oder Teilbetrieb gehören (vgl. auch Komm. zu Art. 52 N 13). 6

4. Wert der zu übertragenden Aktiven und Passiven (lit. c)

Im Inventar gemäss lit. b muss den einzelnen Positionen kein Wert zugeordnet werden (Botschaft, 4463), dies im Gegensatz zum klassischen Inventar, wie es zur Erfüllung der Bilanzpflicht gemäss Art. 958 OR zu erstellen ist. Das FusG verlangt lediglich die Angabe des **gesamten Wertes** der zu übertragenden Aktiven und Passiven. Immerhin ist der Gesamtwert der Aktiven und jener der Passiven je separat aufzuführen (BERTSCHINGER, 368). 7

Das Gesetz enthält keine **Bewertungsregeln** für die Berechnung des Gesamtwerts der übertragenen Aktiven und Passiven. Es fragt sich daher, ob die allgemeinen Bewertungs- 8

Ralph Malacrida

vorschriften für den Jahresabschluss (Art. 665 ff. und Art. 957 ff. OR) zur Anwendung kommen (so TURIN, 153 f.; VON DER CRONE ET AL., Rz 48) oder ob die Parteien frei sind, Bewertungsregeln anzuwenden, welche ein den tatsächlichen Verhältnissen entsprechendes Bild *(true and fair view)* der zu transferierenden Aktiven und Passiven vermitteln (so ZK-BERETTA, N 24). Die Angabe des Gesamtwertes ist relevant für die Frage, ob Art. 71 Abs. 2 FusG eingehalten wird, wonach eine Vermögensübertragung nur zulässig ist, wenn das Inventar einen Aktivenüberschuss ausweist. Gemäss Art. 74 Abs. 3 entfällt sodann die Informationspflicht der Aktionäre, wenn die übertragenen Aktiven weniger als 5% der Bilanzsumme der übertragenden Gesellschaft ausmachen. Zwar ergibt sich aus Sinn und Zweck von Art. 71 Abs. 2 nicht zwingend, dass die handelsrechtlichen Bewertungsvorschriften zur Anwendung kommen müssen (siehe dazu unten N 14). Es ist im Zweifel aber wohl davon auszugehen, dass die allgemeinen Bestimmungen des OR zum handelsrechtlichen Abschluss massgebend sind, und zwar aus Sicht des übernehmenden Rechtsträgers, was unter anderem bedeutet, dass Goodwill im Inventar als Aktivum aufgeführt werden darf (vgl. VON DER CRONE ET AL., Rz 833).

5. Gegenleistung (lit. d)

9 Die Parteien sind in der Bestimmung der **Gegenleistung** grundsätzlich frei. Die Vermögensübertragung kann entweder **entgeltlich oder unentgeltlich** erfolgen. Die Gegenleistung kann auch unabhängig vom Gesamtwert der zu übertragenden Aktiven und Passiven, wie er gemäss lit. c im Übertragungsvertrag anzugeben ist, festgelegt werden. Eine Abweichung wird insbesondere dann festzustellen sein, wenn die Parteien die Gegenleistung aufgrund einer *Discounted Cash Flow*-Methode bzw. nach Ertragswerten berechnen, zumal der Gesamtwert gemäss lit. c einen Substanzwert darstellt. Die Vertretbarkeit der Gegenleistung muss anders als das Umtauschverhältnis bei der Fusion, Spaltung und Umwandlung auch nicht im Rahmen eines schriftlichen Prüfungsberichts durch einen besonders befähigten Revisor bestätigt werden. Immerhin kann sich die Notwendigkeit eines Revisionsberichts ergeben, wenn die Vermögensübertragung im Rahmen einer Sacheinlagegründung oder einer Kapitalerhöhung mittels Sacheinlage eingesetzt wird (vgl. Art. 635a und 652f OR).

10 Sofern eine Gegenleistung vereinbart wird, muss diese im Sinne eines objektiv wesentlichen Vertragspunktes offengelegt werden. Dient die Vermögensübertragung bspw. dem Vollzug eines Kaufvertrages, sind der Kaufpreis anzugeben und etwaige Kaufpreisanpassungsmechanismen zumindest in summarischer Form. Wenn die Vermögensübertragung unentgeltlich erfolgt, muss dies nach den Materialien ebenfalls im Vertrag erwähnt werden (Botschaft, 4463), was allerdings aus dem Gesetzestext nicht so hervorgeht und unnötig erscheint, weil die Nichtangabe einer Gegenleistung einem qualifizierten Schweigen gleichkommt, was bedeutet, dass die Vermögensübertragung unentgeltlich erfolgt (BERTSCHINGER, 368). Vorbehalten sind in jedem Fall die Bestimmungen über den Kapitalschutz und die Liquidation (vgl. Komm. zu Art. 69 Abs. 2) sowie die paulianischen Anfechtungsklagen (Art. 286 ff. SchKG).

11 Die etwaige Gegenleistung kann aus irgendwelchen Vermögenswerten und sogar ihrerseits aus einem Vermögen oder Teilvermögen bestehen (TURIN, 157 f.). Handelt es sich bei der Gegenleistung um **Anteils- oder Mitgliedschaftsrechte** des übernehmenden Rechtsträgers, so liegt in der Regel eine Ausgliederung vor. Die Gegenleistung muss grundsätzlich immer dem übertragenden Rechtsträger zukommen, sofern nicht eine Leistung zugunsten Dritter vereinbart ist. Falls es sich bei diesen Dritten um Gesellschafter des übertragenden Rechtsträgers handelt, kommen nach Art. 69 Abs. 2 die Bestimmungen über die Spaltung zur Anwendung, wenn die Gegenleistung aus Anteils-

oder Mitgliedschaftsrechten des übernehmenden Rechtsträgers besteht (zur Abgrenzung zwischen der Vermögensübertragung und der Spaltung vgl. Komm. zu Art. 69 Abs. 2).

6. Liste der Arbeitsverhältnisse (lit. e)

Das FusG verlangt ausserdem die Auflistung jener **Arbeitsverhältnisse**, die mit der Vermögensübertragung übergehen. Sofern ein Betrieb oder Betriebsteil übertragen wird, gehen die betroffenen Arbeitsverhältnisse wegen des Verweises in Art. 76 Abs. 1 auf Art. 333 OR ohnehin über, unbesehen davon, ob sie in der von Art. 71 Abs. 1 lit. e erwähnten Liste aufgeführt sind oder nicht (vgl. Komm. zu Art. 76 Abs. 1).

III. Erfordernis eines Aktivenüberschusses (Abs. 2)

Obschon die Parteien in der Bestimmung der zu übertragenden Aktiven und Passiven grundsätzlich frei sind, wird ihre Dispositionsfreiheit eingeschränkt durch die Vorschrift, dass das Inventar einen Aktivenüberschuss ausweisen muss. Umgekehrt formuliert ist die Übertragung einer Nettoschuld untersagt, wodurch offenbar die Gläubiger des übernehmenden Rechtsträgers geschützt werden sollen (vgl. TURIN, 206). Das Gesetz enthält allerdings keine ausdrückliche Bestimmung zur Frage, welche Bewertungsvorschriften im Hinblick auf die Berechnung des Überschusses zur Anwendung kommen. Weil das FusG auch hinsichtlich der Berechnung des Aktivenüberschusses auf das Inventar verweist, ist davon auszugehen, dass der geforderte **Aktivenüberschuss** der Wertdifferenz entspricht, die sich aus einer Subtraktion des Gesamtwertes der aufgelisteten Passiven vom Gesamtwert der aufgelisteten Aktiven ergibt (Art. 71 Abs. 1 lit. c). Wie oben erwähnt (vgl. N 8) sind für die Bewertung der im Inventar aufzuführenden Aktiven und Passiven wohl die allgemeinen **handelsrechtlichen Bewertungsregeln** zur Anwendung zu bringen.

Die Anwendung von **Bewertungsregeln**, die eine *true and fair view* des Wertes der übertragenen Vermögensgegenstände vermitteln, erschiene unter Umständen allerdings sachgerechter. Zwar ergibt sich aus den Materialien, dass Art. 71 Abs. 2 eine Gläubigerschutzbestimmung ist (Botschaft, 4463). Daraus folgt aber nicht ohne weiteres, dass die handelsrechtlichen Bewertungsvorschriften massgeblich sein müssen, welche im Sinne des Vorsichtsprinzips auf eine konservative Ermittlung des Periodengewinns ausgelegt sind und der effektiven Feststellung der Vermögenslage im Wege stehen. Wenn nebst des Erfordernisses eines Aktivenüberschusses zwecks Ermittlung der Differenz zwischen Aktiven und Passiven auch noch die Verwendung handelsrechtlicher Bewertungsregeln verlangt wird, bedeutet dies, dass nicht nur die Übertragung einer Nettoschuld verunmöglicht wird, was bspw. im Rahmen einer Fusion immerhin zulässig ist, sofern der übernehmende Rechtsträger über genügend frei verwendbare Eigenmittel verfügt (aus diesem Grund kritisch gegenüber Art. 72 Abs. 2 auch LOSER-KROGH, 1105; TURIN, 206; zur Fusion vgl. Komm. zu Art. 6 N 10 ff.). Vielmehr können auch Rechtsgeschäfte verunmöglicht werden, welche im Interesse der beteiligten Parteien liegen würden und für die Gläubiger der übernehmenden Gesellschaft ungefährlich wären.

Art. 71 Abs. 2 lässt daher aus grundsätzlichen Überlegungen zu wünschen übrig (ebenfalls kritisch LOSER-KROGH, 1105; TURIN, 206). Denn solange eine Vermögensübertragung nicht an die Voraussetzung einer **adäquaten Gegenleistung** geknüpft ist (Grenzen erwachsen hier lediglich durch den Kapitalschutz, die Bestimmungen über die Liquidation sowie die Art. 285 ff. SchKG), kann die Verpflichtung, immer einen Aktivenüberschuss übertragen zu müssen, den scheinbar angestrebten Schutz für die Gläubiger des übernehmenden Rechtsträgers nicht garantieren. Wird für das übertragene Vermögen kein adäquater Gegenpreis bezahlt, werden entweder die Gläubiger des übertragenden Rechtsträgers gefährdet (bei zu tiefer Gegenleistung) oder die Gläubiger des Übernehmers (bei zu hoher Gegenleistung), unbesehen davon, ob bei der Vermögensübertragung ein Aktivenüberschuss bestand oder nicht (so auch LOSER-KROGH, 1105).

Art. 72

Nicht zugeordnete Gegenstände des Aktivvermögens

Gegenstände des Aktivvermögens sowie Forderungen und immaterielle Rechte, die sich auf Grund des Inventars nicht zuordnen lassen, verbleiben beim übertragenden Rechtsträger.

Objets du patrimoine actif non attribués

Les objets du patrimoine actif ainsi que les créances et les droits immatériels qui ne peuvent être attribués sur la base de l'inventaire demeurent au sein du sujet transférant.

Componenti attive del patrimonio non attribuite

Le componenti attive del patrimonio, i crediti e i diritti immateriali che non possono essere attribuiti sulla base dell'inventario restano al soggetto giuridico trasferente.

I. Allgemeines, Normzweck

1   Gemäss Art. 73 Abs. 2 gehen mit der Eintragung ins Handelsregister alle im Inventar aufgeführten Aktiven und Passiven auf den übernehmenden Rechtsträger über. Art. 72 verdeutlicht diesen Grundsatz, indem er festlegt, dass Vermögensgegenstände, die sich aufgrund des Inventars nicht zuordnen lassen, beim übertragenden Rechtsträger verbleiben. Art. 72 stellt mit anderen Worten klar, dass für die Frage, ob ein Vermögensgegenstand auf den übernehmenden Rechtsträger übertragen worden ist oder nicht, einzig das Inventar massgebend ist.

II. Zuordnungsregeln

1. Nicht zugeordnete Gegenstände des Aktivvermögens

2   Wenn sich aufgrund des Inventars ein **Gegenstand des Aktivvermögens** nicht zuordnen lässt, verbleibt er beim übertragenden Rechtsträger. Diese Grundregel entspricht im Wesentlichen derjenigen bei der Spaltung (vgl. Art. 38 Abs. 1 lit. b und Abs. 2). Art. 72 ist in Verbindung mit Art. 71 Abs. 1 lit. b und Art. 73 Abs. 2 zu lesen, wonach nur die im Inventar aufgelisteten und eindeutig bezeichneten Vermögensgegenstände mit der Handelsregistereintragung übertragen werden. Daraus ergibt sich, dass Vermögensgegenstände, die im Inventar nicht aufgeführt sind oder die nicht «eindeutig bezeichnet» wurden, beim übertragenden Rechtsträger verbleiben. Als «eindeutig bezeichnet» muss ein Aktivum dann gelten, wenn es aufgrund der Formulierung im Inventar mindestens bestimmbar ist (siehe Komm. zu Art. 71 Abs. 1 lit. b). Wenn die Parteien bspw. vereinbaren, dass alle Aktiven und Passiven mit Bezug auf ein bestimmtes Geschäft auf den übernehmenden Rechtsträger übergehen, ist damit klar genug vereinbart, dass auch Aktiven und Passiven übergehen sollen, die den Parteien im Zeitpunkt der Vereinbarung noch nicht bekannt waren, die aber im Zeitraum zwischen der Unterzeichnung des Übertragungsvertrages und der Eintragung ins Handelsregister noch entstehen.

2. Nicht zugeordnete Gegenstände des Passivvermögens

Das Grundprinzip von Art. 73 Abs. 2, wonach mit der Handelsregistereintragung alle im Inventar aufgeführten Vermögensgegenstände übergehen, gilt uneingeschränkt auch für die **Passiven**. Zwar bezieht sich die Auslegungsregel von Art. 72 dem Wortlaut nach nur auf Gegenstände des Aktivvermögens. Das Gesetz enthält m.a.W. **keine ausdrückliche Bestimmung** darüber, ob der übertragende Rechtsträger weiterhin für Schulden haftet, welche sich auf Grund des Übertragungsvertrages nicht zuordnen lassen (LOSER-KROGH, 1106). Angesichts des in Art. 73 Abs. 2 statuierten Grundprinzips erscheint es aber angemessen, Art. 72 hier analog anzuwenden und auch hinsichtlich der Passiven von der Auslegungsregel auszugehen, dass die Schulden beim übertragenden Rechtsträger verbleiben, wenn diese im Inventar nicht «eindeutig» (siehe zum Erfordernis der Eindeutigkeit oben N 2) als zu übertragende Passiven aufgeführt werden (gl.M. TURIN, 152; VON DER CRONE ET AL., Gläubiger, Zuordnung von Verbindlichkeiten; **a.M.** TSCHÄNI, 89, der in Anlehnung an die Praxis zu Art. 181 OR auf die Umstände des Einzelfalles abstellen will, sowie ZK-BERETTA, N 4, die von einer Solidarhaftung ausgeht). Die Materialien enthalten diesbezüglich zur Vermögensübertragung zwar keine Aussagen, sprechen sich im Rahmen der Abspaltung aber ebenfalls im Sinne der Regelung aus, dass unklar zugeordnete Schulden beim übertragenden Rechtsträger verbleiben (Botschaft, 4439).

III. Abweichende Vereinbarungen

Das FusG regelt nicht ausdrücklich, ob die gesetzlichen Zuordnungsregeln **zwingender Natur** sind. Die Frage, ob die Parteien vereinbaren könnten, dass Aktiven und Passiven, die im Inventar nicht erwähnt werden, automatisch auf die übernehmende Gesellschaft übergehen, anstatt – wie von Art. 72 vorgesehen – beim übertragenden Rechtsträger zu verbleiben, ist zwar gestützt auf den Wortlaut nicht ohne Weiteres zu bejahen, m.E. aber zumindest in jenen Fällen positiv zu beantworten, in denen sich der Publikation im SHAB entnehmen lässt, dass ein bestimmter Betrieb oder Teilbetrieb übertragen wird, weil davon auszugehen ist, dass sich die positive Publizitätswirkung des Handelsregistereintrages gemäss Art. 933 Abs. 1 OR auf die publizierten Tatsachen erstreckt (siehe dazu Komm. zu Art. 73 Abs. 2).

Dritter Abschnitt: Eintragung ins Handelsregister und Rechtswirksamkeit

Art. 73

¹ **Das oberste Leitungs- oder Verwaltungsorgan des übertragenden Rechtsträgers muss dem Handelsregisteramt die Vermögensübertragung zur Eintragung anmelden.**

² **Die Vermögensübertragung wird mit der Eintragung ins Handelsregister rechtswirksam. In diesem Zeitpunkt gehen alle im Inventar aufgeführten Aktiven und Passiven von Gesetzes wegen auf den übernehmenden Rechtsträger über. Artikel 34 des Kartellgesetzes vom 6. Oktober 1995 bleibt vorbehalten.**

¹ L'organe supérieur de direction ou d'administration du sujet transférant requiert l'inscription du transfert de patrimoine au registre du commerce.

² Le transfert de patrimoine déploie ses effets dès son inscription au registre du commerce. A cette date, l'ensemble des actifs et passifs énumérés dans l'inventaire sont transférés de par la loi au sujet reprenant. L'art. 34 de la loi du 6 octobre 1995 sur les cartels est réservé.

¹ L'organo superiore di direzione o di amministrazione del soggetto giuridico trasferente deve chiedere l'iscrizione del trasferimento di patrimonio all'ufficio del registro di commercio.

² Il trasferimento di patrimonio acquisisce validità giuridica con l'iscrizione nel registro di commercio. A tale data, tutti gli attivi e i passivi elencati nell'inventario sono trasferiti per legge al soggetto giuridico assuntore. È fatto salvo l'articolo 34 della legge del 6 ottobre 1995 sui cartelli.

Literatur

H. PETER, Le sort des contracts en cas de transfer de patrimoine, SZW 2004, 223 ff.; R. WATTER/ U. KÄGI, Der Übergang von Verträgen bei Fusionen, Spaltungen und Vermögensübertragungen, SZW 2004, 231 ff.; vgl. ausserdem die Literaturhinweise zu Art. 69.

I. Allgemeines, Normzweck

1 Der Kerngehalt der Vermögensübertragung als Verfügungsgeschäft (siehe Komm. zu Art. 69 N 10) liegt in der partiellen Universalsukzession. Die für eine Singularsukzession von Aktiven oder Passiven erforderlichen Übertragungsmethoden (Besitzübertragung, Zession, Indossierung, konstitutive Grundbuchanmeldung, Schuldübernahme, usw.) müssen daher im Rahmen einer Vermögensübertragung nicht befolgt werden, um den Übergang der betroffenen Vermögensgegenstände zu bewirken. Um dem **Publizitätsprinzip** dennoch Genüge zu tun, tritt an Stelle der spezifischen Übertragungs- und Formvorschriften die Eintragung in das Handelsregister. Art. 73 definiert die **Zuständigkeiten** für die Anmeldung und Eintragung ins Handelsregister (Abs. 1) und legt den **Zeitpunkt des Rechtsübergangs** der betroffenen Vermögensgegenstände fest (Abs. 2).

II. Anmeldung und Eintragung ins Handelsregister (Abs. 1)

1. Anmeldung und Veröffentlichung

a) Anmeldung

2 Die Anmeldung der Vermögensübertragung hat durch die **obersten Leitungs- und Verwaltungsorgane des übertragenden Rechtsträgers** zu erfolgen. Je nach der Form des Rechtsträgers sind demnach die folgenden Personen für die Handelsregisteranmeldung zuständig (s. dazu TURIN, 165 f.):

– Einzelfirma: Firmeninhaber;

– Kollektiv und Kommanditgesellschaft: alle Gesellschafter (Art. 556 Abs. 1, Art. 597 Abs. 1 OR);

– AG: Verwaltungsrat (Art. 640 Abs. 2 OR); falls dieser aus mehreren Personen besteht, so hat der Präsident oder sein Stellvertreter sowie der Sekretär oder ein zweites Mitglied des Verwaltungsrates die Anmeldung zu unterzeichnen (Art. 22 Abs. 2 HRegV);

– Kommandit-AG: Verwaltungsrat (Art. 764 Abs. 2 OR); falls dieser aus mehreren Personen besteht, so hat der Präsident oder sein Stellvertreter sowie der Sekretär oder ein zweites Mitglied des Verwaltungsrates die Anmeldung zu unterzeichnen (Art. 22 Abs. 2 HRegV);

3. Abschnitt: Eintragung ins Handelsregister ... 3–5 Art. 73

– GmbH: sämtliche Geschäftsführer (Art. 780 Abs. 2 OR) bzw. gemäss Art. 22 Abs. 2 HRegV der Präsident oder sein Stellvertreter sowie der Sekretär oder ein zweites Mitglied der Geschäftsführung;
– Genossenschaft: zwei Mitglieder der Verwaltung (Art. 835 Abs. 3 OR) bzw. der Präsident oder sein Stellvertreter sowie der Sekretär oder ein zweites Mitglied der Verwaltung (Art. 22 Abs. 2 HRegV);
– Verein: der Präsident des Vorstandes oder sein Stellvertreter sowie der Sekretär oder ein zweites Mitglied des Vorstandes (Art. 22 Abs. 2 HRegV);
– Stiftung: der Präsident des Stiftungsrates oder sein Stellvertreter sowie der Sekretär oder ein zweites Mitglied des Stiftungsrates (Art. 22 Abs. 2 HRegV).

Gemäss der geplanten «Revision des Obligationenrechts betreffend das GmbH-Recht sowie Anpassungen im Aktien-, Genossenschafts-, Handelsregister- und Firmenrecht» (s. Botschaft GmbH, 3148 ff.) soll bei juristischen Personen die Anmeldung inskünftig generell von zwei Mitgliedern des obersten Leitungs- oder Verwaltungsorgans oder von einem Mitglied mit Einzelzeichnungsberechtigung unterzeichnet werden müssen (vgl. dazu Art. 931a Abs. 2 OR des Revisionstextes).

Ausnahmsweise kann die Anmeldung auch durch den übernehmenden Rechtsträger erfolgen, nämlich einerseits im Falle einer Sacheinlagegründung mittels Vermögensübertragung (wo der Gegenstand der Sacheinlage schon Teil der Handelsregisteranmeldung durch die übernehmende Gesellschaft sein muss, vgl. Art. 641 Ziff. 6 und Art. 781 Ziff. 6 OR), anderseits insofern die Gegenleistung für eine Vermögensübertragung ihrerseits in einer Vermögensübertragung besteht (TURIN, 167). In den übrigen Fällen bleibt eine Handelsregisteranmeldung durch den übernehmenden Rechtsträger wirkungslos. 3

Sofern die Parteien nichts anderes vereinbart haben, muss die **Handelsregisteranmeldung** – in Analogie zu den Vorschriften für Fusionen und Spaltungen (siehe Art. 21 Abs. 1 und Art. 51 Abs. 1) – **ohne Verzögerung nach Unterzeichnung des Übertragungsvertrages** erfolgen (gemäss Handkommentar FusG-PASSADELIS, N 4, liegt der Anmeldezeitpunkt im pflichtgemässen Ermessen des obersten Exekutivorgans der übertragenden Gesellschaft). Den Parteien steht es aber frei, den Zeitpunkt der Handelsregisteranmeldung **vertraglich** zu regeln (so grundsätzlich auch TURIN, 165), was insbesondere dann opportun ist, wenn noch Genehmigungen von in- oder ausländischen Behörden einzuholen sind, aber auch aus anderen Gründen zulässig sein muss. Je länger der Zeitpunkt der Anmeldung hinausgeschoben wird, desto grösser ist allerdings die Gefahr, dass die vertraglich geregelten Punkte nicht mehr die aktuellen Zustände reflektieren, sei dies hinsichtlich der Umschreibung der zu übertragenden Vermögenswerte, sei dies betreffend des Wertes der Gegenleistung. Zumal das Gesetz aber eine Zuordnungsregel für im Inventar nicht klar zugewiesene Vermögenswerte enthält und keine Vorschriften für die Gegenleistung bestehen (ausser Kapitalschutz- und Liquidationsvorschriften), erschiene es nicht angebracht, eine Handelsregisteranmeldung nach Ablauf einer gewissen Zeit nicht mehr zuzulassen (in diese Richtung aber TURIN, 165), sofern der spätere Zeitpunkt der Anmeldung von den Parteien so vereinbart ist. 4

b) Eintragung und Veröffentlichung

Nach der **Eintragung im Tagebuch und im Hauptregister** (Art. 11 HRegV) ist die Vermögensübertragung im **SHAB** zu publizieren (Art. 931 OR). Im SHAB wird gemäss Art. 108a HRegV lediglich die Tatsache bekannt gemacht, dass eine Vermögensübertragung stattgefunden hat (unter Angabe der beteiligten Rechtsträger, des Datums des 5

Übertragungsvertrages, des Wertes der übertragenen Aktiven und Passiven und der etwaigen Gegenleistung), ohne dass die übertragenen Vermögensgegenstände einzeln aufgezählt werden (Botschaft, 4464). Immerhin sollte im SHAB darauf hingewiesen werden können, wenn im Rahmen einer Vermögensübertragung ein **Betrieb- oder Teilbetrieb** übertragen wird oder wenn die Parteien anlässlich der Übertragung einer sonstigen Sachgesamtheit eine entsprechende Publikation ausdrücklich verlangen (siehe zu den Auswirkungen auf die Publizitätswirkung unten N 10 ff.). Das FusG regelt selbst nicht, welche Belege dem Handelsregister einzureichen sind, sondern weist den Bundesrat an, Vorschriften über die Einzelheiten der Eintragung und der Belege zu erlassen (Art. 102 lit. a). Die HRegV regelt diese Punkte im Detail und sieht u.a. vor, dass der Übertragungsvertrag und der Beschluss des obersten Leitungs- oder Verwaltungsorgans Dritten als Beleg zur Einsicht offensteht (Art. 108 HRegV), ohne dass diese Dritten ein besonderes Interesse an der Einsichtnahme nachzuweisen haben (Art. 930 OR).

2. Kognition des Handelsregisterführers

6   Die **Kognition des Handelsregisterführers** richtet sich nach den **allgemeinen Grundsätzen** von Art. 940 OR und Art. 21 HRegV, wie sie von Literatur und Rechtsprechung konkretisiert worden sind (vgl. insbesondere BGE 125 III 18 ff. und BGE 117 II 188 m.w.N.). Um die bestehenden Unklarheiten hinsichtlich der Tragweite der Kognition der Registerbehörden zu beseitigen, wurde im Vorentwurf FusG eine relativ detaillierte Regelung vorgesehen, die aber aufgrund der negativen Kritik in der Vernehmlassung keinen Eingang ins FusG gefunden hat. Art. 111 Abs. 2 HRegV sieht vor, dass das Handelsregisteramt die Eintragung von Vermögensübertragungen (und Spaltungen) insbesondere dann abzulehnen hat, wenn die erfassten Gegenstände offensichtlich nicht frei übertragbar sind. Diese Bestimmung hat aber keine Ausweitung der Kognition zur Folge. Sind die in Art. 108 HRegV abschliessend aufgezählten Belege eingereicht worden, kann das Handelsregisteramt insbesondere nicht gestützt auf Art. 111 Abs. 2 HRegV weitere Nachweise hinsichtlich der Übertragbarkeit der betroffenen Vermögensgegenstände verlangen (vgl. WATTER/KÄGI, 247). Auch kann nicht davon ausgegangen werden, dass Verträge ohne Zustimmung der Vertragspartei *per se* «offensichtlich» nicht übertragbar sind (s. dazu unten N 15 ff.; WATTER/KÄGI, 247).

III. Rechtswirksamkeit der Vermögensübertragung (Abs. 2)

1. Wirkung der Eintragung

a) Konstitutive Wirkung

7   Der Handelsregistereintragung kommt für die Vermögensübertragung **konstitutive Wirkung** zu (Botschaft, 4464). Unter den Parteien wird die Vermögensübertragung mit der Genehmigung durch das Eidgenössische Amt für das Handelsregister rückwirkend auf den Zeitpunkt des Tagebucheintrages rechtswirksam (Art. 115 ff. HRegV). Den Parteien steht es ausserdem frei, aus **steuerlichen** oder **buchhalterischen** Gründen zu vereinbaren, dass die Vermögensübertragung **rückwirkend auf ein bestimmtes Datum** erfolgen soll, wie dies bei der Fusion (Art. 13 Abs. 1 lit. g) und der Spaltung (Art. 37 lit. g) der Fall ist, obschon dies für die Vermögensübertragung gesetzlich nicht ausdrücklich vorgesehen ist (BERTSCHINGER, 372; TSCHÄNI, 93; TURIN, 177).

b) Heilende Wirkung?

Das FusG sieht nicht ausdrücklich vor, welche Rechtsfolgen eintreten, wenn der Vermögensübertragung Mängel zugrunde liegen. Einzig im Rahmen der Regelung der Anfechtungsklage wird festgehalten (Art. 106), dass eine Anfechtung zur Aufhebung des Beschlusses des obersten Leitungs- und Verwaltungsorgans führen kann, wobei das Gericht darüber hinaus, die «erforderlichen Massnahmen» treffen darf (Art. 107). Unklar ist insbesondere, ob dem Handelsregistereintrag grundsätzlich **heilende Wirkung** zukommt (dafür: LOSER-KROGH, 1002, in Analogie zu Art. 643 Abs. 2 OR; dagegen: TSCHÄNI, 93; TURIN, 160 ff. sowie 173, mit Hinweis auf die nicht zu rechtfertigende Folge einer unterschiedlichen Regelung für die Singularsukzession und die Übertragung gemäss Inventar). Die Materialien ergeben in dieser Hinsicht kein klares Bild, wobei im Rahmen der Erläuterungen zu Art. 106 erwähnt wird, dass eine mögliche Folge der Anfechtung gemäss Art. 105 die Aufhebung des Handelsregistereintrages sein könne (Botschaft, 4490).

Aufgrund der konstitutiven Wirkung des Registereintrages ist im Sinne der Verkehrssicherheit davon auszugehen, dass die Vermögensübertragung mit der Eintragung ins Handelsregister rechtswirksam wird, auch wenn Mängel vorliegen. Eine «heilende Wirkung» im eigentlichen Sinn tritt deshalb aber nicht ein (vgl. MEIER-HAYOZ/FORSTMOSER, 142 N 64 ff.; BSK OR II-ECKERT, Art. 933 N 4), weil die Mängel zu beheben sind, ansonsten als *ultima ratio* die Vermögensübertragung rückabgewickelt werden muss (LOSER-KROGH, 1002 f.). Dabei ist der Grundsatz der Verhältnismässigkeit zu beachten.

c) Publizitätswirkung

Gegenüber Dritten wird die Eintragung im Handelsregister an jenem Werktag rechtswirksam, welcher der Publikation der Vermögensübertragung im SHAB folgt (Art. 932 Abs. 2 OR). Auch hinsichtlich der **Publizitätsgrundsätze** und des **Prinzips des öffentlichen Glaubens** gelten für Dritte grundsätzlich die **allgemeinen Vorschriften** betreffend Sachverhalte, deren Eintragung konstitutiv wirkt (Art. 9 ZGB und Art. 933 OR). Demnach besteht insbesondere die Fiktion allgemeiner Kenntnis des Registerinhalts (positive Publizitätswirkung gemäss Art. 933 Abs. 1 OR) sowie der Unkenntnis von nicht im Register eingetragener Tatsachen (negative Publizitätswirkung gemäss Art. 933 Abs. 2 OR). Im Kontext einer Vermögensübertragung erstreckt sich gemäss den Materialien die Publizitätswirkung allerdings nur auf die Tatsache der Vermögensübertragung als solcher, nicht aber auf die einzelnen Vermögensgegenstände, wie sie im Inventar aufgelistet sind, da diese im SHAB nicht publiziert werden (Botschaft, 4464).

Das Gesetz regelt nicht ausdrücklich, wie der Fall zu lösen ist, in dem eine bestimmte Schuld übertragen wird, der Schuldner nach der Publikation der Vermögensübertragung aber vom Gläubigerwechsel keine Kenntnis erhält und die **Schuld fälschlicherweise gegenüber dem übertragenden Rechtsträger erfüllt**. In der Literatur wird dafür plädiert, diese Gesetzeslücke (die auch im Kontext der Spaltung besteht) mittels **analoger Anwendung von Art. 167 OR** zu schliessen, mit der Folge, dass der Schuldner – solange ihm der Gläubigerwechsel nicht individuell angezeigt worden ist – mit befreiender Wirkung an den übertragenden Rechtsträger als bisherigen Gläubiger leisten kann (so LOSER-KROGH, 1106; VON DER CRONE ET AL., Rz 993), wobei das im Falle eines Betriebsübergangs – der als solcher im SHAB publiziert wird – ausnahmsweise nicht gelten soll (TSCHÄNI, 94 f.; TURIN, 174). Diese Differenzierung erscheint grundsätzlich richtig, weil sich die positive Publizitätswirkung nur auf «Eintragungen» erstreckt, die in das Tagebuch aufgenommen und im SHAB publiziert worden sind (BK-KÜNG, OR 933 N 41). Allerdings sind nicht nur Vermögensübertragungen von «Betrieben» mangels Gutgläubigkeit des Schuldners vom Wirkungsbereich von Art. 167 OR auszunehmen, sondern auch Vermögensübertragungen von «Teilbetrieben» und «Sachgesamtheiten», sofern sich für Drittparteien aus der Eintragung im Handelsregister und der Publikation im SHAB mit hinreichender Klarheit ergibt, dass die betreffenden Schulden von der Vermögensübertragung erfasst sind.

12 Ausserdem sollte eine Drittpartei, die nach der Publikation einer Vermögensübertragung in Form eines Betriebes oder Teilbetriebes im SHAB die Leistung fälschlicherweise an den übertragenden Rechtsträger erbringt, dem übernehmenden Rechtsträger nicht unverändert zur Zahlung verpflichtet bleiben. Vielmehr sind solche **«Erfüllungshandlungen» an die falsche Partei** im Kontext der Vermögensübertragung nach Treu und Glauben als **Anweisung an den übertragenden Rechtsträger** zu interpretieren, welche von diesem als angenommen zu gelten haben (gestützt auf die Vermögenszuteilung im Übertragungsvertrag), so dass der übertragende Rechtsträger die fälschlicherweise empfangene Leistung an die übernehmende Gesellschaft weiterzuleiten hat und die übernehmende Gesellschaft die Leistung vom Schuldner erst wieder einfordern darf, nachdem sie diese vergeblich vom übertragenden Rechtsträger herausverlangt hat. Die Anweisung ist eine Leistung zahlungshalber, welche zu einer Stundung der Forderung aus dem Grundverhältnis zwischen dem übernehmenden Rechtsträger und dem Schuldner führt. Eine Lückenfüllung in Anlehnung an das Anweisungsrecht gemäss Art. 466 ff. OR wird in der Regel der Vereinbarung der beteiligten Gesellschaften im Verpflichtungsgeschäft bzw. im Übertragungsvertrag entsprechen, fälschlicherweise empfangene Leistungen an die richtige Partei weiterleiten zu müssen. Die Gefahr, dass ein Schuldner dabei zu Schaden kommt, weil der übertragende Rechtsträger nach Empfang der Leistung durch den Schuldner Konkurs geht, und der Schuldner ein zweites Mal an den übernehmenden Rechtsträger bezahlen muss, besteht zwar theoretisch. In der Praxis ist ein solches Szenario aber schon deshalb sehr unwahrscheinlich, weil der Verwaltungsrat des übertragenden Rechtsträgers auch im Hinblick auf eine Vermögensübertragung die allgemeine Pflicht hat, für eine angemessene (mindestens einjährige) Liquiditätsplanung und eine hinreichende Eigenkapitalbasis des übertragenden Rechtsträgers besorgt zu sein. Selbstverständlich steht es den an einer Vermögensübertragung beteiligten Rechtsträgern aber auch frei, eine Notifikation der Schuldner zu vereinbaren.

2. Partielle Universalsukzession

13 Mit der Eintragung der Vermögensübertragung ins Handelsregister gehen die Vermögenswerte, welche im Inventar als Teil des Übertragungsvertrages aufgelistet sind, ohne Einhaltung weiterer Formvorschriften kraft Gesetzes in einem Akt vom übertragenden auf den übernehmenden Rechtsträger über (Art. 73 Abs. 2). Es handelt sich um eine besondere Übertragungsform, die sich dadurch kennzeichnet, dass der **Umfang der betroffenen Vermögenswerte durch die Parteien definiert** wird. Im Rahmen einer Vermögensübertragung ist die Sukzession denn auch meistens nicht universal, d.h. das Gesamtvermögen betreffend, sondern partiell, d.h. bezogen auf einzelne Aktiven und Passiven. Es wird daher in diesem Zusammenhang auch von «partieller Universalsukzession» (Botschaft, 4465), «**gewillkürter Partial- und Universalsukzession**» (TSCHÄNI, 94) oder einfach von «**Übertragung gemäss Inventar**» (Botschaft, 4465) gesprochen.

14 Die partielle Universalsukzession wirkt für die Vermögensübertragung konstitutiv und **ersetzt die für eine Einzelrechtsnachfolge erforderlichen Übertragungsformalitäten** für Forderungen (Zession), Wertpapiere (z.B. Indossierung für Orderpapiere), dingliche Rechte (Besitzübergang oder Anmeldung im Grundbuch) oder beschränkte dingliche Rechte (Besitzübergang, Anmeldung im Grundbuch) sowie für Schulden (Zu-

stimmung der Gläubiger). Darüber hinaus wird im FusG allerdings nicht näher geregelt, was die Folgen des Übergangs von Gesetzes wegen sind. So enthält das Gesetz insbesondere keine ausdrücklichen Bestimmungen zur Frage, ob Übertragungshindernisse auch im Rahmen einer Übertragung gemäss Inventar zu beachten sind (dazu unten N 15 ff.) oder ob ganze Vertragsverhältnisse ohne Zustimmung der Gegenpartei mittels partieller Universalsukzession übertragen werden können (dazu unten N 17). Immerhin weist die Botschaft darauf hin, dass die Vermögensübertragung keinen Fall der Universalsukzession im eigentlichen Sinn darstellt – dies im Unterschied zur Fusion und zum Erbgang (Botschaft, 4465). In der Literatur ist umstritten, ob es sich bei der Übertragung gemäss Inventar um eine Universalsukzession im fusionsrechtlichen Sinne handelt (so BERETTA, 251 f.; BÜCHI, 162 ff.; LOSER-KROGH, 1100 ff.; PETER, 228 f.; VISCHER, 158; VON DER CRONE ET AL., Rz 978; ZK-BERETTA, vor Art. 69–77 N 37) oder um eine eigenständige gesetzliche Übertragungsform (so sinngemäss TSCHÄNI, 93 f.; TURIN, 56).

3. Übertragungshindernisse

Das FusG enthält keine ausdrückliche Regelung zur Frage, ob **gesetzliche und vertragliche Übertragungshindernisse** im Rahmen einer partiellen Universalsukzession zu beachten sind und ob **Verträge ohne Zustimmung der Gegenpartei** übertragen werden können. Art. 73 Abs. 2 sieht zwar die Übertragbarkeit eines Rechts nicht als Voraussetzung vor, schliesst aber die Anwendbarkeit des allgemeinen Teils des OR auch nicht aus. Hinsichtlich der Frage, ob Verträge ohne Zustimmung kraft Gesetzes übertragen werden können, ist der Wortlaut auch nicht ergiebig, weil nur der Übergang von «Aktiven und Passiven» angesprochen wird, zu denen nach herkömmlicher Interpretation ganze Vertragsverhältnisse, die als solche auch nicht bilanziert werden können, nicht gehören. Art. 73 Abs. 2 ist somit **auslegungsbedürftig** (s. unten N 16 ff.). Unter praktischen Gesichtspunkten wird immerhin **Art. 111 Abs. 2 HRegV** zu beachten sein, wonach das Handelsregisteramt die Eintragung einer Vermögensübertragung dann abzulehnen hat, wenn die erfassten Gegenstände «offensichtlich nicht frei übertragbar» sind. Auch diese Bestimmung ist aber möglichst gesetzeskonform zu interpretieren, einerseits hinsichtlich der Kognition der Handelsregisterbehörden (s. dazu oben N 6) und andererseits hinsichtlich der inhaltlichen Tragweite.

15

Die **historische** Auslegung führt zum Resultat, dass der Gesetzgeber vom Grundsatz ausging, dass einerseits nur übertragbare Aktiven und Passiven Gegenstand einer Vermögensübertragung sein sollen (vgl. Botschaft, 4460; AmtlBull NR 2003, 244) und andererseits Vertragsverhältnisse nur mit Zustimmung der Gegenpartei übertragen werden können (AmtlBull NR 2003, 244). Angesichts der klaren Voten in der parlamentarischen Beratung kann nicht argumentiert werden, nur weil der Gesetzgeber die gewollte Rechtsfolge im Gesetzestext nicht verdeutlicht hat, habe er die Frage der Praxis zur Regelung überlassen wollen (so aber VON DER CRONE ET AL., Rz 966). Allerdings ist Art. 73 Abs. 2 hinsichtlich **Wortlaut** und **Systematik** nahezu identisch mit Art. 22 Abs. 1 (betreffend die fusionsrechtliche Universalsukzession), was im Gesamtzusammenhang dafür sprechen würde, Übertragungshindernisse bei der Vermögensübertragung ebenso wenig zu beachten wie bei der Fusion. Zu einem ähnlichen Resultat führt auch eine **teleologische** Auslegung von Art. 73 Abs. 2, weil es dem Zweck des FusG entspricht, Umstrukturierungen und Vermögensübertragungen erleichtern zu wollen. Ausserdem macht es punkto Gläubigerschutz wenig Sinn, Vertragsübergänge als solche ausschliessen zu wollen, weil dies letztlich nur dazu führt, dass im Rahmen eines Vertragsverhältnisses zwar alle gegenwärtigen und künftigen Forderungen und Schulden, nicht aber die Gestaltungsrechte übertragen werden können (sofern der herrschenden Lehre gefolgt wird, wonach Gestaltungsrechte nicht mittels Zession übertragen

16

werden können; vgl. nun aber WATTER/KÄGI, 231 ff., welche unter Berufung auf die Zerlegungstheorie die Meinung vertreten, ein Vertragsübergang könne grundsätzlich auch durch Übertragung aller Forderungen und aller Schulden bewirkt werden). Die verschiedenen Auslegungsmethoden führen demnach zu unterschiedlichen Resultaten. Wenn auch die weit überwiegende Lehre das Ergebnis einer systematisch-teleologischen Auslegung für sachlich überzeugender hält (BERETTA, 256; BÖCKLI, Aktienrecht, § 3 Rz 372b; LOSER-KROGH, 1095 ff.; PETER, 223 ff.; TRINDADE, 218; VISCHER, 155 ff.; VON DER CRONE, Rz 985; ZK-BERETTA, vor Art. 69–77 N 37; WATTER/KÄGI, 234 ff.) als eine Auslegung, welche das historische Element wegen der Neuheit des Gesetzes besonders stark gewichtet (vgl. TURIN, 107 ff.), bedarf die Frage doch höchstrichterlicher Klärung.

17   Der **Theorienstreit** hinsichtlich der Rechtsnatur einer partiellen Universalsukzession sollte allerdings nicht darüber hinwegtäuschen, dass die unterschiedlichen dogmatischen Ansätze zu **praktisch ähnlichen Ergebnissen** führen. Diejenigen Autoren, welche von der Prämisse einer uneingeschränkten Universalsukzession auch bei der Vermögensübertragung ausgehen, sehen zum Schutz von Drittparteien relativ weitreichende Ausnahmen vor, so dass sich diese Drittparteien trotz Universalsukzession aus Verpflichtungen gegenüber dem übernehmenden Rechtsträger wieder lösen können (BERETTA, 251 f.; BÖCKLI, Aktienrecht, § 3 Rz 372b; Handkommentar FusG-FRICK, Art. 69 N 21 ff.; PETER, 229; TRINDADE, 218; VISCHER, 160 f.; VON DER CRONE ET AL., Rz 995 ff.; ZK-BERETTA, vor Art. 69–77 N 40 ff.). Sofern umgekehrt grundsätzlich davon ausgegangen wird, dass die partielle Universalsukzession im Rahmen der Vermögensübertragung keine Universalsukzession im Sinne des Fusionsrechts darstellt, zeigt sich, dass auch unter Berücksichtigung des gesetzgeberischen Willens Vermögensgegenstände mit Übertragungshindernissen und Verträge unter gewissen Umständen doch ohne ausdrückliche Zustimmung der betroffenen Drittparteien übergehen können.

18   Die Unübertragbarkeit eines Vermögensgegenstandes kann sich aus Gesetz (Privatrecht oder öffentliches Recht), Rechtsnatur (Höchstpersönlichkeit) oder Vereinbarung ergeben. Dem Willen des historischen Gesetzgebers widerspricht es nicht, wenn hinsichtlich der Frage nach der Übertragbarkeit eines Vermögensgegenstandes die **Parteiwillen** berücksichtigt werden. Enthält eine Vertragsvereinbarung keine ausdrückliche Regelung in dieser Hinsicht und liegt keine Gesetzesbestimmung vor, welche in analoger Anwendung für eine Vertragsergänzung fruchtbar gemacht werden könnte, so ist die Vertragslücke aufgrund des hypothetischen Parteiwillens zu ergänzen. Massgebend ist, was die Parteien als vernünftige und redliche Vertragspartner gewollt und deshalb vereinbart hätten, falls sie die offen gebliebene Frage selbst geregelt und so die Vertragslücke vermieden hätten (GAUCH/SCHLUEP/SCHMID/REY, 1256 ff.).

19   Hinsichtlich einer **Vertragsergänzung durch passendes Gesetzesrecht** ist bspw. im Hinblick auf die Übertragung vinkulierter Namenaktien auf Art. 685b Abs. 4 OR (betreffend nicht börsenkotierte Namenaktien) oder Art. 685d Abs. 3 OR (betreffend börsenkotierte Namenaktien) abzustellen, welche den Erwerb durch Erbgang regeln, dies jedenfalls dann, wenn die in N 20 erwähnten Kriterien erfüllt sind (so im Resultat auch LOSER-KROGH, 1107; vgl. im übrigen auch TURIN, 112 f. und TSCHÄNI, 96, welche hinsichtlich der Anwendbarkeit der erwähnten Bestimmungen allerdings darauf abstellen, ob mit der Vermögensübertragung funktional eine Fusion und evtl. auch eine Spaltung oder eine Umwandlung bezweckt wird). Ausserdem bestehen für die Übertragung von Arbeits-, Miets- und Versicherungsverhältnissen Spezialvorschriften, auf welche in der parlamentarischen Beratung ausdrücklich verwiesen wurde (vgl. AmtlBull NR 2003, 244): Art. 333 OR (für Arbeitsverträge, wobei auch das FusG diese Bestimmung aus-

drücklich erwähnt, vgl. Art. 76), Art. 261 sowie Art. 263 OR (für Miet- und Pachtverträge) sowie Art. 39 VAG (für Versicherungsverträge). Schliesslich ist für die Frage nach den prozessrechtlichen Wirkungen einer Vermögensübertragung mit Bezug auf Aktiven und Passiven, die Gegenstand eines Prozesses sind, vom Grundsatz auszugehen, dass ein Parteiwechsel im hängigen Prozess stattfindet (vgl. VON DER CRONE ET AL., Rz 1013). Allerdings wird in der Literatur auch danach unterschieden, ob die Vermögensübertragung funktional einer Fusion bzw. einer Betriebsübertragung gleichkommt. Ist dies der Fall, wird ein Parteiwechsel bejaht, sofern es sich um einen Aktivprozess handelt (vgl. TSCHÄNI, 98 f.).

Wo keine gesetzliche Regelung zur Verfügung steht, ist die **Vertragsergänzung gemäss dem hypothetischen Parteiwillen** vorzunehmen, wobei vom Grundsatz auszugehen ist, dass im Rahmen einer Vermögensübertragung Verträge sowie Rechte und Pflichten mit Übertragungshindernissen auch ohne ausdrückliche Zustimmung der Gegenpartei übertragen werden können, sofern sie kumulativ zwei Voraussetzungen erfüllen: (a) sie müssen einen engen Zusammenhang mit anderen im Inventar aufgeführten Aktiven und Passiven aufweisen, sei dies im Rahmen eines Betriebs oder eines Teilbetriebs, so dass kein Umgehungstatbestand vorliegt, und (b) Persönlichkeitsrechte dürfen nicht so stark tangiert werden, dass die Übertragung für die betroffene Drittpartei unzumutbar erschiene (in diese Richtung auch Handkommentar FusG-FRICK, Art. 69 N 21 ff. und im Resultat auch TSCHÄNI, 97 f.). Unzumutbar wäre bspw. die Übertragung eines solchen Vermögensgegenstandes an einen direkten Konkurrenten der betroffenen Drittpartei. Unter diesen Voraussetzungen können u.U. auch Aufträge und Werkverträge ohne Zustimmung der Gegenpartei übertragen werden. Dasselbe gilt für die Übertragung von Lizenzverträgen durch einen Lizenznehmer, wo die Zumutbarkeit der Übertragung einer (praktisch sehr selten vorkommenden) persönlichen Lizenz i.d.R. fehlt, was bei einer Betriebslizenz meistens nicht der Fall sein wird (so auch HILTI, 757 f.). Auch wenn im Hinblick auf die Übertragung einzelner Forderungen, für welche ein Zessionsverbot vereinbart wurde, vermutungsweise von deren Unübertragbarkeit auszugehen ist, muss aber bei der Übertragung von Betrieben oder Teilbetrieben dennoch gefragt werden, ob die Parteien mit der Vereinbarung des Abtretungsverbots auch eine Übertragung im Rahmen eines Betriebsübergangs verhindern wollten. Diese Frage dürfte in der Regel so zu beantworten sein, dass standardmässig vereinbarte Zessions- oder Schuldübernahmeverbote nicht genügen, um eine Vermögensübertragung zu verhindern (so auch TSCHÄNI, 95).

Vertragliche Vereinbarungen, die direkt darauf ausgerichtet sind, bestimmte Wirkungen der partiellen Universalsukzession als solcher auszuschliessen, sind diesbezüglich ungültig, weil Art. 73 Abs. 2 zwingendes Recht darstellt. Hingegen steht es den Parteien frei, vertraglich zu vereinbaren, dass die Übertragung eines bestimmten Rechtes oder eines bestimmten Vertrages anlässlich einer künftigen Vermögensübertragung der Zustimmung der Gegenpartei bedarf. Ebenfalls zulässig sind *change-of-control* **Bestimmungen**, welche zur Auflösung des Vertrages führen, wenn und sobald ein Kontrollwechsel bei einer Vertragspartei stattfindet. Solche Klauseln sind im Zweifel so auszulegen, dass auch die Übertragung des Vertrages auf eine Drittpartei ohne Zustimmung der Gegenpartei nicht möglich sein soll (so auch VON DER CRONE ET AL., Rz 1001).

4. Nicht konstitutive Massnahmen nach dem Handelsregistereintrag

Die Eintragung der Vermögensübertragung ins Handelsregister bewirkt konstitutiv den Übergang der im Inventar bezeichneten Vermögensgegenstände. Es besteht keine Pflicht, die Übertragung der in Frage stehenden Rechte nach den **Methoden der Ein-**

zelrechtsnachfolge nachzuvollziehen, ausser betreffend Eigentumsübertragungen an Grundstücken, welche umgehend nach Eintritt der Rechtswirksamkeit beim Grundbuchamt angemeldet werden müssen (Art. 104 Abs. 2 lit. c). Ob damit besitzlose Pfänder (trotz Art. 884 Abs. 1 ZGB) und *sale-and-lease-back* Transaktionen betreffend Fahrnis (trotz Art. 717 i.V.m. Art. 884 Abs. 3 ZGB) unter dem Regime des FusG möglich werden und das Verbot der Mobiliarhypothek im Bereich des FusG faktisch ausser Kraft gesetzt wird, ist unklar, m.E. aber zu bejahen (vgl. auch Komm. zu Art. 69 N 11).

23 Sofern allerdings bei beweglichen Sachen, Wertpapieren, Immaterialgüterrechten und Forderungen die für die Einzelrechtsnachfolge notwendigen Übertragungshandlungen (wie Tradition, Indossament, Registereintrag, Notifikation, usw.) nicht vorgenommen werden, stellt sich die Frage, ob ein **Dritter** die entsprechenden Vermögensgegenstände vom übertragenden Rechtsträger **gutgläubig erwerben** kann bzw. ob sich der Schuldner, dem die Abtretung einer Forderungen des übertragenden Rechtsträgers nicht notifiziert wurde, gutgläubig durch Leistung an den übertragenden Rechtsträger befreien kann. Die Beantwortung dieser Frage hängt davon ob, ob die Eintragung der Vermögensübertragung ins Handelsregister den guten Glauben von Drittpersonen zu zerstören vermag (siehe dazu oben N 10 ff.).

24 Auch hinsichtlich der Frage, ob der **übernehmende Rechtsträger** Vermögensgegenstände vom übertragenden Rechtsträger **gutgläubig erworben** hat, kann es relevant sein, ob die in Frage stehenden Vermögensgegenstände nach den Methoden der Singularsukzession übertragen wurden. So spielt die körperliche Übertragung einer beweglichen Sache als Kriterium bspw. für den gutgläubigen Erwerb gemäss Art. 933 ZGB eine entscheidende Rolle (vgl. BSK ZGB II-STARK, Art. 933 N 25 ff.). Sofern der Besitz an Sachen übertragen worden ist, ist die Möglichkeit eines gutgläubigen Erwerbs durch den übernehmenden Rechtsträger jedenfalls dann zu bejahen, wenn Aktiven und Passiven zur Diskussion stehen, welche mit echten Übertragungshindernissen behaftet sind.

5. *Vorbehalt für meldepflichtige Zusammenschlüsse betreffend Art. 34 KG*

25 Art. 73 Abs. 2 behält hinsichtlich des Eintritts der Rechtswirksamkeit einer Vermögensübertragung die kartellrechtliche Regelung in Art. 34 KG vor, unbesehen von der relevanten Handelsregistereintragung. Gemäss Art. 34 KG bleibt die zivilrechtliche Wirksamkeit eines meldepflichtigen Unternehmenszusammenschlusses aufgeschoben, bis die Wettbewerbskommission einen (positiven) Entscheid getroffen hat oder der Zusammenschluss als zugelassen gilt. Aus dem Wortlaut von Art. 73 Abs. 2 ergibt sich allerdings kein Verbot der Eintragung einer Vermögensübertragung ins Handelsregister, bevor die kartellrechtliche Zulassung vorliegt. Um den Grundsatz der Publizitätswirkung der Handelsregistereintragung trotzdem unter allen Umständen zu wahren, sieht die HRegV nun aber vor, dass eine Vermögensübertragung erst dann zur Eintragung in das Handelsregister angemeldet werden darf, wenn die kartellrechtlichen Voraussetzungen für den Vollzug eines meldepflichtigen Zusammenschlusses gemäss Art. 9 KG erfüllt sind (Art. 108c HRegV). Es ist allerdings fraglich, ob die Handelsregisterbehörden die Kontrolle über die Durchsetzung des handelsrechtlichen Vollzugsverbotes gemäss Art. 32 Abs. 2 KG übernehmen können und dürfen, zumal eine ausdrückliche gesetzliche Grundlage dafür fehlt (vgl. auch Komm. zu Art. 1 N 69 ff.).

Vierter Abschnitt: Information der Gesellschafterinnen und Gesellschafter

Art. 74

¹ Das oberste Leitungs- oder Verwaltungsorgan der übertragenden Gesellschaft muss die Gesellschafterinnen und Gesellschafter über die Vermögensübertragung im Anhang zur Jahresrechnung informieren. Ist keine Jahresrechnung zu erstellen, so muss über die Vermögensübertragung an der nächsten Generalversammlung informiert werden.

² Im Anhang beziehungsweise an der Generalversammlung sind rechtlich und wirtschaftlich zu erläutern und zu begründen:

a. der Zweck und die Folgen der Vermögensübertragung;
b. der Übertragungsvertrag;
c. die Gegenleistung für die Übertragung;
d. die Folgen für die Arbeitnehmerinnen und Arbeitnehmer und Hinweise auf den Inhalt eines allfälligen Sozialplans.

³ Die Informationspflicht entfällt, falls die übertragenen Aktiven weniger als 5 Prozent der Bilanzsumme der übertragenden Gesellschaft ausmachen.

¹ L'organe supérieur de direction ou d'administration de la société transférante informe les associés du transfert de patrimoine dans l'annexe aux comptes annuels. Si des comptes annuels ne doivent pas être établis, le transfert de patrimoine fait l'objet d'une information lors de la prochaine assemblée générale.

² L'annexe ou l'information lors de l'assemblée générale explique et justifie du point de vue juridique et économique:

a. le but et les conséquences du transfert de patrimoine;
b. le contrat de transfert;
c. la contre-prestation pour le transfert;
d. les répercussions du transfert de patrimoine sur les travailleurs ainsi que des indications sur le contenu d'un éventuel plan social.

³ Le devoir d'information s'éteint si les actifs transférés représentent moins de 5 % du total du bilan de la société transférante.

¹ L'organo superiore di direzione o di amministrazione della società trasferente deve informare i soci del trasferimento di patrimonio nell'allegato al conto annuale. Se non vi è obbligo di allestire il conto annuale, vanno dati ragguagli sul trasferimento di patrimonio nel corso dell'assemblea generale successiva.

² L'allegato o l'informazione nel corso dell'assemblea generale spiega e giustifica sotto il profilo giuridico ed economico:

a. lo scopo e le conseguenze del trasferimento di patrimonio;
b. il contratto di trasferimento;
c. la controprestazione del trasferimento;
d. le ripercussioni del trasferimento di patrimonio sui lavoratori e le indicazioni sul contenuto di un eventuale piano sociale.

³ L'obbligo di informare non sussiste se gli attivi trasferiti sono inferiori al 5 per cento del bilancio complessivo della società trasferente.

Ralph Malacrida

Literatur

H.C. VON DER CRONE ET AL., Vermögensübertragung: Gesellschafter, www.fusg.ch – die Internetplattform zu Fragen des Transaktionsrechts, Stand: 1.7.2004 (zit. VON DER CRONE ET AL., Gesellschafter).

I. Normzweck, Allgemeines

1. Normzweck

1 Im Unterschied zur Fusion und zur Spaltung wirkt sich die Vermögensübertragung nicht unmittelbar auf die Gesellschafter aus. Diese sind grundsätzlich nicht dazu berufen, den Übertragungsvertrag zu genehmigen. Die gesetzlich vorgesehenen **Informationspflichten gegenüber den Gesellschaftern** fallen denn auch wesentlich geringer aus als bei der Fusion (vgl. Art. 16, Art. 17 und Art. 18) und der Spaltung (vgl. Art. 31, Art. 41, Art. 42 und Art. 43). Art. 74 sieht lediglich eine **Information ex post** vor, sei dies im Anhang zur Jahresrechnung oder an der Generalversammlung (BÖCKLI, Aktienrecht, § 3 Rz 390).

2. Weitere Offenlegungstatbestände im FusG

2 Abgesehen vom Informationsrecht gemäss Art. 74 haben die Gesellschafter möglicherweise auch aufgrund anderer Umstände das Recht, über die Vermögensübertragung informiert zu werden oder sich darüber zu informieren. Zu denken ist an Fälle, welche eine Zweckänderung oder (faktische) Liquidation der übertragenden Gesellschaft zur Folge haben, die in die Zuständigkeit der Generalversammlung fallen (vgl. auch TSCHÄNI, 91 f.; VON DER CRONE ET AL., Gesellschafter, Rz 900 ff.). Zu beachten sind sodann die allgemeinen Bestimmungen über die Offenlegung von Informationen im Rahmen der Rechnungslegung (Art. 663a bis Art. 663d OR) sowie die generellen Auskunfts- und Einsichtsrechte von Aktionären (Art. 697 OR). Schliesslich haben die Gesellschafter auch die Möglichkeit, Einsicht in das Handelsregister zu nehmen, wo der Übertragungsvertrag als Beleg öffentlich zur Einsicht aufliegt (Art. 108 HRegV; Art. 930 OR).

II. Informationsmodalitäten (Abs. 1)

1. Zur Information berechtigte und verpflichtete Parteien

3 Das FusG sieht ein **Informationsrecht** lediglich für die Gesellschafter der übertragenden Gesellschaft vor. Die Gesellschafter der übernehmenden Gesellschaft und die Gläubiger des übertragenden sowie des übernehmenden Rechtsträgers sind bezüglich ihrer Informationsbedürfnisse auf die im Handelsregister veröffentlichten Tatsachen beschränkt. **Informationspflichtig** ist das oberste Leitungs- oder Verwaltungsorgan (s. zu diesem Begriff Komm. zu Art. 69) der übertragenden Gesellschaft. Eine Informationspflicht besteht ausserdem nur für Gesellschaften, worunter gemäss Art. 2 lit. b Kapitalgesellschaften, Kollektiv- und Kommanditgesellschaften, Vereine und Genossenschaften fallen, nicht aber Stiftungen, im Handelsregister eingetragene Einzelfirmen und Institute des öffentlichen Rechts.

2. Form und Zeitpunkt der Information

4 Informationspflichtige Gesellschaften, die eine Jahresrechnung erstellen müssen, haben ihre Gesellschafter im **Anhang zur Jahresrechnung** zu informieren. Eine Jahresrechnung ist von allen Gesellschaften zu erstellen, die verpflichtet sind, ihre Firma in das Handelsregister einzutragen (Art. 957 OR). Das betrifft jede Gesellschaft, die ein nach

4. Abschnitt: Information der Gesellschafter/innen　　　　5–8　Art. 74

kaufmännischer Art geführtes Gewerbe betreibt. Durch die Wiedergabe im Anhang zur Jahresrechnung kann die Vollständigkeit und Korrektheit der Information der Gesellschafter Gegenstand der Prüfung durch die Revisionsstelle werden, so bspw. gemäss Art. 728 Abs. 1 OR, wenn es sich bei der übertragenden Gesellschaft um eine AG handelt (vgl. dazu TURIN, 195).

Sofern die informationspflichtige Gesellschaft keine Jahresrechnung erstellen muss, hat sie die Gesellschafter anlässlich der nächsten **Generalversammlung** über die Vermögensübertragung zu informieren. Faktisch betrifft das lediglich diejenigen Vereine, die sich mangels Betreibens eines kaufmännischen Gewerbes freiwillig ins Handelsregister eintragen lassen können (TURIN, 195). Die Information der Gesellschafter über die Vermögensübertragung muss als Traktandum in der Einladung erwähnt werden (Botschaft, 4465). 　5

Hinsichtlich des Zeitpunktes der Information ist davon auszugehen, dass diese **ex post** erfolgt, d.h. nach der Handelsregistereintragung (**a.M.** ZK-BERETTA, N 3, wonach der Abschluss des Übertragungsvertrages die Informationspflicht auslösen soll). 　6

III. Inhalt der Information (Abs. 2)

Ähnlich wie bei der Fusion (Art. 14 Abs. 3) und der Spaltung (Art. 39 Abs. 3) sind folgende, im FusG spezifisch aufgezählte Punkte rechtlich und wirtschaftlich zu erläutern. 　7

– Zweck und Folgen der Vermögensübertragung (lit a.): Zumal die Vermögensübertragung einen sehr weiten Anwendungsbereich hat (s. Kommentar zu Art. 69), ist zu erläutern, in welchem Kontext die Vermögensübertragung im konkreten Fall erfolgt. Wenn diese bspw. mit dem Zweck erfolgt, ein Resultat zu bewirken, das demjenigen einer Fusion, Spaltung oder Umwandlung gleichkommt, ist einerseits die Abwicklung der Umstrukturierung darzustellen und anderseits zu erläutern, welche Folgen die Transaktion für die beteiligten Unternehmen hat (bspw. Weiterbestehen beider Rechtsträger oder Auflösung und Liquidation der übertragenden Gesellschaft).

– Übertragungsvertrag (lit. b): Die wichtigsten Punkte des Übertragungsvertrages sind zu erwähnen und – soweit sie technischer Natur sind – nötigenfalls zu erläutern.

– Gegenleistung für die Übertragung (lit. c): es ist darzulegen, in welcher Form die Gegenleistung erfolgt und wie viel diese beträgt. Sofern keine Gegenleistung erbracht wird, ist zu begründen, weshalb die übertragende Gesellschaft auf eine Gegenleistung verzichtet hat (Botschaft, 4466).

– Folgen für die Arbeitnehmer und Hinweis auf Inhalt eines etwaigen Sozialplans (lit. d): Die Gesellschafter sind darüber zu informieren, ob es zu Entlassungen für die Arbeitnehmer kommt oder welche sonstigen Folgen die Vermögensübertragung für die Arbeitnehmer mit sich bringt. Ausserdem ist der Inhalt eines etwaigen Sozialplanes offenzulegen. Diese Informationspflicht der übertragenden Gesellschaft ist nicht zu verwechseln mit ihrer Informations- und Konsultationspflicht der Arbeitnehmervertretung gemäss Art. 333a OR, welche der Information der Gesellschafter in aller Regel vorausgeht.

IV. Ausnahme von der Informationspflicht (Abs. 3)

Das FusG sieht für Vermögensübertragungen bescheidenen Umfangs eine Ausnahme vom Informationsrecht der Gesellschafter vor. Diese *de minimis*-Grenze liegt bei 　8

5 Prozent der Bilanzsumme der übertragenden Gesellschaft. Massgebend ist die letzte von der Gesellschaft erstellte Bilanz (Botschaft, 4465), die – soweit dies für die Jahresrechnung der betreffenden Gesellschaftsform vorgeschrieben ist – von der Revisionsstelle geprüft und von der Generalversammlung abgenommen worden sein muss (TURIN, 189). Unter dem Begriff «Bilanzsumme» ist das Total des Umlauf- und Anlagevermögens zu verstehen, unter Ausschluss etwaiger Bilanzverluste (Botschaft, 4465). Werden Aktiven und Passiven übertragen, sind nach dem Wortlaut gleichwohl nur die Aktiven – und nicht der Aktivenüberschuss – massgebend, was die Berechnung der 5%-Schwelle betrifft (Handkommentar FusG-KOSLAR, N 9).

V. Rechtsfolgen einer Verletzung der Informationspflicht

9 Den Gesellschaftern der übertragenden Gesellschaft steht bei einer Verletzung der Informationspflicht durch die Gesellschaft gemäss Art. 74 theoretisch die **Anfechtungsklage** gemäss Art. 106 zur Verfügung (vgl. Komm. zu Art. 106 N 28; ZK-BERETTA, N 21 f.; a.M. VON DER CRONE ET AL., Rz 910). Praktisch wird eine Klage nach Art. 106 allerdings kaum je zur Aufhebung des Beschlusses des obersten Leitungs- und Verwaltungsorgans und der Vermögensübertragung führen, weil die Gesellschafter an dieser nicht mitwirken müssen, sondern lediglich nachträglich informiert werden. Die fehlende Information der Gesellschaft wird daher die Aufhebung des Beschlusses des obersten Leitungs- oder Verwaltungsorgans in aller Regel nicht rechtfertigen (vgl. in diesem Zusammenhang auch LOSER-KROGH, 1004). Hinzu kommt das Problem, dass gemäss Art. 106 der Beschluss über die Vermögensübertragung innert zweier Monate nach der Veröffentlichung im SHAB angefochten werden muss, so dass die zweimonatige Frist im Regelfall, in dem die Gesellschafter im Anhang zur Jahresrechung informiert werden, bereits verwirkt sein wird, wenn die Gesellschafter von einer Verletzung ihres Informationsrechts erfahren (LOSER-KROGH, 1004).

10 Weitere Rechtsbehelfe, die bei einer Verletzung der Informationspflicht der übertragenden Gesellschaft relevant werden könnten, sind einerseits die Einleitung einer **Sonderprüfung** (Art. 697a ff. OR) und andererseits eine **Verantwortlichkeitsklage** gemäss Art. 108 (vgl. Botschaft, 4466; VON DER CRONE ET AL., Rz 911), wobei auch hier die fehlende Information der Gesellschafter für eine erfolgreiche Klage alleine kaum genügen wird, soweit nicht gleichzeitig geltend gemacht werden kann, das oberste Leitungs- oder Verwaltungsorgan habe seine gesellschaftsrechtlichen Sorgfalts- und Treuepflicht verletzt oder eine zu tiefe Gegenleistung akzeptiert.

Fünfter Abschnitt: Gläubiger- und Arbeitnehmerschutz

Art. 75

Solidarische Haftung

¹ Die bisherigen Schuldner haften für die vor der Vermögensübertragung begründeten Schulden während dreier Jahre solidarisch mit dem neuen Schuldner.

² Die Ansprüche gegen den übertragenden Rechtsträger verjähren spätestens drei Jahre nach der Veröffentlichung der Vermögensübertragung. Wird die Forderung erst nach der Veröffentlichung fällig, so beginnt die Verjährung mit der Fälligkeit.

³ Die an der Vermögensübertragung beteiligten Rechtsträger müssen die Forderungen sicherstellen, wenn:
a. die solidarische Haftung vor Ablauf der Frist von drei Jahren entfällt; oder
b. die Gläubigerinnen und Gläubiger glaubhaft machen, dass die solidarische Haftung keinen ausreichenden Schutz bietet.

⁴ Anstatt eine Sicherheit zu leisten, können an der Vermögensübertragung beteiligte Rechtsträger die Forderung erfüllen, sofern die anderen Gläubigerinnen und Gläubiger nicht geschädigt werden.

Responsabilité solidaire

¹ Les anciens débiteurs restent solidairement obligés pendant trois ans avec le nouveau débiteur de l'exécution des dettes nées avant le transfert de patrimoine.

² Les prétentions envers le sujet transférant se prescrivent par trois ans à compter de la publication du transfert de patrimoine. Si la créance ne devient exigible qu'après cette publication, le délai de prescription court à compter de l'exigibilité.

³ Les sujets participant au transfert de patrimoine garantissent les créances:
a. si la responsabilité solidaire s'éteint avant la fin du délai de trois ans;
b. si les créanciers rendent vraisemblable que la responsabilité solidaire ne constitue pas une protection suffisante.

⁴ Les sujets participant au transfert de patrimoine qui sont tenus de fournir des sûretés peuvent, en lieu et place, exécuter la créance dans la mesure où il n'en résulte aucun dommage pour les autres créanciers.

Responsabilità solidale

¹ Per tre anni, i debitori precedenti rispondono solidalmente con il nuovo debitore dei debiti contratti prima del trasferimento di patrimonio.

² Le pretese nei confronti del soggetto giuridico trasferente si prescrivono al più tardi tre anni dopo la pubblicazione del trasferimento di patrimonio. Se il credito diviene esigibile dopo tale pubblicazione, la prescrizione comincia a decorrere con l'esigibilità.

³ I soggetti giuridici partecipanti al trasferimento di patrimonio devono garantire i crediti se:
a. la responsabilità solidale si estingue prima dello scadere del termine di tre anni o
b. i creditori rendono verosimile che la responsabilità solidale non rappresenta una protezione sufficiente.

⁴ Invece di prestare garanzia, i soggetti giuridici partecipanti al trasferimento possono soddisfare il credito, per quanto non ne risulti alcun danno per gli altri creditori.

Literatur

J. FRICK, Die Vermögensübertragung als neues Rechtsinstitut, in: Das neue Fusionsgesetz, Bern 2003, 7 ff.; U. GASSER/C. EGGENBERGER, Vorentwurf zu einem Fusionsgesetz – Grundzüge und ausgewählte Einzelfragen, AJP 1998, 457 ff.; P. LOSER-KROGH, Die Vermögensübertragung – Kompromiss zwischen Strukturanpassungsfreiheit und Vertragsschutz im Entwurf des Fusionsgesetzes, AJP 2000, 1095 ff.; C.J. MEIER-SCHATZ, Einführung in das neue Fusionsgesetz, AJP 2002, 514 ff.; DERS., Europäisches Gesellschaftsrecht und der Schweizer Vorentwurf für ein Fusionsgesetz, in: Forstmoser/von der Crone/Weber/Zobl (Hrsg.), Der Einfluss des europäischen Rechts auf die Schweiz, FS Zäch, Zürich 1999, 539 ff.; R. RUEDIN, La protection des créanciers dans le projet de la loi sur la fusion, in: von der Crone/Weber/Zäch/Zobl (Hrsg.), Neuere Tendenzen im Gesellschaftsrecht, FS Forstmoser, Zürich 2003, 687 ff.; R. WATTER/U. KÄGI, Der Übergang von Verträgen bei Fusionen, Spaltungen und Vermögensübertragungen, SZW 2004, 231 ff.

I. Ausgangslage und Normzweck

1 Mit der Vermögensübertragung gemäss FusG können Aktiven und Passiven auf dem Weg der sog. *«partiellen Universalsukzession»* auf andere Rechtsträger des Privatrechts übertragen werden (vgl. Art. 73 N 13 f. m.w.Nw.). Als Ausgleich zum automatischen Übergang der im Inventar des Übertragungsvertrags aufgeführten Passiven (Art. 71 Abs. 1 lit. b i.V.m. Art. 73 Abs. 2) muss den Gläubigern der übertragenen Verbindlichkeiten in Befolgung des Grundprinzips des Gläubigerschutzes (Art. 1 Abs. 2) allerdings **Bonitätsschutz** zugestanden werden. Das Schutzbedürfnis der betreffenden Gläubiger liegt darin begründet, dass sich diese im Falle der Vermögensübertragung nach FusG entgegen den allgemeinen Regeln des Vertragsrechts (Art. 176 OR), aber im Einklang mit den Grundsätzen der Universalsukzession, einen *Schuldnerwechsel* im Grundsatz (vgl. zu den Ausnahmen WATTER/KÄGI, 244 ff.) *auch ohne ihr Einverständnis* gefallen lassen müssen. Daraus resultiert die *Gefahr der Gläubigerbenachteiligung*, indem die Forderungen der Gläubiger des bisherigen Schuldners auch gegen ihren Willen auf Rechtsträger übertragen werden können, deren Bonität nicht dieselbe Qualität aufweist wie diejenige des bisherigen Schuldners. Dies ist etwa dann der Fall, wenn der übernehmende Rechtsträger überschuldet ist.

2 Der **Zweck** von Art. 75, der im Parlament gegenüber der Botschaft nicht geändert wurde, besteht darin, eine Schlechterstellung der Gläubiger von übertragenen Verbindlichkeiten hinsichtlich der Werthaltigkeit ihrer Ansprüche zu verhindern, indem den betreffenden Gläubigern das Recht eingeräumt wird, den bisherigen Schuldner noch während dreier Jahre solidarisch mit dem neuen Schuldner in Anspruch zu nehmen (Abs. 1). Darüber hinaus wird der Gläubigerschutz dadurch verstärkt, dass die Gläubiger von übertragenen Verbindlichkeiten *nach* dem Vollzug der Vermögensübertragung Sicherstellung verlangen können (N 10 ff.), wenn die solidarische Haftung der am Vermögensübergang beteiligten Rechtsträger entfällt oder sie keinen ausreichenden Schutz bietet (Abs. 3). Angesichts der einschneidenden Konsequenzen, welche die Sicherstellungspflicht für die an der Vermögensübertragung beteiligten Rechtsträger haben kann (vgl. für die Fusion Art. 25 N 4), sieht Abs. 4 im Weiteren vor, dass die beteiligten Rechtsträger anstatt Sicherheit zu leisten die Forderung erfüllen können, sofern die anderen Gläubiger dadurch nicht geschädigt werden und aus Inhalt oder Natur des Vertrages nicht auf einen anderen Parteiwillen geschlossen werden muss (vgl. N 20).

II. Bisheriges Recht und Verhältnis zu Art. 181 OR

3 Vgl. zum bisherigen Recht Art. 69 N 1–3. Zum Verhältnis zu Art. 181 OR vgl. Art. 69 N 13.

III. Konzeption und Elemente des Gläubigerschutzes im Recht der Vermögensübertragung nach FusG

4 Art. 75 stellt zweifellos das wichtigste Element des Gläubigerschutzes im Recht der Vermögensübertragung nach FusG dar. Zu beachten ist jedoch, dass sich **nur Gläubiger von übertragenen Verbindlichkeiten** auf diese Bestimmung berufen können (Botschaft, 4466; TSCHÄNI, ZSR 2004 I 102 f.; VON DER CRONE ET AL., Rz 925; TURIN, 209; vgl. auch N 5 f.). Ebenfalls als Gläubigerschutznormen zu betrachten sind Art. 69 Abs. 2

(Vorbehalt gesetzlicher und statutarischer Bestimmungen über den Kapitalschutz und die Liquidation) sowie Art. 71 Abs. 2 (Erfordernis des Aktivenüberschusses des Inventars; vgl. dazu Botschaft, 4463). Im Weiteren bestehen Gläubigerschutzbestimmungen zu Gunsten der Arbeitnehmer als besondere Kategorie von Gläubigern, indem Art. 76 diejenigen Arbeitnehmer schützt, deren Arbeitsverhältnis gemäss Art. 333 OR auf den übernehmenden Rechtsträger übergeht, oder die den Übergang ablehnen. Abgerundet wird das System des Gläubigerschutzes im Recht der Vermögensübertragung nach FusG schliesslich durch die Verantwortlichkeitsbestimmungen nach Art. 108, welche von den Gläubigern sämtlicher an der Vermögensübertragung beteiligter Rechtsträger angerufen werden können (LOSER-KROGH, 1106; vgl. auch Art. 108 N 17).

Da der Gesetzgeber analog zur Regelung in Art. 181 OR primär die Interessen der Gläubiger von *übertragenen* Verbindlichkeiten im Auge hatte (TURIN, 209), **fehlen** im Recht der Vermögensübertragung nach FusG mit Ausnahme von Art. 71 Abs. 2 (Erfordernis des Aktivenüberschusses des Inventars) **spezifische Gläubigerschutznormen für die Gläubiger von Verbindlichkeiten, die beim übertragenden und beim übernehmenden Rechtsträger verbleiben bzw. bestehen**. Insbesondere werden diese Gläubiger auch nicht durch Art. 75 geschützt (N 4). Dieser Umstand steht im Kontrast zum Recht der Spaltung, wo gemäss Art. 45 f. die Gläubiger aller Gesellschaften, welche an der Spaltung beteiligt sind, Sicherstellung verlangen können (Art. 46 N 6). Die unterschiedliche Regelung ist insofern gerechtfertigt, als bei der Vermögensübertragung dem übertragenden Rechtsträger im Gegensatz zur Spaltung im Normalfall (aber nicht notwendigerweise, vgl. Art. 71 Abs. 1 lit. d: «allfällige Gegenleistung») eine *äquivalente Gegenleistung* zufliesst und somit kein Abfluss von Haftungssubstrat stattfindet (vgl. auch LOSER-KROGH, 1105). Allerdings ist unbestritten, dass bei der Vermögensübertragung nach FusG nicht nur die nach Art. 75 geschützten Gläubiger von übertragenen Verbindlichkeiten, sondern auch die Gläubiger des übertragenden und des übernehmenden Rechtsträgers ein begründetes Interesse an Bonitätsschutz haben können. So verlieren die Gläubiger von Verbindlichkeiten, die beim übertragenden Rechtsträger verbleiben, Haftungssubstrat, wenn dieser für die übertragenen Vermögenswerte keine angemessene Gegenleistung erhält. Den Gläubigern von bisherigen Verbindlichkeiten des übernehmenden Rechtsträgers wiederum wird Haftungssubstrat entzogen, wenn die Gegenleistung den Wert der übertragenen Vermögenswerte übersteigt (VON DER CRONE ET AL., Rz 933, 934; LOSER-KROGH, 1105; ZK-BERETTA, N 4). In beiden Fällen werden die Gläubiger jedoch (neben den Verantwortlichkeitsbestimmungen, vgl. N 4) lediglich durch die Normen über den Kapitalschutz und die Liquidation (Art. 69 Abs. 2) sowie die Anfechtung der Vermögensübertragung nach Art. 285 ff. SchKG im Konkurse des Schuldners geschützt, wobei sich im zweitgenannten Fall ein minimaler zusätzlicher Schutz daraus ergibt, dass die Vermögensübertragung nach Art. 71 Abs. 2 nur zulässig ist, wenn das Inventar einen Aktivenüberschuss aufweist (TSCHÄNI, ZSR 2004 I 103; LOSER-KROGH, 1105; VON DER CRONE ET AL., Rz 934 f.; ZK-BERETTA, N 4).

IV. Solidarische Haftung des bisherigen mit dem neuen Schuldner (Abs. 1)

1. *Gegenstand der solidarischen Haftung*

Nach Abs. 1 haftet der bisherige Schuldner für die vor der Vermögensübertragung begründeten Schulden während dreier Jahre solidarisch mit dem neuen Schuldner. Zu den solidarisch haftbaren Rechtsträgern und zum Begriff der Vermögensübertragung vgl. Komm. zu Art. 69. Gegenstand der solidarischen Haftung sind nach dem Wortlaut von Abs. 1 *«die vor der Vermögensübertragung begründeten Schulden»*. Dies bedarf in zweierlei Hinsicht der Erläuterung: *Erstens* muss es sich bei den betreffenden Schulden um solche handeln, die im Zuge einer Vermögensübertragung nach Art. 73 Abs. 2 **auf den übernehmenden Schuldner übertragen** wurden (N 4). Für eine derartige Übertragung von Schulden ist grundsätzlich die Eintragung der zu übertragenden Schulden im *Inventar* des Übertragungsvertrags erforderlich, denn gemäss Art. 73 Abs. 2 sind die im Inventar aufgeführten Aktiven und Passiven Gegenstand des Rechtsübergangs (vgl. auch Botschaft, 4462, 4465: «Übertragung gemäss Inventar»; vgl. zu den nicht ohne Weiteres übertragbaren Schulden WATTER/KÄGI, 244 ff.). Fraglich ist, ob die solidarische Haftung auch für Schulden gilt, die sich aufgrund des Inventars nicht oder nicht eindeutig zuordnen lassen (vgl. Art. 71 Abs. 1 lit. b). Dieser Fall kann etwa dann eintreten, wenn den beteiligten Rechtsträgern Schulden im Zeitpunkt der Erstellung des Inventars nicht bekannt waren. Hier ist es sachgerecht, die Auslegungsregel von Art. 72 analog anzuwenden mit dem Resultat, dass Schulden, welche keinem der an der Vermögensübertragung beteiligten Rechtsträger eindeutig zugeordnet werden können, dem übertragenden Rechtsträger verbleiben (Art. 72 N 3 m.w.Nw.; VON DER CRONE ET AL., Rz 931). Entsprechend besteht in solchen Fällen auch keine solidarische Haftung zwischen dem übertragenden und dem übernehmenden Rechtsträger (**a.M.** offenbar FRICK, 10). *Zweitens* umfasst die solidarische Haftung nach dem Wortlaut des Gesetzes nur Schulden, die **vor der Vermögensübertragung begründet** wurden (vgl. aber N 7). Der Grundsatz der Solidarhaftung umfasst somit einmal diejenigen Schulden, die vor der Vermögensübertragung *entstanden* sind (auch wenn sie in diesem Zeitpunkt noch nicht fällig sind). Als solche sind Schulden zu betrachten, die vor demjenigen Werktag entstehen, welcher der Publikation der Vermögensübertragung im Schweizerischen Handelsamtsblatt folgt (Art. 73 Abs. 2 FusG i.V.m. Art. 932 Abs. 2 OR; vgl. auch Art. 73 N 10; Botschaft, 4422). Darüber hinaus reicht es u.E. für die Anwendbarkeit von Abs. 1 aus, wenn lediglich der *Entstehungsgrund* der Schuld (z.B. in Form eines Vertrages, der eine aufschiebend bedingte Forderung zum Gegenstand hat) zeitlich *vor* der Vermögensübertragung liegt, mithin in diesem Zeitpunkt erst eine sog. *Anwartschaft* besteht (dazu GAUCH/SCHLUEP/SCHMID/REY, N 4227 f.; vgl. zur Problematik der Übertragung ganzer Verträge Art. 73 N 15 ff. sowie WATTER/KÄGI, 245 f.). Denn es ist nicht einzusehen, weshalb ein Gläubiger, dessen Anwartschaft sich nach der Vermögensübertragung in eine Forderung umwandelt, nicht ebenso von der Solidarhaftung profitieren sollte wie derjenige, dessen Gläubigerrecht bereits beim Vermögensübergang bestand. Beide haben im Ergebnis dasselbe Interesse an Bonitätsschutz. Es ist deshalb gerechtfertigt, Abs. 1 eher weit auszulegen und auch auf Anwartschaften anzuwenden, die vor der Vermögensübertragung begründet und im Rahmen derer übertragen wurden.

7 Ein gesetzlich besonders geregelter Anwendungsfall der solidarischen Haftung nach Art. 75 stellt **Art. 76 Abs. 2** dar. Danach erstreckt sich die solidarische Haftung bei auf den übernehmenden Rechtsträger übergehenden **Arbeitsverhältnissen** auf alle Verbindlichkeiten aus Arbeitsvertrag, die bis zum Zeitpunkt fällig werden (der Wortlaut «fällig werden» ist missverständlich, vgl. vor Art. 27 N 43), auf den das Arbeitsverhältnis ordentlicherweise beendigt werden könnte oder, bei Ablehnung des Übergangs, von der Arbeitnehmerin oder dem Arbeitnehmer beendigt wird. Diese Norm stellt insofern eine *lex specialis* zu Art. 75 dar, als sie nicht nur Verbindlichkeiten erfasst, die *vor* der Vermögensübertragung begründet wurden, sondern alle Schulden zum Gegenstand hat, die bis zum Zeitpunkt fällig werden, auf den das Arbeitsverhältnis ordentlicherweise beendigt werden könnte oder, bei Ablehnung des Übergangs, tatsächlich beendigt wird. Damit erfasst diese Norm auch Forderungen, die erst *nach* der Vermögensübertragung entstehen (Art. 76 N 13 f.). Mit Blick auf Forderungen aus **anderen Dauerschuldverhältnissen** ist es u.E. sachgerecht, Art. 76 Abs. 2 *analog anzuwenden* mit dem Resultat,

dass der bisherige mit dem neuen Schuldner solidarisch für alle Verbindlichkeiten haftet, welche bis zu dem Zeitpunkt entstehen, auf den das Dauerschuldverhältnis erstmals ordentlicherweise beendigt werden könnte (vgl. zum analogen Problem bei der Fusion Art. 26 N 9 m.w.Nw.).

2. Rechtsfolge und Rechtsnatur der solidarischen Haftung

Sind die Voraussetzungen von Abs. 1 erfüllt (N 6 f.), besteht die *Rechtsfolge* in der **primären und solidarischen Haftung** des bisherigen mit dem neuen Schuldner während dreier Jahre (vgl. zu dieser Frist N 9). Hinsichtlich ihrer *Rechtsnatur* ist die solidarische Haftung nach Art. 75 als Fall der **gesetzlichen Solidarität** gemäss Art. 143 Abs. 2 OR zu qualifizieren (vgl. auch Botschaft, 4467; ZK-BERETTA, N 9). Entsprechend haften beide an der Vermögensübertragung beteiligten Rechtsträger für die Erfüllung der ganzen Schuld (Art. 143 Abs. 1 OR) und der Gläubiger hat die Wahl, von den Solidarschuldnern je nur einen Teil oder das Ganze zu fordern (Art. 144 Abs. 1 OR). Abs. 1 stellt **dispositives Recht** dar. Gläubiger von übertragenen Verbindlichkeiten können somit vor oder nach der Vermögensübertragung gültig auf den Anspruch gegenüber dem übertragenden Rechtsträger verzichten.

V. Verjährung der Ansprüche gegenüber dem bisherigen Schuldner (Abs. 2)

Damit die Haftung des bisherigen Schuldners nicht unbefristet weiter gilt, sieht Abs. 2 vor, dass die Ansprüche gegen den übertragenden Rechtsträger (also den bisherigen Schuldner) spätestens drei Jahre nach der Veröffentlichung der Vermögensübertragung verjähren. Wird die Forderung erst nach der Veröffentlichung fällig, so beginnt die Verjährung mit der Fälligkeit. Mit der Veröffentlichung ist die Publikation der Vermögensübertragung im Schweizerischen Handelsamtsblatt gemeint (Art. 73 FusG i.V.m. Art. 931 OR). Zu beachten ist, dass sich Abs. 2 nur auf den *übertragenden* Rechtsträger bezieht, während die Ansprüche gegen den übernehmenden Rechtsträger, also den neuen Schuldner, nach den allgemeinen Regeln des Obligationenrechts verjähren (Art. 127 ff. OR; vgl. auch ZK-BERETTA, N 13). Die Formulierung, wonach die Ansprüche gegen den übertragenden Rechtsträger «spätestens» drei Jahre nach der Veröffentlichung der Vermögensübertragung verjähren, ist in der Weise zu verstehen, dass es sich bei der Dreijahresfrist um eine *Maximalfrist* handelt. Die Verjährungsfrist von früher verjährenden Ansprüchen wird somit nicht verlängert (Handkommentar FusG-AFFENTRANGER, Art. 26 N 4). Nach dem klaren Wortlaut des Gesetzes handelt es sich bei der Dreijahresfrist um eine **Verjährungsfrist** (gl.M. TSCHÄNI, ZSR 2004 I 102; Handkommentar FusG-AFFENTRANGER, N 5; VON DER CRONE ET AL., Rz 924; TURIN, 210; ZK-BERETTA, N 8). Diese Auslegung steht im Einklang mit den konzeptionell ähnlichen Regelungen in Art. 26 Abs. 2 und Art. 48, wo gemäss den Materialien eine Verjährungs- und keine Verwirkungsfrist statuiert wurde, um eine Verlängerung der Haftungsdauer durch eine Unterbrechung der Frist (Art. 135 OR) zu ermöglichen (Botschaft, 4427).

VI. Ausnahmsweise Pflicht zur nachträglichen Sicherstellung (Abs. 3)

Zur Verstärkung des Gläubigerschutzes sieht Abs. 3 die Pflicht zur Sicherstellung vor, sofern die solidarische Haftung vor Ablauf der Frist von drei Jahren entfällt oder die Gläubiger glaubhaft machen, dass die solidarische Haftung keinen ausreichenden Schutz bietet. Eine allfällige Sicherstellungspflicht entsteht im Einklang mit der Fusion (Art. 25), aber im Gegensatz zur Spaltung (Art. 45 f.) erst **nach Eintritt der Rechtswirksamkeit der Vermögensübertragung (nachträglicher Gläubigerschutz)**. Entsprechend kann die pflichtwidrige Unterlassung der Sicherstellung den Rechtsübergang nicht mehr verhindern (Botschaft, 4467; LOSER-KROGH, 1105).

1. Kreis der zur Sicherstellung verpflichteten Rechtsträger

11 Verpflichtet, bei gegebenen Voraussetzungen (N 14) Sicherstellung zu leisten, sind nach dem Wortlaut von Abs. 3 «*die an der Vermögensübertragung beteiligten Rechtsträger*», also **der übertragende und der übernehmende Rechtsträger**. Der Gläubiger hat nach hier vertretener Ansicht die *Wahl*, welchen der beteiligten Rechtsträger (so denn überhaupt noch eine Mehrheit von Rechtsträgern besteht, vgl. N 14) er zur Sicherstellung verpflichten will. Er hat auch die Möglichkeit, von beiden Rechtsträgern die Sicherstellung je nur eines Teils der Forderung zu verlangen, wobei die beteiligten Rechtsträger im Umfang der durch den anderen geleisteten Sicherheit von der eigenen Sicherstellungspflicht befreit werden. Der Kreis der sicherstellungspflichtigen Rechtsträger gemäss Abs. 3 unterscheidet sich somit von demjenigen bei der Spaltung, wo lediglich die Schuldnergesellschaft zur Sicherstellung verpflichtet ist (Art. 46 N 6). Die unterschiedlichen Regelungen sind insofern gerechtfertigt, als eine allfällige Sicherstellungspflicht bei der Vermögensübertragung nach FusG erst *nach* vollzogenem Schuldübergang entsteht (nachträglicher Gläubigerschutz, vgl. N 10). Die Spaltung hingegen darf unter Vorbehalt von Art. 46 Abs. 2 und 3 erst dann ins Handelsregister eingetragen werden, wenn die Sicherstellung erfolgt ist (präventiver Gläubigerschutz, vgl. Art. 43 Abs. 1 i.V.m. Art. 46 Abs. 1; Art. 51 f.). Entsprechend wird dem (erhöhten) Schutzbedürfnis der Gläubiger von Verbindlichkeiten, welche im Rahmen einer Vermögensübertragung nach FusG übertragen werden, dadurch Rechnung getragen, dass sie sich nicht nur auf die solidarische Haftung nach Abs. 1 berufen, sondern darüber hinaus sowohl von der Schuldnergesellschaft (also von der übernehmenden Gesellschaft, vgl. N 6) als auch von der übertragenden Gesellschaft Sicherstellung verlangen können.

2. Gegenstand der Sicherstellungspflicht

12 Gegenstand der Sicherstellungspflicht sind alle **übertragenen Forderungen** (vgl. dazu N 4 und 6 f.; VON DER CRONE ET AL., Rz 925), die einen **Vermögenswert** aufweisen, also insbesondere auch die im Zeitpunkt der Vermögensübertragung noch nicht fälligen Forderungen (vgl. zur Fusion Art. 25 N 18). *Fällige Forderungen* sind grundsätzlich zu erfüllen, nicht sicherzustellen (vgl. zu Art. 733 OR FORSTMOSER/MEIER-HAYOZ/NOBEL, § 53 N 159; vgl. zur Fusion VON SALIS-LÜTOLF, 161). Mit Blick auf die Problematik der Sicherstellung von übertragenen **Anwartschaften** (vgl. auch N 6) wird hier mit TRUFFER die Meinung vertreten, dass blosse Anwartschaften nicht Gegenstand der Sicherstellungspflicht sind (Art. 25 N 18 f. m.w.Nw.). Für **bereits besicherte Forderungen** brauchen nicht noch zusätzliche Sicherheiten bestellt zu werden, wenn die bestehenden nach Art und Höhe den Anforderungen von Abs. 3 genügen (vgl. zur Fusion Art. 25 N 21 m.w.Nw.). Hingegen sind grundsätzlich auch **bestrittene Forderungen** sicherzustellen (Handkommentar FusG-AFFENTRANGER, Art. 25 N 9 m.w.Nw.; **a.M.** Art. 25 N 22). Allerdings ist eine *minimale Glaubhaftigkeit* der betreffenden Forderung zu verlangen. Wer *offensichtlich* nicht bestehende Forderungen anmeldet, kann keine Sicherstellung verlangen. Solches Verhalten ist rechtsmissbräuchlich und findet gemäss Art. 2 Abs. 2 ZGB keinen Schutz.

13 Die Pflicht zur Sicherstellung gilt auch für die Forderungen der Arbeitnehmer, für die **Art. 76 Abs. 2** auf Art. 75 verweist. Entsprechend sind alle Verbindlichkeiten aus auf den übernehmenden Rechtsträger übergehenden **Arbeitsverhältnissen** sicherzustellen, die bis zum Zeitpunkt entstehen (der Gesetzeswortlaut «fällig werden» ist missverständ-

lich, vgl. Art. 76 N 14 i.V.m. vor Art. 27 N 43), auf den das Arbeitsverhältnis ordentlicherweise beendigt werden könnte oder, bei Ablehnung des Übergangs, von der Arbeitnehmerin oder dem Arbeitnehmer beendigt wird. Die Sicherstellungspflicht wird somit für Forderungen aus Arbeitsverhältnissen auf zukünftige Forderungen erweitert (vgl. auch N 7), was aber regelmässig keine praktischen Probleme verursacht, da solche Forderungen im Voraus im Wesentlichen abschätzbar sind (VON DER CRONE ET AL., Rz 960). Die Sicherstellungspflicht nach Abs. 3 gilt im Weiteren auch für Forderungen aus **anderen Dauerschuldverhältnissen**, wobei hier der Anspruch auf Sicherstellung in Analogie zu Art. 76 Abs. 2 auf diejenigen Forderungen zu beschränken ist, die bis zum Zeitpunkt entstehen (vgl. Art. 76 N 14 i.V.m. vor Art. 27 N 43), auf den das betreffende Schuldverhältnis ordentlicherweise beendet werden könnte (vgl. zur Fusion Handkommentar FusG-AFFENTRANGER, Art. 25 N 8; VON SALIS-LÜTOLF, 162).

3. Voraussetzungen der Sicherstellungspflicht

Im Gegensatz zur Fusion (Art. 25) und zur Spaltung (Art. 46) besteht bei der Vermögensübertragung eine Pflicht zur Sicherstellung durch die beteiligten Rechtsträger nur unter bestimmten Voraussetzungen. Die Sicherstellungspflicht besteht zum Einen, wenn die **solidarische Haftung** vor Ablauf der Dreijahresfrist (gemeint ist die Frist gemäss Abs. 2) **entfällt** (Abs. 3 lit. a). Dies ist insbesondere nach dem Konkurs eines an der Vermögensübertragung beteiligten Rechtsträgers der Fall oder wenn ein solcher innerhalb dieses Zeitraums liquidiert wird (vgl. auch Botschaft, 4467). Zum Anderen besteht für die beteiligten Rechtsträger nach Abs. 3 lit. b auch dann eine Pflicht zur Sicherstellung, wenn die Gläubiger glaubhaft machen, dass die **solidarische Haftung keinen ausreichenden Schutz** bietet. Dieser Tatbestand ist etwa dann erfüllt, wenn der übernehmende Rechtsträger überschuldet ist. Zusätzlich muss die Vermögensübertragung *ohne angemessene Gegenleistung* erfolgen, sodass auch der übertragende Rechtsträger geschwächt wird (VON DER CRONE ET AL., Rz 923; LOSER-KROGH, 1105). Ansonsten könnte nicht gesagt werden, die solidarische Haftung der beteiligten Rechtsträger böte den Gläubigern von übertragenen Schulden keinen ausreichenden Schutz. Entgegen der Botschaft reicht es nach hier vertretener Ansicht zur Erfüllung des Tatbestandes gemäss Abs. 3 lit. b nicht schon aus, wenn der übernehmende «weniger solvent» als der übertragende Rechtsträger ist (vgl. Botschaft, 4466). Vielmehr ist u.E. zu fordern, dass der übernehmende Rechtsträger finanziell derart angeschlagen und zudem der übertragende Rechtsträger durch die Transaktion mangels einer angemessenen Gegenleistung so stark geschwächt ist, dass sich die Forderung trotz der solidarischen Haftung der beteiligten Rechtsträger nach den allgemein anerkannten kaufmännischen Grundsätzen (Art. 959 OR) *nicht mehr in ihrem vollen Umfang bilanzieren lässt* und mithin nicht mehr als vollwertig erscheint (vgl. Art. 25 N 37 ff.).

4. Sicherstellungsbegehren

Wie im Falle der Sicherstellung bei der Fusion (Art. 25 Abs. 1) und der Spaltung (Art. 46 Abs. 1) haben die Gläubiger ihren Anspruch auf Sicherstellung nach hier vertretener Ansicht mittels eines *Sicherstellungsbegehrens* geltend zu machen, welches mangels anderer gesetzlicher Anordnungen **formlos** gültig ist (Art. 11 OR). Allerdings empfiehlt sich aus Beweisgründen Schriftlichkeit. Adressaten sind die an der Vermögensübertragung beteiligten Rechtsträger (N 11). Aus dem Begehren muss die **Identität des Gläubigers** sowie dessen **Wille** hervorgehen, **Sicherstellung zu beanspruchen**. Zudem ist die **Forderung samt deren Höhe zu bezeichnen**, für welche der Anspruch geltend gemacht wird (vgl. zur Fusion VON SALIS-LÜTOLF, 163; Art. 25 N 33). Dass die an der Vermögensübertragung beteiligten Rechtsträger erst nach Stellung eines entsprechenden Begehrens der Gläubiger zur Sicherstellung verpflichtet sind, ergibt sich im Gegensatz zur Fusion und zur Spaltung nicht direkt aus dem Gesetzeswortlaut. Die Obliegenheit der Gläubiger zur Stellung eines solchen Begehrens kann jedoch aus dem Umstand abgeleitet werden, dass es den beteiligten Rechtsträgern nicht zumutbar ist, von sich aus Forderungen sicherzustellen, deren Sicherstellung die Gläubiger nicht einmal verlangt haben. Im Gegensatz zur Fusion und zur Spaltung sieht Abs. 3 keine bestimmte Frist vor, innerhalb derer die Sicherstellung verlangt werden müsste. Es ist deshalb davon auszugehen, dass das Begehren um Sicherstellung unter Vorbehalt des Rechtsmissbrauchs (Art. 2 Abs. 2 ZGB) grundsätzlich bis zum Ablauf der Dreijahresfrist gestellt werden kann (vgl. auch BÖCKLI, Aktienrecht, § 3 Rz 394). Vgl. zur Zulässigkeit *bedingter Sicherstellungsbegehren* Art. 25 N 33.

5. Umfang, Art und Wahl der Sicherheit

16 Das Sicherstellungsrecht bezweckt, eine Schlechterstellung der Gläubiger von übertragenen Verbindlichkeiten hinsichtlich der Werthaltigkeit ihrer Ansprüche zu verhindern (N 2). Entsprechend ist der **gesamte Nominalbetrag** einer Forderung mit allen bis zum Zeitpunkt der Vermögensübertragung entstandenen **Nebenansprüchen** (wie z.B. aufgelaufenen Zinsen) sicherzustellen (vgl. zur Fusion VON SALIS-LÜTOLF, 161; Art. 25 N 24 m.w.Nw.; unklar VON DER CRONE ET AL., Rz 926). Die Sicherheit kann in Form einer **Personal-** (z.B. Garantie oder Bürgschaft eines Dritten) oder **Realsicherheit** (z.B. Pfandrecht, Sicherungsübereignung) geleistet werden (vgl. auch Botschaft, 4426, 4442). Die Gläubiger haben keinen Anspruch auf gleichartige Sicherheiten; jeder Gläubiger hat indes Anspruch darauf, dass die ihm gewährten Sicherheiten *werthaltig* sind (Handkommentar FusG-AFFENTRANGER, Art. 25 N 11; VON SALIS-LÜTOLF, 164). Die Wahl der Art der Sicherheit steht nach den allgemeinen Regeln des Obligationenrechts im Ermessen der an der Vermögensübertragung *beteiligten Rechtsträger* (vgl. FORSTMOSER/MEIER-HAYOZ/NOBEL, § 53 N 167).

6. Verfahren der Sicherstellung

17 Forderungen, welche Gegenstand der Sicherstellungspflicht sind (N 12 f.) und für welche bei gegebenen Voraussetzungen (N 14) rechtmässig Sicherstellung verlangt wurde (N 15), müssen vom angegangenen Rechtsträger (N 11) vorbehältlich der Fälle von Abs. 4 sichergestellt werden. Die Pflicht zur Sicherstellung entsteht erst *nach* Eintritt der Rechtswirksamkeit der Vermögensübertragung (nachträglicher Gläubigerschutz, vgl. N 10). Ist der Rechtsträger der Ansicht, ihn treffe in casu keine Pflicht zur Sicherstellung (etwa wenn er der Meinung ist, dass die Voraussetzungen von Abs. 3 nicht erfüllt sind oder die Forderung offensichtlich nicht besteht, vgl. N 12), kann die verlangte Sicherstellung verweigert werden. Dem Gläubiger steht es in solchen Fällen offen, die Frage der Sicherstellungspflicht gerichtlich beurteilen zu lassen (N 18).

7. Die gerichtliche Durchsetzung des Sicherstellungsanspruchs

18 Weigern sich die an der Vermögensübertragung beteiligten Rechtsträger trotz gegebenen Voraussetzungen (vgl. dazu N 14 f.), Sicherheit zu leisten, oder ist die Sicherheit ungenügend, kann der Sicherstellungsanspruch **gerichtlich durchgesetzt** werden, wobei die Klägerrolle dem Gläubiger zufällt (VON DER CRONE ET AL., Rz 927; vgl. zur Spaltung Botschaft, 4442; vgl. zur Fusion Art. 25 N 40). Denkbar ist auch die vorsorgliche gerichtliche Durchsetzung des Anspruchs auf Sicherstellung nach Massgabe der einschlägigen kantonalen Bestimmungen. Örtlich zuständig ist nach Art. 29a GestG das **Gericht am Sitz eines der an der Vermögensübertragung beteiligten Rechtsträger**. Da den Gläubigern regelmässig kein Rechtsöffnungstitel zur Verfügung steht, ist eine allfällige

Betreibung auf Sicherheitsleistung gemäss Art. 38 SchKG erst nach einem erstrittenen Gerichtsurteil möglich, das den betreffenden Rechtsträger zur Sicherheitsleistung in Geld verpflichtet (VON DER CRONE ET AL., Rz 928). Die **Beweislast** hinsichtlich der Voraussetzungen von Abs. 3 trägt nach dessen Wortlaut und den allgemeinen Grundsätzen (Art. 8 ZGB) der Gläubiger (**a.M.** ZK-BERETTA, N 18). Dasselbe gilt für die Behauptung des Gläubigers, die Sicherheit sei ungenügend. Damit steht die Beweislastverteilung im Gegensatz zur Rechtslage bei der Fusion und der Spaltung, wo nach Art. 25 Abs. 3 und Art. 46 Abs. 2 die Gesellschaft zu beweisen hat, dass die Erfüllung der Forderung durch die Fusion bzw. Spaltung nicht gefährdet ist. Mit Blick auf das **Beweismass** ist allerdings zu beachten, dass Abs. 3 lit. b insofern eine Erleichterung in der Beweisführung gewährt, als diese Bestimmung keinen strikten Beweis sondern nur Glaubhaftmachung fordert.

8. Rechtsnatur des Anspruchs auf Sicherstellung

Die Sicherstellungspflicht stellt wie bei der Fusion (Art. 25 N 16) und der Spaltung (Art. 46 N 14) **dispositives Recht** dar. Ein Gläubiger kann somit vor oder nach der Vermögensübertragung gültig auf das Recht auf Sicherstellung verzichten. 19

VII. Erfüllung der Forderung anstatt Sicherstellung (Abs. 4)

Auch wenn die Voraussetzungen von Abs. 3 erfüllt sind und mithin eine Pflicht zur Sicherstellung besteht, können die an der Vermögensübertragung beteiligten Rechtsträger die Sicherstellung dadurch abwenden, dass sie die **Forderung erfüllen**, sofern die anderen Gläubiger dadurch nicht geschädigt werden und aus Inhalt oder Natur des Vertrages nicht auf einen anderen Parteiwillen geschlossen werden muss (FusG-AFFENTRANGER, N 9 m.w.Nw.; vgl. auch Art. 81 OR). Die vorliegende Bestimmung entspricht inhaltlich Art. 25 Abs. 4 (Vorbehalt der Erfüllung bei der Fusion), weshalb auf die Kommentierung dieser Bestimmung verwiesen wird (Art. 25 N 44 f.). 20

VIII. IPR

Vgl. zum Gläubigerschutz bei Vermögensübertragungen, an denen eine schweizerische und eine ausländische Gesellschaft beteiligt sind, Art. 163d IPRG N 29 ff. 21

IX. Rechtsvergleich

Vgl. dazu Art. 69 N 19. 22

Art. 76

Übergang der Arbeitsverhältnisse und solidarische Haftung

¹ Für den Übergang der Arbeitsverhältnisse auf den übernehmenden Rechtsträger findet Artikel 333 des Obligationenrechts Anwendung.

² Artikel 75 findet Anwendung auf alle Verbindlichkeiten aus Arbeitsvertrag, die bis zum Zeitpunkt fällig werden, auf den das Arbeitsverhältnis ordentlicherweise beendet werden könnte oder, bei Ablehnung des Übergangs, von der Arbeitnehmerin oder dem Arbeitnehmer beendet wird.

Transfert des rapports de travail et responsabilité solidaire	[1] Le transfert des rapports de travail au sujet reprenant est régi par l'art. 333 CO. [2] L'art. 75 s'applique à l'ensemble des dettes résultant du contrat de travail qui deviennent exigibles jusqu'à la date à laquelle les rapports de travail pourraient normalement prendre fin ou prendront fin si le travailleur s'oppose au transfert.
Trasferimento dei rapporti di lavoro e responsabilità solidale	[1] Il trasferimento dei rapporti di lavoro è retto dall'articolo 333 del Codice delle obbligazioni. [2] L'articolo 75 si applica a tutti i debiti derivanti dal contratto di lavoro divenuti esigibili entro il termine in cui il rapporto di lavoro può essere sciolto normalmente o è sciolto per opposizione del lavoratore al trasferimento.

Literatur

Vgl. Literaturhinweise zu Vorbemerkungen vor Art. 27.

I. Übergang der Arbeitsverhältnisse

1 Mit dem Verweis auf Art. 333 OR stellt Art. 76 Abs. 1 klar, dass die Regeln des Obligationenrechts samt der dazu entwickelten ausführlichen Lehre und Rechtsprechung Anwendung finden (Integralverweis, vgl. Vorbem. vor Art. 27 N 8). Der entsprechende Verweis bei der Fusion (Art. 27 Abs. 1) war gesetzgeberisch unabdinglich, um die vordem kontroverse Rechtslage klarzustellen (vor Art. 27 N 2). Die Vermögensübertragung (und analog die Abspaltung) führen aber auch ohne ausdrücklichen Verweis (Art. 76 Abs. 1 und 49 Abs. 1) zur Anwendung von Art. 333 f. OR, sofern ein *Betrieb übergeht*. Dennoch haben beide Artikel insbesondere im Lichte von Art. 37 lit. i und 71 Abs. 1 lit. e nicht bloss deklaratorischen Charakter (dazu sogleich Abschnitt II).

2 Für die nähere Kommentierung kann zunächst auf die Vorbemerkungen vor Art. 27 Abschnitt I und II sowie Art. 27 N 1 bis 4 verwiesen werden. Die Arbeitsverhältnisse gehen mit dem *Tag der Betriebsnachfolge* (Art. 333 Abs. 1 OR; Eintragung ins Handelsregister gemäss Art. 73 Abs. 2) über. Ein *Gesamtarbeitsvertrag* bleibt für die übergehenden Arbeitsverhältnisse vorbehältlich seiner Kündigung auf einen früheren Zeitpunkt noch während eines Jahres anwendbar (Art. 333 Abs. 1bis OR; vgl. vor Art. 27, N 19 ff.). Den Arbeitnehmern steht das Recht zu, den *Übergang abzulehnen* und das Arbeitsverhältnis mit der *gesetzlichen* Kündigungsfrist zu beenden (Art. 333 Abs. 1 und 2 OR; vor Art. 27 N 17). Bisheriger und neuer Arbeitgeber *haften solidarisch* für die Arbeitnehmerforderungen (Art. 333 Abs. 3 OR; vor Art. 27 N 41 ff.). Kernproblem der Vermögensübertragung ist die Frage, welche Arbeitsverhältnisse von Art. 76 erfasst werden (sogleich Abschnitt II).

3 Art. 333 OR kommt zur Anwendung, wenn *ein Betrieb übergeht* (vgl. aber N 7 ff.). Dies ist z.B. nicht der Fall, wenn eine «Liegenschafteneigentümer und Verwaltung AG» ihre Liegenschaften in eine «Liegenschafteneigentümer AG» überträgt, der Verwaltungsteil (und damit die Belegschaft) aber bei der ursprünglichen Gesellschaft bleibt.

4 Für die Kontroverse, ob und wie weit und mit welchen Ausstiegsrechten für die *Drittvertragspartner* im Rahmen einer (Spaltung oder) Vermögensübertragung Vertragsverhältnisse mit Dritten übergehen können, ist im Rahmen des Arbeitsrechts kein Raum, falls ein *Betrieb* übergeht (vgl. N 8 ff.). Die spezialgesetzliche Regelung von Art. 333 Abs. 1 OR ist klar und hat sich bewährt: Die Arbeitsverhältnisse gehen ex lege über und

der betroffene *Drittvertragspartner* (Arbeitnehmer) hat ein relativ präzis normiertes *Ablehnungsrecht*.

Arbeitsverhältnisse, die zum übergehenden Betrieb gehören (vgl. sogleich Abschnitt II), können grundsätzlich durch die *Arbeitgeber* unter Einhaltung der einzelvertraglichen (reglementarischen, gesamtarbeitsvertraglichen) Fristen und Modalitäten *gekündigt* werden; ggf. finden die Vorschriften über *Massenentlassungen* (Art. 335d ff. OR) Anwendung. Vgl. für Einzelheiten vor Art. 27 N 12 ff. 5

Ohne Relevanz für den Übergang der Arbeitsverhältnisse ist auch, dass gemäss verbreiteter Lehre trotz des Verweises in Art. 181 Abs. 4 OR neben der Vermögensübertragung gemäss dem fünften Kapitel des FusG weiterhin *Art. 181 OR* (Übernahme eines Vermögens oder Geschäftes) anwendbar sein soll (vgl. Art. 181 OR N 7; MEIER-SCHATZ, AJP 2002, 524; KLÄY/TURIN, 33 ff.). Eine Übernahme eines Vermögens oder Geschäfts gemäss Art. 181 OR hat, sofern damit der Übergang eines Betriebs verbunden ist, auf jeden Fall die Anwendbarkeit von Art. 333 f. OR zur Folge. 6

II. Kreis der vom Betriebsübergang erfassten Arbeitsverhältnisse

Gemäss Bundesgerichtspraxis zu Art. 333 f. OR bedarf es keiner direkten Rechtsbeziehung zwischen übertragender und übernehmender Gesellschaft (BGE 123 III 466, 468). Die Definition des Betriebs und der dazugehörigen Arbeitsverhältnisse ist damit von absolut zentraler Bedeutung. Dieser **Betriebsbegriff** stand offensichtlich auch im Zentrum der gesetzgeberischen Bemühungen zwischen Abschluss des Vernehmlassungsverfahrens und parlamentarischer Beratung FusG. Der Grundsatz, dass die beteiligten Arbeitgeber keine Freiheit in der Wahl der übergehenden Arbeitsverhältnisse haben sollen und dass alle zum Betrieb gehörenden Arbeitsverhältnisse ex lege übergehen, soll auch ausserhalb der Fusion die vom FusG geregelten Umstrukturierungen beherrschen. 7

Ein Betrieb ist eine auf *Dauer* ausgerichtete (nicht bloss ein einzelnes Projekt verfolgende), *in sich geschlossene* organisatorische Zusammenfassung von *Personen*, materiellen und immateriellen Leistungsgütern, die (vor und nach der Umstrukturierung) *selbständig* am Wirtschaftsleben teilnimmt (ZK-STAEHELIN, Art. 333 N 5; BRÄNDLI, N 300; zum europäischen Recht vgl. BRÄNDLI, N 292 f.). Ein Betriebsteil ist eine auf Dauer ausgerichtete in sich geschlossene organisatorische Zusammenfassung, die nicht selbständig am Wirtschaftsleben teilnimmt. Ein Übergang eines Betriebs liegt vor, wenn der Betrieb oder Betriebsteil trotz Übergangs seine wirtschaftliche *Identität* bewahrt (ZK-STAEHELIN, Art. 333 N 6). Massstab dafür bilden betriebliche Organisation, Betriebszweck, individueller Charakter, Weiterführung von Produkte- oder Dienstleistungspaletten, Produktionsmitteln, Weiternutzung von Verfahren und Räumlichkeiten. Die wirtschaftliche Identität ist dann gewahrt, wenn im Wesentlichen mit den gleichen personellen und sachlichen Produktionsmitteln bei Erhaltung der bisherigen Organisation eine gleiche oder ähnliche Geschäftstätigkeit weitergeführt wird. Gehen Arbeitsverhältnisse über, ohne dass die Kriterien für einen Betriebsübergang erfüllt sind (z.B. weil keine Betriebsmittel übergehen), fand Art. 333 OR vor Inkrafttreten des FusG keine Anwendung (BRÄNDLI, N 307 i.f.). 8

Der Verweis auf die bisherige Lehre und Rechtsprechung (auch in Europa) wird nun allerdings in Frage gestellt durch Art. 71 Abs. 1 lit. e, wonach der Übertragungsvertrag *eine Liste der Arbeitsverhältnisse, die mit der Vermögensübertragung übergehen*, enthalten muss (analog für die Spaltung: Art. 37 lit. i). Will diese Liste den an einer Vermögensübertragung oder Spaltung beteiligten Arbeitgebern bei einem Betriebsübergang 9 entgegen der bisherigen einhelligen Rechtsprechung und Literatur zu Art. 333 OR die Möglichkeit geben, den Betriebsübergang auf nicht zum Betrieb gehörende Arbeitnehmer *auszudehnen* oder umgekehrt zum Betrieb gehörende Mitarbeiter vom Übergang *auszuschliessen*?

10 Auszugehen ist zunächst davon, dass die Liste der Arbeitsverhältnisse Bestandteil des Übertragungsvertrags bildet, der (vor Vollzug der Transaktion) *den Gesellschaftern, nicht aber den Arbeitnehmern zur Kenntnis zu bringen* ist (Art. 74 Abs. 2 bzw. 41 Abs. 1). Die Arbeitnehmer haben kein Einsichtsrecht (WINKLER, SJZ 2001, 486). Die Funktion der Liste bedeutet damit zunächst *Zuordnung bzw. Abgrenzung der Arbeitgeberobligationen* (Handkommentar FusG-SCHENKER, Art. 37 N 16). Arbeitgeber, die zum Betrieb gehörende, aber irrtümlich nicht auf der Liste aufgeführte Arbeitsverhältnisse übernehmen müssen, können für die daraus resultierenden wirtschaftlichen Folgen Ersatzansprüche (z.B. aus Art. 97 ff. OR) gegen die abtretenden Arbeitgeber haben.

11 In der Liste Arbeitsverhältnisse von Mitarbeitern aufzuführen, die nicht zum übergehenden Betrieb gehören, ist aber trotz Art. 333 Abs. 4 OR möglich (ZK-HUBSCHMID, N 3). Das FusG bietet Grundlage für eine *umstrukturierungsrechtliche Gesamtrechtsnachfolge,* bei der keine rechtsgeschäftliche Übertragung bloss einzelner Vertragsverhältnisse erfolgt, sondern eine partielle Universalsukzession (WINKLER, Unternehmensumwandlungen, 66; anders dann allerdings DERS., SJZ 2001, 479, und Handkommentar FusG-SCHENKER, Art. 37 N 16). Die Arbeitnehmer, die nicht zu einem Betrieb oder Betriebsteil gehören, aber in der Liste gemäss Art. 71 Abs. 1 lit. e aufgeführt sind, haben ebenfalls das Recht, den Übergang abzulehnen (vor Art. 27 N 17). Arbeitnehmer, die zu einem *anderen* Betrieb gehören, können nur mit ihrer Zustimmung übertragen werden (vgl. vor Art. 27 N 9). Arbeitnehmer, die entgegen den Auffassungen der Transaktionsparteien behaupten, ihr Arbeitsverhältnis gehöre zum übergehenden Betrieb, sind dafür beweispflichtig. Es gibt keine Regel, wonach ein Arbeitsverhältnis im Zweifel zum Betrieb gehört (bzw. umgekehrt nicht dazuzählt) (VON DER CRONE ET AL., Rz 948 ff.).

12 Auch in der Liste nicht aufgeführte Arbeitsverhältnisse gehen ex lege mit (dem Spaltungsvorgang oder) der Vermögensübertragung über, sofern diese zum Betrieb oder Betriebsteil gehören, der (abgespalten oder) übertragen wird. Die «strukturell-ökonomische Einheit» des Betriebs geht qua Integralverweis auf Art. 333 OR über, ohne dass es hiefür einer Liste bedürfte; Art. 333 OR ist insofern zwingend (TURIN, 216 m.w.H.). Es steht aber nicht im Belieben der Parteien, den Übergang zu verhindern, indem sie einen Arbeitsvertrag nicht in die Liste aufnehmen (TSCHÄNI 2004 I 100; WYLER, 252).

III. Sicherstellung der Arbeitnehmerforderungen und solidarische Haftung

13 Bezüglich solidarischer Haftung wie auch Sicherstellung verweist Art. 76 Abs. 2 auf Art. 75.

14 Gemäss Art. 75 Abs. 1 *haften* die bisherigen Schuldner für die vor der Vermögensübertragung begründeten Schulden während dreier Jahre *solidarisch* mit dem neuen Schuldner. Damit wird die Stellung der Arbeitnehmer insoweit verschlechtert, als die *Verjährungsfrist* gegenüber dem bisherigen Schuldner von fünf (Art. 128 Ziff. 3 OR) auf drei Jahre verkürzt wird (Art. 76 Abs. 2 i.V.m. 75). Missverständlich ist der Verweis in Art. 76 Abs. 2 auf Art. 75 Abs. 1 insofern, als gemäss Art. 75 Abs. 1 die solidarische Haftung nur besteht «für die vor der Vermögensübertragung begründeten Schulden», während Art. 76 Abs. 2 alle Verbindlichkeiten erfasst, die bis zum Zeitpunkt fällig werden, auf den das Arbeitsverhältnis ordentlicherweise beendet werden könnte oder bei Ab-

lehnung der Übergangs beendigt wird, also auch bezüglich Forderungen, die erst nach dem Übergang entstehen. Art. 76 Abs. 2 geht insoweit als *lex specialis* der allgemeinen Bestimmung von Art. 75 Abs. 1 vor. Für die präzise Abgrenzung der von der Solidarhaftung erfassten Verbindlichkeiten vgl. vor Art. 27 N 43. Die dreijährige Verjährungsfrist bezüglich Ansprüchen gegen den übertragenden Rechtsträger wird in Art. 75 Abs. 2 näher umschrieben (vgl. Komm. zu Art. 75).

Bezüglich der *Sicherstellung* umschreibt Art. 76 Abs. 2 den Umfang derjenigen Ansprüche, für die den Arbeitnehmern ein Sicherstellungsanspruch zusteht (alle Verbindlichkeiten aus Arbeitsvertrag, die bis zum Zeitpunkt fällig werden, auf den das Arbeitsverhältnis ordentlicherweise beendigt werden könnte oder bei Ablehnung des Übergangs beendigt wird). Art. 75 Abs. 3 umschreibt die Voraussetzungen, unter denen im genannten Umfang Sicherstellung zu leisten ist. Dabei fällt auf, dass die Sicherstellungsansprüche bei der Vermögensübertragung (anders als bei Spaltung und Fusion) *der solidarischen Haftung nachgeordnet* werden und an engere Voraussetzungen geknüpft sind, als unter den Art. 25 und 46. Für Arbeitnehmerforderungen bietet sich Erfüllung statt Sicherheitsstellung an, weil wegen der Privilegierung (Art. 219 Abs. 4 Erste Klasse lit. a SchKG) kaum andere Gläubiger geschädigt werden können (Art. 75 Abs. 4). 15

IV. Rechtsvergleich

Das *europäische Recht* regelt in der EU-Betriebsübergangs-RL auch die vertragliche Übertragung von Unternehmen und Betrieben bzw. Unternehmens- oder Betriebsteilen (Art. 1 Ziff. 1 lit. a EU-Betriebsübergangs-RL). Voraussetzung für die Anwendbarkeit der Richtlinie ist jedoch, dass ein «Übergang einer ihre Identität bewahrenden wirtschaftlichen Einheit im Sinne einer organisierten Zusammenfassung von Ressourcen zur Verfolgung einer wirtschaftlichen Haupt- oder Nebentätigkeit» stattfindet (Art. 1 Ziff. 1 lit. a EU-Betriebsübergangs-RL). Die Bestimmungen der Richtlinie gelten für die vertragliche Übertragung genau so wie für die Verschmelzung, d.h. die Fusion von Betrieben oder Unternehmen bzw. von Betriebs- oder Unternehmensteilen. Die Arbeitnehmer haben somit im Falle eines Betriebsübergangs auf Grund eines Vertrags dieselben Rechte wie bei Vorliegen einer Fusion. 16

V. IPR

Vgl. vor Art. 27 N 55 ff. 17

Art. 77

| Konsultation der Arbeitnehmervertretung | ¹ Für die Konsultation der Arbeitnehmervertretung findet für den übertragenden wie auch für den übernehmenden Rechtsträger Artikel 333a des Obligationenrechts Anwendung.

² Werden die Vorschriften von Absatz 1 nicht eingehalten, so kann die Arbeitnehmervertretung vom Gericht verlangen, dass es die Eintragung der Vermögensübertragung im Handelsregister untersagt.

³ Diese Bestimmung findet auch Anwendung auf übernehmende Rechtsträger mit Sitz im Ausland.

Art. 77 1–3

Consultation de la représentation des travailleurs	¹ La consultation de la représentation des travailleurs est régie, tant pour le sujet transférant que pour le sujet reprenant, par l'art. 333a CO. ² Si les dispositions de l'al. 1 ne sont pas respectées, la représentation des travailleurs peut exiger du juge qu'il interdise l'inscription du transfert de patrimoine au registre du commerce. ³ La présente disposition s'applique également aux sujets reprenants dont le siège est à l'étranger.
Consultazione dei rappresentanti dei lavoratori	¹ La consultazioni della rappresentanza dei lavoratori è retta, sia per il soggetto giuridico trasferente, sia per il soggetto giuridico assuntore, dall'articolo 333a del Codice delle obbligazioni. ² In caso di inosservanza delle disposizioni di cui al capoverso 1, la rappresentanza dei lavoratori può chiedere al giudice che vieti l'iscrizione del trasferimento di patrimonio nel registro di commercio. ³ Il presente articolo si applica anche ai soggetti giuridici assuntori con sede all'estero.

Literatur

Vgl. Literaturhinweise zu Vorbemerkungen vor Art. 27.

I. Information und Konsultation

1 Abs. 1 verweist wie Art. 28 Abs. 1 für die Fusion (und Art. 50 für die Spaltung durch Verweis auf Art. 28) auf Art. 333a OR. Die zu Art. 333a OR entwickelte Praxis wird damit vollumfänglich anwendbar, vgl. vor Art. 27 Abschnitt IV. *Konsultation beinhaltet Information*; die Information gemäss Art. 333a Abs. 1 OR ist auch dann vorgeschrieben, wenn keine Massnahmen beabsichtigt sind, welche die Arbeitsverhältnisse betreffen (und damit keine Konsultationspflicht besteht). Zu informieren und zu konsultieren sind die Arbeitnehmer des übertragenden sowie des *übernehmenden* Rechtsträgers.

2 Eine Vermögensübertragung beinhaltet nicht notwendigerweise auch die Übertragung eines Betriebs (zum Betriebsbegriff vor Art. 27 N 9 und Art. 76 N 8 ff.). Eine Pflicht zu Information und Konsultation besteht nur, wenn mit dem Vermögen *ein Betrieb übertragen* wird. Bei der Übertragung eines Vermögens ohne Betrieb besteht auch dann keine Konsultationspflicht, wenn die Übertragung auf eine Gesellschaft mit einem Betrieb erfolgt. Ob ein Betrieb vorhanden ist, entscheidet sich allein unter Würdigung der direkt beteiligten Vertragspartner, nicht aber unter Einbezug allfälliger verbundener Gesellschaften, auch wenn die Vermögensübertragung indirekt Auswirkungen auf den Betrieb solcher Gesellschaften haben kann (vgl. zum Ganzen vor Art. 27 N 9).

3 Die *Information* der Arbeitnehmer ist *Grundlage* (a) für das allfällige *Konsultationsverfahren*, d.h. Vorschläge der Arbeitnehmer zur Verhinderung oder Milderung negativer Auswirkungen auf die Arbeitsverhältnisse, (b) für den Entscheid der Arbeitnehmer, den *Übergang des Arbeitsverhältnisses abzulehnen* (Art. 76 Abs. 1 i.V.m. Art. 333 Abs. 1 OR) und (c) für die allfälligen Begehren der Arbeitnehmer um Sicherstellung ihrer Forderungen (Art. 76 Abs. 2 i.V.m. 75 Abs. 3). Aus diesen Zielsetzungen ist der *späteste Zeitpunkt für die Information* zu ermitteln. Regelmässig wird die Konsultation nach Abschluss des Übertragungsvertrags stattfinden, vgl. Art. 28 N 10; **a.M.** WINKLER, SJZ 2001, 487 und BRÄNDLI, N 371. Anders als bei der Spaltung (Art. 50 N 2) und bei der Fusion (Art. 28 N 5–10) kann die Vermögensübertragung vereinbart, beschlossen und vollzogen werden ohne Information der Gesellschafter und ohne Generalversamm-

lungsbeschluss. Es besteht lediglich eine nachträgliche Informationspflicht, falls die übertragenen Aktiven mehr als 5% der Bilanzsumme der übertragenden Gesellschaft ausmachen (Art. 74, insbes. Abs. 3). Allerdings ist neben diesen *umstrukturierungsrechtlichen* Überlegungen in *arbeitsrechtlicher* Hinsicht Art. 333a Abs. 2 OR zu beachten, wonach die Konsultation erfolgen muss vor dem Entscheid über Massnahmen, welche die Arbeitnehmer betreffen. Im (definitiven) Entscheid einer Vermögensübertragung liegt aber noch nicht notwendigerweise ein Entscheid über arbeitsrechtliche Massnahmen, weshalb ein Konsultationsverfahren auch erst nachher erfolgen kann (gl.M. VON DER CRONE ET AL., Rz 940 ff.).

Die Arbeitnehmerschutzvorschriften erzwingen nun aber ganz klar eine Information *spätestens nach dem Abschluss des Übertragungsvertrags* (Art. 70 f.; Handkommentar FusG-REINERT, N 8; VON DER CRONE ET AL., Rz 941; **a.M.** ZK-HUBSCHMID, N 2) und, soweit eine Konsultation vorgeschrieben ist (Art. 333a Abs. 2 OR, vor Art. 27 N 24 ff.) so rechtzeitig, dass den Arbeitnehmern *ausreichend Zeit* zur Verfügung steht, die Umstrukturierung zur Kenntnis zu nehmen, zu analysieren, deren Auswirkungen auf die Arbeitsverhältnisse zu prüfen, alternative Vorschläge auszuarbeiten und dem Leitungsorgan zu unterbreiten (TURIN, 218 ff.). Die Frist dafür kann, je nach Komplexität der Verhältnisse, *einige Tage bis wenigen Wochen* betragen. 4

Wo keine Arbeitnehmervertretung bestellt ist, muss die Gesamtheit der Arbeitnehmer informiert bzw. konsultiert werden (vgl. vor Art. 27 N 28). Für internationale Sachverhalte vgl. Art. 163b IPRG N 18. 5

II. Sanktionen bei Verletzung der Konsultationspflicht

Bei Verletzung der Informations- oder Konsultationspflicht kann *die Arbeitnehmervertretung* (vgl. vor Art. 27 N 33) des betreffenden Betriebs vom Gericht die Eintragung der Vermögensübertragung im Handelsregister untersagen lassen (Art. 77 Abs. 2). Da nach der Konzeption des FusG jede Vermögensübertragung im Handelsregister eingetragen werden muss und diese Eintragung konstitutiver Art ist, steht den Arbeitnehmervertretungen auch bei der Vermögensübertragung ein drastisches Sanktionsmittel zur Verfügung (vgl. nähere Ausführungen vor Art. 27 N 30 ff.). 6

III. Übernehmende Rechtsträger im Ausland

Die Pflicht zur Information und ggf. Konsultation findet gemäss Abs. 3 auch Anwendung auf *übernehmende* Rechtsträger mit *Sitz im Ausland*. Voraussetzung für die Anwendbarkeit dieser Bestimmung ist erstens, dass der übernehmende Rechtsträger im Ausland einen Betrieb führt (der über Arbeitnehmer verfügt), weil nur dann eine Information oder Konsultation möglich ist, und zweitens, dass ein Betrieb (also eine Arbeitnehmerschaft) von einem schweizerischen auf einen ausländischen Rechtsträger übertragen wird. Die Übertragung eines Vermögens ohne Betrieb auf einen ausländischen Rechtsträger mit Betrieb führt nicht zu Informations- oder Konsultationspflichten. 7

Die *Sanktionsmöglichkeiten* beschränken sich darauf, dass die Arbeitnehmer des von der Schweiz ins Ausland zu übertragenden Betriebs oder die Arbeitnehmer des übernehmenden ausländischen Betriebs beim *schweizerischen* Gericht die Eintragung in das *schweizerische* Handelsregister untersagen lassen können (Art. 77 Abs. 2). Voraussetzung ist auf jeden Fall, dass die Informations- und Konsultationsrechte der antragstellenden Mitarbeiter in *ihrem Betrieb* verletzt worden sind. Schweizerische Arbeitnehmer 8 sind also nicht aktivlegitimiert, eine Missachtung der Konsultationsrechte der ausländischen Mitarbeiter im übernehmenden ausländischen Betrieb geltend zu machen.

9 Nicht ausdrücklich erwähnt ist in Abs. 3 die Vermögensübertragung mit *Übergang eines Betriebs von einem ausländischen auf einen schweizerischen Rechtsträger*. Die Betriebsübertragung vom Ausland in die Schweiz führt damit nur zu Informations- und Konsultationspflichten nach schweizerischem Recht, wenn der schweizerische übernehmende Rechtsträger einen Betrieb führt und nur bezüglich der schweizerischen Arbeitnehmerschaft. Keine Konsultationspflicht wird ausgelöst bei der Übertragung eines ausländischen Vermögens ohne Betrieb auf einen schweizerischen Rechtsträger mit Betrieb oder bei der Übertragung eines ausländischen Vermögens mit Betrieb auf einen schweizerischen Rechtsträger ohne Betrieb.

IV. Rechtsvergleich

10 Liegt eine vertragliche Übertragung eines Betriebs oder Unternehmens bzw. eines Betriebs- oder Unternehmensteils im Sinne der EU-Betriebsübergangs-RL vor (vgl. Art. 76 N 16), gelten für den Arbeitgeber dieselben Konsultations- und Informationspflichten wie bei der Fusion (vgl. Art. 28 N 14 ff.).

V. IPR

11 Der oben besprochene Art. 77 Abs. 3 stellt eine Ergänzung der IPRG-Bestimmungen dar (vgl. N 7 ff.). Im Übrigen kann für die Fragen des IPR auf die Vorbemerkungen vor Art. 27 N 55 ff. verwiesen werden.

Sechstes Kapitel: Fusion und Vermögensübertragung von Stiftungen

vor Art. 78: Steuerliche Behandlung von Fusion und Vermögensübertragung von Stiftungen

Inhaltsübersicht   Note

I. Vorbemerkung: Steuerpflicht von Stiftungen 1
  1. Direkte Bundessteuer, Staats- und Gemeindesteuern 1
    a) Steuerpflichtige Stiftungen 1
    b) Steuerbefreite Stiftungen 1
    c) Wechsel zur Steuerbefreiung: Steuersystematische Realisierung stiller Reserven? 5
    d) Verlust der Steuerbefreiung: Aufwertung in der Bilanz? 8
  2. Übrige Steuerarten 9
    a) Im Allgemeinen 9
    b) Mehrwertsteuer 10
II. Fusion von Stiftungen 11
III. Die Fusion von Stiftungen mit einem anderen Rechtsträger, Spaltung und Umwandlung 13
  1. Im Allgemeinen 13
  2. Umwandlung 14
    a) Gewinnsteuer 14
    b) Einkommens- und Gewinnsteuer der Beteiligten 15
    c) Verrechnungssteuer 17
    d) Emissionsabgabe 18
    e) Umsatzabgabe 19
  3. Die Fusion einer Stiftung mit einem anderen Rechtsträger 20
  4. Spaltung 21
  5. Konzernübertragung 22

Literatur

CH. CONSTANTIN, Die steuerrechtliche Abrechnung bei Änderung der Besteuerungsregelung einer Unternehmung, in: Reich/Zweifel (Hrsg.), Das schweizerische Steuerrecht, Eine Standortbestimmung, FS Zuppinger, Bern 1989, 313 ff.; TH. KOLLER, Stiftungen und Steuern, in: H.M. Riemer (Hrsg.), Die Stiftung in der juristischen und wirtschaftlichen Praxis, Zürich 2001, 39 ff.; U. LANDOLF, Die Unternehmungsstiftung im schweizerischen Steuerrecht, Diss. St. Gallen 1987; M. REICH, Die Realisation stiller Reserven im Bilanzsteuerrecht, Zürich 1983; P. SPORI, Die steuersystematische Realisation, ASA 57 (1988/89), 65 ff.; H. WIPFLI, Besteuerung der Vereine, Stiftungen, und übrigen juristischen Personen, Diss. Basel 2000.

Praxisfestlegung der Steuerverwaltungen

Kreisschreiben Nr. 12 der ESTV vom 8.7.1994 betreffend die Steuerbefreiung juristischer Personen, die öffentliche oder gemeinnützige Zwecke (Art. 56 lit. g DBG) oder Kultuszwecke (Art. 56 lit. h DBG) verfolgen – Abzugsfähigkeit von Zuwendungen (Art. 33 Abs. 1 lit. i und Art. 59 lit. c DBG) (zit. ESTV-DVS, KS 12 vom 8.7.1994); Kreisschreiben Nr. 5 der ESTV vom 1.6.2004 betreffend Umstrukturierungen (zit. ESTV-DVS, KS 5 vom 1.6.2004); Branchenbroschüre Nr. 19 der ESTV, Bildung und Forschung, 610.540–19 (zit. ESTV-MWST, BB 19 Bildung und Forschung);

Branchenbroschüre Nr. 21 der ESTV, Hilfsorganisationen, sozial tätige und karitative Einrichtungen, 610.540–21 (zit. ESTV-MWST, BB 21 Hilfsorganisationen).

I. Vorbemerkung: Steuerpflicht von Stiftungen

1. Direkte Bundessteuer, Staats- und Gemeindesteuern

a) Steuerpflichtige Stiftungen

1   Nach Art. 49 Abs. 1 lit. b DBG und Art. 20 Abs. 1 StHG sind Stiftungen grundsätzlich eigenständige Steuersubjekte. Soweit Stiftungen nicht die Voraussetzungen für eine Steuerbefreiung erfüllen oder unter Anwendung der Theorie der Steuerumgehung keine Anerkennung als **eigenständiges Steuersubjekt** finden, sind sie auf Bundes- und Kantonsebene den Besteuerungsregeln für juristische Personen unterstellt. Es gelten jedoch Sonderbestimmungen für Kapitalgesellschaften und Genossenschaften (etwa bezüglich des Beteiligungsabzuges auf Dividendenerträgen) einerseits und für Vereine, Stiftungen und die übrigen juristischen Personen andererseits.

2   Gemäss Art. 66 Abs. 1 DBG bzw. Art. 26 Abs. 1 StHG gehören insbesondere Einlagen in das Vermögen der Stiftung nicht zum steuerbaren Gewinn. Einlagen in das Stiftungsvermögen sind damit steuerlich gleich behandelt wie Kapitaleinlagen bei Kapitalgesellschaften. Im Übrigen gelten für die Stiftungen **Sondersätze**: Auf Bundesebene beträgt die Gewinnsteuer 4,25% des Reingewinns und damit lediglich die Hälfte des auf Kapitalgesellschaften und Genossenschaften anwendbaren Steuersatzes (Art. 68 und Art. 71 DBG); Gewinne unter CHF 5 000 unterliegen keiner Besteuerung. Ähnliche Sondersätze und Bestimmungen finden sich in den kantonalen Steuergesetzen. So beträgt z.B. im Kanton Zürich die (noch mit Steuerfüssen zu multiplizierende) Gewinnsteuer 4% des Reingewinns von Stiftungen gegenüber maximal 10% bei den Kapitalgesellschaften und Genossenschaften und bleiben Stiftungsgewinne unter CHF 10 000 pro Jahr steuerfrei (§§ 71 und 76 StG ZH).

3   Von besonderer Bedeutung sind für Stiftungen einerseits die Ausnahmen von der Steuerpflicht wegen der Verfolgung privilegierter Zwecke (nachstehend N 4) und andererseits ihre **Nichtanerkennung** infolge Steuerumgehung. Namentlich Familienstiftungen mit Unterhaltscharakter, welche, sofern unter Schweizer Recht errichtet, schon zivilrechtlich unter Art. 335 ZGB keinen Bestand haben, finden steuerrechtlich regelmässig ebenfalls keine Anerkennung mit der Folge, dass ihr Vermögen und ihre Erträge bei den tatsächlich Berechtigten zur Besteuerung gelangen.

b) Steuerbefreite Stiftungen

4   Stiftungen sind häufig wegen Verfolgung von öffentlichen, gemeinnützigen oder Kultuszwecken nach **Art. 56 lit. g und h DBG** bzw. Art. 23 Abs. 1 lit. f und g StHG auf Stufe Bund und Kanton von der Steuerpflicht befreit. Die ESTV hat die Voraussetzungen für die Steuerbefreiung in einem Kreisschreiben (ESTV-DVS, KS 12 vom 8.7.1994) konkretisiert. Diese gelten an sich nur für die direkte Bundessteuer, haben jedoch auch Signalwirkung für die Steuern der Kantone, welche gemäss StHG auf dieselben Befreiungsgrundsätze verpflichtet sind.

c) Wechsel zur Steuerbefreiung: Steuersystematische Realisierung stiller Reserven?

5   Im Falle des Wechsels einer Stiftung vom besteuerten in den steuerbefreiten Status stellt sich die Frage nach einer steuersystematischen Realisierung stiller Reserven. Denn damit werden stille Reserven aus dem steuerbaren in den steuerbefreiten Bereich über-

führt. Das DBG und das StHG enthalten **keine gesetzliche Regelung** der steuersystematischen Realisierung bei der Steuerbefreiung einer bisher steuerpflichtigen Stiftung oder bei der Umwandlung einer steuerpflichtigen in eine steuerbefreite Institution.

In der **Lehre und Praxis** ist die Frage umstritten, ob eine steuersystematische Realisierung einer ausdrücklichen gesetzlichen Grundlage bedarf. Eine solche Grundlage findet sich insbesondere für den Wegzug ins Ausland (Art. 80 Abs. 2 DBG; eine entsprechende Bestimmung fehlt im StHG) und für den Statuswechsel von einer ordentlich besteuerten Gesellschaft in eine Holdinggesellschaft (siehe etwa § 75 StG ZH, der für diesen Fall einen Steueraufschub vorsieht). Nach REICH, Realisation, 137 ff., und RICHNER/FREI/KAUFMANN, Ergänzungsband ZH, § 75 N 6, führt die Umwandlung einer steuerpflichtigen in eine steuerbefreite Institution auch ohne gesetzliche Grundlage zur steuersystematischen Realisierung von stillen Reserven, weil andernfalls ein endgültiger Verlust des Steuersubstrats hingenommen werden müsste. Dagegen verlangen BEHNISCH, Umstrukturierung, 199 f., und SPORI, 70 ff., eine gesetzliche Grundlage als Voraussetzung für eine steuersystematische Realisierung stiller Reserven (vgl. dazu auch CONSTANTIN, 313 ff.). Nach der Rechtsprechung und Praxis führt jedenfalls die Übertragung von Geschäftsvermögen einer Personenunternehmung auf eine steuerbefreite Institution zur steuersystematischen Realisierung (VGer ZH 17.12.1997, ZStP 1998, 204 ff.). Diese Besteuerung stützt sich aber auf die gesetzliche Grundlage der Privatentnahme nach Art. 18 Abs. 2 DBG bzw. Art. 8 Abs. 1 StHG und ist daher für die hier angesprochene Frage nicht wegweisend. LUDWIG (ZK, Stiftungen: Steuern, N 6 f.) bejaht eine steuersystematische Realisierung ausser für Grundstücke. Diesfalls ist immerhin ein Freibetrag von i.d.R. 10% oder mehr des steuerbaren Gewinns abzuziehen (Art. 59 Abs. 1 lit. c DBG; Art. 25 Abs. 1 lit. c StHG).

Für die Betroffenen ist es schwer verständlich, dass ein personifiziertes Zweckvermögen, also eine Stiftung, wegen der Verfolgung gemeinnütziger, öffentlicher oder von Kultuszwecken zwar von der subjektiven Steuerpflicht befreit ist, aber die Steuerbefreiung selbst steuersystematisch eine Realisierung darstellt und damit u.U. erhebliche Steuerfolgen haben kann. Das Ergebnis einer Steuerbefreiung, aber nur zum Preis einer Realisierung ist nicht befriedigend. Der damit verbundene innere Widerspruch legt nahe, in diesen Fällen eine ausdrückliche gesetzliche Grundlage für eine steuersystematische Realisierung zu verlangen. Für den Gesetzgeber stellt sich in dieser Konstellation zusätzlich die Frage nach einem Steueraufschub. Dass die Durchsetzung bei steuerbefreiten Stiftungen auf praktische Schwierigkeiten stösst, ist ein Grund mehr, von einer **Realisierung** stiller Reserven in diesen Fällen ganz **abzusehen**. Nicht zu übersehen ist jedoch, dass die Steuerneutralität einer **Umstrukturierung** (Fusion, Spaltung, Umwandlung) das Fortbestehen der Steuerpflicht in der Schweiz voraussetzt. Diese Voraussetzung ist nicht erfüllt, wenn Vermögenswerte auf eine steuerbefreite Stiftung übertragen werden (LOCHER, Kommentar DBG, Rev. Art. 61 N 19).

d) Verlust der Steuerbefreiung: Aufwertung in der Bilanz?

Gibt eine Stiftung ihre subjektive Steuerbefreiung auf oder wird ihr diese entzogen, tritt sie in die Steuerpflicht ein. Sie kann im Rahmen der zivil- und insb. handelsrechtlichen Vorschriften frei entscheiden, mit welchen Buchwerten sie den Statuswechsel vollzieht. Diese Buchwerte sind Ausgangspunkt für künftige Gewinnsteuern. Aufgrund des Massgeblichkeitsprinzips verlangen die Steuerbehörden i.d.R., dass die Steuerbilanz mit der Handelsbilanz übereinstimmt. Eine allfällige Aufwertung ist demnach vor dem Statuswechsel ohne Gewinnsteuerfolgen zulässig; sie ist jedoch über die Handelsbilanz vorzunehmen (BSK DBG-GRETER, Art. 56 N 3; siehe auch vor Art. 99 N 24 ff.).

2. Übrige Steuerarten

a) Im Allgemeinen

9 Von den Spezialsteuern sind namentlich die **Verrechnungssteuern** infolge der anstaltlichen Ausgestaltung von Stiftungen in der Regel irrelevant, weil Stiftungen mit Ausnahme der Anlagestiftung (vgl. vor Art. 88 N 50) keine Subjekte der Verrechnungssteuer sind. Hingegen unterliegen die Stiftungen selbst für den Fall einer Befreiung von der subjektiven Steuerpflicht der **Grundstückgewinnsteuer** (Art. 23 Abs. 4 i.V.m. Art. 12 StHG). Im Bereiche der Verkehrssteuern kommen auf Stiftungen i.d.R. die **Handänderungssteuern** zur Anwendung. Unter den **Stempelabgaben** ist die **Umsatzabgabe** zu beachten, welche auch von häufig in Stiftungsform gekleideten inländischen Einrichtungen der beruflichen Vorsorge und der gebundenen Vorsorge erhoben wird, deren Aktiven nach Massgabe der letzten Bilanz zu mehr als CHF 10 Mio. aus steuerbaren Urkunden bestehen (Art. 13 Abs. 3 lit. d und Abs. 4 StG). Als Empfänger von **Erbschaften, Vermächtnissen** oder **Schenkungen** sind Stiftungen als nicht-verwandte Empfänger regelmässig zu den höchsten Sätzen steuerpflichtig. Für von der subjektiven Steuerpflicht befreite Stiftungen entfällt allerdings eine Erbschafts- und Schenkungssteuerpflicht in aller Regel (bspw. § 10 lit. d und lit. e ESchG ZH).

b) Mehrwertsteuer

10 Stiftungen unterliegen der Mehrwertsteuerpflicht, sofern ihre Lieferungen, Dienstleistungen und ihr Eigengebrauch im Inland jährlich gesamthaft CHF 75 000 übersteigen (Art. 21 Abs. 1 MWSTG). Nicht gewinnstrebige gemeinnützige Institutionen sind bis zu einem Jahresumsatz von CHF 150 000 von der Steuerpflicht ausgenommen (Art. 25 Abs. 1 lit. d MWSTG, vgl. überdies ESTV-MWST, BB 21 Hilfsorganisationen). Ausserhalb der Liste der sog. Steuerausnahmen (Art. 18 MWSTG) stellt sich sowohl für die von Stiftungen erhaltenen, wie auch für die von ihnen erbrachten Leistungen regelmässig die Frage nach der **Entgeltlichkeit**, da nur entgeltliche Umsätze eine Mehrwertsteuerpflicht auslösen (Art. 5 MWSTG). Umstritten ist dies namentlich in Fällen, in welchen die Gegenleistung in einer sog. Werbe- oder sonstigen imagefördernden Bekanntmachungsleistung besteht (zur Illustration: ESTV-MWST, BB 19 Bildung und Forschung, 53 ff. [Ziff. 7.2]). Im Rahmen der parlamentarischen Initiative Schiesser – Revision des Stiftungsrechts – sind Bestrebungen im Gange, diesen Bereich in einem neuen Mehrwertsteuerartikel 33a zu klären (vgl. Parlamentarische Initiative [Schiesser] – Revision des Stiftungsrechtes – Bericht WAK StR vom 23.10.2003 in: BBl 2003, 8153 ff.).

II. Fusion von Stiftungen

11 Die Fusion zwischen Stiftungen ist zivilrechtlich geregelt und führt zu keinen besonderen **gewinnsteuerrechtlichen** Fragestellungen, sofern die fusionierenden Stiftungen steuerpflichtig sind und die Steuerpflicht fortbesteht. In diesem Fall sind die nach Art. 61 Abs. 1 DBG bzw. Art. 24 Abs. 3 StHG für die Gewinnsteuer massgeblichen Werte ohne Besteuerung der stillen Reserven weiterzuführen. Ebensowenig stellen sich besondere Fragen, wenn sämtliche fusionierenden Stiftungen steuerbefreit sind und die Steuerbefreiung nach der Fusion weiter gilt. Wenn jedoch nicht alle Stiftungen entweder steuerpflichtig oder steuerbefreit sind, stellen sich grundsätzlich dieselben Fragen wie beim Erwerb bzw. Verlust der Steuerpflicht von Stiftungen (vgl. N 5 ff.). Sie sind im nämlichen Sinne zu beantworten, d.h. ohne ausdrückliche gesetzliche Grundlage sollte keine Aufrechnung von stillen Reserven stattfinden.

12 Für die **übrigen Steuern** im Zusammenhang mit Stiftungsfusionen kann grundsätzlich auf die allgemeine Kommentierung zum Institut der Fusion verwiesen werden (vgl. vor Art. 3 N 411 ff.). Als Besonderheiten sind zu beachten:

- Da Stiftungen keine Mitglieder (Gesellschafter), sondern lediglich Begünstigte (Destinatäre) haben, stellen sich bei einer Fusion grundsätzlich keine Fragen hinsichtlich **Einkommenssteuer** und Steuer der Beteiligten (vgl. vor Art. 3 N 60).
- Für die **Grundstückgewinnsteuer** hängt die Beurteilung vom kantonalen System ab. Im dualistischen System sind die Ausführungen zu den direkten Steuern massgebend (vgl. N 11). Im monistischen System führt die Fusion zu einem Steueraufschub.
- Stiftungen sind keine Steuersubjekte der **Verrechnungssteuer**. Eine Ausnahme bildet die Anlagestiftung (siehe vor Art. 88 N 50).
- Eine **Emissionsabgabe** fällt bei Stiftungen nicht an.
- Die **Umsatzabgabe** fällt bei Stiftungen grundsätzlich an, sofern die entsprechenden Voraussetzungen erfüllt sind. Für die Fusion von Stiftungen gilt die Ausnahmeregelung von Art. 14 Abs. 1 lit. i StG.

III. Die Fusion von Stiftungen mit einem anderen Rechtsträger, Spaltung und Umwandlung

1. Im Allgemeinen

Zivilrechtlich sind die Fusion einer Stiftung mit einem anderen Rechtsträger, die Spaltung und die Umwandlung durch einen Rechtskleidwechsel von einer Stiftung oder in eine Stiftung (ausgenommen Institute des öffentlichen Rechts – Art. 99 FusG) nicht vorgesehen. Stiftungen können jedoch auf dem Wege der Vermögensübertragung nach Art. 86 f. FusG eine ähnliche Wirkung erzielen. Steuerrechtlich ist demgegenüber das Institut der Vermögensübertragung nicht gesondert geregelt. Vermögensübertragungen sind daher steuerrechtlich je nach Ausgestaltung wie eine Fusion, Spaltung oder Umwandlung im Sinne von Art. 61 Abs. 1 lit. a–c DBG bzw. Art. 24 Abs. 3 lit. a–c StHG zu behandeln (vgl. Teil 1 vor Art. 69 N 6 sowie zur Vermögensübertragung von einer Personenunternehmung auf eine Stiftung Teil 1 vor Art. 69 N 153).

2. Umwandlung

a) Gewinnsteuer

Eine Vermögensübertragung im Sinne einer Umwandlung führt für die Gewinnsteuer selbst dann nicht zur Abrechnung über die stillen Reserven, wenn sie mit einem Tarifwechsel verbunden ist (ESTV-DVS, KS 5 vom 1.6.2004, Ziff. 4.2.3.2). Der Tarifwechsel besteht ggfs. in einem Wechsel vom ordentlichen Tarif für die Kapitalgesellschaften oder Genossenschaften (im Bund 8.5% gemäss Art. 68 DBG) zum tieferen Tarif für Stiftungen (im Bund 4.25% gemäss Art. 71 DBG). Ein Tarifwechsel führt nach Ansicht der ESTV zur Beendigung und zum Neubeginn der Steuerpflicht, weshalb die Erstellung und Einreichung eines Zwischenabschlusses erforderlich sei. Dies gilt sowohl bei Umwandlung einer Kapitalgesellschaft oder Genossenschaft in eine Stiftung als auch bei der Umwandlung einer Stiftung in eine Kapitalgesellschaft oder Genossenschaft (ESTV-DVS, KS 5 vom 1.6.2004, Ziff. 4.2.4.2).

b) Einkommens- und Gewinnsteuer der Beteiligten

Bei einer Vermögensübertragung im Sinne einer Umwandlung einer **Kapitalgesellschaft oder Genossenschaft in eine Stiftung** verlieren die Beteiligten ihre Anteilsrechte, weil die Stiftung ein verselbständigtes Vermögen ohne Anteilsrechte ist. Für die

Anteilsinhaber der Kapitalgesellschaft oder Genossenschaft ergeben sich somit die gleichen Steuerfolgen wie bei der Liquidation (ESTV-DVS, KS 5 vom 1.6.2004, Ziff. 4.2.3.3). Sofern es sich bei ihnen um natürliche Personen handelt, welche die Anteile im Privatvermögen halten, haben sie den Liquidationsüberschuss als Einkommen zu versteuern (Art. 20 Abs. 1 lit. c DBG; vgl. die Kritik an der Liquidationsbesteuerung in Teil 1 vor Art. 69 N 45 und 157). Werden die Anteile im Geschäftsvermögen gehalten, wird der Liquidationsüberschuss nach dem Buchwertprinzip besteuert.

16 Bei einer Vermögensübertragung im Sinne einer Umwandlung einer **Stiftung in eine Kapitalgesellschaft oder Genossenschaft** erhalten die Anteilsinhaber der neuen Kapitalgesellschaft oder Genossenschaft neue Beteiligungsrechte. Sofern es sich bei diesen Anteilsinhabern um Privatpersonen handelt, wird der Zufluss von Nennwert im Privatvermögen als Beteiligungsertrag besteuert (Gratisaktien, Art. 20 Abs. 1 lit. c DBG; ESTV-DVS, KS 5 vom 1.6.2004, Ziff. 4.2.4.3). Sofern die Anteile ins Geschäftsvermögen fallen, wird Beteiligungsertrag in dem Umfang besteuert, in welchem die gratis erhaltenen Beteiligungsrechte an der neuen Kapitalgesellschaft oder Genossenschaft aktiviert werden.

c) Verrechnungssteuer

17 Da die Umwandlung einer Kapitalgesellschaft oder Genossenschaft in eine Stiftung eine Liquidation darstellt, ist auf dem Liquidationsüberschuss die Verrechnungssteuer geschuldet (ESTV-DVS, KS 5 vom 1.6.2004, Ziff. 4.2.3.4; vgl. Teil 1 vor Art. 69 N 157). Bei einer Vermögensübertragung einer Stiftung im Sinne einer Umwandlung in eine Kapitalgesellschaft oder Genossenschaft werden neue Aktien ausgegeben. Diese unterliegen jedoch nicht der Verrechnungssteuer, weil die Stiftung kein Subjekt der Verrechnungssteuer ist (ESTV-DVS, KS 5 vom 1.6.2004, Ziff. 4.2.4.4).

d) Emissionsabgabe

18 Bei der Vermögensübertragung im Sinne einer Umwandlung einer Kapitalgesellschaft oder Genossenschaft in eine Stiftung ist keine Emissionsabgabe geschuldet. Im Falle einer Vermögensübertragung im Sinne einer Umwandlung einer Stiftung in eine Kapitalgesellschaft oder Genossenschaft greift **Art. 9 Abs. 1 lit. e StG**. Danach ist die Emissionsabgabe von 1% bloss auf dem Nennwert geschuldet, sofern die Stiftung während mindestens fünf Jahren bestand. Es gilt jedoch eine Sperrfrist von fünf Jahren. Sofern innerhalb von fünf Jahren nach der Umwandlung Beteiligungsrechte veräussert werden, wird über den Mehrwert nachträglich abgerechnet (ESTV-DVS, KS 5 vom 1.6.2004, Ziff. 4.2.4.5).

e) Umsatzabgabe

19 Die entgeltliche Übertragung von steuerbaren Urkunden im Rahmen einer Vermögensübertragung auf eine Stiftung oder von einer Stiftung ist nach Art. 14 Abs. 1 lit. i StG von der Umsatzabgabe ausgenommen. Diese Steuerbefreiung unterliegt keiner Sperrfrist (vgl. ESTV-DVS, KS 5 vom 1.6.2004, Ziff. 4.2.1.6).

3. Die Fusion einer Stiftung mit einem anderen Rechtsträger

20 Mittels einer Vermögensübertragung nach Art. 69 ff. können die Aktiven und Passiven von einer Personenunternehmung oder juristischen Person auf eine Stiftung oder umgekehrt übertragen werden. Diese Vermögensübertragung kann steuerlich als Fusion qualifizieren, wenn der übertragende Rechtsträger sämtliche Aktiven und Passiven zu den

Gewinnsteuerwerten überträgt und aufgelöst wird und wenn die Steuerpflicht in der Schweiz fortbesteht (vgl. vor Art. 3 N 391, Teil 1 vor Art. 69 N 155 und WIPFLI, 297 ff.). Die Steuerfolgen richten sich im übrigen nach den obigen Ausführungen zur Umwandlung.

4. Spaltung

Obwohl die Spaltung nach Art. 30 nicht für Stiftungen vorgesehen ist, können Vermögensübertragungen auf oder von Stiftungen steuerrechtlich als Spaltungen qualifizieren und gewinnsteuerneutral erfolgen, wenn ein Betrieb oder Teilbetrieb zu den für die Gewinnsteuer massgebenden Werten übertragen wird, die Steuerpflicht in der Schweiz fortbesteht und der Betrieb oder Teilbetrieb weitergeführt wird (vgl. vor Art. 29 N 47; Teil 1 vor Art. 69 N 156 und WIPFLI, 300 ff.). Die Steuerfolgen richten sich im übrigen nach den obigen Ausführungen zur Umwandlung.

5. Konzernübertragung

Der Anwendungsbereich von **Art. 61 Abs. 3 DBG** und Art. 24 Abs. 3^{quater} StHG ist auf die Übertragung zwischen inländischen Kapitalgesellschaften und Genossenschaften, die unter einheitlicher Leitung einer Kapitalgesellschaft oder Genossenschaft zusammengefasst sind, beschränkt. Eine Stiftung kommt deshalb weder als übertragende oder übernehmende juristische Person in Frage noch als Muttergesellschaft, welche die einheitliche Leitung bei der Konzernübertragung ausübt (vgl. Teil 2 vor Art. 69 N 15 und 20). Im Übrigen fällt die Übertragung eines einzelnen Vermögenswertes auch nicht unter den allgemeinen Begriff der **Umstrukturierung** (vgl. Teil 1 vor Art. 69 N 71 und 158).

Erster Abschnitt: Fusion

Art. 78

Grundsatz

¹ Stiftungen können miteinander fusionieren.

² Die Fusion ist nur zulässig, wenn sie sachlich gerechtfertigt ist und insbesondere der Wahrung und Durchführung des Stiftungszwecks dient. Allfällige Rechtsansprüche der Destinatäre der beteiligten Stiftungen müssen gewahrt werden. Ist im Hinblick auf eine Fusion eine Zweckänderung erforderlich, so findet Artikel 86 des Zivilgesetzbuchs Anwendung.

Principe

¹ Les fondations peuvent fusionner entre elles.

² La fusion n'est autorisée que si elle est objectivement justifiée et, en particulier, si elle favorise le maintien et la réalisation du but de la fondation. Les éventuelles prétentions juridiques des destinataires des fondations participantes doivent être maintenues. L'art. 86 CC est applicable si une modification du but est nécessaire en vue de la fusion.

Principio

¹ Le fondazioni possono operare fusioni tra loro.

² La fusione è permessa soltanto se è oggettivamente giustificata e, in particolare, favorisce la salvaguardia e la realizzazione dello scopo della fondazione. Le eventuali pretese giuridiche dei destinatari delle fondazioni partecipanti vanno salvaguardate. Se, in vista della fusione, è necessaria una modifica dello scopo, si applica l'articolo 86 del Codice civile.

Literatur

H.M. RIEMER, Stiftungen und Fusionsgesetz, in: Riemer (Hrsg.), Die Stiftung in der juristischen und wirtschaftlichen Praxis, Zürich 2001, 101 ff.; DERS., Die Behandlung der Vereine und Stiftungen im Fusionsgesetz, in: SJZ 100 (2004), 201 ff. Die Praxis des Eidg. Amts für das Handelsregister in Fragen betreffend Umwandlungen und rechtsformübergreifende Fusionen, in: REPRAX, 1/1999, 41 ff.

I. Anwendungsbereich und Alternativen

1. Fusion von Stiftungen

1 Ein Bedürfnis Stiftungen zu fusionieren ist seit langem ausgewiesen. Im Umfeld von Unternehmensreorganisationen ist namentlich bei den Personalfürsorgestiftungen schon vor Jahrzehnten die Frage aufgetreten, ob und wie die Fürsorgeinstitutionen innerhalb einer reorganisierten Unternehmensgruppe zusammengelegt werden können. Es ist kein Zufall, dass sich das Bundesgericht in seinem wegweisenden Entscheid zur Zulässigkeit von Fusionen von Rechtsträgern ohne ausdrückliche Regelung im bisherigen Gesetz (BGE 115 II 415, 423) mit zwei fusionswilligen Personalfürsorgestiftungen zu befassen hatte. Das Bundesgericht hat die Fusionsmöglichkeit unter Annahme einer echten Lücke im Gesetz bejaht, indem es ein praktisches Bedürfnis für diese vom Gesetz bisher nicht vorgesehene Auflösungsmöglichkeit als erwiesen erachtete und weil keine schützenswerten Interessen dagegensprechen. Dieser höchstrichterliche Entscheid hat wesentlich zu einer Rechtsfortbildung beigetragen, welche im FusG ihren vorläufigen Abschluss gefunden hat.

Das FusG bestätigt und regelt diese auch von der Lehre (BK-RIEMER, Art. 88/89 ZGB N 77 ff. m.w.H.) befürwortete und in der Praxis bewährte Restrukturierungsmöglichkeit von Stiftungen durch Fusion. Das FusG versteht darunter begrifflich die rechtliche Vereinigung von zwei oder mehr Stiftungen durch Übertragung des Vermögens ohne Liquidation (Botschaft, 4469), sei es auf dem Weg der **Absorption** von einer oder mehreren Stiftungen durch eine andere oder durch eine – bisher seltene (vgl. z.B. SHAB Nr. 224 vom 19.11.2001, 41 287 und 41 289) – **Kombination** von bestehenden Stiftungen zu einer neuen Stiftung (Art. 3 Abs. 1).

Stiftungen können miteinander, aber nicht mit einem Rechtsträger fusionieren, der eine andere Rechtsform hat, also z.B. nicht mit einem Verein, einer Genossenschaft oder einer AG. Ebenso wenig können sich Stiftungen nach dem FusG spalten oder in einen anderen Rechtsträger *umwandeln*. Für Vorsorgeeinrichtungen gelten gemäss Art. 88 ff. und Art. 97 abweichende Regeln, indem sie auch mit einer Vorsorge-Genossenschaft oder einer Vorsorgeeinrichtung des öffentlichen Rechts fusionieren oder sich in eine solche umwandeln können. Den klassischen, familien- und kirchlichen Stiftungen steht damit unter dem FusG neben dem Institut der Fusion ausschliesslich dasjenige der **Vermögensübertragung** (Art. 86 f.) zur Verfügung, welches nach wiederholten Hinweisen in der Botschaft für Stiftungen auch die Funktion einer Alternative für die vom FusG nicht zugelassene Umwandlung oder Spaltung erfüllen soll (Botschaft, 4362 und 4468). RIEMER (SJZ 100 [2004], 208) sieht Vermögensübertragungen als Ersatz namentlich für die – nicht zugelassene – Umwandlung von Vereinen in Stiftungen und für die Fusion von Vereinen und Stiftungen zu Stiftungen.

2. *Keine Umwandlung und rechtsformübergreifende Fusion von Stiftungen*

Bereits unter dem bisherigen Recht hat das Eidg. Handelsregisteramt unter Berufung auf ordnungspolitische Bedenken sowohl die **Umwandlung** einer Körperschaft (in casu einer Genossenschaft) in eine Stiftung als auch die Absorption einer Genossenschaft durch eine Stiftung abgelehnt, weil damit der Grundsatz der mitgliedschaftlichen Kontinuität des untergehenden Rechtsträgers verletzt würde (REPRAX 1/1999, 41 ff.; vgl. aber BK-KÜNG, Art. 937 OR N 170 f.). Diesen Gedanken aufnehmend erläutert die Botschaft (4358 und 4362), eine **Umwandlung** setze eine grundsätzliche Vereinbarkeit der rechtlichen Strukturen voraus, welche zwischen einer Stiftung als blosser Vermögensgesamtheit und einer Gesellschaft (Art. 2 lit. b) als Vereinigung von Personen, d.h. als mitgliedschaftlich konzipiertem Rechtsträger nicht bestehe. Dieselbe «qualifizierte Inkompatibilität» (Botschaft, 4393) verbiete die rechtsformübergreifende **Fusion** einer klassischen Stiftung mit einem Rechtsträger in einer anderen Rechtsform. Hingegen können Institute des öffentlichen Rechts gemäss Art. 99 mit Stiftungen als übernehmende Rechtsträger fusionieren oder sich in eine Stiftung umwandeln, wozu unter dem bisherigen Recht auch ein Präjudiz besteht, indem die Aktiengesellschaft Solothurner Bank Soba die einstmals öffentlich rechtliche Anstalt Solothurner Kantonalbank absorbiert hat (SHAB Nr. 10 vom 16.1.1995, 280). Soweit öffentlich-rechtliche Institute anstaltlich und nicht mitgliedschaftlich ausgestaltet sind, ist diese Sonderbehandlung zu rechtfertigen.

RIEMER (Stiftungen und Fusionsgesetz, 108) bemängelt, dass **Vereine**, welche zuweilen konzeptionell klassischen Stiftungen nahe kommen, sich nicht in solche umwandeln können. Vereine können jedoch ihr Vermögen oder Teile davon auf dem Wege der Vermögensübertragung, d.h. mit Aktiven und Passiven auf eine bestehende oder zu diesem Zweck neu errichtete Stiftung übertragen und damit im Ergebnis eine der – rechtlich nicht möglichen – Fusion oder Umwandlung nahe kommende Wirkung erzielen. Das Institut der Vermögensübertragung erfüllt in solchen Fällen erklärtermassen (Botschaft, 4362 und 4468) die Funktion einer Alternative für die vom FusG nicht vorgesehene und damit unzulässige Umwandlung oder Spaltung von Stiftungen (zustimmend RIEMER in SJZ 100 [2004], 208 f.).

3. Keine Spaltung von Stiftungen

6 Wie erwähnt hat der Bundesrat (Botschaft, 4468) auch die **Spaltung** von Stiftungen aus entsprechenden strukturrechtlichen Überlegungen generell als nicht sinnvoll eingestuft, weil bei der Stiftung infolge ihres anstaltlichen Charakters mitgliedschaftliche Rechte und Pflichten fehlen. Demnach steht den Stiftungen das Institut der Spaltung nicht zur Verfügung. Wenn dennoch ein Bedürfnis nach einer Spaltung bestehe, ist wiederum zum Instrument der Vermögensübertragung zu greifen (Botschaft, 4468). Spaltungen oder Teilungen wurden von den Stiftungsaufsichtsbehörden bisher namentlich – aber nicht ausschliesslich – für Personalfürsorgestiftungen zugelassen bzw. verfügt, ohne allerdings stringent zwischen Spaltung und Vermögensübertragung zu differenzieren. Entsprechend haben SPRECHER/VON SALIS-LÜTOLF (195) unter dem bisherigen Recht festgestellt, dass Voraussetzungen und Verfahren bei der Teilung jenen bei der Fusion entsprechen. Dies wird künftig nicht mehr der Fall sein. Spaltungen im fusionsgesetzrechtlichen Sinne wird es für Stiftungen nicht mehr geben, sondern es ist gegebenenfalls zum Instrument der Vermögensübertragung (Art. 86 f. ZGB) und auf das auf diese anwendbare Verfahren zu greifen.

4. Aber: Vermögensübertragungen

7 Erst im Verlaufe der Gesetzgebungsarbeiten wurde das neu konzipierte Institut der **Vermögensübertragung** – anstelle der im Vorentwurf vorgeschlagenen Spaltungsform der Ausgliederung – eingeführt und auch für Stiftungen zugänglich gemacht (Botschaft, 4360 f.; Art. 86 f. ZGB). Dabei wurde darauf hingewiesen, dass diese auch als Ersatz für die den Stiftungen nicht zugänglichen Spaltungen und Umwandlungen dient (Botschaft, 4362 und 4468). Wie bei der Fusion erfolgt die Übertragung von Aktiven und Passiven auch bei der Vermögensübertragung auf dem Wege der Universalsukzession. Der Hauptunterschied der Vermögensübertragung zu einer Umwandlung oder Fusion besteht darin, dass der übertragende Rechtsträger bei der Vermögensübertragung nicht liquidationslos untergeht, sondern sich in einem separaten, anschliessenden Verfahren liquidieren muss, sofern er nicht – mit dem verbleibenden Vermögen – bestehen bleibt. Ob, wie von RIEMER (Stiftungen und Fusionsgesetz, 111) befürchtet, Vermögensübertragungen von Stiftungen anders als deren Fusion ohne sachliche Voraussetzungen möglich sind und damit die vom Gesetzgeber an die Fusion von Stiftungen gestellten Voraussetzungen sinnlos machen, wird die Praxis weisen. Es ist anzunehmen, dass die Aufsichtsbehörden, welche eine Vermögensübertragung (Art. 87) genauso wie eine Fusion (Art. 83) zu genehmigen haben, einer missbräuchlichen Verwendung des Instituts der Vermögensübertragung einen Riegel schieben können und werden. Dies anerkennt auch RIEMER (in SJZ 100 [2004], 207 f.), nachdem Art. 86 Abs. 2 Satz 1 im Unterschied zum bundesrätlichen Entwurf für den Fall von Zweckänderungen auch auf Art. 86 ZGB betr. Umwandlung des Stiftungszwecks verweist. Die Aufsichtsbehörden haben jedoch den Ermessensspielraum der zuständigen Stiftungsorgane auch im Bereich von Vermögensübertragungen zu respektieren.

II. Voraussetzungen

1. Sachliche Rechtfertigung und Wahrung bzw. Durchführung des Stiftungszweckes

In Anknüpfung an die bisherige und bewährte Praxis der Aufsichtsbehörden setzt die Fusion von Stiftungen eine **sachliche Rechtfertigung** voraus. Sie muss insbesondere der Wahrung und Durchführung des Stiftungszweckes dienen. Nach der Botschaft (4469) handelt es sich dabei um ein und dieselbe, wie folgt exemplifizierte Voraussetzung: *Zwei Stiftungen können zum Beispiel miteinander fusionieren, wenn sie einen ähnlichen Zweck verfolgen, zu dessen Erfüllung sie selbständig nicht mehr in der Lage sind* (Botschaft, 4469). Die an einer Fusion beteiligten Stiftungen haben ähnliche oder zumindest ergänzende Zwecke zu verfolgen. Eine Museumsstiftung kann daher kaum mit einer Spitalstiftung und eine der Entwicklungshilfe dienende Stiftung kaum mit einer lokalen Preisstiftung für junge Künstler fusionieren. Kann jedoch z.B. eine in Stiftungsform betriebene Schule mit einer im selben Bereich tätigen Forschungsstiftung fusionieren? Soweit sich die Zwecke ergänzen, ist ein derartiger Zusammenschluss jedenfalls nicht im vornherein auszuschliessen. *Erforderlichenfalls ist der* **Stiftungszweck** *vor der Fusion zu ändern* (Botschaft, 4469). In diesem Zusammenhang ist auch auf Bestrebungen des Gesetzgebers hinzuweisen, bei den bezüglich ihres Zwecks an sich starren Stiftungen neu einen Zweckänderungsvorbehalt in den Statuten zuzulassen (vgl. Parlamentarische Initiative [Schiesser] – Revision des Stiftungsrechtes – Bericht WAK StR vom 23.10. 2003, in: BBl 2003, 8153, insb. 8158). Der Bundesrat begrüsst diesen Flexibilisierungsvorschlag grundsätzlich (BBl 2003, 8193).

SPRECHER/VON SALIS-LÜTOLF (194) teilen die genannten Voraussetzungen unter der bestehenden Rechtsprechung in (i) sachliche Gründe für die Änderung und (ii) gleiche oder bessere Gewähr für die Erfüllung des Stiftungszweckes auf. Wie bisher ist den Stiftungsorganen bei der Beurteilung dieser Voraussetzungen in Ansehung und Auslegung des Zweckes der betroffenen Stiftungen **Ermessen** einzuräumen. Sie sind für die Leitung der Stiftung verantwortlich, wozu auch die Beurteilung einer Fusion gehört und die damit einhergehende Beschlussfassung und Durchführung. Sie beschliessen die Fusion und beantragen deren Genehmigung durch die Aufsichtsbehörde (Art. 83). Die Aufsichtsbehörde prüft, ob die Voraussetzungen gegeben sind und hat diesbezügliche Ermessensentscheide der zuständigen Organe zu respektieren. Sie darf ihr eigenes Ermessen nicht an die Stelle desjenigen der Stiftungsorgane setzen, solange kein Ermessensmissbrauch oder keine Ermessensüberschreitung vorliegt. So gesehen ist der von BERNI/ROBERTO (Handkommentar FusG-BERNI/ROBERTO, N 10) geforderten grosszügigen Auslegung zuzustimmen, wonach eine sachliche Rechtfertigung zu bejahen ist, wenn mit ihr eine Rationalisierung im Hinblick auf die Erfüllung des Stiftungszweckes einhergeht (kritisch RIEMER, SJZ 100 [2004], 207 FN 41; grosszügig bspw. bei Vereinfachung der Verwaltung ZK-BURKART, N 12).

Stiftungen sind wie bis anhin gut beraten, eine Fusion vorgängig mit der oder den **Aufsichtsbehörden** zu erörtern und ihr/ihnen die wichtigsten Dokumente (insb. neue Statuten, ev. neues Reglement und Fusionsvertrag) zur informellen Vorprüfung zu unterbreiten. Allfällige Korrekturen sind in diesem Stadium wesentlich einfacher möglich, als dies nach gefassten Beschlüssen der Fall ist. Die Aufsichtsbehörden stehen wohl begründeten Fusionen grundsätzlich positiv gegenüber und begleiten diese bei ihrer Umsetzung. Dies ist insbesondere der Fall, wenn ähnliche oder gar identische Zwecksetzungen oder Aufgabenerfüllungen vorliegen, sich die örtlichen Wirkungskreise überschneiden und eine Zusammenlegung der Ressourcen (finanzielle Mittel, Know-how, Personal) Effizienzsteigerungen erwarten lässt. Begünstigt werden Zusammenschlüsse zuweilen überdies, wenn sich Trägerorganisationen (d.h. organisatorisch mit Stiftungen verbundene Organisationen) zusammenschliessen oder Geldgeber eine Verbindung wünschen.

2. Wahrung von Rechtsansprüchen von Destinatären

11   Das FusG schreibt als weitere Fusionsvoraussetzung vor, dass allfällige **Rechtsansprüche** von Destinatären aller fusionierenden Stiftungen zu wahren sind. Nach der Botschaft (4469) betrifft diese Bedingung namentlich Familienstiftungen (für die Personalfürsorgestiftungen vgl. Art. 88 N 8 ff.), während bei den klassischen Stiftungen nur ausnahmsweise Rechtsansprüche der Destinatäre auf Stiftungsleistungen bestehen. In der Regel genügt hierfür nicht, dass ein Destinatär alle statutarischen oder reglementarischen Voraussetzungen für Stiftungsleistungen erfüllt, solange dem Stiftungsrat Ermessen verbleibt (vgl. SPRECHER/VON SALIS-LÜTOLF, 157 f.). Nur in Fällen, in welchen der Stiftungsrat keinerlei Ermessen oder er eine Leistung förmlich zugesprochen hat, sind durchsetzbare Rechtsansprüche der Destinatäre zu bejahen. Mit der förmlichen Zusprechung einer Leistung mutiert der Destinatär zum Gläubiger und kann die besonderen Gläubigerschutzbestimmungen für sich in Anspruch nehmen. Wie jede Forderung von Gläubigern bleiben auch Rechtsansprüche von Destinatären im Rahmen einer Fusion erhalten – das FusG statuiert damit im Bereiche der klassischen Stiftungen bezüglich der Rechtsansprüche der Destinatäre im Grunde eine Selbstverständlichkeit. Eigenständige Bedeutung hat diese Vorschrift allenfalls für Rechte, die sich nicht auf Stiftungsleistungen, sondern z.B. auf die Mitwirkung in der Verwaltung beziehen (vgl. ZK-BURKART, N 19 ff.).

3. Zweckänderung gemäss Art. 86 ZGB?

12   Für den Fall, dass im Hinblick auf eine Fusion eine **Zweckänderung** erforderlich ist, verweist Art. 78 Abs. 2 auf die diesbezügliche Bestimmung von Art. 86 ZGB, welche wie folgt lautet: *Die zuständige kantonale Behörde oder, wo die Stiftung unter der Aufsicht des Bundes steht, der Bundesrat darf auf Antrag der Aufsichtsbehörde und nach Anhörung des obersten Stiftungsorganes den Zweck der Stiftung abändern, wenn ihr ursprünglicher Zweck eine ganz andere Bedeutung oder Wirkung erhalten hat, so dass die Stiftung dem Willen des Stifters offenbar entfremdet worden ist (Abs. 1). Unter den gleichen Voraussetzungen können Auflagen oder Bedingungen, die den Stiftungszweck beeinträchtigen, aufgehoben oder abgeändert werden (Art. 86 Abs. 2 ZGB).* Zu den Revisionsbestrebungen zu dieser Bestimmung vgl. nachstehend N 14.

13   Art. 78 Abs. 2 klärt mit diesem Hinweis das Verhältnis zwischen der im FusG geregelten Fusion und der im ZGB verankerten **Zweckänderung**. Letztere folgt demnach ihren eigenen, vom ZGB festgelegten und von der Praxis präzisierten Regeln bezüglich Voraussetzungen und Verfahren und ist mit einer Fusion nicht automatisch konsumiert oder inbegriffen. Damit ist festgehalten, dass eine Zweckänderung und eine Fusion nicht dasselbe sind. Vielmehr setzt eine Fusion wie dargelegt voraus, dass die Zwecke der fusionierenden Stiftungen kompatibel sind. Wenn der Gesetzgeber dennoch einen Vorbehalt bezüglich Zweckänderung macht, dient dies der Klarstellung und trägt dem Umstand Rechnung, dass sich die Frage einer Zweckänderung im Umfeld einer Fusion typischerweise stellen kann. Falls die Zwecke von fusionswilligen und ansonsten fusionsfähigen Stiftungen nicht kompatibel sind, hat der Fusion demnach gegebenenfalls eine Zweckänderung vorauszugehen (Botschaft, 4469; RIEMER, Stiftungen und Fusionsgesetz, 104 f.). In der Praxis ist zu erwarten, dass Zweckanpassungen und Fusion zu-

sammen geplant, beantragt und umgesetzt werden. Zum (Ausnahme-)Fall, dass der Stifter eine Fusion statutarisch ausschliesst vgl. ZK-BURKART, N 27–33.

Wie erwähnt (N 8), beantragt die WAK StR eine Ergänzung des Stiftungsrechts durch einen neuen Artikel 86a ZGB, wonach künftig bei entsprechendem Vorbehalt in den Statuten auf Antrag des Stifters oder aufgrund einer Verfügung von Todes wegen eine Zweckänderung erleichtert möglich sein soll (vgl. **Parlamentarische Initiative [Schiesser] – Revision des Stiftungsrechtes – Bericht WAK StR vom 23.10.2003, in: BBl 2003, 8153, insb. 8158**). Der Bundesrat begrüsst diesen Flexibilisierungsvorschlag grundsätzlich (BBl 2003, 8193). Die Räte haben die Vorlage zwischenzeitlich bereinigt. 14

Das FusG schweigt sich zum Verhältnis der Fusion zu einer Änderung der **Organisation** i.S.v. Art. 85 ZGB aus (vgl. RIEMER in SJZ 100 [2004], 208). Man könnte hieraus den Umkehrschluss ziehen, dass im Gegensatz zur Zweckänderung eine Organisationsänderung im Rahmen einer Fusion ohne Beachtung der diesbezüglichen Vorschriften möglich, also in der Fusion und ihrem Verfahren inbegriffen ist. Dieser Standpunkt lässt sich jedenfalls bei der Kombinationsfusion, welche notwendigerweise einen neuen Rechtsträger mit eigener und damit neuer Organisation schafft, zwanglos vertreten. Bei der Absorptionsfusion ist man hingegen geneigt, eine Änderung der Organisation als etwas anderes, ein Mehr gegenüber der Fusion zu begreifen, so dass Art. 85 ZGB in diesen Fällen auch ohne ausdrücklichen Verweis im FusG zum Zug käme. Die Voraussetzungen und das Verfahren für Organisations- und Zweckänderungen weichen nach dem Wortlaut des ZGB von denjenigen der Fusion ab. In der Praxis sind die Voraussetzungen und das Verfahren allerdings weniger unterschiedlich, als dies aufgrund des in die Tage gekommenen Wortlautes des ZGB angenommen werden könnte. Immerhin, die Aufsichtsbehörde *verfügt* Organisations- und Zweckänderungen direkt, während nach dem Wortlaut des FusG (Art. 83) eine Fusion von den zuständigen Stiftungsorganen zu beschliessen und von der Aufsichtsbehörde lediglich zu *genehmigen* ist. Diese Genehmigung erfolgt ihrerseits in Verfügungsform (vgl. Art. 83 Abs. 3). Im Falle einer Fusion mit vorausgehender Zweckänderung hätte demnach die Aufsichtsbehörde die Zweckänderung direkt zu verfügen und den Fusionsbeschluss der Stiftungsorgane – ebenfalls auf dem Verfügungsweg – zu genehmigen. Die auch auf Art. 85 ZGB zielenden Revisionsbestrebungen des Gesetzgebers im Rahmen der parlamentarischen Initiative Schiesser sehen an diesem System keine Änderung vor (vgl. Parlamentarische Initiative [Schiesser] – Revision des Stiftungsrechtes – Bericht WAK StR vom 23.10.2003, in: BBl 2003, 8153, insb. 8183). 15

Art. 79

Fusionsvertrag ¹ Der Fusionsvertrag muss von den obersten Organen der Stiftungen abgeschlossen werden.

² Der Vertrag enthält:
a. den Namen, den Sitz und den Zweck der beteiligten Stiftungen, im Fall der Kombinationsfusion auch den Namen, den Sitz und den Zweck der neuen Stiftung;
b. Angaben über die Stellung der Destinatäre mit Rechtsansprüchen in der übernehmenden Stiftung;
c. den Zeitpunkt, ab dem die Handlungen der übertragenden Stiftung als für Rechnung der übernehmenden Stiftung vorgenommen gelten.

³ **Der Fusionsvertrag bedarf der schriftlichen Form. Bei Familienstiftungen und kirchlichen Stiftungen bedarf der Fusionsvertrag der öffentlichen Beurkundung.**

Contrat de fusion

¹ Le contrat de fusion est conclu par les organes supérieurs des fondations qui fusionnent.

² Le contrat contient:
a. le nom, le siège et le but des fondations participantes ainsi que, en cas de fusion par combinaison, le nom, le siège et le but de la nouvelle fondation;
b. des indications sur le statut, au sein de la fondation reprenante, des destinataires ayant des prétentions juridiques;
c. la date à partir de laquelle les actes de la fondation transférante sont considérés comme accomplis pour le compte de la fondation reprenante.

³ Le contrat revêt la forme écrite. Pour les fondations de famille et les fondations ecclésiastiques, il fait l'objet d'un acte authentique.

Contratto di fusione

¹ Il contratto di fusione è concluso dagli organi superiori delle fondazioni partecipanti alla fusione.

Il contratto contiene:
a. il nome, la sede e lo scopo delle fondazioni partecipanti nonché, in caso di fusione mediante combinazione, il nome, la sede e lo scopo della nuova fondazione;
b. indicazioni sullo statuto giuridico, in seno alla fondazione assuntrice, dei destinatari titolari di pretese giuridiche;
c. la data a decorrere da cui gli atti della fondazione trasferente sono considerati compiuti per conto della fondazione assuntrice.

³ Il contratto richiede la forma scritta. Per le fondazioni di famiglia e le fondazioni ecclesiastiche, dev'essere oggetto di atto pubblico.

Literatur

C. BRÜCKNER, Schweizerisches Beurkundungsrecht, Zürich 1993.

I. Regelungsgegenstand und Normzweck

1   Art. 79 regelt die Abschlusszuständigkeit (Abs. 1), den notwendigen Inhalt (Abs. 2) und die Form (Abs. 3) des Fusionsvertrages zwischen den fusionierenden Stiftungen.

2   Der Fusionsvertrag ist sowohl materiell als auch formell das zentrale Dokument für die Fusion. Er legt die Eckdaten der Fusion fest und steht – ausgenommen bei den keiner **Aufsicht** unterstehenden Familien- und kirchlichen Stiftungen – unter dem Genehmigungsvorbehalt der Aufsichtsbehörde der übertragenden Stiftung. Da den Stiftungen ein der Generalversammlung von Kapitalgesellschaften (Art. 2 lit. c) ähnliches Organ und damit die *menschliche Unterlage* (ZK-EGGER, Art. 84 ZGB N 1) fehlt, obliegt die Genehmigungskompetenz – ausser bei den Familien- und kirchlichen Stiftungen – der staatlichen Aufsichtsbehörde, welche nach Massgabe des Zweckes der Stiftung auf Bundes-, kantonaler oder kommunaler Ebene anzusiedeln ist (Art. 84 ZGB).

3   Noch vor der Antragstellung zur Genehmigung an die zuständige Aufsichtsbehörde ist der Fusionsvertrag inklusive Fusionsbilanz zu **revidieren** (Art. 81) und sind die Destinatäre mit Rechtsansprüchen der übertragenden Stiftung über die geplante Fusion und deren Auswirkungen auf ihre Rechtsstellung zu informieren (Art. 82). Bei Familien-

1. Abschnitt: Fusion   4–6 **Art. 79**

und kirchlichen Stiftungen hat diese Information bereits vor dem Fusionsbeschluss zu erfolgen (Art. 82 zweiter Satz), da ein entsprechender Beschluss der obersten Stiftungsorgane bei diesen Stiftungen unmittelbare Rechtswirkung entfaltet.

II. Abschlusszuständigkeit (Abs. 1)

Zuständig für den Abschluss eines Fusionsvertrages ist je das **oberste Organ** der betroffenen Stiftungen, also i.d.R. der **Stiftungsrat**, welcher häufig das einzige Leitungsorgan ist. Er hat über den Fusionsvertrag zu beschliessen. Diese Regelung entspricht derjenigen bei den Gesellschaften, bei welchen ebenfalls das oberste Leitungs- oder Verwaltungsorgan für den Abschluss eines Fusionsvertrages zuständig ist (Art. 12 Abs. 1). Die Verantwortung für die Vorbereitung und den Abschluss des Fusionsvertrages als zentrales Dokument für die Fusion obliegt demnach dem obersten Leitungsorgan. Insbesondere die Abschlusszuständigkeit ist nicht delegierbar, d.h. dass einer Fusion immer ein Beschluss des obersten Organs der betroffenen Stiftungen zugrunde liegen muss. Hingegen kann das oberste Exekutivorgan die Vorbereitung bzw. Ausarbeitung des Fusionsvertrages ganz oder teilweise an andere Personen oder Gremien übertragen, so z.B. an einen Geschäftsführer, eine Kommission, an ein Mitglied oder einen Ausschuss des Stiftungsrates oder an einen aussenstehenden Rechtsberater. Die *Unterzeichnung* des Fusionsvertrages ist von der *Beschlussfassung* in dem Sinn zu unterscheiden, als sich jene nach der im Handelsregister eingetragenen Zeichnungsberechtigung richtet, also nicht zwingend von Stiftungsräten vorzunehmen ist. Entsprechend ist auch gegen eine Unterzeichnung durch Bevollmächtigte ohne eigenes Zeichnungsrecht nichts einzuwenden.

III. Notwendiger Vertragsinhalt (Abs. 2)

1. Allgemeines

Art. 79 Abs. 2 schreibt den **Mindestinhalt** des Fusionsvertrages vor, welcher im Vergleich zu den Gesellschaften (Art. 13) wesentlich weniger Regelungspunkte umfasst, da infolge der anstaltlichen Natur der Stiftung die Regelung mitgliedschaftsrechtlicher Fragen entfällt (Botschaft, 4470). Die vertragsschliessenden Stiftungen können weitere Punkte in den Fusionsvertrag aufnehmen und die Fusion von zusätzlichen Voraussetzungen abhängig machen. In ihrem Antrag an die zuständige Aufsichtsbehörde haben die obersten Stiftungsorgane darzulegen, dass die Voraussetzungen für die Fusion erfüllt sind. Diese Voraussetzungen umfassen namentlich den Abschluss eines Fusionsvertrages, welcher den gesetzlichen Mindestinhalt umfasst. Die Aufsichtsbehörden ihrerseits prüfen, ob der zur Genehmigung vorgelegte Fusionsvertrag alle vorgeschriebenen Punkte enthält (Art. 83).

2. Name, Sitz und Zweck (lit. a)

Der Fusionsvertrag hat die – bisherigen – Namen, Sitze und Zwecke der beteiligten Stiftungen, im Falle einer Kombinationsfusion auch der neu zu errichtenden Stiftung zu enthalten. Die Angabe von **Name** und **Sitz** verstehen sich von selbst. Demgegenüber dient die Angabe der **Zwecke** u.a. der Feststellung bzw. Überprüfung, ob mit der Fusion eine Zweckänderung verbunden ist, für welche gemäss Art. 78 Abs. 2 die Vorschriften von Art. 86 ZGB vorbehalten bzw. einzuhalten sind. Dies ist bei einer lediglich formellen Neuformulierung, Redigierung oder Gliederung des oder der Stiftungszwecke nicht der Fall. Entscheidend ist, ob der neue Stiftungszweck im Zweck der fusionierenden Stiftungen materiell angelegt bzw. enthalten ist. Sobald der neue Stiftungszweck über denjenigen einer fusionierenden Stiftung hinausreicht und sich nicht bloss als dessen Ergänzung darstellt, ist deren Zweck vor der Durchführung der Fusion in dem dazu vorgesehenen Verfahren zu ändern (Botschaft, 4469; vgl. Art. 78 N 12 ff.).

3. Angaben zur Stellung von Destinatären mit Rechtsansprüchen (Abs. 2 lit. b)

7 Nach Art. 78 Abs. 2 sind allfällige **Rechtsansprüche** von Destinatären bei der Fusion zu wahren. Bei klassischen Stiftungen dürften solche Rechte nur in seltenen Fällen bestehen (Art. 78 N 11). Der Fusionsvertrag hat die Rechtsansprüche festzuhalten und die Revisoren (Art. 81 Abs. 3) haben deren Wahrung zu überprüfen. Von Bedeutung sind entsprechende Ausführungen im Fusionsvertrag bei Familienstiftungen (und bei den an anderer Stelle geregelten Personalfürsorgestiftungen – Art. 91 Abs. 2 lit. c).

4. Zeitpunkt der Wirkung der Fusion (Abs. 2 lit. c)

8 Der Fusionsvertrag hat sodann den Zeitpunkt festzulegen, ab welchem die Handlungen der übertragenden Stiftung als für Rechnung der übernehmenden Stiftung vorgenommen gelten (Abs. 2 lit. c). Im Falle einer Kombinationsfusion sind alle fusionierenden Stiftungen als übertragende Stiftungen anzusehen.

9 Die beteiligten Stiftungen können namentlich für Zwecke der Rechnungslegung oder aus Steuergründen einen in der Vergangenheit liegenden Zeitpunkt, also eine **Rückwirkung** festlegen, welche jedoch bei klassischen Stiftungen lediglich im **Innenverhältnis** Wirkung entfaltet (Botschaft, 4470). Gegenüber Dritten, also im **Aussenverhältnis** wirkt die Fusion in jedem Fall erst am Tag nach der Publikation im SHAB (Art. 22; Botschaft, 4422). Die Publikation setzt eine Genehmigung durch die Aufsichtsbehörde und den Eintrag im Handelsregister voraus. Im Zusammenhang mit dieser Frage ist überdies zu beachten, dass der Bilanzstichtag im Zeitpunkt des Abschlusses des Fusionsvertrages nicht mehr als sechs Monate zurückliegen darf, ansonsten eine Zwischenbilanz zu erstellen ist, welche überdies immer dann erforderlich ist, wenn seit dem Abschluss der letzten **Bilanz** wichtige Änderungen in der Vermögenslage der fusionierenden Stiftungen eingetreten sind (Art. 80 i.V.m. Art. 11). Man kann sich fragen, ob bei einer Fusion von nicht buchführungspflichtigen Stiftungen zwar eine Bilanz (Art. 80) aber keine **Zwischenbilanz** (Art. 11) erforderlich ist (vgl. hierzu eingehend Art. 80 N 4; Botschaft, 4406; die Bestrebungen des Gesetzgebers im Rahmen der Parlamentarischen Initiative Schiesser – Revision des Stiftungsrechtes – gehen in Richtung einer generellen **Buchführungspflicht** für Stiftungen – vgl. Bericht WAK StR vom 23.10.2003, in: BBl 2003, 8153, insb. 8183).

10 Es macht für den Stiftungsrat wenig Sinn, einen anderen Wirkungszeitpunkt als den der Fusionsbilanz festzulegen. Dasselbe gilt für die theoretisch mögliche Festlegung eines in der Zukunft liegenden Wirkungszeitpunktes, weil dann zwischen der notwendigerweise in der Vergangenheit anzusiedelnden Fusionsbilanz und der Wirksamkeit der Fusion eine Diskrepanz und ein Spannungsverhältnis zum Wahrheitsgebot der Bilanz bestünde.

5. Weitere Bestimmungen

11 Die Aufnahme folgender Bestimmungen in einen Fusionsvertrag ist zwar vom FusG nicht vorgeschrieben, für klassische Stiftungen aber dennoch bedenkens- oder empfehlenswert:

– Vereinbarung des liquidationslosen Überganges sämtlicher Aktiven und Passiven der übertragenden auf die übernehmende Stiftung (vgl. ZK-BURKART, N 5);

- Ausdrücklicher Vorbehalt der Prüfung des Fusionsvertrages durch eine Revisionsstelle (Art. 81) und der Genehmigung durch die Aufsichtsbehörde (Art. 83), welche Vorbehalte von Gesetzes wegen gelten;
- Hinweis auf den dreimaligen Schuldenruf im SHAB (Art. 85), sofern dieser nicht unterbleiben soll;
- Verweis auf die dem Vertrag beizulegende Fusionsbilanz;
- Verweis auf die dem Vertrag beizulegenden Statuten (und evtl. eines Reglements) der übernehmenden – im Falle der Kombinationsfusion der neu entstehenden – Stiftung;
- Angaben über die Kompatibilität der Zwecke der fusionierenden Stiftungen;
- Feststellung, dass dem Stiftungsrat (bzw. dem obersten Stiftungsorgan) der Vollzug der Fusion obliegt.

IV. Formvorschriften (Abs. 3)

1. Klassische Stiftungen: Schriftform

Bei klassischen Stiftungen bedarf der Fusionsvertrag der **Schriftform**, und zwar selbst dann, wenn Grundstücke im Rahmen der Fusion auf einen neuen Rechtsträger übergehen. Eine allfällige Anmeldung beim Grundbuchamt hat vom übernehmenden Rechtsträger auszugehen (Art. 104). Eine öffentlich beurkundete Übertragungsurkunde ist in diesen Fällen in Abweichung von der allgemeinen Regel für Grundstücksübertragungen von Art. 216 Abs. 1 OR nicht vorgeschrieben.

2. Familien- und kirchliche Stiftungen: Öffentliche Beurkundung

Für Familien- und kirchliche Stiftungen schreibt das FusG generell – also unabhängig davon, ob Grundstücke die Hand wechseln – die **öffentliche Beurkundung** (Feststellungsurkunde) vor. Der Gesetzgeber will damit im Interesse der Rechtssicherheit einen Ausgleich für die fehlende staatliche Aufsicht über diese Stiftungen schaffen (Botschaft, 4470). Überdies soll das Formerfordernis dem Rechtsschutz der Destinatäre mit Rechtsansprüchen dienen und den Zeitpunkt des Eintritts der Rechtswirkungen einwandfrei fixieren (Botschaft, 4470).

Die vom Gesetzgeber getroffene Regelung ist inhaltlich klar und die Praxis wird mit ihr leben können. Fraglich ist demgegenüber die Begründung für die im Vergleich zu den klassischen Stiftungen verschärfte Formvorschrift. Kirchliche Stiftungen stehen unter kircheninterner Aufsicht, so dass man sich fragen muss, ob dieser die Wahrung der Rechtssicherheit nicht zugetraut wird. Bei der Familienstiftung handelt es sich demgegenüber um ein Auslaufmodell, das in seiner derzeitigen Ausgestaltung namentlich wegen der engen Zweckbeschränkung des Art. 335 ZGB keinem praktischen Bedürfnis mehr entspricht (BRÜCKNER, 647). Fusionen von bestehenden Familienstiftungen sind vor diesem Hintergrund kaum in grosser Zahl zu erwarten, auch wenn RIEMER (SJZ 100 [2004], 208) de facto eine Annäherung an Körperschaften mit Verfügungsrechten der Beteiligten über die Körperschaft und ihr Vermögen sieht. Hingegen kann das neu eingeführte Institut der Vermögensübertragung (Art. 86) möglicherweise der einen oder anderen bestehenden Familienstiftung bei der Lösung interner Auseinandersetzungen zwischen Destinatären behilflich sein.

Art. 80

Bilanz	**Die Stiftungen müssen eine Bilanz und unter den Voraussetzungen von Artikel 11 eine Zwischenbilanz erstellen.**
Bilan	Les fondations établissent un bilan et, si les conditions fixées à l'art. 11 sont remplies, un bilan intermédiaire.
Bilancio	Le fondazioni devono stilare un bilancio e, se sono date le condizioni di cui all'articolo 11, un bilancio intermedio.

Literatur

H. GRÜNINGER, Die Unternehmensstiftung in der Schweiz: Zulässigkeit – Eignung – Besteuerung, Basel 1984; H.M. RIEMER, Stiftungen und Fusionsgesetz, in: Riemer (Hrsg.), Die Stiftung in der juristischen und wirtschaftlichen Praxis, Zürich 2001; T. SPRECHER/U. VON SALIS-LÜTOLF, Die schweizerische Stiftung, 1999.

I. Regelungsgegenstand und Normzweck

1 Art. 80 statuiert die Pflicht der fusionierenden Stiftungen zur Erstellung einer **Fusionsbilanz**, wobei für die Voraussetzungen zur Erstellung einer **Zwischenbilanz** auf Art. 11 verwiesen wird. Der Gesetzgeber hat erkannt, dass der Bilanz auch bei der Fusion von Stiftungen eine wichtige Bedeutung zukommt, namentlich hinsichtlich der Bestimmung der Vermögen bzw. der Unternehmenswerte der Fusionspartner. Die Fusionsbilanz stellt eine *wesentliche Grundlage* der Fusion dar.

II. Anwendungsbereich

2 Art. 80 richtet sich – analog zu Art. 11 und Art. 89 – an **alle an einer Fusion beteiligten Stiftungen**. Das bedeutet, dass bei der Absorptionsfusion sowohl die übernehmende als auch die übertragende Stiftung und bei einer Kombinationsfusion alle übertragenden Stiftungen eine Bilanz zu erstellen haben (vgl. auch Komm. zu Art. 11 und 89).

3 Aufgrund des klaren Wortlautes haben die Stiftungen eine **Fusionsbilanz** zu erstellen. Das betrifft auch solche Stiftungen, welche *nicht* gem. Art. 957 OR buchführungspflichtig sind (vgl. auch Handkommentar FusG-BERNI/ROBERTO, N 2 f.). Damit auferlegt das FusG diesen Stiftungen nicht etwa die Buchführungspflicht oder weitet die in Art. 957 OR vorgesehene Buchführungspflicht aus, sondern statuiert lediglich die Pflicht, eine Bilanz zu erstellen (ibid.; zur Frage der Buchführungspflicht von Stiftungen im allgemeinen vgl. etwa BSK ZGB I-GRÜNINGER, Art. 81 N 25a; BSK OR II-NEUHAUS/BINZ, Art. 957 N 9; GRÜNINGER, 73 f.; BK-KÄFER, Art. 957 OR N 102 ff.; BK-RIEMER, Art. 81 ZGB N 110 f.; BGE 110 Ib 19).

4 In Bezug auf die **Zwischenbilanz** verweist die Botschaft auf die Ausführungen zu Art. 11 (Botschaft, 4471). Gemäss der Botschaft zu Art. 11 gilt die Pflicht zur Erstellung einer Zwischenbilanz nur für nach Art. 957 OR buchführungspflichtige Gesellschaften (Botschaft, 4406). Gestützt darauf könnte man zur Ansicht gelangen, dass Stiftungen, die nicht buchführungspflichtig i.S.v. Art. 957 OR sind, keine Zwischenbilanzen zu erstellen hätten. Das würde aber dem Prinzip des Fusionsgesetzes, dass die Bilanzen bei der Fusion *aktuell* sein sollen (Botschaft, 4471 und 4405; Handkommentar FusG-BERNI/ROBERTO, N 8; vgl. Komm. zu Art. 11), zuwiderlaufen. Stiftungen haben ohne-

hin eine ordnungsgemässe Buchführung zu führen, auch wenn sie nicht in jedem Fall eine kaufmännische sein muss (vgl. dazu BK-KÄFER, Art. 957 OR N 104; GRÜNINGER, 73) – sonst kann weder der stiftungsrechtliche Zweck verfolgt werden noch eine wirksame Beaufsichtigung erfolgen (vgl. BK-RIEMER, Art. 81 ZGB N 110; SPRECHER/VON SALIS-LÜTOLF, Frage 142; BSK ZGB I-GRÜNINGER, Art. 81 N 25a, BSK OR II-NEUHAUS/BINZ, Art. 957 N 9; BK-KÄFER, Art. 957 OR N 107). Zudem schreiben die Aufsichtsbehörden gewisse, allerdings allgemeine Bestimmungen über die Rechnungsführung und -legung vor, z.B. die Einreichung von (jährlichen) Berichten mit Betriebs- und Vermögensrechnungen (bzw. Bilanzen; BK-KÄFER, Art. 957 OR N 109; BK-RIEMER, Art. 84 OR N 58 ff. m.w.V.). Mit Einführung eines Rechnungslegungsgesetzes dürfte die Frage wohl weitgehend obsolet werden (das Bundesamt für Justiz hat einen Vorentwurf zum Rechnungslegungs- und Revisionsgesetz in die Vernehmlassung gegeben und von deren Ergebnis im Dezember 2000 Kenntnis genommen. Da der Gesetzesentwurf sehr unterschiedlich aufgenommen worden ist, hat der Bundesrat im Frühjahr 2003 beschlossen, den Vorentwurf umfassend zu überarbeiten). Aus den vorgenannten Gründen müssen m.E. auch jene Stiftungen, die nicht der kaufmännischen Buchhaltungspflicht unterstehen, eine Zwischenbilanz nach den Voraussetzungen von Art. 11 erstellen, mithin z.B. auch kirchliche- und Familienstiftungen.

III. Ordentliche Bilanz und Zwischenbilanz

1. Allgemeines

Die Fusionsbilanz ist gemäss den für die Stiftung anwendbaren Vorschriften zu erstellen. 5

2. Ordentliche Bilanz

Die **ordentliche Bilanz** kann als Fusionsbilanz verwendet werden, sofern der *Bilanzstichtag* beim Abschluss des Fusionsvertrages nicht mehr als sechs Monate zurückliegt und seit dem Abschluss der letzten Bilanz keine *wichtigen Änderungen in der Vermögenslage* der an der Fusion beteiligten Stiftungen eingetreten sind (Art. 80 i.V.m. Art. 11). 6

Die ordentliche Bilanz unterliegt der *fusionsrechtlichen Prüfung* durch einen **Revisor** gem. Art. 81 und ist mit dem Antrag auf *Genehmigung* der zuständigen **Aufsichtsbehörde** gemäss Art. 83 Abs. 1 Satz 3 einzureichen (vgl. Komm. zu Art. 81 und zu Art. 83). 7

3. Zwischenbilanz

Falls die unter N 6 genannten Bedingungen nicht beide *kumulativ* erfüllt sind, ist eine **Zwischenbilanz** zu erstellen. Das betrifft m.E. auch solche Stiftungen, welche nicht gem. Art. 957 OR buchführungspflichtig sind. Die Pflicht zur Erstellung einer Zwischenbilanz trifft nur diejenige Stiftung, welche in ihrer Vermögenslage betroffen ist. 8

In der Vernehmlassung wurde vorgeschlagen, die Frist von sechs Monaten auf neun Monate zu erhöhen (Vernehmlassungen, 121 ff.). Der Gesetzgeber hat aber an der **Sechsmonatefrist** unter Hinweis auf das EU-Recht ausdrücklich festgehalten (Botschaft, 4405; vgl. Komm. zu Art. 11). 9

Eine Zwischenbilanz ist auch zu erstellen, wenn seit dem Abschluss der letzten Bilanz eine **wichtige Änderung in der Vermögenslage** einer an der Fusion beteiligten Stiftung eingetreten ist. Massgebend ist dafür nicht der Abschluss der letzten Bilanz, sondern der 10 letzte *Bilanzstichtag*. Irrelevant ist, ob es sich dabei um eine Jahresbilanz oder schon um eine Zwischenbilanz handelt. Bei der Beurteilung der Wichtigkeit der Vermögensänderung muss auf den **Massstab der Wesentlichkeit (materiality)** abgestellt werden. Nur Änderungen, welche bezüglich der Funktion als Fusionsbilanz wesentlich sind, sind massgeblich. Unbedeutende Einflussgrössen können ausser Acht gelassen werden. Wesentlich dürfte eine Vermögensänderung etwa dann sein, wenn (i) sie dem obersten Leitungsorgan vernünftigerweise Anlass sein muss, die Bewertung des Fusionspartners zu überprüfen oder (ii) sie die sachliche Rechtfertigung der Fusion oder die Wahrung des Stiftungszwecks tangieren könnte. Unwesentlich ist eine Vermögensänderung wohl dann, wenn sie das bei üblichem Geschäftsverlauf Erwartbare nicht übersteigt (vgl. auch Handkommentar FusG-BERNI/ROBERTO, N 8). Ob eine Änderung in der Vermögenslage wesentlich ist, bleibt dem pflichtgemässen Ermessen des obersten Leitungsorgans überlassen. Die Pflicht zur Erstellung einer Zwischenbilanz endet mit dem Abschluss des Fusionsvertrages. Treten Änderungen danach ein, hat das oberste Leitungsorgan der betroffenen Stiftung die obersten Leitungsorgane der anderen an der Fusion beteiligten Stiftungen analog zu Art. 17 zu informieren und gegebenenfalls auch die Destinatäre und die Aufsichtsbehörde.

4. Anforderungen an die Zwischenbilanz

11 Art. 11 Abs. 2 wurde erst auf Antrag der Ständeratskommission (AmtlBull SR 2001, 149) ins Gesetz eingefügt und entspricht im Wesentlichen Art. 11 Abs. 2 EU-Fus-RL. Gemäss Art. 11 Abs. 2 ist die Zwischenbilanz nach den Grundsätzen und Vorschriften für den Jahresabschluss zu erstellen. Allerdings räumt diese Bestimmung **zwei Erleichterungen** ein:

12 – Eine körperliche Bestandesaufnahme ist nicht notwendig, so dass insbesondere **keine Inventur** (vgl. zum Begriff BK-KÄFER, Art. 958 OR N 14) durchgeführt werden muss (Art. 11 Abs. 2 lit. a); und

13 – die in der letzten Bilanz vorgenommenen Bewertungen brauchen nur **nach Massgabe der Bewegungen** in den Büchern verändert zu werden. Abschreibungen, Wertberichtigungen und Rückstellungen für die Zwischenzeit sowie wesentliche, aus den Büchern nicht ersichtliche Veränderungen der Werte müssen jedoch in der Zwischenbilanz berücksichtigt werden (Art. 11 Abs. 2 lit. b).

14 Zuständig für die Erstellung einer Zwischenbilanz ist das **oberste Leitungsorgan** der betroffenen Stiftung.

15 Gemäss Art. 81 unterliegt die Zwischenbilanz einer *fusionsrechtlichen Prüfung* durch einen **Revisor** (gl.M. Handkommentar FusG-BERNI/ROBERTO, N 9) und ist mit dem Antrag auf Genehmigung der zuständigen **Aufsichtsbehörde** einzureichen (Art. 83 Abs. 1 Satz 3).

Art. 81

Prüfung des Fusionsvertrags	¹ Die Stiftungen müssen den Fusionsvertrag sowie die Bilanzen von einer Revisorin oder einem Revisor prüfen lassen.
	² Sie müssen der Revisorin oder dem Revisor alle zweckdienlichen Auskünfte und Unterlagen geben.
	³ Die Revisorin oder der Revisor erstellt einen Bericht, in dem insbesondere darzulegen ist, ob die allfälligen Rechtsansprüche der Destinatäre gewahrt sind und ob Forderungen von Gläubigerinnen und Gläubigern bekannt oder zu erwarten sind, zu deren Befriedigung das Vermögen der beteiligten Stiftungen nicht ausreicht.
Vérification du contrat de fusion	¹ Les fondations font vérifier par un réviseur le contrat de fusion et les bilans.
	² Elles fournissent tous les renseignements et documents utiles au réviseur.
	³ Le réviseur établit un rapport précisant en particulier si les éventuelles prétentions juridiques des destinataires sont maintenues et s'il existe des créances connues ou escomptées qui ne peuvent être exécutées au moyen de la fortune des fondations qui fusionnent.
Verifica del contratto di fusione	¹ Le fondazioni devono far verificare il contratto di fusione e i bilanci da un revisore.
	² Esse devono fornire al revisore tutte le informazioni e i documenti utili.
	³ Il revisore redige una relazione in cui esamina in particolare se le eventuali pretese giuridiche dei destinatari siano salvaguardate e se esistano crediti noti o prevedibili che non possono essere soddisfatti mediante la sostanza delle fondazioni partecipanti alla fusione.

Literatur

P. ISLER, Legal Opinion in Kapitalmarkttransaktionen, in: Rolf H. Weber (Hrsg.), Neuere Entwicklungen im Kapitalmarktrecht, Zürich 2000, 103 ff.; H.M. RIEMER, Stiftungen und Fusionsgesetz, in: Riemer (Hrsg.), Die Stiftung in der juristischen und wirtschaftlichen Praxis, Zürich 2001, 101 ff. (zit. Fusionsgesetz); DERS., Die Behandlung der Vereine und Stiftungen im Fusionsgesetz, SJZ 2004, 201 ff. (zit. Stiftungen im Fusionsgesetz); M. TAUFER, Fusion von Stiftungen, AJP 1998, 777 ff.; U. VON SALIS, Fusionsgesetz, Teil I Gegenstand und Begriff, Teil II: Fusion, http\\:www.fusionsgesetz.ch; vgl. ausserdem die Literaturhinweise zu Art. 78.

I. Entstehungsgeschichte und Normzweck

1. Entstehungsgeschichte

Gemäss **Vorentwurf FusG** waren auf Stiftungsfusionen die Vorschriften über die Fusionsprüfung (vgl. Art. 15 VE FusG) nicht anwendbar (Art. 33 VE FusG; Begleitbericht zum Vorentwurf FusG, 40). Stattdessen oblag es den Aufsichtsbehörden, im Rahmen ihrer Genehmigungskompetenz zu prüfen, ob die Voraussetzungen für die Fusion erfüllt sind (vgl. Art. 34 Abs. 2 VE FusG), so insbesondere hinsichtlich des Stiftungszweckes (Art. 4 Abs. 5 VE FusG) und des Schutzes der Destinatäre mit Rechtsansprüchen (Art. 32 VE FusG; Begleitbericht zum Vorentwurf FusG, 41).

Art. 81 2–5   6. Kapitel: Fusion und Vermögensübertragung von Stiftungen

2   Im Rahmen der **Vernehmlassung** haben verschiedene Kreise die Regelung über Stiftungsfusionen sowie ihre gesetzessystematische Zuordnung kritisiert (Vernehmlassungen, 66 ff.; Botschaft, 4348). Beanstandet wurde insbesondere der mangelhafte Schutz der Destinatäre und der Gläubiger (Vernehmlassungen, 206 f.). Der Entwurf FusG hat dann das Institut der Fusionsprüfung in Art. 81 E FusG eingefügt. Der Wortlaut von Art. 81 E FusG gab in den parlamentarischen Beratungen keinen Anlass zu Diskussionen und wurde unverändert in das Fusionsgesetz aufgenommen.

2. Normzweck

3   Das Institut der Fusionsprüfung entspricht dem Zweckgedanken des Fusionsgesetzes, das vor allem die Interessen der von der Umstrukturierung betroffenen Personen schützen soll (Art. 1 Abs. 2; Botschaft, 4387). Dieser Schutz erfolgt präventiv, indem die fusionierenden Rechtsträger verschiedene Prüfungs- und Informationspflichten zu erfüllen haben, und repressiv, indem den Berechtigten Anfechtungs- (Art. 84 Abs. 2; Handkommentar FusG-SCHENKER, Art. 106 N 8) und Verantwortlichkeitsansprüche (Art. 108) zukommen (vgl. Art. 15 N 8). Der präventive Schutz wird bei Stiftungsfusionen (ausgenommen sind Stiftungen, die nicht der Aufsicht eines Gemeinwesens unterstehen, vgl. insb. Art. 84) mittels eines zweistufigen **Aufsichtskonzepts** verwirklicht: Die Fusion muss einerseits von der zuständigen Aufsichtsbehörde genehmigt werden, welche die Einhaltung der Zulässigkeitsvoraussetzungen gemäss Art. 78 überprüft (Art. 83). Andererseits schützt die Fusionsprüfung (Abs. 1) den Gehalt derjenigen Transaktionsdokumente, welche den Aufsichtsbehörden zu unterbreiten sind, und (Abs. 3) gewisse definierte Prüfungsfelder. Zusammen mit den übrigen formellen Vorschriften über die Fusion (vgl. Art. 79–85: Fusionsvertrag, Stiftungsbilanzen, Information von Destinatären mit Rechtsansprüchen, Genehmigung der Fusion durch die zuständige Aufsichtsbehörde bzw. Fusionsbeschluss und Schuldenruf) soll die Fusionsprüfung sicherstellen, dass die Aufsichtsbehörde ihre Genehmigung in Kenntnis der wesentlichen Elemente der Fusion erteilen kann. Insofern unterstützt die Fusionsprüfung die Aufsichtsbehörden in ihrer Entscheidfindung im Hinblick auf die Genehmigung der Stiftungsfusion.

4   Ausserdem dient die Fusionsprüfung indirekt dem **Gläubigerschutz**. Wenn der Prüfungsbericht bekannte oder zu erwartende Forderungen identifiziert, zu deren Befriedigung das Vermögen der beteiligten Stiftungen nicht ausreicht, muss die Aufsichtsbehörde einen Schuldenruf durchführen (Art. 85). Ansonsten kann sie von einem Schuldenruf absehen (Art. 85 Abs. 2). In diesem Zusammenhang ist zu berücksichtigen, dass der Prüfungsbericht der Öffentlichkeit nach Anmeldung der Fusion beim Handelsregister (vgl. N 23) zugänglich ist und insofern auch als Rechenschaftsablage dient (**a.M.** KÜHNI zur Fusion von Gesellschaften, vgl. Art. 14 N 8a f.).

II. Fusionsprüfung (Abs. 1)

1. Anwendungsbereich

5   Gemäss Art. 81 Abs. 1 müssen die Stiftungen den Fusionsvertrag sowie die Bilanzen von einem Revisor prüfen lassen. Art. 81 regelt die Modalitäten der Fusionsprüfung und beantwortet folgende Fragen:

– was von wem zu prüfen ist (Abs. 1 und Abs. 3);
– welche Hilfsmittel dem Fusionsprüfer zur Verfügung stehen (Auskunfts- und Editionsrecht, Abs. 2); und

– in welcher Form die Ergebnisse der Fusionsprüfung festzuhalten sind (Prüfungsbericht, Abs. 3)?

Der **Anwendungsbereich** dieser Vorschrift ist im Gegensatz zur Fusionsprüfung bei Gesellschaften (vgl. Art. 15 N 40 ff.; Botschaft, 4413) nicht beschränkt und erstreckt sich – unabhängig von der Grösse oder Struktur der betroffenen Stiftungen – auf sämtliche Stiftungsfusionen. Ein Anliegen des Fusionsgesetzes, für kleine Verhältnisse Erleichterungen oder Sondervorschriften vorzusehen (vgl. Art. 15 Abs. 2; Art. 39 Abs. 2; Art. 61 Abs. 2), ist im Stiftungsbereich nicht verwirklicht. Eine Fusionsprüfung ist also selbst dann erforderlich, wenn die Kosten für die Umstrukturierung (Erstellen einer Bilanz und Zwischenbilanz, Honorar für die Fusionsprüfer etc.) in einem Missverhältnis zu den involvierten wirtschaftlichen Interessen stehen oder die finanziellen Möglichkeiten der beteiligten Stiftungen übersteigen. Ob dies einer echten Lücke oder einem qualifizierten Schweigen des Gesetzgebers zuzuschreiben ist, ist aus den Materialien nicht ersichtlich. Nach einer systematischen Betrachtung des Fusionsgesetzes wäre es wohl gerechtfertigt, die Fusionsprüfung nur bei jenen Stiftungen zu verlangen, die über ein bestimmtes Vermögen verfügen. Der Zweckgedanke von Art. 81 (Wahrung der Rechtsansprüche der Destinatäre; Art. 78 Abs. 2; vgl. N 3) verlangt dagegen eine Prüfung unabhängig von der Grösse der Stiftung. Die Rechtsfortbildung wird zeigen, ob das systematische oder teleologische Argument überwiegen wird.

2. *Fusionsprüfer*

Die beteiligten Stiftungen sind verpflichtet, eine Fusionsprüfung durch einen Revisor (sog. Fusionsprüfer) durchführen zu lassen. Sie können je ihren eigenen Revisor oder aus Kostenüberlegungen einen gemeinsam bestellten Revisor einsetzen (Handkommentar FusG-BERNI/ROBERTO, N 1). Auftraggeber sind die Stiftungen, wobei die Mandatserteilung durch die zuständigen Stiftungsorgane erfolgt (die Zuständigkeit ergibt sich aus der internen Kompetenzordnung, vgl. BK-RIEMER, Art. 83 ZGB N 7). Das Vertragsverhältnis zwischen den Stiftungen und dem Fusionsprüfer ist auftragsrechtlicher Natur. Die Prüfungspflichten (Art. 81 Abs. 1 und 3) und die Verantwortlichkeit der mit der Prüfung betrauten Personen (Art. 108) ergeben sich zwingend aus dem Fusionsgesetz (vgl. Art. 15 N 18). Die Regeln gemäss Art. 394 ff. OR sind somit zumindest analog anwendbar. Aufgrund des Gebotes der Unabhängigkeit ist der Fusionsprüfer indes nicht i.S.v. Art. 397 OR weisungsgebunden. Der Fusionsprüfer muss seine Aufgaben gemäss Art. 81 in Eigenverantwortung erfüllen.

a) *Fachliche Anforderungen*

Im Gegensatz zu Art. 15 muss der Fusionsprüfer keine besondere **Befähigung** aufweisen (Abs. 1; Botschaft, 4471). Allerdings muss der Fusionsprüfer befähigt sein, seine Aufgaben gemäss Art. 81 zu erfüllen (Art. 727a OR analog). Wenn ein Revisor den Prüfungsauftrag übernimmt, ohne den erforderlichen fachlichen Anforderungen zu genügen, setzt er sich einer Verantwortlichkeit bzw. Haftung aus (Art. 108; zu den Haftungsvoraussetzungen vgl. Komm. zu Art. 108). Als Beauftragter muss der Fusionsprüfer seine Aufgaben sorgfältig besorgen (Art. 398 OR). Wenn der berufene Revisor die fachlichen Anforderungen nicht erfüllt, die für die Prüfungshandlungen erforderlich sind, besteht ein Übernahmeverschulden, was eine Sorgfaltspflichtverletzung darstellt (BSK OR I-WEBER, Art. 398 N 28).

Aus diesen Gründen ist der Fusionsprüfer gut beraten, wenn er selbst oder durch beigezogene Hilfspersonen über die nötigen fachlichen Kompetenzen verfügt, um die Prüfungshandlungen *lege artis* auszuführen. Muss er beispielsweise Rechtsfragen (vgl.

N 12 f.) überprüfen, sollte er die nötige Fachkompetenz selbst haben oder die spezifische Prüfung einem externen Rechtsexperten übertragen (vgl. Art. 398 Abs. 3 OR).

b) Unabhängigkeit

9 Das Fusionsgesetz statuiert zwar (im Gegensatz z.B. zu Art. 727c OR) nicht ausdrücklich, dass der Fusionsprüfer unabhängig sein muss. Das Unabhängigkeitserfordernis ergibt sich jedoch aus den Materialien (Begleitbericht zum Vorentwurf FusG, 30; Botschaft, 4413) und entspricht der herrschenden Lehre (Handkommentar FusG-COMBŒUF, Art. 15 N 9 f.; vgl. Art. 15 N 14). Die Anforderungen an die **Unabhängigkeit** des Fusionsprüfers richten sich sinngemäss nach Art. 727c OR (Begleitbericht zum Vorentwurf FusG, 30). Danach darf der Fusionsprüfer weder der Leitung der beteiligten Stiftungen noch einem anderen Stiftungsorgan angehören. Zudem darf er nicht Arbeitnehmer einer der beteiligten Stiftungen sein oder andere Arbeiten für diese besorgen, die mit dem Prüfungsauftrag unvereinbar sind, wie z.B. Finanzberater einer der beteiligten Stiftungen bei den Fusionsverhandlungen (VON SALIS, 100; Handkommentar FusG-COMBŒUF, Art. 15 N 10). Schliesslich darf er auch keine besonderen Vorteile annehmen (vgl. zu dieser Neuerung des Art. 727c Abs. 1 Satz 3 OR, Komm. zu Art. 727c OR). Ein Destinatär mit Rechtsansprüchen ist m.E. nicht unabhängig und kommt deshalb nicht als Fusionsprüfer in Frage (vgl. auch Bericht der Kommission für Wirtschaft und Abgaben des StR vom 23.10.2003 zur parlamentarischen Initiative Revision des Stiftungsrechtes, BBl 2003, 8166). Ebenso wenig sind m.E. die Revisoren der involvierten Stiftungen unabhängig. Mit dem Verweis auf Art. 727c OR – und das wird in den Materialien und der Lehre nicht klar auseinander gehalten – werden die Mindestanforderungen an die Unabhängigkeit definiert, jedoch nicht der Vereinbarkeit eines Revisionsmandats mit der Fusionsprüfung das Wort geredet.

10 Die Unabhängigkeit umfasst eine innere und äussere Unabhängigkeit (BSK OR II-WATTER, Art. 727c N 4 ff.; VON SALIS, 100; Handkommentar FusG-COMBŒUF, Art. 15 N 10). Die innere, tatsächliche Unabhängigkeit setzt voraus, dass der Prüfer seine Aufgaben frei und unbeeinflusst von den Stiftungen bzw. deren Organen wahrnehmen kann *(independence of fact)*. Gegen aussen soll mit der Unabhängigkeit der Anschein der **Befangenheit** vermieden werden *(independence in appearance)*. Vor allem aus letzterem Grund sollte die Kumulation eines Revisionsstellenmandates und eines Prüfungsauftrages m.E. (entgegen der h.M.) nicht zugelassen werden. Andernfalls wird ein Anschein der Abhängigkeit erweckt, der mit den Unabhängigkeitserfordernissen unvereinbar ist (**a.M.** Art. 15 N 15; Handkommentar FusG-COMBŒUF, Art. 15 N 10; Handkommentar FusG-BERNI/ROBERTO, N 2; Botschaft, 4471; bei der Ernennung eines einzigen Fusionsprüfers wohl gl.M. VON SALIS, 100). Es entspricht der allgemeinen Lebenserfahrung, dass wirtschaftliche Interessen bzw. Abhängigkeiten den Anschein der Befangenheit erwecken (z.B. wenn ein Fusionsprüfer bereits ein kommerziell interessantes und prestigeträchtiges Revisionsmandat für die beteiligten Stiftungen führt; wohlgemerkt geht es nicht darum zu unterstellen, die Revisionsgesellschaften seien deshalb tatsächlich abhängig und würden ihren Auftrag nicht ordnungsgemäss ausführen, aber der Anschein der Abhängigkeit allein genügt m.E. für die Unvereinbarkeit). Es besteht die «Gefahr, dass der Wettbewerb um den Erhalt des Revisionsmandates ... die Unabhängigkeit bei der Fusionsprüfung beeinträchtigt» (VON SALIS, 100). Zudem entspricht es herrschender Lehre, dass eine Revisionsstelle nicht ihre eigenen Tätigkeiten überprüfen darf, da dadurch ihre Unabhängigkeit von Eigeninteressen beeinflusst ist (vgl. BSK OR II-WATTER, Art. 727c N 5). Vor allem wenn die Fusionsbilanz der geprüften Jahresrechnung entspricht, ist ein solcher Interessenkonflikt möglich.

Und schliesslich sind auch die neueren **gesetzgeberischen Entwicklungen** betreffend Unabhängigkeitsanforderungen an die Revisionsstelle (vgl. vor allem die Unvereinbarkeit mit Beratungsmandaten) zu beachten. Das EJPD hat auf Ende Dezember 2003 eine Botschaft mit Gesetzesentwurf über die Zulassung und Beaufsichtigung der Revisoren erarbeitet, welche die Unabhängigkeit der Revisionsstelle verschärft, um Interessenkonflikte zu verhindern. Der Bundesrat hat diese Botschaft indes noch nicht verabschiedet, um die sich anbahnenden internationalen Rechtsentwicklungen (v.a. in der EU und in den USA) berücksichtigen zu können (vgl. Pressemitteilung vom 15.12.2003, EJPD). Auslöser dieser Entwicklungen waren verschiedene parlamentarische Initiativen und Motionen, die ein Konzept «*audit-only*» gefordert haben (Bericht der RK StR vom 15.8.2003 betreffend Unabhängigkeit des Revisorates; AmtlBull NR 2003, 798 ff.).

3. Aufgaben des Fusionsprüfers

Die beteiligten Stiftungen müssen gewisse transaktionsspezifische Dokumente sowie bestimmte andere Bereiche von einem Revisor prüfen lassen. Die Fusionsprüfung ist kein gewöhnlicher Prüfungsauftrag und entspricht nicht der Tätigkeit bei der Prüfung eines Jahresabschlusses (vgl. z.B. Art. 728 OR). Bei den Prüfungshandlungen geht es um die Überprüfung von Tatsachen, aber auch von buchhalterischen und rechtlichen Fragen. **Prüfungsgegenstände** sind einmal gemäss Art. 81 Abs. 1 der Fusionsvertrag (N 13 f.) sowie die Bilanzen (N 15), also die Transaktionsdokumente. Die in Abs. 3 speziell aufgeführten Prüfungsfelder sind dabei namentlich zu kontrollieren, d.h. ob allfällige Rechtsansprüche der Destinatäre gewahrt (N 16) und die Forderungen von Gläubigern gedeckt (N 17) sind. Fraglich ist gemäss Wortlaut von Art. 81, ob die übrigen Voraussetzungen für Fusionen (vgl. Art. 78) zu prüfen sind (N 18). Die Ergebnisse der Fusionsprüfung sind schliesslich nach Art. 81 Abs. 3 in einem schriftlichen Bericht (N 20 ff.) festzuhalten.

a) Fusionsvertrag

Nach dem Gesetzeswortlaut muss der Revisor den Fusionsvertrag prüfen. Weder im Gesetz noch in den Materialien wird definiert, nach welchen Kriterien der Fusionsvertrag zu prüfen ist. Nach einer Meinung unterliegen nur die bewertungsrelevanten Aspekte im Fusionsvertrag der Fusionsprüfung. Nicht bewertungsrelevante Aussagen (z.B. Formalien wie Art. 79 Abs. 2 lit. a, Zeitpunkt der Fusionswirkung gemäss Art. 79 Abs. 2 lit. c etc.) seien dagegen nicht zu prüfen (vgl. Art. 15 N 24 f.; VON SALIS, 99 und 106; ZWICKER, Prüfung, ZSR 2004 I, 166; die Aussagen zur Prüfung bei Gesellschaftsfusionen gelten wohl sinngemäss für die Prüfung von Stiftungsfusionen). Begründet wird diese Auffassung unter anderem damit (vgl. die ausführliche Begründung bei Art. 15 N 25 ff. und ZWICKER, Prüfung, ZSR 2004 I, 166), dass der Kern der Fusionsprüfung in der Prüfung der Bewertungsmethode (d.h. Vertretbarkeit des Umtauschverhältnisses und Angemessenheit der Methodenwahl) liege. Gerade die Fusionsprüfung im Stiftungsbereich (Art. 81 Abs. 3), aber auch bei Vorsorgeeinrichtungen (Art. 92 Abs. 3), zeigt, dass dieses Argument nicht stichhaltig ist. Das Institut der Fusionsprüfung dient allgemein dem Schutz der Interessen der von der Umstrukturierung betroffenen Personen. Bewertungsrelevante Interessen sind wichtig, aber nicht die einzigen Aspekte bei der Prüfung. Ausserdem wird der rein bewertungsrelevante Prüfungsinhalt mit dem Argument vertreten, eine formelle Vollständigkeitsprüfung sei letztlich unnötig, da diese vom Handelsregister ohnehin von Amtes wegen vorzunehmen sei (vgl. Art. 15 N 25c; ZWICKER, Prüfung, ZSR 2004 I, 166 FN 51 Ziff. 2). Diese Begründung lässt m.E. den präventiven Schutzgedanken der Fusionsprüfung ausser Acht (vgl. N 3) und überzeugt deshalb nicht. Ein anderer Teil der Lehre geht weiter und macht geltend, der Fusionsprüfer müsse die Gesetzeskonformität sowie die Richtigkeit und Vollständigkeit des Fusionsvertrages prüfen (Handkommentar FusG-COMBŒUF, Art. 15 N 3). Diese Ansicht ist ebenfalls abzulehnen, wenn damit eine umfassende rechtliche Prüfung *(due diligence)* und Beurteilung gemeint ist, d.h. wenn der Fusionsvertrag sowie jede einzelne Vertragsbestimmung juristisch überprüft und beurteilt werden müsste (z.B. Regelung der subjektiv und objektiv wesentlichen Punkte, gültiges Zustandekommen, Rechtsverbindlichkeit, Durchsetzbarkeit, etc.). Wenn die Fusionsprüfung so extensiv durchgeführt werden müsste, würde ein vorbehaltloser Prüfungsbericht testieren, dass der Fusionsprüfer die juristischen Sachverhalte betreffend den Fusionsvertrag geprüft und wegen fehlender Vorbehalte für in Ordnung befunden hat. Dies entspräche funktional einer Legal Opinion (vgl. zur Funktion der Legal Opinion, ISLER, 105 ff.), was vom Gesetzgeber wohl nicht beabsichtigt wurde.

14 Diesen Meinungen kann m.E. aufgrund der grammatikalischen und teleologischen Auslegung von Art. 81 nicht gefolgt werden. Beim Fusionsvertrag hat der Prüfer die **Übereinstimmung mit dem Fusionsgesetz**, der Stiftungsurkunde, dem Reglement und allfälligen Weisungen der Aufsichtsbehörden zu prüfen (gl.M. für die Prüfung von Gesellschaftsfusionen unter dem deutschen Recht, LUTTER-LUTTER, § 9 N 9; vgl. auch die Aufgaben der Prüfstelle bei öffentlichen Kaufangeboten, Art. 26 UEV-UEK). Ob dies zutrifft, ist eine Rechtsfrage und ergibt sich aus Art. 79, der die Zuständigkeit für den Abschluss, den Mindestinhalt und die Form des Fusionsvertrags regelt (vgl. Komm. zu Art. 79). Darüber hinaus sollte keine weitergehende rechtliche Prüfung verlangt werden, es sei denn, dass eine materielle Prüfung im Hinblick auf Art. 81 Abs. 3 geboten erscheint. Daneben sollte der Fusionsprüfer im Umfang von Art. 79 sicherstellen, dass die entsprechenden Angaben den tatsächlichen Verhältnissen entsprechen. Im Übrigen muss der Fusionsprüfer seine Prüfung so durchführen, dass er wesentliche Fehlaussagen mit angemessener Sicherheit erkennen kann (vgl. Bericht der Prüfstelle gemäss Art. 25 BEHG im Angebotsprospekt vom 23.1.2004 betreffend öffentliches Kaufangebot der Intervia Anlagen AG für Gerolag AG, 7).

b) Fusionsbilanz

15 Zu prüfen sind auch die Fusionsbilanzen. Nach einer überzeugenden Lehrmeinung muss der Revisor nicht prüfen, ob die Bilanzen mit den anwendbaren Rechnungslegungsvorschriften vereinbar sind. Vielmehr bezieht sich die Prüfung auf die Einhaltung von Art. 80 (Handkommentar FusG-COMBŒUF, Art. 15 N 13). Insbesondere muss der Fusionsprüfer abklären, ob eine Zwischenbilanz zu erstellen ist.

c) Weitere Prüfungsfelder?

16 Der Prüfungsbericht muss nach Art. 81 Abs. 3 unter anderem darlegen, ob allfällige Rechtsansprüche der Destinatäre gewahrt sind und ob die Stiftungsvermögen zur Befriedigung allfälliger Gläubigerforderungen ausreichen. Es versteht sich von selbst, dass Bereiche, die vom Prüfungsbericht abgedeckt werden müssen, auch einer Prüfung zu unterziehen sind. Speziell zu prüfen hat der Fusionsprüfer folglich die Wahrung der **Rechtsansprüche der Destinatäre**. Vor allem den Destinatären von Familien- und Personalvorsorgestiftungen werden kraft Stiftungsurkunden oder -reglementen solche Rechtsansprüche i.S.v. Art. 81 Abs. 3 eingeräumt. Bei den übrigen Stiftungen gelten die Stiftungsbegünstigten nicht als Destinatäre mit Rechtsansprüchen (BK-RIEMER, Systematischer Teil zu Art. 80–89bis ZGB N 337 und Art. 85 f. ZGB N 25 ff.; TAUFER, 781; Handkommentar FusG-BERNI/ROBERTO, Art. 78 N 13). Wenn Destinatären von klassischen Stiftungen individuell Leistungen zugesprochen oder vertraglich eingeräumt werden, verfügen sie über durchsetzbare Rechtsansprüche. Es ist davon auszugehen, dass der Fusionsprüfer solche Rechtsansprüche ebenfalls prüfen muss, es sei denn, solche Ansprüche begründen eine Gläubigerstellung und können gemäss Art. 85 sichergestellt werden (vgl. *e contrario* aus Art. 85 Abs. 1 letzter Satz; vgl. zur Frage, ob diese Ansprüche eine Gläubigerstellung begründen, Komm. zu Art. 85).

Weiter hat der Fusionsprüfer allfällige **Gläubigerforderungen** zu identifizieren, die vom Vermögen der beteiligten Stiftungen nicht befriedigt werden können. Insofern dient die Fusionsprüfung dem Schutz der Gläubigerinteressen. Diese Gläubigerschutzfunktion zeigt sich auch darin, dass die Aufsichtsbehörde gemäss Art. 85 Abs. 2 von einem Schuldenruf absehen kann, wenn der Prüfungsbericht keine ungedeckten Forderungen festhält. Der Prüfungsinhalt in diesem Bereich beschränkt sich wohl auf eine Plausibilitätsprüfung. Der Fusionsprüfer sollte sich nach der hier vertretenen Auffassung auf die Fusionsbilanzen verlassen können. Nur wenn Anhaltspunkte vorliegen, dass weitere Forderungen bestehen, müsste der Fusionsprüfer weitergehende Prüfungen durchführen. Indessen ist eine eigentliche Due Diligence, in der die Stiftungen in verschiedener Hinsicht detailliert untersucht werden, nicht erforderlich. 17

Unklar auf den ersten Blick ist, ob sich die Prüfungshandlungen ausser auf die Wahrung der Rechtsansprüche der Destinatäre auch auf die weiteren **Voraussetzungen der Fusion** erstrecken müssen. Eine grammatikalische Auslegung von Art. 81 würde zulassen, dass die Erfordernisse der sachlichen Rechtfertigung der Fusion sowie der Zweckwahrung (vgl. Art. 78 Abs. 2) nicht geprüft werden müssen. Das oberste Stiftungsorgan müsste dafür besorgt sein, dass die Voraussetzungen der Fusion erfüllt sind (Art. 83 Abs. 1). Ob dem so ist, wird allenfalls noch von der Aufsichtsbehörde überprüft. Bei Familienstiftungen und kirchlichen Stiftungen, die nicht der Aufsicht eines Gemeinwesens unterstehen (Art. 87 Abs. 1 ZGB), fehlt die Überprüfung durch eine «externe» Stelle gänzlich (wie z.B. durch den Fusionsprüfer; Art. 83 Abs. 1, Art. 84 Abs. 1). Dies ist nicht mit dem Zweckgedanken und Aufsichtskonzept (vgl. N 3) des Fusionsgesetzes vereinbar. Sinn und Geist von Art. 81 rechtfertigen eine weitergehende Prüfung der Fusionsvoraussetzungen. Auch grammatikalische Überlegungen (vgl. den Begriff «insbesondere» im Art. 81 Abs. 3) führen zum gleichen Ergebnis. 18

III. Auskunfts- und Editionspflichten (Abs. 2)

Um seinen Prüfungsauftrag erfüllen zu können, ist der Fusionsprüfer darauf angewiesen, die nötigen **Unterlagen und Auskünfte** von den beteiligten Stiftungen zu erhalten. Art. 81 Abs. 2 statuiert deshalb die Pflicht der an der Fusion beteiligten Stiftungen, dem Fusionsprüfer alle zweckdienlichen Auskünfte zu erteilen und Unterlagen herauszugeben (Botschaft, 4471; Handkommentar FusG-BERNI/ROBERTO, N 3). Unklar ist, wie der Fusionsprüfer dieses Auskunfts- und Editionsrecht gegenüber den Stiftungen durchsetzen kann (möglich wäre zum Beispiel, dass der Fusionsprüfer bei der Aufsichtsbehörde die Erteilung entsprechender Weisungen an die Stiftungsorgane verlangt). Immerhin hat er die Möglichkeit, sein Prüfungsmandat (Art. 404 OR) jederzeit niederzulegen, wenn die Stiftungen ihm nicht die erforderlichen Auskünfte erteilen und Dokumente herausgeben. Sodann würden die zuständigen Stiftungsorgane ihre Pflichten verletzen und sich allenfalls einer Verantwortlichkeit gemäss Art. 108 aussetzen. 19

IV. Prüfungsbericht (Abs. 3)

a) Inhalt des Prüfungsberichtes

20 Nach Abschluss seiner Prüfungshandlungen muss der Fusionsprüfer den Prüfungsbericht erstellen, der die **Ergebnisse seiner Prüfung** festhält. Darin hat er gemäss Art. 81 Abs. 3 insbesondere darzulegen, ob die allfälligen Rechtsansprüche der Destinatäre gewahrt bleiben und ob Forderungen bekannt oder zu erwarten sind, zu deren Befriedigung das Vermögen der beteiligten Stiftungen nicht ausreicht. Darüber hinaus ist der Fusionsprüfer gehalten, allfällige Unregelmässigkeiten bei der Prüfung der anderen Prüfungsgegenstände (vgl. N 12 ff.) offenzulegen.

21 Dass der Fusionsprüfer bezüglich der Transaktionsdokumente zu testieren habe (Bestätigungsvermerk), der Fusionsvertrag und die Fusionsbilanzen seien formell und materiell vollständig und richtig, geht m.E. zu weit (vgl. N 14). Eine Bestätigung, die Dokumente stimmen mit den Anforderungen des Fusionsgesetzes, der Stiftungsurkunde, dem Reglement und allfälligen Weisungen der Aufsichtsbehörden überein, sollte genügen. Sodann wird ein solcher Bericht die üblichen Annahmen und Vorbehalte enthalten (Handkommentar FusG-COMBŒUF, Art. 15 N 21). Es ist davon auszugehen, dass die Standesorganisation der Revisionsgesellschaften Empfehlungen über den Inhalt solcher Prüfungsberichte abgeben wird.

b) Funktion des Prüfungsberichtes

22 Der Fusionsprüfer muss den Prüfungsbericht den beteiligten Stiftungen (als Auftraggeber) überreichen. Bei Stiftungen, die der Aufsicht eines Gemeinwesens unterstehen, müssen die obersten Stiftungsorgane den Fusionsbericht zusammen mit dem Antrag auf Genehmigung der Aufsichtsbehörde einreichen (Art. 83 Abs. 1 *in fine*). Dieser Bericht unterstützt die Aufsichtsbehörde bei ihrem Genehmigungsentscheid. Bei Familienstiftungen und kirchlichen Stiftungen muss das oberste Organ der übertragenden Stiftung den Prüfungsbericht im Rahmen der Informationspflicht den Destinatären mit Rechtsansprüchen zustellen (vgl. Komm. zu Art. 82).

23 Der Prüfungsbericht präjudiziert den weiteren Verlauf des Fusionsverfahrens. Gemäss Art. 85 Abs. 2 darf die Aufsichtsbehörde oder, bei Familienstiftungen und kirchlichen Stiftungen, das oberste Organ von einem Schuldenruf absehen, wenn der Prüfungsbericht keine ungedeckten Forderungen identifiziert (vgl. Komm. zu Art. 85). Der Prüfungsbericht ist sodann mit der Anmeldung der Fusion dem Handelsregisteramt als Beleg einzureichen (Art. 83 Abs. 3; Art. 109 Abs. 1 lit. d HRegV).

c) Mängel und Vorbehalte

24 Wenn der Prüfungsbericht **Mängel** aufweist, müssen verschiedene Rechtsfolgen unterschieden werden. Fehlen im Prüfungsbericht die gesetzlich gebotenen Ausführungen (Art. 81 Abs. 1 und 3), ist er also *unvollständig*, wird der Handelsregisterführer (vgl. aber die beschränkte Kognitionsbefugnis gemäss Art. 940 OR i.V.m. Art. 38 HRegV; zur Rechtswirksamkeit bei Familienstiftungen und kirchlichen Stiftungen, Art. 84 Abs. 1) die Fusion erfahrungsgemäss wegen fehlerhaftem Beleg nicht im Handelsregister eintragen. Die Fusion wird ohne entsprechenden Handelsregistereintrag nicht rechtswirksam (Art. 83 Abs. 4 i.V.m. Art. 22 Abs. 1). Wird die Fusion indessen trotzdem eingetragen bzw. rechtswirksam, ist eine Anfechtung der Fusion möglich (bei Familienstiftungen und kirchlichen Stiftungen gemäss Art. 84 Abs. 2; die Genehmigung (Verfügung) der Aufsichtsbehörde ist nach den stiftungsrechtlichen Bestimmungen anfechtbar (RIEMER, Stif-

tungen im Fusionsgesetz, 208). Sind Aussagen im Prüfungsbericht *falsch*, ist die Fusion anfechtbar. Jedenfalls ist der Fusionsprüfer bei Mängeln gemäss Art. 108 (vgl. Komm. zu Art. 108) verantwortlich.

Ein Prüfungsbericht kann auch **Vorbehalte** bezüglich des Prüfungsgegenstandes aufweisen. Stellt ein Bericht fest, dass die Rechtsansprüche der Destinatäre nicht gewahrt oder die Forderungen der Gläubiger nicht durch die Stiftungsvermögen gedeckt sind, hat ein solcher Vorbehalt – sofern die Aufsichtsbehörde bzw. das oberste Organ materiell zu einer entgegengesetzten Beurteilung kommt – keine Auswirkung auf die Zulässigkeit der Fusion (allerdings muss die Aufsichtsbehörde bzw. das oberste Organ einen Schuldenruf durchführen, wenn der Fusionsbericht ungedeckte Forderungen identifiziert, Art. 85 Abs. 2). Auch das Handelsregister darf die Eintragung der Fusion deswegen nicht ablehnen (wohl **a.M.** Handkommentar FusG-COMBŒUF, Art. 15 N 26). Im Gegensatz zu einer Prüfungsbestätigung der Revisionsstelle bei einer Kapitalerhöhung, in der die Richtigkeit und Vollständigkeit des Kapitalerhöhungsberichts bestätigt werden (Art. 652f Abs. 1 OR) und die Bestätigung als Voraussetzung für den Handelsregistereintrag vorbehaltlos sein muss (Art. 80 Abs. 1 lit. g HRegV), ist eine solche uneingeschränkte Bestätigung gemäss Art. 81 Abs. 3 nicht verlangt. Vielmehr ist der Fusionsprüfer nur verpflichtet, einen Bericht zu erstellen, in dem gewisse Informationen darzulegen sind. Diese Unterscheidung lässt sich erklären mit den verschiedenen Funktionen einer Prüfungsbestätigung gemäss Art. 652f Abs. 1 OR, welche die Aktionäre vor einer vermögensmässigen Verwässerung schützen soll, und einem Prüfungsbericht, der dem präventiven Schutz der Betroffenen dient (vor allem im Hinblick auf ihre Anfechtungs- und Verantwortlichkeitsansprüche). Ebenso wenig ist beachtlich, wenn der Fusionsprüfer kein vorbehaltloses Testat bezüglich der Transaktionsdokumente (Fusionsvertrag und Fusionsbilanzen) abgibt, jedoch die Aufsichtsbehörde oder, bei Familienstiftungen und kirchlichen Stiftungen, das oberste Organ der Meinung sind, dass diese Dokumente mit dem Fusionsgesetz übereinstimmen. Aus praktischen Gründen werden sich jedoch diese Stellen nicht ohne zwingende Gründe über den Vorbehalt des Prüfungsberichtes hinwegsetzen, zumal das Handelsregister die Eintragung der Fusion verhindern kann, wenn die Belege der Handelsregisteranmeldung nicht den gesetzlichen Erfordernissen entsprechen. 25

V. Haftungsfragen

Der Fusionsprüfer ist für Pflichtverletzungen gemäss Art. 108 verantwortlich (vgl. Komm. zu Art. 15 und Art. 108). Dies trifft beispielsweise zu, wenn der Fusionsprüfer die Prüfungshandlungen unsorgfältig durchführt oder einen falschen Bericht abgibt. Fehlen einem Fusionsprüfer die fachlichen Anforderungen oder die erforderliche Unabhängigkeit, hat er den Prüfungsauftrag abzulehnen bzw. niederzulegen, ansonsten er haftbar wird (N 7; Handkommentar FusG-COMBŒUF, Art. 15 N 28). In solchen Fällen können aber auch die Stiftungsorgane, welche den abhängigen Prüfer bestellt haben und Kenntnis von dieser Abhängigkeit hatten oder hätten haben sollen, verantwortlich werden. 26

Art. 82

Informations- pflicht	**Das oberste Organ der übertragenden Stiftung informiert die Destinatäre mit Rechtsansprüchen vor dem Antrag an die Aufsichtsbehörde über die geplante Fusion und deren Auswirkungen auf ihre Rechtsstellung. Bei Familienstiftungen und kirchlichen Stiftungen erfolgt die Information vor dem Fusionsbeschluss.**
Devoir d'information	Avant de requérir l'approbation de l'autorité de surveillance, l'organe supérieur de la fondation transférante informe les destinataires ayant des prétentions juridiques de la fusion projetée ainsi que de ses répercussions sur leur statut juridique. Dans le cas de fondations de famille et de fondations ecclésiastiques, l'information a lieu avant la décision de fusion.
Obbligo d'informare	Prima di chiedere l'approvazione dell'autorità di vigilanza, l'organo superiore della fondazione trasferente informa i destinatari titolari di pretese giuridiche circa la fusione prospettata e le sue ripercussioni sul loro statuto giuridico. Per le fondazioni di famiglia e le fondazioni ecclesiastiche, l'informazione avviene prima della decisione di fusione.

Literatur

H.M. RIEMER, Stiftungen und Fusionsgesetz, in: Riemer (Hrsg.), Die Stiftung in der juristischen und wirtschaftlichen Praxis, Zürich 2001, 101 ff. (zit. Fusionsgesetz); M. TAUFER, Fusion von Stiftungen, AJP 1998, 777 ff.; vgl. ausserdem die Literaturhinweise zu Art. 78.

I. Entstehungsgeschichte und Normzweck

1. Entstehungsgeschichte

1   Der **Vorentwurf FusG** hat bei Stiftungsfusionen kein Einsichtsrecht (vgl. Art. 33 i.V.m. Art. 17 VE FusG) zugunsten der betroffenen Personen vorgesehen. Vielmehr waren die obersten Stiftungsorgane gemäss Art. 32 Abs. 2 VE FusG verpflichtet, die Destinatäre mit Rechtsansprüchen vor Abschluss des Fusionsvertrages über die geplante Fusion und deren Auswirkungen zu informieren. Diese Information hätte es den Destinatären ermöglicht, «Vorkehrungen zum Schutz ihrer Rechtsansprüche zu treffen» (Begleitbericht zum Vorentwurf FusG, 40).

2   Der Gesetzestext in Art. 82 beruht auf dem Entwurf FusG. Über den Wortlaut dieser Bestimmung wurde im Parlament soweit ersichtlich nicht diskutiert.

2. Normzweck

3   Ziel von Art. 82 ist der Schutz von Destinatären mit Rechtsansprüchen (vgl. allgemein zum Schutzgedanken im Fusionsgesetz, Art. 81 N 3). Die Destinatäre mit Rechtsansprüchen sollen die Möglichkeit haben, präventiv ihre statutarischen und reglementarischen Ansprüche zu schützen. Entsprechend den stiftungsrechtlichen Gegebenheiten (insb. die anstaltliche Natur und die fehlende körperschaftliche Struktur) findet dieser Schutzgedanke keine Anwendung auf Destinatäre ohne Rechtsansprüche. Ihr Schutz ergibt sich allein aus den Voraussetzungen der Stiftungsfusion nach Art. 78: Die Fusion muss sachlich gerechtfertigt sein und darf nicht dazu dienen, die Vorschriften über die Zweckänderung zu umgehen (Art. 86 ZGB; BK-RIEMER, Art. 85/86 N 6 ff.; RIEMER, Fusionsge-

setz, 104). Die Information der Destinatäre mit Rechtsansprüchen ist Grundlage dafür, dass sie über die Fusion orientiert werden und den Fusionsbeschluss bei Fehlen von materiellen (insb. Wahrung ihrer Rechtsansprüche) oder formellen Voraussetzungen anfechten können (Art. 84 Abs. 2; Botschaft, 4471).

II. Anwendungsbereich

Eine **Informationspflicht** besteht nur gegenüber Destinatären mit Rechtsansprüchen (zum Begriff vgl. Art. 78 N 11). Destinatäre ohne Rechtsansprüche werden nicht über eine Stiftungsfusion orientiert. 4

Diese Ungleichbehandlung der verschiedenen **Destinatäre**, die auf den ersten Blick dem Transparenz- und Schutzgedanken des Fusionsgesetzes (Art. 1 Abs. 2) abträglich ist, ist in der Rechtsnatur der Stiftung begründet: Die Stiftung ist «eine dem Willen bzw. der Verfügung ihrer Organe und Destinatäre ... entzogene juristische Person» (BK-RIEMER, Systematischer Teil zu Art. 80–89bis ZGB N 23). Als personifiziertes Zweckvermögen wird die Stiftung vom ursprünglichen Willen des Stifters beherrscht; die Beteiligten (z.B. Organe und Destinatäre) haben kein Selbstbestimmungsrecht und können nicht über die Stiftung verfügen. Destinatäre haben keine mitgliedschaftliche Stellung, sondern sind lediglich «Personen, zu deren Gunsten der Stiftungszweck verwirklicht wird» (BK-RIEMER, Systematischer Teil zu Art. 80–89bis ZGB N 16). Der Stifter bestimmt einseitig (Stiftungsurkunde oder -reglement) Voraussetzungen und Umfang der Leistungen der Stiftung an die Destinatäre. Rechtsansprüche der Destinatäre entstehen in der Regel erst, wenn Leistungen von den Stiftungsorganen individuell zugesprochen werden. Bis zur individuellen Zusprechung kann die Stiftung die Stiftungsurkunde und das -reglement grundsätzlich ohne Rücksicht auf die Destinatäre abändern (BK-RIEMER, Systematischer Teil zu Art. 80–89bis ZGB N 16, vgl. auch TAUFER, 781). Die Rechtsstellung der Destinatäre ohne Rechtsansprüche wird im Stiftungsrecht somit nicht geschützt (vgl. aber den indirekten Schutz über Art. 85 f. ZGB). Aufgrund dieser strukturellen Besonderheit ist es gerechtfertigt, die Destinatäre ohne Rechtsansprüche nicht über die Fusion zu informieren. Aber auch aus Praktikabilitätsüberlegungen ist das Fehlen einer Informationspflicht nachvollziehbar. Bei Stiftungen, die über einen offenen Destinatärkreis verfügen und deren Destinatäre nicht namentlich bekannt sind, wäre eine Information praktisch unmöglich. 5

III. Informationspflicht

1. Zuständigkeit und Adressatenkreis

Informationspflichtig ist nach Art. 82 das oberste Organ der übertragenden Stiftung, also derjenigen Stiftung, die als Folge der Fusion aufgelöst wird. Gemäss grammatikalischer Auslegung sind nur die Stiftungsorgane der übertragenden Stiftung **zuständig**. Bei Absorptionsfusionen (Art. 3 Abs. 1 lit. a) hätten somit die Stiftungsorgane der übernehmenden Stiftung keine Informationspflicht. Dieser enge Wortlaut entspricht wohl einem gesetzgeberischen Versehen, wird doch im Zusammenhang mit dem Entwurf FusG ausgeführt, dass «die obersten Organe der an der Fusion beteiligten Stiftungen» informieren müssen (Botschaft, 4471). Denn auch die wirtschaftlichen Interessen der Destinatäre der übernehmenden Stiftung können durch eine Fusion beeinträchtigt werden. 6

Adressaten der Informationspflicht sind Destinatäre mit Rechtsansprüchen (zum Begriff vgl. Art. 78 N 11). Aufgrund des Schutzgedankens dieser Norm (vgl. N 3) sind so- 7 wohl die Destinatäre der übertragenden Stiftung als auch diejenigen der übernehmenden Stiftung zu informieren.

2. Inhalt

8   Für die Wahrung der Interessen der Destinatäre mit Rechtsansprüchen ist eine umfassende Informierung über das Fusionsprojekt erforderlich (Handkommentar FusG-BERNI/ROBERTO, N 5; TAUFER, 782). Insbesondere müssen sie über die Stiftungsurkunden und -reglemente informiert werden, die für sie nach Rechtswirksamkeit der Fusion neu gelten. Darüber hinaus sollten sie über die transaktionsspezifischen Dokumente orientiert werden (Fusionsvertrag, Bilanzen und Prüfungsbericht), damit sie beurteilen können, ob die Voraussetzungen der Fusion erfüllt sind. Im Prüfungsbericht werden sie auch darüber aufgeklärt, ob ihre Rechtsstellung nach der Fusion gewahrt ist (Art. 81 Abs. 3; vgl. auch Art. 79 Abs. 2 lit. b). Das Gesetz schweigt sich über die Form der Information aus. Nach herrschender Meinung sollen die Dokumente zugestellt werden, blosses Auflegen genüge nicht (Handkommentar FusG-BERNI/ROBERTO, N 5; TAUFER, 782). Aus der Informationspflicht wird sodann auch eine Anhörungspflicht abgeleitet (TAUFER, 782). Dies geht zu weit und ist vom Gesetzeswortlaut nicht abgedeckt.

3. Zeitpunkt

9   Bezüglich des **Zeitpunktes** der Information müssen zwei Fälle unterschieden werden. Bei Stiftungen, die der Aufsicht eines Gemeinwesens unterstehen, hat die Information zu erfolgen, bevor der Antrag zur Genehmigung der Fusion bei der zuständigen Aufsichtsbehörde eingereicht wird. Demgegenüber muss das oberste Organ bei Familienstiftungen und kirchlichen Stiftungen vor dem Fusionsbeschluss informieren (Handkommentar FusG-BERNI/ROBERTO, N 2). Diese Unterscheidung ergibt sich daraus, dass Fusionen von Familienstiftungen und kirchlichen Stiftungen nur mit Zustimmung des obersten Stiftungsorgans rechtswirksam werden, Fusionen von klassischen Stiftungen dagegen mit Genehmigung der Aufsichtsbehörden.

IV. Haftung

10 Verletzen die obersten Organe ihre Pflicht, die Destinatäre über das Fusionsprojekt gesetzesgemäss zu informieren, können sie verantwortlich gemacht werden, wenn die übrigen Haftungsvoraussetzungen für die Verantwortlichkeit gemäss Art. 108 erfüllt sind.

Art. 83

Genehmigung und Vollzug der Fusion

[1] Bei Stiftungen, die der Aufsicht des Gemeinwesens unterstehen, beantragen die obersten Stiftungsorgane bei der zuständigen Aufsichtsbehörde die Genehmigung der Fusion. Im Antrag ist schriftlich darzulegen, dass die Voraussetzungen für die Fusion erfüllt sind. Mit dem Antrag sind der Aufsichtsbehörde die von der Revisorin oder dem Revisor geprüften Bilanzen der beteiligten Stiftungen sowie der Prüfungsbericht einzureichen.

[2] Zuständig ist die Aufsichtsbehörde der übertragenden Stiftung. Bei mehreren übertragenden Stiftungen muss jede Aufsichtsbehörde der Fusion zustimmen.

1. Abschnitt: Fusion **1 Art. 83**

³ **Die Aufsichtsbehörde erlässt nach Prüfung des Begehrens die entsprechende Verfügung und meldet im Fall der Zustimmung die Fusion zur Eintragung in das Handelsregister an.**

⁴ **Für die Rechtswirksamkeit der Fusion gilt Artikel 22 Absatz 1.**

Approbation et exécution de la fusion

¹ Les organes supérieurs des fondations soumises à la surveillance d'une corporation de droit public requièrent l'approbation de la fusion auprès de l'autorité de surveillance compétente. La requête écrite précise que les conditions de la fusion sont réunies. Les bilans des fondations vérifiés par le réviseur ainsi que le rapport de révision sont joints à la requête.

² L'autorité compétente est l'autorité de surveillance de la fondation transférante. S'il y a plusieurs fondations transférantes, la fusion est soumise à l'approbation de l'autorité de surveillance de chacune d'elles.

³ Après examen de la requête, l'autorité de surveillance rend une décision et, en cas d'approbation, requiert l'inscription de la fusion au registre du commerce.

⁴ L'art. 22, al. 1, est applicable pour ce qui est des effets juridiques de la fusion.

Approvazione ed esecuzione della fusione

¹ Gli organi superiori delle fondazioni sottoposte alla vigilanza dell'ente pubblico devono chiedere l'approvazione della fusione all'autorità competente. La domanda scritta deve attestare l'adempimento delle condizioni della fusione. Vanno allegati alla domanda i bilanci delle fondazioni verificati dal revisore e la relazione di revisione.

² È competente l'autorità di vigilanza della fondazione trasferente. Se vi sono più fondazioni trasferenti, la fusione dev'essere approvata da ogni autorità di vigilanza.

³ Dopo aver esaminato la domanda, l'autorità di vigilanza emana una decisione e, in caso d'approvazione, chiede l'iscrizione della fusione all'ufficio del registro di commercio.

⁴ Le condizioni di validità giuridica della fusione sono rette dall'articolo 22 capoverso 1.

Literatur

H.M. RIEMER, Stiftungen und Fusionsgesetz, in: Die Stiftung in der juristischen und wirtschaftlichen Praxis, Zürich 2001, 101 ff.; H.C. SCHULTHESS, Fusion von Stiftungen, ST 1991, 411 ff.; T. SPRECHER/U. VON SALIS, Die schweizerische Stiftung – Ein Leitfaden, Zürich 1999; M. TAUFER, Fusion von Stiftungen, AJP 1998, 777 ff.

I. Allgemeines

Art. 83 regelt die Genehmigung und den Vollzug der Fusion von Stiftungen, die der Aufsicht des Gemeinwesens (Bund, Kanton, Gemeinde) unterstehen (vgl. Art. 83 Abs. 1 Satz 1 und Art. 84 ZGB). Diese Bestimmung ist somit anwendbar auf alle **klassischen**, d.h. gewöhnlichen Stiftungen, erfasst aber auch die **gemischten** Stiftungen, sofern diese wegen der Verfolgung gewöhnlicher Zwecke der Aufsichtspflicht unterstellt sind. Was das Zustimmungserfordernis der Aufsichtsbehörde betrifft, ist Art. 83 analog anwendbar auf kirchliche Stiftungen, die nach öffentlichem Recht der Aufsicht eines Gemeinwesens unterstehen (Art. 84 Abs. 1 Satz 2; vgl. Art. 84 N 7, 10 und 18). Nicht anwendbar ist die Bestimmung auf die Fusion von *Familienstiftungen* und *kirchlichen Stiftungen*, 1 die von der Aufsichtspflicht befreit sind. Für sie gilt Art. 84. Von Art. 83 ebenfalls nicht erfasst werden *Personalvorsorgeeinrichtungen*, die auf dem Gebiet der Alters-, Hinterlassenen- und Invalidenvorsorge tätig sind und der Aufsicht gemäss den Art. 61 ff. BVG unterstehen. Für letztere gelangt ausschliesslich das in Art. 95 geregelte Genehmigungs- und Vollzugsverfahren zur Anwendung.

2 Das Zustimmungserfordernis der Aufsichtsbehörde tritt an die Stelle des bei Kapitalgesellschaften, Genossenschaften und Vereinen erforderlichen Generalversammlungsbeschlusses bzw. der bei Personengesellschaften erforderlichen Zustimmung der Gesellschafter zum Fusionsvertrag (vgl. Art. 18). Die Genehmigung durch die Aufsichtsbehörde soll sicherstellen, dass die Voraussetzungen der Fusion sowohl in materieller (sachliche Rechtfertigung, Wahrung und Durchführung des Stiftungszwecks sowie Wahrung allfälliger Rechtsansprüche von Destinatären) als auch in formeller (Einhaltung von Verfahrensvorschriften) Hinsicht gegeben sind. Stellt die Aufsichtsbehörde fest, dass im Hinblick auf die beantragte Fusion eine Zweckänderung erforderlich ist, findet Art. 86 ZGB Anwendung (Art. 78 Abs. 2; vgl. Art. 78 N 12 ff.).

3 Vollzogen wird die Fusion durch **Eintragung** im Handelsregister (Abs. 3). Mit der Eintragung geht die Gesamtheit aller Aktiven und Passiven der *übertragenden* Stiftung(en) auf die *übernehmende* Stiftung über (Abs. 4 i.V.m. Art. 22 Abs. 1). Einzelheiten der Eintragung sowie der einzureichenden Belege wurden gestützt auf Art. 102 lit. a in der HRegV geregelt (vgl. N 14 ff.).

II. Zuständigkeit der Aufsichtsbehörde

4 Nach Abs. 1 Satz 1 ist die Genehmigung der Fusion bei der *zuständigen* Aufsichtsbehörde zu beantragen. Um welche Behörde es sich im konkreten Fall handelt, ergibt sich aus dem eidgenössischen und kantonalen Stiftungsaufsichtsrecht. Die Bundesaufsicht wird in aller Regel vom EDI wahrgenommen, während auf kantonaler Ebene die Aufsicht oft durch die kantonale Exekutive oder eines ihrer Departemente erfolgt (BK-RIEMER, Art. 84 N 1 ff. und N 26; BSK ZGB I-GRÜNINGER, Art. 84 N 6).

5 Bei Absorptionsfusionen, an denen nicht mehr als zwei Stiftungen beteiligt sind, ist die Aufsichtsbehörde der *übertragenden* Stiftung ausschliesslich zuständig (Abs. 2). Die Regelung vermeidet Kompetenzkonflikte und sich widersprechende Verfügungen (Botschaft, 4472). Im Fall von Absorptionsfusionen, an denen mehr als zwei Stiftungen partizipieren, müssen die Aufsichtsbehörden *aller übertragenden* Stiftungen die Fusion genehmigen (Abs. 2 Satz 2). Das Gesagte gilt auch für den Fall der Kombinationsfusion, bei der *per definitionem* mindestens zwei Stiftungen ihr Vermögen übertragen. Dagegen ist die Zustimmung der Aufsichtsbehörde der *übernehmenden* Stiftung grundsätzlich nicht erforderlich (vgl. aber Art. 84 N 7).

III. Prüfung durch die Aufsichtsbehörde

6 Die Aufsichtsbehörde hat zu prüfen, ob die Voraussetzungen für die Fusion erfüllt sind (vgl. Abs. 1 Satz 2). Mit Blick auf Art. 78 Abs. 2 ist somit in erster Linie abzuklären, ob die Fusion sachlich gerechtfertigt ist, der Wahrung und Durchführung des Stiftungszwecks dient und allfällige Rechtsansprüche der Destinatäre gewahrt bleiben (vgl. Art. 78 N 11). Darüber hinaus hat die Aufsichtsbehörde aber auch zu prüfen, ob der schriftliche Fusionsvertrag den erforderlichen Inhalt aufweist und vom obersten Stiftungsorgan abgeschlossen bzw. genehmigt worden ist (Art. 79). Ferner ist zu prüfen, ob der Prüfungsbericht den gesetzlichen Erfordernissen entspricht (Art. 81), die beteiligten

Stiftungen ihrer Pflicht zur Erstellung einer Bilanz bzw. Zwischenbilanz nachgekommen sind (Art. 80) und die Informationspflicht befolgt wurde (Art. 82). Mit der in Art. 106 vorgesehenen Anfechtungsklage kann die Verletzung der vorstehenden Gesetzesvorschriften nicht geltend gemacht werden (Botschaft, 4489; Handkommentar FusG-SCHENKER, Art. 106 N 22). Offen steht einzig der behördliche Beschwerdeweg. Die Verfügung der Aufsichtsbehörde wird somit zur entscheidenden Rechtsgrundlage der Fusion, woraus sich die umfassende **Kognitionsbefugnis** ohne weiteres ergibt. Fraglich ist, ob die Aufsichtsbehörde auch die Einhaltung der **Arbeitnehmerschutzvorschriften** (vgl. Art. 85 Abs. 4 i.V.m. Art. 27 und Art. 28) zu prüfen hat und gestützt darauf die Genehmigung der Fusion ggf. verweigern darf oder muss. Dies ist abzulehnen, da das in Art. 83 vorgesehene Prüfungsverfahren nicht dem Schutz der Arbeitnehmer dient (analog zur Legitimation zur Anfechtungsklage gemäss Art. 106, vgl. Art. 106 N 33 und Handkommentar FusG-SCHENKER, Art. 106 N 14).

IV. Antrag und Genehmigung

Die obersten Stiftungsorgane – gewöhnlich die Stiftungsräte – der an der Fusion beteiligten Stiftungen haben bei der zuständigen Aufsichtsbehörde die Genehmigung der Fusion zu beantragen. Dabei haben die beteiligten Stiftungen einen gemeinsamen **Antrag** zu stellen (Botschaft, 4472). Destinatäre mit Rechtsansprüchen sind vor der Antragstellung über die geplante Fusion und deren Auswirkungen auf ihre Rechtsstellung zu informieren (Art. 82). 7

Im Antrag ist schriftlich darzulegen, dass die Voraussetzungen für die Fusion erfüllt sind. Es ist somit darzutun, dass die Fusion sachlich gerechtfertigt ist und der Wahrung und Durchführung des Stiftungszwecks dient. Auf Ausführungen über die Wahrung allfälliger Rechtsansprüche von Destinatären kann verzichtet werden, da bereits der Prüfungsbericht des Revisors diesbezügliche Angaben enthält (vgl. Art. 81 Abs. 3; Handkommentar FusG-BERNI/ROBERTO, N 4). Im Weiteren ist zu belegen, dass das oberste Organ der übertragenden Stiftung seiner Informationspflicht gemäss Art. 82 nachgekommen ist. Da die Einhaltung der Arbeitnehmerschutzvorschriften nicht zum Prüfungsgegenstand gehört, können diesbezügliche Angaben unterbleiben (vgl. o. N 6). Soll von einem Schuldenruf abgesehen werden, da das Stiftungsvermögen der beteiligten Stiftungen zur Befriedigung der Gläubigerforderungen ausreicht (vgl. Art. 85 Abs. 2, Art. 81 Abs. 3), ist dies entsprechend zu beantragen. 8

Mit dem Antrag sind der Aufsichtsbehörde die geprüften *Bilanzen*, der *Prüfungsbericht* sowie der – in Abs. 1 nicht ausdrücklich genannte – *Fusionsvertrag* einzureichen. In der Regel wird der Fusionsvertrag nicht von allen Mitgliedern des obersten Stiftungsorgans unterzeichnet, sondern durch eine vertretungsberechtigte Person oder mehrere Kollektivzeichnungsberechtigte. In diesem Fall ist zusätzlich ein *Protokoll* über den erforderlichen *Organbeschluss* (Zustimmung des obersten Stiftungsorgans zum Fusionsvertrag) einzureichen. Im Weiteren empfiehlt es sich, dem Antrag aktuelle *Handelsregisterauszüge* sowie die *Stiftungsurkunden* und allfällige weitere *Reglemente* beizulegen. 9

V. Verfahren und Rechtsmittelweg

Vor Erlass der **Verfügung** hat die Aufsichtsbehörde einen Schuldenruf durchzuführen, soweit gestützt auf Art. 85 Abs. 2 nicht davon abgesehen werden kann (Art. 85 Abs. 1). Im Rahmen des Prüfungsverfahrens hat die Aufsichtsbehörde die allgemeinen Rechtsgrundsätze des Verwaltungsrechts – insbesondere den Anspruch auf rechtliches Gehör – 10 sowie die Verfahrensgrundsätze kantonaler Bestimmungen zu beachten. Auf das Verfahren vor den Bundesaufsichtsbehörden kommen die Bestimmungen des VwVG zur Anwendung (vgl. Art. 1 Abs. 1 VwVG).

11 Gegen den Entscheid über die Zulässigkeit der Fusion stehen die Rechtsmittel des Stiftungsrechts offen (Botschaft, 4472). Entscheide kantonaler Aufsichtsbehörden können nach Massgabe des kantonalen Verwaltungsrechts an Oberaufsichtsbehörden und z.T. an kantonale Verwaltungsgerichte weitergezogen werden (BK-RIEMER, Art. 84 N 130; SPRECHER/VON SALIS, Frage 217). Gegen letztinstanzliche kantonale Entscheide steht die Verwaltungsgerichtsbeschwerde an das Bundesgericht zur Verfügung (Art. 97 und Art. 98 lit. g OG i.V.m. Art. 5 VwVG). Hat das EDI oder ein anderes Departement des Bundesrates über die Zulässigkeit der Fusion zu befinden, ist ebenfalls die Verwaltungsgerichtsbeschwerde an das Bundesgericht gegeben (vgl. Art. 98 lit. b OG; BK-RIEMER, Art. 84 N 132 ff. mit weiteren Ausführungen).

12 Die *sachliche* **Zuständigkeit** der Aufsichtsbehörden zur Prüfung der Fusion schliesst die Zuständigkeit der **Zivilgerichte** aus. Dies gilt in genereller Weise, da die Aufsichtsbehörde nach der gesetzlichen Ordnung insbesondere auch die Wahrung allfälliger Rechtsansprüche von Destinatären zu prüfen hat (Art. 78 Abs. 2). Der aufgezeigte Verwaltungs- bzw. Verwaltungsgerichtsweg ist somit auch stets dann zu beschreiten, wenn durch die beabsichtigte Fusion Destinatärrechte beschränkt oder aufgehoben werden (**a.A.** ZK-BURKART, N 19, wonach in diesem Fall neben der verwaltungsrechtlichen Beschwerde auch Klage beim Zivilrichter eingereicht werden kann; Handkommentar FusG-BERNI/ROBERTO, N 7). Obwohl in einem solchen Fall (subjektive) Destinatärrechte in Frage stehen (die i.d.R. der Zivilgerichtsbarkeit unterliegen), hängt deren Schicksal letztlich von der Genehmigungsverfügung der Aufsichtsbehörde ab, weshalb hier nur auf dem Beschwerdeweg vorgegangen werden kann. Die Annahme einer (alternativen) Zuständigkeit der Zivilgerichte findet im FusG keine Stütze und ist auch aus Praktikabilitätsgründen abzulehnen.

13 Die **Beschwerdelegitimation** zur Anfechtung der Verfügung ist umfassend zu verstehen. Allen Personen, die ein rechtliches Interesse haben, namentlich tatsächlichen und potentiellen Destinatären, Mitgliedern der Stiftungsorgane, welche die Fusion abgelehnt haben, sowie anderen Stiftungsorganen (z.B. Kontrollorganen) steht die Beschwerdelegitimation zu (vgl. auch Botschaft, 4489; zur Beschwerdelegitimation gegenüber Handlungen und Unterlassungen der Stiftung vgl. auch BK-RIEMER, Art. 84 N 119 m.w.H.).

VI. Vollzug

14 Im Fall der Zustimmung meldet die Aufsichtsbehörde der *übertragenden* Stiftung die Fusion zur Eintragung in das Handelsregister an (Abs. 3 und Art. 109 Abs. 1 HRegV). Sind infolge mehrerer übertragender Stiftungen mehrere Aufsichtsbehörden zuständig (vgl. o. N 5), sind die einzelnen **Anmeldungen** zur Eintragung in das Handelsregister zu koordinieren. Obwohl vom Gesetz nicht ausdrücklich gesagt, hat die Anmeldung erst nach unbenutztem Ablauf der Rechtsmittelfrist bzw. nach Eintritt der Rechtskraft der zustimmenden Verfügung(en) zu erfolgen (Art. 87 Abs. 3, Art. 95 Abs. 4 analog; Botschaft, 4472). Für die Entgegennahme der Anmeldung ist das Handelsregisteramt am Sitz der übernehmenden Stiftung örtlich zuständig (Art. 109 Abs. 1 HRegV). Bei Kombinationsfusionen ist auf den in Aussicht genommenen Sitz abzustellen (Art. 56 ZGB).

15 Befinden sich nicht alle an der Fusion beteiligten Stiftungen im selben Registerbezirk, so ist das Handelsregisteramt am Sitz der übernehmenden Stiftung für die Prüfung der

1. Abschnitt: Fusion   16–18 Art. 83

Fusion und sämtlicher Belege zuständig; es informiert die Handelsregisterämter am Sitz der übertragenden Stiftungen über die vorzunehmende Eintragung und übermittelt ihnen die sie betreffenden Anmeldungen (Art. 105 Abs. 2 HRegV analog). Nach Art. 109 Abs. 1 HRegV muss die zuständige Aufsichtsbehörde dem Handelsregisteramt mit der Anmeldung folgende Belege einreichen: Die Verfügung über die Genehmigung der Fusion (lit. a), den Fusionsvertrag (lit. b), die Fusionsbilanzen der übertragenden Stiftungen, ggf. die Zwischenbilanzen (lit. c), den Prüfungsbericht (lit. d) und die Belege für die Errichtung einer Stiftung bei einer Kombinationsfusion (lit. e).

Gemäss Art. 111 Abs. 1 i.V.m. Art. 21 Abs. 1 HRegV gelten für die Kognition des Handelsregisteramts die allgemeinen Regeln (vgl. auch Art. 940 OR). Das Handelsregisteramt hat somit insbesondere zu prüfen, ob die erforderlichen Belege (vgl. o. N 15) vorliegen und die Fusion nach Art. 78 Abs. 1, d.h. mit Blick auf den *Numerus clausus* der Fusionstatbestände zulässig ist. Für eine Überprüfung der weiteren materiellen und formellen Zulässigkeitsvoraussetzungen (vgl. o. N 2) durch die Handelsregisterbehörden besteht angesichts der klaren Kompetenzordnung, die eine umfassende Prüfung durch die Aufsichtsbehörden vorsieht, kein Raum. Die noch im VE anzutreffende Regelung, wonach Aufsichtsbehörde und Handelsregisteramt die Zulässigkeit von Stiftungsfusionen zu prüfen haben (vgl. Art. 34 Abs. 2 und Art. 88 VE FusG), wurde in der Vernehmlassung (Vernehmlassungen, 66 ff. und 305 ff.) stark kritisiert und fand in das FusG keinen Eingang. 16

Betreffend **Rechtswirksamkeit** der Fusion verweist Abs. 4 auf Art. 22 Abs. 1. Die Fusion wird somit mit dem Handelsregistereintrag rechtswirksam (vgl. Art. 22 N 2). Auf diesen Zeitpunkt gehen sämtliche Aktiven und Passiven der *übertragenden* Stiftung(en) von Gesetzes wegen auf die *übernehmende* Stiftung über. Gleichzeitig wird die übertragende Stiftung **aufgelöst** und im Handelsregister **gelöscht** (Art. 3 Abs. 2 und Art. 21 Abs. 3 analog). Die Fusion muss bei allen beteiligten Stiftungen am gleichen Tag ins Tagebuch eingetragen werden. Befinden sich nicht alle Stiftungen im selben Registerbezirk, so müssen die Handelsregisterämter ihre Eintragungen aufeinander abstimmen (Art. 105c HRegV analog). Für die Bestimmung des Zeitpunkts der Eintragung in das Handelsregister ist nach wie vor die Einschreibung in das Tagebuch massgebend (vgl. Art. 932 Abs. 2 OR). Der Tagebucheintrag ist jedoch bedingt, weil er der Genehmigung durch das EHRA bedarf. Liegt diese vor, entfaltet die Eintragung ihre Rechtswirkungen rückwirkend auf den Tag des Tagebucheintrages. Davon zu unterscheiden ist die Publizitätswirkung gegenüber Dritten, die erst mit der SHAB-Publikation eintritt (vgl. Art. 932 Abs. 2 OR). 17

Bei der übernehmenden Stiftung umfasst die Eintragung im Handelsregister folgende Angaben: Namen, Sitz sowie Identifikationsnummer der an der Fusion beteiligten Stiftungen, das Datum des Fusionsvertrages, der Fusionsbilanzen und der Verfügung(en) der Aufsichtsbehörde(n) über die Genehmigung der Fusion, den gesamten Wert der übertragenen Aktiven und Passiven und bei einer Kombinationsfusion die für die Neueintragung erforderlichen Angaben (Art. 109b Abs. 2 i.V.m. Art. 105b Abs. 1 HRegV). Bei der übertragenden Stiftung werden eingetragen: Name, Sitz sowie Identifikationsnummer der an der Fusion beteiligten Stiftungen und die Tatsache, dass die Stiftung infolge Fusion gelöscht wird (Art. 109b Abs. 2 i.V.m. Art. 105b Abs. 2 HRegV). 18

Art. 84

Beschluss und Vollzug der Fusion bei Familienstiftungen und kirchlichen Stiftungen	¹ Bei Familienstiftungen und kirchlichen Stiftungen wird die Fusion mit der Zustimmung der obersten Stiftungsorgane der beteiligten Stiftungen zum Fusionsvertrag rechtswirksam. Bei kirchlichen Stiftungen, die nach öffentlichem Recht der Aufsicht eines Gemeinwesens unterstehen, gilt Artikel 83 sinngemäss. ² Jeder Destinatär mit Rechtsanspruch und jedes Mitglied des obersten Stiftungsorgans, das dem Beschluss nicht zugestimmt hat, kann den Fusionsbeschluss wegen Fehlens der Voraussetzungen innert dreier Monate nach Beschluss gerichtlich anfechten.
Décision et exécution de la fusion de fondations de famille et de fondations ecclésiastiques	¹ La fusion de fondations de famille et de fondations ecclésiastiques déploie ses effets une fois le contrat de fusion approuvé par les organes supérieurs des fondations qui fusionnent. L'art. 83 s'applique par analogie aux fondations ecclésiastiques qui, en vertu du droit public, sont soumises à la surveillance d'une corporation de droit public. ² Les destinataires ayant des prétentions juridiques ainsi que les membres de l'organe supérieur de la fondation qui n'ont pas approuvé la décision de fusion peuvent, si les conditions n'en sont pas réunies, l'attaquer en justice dans le délai de trois mois à compter de la décision.
Decisione ed esecuzione della fusione di fondazioni di famiglia e di fondazioni ecclesiastiche	¹ La fusione di fondazioni di famiglia e di fondazioni ecclesiastiche acquisisce validità giuridica con l'approvazione del relativo contratto da parte dell'organo superiore delle fondazioni partecipanti alla fusione. Se si tratta di fondazioni ecclesiastiche che, in virtù del diritto pubblico, sottostanno alla vigilanza di un ente pubblico, è applicabile per analogia l'articolo 83. ² I destinatari titolari di pretese giuridiche e i membri dell'organo superiore della fondazione che non hanno approvato la decisione di fusione possono, se le condizioni della fusione non sono adempiute, impugnarla dinanzi al giudice entro tre mesi.

Literatur

Vgl. die Literaturhinweise zu Art. 83.

I. Allgemeines

1   Im Gegensatz zu *klassischen* und *gemischten* Stiftungen sind **Familienstiftungen** der staatlichen Aufsicht nicht unterstellt. Von der staatlichen Aufsicht ebenfalls befreit sind **kirchliche Stiftungen**, soweit kantonales öffentliches Recht nichts Abweichendes bestimmt (vgl. Art. 87 Abs. 1 ZGB; der in Art. 87 Abs. 1 ZGB statuierte Vorbehalt des öffentlichen Rechts kommt mit Bezug auf Familienstiftungen nicht zum Tragen, vgl. diesbezüglich ausführlich BK-RIEMER, syst. Teil N 130 f. und BSK ZGB I-GRÜNINGER, Art. 87 N 11). Aufgrund von Art. 52 Abs. 2 ZGB bedürfen kirchliche und Familienstiftungen zudem keiner Eintragung im Handelsregister. Diesen Besonderheiten trägt Art. 84 im Zusammenhang mit der Genehmigung und dem Vollzug von Fusionen Rechnung: Während Abs. 2 – mangels Prüfung des Fusionsvorhabens durch die Aufsichtsbehörde – ein besonderes Verfahren zum Schutz der Beteiligten vorsieht, enthält Abs. 1 für den Vollzug – d.h. für den Eintritt der Rechtswirksamkeit – eine besondere Regelung.

Ein Vorbehalt gilt mit Bezug auf kirchliche Stiftungen, die nach kantonalem öffentlichem Recht der Aufsicht des Gemeinwesens unterstehen. Gemäss Abs. 1 Satz 2 ist für solche Stiftungen Art. 83 sinngemäss anwendbar (vgl. dazu N 7, 10 und 18). 2

II. Fusionsbeschluss

Abs. 1 Satz 1 bestimmt, dass die Fusion mit der Zustimmung – sprich mit dem **Fusionsbeschluss** – der obersten Stiftungsorgane der beteiligten Stiftungen rechtswirksam wird. Im Gegensatz zur Fusion von klassischen Stiftungen, bei denen ein separater Fusionsbeschluss die Regel, nicht aber zwingendes Erfordernis ist (vgl. Art. 83 N 9), hat jedes oberste Stiftungsorgan einen separaten Fusions- bzw. Genehmigungsbeschluss zu fassen. Diese Voraussetzung gilt selbst dann, wenn der Fusionsvertrag von allen Mitgliedern des Stiftungsorgans unterzeichnet wird. Dies ergibt sich aus dem klaren Wortlaut des Gesetzes sowie aus dem Erfordernis eines Anfechtungsobjekts mit Blick auf Abs. 2 (vgl. u. N 11). 3

Die einzelnen Modalitäten der Beschlussfassung (Einberufung zur Stiftungsratssitzung, Traktandierung, Präsenzquoren, Quoren für die Beschlussfassung, Zulässigkeit von Zirkularbeschlüssen etc.) bestimmen sich in erster Linie nach dem Stiftungsstatut, d.h. nach der Stiftungsurkunde und (evtl.) einem oder mehreren Reglementen. Im Übrigen ist für die Beschlussfassung bzw. Willensbildung des obersten Stiftungsorgans – soweit nach dem Stiftungsstatut nichts anderes bestimmt ist – das Vereinsrecht (Art. 66–68 ZGB) analog anzuwenden (BK-RIEMER, Art. 83 N 32; SPRECHER/VON SALIS, Fragen 150–159; Handkommentar FusG-BERNI/ROBERTO, N 4). Aus Gründen der Rechtssicherheit (SPRECHER/VON SALIS, Frage 156) sowie im Hinblick auf eine allfällige Anfechtungsklage ist der Fusionsbeschluss zu **protokollieren**. Neben dem Datum, welches für den Beginn der Anfechtungsfrist von Bedeutung ist, sind die anwesenden Stiftungsratsmitglieder aufzuführen und das Abstimmungsergebnis festzuhalten. Da nur Mitglieder, die dem Beschluss nicht zustimmten, zur Anfechtung legitimiert sind (vgl. u. N 10), ist anzugeben, wer die Fusion ablehnte oder sich der Stimme enthielt. 4

Weist der Fusionsbeschluss einen gravierenden Mangel auf, ist er **nichtig**. Nichtigkeit liegt insbesondere dann vor, wenn die Stiftungsratssitzung nicht richtig einberufen und die Abstimmung über das Fusionsvorhaben nicht gehörig angekündigt wurde. Von einem nichtigen Beschluss ist auch dann auszugehen, wenn die erforderlichen Quoren nicht erreicht wurden (SPRECHER/VON SALIS, Frage 164). Ein Fusionsbeschluss kann aber auch aufgrund seines unzulässigen, widerrechtlichen Inhalts nichtig sein. Ein Beschluss, mit welchem etwa die Fusion mit einer AG genehmigt werden soll, ist als nichtig zu qualifizieren (Verstoss gegen Art. 4 Abs. 1 und Art. 78 Abs. 1). Die Unterscheidung zwischen nichtigen und **anfechtbaren** Fusionsbeschlüssen ist deshalb bedeutsam, weil anfechtbare Fusionsbeschlüsse – unter Vorbehalt einer fristgemässen Anfechtung – volle Gültigkeit entfalten. Dagegen sind nichtige Beschlüsse völlig unwirksam. Sie vermögen den Vollzug der Fusion nicht auszulösen (vgl. u. N 17). Ist zweifelhaft, ob konkret ein anfechtbarer oder ein nichtiger Fusionsbeschluss vorliegt, ist Nichtigkeit im Interesse der Verkehrssicherheit und angesichts der grundsätzlichen Anfechtungsmöglichkeit nur ausnahmsweise anzunehmen (analog zur bestehenden Praxis zur Nichtigkeit von Beschlüssen der GV oder des VR bei der AG, vgl. FORSTMOSER/MEIER-HAYOZ/NOBEL, § 25 N 86 ff. und § 31 N 44, und bei Vereinsbeschlüssen, vgl. BSK ZGB I-HEINI/SCHERRER, Art. 75 N 2 m.w.H.). 5

Vor dem Fusionsbeschluss sind die Destinatäre mit Rechtsansprüchen über die geplante Fusion und deren Auswirkungen auf ihre Rechtsstellung zu informieren (Art. 82 Satz 2) 6 und es ist ein Schuldenruf durchzuführen, sofern nicht davon abgesehen werden kann (Art. 85 Abs. 1 und Abs. 2).

7 Bei kirchlichen Stiftungen, die nach kantonalem öffentlichem Recht der Aufsicht eines Gemeinwesens unterstehen, gilt Art. 83 sinngemäss (vgl. Abs. 1 Satz 2; zu Umfang und Schranken der staatlichen Aufsicht von kirchlichen Stiftungen vgl. BGE 50 II 424 und BK-RIEMER, syst. Teil N 228 ff.). Die Fusion ist mithin von der zuständigen Aufsichtsbehörde zu genehmigen (vgl. Art. 83 Abs. 1). Hierbei kann es sich *ausnahmsweise* um die Aufsichtsbehörde der *übernehmenden* Stiftung handeln, falls nur diese der staatlichen Aufsicht unterstellt ist (entgegen Art. 83 Abs. 2).

III. Anfechtung des Fusionsbeschlusses

8 Vor Inkrafttreten des FusG waren Beschlüsse des Stiftungsrates zivilrechtlich nicht anfechtbar. Mangels Prüfung der Voraussetzungen der Fusion durch eine Aufsichtsbehörde sieht Abs. 2 nun eine besondere gerichtliche **Anfechtungsklage** vor. Bei dieser handelt es sich um eine eigenständige Klage, die der Anfechtungsklage gemäss Art. 106 f. zwar ähnlich, mit dieser aber nicht identisch ist. Gemäss SCHENKER (Handkommentar FusG-SCHENKER, Art. 106 N 8) handelt es sich bei Art. 84 Abs. 2 um eine *lex specialis*, welche die *direkte* Anwendung von Art. 106 f. ausschliesst. Die Art. 106 f. bzw. die dazu entwickelten Prinzipien sind aber analog anzuwenden (Art. 106 N 11; vgl. auch Botschaft, 4473, wonach für die Entscheidung des Gerichts Art. 107 Anwendung finden soll). In Ergänzung zu den nachfolgenden Ausführungen ist somit die Kommentierung der Art. 106 f. heranzuziehen (vgl. Komm. zu Art. 106 und Art. 107).

9 Mit der Klage kann das Fehlen der Voraussetzungen der Fusion geltend gemacht werden. Gemeint sind sowohl die sachlichen (Art. 78 Abs. 2) als auch die formellen (Art. 79–82) Voraussetzungen (Botschaft, 4473). Ausgeschlossen ist jedoch die Geltendmachung der Verletzung der Konsultationspflicht (vgl. Art. 85 Abs. 4), da Art. 84 Abs. 2 nicht dem Schutz der Arbeitnehmer dient (vgl. Art. 83 N 6).

10 Zur Anfechtung **legitimiert** sind lediglich Destinatäre mit Rechtsansprüchen und Mitglieder des obersten Leitungsorgans, die dem Beschluss nicht zugestimmt haben. *Nicht zugestimmt* haben auch Mitglieder, die sich bei der Abstimmung der Stimme enthielten. Sie bleiben demnach zur Klage legitimiert. Vorbehalten bleiben im Weiteren die Fälle von **Willensmängeln** (vgl. Art. 23 ff. OR), insbesondere wenn ein Mitglied aufgrund eines wesentlichen Irrtums der Fusion zustimmte (vgl. Art. 106 N 43). Im Vergleich zur Fusion von klassischen Stiftungen – bei denen ggf. auch Destinatäre *ohne Rechtsansprüche* die Verfügung der Aufsichtsbehörde anfechten können (vgl. Art. 83 N 13) – sind nur Destinatäre mit Rechtsansprüchen anfechtungsberechtigt. Sofern eine kirchliche Stiftung der staatlichen Aufsicht unterstellt ist, steht mit Bezug auf diese Stiftung *ausschliesslich* der behördliche Beschwerdeweg offen.

11 Anfechtungsobjekt bildet der jeweilige Genehmigungs- bzw. Zustimmungsbeschluss des obersten Stiftungsorgans einer der beteiligten Stiftungen. Dabei können die Destinatäre und Mitglieder des obersten Stiftungsorgans aber nur den Organbeschluss «ihrer» Stiftung anfechten. Handelt es sich bei dieser Stiftung um den *übertragenden* Rechtsträger und ist dieser mit dem Vollzug der Fusion bereits untergegangen, ist die übernehmende Stiftung Beklagte. Ist die Fusion dagegen (noch) nicht vollzogen – etwa wegen Nichtigkeit des Fusionsbeschlusses – und soll sich das Urteil gegen sämtliche an der Fusion beteiligten Stiftungen richten, sind notwendigerweise alle Stiftungen zu verklagen.

12 Das Gesetz äussert sich weder zu den Folgen einer erfolgreichen Anfechtung noch zum anwendbaren Verfahren. Was die Folgen betrifft, ist Art. 107 analog anwendbar (Bot-

schaft, 4473; ebenso Handkommentar FusG-BERNI/ROBERTO, N 8). Danach räumt das Gericht der betroffenen Stiftung vorerst eine Frist zur Behebung des Mangels ein (Art. 107 Abs. 1). Wird der Mangel nicht fristgerecht behoben oder kann er nicht behoben werden, hebt das Gericht den Fusionsbeschluss auf und ordnet die erforderlichen Massnahmen an, um den Zustand vor der Fusion wieder herzustellen (vgl. Art. 107 Abs. 2; Botschaft 4490; Handkommentar FusG-BERNI/ROBERTO, N 8). Das aufhebende Urteil ist ein Gestaltungsurteil mit Wirkung ex tunc (d.h. rückwirkend auf den Zeitpunkt der Beschlussfassung; vgl. Art. 107 N 22 ff.).

Die **Frist zur Anfechtung** des Fusionsbeschlusses beträgt drei Monate (Abs. 2). Die Frist ist eine Verwirkungsfrist und ist demnach von Amtes wegen zu beachten (vgl. Art. 106 N 52). Nach Art. 82 sind Destinatäre mit Rechtsansprüchen vor dem Fusionsbeschluss über die geplante Fusion und die Auswirkungen auf ihre Rechtsstellung zu informieren. Die Destinatäre sollten demnach bereits vor Beginn der Anfechtungsfrist die erforderlichen Aufschlüsse erhalten (Botschaft, 4473). Die Verletzung der Informationspflicht ändert aber nichts daran, dass die Frist an dem Tag zu laufen beginnt, an welchem das oberste Stiftungsorgan den Fusionsbeschluss gefällt hat. Dies dient der Rechtssicherheit, kann aber dazu führen, dass die Frist beginnt oder verstreicht, bevor die Destinatäre vom Fusionsbeschluss überhaupt Kenntnis erhalten haben.

Örtlich zuständig ist das Gericht am Sitz einer der beteiligten Stiftungen (vgl. Art. 29a, Art. 3 Abs. 1 lit. b GestG). Dabei bestimmt das materielle Recht, wo sich der Sitz befindet (Art. 3 Abs. 2 GestG). Ist statutarisch kein Sitz festgelegt, gilt der Ort der Verwaltung als Stiftungssitz (vgl. Art. 56 ZGB; BK-RIEMER, syst. Teil N 521; BSK ZGB I-HUGUENIN, Art. 56 N 5). Solange die geplante Bundeszivilprozessordnung nicht in Kraft tritt, bestimmt sich die sachliche Zuständigkeit weiterhin nach kantonalem Recht.

Gegen Entscheide der ordentlichen Zivilgerichte sind die ordentlichen Rechtsmittel des Zivilprozessrechts gegeben, einschliesslich der Berufung an das Bundesgericht (Art. 43 ff. OG).

IV. Vollzug

Die Fusion gilt als **vollzogen**, sobald der öffentlich beurkundete Fusionsvertrag (vgl. Art. 79 Abs. 3) von allen beteiligten Stiftungen genehmigt wurde (Abs. 1 Satz 1; Botschaft, 4472; ebenso Handkommentar FusG-BERNI/ROBERTO, N 2 f.). Diese Regelung ist unter dem Gesichtspunkt der Rechtssicherheit problematisch, weil die **Rechtswirksamkeit** der Fusion nicht mit der öffentlichen Beurkundung des Fusionsvertrages, sondern erst mit dem Vorliegen des letzten Genehmigungsbeschlusses eintritt. Dadurch wird eine wichtige Funktion der öffentlichen Beurkundung, nämlich die einwandfreie zeitliche Feststellung des Eintritts der Rechtswirkungen (Botschaft, 4470), verunmöglicht. Es drängt sich somit auf, dass die obersten Stiftungsorgane den zu beurkundenden Fusionsvertrag vorgängig genehmigen (unter dem Vorbehalt der Formerfüllung), wobei die Rechtswirkungen der Fusion wegen des fehlenden Formerfordernisses (Art. 79 Abs. 3) noch nicht eintreten (Art. 11 Abs. 2 OR). Mit der Perfektionierung der öffentlichen Urkunde, in der unter anderem festzustellen ist, dass die obersten Stiftungsorgane der beteiligten Stiftungen dem vorliegenden Fusionsvertrag zugestimmt haben, treten die Rechtswirkungen ein.

Der Vollzug der Fusion hängt nicht vom Ablauf der Anfechtungsfrist ab. Dem Vollzug steht auch die Anhebung einer Anfechtungsklage nicht entgegen. Bei gegebenen Voraussetzungen lässt sich der Vollzug aber über die rechtzeitige Anordnung von **vorsorglichen Massnahmen** (Untersagung der Beschlussfassung) verhindern. Liegt ein nichtiger Fusionsbeschluss vor, wird der Vollzug nicht ausgelöst.

18 Gesetzlich nicht geregelt ist der Eintritt der Rechtswirksamkeit, wenn an einer Fusion nur kirchliche Stiftungen beteiligt sind, die nach öffentlichem Recht der Aufsicht eines Gemeinwesens unterstehen. Die analoge Anwendung von Art. 83 Abs. 4 hilft hier nicht weiter, weil kirchliche Stiftungen gemäss Art. 52 Abs. 2 ZGB keiner Eintragung im Handelsregister bedürfen. Selbst bei Eintragung der Fusion im Handelsregister käme einer solchen bloss deklaratorische Bedeutung zu (zur Bedeutung einer auf Art. 87 Abs. 1 ZGB gestützten kantonalrechtlichen Pflicht zur Eintragung kirchlicher Stiftungen im Handelsregister vgl. BK-RIEMER, Art. 81 N 89 ff.). Im Interesse der Rechtssicherheit ist in solchen Fällen auf den Eintritt der Rechtskraft – und nicht der Eröffnung – der zustimmenden Verfügung abzustellen. Ist dagegen eine der beteiligten Stiftungen der staatlichen Aufsicht nicht unterstellt, ist stets ein entsprechender Genehmigungsbeschluss erforderlich. Erfahrungsgemäss wird dieser vor dem behördlichen Entscheid vorliegen. Ist dies der Fall, tritt die Rechtswirksamkeit mit der Rechtskraft der zustimmenden Verfügung ein. Andernfalls ist auf das Datum des Genehmigungsbeschlusses bzw. den Zeitpunkt der öffentlichen Beurkundung (vgl. o. N 16) abzustellen.

19 Mit Eintritt der Rechtswirksamkeit der Fusion gehen alle Aktiven und Passiven der übertragenden Stiftungen(en) von Gesetzes wegen – d.h. durch Universalsukzession – auf die übernehmende Stiftung über (Art. 22 Abs. 1 analog). Damit verbunden ist der gleichzeitige Untergang bzw. Verlust der Rechtspersönlichkeit der übertragenden Stiftung(en) (Art. 22 Abs. 2 analog). Letzteres ist auch unter prozessualen Gesichtspunkten bedeutsam (vgl. o. N 11).

20 Ist die übernehmende Stiftung im Handelsregister eingetragen, muss diese bzw. deren oberstes Stiftungsorgan die **Eintragung der Fusion** beim Handelsregisteramt anmelden. Mit der Anmeldung sind die Fusionsbeschlüsse der obersten Stiftungsorgane der beteiligten Stiftungen, der öffentlich beurkundete Fusionsvertrag, die Fusionsbilanzen (ggf. die Zwischenbilanzen), der Prüfungsbericht und bei einer Kombinationsfusion die Belege für die Errichtung einer Stiftung einzureichen (Art. 109 Abs. 1 und 2 HRegV). Der Handelsregistereintrag ist bloss deklaratorischer Natur. Die Rechtswirksamkeit der Fusion tritt bereits mit dem Vorliegen der Genehmigungsbeschlüsse ein (vgl. o. N 16).

Art. 85

Gläubiger- und Arbeitnehmerschutz

[1] Die Aufsichtsbehörde oder, bei Familienstiftungen und kirchlichen Stiftungen, das oberste Stiftungsorgan der übertragenden Stiftung hat vor Erlass der Verfügung beziehungsweise vor dem Beschluss die Gläubigerinnen und Gläubiger der an der Fusion beteiligten Stiftungen im Schweizerischen Handelsamtsblatt dreimal darauf hinzuweisen, dass sie unter Anmeldung ihrer Forderungen Sicherstellung verlangen können. Die Destinatäre mit Rechtsansprüchen haben keinen Anspruch auf Sicherstellung.

[2] Die Aufsichtsbehörde oder, bei Familienstiftungen und kirchlichen Stiftungen, das oberste Stiftungsorgan kann von einer Aufforderung an die Gläubigerinnen und Gläubiger absehen, wenn auf Grund des Berichts der Revisorin oder des Revisors keine Forderungen bekannt oder zu erwarten sind, zu deren Befriedigung das Stiftungsvermögen der beteiligten Stiftungen nicht ausreicht.

³ Im Falle einer Aufforderung an die Gläubigerinnen und Gläubiger findet Artikel 25 Anwendung.

⁴ Der Arbeitnehmerschutz richtet sich nach den Artikeln 27 und 28.

Protection des créanciers et des travailleurs

¹ L'autorité de surveillance ou, dans le cas de fondations de famille et de fondations ecclésiastiques, l'organe supérieur de la fondation transférante doit, avant de rendre sa décision ou avant que la décision de fusion soit prise, informer les créanciers des fondations qui fusionnent par une triple publication dans la Feuille officielle suisse du commerce qu'ils peuvent exiger des sûretés s'ils produisent leurs créances. Les destinataires ayant des prétentions juridiques ne peuvent exiger des sûretés.

² L'autorité de surveillance ou, dans le cas de fondations de famille et de fondations ecclésiastiques, l'organe supérieur de la fondation peut renoncer à publier un avis aux créanciers si le réviseur atteste que l'ensemble des créances connues ou es-comptées peuvent être exécutées au moyen de la fortune des fondations qui fusionnent.

³ L'art. 25 est applicable en cas d'avis aux créanciers.

⁴ Les art. 27 et 28 s'appliquent à la protection des travailleurs.

Protezione dei creditori e dei lavoratori

¹ Prima di decidere, rispettivamente prima che sia adottata la decisione di fusione, l'autorità di vigilanza o, per le fondazioni di famiglia e le fondazioni ecclesiastiche, l'organo superiore della fondazione trasferente deve informare i creditori delle fondazioni partecipanti alla fusione, mediante triplice pubblicazione nel Foglio ufficiale svizzero di commercio, che, se notificano i loro crediti, possono esigere la costituzione di garanzia. I destinatari titolari di pretese giuridiche non possono esigere la costituzione di garanzia.

² L'autorità di vigilanza o, per le fondazioni di famiglia e le fondazioni ecclesiastiche, l'organo superiore della fondazione può rinunciare alla diffida ai creditori se il revisore attesta che tutti i crediti noti o prevedibili possono essere soddisfatti mediante la sostanza delle fondazioni partecipanti alla fusione.

³ L'eventuale diffida ai creditori è retta dall'articolo 25.

⁴ La protezione dei lavoratori è retta dagli articoli 27 e 28.

Literatur

C. J. MEIER-SCHATZ, Einführung in das neue Fusionsgesetz, AJP 2002, 514 ff.; R. RUEDIN, La protection des créanciers dans le projet de loi sur la fusion, in: von der Crone/Weber/Zäch/Zobl (Hrsg.), Neuere Tendenzen im Gesellschaftsrecht, FS Forstmoser, Zürich 2003, 608 ff.; T. SPRECHER/U. VON SALIS-LÜTOLF, Die schweizerische Stiftung, Zürich 1999; vgl. ausserdem die Literaturhinweise zu Art. 78.

I. Normzweck und Ausgangslage

Die Norm bezweckt den **Schutz der Gläubiger der fusionierenden Stiftungen**. Die Notwendigkeit des Gläubigerschutzes bei der Fusion von Stiftungen ergibt sich – wie überhaupt bei der Fusion von zwei Rechtsträgern – aus dem Umstand, dass die Gläubiger sich gegen den Zusammenschluss grundsätzlich nicht wehren können, die übernommene Stiftung ohne Liquidation aufgelöst wird und die Gläubiger der übertragenden Stiftung einen Wechsel ihres Schuldners hinzunehmen haben (anders ist die Rechtslage im allgemeinen Vertragsrecht; vgl. Art. 176 OR). Freilich ist das **Gefährdungspotential** 1 für die Gläubiger der fusionierenden Stiftungen im Allgemeinen eher **gering**, weshalb bisweilen davor gewarnt wird, die praktische Bedeutung des Gläubigerschutzes bei der Fusion zu überschätzen (Botschaft, 4425; MEIER-SCHATZ, 526). Da jedoch die Ertrags- und Vermögenslagen der fusionswilligen Stiftungen kaum je identisch sind, findet durch die Fusion eine Angleichung der Bonität der kombinierten Stiftungen statt. Jede Fusion kann m.a.W. zu einer gewissen Veränderung der wirtschaftlichen Leistungsfähigkeit und -willigkeit des den Gläubigern nach der Fusion verpflichteten Schuldners führen, was sich auf den Wert ihrer Forderungen auswirken kann (vgl. allgemein SCHWENZER, N 91.01). Es ist indes nicht zu verkennen, dass im Wirtschaftsleben die Gläubiger grundsätzlich nie die Gewissheit haben, dass ihr Schuldner keine weiteren Verpflichtungen eingeht, welche sich auf seine Bonität auswirken (BGE 115 II 415, 420 E.2.c). Insofern trägt das vom Gesetzgeber neu eingeführte *System des Schutzes der Gläubigerinteressen erst nach dem Vollzug der Fusion* (vgl. N 2) sowohl den Interessen der fusionswilligen Stiftungen an einem raschen Vollzug der Fusion als auch dem Anliegen der Gläubiger, durch die Fusion ihres Schuldners nicht schlechter gestellt zu werden als vor der Fusion, Rechnung.

2 Das **System des nachträglichen Gläubigerschutzes** führt zwei Instrumente zum Schutz der Gläubiger ein: Zum einen besteht (vorbehältlich Art. 85 Abs. 2) eine **Informationspflicht** gegenüber den Gläubigern (dreimaliger Schuldenruf; vgl. N 4 ff.), und zum anderen erhalten die Gläubiger (vorbehältlich Art. 85 Abs. 3 i.V.m. Art. 25 Abs. 1) für ihre Forderungen einen **Sicherstellungsanspruch** (vgl. N 9 ff.). Während jedoch in Art. 25 die Informations- wie auch die Sicherstellungspflicht erst nach dem Vollzug der Fusion zum Tragen kommt (BÖCKLI, Aktienrecht, § 3 Rz 159, 166; VON DER CRONE ET AL., Rz 407; **a.M.** Handkommentar FusG-AFFENTRANGER, Art. 25 N 14), weist der Gläubigerschutz bei der Fusion von Stiftungen (wie auch bei der Fusion von Vorsorgeeinrichtungen; vgl. Art. 96 N 3) eine zeitlich vor der Rechtswirksamkeit der Fusion liegende Komponente auf: Der dreimalige *Schuldenruf* hat *vor der Genehmigungsverfügung* der Aufsichtsbehörde bzw. bei Familien- oder kirchlichen Stiftungen vor dem Beschluss des obersten Stiftungsorgans der übertragenden Stiftung und damit *vor der Rechtswirksamkeit der Fusion* zu erfolgen. Die Gläubiger sind deshalb im Zeitpunkt des Vollzuges der Fusion bereits «vorgewarnt», ohne allerdings die Fusion verhindern zu können (ebenso ZK-BURKART, N 2). Das die wirtschaftlichen Interessen der Gläubiger schützende Instrument der *Sicherstellung* greift nach Art. 85 Abs. 3 i.V.m. Art. 25 Abs. 1 erst *nach der Rechtswirksamkeit der Fusion*. Insofern rechtfertigt es sich, auch den Gläubigerschutz bei der Stiftungsfusion insgesamt als einen *nachträglichen* zu bezeichnen (gl.M. Handkommentar FusG-BERNI/ROBERTO, N 4; **a.M.** ZWICKER, Besondere Regeln, ZSR 2004 I 185, der von einem «präventiven» Gläubigerschutz spricht).

3 Die *Regelung des Gläubigerschutzes bei der Stiftungsfusion* folgt im Wesentlichen der entsprechenden Regelung für die *Fusion von Gesellschaften* im Sinne von Art. 2 lit. b (vgl. auch den Verweis in Abs. 3 auf Art. 25; für die bedeutendste Abweichung zwischen den Bestimmungen vgl. N 2) und derjenigen für die *Fusion von Vorsorgeeinrichtungen* im Sinne von Art. 2 lit. i (vgl. Art. 96 und Komm. zu dieser Bestimmung). Abweichungen zur Regelung des Gläubigerschutzes bei der Fusion von Vorsorgeeinrichtungen bestehen vor allem mit Bezug auf den Zeitpunkt, ab welchem die Gläubiger Sicherstellung verlangen können, der bei der Stiftungsfusion (wie bei der Fusion von Gesellschaften) das Datum des Vollzugs der Fusion und bei der Fusion von Vorsorgeeinrichtungen der Zeitpunkt des dritten Schuldenrufes ist. Zum anderen bestehen Unterschiede hinsichtlich der Zeitdauer, während welcher die Gläubiger Sicherstellung verlangen können; diese beträgt bei der Stiftungsfusion (gleich wie bei der Fusion von Gesellschaften) drei Monate (vgl. Art. 85 Abs. 3 i.V.m. Art. 25 Abs. 1), bei der Fusion von Vorsorgeeinrichtungen indes lediglich zwei Monate (vgl. Art. 96 Abs. 3). Sachliche Gründe für diese Unterschiede lassen sich den Gesetzesmaterialien nicht entnehmen.

II. Schuldenruf (Abs. 1)

1. Grundsatz

Die **Aufsichtsbehörde** (vgl. Art. 84 und BK-RIEMER, Art. 84 N 1 ff.) muss die Gläubiger der an der Fusion beteiligten Stiftungen dreimal auf ihr Sicherstellungsrecht hinweisen, **bevor** sie ihre **Verfügung** über die Genehmigung der Fusion (vgl. Art. 83) erlässt (zur Zuständigkeit bei Familien- und kirchlichen Stiftungen vgl. N 6). Der Schuldenruf muss in drei Ausgaben des SHAB abgedruckt werden, wobei diese unmittelbar hintereinander folgen können (VON SALIS-LÜTOLF, 159). Obschon die Schuldenrufe vor der Verfügung der Aufsichtsbehörde durchzuführen sind und somit im Zeitpunkt der Handelsregisteranmeldung der Fusion durch die Aufsichtsbehörde vorliegen, sind sie nicht als Belege mit der Anmeldung einzureichen (vgl. Art. 109 HRegV e contrario). 4

2. Familienstiftungen und kirchliche Stiftungen

Familienstiftungen sind Stiftungen, deren Destinatärenkreis auf Angehörige einer Familie beschränkt ist (BGE 75 II 81, 88 E.3.a); *kirchliche Stiftungen* weisen eine organische Verbindung mit einer Religionsgemeinschaft auf und verfolgen einen kirchlichen Zweck (BK-RIEMER, Die Stiftungen, syst. Teil, N 196 ff.; BGE 106 II 106, 112 E.3.a). Diese beiden Stiftungstypen unterliegen grundsätzlich **keiner staatlichen Aufsicht** (Art. 87 Abs. 1 ZGB) und sind somit weder der staatlichen Aufsichtsbehörde nach Art. 84 ZGB noch der staatlichen Umwandlungsbehörde gemäss Art. 85 und Art. 86 ZGB unterstellt. Dies erklärt sich bei Familienstiftungen mit deren intimen Charakter und geringem Rechtsverkehr mit Aussenstehenden, bei den kirchlichen Stiftungen mit deren interner, autonomen Aufsicht der betreffenden Religionsgemeinschaft (BK-RIEMER, Die Stiftungen, syst. Teil, N 113 bzw. 197). 5

Die Verantwortlichkeit für die dreimalige Publikation des Schuldenrufs (vgl. oben N 4) fällt bei Familienstiftungen und kirchlichen Stiftungen mangels einer staatlichen Aufsichtsbehörde in die Kompetenz des «obersten Stiftungsorgans» der übertragenden Stiftung. Damit ist grundsätzlich der **Stiftungsrat** gemeint, der meistens das einzige Leitungsorgan ist. 6

III. Verzicht auf Schuldenruf (Abs. 2)

Die Aufsichtsbehörde bzw. bei Familienstiftungen und kirchlichen Stiftungen i.d.R. der Stiftungsrat der übertragenden Stiftung kann **von einem Schuldenruf absehen**, wenn der Revisor (Fusionsprüfer) in seinem Bericht zum Ergebnis kommt, dass keine Forderungen bekannt oder zu erwarten sind, zu deren Befriedigung das Stiftungsvermögen der beteiligten Stiftungen nicht ausreicht (zur Fusionsprüfung bei Stiftungen vgl. Komm. zu Art. 81). Wenn auch in solchen Fällen nicht ein automatischer Verlust des Sicherstellungsanspruchs der Gläubiger eintritt, so wird doch im Ergebnis dieser Anspruch meistens entfallen (vgl. VON SALIS-LÜTOLF, 160; **a.M.** wohl ZWICKER, Besondere Regeln, ZSR 2004 I 186, FN 26, der von einem solchen Automatismus auszugehen scheint; zu den Voraussetzungen des Untergangs des Sicherstellungsanspruchs der Gläubiger vgl. N 20 f.). 7

Anders als bei der Fusion von *Gesellschaften* (vgl. Art. 25 Abs. 2), bei welcher ein *besonders befähigter Revisor* das Vorliegen der Voraussetzungen für einen Verzicht auf 8 den Schuldenruf zu bestätigen hat, ist bei der *Stiftungsfusion* die Bestätigung des Revisors genügend. Insofern ist der Gläubigerschutz bei der Stiftungsfusion etwas weniger streng ausgestaltet (Handkommentar FusG-BERNI/ROBERTO, N 3).

IV. Sicherstellung (Abs. 3)

9   Die Aufforderung an die Gläubiger folgt der in Art. 25 enthaltenen Regelung; Abs. 3 begnügt sich daher mit einem entsprechenden *Verweis*. Nachfolgend wird deshalb lediglich auf wesentliche Aspekte der Sicherstellung der Gläubiger eingegangen; für weitergehende Einzelheiten zu Art. 25 sei auf die Kommentierung zu dieser Bestimmung verwiesen.

1. Sicherstellungsbegehren (Abs. 3 i.V.m. Art. 25 Abs. 1)

10 Erlässt die Aufsichtsbehörde bzw. bei Familienstiftungen und kirchlichen Stiftungen das oberste Stiftungsorgan der übertragenden Stiftung einen Schuldenruf, können die Gläubiger innerhalb von *drei Monaten* nach der Rechtswirksamkeit der Fusion (vgl. Art. 83 Abs. 4 i.V.m. Art. 22 Abs. 1 bzw. 84 Abs. 1) Sicherstellung ihrer Forderungen verlangen. Die Frist von drei Monaten ist eine Verwirkungsfrist. Versäumt ein Gläubiger die Frist, ist er von der Sicherstellung seiner Forderungen ausgeschlossen; auf den Bestand einer Forderung hat das Verpassen der Sicherstellungsfrist freilich keinen Einfluss (vgl. RUEDIN, 698; VON SALIS-LÜTOLF, 163). Das Sicherstellungsrecht ist **dispositiver Natur**, d.h. ein Gläubiger kann sowohl vor als auch nach dem Vollzug der Fusion gegenüber der Stiftung gültig auf seinen Sicherstellungsanspruch verzichten (vgl. Art. 25 N 16).

11 Über *Inhalt und Form des Sicherstellungsbegehrens* äussert sich das Gesetz nicht. Es liegt jedoch auf der Hand, dass das Begehren einen zumindest sinngemässen Antrag auf Sicherstellung und eine hinreichende Bezeichnung der sicherzustellenden Forderung samt deren Höhe enthalten muss. Was die Form des Sicherstellungsbegehrens anbelangt, genügt nach den allgemeinen Regeln (Art. 11 OR) Mündlichkeit, doch ist aus Beweisgründen Schriftlichkeit zu empfehlen (Handkommentar FusG-AFFENTRANGER, Art. 25 N 10; VON SALIS-LÜTOLF, 163).

2. Zur Sicherstellung berechtigte Gläubiger

12 Zur Sicherstellung ihrer Forderungen gegenüber der Stiftung sind **nur** die eigentlichen **Gläubiger** der fusionierten Stiftungen berechtigt. Ausgeschlossen von diesem Recht sind dagegen die Destinatäre (Begünstigte), die im Regelfall keine Rechtsansprüche gegenüber der betreffenden Stiftung haben. Ob den Destinatären ein rechtlich durchsetzbarer Leistungsanspruch gegenüber der Stiftung zusteht, beurteilt sich aufgrund des Stiftungsstatuts. Je geringer das Ermessen der Stiftungsorgane bei der Bestimmung der Destinatäre sowie bei der Festlegung des Bestandes und Umfanges der Leistungen ist, umso eher ist ein rechtlicher Anspruch anzunehmen (SPRECHER/VON SALIS-LÜTOLF, 157 f.). Doch selbst wenn den Destinatären eigentliche Rechtsansprüche eingeräumt werden (vor allem in Personalfürsorgestiftungen und gelegentlich in Familienstiftungen), können diese ihre Forderungen nicht sicherstellen lassen (Abs. 1 a.E.; ZWICKER, Besondere Regeln, ZSR 2004 I 187 FN 24; anders noch der Begleitbericht zum Vorentwurf FusG, 49). Die Interessen dieser Destinatäre werden vielmehr dadurch geschützt, dass die Fusion überhaupt nur dann vollzogen werden darf, wenn ihre Rechte gewahrt werden (Art. 78 Abs. 2), was von einem Revisor (Art. 81 Abs. 3) und der Aufsichtsbehörde geprüft werden muss (Art. 83 Abs. 1). Bei Familienstiftungen und kirchlichen Stiftungen haben die Destinatäre mit Rechtsansprüchen das Recht, den Fusionsbe-

schluss innerhalb von drei Monaten, nachdem er erlassen wurde, anzufechten (Art. 84 Abs. 2).

Zum Sicherstellungsrecht der Arbeitnehmer vgl. Abs. 4 i.V.m. Art. 27 Abs. 2. **13**

3. Kreis der sicherzustellenden Forderungen

Sicherzustellen sind entsprechend der *ratio legis*, wonach die Gläubiger durch die Fusion ihres Schuldners nicht schlechter gestellt werden dürfen, alle Forderungen, die **vor der Rechtswirksamkeit** der Fusion, d.h. vor deren Eintragung im Handelsregister (vgl. Art. 83 Abs. 3 und Abs. 4 i.V.m. Art. 22 Abs. 1) bzw. im Falle von Familien- oder kirchlichen Stiftungen vor der Zustimmung der obersten Stiftungsorgane der an der Fusion beteiligten Stiftungen (Art. 84 Abs. 1) **entstanden** sind *(Altgläubigerschutz)*. Forderungen, die erst *nach* der Fusion begründet werden, können von der Fusion grundsätzlich nicht mehr (negativ) betroffen werden und sind entsprechend nicht sicherzustellen (VON SALIS-LÜTOLF, 161). **14**

Hinsichtlich **bestrittener oder bedingter Forderungen** wird von einer Mehrheit der Lehre zu Art. 25 vertreten, dass diese ebenfalls im vollen geltend gemachten Betrag bzw. unter Ausserachtlassung der Bedingung sicherzustellen sind (vgl. Handkommentar FusG-AFFENTRANGER, Art. 25 N 9; VON DER CRONE ET AL., Rz 405; VON SALIS-LÜTOLF, 162; vgl. auch FORSTMOSER/MEIER-HAYOZ/NOBEL, § 53 N 163 zu Art. 733 OR; a.M. Art. 25 N 18 f., 22). Diese Auffassung erscheint jedoch bei einem Abstellen auf den Wortlaut des Gesetzes (*«Forderungen»*) und in Anbetracht der Tatsache, dass die Sicherstellung bei der betreffenden Stiftung unter Umständen erhebliche Mittel blockieren kann, hinsichtlich *suspensiv bedingter Forderungen* (welche vor dem Eintritt der entsprechenden Bedingung lediglich *Anwartschaften* darstellen) nicht sachgerecht und ist insoweit abzulehnen (vgl. Art. 25 N 19). Dagegen sind *bestrittene Forderungen* sicherzustellen (VON SALIS-LÜTOLF, 162; **a.M.** Art. 25 N 22), soweit es sich nicht um offensichtlich unbegründete Ansprüche handelt (zur Durchsetzung des Sicherstellungsanspruchs vgl. ZK-ALBRECHT, Art. 25 N 10). **15**

Forderungen aus **Dauerschuldverhältnissen** (etwa Miet-, Lizenz- oder Leasingverträge, welche die Stiftungen eingegangen sind) sind in analoger Anwendung der Regelung für Arbeitsverträge (Art. 27 Abs. 2) insoweit sicherzustellen, als sie bis zu jenem Datum fällig werden, auf welches das Dauerschuldverhältnis im Zeitpunkt der Rechtswirksamkeit der Fusion erstmals ordentlich gekündigt werden kann (vgl. VON SALIS-LÜTOLF, 162). **16**

4. Umfang, Art und Wahl der Sicherheit

Das Sicherstellungsrecht bezweckt, eine Schlechterstellung der Gläubiger hinsichtlich der Werthaltigkeit ihrer sämtlicher Ansprüche infolge der Fusion ihres Schuldners zu verhindern. Entsprechend ist der *gesamte Nominalbetrag einer Forderung* mit allen bis zur Fusion entstandenen *Nebenansprüchen* (wie z.B. aufgelaufene Zinsen) sicherzustellen (vgl. VON SALIS-LÜTOLF, 161). **17**

Die Art der Sicherstellung liegt nach den allgemeinen Regeln des Obligationenrechts im Ermessen der Stiftung als Schuldnerin (vgl. VON DER CRONE ET AL., Rz 408, FN 44; RUEDIN, 698; FORSTMOSER/MEIER-HAYOZ/NOBEL, § 53 N 167). Zuständig zur Ausübung der Wahlbefugnis ist grundsätzlich der Stiftungsrat. **18**

Als **Sicherungsmittel** kommen neben *Personal- und Realsicherheiten* (welche die Botschaft explizit erwähnt; vgl. Botschaft, 4426) auch *alle weiteren Sicherungsmittel*, wie **19** etwa Sicherungszessionen, in Betracht (vgl. Art. 25 N 23). Die Gläubiger haben keinen Anspruch auf gleichartige Sicherheiten; jeder Gläubiger hat indes einen Anspruch darauf, dass die ihm von der Stiftung gewährten Sicherheiten *werthaltig* sind (Handkommentar FusG-AFFENTRANGER, Art. 25 N 11; VON SALIS-LÜTOLF, 164).

V. Absehen von der Sicherstellung (Abs. 3 i.V.m. Art. 25 Abs. 3 und Abs. 4)

20 Weist die übernehmende Stiftung nach, dass die **Erfüllung der angemeldeten Forderungen** durch die Fusion **nicht gefährdet** ist, brauchen die angemeldeten Forderungen nicht sichergestellt zu werden (Abs. 3 i.V.m. Art. 25 Abs. 3). Die Beweislast trifft die Stiftung, da die Gläubiger in der Regel nicht Zugang zu den notwendigen Beweismitteln haben (vgl. Botschaft, 4426; VISCHER, BJM 1999, 303). Verlangt ist ein strikter Beweis (etwa mittels zeitnaher, testierter Bilanzen der an der Fusion beteiligten Stiftungen oder einer Bestätigung eines unabhängigen Revisors); blosse Glaubhaftmachung einer fehlenden Gläubigergefährdung reicht nicht (RUEDIN, 698; Handkommentar FusG-AFFENTRANGER, Art. 25 N 16; VON SALIS-LÜTOLF, 164).

21 Die Stiftung kann eine **Forderung** auch **vorzeitig erfüllen**, anstatt dafür Sicherheiten zu bestellen. Vorausgesetzt ist hierfür zum einen, dass die übrigen Gläubiger nicht geschädigt werden (Abs. 3 i.V.m. Art. 25 Abs. 4). Eine Gläubigerschädigung liegt insbesondere dann vor, wenn auch die Voraussetzungen für eine paulianische Anfechtung nach Art. 285 ff. SchKG gegeben sind (vgl. Botschaft, 4426 FN 104). Zum andern darf weder die Natur des Vertrages noch der übereinstimmende Parteiwille zwischen dem Gläubiger und der Stiftung die vorzeitige Erfüllung ausschliessen (vgl. Botschaft, 4426).

22 Gläubiger, welche den Nachweis der Stiftung, dass die Voraussetzung für einen Verzicht auf die Sicherstellung gegeben sind, für ungenügend erachten oder anzweifeln, können im Streitfall an die **Aufsichtsbehörde** gelangen, welche alsdann über die Sicherstellung entscheidet. Gegen den Entscheid der Aufsichtsbehörde steht nach Ausschöpfung des kantonalen Instanzenzugs die Verwaltungsgerichtsbeschwerde an das Bundesgericht offen. Bei Familien- und kirchlichen Stiftungen können die Gläubiger im Streitfall den *Zivilrichter* anrufen (vgl. Art. 87 Abs. 2 ZGB).

VI. Rechtsvergleich

23 Vergleiche dazu Art. 25 N 46 ff.

VII. Arbeitnehmerschutz (Verweis)

24 Abs. 4 enthält keine eigenen Vorschriften für den Arbeitnehmerschutz bei der Fusion von Stiftungen, sondern verweist auf die Arbeitnehmerschutznormen des 2. Kapitels des Gesetzes. Entsprechend kann auf die Kommentierung zu Art. 27 und 28 verwiesen werden.

Zweiter Abschnitt: Vermögensübertragung

Art. 86

Grundsatz	¹ Die im Handelsregister eingetragenen Stiftungen können ihr Vermögen oder Teile davon mit Aktiven und Passiven auf andere Rechtsträger übertragen. ² Artikel 78 Absatz 2 findet sinngemäss Anwendung. Der Übergangsvertrag richtet sich nach den Artikeln 70–72, der Gläubiger- und Arbeitnehmerschutz nach den Artikeln 75–77.
Principe	¹ Les fondations inscrites au registre du commerce peuvent transférer tout ou partie de leur patrimoine avec actifs et passifs à un autre sujet. ² L'art. 78, al. 2, est applicable par analogie. Les art. 70 à 72 s'appliquent au contrat de transfert, les art. 75 à 77, à la protection des créanciers et des travailleurs.
Principio	¹ Le fondazioni iscritte nel registro di commercio possono trasferire l'intero patrimonio o parte di esso, con attivi e passivi, a un altro soggetto giuridico. ² Si applica per analogia l'articolo 78 capoverso 2. Il contratto di trasferimento è retto dagli articoli 70–72 e la protezione dei creditori e dei lavoratori dagli articoli 75–77.

Literatur

P. LOSER-KROGH, Die Vermögensübertragung – Kompromiss zwischen Strukturanpassungsfreiheit und Vertragsschutz im Entwurf des Fusionsgesetzes, AJP 2000, 1095 ff.

I. Allgemeines, Normzweck

Stiftungen sind Vermögen, die einem besonderen Zweck gewidmet sind (Art. 80 ZGB). Sie unterscheiden sich von Gesellschaften unter anderem dadurch, dass sie keine Mitglieder oder Gesellschafter haben, dem Stifterwillen dauernd verpflichtet sind, mithin ihren Zweck nur unter erschwerten Voraussetzungen ändern können, und überdies unter staatlicher Aufsicht stehen. Aus diesen Gründen sind auch unter dem FusG die **Umstrukturierungsmöglichkeiten für Stiftungen eingeschränkt**. Umwandlungen oder Spaltungen sind für Stiftungen nicht vorgesehen (vgl. Art. 54 und Art. 30 e contrario), und Fusionen sind lediglich zwischen Stiftungen möglich (Art. 78). **Vermögensübertragungen** sind für Stiftungen hingegen **grundsätzlich zulässig**. Über das Institut der Vermögensübertragung können indirekt auch Resultate erzielt werden, welche wirtschaftlich betrachtet einer Umwandlung, Spaltung oder Fusion gleichkommen (vgl. dazu auch Handkommentar FusG-BERNI/ROBERTO, N 2), ohne dass Stiftungen und Gesellschaften als grundsätzlich inkompatible Organisationsformen direkt ineinander überführt werden müssten. Art. 86 hält im Wesentlichen diesen Grundsatz fest und enthält ferner einige Sonderbestimmungen, die von den allgemeinen Regeln der Vermögensübertragung für Gesellschaften und Einzelfirmen abweichen.

1

II. Anwendungsbereich (Abs. 1)

1. Persönlicher Anwendungsbereich (Parteien)

2   Eine **Stiftung** kann als **übertragende Partei** nur dann auftreten, wenn sie im Handelsregister eingetragen ist. Ansonsten liesse sich die erforderliche Publizität der Vermögensübertragung, bei welcher Aktiven und Passiven mit der Eintragung ins Handelsregister kraft partieller Universalsukzession ohne weiteres übergehen, nicht herstellen. Erforderlich ist daher, dass die Stiftung tatsächlich im Handelsregister eingetragen ist, unbesehen davon, ob eine Pflicht oder ein Recht zur Eintragung besteht. Mit Ausnahme von Familienstiftungen und kirchlichen Stiftungen (Art. 51 Abs. 2 ZGB) müssen Stiftungen ohnehin ins Handelsregister eingetragen werden, um überhaupt das Recht der Persönlichkeit zu erlangen (Art. 52 Abs. 1 ZGB). Familienstiftungen und kirchliche Stiftungen sind grundsätzlich ebenfalls eintragungsfähig (Art. 10 Abs. 1 HRegV); eintragungspflichtig sind sie dann, wenn sie ein nach kaufmännischer Art geführtes Gewerbe betreiben (Art. 934 Abs. 1 OR).

3   Als **übernehmende Partei** kommen alle **Rechtsträger** im Sinne von Art. 2 lit. a in Frage, d.h. Gesellschaften, Stiftungen, im Handelsregister eingetragene Einzelfirmen und Institute des öffentlichen Rechts. Über den Gesetzeswortlaut hinaus sollten Aktiven und Passiven von Stiftungen auch auf Einzelfirmen übertragen werden können, wenn diese nicht im Handelsregister eingetragen sind. Die Vermögensübertragung von Stiftungen erfährt somit einen weiteren Anwendungsbereich als die Vermögensübertragung von Gesellschaften und Einzelfirmen, mittels welcher Aktiven und Passiven lediglich auf Rechtsträgers des Privatrechts übertragen werden kann.

2. Sachlicher Anwendungsbereich

4   Die Vermögensübertragung als generalklauselartige Auffangform für Umstrukturierungen hat auch hinsichtlich der Übertragung von Aktiven und Passiven von Stiftungen einen **weiten Anwendungsbereich**. Die Vermögensübertragung erscheint gerade für Stiftungen, welche keine Mitglieder oder Gesellschafter haben, die geeignete Umstrukturierungsmethode, weil die Vermögensübertragung verfahrensmässig kaum Mitwirkungsrechte für Mitglieder und Gesellschafter der beteiligten Rechtsträger kennt. Mittels Vermögensübertragungen können insbesondere die gleichen wirtschaftlichen Resultate erzielt werden wie bei einer Spaltung, Umwandlung oder Fusion mit Gesellschaften, welche als direkte Umstrukturierungsformen Stiftungen verwehrt sind. Generell vorbehalten sind allerdings die Vorschriften des Stiftungsrechts und der Stiftungsurkunde, weshalb Vermögensübertragungen von Stiftungen stets der Genehmigung der zuständigen Aufsichtsbehörden bedürfen (vgl. Art. 87). Ausserdem ist die Sonderbestimmung von Art. 78 Abs. 2 zu beachten (s. dazu N 5 ff.), welche im Resultat eine unentgeltliche Vermögensübertragung auf andere Rechtsträger verunmöglicht, sofern es sich beim übernehmenden Rechtsträger nicht um eine Stiftung handelt (vgl. Handkommentar FusG-BERNI/ROBERTO, N 5).

III. Wahrung des Stiftungszwecks und der Rechtsansprüche der Destinatäre und allgemeine Modalitäten (Abs. 2)

1. Wahrung des Stiftungszwecks und der Rechtsansprüche der Destinatäre

5   Im Rahmen von Vermögensübertragungen findet der im Hinblick auf Stiftungsfusionen statuierte Grundsatz von Art. 78 Abs. 2 sinngemäss Anwendung. Demnach ist auch eine

2. Abschnitt: Vermögensübertragung   **Art. 87**

Vermögensübertragung nur zulässig, wenn sie **sachlich gerechtfertigt** ist, insbesondere der Wahrung und Durchführung des Stiftungszwecks dient, und etwaige **Rechtsansprüche der Destinatäre** der beteiligten Stiftungen wahrt. Ausserdem sind Zweckänderungen nur unter der Bedingung von Art. 86 ZGB zulässig, wenn der ursprüngliche Zweck der Stiftung eine ganz andere Bedeutung oder Wirkung erhalten hat, so dass die Stiftung dem Willen des Stifters offenbar entfremdet worden ist. Falls diese Bedingungen nicht erfüllt sind, ist eine Vermögensübertragung unzulässig und darf von der Aufsichtsbehörde nicht genehmigt werden.

2. Allgemeine Modalitäten

In ihren allgemeinen Modalitäten unterscheidet sich die Vermögensübertragung durch Stiftungen nicht von einer Vermögensübertragung durch Gesellschaften und Einzelfirmen (Botschaft, 4474). Art. 86 Abs. 2 verweist daher generell auf die allgemeinen Bestimmungen zur Vermögensübertragung der Art. 70 bis 73 und Art. 75 bis 77. Einzige **Ausnahme** bildet Art. 74 betreffend **die Information der Gesellschafter**. Eine Informationspflicht der Destinatäre einer Stiftung analog der Informationspflicht gegenüber Mitgliedern einer Gesellschaft sieht das FusG für die Vermögensübertragung von Stiftungen nicht vor (so auch LOSER-KROGH, 1108), dies im Gegensatz zur Regelung für die Fusion von Stiftungen, wo eine solche Informationspflicht gegenüber den Destinatären ausdrücklich festgehalten ist (Art. 82). Ausserdem haben die Destinatäre einer Stiftung auch kein Anfechtungsrecht gestützt auf das FusG, wie es ihnen hinsichtlich einer Fusion von Stiftungen ausdrücklich zusteht (vgl. Art. 84).

6

Art. 87

Genehmigung und Vollzug der Vermögensübertragung	[1] Bei Stiftungen, die der Aufsicht des Gemeinwesens unterstehen, beantragen die obersten Stiftungsorgane bei der zuständigen Aufsichtsbehörde die Genehmigung der Vermögensübertragung. Im Antrag ist schriftlich darzulegen, dass die Voraussetzungen für die Vermögensübertragung erfüllt sind. [2] Zuständig ist die Aufsichtsbehörde der übertragenden Stiftung. [3] Die Aufsichtsbehörde erlässt nach Prüfung des Begehrens die entsprechende Verfügung. Nach Eintritt der Rechtskraft der zustimmenden Verfügung meldet sie die Vermögensübertragung zur Eintragung in das Handelsregister an. [4] Die Eintragung ins Handelsregister und die Rechtswirksamkeit richten sich nach Artikel 73.
Approbation et exécution du transfert de patrimoine	[1] Les organes supérieurs des fondations soumises à la surveillance d'une corporation de droit public requièrent l'approbation du transfert de patrimoine auprès de l'autorité de surveillance compétente. La requête écrite doit exposer que les conditions du transfert de patrimoine sont réunies. [2] L'autorité compétente est l'autorité de surveillance de la fondation transférante. [3] Après examen de la requête, l'autorité de surveillance rend une décision. Une fois la décision d'approbation entrée en force, elle requiert l'inscription du transfert de patrimoine au registre du commerce.

	⁴ L'art. 73 s'applique à l'inscription au registre du commerce et aux effets juridiques.
Approvazione ed esecuzione del trasferimento di patrimonio	¹ Gli organi superiori delle fondazioni sottoposte alla vigilanza dell'ente pubblico devono chiedere l'approvazione del trasferimento di patrimonio all'autorità di vigilanza competente. La domanda scritta deve attestare che le condizioni del trasferimento di patrimonio sono adempiute. ² È competente l'autorità di vigilanza della fondazione trasferente. ³ Dopo aver esaminato la domanda, l'autorità di vigilanza emana una decisione. Una volta passata in giudicato la decisione di approvazione, l'autorità di vigilanza chiede l'iscrizione del trasferimento di patrimonio all'ufficio del registro di commercio. ⁴ L'iscrizione nel registro di commercio e le condizioni di validità giuridica sono rette dall'articolo 73.

I. Allgemeines, Normzweck

1 Stiftungen unterliegen gemäss Art. 84 ZGB grundsätzlich der Aufsicht desjenigen Gemeinwesens (Bund, Kanton, Gemeinde), dem sie nach ihrer Bestimmung angehören. Art. 87 unterstellt konsequenterweise die Vermögensübertragung dem **Genehmigungsvorbehalt der Aufsichtsbehörden**, welche die Einhaltung der Voraussetzungen für die Vermögensübertragung zu prüfen haben. Im Übrigen konkretisiert Art. 87 die Verfahrensschritte und Zuständigkeiten der öffentlichen Behörden im Hinblick auf den Vollzug der Vermögensübertragung von Stiftungen.

II. Genehmigung der Vermögensübertragung durch die Aufsichtsbehörde (Abs. 1 und Abs. 2)

2 Stiftungen, welche unter **öffentlichrechtlicher Aufsicht** stehen, haben die Vermögensübertragung von den zuständigen Aufsichtsbehörden genehmigen zu lassen. Grundsätzlich betrifft dies alle Stiftungen (Art. 84 ZGB), mit Ausnahme von Familienstiftungen und kirchlichen Stiftungen, vorbehaltlich anderslautender öffentlichrechtlicher Bestimmungen (Art. 87 Abs. 1 ZGB). Sind kirchliche Stiftungen – oder theoretisch denkbar auch Familienstiftungen – ausnahmsweise einer Aufsichtsbehörde unterstellt (dazu BSK ZGB I-GRÜNINGER, Art. 87 N 11), findet auch Art. 87 Anwendung (so auch Handkommentar FusG-BERNI/ROBERTO, N 2). Zuständig sind die Aufsichtsbehörden der übertragenden Stiftung.

3 Die Aufsichtsbehörde wird nicht von Amtes wegen tätig, sondern nur auf **Antrag des Stiftungsrates** als oberstem Stiftungsorgan. Der Antrag muss in formeller und materieller Hinsicht den gesetzlichen Anforderungen entsprechen. So ist im Antrag vom Stiftungsrat der übertragenden Stiftung schriftlich darzulegen, dass die Voraussetzungen für die Vermögensübertragung erfüllt sind. Mithin ist aufzuzeigen und zu begründen, dass die Vermögensübertragung sachlich gerechtfertigt ist, insbesondere der Wahrung und Durchführung des Stiftungszwecks dient, und die Rechtsansprüche der Destinatäre der beteiligten Stiftungen gewahrt werden (vgl. Art. 86 Abs. 2 i.V.m. Art 78 Abs. 2).

III. Vollzug der Vermögensübertragung (Abs. 3 und Abs. 4)

4 Anders als bei der Vermögensübertragung von Gesellschaften und Einzelfirmen hat bei der Vermögensübertragung von Stiftungen nicht das oberste Verwaltungsorgan des über-

2. Abschnitt: Vermögensübertragung

tragenden Rechtsträgers dem Handelsregisteramt die Vermögensübertragung zur Eintragung anzumelden. Die **Anmeldung** ist hier von der **Aufsichtsbehörde** vorzunehmen. Vor der etwaigen Handelsregisteranmeldung hat die Aufsichtsbehörde eine anfectbare Verfügung zu erlassen, welche den Antrag der obersten Stiftungsorgane genehmigt oder ablehnt, je nach dem, ob die Voraussetzungen für die Vermögensübertragung erfüllt sind oder nicht. Die Verfügung kann mittels derjenigen Rechtmittel angefochten werden, die im Stiftungsrecht generell zur Verfügung stehen (vgl. dazu BK-RIEMER, ZGB 84 N 130 ff.). Nachdem die Verfügung in formelle Rechtskraft erwachsen ist, hat die Aufsichtsbehörde die Anmeldung beim Handelsregisteramt vorzunehmen.

Hinsichtlich der Rechtswirksamkeit der Vermögensübertragung wird hier auf Art. 73 Abs. 2 verwiesen. Im Zeitpunkt der Eintragung der Vermögensübertragung ins Handelsregister gehen die betroffenen Aktiven und Passiven kraft partieller Universalsukzession auf den übernehmenden Rechtsträger über.

Siebentes Kapitel: Fusion, Umwandlung und Vermögensübertragung von Vorsorgeeinrichtungen

vor Art. 88: Steuerliche Behandlung der Fusion, Umwandlung und Vermögensübertragung von Vorsorgeeinrichtungen

Inhaltsübersicht   Note

- I. Vorbemerkung 1
- II. Fusion 2
  - A. Gewinnsteuer 2
    1. Steuerbefreiung von Vorsorgeeinrichtungen 3
       - a) Ausschliesslichkeit und Unwiderrufbarkeit des Zwecks 6
       - b) Kollektivität 8
       - c) Planmässigkeit 11
       - d) Angemessenheit 13
       - e) Gleichbehandlung 17
       - f) Bezug zur Schweiz 21
    2. Steuerbefreiung von Anlageeinrichtungen 23
    3. Wegfall der Steuerbefreiung 29
    4. Zuständigkeiten und Verfahren 31
    5. Voraussetzungen der Steuerneutralität einer Fusion 33
    6. Gegenleistung 35
  - B. Einkommenssteuer 42
  - C. Grundstückgewinnsteuer 43
  - D. Handänderungssteuer 47
  - E. Verrechnungssteuer 49
  - F. Emissionsabgabe 55
  - G. Umsatzabgabe 58
  - H. Mehrwertsteuer 62
- III. Umwandlung 65
  - A. Gewinnsteuer 66
  - B. Einkommenssteuer 67
  - C. Grundstückgewinnsteuer 68
  - D. Handänderungssteuer 69
  - E. Verrechnungssteuer 70
  - F. Emissionsabgabe 72
  - G. Umsatzabgabe 75
  - H. Mehrwertsteuer 76
- IV. Vermögensübertragung 77
  - A. Gewinnsteuer 77
  - B. Einkommenssteuer 79
  - C. Grundstückgewinnsteuer 80
  - D. Handänderungssteuer 87
  - E. Verrechnungssteuer 88
  - F. Emissionsabgabe 90
  - G. Umsatzabgabe 93
  - H. Mehrwertsteuer 94

Literatur

S. BÜRLI-BORNER, Anlegerschutz bei kollektiven Kapitalanlagen in der Schweiz, Diss. Basel 2002; Eidgenössisches Finanzdepartement (EFD), Rentenumwandlungssatz und technische Grundlagen, EFD Infoplus, Nr. 25, 25.11.2003, 4 f. (zit. EFD Infoplus Nr. 25, 25.11.2003, 4 f.); C. HELBLING, Personalvorsorge und BVG, Bern 2000; DERS., Zur Sanierung von Pensionskassen, ST 2003, 217 ff.; T. HESS, Die Besteuerung der Anlagefonds und der anlagefondsähnlichen Instrumente sowie deren Anteilsinhaber in der Schweiz, Diss. Zürich 2001; R. IFF, Stempelabgaben und Mehrwertsteuer, SPV 1997, 781 ff.; P. LANG, Verbot von Sparplänen in der beruflichen Vorsorge – ein sachlich falscher Bundesgerichtsentscheid, StR 2002, 2 ff.; P. LANG/W. MAUTE, Steuerliche Aspekte der 1. BVG-Revision, StR 2004, 2 ff.; A. MAURER, Bundessozialversicherungsrecht, 2. Aufl., Basel 1994; W. MAUTE/M. STEINER/A. RUFENER, Steuern und Versicherungen, Muri b. Bern 1999; L. PETER-SZERENYI, Der Begriff der Vorsorge im Steuerrecht, Diss. Zürich 2001; H.M. RIEMER, Das Recht der beruflichen Vorsorge in der Schweiz, Bern 1985; K. SOMMA, Überblick über neuere Entscheide in der beruflichen Vorsorge, StR 1999, 385 ff.; K. SPREMANN, Die sieben Irrtümer im Private Banking, Finanz und Wirtschaft (FuW) vom 30.11.2002 (Nr. 95), 28; M. STEINER, Steuerliche Behandlung der beruflichen Vorsorge bei Unternehmen, ST 1989, 137 ff.; DERS., Berufliche Vorsorge des Alleinaktionärs und Steuerrecht, StR 1995, 303 ff.; DERS., Vorsorgerecht und Steuern (neuste Praxis) unter besonderer Berücksichtigung der Praxis des Bundesgerichts zur Frage der Zulässigkeit von Spareinrichtungen im Bereich der beruflichen Vorsorge, ASA 71 (2002/2003), 177 ff.; DERS., Automatischer Steueraufschub bei Fusionen: Grundstückgewinn- und Handänderungssteuern bei Fusionen oder Abspaltungen von Personalvorsorgeeinrichtungen, SPV 1997, 775 ff.; H. WALSER, Steuerliche Auswirkungen des Fusionsgesetzes, SPV 2002, 677 f.

Praxisfestlegungen der Steuer- und Aufsichtsbehörden

Bundesamt für Sozialversicherungen (Abteilung Berufliche Vorsorge), Anforderungen an Anlagestiftungen, 7.1999 (zit. BSV, Anforderungen); Kreisschreiben Nr. 5 der ESTV vom 1.6.2004 betreffend Umstrukturierungen (zit. ESTV-DVS, KS 5 vom 1.6.2004); Kreisschreiben Nr. 1 der ESTV (Abteilung DVS) vom 30.1.1986 betreffend das Bundesgesetz zur Anpassung des BdBSt an das Bundesgesetz über die berufliche Vorsorge (zit. ESTV-DVS, KS 1 vom 30.1.1986); Kreisschreiben Nr. 1a der ESTV (Abteilung DVS) vom 20.8.1986 betreffend Bundesgesetz zur Anpassung des BdBSt an das Bundesgesetz über die berufliche Vorsorge, Änderung des Kreisschreibens Nr. 1 (zit. ESTV-DVS, KS 1a vom 20.8.1986); Steuerbuch der kantonalen Steuerbehörde Luzern, Stand 1.4.2004 betreffend die Steuerbefreiung von Einrichtungen der beruflichen Vorsorge (2. Säule), § 70 Nr. 2 (zit. Luzerner Steuerbuch, Stand 1.4.2004, § 70 Nr. 2); Merkblatt S-02.138 der ESTV (Abteilung DVS) vom 30.9.1996 betreffend die steuerliche Behandlung von Anlagestiftungen (zit. ESTV-DVS, MB steuerliche Behandlung von Anlagestiftungen, S-02.138); Wegleitung 2W der ESTV (Abteilung DVS) vom April 1999 betreffend kollektive Anlageinstrumente, Verrechnungssteuer/Ausländische Quellensteuern, Richtlinien betreffend Steuerpflicht und Besonderheiten für die Buchführung (zit. ESTV-DVS, WL 2W kollektive Anlageinstrumente); Merkblatt Nr. 1 der ESTV (Abteilung MWST) betreffend die Gruppenbesteuerung, 610.545–01, per 1.1.2001 (zit. ESTV-MWST, MB 1 Gruppenbesteuerung); Schweizerische Steuerkonferenz, Empfehlungen der Konferenz der kantonalen Finanzdirektoren [heute: Schweizerische Steuerkonferenz, SSK] über die Steuerbefreiung von Einrichtungen der beruflichen Vorsorge vom 17.1.1986, in: Schweizerische Steuerkonferenz (Hrsg.), Vorsorge und Steuern (Loseblattsammlung), Anwendungsfälle zur beruflichen Vorsorge und Selbstvorsorge, Muri/Bern 2002, 4a/1 (zit. SSK, Empfehlungen).

I. Vorbemerkung

1   Die Träger der obligatorischen und überobligatorischen beruflichen Vorsorge sind gemäss Art. 48 Abs. 2 BVG zwingend als Stiftungen, Genossenschaften oder Einrichtungen des öffentlichen Rechts auszugestalten (MAURER, 50 ff. sowie 190 ff.). Dies gilt auch für die gebundene Selbstvorsorge (Säule 3a) und Hilfseinrichtungen der beruflichen Vorsorge, wie Finanzierungseinrichtungen und Anlageeinrichtungen (Art. 4 Abs. 2 BVG). Das FusG definiert in Art. 2 lit. i Vorsorgeeinrichtungen als Einrichtungen, die der Aufsicht gemäss Art. 61 ff. BVG unterstellt und als juristische Personen ausgestaltet

sind (Art. 2 N 33). Das FusG ist damit auf nahezu sämtliche Vorsorgeeinrichtungen der beruflichen Vorsorge (obligatorisch [Art. 2, 3, 7 ff., 42 f. BVG], überobligatorisch [vgl. Art. 6 BVG] und freiwillig [Art. 4, 44 ff. BVG]) anwendbar.

II. Fusion

A. Gewinnsteuer

Nach Art. 80 Abs. 2–4 BVG, einer Anweisung an den Steuergesetzgeber (BGE 126 I 76, 79), sind Einrichtungen der beruflichen Vorsorge von den direkten Steuern sowie den Erbschafts- und Schenkungssteuern befreit. Dieser Anweisung ist der Bundesgesetzgeber in Art. 56 lit. e DBG und Art. 23 Abs. 1 lit. b StHG nachgekommen. Nach Art. 61 DBG und Art. 28 StHG können Fusionen unter gewissen Voraussetzungen steuerfrei erfolgen (vor Art. 3 N 61 ff.). Diese Normen erhalten somit nur eine Bedeutung, wenn eine Vorsorgeeinrichtung nicht steuerbefreit sein sollte.

1. Steuerbefreiung von Vorsorgeeinrichtungen

Die Kriterien einer Steuerbefreiung sind in den eingangs erwähnten Artikeln des BVG, DBG und StHG festgehalten (N 2). Art. 56 DBG und Art. 23 StHG gehen als lex posterior und lex specialis Art. 80 BVG vor (zum BdBSt BGE 120 Ib 199, 202 = ASA 64 [1995/1996], 152 = StR 1995, 27 = StE 1995 B 27.1 Nr. 19; ESTV-DVS, KS 1 vom 30.1.1986 mit Nachtrag ESTV-DVS, KS 1a vom 20.8.1986). Gemäss Ausführungen des Bundesrates dürften keine materiellen Unterschiede zwischen den BVG- und den DBG/StHG Bestimmungen bestehen (BBl 1984 II 732 ff., GRETER in: Kommentar zum Schweizerischen Steuerrecht I/2a, Art. 56 DBG N 13). Die diesbezüglichen Kreisschreiben der ESTV, ESTV-DVS, KS 1 vom 30.1.1986 mit Nachtrag ESTV-DVS, KS 1a vom 20.8.1986, sind mit dem FusG nicht ausser Kraft gesetzt worden. Die dort festgelegten Kriterien sind deshalb weiterhin anwendbar.

Nach den Empfehlungen der Schweizerischen Steuerkonferenz (SSK) können folgende Einrichtungen im Bereich der Vorsorge von der Steuer befreit werden: (1) private Personalvorsorgeeinrichtungen, (2) öffentliche Personalvorsorgeeinrichtungen, (3) Verbandsvorsorgeeinrichtungen von Selbständigerwerbenden, (4) Einrichtungen, welche die Vermögensverwaltung steuerbefreiter Vorsorgeeinrichtungen bezwecken (Anlageeinrichtungen) oder (5) Einrichtungen, die beabsichtigen Beiträge des Arbeitgebers an steuerbefreite Personalvorsorgeeinrichtungen zu leisten (Finanzierungseinrichtungen) (SSK, Empfehlungen, Art. 2 f.).

In der Praxis wird die Steuerbefreiung von sechs Voraussetzungen abhängig gemacht. Die Grundlage dieser Voraussetzungen liegt in verfassungskonform interpretierten und tragenden Grundsätzen der beruflichen Vorsorge (BGE 120 Ib 199, 202; N 3). Sie können nur zum Teil dem Wortlaut von Art. 56 lit. e DBG und Art. 23 lit. d StHG entnommen werden. Es handelt sich dabei um die Voraussetzung der (a) Ausschliesslichkeit und Unwiderrufbarkeit des Zwecks, (b) Kollektivität, (c) Planmässigkeit, (d) Angemessenheit und (e) Gleichbehandlung. Zusätzlich muss nach Art. 56 DBG und Art. 23 StHG (f) das Arbeitgeberunternehmen Wohnsitz, Sitz oder Betriebsstätte in der Schweiz haben oder einem solchen Unternehmen nahe stehen.

a) Ausschliesslichkeit und Unwiderrufbarkeit des Zwecks

Der Zweck der Einrichtung der beruflichen Vorsorge hat ausschliesslich und unwiderruflich in der Vorsorge zu liegen (ESTV-DVS, KS 1 vom 30.1.1986, Ziff. II.2.c). Damit soll verhindert werden, dass neben der Vorsorge andere Tätigkeiten, wie z.B. Finanzierungsgeschäfte, Häuserbau etc. in einer Art und Weise betrieben werden, die über die Vermögensanlage und -entwicklung hinausgehen. Dies gilt unabhängig davon, ob diese Tätigkeiten für sich betrachtet ebenfalls steuerbefreit betrieben werden könnten, beispielsweise aufgrund eines gemeinnützigen oder öffentlichen Zweckes (Art. 56 lit. g DBG).

7 Unzulässig, weil zweckfremd, ist unter diesem Aspekt auch die Erbringung arbeitsvertraglicher Leistungen. Darunter fallen beispielsweise die Lohnzahlung anstelle des Arbeitgebers, der Betrieb von Wohlfahrtseinrichtungen, Kantinen, Sportzentren oder die Erbringung von Weiterbildung (ESTV-DVS, KS 1 vom 30.1.1986, Ziff. II.2.c; MAUTE/STEINER/RUFENER, 113 f.).

b) Kollektivität

8 Die Vorsorge muss kollektiv sein (ESTV-DVS, KS 1 vom 30.1.1986, Ziff. II.1 und Ziff. II.2.d). Ratio dieses Kriteriums ist einerseits eine Risikoverteilung sowie andererseits die Verhinderung von (steueroptimierten) Sparplänen für einzelne Versicherte. Im Begriff der Kollektivität ist auch der Grundsatz enthalten, dass die Risiken Invalidität und Tod versicherungstechnisch sichergestellt werden müssen (BGer 26.2.2001, ASA 71 [2002/2003], 384 = StE 2001 B 72.14.2 Nr. 27 = RDAF 2001 II 490; Kritik bei LANG, StR 2002, 2 ff.; DERS., StR 2004, 2 ff. m.w.H.). Vorsorgeeinrichtungen für eine Einzelperson sind somit im Grundsatze ausgeschlossen (vgl. zur Problematik: STEINER, ST 1989, 139; DERS., StR 1995, 303 ff.). Die Vorsorgeeinrichtungen müssen für das ganze Personal oder eine bestimmte Personalkategorie erstellt werden. In der Praxis wird die Frage, ob die Kollektivität gewahrt ist, unterschiedlich beurteilt, wenn aufgrund der Betriebsstruktur nur eine oder wenige Personen in eine Kaderversicherung aufgenommen werden. Nach Zürcher und Luzerner Praxis ist eine solche Kaderversicherung möglich, sofern zumindest eine «virtuelle» Kollektivität vorliegt (VGer ZH 17.5.2000, RB 2000 Nr. 121 = StE 2001 B 72.14.1 Nr. 17 = ZStP 2000, 277, 283; Luzerner Steuerbuch, Stand 1.4.2004, § 70 Nr. 2, Ziff. 2.7). Eine virtuelle Kollektivität liegt vor, wenn die Kaderversicherung für weitere Mitglieder in gleicher Position offen bleibt (STEINER, ASA 71 [2002/2003], 180). Nach Praxis anderer Kantone (insbesondere BL, TG) ist die virtuelle Kollektivität nicht hinreichend (STEINER, ASA 71 [2002/2003], 180 m.w.H.); es muss eine tatsächliche Kollektivität vorliegen.

9 Unter dem BdBSt hat das Bundesgericht die behauptete virtuelle Kollektivität verneint, weil beim beurteilten Sachverhalt mit einem einzelnen Arbeitnehmeraktionär von Anfang an keine Kollektivität und Solidarität beabsichtigt gewesen sei (BGE 120 Ib 199, 205; vgl. N 3). Das Bundesgericht hat jedoch in diesem Entscheid die virtuelle Kollektivität nicht per se ausgeschlossen. Der Entscheid zeigt, dass virtuelle Kollektivität nur vorliegen kann, wenn der Beitritt weiterer Personen mit einer gewissen Wahrscheinlichkeit erfolgt.

10 Eine Aufteilung des Personals auf mehrere Vorsorgepläne ist grundsätzlich möglich (SSK, Empfehlungen, Art. 8). Dabei sind die Personenkategorien nach objektiven Kriterien abzugrenzen, und es muss für die Gesamtheit der Mitarbeiter eine angemessene Vorsorgelösung getroffen werden (vgl. N 17 ff.).

c) Planmässigkeit

11 Die Rechte und Pflichten der Begünstigten müssen statutarisch oder reglementarisch festgelegt sein. Die Statuten oder Reglemente sind nach der Empfehlung der SSK von

den Steuerbehörden zu genehmigen (SSK, Empfehlungen, Art. 6). Eine gesetzliche Pflicht hierzu besteht jedoch nicht (zum Verfahren N 31).

Kontrovers wird die Frage diskutiert, ob sich Mitarbeiter ihren Vorsorgeplan aussuchen dürfen (PETER-SZERENYI, 149 ff.; STEINER, ASA 71 [2002/2003], 181). Vor dem Hintergrund finanzökonomischer Erkenntnisse über die Risikofähigkeit des Begünstigten (Investors), beispielsweise in Abhängigkeit seines Alters, führt ein Einheitsplan statistisch zu einer suboptimalen, weil für den Versicherten nicht risikogerechten, Kapitalanlage (z.B. SPREMANN, FuW 30.11.2002, 28). Ein jüngerer Anleger mit einem langen Anlagehorizont wird Anlagen mit höherem Risiko vorziehen. Einerseits ist dies in der Erwartung begründet, dass sich die Übernahme des Risikos über die Jahre auszahlt. Andererseits wird bei einem geringen Kapitalstock und einem tendenziell steigenden Einkommen davon ausgegangen, dass ein Verlust nötigenfalls ausgeglichen werden kann (letztlich ein Diversifikationseffekt). Ein Anleger mit kurzem Anlagehorizont wird im Regelfall weniger geneigt sein, sein erwirtschaftetes Vermögen – bildhaft gesprochen – aufs Spiel zu setzen, sondern wird eher Investitionen mit geringerem Risiko vorziehen. Erlaubt das Vorsorgerecht eine solche Unterscheidung nicht, wird der langfristige Anleger zuwenig Risiko und eine zu tiefe Renditeerwartung, der kurzfristige Anleger jedoch zuviel Risiko haben. Gezeigt hat sich die Problematik in den Jahren 2001 und 2002, als viele Vorsorgeeinrichtungen ihr Vermögen zunehmend in Aktien anlegten, aber nicht die erhoffte Rendite, sondern das Risiko realisierten. Die Konsequenzen dieser Umschichtung sind letztlich für langfristige Anleger deutlich weniger problematisch als für ältere Versicherte mit einem kürzeren Anlagehorizont. Den steuerrechtlichen Bedenken bezüglich einer Zersplitterung der Vorsorge kann mit einer beschränkten Anzahl von Plänen (mit Wechselmöglichkeit des Begünstigten) sowie einer auf den Kapitalstock bezogenen Überprüfung der Angemessenheit (N 13 ff.) Rechnung getragen werden. **12**

d) Angemessenheit

Das BVG setzt lediglich einen Mindeststandard (obligatorische Leistungen, Art. 6 BVG). Das BVG ermöglicht aber auch, dass Vorsorgeeinrichtungen Leistungen erbringen, welche über den Mindeststandard des BVG hinausgehen (überobligatorische Leistungen, ESTV-DVS, KS 1 vom 30.1.1986, Ziff. II.1, Beilage 1). Im überobligatorischen Bereich (Säule 2b) werden die Grenzen (bisher) vorwiegend durch das Steuerrecht gesetzt. Die Vorsorgeleistungen sämtlicher Einrichtungen der beruflichen Vorsorge, bei welchen eine Person versichert ist, dürfen jenen Umfang nicht überschreiten, der für die Weiterführung der gewohnten Lebenshaltung in angemessener Weise erforderlich ist (ESTV-DVS, KS 1a vom 20.8.1986, lit. e). Dabei sind Leistungen anderer bundesrechtlich geregelter Sozialversicherungen sowie allfälliger vergleichbarer ausländischer Sozialversicherungen zu berücksichtigen (ZH: § 12 der VO über die Steuerbefreiung von Einrichtungen der beruflichen Vorsorge, LS 631.31; RICHNER/FREI/KAUFMANN, Kommentar ZH, § 61 N 27). **13**

In der Praxis wird vielfach über die gesamte Versicherungsdauer ein bis zur Pensionierung gemittelter Beitragssatz von 20% des Bruttosalärs als Unbedenklichkeitswert genannt. Wird dieser Wert überschritten, ist im Einzelfall die Angemessenheit näher zu prüfen (MAUTE/STEINER/RUFENER, 117). Im Rahmen der ersten BVG-Revision wird der maximal versicherbare Lohn auf das Zehnfache des oberen Grenzbetrages nach Art. 8 Abs. 1 BVG beschränkt werden (Art. 79c revBVG, AS 2004, 1677). Unterhalb dieses Maximums werden weiterhin die bisherigen Angemessenheitsregeln gelten. Die Grenze von Art. 79c revBVG ist auch auf bestehende Vorsorgeverhältnisse anzuwenden. **14**

Die im Entwurf des Bundesrates enthaltene Übergangsregel, wonach Art. 79c revBVG für die Zukunft nicht auf Vorsorgeverhältnisse anzuwenden wäre, bei denen der versicherte Lohn den maximal versicherbaren Lohn übersteigt, wurde nicht ins Gesetz übernommen. Vor In-Kraft-Treten von Art. 79c revBVG bereits einbezahltes Vorsorgekapital wird jedoch von der neuen Regelung nicht betroffen.

15 Die Problematik einer Begrenzung der Vorsorge mittels des versicherten Salärs zeigt sich bei einem einfachen Vergleich: Arbeitnehmer 1 verdient über zwei Jahre ein gleich hohes Einkommen und zwar in der Höhe des maximal versicherbaren Salärs. In seinem Fall entspricht das durchschnittlich versicherte Salär dem maximal versicherbaren Salär. Verdient nun Arbeitnehmer 2 im ersten Jahr weniger, im zweiten Jahre mehr, aber im Durchschnitt genau das maximal versicherbare Salär, so wird sein durchschnittlich versichertes Salär tiefer sein als bei Arbeitnehmer 1. Der Unterschied entspricht der Hälfte der Differenz zwischen dem (tieferen) Salär des ersten Jahres und dem maximal versicherbaren Salär. Unterstellt man zusätzlich eine Rendite auf dem einbezahlten Vorsorgekapital, wird dieser Effekt im Laufe der Zeit noch verstärkt. Die Möglichkeit, sich in die Vorsorgeeinrichtung einzukaufen, kann diesen Effekt mildern oder ganz aufheben. Die bisherige Einkaufsbegrenzung von Art. 79a BVG entfällt per 1.1.2006 (Art. 79a revBVG i.V.m. Inkraftsetzung AS 2004, 1700).

16 Eine Alternative zur Begrenzung des versicherten Salärs wäre eine Begrenzung des angesparten Kapitalstockes bezogen auf den (jeweils anwendbaren) Rentenumwandlungssatz gewesen (vgl. zum Umwandlungssatz EFD Infoplus Nr. 25, 25.11.2003, 4 f.). Im Gegensatz zur neuen Regelung könnte diese geringfügig kompliziertere Alternative einem (aufgrund der sich ändernden Altersstruktur) sinkenden Umwandlungssatz in einem gewissen Umfang Rechnung tragen.

e) Gleichbehandlung

17 Vorsorgeeinrichtungen sind an die Grundsätze der Rechtsgleichheit, des Willkürverbotes und der Verhältnismässigkeit gebunden. Diese Grundsätze ergeben sich, von Ausnahmen abgesehen (wie beispielsweise Art. 66 Abs. 1 BVG), auch für Vorsorgeeinrichtungen unmittelbar aus der Verfassung (Art. 8, Art. 9, Art. 5 Abs. 2 BV).

18 Der Grundsatz der Gleichbehandlung verhindert nicht, dass Mitarbeiter in verschiedene Kategorien eingeteilt werden, namentlich bei Plänen für die Kadervorsorge (BBl 1984 II 730 f.; ESTV-DVS, KS 1 vom 30.1.1986, Ziff. II.2.e). Die Unterteilung muss jedoch nach objektiven Kriterien erfolgen (ZH: § 6 Abs. 2 der VO über die Steuerbefreiung von Einrichtungen der beruflichen Vorsorge, LS 631.31). Sondervereinbarungen zu Gunsten oder Lasten einzelner Begünstigter sind nicht gestattet. Zulässig sind Unterscheidungen nach Alter und Funktion, nicht aber nach Geschlecht. Dabei ist auch zu beachten, dass die Gleichbehandlung verschiedener, sozial relevanter Gruppen den Grundsatz der Gleichbehandlung faktisch verletzt, weil der Umwandlungssatz die unterschiedliche, erwartete Dauer des Rentenbezuges dieser Gruppe nicht reflektiert (vgl. beispielsweise EFD Infoplus Nr. 25, 25.11.2003, 4 f.).

19 Nach der Verwaltungspraxis ist die Gleichbehandlung zwischen mehreren Vorsorgeeinrichtungen innerhalb eines Betriebes gewahrt, wenn (1) der Prozentsatz der Versicherungsleistungen im Verhältnis zum tatsächlichen Salär derselbe ist, (2) die Beiträge in gleicher Weise zwischen Versicherten und Unternehmen aufgeteilt werden und (3) die Versicherungsleistungen gemessen an den einbezahlten Beträgen für die Kaderangehörigen in keinerlei Hinsicht günstiger sind, als für die übrigen Mitarbeiter (ESTV-DVS, KS 1 vom 30.1.1986, Ziff.II.2.e). Die SSK unterscheidet in ihren Empfehlungen zur Fi-

nanzierung der Vorsorge leitender Angestellter im Vergleich mit jener des übrigen Personals zwei Kategorien von Fällen. Im ersten Fall sind beide Kategorien von Mitarbeitern in der gleichen, im zweiten Fall in unterschiedlichen Vorsorgeeinrichtungen versichert. Sind leitende Angestellte und das übrige Personal in der gleichen Einrichtung versichert, ist die Gleichwertigkeit dann gegeben, wenn der Beitrag ausgedrückt in Prozenten des Einkommens gleich ist. Sind leitende Angestellte und das übrige Personal in unterschiedlichen Einrichtungen versichert, so «dürfen leitende Angestellte gegenüber dem übrigen Personal nicht unverhältnismässig begünstigt werden», wobei dieser Grundsatz weiter zu konkretisieren bleibt (SSK, Empfehlungen, Art. 8).

Art. 66 Abs. 1 BVG legt für den obligatorischen Bereich den Grundsatz der Beitragsparität fest und verlangt, dass der Beitrag des Arbeitgebers mindestens gleich hoch sein muss, wie die Beiträge aller Arbeitnehmer zusammen. Für den überobligatorischen Bereich ergibt sich dieser Grundsatz aus Art. 331 Abs. 3 OR. Beide Bestimmungen verlangen nur eine kollektive oder relative Beitragsparität, nicht jedoch eine individuelle. Das schliesst nicht aus, dass einzelne Arbeitnehmer mehr bezahlen als andere und auch mehr, als der Arbeitgeber für sie persönlich leistet (BGE 124 II 570, 573). Diese Diskrepanz zwischen Beitragsparität und individueller Gleichbehandlung wird durch den diskutierten Gleichbehandlungsgrundsatz jedoch begrenzt. 20

f) Bezug zur Schweiz

Die Vorsorgeeinrichtung muss gemäss Wortlaut von Art. 56 lit. e DBG und Art. 23 lit. d StHG die berufliche Vorsorge für Unternehmen mit Wohnsitz, Sitz oder Betriebsstätte in der Schweiz und von ihnen nahe stehenden Unternehmen übernehmen. Dies bedeutet, dass ein Bezug des Unternehmens zur Schweiz bestehen muss, der entweder durch persönliche oder wirtschaftliche Zugehörigkeit begründet wird oder dadurch, dass das Unternehmen einem der Schweiz zugehörigen Unternehmen nahe steht (Art. 50 f. DBG). Der Gesetzeswortlaut lässt mit anderen Worten zu, dass ein ausländisches Unternehmen die berufliche Vorsorge über eine Schweizer Vorsorgeeinrichtung abwickelt, aber nur dann, wenn dieses ausländische Unternehmen einem schweizerischen Unternehmen nahe steht. Vorsorgeeinrichtungen von anderen ausländischen Unternehmen können die Steuerbefreiung nicht beanspruchen. 21

Bei einer schweizerischen Vorsorgeeinrichtung eines ausländischen Unternehmens muss mindestens ein Drittel der Versicherten in der Schweiz wohnhaft oder Schweizer sein (ESTV-DVS, KS 1 vom 30.1.1986, Ziff. II.2.a; vgl. auch MAUTE/STEINER/RUFENER, 121). Eine gesetzliche Grundlage für diese Einschränkung ist nicht ersichtlich. Das ausländische Unternehmen muss einem schweizerischen Unternehmen nahe stehen. Mit den Versicherten hat dies nichts zu tun. Die Grundlage kann auch nicht aus dem Vorsorgegedanken abgeleitet werden. Die praktische Bedeutung dieser Vorschrift ist heute wenigstens im europäischen Raum gering, da nach den bilateralen Verträgen Schweiz EG resp. EFTA über die Personenfreizügigkeit Mitarbeiter, die beispielsweise nur in Deutschland unselbständig arbeiten, im Regelfall dem deutschen Sozialversicherungsrecht unterstehen (Art. 13 Abs. 2 lit. a VO 1408/71/EG), unabhängig von der Nationalität oder vom Wohnsitz (Abkommen vom 21.6.1999 zwischen der Schweizerischen Eidgenossenschaft einerseits und der Europäischen Gemeinschaft und ihren Mitgliedstaaten andererseits über die Freizügigkeit [mit Anhängen, Prot. und Schlussakte], SR 0.142.112.681; Übereinkommen vom 4.1.1960 zur Errichtung der Europäischen Freihandelsassoziation [EFTA] [mit Anhängen, Schlussakte und Erkl.], SR 0.632.31 und die jeweils damit übernommenen Verordnung (EWG) Nr. 1408/71 des Rates vom 14.6.1971 über die Anwendung der Systeme der sozialen Sicherheit auf Arbeitnehmer und Selbständige 22 sowie deren Familienangehörige, die innerhalb der Gemeinschaft zu- und abwandern [geändert und aktualisiert], AS 2004, 121 ff.). Die Anforderung der ESTV kann jedoch im Verhältnis zu anderen Staaten, wie beispielsweise den USA, Bedeutung erlangen.

2. Steuerbefreiung von Anlageeinrichtungen

23 Anlageeinrichtungen widmen sich der Anlage und Verwaltung der Vermögen von Vorsorgeeinrichtungen. Sie können in der Form einer Genossenschaft oder einer Stiftung errichtet werden, wobei in der Praxis fast durchwegs Stiftungen eingesetzt werden. Nachfolgend liegt der Fokus deshalb auf den Anlagestiftungen, wobei die Probleme bei Genossenschaften weitgehend gleich gelagert sind. Anlageeinrichtungen unterliegen in der Praxis zahlreichen Anforderungen des Bundesamtes für Sozialversicherungen hinsichtlich Organisation, Anlegerrechte, Information und Transparenz, externer Kontrolle (Revisionsstelle) sowie Vermögensanlage, die sich im Wesentlichen an die Regelungen des AFG anlehnen (BSV, Anforderungen). Selbständige gesetzliche Regelungen für diese Kategorie kollektiver Anlageeinrichtungen wurden bisher keine erlassen.

24 Die Anlagestiftung (ausführlicher BÜRLI-BORNER, 117 ff.) übernimmt gewisse Vermögenswerte zu Eigentum in das Anlagevermögen. Ihre Bilanz zeigt auf der Aktivseite somit das von ihr verwaltete Vermögen, wie beispielsweise Wertschriften oder Immobilien. Die Passivseite beinhaltet, neben einem typischerweise geringen Widmungsvermögen (auch Stammkapital genannt) und allenfalls Drittschulden, insbesondere die Ansprüche der Vorsorgeeinrichtungen (Anleger). Das Widmungsvermögen hat mindestens CHF 100 000 zu betragen (BSV, Anforderungen, 2). Bei den Ansprüchen handelt es sich um unverbriefte Vermögens- und Teilhaberrechte der Vorsorgeeinrichtung gegenüber der Anlagestiftung. Sie sind nach Massgabe von Statuten und Reglement der jeweiligen Anlagestiftung unter den Anlegern handelbar oder können der Anlagestiftung zurückgegeben werden.

25 Bereits nach bisheriger Praxis war die Fusion von Anlagestiftungen zulässig (BSV, Anforderungen, 7). Die zu übertragenden Aktiven wurden durch Sacheinlage ins Anlagevermögen übertragen gegen Ausgabe von Ansprüchen. Der Übertragungswert der eingelegten Vermögenswerte wird durch objektiv feststellbare Preise (Kurswerte) oder externe Bewertungen festgelegt und durch die Revisionsstelle geprüft.

26 Die Voraussetzungen für die Steuerbefreiung von Anlageeinrichtungen entsprechen grundsätzlich denjenigen der Vorsorgeeinrichtungen. Die Anlageeinrichtungen dürfen jedoch nur Vermögen steuerbefreiter Vorsorgeeinrichtungen (zweite Säule oder von Bankstiftungen der dritten Säule a) verwalten (BSV, Anforderungen, 2; ESTV-DVS, KS 1 vom 30.1.1986, Ziff. II.2.b). Damit wird verhindert, dass Vermögen und Einkünfte aus dem steuerbaren in den steuerneutralen Bereich verschoben werden. Anlageeinrichtungen dürfen keinem weiteren Zweck als der Vermögensanlage dienen. Unzulässig sind praxisgemäss insbesondere Anlageeinrichtungen, die auch eine Vorsorgefunktion wahrnehmen wollen (BSV, Anforderungen, 2). Die Kriterien Ausschliesslichkeit und Unwiderrufbarkeit gelten folglich auch für Anlageeinrichtungen.

27 Der Aufbau und die Organisation von Anlageeinrichtungen müssen statutarisch und reglementarisch festgelegt sein, damit die Anlageeinrichtung als planmässig gelten kann. In Statuten und Reglement werden Anlegern Beteiligungs-, Mitwirkungs- und Vermögensrechte gewährt.

28 Es ist aus steuerrechtlicher Sicht nicht erforderlich, wohl aber der Regelfall, dass mehrere Vorsorgeeinrichtungen als Anleger auftreten.

3. Wegfall der Steuerbefreiung

Sofern eine der oben genannten Voraussetzungen der Steuerbefreiung nicht mehr erfüllt ist, entfällt grundsätzlich ab diesem Zeitpunkt die Steuerbefreiung. Ausnahmen von dieser Regel könnten sich in Fällen von Vertrauensschutz ergeben. Gewinne, die nach dem Wegfall der Steuerbefreiung erzielt werden, unterliegen der Gewinnsteuer. 29

Steuerbefreite Vorsorgeeinrichtungen können Vermögensobjekte steuerneutral realisieren. Nach Wegfall der Steuerbefreiung unterliegen die Gewinne der Gewinnsteuer. Dies betrifft nach überwiegender Praxis nicht nur die laufenden Gewinne, sondern auch die Realisierung allfälliger vor Wegfall der Steuerbefreiung entstandener Reserven. Aus Gründen der Rechtsgleichheit (Art. 8 BV) müssen jedoch vor Wegfall entstandene, unrealisierte Reserven auf den Tag des Wegfalles der Steuerbefreiung durch Aufwertung der Aktiven aufgedeckt werden können, oder es sind die stillen Reserven in einer Steuerbilanz als versteuerte Reserven aufzunehmen. 30

4. Zuständigkeiten und Verfahren

Der Entscheid über die Gewährung der Steuerbefreiung obliegt den Steuerbehörden. Obwohl im Gesetz nicht statuiert, wird in der Praxis die Steuerbefreiung lediglich auf Antrag gewährt. Die Steuerbefreiung hat jedoch – wenn die Voraussetzungen erfüllt sind – auch von Amtes wegen zu erfolgen, weshalb die Steuerbefreiung auch rückwirkend für noch nicht veranlagte Steuerperioden angewandt werden kann. Der Vorsorgeeinrichtung obliegt nach allgemeinen Beweisregeln der Nachweis des Sachverhaltes, welcher zur Steuerbefreiung berechtigt. 31

Bei der direkten Bundessteuer (Art. 105 Abs. 3 DBG) ist die Behörde am Sitz der Vorsorgeeinrichtung per Ende der Steuerperiode zuständig. Für die Steuerbefreiung auf der kantonalen Ebene ist jeder Kanton zur eigenen Prüfung befugt. Ist jedoch vom Sitzkanton die Steuerbefreiung festgestellt worden, übernehmen im Regelfall andere Kantone die Beurteilung des Sitzkantones ohne eine vertiefte Prüfung. Im Kanton Zürich ist, wie in manchen anderen kantonalen Steuerverwaltungen, die Rechtsabteilung der kantonalen Steuerverwaltung funktional zuständig (Beschluss des Regierungsrates über die Organisation des kantonalen Steueramtes vom 14.10.1998, LS 631.51). 32

5. Voraussetzungen der Steuerneutralität einer Fusion

Eine Fusion zwischen Vorsorgeeinrichtungen ist gewinnsteuerrechtlich ohne Folgen, solange und soweit die vorstehend diskutierten Voraussetzungen der Steuerbefreiung vor und auch nach der Fusion erfüllt sind. In anderen Fällen sind die vor Art. 3 N 61 ff. diskutierten Grundsätze zu prüfen. 33

Die Art und Weise der Fusion ist für die Gewinnsteuer grundsätzlich unerheblich, da auch Veräusserungen mit Realisation des Vermögens oder eine Liquidation der (steuerbefreiten) Vorsorgeeinrichtung steuerfrei sind. Dies bedeutet, dass die Fusion steuerlich sowohl als Annexion wie auch als Kombination erfolgen kann. Zudem ist hinsichtlich der an der Fusion beteiligten Vorsorgeeinrichtungen kein Unterschied zu machen, da sämtliche Vorsorgeeinrichtungen als übernehmende wie übertragende Einheit auftreten können. Die Fusion erfolgt unabhängig von der Rechtsform der Vorsorgeeinrichtung (Botschaft, 4475). 34

6. Gegenleistung

35 Bei Fusionen von Vorsorgeeinrichtungen werden im Regelfall keine direkten Gegenleistungen erbracht, sondern Anwartschaften von Begünstigten übernommen (RIEMER, 82; IFF, SPV 1997, 781). In der Bilanz der Vorsorgeeinrichtung entsprechen diese Anwartschaften den versicherungstechnischen Rückstellungen (HELBLING, ST 2003, 217).

36 Die Steuerbefreiung der Übertragung der Anwartschaften findet sich implizit auch in Art. 84 BVG. Ansprüche aus Vorsorgeeinrichtungen und Vorsorgeformen nach den Art. 80 und 82 BVG sind *vor ihrer Fälligkeit* von den direkten Steuern des Bundes, der Kantone und der Gemeinden befreit (BBl 1984 II 732).

37 Im Entscheid vom 4.5.2001 (VPB 65.102 = ASA 70 [2001/2002], 774 ff. = StR 2002, 100 ff. m.w.H.) hatte die Eidg. Steuerrekurskommission die Frage der Entgeltlichkeit bei einer unechten Fusion (nach Art. 181 OR) zweier Versicherungen zu prüfen. Die Kommission kam zur Auffassung, dass bei der Umsatzabgabe der Begriff der Verpflichtung gegenüber Dritten extensiv auszulegen sei. Die dem Deckungskapital entsprechenden Rückstellungen einer Versicherungsgesellschaft stellten Verpflichtungen gegenüber Dritten dar. Es komme dabei nicht darauf an, ob die Forderungen fällig seien oder nicht.

38 Anwartschaften auf das Alterskapital werden grundsätzlich früher oder später fällig und gelangen als Kapital oder Rente zur Auszahlung. Diese Anwartschaften sind deshalb als lediglich zeitlich bedingt anzusehen, ähnlich wie rückkaufsfähige Lebensversicherungen (Art. 90 Abs. 2 VVG). Soweit die Rückstellung für Risiken erfolgt, deren Eintritt ungewiss ist, wie Invalidität, ist der Gegenleistungscharakter diskutabel, was vor dem Hintergrund des unter N 38 erwähnten Entscheides nachfolgend jedoch nicht weiter vertieft wird.

39 Fällige, aber noch nicht erfüllte Leistungen beziehen sich auf Geld- oder Sachleistungen, welche nach der Fusion von der übernehmenden Vorsorgeeinrichtung zu erbringen sind. Es handelt sich dabei aber nicht um Gegenleistungen (Stammrechte) anlässlich einer Umstrukturierung, sondern um normale Forderungsrechte. Die Situation ist vergleichbar mit einer fälligen Dividendenforderung eines Aktionärs einer fusionierenden Gesellschaft: Diese Forderung geht auf die übernehmende Gesellschaft über. Ein zusätzliches Einkommen wird dabei nicht realisiert, und das Stammrecht wird nicht tangiert.

40 Bei einer Sacheinlage (durch Fusion oder auf andere Weise) in eine Anlagestiftung werden von der Anlagestiftung keine Anwartschaften von Versicherten übernommen (z.B. VGer VD 30.12.1998, StR 1999, 421 = RDAF 1999 II, 349). Die Anlagestiftung begibt Ansprüche (N 24). Ansprüche können durch den Anleger im Rahmen von Statuten und Reglement zur Rückzahlung fällig gestellt oder an andere Vorsorgeeinrichtungen übertragen werden. Diese Übertragung von einer direkten in eine indirekte Anlage ist steuerneutral, sofern nur steuerbefreite Vorsorgeeinrichtungen Anleger sind. Sollte dies einmal nicht der Fall sein, wären die Voraussetzungen einer Steuerbefreiung der Umstrukturierung nach allgemeinen Kriterien zu prüfen (Art. 61 DBG; Art. 24 StHG; vor Art. 3 N 61 ff.).

41 Obwohl Vorsorgeeinrichtungen von den allgemeinen Gewinnsteuern befreit sind (N 2), können die Kantone Liegenschaftssteuern erheben (Art. 80 Abs. 3 BVG). Liegenschaftssteuern sind problematisch, da sie faktisch einen Gewinnsteuerersatz darstellen. Der Kanton Aargau sah vor, dass steuerbefreite Vorsorgeeinrichtungen eine Grundsteuer auf Kapitalanlageliegenschaften zu entrichten haben. Andere juristische Personen hatten keine vergleichbare Steuer zu entrichten. Das Bundesgericht erwog, dass Vorsorgeein-

richtungen bei den Grundsteuern durch den Steuergesetzgeber nicht deshalb benachteiligt werden dürfen, weil sie von der Gewinnsteuer befreit sind. Eine kantonale Steuer, die in rechtsungleicher Weise ausschliesslich Liegenschaften der nach Bundesrecht steuerbefreiten Personalvorsorgeeinrichtungen erfasst, ist bundesrechtswidrig (BGE 126 I 76, 80 = StE 2001 A 16.7 Nr. 21).

B. Einkommenssteuer

Die Fusion von Vorsorgeeinrichtungen hat, sofern den begünstigten natürlichen Personen keine Leistungen zugesprochen werden, keine Folgen bei der Einkommenssteuer, weil diese Personen weiterhin nur Anwartschaften gegenüber der Vorsorgeeinrichtung haben (N 35 ff.).   **42**

C. Grundstückgewinnsteuer

Vorsorgeeinrichtungen sind von den allgemeinen Gewinnsteuern befreit (N 2). Art. 80 Abs. 3 BVG sieht eine Ausnahme von dieser Steuerbefreiung vor, indem Liegenschaften mit Grundsteuern belastet werden dürfen. Darunter fallen nebst Liegenschaftssteuern (N 41) auch Grundstückgewinnsteuern und Handänderungssteuern. Bei der direkten Bundessteuer erstreckt sich die Steuerbefreiung auch auf Grundstückgewinne. Dies ergibt sich eo ipso aus Art. 56 lit. e DBG i.V.m. Art. 57 ff. DBG über die Berechnung des Reingewinnes.   **43**

Das BVG lässt zu, dass die Kantone Mehrwerte aus der Veräusserung von Grundstücken entweder mit der allgemeinen Gewinnsteuer oder einer speziellen Grundstückgewinnsteuer belasten. Allerdings dürfen nach Art. 80 Abs. 4 Satz 2 BVG bei der Übertragung von Grundstücken anlässlich einer *Fusion* oder *Aufteilung* (N 80 ff.) einer Vorsorgeeinrichtung keine Grundstückgewinnsteuern erhoben werden. Diese Vorschrift derogiert im Konfliktfall kantonale Steuergesetze, welche diese Ausnahme nicht übernommen haben (VGer ZH 4.7.1995, RB 1995 Nr. 49 = StR 1996, 194 ff. = StE 1995 B 42.39 Nr. 2; **a.M.** hinsichtlich der direkten Anwendung von Art. 80 BVG: BGE 116 Ia 264, 271 m.w.H.).   **44**

Bei der steuerneutralen Übertragung von Grundstücken im Rahmen einer Fusion sind die latenten Grundstückgewinnsteuern zu beachten. Objekt der Grundstückgewinnsteuer ist die Differenz zwischen Veräusserungserlös und Anlagekosten, welche sich aus Erwerbskosten und wertvermehrenden Aufwendungen zusammensetzen. Bei einer entgeltlichen Veräusserung (z. B. Verkauf) eines fusionshalber übertragenen Grundstückes werden die Grundstückgewinnsteuern auf der Grundlage der Erwerbskosten der letzten besteuerten Übertragung (z. B. Kauf) und der seitherigen wertvermehrenden Aufwendungen berechnet (vor Art. 3 N 94 ff.). Dies bedeutet, dass ein Grundstück, welches bei der Fusion einen Mehrwert gegenüber den Anlagekosten hat, einer latenten Grundstückgewinnsteuer unterliegt. Bei Umstrukturierungen unter Vorsorgeeinrichtungen sind latente Grundstückgewinnsteuern je nach Definition des Übertragungswertes deshalb gegebenenfalls in Abzug zu bringen.   **45**

Bei einer Fusion von Anlagestiftungen stellt die Ausgabe von Ansprüchen für sich genommen die Steuerneutralität nicht in Frage. Problematisch kann hingegen diejenige Fusion sein, mit der – im Zusammenhang mit anderen Transaktionen – eine (tatsächliche oder bloss wirtschaftliche) Veräusserung der Liegenschaften bezweckt wird.   **46**

D. Handänderungssteuer

47 Art. 80 Abs. 4 Satz 2 BVG verbietet die Erhebung einer Handänderungssteuer bei der Übertragung einer Liegenschaft im Rahmen einer Fusion nicht. Verschiedene Kantone kennen in ihren Steuergesetzen trotzdem Ausnahmen von der Handänderungssteuer bei der Umstrukturierung von Vorsorgeeinrichtungen. Einige Kantone beschränken die Ausnahme von der Handänderungssteuer allerdings auf den Zusammenschluss oder die Aufteilung von Personalvorsorgeeinrichtungen des gleichen *Unternehmens oder der gleichen Unternehmensgruppe* (z.B. BE, BS). Andere Kantone lassen Ausnahmen in analoger Anwendung der allgemeinen Regeln über Unternehmensumstrukturierungen zu, wobei kein Betriebserfordernis aufgestellt wird. Da die Veranlagung der Handänderungssteuern in einigen Kantonen den Gemeinden überlassen wird (z.B. ZH, ZG), ist die Praxis betreffend Ausnahmen von Handänderungssteuern teilweise uneinheitlich.

48 Ausnahmen von der Handänderungssteuer führen zum Entfall der Steuer. Bei der Umstrukturierung wird grundsätzlich keine latente Steuer übertragen. Einzelne Kantone behalten sich allerdings ein Nachbesteuerungsrecht vor (z.B. ausdrücklich BE). Mit Inkrafttreten von Art. 103 FusG wird die Erhebung von Handänderungssteuern bei Fusionen von Vorsorgeeinrichtungen generell verboten. Für Details kann auf die Ausführungen zu Art. 103 FusG verwiesen werden.

E. Verrechnungssteuer

49 Stiftungen und Einrichtungen des öffentlichen Rechts sind grundsätzlich keine Verrechnungssteuersubjekte. Genossenschaften sind Verrechnungssteuersubjekte für Erträge der Genossenschaftsanteile, wobei nach Art. 5 Abs. 1 lit. a VStG keine Verrechnungssteuer anfällt, soweit die Gewinne und Reserven anlässlich der Umstrukturierung in die Reserven einer aufnehmenden Genossenschaft übergehen. Andere Gesellschaftsformen, die von der Ausnahme direkt profitieren könnten (Kapitalgesellschaften), stehen für Vorsorgeeinrichtungen nicht zur Verfügung (N 1). Nicht tangiert durch die Umstrukturierung werden Verrechnungssteuern auf Versicherungsleistungen (Art. 7 VStG). Neue Versicherungsträger, die im Inland Lebens-, Renten oder Pensionsversicherungen übernehmen, haben sich jedoch bei der ESTV vor Aufnahme der Tätigkeit unaufgefordert als Steuerpflichtige anzumelden (Art. 46 VStV).

50 Vorsorgeeinrichtungen werden Verrechnungssteuersubjekte, wenn sie verrechnungssteuerrechtlich als den Anlagefonds ähnliche Vermögen qualifizieren (Art. 4 Abs. 1 lit. c VStG). Dies trifft typischerweise auf Anlagestiftungen zu (ESTV-DVS, MB steuerliche Behandlung von Anlagestiftungen, S-02.138, vor Ziff. 1; ESTV-DVS, WL 2W kollektive Anlageinstrumente, 4), nicht jedoch auf andere Vorsorgeeinrichtungen. Steuerobjekt sind diejenigen Verpflichtungen (inkl. zugehöriger Reserven), die der kollektiven Anlage dienen (ESTV-DVS, MB steuerliche Behandlung von Anlagestiftungen, S-02.138, vor Ziff. 1). Daraus folgt, dass ausschliesslich Ausschüttungen von Anlagevermögen einer Anlagestiftung der Verrechnungssteuer unterliegen. Das übertragene Widmungsvermögen unterliegt nicht der Verrechnungssteuer (e contrario Art. 4 VStG).

51 Sofern Vorsorgeeinrichtungen nicht Steuersubjekt sind, sind Umstrukturierungen von Vorsorgeeinrichtungen nicht steuerbar. Auch die Verschiebung von Substrat vom steuerfreien in den steuerbaren Bereich führt nicht unmittelbar, jedoch bei einer späteren Liquidation oder Ausschüttung zu Verrechnungssteuern. Dies ist beispielsweise der Fall bei der Gründung einer Anlagestiftung (steuerbar) mit Vermögensübertragung von Vorsorgeeinrichtungen (steuerfrei). Soweit bei einer Umstrukturierung Steuersubstrat vom steuerbaren in den steuerneutralen Bereich verschoben wird, findet grundsätzlich eine steuersystematische Realisation für die Verrechnungssteuer statt: Die Verrechnungs-

Steuerliche Behandlung

steuer behandelt eine Fusion wie eine Liquidation (vor Art. 3 N 153 ff.; ESTV-DVS, WL 2W kollektive Anlageinstrumente, 6). Die steuersystematische Realisation tritt ein, wenn zum Beispiel eine Personalvorsorgestiftung eine Anlagestiftung übernimmt. Die vorstehend erwähnte Ausnahme von Art. 5 Abs. 1 lit. a VStG ist auf die fusionsweise Übertragung von Anlagevermögen (N 24) nicht direkt anwendbar.

52 Die VStV sieht das Meldeverfahren bei kollektiven Anlageinstrumenten nicht vor. Entsprechend ist die geschuldete Steuer vom Kapitalertrag abzuziehen und der ESTV zu überweisen (Art. 11 Abs. 1 und Art. 14 Abs. 1 VStG). Diese führt im Regelfall zu einem Leerlauf, da inländische Vorsorgeeinrichtungen grundsätzlich rückerstattungsberechtigt sind. Dieser Leerlauf ist von grosser Tragweite, da bei Pensionskassen häufig substantielle Beträge übertragen werden und die Steuer nur entrichtet werden kann, wenn das Vorsorgevermögen entweder teilweise veräussert und nach Rückerstattung der Steuer wieder erworben oder verpfändet wird, beispielsweise mittels Repos, Sell/buy-back oder Effektenlombardkrediten (Sell/buy-back Transaktionen sind – im Unterschied zu qualifizierenden Repos und Effektenlombardkrediten – nicht von der Umsatzabgabe ausgenommen).

53 Vor diesem Hintergrund ist davon auszugehen, dass bezüglich der Umstrukturierung von Vorsorgeeinrichtungen, die der Verrechnungssteuer unterliegen, eine Gesetzeslücke vorliegt (Art. 1 Abs. 2, 3 ZGB): Art. 5 Abs. 1 lit. a VStG wird – wie erwähnt – bei Vorsorgeeinrichtungen nur ausnahmsweise direkte Anwendung finden, da sich die Norm auf Gewinn und Reserven von Genossenschaften bezieht (N 49). In der Praxis wird diese Gesetzeslücke bei Ertragsausschüttungen durch ein (nicht in der Verordnung geregeltes) Meldeverfahren geschlossen. Es wird ein vereinfachtes, bargeldloses Verfahren durchgeführt, wonach die Anlagestiftung die Ertragsausschüttung (Formular 200) zusammen mit einem Rückerstattungsgesuch (Formular 25) zu Gunsten der Anleger deklariert. Auf beiden Formularen ist der Vermerk «bargeldloses Verfahren» anzubringen (ESTV-DVS, WL 2W kollektive Anlageinstrumente, 14; HESS, 450). Nach ESTV-DVS, MB, steuerliche Behandlung von Anlagestiftungen, S-02.138, Ziff. 1 kann das bargeldlose Verfahren nur angewandt werden, wenn die Stiftung ausschliesslich in der Schweiz ansässigen steuerbegünstigten Vorsorgeeinrichtungen zum Beitritt offen steht. Das bargeldlose Verfahren weist wirtschaftlich zwar Ähnlichkeiten mit dem Meldeverfahren auf. Da die Anlagestiftung die Verrechnungssteuer für die Anleger und mit deren Vollmacht (Anhang zu ESTV-DVS, MB steuerliche Behandlung von Anlagestiftungen, S-02.138) zurückfordert, liegt beim bargeldlosen Verfahren jedoch faktisch eine Verrechnung der Zahlung der Steuer mit deren Rückerstattung vor. Bei einer Fusion von Vorsorgeeinrichtungen kann u.E. somit entweder Art. 5 Abs. 1 lit. a VStG analog angewendet werden, insofern das Steuersubstrat verhaftet bleibt, oder subsidiär das bargeldlose Verfahren durchgeführt werden, soweit Steuersubstrat übertragen wird und der Empfänger rückerstattungsberechtigt ist. Sind diese Voraussetzungen nicht erfüllt, ist die Verrechnungssteuer durch Bezahlung zu erledigen (Art. 11 VStG).

54 Nach Art. 4 Abs. 1 VStG unterliegen nur Kapitalerträge der Verrechnungssteuer, nicht jedoch Kapitalgewinne oder Kapitalrückzahlungen (zur Behandlung des Widmungsvermögens einer Anlagestiftung vgl. N 50). Kapitalgewinne oder Kapitalrückzahlungen können deshalb mit einem separaten Coupon verrechnungssteuerfrei zurückbezahlt werden (Art. 13 Abs. 1 lit. b VStG; ESTV-DVS, MB steuerliche Behandlung von Anlagestiftungen, S-02.138, Ziff. 1a und b). Kapitalverluste und Kosten, die mit Kapitalgewinnen zusammenhängen, wie auch ein Anteil der allgemeinen Kosten sind von den Kapitalgewinnen in Abzug zu bringen (Art. 30 Abs. 1 VStV i.V.m. Art. 28 Abs. 3 VStV).

F. Emissionsabgabe

55 Die entgeltliche Begründung und Erhöhung des Nennwertes von Genossenschaftsanteilen inländischer Genossenschaften (Art. 853 OR) unterliegen der Emissionsabgabe (Art. 5 Abs. 1 lit. a StG). Soweit anlässlich einer Fusion die Bedingungen von Art. 6 Abs. 1 lit. a^{bis} StG erfüllt sind, ist die Begründung von Beteiligungsrechten von der Steuer ausgenommen (vor Art. 3 N 219 ff., insbesondere 229 ff.).

56 Die Einlage ins Widmungsvermögen von Stiftungen unterliegt nicht der Emissionsabgabe (e contrario Art. 5 StG). Die Situation bei Einrichtungen des öffentlichen Rechts ist in der Kommentierung WEIDMANN/HÜRLIMANN näher beschrieben (vor Art. 99 N 58 ff.).

57 Die Einlage von Anlagevermögen in eine Vorsorgeeinrichtung unterliegt nicht der Emissionsabgabe, da keine Beteiligungsrechte oder Schuldpapiere begründet werden, die der Abgabe unterliegen. Dies gilt insbesondere auch für die Einlage von Anlagevermögen in eine Anlagestiftung gegen Ansprüche. Die Stiftung ist nicht Steuersubjekt, und die Ansprüche qualifizieren nicht als steuerbare Urkunden im Sinne der Art. 1, Art. 5 und Art. 5a StG, was sich aus dem Vergleich mit den anlagefondsähnlichen Einrichtungen bei der Verrechnungssteuer ergibt. Den Ansprüchen geht auch das Element des festen Betrages einer Obligation ab (zum Obligationenbegriff, vor Art. 3 N 264 ff.).

G. Umsatzabgabe

58 Vorsorgeeinrichtungen, Freizügigkeits- und Anlagestiftungen sind per se Effektenhändler (Art. 13 Abs. 3 und Abs. 4 lit. a und d StG, befristet bis 31.12.2005). Die Übertragung steuerbarer Urkunden im Rahmen einer Fusion kann der Umsatzabgabe unterliegen, wenn eine Gegenleistung erbracht wird (vor Art. 3 N 267 ff.). Im Einzelfall zu prüfen ist, ob und inwiefern sich die unterschiedlichen Definitionen der Vorsorgeeinrichtungen im Fusionsgesetz (Art. 2 lit. i FusG) und Stempelsteuergesetz (Art. 13 Abs. 4 StG) bei Umstrukturierungen auswirken.

59 Umstrukturierungen unter Vorsorgeeinrichtungen gelten in Anwendung der Praxis des Bundesgerichtes und der Eidg. Steuerrekurskommission als entgeltlich, sofern Drittverpflichtungen übernommen werden (N 35 ff.). In der Übernahme der Anwartschaften (Art. 84 BVG) wird ein Entgelt erblickt (IFF, SPV 1997, 781). Dies wird damit begründet, dass die Anwartschaften lediglich zeitlich bedingt seien und die Leistungen an einem künftigen, heute unbestimmten Tag zur Auszahlung gelangen. Eine Gegenleistung liegt auch in der Hingabe von Urkunden gegen Einräumung von Ansprüchen einer Anlagestiftung vor.

60 Eine Ausnahme von der Umsatzabgabe ist nicht vorgesehen bezüglich der Hingabe von Urkunden zur Liberierung von Ansprüchen einer Anlagestiftung (Art. 14 Abs. 1 lit. b StG), da diese nicht der Emissionsabgabe unterliegen. Art. 14 Abs. 1 lit. i StG nimmt jedoch Fusionen von Unternehmen von der Umsatzabgabe aus. Der Begriff des Unternehmens in Art. 14 Abs. 1 lit. i StG ist weit zu verstehen (vor Art. 3 N 289). Ausser bei Spaltungen (N 93) wird in der Verwaltungspraxis nicht verlangt, es müsse ein Betrieb oder Teilbetrieb übertragen werden (ESTV-DVS, KS 5 vom 1.6.2004, Ziff. 4.1.2.6, 4.2.1.6, 4.3.6). Vorsorgeeinrichtungen sollte somit bei Fusionen die Ausnahme zugestanden werden.

61 Die Übertragung von Ansprüchen an einer Anlagestiftung ist nicht umsatzabgabepflichtig. Ansprüche sind keine steuerbaren Urkunden. Eine Anlagestiftung kann im Gegensatz zur Verrechnungssteuer (N 49) auch nicht als Anlagefonds oder anlagefondsähnliches Vermögen qualifiziert werden (Art. 3 Abs. 2 AFG).

H. Mehrwertsteuer

Vorsorgeeinrichtungen sind im Regelfall nicht Mehrwertsteuersubjekte, da sie keine steuerbaren Umsätze erbringen (Art. 5 i.V.m. Art. 18 Ziff. 8 MWSTG). Sie können jedoch in besonderen Konstellationen Teil einer Mehrwertsteuergruppe sein (Art. 22 MWSTG): Eine Vorsorgeeinrichtung kann nebst mehreren Anlagestiftungen eine Managementgesellschaft halten, die Managementleistungen an die Vorsorgeeinrichtung und die Anlagestiftungen erbringt. Die Vorsorgeeinrichtung kann die Vorsteuern, insbesondere auf Managementleistungen, mangels eigener steuerbarer Umsätze nicht zurückfordern (Art. 38 Abs. 2 MWSTG). Wenn die Vorsorgeeinrichtung mit der Managementgesellschaft eine Gruppe bildet, unterliegen die Innenumsätze nicht der Mehrwertsteuer (Art. 22 Abs. 2 MWSTG). Entsprechend ergeben sich keine Vorsteuerverluste aufgrund der internen Beziehungen.

Vorsorgeeinrichtungen gelten aufgrund der paritätischen Verwaltung als unabhängig (Art. 51 BVG). Sie können deshalb nicht beherrscht werden, sondern müssen in einer Mehrwertsteuergruppe beherrschend sein (ESTV-MWST, MB 1 Gruppenbesteuerung, 3). Nach Auffassung der ESTV gilt dies auch für Anlageeinrichtungen, was nicht unproblematisch ist. Stiftungen können nicht beherrscht werden. Das gesetzliche Kriterium der einheitlichen Leitung kann jedoch bei einer Anlagestiftung durch einen Anleger oder einen Dritten anderweitig erfüllt werden, sei dies durch Ansprüche oder durch Verträge, wie Managementverträge (ESTV-MWST, MB 1 Gruppenbesteuerung, 3).

Sind Vorsorgeeinrichtungen ausnahmsweise mehrwertsteuerpflichtig, kann für weitere Ausführungen auf die steuerliche Kommentierung der Fusion verwiesen werden (vor Art. 3 N 304 ff.).

III. Umwandlung

Vorsorgeeinrichtungen können sich in eine Genossenschaft oder Stiftung umwandeln (Art. 97 Abs. 1 FusG). Eine Umwandlung in eine Einrichtung des öffentlichen Rechts ist bei Vorsorgeeinrichtungen nicht vorgesehen. Die Umwandlung einer Vorsorgeeinrichtung in eine andere erfolgt rechtsformändernd, nicht durch Übertragung von Aktiven und Passiven (Botschaft, 4446; zur Unterscheidung rechtsformändernder und übertragender Umwandlung, vor Art. 53 N 1 ff.).

A. Gewinnsteuer

Die Umwandlung von Vorsorgeeinrichtungen ist gewinnsteuerneutral, sofern die Voraussetzungen der Steuerneutralität vor und nach der Umwandlung gegeben sind (dazu N 2 ff.). Dies ist eine Konsequenz der Steuerbefreiung selbst. Sofern die Voraussetzungen für eine Steuerbefreiung nicht erfüllt werden, sind die Voraussetzungen einer steuerneutralen Umwandlung nach allgemeinen Kriterien zu prüfen (vor Art. 53 N 179 ff.).

B. Einkommenssteuer

Die Umwandlung von Vorsorgeeinrichtungen führt bei den Begünstigten nicht zu einem Zufluss von Mitteln. Sie werden weiterhin nur Anwartschaften auf die versicherte Leistung haben. Es fallen deshalb im Rahmen einer Umwandlung keine Einkommenssteuern an (N 42).

C. Grundstückgewinnsteuer

68 Hinsichtlich der Grundstückgewinnsteuern ist zunächst auf die vorstehenden Ausführungen zur Fusion zu verweisen. Die Umwandlung wurde gemäss Art. 80 Abs. 4 BVG nicht von der Grundstückgewinnsteuer ausgenommen. Neu können Umwandlungen nach FusG ohne Übertragung der Vermögenswerte erfolgen. Daher kann nach Art. 12 Abs. 4 lit. a StHG keine Grundstückgewinnsteuer mehr anfallen, da das auslösende Merkmal der Veräusserung nicht gegeben ist (vor Art. 53 N 190).

D. Handänderungssteuer

69 Es gelten die gleichen Prinzipien wie bei der Grundstückgewinnsteuer. Mangels Übertragung von Vermögenswerten (Handänderung nach Art. 97 Abs. 1 FusG) ergibt sich kein steuerauslösendes Moment. Während der Übergangsfrist von Art. 111 Abs. 3 FusG können die Kantone Umwandlungen nach wie vor besteuern (Art. 103 FusG), sofern eine eindeutige gesetzliche Grundlage für eine Besteuerung einer Umwandlung ohne Übertragung von Immobilien besteht. Die Anknüpfung an eine Handänderung reicht nicht, da eine solche Handänderung nicht stattfindet (N 66).

E. Verrechnungssteuer

70 Im Regelfall fällt bei einer Umwandlung keine Verrechnungssteuer an, da Vorsorgeeinrichtungen keine Verrechnungssteuersubjekte sind.

71 Die Umwandlung von Anlageeinrichtungen, die als anlagefondsähnliche Einrichtungen Verrechnungssteuersubjekt sind, ist im Verrechnungssteuergesetz nicht geregelt. Art. 5 Abs. 1 lit. a VStG ist nicht direkt anwendbar, da sowohl vor wie nach der Umwandlung eine Genossenschaft vorliegen müsste, was eine Umwandlung ausschliesst. Es kann daher gefolgert werden, dass der Verlust von Verrechnungssteuersubstrat (N 51 ff.) der Steuer unterworfen ist (steuersystematische Aufdeckung). Die Steuer sollte wiederum durch analoge Anwendung von Art. 5 Abs. 1 lit. a VStG oder im sog. bargeldlosen Verfahren erledigt werden können, soweit die jeweiligen Voraussetzungen erfüllt sind (N 54).

F. Emissionsabgabe

72 Das im Rahmen der Umwandlung einer Vorsorgeeinrichtung in eine Genossenschaft mit Anteilscheinen (Art. 853 OR) begründete Stammkapital unterliegt der Emissionsabgabe (analog vor Art. 53 N 238 ff.). Einlagen von Anlagekapital stellen keinen steuerbaren Zuschuss dar, da die Ansprüche nicht Steuerobjekt der Emissionsabgabe sind (e contrario Art. 5 StG) und keine Unentgeltlichkeit angenommen wird (N 35 ff.).

73 Stiftungen unterliegen nicht der Emissionsabgabe (e contrario Art. 5 StG; N 56 f.). Die Situation bei öffentlich-rechtlichen Institutionen ist vor Art. 99 N 121 f. näher ausgeführt.

74 Für die Begründung von Ansprüchen an Anlageeinrichtungen kann auf die vorstehenden Ausführungen zur Fusion verwiesen werden (N 55).

G. Umsatzabgabe

Bei der Umwandlung erfolgt keine Übertragung (N 65) von steuerbaren Urkunden, weshalb auch keine Umsatzabgabe anfällt (vor Art. 53 N 241 f.; ESTV DVS, KS 5 vom 1.6.2004, Ziff. 4.2.1.6). 75

H. Mehrwertsteuer

Für die Umwandlung von Vorsorgeunternehmen bestehen keine speziellen Regeln. Es kann deshalb auf die Ausführungen zur Umwandlung verwiesen werden (vor Art. 53 N 67 ff.). Zu beachten ist, dass Vorsorgeunternehmen im Regelfall nicht Mehrwertsteuersubjekte sind (N 62). 76

IV. Vermögensübertragung

A. Gewinnsteuer

Vorsorgeeinrichtungen können Vermögenswerte mittels Vermögensübertragung ins Anlagevermögen von Anlagestiftungen überführen, was bisher mittels Sacheinlage erfolgte (zur Sacheinlage, vgl. BSV, Anforderungen, 7). Die Vermögensübertragung zwischen Vorsorgeeinrichtungen ist gewinnsteuerneutral, sofern die Voraussetzungen der Steuerbefreiung sämtlicher Parteien der Vermögensübertragung gegeben sind (N 2 ff.). Sofern nicht alle Parteien steuerbefreit sind, gelten die Voraussetzungen einer steuerneutralen Übertragung nach allgemeinen Umstrukturierungstatbeständen (Teil 1 vor Art. 69 N 1 ff. m.w.H.), sofern die Übertragung vorsorgerechtlich zulässig ist. 77

Bereits aus vorsorgerechtlichen Gründen, insbesondere wegen des Zweckes von Vorsorgeeinrichtungen, sind unterpreisige Vermögensübertragungen auf Rechtsträger, die keine Vorsorgeeinrichtungen sind, ausgeschlossen (N 6). Sofern Arbeitgeber Vermögensübertragungen auf Vorsorgeeinrichtungen vornehmen, ist die steuerliche Beurteilung nach den Regeln über Arbeitgeberbeiträge vorzunehmen (Art. 59 Abs. 1 lit. b DBG). 78

B. Einkommenssteuer

Bei der Vermögensübertragung fallen aufgrund der unter N 42 aufgeführten Gründe keine Einkommenssteuern an. 79

C. Grundstückgewinnsteuer

Nach Art. 80 Abs. 4 BVG sind Aufteilungen von Vorsorgeeinrichtungen von der Grundstückgewinnsteuer ausgenommen. Der Begriff der Aufteilung ist im BVG nicht weiter definiert. Im Steuerrecht wurde der Aufteilungs- (Spaltungs-)begriff bei gewinnstrebigen Unternehmen entwickelt. Dieser steuerrechtliche Begriff kann nicht unbesehen auf Aufteilungen von Vorsorgeeinrichtungen übertragen werden, weil Vorsorgeeinrichtungen zumeist keinen eigentlichen eigenen Geschäftsbetrieb aufweisen (vgl. dazu auch N 60; ESTV DVS, KS 5 vom 1.6.2004, Ziff. 4.3.2.5). 80

Vorsorgerechtlich wird eine Aufteilung häufig als Teilliquidation durchgeführt (BGE 128 II 394, 396). Die Voraussetzungen einer Teilliquidation sind gemäss Art. 53b revBVG (N 14) vermutungsweise gegeben, wenn eine erhebliche Verminderung der Belegschaft erfolgt, ein Unternehmen restrukturiert wird oder ein Anschlussvertrag aufge- 81 löst wird. Nach einem Entscheid der Eidg. Beschwerdekommission ist eine erhebliche Verminderung der Belegschaft i.S. des gleich lautenden Art. 23 FZG bereits bei einer zehnprozentigen Reduktion des Bestandes gegeben (SOMMA, StR 1999, 390). Grundstücksübertragungen im Rahmen solcher Teilliquidationen müssen aus vorsorgerechtlichen Gründen als Aufteilung i.S.v. Art. 80 Abs. 4 BVG qualifiziert werden und von der Grundstückgewinnsteuer befreit werden.

82 Denkbar sind aber auch Aufteilungen ohne Teilliquidation, nämlich bei Einlage des Vermögens in eine Anlageeinrichtung. Auch solche Aufteilungen können von der Steuerbefreiung profitieren, wenn das übertragene Vermögen nach objektiven Kriterien bestimmt wird. Die Abgrenzung nach objektiven Kriterien dient hier praxisgemäss als Ersatz für das Betriebserfordernis (vor Art. 29 N 47, 67).

83 Sofern der kantonale Gesetzgeber keine Ausnahme ins Grundstückgewinnsteuerrecht aufgenommen hat, ist Art. 80 Abs. 4 BVG direkt anwendbar (VGer ZH 4.7.1995, RB 1995 Nr. 49 = StR 1996, 194 ff. = StE 1995 B 42.39 Nr. 2; **a.M.** BGE 116 Ia 264, 271 m.w.H.).

84 Grundstücke, die nicht aufgrund einer Aufteilung, sondern im Rahmen einer Vermögensübertragung gegen frei verfügbares Entgelt übertragen werden, unterliegen der Grundstückgewinnsteuer (VGer ZH 4.7.1995, RB 1995 Nr. 49 = StR 1996, 194, ff. = StE 1995 B 42.39 Nr. 2), sofern nicht die allgemeinen Voraussetzungen einer steuerneutralen Spaltung erfüllt sind (vor Art. 29 N 188 ff.). Diese Unterscheidung ist jedoch primär im Lichte der Anforderungen des Vorsorgerechtes, nicht aufgrund steuerrechtlicher Aspekte zu prüfen. Eine zu enge Auslegung würde den Anforderungen von Art. 80 BVG nicht gerecht.

85 Bei der Vermögensübertragung auf eine Anlagestiftung wird in der Praxis verlangt, dass eine Fortsetzung der Investition in die übertragenen Grundstücke beabsichtigt ist. Um dieses Engagement sicherzustellen, wird bisweilen der übertragenden Partei eine Sperrfrist von fünf Jahren für die Veräusserung der Ansprüche auferlegt. In Analogie zum Unternehmenssteuerrecht dürfte dies künftig nur noch bei einer Aufteilung durch Vermögensübertragung in eine «Tochterstiftung» zulässig sein (Art. 61 Abs. 1 lit. b DBG).

86 Bei Aufteilung von Vorsorgeeinrichtungen in Einrichtungen, die keine Anlageeinrichtungen sind, ist die Sperrfrist hingegen wenig sinnvoll, da die begünstigten Personen ihre Anwartschaften ohnehin nicht entgeltlich veräussern können.

D. Handänderungssteuer

87 Die Steuerfolgen einer Handänderung bei der Vermögensübertragung richten sich während der Übergangsperiode nach den bei der Fusion ausgeführten Grundsätzen (N 47). Eine Befreiung von der Handänderungssteuer kann in der Praxis je nach anwendbarem Gesetz gegeben sein, wenn die Vermögensübertragung als Aufteilung qualifiziert (N 80 ff.; Art. 103 N 15 ff.).

E. Verrechnungssteuer

88 Im Regelfall fällt bei einer Vermögensübertragung keine Verrechnungssteuer an, da Vorsorgeeinrichtungen keine Verrechnungssteuersubjekte sind. Ausnahmen betreffen Genossenschaften und anlagefondsähnliche Einrichtungen (N 49).

89 Wie bereits bei der Fusion und der Umwandlung ausgeführt, bestehen keine besonderen Normen im Verrechnungssteuergesetz für Umstrukturierungen von Vorsorgeeinrichtun-

gen. Aus den gesetzlichen Bestimmungen kann gefolgert werden, der Übergang von Verrechnungssteuersubstrat (N 51) sei der Steuer unterworfen. Auch hier liegt unseres Erachtens eine Lücke vor, welche insofern zu schliessen ist, dass entweder Art. 5 Abs. 1 lit. a VStG analog oder das sog. bargeldlose Verfahren angewendet wird, soweit die jeweiligen Voraussetzungen erfüllt sind (N 54).

F. Emissionsabgabe

Die Vermögensübertragung ins Stammkapital einer Genossenschaft mit Anteilscheinen (Art. 853 OR) unterliegt der Emissionsabgabe, sofern nicht die Voraussetzungen einer Spaltung erfüllt sind (N 93; vor Art. 29 N 34 ff.). **90**

Stiftungen unterliegen nicht der Emissionsabgabe (e contrario Art. 5 StG; N 56 f.). Die Steuerfolgen bei öffentlich-rechtlichen Institutionen sind in WEIDMANN/HÜRLIMANN besprochen (vor Art. 99 N 135 f.). **91**

Die Steuerfolgen der Begründung von Ansprüchen an Anlageeinrichtungen sind in N 55 (Fusion) umschrieben. **92**

G. Umsatzabgabe

Bei einer entgeltlichen Übertragung (N 35) von steuerbaren Urkunden ist die Umsatzabgabe zu entrichten, es sei denn, die Ausnahmen von Art. 14 Abs. 1 lit. i StG sei erfüllt, wovon auszugehen ist, wenn – wie hier – die Vorsorgeeinrichtung als Unternehmen charakterisiert wird (N 58 ff.). Das Betriebserfordernis der Spaltung (ESTV-DVS, KS 5 vom 1.6.2004, Ziff. 4.3.6; vor Art. 29 N 40 ff.) sollte nicht auf steuerbefreite Vorsorgeeinrichtungen angewendet werden. Sachgerechter ist entweder auf die behördlich zu genehmigende Teilliquidation oder die Abgrenzung des übertragenen Vermögens nach objektiven Kriterien abzustellen (N 80 ff.). **93**

H. Mehrwertsteuer

Hinsichtlich Vermögensübertragungen zwischen Vorsorgeunternehmen bestehen keine speziellen Regeln. Es kann deshalb auf die vorstehenden Ausführungen zur Fusion (N 62 ff.) sowie die allgemeine Kommentierung zur Vermögensübertragung verwiesen werden (vor Art. 69 N 5 ff.). **94**

Erster Abschnitt: Fusion

Art. 88

Grundsatz

¹ **Vorsorgeeinrichtungen können miteinander fusionieren.**

² **Die Fusion von Vorsorgeeinrichtungen ist nur zulässig, wenn der Vorsorgezweck und die Rechte und Ansprüche der Versicherten gewahrt bleiben.**

³ **Die Bestimmungen des Stiftungsrechts (Art. 80 ff. ZGB) und des BVG bleiben vorbehalten.**

Principe

¹ Les institutions de prévoyance peuvent fusionner entre elles.

² La fusion d'institutions de prévoyance n'est autorisée que si le but de prévoyance ainsi que les droits et les prétentions des assurés sont maintenus.

³ Les dispositions du droit des fondations (art. 80 ss CC) et la LPP sont réservées.

Principio

¹ Gli istituti di previdenza possono operare fusioni tra loro.

² La fusione di istituti di previdenza è permessa soltanto se sono salvaguardati lo scopo di previdenza nonché i diritti e le pretese degli assicurati.

³ Rimangono salve le disposizioni del diritto delle fondazioni (art. 80 segg. CC) e della legge federale del 25 giugno 1982 sulla previdenza professionale per la vecchiaia, i superstiti e l'invalidità.

Literatur

C. HELBLING, Personalvorsorge und BVG, 7. Aufl., Bern 2000; U. HUBER, Fusion von Vorsorgeeinrichtungen, Schweizer Personalvorsorge 1990, 87 f.; S. KRÜTTLI, Fusion und Liquidation von Personalvorsorgestiftungen, ST 1997, 1091 ff.; B. LANG, M & A und Personalvorsorge, in: Tschäni (Hrsg.), Mergers & Acquisitions III, Zürich 2001, 181 ff.; TH. MANHART, Die Aufhebung mit Liquidation von Stiftungen, insbesondere von Personalvorsorgestiftungen, Diss. Zürich 1986; H.M. RIEMER, Das Recht der beruflichen Vorsorge in der Schweiz, Bern 1985 (zit. Vorsorge); DERS., Entwicklungen im Gesellschaftsrecht, SJZ 2001, 462 f.; DERS., Fusionen bei klassischen und Personalvorsorgestiftungen, SZS 1991, 169 ff.; DERS., Gefährdet das neue Fusionsgesetz die berufliche Vorsorge?, plädoyer 2001, 35; DERS., Stiftungen und Fusionsgesetz, in: Die Stiftung in der juristischen und wirtschaftlichen Praxis, Zürich 2001, 101 ff.; CH. RUGGLI-WÜEST/D. STOHLER, Umstrukturierungen in der Wirtschaft und ihre Auswirkungen auf die berufliche Vorsorge, BJM 2000, 113 ff.; M. TAUFER, Fusion von Stiftungen, AJP 1998, 777 ff.; K. SCHWEIZER, Rechtliche Grundlagen der Anwartschaft auf eine Stiftungsleistung in der beruflichen Vorsorge, Diss. Zürich 1985.

I. Normzweck

1 Das schweizerische Recht weist gegenüber vielen ausländischen Rechtsordnungen die Besonderheit auf, dass es auf eine strikte Trennung zwischen dem Vermögen des Arbeitgebers und demjenigen der Vorsorgeeinrichtung achtet (vgl. HELBLING, 187). Das der beruflichen Vorsorge gewidmete Vermögen muss zwingend auf eine Stiftung, eine Genossenschaft oder eine Einrichtung des öffentlichen Rechts übertragen werden (Art. 331 OR, Art. 48 BVG). Zusammen mit dem seit 1985 geltenden BVG-Obligatorium hat diese Verselbständigungspflicht dazu geführt, dass sich gerade bei Stiftungen erhebliche Vermögen angesammelt haben. Die Zusammenschlüsse mannigfaltigster Art, die im Wirtschaftsleben stattfinden (v.a. Fusionen und Akquisitionen), machen Restrukturie-

rungen von Personalvorsorgeeinrichtungen unabdingbar. Das Bedürfnis, Vorsorgeeinrichtungen zu fusionieren, ist dementsprechend seit langem ausgewiesen (vgl. HUBER, 87). Während das Gesellschaftsrecht die Fusion ausdrücklich vorsieht und das BGer für Vereine den Zusammenschluss längstens sanktioniert hatte (vgl. BGE 53 II 1, 7), verblieb die Fusion von Vorsorgeeinrichtungen, insbesondere von Stiftungen, lange Zeit im juristischen Graubereich. Es musste auf die Theorie der sogenannten organisatorischen Aufhebung ausgewichen werden, um zum gewünschten Resultat zu gelangen. Erst im Entscheid BGE 115 II 415, 423 nahm das BGer zur Frage der Fusion von Personalvorsorgestiftungen Stellung und genehmigte diese – zumindest in der Form der Absorptionsfusion – ausdrücklich.

Es ist daher zu begrüssen, dass das Fusionsgesetz die Materie in den Art. 88 ff. regelt und den verschiedenen Restrukturierungsmassnahmen, die auch Personalvorsorgeeinrichtungen treffen können, eine gesetzliche Grundlage verschafft. **2**

Die weitaus grösste Zahl aller Vorsorgeeinrichtungen ist in die Form der Stiftung gekleidet. Gemäss LANG (188) sind dies über 98%. An den in Art. 88 ff. geregelten Umstrukturierungen werden daher fast immer Stiftungen beteiligt sein. Die nachfolgenden Ausführungen konzentrieren sich dementsprechend auf die Fusion von Stiftungen. Soweit erforderlich, wird auf das Genossenschaftsrecht eingegangen. **3**

II. Anwendungsbereich

Art. 88 regelt die Fusion von **Vorsorgeeinrichtungen**. Der Begriff der Vorsorgeeinrichtung ist in Art. 2 lit. i definiert. Es handelt sich dabei um juristische Personen, die der Aufsicht gemäss Art. 61 ff. BVG unterstellt sind, also um **4**
– gemäss Art. 48 ff. BVG registrierte Stiftungen und Genossenschaften,
– gemäss Art. 48 ff. BVG registrierte Einrichtungen des öffentlichen Rechts mit eigener Rechtspersönlichkeit und um
– nicht registrierte Personalvorsorgestiftungen gemäss Art. 89bis Abs. 6 ZGB (da diese ebenfalls der Aufsicht nach Art. 61 ff. BVG unterstehen).

Im Übrigen kann bezüglich des Begriffs der Vorsorgeeinrichtung auf die Kommentierung von Art. 2 verwiesen werden.

Von Bedeutung ist, dass innerhalb dieser Arten von Vorsorgeeinrichtungen gemäss Art. 88 auch formübergreifend fusioniert werden kann, was bislang nicht oder nur beschränkt möglich war (vgl. RIEMER, SZS, 171). Dagegen muss aber die Fusion einer Vorsorgeeinrichtung mit einem Rechtsträger, dessen Rechtsform nicht von Art. 2 lit. i erfasst ist, unterbleiben. Es liegt ein numerus clausus möglicher Fusionsspielarten vor. **5**

III. Voraussetzungen

1. Allgemeines

Damit zwei Vorsorgeeinrichtungen fusionieren können, sind gemäss Art. 88 Abs. 2 zwei Voraussetzungen zu erfüllen: **6**
– Der **Vorsorgezweck** muss gewahrt bleiben.
– Es sind die **Rechte und Ansprüche der Versicherten** zu wahren.

2. Wahrung des Vorsorgezwecks

7   Der Vorsorgezweck, welcher sich nach dem BVG bestimmt, ist die berufliche Alters-, Hinterlassenen- und Invalidenvorsorge. Gemäss Botschaft (4475) verlangt Art. 88 Abs. 2, dass die Fusion zweier Vorsorgeeinrichtungen «weder direkt noch indirekt eine Änderung des Zwecks der beteiligten Vorsorgeeinrichtungen bewirken» darf. Diese Feststellung ist offensichtlich zu eng und vom Wortlaut des Gesetzes nicht gedeckt. Dies erhellt auch daraus, dass Art. 5 VE FusG noch von einer Zweckförderung sprach. Art. 88 Abs. 2 verlangt demgegenüber eine Wahrung, d.h. Erhaltung des Vorsorgezwecks, nicht eine identische Fortführung oder gar Förderung. Ob zuzulassen ist, dass patronale Stiftungen, die neben dem Vorsorgezweck noch andere Zwecke verfolgen, mit reinen Vorsorgeeinrichtungen fusionieren können (vgl. Handkommentar FusG-PERROULAZ, N 7), ist m.E. im Einzelfall zu entscheiden. Die Frage, ob der Vorsorgezweck noch gewahrt oder durch den anderen Zweck geradezu in Frage gestellt wird, lässt sich nicht allgemein beantworten. Ein genereller Ausschluss ist jedoch sicherlich nicht angebracht, denn der Begriff der Vorsorgeeinrichtung erfasst gerade auch patronale Einrichtungen (vgl. o. N 4), die möglicherweise Nebenzwecke verfolgen. Im Übrigen hält die Vernehmlassung (100) zu Recht fest, es sei nicht ersichtlich, weshalb die zivilrechtlich zulässige Verschiedenheit von Stiftungszwecken einer Fusion entgegenstehen soll. Anzumerken bleibt immerhin, dass die fusionierenden Stiftungen zumindest auch einen Vorsorgezweck haben müssen, ansonsten keine Vorsorgeeinrichtung vorliegt. Dies stünde einer Fusion aber entgegen (vgl. N 4).

3. Wahrung der Destinatärsrechte

8   Wesentlich komplexer zu beantworten ist die Frage, wie im Rahmen einer Fusion von zwei oder mehreren Vorsorgeeinrichtungen die Rechte und Ansprüche der Versicherten (oder Destinatäre) zu wahren sind.

a) Die Versicherten

9   Die berufliche Vorsorge kennt im wesentlichen zwei Kategorien von Destinatären, nämlich die aktiven Versicherten (die Arbeitnehmer) und die Rentner. Es sind daher im Rahmen einer Fusion von Vorsorgeeinrichtungen die Ansprüche und Rechte dieser beiden Kategorien zu wahren.

b) Ansprüche der Versicherten: Grundsatz

10 Bei Umstrukturierungen von Vorsorgeeinrichtungen gilt die gemäss RUGGLI-WÜEST/STOHLER (119) elementare Regel, dass das Vorsorgevermögen den Versicherten folgt (vgl. auch RIEMER, SZS, 172 f. m.w.H.). Es handelt sich dabei um den Grundsatz der **Wahrung des Besitzstandes** (SCHWEIZER, 135; MANHART, 155). Die Lehre schliesst aus diesem Grundsatz, dass die Destinatäre durch die Fusion keinerlei Vermögensnachteile erleiden dürfen. Im Allgemeinen kann gesagt werden, dass dies dann der Fall ist, wenn zum einen den aktiven Destinatären das gemäss einschlägigen Gesetzesbestimmungen (insb. Art. 15 ff. FZG [Freizügigkeitsgesetz; SR 831.42]) berechnete Deckungskapital bzw. Sparguthaben erhalten bleibt und zum andern Bestand und Höhe der laufenden Renten gesichert sind (Vernehmlassung, 211). Diese Faustregel lässt allerdings den oft bestehenden ungleichen Deckungsgrad bei den zu fusionierenden Vorsorgeeinrichtungen wie auch ein Leistungsgefälle zwischen den betreffenden Leistungsplänen ausser Betracht.

c) Ungleicher Deckungsgrad bei den Fusionsobjekten

Der Fall, dass bei beiden (oder allen) zu fusionierenden Vorsorgeeinrichtungen praktisch der gleiche **Deckungsgrad** existiert (d.h. die vorhandenen Mittel die vorhandenen Verbindlichkeiten zum annähernd gleichen Prozentsatz abdecken), dürfte selten vorkommen. Die Regel dürfte ein ungleicher Deckungsgrad sein. Kommt es zu einer Fusion, balanciert sich dieser Deckungsgrad aber aus, was die Vermögensrechte der beteiligten Destinatärsgruppen beeinflusst. Zu Vermögensnachteilen bei der einen Destinatärsgruppe kommt es v.a. dann, wenn eine Vorsorgeeinrichtung eine ausgeglichene Rechnung, die andere aber eine Unterdeckung aufweist. Hier kann eine Fusion nur erfolgen, wenn (vorerst oder i.S. einer Amortisation im Laufe der Zeit) die Unterdeckung ausgeglichen wird (HUBER, 88). Stattdessen bietet sich auch eine Fusion nur bis zum Niveau der Stiftung mit Unterdeckung an. Im darüber hinausgehenden Bereich kann innerhalb der fusionierten Vorsorgeeinrichtung ein interner Fonds für die bessergestellten Destinatäre der anderen Stiftung geführt werden (RIEMER, SZS, 174).

11

Ein besonderes Problem stellt sich dann, wenn eine Stiftung einen Überschuss aufweist, also **freie Mittel** besitzt (auch freies Stiftungsvermögen genannt). Eine Vorsorgeeinrichtung hat dann freie Mittel, wenn die Summe der Aktiven zu Marktwerten grösser ist als die Summe von Fremdkapital, gebundenen Mitteln, versicherungs- und anlagetechnischen Rückstellungen und besonderen Fonds wie z.B. Arbeitgeberbeitragsreserven (RUGGLI-WÜEST/STOHLER, 127). Es entspricht herrschender Lehre, dass freie Mittel nicht dadurch verwässert werden dürfen, dass der an ihnen berechtigte Destinatärskreis vergrössert wird (RIEMER, SZS, 173), wie dies bei einer Fusion der Fall wäre. Sind nicht bei allen zu fusionierenden Vorsorgeeinrichtungen in gleichwertigem Ausmasse freie Mittel vorhanden, müssen zur Besitzstandswahrung der bevorzugten Destinatärsgruppe Massnahmen getroffen werden.

12

Denkbar, aber nicht zwingend erforderlich und aus Sicht der Stiftung nicht ohne weiteres ratsam ist es, die freien Mittel vor der Fusion den individuellen Vorsorgekonti der Destinatäre gutzuschreiben. Dies ist darum nicht unbedingt zu empfehlen, weil die Destinatäre vor der Individualisierung keinen Rechtsanspruch auf die freien Mittel haben, sondern eine blosse Anwartschaft (RUGGLI-WÜEST/STOHLER, 119 f.). Die Mittel der Stiftung unterliegen verschiedenen Einflüssen, z.B. den Entwicklungen an den Börsenmärkten, und erfahren daher Schwankungen. Freie Mittel können hier – über allfällige Schwankungsreserven hinaus – gewissermassen als Polster funktionieren. Nimmt die Stiftung dagegen eine Individualisierung der freien Mittel vor, werden diese zu Deckungskapitalien bzw. Spartguthaben umgewandelt. Nicht nur werden dadurch die Verbindlichkeiten der Stiftung erhöht, die durch entsprechende Aktiven abzudecken sind. Die Schwankungen, die bislang (auch) von diesen Mitteln aufgefangen werden konnten, müssen nun auf andere Weise kompensiert werden.

13

Als Variante kommt daher die kollektive Übertragung der freien Mittel in Frage (vgl. Art. 23 FZG). Dabei wird die Fusion vollzogen und die freien Mittel werden zugunsten des entsprechenden Destinatärskreises buchhalterisch getrennt gehalten, jedoch ohne Individualisierung und damit ohne Umwandlung in Deckungskapital bzw. Spartguthaben (RIEMER, SZS, 173 f.; RUGGLI-WÜEST/STOHLER, 130).

14

d) Arbeitgeberbeitragsreserven

Ausgeschiedene **Arbeitgeberbeitragsreserven** (vgl. Art. 331 Abs. 3 OR) stellen weder Deckungskapital noch freie Mittel dar. Vielmehr handelt es sich dabei um einen vom Arbeitgeber geäufneten, im Rahmen der Vorsorgeeinrichtung geführten Fonds, der ihm in

15

schlechten Zeiten erlauben soll, die Arbeitgeberbeiträge zu erbringen. Nach RIEMER (SZS, 174) soll dieser Fonds nur dann ohne Sonderbehandlung in eine Fusion einbezogen werden dürfen, wenn die Solvenz des Arbeitgebers bezüglich laufender Bezahlung seiner Beiträge nicht in Frage gestellt werden muss. Meines Erachtens sind hier Einschränkungen nicht angebracht. Zwar hat der Arbeitgeber diese Reserven definitiv der Personalvorsorge gewidmet, jedoch bleibt er – im Rahmen des Vorsorgezweckes – allein verfügungsberechtigt. Die Destinatäre haben weder Rechte noch Anwartschaften auf diese Mittel. Aus diesem Grunde ist es nicht richtig, von der Vorsorgeeinrichtung zu verlangen, dass sie unter gewissen Voraussetzungen die Arbeitgeberbeitragsreserve als Sonderfonds für nur einen der an einer Fusion beteiligten Destinatärskreise weiterführt. Gerade in Zeiten wirtschaftlicher Schwierigkeiten sollte den Vorsorgeeinrichtungen und den beteiligten Arbeitgebern zumindest bezüglich der Beitragsreserve grosse Flexibilität zugebilligt werden, um auf die Konjunkturlage sachgerecht reagieren zu können. Wie HELBLING (186 ff.) zu Recht feststellt, ist die Bildung von Arbeitgeberbeitragsreserven sowohl betriebs- als auch volkswirtschaftlich wünschbar. Regeln, welche die Verwendung dieser Reserve gerade in der Zeit hemmen, für die sie gebildet wurde, sind aber kontraproduktiv. Da durch die Überführung der Arbeitgeberbeitragsreserve weder Rechte noch Anwartschaften der Destinatäre geschmälert werden, besteht für derartige Regeln kein Anlass.

e) Ungleiche Leistungspläne

16 Ansprüche der Destinatäre können nicht nur darum beeinträchtigt werden, weil die Aktiven der zu fusionierenden Einrichtungen zusammengeführt werden. Zu beachten sind auch Niveauunterschiede bei den Leistungsplänen, die im Zuge der Fusion vereinheitlicht werden sollen. Diese zumeist im Stiftungsreglement festgelegten Leistungen beruhen in aller Regel auf einem Vorsorgevertrag zwischen der Vorsorgeeinrichtung und dem Destinatär und können daher nur in Ausnahmefällen, insbesondere bei Sanierungsbedürftigkeit, einseitig abgeändert werden (RIEMER, Vorsorge, 103; SCHWEIZER, 95). Versichern die betroffenen Einrichtungen nicht nur gerade das BVG-Minimum, muss nach der Fusion der beste der Leistungspläne fortgelten. Ansonsten sind die Ansprüche derjenigen Destinatäre, für welche dieser Leistungsplan galt, nicht mehr gewahrt (MANHART, 95; HUBER, 87).

4. Andere Rechte der Versicherten

17 Art. 35 des VE schrieb vor, dass «die Rechtsstellung» der Versicherten gewahrt bleiben müsse. Insbesondere sollte darunter verstanden werden, dass die Beiträge der Versicherten und des Unternehmens im neuen Rechtsträger identisch geregelt werden müssen (Begleitbericht zum VE FusG, 54). Diese Formulierung ist in der Vernehmlassung zu Recht kritisiert worden. Es wurde von verschiedenen Seiten darauf hingewiesen, dass das Ziel der Bestimmung darin bestehen muss, die Ansprüche der Versicherten zu wahren und dass die geforderte Auflage einerseits über dieses Ziel weit hinausschiesst, andererseits gegen die Kompetenzordnung des BVG verstösst (Vernehmlassung, 210 ff.). Um Missverständnisse zu vermeiden, verlangt die Vernehmlassung daher, den Begriff «Rechtsstellung» zu streichen, unter dem sie ohnehin nichts anderes als die Ansprüche der Destinatäre versteht. Auch wurde betont, dass die Rechte der Destinatäre im FZG klar umschrieben und abschliessend geregelt sind. Sie erschöpfen sich im Barwert der erworbenen Leistungen und gegebenenfalls in einem Anteil an freien Mitteln. Dem anstelle des Begriffes «Rechtsstellung» schliesslich gewählte Begriff «Rechte» kommt im vorliegenden Zusammenhang keine selbständige Bedeutung zu, sondern er geht im Begriff der «Ansprüche» auf (gl.M. Handkommentar FusG-PERROULAZ, N 12). Es ist im

Übrigen offensichtlich, dass z.B. bei Fusionen zwischen Vorsorgeeinrichtungen verschiedener Rechtsformen die Rechtsstellung zumindest des einen Destinatärskreises völlig verändert wird. Aber auch bei der Fusion zwischen Vorsorgeeinrichtungen der gleichen Rechtsform kann es sich ergeben, dass andere Rechte der Destinatäre als die vermögensrechtlichen Ansprüche tangiert werden. Es ist in der Lehre anerkannt, dass solche Einschränkungen ggf. in Kauf zu nehmen sind (vgl. RIEMER, SZS, 173). So lange die gesetzlichen Minimalvorschriften wie z.B. Art. 51 BVG (paritätische Verwaltung) eingehalten werden, ist dagegen nichts einzuwenden.

5. Vorbehalt des BVG und des Stiftungsrechts

Art. 88 Abs. 3 legt fest, dass die Bestimmungen des FusG den zivilrechtlichen Normen des Stiftungsrechtes und des BVG untergeordnet sind. Bei Widersprüchen sind daher die genannten Vorschriften zu berücksichtigen. 18

IV. Rechtsfolgen

Sind die Voraussetzungen für eine Fusion erfüllt und die in den nachfolgenden Bestimmungen enthaltenen Vorschriften eingehalten, können die beteiligten Vorsorgeeinrichtungen fusionieren. Während das BGer in BGE 115 II 415, 423 lediglich zur Frage der Absorptionsfusion Stellung zu nehmen hatte, war schon unter altem Recht anerkannt, dass Stiftungen auch in der Form der Kombination fusionieren können (vgl. TAUFER, 778). Das Gleiche muss unter dem FusG gelten, gibt doch Art. 88 den Vorsorgeeinrichtungen das Recht zur Fusion, ohne irgendwelche Einschränkungen zu machen (gl.M. Handkommentar FusG-PERROULAZ, N 2). 19

Art. 89

Bilanz	Die beteiligten Vorsorgeeinrichtungen müssen eine Bilanz und unter den Voraussetzungen von Artikel 11 eine Zwischenbilanz erstellen.
Bilan	Les institutions de prévoyance qui fusionnent établissent un bilan et, si les conditions fixées à l'art. 11 sont remplies, un bilan intermédiaire.
Bilancio	Gli istituti di previdenza partecipanti alla fusione devono stilare un bilancio e, se sono adempiute le condizioni di cui all'articolo 11, un bilancio intermedio.

Literatur

C. HELBLING, Personalvorsorge und BVG, 7. Aufl., Bern/Stuttgart/Wien 2000; H.M. RIEMER, Das Recht der beruflichen Vorsorge in der Schweiz, Bern 1985.

I. Regelungsgegenstand und Normzweck

Art. 89 statuiert die Pflicht der fusionierenden Vorsorgeeinrichtungen zur Erstellung einer **Fusionsbilanz**, wobei für die Voraussetzungen zur Erstellung einer **Zwischenbilanz** auf Art. 11 verwiesen wird. Der Gesetzgeber hat erkannt, dass der Bilanz auch bei der Fusion von Vorsorgeeinrichtungen eine wichtige Bedeutung zukommt, namentlich in 1

Bezug auf die Bestimmung der Vermögen bzw. der Unternehmenswerte der Fusionspartner. Die Fusionsbilanz der beteiligten Vorsorgeeinrichtungen stellt eine *wesentliche Grundlage* der Fusion dar (Handkommentar FusG-PERROULAZ, N 2).

II. Anwendungsbereich

2   Die Pflicht zur Erstellung einer Fusionsbilanz trifft gemäss Wortlaut von Art. 89 **sämtliche beteiligten Vorsorgeeinrichtungen**. Das heisst, dass bei der Absorptionsfusion sowohl die übernehmende wie auch die übertragende Vorsorgeeinrichtung und bei einer Kombinationsfusion alle übertragenden Vorsorgeeinrichtungen eine Bilanz zu erstellen haben (ibid.; vgl. auch Komm. zu Art. 11 und 80).

3   Die bei Art. 80 erfolgte Unterscheidung zwischen buchführungspflichtiger und nicht buchführungspflichtiger Stiftung ist bei **Vorsorgestiftungen** müssig (vgl. Komm. zu Art. 80 N 3 f.). Vorsorgestiftungen führen einen versicherungsunternehmungsähnlichen Betrieb (für den Begriff vgl. BK-KÄFER, Art. 957 OR N 108), wofür kaufmännische Verwaltung samt geordneter Buchhaltung notwendig ist. Für diese Stiftungen treffen die in Art. 934 OR für die eintragungs- und buchführungspflichtigen Gewerbe aufgestellten Bedingungen zu, somit auch die *Pflicht zur kaufmännischen Buchführung* gemäss Art. 957 ff. OR. Dies erfordert auch die ihnen im Arbeitsrecht (Art. 331–331c OR) auferlegten besonderen Pflichten (vgl. BK-KÄFER, Art. 957 OR N 105 und 108; RIEMER, § 2 N 93; HELBLING, 407 ff.; HWP, Bd. 4, 161 ff.). Zudem gibt es in den Materialien keinerlei Hinweise darauf, dass Vorsorgestiftungen fusionsrechtlich anders behandelt werden sollen als andere Vorsorgeeinrichtungen.

III. Ordentliche Bilanz und Zwischenbilanz

1. Allgemeines

4   Bei der Erstellung der Fusionsbilanzen müssen die gleichen Bewertungsgrundsätze und dieselben *versicherungstechnischen* Bestimmungen bzw. Berechnungsmethoden angewendet werden wie sonst auch (Handkommentar FusG-PERROULAZ, N 2). Die Fusionsbilanz der Vorsorgeeinrichtung ist gem. Art. 71 BVG und Art. 47 f. BVV 2 zu erstellen und soll die tatsächliche finanzielle Lage der Vorsorgeeinrichtung wiedergeben (vgl. HWP, Bd. 4, 161 ff.).

2. Ordentliche Bilanz

5   Die **ordentliche Bilanz** kann als Fusionsbilanz verwendet werden, sofern der *Bilanzstichtag* beim Abschluss des Fusionsvertrages nicht mehr als sechs Monate zurückliegt und seit dem Abschluss der letzten Bilanz keine *wichtigen Änderungen in der Vermögenslage* der an der Fusion beteiligten Vorsorgeeinrichtungen eingetreten sind (Art. 89 i.V.m. Art. 11).

3. Zwischenbilanz

6   Falls die unter N 5 aufgeführten Bedingungen nicht beide *kumulativ* erfüllt sind, ist eine **Zwischenbilanz** zu erstellen. Eine Pflicht zur Erstellung einer Zwischenbilanz trifft nur jene Vorsorgeeinrichtung, die in ihrer Vermögenslage betroffen ist.

7   In der Vernehmlassung wurde vorgeschlagen, die Frist von sechs Monaten auf neun Monate zu erhöhen (Vernehmlassungen, 121 ff.). Der Gesetzgeber hat aber an der **Sechs-**

monatefrist unter Hinweis auf das EU-Recht ausdrücklich festgehalten (Botschaft, 4405; vgl. Komm. zu Art. 11).

Eine Zwischenbilanz ist auch zu erstellen, wenn seit dem Abschluss der letzten Bilanz eine **wichtige Änderung in der Vermögenslage** einer an der Fusion beteiligten Vorsorgeeinrichtung eingetreten ist. Massgebend ist dafür nicht der Abschluss der letzten Bilanz, sondern der letzte *Bilanzstichtag*. Irrelevant ist, ob es sich dabei um eine Jahresbilanz oder schon um eine Zwischenbilanz handelt. Bei der Beurteilung der Wichtigkeit der Vermögensänderung muss auf den **Massstab der Wesentlichkeit (materiality)** abgestellt werden. Nur Änderungen, welche bezüglich der Funktion als Fusionsbilanz wesentlich sind, sind massgeblich. Unbedeutende Einflussgrössen können ausser Acht gelassen werden. Wesentlich dürfte eine Vermögensänderung etwa dann sein, wenn (i) sie dem obersten Leitungsorgan vernünftigerweise Anlass sein muss, die Bewertung des Fusionspartners zu überprüfen oder (ii) sie den Vorsorgezweck oder die Rechte oder Ansprüche der Versicherten tangieren könnte. Dies kann auch (aber nicht nur) der Fall sein bei einer marktbedingten Veränderung des Wertes der Vermögensanlagen oder bei einer Veränderung der Versicherten (aktive Versicherte und Rentenbezüger) vor der Fusion (Handkommentar FusG-PERROULAZ, N 5). Unwesentlich ist eine Vermögensänderung wohl dann, wenn sie das bei üblichem Geschäftsverlauf Erwartbare nicht übersteigt. Ob eine Änderung in der Vermögenslage wesentlich ist, bleibt dem pflichtgemässen Ermessen des obersten Leitungsorgans überlassen. Die Pflicht zur Erstellung einer Zwischenbilanz endet mit dem Abschluss des Fusionsvertrages. Treten Änderungen danach ein, hat das oberste Leitungsorgan der betroffenen Vorsorgeeinrichtung die obersten Leitungsorgane der anderen an der Fusion beteiligten Vorsorgeeinrichtungen analog zu Art. 17 zu informieren, gegebenenfalls auch die Versicherten und die Aufsichtsbehörde.

4. *Anforderungen an die Zwischenbilanz*

Art. 11 Abs. 2 wurde erst auf Antrag der Ständeratskommission (AmtlBull StR 2001, 149) ins Gesetz eingefügt und entspricht im Wesentlichen Art. 11 Abs. 2 EU-Fus-RL. Gemäss Art. 11 Abs. 2 ist die Zwischenbilanz nach den Grundsätzen und Vorschriften für den Jahresabschluss zu erstellen. Allerdings räumt diese Bestimmung **zwei Erleichterungen** ein:

– Eine körperliche Bestandesaufnahme ist nicht notwendig, so dass insbesondere **keine Inventur** (vgl. zum Begriff BK-KÄFER, Art. 958 OR N 14.) durchgeführt werden muss (Art. 11 Abs. 2 lit. a); und

– die in der letzten Bilanz vorgenommenen Bewertungen brauchen nur **nach Massgabe der Bewegungen** in den Büchern verändert zu werden. Abschreibungen, Wertberichtigungen und Rückstellungen für die Zwischenzeit sowie wesentliche, aus den Büchern nicht ersichtliche Veränderungen der Werte müssen jedoch in der Zwischenbilanz berücksichtigt werden (Art. 11 Abs. 2 lit. b).

Zuständig für die Erstellung einer Zwischenbilanz ist das **oberste Leitungsorgan** der betroffenen Vorsorgeeinrichtung.

Die Materialien enthalten keinen Hinweis darauf, ob die Zwischenbilanz geprüft werden muss. Gestützt auf den Wortlaut von Art. 11 Abs. 2, wonach die Erstellung der Zwischenbilanz «gemäss den Vorschriften und Grundsätzen für den Jahresabschluss» zu erfolgen habe, ist davon auszugehen, dass bei Vorsorgeeinrichtungen die Zwischenbilanz ebenfalls **durch die Kontrollstelle zu prüfen** ist, da der Jahresabschluss der Vorsorgeeinrichtung gemäss Art. 53 Abs. 1 BVG durch die Kontrollstelle geprüft werden muss (Handkommentar FusG-PERROULAZ, N 7).

Art. 90   7. Kapitel: Fusion usw. von Vorsorgeeinrichtungen

14   Gemäss Art. 92 müssen die **Kontrollstelle** (vgl. Art. 53 Abs. 1 BVG) und der **Experte für die berufliche Vorsorge** (vgl. Art. 53 Abs. 2 BVG) die Fusionsbilanzen der beteiligten Vorsorgeeinrichtungen einer *fusionsrechtlichen Prüfung* unterziehen (Art. 92 Abs. 1) und insbesondere gestützt darauf den Bericht betreffend Wahrung der Rechte und Ansprüche der Versicherten erstellen (Art. 92 Abs. 3).

Art. 90

Fusionsvertrag

¹ Der Fusionsvertrag muss von den obersten Leitungsorganen der beteiligten Vorsorgeeinrichtungen abgeschlossen werden.

² Der Fusionsvertrag enthält:
a. **den Namen oder die Firma, den Sitz und die Rechtsform der beteiligten Vorsorgeeinrichtungen, im Fall der Kombinationsfusion auch den Namen oder die Firma, den Sitz und die Rechtsform der neuen Vorsorgeeinrichtung;**
b. **Angaben über die Rechte und Ansprüche der Versicherten bei der übernehmenden Vorsorgeeinrichtung;**
c. **den Zeitpunkt, von dem an die Handlungen der übertragenden Vorsorgeeinrichtung als für Rechnung der übernehmenden Vorsorgeeinrichtung vorgenommen gelten.**

³ Der Fusionsvertrag bedarf der schriftlichen Form.

Contrat de fusion

¹ Le contrat de fusion est conclu par les organes supérieurs de direction des institutions de prévoyance qui fusionnent.

² Le contrat de fusion contient:
a. le nom ou la raison de commerce, le siège et la forme juridique des institutions de prévoyance qui fusionnent ainsi que, en cas de fusion par combinaison, le nom ou la raison de commerce, le siège et la forme juridique de la nouvelle institution de prévoyance;
b. des indications sur les droits et les prétentions des assurés au sein de l'institution de prévoyance reprenante;
c. la date à partir de laquelle les actes de l'institution de prévoyance transférante sont considérés comme accomplis pour le compte de l'institution de prévoyance reprenante.

³ Le contrat de fusion revêt la forme écrite.

Contratto di fusione

¹ Il contratto di fusione è concluso dagli organi superiori di direzione degli istituti di previdenza partecipanti alla fusione.

² Il contratto di fusione contiene:
a. il nome o la ditta, la sede e la forma giuridica degli istituti di previdenza partecipanti alla fusione nonché, in caso di fusione mediante combinazione, il nome o la ditta, la sede e la forma giuridica del nuovo istituto di previdenza;
b. indicazioni sui diritti e le pretese degli assicurati in seno all'istituto di previdenza assuntore;
c. la data a decorrere dalla quale gli atti dell'istituto di previdenza trasferente sono considerati compiuti per conto dell'istituto di previdenza assuntore.

³ Il contratto di fusione richiede la forma scritta.

1. Abschnitt: Fusion 1–5 **Art. 90**

I. Regelungsgegenstand und Normzweck

Art. 90 regelt die Abschlusszuständigkeit (Abs. 1), den notwendigen Inhalt (Abs. 2) und die Form (Abs. 3) des Fusionsvertrages zwischen fusionierenden Vorsorgeeinrichtungen. Der Begriff der Vorsorgeeinrichtung ist in Art. 2 lit. i als Einrichtung definiert, welche der Aufsicht gemäss Art. 61 ff. BVG unterstellt und als juristische Person ausgestaltet ist. Nach Art. 48 Abs. 2 BVG kommt hierfür ausschliesslich die Rechtsform der Stiftung, der Genossenschaft oder eines Instituts des öffentlichen Rechts in Frage (Botschaft, 4475). Von der praktischen Bedeutung her stehen die Stiftungen als Träger der beruflichen Vorsorge im Vordergrund. Die Personalfürsorgestiftungen haben im Jahre 1978 einen Höchststand von rund 16 000 erreicht und seither kontinuierlich auf heute schätzungsweise noch rund die Hälfte, also ca. 8000 abgenommen, für welche Entwicklung vermutlich das Aufkommen von Sammelstiftungen, von Versicherungslösungen, sowie zahlreiche Fusionen, Vermögensübertragungen und Liquidationen verantwortlich ist. — 1

Der Fusionsvertrag ist das materiell und formell **zentrale Dokument** der Fusion, das deren Eckdaten festlegt. Er steht unter dem Genehmigungsvorbehalt der Aufsichtsbehörde der übertragenden Vorsorgeeinrichtung(en), welche örtlich i.d.R. am Ort des Hauptsitzes des betroffenen Unternehmens angesiedelt ist. — 2

Noch vor der Antragstellung zur Genehmigung an die zuständige Aufsichtsbehörde ist der Fusionsvertrag inklusive Fusionsbericht und Fusionsbilanz von der Kontrollstelle sowie von einem anerkannten Experten für die berufliche Vorsorge zu prüfen (Art. 92 Abs. 1) und sind die Versicherten bzw. Destinatäre über die geplante Fusion und deren Auswirkungen zu informieren (Art. 93). — 3

II. Abschlusszuständigkeit (Abs. 1)

Zuständig für den Abschluss eines Fusionsvertrages ist das **oberste Leitungsorgan** der betroffenen Vorsorgeeinrichtung, d.h. bei Stiftungen i.d.R. der **Stiftungsrat**, welcher häufig das einzige Leitungsorgan ist. Die Beschlussfassung selbst ist ferner in Art. 94 und Art. 100 Abs. 3 geregelt. Demnach hat bei einer Vorsorgegenossenschaft überdies die **Generalversammlung** zuzustimmen (Art. 94 Abs. 1), während sich die Beschlusszuständigkeit für Vorsorgeeinrichtungen des öffentlichen Rechts nach den öffentlichrechtlichen Vorschriften des Bundes, der Kantone und der Gemeinde richtet (Art. 100 Abs. 3). — 4

Die Verantwortung für die Vorbereitung und den Abschluss des Fusionsvertrages als zentrales Dokument für die Fusion obliegt dem obersten Leitungsorgan. Insbesondere die Abschlusszuständigkeit ist nicht delegierbar, d.h. dass einer Fusion immer ein Beschluss des obersten Organs der betroffenen Personalfürsorgeeinrichtung zugrunde liegen muss. Hingegen kann das oberste Exekutivorgan die Vorbereitung bzw. Ausarbeitung des Vertrages ganz oder teilweise an andere Personen oder Gremien übertragen, so z.B. an einen Geschäftsführer, an eine Kommission, an ein Mitglied oder einen Ausschuss des Stiftungsrates oder an einen aussenstehenden Rechtsberater. Die **Unterzeichnung** des Fusionsvertrages ist von der **Beschlussfassung** in dem Sinn zu unterscheiden, als sich diese – ausser bei den Instituten des öffentlichen Rechtes – nach der im Handelsregister eingetragenen Zeichnungsberechtigung richtet, also bei Personalfürsorgestiftungen nicht zwingend von den Stiftungsräten vorzunehmen ist. Entsprechend ist auch gegen eine Unterzeichnung durch gehörig bevollmächtigte Personen ohne eigenes Zeichnungsrecht nichts einzuwenden. — 5

Art. 90   6–9   7. Kapitel: Fusion usw. von Vorsorgeeinrichtungen

III. Notwendiger Vertragsinhalt (Abs. 2)

1. Allgemeines

6   Art. 90 Abs. 2 schreibt den Mindestinhalt des Fusionsvertrages vor, welcher im Vergleich zu den Gesellschaften (Art. 13) wesentlich weniger Regelungspunkte umfasst. Dies ist für die Personalfürsorgestiftungen mit der anstaltlichen Natur der Stiftung erklärbar, indem die Regelung mitgliedschaftsrechtlicher Fragen entfällt (Botschaft, 4470). Aber auch für Vorsorgegenossenschaften regeln die Vorschriften des 7. Kapitels des FusG die Fusion, Umwandlung und die Vermögensübertragung abschliessend (Botschaft, 4475), so dass der Fusionsvertrag einer fusionierenden Vorsorgegenossenschaft von demjenigen einer «gewöhnlichen» Genossenschaft erheblich abweichen kann. Dafür unterliegt er dem **Genehmigungsvorbehalt** der Aufsichtsbehörde (Art. 95).

7   Die vertragschliessenden Vorsorgeeinrichtungen können weitere Punkte in den Fusionsvertrag aufnehmen und die Fusion von zusätzlichen Voraussetzungen abhängig machen. In ihrem Antrag an die zuständige Aufsichtsbehörde haben die obersten Leitungsorgane darzulegen, dass die Voraussetzungen für die Fusion erfüllt sind. Diese Voraussetzungen umfassen den Abschluss eines Fusionsvertrages, welcher den gesetzlichen Mindestinhalt umfasst. Die Aufsichtsbehörden ihrerseits prüfen, ob der zur Genehmigung vorgelegte Fusionsvertrag alle vorgeschriebenen Punkte umfasst (Art. 95).

2. Name oder Firma, Sitz und Rechtsform (Abs. 2 lit. a)

8   Der Fusionsvertrag hat die – bisherigen – **Namen** oder **Firmen**, **Sitze** und **Rechtsformen** der beteiligten Vorsorgeeinrichtungen, im Falle einer Kombinationsfusion auch der neu zu errichtenden Einrichtung zu enthalten. Die Angabe von Namen bzw. Firma und Sitz versteht sich von selbst. Im Gegensatz zu den klassischen, Familien- und kirchlichen Stiftungen (Art. 78 Abs. 2) verlangt das Gesetz bei einer Fusion von Vorsorgeeinrichtungen nicht zusätzlich, dass diese der Durchführung der Stiftungszwecke dienen muss. Der Fusionsvertrag muss entsprechend den **Zweck** der beteiligten Einrichtungen nicht nennen. Die Zweckkompatibilität ist bei den Vorsorgeeinrichtungen definitionsgemäss erfüllt, weshalb das Gesetz anstelle der Zweckangabe verlangt, dass der Vorsorgezweck gewahrt bleiben muss (Art. 88 Abs. 2).

3. Angaben über die Rechte und Ansprüche der Versicherten bei der übernehmenden Vorsorgeeinrichtung (Abs. 2 lit. b)

9   Nach Art. 88 Abs. 2 ist eine Fusion von Vorsorgeeinrichtungen nur zulässig, wenn zusätzlich zum Vorsorgezweck Rechte und **Ansprüche der Versicherten** gewahrt bleiben. Angesichts dieser alle Versicherten umfassenden Formulierung des Grundsatzartikels ist nicht klar, weshalb der Fusionsvertrag lediglich Angaben über die Rechte und Ansprüche der Versicherten bzw. Destinatäre bei der übernehmenden – nicht aber der übernommenen – Vorsorgeeinrichtung enthalten muss. Natürlich interessiert die Versicherten der übernommenen Einrichtung in erster Linie, welche Rechte und Ansprüche ihnen nach der Fusion, also bei der übernehmenden Einrichtung zustehen. Mindestens hilfreich ist es jedoch, wenn sie überdies einen Vergleich zwischen den bisherigen und den neuen Rechten und Ansprüchen erhalten, weshalb den Leitungsorganen zu empfehlen ist, diese Informationen – im Rahmen des Fusionsvertrages oder des Fusionsberichtes (vgl. Art. 91 Abs. 2 lit. c) – mitzuliefern. Überdies interessiert die Versicherten der übernehmenden Einrichtung u.U., ob die Rechte der durch Fusion neu dazustossenden Versicherten gegenüber ihrer bisherigen Situation verbessert werden. Inhaltlich sind die

Rechte und Ansprüche der Versicherten bzw. Destinatäre in Art. 23 FZG und in Art. 53b–53d BVG definiert.

4. Zeitpunkt der Wirkung der Fusion (Abs. 2 lit. c)

Der Fusionsvertrag hat sodann den Zeitpunkt festzulegen, ab welchem die Handlungen der übertragenden Einrichtung als für Rechnung der übernehmenden Einrichtung vorgenommen gelten. Im Falle einer Kombinationsfusion sind alle fusionierenden Einrichtungen als übertragende Einrichtungen anzusehen. 10

Die beteiligten Einrichtungen können namentlich für Zwecke der Rechnungslegung oder aus Steuergründen einen in der Vergangenheit liegenden Zeitpunkt, also eine **Rückwirkung** festlegen, welche jedoch lediglich im **Innenverhältnis** Wirkung entfaltet (Botschaft, 4476). Gegenüber Dritten, also im **Aussenverhältnis** wirkt die Fusion in jedem Fall erst am Tag nach der Publikation im SHAB (Art. 22; Botschaft, 4422). Die Publikation setzt eine Genehmigung durch die Aufsichtsbehörde und den Eintrag im Handelsregister voraus. Im Zusammenhang mit dieser Frage ist überdies zu beachten, dass die Fusionsbilanz im Zeitpunkt des Abschlusses des Fusionsvertrages nicht älter als sechs Monate sein darf, ansonsten eine Zwischenbilanz zu erstellen ist, welche überdies immer dann erforderlich ist, wenn seit dem Abschluss der letzten Bilanz wichtige Änderungen in der Vermögenslage der Einrichtungen eingetreten sind (Art. 89 i.V.m. Art. 11). Es ist naheliegend, den Wirkungszeitpunkt übereinstimmend mit dem Fusionsbilanz-Stichtag festzulegen. 11

5. Weitere Bestimmungen

Die Aufnahme folgender Bestimmungen ist zwar vom FusG nicht vorgeschrieben, aber für einen Fusionsvertrag zwischen Vorsorgeeinrichtungen dennoch bedenkens- oder empfehlenswert: 12

– Vereinbarung des liquidationslosen Überganges sämtlicher Aktiven und Passiven der übertragenden auf die übernehmende Vorsorgeeinrichtung;
– Ausdrücklicher Vorbehalt der Prüfung des Fusionsvertrages (und des Fusionsberichtes und der Fusionsbilanz) durch ihre Revisions- oder Kontrollstellen und einen anerkannten Vorsorgeexperten (Art. 92) und der Genehmigung durch die Aufsichtsbehörde (Art. 95), welche Vorbehalte von Gesetzes wegen gelten;
– Hinweis auf den dreimaligen Schuldenruf im SHAB (Art. 96 Abs. 1), sofern kein Verzicht auf dieses Erfordernis beabsichtigt ist;
– Verweis auf die dem Vertrag beizulegende Fusionsbilanz;
– Verweis auf die dem Vertrag beizulegenden Statuten und Reglemente der übernehmenden – im Falle der Kombinationsfusion der neu entstehenden – Vorsorgeeinrichtung;
– Feststellung, dass dem obersten Organ der Vorsorgeeinrichtung der Vollzug der Fusion obliegt.

IV. Formvorschriften (Abs. 3)

Der Fusionsvertrag von Vorsorgeeinrichtungen bedarf der **Schriftform**, und zwar selbst dann, wenn Grundstücke im Rahmen der Fusion auf einen neuen Rechtsträger übergehen. Eine allfällige Anmeldung beim Grundbuchamt hat vom übernehmenden Rechtsträger auszugehen (Art. 104). Eine öffentliche Übertragungsurkunde ist in diesen Fällen 13 in Abweichung von der allgemeinen Regel für Grundstücksübertragungen von Art. 216 Abs. 1 OR nicht vorgesehen.

Art. 91

Fusionsbericht	**¹ Die obersten Leitungsorgane der Vorsorgeeinrichtungen müssen einen schriftlichen Bericht über die Fusion erstellen. Sie können den Bericht auch gemeinsam verfassen.** **² Im Bericht sind zu erläutern und zu begründen:** **a. der Zweck und die Folgen der Fusion;** **b. der Fusionsvertrag;** **c. die Auswirkungen der Fusion auf die Rechte und Ansprüche der Versicherten.**
Rapport de fusion	¹ Les organes supérieurs de direction des institutions de prévoyance établissent un rapport écrit sur la fusion. Ils peuvent également rédiger le rapport en commun. ² Le rapport doit expliquer et justifier: a. le but et les conséquences de la fusion; b. le contrat de fusion; c. les répercussions de la fusion sur les droits et les prétentions des assurés.
Rapporto di fusione	¹ Gli organi superiori di direzione degli istituti di previdenza redigono un rapporto scritto sulla fusione. Essi possono anche redigerlo insieme. ² Il rapporto spiega e giustifica: a. lo scopo e le conseguenze della fusione; b. il contratto di fusione; c. le ripercussioni della fusione sui diritti e le pretese degli assicurati.

Literatur

vgl. Literaturverzeichnis zu Art. 88.

I. Normzweck

1 Art. 91 legt die Einzelheiten des **Fusionsberichtes** fest, der von den beteiligten Vorsorgeeinrichtungen zu erstellen ist. In diesem Fusionsbericht sind, ähnlich wie bei der Fusion von Gesellschaften (Art. 14), der Zweck und die Folgen der Fusion darzustellen und der Fusionsvertrag (Art. 90) zu erläutern (Art. 91 Abs. 2 lit. a und b). Als Besonderheit aus vorsorgerechtlicher Sicht muss der Fusionsbericht sodann über die Auswirkungen der Fusion auf die Rechte und Ansprüche der Destinatäre Auskunft geben (Art. 91 Abs. 2 lit. c; vgl. Art. 88 N 10 ff.).

II. Einzelheiten des Fusionsberichts

1. Inhalt

a) Zweck und Folgen der Fusion (Abs. 2 lit. a)

2 Der Zweck der Fusion ergibt sich i.d.R. aus einer anderen ihr zugrundeliegenden Transaktion, insbesondere einem Eigentümerwechsel beim Arbeitgeber oder einer Fusion

mehrerer Arbeitgeber (vgl. den Überblick bei RUGGLI-WÜEST/STOHLER, 114 ff.), und besteht zumeist in einer Vereinfachung der Strukturen. Zu denken ist insbesondere an die Zusammenfassung parallel geführter Vorsorgeeinrichtungen.

Mit den Folgen sind nicht die Auswirkungen der Fusion auf die finanzielle Stellung der Destinatäre gemeint, da diese in lit. c separat genannt werden. Dass durch die Fusion eine oder mehrere Vorsorgeeinrichtungen verschwinden, ist selbstverständlich. Weitere Folgen können beispielsweise eine geänderte Rechtsform oder wesentliche Änderungen in der Organisationsstruktur sein, auf welche die Destinatäre hinzuweisen und die ihnen zu erklären sind. 3

b) Fusionsvertrag (Abs. 2 lit. b)

Inhalt und Abschlussmodalitäten des Fusionsvertrages für Vorsorgeeinrichtungen sind in Art. 90 geregelt. 4

Im Fusionsbericht soll gemäss Botschaft (4476) der Vertragsinhalt «einschliesslich der vorgesehenen Modalitäten der Fusion» erläutert werden. PERROULAZ (Handkommentar FusG, N 8) geht wohl zu Recht davon aus, dass nur wesentliche Punkte des Vertrages zu erklären sind. Im Übrigen können sich die Destinatäre aufgrund des Einsichtsrechtes gemäss Art. 93 Abs. 2 Detailkenntnisse verschaffen. 5

c) Rechte und Ansprüche der Versicherten (Abs. 2 lit. c)

Zum Begriff «Rechte und Ansprüche der Versicherten» vgl. Art. 88 N 8 ff. 6

Der Fusionsbericht muss im Wesentlichen darstellen, 7

– dass und wie die erworbenen Rechte der Destinatäre (insbesondere die Freizügigkeitsansprüche der aktiven Versicherten und die Rentenansprüche der Pensionierten) gewahrt bleiben und
– wie ggf. den unterschiedlichen Deckungsgraden oder unterschiedlichen Leistungsplänen bei den zu fusionierenden Vorsorgeeinrichtungen Rechnung getragen wird.

III. Formelles

Der Fusionsbericht ist durch das oberste Leitungsorgan der Vorsorgeeinrichtung zu erstatten. Bei der Stiftung ist dies der Stiftungsrat, bei Genossenschaften die Verwaltung. Ist an der Fusion eine Einrichtung des öffentlichen Rechts beteiligt, entscheidet sich nach dem anwendbaren öffentlichen Recht, wer den Fusionsbericht vorzulegen hat. 8

Der Fusionsbericht ist schriftlich zu verfassen und den Versicherten zusammen mit dem Fusionsvertrag im Verfahren gemäss Art. 93 Abs. 2 zur Einsicht offenzulegen. 9

Den Leitungsorganen steht es frei, je einen Fusionsbericht pro beteiligte Vorsorgeeinrichtung oder einen gemeinsamen Fusionsbericht zu erstellen (Botschaft 4476). 10

Art. 92

Prüfung des Fusionsvertrags

¹ Die beteiligten Vorsorgeeinrichtungen müssen den Fusionsvertrag, den Fusionsbericht und die Bilanz von ihren Kontrollstellen sowie von einer anerkannten Expertin oder einem anerkannten Experten für die berufliche Vorsorge prüfen lassen. Sie können eine gemeinsame Expertin oder einen gemeinsamen Experten bestimmen.

² Die beteiligten Vorsorgeeinrichtungen müssen den mit der Prüfung betrauten Personen alle zweckdienlichen Auskünfte und Unterlagen geben.

³ Die Revisionsstelle und die Expertin oder der Experte für die berufliche Vorsorge erstellen einen Bericht, in dem darzulegen ist, ob die Rechte und Ansprüche der Versicherten gewahrt sind.

Vérification du contrat de fusion

¹ Les institutions de prévoyance qui fusionnent font vérifier le contrat de fusion, le rapport de fusion et le bilan par leur organe de contrôle ainsi que par un expert agréé en matière de prévoyance professionnelle. Elles peuvent désigner un expert commun.

² Les institutions de prévoyance qui fusionnent fournissent tous les renseignements et documents utiles aux personnes chargées de la vérification.

³ L'organe de contrôle et l'expert en matière de prévoyance professionnelle établissent un rapport dans lequel ils précisent si les droits et les prétentions des assurés sont maintenus.

Verifica del contratto di fusione

¹ Gli istituti di previdenza partecipanti alla fusione devono far verificare il contratto di fusione, il rapporto di fusione e il bilancio dal loro ufficio di controllo e da un perito riconosciuto in materia di previdenza professionale. Essi possono designare un perito comune.

² Gli istituti di previdenza partecipanti alla fusione devono fornire alle persone incaricate della verifica tutte le informazioni e i documenti utili.

³ L'ufficio di controllo e il perito in materia di previdenza professionale redigono una relazione in cui esaminano se i diritti e le pretese degli assicurati sono salvaguardati.

Literatur

C. HELBLING, Personalvorsorge und BVG, 7. Aufl., Bern 2000; H.M. RIEMER, Stiftungen und Fusionsgesetz, in: Riemer (Hrsg.), Die Stiftung in der juristischen und wirtschaftlichen Praxis, Zürich 2001, 101 ff. (zit. Fusionsgesetz); DERS., Fusionen bei klassischen und Personalvorsorgestiftungen, SZS 1991, 169 ff. (zit. SZS 1991); M. TAUFER, Fusion von Stiftungen, AJP 1998, 777 ff.

I. Entstehungsgeschichte und Normzweck

1. Entstehungsgeschichte

1 Im Gegensatz zu den Stiftungsfusionen (Art. 81 N 1) hat der **Vorentwurf FusG** vorgesehen, dass ein anerkannter Experte für die berufliche Vorsorge für die Prüfung des Fusionsvertrages und des Fusionsberichtes (vgl. Art. 37 Abs. 3 i.V.m. Art. 15 VE FusG) beizuziehen ist. Der Prüfungsbericht musste alsdann namentlich bestätigen, dass die Fu-

1. Abschnitt: Fusion 2–6 **Art. 92**

sion sachgerecht ist und die Rechtsstellung sowie Ansprüche der Versicherten gewahrt bleiben (Art. 37 Abs. 4 VE FusG).

Im Rahmen der Vernehmlassung haben verschiedene Kreise vorgeschlagen, die Fusion von Vorsorgeeinrichtungen (wie auch von Stiftungen) in einem besonderen Kapitel zu regeln (Botschaft, 4355). Der **Entwurf FusG** hat dann die Fusion von Vorsorgeeinrichtungen und somit die Fusionsprüfung im 7. Kapitel gesondert geregelt. Der Wortlaut von Art. 92 ist im Vergleich zum Entwurf FusG (Art. 92 E FusG) unverändert. 2

2. Normzweck

Die Fusionsprüfung dient dem Ziel, die Ansprüche und Rechtsstellung der Versicherten zu wahren (Begleitbericht zum Vorentwurf FusG, 41). Das Institut der Fusionsprüfung muss vor dem Hintergrund des Zweckgedankens des Fusionsgesetzes (Art. 1 Abs. 2; Botschaft, 4387; Art. 81 N 3) und des präventiven **Schutzes der Versicherten** mittels Prüfungs- und Informationsrechten gesehen werden (sinngemäss Art. 81 N 3). Die Fusionsprüfung schützt die Versicherten insofern, als der Gehalt derjenigen Transaktionsdokumente (Abs. 1), welche den Versicherten zur Einsicht vorgelegt und den Aufsichtsbehörden unterbreitet werden, und auch die Voraussetzungen der Fusion (N 10 ff.) vorab durch in- und externe Sachverständige geprüft werden. 3

Dabei ist zu beachten, dass die Vermögensansprüche der Versicherten – im Gegensatz zu anderen nicht vermögensmässigen Ansprüchen (z.B. ein über Art. 51 Abs. 1 BVG hinausgehendes Mitbestimmungsrecht) – infolge der Fusion nicht beeinträchtigt werden dürfen. Namentlich ist es unstatthaft, wenn die Versicherten einen Vermögensnachteil erleiden; sie haben vielmehr einen Anspruch auf **Wahrung ihres Besitzstandes** (RIEMER, SZS 1991, 173). 4

II. Fusionsprüfung (Abs. 1)

1. Anwendungsbereich

Die beteiligten Vorsorgeeinrichtungen müssen den Fusionsvertrag, den Fusionsbericht und die Bilanz von ihren Kontrollstellen sowie von einem anerkannten Experten für die berufliche Vorsorge prüfen lassen (Art. 92 Abs. 1). Artikel 92 regelt wie Art. 81 bei den Stiftungsfusionen die **Modalitäten der Fusionsprüfung** (vgl. Art. 81 N 5), d.h.: 5
– was von wem zu prüfen ist (Abs. 1 und Abs. 3);
– welche Hilfsmittel den Fusionsprüfern zur Verfügung stehen (Auskunfts- und Editionsrechte, Abs. 2); und
– in welcher Form die Ergebnisse der Fusionsprüfung festzuhalten sind (Prüfungsbericht, Abs. 3).

Der **Anwendungsbereich** dieser Vorschrift ist wie bei den Stiftungsfusionen unbeschränkt (vgl. Art. 81 N 5). Die Fusionsprüfung muss somit unabhängig von der Grösse oder Struktur der beteiligten Vorsorgeeinrichtungen durchgeführt werden. Erleichterungen oder Sondervorschriften für kleinere Vorsorgeeinrichtungen (vgl. Art. 15 Abs. 2; Art. 39 Abs. 2; Art. 61 Abs. 2) bestehen nicht (vgl. dazu auch Art. 81 N 5). Wird das engmaschige Bestimmungsgeflecht in der beruflichen Vorsorge berücksichtigt, ist es im Gegensatz zu den Stiftungsfusionen (vgl. Art. 81 N 5) weder systematisch noch teleologisch gerechtfertigt, die Fusionsprüfung bei kleineren Vorsorgeeinrichtungen nicht zu verlangen. 6

2. Fusionsprüfer: Kontrollstelle und Vorsorgeexperte

7 Die beteiligten Vorsorgeeinrichtungen sind verpflichtet, durch ihre Kontrollstellen und einen anerkannten Experten für die berufliche Vorsorge (wobei ein gemeinsamer Experte bestimmt werden kann) eine Fusionsprüfung durchführen zu lassen. Die **doppelte Prüfung** ist notwendig, um die tatsächliche finanzielle Lage der Vorsorgeeinrichtungen zu erfassen (vgl. z.B. auch Art. 9 FZV [Freizügigkeitsverordnung; SR 831.425]). Die Arbeitsteilung zwischen Vorsorgeexperten und Kontrollstelle ergibt sich sinngemäss aus Art. 53 Abs. 1 und 2 BVG. Aufgrund von Art. 53 Abs. 1 BVG i.V.m. Art. 35 BVV 2 ist es nicht Sache des Experten für berufliche Vorsorge, das Rechnungswesen und die Bewertung des Vermögens der Vorsorgeeinrichtungen zu überprüfen. Diese Aufgabe obliegt der Kontrollstelle (vgl. dazu HELBLING, 566 ff.). Vielmehr muss der Vorsorgeexperte die relevanten versicherungsmathematischen Berechnungen sowie den Deckungsgrad der beteiligten Vorsorgeeinrichtungen prüfen (Handkommentar FusG-FURRER, N 8; Details zur Aufgabenteilung zwischen Kontrollstelle und Vorsorgeexperte, in: Richtlinien für die Zusammenarbeit zwischen Kontrollstelle und anerkanntem Experten für berufliche Vorsorge, ST 1986, 12 ff.).

8 Die fachlichen Anforderungen an die **Kontrollstelle** ergeben sich aus Art. 53 Abs. 4 BVG i.V.m. Art. 33–36 BVV 2 (vgl. insb. Art. 33 Abs. 2 lit. c BVV 2; das Bundesamt für Sozialversicherung hat zur Anerkennung von Kontrollstellen Grundsätze veröffentlicht, abgedruckt in: HELBLING, 562 ff.). Die Unabhängigkeitsanforderungen an die Kontrollstelle finden sich in Art. 34 BVV 2. Zur Frage der Unabhängigkeit hat das Bundesamt für Sozialversicherung eine Stellungnahme abgegeben. Im Interesse der Versicherten wird ein strenger Massstab angewendet (HELBLING, 564 ff.). Zu beachten ist indes, dass Art. 92 Abs. 1 ausdrücklich vorsieht, dass die Prüfung durch die Kontrollstellen der beteiligten Vorsorgeeinrichtungen zu erfolgen hat (vgl. zur Beeinträchtigung der Unabhängigkeit aufgrund der Kumulation von Prüfungsauftrag und Revisionsmandat, Art. 81 N 10 ff.).

9 Der **Vorsorgeexperte** prüft die versicherungstechnischen Aspekte der Fusion und kann sich dabei auf die Bilanzen (vgl. Komm. zu Art. 89), die von der Kontrollstelle geprüft werden, stützen. Als Vorsorgeexperten kommen grundsätzlich nur Personen in Frage, die das eidgenössische Diplom als Pensionsversicherungsexperte besitzen (Art. 37 Abs. 1 BVV 2; vgl. aber auch Art. 37 Abs. 2 und Art. 38 BVV 2; vgl. HELBLING, 599 f.; Handkommentar FusG-FURRER, N 6). Der Vorsorgeexperte muss gemäss Art. 40 BVV 2 unabhängig sein. Insbesondere darf er gegenüber Personen, welche für die Geschäftsführung oder Verwaltung der Vorsorgeeinrichtung verantwortlich sind, nicht weisungsgebunden sein. Im Übrigen gelten die Ausführungen zur Unabhängigkeit des Fusionsprüfers sinngemäss (vgl. Art. 81 N 9–11).

3. Prüfungsgegenstand

10 Die beteiligten Vorsorgeeinrichtungen müssen gewisse transaktionsspezifische Dokumente sowie bestimmte andere Bereiche von den Fusionsprüfern (zu den Prüfern und ihrer Aufgabenteilung, vgl. N 7–9) prüfen lassen. Bei den Prüfungshandlungen geht es um die Überprüfung von Tatsachen, aber auch von versicherungsmathematischen, buchhalterischen und rechtlichen Fragen. **Prüfungsgegenstand** sind einmal gemäss Art. 92 Abs. 1 der Fusionsvertrag (N 11), der Fusionsbericht (N 12) sowie die Bilanz (N 13), also die Transaktionsdokumente (ZWICKER, Prüfung, ZSR 2004 I 161 f.). Sodann sind die in Abs. 3 speziell angesprochenen Prüfungsfelder zu kontrollieren, d.h. ob die Rechte und Ansprüche der Versicherten gewahrt sind. Fraglich ist gemäss Wortlaut von Art. 92, ob die Wahrung des Vorsorgezweckes als weitere Voraussetzung für die Fusionen zu prüfen ist (vgl. Art. 88 Abs. 2). Die Ergebnisse der Fusionsprüfung sind schliesslich nach Art. 92 Abs. 3 in einem schriftlichen Bericht (N 19 ff.) festzuhalten.

a) Fusionsvertrag

Nach dem Gesetzeswortlaut müssen die Fusionsprüfer den Fusionsvertrag prüfen. Weder im Gesetz noch in den Materialien wird definiert, nach welchen Kriterien der Fusionsvertrag zu prüfen ist. Wie bei den Stiftungsfusionen haben die Fusionsprüfer die **Übereinstimmung mit dem Fusionsgesetz** zu kontrollieren (vgl. Art. 81 N 13 f.). Ob dies zutrifft, ist eine Rechtsfrage und ergibt sich aus Art. 90, der die Zuständigkeit für den Abschluss, den Mindestinhalt und die Form des Fusionsvertrags bestimmt (vgl. Komm. zu Art. 90). Ausserdem haben die Fusionsprüfer die *Einhaltung der Bestimmungen des BVG, der Stiftungsurkunde, des Reglements und allfälliger Weisungen der Aufsichtsbehörden* zu prüfen. Eine weitergehende rechtliche Prüfung ist nur nötig, wenn dies im Hinblick auf Art. 92 Abs. 3 erforderlich ist. Tatsächliche Verhältnisse haben die Fusionsprüfer nur im Rahmen von Art. 90 und der vorsorgerechtlichen Bestimmungen zu berücksichtigen (vgl. zur Frage, ob die Fusionsprüfer die Gesetzeskonformität, Richtigkeit und Vollständigkeit des Fusionsvertrages prüfen müssen, Art. 81 N 14; **a.M.** Handkommentar FusG-FURRER, N 2). 11

b) Fusionsbericht

Die Fusionsprüfer haben sodann den Fusionsbericht der obersten Leitungsorgane der Vorsorgeeinrichtungen auf seine Plausibilität hin zu prüfen. Die Prüfung sollte sich auf die Angaben gemäss Art. 91 Abs. 2 beschränken (d.h. formelle **Vollständigkeit und Plausibilität** des Fusionsberichtes). Dies bedeutet beispielsweise, dass der Vorsorgeexperte anhand der relevanten versicherungsmathematischen Berechnungen und des Deckungsgrades der beteiligten Vorsorgeeinrichtungen prüft, ob die Erläuterungen des obersten Leitungsorgans über die Auswirkungen der Fusion auf die Rechte und Ansprüche der Versicherten plausibel sind. 12

c) Fusionsbilanz

Zu prüfen sind auch die Bilanzen der beteiligten Vorsorgeeinrichtungen, namentlich, ob die Voraussetzungen nach Art. 89 eingehalten wurden (Komm. zu Art. 89). Die Vereinbarkeit der Bilanzen mit den anwendbaren Rechnungslegungsvorschriften ist indes nicht zu überprüfen (Handkommentar FusG-COMBŒUF, Art. 15 N 13; Art. 81 N 15). 13

d) Weitere Prüfungsfelder?

Die Fusionsprüfer müssen in ihren Prüfungsberichten darlegen (Art. 92 Abs. 3), ob die **Rechte und Ansprüche der Versicherten** gewahrt sind. Folglich müssen die Prüfer diesen Bereich auch einer Prüfung unterziehen. Der Prüfungsgrad beschränkt sich wohl auf eine Plausibilitätsprüfung. Die Fusionsprüfer können sich nach der hier vertretenen Auffassung auf die Bilanzen und die technischen Bilanzen der beteiligten Vorsorgeeinrichtungen verlassen. Eine eigentliche Due Diligence ist nicht erforderlich. 14

Beim Begriff «**Versicherte**» ist zu beachten, dass Arbeitnehmer, welche bei einer Vorsorgeeinrichtung im Sinne einer konkreten Leistungszusage nicht versichert sind, dennoch Destinatäre dieser Vorsorgeeinrichtung sein können (dies, wenn der statutarische Destinatärkreis weiter gefasst ist als der reglementarische (Vernehmlassungen, 215). Unter Ansprüchen der Versicherten werden die anwartschaftlichen Ansprüche der noch aktiv Versicherten (Barwert der erworbenen Leistungen, Art. 15 ff. FZG [Freizügigkeits- 15 gesetz; SR 831.42]), ein Anteil aus den freien Mitteln (Teil- oder Gesamtliquidation, Art. 23 FZG) und die Leistungsansprüche der Rentenbezüger verstanden (vgl. in diesem Sinne wohl Vernehmlassungen, 210). «Die Ansprüche der Versicherten, und damit auch deren Rechtsstellung, sind nach ständiger Praxis gewahrt, wenn für die aktiven Versicherten im Zeitpunkt einer Fusion ... deren Vorsorge- bzw. Deckungskapitalien vollumfänglich erhalten bleiben und wenn bezüglich der Rentner der Bestand und die Höhe der laufenden Renten garantiert wird» (Vernehmlassungen, 211). Gemäss der aufsichtsrechtlichen Praxis im Kanton Bern (Vernehmlassungen, 214) wird bei Fusionen von Vorsorgeeinrichtungen jeweils ein versicherungstechnisches Gutachten verlangt. Daraus folgt, dass der Prüfungsbericht die versicherungstechnische Lage der beteiligten Vorsorgeeinrichtungen vor und nach der Fusion darstellen muss. Der Deckungsgrad (d.h. das Verhältnis der zur Deckung der Ansprüche der Versicherten verfügbaren Aktiven zum Deckwert der nach versicherungsmathematischen Grundsätzen kapitalisierten Vorsorgeansprüche der Versicherten) ist für die Versicherten zentral. Der Deckungsgrad ist nicht nur entscheidend für die Sicherheit ihrer Ansprüche, sondern auch für die Möglichkeit von Leistungsverbesserungen bzw. der Senkung der Beiträge. Bei der Fusion von Vorsorgeeinrichtungen mit unterschiedlichem Deckungsgrad sinkt der Deckungsgrad der besser gestellten Vorsorgeeinrichtung mit der Konsequenz, dass sich die Situation der Versicherten der besser gestellten Vorsorgeeinrichtung betreffend Sicherheit und mögliche Leistungsverbesserungen verschlechtert (Vernehmlassungen, 216 f.).

16 Gemäss einer grammatikalischen Auslegung von Art. 92 muss nicht geprüft werden, ob der Vorsorgezweck gewahrt bleibt (Art. 88 Abs. 2). Die Prüfungshandlungen müssen sich somit nicht auf diese **Voraussetzung der Fusion** erstrecken. Vielmehr muss die Aufsichtsbehörde prüfen, ob die Voraussetzungen der Fusion gegeben sind (Art. 95 Abs. 3). In einer systematischen und teleologischen Betrachtung würde es sich wohl rechtfertigen, eine weitergehende Prüfung der Fusionsvoraussetzungen zu verlangen (N 3; vgl. auch Art. 81 N 18).

17 Die Fusionsprüfer müssen sodann gemäss Wortlaut von Art. 92 Abs. 3 im Gegensatz zur Stiftungsfusion (Art. 81 Abs. 3) nicht prüfen, ob **Forderungen** bekannt oder zu erwarten sind, zu deren Befriedigung das freie Vermögen der beteiligten Vorsorgeeinrichtungen nicht ausreicht. Dies obwohl die Aufsichtsbehörde wie im Stiftungsbereich (Art. 85 Abs. 2) von einem Schuldenruf gemäss Art. 96 Abs. 2 absehen kann, wenn keine ungedeckten Forderungen bekannt oder zu erwarten sind. Es ist aufgrund der Materialien und einer systematischen Betrachtungsweise (vgl. insb. Art. 25 Abs. 2, Art. 85 Abs. 2) nicht nachvollziehbar, weshalb die Aufsichtsbehörde allein über den Bestand solcher ungedeckten Forderungen entscheiden soll.

III. Auskunfts- und Editionspflichten (Abs. 2)

18 Die beteiligten Vorsorgeeinrichtungen sind verpflichtet, den Fusionsprüfern alle zweckdienlichen Auskünfte zu erteilen und Unterlagen herauszugeben (Botschaft, 4477; Handkommentar FusG-FURRER, N 9). Die Fusionsprüfer können nur dann ihren Prüfungsauftrag erfüllen, wenn sie die erforderlichen **Unterlagen und Auskünfte** erhalten. Wenn diese Informationen den Fusionsprüfern nicht zur Verfügung gestellt werden, können sie ihr Prüfungsmandat jederzeit niederlegen (Art. 404 OR). Überdies würden die zuständigen Leitungsorgane ihre Pflichten verletzen und sich allenfalls einer Verantwortlichkeit gemäss Art. 108 aussetzen.

IV. Prüfungsberichte (Abs. 3)

a) Inhalt der Prüfungsberichte

Die Fusionsprüfer haben nach Abschluss ihrer Prüfungshandlungen je einen Prüfungsbericht zu erstellen, der die **Ergebnisse der Prüfung** festhält (Botschaft, 4477). Darin haben sie darzulegen, ob die Rechte und Ansprüche der Versicherten gewahrt bleiben (Abs. 3). Darüber hinaus müssen die Fusionsprüfer Rechenschaft über allfällige Unregelmässigkeiten abgeben, die sie bei der Prüfung der anderen Prüfungsgegenstände (vgl. N 10 ff.) identifiziert haben. 19

Die Fusionsprüfer müssen testieren, dass die Fusion mit dem Fusionsgesetz, dem BVG, der Stiftungsurkunde, dem Reglement sowie allfälligen Weisungen der Aufsichtsbehörden übereinstimmt (vgl. N 11). Ein Bestätigungsvermerk, wonach der Fusionsvertrag, die Fusionsberichte und Bilanzen vollständig und richtig sind, sollte dagegen nicht verlangt werden (zum weiteren Inhalt der Prüfungsberichte, vgl. sinngemäss Art. 81 N 21). 20

b) Funktion der Prüfungsberichte

Die obersten Leitungsorgane müssen den Bericht zusammen mit dem Antrag auf Genehmigung der Aufsichtsbehörde einreichen (Art. 95 Abs. 1). Diese Berichte unterstützen die Aufsichtsbehörde bei ihrem Genehmigungsentscheid. Die Prüfungsberichte sind mit der Anmeldung der Fusion dem Handelsregisteramt als Belege einzureichen (Art. 109 f. lit. d HRegV). 21

c) Mängel und Vorbehalte

Mängel der Prüfungsberichte zeitigen unterschiedliche Rechtsfolgen. Fehlen die Prüfungsberichte oder sind sie *unvollständig*, wird der Handelsregisterbeamte (vgl. aber die beschränkte Kognitionsbefugnis gemäss Art. 940 OR i.V.m. Art. 38 HRegV) die Fusion nicht im Handelsregister eintragen (vgl. Art. 109g i.V.m. Art. 105a HRegV). Die Fusion wird ohne entsprechenden Handelsregistereintrag nicht rechtswirksam (Art. 95 Abs. 5 i.V.m. Art. 22 Abs. 1). Wird die Fusion indessen trotzdem eingetragen bzw. rechtswirksam, ist eine Anfechtung der Fusion möglich. Sind Aussagen in den Prüfungsberichten *falsch*, ist die Fusion anfechtbar. Jedenfalls ist der Fusionsprüfer bei Mängeln gemäss Art. 108 (vgl. Komm. zu Art. 108) verantwortlich. 22

Die Prüfungsberichte können auch **Vorbehalte** bezüglich des Prüfungsgegenstandes aufweisen. Stellt ein Bericht fest, dass die Rechte oder Ansprüche der Versicherten (als eine der materiellen Fusionsvoraussetzungen, Art. 88 Abs. 2) nicht gewahrt bleiben, hat dies nur dann eine Auswirkung auf die Zulässigkeit der Fusion, wenn der Vorbehalt materiell begründet ist und von der Aufsichtsbehörde gleich beurteilt wird. Ein uneingeschränkter, vorbehaltloser Prüfungsbericht ist auch nicht für die Eintragung der Fusion in das Handelsregister erforderlich (zur Begründung vgl. Art. 81 N 25). Denn eine Bestätigung, wonach die Rechte und Ansprüche der Versicherten gewahrt bleiben, ist gemäss Wortlaut von Art. 92 Abs. 3 nicht verlangt. Vielmehr ist der Fusionsprüfer nur verpflichtet, einen Bericht zu erstellen, in dem gewisse Informationen darzulegen sind. Unbeachtlich ist deswegen ebenfalls, wenn die Fusionsprüfer kein vorbehaltloses Testat bezüglich der Transaktionsdokumente (Fusionsvertrag, Fusionsbericht und Bilanzen) abgeben, jedoch die Aufsichtsbehörden der Meinung sind, dass diese Dokumente mit dem Fusionsgesetz, dem BVG, der Stiftungsurkunde, dem Reglement sowie allfälligen Weisungen der Aufsichtsbehörden übereinstimmen. 23

V. Haftungsfragen

24   Die Fusionsprüfer sind für Pflichtverletzungen gemäss Art. 108 **verantwortlich** (vgl. Komm. zu Art. 15 und Art. 108). Dies trifft beispielsweise zu, wenn ein Fusionsprüfer die Prüfungshandlungen unsorgfältig durchführt oder einen falschen Bericht abgibt. Fehlen einem Fusionsprüfer die fachlichen Anforderungen oder fehlt ihm die erforderliche Unabhängigkeit, hat er den Prüfungsauftrag abzulehnen bzw. niederzulegen, ansonsten er haftbar wird (Art. 81 N 7 und 26; Handkommentar FusG-COMBŒUF, Art. 15 N 28). In solchen Fällen können aber auch die Organe, welche den abhängigen Prüfer bestellt haben und Kenntnis von dieser Abhängigkeit hatten oder hätten haben sollen, verantwortlich werden.

Art. 93

Informations-pflicht und Einsichtsrecht	[1] Die zuständigen Organe der Vorsorgeeinrichtung haben spätestens bis zum Zeitpunkt der Gewährung des Einsichtsrechts gemäss Absatz 2 die Versicherten über die geplante Fusion und deren Auswirkungen zu informieren. Sie haben die Versicherten in geeigneter Form auf die Möglichkeit der Einsichtnahme hinzuweisen. [2] Die beteiligten Vorsorgeeinrichtungen müssen an ihrem Sitz während der 30 Tage vor dem Antrag an die Aufsichtsbehörde den Versicherten Einsicht in den Fusionsvertrag und in den Fusionsbericht gewähren.
Devoir d'information et droit de consultation	[1] Les organes compétents de l'institution de prévoyance informent les assurés de la fusion projetée ainsi que de ses répercussions au plus tard au moment de l'octroi du droit de consultation prévu à l'al. 2. Ils informent les assurés de manière appropriée de leur possibilité d'exercer leur droit de consultation. [2] Les institutions de prévoyance qui fusionnent donnent la possibilité aux assurés, pendant les 30 jours qui précèdent la requête à l'autorité de surveillance, de consulter à leur siège le contrat et le rapport de fusion.
Obbligo di informare e diritto di consultazione	[1] Gli organi competenti dell'istituto di previdenza devono informare gli assicurati circa la fusione prospettata e le sue ripercussioni al più tardi al momento di concedere il diritto di consultazione di cui al capoverso 2. Essi devono informare in modo appropriato gli assicurati in merito al diritto di consultazione. [2] Durante i 30 giorni precedenti la domanda all'autorità di vigilanza, gli istituti di previdenza partecipanti alla fusione devono consentire agli assicurati di consultare, presso la loro sede, il contratto di fusione e il rapporto di fusione.

Literatur

C. HELBLING, Personalvorsorge und BVG, 7. Aufl., Bern 2000; H.M. RIEMER, Stiftungen und Fusionsgesetz, in: Riemer (Hrsg.), Die Stiftung in der juristischen und wirtschaftlichen Praxis, Zürich 2001, 101 ff. (zit. Fusionsgesetz); DERS., Fusionen bei klassischen und Personalvorsorgestiftungen, SZS 1991, 169 ff.; M. TAUFER, Fusion von Stiftungen, AJP 1998, 777 ff.

1. Abschnitt: Fusion   1–7 **Art. 93**

I. Entstehungsgeschichte und Normzweck

1. Entstehungsgeschichte

Gemäss Art. 36 i.V.m. Art. 32 Abs. 2 VE FusG haben unter anderem auf Fusionen zwischen Vorsorgeeinrichtungen in der Rechtsform der Stiftung die Vorschriften über die Auflage des Fusionsvertrages und das Einsichtsrecht (vgl. Art. 17 VE FusG) keine Anwendung gefunden. Vielmehr waren die obersten Organe der beteiligten Vorsorgestiftungen gemäss Art. 36 i.V.m. Art. 32 Abs. 2 VE FusG verpflichtet, die Versicherten vor Abschluss des Fusionsvertrages über die geplante Fusion und deren Auswirkungen zu informieren. 1

Im Rahmen der Vernehmlassung haben verschiedene Kreise vorgeschlagen, die Fusion von Vorsorgeeinrichtungen (wie auch von Stiftungen) in einem besonderen Kapitel zu regeln (Botschaft, 4355). Im **Entwurf FusG** wurde dann der Art. 93 E FusG über die Informationspflicht und das Einsichtsrecht aufgenommen, der unverändert Eingang in das Fusionsgesetz gefunden hat. 2

2. Normzweck

Art. 93 bezweckt den **Schutz der Versicherten** (Botschaft, 4477; Handkommentar FusG-FURRER, N 1). Sie sollen über die Fusion und deren Auswirkungen auf ihre Rechtsstellung informiert werden (vgl. allgemein zum Schutzgedanken im Fusionsgesetz, Art. 81 N 3). Die Versicherten sollen präventiv ihre statutarischen und reglementarischen Ansprüche schützen können. 3

II. Informationspflicht (Abs. 1)

1. Zuständigkeit und Adressatenkreis

Die Informationspflicht obliegt je dem «**zuständigen Organ**» der beteiligten Vorsorgeeinrichtungen. Bei Vorsorgestiftungen ist dies regelmässig der Stiftungsrat und bei Vorsorgegenossenschaften die Verwaltung (Handkommentar FusG-FURRER, N 2). 4

Adressaten der Informationspflicht sind die Versicherten sowohl der übertragenden als auch der übernehmenden Vorsorgeeinrichtung. Beim Begriff «Versicherte» ist zu beachten, dass Arbeitnehmer, welche bei einer Vorsorgeeinrichtung im Sinne einer konkreten Leistungszusage nicht versichert sind, dennoch Destinatäre dieser Vorsorgeeinrichtung sein können (dies, wenn der statutarische Destinatärkreis weiter gefasst ist als der reglementarische; Vernehmlassungen, 215, vgl. Art. 92 N 15). Solche Destinatäre sollten auch in den Genuss dieser Informationen kommen. 5

2. Inhalt und Form

Die Versicherten müssen entsprechend dem Zweckgedanken umfassend über die geplante Fusion und deren Auswirkungen auf ihre Rechte und Ansprüche orientiert werden (Handkommentar FusG-FURRER, N 4; TAUFER, 782). Dabei sind die Versicherten insbesondere auf die **Möglichkeit der Einsichtnahme** gemäss Abs. 2, also wo und wann die relevanten Dokumente aufgelegt werden, hinzuweisen (Botschaft, 4477). 6

Das Gesetz bestimmt die **Form** der Information nicht ausdrücklich. Die zuständigen Organe müssen eine geeignete Form der Information wählen, damit die Versicherten vernünftigerweise von ihrem Einsichtsrecht Gebrauch machen können. Die Wahl der Form erfolgt nach dem Ermessen der zuständigen Organe, das sie pflichtgemäss ausüben müs- 7 sen (Handkommentar FusG-FURRER, N 8). Je nach den konkreten Gegebenheiten kann eine öffentliche Bekanntmachung in der Presse oder eine schriftliche Mitteilung an die Versicherten vorgesehen werden (z.B. wenn der Kreis der Versicherten und deren Adressen ohne weiteres bestimmbar sind und dadurch kein übermässiger Aufwand anfällt; Botschaft, 4477; Handkommentar FusG-FURRER, N 8).

3. Zeitpunkt

8   Der **Zeitpunkt** der Information richtet sich nach dem Einsichtsrecht der Versicherten. Die Versicherten müssen spätestens bis zum Zeitpunkt der Gewährung des Einsichtsrechts informiert werden (Abs. 1). Folglich muss die Information mindestens 30 Tage vor dem Antrag an die Aufsichtsbehörde erfolgen (Abs. 2).

III. Einsichtsrecht (Abs. 2)

9   Die Versicherten haben gemäss Wortlaut von Art. 93 Abs. 2 Anspruch darauf, den Fusionsvertrag und den Fusionsbericht am Sitz der beteiligten Vorsorgeeinrichtungen während 30 Tagen vor dem Antrag an die Aufsichtsbehörde einzusehen. Da die Versicherten auch über die geplante Fusion sowie deren Auswirkungen auf ihre Rechte und Ansprüche zu informieren sind, sollten auch die Stiftungsurkunden und -reglemente aufgelegt werden, die für sie nach Rechtswirksamkeit der Fusion neu gelten. Darüber hinaus sollten auch die weiteren transaktionsspezifischen Dokumente zugänglich gemacht werden (Bilanzen und Prüfungsberichte), damit sie einfacher beurteilen können, ob die Voraussetzungen der Fusion erfüllt sind. In den Prüfungsberichten werden sie auch von externen Sachverständigen darüber aufgeklärt, ob ihre Rechte und Ansprüche nach der Fusion gewahrt bleiben (Art. 92 Abs. 3; vgl. auch Art. 90 Abs. 2 lit. b). Indessen können die Versicherten – im Gegensatz zum Einsichtsverfahren bei Fusionen von Gesellschaften (Art. 16 Abs. 3) – keine Kopien der relevanten Unterlagen verlangen (*e contrario* aus Art. 93 Abs. 2; Handkommentar FusG-FURRER, N 13).

IV. Haftung

10 Das Gesetz regelt die Rechtsfolgen einer Verletzung der Informationspflicht und des Einsichtsrechts nicht ausdrücklich. Anwendbar sind wohl die allgemeinen Verantwortlichkeitsbestimmungen gemäss Art. 108.

Art. 94

Fusionsbeschluss	¹ **Die Fusion bedarf der Zustimmung des obersten Leitungsorgans und, bei einer Genossenschaft, überdies der Generalversammlung. Für die erforderlichen Mehrheiten gilt Artikel 18 Absatz 1 Buchstabe d.** ² **Bei Vorsorgeeinrichtungen des öffentlichen Rechts bleibt Artikel 100 Absatz 3 vorbehalten.**
Décision de fusion	¹ La fusion est soumise à l'approbation de l'organe supérieur de direction et, en outre, dans le cas d'une société coopérative, à celle de l'assemblée générale. L'art. 18, al. 1, let. d, s'applique aux majorités requises. ² Dans le cas des institutions de prévoyance de droit public, l'art. 100, al. 3, est réservé.

1. Abschnitt: Fusion 1–6 **Art. 94**

Decisione di fusione   ¹ La fusione necessita dell'approvazione dell'organo superiore di direzione e inoltre, nel caso di una società cooperativa, dell'assemblea generale. L'articolo 18 capoverso 1 lettera d si applica per quanto concerne le maggioranze occorrenti.

² Nel caso di istituti di previdenza di diritto pubblico, è fatto salvo l'articolo 100 capoverso 3.

Literatur

vgl. die Literaturhinweise zu Art. 88.

I. Zustimmung zur Fusion (Fusionsbeschluss) bei privatrechtlichen Einrichtungen

Art. 94 Abs. 1 legt fest, dass die obersten Leitungsorgane der beteiligten Vorsorgeeinrichtungen die Fusion in einem **Fusionsbeschluss** zu beschliessen haben. 1

Bei der Stiftung ist dies der Stiftungsrat. Welches Quorum bei der Abstimmung im Stiftungsrat erzielt werden muss, muss sich aus Stiftungsurkunde und Reglement ergeben. Schweigen diese, soll allgemeines Körperschaftsrecht, insbesondere das Vereinsrecht, beigezogen werden (BSK ZGB I-GRÜNINGER, Art. 83 N 15; BK-RIEMER, Art. 83 ZGB N 32 ff.) 2

Bei Genossenschaften erfolgt der Beschluss vorerst durch die Verwaltung der Genossenschaft. Wird die Frage der Quoren nicht durch ein Reglement geregelt, werden Beschlüsse in analoger Anwendung von Art. 713 Abs. 1 OR durch die Mehrheit der abgegebenen Stimmen gefasst. Der Stichentscheid des Vorsitzenden besteht dagegen nur bei ausdrücklicher reglementarischer Regelung (BSK OR II-WERNLI, Art. 894 N 4). 3

Kraft ausdrücklicher Vorschrift von Art. 94 Abs. 1 bleibt die Zustimmung der Generalversammlung vorbehalten. Dies entspricht der Regelung von Art. 911 Abs. 1 lit. b OR. Für die Quoren verweist Art. 94 Abs. 1 auf Art. 18 Abs. 1 lit. d. Grundsätzlich sind daher mindestens zwei Drittel der abgegebenen Stimmen erforderlich. Das in Art. 18 Abs. 1 lit. d genannte qualifizierte Quorum von drei Vierteln aller Genossenschafter dürfte bei Vorsorgeeinrichtungen kaum je zur Anwendung kommen. 4

II. Fusionsbeschluss bei öffentlichrechtlichen Einrichtungen

Für den Fusionsbeschluss öffentlichrechtlicher Vorsorgeeinrichtungen verweist das Gesetz auf Art. 100 Abs. 3. 5

Dies bedeutet, dass das einschlägige öffentliche Recht auf Stufe Bund, Kanton oder Gemeinden darüber entscheidet, wie und durch welche Gremien der Fusionsbeschluss zu fassen ist. 6

Art. 95

Genehmigung und Vollzug der Fusion	**1** Die obersten Leitungsorgane der Vorsorgeeinrichtungen beantragen bei der zuständigen Aufsichtsbehörde die Genehmigung der Fusion. **2** Zuständig ist die Aufsichtsbehörde der übertragenden Vorsorgeeinrichtung. **3** Die Aufsichtsbehörde prüft, ob die Voraussetzungen einer Fusion gegeben sind, und erlässt eine Verfügung. Die Aufsichtsbehörde kann weitere für die Prüfung der Voraussetzungen erforderliche Belege verlangen. **4** Nach Eintritt der Rechtskraft der zustimmenden Verfügung meldet die Aufsichtsbehörde die Fusion zur Eintragung in das Handelsregister an. **5** Für die Rechtswirksamkeit der Fusion gilt Artikel 22 Absatz 1.
Approbation et exécution de la fusion	**1** Les organes supérieurs de direction des institutions de prévoyance requièrent l'approbation de la fusion auprès de l'autorité de surveillance compétente. **2** L'autorité compétente est l'autorité de surveillance de l'institution de prévoyance transférante. **3** L'autorité de surveillance examine si les conditions de la fusion sont réunies et rend une décision. Elle peut exiger des pièces supplémentaires si elles sont nécessaires à l'examen des conditions. **4** Une fois la décision d'approbation entrée en force, l'autorité de surveillance requiert l'inscription de la fusion au registre du commerce. **5** L'art. 22, al. 1, est applicable pour ce qui est des effets juridiques.
Approvazione ed esecuzione della fusione	**1** Gli organi superiori di direzione degli istituti di previdenza chiedono l'approvazione della fusione all'autorità di vigilanza competente. **2** È competente l'autorità di vigilanza dell'istituto di previdenza trasferente. **3** L'autorità di vigilanza esamina se le condizioni della fusione sono adempiute ed emana una decisione. Se sono necessari per l'esame, l'autorità di vigilanza può chiedere la produzione di documenti supplementari. **4** Una volta passata in giudicato la decisione d'approvazione, l'autorità di vigilanza chiede l'iscrizione della fusione all'ufficio del registro di commercio. **5** Le condizioni di validità giuridica sono rette dall'articolo 22 capoverso 1.

Literatur

C. HELBLING, Personalvorsorge und BVG, 7. Aufl., Bern 2000; S. KRÜTTLI, Fusion und Liquidation von Personalvorsorgestiftungen, ST 1997, 1091 ff.; B. LANG, Liquidation und Teilliquidation von Personalvorsorgeeinrichtungen, ST 1994, 177 ff.; H.M. RIEMER, Stiftungen und Fusionsgesetz, in: Die Stiftung in der juristischen und wirtschaftlichen Praxis, Zürich 2001, 101 ff.; DERS., Das Recht der beruflichen Vorsorge in der Schweiz, Bern 1985; DERS., Fusionen bei klassischen und Personalvorsorgestiftungen, SZS 1991, 169 ff. (zit. Fusionen); CH. RUGGLI, Die behördliche Aufsicht über Vorsorgeeinrichtungen, Basel 1992; CH. RUGGLI-WÜEST/D. STOHLER, Umstrukturierungen in der Wirtschaft und ihre Auswirkungen auf die berufliche Vorsorge, BJM 2000, 113 ff.;

SCHOOP, Zur Fusion von Stiftungen, Schweizer Personalvorsorge 1992, 199 ff.; H.C. SCHULTHESS, Fusion von Stiftungen, ST 1991, 411 ff.; T. SPRECHER/U. VON SALIS, Die schweizerische Stiftung – Ein Leitfaden, Zürich 1999; M. TAUFER, Fusion von Stiftungen, AJP 1998, 777 ff.

I. Allgemeines

Gemäss Art. 95 hat die **Fusion von Vorsorgeeinrichtungen** durch behördlichen Akt zu erfolgen. Dies entspricht bisheriger Lehre (vgl. etwa RIEMER, Fusionen, 172; TAUFER, 782; BK-RIEMER, Art. 88/89 N 63; SCHULTHESS, 412) und Praxis (vgl. BGE 115 II 420 f. betr. den Fall einer Absorptionsfusion; Zürcher KS von 1978 an die Bezirksräte und Stiftungsorgane über die Beaufsichtigung von Personalvorsorgestiftungen, N 94; Handbuch der Personalvorsorge-Aufsicht, Zürich, 1991, 9. Kap.) zur Stiftungsfusion.

Die Bestimmung zielt darauf ab, das Prüfungsverfahren bei den BVG-Aufsichtsbehörden zu konzentrieren. Dadurch werden verfahrensmässige Doppelspurigkeiten vermieden, und es ergibt sich ein für alle Beteiligten einfacher und überblickbarer Verfahrens- und Rechtsmittelweg. Die noch im VE anzutreffende Regelung, wonach Aufsichtsbehörde *und* Handelsregisteramt die Zulässigkeit der Fusion zu prüfen haben (vgl. Art. 38 und Art. 88 VE FusG), wurde in der Vernehmlassung stark kritisiert (Vernehmlassungen, 66 ff. und 305 ff.) und fand in das FusG keinen Eingang.

Art. 95 befasst sich mit der **Genehmigung** und dem **Vollzug** der Fusion von Vorsorgeeinrichtungen, die der Aufsicht nach Art. 61 ff. BVG unterstellt und als juristische Personen ausgestaltet sind (vgl. Art. 2 lit. i). Gemeint sind die i.S.v. Art. 48 BVG registrierten – d.h. der Durchführung des BVG dienenden – Personalvorsorgeeinrichtungen in der Rechtsform der Stiftung, der Genossenschaft oder der Einrichtung des öffentlichen Rechts. Gemäss Art. 89bis Abs. 6 ZGB gelten die BVG-Aufsichtsbestimmungen – und damit Art. 95 – überdies für alle *nicht registrierten* Personalfürsorge*stiftungen*, d.h. für Stiftungen, die auf dem Gebiet der beruflichen Vorsorge im *rein ausserobligatorischen* Bereich die Risiken Alter, Tod oder Invalidität versichern. Keine Geltung haben die Aufsichtsbestimmungen des BVG dagegen für *nicht registrierte* Personalvorsorgeeinrichtungen, welche in die Rechtsform der Genossenschaft oder der Einrichtung des öffentlichen Rechts gekleidet sind. Auf sie findet Art. 95 keine Anwendung.

Ausführungsbestimmungen zur Eintragung der Fusion und der einzureichenden Belege finden sich gestützt auf Art. 102 lit. a im Handelsregisterrecht (vgl. N 18 ff.). Mit einer Ergänzung des BVG wurde zudem eine Delegationsgrundlage geschaffen, die dem Bundesrat ermöglichen soll, auf dem Verordnungsweg Bestimmungen über die aufsichtsrechtliche Genehmigung von Fusionen zu erlassen (Art. 62 Abs. 3 BVG).

II. Zuständigkeit der Aufsichtsbehörde

Gemäss Abs. 1 haben die obersten Leitungsorgane der Vorsorgeeinrichtungen die Genehmigung der Fusion bei der **zuständigen Aufsichtsbehörde** zu beantragen. Auf kantonaler Ebene ist der Antrag an die vom BVG geforderte, *zentrale* Aufsichtsbehörde zu richten (Art. 61 Abs. 1 BVG; Art. 1 Abs. 1 BVV 1). Im Kanton Zürich handelt es sich hierbei um das Amt für berufliche Vorsorge (vgl. § 1 der VO über die berufliche Vorsorge und das Stiftungswesen). Eine Übersicht über die weiteren zuständigen kantonalen BVG-Aufsichtsbehörden findet sich bei SPRECHER/VON SALIS (vgl. Anh. D).

Die Aufsicht auf Bundesebene ist in der BVV 1 geregelt. Danach beaufsichtigt das Bundesamt für Sozialversicherung die Vorsorgeeinrichtungen mit nationalem und internationalem Charakter, die Vorsorgeeinrichtungen der SBB, der Nationalbank, der SUVA und die Pensionskasse des Bundes (vgl. Art. 3 Abs. 1 BVV 1). Vorsorgeeinrichtungen, die dem VAG unterstehen, werden vom Bundesamt für Privatversicherungswesen beaufsichtigt (vgl. Art. 3 Abs. 4 BVV 1).

7   Zur Vermeidung von Kompetenzkonflikten und entgegenstehenden Verfügungen weist Abs. 2 die Zuständigkeit für die Genehmigung der Fusion *ausschliesslich* der Aufsichtsbehörde der *übertragenden* Vorsorgeeinrichtung zu (Botschaft, 4478). Zumindest aufgrund des Wortlauts ist nicht klar, welche Zuständigkeitsordnung gilt, wenn bei einer Fusion *mehrere* Vorsorgeeinrichtungen ihr Vermögen *übertragen* und diese Vorsorgeeinrichtungen *nicht derselben* Aufsichtsbehörde unterstellt sind. Offenbar wurde im Rahmen der parlamentarischen Beratung übersehen, eine Art. 83 Abs. 2 Satz 2 entsprechende Regelung in den Gesetzestext aufzunehmen. Es liegt jedoch auf der Hand, Art. 83 Abs. 2 Satz 2 analog anzuwenden (ebenso Handkommentar FusG-FURRER, N 7 ff.), womit in solchen Fällen die Aufsichtsbehörden *aller übertragenden* Vorsorgeeinrichtungen der Fusion zuzustimmen haben.

III. Prüfung durch die Aufsichtsbehörde

8   Die zuständige Aufsichtsbehörde **prüft**, ob die materiellen und formellen Voraussetzungen der Fusion gegeben sind (Abs. 3 Satz 1). Materiell ist zu prüfen, ob der Vorsorgezweck und die Rechte und Ansprüche der Versicherten gewahrt bleiben (vgl. Art. 88 Abs. 2). In formeller Hinsicht ist die Einhaltung der Art. 89–94 zu prüfen. Die Aufsichtsbehörde hat insbesondere abzuklären, ob die beteiligten Vorsorgeeinrichtungen ihrer Informationspflicht nach Art. 93 Abs. 1 nachgekommen sind und den Versicherten während mindestens 30 Tagen vor Antragstellung Einsicht in den Fusionsvertrag und den Fusionsbericht gewähren. Der Prüfung entzogen ist dagegen die Einhaltung der **Arbeitnehmerschutzvorschriften** (Art. 96 Abs. 5), da Art. 95 nicht die Durchsetzung der diesbezüglichen Konsultationspflicht bezweckt (vgl. auch Art. 83 N 6 und Art. 84 N 9). Die Aufsichtsbehörde darf die Genehmigung folglich nicht deshalb verweigern, weil eine der beteiligten Vorsorgeeinrichtungen die Arbeitnehmervertretung nicht konsultiert hat.

9   Grundlage der Prüfung bilden der Antrag und die eingereichten Belege. Die seitens der eidg. Beschwerdekommission extensiv ausgelegte Abklärungspflicht der Aufsichtsbehörden (vgl. u. N 14) hat schon unter bisherigem Recht dazu geführt, dass die Aufsichtsbehörden absolut schlüssige Dokumente verlangen (RUGGLI-WÜEST/STOHLER, 135). Entsprechend sieht Abs. 3 Satz 2 nunmehr vor, dass die Aufsichtsbehörden weitere für die Prüfung der Voraussetzungen erforderliche Belege anfordern können. Die Aufsichtsbehörde kann somit auch Belege verlangen, die weder im FusG noch in der gestützt auf Art. 62 Abs. 3 BVG erlassenen Verordnung explizit genannt werden (ebenso Handkommentar FusG-FURRER, N 13).

IV. Antrag und Genehmigung

10   Bei privatrechtlich organisierten Vorsorgeeinrichtungen in der Form der Stiftung oder Genossenschaft hat die Verwaltung – bei Stiftungen gewöhnlich der Stiftungsrat – die Genehmigung der Fusion bei der zuständigen Aufsichtsbehörde zu **beantragen**. Bei Vorsorgeeinrichtungen des öffentlichen Rechts richtet sich die Zuständigkeit zur Antragstellung nach den öffentlich-rechtlichen Vorschriften von Bund, Kanton oder Gemeinde.

11   Vor Antragstellung ist auf jeden Fall die 30-tägige Frist zur Gewährung des Einsichtsrechts nach Art. 93 Abs. 2 abzuwarten. Dies schliesst selbstverständlich nicht aus, dass

die obersten Leitungsorgane die Aufsichtsbehörde vorgängig kontaktieren, um einen effizienten Verfahrensablauf zu ermöglichen.

Form und **Inhalt** des Antrags sowie die einzureichenden **Belege** werden vom FusG nicht umschrieben. Gestützt auf Art. 62 Abs. 3 BVG hat der Bundesrat die Möglichkeit, die diesbezüglichen Erfordernisse auf dem Verordnungsweg näher zu regeln. Bereits jetzt scheint absehbar, dass neben dem *schriftlichen Antrag* folgende Unterlagen einzureichen sein werden: *Fusionsvertrag* (Art. 90), *Fusionsbericht* (Art. 91), *Prüfungsbericht* (Art. 92), *Bilanzen bzw. Zwischenbilanzen* (Art. 89), *Protokoll* der obersten Leitungsorgane betr. Zustimmung zur Fusion und – bei Genossenschaften – der *öffentlich beurkundete Fusionsbeschluss* (Art. 94 und Art. 20 Abs. 1), *Stiftungsurkunden* bzw. *Genossenschaftsstatuten*, *geltende Reglemente* und *aktuelle Handelsregisterauszüge* der an der Fusion beteiligten Vorsorgeeinrichtungen. Im Antrag werden der Sachverhalt, der beabsichtigte Vorgang sowie das Vorliegen der gesetzlichen Voraussetzungen darzulegen sein. Soll von dem in Art. 96 statuierten Schuldenruf abgesehen werden, weil keine Forderungen bekannt oder zu erwarten sind, zu deren Befriedigung das freie Vermögen der beteiligten Vorsorgeeinrichtungen nicht ausreicht, ist dies ebenfalls entsprechend zu beantragen und zu begründen. 12

Sind die materiellen und formellen Voraussetzungen erfüllt, hat die Aufsichtsbehörde die Genehmigung der Fusion zu verfügen. Andernfalls ist die Genehmigung zu verweigern. In zeitlicher Hinsicht ist Art. 96 Abs. 1 zu beachten, wonach vor Erlass der Verfügung der dreimalige Schuldenruf im SHAB zu erfolgen hat, falls von diesem nicht abgesehen werden kann (vgl. Art. 96 Abs. 2). 13

V. Verfahren und Rechtsmittelweg

Bei Vorbereitung (Feststellung des Sachverhalts, Anhörung von Betroffenen usw.) und Erlass (Form, Begründung, Eröffnung usw.) der **Verfügung** haben die kantonalen Aufsichtsbehörden die allgemeinen Grundsätze des Verwaltungsrechts und die Bestimmungen kantonaler Verwaltungsrechtspflegegesetze bzw. von Spezialerlassen zu beachten. Im Verwaltungsverfahren gilt grundsätzlich das Untersuchungsprinzip, wonach die Aufsichtsbehörde gehalten ist, die notwendigen Abklärungen von Amtes wegen vorzunehmen. Überdies gelangt auf das Verfahren kantonaler Aufsichtsbehörden das VwVG teilweise zur Anwendung (vgl. Art. 1 Abs. 3 VwVG). So ist die Genehmigungs- oder Ablehnungsverfügung den Parteien schriftlich zu eröffnen, als Verfügung zu bezeichnen, in der Regel zu begründen und mit einer Rechtsmittelbelehrung zu versehen (vgl. Art. 34 f. VwVG). Für das Verwaltungsverfahren vor den Bundesaufsichtsbehörden ist das VwVG massgebend. Soweit Destinatäre in ihren aktuellen Interessen betroffen sind, ist der Stiftungsrat bzw. die Verwaltung in der Verfügung aufzufordern, die Destinatäre über den Inhalt der Verfügung und die Rechtsmittelfrist ins Bild zu setzen (Ruggli-Wüest/Stohler, 135 f.). 14

Verfügungen der kantonalen oder Bundesaufsichtsbehörden können durch Beschwerde bei der eidg. Beschwerdekommission **angefochten** werden (vgl. Art. 74 Abs. 2 lit. a BVG). Für das Verfahren vor der Beschwerdekommission ist das VwVG anwendbar (Art. 74 Abs. 3 BVG). Beschwerden sind innerhalb von 30 Tagen ab Eröffnung bei der eidg. Beschwerdekommission einzureichen (Art. 50 und Art. 51 VwVG). Gegen deren Entscheid steht die Verwaltungsgerichtsbeschwerde an das Bundesgericht offen (Art. 74 Abs. 4 BVG). Die Verfahrenskosten werden den Parteien in der Regel nach Massgabe ihres Obsiegens bzw. Unterliegens auferlegt (vgl. Art. 64 VwVG). 15

Zur **Beschwerde ist berechtigt**, wer durch die angefochtene Verfügung berührt ist und ein schutzwürdiges Interesse an deren Aufhebung oder Änderung hat (Art. 48 lit. a 16

VwVG). Die Legitimation zur Beschwerde kommt somit nicht nur den am Verfahren direkt beteiligten Vorsorgeeinrichtungen, sondern grundsätzlich auch den Versicherten zu. Als Dritte stehen diese in einer besonders nahen und schützenswerten Beziehung zur Streitsache, bei der es letztlich um die Wahrung ihrer Rechtsstellung geht.

17 Für den Rechtsschutz kommen ausschliesslich die vorstehend aufgeführten Vorschriften des BVG zur Anwendung. Mitglieder von Vorsorgeeinrichtungen in der Rechtsform der Genossenschaft können den Generalversammlungsbeschluss (Art. 94 Abs. 1) nicht etwa gestützt auf Art. 106 anfechten. Die Zulassung der Anfechtungsklage ergäbe hier eine unerwünschte Aufspaltung des Rechtswegs (Handkommentar FusG-SCHENKER, Art. 106 N 23).

VI. Vollzug

18 Bestätigt die eidg. Beschwerdekommission, dass gegen die Genehmigungsverfügung innerhalb der Rechtsmittelfrist keine Beschwerde eingegangen ist, stellt die Aufsichtsbehörde der übertragenden Vorsorgeeinrichtung die Rechtskraftbescheinigung aus und meldet die Fusion zur **Eintragung in das Handelsregister** an. Sind mehrere Aufsichtsbehörden zuständig (vgl. N 7), sind die Anmeldungen zu koordinieren. Die Anmeldung der Fusion hat beim Handelsregisteramt am Sitz der übernehmenden Vorsorgeeinrichtung zu erfolgen (Art. 109b Abs. 1 HRegV). Bei Kombinationsfusionen ist auf den in Aussicht genommenen Sitz der neu zu gründenden Vorsorgeeinrichtung abzustellen (Art. 56 ZGB für die Stiftung, Art. 835 Abs. 1 OR für die Genossenschaft).

19 Befinden sich nicht alle an der Fusion beteiligten Vorsorgeeinrichtungen im selben Registerbezirk, so ist das Handelsregisteramt am Sitz der übernehmenden Vorsorgeeinrichtung für die Prüfung der Fusion und sämtlicher Belege zuständig; es informiert die Handelsregisterämter am Sitz der übertragenden Vorsorgeeinrichtungen über die vorzunehmende Eintragung und übermittelt ihnen die sie betreffenden Anmeldungen (Art. 105 Abs. 2 HRegV analog). Mit der Anmeldung hat die Aufsichtsbehörde gemäss Art. 109b Abs. 1 HRegV folgende **Belege** einzureichen: Den Fusionsvertrag (lit. a), die Fusionsbilanzen der übertragenden Vorsorgeeinrichtungen, ggf. die Zwischenbilanzen (lit. b), die Prüfungsberichte (lit. c), die Fusionsbeschlüsse (d.h. die Beschlüsse des obersten Leitungsorgans bzw. bei Genossenschaften der Generalversammlung) (lit. d), die Verfügung der Aufsichtsbehörde über die Genehmigung der Fusion (lit. e) und die Belege für die Neugründung bei einer Kombinationsfusion (lit. f).

20 Die Kognition des Handelsregisteramts richtet sich nach den allgemeinen Regeln (vgl. Art. 111 Abs. 1 i.V.m. Art. 21 HRegV). Die Handelsregisterbehörden haben somit zu überprüfen, ob die erforderlichen Belege (vgl. o. N 19) vorliegen und die beabsichtigte Fusion nicht gegen zwingendes Gesetzesrecht verstösst. Angesichts der klaren Kompetenzordnung, die eine aufsichtsbehördliche Prüfung vorsieht (vgl. N 2), ist eine weitergehende, materielle Prüfung durch das Handelsregisteramt nicht vorgesehen.

21 Für die **Rechtswirksamkeit** der Fusion verweist Abs. 5 auf Art. 22 Abs. 1. Mit Eintragung der Fusion im Handelsregister gehen alle Aktiven und Passiven kraft Gesetzes auf die übernehmende Vorsorgeeinrichtung über (vgl. Art. 22 N 6 ff.). Obwohl nicht ausdrücklich erwähnt, gelten Art. 3 Abs. 2 und Art. 21 Abs. 3 ebenfalls sinngemäss. Folglich wird die *übertragende* Vorsorgeeinrichtung gleichzeitig mit Eintragung der Fusion **aufgelöst** und im Handelsregister **gelöscht**. Die Eintragung der Fusion muss bei allen beteiligten Vorsorgeeinrichtungen am gleichen Tag ins Tagebuch eingetragen werden; haben die beteiligten Vorsorgeeinrichtungen ihren Sitz nicht im selben Handelsregister-

1. Abschnitt: Fusion **Art. 96**

bezirk, so müssen die Handelsregisterämter ihre Eintragungen aufeinander abstimmen (Art. 105c HRegV analog). Die im Handelsregister eintragungspflichtigen Angaben ergeben sich aus Art. 109b Abs. 2 i.V.m. Art. 105b HRegV (vgl. auch Art. 83 N 18).

Art. 96

Gläubiger- und Arbeitnehmerschutz

¹ Die Aufsichtsbehörde hat vor Erlass der Verfügung die Gläubigerinnen und Gläubiger der an der Fusion beteiligten Vorsorgeeinrichtungen im Schweizerischen Handelsamtsblatt dreimal darauf hinzuweisen, dass sie unter Anmeldung ihrer Forderungen Sicherstellung verlangen können.

² Die Aufsichtsbehörde kann von einer Aufforderung an die Gläubigerinnen und Gläubiger absehen, wenn keine Forderungen bekannt oder zu erwarten sind, zu deren Befriedigung das freie Vermögen der beteiligten Vorsorgeeinrichtungen nicht ausreicht.

³ Im Falle einer Aufforderung an die Gläubigerinnen und Gläubiger können diese innerhalb von zwei Monaten nach der Veröffentlichung im Schweizerischen Handelsamtsblatt von der übernehmenden Vorsorgeeinrichtung die Sicherstellung ihrer Forderungen verlangen. Die Versicherten haben keinen Anspruch auf Sicherstellung.

⁴ Die Pflicht zur Sicherstellung entfällt, wenn die Vorsorgeeinrichtung nachweist, dass die Erfüllung der angemeldeten Forderung durch die Fusion nicht gefährdet ist. Artikel 25 Absatz 4 findet Anwendung. Im Streitfall entscheidet die Aufsichtsbehörde.

⁵ Der Arbeitnehmerschutz richtet sich nach den Artikeln 27 und 28.

Protection des créanciers et des travailleurs

¹ L'autorité de surveillance informe, avant de rendre sa décision, les créanciers des institutions de prévoyance qui fusionnent par une triple publication dans la Feuille officielle suisse du commerce qu'ils peuvent exiger des sûretés s'ils produisent leurs créances.

² L'autorité de surveillance peut renoncer à publier un avis aux créanciers si l'ensemble des créances connues ou escomptées peuvent être exécutées au moyen de la fortune disponible des institutions de prévoyance qui fusionnent.

³ En cas d'avis aux créanciers, ceux-ci peuvent exiger, dans le délai de deux mois à compter de la publication dans la Feuille officielle suisse du commerce, que l'institution de prévoyance reprenante fournisse des sûretés. Les assurés ne peuvent exiger des sûretés.

⁴ L'obligation de fournir des sûretés s'éteint si l'institution de prévoyance prouve que la fusion ne compromet pas l'exécution de la créance. L'art. 25, al. 4, est applicable. L'autorité de surveillance tranche en cas de litige.

⁵ Les art. 27 et 28 s'appliquent à la protection des travailleurs.

Art. 96 1, 2   7. Kapitel: Fusion usw. von Vorsorgeeinrichtungen

Protezione dei crediti e dei lavoratori

¹ Prima di emanare la decisione, l'autorità di vigilanza deve informare i creditori degli istituti di previdenza partecipanti alla fusione, mediante triplice pubblicazione nel Foglio ufficiale svizzero di commercio, che, se notificano i loro crediti, possono esigere la costituzione di garanzie.

² L'autorità di vigilanza può rinunciare alla diffida ai creditori se tutti i crediti noti o prevedibili possono essere soddisfatti mediante la sostanza a disposizione degli istituti di previdenza partecipanti alla fusione.

³ In caso di diffida ai creditori, questi ultimi possono chiedere, entro due mesi dalla pubblicazione nel Foglio ufficiale svizzero di commercio, che l'istituto di previdenza assuntore presti garanzia. Gli assicurati non possono chiedere la costituzione di garanzie.

⁴ L'obbligo di prestare garanzia si estingue se l'istituto di previdenza prova che la fusione non compromette la soddisfazione del credito. È applicabile l'articolo 25 capoverso 4. In caso di contestazione, la decisione spetta all'autorità di vigilanza.

⁵ La protezione dei lavoratori è retta dagli articoli 27 e 28.

Literatur

C. HELBING, Personalvorsorge und BVG, 7. Aufl., Bern 2000; C. J. MEIER-SCHATZ, Einführung in das neue Fusionsgesetz, AJP 2002, 514 ff.; R. RUEDIN, La protection des créanciers dans le projet de loi sur la fusion, in: von der Crone/Weber/Zäch/Zobl (Hrsg.), Neuere Tendenzen im Gesellschaftsrecht, FS Forstmoser, Zürich 2003, 608 ff.; vgl. ausserdem die Literaturhinweise zu Art. 88.

I. Normzweck und Ausgangslage

1 Die Vorschrift bezweckt den **Schutz der Gläubiger bei der Fusion von Vorsorgeeinrichtungen.** Die Gläubiger haben als Dritte kein Mitspracherecht bei der Fusion und müssen sich im Rahmen der Universalsukzession eine Vermögensveränderung ihres Schuldners gefallen lassen. Die Gläubiger der übertragenden Vorsorgeeinrichtung, die im Zeitpunkt des Vollzugs der Fusion aufgelöst wird, haben gar einen Wechsel ihres Schuldners hinzunehmen (anders ist die Rechtslage im allgemeinen Vertragsrecht; Art. 176 OR). Freilich ist das **Gefährdungspotential** für die Gläubiger der fusionierenden Vorsorgeeinrichtungen im Allgemeinen eher **gering**, weshalb bisweilen davor gewarnt wird, die praktische Bedeutung des Gläubigerschutzes bei der Fusion zu überschätzen (Botschaft, 4425; MEIER-SCHATZ, 526). Da jedoch die Ertrags- und Vermögenslagen der fusionswilligen Vorsorgeeinrichtungen kaum je identisch sind, findet durch die Fusion eine Angleichung der Bonität der kombinierten Vorsorgeeinrichtungen statt. Jede Fusion kann m.a.W. zu einer gewissen Veränderung der wirtschaftlichen Leistungsfähigkeit und -willigkeit des den Gläubigern nach der Fusion verpflichteten Schuldners führen, was sich auf den Wert ihrer Forderungen auswirken kann (vgl. allgemein SCHWENZER, N 91.01). Es ist indes nicht zu verkennen, dass im Wirtschaftsleben die Gläubiger grundsätzlich nie die Gewissheit haben, dass ihr Schuldner keine weiteren Verpflichtungen eingeht, welche sich auf seine Bonität auswirken (BGE 115 II 415, 420 E.2.c). Insofern trägt das vom Gesetzgeber neu eingeführte *System des Schutzes der Gläubigerinteressen erst nach dem Vollzug der Fusion* (vgl. N 3) sowohl den Interessen der fusionswilligen Vorsorgeeinrichtungen an einem raschen Vollzug der Fusion als auch dem Anliegen der Gläubiger, durch die Fusion ihres Schuldners nicht schlechter gestellt zu werden als vor der Fusion, Rechnung.

2 Die Botschaft rechtfertigt den nachträglichen Gläubigerschutz bei Gesellschaften mit einer *flankierenden Sondervorschrift für besonders risikoreiche Fusionen* (Botschaft, 4425; Art. 6). Gesellschaften im Sinne von Art. 2 lit. b können bei gegebenen Vorausset-

zungen selbst dann fusionieren, wenn eine von ihnen einen Kapitalverlust oder eine Überschuldung aufweist (vgl. Art. 6 N 1 ff.). Nach dem *Vorentwurf* waren diese sog. **Sanierungsfusionen** auch zwischen Vorsorgeeinrichtungen in der Form von Genossenschaften zulässig (vgl. Art. 36 VE FusG i.V.m. Art. 6 VE FusG), was in der Vernehmlassung auf Kritik stiess (Vernehmlassungen, 105 ff.). Art. 6, der aus dem Entwurf des Bundesrates stammt (Art. 6 VE FusG), trägt diesen Bedenken Rechnung, indem der Anwendungsbereich der Sanierungsfusion auf *Gesellschaften* beschränkt wird, wobei in Art. 2 lit. b die *Vorsorgeeinrichtungen* von der Definition der Gesellschaften ausdrücklich *ausgenommen* wurden. Art. 88 ff. enthalten eine abschliessende Regelung (vorbehaltlich expliziter Verweisnormen) der Fusion, Umwandlung und Vermögensübertragung von Vorsorgeeinrichtungen (Botschaft, 4475). Art. 6 über die Sanierungsfusion ist folglich auf Vorsorgeeinrichtungen, unabhängig von ihrer Rechtsform, **nicht anwendbar**. Diese Rechtslage verbessert den Schutz der Gläubiger von wirtschaftlich gesunden Vorsorgeeinrichtungen, da sie nicht damit rechnen müssen, dass ihr Schuldner mit einer Vorsorgeeinrichtung, die einen Kapitalverlust oder eine Überschuldung aufweist, fusioniert.

Das **System des nachträglichen Gläubigerschutzes**, wie es in Art. 25 für die Gesellschaften und in der vorliegenden Bestimmung für die Vorsorgeeinrichtungen (welche sich an Art. 25 anlehnt; vgl. Botschaft, 4478) vorgesehen wird, führt zwei Instrumente zum Schutz der Gläubiger ein: Zum einen besteht (vorbehältlich Art. 25 Abs. 2 bzw. Art. 96 Abs. 2) eine **Informationspflicht** gegenüber den Gläubigern (dreimaliger Schuldenruf; vgl. N 4 ff.), und zum anderen erhalten die Gläubiger (vorbehältlich von Art. 25 Abs. 3 und 4 bzw. Art. 96 Abs. 4) für ihre Forderungen einen **Sicherstellungsanspruch** (vgl. N 10 ff.). Während jedoch in Art. 25 die Informations- wie auch die Sicherstellungspflicht erst nach dem Vollzug der Fusion zum Tragen kommen (BÖCKLI, Aktienrecht, § 3 Rz 159, 166; VON DER CRONE ET AL., Rz 407; **a.M.** Handkommentar FusG-AFFENTRANGER, Art. 25 N 14), weist der Gläubigerschutz bei der Fusion von Vorsorgeeinrichtungen (wie auch bei der Fusion von Stiftungen; vgl. Art. 85 N 2) eine zeitlich vor der Rechtswirksamkeit der Fusion liegende Komponente auf: Der dreimalige *Schuldenruf* hat *vor der Genehmigungsverfügung* der Aufsichtsbehörde (Art. 96 Abs. 1) und damit auch *vor der Rechtswirksamkeit der Fusion* (vgl. Art. 95 Abs. 5 i.V.m. Art. 22 Abs. 1) zu erfolgen. Die Gläubiger sind deshalb im Zeitpunkt des Vollzuges der Fusion bereits «vorgewarnt», ohne allerdings die Fusion verhindern zu können. Das die wirtschaftlichen Interessen der Gläubiger schützende Instrument der *Sicherstellung* greift aber wie in Art. 25 Abs. 1 erst *nach der Rechtswirksamkeit der Fusion* (**a.M.** ZK-STAEHELIN, N 18); dies folgt bereits aus dem Umstand, dass sich der Gläubigerschutz nach Art. 96 grundsätzlich am Konzept von Art. 25 orientiert (vgl. Botschaft, 4478). Insofern rechtfertigt es sich, auch den Gläubigerschutz bei der Fusion von Vorsorgeeinrichtungen insgesamt als einen *nachträglichen* zu bezeichnen (gl.M. Handkommentar FusG-EPPER, N 2).

II. Schuldenruf (Abs. 1) und Sicherstellungsbegehren (Abs. 3)

Die Aufsichtsbehörde (vgl. HELBLING, 635 ff.) hat **vor Erlass ihrer Verfügung** die Gläubiger der an der Fusion beteiligten Vorsorgeeinrichtungen über ihr Sicherstellungsrecht zu informieren (Abs. 1; zur Möglichkeit eines Verzichts auf den Schuldenruf vgl. N 7 ff.). Hierzu hat sie im SHAB dreimal einen Schuldenruf zu publizieren, worin sie die Gläubiger darauf hinweist, dass sie von der übernehmenden Vorsorgeeinrichtung Sicherstellung verlangen können (für Einzelheiten zum Inhalt des zu publizierenden Schuldenrufes vgl. Art. 25 N 27). Der Schuldenruf muss in drei Ausgaben des SHAB abgedruckt werden, wobei diese unmittelbar hintereinander folgen können (VON SALIS-

LÜTOLF, 159). Obgleich die Schuldenrufe vor der Verfügung der Aufsichtsbehörde durchzuführen sind und somit im Zeitpunkt der Handelsregisteranmeldung der Fusion durch die Aufsichtsbehörde vorliegen, sind sie nicht als Belege mit der Anmeldung einzureichen (vgl. Art. 109b HRegV e contrario).

5   Erlässt die Aufsichtsbehörde einen Schuldenruf, können die Gläubiger innerhalb von *zwei Monaten* nach der Veröffentlichung des dritten Schuldenrufs im SHAB die Sicherstellung ihrer Forderungen verlangen (Abs. 3). Die Frist von zwei Monaten ist eine **Verwirkungsfrist**. Versäumt ein Gläubiger die Frist, ist er von der Sicherstellung seiner Forderungen ausgeschlossen; auf den Bestand seiner Forderung hat das Verpassen der Sicherstellungsfrist keinen Einfluss (vgl. VON SALIS-LÜTOLF, 163). Das Sicherstellungsrecht ist **dispositiver Natur**, d.h. ein Gläubiger kann sowohl vor als auch nach dem Vollzug der Fusion gegenüber der Vorsorgeeinrichtung gültig auf seinen Anspruch verzichten (vgl. Art. 25 N 16).

6   Über *Inhalt und Form des Sicherstellungsbegehrens* äussert sich das Gesetz nicht. Es liegt jedoch auf der Hand, dass das Begehren einen zumindest sinngemässen Antrag auf Sicherstellung und eine hinreichende Bezeichnung der sicherzustellenden Forderung samt deren Höhe enthalten muss. Was die Form des Sicherstellungsbegehrens anbelangt, genügt nach den allgemeinen Regeln (Art. 11 OR) Mündlichkeit, doch ist aus Beweisgründen Schriftlichkeit zu empfehlen (Handkommentar FusG-AFFENTRANGER, N 10; VON SALIS-LÜTOLF, 163).

III. Verzicht auf Schuldenruf (Abs. 2)

7   Die Aufsichtsbehörde kann **auf den Schuldenruf verzichten**, wenn keine Forderungen von Gläubigern bekannt oder zu erwarten sind, zu deren Befriedigung das freie Vermögen der beteiligten Vorsorgeeinrichtungen nicht ausreicht. Dies wird in der Praxis der Normalfall sein (vgl. Botschaft, 4478). Mit dieser Regelung sollen finanziell gesunde Vorsorgeeinrichtungen von der Publikation des Schuldenrufes entlastet werden (vgl. Botschaft, 4426). Wenn auch in solchen Fällen nicht ein automatischer Verlust des Sicherstellungsanspruchs der Gläubiger eintritt, so wird doch im Ergebnis dieser Anspruch meistens entfallen (vgl. VON SALIS-LÜTOLF, 160; **a.M.** zur Stiftungsfusion wohl ZWICKER, Besondere Regeln, ZSR 2004 I, 186, FN 26, der von einem solchen Automatismus auszugehen scheint; zu den Voraussetzungen des Untergangs des Sicherstellungsanspruchs der Gläubiger vgl. N 18 f.).

8   Im Gegensatz zu der vergleichbaren Regelung von Art. 25, wonach die Erfüllung der Voraussetzungen für die Publikationsbefreiung von einem besonders befähigten Revisor zu bestätigen sind, enthält Absatz 2 keine Regeln darüber, wie sich die Aufsichtsbehörde Gewissheit über das Vorliegen der erwähnten Voraussetzungen zu verschaffen hat. In diesem Zusammenhang ist zu beachten, dass das Verwaltungsrecht vom Untersuchungsprinzip beherrscht wird und die Aufsichtsbehörde somit die erforderlichen *Abklärungen von Amtes wegen* und eher extensiv vorzunehmen hat (vgl. Art. 95 N 9, 14). Bei der Prüfung, ob die Voraussetzungen einer Fusion gegeben sind, stützt sich die Aufsichtsbehörde u.a. auch auf die Berichte der Kontrollstellen der beteiligten Vorsorgeeinrichtungen. Diese Berichte behandeln die Frage, ob die Rechte und Ansprüche der Versicherten gewahrt werden. Im Rahmen der dafür notwendigen Abklärungen wird die Kontrollstelle auch gewisse Hinweise auf die im vorliegenden Zusammenhang interessierende Frage nach dem freien Vermögen im Sinne von Absatz 2 geben können. Doch ist eine eigentliche Abklärung darüber, ob Forderungen bekannt oder zu erwarten sind, zu deren Befriedigung das freie Vermögen der beteiligten Vorsorgeeinrichtungen nicht ausreicht,

vom Prüfungsauftrag des Fusionsprüfers nicht erfasst. Die Gesetzesmaterialien geben keinen Aufschluss darüber, weshalb Absatz 2 keine Verifizierung dieser Voraussetzung durch einen besonders befähigten Revisor (wie bei der Fusion von Gesellschaften; Art. 25 Abs. 2) oder durch einen Revisor (wie bei der Stiftungsfusion; Art. 85 Abs. 2) verlangt. In Anbetracht des Umstandes, dass die Aufsichtsbehörde bei einem Verzicht auf den Schuldenruf für das Vorliegen der den Verzicht rechtfertigenden Voraussetzungen beweispflichtig ist (sie ist hierzu weit besser in der Lage als die Gläubiger; vgl. die analoge Begründung in der Botschaft zu Art. 25 Abs. 3 – Botschaft, 4426), wird sie in der Praxis jedoch meist nicht davon absehen können, einen entsprechenden Revisorenbericht einzuholen (vgl. auch ZK-STAEHELIN, N 13).

Unter **freiem Vermögen** der an der Fusion beteiligten Vorsorgeeinrichtungen ist deren Vermögen zu verstehen, soweit es bei Fälligkeit der bekannten oder zu erwartenden Forderungen für ihre Befriedigung in liquider Form zur Verfügung steht (vgl. Art. 25 N 30) und nicht durch Ansprüche der Versicherten (z.B. Altersguthaben) oder andere Drittrechte (z.B. Pfandrechte) blockiert ist (vgl. VON SALIS-LÜTOLF, 160; zu eng Handkommentar FusG-EPPER, N 7 und ZK-STAEHELIN, N 12, wonach zur Bestimmung des freien Vermögens vom gesamten Vermögen lediglich die Ansprüche der Versicherten abzuziehen sind).   9

IV. Sicherstellung (Abs. 3)

1. Zur Sicherstellung berechtigte Gläubiger

Berechtigt, Sicherstellung ihrer Forderungen zu verlangen, sind die Gläubiger der an der Fusion beteiligten Vorsorgeeinrichtungen. Den Versicherten (aktive Versicherte und Rentenbezüger) steht dieses Recht nicht zu; andernfalls könnte das gesamte Vermögen der fusionierten Vorsorgeeinrichtungen blockiert werden (ZWICKER, Besondere Regeln, ZSR 2004 I, 189 FN 54). Indem die Zulässigkeit der Fusion von Vorsorgeeinrichtungen jedoch davon abhängt, dass die Rechte und Ansprüche der Versicherten gewahrt bleiben (Art. 88 Abs. 2), wird den (finanziellen) Interessen der Versicherten hinreichend Rechnung getragen (vgl. Komm. zu Art. 88).   10

Zum Sicherstellungsrecht der Arbeitnehmer vgl. Abs. 5 i.V.m. Art. 27 Abs. 2.   11

2. Kreis der sicherzustellenden Forderungen

Sicherzustellen sind entsprechend der *ratio legis*, wonach die Gläubiger durch die Fusion ihres Schuldners nicht schlechter gestellt werden dürfen, alle Forderungen, die **vor der Rechtswirksamkeit** der Fusion, d.h. vor deren Eintragung im Handelsregister (vgl. Art. 95 Abs. 5 i.V.m. Art. 22 Abs. 1) **entstanden** sind (*Altgläubigerschutz*). Forderungen, die erst *nach* der Fusion begründet werden, können von der Fusion grundsätzlich nicht mehr (negativ) betroffen werden und sind entsprechend nicht sicherzustellen (VON SALIS-LÜTOLF, 161).   12

Hinsichtlich **bestrittener oder bedingter Forderungen** wird von einer Mehrheit in der Lehre zu Art. 25 vertreten, dass diese ebenfalls im vollen geltend gemachten Betrag bzw. unter Ausserachtlassung der Bedingung sicherzustellen sind (vgl. Handkommentar FusG-AFFENTRANGER, Art. 25 N 9; VON DER CRONE ET AL., Rz 405; VON SALIS-LÜTOLF, 162; vgl. auch FORSTMOSER/MEIER-HAYOZ/NOBEL, § 53 N 163; **a.M.** Art. 25 N 18 f., 22). Diese Auffassung erscheint jedoch bei einem Abstellen auf den Wortlaut des Gesetzes («*Forderungen*») und in Anbetracht der Tatsache, dass die Sicherstellung bei der betreffenden Vorsorgeeinrichtung unter Umständen erhebliche Mittel blockieren   13 kann, hinsichtlich *suspensiv bedingter Forderungen*, welche vor dem Eintritt der entsprechenden Bedingung lediglich *Anwartschaften* darstellen, nicht sachgerecht und ist deshalb abzulehnen (vgl. Art. 25 N 19). Dagegen sind *bestrittene Forderungen* sicherzustellen (VON SALIS-LÜTOLF, 162; **a.M.** Art. 25 N 22), soweit es sich nicht um offensichtlich unbegründete Ansprüche handelt (zur Durchsetzung des Sicherstellungsanspruchs vgl. ZK-ALBRECHT, Art. 25 N 10).

14 Forderungen aus **Dauerschuldverhältnissen** (etwa Miet-, Lizenz- oder Leasingverträge) sind in analoger Anwendung der Regelung für Arbeitsverträge (Art. 27 Abs. 2) insofern sicherzustellen, als sie bis zu jenem Datum fällig werden, auf welches das Dauerschuldverhältnis im Zeitpunkt der Rechtswirksamkeit der Fusion erstmals ordentlich gekündigt werden kann (vgl. VON SALIS-LÜTOLF, 162).

3. Umfang, Art und Wahl der Sicherheit

15 Das Sicherstellungsrecht bezweckt, eine Schlechterstellung der Gläubiger hinsichtlich der Werthaltigkeit ihrer sämtlicher Ansprüche gegenüber der Vorsorgeeinrichtung durch die Fusion zu verhindern. Entsprechend ist der *gesamte Nominalbetrag* einer Forderung mit allen bis zur Fusion entstandenen *Nebenansprüchen* (wie z.b. aufgelaufene Zinsen) sicherzustellen (vgl. VON SALIS-LÜTOLF, 161).

16 Die Art der Sicherstellung liegt nach den allgemeinen Regeln des Obligationenrechts im Ermessen der Vorsorgeeinrichtung als Schuldnerin (vgl. VON DER CRONE ET AL., Rz 408, FN 444; RUEDIN, 698; FORSTMOSER/MEIER-HAYOZ/NOBEL, § 53 N 167). Damit fällt die Wahlbefugnis je nach Rechtsform der Vorsorgeeinrichtung entweder in die Kompetenz des Stiftungsrats, der Genossenschaftsverwaltung oder des Leitungsorgans der öffentlichrechtlichen Vorsorgeeinrichtung.

17 Als **Sicherungsmittel** kommen neben *Personal- und Realsicherheiten* (welche die Botschaft explizit erwähnt – Botschaft, 4426) auch *alle weiteren Sicherungsmittel*, wie etwa Sicherungszessionen, in Betracht (vgl. Art. 25 N 23). Die Gläubiger haben keinen Anspruch auf gleichartige Sicherheiten; jeder Gläubiger hat indes einen Anspruch darauf, dass die ihm gewährten Sicherheiten *werthaltig* sind (Handkommentar FusG-AFFENTRANGER, N 11; VON SALIS-LÜTOLF, 164).

V. Absehen von der Sicherstellung (Abs. 4)

18 Weist die (übernehmende) Vorsorgeeinrichtung nach, dass die Erfüllung der angemeldeten Forderungen durch die Fusion nicht gefährdet ist, brauchen die angemeldeten Forderungen nicht sichergestellt zu werden. Die Beweislast trifft die Vorsorgeeinrichtung, da die Gläubiger in der Regel nicht Zugang zu den notwendigen Dokumenten haben (Botschaft, 4426; VISCHER, 303). Verlangt ist ein strikter Beweis (etwa mittels zeitnaher, testierter Bilanzen der an der Fusion beteiligten Vorsorgeeinrichtungen oder einer Bestätigung eines unabhängigen Revisors); blosse Glaubhaftmachung einer fehlenden Gläubigergefährdung reicht nicht (RUEDIN, 698; Handkommentar FusG-AFFENTRANGER, N 16; VON SALIS-LÜTOLF, 164).

19 Abs. 4 enthält einen Verweis auf *Art. 25 Abs. 4*. Die Vorsorgeeinrichtung kann demnach die betreffende **Forderung vorzeitig erfüllen**, anstatt dafür Sicherheiten zu bestellen. Vorausgesetzt ist dabei zum einen, dass die übrigen Gläubiger nicht geschädigt werden. Eine Gläubigerschädigung liegt insbesondere dann vor, wenn auch die Voraussetzungen für eine paulianische Anfechtung nach Art. 285 ff. SchKG gegeben sind (vgl. Botschaft, 4426, FN 104). Zum andern darf weder die Natur des Vertrages noch der übereinstim-

mende Parteiwille zwischen dem Gläubiger und der Vorsorgeeinrichtung die vorzeitige Erfüllung ausschliessen (Botschaft, 4426).

Gläubiger, welche den Nachweis der Vorsorgeeinrichtung, dass die Voraussetzung für einen Verzicht auf die Sicherstellung gegeben sind, für ungenügend erachten oder anzweifeln, können im Streitfall an die **Aufsichtsbehörde** gelangen (Abs. 4 a.E.), welche alsdann über die Sicherstellung entscheidet. Gegen den Entscheid der Aufsichtsbehörde stehen die Rechtsmittel des BVG offen (vgl. HELBLING, 636 ff.). 20

VI. Rechtsvergleich

Vgl. dazu Art. 25 N 46 ff. 21

VII. Arbeitnehmerschutz (Verweis)

Abs. 5 enthält keine eigenen Regeln für den Arbeitnehmerschutz bei der Fusion von Vorsorgeeinrichtungen, sondern verweist auf die Arbeitnehmerschutznormen des 2. Kapitels des Gesetzes. Entsprechend kann auf die Kommentierung zu Art. 27 und 28 verwiesen werden. 22

Zweiter Abschnitt: Umwandlung

Art. 97

[1] Vorsorgeeinrichtungen können sich in eine Stiftung oder in eine Genossenschaft umwandeln.

[2] Die Umwandlung von Vorsorgeeinrichtungen ist nur zulässig, wenn der Vorsorgezweck und die Rechte und Ansprüche der Versicherten gewahrt bleiben.

[3] Die Artikel 89–95 finden sinngemäss Anwendung.

[1] Les institutions de prévoyance peuvent se transformer en une fondation ou en une société coopérative.

[2] La transformation d'institutions de prévoyance n'est autorisée que si le but de prévoyance ainsi que les droits et les prétentions des assurés sont maintenus.

[3] Les art. 89 à 95 sont applicables par analogie.

[1] Gli istituti di previdenza possono trasformarsi in una fondazione o in una società cooperativa.

[2] La trasformazione di istituti di previdenza è permessa soltanto se sono salvaguardati lo scopo di previdenza nonché i diritti e le pretese degli assicurati.

[3] Si applicano per analogia gli articoli 89–95.

Literatur

vgl. die Literaturhinweise zu Art. 88.

I. Normzweck

1 Art. 97 Abs. 1 sieht vor, dass sich bestehende Vorsorgeeinrichtungen in eine Stiftung oder eine Genossenschaft umwandeln können.

2 Im Vorentwurf fehlte eine entsprechende Regelung. Für Stiftungen hält der Begleitbericht fest, die Umwandlung sei angesichts der grundsätzlichen strukturellen Unterschiede zwischen Stiftungen und Gesellschaften nicht vorgesehen (Begleitbericht zum VE FusG, 57).

3 Demgegenüber führt die Botschaft richtigerweise aus, die Umwandlung einer Vorsorgeeinrichtung in eine andere Rechtsform werfe grundsätzlich die gleichen Fragen auf wie die Fusion zwischen Vorsorgeeinrichtungen (Botschaft, 4479). Die **Umwandlung** ist daher zuzulassen und es sind gemäss Art. 97 Abs. 3 die Vorschriften über die Fusion einer Vorsorgeeinrichtung (Art. 89–95) auf die Umwandlung analog anzuwenden.

4 Festzuhalten ist, dass die Umwandlungsmöglichkeiten beschränkt sind. Zugelassen wird nur eine Umwandlung einer Stiftung, einer Genossenschaft oder einer Einrichtung des öffentlichen Rechts in eine Stiftung oder in eine Genossenschaft, nicht aber in eine Einrichtung des öffentlichen Rechts. Dies ist damit zu erklären, dass einerseits durch eine Umwandlung in eine Einrichtung des öffentlichen Rechts ein zu grosser Eingriff ins öffentliche Recht erfolgen würde und andererseits kaum legitimer Bedarf für eine solche Umwandlung besteht.

II. Wahrung des Vorsorgezwecks und der Destinatärsrechte

5 Hauptvoraussetzung dafür, dass eine Umwandlung erfolgen kann, ist die Wahrung des Vorsorgezwecks und der Destinatärsrechte (Abs. 2). Dies entspricht der Regelung bei der Fusion. Ausser dass das Wort «Fusion» durch «Umwandlung» ersetzt wurde, lautet Art. 97 Abs. 2 wörtlich gleich wie Art. 88 Abs. 2.

6 Zur Wahrung des Vorsorgezwecks vgl. Art. 88 N 7.

7 Zur Wahrung der Destinatärsrechte vgl. Art. 88 N 8 ff.

III. Formelles

8 Entsprechend dem Verweis in Art. 97 Abs. 3 auf die Bestimmungen von Art. 89–95 sind bei der Umwandlung einer Vorsorgeeinrichtung die nachfolgend beschriebenen Regeln zu beachten. EPPER (Handkommentar FusG, N 7) hält aber zu Recht fest, dass nicht nur die Vorschriften bezüglich Fusion von Vorsorgeeinrichtungen beizuziehen sind, sondern zumindest teilweise auch diejenigen Normen, welche die Umwandlung von Gesellschaften regeln (Art. 57–67).

1. Umwandlungsbilanz

9 Die umwandlungswillige Vorsorgeeinrichtung muss eine Umwandlungsbilanz erstellen. Die entsprechenden Vorschriften finden sich in Art. 89 und in Art. 11.

2. Umwandlungsplan

10 An die Stelle des Fusionsvertrages gemäss Art. 90 tritt ein Umwandlungsplan (Botschaft 4479).

2. Abschnitt: Umwandlung   **11–20   Art. 97**

Der Inhalt des Umwandlungsplanes ergibt sich aus Art. 90 Abs. 2 lit. a und Art. 60 Abs. 1 lit. a: **11**
- Name oder Firma, Sitz und Rechtsform vor und nach der Umwandlung,
- Angaben über die Ansprüche der Versicherten nach der Umwandlung (vgl. Art. 88 N 8 ff.).

Der Umwandlungsplan muss vom obersten Leitungsorgan verfasst werden (vgl. Art. 90 N 4 f.). **12**

3. Umwandlungsbericht

An die Stelle des Fusionsberichtes gemäss Art. 91 tritt ein Umwandlungsbericht (vgl. Art. 91 bzw. Art. 61). **13**

Der Inhalt des Umwandlungsberichtes ergibt sich aus Art. 91 Abs. 2 und Art. 61 Abs. 3. Darzustellen sind: **14**
- der Zweck und die Folgen der Umwandlung (vgl. Art. 91 N 2 f.);
- die Auswirkungen der Umwandlung auf die Rechte und Ansprüche der Versicherten (zum Begriff vgl. Art. 88 N 8 ff.); der Umwandlungsbericht muss im Wesentlichen darstellen, dass und wie die erworbenen Rechte der Destinatäre (insbesondere die Freizügigkeitsansprüche der aktiven Versicherten und die Rentenansprüche der Pensionierten) gewahrt bleiben;
- soweit erforderlich: die Einhaltung der Gründungsvorschriften (dazu nachfolgend N 28 ff.).

Art. 61 Abs. 2 entbindet kleine und mittlere Unternehmen von der Verfassung eines Umwandlungsberichtes. Bei der Umwandlung von Vorsorgeeinrichtungen stellt der Umwandlungsbericht aber das hauptsächliche Instrument zur Information der Destinatäre dar. Angesichts der zentralen Bedeutung der Wahrung der Destinatärsrechte ist diese Bestimmung deshalb bei der Umwandlung einer Vorsorgeeinrichtung, insbesondere einer Vorsorgegenossenschaft, nicht analog anzuwenden. **15**

Der Umwandlungsbericht muss vom obersten Leitungsorgan verfasst werden (vgl. Art. 91 N 8). **16**

4. Prüfungsmodalitäten

Zu prüfen sind die Umwandlungsbilanz, der Umwandlungsplan und der Umwandlungsbericht (Art. 92 per analogiam). **17**

Die Prüfenden – also Kontrollstelle und anerkannter Pensionsversicherungsexperte (vgl. Art. 92 Abs. 1) – haben einen schriftlichen Bericht vorzulegen, der insbesondere darüber Auskunft gibt, dass die Rechte und Ansprüche der Destinatäre gewahrt sind (vgl. Art. 88 Abs. 2). **18**

5. Informationspflicht und Einsichtsrecht

Die Informationspflicht der Leitungsorgane der Vorsorgeeinrichtung und das Einsichtsrecht der Destinatäre ergeben sich aus Art. 93. **19**

Die Vorsorgeeinrichtung hat die Destinatäre über die geplante Umwandlung und deren Auswirkungen auf sie (die Destinatäre) zu informieren. Nachdem diese Information erfolgt ist, müssen Umwandlungsplan und Umwandlungsbericht den Destinatären während mindestens 30 Tagen zur Einsicht offengelegt werden, bevor Antrag an die geneh- **20** migende Behörde gestellt werden kann. Die Vorsorgeeinrichtungen haben die Destinatäre auf geeignete Weise auf dieses Einsichtsrecht aufmerksam zu machen.

21 Für Einzelheiten vgl. Kommentierung von Art. 93.

6. Umwandlungsbeschluss

22 An die Stelle des Fusionsbeschlusses gemäss Art. 94 tritt ein Umwandlungsbeschluss. Dieser bedarf nicht der öffentlichen Beurkundung (vgl. N 29).

23 Für Details bezüglich beschliessende Instanz, Quoren etc.; vgl. Art. 94 N 1 ff.

7. Genehmigung

24 Gemäss Art. 95 hat das oberste Leitungsorgan bei der zuständigen Aufsichtsbehörde um die Genehmigung der Umwandlung nachzusuchen.

25 Die Aufsichtsbehörde prüft, ob die Voraussetzungen der Umwandlung gegeben sind, insbesondere ob der Vorsorgezweck und die Rechte und Ansprüche der Destinatäre gewahrt sind.

26 Die rechtskräftige Genehmigung der Umwandlung ist Voraussetzung dafür, dass die Umwandlung im Handelsregister eingetragen und damit wirksam werden kann. Die Anmeldung erfolgt wie bei der Fusion durch die Aufsichtsbehörde.

27 Für Details kann auf die Kommentierung von Art. 95 verwiesen werden.

IV. Sonderfragen

1. Beachtung der Gründungsvorschriften

28 Aus analoger Anwendung von Art. 57 (qua Verweis in Art. 61 Abs. 3 lit. a; vgl. N 13) ergibt sich, dass bei der Umwandlung einer Vorsorgeeinrichtung, soweit es sich dabei um eine Gesellschaft handelt, die Gründungsvorschriften von ZGB und OR zu beachten sind.

29 Da die Stiftung keine Gesellschaft ist, wird Art. 57 gemäss seinem eigenen Wortlaut nicht angewendet, wenn eine Vorsorgeeinrichtung in eine Stiftung umgewandelt werden soll. Dies erhellt auch aus der Aufzählung der zu beachtenden Vorschriften in der Botschaft (4451 f.). Zu beachten ist sodann, dass Art. 97 gerade nicht auf Art. 88 und damit auch nicht auf den Vorbehalt des Stiftungsrechts in Art. 88 Abs. 3 verweist. Die Umwandlung einer Vorsorgeeinrichtung kann daher ohne öffentliche Urkunde erfolgen. Diese wird durch den Umwandlungsbeschluss und die behördliche Genehmigung desselben ersetzt.

30 Den Hauptanwendungsbereich von Art. 57 bei der Umwandlung von Vorsorgeeinrichtungen stellen daher die Genossenschaften dar. Zu den Einzelheiten vgl. Kommentierung von Art. 57.

2. Keine analoge Anwendung von Art. 96

31 Art. 97 Abs. 3 verweist nicht auf die Bestimmung von Art. 96. Dies ist folgerichtig, denn die Gläubigerschutzbestimmung von Art. 96 ist auf die Besonderheiten der Fusion zugeschnitten, insbesondere auf den dabei stattfindenden Schuldnerwechsel. Dieser bleibt aber bei der Umwandlung aus. Die Umwandlung bewirkt nur einen Rechtskleidwechsel, jedoch bleibt der Rechtsträger derselbe (Handkommentar FusG-Epper, N 23). Bei der

Umwandlung einer Vorsorgeeinrichtung bedarf der Gläubiger daher des besonderen Schutzes von Art. 96 nicht.

Die Interessen der Hauptbetroffenen, nämlich der Destinatäre, sind durch andere Massnahmen geschützt, insbesondere durch die mehrfache Prüfung der Wahrung des Vorsorgezweckes und der Rechte und Ansprüche der Destinatäre. 32

Dritter Abschnitt: Vermögensübertragung

Art. 98

¹ Vorsorgeeinrichtungen können ihr Vermögen oder Teile davon mit Aktiven und Passiven auf andere Vorsorgeeinrichtungen oder Rechtsträger übertragen.

² Artikel 88 Absatz 2 findet sinngemäss Anwendung. Die Artikel 70–77 finden Anwendung.

³ Vermögensübertragungen im Rahmen einer Teil- oder Gesamtliquidation bedürfen der Genehmigung der Aufsichtsbehörde, wenn dies im Recht der beruflichen Vorsorge vorgesehen ist.

¹ Les institutions de prévoyance peuvent transférer tout ou partie de leur patrimoine avec actifs et passifs à une autre institution de prévoyance ou à un autre sujet.

² L'art. 88, al. 2, est applicable par analogie. Les art. 70 à 77 sont applicables.

³ Tout transfert de patrimoine dans le cadre d'une liquidation totale ou partielle nécessite une approbation de l'autorité de surveillance si cela est prévu par le droit de la prévoyance professionnelle.

¹ Gli istituti di previdenza possono trasferire l'insieme del loro patrimonio o parte di esso, con attivi e passivi, a un altro istituto di previdenza o a un altro soggetto giuridico.

² Si applica per analogia l'articolo 88 capoverso 2. Sono applicabili gli articoli 70–77.

³ I trasferimenti di patrimonio nell'ambito di una liquidazione parziale o totale richiedono, se previsto nel diritto della previdenza professionale, l'approvazione dell'autorità di vigilanza.

I. Allgemeines, Normzweck

Art. 98 regelt die Besonderheiten, die sich für Vermögensübertragungen von Vorsorgeeinrichtungen ergeben. Einerseits sollen auch Vorsorgeeinrichtungen die Möglichkeit haben, erleichterte Strukturanpassungen vorzunehmen. Andererseits müssen Vermögensübertragungen von solchen Einrichtungen, welche der Aufsicht gemäss Art. 61 ff. BVG unterstellt und als juristische Personen ausgestaltet sind, im Verhältnis zu Vermögensübertragungen von Gesellschaften und Einzelunternehmen unterschiedlich geregelt werden, soweit dies notwendig ist, um die **Zweckwahrung des BVG** und den **Schutz der Versicherten** zu gewährleisten. Obschon der weit überwiegende Teil aller Vorsorgeeinrichtungen die Rechtsform der Stiftung gewählt hat (s. dazu Handkommentar FusG-PERROULAZ, Art. 88–96 N 4, m.w.H.), hat der Gesetzgeber davon abgesehen, bezüglich Vermögensübertragungen von Vorsorgeeinrichtungen grundsätzlich auf die Vorschriften zu Vermögensübertragungen von Stiftungen zu verweisen. Für Vorsorgeeinrichtungen wurde vielmehr eine eigenständige Regelung erlassen. 1

II. Anwendungsbereich (Abs. 1)

2 Der subjektive Anwendungsbereich von Art. 98 ist auf Vermögensübertragungen durch **Vorsorgeeinrichtungen** im Sinne von Art. 2 lit. i beschränkt (s. Komm. zu Art. 2 sowie Art. 88). Als übernehmende Partei kommen Vorsorgeeinrichtungen oder andere Rechtsträger gemäss Art. 2 lit. a in Frage, d.h. Gesellschaften, Stiftungen, Einzelfirmen und Institute des öffentlichen Rechts. Aus Sicht des FusG muss es sich bei der übernehmenden Seite also nicht um eine Einrichtung handeln, die den gleichen oder einen ähnlichen Zweck verfolgt wie eine Vorsorgeeinrichtung (Botschaft, 4480).

3 Der sachliche Anwendungsbereich der Vermögensübertragung durch Vorsorgeeinrichtungen ist ähnlich breit wie derjenige von Vermögensübertragungen durch Stiftungen (s. Art. 86). Auch Vorsorgeeinrichtungen können keine direkte Spaltung vornehmen. Eingeschränkt sind sie sodann, was die Fusion (Art. 88 ff.) oder die Umwandlung (Art. 97) betrifft. Die Vermögensübertragung übernimmt daher die Funktion einer generalklauselartig umschriebenen Ersatzmethode für Umstrukturierungen, welche auf indirektem Weg ähnliche wirtschaftliche Resultate bewirken kann, wie sie durch Spaltungen, Fusionen oder Umwandlungen direkt erzielt werden.

III. Wahrung des Vorsorgezwecks und der Rechtsansprüche der Versicherten sowie allgemeine Modalitäten (Abs. 2)

4 Durch die Verweisung auf Art. 88 Abs. 2 wird für die Vermögensübertragung durch Vorsorgeeinrichtungen – wie für die Fusion von Vorsorgeeinrichtungen – als Voraussetzung verlangt, dass der **Vorsorgezweck** und die **Rechte und Ansprüche der Versicherten** gewahrt bleiben. Eine ähnliche Bestimmung findet sich bei der Vermögensübertragung von Stiftungen (vgl. Art. 86 Abs. 2 mit Verweis auf Art. 78 Abs. 2). Anders als bei der Vermögensübertragung von Stiftungen fehlt es hier aber an einer speziellen Kontrollinstanz, weil die Vermögensübertragung durch Vorsorgeeinrichtungen keiner speziellen Genehmigung durch die Aufsichtsbehörden bedarf (Handkommentar FusG-Epper, N 7), solange die Vermögensübertragung nicht im Rahmen einer Teil- oder Gesamtliquidation der Vorsorgeeinrichtung stattfindet (vgl. Abs. 3). Dies wird von der Lehre kritisiert (vgl. Handkommentar FusG-Epper, N 7 m.w.V.); wobei die Versicherten bei Missachtung dieser Vorschrift in sinngemässer Anwendung von Art. 108 immerhin die Möglichkeit haben, die verantwortlichen Organe der Vorsorgeeinrichtung auf Schadenersatz zu verklagen.

5 Hinsichtlich der **übrigen Modalitäten** der Vermögensübertragung gelten die allgemeinen Vorschriften von Kapitel 5 (Art. 70–77), wie sie für Gesellschaften und Einzelfirmen bestehen. Während bei der Vermögensübertragung von Stiftungen für die Destinatäre die Informationsrechte, welche Gesellschafter haben, nicht sinngemäss zur Anwendung kommen (vgl. Art. 86 Abs. 2), sind bei der Vermögensübertragung von Vorsorgeeinrichtungen die Versicherten – aufgrund der Verweisung auf Art. 74 – im Anhang zur Jahresrechnung zu informieren (Handkommentar FusG-Epper, N 30). Allerdings werden die so gewonnenen Informationen kaum je Grundlage für eine Anfechtungsklage im Sinne von Art. 106 bilden können, weil die Anfechtungsfrist von zwei Monaten (gerechnet ab Veröffentlichung der Vermögensübertragung im SHAB) im Zeitpunkt der Publikation der Jahresrechnung oft schon abgelaufen sein wird. Eine Ausnahme zu den allgemeinen Bestimmungen ergibt sich unter Umständen für den Vollzug der Vermögensübertragung, wenn diese im Rahmen einer Teil- oder Gesamtliquidation stattfindet (s. nachfolgend N 6).

IV. Genehmigung der Aufsichtsbehörde bei Liquidationen (Abs. 3)

Sofern im Vorsorgerecht für eine **Teil- oder Gesamtliquidation einer Vorsorgeeinrichtung** die Zustimmung der Aufsichtsbehörden verlangt wird (vgl. Art. 23 FZG [Freizügigkeitsgesetz; SR. 831.42] und 53a–c BVG), hat die Aufsichtsbehörde, welche für die übertragende Vorsorgeeinrichtung zuständig ist, auch eine etwaige Vermögensübertragung zu genehmigen, welche in diesem Rahmen stattfindet. Verfahrensmässig gelten in diesem Fall die Bestimmungen von Art. 87 und 95 analog. Das oberste Leitungsorgan der Vorsorgeeinrichtung hat der Aufsichtsbehörde mithin einen begründeten Antrag für die Vermögensübertragung zu stellen. Zu begründen ist insbesondere, dass und inwiefern der Vorsorgezweck und die Rechtsansprüche der Versicherten gewahrt bleiben. Die Aufsichtsbehörde erlässt sodann eine **Verfügung**, in welcher sie feststellt, ob die Genehmigung erteilt wird oder nicht. Ein negativer Entscheid kann durch die im Vorsorgerecht bestehenden Rechtsmittel angefochten werden. Wird die Genehmigung erteilt und erwächst die Verfügung in Rechtskraft, meldet die **Aufsichtsbehörde** die Vermögensübertragung zur Eintragung ins Handelsregister an.

Achtes Kapitel: Fusion, Umwandlung und Vermögensübertragung unter Beteiligung von Instituten des öffentlichen Rechts

vor Art. 99: Steuerliche Behandlung der Fusion, Umwandlung und Vermögensübertragung unter Beteiligung von Instituten des öffentlichen Rechts

Inhaltsübersicht   Note

- I. Vorbemerkungen 1
  - 1. Besteuerung von Instituten des öffentlichen Rechts 1
  - 2. Änderungen auf Grund des FusG 6
    - a) Gewinnsteuer 6
    - b) Emissionsabgabe 7
    - c) Umsatzabgabe 8
  - 3. Systematik der Kommentierung 10
- II. Fusion eines Institutes des öffentlichen Rechts mit einer Kapitalgesellschaft, einer Genossenschaft, einem Verein oder einer Stiftung 12
  - 1. Gewinnsteuern 12
    - a) Vorfrage der Steuerbefreiung 12
      - aa) Institute des Bundes 13
      - ab) Institute der Kantone und Gemeinden 19
    - b) Beim Institut des öffentlichen Rechts 21
    - c) Bei der privatrechtlich organisierten Einheit 23
      - ca) Allfällige Steuerbefreiung des übernehmenden Rechtsträgers .. 23
      - cb) Inventar- und Bilanzwerte 24
      - cc) Möglichkeit einer Steuerbilanz 32
      - cd) Beteiligungen im Besonderen 37
      - ce) Zeitpunkt des Eintritts in die Steuerpflicht 39
      - cf) Verluste 41
  - 2. Einkommenssteuer 42
  - 3. Grundstückgewinnsteuer 46
    - a) Steuerbefreiung 46
    - b) Steueraufschub 50
  - 4. Handänderungssteuern 53
  - 5. Verrechnungssteuer 55
  - 6. Emissionsabgabe 58
  - 7. Umsatzabgabe 64
    - a) Anwendungsbereich von Art. 14 Abs. 1 lit. i StG 64
    - b) Verhältnis zu Art. 14 Abs. 1 lit. b StG 67
    - c) Tragweite der Befreiung 73
  - 8. Mehrwertsteuer 77
    - a) Subjektive Steuerpflicht 77
      - aa) Steuerpflichtige Einheit 77
      - ab) Umsatzgrenzen 82
      - ac) Besteuerung als Gruppe oder als Einheit 83
    - b) Objektive Steuerpflicht (Steuerbarkeit der Umsätze) 86
      - ba) Steuerbare Umsätze 86

  bb) Leistungen in Ausübung hoheitlicher Gewalt 87
  bc) Umsätze mit Gemeinwesen 91
 c) Vorsteuern und Pauschalsteuersätze 95
 d) Fusionsvorgang 97
  da) Übertragung des Vermögens 97
  db) Eigenverbrauchsbesteuerung und Subventionen 102
  dc) Einlageentsteuerung 104
  dd) Anwendung von Pauschalsteuersätzen 105
  de) Liegenschaften 106
 e) Indirekte mehrwertsteuerliche Folgen der Fusion 108
  ea) Umsätze des fusionierten Institutes des öffentlichen Rechts 108
  eb) Umsätze des Gemeinwesens 110
III. Umwandlung eines Institutes des öffentlichen Rechts in eine Kapitalgesellschaft, eine Genossenschaft, einen Verein oder eine Stiftung 113
 1. Gewinnsteuern 113
  a) Beim Institut des öffentlichen Rechts 113
  b) Bei der privatrechtlich organisierten Einheit 114
 2. Einkommenssteuer 115
 3. Grundstückgewinnsteuer 116
 4. Handänderungssteuern 118
 5. Verrechnungssteuer 120
 6. Emissionsabgabe 121
 7. Umsatzabgabe 123
 8. Mehrwertsteuer 125
IV. Vermögensübertragung eines Institutes des öffentlichen Rechts auf einen anderen Rechtsträger 127
 1. Gewinnsteuern 128
  a) Beim Institut des öffentlichen Rechts 128
  b) Bei der privatrechtlich organisierten Einheit 129
 2. Einkommenssteuer 130
 3. Grundstückgewinnsteuer 131
 4. Handänderungssteuern 132
 5. Verrechnungssteuer 134
 6. Emissionsabgabe 135
 7. Umsatzabgabe 137
 8. Mehrwertsteuer 138
V. Vermögensübertragung eines anderen Rechtsträgers auf ein Institut des öffentlichen Rechts 139
 1. Gewinnsteuern 139
 2. Einkommenssteuer 141
 3. Grundstückgewinnsteuer 142
 4. Handänderungssteuern 143
 5. Verrechnungssteuer 144
 6. Emissionsabgabe 146
 7. Umsatzabgabe 147
 8. Mehrwertsteuer 148

Literatur

S. DÜRR, Privatisierungen aus steuerrechtlicher Sicht, ST 2000, 237 ff.; P. GURTNER, Verdeckte Kapitaleinlage als Objekt der Gewinnsteuer, StR 2002, 547 ff.; DERS., Steuerrechtliche Behandlung verdeckter Kapitaleinlagen aus dem Privatvermögen in eine Aktiengesellschaft, in: Ruf/Pfäffli (Hrsg.), FS Verband bernischer Notare, Langenthal 2003, 491 ff.; R. KUSTER, Steuerbefreiung von Institutionen mit öffentlichen Zwecken, Diss. Zürich 1998; P. LOCHER, Steuerrechtliche Aspekte der Privatisierung, in: Wiegand (Hrsg.), Berner Tage für die juristische Praxis (BTJP 1997), Rechtliche Probleme der Privatisierung, Bern 1998, 241 ff.; DERS., Zur Auslegung der Steuerbefreiungsnorm von GarG 10: ist der zweite Halbsatz von GarG 10 Abs. 1 weiterhin restriktiv zu interpretieren?, in: Ruf/Pfäffli (Hrsg.), FS Verband bernischer Notare, Langenthal 2003, 559 ff.; M. REICH, Gemeinnützigkeit als Steuerbefreiungsgrund, ASA 58 (1989/90), 465 ff.; M. R. RICHTER, Die Steuerbefreiung gemeinnütziger Vereine mit wirtschaftlicher Tätigkeit im Bund und im Kanton Zürich, StR 1994, 297 ff., 340 ff.; G. SCHAFROTH, Mehrwertsteuer im Gemeinwesen, ASA 64 (1995/96), 447 ff.; P. SCHMID/CH. LEHMANN, Privatisierung von Banken aus steuerlicher Sicht, FStR 2002, 277 ff.; G. SCHWITTER, Die Privatisierung von Kantonalbanken, Diss. Freiburg 2000; M. SIMONEK, Steuerrechtliche Aspekte der Überführung öffentlicher Aufgaben auf verwaltungsexterne Rechtsträger, in: Jaag (Hrsg.), Dezentralisierung und Privatisierung öffentlicher Aufgaben, Zürich 2000, 85 ff. (zit. SIMONEK, Steuerrechtliche Aspekte); DIES., Steuerbefreiung und Privatisierung, Ein Diskussionsbeitrag zur Steuerbefreiung wegen Verfolgung öffentlicher Zwecke, ST 2000, 230 ff.; DIES., Massgeblichkeitsprinzip und Privatisierung, FStR 2002, 3 ff.; H. STAUDT, Steuerfolgen der Privatisierung kommunaler Werke, FStR 2002, 285 ff.; W. STEIGER, Meldeverfahren im Zusammenhang mit Liegenschaften, StR 2003, 535 ff.; C. STOCKAR, Überlegungen zum Grundsatzentscheid des Bundesgerichts in Sachen Bellatrix SA betreffend die Erfassung untersetzter Mietzinse als geldwerte Leistungen bei Mieter-Aktiengesellschaften, ASA 53 (1984/85), 177 ff.

Praxisfestlegungen der Steuerbehörden

Branchenbroschüre Nr. 18 der ESTV, Gemeinwesen, 610.540-18 (zit. ESTV-MWST, BB 18 Gemeinwesen); Kreisschreiben Nr. 12 der ESTV vom 8.7.1994 zur Veranlagungsperiode 1995/1996 betreffend Steuerbefreiung juristischer Personen, die öffentliche oder gemeinnützige Zwecke (Art. 56 Bst. g DBG) oder Kultuszwecke (Art. 56 Bst. h DBG) verfolgen – Abzugsfähigkeit von Zuwendungen (Art. 33 Abs. 1 Bst. i und Art. 59 Bst. c DBG), ASA 63 (1994/95), 130 ff. (zit. ESTV-DVS, KS 12 vom 8.7.1994); Kreisschreiben Nr. 9 der ESTV vom 9.7.1998 zur Steuerperiode 1998 betreffend Auswirkungen des Bundesgesetzes über die Reform der Unternehmensbesteuerung 1997 auf die Steuerermässigung auf Beteiligungserträgen von Kapitalgesellschaften und Genossenschaften, ASA 67 (1998/99), 117 ff. (zit. ESTV-DVS, KS 9 vom 9.7.1998); Kreisschreiben Nr. 5 der ESTV vom 1.6.2004 betreffend Umstrukturierungen (zit. ESTV-DVS, KS 5 vom 1.6.2004); Merkblatt Nr. 11 der ESTV zur Übertragung mit Meldeverfahren, 610.545-11 (zit. ESTV-MWST, MB 11 Meldeverfahren).

I. Vorbemerkungen

1. Besteuerung von Instituten des öffentlichen Rechts

Das Bundesgericht hat in Zusammenhang mit der Steuerbefreiung des Bundes und seiner Anstalten gemäss dem früheren Art. 10 Abs. 1 GarG (heute Art. 62d RVOG; N 17) festgehalten, die gegenseitige Besteuerung der verschiedenen Hoheitsträger sei ein wenig taugliches Mittel zur Deckung des öffentlichen Finanzbedarfes (BGE 121 II 138, 141; 111 Ib 6, 8 f. = StR 1987, 230, 232). In der Tat spielen die **Steuerbefreiungen** der öffentlichen Hand auf den verschiedenen Stufen eine zentrale Rolle bei der Beurteilung der vom FusG geregelten Vorgänge. Allerdings bringt eine genauere Analyse des Gegenstandes ein ziemlich differenziertes Bild zu Tage: Bei der Gewinnsteuer ist eine weitgehende Steuerbefreiung der öffentlichrechtlichen Einrichtungen, insbesondere solcher des Bundes, zu verzeichnen. Dementsprechend stellen sich bei Umstrukturierungen vor allem Fragen des Wechsels vom steuerfreien in den steuerbaren Bereich und umgekehrt. Ein ähnliches Muster zeigt sich bei den **Grundstückgewinn- und Handänderungssteuern**. 1

Die **Emissionsabgabe** kann auch bei gewinnsteuerlich befreiten, öffentlichrechtlich organisierten Einheiten anfallen (namentlich bei der Ausgabe von Partizipationsscheinen) 2 und ist insbesondere bei der Überführung von Amtsstellen auf privatrechtliche Rechtsträger von Bedeutung. Sodann hat der Bundesgesetzgeber die Steuerpflicht bei der **Umsatzabgabe** generell auf den Bund, die Kantone und die Gemeinden ausgedehnt.

3   Die **Mehrwertsteuer** schliesslich wird grundsätzlich unabhängig von der Rechtsform erhoben, was zu einer weitgehenden Steuerpflicht der öffentlichen Hand führt. Eine Steuerbefreiung ist nicht vorgesehen. Die Rücksichtnahme auf die besonderen Verhältnisse bei öffentlichrechtlichen Instituten hat indessen zu gewissen Erleichterungen Anlass gegeben, die sich zu einem schwer überblickbaren System entwickelt haben. Bei der subjektiven Steuerpflicht besteht die Besonderheit, dass nicht das jeweilige Gemeinwesen als Ganzes mehrwertsteuerpflichtig wird, sondern die jeweilige «autonome Dienststelle», welche für sich betrachtet die Voraussetzungen der Steuerpflicht erfüllt. Diese Voraussetzungen sind enger gefasst als bei den privatrechtlichen Rechtsträgern; zudem sind Umsätze in Erfüllung hoheitlicher Funktionen von der Mehrwertsteuer ausgenommen. Die öffentliche Hand hat im Allgemeinen nur sehr beschränkte Möglichkeiten, Vorsteuern zurückzufordern. Die Mehrwertsteuer bildet für sie deshalb eine definitive Belastung.

4   Es bestehen somit eine ganze Reihe gegenseitiger Besteuerungsrechte der Gemeinwesen. Bei weitem die grösste Bedeutung haben diejenigen des Bundes. Ausser den erwähnten Einnahmen aus der Emissions- und der Umsatzabgabe hat vor allem die Mehrwertsteuer ein besonderes Gewicht. Die Kantone und Gemeinden tragen in erheblichem Masse zum dem Bund zustehenden **Mehrwertsteueraufkommen** bei. Schätzungen gehen davon aus, dass die Kantone und Gemeinden im Umfang von fast einem Viertel der gesamten Mehrwertsteuer, nämlich mit ca. 23,4%, belastet werden. Die Bundesverwaltung trägt einen Anteil von ca. 8,5% des Mehrwertsteueraufkommens (Wer trägt eigentlich die Mehrwertsteuer? Aufschlussreiche Ergebnisse einer Studie, in: NZZ 4.8.2003, 13). Dazu kommen die Mehrwertsteuerlasten der Spitäler (ca. 4,9%) und für Forschung, Schulen, Sport, Kultur und Politik (ca. 1,1%).

5   Selbstverständlich sind die Schätzungen nicht exakt, können aber einen Hinweis für die effektive Mehrwertsteuerbelastung und für deren Bedeutung im hier behandelten Bereich geben. Angesichts des Anteils der öffentlichen Hand an der gesamten Nachfrage an steuerbaren Lieferungen und Dienstleistungen in der Schweizer Volkswirtschaft (vgl. Statistisches Jahrbuch der Schweiz 2003, Zürich 2003, 775, 779) scheinen sie recht plausibel zu sein. Im Ergebnis finanzieren die Kantone und Gemeinden durch ihre Vorsteuerlasten den Bundeshaushalt in beträchtlichem Masse mit (gemäss den erwähnten Schätzungen mit knapp CHF 4 Mrd. jährlich). Auch auf Bundesebene findet über die Mehrwertsteuer eine Umverteilung statt (ca. CHF 1,5 Mrd.). Erhöhungen der Mehrwertsteuersätze wirken sich deshalb erheblich auf die Finanzen der Kantone und Gemeinden aus.

2. Änderungen auf Grund des FusG

a) Gewinnsteuer

6   Mit dem FusG haben sich keine Änderungen bei der Steuerpflicht als solcher ergeben. Einen wichtigen Diskussionspunkt bildete jedoch die Frage, inwieweit der das Institut des öffentlichen Rechts aufnehmende privatrechtliche Rechtsträger in Bezug auf die übernommenen Werte eine von der handelsrechtlichen Bilanz abweichende Steuerbilanz erstellen darf (vgl. dazu insbesondere Botschaft, 4482 f.; AmtlBull StR 2001, 160; N 32 ff.). Aus dieser Diskussion erwuchs jedoch keine gesetzliche Normierung.

b) Emissionsabgabe

Von Bedeutung ist weiter die Einfügung von Art. 9 Abs. 1 lit. e StG, womit die Bemessungsgrundlage der Emissionsabgabe bei Umstrukturierungen auf den Nennwert der neu geschaffenen Beteiligungsrechte anstelle des Verkehrswerts der Einlagen reduziert wird. Angesichts der dadurch zu erwartenden Steuerausfälle für den Bund war diese Bestimmung die umstrittenste im Zusammenhang mit den Instituten des öffentlichen Rechts. Die Arbeitsgruppe Steuern schlug vor, die Emissionsabgabe künftig nur noch auf dem Nennwert der neu geschaffenen Beteiligungsrechte zu erheben (Bericht Steuern 1, 9 f., 48). Der Bundesrat lehnte den Vorschlag der Arbeitsgruppe Steuern ab (Botschaft, 4379). Die Räte kamen indessen auf den Vorschlag der Arbeitsgruppe zurück und fügten Art. 9 Abs. 1 lit. e StG mit einigen Modifikationen (Einbezug Einzelfirmen; Steuersatz; Sperrfrist) gegenüber dem Vorschlag ein (Mitbericht WAK StR, 13; AmtlBull StR 2001, 162 ff.; Mitbericht WAK NR, 9 f.; AmtlBull NR 2003, 251 ff.).

c) Umsatzabgabe

Wichtig ist auch die Einfügung von Art. 14 Abs. 1 lit. i StG. Damit wird die bisherige Praxis, bei bestimmten Sacheinlagen die Umsatzabgabe zu erheben, durch den Gesetzgeber aufgehoben. Diese frühere Praxis hatte namentlich bei der Ausgliederung von Kantonalbanken beträchtliche Steuerfolgen ausgelöst.

Art. 14 Abs. 1 lit. i StG war im Gesetzgebungsverfahren unbestritten und geht auf einen Vorschlag der Arbeitsgruppe Steuern zurück (Bericht Steuern 1, 9), der vom Bundesrat übernommen wurde (Botschaft, 4380, 4574). Der Nationalrat weitete den Wortlaut mit der Einfügung der Generalklausel der Umstrukturierung aus (AmtlBull NR 2003, 253 f.), was der Ständerat akzeptierte (AmtlBull StR 2003, 492). Die Fusion, Spaltung oder Umwandlung sind in der Gesetz gewordenen Formulierung Beispiele für den Oberbegriff der – steuerbefreiten – Umstrukturierung, was durch das Wort «insbesondere» ausgedrückt wird. Die Änderung hat deshalb gegenüber der bundesrätlichen Vorlage mehr als bloss redaktionelle Bedeutung (so aber der Sprecher der nationalrätlichen Kommission; AmtlBull NR 2003, 253; vor Art. 3 N 287).

3. Systematik der Kommentierung

Die nachstehende Kommentierung knüpft an die in Art. 99 FusG geregelten Umstrukturierungsmöglichkeiten an. Dementsprechend werden zunächst die Fusion (N 12 ff.) und die Umwandlung (N 113 ff.) in eine Kapitalgesellschaft, eine Genossenschaft, einen Verein oder eine Stiftung besprochen (vgl. Art. 99 Abs. 1 FusG). Bei den Vermögensübertragungen (Art. 99 Abs. 2 FusG) ist danach zu unterscheiden, ob die Übertragung von einem Institut des öffentlichen Rechts auf einen anderen Rechtsträger erfolgt (N 127 ff.) oder umgekehrt von einem anderen Rechtsträger auf ein Institut des öffentlichen Rechts (N 139 ff.).

Die Kommentierung der Fusion erfolgt in ausführlicher Art und Weise. Im Rahmen der Kommentierung der Umwandlung und Vermögensübertragung wird, wo möglich, auf die Kommentierung der Fusion verwiesen.

II. Fusion eines Institutes des öffentlichen Rechts mit einer Kapitalgesellschaft, einer Genossenschaft, einem Verein oder einer Stiftung

1. *Gewinnsteuern*

a) *Vorfrage der Steuerbefreiung*

12 Die gewinnsteuerliche Beurteilung der Fusion eines Institutes des öffentlichen Rechts hängt entscheidend davon ab, ob das fusionierende Institut des öffentlichen Rechts von der Gewinnsteuer befreit ist oder nicht. Zu unterscheiden sind die **Steuerbefreiungen** für die direkte Bundessteuer und für die kantonalen und kommunalen Gewinnsteuern (DÜRR, ST 2000, 237; LOCHER, BTJP 1997, 244; SIMONEK, Steuerrechtliche Aspekte, 89 ff.).

aa) Institute des Bundes

13 Für die direkte Bundessteuer ist die Steuerbefreiung von **Instituten des öffentlichen Rechts des Bundes** in allgemeiner Form in Art. 56 lit. a DBG geregelt und erstreckt sich auf den «Bund und seine Anstalten». Mit Anstalten sind sowohl die selbständigen mit eigener Rechtspersönlichkeit ausgestalteten Verwaltungseinheiten, als auch die unselbständigen, rechtlich Teil des Gemeinwesens bildenden Sondervermögen gemeint (z.B. Schweizerisches Landesmuseum gemäss BG vom 27.6.1890 über die Errichtung eines Schweizerischen Landesmuseums, SR 432.31; Schweizerische Sozialversicherungsanstalt, SUVA, als öffentlich-rechtliche Anstalt mit eigener Rechtspersönlichkeit gemäss Art. 61 Abs. 1 Satz 1 des BG vom 20.3.1981 über die Unfallversicherung, SR 832.20).

14 **Öffentlichrechtliche Stiftungen des Bundes** fallen nach dem Wortlaut von Art. 56 lit. a DBG nicht unter diese generelle Befreiungsnorm (z.B. Stiftung «Schweizerischer Nationalpark» gemäss Art. 2 des BG vom 19.12.1980 über den Schweizerischen Nationalpark im Kanton Graubünden, SR 454). Sie können aber allenfalls wie andere juristische Personen auch nach Art. 56 lit. d bis h DBG steuerbefreit werden, was in der Regel der Fall sein dürfte (GRETER in: Kommentar zum Schweizerischen Steuerrecht I/2a, Art. 56 DBG N 6, mit Hinweisen auf die Praxis).

15 Ebenfalls nicht unter Art. 56 lit. a DBG fallen die **Kapitalgesellschaften des Bundes**. Dabei kommt es nicht darauf an, ob es sich um eine spezialgesetzliche oder um eine privatrechtlich organisierte Kapitalgesellschaft (z.B. Rüstungsunternehmungen des Bundes gemäss Art. 1 Abs. 1 und Art. 3 Abs. 1 des BG vom 10.10.1997 über die Rüstungsunternehmen des Bundes, SR 934.21; vgl. Art. 100 N 7) handelt, deren Anteile sich ganz oder teilweise im Eigentum des Bundes befinden (GRETER in: Kommentar zum Schweizerischen Steuerrecht I/2a, Art. 56 DBG N 6). Auch diesbezüglich kommen subsidiär zu den spezialgesetzlichen Grundlagen (z.B. für die spezialgesetzliche Aktiengesellschaft «Schweizerische Bundesbahnen SBB» [Art. 2 Abs. 1 SBBG] gemäss Art. 21 Abs. 1 SBBG) die Steuerbefreiungen gemäss Art. 56 lit. d bis h DBG in Frage. Die teilweise Steuerbefreiung der SBB von den Kantons- und Gemeindesteuern erstreckt sich im Wesentlichen auf die Kernaufgaben Eisenbahninfrastruktur und Transportunternehmung sowie damit verbundene Hilfs- und Nebenbetriebe. Davon nicht erfasst sind jedoch Liegenschaften, die keine notwendige Beziehung zum Betrieb des Unternehmens haben. Die Steuerbefreiung gemäss Art. 6 Abs. 1 aSBBG (BS 7, 195; vgl. dazu auch BGE 130 I 96, 99 f. = StE 2004 A 43 Nr. 2; BGer 23.12.2003, ZStP 2004, 45, 47) wurde in ständiger höchstrichterlicher Praxis weit ausgelegt. Nach dieser Praxis musste die SBB auch im Zusammenhang mit nicht betrieblichen Liegenschaften keine Gewinn-, Grundstückgewinn- und Handänderungssteuern entrichten; lediglich reine Objektsteuern wa-

ren von der Steuerbefreiungsnorm nicht erfasst (BGE 103 Ib 257, 259 f.; BGE 111 Ib 6, 9 = StR 1987, 230 ff.). Diese Rechtsprechung erfolgte in Anlehnung an die ebenfalls extensive Auslegung der Steuerbefreiungsnorm gemäss Art. 10 GarG (vgl. N 17). Diese gegenüber den SBB grosszügige Praxis wurde unter Art. 21 Abs. 1 SBBG durch das Bundesgericht nicht weitergeführt. Das Bundesgericht begründete dies im Wesentlichen damit, dass die SBB nach ihrer Umwandlung in eine spezialgesetzliche AG nicht mehr vollständig von den direkten Bundessteuern befreit sei, sondern unter die für konzessionierte Verkehrsunternehmen generell geltende Befreiungsnorm gemäss Art. 56 lit. d DBG falle. Deshalb komme das Argument, wonach sich die öffentliche Hand nicht gegenseitig besteuern solle, nicht mehr zum Tragen. Zudem führten vor allem auch Wettbewerbsüberlegungen – insbesondere auch in einem europäischen Kontext – zu einer restriktiveren Praxis, was die Steuerbefreiung der SBB betrifft (BGE 130 I 96, 102 f. = StE 2004 A 43 Nr. 2; BGer 23.12.2003, ZStP 2004, 45, 50 f.; VGer ZH 18.12.2002, RB 2002 Nr. 121; RK III ZH 11.7.2001, StR 2002, 254). Mit Blick auf die Konkurrenzsituation sachgerecht geregelt ist in dieser Hinsicht die Steuerpflicht der Swisscom AG: «Die Unternehmung ist für die Besteuerung privaten Kapitalgesellschaften gleichgestellt» (Art. 15 TUG).

Auch bei den **Anstalten des öffentlichen Rechts des Bundes** muss in einem ersten Schritt immer der Errichtungsakt selbst danach konsultiert werden, ob die Anstalt von der direkten Bundessteuer befreit ist (z.B. SUVA gemäss dem aufgehobenen Art. 67 UVG [AS 1982, 1676], zu letzterem BGE 121 II 138 = StR 1995, 504 ff.; vgl. nunmehr die Steuerfreiheit der Versicherungsträger und Durchführungsorgane, soweit ihre Einkünfte und Vermögenswerte ausschliesslich der Sozialversicherung, der Erbringung oder der Sicherstellung von Sozialversicherungsleistungen dienen, gemäss Art. 80 Abs. 1 des BG vom 6.10.2000 über den allgemeinen Teil des Sozialversicherungsrechts, SR 830.1, und dazu U. KIESER, ATSG-Kommentar, Zürich/Basel/Genf 2003, Art. 80 N 13). Dabei ergeben sich teilweise differenzierte Steuerbefreiungsmodalitäten. So sieht Art. 13 POG für Gewinne aus den sogenannt reservierten Diensten der Post eine Befreiung von der Steuerpflicht vor, wohingegen Gewinne aus den sogenannten Wettbewerbsdiensten steuerpflichtig sind (BGE 127 II 1, 5 f.). Gemäss Art. 13 Satz 2 POG gilt im Übrigen der – aufgehobene – Art. 10 Abs. 1 GarG, was im Sinne einer geltungszeitlichen Interpretation als Verweis auf Art. 62d RVOG zu verstehen ist (vgl. N 17). 16

Die Befreiung eines Institutes des Bundes von den kantonalen und kommunalen direkten Steuern richtet sich subsidiär zu den bereits teilweise erwähnten spezialgesetzlichen Grundlagen nach **Art. 62d RVOG**, der den ausser Kraft gesetzten **Art. 10 Abs. 1 GarG** wörtlich weiterführt (AS 2003, 3594). Nach der bisherigen Praxis zu Art. 10 Abs. 1 GarG waren der Bund und seine Anstalten, Betriebe und unselbständigen Stiftungen von jeder Besteuerung durch die Kantone und Gemeinden befreit; von dieser Befreiung ausgenommen waren Liegenschaften, die nicht unmittelbar öffentlichen Zwecken dienten, wobei diese Einschränkung der Steuerbefreiung nur streng auf Liegenschaften bezogene Objektsteuern, wozu die Handänderungs- und Grundstückgewinnsteuer nicht gehörten, betraf (BGE 111 Ib 6 = StR 1987, 230). Es stellt sich die Frage, ob die einschränkende Praxis zur Steuerbefreiung der SBB gemäss Art. 21 Abs. 1 SBBG (vgl. N 15) zu einer restriktiveren Auslegung von Art. 62d RVOG führen wird. Dies ist wohl eher zu verneinen, da sich Wortlaut und Anwendungsbereich von GarG und RVOG entsprechen und bei der SBB, welche in Konkurrenz zu anderen Transportunternehmen steht, Gründe des Wettbewerbs schwerer wiegen als das Gebot, wonach sich die öffentlichen Hand nicht gegenseitig besteuern sollte (in diesem Sinne auch LOCHER, FS Verband bernischer Notare, 585 f.; N 1). 17

18 Im Weiteren folgt eine Befreiung der Institute des Bundes von den kantonalen und kommunalen Gewinnsteuern aus dem kantonalen Recht (Art. 23 Abs. 1 lit. b StHG). Es kann sich somit – in wohl seltenen Fällen – für die direkte Bundessteuer eine grosszügigere Steuerbefreiung ergeben, wenn z.B. eine öffentlichrechtliche Anstalt nach Bundesrecht, nicht aber nach kantonalem Recht, vollumfänglich steuerbefreit ist (GRETER in: Kommentar zum Schweizerischen Steuerrecht I/2a, Art. 56 DBG N 9).

ab) Institute der Kantone und Gemeinden

19 Gemäss Art. 56 lit. b DBG sind die **«Kantone und ihre Anstalten»** sowie nach Art. 56 lit. c DBG die «Gemeinden, die Kirchgemeinden und die anderen Gebietskörperschaften der Kantone sowie ihre Anstalten» von der direkten Bundessteuer befreit. Dazu gehören auch Burgergemeinden mit einem territorialen Bezug, welche in erster Linie öffentliche Zwecke wahrnehmen und keine übermässigen Ausschüttungen tätigen (BGE 125 II 177, 179 ff. = ASA 70 [2001/2002], 750, 752 ff., betreffend Burgergemeinde Zermatt; kritisch dazu GRETER in: Kommentar zum Schweizerischen Steuerrecht I/2a, Art. 56 DBG N 10). Bemerkenswert ist dabei, dass auch diejenigen selbständigen Anstalten darunter fallen, die in Konkurrenz mit Privaten tätig sind (GRETER in: Kommentar zum Schweizerischen Steuerrecht I/2a, Art. 56 DBG N 9; RICHNER/FREI/KAUFMANN, Handkommentar DBG, Art. 56 N 13; SIMONEK, Steuerrechtliche Aspekte, 90). Die öffentlichrechtlichen Stiftungen von Kantonen und Gemeinden sind nicht bereits auf Grund ihrer Rechtsform von der direkten Bundessteuer befreit, können aber allenfalls nach Art. 56 lit. g und h DBG befreit werden.

20 Die Befreiung der **Institute der Kantone und Gemeinden** von den Kantons- und Gemeindesteuern beurteilt sich nach kantonalem Recht (Art. 23 Abs. 1 lit. b StHG; GRETER in: Kommentar zum Schweizerischen Steuerrecht I/1, Art. 23 StHG N 8 f.). Die entsprechenden Befreiungsnormen betreffen jeweils nur den Kanton selbst. In der Praxis werden andere Kantone von der Steuer befreit, wenn Gegenrecht gehalten wird (RICHNER/FREI/KAUFMANN, Kommentar ZH, § 61 N 13; BGE 112 Ia 75 f., betreffend Befreiung einer ausserkantonalen kirchlichen Institution von der Erbschaftssteuer).

b) Beim Institut des öffentlichen Rechts

21 Da das Institut des öffentlichen Rechts in aller Regel gewinnsteuerbefreit ist, treten bei ihm in Folge der Fusion keine Gewinnsteuerfolgen ein, selbst wenn vor der Fusion noch **Aufwertungen** vorgenommen werden (DÜRR, ST 2000, 237; LOCHER, BTJP 1997, 244; SIMONEK, Steuerrechtliche Aspekte, 92).

22 Für diejenigen Fälle, in welchen das übertragende Institut des öffentlichen Rechts keine Steuerbefreiung beanspruchen kann, muss geprüft werden, ob der generelle Steueraufschubstatbestand der Fusion zur Anwendung gelangt (Art. 61 Abs. 1 DBG; vor Art. 3 N 63 ff.). Aufwertungen wären in diesen Fällen steuerbar und dürften, solange nicht der übertragende Rechtsträger einem tieferen Steuersatz unterliegt als der übernehmende, kaum in Betracht zu ziehen sein.

c) Bei der privatrechtlich organisierten Einheit

ca) Allfällige Steuerbefreiung des übernehmenden Rechtsträgers

23 Zunächst gilt es auch bei der privatrechtlich organisierten Einheit zu prüfen, ob der übernehmende Rechtsträger eine Steuerbefreiung in Anspruch nehmen kann. Für die Kapitalgesellschaft, Genossenschaft, Verein oder Stiftung stehen hier die Steuerbefreiungen im Sinne von Art. 56 lit. g DBG (Verfolgung öffentlicher oder gemeinnütziger

Zwecke) und lit. h dieser Bestimmung (Verfolgung gesamtschweizerischer Kultuszwecke) bzw. Art. 23 Abs. 1 lit. f und lit. g StHG im Vordergrund (vgl. ESTV-DVS, KS 12 vom 8.7.1994, Ziff. II., III.; GRETER in: Kommentar zum Schweizerischen Steuerrecht I/2a, Art. 56 DBG N 23 ff.; GRETER in: Kommentar zum Schweizerischen Steuerrecht I/1, Art. 23 StHG N 22 ff.).

cb) Inventar- und Bilanzwerte

Die Bewertung in der Rechnungslegung von Instituten des öffentlichen Rechts orientiert sich häufig an anderen Grundsätzen als im Privatrecht. Bei der Überleitung des Rechnungswesens des Institutes des öffentlichen Rechts zur privatrechtlichen Buchführung müssen deshalb **Anpassungen und Korrekturen der Bilanzwerte** grundsätzlich möglich sein. Insbesondere müssen im Inventar, welches in der Regel zugleich als Grundlage für die Schlussbilanz des Institutes des öffentlichen Rechts und für die Eröffnungsbilanz bzw. Übernahmebilanz des privatrechtlichen Rechtsträgers dient, Aufwertungen und Aktivierungen vorgenommen werden können (Botschaft, 4482). Art. 100 Abs. 2 FusG schreibt vor, dass das Institut des öffentlichen Rechts in einem Inventar sämtliche Gegenstände des Aktiv- und Passivvermögens, die von der Fusion erfasst werden, eindeutig bezeichnen und bewerten muss, und eine gewisse Mindestgliederung des Inventars einzuhalten hat. Die Erstellung und die Bewertung des Inventars hat «anerkannten Rechnungslegungsgrundsätzen» zu entsprechen. Das Inventar ist zudem von einem besonders befähigten Revisor zu prüfen, sofern nicht in anderer Weise die Erfüllung der genannten Erfordernisse sichergestellt ist (Botschaft, 4482 f.; LOCHER, BTJP 1997, 245).

24

Aufwertungen der Vermögenswerte des Institutes des öffentlichen Rechts in der **Überführungsbilanz** sind somit grundsätzlich zulässig und aus steuerplanerischer Sicht – wenn nicht eine Steuerbilanz errichtet werden kann (N 32 ff.) oder eine Steuerbefreiung des übernehmenden Rechtsträgers greift – geboten, da damit ein Aufwertungsgewinn beim steuerbefreiten Institut erzielt werden kann und zusätzlich steuerlich wirksames Abschreibungspotential geschaffen wird. In solchen Aufwertungen kann keine Steuerumgehung erblickt werden, da diese Möglichkeit durch den Gesetzgeber bewusst in Betracht gezogen worden ist (Botschaft, 4482 f.). In analoger Weise wird auch bei Holdinggesellschaften im Sinne von Art. 28 Abs. 2 StHG zu Recht akzeptiert, dass vor der Überführung der Gesellschaft in den steuerbaren Bereich (z.B. durch Fusion in eine operative Gesellschaft) stille Reserven aufgelöst werden, damit diese nicht latent den Gewinnsteuern unterworfen werden.

25

Neben Aufwertungen besteht die Möglichkeit, **Aktivierungen** vorzunehmen (Botschaft, 4482). Zu denken ist dabei beispielsweise an Forschungs- und Entwicklungskosten, angefangene Arbeiten und Immaterialgüterrechte (BK-KÄFER, Art. 958 OR N 375 ff.). Beim Goodwill (Geschäftswert oder besser Geschäftsmehrwert) ist dabei zwischen originärem (im Unternehmen selbst erarbeitet) und derivativem Goodwill zu unterscheiden. Der derivative Goodwill liegt im Aufpreis, der beim Erwerb einer Unternehmung dem Vorbesitzer über die Summe der Einzelpreise aller Aktiven hinaus entrichtet worden ist. In der Schweiz gilt nur dieser derivative Goodwill als bilanzfähig (HWP, Ziff. 2.34, 184 f.). Die Begründung dafür liegt nicht etwa darin, dass sich der derivative vom originären Goodwill qualitativ unterscheiden würde, sondern «vielmehr in der besonders grossen Unsicherheit und Willkür eigener Schätzung» (BK-KÄFER, Art. 960 OR N 280 ff.).

26

Falls beim übernehmenden Rechtsträger die Frage der Steuerbefreiung verneint wird oder nur eine teilweise Steuerbefreiung gewährt werden kann, kommt der Gestaltung

27

der **Übertragungswerte und der Eingangsbilanz** im Hinblick auf die künftige Besteuerung eine entscheidende Bedeutung zu (DÜRR, ST 2000, 237 f.; LOCHER, BTJP 1997, 244 f.; SIMONEK, Steuerrechtliche Aspekte, 92; vgl. DIES., ZSR 2004 I 156 f.; STAUDT, FStR 2002, 287). Je höher die Übernahmewerte angesetzt werden, desto grösser sind das künftige Abschreibungspotential und desto niedriger die künftigen Kapitalgewinne. Der Höchstwert bemisst sich auf Grund der Vorschriften über die kaufmännische Buchführung, die für die übernehmende Gesellschaft anwendbar sind, und ist jedenfalls höchstens auf den Verkehrswert anzusetzen. Ob die Werte der Eingangsbilanz in allen Fällen auf den Verkehrswert heraufgesetzt werden dürfen oder ob eine allenfalls zulässige Aufwertung sachgerecht ist, erscheint zweifelhaft (vgl. sogleich N 29 ff.). Soweit eine separate Steuerbilanz nicht zugelassen wird, sind dennoch aus steuerlicher Sicht im Rahmen der Privatisierung die handelsrechtlich zulässigen Aufwertungen und Aktivierungen vorzunehmen.

28   **Inventar** und **Eingangsbilanz** sind nach den Vorstellungen des Gesetzgebers, abgesehen allenfalls von abweichender Darstellung (namentlich Zusammenzug von Positionen des Inventars), grundsätzlich, aber nicht zwingend, identisch (Botschaft, 4483; zur Inventarpflicht Art. 100 N 9 ff.). Der Grundsatz der Bilanzkontinuität besagt, dass die Eingangsbilanz des neuen Geschäftsjahres der Schlussbilanz des alten Geschäftsjahres entspricht («Bilanzidentität»; VGer ZH 25.9.2002, RB 2002 Nr. 109). Somit sind in der Regel die Schlussbilanz des Institutes des öffentlichen Rechts, das Inventar gemäss Art. 100 Abs. 2 FusG und die Fusionsbilanz grundsätzlich identisch. Aufwertungen und Aktivierungen sind deshalb in der letzten Rechnung des Institutes des öffentlichen Rechts erfolgswirksam auszuweisen (vorbehalten bleibt selbstverständlich eine anderslautende Regelung des anwendbaren Rechts). Die Identität des Inventars gemäss Art. 100 Abs. 2 FusG mit der Schluss- bzw. Eingangsbilanz des Institutes des öffentlichen Rechts ist indessen weder denknotwendig noch vom Gesetzgeber vorausgesetzt worden (Botschaft, 4483; AmtlBull StR 2001, 160). Vorbehalten bleiben Abweichungen der Werte und allenfalls Positionen im Inventar von jenen der Schluss- bzw. Eingangsbilanz, indem beispielsweise im Inventar die stillen Reserven auf den Liegenschaften im Interesse der Transparenz aufgenommen werden (Botschaft, 4483), in der Schluss- bzw. Eingangsbilanz aber auf die Anschaffungskosten abgestellt wird, wie es die handelsrechtlichen Rechnungslegungsregeln verlangen (Art. 665 OR).

29   Für Abweichungen zwischen den Inventarwerten und jenen der Schluss- bzw. Eingangsbilanz können im Einzelfall gewichtige Gründe sprechen. Vorab gilt es, die Bilanzierungsgrundsätze der Bilanzkontinuität und Bilanzstetigkeit zu beachten (vgl. auch ZK-LUDWIG, Institute des öffentlichen Rechts: Steuern, N 3). Diese Grundsätze reflektieren, dass Unternehmungen auf Dauer angelegte Gebilde sind und nur über die Jahre aussagekräftig buchmässig abgebildet werden können. Die **Stetigkeit** bedeutet namentlich eine Konstanz der Bewertungsmethoden (BK-KÄFER, Art. 959 OR N 466 ff.). Diese Grundsätze, die für die Rechnungslegung der Kapitalgesellschaften ausdrücklich gesetzlich festgehalten sind (Art. 662a Abs. 2 Ziff. 5 OR), dürfen durch den Privatisierungsvorgang nicht ausser Kraft gesetzt werden, denn sie ermöglichen eine zuverlässige Beurteilung des laufenden Geschäftsganges mit Bezug auf Vergleichsgrössen aus den Vorjahren. Gerade bei einem Privatisierungsprojekt kann der Vergleichbarkeit und damit der Erfolgskontrolle des Vorhabens ein erhebliches, vielleicht sogar entscheidendes Gewicht zukommen. Ob deshalb die Fusion ein hinreichender Grund für einen tiefgreifenden Einschnitt in die Stetigkeit der Darstellung ist (Art. 662a Abs. 3 OR), kann je nach Umständen zweifelhaft sein, muss aber letztlich aus der Sicht des anwendbaren Rechnungslegungsrechts des entsprechenden Gemeinwesens beurteilt werden.

Dazu kommt, dass mit der Einstellung von Verkehrswerten in die Eingangsbilanz eine 30
aus Sicht der Rechnungslegung widersprüchliche Situation hervorgerufen wird. Auf
Grund des Vorsichtsprinzips (Art. 662a Abs. 2 Ziff. 3 OR) gelten in der Regel die Anschaffungskosten, unter Abzug der notwendigen Abschreibungen, als **handelsrechtlicher Höchstwert**. Aufwertungen bis höchstens zum Verkehrswert sind nur ausnahmsweise und auch dann nur für Grundstücke und Beteiligungen erlaubt (Art. 670 Abs. 1
OR). Der übernehmende privatrechtliche Rechtsträger übernimmt das Vermögen des Institutes des öffentlichen Rechts auf dem Weg der Fusion, also der Universalsukzession,
und gibt dafür allenfalls Aktien aus. Ein Kaufgeschäft, in dessen Folge der erworbene
Gegenstand zum Erwerbspreis und damit Verkehrswert in die Bücher genommen wird,
liegt somit gerade nicht vor. Eine Fusion unter privatrechtlichen Rechtsträgern, beispielsweise zwischen zwei Aktiengesellschaften, wäre aber kein Grund, Aufwertungen
bis zum Verkehrswert zuzulassen. Einzig Aufwertungen bis zu den Anschaffungskosten
sind jedenfalls auf Grund der Bewertungsvorschriften, nicht aber unbedingt aus Sicht
der Stetigkeit der Darstellung und Bewertung, zulässig. Ebenfalls Bedenken vor dem
Hintergrund des Grundsatzes der Vorsicht (Art. 662a Abs. 2 Ziff. 3 OR) erweckt die handelsrechtlich nicht zulässige (N 26) Aktivierung eines allfälligen originären Goodwills
des Institutes des öffentlichen Rechts. Im Ergebnis würde originärer Goodwill wie derivativer, durch Kauf erworbener Goodwill bilanziert. Dies widerspricht auch dem Charakter der Fusion als Gesamtrechtsnachfolge.

Bei gewinnstrebigen Instituten, die privatisiert werden sollen, ist schliesslich zu beachten, dass maximale Aufwertungen und grosszügige Aktivierungen (z.B. von Goodwill) 31
entsprechend hohe **Abschreibungen** in den Folgejahren nach sich ziehen. Diese Belastungen der Erfolgsrechnung des privatisierten Institutes beeinträchtigen selbstverständlich das finanzielle Bild der Unternehmung im Vergleich zu Konkurrenzunternehmen
und können, je nach Ausgestaltung der Eingangsbilanz, allenfalls sogar die künftigen
Gewinnausschüttungen einschränken, obwohl das Unternehmen erfolgreich arbeitet
(vgl. Art. 100 N 9 ff.).

cc) Möglichkeit einer Steuerbilanz

Das übertragende Institut kann und muss die zu übertragenden Aktiven und Passiven, 32
soweit erforderlich und möglich, neu aufnehmen und bewerten. Es muss also Aktiven
aufwerten oder abschreiben, in die Bilanz einstellen oder daraus entfernen und in entsprechender Weise mit den Passiven verfahren, insbesondere Rückstellungen und Wertberichtigungen bilden oder auflösen. Wenn in der Eingangsbilanz das Aufwertungspotential der Aktiven (bzw. das Abwertungspotential der Passiven) nicht voll ausgeschöpft
werden kann, ist zu prüfen, ob die aufnehmende Gesellschaft die höheren Verkehrswerte
der Aktiven (bzw. die tieferen der Passiven) per Stichtag der Fusion in eine **separate
Steuerbilanz** aufnehmen kann.

Jedenfalls bei den Fällen, in denen eine Aufwertung aus rechtlichen Gründen nicht möglich ist, muss es möglich sein, die stillen Reserven im Inventar gemäss Art. 100 Abs. 2 33
FusG festzuhalten, ohne in der Schluss- bzw. Eingangsbilanz entsprechende Aufwertungen vorzunehmen. Laut der Botschaft des Bundesrates und gemäss von der Eidgenössischen Steuerverwaltung vertretenen Meinung können nur solche privatrechtlich
offen gelegten und bestätigten Mehrwerte wie Einlagen der Mitglieder von Kapitalgesellschaften behandelt werden, die gemäss Art. 60 lit. a DBG bzw. Art. 24 lit. a
StHG steuerfrei sind (Botschaft, 4483). Die Botschaft, welche die praktisch einhellig
als zu eng abgelehnte (vgl. N 35) Praxis der Eidgenössischen Steuerverwaltung darstellt
(GURTNER, ASA 71 [2002/2003], 758 f.; LOCHER, Kommentar DBG, Rev. Art. 61

N 137), anerkennt für diese Fälle die Möglichkeit einer Steuerbilanz, auf welche sich die steuerlich wirksamen Abschreibungen stützen und nach welcher sich allfällige Kapitalgewinne berechnen (Botschaft, 4483). Die Verwaltungspraxis will offenbar eine Steuerbilanz nur zulassen, wenn spezialgesetzliche Bewertungsvorschriften (im Besonderen Art. 24 Abs. 2 lit. g BankV) eine Aufwertung verhindern, weil die Stetigkeit in Darstellung und Bewertung vorgeschrieben wird (SCHMID/LEHMANN, FStR 2002, 279). In den anderen Fällen will die Verwaltungspraxis unter Berufung auf das Massgeblichkeitsprinzip den privatrechtlichen Rechtsträger auf den Bilanzwerten behaften und keine Steuerbilanz zulassen, selbst wenn damit im steuerfreien Bereich entstandene stille Reserven der Gewinnsteuer unterworfen werden (ESTV-DVS, KS 5 vom 1.6. 2004, Ziff. 4.2.5.2.1).

34 Eine Steuerbilanz ermöglicht es generell, in Bezug auf die übergehenden Aktiven und Passiven gewichtigen Bilanzierungsgrundsätzen wie denjenigen der **Bilanzkontinuität und Bilanzstetigkeit**, vor allem aber auch der Vorsicht, nachzuleben. Indem für all diejenigen Fälle, bei denen keine spezialgesetzlichen Aufwertungsverbote zur Anwendung gelangen, die Zulässigkeit einer Steuerbilanz verneint wird, schafft man im Resultat einen steuerlichen Zwang, im Rahmen einer Privatisierung Aufwertungen und Aktivierungen vorzunehmen und damit die erwähnten Buchführungsgrundsätze zu missachten. Wenn andrerseits die Bilanzwerte nicht bis zu den Verkehrswerten erhöht worden sind, unterliegen die im steuerfreien Bereich entstandenen Werte der Gewinnsteuer, was sachlich ebenfalls ungerechtfertigt ist. Es erscheint überdies willkürlich, nur spezialgesetzliche Vorschriften über die Bewertungsstetigkeit im Zusammenhang mit der Zulässigkeit einer Steuerbilanz zu respektieren, aber die in Art. 662a Abs. 2 Ziff. 4 und 5 OR anerkannten Bilanzgrundsätze der Stetigkeit und Kontinuität als Grund für eine Steuerbilanz nicht gelten zu lassen.

35 Ein formalistisches Festhalten am **Massgeblichkeitsprinzip** rechtfertigt sich deshalb nicht. Das zu streng ausgelegte Massgeblichkeitsprinzip steht zudem im Widerspruch mit dem Grundsatz, wonach **Kapitaleinlagen** nie steuerbarer Ertrag eines Unternehmens sein können (Art. 60 lit. a DBG). Eine Kapitalgesellschaft darf insgesamt nur für den von ihr erwirtschafteten «Totalgewinn» besteuert werden (GURTNER, ASA 71 [2002/2003], 760 f.; LOCHER, Kommentar DBG, Rev. Art. 61 N 138). Kapitaleinlagen gehören nicht zum steuerbaren Gewinn einer Kapitalgesellschaft, weil sie Voraussetzung und nicht Ergebnis der unternehmerischen Tätigkeit sind (GURTNER, ASA 71 [2002/2003], 759; LOCHER, Kommentar DBG, Rev. Art. 61 N 139, Art. 58 N 46 f., Art. 60 N 39 f.). Deshalb muss das Massgeblichkeitsprinzip – gestützt auf Art. 60 lit. a DBG bzw. Art. 24 Abs. 2 lit. a StHG – zu Gunsten der Kapitalgesellschaft durchbrochen werden (GURTNER, StR 2002, 554 ff.; DERS., ASA 71 [2002/2003], 760 f.; LOCHER, Kommentar DBG, Rev. Art. 61 N 141; SIMONEK, FStR 2002, 11 ff.). Andernfalls würden fiktive Gewinne besteuert (LOCHER, Kommentar DBG, Rev. Art. 61 N 134). Praktikabilität und Verwaltungsökonomie sind keine hinreichenden Gründe, eine Steuerbilanz zu verweigern (GURTNER, ASA 71 [2002/2003], 761; LOCHER, Kommentar DBG, Rev. Art. 61 N 142), zumal diese von der steuerpflichtigen Gesellschaft zu errichten und in den nachfolgenden Steuererklärungsverfahren nachzuführen ist und sich die Steuerbehörde auf die Kontrolle beschränken kann. Falls die Werte in der Steuerbilanz zuverlässig überprüft werden können, was jedenfalls wegen des Inventars gemäss Art. 100 Abs. 2 FusG möglich ist, besteht kein Grund, die Zulässigkeit einer Steuerbilanz entgegen Art. 60 lit. a DBG unnötig einzuschränken. Deshalb muss eine Steuerbilanz, jedenfalls wenn sie zum Zeitpunkt der Einbringung errichtet wird, immer zugelassen werden (DÜRR, ST 2000, 238; GURTNER, StR 2002, 556; DERS. ASA 71 [2002/2003], 757 ff.; LOCHER, Kommentar DBG, Rev. Art. 61 N 143; ZK-LUDWIG, Institute des öffentlichen

Rechts: Steuern, N 3: SCHMID/LEHMANN, FStR 2002, 279 f.; SIMONEK, Steuerrechtliche Aspekte, 100; DIES., FStR 2002, 13; STAUDT, FStR 2002, 287). Die Funktion des Inventars gemäss Art. 100 Abs. 2 FusG als Grundlage für die Steuerbilanz wurde auch im Gesetzgebungsverfahren besonders hervorgehoben (AmtlBull StR 2001, 160). In der Steuerbilanz ist auch der handelsrechtlich nicht aktivierbare (N 26) originäre Goodwill aufzunehmen (so auch – aber auf Banken beschränkt – ESTV-DVS, KS 5 vom 1.6.2004. Ziff. 4.2.5.2.1 und Bsp. Nr. 8, Anhang I; vgl. auch SCHMID/LEHMANN, FStR 2002, 279 ff., hinsichtlich Banken; offenbar **a.M.** ZK-LUDWIG, Institute des öffentlichen Rechts: Steuern, N 4). Die Aktivierung in der Steuerbilanz ist (entgegen der genannten Verwaltungspraxis) auch dann zuzulassen, wenn die fragliche Position originärer Goodwill nicht im privatrechtlichen Inventar erscheint (vgl. N 26, 30), aber gegenüber der Steuerbehörde durch entsprechende Bewertungen nachgewiesen wird. Das Inventar dient dem Schutz der Gläubiger, aber nicht der Besteuerung (GURTNER, ASA 71 [2002/2003], 759 Anm. 96). Eine Beschränkung der in die Steuerbilanz aufnehmbaren Aktiven und Passiven und deren Bewertung auf diejenigen, die im Inventar aufgelistet sind, würde zudem dem Grundsatz der freien Beweiswürdigung widersprechen.

Die Ermittlung des Verkehrswertes eines öffentlichen Unternehmens gestaltet sich mangels Vergleichsmöglichkeiten oftmals sehr schwierig. Deshalb kann sich nach einiger Zeit zeigen, dass die Unternehmung zu einem zu niedrigen Wert auf den privatrechtlichen Rechtsträger übergegangen ist. Dies würde steuerlich dazu führen, dass stille Reserven, die im steuerfreien Bereich entstanden sind, nachträglich beim privatrechtlichen Rechtsträger besteuert werden. Um dies zu verhindern, muss bei offenkundigen und nachgewiesenen Bewertungsschwierigkeiten eine **nachträgliche Steuerbilanz** oder eine Korrektur der ursprünglichen Steuerbilanz zugelassen werden (in diesem Sinne SIMONEK, FStR 2002, 7). 36

cd) Beteiligungen im Besonderen

Handelt es sich beim aufnehmenden Rechtsträger um eine Kapitalgesellschaft oder Genossenschaft, so kann diese auf Beteiligungserträgen den **Beteiligungsabzug** in Anspruch nehmen. Vorausgesetzt wird, dass sie zu mindestens 20% am Grund- oder Stammkapital einer anderen Gesellschaft beteiligt ist oder die Beteiligung einen Verkehrswert von mindestens CHF 2 Mio. ausmacht (Art. 69 DBG). Eine Mindesthaltedauer ist nicht vorgesehen, weshalb der Beteiligungsabzug für sämtliche Beteiligungserträge zur Verfügung steht, die ab Eintritt der Steuerpflicht fällig werden. 37

Kapitalgewinne auf Beteiligungen gelten dann als steuerlich privilegierter Beteiligungsertrag, wenn die Beteiligung mindestens 20% am Grund- oder Stammkapital der anderen Gesellschaft ausmacht und als solche während mindestens eines Jahres im Besitze der Kapitalgesellschaft oder Genossenschaft war (Art. 70 Abs. 4 lit. b DBG). Ein steuerlich privilegierter Kapitalgewinn liegt zudem nur dann vor, wenn der Veräusserungserlös die **Gestehungskosten** einer Beteiligung übersteigt (Art. 70 Abs. 4 lit. a DBG). Die Gestehungskosten entsprechen im Wesentlichen den Anschaffungskosten (näher zum Begriff der Gestehungskosten vgl. ESTV-DVS, KS 9 vom 9.7.1998, Ziff. 2.5). Die Gestehungskosten einer Beteiligung von mindestens 20%, die im Zuge einer Fusion eines Institutes des öffentlichen Rechts auf eine Kapitalgesellschaft oder Genossenschaft übergeht, entsprechen dem Verkehrswert der Beteiligung im Zeitpunkt der Fusion, weil die Beteiligung zu diesem Zeitpunkt in den steuerbaren Bereich eintritt (vgl. auch ESTV-DVS, KS 5 vom 1.6.2004, Beispiel Nr. 8 im Anhang I). Selbstverständlich sind die ab diesem Zeitpunkt getätigten Investitionen in diese Beteiligung und die Desinvestitionen bei der Bestimmung der Gestehungskosten ebenfalls zu beachten. Die Mindest- 38 haltedauer von einem Jahr muss konsequenterweise ab Fusionszeitpunkt zu laufen beginnen, wenn nicht die erste Steuerperiode auf den Übernahmestichtag zurückbezogen wird (vgl. dazu nachstehend N 39 f.). Damit ist zugleich gesagt, dass alle bei einer nach den Art. 99 ff. FusG abgewickelten Fusion übergehenden Beteiligungen bei der übernehmenden Kapitalgesellschaft oder Genossenschaft so genannte Neu-Beteiligungen darstellen, auch wenn das Institut des öffentlichen Rechts sie vor dem 1.1.1997 erworben hat (vgl. Art. 207a Abs. 1 DBG).

ce) Zeitpunkt des Eintritts in die Steuerpflicht

39 Der Eintritt des bisherigen Institutes des öffentlichen Rechts in die **Steuerpflicht** beginnt mit der zivilrechtlichen Wirksamkeit der Fusion. Diese ist auf den Zeitpunkt des Eintrags der Fusion im Handelsregister anzusetzen (Art. 100 Abs. 1 Satz 1 i.V.m. Art. 22 Abs. 1 FusG).

40 Falls mit der Fusion die Vermögenswerte **rückwirkend auf den Stichtag** der Übernahmebilanz übernommen werden, was vom Rechnungswesen her nicht anders bewerkstelligt werden kann, so wird nach der Verwaltungspraxis der Beginn der Steuerperiode grundsätzlich auf diesen Zeitpunkt zurückbezogen. Für diese Lösung sprechen praktische Erwägungen. Allerdings gelten die noch im steuerfreien Bereich erwirtschafteten Gewinne und Verluste zwischen dem rückwirkend festgesetzten Übernahmestichtag und der Rechtswirksamkeit der Fusion als beim übernehmenden Rechtsträger erwirtschaftet und damit als steuerbar, wofür eine Rechtsgrundlage fehlt. Dem übernehmenden Rechtsträger muss deshalb die Möglichkeit offen stehen, für Steuerzwecke eine Zwischenbilanz per Zeitpunkt des Handelsregistereintrages zu erstellen, um den steuerbefreiten vom steuerbaren Bereich exakt abzugrenzen (anders offenbar ESTV-DVS, KS 5 vom 1.6.2004, Ziff. 4.2.5.2.1).

cf) Verluste

41 Verluste, die im steuerbefreiten Bereich erwachsen sind, können nicht als verrechenbare Verlustvorträge übernommen werden (vgl. auch ESTV-DVS, KS 5 vom 1.6.2004, Ziff. 4.2.5.2.2). Sofern die Fusion steuerlich rückwirkend erfolgt, sind die laufenden Verluste der entsprechenden Steuerperiode dem übernehmenden Rechtsträger zuzurechnen (N 40).

2. *Einkommenssteuer*

42 Bei Umstrukturierungen von Instituten des öffentlichen Rechts mag es nicht unbedingt auf der Hand liegen, aber dennoch müssen die **Rechtsbeziehungen** zwischen dem Institut und den – hier typischerweise – natürlichen Personen und die daraus resultierende einkommenssteuerliche Würdigung beleuchtet werden. Die Rechtsbeziehung einer natürlichen Person zu einem Institut des öffentlichen Rechts lässt sich im Wesentlichen auf zwei Grundformen reduzieren. Bei körperschaftlich ausgestalteten Instituten des öffentlichen Rechts ist sie mitgliedschaftlicher Natur, bei Anstalten öffentlichen Rechts ist sie als Benutzungsverhältnis ausgestaltet. Diese Rechtsbeziehung kann mit dem Genuss unentgeltlicher oder verbilligter Leistungen verbunden sein (z.B. Besuch einer subventionierten Bildungsstätte bei nicht kostendeckenden Beiträgen).

43 Der **Benutzer** erhält somit einen geldwerten Vorteil, denn er hätte die Leistung des öffentlichrechtlichen Institutes ansonsten zu einem höheren Preis von anderen Anbietern erwerben müssen, sofern solche überhaupt vorhanden sind. Derartige Leistungen werden jedoch in der Regel einkommenssteuerlich nicht erfasst (vgl. auch ESTV-DVS,

KS 5 vom 1.6.2004, Ziff. 4.2.5.6). Insbesondere liegt darin mangels einer entsprechenden arbeits- oder beispielsweise auftragsrechtlichen Verpflichtung des Steuerpflichtigen kein Einkommen aus selbständiger oder unselbständiger Erwerbstätigkeit. Beteiligungsertrag ist auch nicht gegeben, weil der Benutzer nicht an einer Kapitalgesellschaft oder Genossenschaft beteiligt ist. In der unentgeltlichen oder verbilligten Nutzung von Leistungen einer Institution des öffentlichen Rechts kann schliesslich auch kein übriges Einkommen gemäss Art. 7 Abs. 1 StHG bzw. Art. 16 Abs. 1 DBG erblickt werden. Beim Einkommenssteuerpflichtigen werden immer nur die tatsächlichen Vermögenszugänge erfasst (LOCHER, Kommentar DBG, Art. 16 N 23).

44 Der Benutzer von Leistungen eines öffentlichrechtlichen Institutes muss daher nicht damit rechnen, dass diese konsumierten Leistungen unter die Einkommenssteuer fallen, wenn das öffentlichrechtliche Institut keinen kostendeckenden Preis für seine Leistungen fordert. Es handelt nicht freiwillig, sondern erbringt seine Leistungen im öffentlichen Interesse. In solchen Situationen wird von der Besteuerung eines Einkommens beim Empfänger abgesehen (vgl. im Zusammenhang mit der Erhebung der Verrechnungssteuer BGE 107 Ib 325, 328 = ASA 51 [1982/83], 538, 544 f.; BGer 24.10.1986, ASA 56 [1987/88], 244, 249; STOCKAR, ASA 53 [1984/85], 177 ff.).

45 Aus diesem Grund wird bei Weiterführung des bisherigen Betriebs des Institutes des öffentlichen Rechts in einem privatrechtlichen Kleid kein Einkommen beim Bezüger von subventionierten Dienstleistungen besteuert. Falls es aber im Rahmen einer Umstrukturierung beispielsweise zur Einräumung von Beteiligungsrechten oder Ausgleichszahlungen zu Gunsten der Mitglieder oder Benutzer kommt, können diese einkommenssteuerlich relevante Tatbestände darstellen.

3. Grundstückgewinnsteuer

a) Steuerbefreiung

46 Auch bei der **Grundstückgewinnsteuer** muss in einem ersten Schritt geprüft werden, ob das fusionierende Institut des öffentlichen Rechts einen Steuerbefreiungstatbestand in Anspruch nehmen kann. Nachdem der Bund keine Grundstückgewinnsteuer erhebt, ist nur die Befreiung von den kantonalen und kommunalen Steuern zu untersuchen.

47 Die Eidgenossenschaft sowie ihre Anstalten, Betriebe und unselbständigen Stiftungen sind auf Grund von **Art. 62d RVOG** (früher Art. 10 Abs. 1 GarG; N 17) von der Grundstückgewinnsteuer mit Ausnahme der Liegenschaften, die nicht unmittelbar öffentlichen Interessen dienen, ausgenommen. In der Praxis werden jedoch über den Wortlaut hinaus auch Liegenschaften von dieser Befreiungsnorm erfasst, die nicht der unmittelbaren Verfolgung öffentlicher Zwecke dienen (BGE 111 Ib 6, 8 = StR 1987, 230, 232; DÜRR, ST 2000, 239; SIMONEK, Steuerrechtliche Aspekte, 102; STAUDT, FStR 2002, 290; RICHNER/FREI/KAUFMANN, Kommentar ZH, § 218 N 6). Soweit Art. 62d RVOG (bzw. vormals Art. 10 Abs. 1 GarG) nicht anwendbar ist, nämlich bei selbständigen Stiftungen und bei spezialgesetzlichen Gesellschaften (N 14 f.), gilt es auch bei den Grundstückgewinnsteuern, allfällige spezialgesetzliche Grundlagen im Hinblick auf eine Steuerbefreiung zu konsultieren. Im Zusammenhang mit dem SBBG wird die Steuerbefreiung neuerdings enger beurteilt (N 15; BGE 130 I 96, 100 ff. = StE 2004 A 43 Nr. 2; BGer 23.12.2003, ZStP 2004, 45, 51 f.; VGer ZH 18.12.2002, RB 2002 Nr. 121; RK III ZH 11.7.2001, StR 2002, 254).

48 Die Befreiung der **Kantons- und Gemeindekörperschaften** und deren Anstalten beurteilt sich nach kantonalem Recht (z.B. § 218 lit. b des Steuergesetzes des Kantons Zürich vom 8.6.1997, LS 631.1; Art. 127 lit. b und c des Steuergesetzes des Kantons Bern

vom 21.5.2000, BAG 666.11). Dabei ist es regelmässig eine Voraussetzung für die Steuerbefreiung, dass das veräusserte Grundstück unmittelbar öffentlichen Zwecken gedient hat (z.B. Schulhaus; RICHNER/FREI/KAUFMANN, Kommentar ZH, § 218 N 9 ff. m.w.H.). Für reine Kapitalanlageliegenschaften kommt diesfalls die Steuerbefreiung nicht in Frage (RICHNER/FREI/KAUFMANN, Kommentar ZH, § 218 N 11 f.). Bei gemischter Nutzung kann eine teilweise Steuerbefreiung Platz greifen (VGer ZH 30.10.1996, RB 1996 Nr. 54).

49 Das Vorliegen eines Befreiungstatbestandes bedeutet, dass der bis zur Überführung entstandene Wertzuwachs in jedem Fall steuerfrei ist und bei der Fusion deshalb keine Grundstückgewinnsteuer anfällt. Wenn der übernehmende Rechtsträger ebenfalls von der Grundstückgewinnsteuer steuerbefreit ist, bleibt auch der künftige Wertzuwachs steuerfrei. Wenn hingegen der Übernehmer des Grundstücks dafür bei der Grundstückgewinnsteuer steuerpflichtig ist, dann ist die künftige Wertsteigerung latent der Steuer unterworfen. Für den steuerpflichtigen Erwerber ist derjenige Wert als Erwerbspreis massgebend, auf welchem der Veräusserer steuerpflichtig gewesen wäre. Massgebend ist somit der Verkehrswert der Liegenschaft im Zeitpunkt der Überführung. Es empfiehlt sich deshalb, den Verkehrswert im Zeitpunkt der Übertragung mit den Steuerbehörden festzulegen. Grundlage dafür wird in der Regel der Inventarwert sein (Art. 100 Abs. 2 FusG). Die anrechenbare Haltedauer beginnt per Übernahmestichtag zu laufen (DÜRR, ST 2000, 240; LOCHER, BTJP 1997, 248; SIMONEK, Steuerrechtliche Aspekte, 104 ff.). Massgeblich ist somit das Datum des Eintrages der Fusion ins Handelsregister (Art. 100 Abs. 1 Satz 1 i.V.m. Art. 22 Abs. 1 FusG).

b) Steueraufschub

50 Falls keine Steuerbefreiung greift, muss in einem zweiten Schritt geprüft werden, ob das fusionierende Institut des öffentlichen Rechts allenfalls einen Steueraufschubstatbestand in Anspruch nehmen kann.

51 In den Kantonen mit **dualistischem System** kommen entweder die gewinnsteuerlichen Regeln und die entsprechenden Umstrukturierungstatbestände direkt zur Anwendung (Art. 24 Abs. 3 StHG) oder die Aufschubsbestimmungen der besonderen Grundstückgewinnsteuer. Der Steueraufschub ist allenfalls auch über den Wortlaut der Bestimmungen hinaus, die sich – noch – oft bloss auf Kapitalgesellschaften und Genossenschaften beziehen, schon nach der Praxis vor Inkrafttreten des FusG zu gewähren. Oftmals dürfte sich jedoch eine solche extensive Auslegung über den Wortlaut hinaus erübrigen, da die grundstückgewinnsteuerlichen Spezialbestimmungen spezifische Aufschubsnormen kennen. So enthält die Luzerner Gesetzgebung einen Steueraufschubstatbestand für Umstrukturierungstatbestände unter Beteiligung juristischer Personen, die öffentliche Zwecke verfolgen (§ 4 Ziff. 5 des Gesetzes des Kantons Luzern über die Grundstückgewinnsteuer vom 31.10.1961, SRL 647). Davon dürften die selbständigen Anstalten und Stiftungen des öffentlichen Rechts erfasst sein.

52 Art. 12 Abs. 4 StHG schreibt den Kantonen, die das **monistische System** anwenden, vor, die in Art. 24 Abs. 3 StHG genannten Tatbestände als steueraufschiebende Veräusserung zu behandeln. Auch hier ist der Steueraufschub schon nach heutiger Praxis über den zu engen Wortlaut der Bestimmungen hinaus, der regelmässig nur Kapitalgesellschaften und Genossenschaften erwähnt, zu gewähren. Dies rechtfertigt sich insbesondere dadurch, dass der Wertzuwachs auf dem Grundstück beim übernehmenden Rechtsträger weiterhin der Steuer verhaftet ist. Ein Steueraufschub hat zur Folge, dass über den bis zum Zeitpunkt der fusionsweisen Überführung eingetretenen Wertzuwachs nicht abgerechnet wird. Der übernehmende Rechtsträger übernimmt dabei die latente Steuer-

pflicht auf dem unter der Eigentumsdauer des steuerpflichtigen Gemeinwesens entstandenen Wertzuwachs. Es ist also auf die Anlagekosten, bestehend aus Anschaffungskosten und den wertvermehrenden Aufwendungen, und hinsichtlich der Haltedauer auf den Erwerbszeitpunkt des fusionierenden Institutes abzustellen (DÜRR, ST 2000, 240; LOCHER, BTJP 1997, 248; SIMONEK, Steuerrechtliche Aspekte, 105 f.).

4. Handänderungssteuern

Handänderungen sind teilweise von der Handänderungssteuer befreit, wenn ein Institut des öffentlichen Rechts als Veräusserer oder Erwerber auftritt (für Grundstücke der Eidgenossenschaft: Art. 62d RVOG, früher Art. 10 Abs. 1 GarG; z.B. § 229 Abs. 3 StG ZH [N 48]). Nach bundesgerichtlicher Rechtsprechung kommt diese Ausnahmebestimmung auch bei Liegenschaften der Eidgenossenschaft, die nicht unmittelbar öffentlichen Zwecken dienen, zur Anwendung (BGE 111 Ib 6, 8 = StR 1987, 230, 232; vgl. aber auch N 17). Die neuere Rechtsprechung zu Art. 21 Abs. 1 SBBG lehnt es dagegen ab, die Steuerbefreiung entgegen dem Wortlaut weit zu fassen, weil die SBB keine Anstalt, sondern eine Aktiengesellschaft sind, weshalb sich eine indirekte Begünstigung nicht mehr rechtfertigt. Veräusserungen von Liegenschaften, die keine notwendige Beziehung zum Betrieb des Unternehmens haben, können deshalb besteuert werden (vgl. N 17; BGE 130 I 96, 104 f. = StE 2004 A 43 Nr. 2; BGer 23.12.2003, ZStP 2004, 45, 51 f.; VGer ZH 18.12.2002, RB 2002 Nr. 121; RK III ZH 11.7.2001, StR 2002, 254; für weitere spezialgesetzliche Bestimmungen des Bundesrechts vgl. Art. 103 N 11 f.). **53**

Falls das entsprechende kantonale Steuergesetz eine Befreiungsnorm dieser Art nicht vorsieht, gelangen unter Umständen die für Umstrukturierungen generell vorgesehenen kantonalen Steuerbefreiungstatbestände zur Anwendung (z.B. § 229 Abs. 1 lit. e StG ZH [N 48]; DÜRR, ST 2000, 240 f.; LOCHER, BTJP 1997, 248; SIMONEK, Steuerrechtliche Aspekte, 106 f.). Nach Inkrafttreten von Art. 103 FusG (fünf Jahre nach Inkrafttreten des FusG auf den 1.7.2009; Art. 111 Abs. 3 FusG) sind Umstrukturierungen ungeachtet einer allfälligen Befreiung von der subjektiven Steuerpflicht bei den direkten Steuern generell handänderungssteuerfrei möglich, wenn die Voraussetzungen von Art. 8 Abs. 3 und Art. 24 Abs. 3 und 3^{quater} StHG sinngemäss vorliegen (Art. 103 N 15 ff., insb. 19). Vorbehalten bleiben kostendeckende Gebühren (Art. 103 N 35 ff.). **54**

5. Verrechnungssteuer

In der Regel sind Institute des öffentlichen Rechts nicht verrechnungssteuerpflichtig, weshalb die Fusion keine Steuerfolgen zeitigt (vgl. auch ESTV-DVS, KS 5 vom 1.6.2004, Ziff. 4.2.5.3). Indessen ist zu beachten, dass jede geldwerte Leistung an Inhaber gesellschaftsrechtlicher Beteiligungsrechte oder an ihnen nahestehende Personen, die nicht eine Kapitalrückzahlung darstellt, der Verrechnungssteuer unterliegt (Art. 4 Abs. 1 lit. b VStG). Der Verrechnungssteuer unterworfen sind insbesondere auch inländische Institute des öffentlichen Rechts, die Aktien, Partizipationsscheine oder Genussscheine herausgegeben haben (PFUND, Art. 4 N 3.2, 3.26). Als Partizipationsscheine im Besonderen gelten verbriefte Anrechte auf einen Anteil am Gewinn des betreffenden Instituts (SRK 5.11.1996, ASA 66 [1997/98], 77, 81 ff., hinsichtlich Umsatzabgabe). Solche Anrechte werden namentlich von **Kantonalbanken** herausgegeben, die gemäss dem jeweiligen kantonalen Recht als selbständige Anstalten des öffentlichen Rechts organisiert sein können. Der für Fusionen vorgesehene Tatbestand von Art. 5 Abs. 1 lit. a VStG, welcher eine verrechnungssteuerbefreite Übertragung von Reserven vom übertragenden auf den aufnehmenden Rechtsträger zuliesse, passt streng nach Wortlaut nicht auf Institute des öffentlichen Rechts («Reserven und Gewinne einer Kapitalgesellschaft gemäss **55**

[Art. 49 Abs. 1 lit. a DBG]»; in ursprünglicher Fassung «Reserven und Gewinne einer Aktiengesellschaft, Gesellschaft mit beschränkter Haftung oder Genossenschaft», vgl. vor Art. 3 N 192 f.). Die Ausnahmebestimmung von Art. 5 Abs. 1 lit. a VStG sollte jedoch in weiter Auslegung auch auf verrechnungssteuerpflichtige Institute des öffentlichen Rechts Anwendung finden und somit eine verrechnungssteuerfreie Übertragung vom Institut des öffentlichen Rechts auf einen privatrechtlichen Rechtsträger zulassen (in diesem Sinne LOCHER, BTJP 1997, 247).

56 Falls durch die aufnehmende Kapitalgesellschaft neu geschaffene Beteiligungsrechte ohne Entgelt an Dritte abgegeben werden, stellt dies eine **geldwerte Leistung** der aufnehmenden Kapitalgesellschaft dar, welche als Ausgabe von Gratisaktien der Verrechnungssteuer unterliegt (Art. 20 VStV; LOCHER, BTJP 1997, 247). Wenn es im Zuge der Fusion zur Schaffung von (zusätzlichem) Nennwert kommt, könnte dies ebenfalls als steuerbare Schaffung von Gratisaktien angesehen werden (**a.M.** LOCHER, BTJP 1997, 247). In beiden Fällen kann allenfalls das Meldeverfahren in Anspruch genommen werden (vor Art. 3 N 179 ff., 182).

57 Die künftigen Gewinnausschüttungen des als Kapitalgesellschaft oder Genossenschaft mit Anteilsscheinen ausgestalteten Trägers (Art. 4 Abs. 1 lit. b VStG) unterliegen der Verrechnungssteuer (LOCHER, BTJP 1997, 253; SIMONEK, Steuerrechtliche Aspekte, 110). Genossenschaften ohne Anteilscheine, Vereine oder Stiftungen sind bei der Verrechnungssteuer nicht steuerpflichtig (vor Art. 3 N 152). Wenn die Verrechnungssteuerpflicht gegeben ist, werden sämtliche Reserven des Institutes, die nicht ins Nennkapital des aufnehmenden Rechtsträgers übergehen, latent der Verrechnungssteuer unterworfen. Eine Steuerbilanz für die Zwecke der Verrechnungssteuer ist nicht vorgesehen (vor Art. 3 N 154). Der Empfänger der steuerbaren Leistung kann die Verrechnungssteuer bei Erfüllen der gesetzlichen Voraussetzungen zurückfordern (vor Art. 3 N 166). Auf subventionierten Leistungen ist keine Verrechnungssteuer abzurechnen, auch wenn auf dem Markt allenfalls ein höheres Entgelt zu erzielen wäre (vgl. N 42 ff. m.w.H.).

6. Emissionsabgabe

58 Die **Befreiung** von der Emissionsabgabe gemäss Art. 6 Abs. 1 lit. a^{bis} StG kommt bei der Fusion eines Institutes des öffentlichen Rechts in einen privatrechtlichen Rechtsträger nicht zum Zuge, weil jene Bestimmung nur die Fusion zwischen Kapitalgesellschaften erfasst. Allenfalls kann unter den engen Voraussetzungen von Art. 6 Abs. 1 lit. a StG eine Befreiung erwirkt werden (vgl. vor Art. 3 N 248; ZK-LUDWIG, Institute des öffentlichen Rechts: Steuern, N 6; STAUDT, FStR 2002, 289). Gemäss dem neuen Art. 9 Abs. 1 lit. e StG, der eine **Reduktion** der Steuer bewirkt, beträgt die Emissionsabgabe auf im Rahmen einer Fusion eines Unternehmens des öffentlichen Rechts geschaffenen Beteiligungsrechten 1% des neu geschaffenen Nennwertes, wenn der bisherige Rechtsträger, d.h. das Institut des öffentlichen Rechts, bereits während mindestens fünf Jahren bestand und die Beteiligungsrechte in den fünf auf die Fusion folgenden Jahren nicht veräussert werden. Dabei gilt die Freigrenze gemäss Art. 6 Abs. 1 lit. h StG, soweit sie noch nicht beansprucht worden ist. Wenn der bisherige Rechtsträger jünger als fünf Jahre war, bemisst sich die Emissionsabgabe auf dem Verkehrswert des eingebrachten Vermögens samt etwaigem Goodwill (Art. 8 Abs. 1 lit. a StG).

59 Wenn bei der Fusion Art. 9 Abs. 1 lit. e StG Anwendung gefunden hat, und später die **Sperrfrist** verletzt wird, ist die Steuer auf der höheren Bemessungsgrundlage nachzuentrichten. Bemessungsgrundlage der Steuer bildet die Differenz zwischen dem Verkehrswert der übertragenen Vermögenswerte und dem bereits versteuerten Nennwert der bei der Fusion geschaffenen Aktien. Die Besteuerung erfolgt im Verhältnis zur Quote

der veräusserten Beteiligungsrechte. Dies gilt auch dann noch, wenn mehr als 50% der Beteiligungsrechte veräussert werden (ESTV-DVS, KS 5 vom 1.6.2004, Ziff. 4.2.5.4; vor Art. 3 N 242 ff.).

Die Regelung von Art. 9 Abs. 1 lit. e StG wurde im **Gesetzgebungsverfahren** mit Überlegungen zur Gleichbehandlung begründet. Die Arbeitsgruppe Steuern erwog, dass die von der Befreiung gemäss Art. 6 Abs. 1 lit. a^{bis} StG profitierenden Kapitalgesellschaften und Genossenschaften in den meisten Fällen nur eine Emissionsabgabe auf dem nominellen Kapital hatten entrichten müssen, und schlug deshalb vor, die Emissionsabgabe künftig nur noch auf dem Nennwert der neu geschaffenen Beteiligungsrechte zu erheben (Bericht Steuern 1, 9 f., 48). Der Bundesrat lehnte den Vorschlag der Arbeitsgruppe Steuern ab (Botschaft, 4379). Der Ständerat kam indessen darauf zurück und fügte Art. 9 Abs. 1 lit. e StG ein, der mit einigen Modifikationen (Einbezug Einzelfirmen; Steuersatz; Sperrfrist) auf den Vorschlag der Arbeitsgruppe Steuern zurückgeht (Mitbericht WAK StR, 13; AmtlBull StR 2001, 162 ff.). Der Nationalrat schloss sich dann der ständerätlichen Fassung an (Mitbericht WAK NR, 9 f.; AmtlBull NR 2003, 251 ff.). 60

Beide Bestimmungen bevorzugen somit Umstrukturierungen gegenüber Kapitalerhöhungen, die nicht im Rahmen eines Umstrukturierungstatbestandes erfolgen. Diesfalls ist die Emissionsabgabe auf dem Betrag, welcher der Gesellschaft zufliesst, geschuldet (Art. 8 Abs. 1 lit. a StG). Das gesetzgeberische Motiv liegt darin, dass eine Fusion, anders als eine Kapitalerhöhung, in der Regel keinen Finanzierungsvorgang, sondern eine betrieblich gebotene Restrukturierung darstellt, die nicht steuerlich behindert werden soll. 61

Eine Benachteiligung bestimmter Institute des öffentlichen Rechts kann sich dann ergeben, wenn diese **Partizipationsscheine** ausstehend haben, die der Emissionsabgabe unterworfen waren. Art. 9 Abs. 1 lit. e StG würde hier keine Gleichstellung mit den privatrechtlichen Rechtsträgern bringen. Vielmehr rechtfertigt sich eine vollständige Befreiung der bereits bestehenden Beteiligungsrechte (LOCHER, BTJP 1997, 246). Insofern muss Art. 6 Abs. 1 lit. a^{bis} StG sinngemäss angewendet werden. 62

Wird bei einer Fusion eines Institutes des öffentlichen Rechts auf die Ausgabe neuer Beteiligungsrechte verzichtet, kommt Art. 9 Abs. 1 lit. e StG nach seinem Wortlaut nicht zur Anwendung, weil dieser die Bemessung der Emissionsabgabe bei der Begründung und Erhöhung von Beteiligungsrechten definiert. Die Annahme eines emissionsabgabepflichtigen Zuschusses (Art. 5 Abs. 2 lit. a StG), der zum Verkehrswert zu versteuern wäre (Art. 8 Abs. 1 lit. b StG), rechtfertigt sich jedoch nach der hier vertretenen Meinung nicht. Die Praxis zu Art. 6 Abs. 1 lit. a^{bis} StG im Zusammenhang mit verbundenen Unternehmungen hat vielmehr analog Anwendung zu finden. Die Befreiung von Art. 6 Abs. 1 lit. a^{bis} StG wird bei Fusionen auch dann gewährt, wenn keine Kapitalerhöhung durchgeführt wird. Nachdem sowohl Art. 6 Abs. 1 lit. a^{bis} StG als auch Art. 9 Abs. 1 lit. e StG nach ihrem Wortlaut lediglich die Begründung oder Erhöhung von Beteiligungsrechten erfassen, steht einer entsprechenden Anwendung von Art. 9 Abs. 1 lit. e StG nichts im Wege. Die Annahme eines emissionsabgabepflichtigen Zuschusses würde zudem auch zu einer unbotmässigen Benachteiligung gegenüber denjenigen Gesellschaften führen, die im Rahmen einer Fusion eine minimale Erhöhung ihres Nominalkapitals vornehmen. 63

7. Umsatzabgabe

a) Anwendungsbereich von Art. 14 Abs. 1 lit. i StG

64 Steuerobjekt der Umsatzabgabe ist die entgeltliche Übertragung von Eigentum an steuerbaren Urkunden unter Beteiligung eines Effektenhändlers als Vertragspartei oder Vermittler (Art. 13 Abs. 1 StG). Sofern bei der Fusion eines Institutes des öffentlichen Rechts mit einer privatrechtlichen Körperschaft keine steuerbaren Urkunden im Sinne von Art. 13 Abs. 2 StG (vor Art. 3 N 260 ff.) übertragen werden, fällt die Umsatzabgabe von vornherein ausser Betracht.

65 Der **Bund**, die **Kantone** und die **politischen Gemeinden** sind gemäss Art. 13 Abs. 3 lit. f StG (in Kraft bis 31.12.2005) immer Effektenhändler. Nach der Praxis der Eidgenössischen Steuerverwaltung erstreckt sich die Steuerpflicht auch auf die selbständigen Anstalten des jeweiligen Gemeinwesens, womit eine Art Konzernbetrachtung angestellt wird. In den vorliegenden Konstellationen ist somit – jedenfalls unter der Herrschaft des befristeten Art. 13 Abs. 3 lit. f StG – immer eine Effektenhändlerin als übertragende Partei an der Fusion beteiligt. Wenn die übertragende Partei keine Effektenhändlerin sein sollte, muss geprüft werden, ob die aufnehmende Gesellschaft allenfalls unter diesen Begriff fällt (vor Art. 3 N 253 ff.).

66 Gemäss dem durch das FusG neu eingefügten Art. 14 Abs. 1 lit. i StG sind die mit Umstrukturierungen, insbesondere mit Fusionen, verbundenen Übertragungen steuerbarer Urkunden von der Umsatzabgabe ausgenommen (im Sinne von befreit). Der in Art. 14 Abs. 1 lit. i StG verwendete Begriff der «Unternehmung» bedeutet keine Einschränkung des Anwendungsbereiches auf Effektenhändler, die einen Betrieb o.ä. unterhalten. Wie sich aus den Materialien ergibt, bezweckt diese Bestimmung, dass sämtliche Umstrukturierungen von Effektenhändlern gemäss Art. 13 Abs. 3 StG von der Umsatzabgabe befreit werden (Bericht Steuern 1, 10 f.; Botschaft, 4380; AmtlBull NR 2003, 253). Im Bereich der Umsatzabgabe spielt das Betriebskriterium auch sonst keine Rolle. «Unternehmung» im Sinne von Art. 14 Abs. 1 lit. i StG meint deshalb jeden Rechtsträger, der gemäss FusG umstrukturiert werden kann.

b) Verhältnis zu Art. 14 Abs. 1 lit. b StG

67 Der neue Art. 14 Abs. 1 lit. i StG ist nur vor dem Hintergrund der bisherigen, umstrittenen Rechtslage zum Anwendungsbereich von Art. 14 Abs. 1 lit. b StG verständlich, welcher die Steuerfreiheit der Sacheinlagen von steuerbaren Urkunden zwecks Liberierung von in- und neu auch ausländischen Aktien etc. festsetzt.

68 Gemäss bisheriger Praxis gelten Fusionen, die unter Beteiligung eines Effektenhändlers (Art. 13 Abs. 3 StG) mit einer Übertragung von steuerbaren Urkunden verbunden sind, als entgeltliche Vorgänge im Sinne von Art. 13 Abs. 1 StG, wenn dabei Gutschriften an die Sacheinleger entrichtet oder wenn Drittverpflichtungen übernommen werden, was bei einer Fusion regelmässig der Fall ist. Als Entgelt für die Übertragung der steuerbaren Urkunden wird also die Übernahme der Drittschulden angesehen. Insoweit kommt Art. 14 Abs. 1 lit. b StG (Steuerfreiheit der Sacheinlage zur Liberierung inländischer Aktien etc.) nicht zur Anwendung (vgl. dazu das nunmehr aufgehobene [ESTV-DVS, KS 5 vom 1.6.2004, Ziff. 5] Merkblatt S-02.134 der ESTV vom 1.4.1993 betreffend die Umsatzabgabe «Weisung für Fusionen, fusionsähnliche Tatbestände, Umwandlungen und Abspaltungen mit steuerbaren Urkunden», ASA 62 [1993/94], 384 ff.).

69 Diese Praxis wird damit begründet, dass gemäss bundesgerichtlicher Rechtsprechung Art. 14 Abs. 1 lit. b StG, welcher die Befreiung von Sacheinlagen von der Umsatzabgabe

vorsieht, nicht zur Anwendung gelange, soweit die Übertragung von steuerbaren Urkunden nicht zur ausschliesslichen Liberierung der neu geschaffenen Beteiligungsrechte diene (BGE 108 Ib 450, 457 f. = ASA 52 [1983/84], 374, 378 ff. = StR 1985, 170, 172 ff.). Der vom Bundesgericht beurteilte Fall betraf die Absorption einer Tochtergesellschaft, wobei im Umfang der Beteiligung der absorbierenden Muttergesellschaft keine Kapitalerhöhung stattfand. Das Bundesgericht lehnte es ab, Art. 14 Abs. 1 lit. b StG auf diesen Fall direkt oder sinngemäss anzuwenden, sondern hielt fest, dass die Voraussetzungen dieser Bestimmung gerade nicht erfüllt seien. Art. 14 Abs. 1 lit. b StG diene dazu, dass für die gleiche Operation nicht sowohl die Emissions- als auch die Umsatzabgabe bezahlt werden müsse. Das Entgelt bestehe darin, dass die übernehmende Gesellschaft die Passiven der übertragenden Gesellschaft übernommen habe, wobei nur derjenige Anteil an übernommenen Verpflichtungen gegenüber Dritten als Entgelt für die übertragenen steuerbaren Urkunden angesehen werden dürfe, welcher dem Verhältnis ihres Wertes zu den gesamten übernommenen Aktiven entspreche.

Mit dem Inkrafttreten der Befreiung von Umstrukturierungen von der Emissionsabgabe (per 1.4.1993) dehnte die Eidgenössische Steuerverwaltung ihre bisherige Praxis auf alle Fälle von Umstrukturierungen aus, bei denen auf Grund von Art. 6 Abs. 1 lit. a^{bis} StG keine Emissionsabgabe zu entrichten war (vgl. das in N 68 zitierte Merkblatt). Vor Einfügung von Art. 6 Abs. 1 lit. a^{bis} StG war es lediglich zu einer Reduktion der Emissionsabgabe gekommen (früherer Art. 9 Abs. 1 lit. a StG [AS 1974, 15]; vgl. BGer 5.2.1996, ASA 65 [1996/97], 666, 668). **70**

Die Steuer ist wie folgt zu ermitteln (vgl. das in N 68 zitierte Merkblatt, Ziff. A/I. und II., und nunmehr ESTV-DVS, KS 5 vom 1.6.2004, Ziff. 4.3.6): Zunächst werden die gesamten übergehenden Aktiven (zu Buchwerten) ins Verhältnis zu den steuerbaren Urkunden gesetzt. Die Höhe der übernommenen Drittverpflichtungen wird mit dem prozentualen Anteil der steuerbaren Urkunden an den Gesamtaktiven multipliziert. Das Ergebnis entspricht dem steuerbaren Entgelt. Der Steuersatz bestimmt sich nach dem Anteil der in- und ausländischen am gesamten Bestand an steuerbaren Urkunden, indem das massgebende Entgelt auf Grund der Buchwerte proportional aufzuteilen ist. **71**

Im Fall der **Berner Kantonalbank** hatte das Bundesgericht den durch ein kantonales Gesetz erfolgten Zusammenschluss von zwei kantonalen öffentlichrechtlichen Anstalten zu beurteilen. Es bestätigte seine bisherige Rechtsprechung, nach welcher in der Übernahme von Drittverbindlichkeiten ein – anteiliges – Entgelt für die Übertragung von Wertschriften liege. Es hielt insbesondere fest, dass auch ein Eigentumsübergang von Gesetzes wegen als entgeltliches Veräusserungsgeschäft gelten könne (BGer 28.6.1996, ASA 65 [1996/97], 671, 675 f.). Bei der **Sacheinlage eines Versicherungsgeschäftes** in eine Tochtergesellschaft entschied die Eidgenössische Steuerrekurskommission, dass die dem Deckungskapital einer Versicherungsgesellschaft entsprechenden Rückstellungen Verpflichtungen gegenüber Dritten darstellen (SRK 4.5.2001, VPB 65.102 E. 6a = ASA 70 [2001/2002], 774, 775 = StR 2002, 100, 101). **72**

c) Tragweite der Befreiung

Voraussetzung der Befreiung ist das Vorliegen einer «Umstrukturierung, insbesondere einer Fusion, Spaltung oder Umwandlung». Diese Tatbestandsvoraussetzung ist im Wesentlichen gleich formuliert wie Art. 19 Abs. 1 Ingress DBG und Art. 61 Abs. 1 Ingress DBG für die Einkommens- bzw. Gewinnsteuern. Diese Übereinstimmung im Wortlaut und die gemeinsame Entstehung der Bestimmungen legen den Schluss nahe, dass die Befreiung von der Umsatzabgabe gemäss Art. 14 Abs. 1 lit. i StG immer dann greift, wenn der fragliche Vorgang bei den Einkommens- bzw. Gewinnsteuern grundsätzlich **73** steuerneutral abgewickelt werden kann. Für diese Auslegung spricht auch, dass der Ständerat dem Bundesrat empfahl, die Begriffe im Stempelsteuerrecht gleich zu definieren wie im Gewinnsteuerrecht (Mitbericht WAK StR, 15; AmtlBull StR 2001, 168; vgl. ESTV-DVS, KS 5 vom 1.6.2004, Anhang II, 8).

74 Aus den Voraussetzungen von Art. 14 Abs. 1 lit. i StG kann hingegen weder gemäss seinem Wortlaut noch nach seinem Sinn und Zweck auf eine vollständige Identität mit den Steueraufschubstatbeständen der Einkommens- und Gewinnsteuern geschlossen werden. Wenn es beispielsweise zu Aufwertungen im Rahmen einer Spaltung kommt, hat dies Steuerfolgen bei der Einkommens- oder Gewinnsteuer. Eine – allenfalls anteilsmässige – Besteuerung des Vorgangs mit der Umsatzabgabe wäre aber nicht sachgerecht, weil die Aufwertung auch dann den direkten Steuern unterliegen würde, wenn sie nicht im Rahmen einer Umstrukturierung erfolgte. Dasselbe gilt, wenn die Steuerneutralität bei den direkten Steuern ganz oder teilweise verneint werden muss, weil stille Reserven den Bereich der Schweizer Steuern verlassen. Es käme hier zu rechtsungleichen Resultaten, indem je nach dem, ob eine steuerliche Verhaftung durch eine Schweizer Betriebsstätte vorliegt oder nicht, die Umsatzabgabe zu erheben wäre. Eine teilweise oder gar gänzliche Verweigerung der Steuerneutralität auf der Ebene der direkten Steuern wegen Aufwertungen oder wegen Verlassens der Schweizer Steuerhoheit bildet demnach kein Hindernis für die Steuerfreiheit bei der Umsatzabgabe, sofern der Vorgang grundsätzlich als eine steuerneutrale Umstrukturierung gilt. Um so mehr kann eine subjektive Befreiung von den direkten Steuern einer Befreiung von der Umsatzabgabe gemäss Art. 14 Abs. 1 lit. i StG nicht entgegenstehen.

75 Aus Art. 14 Abs. 1 lit. i StG geht im Weiteren nicht hervor, dass für die Zwecke der Umsatzabgabe auf die **Sperrfristenregelung** der direkten Steuern abgestellt werden soll. Anders als Art. 9 Abs. 1 lit. e StG wird keine ausdrückliche Sperrfrist statuiert. Der Verweis auf die Voraussetzungen der Steuerneutralität bei den direkten Steuern ist indirekt und, wie dargestellt, auf einen Teil der Voraussetzungen beschränkt; ein Verweis auf die einschlägigen Art. 19 Abs. 2 und Art. 61 Abs. 2 DBG fehlt. Aus der Gesetzgebungsgeschichte ergeben sich ebenfalls keine Hinweise auf eine Anwendbarkeit der Sperrfristen. Die Eidgenössische Steuerverwaltung bringt die Sperrfristenregelung der direkten Steuern bei der Umsatzabgabe nicht zur Anwendung (ESTV-DVS, KS 5 vom 1.6.2004, Ziff. 2.4.2; anders noch der Entwurf vom 11.2.2004, Ziff. 2.4.2). Dieser Auffassung ist aus den genannten Gründen zuzustimmen.

76 Selbst wenn die Sperrfristen der direkten Steuern auf die Befreiung von der Umsatzabgabe gemäss Art. 14 Abs. 1 lit. i StG angewendet würden, käme es im vorliegenden Kontext zu einer definitiven Befreiung, da die Fusion keiner Sperrfrist unterstellt ist (vgl. Art. 61 Abs. 1 DBG). Sofern die Fusion mit einer Tochtergesellschaft des Gemeinwesens des betreffenden Institutes des öffentlichen Rechts erfolgen sollte, wäre Art. 61 Abs. 2 DBG nicht anwendbar, weil die Übertragungen auf eine Tochtergesellschaft nach den Regeln der Vermögensübertragung erfolgen und nicht nach jenen der Fusion. Eine wirtschaftliche Betrachtungsweise wird im Recht der Stempelabgaben, wo nicht vom Gesetz verlangt, nicht angestellt (vgl. BGer 5.2.1996, ASA 65 [1996/97], 666, 669), so dass auch unter diesem Gesichtspunkt keine Sperrfrist angesetzt werden kann.

8. Mehrwertsteuer

a) Subjektive Steuerpflicht

aa) Steuerpflichtige Einheit

Das Recht der Mehrwertsteuer stellt bei der subjektiven **Steuerpflicht des Bundes, der Kantone und der Gemeinden** nicht auf die juristische Persönlichkeit dieser Gemeinwesen ab, sondern auf die organisatorische Einheit der autonomen Dienststelle (Art. 23 Abs. 1 Satz 1 MWSTG). Der Grundsatz der Einheitlichkeit des Unternehmens, wie er sonst im Bereich der Mehrwertsteuer gilt, ist hier also aufgegeben worden. Ob die Voraussetzungen der Steuerpflicht erfüllt sind, muss bei jeder autonomen Dienststelle gesondert geprüft werden. Dies bedeutet eine Privilegierung der Gemeinwesen, indem viele autonome Dienststellen nicht steuerpflichtig werden, weil sie die Umsatzgrenzen nicht erreichen. Der Nachteil dieser mehrwertsteuerlichen Aufteilung der Gemeinwesen in autonome Dienststellen liegt darin, dass die Innenumsätze der Gemeinwesen grundsätzlich steuerbar sind. Erbringt also eine autonome Dienststelle einer anderen Dienststelle Leistungen, muss hierauf die Mehrwertsteuer abgerechnet werden, sofern nicht ein nach Art. 18 MWSTG ausgenommener Umsatz vorliegt. Weil die Vorsteuern auf den Innenumsätzen oft nur in sehr beschränktem Mass zurückgefordert werden können, bedeutet die Mehrwertsteuer weitgehend eine definitive Belastung für das Gemeinwesen. Dieser Nachteil wird allerdings wiederum dadurch gemildert, dass bedeutende Teile der Innenumsätze auf Grund von Art. 23 Abs. 3 MWSTG nicht steuerbar sind (N 86 ff.).

Der Begriff der **autonomen Dienststelle** ist im Gesetz nicht definiert. Die Verwaltungspraxis stellt auf die Gliederung des Rechnungswesens des betreffenden Gemeinwesens ab, die nach Aufgaben oder Institutionen erfolgt. Eine weitere Unterteilung der autonomen Dienststellen ist nicht möglich (ESTV-MWST, BB 18 Gemeinwesen, 9 f., 48 ff., 53 ff., Anhang 1, Anhang 2).

Andere Institute des öffentlichen Rechts als autonome Dienststellen, also insbesondere **selbständige öffentlichrechtliche Anstalten**, werden generell als einheitliche Steuerpflichtige betrachtet (Art. 23 Abs. 1 Satz 1 MWSTG; ESTV-MWST, BB 18 Gemeinwesen, 12 ff.).

Als Gemeinwesen gelten auch die mit öffentlichrechtlichen Aufgaben betrauten Personen und Organisationen (Art. 23 Abs. 1 Satz 1 MWSTG). Die strenge Verwaltungspraxis folgt in der Anerkennung als Gemeinwesen für Zwecke der Mehrwertsteuer den folgenden kumulativen Erfordernissen (ESTV-MWST, BB 18 Gemeinwesen, 7 f.):

1. Das delegierende Gemeinwesen (Bund, Kanton, Gemeinde) ist mit den rechtlichen Befugnissen ausgestattet, die Tätigkeit in Ausübung hoheitlicher Gewalt zu erbringen;

2. die Ermächtigung zur Delegation der Amtsfunktion (Beleihung) an übrige Institute des öffentlichen Rechts, Personen oder private Organisationen ist gesetzlich geregelt;

3. die Beliehenen sind ermächtigt, in Form einer Verfügung im Sinne von Art. 5 VwVG oder gleichlautender kantonaler verfahrensrechtlicher Bestimmungen im eigenen Namen nicht nur die notwendigen Massnahmen, sondern auch das dafür vom Verfügungsadressaten geschuldete Entgelt (Gebühr oder Beitrag) einzufordern.

Das Bundesgericht hat bislang offen gelassen, ob sämtliche von der Verwaltung aufgestellten Bedingungen erfüllt sein müssen. Es hat indessen bestätigt, dass die betreffende Organisation berechtigt sein muss, in eigenem Namen Verfügungen zu erlassen, ansonsten nicht von einer hoheitlichen Tätigkeit gesprochen werden könne (BGer 24.11.1999,

ASA 69 [2000/2001], 882, 887 f. = StR 2000, 55, 58; vgl. auch N 87 ff. m.w.H.). Das Bundesgericht verlangt zusätzlich, dass kein Wettbewerbsverhältnis zu einem privaten Anbieter besteht (BGer 25.8.2000, ASA 71 [2002/2003], 157, 165 = StR 2001, 55, 58).

ab) Umsatzgrenzen

82 Das Mehrwertsteuerrecht kennt keine Befreiungsnorm für öffentliche Institutionen. Vielmehr kommt es auf eine allenfalls fehlende Gewinnstrebigkeit gerade nicht an (vgl. Art. 21 Abs. 1 Satz 1 MWSTG). Die **Leistungen, die in Ausübung hoheitlicher Gewalt** erfolgen, sind jedoch von der Mehrwertsteuer ausgenommen (N 87 ff.). Zudem sind Gemeinwesen bei Überschreiten der massgeblichen Umsatzgrenzen gemäss Art. 21 ff. MWSTG für ihre nicht-hoheitlichen Lieferungen und Dienstleistungen nur dann steuerpflichtig, wenn die Umsätze aus steuerbaren Leistungen an Nichtgemeinwesen CHF 25 000 pro Jahr übersteigen (Art. 23 Abs. 1 MWSTG; ESTV-MWST, BB 18 Gemeinwesen, 9; CAMENZIND/HONAUER/VALLENDER, Rz 1067 ff.). Somit gelten, Option für Steuerpflicht vorbehalten, folgende Voraussetzungen für die subjektive Steuerpflicht von autonomen Dienststellen etc., die kumulativ erfüllt sein müssen (vgl. auch ESTV-MWST, BB 18 Gemeinwesen, 12 f. und 56, Anhang 3):

1. Steuerbare Umsätze (N 86 ff.) von mehr als CHF 75 000 jährlich (Art. 21 Abs. 1 Satz 1 MWSTG), oder steuerbare Umsätze von mehr als CHF 250 000 jährlich, wenn die nach Abzug der Vorsteuern verbleibende Steuer regelmässig nicht mehr als CHF 4 000 jährlich betragen würde (Art. 25 Abs. 1 lit. a MWSTG).

2. Steuerbare Umsätze mit Nichtgemeinwesen von mehr als CHF 25 000 jährlich (Art. 23 Abs. 1 Satz 1 MWSTG).

ac) Besteuerung als Gruppe oder als Einheit

83 Die Gemeinwesen können für die Besteuerung als einzelne Gruppen optieren (Art. 23 Abs. 4 MWSTG). Gemäss der Verwaltungspraxis ist die **Gruppenbesteuerung bei Gemeinwesen** nur dann möglich, wenn jede einzelne autonome Dienststelle der Gruppe die für die Steuerpflicht massgebenden Umsatzgrenzen überschreitet oder für die Steuerpflicht optiert hat und die betroffenen autonomen Dienststellen auf Grund ihrer funktionalen Gliederung zur gleichen Hauptaufgabe gehören. Für jede Leistung innerhalb einer Gruppe muss detailliert Rechnung gestellt werden, und zwar ohne Ausweis der Steuer. Jede Dienststelle der Gruppe hat eine (interne) Mehrwertsteuerabrechnung zu erstellen, welche durch Kumulierung der Umsätze und Vorsteuern zu einer einzigen Steuerabrechnung verarbeitet wird (ESTV-MWST, BB 18 Gemeinwesen, 10 f. und 57, Anhang 4).

84 Sodann steht den Gemeinwesen die in Art. 23 Abs. 4 MWSTG bloss erwähnte, aber nicht weiter geregelte Möglichkeit offen, als Einheit abzurechnen. Bei der **Einheitsbesteuerung** wird ein Gemeinwesen, welches die Umsatzgrenzen als Gesamtes erreichen muss, als Einheit besteuert. Alle autonomen Dienststellen dieses Gemeinwesens müssen der Einheit angehören. Jede Dienststelle der Einheit hat eine (interne) Mehrwertsteuerabrechnung zu erstellen, welche durch Kumulierung der Umsätze und Vorsteuern zu einer einzigen Steuerabrechnung zu verarbeiten sind (ESTV-MWST, BB 18 Gemeinwesen, 10). Mit der Einheitsbesteuerung können somit die internen Leistungsbeziehungen des Gemeinwesens vom Anwendungsbereich der Mehrwertsteuer ausgenommen werden. Die internen Lieferungen und Dienstleistungen des Gemeinwesens sind allerdings im Rahmen von Art. 23 Abs. 3 MWSTG teilweise nicht steuerbar (N 91 ff.), weshalb das Bedürfnis nach einer vollständigen Elimination der Besteuerung von Innenumsätzen

nicht allzu gross sein dürfte, jedenfalls wenn der Steuervorteil auch mit dem erhöhten Verwaltungsaufwand ins Verhältnis gesetzt wird. Soweit ersichtlich hat die Abrechnung als Einheit bis jetzt keine praktische Bedeutung erlangt.

Die Gruppenbesteuerung nach Art. 22 MWSTG soll gemäss der Verwaltungspraxis nur dann möglich sein, wenn ein als Einheit abrechnendes Gemeinwesen eine oder mehrere andere juristische Personen beherrscht (ESTV-MWST, BB 18 Gemeinwesen, 11). Der Einbezug beispielsweise einer Verwaltungseinheit, die in eine vom Gemeinwesen kontrollierte Aktiengesellschaft ausgegliedert worden ist, in eine Mehrwertsteuer-Gruppe soll also nur bei einer Einheitsbesteuerung möglich sein. Diese gesetzlich nicht vorgesehene Einschränkung erscheint nicht sachgerecht. Wenn die Beteiligung einer autonomen Dienststelle oder einer mehrwertsteuerlichen Gruppe von autonomen Dienststellen zuzuordnen ist, sollte der Gruppe im Sinne von Art. 22 MWSTG nichts entgegenstehen. 85

b) Objektive Steuerpflicht (Steuerbarkeit der Umsätze)

ba) Steuerbare Umsätze

Die Gemeinwesen sind grundsätzlich für alle Umsätze im Sinne von Art. 5 ff. MWSTG steuerpflichtig. Steuerbar sind also die im Inland gegen Entgelt erbrachten Lieferungen und Dienstleistungen. Vorbehalten bleiben die gemäss Art. 18 MWSTG von der Steuer ausgenommenen Umsätze. Diese fallen auch bei der Beurteilung der Umsatzgrenzen für die Steuerpflicht ausser Betracht. Die Ausnahmen sind teilweise weitreichend und insbesondere für die Gemeinwesen von Bedeutung, beispielsweise in den Bereichen des Gesundheitswesens, der Ausbildung, der Kultur etc. Gemeinwesen können selbstverständlich auch für den Bezug von Dienstleistungen von Unternehmen mit Sitz im Ausland steuerpflichtig sein (Art. 24 MWSTG). 86

bb) Leistungen in Ausübung hoheitlicher Gewalt

Art. 23 Abs. 1 Satz 2 MWSTG hält fest, dass die Gemeinwesen für Leistungen, die sie **in Ausübung hoheitlicher Gewalt** erbringen, nicht steuerpflichtig sind, und zwar auch dann nicht, wenn sie für solche Leistungen Gebühren, Beiträge oder sonstige Abgaben erhalten. Art. 23 Abs. 2 MWSTG enthält in lit. a bis p eine beispielhafte Aufzählung von Leistungen, die nicht als hoheitlich, sondern als beruflich oder gewerblich gelten und somit steuerbar sind. Die Liste ist nicht abschliessend, wie der Ingress von Art. 23 Abs. 2 MWSTG durch die einleitende Wendung «namentlich» zu erkennen gibt. Darunter fallen insbesondere Lieferungen von Wasser, Energie usw. (lit. b), die Beförderung von Gegenständen und Personen (lit. c), die Umsätze von betrieblichen Kantinen, Personalrestaurants usw. (lit. l), Tätigkeiten von Vermessungsbüros (lit. n; vgl. BGer 21.6.2000, ASA 70 [2001/2002], 92, 93) und Tätigkeiten auf dem Gebiet der Entsorgung (lit. o; BGE 125 II 480, 484 = ASA 69 [2000/2001], 740, 744). 87

Die Verwaltungspraxis legt den Begriff der hoheitlichen Gewalt eng aus. Er ist insbesondere enger als der Begriff der Erfüllung von öffentlichrechtlichen Aufgaben. Ein Gemeinwesen handelt dann in Ausübung hoheitlicher Gewalt, wenn es einen Entscheid oder eine Verfügung trifft, wodurch eine oder mehrere Personen verbindlich und erzwingbar zu einem Handeln, Unterlassen oder Dulden verpflichtet werden. Die Eidgenössische Steuerverwaltung stellt deshalb darauf ab, ob die in Ausübung hoheitlicher Gewalt handelnde Person oder Organisation ermächtigt ist, in eigenem Namen Verfügungen zu erlassen, gegen die Rechtsmittel ergriffen werden können (ESTV-MWST, BB 18 Gemeinwesen, 7 f., unter Hinweis auf Art. 5 VwVG). Das Bundesgericht hat diese Auslegung (noch für das alte Recht, Art. 17 Abs. 4 MWSTV) geschützt (BGer 88

24.11.1999, ASA 69 [2000/2001], 882, 887 f. = StR 2000, 55, 58; bestätigt durch BGer 18.1.2000, ASA 70 [2001/2002], 163, 170; 21.6.2000, ASA 70 [2001/2002], 92, 93; 3.8.2000, ASA 70 [2001/2002], 764, 769). In einem späteren Entscheid führte das Bundesgericht die weitere Voraussetzung ein, dass das betreffende Gemeinwesen nicht in einem Wettbewerbsverhältnis zu privaten Anbietern stehen dürfe. Ansonsten müsse aus Gründen der Wettbewerbsneutralität eine steuerbare Leistung angenommen werden; diese Lösung stimme auch mit dem europäischen Recht überein (BGer 25.8.2000, ASA 71 [2002/2003], 157, 165 = StR 2001, 55, 58).

89 Nicht als hoheitlich gilt, ausser den oben erwähnten Fällen, die Tätigkeit eines Raumplanungsbüros, welches zwar Verfügungen erlassen kann, dies aber nicht in eigenem Namen tut, sondern namens des Kantons (BGer 24.11.1999, ASA 69 [2000/2001], 882, 888 ff. = StR 2000, 55, 58 ff.). Aus dem selben Grund handelt ein Kaminfegermeister, der Rauchgaskontrollen durchführt, aber selbst keine Verfügungen treffen kann, nicht hoheitlich (BGer 18.1.2000, ASA 70 [2001/2002], 163, 171 ff.). Die Leistungen privatrechtlicher Organe, die AHV- und UVG-Arbeitgeberkontrollen durchführen und die auf die Kontrolle und das Abfassen des Kontrollberichts beschränkt sind, sind steuerbar (BGer 3.8.2000, ASA 70 [2001/2002], 764, 770). Nicht in Ausübung hoheitlicher Gewalt handelt auch ein Verein, welchem von der SUVA durch Vertrag und gegen Entschädigung durch die SUVA die Ausübung von Prüf- und Kontrolltätigkeiten übertragen wird (BGer 26.2.2002, ASA 72 [2003/2004], 226, 230).

90 Die von der Verwaltungspraxis als nicht steuerbar anerkannten Tätigkeiten in Ausübung hoheitlicher Gewalt sind in der einschlägigen Branchenbroschüre aufgeführt (ESTV-MWST, BB 18 Gemeinwesen, Anhang 8, 78 ff., Stichwortverzeichnis 119 ff.). Bereits von Gesetzes wegen gilt die Ausübung von Funktionen der Schiedsgerichtsbarkeit als hoheitlich (Art. 23 Abs. 1 Satz 3 MWSTG). Die von **Kur- und Verkehrsvereinen** im Auftrag von Gemeinwesen zu Gunsten der Allgemeinheit erbrachten Leistungen sind gemäss Art. 23 Abs. 1 Satz 4 MWSTG nicht steuerbar, sofern das Entgelt für diese Leistungen ausschliesslich aus öffentlichrechtlichen Tourismusabgaben stammt. Gemäss der Rechtsprechung liegen in diesen Fällen keine Umsätze in Ausübung hoheitlicher Gewalt vor, sondern von der Steuer ausgenommene Subventionen der öffentlichen Hand. Die unechte Steuerbefreiung der in Art. 23 Abs. 1 Satz 4 MWSTG genannten Leistungen kann deshalb nicht zur Auslegung des Begriffes der Ausübung hoheitlicher Gewalt herangezogen werden (BGer 25.8.2000, ASA 71 [2002/2003], 157, 167 f., 170 f. = StR 2001, 55, 60 ff., 62).

bc) Umsätze mit Gemeinwesen

91 Ist eine autonome Dienststelle nach Art. 23 Abs. 1 MWSTG steuerpflichtig, so hat sie die Umsätze an Nichtgemeinwesen, die gleichartigen Umsätze an andere Gemeinwesen oder Zweckverbände von Gemeinwesen und die gleichartigen Umsätze an andere Dienststellen des eigenen Gemeinwesens zu versteuern, letztere jedoch nur dann, wenn sie die gleichartigen Umsätze zur Hauptsache an Nichtgemeinwesen erbringt (Art. 23 Abs. 3 MWSTG; ESTV-MWST, BB 18 Gemeinwesen, 56, Anhang 3). Diese Regelung, welche die Gemeinwesen gegenüber den privatrechtlich organisierten Rechtsträgern bevorzugt, ist nicht ohne Weiteres verständlich, weil die nicht steuerbaren Umsätze nicht genannt werden.

Steuerliche Behandlung

92 Übersicht über die Steuerbarkeit der Umsätze von subjektiv steuerpflichtigen autonomen Dienststellen gemäss Art. 23 Abs. 3 MWSTG.

	Kategorie	Anteil gleichartiger Leistungen an Nichtgemeinwesen	
		< 50%	> 50%
1	Leistungen an Nichtgemeinwesen	Ja	Ja
2 3 4a 4b	Gleichartige Leistungen an: – andere Gemeinwesen – Zweckverbände von Gemeinwesen – andere Dienststellen des eigenen Gemeinwesens	Ja Ja Nein	Ja Ja Ja
5	Nicht gleichartige Leistungen an andere Gemeinwesen, Zweckverbände von Gemeinwesen und andere Dienststellen des eigenen Gemeinwesens	Nein	Nein

(Ja = steuerbar, sofern nicht gemäss Art. 18 MWSTG von der Steuer ausgenommen; Nein = nicht steuerbar)

93 Der Begriff der Gleichartigkeit ist weit zu fassen. Untereinander gleichartig sind beispielsweise folgende Tätigkeiten (ESTV-MWST, BB 18 Gemeinwesen, 13):

– Bau, Unterhalt und Reinigung von Strassen, Trottoirs, Wegen, Plätzen usw.;
– Gartenpflege, Sträucher/Hecken schneiden, Gärtnerarbeiten und dergleichen;
– Buchführung, Fakturierung, Inkasso, Sekretariatsarbeiten und dergleichen.

94 Die Umstrukturierung von Instituten des öffentlichen Rechts kann also zur Folge haben, dass Leistungen neu mehrwertsteuerpflichtig werden. Privatrechtliche Rechtsträger gelten in aller Regel als Nichtgemeinwesen, weshalb die Umsätze der Kategorien 4b (gleichartige Leistungen an Nichtgemeinwesen von unter 50%) und 5 (nicht gleichartige Leistungen) steuerpflichtig werden. Dies kann auch Rückwirkungen auf die subjektive Steuerpflicht eines Gemeinwesens bzw. einer autonomen Dienststelle haben, indem neu die massgebenden Umsatzgrenzen überschritten werden und deshalb die Steuerpflicht eintritt (näher N 110 ff.).

c) Vorsteuern und Pauschalsteuersätze

95 Insofern eine steuerpflichtige Person Gegenstände oder Dienstleistungen zum Zwecke der Erbringung einer steuerbaren Lieferung oder Dienstleistung verwendet, kann sie die auf den eingekauften Gegenständen und Dienstleistungen entrichteten Vorsteuern in ihrer Steuerabrechnung in Abzug bringen (Art. 38 MWSTG). Insbesondere bei autonomen Dienststellen, die zusätzlich zu steuerbaren auch noch von der Steuer ausgenommene oder hoheitliche Leistungen erbringen oder Subventionen erhalten und somit Kürzungen des Vorsteuerabzuges hinnehmen müssen, ergeben sich Schwierigkeiten bei der Ermittlung der abzugsberechtigten Vorsteuer. Deshalb wird es den Gemeinwesen auf der Grundlage von Art. 58 Abs. 3 MWSTG ermöglicht, die geschuldete Steuer mit Hilfe von **Pauschalsteuersätzen** zu ermitteln und auf die gleichermassen anspruchsvolle und mit hohem Aufwand verbundene Ermittlung der rückforderbaren Vorsteuern zu verzichten. Es handelt sich dabei lediglich um ein Hilfsmittel zur Berechnung der geschuldeten Steuern mittels Pauschalierung der anrechenbaren Steuern und nicht um Steuersätze, wie sie in Fakturen anzugeben sind. Die Pauschalbesteuerung ist mindestens fünf ganze Kalenderjahre beizubehalten (ESTV-MWST, BB 18 Gemeinwesen, 42 ff.).

96 Davon abzugrenzen ist die **Saldosteuersatzmethode** gemäss Art. 59 MWSTG, welche für Gemeinwesen nicht bewilligt werden kann (ESTV-MWST, BB 18 Gemeinwesen, 42 ff.). Die Saldosteuersatzmethode ist in ihrer Funktionsweise mit den erwähnten Pauschalsteuersätzen identisch, beruht jedoch auf einer ausdrücklichen gesetzlichen Grundlage.

d) Fusionsvorgang

da) Übertragung des Vermögens

97 Ist das fusionierende Institut des öffentlichen Rechts mehrwertsteuerpflichtig, stellt der Fusionsvorgang einen steuerpflichtigen Tatbestand dar. Sofern die übernehmende Gesellschaft ihrerseits mehrwertsteuerpflichtig ist oder in der Folge der Übertragung mehrwertsteuerpflichtig wird, muss der Mehrwertsteuerpflicht mit einer Meldung gemäss Art. 47 Abs. 3 MWSTG entsprochen werden (DÜRR, ST 2000, 239; LOCHER, Privatisierung, BTJP 1997, 247; SIMONEK, Steuerrechtliche Aspekte, 110; STAUDT, FStR 2002, 291). Das **Meldeverfahren** setzt die Steuerbarkeit der Übertragung, die beidseitige Steuerpflicht, das Vorliegen eines Reorganisationstatbestandes und den Übergang eines Teil- oder Gesamtvermögens voraus (Art. 47 Abs. 3 MWSTG; ESTV-MWST, MB 11 Meldeverfahren, 3). Die Übertragung ist insofern nicht steuerbar, als eine Ausnahme gemäss Art. 18 MWSTG gegeben ist, was vorab bei der Übertragung von Liegenschaften und von Beteiligungsrechten zutrifft (vgl. auch N 106 f.).

98 Eine Fusion stellt einen Reorganisationstatbestand im Sinne von Art. 47 Abs. 3 MWSTG dar. Die Steuerpflicht kann beim übernehmenden Rechtsträger bereits bestehen oder infolge der Übernahme der fusionierten Institut des öffentlichen Rechts entstehen, weil voraussichtlich die Umsatzgrenzen überschritten werden. Diesfalls beginnt die Steuerpflicht mit der Übernahme des Institutes des öffentlichen Rechts (Art. 28 Abs. 2 MWSTG). Die Voraussetzung, dass ein **Gesamt- oder Teilvermögen** übergeht, dürfte bei einer Fusion regelmässig erfüllt sein, weil sämtliche Aktiven und Passiven des betreffenden Institutes des öffentlichen Rechts übergehen (vgl. ESTV-MWST, MB 11 Meldeverfahren, 4 ff.).

99 Die Meldung ist innert 30 Tagen nach der Übertragung mittels Formular 764 unter Beilage einer Aufstellung der übertragenen Gegenstände und Dienstleistungen mit entsprechenden Buchwerten bzw. effektiven Übertragungswerten bzw. einer allfälligen Übertragungsbilanz einzureichen (ESTV-MWST, MB 11 Meldeverfahren, 8 f.). Das Inventar gemäss Art. 100 Abs. 2 FusG dürfte in der Regel für das Meldeverfahren verwendet werden können.

100 Wenn eine Voraussetzung des Meldeverfahrens nicht erfüllt ist, bildet der Übergang des Vermögens des fusionierten Institutes des öffentlichen Rechts einen steuerbaren Vorgang, soweit nicht eine Ausnahme gemäss Art. 18 MWSTG Platz greift. Das Meldeverfahren kann insbesondere dann nicht in Anspruch genommen werden, wenn der übernehmende Rechtsträger nicht mehrwertsteuerpflichtig ist und auch in der Folge der Übernahme des bisherigen Institutes des öffentlichen Rechts nicht in die Steuerpflicht eintritt. In einem solchen Fall kann sich eine definitive Mehrwertsteuerbelastung ergeben, weil auf dem übertragenen Vermögen die Mehrwertsteuer abzuführen ist, der aufnehmende Rechtsträger aber keine Vorsteuer zurückfordern kann. Massgebend ist der Verkehrswert des übergegangenen Vermögens (vgl. Art. 33 Abs. 2 MWSTG). Um eine solche Konsequenz zu vermeiden, empfiehlt es sich sicherzustellen, dass der überneh-

mende Rechtsträger durch Erzielung steuerbarer Umsätze steuerpflichtig ist oder mit der Übernahme wird, damit das Meldeverfahren angewendet werden kann.

Wenn das übertragende Institut des öffentlichen Rechts nicht steuerpflichtig ist, ist weder eine Abrechnung über die Mehrwertsteuer noch das Meldeverfahren erforderlich. Sofern der übernehmende privatrechtliche Rechtsträger steuerpflichtig ist oder später steuerpflichtig wird und das übernommene Vermögen zur Erzielung steuerbarer Umsätze gebraucht, kann er eine Einlageentsteuerung gemäss Art. 42 Abs. 1 MWSTG geltend machen (vgl. N 104). 101

db) Eigenverbrauchsbesteuerung und Subventionen

Eigenverbrauch gemäss Art. 9 MWSTG liegt im Zusammenhang mit einer Fusion immer dann vor, wenn der übertragende Rechtsträger ganz oder teilweise zum Vorsteuerabzug berechtigt war und der übernehmende Rechtsträger das übernommene Vermögen ganz oder teilweise nicht für steuerbare Zwecke verwendet oder das übernommene Vermögen in höherem Ausmass als der übertragende für einen nicht steuerbaren Zweck verwendet (vgl. ESTV-MWST, MB 11 Meldeverfahren, 12). Nimmt hingegen die Verwendung für steuerbare Zwecke zu, so kann in bestimmten Fällen eine Einlageentsteuerung erfolgen (vgl. N 104). Die Eigenverbrauchssteuer ist vom übernehmenden Rechtsträger geschuldet (Art. 9 Abs. 3 MWSTG). 102

Insoweit der übernehmende Rechtsträger für eine steuerbare Tätigkeit **Subventionen oder andere vergleichbare Beiträge** erhält und er deshalb bezüglich der übernommenen Vermögenswerte nicht voll vorsteuerabzugsberechtigt ist, hat er eine Steuer zu entrichten, die der Vorsteuerkürzung entspricht, die er bei einer Übertragung ohne Meldeverfahren vornehmen müsste. Kann der übernehmende Rechtsträger jedoch nachweisen, dass bereits der übertragende Rechtsträger Vorsteuerkürzungen in mindestens demselben Umfange vorgenommen hatte, entfällt diese Steuer (ESTV-MWST, MB 11 Meldeverfahren, 11). 103

dc) Einlageentsteuerung

Waren die Voraussetzungen des Vorsteuerabzuges beim Empfang einer Lieferung oder Dienstleistung nicht oder nicht vollständig gegeben, treten sie jedoch später ein, so kann der Vorsteuerabzug später nachgeholt werden. Diese spätere Vornahme des Vorsteuerabzuges wird Einlageentsteuerung genannt. Werden Gegenstände oder Dienstleistungen, die im Rahmen einer Fusion bezogen wurden, neu in intensiveren Masse für steuerbare Zwecke verwendet als beim übertragenden Rechtsträger, so kann der übernehmende Rechtsträger eine Einlageentsteuerung gemäss Art. 42 Abs. 1 MWSTG geltend machen (ESTV-MWST, MB 11 Meldeverfahren, 14 f.). Die Einlageentsteuerung kann vom übernehmenden Steuerpflichtigen auch dann beansprucht werden, wenn der Übertragende nicht steuerpflichtig war. 104

dd) Anwendung von Pauschalsteuersätzen

Rechnet der übertragende Steuerpflichtige nach **Pauschalsteuersätzen** ab, können sich im Zusammenhang mit der Anwendung des Meldeverfahrens steuerliche Korrekturen ergeben, wenn bislang während weniger als fünf ganzen Kalenderjahren mit Pauschalsteuersätzen abgerechnet wurde und der übernehmende Rechtsträger nach der effektiven Methode abrechnet. Die dabei durch den übertragenden Rechtsträger geschuldete Steuer ist gemäss Praxis der Eidgenössischen Steuerverwaltung zu berechnen, indem die gesetzlichen Steuersätze auf den Wert des Warenlagers im Zeitpunkt des Wechsels von der 105 effektiven Methode zur Abrechnung mit Pauschalsteuersätzen angewendet werden. Jeder seit diesem Wechsel verstrichene Monat führt zu einer Kürzung der geschuldeten Steuer um 1/60 (ESTV-MWST, MB 11 Meldeverfahren, 10). Der Grund für diese nachträgliche steuerliche Korrektur soll darin liegen, dass der Steuerpflichtige, der von der effektiven Methode auf Pauschalsteuersätze wechselt, die zum Zeitpunkt des Wechsels bereits erworbenen Güter zwei Mal entsteuern kann, nämlich ein Mal bei der Rückerstattung der Vorsteuern unter dem bisherigen Regime der effektiven Methode und ein Mal bei der Anwendung der im Vergleich zu den ordentlichen Steuersätzen als Folge der ausbleibenden Vorsteuerkürzungen geringeren Pauschalsteuersätze. Eine steuerliche Korrektur dieses Vorteils unterbleibt beim Wechsel von der effektiven Methode auf Pauschalsteuersätze. Der daraus für den Steuerpflichtigen resultierende Vorteil wird jedoch teilweise korrigiert, wenn der Steuerpflichtige nicht während fünf Jahren die Pauschalsteuersätze anwendet, sondern das betroffene Vermögen vorher im Meldeverfahren überträgt und der übernehmende Rechtsträger seinerseits nach der effektiven Methode abrechnet. Die Steuerbehörden gehen bei einer Unterschreitung dieser Fünfjahresfrist quasi von einer «unverdienten» Inanspruchnahme dieses Vorteils aus (kritisch dazu BAUMGARTNER, FStR 2001, 54 f.).

de) Liegenschaften

106 Die **Übertragung von Immobilien** wird grundsätzlich in dem Ausmasse ins Meldeverfahren miteingeschlossen, als in Bezug auf diese Liegenschaften für die Mehrwertsteuer optiert wurde. Die Eidgenössische Steuerverwaltung räumt jedoch dem Übertragenden die Möglichkeit ein, wegen Nutzungsänderung die Eigenverbrauchssteuer im Sinne von Art. 9 Abs. 1 lit. b MWSTG auf der zu übertragenden Immobilie zu entrichten, womit diese für die Übertragung im Meldeverfahren ausser Betracht fällt. Auf diese Weise kommt eine Eigenverbrauchsbesteuerung nach Art. 9 Abs. 3 MWSTG beim Übernehmenden bei allfällig anderer Nutzung nicht in Frage. Für den Übernehmenden stellt diese Möglichkeit eine willkommene Vereinfachung dar. Zudem wird dadurch ein Informationsaustausch zwischen dem Übertragenden und Übernehmenden über die entsprechende Transaktion hinaus vermieden, was die Gefahr von Misstönen zwischen den Vertragsparteien generell vermindert und die Abwicklung der Übertragung vereinfacht.

107 Dieses Vorgehen ist dann von Vorteil, wenn bei bestehenden Immobilien bisher kein oder nur ein geringer Vorsteuerabzug zulässig war und der Übernehmende die Immobilie nicht mehr im gleichen Umfang für steuerbare Tätigkeiten nutzt. So entfällt beim Übernehmenden durch die andere Nutzung eine allfällige Eigenverbrauchsbesteuerung im Sinne von Art. 9 Abs. 3 MWSTG, da die Immobilie ausserhalb des Meldeverfahrens übertragen wurde und somit nicht einem Bezug mit Berechtigung zum vollen Vorsteuerabzug gleichzustellen ist (STEIGER, StR 2003, 539).

e) Indirekte mehrwertsteuerliche Folgen der Fusion

ea) Umsätze des fusionierten Institutes des öffentlichen Rechts

108 Das fusionierte Institut des öffentlichen Rechts verändert nach der Fusion die mehrwertsteuerliche Qualifikation der eigenen Leistungen und der Leistungsempfänger. Neu liegen in der Regel Umsätze eines Nichtgemeinwesens an Gemeinwesen vor, wofür keine Ausnahmen von der subjektiven und objektiven Steuerpflicht bestehen. Dies führt dazu, dass Leistungen, die vor der Fusion wegen der Regelung von Art. 23 Abs. 3 MWSTG nicht der Mehrwertsteuer unterlagen, nach der Fusion mehrwertsteuerpflichtig sind, soweit nicht eine Ausnahme nach Art. 18 MWSTG greift. Weil die fusionierte Einheit keine autonome Dienststelle mehr ist, sind alle bisher unter die Kategorien 4b (Leistungen an andere Dienststellen des eigenen Gemeinwesens; weniger als 50% gleichartige Dienstleistungen an Nichtgemeinwesen) und 5 (nicht gleichartige Leistungen an andere Gemeinwesen; N 92) fallenden, nicht steuerbaren Umsätze betroffen.

Als **Beispiel** diene der Fall, dass die bisher als autonome Dienststelle organisierte Informatikabteilung einer grösseren Gemeinde in eine Aktiengesellschaft fusioniert wird: Weil die Informatikabteilung bisher ausschliesslich für die Gemeinde tätig war, unterlagen die Innenumsätze nicht der Steuer. Nach der Fusion werden die Dienstleistungsbezüge der Gemeinde von der ausgelagerten Informatikabteilung mit der Mehrwertsteuer belastet sein. Weil die Gemeinde nur marginal Vorsteuern zurückfordern kann, bildet die Mehrwertsteuer eine definitive Belastung. Die Aktiengesellschaft kann allerdings die Vorsteuern auf den von ihr von Dritten bezogenen Leistungen zurückfordern. 109

eb) Umsätze des Gemeinwesens

Aus Sicht anderer autonomer Dienststellen oder Gemeinwesen, die Leistungen an die fusionierte Einheit erbringen, verändert sich mit der Fusion der Charakter des Leistungsbezügers. Die bisher unter die Kategorien 4b (Leistungen an andere Dienststellen des eigenen Gemeinwesens; weniger als 50% gleichartige Dienstleistungen an Nichtgemeinwesen) und 5 (nicht gleichartige Leistungen an andere Gemeinwesen; N 92) fallenden, nicht steuerbaren Umsätze werden neu objektiv steuerbar, sofern sie nicht gemäss Art. 18 MWSTG von der Steuer ausgenommen sind. 110

Wieweit die Vorsteuern zurückgefordert werden können, beurteilt sich nach den Verhältnissen beim Leistungsempfänger, also beim privatrechtlichen Rechtsträger. Massgeblich ist also insbesondere, ob er Subventionen erhält oder ausgenommene Umsätze (z.B. im Bereich Ausbildung, Gesundheit etc.) erzielt, was zu Vorsteuerkürzungen führen würde (Art. 38 Abs. 4 und Abs. 8 Satz 2 MWSTG). Ob die neu eingetretene Steuerbarkeit von Leistungen anderer Gemeinwesen an das fusionierte Institut eine definitive Belastung darstellt, muss deshalb im Einzelfall festgestellt werden. 111

Es ist auch denkbar, dass eine autonome Dienststelle oder ein anderes Gemeinwesen neu in die Mehrwertsteuer-Pflicht eintritt, indem die Umsatzgrenzen (N 82) wegen der neuen Qualifikation des Leistungsempfängers überschritten werden. Wenn beispielsweise die Rechtsabteilung des Gemeinwesens weiterhin dem fusionierten Institut bzw. jetzt dem privatrechtlichen Rechtsträger Rechtsauskünfte erteilt, handelt es sich um steuerbare Umsätze mit einem Nichtgemeinwesen. Bei Erreichen der Umsatzgrenzen (N 82) wird die bisher nicht steuerpflichtige autonome Dienststelle neu mehrwertsteuerpflichtig. Eine Umstrukturierung eines Institutes des öffentlichen Rechts muss also der Anlass dafür sein, dass die mit dem betroffenen Institut in einer Leistungsbeziehung stehenden autonomen Dienststellen oder anderen Gemeinwesen ihre eigene Mehrwertsteuerpflicht neu überprüfen. 112

III. Umwandlung eines Institutes des öffentlichen Rechts in eine Kapitalgesellschaft, eine Genossenschaft, einen Verein oder eine Stiftung

1. Gewinnsteuern

a) Beim Institut des öffentlichen Rechts

Auch bei der Umwandlung eines Institutes des öffentlichen Rechts stellt sich in einem ersten Schritt die Frage, ob das Institut des öffentlichen Rechts eine **Steuerbefreiung** beanspruchen kann, was in der Regel der Fall ist (N 12 ff.). Sofern dies ausnahmsweise 113 nicht zutrifft, kommt der generelle Steueraufschubstatbestand der Umwandlung zur Anwendung. Aufwertungen wären in diesen Fällen steuerbar, dürften jedoch kaum in Betracht zu ziehen sein (N 22).

b) Bei der privatrechtlich organisierten Einheit

114 Wie bei der Fusion muss auch hier in einem ersten Schritt überprüft werden, ob der privatrechtlich organisierte Rechtsträger steuerbefreit ist (N 23). Falls dies verneint werden muss, kommt – wie bei der Fusion – auch hier den steuerlichen Eingangswerten eine wichtige Bedeutung zu. Insbesondere stellt sich auch die Frage der Zulässigkeit einer separaten **Steuerbilanz** (N 32 ff.).

2. Einkommenssteuer

115 Insofern die **Benutzer** des nunmehr umgewandelten Institutes des öffentlichen Rechts in den Genuss unentgeltlicher oder verbilligter Leistungen gelangen, stellt dies kein steuerbares Einkommen dar. Falls es aber im Rahmen einer Umwandlung zu einer Einräumung von Beteiligungsrechten oder Ausgleichszahlungen zu Gunsten der Mitglieder oder Benutzer kommt, können diese einkommenssteuerlich relevante Tatbestände darstellen (N 42 ff.).

3. Grundstückgewinnsteuer

116 Bei einer lediglich **rechtsformändernden Umwandlung** fehlt es am Tatbestand der Veräusserung eines Grundstückes, weshalb bereits aus diesem Grund keine Grundstückgewinnsteuer anfällt (LOCHER, BTJP 1997, 248; vgl. vor Art. 3 N 103).

117 Wechseln bei einer Umwandlung Grundstücke den Rechtsträger, stellt sich, wie bereits im Zusammenhang mit der Fusion dargestellt, in einem ersten Schritt die Frage, ob der übertragende Rechtsträger von der Grundstückgewinnsteuer befreit ist. Falls dies verneint wird, muss geprüft werden, ob die Umwandlung die Qualität eines steueraufschiebenden Umstrukturierungstatbestandes beanspruchen kann, was in aller Regel zutrifft (N 113).

4. Handänderungssteuern

118 Bei einer lediglich rechtsformändernden Umwandlung fehlt es am Tatbestand der Veräusserung eines Grundstückes, weshalb bereits deshalb keine Handänderungsteuer anfällt (LOCHER, Privatisierung, 248; vgl. vor Art. 3 N 133).

119 Wechseln bei einer Umwandlung Grundstücke den Rechtsträger, muss vorab geprüft werden, ob der übertragende Rechtsträger von der Handänderungssteuer befreit ist. Falls dies verneint wird, ist zu untersuchen, ob die Umwandlung die Qualität eines steueraufschiebenden Umstrukturierungstatbestandes beanspruchen kann (N 53 f., 113). Nach Inkrafttreten von Art. 103 FusG (fünf Jahre nach Inkrafttreten des FusG auf den 1.7.2009; Art. 111 Abs. 3 FusG) sind Umstrukturierungen ungeachtet einer allfälligen Befreiung von der subjektiven Steuerpflicht bei den direkten Steuern generell handänderungssteuerfrei möglich, wenn die Voraussetzungen von Art. 8 Abs. 3 und Art. 24 Abs. 3 und 3^{quater} StHG sinngemäss vorliegen (Art. 103 N 15 ff., insb. 19). Vorbehalten bleiben kostendeckende Gebühren (Art. 103 N 35 ff.).

5. Verrechnungssteuer

120 Die Umwandlung eines Institutes des öffentlichen Rechts in eine privatrechtliche Trägerschaft führt mangels subjektiver Steuerpflicht zu keinem verrechnungssteuerpflichtigen Tatbestand (Art. 4 Abs. 1 lit. b VStG). Dies gilt auch dann, wenn das Dotationskapital eines Institutes des öffentlichen Rechts kleiner als das Nominalkapital des privatrechtlichen Rechtsträgers ist, da noch Reserven aus der bisherigen Rechnungsführung dem Grundkapital angerechnet worden sind. Wenn jedoch die neu geschaffenen Beteiligungsrechte ohne Entgelt an Dritte abgegeben werden, liegt eine geldwerte Leistung vor, welche als Abgabe von Gratisaktien der Verrechnungssteuer unterliegt (Art. 20 VStV; LOCHER, BTJP 1997, 247; SIMONEK, Steuerliche Aspekte, 110). Künftige Gewinnausschüttungen des als Kapitalgesellschaft oder Genossenschaft mit Anteilscheinen ausgestalteten Trägers unterliegen der Verrechnungssteuer (N 57).

6. Emissionsabgabe

121 Gemäss Art. 9 Abs. 1 lit. e StG beträgt die Emissionsabgabe auf Beteiligungsrechten, die bei einer Umwandlung von Unternehmen des öffentlichen Rechts begründet oder erhöht werden, sofern diese bereits seit fünf Jahren Bestand hatte, 1% vom Nennwert der neu geschaffenen Beteiligungsrechten. Auch bei der Umwandlung muss die Emissionsabgabe nachträglich auf dem Mehrwert (Differenz zwischen Markwert des umgewandelten Unternehmens und geschaffenem Nominalwert) entrichtet werden, wenn während den fünf der Umstrukturierung nachfolgenden Jahren die Beteiligungsrechte veräussert werden (N 58).

122 Da im Rahmen von Umwandlungen von Unternehmen des öffentlichen Rechts in privatrechtliche Körperschaften keine Doppelbelastung mit der Emissionsabgabe eintritt, würde sich nach der Auffassung des Gesetzgebers eine vollständige Befreiung nicht rechtfertigen. Eine Ausnahme ergibt sich im Rahmen dieser Überlegungen im Zusammenhang mit Anstalten, die bereits emissionsabgabepflichtige Partizipationsscheine ausstehend haben (z.B. Kantonalbanken). Bei ihnen rechtfertigt sich eine Befreiung im Ausmass des bereits bestehenden Nominalkapitals, auf welchem die Emissionsabgabe bereits einmal entrichtet wurde (N 62; LOCHER, BTJP 1997, 246).

7. Umsatzabgabe

123 Handelt es sich beim umzuwandelnden Institut des öffentlichen Rechts um einen Effektenhändler im Sinne von Art. 13 Abs. 3 StG, welcher steuerbare Urkunden im Sinne von Art. 13 Abs. 2 StG hält, muss zuerst abgeklärt werden, ob die Umwandlung überhaupt eine Übertragung im Sinne von Art. 13 Abs. 1 StG darstellt. Eine Umwandlung im Sinne eines Rechtskleidwechsels ohne Wechsel des Rechtsträgers, die somit nicht als Übertragung im Sinne von Art. 13 Abs. 1 StG gilt, dürfte nur bei einer Umwandlung einer selbständigen Anstalt oder öffentlichrechtlichen Stiftung in eine Kapitalgesellschaft, eine Genossenschaft, einen Verein oder eine Stiftung zu bejahen sein. In den übrigen Fällen (unselbständige Anstalt, organisatorische Einheit der Zentralverwaltung) ist von einer Übertragung im Sinne von Art. 13 Abs. 1 StG auszugehen (LOCHER, BTJP 1997, 247; SIMONEK, Steuerrechtliche Aspekte, 109).

124 Falls es im Rahmen einer Umwandlung zu einer Übertragung von steuerbaren Urkunden unter Beteiligung eines Effektenhändlers kommt, findet die Ausnahmebestimmung von Art. 14 Abs. 1 lit. i StG Anwendung, wonach die Übertragung von steuerbaren Urkunden im Rahmen von Umwandlungen von der Umsatzabgabe befreit ist. Bei Umwandlungen greift auch gemäss Verwaltungspraxis keine Sperrfrist Platz (N 76).

8. *Mehrwertsteuer*

125 Soweit bei einer Umwandlung formell Vermögenswerte von einem Rechtsträger auf einen anderen übertragen werden, liegt mehrwertsteuerlich ein steuerbarer Tatbestand vor, bei welchem das **Meldeverfahren** zur Anwendung kommt (Art. 47 Abs. 3 MWSTG; N 97). Kann die Umwandlung ohne formelle Übertragung von Vermögenswerten erfolgen, liegt mehrwertsteuerlich kein Umsatz vor und eine Meldung nach Art. 47 Abs. 3 MWSTG erübrigt sich (LOCHER, BTJP 1997, 247).

126 Wie bereits vorstehend im Zusammenhang mit der Fusion ausgeführt, verändert sich als Folge der Umwandlung unter Umständen die Qualifikation der Leistungsempfänger aus Sicht des umgewandelten Rechtsträgers, was zu einer Veränderung der mehrwertsteuerlichen Qualifikation der Umsätze des umgewandelten Rechtsträgers führen kann (N 94, 110 ff.).

IV. Vermögensübertragung eines Institutes des öffentlichen Rechts auf einen anderen Rechtsträger

127 Die steuerrechtliche Qualifikation von Vermögensübertragungen kann unterschiedlich ausfallen. Im Hinblick auf die nachstehende Kommentierung sind dabei zunächst zwei Erscheinungsformen auseinander zu halten. Zum einen können entgeltliche Vermögensübertragungen (zu Marktpreisen) vorliegen, welche steuerrechtlich nicht als Umstrukturierungstatbestand zu qualifizieren sind und grundsätzlich gleich behandelt werden wie ein Geschäftsverkauf unter Dritten. Zum anderen gilt es aber auch, die Vermögensübertragungen zu Buchwerten in Betracht zu ziehen, welche als Umstrukturierungstatbestände steuerlich aufschiebende Wirkung haben können.

1. *Gewinnsteuern*

a) *Beim Institut des öffentlichen Rechts*

128 Auch bei der Vermögensübertragung durch ein Institut des öffentlichen Rechts stellt sich in einem ersten Schritt die Frage, ob das Institut des öffentlichen Rechts eine **Steuerbefreiung** beanspruchen kann, was in der Regel der Fall ist (N 13 ff.). Falls dies ausnahmsweise verneint werden muss, ist das Vorliegen von steueraufschiebenden Umstrukturierungstatbeständen zu überprüfen. Insofern die Vermögensübertragung zu einer Übertragung einer ganzen betrieblichen Einheit aus der Zentralverwaltung führt oder wirtschaftlich einer Fusion eines Instituts des öffentlichen Rechts mit einem privatrechtlichen Rechtsträgers entspricht, dürfte die zivilrechtlich als Vermögensübertragung ausgestaltete Umstrukturierung steuerlich unter den Aufschubstatbestand der Fusion fallen. Wenn es zu einer eigentlichen Teilung betrieblicher Einheiten innerhalb des Instituts des öffentlichen Rechts kommt, dürften demgegenüber spaltungsähnliche Tatbestände im Vordergrund stehen. Dabei dürfte die steueraufschiebende Wirkung regelmässig an das Vorliegen einer Teilbetriebs- oder Betriebseigenschaft der übertragenen Einheit geknüpft sein.

b) *Bei der privatrechtlich organisierten Einheit*

129 Wie bei der Fusion muss auch hier in einem ersten Schritt überprüft werden, ob der privatrechtlich organisierte Rechtsträger steuerbefreit ist (N 23). Falls dies verneint werden muss, kommt – wie bei der Fusion – den steuerlichen Eingangswerten eine wichtige Bedeutung zu. Insbesondere stellt sich auch die Frage der Zulässigkeit einer separaten **Steuerbilanz** (N 32 ff.).

2. Einkommenssteuer

Wenn die **Benutzer** des übertragenden Institutes des öffentlichen Rechts dessen Leistungen unentgeltlich oder verbilligt beziehen können, stellt dies kein Einkommen dar. Falls es aber im Rahmen einer Vermögensübertragung eines Institutes des öffentlichen Rechts zu einer Einräumung von Beteiligungsrechten oder Ausgleichszahlungen zu Gunsten der Mitglieder oder Benutzer kommt, können diese einkommenssteuerlich relevante Tatbestände darstellen (N 42 ff.). 130

3. Grundstückgewinnsteuer

Zunächst ist die Frage der Steuerbefreiung zu prüfen (N 46 ff.). Falls keine Steuerbefreiung in Anspruch genommen werden kann, ist weiter abzuklären, ob die Vermögensübertragung allenfalls als Folge eines Umstrukturierungstatbestandes zu einem Steueraufschub führt (N 51 f., 113). 131

4. Handänderungssteuern

Handänderungen unter Beteiligung eines Institutes des öffentlichen Rechts des Bundes sind wie bereits erwähnt teilweise von der Handänderungssteuer befreit, sobald ein solches Institut als Veräusserer oder Erwerber auftritt (Art. 62d RVOG; N 53). 132

Falls das entsprechende kantonale Steuergesetz eine Befreiungsnorm dieser Art nicht vorsieht, gelangen unter Umständen die für Umstrukturierungen generell vorgesehenen kantonalen Steuerbefreiungstatbestände zur Anwendung (N 54). Nach Inkrafttreten von Art. 103 FusG (fünf Jahre nach Inkrafttreten des FusG auf den 1.7.2009; Art. 111 Abs. 3 FusG) sind Umstrukturierungen ungeachtet einer allfälligen Befreiung von der subjektiven Steuerpflicht bei den direkten Steuern generell handänderungssteuerfrei möglich, wenn die Voraussetzungen von Art. 8 Abs. 3 und Art. 24 Abs. 3 und 3^{quater} StHG sinngemäss vorliegen (Art. 103 N 15 ff., insb. 19). Vorbehalten bleiben kostendeckende Gebühren (Art. 103 N 35 ff.). 133

5. Verrechnungssteuer

Die Vermögensübertragung von einem Institut des öffentlichen Rechts auf einen privatrechtlichen Rechtsträger ist in der Regel nicht mit einer verrechnungssteuerpflichtigen Ausschüttung von Gewinnen verbunden und zeitigt deshalb keine Verrechnungssteuerfolgen. Falls durch den aufnehmenden Rechtsträger unentgeltlich neu geschaffene Beteiligungsrechte abgegeben werden, unterliegen diese als Ausgabe von Gratisaktien der Verrechnungssteuer. Künftige Gewinnausschüttungen des als Kapitalgesellschaft oder Genossenschaft ausgestalteten Trägers des vormals öffentlichrechtlichen Betriebs unterliegen der Verrechnungssteuer (N 55 ff.). 134

6. Emissionsabgabe

Gemäss Art. 9 Abs. 1 lit. e StG unterliegen Beteiligungsrechte, die in Durchführung von Beschlüssen über die Fusion, Spaltung oder Umwandlung von Unternehmen des öffentlichen Rechts begründet oder erhöht werden, der Emissionsabgabe von 1% auf dem Nennwert. Spaltungen von Instituten des öffentlichen Rechts sind im Fusionsgesetz nicht vorgesehen. Die Botschaft begründet dies mit der fehlenden «gesellschaftsrechtlichen Komponente» bei Instituten des öffentlichen Rechts. Zugleich verweist die Botschaft im Zusammenhang mit der Übertragung von Vermögensteilen von einem Institut des öffentlichen Rechts auf privatrechtliche Körperschaften auf das Rechtsinstitut der Vermögensübertragung. Vor diesem Hintergrund ist die in Art. 9 Abs. 1 lit. e StG gere- 135 gelte Spaltung von Instituten des öffentlichen Rechts als Vermögensübertragung im Sinne des Fusionsgesetzes zu verstehen (Botschaft, 4481).

136 Fraglich ist, welche Kriterien eine zivilrechtliche Vermögensübertragung zu erfüllen hat, damit sie steuerlich unter die Privilegierung von Art. 9 Abs. 1 lit. e StG fällt. Im Wesentlichen dürften Vermögensübertragungen von sämtlichen Aktiven und Passiven eines Institutes des öffentlichen Rechts auf einen anderen Rechtsträger als Fusion sowie Übertragungen von Einheiten, die als Betrieb oder Teilbetrieb anzusehen sind, unter den Begriff der Spaltung zu subsumieren sein und so in den Genuss von Art. 9 Abs. 1 lit. e StG gelangen.

7. Umsatzabgabe

137 Bislang galten Umstrukturierungen, bei denen ein Effektenhändler beteiligt war, und die mit einer Übertragung von steuerbaren Urkunden verbunden waren, als entgeltliche Übertragungen im Sinne von Art. 13 Abs. 1 StG, wenn dabei Gutschriften an die Sacheinleger entrichtet wurden oder Drittverpflichtungen übernommen wurden, was bei Vermögensübertragungen – wie auch bei Fusionen – regelmässig der Fall ist (N 67 ff.). Nach dem revidierten Art. 14 Abs. 1 lit. i StG sind die mit einer Umstrukturierung verbundenen Übertragungen steuerbarer Urkunden von der Umsatzabgabe ausgenommen. Wie bereits im Zusammenhang mit der Fusion von Instituten des öffentlichen Rechts dargestellt, bleibt somit im Rahmen von Vermögensübertragungen von Instituten des öffentlichen Rechts auf privatrechtliche Körperschaften kein Raum mehr für die Erhebung der Umsatzabgabe (N 73 ff.). Eine Sperrfrist dürfte auch gemäss Verwaltungspraxis nicht gegeben sein.

8. Mehrwertsteuer

138 Die Mehrwertsteuerfolgen bei einer Vermögensübertragung entsprechen weitgehend denjenigen einer Fusion, weil die Voraussetzung der Übertragung eines Gesamt- oder Teilvermögens in den vorliegenden Konstellationen regelmässig gegeben sein dürfte. Auch bei einer Vermögensübertragung ist zwischen den Mehrwertsteuerfolgen des Umstrukturierungsvorganges selbst und der neuen mehrwertsteuerlichen Situation des empfangenden Rechtsträgers zu unterscheiden (N 97 ff.).

V. Vermögensübertragung eines anderen Rechtsträgers auf ein Institut des öffentlichen Rechts

1. Gewinnsteuern

139 Auch hier stellt sich in einem ersten Schritt die Frage, ob der übertragende Rechtsträger eine **Steuerbefreiung** beanspruchen kann (N 12 ff.). Falls dies verneint werden muss, realisiert der übertragende Rechtsträger im Rahmen der Vermögensübertragung, die in der Regel entgeltlich und zu Verkehrswerten erfolgt, allfällige stille Reserven. Dieser Veräusserungsgewinn unterliegt der Gewinnsteuer (allenfalls erleidet der Veräusserer einen steuerwirksamen Verlust).

140 Denkbar ist aber auch eine Übertragung zu Buchwerten (z.B. von einer nicht befreiten Tochtergesellschaft des Gemeinwesens auf dieses selbst). Hier könnten als Folge einer **steuersystematischen Realisierung** Gewinnsteuern anfallen (Aufrechnung beim übertragenden Rechtsträger). Die gesetzlichen Normen hinsichtlich der steuersystematischen Realisierung erfassen vom Wortlaut her den vorliegenden Fall nicht. Allerdings

besteht in der Praxis die Tendenz, den Tatbestand der steuersystematischen Realisation eher weit auszulegen (vgl. VGer ZH 17.12.1997, RB 1997 Nr. 33).

2. Einkommenssteuer

Falls es im Rahmen einer Vermögensübertragung eines anderen Rechtsträgers auf ein Institut des öffentlichen Rechts zu einer Einräumung von Beteiligungsrechten oder Ausgleichszahlungen zu Gunsten der Teilhaber des übertragenden Rechtsträgers kommt, kann dies einkommenssteuerlich relevant sein (N 42 ff.). Typischer ist jedoch der Fall, in welchem die Entschädigung für die Vermögensübertragung vom übertragenden Rechtsträger selbst vereinnahmt wird. Diesfalls kommt es im Geschäftsvermögen zu einer Realisierung stiller Reserven (oder eines Verlustes) und den damit verbundenen Einkommenssteuerfolgen. **141**

3. Grundstückgewinnsteuer

Auch hier stellt sich in einem ersten Schritt die Frage, ob der übertragende Rechtsträger eine **Steuerbefreiung** beanspruchen kann (N 46 ff.). Falls dies verneint werden muss, stellt sich die Frage, ob allfällige Steueraufschubtatbestände zur Anwendung gelangen (N 51 ff.). Bei Vermögensübertragungen auf ein Institut des öffentlichen Rechts gelangen solche eher als bei der Gewinnsteuer zur Anwendung. Der Tatbestand der steuersystematischen Realisation ist dem Recht der Grundstückgewinnsteuer, anders als dem der Gewinnsteuer, regelmässig fremd. **142**

4. Handänderungssteuern

Handänderungen unter Beteiligung eines Institutes des öffentlichen Rechts sind teilweise von der Handänderungssteuer befreit, wenn ein Institut des öffentlichen Rechts als Veräusserer oder Erwerber auftritt (N 53). Falls das entsprechende kantonale Steuergesetz eine Befreiungsnorm dieser Art nicht vorsieht, gelangen unter Umständen die für Umstrukturierungen generell vorgesehenen kantonalen Steuerbefreiungstatbestände zur Anwendung (N 54). Nach Inkrafttreten von Art. 103 FusG (fünf Jahre nach Inkrafttreten des FusG auf den 1.7.2009; Art. 111 Abs. 3 FusG) sind Umstrukturierungen ungeachtet einer allfälligen Befreiung von der subjektiven Steuerpflicht bei den direkten Steuern generell handänderungssteuerfrei möglich, wenn die Voraussetzungen von Art. 8 Abs. 3 und Art. 24 Abs. 3 und 3^{quater} StHG sinngemäss vorliegen (Art. 103 N 15 ff., insb. 19). Vorbehalten bleiben kostendeckende Gebühren (Art. 103 N 35 ff.). **143**

5. Verrechnungssteuer

Handelt es sich bei der Vermögensübertragung um einen Verkauf zu Marktpreisen, realisiert der übertragende Rechtsträger einen steuerbaren Gewinn oder einen steuerlich wirksamen Verlust, je nach Verhältnis zwischen Gewinnsteuerwert und Verkaufserlös. Die Verrechnungssteuer wird dadurch nicht ausgelöst. **144**

Falls ausnahmsweise eine Übertragung von einem steuerpflichtigen Rechtsträger auf ein steuerbefreites Institut des öffentlichen Rechts zu Buchwerten erfolgt, liegt eine verrechnungssteuerpflichtige Leistung vor. Der Aufschubstatbestand von Art. 5 Abs. 1 lit. a VStG kann nicht angewendet werden. Eine Ausnahme könnte allenfalls dann gegeben sein, wenn die Teilhaber des übertragenden Rechtsträgers mit Partizipationskapital (z.B. einer selbständigen Anstalt des öffentlichen Rechts) entschädigt werden, weil insofern die übergehenden Reserven der Verrechnungssteuer verhaftet bleiben (vgl. N 55). Allenfalls kann das Meldeverfahren in Anspruch genommen werden (vor Art. 3 N 179 ff.). **145**

6. Emissionsabgabe

146 Bei der Vermögensübertragung auf ein Institut des öffentlichen Rechts dürfte die emissionsabgabepflichtige Schaffung von Nennkapital oder Partizipationsscheinen im Sinn von Art. 5 StG eher selten vorkommen. Falls im Rahmen der Vermögensübertragung ausnahmsweise Partizipationsscheine zu Gunsten der Teilhaber der übertragenden Körperschaft ausgegeben werden, ist die Anwendbarkeit von Art. 9 Abs. 1 lit. e StG eher zu verneinen, da der Vorgang nicht unter den Wortlaut dieser Bestimmung fällt.

7. Umsatzabgabe

147 Soweit es sich bei der Vermögensübertragung um eine entgeltliche Übertragung von steuerbaren Urkunden unter Beteiligung eines Effektenhändlers handelt, fällt die Umsatzabgabe an (vgl. N 64). Insofern die Vermögensübertragung unter den Begriff der Umstrukturierung im Sinne von Art. 14 Abs. 1 lit. i StG fällt, ist eine allfällige Übertragung von steuerbaren Urkunden von der Umsatzabgabe ausgenommen (N 73 ff.).

8. Mehrwertsteuer

148 Die Mehrwertsteuerfolgen bei einer Vermögensübertragung auf ein Institut des öffentlichen Rechts entsprechen weitgehend denjenigen einer Fusion, wobei hier davon ausgegangen wird, dass die Voraussetzung der Übertragung eines Gesamt- oder Teilvermögens in den vorliegenden Konstellationen regelmässig gegeben sein dürfte. Auch bei einer der Vermögensübertragung auf ein Institut des öffentlichen Rechts ist zwischen den Mehrwertsteuerfolgen des Umstrukturierungsvorganges selbst und der neuen mehrwertsteuerlichen Situation des Institutes des öffentlichen Rechts zu unterscheiden (N 97 ff.).

Art. 99

Zulässige Fusionen, Umwandlungen und Vermögensübertragungen

¹ Institute des öffentlichen Rechts können:
a. ihr Vermögen durch Fusion auf Kapitalgesellschaften, Genossenschaften, Vereine oder Stiftungen übertragen;
b. sich in Kapitalgesellschaften, Genossenschaften, Vereine oder Stiftungen umwandeln.

² Institute des öffentlichen Rechts können durch Vermögensübertragung ihr Vermögen oder Teile davon auf andere Rechtsträger übertragen oder das Vermögen oder Teile davon von anderen Rechtsträgern übernehmen.

Fusions, transformations et transferts de patrimoine autorisés

¹ Les instituts de droit public peuvent:
a. transférer leur patrimoine par voie de fusion à des sociétés de capitaux, à des sociétés coopératives, à des associations ou à des fondations;
b. se transformer en sociétés de capitaux, en sociétés coopératives, en associations ou en fondations.

² Les instituts de droit public peuvent transférer tout ou partie de leur patrimoine à d'autres sujets ou reprendre tout ou partie du patrimoine d'autres sujets par voie de transfert de patrimoine.

Fusioni, trasformazioni e trasferimenti di patrimonio permessi

¹ Gli istituti di diritto pubblico possono:
a. trasferire il loro patrimonio mediante fusione a società di capitali, società cooperative, associazioni o fondazioni;
b. trasformarsi in società di capitali, società cooperative, associazioni o fondazioni.

² Mediante trasferimento di patrimonio, gli istituti di diritto pubblico possono trasferire l'insieme del loro patrimonio o parte di esso ad altri soggetti giuridici oppure assumere la totalità o parte del patrimonio di altri soggetti giuridici.

Literatur

U. BERTSCHINGER/R. WATTER, Privatisierung: Gestaltungsmöglichkeiten und Haftung des Staates als Grossaktionär, in: Schaffhauser/Bertschinger/Poledna (Hrsg.), Haftung im Umfeld des wirtschaftenden Staates, St. Gallen 2003, 31 ff.; CH. BLÄSI, Die Umwandlung einer öffentlich-rechtlichen Anstalt in eine öffentlich-rechtliche Aktiengesellschaft im Sinne von Art. 763 OR, in: JBHReg 1995, 64 ff.; R. VON BÜREN, Fusion, Umwandlung und Vermögensübertragung unter Beteiligung von Instituten des öffentlichen Rechts, SZW 2004, 178 ff.; DERS., Die Rechtsformumwandlung einer öffentlich-rechtlichen Anstalt in eine private Aktiengesellschaft nach Art. 620 ff. OR, SZW 1995, 85 ff.; R. VON BÜREN/T. KINDLER, Der Vorentwurf zu einem neuen Bundesgesetz (Fusionsgesetz; FusG), SZW 1998, 1 ff.; P. FORSTMOSER/T. JAAG, Haftungsrechtliche Risiken der Vertretung des Staates im Verwaltungsrat, Zürich 2000; J. KREN KOSTKIEWICZ, Am Ende war die Aktiengesellschaft – Möglichkeiten der Umwandlung öffentlichrechtlicher Körperschaften, in: Aktienrecht 1992–1997, Versuch einer Bilanz, Bern 1998, 225 ff.; P. LOSER-KROGH, Die Vermögensübertragung, AJP 2000, 1108; M. PFEIFER, Handkommentar zum schweizerischen Obligationenrecht, Zürich 2002, Art. 915 OR N 1; M. RUSSENBERGER, Kantonalbanken im Umbruch – vom staatlichen Institut zur privatrechtlichen Aktiengesellschaft, SZW 1995, 1 ff.; DERS., Die Sonderstellung der Kantonalbanken in der Bundesverfassung und im Bankengesetz, Zürich 1988.

I. Allgemeines

1 Vor dem Inkrafttreten des FusG war nur die Übernahme des Vermögens einer Aktiengesellschaft oder Genossenschaft durch eine öffentlich-rechtliche Körperschaft (Bund, Kantone oder Gemeinde) gesetzlich geregelt (Art. 751 und 915 OR). Für den umgekehrten Vorgang, nämlich die direkte und liquidationslose Überführung eines öffentlich-rechtlichen Instituts (zum Begriff des öffentlich-rechtlichen Instituts vgl. Komm. zu Art. 2 lit. d) in eine Rechtsform des Privatrechts durch Umwandlung oder Fusion fehlte bisher eine **gesetzliche Grundlage,** was zu Unsicherheiten über das Vorgehen führte (KREN KOSTKIEWICZ, 232).

2 In der Praxis ergab sich indessen zunehmend das Bedürfnis nach einer (direkten) Umwandlung öffentlich-rechtlicher Institute wie **Kantonalbanken**, **Spitäler** oder **staatlichen Elektrizitätsunternehmen** in eine Aktiengesellschaft (Botschaft, 4344). Art. 99 schafft nun die privatrechtliche Grundlage für die Teilnahme der öffentlich-rechtlichen Institute an Fusionen, Umwandlungen oder Vermögensübertragungen (Botschaft, 4480).

3 Art. 99 regelt nur die **privatrechtlichen Aspekte** der entsprechenden Rechtsformänderung (WEBER/BISCHOF, 50). Ob und unter welchen Bedingungen ein öffentlich-rechtliches Institut in einen privatrechtlichen Rechtsträger überführt werden soll, ist allein Sache des öffentlichen Rechts des Bundes, der Kantone und der Gemeinden (Botschaft, 4363; vgl. Art. 100 N 13 ff.). Der Vorbehalt in Art. 59 Abs. 1 ZGB, welcher bestimmt, dass für öffentlich-rechtliche Körperschaften und Anstalten das öffentliche Recht des Bundes und der Kantone vorbehalten bleibt, ist vorliegend insofern nicht anwendbar, als das FusG sämtliche Institute des öffentlichen Rechts in seinen Geltungsbereich einschliesst, sofern sie als Rechtsträger im Sinne von Art. 2 lit. d gelten (WEBER/BISCHOF, 52).

4 Der **Titel** zum 8. Kapitel des FusG und die **Marginalie** zu Art. 99 sind insofern etwas irreführend, als nicht deutlich zum Ausdruck kommt, dass die Normen des FusG die Fusion und Umwandlung von öffentlich-rechtlichen Instituten ohne Beteiligung von privatrechtlich organisierten Rechtsträgern nicht regelt (dazu VON BÜREN, SZW, 2004, 181). Das FusG regelt somit die **Privatisierung** öffentlich-rechtlicher Institute sowie die Vermögensübertragung unter Beteiligung eines öffentlich-rechtlichen Instituts, nicht aber die **Verstaatlichung** oder die Fusion zweier öffentlich-rechtlicher Institute (Botschaft, 4481; vgl. auch VON BÜREN, SZW 2004, 182; ZK-WAGNER PFEIFER/GELZER, vor Art. 99–101 N 4). Als Privatisierung wird die Übertragung von Leistungen, welche bisher der Staat bzw. von öffentlich kontrollierten Unternehmen erbracht worden sind, oder Eigentumsrechte des Staates bzw. eines öffentlich kontrollierten Unternehmens auf Privatpersonen bezeichnet (WEBER, 81; VON BÜREN, SZW 2004, 178 FN 3). Ziel der Privatisierung ist die Öffnung der Märkte.

5 Art. 99 Abs. 1 entspricht Art. 85 Abs. 1 VE FusG. Dagegen enthält der VE FusG keine dem Art. 99 Abs. 2 entsprechende Regelung über die **Vermögensübertragung**. Dieses Rechtsinstitut wurde erst im Entwurf des Bundesrates separat geregelt und ersetzt die im VE FusG enthaltene Spaltungsform der Ausgliederung (Art. 39 lit. c VE FusG). Die Vermögensübertragung weist einen erheblich breiteren Anwendungsbereich auf und bleibt damit in ihrer Funktion nicht auf eine Alternative zur Spaltung begrenzt (Botschaft, 4357 ff.). Im Parlament erfuhr die Norm keine Änderung.

II. Zulässige Fusionen und Umwandlungen (Abs. 1)

6 Wie für die Rechtsformen des Privatrechts gilt auch für öffentlich-rechtliche Institute grundsätzlich der **Numerus clausus** sowohl für die Wahl einer Rechtsform des Privat-

rechts als auch für die Form der Strukturänderung (WEBER/BISCHOF, 54), was der Wahrung der Transparenz und der Rechtssicherheit dient. Sowohl die Kantone als auch der Bund können allerdings auch nach Inkrafttreten des FusG spezialgesetzliche Gesellschaften errichten, welche nicht den im OR oder ZGB vorgesehenen Gesellschaftsformen entsprechen (VON BÜREN, SZW 2004, 180).

Die **Spaltung** eines öffentlich-rechtlichen Instituts wird im FusG nicht geregelt, weil sich dieser Vorgang rein verwaltungsintern nach öffentlich-rechtlichen Regeln abspielt und eine gesellschaftsrechtliche Komponente fehlt (Botschaft, 4481; ZK-WAGNER PFEIFER/GELZER, vor Art. 99–101 N 4; vgl. zur Kritik dieses Verzichts WEBER/BISCHOF, 55, 76). Die Spaltung eines öffentlich-rechtlichen Instituts in Rechtsformen des Privatrechts kann auf zwei Arten erfolgen: Das öffentlich-rechtliche Institut kann entweder zuerst in eine Rechtsform des Privatrechts umgewandelt werden, bei welcher anschliessend eine Spaltung vorgenommen wird, oder das öffentlich-rechtliche Institut kann sich zuerst nach den Vorschriften des öffentlichen Rechts in mehrere Institute aufspalten, die anschliessend in Rechtsformen des Privatrechts umgewandelt werden (Begleitbericht zum Vorentwurf FusG, 44 und 62). 7

Für die **Übertragung von Vermögensteilen** eines öffentlich-rechtlichen Instituts auf eine Rechtsform des Privatrechts oder ein anderes öffentlich-rechtliches Institut steht die Vermögensübertragung zur Verfügung (dazu Abs. 2). 8

Falls ein **abgespaltener Teil** eines öffentlich-rechtlichen Instituts aus dem öffentlich-rechtlichen Bereich ausgegliedert und privatisiert wird, handelt es sich entweder um eine Fusion oder eine Umwandlung (VON BÜREN/KINDLER, 8 FN 70). 9

Fusion und Umwandlung mit Beteiligung eines öffentlich-rechtlichen Instituts sind an zwei **Voraussetzungen** geknüpft: Das beteiligte öffentlich-rechtliche Institut muss organisatorisch verselbständigt und es muss im Handelsregister eingetragen sein; es muss sich also um ein öffentlich-rechtliches Institut gemäss Definition in Art. 2 lit. d handeln. 10

Die Übertragung des Vermögens durch Fusion (Abs. 1 lit. a) und die Umwandlung (Abs. 1 lit. b) eines öffentlich-rechtlichen Instituts sind beschränkt auf folgende vier **Rechtsformen**: 11
– Kapitalgesellschaften (Aktiengesellschaft, Kommanditaktiengesellschaft, GmbH; siehe Art. 2 lit. c);
– Genossenschaften;
– Vereine;
– Stiftungen.

Von grosser praktischer Bedeutung ist diese Aufzählung allerdings nicht, weil Personengesellschaften wegen der persönlichen, solidarischen und unbeschränkten Haftung der Gesellschafter als Fusionspartner ohnehin nicht in Frage kommen (ZK-WAGNER PFEIFER/GELZER, N 4). Bei der Fusion kommen sowohl die Absorptionsfusion nach Art. 3 Abs. 1 lit. a als auch die Kombinationsfusion nach Art. 3 Abs. 1 lit. b in Frage (WEBER/BISCHOF, 61). Der privatrechtlich organisierte Rechtsträger kann daher das öffentlich-rechtliche Institut übernehmen (Absorption), oder die beteiligten Rechtsträger können sich zu einem neuen Rechtsträger zusammenschliessen (Kombination). Quasifusion und unechte Fusion sind zwar auch bei einer Beteiligung öffentlich-rechtlicher Institute nicht ausgeschlossen, dürften aber in der Praxis kaum vorkommen.

Nicht als Kapitalgesellschaft nach Art. 2 lit. c gilt die **spezialgesetzliche Aktiengesellschaft** nach Art. 763 OR (Botschaft, 4481), weil die genannte Norm ausdrücklich festhält, dass die Bestimmungen über die Aktiengesellschaften auch dann nicht zur Anwen- 12 dung gelangen, wenn das Kapital der Gesellschaft oder der Anstalt ganz oder teilweise in Aktien zerlegt ist (vgl. Art. 100 N 1 ff.). Massgebend sind hier einzig die öffentlichrechtlichen Bestimmungen des betreffenden Kantons (näher dazu BODMER/KLEINER/ LUTZ, Art. 3a BankG N 1 ff. m.w.H.); das FusG findet für diese Aktiengesellschaften keine Anwendung. Dies gilt auch für spezialgesetzliche Aktiengesellschaften des Bundes. Die **gemischt-wirtschaftliche Aktiengesellschaft** (zum Begriff vgl. BSK OR II-WERNLI, Art. 762 N 5) gemäss Art. 762 OR gilt dagegen als Kapitalgesellschaft im Sinne von Art. 2 lit. c.

13 **Kantonalbanken** können als öffentlich-rechtliche Aktiengesellschaften nach Art. 763 OR, als gemischt-wirtschaftliche Aktiengesellschaften nach Art. 762 OR oder als reine privatrechtliche Aktiengesellschaften nach Art. 620 ff. OR ausgestaltet sein (BODMER/ KLEINER/LUTZ, Art. 3a BankG N 23 ff.).

III. Vermögensübertragung (Abs. 2)

14 Abs. 2 regelt die Vermögensübertragung unter Beteiligung eines öffentlich-rechtlichen Instituts. Die Bestimmungen des FusG sind auch dann anwendbar, wenn die Vermögensübertragung zwischen zwei Instituten des öffentlichen Rechts im Sinne von Art. 2 lit. d stattfindet (Botschaft, 4480 f.). Dies bedeutet, dass die beteiligten öffentlich-rechtlichen Institute im Handelsregister eingetragen und organisatorisch verselbständigte Einrichtungen sein müssen. Diesen Rechtsträgern ist es jedoch nicht verwehrt, einen Teil ihres Vermögens auch nach Art. 181 Abs. 1–3 OR zu übertragen; deren «Privatautonomie» geht also weiter als diejenige der privaten Rechtsträger (VON BÜREN, SZW 2004, 184; LOSER-KROGH, 1108). Zur bloss sinngemässen Anwendbarkeit der Normen des FusG siehe Art. 100 Abs. 1.

15 Bereits vor Inkrafttreten des FusG war die Übertragung des Vermögens einer (privatrechtlichen) Aktiengesellschaft (Art. 751 OR) oder einer Genossenschaft (Art. 915 OR) durch Bund, Kanton oder Gemeinde gesetzlich geregelt. Die Normen des FusG treten mit dem Inkrafttreten neben die Bestimmungen der **Art. 751** und **915 OR** (Verzicht auf eine Liquidation der Gesellschaft [Abs. 1], Eintragung des Auflösungsbeschlusses ins Handelsregister [Abs. 2] und Löschung der Firma im Handelsregister [Abs. 3]) hinzu (PFEIFER, Art. 915 OR N 1).

16 Das Rechtsinstitut der **Vermögensübertragung** hilft die Nachteile zu vermeiden, die sich aus dem Numerus clausus der Möglichkeiten der Fusion und Umwandlung ergeben, ohne dass die für entsprechende Vorgänge unabdingbare Rechtssicherheit gefährdet würde (Botschaft, 4394). Die Vermögensübertragung durchbricht also den Numerus clausus des FusG.

Art. 100

Anwendbares Recht

¹ Auf die Fusion von privatrechtlichen Rechtsträgern mit Instituten des öffentlichen Rechts, auf die Umwandlung solcher Institute in Rechtsträger des Privatrechts und auf die Vermögensübertragung unter Beteiligung eines Rechtsträgers des öffentlichen Rechts finden die Vorschriften dieses Gesetzes sinngemäss Anwendung. Bei der Fusion und der Umwandlung nach Artikel 99 Absatz 1 kann das öffentliche Recht für den beteiligten Rechtsträger des öffentlichen Rechts abweichende Vorschriften vorsehen. Die Artikel 99–101 finden jedoch in jedem Fall Anwendung.

² Institute des öffentlichen Rechts müssen in einem Inventar die Gegenstände des Aktiv- und des Passivvermögens, die von der Fusion, der Umwandlung oder der Vermögensübertragung erfasst werden, eindeutig bezeichnen und bewerten. Grundstücke, Wertpapiere und immaterielle Werte sind einzeln aufzuführen. Das Inventar muss von einer besonders befähigten Revisorin oder von einem besonders befähigten Revisor geprüft werden, sofern nicht in anderer Weise sichergestellt wird, dass die Erstellung und die Bewertung des Inventars den anerkannten Rechnungslegungsgrundsätzen entsprechen.

³ Die Beschlussfassung des Rechtsträgers des öffentlichen Rechts zur Fusion, Umwandlung oder Vermögensübertragung richtet sich nach den öffentlich-rechtlichen Vorschriften und Grundsätzen des Bundes, der Kantone und der Gemeinden.

Droit applicable

¹ Les dispositions de la présente loi s'appliquent par analogie à la fusion de sujets de droit privé avec des instituts de droit public, à la transformation de tels instituts en sujets de droit privé et à tout transfert de patrimoine auquel participe un sujet de droit public. En cas de fusion et de transformation au sens de l'art. 99, al. 1, le droit public peut prévoir d'autres dispositions pour les instituts de droit public participants. Les art. 99 à 101 sont cependant applicables dans tous les cas.

² Les instituts de droit public établissent un inventaire qui désigne clairement et évalue les objets du patrimoine actif et passif touchés par la fusion, la transformation ou le transfert de patrimoine. Les immeubles, les papiers-valeurs et les valeurs immatérielles sont mentionnés individuellement. L'inventaire est vérifié par un réviseur particulièrement qualifié s'il n'est pas garanti d'une autre manière que l'établissement et l'évaluation de l'inventaire correspondent aux principes reconnus de l'établissement des comptes.

³ La décision du sujet de droit public relative à la fusion, à la transformation ou au transfert de patrimoine est régie par les dispositions et les principes de droit public de la Confédération, des cantons et des communes.

Diritto applicabile

¹ Le disposizioni della presente legge si applicano per analogia alla fusione di soggetti giuridici di diritto privato con istituti di diritto pubblico, alla trasformazione di tali istituti in soggetti giuridici di diritto privato e a qualsiasi trasferimento di patrimonio cui partecipa un istituto di diritto pubblico. In caso di fusione e di trasformazione secondo l'articolo 99 capoverso 1, il diritto pubblico può prevedere disposizioni derogatorie per gli istituti di diritto pubblico partecipanti. Si applicano tuttavia in ogni caso gli articoli 99–101.

² Gli istituti di diritto pubblico devono stilare un inventario che designi chiaramente e valuti le componenti attive e passive del patrimonio interessate dalla fusione, dalla trasformazione o dal trasferimento di patrimonio. I fondi, i titoli di credito e i beni immateriali vanno menzionati singolarmente. L'inventario va verificato da un revisore particolarmente qualificato, se non è garantito altrimenti che l'allestimento e la valutazione dell'inventario siano conformi ai principi riconosciuti in materia di rendiconto.

³ La decisione del soggetto giuridico di diritto pubblico relativa alla fusione, alla trasformazione o al trasferimento di patrimonio è disciplinata dalle disposizioni e dai principi di diritto pubblico della Confederazione, dei Cantoni e dei Comuni.

Literatur

Vgl. die Literaturhinweise zu Art. 99.

I. Allgemeines

1   Die Norm regelt nicht nur das auf Umstrukturierungen anwendbare Recht, wie dies die **Marginalie** vermuten lassen würde, sondern auch die Anforderungen an das zu erstellende Inventar über die übernommenen Vermögenswerte (Abs. 2) sowie die Beschlussfassung des Rechtsträgers des öffentlichen Rechts im Zusammenhang mit einer Fusion, Umwandlung oder Vermögensübertragung (Abs. 3).

2   Art. 100 Abs. 1 entspricht weitgehend Art. 86 Abs. 1 VE FusG. Der Gesetzgeber ergänzte Abs. 1 allerdings mit der Bestimmung, dass das öffentliche Recht für den beteiligten Rechtsträger des öffentlichen Rechts **abweichende Vorschriften** vorsehen könne, wobei aber Art. 99–101 in jedem Fall Anwendung finden müssen. Im Parlament erfuhr Abs. 1 keine Änderung.

3   Art. 100 Abs. 2 entspricht weitgehend Art. 86 Abs. 2 VE FusG. Der Gesetzgeber ergänzte die Fassung des VE, indem er bestimmte, dass die erfassten Gegenstände eindeutig bezeichnet und bewertet werden müssen und Grundstücke, Wertpapiere sowie immaterielle Werte einzeln aufzuführen seien. Schliesslich verlangt der Gesetzgeber zusätzlich eine Prüfung durch die **besonders befähigte Revisorin** oder den **besonders befähigten Revisor**, sofern nicht in anderer Weise sichergestellt wird, dass die Erstellung und Bewertung des **Inventars** den anerkannten Rechnungslegungsvorschriften entsprechen. Im Parlament erfuhr Abs. 2 keine Änderung.

4   Art. 100 Abs. 3 entspricht weitgehend Art. 86 Abs. 3 VE FusG. Der bundesrätliche Entwurf beschränkte indessen den **Vorbehalt des öffentlichenRechts** auf die Beschlussfassung, während der VE diesen auch für das Einsichtsrecht nach Art. 17 und 78 VE FusG vorsah. Die Kommission für Rechtsfragen des Nationalrates beantragte am 28.10.2002, dass der bundesrätliche Vorschlag zu Abs. 3 insofern ergänzt werde, als nicht nur die Vorschriften des Bundes, der Kantone und der Gemeinden, sondern auch deren **Grundsätze** zu beachten seien. Nationalrat (AmtlBull NR 2003, 246) und Ständerat (AmtlBull StR 2003, 489) stimmten diesem Antrag ohne Kommentar zu.

II. Anwendbares Recht (Abs. 1)

1. Sinngemässe Anwendung des FusG (Abs. 1 Satz 1)

Abs. 1 erklärt die Vorschriften des FusG auch auf die Fusion eines öffentlich-rechtlichen Instituts mit einem Rechtsträger des Privatrechts, auf die Umwandlung eines solchen Instituts in einen Rechtsträger des Privatrechts sowie auf die Vermögensübertragung unter Beteiligung eines öffentlich-rechtlichen Instituts zumindest **sinngemäss** für anwendbar (Botschaft, 4481). Von den Bestimmungen des Gesetzes kann dann abgewichen werden, wenn dies wegen den Unterschieden zwischen privatrechtlichen und öffentlich-rechtlichen Rechtsträgern im konkreten Fall erforderlich sein sollte (VON BÜREN, SZW 2004, 179 m.w.H.). Damit wird sichergestellt, dass Bestimmungen des FusG, die sich im Einzelfall als nicht sachgerecht erweisen, ausnahmsweise nicht angewandt oder den Besonderheiten der Beteiligung eines Instituts des öffentlichen Rechts angepasst werden können. Dies bedeutet aber grundsätzlich nicht, dass das öffentliche Recht Bestimmungen vorsehen kann, welche dem FusG widersprechen; vom **materiellen Gehalt** der Normen des FusG darf also grundsätzlich nicht abgewichen werden. Als Beispiel für die sinngemässe Anwendung der Normen des FusG sei etwa die Zuständigkeitsregelung zum Fusionsbeschluss (Art. 18) oder zum Umwandlungsbeschluss (Art. 64) erwähnt. Zuständig für die Beschlussfassung ist gemäss den genannten Bestimmungen beispielsweise die Generalversammlung. Ein Institut des öffentlichen Rechts kennt jedoch keine derartigen Organe, weshalb die Bestimmung über die Beschlussfassung nur sinngemäss zur Anwendung gelangen kann. Bei einer Fusion dürfte die Exekutive für den Abschluss des Fusionsvertrages zuständig sein, dagegen die Legislative für die Genehmigung (VON BÜREN/KINDLER, 9 FN 76). Bezüglich der Beschlussfassung hat der Gesetzgeber daher einen Vorbehalt zugunsten des öffentlichen Rechts angebracht (Abs. 3).

2. Abweichende Vorschriften durch das öffentliche Recht (Abs. 1 Satz 2)

Für die Institute des öffentlichen Rechts, die an einer Fusion oder einer Umwandlung im Sinne von Art. 99 Abs. 1 beteiligt sind, kann das öffentliche Recht **Vorschriften** vorsehen, welche vom FusG **abweichen**, jedoch nur soweit, als sie dem materiellen Gehalt des FusG nicht widersprechen (VON BÜREN, SZW 2004, 180). Diese Schranke leitet sich aus Abs. 1 Satz 1 ab, welcher die zumindest *sinngemässe Anwendung* der Bestimmungen des FusG vorschreibt; der Wortlaut in Abs. 1 Satz 2 ist also etwas zu weit gefasst, da ein Abweichen im materiellen Sinn nicht in Frage kommt. Die Grundsätze der schweizerischen Rechtsordnung dürfen in jedem Fall nicht unterlaufen werden; zwingende Vorschriften des Zivilrechts können daher nicht abgeändert werden (ZK-WAGNER PFEIFER/GELZER, N 17). Ausgeschlossen sind demnach Abweichungen von der zivilrechtlichen Regelung des Übergangs von Rechten und Pflichten auf den privatrechtlichen Rechtsträger (Botschaft, 4482). Für die Vermögensübertragung ist aus diesem Grund überhaupt kein Vorbehalt des öffentlichen Rechts vorgesehen (ZK-WAGNER PFEIFER/GELZER, N 15). Dies lässt sich auch damit rechtfertigen, dass bei der Vermögensübertragung keine mitgliedschaftsrechtlichen Elemente vorliegen.

Unklar ist damit, in welchem **Umfang** beim Erlass öffentlich-rechtlicher Normen vom FusG abgewichen werden darf. Die Botschaft verweist auf Beispiele aus der Praxis (4482). Bei der Errichtung der **Swisscom** sowie der **SBB** als spezialgesetzliche Aktiengesellschaften (Art. 2 Abs. 1 Bundesgesetz über die Organisation der Telekommunikationsunternehmung des Bundes [Telekommunikationsunternehmungsgesetz, TUG] vom 30.4.1997, SR 784.11; Art. 2 Abs. 1 Bundesgesetz über die Schweizerischen Bundesbahnen [SBBG] vom 20.3.1998, SR 742.31) wurde dem Bundesrat die Kompetenz eingeräumt, über die Eröffnungsbilanz der neu gegründeten Unternehmungen zu beschliessen, den Verwaltungsrat zu wählen und dessen Präsidenten zu bezeichnen, die Geschäftsleitung zu ernennen, das Budget zu genehmigen, das Organisationsreglement zu erlassen, über die Statuen zu beschliessen und die Revisionsstelle zu bestimmen (Art. 21 TUG; Art. 24 SBBG). Es ist davon auszugehen, dass das zuständige Gemeinwesen in der Ausgestaltung der Rechtsträger grundsätzlich frei ist, sofern Art. 99–101 nicht verletzt werden. Dies ergibt sich schon daraus, dass das FusG nur Regeln aufstellt über den Vorgang (Fusion, Umwandlung, Spaltung, Vermögensübertragung), jedoch keine Bestimmungen enthält über die Ausgestaltung des gewählten Rechtsinstituts. Swisscom und SBB sind allerdings **spezialgesetzliche Aktiengesellschaften** (Art. 2 Abs. 1 TUG [vgl. allerdings BGE 127 II 39, Erw. 2 f.]; Art. 2 Abs. 1 SBBG), womit Art. 762 OR hier nicht anwendbar ist, weil die genannten Institute einem speziellen Bundesgesetz unterstellt sind. Art. 763 OR ist hier schon deshalb nicht anwendbar, weil sich die genannte Norm nur auf Institute des kantonalen Rechts bezieht (BSK OR II-WERNLI, Art. 762 N 6 und 763 N 1). Bei Swisscom und SBB handelt es sich also um Anstalten des öffentlichen Rechts im Kleid der Aktiengesellschaft, welche aufgrund öffentlich-rechtlicher Normen von den privatrechtlichen Bestimmungen abweichen. Demgegenüber sind die in der Botschaft (4482, FN 165) erwähnten **Rüstungsunternehmen (RUAG)** rein privatrechtlich organisierte Aktiengesellschaften, was in Art. 3 Abs. 1 Bundesgesetz über die Rüstungsunternehmen des Bundes (BGRB) vom 10. 10. 1997 (SR 934.21) ausdrücklich erwähnt ist.

3. Zwingende Vorschriften in Art. 99–101 (Abs. 1 Satz 3)

8   Abs. 1 Satz 3 bestimmt explizit, dass von Art. 99–101 nicht abgewichen werden darf. Bund, Kantone und Gemeinden können also vom Numerus clausus der Rechtsform des Privatrechts, von der Form der Strukturänderung (vgl. Art. 99 N 6), von der Inventarpflicht sowie von den Vorschriften über die Verantwortlichkeit nicht abweichen.

III. Inventarpflicht (Abs. 2)

1. Eindeutige Bezeichnung und Bewertung der erfassten Aktiven und Passiven (Abs. 2 Satz 1 und 2)

9   Institute des öffentlichen Rechts weisen nicht immer eine eigene Rechtspersönlichkeit auf; gemäss Art. 2 lit. d ist nur verlangt, dass das Institut zumindest organisatorisch verselbständigt ist. Da die Gegenstände des Aktiv- und Passivvermögens, welche zufolge Fusion, Vermögensübertragung oder Umwandlung übertragen werden, in solchen Fällen nicht ohne weiteres abgegrenzt werden können, verankerte der Gesetzgeber zur Wahrung der Transparenz insbesondere auch für die Gläubiger und Gesellschafter eine **Inventarpflicht** (Handkommentar FusG-TREIS, N 7). Die Gegenstände müssen eindeutig bezeichnet und bewertet werden (ZK-WAGNER PFEIFER/GELZER, N 31), da nur die zweifelsfrei aufgelisteten Vermögenswerte mit der Eintragung des Vorgangs in das Handelsregister von Gesetzes wegen und ohne Beachtung besonderer Formvorschriften auf den übernehmenden Rechtsträger des Privatrechts übergehen (Botschaft, 4482). **Grundstücke, Wertpapiere** und **immaterielle Werte** (Markenrechte, Patente etc.) sind einzeln aufzuführen. Es genügt also nicht, im Inventar Gegenstände oder Rechte nur pauschal zu erfassen; verlangt ist vielmehr eine detaillierte Aufzählung. Die ausdrücklich erwähnte Pflicht zur **Bewertung** gilt nicht nur für die beweglichen Güter, sondern auch für Grundstücke, Wertrechte und immaterielle Werte.

10 Abs. 2 ist auch **steuerrechtlich** von Bedeutung (zu den steuerrechtlichen Fragen siehe vor Art. 99 ff.). Insbesondere die Umwandlung eines Instituts des öffentlichen Rechts in

eine privatrechtlich organisierte Kapitalgesellschaft oder in eine Genossenschaft, deren Anteile veräussert werden (beispielsweise die Privatisierung einer Kantonalbank), löst den Eintritt in die Steuerpflicht aus (vgl. Art. 49 und 56 DBG sowie Art. 21 und 23 StHG; vgl. vor Art. 99 N 12 ff.). Werden etwa stille Reserven im Zeitpunkt der Übertragung nicht offen gelegt, kann dies bei einer späteren Auflösung eine Steuerpflicht auslösen (zur Möglichkeit einer besonderen Steuerbilanz, welche im Vergleich zur Überführungsbilanz abweichende Werte enthält siehe vor Art. 99 N 32 ff.). Durch die gesetzlich verankerte Inventar- und Bewertungspflicht werden die stillen Reserven sowohl für allfällige Aktionäre als auch für den Fiskus sichtbar (vgl. dazu die Argumente, welche für eine Abweichung zwischen den Inventarwerten und jenen der Schluss- und Eingangsbilanz sprechen, vor Art. 99 N 29 ff.). Die im Zuge der Übertragung erstellte Handelsbilanz weist zwar einen Kapitalgewinn aus, welcher aber steuerlich als bereits abgerechnet gilt, weil er noch vor Eintritt in die Steuerpflicht entstanden ist (vgl. Votum Rolf Schweiger, AmtlBull StR 2001, 160; Botschaft, 4483, vgl. aber zur restriktiven Praxis der Steuerbehörden vor Art. 99 N 32, 35).

2. *Prüfung des Inventars durch besonders befähigten Revisor (Abs. 2 Satz 3)*

Um sicherzustellen, dass das Inventar den in Abs. 2 verlangten Anforderungen (Detaillierungsgrad, Bewertung) entspricht, wird das Testat eines unabhängigen und besonders **befähigten Revisors** verlangt (der Gesetzgeber erwähnt auch die besonders befähigte Revisorin ausdrücklich). Gemeint ist damit ein Revisor im Sinne von Art. 727b OR. Die Anforderungen an die besondere Befähigung sind in der Verordnung über die fachlichen Anforderungen an besonders befähigte Revisoren vom 15. 6. 1992 (SR 221.302) näher umschrieben. Die Tatsache der besonderen Befähigung wird im Handelsregistereintrag nicht eingetragen und muss daher separat abgeklärt werden (Weisung vom 17. 8. 1994 über die Eintragung von Revisoren ins Handelsregister und über die Unterlagen betreffend deren fachlicher Befähigung, publiziert in: JBHReg 1995, 199).

Verfügt die öffentliche Hand über das notwendige Fachwissen, was bei grösseren öffentlich-rechtlichen Anstalten des Bundes, der Kantone oder der Gemeinden meistens der Fall sein dürfte, kann auf den Beizug eines besonders befähigten Revisors verzichtet werden. In diesem Fall muss aber sichergestellt sein, dass die Bewertung nach anerkannten **Rechnungslegungsgrundsätzen**, beispielsweise IFRS (International Financial Reporting Standards; vormals IAS), FER, US-GAAP bzw. UK-GAAP oder EU-Richtlinien über Bewertungen (dazu FORSTMOSER/MEIER-HAYOZ/NOBEL, § 51 N 176 ff.) und allfällige gesetzliche Bewertungsregeln eingehalten sind (vgl. dazu die Kritik bei ZK-WAGNER PFEIFER/GELZER, N 41).

IV. Beschlussfassung (Abs. 3)

Abs. 3 hält fest, dass sich die Beschlussfassung des Rechtsträgers nach den öffentlich-rechtlichen Vorschriften und Grundsätzen des Bundes, der Kantone und der Gemeinden richtet. Darin ist ein **Vorbehalt des öffentlichen Rechts** gegenüber der Zuständigkeitsregelung in Art. 18 (Fusionsbeschluss) und 64 (Umwandlungsbeschluss) zu erblicken (vgl. Begleitbericht zum Vorentwurf FusG, 63).

Abs. 3 schreibt aber nicht vor, welche Anforderungen an die Rechtsnatur (beispielsweise Gesetz im formellen Sinn) die für die Beschlussfassung massgebenden Normen erfüllen müssen. Dies ist allein Sache des zuständigen Gemeinwesens. Unter **Grundsätzen** des Bundes, der Kantone und der Gemeinden dürften Grundprinzipien verstanden werden, welche von der öffentlichen Hand bei ihrem gesamten Handeln zu beachten sind (vgl.

etwa die fünf Grundsätze im Verwaltungsrecht: Grundsatz der Gesetzmässigkeit, der Rechtsgleichheit, des öffentlichen Interesses, der Verhältnismässigkeit sowie von Treu und Glauben; HÄFELIN/MÜLLER, Rz 363). Damit ist allerdings eine Selbstverständlichkeit festgehalten.

15 Die Norm stellt klar, dass das FusG der öffentlichen Hand keine **Kompetenz** zur Privatisierung einräumt. Zur Beschlussfassung des Rechtsträgers des öffentlichen Rechts zur Fusion, Umwandlung oder Vermögensübertragung bedarf es daher einer genügenden gesetzlichen Grundlage im öffentlichen Recht. So bestimmt das öffentliche Recht, ob und unter welchen Voraussetzungen sich ein Institut des öffentlichen Rechts an einem entsprechenden Vorhaben beteiligen kann (Botschaft, 4483). Ohne genügende (gesetzliche) Grundlage im öffentlichen Recht kann z.B. keine Kantonalbank mit einer Bank fusionieren, die als (privatrechtliche) Aktiengesellschaft konstituiert ist. Den Kantonen und Gemeinden verbleibt umgekehrt auch die Kompetenz, ein Verbot der Privatisierung in ihre Gesetzgebung aufzunehmen. Das FusG derogiert kantonales oder kommunales Recht diesfalls nicht (vgl. Votum Rolf Schweiger, AmtlBull StR 2001, 160).

16 Der Beschluss des zuständigen Gemeinwesens, einem öffentlich-rechtlichen Institut ein privatrechtliches Kleid zu verschaffen (Umwandlung), braucht nicht öffentlich beurkundet zu werden; Art. 65 findet also keine Anwendung (VON BÜREN, SZW 2004, 183).

V. Handelsregister

17 Art. 109e Abs. 1 HRegV bestimmt, dass auf die Fusion von privatrechtlichen Rechtsträgern mit Instituten des öffentlichen Rechts, auf die Umwandlung solcher Institute in Rechtsträger des Privatrechts und auf die Vermögensübertragung unter Beteiligung eines Rechtsträgers des öffentlichen Rechts die **Vorschriften der HRegV** *sinngemäss Anwendung* finden. Art. 109e Abs. 1 HRegV übernimmt damit den Wortlaut in Art. 100 Abs. 1, welcher ebenfalls auf die bloss sinngemässe Anwendung des Fusionsgesetzes hinweist (vgl. N 5–6). Abweichungen von der HRegV kommen – analog zur Bestimmung von Art. 100 Abs. 1 – nur dann in Frage, wenn dies wegen der besonderen Rechtsnatur des beteiligten öffentlich-rechtlichen Instituts erforderlich ist.

18 Bei den Vorschriften der HRegV, welche sinngemäss anzuwenden sind, handelt es sich hauptsächlich um die Art. 105–105d, 107–107a und 108–108b HRegV.

19 Art. 109e Abs. 1 lit. a bis c enthält Vorschriften über die dem Handelsregisteramt **einzureichenden Belege**. Für eine Fusion, Umwandlung oder Vermögensübertragung sind die nach Art. 105, 107 oder 108 HRegV erforderlichen Belege einzureichen, sofern sie auf Grund der sinngemässen Anwendung des Fusionsgesetzes *erforderlich* sind. Diese Formulierung öffnet dem zuständigen Handelsregisteramt einen Ermessensspielraum. Aus Zeitgründen werden unterschiedliche Auffassungen über einzureichende Belege nur selten vor Gericht ausgetragen, weshalb das Handelsregisteramt bestimmen kann, welche Belege erforderlich sind. Eine frühzeitige Kontaktaufnahme mit dem Handelsregisteramt ist daher notwendig.

20 Das **Inventar** (dazu N 9 ff.) ist dem Handelsregister in jedem Fall einzureichen (Art. 109 Abs. 2 lit. b. HRegV). Beschlüsse oder andere Rechtsgrundlagen des öffentlichen Rechts, auf die sich die Fusion, Umwandlung oder Vermögensübertragung stützt, müssen ebenfalls eingereicht werden (Art. 109e Abs. 2 lit. c HRegV). Im Gegensatz zu den privatrechtlichen Rechtsträgern (dazu Art. 20) müssen die Beschlüsse der öffentlich-rechtlichen Rechtsträger aber nicht öffentlich beurkundet werden. In der **Handels-**

registereintragung muss auf das Inventar sowie auf den Beschluss oder die anderen Rechtsgrundlagen **hingewiesen** werden (Art. 109e Abs. 3 HRegV).

Die Pflicht zur **Einreichung der Belege** obliegt gemäss Art. 109e Abs. 2 HRegV dem Institut des öffentlichen Rechts und nicht dem beteiligten Rechtsträger des privaten Rechts.

21

Art. 101

Verantwortlichkeit von Bund, Kantonen und Gemeinden	¹ Durch Fusionen, Umwandlungen und Vermögensübertragungen von Instituten des öffentlichen Rechts dürfen keine Gläubigerinnen und Gläubiger geschädigt werden. Der Bund, die Kantone und die Gemeinden müssen Vorkehrungen treffen, damit Ansprüche im Sinne der Artikel 26, 68 Absatz 1 und 75 erfüllt werden können. ² Für Schäden, welche auf mangelhafte Vorkehrungen zurückzuführen sind, haften Bund, Kantone und Gemeinden nach den für sie massgebenden Vorschriften.
Responsabilité de la Confédération, des cantons et des communes	¹ Les fusions, les transformations et les transferts de patrimoine d'instituts de droit public ne doivent pas porter préjudice aux créanciers. La Confédération, les cantons et les communes prennent les mesures nécessaires afin que les prétentions au sens des art. 26, 68, al. 1, et 75 puissent être satisfaites. ² La Confédération, les cantons et les communes répondent, en vertu du droit applicable, du dommage consécutif à des mesures insuffisantes.
Responsabilità della Confederazione, dei Cantoni e dei Comuni	¹ Le fusioni, le trasformazioni e i trasferimenti di patrimonio di istituti di diritto pubblico non devono arrecare danno ai creditori. La Confederazione, i Cantoni e i Comuni devono adottare le misure necessarie affinché le pretese di cui agli articoli 26, 68 capoverso 1 e 75 possano essere soddisfatte. ² Per il danno risultante dall'adozione di misure insufficienti, la Confederazione, i Cantoni e i Comuni rispondono secondo le norme per loro determinanti.

Literatur

Vgl. die Literaturhinweise zu Art. 99.

I. Allgemeines

Abs. 1 weicht in textlicher Hinsicht von Art. 87 VE FusG ab. Der VE verlangte zum Schutze der **Gläubigerinnen** und **Gläubiger** eine befristete Nachhaftung des Gemeinwesens; diese Regelung entspricht derjenigen, wie sie bei der Umstrukturierung von privatrechtlichen Rechtsträgern vorgesehen ist. Der bundesrätliche Entwurf weicht von diesem Konzept insofern etwas ab, als er ganz allgemein verlangt, dass die Gläubigerinnen und Gläubiger bei einer Umstrukturierung, an der das Gemeinwesen beteiligt ist, nicht geschädigt werden dürfen. Bezüglich Sicherstellung der Ansprüche verweist die Norm auf die Bestimmungen, welche für Umstrukturierungen gelten, an denen nur privatrechtliche Rechtsträger beteiligt sind (Art. 26, 68 Abs. 1 und 75). Im Ergebnis wird

1

also das gleiche Ziel erreicht. Das Parlament stimmte der bundesrätlichen Fassung ohne Kommentar zu.

2   Abs. 2 entspricht mutatis mutandis Art. 87 VE FusG. Das Parlament stimmte der bundesrätlichen Fassung ohne Kommentar zu.

3   Die **Marginalie** ist zu eng gefasst. Die Norm regelt nicht nur die Verantwortlichkeit von Bund, Kantonen und Gemeinden, sondern auch die Pflicht zur Vermeidung einer Gläubigerschädigung.

II. Gläubigerschutz (Abs. 1)

4   Abs. 1 auferlegt dem Gemeinwesen (Bund, Kanton, Gemeinde) die Pflicht, jegliche **Schädigung von Gläubigerinnen oder Gläubiger** des an der Umstrukturierung beteiligten öffentlich-rechtlichen Instituts zu vermeiden. Obwohl nicht ausdrücklich erwähnt, bezieht sich diese Pflicht nur auf die Gläubigerinnen und Gläubiger des beteiligten *öffentlich-rechtlichen* Instituts, nicht auf diejenigen des an der Umstrukturierung beteiligten *privatrechtlichen* Rechtsträgers (z.B. Fusion einer Kantonalbank mit einer privatrechtlich organisierten Bank; vgl. Botschaft, 4484). Als Gläubigerinnen oder Gläubiger gelten alle Personen, deren Ansprüche vor der Veröffentlichung des Fusions-, Umwandlungs- oder Vermögensübertragungsbeschlusses (im SHAB gemäss Art. 931 Abs. 1 OR; Botschaft, 4464) begründet wurden oder deren Entstehungsgrund vor diesem Zeitpunkt liegt (vgl. Art. 26 Abs. 1, auf welchen Abs. 1 explizit verweist).

5   Von besonderer Bedeutung ist die Norm, wenn bei einer Umstrukturierung ein öffentlich-rechtliches Institut beteiligt ist, für welches eine **Staatsgarantie** besteht. Mit der Überführung des öffentlich-rechtlichen Instituts in ein Institut des Privatrechts ist in aller Regel auch die Aufhebung der Staatsgarantie für das beteiligte öffentlich-rechtliche Institut verbunden (z.B. Kantonalbank). Das beteiligte Gemeinwesen muss daher **geeignete Vorkehrungen** treffen, damit den Gläubigerinnen und Gläubigern des öffentlich-rechtlichen Instituts genügend Zeit bleibt, sich auf die veränderte Situation (i.E. Wegfall der Staatsgarantie) einzurichten und ihre Geschäftsbeziehungen anzupassen. Eine Staatsgarantie muss daher im bisherigen Umfang aufrecht erhalten bleiben bis zum Ablauf von ordentlichen Kündigungsterminen oder bis zum Ende einer Laufzeit. Fehlt ein solcher Termin oder kann er nicht bestimmt werden, so muss eine angemessene Frist für bestehende Passivgeschäfte festgelegt werden, während welcher die Staatsgarantie weitergilt (Botschaft, 4484 f.). Als angemessen dürfte unter Hinweis auf Art. 26 Abs. 1 und 71 Abs. 1, auf welche Art. 101 Abs. 1 ausdrücklich verweist, eine Frist von drei Jahren sein.

6   Das Gemeinwesen ist verpflichtet, die zum Schutz der Gläubigerinnen und Gläubiger notwendigen Vorkehrungen zu treffen, welche in **Inhalt, Umfang und Dauer** denjenigen entsprechen, welche für eine Umstrukturierung mit rein privatrechtlicher Beteiligung gelten (Botschaft, 4484). Abs. 1 verweist daher ausdrücklich auf die Bestimmungen in Art. 26, 68 Abs. 1 und 75. Art. 26 statuiert die **persönliche Haftung** der Gesellschafterinnen und Gesellschafter bei der Fusion, Art. 68 Abs. 1 verweist im Zusammenhang mit der Umwandlung auf die Bestimmung in Art. 26 und Art. 75 statuiert bei der Vermögensübertragung die solidarische Haftung des bisherigen Schuldners während drei Jahren. Nicht verlangt ist, dass das Gemeinwesen eine solidarische Haftung übernimmt; die getroffenen Vorkehrungen müssen aber mindestens gleichwertig sein (Botschaft, 4484).

7   Aus Abs. 1 kann auch eine Pflicht zur **frühzeitigen Information** der beteiligten Gläubigerinnen und Gläubiger über die geplante Umstrukturierung und deren Konsequenzen (etwa die Aufhebung der Staatsgarantie) abgeleitet werden (Botschaft, 4484).

Da Art. 100 Abs. 1 ausdrücklich festhält, dass Art. 99–101 in jedem Fall Anwendung finden (vgl. Art. 100 N 8), kann das beteiligte Gemeinwesen keine Regelung treffen, welche den in den Art. 26, 68 Abs. 1 oder 75 festgelegten Gläubigerschutzbestimmungen nicht mindestens ebenbürtig sind. Für das Gemeinwesen gelten die genannten Bestimmungen als **Mindeststandard**, von dem sie nur zu Gunsten der Gläubigerinnen und Gläubiger, jedoch nicht zu deren Ungunsten abweichen dürfen. Bei der Vermögensübertragung besteht kein umfassender Gläubigerschutz, weil Art. 75 nur den Schutz der Gläubiger von übertragenen Verbindlichkeiten postuliert, was im Gegensatz zu Art. 101 Abs. 1 steht, welcher verlangt, dass kein Gläubiger zu Schaden kommt. Wegen des ausdrücklichen Verweises auf Art. 75 dürfte es dabei aber sein Bewenden haben: Bei der Vermögensübertragung sind die Gläubiger des übertragenden Unternehmens nicht geschützt. Die Rechtslage gestaltet sich hier gleich wie bei der Vermögensübertragung zwischen zwei privatrechtlichen Unternehmen (WEBER/BISCHOF, 82).

Untersteht das an einer Umstrukturierung beteiligte öffentlich-rechtliche Institut der **Aufsicht einer Behörde** (Kantonalbanken, Fernmelde-, Verkehrs- und Energieunternehmen), so hat diese im Zuge der Bewilligungserteilung an das umstrukturierte Institut zu überprüfen, ob das beteiligte Gemeinwesen die verlangten Vorkehrungen getroffen hat (Botschaft, 4485; ZK-WAGNER PFEIFER/GELZER, Art. 100 N 20; EBK-Bull. 18, 26 ff.). Sollte dies nicht der Fall sein, müsste die Bewilligung verweigert bzw. mit einer Auflage versehen werden.

III. Verantwortlichkeit (Abs. 2)

Unterlässt es das an einer Umstrukturierung beteiligte Gemeinwesen, die in Abs. 1 verlangten Vorkehrungen zum Schutze der Gläubigerinnen und Gläubiger des öffentlich-rechtlichen Instituts zu treffen, haftet das Gemeinwesen für alle dadurch entstandenen Schäden, welche Gläubigerinnen und Gläubiger erleiden. Die Haftung richtet sich dabei nach dem entsprechenden Staatshaftungsrecht. Für den Bund ist die **Staatshaftung** im Bundesgesetz über die Verantwortlichkeit des Bundes sowie seiner Behördemitglieder und Beamten (Verantwortlichkeitsgesetz) vom 14.3.1958 (SR 170.32) geregelt (WEBER/BISCHOF, 60). Gemäss Art. 20 Abs. 1 VG verjährt ein Anspruch auf Schadenersatz nach einem Jahr (relative Verjährungsfrist) bzw. zehn Jahren (absolute Verjährungsfrist).

Abs. 2 ist als Ergänzung zur Haftungsbestimmung in Art. 107 zu betrachten (vgl. insbesondere Art. 107 Abs. 4).

Neuntes Kapitel: Gemeinsame Vorschriften

Erster Abschnitt: Ausführungsbestimmungen

Art. 102

> **Der Bundesrat erlässt Vorschriften über:**
> a. die Einzelheiten der Eintragung ins Handelsregister und die einzureichenden Belege;
> b. die Einzelheiten der Eintragung ins Grundbuch und die einzureichenden Belege.
>
> Le Conseil fédéral édicte les dispositions nécessaires concernant:
> a. les modalités de l'inscription au registre du commerce et les pièces justificatives à fournir;
> b. les modalités de l'inscription au registre foncier et les pièces justificatives à fournir.
>
> Il Consiglio federale emana le disposizioni necessarie concernenti:
> a. le modalità d'iscrizione nel registro di commercio e i documenti giustificativi da produrre;
> b. le modalità d'iscrizione nel registro fondiario e i documenti giustificativi da produrre.

I. Normzweck

Bezüglich der Eintragung ins Handelsregister und der Grundbuchanmeldung ergeben sich mehrere technische Fragen. Auf eine Regelung im Fusionsgesetz selbst wird verzichtet. Art. 102 gibt dem Bundesrat die Kompetenz, die benötigten Ausführungsvorschriften auf Verordnungsstufe zu erlassen (Botschaft, 4486; ZK-WEIBEL, N 4 weist in diesem Zusammenhang auf die inzidente Normenkontrolle des Bundesgerichts hin). Die vom Bundesrat am 21. 4. 2004 verordneten Änderungen der Handelsregisterverordnung, der Verordnung über die Gebühren für das Handelsregister sowie der Grundbuchverordnung und der Verordnung über den Erwerb von Grundstücken durch Personen im Ausland sind **am 1.7.2004 in Kraft** getreten. 1

II. Ausführungsbestimmungen betreffend Handelsregistereintragung (lit. a)

Die Fusion (Art. 21, Art. 22, Art. 83 Abs. 3 und 4, Art. 95 Abs. 4 und 5), die Spaltung (Art. 51, Art. 52), die Umwandlung (Art. 66, Art. 67, Art. 97 Abs. 3 i.V.m. Art. 95 Abs. 4 und 5) und die Vermögensübertragung (Art. 73, Art. 87 Abs. 3, Art. 98 Abs. 2 i.V.m. Art. 73) werden mit deren Eintragung ins Handelsregister **rechtswirksam**. Vereine, die nicht im Handelsregister eingetragen sind, sind von der Pflicht zur Eintragung der Fusion befreit (Art. 21 Abs. 4; vgl. dazu Art. 21 N 42 ff.). 2

Im Interesse der Übersichtlichkeit und der Verständlichkeit übernimmt der revidierte Teil der Handelsregisterverordnung die **Struktur** des Fusionsgesetzes. Dementsprechend enthält die HRegV neu Bestimmungen über die Fusion von Gesellschaften (Art. 105 ff. HRegV), die Spaltung von Kapitalgesellschaften und Genossenschaften (Art. 106 ff. HRegV), die Umwandlung von Gesellschaften (Art. 107 f. HRegV) und die Vermögensübertragung (Art. 108 ff. HRegV) sowie Sondervorschriften über Umstrukturierungen, 3

Art. 103

an denen Stiftungen (Art. 109 f. HRegV), Vorsorgeeinrichtungen (Art. 109b ff. HRegV) oder Institute des öffentlichen Rechts (Art. 109e HRegV) beteiligt sind. Der Entwurf enthält auch detaillierte Bestimmungen zu grenzüberschreitenden Umstrukturierungen (Art. 110 ff. HRegV) und zur Identifikationsnummer i.S.v. Art. 936a OR (Art. 111a f. HRegV). Ferner beinhalten die neu eingefügten bzw. revidierten Art. 4a, Art. 4b, Art. 4c, Art. 4d und Art. 5 GebVHreg Bestimmungen betreffend die zu erhebenden Gebühren für die Eintragung ins Handelsregister.

4 Für Details betreffend Anmeldung, anmeldepflichtige Organe, einzureichende Belege, Zeitpunkt und Form der Anmeldung vgl. Komm. zu Art. 21 für die Fusion, Komm. zu Art. 51 für die Spaltung, Komm. zu Art. 66 für die Umwandlung und Komm. zu Art. 73 für die Vermögensübertragung.

5 Art. 88 VE FusG enthielt eine detaillierte Sonderbestimmung über die **Kognitionsbefugnis des Handelsregisterführers**, nach welcher dieser gegenüber Art. 940 OR über eine ausgedehntere Kognitionsbefugnis verfügt hätte. Der Handelsregisterführer hätte die Zulässigkeit der Umstrukturierung, die Vollständigkeit der erforderlichen Belege und der erforderlichen Verträge, Pläne und Berichte der Organe und der Revisionsstelle sowie die Vollständigkeit der Organbeschlüsse, das Vorliegen der erforderlichen Mehrheiten, die Einhaltung der zwingenden zivilrechtlichen Bestimmungen des Bundesrechts und die Vollständigkeit und die Rechtskraft allfälliger behördlicher Genehmigungen prüfen müssen. In der Vernehmlassung ist diese Bestimmung auf starke Kritik gestossen und wurde in der Folge ersatzlos gestrichen (Vernehmlassungen, 304 ff.). Begründet wird dies damit, dass eine derartige Ausweitung der Kognitionsbefugnis im OR und nicht in einem Spezialgesetz zu erfolgen habe (Botschaft, 4420). Die Prüfungsbefugnis wird demnach weiterhin durch Art. 940 OR und den neuen Art. 111 HRegV i.V.m. Art. 21 HRegV bestimmt (MEIER-HAYOZ/FORSTMOSER, § 6 N 30 ff.) und durch die Rechtsprechung des Bundesgerichts konkretisiert (vgl. insbesondere BGE 125 III 18 und BGE 117 II 188 m.w.Nw.).

III. Ausführungsbestimmungen betreffend Grundbuchanmeldung (lit. b)

6 Der Bundesrat hat einen neuen **Art. 18a GBV** verordnet. Für Details betreffend Grundbuchanmeldung und einzureichende Belege vgl. Komm. zu Art. 104.

Zweiter Abschnitt: Handänderungsabgaben

Art. 103

Die Erhebung von kantonalen und kommunalen Handänderungsabgaben ist bei Umstrukturierungen im Sinne von Artikel 8 Absatz 3 und Artikel 24 Absätze 3 und 3^{quater} des Bundesgesetzes vom 14. Dezember 1990 über die Harmonisierung der direkten Steuern der Kantone und Gemeinden ausgeschlossen. Kostendeckende Gebühren bleiben vorbehalten.

La perception de droits de mutation cantonaux ou communaux est exclue en cas de restructuration au sens des art. 8, al. 3, et 24, al. 3 et 3^{quater}, de la loi fédérale du 14 décembre 1990 sur l'harmonisation des impôts directs des cantons et des communes. Les émoluments couvrant les frais occasionnés sont réservés.

2. Abschnitt: Handänderungsabgaben Art. 103

È esclusa la riscossione di tasse di mutazione cantonali e comunali in caso di ristrutturazioni ai sensi degli articoli 8 capoverso 3 e 24 capoversi 3 e 3^quater della legge federale del 14 dicembre 1990 sull'armonizzazione delle imposte dirette dei Cantoni e dei Comuni. Rimangono salvi gli emolumenti a copertura delle spese.

Inhaltsübersicht Note

  I. Allgemeines 1
   1. Entstehungsgeschichte 1
   2. Gesetzgebungskompetenz des Bundes 4
   3. Verfassungswidrigkeit von Handänderungssteuern bei Umstrukturierungen? 8
   4. Aufnahme ins FusG 9
   5. Spezialgesetzliche Bestimmungen des Bundesrechts 11
   6. Spezialfall von Art. 14 Abs. 3 BankG 13
 II. Befreiung von Handänderungsabgaben bei Umstrukturierungen 15
   1. Tatbestand 15
   2. Kantonale oder kommunale Handänderungsabgaben 22
   3. Rechtsfolge 28
   4. Rechtsmittel 33
III. Vorbehalt kostendeckender Gebühren 35
   1. Grundbuchgebühren 35
   2. Notariatsgebühren 48
 IV. Übergangsregelung von Art. 111 Abs. 3 51
  V. Bisherige Umstrukturierungstatbestände bei Handänderungssteuern 56
   1. Kantone ohne Befreiungstatbestände bei Umstrukturierungen ... 60
   2. Kantone mit Ermässigungen bei Umstrukturierungen 66
   3. Kantone mit eingeschränkten Befreiungstatbeständen bei Umstrukturierungen 74
   4. Kantone mit Befreiungstatbeständen bei Umstrukturierungen ... 83
   5. Kanton ohne Handänderungssteuer: Uri 108
   6. Graubünden: Kommunale Hoheit 109

Literatur

J. ALBISSER, Die Grundzüge des baselstädtischen Gebührenrechts, Diss. Basel 1976; I. BLUMENSTEIN, Zum Problem des Steuerobjekts der Handänderungssteuern, ASA 30 (1961/62), 209 ff., 273 ff.; P. BÖCKLI, Indirekte Steuern und Lenkungssteuern, Habil. Basel 1975; DERS., Fusions- und Spaltungssteuerrecht: Gelöste und ungelöste Probleme, ASA 67 (1998/99), 1 ff.; DERS., Rechtsgutachten erstattet dem Regierungsrat des Kantons Luzern zur Frage der Abschaffung der Mietwertbesteuerung, Basel 30.6.1993 (zit. BÖCKLI, Rechtsgutachten); DERS., Unternehmensumstrukturierungen in der Schweiz: Zwölf steuerliche Hemmschuhe, StR 1990, 215 ff.; P. BOHLEY, Die öffentliche Finanzierung, München 2003; F. CAGIANUT, Bericht der Expertengruppe Cagianut zur Steuerharmonisierung, Zürich 1994; CH. CONSTANTIN ET AL., Gutachten über steuerliche Fragen beim Zusammenschluss von Unternehmungen, Zürich 1970; M. DORMOND, Le droit de mutation sur transferts immobiliers: participations minoritaires à des sociétés immobilières, ST 1992, 458 ff.; F. FESSLER, Das Handänderungssteuerrecht des Kantons Zürich, ZBGR 1981, 1 ff.; A. FILLI, Die Steuerfolgen von Unternehmensumstrukturierungen nach dem Recht der Kantone Basel-Stadt und Basel-Landschaft, BJM 1991, 57 ff.; A. FLÜCKIGER, Die Mehrwertsteuer bei öffentlich beurkundeten Grundstückgeschäften, ZBGR 1996, 73 ff.; U. GÄHWILER, Die Besteuerung der Immobiliengesellschaft und der daran Beteiligten, Diss. St. Gallen 1991; J. GRAF, Luzernische Handänderungsgebühren nach Gesetz und Praxis, Diss. Freiburg i.Ue. 1946; E. GRIESSHAMMER/P. HETTICH, Steuerharmonisierungsbedarf bei der Übertragung von Grundstücken im Fusionsgesetz, StR 2003, 258 ff.; A. GRISEL, Traité de droit administratif, 2 Bde., Neuchâtel 1984; P. GURTNER, Erlass der

Handänderungsabgaben bei Unternehmensumstrukturierungen, BN 1983, 127 ff.; F. GYGI, Verwaltungsrecht, Bern 1986; DERS., Zur Rechtsetzungszuständigkeit des Bundes auf dem Gebiete des Zivilrechts (BV 64), ZSR 1976 I, 343 ff.; A. HAESSIG, Incidences fiscales résultant de la vente d'actions de sociétés immobilières anonymes, ST 1989, 270 ff.; U. HARTMANN, Betrachtungen zum Handänderungssteuerrecht im Kanton Graubünden, ZGRG 1993, 52 ff.; R. HEUBERGER, Interkantonales Doppelbesteuerungsverbot als Mittel der Steuerharmonisierung, StR 1998, 582 ff.; H. HUBER, Bundesrechtliche Schranken im Grundstückabgaberecht, ZBGR 1968, 65 ff.; DERS., Die Erhebung von Handänderungsgebühren und Handänderungssteuern bei Änderungen im Gesellschafterbestand von Personengesellschaften, ZBGR 1953, 241 ff.; A. HUNGERBÜHLER, Grundsätze des Kausalabgabenrechts, ZBl 2003, 505 ff.; F. HUWYLER, Die Handänderungssteuer im Kanton Schwyz, EGVSZ 1993, 203 ff.; R. ISELI, Die Übertragung einer Immobiliengesellschafts-Beteiligung im zürcherischen Grundsteuerrecht, ASA 51 (1982/83), 321 ff.; U. KIESER, ATSG-Kommentar: Kommentar zum Bundesgesetz über den Allgemeinen Teil des Sozialversicherungsrechts vom 6. Oktober 2000, Zürich 2003; TH. KOLLER, Ein gesetzliches Faustpfandrecht an der Kaufpreisforderung zur Sicherung des Grundstückgewinnsteuerbezuges?, ZBGR 1995, 273 ff.; J. KÜNG, Zur Problematik der wirtschaftlichen Handänderung im luzernischen Handänderungs- und Grundstückgewinnsteuergesetz, StR 1993, 416 ff.; M. KÜNG, Die Behandlung von Fusion und Umwandlung im Grundbuch, ZBGR 1996, 145 ff.; M. LANGENEGGER, Handbuch zur bernischen Grundstückgewinnsteuer 2001, Bern 2002; P. LOCHER, Zur Auslegung der Steuerbefreiungsnorm von GarG 10: ist der zweite Halbsatz von GarG 10 Abs. 1 weiterhin restriktiv zu interpretieren?, in: Ruf/Pfäffli, (Hrsg.), FS Verband bernischer Notare, Langenthal 2003, 559 ff.; DERS., Das Objekt der bernischen Grundstückgewinnsteuer, Diss. Bern 1976; W. MAUTE/J. RÜTSCHE, Die Übertragung von Beteiligungen an Immobiliengesellschaften, ST 1989, 264 ff.; N. MERLINO, Les aspects fiscaux de la nouvelle loi sur les fusions, SZW 2004, 269; V. MONTEIL, Zum Objekt der solothurnischen Handänderungssteuer, in: Staatskanzlei des Kantons Solothurn (Hrsg.), FS 500 Jahre Solothurn im Bund, Solothurn 1981, 315 ff.; X. OBERSON, Le principe de la légalité en droit des contributions publiques, RDAF 1996, 265 ff.; M. OERTLI/T. CHRISTEN, Das neue Fusionsgesetz, ST 2004, 105 ff., 219 ff.; ST. PFENNINGER-BISCHOFBERGER, Grundsteuerfolgen von Unternehmensumstrukturierungen, Diss. Zürich 1995; A. PRIULI, Jüngste Praxisentwicklungen im bündnerischen Recht der Handänderungssteuer und der Kulturlandverminderungsabgabe, StR 2004, 172 ff. (= ZGRG 2003, 176 ff.); M. REBER/B. REBER, Die Bemessung der Handänderungssteuer beim Verkauf von Bauland mit geplanten oder noch unvollendeten Neubauten, SJZ 1998, 411 ff.; M. REICH, Gedanken zur Umsetzung des Steuerharmonisierungsgesetzes, ASA 62 (1993/94), 577 ff.; R. RHINOW/H. KOLLER/CH. KISS, Öffentliches Prozessrecht und Justizverfassungsrecht des Bundes, Basel 1996; F. RICHNER, Die Grundstückgewinnsteuer und die Handänderungssteuer im Kanton Zürich (Teile 1 bis 26), ZStP 1992–1998, passim; G. RÜEGG-PEDUZZI, Die Handänderungssteuer in der Schweiz, Diss. Zürich 1989; P. RUF, Handänderungsabgaberecht, Diss. Bern, Muri b. Bern 1985; DERS., Unternehmensumstrukturierung und bernisches Handänderungsabgaberecht, ASA 57 (1988/89), 95 ff.; CH. SCHMID-TSCHIRREN, Sachenrechtliche Aspekte des Fusionsgesetzes, ZBGR 2004, 228 ff.; J. SCHÖNENBERGER, Die st. gallische Handänderungssteuer, Diss. Freiburg i.Ue., Zürich 1960; CH. SCHÖNIGER, Die Handänderungssteuer des Kantons Basel-Stadt, Diss. Basel 1992; W. SCHUBIGER, Das zürcherische Grundstückgewinn- und Handänderungssteuerrecht, Diss. Zürich 1942; R. SCHWARZ, Die Handänderungssteuer im Kanton Graubünden, Diss. Zürich 1985; P. SPORI/M. MOSER, Fusionsgesetz: Kongruenzen und Inkongruenzen zwischen Zivil- und Steuerrecht, ZBJV 2004, 301 ff.; M. STEINER, Die neuere Praxis zur wirtschaftlichen Betrachtungsweise im zürcherischen Grundsteuerrecht, ASA 52 (1983/84), 305 ff.; O. THOMAS, Les droits de mutation, Diss. Lausanne, Zürich 1991; N. TURRIN, Le transfert de patrimoine selon le projet de loi sur la fusion, Basel/Genf/München 2003; K. VALLENDER, Grundzüge des Kausalabgabenrechts, Diss. St. Gallen, Bern 1976; DERS., Mittelbare Rechtsetzung im Bereich der Steuerharmonisierung, in: Cagianut/Vallender (Hrsg.), Steuerrecht: ausgewählte Probleme am Ende des 20. Jahrhunderts, FS Höhn, Bern 1995, 421 ff.; L. WIDMER, Das Legalitätsprinzip im Abgaberecht, Diss. Zürich 1988; P. WIDMER, Normkonkurrenz und Kompetenzkonkurrenz im schweizerischen Bundesstaatsrecht, Diss. Zürich 1966; A. WURZBURGER, De la constitutionnalité des émoluments judiciaires en matière civile, in: Faculté de droit de l'Université de Lausanne (Hrsg.), FS Poudret, Lausanne 1999, 299 ff.; D. YERSIN, Steuerharmonisierung und kantonales Recht, ASA 64 (1995/96), 97 ff.; A. ZAUGG, Steuer, Gebühr und Vorzugslast, ZBl 1973, 217 ff.; F. ZUPPINGER, Die wirtschaftliche Handänderung im Steuerrecht, StR 1969, 455 ff.; DERS., Die fiskalische Belastung von Grund und Boden nach geltendem Recht und mit Blick auf die Zukunft, ZBl 1978, 97 ff.

2. Abschnitt: Handänderungsabgaben   1–3 **Art. 103**

Praxisfestlegung der Steuerverwaltung

Kreisschreiben Nr. 5 der ESTV vom 1.6.2004 betreffend Umstrukturierungen (zit. ESTV-DVS, KS 5 vom 1.6.2004)

I. Allgemeines

1. Entstehungsgeschichte

Art. 103 war im Laufe der Entstehungsgeschichte eine der umstrittensten Bestimmungen des Fusionsgesetzes. Im Grundsatz ist das Postulat der handänderungssteuerfreien Behandlung von Unternehmensumstrukturierungen alt und seine Berechtigung auch so gut wie unbestritten (vgl. CONSTANTIN ET AL., 96 ff., 227). Da sich aber die **Steuerharmonisierungskompetenz** des Bundes **auf direkte Steuern beschränkt**, wurde keine entsprechende Norm ins StHG aufgenommen (vgl. N 4). Die meisten Kantone haben zwar mittlerweile Befreiungstatbestände bei Umstrukturierungen eingeführt, die Voraussetzungen sind jedoch sehr mannigfaltig (vgl. N 56 ff., 74 ff.). Die Kantone Genf, Waadt, Basel-Landschaft, Schwyz, Tessin, Wallis und Jura besteuern die Handänderungen von Liegenschaften auch im Rahmen von Umstrukturierungen mit Abgaben von einem Prozent bis über drei Prozent (vgl. N 57, 60 ff.). Abgesehen von den Kantonen Aargau (vgl. N 83) und Bern (vgl. N 91) wird die zivilrechtliche Handänderung von Liegenschaften auch im Rahmen von Umstrukturierungen in den meisten Kantonen mit Grundbuchgebühren belegt, denen bei hohen Liegenschaftswerten Gemengsteuercharakter zukommt (vgl. N 44 ff.). Während die Umstrukturierungen bereits unter bisherigem Recht in den meisten Fällen im Bereich der direkten Steuern sowie der Emissionsabgabe steuerneutral abgewickelt werden konnten, blieben Steuerfolgen im Bereich der Handänderungssteuern und Grundbuchabgaben. 1

In den Vorarbeiten zum FusG erkannte die Arbeitsgruppe Steuern das Problem, dass die Kantone die im Fusionsgesetz vorgesehenen Umstrukturierungsmöglichkeiten durch Erhebung von Handänderungssteuern erheblich beeinträchtigen könnten, sah sich jedoch mangels Gesetzgebungskompetenz des Bundes ausserstande, eine Änderung des Steuerharmonisierungsgesetzes zwecks Befreiung der Umstrukturierungen von Handänderungssteuern vorzuschlagen. Ein in der Folge eingeholtes **Gutachten des Bundesamtes für Justiz** vom 16.6.1999 bestätigte zwar, dass die Erhebung von Handänderungsgebühren Fusionen über Gebühr erschweren kann, erachtete aber die kantonalen Handänderungssteuern als zu wenig einschneidend, als dass durch sie die Realisierung der Ziele des FusG vereitelt oder massiv beeinträchtigt würde (VPB 63.83). Das Bundesamt für Justiz räumte jedoch im erwähnten Gutachten ein, dass es keine genaue Kenntnis der kantonalen Handänderungssteuern habe und deshalb die ihm gestellte Frage nur beschränkt beantworten könne. Hinsichtlich der Höhe der kantonalen Handänderungsabgaben stützte es sich sodann auf HÖHN/WALDBURGER, welche die kantonalen Handänderungsabgaben mit ein bis zwei Prozent beziffern (VPB 63.83 B Ziff. 6c). In der Folge verzichtete der Bundesrat auf die Aufnahme einer entsprechenden Bestimmung ins FusG (Botschaft, 4380 f.). 2

Der erstberatende **Ständerat** war zunächst ebenfalls der Auffassung, dass dem Bund keine Gesetzgebungskompetenz in Bezug auf die Handänderungssteuern bei Umstrukturierungen zukomme. Er empfahl dem Bundesrat jedoch, das Eidgenössische Finanzdepartement zu beauftragen, im Rahmen der Konferenz der kantonalen Finanzdirektoren (heute: Schweizerische Steuerkonferenz) darauf hinzuwirken, dass sowohl Umstrukturierungen (i.S.v. Art. 8 Abs. 3 und 24 Abs. 3ter StHG) als auch Ersatzbeschaffungen (i.S.v. Art. 8 Abs. 4 StHG) von den kantonalen Handänderungssteuern befreit 3 werden (Empfehlung der Kommission für Rechtsfragen des Ständerates Nr. 00.052, welche mit Beschluss vom 21.3.2001 an den Bundesrat überwiesen wurde [AmtlBull StR 2001, 169]). Erst die **Kommission für Wirtschaft und Abgaben des Nationalrates** erblickte in der Gesetzgebungskompetenz des Bundes auf dem Gebiet des Zivilrechts (Art. 122 BV) eine Grundlage zur Vornahme eines punktuellen Eingriffs in die kantonale Steuerhoheit und schlug dem Nationalrat die Aufnahme des Art. 103 ins FusG vor (Mitbericht WAK NR vom 3.7.2001, 11 ff.). Nach eingehenden Debatten schloss sich der Nationalrat schliesslich seiner vorberatenden Kommission an. Im Rahmen des Differenzbereinigungsverfahrens schloss sich der Ständerat mit Beschluss vom 15.9.2003 schliesslich dem Nationalrat an (AmtlBull StR 2003, 732).

2. Gesetzgebungskompetenz des Bundes

4   Die Bundeskompetenz zur Harmonisierung der direkten Steuern gemäss Art. 129 BV erstreckt sich nicht auf Handänderungssteuern, da es sich bei diesen nicht um direkte Steuern im Sinne dieser Bestimmung handelt (vgl. Botschaft StHG/DBG, 1479). Eine umfassende Kompetenz kommt dem Bundesgesetzgeber jedoch aufgrund von **Art. 122 BV** auf dem Gebiet des Zivilrechts zu. Gemäss der vom Bundesamt für Justiz vertretenen, vermittelnden oder **typologischen Auslegungsmethode** können Rechtsnormen insbesondere dann auf die Privatrechtskompetenz abgestützt werden, wenn sie die Voraussetzungen privatautonomer Rechtsgestaltung umschreiben, herkömmlicherweise mit der Privatrechtskodifikation zusammenhängen und typisch privatrechtliche Ziele verfolgen. Der Zielkonflikt zwischen kantonalen Handänderungssteuern und FusG, das wirtschaftlich sinnvolle Umstrukturierungen erleichtern will, genügt jedoch auch nach der typologischen Auslegungsmethode nicht, eine Massnahme als zivilrechtlich zu bezeichnen, die traditionellerweise ausschliesslich kantonaler Kompetenz entspringt (vgl. das diesbezügliche Gutachten des Bundesamtes für Justiz vom 16.6.1999, VPB 63.83).

5   Im Fall einer **massiven Beeinträchtigung oder gar einer Vereitelung** einer kompetenzkonformen Bundesnorm durch das kantonale Steuerrecht darf der Bundesgesetzgeber in die kantonale Kompetenz zur Erhebung von Steuern eingreifen und korrigierend legiferieren (BGE 109 Ia 134, 140 f.; 106 II 81, 83 ff. = BGer 8.5.1980, StR 1981, 411, 413; BGE 104 Ia 105, 108; 101 Ia 502, 505 f.; 99 Ia 604, 622; 98 Ia 491, 495; Bundesamt für Justiz 27.1.1986, VPB 50.67; ZK-MARTI, Art. 6 ZGB N 380 ff.; KOLLER, ZBGR 1995, 273, 280). Während das Bundesamt für Justiz und der Bundesrat die kantonalen Handänderungssteuern als zu wenig einschneidend erachteten, als dass durch sie die Realisierung der Ziele des Fusionsgesetzes vereitelt oder massiv beeinträchtigt würde, bejahte das Parlament mit entgegengesetzter Begründung eine Bundeskompetenz für Art. 103. Den gleichwohl bestehenden Zweifeln wurde mit der langen Übergangsfrist von fünf Jahren Rechnung getragen (vgl. dazu N 51). In der Literatur ist umstritten, ob aus Art. 122 BV eine Bundeskompetenz zur Untersagung von kantonalen Handänderungssteuern abgeleitet werden kann oder nicht. Stets für eine entsprechende Bundeskompetenz votierten BÖCKLI und REICH, weshalb sich die Befürworter im Nationalrat (AmtlBull NR 2003, 249 f.) als auch Ständerat (AmtlBull StR 2003, 728) vielfach auf sie beriefen.

6   Gemäss REICH gehe es nicht an, dass gewisse Kantone die freie Wahl der unternehmerischen Rechtsform durch eine verfassungsmässig ohnehin fragwürdige, weil nicht leistungsfähigkeitsbezogene Steuer zunichte machen, während der Bund durch ein aufwendiges Gesetzesprojekt die wirtschaftlich dringend gebotene Flexibilität im Bereich des Rechtsformwechsels verwirklichen wolle; gestützt auf die Gesetzgebungskompetenz im Bereich des Privatrechts erachte er deshalb einen punktuellen Eingriff in die kantonale

2. Abschnitt: Handänderungsabgaben **7, 8 Art. 103**

Steuererhebungskompetenz als zulässig (REICH/DUSS, 123 f.). Demgegenüber lehnen HÖHN/WALDBURGER die Steuergesetzgebungskompetenz des Bundes gestützt auf die allgemeine Zivilgesetzgebungskompetenz von Art. 122 BV ab, da nicht gesagt werden könne, dass durch die Nichtbefreiung von der Handänderungssteuer das Bundeszivilrecht geradezu vereitelt werde (§ 46 N 113). Zwar möge es zutreffen, dass gewisse Transaktionen wegen der Handänderungssteuer unterblieben, woraus jedoch nicht geschlossen werden könne, dass das Ziel des FusG generell massiv beeinträchtigt bzw. gar vereitelt würde. Die Abstützung von Art. 103 auf Art. 122 BV liegt in der Tat nicht auf der Hand. Der Einwand von HÖHN/WALDBURGER, dass die Handänderungssteuer auch andere zivilrechtliche Vorgänge wie den Kauf oder die Aufteilung von Gesamt- in Miteigentum behindere, trifft ohne Zweifel zu. Ziel des FusG ist jedoch nicht bloss, das Zustandekommen von Fusionen, Spaltungen, Umwandlungen und Vermögensübertragungen zu erleichtern, sondern auch, dass diese auf die wirtschaftlich sinnvollste Weise durchgeführt werden. Ist beispielsweise eine Gesellschaft mit grösserem Grundbesitz in der Westschweiz an einer Fusion beteiligt, so absorbiert diese häufig die andere Partei, auch wenn aus betriebswirtschaftlichen oder juristischen Gründen die umgekehrte Gestaltung sinnvoller wäre. Eine Kombinationsfusion im Sinne von Art. 3 Abs. 1 lit. b kommt (auch) wegen solcher Rechtsverkehrssteuern praktisch nie vor. Die Wahl der **wirtschaftlich sinnvollsten Fusion** – und somit ein Ziel des FusG – wird durch die Erhebung von Handänderungssteuern in den erwähnten Kantonen somit durchaus mit Erfolg verhindert, weshalb der Bundesgesetzgeber zu Recht den Befreiungstatbestand von Art. 103 erlassen hat. Die scheinbar geringe Höhe der Handänderungsabgaben von einigen wenigen Prozenten relativiert sich zudem durch die Tatsache, dass diese nicht etwa auf dem Eigenkapital einer Unternehmung, sondern auf dem Verkehrswert erhoben werden, was bei den üblichen Fremdfinanzierungsgraden zu einer beträchtlichen fiskalischen Belastung des Eigenkapitals führen kann.

Selbst wenn man der Auffassung ist, dass keine Bundeskompetenz für den Erlass von Art. 103 besteht, hat dies nach geltendem Verfassungsrecht keine unmittelbaren praktischen Konsequenzen: Aufgrund des **Massgeblichkeitsgebots** von Bundesgesetzen (**Art. 191 BV**) ist kantonales Recht nämlich auch dann nichtig, wenn es gegen kompetenzwidrig erlassenes Bundesrecht verstösst.

3. *Verfassungswidrigkeit von Handänderungssteuern bei Umstrukturierungen?*

Gemäss der Auffassung von BÖCKLI ist die Erhebung einer Handänderungssteuer zufolge Fusion bereits in sich selbst sachwidrig, da diese als echte Kapitalverkehrsteuer sowohl in ihrem Konzept wie in ihrer Bemessungsgrundlage auf rechtsgeschäftliche Übertragungen der Verfügungsgewalt über ein Grundstück abstelle und es bei der Fusion weder ein auf die Übertragung der Verfügungsgewalt an einem Grundstück abzielendes Rechtsgeschäft noch ein Entgelt gäbe (BÖCKLI, ASA 67 [1998/99], 30; BÖCKLI, Aktienrecht, § 3 N 84). Daher sei die Erhebung einer Handänderungssteuer bei einer Fusion inhaltlich widersprüchlich und im Sinne von **Art. 9 BV** willkürlich. Ein allfälliger Verstoss kantonaler oder kommunaler Handänderungssteuernormen gegen Verfassungsrecht begründet zwar keine Bundeskompetenz, könnte hingegen beim Bundesgericht mit staatsrechtlicher Beschwerde gerügt werden. Das Bundesgericht ist jedoch sehr zurückhaltend bei der Beurteilung der Frage, ob ein kantonales Gesetz gegen Art. 9 BV verstösst. So verstösst ein Erlass nur dann gegen das Willkürverbot, wenn er sich nicht auf ernsthafte sachliche Gründe stützen lässt oder sinn- und zwecklos ist (vgl. BGE 114 Ia 321, 323; 110 Ia 7, 13). Ein kantonaler Erlass kann nicht bereits dann aufgehoben werden, wenn dieser auf gesetzgebungspolitischen Erwägungen beruht, die das Bundesgericht für unzutreffend erachtet (BGE 109 Ia 97, 102). Wenngleich die Erhebung einer

Rechtsverkehrssteuer per se fragwürdig und im Falle einer Fusion gar stossend erscheinen mag, kann sie nur schwer als sinn- und zwecklos bezeichnet werden, führt sie doch zu Steuerertrag. Etwas anderes würde hingegen dann gelten, wenn sie an sich erwünschte Umstrukturierungen vollständig verhindern könnte und zu keinem Steuerertrag führen würde beziehungsweise die zweifellos vorhandenen negativen Auswirkungen auf die Wirtschaft derart hoch wären, dass das von ihr erzielte Steueraufkommen durch den Verlust von Steuersubstrat wieder zunichte gemacht würde. Dieser Nachweis wird in der Praxis kaum zu erbringen sein (zur Frage der Verfassungswidrigkeit der Erhebung der Handänderungssteuer bei einer Fusion vgl. auch VGer SZ 14.1.2000 [VGE 717/99], Erw. 6).

4. Aufnahme ins FusG

9 Die Abstützung von Art. 103 auf die Zivilrechtsgesetzgebungskompetenz des Bundes (Art. 122 BV) hat zur Folge, dass die Befreiungsnorm von der kantonalen Handänderungssteuer nicht im Steuerharmonisierungsgesetz, sondern als einzige Steuerrechtsbestimmung im FusG selbst enthalten ist. Dies hat zur Konsequenz, dass **Adressat** von Art. 103 nicht der kantonale Gesetzgeber, sondern **jeder Einzelne** ist. Sodann wurde die Übergangsregelung nicht wie bei den Normen des Steuerharmonisierungsgesetzes als dreijährige Anpassungsfrist für den kantonalen Gesetzgeber ausgestaltet (Art. 72e StHG). Art. 103 tritt vielmehr erst fünf Jahre nach den übrigen Bestimmungen des FusG in Kraft (Art. 111 Abs. 3; vgl. dazu N 51).

10 Die Tatsache, dass Art. 103 ins FusG und nicht ins StHG übernommen worden ist, hat auch hinsichtlich der gerichtlichen Durchsetzung dieser Norm Auswirkungen: Während aufgrund von Art. 73 StHG letztinstanzliche kantonale Entscheide, welche eine in den Titeln 2–5 und 6 in Kapitel 1 des Steuerharmonisierungsgesetzes geregelte Materie betreffen, mit Verwaltungsgerichtsbeschwerde im Sinne von Art. 97 ff. OG beim Bundesgericht angefochten werden können bzw. müssen, ist Art. 103 mit der Rüge der derogatorischen Kraft des Bundesrechts auf dem Weg der **staatsrechtlichen Beschwerde** ans Bundesgericht im Sinne von Art. 84 ff. OG gerichtlich durchzusetzen (vgl. N 33 f.).

5. Spezialgesetzliche Bestimmungen des Bundesrechts

11 Da der Bundesgesetzgeber bereits mehrfach in die kantonale Hoheit zur Erhebung von Handänderungssteuern eingegriffen hat, wird der Anwendungsbereich von Art. 103 von diversen spezialgesetzlichen Bestimmungen des Bundesrechts eingeschränkt. Aufgrund von **Art. 62d** des Regierungs- und Verwaltungsorganisationsgesetzes vom 21.3.1997 (**RVOG**; SR 172.010) sind die **Eidgenossenschaft**, ihre Anstalten, Betriebe und unselbständigen Stiftungen für ihre unmittelbar öffentlichen Zwecken dienenden Liegenschaften von kantonalen Steuern (und somit auch der Handänderungssteuer) befreit. Durch Art. 62d RVOG wird Art. 10 Abs. 1 des seit dem 1.12.2003 aufgehobenen GarG weitergeführt (der Verweis von Art. 13 Satz 2 POG auf Art. 10 GarG ist deshalb als Verweis auf Art. 62d RVOG zu interpretieren). Die Rechtsprechung zu Art. 10 Abs. 1 aGarG kann deshalb auf Art. 62d RVOG übertragen werden (vgl. Botschaft des Bundesrats zur Parlamentarischen Initiative Parlamentsgesetz vom 1.3.2001, BBl 2 001 3615). Weitere umfassende bundesrechtliche Befreiungstatbestände finden sich in Art. 123 Abs. 2 MG für **Militäranstalten oder Militärwerkstätten**, in Art. 71 Abs. 4 AlkG für die **Eidgenössische Alkoholverwaltung** sowie in Art. 21 Abs. 1 Satz 2 SBBG für die **Schweizerischen Bundesbahnen**. Alle diese Normen befreien jeweils nur die unmittelbar den Zwecken der entsprechenden Einrichtung dienenden Liegenschaften von der Besteuerung (vgl. BGE 130 I 96, 98 ff. = StE 2004 A 43 Nr. 2 = ZStP 2004, 45, 46 ff.; RK III

ZH 30.5.2000, ZStP 2000, 318, 321 f.). Der bisherige Befreiungstatbestand von Art. 67 Abs. 1 aUVG (AS 1982, 1696) für die SUVA wurde mit dem Inkrafttreten des Bundesgesetzes vom 6.10.2000 über den allgemeinen Teil des Sozialversicherungsrechts (SR 830.1) und dessen Befreiungstatbestand für Sozialversicherungsträger von Art. 80 Abs. 1 ATSG aufgehoben. Die Steuerbefreiung des Ausgleichsfonds der AHV besteht nunmehr nur noch nach Massgabe von Art. 80 Abs. 1 ATSG. Im Gegensatz zu den aufgehobenen Bestimmungen beschränkt Art. 80 Abs. 1 ATSG die Steuerbefreiung jedoch auf direkte Steuern, wozu die Handänderungssteuern als indirekte Steuern nicht zu zählen sind (vgl. N 4). Übernimmt eine steuerbefreite Institution freiwillig die der nicht steuerbefreiten Gegenpartei auferlegte Handänderungssteuer, so hat sie diese trotz Steuerbefreiung zu entrichten (BGE 127 II 1, 7 f. = StR 2001, 191, 195 = ZBGR 2002, 229, 234).

Die Grundstückübertragungen von der PTT auf die Post (Art. 22 Abs. 2 des Bundesgesetzes vom 30.4.1997 über die Organisation der Postunternehmung des Bundes [Postorganisationsgesetz, **POG**]; SR 783.1) und die Swisscom (Art. 23 Abs. 2 des Bundesgesetzes vom 30.4.1997 über die Organisation der Telekommunikationsunternehmung des Bundes [Telekommunikationsunternehmensgesetz, **TUG**]; SR 784.11) sowie diejenigen der Grundstücke der Anstalt SBB auf die spezialgesetzliche Aktiengesellschaft SBB (Art. 26 Abs. 2 des Bundesgesetzes vom 20.3.1998 über die Schweizerischen Bundesbahnen, [**SBBG**]; SR 742.31) erfolgten aufgrund spezialgesetzlicher Befreiungstatbestände ebenfalls steuer- und gebührenfrei (vgl. hierzu vor Art. 99 N 47).

6. Spezialfall von Art. 14 Abs. 3 BankG

Auch **Art. 14 Abs. 3** des Bundesgesetzes vom 8.11.1934 über die Banken und Sparkassen (**Bankengesetz**, BankG; SR 952.0) in der Fassung von 1934 sah für die Umwandlung einer Genossenschaftsbank in eine Kapitalgesellschaft (AG oder GmbH) eine Befreiung von kantonalen Handänderungs- und Registrierungsabgaben vor (nicht jedoch von den Notariatskosten; vgl. LUTZ, Kommentar BankG, Art. 14 N 5). Mit Inkrafttreten des FusG wird Art. 14 BankG **aufgehoben** (Ziffer 11 des Anhangs zum FusG). Die Befreiung von kantonalen Handänderungs- und Registrierungsabgaben bei der Umwandlung einer Genossenschaftsbank in eine Kapitalgesellschaft stützt sich nunmehr ebenfalls auf Art. 103.

Da **Art. 103** entsprechend der Übergangsbestimmung von Art. 111 Abs. 3 **erst am 1.7.2009 in Kraft** tritt, Art. 14 Abs. 3 BankG jedoch bereits mit Inkrafttreten des FusG aufgehoben wird, fehlt während fünf Jahren ein bundesrechtlicher Befreiungstatbestand für die Umwandlung von Genossenschaftsbanken in Kapitalgesellschaften (vgl. auch vor Art. 53 N 151 f.). Bereits der Entwurf des Bundesrates sah die Streichung von Art. 14 BankG vor, obwohl dieser noch keine Befreiung von der Handänderungssteuer bei Umstrukturierungen enthielt. Zur Begründung wurde lediglich angeführt, dass Art. 14 Abs. 1 BankG angesichts der im FusG vorgesehenen neuen Regelung der Umwandlung hinfällig geworden sei und die restlichen Absätze bedeutungslos geworden seien (Botschaft, 4511; vgl. auch Prot. RK StR, 1.3.2001, 73 f.). Da Art. 14 Abs. 3 BankG sowohl in den vorbereitenden Kommissionen von National- und Ständerat als auch den parlamentarischen Debatten vielfach angeführt wurde, um die Gesetzgebungskompetenz des Bundes hinsichtlich Art. 103 zu begründen, darf der Wegfall des Befreiungstatbestandes für Handänderungs- und Registrierungsabgaben auch während der fünfjährigen Übergangsfrist bis zum Inkrafttreten von Art. 103 als **vom Gesetzgeber gewollt** angesehen werden.

II. Befreiung von Handänderungsabgaben bei Umstrukturierungen

1. Tatbestand

15 Der Grundtatbestand von Art. 103 setzt eine **Umstrukturierung** im Sinne von Art. 8 Abs. 3 beziehungsweise Art. 24 Abs. 3 StHG voraus. Für die einzelnen Tatbestandsmerkmale kann somit grundsätzlich auf die Kommentierungen der steuerlichen Bestimmungen zur Fusion (vor Art. 3 N 354 ff., 391 ff.), Spaltung (vor Art. 29 N 19 ff.), Umwandlung (vor Art. 53 N 13 ff., 181 ff.), sowie Ausgliederung (Teil 1 vor Art. 69 N 75 ff.) verwiesen werden. Auch die Handänderung einer Liegenschaft im Rahmen einer **konzerninternen Übertragung** im Sinne von Art. 24 Abs. 3^{quater} StHG (vgl. Teil 2 vor Art. 69 N 6 ff.) darf nicht mit einer Handänderungssteuer belegt werden.

16 Mit dem Verweis auf die Umstrukturierungstatbestände der Einkommens- und Gewinnsteuer im Steuerharmonisierungsgesetz wird dem Postulat der **Parallelität der Steuerfolgen** von Umstrukturierungen im Unternehmenssteuerrecht Rechnung getragen und findet sein Gegenstück für die Grundstückgewinnsteuer im nunmehr bereinigten Art. 12 Abs. 4 lit. a StHG (vgl. PFENNINGER-BISCHOFBERGER, 145 f. m.w.H.). Im Gegensatz zur Parallelbestimmung für die Grundstückgewinnsteuer ist der Verweis auf die Umstrukturierungstatbestände der Einkommens- und Gewinnsteuer für die Handänderungssteuer **missglückt**, da es sich bei dieser um eine Rechtsverkehrssteuer und nicht um eine Einkommens- beziehungsweise Gewinnsteuer handelt. Deshalb kennen zur Zeit nur diejenigen Kantone einen Verweis auf die Umstrukturierungstatbestände der Einkommens- und Gewinnsteuer, bei denen die Handänderungssteuer im selben Erlass geregelt ist. Kantone mit eigenen Handänderungssteuergesetzen, wie die Kantone Aargau (§ 22 des Gesetzes vom 7.5.1980 über die Grundbuchabgaben; SAR 725.100), Basel-Stadt (§ 4 des Gesetzes über die Handänderungssteuer vom 26.6.1996; SG 650.100), Bern (Art. 12 des Gesetzes betreffend die Handänderungs- und Pfandrechtssteuern vom 18.3.1992; BAG 215.326.2), Luzern (§ 3 Ziff. 5 des Gesetzes über die Handänderungssteuer vom 28.6.1983; SRL 645), Neuenburg (Art. 13 der Loi concernant la perception de droits de mutation sur les transferts immobiliers du 20.11.1991; RSN 635.0 i.V.m. Art. 3 f. des Arrêté d'exécution de la loi concernant la perception de droits de mutation sur les transferts immobiliers du 17.2.1993; RSN 635.01) und Schwyz (§ 6 des Gesetzes über die Erhebung der Handänderungssteuer vom 27.4.1977; SRSZ 172.500) verwenden stets **besondere Umstrukturierungsnormen**. Obgleich die Handänderungssteuer in den Kantonen Basel-Landschaft (vgl. § 84 des Steuergesetzes vom 7.2.1974; SGS 331), Nidwalden (Art. 139 Ziff. 5 des Steuergesetzes vom 22.3.2000; NG 521.1), Obwalden (Art. 159 des Steuergesetzes vom 30.10.1994; GS 641.4) und Zürich (§ 229 des Steuergesetzes vom 8.6.1997; LS 631.1) im Steuergesetz geregelt ist, sind die Voraussetzungen für die Befreiung beziehungsweise Ermässigung von der Handänderungssteuer eigenständig formuliert.

17 Der Verweis von Art. 103 auf die Umstrukturierungstatbestände der Einkommens- und Gewinnsteuern kann deshalb nicht zur Folge haben, dass sämtliche Voraussetzungen für die Steuerneutralität im Bereich der Einkommens- und Gewinnsteuern auf die Handänderungssteuer übertragen werden. Steuerbemessungsgrundlage der Handänderungssteuer ist in der Regel der volle Veräusserungspreis (THOMAS, 218 ff.) und nicht bloss der realisierte Mehrwert wie bei den direkten Steuern. Insofern kann die **Weiterführung der bisher für die Einkommens- bzw. Gewinnsteuer massgeblichen Werte** keine Voraussetzung für die Gewährung der Steuerbefreiung von der Handänderungssteuer bei Umstrukturierungen sein. Würde man die Weiterführung der Buchwerte zur Voraussetzung für die Steuerbefreiung bei der Handänderungssteuer erheben, würde

sich die Frage stellen, wie die Aufwertung einzelner Aktiva zu behandeln wäre. Da die Versagung der Steuerbefreiung in toto schwer mit dem Wortlaut von Art. 8 Abs. 3 StHG vereinbar wäre, müsste die Handänderungssteuer im Verhältnis der Aufwertungen zu den stillen Reserven abgerechnet werden.

Die Befreiung von der Handänderungssteuer kann ferner nicht vom Fortbestand der Steuerpflicht in der Schweiz abhängen. Der hierunter verstandenen **fiskalischen Verknüpfung** der stillen Reserven einer Gesellschaft (vgl. ESTV-DVS, KS 5 vom 1.6. 2004, Ziff. 2.2.2; LOCHER, Kommentar DBG, Rev. Art. 61 N 18 f.; vor Art. 3 N 355, 372, 410) kann für die Frage der Befreiung von der Handänderungssteuer ebenfalls keine Bedeutung zukommen. Für die Handänderungssteuer als Rechtsverkehrssteuer auf dem Veräusserungspreis (bzw. Verkehrswert) einer Immobilie bleibt das Steuersubstrat immer fiskalisch verknüpft. Die Eidgenössische Steuerverwaltung lässt für die Steuerneutralität bei Übertragung eines Betriebes auf eine schweizerische Betriebsstätte einer ausländischen juristischen Person (vgl. ESTV-DVS, KS 5 vom 1.6.2004, Ziff. 3.2.2.2) sowie bei Absorption einer juristischen Person durch eine ausländische Gesellschaft (vgl. ESTV-DVS, KS 5 vom 1.6.2004, Ziff. 4.1.2.2.2) die Anwendung der objektmässigen (direkten) Ausscheidungsmethode genügen. Da die Handänderungssteuer eine objektmässig erhobene Rechtsverkehrssteuer ist, kann der Fortbestand einer (unbeschränkten) Steuerpflicht keine Voraussetzung für die Anwendung von Art. 103 sein. Die Befreiung von der Handänderungssteuer gemäss Art. 103 steht der Erhebung der Handänderungssteuer bei einer späteren Veräusserung der Liegenschaft auch dann nicht entgegen, wenn die fiskalische Verknüpfung der stillen Reserven einer Gesellschaft aufgegeben wurde. Auch der Wortlaut von Art. 8 Abs. 3 bzw. Art. 24 Abs. 3 StHG steht einer solchen Auslegung nicht entgegen. Durch die Verwendung des Wortes *soweit* in der neuen Fassung dieser Bestimmungen (früher: *und*) wird klargemacht, dass die Nichterfüllung dieser Voraussetzungen lediglich zu einer anteilsmässigen Besteuerung der stillen Reserven führen könnte, nicht jedoch zu einer gänzlichen Versagung der Steuerneutralität der Umstrukturierung (vgl. LOCHER, Kommentar DBG, Rev. Art. 61 N 17; SPORI/MOSER, ZBJV 2004, 307; vor Art. 3 N 356, 373). Da der Schutz stiller Reserven im Bereich der Handänderungssteuer aus erwähnten Gründen jedoch nicht erforderlich ist, muss auch eine anteilsmässige Erhebung der Handänderungssteuer unterbleiben.

Keine Rolle spielt für die Berufung auf die Befreiung von der Handänderungssteuer gemäss Art. 103 ferner, ob die sich auf diese Bestimmung berufende Person oder Institution überhaupt der Einkommens- oder Gewinnsteuer unterliegt. Der Verweis auf Art. 8 Abs. 3 und Art. 24 Abs. 3 und 3^{quater} StHG bezieht sich sodann lediglich auf die abstrakten Tatbestandsvoraussetzungen dieser Bestimmungen. Selbst wenn diese Bestimmungen im konkreten Fall nicht angerufen werden müssen, weil eine Umstrukturierung einer **steuerbefreiten Institution** (z.B. einer Vorsorgeeinrichtung i.S.v. Art. 80 Abs. 2 BVG, einer gemeinnützigen Stiftung i.S.v. Art. 23 Abs. 1 lit. f StHG oder einer steuerbefreiten Institution des öffentlichen Rechts [vgl. vor Art. 99 N 12 ff., 54, 119]) vorliegt, kann Art. 103 angerufen werden. Die Voraussetzungen von Art. 8 Abs. 3 und Art. 24 Abs. 3 und 3^{quater} StHG müssen in diesen Fällen sinngemäss vorliegen.

Im Gegensatz zur Empfehlung des Ständerates (Empfehlung vom 21.3.2001 [01.3016]) sowie zur Parallelbestimmung betreffend Aufschub der Grundstückgewinnsteuer (Art. 12 Abs. 4 lit. a StHG) fehlt in Art. 103 ein Verweis auf Abs. 4 von Art. 8 StHG (**Ersatzbeschaffung**). Aufgrund der Materialien ist diese unterschiedliche Behandlung vom Gesetzgeber beabsichtigt, eine Befreiung von der Handänderungssteuer bei Ersatzbeschaffungstatbeständen mithin von Art. 103 nicht gewollt (vgl. Prot. WAK NR vom 11.6.2001, 7). Es bleibt somit zu hoffen, dass die Kantone dem vom Ständerat geäusserten Wunsch folgen und freiwillig auf die Erhebung von Handänderungssteuern bei Ersatzbeschaffungen verzichten. Gewisse Kantone befreien bei Ersatzbeschaffungstatbeständen bereits unter geltendem Recht von der Handänderungssteuer: so z.B. der Kanton **Appenzell-Ausserrhoden** bei innerkantonalem Ersatzgrundstück (Art. 237 Abs. 3 lit. a des Steuergesetzes vom 21.5.2000; bGS 621.11), der Kanton **Thurgau** (§§ 138, 129 Ziff. 7 des Steuergesetzes vom 14.9.1992; RB 640.1) und der Kanton **Zürich** (§ 229 Abs. 2 lit. a des Steuergesetzes vom 8.6.1997; LS 631.1) bei inländischem Ersatzgrundstück.

21 Die Übertragung von Liegenschaften durch **Vermögensübertragung** (z.B. Paketverkauf von Liegenschaften, vgl. Teil 1 vor Art. 69 N 5 ff.) ist nur dann eine Umstrukturierung im Sinne von Art. 103, wenn zugleich der Umstrukturierungstatbestand der Fusion (vgl. Teil 1 vor Art. 69 N 68), der Umwandlung (vgl. Teil 1 vor Art. 69 N 70), der Spaltung (vgl. Teil 1 vor Art. 69 N 69) oder der Ausgliederung (vgl. Teil 1 vor Art. 69 N 75 ff.) erfüllt ist.

2. Kantonale oder kommunale Handänderungsabgaben

22 Der Tatbestand von Art. 103 **Satz 1** bezieht sich auf kantonale und kommunale **Handänderungsabgaben** *(droits de mutation; tasse di mutazione)*. Neben eigentlichen Handänderungssteuern fallen somit auch Gemengsteuern sowie Kausalabgaben grundsätzlich in den Anwendungsbereich von Art. 103 Satz 1. **Kausalabgaben** unterscheiden sich von den voraussetzungslos geschuldeten Steuern dadurch, dass sie als Entgelt für bestimmte staatliche Gegenleistungen oder besondere Vorteile zu bezahlen sind (BGE 128 II 247, 251 = RPW 2002, 538, 541 = SIC 2002, 619, 620; BOHLEY, 9). **Gemengsteuern** zeichnen sich demgegenüber aus, dass eine Kausalabgabe mit einer Steuer verbunden wird, indem sie zwar als Gegenleistung für eine staatliche Leistung erscheint, ihre Höhe aber nicht durch das Kostendeckungs- und Äquivalenzprinzip begrenzt wird (BGE 126 I 180, 186 ff. = ASA 70 [2001/2002], 242, 247 f. = ZBGR 2001, 108, 113; BGE 103 Ia 80, 81; 101 Ia 182, 183 f.; 98 Ia 163, 164; 97 I 193, 204 f.; BGer 30.9.1971, ZBGR 1971, 360, 368 f.; BGE 82 I 297, 302 = ZBGR 1957, 232, 237; BGE 82 I 281, 284 = ZBGR 1957, 240, 242; BGE 72 I 391, 393 = Pra 1947, 109, 110; KNAPP, Bd. 2, N 2787). In Form einer **Gegenausnahme** gestattet Art. 103 **Satz 2** den Kantonen jedoch die Erhebung von kostendeckenden Gebühren (vgl. dazu N 35 ff.).

23 Die eigenständige Erwähnung der **kommunalen Handänderungsabgaben** im Wortlaut von Art. 103 ist überflüssig, da die kommunale Befugnis zur Erhebung von Handänderungsabgaben lediglich von der kantonalen Kompetenz abgeleitet ist. Zur Zeit haben lediglich sieben Kantone kommunale Handänderungsabgaben: der Kanton **Graubünden** kennt neben der kantonalen Grundbuchgebühr eine eigentliche Handänderungssteuer lediglich in Form einer fakultativen Gemeindesteuer, deren Ausgestaltung dem kommunalen Gesetzgeber vorbehalten ist (vgl. N 109). In den Kantonen **St. Gallen**, **Schwyz** und **Zürich** ist die Handänderungssteuer als obligatorische Gemeindesteuer ausgestaltet, welche in einem kantonalen Gesetz geregelt ist (vgl. N 98, 80 und 106). Im Kanton Appenzell-Ausserrhoden ist die Handänderungssteuer ebenfalls eine obligatorische Gemeindesteuer, wobei jedoch die Gemeinden den Steuersatz in einem gewissen Rahmen selbst festsetzen können (vgl. N 84). Die Kantone **Freiburg** und **Waadt** gestatten den Gemeinden, zusätzlich zur kantonalen Handänderungssteuer eine kommunale Handänderungssteuer in einem gewissen Rahmen zu erheben (vgl. N 74 und 71).

24 Der Tatbestand der Handänderungsabgaben wird in den kantonalen und kommunalen Gesetzen im Einzelnen sehr unterschiedlich umschrieben. Grundtatbestand ist die Handänderung von Grundeigentum, das heisst die Übertragung eines Grundstücks be-

2. Abschnitt: Handänderungsabgaben 25–27 Art. 103

ziehungsweise eines Anteils davon (THOMAS, 29, 52 ff.; BÖCKLI, 307 f.). Dies gilt auch für die als Gemengsteuer ausgestalteten Grundbuchabgaben. Die Handänderungssteuer wird in den meisten Kantonen auch dann erhoben, wenn zwar kein sachenrechtlicher Eigentümerwechsel gegeben ist aber dennoch die Verfügungsgewalt über ein Grundstück die Hand wechselt (sog. **wirtschaftliche Handänderung**). Typischerweise liegt eine wirtschaftliche Handänderung vor, wenn die Mehrheit der Beteiligungsrechte an einer Immobiliengesellschaft übertragen wird (RÜEGG-PEDUZZI, 78 ff.; SCHÖNIGER, 163 ff.; THOMAS, 48 f.).

Der Tatbestand der wirtschaftlichen Handänderung führt zur Erhebung der Handänderungssteuer auf dem gesamten Wert der Liegenschaft, nicht bloss auf der den übertragenen Anteilen entsprechenden Quote. Umgekehrt löst die **Übertragung einer Minderheitsbeteiligung** in der Regel auch keine quotenmässige Besteuerung aus (für den Kanton Zürich vgl. RICHNER, ZStP 1992, 260; **a.A.** ISELI, ASA 51 [1982/83], 321 ff.). In einigen Kantonen beziehungsweise Gemeinden ist jedoch bereits dann eine wirtschaftliche Handänderung gegeben, wenn die Übertragung der Minderheitsbeteiligung dem Erwerber aufgrund einer bereits vorhandenen Beteiligung eine Mehrheitsbeteiligung verschaffen, so z.B. in den Kantonen Bern, Jura, Schwyz und Wallis sowie vielen Bündner Gemeinden.

25

In den meisten Kantonen setzt die Annahme einer wirtschaftlichen Handänderung das Vorliegen einer sog. **Immobiliengesellschaft** voraus. Die Übertragung von Beteiligungen an Betriebsgesellschaften löst in der Regel keine Handänderungssteuer aus (vgl. BGE 99 Ia 459, 466 f. = ASA 43 [1974/75], 606, 610 ff. = StR 1975, 23, 26; VGer ZH vom 28.1.1998, RB 1998 Nr. 154; VGer ZH vom 9.5.1995, StE 1995 B 42.23 Nr. 6; VGer ZH vom 29.5.1970, RB 1970 Nr. 47 = ZR 1970 Nr. 92 = ZBl 1971, 49 f. = StR 1971, 79, 81 f. = ZBGR 1971, 185; VGer BE vom 9.4.1956, MBVR 1957, 148, 153; VGer SG vom 22.3.1978, SGGVP 1978 Nr. 15; THOMAS, 154; ZUPPINGER, StR 1969, 471 f.). Aufgrund der bundesgerichtlichen Rechtsprechung zum Verbot der interkantonalen Doppelbesteuerung zeichnet sich eine Immobiliengesellschaft vornehmlich durch ihren Gesellschaftszweck aus. Besteht dieser ausschliesslich oder mindestens zur Hauptsache darin, Grundstücke, d.h. Liegenschaften, in das Grundbuch aufgenommene selbständige und dauernde Rechte, Bergwerke oder Miteigentumsanteile an Grundstücken (Art. 655 ZGB), zu erwerben, zu verwalten, zu nutzen und zu veräussern, so kann von einer Immobiliengesellschaft gesprochen werden. Bildet dagegen der Grundbesitz bloss die sachliche Grundlage für einen Fabrikations-, Handels- oder sonstigen Geschäftsbetrieb, so liegt keine Immobilien-, sondern eine Betriebsgesellschaft vor (vgl. BGE 104 Ia 251, 253 = ASA 48 [1979/80], 644, 647; BGE 99 Ia 459, 464 = ASA 43 [1974/75], 606, 610 = StR 1975, 23, 26; Botschaft Steuerharmonisierung, BBl 1983 III 100 f.). Enger wird der Begriff der Immobiliengesellschaft teilweise in der Literatur (vgl. z.B. LOCHER, 182 ff., STEINER, ASA 52 [1983/84], 315 ff.; ZUPPINGER, StR 1969, 472) und der kantonalen Rechtsprechung (vgl. die Nachweise bei THOMAS, 157 f.) verstanden.

26

Die Erhebung einer **Grundbuchgebühr** knüpft als Kausalabgabe stets an den mit einem Wechsel des zivilrechtlichen Eigentümers einhergehenden Grundbucheintrag an. Da die Kantone Aargau, Glarus, Schaffhausen, Tessin und Uri keine eigentliche Handänderungssteuer, sondern bloss eine als Gemengsteuer ausgestaltete Grundbuchabgabe kennen, wird bei den bloss wirtschaftlichen Handänderungen in diesen Kantonen somit keine Gemengsteuer erhoben.

27

Stefan Oesterhelt

3. Rechtsfolge

28 Liegt ein Umstrukturierungstatbestand im oben beschriebenen Sinne vor, hat dies die **Befreiung** von kantonalen und kommunalen Handänderungsabgaben zur Folge. Es erfolgt somit nicht etwa ein Steueraufschub wie bei der Grundstückgewinnsteuer (vgl. Art. 12 Abs. 4 lit. a StHG), sondern eine definitive Steuerbefreiung. Da ein Verweis auf Abs. 3bis von Art. 8 StHG sowie die Absätze 3ter und 3^{quinquies} von Art. 24 StHG fehlt, kann die **Verletzung der Veräusserungssperrfrist** bei der Übertragung eines Betriebs oder eines Teilbetriebs einer Personenunternehmung auf eine juristische Person im Sinne von Art. 8 Abs. 3 lit. b StHG beziehungsweise bei der Übertragung auf eine Tochtergesellschaft im Sinne von Art. 24 Abs. 3 lit. d StHG mangels Rechtsgrundlage nicht zu einer nachträglichen Erhebung der Handänderungssteuer führen. Noch laufende Veräusserungssperrfristen für Beteiligungsrechte, die aus einer Spaltung hervorgegangen sind, sind mit Wirkung per 1.7.2004 aufgehoben (vgl. ESTV-DVS, KS 5 vom 1.6.2004, Ziff. 5; vor Art. 109 N 17 ff.).

29 Auch Art. 12 Abs. 4 lit. a StHG verweist für die Grundstückgewinnsteuer ebenfalls nicht auf Art. 8 Abs. 3bis bzw. auf Art. 24 Abs. 3^{quinquies} StHG, weshalb auch dort keine Sperrfristen gelten (vgl. auch Teil 2 vor Art. 69 N 116). Ähnlich ist die Situation bei Art. 14 Abs. 1 lit. j StG betreffend die umsatzsteuerneutrale Konzernübertragung, da diese Bestimmung nur auf Art. 61 Abs. 3 DBG und nicht auf die Sperrfristenregelung von Art. 61 Abs. 4 DBG verweist (vgl. vor Art. 3 N 293). Die Eidgenössische Steuerverwaltung ist mittlerweile auch zu dieser Auffassung gelangt und verzichtet in ihrem **Kreisschreiben** – im Gegensatz zum Entwurf des Kreisschreibens – bei der Umsatzabgabe mangels klarer gesetzlicher Grundlage auf die im DBG vorgesehenen Veräusserungssperrfristen (ESTV-DVS, KS 5 vom 1.6.2004, Ziff. 2.4.2).

30 Erachtet man trotz all dieser Bedenken die Ansetzung einer Sperrfrist als mit Art. 103 vereinbar, bedarf es einer entsprechenden **Rechtsgrundlage** im kantonalen Handänderungssteuerrecht. Zumindest in Kantonen, in denen die Handänderungssteuer in einem Spezialgesetz geregelt ist, fehlt es zur Zeit regelmässig an einer solchen Rechtsgrundlage (vgl. N 56 ff.).

31 Die Steuerneutralität der **Spaltung** einer juristischen Person setzt voraus, dass die nach der Spaltung bestehenden juristischen Personen einen Betrieb oder Teilbetrieb weiterführen (Art. 61 Abs. 1 lit. b DBG; Art. 24 Abs. 3 lit. b StHG; ESTV-DVS, KS 5 vom 1.6.2004, Ziff. 4.3.2.5). Eine **Verletzung der wirtschaftlichen Kontinuität** kann zum nachträglichen Widerruf der Steuerneutralität einer Spaltung im Hinblick auf Einkommens- und Gewinnsteuern führen (vgl. vor Art. 29 N 68 ff.). Da das Erfordernis der Weiterführung zumindest eines Teilbetriebs bereits in Art. 24 Abs. 3 StHG enthalten ist, ist es auch für die Handänderungssteuern **zu beachten**. Im Gegensatz zur Verletzung der Veräusserungssperrfrist kann eine Verletzung der wirtschaftlichen Kontinuität bei der Spaltung zu einer nachträglichen Erhebung der Handänderungssteuer führen.

32 Da Adressat von Art. 103 der Rechtsanwender selbst ist (vgl. dazu N 9), kommt ihm **selbständige Bedeutung** zu. Er unterscheidet sich diesbezüglich von den Normen des Steuerharmonisierungsgesetzes, welchen grundsätzlich bloss ein mittelbarer Charakter zukommt und die lediglich unter den einschränkenden Voraussetzungen von Art. 72 Abs. 2 StHG zur Anwendung gelangen (vgl. dazu VALLENDER, FS Höhn, 450 ff.). Im Verhältnis zu kantonalen Befreiungsnormen kommt Art. 103 jedoch lediglich eine Begrenzungsfunktion hinsichtlich der kantonalen Besteuerungsnormen zu. Sieht ein kantonales Gesetz weitergehende Erleichterungen bei Umstrukturierungen vor, werden diese durch Art. 103 nicht derogiert, weil die gesetzliche Grundlage für die Erhebung

2. Abschnitt: Handänderungsabgaben **33, 34 Art. 103**

der Handänderungssteuer immer nur das kantonale oder kommunale Gesetz ist. Decken sich eine kantonale Befreiungsnorm und Art. 103 nicht vollständig, kann sich der Steuerpflichtige je nach Konstellation sowohl auf den kantonalen als auch auf den bundesrechtlichen Befreiungstatbestand stützen.

4. Rechtsmittel

Nicht ganz einfach zu beantworten ist die Frage, ob Art. 103 vor Bundesgericht mit staatsrechtlicher Beschwerde gemäss Art. 84 ff. OG oder mit **Verwaltungsgerichtsbeschwerde** im Sinne von Art. 97 ff. OG durchgesetzt werden muss. Die Verwaltungsgerichtsbeschwerde ist **nur gegen Verfügungen im Sinne von Art. 5 VwVG** zulässig. Eine Verfügung im Sinne von Art. 5 VwVG liegt dann vor, wenn das streitige Rechtsverhältnis, das Gegenstand der angefochtenen Verfügung und des nachfolgenden Anfechtungsstreits bildet, im öffentlichen Recht des Bundes geregelt ist (RHINOW/KOLLER/KISS, Rz 1228). Somit kann auch eine gestützt auf kantonales Recht ergangene Verfügung der Verwaltungsgerichtsbeschwerde ans Bundesgericht unterliegen, wenn mit Grund eingewendet wird, dass sich die angefochtene Verfügung zu Unrecht nicht auf öffentliches Recht des Bundes stützt (BGE 118 Ib 130, 132), beziehungsweise wenn den kantonalen Vorschriften, auf die sich die angefochtene Verfügung stützt, gegenüber dem Bundesrecht keine selbständige Bedeutung zukommt, so dass sie der Sache nach in Anwendung von Bundesrecht ergangen ist oder wenn die Anwendung kantonalen Verwaltungsrechts in hinreichend engem Sachzusammenhang mit einer zu prüfenden Frage des Bundesverwaltungsrechts steht (BGE 128 II 259, 262 f.; 123 II 359, 361; 121 II 72, 75; 120 Ib 27, 29; 119 Ib 380, 382; vgl. auch BGer 16.9.2003, StE 2004 B 65.4 Nr. 15 zur Beschwerde nach Art. 73 StHG). Von einer Verfügung im Sinne von Art. 5 VwVG kann jedoch nicht schon dann die Rede sein, wenn bei der **Anwendung selbständigen kantonalen Rechts** eine Bundesnorm zu beachten oder mit anzuwenden ist, sondern nur dann, wenn öffentliches Recht des Bundes die oder eine Grundlage der angefochtenen Verfügung ist (BGer 13.6.2000, 2P.283/1999, E. 2b/aa; BGE 122 II 241, 243). Blosse Grundsatz- oder Rahmenbestimmungen im öffentlichen Recht des Bundes, die zur Handhabung im Einzelfall der Ausführung durch selbständiges kantonales Recht bedürfen, bilden demgegenüber nicht Grundlage einer Verfügung, welche mit Verwaltungsgerichtsbeschwerde anzufechten wäre (BGE 116 Ia 264, 267).

Das Bundesgericht hat die steuerrechtlichen Bestimmungen von Art. 80 bis 84 BVG als Rahmenbestimmungen bezeichnet, welche durch kantonales Recht zu konkretisieren seien und deshalb nicht mit Verwaltungsgerichtsbeschwerde, sondern mit staatsrechtlicher Beschwerde wegen Verletzung der derogatorischen Kraft des Bundesrechts angefochten werden müssen (BGE 116 Ia 264, 272). Sodann hat es festgehalten, dass die Frage, ob eine kantonale Norm mit den bundesrechtlichen Normen über die Steuerbefreiung (nunmehr Art. 62d RVOG sowie spezialgesetzliche Bestimmungen; vgl. vor Art. 99 N 17) ebenfalls mit staatsrechtlicher Beschwerde durchzusetzen sei (BGer 13.6.2000, 2P.283/1999, E. 2b/aa; BGE 122 II 241, 244; vgl. auch BGer 23.12.2003, 2P.64/2003, E. 1 [BGE 130 I 96 = StE 2004 A 43 Nr. 2 = ZStP 2004, 45, betreffende Erwägung jeweils nicht publiziert]; in Bezug auf die Steuerbefreiung aufgrund von Art. 80 Abs. 1 des Bundesgesetzes vom 6.10.2000 über den Allgemeinen Teil des Sozialversicherungsrechts [vgl. dazu N 11] wohl **a.A.** KIESER, Art. 80 N 12). Im Ergebnis wird somit auch Art. 103 mit **staatsrechtlicher Beschwerde** (Art. 84 Abs. 1 lit. a OG) wegen Verletzung der derogatorischen Kraft des Bundesrechts (**Art. 49 Abs. 1 BV**) vor Bundesgericht durchgesetzt werden müssen. Bis die Frage vom Bundesgericht entschieden sein wird, wird der vorsichtige Anwalt jedoch neben der staatsrechtlichen Beschwerde auch die Verwaltungsgerichtsbeschwerde erheben müssen. Das Bundesgericht prüft die Frage, ob eine kantonale oder kommunale Abgabe mit Art. 103 vereinbar ist, auch im Rahmen der staatsrechtlichen Beschwerde grundsätzlich in **freier Kognition** (vgl. BGE 123 I 313, 317).

III. Vorbehalt kostendeckender Gebühren

1. Grundbuchgebühren

35 Führt eine Umstrukturierung zum Erwerb von dinglichen Rechten an Grundstücken, ist eine entsprechende Eintragung im Grundbuch erforderlich (Art. 656, 958 ff. ZGB). Wird die Umstrukturierung qua Universalsukzession oder partieller Universalsukzession durchgeführt, erfolgt der Rechtserwerb ausserbuchlich (vgl. Art. 656 Abs. 2 und Art. 963 Abs. 2 ZGB). Der übernehmende Rechtsträger ist verpflichtet, das Grundbuch an die geänderte Rechtswirklichkeit anzupassen (vgl. Art. 104 N 3). Bei der rechtsformändernden Umwandlung (Art. 53 ff.), welche keinen Übergang von dinglichen Rechten bewirkt, ist eine entsprechende «Namensänderung» beim Grundbuch anzumelden (Art. 104 Abs. 1; SCHMID-TSCHIRREN, ZBGR 2004, 231). Wird die Fusion, Spaltung oder Umwandlung auf dem Wege der Singularsukzession durchgeführt, ist der Grundbucheintrag gar Voraussetzung für den Erwerb von dinglichen Rechten an Grundstücken (Art. 656 Abs. 1 ZGB). Für diese (wenn auch obligatorische) Dienstleistung verlangen die Kantone regelmässig ein besonderes Entgelt, das als Grundbuchabgabe oder Grundbuchgebühr bezeichnet wird. Da es sich hierbei um das Entgelt für eine vom Pflichtigen veranlasste oder verursachte Amtshandlung der öffentlichen Verwaltung handelt, ist dieses als Kausalabgabe, genauer als **Verwaltungsgebühr** zu qualifizieren. Aufgrund der ständigen bundesgerichtlichen Rechtsprechung unterliegen Verwaltungsgebühren grundsätzlich dem Kostendeckungs- und dem Äquivalenzprinzip (BGE 126 I 180, 182 ff.; 124 I 11, 19 ff.; 120 Ia 171, 174; 109 II 478, 480; 107 Ia 117, 120 f.; 106 Ia 249, 252; 101 Ib 462, 467; 99 Ia 535, 539; 97 I 193, 204; G. MÜLLER, Kommentar BV, Art. 4 N 82; GYGI, 270). Eine Verwaltungsgebühr darf weder gegen das Kostendeckungs- noch das Äquivalenzprinzip verstossen, die beiden Prinzipien müssen *kumulativ* eingehalten werden (wohl **a.A.** ZK-GRIESSHAMMER, Art. 103 N 9). Im Gegensatz zu den Befreiungstatbeständen von Art. 14 Abs. 3 altBankG, Art. 22 Abs. 2 POG, Art. 23 Abs. 2 TUG oder Art. 26 Abs. 2 SBBG sind die Kantone auch bei Umstrukturierungen im Sinne von Art. 103 weiterhin befugt, kostendeckende Grundbuchgebühren (émoluments; emolumenti) zu erheben (Art. 103 Satz 2).

a) Kostendeckungsprinzip

36 Mit dem Vorbehalt *kostendeckender* Gebühren in Satz 2 von Art. 103 stellt der Bundesgesetzgeber klar, dass das Kostendeckungsprinzip nicht durch eine formellgesetzliche Grundlage im kantonalen Recht, welche einen Mehrertrag aus Grundbuchgebühren in Kauf nimmt (vgl. z.B. § 23 Abs. 2 des Luzerner Grundbuch-Gesetzes vom 14.7.1930 [SRL 225] sowie § 25 des Zürcher Gesetzes über das Notariatswesen vom 9.6.1985 [LS 242]), abgelöst werden kann (vgl. BGE 121 I 230, 236; VGer ZH 23.08.2001, RB 2001, Nr. 40 f. = ZBGR 2002, 347, 350; OGer LU 11.11.1999, LGVE 2000 I, 26, 27 f.). Dem Kostendeckungsprinzip kommt somit vorliegend nicht nur die Funktion des Surrogates einer formellgesetzlichen Grundlage zu, sondern es führt zu einer **Begrenzung der Höhe** der Grundbuchgebühren.

37 Das **Kostendeckungsprinzip** besagt, dass der Gesamtertrag der Gebühren die gesamten Kosten des betreffenden Verwaltungszweigs nicht oder nur geringfügig übersteigen darf. Zum Gesamtaufwand sind jedoch nicht nur die laufenden Ausgaben des betreffenden Verwaltungszweigs, sondern auch angemessene Rückstellungen, Abschreibungen

und Reserven hinzuzurechnen (BGE 126 I 180, 188 = ASA 70 [2001/2002], 242, 248 = ZBGR 2001, 108, 114; BGE 124 I 11, 20). Der Verwaltungszweig umfasst die sachlich zusammengehörenden Verwaltungsaufgaben (BGE 126 I 180, 190 = ASA 70 [2001/ 2002], 242, 248 = ZBGR 2001, 108, 115; BGE 124 I 11, 20; 121 I 230, 236 f.; 120 Ia 171, 174; 118 Ia 320, 325; GRISEL, Bd. 2, 611 f.). Im Bereich der Grundbuchgebühren kann der Verwaltungszweig nur die Gesamtheit der kantonalen Grundbuchämter umfassen. Eine Zusammenfassung von verschiedenen Amtsschreibereien wie Grundbuchamt, Handelsregisteramt, Güterrechtsregisteramt und Erbschaftsamt zu einem Verwaltungszweig ist unzulässig (vgl. aber BGE 126 I 180, 190 = ASA 70 [2001/2002], 242, 250 = ZBGR 2001, 108, 115 f., jedoch nur unter dem Gesichtspunkt von Art. 4 aBV). Solange der Gesamtertrag der Gebühren die gesamten Kosten eines Verwaltungszweiges nicht übersteigt, sind Gebühren, welche sich in Prozenten oder Promillen vom Interessenwert ausdrücken, zumindest unter dem Gesichtspunkt des Kostendeckungsprinzips nicht zu beanstanden; dass der tatsächliche Aufwand *im Einzelfall* geringer ist als die erhobene Gebühr, kann diesbezüglich nicht geltend gemacht werden (**a.A.** ZK-GRIESSHAMMER, Art. 103 N 7).

b) Äquivalenzprinzip

Nach dem **Äquivalenzprinzip**, welches das Verhältnismässigkeitsprinzip und das Willkürverbot (Art. 5 Abs. 2, 8 und 9 BV) für den Bereich der Kausalabgaben konkretisiert, darf eine Kausalabgabe nicht in einem offensichtlichen Missverhältnis zum objektiven Wert der bezogenen Leistung stehen und muss sich in vernünftigen Grenzen bewegen (BGer 8.12.2003, 5P.353/2003, E. 2.3; BGer 12.3.2002, RVJ 2003, 249, 250 f.; BGE 128 I 46, 52 = Pra 2002, 171, 177; BGE 126 I 180, 188 = ASA 70 [2001/2002], 242, 248 = ZBGR 2001, 108, 114; BGer 2.3.2000, REPRAX 1/2000, 91, 94; BGE 122 I 279, 289; 121 I 230, 238; 101 Ib 462, 468). Dies ergibt sich aus der Rechtsnatur der Kausalabgaben, welche ein Entgelt für eine vom Gemeinwesen erbrachte, dem Abgabepflichtigen zurechenbare Leistung darstellen (vgl. X. OBERSON, RDAF 1996, 272). Aus finanzwissenschaftlicher Sicht ist das Äquivalenzprinzip Ausfluss des auf den öffentlichen Bereich übertragenen Tauschprinzips: die Höhe der vom Leistungsempfänger verlangten Abgabe soll dem Wert der ihm erbrachten Privatgutkomponente der öffentlichen Leistung entsprechen. Das Äquivalenzprinzip soll dem Schutz des einzelnen Abgabepflichtigen vor einem fiskalischen Übergriff (Gebührenschuldnerschutz) dienen (BOHLEY, 14 ff.).

Mit der Beschränkung zulässiger kantonaler Abgaben auf *Gebühren* wollte der Gesetzgeber die kantonalen Grundbuchgebühren dem Äquivalenzprinzip unterstellen. Durch die Erwähnung bloss *kostendeckender* Gebühren wird das Äquivalenzprinzip **nicht ausgeschlossen**. Die Materialien bringen deutlich zum Ausdruck, dass jegliche Gemengsteuern von Art. 103 ausgeschlossen werden sollen (Prot. WAK NR vom 11.6.2001, 5 ff.). Mit dem Verweis auf kostendeckende Gebühren wird vielmehr klargestellt, dass dem Kostendeckungsprinzip – wie auch dem Äquivalenzprinzip – nicht bloss die Funktion des Surrogates einer formalgesetzlichen Grundlage zukommt, sondern dass es die zulässigen kantonalen und kommunalen Grundbuchgebühren in ihrer Höhe begrenzt (vgl. N 36). Dies entspricht auch den Erkenntnissen der Finanzwissenschaft: bei der Vornahme eines Grundbucheintrages als Teil der Hoheitsverwaltung kommt primär die nutzenmässige Variante des Äquivalenzprinzips zur Anwendung *(benefit principle)*, der Kostenaspekt spielt eine untergeordnete Rolle (vgl. BOHLEY, 17 f., 22).

Der für das Äquivalenzprinzip massgebliche **Wert einer Verwaltungshandlung** bemisst sich nach dem wirtschaftlichen Nutzen für den Abgabepflichtigen oder nach dem

Kostenaufwand der konkreten Inanspruchnahme im Verhältnis zum gesamten Aufwand des betreffenden Verwaltungszweigs, wobei schematische, auf Wahrscheinlichkeit und Durchschnittserfahrungen beruhende Massstäbe angelegt werden dürfen (BGer 8.12. 2003, 5P.353/2003, E. 2.3; BGE 128 I 46, 52 = Pra 2002, 171, 177; BGE 126 I 180, 188 = ASA 70 [2001/2002], 242, 248 = ZBGR 2001, 108, 114; BGE 122 I 279, 289; 120 Ia 171, 174; 118 Ib 349, 352; 109 Ib 308, 314). Es ist nicht notwendig, dass die Gebühren in jedem Fall genau dem Verwaltungsaufwand entsprechen; sie sollen indessen nach sachlich vertretbaren Kriterien bemessen sein und nicht Unterscheidungen treffen, für die keine vernünftigen Gründe ersichtlich sind (BGer 8.12.2003, 5P.353/2003, E. 2.3; BGE 128 I 46, 52 = Pra 2002, 171, 177; BGE 126 I 180, 188 = ASA 70 [2001/2002], 242, 248 f. = ZBGR 2001, 108, 114; BGE 120 Ia 171, 174 = Pra 1995, 513, 516). Mit den Gebühren für bedeutende Geschäfte kann immerhin in einem gewissen Masse auch der Ausfall in weniger bedeutsamen Fällen ausgeglichen werden, wobei die Gebühr nie unverhältnismässig werden darf (BGer 8.12.2003, 5P.353/2003, E. 2.3; BGE 120 Ia 171, 174 = Pra 1995, 513, 516). Im Gegensatz zum Kostendeckungsprinzip (vgl. N 37) ist das Äquivalenzprinzip jedoch einzelfallbezogen anzuwenden.

41 In Fällen mit hohem Streitwert und starrem Tarif, der die Berücksichtigung des Aufwandes nicht erlaubt, ist das Äquivalenzprinzip häufig verletzt, namentlich dann, wenn die **Gebühr in Prozenten oder Promillen** festgelegt wird und eine obere Begrenzung fehlt (BGer 8.12.2003, 5P.353/2003, E. 2.3; BGE 126 I 180, 193; BGE 120 Ia 171, 175 f. = Pra 1995, 513, 517; BGE 105 Ia 2, 3 f.; VGer FR 13.12.1996, RFJ 1996, 420, 421 ff.; WURZBURGER, FS Poudret, 308). In einem neueren Entscheid hielt das Bundesgericht fest, dass die gemäss Art. 30 der Gebührenverordnung zum SchKG (GebV SchKG) erhobene Gebühr von 2‰ des Verwertungserlöses bei hohem Verwertungserlös gegen das Äquivalenzprinzip verstösst (BGer 8.12.2003, 5P.353/2003, E. 2.4). Mehrfach hat sich das Bundesgericht zur Vereinbarkeit streitwertabhängiger Gerichtsgebühren mit dem Äquivalenzprinzip ausgesprochen (BGE 120 Ia 171, 175 f. = Pra 1995, 513, 517; WURZBURGER, FS Poudret, 309 ff. m.w.Nw.).

42 Im Hinblick auf die Erhebung von **Grundbuchgebühren** in Abhängigkeit von der Pfandsumme bei der Errichtung von Schuldbriefen, entschied das Bundesgericht im vom 30.9.1971 datierenden Urteil «Meierhofer», dass bei der Festsetzung von Grundbuchgebühren der Leistungsfähigkeit der staatlichen Einrichtung und der mit der amtlichen Handlung verbundenen Verantwortung aber auch der wirtschaftlichen Situation des Pflichtigen und dessen Interesse am abzugeltenden Akt angemessen Rechnung getragen werden könne (BGer 30.9.1971, ZBGR 1971, 360, 368). So wurde in BGE 126 I 180 eine Grundbuchgebühr von CHF 2 238 (0.25%) für die Errichtung eines Schuldbriefes als mit dem Äquivalenzprinzip vereinbar beurteilt (BGE 126 I 180, 191 = ASA 70 [2001/2002], 242, 251 = ZBGR 2001, 108, 116 f.). Im Gegensatz zur bei einer Schuldbrieferrichtung als Gegenleistung erhaltenen Mobilisierung des Bodens kommt dem im Rahmen einer Umstrukturierung von Gesetzes wegen (Art. 656 ZGB) vorzunehmenden Grundbucheintrag keine unmittelbare wirtschaftliche Bedeutung zu. Auch das Haftungsrisiko von Art. 956 ZGB vermag keine unbegrenzten promilleabhängigen Grundbuchgebühren zu rechtfertigen. Das Verwaltungsgericht Zürich hat in einem neueren Urteil entschieden, dass es sich bei der Grundbuchgebühr von 0.25% des Kantons Zürich um eine Gemengsteuer handle (VGer ZH 23.08.2001, RB 2001, Nr. 40 f. = ZBGR 2002, 347, 350).

43 Eine **Begrenzung der Grundbuchgebühren bei hohen Liegenschaftswerten** ist somit unabdingbar (vgl. BGE 120 Ia 171, 175 f. = Pra 1995, 513, 517 = ASA 64 [1995/96], 501, 506 f.; VGer FR 13.12.1996, RFJ 1996, 420, 421 ff.). Dabei ist nicht nur die

2. Abschnitt: Handänderungsabgaben   44–47 **Art. 103**

Grundbuchgebühr je von einer Umstrukturierung betroffenem Grundstück, sondern auch die im Rahmen einer Umstrukturierung pro Kanton insgesamt zu entrichtende Grundbuchgebühr zu begrenzen. Beispielcharakter kommt diesbezüglich der Regelung von § 22 Abs. 1 des Gesetzes über die Grundbuchabgaben vom 7.5.1980 (in der Fassung vom 1.8.1999) des Kantons Aargau (SAR 725.100) zu, welche nur auf den ersten 20 von einer Umstrukturierung betroffenen Liegenschaften die Grundbuchabgabe von je CHF 1 000 erhebt (vgl. Botschaft des Regierungsrates des Kantons Aargau an den Grossen Rat vom 7.9.1998 betreffend Finanzpaket 98 [98.004 133], 22).

In den Kantonen, in denen die Grundbuchabgabe bei Umstrukturierungen **nicht begrenzt** ist, liegt bei hohem Liegenschaftswert stets ein **Verstoss gegen das Äquivalenzprinzip** und somit gegen Art. 103 vor: dies betrifft die Grundbuchabgaben der Kantone **Appenzell-Innerrhoden** (vgl. Rz 2728 der Verordnung über die Gebühren der kantonalen Verwaltung vom 26.3.2001; GS 157), **Genf** (vgl. Art. 2 des Règlement fixant le tarif des émoluments du registre foncier du 7.9.1988; RSG E 1 50.07), **Glarus** (Art. 41 Abs. 1 lit. b der Verordnung und Gebührentarif des Kantons Glarus zum Schweizerischen Zivilgesetzbuch und zum Schweizerischen Obligationenrecht vom 16.2.1949; GS III/B/3/1), **Jura** (vgl. Art. 5 des Décret fixant les émoluments du registre foncier du 6.12.1978; RSJU 176.331), **Luzern** (vgl. § 2 Ziff. 1 der Verordnung über die Grundbuchgebühren vom 17.3.1992; SRL 228), **Neuenburg** (vgl. Art. 9 Abs. 2 der Loi concernant le tarif des émoluments du registre foncier du 25.1.1988; RSN 215.411.6), **Obwalden** (vgl. Art. 12 Abs. 1 der Verordnung über die Beurkundungs-, Grundbuch und Schätzungsgebühren vom 29.2.1980; GS 213.61), **Schaffhausen** (vgl. § 14 Ziff. 2.5 der Grundbuchgebührenverordnung vom 13.6.2000; SHR 211.433), **Schwyz** (vgl. § 5 Nr. 1 des Gebührentarifs für Notare und Grundbuchverwalter sowie freiberufliche Urkundspersonen vom 27.1.1975; SRSZ 213.512), **Tessin** (vgl. Art. 11 des Decreto legislativo che stabilisce la tariffa per le operazioni nel registro fondiario del 9.9.1941; RL 4.1.4.2), **Uri** (vgl. Art. 1 Ziff. 10 des Gebührentarifs für das Grundbuchamt gemäss Landratsbeschluss vom 31.10.1949; RB 9.3411), **Zug** (vgl. § 5 Abs. 2 Ziff. 3 i.V.m. § 7 des Gesetzes über den Gebührentarif im Grundbuchwesen vom 28.2.1980; BGS 215.35) und **Zürich** (vgl. § 1 A 2.2.1 der Verordnung über die Notariats- und Grundbuchgebühren vom 2.11.1988; OS 243), welche allesamt keine obere Begrenzung aufweisen. 44

Die Maximalbeträge von **CHF 50 000** der Kantone **Basel-Stadt** (vgl. § 51 Ziff. 1 lit. a Satz 3 der Verordnung zum Einführungsgesetz zum Schweizerischen Zivilgesetzbuch vom 9.12.1911; SG 211.110), **Basel-Landschaft** (vgl. § 16 Ziff. 3a der Verordnung über die Gebühren zum Zivilrecht vom 8.1.1991; SGS 211.71) und **Waadt** (vgl. Art. 2 lit. a des Règlement fixant le tarif des émoluments du registre foncier du 17.12.1993; RSV 3.4H), **CHF 20 000** im Kanton **Thurgau** (vgl. § 14 Abs. 2 Ziff. 1 des Gesetzes über die Gebühren und Gemengsteuern der Grundbuchämter und Notariate vom 20.11.1996; RB 632.1) und **CHF 15 000** im Kanton **Graubünden** (vgl Art. 13 lit. a der Verordnung über die Gebühren der Grundbuchämter vom 5.12.2000; 217.200) sind zudem so hoch, dass sie ebenfalls nicht mehr in Übereinstimmung mit dem Äquivalenzprinzip stehen. 45

Mit dem Äquivalenzprinzip klarerweise **vereinbar** sind die Begrenzungen von **CHF 100** im Kanton **Bern** (vgl. Anhang IV B, Ziff. 2.1.1 i.V.m. Art. 4 Abs. 2 der Verordnung über die Gebühren der Kantonsverwaltung vom 22.2.1995; BAG 154.21) sowie von **CHF 1 000** im Kanton **Aargau** (vgl. § 22 des Gesetzes vom 7.5.1980 über die Grundbuchabgaben; SAR 725.100). 46

Fraglich ist, inwiefern die Obergrenzen von **CHF 3 000** in den Kantonen **Solothurn** (vgl. N 103) und **Wallis** (vgl. Art. 96 Abs. 1 der Verordnung über die Führung des kantonalen Grundbuchs vom 17.4.1920; SGS 211.611), **CHF 4 000** im Kanton **Appenzell-** 47

Ausserrhoden (vgl. Art. 12 Ziff. 8.1 lit. a des Gesetzes über die Gebühren der Gemeinden vom 26.2.2001; bGS 153.2), von **CHF 5 000** der Kantone **Freiburg** (vgl. Art. 76 Abs. 1 lit. a i.V.m. Art. 77 Abs. 2, 5 des Gesetzes über das Grundbuch vom 28.2.1986 [SGF 214.5.1]; vgl. N 75) und **St. Gallen** (vgl. Nr. 10.03.02 des Gebührentarifs für die Grundbuchämter und für die Durchführung der Grundstückschätzung vom 3.2.1998; sGS 914.5) sowie von **CHF 8 000** im Kanton **Nidwalden** (vgl. Nr. 1 des Anhangs zur Vollzugsverordnung über die Grundbuchgebühren vom 4.12.2001; NG 214.12) mit Art. 103 vereinbar sind. Diese Frage muss letztendlich vom Bundesgericht entschieden werden. Auch hier kann eine Verletzung des Äquivalenz- bzw. Kostendeckungsprinzips mit staatsrechtlicher Beschwerde (Art. 84 Abs. 1 lit. a OG) wegen Verletzung der derogatorischen Kraft des Bundesrechts (Art. 49 Abs. 1 BV) gerügt werden (vgl. N 34).

2. *Notariatsgebühren*

48 Der Vertrag auf Eigentumsübertragung eines Grundstücks bedarf zu seiner Verbindlichkeit der öffentlichen Beurkundung (Art. 657 Abs. 1 OR). Nach Art. 12 Abs. 2 bedarf der **Fusionsvertrag** hingegen bloss der schriftlichen Form, es sei denn, es handle sich um einen Vertrag über die Fusion mit einer Familienstiftung oder mit einer kirchlichen Stiftung (vgl. Art. 79 Abs. 3 Satz 2: öffentliche Beurkundung erforderlich). Die **Schriftform** genügt auch dann, wenn die Fusion die Übertragung von Grundstücken zur Folge hat (Botschaft, 4407; SCHMID-TSCHIRREN, ZBGR 2004, 229). Der **Spaltungsvertrag** muss ebenfalls nicht öffentlich beurkundet werden, wenn durch die Spaltung Liegenschaften übertragen werden (Art. 36 Abs. 3), was jedoch in den parlamentarischen Beratungen nicht unbestritten war (AmtlBull StR 2001, 154 ff.). Der **Umwandlungsplan** bedarf sodann ebenfalls bloss der Schriftform (Art. 59 Abs. 2). Öffentlich beurkundet werden muss demgegenüber der Fusionsbeschluss (Art. 20 Abs. 1; Ausnahme: Vereinsfusion [vgl. Art. 20 Abs. 2]), der Spaltungsbeschluss (Art. 44) sowie der Umwandlungsbeschluss (Art. 65).

49 Der Übertragungsvertrag bei einer **Vermögensübertragung** im Sinne von Art. 69 bedarf grundsätzlich ebenfalls bloss der schriftlichen Form (Art. 70 Abs. 2 Satz 1). Werden hingegen **Grundstücke übertragen**, so bedürfen die entsprechenden Teile des Vertrages der öffentlichen Beurkundung (Art. 70 Abs. 2 Satz 2). Eine einzige Urkunde durch eine Urkundsperson am Sitz des übertragenden Rechtsträgers genügt auch dann, wenn Grundstücke in verschiedenen Kantonen liegen (Art. 70 Abs. 2 Sätze 3 und 4). Dass Vermögensübertragungen von Grundstücken öffentlich beurkundet werden müssen, wurde vom Ständerat auf Antrag seiner vorberatenden Kommission für Rechtsfragen ins FusG eingefügt (AmtlBull StR 2001, 157 f.; vgl. TURRIN, 137 ff.; SCHMID-TSCHIRREN, ZBGR 2004, 233) und vom Nationalrat beibehalten (AmtlBull StR 2003, 242 f.).

50 Die für die Beurkundung des Übertragungsvertrags von Liegenschaften im Rahmen einer Vermögensübertragung (Art. 70 Abs. 2 Satz 2), des Fusionsvertrags einer Familienstiftung oder kirchlichen Stiftung (Art. 79 Abs. 3 Satz 2) bzw. des Fusions-, Spaltungs- oder Umwandlungsbeschlusses erhobene Notariatsgebühr ist als **Verwaltungsgebühr** zu qualifizieren und unterliegt dem Kostendeckungs- und Äquivalenzprinzip. Liegt eine Umstrukturierung im Sinne von Art. 8 Abs. 3 bzw. Art. 24 Abs. 3 und 3^{quater} StHG vor, kann diesbezüglich Art. 103 angerufen werden. Dies gilt auch dann, wenn die Beurkundungstätigkeit nicht durch ein Amtsnotariat, sondern freiberuflich ausgeübt wird, da jemand, der auf eine amtliche Tätigkeit einer Privatperson angewiesen ist und diese Person dafür entschädigen muss, grundsätzlich den gleichen Schutz wie jemand verdient, der andere öffentliche Dienste beansprucht und das Entgelt dafür dem Gemeinwesen zu entrichten hat (BGE 103 Ia 85, 87 f.). Da die Überprüfung der Vereinbarkeit mit dem

2. Abschnitt: Handänderungsabgaben   51–53   Art. 103

Kostendeckungsprinzip bei einem freiberuflichen Notariat auf schwer zu überwindende Hürden stösst, muss sich die Überprüfung auf das Äquivalenzprinzip beschränken (vgl. BGE 103 Ia 85, 89 f.).

IV. Übergangsregelung von Art. 111 Abs. 3

Art. 103 tritt aufgrund ausdrücklicher Normierung in Art. 111 Abs. 3 fünf Jahre nach den übrigen Bestimmungen des FusG in Kraft. Da der Bundesrat das Inkrafttreten auf den 1.7.2004 festgesetzt hat, sind kantonale Handänderungsabgaben bei Umstrukturierungen erst ab **1.7.2009** von Bundesrechts wegen untersagt. Durch diese lange Übergangsfrist wird zum einen der Tatsache Rechnung getragen, dass den Kantonen eine gewisse Zeit zur Anpassung ihrer Gesetzgebungen beziehungsweise an die damit verbundenen Steuerausfälle einzuräumen ist. Beides gilt jedoch auch für die aufgrund der mit Inkrafttreten des FusG geänderten Bestimmungen des Steuerharmonisierungsgesetzes notwendig gewordenen Anpassungen der kantonalen Steuergesetzgebung. Der neue **Art. 72e StHG** räumt den Kantonen jedoch bewusst eine Übergangsfrist von drei Jahren nach Inkrafttreten der Gesetzesänderung vom 3.10.2003, das heisst bis zum **1.7.2007**, ein. Die Verlängerung dieser Frist um zwei Jahre kann somit nur mit den erheblichen Bedenken hinsichtlich der Gesetzgebungskompetenz des Bundes begründet werden (vgl. dazu N 4 ff.) und wird deshalb zu Recht als Kompromisslösung bezeichnet (vgl. SCHMID-TSCHIRREN, ZBGR 2004, 241). In der vorberatenden Kommission für Wirtschaft und Abgaben des Nationalrates wurde jedoch auch argumentiert, Art. 103 sei für die Kantone viel schwieriger durchzuführen als die Anpassungen an die geänderten Bestimmungen des StHG, was eine um zwei Jahre verlängerte Übergangsfrist rechtfertige (Prot. WAK NR vom 11.6.2001, 8). Da dies jedoch in derselben vorberatenden Kommission nicht unbestritten blieb, und weil die Befürworter der Aufnahme von Art. 103 ins FusG der Kritik an der Verfassungsmässigkeit dieser Bestimmung und dem damit verbundenen Eingriff ins Steuersubstrat der Kantone und Gemeinden jeweils das um fünf Jahre in die Zukunft verschobene Inkrafttreten dieser Bestimmung entgegenhielten (AmtlBull NR 2003, 251; AmtlBull StR 2003, 728, 732), muss Letzteres als der wirkliche Grund der Länge der Übergangsfrist angesehen werden.

51

Eine **Vorwirkung** von Art. 103 war vom Gesetzgeber **nicht beabsichtigt**. Analog dem von der Lehre geforderten «Entharmonisierungsverbot» während der achtjährigen Anpassungsfrist von Art. 72 Abs. 1 StHG (vgl. BÖCKLI, Rechtsgutachten; REICH, ASA 62 [1993/94], 577 ff.; CAGIANUT, 39 ff.; BSK StHG-GREMINGER, Art. 71 N 9 f.; **a.A.** YERSIN, ASA 64 [1995/96], 106 f.), welches vom Bundesgericht mit Entscheid vom 25.3.1998 geschützt wurde (BGE 124 I 101, 106 = ASA 68 [1999/2000], 523, 528 = StE 1998 A 23.1 Nr. 2), dürfen Umstrukturierungen während dieser fünfjährigen Übergangszeit jedoch nicht durch neue kantonale oder kommunale Handänderungsabgaben erschwert werden. Eine Gesetzesrevision wie auch eine Praxisänderung, welche dem gesetzgeberischen Ziel der Steuerneutralität von Umstrukturierungen im Bereich der Handänderungsabgaben in der Übergangsfrist bis zum 1.7.2009 zuwiderlaufen, können somit mit **staatsrechtlicher Beschwerde** i.S.v. Art. 84 OG wegen Verletzung der derogatorischen Kraft des Bundesrechts angefochten werden (vgl. N 33 f.; vor Art. 109 N 43).

52

In Kantonen, welche für die Handänderungssteuerbefreiung auf die Umstrukturierungstatbestände der Einkommens- und Gewinnsteuernormen verweisen, kann es mit Anpassung der kantonalen Gesetzgebung an die geänderten Art. 8 Abs. 3 und Art. 24 Abs. 3 StHG zumindest zu einer indirekten Vorwirkung kommen, da diese Verweise als

53

dynamische Verweisungen zu verstehen sind. Nur so wird dem damit angestrebten Postulat der Parallelität der Steuerfolgen bei Umstrukturierungen Genüge getan.

54 Im Einzelnen betrifft dies die Kantone **Appenzell-Ausserrhoden** (vgl. Art. 237 Abs. 1 lit. c i.V.m. Art. 22, Art. 72 des Steuergesetzes vom 21.5.2000; bGS 621.11), **Appenzell-Innerrhoden** (vgl. Art. 118 lit. f i.V.m. Art. 22, Art. 63 des Steuergesetzes vom 25.4.1999; GS 611), **Nidwalden** (Art. 139 Ziff. 5 i.V.m. Art. 22, Art. 88 des Steuergesetzes vom 22.3.2000; NG 521.1), **St. Gallen** (Art. 244 lit. f i.V.m. Art. 32, Art. 88 des Steuergesetzes vom 9.4.1998; sGS 811.1) und **Solothurn** (§ 207 lit. d i.V.m. §§ 25, 50 Abs. 1 lit. g und 94 des Steuergesetzes vom 1.12.1985; BGS 614.11). Im Kanton **Thurgau** gilt dies mit Bezug auf die an Art. 12 Abs. 4 lit. a i.V.m. Art. 8 Abs. 3 und Art. 24 Abs. 3 StHG angepassten Bestimmungen zur Grundstückgewinnsteuer gleichermassen (§§ 138, 129 Ziff. 3–5 des Steuergesetzes vom 14.9.1992; RB 640.1).

55 Ein allfällig zur Anwendung gelangendes **Ersatzrecht** gemäss Art. 72e Abs. 2 i.V.m. Art. 72 Abs. 2 StHG muss in seiner Wirkung jedoch auf die unmittelbar betroffenen Einkommens- und Gewinnsteuernormen beschränkt bleiben. Die dynamische Verweisung des Handänderungssteuerrechts bezieht sich somit nicht auf die ersatzweise zur Anwendung gelangende Norm des StHG, sondern auf die harmonisierungsrechtswidrige Norm des kantonalen Einkommens- und Gewinnsteuerrechts. Kantonale Umstrukturierungsnormen, welche gegen die geänderten Bestimmungen des zweiten und dritten Titels des StHG verstossen, können somit in der Zeit vom 1.7.2007 bis zum 1.7.2009 als Umstrukturierungsnormen im Handänderungssteuerrecht Geltung beanspruchen.

V. Bisherige Umstrukturierungstatbestände bei Handänderungssteuern

56 Infolge der langen Übergangsfrist bleiben die bisherigen kantonalen Regelungen weiterhin noch von grosser Bedeutung, weshalb sie hier im Sinne eines Überblicks dargestellt werden. Die **Mehrzahl der Kantone** sieht **schon heute** eine **Befreiung** von der Handänderungssteuer bei Umstrukturierungen vor (vgl. N 83 ff.). Die Voraussetzungen für die Steuerbefreiungstatbestände sind zum Teil jedoch noch enger als von Art. 103 gefordert. In den Kantonen Appenzell-Ausserrhoden (vgl. N 84), Appenzell-Innerrhoden (vgl. N 86), Nidwalden (vgl. N 94), St. Gallen (vgl. N 98), Solothurn (vgl. N 100) und Thurgau (vgl. N 104), bei denen im Sinne einer dynamischen Verweisung auf die Gewinnsteuernormen verwiesen wird, löst sich dieses Problem unter Vorbehalt des unter N 16 ff. Gesagten mit Anpassung der kantonalen Steuergesetzgebung an die geänderten Bestimmungen des FusG.

57 Die Kantone **Genf** (vgl. N 60) und **Wallis** (vgl. 64) kennen jedoch nach wie vor keine Befreiungstatbestände bei Umstrukturierungen. In den Kantonen **Basel-Landschaft** (vgl. N 66), **Jura** (vgl. N 68) und **Waadt** (vgl. N 71) wird die Steuer lediglich ermässigt, zum Teil zudem ohne gesetzliche Grundlage und unter sehr engen Voraussetzungen. Im Kanton **Schwyz** werden aufgrund der verwaltungsgerichtlichen Rechtsprechung nur Umwandlungen von der Handänderungssteuer befreit (vgl. N 80). In den Kantonen **Neuenburg** (vgl. N 76 ff.) und **Freiburg** (vgl. N 74) beschränkt sich die Steuerneutralität bei Umstrukturierungen auf Betriebsliegenschaften. Im Kanton **Graubünden** kennen nach wie vor viele Gemeinden keinen oder nur einen eingeschränkten Umstrukturierungstatbestand (vgl. N 109 ff.).

58 Auch für die in den Kantonen **Glarus** (vgl. N 62) und **Tessin** (vgl. N 63) anstelle von Handänderungssteuern erhobenen Grundbuchabgaben mit Gemengsteuercharakter gibt es nach wie vor keinen Befreiungstatbestand bei Umstrukturierungen. Die in den Kanto-

nen **Schaffhausen** (vgl. N 70) und **Zug** (vgl. N 73) anstelle einer Handänderungssteuer erhobenen Grundbuchabgaben werden bei Umstrukturierungen lediglich reduziert. Im Kanton **Uri** gibt es keine Begrenzung der Grundbuchabgabe bei Umstrukturierungen, wobei die Urner Grundbuchabgabe jedoch infolge ihres vergleichsweise tiefen Satzes im konkreten Anwendungsfall nur selten Gemengsteuercharakter aufweisen wird (vgl. N 108).

Zudem erheben die Kantone Genf (vgl. N 61), Wallis (vgl. N 65), Basel-Landschaft (vgl. N 67), Jura (vgl. N 69), Neuenburg (vgl. N 79), Waadt (vgl. N 72), Schwyz (vgl. N 82), Appenzell-Innerrhoden (vgl. N 87), Basel-Stadt (vgl. N 89), Luzern (vgl. N 93), Obwalden (vgl. N 97), Thurgau (vgl. N 105), Zürich (vgl. N 107) und Graubünden (vgl. N 119) **nebst ihren Handänderungssteuern** auch bei Umstrukturierungen **Grundbuchabgaben mit Gemengsteuercharakter**. Inwiefern dies auch auf die Grundbuchabgaben der Kantone Solothurn (vgl. N 103), Wallis (vgl. N 65), Appenzell-Ausserrhoden (vgl. N 85), Freiburg (vgl. N 75), St. Gallen (vgl. N 99) und Nidwalden (vgl. N 95) zutrifft, ist zumindest fraglich. 59

1. Kantone ohne Befreiungstatbestände bei Umstrukturierungen

a) Genf

Im Kanton Genf wird eine **Handänderungssteuer** *(droit d'enregistrement)* von **3%** des Übertragungswerts erhoben (Art. 33 i.V.m. Art. 9 der Loi sur les droits d'enregistrement du 9.10.1969 [LDE GE]; RSG D 3 30). Eine Befreiung oder Ermässigung bei Umstrukturierungen ist bislang nicht vorgesehen. Die Übertragung von Aktien an einer Immobiliengesellschaft unterliegt grundsätzlich auch der Handänderungssteuer (Art. 34 LDE GE). Da für wirtschaftliche Handänderungen jedoch kein *enregistrement obligatoire* im Sinne von Art. 3 LDE GE besteht, fällt bei wirtschaftlichen Handänderungen in der Regel keine Handänderungssteuer an. 60

Für die Eintragung eines Eigentümerwechsels im Grundbuch wird eine **Grundbuchgebühr** *(émolument)* von **3‰** erhoben (Art. 2 des Règlement fixant le tarif des émoluments du registre foncier du 7.9.1988; RSG E 1 50.07). 61

b) Glarus

Der Kanton Glarus erhebt eine **Grundbuchgebühr** von 5‰ des Übertragungswertes (Art. 41 Abs. 1 lit. b der Verordnung und Gebührentarif des Kantons Glarus zum Schweizerischen Zivilgesetzbuch und zum Schweizerischen Obligationenrecht vom 16.2.1949; GS III/B/3/1). Da eine Reduktion oder eine Befreiung bei einer Umstrukturierung nicht vorgesehen ist, kommt dieser Gebühr ab einem gewissen Verkehrswert der Charakter einer Gemengsteuer zu. Bei bloss wirtschaftlichen Handänderungen wird keine Steuer erhoben. 62

c) Tessin

Je nach Wert der Liegenschaft wird im Kanton Tessin eine proportionale **Grundbuchabgabe von 4–11‰** erhoben (Maximalsatz ab CHF 100 000; vgl. Art. 11 des Decreto legislativo che stabilisce la tariffa per le operazioni nel registro fondiario del 9.9.1941; RL 4.1.4.2). Dieser Abgabe kommt Gemengsteuercharakter zu (BGE 82 I 281, 284). Eine Befreiung oder Erleichterung von dieser Gemengsteuer kennt das kantonale Recht nicht. 63

d) Wallis

64 Der Kanton Wallis erhebt eine als Stempelabgabe ausgestaltete **Handänderungssteuer** von **4–12‰** (Maximalsatz ab CHF 100 000) auf allen Urkunden, durch welche unbewegliches Eigentum übertragen wird (Art. 12 lit. a Abs. 1 i.V.m. Art. 13 des Stempelgesetzes vom 14.11.1953 [StempelG VS]; SGS 643.1). Eine im Kanton Wallis abgefasste Urkunde ist nicht nötig. Bei einer Universalsukzession ist der den Eigentumsübergang bewirkende Handelsregistereintrag die Urkunde, welche die Stempelabgabe auslöst. Bemessungsgrundlage ist der Katasterwert. Die Steuer wird auch bei Übertragungen von Aktien oder Gesellschaftsanteilen einer Immobiliengesellschaft erhoben (Art. 12 lit. a Abs. 9 StempelG VS), wobei zu beachten ist, dass der Begriff der Immobiliengesellschaft sehr weit interpretiert wird: jede Gesellschaft mit Walliser Grundbesitz gilt als Immobiliengesellschaft im Sinne dieser Bestimmung. Einen Befreiungstatbestand für Umstrukturierungen gibt es nicht.

65 Zudem wird eine **Grundbuchgebühr** von **2‰** (maximal aber **CHF 3000**) erhoben (Art. 96 Abs. 1 der Verordnung über die Führung des kantonalen Grundbuchs vom 17.4.1920; SGS 211.611).

2. Kantone mit Ermässigungen bei Umstrukturierungen

a) Basel-Landschaft

66 Im Kanton Basel-Landschaft wird eine **Handänderungssteuer** von **2.5%** des Verkehrswerts erhoben (§ 84 Abs. 1 des Steuergesetzes vom 7.2.1974 [StG BL]; SGS 331). Diese wird auch bei wirtschaftlichen Handänderungen erhoben (§ 81 Abs. 2 lit. a StG BL). Bei Handänderungen infolge **Umwandlungen**, **Fusionen** oder **Spaltungen** wird die Handänderungssteuer auf **1.25%** reduziert, sofern keine wertmässige Änderung der Beteiligungsverhältnisse erfolgt und die bisherigen Buchwerte übernommen werden (§ 84 Abs. 3 StG BL).

67 Für die Eintragung eines neuen Eigentümers im Grundbuch wird bis zu einem Liegenschaftswert von CHF 10 000 000 eine **Grundbuchgebühr** von **2‰**, vom Mehr 0.5‰ erhoben. Maximal werden **CHF 50 000** erhoben (§ 16 Ziff. 3a der Verordnung über die Gebühren zum Zivilrecht vom 8.1.1991 [Gebührenverordnung ZGB BL]; SGS 211.71). Bei Fusionen wird nicht auf den Verkehrswert, sondern auf den Katasterwert abgestellt (§ 16 Ziff. 3b Gebührenverordnung ZGB BL).

b) Jura

68 Im Kanton Jura wird eine **Handänderungssteuer** *(droit de mutation)* von **2.1%** erhoben (Art. 6 der Loi réglant les droits de mutation et les droits perçus pour la constitution de gages du 9.11.1978 [HÄStG JU]; RSJU 215.326.2). Von dieser werden auch wirtschaftliche Handänderungen erfasst, wobei bereits der Erwerb einer Minderheitsbeteiligung die Handänderungssteuer auslöst, sobald der Erwerber eine Mehrheitsbeteiligung erreicht (Art. 5 Abs. 2 lit. c HÄStG JU). Für Umstrukturierungen ist grundsätzlich keine Privilegierung vorgesehen. Immerhin kann die Steuer von der Regierung vollständig oder teilweise erlassen werden, wenn die Umstrukturierung im Interesse der jurassischen Wirtschaft ist (Art. 23a HÄStG JU). Historisch geht diese Befreiungsmöglichkeit auf den praktisch gleichlautenden Art. 23a Abs. 1 lit. a des bernischen Gesetzes über die Handänderungs- und Pfandrechtsabgaben in der Fassung vom 1.4.1980 zurück, welcher bei Sanierungen und Umstrukturierungen die Existenz bedrohter Unternehmungen im Interesse der bernischen Volkswirtschaft und insbesondere der Arbeitsplatzerhaltung nicht zusätzlich belasten wollte (vgl. RUF, ASA 57 [1988/89], 102 f.). Praxisgemäss

wird die Handänderungssteuer bei einer Fusion oder einer Spaltung in der Regel um 50%, das heisst auf **1.05%** reduziert.

Praxisgemäss wird für die Eintragung einer Namensänderung des Eigentümers eine **Grundbuchgebühr** *(émolument)* von **1.5‰** erhoben. Während für gewisse Eintragungen wie z.B. eine Namensänderung eine Reduktion auf 0.5‰ (maximal CHF 400) gewährt wird, ist für Umstrukturierungen keine solche Privilegierung vorgesehen (Art. 5 des Décret fixant les émoluments du registre foncier du 6.12.1978 [GBGebV JU]; RSJU 176.331). Diese Praxis steht in bewusstem Widerspruch zu Art. 3 Abs. 1 Satz 2 GBGebV JU, welcher die zusätzlich zur Handänderungssteuer zu erhebende Grundbuchgebühr auf die explizit in der GBGebV JU aufgeführten Tatbestände beschränkt. **69**

c) Schaffhausen

Eine eigentliche Handänderungssteuer wird im Kanton Schaffhausen nicht erhoben. Das Grundbuchamt erhebt für seine Amtshandlungen bei einer Handänderung eine **Eintragungsgebühr** von **6‰** (§ 14 Ziff. 1 der Grundbuchgebührenverordnung vom 13.6.2000 [GBGebV SH]; SHR 211.433). Bei einer Handänderung ohne Änderung der wirtschaftlichen Eigentumsverhältnisse bei **Fusion**, Unternehmensaufteilung bzw. **Abspaltung** einer Tochtergesellschaft oder **Bestandesübertragung** gemäss Bundesgesetz betreffend Aufsicht über die privaten Versicherungseinrichtungen wird lediglich eine Eintragungsgebühr von **3‰** erhoben (§ 14 Ziff. 2.5 GBGebV SH). Wirtschaftliche Handänderungen unterliegen naturgemäss keiner Eintragungsgebühr. **70**

d) Waadt

Der Kanton Waadt erhebt eine **Handänderungssteuer** (droit de mutation) von 2.2% (Art. 10 der Loi concernant le droit de mutation sur les transferts immobiliers et l'impôt sur les successions et donations du 27.2.1963; RSV 9.5A), wobei die Gemeinden einen Zuschlag von bis zu 50% erheben können und dies mit wenigen Ausnahmen auch tun, so dass der Steuersatz regelmässig **3.3%** beträgt. Eine Erleichterung für Umstrukturierungen ist im Gesetz nicht vorgesehen. Nach ungeschriebener Verwaltungspraxis wird bei einer Umstrukturierung jedoch eine **Reduktion um 50%** gewährt, wenn es sich um eine Betriebsliegenschaft handelt, die für eine gewerbliche Tätigkeit genutzt wird *(immeuble d'exploitation)*. Handelt es sich um eine Betriebsliegenschaft, welche für eine nichtgewerbliche Tätigkeit selbst genutzt wird (z.B. Verwaltungsgebäude; *immeuble administratif*), so wird eine **Reduktion um 30%** gewährt. Handelt es sich um eine zur Zeit unvermietete Liegenschaft, welche von der Unternehmung zu einem späteren Zeitpunkt als Betriebsliegenschaft genutzt wird *(immeuble de réserve)*, wird eine **Reduktion um 20%** gewährt. Keine Reduktion wird für fremdvermietete Liegenschaften gewährt. Sodann wird im Fall einer Umstrukturierung der Steuerwert der Liegenschaft als Bemessungsgrundlage für die Handänderungssteuer akzeptiert. Ist der Buchwert der Liegenschaft höher als der Steuerwert, so wird auf diesen abgestellt. Um eine solche Reduktion zu erhalten, muss ein Gesuch an die Kantonale Steuerverwaltung *(administration cantonale des impôts)* gerichtet werden. Um ebenfalls eine Reduktion des als Gemeindesteuer ausgestalteten Anteils von in der Regel 1.1% zu erhalten, muss der betroffenen Gemeinde ein Gesuch gestellt werden. Die Beurteilung für die Gemeindesteuer kann durchaus von derjenigen für die Kantonssteuer abweichen. **71**

Die **Grundbuchgebühr** *(émolument)* für die Eintragung eines Eigentümerwechsels beträgt **1.5‰**, maximal **CHF 50 000** (Art. 2 lit. a des Règlement fixant le tarif des émoluments du registre foncier du 17.12.1993; RSV 3.4H). In begründeten Einzelfällen kann **72** die Aufsichtsbehörde über das Grundbuch, das *Inspectorat du registre foncier*, jedoch eine Ermässigung der Grundbuchgebühr gewähren.

e) Zug

73 Im Kanton Zug wird eine **Handänderungsgebühr** von 8‰ des Verkehrswerts erhoben (je 4‰ durch Kanton und Gemeinde; vgl. § 5 Abs. 1 i.V.m. §§ 2, 7 des Gesetzes über den Gebührentarif im Grundbuchwesen vom 28.2.1980 [GBGebT ZG]; BGS 215.35). Bei Handänderungen infolge Umwandlung von Einzelfirmen, Personengesellschaften oder juristischen Personen ohne wertmässige Veränderung der Anteilsrechte der Beteiligten sowie bei Fusionen von juristischen Personen und sonstigen Handelsgesellschaften wird eine Handänderungsgebühr von 4‰ (je 2‰ durch Kanton und Gemeinde) erhoben (§ 5 Abs. 2 Ziff. 3 i.V.m. § 7 GBGebT ZG). Die Handänderungsgebühr wird nur für die Verrichtungen des Grundbuchamtes erhoben (§ 1 GBGebT ZG). Bloss wirtschaftliche Handänderungen unterliegen somit keiner Handänderungssteuer.

3. Kantone mit eingeschränkten Befreiungstatbeständen bei Umstrukturierungen

a) Freiburg

74 Im Kanton Freiburg wird eine sowohl als Kantons- wie als Gemeindesteuer ausgestaltete **Handänderungssteuer** von insgesamt bis zu 3% (vgl. Art. 21, 22 Abs. 1 des Gesetzes über die Handänderungs- und Grundpfandrechtssteuern vom 1.5.1996 [HÄStG FR]; SGF 635.1.1) erhoben. Neben der zivilrechtlichen Handänderung wird auch die wirtschaftliche Handänderung besteuert, wobei die Steuer auch dann erhoben wird, wenn der Erwerber mit dem Erwerb eines Minderheitsanteils seine Mehrheitsbeteiligung erhöht (Art. 4 lit. e HÄStG FR). **Umstrukturierungen** von Unternehmen mit Handels- oder Fabrikationszweck werden von dieser Handänderungssteuer **befreit**, wenn

– das von der Umstrukturierung betroffene Grundstück hauptsächlich unmittelbar dem Handel oder der Fabrikation des Betriebes dient *und*

– im Zeitpunkt der Übertragung und in den darauffolgenden fünf Jahren keine Beteiligung erworben wird, die dem Übergang der wirtschaftlichen Verfügungsgewalt gleichkommt (wirtschaftliche Neutralität des Erwerbs), *oder* es zu keiner weiteren Grundstücküberffragung, zu keiner Aufgabe des Handels- oder Fabrikationszwecks oder Aufgabe der hauptsächlichen und unmittelbaren Zweckbindung ebendieser Objekte an den Handel oder die Fabrikation des Betriebs kommt (vgl. Art. 9 lit. e des HÄStG FR).

75 Für die Eintragung einer Eigentumsänderung an einer Liegenschaft wird bis zu einem Wert von CHF 200 000 eine **Grundbuchgebühr** von **1.5‰**, über CHF 200 000 eine von **1‰** erhoben (Art. 76 Abs. 1 lit. a i.V.m. Art. 77 Abs. 2 des Gesetzes über das Grundbuch vom 28.2.1986; SGF 214.5.1). Gemäss Art. 77 Abs. 5 dieses Gesetzes darf für die einzelnen gebührenpflichtigen Fälle der Betrag nicht über das vom Staatsrat nach dem Grundsatz der Verhältnismässigkeit festgesetzte Maximum hinausgehen. Der Staatsrat hat diesen Maximalbetrag in einer (zur Publikation vorgesehenen) Direktive auf **CHF 5 000** beschränkt. Ab einem Liegenschaftswert von CHF 4 900 000 wird somit keine Grundbuchgebühr mehr erhoben. Dadurch wird dem Entscheid des Freiburger Verwaltungsgerichts vom 13.12.1996 entsprochen, welcher das Fehlen einer Begrenzung als mit dem Äquivalenzprinzip unvereinbar bezeichnet hat (vgl. VGer FR 13.12.1996, RFJ 1996, 420, 421 ff.).

b) Neuenburg

Im Kanton Neuenburg wird eine **Handänderungssteuer** (*lods*) von **3.3%** des Verkehrswertes erhoben (Art. 6 der Loi concernant la perception de droits de mutation sur les transferts immobiliers du 20.11.1991 [HÄStG NE]; RSN 635.0). Umwandlungen, Fusionen und Spaltungen werden von der Handänderungssteuer befreit, sofern die vom Regierungsrat aufgestellten Voraussetzungen erfüllt sind (Art. 13 Abs. 1 HÄStG NE). Der Conseil d'Etat de la République et Canton de Neuchâtel hat hierzu den Arrêté d'exécution de la loi concernant la perception de droit de mutation sur les transferts immobiliers du 17.2.1993 [HÄStV NE]; RSN 635.01 erlassen und folgende Voraussetzungen für die Befreiung von der Handänderungssteuer aufgestellt: 76

Umwandlungen (*modification de la forme d'une entreprise*) sind insoweit von der Handänderungssteuer befreit, als die Beteiligungsverhältnisse gleich bleiben und es sich um eine Betriebsliegenschaft handelt (Art. 3 Abs. 1 HÄStV NE). Führt eine Sperrfristverletzung dazu, dass nachträglich die Gewinnsteuer oder Grundstückgewinnsteuer erhoben wird, wird ebenfalls die Handänderungssteuer nacherhoben (Art. 3 Abs. 2 HÄStV NE). Zudem ist gemäss Art. 3 Abs. 3 HÄStV NE die Handänderungssteuer geschuldet, wenn das im Kanton Neuenburg zu besteuernde Vermögen innerhalb von zehn Jahren nach der Umwandlung um mehr als einen Drittel reduziert wird. Da sich diese Bestimmung als unpraktikabel erwiesen hat, wurde sie nicht umgesetzt. 77

Bei **Fusionen** ist die Handänderungssteuer auf Betriebsliegenschaften insoweit aufgeschoben, als die Beteiligungsverhältnisse gleich bleiben (Art. 4 Abs. 1 lit. a HÄStV NE). Bei einer **Spaltung** ist die Handänderungssteuer auf Betriebsliegenschaften insoweit aufgeschoben, als die Beteiligungsverhältnisse gleich bleiben und eigenständige Betriebe zurückbleiben, welche ihre Geschäftstätigkeit weiterführen. Werden bei einer Fusion oder bei einer Spaltung die stillen Reserven später dennoch besteuert, wird auch die Handänderungssteuer erhoben (Art. 4 Abs. 2 HÄStV NE). 78

Für die Eintragung eines Eigentümerwechsels im Grundbuch wird eine **Grundbuchgebühr** (*émolument*) von **1.5‰** des Verkehrswertes (inkl. Zugehör) bis CHF 800 000 sowie **0.8‰** vom Mehrbetrag über CHF 800 000 erhoben (Art. 9 Abs. 2 der Loi concernant le tarif des émoluments du registre foncier du 25.1.1988; RSN 215.411.6) 79

c) Schwyz

Im Kanton Schwyz wird auf **Handänderungen** an Grundstücken eine als Gemeindesteuer ausgestaltete Handänderungssteuer von **1%** des Kaufpreises erhoben (§§ 1, 7 des Gesetzes über die Erhebung der Handänderungssteuer vom 27.4.1977 [HÄStG SZ]; SRSZ 172.500). Neben zivilrechtlichen Handänderungen unterliegt auch die wirtschaftliche Handänderung der Steuer (§ 4 lit. c HÄStG SZ), wobei auch die Übertragung einer Minderheitsbeteiligung die Handänderungssteuer auslöst, sobald der Erwerber die Mehrheitsbeteiligung erworben hat. **Umstrukturierungen** ohne wesentliche Änderung der Anteilsrechte der Beteiligten sind von der Handänderungssteuer **befreit**. Erfolgt jedoch eine wesentliche Veränderung der Beteiligungsrechte innert fünf Jahren, so wird die Handänderungssteuer nacherhoben (§ 6 lit. f HÄStG SZ). Wesentlich soll eine Änderung der Beteiligungsverhältnisse aufgrund der Materialien zu § 6 lit. f HÄStG SZ dann sein, wenn sie 10% übersteigt (vgl. RRB Nr. 27 vom 22.2.1994, 12). 80

Der Begriff der Umstrukturierung wird sehr eng verstanden (vgl. Huwyler, EGVSZ 1993, 216 f.). Das Verwaltungsgericht des Kantons Schwyz hat mehrfach festgestellt, dass steuerbefreite Umstrukturierung i.S.v. § 6 lit. f HÄStG SZ lediglich die **Umwandlung**, nicht aber die Fusion und die Spaltung erfasst (VGer SZ 25.6.2004 [VGE 723/04 81 und 724/04], E. 4; VGer SZ 8.9.2000, EGVSZ 2000, 95, 96 f.; VGer SZ 14.1.2000 [VGE 717/99], E. 5e). Dies ergebe sich aus der ausdrücklichen Bezugnahme auf Art. 159 Ziff. 9 lit. a StG NW (vgl. dazu N 94) sowie aus dem Erfordernis der gleichbleibenden Beteiligungsverhältnisse, welches sich zumindest bei Quasifusionen als «unpraktikabel» erweise.

82 Für die Eintragung einer zivilrechtlichen Handänderung im Grundbuch wird eine **Grundbuchgebühr** von **0.9‰** erhoben (§ 5 Nr. 1 des Gebührentarifs für Notare und Grundbuchverwalter sowie freiberufliche Urkundspersonen vom 27.1.1975; SRSZ 213.512).

4. Kantone mit Befreiungstatbeständen bei Umstrukturierungen

a) Aargau

83 Im Kanton Aargau wird nicht eine eigentliche Handänderungssteuer, sondern eine **Grundbuchabgabe** mit Gemengsteuercharakter von 5‰ der Kauf- oder Übernahmesumme erhoben (§ 8 Abs. 1 des Gesetzes vom 7.5.1980 über die Grundbuchabgaben [GBG AG]; SAR 725.100). Bei Handänderungen, die auf Umstrukturierungen von Unternehmen zurückzuführen sind, beträgt die als Gemengsteuer ausgestaltete Grundbuchabgabe **CHF 1 000** pro betroffenes Grundstück, höchstens jedoch CHF 20 000 pro Umstrukturierung (§ 22 Abs. 1 GBG AG). Somit wird bei einer Umstrukturierung nur auf den ersten 20 übertragenen Liegenschaften die Grundbuchabgabe erhoben (vgl. Botschaft des Regierungsrates des Kantons Aargau an den Grossen Rat vom 7.9.1998 betreffend Finanzpaket 98 [98.004 133], 22). Als Umstrukturierungen gelten Umwandlungen (§ 22 Abs. 2 lit. a GBG AG), Fusionen (§ 22 Abs. 2 lit. b GBG AG), Spaltungen (§ 22 Abs. 2 lit. c GBG AG), Fusionen und Spaltungen von Personalvorsorgestiftungen des gleichen Unternehmens oder der gleichen Unternehmensgruppe (§ 22 Abs. 2 lit. d GBG AG) sowie Handänderungen an Grundstücken im Eigentum von juristischen Personen, die wertmässig von der gleichen Person beherrscht werden, wenn diese Beherrschung seit mindestens einem Jahr besteht (§ 22 Abs. 2 lit. e GBG AG). Die Abgabe wird nur auf grundbuchlichen Vorgängen und somit nur bei zivilrechtlichen Handänderungen erhoben (vgl. § 1 GBG AG).

b) Appenzell-Ausserrhoden

84 Handänderungen an Grundstücken unterliegen im Kanton Appenzell-Ausserrhoden einer als Gemeindesteuer ausgestalteten **Handänderungssteuer** von in der Regel **2%** des Kauf- bzw. amtlichen Verkehrswertes (Art. 238 Abs. 1 Satz 1 i.V.m. Art. 236 des Steuergesetzes vom 21.5.2000 [StG AR]; bGS 621.11). Die Gemeinden können jedoch einen tieferen Steuersatz vorsehen (Art. 238 Abs. 1 Satz 2 StG AR). Handänderungen bei **Umstrukturierungen** im Sinne der Einkommens- beziehungsweise Gewinnsteuer (Art. 237 Abs. 1 lit. c i.V.m. Art. 22, Art. 72 StG AR) sowie bei Veräusserungen und Erwerb im Rahmen von **Ersatzbeschaffungen** (Art. 237 Abs. 2 lit. a und Art. 237 Abs. 3 lit. a StG AR) sind von der Handänderungssteuer **befreit**.

85 Für die Eintragung des Eigentumsübergangs an Grundstücken im Grundbuch wird eine **Grundbuchgebühr** von **1‰** erhoben, maximal jedoch **CHF 4 000** (Art. 12 Ziff. 8.1 lit. a des Gesetzes über die Gebühren der Gemeinden vom 26.2.2001; bGS 153.2).

c) Appenzell-Innerrhoden

86 Im Kanton Appenzell-Innerrhoden wird bei Handänderungen von Grundstücken eine **Handänderungssteuer** von **1%** des Kauf- bzw. Verkehrswertes erhoben (Art. 116

Abs. 1 i.V.m. Art. 117, Art. 119 Abs. 1 des Steuergesetzes vom 25.4.1999 [StG AI]; GS 611). Rechtsgeschäfte, die in Bezug auf die Verfügungsgewalt wie eine Handänderung wirken (wirtschaftliche Handänderungen), sind der zivilrechtlichen Handänderung an Grundstücken gleichgestellt (Art. 116 Abs. 2 lit. a StG AI). **Umstrukturierungen** im Sinne der Einkommens- beziehungsweise Gewinnsteuer sind von der Handänderungssteuer **befreit** (Art. 118 lit. f i.V.m. Art. 22, Art. 63 StG AI).

Die **Grundbuchgebühr** für die Eintragung einer Eigentumsänderung im Grundbuch beträgt **1‰** beziehungsweise sofern für die Handänderung keine öffentliche Beurkundung erforderlich ist **2‰** des Handänderungswertes (Rz 2728 der Verordnung über die Gebühren der kantonalen Verwaltung vom 26.3.2001; GS 157). 87

d) Basel-Stadt

Im Kanton Basel-Stadt wird eine **Handänderungssteuer** von **3%** des vereinbarten Entgelts, mindestens aber vom Steuerwert erhoben (§§ 1, 7 Abs. 1 des Gesetzes über die Handänderungssteuer [HÄStG BS] vom 26.6.1996; SG 650.100). Besteuert wird der Erwerb eines Grundstücks, wobei der Erwerb von Anteilsrechten an einer Immobiliengesellschaft (wirtschaftliche Handänderung) dem Erwerb eines Grundstücks gleichgestellt ist (§ 3 Abs. 3 lit. f HÄStG BS). Als Immobiliengesellschaft gilt eine juristische Person, deren Aktiven zu mindestens zwei Dritteln aus Grundstücken bestehen und deren Nettoertrag zu mindestens zwei Dritteln aus Grundstücken fliesst (§ 2 Abs. 2 Satz 2 HÄStG BS). **Umwandlungen** (§ 4 lit. f HÄStG BS), **Fusionen** (§ 4 lit. g HÄStG BS), **Spaltungen** (§ 4 lit. h HÄStG BS) sowie Fusionen und Spaltungen von Personalvorsorgestiftungen des gleichen Unternehmens oder der gleichen Unternehmensgruppe (§ 4 lit. i HÄStG BS) sind jedoch von der Handänderungssteuer **befreit**. 88

Für die Eintragung im Grundbuch wird eine **Grundbuchgebühr** von **1‰** des Verkehrswertes erhoben, welche bei Übergang durch Universalsukzession (z.B. Fusion und Umwandlung) auf **0.5‰** ermässigt wird (§ 51 Ziff. 2 lit. a der Verordnung zum Einführungsgesetz zum Schweizerischen Zivilgesetzbuch vom 9.12.1911 [Verordnung EG ZGB BS]; SG 211.110). Wird eine Umstrukturierung auf dem Wege der Singularsukzession durchgeführt (sog. *Asset deal*) wird der normale Satz von 1‰ angewandt. Bei einer Vermögensübertragung gemäss Art. 69 mit ihrer partiellen Universalsukzession sollte hingegen auch der ermässigte Satz zur Anwendung gelangen. Die Gebühr für die Eintragung beträgt höchstens **CHF 50 000** (§ 51 Ziff. 1 lit. a Satz 3 Verordnung EG ZGB BS). 89

e) Bern

Im Kanton Bern unterliegen Handänderungen an Grundstücken der **Handänderungssteuer** von **1.8%** des Kaufpreises (Art. 11 Abs. 1 des Gesetzes betreffend die Handänderungs- und Pfandrechtssteuern [HPG BE] vom 18.3.1992; BAG 215.326.2). Dem zivilrechtlichen Eigentumsübergang ist der Erwerb von Anteilsrechten an einer Immobiliengesellschaft gleichgestellt, wobei auch der Erwerb einer Minderheitsbeteiligung besteuert wird, sobald der Erwerber die Mehrheitsbeteiligung erreicht (Art. 5 Abs. 2 lit. b HPG BE). **Umwandlungen** (Art. 12 lit. h HPG BE), **Fusionen** (Art. 12 lit. i HPG BE), **Spaltungen** (Art. 12 lit. k HPG BE) sowie Fusionen oder Spaltungen von Personalvorsorgestiftungen des gleichen Unternehmens oder der gleichen Unternehmensgruppe (Art. 12 lit. l HPG BE) sind von der Handänderungssteuer **befreit**. 90

Die für die Eintragung der Eigentumsänderung erhobene **Grundbuchgebühr** beträgt **CHF 100** pro Grundstück (Anhang IV B, Ziff. 2.1.1 i.V.m. Art. 4 Abs. 2 der Verordnung über die Gebühren der Kantonsverwaltung vom 22.2.1995 [GebV BE]; BAG 154.21). 91

Für jedes weitere von einer Umstrukturierung betroffene Grundstück pro Bezirk wird nur noch eine Grundbuchgebühr von CHF 10 erhoben (sog. Blattzuschlag gemäss Anhang IV B, Ziff. 1.10 GebV BE).

f) Luzern

92   Im Kanton Luzern wird bei zivilrechtlichen und wirtschaftlichen Handänderungen von Grundstücken eine **Handänderungssteuer** von **1.5%** des Handänderungswerts erhoben (§ 6 des Gesetzes über die Handänderungssteuer vom 28.6.1983 [HÄStG LU]; SRL 645). Eine **Befreiung** von der Handänderungssteuer wird bei der **Umwandlung** von Einzelfirmen, Personengesellschaften oder juristischen Personen ohne wesentliche Änderung der Anteilsrechte der Beteiligten (§ 3 Ziff. 5 lit. a HÄStG LU), beim **Unternehmenszusammenschluss** durch Übertragung sämtlicher Aktiven und Passiven auf ein Personenunternehmen oder auf eine juristische Person (§ 3 Ziff. 5 lit. b HÄStG LU) sowie bei der **Unternehmensaufteilung** durch Übertragung von in sich geschlossenen und selbständigen Betriebsteilen auf Personenunternehmungen oder auf juristische Personen, wenn die übernommenen Geschäftsbetriebe unverändert weitergeführt werden, gewährt (§ 3 Ziff. 5 lit. c HÄStG LU).

93   Für die Eintragung von Eigentumsänderungen an Grundstücken wird eine **Grundbuchgebühr** von **2‰** der Vertragssumme beziehungsweise eines allfällig höheren Katasterwerts erhoben (§ 2 Ziff. 1 der Verordnung über die Grundbuchgebühren vom 17.3.1992; SRL 228). Der Gemengsteuercharakter dieser Grundbuchabgabe ist in § 23 Abs. 2 des Grundbuch-Gesetzes vom 14.7.1930 [SRL 225] explizit festgehalten (vgl. OGer LU 11.11.1999, LGVE 2000 I, 26, 27).

g) Nidwalden

94   Im Kanton Nidwalden wird eine **Handänderungssteuer** von **1%** des Kaufpreises beziehungsweise des Steuerwertes erhoben (Art. 140 des Steuergesetzes vom 22.3.2000 [StG NW]; NG 521.1). Die wirtschaftliche Handänderung unterliegt ebenfalls der Handänderungssteuer, wobei bereits die Handänderung einer Kapitalgesellschaft oder Genossenschaft, deren Aktiven überwiegend in Immobilien bestehen, erfasst wird (Art. 136 Abs. 2 Ziff. 1 lit. b StG NW). **Umwandlungen**, **Fusionen** und **Spaltungen** werden von der Handänderungssteuer **befreit** (Art. 139 Ziff. 5 StG NW). Umwandlungen, Fusionen und Spaltungen müssen *im Rahmen* von Umstrukturierungen gemäss Art. 22 und Art. 80 StG NW (Umstrukturierungstatbestände der Einkommens- und Gewinnsteuer) erfolgen. Zusätzlich muss bei einer Umwandlung einer Personengesellschaft in eine Kapitalgesellschaft oder Genossenschaft der Geschäftsbetrieb unverändert weiter geführt werden, und die Beteiligungsverhältnisse müssen grundsätzlich gleich bleiben (Art. 139 Ziff. 5 lit. a StG NW) und bei einer Spaltung müssen in sich geschlossene Teilbetriebe unverändert weiter geführt werden (Art. 139 Ziff. 5 lit. b StG NW).

95   Die **Grundbuchgebühr** für die Eintragung einer Eigentumsänderung beträgt **1‰** der Vertragssumme bis CHF 3 000 000 sowie **0.5‰** vom Mehrbetrag über CHF 3 000 000, maximal jedoch **CHF 8 000** (Nr. 1 des Anhangs zur Vollzugsverordnung über die Grundbuchgebühren vom 4.12.2001; NG 214.12).

h) Obwalden

96   Im Kanton Obwalden unterliegen Handänderungen an Grundstücken einer **Handänderungssteuer** von **1.5%** des Kaufpreises (Art. 162 i.V.m. Art. 160 Satz 1 des Steuergesetzes vom 30.10.1994 [StG OW]; GS 641.4). Dies gilt auch für wirtschaftliche Hand-

änderungen (Art. 157 Abs. 2 lit. a StG OW). **Umwandlungen** (Art. 159 Abs. 1 lit. f StG OW), **Fusionen** (Art. 159 Abs. 1 lit. g StG OW) und **Spaltungen** (Art. 159 Abs. 1 lit. h StG OW) sind von der Handänderungssteuer **befreit**.

Für die Eintragung von Eigentumsänderungen im Grundbuch wird eine **Grundbuchgebühr** von **1.5‰** (bis CHF 1 000 000) sowie **1‰** vom Mehrbetrag über CHF 1 000 000 erhoben (Art. 12 Abs. 1 der Verordnung über die Beurkundungs-, Grundbuch und Schätzungsgebühren vom 29.2.1980 [Beurkundungs-, Grundbuch und Schätzungsgebührenverordnung OW]; GS 213.61). Bemessungsgrundlage der Gebühr ist der vereinbarte Übertragungswert; ist der Steuerwert höher als der Übertragungswert, so wird auf diesen abgestellt (Art. 12 Abs. 2 Beurkundungs-, Grundbuch und Schätzungsgebührenverordnung OW).

i) St. Gallen

Im Kanton St. Gallen wird eine **Handänderungssteuer** von **1%** des Kaufpreises erhoben (Art. 245 i.V.m. 243 des Steuergesetzes vom 9.4.1998 [StG SG]; sGS 811.1). **Umwandlungen**, **Fusionen** und **Spaltungen** im Sinne der Einkommens- und Gewinnsteuern sind von der Handänderungssteuer **befreit** (Art. 244 lit. f i.V.m. Art. 32, Art. 88 StG SG). Da die Handänderungssteuer als Gemeindesteuer ausgestaltet ist, sind die politischen Gemeinden für die Zusicherung der Steuerbefreiung zuständig (Art. 228 ff. StG SG). Sind mehrere Gemeinden im Kanton St. Gallen von einer Umstrukturierung betroffen, empfiehlt es sich in der Praxis häufig, zuerst einen Vorbescheid beim Kantonalen Steueramt einzuholen.

Für die Eintragung im Grundbuch wird eine **Grundbuchgebühr** von **2‰** des Erwerbspreises bis CHF 3 000 000 zuzüglich 0.5‰ des darüberliegenden Erwerbspreises erhoben, maximal jedoch CHF 12 500 (Nr. 10.01 des Gebührentarifs für die Grundbuchämter und für die Durchführung der Grundstückschätzung vom 3.2.1998 [GebT SG]; sGS 914.5). Bei einer Fusion beträgt die Grundbuchgebühr **1‰**, maximal jedoch **CHF 5 000** (Nr. 10.03.02 GebT SG).

j) Solothurn

Im Kanton Solothurn wird bei Handänderungen an Grundstücken eine **Handänderungssteuer** von **2.2%** des Verkehrswerts des Grundstücks im Zeitpunkt der Handänderung erhoben (§§ 210, 212 des Steuergesetzes vom 1.12.1985 [StG SO]; BGS 614.11). Die Steuer wird auch bei der Übertragung von Beteiligungsrechten an Immobiliengesellschaften erhoben (§ 206 Abs. 1 lit. d StG SO). **Umwandlungen**, **Fusionen** und **Spaltungen** im Sinne der Einkommens- und Gewinnsteuern sind von der Handänderungssteuer **befreit** (§ 207 lit. d i.V.m. §§ 25, 50 Abs. 1 lit. g und 94 StG SO).

Für die Eintragung einer zivilrechtlichen Handänderung im Grundbuch wird eine **Grundbuchgebühr** erhoben, welche bei einem **Kauf-, Tausch- und Schenkungsvertrag** CHF 100 bis maximal CHF 10 000 beträgt (vgl. § 141 Abs. 1 des Gebührentarifs vom 24.10.1979 [GebT SO]; BGS 615.11). Innerhalb des Gebührenrahmens ist die Grundbuchgebühr nach dem **Zeit- und Arbeitsaufwand**, nach der Bedeutung des Geschäftes, nach dem Interesse an der Verrichtung sowie nach der wirtschaftlichen Leistungsfähigkeit zu bemessen (§ 3 Abs. 1 GebT SO). Der Regierungsrat kann jedoch anordnen, dass für bestimmte Geschäfte in der Verwaltung eine nach dem Zeit- und Arbeitsaufwand bemessene Grundgebühr erhoben und der Bedeutung des Geschäftes, dem Interesse an der Verrichtung sowie der wirtschaftlichen Leistungsfähigkeit des Gebührenpflichtigen durch Zuschläge oder Abzüge Rechnung getragen wird (§ 3 Abs. 2 lit. b GebT SO).

102 Gestützt auf diese Norm hat der Regierungsrat des Kantons Solothurn die Weisung über den Vollzug des Gebührentarifs vom 29.6.1993 erlassen, gemäss welcher die nach Zeitaufwand berechnete Grundgebühr einer Grundbucheintragung bei einem Kauf-, Tausch- und Schenkungsvertrag **um 2‰ erhöht** wird, soweit der Grundstückswert CHF 100 000 übersteigt (§ 7 Abs. 1 lit. c Weisung GebT SO). Dieser Zuschlag darf aber das Doppelte der nach dem Zeit- und Arbeitsaufwand bemessenen Grundgebühr in der Regel nicht überschreiten (§ 7 Abs. 2 Satz 1 Weisung GebT SO). Ist der Grundstückwert aber höher als CHF 10 Mio., so kann er das Dreifache der Grundgebühr betragen (§ 7 Abs. 2 Satz 2 Weisung GebT SO). Die erhobene Grundbuchgebühr muss sich jedoch im Gebührenrahmen von § 141 Abs. 1 des GebT SO bewegen, wobei zu beachten ist, dass der Gebührenrahmen in besonders umfangreichen und zeitraubenden Fällen und in Geschäften mit sehr hohem Streitwert bis zum Anderthalbfachen des Maximalansatzes (d.h. bis **CHF 15 000**) erweitert werden kann (§ 3 Abs. 3 GebT SO).

103 Mangels expliziter Erwähnung im Gebührentarif sind Grundbucheintragungen im Rahmen von **Umstrukturierungen** unter die Generalklausel von § 150 des GebT SO zu subsumieren, welche einen Gebührenrahmen von CHF 100 bis CHF 2 000 (bzw. bei Geschäften im Sinne von § 3 Abs. 3 des GebT SO **bis CHF 3 000**) vorsieht und nur **nach Zeit- und Arbeitsaufwand** abgerechnet werden kann (§ 7 Abs. 1 Weisung GebT SO e contrario). Die Verfassungsmässigkeit des GebT SO wurde vom Bundesgericht eingehend geprüft (vgl. BGE 126 I 180, 182 ff. = ASA 70 [2001/2002], 242, 243 ff. = ZBGR 2001, 108, 109 ff.).

k) Thurgau

104 Im Kanton Thurgau wird eine **Handänderungssteuer** von **1%** des Veräusserungspreises erhoben (§ 140 Ziff. 2 des Steuergesetzes vom 14.9.1992 [StG TG]; RB 640.1). Diese wird auch bei wirtschaftlichen Handänderungen erhoben (§ 127 Abs. 2 Ziff. 1 StG TG). **Umwandlungen**, **Fusionen** und **Spaltungen** im Sinne der Grundstückgewinnsteuer sind von der Handänderungssteuer **befreit** (§§ 138, 129 Ziff. 3–5 StG TG).

105 Die **Grundbuchgebühr** von **4‰** (Höchstbetrag: **CHF 20 000**; § 14 Abs. 2 Ziff. 1 des Gesetzes über die Gebühren und Gemengsteuern der Grundbuchämter und Notariate vom 20.11.1996; RB 632.1) wird bei der **Umwandlung** der Rechtsform von juristischen Personen auf **0.5‰** (Höchstbetrag: **CHF 1 000**) gesenkt (§ 14 Abs. 2 Ziff. 2a des Gesetzes über die Gebühren und Gemengsteuern der Grundbuchämter und Notariate). Bei Fusionen und Spaltungen wird jedoch der ordentliche Satz von 4‰ erhoben.

l) Zürich

106 Im Kanton Zürich wird bislang auf zivilrechtlichen und wirtschaftlichen Handänderungen von Grundstücken bei einer Besitzdauer von über zehn Jahren eine **Handänderungssteuer** von **1%**, ansonsten von **1.5%** des Kaufpreises erhoben (§§ 230, 231 des Steuergesetzes vom 8.6.1997 [StG ZH]; LS 631.1). **Umwandlungen** (§ 229 Abs. 1 lit. d StG ZH), **Fusionen** (§ 229 Abs. 1 lit. e StG ZH) und **Spaltungen** (§ 229 Abs. 1 lit. f StG ZH) sind von der Handänderungssteuer **befreit**. Bei der Handänderungssteuer handelt es sich – wie auch bei der Grundstückgewinnsteuer – um eine reine Gemeindesteuer (§ 205 StG ZH). Erhebung und demzufolge auch Zusicherung der Steuerbefreiung obliegen den einzelnen politischen Gemeinden. In der Stadt Zürich wird die Steuerbefreiung von der Kommission für Grundsteuern auf Antrag des Steueramtes der Stadt Zürich,

Abteilung Grundsteuern, gewährt. Per **1.1.2005** wird die Handänderungssteuer im Kanton Zürich aufgrund eines Plebiszits vom 30.11.2003 **vollständig abgeschafft** beziehungsweise werden die §§ 227–233 StG ZH aufgehoben.

Eine Erleichterung für Umstrukturierungen bei den **Grundbuchgebühren** von **2.5‰** ist zur Zeit nicht vorgesehen (§ 25 des Gesetzes über das Notariatswesen vom 9.6.1985 [LS 242] i.V.m. § 1 A 2.2.1 der Verordnung über die Notariats- und Grundbuchgebühren vom 2.11.1988; OS 243). Dass den Zürcher Grundbuchgebühren Gemengsteuercharakter zukommt, wurde vom Verwaltungsgericht des Kantons Zürich in einem neueren Entscheid ausdrücklich festgestellt (VGer ZH 23.8.2001, RB 2001, Nr. 40 f. = ZBGR 83, 347, 350). **107**

5. *Kanton ohne Handänderungssteuer: Uri*

Im Kanton Uri wird eine progressiv ausgestaltete **Grundbuchgebühr** von **1–2‰** (Maximalsatz ab CHF 100 000) erhoben (Art. 1 Ziff. 10 des Gebührentarifs für das Grundbuchamt gemäss Landratsbeschluss vom 31.10.1949; RB 9.3411). Ist der Schuldner der Grundbuchgebühr bedürftig oder liegen andere wichtige Gründe vor, kann die Grundbuchgebühr auf schriftliches Gesuch hin von der zuständigen Direktion oder, sofern der zu erlassende Betrag CHF 2 000 übersteigt, vom Regierungsrat ganz oder teilweise erlassen werden (Art. 17 Abs. 1 der Gebührenverordnung vom 30.6.1982; RB 3.2512). Die Gebühr wird nur bei zivilrechtlichen Handänderungen erhoben. **108**

6. *Graubünden: Kommunale Hoheit*

Im Kanton Graubünden ist die Erhebung und Ausgestaltung der Handänderungssteuer **Sache der Gemeinden** (vgl. Art. 43 Abs. 2 des Gemeindegesetzes des Kantons Graubünden vom 28.4.1974; 175.050). Während einige Gemeinden umfassende Umstrukturierungstatbestände kennen, befreien gewisse Gemeinden nur bei Umwandlungen. Es gibt jedoch auch zahlreiche Gemeinden, welche keine Befreiungstatbestände von der Handänderungssteuer bei Umstrukturierungen kennen. Nachfolgend werden die Regelungen einiger wichtiger Bündner Gemeinden exemplarisch dargestellt: **109**

In der Gemeinde **Arosa** werden Handänderungen infolge Umwandlungen von Einzelfirmen, Personengesellschaften oder juristischen Personen ohne wertmässige Änderung der Anteilsrechte der Beteiligten von der Handänderungssteuer befreit (Art. 18 lit. e des Steuergesetzes der Gemeinde Arosa vom 19.12.1991 [StG Arosa]). Bei anderen Umstrukturierungen ist hingegen die Handänderungssteuer von **2%** des Verkehrswerts geschuldet (Art. 21 StG Arosa). **110**

Die Stadt **Chur** erhebt eine Handänderungssteuer von 1.5% vom Verkehrswert des übertragenen Grundstücks (Art. 16 Abs. 1 des Steuergesetzes der Stadt Chur vom 21.6.1991 [StG Chur]). Handänderungen infolge Umwandlung (Art. 13 lit. h StG Chur), Fusion (Art. 13 lit. i StG Chur) beziehungsweise Spaltung (Art. 13 lit. k StG Chur) sind hingegen von der Steuer **befreit**. **111**

In der Gemeinde **Davos** wird je nach Besitzdauer eine Handänderungssteuer von **1–2%** des Verkehrswerts erhoben (Art. 19 des Steuergesetzes der Landschaft Davos vom 25.6.1989 [StG Davos]). Ein eigentlicher Befreiungstatbestand für Umstrukturierungen ist nicht vorgesehen. Jedoch gilt die Übertragung eines Grundstückes an eine juristische Person oder Personengesellschaft dann nicht als Handänderung, wenn der Erwerber mit dem Veräusserer völlig identisch ist sowie der umgekehrte Vorgang (Art. 15 Abs. 4 lit. b StG Davos). **112**

113 In der Gemeinde **Domat-Ems** werden Handänderungen bei Umwandlungen, Fusionen und Spaltungen von der Handänderungssteuer von 1% **befreit** (Art. 27 lit. g, h und i des Steuergesetzes der Gemeinde Domat-Ems vom 10.6.2001).

114 In der Gemeinde **Falera** wird auf zivilrechtlichen und wirtschaftlichen Handänderungen von Grundstücken eine Handänderungssteuer *(taglia sin midada da maun)* von **2%** des Verkehrswerts erhoben (Art. 18 i.V.m. Art. 13 f. der Lescha da taglia dalla vischnaunca da Falera vom 7.7.1978). Eine Befreiung bei Umstrukturierungen ist im geltenden Recht nicht vorgesehen.

115 In der Gemeinde **Flims** wird eine Handänderungssteuer von **2%** des Verkehrswerts erhoben (Art. 21 lit. e des Steuergesetzes der Gemeinde Flims vom 23.7.1961). Eine Befreiung bei Umstrukturierungen ist im geltenden Recht nicht vorgesehen.

116 In der Gemeinde **Klosters-Serneus** wird eine Handänderungssteuer von **2%** des Verkehrswerts des übertragenen Grundstücks erhoben (Art. 19 des Steuergesetzes der Gemeinde Klosters-Serneus vom 2.12.1979). Ein Befreiungstatbestand bei Umstrukturierungen ist im geltenden Recht nicht vorgesehen.

117 In der Gemeinde **Samedan** wird eine Handänderungssteuer von 2% des Verkehrswerts des übertragenen Grundstücks erhoben (Art. 17 des Steuergesetzes der Gemeinde Samedan vom 26.4.2001 [StG Samedan]). Handänderungen bei Einbringung eines Grundstückes in eine Unternehmung, bei Änderung der Rechtsform der Unternehmung, bei Unternehmenszusammenschluss sowie bei Aufteilung einer Unternehmung sind jedoch von der Steuer **befreit** (Art. 14 lit. g StG Samedan).

118 Im Handänderungssteuergesetz der Gemeinde **St. Moritz** vom 3.3.1992 ist eine **Befreiung** von der Handänderungssteuer von 2% bei Umwandlungen von Einzelfirmen, Personengesellschaften oder juristischen Personen ohne wertmässige Änderung der Anteilsrechte der Beteiligten (Art. 3 lit. g HÄStG St. Moritz), Unternehmenszusammenschlüssen durch Übertragung sämtlicher Aktiven und Passiven auf eine Personenunternehmung oder eine juristische Person (Art. 3 lit. h HÄStG St. Moritz) sowie bei Unternehmensaufteilungen durch Übertragung von in sich geschlossenen und selbständigen Betriebsteilen vorgesehen.

119 Kantonal geregelt ist hingegen die Erhebung der Grundbuchgebühren. Für die Eintragung einer Eigentumsübertragung wird eine **Grundbuchgebühr** von **1‰**, maximal **CHF 15 000** erhoben (Art. 13 lit. a der Verordnung über die Gebühren der Grundbuchämter vom 5.12.2000 [GBGebV GR]; 217.200). Dieser Satz gilt explizit auch für die Eintragung eines Eigentumsverhältnisses nach dem Grundsatz der Gesamtrechtsnachfolge, wie Fusion oder Umwandlung von Kapitalgesellschaften (Art. 13 lit. d GBGebV GR).

Dritter Abschnitt: Anmeldung beim Grundbuchamt

Art. 104

¹ Der übernehmende Rechtsträger oder, im Falle der Umwandlung, der Rechtsträger, der seine Rechtsform ändert, muss alle Änderungen, die sich für das Grundbuch aus der Fusion, der Spaltung oder der Umwandlung ergeben, innert dreier Monate vom Eintritt der Rechtswirksamkeit an beim Grundbuchamt anmelden, sofern nicht die kürzere Frist nach Absatz 2 gilt.

3. Abschnitt: Anmeldung beim Grundbuchamt **Art. 104**

² Der übernehmende Rechtsträger muss den Übergang des Eigentums an einem Grundstück umgehend nach Eintritt der Rechtswirksamkeit beim Grundbuchamt anmelden, wenn:

a. bei einer Fusion von Vereinen oder von Stiftungen der übertragende Rechtsträger nicht im Handelsregister eingetragen ist;

b. das Grundstück durch Abspaltung auf ihn übergegangen ist;

c. das Grundstück durch Vermögensübertragung auf ihn übergegangen ist.

³ In den Fällen nach Absatz 2 Buchstaben a und b bedarf es als Ausweis für die Eigentumsübertragung für das Grundbuch einer öffentlichen Urkunde über die Tatsache, dass das Eigentum an den Grundstücken auf den übernehmenden Rechtsträger übergegangen ist.

⁴ Die Urkundsperson, welche eine Feststellungsurkunde nach Absatz 3 oder eine öffentliche Urkunde nach Artikel 70 Absatz 2 errichtet, ist namens des übernehmenden Rechtsträgers zur Anmeldung bei den Grundbuchämtern befugt.

¹ Le sujet reprenant ou, en cas de transformation, le sujet qui change de forme juridique doit, pour autant que le délai abrégé prévu à l'al. 2 ne s'applique pas, requérir, auprès de l'office du registre foncier, l'inscription de l'ensemble des modifications qui résultent de la fusion, de la scission ou de la transformation dans le délai de trois mois à compter de la date à laquelle ces opérations déploient leurs effets.

² Le sujet reprenant requiert, auprès de l'office du registre foncier l'inscription du transfert de propriété d'un immeuble immédiatement après la date à laquelle l'opération déploie ses effets si:

a. en cas de fusion d'associations ou de fondations, le sujet transférant n'est pas inscrit au registre du commerce;

b. l'immeuble lui a été transféré par séparation;

c. l'immeuble lui a été transféré par transfert de patrimoine.

³ Dans les cas prévus à l'al. 2, let. a et b, le transfert de la propriété des immeubles au sujet reprenant est constaté dans un acte authentique en tant que légitimation du transfert de propriété.

⁴ L'officier public qui dresse un acte authentique de constatation au sens de l'al. 3 ou un acte authentique au sens de l'art. 70, al. 2, est habilité à requérir les modifications auprès des offices du registre foncier au nom du sujet reprenant.

¹ Se non è applicabile il termine abbreviato di cui al capoverso 2, il soggetto giuridico assuntore o, in caso di trasformazione, il soggetto giuridico che cambia forma giuridica chiede all'ufficio del registro fondiario, entro tre mesi dalla data in cui la fusione, scissione o trasformazione acquisisce validità giuridica, l'iscrizione di tutte le modifiche derivanti da tali operazioni.

² Il soggetto giuridico assuntore chiede all'ufficio del registro fondiario l'iscrizione del trapasso di proprietà di un fondo non appena l'operazione acquisisce validità giuridica se:

a. in caso di fusione di associazioni o di fondazioni, il soggetto giuridico trasferente non è iscritto nel registro di commercio;

b. il fondo gli è stato trasferito mediante separazione;

c. il fondo gli è stato trasferito mediante trasferimento di patrimonio.

³ Nei casi di cui al capoverso 2 lettere a e b il trapasso di proprietà dei fondi al soggetto giuridico assuntore va accertato, quale legittimazione del trapasso, mediante atto pubblico.

⁴ Il pubblico ufficiale che procede alla stesura dell'atto pubblico di accertamento secondo il capoverso 3 o dell'atto pubblico secondo l'articolo 70 capoverso 2 è autorizzato a chiedere agli uffici del registro fondiario, per conto del soggetto giuridico assuntore, l'iscrizione delle modifiche.

Art. 104 1–3

Literatur

C. BRÜCKNER, Schweizerisches Beurkundungsrecht, Zürich 1993; M. KÜNG, Die Behandlung von Fusion und Umwandlung im Grundbuch, ZBGR 1996, 145 ff.; R. PFÄFFLI, Fusionsgesetz und Grundbuchführung, BN 2004, 236 ff.; P. RUF, Notariatsrecht, Langenthal 1995; B.V. SCHEGG, Grundbuchanmeldung und Prüfungspflicht des Grundbuchverwalters im Eintragungsverfahren, Diss. Zürich 1997.

I. Ausgangslage und Normzweck

1 Bei der Fusion (Art. 22), der Spaltung (Art. 52) und der Vermögensübertragung (Art. 73 Abs. 2) gehen die übertragenen Vermögenswerte mit der Eintragung der Umstrukturierung ins Handelsregister kraft *(partieller) Universalsukzession* auf den übernehmenden Rechtsträger über (vgl. Art. 22 N 6 ff. für die Fusion, Art. 52 N 2 ff. für die Spaltung und Art. 73 N 13 ff. für die Vermögensübertragung). Der **Übergang von dinglichen Rechten an Grundstücken** erfolgt in diesen Fällen *ausserbuchlich*, d.h. **unabhängig vom Eintrag ins Grundbuch** (Art. 656 Abs. 2 1. Hs. ZGB; Art. 963 Abs. 2 ZGB). Zu beachten ist allerdings, dass der übernehmende Rechtsträger erst *nach erfolgter Eintragung* im Grundbuch über die übertragenen dinglichen Rechte *verfügen* kann (Art. 656 Abs. 2 2. Hs. ZGB und Art. 965 Abs. 2 ZGB; sog. relatives Eintragungsprinzip, vgl. BSK ZGB II-LAIM, Art. 656 N 36). Zudem ist der übertragende Rechtsträger (sofern er aufgrund der Umstrukturierung nicht aufgelöst wird, vgl. N 6) vor dem Grundbucheintrag des übernehmenden Rechtsträgers formell immer noch in der Lage, über die übertragenen dinglichen Rechte zu verfügen, obwohl ihm materiell keine Verfügungsberechtigung mehr zusteht (Art. 963 Abs. 1 ZGB und Art. 965 Abs. 2 ZGB). Er kann somit Dritten trotz fehlender Verfügungsberechtigung noch dingliche Rechte übertragen, falls diese gutgläubig sind (Art. 973 Abs. 1 ZGB). Schliesslich kann der übernehmende Rechtsträger vor dem Grundbucheintrag weder die infolge der Eintragung bestehenden Vermutungen noch die auf den Eintrag gestützten Klagen geltend machen (Art. 9 ZGB und Art. 937 Abs. 1 ZGB; Botschaft, 4486). Die obgenannten Gründe machen es notwendig, dass der ausserbuchliche Übergang von dinglichen Rechten an Grundstücken *möglichst rasch* im Grundbuch nachvollzogen wird.

2 Im Gegensatz zu den Fällen der Fusion, der Spaltung und der Vermögensübertragung (N 1) findet bei der *Umwandlung* grundsätzlich (vgl. zum Sonderfall der übertragenden Umwandlung Art. 53 N 9 und Handkommentar FusG-RIMLE, Vorbem. zu Art. 53–68, N 9) *kein Rechtsübergang* statt (Art. 53). Vielmehr existiert der bisherige Rechtsträger in neuem Rechtskleid weiter, wobei die mitgliedschaftlichen und vermögensrechtlichen Verhältnisse trotz Änderung des Rechtskleides bestehen bleiben (Botschaft, 4446, 4458). Wie in den obgenannten Fällen (N 1) kann der umgewandelte Rechtsträger allerdings erst *nach* erfolgter Eintragung der geänderten Rechtsform in das Grundbuch über seine dinglichen Rechte an Grundstücken verfügen (vgl. Art. 965 Abs. 2 ZGB; Art. 61 GBV i.V.m. Art. 31 GBV; BSK ZGB II-LAIM, Art. 656 N 36, 72; vgl. auch KÜNG, 159).

3 Der *Zweck* von Art. 104 besteht darin, die **Angleichung des Grundbuches an die Rechtswirklichkeit** sicherzustellen. Damit wird die Richtigkeit und Verlässlichkeit des Grundbuches als öffentliches Register gewährleistet und die Rechtssicherheit garantiert (Botschaft, 4486; Begleitbericht zum Vorentwurf, 67; ZK-WEIBEL, N 2 f.). Dies soll mit der Verpflichtung des übernehmenden bzw. umgewandelten Rechtsträgers erreicht werden, die zur (formellen) Anpassung des Grundbuchs an den ausserbuchlichen Rechtsübergang bzw. an den Rechtsformwechsel erforderliche Anmeldung beim Grundbuchamt vorzunehmen (Handkommentar FusG-KOSLAR, N 1).

II. Bisheriges Recht und Normgeschichte

Bereits nach bisherigem Recht folgten gewisse Umstrukturierungstatbestände wie insbesondere die Fusion dem Prinzip der Universalsukzession (FORSTMOSER/MEIER-HAYOZ/NOBEL, § 57 N 150 ff.; vgl. auch BSK ZGB II-LAIM, Art. 656 N 64 ff.). Entsprechend gingen bei der Fusion dingliche Rechte an Grundstücken wie im geltenden Recht (Art. 22 Abs. 1) unabhängig von der Eintragung im Grundbuch auf den übernehmenden Rechtsträger über. Der übernehmende Rechtsträger konnte jedoch auch nach altem Recht erst über die übertragenen dinglichen Rechte verfügen, wenn die Eintragung im Grundbuch erfolgt war (vgl. Art. 656 Abs. 2 ZGB). Im Unterschied zum geltenden Recht (Art. 104) sah das bisherige Recht allerdings *keine Frist* vor, innert der der übernehmende Rechtsträger die Grundbuchanmeldung hätte vornehmen müssen.

Der Vorentwurf umfasste in Art. 90 VE FusG lediglich einen Absatz, der inhaltlich im Wesentlichen mit dem geltenden Art. 104 Abs. 1 übereinstimmt. Die Botschaft modifizierte in Art. 103 Abs. 1 E FusG den Text von Art. 90 VE FusG in sprachlicher Hinsicht leicht und fügte mit Art. 103 Abs. 2 und 3 E FusG zwei weitere Absätze hinzu. Art. 103 Abs. 2 E FusG, der inhaltlich dem geltenden Art. 104 Abs. 2 entspricht, sah in bestimmten Fällen eine Pflicht zur *umgehenden* Anmeldung beim Grundbuchamt vor. Art. 103 Abs. 3 E FusG statuierte für die Fälle von Art. 103 Abs. 2 FusG eine Pflicht zur Einholung einer öffentlichen Urkunde über die Tatsache des Eigentumsübergangs. Von Art. 103 Abs. 3 E FusG abweichend beschränkte der Gesetzgeber im geltenden Art. 104 Abs. 3 die Pflicht zur Einholung einer öffentlichen Urkunde auf die Fälle der Fusion von Vereinen oder Stiftungen (Art. 104 Abs. 2 lit. a) sowie der Abspaltung (Art. 104 Abs. 2 lit. b). Für den Fall der Vermögensübertragung verzichtete der Gesetzgeber auf die Einführung einer entsprechenden Pflicht, führte aber im Gegenzug mit Art. 70 Abs. 2 Sätze 2–4 eine Pflicht zur öffentlichen Beurkundung desjenigen Teils des Übertragungsvertrages ein, der sich mit den übertragenen Grundstücken befasst (vgl. Art. 70 N 1). Im Weiteren erliess der Gesetzgeber einen im Vergleich zu Art. 103 E FusG komplett neuen Art. 104 Abs. 4, welcher der Urkundsperson die Befugnis erteilt, namens des übernehmenden Rechtsträgers die Anmeldung bei den Grundbuchämtern vorzunehmen.

III. Anmeldung beim Grundbuchamt innert dreier Monate (Abs. 1)

1. Normadressaten

Nach Abs. 1 obliegt dem **übernehmenden Rechtsträger** die Pflicht zur Anmeldung beim Grundbuchamt in den Fällen der *Fusion* und der *Aufspaltung* (vgl. für die Abspaltung und die Vermögensübertragung Abs. 2 lit. b und c und dazu N 15 ff.). Im Spezialfall der *Fusion* von *Vereinen* oder *Stiftungen* ist Abs. 1 anwendbar, sofern beide oder aber zumindest der übertragende Rechtsträger im Handelsregister eingetragen sind (Abs. 2 lit. a e contrario). Die Anmeldepflicht besteht einzig für den übernehmenden Rechtsträger (Art. 963 Abs. 2 ZGB; BSK ZGB II-SCHMID, Art. 963 N 30b m.w.Nw.); eine Erklärung des übertragenden Rechtsträgers ist weder erforderlich noch möglich, wird dieser doch mit der Eintragung der Fusion bzw. Aufspaltung im Handelsregister gelöscht (Art. 21 Abs. 3, 51 Abs. 3). Im Falle der *Umwandlung* ist nach Abs. 1 **derjenige Rechtsträger** zur Anmeldung beim Grundbuchamt verpflichtet, **der seine Rechtsform geändert hat**. Die Pflicht zur Anmeldung kommt **in- wie ausländischen Rechtsträgern** zu, wobei bei Letzteren vorfrageweise insbesondere Art. 164b IPRG zu beachten ist (vgl. Komm. zu Art. 164b IPRG; Handkommentar FusG-KOSLAR, N 3).

2. Gegenstand der Anmeldepflicht

7 Gegenstand der Anmeldepflicht sind gemäss Abs. 1 **alle grundbuchrelevanten Änderungen**, die sich aus der *Fusion, Aufspaltung* (vgl. zur Abspaltung Abs. 2 lit. b und dazu N 15 ff.) oder *Umwandlung* ergeben. In den Fällen der Fusion und der Aufspaltung ist etwa der Übergang des Eigentums, von beschränkten dinglichen und von im Grundbuch vorgemerkten persönlichen Rechten beim Grundbuchamt anzumelden (vgl. auch PFÄFFLI, 239). Im Falle der *Umwandlung* hat der Rechtsträger, der seine Rechtsform geändert hat, den Rechtsformwechsel beim Grundbuchamt zur Änderung anzumelden (vgl. Art. 61 GBV i.V.m. Art. 31 GBV). Zu beachten ist, dass von der Pflicht zur Anmeldung beim Grundbuchamt lediglich Änderungen erfasst werden, die **in der Schweiz belegene Grundstücke** betreffen, denn nur sie werden vom schweizerischen Grundbuchrecht erfasst (ZK-WEIBEL, N 4; Handkommentar FusG-KOSLAR, N 3; vgl. auch Art. 1a GBV).

3. Anmeldefrist

8 Gemäss Abs. 1 müssen die zur Anmeldung verpflichteten Rechtsträger (N 6) die erforderliche Anmeldung **innert dreier Monate,** gerechnet vom Eintritt der Rechtswirksamkeit der Umstrukturierung an, beim Grundbuchamt anmelden (ZK-WEIBEL, N 9). Vorbehalten bleibt die kürzere Frist nach Abs. 2 (vgl. dazu N 15 ff.). Die Dreimonatsfrist beginnt, unter Vorbehalt der Genehmigung durch das Eidgenössische Amt für das Handelsregister (Art. 115 HRegV), mit dem Tagebucheintrag ins Handelsregister zu laufen (vgl. Art. 932 Abs. 1 OR i.V.m. Art. 22 Abs. 1, Art. 52 und Art. 67 FusG; Art. 114 f. HRegV).

4. Erforderliche Belege

9 Art. 18a GBV umschreibt die Belege, die dem Grundbuchamt für den Nachweis des Eigentumsübergangs (oder des Übergangs anderer grundbuchrelevanter Rechte, vgl. N 10) vorzulegen sind. Bei der *Fusion* wird der Ausweis über den Eigentumsübergang in den Fällen, in denen der übernehmende Rechtsträger im Handelsregister eingetragen ist, durch einen beglaubigten Handelsregisterauszug des übernehmenden Rechtsträgers erbracht (Art. 18a Abs. 1 lit. a GBV). Vgl. für den Spezialfall der Fusion von Vereinen und Stiftungen, wenn der übertragende oder der übernehmende (oder beide) Rechtsträger nicht im Handelsregister eingetragen ist, Art. 18a Abs. 1 lit. b GBV und dazu N 19. Bei der *Aufspaltung* besteht der Ausweis für den Eigentumsübergang gemäss Art. 18a Abs. 1 lit. c GBV in einem beglaubigten Handelsregisterauszug des die Grundstücke übernehmenden Rechtsträgers und einem beglaubigten Auszug aus dem im Spaltungsvertrag oder Spaltungsplan enthaltenen Inventar über die Zuordnung der Grundstücke. Im Falle von *Umwandlungen* wird der Ausweis für die Änderung der Rechtsform durch einen beglaubigten Handelsregisterauszug des umgewandelten Rechtsträgers erbracht (Art. 18a Abs. 2 GBV).

10 Zu beachten ist, dass Art. 18a GBV nach seinem Wortlaut einzig von den für den *Eigentums*übergang notwendigen Belegen handelt. Art. 19 GBV, der für die Eintragung von *beschränkten dinglichen Rechten* an Grundstücken auf Art. 18 GBV verweist, wurde jedoch im Hinblick auf den Erlass des FusG nicht um einen zusätzlichen Verweis auf Art. 18a GBV ergänzt. Folglich stellt sich die Frage, welche Belege dem Grundbuchamt im Falle des (ausserbuchlichen, vgl. N 1) Übergangs von beschränkten dinglichen Rechten an Grundstücken bei Umstrukturierungen nach FusG einzureichen sind. In Analogie zu den Tatbeständen ausserhalb des FusG (vgl. Art. 19 Abs. 1 GBV i.V.m. Art. 18 Abs. 2 GBV) wird hier die Meinung vertreten, dass bei Umstrukturierungen nach FusG

Art. 18a GBV auf die Fälle des ausserbuchlichen **Übergangs von beschränkten dinglichen Rechten** an Grundstücken **analog anzuwenden** ist.

5. Form und Inhalt der Anmeldung

Die Anmeldung muss in *schriftlicher Form* erfolgen (Art. 13 Abs. 1 GBV). Vgl. zu den Anmeldungsbelegen im Einzelnen Art. 13a GBV. Zu den Ausweisen für den Übergang von dinglichen und vorgemerkten persönlichen Rechten an Grundstücken sowie für die Änderung der Rechtsform vgl. Art. 18a GBV und dazu N 9 f. In der Anmeldung ist jede vorzunehmende Eintragung *einzeln aufzuführen* (Art. 12 Abs. 2 GBV). Zudem sind die von den Änderungen betroffenen Grundstücke mit ihrer *Identifikation* anzugeben (Art. 1a Abs. 1 GBV; KÜNG, 154 f.). Diejenigen natürlichen Personen, die für den anmeldenden Rechtsträger handeln, haben sich über ihre Vertretungsbefugnis durch Handelsregisterauszug oder Vollmacht auszuweisen (Art. 16 Abs. 1 GBV; KÜNG, 154).

6. Rechtsfolge

In den Fällen der *Fusion* und der *Aufspaltung* wirkt die gestützt auf die Anmeldung vorgenommene Eintragung im Grundbuch infolge des Rechtsübergangs kraft (partieller) Universalsukzession lediglich *deklaratorisch* (sog. relatives Eintragungsprinzip, vgl. Art. 656 Abs. 2 ZGB und Art. 963 Abs. 2 ZGB; vgl. zum Ganzen auch N 1). Sie hat m.a.W. *keine Änderung der materiellen Rechtslage* zur Folge, sondern bewirkt nur die (formelle) Anpassung des Grundbuchs an die materielle Rechtslage (BSK ZGB II-LAIM, Art. 656 N 36 ff.; vgl. auch ZK-WEIBEL, N 7). Immerhin hat die Eintragung zur Folge, dass der übernehmende Rechtsträger nun auch tatsächlich über die entsprechenden dinglichen Rechte verfügen kann (Art. 656 Abs. 2 ZGB). Im Weiteren ist der betreffende Rechtsträger infolge des Eintrags befugt, die auf den Eintrag gestützten Vermutungen und Klagen geltend zu machen (Art. 9 ZGB und Art. 937 Abs. 1 ZGB; vgl. auch N 1). Im Falle der *Umwandlung* hat der Eintrag des Rechtsformwechsels in das Grundbuch zur Folge, dass der umgewandelte Rechtsträger nunmehr über seine dinglichen Rechte an Grundstücken *verfügen* kann (vgl. Art. 965 Abs. 2 ZGB; Art. 61 GBV i.V.m. Art. 31 GBV; BSK ZGB II-LAIM, Art. 656 N 36, 72; vgl. auch N 2).

7. Rechtsnatur, Sanktionen und Haftung

Nach der Botschaft stellt Art. 104 eine *Ordnungsvorschrift* dar (Botschaft, 4486). Das Gesetz sieht *keine Sanktionen* vor für den Fall, dass die in Abs. 1 und 2 statuierten Fristen vom übernehmenden bzw. umgewandelten Rechtsträger nicht eingehalten werden. Fraglich ist, ob die Nichteinhaltung dieser Fristen eine *Haftung* der Organe der übernehmenden Gesellschaft aus Verantwortlichkeit zu begründen vermag. Zu denken ist etwa an den Fall, dass es die Organe einer übernehmenden Gesellschaft bei einer Abspaltung oder Vermögensübertragung (vgl. dazu N 15 ff.) in Verletzung von Abs. 2 unterlassen, den Übergang des Eigentums an einem Grundstück umgehend nach Eintritt der Rechtswirksamkeit der Umstrukturierung beim Grundbuchamt anzumelden, worauf der übertragende Rechtsträger das betreffende Grundstück unbefugterweise auf einen gutgläubigen Dritten überträgt (Art. 973 Abs. 1 ZGB). In solchen Fällen scheint eine Haftung der Organe der übernehmenden Gesellschaft gegenüber der Gesellschaft bzw. ihren Gesellschaftern oder betroffenen Dritten (z.B. Gläubigern) infolge der Verletzung von Art. 104 grundsätzlich denkbar. Denn der Zweck von Art. 104 besteht insbesondere darin, Missbräuche der obgenannten Art zum Schaden der Gesellschaft, ihrer Gesellschafter oder von betroffenen Dritten zu verhindern (Botschaft, 4486; Handkommentar FusG-KOS-

LAR, N 19). Zu beachten ist auch, dass Art. 104 regelmässig nicht die einzige Norm sein dürfte, die in solchen Fällen verletzt wird (vgl. etwa auch Art. 717 OR).

8. Lex Koller (vormals Lex Friedrich)/Bäuerliches Bodenrecht

14 Bei Umstrukturierungen nach FusG sind auch die Vorschriften des Bundesgesetzes über den Erwerb von Grundstücken durch Personen im Ausland (BewG) und der dazugehörigen Verordnung (BewV) zu beachten (vgl. insbes. auch Art. 1 Abs. 1 lit. b BewV). Dasselbe gilt für die Bestimmungen des Bundesgesetzes über das bäuerliche Bodenrecht (BGBB; SR 211.412.11) und der Verordnung über das bäuerliche Bodenrecht (VBB; SR 211.412.110), wobei in diesem Zusammenhang namentlich auf den im Zuge des Erlasses des FusG neu geschaffenen Art. 62 lit. g BGBB hinzuweisen ist.

IV. Umgehende Anmeldung beim Grundbuchamt (Abs. 2)

1. Normadressaten

15 Gemäss Abs. 2 trifft den **übernehmenden Rechtsträger** die Pflicht zur umgehenden Anmeldung beim Grundbuchamt in den Fällen der *Fusion* von Vereinen oder Stiftungen, wenn der übertragende Rechtsträger nicht im Handelsregister eingetragen ist (lit. a), sowie bei der *Abspaltung* (lit. b) und der *Vermögensübertragung* (lit. c). Die Anmeldepflicht besteht einzig für den übernehmenden Rechtsträger; eine Erklärung des übertragenden Rechtsträgers ist nicht erforderlich (Art. 963 Abs. 2 ZGB; BSK ZGB II-SCHMID, Art. 963 N 30b m.w.Nw.). Die Pflicht zur Anmeldung kommt **in- wie ausländischen Rechtsträgern** zu, wobei bei Letzteren vorfrageweise insbesondere Art. 164b IPRG zu beachten ist (vgl. Komm. zu Art. 164b IPRG; Handkommentar FusG-KOSLAR, N 3).

2. Gegenstand der Anmeldepflicht

16 Während Abs. 1 vorschreibt, dass *alle* grundbuchrelevanten Änderungen beim Grundbuchamt anzumelden sind, muss der übernehmende Rechtsträger nach dem Wortlaut von Abs. 2 (lediglich) den Übergang des *Eigentums* an einem Grundstück anmelden. Weder der Botschaft noch dem Begleitbericht zum Vorentwurf ist jedoch eine Rechtfertigung für diese Differenzierung zu entnehmen. In der Tat sind keine sachlichen Gründe für eine derartige Unterscheidung ersichtlich. Der restriktive Wortlaut von Abs. 2 stellt u.E. ein Versehen des Gesetzgebers dar, das in Analogie zu Abs. 1 zu korrigieren ist. Entsprechend sind **alle grundbuchrelevanten Änderungen**, die sich aufgrund von Umstrukturierungen gemäss Abs. 2 für das Grundbuch ergeben, umgehend anzumelden (gl.M. Handkommentar FusG-KOSLAR, N 10; **a.M.** ZK-WEIBEL, N 13). Zu nennen ist etwa der Übergang des Eigentums, von beschränkten dinglichen und von im Grundbuch vorgemerkten persönlichen Rechten (vgl. auch PFÄFFLI, 239). Wie im Falle von Abs. 1 werden von der Pflicht zur Anmeldung beim Grundbuchamt lediglich Änderungen erfasst, die **in der Schweiz belegene Grundstücke** betreffen (vgl. N 7).

3. Zeitpunkt der Anmeldung

17 Gemäss Abs. 2 müssen die zur Anmeldung verpflichteten Rechtsträger (N 15) die erforderliche Anmeldung **umgehend** nach Eintritt der Rechtswirksamkeit der Umstrukturierung vornehmen. Zum Zeitpunkt des Eintritts der Rechtswirksamkeit der Umstrukturierung vgl. N 8. *«Umgehend»* ist die Anmeldung, wenn sie vorgenommen wird, sobald es dem verpflichteten Rechtsträger nach den konkreten Umständen *zumutbar* ist (vgl. auch Botschaft, 4487: *«so schnell wie möglich»*). Dabei ist auch der Zeitbedarf zu berück-

sichtigen, der vernünftigerweise erforderlich ist, um die für die Anmeldung erforderlichen Belege gemäss Abs. 3 und Art. 18a GBV einzuholen (Handkommentar FusG-KOSLAR, N 11; ZK-WEIBEL, N 28 ff.; vgl. auch N 29).

Der *Grund* für die im Vergleich zu Abs. 1 kürzere Anmeldefrist von Abs. 2 ist im Umstand zu suchen, dass der übertragende Rechtsträger in den Fällen von Abs. 2 entweder nicht im Handelsregister eingetragen ist (Abs. 2 lit. a) oder aber nach der Umstrukturierung weiter existiert (Abs. 2 lit. b und c). Der dadurch entstehenden Gefahr, dass der übertragende zum Nachteil des übernehmenden Rechtsträgers weitere Verfügungen über die zuvor übertragenen dinglichen Rechte an Grundstücken trifft (vgl. dazu N 1 und 13), wird durch die Pflicht des übernehmenden Rechtsträgers zur *umgehenden* Vornahme der Grundbuchanmeldung begegnet (vgl. auch Botschaft, 4487; ZK-WEIBEL, N 12). Gleichzeitig sollen damit die Richtigkeit und Verlässlichkeit des Grundbuches als öffentliches Register gewährleistet und die Rechtssicherheit garantiert werden (N 3). **18**

4. Erforderliche Belege

Art. 18a GBV umschreibt die Belege, die dem Grundbuchamt für den Nachweis des Eigentumsübergangs (oder des Übergangs anderer grundbuchrelevanter Rechte, vgl. N 20) vorzulegen sind. Bei der *Fusion* von *Vereinen* oder *Stiftungen* wird der Ausweis über den Eigentumsübergang im Falle, dass der übertragende oder der übernehmende (oder beide) Rechtsträger nicht im Handelsregister eingetragen ist, durch eine öffentliche Urkunde über die Tatsache erbracht, dass das Eigentum an den Grundstücken auf den übernehmenden Rechtsträger übergegangen ist; zudem ist ein beglaubigter Handelsregisterauszug des eingetragenen Rechtsträgers beizubringen (Art. 18a Abs. 1 lit. b GBV; vgl. zur öffentlichen Urkunde N 25 ff.). Im Falle der *Abspaltung* wird der Ausweis über den Eigentumsübergang durch einen beglaubigten Handelsregisterauszug des die Grundstücke übernehmenden Rechtsträgers sowie eine öffentliche Urkunde über die Tatsache erbracht, dass das Eigentum an den Grundstücken auf den übernehmenden Rechtsträger übergegangen ist (Art. 18a Abs. 1 lit. d GBV; vgl. zur öffentlichen Urkunde N 25 ff.). Bei der *Vermögensübertragung* an einen im Handelsregister *eingetragenen* Rechtsträger wird der Ausweis über den Eigentumsübergang erbracht durch einen beglaubigten Handelsregisterauszug des die Grundstücke übernehmenden Rechtsträgers sowie einen beglaubigten Auszug aus dem öffentlich beurkundeten Teil des Übertragungsvertrags über die übertragenen Grundstücke (Art. 18a Abs. 1 lit. e GBV; vgl. auch N 25). Im Falle der *Vermögensübertragung* an einen *nicht* im Handelsregister eingetragenen Rechtsträger wird der Ausweis über den Eigentumsübergang erbracht durch einen beglaubigten Handelsregisterauszug des die Grundstücke übertragenden Rechtsträgers und einen beglaubigten Auszug aus dem öffentlich beurkundeten Teil des Übertragungsvertrags über die übertragenen Grundstücke (Art. 18a Abs. 1 lit. f GBV; vgl. auch N 25). **19**

Zu beachten ist, dass Art. 18a GBV nach seinem Wortlaut einzig von den für den *Eigentums*übergang notwendigen Belegen handelt. Vgl. jedoch zur **analogen Anwendung von Art. 18a GBV** auf die Fälle des **Übergangs von beschränkten dinglichen Rechten** an Grundstücken N 10. **20**

5. Form und Inhalt der Anmeldung

Vgl. dazu N 11. **21**

6. Rechtsfolge

Vgl. dazu N 12. **22**

7. Rechtsnatur, Sanktionen und Haftung

23 Vgl. dazu N 13.

8. Lex Koller (vormals Lex Friedrich)/Bäuerliches Bodenrecht

24 Vgl. dazu N 14.

V. Besonderer Ausweis (Abs. 3)

25 Im Gegensatz zu Abs. 1 hat der übernehmende Rechtsträger der Grundbuchanmeldung in den Fällen von Abs. 2 lit. a und b eine besondere **öffentliche Urkunde** über die Tatsache beizulegen, dass das Eigentum bzw. die beschränkten dinglichen oder die im Grundbuch vorgemerkten persönlichen Rechte (vgl. N 16) auf ihn übergegangen sind (Art. 104 Abs. 3). Darüber hinaus fordert Art. 18a Abs. 1 lit. b GBV eine entsprechende öffentliche Urkunde auch für den Fall der Fusion von Vereinen oder Stiftungen, wenn der *übernehmende* (oder beide, vgl. N 19) Rechtsträger nicht im Handelsregister eingetragen ist (kritisch zum Erfordernis der öffentlichen Beurkundung ZK-WEIBEL, N 21a ff.). Mit Blick auf die Vermögensübertragung (Abs. 2 lit. c) fällt auf, dass diese von Abs. 3 nicht erfasst wird. Dieser Umstand ist damit zu erklären, dass im Falle der Übertragung von Grundstücken bereits die entsprechenden Teile des Übertragungsvertrags öffentlich beurkundet werden müssen (Art. 70 Abs. 2). Folglich sieht Art. 18a Abs. 1 lit. e und f GBV vor, dass der Grundbuchanmeldung (lediglich) ein beglaubigter Auszug aus dem öffentlich beurkundeten Teil des Übertragungsvertrags über die übertragenen Grundstücke beizulegen ist (vgl. N 19).

26 Die *ratio legis* von Abs. 3 liegt zum Einen im Umstand begründet, dass der übertragende Rechtsträger in den Fällen von Abs. 2 lit. a und b entweder nicht im Handelsregister eingetragen ist (Abs. 2 lit. a) oder aber nach der Umstrukturierung weiter existiert (Abs. 2 lit. b). Zum Anderen ist für den Übergang von dinglichen Rechten an Grundstücken (oder von im Grundbuch vorgemerkten persönlichen Rechten, vgl. N 16) im Rahmen dieser Umstrukturierungsformen keine öffentliche Beurkundung erforderlich (vgl. Art. 12 Abs. 2 und Art. 36 Abs. 3). Diese Umstände bergen die Gefahr der Unsicherheit hinsichtlich der Rechtszuständigkeit an tatsächlich oder vermeintlich übergegangenen dinglichen oder vorgemerkten persönlichen Rechten. Abs. 3 begegnet dieser Gefahr mit dem Erfordernis, dass als Ausweis für den Übergang von dinglichen oder vorgemerkten persönlichen Rechten eine öffentliche Urkunde über die Tatsache des Übergangs der entsprechenden Rechte auf den übernehmenden Rechtsträger notwendig ist. Damit gibt der Gesetzgeber den Grundbuchämtern ein **zusätzliches Instrument zur Kontrolle der tatsächlichen Gegebenheiten** in die Hand. Nach der Botschaft stellt die öffentliche Urkunde das *Beweisstück* dar, das im Hinblick auf den Grundbucheintrag vorgewiesen werden muss (Botschaft, 4487).

27 Bei der öffentlichen Urkunde nach Abs. 3 handelt es sich um eine **Feststellungsurkunde** in Gestalt einer *Überzeugungsurkunde*, welche *nach* dem Vollzug der Umstrukturierung auf Ersuchen des übernehmenden Rechtsträgers erstellt wird (Botschaft, 4487; BRÜCKNER, N 133 ff.; ZK-WEIBEL, N 18). Die zuständige Urkundsperson (vgl. dazu N 28) hat den Sachverhalt genau zu ermitteln und darf nur die mit gehöriger Sorgfalt ermittelten Tatsachen, die keinen anderen Schluss als den beurkundeten zulassen, zum Inhalt der öffentlichen Urkunde machen (BRÜCKNER, N 3112 ff.). Im Einzelnen erwähnt die Urkunde die gültig vollzogene Umstrukturierung. Zudem enthält sie eine Liste der einzeln und präzise definierten dinglichen Rechte an Grundstücken und der im

Grundbuch vorgemerkten persönlichen Rechte (vgl. N 16), die im Zuge der Umstrukturierung auf den übernehmenden Rechtsträger übergingen, wobei die Identifikation der Grundstücke nach Art. 1a Abs. 1 GBV stattfindet (Botschaft, 4487; vgl. zu Beispielen solcher Feststellungsurkunden PFÄFFLI, 248, 251). Eine einzige öffentliche Urkunde für alle in der Schweiz gelegenen Grundstücke ist ausreichend (Botschaft, 4487; ZK-WEIBEL, N 32).

Da es sich bei der öffentlichen Urkunde gemäss Abs. 3 um einen einfachen öffentlich beurkundeten Feststellungsakt handelt (vgl. N 27), kann sie grundsätzlich **von jedem Schweizer Notar** errichtet werden (Botschaft, 4487; BRÜCKNER, N 3087 ff.; ZK-WEIBEL, N 22). Gemäss einer Lehrmeinung hat aber die Urkundsperson eine Beurkundung abzulehnen, falls die zu ermittelnden Sachverhalte von einer anderen Urkundsperson an einem anderen Ort leichter und zuverlässiger ermittelt werden könnten (BRÜCKNER, N 3087 ff.; vgl. auch Handkommentar FusG-KOSLAR, N 15). Allerdings verdient diese Lehrmeinung u.E. keine Unterstützung, denn das Prinzip der Freiheit der öffentlichen Beurkundung (Art. 55 SchlT ZGB) ist in casu auch auf die örtliche Zuständigkeit anwendbar (Botschaft, 4487; vgl. auch BRÜCKNER, N 3087).

28

Damit die Grundbuchanmeldung in den Fällen von Abs. 2 lit. a und b umgehend nach Eintritt der Rechtswirksamkeit der Umstrukturierung vorgenommen werden kann, empfiehlt es sich, dafür zu sorgen, dass die für die Erstellung der Feststellungsurkunde gemäss Abs. 3 erforderlichen Belege der Urkundsperson unmittelbar nach der Rechtswirksamkeit der Umstrukturierung vorliegen (vgl. dazu Handkommentar FusG-KOSLAR, N 16).

29

VI. Anmeldung durch die Urkundsperson (Abs. 4)

Abs. 4 ermächtigt die Urkundsperson, welche eine öffentliche Urkunde nach Abs. 3 (N 25 ff.) bzw. Art. 70 Abs. 2 (Art. 70 N 5 ff.) errichtet hat, die Anmeldung aller grundbuchrelevanten Rechtsänderungen namens des übernehmenden Rechtsträgers bei den Grundbuchämtern vorzunehmen. Die der Urkundsperson **durch das Gesetz eingeräumte Vollmacht** verleiht ihr nach hier vertretener Ansicht die Befugnis, die Grundbuchanmeldung ohne Vollmachtsausweis seitens des übernehmenden Rechtsträgers in dessen Namen vorzunehmen (vgl. zu Art. 963 Abs. 3 ZGB ZK-HOMBERGER, Art. 963 ZGB N 18 f.; BK-OSTERTAG, Art. 963 ZGB N 44; SCHEGG, 82 ff.; BRÜCKNER, N 1223; BGE 55 I 341, 343; **a.M.** Handkommentar FusG-KOSLAR, N 17; BSK ZGB II-SCHMID, Art. 963 N 38); aufgrund des klaren Gesetzeswortlauts ist davon auszugehen, dass eine entsprechende Anmelde*pflicht* der Urkundsperson nicht besteht. Der übernehmende Rechtsträger kann die gesetzlich eingeräumte Vollmacht jederzeit bis zur Abgabe der Anmeldung *widerrufen* oder die Abgabe der Anmeldung sich oder einem von ihm bestellten Dritten vorbehalten (vgl. zu Art. 963 Abs. 3 ZGB, BSK ZGB II-SCHMID, Art. 963 N 39 m.w.Nw.). Demzufolge sollte sich die Urkundsperson vorgängig über das Einverständnis des übernehmenden Rechtsträgers zur Anmeldung vergewissern (BRÜCKNER, N 1223).

30

Art. 105

Vierter Abschnitt: Überprüfung der Anteils- und Mitgliedschaftsrechte

Art. 105

¹ Wenn bei einer Fusion, einer Spaltung oder einer Umwandlung die Anteils- oder Mitgliedschaftsrechte nicht angemessen gewahrt sind oder die Abfindung nicht angemessen ist, kann jede Gesellschafterin und jeder Gesellschafter innerhalb von zwei Monaten nach der Veröffentlichung des Fusions-, des Spaltungs- oder des Umwandlungsbeschlusses verlangen, dass das Gericht eine angemessene Ausgleichszahlung festsetzt. Für die Festsetzung der Ausgleichszahlung gilt Artikel 7 Absatz 2 nicht.

² Das Urteil hat Wirkung für alle Gesellschafterinnen und Gesellschafter des beteiligten Rechtsträgers, sofern sie sich in der gleichen Rechtsstellung wie die Klägerin oder der Kläger befinden.

³ Die Kosten des Verfahrens trägt der übernehmende Rechtsträger. Wenn besondere Umstände es rechtfertigen, kann das Gericht die Kosten ganz oder teilweise den Klägerinnen und Klägern auferlegen.

⁴ Die Klage auf Überprüfung der Wahrung der Anteils- oder Mitgliedschaftsrechte hindert die Rechtswirksamkeit des Fusions-, des Spaltungs- oder des Umwandlungsbeschlusses nicht.

¹ Si, lors d'une fusion, d'une scission ou d'une transformation, les parts sociales ou les droits de sociétariat ne sont pas maintenus de manière adéquate ou si le dédommagement n'est pas adéquat, chaque associé peut exiger, dans le délai de deux mois à compter de la publication de la décision de fusion, de scission ou de transformation, que le juge fixe une soulte adéquate. L'art. 7, al. 2, ne s'applique pas à la fixation de la soulte.

² Le jugement a effet sur tous les associés des sujets participants pour autant qu'ils aient le même statut juridique que le demandeur.

³ Les frais de la procédure sont à la charge du sujet reprenant. Si des circonstances particulières le justifient, le juge peut mettre tout ou partie des frais à la charge du demandeur.

⁴ L'action demandant l'examen du maintien des parts sociales ou des droits de sociétariat n'a pas d'effet sur la validité de la décision de fusion, de scission ou de transformation.

¹ Se, nell'ambito di una fusione, di una scissione o di una trasformazione, le quote sociali o i diritti societari non sono salvaguardati in modo adeguato o se l'indennità non è adeguata, ciascun socio può chiedere, entro due mesi dalla pubblicazione della decisione di fusione, di scissione o di trasformazione, che il giudice fissi un conguaglio adeguato. Per la determinazione del conguaglio non si applica l'articolo 7 capoverso 2.

² La decisione esplica effetto nei confronti di tutti i soci dei soggetti giuridici partecipanti purché abbiano lo stesso statuto giuridico dell'attore.

³ Le spese procedurali sono a carico del soggetto giuridico assuntore. Se circostanze particolari lo giustificano, il giudice può porle, in tutto o in parte, a carico dell'attore.

⁴ L'azione tendente al controllo della salvaguardia delle quote sociali e dei diritti societari non inficia la decisione di fusione, di scissione o di trasformazione.

Inhaltsübersicht Note

I. Normzweck und Anwendungsbereich 1
II. Regelungsgegenstand: Wertmässige Verletzung des Prinzips der mitgliedschaftlichen Kontinuität durch den Fusions-, Spaltungs- oder Umwandlungsbeschluss 10
   1. Anfechtungsgrund: Beschlussmangel, welcher die Wertverhältnisse bei der Fusion, Spaltung oder Umwandlung betrifft 10
   2. Beurteilungsmassstab bei der gerichtlichen Überprüfung: Angemessenheit 13
III. Rechtsfolge: Festsetzung einer Ausgleichsleistung 25
   1. Ausgleichsleistung: Bargeld oder «Anteils- oder Mitgliedschaftsrechte» 25
   2. Ausgleichsleistung in bar 29
   3. Ausgleichsleistung in Anteils- oder Mitgliedschaftsrechten 34
IV. Rechtswirkung 36
V. Klagelegitimation 40
   1. Aktivlegitimation 40
   2. Passivlegitimation 43
VI. Verfahrensfragen und weitere Aspekte der Ausgleichsklage 45

I. Normzweck und Anwendungsbereich

Art. 105 kann insofern als gesetzesspezifische Minderheitsschutzbestimmung verstanden werden, als jeder Gesellschafter des an einer Fusion, Spaltung oder Umwandlung beteiligten Rechtsträgers gestützt auf diese Norm die Angemessenheit des Umtausch- oder Zuteilungsverhältnisses oder der Abfindung gerichtlich überprüfen lassen kann. Der Sache nach geht es bei dieser Klage um die Rechtsfrage, ob durch die fragliche Fusion, Spaltung oder Umwandlung das im Gesetz in den Art. 7, 8, 31 und 56 verankerte **Prinzip der mitgliedschaftlichen Kontinuität in wirtschaftlicher Hinsicht** gewahrt wird. Nach den Vorstellungen des Gesetzgebers soll die von den Gesellschaftern beschlossene Fusion, Spaltung oder Umwandlung unabhängig vom Ausgang der mitgliedschaftlichen Kontinuitätsklage (oder: Ausgleichsklage) *grundsätzlich* Bestand haben (vgl. aber N 37). Art. 105 bezweckt somit einzig die wirtschaftliche Anpassung der von den Gesellschaftern beschlossenen Wertverhältnisse der Mitgliedschaftsstellen der an einer Fusion, Spaltung oder Umwandlung beteiligten Rechtsträger, wobei diese Anpassung durch das Gericht dergestalt vorzunehmen ist, dass das Umtauschverhältnis und/oder die Abfindung *angemessen* (vgl. N 13 ff.) sind. 1

Mit der Ausgleichsklage nach Art. 105 wird nach dem Wortlaut dieser Norm die (abstrakte) Festsetzung einer angemessenen Ausgleichszahlung bzw. -leistung anbegehrt. Im Ergebnis wird versucht, den Umstrukturierungsbeschluss umzugestalten: *Die Ausgleichsklage bezweckt, den Umstrukturierungsbeschluss* – mithin auch den dem Umstrukturierungsbeschluss zu Grunde liegenden Vertrag oder Plan – *derart zu ergänzen, dass die geltend gemachte Ausgleichsleistung rückwirkend berücksichtigt wird*. Dem ent- 2 spricht, dass der richterliche Entscheid über die Ausgleichsleistung Wirkung für all diejenigen Gesellschafter des beteiligten Rechtsträgers entfaltet, die sich in der gleichen Rechtsposition wie der Kläger befinden (vgl. N 39). Aufgrund der Einwirkung der Ausgleichsklage auf den Umstrukturierungsbeschluss ist die Klage nach Art. 105 als *Gestaltungsklage* zu qualifizieren.

3 Sofern der Kläger nicht lediglich auf eine abstrakte Festsetzung einer Ausgleichsleistung zielt, sondern den geltend gemachten Anspruch auch durchsetzen möchte, hat das Rechtsbegehren eine dementsprechende Ausgleichsleistung des oder der Beklagten konkret zu verlangen. Im Falle eines entsprechenden Antrages gibt Art. 105 dem Gericht die Kompetenz, die Modalitäten der Ausgleichsleistung abschliessend zu regeln, soweit keine Beschlussfassung eines beteiligten Rechtsträgers zur Leistungserbringung erforderlich ist (vgl. N 30 und N 34)

4 Die Ausgleichsklage kann bei Fusionen, Spaltungen und Umwandlungen eingeleitet werden. Bei Vermögensübertragungen (Art. 69–77) kann Art. 105 nicht zur Anwendung kommen, weil bei dieser Umstrukturierungsart die Anteils- oder Mitgliedschaftsrechte nicht unmittelbar berührt werden (die Entschädigung für die Übertragung eines Vermögenskomplexes erfolgt in aller Regel auf der Stufe der beteiligten Rechtsträger).

5 Der **Anwendungsbereich** des Art. 105 ist auf *inhaltliche Beschlussmängel beschränkt, welche* unmittelbar *die gesetzlichen Grundsätze der mitgliedschaftlichen Kontinuität bei der Fusion, Spaltung oder Umwandlung in wirtschaftlicher Hinsicht betreffen.* Regelungsgegenstand des Art. 105 sind inhaltliche Beschlussmängel, die sich auf die Wertverhältnisse der Umstrukturierung beziehen. Der Anwendungsbereich des Art. 105 ist somit insofern speziell, als die Klage darauf zielt, das der Umstrukturierung (Fusion, Spaltung oder Umwandlung) zugrunde liegende, im Vertrag oder Plan festgestellte und von den Gesellschaftern beschlossene Umtausch- oder Zuteilungsverhältnis und/oder die Abfindungszahlung in wirtschaftlicher Hinsicht abzuändern. Thema der Ausgleichsklage nach Art. 105 ist ausschliesslich die vermögensmässige Verletzung der mitgliedschaftlichen Kontinuität (vgl. N 10 ff.). In diesem Sinne soll gestützt auf diese Norm der «vermögensmässige Inhaltsmangel» des Beschlusses durch das Gericht behoben werden.

6 Während *unmittelbar* vermögensmässige Verletzungen der mitgliedschaftlichen Kontinuität *Regelungsgegenstand* des Art. 105 sind und auch – sofern *ausschliesslich* Bestimmungen verletzt werden, die unmittelbar den Schutz der mitgliedschaftlichen Kontinuität bezwecken – *abschliessend* von Art. 105 *geregelt* werden (vgl. N 10 ff.; vgl. Art. 106 N 7 f. zum Anwendungsvorrang des Art. 105 gegenüber Art. 106), fallen andere Verletzungen des Grundsatzes der mitgliedschaftlichen Kontinuität – solange der Kerngehalt in seiner gesamten materiellen Tragweite nicht verletzt wird – in den Anwendungsbereich des Art. 106 und des Art. 108. Als nicht unmittelbar vermögensmässige Verletzungen der mitgliedschaftlichen Kontinuität – und mithin als keine Anwendungsfälle des Art. 105 – gelten v.a. Verstösse gegen Regelungen, die zur Bereitstellung «gleichwertiger Rechte» verpflichten (so z.B. nach Art. 7 Abs. 4–6 und Art. 56 Abs. 3–6; vgl. auch Art. 106 N 39).

7 In Abgrenzung zu den vermögensmässigen Verletzungen der mitgliedschaftlichen Kontinuität, die der Ausgleichsklage (Art. 105) oder der Anfechtung (Art. 106) unterliegen, ist der Fusions-, Spaltungs- oder Umwandlungsbeschluss nichtig, wenn gegen das Prinzip der mitgliedschaftlichen Kontinuität in seiner gesamten materiellen Tragweite verstossen wird (vgl. auch Art. 106 N 22). Anwendungsfälle derartiger Nichtigkeit sind namentlich Verstösse gegen Art. 7 Abs. 3 oder Art. 56 Abs. 2, *sofern* keine reine Abfindungstransaktion vorliegt.

Wenn bei Vorliegen der Tatbestandsvoraussetzungen gestützt auf Art. 105 rein finanzielle Interessen geltend gemacht werden, kann bei Vorliegen der entsprechenden Anfechtungsgründe natürlich parallel nach Massgabe des Art. 106 gegen einen Umstrukturierungsbeschluss vorgegangen werden (vgl. N 6 und Art. 106 N 7 f. zum Anwendungsvorrang des Art. 105 gegenüber Art. 106). Allerdings setzt eine Ausgleichsleistung bei dieser Ausprägung der Doppelklage voraus, dass der angefochtene Beschluss aufrechterhalten bleibt (d.h., dass die Anfechtungsklage nach Art. 106 abgewiesen wird oder ein behebbarer Mangel vorliegt, der im Sinne des Art. 107 behoben wird). 8

Nach dem Konzept des Fusionsgesetzes sollen mangelhafte Beschlüsse – soweit dies möglich ist – derart umgestaltet werden, dass der Mangel behoben wird und der Umstrukturierungsbeschluss Bestand hat. Für einen Fusions-, Spaltungs- oder Umwandlungsbeschluss, der den Grundsatz der mitgliedschaftlichen Kontinuität vermögensmässig verletzt, statuiert Art. 105 Abs. 4 dieses ‹Heilungskonzept› ausdrücklich. Aus diesem Konzept folgt m.E. ein *eigentümlicher Vorrang der Ausgleichsklage nach Art. 105 gegenüber der Verantwortlichkeitsklage nach Art. 108*: Die Verantwortlichkeitsklage nach Art. 108 ist für die Gesellschafter in dem Sinne subsidiär, als *unmittelbar* vermögensmässige Verletzungen der mitgliedschaftlichen Kontinuität primär mit der Ausgleichsklage nach Art. 105 geltend zu machen sind, und die Verantwortlichkeitsklage nach Art. 108 nur unter der Voraussetzung ersatzweise zur Anwendung kommen kann, wenn mit der Ausgleichsklage nicht alle vermögensmässigen Beschlussmängel ausgeglichen werden können, oder infolge der vermögensmässigen Beschlussmängel weiterer Schaden der Gesellschafter entstanden ist. Insoweit ist somit eine Doppelklage der Gesellschafter nach Art. 105 und Art. 108 in speziellen Konstellationen durchaus denkbar (vgl. auch N 33 und N 37). Der Vorrang der Klage nach Art. 105 gegenüber derjenigen nach Art. 108 bedeutet somit nicht, dass die Verantwortlichkeitsklage bei mittelbaren Verletzungen des Grundsatzes der mitgliedschaftlichen Kontinuität ausgeschlossen ist. Die Ausschliesslichkeit bzw. der Vorrang der Ausgleichsklage gilt im engeren Anwendungsbereich des Art. 105 folglich, wenn es *ausschliesslich* um die *unmittelbare* Verletzung des Grundsatzes der mitgliedschaftlichen Kontinuität in wirtschaftlicher Hinsicht geht (vgl. auch N 33 und 37). 9

II. Regelungsgegenstand: Wertmässige Verletzung des Prinzips der mitgliedschaftlichen Kontinuität durch den Fusions-, Spaltungs- oder Umwandlungsbeschluss

1. Anfechtungsgrund: Beschlussmangel, welcher die Wertverhältnisse bei der Fusion, Spaltung oder Umwandlung betrifft

Regelungsgegenstand dieser Bestimmung sind insofern inhaltliche Mängel von Umstrukturierungsbeschlüssen, als der Anfechtungstatbestand voraussetzt, dass bei einer Fusion, einer Spaltung oder einer Umwandlung «die Anteils- oder Mitgliedschaftsrechte nicht angemessen gewahrt sind oder die Abfindung nicht angemessen ist». Die damit erfassten Mängel betreffen den Umstrukturierungsbeschluss als solchen in seiner materiellen Ausgestaltung in wertmässiger Hinsicht: Es geht um die **vermögensmässige Verletzung der mitgliedschaftlichen Kontinuität**. Bezieht sich der Inhaltsmangel des Fusions-, Spaltungs- oder Umwandlungsbeschlusses nicht *unmittelbar* auf die von den Gesellschaftern beschlossenen Wertverhältnisse im Rahmen einer dieser Umstrukturierungsarten, ist (auch) Art. 106 anwendbar (vgl. N 5 ff. und Art. 106 N 7 f.). 10

Unmittelbar **vermögensmässige Verletzungen** des Grundsatzes der mitgliedschaftlichen Kontinuität sind *ausschliesslich* gestützt auf Art. 105 geltend zu machen. Als sol- 11 che Verletzungen gelten erstens Umtausch- und Zuteilungsverhältnisse, die gegen Art. 7 Abs. 1 (Fusion), gegen Art. 31 Abs. 1 i.V.m. Art. 7 Abs. 1 (Spaltung) oder gegen Art. 56 Abs. 1 (Umwandlung) verstossen, zweitens Abfindungszahlungen, welche die Regelung des Art. 8 i.V.m. Art. 7 (Fusion und Spaltung) oder des Art. 23 Abs. 2 lit. a (Fusion) missachten, drittens Abgeltungen für Sonderrechte, die gegen Art. 7 Abs. 5 (Fusion), gegen Art. 31 Abs. 1 i.V.m. Art. 7 Abs. 5 (Spaltung) oder gegen Art. 56 Abs. 4 verstossen und viertens Rückkäufe von Genussscheinen, die Art. 7 Abs. 6 (Fusion), Art. 31 Abs. 1 i.V.m. Art. 7 Abs. 6 (Spaltung) oder Art. 56 Abs. 4 (Umwandlung) verletzen.

12 Werden die Regeln des Art. 17 oder des Art. 42 i.V.m. Art. 17 verletzt, kann dies eine vermögensmässige Verletzung der mitgliedschaftlichen Kontinuität zur Folge haben, da die gesetzlichen Vorgaben für die der Fusion, Spaltung oder Umwandlung zugrunde liegenden Bewertungen im Zeitpunkt der Beschlussfassung des zuständigen Organs erfüllt sein müssen. Aus diesem Grund ist – und dies im Sinne eines weiteren Anwendungsfalles – bei Verletzungen des Art. 17 oder des Art. 42 i.V.m. Art. 17 die Ausgleichsklage nach Art. 105 zu erheben, *sofern* die Verletzung auf die der Transaktion zugrunde liegenden Wertverhältnisse durchschlägt (vgl. auch Art. 107 N 13); die Verantwortlichkeitsklage kann diesfalls nur subsidiär und allenfalls ergänzend zur Anwendung kommen.

2. Beurteilungsmassstab bei der gerichtlichen Überprüfung: Angemessenheit

a) Allgemeines

13 Mangelhaft im Sinne des Art. 105 ist ein Fusions-, Spaltungs- oder Umwandlungsbeschluss, wenn die von den Gesellschaftern beschlossenen und mithin einer solchen Umstrukturierung zugrunde liegenden Wertverhältnisse nicht *angemessen* sind: Bei einer Fusion, Spaltung oder Umwandlung müssen die Anteils- und Mitgliedschaftsrechte angemessen gewahrt bleiben, oder die Abfindung muss angemessen sein. Was als angemessen gilt, ist auf der Grundlage der transaktionsspezifischen Gesetzesregeln zu entscheiden (vgl. N 20 ff.).

14 Der Gesetzestext regelt nicht ausdrücklich, in welchem Zeitpunkt das Angemessenheitserfordernis anknüpft. Die Angemessenheit der Wahrung der mitgliedschaftlichen Kontinuität könnte theoretisch im Zeitpunkt der Beschlussfassung des obersten Leitungs- oder Verwaltungsorgans über den Umstrukturierungsvertrag oder -plan, im Zeitpunkt der Beschlussfassung der Gesellschafter über den Umstrukturierungsvertrag oder -plan, im Zeitpunkt des Vollzuges der Umstrukturierung, im Zeitpunkt der Klageerhebung und/oder im Zeitpunkt der Urteilsfällung verlangt werden. Für die Bewertung der beteiligten Rechtsträger bzw. die Berechnung des Umtausch-, Zuteilungs- oder Umwandlungsverhältnisses ist *in der Regel* – die Festlegung einer anderen Regelung durch die beteiligten Rechtsträger vorbehalten – der Zeitpunkt des Abschlusses der rechtsgeschäftlichen Grundlage der Umstrukturierung (Fusionsvertrag, Spaltungsvertrag oder -plan oder Umwandlungsplan) massgebend (natürlich sind regelmässig die Zukunftserwartungen mitberücksichtigt). Aus der Regelung in Art. 17 und 42 folgt m.E. hingegen, dass die richterliche Angemessenheitsprüfung auf den Zeitpunkt der Beschlussfassung des kompetenten Organs – in der Regel die Generalversammlung – beschränkt ist. Denn Regelungszweck der Art. 17 und Art. 42 i.V.m. Art. 17 ist es, sicherzustellen, dass die auf die Fusion oder Spaltung gemäss Vertrag oder Plan anzuwendenden Wertverhältnisse im Zeitpunkt der Beschlussfassung des kompetenten Organs den gesetzlichen Vorgaben entsprechen. Die tatsächlich vorliegenden Gegebenheiten an dem Zeitpunkt der Beschlussfassung des kompetenten Organs bilden den Sachverhalt, welcher der Angemessenheitsprüfung zugrunde liegt. Unerheblich ist dabei, ob die für die Prüfung massgeblichen tatsächlichen Gegebenheiten an diesem Zeitpunkt einem oder allen beteilig-

ten Transaktionspartnern bekannt waren (insbesondere kann somit beispielsweise das Verschweigen bewertungsrelevanter Gegebenheiten, die innerhalb der zweimonatigen Frist bekannt werden, Grundlage der Unangemessenheit im Sinne des Art. 105 sein). Die von der Umstrukturierung betroffenen Rechtsträger sind natürlich frei, durch entsprechende Vereinbarung in der rechtsgeschäftlichen Grundlage der Umstrukturierung, Regelungen zu statuieren, die sicherstellen, dass auch im Zeitpunkt des Vollzuges der Umstrukturierung die Wahrung der mitgliedschaftlichen Kontinuität angemessen ist.

Rechtsgrundlage für die Beurteilung der angemessenen Wahrung der mitgliedschaftlichen Kontinuität sind die transaktionsspezifischen Normen über die Anteils- und Mitgliedschaftsrechte (Art. 7, 8, 31 und 56). Art. 7 und 31 verlangen ausdrücklich, dass bei der Bestimmung der Wertverhältnisse bei einer Fusion und Spaltung nicht nur das Vermögen der beteiligten Rechtsträger, die Stimm-, Vermögens- und weiteren Rechte der einzelnen Gesellschafter, sondern auch «alle anderen relevanten Umstände» berücksichtigt werden. Erfasst sind damit nicht nur die geldwerten Entwicklungspotentiale oder die sich aus der Umstrukturierung ergebenden Synergien, sondern auch andere als unmittelbar wertmässig festlegbare tatsächliche Gegebenheiten der Umstrukturierung.

Mit dem Verweis auf «alle anderen relevanten Umstände» beinhaltet die richterliche Angemessenheitsprüfung somit auch einen prozeduralen Beurteilungsaspekt: Die Frage der Angemessenheit der Wahrung der mitgliedschaftlichen Kontinuität ist unter Berücksichtigung der *Art und Umstände des Zustandekommens der der Umstrukturierung zugrundeliegenden Wertverhältnisse* zu beurteilen. Als in diesem Sinne prozedurale Beurteilungsmomente der Angemessenheit gelten namentlich folgende «Umstände» der Umstrukturierung:

— Ablauf der Verhandlungen: Sofern die an der Umstrukturierung beteiligten Parteien über die Wertverhältnisse verhandelt haben und bei dieser Verhandlung die Interessen der Gesellschafter der beteiligten Rechtsträger wahrgenommen wurden, sind die der Umstrukturierung zugrunde liegenden Wertverhältnisse eher angemessen, als wenn keine Verhandlungen stattgefunden haben.

— Machtverhältnisse anlässlich der Beschlussfassung der Gesellschafter: Sofern der Umstrukturierungsbeschluss *nicht* durch einen Mehrheitsgesellschafter oder eine Gruppe von Mehrheitsgesellschaftern bestimmt wurde, haben die Anteils- oder Mitgliedschaftsrechte bzw. hat die Abfindung eher als angemessen zu gelten, als wenn ein Mehrheitsgesellschafter (i) ein besonderes Interesse an der Umstrukturierung hat und (ii) bei der Beschlussfassung den Ausschlag gegeben hat (es geht hier um die ‹Richtigkeitsvermutung› der Beschlussfassung der Gesellschafter).

— Umstrukturierungsverfahren: Ist die Umstrukturierung in Anwendung des ordentlichen Verfahrens durchgeführt worden – d.h. es sind Umstrukturierungsberichte erstellt und geprüft worden – ist eher davon auszugehen, dass die Anteils- oder Mitgliedschaftsrechte gewahrt wurden, als wenn ein erleichtertes Verfahren angewendet worden ist (etwa Art. 23 f. oder Art. 39 Abs. 2, Art. 41 Abs. 2).

Der Gesetzesvorgabe der *Angemessenheit der Wahrung der Anteils- oder Mitgliedschaftsrechte* und *der Angemessenheit der Abfindung* ist m.E. genüge getan, wenn als Folge der Umstrukturierung die vermögens- und mitgliedschaftsrechtliche Position jedes einzelnen Gesellschafters der beteiligten Rechtsträger *nicht willkürlich beeinträchtigt wird*. Folglich führt eine durch die Umstrukturierung bedingte Verschlechterung der vermögens- und mitgliedschaftsrechtlichen Position eines Gesellschafters nicht zur Unangemessenheit, solange diese Verschlechterung sachlich begründbar, nicht übermässig ist und der Grundsatz der Gleichbehandlung gewahrt wird. Umstrukturierungsimmanente Veränderungen der vermögens- und mitgliedschaftsrechtlichen Verhältnisse – d.h. Veränderungen, welche unabdingbare Folgen des konkreten Umstrukturierungsvorganges sind – hat der einzelne Gesellschafter hinzunehmen, soweit mit der fraglichen Umstrukturierung kein Anfechtungs- oder Nichtigkeitstatbestand erfüllt wird. Im Ergebnis räumt der Beurteilungsmassstab «Angemessenheit» den beteiligten Rechtsträgern somit einen erheblichen Ermessensspielraum ein.

18 Die obersten Leitungs- oder Verwaltungsorgane haben im Fusions-, Spaltungs- oder Umwandlungsbericht das Umtausch- bzw. Zuteilungsverhältnis, allenfalls die Höhe der Ausgleichszahlung und gegebenenfalls die Höhe der Abfindung «rechtlich und wirtschaftlich zu erläutern und zu begründen» (Art. 14, 39 und 61). Das Gericht hat bei der Prüfung der Angemessenheit im Rahmen der Klage nach Art. 105 diese Erläuterungen und Begründungen – soweit vorhanden – heranzuziehen. Sofern die Erläuterungen im Umstrukturierungsbericht korrekt sind und die Begründung der mit der Umstrukturierung einhergehenden Veränderung der vermögens- und mitgliedschaftsrechtlichen Position der Gesellschafterkategorien nachvollziehbar ist, sollte das Gericht m.E. grösste Zurückhaltung darin üben, mittels Gutheissung der Ausgleichsklage gestaltend in die von den Gesellschaftern beschlossene Fusion, Spaltung oder Umwandlung einzugreifen. Wenn der Gesellschafterbeschluss in einer solchen Konstellation (gemeint ist, dass die Ausführungen im Umstrukturierungsbericht richtig und sachlich nachvollziehbar sind) zudem nicht durch einen Mehrheitsgesellschafter bestimmt wurde und keine Interessenkonflikte vorhanden waren, sind kaum Fallgestaltungen denkbar, bei denen die Ausgleichsklage gutzuheissen wäre; denn diesfalls kann das Ermessen der Gesellschafter der beteiligten Rechtsträger kaum missbräuchlich ausgeübt worden sein.

19 Wenn bei einer Fusion, Spaltung oder Umwandlung ein Umstrukturierungsbericht erstellt wird, hat ein besonders befähigter Revisor Prüfungshandlungen vorzunehmen: Bei der *Fusion* hat der Prüfer in einem schriftlichen Bericht namentlich darzulegen, ob das Umtauschverhältnis und/oder die Abfindung «vertretbar» sind (Art. 15 Abs. 4 lit. b), nach welcher Methode das Umtauschverhältnis bestimmt worden ist, ob die angewendete Methode «angemessen» ist (Art. 15 Abs. 4 lit. c) und welche Besonderheiten bei der Bewertung der Anteile zwecks Festsetzung des Umtauschverhältnisses zu beachten waren (Art. 15 Abs. 4 lit. e). Bei der Spaltung hat der Prüfer aufgrund des Verweises des Art. 40 die in Art. 15 Abs. 4 aufgeführten Prüfungshandlungen sinngemäss durchzuführen, mithin insbesondere die Vertretbarkeit des Umtausch- oder Zuteilungsverhältnisses darzulegen. Bei der Umwandlung hat der Prüfer zu prüfen, ob die Rechtsstellung nach der Umwandlung gewahrt bleibt (Art. 62 Abs. 4). Das Gericht wird auch diese Darlegungen des Prüfers bei der Beurteilung der Angemessenheit der Wahrung der mitgliedschaftlichen Kontinuität im Verfahren der Ausgleichsklage zu würdigen haben. Bei dieser Würdigung ist davon auszugehen, dass der Beurteilungsmassstab «Vertretbarkeit» bedeutet, dass mit dem Wissen, das dem Prüfer zuzurechnen ist, die der Fusion, Spaltung oder Umwandlung zugrunde liegenden Wertverhältnisse sachlich erklärbar sind und sich im Rahmen des Gesetzes bewegen («Vertretbarkeit» und «Angemessenheit» sind somit materiell nicht zwingend gleichzusetzen).

b) Umtauschverhältnis und/oder Abfindung bei der Fusion

20 Rechtsgrundlage der Beurteilung der Angemessenheit des Umtauschverhältnisses ist Art. 7 (vgl. Komm. zu Art. 7): Im Umtauschverhältnis müssen sich die Vermögen der beteiligten Rechtsträger, die Verteilung der Stimmrechte sowie alle anderen relevanten Umstände widerspiegeln (Art. 7 Abs. 1). Für Sonderrechte am übertragenden Rechtsträger hat der übernehmende Rechtsträger gleichwertige Rechte oder eine angemessene

Abgeltung zu gewähren (Art. 7 Abs. 5) und den Inhabern von Genussscheinen des übertragenden Rechtsträgers sind gleichwertige Rechte zu gewähren, oder die Genussscheine sind zum wirklichen Wert im Zeitpunkt des Abschlusses des Fusionsvertrages zurückzukaufen (Art. 7 Abs. 6).

Können die Gesellschafter des übertragenden Rechtsträgers zwischen Anteils- oder Mitgliedschaftsrechten und einer Abfindung wählen oder wird gemäss Fusionsvertrag ausschliesslich eine Abfindung ausgerichtet, sind für die Berechnung der Höhe der Abfindung die Bewertungsregeln des Art. 7 grundsätzlich analog anzuwenden (vgl. Komm. zu Art. 8). Vorbehalten bleibt der Fall der erleichterten Fusion von Kapitalgesellschaften nach Art. 23 Abs. 2, wonach die Abfindung gemäss Art. 8 «dem wirklichen Wert der Anteile» zu entsprechen hat (vgl. Komm. zu Art. 23). 21

Wird den Gesellschaftern des übertragenden Rechtsträgers ein Wahlrecht zwischen Anteils- oder Mitgliedschaftsrechten einerseits und einer Abfindung (diese Abfindung muss nicht in bar sein) andererseits eingeräumt, ist das Prinzip der Gleichbehandlung zu beachten: Ist der Wert der Abfindung und der Wert der Anteils- oder Mitgliedschaftsrechte verschieden, muss dafür ein sachlicher Grund vorliegen, und die Differenz darf nicht übermässig sein. 22

c) Umtausch- bzw. Zuteilungsverhältnis und/oder Abfindung bei der Spaltung

Bei einer Spaltung beurteilt sich die Angemessenheit des Umtausch- bzw. Zuteilungsverhältnisses und/oder der Abfindung infolge des Verweises in Art. 31 Abs. 1 nach den Vorgaben, die das Gesetz für die Wertverhältnisse bei einer Fusion aufstellt. Diese Bewertungsregeln gelangen bei einer Spaltung sinngemäss zur Anwendung (vgl. Komm. zu Art. 31). 23

d) Umtauschverhältnis bei der Umwandlung

Bei der Prüfung der Angemessenheit des Umtauschverhältnisses bei der Umwandlung hat das Gericht auf Art. 56 abzustellen. Die Ausgleichsklage dürfte in der Regel nur dann relevant sein, wenn für Sonderrechte eine Abgeltung gewährt wurde (Art. 56 Abs. 4), oder wenn Genussscheine zum wirklichen Wert zurückgekauft wurden (Art. 56 Abs. 5). Andere Verletzungen der Wahrung der mitgliedschaftlichen Kontinuität sind grundsätzlich mit der Anfechtungsklage nach Art. 106 geltend zu machen (vgl. N 6, N 11 und Art. 106 N 39). 24

III. Rechtsfolge: Festsetzung einer Ausgleichsleistung

1. Ausgleichsleistung: Bargeld oder «Anteils- oder Mitgliedschaftsrechte»

Aus dem Wortlaut des Gesetzes («Ausgleichszahlung») – und insbesondere aufgrund des Verweises auf den zweiten Absatz des Art. 7 im letzten Satz des ersten Absatzes des Art. 105 – könnte gefolgert werden, dass eine Ausgleichsleistung im Sinne des Art. 105 immer in Bargeld geleistet werden müsste. Nach dem Konzept des Gesetzes wird jedoch mit der Ausgleichsklage vielmehr eine Ausgleichs*leistung* geltend gemacht, die entweder in bar oder in Anteils- oder Mitgliedschaftsrechten erfüllt werden kann. Die Frage, ob eine Ausgleichsleistung in bar oder in Anteils- oder Mitgliedschaftsrechten zu erfüllen ist, ist eine *materiellrechtliche Frage*, die Gegenstand des Verfahrens ist. Mithin liegt es m.E. *grundsätzlich* (zu den Ausnahmen N 26) im Ermessen des Gerichtes, ob eine Ausgleichsleistung in bar, in Anteils- oder Mitgliedschaftsrechten oder in einer Kombination von Bargeld und Anteils- oder Mitgliedschaftsrechten geleistet werden muss. Bei 25 der Festlegung der Art der Ausgleichsleistung hat sich das Gericht für diejenige Art der Ausgleichsleistung zu entscheiden, die unter Würdigung aller relevanten Umstände als die *sachgerechte* – d.h. *angemessenere* – erscheint. Der Auftrag des Gesetzes an das Gericht, «angemessene» Wertverhältnisse bei der fraglichen Fusion, Spaltung oder Umwandlung zu schaffen, beinhaltet somit auch die Auswahl zwischen verschiedenen Arten der Ausgleichsleistung. Bei der Festlegung der Art der Ausgleichsleistung hat das Gericht insbesondere auch die Konsequenzen zu berücksichtigen, die eintreten, wenn die Ausgleichsleistung nicht erbracht wird (vgl. N 30 und N 34): Grundsätzlich sollte eine Ausgleichsleistung solcher Art festgelegt werden, dass der Fusions-, Spaltungs- oder Umwandlungsbeschluss Bestand hat (was voraussetzt, dass der vermögensmässige Beschlussmangel tatsächlich behoben wird).

26 Eine Ausgleichsleistung hat zwingend in bar (also als eigentliche Ausgleichszahlung) zu erfolgen, wenn die Ausgleichsklage nach Art. 105 bei einer reinen Abfindungsfusion im Sinne des Art. 8 Abs. 2 erhoben wird; das Gleiche gilt, wenn bei einer Spaltung nur eine Abfindung ausgerichtet wird. Wer eine Abfindung im Sinne des Art. 8 Abs. 1 wählt, kann nur eine Ausgleichsleistung in bar verlangen (und erhalten).

27 Die rechnerische Höhe der Ausgleichsleistung ergibt sich aus dem Zweck der Ausgleichsklage: Der Kläger und dessen Mitgesellschafter, auf welche sich die Rechtswirkung des Urteils nach Art. 105 Abs. 2 erstreckt, sind vermögensmässig so zu stellen, wie wenn die Umstrukturierung mit angemessenen Wertverhältnissen durchgeführt worden wäre. Mit der Ausgleichsleistung ist mithin die Differenz auszugleichen, die zwischen der tatsächlichen vermögens- und mitgliedschaftsrechtlichen Position des Klägers nach Durchführung der «angefochtenen» Umstrukturierung und der potentiellen vermögens- und mitgliedschaftsrechtlichen Position des Klägers bei angemessenen Wertverhältnissen der Umstrukturierung besteht. Massgeblicher Zeitpunkt für die derart zu ermittelnde Differenz ist der Zeitpunkt der Beschlussfassung des zuständigen Organs (vgl. N 14). Da die Ausgleichsleistung in der Regel (vgl. aber N 43) über den (beklagten) Rechtsträger zu erfolgen hat, und die bei der Festsetzung der Ausgleichsleistung regelmässig bereits vollzogene Fusion, Spaltung oder Umwandlung zu berücksichtigen ist, wird die Ausgleichsleistung in den meisten Fällen nicht einfach zu berechnen sein.

28 Sofern seit dem Zeitpunkt, welcher für die Ermittlung der Höhe der Ausgleichsleistung relevant ist (Beschlussfassung des zuständigen Organs), in Folge der vermögensmässigen Verletzung der mitgliedschaftlichen Kontinuität weiterer Schaden für die Gesellschafterkategorie des Klägers eingetreten ist, ist dieser gestützt auf Art. 108 geltend zu machen (vgl. N 9).

2. Ausgleichsleistung in bar

29 Bei einer Ausgleichsleistung in bar werden die Beteiligungsverhältnisse der Gesellschafter der an der Fusion, Spaltung oder Umwandlung beteiligten Rechtsträger nachträglich nicht verändert. Nach ausdrücklicher Gesetzesvorschrift des Art. 105 Abs. 1 kommt bei einer Ausgleichsleistung in bar die Grenze des zehnten Teils des wirklichen Wertes der gewährten Anteile nach Art. 7 Abs. 2 nicht zur Anwendung; dies ist sachgerecht, weil anderenfalls eine Ausgleichsleistung des beklagten Rechtsträgers in bar von vornherein begrenzt oder sogar unmöglich wäre. Eine Ausgleichsleistung des beklagten Rechtsträgers in bar setzt aber voraus, dass der verpflichtete Rechtsträger über frei verwendbares Eigenkapital verfügt (anderenfalls müsste die Ausgleichszahlung in bar über eine Kapitalrückzahlung [Kapitalherabsetzung] entsprechend den rechtsträgereigenen Regeln erfolgen, was in der Regel einen Gesellschafterbeschluss und allenfalls weiterer Voraussetzungen bedarf).

4. Abschnitt: Überprüfung der Anteils- und Mitgliedschaftsrechte 30–35 Art. 105

Kann aus irgendwelchen Gründen der beklagte Rechtsträger die gerichtlich festgelegte Ausgleichsleistung in bar nicht erbringen – sei es, weil er nicht über frei verwendbares Eigenkapital in der erforderlichen Höhe verfügt, oder die Kapitalherabsetzung nicht gelingt –, kommt m.E. die Regel des Art. 107 Abs. 2 analog zur Anwendung: In einem Nachfolgeverfahren hebt das Gericht den Fusions-, Spaltungs- oder Umwandlungsbeschluss auf (allerdings ex nunc) und ordnet die erforderlichen Massnahmen an (vgl. N 37). Dies ist sachgerecht, weil in diesen Fällen der vermögensmässige Beschlussmangel (vgl. N 10 ff.) nicht behoben wird und nichts daran ändert, dass die Ausgleichsklage *als solche* die Rechtswirksamkeit des Fusions-, Spaltungs- oder Umwandlungsbeschlusses nicht hindert. 30

Eine Ausgleichsleistung in bar drängt sich vor allem in den Verletzungsfällen der nicht angemessenen Abgeltung für Sonderrechte (Art. 7 Abs. 5) oder zur Anpassung des Rückkaufswertes der Genussscheine an den wirklichen Wert (Art. 7 Abs. 6) auf. Bei einer reinen Abfindungstransaktion erfolgt die Ausgleichsleistung zwingend in bar (vgl. N 26). In der Regel wird bei der Mehrzahl der Umstrukturierungen eine Ausgleichsleistung in bar sachgerechter sein. 31

Eine Ausgleichsleistung in bar kann m.E. in besonderen Fällen (vgl. N 43) auch direkt von den Gesellschaftern des Transaktionspartners verlangt bzw. vom Gericht festgelegt werden. Diesfalls bestehen keine Einschränkungen bezüglich der Erfüllung der Ausgleichsleistung in bar. 32

Da für die Berechnung der Höhe der Ausgleichsleistung die Verhältnisse im Zeitpunkt der Beschlussfassung des kompetenten Organs massgebend sind, kann bei der Ausgleichsleistung in bar unbefriedigend sein, dass der Kläger und alle Gesellschafter, auf die sich die Rechtswirkung des Urteils erstreckt, von der Entwicklung der Anteils- oder Mitgliedschaftsrechten ab dem bewertungsrelevanten Zeitpunkt ausgeklammert sind. Bei positiver Wertentwicklung stellt sich die Frage, ob subsidiär und ergänzend eine Verantwortlichkeitsklage erhoben werden kann. Diese Frage ist m.E. zu bejahen (vgl. N 9); ob ergänzende Ansprüche bestehen, beurteilt sich ausschliesslich nach Art. 108. 33

3. Ausgleichsleistung in Anteils- oder Mitgliedschaftsrechten

Bei einer Ausgleichsleistung in Anteils- oder Mitgliedschaftsrechten werden die Beteiligungsverhältnisse der Gesellschafter der an der Fusion, Spaltung oder Umwandlung beteiligten Rechtsträger nachträglich derart verändert, wie es der Angemessenheit des Umtausch- oder Zuteilungsverhältnisses entspricht. Sofern der beklagte Rechtsträger über die für die Erfüllung der Ausgleichsleistung erforderlichen Anteils- oder Mitgliedschaftsrechte nicht verfügt oder rechtsträgereigenes Recht das Halten eigener Anteils- oder Mitgliedschaftsrechte ausschliesst, setzt die Erfüllung der Ausgleichsleistung voraus, dass die Anteils- und Mitgliedschaftsrechte geschaffen werden. Diese Bereitstellung der Anteils- oder Mitgliedschaftsrechte setzt in der Regel einen Beschluss der Gesellschafter des beklagten Rechtsträgers voraus. Lehnen die Gesellschafter die Bereitstellung der Anteils- und Mitgliedschaftsrechte ab, hat der vermögensmässige Beschlussmangel (N 10 ff.) als nicht behoben zu gelten (vorbehalten bleibt der Fall, in dem das Gericht durch Urteil die erforderlichen Mitgliedschaftsstellen selbst schafft, Aktien z.B. mittels Liberierung durch Umwandlung freier Mittel). Diesfalls gelangt m.E. die Regel des Art. 107 Abs. 2 analog zur Anwendung: In einem Nachfolgeverfahren hebt das Gericht den Fusions-, Spaltungs- oder Umwandlungsbeschluss auf (allerdings ex nunc) und ordnet die erforderlichen Massnahmen an (vgl. N 37). 34

Gerade bei Kapitalgesellschaften mit einer grossen Anzahl von Gesellschaftern scheint dieses Ergebnis angebracht zu sein: Über eine (erneute) Beschlussfassung, in der es 35 sachlich um die gerichtlich angepassten Wertverhältnisse der Fusion, Spaltung oder Umwandlung geht (vgl. N 2), erhalten die Gesellschafter des beklagten Rechtsträgers *im Ergebnis* die Gelegenheit, über die Fusion, Spaltung oder Umwandlung in Kenntnis der abgeänderten Wertverhältnisse Beschluss zu fassen (was von der Sache her wegen der gerichtlichen Abänderung der Transaktionsmodalitäten in wirtschaftlicher Hinsicht auch angebracht ist; vgl. auch N 49).

IV. Rechtswirkung

36 Art. 105 Abs. 4 statuiert, dass eine auf Art. 105 gestützte Klage als solche die Rechtswirksamkeit des Fusions-, Spaltungs- oder Umwandlungsbeschlusses nicht hindert. Das Gesetz geht folglich davon aus, dass ein Umstrukturierungsbeschluss, der die Anteils- oder Mitgliedschaftsrechte nicht angemessen wahrt oder eine nicht angemessene Abfindung festlegt, *grundsätzlich* einen Mangel aufweist, der wie ein behebbarer Mangel im Sinne des Art. 107 behoben werden kann; diese Mangelbehebung erfolgt in der Regel insoweit durch das Gericht, als es eine abstrakte Ausgleichsleistung festlegt. Die vom Gericht festgelegte Ausgleichsleistung muss dann jedoch vom beklagten Rechtsträger oder den beklagten Gesellschaftern (auch tatsächlich) erbracht werden (soweit das Gericht nicht gewillt ist, den «Vollzug» der Ausgleichsleistung gerade selbst anzuordnen).

37 Sofern die gerichtlich festgelegte Ausgleichsleistung vom Beklagten (aus welchen Gründen auch immer) nicht erfüllt wird (und vom Gericht auch nicht selbst bereitgestellt wird), hat der Beschlussmangel m.E. als nicht behebbar oder als nicht behoben im Sinne des Art. 107 Abs. 2 zu gelten. Dies ist v.a. der Fall, wenn ein Gesellschafterbeschluss zur Erfüllung der Ausgleichsleistung erforderlich ist und dieser Beschluss nicht zustande kommt. In analoger Anwendung des Art. 107 Abs. 2 hat diesfalls das Gericht den Beschluss aufzuheben und die erforderlichen Massnahmen anzuordnen. In solchen Konstellationen kommt sodann die Verantwortlichkeitsklage nach Art. 108 (subsidiär) zur Anwendung (vgl. N 9).

38 Die von Gesetzes wegen angeordnete Behebbarkeit der Verletzung der mitgliedschaftlichen Kontinuität in wirtschaftlicher Hinsicht ändert auch nichts daran, dass offensichtliche und geradezu beabsichtigte bzw. angestrebte Verletzungen des Kerngehaltes des Prinzips der mitgliedschaftlichen Kontinuität die Nichtigkeit des Umstrukturierungsbeschlusses zur Folge haben (vgl. N 7).

39 Art. 105 Abs. 2 statuiert, dass das Urteil Wirkung für alle Gesellschafter des beteiligten Rechtsträgers hat, sofern sich diese in der gleichen Rechtsposition wie der Kläger befinden. In der gleichen Rechtsstellung wie der Kläger befinden sich grundsätzlich diejenigen Gesellschafter, die vor der Umstrukturierung über die gleichen Anteils- und Mitgliedschaftsrechte wie der Kläger verfügten. Die Wirkung des Urteils dehnt sich somit nicht auf Gesellschafter aus, die über Anteils- oder Mitgliedschaftsrechte verfügten, die ihnen im Vergleich zum Kläger unterschiedliche Rechte und Pflichten gewährten oder auferlegten (wobei z.B. bei Aktien ein unterschiedlicher Nennwert bewirkt, dass keine identischen Rechte vorliegen).

V. Klagelegitimation

1. Aktivlegitimation

40 Zur Erhebung der Ausgleichsklage nach Art. 105 sind alle Gesellschafter (Art. 2 lit. f) berechtigt, die von der Fusion, Spaltung oder Umwandlung betroffen sind: Bei einer Fu-

sion und Abspaltung die Gesellschafter sowohl des übertragenden als auch des übernehmenden Rechtsträgers (soweit die Ausgleichsklage ihrem Zweck zufolge zur Anwendung kommen kann). Die Ausgleichsklage ist ein Individualrecht des Gesellschafters; klagen mehrere Gesellschafter, sind sie als echte einfache Streitgenossenschaft zu qualifizieren, und ihre Klage muss wegen des engen Sachzusammenhanges vom gleichen Gericht im gleichen Verfahren behandelt werden.

Die Klageberechtigung ist auf Gesellschafter beschränkt, die durch den vermögensmässig mangelhaften Beschluss in ihrer Gesellschafterstellung beeinträchtigt wurden. Die Gesellschafterstellung muss somit im Zeitpunkt der Beschlussfassung des zuständigen Organs gegeben sein; folglich endet die Klageberechtigung grundsätzlich nicht mit der Aufgabe der Stellung als Gesellschafter, und die Gesellschafterstellung im Zeitpunkt der Klageeinleitung ist für die Legitimation nicht ausreichend. **41**

Der Gesetzeswortlaut des Art. 105 verlangt im Unterschied zu Art. 106 nicht ausdrücklich, dass nur Gesellschafter, die dem Beschluss über die Fusion, Spaltung oder Umwandlung nicht zugestimmt haben, die Ausgleichsklage erheben können. Es gilt m.E. aber auch bei der Ausgleichsklage, dass die Zustimmung zur Umstrukturierung grundsätzlich die Verwirkung des Klagerechts nach sich zieht. Diese Verwirkung drängt sich auf, weil anderenfalls auch für zustimmende Gesellschafter aufgrund des vom Gesetz gewählten Klagekonzeptes der wirtschaftliche Anreiz besteht, die Ausgleichsklage auch bei Zustimmung zu erheben. Wer dem Umstrukturierungsbeschluss zustimmt, billigt auch die mit der Umstrukturierung beschlossen Wertverhältnisse. **42**

2. *Passivlegitimation*

Das Gesetz regelt die Passivlegitimation nicht ausdrücklich. Aus der Kostentragungsregel des Art. 105 Abs. 3 kann aber gefolgert werden, dass *grundsätzlich* die Gesellschaft passivlegitimiert ist. Dem Konzept der Ausgleichsleistung zufolge wäre es jedoch grundsätzlich sachgerechter, wenn die Gesellschafter des Transaktionspartners oder der beteiligten Rechtsträger die Ausgleichsleistung zu erfüllen hätten. Sofern es die konkreten Verhältnisse der Fusion, Spaltung oder Umwandlung zulassen, entspricht es m.E. durchaus dem Gesetz, die Gesellschafter einzuklagen, die im Rahmen der fraglichen Transaktion zu viele Wertanteile erhalten haben. Zulässig sollte die Geltendmachung der Ausgleichsleistung auf der Stufe der Gesellschafter unter der Voraussetzung sein, dass die Gesellschaftsverhältnisse derart ausgestaltet sind, dass alle Gesellschafter namentlich bekannt sind. Wenn keine besonderen Verhältnisse vorliegen, dürfte auf Stufe der Gesellschafter die Ausgleichsleistung in bar zu erfüllen sein. **43**

Wird die Ausgleichsleistung auf Stufe Gesellschaft verlangt, gilt u.a. Folgendes: Sofern die an der Fusion, Spaltung oder Umwandlung beteiligten Rechtsträger in Folge des Vollzuges der Transaktion nicht untergehen, sind diese grundsätzlich als Beklagte in das Verfahren einzubeziehen. Im Falle der Fusion ist ausschliesslich der übernehmende Rechtsträger passivlegitimiert, auch wenn die Klage vor Vollzug der Fusion eingeleitet wird. Bei der Umwandlung wird der betreffende Rechtsträger nicht aufgelöst; es wird grundsätzlich das gleiche Rechtssubjekt eingeklagt. Bei der Spaltung besteht insofern eine besondere Konstellation, als in jedem Fall mehr als ein an dieser Umstrukturierung beteiligter Rechtsträger bestehen bleibt. Bei einer Aufspaltung wird die übertragende Gesellschaft aufgelöst, ihr Vermögen jedoch auf andere Gesellschaften verteilt. Als Parteien der Aufspaltung sind die übernehmenden Rechtsträger Beklagte; sie bilden eine notwendige Streitgenossenschaft. Bei der Abspaltung wird der übertragende Rechtsträger nicht aufgelöst. Neben der übernehmenden ist daher auch die übertragende Gesellschaft einzuklagen. **44**

VI. Verfahrensfragen und weitere Aspekte der Ausgleichsklage

45 Damit die **Klagefrist** gewahrt ist, hat die Klage innert einer Frist von zwei Monaten nach Veröffentlichung des Fusions-, Spaltungs- oder Umwandlungsbeschlusses eingeleitet zu werden. Sofern keine Veröffentlichung erforderlich ist, beginnt die Frist mit der Beschlussfassung des kompetenten Organs (Generalversammlung oder oberstes Leitungs- oder Verwaltungsorgan) über die Fusion, Spaltung oder Umwandlung. Die Frist beginnt am Tage der Veröffentlichung bzw. des Beschlusses. Für die Berechnung der Frist ist Art. 77 Abs. 1 Ziff. 3 OR analog heranzuziehen. Die zweimonatige Frist ist eine Verwirkungsfrist (vgl. im Übrigen auch Art. 106 N 50 ff.).

46 Den **Gerichtsstand** bei innerstaatlichen Sachverhalten regelt Art. 29a GestG (vgl. Komm. zu Art. 29a GestG). Für die Bestimmung der **sachlichen Zuständigkeit** ist das anwendbare kantonale Recht massgebend.

47 Der Wortlaut des Art. 105 Abs. 3 bestimmt, dass die **Kosten des Verfahrens** vom «übernehmenden Rechtsträger» zu tragen sind. Dieser gesetzliche Kostenverteilungsschlüssel ist derart zu verstehen, dass *generell* der *beklagte Rechtsträger* die Kosten des Verfahrens dem Grundsatz nach zu tragen hat, wobei insbesondere bei der Abspaltung der übertragende Rechtsträger passivlegitimiert sein kann. An der generellen Kostentragungsregelung ändert sich nichts, wenn ausnahmsweise die Gesellschafter eingeklagt werden: Die Kosten hat derjenige Rechtsträger zu tragen, dem die eingeklagten Gesellschafter zuzurechnen sind. Die «Kosten des Verfahrens» im Sinne dieser Bestimmung umfassen neben den Gerichtsgebühren und -kosten sowie den Auslagen für allfällige Bewertungsgutachten auch die gemäss der anwendbaren Prozessordnung festzulegenden Prozessentschädigungen. Das Gericht kann die Kosten ganz oder teilweise dem Kläger auferlegen, sofern besondere Umstände dies rechtfertigen. Der Wortlaut «besondere Umstände» erfasst namentlich Klagen, die offensichtlich unbegründet sind und der Kläger sich dessen bewusst war oder hätte bewusst sein müssen (Botschaft, 4488). Selbst wenn diese besonderen Umstände gegeben sind, kann das Gericht dem Kläger die Kosten bloss teilweise auferlegen. Diese Regelung berücksichtigt, dass sich die Kosten nach dem Streitwert bemessen, das geldwerte Interesse des Klägers jedoch entsprechend seiner Beteiligung nur einen Bruchteil des Streitwertes ist (der Streitwert definiert sich nach dem Gesamtbetrag, den der Kläger als Ausgleichsleistung fordert).

48 Eine Erledigung der Ausgleichsklage durch **Vergleich** oder Klageanerkennung muss *grundsätzlich* ausgeschlossen sein, soweit ein Rechtsträger beklagte Partei ist, und die Gesellschafter des beklagten Rechtsträgers dem Vergleich oder der Klageanerkennung nicht ausdrücklich zustimmen. Denn zum Schutz der nicht direkt in das Verfahren einbezogenen Gesellschafter muss der Streitgegenstand im genannten Sinne grundsätzlich der Disposition der Parteien entzogen sein.

49 Bei Gutheissung der Ausgleichsklage wird – wie ausgeführt (vgl. N 2) – rückwirkend der Beschluss über die Fusion, Spaltung oder Umwandlung durch das Gericht abgeändert, allenfalls unter Mitwirkung des Organs, das den Beschluss gefasst hat. Gesellschafter (oder auch das oberste Leitungs- oder Verwaltungsorgan) hätten aber allenfalls in Kenntnis der Wertverhältnisse, die der Umstrukturierung aufgrund der gerichtlichen Anpassung in Folge der Gutheissung der Klage zugrunde gelegt werden, der Umstrukturierung nicht zugestimmt. Um diesem Problem gerecht werden zu können wird – sofern die Anpassung der Wertverhältnisse keinen Beschluss des kompetenten Organs bedarf (vgl. N 30 und N 34) – die Gerichtspraxis zu entscheiden haben, ob andere Gesellschafter (insbesondere diejenigen des Transaktionspartners), im Falle der Erhebung der Ausgleichsklage vorsorglich einen Willensmangel bei ihrer Stimmabgabe geltend machen können, für den Fall, dass die Ausgleichsklage erfolgreich ist. Wenn auf diese Weise der Fusion, Spaltung oder Umwandlung ursprünglich zustimmende Stimmen für ungültig erklärt werden könnten, und dadurch die Möglichkeit bestehen würde, dass der Beschluss über die Fusion, Spaltung oder Umwandlung aufgehoben werden könnte, könnten sich Gesellschafter gegen die Ausgleichsklage «schützen».

Fünfter Abschnitt: Anfechtung von Fusionen, Spaltungen, Umwandlungen und Vermögensübertragungen durch Gesellschafterinnen und Gesellschafter

Art. 106

Grundsatz

¹ Sind die Vorschriften dieses Gesetzes verletzt, so können Gesellschafterinnen und Gesellschafter der beteiligten Rechtsträger, die dem Beschluss über die Fusion, die Spaltung oder die Umwandlung nicht zugestimmt haben, den Beschluss innerhalb von zwei Monaten nach der Veröffentlichung im Schweizerischen Handelsamtsblatt anfechten. Wenn keine Veröffentlichung erforderlich ist, beginnt die Frist mit der Beschlussfassung.

² Gesellschafterinnen und Gesellschafter können den Beschluss auch anfechten, wenn er vom obersten Leitungs- oder Verwaltungsorgan gefasst wurde.

Principe

¹ Si les dispositions de la présente loi ne sont pas respectées, les associés des sujets participants qui n'ont pas approuvé la décision de fusion, de scission ou de transformation peuvent l'attaquer en justice dans le délai de deux mois à compter de la publication dans la Feuille officielle suisse du commerce. Si la publication n'est pas requise, le délai court à compter de la date de la décision.

² Les associés peuvent également attaquer la décision si elle a été prise par l'organe supérieur de direction ou d'administration.

Principio

¹ Se le disposizioni della presente legge sono violate, i soci dei soggetti giuridici partecipanti che hanno votato contro la fusione, la scissione o la trasformazione possono contestare la decisione entro due mesi dalla sua pubblicazione nel Foglio ufficiale svizzero di commercio. Se non occorre una pubblicazione, il termine decorre dal giorno della decisione.

² I soci possono contestare la decisione anche se è stata adottata dall'organo superiore di direzione o di amministrazione.

Literatur

RIEMER, Anfechtungs- und Nichtigkeitsklage im schweizerischen Gesellschaftsrecht, Bern 1998.

I. Normzweck: Gesetzesspezifische Anfechtungsnorm

Dem Art. 106 liegt eine **dreifache Zwecksetzung** zugrunde: Erstens dient diese Bestimmung – wie jede Anfechtungsnorm – insofern dem Schutz der Gesellschafter, als ihnen ermöglicht wird, gegen gesetzeswidrige Umstrukturierungen vorzugehen und die *Ein-*

haltung der Umstrukturierungsregeln des Fusionsgesetzes durchzusetzen. Zweitens ergibt sich aus der fusionsspezifischen Anfechtungsordnung eine ‹*Vereinheitlichung der Anfechtungsordnung*› doppelter Art: Zum einen bezweckt der Anfechtungstatbestand des Art. 106 eine weitgehende «Vereinheitlichung» der Anfechtungsordnung für Umstrukturierungsbeschlüsse in dem Sinne, dass *körperschaftsinternes Recht*, das auf den Fusionsbeschluss – in der Regel anstelle von Gesetzesbestimmungen – zur Anwendung kommt, der fusionsgesetzspezifischen Anfechtungsordnung untersteht (z.B. Quorumsfragen bei Beschlussfassungen). Zum anderen, und dies als eine andere Art der «Vereinheitlichung», stellt der Anfechtungstatbestand des Art. 106 den Gesellschaftern eine Grundnorm für die Anfechtung zur Verfügung, die unabhängig davon, welche Rechtsträger an der Umstrukturierung beteiligt sind, einheitliche Anfechtungsregeln statuiert (dies ist insbesondere dann wesentlich, wenn Rechtsträger verschiedener Rechtsformen an einer Umstrukturierung beteiligt sind). Zu verwirklichen ist diese Vereinheitlichung v.a. durch ein entsprechendes Verständnis der Anfechtungsgründe, die das Gesetz mit «Verletzung der Vorschriften dieses Gesetzes» erfasst (dazu N 31 ff.). Drittens ist die Anfechtungsordnung des Fusionsgesetzes bestrebt, dem Umstrukturierungswillen der Gesellschafter selbst bei Erfüllung des Anfechtungstatbestandes zum Durchbruch zu verhelfen, indem das Fusionsgesetz in Art. 107 eine *eigentümliche Rechtsfolge* erfolgreich angefochtener Umstrukturierungsbeschlüsse statuiert (vgl. Komm. zu Art. 107).

2   Gesetzesspezifische Grundnorm der Anfechtung von Beschlüssen über die Fusion, Spaltung oder Umwandlung durch die Gesellschafter ist Art. 106; Regelungsgegenstand dieser Norm sind die Voraussetzungen, unter denen die Gesellschafter einen Umstrukturierungsbeschluss, der die *Vorschriften des Fusionsgesetzes verletzt*, erfolgreich anfechten können. Die Rechtsfolgen bei Erfüllung des Anfechtungstatbestandes des Art. 106 sind demgegenüber in Art. 107 normiert.

3   Merkwürdig erscheint auf den ersten Blick, dass entgegen dem Wortlaut der Überschrift des 5. Abschnitts im Wortlaut des ersten Absatzes des Art. 106 der Beschluss über «die Vermögensübertragung» fehlt. Ob das Weglassen des «Beschlusses über die Vermögensübertragung» zweckmässig ist, da nicht die Gesellschafter einen Beschluss über die Vermögensübertragung fassen müssen, oder ob es sich um ein gesetzgeberisches Versehen handelt, kann offen bleiben. Entscheidend ist, dass keine Anhaltspunkte erkennbar sind, die es nahe legen würden, ein qualifiziertes Schweigen des Gesetzes anzunehmen. Vielmehr ist vom Grundsatz – so die Marginalie des Art. 106 – auszugehen, dass jeder Umstrukturierungsbeschluss, mithin auch derjenige über eine Vermögensübertragung, anfechtbar ist. Allerdings haben, anders als bei einer Fusion, Spaltung oder Umwandlung, die Gesellschafter bei einer Vermögensübertragung entsprechend dem Grundkonzept des Gesetzes für diese Umstrukturierungsart prinzipiell – die Spezialfälle des Art. 69 Abs. 2 vorbehalten – keinen Beschluss zu fassen, da das einer Vermögensübertragung zugrunde liegende Rechtsgeschäft (Übertragungsvertrag) in die Beschlusskompetenz des obersten Leitungs- oder Verwaltungsorgans der beteiligten Rechtsträger fällt (Art. 70 Abs. 1). Konsequenterweise sind Beschlüsse der obersten Leitungs- oder Verwaltungsorgane über Vermögensübertragungen unter den Anfechtungstatbestand des Art. 106 Abs. 2 zu subsumieren (dies bestätigt die Botschaft, 4489); Anfechtungsobjekt ist nicht der Übertragungsvertrag, sondern der Beschluss des obersten Leitungs- oder Verwaltungsorgans, mit welchem der Übertragungsvertrag zur Perfektion gebracht wird.

II. Anwendungsbereich und Abgrenzung zu anderen Klagen

Der Anfechtungstatbestand des Fusionsgesetzes setzt voraus, dass «die Vorschriften des Fusionsgesetzes verletzt» werden. Die *ausdrückliche Einschränkung* des Anfechtungsobjektes des Art. 106 auf Umstrukturierungsbeschlüsse, mit denen Vorschriften des Fusionsgesetzes verletzt sind, verbunden mit der Beschränkung der Aktivlegitimation auf die Gesellschafter (Art. 2 lit. f) ist Ausgangspunkt der Bestimmung des **Anwendungsbereiches** des Art. 106 und mithin auch des Verhältnisses zwischen den Art. 105 und 106 einerseits und den rechtsträgerspezifischen Anfechtungstatbeständen des Gesellschaftsrechts sowie des Rechts der übrigen juristischen Personen andererseits. Umstrukturierungsbeschlüsse, die wesensgemäss regelmässig zu einer erheblichen Veränderung des betreffenden Rechtsträgers in mehrfacher Hinsicht führen, können aber nicht eingeschränkteren Anfechtungsmöglichkeiten als die übrigen Organbeschlüsse der betreffenden Rechtsträger unterstehen. Dies führt zum Zwischenergebnis, dass auf einen Umstrukturierungsbeschluss neben dem Anfechtungstatbestand des Art. 106 grundsätzlich auch die rechtsträgerspezifischen Anfechtungstatbestände zur Anwendung gelangen. Dieses *Grundverhältnis der Kumulation der Anfechtungstatbestände* gilt aber *nicht uneingeschränkt*; denn einer uneingeschränkten Kumulation des Art. 106 mit den rechtsträgerspezifischen Anfechtungstatbeständen steht die umstrukturierungsspezifische Rechtsfolge des Art. 107 insofern entgegen, als diese eigentümliche Rechtsfolge – Aufrechterhaltung des Beschlusses bei Behebung des Beschlussmangels – nicht wegen der Anrufung eines rechtsträgerspezifischen Anfechtungstatbestandes ausgeschaltet sein kann.

Folglich ist der Anwendungsbereich des Art. 106 zu den rechtsträgerspezifischen Anfechtungstatbeständen durch einen **Anwendungsvorrang** des Art. 106 **gegenüber den rechtsträgereigenen Anfechtungsklagen** abzugrenzen: Auf Umstrukturierungsbeschlüsse, die in «Verletzung der Vorschriften des Fusionsgesetzes» (vgl. dazu N 31 ff.) gefasst wurden, findet *ausschliesslich* der Anfechtungstatbestand des Art. 106 (und Art. 105, vgl. Art. 105 N 5 ff.) Anwendung; *kumulativ* kommen auf Umstrukturierungsbeschlüsse auch die rechtsträgerspezifischen Anfechtungstatbestände zur Anwendung, *soweit diese durch den Anwendungsvorrang des Art. 106 nicht verdrängt werden*. Inwieweit die rechtsträgerspezifischen Anfechtungstatbestände durch das Fusionsgesetz verdrängt werden, ist durch Auslegung der relevanten Bestimmungen des Fusionsgesetzes zu ermitteln. Denn alles, was (i) nach dem Fusionsgesetz (explizit oder implizit) zulässig ist und (ii) vom Fusionsgesetz abschliessend geregelt wird, kann kein Anfechtungsgrund der rechtsträgereigenen Anfechtungsordnung sein (vgl. auch N 40).

Dem Anwendungsvorrang des Art. 106 gegenüber den rechtsträgereigenen Verletzungstatbeständen kommt namentlich dann besondere Bedeutung zu, wenn rechtsträgereigenes Recht für die Modalitäten der Umstrukturierung eine Sonderversammlung verlangen würde (s. z.B. Art. 654 Abs. 3 OR; Art. 657 Abs. 4 OR; Art. 656f Abs. 4 OR): Das Fusionsgesetz regelt die rechtlichen Beschlussmodalitäten und die Wahrung der Anteils- und Mitgliedschaftsrechte bei einer Umstrukturierung abschliessend, und insoweit gilt das rechtsträgereigene Recht und mithin das Recht der Sonderversammlung, einschliesslich der entsprechenden Anfechtungstatbestände, als verdrängt. Diesem Grundkonzept entspricht, dass die Anfechtungsberechtigung den Gesellschaftern (Art. 2 lit. f, also u.a. den Inhabern von Genussscheinen und den Partizipanten) zukommt, und das Fusionsgesetz den Gesellschaftern bei einer vermögensmässigen Verletzung der mitgliedschaftlichen Kontinuität die Ausgleichsklage nach Art. 105 bereitstellt.

Der Regelungsgegenstand des Art. 105 ist auf inhaltliche Beschlussmängel beschränkt, welche *ausschliesslich* die Bewertungsfrage der Wahrung der Anteils- oder Mitgliedschaftsrechte oder der Abfindung (d.h. die vermögensmässige Respektierung des Grundsatzes der mitgliedschaftlichen Kontinuität) betreffen (s. Art. 105 N 5 ff.). Aufgrund dieses **spezifischen Regelungsgegenstandes** geht **Art. 105 dem Anfechtungstatbestand des Art. 106 grundsätzlich vor**, sofern *ausschliesslich* und *unmittelbar* der Grundsatz der mitgliedschaftlichen Kontinuität verletzt wird. Ist Thema der Anfechtung des Umstrukturierungsbeschlusses *ausschliesslich* die Angemessenheit der Wahrung der mitgliedschaftlichen Kontinuität in wirtschaftlicher Hinsicht (d.h. die angemessene vermögensmässige Wahrung der Anteils- oder Mitgliedschaftsrechte oder die Angemessenheit der Ausgleichs- oder Abgeltungszahlung), steht dem Gesellschafter nur die Klage nach Art. 105 offen; bei Wertfragen der Umstrukturierung gilt somit ein *Anwendungsvorrang* des Art. 105 gegenüber dem Art. 106 (vgl. zur Abgrenzung auch N 39 und Art. 105 N 5 ff.).

8 Dieser Anwendungsvorrang schliesst nicht aus, dass parallel zu Bewertungsfragen bei der Wahrung der mitgliedschaftlichen Kontinuität, die ausschliesslich gestützt auf Art. 105 der gerichtlichen Angemessenheitsüberprüfung unterliegen, der Anfechtungstatbestand nach Art. 106 erfüllt ist; allerdings kann es sich nicht um denselben Beschlussmangel handeln.

9 Was die **Abgrenzung** der Anfechtungsklage nach Art. 106 **zur Verantwortlichkeitsklage** nach Art. 108 anbelangt, ergibt sich m.E. aus der im Fusionsgesetz statuierten «Heilungsmöglichkeit» von mangelhaften Beschlüssen gemäss Art. 107 Abs. 1 ein *eigentümlicher Vorrang der Anfechtungsklage gegenüber der Verantwortlichkeitsklage*. Dies ergibt sich bereits daraus, dass die Behebung des Mangels – was natürlich auch ohne Anfechtungsklage geschehen kann – *in der Regel* dazu führt, dass kein Schaden mehr vorhanden ist (oder zumindest der Schaden ein geringeres Ausmass haben wird).

10 Sofern ein Umstrukturierungsbeschluss Vorschriften dieses Gesetzes verletzt und gleichzeitig – und zwar unter Berücksichtigung des Anwendungsvorranges und des Vereinheitlichungszweckes – Anfechtungstatbestände der Rechte erfüllt sind, die auf die an der Umstrukturierung beteiligten Rechtsträger anwendbar sind, können die Anfechtungsordnungen der beteiligten Rechtsträger *kumulativ zur Anwendung kommen*. Diese kumulative Anwendung der körperschaftsrechtlichen Anfechtungsordnungen ist mithin immer insofern *subsidiär*, als zum einen der Anwendungsvorrang des Art. 105 und 106 und zum anderen die durch Art. 106 bezweckte Vereinheitlichung der Anfechtungsordnung für Umstrukturierungsbeschlüsse Geltung beanspruchen.

11 Stiftungen verfügen über keine Gesellschafter; das Gesetz sieht deswegen spezielle Anfechtungsregeln vor (vgl. Art. 84), in deren Rahmen die Regeln der ordentlichen Anfechtungsordnung analog zur Anwendung kommen können.

III. Nichtigkeit von Umstrukturierungsbeschlüssen

1. Doppelte Nichtigkeitsgründe

12 Auch wenn eine ausdrückliche *allgemeine* **Nichtigkeitsregelung** im Fusionsgesetz fehlt, können Umstrukturierungsbeschlüsse nichtig sein; es gibt keinen Grund, die Nichtigkeitsfolge beim Rechtsgeschäft ‹Umstrukturierungsbeschluss› von vornherein auszuschliessen. Nichtigkeit muss jedoch – wie es bei Beschlüssen von Organen bei jeder Körperschaft gilt – auch bei Umstrukturierungsbeschlüssen die Ausnahme sein. Nichtig können nur derart schwerwiegend fehlerhafte Beschlüsse sein, dass eine «Heilung», wie es sie bei anfechtbaren Beschlüssen nach unbenutztem Ablauf der Anfechtungsfrist gibt, von vornherein ausgeschlossen ist.

Die **Nichtigkeitsgründe** von *Umstrukturierungsbeschlüssen der Gesellschafter* haben 13
eine doppelte Grundlage: Auf Umstrukturierungsbeschlüsse sind zum einen die Nichtigkeitstatbestände des betreffenden Rechtsträgers anwendbar. Neben diesen rechtsträgereigenen Nichtigkeitsgründen gibt es zum anderen umstrukturierungsspezifische Nichtigkeitsgründe. Bei der Beurteilung, ob ein Nichtigkeitsgrund nach dem Recht des betreffenden Rechtsträgers vorliegt, ist zu berücksichtigen, für welche Gesetzesverstösse das Fusionsgesetz blosse Anfechtbarkeit anordnet; denn die Verletzung von Vorschriften, die nach dem Fusionsgesetz der Anfechtung unterliegt, kann nicht aufgrund von rechtsträgereigenen Regeln zur Nichtigkeitsfolge führen (dies folgt auch aus dem Anwendungsvorrang der fusionsgesetzlichen Anfechtungsordnung; vgl. N 5).

Umstrukturierungsbeschlüsse können aus materiellen Gründen oder aus formellen 14
Gründen nichtig sein; trifft letzteres zu, ist es der Sache nach ein Nicht-Beschluss.

2. Formelle Nichtigkeitsgründe

Aus formellen Gründen ist ein Umstrukturierungsbeschluss nicht zustande gekommen 15
(und in diesem Sinne nichtig), wenn ein nach dem Fusionsgesetz nicht zuständiges Organ den Beschluss gefasst hat.

Nichtig ist ein Umstrukturierungsbeschluss, wenn bei der Beschlussfassung Vorschriften 16
missachtet werden, die als echte Beschlussvoraussetzungen zu qualifizieren sind. Ob eine gesetzlich statuierte Regelung für die Beschlussfassung als echte Beschlussvoraussetzung mit der Folge der Nichtigkeit gilt oder als unechte Beschlussvoraussetzung mit der Rechtsfolge der Anfechtbarkeit zu verstehen ist, ist durch Auslegung der Vorschrift zu ermitteln. Als echte Voraussetzungen der Beschlussfassung durch das Organ gelten m.E. z.B. bei der Fusion die Regelung des Art. 6 oder bei der erleichterten Fusion von Kapitalgesellschaften die Voraussetzungen nach Art. 23 Abs. 1; als unechte Voraussetzung gilt hingegen z.B. Art. 23 Abs. 2 lit. a. Von echten und/oder unechten Beschlussvoraussetzungen sind Regelungen zu unterscheiden, deren Verletzung von vornherein ausserhalb des Anwendungsbereiches des Art. 106 liegen (wie z.B. die Verletzung der Regel des Art. 28 Abs. 2).

Da (gesetzliche oder statutarische) **Quoren für Umstrukturierungsbeschlüsse** keine 17
Beschlussvoraussetzungen, sondern lediglich Berechnungsgrössen zur Ermittlung des Beschlussergebnisses sind, entsteht der positive oder negative Beschluss mit der Beschlussverkündung des Vorsitzenden der Versammlung, unabhängig davon, ob die Beschlussverkündung auf der falschen Ermittlung des Beschlussergebnisses beruht. Entspricht die Beschlussverkündung nicht dem tatsächlichen Ergebnis der Abstimmung über den Umstrukturierungsbeschluss nach Massgabe des nach dem Fusionsgesetz oder den Statuten anzuwendenden Quorums, ist der Umstrukturierungsbeschluss anfechtbar (und nicht nichtig). Das Fusionsgesetz regelt die erforderlichen Quoren für die Umstrukturierungsbeschlüsse insofern abschliessend, als im Fusionsgesetz nicht nur die gesetzlichen Beschlussquoren statuiert sind, sondern auch aus dem Fusionsgesetz abzuleiten ist, welche Abänderungen der gesetzlichen Quoren durch körperschaftsinternes Recht zulässig sind. Auch aus der bezweckten Vereinheitlichung des Anfechtungsrechts für Umstrukturierungsbeschlüsse lässt sich herleiten, dass Quorumsmängel einheitlich nach dem Fusionsgesetz zu beurteilen sind.

3. Materielle Nichtigkeitsgründe

Materielle Nichtigkeitsmängel betreffen den *Inhalt des Umstrukturierungsbeschlusses*. 18
Inhalt (Gegenstand) des Umstrukturierungsbeschlusses ist der *körperschaftsrechtliche*

Vorgang der Umstrukturierung nach Massgabe der entsprechenden rechtsgeschäftlichen Grundlage (Fusionsvertrag, Spaltungsvertrag oder -plan, Umwandlungsplan oder Übertragungsvertrag).

19 Das Fusionsgesetz statuiert die objektiv wesentlichen Elemente der rechtsgeschäftlichen Grundlage der Beschlüsse für jede Umstrukturierungsart selbst. Ohne dass die an der Umstrukturierung beteiligten Rechtsträger einen *übereinstimmenden Willen* über die nach der Wertung des Gesetzes *objektiv wesentlichen Elemente der Umstrukturierung* haben – bei der Fusion Bst. a–g des Art. 13, bei der Spaltung Bst. a–g des Art. 37; bei der Umwandlung Bst. a–c des Art. 60 und bei der Vermögensübertragung Bst. a–c des Art. 71 –, kann der Fusionsvertrag, Spaltungsvertrag oder -plan, Umwandlungsplan oder Übernahmevertrag nicht rechtsgültig zustande kommen. Diese Sachlage ist von Konstellationen zu unterscheiden, in denen das vertragliche Grundgeschäft entweder inhaltliche (Mindest-)Regelungen des Gesetzes missachtet (vgl. namentlich Art. 17 oder Art. 42) oder einzelne unmögliche Regelungen enthält. Da die betreffende rechtsgeschäftliche Grundlage der Umstrukturierungsbeschlüsse in ihrer materiellen Tragweite Beschlussinhalt ist (und nicht wie die verschiedenartigen Berichte lediglich Grundlage der Beschlussfassung sind, vgl. N 30), sind folglich Umstrukturierungsbeschlüsse, die ein objektiv wesentliches Element nicht beinhalten, in dem Sinne ungültig, dass gar kein rechtsgültiger Beschluss über die Umstrukturierung zustande gekommen ist. Da dem für die Beschlussfassung zuständigen Organ die *echte Kompetenz* zur Entscheidung über die Umstrukturierung (und nicht lediglich eine Genehmigungskompetenz) zukommt, ist ein inhaltlicher Mangel derartiger Ausprägung – Fehlen eines objektiv wesentlichen Elementes – nicht behebbar (vgl. Art. 107 N 5). Die Behebung eines derartigen Mangels würde verlangen, dass die Beschlussfassung nach Behebung des Mangels durch das kompetente Organ (erneut) erfolgt (vgl. auch Art. 107 N 16). Fehlt ein objektiv wesentliches Element in dem dem Umstrukturierungsbeschluss zugrunde liegenden Rechtsgeschäft (und ist dieses auch durch Auslegung oder andere Umstände offensichtlich nicht erfasst), schlägt dieser Mangel auf den Umstrukturierungsbeschluss durch und der entsprechende Beschluss ist *aus materiellen Gründen nichtig*: Es fehlt ein objektiv wesentlicher Beschlussinhalt (vgl. aber auch N 38).

20 Dem Fehlen eines objektiv wesentlichen Beschlusselementes gleichzusetzen ist die inhaltlich objektiv unmögliche Regelung eines objektiv wesentlichen Beschlusselementes; sind vom Gesetz nicht als objektiv wesentlich qualifizierte Inhaltselemente des der Umstrukturierung zugrunde liegenden Rechtsgeschäftes unmöglich, ist der Beschluss demgegenüber höchstens anfechtbar. Werden nach dem Fusionsgesetz relativ zwingende inhaltliche Regelungen (namentlich Art. 17 und Art. 42) der rechtsgeschäftlichen Grundlage des Umstrukturierungsbeschlusses (unzulässigerweise) wegbedungen, ist nicht der Umstrukturierungsbeschluss als solcher unzulässig (nichtig), sondern nur die entsprechende Regelung des Fusionsvertrages, Spaltungsvertrages oder -plans oder Übertragungsvertrages.

21 Nichtig sind Beschlüsse, mit denen Rechtsträger (vermeintlich) eine Umstrukturierung beschliessen, die das Gesetz weder (ausdrücklich noch stillschweigend) in Art. 4 (Verstoss gegen den numerus clausus der rechtsformübergreifenden Fusion) noch in Art. 30 und auch nicht in Art. 53 anerkennt.

22 Weitere materielle Nichtigkeitsgründe von Umstrukturierungsbeschlüssen aufgrund einer *Verletzung des Fusionsgesetzes* können nur in Ausnahmekonstellationen vorliegen; Voraussetzung ist eine schwerwiegende Verletzung des Fusionsgesetzes. Eine solche liegt beispielsweise vor, wenn ein Umstrukturierungsbeschluss gegen den Kerngehalt der mitgliedschaftlichen Kontinuität in seiner gesamten materiellen Tragweite verstösst

5. Abschnitt: Anfechtung

(vgl. auch Art. 105 N 7) oder den Anteilsinhabern im Rahmen der betreffenden Umstrukturierung *in Verletzung des Gesetzes Pflichten* (insbesondere Leistungspflichten) auferlegt.

Die rechtsträgereigenen materiellen Nichtigkeitsgründe kommen auf Umstrukturierungsbeschlüsse ebenfalls zur Anwendung; allerdings sind die Nichtigkeitsgründe der Rechte, die auf die an der Umstrukturierung beteiligten Rechtsträger zur Anwendung kommen, im Lichte der Regelungen des Fusionsgesetzes zu begreifen. 23

4. Insbesondere: Nichtigkeit des Übertragungsbeschlusses

Auch ein *Übertragungsbeschluss* kann aus formellen oder materiellen Gründen nichtig sein. Kompetent zum Abschluss des Übertragungsvertrags ist nach Art. 70 Abs. 1 das oberste Leitungs- oder Verwaltungsorgan. Ohne einen entsprechenden Beschluss des kompetenten Organs über den Übertragungsvertrag kann eine Vermögensübertragung nicht zustande kommen (wobei m.E. ein solcher Beschluss vor oder nach der Unterzeichnung des Vertrages erfolgen kann), d.h. die Vermögensübertragung ist nichtig. Die Verhandlungen sowie die Vertragsunterzeichnung können aber vom zuständigen Organ delegiert werden. 24

Das im Gesetz ausdrücklich vorgesehene Erfordernis des Beschlusses des obersten Leitungs- oder Verwaltungsorgans steht dem Gutglaubensschutz des Vertragspartners der Vermögensübertragung von vornherein entgegen (etwas anderes wäre mit einer gesetzeswidrigen Kompetenzverschiebung gleich zu setzen): Vermögensübertragungen *ohne Organbeschluss* sind ebenso nichtig wie Vermögensübertragungen *mit Beschluss des dafür unzuständigen Organs*. 25

Unechte Gültigkeitsvoraussetzung eines Übertragungsbeschlusses ist nach Art. 70 Abs. 2 überdies ein Übertragungsvertrag in schriftlicher Form, bei der Übertragung von Grundstücken auch eine öffentliche Beurkundung der entsprechenden Vertragsteile. Fehlt es an der erforderlichen Form, ist der Übertragungsvertrag ungültig (Art. 11 OR). Über rechts*un*gültige Verträge kann dem Grundsatz nach – vorbehalten bleibt der Beschlussvorbehalt der Formerfüllung – nicht rechtsgültig Beschluss gefasst werden. Demnach kann der Übertragungsvertrag auch nach dem Beschluss des zuständigen Organs formgültig abgeschlossen werden, sofern der Beschluss unter einer entsprechenden Bedingung gefasst wird. 26

Für den Beschluss über die Vermögensübertragung vorausgesetzt ist, dass das Inventar einen Aktivenüberschuss *im Zeitpunkt der Beschlussfassung* ausweist. In diesem Sinne handelt es sich bei Art. 71 Abs. 2 um eine (nicht heilbare) *echte Gültigkeitsvoraussetzung* des Übertragungsbeschlusses. Gültigkeitsvoraussetzung ist aber nur das *formal korrekte Ausweisen* eines Aktivenüberschusses im Zeitpunkt der Beschlussfassung. Ist der Wert der zu übertragenden Aktiven und Passiven (s. Art. 71 Abs. 1 lit. c) bzw. die angewendete Bewertungsmethode bei Feststellung eines Aktivenüberschusses strittig, ist – eine bewusste Fehlbewertung vorbehalten – Nichtigkeit des Übertragungsbeschlusses von vornherein ausgeschlossen. Gegen solche Mängel in der Bewertung der Aktiven und Passiven ist ausschliesslich mit der Verantwortlichkeitsklage gemäss Art. 108 vorzugehen. 27

IV. Anfechtungstatbestand

1. Anfechtungsobjekt: Umstrukturierungsbeschluss

28 Objekt der Anfechtungsklage ist der Beschluss der Gesellschafter (oder im Falle des Abs. 2 des obersten Leitungs- oder Verwaltungsorgans) über die Fusion, Spaltung, Umwandlung oder Vermögensübertragung; anfechtbar ist der Zustimmungs- oder Ablehnungs*beschluss* betreffend die Umstrukturierung. Aus der Einschränkung des Anfechtungsobjektes auf den Beschluss folgt, dass Rechtshandlungen und Rechtsgeschäfte, auf denen der Umstrukturierungsbeschluss beruht, *nicht selbständig angefochten* werden können.

29 **Gegenstand eines Umstrukturierungsbeschlusses** ist die Fusion, Spaltung, Umwandlung oder Vermögensübertragung als solche, d.h. als rechtsgeschäftlicher bzw. körperschaftsrechtlicher Vorgang besonderer Art *nach Massgabe des transaktionsspezifischen Vertrages oder Plans* (vgl. für den Fusionsbeschluss Art. 12 Abs. 2 und Art. 18 Abs. 1; für den Spaltungsbeschluss Art. 36 Abs. 3 und Art. 43 Abs. 1; für den Umwandlungsbeschluss Art. 59 Abs. 1 und Art. 64 Abs. 1). Insofern sind die einem Umstrukturierungsbeschluss zugrunde liegenden Verträge oder Pläne in ihrer materiellen Tragweite *Bestandteil des Beschlussgegenstandes* und mithin Beschlussinhalt (vgl. zur Folge N 19). Zum *Beschlussinhalt* zählt also die rechtsgeschäftliche Grundlage der Umstrukturierung (Fusionsvertrag, Spaltungsvertrag oder -plan, Umwandlungsplan oder Übertragungsvertrag), nach deren Massgabe der Umstrukturierungsvorgang durchzuführen ist, sofern der Beschluss zustande kommt.

30 Die einem Umstrukturierungsbeschluss zugrunde liegenden *Berichte der Organe und Prüfer* sind demgegenüber als Vorbereitungshandlungen nur *Grundlage für die Fassung des Umstrukturierungsbeschlusses*, und mithin anders als der materielle Gehalt des Fusionsvertrags, Spaltungsvertrags oder -plans, Umwandlungsplans oder Übertragungsvertrags *nicht Beschlussinhalt*. Fehlerhafte Beschlussgrundlagen sind nicht als inhaltliche Beschlussmängel, sondern *als Mängel im Zustandekommen des Beschlusses* (Verfahrensmängel im weiteren Sinne) zu qualifizieren. Solche Mängel im Zustandekommen des Umstrukturierungsbeschlusses sind Regelungsgegenstand des Art. 107 Abs. 1. Nichtigkeit des Umstrukturierungsbeschlusses ist bei derartigen Verfahrensmängeln grundsätzlich ausgeschlossen.

2. Anfechtungsvoraussetzung in sachlicher Hinsicht (Beschlussmängel)

a) Anfechtungsgrund: «Verletzung von Vorschriften des Fusionsgesetzes», die dem Interesse der Gesellschafter dienen

31 Die Anfechtung von Umstrukturierungsbeschlüssen setzt voraus, dass «Vorschriften dieses Gesetzes verletzt» werden. Der Anfechtungsgrund der «Verletzung von Vorschriften dieses Gesetzes» ist im Zusammenhang mit der in Art. 106 statuierten ausschliesslichen Anfechtungsberechtigung der Gesellschafter zu verstehen. Als «Vorschriften dieses Gesetzes» sind folglich alle auf eine Umstrukturierung anwendbaren gesetzlichen und statutarischen (vgl. N 34) Regelungen zu qualifizieren, die sich **unmittelbar oder mittelbar aus dem Fusionsgesetz ergeben, soweit diese Regelungen den Schutz des Anfechtungsberechtigten bezwecken** (und keinen Nichtigkeitsgrund bilden).

32 Das Anfechtungsrecht wird somit *nicht durch jede Verletzung von Vorschriften des Fusionsgesetzes begründet*. Damit ein Anfechtungsgrund im Sinne des Art. 106 gegeben ist, müssen gesetzliche Umstrukturierungsregeln verletzt werden, die den *Schutz der*

5. Abschnitt: Anfechtung **33–37 Art. 106**

Anfechtungsberechtigten – der Gesellschafter im Sinne des Art. 2 lit. f – *bezwecken*; es handelt sich um diejenigen Vorschriften, die im Interesse der Gesellschafter in das Fusionsgesetz aufgenommen wurden. Die *Auslegungsfrage*, ob eine Vorschrift dem Interesse der Gesellschafter dient, ist v.a. auch unter systematischen Gesichtspunkten zu handhaben; es sind mithin alle Vorschriften des Fusionsgesetzes (sowie des Rechts des betreffenden Rechtsträgers) zu berücksichtigen, die im Zusammenhang mit dem behaupteten Anfechtungsgrund zur Anwendung kommen.

Eine *Einschränkung des Anfechtungsrechts* kann sich folglich vor allem dann ergeben, wenn das Fusionsgesetz für die Verletzung einer bestimmten Vorschrift eine andere Rechtsfolge als die Möglichkeit der Behebung des Beschlussmangels im Sinne des Art. 107 vorsieht. Diese Frage der Einschränkung des Anfechtungsrechts aufgrund der Zwecksetzung der verletzten Umstrukturierungsvorschrift kann nur anhand der Interessenqualität der konkreten Einzelvorschrift entschieden werden. Die folgenden Beispiele sind besonders klar zu beurteilen: Ist der Spaltungsvertrag oder -plan entgegen der Regelung des Art. 37 lit. b dahingehend mangelhaft, dass eine klare Zuordnung der Gegenstände des Aktiv- und Passivvermögens fehlt, greift die Vorschrift des Art. 38 ein und verdrängt dem Grundsatz nach das Anfechtungsrecht des Gesellschafters nach Art. 106. Werden im Rahmen einer Umstrukturierung die Vorschriften über die Konsultation der Arbeitnehmervertretung (Art. 28, 50, 77 und 85 Abs. 4) verletzt, ist das Anfechtungsrecht der Gesellschafter ausgeschlossen, weil – abgesehen davon, dass diese Vorschriften nicht im Interesse der Gesellschafter statuiert wurden – das Fusionsgesetz den Arbeitnehmervertretungen diesfalls einen speziellen Rechtsbehelf, nämlich die gerichtliche Untersagung der Eintragung der Umstrukturierung in das Handelsregister, zur Verfügung stellt. 33

Es gilt als allgemeines Prinzip im Körperschaftsrecht, dass Beschlüsse der Gesellschafter dem zweifachen Normenkreis von Gesetz und körperschaftsinternem Recht unterstehen. Der Verweis in Art. 106 auf «dieses Gesetz» erfasst folglich das auf einen Umstrukturierungsbeschluss zur Anwendung kommende *körperschaftsinterne Recht* insoweit, *als sich die Zulässigkeit solcher statutarischer Regelungen aus «diesem Gesetz» ergibt*. Werden durch einen Umstrukturierungsbeschluss solche auf einen Umstrukturierungsbeschluss anwendbaren statutarischen Regeln verletzt, ist eine «Vorschrift dieses Gesetzes» im Sinne des Art. 106 verletzt. Diesem Verständnis entspricht die Zwecksetzung der fusionsgesetzspezifischen Anfechtungsordnung, die auf einen Umstrukturierungsbeschluss anwendbaren körperschaftsinternen Regeln einer *«einheitlichen» Beurteilung nach dem Fusionsgesetz* zu unterstellen (vgl. N 2). 34

Verweist das Fusionsgesetz unmittelbar oder mittelbar auf Bestimmungen des Gesellschaftsrechts (z.B. Art. 9, 10, oder 32), gelten diese Bestimmungen als in das Fusionsgesetz inkorporierte Vorschriften; verletzt ein Umstrukturierungsbeschluss solche Bestimmungen, sind die «Vorschriften dieses Gesetzes verletzt» und folglich ist gegen solche Verstösse grundsätzlich mit der Anfechtungsklage nach Art. 106 vorzugehen (mit der Konsequenz, dass die Behebung behebbarer Mängel im Rahmen einer Umstrukturierung den Bestand des Beschlusses sichert). Dieses Verständnis entspricht dem Anwendungsvorrang der Anfechtungsordnung des Fusionsgesetzes (N 5). 35

Behält das Fusionsgesetz andere gesetzliche Bestimmungen vor (z.B. Art. 69 Abs. 2) und werden durch einen Umstrukturierungsbeschluss solche Bestimmungen verletzt, sind die entsprechenden fusionsgesetzfremden Anfechtungsordnungen anzuwenden. 36

Ein Fusions-, Spaltungs-, Umwandlungs- oder Vermögensübertragungsbeschluss kann materielle oder formelle Mängel aufweisen. Als materielle Beschlussmängel gelten *inhaltliche Mängel des Umstrukturierungsbeschlusses*, während formelle Mängel als 37

Mängel im Zustandekommen des Beschlusses zu verstehen sind. Für die Abgrenzung zwischen materiellen und formellen Mängeln gilt *im Fusionsgesetz*: Inhaltlicher Mangel eines Umstrukturierungsbeschlusses kann *nach dem Fusionsgesetz* nur sein, was Gegenstand des Beschlusses – eben Inhalt des Beschlusses – ist. Alle andersartigen Mängel eines Umstrukturierungsbeschlusses sind *aus Sicht des Fusionsgesetzes* Verfahrensmängel. Die Qualifizierung eines Mangels als Verfahrens- oder Inhaltsmangel nach Fusionsgesetz kann im Einzelfall schwierig sein, ist aber im Hinblick auf die Rechtsfolge wesentlich; denn es gilt der *Grundsatz*, dass nur eine Zuordnung zu den *Verfahrensmängeln* aus der Menge der Mängel im Sinne des Art. 106 – der Regelungsgegenstand des Art. 105 bleibt vorbehalten – dazu führen kann, dass der Umstrukturierungsbeschluss trotz Erfüllung des Anfechtungstatbestandes zustande kommt, sofern es sich um einen behebbaren Beschlussmangel handelt und dieser behoben wird. Haftet einem Umstrukturierungsbeschluss ein fusionsgesetz- oder rechtsträgerspezifischer Inhaltsmangel an, fällt der Beschluss – unter Vorbehalt des Falles des Art. 105 – infolge der erfolgreichen Anfechtung dahin (wenn nicht Nichtigkeit vorliegt).

b) Inhaltsmängel

38 Inhaltliche Beschlussmängel betreffen den *Vorgang der Umstrukturierung* nach Massgabe der *rechtsgeschäftlichen Grundlage*, welche Beschlussinhalt ist. Von Art. 106 erfasste Inhaltsmängel sind nicht behebbar im Sinne des Art. 107 Abs. 1 und führen bei Erfüllung des Anfechtungstatbestandes nach Art. 106 zur gerichtlichen Aufhebung des angefochtenen Beschlusses (vgl. Art. 107 N 4 ff.). Ausgehend von dieser Rechtsfolge ist es sachgerecht, inhaltliche Beschlussmängel nur dann als Anfechtungsgrund im Sinne des Art. 106 anzuerkennen, wenn der materielle Beschlussmangel *wesentlich* ist. Inhaltliche Beschlussmängel, die auf einer fehlerhaften rechtsgeschäftlichen Grundlage der Umstrukturierung (Fusionsvertrag, Spaltungsvertrag oder -plan, Umwandlungsplan oder Übertragungsvertrag) beruhen, sind wesentlich, wenn anzunehmen ist, dass der Inhaltsmangel einen Einfluss auf die Beschlussfassung gehabt haben könnte (vgl. aber zur Nichtigkeit N 19). **Wesentliche Inhaltsmängel** *können nicht behoben werden, führen zur Aufhebung des Umstrukturierungsbeschlusses* und sind mithin Regelungsgegenstand des Art. 107 Abs. 2.

39 Ein inhaltlicher Beschlussmangel im Sinne des Art. 106 liegt m.E. auch vor, wenn bei einer Fusion oder Spaltung die Ausgleichszahlung den zehnten Teil des wirklichen Wertes der gewährten Anteile übersteigt (Art. 7 Abs. 2), wenn für Anteile ohne Stimmrecht nicht gleichwertige Anteile gewährt werden (Art. 7 Abs. 4), wenn für Sonderrechte an der übertragenden Gesellschaft nicht gleichwertige Rechte gewährt werden (Art. 7 Abs. 5) oder wenn den Inhabern von Genussscheinen nicht gleichwertige Rechte gewährt werden (Art. 7 Abs. 6). Diese Besonderheiten bezüglich der *Gleichwertigkeit der Anteile* sind, soweit im Rahmen der Fusion oder Spaltung keine angemessene Abgeltung (Art. 7 Abs. 5) oder ein Rückkauf zum wirklichen Wert (Art. 7 Abs. 6) erfolgt, mit der Anfechtungsklage nach Art. 106 geltend zu machen (vgl. auch Art. 105 N 6 und N 11). Denn es geht um inhaltliche Beschlussmängel, die den Kerngehalt der mitgliedschaftlichen Kontinuität betreffen – die Gleichwertigkeit der zugewiesenen Rechte oder die Abgeltungsbeschränkung – und nicht mit einer Ausgleichsleistung auf der Grundlage einer Klage nach Art. 105 ausgeglichen werden können. Das Gleiche gilt, wenn bei einer Umwandlung für Anteile ohne Stimmrechte nicht mindestens gleiche Anteile gewährt werden (Art. 56 Abs. 3). Wird hingegen das Prinzip der mitgliedschaftlichen Kontinuität in seiner gesamten materiellen Tragweite missachtet, ist m.E. der Nichtigkeitstatbestand erfüllt (vgl. N 22 und Art. 105 N 7).

Auf Umstrukturierungsbeschlüsse sind grundsätzlich auch die Anfechtungsgründe desjenigen Rechts anwendbar, dem der betreffende Rechtsträger untersteht, wenn auch unter der Voraussetzung, dass der Anwendungsvorrang des Art. 106 (vgl. N 4 ff.) und des Art. 105 (vgl. N 7) sowie der Vereinheitlichungszweck zu beachten sind (vgl. N 1). Vor allem bei den Inhaltsmängeln von Umstrukturierungsbeschlüssen sind folglich die rechtsträgereigenen Anfechtungsgründe derart zu begreifen, dass kein Konflikt mit dem Fusionsgesetz entsteht: Alles, was nach dem Fusionsgesetz zulässig ist oder wofür die Klage nach Art. 105 oder Art. 106 zur Verfügung steht, kann keinen materiellen Anfechtungsgrund nach der Anfechtungsordnung des betreffenden Rechtsträgers bilden (vgl. auch N 5).

c) Verfahrensmängel

Als Verfahrensmängel – und dies im Gegensatz zu materiellen Mängeln des Beschlusses – gelten gemeinhin verschiedenartige Mängel im Zustandekommen des Beschlusses. Unter Zugrundelegung der in Art. 107 Abs. 1 statuierten Möglichkeit der Behebung eines (Verfahrens-)Mangels können verschiedenartige Mängel im Zustandekommen des Beschlusses unterschieden werden.

Fehlerhafte Beschlussgrundlagen (insb. Berichte von Organen und Prüfern) sind nicht inhaltliche Beschlussmängel, sondern als Mängel im Zustandekommen des Beschlusses (Verfahrensmängel im weiteren Sinne) zu qualifizieren. Solche Verfahrensmängel sind – neben anderen Verfahrensmängeln – Regelungsgegenstand des Art. 107 Abs. 1. Nichtigkeit des Umstrukturierungsbeschlusses ist bei dieser Art von Beschlussmängeln *grundsätzlich* ausgeschlossen.

Neben den genannten Verfahrensmängeln im weiteren Sinne gibt es Verfahrensmängel, die nicht materielle Grundlage der Beschlussfassung sind, sondern den Beschlussablauf als solchen bzw. rein technisch das Zustandekommen eines Umstrukturierungsbeschlusses regeln. Zu solchen Verfahrensregeln gehört namentlich die 30-tägige Frist des Einsichtsrechts nach Art. 16, 41 und 63. Solche Verfahrensmängel im engeren Sinne sind ebenfalls Regelungsgegenstand des Art. 107 Abs. 1 (soweit es bei den fraglichen Regeln überhaupt um den Schutz der Gesellschafter geht).

Als weitere Art von Verfahrensmängeln gilt die Nichteinhaltung unechter Beschlussvoraussetzungen. Unter unechten Beschlussvoraussetzungen sind Vorschriften zu verstehen, die für einen gesetzmässigen Umstrukturierungsbeschluss vorausgesetzt werden, deren Nichteinhaltung aber nicht zur Ungültigkeit des Beschlusses führt (vgl. N 16). Auch solche Beschlussmängel sind Regelungsgegenstand des Art. 107 Abs. 1 (soweit es bei den fraglichen Regeln überhaupt um den Schutz der Gesellschafter geht).

3. Anfechtungsberechtigung

Anfechtungsberechtigt ist dem Grundsatz nach jeder Gesellschafter des an der Fusion, Spaltung, Umwandlung oder Vermögensübertragung beteiligten Rechtsträgers. Auch wenn der anfechtbare Beschlussmangel dem Transaktionspartner zuzurechnen ist, können die Gesellschafter nur den Beschluss desjenigen Rechtsträgers anfechten, bei welchem ihnen Gesellschafterstellung im Zeitpunkt der Beschlussfassung des kompetenten Organs zukommt. Art. 2 lit. f und g regeln, wer als Gesellschafter gilt.

Voraussetzung für die Anfechtung ist gemäss dem Wortlaut des Gesetzes, dass der den Beschluss anfechtende Gesellschafter dem Umstrukturierungsbeschluss nicht zugestimmt hat. Zustimmung zur Umstrukturierung schliesst somit grundsätzlich die Anfechtung durch den Zustimmenden aus; beruht diese Zustimmung jedoch auf einem

Willensmangel – und wäre ohne Willensmangel nicht erfolgt –, ist vor der eigentlichen Anfechtung diese Zustimmung für unverbindlich zu erklären. Vor allem bei Informationsmängeln ist es naheliegend anzunehmen, dass die Zustimmung auf einem Willensmangel beruht. Der Willensmangel, der zur Unverbindlichkeit der Zustimmung führen soll, ist im Anfechtungsverfahren geltend zu machen.

47 Weitere Voraussetzungen der Klageberechtigung statuiert das Fusionsgesetz nicht; insbesondere ist nicht ausdrücklich geregelt, in welchen Zeitpunkten einem Anfechtungskläger Gesellschafterqualität zukommen muss. Diese Frage ist Gegenstand des «Vereinheitlichungszweckes» der Anfechtungsordnung des Fusionsgesetzes (vgl. N 1) und mithin für alle an einer Umstrukturierung beteiligten Rechtsträger einheitlich nach dem Fusionsgesetz – und nicht nach dem Recht des betreffenden Rechtsträgers – zu beurteilen. Zur Anfechtungsklage nach Art. 106 Abs. 1 legitimiert ist, wer im Zeitpunkt der Beschlussfassung der Gesellschafter sowie im Zeitpunkt der Klageeinleitung Gesellschafterqualität aufweist; demgegenüber setzt die Anfechtungsklage nach Art. 106 Abs. 2 i.V.m. Abs. 1 lediglich Gesellschafterqualität im Zeitpunkt der Klageeinleitung voraus. Verändert sich nach der Klageeinleitung die Gesellschafterstellung – dies ist bei Vollzug von Umstrukturierungen in einem gewissen Ausmass regelmässig der Fall – hat dies keine Auswirkung auf die Klageberechtigung; geht die Gesellschafterstellung wegen Veräusserung der Anteilsscheine unter, wird die Anfechtungsberechtigung konsequenterweise mitübertragen. Diese Beurteilung der Klageberechtigung der «Gesellschafter» folgt aus der Besonderheit des Rechtsschutzinteresses bei der Anfechtungsklage: Es geht bei der Anfechtung von Umstrukturierungen um die rechtmässige Ausgestaltung und Durchführung der Umstrukturierung im Interesse aller Gesellschafter.

48 Die Anfechtung von Umstrukturierungsbeschlüssen nach Art. 106 ist nach dem Gesetzestext den Gesellschaftern vorbehalten. Nicht anfechtungsberechtigt ist das oberste Leitungs- oder Verwaltungs*organ*, soweit der Anfechtungstatbestand des Fusionsgesetzes geltend gemacht wird. Allerdings können die *Mitglieder* des obersten Leitungs- oder Verwaltungsorgans einzeln gegen den Umstrukturierungsbeschluss als Gesellschafter – Gesellschafterqualität vorausgesetzt – vorgehen. Auch kann das oberste Leitungs- oder Verwaltungs*organ* nach Massgabe der rechtsträgereigenen Anfechtungstatbestände den Fusionsbeschluss anfechten; sofern «Vorschriften dieses Gesetzes verletzt» werden, die nicht den Schutz der Gesellschafter bezwecken, dürfte durch eine Verletzung von Umstrukturierungsregeln oft (auch) ein rechtsträgerspezifischer Anfechtungsgrund gesetzt werden. Die Nichtigkeit eines Umstrukturierungsbeschlusses kann das oberste Leitungs- oder Verwaltungsorgan ohne weiteres geltend machen.

49 Den Gläubigern fehlt die Berechtigung, Umstrukturierungsbeschlüsse nach Massgabe des Art. 106 anzufechten. Die Interessen der Gläubiger sind über das Anfechtungsverfahren nur mittelbar geschützt: Das oberste Leitungs- und Verwaltungsorgan kann nach Massgabe der rechtsträgereigenen Anfechtungstatbestände die Verletzung von Gläubigerschutzbestimmungen des Fusionsgesetzes geltend machen. Um allfällige Ansprüche von Gläubigern nach Massgabe des Art. 108 zu verhindern, ist anzunehmen, dass das oberste Leitungs- und Verwaltungsorgan die Einhaltung der Gläubigerschutzbestimmungen überwachen wird.

4. Anfechtungsfrist

50 Die Anfechtungsklage ist innerhalb der Frist von zwei Monaten nach dem Zeitpunkt der Veröffentlichung der Fusion, Spaltung, Umwandlung oder Vermögensübertragung im Schweizerischen Handelsamtsblatt (SHAB) anzuheben. Als «Veröffentlichung im Schweizerischen Handelsamtsblatt» gilt aus Gründen der Rechtssicherheit das *Ausga-*

5. Abschnitt: Anfechtung 51–57 Art. 106

bedatum (Publikationsdatum oder Printdatum) des Schweizerischen Handelsamtsblattes (unabhängig davon, dass das Schweizerische Handelsamtsblatt erst einen Arbeitstag später *erscheint* bzw. zugänglich ist). In analoger Anwendung des Art. 77 Abs. 1 OR gilt die Frist als gewahrt, wenn die Klage spätestens am Tag des zweiten Monats, der die gleiche Zahl trägt wie der Tag der Ausgabe des Schweizerischen Handelsamtsblattes, angehoben wird.

Ist keine Veröffentlichung der Umstrukturierung im Schweizerischen Handelsamtsblatt erforderlich, beginnt die Anfechtungsfrist nach Art. 106 Abs. 1 Satz 1 mit der Beschlussfassung durch das kompetente Organ. Art. 77 Abs. 1 OR gilt auch diesfalls analog. **51**

Die Anfechtungsfrist von zwei Monaten ist eine *Verwirkungsfrist*. Zur Wahrung der Frist genügt die erste prozesseinleitende bzw. -vorbereitende Handlung des Anfechtungsklägers, mit welcher in bestimmter Form der Schutz des Richters angerufen wird; dies ist in der Regel die Klageerhebung bzw. Einreichung der Anfechtungsklage. **52**

Die Klageerhebung vor der Veröffentlichung im Schweizerischen Handelsamtsblatt ist zulässig. Es sind keine Gründe erkennbar, die einer vorzeitigen Anfechtung eines mangelhaften Umstrukturierungsbeschlusses entgegenstehen würden. **53**

V. Verfahrensfragen

Kläger im Anfechtungsverfahren nach Art. 106 ist der anfechtende Gesellschafter. Beklagte ist die Gesellschaft, deren zuständiges Organ die Umstrukturierung beschlossen hat, gegen welche der Anfechtungskläger Klage erhebt. Der Gesellschafter kann mit der Anfechtungsklage nur gegen die Beschlussfassung desjenigen Rechtsträgers vorgehen, bei welchem er im Zeitpunkt der Beschlussfassung des kompetenten Organs Gesellschafterstellung hatte. Verliert er nach Klageeinleitung seine Gesellschafterstellung durch Übertragung der Mitgliedschaftsstelle, verliert er seine Anfechtungsberechtigung: Allerdings tritt der Erwerber diesfalls in seine Klageberechtigung ein. Diese Regelung folgt aus der Besonderheit des Rechtsschutzinteresses bei der Anfechtungsklage: Es geht bei der Klage nach Art. 106 um die rechtmässige Ausgestaltung einer Umstrukturierung im Interesse der beteiligten Rechtsträger und aller Gesellschafter dieser Rechtsträger. **54**

Bei der Fusion und der Aufspaltung wird der übertragende Rechtsträger durch den Vollzug des entsprechenden Beschlusses aufgelöst. Mit der damit verbundenen Löschung des übertragenden Rechtsträgers im Handelsregister entfällt auch die Möglichkeit, diesen Rechtsträger einzuklagen. Da das Anfechtungsrecht mit der Löschung jedoch nicht untergeht, ist in diesen Fällen der an dieser Umstrukturierung beteiligte Rechtsträger als Rechtsnachfolger einzuklagen (sofern mehrere Rechtsträger Rechtsnachfolger sind – wie bei der Aufspaltung – sind diese gemeinsam ins Recht zu fassen). **55**

Art. 29a GestG legt den Gerichtsstand der Anfechtungsklage nach Art. 106 fest (vgl. Komm. zu Art. 29a GestG). Die sachliche Zuständigkeit bestimmt sich nach dem anwendbaren kantonalen Recht. **56**

Die Verteilung der Kosten des Verfahrens werden – anders als in Art. 105 Abs. 3 – für die Anfechtungsklage gesetzlich nicht geregelt. Bei der Anfechtungsklage nach Art. 106 handelt es sich um eine vermögensrechtliche Streitigkeit; der Streitwert richtet sich nach dem Interesse des oder der beklagten Rechtsträger an der Aufrechterhaltung des streitgegenständlichen Umstrukturierungsbeschlusses. Im Falle der Abweisung der Klage sollte der Richter ermächtigt sein, die Kosten nach seinem Ermessen auf den beklagten Rechtsträ- **57**

58 Der Streitgegenstand der Anfechtungsklage nach Art. 106 ist der Disposition der Parteien in dem Sinne entzogen, dass die Klage grundsätzlich nicht durch Vergleich oder Anerkennung erledigt werden kann. Dieses (grundsätzliche) Verbot der Streiterledigung durch Vergleich oder Anerkennung gilt nicht, wenn die Gesellschafter des beklagten Rechtsträgers dem Vergleich oder der Klageanerkennung ausdrücklich zustimmen (was auch an einer Versammlung der Gesellschafter möglich ist); diesfalls sind die Gesellschafter, auf die sich die Urteilswirkung erstreckt, ausreichend geschützt.

Art. 107

Folgen eines Mangels

¹ Kann ein Mangel behoben werden, so räumt das Gericht den betroffenen Rechtsträgern dazu eine Frist ein.

² Wird ein Mangel innerhalb der angesetzten Frist nicht behoben oder kann er nicht behoben werden, so hebt das Gericht den Beschluss auf und ordnet die erforderlichen Massnahmen an.

Conséquences d'une irrégularité

¹ S'il peut être remédié à une irrégularité, le juge accorde aux sujets concernés un délai pour le faire.

² S'il n'a pas été remédié à l'irrégularité dans le délai imparti, ou s'il ne peut pas y être remédié, le juge annule la décision et ordonne les mesures nécessaires.

Conseguenze di un vizio

¹ Se un vizio può essere sanato, il giudice impartisce ai soggetti giuridici interessati un termine per provvederivi.

² Se un vizio non è sanato entro il termine impartito o non è possibile sanarlo, il giudice annulla la decisione e ordina i provvedimenti necessari.

I. Normzweck und Regelungsgegenstand

1 Art. 107 statuiert die **Rechtsfolgen**, wenn der Anfechtungstatbestand des Art. 106 erfüllt ist. Die Rechtsfolge bei einer Verletzung des Fusionsgesetzes, die zur Anfechtbarkeit des Umstrukturierungsbeschlusses führt, ist insofern eigentümlich, als bei Behebung des Beschlussmangels der angefochtene, ursprünglich mangelhafte Beschluss Bestand hat. Ein angefochtener mangelhafter Umstrukturierungsbeschluss fällt mithin nur unter der Voraussetzung dahin, dass entweder der Beschlussmangel nicht behebbar ist oder der an sich behebbare Beschlussmangel innerhalb der vom Gericht festgesetzten Frist von den betroffenen Rechtsträgern nicht behoben wird. Insoweit als Art. 107 zwischen behebbaren einerseits und nicht behebbaren oder nicht behobenen Beschlussmängeln andererseits unterscheidet, *ergänzt diese Bestimmung den Anfechtungstatbestand nach Art. 106 rechtsfolgeseitig*. Aufgrund der eigentümlichen Rechtsfolge eines geltend gemachten Beschlussmangels, der den Anfechtungstatbestand des Art. 106 erfüllt, wird die einem mangelhaften Beschluss anhaftende bedingte Rechtsgültigkeit über eine erfolgreiche Anfechtung hinaus bis zur Entscheidung über die Behebung des Mangels ausgedehnt (vgl. dazu allgemein zu den Anfechtungsklagen RIEMER, N 206 ff.).

5. Abschnitt: Anfechtung　　　　　　　　　　　　　　　　2–5 **Art. 107**

Formelle und materielle Beschlussmängel, welche als **Nichtigkeitsgründe** nach dem 2
Fusionsgesetz oder dem Recht des betreffenden Rechtsträgers gelten, sind **nicht Regelungsgegenstand** des Art. 107. Solche Mängel sind insofern nicht im Sinne des Art. 107 behebbar, als sie das Zustandekommen eines Umstrukturierungsbeschlusses von vornherein verhindern (bei Nichtigkeitsgründen gibt es keine bedingte Rechtsgültigkeit des mangelhaften Beschlusses).

Mit der Möglichkeit, dass der Umstrukturierungsbeschluss trotz Gutheissung der Anfechtungsklage zustande kommen kann, verhindert das Fusionsgesetz, dass behebbare 3
Beschlussmängel zur Durchbrechung des Beschlusswillens der Gesellschafter führen. Diese Wertung des Gesetzes, dem Umstrukturierungswillen der Gesellschafter eine Vorrangstellung einzuräumen, ist sachgerecht, sofern der Vorgang der Willensbildung der Gesellschafter derart erfolgte, dass das Ergebnis der Beschlussfassung über die Umstrukturierung dem unverfälschten und tatsächlichen Willen des zuständigen Beschlussorgans – in der Regel der Gesellschafter – entspricht. Genau dies stellt das Fusionsgesetz mit der Unterscheidung zwischen behebbaren und nicht behebbaren Mängeln sicher (vgl. N 4 ff.).

II. Behebbare Mängel nach Abs. 1

1. Behebbare Mängel

a) Abgrenzung der behebbaren von den nicht behebbaren Mängeln

Nach den Vorgaben des Fusionsgesetzes ist für den Bestand eines Umstrukturierungsbe- 4
schlusses, der den Anfechtungstatbestand nach Art. 106 erfüllt, entscheidend, ob ein behebbarer oder nicht behebbarer Beschlussmangel vorliegt. Entgegen dieser grundlegenden Bedeutung der beiden Mängelgrundkategorien sind dem Fusionsgesetz selbst keine Anhaltspunkte zu entnehmen, wie ein behebbarer Mangel aus der Menge der von Art. 106 erfassten Beschlussmängel auszuscheiden ist.

Ausgangspunkt der Erfassung des Regelungsgegenstandes des Abs. 1 – der **behebbaren** 5
Beschlussmängel – ist im Sinne einer **negativen Abgrenzung** das Ausscheiden von Mängeln, die aufgrund ihrer Qualität von vornherein nicht behebbar sein können; es sind dies zwei Kategorien von Beschlussmängeln: (1) Nichtigkeitsgründe sind keine behebbaren Mängel (vgl. N 2); (2) nicht behebbar sind grundsätzlich – vorbehalten bleibt die Spezialregelung des Art. 105 – auch materielle Beschlussmängel, deren Behebung einen Willensentscheid eines nach dem Gesetz für den Umstrukturierungsbeschluss nicht zuständigen Organs bedarf; bei derartigen inhaltlichen Beschlussmängeln setzt die Behebung des (inhaltlichen) Beschlussmangels eine Wiederholung der Beschlussfassung durch das kompetente Organ voraus; anderenfalls würde ein unzuständiges Organ die Umstrukturierung materiell ausgestalten, was – vorbehalten bleibt die Regelung des Art. 105 – der Kompetenzordnung des Gesetzes widerspricht. *Grundsätzlich sind folglich im Sinne des Art. 106 inhaltlich fehlerhafte Umstrukturierungsbeschlüsse nicht Regelungsgegenstand des Abs. 1* und mithin nicht behebbar (damit aber ein inhaltlicher Beschlussmangel vorliegt, der als Anfechtungsgrund nach Art. 106 gilt, muss der Mangel *wesentlich* sein, vgl. Art. 106 N 38; vorbehalten bleibt auch die analoge Anwendung des Rechtsgedanken der behebbaren Mängel auf inhaltliche Beschlussmängel, die den Tatbestand der Ausgleichsklage nach Art. 105 erfüllen; vgl. Komm. zu Art. 105). Der Gegenstand eines Umstrukturierungsbeschlusses ist zwar der (inhaltlichen) Auslegung zugänglich, eine eigentliche inhaltliche Ergänzung des dem Umstrukturierungsbeschluss zugrundeliegenden Grundgeschäftes (Fusionsvertrag, Spaltungsvertrag oder -plan, Um-

wandlungsplan oder Vermögensübertragungsvertrag) ist aber grundsätzlich nur soweit möglich, als das Gesetz selbst eine solche vornimmt.

6   Alle andersartigen Mängel der Umstrukturierungsbeschlüsse sind *grundsätzlich* **behebbar**. Es handelt sich in der Regel (d.h. die von Art. 105 erfassten Mängel vorbehalten) um *Verfahrensmängel*, d.h. um Mängel im Zustandekommen eines Umstrukturierungsbeschlusses, vor allem um Mängel in den Dokumenten, die dem Beschluss zugrunde liegen (vgl. Art. 106 N 31 ff.). **Nicht behebbar** sind aber anfechtbare Verletzungen des Fusionsgesetzes, die sich *auf das Ergebnis der Beschlussfassung in dem Sinne ausgewirkt haben, dass infolge des Beschlussmangels der Beschluss inhaltlich anders ausgefallen ist.* ‹Behebbarkeit› des Beschlussmangels setzt mithin im Sinne einer prinzipiellen Abgrenzung zu anderen Mängeln – und positiv umschrieben – voraus, dass der Mangel für die Beschlussfassung *nicht kausal* war: Sofern sich die Verletzung des Fusionsgesetzes (oder von körperschaftsinternem Recht) auf das Ergebnis der Beschlussfassung nicht auswirkt oder nicht ausgewirkt hat, d.h. wenn ohne die Verletzung die Entscheidung des Organs gleich gelautet hätte, ist der Beschlussmangel als behebbar zu qualifizieren. In diesem Sinne wird mit der gesetzlichen Unterscheidung zwischen behebbaren und nicht behebbaren Mängeln der allgemeine körperschaftsrechtliche Grundsatz ins Fusionsgesetz übertragen, dass anfechtbare mangelhafte Beschlüsse nur unter der Voraussetzung als nicht zustande gekommen gelten, dass sich die Verletzung von objektivem oder körperschaftsinternem Recht im Ergebnis effektiv ausgewirkt hat oder auswirken konnte (vgl. zu diesem Grundsatz Riemer, N 79 ff.): Art. 107 Abs. 1 statuiert das *fusionsgesetzspezifische Kausalitätserfordernis* der Beschlussmängel. Den Nachweis, dass sich der Mangel *nicht* auf die Beschlussfassung ausgewirkt hat, hat der betreffende Rechtsträger zu erbringen (vgl. N 8).

7   Das Kausalitätserfordernis, mittels welchem die nicht behebbaren Beschlussmängel aus der Menge der vom Tatbestand des Art. 106 erfassten Mängel ausgeschieden werden, entspricht insoweit dem Regelungskonzept der fusionsgesetzlichen Anfechtungsordnung, als ein Umstrukturierungsbeschluss Bestand haben soll, sofern die beschlossene Umstrukturierung dem tatsächlichen – d.h. dem durch den Beschlussmangel nicht verfälschten – Willen des Beschlussorgans (in der Regel der Gesellschafter) entspricht (vgl. N 3).

8   Das Vorliegen eines behebbaren Mangels gilt insofern als eine *rechtshindernde Tatsache*, als der mangelhafte Beschluss nicht zur Aufhebung des Umstrukturierungsbeschlusses führt, sofern der Beschlussmangel behoben wird. Eine rechtshindernde Tatsache hat zu beweisen, wer sie behauptet.

9   Die Beurteilung, ob der Beschlussmangel für die Beschlussfassung nicht kausal oder kausal war, ist eine *Rechtsfrage*, die in der Regel eine Wertung des Gerichts voraussetzt. Bei der Entscheidung dieser Rechtsfrage hat das Gericht alle relevanten Umstände der Beschlussfassung zu berücksichtigen. Es wird die Aufgabe der Rechtsprechung sein, Fallgruppen behebbarer Beschlussmängel herauszuarbeiten, die Anhaltspunkte der Ausscheidung eines behebbaren Mangels im Einzelfall bereitstellen.

10 Von der Frage, ob ein Beschlussmangel als behebbarer Mangel im Sinne des Abs. 1 zu qualifizieren ist, ist die *(freiwillige) Behebung von Beschlussmängeln* vor der Beschlussfassung über die Umstrukturierung auseinander zu halten. Beschlussmängel können sowohl vor der Beschlussfassung als auch nach der Beschlussfassung, vor oder nach Anhebung der Anfechtungsklage, behoben werden. Aus der hier vorgeschlagenen Abgrenzung der behebbaren Beschlussmängel (N 5, 6 und 7) folgt, dass *mindestens* gerade diejenigen Mängel auch vor der Fassung des Umstrukturierungsbeschlusses – und/oder

nach der Beschlussfassung, aber vor der gerichtlichen Anordnung zur Mangelbehebung – mit gleicher Rechtswirkung behoben werden können, welche von Abs. 1 erfasst werden. Der Kreis der behebbaren Mängel ist aber grösser, wenn der Mangel vor der Beschlussfassung behoben wird. Denn Mängel, die vor der Beschlussfassung behoben werden, haben nur noch in Ausnahmekonstellationen beschlussentscheidende Auswirkungen auf die Beschlussfassung.

b) Arten behebbarer Mängel

Die Qualifizierung eines Beschlussmangels als behebbarer Mangel ist eine Rechtsfrage, welche die Beurteilung bedingt, ob der Mangel sich effektiv auf die Beschlussfassung ausgewirkt hat, d.h. ob er für die Beschlussfassung adäquat kausal war (vgl. N 5 ff.). Diese Beurteilung erfolgt immer *einzelfallbezogen*. Obgleich die Beurteilung der Frage, ob ein behebbarer Mangel vorliegt aufgrund der konkreten Umstände des Einzelfalles erfolgen wird, werden sich aus der Grenzziehung zwischen behebbaren und nicht behebbaren Mängeln durch die Gerichtspraxis Fallgruppen behebbarer Mängel herausarbeiten. 11

Einer Fallgruppe zuzuordnen sind Mängel, die unmittelbar die Beschlussfassung der Gesellschafter betreffen. In dieser Fallgruppe sind insbesondere die rein verfahrenstechnischen Beschlussmängel (wie z.B. die Verletzung des Art. 16 Abs. 1) von der Verletzung von Informationspflichten verschiedenster Art zu unterscheiden. Die der Beschlussfassung der Gesellschafter zugrunde liegenden Berichte sind mangelhaft und der darauf beruhende Umstrukturierungsbeschluss anfechtbar (vgl. Art. 106 N 30), wenn diese Berichte unvollständig sind oder falsche Angaben oder Aussagen enthalten; Anfechtbarkeit liegt ebenso vor, wenn diese Berichte vollkommen fehlen. Derartige Informationsmängel sind als behebbare Mängel zu qualifizieren, wenn der betreffende Rechtsträger nachweist, dass der fragliche Mangel keine effektive Auswirkung auf das Ergebnis der Beschlussfassung gehabt hat. Eine effektive Beeinflussung des Ergebnisses der Beschlussfassung dürfte bei Informationsmängeln in der Regel dann ausgeschlossen sein, wenn der Informationsmangel noch vor der Beschlussfassung behoben wird (dieser Grundsatz dürfte vor allem durchbrochen werden, wenn es sich um eine entscheidrelevante Information handelt, die erst anlässlich der Beschlussfassung gegeben wurde, sich die Mehrheit der Gesellschafter an der Beschlussfassung vertreten liessen und dem Vertreter Weisungen erteilt haben, die nicht mehr den neuen Verhältnissen angepasst werden konnten). 12

Eine Verletzung von Art. 17 Abs. 1 oder Art. 42 i.V.m. Art. 17 Abs. 1 ist als Informationsmangel besonderer Art zu qualifizieren, da diese Bestimmungen der Sache nach Regelungen der rechtsgeschäftlichen Grundlage sind. Dessen ungeachtet sind sie m.E. *grundsätzlich* als Verfahrensmängel zu qualifizieren, die im Sinne des Abs. 1 behebbar sind. Wirkt sich dieser Informationsmangel hingegen derart aus, dass eine vermögensmässige Verletzung der mitgliedschaftlichen Kontinuität vorliegt, ist der Tatbestand der Ausgleichsklage nach Art. 105 gegeben (vgl. Art. 105 N 12). 13

c) Beweislast

Es ist Sache des betreffenden Rechtsträgers oder des Rechtsnachfolgers des betreffenden Rechtsträgers, darzulegen und zu beweisen, dass der Mangel für die Beschlussfassung nicht kausal war (s. N 8). Dem Anfechtungskläger obliegt der Nachweis, dass es sich um einen Beschlussmangel im Sinne des Art. 106 handelt, während der betreffende Rechtsträger oder dessen Rechtsnachfolger die Beweislast trägt, dass der Beschluss- 14 mangel behebbar ist bzw. dass der Mangel das Ergebnis der Beschlussfassung *inhaltlich nicht beeinflusst hat*.

2. Vorgang der Mangelbehebung

15 Der Beschlussmangel ist durch diejenige Person oder durch dasjenige Organ zu beheben, der oder dem die Verletzung der fraglichen Umstrukturierungsregel *zuzurechnen* ist. Sofern das Organ, welches die Gesetzesverletzung gemäss Art. 106 begangen hat, infolge des Vollzuges der Umstrukturierung nicht mehr vorhanden ist, ist das Rechtsnachfolgeorgan dieses Organs für die Mangelbehebung zuständig. Eine erneute Beschlussfassung durch die Gesellschafter unter Einhaltung der im angefochtenen Beschluss verletzten Umstrukturierungsregel ist im Regelfall nicht erforderlich.

16 Wenn der Tatbestand des Art. 106 erfüllt ist, ist die Mangelbehebung durch das Beschlussorgan selbst grundsätzlich nur bei Umstrukturierungstatbeständen möglich, bei denen die Gesellschafter keinen Beschluss zu fassen haben (vgl. auch N 5).

17 Zulässig ist natürlich, dass der Rechtsträger unter Einhaltung der verletzten Umstrukturierungsregel einen neuen Umstrukturierungsbeschluss (unter Aufhebung des angefochtenen Beschlusses) fasst. Eine solche *Beschlusswiederholung* unter Vermeidung des geltend gemachten Beschlussmangels ist nicht Regelungsgegenstand des Art. 107. Inwieweit sich eine derartige Beschlusswiederholung auf Vorbereitungshandlungen des angefochtenen Umstrukturierungsbeschlusses stützen kann, ist durch Auslegung des Fusionsgesetzes im Einzelfall zu bestimmen. Grundsätzlich dürften die erstellten (mangelfreien oder ergänzten und berichtigten) Berichte Grundlage der Beschlusswiederholung sein, sofern sich nichts Wesentliches verändert hat (vgl. Art. 17 und 42).

3. Rechtsfolge bei behebbaren Mängeln und bei deren Behebung

18 Ist der Anfechtungstatbestand erfüllt und der Mangel des Umstrukturierungsbeschlusses behebbar, räumt das Gericht den betroffenen Rechtsträgern eine *Frist zur Behebung des Mangels* ein. Was die Ansetzung der Frist anbelangt, hat das Gericht zwei Aspekte zu beachten: Zum einen versteht es sich von selbst, dass das Gericht die Frist so ansetzen muss, dass die Mangelbehebung unter Beachtung der dafür erforderlichen Regeln und Massnahmen tatsächlich möglich ist. Zum anderen hat das Gericht aber auch die Interessen der anfechtenden Personen und der Gesellschafter der beteiligten Rechtsträger an einer möglichst raschen Klärung des rechtlichen Schicksals des angefochtenen Beschlusses zu beachten; denn einerseits kann die Behebung oder nicht Behebung des Mangels Auswirkungen auf eine parallele Verantwortlichkeitsklage nach Art. 108 haben und andererseits kann die Aufhebung des Beschlusses in Folge der Nichtbehebung des Mangels nach weiterem Zeitablauf schwieriger werden.

19 Eine *Fristansetzung erübrigt sich*, wenn der als behebbar zu qualifizierende Beschlussmangel in Folge Zeitablaufs nicht mehr behoben werden kann (dies ist vor allem bei der Verletzung von rein verfahrenstechnischen Vorschriften der Fall, so wenn z.B. das Einsichtsrecht nur zwanzig anstatt dreissig Tage gewährt wurde).

20 Sofern der behebbare Beschlussmangel innerhalb der vom Gericht gesetzten Frist von dem zur Behebung aufgeforderten Organ behoben wird, gilt der in Folge der Erfüllung des Anfechtungstatbestandes des Art. 106 lediglich bedingt rechtsgültige Umstrukturierungsbeschluss als (unbedingt) rechtsgültig: Die Umstrukturierung wurde vom kompetenten Organ rechtsgültig beschlossen. Allenfalls ist es sachgerecht, die Frist zur Geltendmachung von Verantwortlichkeitsansprüchen nach Art. 108 erst ab Behebung des Beschlussmangels laufen zu lassen.

Eine nur teilweise Behebung des Beschlussmangels ist der Nichtbehebung gleichzusetzen mit der Folge, dass der Umstrukturierungsbeschluss als nicht zustande gekommen gilt. 21

Der Anfechtungsgrund kann von dem betreffenden Rechtsträger vor der Fristansetzung durch das Gericht (freiwillig) behoben werden. Sofern es sich um einen behebbaren Beschlussmangel handelt, fällt die Anfechtungsklage diesfalls dahin und der Umstrukturierungsbeschluss ist zustande gekommen. 22

III. Aufhebung des Beschlusses nach Abs. 2

Erfüllt ein Umstrukturierungsbeschluss den Anfechtungstatbestand nach Art. 106, kommt es nur dann zur Aufhebung des Beschlusses, wenn der Beschlussmangel entweder (i) nicht behebbar ist oder (ii) innerhalb der vom Gericht dem betreffenden Rechtsträger gesetzten Frist nicht behoben wird. 23

Sofern dem betreffenden Rechtsträger der Nachweis nicht gelingt, dass der Beschlussmangel keinen Einfluss auf das Ergebnis der Beschlussfassung hatte und mithin der Beschlussmangel als nicht behebbarer Mangel zu qualifizieren ist, ist die Anfechtungsklage erfolgreich und der Umstrukturierungsbeschluss gilt als nicht zustande gekommen; der Beschluss wird ex tunc aufgehoben. 24

Wird ein an sich behebbarer Mangel innerhalb der vom Gericht festgesetzten Frist nicht behoben oder kann er nicht behoben werden, hebt das Gericht den Umstrukturierungsbeschluss ex tunc auf. Sofern der Beschlussmangel innerhalb der Frist aus schuldhaftem und pflichtwidrigem Verhalten nicht behoben wird, kann dadurch ein eigenständiger Grund für eine Verantwortlichkeit nach Art. 108 gesetzt werden. 25

Wenn der Umstrukturierungsbeschluss im Sinne des Abs. 2 aufgehoben wird, räumt Abs. 2 dem Gericht nicht eine Gestaltungskompetenz ein, die über die *Wiederherstellung des Zustandes vor der Umstrukturierung* geht: Es sind nur diejenigen Massnahmen anzuordnen, die über die Rückabwicklung der Umstrukturierung zur Herbeiführung des Zustandes vor der Umstrukturierung führen. Weitergehende Massnahmen darf das Gericht nicht anordnen. Die Rückabwicklung der Umstrukturierung hat aber in analoger Anwendung der vom Bundesgericht in den Fällen des Vertragsrücktritts angewendeten Umwandlungstheorie (BGE 114 II 157; BGE 123 III 22; BGE 126 III 122; BGE 129 III 269) zu erfolgen: Das der vollzogenen Umstrukturierung zugrunde liegende Rechtsgeschäft (Fusionsvertrag, Spaltungsvertrag oder -plan, Umwandlungsplan oder Übertragungsvertrag) wird inhaltlich derart umgestaltet, dass es vorerst als vertragliches Abwicklungsverhältnis (Liquidationsverhältnis) weiterhin besteht mit der wesentlichen Folge, dass obligatorische Rückleistungspflichten bestehen. 26

IV. Zweistufiges Anfechtungs- bzw. Aufhebungsverfahren

Das Fusionsgesetz regelt das Verfahren der Anfechtung von Umstrukturierungsbeschlüssen nicht ausdrücklich. Allerdings leitet sich aus dem materiellen Recht m.E. folgender **Gang des Verfahrens** ab: Das Anfechtungsverfahren nach Art. 106 i.V.m. Art. 107 muss als einheitliches Verfahren durchgeführt werden. Im *ersten Verfahrensabschnitt* hat das Gericht festzustellen, ob der Anfechtungstatbestand des Art. 106 erfüllt ist und ob ein behebbarer Mangel im Sinne des Art. 107 Abs. 1 vorliegt. Sofern beide Fragen zu bejahen sind, hat das Gericht eine Frist anzusetzen, innert welcher der Mangel zu beheben ist. Bei dieser gerichtlichen Anordnung handelt es sich um ein Teilurteil. Im *zweiten Verfahrens-* 27

Dieter Dubs

Art. 108

abschnitt hat das Gericht nach Ablauf der gesetzten Frist zu prüfen, ob der Mangel fristgerecht behoben wurde. Bejahendenfalls ist dies in einem Endurteil festzuhalten. Stellt das Gericht hingegen fest, dass der Mangel nicht behoben ist, hat es den Beschluss im Endurteil aufzuheben und die erforderlichen Massnahmen anzuordnen.

Sechster Abschnitt: Verantwortlichkeit

Art. 108

[1] Alle mit der Fusion, der Spaltung, der Umwandlung oder der Vermögensübertragung befassten Personen sind sowohl den Rechtsträgern als auch den einzelnen Gesellschafterinnen und Gesellschaftern sowie den Gläubigerinnen und Gläubigern für den Schaden verantwortlich, den sie durch absichtliche oder fahrlässige Verletzung ihrer Pflichten verursachen. Die Verantwortung der Gründerinnen und Gründer bleibt vorbehalten.

[2] Alle mit der Prüfung der Fusion, der Spaltung oder der Umwandlung befassten Personen sind sowohl den Rechtsträgern als auch den einzelnen Gesellschafterinnen und Gesellschaftern sowie Gläubigerinnen und Gläubigern für den Schaden verantwortlich, den sie durch absichtliche oder fahrlässige Verletzung ihrer Pflichten verursachen.

[3] Die Artikel 756, 759 und 760 des Obligationenrechts finden Anwendung. Im Fall des Konkurses einer Kapitalgesellschaft oder einer Genossenschaft gelten die Artikel 757, 764 Absatz 2, 827 und 920 des Obligationenrechts sinngemäss.

[4] Die Verantwortlichkeit der Personen, die für ein Institut des öffentlichen Rechts tätig sind, richtet sich nach dem öffentlichen Recht.

[1] Toutes les personnes qui s'occupent de la fusion, de la scission, de la transformation ou du transfert de patrimoine répondent envers les sujets, de même qu'envers chaque associé et chaque créancier, du dommage qu'ils leur causent en manquant intentionnellement ou par négligence à leurs devoirs. La responsabilité des fondateurs est réservée.

[2] Toutes les personnes qui s'occupent de la vérification de la fusion, de la scission ou de la transformation répondent envers les sujets, de même qu'envers chaque associé et chaque créancier, du dommage qu'ils leur causent en manquant intentionnellement ou par négligence à leurs devoirs.

[3] Les art. 756, 759 et 760 CO sont applicables. En cas de faillite d'une société de capitaux ou d'une société coopérative, les art. 757, 764, al. 2, 827 et 920 CO sont applicables par analogie.

[4] La responsabilité des personnes qui agissent pour le compte d'un institut de droit public est régie par le droit public.

[1] Tutte le persone che si occupano della fusione, della scissione, della trasformazione o del trasferimento di patrimonio rispondono, sia nei confronti dei soggetti giuridici, sia nei confronti dei singoli soci e creditori, del danno loro causato mediante la violazione, intenzionale o colposa, degli obblighi loro incombenti. È fatta salva la responsabilità dei promotori.

6. Abschnitt: Verantwortlichkeit   **Art. 108**

² Tutte le persone che si occupano della verifica della fusione, della scissione, della trasformazione o del trasferimento di patrimonio rispondono, sia nei confronti dei soggetti giuridici, sia nei confronti dei singoli soci e creditori, del danno loro causato mediante la violazione, intenzionale o colposa, degli obblighi loro incombenti.

³ Si applicano gli articoli 756, 759 e 760 del Codice delle obbligazioni. In caso di fallimento di una società di capitali o di una società cooperativa, sono applicabili per analogia gli articoli 757, 764 capoverso 2, 827 e 920 del Codice delle obbligazioni.

⁴ La responsabilità delle persone che agiscono per conto di un istituto di diritto pubblico è disciplinata dal diritto pubblico.

Literatur

Zum FusG: U. BERTSCHINGER, Die Klagen gemäss Fusionsgesetz – ein Überblick, AJP 2004, 839 ff. (zit. Klagen); R. BÜCHI, Spin-off, Diss. Bern 2001; R. VON BÜREN, Fusion, Umwandlung und Vermögensübertragung unter Beteiligung von Instituten des öffentlichen Rechts, SZW 2004, 178 ff.; H.C. VON DER CRONE, Die Fusion von Aktiengesellschaften, in: Das neue Fusionsgesetz; Ein Symposium für KMU, Einzelunternehmer, Juristen, Treuhänder, Unternehmensberater, Bern 2003, 30 ff. (zit. Fusion); H.C. VON DER CRONE/A. GERSBACH, La fusion et la scission, procédure et réalisation, SZW 2004, 186 ff.; F. DASSER, Gerichtsstand und anwendbares Recht unter dem Fusionsgesetz, in: von der Crone et al. (Hrsg.), Neuere Tendenzen im Gesellschaftsrecht, FS Forstmoser, Zürich 2003, 659 ff.; U. GASSER/C. EGGENBERGER, Vorentwurf zu einem Fusionsgesetz/ Grundzüge und ausgewählte Einzelfragen, AJP 1998, 457 ff.; P. LOSER-KROGH, Die Vermögensübertragung – Kompromiss zwischen Strukturanpassungsfreiheit und Vertragsschutz im Entwurf des Fusionsgesetzes, AJP 2000, 1095 ff.; H.M. RIEMER, Die Behandlung der Vereine und Stiftungen im Fusionsgesetz, SJZ 2004, 201 ff.; R. TRIGO TRINDADE, Le nouveau droit des fusions, SJ 2003, 435 ff.

Zur aktienrechtlichen Verantwortlichkeit (Auswahl): R. BACHMANN, Aktienrechtliche Verantwortlichkeit im Konkurs, AJP 2003, 499 ff.; H. BÄRTSCHI, Verantwortlichkeit im Aktienrecht, Diss. Zürich 2001 (SSHW 210); S. BERTI, Zur prozessualen Geltendmachung des Anspruchs auf Ersatz des sog. mittelbaren Schadens im Schweizerischen Aktienrecht, ZSR Bd. I, 1990, 439 ff.; U. BERTSCHINGER, Arbeitsteilung und aktienrechtliche Verantwortlichkeit, Zürich 1999; P. BÖCKLI, Verantwortlichkeit der Organmitglieder: Hürdenlauf der direkt Geschädigten, in: Baer (Hrsg.), Aktuelle Fragen zur aktienrechtlichen Verantwortlichkeit, Bern 2003, 27 ff. (zit. Hürdenlauf); H.C. VON DER CRONE, Interessenkonflikte im Aktienrecht, SZW 1994, 1 ff.; D. DAENIKER/S. WALLER, Kapitalmarktbezogene Informationspflichten und Haftung, in: Weber (Hrsg.), Verantwortlichkeit im Unternehmensrecht, Zürich 2003, 55 ff.; P. FORSTMOSER, Die Verantwortlichkeit des Revisors, Zürich 1997 (SSTR 151) (zit. Revisor); J. FRICK, Die Business Judgment Rechte als Beitrag zur Systematisierung des Verantwortlichkeitsrechts, in: von der Crone et al. (Hrsg.), Neuere Tendenzen im Gesellschaftsrecht, FS Forstmoser, Zürich 2003, 509 ff.; L. GLANZMANN, Die Verantwortlichkeitsklage unter Corporate-Governance-Aspekten, ZSR Bd. II, 2000, 135 ff.; A. GRASS, Business Judgement Rule, Diss. Zürich 1998 (SSHW 186); A. HIRSCH, La responsabilité des organes en cas d'insolvabilité de la SA: dommage direct et dommage indirect des créanciers, SZW 2000, 94 ff.; DERS., La responsabilité des réviseurs envers les investisseurs, SZW 1999, 48 ff.; DERS., La cession du contrôle d'une société anonyme: responsabilité des administrateurs envers les actionnaires, in: Boemle et al. (Hrsg.), FS Bürgi, Zürich 1971, 183 ff. (zit. Cession); K. HONOLD, Zur Dritthaftung der Revisionsstelle, ST 1998, 1069 ff.; A. HÜNERWADEL, Die gesellschaftsrechtlichen Pflichten eines Hauptaktionärs beim Kontrollverkauf einer privaten Aktiengesellschaft, Diss. Zürich 1995 (SSHW 162); P. ISLER, Sorgfalt und Haftung des Verwaltungsrates, in: Weber (Hrsg.), Verantwortlichkeit im Unternehmensrecht, Zürich 2003, 1 ff.; P. KUNZ, Rechtsnatur und Einredenordnung der aktienrechtlichen Verantwortlichkeitsklage, Diss. Bern 1993; B. MAURENBRECHER, Die Stellung der Banken in Verantwortlichkeitsprozessen, AJP 1998, 1327 ff.; J. MEIER-WEHRLI, Die Verantwortlichkeit der Verwaltung einer Aktiengesellschaft bzw. einer Bank gemäss Art. 754 OR/Art. 42 BKG, Diss. Zürich 1968; T. MÜLLER, Die Solidarität in der aktienrechtlichen Verantwortlichkeit – Fortschritt oder Systembruch?, FS Bär, Bern 1998, 281 ff.; M. NOTH/E. GROB, Rechtsnatur und Voraussetzungen der obligationenrechtlichen Prospekthaftung – ein Überblick, AJP 2002, 1435 ff.; G. RAUBER, Der mittelbare Gläubigerschaden, in: Schluep/Isler (Hrsg.), Neues zum Gesellschafts- und Wirtschaftsrecht, FS Forstmoser, Zürich 1993, 157 ff.; V. ROBERTO/T. WEGMANN, Prospekthaftung in der Schweiz, SZW 2001, 161 ff.; K. ROTH/H.C. VON DER CRONE, Haftung der Revisionsstelle, SZW 2003, 254 ff.; R. RUOSS, Sorgfalt und Haftung der Revisionsstelle – Ausgewählte Aspekte der Revisionsstellenhaftung, in: Weber (Hrsg.), Verantwortlichkeit im Unternehmensrecht, Zürich 2003, 19 ff.; E. SCHÖN, Unternehmensbewertung im Gesellschafts- und Vertragsrecht, Diss. Zürich 1999 (SSHW 196); H.P. WALTER, Ungereimtheiten im Verantwortlichkeitsrecht, in: Baer (Hrsg.), Aktuelle Fragen zur aktienrechtlichen Verantwortlichkeit, Bern 2003, 73 ff.; R. WATTER, Prospekt(haft)pflicht heute und morgen, AJP 1992, 48 ff.; R. WATTER/D. DUBS, Organhaftungs- und Organverhaltensregeln im Börsenrecht, AJP 1998, 1308 ff.; R. WATTER/R. TRUFFER, Bemerkungen zum Bundesgerichtsentscheid 125 III 195, AJP 1996, 1569 ff.

I. Allgemeines

1   Fusionen, Spaltungen, Vermögensübertragungen und bis zu einem gewissen Grad auch Umwandlungen können für die beteiligten Rechtsträger und deren Gesellschafter und Gläubiger einschneidende Konsequenzen haben. Damit einher geht eine erhebliche Verantwortung der mitwirkenden Personen (Botschaft, 4490). Das FusG begründet deshalb im Sinne einer **rechtsformübergreifenden Sonderregelung** Verantwortlichkeitsansprüche der Gesellschafter sowie der Rechtsträger und deren Gläubiger für absichtliche oder fahrlässige Pflichtverletzungen (LOSER-KROGH, 1104) im Zusammenhang mit Strukturanpassungen (Art. 108 Abs. 1) und deren Prüfung (Art. 108 Abs. 2). In diesem Sinne kann einerseits von einer **Umstrukturierungshaftung** und andererseits von einer **Prüfungshaftung** gesprochen werden.

2   Artikel 108 lehnt sich in doppelter Weise an die Verantwortlichkeit im Aktienrecht an (vgl. auch Botschaft, 4490; Handkommentar FusG-SCHENKER, N 2; GASSER/EGGENBERGER, 481). Zum einen werden in Art. 108 Abs. 1 und Abs. 2 in Analogie zu Art. 754 und 755 OR separate Normen für die Haftung der für die Durchführung der Umstrukturierung Verantwortlichen einerseits und der mit der Prüfung der Umstrukturierung betrauten Personen andererseits aufgestellt. Dies rechtfertigt sich daraus, dass sich die beiden Haftungsarten bezüglich Passivlegitimation, Pflichtverletzungen und anderen Haftungsmodalitäten unterscheiden (vgl. auch BSK OR II-WIDMER/BANZ, Art. 754 N 1; **a.M.** Handkommentar FusG-SCHENKER, N 12). Zum andern enthält Art. 108 Abs. 3 eine differenzierte **Verweisung auf die aktienrechtliche Verantwortlichkeit**, nach deren Vorbild zwischen Ansprüchen ausserhalb des Konkurses und im Konkurs unterschieden wird. Damit ist auch vorgegeben, dass Lehre und Rechtsprechung zur aktienrechtlichen Verantwortlichkeit einen erheblichen Einfluss auf die entsprechende Haftung nach Fusionsgesetz haben werden (Handkommentar FusG-SCHENKER, N 2). Grundsätzlich ist angesichts der Verwandtschaft der beiden Haftungstatbestände zu postulieren, dass anerkannte Regeln der aktienrechtlichen Verantwortlichkeit auch im Rahmen von Art. 108 Anwendung finden, soweit sich nicht aus der Natur der fusionsgesetzlichen Verantwortlichkeit Abweichungen aufdrängen. Gerade in aktienrechtlich umstrittenen Fragen wie der Abgrenzung zwischen unmittelbarem und mittelbarem Schaden (N 44 ff.) oder der Klageberechtigung des Gesellschafters im Konkurs (N 23) darf die grundsätzlich wünschbare Harmonisierung des Verantwortlichkeitsrechts aber nicht dazu führen, dass die aktienrechtliche Praxis unbesehen auf die Haftung nach FusG übertragen wird (vgl. auch ZK-BERETTA, N 11).

3   Wie die aktienrechtliche Verantwortlichkeit (Art. 752 ff. OR) ist Art. 108 eine Sonderregelung im Rahmen des allgemeinen Haftpflichtrechts. Soweit Art. 108 keine eigene Regel enthält und kein Verweis auf die aktienrechtliche Verantwortlichkeit greift, finden

dementsprechend die **allgemeinen haftpflichtrechtlichen Regeln** subsidiär Anwendung. Dies gilt insbesondere mit Bezug auf Fragen des natürlichen und adäquaten Kausalzusammenhangs, des Verschuldens, der Schadensberechnung und der Schadenersatzbemessung (BSK OR II-WIDMER/BANZ, Vor Art. 754–761 N 2).

Artikel 94 Abs. 1 VE FusG erfasste lediglich Fusions-, Spaltungs- und Umwandlungsvorgänge, sah aber keine Haftung bei Pflichtverletzungen im Rahmen von Vermögensübertragungen vor. In Art. 107 Abs. 1 E FusG wurde die Umstrukturierungshaftung (nicht aber die Prüfungshaftung) auf die Vermögensübertragung ausgedehnt. Im Übrigen wurden die Bestimmungen des VE FusG inhaltlich unverändert in den E FusG übernommen und schliesslich vom Parlament diskussionslos beschlossen (vgl. AmtlBull StR 2003, 161; AmtlBull NR 2003, 266). 4

II. Anwendungsbereich und Abgrenzungen

1. Anwendungsbereich

Artikel 108 setzt für seine Anwendung lediglich voraus, dass ein **Rechtsträger** im Sinne von Art. 2 lit. a eine Umstrukturierung im Sinne des FusG vornimmt. Damit wird der Anwendungsbereich des Verantwortlichkeitsrechts über Aktiengesellschaften (Art. 752 ff. OR), GmbHs (Art. 827 i.V.m. Art. 753 ff. OR) und Genossenschaften (Art. 916 ff. OR) hinaus auf Kollektiv- und Kommanditgesellschaften, Vereine, Stiftungen und Inhaber von Einzelfirmen erstreckt. Auch wenn sich die meisten Fusionen, Spaltungen, Umwandlungen und Vermögensübertragungen weiterhin unter ausschliesslicher Beteiligung von Kapitalgesellschaften abspielen werden, dürfte die Einräumung von verantwortlichkeitsrechtlichen Klagerechten an Gläubiger und Gesellschafter von Personengesellschaften und weiteren Rechtsträgern in der Praxis eine gewisse Bedeutung erlangen. 5

Die fusionsgesetzliche Verantwortlichkeit bezweckt den Schutz der Rechtsträger einerseits und deren Gesellschafter und Gläubiger andererseits vor Benachteiligung bzw. einer Schädigung ihrer Interessen durch Gesetzesverletzungen im Rahmen einer Umstrukturierung. Ein solcher Nachteil tritt in der Regel erst mit dem **Vollzug der Strukturanpassung** ein. Trotzdem findet Art. 108 nach seinem klaren Wortlaut unabhängig davon Anwendung, ob die Fusion, Spaltung, Umwandlung oder Vermögensübertragung im Handelsregister eingetragen wurde. Allerdings wird in solchen Fällen ein adäquat kausal verursachter Schaden nur ausnahmsweise gegeben sein. Dies kann z.B. dann der Fall sein, wenn die Übernahme eines Verlustvortrages im Rahmen einer Sanierungsfusion scheitert, weil die Prüfstelle zu Unrecht die Bestätigung des genügenden freien Eigenkapitals des übernehmenden Fusionspartners im Sinne von Art. 6 Abs. 2 verweigert. 6

Artikel 108 findet nur Anwendung auf die im FusG geregelten Formen der Umstrukturierung. Dagegen richtet sich die Haftung bei **Quasifusionen** (VON BÜREN/STOFFEL/SCHNYDER/SCHRISTEN-WESTENBERG, Rz 1160), **Abspaltungen durch Ausschüttungen von Aktien oder Bezugsrechten** (dazu Art. 29 N 15 ff.; MALACRIDA, 40 ff.) und anderen neben dem FusG fortbestehenden Strukturanpassungsmodalitäten weiterhin ausschliesslich nach den für Kapitalgesellschaften geltenden Verantwortlichkeitsregeln, soweit nicht einzelne Teilschritte (z.B. eine Vermögensübertragung nach Art. 69 auf eine neu gegründete Gesellschaft, deren Aktien dann im Rahmen eines Spin-Off via Bezugsrecht an die bisherigen Aktionäre ausgeschüttet werden) dem FusG unterstehen. 7

Kombinationsfusionen und Spaltungen erfordern regelmässig die Gründung eines neuen Rechtsträgers. Art. 108 Abs. 1 behält diesbezüglich die Verantwortlichkeit der Gründe- 8

Art. 108 9

rinnen und Gründer ausdrücklich vor (dazu ausführlich ZK-BERETTA, N 99 ff.). Soweit im Rahmen einer Fusion, Spaltung oder Vermögensübertragung ein neuer Rechtsträger gegründet wird, sind deshalb für die entsprechende Haftung die Vorschriften der betreffenden Rechtsform anwendbar (Botschaft, 4490). Meines Erachtens enthält Art. 108 Abs. 1 darüber hinaus einen umfassenden (vgl. auch ZK-BERETTA, N 13 i.f.) **Vorbehalt zugunsten der aktienrechtlichen Gründerhaftung** (Art. 753 OR), die kraft Verweis auch bei der GmbH (Art. 827 OR) und bei Kredit- und konzessionierten Versicherungsgenossenschaften (Art. 920 OR) gilt. Als lex specialis gegenüber Art. 108 regelt Art. 753 OR deshalb insb. folgende Fälle (BSK OR II-WATTER, Art. 753 N 6 ff.):

– Fehlende oder mangelhafte Offenlegung (soweit notwendig; BGE 128 III 178 und dazu z.B. FORSTMOSER, Reprax 3/2003, 1 ff.) von beabsichtigten Sachübernahmen;

– fehlende oder mangelhafte Offenlegung von Sacheinlagen in den Statuten bei Gründungen und Kapitalerhöhungen und damit verbunden das Fehlen eines Gründungs- bzw. Kapitalerhöhungsberichts und dessen Prüfung (vgl. BSK OR II-WATTER, Art. 753 N 6) bei Vermögensübertragungen. Im Rahmen von Fusionen, Spaltungen und Umwandlungen kommt eine Gründerhaftung wegen fehlender Deckung durch Sacheinlagen nur in Frage, falls wegen der Erleichterungen für KMU's und konzerninterne Umstrukturierungen kein Transaktionsbericht erstellt wird und deshalb – entgegen dem Wortlaut von Art. 9 Abs. 2, Art. 10, Art. 33 Abs. 2 und Art. 57 – ein Gründungs- bzw. Kapitalerhöhungsbericht erforderlich sein sollte (in diesem Sinne Handkommentar FusG-COMBŒUF, Art. 14 N 23; ZWICKER, Prüfung, 180 f.; **a.M.** wohl zurecht Art. 14 N 26; VON SALIS-LÜTOLF, 58). Falls ein Gründungs- bzw. Kapitalerhöhungsbericht notwendig wäre, hätte er insbesondere auch Angaben über die angewandte Bewertungsmethode für die betroffenen Gesellschaften zu enthalten (BSK OR II-SCHENKER, Art. 635a N 3). Die Wahl dieser Bewertungsmethode (vgl. SCHÖN, 134) oder das Genügen der Angaben zur Unternehmensbewertung würden dann ebenfalls nach Art. 753 OR beurteilt;

– die anderweitige Verwendung unrichtiger, unvollständiger oder irreführender Gründungs- oder Kapitalerhöhungsberichte oder sonstiger, vom FusG nicht geregelter Urkunden bei Gründungen oder Kapitalerhöhungen im Rahmen einer Umstrukturierung.

Da bei der Umwandlung kein neuer Rechtsträger gegründet wird, richtet sich dagegen eine allfällige Haftung wegen Nichtbeachtung der Gründungsvorschriften (Art. 57) nach Art. 108 (Art. 57 N 26; vgl. Botschaft, 4490).

9 Nicht anwendbar ist die Haftung nach Art. 108 sodann auf Personen, die für ein **Institut des öffentlichen Rechts** (Art. 2 lit. d) tätig sind. Deren Verantwortlichkeit richtet sich gemäss Art. 108 Abs. 4 nicht nach Art. 108 Abs. 1 und 2 oder Art. 752 OR, sondern nach öffentlichem Recht. Weil bei Fusionen, Umwandlungen und Vermögensübertragungen von Instituten des öffentlichen Rechts stets die Mitarbeit von Behörden erforderlich ist, soll dies unabhängig davon gelten, ob der Betreffende in Ausübung von amtlichen (Art. 61 Abs. 1 OR) oder gewerblichen (Art. 61 Abs. 2 OR) Verrichtungen handelte (Handkommentar FusG-SCHENKER, N 3; Botschaft, 4491; ZK-BERETTA, N 114; **a.M.** VON DER CRONE ET AL., Rz 1100). Soweit das anwendbare öffentliche Recht hinter dem minimalen Haftungsstandard von Art. 61 Abs. 2 OR (dazu BK-BREHM, Art. 61 OR N 49) zurückbleibt, ist damit eine sachlich problematische Haftungsreduktion der Organe von gewerblich tätigen Instituten des öffentlichen Rechts wie Kantonalbanken, öffentlich-rechtlichen Energieunternehmen usw. verbunden. Nach Art. 108 Abs. 4 integral vorbehalten bleiben insb. das Bundesgesetz über die Verantwortlichkeit des Bundes so-

wie seiner Behördenmitglieder und Beamten (SR 170.32) und andere öffentlich-rechtliche Vorschriften des Bundes und der Kantone, die eine kausale oder verschuldensabhängige Haftung des Gemeinwesens für den von seinen Angestellten oder Behörden verursachten Schaden statuieren (dazu z.B. HÄFELIN/MÜLLER, Rz 2237 ff.). Ausdruck dieser **Staatshaftung** für Verletzung fusionsgesetzlicher Pflichten durch Behörden und Beamte ist auch die Haftung des Gemeinwesens für mangelhafte Vorkehrungen zum Gläubigerschutz nach Art. 101 Abs. 2 (VON BÜREN, SZW 2004, 185). Nicht für ein Institut des öffentlichen Rechts i.S.v. Art. 108 Abs. 4 handeln Private wie z.B. Revisoren, die an der Umstrukturierung des öffentlich-rechtlichen Instituts in dessen Auftrag mitwirken. Eine Haftung derselben richtet sich nach Art. 108 Abs. 1 und Abs. 2. Dasselbe gilt für die Verantwortlichkeit von Personen, die auf der Seite eines privatrechtlichen Rechtsträgers an einer Umstrukturierung eines Instituts des öffentlichen Rechts beteiligt sind (missverständlich Botschaft, 4491; vgl. ferner BERTSCHINGER, Klagen, 847). Vorbehalten bleibt schliesslich die Haftung von Aufsichtsbehörden über Stiftungen und Vorsorgeeinrichtungen (ZK-BERETTA, N 23) und die persönliche Haftung der Handelsregisterführer und -behörden nach Art. 928 OR.

2. Abgrenzungen

Im Gegensatz zur Gründerhaftung (Art. 753 OR; N 8) ist die **Prospekthaftung** (Art. 752 und 1156 Abs. 2 OR) im FusG nicht vorbehalten. Abgrenzungsfragen zu Art. 108 ergeben sich dadurch, dass Umstrukturierungen häufig mit der Gründung oder Kapitalerhöhung einer Aktiengesellschaft verbunden sind (vgl. Art. 9, 33, 34 und 57) und der Begriff des Prospekts bzw. der prospektähnlichen Mitteilung weit ausgelegt wird (ROBERTO/WEGMANN, 162 m.w.H.; vgl. auch WATTER/DUBS, 1312 f. [Angebotsprospekte bei Übernahmen]). Nach DAENIKER/WALLER (64) fällt darunter jede Information der Gesellschaft, die im Zusammenhang mit einer Aktienemission den Investitionsentscheid des Anlegers beeinflussen soll. Insoweit könnte z.B. der Fusionsbericht unter Art. 752 OR fallen, sofern er im Zusammenhang mit einer Absorptionsfusion an die Aktionäre der absorbierten Gesellschaft verteilt wird. Diesbezüglich ist zu unterscheiden. Soweit die **Aktiv- und die Passivlegitimation** für eine fusionsgesetzliche Verantwortlichkeitsklage (N 17 ff.) gegeben sind, ist Art. 108 mit Bezug auf die Verantwortlichkeit für die Erstellung von Fusions-, Spaltungs- und Umwandlungsberichten lex specialis. Andernfalls richtet sich die Haftung nach Art. 752 OR. Stets nach prospekthaftungsrechtlichen Regeln richtet sich eine allfällige Haftung für vom FusG nicht vorgeschriebenes Informationsmaterial (vgl. auch SJZ 1989, 50; BGE 120 IV 129). 10

Im Verhältnis zur **Geschäftsführungshaftung** nach Art. 754 OR ist die Umstrukturierungshaftung lex specialis (gl.M. VON DER CRONE/GERSBACH, SZW 2004, 195). Soweit die Haftung eines Beteiligten mit der Verletzung einer Pflicht gemäss FusG begründet wird, kommt ausschliesslich Art. 108 zur Anwendung (gl.M. Handkommentar FusG-SCHENKER, N 4). Dasselbe gilt m.E. aus praktischen Überlegungen für die Rüge der Verletzung gesellschaftsrechtlicher **Treue-, Sorgfalts- und Gleichbehandlungspflichten** (insb. nach Art. 717 Abs. 1 OR), sofern und soweit diese in untrennbarem Zusammenhang mit der Verletzung fusionsgesetzlicher Pflichten stehen (vgl. auch ZK-HOMBURGER, Art. 717 OR N 77; weiter ZK-BERETTA, N 12; BÜCHI, 153; LOSER-KROGH, 1104; enger VON DER CRONE ET AL., Rz 1097 [keinerlei Haftung nach Art. 108 bei Verletzung organspezifischer Treue- und Sorgfaltspflichten]). Verpasst es z.B. der Verwaltungsrat einer Aktiengesellschaft, sich darüber zu informieren, ob der gemeinsame Revisor bei einer Fusion die nötige Unabhängigkeit gegenüber der Fusionspartnerin aufweist, rechtfertigt es sich, sowohl die Frage der Verletzung von Art. 15 Abs. 1 als auch die Frage einer «akzessorischen» Sorgfaltspflichtverletzung einheitlich nach 11

Art. 108 zu beurteilen. Dasselbe gilt etwa, wenn ein Mitglied eines Leitungs- oder Verwaltungsorgans oder ein geschäftsführender Gesellschafter im Zusammenhang mit einer Umstrukturierung treuwidrig besondere Vorteile entgegennimmt und diese entgegen Art. 13 lit. h nicht im Fusionsvertrag offengelegt werden (vgl. auch ZK-BERETTA, N 13; BERTSCHINGER, Klagen, 845). Auch die Frage einer unsachgemässen Ungleichbehandlung von Gesellschaftern bei einer asymmetrischen Spaltung (soweit nicht bloss Art. 105 oder 106 unterfallend) dürfte nach Art. 108 zu beurteilen sein. Anderes gilt, wenn die Verletzung gesellschaftsrechtlicher Pflichten keinen unmittelbaren Zusammenhang mit der Verletzung fusionsgesetzlicher Pflichten aufweist. Geht es z.B. um den Vorwurf einer Unsorgfalt bei der Aushandlung eines Vertrages oder eine angebliche Nichteinhaltung von «arm's length»-Restiktionen bei konzerninternen Vermögensdispositionen, kann die Beurteilung nicht davon abhängen, ob es sich beim betreffenden Vertrag um eine Vermögensübertragung nach Art. 69 ff. oder um eine Transaktion ausserhalb des FusG handelt. Dementsprechend richtet sich die Haftung für eine solche Verletzung gesellschaftsrechtlicher Pflichten einheitlich nach Art. 754 OR (a.M. BERTSCHINGER, Klagen, 840). Auch Verletzungen aktienrechtlicher Bestimmungen bei der Durchführung der bei einer Fusion oder Vermögensübertragung allfällig erforderlichen Kapitalerhöhung sind ausschliesslich nach Art. 753 bzw. 754 ff. OR zu beurteilen. Ebenso richtet sich im Rahmen einer Sanierungsfusion die Frage, ob der Verwaltungsrat der sanierungsbedürftigen Gesellschaft mit der Benachrichtigung des Richters (Art. 725 Abs. 2 OR) trotz Unklarheit über das Vorhandensein von genügend freiem Eigenkapital beim Fusionspartner (Art. 6 Abs. 1) zuwarten durfte, einzig nach Art. 754 OR.

12 Grundsätzlich sind fusionsgesetzliche Verantwortlichkeit des Prüfers nach Art. 108 Abs. 2 und **Revisorenhaftung** nach Art. 755 OR nebeneinander anwendbar. Allerdings sind Überschneidungen kaum zu befürchten, da der Prüfungsgegenstand verschieden ist. Art. 755 OR beschlägt die Pflichten der Revisionsstelle als Organ der Gesellschaft nach Art. 728 ff. OR und die Prüfung der erforderlichen Berichte im Rahmen von Gründungen, Kapitalerhöhungen und Kapitalherabsetzungen (vgl. BSK OR II-WIDMER/ BANZ, Art. 755 N 6). Dagegen umfasst die Prüfung nach FusG die erforderlichen besonderen Transaktionsverträge und Transaktionsberichte bei Fusionen, Spaltungen und Umwandlungen (Art. 15, 40, 62, 81 und 92). So sind bei der Fusion nach Art. 15 primär der Fusionsvertrag und der Fusionsbericht zu prüfen, währenddem die der Fusionsbilanz zugrundeliegenden Bilanzen nicht auf Übereinstimmung mit den anwendbaren Rechnungslegungsvorschriften, sondern nur auf ihre Verwendbarkeit nach Art. 11 überprüft werden müssen (Art. 15 N 25a; Handkommentar FusG-COMBŒUF, Art. 15 N 13). Ist allerdings für Zwecke der Fusion eine besondere Zwischenbilanz zu erstellen (Art. 11 Abs. 1) oder ist eine der Fusionsbilanz zugrundeliegende Bilanz eines Rechtsträgers von einem besonders befähigten Revisor zu prüfen (Art. 15 Abs. 1), richtet sich die Verantwortlichkeit für diesbezügliche Prüfungsfehler nach Art. 108 Abs. 2. Bei der Vermögensübertragung erfolgt die Kontrolle der Offenlegung gemäss Art. 74 soweit notwendig im Anhang zum Jahresabschluss. Dessen Prüfung unterliegt ausschliesslich Art. 755 OR, weshalb Art. 108 Abs. 2 die Prüfung von Vermögensübertragungen nicht erwähnt.

13 Da Art. 108 auch auf Rechtsträger Anwendung findet, die bisher kein besonderes Verantwortlichkeitsrecht kannten (N 5), ist er bei Umstrukturierungen von **Kollektiv- und Kommanditgesellschaften, Vereinen, Stiftungen und Einzelfirmen** ausschliesslich anwendbar (so zurecht für Vereine und Stiftungen RIEMER, 206 f.). Die besonderen Vorschriften von Art. 39 ff. BankG für die Verantwortlichkeit der Organe von **Banken** wurden mit der Revision der bankengesetzlichen Vorschriften zur Einlagensicherung per 1.7.2004 aufgehoben und durch einen Verweis auf Art. 752–760 OR ersetzt. Somit gel-

ten die Grundsätze für die Abgrenzung der fusionsgesetzlichen von der aktienrechtlichen Verantwortlichkeit (N 8, 10 ff.) auch für Banken.

Zum Zweck des Gläubigerschutzes statuiert das FusG im Rahmen der Pflicht zur Sicherstellung von Forderungen insbes. in Art. 25 Abs. 4 und Art. 46 Abs. 3, dass die Gesellschaft anstelle einer Sicherstellung zur (vorzeitigen) Erfüllung berechtigt ist, sofern die anderen Gläubiger dadurch nicht geschädigt werden. Wird ein Gläubiger durch eine solche vorzeitige Erfüllung geschädigt, steht ihm bei Vorliegen der übrigen Voraussetzungen neben der **paulianischen Anfechtungsklage** gegen die begünstigten Gläubiger (Art. 285 ff. SchKG; vgl. auch Handkommentar FusG-AFFENTRANGER, Art. 25 N 20) eine Klage nach Art. 108 gegen die Entscheidungsträger der Gesellschaft offen. Zu beweisen ist allerdings, dass dem Gläubiger durch die vorzeitige Erfüllung gegenüber einer blossen Sicherstellung ein (zusätzlicher) Schaden erwachsen ist, z.B. weil die Rückabwicklungsforderung (Art. 291 SchKG) nicht mehr einbringlich ist. 14

Das FusG regelt das Verhältnis der fusionsgesetzlichen Verantwortlichkeit zur **fusionsgesetzlichen Anfechtungsklage** nach Art. 106 f. nicht. Im Aktienrecht geht die bundesgerichtliche Rechtsprechung davon aus, dass die Möglichkeit einer Verantwortlichkeitsklage die Anfechtungsklage ausschliesst (BGE 81 II 462, 465; 92 II 243, 246). Diese Rechtsprechung, die von der Lehre zu Recht kritisiert wird (BSK OR II-DUBS/TRUFFER, Art. 706 N 1 m.w.N.), lässt sich nicht auf das FusG übertragen (Handkommentar FusG-SCHENKER, N 6; BERTSCHINGER, Klagen, 843 f.; ZK-BERETTA, N 5). Dies ergibt sich schon daraus, dass die von Art. 106 als Anfechtungsgrund geforderte Verletzung des FusG praktisch immer auch eine Pflichtverletzung i.S.v. Art. 108 ist. Wäre die fusionsgesetzliche Anfechtungsklage gegenüber der fusionsgesetzlichen Verantwortlichkeit subsidiär, bliebe Art. 106 kaum ein praktischer Anwendungsbereich, was dem Willen des Gesetzgebers widersprechen dürfte. Soweit die entsprechenden Voraussetzungen gegeben sind, besteht deshalb grundsätzlich Konkurrenz zwischen den beiden Klagen (Handkommentar FusG-SCHENKER, a.a.O.). Dies gilt aber m.E. nicht für Verantwortlichkeitsansprüche von Gesellschaftern, soweit die fragliche Verletzung des FusG zum Zeitpunkt der Beschlussfassung erkennbar war (vgl. auch Art. 106 N 7: «eigentümlicher Vorrang der Anfechtungsklage gegenüber der Verantwortlichkeitsklage»). In diesem Fall ist dem Gesellschafter zuzumuten, dass er den entsprechenden Beschluss anficht, statt nach weisungsgemässer Durchführung desselben Verantwortlichkeitsansprüche geltend zu machen (so auch zu den aktienrechtlichen Behelfen MEIER-WEHRLI, 141; vgl. auch GLANZMANN, 158 [konzeptionelle Subsidiarität der Verantwortlichkeitsklage]; a.M. TRIGO TRINDADE, 464 f.). Dies entspricht dem gesetzgeberischen Grundgedanken von Art. 107 Abs. 1, wonach Mängel im Beschluss oder dessen Grundlagen nach Möglichkeit zu korrigieren sind (Art. 107 N 3). 15

Für die Abgrenzung zur Klage auf Überprüfung der Anteils- und Mitgliedschaftsrechte nach Art. 105 vgl. Art. 105 N 9. 16

III. Aktiv- und Passivlegitimation

1. Aktivlegitimation

a) Allgemeines

Die Aktivlegitimation zur Geltendmachung von Ansprüchen unter der fusionsgesetzlichen Verantwortlichkeit ist der aktienrechtlichen Geschäftsführungs- und Revisionshaftung (Art. 754 f. OR) nachgebildet. Anspruchsberechtigt sind danach sowohl die betroffenen **Rechtsträger** selbst als auch deren **einzelne Gesellschafter** (einschliesslich PS- 17 und GS-Inhaber, Genossenschafter und Vereinsmitglieder; vgl. Art. 2 lit. f und lit. g) und **Gläubiger**. Soweit ein Rechtsträger durch Fusion oder Aufspaltung untergegangen ist, geht die Aktivlegitimation auf den oder die neuen Rechtsträger über. Nicht aktivlegitimiert sind dagegen aufgrund des klaren Wortlauts von Art. 108 Destinatäre von Stiftungen (zu Unrecht differenzierend ZK-BERETTA, N 16). Dasselbe gilt für Arbeitnehmer, soweit sie nicht zugleich als Gläubiger eines Rechtsträgers klageberechtigt sind.

18 Artikel 108 stellt keine selbständige Regelung der **Partei- und Prozessfähigkeit** dar. Ob ein Rechtsträger, der keine juristische Person ist, in eigenem Namen klagen kann, richtet sich dementsprechend nach allgemeinen Grundsätzen. Dies ist bei Kollektivgesellschaften (Art. 562 OR) und Kommanditgesellschaften (Art. 602 OR) der Fall. Dagegen sind bei Rechtsträgern in der Form von Einzelfirmen (Art. 2 lit. a) deren Inhaber aktivlegitimiert (LOSER-KROGH, 1104), währenddem sich bei Instituten des öffentlichen Rechts die Partei- und Prozessfähigkeit nach den einschlägigen verwaltungsrechtlichen Normen richtet (dazu z.B. HÄFELIN/MÜLLER, Rz 1290 f.).

19 Nachdem Art. 108 Abs. 3 auf Art. 756 f. OR verweist, ist auch für die fusionsgesetzliche Verantwortlichkeit zwischen der Klageberechtigung im Konkurs und derjenigen ausserhalb des Konkurses (N 21 ff.) sowie zwischen **unmittelbarem und mittelbarem Schaden** (N 44 ff.) zu unterscheiden. Beim unmittelbaren Schaden ist notwendig und hinreichend, dass der betreffende Gesellschafter oder Gläubiger in seiner diesbezüglichen Eigenschaft geschädigt wurde. Dabei genügt es, dass er erst mit dem Schadenseintritt Gläubiger oder Gesellschafter wurde, und zwar unabhängig davon, ob er diese Eigenschaft zum **Zeitpunkt** der Klageerhebung noch hat (unveröffentlichter BGE 4C.13/1997 vom 19.12.1997, E. 3 = Pra 1998, 680, 680 f.; BSK OR II-WIDMER/BANZ, Art. 754 N 3; BÄRTSCHI, 134 ff.). Unter Art. 108 (nicht aber notwendigerweise unter Prospekthaftungsgrundsätzen; vgl. ROBERTO/WEGMANN, 172 f.; WATTER, AJP 1992, 57) geschützt ist deshalb z.B. auch derjenige, der im Zusammenhang mit einer Fusion vor deren Vollzug neue oder bestehende Aktien der betroffenen Gesellschaften (nachweislich) gestützt auf einen fehlerhaften Fusionsbericht erwirbt (N 33). Dagegen muss der Kläger bei Geltendmachung eines mittelbaren Schadens im Zeitpunkt der Klageanhebung Gesellschafter bzw. Gläubiger sein (BSK OR II-WIDMER/BANZ, Art. 756 N 5; BÄRTSCHI, 138 m.w.H.).

b) Geltendmachung des unmittelbaren Schadens

20 Soweit ein Rechtsträger oder dessen Gesellschafter oder Gläubiger durch einen Verstoss gegen fusionsgesetzliche Pflichten oder eine akzessorische Verletzung gesellschaftsrechtlicher Pflichten (N 11) unmittelbar geschädigt ist (dazu N 32, 44 ff.), kann er gegen die verantwortliche Person jederzeit aus eigenem Recht nach Art. 108 vorgehen. Da Art. 108 Abs. 3 i.V.m. Art. 757 OR nur die Geltendmachung des Schadens des Rechtsträgers beschlägt, gilt dies unabhängig davon, ob der Rechtsträger in Konkurs ist oder nicht (vgl. auch BGE 106 II 232, 234; 122 III 176, 192; BSK OR II-WIDMER/BANZ, Art. 754 N 16 ff.; FORSTMOSER/MEIER-HAYOZ/NOBEL, § 36 Rz 16, 21; BÄRTSCHI, 154, 172 m.w.H.).

c) Geltendmachung des mittelbaren Schadens

21 Ausserhalb des Konkurses bezweckt die Klage auf Ersatz mittelbaren Schadens den Schutz des Vermögens der **Gesellschafter** und die Sicherung des Werts ihrer Beteiligung (BGE 117 II 432, 438). Demgegenüber gelten die **Gläubiger** nicht als geschädigt, solange die Gesellschaft aufrecht steht (FORSTMOSER, Verantwortlichkeit, Rz 96). Dementsprechend sind nach Art. 108 Abs. 3 i.V.m. Art. 756 OR die betroffenen Gesellschaf-

6. Abschnitt: Verantwortlichkeit **22, 23 Art. 108**

ter und Rechtsträger, nicht aber Gläubiger der letzteren berechtigt, die nach Art. 108 Abs. 1 und 2 haftbaren Personen für den gesamten (FORSTMOSER/MEIER-HAYOZ/NOBEL, § 36 Rz 53; **a.M.** KUNZ, 138) dem Rechtsträger absichtlich oder fahrlässig verursachten Schaden zu belangen. Aus Sicht des Rechtsträgers handelt es sich dabei um einen unmittelbaren Schaden, aus Sicht der Gesellschafter um einen mittelbaren Schaden. Dementsprechend geht nach Art. 108 Abs. 3 i.V.m. Art. 756 OR auch die Klage eines Gesellschafters auf Leistung an den Rechtsträger (gl.M. VON DER CRONE ET AL., Rz 1091).

Aufgrund der Verweise von Art. 108 Abs. 3 wird die aktienrechtliche Kontroverse um die Rechtsnatur der Klage auf Ersatz des **Gesellschaftsschadens** (vgl. z.B. FORSTMOSER/MEIER-HAYOZ/NOBEL, § 36 Rz 41 ff.; BACHMANN, 499 ff.), welche insbesondere für die Einredeordnung von Bedeutung ist (dazu BSK OR II-WIDMER/BANZ, Art. 757 N 9, 11, und 14 m.w.H.), auf das FusG übertragen. Wie im Aktienrecht ist richtigerweise zwischen der Geltendmachung des mittelbaren Schadens durch einen Gesellschafter ausser Konkurs und der Geltendmachung des Schadens des Rechtsträgers im Konkurs zu unterscheiden (hierzu und zum folgenden BSK OR II-WIDMER/BANZ, Art. 756 N 8, Art. 757 N 4 ff.). **Ausserhalb des Konkurses** klagt der Gesellschafter je nach Auffassung aus eigenem Recht (so z.B. KUNZ, 88 ff.; RAUBER, 157 ff.) oder macht als **Prozessstandschafter** einen Anspruch des Rechtsträgers in eigenem Namen geltend (so z.B. BÖCKLI, Aktienrecht, § 18 Rz 226; BERTI, 442 f.). Für den Fall des **Konkurses** hat das BGer in BGE 117 II 432 für die aktienrechtliche Verantwortlichkeit entschieden, dass die individuellen Ansprüche der Gesellschaft, der Aktionäre und der Gläubiger nicht mehr separat (als Prozessstandschafter, aus eigenem Recht oder als Abtretungsgläubiger) geltend gemacht werden können, sondern in einem **einheitlichen Anspruch der Gläubigergesamtheit** aufgehen, der durch die Masse oder – bei deren Verzicht – durch die Gläubiger bzw. Aktionäre eingeklagt wird. An dieser Rechtsprechung hat das BGer trotz heftiger Kritik in der Lehre (vgl. z.B. BSK OR II-WIDMER/BANZ, Art. 754 N 18 ff.; RAUBER, 166 f.; KUNZ, 71 ff. m.w.H.) festgehalten (BGE 122 III 166; 128 III 180).

22

Wie die aktienrechtliche dient auch die fusionsgesetzliche Verantwortlichkeit **im Falle des Konkurses** (oder eines Nachlassvertrags mit Vermögensabtretung; vgl. FORSTMOSER/MEIER-HAYOZ/NOBEL, § 36 Rz 30, BGE 93 II 22, 24; 117 II 432, 441) primär dazu, den Verlust der Gläubiger zu minimieren. Im Einzelnen gilt folgendes:

23

– Bei **Aktiengesellschaften**, Kommanditaktiengesellschaften, GmbHs und Genossenschaften gilt nach Art. 108 Abs. 3 i.V.m. Art. 757, 764 Abs. 2, 827 und 920 OR, dass die Klageberechtigung zunächst der Konkursverwaltung zusteht und der einzelne Gläubiger erst nach Verzicht der Konkursverwaltung auf die Geltendmachung dieser Ansprüche bzw. deren Abtretung gemäss Art. 260 SchKG klagen kann (vgl. auch N 65). Aufgrund des Wortlauts von Art. 108 Abs. 3 sowie Art. 917 Abs. 2 OR gilt dabei der Verweis auf Art. 757 OR über die in Art. 920 OR erwähnten Kredit- und Versicherungsgenossenschaften hinaus für sämtliche Genossenschaften (Handkommentar FusG-SCHENKER, N 9; unklar Botschaft, 4490). Aktionäre sollen im Konkurs nach bundesgerichtlicher Rechtsprechung zur aktienrechtlichen Verantwortlichkeit (BGE 117 II 432, 439) ganz von der Klageberechtigung ausgeschlossen sein, was weder mit dem Wortlaut von Art. 757 Abs. 1 OR vereinbar noch sachgerecht ist (WATTER/TRUFFER, 1579 f.; BSK OR II-WIDMER/BANZ, Art. 757 N 21). Da das FusG (Art. 1 Abs. 2) und damit die fusionsgesetzliche Verantwortlichkeit auch und besonders den Gesellschafterschutz bezweckt, ist der bundesgerichtlichen Praxis zu Art. 757 gerade auch für die Haftung nach Art. 108 nicht zu folgen. Vielmehr ist davon auszugehen, dass auch Gesellschafter berechtigt sind, den mittelbaren Schaden geltend zu machen, wobei das Prozessergebnis allerdings zuerst den klagenden Gläubigern zugute kommt (FORSTMOSER/MEIER-HAYOZ/NOBEL, § 36 Rz 30 f.; BGE 67 II 167, 171).

– Der Verweis von Art. 108 Abs. 3 auf Art. 757 OR bezieht sich nur auf Kapitalgesellschaften und Genossenschaften. Im Konkurs anderer Rechtsträger (bspw. von **Personengesellschaften** oder Vereinen) oder des Inhabers einer Einzelfirma kann deshalb neben der Masse jeder Gläubiger den Schaden des Rechtsträgers einklagen (vgl. auch Handkommentar FusG-SCHENKER, N 9; **a.M.** LOSER-KROGH, 1106; ZK-BERETTA, N 10), ohne dass es hierzu eines Klageverzichts oder einer Abtretung durch die Masse bedürfte. Dabei kann grundsätzlich jeder von mehreren Klägern den gesamten Schaden einklagen, ohne dass ihm die Einrede der Litispendenz entgegengehalten werden kann (BSK OR II-WIDMER/BANZ, Art. 757 N 23, 29; BERTI, 445 ff.; vgl. aber zur Möglichkeit von Sistierungen N 65). Allerdings darf die Klage aus Gründen der Gleichbehandlung der Gläubiger nur auf Leistung an die Masse gehen, solange diese nicht auf die Geltendmachung ihres Anspruchs verzichtet bzw. diesen nach Art. 260 SchKG abgetreten hat.

d) Zustimmung der Generalversammlung und Décharge

24 Das oberste Leitungs- oder Verwaltungsorgan hat den Fusionsvertrag, Spaltungsvertrag oder Umwandlungsplan grundsätzlich der Generalversammlung oder einem analogen Organ zur Beschlussfassung vorzulegen. Ein **zustimmender Beschluss** hat dieselbe Wirkung wie eine Décharge im Sinne von Art. 758 Abs. 1 OR (vgl. für die aktienrechtliche Verantwortlichkeit BERTSCHINGER, Rz 271; FORSTMOSER, Verantwortlichkeit, Rz 544 ff.; BÖCKLI, Aktienrecht, § 18 Rz 451 f.). Damit sind ausserhalb des Konkurses Verantwortlichkeitsansprüche der Gesellschaft und der zustimmenden Gesellschafter ausgeschlossen, soweit der entsprechende Sachverhalt (z.B. durch Offenlegung oder Risikohinweise im Transaktionsbericht) bekannt (BSK OR II-WIDMER/BANZ, Art. 758 N 3) oder ohne weiteres erkennbar war (OR Handkommentar-BERTSCHINGER, Art. 758 N 7).

25 Im Übrigen beantwortet das FusG die Frage nicht ausdrücklich, ob ein separater **Entlastungsbeschluss** *en connaissance de cause* (z.B. anlässlich der nächsten ordentlichen GV) das Klagerecht des Rechtsträgers bzw. der zustimmenden Gesellschafter ausschliesst. Art. 108 Abs. 3 verweist nicht auf Art. 758 OR. Allerdings gilt der allgemeine verantwortlichkeitsrechtliche Grundsatz «volenti non fit iniuria» (FORSTMOSER, Verantwortlichkeit, Rz 544 ff.; KUNZ, 145 ff., BGE 83 II 57, 62 f.; 111 II 182, 183) auch hier, so dass sich eine analoge Anwendung von Art. 758 Abs. 1 OR aufdrängt (vgl. auch BERTSCHINGER, Klagen, 845). Dagegen rechtfertigt der Schutz der nicht zustimmenden Gesellschafter, auf das Erfordernis der Anhebung einer Klage binnen sechs Monaten (Art. 758 Abs. 2 OR) zu verzichten (gl.M. Handkommentar FusG-SCHENKER, N 22).

26 Ein gültiger Generalversammlungs- oder Déchargebeschluss lässt die Klageberechtigung des Rechtsträgers und diejenige des zustimmenden Gesellschafters auf Ersatz des mittelbaren Schadens ausserhalb des Konkurses untergehen, steht aber der Klage des Gesellschafters oder Gläubigers auf Ersatz des unmittelbaren Schadens oder derjenigen der Gläubigergesamtheit im Konkurs nicht entgegen (vgl. im Einzelnen BSK OR II-WIDMER/BANZ, Art. 758 N 4 ff.).

2. Passivlegitimation

a) Umstrukturierungshaftung (Art. 108 Abs. 1)

Haftbar nach Art. 108 Abs. 1 sind alle mit der Fusion, Spaltung, Umwandlung oder Vermögensübertragung befassten Personen. Nach dem Wortlaut ist somit der Kreis der Verantwortlichen tendenziell weiter gefasst als bei der aktienrechtlichen Verantwortlichkeit (**a.M.** ZK-BERETTA, N 19). Dort ist von einem Mitwirken (Art. 752 f. OR) bzw. der Befassung mit der Geschäftsführung (Art. 754 Abs. 1 OR) die Rede, was eine qualifizierte Beteiligung indiziert (LOSER-KROGH, 1104). Dabei würde es der Wortlaut des Gesetzes erlauben, neben den Leitungs-, Verwaltungs- und sonstigen Organen des geschädigten Rechtsträgers auch tiefere Hierarchiestufen sowie einen weiten Kreis von Beratern und anderen Dritten haftbar zu machen (vgl. Handkommentar FusG-SCHENKER, N 11; ferner Botschaft, 4490, welcher von einer Befassung «in irgendeiner Weise» spricht). Da potentiell eine Vielzahl von Personen an der Vorbereitung und Durchführung einer Umstrukturierung beteiligt ist, kann dies in Anbetracht der strengen Haftungsfolgen zu einer Überdehnung des Kreises der Haftpflichtigen führen. Art. 108 Abs. 1 ist in diesem Sinne eng auszulegen (gl.M. LOSER-KROGH, a.a.O. und i.E. ZK-BERETTA, a.a.O.). 27

Entscheidend ist somit, wann eine Person mit einer Umstrukturierung im Sinne von Art. 108 Abs. 1 «befasst» ist. Wie bei der Geschäftsführungshaftung (BSK OR II-WIDMER/BANZ, Art. 754 N 7) genügt dabei nicht jede **Befassung** zur Begründung der Passivlegitimation. Vielmehr setzt die Anwendung von Art. 108 Abs. 1 zum einen voraus, dass die betreffende Person in Verletzung *ihrer* fusiongesetzlichen Pflichten gehandelt hat (Handkommentar FusG-SCHENKER, N 11; VON DER CRONE ET AL., Rz 1091, 1097). Wer keine solchen fusionsgesetzlichen Pflichten hat oder übernommen hat, haftet nicht nach Art. 108. Zum andern ist zu fordern, dass der Betroffene aufgrund seiner Stellung massgeblich an der Umstrukturierung beteiligt ist oder sein muss (vgl. auch VON DER CRONE ET AL., Rz 1093). Eine blosse Befassung am Rande reicht nicht aus. 28

Im Einzelnen dürften folgende Leitlinien massgeblich sein: 29

– Formell im FusG besonders bezeichnete Organe der Aufsicht oder der Geschäftsführung sind immer passivlegitimiert. Dazu gehören neben Liquidatoren (Art. 5) insb. **die Mitglieder des obersten Leitungs- oder Verwaltungsorgans** eines Rechtsträgers (vgl. VON DER CRONE ET AL., Rz 1093; FORSTMOSER/MEIER-HAYOZ/NOBEL, § 37 Rz 11). Aufgrund der rechtsformübergreifenden Natur der fusionsgesetzlichen Haftung (N 5) können dazu neben den Verwaltungsräten einer AG und den Mitgliedern der Verwaltung einer Genossenschaft auch die Geschäftsführer einer GmbH, die geschäftsführungsberechtigten Gesellschafter von Kollektiv- oder Kommanditgesellschaften, Vereinsvorstände, Inhaber von Einzelfirmen (vgl. auch ZK-BERETTA, N 17) oder Stiftungsräte gehören, welche die verlangten Berichte zu verfassen bzw. die entsprechenden Verträge zu unterzeichnen haben (vgl. Botschaft, 4406). Aufgrund ihrer Funktion können diese Personen auch insoweit verantwortlich sein, als das Gesetz Pflichten des Rechtsträgers statuiert, ohne diese einem anderen Organ zuzuweisen.

– Passivlegitimiert sind weiter Direktoren und andere materielle Organe (zum Begriff BSK OR II-WIDMER/BANZ, Art. 754 N 5, m.w.H.), die aufgrund einer Rechtsträger-internen Delegation in eigenverantwortlicher Stellung mit Umstrukturierungsentscheidungen oder der Erfüllung fusionsgesetzlicher Pflichten (z.B. der Erstellung einer Zwischenbilanz nach Art. 11) befasst sind (vgl. VON DER CRONE ET AL., Rz 1093; ZK-BERETTA, N 20 und [zu Art. 754 OR] BÄRTSCHI, 99 f.). Voraussetzung einer Haftung als materielles Organ ist dabei grundsätzlich die Einräumung und Ausübung einer erheblichen eigenen Entscheidungsbefugnis im Rahmen der Umstrukturierung (vgl. BSK OR II-WIDMER/BANZ, Art. 754 N 7; BERTSCHINGER, Klagen, 845; tendenziell weiter LOSER-KROGH, 1104). Die blosse Unterzeichnung eines im Wesentlichen ausgehandelten Fusionsvertrags durch Mitglieder der Geschäftsleitung nach dessen Genehmigung durch den Verwaltungsrat (Art. 12 N 6) dürfte hierfür nicht genügen. Als materielle Organe haftbar sind dagegen bspw. die Mitglieder der Geschäftsleitung einer AG für den Entscheid, aufgrund einer falschen Zwischenbilanz auf die Sicherstellung von Gläubigern nach Art. 25 Abs. 3 zu verzichten. Entsprechendes gilt in Analogie zu faktischen Organen (dazu statt vieler BGE 128 III 29, 33; MAURENBRECHER, 1335 f., m.w.H.) für Personen, die ohne entsprechende Kompetenz im Rahmen von Umstrukturierungen effektiv massgebliche Entscheidungen treffen oder Handlungen vornehmen, z.B. indem sie zum Schaden der übrigen Gläubiger eine Forderung vorzeitig erfüllen (vgl. Art. 25 Abs. 4). Darüber hinaus kann bei Geschäftsleitungsmitgliedern und anderen materiellen Organen auch eine massgebliche (vgl. auch VON DER CRONE ET AL., a.a.O.) Mitwirkung bei der Entscheidfassung bzw. deren Vorbereitung genügen, soweit das beteiligte Organ im Zusammenhang mit der Verletzung fusionsgesetzlicher Pflichten gegen seine gesellschaftsrechtliche Treue- oder Sorgfaltspflicht verstösst. Ausgeschlossen ist die Haftung von Personen, die lediglich in untergeordneter Stellung an der Umstrukturierung mitwirken (Buchhalter, Mitarbeiter der Rechtsabteilung, Sekretärinnen etc.; vgl. FORSTMOSER/MEIER-HAYOZ/NOBEL, § 37 Rz 6; BERTSCHINGER, Klagen, 845).

– Vorbehältlich der Prüfungshaftung treffen die fusionsgesetzlichen Pflichten grundsätzlich nur die Rechtsträger bzw. deren Organe. Anwälte, Banken und andere externe **Berater**, welche lediglich bei der Entscheidvorbereitung mitwirken, sind deshalb unter Art. 108 Abs. 1 in der Regel nicht passivlegitimiert (vgl. VON DER CRONE ET AL., Rz 1093; ZK-BERETTA, N 19 und auch BGE 117 II 570, 573; BSK OR II-WIDMER/BANZ, Art. 754 N 9; **a.M.** VON DER CRONE/GERSBACH, SZW 2004, 195; BERTSCHINGER, Klagen, 846, vgl. ferner LOSER-KROGH, 1104). Vielmehr richtet sich deren Haftung wie bei der aktienrechtlichen Verantwortlichkeit (vgl. z.B. FORSTMOSER, Verantwortlichkeit, Rz 587 ff.) grundsätzlich nach Auftragsrecht (vgl. auch N 31). Etwas anderes gilt aber dort, wo der Berater fusionsgesetzliche Pflichten (Erstellung des Transaktionsberichts, SHAB-Publikationen etc.) zur selbständigen Erledigung übernommen hat (Handkommentar FusG-SCHENKER, N 11; ähnlich i.E. BÖCKLI, Aktienrecht, § 3 Rz 275, der auf die «gestaltende Wirkung» der in den Vorgang einbezogenen Berater abstellt). Soweit Berater massgeblich an der Erstellung des Umstrukturierungsberichts mitgewirkt haben, ist zudem unter qualifizierten Umständen eine Haftung nach Art. 752 OR denkbar (N 10).

– Weil das FusG **Notaren** und **Handelsregisterführern** keine besonderen, über ihre allgemeinen Prüfungs- und Sorgfaltspflichten hinausgehende Pflichten auferlegt, sind diese grundsätzlich unter Art. 108 Abs. 1 nicht passivlegitimiert (**a.M.** offenbar BÖCKLI, Aktienrecht, § 3 Rz 275). Dies gilt unabhängig davon, ob bundesrechtliche Verantwortlichkeitsbestimmungen diesbezüglich das kantonale Recht bzw. Art. 928 OR überhaupt verdrängen können (zum diesbezüglichen Meinungsstand unter Art. 753 OR vgl. FORSTMOSER, Verantwortlichkeit, Rz 933 ff.).

– Fraglich ist, inwieweit die fusionsgesetzliche Verantwortlichkeit rechtsträgerübergreifend ist. Eine **Haftbarkeit** der Organe eines Rechtsträgers **gegenüber Gesellschaftern oder Gläubigern eines anderen Rechtsträgers** ist m.E. nur ausnahmsweise am Platz (**a.M.** BERTSCHINGER, Klagen, 844; ZK-BERETTA, N 15). So ist z.B. bei einer Fusion der Verwaltungsrat der übernommenen A AG den Aktionären der übernehmenden B AG nicht dafür verantwortlich, wenn das Umtauschverhältnis für die Aktionäre der A AG (zu) günstig ausfällt. Soweit Verletzungen gesellschaftsrechtlicher Treue-, Sorgfalts- und Gleichbehandlungspflichten nach Art. 108 geltend gemacht werden können (N 11), bestehen solche Pflichten der Organe nur gegenüber den eigenen Gesellschaftern und Gläubigern. Etwas anderes gilt nur dann, wenn die Organe einer Gesellschaft auch fusionsgesetzliche Pflichten gegenüber Gesellschaftern oder Gläubigern des Fusionspartners übernommen haben, was etwa bei der Beteiligung an einem gemeinsamen Fusionsbericht (Art. 14 Abs. 1) der Fall sein kann (vgl. auch N 33).

– Obwohl Umstrukturierungsvorhaben regelmässig den **Gesellschaftern** zur Beschlussfassung zu unterbreiten sind, sind diese mit der Transaktion nicht im Sinne von Art. 108 Abs. 1 «befasst» (so auch FORSTMOSER/MEIER-HAYOZ/NOBEL, § 36 Rz 7 bezüglich Art. 754 OR). Dies gilt auch für den Haupt- oder Alleinaktionär, soweit er sich nicht über seine Stellung als Aktionär hinaus in einem Mass in die Umstrukturierung einmischt, dass er als damit befasst erscheint (vgl. auch HÜHNERWADEL, 95 ff.; OR-Handkommentar-BERTSCHINGER, Art. 745 N 20; ZR 1959, 179, 190). Letzteres kann insbesondere dann in Frage kommen, wenn der Haupt- oder Alleinaktionär die Umstrukturierung bei deren Ausarbeitung direkt entscheidend mitgestaltet, was etwa bei der konzerninternen Fusion zweier Tochtergesellschaften der Fall sein kann. Dagegen genügt es nicht, dass ein Aktionär einem Beschluss in Kenntnis dessen (möglicher) FusG-Widrigkeit zustimmt (**a.M.** BERTSCHINGER, Klagen, 846 für den Fall «konspirativen Verhaltens»).

– Nicht passivlegitimiert sind – im Gegensatz zur h.L. bei der Prospekthaftung (vgl. BERTSCHINGER, Rz 492 m.w.H.) – die als **Rechtsträger** an der Umstrukturierung beteiligten juristischen Personen, also z.B. die fusionierte oder abgespaltene Gesellschaft (gl.M. ZK-BERETTA, N 21). Dies entspricht der Rechtslage bei der Geschäftsführungshaftung (vgl. auch BSK OR II-WIDMER/BANZ, Art. 754 N 4) und rechtfertigt sich daraus, dass eine entsprechende Schadenersatzzahlung wirtschaftlich zu Lasten aller Aktionäre ginge. Eine gegenteilige Regelung hätte eine unerwünschte (vgl. auch BGE 122 III 176, 194) Privilegierung einzelner Ansprecher zur Folge, da sich z.B. klagende Gesellschafter zu Lasten anderer (möglicherweise ebenfalls bereits geschädigter) Miteigentümer erholen könnten.

– Wird eine **juristische Person** nach Art. 108 Abs. 1 haftbar, so ist daneben eine persönliche Haftung der leitenden Personen derselben denkbar. Dies gilt insbesondere für Organe einer Muttergesellschaft, die sich über deren Stellung als Aktionärin hinaus in eine Umstrukturierung einmischen. Wird dagegen eine juristische Person im Auftragsverhältnis mit der Erledigung fusionsgesetzlicher Pflichten betraut, ist in der Regel nur diese (und nicht auch deren Angestellte) im Sinne von Art. 108 Abs. 1 mit der Umstrukturierung befasst (sogleich N 30; vgl. auch BERTSCHINGER, Klagen, 846; **a.M.** [zu Art. 745 ff. OR] FORSTMOSER/MEIER-HAYOZ/NOBEL, § 36 Rz 5).

b) Prüfungshaftung (Art. 108 Abs. 2)

Wie unter Art. 755 OR sind nach Art. 108 Abs. 2 «alle mit der Prüfung ... befassten Personen» haftbar. Dazu gehören analog zur Revisionshaftung (BSK OR II-WIDMER/BANZ, Art. 755 N 4) primär die mit der Prüfung betrauten juristischen Personen, also insb. **Revisionsgesellschaften** oder – im Falle von Vorsorgeeinrichtungen (Art. 92 Abs. 1) – Gesellschaften, die als anerkannte **Expertinnen für die berufliche Vorsorge** amten. Theoretisch denkbar ist auch eine Haftung als faktischer Prüfer, soweit die fusionsgesetzlich geforderte Prüfung nicht durch die vom beteiligten Rechtsträger bezeichnete Prüfungsstelle vorgenommen wird (gl.M. BERTSCHINGER, Klagen, 849). Dagegen sollte analog zur bundesgerichtlichen Praxis zum alten Aktienrecht (BGE 4 C.455/1995 vom 28.5.1996, E. 8a) eine Haftung einzelner Angestellter der beauftragten Revisionsfirma ausser Betracht fallen (in diesem Sinne auch ZK-BERETTA, N 53 und [zu Art. 755 OR] u.a. BSK OR II-WIDMER/BANZ, Art. 755 N 14; RUOSS, 31; a.M. (zu Art. 108) GASSER/EGGENBERGER, 481 und (zu Art. 755 OR) BERTSCHINGER, Rz 386).

IV. Haftungsvoraussetzungen

1. Pflichtverletzung

a) Allgemeines

31 Analog zur aktienrechtlichen Verantwortlichkeit (BSK OR II-WIDMER/BANZ, Art. 754 N 23) setzt die Haftung nach Art. 108 einen Verstoss gegen eine **Schutznorm** voraus. Dazu zählen fusionsgesetzliche Bestimmungen zum Schutz der Gläubiger oder der (Minderheits-)Gesellschafter sowie gesellschaftsrechtliche Treue-, Sorgfalts- und Gleichbehandlungspflichten, soweit deren Erfüllung in untrennbarem Zusammenhang mit der Verletzung fusionsgesetzlicher Pflichten steht (N 11). Die Verletzung anderer Pflichten (z.B. nach Arbeitsvertrag oder BEHG) kann nicht gestützt auf Art. 108 geltend gemacht werden. Aus diesem Grund ist es auch ausgeschlossen, die Frage der Einhaltung auftragsrechtlicher Sorgfaltspflichten von Beratern zum Gegenstand der fusionsgesetzlichen Verantwortlichkeit zu machen (vgl. auch VON DER CRONE ET AL., Rz 1093 und N 29; **a.M.** BERTSCHINGER, Klagen, 846 unter Postulierung eines «Auswirkungsprinzips»).

32 Das BGer unterscheidet in seiner jüngeren Rechtsprechung zu Art. 754 OR (BGE 125 III 86, 122 III 176) anhand des Schutznormcharakters einer Vorschrift, ob ein mittelbarer oder ein unmittelbarer Schaden (dazu N 44 ff.) vorliegt. Danach setzt die Geltendmachung eines unmittelbaren Schadens jedenfalls im Konkurs die Verletzung aktienrechtlicher Vorschriften voraus, die ausschliesslich dem Schutz der Gläubiger bzw. Aktionäre dienen. Ein Verstoss gegen andere Normen, die auch oder ausschliesslich im Gesellschaftsinteresse aufgestellt sind, begründe keine unmittelbare Schädigung (BSK OR II-WIDMER/BANZ, Art. 754 N 17 ff., N 24 f.). Diese Praxis wurde in der Lehre z.T. heftig kritisiert (BÄRTSCHI, 216 ff., 288 ff.; WATTER/TRUFFER, 1573 ff.; MAURENBRECHER, 1333 f.; zustimmend dagegen z.B. BÖCKLI, Hürdenlauf, 42; WALTER, 93; HIRSCH, SZW 2000, 99 f.) und vom BGer jüngst (BGE 129 III 129 = Pra 2003, 565, 566) wieder relativiert (dazu z.B. ROTH/VON DER CRONE, 286 f.). Für die fusionsgesetzliche Verantwortlichkeit ist die Kontroverse von beschränkter praktischer Bedeutung. Denn das FusG schützt nach seinem Zweck (Art. 1 Abs. 2) die Interessen der (Minderheits-)Gesellschafter und der Gläubiger, nicht oder höchstens indirekt dagegen diejenigen der betroffenen Rechtsträger selbst (vgl. Botschaft, 4354; Handkommentar FusG-REICH, Art. 1 N 15 ff.). Der **Zweck des Gesellschafter- und Gläubigerschutzes** muss auch als Richtschnur der Auslegung gelten (Botschaft, 4387). Soweit fusionsgesetzliche Vorschriften dem Schutz von Gläubiger- oder Gesellschafterinteressen dienen, sind diese deshalb als Schutznormen zu qualifizieren, die den betroffenen Gläubiger oder Gesellschafter zur Geltendmachung seines unmittelbaren Schadens berechtigen (vgl. auch BERTSCHINGER, Klagen, 844 f.). Dies gilt umso mehr, als eine Konzentration der Klagerechte auf die Rechtsträger z.B. bei Fusionen wegen des Untergangs eines oder beider beteiligter Einheiten zu praktischen Schwierigkeiten führen würde.

33 Wichtig ist der Schutznormcharakter dagegen für die Geltendmachung eines **unmittelbaren Schadens**. Soweit ein Gesellschafter oder Gläubiger einen solchen Schaden ge-

stützt auf Art. 108 einklagen will, muss er die Verletzung einer fusionsgesetzlichen Norm rügen, welche zu seinem Schutz aufgestellt wurde (vgl. auch VON DER CRONE ET AL., Rz 1097; BÄRTSCHI, 282 ff. m.w.H.). Dies setzt eine **Analyse des Schutzzwecks** der einzelnen Bestimmung voraus. So dienen die fusionsgesetzlichen Informationspflichten primär dem Gesellschafterschutz. Dementsprechend dürften sich z.B. direkt geschädigte Gläubiger nur dann und insoweit auf den Fusionsbericht berufen können, als dieser auch Gläubigerschutzfunktion hat (so Handkommentar FusG-COMBŒUF, Art. 14 N 2; ZK-BERETTA, N 59; jegliche Gläubigerschutzfunktion hingegen verneinend Art. 14 N 8 ff.). Zum vornherein ausgeschlossen ist dagegen die Geltendmachung eines unmittelbaren Gläubigerschadens unter Berufung auf allgemeine **gesellschaftsrechtliche Treue- und Sorgfaltspflichten** (vgl. BGE 110 II 391, 395 [zum aOR]; BÖCKLI, Aktienrecht, § 18 Rz 304; MAURENBRECHER, 1342). Auch dürfen sich die Gesellschafter bei einer Fusion nur auf den Bericht eines Prüfers verlassen, der von ihrer eigenen Gesellschaft (allein oder zusammen mit dem Fusionspartner) bestellt wurde. Dieser Schutz dürfte sich nach der bundesgerichtlichen Rechtsprechung zu Art. 755 OR (unveröff. BGE 4C.13/1997 vom 19.12.1997, E. 3 = Pra 1998, 680, 682; BSK OR II-WIDMER/BANZ, Art. 755 N 18; OR Handkommentar BERTSCHINGER, Art. 756 OR N 9; **a.M.** BÖCKLI, Hürdenlauf, 65 ff.; HONOLD, 1071 ff.) auch auf zukünftige Käufer von Aktien der betroffenen Gesellschaft erstrecken, soweit solche Käufe vor Abschluss der Umstrukturierung erfolgten (N 19; enger BERTSCHINGER, Klagen, 849). Im Sinne dieser Praxis dürfte darüber hinaus die Prüfung der im Rahmen einer Umstrukturierung erstellten Zwischen- oder Fusionsbilanz (Art. 11, Art. 15 Abs. 1) generell dem Schutz zukünftiger Gläubiger und Gesellschafter beider beteiligter Rechtsträger dienen.

b) Umstrukturierungshaftung (Art. 108 Abs. 1)

Theoretisch ist bei der Umstrukturierungshaftung eine Vielzahl von Pflichtverletzungen denkbar (vgl. auch den Katalog bei ZK-BERETTA, N 13). Zu einem der Hauptanwendungsfälle von Art. 108 Abs. 1 könnten sich Sorgfaltspflichtverletzungen im Zusammenhang mit der **Erstellung von Fusions-, Spaltungs- und Umwandlungsberichten** (Art. 14, 39, 61) entwickeln. Offenzulegen sind die gesetzlich vorgeschriebenen Eckdaten, die dem Gesellschafter eine Kontrolle über die wirtschaftliche und rechtliche Zweckmässigkeit der Umstrukturierung und damit einen begründeten Entscheid über die Transaktion erlauben sollen (in diesem Sinne für den Fusionsbericht Art. 14 N 5 f.; Handkommentar FusG-COMBŒUF, Art. 14 N 2 und 11). Dabei kann in Analogie zur Prospekthaftung zwischen fehlender, unvollständiger, unrichtiger oder irreführender Information (vgl. dazu und zu weiteren Kategorien bei der Prospekthaftung BSK OR II-WATTER, Art. 752 N 16; ROBERTO/WEGMANN, 164 ff.; NOTH/GROB, 1450 ff., je m.w.H.) unterschieden werden:

– Hauptfall der **fehlenden Information** ist die gesetzwidrige Nichterstellung eines Berichts, z.B. wenn auf die Erstellung eines Fusionsberichts verzichtet wird, ohne dass die nach Art. 14 Abs. 2 erforderlichen Voraussetzungen vorliegen.

– **Unvollständig** ist ein Bericht, wenn gesetzlich geforderte Angaben (Art. 14 Abs. 3, Art. 39 Abs. 3, Art. 61 Abs. 3) formell oder materiell fehlen, z.B. bei unterlassenen Angaben über notwendige kartellrechtliche Bewilligungen bei einer Fusion (Art. 14 Abs. 2 lit. k) oder wenn der Zweck einer Fusion ohne nähere Erläuterung pauschal mit angeblichen Kosteneinsparungsmöglichkeiten begründet wird.

– **Unrichtig** ist ein Bericht dann, wenn eine gemachte Aussage nicht den Tatsachen entspricht. Dies gilt auch dann, wenn Angaben über den vorgeschriebenen Inhalt hinaus gemacht wurden. Zukunftsgerichtete Prognosen können dann haftungsbegründend sein, wenn sie ohne Berücksichtigung konkreter Tatsachen oder Wahrscheinlichkeiten erfolgen oder leichtfertig übertriebene Erwartungen wecken (DAENIKER/ WALLER, 74; MAURENBRECHER, 1343). Ähnliches gilt für den Ermessensspielraum eindeutig überschreitende falsche Wertungen (BÖCKLI, Aktienrecht, § 18 Rz 32).

– **Irreführend** kann eine Aussage sein, wenn Umstände verschwiegen werden, welche die gemachten Aussagen in einem anderen Licht erscheinen liessen (vgl. BGE 112 II 172, 176 ff. für die Prospekthaftung), z.B. wenn bei der Erläuterung des Zwecks und der allgemeinen Folgen einer geplanten Fusion Hinweise auf Eigeninteressen der geschäftsführenden Organe der Fusionspartner fehlen oder wenn offensichtliche Risiken einer Transaktion selektiv dargestellt werden.

Allerdings dürfen an die Informationsdichte und -tiefe eines Umstrukturierungsberichts nicht dieselben Anforderungen gestellt werden wie bei einem Kotierungsprospekt. Vielmehr genügen Angaben, die einem vernünftigen Gesellschafter einen Überblick über die wesentlichen Aspekte der einzelnen gesetzlich verlangten Punkte geben (in diesem Sinne für den Fusionsbericht auch Art. 14 N 30; Handkommentar FusG-COMBŒUF, Art. 14 N 11, N 15).

35 Von erheblicher praktischer Bedeutung dürfte aufgrund des Potentials für zeitliche Verzögerungen der Transaktion auch die Pflicht zur **Konsultation der Arbeitnehmervertretung** sein (vgl. Art. 28 und ZK-BERETTA, N 6 und 13). Dasselbe gilt für die **Informationspflichten nach Abschluss von Fusions- oder Spaltungsverträgen** (Art. 17 und 42) sein (vgl. auch VON DER CRONE, Fusion, 31). Dies gilt umso mehr, als über den Gesetzeswortlaut hinaus nicht nur wesentliche Änderungen im Bestand der Aktiven oder Passiven, sondern jede Veränderung der massgeblichen Faktoren der Unternehmensbewertung eine Informations- und Überprüfungspflicht auslösen soll (so Handkommentar FusG-COMBŒUF, Art. 17 N 11 f.; zurecht zurückhaltend Art. 17 N 8).

36 Neben den Informationspflichten enthält das FusG weitere Gesellschafterschutzbestimmungen, namentlich zur Wahrung der Anteils- und Mitgliedschaftsrechte bei Fusionen, Spaltungen und Umwandlungen (Art. 7 f., 31, 56). Insoweit wird auch das aktienrechtliche Gleichbehandlungsprinzip (Art. 717 Abs. 2 OR) zu beachten sein (vgl. auch HIRSCH, Cession, 191).

37 Mit Bezug auf die Aushandlung und den Abschluss von **Fusions-, Spaltungs- oder Vermögensübertragungsverträgen** (Art. 12 f., 36 f., 70 f.) bzw. die Ausgestaltung von Spaltungsplänen (Art. 36 f.) oder Umwandlungsplänen (Art. 59 f.) dürften die **Sorgfalts- und Treuepflichten** der obersten Leitungs- und Verwaltungsorgane der betroffenen Rechtsträger im Vordergrund stehen. Soweit sich der Umfang dieser Pflichten nicht aus dem FusG ergibt, richtet er sich nach dem Recht des jeweiligen Rechtsträgers, also z.B. bei der AG nach Art. 717 Abs. 1 OR. Bei Aktiengesellschaften (und anderen Kapitalgesellschaften; vgl. BSK OR II-WATTER, Art. 811 N 16, Art. 902 N 2 ff.) kann die je nach den Umständen des Einzelfalles zu konkretisierende Sorgfaltspflicht verlangen, dass der Verwaltungsrat die für eine gründliche Analyse der beabsichtigten Transaktion erforderlichen Tatsachen zusammenträgt (GRASS, 87 m.w.H.), die Vermögenslage eines Fusionspartners sorgfältig prüft (vgl. § 25 UmwG), sich von Juristen oder anderen Spezialisten beraten lässt (BSK OR II-WATTER, Art. 717 N 9; FORSTMOSER, Verantwortlichkeit, Rz 138; BGE 114 V 219, 224), eine Due Diligence-Prüfung durchführt (HIRSCH, SZW 1999, 52; Handkommentar FusG-SCHENKER, Art. 12 N 19) und während der Verhandlungen die üblichen Massnahmen zum Schutze der Geheimhaltungsinteressen der Gesellschaft trifft. Die aktienrechtliche Treuepflicht verlangt insbesondere den Verzicht auf Insidertransaktionen (BÖCKLI, Aktienrecht, § 13 Rz 614; vgl. auch BERT-

SCHINGER, Klagen, 847) und die Offenlegung von Interessenkonflikten (BÖCKLI, Aktienrecht, § 13 Rz 635), soweit sie einen Einfluss auf die Bedingungen der Transaktion (z.B. das Umtauschverhältnis bei einer Fusion) haben können (vgl. WATTER, Unternehmensübernahmen, 180, 660 ff.). Dagegen haftet das unbefangene und unabhängige Mitglied des obersten Leitungs- oder Verwaltungsorgans nicht, falls sich eine – angemessen vorbereitete – Transaktion in der Folge als nachteilig herausstellt (sog. «Business Judgement Rule»; vgl. GRASS, 86 ff.; FRICK, 513 ff.; BSK OR II-WIDMER/BANZ, Art. 754 N 31 m.w.H; einschränkend für Kontrollwechsel ISLER, 4 f.). Etwas anderes kann gelten, sofern die Transaktion bereits ex ante offensichtlich unvernünftig war (GRASS, 91 ff.), was aber bei Zustimmung der Gesellschafter kaum je der Fall sein dürfte.

Haftungsbegründend können auch Pflichtverletzungen im Zusammenhang mit der Erstellung der **Fusions-, Spaltungs- oder Umwandlungsbilanz** (Art. 11, 35, 58, 80) oder des Vermögensübertragungsinventars (ZK-BERETTA, N 13) und die Verletzung weiterer **spezieller Gläubigerschutzvorschriften** des FusG (dazu auch Handkommentar FusG-REICH, Art. 1 N 15) sein, z.B. die Unterlassung von SHAB-Publikationen (Art. 25 Abs. 2, Art. 45, Art. 85 Abs. 1, Art. 96 Abs. 1), die Beschlussfassung über eine Spaltung gemäss Art. 43 Abs. 1 vor Sicherstellung gemäss Art. 46, die Erfüllung angemeldeter Forderungen unter Schädigung anderer Gläubiger (Art. 25 Abs. 4, Art. 46 Abs. 3, Art. 85 Abs. 3 und Art. 96 Abs. 4 i.V.m. Art. 25 Abs. 4) oder eine Sanierungsfusion unter Missachtung der Voraussetzungen von Art. 6 Abs. 1. **38**

c) Prüfungshaftung (Art. 108 Abs. 2)

Das FusG statuiert für die Fusion, Spaltung und Umwandlung von (Kapital-)Gesellschaften sowie die Fusion von Stiftungen und Vorsorgeeinrichtungen eine besondere Prüfungspflicht und regelt gleichzeitig den Umfang der Prüfung und der diesbezüglichen Berichterstattungspflicht sowie die Ausnahmen von der Prüfungspflicht. Grundsätzlich kann deshalb auf die Kommentierung von Art. 15, 40, 62, 81 und 92 verwiesen werden. **39**

Gegenstand der **Fusions-, Spaltungs- und Umwandlungsprüfung** – und damit auch der Haftung nach Art. 108 Abs. 2 – sind die für die jeweilige Transaktion vom Gesetz vorgesehenen wesentlichen Dokumente, so z.B. nach Art. 15 Abs. 1 der Fusionsvertrag, der Fusionsbericht und die Fusionsbilanz. Strittig ist dabei allerdings der Umfang der Prüfungspflicht. Einigkeit herrscht darin, dass die Fusionsunterlagen auf diejenigen Aspekte hin geprüft werden müssen, welche für die Erfüllung der Berichtspflichten nach Art. 15 Abs. 4 lit. a–e erforderlich sind (Art. 15 N 25 ff.). Darüber hinaus wird teilweise in Anlehnung an die Prüfungsbestätigungen nach Art. 635a und 652f OR eine umfassende Prüfung der Fusionsunterlagen auf Vollständigkeit und Richtigkeit hin gefordert (Handkommentar FusG-COMBŒUF, Art. 15 N 12 ff.; vgl. auch ZK-BERETTA, N 60; a.M. Art. 15 N 22 ff.; VON SALIS-LÜTOLF, 106; ZWICKER, Prüfung, 164). Soweit der Prüfer von Informationen der beteiligten Rechtsträger abhängig ist oder die Prüfung revisionsfremdes Spezialwissen voraussetzt, wird er sich auch bei weiter Auslegung der Prüfungspflicht auf Plausibilitätsprüfungen beschränken und im Übrigen auf Bestätigungen der Rechtsträger (Handkommentar FusG-COMBŒUF, Art. 15 N 14) bzw. gegebenenfalls beizuziehender (BGE 93 II 22, 26) externer Fachleute (BERTSCHINGER, Rz 408) verlassen dürfen. Aus diesem Grund dürfte z.B. regelmässig keine Pflichtwidrigkeit vorliegen, wenn sich der Prüfer bezüglich der Beschreibung von Zweck und Folgen der Fusion oder bezüglich der notwendigen behördlichen Bewilligungen (Art. 14 Abs. 3 lit. a und k) auf plausible Angaben der Gesellschaft bzw. von Anwälten stützt. Dagegen wird sich der Prüfer seiner Haftung für die Korrektheit seiner Ausführungen im Prüfungsbericht (Art. 15 Abs. 4, Art. 40 i.V.m. Art. 15 Abs. 4, Art. 62) kaum unter Hinweis auf Angaben Dritter entziehen **40** können. Immerhin wirkt sich ein dem Management eingeräumtes Ermessen bei korrektem Vorgehen auch zugunsten des Prüfers aus (so – in Analogie zur «Business Judgment Rule» (N 37) – BERTSCHINGER, Klagen, 850). In jedem Fall beschränkt sich die Aufgabe des Prüfers auf Prüfung und Berichterstattung (vgl. BSK OR II-WIDMER/BANZ, Art. 755 N 13). Eine Kompetenz, Transaktionsdokumente zu ergänzen oder zu ändern, steht ihm nicht zu.

41 Ausserhalb der Fusions-, Spaltungs- und Umwandlungsprüfung kann ein Prüfer insbesondere dann haftbar werden, wenn er **falsche Bestätigungen** abgibt (a.M. ZK-BERETTA, N 13, 20, 51, allerdings im Widerspruch zu N 60), so z.B. eine Bestätigung frei verwendbaren Eigenkapitals bei der Fusion mit Kapitalverlust oder Überschuldung (Art. 6 Abs. 2), eine Bestätigung genügenden Vermögens zwecks Verzicht auf einen Schuldenruf bei Fusionen (Art. 25 Abs. 2, Art. 85 Abs. 2) oder eine Bestätigung der Nichtgefährdung von Gläubigerforderungen durch eine Spaltung zwecks Verzicht auf Sicherstellung (Art. 46 Abs. 2; vgl. ferner Art. 100 Abs. 2 sowie Art. 162 Abs. 3 und Art. 164 IPRG).

42 Ein Verstoss gegen die gebotene **Unabhängigkeit des Prüfers** (Art. 727c OR analog, vgl. dazu Art. 15 N 15 ff.; Botschaft 4406 und z.B. KETTERER/HUBER/CORRODI, ST 2004, 470 m.w.H.) dürfte nur ausnahmsweise eine Haftung nach Art. 108 Abs. 2 zur Folge haben, nämlich wenn dies zu einem Schaden des Rechtsträgers, von Gesellschaftern oder von Gläubigern führt (BSK OR II-WATTER, Art. 727c N 19, der allerdings bei mangelnder Unabhängigkeit eine Umkehr der Beweislast im Falle sonstiger Sorgfaltspflichtverletzungen postuliert; vgl. dazu auch VON DER CRONE, SZW 1999, 7 ff.).

2. Schaden

a) Allgemeines

43 Wie im Haftpflichtrecht und bei der aktienrechtlichen Verantwortlichkeit ist der Schaden definiert als unfreiwillige Vermögensverminderung. Dessen Höhe bestimmt sich nach der Differenz zwischen dem gegenwärtigen Stand des Vermögens des Geschädigten und dem hypothetischen Stand, den sein Vermögen ohne die schädigende Pflichtverletzung hätte (BSK OR II-WIDMER/BANZ, Art. 754 N 13), wobei für den Vergleich grundsätzlich der Zeitpunkt der Urteilsfällung massgeblich ist (NOTH/GROB, 1457 m.w.H.). Die Differenz umfasst neben dem durch Verminderung der Aktiven oder Vergrösserung der Passiven erlittenen Verlust (damnum emergens) auch den entgangenen Gewinn (lucrum cessans). Kommt z.B. eine Fusion aufgrund eines falschen Fusions- oder Prüfungsberichts zustande, besteht der erlittene Verlust des Gesellschafters in der negativen Differenz des Werts seiner Beteiligung nach Vollzug der Fusion im Vergleich zum (hypothetischen) Wert, den die Beteiligung hätte, wenn die Fusion nicht vollzogen worden wäre. Ein entgangener Gewinn ist u.a. bei entgangenen Dividenden oder bei Nachweis eines Verzichts auf anderweitige Vermögensdispositionen denkbar. Denkbar ist auch ein Schaden aufgrund zeitlicher Verzögerung einer Umstrukturierung (ZK-BERETTA, N 6).

b) Mittelbarer und unmittelbarer Schaden

44 Auch bei der fusionsgesetzlichen Verantwortlichkeit ist die Unterscheidung zwischen mittelbarem und unmittelbarem Schaden zu beachten. Nach traditioneller Auffassung ist ein Gesellschafter oder ein Gläubiger dann unmittelbar geschädigt, wenn durch das pflichtwidrige Verhalten sein Vermögen abnimmt, ohne dass gleichzeitig das Vermögen der Gesellschaft vermindert wird. Dagegen liegt eine bloss mittelbare Schädigung vor,

wenn der Schaden im Vermögen des Gesellschafters oder Gläubigers einzig indirekt dadurch eintritt, dass das Vermögen der Gesellschaft vermindert wird (BSK OR II-WIDMER/BANZ, Art. 754 N 15; BGE 122 III 176, 190). Die neuere bundesgerichtliche Rechtsprechung zur aktienrechtlichen Verantwortlichkeit, die für die Unterscheidung zwischen mittelbarem und unmittelbarem Schaden zumindest im Konkurs statt nach der betroffenen Vermögensmasse danach unterscheidet, ob die verletzte Norm neben dem Aktionär oder Gläubiger auch noch die AG schützt, sollte aufgrund des Charakters des FusG als Gläubiger- und Gesellschafterschutzgesetz nicht auf Art. 108 übertragen werden (N 32; vgl. auch Handkommentar FusG-SCHENKER, N 16 f.).

Soweit die Transaktionsdokumentation oder deren Prüfung mangelhaft ist oder bei der Umstrukturierung Treue- oder Sorgfaltspflichten der verantwortlichen Organe des Rechtsträgers verletzt wurden, dürfte aus Sicht der Gesellschafter bei Vermögensübertragungen, (symmetrischen) Spaltungen und Umwandlungen zumeist der mittelbare Schaden im Vordergrund stehen. Dagegen ist bei Fusionen ein mittelbarer Schaden der Gesellschafter nur ausnahmsweise denkbar, so z.B. wenn zu Lasten einer überlebenden Gesellschaft eine zu hohe Abfindung (Art. 8) bezahlt wurde. In anderen Fällen (insb. bei Unangemessenheit des Umtauschverhältnisses) wird der Schaden direkt bei den benachteiligten Gesellschaftern eintreten. Eine unmittelbare Schädigung von Gesellschaftern dürfte auch bei sonstigen Verstössen gegen Bestimmungen zum Schutz der mitgliedschaftlichen Kontinuität (Art. 7, 31, 56) im Vordergrund stehen, weiter bei Missachtung des Verbots der Mehrbelastung von Gesellschaftern (vgl. Art. 18 Abs. 1 lit. b und Abs. 4, Art. 43 Abs. 2 und Art. 64 Abs. 1 lit. a und b) und bei gezielter Fehlinformation einzelner Gesellschafter durch die Leitungsorgane im Vorfeld von Gesellschafterbeschlüssen (BERTSCHINGER, Klagen, 844 f.). **45**

Bei Verstössen gegen besondere Gläubigerschutzvorschriften des FusG (N 38) tritt der Schaden regelmässig nicht im Vermögen der Gesellschaft, sondern unmittelbar im Vermögen der Gläubiger ein. Dasselbe gilt, wenn ein Gläubiger bei der Kreditgewährung z.B. auf eine falsche Fusionsbilanz (vgl. BSK OR II-WIDMER/BANZ, Art. 755 N 10; BGE 110 II 391, 395 sowie unveröff. BGE 4C.198/2000 vom 28.9.2000, E. 4b betr. Schädigung eines zeichnenden Aktionärs) oder die fehlerhafte Bestätigung eines Prüfers (N 40 f.; MAURENBRECHER, 1334 f.; vgl. aber BGE 122 III 176, 192; FORSTMOSER, Revisor, Rz 325) vertraut. Im Übrigen steht aus Sicht der Gläubiger die Geltendmachung des mittelbaren Schadens im Konkurs im Vordergrund, etwa wenn durch eine Fusion das Haftungssubstrat der Schuldnerin verschlechtert wird. **46**

c) Berechnung und Bemessung

Da die **Behauptungs- und Beweislast** den Geschädigten trifft, hat dieser den Schaden grundsätzlich zu substanziieren und zu beziffern (BSK OR II-WIDMER/BANZ, Art. 754 N 21). Dies dürfte in der Praxis häufig Schwierigkeiten bereiten, soweit die Schadensberechnung vom hypothetischen Verhalten des geschädigten Gesellschafters oder Gläubigers (z.B. hinsichtlich eines allfälligen Verkaufs von Beteiligungs- oder Forderungstiteln vor Vollzug der Umstrukturierung) oder vom hypothetischen Wert eines Rechtsträgers ohne Umstrukturierung abhängt. In der Lehre zur Prospekthaftung wurde zur Überwindung dieser Schwierigkeiten von der Lehre teilweise die Anwendung der Theorie der effizienten Kapitalmärkte und des Capital Asset Pricing Model gefordert (vgl. WATTER, AJP 1992, 59 f.; ferner NOTH/GROB, 1459 f. m.w.H.). Selbst wenn man diesen Ansätzen trotz ihrer empirischen Problematik folgen wollte, dürften sie nicht ohne weiteres auf die fusionsgesetzliche Verantwortlichkeit übertragbar sein. Gerade bei Fusionen wirken eine Vielzahl von Faktoren auf den Aktienkurs des neuen Unternehmens ein, so dass sich kaum **47** mehr eruieren lässt, welches der «korrekte» (d.h. um die Auswirkungen der Pflichtwidrigkeit bereinigte) Kurs der beteiligten Unternehmen vor oder nach dem Zusammenschluss (gewesen) wäre.

48 Ist ein Schaden oder dessen **Höhe** nicht beweisbar, kann gemäss Art. 42 Abs. 2 OR dessen Festsetzung durch den Richter verlangt werden, wobei die Grundlagen für eine **richterliche Schadensschätzung** im Rahmen des Zumutbaren substantiiert werden müssen (im Einzelnen FORSTMOSER, Verantwortlichkeit, Rz 159 f.; BSK OR II-WIDMER/BANZ, Art. 754 N 21; unveröff. BGE 4C.160/2001 vom 18.12.2001, E. 2d).

49 Die **Bemessung** des Schadenersatzes unterliegt den allgemeinen haftpflichtrechtlichen Regeln (vgl. Handkommentar FusG-SCHENKER, N 20 und zu Art. 754 ff. OR FORSTMOSER, Verantwortlichkeit, Rz 345 ff.; BÄRTSCHI, 309 ff.), insbesondere Art. 43 Abs. 1 OR (leichte Fahrlässigkeit des Haftpflichtigen bzw. besondere Umstände in der Person des Schädigers), Art. 44 Abs. 1 OR (Selbstverschulden des Geschädigten oder andere Umstände, für die er einzustehen hat) und Art. 99 Abs. 2 OR (kein oder unangemessen niedriges Entgelt). Als haftungsminderndes Selbstverschulden kann z.B. bei einer Fusion der Verzicht auf eine Due Diligence durch einen geschädigten Rechtsträger in Betracht kommen (BSK OR II-WIDMER/BANZ, Art. 755 N 23).

3. Kausalzusammenhang

50 Zwischen der Pflichtwidrigkeit und dem eingetretenen Schaden muss zunächst ein natürlicher Kausalzusammenhang bestehen (FORSTMOSER/MEIER-HAYOZ/NOBEL, § 36 Rz 92). Darüber hinaus muss im Sinne der adäquaten Kausalität erstellt sein, dass die Pflichtwidrigkeit nach dem gewöhnlichen Lauf der Dinge und der Erfahrung des Lebens geeignet war, einen Erfolg der eingetretenen Art herbeizuführen (BGE 123 III 110, 112). Nach der bundesgerichtlichen Rechtsprechung (unveröff. BGE 4C.53/2003 vom 25.6.2003, E. 6.1; vgl. aber unveröff. BGE 4C.117/1999 vom 16.11.1999, E. 3a; BSK OR II-WIDMER/BANZ, Art. 754 N 44) ist die **Unterscheidung von natürlicher und adäquater Kausalität** auch bei pflichtwidrigen **Unterlassungen** beachtlich. Dabei ist im Rahmen der natürlichen Kausalität zu prüfen, ob nach dem hypothetischen Kausalverlauf der Schaden mit überwiegender Wahrscheinlichkeit (BGE 115 II 440, 450) auch bei pflichtgemässem Verhalten eingetreten wäre.

51 Natürliche und adäquate Kausalität sind im Rahmen von Art. 108 grundsätzlich nach denselben Kriterien zu beurteilen wie bei der aktienrechtlichen Verantwortlichkeit (dazu z.B. FORSTMOSER/MEIER-HAYOZ/NOBEL, § 36 Rz 91 ff.; BÄRTSCHI, 227 ff.). Hervorzuheben ist insofern zweierlei:

– Einerseits verbietet es der Grundsatz, dass der Kausalzusammenhang vom Ansprecher nachzuweisen ist (BSK OR II-WIDMER/BANZ, Art. 754 N 45), den notwendigen Konnex zwischen pflichtwidrigem Handeln oder Unterlassen des Beklagten und dem eingetretenen Schaden leichthin zu bejahen (vgl. auch VON DER CRONE ET AL., Rz 1099; ferner BGE 129 III 129 E. 8; BÄRTSCHI, 229, 232 f. mit einem Überblick über die Kritik an der älteren Rechtsprechung des BGer). So kann z.B. aus dem Umstand, dass der Verwaltungsrat eines Fusionspartners seinen Informationspflichten nach Art. 17 Abs. 1 nicht nachgekommen ist, nicht ohne weiteres geschlossen werden, die Fusion wäre bei korrekter Information nicht oder zu anderen Bedingungen erfolgt.

– Andererseits ist jeder Haftpflichtige analog Art. 759 Abs. 1 OR nur für den Schaden haftbar, der die adäquat kausale Folgen seines eigenen Verhaltens ist (Handkommentar FusG-SCHENKER, N 18 m.w.H.).

Darüber hinaus ergeben sich bei der fusionsgesetzlichen Verantwortlichkeit **Besonderheiten**: 52

- Fusionen, Spaltungen und Umwandlungen unterliegen i.d.R. der **Zustimmung der Generalversammlung** bzw. entsprechender Gremien (Art. 18, Art. 46, Art. 64). Soweit als Folge einer solchen Transaktion ein Schaden geltend gemacht wird, ist deshalb zumindest mit überwiegender Wahrscheinlichkeit nachzuweisen, dass bei pflichtgemässem Handeln der Verantwortlichen das erforderliche Zustimmungsquorum nicht erreicht worden wäre bzw. die Transaktionsbedingungen in den fraglichen Punkten angepasst worden wären.

- Bei Fehlern in Fusionsberichten oder anderen Transaktionsdokumenten bzw. dem entsprechenden Prüfungsbericht ist der volle Nachweis oder zumindest der **Beweis** der überwiegenden Wahrscheinlichkeit zu verlangen, dass sich der Geschädigte auf die unkorrekten Angaben verlassen hat und bei Kenntnis der wirklichen Sachlage anders gehandelt hätte (so für die Prospekthaftung ZK-BÜRGI/NORDMANN, Art. 752 OR N 14; FORSTMOSER, Verantwortlichkeit, Rz 989; BGE 47 II 272, 293; vgl. auch BGE 119 II 259 = Pra 1994, 218, 222 f. betr. Revisionsberichten). Diese Regel gilt grundsätzlich auch bei börsenkotierten Unternehmen (N 47). Insbesondere kann der in der Lehre zur Prospekthaftung teilweise (vgl. ROBERTO/WEGMANN, 169 m.w.H.) unter Berufung auf die Efficient Market Hypothesis postulierte Verzicht auf dieses Erfordernis (BSK OR II-WATTER, Art. 752 N 26) bei bestehenden Aktionären oder Gläubigern zum vornherein nicht greifen (NOTH/GROB, 1455 m.w.H.).

4. Verschulden

a) Allgemeines

Nach dem Vorbild von Art. 754 f. OR ist sowohl bei Art. 108 Abs. 1 als auch bei Abs. 2 neben der vorsätzlichen auch die fahrlässige Pflichtverletzung haftungsbegründend. Soweit sich die verletzte Pflicht aus dem FusG ergibt, genügt wie im Aktienrecht (vgl. BSK OR II-WIDMER/BANZ, Art. 754 N 32; FORSTMOSER/MEIER-HAYOZ/NOBEL, § 36 Rz 80 ff.) leichte **Fahrlässigkeit** und es gilt ein objektivierter Verschuldensmassstab (Handkommentar FusG-SCHENKER, N 19; BGE 112 II 172, 180). Massgebend ist die Sorgfalt, die von einer gewissenhaften Person in vergleichbarer Position in einer vergleichbaren Transaktion verlangt werden kann (VON DER CRONE ET AL., Rz 1098). Dagegen ergeben sich die allgemeinen Treue-, Sorgfalts- und ähnlichen Pflichten der verantwortlichen Organe aus dem Recht des jeweiligen Rechtsträgers (N 31). Dieses gibt auch den Haftungsmassstab vor, welchen das FusG nicht verschärfen kann (**a.M.** i.E. ZK-BERETTA, N 37). Dementsprechend haftet etwa der Geschäftsführer einer Kollektivgesellschaft bei Aushandlung des Fusionsvertrages nur für diligentia quam in suis (Art. 557 Abs. 2 i.V.m. Art. 538 OR). Mit Bezug auf Reduktionsgründe kann die Praxis zu Art. 745 OR (dazu OR Handkommentar-BERTSCHINGER, Art. 754 OR N 103 ff.) herangezogen werden. Dagegen ist auf Grund der ausservertraglichen Natur der Haftung eine Haftungsfreizeichnung nicht möglich. 53

Bei der Prüfungshaftung nach Art. 108 Abs. 2 ist die geschuldete Sorgfalt diejenige eines ordentlichen und sachkundigen Prüfers bei einer vergleichbaren Transaktion (i.d.S. VON DER CRONE ET AL., Rz 1098, ferner FORSTMOSER, Revisor, Rz 38, für die Revisionshaftung). Bei deren Bestimmung werden in der Praxis auch die von der Treuhand-Kammer geplanten Empfehlungen zur Konkretisierung der Prüfungsstandards zu beachten sein (vgl. auch OR Handkommentar-BERTSCHINGER, Art. 755 N 23; BGE 108 II 314, 318; 115 II 62, 64). 54

55 Nach h.L. zur aktienrechtlichen Verantwortlichkeit ist ein Verschulden nur zu vermuten, soweit der Gesellschaftsschaden geltend gemacht wird, währenddem bei Geltendmachung eines Gläubigerschadens das Verschulden zu beweisen ist (FORSTMOSER/MEIER-HAYOZ/NOBEL, § 36 Rz 35 ff.; BSK OR II-WIDMER/BANZ, Art. 754 N 35; **a.M.** KUNZ, 24 ff.). Dem ist auch für das FusG zu folgen.

b) Delegation und Beizug von Fachleuten

56 Im Gegensatz zur Geschäftsführungshaftung ist bei der fusionsgesetzlichen Verantwortlichkeit ein Exkulpationsbeweis durch **befugte Delegation** nicht ausdrücklich vorgesehen. Dabei ist strittig, ob Art. 754 Abs. 2 OR Ausdruck eines allgemeinen Rechtsprinzips ist, das auch bei anderen Arten der Verantwortlichkeit anwendbar ist (so insb. BERTSCHINGER, Rz 54 ff.; **a.M.** z.B. KUNZ, 194; BÄRTSCHI, 257). Nachdem Art. 754 Abs. 2 OR letztlich Ausdruck der Grundidee der Organverantwortlichkeit ist, dass man für die Verletzung des Kerns der eigenen Pflichten haftet (BÖCKLI, Aktienrecht, § 18 Rz 118), steht m.E. einer analogen Anwendung von Art. 754 Abs. 2 OR im Rahmen der Umstrukturierungshaftung von Art. 108 Abs. 1 nichts entgegen. Allerdings kommt eine Haftungsbefreiung durch Nachweis der Sorgfalt in Auswahl, Instruktion und Überwachung (dazu OR Handkommentar-BERTSCHINGER, Art. 754 N 71 ff. m.w.H.) nur in Frage, wo das FusG eine Delegation durch das primär als verantwortlich bezeichnete Organ zulässt (vgl. BSK OR II-WIDMER/BANZ, Art. 754 N 37). Ob dies der Fall ist, ist durch Auslegung der einzelnen fusionsgesetzlichen Bestimmung zu ermitteln.

57 Soweit bei der Erfüllung fusionsgesetzlicher Pflichten (z.B. der Berechnung des Umtauschverhältnisses oder der Erstellung des Transaktionsberichts) der **Beizug von Fachleuten** und anderen Hilfspersonen angebracht ist, darf sich das oberste Leitungs- oder Verwaltungsorgan bei Beachtung der drei curae in eligendo, instruendo et custodiendo grundsätzlich auf diese verlassen (vgl. FORSTMOSER, Verantwortlichkeit, Rz 329; BERTSCHINGER, Klagen, 847; ISLER, 6; BGE 129 III 71, 75 f.= Pra 2003, 365, 370 zur Prospekthaftung), was zu einer Reduktion oder zum Ausschluss des Verschuldens führt (FORSTMOSER, Verantwortlichkeit, Rz 300; BSK OR II-WIDMER/BANZ, Art. 754 N 32; vgl. aber BGE 99 II 176, 181). Ob dasselbe auch für die Tätigkeit von Revisionsgesellschaften gilt, ist bei der aktienrechtlichen Revisionshaftung umstritten (ablehnend z.B. FORSTMOSER, Verantwortlichkeit, Rz 330; bejahend BERTSCHINGER, Rz 408), m.E. aber bei angemessener Kontrolle der Plausibilität der Ergebnisse (N 40) für die Prüfungshaftung nach Art. 108 Abs. 2 zu bejahen.

V. Weitere Modalitäten der Haftung

1. Solidarität und Rückgriff

58 Nach Art. 108 Abs. 3 gilt für die Haftbarkeit mehrerer Personen Art. 759 OR (vgl. auch ZK-BERETTA, N 24 ff., 54 f.). Nach dem Grundsatz der **differenzierten Solidarität** kann somit jeder Haftpflichtige nur insoweit belangt werden, als er den betreffenden Schaden selbst adäquat kausal verursacht (N 50 ff.) und verschuldet (N 53 ff.) hat und er keine Reduktionsgründe (N 49) geltend machen kann (vgl. Handkommentar FusG-SCHENKER, N 13; VON DER CRONE ET AL., Rz 1094; BSK OR II-WIDMER/BANZ, Art. 759 N 3 ff.). Dies ist insbesondere bei gleichzeitigem Vorgehen aus Umstrukturierungs- und Prüfungshaftung zu beachten (vgl. FORSTMOSER, Revisor, Rz 215 ff.).

59 Folge der differenzierten Solidarität ist, dass der einzelne Beklagte nur bis zu seinem individuellen Haftungsplafond solidarisch haftbar ist. Allerdings kann der Geschädigte

6. Abschnitt: Verantwortlichkeit   60–63 **Art. 108**

nach Art. 108 Abs. 3 i.V.m. Art. 759 Abs. 2 OR mehrere Beteiligte für den **Gesamtschaden** einklagen und verlangen, dass der Richter im gleichen Verfahren die Ersatzpflicht jedes einzelnen Beklagten festsetzt (vgl. dazu und zum Regress zwischen den verschiedenen Haftpflichtigen, der vom Richter nach Art. 108 Abs. 3 i.V.m. Art. 759 Abs. 3 OR in Würdigung aller Umstände festzusetzen ist, z.B. FORSTMOSER/MEIER-HAYOZ/NOBEL, § 36 Rz 110 ff. und die Hinweise auf die Praxis bei OR Handkommentar-BERTSCHINGER, Art. 759 N 7 ff.).

2. Einreden und Einwendungen

Neben der Zustimmung der Generalversammlung und der Décharge (N 24 ff.) können dem Beklagten u.U. weitere Einreden oder Einwendungen zur Verfügung stehen, namentlich die Einrede der Verrechnung (dazu z.B. BÄRTSCHI, 326 f.), die Einrede der res iudicata bzw. eines abgeschlossenen Vergleichs (dazu z.B. FORSTMOSER/MEIER-HAYOZ/NOBEL, § 36 Rz 139 ff.) und die Einrede «**volenti non fit iniuria**» (N 25) oder anderweitigen Rechtsmissbrauchs. Dabei gilt die differenzierte aktienrechtliche Einredeordnung (dazu allgemein BÄRTSCHI, 182 ff., 314 ff. m.w.H.) im Rahmen des Verweises von Art. 108 Abs. 3 grundsätzlich auch für die fusionsgesetzliche Verantwortlichkeit. Von Bedeutung ist insb., dass nach der bundesgerichtlichen Theorie des einheitlichen Anspruchs der Gläubigergesamtheit im Konkurs von Kapitalgesellschaften und Genossenschaften praktisch sämtliche Einreden gegen Klagen der Konkursmasse oder deren (Abtretungs-)Gläubiger abgeschnitten sind (BGE 117 II 432, 440; zu recht kritisch BSK OR II-WIDMER/BANZ, Art. 757 N 28; FORSTMOSER/MEIER-HAYOZ/NOBEL, § 36 Rz 51 FN 24). Dagegen ist für den Ersatz unmittelbaren Schadens die individuelle Einredesituation massgeblich. 60

Aufgrund des Verweises von Art. 108 Abs. 3 ist die fünfjährige relative und die zehnjährige absolute **Verjährungsfrist** von Art. 760 OR auch für die fusionsgesetzliche Verantwortlichkeit massgeblich. Diese Fristen gelten für Ansprüche aus unmittelbarer und für solche aus mittelbarer Schädigung (im Einzelnen BSK OR II-WIDMER/BANZ, Art. 760 N 3 ff.; vgl. auch ZK-BERETTA, N 43 ff.). Vorbehalten bleiben Fälle, bei denen die haftungsbegründende Pflichtverletzung zugleich einen Straftatbestand verwirklicht, welcher einer längeren Verjährungsfrist untersteht. 61

3. Gerichtsstand

In **Binnenverhältnissen** (dazu und zur kontroversen Abgrenzung von internationalen Verhältnissen Art. 29a GestG N 7 ff.; DASSER, 661) erlaubt der mit Erlass des FusG neu eingeführte Art. 29a GestG, alle verantwortlichen Personen am Sitz eines der beteiligten Rechtsträger einzuklagen (Botschaft, 4491). Da die Gerichtsstände von Art. 29a GestG gemäss Art. 2 Abs. 1 GestG nicht zwingend sind, bleiben allfällige abweichende **Gerichtsstandsvereinbarungen und Schiedsabreden** vorbehalten, soweit sie zwischen den Prozessparteien gültig vereinbart wurden (vgl. auch Art. 29a GestG N 20; ZK-BERETTA, N 76 ff., 93 ff.; Kommentar GestG-BLUNSCHI, Art. 29 N 12). Gleiches gilt für die Einlassung nach Art. 10 GestG. Nicht anwendbar sind die Gerichtsstände von Art. 29a GestG für die Haftung von Personen, die im Sinne von Art. 108 Abs. 4 für ein Institut des öffentlichen Rechts tätig sind (Art. 29a GestG N 11). 62

Wie bei der aktienrechtlichen Verantwortlichkeit stehen die Gerichtsstände von Art. 29a GestG auch für allfällige **Regressansprüche** zur Verfügung. Wird ein Rechtsträger im Rahmen einer Fusion, Aufspaltung oder anderen Umstrukturierung aufgelöst, bleibt der betreffende Gerichtsstand trotz **Löschung des Rechtsträgers** im Handelsregister bestehen (Art. 29a GestG N 13). Da Art. 29a GestG allgemein verhindern will, dass dem Kläger infolge von Fusionen, Aufspaltungen oder Vermögensübertragungen ein Gerichts- 63 stand entzogen wird (Botschaft, 4506), gilt dies m.E. generell und nicht nur in Fällen, bei denen infolge Emigrationsfusion (Art. 163b IPRG; N 66) oder einer Aufspaltung kein Gerichtsstand in der Schweiz mehr zur Verfügung steht (gl.M. VON DER CRONE ET AL., Rz 1101; a.M. Handkommentar FusG-SCHENKER, N 24).

64 Im Gegensatz zu Art. 29 GestG sieht Art. 29a GestG **keine alternative Zuständigkeit am Wohnsitz des Beklagten** vor. Da Art. 29 GestG nach seinem klaren Wortlaut nur Klagen aus gesellschaftsrechtlicher Verantwortlichkeit regelt, ist Art. 29a GestG gegenüber Art. 29 GestG lex specialis (Botschaft 4491; vgl. aber Art. 29a GestG N 27). Als besonderer Gerichtsstand im Sinne des GestG schliesst er zudem den allgemeinen Gerichtsstand am Wohnsitz des Beklagten (Art. 3 GestG) aus (Kommentar GestG-MÜLLER, Art. 2 N 18 f. m.w.H.). Im Gegensatz zu Klagen aus aktienrechtlicher Verantwortlichkeit (Art. 29 i.V.m. Art. 7 Abs. 1 GestG; vgl. Kommentar GestG-BLUNSCHI, Art. 29 N 15) stehen somit für Klagen aus fusionsgesetzlicher Verantwortlichkeit die Gerichte am Wohnsitz einer der beklagten Parteien nicht zur Verfügung (gl.M. VON DER CRONE ET AL., Rz 1101; ZK-BERETTA, N 71; vgl. auch Art. 29a GestG N 16 f. m.w.H., wo allerdings von einem möglichen Versehen des Gesetzgebers ausgegangen wird; a.M. Handkommentar FusG-SCHENKER, N 23). Im Bereich der Verantwortlichkeitsklagen dürfte somit Art. 29a GestG die Tendenz zum Forum Shopping (Art. 29a GestG N 2; DASSER, 663) eher eindämmen. Dies rechtfertigt sich sachlich daraus, dass bei einer Kumulation von Wohnsitzgerichtsstand und Gerichtsstand am Sitz der Gesellschaft bei mehreren beteiligten Rechtsträgern eine Multiplikation möglicher Gerichtsstände und damit eine erhöhte Gefahr der Verzettelung von sachlich zusammenhängenden Verfahren auf mehrere Gerichte und entsprechender Kompetenzstreitigkeiten zur Folge hätte.

65 Die Geltendmachung **konkurrierender Ansprüche** von Gesellschaftern, Gläubigern und Rechtsträgern richtet sich nach denselben Regeln wie bei der aktienrechtlichen Verantwortlichkeit (Handkommentar FusG-SCHENKER, N 23 unter Hinweis auf FORSTMOSER/MEIER-HAYOZ/NOBEL, § 36 Rz 27 ff.; vgl. für die Geltendmachung des einheitlichen Anspruchs der Gläubigergesamtheit durch Gläubiger [oder Gesellschafter; N 23] auch BGE 121 III 488). Soweit bei Klagen aus direkter Schädigung aufgrund ähnlicher Klagefundamente die Gefahr widersprechender Urteile besteht, sollte das später angerufene Gericht entweder das Verfahren auszusetzen, bis das zuerst angerufene Gericht entschieden hat, oder vorzugsweise (SCHENKER, a.a.O.) das Verfahren im Einverständnis mit dem erstberufenen Gericht an dieses überweisen (Art. 36 GestG; vgl. auch ZK-BERETTA, N 75). Machen mehrere Gläubiger nach Verzicht der Masse bzw. Abtretung der Ansprüche der Gläubigergesamtheit den Gesellschaftsschaden geltend, hat die Konkursverwaltung die nötigen Weisungen zu erlassen (BGE 121 III 488, 493 f.; vgl. auch OR Handkommentar-BERTSCHINGER, Art. 757 N 9).

66 Im **internationalen Verhältnis** hat das FusG keine Änderung der bestehenden Gerichtsstandsordnung gebracht (Art. 29a GestG N 8 f.). Damit dürfte Art. 151 IPRG auch auf Klagen aus fusionsgesetzlicher Verantwortlichkeit Anwendung finden (vgl. DASSER, 668), wobei im Falle einer Emigrationsfusion der bisherige Gerichtsstand am Sitz der aufgelösten Schweizer Gesellschaft bestehen bleibt (Botschaft 4491; BERTSCHINGER, Klagen, 850; a.M. VON DER CRONE ET AL., Rz 1103). Dagegen steht dem Kläger im Anwendungsbereich des LugÜ grundsätzlich nur der Wohnsitz des oder der Beklagten, nicht aber der Sitz der beteiligten Rechtsträger zur Verfügung (vgl. auch VON DER CRONE ET AL., a.a.O.; Kommentar GestG-BLUNSCHI, Art. 29 N 20 f.).

4. Kosten

Macht ein Gesellschafter ausserhalb des Konkurses einen **mittelbaren Schaden** geltend, gilt der Verweis in Art. 108 Abs. 3 auch für die Kostentragungsregel von Art. 756 Abs. 2 OR (dazu BSK OR II-WIDMER/BANZ, Art. 756 N 14 ff. m.w.H.). Diese überwälzt das (überproportionale) Kostenrisiko (Gerichtsgebühr und Parteientschädigung) des Klägers, der aus begründetem Anlass den gesamten Gesellschaftsschaden einklagt, nach Ermessen des Richters auf die Gesellschaft. Da unter dem FusG Klagen auf Leistung an mehr als einen Rechtsträger denkbar sind (z.B. bei Pflichtwidrigkeiten im Zusammenhang mit Spaltungen), steht dem Richter auch das Recht zu, den dem Kläger im ersten Schritt abgenommenen Kostenanteil in einem zweiten Schritt nach seinem Ermessen auf die betroffenen Rechtsträger zu verteilen.

67

Artikel 108 Abs. 3 i.V.m. Art. 756 Abs. 2 OR gilt nur für die Geltendmachung des mittelbaren Schadens durch einen Gesellschafter ausserhalb des Konkurses. Dementsprechend trägt der Aktionär oder Gläubiger, der einen **unmittelbaren Schaden** einklagt, das volle Kosten- und Entschädigungsrisiko. Dasselbe gilt, falls ein Gesellschafter oder Gläubiger im Konkurs den einheitlichen Schaden der Gläubigergesamtheit (N 22) geltend macht.

68

Zehntes Kapitel: Schlussbestimmungen

vor Art. 109: Steuerliche Übergangsbestimmungen

Art. 72e StHG

StHG Anpassung der kantonalen Gesetzgebung an die Änderungen	¹Die Kantone passen ihre Gesetzgebung innert dreier Jahre nach Inkrafttreten der Gesetzesänderung vom 3. Oktober 2003 den geänderten Vorschriften des zweiten und des dritten Titels an. ²Nach Ablauf dieser Frist gilt die Regelung nach Artikel 72 Absatz 2.
Adaptation de la législation cantonale aux modifications de la loi	¹ Les cantons adaptent leur législation dans les trois ans qui suivent l'entrée en vigueur de la modification du 3 octobre 2003 aux dispositions modifiées des titres 2 et 3. ² Après l'expiration de ce délai, l'art. 72, al. 2, est applicable.
Adeguamento della legislazione cantonale	¹ I Cantoni adeguano la loro legislazione alle disposizioni modificate dei titoli secondo e terzo entro tre anni dall'entrata in vigore della modifica del 3 ottobre 2003 della presente legge. ² Scaduto tale termine, si applica la regolamentazione di cui all'articolo 72 capoverso 2.

Inhaltsübersicht   Note

        I. Zeitpunkt des Inkrafttretens   1
       II. Anwendung des neuen Rechts auf intertemporale Sachverhalte   5
      III. Massgeblicher Zeitpunkt für die Anwendung des neuen Rechts   9
      IV. Altrechtliche Sperrfristen bei Spaltungen   14
       V. Übergangsfrist von Art. 72e StHG   23
      VI. Vorwirkung aufgrund vertikaler Steuerharmonisierung   26
            1. Allgemeines   26
            2. Zulässige Umstrukturierungen   29
            3. Spaltung   31
            4. Zusammenschluss   34
     VII. Umsetzung der steuerlichen Novitäten in den Kantonen   36
            1. Konzernübertragung   36
            2. Ersatzbeschaffung von Beteiligungen   37
    VIII. Handänderungssteuern   39

Literatur

P. ATHANAS/ST. KUHN, Übersicht und Fallbeispiele zur steuerlichen Behandlung von Unternehmensteilungen, Basel 1998; M. BERTSCHI, Zur Anwendbarkeit der lex mitior bei Verweisungen auf das Verwaltungsrecht, in: Ackermann (Hrsg.), Strafrecht als Herausforderung, Zur Emeritierung von Prof. Niklaus Schmid, Analysen und Perspektiven von Assistierenden des Rechtswissenschaftlichen Instituts der Universität Zürich, Zürich 1999; P. BÖCKLI, Rechtsgutachten erstattet dem Regierungsrat des Kantons Luzern zur Frage der Abschaffung der Mietwertbesteuerung, Basel 30.6.1993 (zit. BÖCKLI, Rechtsgutachten); DERS., Unternehmensumstrukturierungen in der Schweiz: Zwölf steuerliche Hemmschuhe, StR 1990, 215 ff.; F. CAGIANUT, Bericht der Expertengruppe Cagianut zur Steuerharmonisierung, Zürich 1994; U. CAVELTI, Die Durchsetzung der Steuerharmonisierung – Grenzen und Möglichkeiten, FStR 2004, 106 ff.; W. GEIGER, Sind rückwirkende Steuergesetze zulässig?, StR 1961, 50 ff.; M. GRETER, Spaltung von juristischen Personen und direkte Steuern, ASA 65 (1996/97), 849 ff.; DERS., Standortbestimmung für die direkten Steuern bei Umstrukturierungen, ST 1995, 219 ff.; A. GRISEL, L'application du droit public dans le temps, ZBl 1974, 233 ff.; U. HÄFELIN/ G. MÜLLER, Allgemeines Verwaltungsrecht, 4. Aufl., Zürich 2002; P. HINNY, Internationale Umstrukturierungen von Kapitalgesellschaften im Schweizer Steuerrecht, FStR 2001, 180 ff.; M. IMBODEN/R. RHINOW, Schweizerische Verwaltungsrechtsprechung, 2 Bde., Basel/Frankfurt a.M. 1986; A. KNEUBÜHLER, Durchsetzung der Steuerharmonisierung, ASA 69 (2000/2001), 209 ff.; A. KÖLZ, Intertemporales Verwaltungsrecht, ZSR 1983 II 101 ff.; TH. MEISTER, Rechtsmittelsystem der Steuerharmonisierung – Der Rechtsschutz nach StHG und DBG, Diss. St. Gallen, Bern/Stuttgart/Wien 1995; N. MERLINO, Les aspects fiscaux de la nouvelle loi sur les fusions, SZW 2004, 269; CH. OTT, Der Grundsatz der Nichtrückwirkung von Verwaltungsrechtsnormen, Ein Beitrag zur Lehre des intertemporalen Rechts, Diss. Zürich 1952; M. REICH, Gedanken zur Umsetzung des Steuerharmonisierungsgesetzes, ASA 62 (1993/94), 577 ff.; DERS., Die steuerneutrale Reservenübertragung bei Unternehmensumstrukturierungen – neuere Entwicklungen und Tendenzen, in: Reich/Zweifel (Hrsg.), FS Zuppinger, Bern 1989, 379 ff.; R. RHINOW/B. KRÄHENMANN, Schweizerische Verwaltungsrechtsprechung, Ergänzungsband, Basel/Frankfurt a.M. 1990; P. RICHLI, Schlussbestimmungen, ASA 61 (1992/93), 475 ff.; F. RIKLIN, Schweizerisches Strafrecht, Allgemeiner Teil I, Verbrechenslehre, 2. Aufl., Zürich 2003; B. SCHERRER, Die nachträgliche Besteuerung ursprünglich steuerneutraler Buchwertumwandlungen, in: Reich/Zweifel (Hrsg.), FS Zuppinger, Bern 1989, 419 ff.; P. SPORI/M. MOSER, Fusionsgesetz: Kongruenzen und Inkongruenzen zwischen Zivil- und Steuerrecht, ZBJV 2004, 301 ff.; G. STRATENWERTH, Schweizerisches Strafrecht, Allgemeiner Teil I: Die Straftat, 2. Aufl., Bern 1996; J. WALKER, Steuerliche Aspekte der Abspaltung von Unternehmensteilen, ST 1997, 1001 ff.; B. WEBER-DÜRLER, Vertrauensschutz im öffentlichen Recht, Basel/Frankfurt a.M. 1983; M. WEIDMANN, Die Neuregelung der steuerlichen Folgen von Restrukturierungen, Jusletter vom 7.6.2004; DERS., Realisation und Zurechnung des Einkommens, FStR 2003, 83 ff.; DERS., Einkommensbegriff und Realisation, Diss. Zürich 1996; A. WIRZ, Die Quasifusion von Aktiengesellschaften im schweizerischen Steuerrecht, Diss. St. Gallen 1997; D. YERSIN, Harmonisation fiscale: La dernière ligne droite, ASA 69 (2000/2001), 305 ff.; DIES., Steuerharmonisierung und kantonales Recht, ASA 64 (1995/96), 97 ff.; CH. ZIMMERLI, Das Verbot rückwirkender Verwaltungsgesetze, Diss. Basel 1967; E. ZIMMERLIN, Zum Problem der zeitlichen Geltung im Baupolizei- und Bauplanungsrecht, ZSR 1969 I 429 ff.

Praxisfestlegung der Steuerverwaltung

Kreisschreiben Nr. 5 der ESTV vom 1.6.2004 betreffend Umstrukturierungen (zit. ESTV-DVS, KS 5 vom 1.6.2004); Kreisschreiben Nr. 9 der ESTV vom 9.7.1998 betreffend Auswirkungen des Bundesgesetzes über die Reform der Unternehmensbesteuerung 1997 auf die Steuerermässigung auf Beteiligungserträgen von Kapitalgesellschaften und Genossenschaften, ASA 67 (1998/99), 117 ff. (zit. ESTV-DVS, KS 9 vom 9.7.1998).

I. Zeitpunkt des Inkrafttretens

1   Die in den Ziffern 6–9 des Anhangs zum FusG vorgesehenen Änderungen im *Bundesgesetz* vom 27.6.1973 *über die Stempelabgaben*, im *Bundesgesetz* vom 14.12.1990 *über die direkte Bundessteuer*, im *Bundesgesetz* vom 14.12.1990 *über die Harmonisierung der direkten Steuern der Kantone und Gemeinden* und im *Bundesgesetz* vom 13.10.1965 *über die Verrechnungssteuer* treten gleichzeitig mit dem FusG zum vom Bundesrat bestimmten Zeitpunkt in Kraft (Art. 111 Abs. 2). Der Bundesrat hat diesen Zeitpunkt auf den **1. Juli 2004** festgesetzt.

2   Mit Art. 72e StHG wird den Kantonen eine dreijährige Frist zur Anpassung ihrer Gesetzgebung an die geänderten Vorschriften des zweiten und dritten Titels des StHG eingeräumt. Dies, obwohl Art. 42^{quinquies} Abs. 3 Satz 2 aBV, nach welchem den Kantonen «eine angemessene Frist für die Anpassung ihres Steuerrechts einzuräumen» war, nicht

in die geltende neue Bundesverfassung überführt worden ist. Die dreijährige Frist beginnt mit dem Inkrafttreten dieses Artikels zu laufen. Nach Ablauf dieser Frist, also ab **1. Juli 2007**, «findet das Bundesrecht direkt Anwendung, wenn ihm das kantonale Steuerrecht widerspricht» (Art. 72e Abs. 2 StHG i.V.m. Art. 72 Abs. 2 StHG).

Mit Inkrafttreten der geänderten Vorschriften des StHG werden Art. 8 Abs. 3, Art. 12 Abs. 4 lit. a und Art. 24 Abs. 3 aStHG ersetzt und somit per 1.7.2004 aufgehoben. Da die Anpassungsfrist von Art. 72e StHG an die geänderten Bestimmungen drei Jahre beträgt, kommt den alten Fassungen dieser Bestimmungen eine **Nachwirkung** zu. Wenngleich es sich nicht mehr um (geltendes) Bundesrecht handelt, gelangen sie direkt zur Anwendung, wenn ihnen das kantonale Recht widerspricht. Der Begriff des «Bundesrechts» von **Art. 72 Abs. 2 StHG** ist somit weit zu interpretieren. Weil ein Verstoss gegen diese Bestimmungen aufgrund von Art. 73 StHG beim Bundesgericht mit Verwaltungsgerichtsbeschwerde angefochten werden kann, gilt dasselbe für den Begriff des «Bundesrechts» von **Art. 104 lit. a OG**.

Die bundesrechtliche Befreiungsnorm von kantonalen und kommunalen Handänderungssteuern bei Umstrukturierungen (Art. 103) tritt aufgrund der Spezialbestimmung von Art. 111 Abs. 3 erst am **1. Juli 2009** in Kraft. Damit soll den Bedenken an der verfassungsmässigen Kompetenz des Bundes zum Eingriff in die kantonale Hoheit im Bereich der indirekten Steuern sowie der damit für Kantone und Gemeinden verbundenen Steuerausfälle Rechnung getragen werden (vgl. Art. 103 N 5 ff., 51 ff.). Zu den übergangsrechtlichen Aspekten vgl. N 38 ff.

II. Anwendung des neuen Rechts auf intertemporale Sachverhalte

Im öffentlichen Recht ist der **Grundsatz der Nichtrückwirkung** von gesetzlichen oder verfassungsmässigen Erlassen zu beachten (BGer 8.5.1998, StR 1998, 743, 745 f.; BGE 119 Ia 254, 258 = Pra 1994, 184 f.; BGer 24.2.1960, ZBl 1961, 55 f.). Eine **echte Rückwirkung** kann jedoch unter bestimmten Umständen zulässig sein. Erforderlich ist namentlich, dass diese ausdrücklich angeordnet ist oder sich aus dem Sinnzusammenhang des Gesetzes klar ergibt (BGer 8.5.1998, StR 1998, 743, 745; BGE 119 Ia 254, 258 = Pra 1994, 184 ff.; BGer 16.7.1992, StR 1992, 599, 600 f.). Zudem muss sie in zeitlicher Hinsicht mässig sein, sich durch beachtenswerte Gründe rechtfertigen lassen, darf zu keinen stossenden Rechtsungleichheiten führen und nicht in wohlerworbene Rechte eingreifen (BGer 15.11.1999, ZStP 2000, 25, 29; BGer 8.5.1998, StR 1998, 743, 746; BGE 122 V 405, 408 ff.; 122 II 113, 117 ff.; 119 Ia 154, 160; 119 Ia 254, 257 ff. = Pra 1994, 184 ff.; 113 Ia 412, 425; 102 Ia 69, 73). Da eine Rückwirkung in den geänderten Steuererlassen weder statuiert wird noch sich aus dem Sinnzusammenhang der Gesetze klar ergibt, sind die Voraussetzungen für eine echte Rückwirkung grundsätzlich nicht gegeben. Beim aus Art. 8 BV abgeleiteten Rückwirkungsverbot handelt es sich allerdings nicht um ein verfassungsmässiges Recht, sondern bloss um ein Verfassungsprinzip. Dessen Verletzung kann deshalb mit staatsrechtlicher Beschwerde ans Bundesgericht nur im Zusammenhang mit einem speziellen verfassungsmässigen Recht, wegen rechtsungleicher Behandlung oder im Rahmen einer Willkürbeschwerde, gerügt werden (BGE 102 Ia 69, 71; GRISEL, ZBl 1974, 245 f.).

Bei Steuergesetzen liegt gemäss bundesgerichtlicher Rechtsprechung eine grundsätzlich **unzulässige echte Rückwirkung** vor, wenn das Bestehen einer Steuerpflicht an Sachverhalte angeknüpft wird, die sich vor dem Inkrafttreten des Gesetzes verwirklicht haben. Bestimmt sich hingegen lediglich der **Umfang der Steuerpflicht** nach Tatsachen, die vor dem Inkrafttreten des Steuergesetzes eingetreten sind, so liegt keine unzulässige echte Rückwirkung vor. Es handelt sich vielmehr um eine zulässige, sog. **Rückanknüpfung** (vgl. BGE 119 V 200, 206; 119 Ia 254, 257 ff. = Pra 1994, 184 f.; 114 V 150, 151; 102 Ia 31, 32 f.; 101 Ia 82, 85 f.; 104 Ib 205, 219 f.; 97 I 337, 340 f.; VGer ZH 29.9.1999, ZStP 2000, 19, 21 f.; VGer ZH 15.7.1998, ZStP 1998, 292, 293 f.; VGer ZH 26.3.1997, RB 1997 Nr. 37 = ZStP 1997, 124, 128; StRK ZH 31.10.1996, ZStP 1996, 281, 282 ff.).

7   Grundsätzlich zulässig ist die echte Rückwirkung **begünstigender Erlasse** (BGE 99 V 200, 203; VGer AG 4.4.1973, AGVE 1973, 427, 429 f.; VGer SZ 20.9.1988, EGV-SZ 1988, 14, 15 f.; StRK ZH 31.10.1996, ZStP 1996, 281, 282 ff.; HÄFELIN/MÜLLER, 4. Aufl., N 334; IMBODEN/RHINOW, Bd. 1, 106; a.A. KGer VS 5.2.1979, RVJ 1979, 370, 374 ff.). Ein dahingehender Anspruch wäre aber nur dann gegeben, wenn die einschlägigen Normen dies vorsehen würden (BGE 105 Ia 36, 40; 102 Ib 335, 338 f.). Einen Vorrang der *lex mitior* gibt es im Verwaltungsrecht nicht. Es bleibt den Steuerbehörden somit unbenommen, mit dem FusG in die Steuergesetze eingeführte steuerliche Erleichterungen auch auf Umstrukturierungen anzuwenden, die sich vor dem 1.7.2004 verwirklicht haben.

8   Im **Bereich der steuerstrafrechtlichen Bestimmungen** ist hingegen der Grundsatz des Vorranges der *lex mitior* von Art. 2 Abs. 2 StGB zu beachten, wonach derjenige, welcher ein Delikt vor Inkrafttreten eines neuen Gesetzes verübt hat, nach demjenigen Gesetz zu beurteilen ist, welches für ihn das mildere ist (BGer 21.6.1999, StR 2000, 122, 124; BGer 10.6.1998, ASA 68 [1999/2000], 240, 242 ff. = StE 1999 B 101.9 Nr. 10; BGer 10.8.1998, ASA 68 [1999/2000], 416, 420 = StR 1998, 733, 736; BGer 8.5.1998, StR 1998, 743, 746; BGer 10.7.1997, ASA 67 [1998/99], 400, 408 = StE 1998 B 103 Nr. 1; BGer 30.9.1992, ASA 62 [1991/92], 668, 672; BGE 114 Ib 27, 31 f.; 97 IV 233, 236 = Pra 1972, 270 f.). Da durch die Änderung der Umstrukturierungsbestimmungen jedoch bloss eine Verhaltensnorm des Verwaltungsrechts geändert wird, gilt gemäss bundesgerichtlicher Rechtsprechung die *lex mitior* nicht unbeschränkt: Erforderlich sei zudem eine «mildere ethische Wertung», eine nur aus Gründen der Zweckmässigkeit erfolgende Gesetzesrevision habe auf die Strafwürdigkeit des sanktionierten Verhaltens keinen Einfluss (BGE 123 IV 84; 116 IV 258, 260 ff.; 89 IV 113, 118 ff.). Da sich die Strafwürdigkeit des Verstosses gegen eine Blankettnorm jedoch erst aus der Verhaltensnorm selbst ergibt, ist eine solche Einschränkung nicht zulässig (STRATENWERTH, § 4 N 12; BSK StGB-POPP, Art. 2 N 9; BERTSCHI, 129 ff.; vgl. auch OGer ZH 7.5.2003, ZR 2003, 289, 291 ff.; a.A. RIKLIN, § 8 N 13). Die steuerstrafrechtlichen Bestimmungen (vgl. Art. 175 ff. und 186 ff. DBG, Art. 61 ff. VStG, Art. 45 ff. StG; Art. 14 VStrR) sind somit auch für Handlungen, welche vor dem 1.7.2004 verübt wurden, (auch) im Lichte der neuen Umstrukturierungsbestimmungen zu interpretieren.

9   Die Anwendung neuen Rechts auf **zeitlich offene Dauersachverhalte** (d.h. ex nunc et pro futuro) sowie die Rückanknüpfung sind hingegen grundsätzlich zulässig, sofern ihnen keine wohlerworbenen Rechte bzw. der Vertrauensschutz entgegenstehen (BGE 122 V 405, 409 = Pra 1997, 701 f.; 114 V 150, 152; 113 V 296, 299; VGer ZH 5.10.1982, ZBl 1983, 41, 43 f. = ZR 1983 Nr. 18). Es liegt eine sog. unechte Rückwirkung vor (RHINOW/KRÄHENMANN, 48 f.).

III. Massgeblicher Zeitpunkt für die Anwendung des neuen Rechts

10   Entscheidend für die Frage, ob sich eine Umstrukturierung unter altem oder neuem Recht verwirklicht hat, ist im Rahmen der Einkommens- und Gewinnsteuern der **Realisationszeitpunkt**. Dieser fällt mit dem Zeitpunkt des Vollzugs bzw. dem **Verfügungs-**

geschäft der Umstrukturierung zusammen *(Closing)*. Ob das Verpflichtungsgeschäft *(Signing)* früher abgeschlossen wurde, spielt diesbezüglich keine Rolle (REICH/DUSS, 25 f.). Bei einem **Kaufvertrag** kommt es für die Ertragsrealisation auf den Zeitpunkt der Erfüllung durch den Verkäufer an. Massgeblicher Zeitpunkt ist somit der Zeitpunkt der **Besitzverschaffung** – auf den Zeitpunkt der Eigentumsverschaffung kommt es nicht an (vgl. WEIDMANN, 147 f.). Die übrige Literatur (vgl. LOCHER, Kommentar DBG, Art. 16 N 18 ff.; KÄNZIG, Art. 21 N 9 und Art. 49 N 269) sowie Rechtsprechung (vgl. VGer NE 15.6.1995, RJN 1995, 180, 183 = RDAF 1995, 342, 344 = StR 1997, 287, 291; VGer LU, LGVE 1992 II, 198, 199; VGer ZH 5.7.1988, RB 1988 Nr. 29; RK III ZH 11.11.1992, StE 1993 B 25.6 Nr. 26; StRK AG 13.3.1970, AGVE 1970, 287 f.; StRK BE 3.11.1953, MBVR 1954, 175 f.) ist diesbezüglich weniger explizit und setzt den Realisationszeitpunkt jeweils mit dem Erwerb eines festen Rechtsanspruches auf die Gegenleistung gleich.

Das **Bundesgericht** hat in einem die Privatentnahme von Geschäftsliegenschaften betreffenden Fall den massgeblichen Realisationszeitpunkt im **Zeitpunkt des Vertragsabschlusses** erblickt (BGE 105 Ib 238, 242 f. = ASA 49 [1980/81], 61, 66 f. = StR 1980, 503, 507 f.) und dies in seiner seitherigen Rechtsprechung stets wiederholt, ohne sich mit der Kritik in der Doktrin auseinandergesetzt zu haben (vgl. BGer 31.3.2003, StE 2003 B 21.1 Nr. 17 E. 3.2; BGer 14.10.1998, StR 1999, 196, 201; BGer 1.11.1991, ASA 61 [1992/93], 666, 669 = StE 1992 B 21.2 Nr. 6; BGE 113 Ib 23, 26). Erst durch die Erfüllung durch den Verkäufer wird sein Anspruch auf die Gegenleistung zu einem gefestigten Anspruch, da er sich vorher die Einrede von Art. 82 OR entgegenhalten muss (vgl. WEIDMANN, 145). Dies entspricht auch der handelsrechtlichen Betrachtungsweise, wonach die Ertragsrealisation in dem Zeitpunkt gegeben ist, in dem Güter oder Dienstleistungen in eine durchsetzbare, feste und unentziehbare, dem Erwerb von Geld gleichzuhaltende Forderung umgewandelt werden (BÖCKLI, Aktienrecht, § 8 N 127; vgl. auch BK-KÄFER, Art. 957 N 233, Art. 958 N 157 f. und Art. 960 N 118 f. sowie BGE 116 II 533, 539). Entscheidend kann somit nur der Zeitpunkt des Vollzugs durch den Verkäufer sein. **11**

Die mit Inkrafttreten des FusG geänderten Bestimmungen von Art. 6 Abs. 1 lit. a^{bis} und Art. 9 Abs. 1 lit. e StG betreffend die **Emissionsabgabe** gelangen bei der Begründung oder Erhöhung des Nennwertes von Aktien, Partizipationsscheinen und Stammeinlagen einer GmbH analog Art. 7 Abs. 1 lit. a StG immer dann zur Anwendung, wenn die Eintragung der Begründung oder Erhöhung im Handelsregister nach dem 30.6.2004 erfolgt ist. Bei Genossenschaftsanteilen ist demgegenüber auf den Zeitpunkt ihrer Begründung oder Erhöhung abzustellen (vgl. Art. 7 Abs. 1 lit. c StG). **12**

Im Hinblick auf die mit Inkrafttreten des FusG geänderten Ausnahmetatbestände der **Umsatzabgabe** gemäss Art. 14 Abs. 1 lit. b, i und j StG ist demgegenüber analog Art. 15 Abs. 1 StG grundsätzlich auf den **Abschluss** des auf die entgeltliche Übertragung von Eigentum einer steuerbaren Urkunde abzielenden Geschäfts abzustellen (vgl. BGer 28.6.1996, ASA 65 [1996/97] 671, 674). Nur wenn das Rechtsgeschäft nach dem 30.6.2004 abgeschlossen wird, sind die neuen Bestimmungen anwendbar. Ein vor dem 1.7.2004 abgeschlossenes Rechtsgeschäft betreffend die entgeltliche Übertragung des Eigentums an steuerbaren Urkunden i.S.v. Art. 13 Abs. 2 StG beurteilt sich jedoch immer dann nach den mit Inkrafttreten des FusG geänderten Bestimmungen des StG, wenn es sich um ein bedingtes oder ein Wahlrecht einräumendes Rechtsgeschäft handelt, welches erst nach dem 30.6.2004 vollzogen wird (vgl. Art. 15 Abs. 2 StG). **13**

Praxisgemäss wird eine **rückwirkende Umstrukturierung** steuerlich anerkannt, wenn die Anmeldung beim Handelsregister innerhalb von **sechs Monaten** nach dem Stichtag **14** der massgeblichen Bilanz beim Handelsregister eingetroffen ist (ESTV-DVS, KS 5 vom 1.6.2004, Ziff. 4.1.2.2.3 [Fusion], Ziff. 4.2.1.2.3 [Umwandlung einer juristischen Person in eine andere juristische Person], Ziff. 4.2.6.3.4 [Umwandlung einer juristischen Person in eine Personenunternehmung] und Ziff. 4.3.2.2 [Spaltung]). Eine solche stipulierte Rückwirkung einer nach dem 1.7.2004 vollzogenen (vgl. N 11) Umstrukturierung ändert an der Anwendung neuen Rechts auch dann nichts, wenn die Rückwirkung über dieses Datum hinaus zurückreicht (z.B. auf den 1.6.2004).

IV. Altrechtliche Sperrfristen bei Spaltungen

15 Gemäss Art. 19 Abs. 1 lit. a sowie Art. 61 Abs. 1 lit. a altDBG beziehungsweise Art. 8 Abs. 3 lit. a sowie Art. 24 Abs. 3 lit. a altStHG mussten bei einer Umwandlung die Beteiligungsverhältnisse grundsätzlich gleich bleiben. Daraus hat die Verwaltungspraxis eine vom Bundesgericht geschützte **fünfjährige Sperrfrist** abgeleitet (BGer 28.12. 1998, ASA 68 [1999/2000], 71, 76 f. = StR 1999, 671 = StE 1999 B 23.7 Nr. 9; VGer LU 15.1.2002, LGVE 2002 II, 219, 221 f.). Obwohl die Art. 19 Abs. 1 lit. c sowie Art. 61 Abs. 1 lit. c altDBG sowie Art. 8 Abs. 3 lit. c sowie Art. 24 Abs. 3 lit. c altStHG für die Spaltung keine entsprechende Voraussetzung enthielten, durften die Beteiligungsrechte der aus der Teilung hervorgegangenen Kapitalgesellschaften (angestammte und abgespaltene Gesellschaft) trotz fehlender Rechtsgrundlage praxisgemäss während einer fünfjährigen Sperrfrist nicht gegen frei verfügbare Werte veräussert werden (REICH/DUSS, 322; GRETER, ASA 65 [1996/97], 860 f.; AGNER/JUNG/STEINMANN, 259; ESTV-DVS, KS 9 vom 9.7.1998, Ziff. 2.5.3.b; vgl. vor Art. 29 N 71 ff.). Eine **Verletzung** dieser Sperrfrist führte zu einer nachträglichen Besteuerung der im Zeitpunkt der Umstrukturierung vorhandenen stillen Reserven auf Stufe der spaltenden Gesellschaft; auf Stufe Aktionär führte die Sperrfristverletzung zu einem steuerbaren Ertrag aus beweglichem Vermögen, wenn die Beteiligungsrechte im Privatvermögen gehalten wurden. Bei Publikumsgesellschaften wurde teilweise von der Sperrfrist abgesehen, wenn nicht bereits zum Zeitpunkt der Spaltung eine Veräusserungsabsicht bestand (vgl. ATHANAS/KUHN, 99 ff.; REICH/DUSS, 50).

16 Mit Art. 19 Abs. 2 sowie Art. 61 Abs. 2 und 4 DBG beziehungsweise Art. 8 Abs. 3bis sowie Art. 24 Abs. 3ter und 3[quinquies] StHG wurde für Umwandlungen, Ausgliederungen und Konzernübertragungen eine fünfjährige Veräusserungssperrfrist ausdrücklich ins Gesetz aufgenommen. Der Umkehrschluss gebietet, dass mit Inkrafttreten der neuen Gesetzesbestimmungen bei Spaltungen somit **keine Veräusserungssperrfristen mehr** bestehen (vgl. AmtlBull StR 2001, 166; AmtlBull NR 2003, 255; ESTV-DVS, KS 5 vom 1.6.2004, Ziff. 4.3.2.3; LOCHER, Kommentar DBG, Rev. Art. 61 N 74; SIMONEK, ZSR 2004 I 137; BEHNISCH, ASA 71 [2002/2003], 720; vgl. aber noch Art. 61 Abs. 1bis DBG in der Fassung des bundesrätlichen Entwurfs [BBl 2000, 4575]).

17 Auch für die Befreiung von der Emissionsabgabe aufgrund von Art. 6 Abs. 1 lit. a[bis] altStG verlangte die Praxis der Eidgenössischen Steuerverwaltung bei Spaltungen die Einhaltung einer fünfjährigen Sperrfrist, obwohl eine gesetzliche Grundlage fehlte (vgl. Merkblatt der ESTV betreffend Anwendung von Art. 6 Abs. 1 lit. a[bis] des Bundesgesetzes über die Stempelabgaben [Stand Mai 2001 mit Änderungen August 2003], ASA 70 (2001/2002), 83 ff. [aufgehoben durch ESTV-DVS, KS 5 vom 1.6.2004, Ziff. 5]). Nunmehr findet sich in Art. 9 Abs. 1 lit. e Satz 2 StG zwar eine ausdrückliche gesetzliche Grundlage für eine fünfjährige Sperrfrist, welche sich auf «Umstrukturierungen» bezieht. Obwohl dies vom Wortlaut her auch die Spaltung betreffen müsste, verlangt die Verwaltungspraxis zur Emissionsabgabe in Analogie zu Art. 61 Abs. 1 lit. b DBG sowie

Art. 24 Abs. 3 lit. b StHG zu Recht **neu keine Veräusserungssperrfrist** mehr für die Beteiligungsrechte an den nach der Spaltung bestehenden Kapitalgesellschaften oder Genossenschaften (vgl. ESTV-DVS, KS 5 vom 1.6.2004, Ziff. 4.3.5).

Fraglich ist, wie mit aufgrund der alten Praxis statuierten und am 1.7.2004 noch nicht abgelaufenen Veräusserungssperrfristen für Beteiligungsrechte, die aus einer Spaltung i.S.v. Art. 61 Abs. 1 lit. b DBG bzw. Art. 6 Abs. 1 lit. a^{bis} StG hervorgegangen sind, zu verfahren ist. Der Gesetzgeber hat diesbezüglich keine Übergangsbestimmung zu erlassen. Gemäss **Praxis der Eidgenössischen Steuerverwaltung** zur direkten Bundessteuer und zur Emissionsabgabe gelten diese grundsätzlich als **aufgehoben** (vgl. ESTV-DVS, KS 5 vom 1.6.2004, Ziff. 5; vgl. auch BEHNISCH, ASA 71 [2002/2003], 720 f.; LOCHER, Kommentar DBG, Rev. Art. 61 N 74). 18

Die Rechtsnatur der Veräusserungssperrfrist für Beteiligungsrechte ist nicht eindeutig geklärt und befindet sich im Fluss. Im Sinne des früheren **subjektiven Verständnisses der Sperrfrist** handelt es sich dabei rechtlich um eine **Gewährung eines resolutiv bedingten Steueraufschubes** (Einkommens- und Gewinnsteuer) beziehungsweise einer resolutiv bedingten Steuerbefreiung (Emissionsabgabe). Im Zeitpunkt der Spaltung musste eine Beurteilung darüber gemacht werden, ob die Beteiligungsverhältnisse in der Zukunft gleich bleiben. Werden Beteiligungsrechte, die aus einer Spaltung hervorgegangen sind, innerhalb der Sperrfrist veräussert, schafft dies keine neue Rechtslage, sondern fördert zutage, dass die auf den Spaltungszeitpunkt bezogene Beurteilung des Sachverhalts objektiv unrichtig gewesen ist (so für die subjektive Verknüpfung der stillen Reserven bei der Umwandlung, SCHERRER, FS Zuppinger, 427 f.). Nach diesem Verständnis handelt es sich bei der Sperrfrist nicht um einen zeitlich offenen Dauersachverhalt, sondern um einen Sachverhalt, welcher sich vollständig unter altem Recht verwirklich hat. Einer nachträglichen Erfassung der im Zeitpunkt der Abspaltung vorhandenen stillen Reserven beziehungsweise einer Erhebung der Emissionsabgabe im Falle einer Sperrfristverletzung stünde somit auch nach dem Inkrafttreten des FusG nichts entgegen. Freilich wäre eine Aufhebung altrechtlicher Sperrfristen auch nach diesem subjektiven Verständnis zulässig, da es sich um eine begünstigende echte Rückwirkung handeln würde (vgl. N 7). 19

Die neuere bundesgerichtliche Rechtsprechung geht jedoch von einem **objektivierten Verständnis der Sperrfrist** aus (vgl. BGer 28.12.1998, StR 1999, 343, 345 f.; BGer 22.10.1992, ASA 61 [1992/93], 828; GURTNER, ASA 71 [2002/2003], 744; LOCHER, Kommentar DBG, Rev. Art. 61 N 112). Nach diesem Verständnis würde es sich bei der fünfjährigen Veräusserungssperrfrist in der Tat um einen **zeitlich offenen Dauersachverhalt** handeln. Die Anwendung neuen Rechts wäre somit eine zulässige unechte Rückwirkung. 20

Nach der hier vertretenen Auffassung ist die Aufhebung der Veräusserungssperrfristen jedoch **keine Rückwirkung** neuen Rechts auf einen zeitlich offenen Dauersachverhalt. Da im bisherigem Recht keine gesetzliche Grundlage für die Ansetzung einer Veräusserungssperrfrist bei einer Spaltung bestanden hat, waren solche Sperrfristen ohnehin nichtig. Dass die Veräusserung einer aus einer Spaltung hervorgegangenen Beteiligung innerhalb von fünf Jahren nicht mehr zur Abrechnung über die im Zeitpunkt der Spaltung vorhandenen stillen Reserven beim abgespaltenen Unternehmensteil führt, ist eine Selbstverständlichkeit, welche durch den Gesetzgeber nunmehr unmissverständlich festgestellt wurde und naturgemäss auch Spaltungen betreffen muss, welche vor dem 1.7.2004 vollzogen wurden. 21

Die Eidgenössische Steuerverwaltung will noch laufende Veräusserungssperrfristen nur dann aufheben, wenn diese die **Voraussetzungen nach Art. 61 Abs. 1 lit. b DBG** bzw. 22

Art. 6 Abs. 1 lit. a^{bis} StG erfüllen (ESTV-DVS, KS 5 vom 1.6.2004, Ziff. 5). Da die Anforderungen an die Steuerneutralität einer Spaltung unter bisherigem Recht in der Verwaltungspraxis vieler Kantone insbesondere im Hinblick auf das Betriebserfordernis flexibel gehandhabt wurden, kann dies zu praktischen Schwierigkeiten führen. Insbesondere zu Vermögensverwaltungs- und Holdinggesellschafen (ESTV-DVS, KS 5 vom 1.6.2004, Ziff. 4.3.2.6), Finanz- und Immaterialgüterverwertungsgesellschaften (ESTV-DVS, KS 5 vom 1.6.2004, Ziff. 4.3.2.7) und zu den Immobiliengesellschaften (ESTV-DVS, KS 5 vom 1.6.2004, Ziff. 4.3.2.8; vgl. auch AmtlBull StR 2001, 166) finden sich im Kreisschreiben der Eidgenössischen Steuerverwaltung detaillierte Voraussetzungen, welche nicht in jedem Fall der bisherigen kantonalen Verwaltungspraxis entsprechen (vgl. vor Art. 29 N 48 ff.; kritisch auch LOCHER, Kommentar DBG, Rev. Art. 61 N 86). Begründet man die Aufhebung altrechtlicher Veräusserungssperrfristen mit der unechten Rückwirkung der geänderten Bestimmungen des DBG auf einen zeitlich offenen Dauersachverhalt, ist eine solche Beurteilung alter Spaltungen unter neuem Recht durchaus zulässig. Nach der hier vertretenen Auffassung (vgl. N 21) handelt es sich bei der Prüfung einer altrechtlichen Spaltung unter den Voraussetzungen von Art. 61 Abs. 1 lit. b DBG um eine **unzulässige echte Rückwirkung** (vgl. N 5).

23 In seiner bisherigen, für die Kantone bis zum Ablauf der Anpassungsfrist von Art. 72e StHG verbindlichen Fassung, machte das StHG die Steuerneutralität bei Spaltungen nicht von gleichbleibenden Beteiligungsverhältnissen abhängig (vgl. Art. 8 Abs. 3 lit. c und Art. 24 Abs. 3 lit. c altStHG). Die Ansetzung von Veräusserungssperrfristen durch die Verwaltungspraxis der Steuerbehörden befand sich somit im Widerspruch zum Gesetzeswortlaut, welcher bereits unter altem Recht zwischen Umwandlungen und Spaltungen unterschied. Zudem ist der Verzicht auf eine Veräusserungssperrfrist auch sachlich richtig, bleiben die stillen Reserven bei Fortbestehen der Steuerpflicht in der Schweiz, Fortführung der bisherigen Betriebe und Einhaltung des Betriebskriteriums nicht nur einer späteren Besteuerung erhalten, sondern dienen auch weiterhin dem Betrieb (LOCHER, Kommentar DBG, Rev. Art. 61 N 74; **a.A.** REICH/DUSS, 320 ff.). Unabhängig vom Zeitpunkt der Anpassung der kantonalen Steuergesetzgebungen an die geänderten Gesetzesbestimmungen des StHG entbehren somit noch laufende Veräusserungssperrfristen bei Spaltungen einer gesetzlichen Grundlage. Sie haben deshalb **auch im Rahmen der Staatssteuern ab sofort** als **aufgehoben** zu gelten (**a.A.** SPORI/MOSER, ZBJV 2004, 341 FN 202). Da es sich bei Sperrfristen ohnehin nicht um zeitlich offene Dauersachverhalte handelt (vgl. N 9), ist der Grund ihres Wegfallens vielmehr darin zu sehen, dass sie seit jeher einer Rechtsgrundlage entbehren. Dies wurde durch die mit dem FusG geänderten steuerlichen Bestimmungen auch für noch laufende Veräusserungssperrfristen und somit die Zeit vor dem Inkrafttreten von Art. 61 Abs. 1 lit. c DBG bzw. der Anpassung der kantonalen Gesetzgebung an Art. 24 Abs. 3 lit. c StHG verbindlich festgelegt.

V. Übergangsfrist von Art. 72e StHG

24 Während die aufgrund der Ziff. 6, 7 und 9 des Anhangs zum FusG im StG, DBG und VStG geänderten Bestimmungen allesamt bereits am 1.7.2004 unmittelbar in Kraft treten, müssen die Kantone ihre Steuergesetzgebungen erst **bis 1. Juli 2007** an die gemäss Ziff. 8 des Anhangs zum FusG geänderten Gesetzesbestimmungen des zweiten und dritten Titels des StHG anpassen (Art. 72e Abs. 1 StHG). Dass die Änderungen im DBG nicht zeitgleich in den kantonalen Steuergesetzen umgesetzt werden, kann dazu führen, dass die mit dem FusG angestrebten steuerlichen Erleichterungen bei Umstrukturierungen, wie die **Konzernübertragung** (Art. 61 Abs. 3 DBG; Art. 24 Abs. 3^{quater} StHG) und

die **Ersatzbeschaffung von Beteiligungen** (Art. 64 Abs. 1bis DBG; Art. 24 Abs. 4bis StHG), erst mit einer Verzögerung von bis zu drei Jahren praktische Bedeutung erlangen werden (vgl. dazu N 35 ff.).

Während beispielsweise die Kantone Basel-Stadt, Bern, Freiburg, Luzern, Obwalden, St. Gallen, Thurgau, Tessin und Zürich bestrebt sind, ihre Steuergesetzgebung so rasch als möglich an die geänderten Bestimmungen des StHG anzupassen, wollen andere Kantone (z.B. Aargau, Graubünden, Schwyz und Wallis) die Anpassungsfrist von Art. 72e StHG möglichst ausschöpfen. Da die parlamentarischen Beratungen grossenteils noch ausstehen, ist es zur Zeit schwierig abzuschätzen, wann die geänderten Normen der kantonalen Steuergesetzgebung in Kraft treten werden. Immerhin ist davon auszugehen, dass **einige Kantone** ihre Steuergesetzgebung **bereits per 1. Januar 2005** angepasst haben werden. 25

Der Regierungsrat des Kantons **Basel-Stadt** hat erkannt, dass unterschiedliche Umstrukturierungstatbestände für die direkte Bundessteuer und der Staatssteuern bis zur Änderung der kantonalen Steuergesetzgebung problematisch sind. Demzufolge schlägt er im seinem Ratschlag Nr. 9348 vom 1.6.2004 vor, die geänderten Bestimmungen des kantonalen Rechts **rückwirkend per 1. Juli 2004** in Kraft zu setzen (vgl. Ratschlag und Entwurf zu einer Änderung des Gesetzes über die direkten Steuern vom 12.4.2000 [StG] sowie zu einer Änderung des Gesetzes über die Handänderungssteuer vom 26.6.1996 betreffend Unternehmensumstrukturierungen [Übernahme der harmonisierungsrechtlichen Vorgaben gemäss Fusionsgesetz ins kantonale Steuerrecht] vom 1.6.2004, 11 sowie den geplanten § 234 Abs. 11 StG). Im Kanton Obwalden wird ebenfalls eine rückwirkende Inkraftsetzung per 1.7.2004 erwogen. 26

Die Verwaltungsbehörden im Kanton **Zürich** wollen unterschiedliche steuerliche Behandlungen bei Unternehmensumstrukturierungen, Konzernübertragungen und Ersatzbeschaffungen bei der Staats- und bei der direkten Bundessteuer wo immer möglich vermeiden und deshalb ihre kantonale Praxis grundsätzlich an die neue Regelung der direkten Bundessteuer anpassen. Dabei wird eine geltungszeitliche Auslegung der offenen Umstrukturierungsbestimmungen von § 19 und § 67 des Steuergesetzes des Kantons Zürich vom 8.6.1997 (StG ZH; LS 631.1), welche nicht einzelne Tatbestände, sondern die Voraussetzungen zur Steuerneutralität von Unternehmensumstrukturierungen im Allgemeinen regelt, in aller Regel genügen. Die Übertragung von Betrieben, Teilbetrieben, Gegenständen des betrieblichen Anlagevermögens sowie von qualifizierten Beteiligungen wird durch eine grosszügige Auslegung der §§ 19, 67 StG bereits ab dem 1.7.2004 steuerneutral abgewickelt werden können, ausgeschlossen soll vorderhand jedoch noch die steuerneutrale Übertragung von Immobilien und Immaterialgüterrechten bleiben (vgl. auch N 39). Die gemäss Art. 24 Abs. 4bis StHG steuerneutrale Ersatzbeschaffung von qualifizierten Beteiligungen soll ebenfalls bereits per 1.7.2004 umgesetzt werden, es sei denn, das Ersatzobjekt sei offensichtlich eine reine Vermögensanlage (vgl. auch N 40). Das Kreisschreiben der ESTV betreffend Umstrukturierungen (ESTV-DVS, KS 5 vom 1.6.2004) gilt im Übrigen auch für die Staatssteuer als Dienstanweisung. 27

VI. Vorwirkung aufgrund vertikaler Steuerharmonisierung

1. Allgemeines

Bei vielen Änderungen des StHG handelt es sich hingegen um eine **Anpassung des zu engen Wortlauts** der alten Umstrukturierungsbestimmungen an die bereits übliche Ver- 28 waltungspraxis: so z.B. bei der Erweiterung der zulässigen Umstrukturierungsformen (vgl. N 26 f.), der Weiterführung des Betriebes (vgl. N 30) sowie dem Erfordernis des doppelten Betriebserfordernisses bei der Spaltung (vgl. N 31). Der Anpassung der kantonalen Gesetzesbestimmung kommt in diesen Bereichen lediglich die Funktion der «Nachführung» des Gesetzestextes zu. In andern Bereichen wollte der Gesetzgeber bewusst gewisse Fehler korrigieren, deren Grund nicht in den Umstrukturierungsbestimmungen des StHG selbst zu suchen ist, sondern die lediglich durch eine **zu restriktive Interpretation** dieser Bestimmungen durch die Praxis der Steuerbehörden erfolgten: in diesem Zusammenhang ist das klare gesetzgeberische Bekenntnis gegen eine Veräusserungssperrfrist bei der Spaltung (vgl. N 29), die Ermöglichung des steuerneutralen Aktientausches über die Grenze (vgl. N 33) sowie die Anforderungen an die steuerneutrale Quasifusion (vgl. N 34) zu nennen.

29 Dem Postulat der vertikalen Steuerharmonisierung zwischen direkter Bundessteuer und kantonaler Einkommens- bzw. Gewinnsteuern kommt im Bereich des Umstrukturierungsrechts eine wesentliche Rolle zu. Aus diesem Grund sind die geänderten Bestimmungen des StHG sowie die hierzu ergangenen Gesetzesmaterialien bereits vor deren Umsetzung ins kantonale Recht **bei der Auslegung** der geltenden kantonalen Steuerrechtsbestimmungen **zu berücksichtigen.** Die in Art. 111 Abs. 3 vorgesehene fünfjährige Frist bis zum Inkrafttreten von Art. 103 soll den Bedenken in Bezug auf die Gesetzgebungskompetenz des Bundes sowie die mit der Beschneidung der kantonalen Hoheit bei der Erhebung von Handänderungssteuern verbundenen Steuerausfälle in den Kantonen und Gemeinden Rechnung tragen (AmtlBull StR 2003, 732; AmtlBull NR 2003, 231, 250, 1035; vgl. auch Art. 103 N 4 ff., 51). Die dreijährige Anpassungsfrist von Art. 72e StHG ist nur im Zeitbedarf der kantonalen Gesetzgebungsverfahren begründet. Können die geltenden kantonalen Gesetzesbestimmungen im Sinne der geänderten Bestimmungen des DBG und StHG ausgelegt werden, besteht kein Grund, dies nicht bereits mit Inkrafttreten der Bestimmungen des Bundesrechts, d.h. ab 1.7.2004, zu tun. Da den Kantonen aufgrund von Art. 128 Abs. 4 BV bzw. Art. 2 i.V.m. Art. 104 DBG der Vollzug der geänderten Bestimmungen des DBG ohnehin obliegt, ergeben sich hinsichtlich der Einkommens- und Gewinnsteuern keine grösseren praktischen Schwierigkeiten.

30 Eine Umstrukturierung wird in der Praxis regelmässig nur dann vollzogen, wenn die Steuerneutralität im Bereich der Einkommens- und Gewinnsteuern sowohl im Bund wie auch im Kanton gewährt wird. Wenn die kantonale Verwaltungspraxis ab 1.7.2004 zwar die geänderten Normen des DBG umsetzt, im Rahmen der kantonalen Einkommens- und Gewinnsteuern jedoch ihre alte Praxis fortzuführen gedenkt, führt dies nicht zu grösseren Steuereinnahmen, sondern lediglich dazu, dass die Erleichterungen des DBG erst mit Änderung der kantonalen Gesetzgebung praktisch relevant werden. Dies widerspricht dem Willen des Gesetzgebers, der die Umstrukturierungsbestimmungen im Interesse der Volkswirtschaft so schnell wie möglich umsetzen wollte.

31 Neben dem Kanton Zürich (vgl. N 27) haben einige Kantone darauf verzichtet, die Aufzählung von Art. 8 Abs. 3 und Art. 24 Abs. 3 aStHG in ihre kantonalen Steuergesetze zu übernehmen und bewusst eine **offene Formulierung** gewählt, welche nicht einzelne Tatbestände, sondern die Voraussetzungen zur Steuerneutralität von Unternehmensumstrukturierungen im Allgemeinen regelt. Es handelt sich dabei insbesondere um die Kantone **Aargau** (§ 28 Steuergesetz vom 15.12.1998 [StG AG; SAR 651.100]), **Appenzell-Ausserrhoden** (Art. 22 und 72 Steuergesetz vom 21.5.2000 [bGS 621.11]), **Appenzell-Innerrhoden** (Art. 22 und 63 Steuergesetz vom 25.4.1999 [GS 611]), **Basel-Stadt** (§§ 22 und 72 Gesetz über die direkten Steuern vom 12.4.2000 [SG 640.100]; vgl. auch N 26), **Glarus** (Art. 19 Steuergesetz vom 25.4.1999 [GS 611]; vgl. aber

Art. 66 betreffend Gewinnsteuer), **Luzern** (§§ 26 und 75 Steuergesetz vom 22.11.1999 [SRL 620]), **Nidwalden** (Art. 22 und 80 Gesetz über die Steuern des Kantons und der Gemeinden vom 22.3.2001 [NG 521.1]), **Schwyz** (§§ 20 und 67 Steuergesetz vom 9.2.2000 [SRSZ 172.200]), **St. Gallen** (Art. 32 und 88 Steuergesetz vom 9.4.1998 [sGS 811.1]), **Zug** (§§ 18 und 62 Steuergesetz vom 25.5.2000 [BGS 632.1]). Das gleiche gilt für die Kantone, welche neben einer bloss beispielhaften Aufzählung von Umstrukturierungstatbeständen eine Generalklausel kennen, wie die Kantone Aargau (§ 71 Abs. 2 StG AG [Gewinnsteuern]) und **Graubünden** (Art. 20, 83 Steuergesetz vom 8.6.1986 [720.000]). Doch auch die Kantone, welche den Wortlaut von Art. 8 Abs. 3 und Art. 24 Abs. 3 aStHG mehr oder weniger wortwörtlich ins kantonale Recht aufgenommen haben, können die neuen Umstrukturierungsbestimmungen mittels einer geltungszeitlichen Auslegung bzw. teleologischen Reduktion bereits unter den bestehenden Normen umsetzen.

2. Zulässige Umstrukturierungen

Der Wortlaut von Art. 24 Abs. 3 altStHG beschränkte steuerneutrale Umstrukturierungen von juristischen Personen auf Umwandlungen von Kapitalgesellschaften und Genossenschaften in andere Kapitalgesellschaften oder Genossenschaften (Art. 24 Abs. 3 lit. a aStHG), Unternehmenszusammenschluss durch Übertragung sämtlicher Aktiven und Passiven auf eine andere Kapitalgesellschaft oder Genossenschaft (Art. 24 Abs. 3 lit. b aStHG) bzw. Aufteilung einer Unternehmung durch Übertragung von in sich geschlossenen Betriebsteilen auf andere Kapitalgesellschaften oder Genossenschaften (Art. 24 Abs. 3 lit. c aStHG). Die Umstrukturierungstatbestände des neuen Rechts gestatten explizit die steuerneutrale Fusion, Umwandlung oder Spaltung **in eine andere juristische Person**. Der Begriff der **juristischen Person** ist dabei im steuerrechtlichen Sinne zu verstehen und hat neben **Vereinen** und **Stiftungen** auch den wie eine juristische Person zu besteuernden **Anlagefonds mit direktem Grundbesitz** (Art. 20 Abs. 1 StHG) zu umfassen. Die Verwaltungspraxis legte die bisherige Umstrukturierungsnorm diesbezüglich zum Teil weit aus und wandte sie auch auf andere juristische Personen als Kapitalgesellschaften und Genossenschaften an bzw. gestattete die steuerneutrale Umstrukturierung in solche Rechtssubjekte (vgl. LOCHER, Kommentar Art. 61 N 18; WEIDMANN, Jusletter vom 7.6.2004, Rz 12; vgl. aber Konferenz Steuerharmonisierung, 85). 32

Die **Umwandlung einer juristischen Person in eine Personenunternehmung** führt zur Aufhebung der wirtschaftlichen Doppelbelastung. Unter altem Recht nahm man deshalb einen Entnahmetatbestand an, welcher zur steuerlichen Realisation der stillen Reserven auf Stufe der umwandelnden Gesellschaft führte (AGNER/JUNG/STEINMANN, Art. 61 N 5; LOCHER Kommentar DBG, Art. 61 N 23, Rev. Art. 61 N 127). Unter neuem Recht ist eine solche Umwandlung **gemäss Art. 24 Abs. 3 lit. a StHG gewinnsteuerneutral** möglich (vgl. vor Art. 53 N 246 ff.). Da jedoch nach wie vor die wirtschaftliche Doppelbelastung aufgehoben wird, führt die Umwandlung einer juristischen Person in eine Personengesellschaft neu auf Stufe der Anteilsinhaber zur **Besteuerung einer Liquidations- bzw. Naturaldividende** (vgl. Botschaft, 4509; ESTV-DVS, KS 5 vom 1.6.2004, Ziff. 4.2.6.4; GURTNER, ASA 71 [2002/2003], 752; LOCHER, Kommentar DBG, Rev. Art. 61 N 128; vor Art. 53 N 251). Hat der Wohnsitzkanton des Anteilsinhabers im Gegensatz zum Sitzkanton der Gesellschaft seine Steuergesetzgebung bereits an die geänderten Bestimmungen des StHG angepasst, könnte dies dazu führen, dass bei der Umwandlung einer juristischen Person in eine Personenunternehmung sowohl eine Liquidationssteuer auf Stufe der Gesellschaft erhoben wird, als auch eine Besteuerung einer Liquidations- bzw. Naturaldividende erfolgt. Trotz Fehlen der für die Anrufung von Art. 127 Abs. 3 BV grundsätzlich erforderlichen Subjektidentität (vgl. LOCHER/LO- 33

CHER, Doppelbesteuerung, § 1, II A, Nr. 1, 2, 4, 6, 8, 10; HÖHN/MÄUSLI, § 4 N 12), ist es nicht undenkbar, dass bei einer solchen Konstellation eine Doppelbesteuerungsbeschwerde gemäss Art. 84 Abs. 1 lit. a OG i.V.m. Art. 127 Abs. 3 BV zielführend sein kann, handelt es sich doch nicht um einen gewöhnlichen Fall einer wirtschaftlichen Doppelbelastung von Gesellschafter und Gesellschaft (vgl. HÖHN/MÄUSLI, § 4 N 14a FN 40). Um derartige Kollisionen zu vermeiden, ist eine gewinnsteuerneutrale Umwandlung einer juristischen Person in eine Personenunternehmung bereits vor Anpassung der kantonalen Steuergesetzgebung an die geänderten Bestimmungen des StHG angezeigt (vgl. auch HÖHN/WALDBURGER, Bd. 2, § 48 N 391; REICH/DUSS, 239 f.; REICH, in: Kommentar zum Schweizerischen Steuerrecht I/2a, Art. 61 N 23; CAGIANUT/ HÖHN, § 17 N 41 f.).

3. Spaltung

34 Das neue Recht enthält nunmehr eine klare Absage an **Veräusserungssperrfristen bei Spaltungen** (Art. 8 Abs. 3bis sowie Art. 24 Abs. 3ter und 3^{quinquies} StHG; ESTV-DVS, KS 5 vom 1.6.2004, Ziff. 4.3.2.3; vgl. N 16). Da sich die gegenteilige bisherige Verwaltungspraxis jedoch auf keine gesetzliche Grundlage stützen konnte (vgl. N 15), steht einer harmonisierungskonformen Auslegung der bestehenden kantonalen Umstrukturierungsbestimmungen bereits vor der Umsetzung der geänderten Bestimmungen des StHG in die kantonalen Steuergesetze nichts im Weg. Somit sollte ab sofort auch für die kantonalen Einkommens- und Gewinnsteuern auf die Ansetzung von Veräusserungssperrfristen bei Spaltungen verzichtet werden. Dem Vernehmen nach wird dies bereits von einigen Kantonen so gehandhabt (vgl. WEIDMANN, Jusletter vom 7.6.2004, Rz 8). Noch laufende Veräusserungssperrfristen bei Spaltungen haben diesfalls ebenfalls, unabhängig vom Zeitpunkt der Umsetzung der geänderten Bestimmungen des StHG, ab sofort als aufgehoben zu gelten.

35 Der Gesetzeswortlaut der Spaltung hat sodann zwei Änderungen erfahren: während Art. 8 Abs. 3 lit. c und Art. 24 Abs. 3 lit. c aStHG die «unveränderte Weiterführung des übernommenen Betriebsteiles» forderten, fehlt in Art. 8 Abs. 3 lit. b StHG eine solche Einschränkung. Art. 24 Abs. 3 lit. b StHG will demgegenüber die Steuerneutralität nur gewähren, «soweit die nach der Spaltung bestehenden juristischen Personen einen Betrieb oder Teilbetrieb weiterführen». In der Lehre zum alten Recht wurde das Erfordernis der *unveränderten* **Weiterführung des Teilbetriebs** stets abgelehnt und lediglich verlangt, dass die stille Reserven aufweisenden Wirtschaftsgüter vor und nach der Abspaltung im Wesentlichen die gleiche betriebliche Funktion aufzuweisen haben (HÖHN/ WALDBURGER, Bd. 2, § 48 N 329; REICH/DUSS, 317; REICH, FS Zuppinger, 390; GRETER, ASA 65 [1996/96], 860 f.; WALKER, ST 1997, 1006; LOCHER, Kommentar DBG, Art. 61 N 50). Eine unveränderte Weiterführung des übernommenen Betriebsteils ist den Zielen einer Umstrukturierung regelmässig diametral entgegengesetzt. Im Sinne einhelliger Doktrin ist dieses Tatbestandserfordernis auf dem Wege der teleologischen Reduktion aufzugeben. Die Anpassung der kantonalen Gesetzestexte an den neuen Wortlaut des StHG ist eine blosse Anpassung an die bereits bisher geltende Rechtssituation.

36 Der neue Wortlaut von Art. 24 Abs. 3 lit. b StHG stellt nunmehr klar, dass das **Betriebserfordernis** nicht nur für die übernehmende Gesellschaft, sondern **auch für die übertragende Gesellschaft** gilt (vgl. ESTV-DVS, KS 5 vom 1.6.2004, Ziff. 4.3.2.13 und Bsp. Nr. 14, Anhang I). Entgegen dem Wortlaut von Art. 8 Abs. 3 lit. c und Art. 24 Abs. 3 lit. c aStHG wurde dies bereits unter altem Recht gefordert und aus dem Begriff der Spaltung abgeleitet (Kommission Steuerharmonisierung, 87 ff.; GRETER, ST 1995, 228; HÖHN/WALDBURGER, Bd. 2, § 48 N 328; REICH/DUSS, 318; WALKER, ST 1997, 1004).

Dadurch wurde in einer im Hinblick auf das Legalitätsprinzip im Abgaberecht problematischer Weise die noch unter dem BdBSt eingeführte Praxis weitergeführt (vgl. BGer 3.3.1989, ASA 58 [1989/90], 676, 678 ff. = StE 1990 B 72.15.3 Nr. 1; BGE 115 Ib 263, 267 f. = ASA 58 [1989/90], 683, 686 f. = StE 1990 B 23.7 Nr. 3; vgl. aber BGer 16.2.1990, ASA 60 [1991/92], 53 ff.). In den Beratungen zum FusG wurde der Missbrauchsgedanke in den Vordergrund gestellt (vgl. AmtlBull StR 2001, 166; vor Art. 29 N 44). Die Verwaltungspraxis der kantonalen Steuerbehörden war bislang uneinheitlich, insbesondere die Kantone Basel-Stadt und Aargau vertraten eine andere Auffassung. Kantone, welche bereits bisher das doppelte Betriebserfordernis gefordert haben, können dies somit trotz Bedenken hinsichtlich der gesetzlichen Grundlage weiterhin tun. Denjenigen, welche bisher eine andere Praxis kannten, kann es nicht verwehrt sein, diese an die harmonisierten Bestimmungen anzupassen.

4. Zusammenschluss

Die Steuerneutralität des im Rahmen einer Quasifusion durchgeführten **Aktientausches über die Grenze** wurde unter altem Recht zum Teil abgelehnt (AGNER/JUNG/STEINMANN, Art. 61 N 11; HINNY, FStR 2001, 191 f.; REICH, FStR 2001, 12. Kritisch BEHNISCH, Umstrukturierungen, 295; SPORI/GERBER, ASA 71 [2002/2003], 695; LOCHER, Kommentar DBG, Rev. Art. 61 N 49). Da selbst die Praxis der ESTV zur direkten Bundessteuer Ausnahmen kannte (vgl. das öffentliche Umtauschangebot der *Compagnie Générale des Etablissements Michelin* [Clermont-Ferrand, Frankreich] für die Aktien der *Compagnie Financière Michelin* [Granges-Paccot, Schweiz] vom 17.10.2002, 16), war die Praxis der kantonalen Steuerbehörden diesbezüglich inkonsistent. In Art. 8 Abs. 3 lit. c und Art. 24 Abs. 3 lit. c StHG ist nunmehr explizit die Steuerneutralität des Austausches von Beteiligungs- oder Mitgliedschaftsrechten festgehalten, welche auch dann zu gelten hat, wenn Beteiligungsrechte an einer in- oder ausländischen Gesellschaft im Zuge einer Fusion oder eines fusionsähnlichen Zusammenschlusses gegen Beteiligungsrechte an einer ausländischen Gesellschaft ausgetauscht werden (Botschaft, 4508). Da sich dem alten Recht nichts Gegenteiliges entnehmen lässt, ist dies als Klarstellung der bisherigen Rechtslage zu verstehen, welche auch im Rahmen der Staatssteuern unmittelbar zu beachten ist (vgl. diesbezüglich das öffentliche Umtausch- und Kaufangebot der Zimmer Holdings, Inc. für alle ausstehenden Inhaberaktien der InCentive Capital AG vom 19.6.2003, Ziff. 8.9). 37

Da für Beschlüsse nach Art. 704 Abs. 1 OR unter anderem ein qualifiziertes Mehr von zwei Dritteln der vertretenen Stimmen erforderlich ist, wurde unter altem Recht für die Annahme einer **Quasifusion** die Übernahme von zwei Dritteln der Stimmrechte an der übernommenen Gesellschaft gefordert (WIRZ, 15; kritisch BÖCKLI, StR 1990, 218 f.; HÖHN/WALDBURGER, Bd. 2, § 48 N 174; BEHNISCH, Umstrukturierungen, 219). Ohne dass sich die einschlägigen Gesetzesbestimmungen geändert hätten, halten die Materialien zum FusG (Botschaft, 4508) sowie die diesbezügliche Praxisfestlegung der ESTV (ESTV-DVS, KS 5 vom 1.6.2004, Ziff. 4.1.7.1) fest, dass eine Quasifusion bereits dann vorliege, wenn die übernehmende Gesellschaft nach der Übernahme **mindestens 50 Prozent der Stimmrechte** an der übernommenen Gesellschaft hält (vgl. LOCHER, Kommentar DBG, Art. 61 N 35). Dies muss auch für die Staatssteuern bereits mit Inkrafttreten des FusG gelten. 38

VII. Umsetzung der steuerlichen Novitäten in den Kantonen

1. Konzernübertragung

39 Die bedeutsamste Neuerung im DBG und StHG ist die steuerneutrale **Konzernübertragung** gemäss Art. 61 Abs. 3 DBG bzw. Art. 24 Abs. 3^{quater} StHG. Neu soll zwischen inländischen Konzerngesellschaften die steuerneutrale Übertragung von Beteiligungen, Betrieben und Gegenständen des betrieblichen Anlagevermögens möglich sein. Der Gesetzgeber hat mit dieser Bestimmung einen wichtigen Schritt in Richtung Konzernsteuerrecht getan (vgl. Teil 2 vor Art. 69 N 6). Während die steuerneutrale Konzernübertragung für die direkte Bundessteuer mit Inkrafttreten des FusG direkt anwendbar ist, müssen die Kantone ihre Steuergesetze erst noch an Art. 24 Abs. 3^{quater} StHG anpassen, wozu ihnen gemäss Art. 72e StHG drei Jahre zur Verfügung stehen. Passen die Kantone ihre Steuergesetzgebungen nicht auf denselben Zeitpunkt hin an, kann die Durchführung einer Konzernübertragung bei Gesellschaften mit ausserkantonalen Betriebsstätten zu steuerlichen Schwierigkeiten führen. Aus diesem Grund wäre es wünschbar, wenn die Kantone die geltenden Steuergesetze flexibel handhaben und die steuerneutrale Konzernübertragung bereits vor ihrer gesetzgeberischen Umsetzung ermöglichen würden. Ansatzpunkt könnte eine enge Interpretation des Realisationsbegriffes bei konzerninternen Transaktionen sein. Im Kanton Zürich soll die Konzernübertragung mit Ausnahme der steuerneutralen Übertragung von Grundstücken und Immaterialgüterrechten mittels einer grosszügigen Auslegung der bestehenden Umstrukturierungsbestimmungen von § 19 und § 67 des Steuergesetzes des Kantons Zürich vom 8. Juni 1997 (StG ZH; LS 631.1) umgesetzt werden (vgl. N 27). Dem Fehlen einer Art. 24 Abs. 3^{quinquies} StHG entsprechenden positiven Nachsteuerungskompetenz im kantonalen Recht kann mittels eines vom Steuerpflichtigen zu unterzeichnenden Revers begegnet werden. Zur Umsetzung der steuerneutralen Konzernübertragung im Rahmen der Staatssteuern sind die Kantone freilich **erst mit Ablauf der Anpassungsfrist von Art. 72e StHG** verpflichtet. Der Grundsatz der vertikalen Steuerharmonisierung kann im Bereich dieser bewussten Neuerung nicht angerufen werden.

2. Ersatzbeschaffung von Beteiligungen

40 Eine weitere Neuerung ist die in Art. 64 Abs. 1bis DBG bzw. Art. 24 Abs. 4bis StHG geschaffene Möglichkeit der steuerneutralen **Ersatzbeschaffung von qualifizierten Beteiligungen**, welche während mindestens einem Jahr im Besitze einer Kapitalgesellschaft oder Genossenschaft waren. Bereits unter bisherigem Recht war eine steuerneutrale Ersatzbeschaffung von Beteiligungen möglich, wenn es sich dabei um **betriebsnotwendiges Anlagevermögen** handelte (vgl. Art. 24 Abs. 4 i.V.m. Art. 8 Abs. 4 StHG). Diese Bestimmungen wurden durch Art. 24 Abs. 4bis StHG nicht aufgehoben, sondern lediglich ergänzt. Die Qualifikation einer Beteiligung als betriebsnotwendiges Anlagevermögen im Sinne von Art. 24 Abs. 4 i.V.m. Art. 8 Abs. 4 StHG ist von den Kantonen bislang uneinheitlich gehandhabt worden (vgl. Mitbericht WAK StR vom 9.11.2000, 12). Eindeutig dem betriebsnotwendigen Anlagevermögen zuzuordnen ist eine Beteiligung an einer Immobiliengesellschaft, die als wichtigstes Aktivum eine Liegenschaft besitzt, in welcher die Fabrikation des Inhabers der Beteiligungsrechte durchgeführt wird. Dasselbe gilt für eine Beteiligung an einer Gesellschaft, welche zur Hauptsache Immaterialgüter hält, welche für den Betrieb des Anteilsinhabers unerlässlich sind (REICH/ZÜGER, in: Kommentar zum Schweizerischen Steuerrecht I/2a, Art. 30 DBG N 8; LOCHER, Kommentar DBG, Art. 30 N 25, Art. 64 N 6 ff.; AGNER/JUNG/STEINMANN, 272). Doch können auch Beteiligungen zum betriebsnotwendigen Anlagevermögen gehören, wenn sie aus unternehmensstrategischen Gründen gehalten werden oder andere im gleichen Bereich wie die übrigen Konzerngesellschaften tätige Tochtergesellschaften, wie z.B. bei einem Joint-Venture (Konferenz Steuerharmonisierung, 43). Werden in diesen Fällen die stillen Reserven zudem auf ein **Ersatzobjekt mit gleicher Funktion übertragen**, ist eine steuerneutrale Ersatzbeschaffung somit bereits vor Umsetzung von Art. 24 Abs. 4bis StHG möglich. Im Sinne der vertikalen Steuerharmonisierung ist der Begriff des betrieblichen Anlagevermögens während der Anpassungsfrist von Art. 72e StHG weit auszulegen.

Handelt es sich dagegen um Beteiligungen, welche auch unter Zugrundelegung einer weiten Auslegung **nicht zum betriebsnotwendigen Anlagevermögen** gehören, kann die steuerneutrale Ersatzbeschaffung erst dann geltend gemacht werden, wenn die betroffenen Kantone ihre Steuergesetze an Art. 24 Abs. 4bis StHG angepasst haben. Dasselbe gilt, wenn der Erlös einer zum betrieblichen Anlagevermögen gehörenden Beteiligung in eine **Beteiligung mit völlig anderer Funktion reinvestiert** wird (vgl. Teil 3 vor Art. 69 N 8). Wie bei der Konzernübertragung kann dies bei Gesellschaften mit ausserkantonalen Betriebsstätten zu erheblichen praktischen Schwierigkeiten führen, weshalb auch hier gegen eine vorzeitige Umsetzung *contra legem* auf dem Wege der teleologischen Reduktion nichts einzuwenden wäre. Gemäss Verwaltungspraxis im Kanton Zürich ist bei qualifizierten Beteiligungen grundsätzlich davon auszugehen, dass diese zum betriebsnotwendigen Anlagevermögen gehören. Wird der Erlös aus dem Verkauf solcher Beteiligungen nicht offensichtlich in eine Vermögensanlage investiert, ist eine steuerneutrale Ersatzbeschaffung somit bereits unter geltendem Recht möglich. 41

VIII. Handänderungssteuern

Gemäss Art. 103 ist die Erhebung von kantonalen und kommunalen Handänderungsabgaben bei Umstrukturierungen i.S.v. Art. 8 Abs. 3 und Art. 24 Abs. 3 und 3^{quater} StHG ausgeschlossen. Diese Bestimmung tritt erst nach einer fünfjährigen Übergangsfrist, d.h. am **1. Juli 2009** in Kraft (Art. 111 Abs. 3). Die Länge der Übergangsfrist sollte den Bedenken hinsichtlich der Gesetzgebungskompetenz des Bundes sowie der mit Art. 103 verbundenen Steuerausfälle für Kantone und Gemeinden Rechnung tragen. Eine **Vorwirkung** von Art. 103 war vom Gesetzgeber **nicht beabsichtigt**. 42

Analog dem von der Lehre geforderten «Entharmonisierungsverbot» während der achtjährigen Anpassungsfrist von Art. 72 Abs. 1 StHG (vgl. BÖCKLI, Rechtsgutachten; REICH, ASA 62 [1993/94], 598.; CAGIANUT, 39 ff.; GREMINGER in: Kommentar zum Schweizerischen Steuerrecht I/1, Art. 71 StHG N 9 f.; **a.A.** YERSIN, ASA 64 [1995/96], 97, 106 f.), welches vom Bundesgericht mit Entscheid vom 25.3.1998 geschützt wird (BGE 124 I 101, 106 = ASA 68 [1999/2000], 523, 527 f. = StE 1998 A 23.1 Nr. 2), dürfen Umstrukturierungen während dieser fünfjährigen Übergangszeit jedoch **nicht durch neue** kantonale oder kommunale **Handänderungsabgaben erschwert** werden. Eine Gesetzesrevision wie auch eine Praxisänderung, welche dem gesetzgeberischen Ziel der Steuerneutralität von Umstrukturierungen im Bereich der Handänderungsabgaben in der Übergangsfrist bis zum 1.7.2009 zuwiderlaufen, können somit mit **staatsrechtlicher Beschwerde** i.S.v. Art. 84 OG wegen Verletzung der derogatorischen Kraft des Bundesrechts angefochten werden (vgl. Art. 103 N 33 f.). 43

In Kantonen, welche für die Handänderungssteuerbefreiung auf die Umstrukturierungstatbestände der Einkommens- und Gewinnsteuernormen verweisen, kann es mit Anpassung der kantonalen Gesetzgebung an die geänderten Art. 8 Abs. 3 und Art. 24 Abs. 3 StHG zumindest zu einer indirekten Vorwirkung kommen, da diese Verweise als 44

Art. 110

dynamische Verweisungen zu verstehen sind. Nur so wird dem damit angestrebten Postulat der Parallelität der Steuerfolgen bei Umstrukturierung genüge getan.

45 Im Einzelnen betrifft dies die Kantone **Appenzell-Ausserrhoden** (vgl. Art. 237 Abs. 1 lit. c i.V.m. Art. 22, Art. 72 des Steuergesetzes vom 21.5.2000; bGS 621.11), **Appenzell-Innerrhoden** (vgl. Art. 118 lit. f i.V.m. Art. 22, Art. 63 des Steuergesetzes vom 25.4.1999; GS 611), **Nidwalden** (Art. 139 Ziff. 5 i.V.m. Art. 22, Art. 88 des Steuergesetzes vom 22.3.2000; NG 521.1), **St. Gallen** (Art. 244 lit. f i.V.m. Art. 32, Art. 88 des Steuergesetzes vom 9.4.1998; sGS 811.1) und **Solothurn** (§ 207 lit. d i.V.m. §§ 25, 50 Abs. 1 lit. g und 94 des Steuergesetzes vom 1.12.1985; BGS 614.11). Im Kanton **Thurgau** gilt dies mit Bezug auf die an Art. 12 Abs. 4 lit. a i.V.m. Art. 8 Abs. 3 und Art. 24 Abs. 3 StHG angepassten Bestimmungen zur Grundstückgewinnsteuer gleichermassen (§§ 138, 129 Ziff. 3–5 des Steuergesetzes vom 14.9.1992; RB 640.1).

46 Ein allfällig zur Anwendung gelangendes **Ersatzrecht** gemäss Art. 72e Abs. 2 i.V.m. Art. 72 Abs. 2 StHG muss in seiner Wirkung jedoch auf die unmittelbar betroffenen Einkommens- und Gewinnsteuernormen beschränkt bleiben. Kantonale Umstrukturierungsnormen, welche gegen die geänderten Bestimmungen des zweiten und dritten Titels des StHG verstossen, können somit in der Zeit vom 1.7.2007 bis zum 1.7.2009 als Umstrukturierungsnormen im Handänderungssteuerrecht Geltung beanspruchen.

Art. 109

Änderung bisherigen Rechts	Die Änderung bisherigen Rechts wird im Anhang geregelt.
Modification du droit en vigueur	La modification du droit en vigueur est réglée en annexe.
Modifica del diritto vigente	La modifica del diritto vigente è disciplinata nell'allegato.

Art. 110

Übergangsbestimmung	**Dieses Gesetz findet Anwendung auf Fusionen, Spaltungen, Umwandlungen und Vermögensübertragungen, die nach seinem Inkrafttreten beim Handelsregister zur Eintragung angemeldet werden.**
Disposition transitoire	La présente loi s'applique aux fusions, aux scissions, aux transformations et aux transferts de patrimoine dont l'inscription au registre du commerce est requise après son entrée en vigueur.
Disposizione transitoria	La presente legge si applica alle fusioni, alle scissioni, alle trasformazioni e ai trasferimenti di patrimonio che sono notificati per iscrizione al registro di commercio dopo la sua entrata in vigore.

Literatur

F. GYGI, Verwaltungsrecht, Bern 1986; P. MOOR, Droit administratif, Volume I: Les fondements généraux, 2. Aufl., Bern 1994; B. WEBER-DÜRLER, Vertrauensschutz im öffentlichen Recht, Basel/

Frankfurt a.M. 1983; DIES. WEBER-DÜRLER, Neuere Entwicklung des Vertrauensschutzes, ZBl 2002, 281 ff.

I. Normzweck

Als **Sondergesetz** enthält das FusG seine **eigene Übergangsregelung**. Art. 110 bestimmt den **intertemporalen Anwendungsbereich** des FusG.

II. Intertemporaler Anwendungsbereich des FusG

1. Gesetzeswortlaut

Gemäss Art. 110 findet das FusG Anwendung auf Fusionen, Spaltungen, Umwandlungen und Vermögensübertragungen, die nach seinem Inkrafttreten beim Handelsregister zur Eintragung angemeldet werden. Das relevante Kriterium ist ausschliesslich die **Anmeldung zur Eintragung beim Handelsregister nach dem Datum des Inkrafttretens des FusG**. Nicht relevant ist, ob die Beschlüsse der Gesellschaftsorgane vor dem Inkrafttreten des FusG gefasst wurden (Botschaft, 4491). Auf Transaktionen, die vor dem Datum des Inkrafttretens des FusG zur Eintragung beim Handelsregister angemeldet werden, ist das alte Recht anwendbar.

Der Gesetzgeber hat auf eine **differenzierte Lösung**, etwa eine Übergangsfrist während welcher die Parteien für oder gegen die Anwendung des FusG optieren können oder auf eine besondere materielle Regelung während einer gewissen Übergangsfrist, **verzichtet**. Die Parteien können immerhin vor dem Datum des Inkrafttretens des FusG durch die Wahl des Zeitpunktes des Vollzuges respektive der Anmeldung zur Eintragung beim Handelsregister selber bestimmen, ob auf ihre Transaktion das FusG zur Anwendung kommen soll oder nicht.

2. Absicht des Gesetzgebers

Der Gesetzgeber wählte das Kriterium der Anmeldung zur Eintragung beim Handelsregister, damit die neuen Gestaltungsmöglichkeiten des FusG so rasch wie möglich durchgeführt werden können; d.h. Fusionen, Spaltungen, Umwandlungen und Vermögensübertragungen, die vor dem FusG nicht vorgesehen waren, können bereits vor dem Inkrafttreten des FusG vorbereitet und **unmittelbar nach** dem **Inkrafttreten des FusG in das Handelsregister eingetragen** werden (Botschaft, 4491).

3. Besonderheit bei altrechtlichen Vermögensübertragungen

Da Art. 110 bei der intertemporalen Abgrenzung auf das Kriterium der **Anmeldung zur Eintragung beim Handelsregister** abstellt, gehen der Wortlaut dieser Bestimmung und der Gesetzgeber (Botschaft, 4491) offenbar **implizit** davon aus, dass eine solche Eintragung in das Handelsregister auch unter dem **alten Recht erfolgen würde**.

Für die in Art. 181 Abs. 4 OR aufgeführten Sachverhalte von Vermögensübertragungen gelten ab Inkrafttreten des FusG die Regelungen gemäss Art. 69 ff. (Botschaft, 4492; vgl. Art. 181 N 6 f.). Während in diesen Fällen nach altem Recht die Übertragung ohne Eintragung in das Handelsregister durch Singularsukzessionen der einzelnen Aktiven und bei den Passiven durch Mitteilung an die Gläubiger erfolgte (vgl. BSK OR I-TSCHÄNI, Art. 181 N 7 ff.), ist gemäss Art. 73 zur Übertragung der Aktiven und Passiven eine Eintragung in das Handelsregister erforderlich (vgl. Art. 73 N 13 ff.). Bei Transaktionen nach Art. 181 altOR, welche unter Art. 69 ff. fallen würden, müssen mithin die

Boris Etter

gemäss Art. 181 altOR erforderlichen **Übertragungshandlungen** vor dem Datum des Inkrafttretens des FusG **abgeschlossen** sein. Anderenfalls unterstehen sie den Bestimmungen von Art. 69 ff., einschliesslich des formellen Erfordernisses des Eintrages in das Handelsregister (Art. 73).

III. Praktische Auswirkungen des FusG vor seinem Inkrafttreten

1. Unechte Vorwirkung des FusG

7   Das FusG hat **keine (echte) positive Vorwirkung**. Echte positive Vorwirkung bedeutet, dass zukünftiges Recht wie bereits geltendes Recht angewendet wird (HÄFELIN/MÜLLER, N 346 ff.). Dies ist beim FusG nicht der Fall, da es erst auf Transaktionen anwendbar ist, welche nach seinem Inkrafttreten beim Handelsregister zur Eintragung angemeldet werden und durch ihre Eintragung in das Handelsregister Wirkungen entfalten. In verwaltungsrechtlicher Terminologie kann allerdings von einer **unechten Vorwirkung** gesprochen werden, die sich auf Verhältnisse (mehrstufige Transaktionen) bezieht, welche unter der Herrschaft des alten Rechts entstanden sind, aber zum Zeitpunkt des Inkrafttretens des FusG noch fortdauern (GYGI, 111 f.; WEBER-DÜRLER, 284 ff.; BGE 126 V 134, 135 f.; 124 III 266, 271 f.; 122 II 113, 124; 107 Ib 191, 196; vgl. auch MOOR, 170 ff.).

8   Vorbereitende Handlungen, etwa die Beschlüsse von Gesellschaftsorganen, welche vor dem Inkrafttreten des FusG durchgeführt, aber erst danach zur Eintragung beim Handelsregister angemeldet werden, müssen den Anforderungen des FusG entsprechen. Insoweit entfaltet das FusG bereits **vor seinem Inkrafttreten praktische Auswirkungen**.

2. Mögliches Erfordernis einer doppelgleisigen Transaktionsstruktur

9   Zahlreiche gesellschaftsrechtliche Transaktionen basieren auf langwierigen Verhandlungen, sind von gewissen vorbereitenden Schritten abhängig und/oder erfordern die Zustimmung von staatlichen Behörden (insbesondere Fusionskontrolle und andere Bewilligungspflichten). Ein **Vollzug** ist **in zeitlicher Hinsicht nicht genau planbar**. Es dürfte in solchen Fällen unklar sein, ob ein Vollzug noch vor oder erst nach dem Inkrafttreten des FusG möglich ist.

10 Es wird mithin in der Praxis – da der Gesetzgeber auf eine differenzierte Übergangsregelung verzichtet hat – in gewissen Fällen erforderlich sein, eine **doppelgleisige Transaktionsstruktur** einzusetzen; d.h. die entsprechenden Transaktionen sind in zwei Alternativen, mit und ohne Wirkung des FusG, zu strukturieren.

IV. Gefahr der Rechtsunsicherheit, Handlungsgebot der staatlichen Behörden und Vertrauensschutz

1. Gefahr der Rechtsunsicherheit

11 Der **Gesetzgeber** geht **optimistisch** davon aus, dass es nach Verabschiedung des neuen Gesetzes keine besonderen Schwierigkeiten bereiten wird, eine Transaktion nach der neuen Regelung vorzubereiten (Botschaft, 4491).

12 Das FusG normiert nicht nur bisherige Rechtsprechung und Praxis positivrechtlich, sondern führt auch neue, dem Schweizer Recht bisher unbekannte Rechtsinstitute ein. Ferner stellen die im FusG geregelten Transaktionen mehrstufige und komplexe Vorgänge dar, welche nicht nur durch das FusG, sondern auch durch andere Erlasse, insbesondere

die HRegV (die erst kurz vor dem Datum des Inkrafttretens des FusG in ihrer definitiven Fassung vorliegt), geregelt und durch die Praxis der kantonalen Handelsregisterbehörden und des EHRA mitbeeinflusst werden. Es ist deshalb zu erwarten, dass die Umstellung auf das neue Recht nicht ganz reibungslos verlaufen wird und die **Gefahr** einer gewissen (anfänglichen) **Rechtsunsicherheit** besteht.

2. Handlungsgebot der staatlichen Behörden

Zur Minderung der Rechtsunsicherheit ist es erforderlich, dass die im Bereiche des FusG rechtssetzenden und rechtsanwendenden Behörden (insbesondere die kantonalen Handelsregister und das EHRA) spätestens nach Ablauf der Referendumsfrist des FusG am 22.1.2004, so rasch wie möglich, sämtliche erforderlichen **Anpassungen** und **Vorbereitungsarbeiten** an das FusG **vornehmen**. Dazu gehören auch die Redaktion von Musterdokumenten, die Schulung von Mitarbeitern und die Bereitstellung der erforderlichen Ressourcen während der Einführungszeit des FusG. 13

Um den Wunsch des Gesetzgebers, dass Transaktionen nach dem FusG vor dessen Inkrafttreten vorbereitet und danach rasch in das Handelsregister eingetragen werden können (Botschaft, 4491) umzusetzen, werden die kantonalen Handelsregister sowie das EHRA bereits vor dem Inkrafttreten des FusG **Vorprüfungen** vornehmen und **Auskünfte** erteilen müssen. 14

Die Handlungen der kantonalen Handelsregister und des EHRA haben **verwaltungsrechtlichen Charakter**. Es gelten die (u.a. in der BV verankerten) **Grundsätze des Verwaltungsrechts** (BSK OR II-ECKERT, Art. 940 N 10). Vorprüfungen und Auskünfte unterstehen u.a. dem Grundsatz von **Treu und Glauben** (Art. 5 Abs. 3 und Art. 9 BV), insbesondere dem Grundsatz des **Vertrauensschutzes**. 15

3. Vertrauensschutz bei Vorprüfungen und Auskünften

a) Allgemeine Voraussetzungen des Vertrauensschutzes

Der Grundsatz von Treu und Glauben gemäss Art. 5 Abs. 3 und Art. 9 BV (vgl. zur Abgrenzung der beiden BV-Bestimmungen und der Bedeutung der Unterscheidung WEBER-DÜRLER, ZBl 2002, 282 ff.) gebietet ein loyales und vertrauenswürdiges Verhalten im Rechtsverkehr. Er wirkt sich im Verwaltungsrecht u.a. als Grundsatz des Vertrauensschutzes aus (HÄFELIN/MÜLLER, N 622 f.). Der **Vertrauensschutz** gegenüber dem Verhalten von staatlichen Behörden (etwa kantonale Handelsregister, EHRA) steht unter den folgenden **Voraussetzungen**: (1) **Vertrauensgrundlage**; (2) **Vertrauen in das Verhalten der staatlichen Behörden**; (3) **Vertrauensbetätigung**; (4) **Interessenabwägung** (HÄFELIN/MÜLLER, N 626 ff. m.w.H.; vgl. auch WEBER-DÜRLER, 79 ff., BGE 129 II 361, 381 m.w.H. und 122 II 113, 123 ff. m.w.H.). 16

b) Besondere Voraussetzungen des Vertrauensschutzes bei unrichtigen Auskünften

Bei **unrichtigen Auskünften von staatlichen Behörden** bestehen bezüglich der Voraussetzungen für den **Vertrauensschutz** gewisse Besonderheiten gegenüber den allgemeinen Grundsätzen des Vertrauensschutzes. Eine unrichtige Auskunft einer staatlichen Behörde kann eine Vertrauensgrundlage bilden und bei Vorliegen der nachfolgenden **Voraussetzungen**, welche kumulativ erfüllt sein müssen, Rechtswirkungen entfalten: (1) **Eignung der Auskunft zur Begründung von Vertrauen**; (2) **Zuständigkeit der auskunfterteilenden Behörde**; (3) **Vorbehaltlosigkeit der Auskunft**; (4) **Unrichtigkeit der Auskunft nicht erkennbar**; (5) **nachteilige Disposition aufgrund der Auskunft**; (6) **keine Änderung des Sachverhalts oder der Rechtslage**; (7) **Überwiegen des In-** 17

Art. 111

teresses am Vertrauensschutz gegenüber öffentlichen Interessen (HÄFELIN/MÜLLER, N 668 ff. m.w.H.; vgl. auch WEBER-DÜRLER, 195 ff. m.w.H. und WEBER-DÜRLER, ZBl 2002, 288 ff.).

c) Rechtsfolgen des Vertrauensschutzes

18   Der Grundsatz des Vertrauensschutzes soll verhindern, dass Parteien infolge ihres Vertrauens in das Verhalten von staatlichen Behörden einen Nachteil erleiden. Der **Vertrauensschutz** kann im Einzelfall zu unterschiedlichen **Rechtsfolgen** führen. In der praktisch bedeutsamsten Form des **Bestandesschutzes** (HÄFELIN/MÜLLER, N 697 ff. m.w.H.; vgl. auch WEBER-DÜRLER, 129 ff.) kann er dazu führen, dass Vorprüfungen und Auskünfte trotz ihrer materiellen Unrichtigkeit verbindlich werden. Ferner kann der Vertrauensschutz bewirken, dass einer Partei ein **Entschädigungsanspruch** gegenüber dem Gemeinwesen zusteht. Dieser finanzielle Ausgleich kommt vor allem in Betracht, wenn vermögenswerte Interessen von Parteien durch die im Vertrauen auf behördliches Verhalten getroffenen Massnahmen beeinträchtigt wurden (HÄFELIN/MÜLLER, N 697 und N 703 ff. m.w.H.; vgl. auch WEBER-DÜRLER, 140 ff.). Solche Entschädigungen kommen u.U. auch bei Vorprüfungen und Auskünften nach dem FusG in Betracht, wenn den Parteien aufgrund von Vorprüfungen oder Auskünften, welche sich im Zeitpunkt der Anmeldung zur Eintragung beim Handelsregister als unzulässig erweisen und zu einer Abweisung der Anmeldung führen, ein Schaden erwachsen ist (z.B. Kosten im Zusammenhang mit obsoleten Transaktionsschritten oder Verzögerungsschäden).

Art. 111

Referendum und Inkrafttreten	**¹ Dieses Gesetz untersteht dem fakultativen Referendum.** **² Der Bundesrat bestimmt das Inkrafttreten.** **³ Artikel 103 tritt fünf Jahre nach den übrigen Bestimmungen dieses Gesetzes in Kraft.**
Référendum et entrée en vigueur	¹ La présente loi est sujette au référendum. ² Le Conseil fédéral fixe la date de l'entrée en vigueur. ³ L'art. 103 entre en vigueur cinq ans après l'entrée en vigueur des autres dispositions de la présente loi.
Referendum ed entrata in vigore	¹ La presente legge sottostà al referendum facoltativo. ² Il Consiglio federale ne determina l'entrata in vigore. ³ L'articolo 103 entra in vigore cinque anni dopo le altre disposizioni della presente legge.

Änderungen des bisherigen Rechts – Anhang (Art. 109)

Die nachfolgenden Erlasse werden wie folgt geändert:

1. Bundesgesetz vom 4. Oktober 1991 über das bäuerliche Bodenrecht

Art. 62 Bst. g

Keiner Bewilligung bedarf der Erwerb:

g. beim Übergang von Eigentum durch Fusion oder Spaltung nach dem Fusionsgesetz vom 3. Oktober 2003, wenn die Aktiven des übertragenden oder des übernehmenden Rechtsträgers nicht zur Hauptsache aus einem landwirtschaftlichen Gewerbe oder aus landwirtschaftlichen Grundstücken bestehen.

2. Obligationenrecht

Art. 181 Abs. 2 und 4 OR

² Der bisherige Schuldner haftet jedoch solidarisch mit dem neuen noch während dreier Jahre, die für fällige Forderungen mit der Mitteilung oder der Auskündigung und bei später fällig werdenden Forderungen mit Eintritt der Fälligkeit zu laufen beginnen.

⁴ Die Übernahme des Vermögens oder des Geschäftes von Handelsgesellschaften, Genossenschaften, Vereinen, Stiftungen und Einzelfirmen, die im Handelsregister eingetragen sind, richtet sich nach den Vorschriften des Fusionsgesetzes vom 3. Oktober 2003.

² Toutefois, l'ancien débiteur reste solidairement obligé pendant trois ans avec le nouveau; ce délai court, pour les créances exigibles, dès l'avis ou la publication, et, pour les autres créances, dès la date de leur exigibilité.

⁴ La cession d'un patrimoine ou d'une entreprise appartenant à des sociétés commerciales, à des sociétés coopératives, à des associations, à des fondations ou à des entreprises individuelles qui sont inscrites au registre du commerce, est régie par les dispositions de la loi du 3 octobre 2003 sur la fusion.

² Il debitore precedente rimane tuttavia obbligato solidalmente col nuovo debitore per altri tre anni, i quali cominciano a decorrere, per i debiti scaduti, dal giorno della comunicazione o della pubblicazione e, per i non scaduti, dal giorno della scadenza.

⁴ L'assunzione di un patrimonio o di un'azienda di società commerciali, società cooperative, associazioni, fondazioni o ditte individuali iscritte nel registro di commercio è disciplinata dalle disposizioni della legge del 3 ottobre 2003 sulla fusione.

Literatur

U. GASSER/CH. EGGENBERGER, Fusionsgesetz auf dem Prüfstand, ST 2000, 61 ff.; P. LOSER-KROGH, Die Vermögensübertragung: Kompromiss zwischen Strukturanpassungsfreiheit und Vertragsschutz im Entwurf des Fusionsgesetzes, AJP 2000, 1095 ff.; M. PFEIFER/A.L. MEIER, Ausschliesslichkeit der Regelung des FusG für Strukturanpassungen, insbesondere für Spaltungen?, AJP 2004, 833 ff.; M. VISCHER, Rechts- und Sachgewährleistung bei Sacheinlage- und Übertragungsverträgen über Unternehmen, SJZ 2004, 105 ff.

I. Allgemeines; Normzweck

1 Art. 181 OR regelt die Übertragung des Vermögens als Sonderfall der Schuldübernahme (Art. 175 ff. OR). Obgleich Abs. 1 von der **Übernahme eines Vermögens oder eines Geschäfts** mit Aktiven und Passiven spricht, sieht diese Bestimmung lediglich vor, dass die mit dem Vermögen oder dem Geschäft verbundenen *Schulden* von Gesetzes wegen auf den Übernehmer übergehen. Art. 181 OR stellt nämlich keinen Fall der Universalsukzession dar. Die Aktiven müssen vielmehr nach den Regeln der **Singularsukzession** übertragen werden (BGE 126 III 375, 378; 115 II 415, 418; 108 Ib 440, 447 = Pra 1983, 573). Das heisst namentlich, dass für die Übertragung von Grundstücken, beweglichen Sachen, Wertpapieren, Immaterialgüterrechten und Forderungen die jeweiligen Übertragungsformen zu beachten sind (s. BSK OR I-TSCHÄNI, N 1 ff.).

2 Art. 181 OR hat sich v.a. für grössere Transaktionen als wenig befriedigende Grundlage erwiesen. Insbesondere das Prinzip der Singularsukzession und damit die Beachtung der spezifischen gesetzlichen Vorschriften für die Übertragung der Aktiven ist in der Praxis sehr schwerfällig. Das Fusionsgesetz ermöglicht jetzt durch das Institut der Vermögensübertragung (Art. 69 ff. FusG) eine vorteilhaftere Vorgehensweise für die Übernahme eines Vermögens oder eines Geschäftes.

3 Die revidierten Absätze von Art. 181 OR bezwecken zum einen eine Angleichung an das Fusionsgesetz durch zeitliche Ausdehnung der solidarischen Haftung (Abs. 2), zum anderen die Abgrenzung der obligationenrechtlichen Bestimmung von der im Fusionsgesetz geregelten Vermögensübertragung (Abs. 4; Art. 69 ff. FusG).

II. Zeitliche Ausdehnung der solidarischen Haftung (Abs. 2)

4 Gemäss altAbs. 2 haftete der bisherige Schuldner mit dem neuen für allfällige Verbindlichkeiten noch während zwei Jahren solidarisch weiter. Der neue Abs. 2 dehnt nun diese zweijährige **solidarische Haftung** auf **drei Jahre** aus. Wie nach bisherigem Recht beginnt die Frist für fällige Forderungen mit der Mitteilung oder Auskündigung der Übernahme und bei später fällig werdenden Forderungen mit Eintritt ihrer Fälligkeit zu laufen.

5 Durch die zeitliche Ausdehnung der solidarischen Haftung wird der Gläubigerschutz verbessert und eine Angleichung an Art. 26 Abs. 2 und Art. 75 Abs. 1 FusG erzielt (Botschaft, 4493). Die erste Bestimmung knüpft an Art. 26 Abs. 1 FusG an, welcher eine persönliche Haftung der Gesellschafter der übertragenden Gesellschaft nach der Fusion vorsieht, sofern sie bereits vor der Fusion für deren Verbindlichkeiten hafteten und diese Verbindlichkeiten vor der Veröffentlichung des Fusionsbeschlusses (vgl. hierzu Art. 26 FusG N 7 ff.) begründet wurden oder deren Entstehungsgrund vor diesem Zeitpunkt liegt. Nach Art. 26 Abs. 2 FusG verjähren dabei die Ansprüche aus persönlicher Haftung grundsätzlich spätestens drei Jahre nach Eintritt der Rechtswirksamkeit der Fusion. Artikel 75 Abs. 1 FusG schreibt für den Fall einer Vermögensübertragung vor, dass der bisherige Schuldner während drei Jahren mit dem neuen Schuldner solidarisch für Verbindlichkeiten haftet, die bereits vor der Vermögensübertragung begründet wurden. Wie nach Art. 26 Abs. 2 FusG verjähren entsprechende Ansprüche nach spätestens drei Jahren seit Veröffentlichung der Vermögensübertragung. Im Gegensatz dazu sieht Art. 181 OR nach wie vor **keine Verjährungsbestimmung** vor.

III. Vorrang des Fusionsgesetzes (Abs. 4)

6 Abs. 4 grenzt die Vermögensübertragung i.S.v. Art. 69 ff. FusG von der Geschäftsübernahme nach Art. 181 OR ab. Danach richtet sich die Übernahme des Vermögens oder

des Geschäftes von Handelsgesellschaften, Genossenschaften, Vereinen, Stiftungen und Einzelfirmen, die im Handelsregister eingetragen sind, nach den Vorschriften des Fusionsgesetzes. Art. 181 OR ist demnach nicht mehr auf Kollektivgesellschaften, Kommanditgesellschaften, AG, Kommandit-AG, GmbH, Genossenschaften, Vereine und Einzelfirmen anwendbar, sofern diese Rechtsträger im Handelsregister eingetragen sind (Botschaft, 4492). Ein Vorgehen nach Art. 181 OR steht somit beispielsweise noch der einfachen Gesellschaft (Art. 530 ff. OR) offen, welcher der Handelsregistereintrag – und somit auch eine Vermögensübertragung (vgl. Art. 69 Abs. 1 Satz 1 FusG) – verwehrt ist (MEIER-HAYOZ/FORSTMOSER, § 12 Rz 29, 77).

Nach der Botschaft ist Abs. 4 **zwingender** Natur (Botschaft, 4492; so auch KLÄY, 223). Das würde bedeuten, dass ein Vermögen oder ein Geschäft nur nach dem Prinzip der Universalsukzession im Sinne des Fusionsgesetzes übertragen werden kann, eine gewillkürte Einzelrechtsnachfolge also weder für Aktiven noch für Passiven möglich ist. Dem widerspricht jedoch der Wortlaut von Art. 69 FusG, wonach im Handelsregister eingetragene Gesellschaften und Einzelfirmen ihr Vermögen übertragen *können*. Demnach ist Abs. 4 so zu verstehen, dass in den Fällen, da die Parteien das Institut der Vermögensübertragung wählen, die Passiven ebenfalls nach Fusionsgesetz zu übertragen sind, eine separate Übertragung nach Art. 181 OR also ausgeschlossen ist (s. auch TURIN, 65). Selbst im Handelsregister eingetragenen Rechtsträgern bleibt es jedoch unbenommen, den Weg über die **Einzelrechtsnachfolge** zu wählen und die Aktiven einzeln zu übertragen (gl.M. TURIN, 65; ferner: Handkommentar FusG-FRICK, Vorbem. zu Art. 69–72 N 5; PFEIFER/MEIER, AJP 2004, 835; VON DER CRONE ET AL., Rz 812; vgl. auch Art. 69 FusG N 13). Diesfalls sind auch die Passiven einzeln gemäss Art. 175 ff. OR zu übertragen (TURIN, 65; ebenso VON DER CRONE ET AL., Rz 813; Handkommentar FusG-FRICK, Vorbem. zu Art. 69–72 N 5; ZK-BERETTA, Art. 69 FusG N 35; VISCHER, SJZ 2004, 109 Anm. 11; vgl. auch Art. 69 FusG N 13). Man kann sich allerdings fragen, ob es bei Wahl der Einzelrechtsnachfolge nicht auch möglich sein sollte, die Passiven nach Art. 181 OR zu übertragen. Ein Vorgehen nach Art. 181 OR wird in der Praxis jedoch oftmals ohnehin nicht erwünscht sein, weil der Käufer nicht ungewollt Passiven übernehmen und der Verkäufer die solidarische Haftung gemäss Abs. 2 vermeiden will (vgl. TSCHÄNI, M&A-Transaktionen, 3. Kap. Rz 103). 7

Art. 182

Aufgehoben

Art. 704 Abs. 1 Ziff. 8

Aufgehoben

Art. 727c Abs. 1 OR

¹ Die Revisoren müssen vom Verwaltungsrat und von einem Aktionär, der über die Stimmenmehrheit verfügt, unabhängig sein. Insbesondere dürfen sie weder Arbeitnehmer der zu prüfenden Gesellschaft sein noch Arbeiten für diese ausführen, die mit dem Prüfungsauftrag unvereinbar sind. Sie dürfen keine besonderen Vorteile annehmen.

¹ Les réviseurs doivent être indépendants du conseil d'administration et d'un éventuel actionnaire disposant de la majorité des voix. Ils ne peuvent en particulier être au service de la société soumise à révision ni exécuter pour elle des travaux incompatibles avec leur mandat de vérification. Ils ne peuvent pas accepter des avantages particuliers.

¹ I revisori devono essere indipendenti dal consiglio d'amministrazione e dall'azionista che dispone della maggioranza dei voti. In particolare, non possono essere né dipendenti della società da verificare, né eseguire per essa lavori incompatibili con il mandato di verifica. Non possono inoltre accettare vantaggi particolari.

Literatur

Vgl. die Literaturhinweise in BSK OR II-WATTER, Art. 727c.

I. Normzweck und Normgeschichte

1 Neu eingeführt wird in den Übergangsbestimmungen des FusG Satz 3 des Abs. 1, wonach die Revisoren keine besonderen Vorteile annehmen dürfen, wollen sie ihre Unabhängigkeit nicht gefährden. Diese neue Bestimmung muss historisch im Zusammenhang mit Art. 13 lit. h des VE FusG gelesen werden, der noch vorsah, dass besondere Vorteile, die den Revisoren gewährt werden, in den Fusionsvertrag aufzunehmen sind (vgl. dazu auch Botschaft, 4409 mit der Aussage: «Dabei ist jedoch darauf hinzuweisen, dass die Gewährung besonderer Vorteile an Revisorinnen und Revisoren mit dem Erfordernis der Unabhängigkeit [Art. 727c OR] nicht vereinbar ist und ihre Erwähnung im Fusionsvertrag nicht ihre Rechtmässigkeit zu begründen vermag»). Diese Wendung ist dann im Gesetzestext in Art. 13 lit. h entfallen, konkret im Zuge der Beratungen des NR vom 12.3.2003 (vgl. AmtlBull NR 2003, 234 f.); betreffend den analogen Art. 37 lit. h erst in der Redaktionskommission.

2 Inhaltlich wird im Wesentlichen nur eine Verdeutlichung der bisherigen Rechtslage angestrebt, was schon aus dem vorstehenden Zitat aus der Botschaft folgt: Die Gewährung besonderer Vorteile führt dazu, dass der Revisor seine Unabhängigkeit verliert, sei dies für die Prüfung des Jahresabschlusses nach Art. 727c OR, sei es für die Prüfung von Berichten nach Art. 15, 40 und 62 oder für die Erstellung von Berichten gem. Art. 81 Abs. 3 FusG.

II. Anwendungsbereich

3 Das Verbot, besondere Vorteile anzunehmen, bedeutet zunächst, dass es für den Revisor unzulässig ist, Geschenke (in Form von Sach- oder Geldleistungen) zu akzeptieren, was allerdings schon vor der Revision zumindest gestützt auf Standesrecht, wohl aber generell galt (vgl. BSK OR II-WATTER, Art. 727c N 14); diese Aussage gilt auch für «gemischte Schenkungen», also etwa eine klar über Marktpreisen liegende Honorierung, die sich auch nicht durch erhöhtes Fachwissen oder andere objektive Gründe rechtfertigen lässt, beziehe sich die Bezahlung nun auf die «Grundtätigkeit» der Revisionsstelle oder auf Zusatzdienstleistungen. Als unzulässig galt es auch schon vor der Revision, ein Erfolgshonorar zu vereinbaren, etwa für den Fall, dass ein vorbehaltloser Prüfungsbericht abgegeben wird (vgl. BSK OR II-WATTER, Art. 727c N 14 mit Verweis auf die TK-Richtlinie; vgl. auch Entscheid des Standesgerichts i.S. Swissair, s. NZZ vom 13.3. 2004 (Nr. 61), 23).

4 Das im Zusammenhang mit dem Erlass des FusG neu eingeführte Verbot bedeutet nicht, dass es der Revisionsstelle verboten wäre, Zusatzarbeiten zu übernehmen (vgl. BSK OR

II-WATTER, Art. 727c N 12 m.w.V.) – diese können sich auch auf Arbeiten beziehen, die sich aus dem Fusionsgesetz ergeben, z.B. Prüfungsberichte nach Art. 15, 40, 62, 81 FusG oder Bestätigungen nach Art. 25 oder 85 FusG. Auch für solche Arbeiten darf aber nur ein (weit zu interpretierender) Marktpreis bezahlt werden, der nicht die Form einer gemischten Schenkung annimmt und der auch keine Erfolgskomponente beinhaltet (indem z.B. nur dann eine Zahlung geleistet wird, wenn die Fusion zustande kommt).

III. Folgen der Verletzung

Die Folgen einer Verletzung des Verbotes ist der Verlust der Unabhängigkeit (vgl. BSK OR II-WATTER, Art. 727c N 19 ff.), was letztlich dazu führt, dass die Revisionsstelle entweder ihr Mandat niederlegen muss, bzw. nicht mehr wählbar ist. Denkbar ist auch eine Verantwortlichkeit, sowohl der Revisionsstelle, wie auch des Verwaltungsrates, der es duldet, dass eine abhängige Revisionsstelle Prüfungsarbeiten durchführt (BSK OR II-WATTER, Art. 727c N 19 und 21).

IV. Rechtsvergleich, insbesondere mit anwendbaren EU-Richtlinien

In der EU wurde bisher betr. Unabhängigkeit – ohne die Unabhängigkeit näher zu definieren – auf das Recht der Mitgliedstaaten verwiesen (Art. 23–27 EU-Prüferbefähigungs-RL). Die als Vorschlag existierende Richtlinie des Europäischen Parlaments und des Rates über die Prüfung des Jahresabschlusses und des konsolidierten Abschlusses und zur Änderung der EU-Jahresabschluss-RL und der EU-Konsolidierungs-RL (KOM 2004/177 endg.) verlangt in Art. 25 eine «angemessene Regelung» betr. Honorare, die letztlich besondere Vorteile auch ausschliesst.

Art. 738 OR

III. Folgen	¹ **Die aufgelöste Gesellschaft tritt in Liquidation, unter Vorbehalt der Fälle der Fusion, der Aufspaltung und der Übertragung ihres Vermögens auf eine Körperschaft des öffentlichen Rechts.**
III. Conséquences	¹ La société dissoute entre en liquidation, sauf en cas de fusion, de division ou de transfert de son patrimoine à une corporation de droit public.
III. Conseguenze	¹ La società sciolta entra in liquidazione, tranne nei casi di fusione, di scissione o di trasferimento del suo patrimonio a una corporazione di diritto pubblico.

I. Normzweck

Art. 738 OR zeigt auf, dass zwei Auflösungstatbestände zu unterscheiden sind, nämlich die Auflösung mit und diejenige ohne Liquidation. In den Fällen der Fusion, der Aufspaltung und der Verstaatlichung findet anstelle der Liquidation ein Fusions-, Aufspaltungs- oder Umwandlungsverfahren statt.

Christoph Stäubli

Eine Anpassung von Art. 738 OR ist im Zuge der neuen Möglichkeiten zur Anpassung der rechtlichen Strukturen von Rechtsträgern und durch die neue Terminologie des Fusionsgesetzes erforderlich geworden. Insbesondere musste Art. 738 OR modifiziert werden, um sämtlichen, im neuen Fusionsgesetz verankerten Auflösungsmöglichkeiten einer Gesellschaft ohne Liquidation Rechnung zu tragen.

Der vormalige Verweis auf die Umwandlung in eine GmbH wurde gestrichen, weil nach dem neuen Fusionsgesetzes die Umwandlung nicht mehr mit einer Auflösung der bisherigen Gesellschaft verbunden ist.

2 Der Zweck der Liquidation besteht in der Auszahlung des Liquidationserlöses an die Gesellschafter. Die Liquidation ist neben der Kapitalherabsetzung die einzige Möglichkeit, das Kapital an die Anleger zurückzuzahlen, ohne gegen das Verbot der Rückgewähr (Art. 680 Abs. 2 OR) zu verstossen.

II. Rechtsfolgen der Auflösung mit Liquidation

3 Als Folge der Auflösung tritt die Gesellschaft in das Stadium der Liquidation ein. Liquidation ist das Verfahren zwischen dem Eintritt eines Auflösungsgrundes und dem vollständigen Untergang der Gesellschaft. Es umfasst alle Massnahmen, die dazu dienen, die laufenden Geschäfte zu beenden, noch bestehende Verpflichtungen zu erfüllen, das Vermögen zu verwerten und einen Überschuss unter den Aktionären zu verteilen (FORSTMOSER/MEIER-HAYOZ/NOBEL, § 56 Rz 3; BÖCKLI, 1031).

4 Die Liquidation erfolgt nach einem vom Gesetz ausführlich geregelten Verfahren (Art. 739–747 OR). Es wird ausgelöst durch den Auflösungsbeschluss (Art. 738 OR) und abgeschlossen durch den Antrag der Liquidatoren auf Löschung der Gesellschaft im Handelsregister (Art. 746 OR). Zweck des Liquidationsverfahrens ist es, Auszahlungen an die Aktionäre erst dann vorzunehmen, wenn alle Verbindlichkeiten der Gesellschaft erfüllt worden sind (VON BÜREN/STOFFEL/SCHNYDER/CHRISTEN-WESTENBERG, 224). Die mit dem Auflösungsbeschluss verbundene Änderung des Gesellschaftszwecks wird vom Verwaltungsrat dem Handelsregisterführer mitgeteilt (Art. 737 OR) und zum Schutz der Gläubiger (Art. 933 Abs. 1 OR) publiziert. Von diesem Zeitpunkt an muss der Firma der Zusatz «in Liquidation» beigefügt werden (Art. 739 Abs. 1 OR) (VON BÜREN/STOFFEL/SCHNYDER/CHRISTEN-WESTENBERG, 225; BÖCKLI, 1026).

5 Mit der Auflösung einer Aktiengesellschaft beginnt das Stadium der Beendigung, unabhängig davon, ob die Liquidation vorgesehen ist oder die Substanz in anderer Rechtsform erhalten bleiben soll. Unstreitig ist heute, dass die Gesellschaft bei der Auflösung mit Liquidation während der ganzen Dauer des Verfahrens ihre Rechtspersönlichkeit und ihre Identität beibehält; auch die Handlungsfähigkeit bleibt erhalten (FORSTMOSER/MEIER-HAYOZ/NOBEL, § 55 Rz 3, Rz 149). Die Liquidationsgesellschaft ist mit der früheren Erwerbsgesellschaft identisch (AGVE 1978, 145, 155; BGE 90 II 257); damit bleibt sie grundsätzlich auch Steuersubjekt (ASA 1961/62, 315 m.w.N.).

6 Die Organe der Gesellschaft behalten die Vertretungsbefugnis, soweit eine Vertretung der Gesellschaft durch sie notwendig ist (Art. 740 Abs. 5 OR). Ihre Befugnisse sind fortan beschränkt: Zweck ist nun einzig die Liquidation, und die Befugnisse der Organe gehen nur noch so weit, wie die Handlungen für die Durchführung der Liquidation erforderlich sind (Art. 739 Abs. 2 OR). Die Gesellschaft erstrebt nunmehr als einziges Ziel die Auflösung der rechtlichen Bindungen und die Verflüssigung des Vermögens, was die Verwertung der Aktiven und die Tilgung der Schulden bedingt, um nachher die Verteilung eines evtl. Liquidationsüberschusses unter die Aktionäre vornehmen zu können

(BGE 117 III 39; ZK-BÜRGI/NORDMANN, Art. 739 N 1; FORSTMOSER/MEIER-HAYOZ, 280).

Gemäss Art. 685a OR fallen statutarische Vinkulierungsbestimmungen mit dem Eintritt der Gesellschaft in die Liquidationsphase dahin. Diese Vorschrift wird aufgrund der neuen Praxis des BGer, wonach die Auflösung der Gesellschaft widerrufen werden kann, zu überdenken sein. 7

Anders verhält es sich dagegen bei der Auflösung einer Aktiengesellschaft ohne Liquidation, namentlich im Falle einer Fusion oder einer Aufspaltung. 8

III. Liquidation im Konkurs/beim Nachlassvertrag

Die konkursamtliche Zwangsliquidation und die Liquidation im Rahmen eines Nachlassvertrages mit Vermögensabtretung unterscheiden sich dadurch von der Liquidation nach Art. 739 ff. OR als freiwilligem Verfahren, dass den Gesellschaftsorganen das Verfügungsrecht über das Vermögen der Gesellschaft entzogen wird. 9

Die konkursamtliche Zwangsliquidation und die Durchführung eines Nachlassvertrages mit Vermögensabtretung richten sich nach den Bestimmungen des Konkursrechts. Das Konkurserkenntnis wird, sobald es vollstreckbar geworden ist, dem Handelsregisterführer (sowie dem Konkursamt und dem Grundbuchführer) von Amtes wegen mitgeteilt (Art. 176 SchKG). Im Falle eines Nachlassvertrages mit Vermögensabtretung erfolgt die Mitteilung durch die Nachlassbehörde. Im Gegensatz zum Konkurserkenntnis stellt Art. 308 Abs. 1 SchKG sowohl für die Mitteilung als auch für die Publikation auf den Zeitpunkt der Rechtskraft ab (vgl. LUDWIG, Der Nachlassvertrag mit Vermögensabtretung, Liquidationsvergleich, Diss. Bern 1970, 24 f.). 10

Art. 748–750

Aufgehoben

Art. 770 Abs. 3

Aufgehoben

Art. 824–826

Aufgehoben

Art. 888 Abs. 2 OR

² Für die Auflösung der Genossenschaft sowie für die Abänderung der Statuten bedarf es einer Mehrheit von zwei Dritteln der abgegebenen Stimmen. Die Statuten können die Bedingungen für diese Beschlüsse noch erschweren.

² La majorité des deux tiers des voix émises est nécessaire pour la dissolution de la société coopérative et pour la révision des statuts. Toutefois, les statuts peuvent assujettir ces décisions à des règles plus rigoureuses.

² Per lo scioglimento della società cooperativa e la modificazione del suo statuto è necessario che la maggioranza favorevole sia costituita dai due terzi dei voti emessi. Lo statuto può porre, per siffatte deliberazioni, requisiti anche più rigorosi.

Art. 893 Abs. 2 OR

² Unübertragbar sind die Befugnisse der Generalversammlung zur Einführung oder Vermehrung der Nachschusspflicht, zur Auflösung, zur Fusion, zur Spaltung und zur Umwandlung der Rechtsform der Genossenschaft.

² Ne peuvent être transférées les attributions de l'assemblée générale relatives à l'introduction ou à l'extension du régime des versements supplétaires, à la dissolution de la société, à sa fusion, à sa scission et à la transformation de sa forme juridique.

² Non possono essere delegati i poteri dell'assemblea generale riguardanti l'introduzione o l'aggravamento dell'obbligo di eseguire versamenti suppletivi, lo scioglimento della società, la sua fusione, la sua scissione e la trasformazione della sua forma giuridica.

Literatur

Vgl. die Literaturhinweise in BSK OR II-MOLL, Art. 530–1186.

I. Einleitende Bemerkungen

1   Da Art. 888 Abs. 2 OR und Art. 893 Abs. 2 OR Bestimmungen des Genossenschaftsrechts sind, ist es gerechtfertigt, die beiden Absätze nachfolgend gemeinsam zu kommentieren.

2   *Entstehungsgeschichtlich* kann festgehalten werden, dass weder im Vorentwurf zu einem Bundesgesetz über die Fusion, Spaltung und Umwandlung von Rechtsträgern (Fusionsgesetz) von November 1997 noch im Begleitbericht zum Vorentwurf von November 1997 eine Änderung des Art. 888 Abs. 2 OR und des Art. 893 Abs. 2 OR vorgesehen war. Erst in dem der Botschaft vom 13.6.2000 beiliegenden Entwurf finden sich im Anhang die Änderungen der Art. 888 Abs. 2 OR und Art. 893 Abs. 2 OR. Soweit ersichtlich, wurden die Bestimmungen in beiden Räten ohne Wortmeldung genehmigt (vgl. dazu AmtlBull SR 2001, 161 und AmtlBull NR 2003, 273).

II. Änderungen

1. Beschlussfassung (Art. 888 Abs. 2 OR)

3   Nach der alten Fassung von Art. 888 Abs. 2 OR bedurfte es für die Auflösung und Fusion der Genossenschaft sowie für die Abänderung der Statuten einer Mehrheit von zwei Dritteln der abgegebenen Stimmen. Mit Inkraftsetzung des Fusionsgesetzes werden die Mehrheitsvoraussetzungen für den Fusionsbeschluss von Genossenschaften neu durch Art. 18 FusG geregelt, weshalb sich Art. 888 Abs. 2 OR auf die Fälle der Auflösung der Gesellschaft mit anschliessender Liquidation beschränken wird (Botschaft, 4494).

2. Ausnahmebestimmungen für Versicherungsgesellschaften (Art. 893 Abs. 2 OR)

4   Art. 893 OR betrifft **konzessionierte Versicherungsgesellschaften**. Diese können die Befugnisse der Generalversammlung ganz oder teilweise ihren Verwaltungsorganen übertragen, wobei nach Abs. 2 bestimmte Ausnahmen gelten. Die alte Fassung von Art. 893 Abs. 2 OR lautet wie folgt: «Unübertragbar sind die Befugnisse der Generalversammlung zur Einführung oder Vermehrung der Nachschusspflicht, zur Auflösung und zur Fusion der Genossenschaft.» Inhaltlich wurden die unübertragbaren Befugnisse der Generalversammlung von Art. 893 Abs. 2 OR durch die Spaltung und Umwandlung

Anhang   **Art. 936a OR**

der Gesellschaft ergänzt, da es sich dabei um Beschlüsse mit vergleichbarer grundsätzlicher Bedeutung handelt (Botschaft, 4495).

III. Auswirkungen

Die Beschlussfassung gemäss Art. 888 Abs. 2 OR bezieht sich neu nur noch auf die Auf- 5
lösung der Genossenschaft und die Statutenänderung. Für die Beschlussfassung betreffend Fusion der Genossenschaft muss deshalb Art. 18 FusG (vgl. Komm. zu Art. 18 FusG) konsultiert werden.

Zu den **unübertragbaren Befugnissen** der Generalversammlung gehören neu gemäss 6
Art. 893 Abs. 2 OR auch die Spaltung und die Umwandlung. An dieser Stelle kann im Übrigen auf die Ausführungen zu Art. 893 Abs. 2 OR (vgl. BSK OR II-MOLL, Art. 893 Abs. 2 N 4) verwiesen werden.

Art. 914

Aufgehoben

Art. 936a OR

Identifikations-nummer	¹ **Die im Handelsregister eingetragenen Einzelfirmen, Kollektiv- und Kommanditgesellschaften, Kapitalgesellschaften, Genossenschaften, Vereine, Stiftungen und Institute des öffentlichen Rechts erhalten eine Identifikationsnummer.**
	² **Die Identifikationsnummer bleibt während des Bestehens des Rechtsträgers unverändert, so insbesondere auch bei der Sitzverlegung, der Umwandlung und der Änderung des Namens oder der Firma.**
	³ **Der Bundesrat erlässt Ausführungsvorschriften. Er kann vorsehen, dass die Identifikationsnummer nebst der Firma auf Briefen, Bestellscheinen und Rechnungen anzugeben ist.**
Numéro d'identification	¹ Les entreprises individuelles, les sociétés en nom collectif, les sociétés en commandite, les sociétés de capitaux, les sociétés coopératives, les associations, les fondations et les instituts de droit public inscrits au registre du commerce reçoivent un numéro d'identification.
	² Le numéro d'identification demeure inchangé pendant toute l'existence du sujet, même en cas de transfert du siège, de transformation ou de modification du nom ou de la raison de commerce.
	³ Le Conseil fédéral édicte les dispositions d'exécution. Il peut prévoir que le numéro d'identification figure, avec la raison de commerce, sur les lettres, les notes de commande et les factures.
Numero di identificazione	¹ Alle ditte individuali, alle società in nome collettivo, alle società in accomandita, alle società di capitali, alle società cooperative, alle associazioni, alle fondazioni e agli istituti di diritto pubblico iscritti nel registro di commercio è assegnato un numero di identificazione.

² Il numero di identificazione permane invariato nel corso dell'intera esistenza del soggetto giuridico, anche in caso di trasferimento della sede o di trasformazione o di cambiamento del nome o della ditta.

³ Il Consiglio federale emana le disposizioni esecutive. Può prevedere che il numero di identificazione figuri, con la ditta, sulle lettere, i bollettini d'ordinazione e le fatture. Disposizioni finali e transitorie dei titoli XXIV–XXXIII.

Literatur

CH. CHAMPEAUX, 3. Bericht über die Tätigkeit der Eidg. Fachkommission für das Handelsregister im Jahre 2002, REPRAX 3/2003, 26 ff.; A. DÖRIG, Zur Identifikationsnummer gemäss Art. 936a OR, AJP 2004, 405 ff.; G. THOMI, Fusionsgesetz – Ausgewählte Fragen, in: Ruf/Pfäffli (Hrsg.), FS Verband bernischer Notare, Langenthal 2003, 443 ff.

I. Normzweck

1   Mit Art. 936a OR soll eine klare gesetzliche Grundlage für eine **Identifikationsnummer für im Handelsregister eingetragene Rechtsträger** geschaffen werden. Die **Identifikationsnummer** soll eine **dauerhafte Identifizierung** des Rechtsträgers ermöglichen. Die Firma bzw. der Name des Rechtsträgers vermag dies nicht zu gewährleisten, weil sie bzw. er über die Zeit geändert werden kann (Botschaft, 4495; THOMI, 454).

2   Registerrechtlich ist die **Identifikationsnummer** allerdings **bereits weitgehend eingeführt** (Botschaft, 4495; auch ZK-WEIBEL, Art. 105 FusG N 4; DÖRIG, 405; BSK OR II-ECKERT, Art. 929 N 4). Die Weisung des Eidgenössischen Amtes für das Handelsregister vom 28.5.1993 über die Führung des Registers auf elektronischen Datenträgern (erlassen gestützt auf HregV, Art. 4 Abs. 3 und Art. 10 Abs. 2 lit. c der Delegationsverordnung vom 28.3.1990, SR 172.011) sieht nämlich vor, dass jeder im Handelsregister eingetragene Rechtsträger (und jede Zweigniederlassung) eine Gattungsnummer (sog. Register- oder Firmennummer) erhält, der auch das zuständige Handelsregister entnommen werden kann (dazu im Detail DÖRIG, 406; BK-KÜNG, Art. 929 OR N 62, s.a. BK-KÜNG, Art. 929 OR N 54).

3   Art. 936a OR ist gegenüber dem **Botschaftstext unverändert**. Gegenüber dem **VE FusG** wurde Art. 936a OR insofern **geändert**, als Art. 936a OR neu den Entscheid, ob die Identifikationsnummer auf Briefen, Bestellscheinen und Rechnungen anzugeben ist, dem Bundesrat überlässt (N 7), während Art. 936a OR gemäss VE FusG die Angabe der Identifikationsnummer auf Briefen, Bestellscheinen und Rechnungen noch zwingend vorgesehen hatte.

II. Geltungsbereich

4   Eine **Identifikationsnummer** erhalten **alle im Handelsregister eingetragenen Rechtsträger**, also nach Art. 936a Abs. 1 OR alle im Handelsregister eingetragenen Einzelfirmen, Kollektiv- und Kommanditgesellschaften, Kapitalgesellschaften, Genossenschaften, Vereine, Stiftungen und Institute des öffentlichen Rechts. Gemäss Art. 111a HRegV sollen auch Zweigniederlassungen eine eigene Identifikationsnummer erhalten (ZK-WEIBEL, Art. 109 FusG N 2).

III. Unveränderlichkeit der Identifikationsnummer

Damit die **Identifikationsnummer** ihren Zweck (vgl. N 1) erfüllen kann, statuiert Art. 936a Abs. 2 OR, dass die Identifikationsnummer während des Bestehens des Rechtsträgers **unverändert** bleibt, also insbesondere auch bei einer Sitzverlegung, Umwandlung (DÖRIG, 407) und Änderung der Firma bzw. des Namens.

In Art. 111b HRegV wird dieser **Grundsatz der Unveränderbarkeit** der Identifikationsnummer **konkretisiert**. Art. 111b Abs. 1 HRegV legt fest, dass bei der Absorptionsfusion der übernehmende Rechtsträger seine bisherige Identifikationsnummer beibehält (DÖRIG, 407) und dass bei der Kombinationsfusion der aus der Fusion entstehende Rechtsträger eine neue Identifikationsnummer erhält (DÖRIG, 407). Art. 111b Abs. 2 HRegV statuiert, dass bei der Spaltung die übernehmenden Gesellschaften ihre bisherigen Identifikationsnummern beibehalten, dasselbe für die übertragende Gesellschaft im Falle einer Abspaltung gilt und, soweit infolge der Spaltung eine neue Gesellschaft entsteht, diese eine neue Identifikationsnummer erhält (DÖRIG, 407). Art. 111b Abs. 3 HRegV bestimmt, dass bei der Fortführung des Geschäfts einer Kollektiv- oder Kommanditgesellschaft als Einzelunternehmen gemäss Art. 579 OR die Identifikationsnummer unverändert bleibt. Art. 111b Abs. 4 HRegV sieht vor, dass Identifikationsnummern von gelöschten Rechtsträgern nicht neu vergeben werden dürfen und dass der gelöschte Rechtsträger bei Wiedereintragung im Handelsregister seine frühere Identifikationsnummer wieder erhält.

IV. Ausführungsvorschriften

Nach Art. 936a Abs. 3 OR liegt es am **Bundesrat, Ausführungsvorschriften** zu erlassen. Er kann dabei vorsehen, dass die Identifikationsnummer nebst der Firma (bzw. des Namens) auf Briefen, Bestellscheinen und Rechnungen anzugeben ist.

Sinnvollerweise schafft der Bundesrat mit den Ausführungsvorschriften ein **Nummern-System**, das nicht nur von den **Handelsregisterbehörden**, sondern auch von **weiteren Verwaltungseinheiten** (z.B. Sozialversicherungsbehörden, Steuerbehörden) z.B. im E-Government-Bereich (THOMI, 455) genutzt werden kann. Dabei sind die bereits bestehenden Nummern-Systeme z.B. im Mehrwertsteuerbereich oder beim Bundesamt für Statistik zu berücksichtigen. Zu berücksichtigen ist auch, dass die Identifikationsnummer nach Art. 936a OR nur für im Handelsregister eingetragene Rechtsträger vorgesehen ist, andere Verwaltungseinheiten aber auch Identifikationsnummern für nicht im Handelsregister eingetragene Rechtsträger brauchen (THOMI, 456; s.a. CHAMPEAUX 36).

Erste Ausführungsvorschriften des Bundesrats sind in der HRegV enthalten (N 4, 6, s.a. Art. 105b Abs. 1 lit. a HRegV, Art. 105b Abs. 2 lit. a HRegV, Art. 106b Abs. 1 lit. a HRegV, Art. 106b Abs. 2 lit. a HRegV, Art. 106c Abs. 2 lit. a HRegV, Art. 108a lit. a HRegV). Offenbar ist zur Zeit nicht geplant, eine Nummerngebrauchspflicht vorzusehen (DÖRIG, 407 f.). Dagegen prüft offenbar zur Zeit eine innerhalb der Bundesverwaltung eingesetzte Arbeitsgruppe die Machbarkeit eines einheitlichen Nummern-Systems (DÖRIG, 408).

V. Rechtsvergleichung

EU-Publizitäts-RL, Art. 4 (wie geändert durch Richtlinie 2003/58/EG) schreibt vor, dass auf Briefen und Bestellscheinen, unabhängig davon, ob sie Papierform oder eine andere Form aufweisen, neben der Rechtsform und dem Sitz der Gesellschaft das zuständige

Register und die Identifikationsnummer anzugeben sind (DÖRIG, 408 f.). Die gleiche Bestimmung schreibt weiter vor, dass auf Webseiten zumindest das zuständige Register und die Identifikationsnummer zu erwähnen sind (DÖRIG, 409).

11 Es gibt zudem **gesamteuropäische Bestrebungen** zur Einführung eines einheitlichen Systems, das eine Identifizierung der Unternehmen (und zuständigen Register) anhand einer Nummer ermöglicht (Hinweis darauf z.B. in KOM/2002/0279 endg., 2).

Schluss- und Übergangsbestimmungen zu den Titeln 24–33

Art. 4

Aufgehoben

3. Bundesgesetz vom 24. März 2000 über den Gerichtsstand in Zivilsachen

Art. 29a GestG

Fusionen, Spaltungen, Umwandlungen und Vermögensübertragungen	**Für Klagen, die sich auf das Fusionsgesetz vom 3. Oktober 2003 stützen, ist das Gericht am Sitz eines der beteiligten Rechtsträger zuständig.**
Fusions, scissions, transformations et transferts de patrimoine	Le tribunal du siège de l'un des sujets participants est compétent pour les actions fondées sur la loi du 3 octobre 2003 sur la fusion.
Fusioni, scissioni, trasformazioni e trasferimenti di patrimonio	Per le azioni fondate sulla legge del 3 ottobre 2003 sulla fusione è competente il giudice della sede di uno dei soggetti giuridici partecipanti.

Literatur

F. DASSER, Gerichtsstand und anwendbares Recht unter dem Fusionsgesetz, in: von der Crone/Weber/Zäch/Zobl (Hrsg.), Neuere Tendenzen im Gesellschaftsrecht, FS Forstmoser, Zürich 2003, 659 ff.; DERS., Forum shopping, Prozessplanung unter dem Gerichtsstandsgesetz, in: Gauch/Thürer (Hrsg.), Zum Gerichtsstand in Zivilsachen, Probleme der nationalen und internationalen Zuständigkeit, Zürich 2002, 23 ff.; D. GIRSBERGER, Der Vorentwurf zu einem Bundesgesetz über die Fusion, Spaltung und Umwandlung von Rechtsträgern (Fusionsgesetz) – Internationale Aspekte, ZSR 1998 I 317 ff.; J. KROPHOLLER, Europäisches Zivilprozessrecht, 7. Aufl., Heidelberg 2002; I. MEIER, Anspruchs- und Normenkonkurrenz im Gerichtsstandsgesetz, in: Gauch/Thürer (Hrsg.), Zum Gerichtsstand in Zivilsachen, Probleme der nationalen und internationalen Zuständigkeit, Zürich 2002, 55 ff.; K. SIEHR, Das Internationale Privatrecht der Schweiz, Zürich 2002; O. VOGEL/K. SPÜHLER, Grundriss des Zivilprozessrechts, 7. Aufl., Bern 2001.

I. Normzweck

Die **Materialien** sind wenig ergiebig. Der Vorentwurf FusG enthielt keine Gerichts- 1
standsbestimmung. Gemäss Botschaft (4506) ist eine alternative Zuständigkeit beabsichtigt. Der Gesetzgeber war sich also bewusst, mit der Bestimmung ein Forum shopping zu ermöglichen. Dadurch werde «insbesondere vermieden, dass durch Fusion, Aufspaltung oder Vermögensübertragung Gerichtsstände entzogen werden können». Die Bestimmung des Entwurfes war von den Räten diskussionslos übernommen worden (AmtlBull StR 2001, 162; AmtlBull NR 2003, 274). Als gesetzgeberischer Wille ist somit nur das Motiv erkennbar, den Entzug von bestehenden Gerichtsständen zu vermeiden. Gemessen an diesem Normzweck ist die Bestimmung, wie die nachfolgende Kommentierung anhand einzelner Beispiele aufzuzeigen versucht, als verunglückt zu bezeichnen.

Die bewusste Schaffung alternativer Gerichtsstände und damit einhergehend die Ermög- 2
lichung von **Forum shopping**, entspricht einer klaren Tendenz des heutigen Gesetzgebers, der sich nicht mehr an den traditionellen «juge naturel» des Art. 59 aBV gebunden fühlt. Sie hat ihren deutlichen Ausdruck im Gerichtsstandsgesetz (GestG; SR 272) gefunden, das als Gesetz zur Ermöglichung von Forum shopping bezeichnet werden kann (DASSER, Forum shopping, 23, 33; BSK GestG-RUGGLE/TENCHIO-KUZMIĆ, Vorbem. zu Kap. 6 N 2; Kommentar GestG-DASSER, Art. 3 N 15 f.; BJM 2002, 100 ff. und 103, Obergericht BL). In *dieser* Hinsicht passt Art. 29a GestG in das Gefüge des Gerichtsstandsgesetzes (DASSER, FS Forstmoser, 663).

Forum shopping bedarf allerdings besonderer Rechtfertigung, da es dem Kläger die 3
Möglichkeit gibt, das Gerichtsverfahren und allenfalls das Urteil zu beeinflussen. Die Rechtfertigung in der Botschaft ist etwas dürftig ausgefallen. Inwieweit wirklich eine Gefahr bestanden hat, dass ohne die alternativen Zuständigkeiten von Art. 29a GestG bestehende Gerichtsstände entzogen werden könnten, ist nicht einsichtig. Im Ergebnis geht es bei Art. 29a GestG nicht um die Bewahrung bestehender, sondern um die Schaffung neuer Gerichtsstände. Die Regelung ist insofern gegenüber dem Normzweck überschiessend, wenn nicht überhaupt unnötig (DASSER, FS Forstmoser, 662 f.; ähnl. Handkommentar FusG-SCHENKER, Art. 108 N 23). Sie kann umgekehrt bei weiter Anwendung in Einzelfällen sogar bestehende Gerichtsstände entziehen (vgl. N 15 f., 23 f.).

Die Einfachheit des Textes täuscht über die Komplexität der geregelten Sachverhalte 4
hinweg. Es ist im Rahmen der Schaffung einer eidgenössischen Zivilprozessordnung zu prüfen, ob Art. 29a GestG übernommen oder ersatzlos gestrichen werden soll (derzeit als Art. 38 im Vorentwurf für eine schweizerische Zivilprozessordnung enthalten). Insbesondere musste bisher und muss auch heute ein potentieller Kläger immer damit rechnen, dass der potentielle Beklagte vor einer Klageeinleitung zufällig oder auch absichtlich seinen Sitz oder Wohnsitz – und damit auch den Beklagtengerichtsstand – an einen anderen Ort der Schweiz verlegt. Ob eine Gesellschaft den Sitz aufgrund einer Fusion oder aus einem anderen Grund verlegt, sollte keinen rechtlich relevanten Unterschied darstellen. Mit erfolgter Klageeinleitung ändert sich an der Zuständigkeit nichts mehr (perpetuatio fori, vgl. VOGEL/SPÜHLER, 8. Kap., Rz 49 f.; Kommentar GestG-DASSER, Art. 3 N 21, N 42 ff.). Eine nachträgliche Sitzverlegung durch Fusion benachteiligt den Kläger somit nicht. Die gesetzgeberische Notwendigkeit von Art. 29a GestG ist deshalb fraglich. Umso bedenklicher ist die Schaffung eines Gerichtsstandes am Sitz einer Drittgesellschaft, die mit dem Prozess und dem Streitgegenstand allenfalls nur marginal zu tun hat. In *dieser* Hinsicht passt Art. 29a GestG somit *nicht* in das Gerichtsstandsgesetz und schon gar nicht in das traditionelle Gefüge des schweizerischen Zivilprozessrechts.

5   Gesamthaft betrachtet zeigen sich bei Art. 29a GestG erhebliche Auslegungsschwierigkeiten, die sich auf den ersten Blick angesichts der klaren und einfachen Regelung nicht vermuten lassen. Wortlaut und Normzweck stehen in mehreren Fällen in Widerspruch. Diese Widersprüche werden in sorgfältiger Abwägung der typischen Interessenlage durch die Gerichtspraxis gelöst werden müssen.

II. Anwendungsbereich

1. Örtlicher Anwendungsbereich: Abgrenzung zu internationalen Sachverhalten

6   Das Gerichtsstandsgesetz – und damit auch dessen neuer Art. 29a GestG – regelt nur Binnenstreitigkeiten. Die Zuständigkeit bei internationalen Streitigkeiten ergibt sich aus dem IPR-Gesetz bzw. einem diesem vorgehenden Staatsvertrag, namentlich dem Lugano-Übereinkommen.

7   Bei den im Fusionsgesetz geregelten Tatbeständen ist die Abgrenzung zwischen schweizerischen und internationalen Sachverhalten nicht immer offenkundig. Klar ist die Situation bei der Fusion zweier schweizerischer Gesellschaften mit rein schweizerischen Beteiligten (Eigentümer, Arbeitnehmer, Gläubiger). Oft sind aber ausländische Parteien an einer Transaktion beteiligt. Fusionieren eine schweizerische und eine ausländische Gesellschaft, so ist die Transaktion als solche international. Allerdings bedeutet dies nicht, dass auch eine mit dieser Transaktion verbundene Klage aus dem Fusionsgesetz internationalen Charakter hat. Vielmehr ist die Internationalität *fallbezogen* zu beurteilen.

8   Internationalität im Sinne des **Lugano-Übereinkommens** liegt zumindest dann vor, wenn aufgrund des Lugano-Übereinkommens eine ausländische Zuständigkeit in Frage kommt. Theoretisch kann auch eine Streitigkeit zwischen rein schweizerischen Parteien ohne ausländische Zuständigkeit sogenannt «euro-international» sein, also dem Lugano-Übereinkommen unterstehen. Die hier in Frage kommenden Bestimmungen von Art. 16 Ziff. 2 und Ziff. 3 LugÜ verweisen aber (zumindest im Ergebnis) bloss auf die Gerichte des Sitzstaates des betroffenen Unternehmens, so dass die örtliche Zuständigkeit innerhalb der Schweiz ohnehin wieder vom Gerichtsstandsgesetz und damit von Art. 29a GestG geregelt wird (vgl. KROPHOLLER, Art. 22 EuGVO N 5 f.; DASSER, FS Forstmoser, 666 f.; zur Anwendbarkeit von Art. 16 Ziff. 2 LugÜ vgl. Art. 164a IPRG N 7 ff.).

9   Ausserhalb des Anwendungsbereiches des Lugano-Übereinkommens beurteilt sich die Internationalität nach Massgabe des **IPRG**. Dieses legt keinen konkreten einheitlichen Massstab fest. Eine gefestigte Lehrmeinung steht noch aus (dazu Kommentar GestG-DASSER, Art. 1 N 26 ff.; SIEHR, 5 f.; BSK IPRG-SCHNYDER, Art. 1 N 1 ff.). Mit Bezug auf die Schiedsgerichtsbarkeit hat das Bundesgericht allerdings entschieden, dass sich die Internationalität nur nach den am Prozess direkt beteiligten Parteien richtet, nicht nach den Beteiligten am zugrundeliegenden Rechtsgeschäft (BGE 4P.54/2002, 24.6. 2002). Im zugrundeliegenden Fall hatten zwei schweizerische und mehrere ausländische Parteien einen Vertrag nach Schweizer Recht abgeschlossen. Später eröffnete die eine Schweizer Partei ein vertraglich vorgesehenes ICC-Schiedsverfahren mit Sitz in Zürich gegen die andere Schweizer Partei. Während das Schiedsgericht von einem internationalen Schiedsverfahren gemäss 12. Kapitel des IPRG ausging, beurteilte das Bundesgericht das Verfahren als Binnenverfahren gemäss Schiedskonkordat. Anders zu entscheiden wäre gemäss Bundesgericht der Klarheit und Rechtssicherheit abträglich, da sonst für die Ermittlung der Zuständigkeit (in casu der Beschwerdeinstanz bei der

Anfechtung des Schiedsentscheides) abgeklärt werden müsste, ob weitere Parteien am Rechtsverhältnis beteiligt sind und wo diese ihren Sitz haben (E. 3). Wendet man diese Rechtsprechung auf Tatbestände des FusG an – was angesichts der Begründung des Bundesgerichtes nahe liegt –, liegt z.B. bei einer Fusion auch dann eine Binnenstreitigkeit vor, wenn eine schweizerische Gesellschaft eine ausländische übernehmen will und von einem schweizerischen Aktionär wegen Verletzung von Informationspflichten eingeklagt wird. Art. 164a Abs. 1 IPRG ist deshalb nur auf Fälle anwendbar, bei denen eine der Prozessparteien ausländisch ist (und das LugÜ).

2. *Sachlicher Anwendungsbereich: Zivilsachen*

Das Gerichtsstandsgesetz regelt den Gerichtsstand in Zivilsachen. Die in Art. 29a GestG angesprochenen Klagen aus dem Fusionsgesetz umfassen deshalb entgegen dem weiteren Wortlaut nur **Zivilklagen** (zum Begriff der Zivilsache vgl. BGE 128 III 250, 253; Kommentar GestG-DASSER, Art. 1 N 15 ff.). Darunter fallen namentlich Klagen nach Art. 28 Abs. 3, Art. 105, Art. 106 und Art. 108 FusG. **10**

Vorbehalten sind somit alle Verfahren, die sich auf **öffentliches Recht** stützen. Darunter fallen Verfahren nach Art. 96 FusG, die gemäss dessen Abs. 4 von der Aufsichtsbehörde beurteilt werden. Im Rahmen der Aufsicht über Vorsorgeeinrichtungen besteht keine Rechtfertigung für eine alternative Zuständigkeit im Sinne von Art. 29a GestG. Ferner ist Art. 29a GestG auch nicht auf Verfahren gemäss Art. 100 und Art. 101 FusG anwendbar, soweit der an der Transaktion beteiligte Rechtsträger öffentlichen Rechts bzw. die für diesen verantwortliche Gebietskörperschaft Partei ist. Insbesondere richtet sich die Verantwortlichkeit des Gemeinwesens und von Personen, die für ein Institut öffentlichen Rechts tätig sind, nach öffentlichem Recht (Art. 101 Abs. 2, Art. 108 Abs. 4 FusG), im Falle der Verantwortlichkeit des Bundes für seine Organe nach dem Verantwortlichkeitsgesetz von 1958 (SR 170.32, dazu Botschaft, 4485 und 4491; Durchsetzung durch verwaltungsrechtliche Klage an das Bundesgericht gemäss Art. 116 lit. c OG). Vorbehalten sind auch die kantonalen Verfahren über die Erhebung von Handänderungsabgaben (Art. 103 FusG). **11**

III. Gerichtsstand

Zuständig sind die Gerichte am Sitz eines der beteiligten Rechtsträger. Gemeint sind gemäss Normzweck alle an der Transaktion direkt beteiligten Rechtsträger – z.B. sowohl die übernehmende wie die übernommene Gesellschaft –, nicht bloss der am Prozess selbst beteiligte Rechtsträger. Ein Aktionär einer übernehmenden Genfer Gesellschaft A kann diese also nach Fusionsgesetz auch am Sitz der übernommenen Zürcher Gesellschaft B einklagen (offenbar anders, aber ohne Begründung, für die Fusion von Stiftungen: Handkommentar FusG-BERNI/ROBERTO, Art. 84 N 7 unter Berufung auf den nicht anwendbaren Art. 3 GestG, wohl auch in Widerspruch zu Botschaft, 4473 FN 159; wie hier: Art. 84 FusG N 14). **12**

Konsequenterweise kann es im Sinne der Botschaft keine Rolle spielen, ob der Rechtsträger, an dessen Sitz die Klage eingereicht wird, noch existiert. Ein Gläubiger kann also eine übernehmende Gesellschaft auf Sicherstellung gemäss Art. 25 FusG wahlweise auch am früheren Sitz der übernommenen und mittlerweile gelöschten Gesellschaft einklagen (gl.M. ZK-MEIER-DIETERLE, Art. 105 FusG N 39; Art. 106 FusG N 17; ZK-BERETTA, Art. 108 FusG N 69; **a.A.** Handkommentar FusG-SCHENKER, Art. 106 N 31). **13**

Diese Ausweitung der Zuständigkeiten ist in einzelnen Fällen rechtspolitisch fragwürdig und ruft nach einer einschränkenden Auslegung. Zwar ist gemäss Botschaft die **14**

Schaffung alternativer Gerichtsstände durchaus beabsichtigt. Wie dargelegt (N 3), ist diese Absicht angesichts des Normzweckes der (blossen) Bewahrung bestehender Gerichtsstände aber zumindest im vorliegenden Fall klar überschiessend. Dies ist namentlich der Fall, wenn ein beteiligter Rechtsträger am Sitz eines anderen beteiligten Rechtsträgers eingeklagt wird, ohne dass letzterer in die Streitsache involviert ist, z.B. wenn ein Gläubiger der übernehmenden Gesellschaft diese am Sitz der übernommenen Gesellschaft auf Sicherstellung nach Art. 25 FusG einklagt oder wenn die Arbeitnehmervertretung des übernehmenden Rechtsträgers gemäss Art. 28 FusG die Eintragung der Fusion ins Handelsregisters durch Klage am Sitz der übernommenen Gesellschaft verbieten lassen will. In solchen Fällen besteht kein schützenswertes Interesse der möglichen Kläger auf Schaffung eines neuen alternativen Gerichtsstandes, der ihnen vor der Fusion nicht zur Verfügung gestanden hatte. Die Botschaft geht allerdings auch z.B. bei Art. 28 FusG von einem freien Forum shopping aus (Botschaft, 4429).

15 Der Begriff «**Rechtsträger**» ist in Art. 2 lit. a FusG definiert als «Gesellschaften, Stiftungen, im Handelsregister eingetragene Einzelfirmen und Institute des öffentlichen Rechts». Angesprochen werden damit die an der Fusion etc. direkt beteiligten Unternehmen (vgl. Art. 2 FusG N 1 ff.). Nicht zu den beteiligten Rechtsträgern zählen deshalb natürliche Personen und andere Dritte, insbesondere die Organe dieser Rechtsträger sowie weitere mit der Fusion etc. befasste Personen im Sinne von Art. 108 FusG. Konsequenterweise kann z.B. ein Mitglied des Verwaltungsrates der übernehmenden Gesellschaft nicht an seinem eigenen Wohnsitz aus Art. 108 FusG ins Recht gefasst werden. Ferner kann eine fusionierende Gesellschaft eine negative Feststellungsklage gegenüber einem opponierenden Gläubiger an ihrem eigenen Sitz sowie am Sitz der anderen beteiligten Gesellschaft, nicht aber am Sitz oder Wohnsitz des beklagten Gläubigers einleiten. Vorbehalten bleibt eine Einlassung der jeweiligen Beklagten (Art. 10 GestG).

16 Gegenüber solchen Personen wirkt Art. 29a GestG also erheblich einschränkend, indem ohne sichtbare Veranlassung der verfassungsrechtliche **Wohnsitzgerichtsstand** aufgehoben wird (Art. 30 Abs. 2 BV; weiteres zu Art. 108 FusG N 26). Der Gerichtsstand am Sitz oder Wohnsitz der beklagten Partei gilt nur subsidiär, also nur, soweit die besonderen Bestimmungen nichts anderes vorsehen (Art. 3 GestG; Kommentar GestG-MÜLLER, Art. 2 N 19 f.; Kommentar GestG-DASSER, Art. 3 N 7; BSK GestG-INFANGER, Art. 3 N 3; Berner GestG Kommentar-SOLDATI, Art. 3 N 2). Deshalb verweisen die besonderen Gerichtsstandsvorschriften des GestG regelmässig alternativ auf den Beklagtengerichtsstand. Dass dies bei Art. 29a GestG unterlassen worden ist, scheint auf einem Versehen des Gesetzgebers zu beruhen. Auf jeden Fall widerspricht der Wortlaut von Art. 29a GestG in diesem Punkt klar dem gesetzgeberischen Normzweck, den Entzug von Gerichtsständen zu vermeiden.

17 Um zweck- und verfassungswidrige Ergebnisse zu vermeiden, ist deshalb zu erwägen, Art. 29a GestG entgegen seinem Wortlaut so auszulegen, dass alternativ der Gerichtsstand am Sitz oder Wohnsitz des Beklagten erhalten bleibt. Für die wichtigsten Anwendungsfälle stellt sich zumindest die Frage des Vorrangs alternativer Gerichtsstandsbestimmungen (hinten N 19 ff.).

18 Die Gerichtsstände nach Art. 29a GestG stehen auch den beteiligten Rechtsträgern selbst zur Verfügung. Denkbar sind namentlich (negative oder positive) Feststellungsklagen gegenüber bestimmten Gläubigern, Gesellschaftern oder Arbeitnehmern zur Klärung der Zulässigkeit einer Fusion etc. bzw. vorsorgliche Massnahmen in diesem Zusammenhang.

IV. Konkurrenzen und Abgrenzungen

1. Allgemeine Gerichtsstandsbestimmungen (Art. 3 ff. GestG)

Der **Wohnsitzgerichtsstand** nach Art. 3 GestG ist aufgrund seines Wortlautes gegenüber besonderen Gerichtsstandsbestimmungen wie Art. 29a GestG subsidiär (N 16; Art. 108 FusG N 65; gl.M. ZK-BERETTA, Art. 108 FusG N 69; **a.A.** Handkommentar FusG-SCHENKER, Art. 108 N 23). Dies gilt aufgrund des Normzweckes auch für die verwandten Gerichtsstände am gewöhnlichen **Aufenthaltsort** (Art. 4 GestG) und an der betroffenen **Niederlassung** (Art. 5 GestG) (Kommentar GestG-MÜLLER, Art. 2 N 21 ff.). Die Nichtberücksichtigung des Wohnsitzgerichtsstandes in Art. 29a GestG ist hingegen als gesetzgeberisches Versehen zu betrachten und allenfalls in teleologischer Auslegung zu korrigieren (N 17). Denkbar wären deshalb konsequenterweise auch Klagen an den Gerichtsständen von Art. 4 und Art. 5 GestG. 19

Die Gerichtsstände gemäss Art. 6–10 GestG (**Widerklage**, **Klagenhäufung**, **Interventions- und Gewährleistungsklage**, **Gerichtsstandsvereinbarung**, **Einlassung**) sind alternativ anwendbar. Da Art. 29a GestG nicht zwingend ist (vgl. Art. 2 Abs. 1 GestG), ist insbesondere eine Prorogation an ein anderes sachlich zuständiges Gericht zulässig (gl.M. ZK-BERETTA, Art. 108 FusG N 76). Dabei sind die Formerfordernisse und die Zulässigkeitseinschränkungen von Art. 9 GestG zu beachten. 20

Der Gerichtsstand für **freiwillige Gerichtsbarkeit** nach Art. 11 GestG am Sitz oder Wohnsitz der gesuchstellenden Partei steht hingegen nicht zur Verfügung, da dieser aufgrund seines Wortlautes nur subsidiär gilt und in gesellschaftsrechtlichen Materien ohnehin fragwürdig ist (dazu Kommentar GestG-WIRTH, Art. 11 N 46). 21

2. Besondere Gerichtsstandsbestimmungen (Art. 12 ff. GestG)

Mit Blick auf die Art. 12 ff. GestG kommen verschiedene Konkurrenzen in Betracht. So enthält das Fusionsgesetz unter anderem besondere Regeln über Arbeitsrecht, die gesellschaftsrechtliche Verantwortlichkeit und unerlaubte Handlungen. 22

a) Arbeitsrecht (Art. 24 GestG)

Verschiedene Bestimmungen des FusG verweisen auf Art. 333 und Art. 333a OR zum Arbeitsrecht oder erweitern deren Regelungen um zusätzliche Ansprüche, so namentlich die Art. 27 f., Art. 49 f., Art. 68 und Art. 76 FusG. Soweit nur auf das Arbeitsrecht gemäss OR verwiesen wird, wie in Art. 27 Abs. 1 und Art. 28 Abs. 1 FusG, besteht kein Grund, diesbezügliche Klagen dem Anwendungsbereich von Art. 24 GestG zu entziehen. Bei den übrigen Klagen ist der Vorrang von Art. 29a GestG aufgrund seines umfassenden Wortlautes denkbar (so betr. Art. 27 f. FusG, vgl. Botschaft, 4429 betr. Klage auf Untersagung der Fusion, allerdings ohne Erwähnung von Art. 24 GestG; vor Art. 27 FusG N 40). 23

Allerdings ist zu bedenken, dass das Problem der Schnittstelle zu Art. 24 GestG vom Gesetzgeber offensichtlich nicht erkannt worden ist und Normzweck gerade nicht die Reduktion, sondern die Wahrung bestehender Gerichtsstände ist (N 1). Es ist deshalb nicht davon auszugehen, dass Art. 29a GestG einen zwingenden Gerichtsstand nach Art. 24 GestG aberkennen will. Soweit es sich um arbeitsrechtliche Klagen handelt, sollte deshalb Art. 24 GestG Vorrang haben. 24

Eine Unterscheidung zwischen fusionsrechtlichen Klagen einerseits und arbeitsrechtlichen Klagen andererseits (so vor Art. 27 FusG N 40) ist im Einzelfall denkbar, wenn 25 auch angesichts der unbestrittenermassen arbeitsrechtlichen Art. 333 und Art. 333a OR schwierig. In diesem Sinne können die spezielle Klage der Arbeitnehmervertretung auf Untersagung der Eintragung der Fusion ins Handelsregister gemäss Art. 28 Abs. 3 FusG bzw. die entsprechenden Klagen bei den anderen Transaktionsformen (vgl. insb. Art. 55, Art. 77 Abs. 2 FusG) als besondere fusionsgesetzliche Klagen betrachtet werden, bei denen Art. 24 GestG nicht anwendbar ist (so vor Art. 27 FusG N 40). Anderes gilt, nach der hier vertretenen Meinung, für die Sicherstellungs- und Haftungsansprüche sowie die Konsultationsansprüche im allgemeinen nach Art. 27, Art. 28 Abs. 1 und Abs. 2, Art. 49, Art. 68 und Art. 75 f. FusG. Diesbezüglich ergibt sich der arbeitsrechtliche Charakter auch aus den Materialien (vgl. z.B. Mitbericht WAK NR vom 3.7.2001, 4; AmtlBull StR 2001, 152 f.).

b) Gesellschaftsrechtliche Verantwortlichkeit (Art. 29 GestG)

26 Bei **Verantwortlichkeitsklagen** gegen Organe der beteiligten Rechtsträger nach Art. 108 FusG stellt sich die Frage der Konkurrenz zu Art. 29 GestG, der für gesellschaftsrechtliche Verantwortlichkeitsklagen alternative Zuständigkeiten am Wohnsitz jedes beklagten Organs sowie am Sitz der Gesellschaft vorsieht. Art. 108 FusG regelt Ansprüche, die teilweise auch unter Art. 754 OR subsumiert werden können.

27 Gemäss Botschaft, 4491, unterstehen Klagen nach Art. 108 FusG dem Art. 29a GestG. Allerdings spricht die Botschaft weder die Abgrenzung zu Art. 29 GestG noch das Problem des möglichen Fehlens des Beklagtengerichtsstandes für solche Klagen aus Art. 108 FusG an. Betrachtet man Art. 29a GestG als lex specialis gegenüber Art. 29 GestG, würden die Wahlmöglichkeiten der Kläger im Normalfall erheblich eingeschränkt, da der Gerichtsstand am Wohnsitz des Beklagten (bzw. über Art. 7 Abs. 1 GestG am Wohnsitz eines der oft mehreren Beklagten) nicht zur Verfügung steht. Dies ist zur Reduktion von allzu weitem Forum shopping für die Zwecke des Fusionsgesetzes durchaus angemessen (Art. 108 FusG N 65), steht aber in auffälligem Kontrast zur gesetzgeberischen Absicht, wie die Botschaft sie zu Art. 29a GestG selbst festhält (vorne N 1). Das Problem kann allerdings dadurch entschärft werden, dass der scheinbare Ausschluss des Beklagtengerichtsstandes aufgrund des Wortlautes von Art. 29a GestG durch Auslegung korrigiert wird (vorne N 16 f.). Andernfalls stellt sich die Frage, ob nicht mangels klarem gesetzgeberischen Willen Art. 29 GestG umgekehrt als lex specialis zu Art. 29a GestG anzusehen ist.

c) Unerlaubte Handlungen (Art. 25 GestG)

28 Noch wenig geklärt ist das Verhältnis von Art. 25 GestG zu den übrigen besonderen Gerichtsständen. Nach eingehender Untersuchung kommt I. MEIER zum Schluss, dass bei **Anspruchsgrundlagenkonkurrenz** die Gerichtsstände aller möglichen Anspruchsgrundlagen alternativ zur Verfügung stehen (MEIER, 65 ff. mit Hinweisen auf teilweise abweichende Lehrmeinungen). Vorbehalten seien lediglich die zwingenden Gerichtsstände von Art. 22–24 GestG (MEIER, 71). Bei **einfacher Zuständigkeitskonkurrenz** seien die besonderen Zuständigkeitsregeln hingegen leges speciales gegenüber Art. 25 GestG (MEIER, 71 f.). Im Normalfall wird also Art. 29a GestG Vorrang gegenüber Art. 25 GestG haben (ähnlich ZK-BERETTA, Art. 108 FusG N 73; mit Bezug auf Art. 29 GestG ebenso Kommentar GestG-ROMERIO, Art. 25 N 28; Kommentar GestG-BLUNSCHI, Art. 29 N 16).

d) Weitere Konkurrenzen

Bei Klagen aus **solidarischer Haftung** nach **Art. 38 Abs. 3 FusG** bzw. subsidiärer solidarischer Haftung nach **Art. 47 FusG** besteht eine Zuständigkeit bereits aus dem zugrundeliegenden Rechtsverhältnis. Es ist nicht anzunehmen, dass Art. 29a GestG auf solche Klagen anwendbar sein soll. **29**

V. Vorsorgliche Massnahmen

Für **vorsorgliche Massnahmen** stehen die Gerichtsstände von Art. 33 GestG zur Verfügung. Art. 33 GestG verweist unter anderem auf den Gerichtsstand der Hauptsache und damit wieder auf Art. 29a GestG. Alternativ stellt Art. 33 GestG eine Zuständigkeit am Ort, an dem die Massnahme vollstreckt werden soll, zur Verfügung. Dies dürfte in den meisten Fällen am Sitz eines beteiligten Rechtsträgers sein, so dass es in der Regel bei den Zuständigkeiten nach Art. 29a GestG (bzw. allenfalls vorgehenden anderen Gerichtsstandsbestimmungen) bleibt. **30**

VI. Parallele Verfahren

Angesichts der Vielzahl betroffener Parteien (Rechtsträger, Gläubiger, Gesellschafter, Arbeitnehmer) ist denkbar, dass mehrere Parteien an verschiedenen Gerichtsständen Klagen aus dem Fusionsgesetz erheben. In diesem Fall ist zu prüfen, ob es sich dabei um in Zusammenhang stehende Klagen gemäss Art. 36 GestG handelt. Diese Bestimmung sieht grundsätzlich den Vorrang des zuerst angerufenen Gerichts vor (Kriterium der zeitlichen Priorität, vgl. Kommentar GestG-DASSER, Vorbem. zu Art. 35–36 N 3; Berner GestG Kommentar-KELLERHALS/GÜNGERICH, Art. 36 N 8). Das später angerufene Gericht kann – muss aber nicht – das Verfahren sistieren, bis das erste Verfahren im Sinne eines Pilotprozesses entschieden ist, oder kann andererseits, wenn das zuerst angerufene Gericht einverstanden ist, das Verfahren sogar an dieses Gericht überweisen. **31**

Ob ein genügender sachlicher Zusammenhang besteht, muss im Einzelfall geprüft werden (vgl. Kommentar GestG-DASSER, Art. 36 N 4, N 11 f.; BSK GestG-RUGGLE/TENCHIO-KUZMIĆ, Art. 36 N 16 ff.). Auch bei Klagen aus dem Fusionsgesetz im Zusammenhang mit derselben Transaktion ist ein solcher Zusammenhang nicht ohne weiteres gegeben. Andererseits sind Fälle paralleler Verfahren i.S.v. Art. 36 GestG denkbar, z.B. parallele Klagen aus Verantwortlichkeit der handelnden Organe gemäss Art. 108 FusG oder parallele Klagen verschiedener Arbeitnehmervertretungen auf Untersagung der Eintragung einer Fusion ins Handelsregister nach Art. 28 Abs. 3 FusG. **32**

Strittig ist, ob Klagen auf **Ausgleichszahlungen** nach Art. 105 FusG bzw. die **Anfechtung einer Fusion nach** Art. 106 FusG anders zu behandeln sind. Gemäss Handkommentar FusG-SCHENKER, Art. 106 N 30 und N 34, steht das Wahlrecht von Art. 29a GestG bei einer Mehrzahl von Klägern nur dem ersten Kläger zur Verfügung. Dies soll gemäss dem gleichen Kommentar offenbar auch bei Art. 105 FusG gelten (Handkommentar FusG-BÜRGI/GLANZMANN, Art. 105 N 27; ebenso ZK-MEIER-DIETERLE, Art. 105 FusG N 40 f.). Die allfälligen späteren Kläger müssten am gleichen Gericht klagen. Die Kläger würden insofern eine notwendige Streitgenossenschaft analog zu Art. 260 SchKG bilden. **33**

Dieser Ansicht kann nicht gefolgt werden. Eine Analogie zum notorisch tückischen Art. 260 SchKG drängt sich nicht auf. Wie bei der Anfechtung eines GV-Beschlusses **34** nach Art. 706 OR können bei Art. 105 und Art. 106 FusG verschiedene Kläger vielmehr unabhängig voneinander prozessieren.

35 Die Abweisung einer Klage nach Art. 106 FusG hat auf die übrigen Kläger keinen Einfluss (vgl. zu Art. 706 OR BGE 122 III 279, 284). Es liegt somit bloss ein Fall konnexer Klagen nach Art. 36 GestG vor. Wird aufgrund einer Klage die Fusion aufgehoben, so hat dies wie im analogen Fall von Art. 706 OR Gestaltungswirkung auch für die anderen Kläger, womit deren Klagen gegenstandslos werden. Dazu ist die zwingende Vereinigung aller Klagen am gleichen Gericht unter Missachtung von Art. 29a und Art. 36 GestG nicht erforderlich.

36 Bei Art. 105 FusG ist die Analogie zu Art. 706 OR weniger naheliegend. Nach Art. 105 Abs. 2 FusG hat ein Urteil Geltung für alle Gesellschafter in gleicher Rechtsstellung. Soweit dies auch für eine Abweisung der Klage gilt, ist der Zusammenhang zwischen parallelen Klagen noch enger als bei Art. 106 FusG. Dennoch bedarf es dazu keiner notwendigen Streitgenossenschaft. Den Bedürfnissen der Praxis kann über den flexiblen Mechanismus von Art. 36 GestG Rechnung getragen werden.

VII. Rechtsvergleichung

37 Das Lugano-Übereinkommen kennt keine entsprechende Gerichtsstandsbestimmung. Anwendbar ist grundsätzlich Art. 2 LugÜ, der für Beklagte mit Sitz oder Wohnsitz in einem Mitgliedstaat die Zuständigkeit der Gerichte dieses Staates vorsieht. Damit wird nur die internationale Zuständigkeit geregelt. Die innerstaatliche Zuständigkeit beurteilt sich nach nationalem Recht, für die Schweiz also nach IPR-Gesetz und subsidiär nach dem Gerichtsstandsgesetz. Daneben sind die zwingenden Zuständigkeiten nach Art. 16 Ziff. 2 und Ziff. 3 LugÜ zu beachten (Art. 164a IPRG N 7 ff.; DASSER, FS Forstmoser, 666 f.).

4. Bundesgesetz vom 18. Dezember 1987 über das Internationale Privatrecht

Vorbemerkungen zu Art. 161 bis 164b IPRG

Literatur

C. BAUDENBACHER/D. BUSCHLE, Niederlassungsfreiheit für EWR-Gesellschaften nach Überseering, IPRax 2004, 26 ff.; U. BEHNISCH, Die Umstrukturierung von Kapitalgesellschaften – national und grenzüberschreitend, Basel 1996; P. BEHRENS, Gemeinschaftliche Grenzen der Anwendung inländischen Gesellschaftsrechts auf Auslandsgesellschaften nach Inspire Art, IPRax 2004, 20 ff. (zit. IPRax 2004); DERS., Die Umstrukturierung von Unternehmen durch Sitzverlegung oder Fusion über die Grenze im Licht der Niederlassungsfreiheit im Europäischen Binnenmarkt (Art. 52 und 58 EWGV), ZGR 1994, 1 ff. (zit. ZGR 1994); DERS., Die grenzüberschreitende Sitzverlegung von Gesellschaften in der EWG, IPRax 1989, 354 ff. (zit. IPRax 1989); DERS., Identitätswahrende Sitzverlegung einer Kapitalgesellschaft von Luxemburg in die Bundesrepublik Deutschland, RIW 1986, 590 ff. (zit. RIW 1986); H.-R. BENER, La fusion des sociétés anonymes en droit international privé, Genf 1967; B. BESSENICH, Die grenzüberschreitende Fusion nach den Bestimmungen des IPRG und des OR, Basel 1991 (zit. BESSENICH, Fusion); DERS., Das neue Fusionsgesetz: Internationale Aspekte, AJP 7/2004 (zit. BESSENICH, Internationale Aspekte); CH. BRAUCHLIN, Die grenzüberschreitende Fusion von Aktiengesellschaften – Dargestellt am Beispiel Schweiz-England, Diss. St. Gallen 2004; H. BRUHN, Niederlassungsfreundliche Sitzverlegung und Verschmelzung über die Grenze nach italienischem Recht, Frankfurt a.M. 2002; A. BUCHER/A. BONOMI, Droit international privé, Basel/Genf/München 2001; C. BÜHLER, Die grenzüberschreitende Fusion von Kapitalgesellschaften in der Europäischen Union, Zürich 2000; A. BÜLOW/K.-H. BÖCKSTIEGEL/R. GEIMER/ R. SCHÜTZE (Hrsg.), Der internationale Rechtsverkehr in Zivil- und Handelssachen, Band II, Stand November 2003, München (zit. BÜLOW/BÖSCKSTIEGEL/GEIMER/SCHÜTZE-Autor); F. DASSER, Gerichtsstand und anwendbares Recht unter dem Fusionsgesetz, in: von der Crone/Weber/Zäch/Zobl (Hrsg.), Neuere Tendenzen im Gesellschaftsrecht, FS Forstmoser, Zürich 2003, 659 ff.; A. D'HOOGHE, Aspekte der grenzüberschreitenden Fusion gemäss Art. 163a ff. E-IPRG, Zürich 2003; B. GANTENBEIN, Die Fusion von juristischen Personen und Rechtsgemeinschaften im schweizerischen Recht, Freiburg 1995; U. GASSER, Vorschlag für eine 14. gesellschaftsrechtliche EU-Richtlinie zur Verlegung des Gesellschaftssitzes innerhalb der EU, SZW 2000, 276 ff.; D. GIRSBERGER, Der Vorentwurf zu einem Bundesgesetz über die Fusion, Spaltung und Umwandlung von Rechtsträgern (Fusionsgesetz) – Internationale Aspekte, ZSR 1998, 317 ff. (zit. GIRSBERGER ZSR); D. GIRSBERGER/A. HEINI/M. KELLER/J. KREN KOSTKIEWICZ/K. SIEHR/F. VISCHER/P.VOLKEN (Hrsg.), Zürcher Kommentar zum IPRG, 2. Aufl., Zürich 2004 (zit. IPRG Kommentar-Autor); D. GIRSBERGER/R. RODRIGUEZ, FusG und Internationales Privatrecht, SZW 76 (2004), 259 ff.; U. GÖTZ, Der Vorentwurf für einen Richtlinienvorschlag zur Sitzverlegung von Gesellschaften im Lichte des Centros-Urteils des EuGH, in: Baudenbacher (Hrsg.), Aktuelle Probleme des Europäischen und Internationalen Wirtschaftsrechts, Bd. 4, Basel/Genf/München 2002, 255 ff.; A. HEINI/ M. KELLER/K. SIEHR/F. VISCHER/P. VOLKEN (Hrsg.), IPRG Kommentar, Zürich 1993; P. JENARD, Bericht zum Europäischen Gerichtsstands- und Vollstreckungsübereinkommen (EuGVÜ) vom 27.9.1968, ABl. EG 5.3.1979, C 59, 1 ff. (zit. BERICHT JENARD); H.-J. KÄCH/W. LEDERER, Zweigniederlassungen britischer und US-amerikanischer Aktiengesellschaften: Handelsregisterbelege, in: Jahrbuch des Handelsregisters 1992, 19–26; L. KLOSTER, Societas Europea und europäische Unternehmenszusammenschlüsse, EuZW 2003, 293 ff.; H. KRONKE, Deutsches Gesellschaftsrecht und grenzüberschreitende Strukturänderungen, ZGR 1994, 26 ff. (zit. ZGR 1994); J. KROPHOLLER, Europäisches Zivilprozessrecht, Kommentar zu EuGVO und Lugano-Übereinkommen, 7. Aufl., Heidelberg 2002; M. KÜNG, Handbuch für das Handelsregister, Bd. 7, Kommentar der Handelsregisterverordnung, Zürich 2000; DERS., Zum Fusionsbegriff im schweizerischen Recht, SZW 1991, 245 ff. (zit. Fusionsbegriff); DERS., Die Eintragung der internationalen Fusion im Handelsregister, JBHReg 1993, 15 ff. (zit. Eintragung); T. LUCHSINGER, Die Niederlassungsfreiheit der Kapitalgesellschaften in der EG, den USA und der Schweiz, Fribourg 1992; M. LUTTER, Die Harmonisierung des Rechts der Kapitalgesellschaften in Europa, in: P. Nobel (Hrsg.) Internationales Gesellschaftsrecht, Bern 1998; DERS., (Hrsg.) Umwandlungsgesetz: Kommentar, Köln 1996 (zit. Umwandlungsgesetz); CH. MEIER-SCHATZ, Europäisches Gesellschaftsrecht und der Schweizer Vorentwurf für ein Fusionsgesetz, in: Forstmoser/von der Crone/Weber/Zobl (Hrsg.), Der Einfluss des europäischen Rechts auf die Schweiz, FS Zäch, Zürich 1999, 539 ff.; M. MÜLLER-CHEN, Altbekanntes und Aktuelles zum internationalen Gesellschaftsrecht, in: REPRAX 3/01, 12 ff.; H. PETER, La restructuration des entreprises dans une perspective nationale et transnationale, in: SemJud 1999 II, 101 ff.; S. PLUSKAT, Der neue Entwurf für eine europäische Verschmelzungsrichtlinie – Transnationale Fusionen damit in greifbare Nähe gerückt?, EWS 2004, 1 ff.; P. REYMOND, Les personnes morales et les sociétés dans le nouveau droit international privé suisse, in: Le nouveau droit international privé suisse, Lausanne 1988; K. REBMANN/F. SÄCKER/R. REXECKER (Hrsg.), Münchener Kommentar zum Bürgerlichen Gesetzbuch, Bd. 10, Einführungsgesetz zum Bürgerlichen Gesetzbuch, Internationales Privatrecht, 3. Aufl., München 1998; DIES., Münchener Kommentar zum Bürgerlichen Gesetzbuch, Bd. 10, Einführungsgesetz zum Bürgerlichen Gesetzbuch, Internationales Privatrecht, 2. Aufl., München 1990 (zit. MüKo-Autor, 2. Aufl.); W.-H. ROTH, Internationales Gesellschaftsrecht nach Überseering, IPRax 2003, 117 ff.; P. SCHLOSSER, Bericht zum Europäischen Gerichtsstands- und Vollstreckungsübereinkommen (EuGVÜ) vom 9.11.1978, ABl. EG 5.3.1979, C 59 71 ff. (zit. *Bericht Schlosser*); A. SCHNYDER, Internationale Transaktionen unter dem Vorentwurf zu einem Fusionsgesetz, in: ZBJV Sonderband 135bis, Bern 1999, 61 ff.; DERS., Europa und das internationale Gesellschaftsrecht der Schweiz, SZW 65 (1993), 9 ff.; I. SCHWANDER, Das Statut der internationalen Gesellschaft, SZIER 2002, 53 ff.; K. SIEHR, Das Internationale Privatrecht der Schweiz, Zürich 2002 (zit. IPR der Schweiz); DERS., Internationales Privatrecht, Deutsches und europäisches Kollisionsrecht für Studium und Praxis, Heidelberg 2001 (zit. IPR); D. TRÜTEN, Die Rechtsprechung des Europäischen Gerichtshofs zur Anerkennung von Gesellschaften und ihre Auswirkungen auf die Schweiz, Zürich 2001; F. VISCHER, Drei Fragen aus dem Fusionsrecht, SZW 65 (1993), 1 ff.; T. VOGT, Fragen des Handelsregisterrechts bei Sitzverlegungen in die Schweiz, in: REPRAX 2/99, 46 ff.; G. WALTER, Internationales Zivilprozessrecht der Schweiz, 3. Aufl., Bern/ Stuttgart/Wien 1998; M.-P. WELLER, Das Internationale Gesellschaftsrecht in der neuesten BGH-

Rechtsprechung, IPRax 2003, 324 ff.; R.E. ZÜLLIG, Die internationale Fusion im schweizerischen Gesellschaftsrecht, Basel 1975.

I. Neuerungen im IPRG aufgrund des FusG

1   Die durch das Fusionsgesetz neu in das IPRG eingefügten Bestimmungen bilden gesamthaft die wichtigste Neuerung im schweizerischen internationalen Gesellschaftsrecht seit dem Inkrafttreten des IPRG. Sie betreffen:
– punktuelle Änderungen der bereits bestehenden Bestimmungen über die Verlegung von Gesellschaften (**Art. 161–163 IPRG**),
– die grenzüberschreitende Fusion, Spaltung und Vermögensübertragung (**Art. 163a–163d IPRG**),
– die auf sämtliche der genannten Umstrukturierungsvorgänge sowie auf die Verlegungen von Gesellschaften anwendbaren, ebenfalls neu eingefügten **Art. 164a und 164b IPRG**.

Die neuen Bestimmungen tragen der beachtlichen kollisionsrechtlichen **Komplexität** Rechnung, die grenzüberschreitende Umstrukturierungen dadurch aufweisen, dass mehrere Gesellschaftsstatute sowie allenfalls weitere Rechtsordnungen Anwendung verlangen. Diese hohe Komplexität dürfte mit dazu beigetragen haben, dass der vorgelegte Entwurf im Parlament weder Gegenstand von Änderungen noch einer Diskussion war.

2   Als einziger grenzüberschreitender Umstrukturierungstatbestand war bereits *vor* dem FusG die **grenzüberschreitende Verlegung** einer Gesellschaft ohne Liquidation und Neugründung im IPRG geregelt (auch Um-Inkorporation genannt, vgl. hinten Art. 161 IPRG N 1): die Immigration in den Art. 161–162 IPRG, die Emigration in den Art. 163–164 IPRG. Diese Regelung ist im Rahmen der Ergänzungen des IPRG durch das FusG nur geringfügig angepasst worden. Die grenzüberschreitende Verlegung von Gesellschaften wird vom FusG selber zwar nicht erfasst. Aufgrund der engen Verbindung, die im grenzüberschreitenden Verhältnis zwischen der Verlegung und den übrigen Immigrations- und Emigrationstatbeständen (grenzüberschreitende Fusion, Spaltung, und Vermögensübertragung) besteht, und aufgrund des Umstandes, dass die Verlegung der Gesellschaft oft im Zusammenspiel mit Umwandlungen und sonstigen Umstrukturierungen erfolgt, bilden die geänderten Art. 161–163 IPRG ebenfalls Gegenstand dieser Kommentierung (zum bisherigen Recht vgl. BSK IPRG-GIRSBERGER zu Art. 161–164).

3   Den Löwenanteil der neuen Regelung (Art. 163a–c IPRG) nimmt in der vorliegenden Kommentierung die **grenzüberschreitende Fusion** ein, was ihrer Bedeutung in der Praxis entspricht. Sie bildet im IPRG gesetzessystematisch den Grundtatbestand der grenzüberschreitenden Umstrukturierungen: Für die Tatbestände der Spaltung und der Vermögensübertragung wird weitgehend auf die kollisionsrechtlichen Bestimmungen der Fusion verwiesen (Art. 163d IPRG). *Nicht* von den Art. 163a ff. IPRG erfasst – ebenso wenig wie vom FusG – ist die sog. **unechte Fusion** oder der «asset deal», bei dem alle Aktiven (mit oder ohne Passiven) der «übernommenen» Gesellschaft durch *Singularsukzession* an die übernehmende veräussert werden und die bisherige Gesellschaft liquidiert wird. Auch die in der Praxis häufige **Quasi-Fusion**, bei der die übernommene Gesellschaft nach einem Aktientausch bestehen bleibt und meistens als Tochtergesellschaft weitergeführt wird, fällt nicht in den Anwendungsbereich des FusG und der hier kommentierten Bestimmungen (D'HOOGE, 3 f.; IPRG Kommentar-VISCHER Vor Art. 161–164 N 6). Einer der Hauptzwecke des FusG und der neuen IPRG-Bestimmungen (insb. aber auch der Anpassungen der Steuergesetze) besteht gerade darin, solche meist mit steuerlichen Nachteilen verbundenen «Umwege» zu vermeiden. Da für solche Arten von

Transaktionen die traditionellen Anknüpfungen des Vertrags- und Sachenrechts als genügend erachtet werden, bedurfte es keiner besonderen ergänzenden Regelung. Für Vermögensübertragungen i.S. des FusG ist allerdings Art. 163d IPRG zu beachten.

Die **grenzüberschreitende Spaltung** wird kollisionsrechtlich im Wesentlichen gleich behandelt wie die Fusion: Art. 163d IPRG verlangt weitgehend die «sinngemässe» Anwendung der für die Fusion massgebenden Bestimmungen (Art. 163a–c IPRG). Das ist deshalb sinnvoll, weil sich eine Spaltung, soweit die *grenzüberschreitenden* Elemente betroffen sind, weitgehend gleich auswirkt wie eine grenzüberschreitende Fusion: Es müssen im Wesentlichen identische Interessen von Gesellschaftern und Gläubigern berücksichtigt werden. 4

Ähnliches wie für die Spaltung gilt in kollisionsrechtlicher Hinsicht für die **grenzüberschreitende Vermögensübertragung**, weshalb sie grundsätzlich gleich behandelt wird wie die Spaltung (Art. 163d IPRG). 5

Eine besondere Regelung über die **grenzüberschreitende Umwandlung** fehlt. Der Grund besteht darin, dass eine Umwandlung im grenzüberschreitenden Bereich nichts anderes ist als eine grenzüberschreitende Verlegung der Gesellschaft mit anschliessender (oder vorgängiger) Umwandlung der innerstaatlichen Rechtsform (vgl. dazu Art. 163 IPRG N 13; KRONKE, ZGR 1994, 28 ff., 39 ff.). Diesem Umstand trägt die Kommentierung der Bestimmungen über die grenzüberschreitende Verlegung (Art. 161–163 IPRG) Rechnung. 6

Die **grenzüberschreitende Spaltung, die mit einer Neugründung verbunden ist**, gleicht in ihren Auswirkungen ebenso sehr einer Sitzverlegung wie einer Fusion, und auch die Ausgliederung und die Abspaltung ohne Neugründung der übernehmenden Gesellschaft können rechtstechnisch als Kombination von Sitzverlegung und Fusion angesehen werden. Der Qualifikation eines Vorganges oder von dessen Abwicklung kommt allerdings keine ausschlaggebende Bedeutung zu, weil im System des geänderten IPRG einheitliche Grundsätze für deren kollisionsrechtliche Behandlung gelten (vgl. N 10). Hingegen unterscheidet das IPRG – wie bei der schon bisher geltenden Regelung der Sitzverlegung – nun auch bei Fusion und Spaltung primär danach, ob ein Rechtsträger **immigriert** oder **emigriert**. 7

Der Grund für die unterschiedliche Behandlung von Immigration und Emigration ist folgender: Der schweizerische Gesetzgeber wollte grundsätzlich nur regeln, was mit bestehenden oder neuen **schweizerischen Rechtsträgern** zu geschehen hat, bevor oder nachdem sie einem ausländischen Gesellschaftsstatut unterstehen, und überlässt es «im Übrigen» (vgl. z.B. Art. 163b Abs. 4 IPRG) dem ausländischen Gesellschaftsrecht, was mit seinen (bisherigen oder neuen) Rechtsträgern zu geschehen hat. Bei **Emigrationstatbeständen** (Verlegung, Fusion, Spaltung oder Vermögensübertragung ins Ausland) wollte der Gesetzgeber aber ausserdem die Rechte der Gesellschafter und Gesellschaftsgläubiger der schweizerischen Gesellschaft vor möglichen Rechtsverlusten oder faktischen Nachteilen schützen (sowie die Rechte besonders schützenswerter Dritter, die eng an die betroffenen schweizerischen Rechtsträger gebunden sind, wie namentlich Arbeitnehmer). Dieses Interesse besteht primär bei Emigrationstatbeständen, weil diese (im Gegensatz zu den Immigrationstatbeständen) in aller Regel mit einer Verminderung des Haftungssubstrats in der Schweiz verbunden sind (Botschaft, 4499 f.; Begleitbericht zum Vorentwurf FusG, 78). Hinzu kommt eine Verschlechterung der Durchsetzungsmöglichkeiten in der Schweiz nach einer allfälligen Auflösung des schweizerischen Rechtsträgers wegen des Wegfalls eines schweizerischen Gerichtsstandes oder Betreibungsortes. Der Wahrung dieser schweizerischen Interessen dienen vor allem: 8

- die (allenfalls kumulative) Anwendung der **zwingenden Bestimmungen** des schweizerischen Rechts (Art. 163b, 163d IPRG),
- die Anwendung der Gläubigerschutzbestimmungen des Art. 46 FusG auf alle Emigrationstatbestände (mit Ausnahme der Vermögensübertragung) aufgrund von **IPR-Sachnormen** (Art. 163 Abs. 2, Art. 163b Abs. 3, Art. 164 IPRG), sowie
- die gegenüber dem alten Recht erweiterten schweizerischen **Betreibungs- und Gerichtsstände** (Art. 164a IPRG).

II. Massgebliche Grundsätze

1. Allgemeines

9   Die Regelung einer grenzüberschreitenden Fusion oder Spaltung hat **kollisionsrechtliche** und **sachrechtliche** Aspekte. Das Kollisionsrecht ist immer vorgeschaltet und stets vom materiellen (Sach-) Recht zu unterscheiden: Es befasst sich mit der Frage, welches Recht oder welche Rechte auf die Umstrukturierung (Verlegung der Gesellschaft, Fusion, Spaltung oder Vermögensübertragung) anwendbar sind, und gegebenenfalls auf welche Weise mehrere Rechtsträger über die Grenze fusionieren oder sich spalten können. Theoretisch wäre die Anwendung nur einer Rechtsordnung denkbar, nämlich der übertragenden oder der aufnehmenden Gesellschaft (vgl. zu den einzelnen Theorien BESSENICH, Fusion, 11 ff., m.w.H.). Eine solche Anknüpfung würde aber weder dem Schutz der Teilhaber bzw. Mitglieder noch der Gläubiger eines Rechtsträgers angemessen Rechnung tragen. Diese Personen würden – v.a. wegen der Rechtswirkung der Universalsukzession – oft überraschend mit einer Rechtsordnung konfrontiert, mit deren Anwendung sie vor der Fusion bzw. Spaltung nicht rechnen mussten. Ausserdem würde man Normenkollisionen und hinkende Rechtsverhältnisse riskieren, nämlich dann, wenn das Gesellschaftsstatut des oder der untergegangenen Rechtsträger die Umstrukturierung nicht oder mit ganz anderen Wirkungen akzeptieren würde, weil die Bestimmungen des eigenen Rechts missachtet wurden (vgl. dazu BESSENICH, Fusion, 12 ff.).

2. Kollisionsrechtliches Kumulationsprinzip

10   Das im Rahmen der Gesetzgebungsarbeiten unbestrittene Ziel war es, für alle Umstrukturierungsvorgänge hinkende Rechtsverhältnisse zu vermeiden und den internationalen Entscheidungseinklang anzustreben (vgl. Botschaft, 4497). Um diese wichtigen kollisionsrechtlichen Ziele zu erreichen, fordert das IPRG zum Teil ausdrücklich und zum Teil implizit sowohl bei der grenzüberschreitenden Sitzverlegung (Art. 161 Abs. 1 IPRG) als auch bei der grenzüberschreitenden Fusion (Art. 163a Abs. 1, Art. 163b Abs. 1 IPRG) sowie der Spaltung und der Vermögensübertragung (Art. 163d IPRG), dass die Transaktion selbst und der mit ihr angestrebte Zweck sowohl nach dem neuen (dem Zuzugs-) als auch dem alten (dem Wegzugs-) Statut zumindest **geduldet** werden. Durch diese **kumulative Anwendung** der betroffenen Gesellschaftsstatute werden hinkende Rechtsverhältnisse vermieden, jedenfalls soweit die Einhaltung ihrer jeweiligen Vorschriften eine Voraussetzung für die **Gültigkeit** einer Transaktion aus Sicht der jeweiligen Rechtsordnung bildet. Eine solche Konstellation besteht immer dann, wenn die Transaktion nach der einen Rechtsordnung zwar als erfolgt gälte, nach der andern Rechtsordnung jedoch nicht oder unter anderen Voraussetzungen anerkannt würde. Der Grundsatz der kumulativen Anwendung zwingender Bestimmungen des in- und ausländischen Rechts zieht sich deshalb wie ein roter Faden durch alle (alten und neuen) Bestimmungen über grenzüberschreitende Verlegungen und Umstrukturierungen hindurch.

Die gesetzgeberischen Hauptziele des **internationalen Entscheidungseinklangs** und der Vermeidung hinkender Rechtsverhältnisse (vorne N 10) gebieten es ausserdem, eine Verweisung auf die Vorschriften des **ausländischen Rechts** als Verweisung auf das ausländische Recht als Ganzes zu verstehen, mit all seinen offenen und verdeckten Rück- und Weiterverweisungen, so wie es ein Richter des berufenen ausländischen Rechts täte («foreign court theory», i.d.S. SIEHR, IPR, 466). Auf den ersten Blick widerspricht dies dem Grundsatz der Sachnormverweisung des Art. 14 IPRG. Würde jedoch Art. 14 Abs. 1 IPRG aufgrund seines äusseren Wortlauts konsequent umgesetzt und jede offene und verdeckte Kollisionsnorm des ausländischen Gesellschaftsstatuts ignoriert, könnte aus Sicht des ausländischen Staates ein anderes Recht zur Anwendung kommen als das von einer schweizerischen Behörde angewandte. Das Ziel der Verhinderung hinkender Rechtsverhältnisse würde dadurch verfehlt. Die Auslegung der Verweisungen in den Art. 161–164b IPRG lässt sich ausserdem insofern mit Art. 14 IPRG vereinbaren, als es sich letztlich um «Statusfragen» (Art. 14 Abs. 2 IPRG), nämlich um den Status in- und ausländischer *juristischer* Personen oder anderer Rechtsträger handelt (ebenso Handkommentar FusG-COURVOISIER, Vorbem. zu Art. 161–164b IPRG N 10).

3. IPR-Sachnormen zum Schutz der Gläubiger und Gesellschafter

a) Gläubigerschutz bei Emigrationstatbeständen im Besonderen

Der Schutz der Interessen der schweizerischen Gesellschafter oder Gläubiger wäre mit dem kollisionsrechtlichen Mittel der kumulativen Anwendung der betroffenen Gesellschaftsstatute alleine nicht ausreichend gewährleistet. Während binnenrechtliche Umstrukturierungen oder Sitzverlegungen aus Sicht der Gesellschafter und Gläubiger oft unproblematisch sind, weil das Haftungssubstrat und die Klagemöglichkeit in der Schweiz erhalten bleiben, ist dies bei Emigrationstatbeständen anders (vgl. dazu N 8). Aus der Sicht des schweizerischen Gesetzgebers böte die Anwendung der Bestimmungen des FusG selbst bei kumulativer Anknüpfung mit dem ausländischen Recht noch keine Gewähr für den ausreichenden Schutz der Interessen schweizerischer Gesellschafter, Gläubiger und Arbeitnehmer. Das IPRG modifiziert daher die Voraussetzungen und Rechtsfolgen bei bestimmten grenzüberschreitenden Transaktionen mittels (zwingend anwendbarer) **IPR-Sachnormen**, und zwar primär bei den **Emigrationstatbeständen**.

Für die grenzüberschreitende Verlegung einer Gesellschaft von der Schweiz ins Ausland bestand bereits vor dem FusG in Art. 163 Abs. 1 lit. c aIPRG eine Vorschrift zum Schutz der Gläubiger der emigrierenden Gesellschaft. Auf der Grundlage des Schutzgedankens, der allen Emigrationstatbeständen gemeinsam ist, nämlich des Schutzes der bisherigen Gesellschafter vor einer Auflösung oder «Abwanderung» des Haftungssubstrats, ist dieser Schutz in den IPR-Sachnormen der Art. 163, Art. 163b (i.V.m. Art. 163d Abs. 1) und Art. 164 IPRG auf alle Emigrationstatbestände (mit Ausnahme der Vermögensübertragung), namentlich auf die Emigrationsfusion und die Emigrationsspaltung ausgedehnt worden.

Der Gläubigerschutz ist ausserdem dadurch konkretisiert worden, dass das **Sicherstellungsverfahren nach Art. 46 FusG** für anwendbar erklärt worden ist. Relevant ist dieser Verweis neben dem Fall der Verlegung ins Ausland insb. bei der grenzüberschreitenden **Emigrationsfusion**, wo das Verfahren nach Art. 46 FusG, welches binnenrechtlich nur auf die Spaltung anwendbar ist, an die Stelle des auf die Binnenfusion anwendbaren Verfahrens nach Art. 25 FusG tritt.

Die IPR-Sachnormen der Art. 163 Abs. 2, 163b Abs. 3 und 164 Abs. 1 IPRG modifizieren daher die Anwendung des FusG auf grenzüberschreitende Emigrationstatbestände dahingehend, dass das Sicherstellungsverfahren der (binnenrechtlichen) Spaltung von Art. 46 FusG auch auf die grenzüberschreitende Verlegung ins Ausland (Art. 163 IPRG) und die Emigrationsfusion (Art. 163b IPRG) Anwendung findet. Dem Sicherstellungsverfahren nach Art. 46 FusG kommt damit im grenzüberschreitenden Verhältnis eine zentrale Bedeutung zu. Damit soll für alle Emigrationstatbestände ein kohärenter Gläubigerschutz verwirklicht werden (Botschaft, 4498).

16 Das Sicherstellungsverfahren der (binnenrechtlichen) Spaltung von **Art. 46 FusG** sieht einen **präventiven Gläubigerschutz** vor (vgl. Art. 43 FusG N 10 ff.). Dies im Gegensatz zu demjenigen der (binnenrechtlichen) Fusion nach Art. 25 FusG, der einen nachträglichen Gläubigerschutz vorsieht (vgl. Art. 25 FusG N 11 ff.). Die Sicherstellung muss daher – entgegen dem Anschein von Art. 164 IPRG – **vor der Eintragung** im Handelsregister der Verlegung ins Ausland, der Emigrationsfusion oder -spaltung erfolgen (ausführlich Art. 163b IPRG N 42 ff.). Dem Handelsregisterführer ist ein **Bericht eines besonders befähigten Revisors** über die Sicherstellung der Forderungen nach Art. 46 FusG vorzulegen (Art. 164 Abs. 1 IPRG). Zum Inhalt des Berichts und den möglichen Arten der Sicherstellung vgl. Art. 163b IPRG N 43 ff.

b) Zweistufiges Eintragungs- und Löschungsverfahren bei der Emigrationsfusion und -spaltung

17 Besonders bei grenzüberschreitenden Umstrukturierungen oder Sitzverlegungen besteht die Gefahr, dass die verlegte oder umstrukturierte Gesellschaft ihre Rechtspersönlichkeit im Wegzugsstaat verliert, bevor sie im Zuzugsstaat (bzw. im Staat der übernehmenden Gesellschaft) Rechtspersönlichkeit erlangt. Der Vermeidung dieser Rechtsfolge dient einerseits die kumulative Anwendung der betroffenen Gesellschaftsstatute, und andererseits die (registerrechtliche) IPR-Sachnorm des Art. 164 Abs. 2, der die **Löschung** des schweizerischen Rechtsträgers an den Nachweis des Weiterbestehens des verlegten oder übernehmenden Rechtsträgers im Ausland knüpft.

18 Da die für die Eintragung der Löschung nach Art. 164 IPRG nachzuweisenden Wirkungen erst *nach* dem Eintrag der Fusion in das schweizerische (evtl. auch ins ausländische) Handelsregister eintreten können, ist eine gleichzeitige Eintragung der Fusion und der Löschung nicht möglich (vgl. auch Art. 164 IPRG N 5 ff.). Entgegen dem Anschein, den der Wortlaut von Art. 164 IPRG erweckt, ist also bei der Emigrationsfusion und -spaltung das **Eintragungsverfahren** grundsätzlich ein **zweistufiges:** Zunächst hat die Eintragung der **Fusion** zu erfolgen, welche die Rechtswirkungen der Fusion (zumindest nach schweizerischem Recht, allenfalls zugleich nach ausländischem Recht) eintreten lässt. Erst wenn die Fusion sowohl nach schweizerischem wie nach ausländischem Recht rechtsgültig geworden ist, kann unter Vorlage der in Art. 164 Abs. 2 IPRG aufgeführten Nachweise die **Löschung** erfolgen.

4. Vorrang des Gesamtstatuts, Berücksichtigung des Einzelstatuts

19 Bei den meisten Umstrukturierungstatbeständen (namentlich bei der Fusion und der Spaltung) ordnet das Gesellschaftsstatut den Übergang von Vermögenswerten, Schulden und Verträgen mittels Universalsukzession an den übernehmenden Rechtsträger an. In diesen Fällen geht der schweizerische Gesetzgeber (auf der Basis der Qualifikation nach der lex fori) kollisionsrechtlich vom **Vorrang des Gesamtstatuts** vor dem Einzelstatut der übertragenen Vermögensgegenstände aus (Handkommentar FusG-COURVOISIER, Vorbem. zu Art. 161–164b IPRG N 13). Eine wichtige Folge dieses Grundsatzes besteht darin, dass die Universalsukzession zumindest im Grundsatz auch von der an der Umstrukturierung primär betroffenen ausländischen Rechtsordnung anerkannt werden

muss, damit eine (aus schweizerischer Sicht unabdingbare) Voraussetzung für das Zustandekommen der grenzüberschreitenden Umstrukturierung erfüllt werden kann (zur kumulativen Anwendung beider Rechtsordnungen vgl. N 10 f.).

Dieser Umstand allein schliesst allerdings nicht aus, dass ein Einzelstatut die Einhaltung seiner eigenen Vorschriften verlangt: Dies kann etwa der Fall sein, wenn das Recht am Lageort eines Vermögensgegenstandes, der von der Umstrukturierung betroffen ist, etwa eines Grundstücks, eine vom Gesellschaftsstatut abweichende Rechtsfolge anordnet. Ob in diesem Fall die entsprechenden Erfordernisse des **Einzelstatuts** zu missachten oder zusätzlich zu erfüllen sind, hängt u.E. von der konkreten, zu beantwortenden Frage ab. Wo die Lösung des Einzelstatuts mit dem Grundgedanken der Universalsukzession unvereinbar ist, ist sie grundsätzlich zu missachten, weil sie mit den hier behandelten gesellschaftsrechtlichen Vorgängen höchstens indirekt zu tun haben. Ausnahmen können sich dann ergeben, wenn es sich beim fraglichen Vermögensgegenstand um das einzige massgebende Aktivum des übertragenden oder übernehmenden Rechtsträgers handelt; dies aber ebenfalls nur dann, wenn die beteiligten Gesellschaftsstatute für diese Fälle besondere Regeln enthalten oder sich die Anwendung der Ausnahmeklausel gemäss Art. 15 IPRG aufdrängt. Es bleibt den Beteiligten unbenommen, die fraglichen Aktiven oder Passiven aus der übertragenen oder übernehmenden Gesellschaft auszugliedern und nach erfolgter Umstrukturierung mittels **Singularsukzession** an die Zielgesellschaft zu übertragen. Die an einer grenzüberschreitenden Umstrukturierung beteiligten Parteien sind in jedem Fall gut beraten, im Falle von in einem Drittstaat belegenen Grundstücken oder sonstigen Anknüpfungspunkten für ein dem Fusionsstatut vorgehendes Einzelstatut, die möglichen Folgen rechtzeitig zu beachten. Dies gilt in besonderem Masse bei grenzüberschreitenden Umstrukturierungen, die mit dem Untergang einer Gesellschaft (Verlegung, Fusion, Aufspaltung) verbunden sind (Handkommentar FusG-COURVOISIER, Vorbem. zu Art. 161–164b IPRG N 14).

III. Umfeld der schweizerischen Regelung, neueste Entwicklungen in Europa

1. Allgemeines

Kollisionsrechtliche Bestimmungen zur grenzüberschreitenden Fusion und Umwandlung oder zur grenzüberschreitenden Sitzverlegung bilden im internationalen Umfeld weiterhin eher die Ausnahme. Dabei zeigt sich, dass die Rechtsordnungen der meisten EU-Staaten grenzüberschreitenden Verlegungen und Umstrukturierungen skeptisch gegenüber stehen (vgl. zur Sitzverlegung im Besonderen N 27; rechtsvergleichend BESSENICH, Fusion, 106 ff.; zu Fragen der Besteuerung im Besonderen BÜHLER, 282 ff.). Angesichts der massiven Verzögerungen bei der Verabschiedung verschiedener geplanter Fusions- und Sitzverlegungsrichtlinien konnte bislang nur der EuGH mit der Brechstange der Niederlassungsfreiheit (Art. 43 und 48 EGV) eine minimale rechtliche Durchlässigkeit der juristischen Personen durchsetzen (vgl. dazu N 27 ff.). Immerhin haben, nicht zuletzt aufgrund der Rechtsprechung des EuGH, sowohl die Mitgliedstaaten als auch die gesetzgebenden Organe (letztere wesentlich früher) den Handlungsbedarf erkannt und viel versprechende Initiativen in Gang gesetzt (vgl. dazu N 32 ff.).

Umso verdienstvoller ist es für den Schweizer Gesetzgeber, dass er – ohne institutionalisierten Harmonisierungsdruck – mit den durch das FusG eingefügten Bestimmungen des IPRG auf dem europäischen Kontinent eine Vorreiterrolle hinsichtlich grenzüberschreitender Strukturänderungen im Internationalen Privatrecht eingenommen hat. Die revidierten Bestimmungen des IPRG zeichnen sich zudem durch ein hohes Mass an Kongruenz und Kompatibilität mit den neuesten Vorschlägen der EU-Organe aus.

2. Geltende gemeinschaftsrechtliche Rechtsquellen

a) Primärrecht: Niederlassungsfreiheit von juristischen Personen in der EU und Ermächtigungsgrundlagen des Sekundärrechts

23 Art. 43 und 48 EGV gewähren den juristischen Personen die Niederlassungsfreiheit, wenn sie nach dem Recht eines Mitgliedstaats gegründet wurden und ihr statutarischer oder Verwaltungssitz sich in der Gemeinschaft befindet (Art. 43 Abs. 1 i.V.m. Art. 48 Abs. 1 EGV). Diese umfasst zunächst das Recht einer Gesellschaft, in jedem Mitgliedstaat ein Unternehmen nach dessen Vorschriften zu gründen und in allen Mitgliedstaaten tätig zu werden (primäre Niederlassungsfreiheit, Art. 43 Abs. 1 Satz 1 EGV). Sie umfasst auch das Recht, Agenturen, Zweigniederlassungen oder Tochtergesellschaften zu gründen (sekundäre Niederlassungsfreiheit, Art. 43 Abs. 1 Satz 2 EGV).

24 Eine Gesellschaft im weiten Sinne des Art. 48 Abs. 2 EGV kann sich aufgrund von Art. 43 und Art. 48 EGV unmittelbar gegen die Anwendung mitgliedstaatlicher Vorschriften wenden, die sie bei der Wahrnehmung ihrer Niederlassungsrechte behindern (BÜHLER, 82).

b) Sekundärrecht: Die wichtigsten geltenden Richtlinien

25 Um das Ziel der oben beschriebenen Niederlassungsfreiheit zu erreichen, enthält der EGV verschiedene Ermächtigungsgrundlagen zugunsten der Gemeinschaftsorgane zum Erlass von Sekundärrecht (Art. 44 Abs. 2 lit. g, Art. 94–97, Art. 293 und Art. 308 EGV). Die wichtigsten geltenden Harmonisierungswerkzeuge wurden bisher in der Form von **Harmonisierungs-Richtlinien** erlassen (vgl. die Übersicht bei D'HOOGE, 9 ff. sowie NUFER, 552 ff.), vereinzelt aber auch von Verordnungen. Im Zusammenhang mit grenzüberschreitenden Fusionen, Spaltungen und Verlegungen von Gesellschaften sind die folgenden Erlasse von Interesse:

- Die **dritte gesellschaftsrechtliche Richtlinie** 78/655/EWG vom 9.10.1978 betreffend die Verschmelzung von Aktiengesellschaften befasst sich mit der Harmonisierung der Regelungen der Mitgliedstaaten der *innerstaatlichen* Fusion von Aktiengesellschaften. Sie enthält hingegen keine Vorschriften über grenzüberschreitende Fusionen (NUFER, 552 f.).

- Die **sechste gesellschaftsrechtliche Richtlinie** 82/891/EWG vom 17.12.1982 betreffend die Spaltung von Aktiengesellschaften harmonisiert ebenfalls nur die innerstaatliche Spaltung, sofern diese überhaupt erlaubt wird (D'HOOGE, 9 f.; NUFER, 553 f.).

- Die **Verordnung** 2157/2001/EG vom 8.10.2001 über das **Statut der Europäischen Gesellschaft** (SE) enthält neben den Voraussetzungen für die Inkorporation als Europäische Gesellschaft eigene Voraussetzungen über die Gründung einer SE durch Fusion mindestens zweier Aktiengesellschaften aus verschiedenen Mitgliedstaaten (Art. 2 Abs. 2, Art. 17 «Verschmelzung») oder durch Umwandlung einer Aktiengesellschaft eines Mitgliedstaates in eine SE (Art. 2 Abs. 4, Art. 37) sowie über die Verlegung der SE von einem Mitgliedstaat in den anderen (Art. 8; vgl. zum Ganzen die Übersicht von KLOSTER, EuZW 2003, 293 ff.).

26 Für die grenzüberschreitenden Fusionen, Umwandlungen oder Verlegungen anderer Gesellschaften, ohne dass dabei eine SE gegründet wird, besteht bisher *keine* gemeinschaftsrechtliche Regelung.

3. *Neueste Entwicklungen in der EuGH-Rechtsprechung zur Verlegung des Verwaltungssitzes*

Die Frage der kollisionsrechtlichen Anknüpfung einer **Sitzverlegung** ist, auch in den EU-Mitgliedstaaten, Sache des nationalen Rechts. Dieses ist in Europa bekanntlich vom Theorienstreit zwischen Anhängern des Sitz- und solchen des Inkorporations- oder Gründungsprinzips geprägt (vgl. zum Ganzen BSK IPRG-GIRSBERGER, Art. 154 N 1 ff. sowie IPRG Kommentar-VISCHER, Art. 154 N 1 ff.; BUCHER/BONOMI, N 1171). Die Verlegung des Verwaltungssitzes einer in einem Inkorporationsprinzip-Staat gegründeten Gesellschaft in einen Sitzprinzip-Staat ohne Um-Inkorporation kann in letzterem zur kollisionsrechtlich bedingten Aberkennung der Existenz der Gesellschaft führen: Der Zuzugsstaat beurteilt die Gesellschaft nach ihrem Recht (am neuen Verwaltungssitz); da die Gesellschaft aber nach ihrem Inkorporationsstatut gegründet ist (und nicht nach demjenigen des Sitzstaates) erfüllt sie i.d.R. die formellen Gültigkeitsvoraussetzungen des Sitzstaates nicht. Folge davon ist in vielen Fällen die Aberkennung der Rechtsfähigkeit als juristische Person (so etwa die bisherige Rechtlage in Deutschland, vgl. dazu N 29 f.; BÜHLER, 70 ff.). Diese Rechtslage stellte bis vor kurzem ein bedeutendes Hindernis der faktischen Mobilität von Gesellschaften in Europa dar (vgl. dazu BEHRENS, IPRax 1989, 354 ff. sowie MÜKO-EBENROTH Nach Art. 10 N 217 ff.).

27

In drei neueren, viel beachteten Entscheidungen (EuGH, Urteile vom 9.3.1999, *Centros*, Rs. 212/97; vom 5.11.2002, *Überseering*, Rs. 208/00; vom 30.9.2003, *Inspire Art*, Rs. 167/01) hat der EuGH die Folgen der kollisionsrechtlichen Anwendung des Sitzprinzips, nämlich die Verweigerung der Anerkennung der Rechtsfähigkeit der Gesellschaft an ihrem tatsächlichen Verwaltungssitz (*Centros, Überseering*) bzw. die Verknüpfung der Anerkennung der Rechtsfähigkeit an Bedingungen des eigenen Gesellschaftsrechts *(Inspire Art)*, als Verstoss gegen die in den Art. 43 und 48 EGV garantierte **Niederlassungsfreiheit** gewertet (vgl. dazu statt vieler BEHRENS, IPRax 2004, 20 ff. sowie BAUDENBACHER/BUSCHLE, IPRax 2004, 26 ff.). Diese Rechtsprechung ermöglicht nun den EU/EWR-Gesellschaften, ihren faktischen Verwaltungssitz – unter Beibehaltung und zwingender EU-weiter Anerkennung ihres Inkorporationsstatuts – innerhalb der EU frei zu wählen und zu verlegen.

28

Als Folge dieser Rechtsprechung besteht im EU-internen Verhältnis kaum mehr Raum für die kollisionsrechtliche Anwendung der Sitztheorie (vgl. für Deutschland BEHRENS, a.a.O., 24; WELLER, IPRax 2003, 324 ff.; ROTH, IPRax 2003, 117 ff.; vgl. die Anschlussentscheidung des BGH vom 13.3.2003 VII ZR 155/02 zum Urteil *Überseering*, worin die kollisionsrechtliche Anwendung der Sitztheorie im EU/EWR-internen Verhältnis aufgegeben wurde; zur ähnlichen Rechtslage in Österreich schon nach dem Centros-Entscheid vgl. TRÜTEN, 36 und die dort zit. Entscheidungen des Obersten Gerichtshofs vom 15.7.1999, Ob 123/99b und 124/99z).

29

Das schweizerische IPRG steht mit seiner Anknüpfung an den Staat der Inkorporation in Art. 154 Abs. 1 IPRG in keinem Widerspruch zur EuGH-Rechtsprechung. Da sich die Rechtsprechung des EuGH jedoch lediglich auf das EU bzw. EWR-interne Verhältnis beschränkt und namentlich die bilateralen Verträge Schweiz-EU die Freizügigkeit *juristischer* Personen grundsätzlich nicht erfassen, steht es den EU-Staaten weiterhin frei, die Sitztheorie zum Nachteil schweizerischer juristischer Personen (und solcher aus übrigen Drittstaaten) anzuwenden. Von der Rechtsprechung des EuGH profitieren können hingegen alle nach dem Recht eines EU/EWR-Staates gegründeten **Tochtergesellschaften** schweizerischer Unternehmen (TRÜTEN, 47).

30

Die EuGH-Urteile *Centros, Überseering* und *Inspire Art* hatten sich allesamt mit (Haupt-)Sitzverlegungen von Gesellschaften ohne gleichzeitigem Rechtskleidwechsel

31

(also gerade nicht mit «Verlegungen der Gesellschaft», bzw. Um-Inkorporationen im Sinne der Art. 161 ff. IPRG) zu befassen. Die überwiegenden Lehrmeinungen zu diesen Entscheidungen vertreten daher die Ansicht, die EuGH-Rechtsprechung lasse Einschränkungen der Verlegung einer Gesellschaft unter Änderung des Rechtskleids (also eigentliche Verlegungen der Gesellschaft, sog. Um-Inkorporationen, aber auch Fälle von Fusionen und Spaltungen, die zu einer Änderung des Gesellschaftsstatuts führen) weiterhin zu (WELLER, IPRax 2003, 327 m.w.H.). Beschränkungen der Wegzugsfreiheit, wie etwa das Erfordernis der Liquidation der wegziehenden Gesellschaft und damit verbundener Steuerfolgen, wie sie dem – in dieser Hinsicht wohl weiterhin einschlägigen – *Daily-Mail* Entscheid (EuGH, Urteil vom 27.9.1988, *Daily Mail*, Rs. 81/87) zugrunde liegen, sind demnach im EU-Raum weiterhin zulässig und üblich. Diese Situation zu ändern wird die Aufgabe des Vorschlags für eine Vierzehnte Richtlinie über die Verlegung des Gesellschaftssitzes (vgl. dazu N 34) sein. Dass die Schweiz diese in der EU wohl nur langsam zu verwirklichende Rechtslage bereits im geltenden Recht realisiert hat, ist bemerkenswert.

4. Neueste gesetzgeberische Entwicklungen in der EU

32   Mit der gleichzeitig mit dem Statut der Europäischen Gesellschaft am 8.10.2004 (EU-SE-RL) in Kraft tretenden Richtlinie 2001/86/EG vom 8.10.2001 zur Ergänzung des Statuts der Europäischen Gesellschaft hinsichtlich der **Beteiligung der Arbeitnehmer** (EU-Arbeitnehmerbeteiligungs-RL) gelang nach langem Tauziehen eine Einigung in einem Bereich, der bis anhin bei zahlreichen gesetzgeberischen Initiativen im Bereich des Gesellschaftsrechts Fortschritte verhindert hatte. So besteht nun erstmals Aussicht darauf, dass die zahlreichen an der bisherigen Uneinigkeit über die Arbeitnehmerrechte gescheiterten Regelungsvorschläge von den Mitgliedstaaten akzeptiert werden.

33   Hierzu gehört zunächst der Vorschlag der Kommission für eine **Zehnte Richtlinie über die Verschmelzung von Kapitalgesellschaften** aus verschiedenen Mitgliedstaaten 2003/0277 (COD), vom 18.11.2003 (EU-Vorschlag für eine Int.Fus-RL). Ziel dieser Richtlinie ist es, die Verschmelzung von Kapitalgesellschaften aus verschiedenen Mitgliedstaaten zu erleichtern, so dass das für die Gesellschaft massgebende einzelstaatliche Recht kein Hindernis darstellen kann. Der Vorschlag vom 18.11.2003 bildet eine überarbeitete Neuauflage eines bereits 1984 vorgelegten ersten Entwurfs, der jedoch an der fehlenden Einigung über die Arbeitnehmermitbestimmung scheiterte (vgl. zum Werdegang des neuesten Entwurfes einer Zehnten Richtlinie PLUSKAT, 2 f.). Er verlangt von den Mitliedstaaten im Wesentlichen, dass Fusionen zwischen EU-Gesellschaften den gleichen Bedingungen unterstellt werden wie innerstaatliche Fusionen (Art. 2 EU-Vorschlag für eine Int.Fus-RL).

34   Einen weiteren Eckpfeiler des Aktionsplans der Kommission zur Modernisierung des Gesellschaftsrechts vom 21.5.2003 (KOM(2003) 284 endg.) bildet der Vorschlag für eine **Vierzehnte Richtlinie über die Verlegung des Gesellschaftssitzes** von einem Mitgliedstaat in den anderen. Der im Sinne der neuen Regelung zur Arbeitnehmerbeteiligung revidierte Entwurf (EU-Vorentwurf für eine Sitzverlegungs-RL; vgl. den früheren Entwurf von 1997, abgedr. in ZIP 1997, 1721 sowie hierzu GASSER, SZW 2000, 276 ff., LUTTER, 151 f. sowie GÖTZ, 253 ff.) ist zwar im Zeitpunkt der Drucklegung dieser Kommentierung noch nicht formell vorgelegt worden. Angesichts der Fortschritte bei Frage der Arbeitnehmermitbestimmung und der neuesten EuGH-Rechtsprechung zur faktischen Sitzverlegung (N 27 ff.) sind dem neuesten Vorschlag – im Gegensatz zu früheren Entwürfen – gute Erfolgschancen beschieden.

Art. 161 IPRG

VI. Verlegung, Fusion, Spaltung und Vermögensübertragung 1. Verlegung der Gesellschaft vom Ausland in die Schweiz a. Grundsatz	[1] Eine ausländische Gesellschaft kann sich ohne Liquidation und Neugründung dem schweizerischen Recht unterstellen, wenn das ausländische Recht es gestattet, die Gesellschaft die Voraussetzungen des ausländischen Rechts erfüllt und die Anpassung an eine schweizerische Rechtsform möglich ist. [2] Der Bundesrat kann die Unterstellung unter das schweizerische Recht auch ohne Berücksichtigung des ausländischen Rechts zulassen, insbesondere wenn erhebliche schweizerische Interessen es erfordern.
VI. Transfert, fusion, scission et transfert de patrimoine 1. Transfert d'une société de l'étranger en Suisse a. Principe	[1] Si le droit étranger qui la régit le permet, une société étrangère peut, sans procéder à une liquidation ni à une nouvelle fondation, se soumettre au droit suisse. Elle doit satisfaire aux conditions fixées par le droit étranger et pouvoir s'adapter à l'une des formes d'organisation du droit suisse. [2] Le Conseil fédéral peut autoriser le changement de statut juridique même si les conditions fixées par le droit étranger ne sont pas réunies, notamment si des intérêts suisses importants sont en jeu.
VI. Trasferimento, fusione, scissione e trasferimento di patrimonio 1. Trasferimento della società dall' estero in Svizzera a. Principio	[1] Si le droit étranger qui la régit le permet, une société étrangère peut, sans procéder à une liquidation ni à une nouvelle fondation, se soumettre au droit suisse. Elle doit satisfaire aux conditions fixées par le droit étranger et pouvoir s'adapter à l'une des formes d'organisation du droit suisse. [2] Le Conseil fédéral peut autoriser le changement de statut juridique même si les conditions fixées par le droit étranger ne sont pas réunies, notamment si des intérêts suisses importants sont en jeu.

Literatur

Vgl. die Literaturhinweise zu Vorbemerkungen zu Art. 161–164b IPRG.

I. Normzweck

1   Art. 161 IPRG regelt die Verlegung einer Gesellschaft ohne Liquidation und Neugründung vom Ausland in die Schweiz. Dieser Tatbestand ist von der schlichten Verlegung des Verwaltungssitzes zu unterscheiden, die lediglich in Staaten, die dem Sitzprinzip folgen, zu einer Änderung des Gesellschaftsstatuts führt (SCHWANDER, 74; zur Unvereinbarkeit der Rechtsfolgen des Sitzprinzips mit der gemeinschaftsrechtlichen Niederlassungsfreiheit nach der neuesten Rechtsprechung des EuGH vgl. vor Art. 161–164b IPRG N 27 ff.). Bei der hier behandelten «Verlegung der Gesellschaft» geht mit der Verlegung ein Rechtskleidwechsel einher, indem die Gesellschaft einem anderen Gesellschaftsstatut unterstellt wird. Es erfolgt eine eigentliche Um-Inkorporation.

2   Art. 161 IPRG hat keine Änderung durch das FusG erfahren. Zu den neuesten Entwicklungen zur identitätswahrenden Sitzverlegung in der Europäischen Union, insb. zur neuesten Rechtsprechung des EuGH, vgl. vor Art. 161–164b IPRG N 27 ff. m.w.H.

II. Zulässigkeit der Emigration nach dem ausländischen Gesellschaftsstatut

1. Voraussetzungen

3 Die Verlegung einer Gesellschaft in die Schweiz ist aus schweizerischer Sicht zu beachten, wenn folgende kumulativen Bedingungen erfüllt sind:
– Das ausländische Recht lässt die identitätswahrende Sitzverlegung (in die Schweiz) grundsätzlich zu (N 10).
– Die dafür vom ausländischen Gesellschaftsstatut erforderlichen Voraussetzungen werden erfüllt (N 10).
– Die bisherige Gesellschaftsform entspricht einer äquivalenten schweizerischen Gesellschaftsform (N 11).
– Die Gesellschaft muss in ihrem ausländischen Ursprungsstaat rechtsgültig bestehen, damit sie ihren Sitz ohne Identitätsverlust in die Schweiz verlegen kann (zu den erforderlichen Belegen vgl. Art. 163a IPRG N 28 ff.; Vogt, 46).

4 Aufgrund von Art. 161 IPRG ist fraglich, **welche Wirkungen** das bisherige Recht an einen (aus schweizerischer Sicht als solchen zu bezeichnenden) Sitzwechsel knüpft, damit «die Voraussetzungen des ausländischen Rechts» als «erfüllt» gelten können. Die Wirkungen der Sitzverlegung, wie sie das schweizerische materielle Recht kennt, brauchen vom ausländischen Recht nicht ausdrücklich vorgesehen zu sein. Es reicht aus, wenn das ausländische Recht die Herbeiführung der entsprechenden Rechtsfolgen **duldet** und deren **Wirkung anerkennt**. Generell ist das ausländische Recht immer dann zu berücksichtigen, wenn bei dessen Missachtung ein Normenkonflikt entstünde, der ein hinkendes Rechtsverhältnis zur Folge hätte. Dies gilt für alle Normen, deren zwingende Anwendung das ausländische Recht als Voraussetzung der Anerkennung der Wirksamkeit des Vorganges vorsieht. Dies dürfte stets der Fall sein bei Normen, welche den Schutz von Gläubigern und Minderheitsbeteiligten bezwecken (IPRG Kommentar-Vischer, N 8). Hingegen triff dies nicht zu bei blossen Ordnungsvorschriften des ausländischen Rechts, wie etwa der Pflicht zur Zahlung von Liquidationssteuern (BSK IPRG-Girsberger, N 10; De Chedid, 155), sofern diese die Rechtsgültigkeit und Anerkennung des Vorganges nicht beeinträchtigen (allg. zur kumulativen Anwendung zwingender Normen der beteiligten Rechtsordnungen vor Art. 161–164b IPRG N 9 f.).

5 Die Verlegung der Gesellschaft vom Ausland in die Schweiz (im beschriebenen Sinne) ist nur dann möglich, wenn die ausländische Gesellschaftsform, auf die sich die Emigration bezieht, einer **äquivalenten** schweizerischen Gesellschaftsform entspricht und sich in den *numerus clausus* der schweizerischen Gesellschaftsformen einordnen lässt (Botschaft IPRG, Ziff. 296). Dies ist in der Regel hinsichtlich des angelsächsischen Trust und gewisser liechtensteinischer Stiftungen und Anstalten nicht der Fall (Bundesgericht, Urteil vom 3.9.1999, SJ 2000 I 269 ff., 271; Bucher/Bonomi, 1157; Schwander, 75), wobei aber die konkrete Ausgestaltung der ausländischen Gesellschaftsform im Einzelfall massgebend ist. Eine Sitzverlegung ist in solchen Situationen grundsätzlich nur möglich, wenn **vor** der Emigration eine Umwandlung in eine äquivalente Gesellschaftsform stattgefunden hat (IPRG Kommentar-Vischer, N 9; zur Frage der Äquivalenz diverser ausländischer Gesellschaftsformen, vgl. De Chedid, 150 ff. sowie Luchsinger, 65 f.; zur Anpassung bei der grenzüberschreitenden Fusion vgl. Art. 163a IPRG N 12 ff., 14). Ist eine ausländische Gesellschaftsform nicht anpassungsfähig, so ist die Verlegung nur durch eine Neugründung in der Schweiz möglich. Andernfalls ist vor der Verlegung in die Schweiz eine Umwandlung in eine äquivalente ausländische Gesellschaftsform nach ausländischem Recht vorzunehmen (zur analogen Möglichkeit bei einer «grenzüberschreitenden Umwandlung» ins Ausland vgl. Art. 163 IPRG N 13).

Massgeblich bei der Prüfung der Äquivalenz und der Anpassungsfähigkeit ist nicht die **6** Bezeichnung der ausländischen Gesellschaft, sondern die konkrete **Struktur** des Rechtsträgers. Wesentlich ist dabei das Verhältnis der Mitglieder zur Gesellschaft: Diese sollen nach dem Statutenwechsel in grundsätzlich gleicher Weise (beschränkt oder unbeschränkt) haften wie nach dem alten Gesellschaftsstatut. Ebenfalls grundsätzlich gleich zu bleiben hat die Stellung der Mitglieder innerhalb der Gesellschaft (Selbstorganschaft der Gesellschafter, Teilhaber bei Drittorganschaft) und ihre Vertretungsbefugnis nach aussen (VOGT, 47). Artikel 4 FusG findet auf die Verlegung der Gesellschaft keine unmittelbare Anwendung, sondern bildet allenfalls eine Richtschnur bei der Beurteilung der Frage, ob eine **Anpassung** überhaupt möglich ist oder aber eine qualifizierte Inkompatibilität (Botschaft, 4393; Art. 163a IPRG N 14) vorliegt, die eine Anpassung aus schweizerischer Sicht ausschliesst.

Zu den für die Eintragung erforderlichen Belegen vgl. Art. 162 IPRG N 13 ff. **7**

2. Abgrenzung gegenüber Art. 164b IPRG

Welches Recht mit dem «ausländischen» Recht gemeint ist, wird vom Gesetz nicht nä- **8** her umschrieben. Vor der Einführung des FusG war unklar, ob darunter immer das zeitlich letzte, d.h. das Recht des Staates der letzten Um-Inkorporation zu verstehen war, oder ob bei mehreren aufeinander folgenden Sitzwechseln die Möglichkeit bestehen sollte, in der Schweiz nachträglich zu beurteilen, ob die Sitzverlegung(en) ins letzte Land rechtmässig gewesen sei(en) (BSK IPRG-GIRSBERGER, N 3). Die letztgenannte Situation fällt nunmehr grundsätzlich in den Anwendungsbereich des neuen Art. 164b IPRG (vgl. die Bemerkungen zu Art. 164b IPRG). Dem Ziel des Entscheidungseinklangs und dem Inkorporationsprinzip entspricht am ehesten, grundsätzlich das Recht des Staates anzuwenden, in dem die zuziehende Gesellschaft zuletzt rechtmässig inkorporiert war (Art. 154 IPRG), also das Recht, aufgrund dessen die letzte Eintragung in ein staatliches Register (oder ein entsprechender Akt) vorgenommen wurde.

Allerdings ergeben sich Abgrenzungsschwierigkeiten, wenn die in die Schweiz immi- **9** grierende Gesellschaft zuvor bereits aus einem **Drittstaat** in den (späteren) Wegzugsstaat immigriert (oder fusioniert) war, und diese Verlegung (oder Fusion) vom Drittstaat nicht anerkannt wurde. Aus schweizerischer Sicht stellt sich die Frage der Abgrenzung der Anwendungsbereiche des **Art. 161** und des **Art. 164b IPRG**. Die Frage hat keineswegs nur akademische Bedeutung: Folgt etwa der ursprüngliche Wegzugsstaat dem Sitzprinzip und behielt die (zunächst in den anderen ausländischen Staat) immigrierende Gesellschaft trotz Um-Inkorporation ihren faktischen Verwaltungssitz in ihrem Ursprungsstaat, so wird der Ursprungsstaat, seiner Sitztheorie folgend, die Verlegung nicht anerkennen, es sei denn, er werde wie nach der neuen EuGH Rechtsprechung dazu gezwungen (vgl. Vorbem. zu 161–164 IPRG N 27 ff.).

Wird auf einen solchen Sachverhalt Art. 161 IPRG angewendet, ist primär auf das **In-** **10** **korporationsstatut** abzustellen (N 3), es sei denn, dieses verweise wiederum auf das Recht am Verwaltungssitz. Eine solche Weiterverweisung ist, wo immer sie dem Ziel des Entscheidungseinklanges dient, zu beachten (vgl. vor Art. 161–164b IPRG N 11). Beruht die fehlende Anerkennung durch einen der beteiligten ausländischen Staaten auf dessen Anwendung des Sitzprinzips, wird dieser Mangel spätestens nach dem Zuzug in die Schweiz – für den Art. 162 IPRG eine Verlegung des Verwaltungssitzes verlangt – insofern «geheilt», als nunmehr Inkorporations- und Sitzstaat übereinstimmen.

Wird hingegen Art. 164b IPRG strikt angewendet, wird die Verlegung in die Schweiz **11** mangels der Voraussetzungen der **beidseitigen Anerkennung** durch die an der (ersten)

Verlegung (oder Fusion) «beteiligten Rechtsordnungen» scheitern. Diese Rechtsfolge ist in vielen Fällen nicht angebracht, etwa wenn die ursprüngliche Verlegung (oder Fusion) schon lange zurückliegt. Zudem verhindert sie die «Heilung», die auch aus Sicht des die Anerkennung zunächst verweigernden Sitztheoriestaates dadurch einträte, dass sich der neue statutarische und der Verwaltungssitz in der Schweiz befinden.

12 Unseres Erachtens ist auf solche Fälle Art. 164b i.V.m. Art. 161 IPRG in der Weise anzuwenden, dass *prospektiv* zu prüfen ist, ob die Verlegung in die Schweiz (und nicht die vorbestehende Rechtslage) von den beteiligten Rechtsordnungen gem. Art. 164b IPRG anerkannt werden wird oder nicht. Eine fehlende Anerkennung durch die Rechtsordnung eines anderen als des unmittelbaren Zuzugstaates kann nur dann berücksichtigt werden, wenn die immigrierende Gesellschaft weiterhin gewisse Anknüpfungspunkte (Belegenheit von Vermögenswerten, Zweigniederlassungen, geschäftliche Tätigkeit) mit dieser Rechtsordnung aufweist; andernfalls kann diese Rechtsordnung nicht als «beteiligt» im Sinne von Art. 164b IPRG gelten (vgl. Art. 164b IPRG N 6).

III. Unterstellung unter das schweizerische Recht durch bundesrätlichen Entscheid (Abs. 2)

13 Abs. 2 ist auf politische und wirtschaftliche Krisenzeiten zugeschnitten, wie sie sich vor und während den Weltkriegen präsentierten. Sie verlangt denn auch in der Regel («insbesondere») das Vorliegen «erheblicher schweizerischer Interessen». Darunter zu verstehen sind nationale Gesamtinteressen, nicht bloss Partikulärinteressen. Nach Ansicht des Bundesrates ist zu denken etwa an eine Sitzverlegung, die vorgenommen wird, um einer drohenden Nationalisierung im Ausland zu entgehen (vgl. Botschaft IPRG, Ziff. 246; REYMOND, 199 f.; BSK IPRG-GIRSBERGER, N 9). Als Norm, die hinkende Rechtsverhältnisse geradezu provoziert, ist sie nur in äussersten Ausnahmefällen anzuwenden (BSK IPRG-GIRSBERGER, N 17).

14 In der jüngeren Vergangenheit ist erst (aber immerhin) ein bundesrätlicher Bewilligungsentscheid bekannt geworden, der das Interesse einer Gesellschaft an der Vermeidung einer im Emigrationsstaat drohenden, als ungerechtfertigt erachteten Doppelbesteuerung als schützenswert erachtete (Ciba-Geigy International Asia B.V., neu: Ciba Pacrim AG; publiziert in SHAB Nr. 252 vom 28.12.1994). Ob eine solche Konstellation die Anrufung der Ausnahmeklausel von Abs. 2 rechtfertigt, erscheint u.E. fraglich (gl.M. VOGT, 49).

Art. 162 IPRG

b. Massgeblicher Zeitpunkt

¹ Eine Gesellschaft, die nach schweizerischem Recht eintragungspflichtig ist, untersteht schweizerischem Recht, sobald sie nachweist, dass sie den Mittelpunkt der Geschäftstätigkeit in die Schweiz verlegt und sich dem schweizerischen Recht angepasst hat.

² Eine Gesellschaft, die nach schweizerischem Recht nicht eintragungspflichtig ist, untersteht dem schweizerischen Recht, sobald der Wille, dem schweizerischen Recht zu unterstehen, deutlich erkennbar ist, eine genügende Beziehung zur Schweiz besteht und die Anpassung an das schweizerische Recht erfolgt ist.

³ **Eine Kapitalgesellschaft hat vor der Eintragung durch den Bericht eines besonders befähigten Revisors im Sinne von Artikel 727b des Obligationenrechts nachzuweisen, dass ihr Grundkapital nach schweizerischem Recht gedeckt ist.**

b. Moment déterminant

¹ Une société tenue, en vertu du droit suisse, de se faire inscrire au registre du commerce est régie par le droit suisse dès qu'elle a apporté la preuve que son centre d'affaires a été transféré en Suisse et qu'elle s'est adaptée à l'une des formes d'organisation du droit suisse.

² Une société qui, en vertu du droit suisse, n'est pas tenue de se faire inscrire au registre du commerce est régie par le droit suisse dès qu'apparaît clairement sa volonté d'être régie par celui-ci, qu'elle a un lien suffisant avec la Suisse et qu'elle s'est adaptée à l'une des formes d'organisation du droit suisse.

³ Avant de se faire inscrire, une société de capitaux est tenue de prouver, en produisant un rapport délivré par un réviseur particulièrement qualifié au sens de l'art. 727b CO37, que son capital est couvert conformément au droit suisse.

b. Momento determinante

¹ La società tenuta a farsi iscrivere nel registro di commercio giusta il diritto svizzero è regolata da quest'ultimo appena provi che il suo centro di attività è stato trasferito in Svizzera e ch'essa si è adattata al diritto svizzero.

² La società non tenuta a farsi iscrivere nel registro di commercio giusta il diritto svizzero è regolata da quest'ultimo appena sia chiaramente riconoscibile ch'essa intende sottoporvisi, sussista una sufficiente connessione con la Svizzera ed essa si sia adattata al diritto svizzero.

³ Prima di farsi iscrivere nel registro di commercio, la società di capitali deve provare, mediante un rapporto di un revisore particolarmente qualificato ai sensi dell'articolo 727b del Codice delle obbligazioni, che il capitale sociale è coperto giusta il diritto svizzero.

Literatur

Vgl. die Literaturhinweise zu Vorbemerkungen zu Art. 161–164b IPRG.

I. Voraussetzungen für die Unterstellung von eintragungspflichtigen Gebilden unter das schweizerische Recht (Abs. 1)

1. Allgemeines

Art. 162 Abs. 1 IPRG, der nur nach schweizerischem Recht eintragungspflichtige Rechtsträger betrifft, ist als Norm formuliert, die den **Zeitpunkt für die ausschliessliche Anwendung des schweizerischen Gesellschaftsstatuts** festsetzt. Sie knüpft die Unterstellung unter das schweizerische Recht aber an eine weitere, im IPRG sonst nicht (wohl aber in Art. 50a lit. d HRegV) statuierte Voraussetzung; diejenige der Verlegung des Mittelpunktes der Geschäftstätigkeit der Gesellschaft in die Schweiz.

Art. 162 IPRG lässt die Unterstellung einer Gesellschaft unter das schweizerische Recht erst nach dem Eintritt zweier kumulativer Voraussetzungen zu:
– dass der Mittelpunkt der Geschäftstätigkeit in die Schweiz verlegt worden ist (N 3), und
– dass sich die Gesellschaft dem schweizerischen Recht angepasst hat (N 4 ff.).

Während das Vorliegen dieser Umstände bei eintragungspflichtigen Gesellschaften mittels entsprechender Belege nachzuweisen ist (Art. 162 Abs. 1 und 3 IPRG), stellt Art. 162 in Abs. 2 IPRG für nicht eintragungspflichtige Gebilde auf innere und äussere Merkmale (N 21 ff.) ab.

2. Verlegung des Mittelpunkts der Geschäftstätigkeit in die Schweiz

3 In **Abweichung vom Inkorporationsprinzip** und im Unterschied zur Behandlung von in der Schweiz inkorporierten (neu gegründeten) Gesellschaften verlangt das IPRG einen **tatsächlichen Bezug** der zuziehenden Gesellschaft zur Schweiz. Erklärtes Ziel des Gesetzgebers war es, zu verhindern, dass die Schweiz bloss als Inkorporationsstaat gewählt wird, ohne dass nähere Beziehungen vorliegen (Botschaft IPRG, Ziff. 296; Kritik s. REYMOND, 200). Diese Voraussetzung der Eintragung einer Immigration ist zum Teil heftig kritisiert worden, weil sie die ausländischen Gesellschaften im Verhältnis zu schweizerischen rechtsungleich behandelt und zudem eine Rechtsunsicherheit bezüglich des massgebenden Zeitpunktes der Verlegung des Mittelpunktes der Geschäftstätigkeit schafft (REYMOND, 200 f.; vgl. auch DE CHEDID, 142 f.). Das FusG hat an dieser Rechtslage nichts geändert.

3. Anpassung an das schweizerische Recht

4 Im Gegensatz zum vor Inkrafttreten des IPRG geltenden Art. 14 SchlT OR wird keine provisorische Eintragung mehr vorgesehen, die für den Fall, dass die Anpassung an das schweizerische Recht nicht fristgemäss erfolgt ist, eine nachträgliche Auflösung der Gesellschaft notwendig machte (s.o. Art. 161 IPRG N 2; Botschaft IPRG, Ziff. 296). Das bedeutet, dass die Eintragung erst **nach erfolgter Anpassung** an das schweizerische Recht erfolgen kann (Botschaft IPRG, Ziff. 296).

5 Die für die endgültige Anpassung erforderlichen Gesellschaftsbeschlüsse müssen daher spätestens auf den Zeitpunkt des Wechsels vom ausländischen zum schweizerischen Gesellschaftsstatut hin (bei eintragungspflichtigen Gesellschaften also auf den Zeitpunkt der Eintragung hin) in Kraft treten. Dies gilt namentlich für die für die Anpassung notwendigen Gesellschaftsbeschlüsse, wie etwa die Wahl der erforderlichen Schweizer bzw. EU/EWR-Bürger in das Exekutivorgan (vgl. z.B. Art. 708 Abs. 1 OR; gemäss Rundschreiben des EHRA vom 25. Juli 2003, abgedr. in REPRAX 2/03, 31 ff.; sind aufgrund des Personenfreizügigkeitsabkommens die Bürger der EU/EWR-Staaten den Schweizer Bürgern für die Zwecke von Art. 708 Abs. 1 OR gleichgestellt). Die entsprechenden Handlungen unterstehen schweizerischem Recht (zur Immigrationsfusion vgl. § 163a N 23 f.). Allerdings müssen bis zu diesem Zeitpunkt nicht alle **zur vollständigen Anpassung** an das schweizerische Recht **gesellschaftsrechtlich relevanten Handlungen** erfolgt sein. Gewisse **untergeordnete Handlungen** oder solche, die vorher nicht durchführbar sind, etwa die Anpassung der Bilanzen an die schweizerischen Vorschriften, die Aufnahme eines Gesellschaftssitzes in der Schweiz oder die Angabe des Gesellschaftskapitals in Schweizerwährung in den Statuten, können **auch nachträglich** noch erfolgen (VOGT, 51; BSK IPRG-GIRSBERGER, N 4). Handlungen und Erfordernisse, die nur bei der Neugründung einer Gesellschaft in der Schweiz eine Rolle spielen, sich aber nicht dauernd auf die Gesellschaft auswirken, wie etwa die Bestimmung über die notwendige Mindestzahl von Gesellschaftern bei der Gründung, entfallen gänzlich (VOGT, 52).

6 Wegen des Erfordernisses der Anpassung an das schweizerische Recht für die Unterstellung unter das schweizerische Recht kann es – trotz des diesbezüglich unklaren Wortlautes – vorkommen, dass während der Dauer dieser Anpassung (d.h. nach der Lö-

schung im ausländischen Register, aber noch vor der Eintragung in das schweizerische Handelsregister) sowohl das Emigrations- als auch das schweizerische Immigrationsstatut kumulativ gelten. Diese Rechtsfolge rechtfertigt sich sowohl aus Gründen des Gläubigerschutzes als auch zur Vermeidung hinkender Rechtsverhältnisse, sei es auch nur während einer kurzen «Schwebezeit» (vgl. IPRG Kommentar-VISCHER, N 3; BSK IPRG-GIRSBERGER, N 3). Soweit in solchen Fällen nicht beide Statuten kumulativ angewendet werden können, etwa weil sich deren zwingende Vorschriften gegenseitig ausschliessen, ist ein allfälliger Normenkonflikt durch (vorgängige) Angleichung bzw. Anpassung zu lösen (vgl. dazu BESSENICH, Fusion, 19 ff. et passim; zur Anpassung bei der Immigrationsfusion vgl. Art. 163a IPRG N 12 ff., 14).

Der massgebliche **Zeitpunkt für den Statutenwechsel** tritt ein, wenn der Mittelpunkt der Geschäftstätigkeit in die Schweiz verlegt (N 3) und die Anpassung an das schweizerische Recht soweit erfolgt ist, als das ausländische Emigrationsstatut dies möglich macht. Von diesem Zeitpunkt an besteht sowohl der Anspruch als auch die Pflicht zur Eintragung in das Handelsregister (IPRG Kommentar-VISCHER, N 5). Dem Eintrag kommt dabei stets deklaratorische Bedeutung zu (**a.M.** VOGT, 52 sowie IPRG Kommentar-VISCHER, N 3, die dem Handelsregistereintrag in allen Fällen konstitutive Wirkung zuerkennen, wo dies für die Gründung der entsprechenden schweizerischen Zielgesellschaft nach schweizerischem Gesellschaftsrecht vorgesehen ist. Hieraus ergäbe sich jedoch, dass die immigrierende Gesellschaft nach ihrer Anpassung an das schweizerische Recht, aber *vor* der Eintragung nicht gültig bestehen würde. Diese Rechtsfolge stünde im Gegensatz zum Ziel der Art. 161 ff. IPRG, eine identitätswahrende Verlegung ohne Auflösung zu ermöglichen). 7

4. Nachweis der Deckung des Grundkapitals nach schweizerischem Recht (Abs. 3)

Gemäss Art. 162 Abs. 3 IPRG hat eine Kapitalgesellschaft vor ihrer Eintragung durch einen Revisionsbericht nachzuweisen, dass ihr Grundkapital nach schweizerischem Recht gedeckt ist. Abs. 3 enthält inhaltlich eine Präzisierung des ohnehin geltenden Erfordernisses der Anpassung und der Äquivalenz der Gesellschaftsformen des Art. 162 Abs. 1 IPRG. Die Bestimmung betrifft nur ausländische Gesellschaften, deren schweizerisches Äquivalent ebenfalls – zumindest bei der Neugründung – den Nachweis einer Liberierung oder Zeichnung von Gesellschaftskapital vorschreibt (VOGT, 52), namentlich Aktiengesellschaften, Kommanditaktiengesellschaften und Gesellschaften mit beschränkter Haftung. Abs. 3 gilt nur für eintragungspflichtige Kapitalgesellschaften, was aber auf alle genannten Kapitalgesellschaften zutrifft. 8

Mit dem Erlass des FusG wurde Art. 162 Abs. 3 IPRG dem revidierten Aktienrecht angepasst. An Stelle des Berichts eines «vom Bundesrat ermächtigten» Revisors ist der Nachweis eines besonders befähigten Revisors nach RevV (SR 221.302) erforderlich (vgl. zur früheren Rechtslage BSK IPRG-GIRSBERGER, N 11). 9

Das Erfordernis des Nachweises eines Mindestkapitals bedeutet nichts anderes, als dass ausländische Kapitalgesellschaften im Verhältnis zu schweizerischen Kapitalgesellschaften nur dann als **äquivalent** angesehen werden, wenn sie ein nach schweizerischem Recht für die äquivalente Kapitalgesellschaft erforderliches Grundkapital (Art. 621, 773, 764 OR) aufweisen. 10

Der Nachweis der (bestehenden) Deckung des Grundkapitals kann aufgrund der letzten genehmigten Bilanz geleistet werden, sofern diese nicht über zwölf Monate zurückliegt und die Mindestgliederung nach Art. 663a OR aufweist (VOGT, 53). Der Umfang der Prüfung und die notwendigen Bewertungskriterien sind den Regeln über die Kapitalherab- 11 setzung nach Art. 732 OR zu entnehmen (vgl. BESSENICH, Fusion, 178; VOGT, a.a.O.). Genügt das bisherige Gesellschaftskapital nicht, kann die **verlangte Deckung** auch aus **freien Reserven** bestehen **oder durch Einzahlung** bei einem Bankinstitut i.S. von Art. 633 OR sichergestellt werden (Botschaft IPRG, Ziff. 223.1). Die blosse Zeichnung genügt nicht; es muss vielmehr eine Art der Liberierung verlangt werden, wobei im Einzelfall auch die Liberierung durch **Sacheinlage, -übernahme oder Verrechnung** erlaubt ist (VOGT, a.a.O.). Im Übrigen können die entsprechenden Vorschriften des schweizerischen Rechtes der äquivalenten Kapitalgesellschaft analog herangezogen werden.

12 Unter Umständen kann eine Gesellschaft, die zwar **kein Mindest-Grundkapital** aufweist, im übrigen aber wie eine schweizerische Kapitalgesellschaft ausgestaltet ist, als äquivalent zu einer schweizerischen Kommandit- oder Kollektivgesellschaft angesehen werden. Dies ist aber nur dann möglich, wenn das ausländische Recht eine unbeschränkte Haftung mindestens einer natürlichen Person oder einer Personengesellschaft vorsieht, wie etwa das amerikanische Recht der «Limited Partnership». Art. 162 Abs. 3 IPRG kommt diesfalls nicht zur Anwendung.

5. Weitere erforderliche Belege bei der Eintragung der immigrierten Gesellschaft (Abs. 1 und 3)

13 Die Revision der HRegV, die sich primär mit den Anpassungen an das Fusionsgesetz befasste, hat bezüglich der Verlegung von Gesellschaften nur geringe Änderungen an der bisherigen Regelung der HRegV vorgenommen. Der neu eingefügte Art. 50b HRegV sowie die redaktionelle Anpassung von Art. 50a HRegV stellen nun klar, dass die Verlegung einer Gesellschaft in die Schweiz (bzw. in der präziseren Terminologie der HRegV die Unterstellung eines ausländischen Rechtsträgers ohne Liquidation und Neugründung unter schweizerisches Recht) registerrechtlich als **Neueintragung** zu behandeln ist.

14 Die **Anmeldung** der Eintragung infolge Verlegung der Gesellschaft in die Schweiz ist von denselben Personen zu unterzeichnen, welchen auch die Anmeldung der Neueintragung infolge Neugründung obliegen würde (Art. 22 Abs. 1 HRegV). Neben den für die Neueintragung vorgesehenen publikationspflichtigen Tatsachen muss die **Eintragung** Angaben enthalten über:

– den Beschluss, sich nach Art. 161 f. IPRG schweizerischem Recht zu unterstellen (Art. 50b Abs. 2 lit. a HRegV), und

– die Firma, die Rechtsform, den Sitz und die Registrierung des Rechtsträgers, bevor sich dieser schweizerischem Recht unterstellte (Art. 50b Abs. 2 lit. b HRegV).

15 Bezüglich der **Belege** ist der einschlägige Art. 50a HRegV nur redaktionell geändert worden. Weiterhin erforderlich sind demnach:

16 – *Ein Ausweis über den rechtlichen Bestand der Gesellschaft im Ausland (lit. a).*

Hierzu kann auf die entsprechenden Ausführungen bei der Emigrationsfusion (Art. 163a IPRG N 29) und die dortigen Hinweise verwiesen werden (vgl. auch KÜNG, Art. 50a N 4 m.w.H.).

17 – *Eine Bescheinigung der zuständigen ausländischen Behörde über die Zulässigkeit der Sitzverlegung (lit. b).*

Hierzu kann auf die entsprechenden Ausführungen bei der Emigrationsfusion (Art. 163a IPRG N 30) und die dortigen Hinweise verwiesen werden (vgl. auch KÜNG, Art. 50a N 5 ff. m.w.H.).

– *Ein Nachweis über die Möglichkeit der Anpassung an eine schweizerische Rechtsform (lit. c).* **18**

Die neu eingefügte Bestimmung der HRegV gibt keine nähere Auskunft darüber, in welcher Art und Weise dieser Nachweis zu erfolgen habe. Ein eigentliches Rechtsgutachten sollte nur in Fällen erforderlich sein, bei denen nicht von vornherein feststellbar ist, welches die äquivalente Gesellschaftsform nach schweizerischem Recht ist, bzw. unsicher ist, ob eine Anpassung überhaupt möglich ist. Zu denken ist z.B. an den Zuzug einer Anstalt des liechtensteinischen Rechtes, einer niederländischen «Besloten Vennootschap» oder eines angelsächsischen Trusts (vgl. dazu Art. 161 IPRG N 11 m.w.H.). Als Fachstellen für ein solches Gutachten kommen primär das Schweizerische Institut für Rechtsvergleichung in Lausanne sowie das Bundesamt für Justiz in Frage. Auch ein Privatgutachten eines ausgewiesenen Spezialisten muss als genügend angesehen werden (VOGT, 48). In den meisten einfacheren Fällen, wo die Kompatibilität keine besonderen Fragen aufwirft, etwa bei der Verlegung in die Schweiz einer ausländischen AG oder GmbH, sollte eine kurze Erläuterung der ausländischen Rechtsform ausreichen. Wo sich zuvor eine Gesellschaft mit dem gleichen Rechtsform ohne weiteres dem schweizerischen Recht unterstellt hat, dürfte auch ein Hinweis auf diese bisherige Praxis ausreichen, zumindest, wo keine besonderen Umstände vorliegen. Jedenfalls wäre es wünschbar, dass die Handelsregisterämter durch Bekanntgabe ihrer Praxis oder ihrer Richtlinien diesbezüglich Klarheit schaffen.

– *Ein Nachweis, dass der Mittelpunkt der Geschäftstätigkeit der Gesellschaft in die* **19**
Schweiz verlegt worden ist (Art. 162 Abs. 1 und 2 IPRG; Art. 50a lit. d HRegV).

Art. 50a Ziff. 4 HRegV wiederholt das in Art. 162 Abs. 1 IPRG enthaltene Erfordernis der tatsächlichen Verlegung des Mittelpunktes der Geschäftstätigkeit in die Schweiz für eintragungspflichtige Gesellschaften (VOGT, 50). Die Praxis lässt es im Allgemeinen bei einer expliziten schriftlichen Bestätigung der die Eintragung anmeldenden Personen über die Verlegung der Geschäftstätigkeit bewenden, sofern nicht besondere Umstände (etwa wenn als Domizil ein Anwaltsbüro oder eine Treuhandgesellschaft angegeben wird) dagegen sprechen.

– *Im Fall einer Kapitalgesellschaft ein Bericht eines besonders befähigten Revisors,* **20**
der belegt, dass das Grundkapital nach schweizerischem Recht gedeckt ist (Art. 162
Abs. 3 IPRG; Art. 50a lit. e HRegV).

Mit Art. 162 Abs. 3 IPRG wurde auch die entsprechende lit. e von Art. 50a HregV angepasst. Der einzureichende Bericht muss von einem besonders befähigten Revisor gemäss der RevV (SR 221.302) verfasst werden. Die Bestätigung der schweizerischen Revisionsstelle kann sich auf den Bestätigungsbericht einer ausländischen Revisionsstelle stützen, sofern sie für die Einhaltung der hierbei geltenden Anforderungen Gewähr bietet und kein besonderer Status zu Veräusserungswerten erforderlich ist (VOGT, 53). Wo wesentliche Beträge im Bericht nicht in Schweizerfranken angegeben werden, ist der Umrechnungskurs zu vermerken. Zum Inhalt des Berichts im Einzelnen vgl. N 8 ff.

II. Voraussetzungen für die Unterstellung von nicht eintragungspflichtigen Gebilden unter das schweizerische Recht (Abs. 2)

1. Allgemeines

Art. 162 Abs. 2 IPRG gilt nur für nach schweizerischem Recht nicht eintragungspflich- **21**
tige Gesellschaften. Art. 162 Abs. 2 IPRG erfuhr durch das FusG keine Änderung. Er ist

zwar wie Abs. 1 als Norm formuliert, die den Zeitpunkt für die Anwendung des schweizerischen Gesellschaftsstatuts festsetzt, enthält aber zusätzliche Erfordernisse, die über die in Art. 161 IPRG genannten hinausgehen. Neben der Anpassung an das schweizerische Recht (dazu Art. 161 IPRG N 6, ausführlicher Art. 163a IPRG N 14) fordert Art. 162 Abs. 2 IPRG **zwei weitere Voraussetzungen** für die Unterstellung unter schweizerisches Recht:
- dass «der Wille, dem schweizerischen Recht zu unterstehen, deutlich erkennbar ist», und
- dass «eine genügende Beziehung zur Schweiz besteht».

22 **Nicht eintragungspflichtige «Gesellschaften»** sind vor allem Gebilde, die nach schweizerischem Recht als einfache Gesellschaften oder Vereine und Stiftungen, die kein kaufmännisches Gewerbe betreiben, zu qualifizieren sind; ferner Gesellschaften, bei denen die Eintragung nicht konstitutiv ist (BSK IPRG-GIRSBERGER, N 6). Die gesetzliche Differenzierung zwischen eintragungspflichtigen und nicht eintragungspflichtigen Gesellschaften rechtfertigt sich vor allem deshalb, weil der Zeitpunkt der Anpassung an das schweizerische Recht nicht im gleichen Masse kontrollierbar ist wie bei Gesellschaften, deren Eintragung in das Handelsregister zwingend ist. Während die erste Voraussetzung den Eintrag ins Handelsregister bei eintragungspflichtigen Gesellschaften ersetzt, entspricht das zweite Erfordernis der Verlegung des Mittelpunktes der Geschäftstätigkeit in die Schweiz (Handkommentar FusG-COURVOISIER, N 11).

2. «Deutlich erkennbarer Wille, dem schweizerischen Recht zu unterstehen»

23 Wann diese Voraussetzung vorliegt, ist im Einzelfall schwierig zu beurteilen (vgl. die Kritik von REYMOND, 201). In der Regel wird ein **Beschluss des nach ausländischem Recht zuständigen Organs** des betreffenden Gebildes (Gesellschafterversammlung oder Exekutivorgan), seinen Sitz in die Schweiz zu verlegen, als genügend angesehen werden können (VOGT, 50).

3. Genügende Beziehung zur Schweiz

24 Diese Voraussetzung steht anstelle des «Mittelpunkts der Geschäftstätigkeit in der Schweiz», die bei eintragungspflichtigen Gesellschaften nach Abs. 1 gefordert ist. Der Gesetzgeber wollte also offensichtlich den Statutenwechsel von nicht eintragungspflichtigen Gesellschaften erleichtern. Wann die Beziehung zur Schweiz als «genügend» anzusehen ist, beurteilt sich nach den **gesamten Umständen des Einzelfalls**. Dabei ist der Behörde, welche diese Frage zu beantworten hat, ein gewisses Ermessen einzuräumen. Bei einem Verein etwa, der einen Statutenwechsel in die Schweiz vollziehen will, sollte es in der Regel als genügend angesehen werden, wenn er seine Statuten dem schweizerischen Recht angepasst hat und ein geschäftsführendes Mitglied des Vorstandes in der Schweiz oder von der Schweiz aus tätig ist (vgl. IPRG Kommentar-VISCHER, N 7). Bei nicht eintragungspflichtigen Stiftungen muss gefordert werden, dass sie die allenfalls notwendigen formellen Schritte zur Unterstellung unter die lokale, kantonale, oder die Bundesaufsicht eingeleitet haben, und zwar sowohl nach dem massgebenden Bundes- als auch nach dem kantonalen Recht.

Art. 163 IPRG

2. Verlegung der Gesellschaft von der Schweiz ins Ausland

¹ **Eine schweizerische Gesellschaft kann sich ohne Liquidation und Neugründung dem ausländischen Recht unterstellen, wenn die Voraussetzungen nach schweizerischem Recht erfüllt sind und sie nach dem ausländischen Recht fortbesteht.**

² **Die Gläubiger sind unter Hinweis auf die bevorstehende Änderung des Gesellschaftsstatuts öffentlich zur Anmeldung ihrer Forderungen aufzufordern. Artikel 46 des Fusionsgesetzes vom 3. Oktober 2003 findet sinngemäss Anwendung.**

³ **Die Bestimmungen über vorsorgliche Schutzmassnahmen im Falle internationaler Konflikte im Sinne von Artikel 61 des Landesversorgungsgesetzes sind vorbehalten.**

2. Transfert d'une société de la Suisse à l'étranger

¹ Une société suisse peut, sans procéder à une liquidation ni à une nouvelle fondation, se soumettre au droit étranger si elle satisfait aux conditions fixées par le droit suisse et si elle continue d'exister en vertu du droit étranger.

² Les créanciers doivent être sommés de produire leurs créances par un appel public les informant du changement projeté de statut juridique. L'art. 46 de la loi du 3 octobre 2003 sur la fusion s'applique par analogie.

³ Sont réservées les dispositions relatives aux mesures conservatoires en cas de conflits internationaux au sens de l'art. 61 de la loi fédérale du 8 octobre 1982 sur l'approvisionnement du pays.

2. Trasferimento della società dalla Svizzera all'estero

¹ Una società svizzera può, senza liquidazione né nuova costituzione, sottoporsi al diritto straniero se sono adempiute le condizioni poste dal diritto svizzero e se continua a sussistere giusta il diritto straniero.

² I creditori devono essere pubblicamente diffidati a far valere i loro crediti, facendo loro presente l'imminente modifica dello statuto societario. L'articolo 46 della legge del 3 ottobre 2003 sulla fusione si applica per analogia.

³ Sono fatte salve le disposizioni sulle misure preventive di protezione in caso di conflitti internazionali ai sensi dell'articolo 61 della legge federale sull'approvvigionamento economico del Paese.

Literatur

Vgl. die Literaturhinweise zu Vorbemerkungen zu Art. 161–164b IPRG.

I. Normzweck

Art. 163 IPRG regelt die Verlegung der Gesellschaft ohne Liquidation und Neugründung von der Schweiz ins Ausland bei gleichzeitigem Wechsel des Gesellschaftsstatuts. Artikel 163 IPRG gilt sowohl für eintragungs- wie für nicht eintragungspflichtige Gesellschaften (IPRG Kommentar-VISCHER, N 2). Die Löschung des Handelsregistereintrages als letzter Schritt der Verlegung ins Ausland einer im Handelsregister eingetragenen Gesellschaft ist in Art. 164 IPRG geregelt. 1

Da naturgemäss bei einem Wegzug einer bislang schweizerischen Gesellschaft eher als beim Zuzug schweizerische Interessen (namentlich der Gesellschafter und der Gesellschaftsgläubiger) betroffen und allenfalls gefährdet sein können, enthält Art. 163 IPRG 2 einen umfassenderen Katalog von materiellen Voraussetzungen als der Immigrationstatbestand von Art. 161 IPRG (vgl. auch vor Art. 161–164b IPRG N 7 f.). Art. 163 IPRG ist in materieller Hinsicht durch das FusG nur geringfügig geändert worden. Die neue Fassung übernimmt weitgehend die Regelung von Art. 163 aIPRG, wobei die Absätze 1 und 2 neu gefasst und an die parallele Regelung der Emigrationsfusion in Art. 163b IPRG angeglichen wurden. Anstelle des bisherigen Schuldenrufes wurde neu – in Übereinstimmung mit der neuen Regelung der Emigrationstatbestände der Fusion und der Spaltung (in den Art. 163b und 163d IPRG) – das Sicherstellungsverfahren nach Art. 46 FusG für anwendbar erklärt.

3   Konstellationen, in denen der Statutenwechsel aufgrund einer *Fusion*, einer *Spaltung* oder einer *Vermögensübertragung* erfolgt, unterstehen nunmehr den besonderen Bestimmungen der Art. 163b IPRG (Emigrationsfusion) und Art. 163d i.V.m. Art. 163b IPRG (Spaltung und Vermögensübertragung). Art. 163 IPRG kommt auch dort zur Anwendung, wo für die grenzüberschreitende Fusion, Spaltung oder Vermögensübertragung ein *zweistufiges Verfahren* gewählt wird, bei dem in einem ersten Schritt eine Unterstellung der übertragenden Gesellschaft unter das Inkorporationsstatut der übernehmenden Gesellschaft und in einem zweiten Schritt eine reine Binnenfusion gemäss dem gemeinsamen Gesellschaftsstatut erfolgt.

II. Voraussetzungen der Verlegung ins Ausland

1. Allgemeines

4   Eine schweizerische Gesellschaft, die sich identitätswahrend, d.h. ohne Liquidation und Neugründung einem ausländischen Recht unterstellen will, muss nach wie vor den Nachweis erbringen, dass sie nach ausländischem Recht fortbesteht (N 6 f.; vgl. Art. 163 Abs. 1, Art. 163 Abs. 1 lit. a aIPRG) und die Voraussetzungen des schweizerischen Rechts erfüllt (N 9 ff.; vgl. Art. 163 Abs. 1, Art. 163 Abs. 1 lit. b aIPRG).

5   Weiterhin **nicht vorausgesetzt** ist, dass die Gesellschaft den **Mittelpunkt ihrer Geschäftstätigkeit ins Ausland verlagert**. Die Inkorporationstheorie erfährt also bei der Emigration – im Gegensatz zur Immigration, vgl. Art. 162 IPRG N 3 – keine Ausnahme. Da aber das Einverständnis des neuen – ausländischen – Gesellschaftsstatuts vorausgesetzt ist (vgl. unten N 9 f.), ist ein Sitzwechsel ohne Verlegung des Verwaltungssitzes aus schweizerischer Sicht nur möglich, falls das neue Gesellschaftsstatut für Immigrationen ebenfalls der Inkorporationstheorie folgt, und zwar ohne einen Vorbehalt, wie ihn Art. 162 IPRG statuiert (IPRG Kommentar-VISCHER, N 3; BSK IPRG-GIRSBERGER, Art. 162 N 1). Zur Rechtslage in der EU aufgrund der neueren EuGH-Rechtsprechung vgl. vor Art. 161–164b IPRG N 27 f. Im Übrigen bleibt es dem ausländischen Gesellschaftsstatut in jedem Fall überlassen zu entscheiden, ob und unter welchen Bedingungen eine identitätswahrende Immigration zulässig ist. Ist die identitätswahrende Immigration nach dem ausländischen Gesellschaftsstatut nicht zulässig, entfällt sie auch aus schweizerischer Sicht.

2. Nachweis des Fortbestandes der Gesellschaft nach ausländischem Recht (Abs. 1)

6   Die zuvor in Art. 163 Abs. 1 lit. b aIPRG enthaltene Bedingung, dass die emigrationswillige Gesellschaft nach dem ausländischen Zuzugstatut weiter zu bestehen habe, ist nun – materiell unverändert – in Abs. 1 aufgenommen worden. Dieses Erfordernis soll – analog der Voraussetzungen für die identitätswahrende Immigration in Art. 162 IPRG – sicherstellen, dass eine identitätswahrende Emigration auch tatsächlich und ohne dass

hinkende Rechtsverhältnisse entstehen, erfolgen kann. Aus der Bedingung des gültigen Weiterbestandes ergibt sich implizit das Erfordernis einer **kumulativen Anwendung** (neben der Einhaltung der Bestimmungen des schweizerischen Rechts, N 8 ff.) der zwingenden Bestimmungen des ausländischen Gesellschaftsstatuts, da ja bei deren Missachtung die (aus ausländischer Sicht) immigrierte Gesellschaft nicht gültig weiter bestehen würde (vgl. allg. zur kumulativen Anwendung in- und ausländischer Normen vor Art. 161–164b IPRG N 10 f.).

Ist für die Unterstellung unter das ausländische Statut eine **Anpassung** erforderlich, kann es, je nach Ausgestaltung des ausländischen Rechts, spiegelbildlich zur Situation bei der Immigrationsfusion im schweizerischen Recht (Art. 163a IPRG N 21 f.) zu einer *gleichzeitigen* und kumulativen Anwendung der ausländischen und schweizerischen Bestimmungen kommen, jedenfalls bis die Unterstellung unter das ausländische Statut sowohl aus Sicht des ausländischen wie des schweizerischen Rechts erfolgt ist. 7

3. Nachweis der Erfüllung der Voraussetzungen des schweizerischen Rechts (Abs. 1)

Die emigrierende Gesellschaft hat als Erstes nachzuweisen, dass sie «die Voraussetzungen nach schweizerischem Recht erfüllt», damit eine Unterstellung unter das ausländische Gesellschaftsstatut möglich ist. Die Regel wurde unverändert von Art. 163 Abs. 1 lit. a aIPRG übernommen. Die Verweisung auf das schweizerische Recht in Art. 163 Abs. 1 umfasst, wie in Art. 163b IPRG bei der Fusion (vgl. dazu ausführlich dort, N 10 ff.) alle zwingenden Bestimmungen des schweizerischen Rechts, die auf eine wegzugswillige Gesellschaft anzuwenden sind. Das massgebende «schweizerische Recht» umfasst sowohl Bundes- als auch Staatsvertrags- und kantonales Recht (vgl. zu Letzterem für den Fall der Stiftungen REYMOND, 203). 8

Nach dem Erlass des FusG stellt sich nun die Frage, welche Bestimmungen – ob diejenigen des **FusG**, etwa die Bestimmungen über die Umwandlung von Gesellschaften analog (so Handkommentar FusG-GASSMANN, N 8 ff.) oder diejenigen des **ZGB/OR**, wie bis anhin – auf die grenzüberschreitende Verlegung von Gesellschaften anzuwenden seien. Das FusG selber enthält keine Bestimmungen zur Verlegung von Gesellschaften (vgl. aber zum aufgrund von Art. 163 Abs. 2 IPRG anwendbaren Sicherstellungsverfahren nach Art. 46 FusG N 14 ff.). Eine analoge Anwendung der Bestimmungen über die Umwandlung von Gesellschaften (Art. 53–68 FusG) findet daher weder im Gesetz noch in den Materialien eine Stütze. Die allenfalls in Frage kommenden Bestimmungen über die Umwandlung regeln zudem den Fall, in dem eine Gesellschaft sich gerade nicht in eine äquivalente Gesellschaftsform umwandelt. Es lässt sich auch nicht behaupten, die grenzüberschreitende Verlegung sei vom Gesetzgeber «vergessen» worden. Die einschlägigen Bestimmungen des IPRG (Art. 161–163) haben durchwegs Anpassungen erfahren, etwa hinsichtlich des bei Emigrationstatbeständen relevanten Gläubigerschutzes (Botschaft, 4498). Die neue Systematik der IPRG-Bestimmungen (vgl. die Randtitel zu Art. 161 ff. IPRG) stellt zudem klar, dass die Art. 164 ff. IPRG auch auf die Verlegung einer Gesellschaft zur Anwendung kommen. Grundsätzlich ist daher davon auszugehen, dass Art. 163 IPRG primär direkt auf die einschlägigen Bestimmungen des **ZGB und des OR** verweist (bspw. auf Art. 704 Ziff. 7 OR, der – im Gegensatz zu Ziff. 8 – durch das FusG keine Änderung erfahren hat). 9

Für die praktisch relevante Frage nach den erforderlichen **Quoren** für den Verlegungsbeschluss kommen somit Art. 704 Ziff. 7 OR (für die AG und die Kommandit-AG), Art. 810 Ziff. 1 i.V.m. 776 Ziff. 1 OR (für die GmbH) sowie die allg. Bestimmungen bezüglich der übrigen Gesellschaften zur Anwendung. Hieraus ergibt sich für den wich- 10 tigsten Anwendungsfall der AG, dass der Beschluss über die Verlegung zwei Drittel der vertretenen Stimmen und die absolute Mehrheit der vertretenen Aktiennennwerte auf sich vereinigen muss (Art. 704 Abs. 1 OR). Bei der GmbH erfordert der Beschluss die Zustimmung von drei Viertel sämtlicher Mitglieder, die mindestens drei Viertel des Stammkapitals vertreten (Art. 784 i.V.m. Art. 781 Ziff. 2 OR, der Entwurf zum neuen GmbH-Recht sieht im Art. 808b OR eine Angleichung an das Quorum der AG vor, BBl. 2001 3281). Sowohl bei der AG wie bei der GmbH entsprechen die geltenden Quoren des OR denjenigen, welche das FusG für die Fusion (Art. 18 FusG) sowie für die Umwandlung (Art. 64 FusG) entsprechender Gesellschaften vorsieht.

11   Bislang umstritten war die Frage, ob ein Teilhaber einer emigrierenden schweizerischen Gesellschaft, insbesondere ein Aktionär, ein **wohlerworbenes Recht** auf Beibehaltung des schweizerischen Gesellschaftsstatuts habe, ob also ein einstimmiger Beschluss für den Sitzwechsel notwendig sei (vgl. die Übersicht über die Kontroverse im schweizerischen Schrifttum bei BESSENICH, Fusion, 100, FN 51). Dieses Problem dürfte mit dem Erlass des FusG und den darin ausdrücklich vorgesehenen Beschlussquoren sowie der für die Fusion ausdrücklich vorgesehenen Möglichkeit einer Abfindung von Gesellschaftern (Art. 8 FusG) endgültig im Sinne der h.L. (IPRG Kommentar-VISCHER, N 7, BSK IPRG-GIRSBERGER, N 7, BESSENICH, Fusion, 100 f.) entschieden sein, wonach die allgemeinen Bestimmungen des schweizerischen Rechts über die Sitzverlegung der betreffenden Gesellschaft Anwendung finden (N 9).

12   Immerhin sieht auch das OR in Art. 706 Abs. 2 Ziff. 2 die **Anfechtbarkeit** des Verlegungsbeschlusses vor, wenn dadurch die die Rechte von Aktionären «in unsachlicher Weise entzogen oder beschränkt werden». Die Rechte der Gesellschafter und Anteilsinhaber sind bei der Verlegung primär durch den Grundsatz der Äquivalenz der Gesellschaftsformen gewährleistet, einen Grundsatz, der auch aus schweizerischer Sicht bei der Verlegung ins Ausland zu gelten hat. Als Richtlinie für die Prüfung der Äquivalenz im Lichte der Wahrung der Mitgliedschaftsrechte darf Art. 56 FusG herangezogen werden, welcher den Grundsatz der Kontinuität der Mitgliedschaft präzisiert (vgl. Komm. zu Art. 56 FusG). Wo das ausländische Gesellschaftsstatut unentziehbare Rechte der Gesellschafter nicht mehr vorsieht, dürfe der Verlegungsbeschluss anfechtbar, allenfalls nichtig (Art. 706b OR) sein (IPRG Kommentar-VISCHER, N 8).

13   Die Bestimmungen des FusG über die Umwandlung sind auch dort heranzuziehen, wo die Verlegung ins Ausland unter gleichzeitiger Umwandlung erfolgt, d.h. gerade *nicht* in eine äquivalente Gesellschaftsform münden soll. Eine eigentliche **grenzüberschreitende Umwandlung** kennt das schweizerische Recht nicht. Der umwandlungs- und emigrationswilligen Gesellschaft bieten sich diesfalls zwei Möglichkeiten:

– Die Umwandlung kann *vor* der Verlegung nach *schweizerischem Recht* (Art. 53–68 FusG) erfolgen, und zwar in die Gesellschaftsform des schweizerischen Rechts, die zur ausländischen äquivalent ist.

– Die Umwandlung kann nach *ausländischem Recht* erfolgen (sofern möglich), allerdings *nachdem* sich die Gesellschaft zunächst durch Verlegung in Ausland nach Art. 163 IPRG zu einer äquivalenten Gesellschaftsform des ausländischen Rechts uminkorporiert hat.

III. Anwendung des Gläubigerschutzverfahrens nach Art. 46 FusG (Abs. 2)

14   Der bisherige Art. 163 IPRG sah in lit. c als weitere Voraussetzung einen öffentlichen Schuldenruf vor. Diese Voraussetzung gilt auch unter dem revidierten IPRG (vgl. den

neuen Abs. 2). Der Schuldenruf hat aber im Rahmen des Sicherstellungsverfahrens nach Art. 46 FusG zu erfolgen.

Der Verweis auf Art. 46 FusG findet sich auch in den Bestimmungen zur Emigrationsfusion (Art. 163b Abs. 3 IPRG) und zur Emigrationsspaltung (Art. 163d Abs. 2 IPRG). Dadurch soll für alle Emigrationstatbestände ein kohärenter Gläubigerschutz verwirklicht werden (Botschaft, 4498). Es kann daher im Wesentlichen auf die Ausführungen zum Gläubigerschutzverfahren nach Art. 46 FusG bei der Emigrationsfusion (Art. 163b IPRG N 37 ff.) verwiesen werden. 15

Art. 164 IPRG, der auch auf die Verlegung der Gesellschaft ins Ausland anzuwenden ist, sieht als Voraussetzung der Löschung der Gesellschaft die Vorlage eines **Berichts eines besonders befähigten Revisors** vor, der über die Sicherungen der Ansprüche nach Art. 46 FusG Auskunft gibt (Art. 51 Abs. 3 HRegV; vgl. dazu Art. 164 IPRG N 9 ff.). 16

IV. Inhalt der Anmeldung und erforderliche Belege bei der Verlegung ins Ausland

Der im Zuge der Revision des IPRG durch das FusG neu eingefügte Art. 51a HRegV präzisiert (neben dem den erforderlichen Belegen gewidmeten Art. 51 HRegV) die erforderlichen publikationspflichtigen Tatsachen der **Eintragung**. Hierzu gehören: 17

– das Datum des Beschlusses, sich nach Art. 163 IPRG ausländischem Recht zu unterstellen (lit. a);
– die Firma, die Rechtsform, der Sitz und die Registrierung des Rechtsträger nach der Verlegung ins Ausland (lit. b);
– das Datum des Revisionsberichts, in welchem bestätigt wird, dass die Vorkehrungen zum Schutze der Gläubiger erfüllt worden sind (lit. c);
– die Tatsache, dass der Rechtsträger gelöscht wird (lit. d).

Die Eintragung und die darauf folgende Veröffentlichung im SHAB dieser Angaben dienen primär dem Zweck der **Publizität** dieser für Gesellschafter, Gläubiger und Arbeitnehmer sowie weitere interessierte Kreise wesentlichen Angaben. Selbstverständlich müssen die genannten Angaben in der entsprechenden Anmeldung enthalten sein.

Art. 51 HRegV wiederholt im Wesentlichen den Inhalt des Art. 161 und des Art. 164 Abs. 1 IPRG. Mittels **Belegen** nachzuweisen ist demnach beim Handelsregisterführer am bisherigen Gesellschaftssitz: 18

– *dass die emigrationswillige Gesellschaft die Voraussetzungen des schweizerischen Rechts erfüllt (Art. 51 Abs. 1 HRegV, N 8 ff.).* 19

Die Voraussetzungen nach schweizerischem Recht betreffen primär die Einhaltung der Normen über die innergesellschaftliche Beschlussfassung (KÜNG, Eintragung, 17). Dem Registerführer kommt dabei nur eine beschränkte Überprüfungsbefugnis zu (BGE 117 II 186; KÜNG, a.a.O.). Er hat namentlich nicht die Aufgabe, über umstrittene Fragen (Wahrung wohlerworbener Rechte bei der Verlegung ins Ausland, erforderliches Quorum etc., vgl. N 9 f.) zu urteilen.

– *dass die emigrationswillige Gesellschaft nach ausländischem Recht fortbesteht (Art. 51 Abs. 1 HRegV, vgl. N 6 ff.).* 20

Der Nachweis ist primär mittels einer Bescheinigung zu erbringen, die bestätigt, dass die Gesellschaft in ein Handelsregister oder eine vergleichbare Einrichtung eingetragen worden ist oder eingetragen werden wird, etwa durch ein vom «registrar of companies» ausgestelltes *Certificate of Continuation*. Wo ein Registerauszug oder ein Vorbescheid des Registerführers nicht eingeholt werden kann, ist zunächst zu prüfen, ob eine gleichwertige behördliche Bestätigung erhältlich ist. Ist auch dies nicht möglich, so muss – analog zur Rechtslage bei den Immigrationstatbeständen (vgl. Art. 163a IPRG N 29 ff.) – ersatzweise die Stellungnahme einer behördlichen oder privaten Stelle beigebracht werden, die sich über ausreichende Kenntnisse des ausländischen Rechts auszuweisen vermag. Dieses Rechtsgutachten muss auch darüber Auskunft geben, dass eine Bestätigung durch eine staatliche Behörde nicht möglich ist (KÜNG, Art. 50a N 4, Art. 51 N 12).

21 – *dass die Forderungen der Gesellschaftsgläubiger sichergestellt oder erfüllt worden sind, oder dass diese mit der Löschung einverstanden sind (Art. 51 Abs. 3 HRegV).*

Der Bericht über die Sicherstellung der Ansprüche nach Art. 46 FusG ist als Beleg der Anmeldung der Verlegung und Löschung beizulegen. Zum Inhalt desselben vgl. Art. 163b IPRG N 43 ff. und die dortigen Hinweise.

V. Vorsorgliche Schutzmassnahmen im Falle internationaler Konflikte (Abs. 3)

22 Art. 163 Abs. 3 IPRG entspricht wörtlich dem bisherigen Art. 163 Abs. 2 aIPRG. Die Bestimmungen des LVG (SR 531) kommen im «Fall einer mittelbaren oder unmittelbaren Bedrohung des Landes oder anderer machtpolitischer Einwirkungen» (Art. 3 LVG) zur Anwendung. Art. 61 LVG verweist wiederum auf den Bundesratsbeschluss vom 12.4.1957 betreffend vorsorgliche Schutzmassnahmen für juristische Personen, Personengesellschaften und Einzelfirmen (BVM, SR 531.54). Der genannte Bundesratsbeschluss ersetzt einen entsprechenden Erlass aus der Zeit vor dem II. Weltkrieg (vom 30.10.1939).

23 Der Bundesratsbeschluss gilt für alle juristischen Personen des ZGB und des OR sowie für die Handelsgesellschaften und Einzelfirmen (Art. 1 BVM). Der Sitz kann entweder an einen von den Organen der betroffenen Gesellschaft gewählten Ort in der Schweiz oder im Ausland, bzw. an den Ort, wo sich der Sitz der verfassungsmässigen schweizerischen Regierung befindet, verlegt werden. Die Sitzverlegung kann jederzeit beschlossen werden (Art. 2 Abs. 2 BVM) und muss beim Handelsregisteramt und, wenn dies nicht möglich ist, bei der am Ort des gewählten Sitzes zuständigen Schweizer Vertretung im Ausland angemeldet werden (vgl. Art. 4 BVM). Die Sitzverlegung wird jedoch erst dann wirksam, wenn der Bundesrat mit einem weiteren Beschluss entscheidet, dass die aufgrund des BVM erfolgten Sitzverlegungen wirksam werden (Art. 10 Abs. 1 BVM), es sei denn, dass der Bundesrat selbst nicht mehr in der Lage wäre, seine verfassungsmässigen Befugnisse frei auszuüben; in diesem Fall wird die Sitzverlegung von Gesetzes wegen wirksam (Art. 10 Abs. 2 BVM). Zu bemerken ist, dass es sich bei einer solchen Sitzverlegung um eine vorübergehende Verlegung handelt und dass trotz der Sitzverlegung die Gesellschaft dem schweizerischen Recht unterworfen bleibt, soweit dieses die internen Beziehungen zwischen der Gesellschaft und ihren Mitgliedern oder ähnliche Verhältnisse betrifft. Hingegen gilt der neue Sitz als Gerichtsstand für gesellschaftsrechtliche Klagen (vgl. Art. 12 ff. BVM). Festzuhalten ist schliesslich, dass ein wirkungsvoller Schutz des Unternehmens, welches seinen Sitz verlegt hat, nur dann möglich ist, wenn die Gesetzgebung des Aufnahmestaates solche Schutzmassnahmen anerkennt (vgl. dazu KÜNG, Vorbem. zu Art. 50–51 N 21, je m.w.H).

Art. 163a IPRG

3. Fusion a. Fusion vom Ausland in die Schweiz	¹ Eine schweizerische Gesellschaft kann eine ausländische Gesellschaft übernehmen (Immigrationsabsorption) oder sich mit ihr zu einer neuen schweizerischen Gesellschaft zusammenschliessen (Immigrationskombination), wenn das auf die ausländische Gesellschaft anwendbare Recht dies gestattet und dessen Voraussetzungen erfüllt sind. ² Im Übrigen untersteht die Fusion dem schweizerischen Recht.
3. Fusion a. Fusion de l'étranger vers la Suisse	¹ Une société suisse peut reprendre une société étrangère (absorption par immigration) ou s'unir à elle pour fonder une nouvelle société suisse (combinaison par immigration) si le droit applicable à la société étrangère l'autorise et si les conditions fixées par ce droit sont réunies. ² Pour le reste, la fusion est régie par le droit suisse.
3. Fusione a. Fusione con una società svizzera	¹ Se il diritto applicabile alla società straniera lo permette e le condizioni poste da tale diritto sono adempiute, una società svizzera può assumere una società straniera (incorporazione mediante emigrazione) o unirsi a essa in una nuova società svizzera (combinazione mediante emigrazione). ² Per il rimanente la fusione soggiace al diritto svizzero.

Literatur

Vgl. die Literaturhinweise zu Vorbemerkungen zu Art. 161–164b IPRG.

I. Normzweck

Art. 163a IPRG bezeichnet das Fusionsstatut für die Immigrationsfusion und mit ihm die Voraussetzungen, unter denen eine schweizerische Gesellschaft eine ausländische übernehmen kann (**Immigrationsabsorption**) oder sich mit einer ausländischen Gesellschaft zu einer neuen schweizerischen Gesellschaft zusammenschliessen kann (**Immigrationskombination**). Trotz eng gefasstem Wortlaut umfasst Art. 163a IPRG auch den Zusammenschluss zweier *ausländischer* Gesellschaften zu einer neuen schweizerischen Gesellschaft (Botschaft, 4499; Handkommentar FusG-COURVOISIER, N 1; IPRG Kommentar-VISCHER, N 3). Artikel 163a IPRG ist auch auf die Fusion von **Vereinen** und **Stiftungen** anwendbar (vgl. Art. 150 IPRG; IPRG Kommentar-VISCHER, N 3). Unter den Voraussetzungen von Art. 23 FusG ist auch eine **erleichterte Fusion** nach Art. 24 FusG zulässig, sofern das ausländische Recht sie erlaubt. Eine grenzüberschreitende **Sanierungsfusion** ist zulässig, sofern die übernehmende schweizerische Gesellschaft die Voraussetzungen des Art. 6 FusG erfüllt und das ausländische Recht den Vorgang zulässt (IPRG Kommentar-VISCHER, N 10 ff.).

Art. 163a IPRG umfasst alle Fragen, die sich zum Ablauf und den Rechtsfolgen einer Immigrationsfusion bezüglich der Rechte der Gesellschafter, der Struktur der Gesellschaften und der Vermögensverhältnisse stellen. Nicht nach Art. 163a IPRG, sondern nach Art. 163c IPRG richtet sich die Anknüpfung des Fusionsvertrages. Wo es dem Ziel dienlich ist, hinkende Rechtsverhältnisse zu vermeiden, ist im Zweifelsfall von einem weiten Anwendungsbereich von Art. 163a IPRG auszugehen (Handkommentar FusG-COURVOISIER, N 2).

II. Voraussetzungen der Immigrationsfusion (Abs. 1)

1. Allgemeines

3 Art. 163a Abs. 1 IPRG verlangt, dass die Fusion nach dem Gesellschaftsstatut des Wegzugsstaates **erlaubt** und dessen **Voraussetzungen erfüllt** sind. Um hinkende Rechtsverhältnisse zu verhindern, verhilft das IPRG bei der Immigrationsfusion – wie bei der Sitzverlegung in die Schweiz nach Art. 161 Abs. 1 IPRG – dem ausländischen Recht zur Geltung. Aus dem «im Übrigen» anwendbaren schweizerischen Recht ergibt sich, dass die Zulässigkeit der Fusion und die Erfüllung von deren Voraussetzungen grundsätzlich auch nach **schweizerischem Recht** gegeben sein müssen (sog. Kumulation, vgl. dazu unten N 20 f.).

4 Eine Immigrationsfusion wird demnach aus schweizerischer Sicht zu beachten sein, wenn folgende kumulativen Bedingungen erfüllt sind:

– Das ausländische Recht sowie das schweizerische Recht lassen die Immigrationsfusion (in die Schweiz) grundsätzlich zu.

– Die hierfür vom ausländischen Gesellschaftsstatut erforderlichen Voraussetzungen werden erfüllt.

– Die Anwendung des schweizerischen Rechts auf die fusionierte Gesellschaft ist mit der Einhaltung der Voraussetzungen des ausländischen Rechts zu vereinbaren.

5 Fehlt es an einer oder mehreren der vorgenannten Voraussetzungen, so ist die Fusion aufgrund von Art. 163a IPRG ausgeschlossen. Dem fusionswilligen Rechtsträger bleibt diesfalls der (meist steuerrechtlich ungünstige) Umweg einer Liquidation des ausländischen Unternehmens mit Neugründung in der Schweiz oder aber die (in der Praxis bevorzugte) Gründung einer Gesellschaft in der Schweiz, die alsdann durch Vermögensübertragung zur Muttergesellschaft der/s ausländischen Rechtsträger(s) wird.

2. Zulässigkeit der Immigrationsfusion

a) Fusionsbegriff

6 Die Fusion wird definiert als die rechtliche Vereinigung von zwei oder mehr Gesellschaften durch Vermögensübernahme ohne Liquidation, wobei in der Regel den Gesellschaftern der übertragenden Gesellschaft Anteils- und Mitgliedschaftsrechte am übernehmenden Rechtsträger eingeräumt werden. Dabei wird die übertragende Gesellschaft aufgelöst und die Gesamtheit ihrer Aktiven und Passiven geht durch Universalsukzession auf die übernehmende Gesellschaft über (vgl. Art. 3 FusG N 1; Botschaft, 4391; KÜNG, Fusionsbegriff, 245 ff. sowie FORSTMOSER/MEIER-HAYOZ/NOBEL, § 57 N 7–12; zur Abgrenzung von der **unechten Fusion** oder der **Quasi-Fusion** vgl. vor Art. 161–164b IPRG N 3 m.w.H.); das **ausländische Recht** muss demnach einen Vorgang über die Grenzen hinaus zulassen, der die folgenden **wesentlichen Begriffselemente der Fusion** erfüllt (eingehend und unter Berücksichtigung des gemeinschaftsrechtlichen Fusionsbegriffs BÜHLER, 44 ff.):

7 – *Auflösung ohne Liquidation der übertragenden Gesellschaft(en)*

Mit der Fusion ist der Untergang (mindestens) einer Gesellschaft verbunden. Diese wird in der Weise aufgelöst, dass sie nicht liquidiert, sondern in eine andere übergeführt wird.

8 – *Übergang der Aktiven und Passiven auf dem Wege der Universalsukzession*

Das ausländische Recht muss den Vermögensübergang durch **Universalsukzession** auf die schweizerische Gesellschaft zulassen (BESSENICH, Fusion, 17). Lässt es eine Übertragung nur durch Singularsukzession zu, ist die Fusion nach Art. 163a IPRG ausgeschlossen. Mit der Fusion muss das ausländische Recht nicht nur den Übergang des Vermögens, sondern auch die Rechtsnachfolge eintreten lassen, wobei die Zeitpunkte nicht zwingend übereinstimmen müssen (vgl. dazu unten, N 15 ff.).

– *Mitgliedschaftliche Kontinuität in der neuen Gesellschaft* 9

Die bestehenden Mitgliedschaftsrechte der Gesellschafter der übertragenden Gesellschaft(en) werden grundsätzlich nahtlos als Mitgliedschaftsverhältnisse in der neuen Gesellschaft (in einem im Fusionsvertrag zu bestimmenden Umfang) weitergeführt (FORSTMOSER/MEIER-HAYOZ/NOBEL, § 57 N 12). Eine Wahrung der Anteils- oder Mitgliedschaftsrechte der Gesellschafter ist nach schweizerischem Recht nicht zwingend erforderlich. Denn auch Art. 8 Abs. 2 FusG lässt es zu, dass die Gesellschafter der beteiligten Gesellschaften von der neuen Gesellschaft ausschliesslich eine *Abfindung* erhalten. Wo das ausländische Recht strengere Anforderungen stellt, indem es etwa keine Abfindung in Geld erlaubt, ist es ebenfalls zu beachten (Handkommentar FusG-COURVOISIER, N 13, zur Europakompatibilität von Art. 8 FusG vgl. NUFER, 568). Wo dieses Recht jedoch Anforderungen stellt, die vom schweizerischen Recht nicht erfüllt werden können (etwa die Weiterführung von Privilegien, die nach schweizerischem Recht unzulässig sind), scheitert die Fusion (zur Möglichkeit, vor der Vornahme der Fusion entsprechende Anpassungen vorzunehmen vgl. N 14).

– *Vertragliche Vereinbarung* 10

Der Fusionsvertrag ist das einzige Wesensmerkmal der Fusion, das nicht an die Folgen anknüpft, sondern darauf gerichtet ist, diese Folgen zu bewirken. Der Fusionsvertrag kommt durch den überstimmenden, auf die Wirkungen der Fusion gerichteten Willen der beteiligten fusionswilligen Parteien zustande (KÜNG, Fusionsbegriff, 249).

Die Herbeiführung der Fusion gemäss den dargelegten Begriffselementen braucht vom 11
ausländischen Recht nicht ausdrücklich vorgesehen zu sein. Es reicht aus, wenn das ausländische Recht die Herbeiführung der entsprechenden Rechtsfolgen **duldet** und deren **Wirkung anerkennt**. Wo diese Wirkungen nicht genau dem schweizerischen Verständnis der Begriffselemente einer Fusion entsprechen, ist mittels internationalprivatrechtlicher **Anpassung** zu prüfen, ob eine weitgehende Entsprechung angenommen werden kann und eine Anerkennung in Frage kommt (vgl. dazu unten N 14). Ausschlaggebend sind bei dieser Prüfung die Ziele des Entscheidungseinklangs und der Verhinderung hinkender Rechtsverhältnisse. Zum harmonisierten Fusionsbegriff in den EU/EWR-Staaten aufgrund der EU-Fus-RL vgl. vor Art. 161–164b IPRG N 25 sowie NUFER, 552 ff., 561.

b) Zulässigkeit nach schweizerischem Recht und allfällige Anpassung

Nur indirekt aus Art. 163a Abs. 1 i.V.m. Abs. 2 IPRG ergibt sich als weiteres Erfordernis, 12
dass die Fusion **nach schweizerischem Recht** zulässig sein muss. Die Frage, welche Rechtsträger aufgrund ihrer Struktur überhaupt fusionieren dürfen, ist in Form eines *numerus clausus* zulässiger Fusionen in Art. 4 FusG geregelt. Fraglich ist, ob dieser Katalog unbesehen auch auf grenzüberschreitende Fusionen übertragen werden kann. Dabei ist zu bedenken, dass der Gesetzgeber beim Erlass von Art. 4 FusG stets die Strukturen der aufgeführten Gesellschaften anhand des schweizerischen Privatrechts (namentlich des ZGB und des OR) vor Augen hatte und auf dieser Grundlage seinen Entscheid über die Zulässigkeit oder Unzulässigkeit fällte. Hingegen ist (zumindest anhand der publizierten Materialien) nicht davon auszugehen, dass der Gesetzgeber die unüberschaubare Vielfalt der ausländischen Gesellschaftsformen zu erfassen gesucht hat. Es erscheint daher angebracht, die Zulässigkeit der Fusion anhand der **konkreten Struktur**

der in Frage stehenden ausländischen Gesellschaft und im Lichte der **Gründe und Zielsetzungen**, die dem *numerus clausus* in Art. 4 FusG zugrunde liegen, zu prüfen.

13 Insbesondere wenn der Ausschluss einer Fusion in Art. 4 FusG primär dem **Schutz der bisherigen Gläubiger** dient (bspw. bei der Übernahme einer Kapital- durch eine Kollektivgesellschaft, vgl. Botschaft, 4395), darf er nicht ohne weiteres auf die Immigrationsfusion übertragen werden. Denn es ist nicht Sache des schweizerischen Rechts, die ausländischen Gläubiger über das Mass ihres bisherigen Gesellschaftsstatuts hinaus zu schützen, solange die wesentlichen Elemente einer Fusion nach schweizerischem Rechtsverständnis erfüllt sind und das ausländische Recht beachtet wurde.

14 Wo hingegen das Vorliegen einer **qualifizierten Inkompatibilität** (Botschaft, 4393) der rechtlichen Strukturen für einen Ausschluss nach Art. 4 FusG ausschlaggebend war, wird dieser Ausschluss in der Regel auch für die Immigrationsfusion zu gelten haben. Dabei sind allerdings mögliche strukturelle Unterschiede zu der evtl. gleichnamigen Gesellschaftsform nach ausländischem Recht zu berücksichtigen. So kommt in einigen Rechtsordnungen bspw. den Kollektivgesellschaften – im Gegensatz zur Schweiz – umfassende Rechtspersönlichkeit zu (vgl. auch zur Äquivalenz angelsächsischer Trusts Art. 161 IPRG N 11 m.w.H.). Im Gegensatz zur binnenrechtlichen Anwendung von Art. 4 FusG soll deshalb im grenzüberschreitenden Verhältnis Raum für eine **Anpassung** im Einzelfall bestehen. Dem FusG liegt bekanntlich eine fusions- und spaltungsfreundliche Haltung zu Grunde (vgl. Komm. zu Art. 1 FusG). Sprechen die Schutzüberlegungen des FusG (N 13) nicht für einen Ausschluss der Fusionsfähigkeit mit der ausländischen Rechtsform, so ist diese – die Erfüllung aller weiteren Voraussetzungen, namentlich derjenigen des Art. 163a IPRG vorausgesetzt – im Zweifelsfall zu bejahen. In Fällen mangelnder Kongruenz und Kompatibilität kann verlangt werden, dass zunächst eine Statutenänderung, eine Kapitalerhöhung, eine Vereinheitlichung der Beteiligungsrechte und ähnliche Massnamen vorgenommen werden, bevor über den eigentlichen Fusionsplan beschlossen werden kann (GIRSBERGER, ZSR, 325). Eine solche Lösung ist im Sinne des Verhältnismässigkeitsgrundsatzes als milderes Mittel einer Verweigerung der Fusion vorzuziehen. In jedem Falle hat sich die schweizerische **Zielgesellschaft** dem *numerus clausus* der Gesellschaftsformen des schweizerischen Privatrechts zu fügen (ebenso bei der Verlegung einer Gesellschaft in die Schweiz vgl. dazu Art. 161 IPRG N 11 f.).

c) Zeitliche Koordination des Rechtsübergangs

15 Die Universalsukzession kann begriffsnotwendig nur zu einem einheitlichen Zeitpunkt eintreten. Für verschiedene ausländische Rechtsordnungen ist das Datum der letzten Zustimmung der massgebenden Gesellschaftsorgane entscheidend, nach einzelnen Rechten ist der Zeitpunkt durch diese Organe frei bestimmbar (rechtsvergleichend BESSENICH, Fusion, 126 ff.). Für nationale Sachverhalte verlangt das FusG die Anmeldung beim Handelsregister, «sobald» die Fusionsbeschlüsse aller an der Fusion beteiligten Rechtsträger vorliegen (Art. 21 Abs. 1 FusG). Der übertragende Rechtsträger wird von Amtes wegen gelöscht, wenn die Fusion ins Handelsregister eingetragen wird (Art. 21 Abs. 3 FusG). Mit der Eintragung der Fusion wird sie rechtswirksam (Art. 22 FusG). Mangels einer besonderen Norm ist davon auszugehen, dass der Zeitpunkt der Eintragung und der Rechtswirkungen sich bei der Immigrationsfusion aufgrund von Art. 163a Abs. 2 IPRG **nach schweizerischem Recht** und damit nach Art. 21 Abs. 1 FusG i.V.m. Art. 22 FusG bestimmt. Diese Lösung stimmt zudem mit Art. 9 des EU-Vorschlags für eine Int.Fus-RL überein, der die Bestimmung des massgeblichen Zeitpunktes ebenfalls dem Gesellschaftsstatut der übernehmenden Gesellschaft überlässt.

Solange das ausländische Recht den Zeitpunkt der Rechtswirksamkeit dem Statut der 16
übernehmenden Gesellschaft (also schweizerischem Recht) überlässt oder zumindest
eine Festlegung durch die Parteien erlaubt (welche dann den nach schweizerischem
Recht massgeblichen Zeitpunkt vereinbaren können), stellen sich keine Probleme.
Stimmt der gesetzliche Zeitpunkt der beteiligten Rechtsordnungen jedoch damit nicht
überein und ist er nach keiner der beteiligten Rechtsordnungen frei wählbar, kann dies
zu **Koordinationsproblemen** führen.

In den revidierten IPRG-Bestimmungen fehlt eine ausdrückliche Möglichkeit, Zeit- 17
punkte, die von den beteiligten Rechtsordnungen unterschiedlich angesetzt sind, zu koordinieren. Bei kollisionsrechtlichen Fragestellungen kann eine solche Koordination
mittels Anpassung erfolgen (SIEHR, IPR, 535). Eine Anpassung drängt sich – sofern
möglich – nicht zuletzt deshalb auf, weil das Ziel des FusG (und der revidierten IPRG-
Bestimmungen) in der *Erleichterung* von (auch grenzüberschreitenden) Umstrukturierungen liegt. Das schweizerische Recht soll daher im internationalen Verhältnis den fusionswilligen Parteien erlauben, im **Fusionsvertrag** zu vereinbaren, dass die Universalsukzession erst im späteren, der von den beteiligten Gesellschaftsrechten vorgesehenen,
Zeitpunkt eintritt. Art. 22 FusG hätte demnach im internationalen Verhältnis hinter einer
abweichenden Vereinbarung zurückzutreten, wo dies zu Ermöglichung der Immigrationsfusion unabdingbar ist (**a.A.** Handkommentar FusG-COURVOISIER, N 8 f.)

Bezüglich der Modalitäten einer Berücksichtigung des nach ausländischem Recht (i.d.R. 18
vertraglich) bestimmten Zeitpunktes unter möglichst weitgehender Beachtung der
schweizerischen Publizitätsvorschriften ist von den schweizerischen Registerbehörden
Flexibilität gefordert. Denkbar wäre ein Eintrag, der seine Wirkung ab dem Zeitpunkt
des Rechtsübergangs nach ausländischem Recht zeitigt, bzw. ab dem Untergang der
übernommenen Gesellschaft (Handkommentar FusG-COURVOISIER, N 11). Denkbar
wäre ebenfalls ein Eintritt des Rechtsübergangs ab dem Zeitpunkt der späteren
Löschung, allenfalls verbunden mit der Möglichkeit, die schweizerische übernehmende
Gesellschaft bereits (suspensiv bedingt) mit Wirkung auf den künftigen Rechtsübergang
einzutragen. Für die Zwecke der Rechtssicherheit ist in jedem Fall zu fordern, dass vor
Eintritt der Rechtswirkungen eine entsprechende Ankündigung mit Angabe des Zeitpunkts des Eintretens der Rechtswirkungen (natürlich vor diesem Zeitpunkt) im SHAB
erscheint (ähnlich Handkommentar FusG-COURVOISIER, a.a.O.). Wenn die ausländische
Löschung konstitutiven Charakter hat und sich dieser Zeitpunkt zwingend nach ausländischem Recht bestimmt, muss der Zeitpunkt des Eintritts der Wirkung der Fusion ins
schweizerische Handelsregister von der Löschung der übertragenden ausländischen
Gesellschaft abhängig gemacht werden (BEHRENS, RIW 1986, 593 f.). Lässt sich die
Koordination nicht mit einer die Rechtssicherheit nicht beeinträchtigenden Methode
bewerkstelligen, scheitert die Fusion.

Zu den für die Eintragung der Fusion erforderlichen Belege vgl. N 28 ff. 19

III. Anwendbares Recht

1. Grundzüge der Regelung

Art. 163a Abs. 1 IPRG bestimmt, dass für die Immigration die Voraussetzungen des aus- 20
ländischen Rechts erfüllt sein müssen. Artikel 163a Abs. 2 IPRG erklärt «im Übrigen»
das schweizerische Recht für anwendbar. Diese Bestimmungen sind *nicht* so zu verstehen, dass grundsätzlich das ausländische Recht anwendbar sei, und das schweizerische
Recht lediglich dazu berufen sei, die Fragen zu regeln, die vom ausländischen Recht

nicht geregelt sein wollen. Vielmehr gebietet Abs. 1 zunächst eine **kumulative Anwendung** aus- und inländischer Bestimmungen, welche die **Gültigkeit der Immigrationsfusion** erfassen. Erst wenn die Reichweite dieser Bestimmungen, insbesondere derjenigen des ausländischen Rechts, feststeht, kommt für die **übrigen Fragen** (alleine) das **schweizerische Recht** zur Anwendung (Abs. 2). Das schweizerische Recht hat allerdings dem ausländischen Gesellschaftsstatut stets den Vorrang zu lassen, «wo keine schweizerischen Interessen berührt sind» (Botschaft, 4499).

2. Kumulative Anwendung mit Vorrang des ausländischen Rechts (Abs. 1)

21 Für die Beurteilung, welche Rechtsfragen nach Abs. 1 der kumulativen Anwendung von in- und ausländischem Recht unterstehen, ist stets das Ziel des internationalen Entscheidungseinklangs und der Vermeidung hinkender Rechtsverhältnisse vor Augen zu halten. Diesem Ziel dient in erster Linie die Beachtung aller Vorschriften des **ausländischen Rechts**, deren Einhaltung dieses Recht als Voraussetzung für die **Gültigkeit** der Fusion betrachtet. Das massgebende ausländische Recht ist dasjenige des Staates, dem die Gesellschaft vor der Fusion rechtlich untersteht und in welchem sie allenfalls eingetragen ist (IPRG Kommentar-VISCHER, N 5; zur Abgrenzung von Art. 164b IPRG vgl. Art. 161 IPRG N 8 f.). Im Hinblick auf das Ziel des internationalen Entscheidungseinklangs ist das ausländische Recht dabei als Ganzes, mit all seinen offenen und verdeckten Rück- und Weiterverweisungen zu beachten, wie es ein Richter des berufenen ausländischen Rechts täte (vor Art. 161–164b IPRG N 11). In der Regel werden aus der Sicht des ausländischen Rechts v.a. die Bestimmungen über den Schutz der Gläubiger und der Mitgliedschaftsrechte Anwendung verlangen, was im Einklang mit dem Zweck des IPRG steht, vgl. Art. 19. Darüber hinaus sind aber grundsätzlich sämtliche Bestimmungen des ausländischen Rechts zu berücksichtigen, die auf den Sachverhalt zwingend anwendbar sind, seien sie nun gesellschafts-, steuer-, investitionsrechtlicher oder anderer Art (IPRG Kommentar-VISCHER, N4; Botschaft, 4499; vgl. die Übersicht über die anwendbaren Rechtsnormen in Deutschland, Frankreich und Grossbritannien bei BÜHLER, 108 ff., zum Steuerrecht im Besonderen 282 ff.). Auch dies entspricht dem Gedanken des IPRG (vgl. Art. 13). Sofern diese Bestimmungen Fragen ausserhalb des eigentlichen Fusionsvorganges aus gesellschaftsrechtlicher Sicht betreffen und keine schweizerischen Interessen betroffen sind, kommt das ausländische Recht ausschliesslich zur Anwendung (N 25).

22 Wo im Regelungsbereich der ausländischen Normen durch die Fusion schweizerische Interessen betroffen sind, bzw. wo der gültige Bestand der Gesellschaft nach schweizerischem Recht in Frage steht, müssen **kumulativ** die Vorschriften des **schweizerischen Rechts** beachtet werden. Dies ergibt sich nicht zuletzt daraus, dass die fusionierte Gesellschaft, um in der Schweiz gültig zu bestehen, den Vorschriften des schweizerischen Rechts zu entsprechen hat. Eine Folge der kumulativen Anwendung des schweizerischen und ausländischen Rechts äussert sich darin, dass die Einhaltung der Voraussetzungen des ausländischen Gesellschaftsstatuts vor der Fusion (d.h. dem Eintritt von deren Wirkungen) trotz der Anwendung der kumulativ geltenden Bestimmungen des schweizerischen Rechts weiterhin möglich sein muss.

3. Anwendung schweizerischen Rechts als Fusionsstatut (Abs. 2)

23 Der Umfang der Anwendung schweizerischen Rechts lässt sich erst bestimmen, wenn feststeht, welche ausländischen Bestimmungen aufgrund von Abs. 1 anzuwenden sind, um die Fusion gültig eintreten zu lassen.

24 Alleine nach schweizerischem Recht bestimmen sich primär all jene Fragen, die vom ausländischen Recht nicht erfasst sein wollen. Dazu gehört in der Regel die Organisa-

tion der schweizerischen fusionierten Gesellschaft, der Schutz ihrer Gesellschafter und Gläubiger sowie insb. der Schutz des schweizerischen Rechtsverkehrs (zu Letzterem vgl. aber die Sonderanknüpfung in Art. 163c IPRG N 26 f.). Greift das ausländische Recht auch in diese Rechtsfragen ein, und ist deren Beachtung eine Voraussetzung für die Gültigkeit der Fusion (Abs. 1), so ist dieses soweit kumulativ zu beachten, als es sich mit der Beachtung schweizerischen Rechts vereinbaren lässt (N 21 f.; IPRG Kommentar-VISCHER, N 7 f.). Wo dies nicht möglich ist und die mit dem schweizerischen Recht nicht vereinbare Norm des ausländischen Rechts die von der schweizerischen Norm wahrgenommenen Interessen nicht in gleichwertiger Weise wahrnimmt, scheitert die Fusion.

4. Ausnahmsweise ausschliessliche Anwendung ausländischen Rechts

Soweit nicht Bestimmungen in Frage stehen, die eine Bedingung für die Zulässigkeit der Fusion bilden, und daher zwingend, allenfalls kumulativ zum ausländischen Recht (N 21 f.) anzuwenden sind, muss das schweizerische Recht insoweit vor dem ausländischen Recht zurücktreten, als das ausländische Recht den **engeren Zusammenhang** mit der zu beurteilenden Frage aufweist und zugleich «keine schweizerischen Interessen berührt sind» (Botschaft, 4499; IPRG Kommentar-VISCHER, N 9). Letzteres dürfte bei der Immigrationsfusion häufiger der Fall sein als bei der Emigrationsfusion (vor Art. 161–164b IPRG N 8). Die Regelung weiterer Fragen, die primär die internen Verhältnisse der ausländischen Gesellschaft vor dem Fusionsvorgang betreffen und keine schweizerischen Interessen berühren, hat sich daher ausnahmsweise **alleine nach ausländischem Recht** zu richten (Handkommentar FusG-COURVOISIER, N 21 ff.). Sie ist als nicht von der Verweisung in Abs. 2 erfasst zu betrachten. Dazu gehören neben den genannten Gläubigerschutzbestimmungen etwa die Bestimmungen über die Erstellung und Prüfung von Berichten und Bilanzen (vorbehältlich des Einsichtsrechts der Gesellschafter der schweizerischen Gesellschaft nach Art. 16 Abs. 1 FusG) und über die Beschlussfassung der ausländischen Gesellschaft (zur erforderlichen Form vgl. N 26 f.). Das schweizerische Recht ist auch nicht für den Gesellschafterschutz der ausländischen Gesellschaft (vor der Immigration) zuständig (BESSENICH, Fusion, 14 f.). Es steht ihm demnach auch nicht zu, die Angemessenheit der Abfindungen der bisherigen Gesellschafter (Art. 7 und Art. 8 FusG) zu überprüfen. Einen weiteren Anwendungsfall bildet die Frage der Mitwirkungsrechte der Arbeitnehmervertretung der ausländischen Gesellschaft, soweit die Beachtung derartiger Bestimmungen nach dem ausländischen Fusionsstatut gemäss Art. 163a IPRG Voraussetzung für die Gültigkeit der Emigrationsfusion bildet, was nach vielen Rechtsordnungen zutrifft (teilweise **a.A.** Handkommentar FusG-COURVOISIER, N 4). Gewisse Mindestanforderungen an die Form von Berichten und Beschlüssen der ausländischen Gesellschaft (bspw. die Schriftlichkeit der Beschlüsse, nicht aber die öffentliche Beurkundung, sofern sie nicht vom ausländischen Gesellschaftsstatut gefordert wird) ergeben sich allerdings aus den registerrechtlichen Bestimmungen des schweizerischen Rechts (vgl. N 28 ff.).

5. Sonderanknüpfung des Fusionsvertrages und der Form- und Publizitätserfordernisse

Mit Bezug auf den Fusionsvertrag und die damit verbundenen Form- und Publizitätsvorschriften ist die Sonderanknüpfung des Art. 163c IPRG zu beachten, die eine strenge kumulative Anknüpfung vorsieht (vgl. dazu Art. 163c IPRG N 3 ff.).

Art. 163c IPRG trägt dem Umstand Rechnung, dass die Rechtssicherheit, der die Form- und Publizitätsvorschriften dienen, zu den primären schweizerischen Interessen zu zählen ist. Während sich bei dem für beide Rechtsordnungen relevanten Fusionsvertrag eine kumulative Anknüpfung rechtfertigt, ist bezüglich der darüber hinaus anwendbaren Form- und Publizitätsvorschriften zu fordern, dass auf die schweizerische übernehmende Gesellschaft (mindestens) sämtliche Form- und Publizitätsvorschriften des **schweizerischen Rechts** angewendet werden (Art. 163c IPRG N 6).

IV. Erforderliche Nachweise bei der Eintragung

28 Bei der *grenzüberschreitenden* Immigrationsfusion hat die übernehmende Gesellschaft an ihrem schweizerischen Sitz dem Handelsregisteramt mit der Anmeldung zur Eintragung der Fusion (Art. 21 Abs. 1 FusG) neben den nach Art. 105 HRegV einzureichenden Belegen (vgl. dazu Art. 21 FusG N 17 ff.) aufgrund von Art. 110 Abs. 1 HRegV zusätzlich folgende Belege einzureichen:
– Einen Ausweis über den rechtlichen Bestand der übernehmenden Gesellschaft im Ausland (lit. a),
– eine Bescheinigung der zuständigen ausländischen Behörde über die Zulässigkeit der grenzüberschreitenden Fusion nach dem ausländischen Recht (lit. b), sowie
– ein Nachweis der Kompatibilität der fusionierenden Gesellschaften (lit. c).

29 Unter dem in lit. a geforderten **Ausweis** ist eine Bestätigung bzw. ein Auszug aus einer dem schweizerischen Handelsregister gleichwertigen Einrichtung zu verstehen. Diese muss sämtliche Angaben enthalten, die für die Eintragung der nach schweizerischem Recht äquivalenten Rechtsträger erforderlich sind (Art. 49 Abs. 1 HRegV analog). Soll eine juristische Person (nach schweizerischem Recht) eingetragen werden, so ist zudem ein von der zuständigen öffentlichen Urkundsperson beglaubigtes Exemplar der bisherigen Stauten oder des Gesellschaftsvertrags beizulegen (VOGT, 46). Besteht im Ursprungsstaat kein Registerzwang, hat die immigrierende Gesellschaft stattdessen den Nachweis zu erbringen, dass sie alle Anforderungen, die der fragliche Staat an ihr rechtgültiges Bestehen stellt, erfüllt, etwa durch ein vom «registrar of companies» ausgestelltes *Certificate of Incorporation* (KÜNG, Art. 50a N 4, DERS., Eintragung, 16 f.). Kann dieser Nachweis nicht in Form der öffentlichen Beurkundung erbracht werden, ist ersatzweise die Stellungnahme einer behördlichen oder privaten Stelle zulässig, die sich über ausreichende Kenntnisse des ausländischen Rechts auszuweisen vermag. Dieses Rechtsgutachten muss auch darüber Auskunft geben, dass eine Bestätigung mittels öffentlicher Urkunde nicht möglich ist (KÜNG, Art. 50a N 4; VOGT, a.a.O).

30 Grundsätzlich ist eine **Bescheinigung** (lit. b) der zuständigen ausländischen Behörde über die Zulässigkeit der Fusion beizubringen. Wo die ausländische Rechtsordnung weder das Institut des positiven Vorbescheides noch eine vergleichbare Form einer verbindlichen behördlichen Rechtsauskunft kennt, oder aber diese von zusätzlichen Voraussetzungen abhängig macht, die über die ohnehin zu beachtenden zwingenden Vorschriften hinaus gehen, ist ersatzweise auch eine gutachterliche Stellungnahme einer privaten Stelle oder einer öffentlichen oder privaten Forschungseinrichtung zulässig. Dieses Gutachten muss diesfalls auch darüber Auskunft geben, dass eine behördliche Auskunft nach der fraglichen Rechtsordnung nicht eingeholt werden kann (VOGT, 49).

31 Sowohl der in lit. a verlangte Ausweis als auch die in lit. b verlangte (staatliche) Bescheinigung müssen i.d.R. mit *Apostille* versehen bzw. beglaubigt werden (Art. 30 HRegV) sowie allenfalls durch einen qualifizierten Übersetzer beglaubigt *übersetzt* werden (Art. 7 Abs. 2 HRegV).

32 Im Gegensatz zu den in Art. 164 IPRG geregelten Emigrationstatbeständen (vgl. dazu Art. 164 IPRG N 14 ff.; KÜNG, Eintragung, 17) erfordert Art. 163a IPRG und der darauf

basierende revidierte Art. 110 Abs. 1 HRegV für die Immigrationsfusion keinen Nachweis, dass die Fusion rechtsgültig erfolgt ist (was ja auch im Zeitpunkt der Eintragung noch gar nicht möglich wäre).

Art. 110 Abs. 1 lit. c HRegV verlangt einen Nachweis der Kompatibilität der fusionierenden Gesellschaften (N 14). Dieser Nachweis (inhaltlich ein Rechtsgutachten) kann von einer anerkannten in- oder ausländischen Forschungseinrichtung (etwa dem Institut für Rechtsvergleichung in Lausanne) oder aber einem qualifizierten Privaten (etwa einem Rechtsanwalt) stammen. Der Nachweis braucht sich nicht zwingend auf den konkret in Frage stehenden Fall zu beziehen, etwa wenn über die Kompatibilität der in Frage stehenden Gesellschaftsformen bereits ein Gutachten (bspw. ein wissenschaftlicher Aufsatz) oder eine entsprechende handelsregisterrechtliche Praxis existieren und keine besonderen Umstände vorliegen. Wo sich die Kompatibilität ohne weiteres ergibt (etwa bei der Fusion von Aktiengesellschaften) dürfen die Anforderungen an diesen Nachweis nicht allzu hoch gesetzt werden. Wo hingegen für die Herstellung der Kompatibilität eine Anpassung (N 14) notwendig ist, etwa durch Beilage einer Bescheinigung über ein bestimmtes Gesellschaftsvermögen an Stelle eines fehlenden Grundkapitals, muss der Nachweis nach lit. c auf diese besonderen Umstände eingehen. 33

Die Anmeldung zur Eintragung obliegt im Falle einer Absorptionsfusion dem obersten Leitungs- und Verwaltungsorgan der übernehmenden Gesellschaft. Bei einer Kombinationsfusion sind es die designierten Organe der zu gründenden Gesellschaft. Meist kommen zu den genannten fusionsspezifischen Belegen weitere Belege für eintragungspflichtige Beschlüsse hinzu (Wahl der Organe, Annahmeerklärungen, Zeichnungsberechtigungen, Statutenänderungen; vgl. zur bisherigen Rechtslage KÜNG, Eintragung, 20 f.). 34

Art. 163b IPRG

b. Fusion von der Schweiz ins Ausland

¹ Eine ausländische Gesellschaft kann eine schweizerische Gesellschaft übernehmen (Emigrationsabsorption) oder sich mit ihr zu einer neuen ausländischen Gesellschaft zusammenschliessen (Emigrationskombination), wenn die schweizerische Gesellschaft nachweist, dass:
a. mit der Fusion ihre Aktiven und Passiven auf die ausländische Gesellschaft übergehen; und
b. die Anteils- oder Mitgliedschaftsrechte in der ausländischen Gesellschaft angemessen gewahrt bleiben.

² Die schweizerische Gesellschaft hat alle Vorschriften des schweizerischen Rechts zu erfüllen, die für die übertragende Gesellschaft gelten.

³ Die Gläubiger sind unter Hinweis auf die bevorstehende Fusion in der Schweiz öffentlich zur Anmeldung ihrer Ansprüche aufzufordern. Artikel 46 des Fusionsgesetzes vom 3. Oktober 2003 findet sinngemäss Anwendung.

⁴ Im Übrigen untersteht die Fusion dem Recht der übernehmenden ausländischen Gesellschaft.

b. Fusion de la Suisse vers l'étranger

¹ Une société étrangère peut reprendre une société suisse (absorption par émigration) ou s'unir à elle pour fonder une nouvelle société étrangère (combinaison par émigration) si la société suisse prouve:

a. que l'ensemble de ses actifs et passifs seront transférés à la société étrangère;
b. que les parts sociales ou les droits de sociétariat seront maintenus de manière adéquate au sein de la société étrangère.

² La société suisse doit respecter toutes les dispositions du droit suisse applicables à la société transférante.

³ Les créanciers sont sommés de produire leurs créances par un appel public en Suisse les informant de la fusion projetée. L'art. 46 de la loi du 3 octobre 2003 sur la fusion s'applique par analogie.

⁴ Pour le reste, la fusion est régie par le droit applicable à la société étrangère reprenante.

b. Fusione con una società straniera

¹ Una società straniera può assumere una società svizzera (incorporazione mediante emigrazione) o unirsi a essa in una nuova società straniera (combinazione mediante emigrazione) se la società svizzera prova che:
a. con la fusione tutti i suoi passivi e attivi sono trasferiti alla società straniera; e
b. le quote sociali e i diritti societari sono adeguatamente salvaguardati in seno alla società straniera.

² La società svizzera deve ottemperare a tutte le disposizioni del diritto svizzero applicabili alla società trasferente.

³ In Svizzera, i creditori devono essere pubblicamente diffidati a notificare i loro crediti, facendo loro presente l'imminente fusione. L'articolo 46 della legge del 3 ottobre 2003 sulla fusione si applica per analogia.

⁴ Per il rimanente la fusione soggiace al diritto della società assuntrice straniera.

Literatur

Vgl. die Literaturhinweise zu Vorbemerkungen zu Art. 161–164b IPRG.

I. Normzweck

1   Der durch das Fusionsgesetz neu eingefügte Art. 163b IPRG regelt Emigrationsfusionen, also Konstellationen, bei denen sich eine schweizerische Gesellschaft im Sinne von Art. 154 IPRG als übertragende Gesellschaften mit einer sich im Ausland befindlichen übernehmenden Gesellschaft vereinigt. Die übertragende schweizerische Gesellschaft soll in der ausländischen übernehmenden Gesellschaft aufgehen. Denkbar ist auch, dass mehrere übertragende Gesellschaften oder mehrere übernehmende Gesellschaften beteiligt sind, die gleichzeitig fusionieren. Die Transaktion, die der schweizerische Gesetzgeber im Auge hatte, ist die sog. *echte Fusion* (statutory merger): Sie ist gekennzeichnet durch die folgenden Merkmale (vgl. dazu ausführlicher Art. 163a IPRG N 6 ff. zu sowie KÜNG, Fusionsbegriff, 245 f.):
– Fusionsvertrag,
– mitgliedschaftliche Kontinuität,
– Auflösung der übertragenden Gesellschaft(en) ohne Liquidation, und
– Universalsukzession.

Art. 163b IPRG umfasst (wie im spiegelbildlichen Fall Art. 163a IPRG für die Immigrationsfusion) sowohl die *Kombinations-* als auch die *Absorptionsfusion* ins Ausland und sieht für beide Fälle dieselben Voraussetzungen und Rechtsfolgen vor. Nicht ausschlaggebend für die Anknüpfung der Fusion ist die Belegenheit (in der Schweiz oder im Ausland) des Vermögens der übertragenden oder übernehmenden Gesellschaft(en) (BÜHLER, 49 f.). Die Anknüpfung bzw. Anerkennung einer Fusion von *ausländischen* Gesellschaften ohne Beteiligung einer schweizerischen Gesellschaft wird demgegenüber ausschliesslich von Art. 164b IPRG erfasst.

Die Emigrationsfusion ist in Art. 163b IPRG detaillierter geregelt als die Immigrationsfusion (Art. 163a IPRG). Dieser Umstand lässt sich mit dem Schutzbedürfnis schweizerischer Gesellschafter und Gesellschaftsgläubiger begründen, denen durch die Emigrationsfusion das **Haftungssubstrat** eines schweizerischen Rechtsträgers entzogen wird. 2

Art. 163b IPRG besteht im Wesentlichen aus einer kollisionsrechtlichen Grundnorm in Abs. 4 (N 4 ff.), ergänzt durch eine Sonderanknüpfung in Abs. 2 für die schweizerischen Gesellschaften (N 10 ff.) sowie durch selbständige materiellrechtliche Mindestvoraussetzungen (i.S.v. IPR-Sachnormen) in Abs. 1 und 3 (N 25 ff.). Die Sonderanknüpfung in Abs. 2 sowie die IPR-Sachnormen in den Absätzen 1 und 3 haben zum Ziel, gewisse Minimalstandards aus schweizerischer Sicht zum Schutz der bestehenden Gesellschafter und Gläubiger der übertragenden schweizerischen Gesellschaft(en) durchzusetzen. 3

II. Kollisionsrechtliche Bestimmungen (Abs. 2 und 4)

1. Grundsätzliche Anwendung des ausländischen Rechts der übernehmenden Gesellschaft (Abs. 4)

a) Grundzüge der kollisionsrechtlichen Verweisung

Abs. 4 enthält – trotz seiner systematischen Stellung innerhalb Art. 163a IPRG – die **grundsätzliche kollisionsrechtliche Verweisung**, wonach die Emigrationsfusion dem **ausländischen Recht** der übernehmenden Gesellschaft untersteht (Botschaft, 4499 f.). Das primäre Ziel dieser Verweisung liegt darin, hinkende Rechtsverhältnisse zu vermeiden, indem sichergestellt werden soll, dass aus Sicht des künftigen ausländischen «Umweltrechts» eine gültige Fusion erfolgt (Handkommentar FusG-GASSMANN, N 5). 4

Das (ausländische) Fusionsstatut im Sinne von Abs. 4 umfasst – vorbehältlich der in den Abs. 1 bis 3 enthaltenen Abweichungen – sämtliche im Zusammenhang mit der Fusion stehenden *gesellschaftsrechtlichen Fragen*, namentlich die Voraussetzungen, die Wirkungen und das Verfahren der Emigrationsfusion (vgl. die Übersicht über die anwendbaren Rechtsnormen in Deutschland, Frankreich und Grossbritannien bei BÜHLER, 108 ff.). Da Art. 163b IPRG abgesehen von den materiellrechtlichen Voraussetzungen in den Absätzen 1 und 3 (N 25 ff.) den Anwendungsbereich des schweizerischen Rechts auf die schweizerische übertragende Gesellschaft beschränkt (Abs. 2, N 10 ff.), ist das ausländische Recht in Bezug auf die übernehmende (ausländische) Gesellschaft grundsätzlich ohne Einschränkungen anwendbar. Eine Ausnahme bilden die allgemeinen Sondervorschriften des IPR, wie namentlich die *lois d'application immédiate* des schweizerischen Rechts (Art. 18 IPRG, Botschaft, 4501). Zu denken ist hierbei neben dem BewG (SR 211.412.41) an (weitere) bewilligungs- und aufsichtsrechtliche Bestimmungen, namentlich aus dem Kartell- und dem Finanzaufsichtsrecht. Eine Anwendung von Art. 19 IPRG ist angesichts der hier vertretenen umfassenden Anwendung der betroffenen ausländischen Rechtsordnung(en) kaum notwendig. 5

b) Kumulative Anwendung ausländischen und schweizerischen Rechts (Abs. 4 i.V.m. Abs. 2)

Über den oben (N 4 f.) umschriebenen Anwendungsbereich hinaus – und in scheinbarem Gegensatz zur Sonderanknüpfung in Abs. 2 (dazu N 10 ff.) – kann das ausländische 6

Recht auch für die übertragende schweizerische Gesellschaft Geltung beanspruchen, sofern die Anwendung der entsprechenden Bestimmungen des ausländischen Rechts eine Voraussetzung für die Gültigkeit der grenzüberschreitenden Fusion nach diesem Recht darstellt. Das auf diese Weise berufene *ausländische Recht* kann allerdings die in Anwendung von Abs. 2 auf die übertragende Gesellschaft anwendbaren Normen des *schweizerischen Rechts* und die materiellrechtlichen Normen in Art. 163b Abs. 1 und 3 IPRG nicht verdrängen, sondern ist neben diesen **kumulativ** anzuwenden. In diesen Fällen ist das jeweils strengere Recht einzuhalten. So muss etwa bei unterschiedlichen Anforderungen an Beschlussquoren das jeweils höhere Quorum erreicht werden. Wo die Anforderungen beider Rechtsordnungen nicht *uno actu* erfüllt werden können, ist ein bestimmter Vorgang u.U. zweimal vorzunehmen (etwa ein Dokument in zweifacher Ausführung auszustellen, vgl. zu den Formvorschriften im Besonderen Art. 163c IPRG).

7   Die kollisionsrechtliche Verweisung auf das Statut der übernehmenden Gesellschaft in Abs. 4 sowie auf das Recht der übertragenden Gesellschaft in Abs. 2 entspricht im Ergebnis weitgehend der geplanten EU-Fusionsrichtlinie (Art. 2 EU-Vorschlag für eine Int.Fus-RL). Diesem zufolge «unterliegt jede an einer grenzübergreifenden Verschmelzung beteiligte Gesellschaft im Hinblick auf den Verschmelzungsvorgang den Bestimmungen des für sie massgebenden innerstaatlichen Rechts, [welche] die Verschmelzung dieses Gesellschaftstyps mit anderen Kapitalgesellschaften desselben innerstaatlichen Rechts regeln».

c) Umfang der Verweisung in Abs. 4

8   Entgegen dem äusseren Anschein, der sich aus einer wörtlichen Auslegung von Art. 14 Abs. 1 IPRG ergibt, muss die Verweisung in Abs. 4 auf die Vorschriften des **ausländischen Rechts**, deren Einhaltung nach diesem Recht Voraussetzung für die **Gültigkeit** der Fusion ist, als eine Verweisung auf das ausländische Recht als Ganzes, mit all seinen offenen und verdeckten Rück- und Weiterverweisungen verstanden werden, so wie es ein Richter des berufenen ausländischen Rechts täte (vgl. vor Art. 161–164b IPRG N 11). Denn würde Art. 14 Abs. 1 IPRG seinem äusseren Wortlaut konsequent umgesetzt und jede Weiter- oder Rückverweisung des ausländischen Gesellschaftsstatuts ignoriert, käme aus Sicht des Übernahmestaates ein anderes Recht zur Anwendung als das vom schweizerischen Richter angewandte. Das erklärte Ziel der Verweisung, hinkende Rechtsverhältnisse zu verhindern, würde dadurch verfehlt.

9   Eine allfällige **Rück- oder Weiterverweisung** des ausländischen Gesellschaftsstatuts kann verschiedene Konstellationen hervorrufen: Namentlich bei Staaten, die der Sitztheorie folgen, sind (ausdrückliche oder implizite) Weiterverweisungen auf das Recht am Inkorporationsort nicht unüblich (vgl. zum bisherigen deutschen Recht MÜKO-EBENROTH, nach Art. 10 EGBGB N 193 ff.). Nicht selten wird das ausländische Gesellschaftsstatut nur für einen Teil der sich stellenden Rechtsfragen auf das schweizerische Statut der übertragenden Gesellschaft zurückverweisen (wie es etwa das IPRG in Art. 164a IPRG im spiegelbildlichen Fall tun würde). In solchen Fällen ist eine Rückverweisung auf das schweizerische Emigrationsstatut der zu übernehmenden Gesellschaft zu beachten und der Anwendungsbereich des schweizerischen Rechts wird entsprechend erweitert. Bei jeder Rückverweisung auf das schweizerische Recht ist ausserdem zu beachten, dass zum berufenen schweizerischen Recht neben den Bestimmungen des FusG auch die materiellrechtlichen Voraussetzungen in Art. 163b Abs. 1 und 3 IPRG zu rechnen sind.

2. Anwendung schweizerischen Rechts auf die übertragende Gesellschaft (Abs. 2)

a) Umfang der Verweisung

In Ergänzung der grundsätzlichen Verweisung des Abs. 4 sieht Abs. 2 des Art. 163b IPRG eine beschränkte Verweisung auf das schweizerische Recht vor. Nach Abs. 2 hat die **übertragende schweizerische Gesellschaft** sämtliche Vorschriften des **schweizerischen Rechts zu** erfüllen, «die für die übertragende Gesellschaft gelten». Diese Bestimmung ist primär als Verweisung auf die im Binnenverhältnis zwingend zu beachtenden Bestimmungen des FusG zu verstehen (Botschaft, 4500). Die Botschaft rechnet dazu ausdrücklich folgende Vorschriften des FusG: Art. 14 (Fusionsbericht der obersten beteiligten Leitungs- oder Verwaltungsorgane), Art. 15 (Prüfung von Fusionsvertrag und Fusionsbericht durch einen besonders befähigten Revisor), Art. 16 f. (Einsichtsrecht in den öffentlich aufgelegten Fusionsvertrag, Fusions- und Prüfungsbericht), Art. 18 ff. (Fusionsbeschluss, öffentliche Beurkundung, Eintragung ins Handelsregister) und Art. 27 f. (Arbeitnehmerschutzrecht). Nach der hier vertretenen Ansicht ist von der grundsätzlichen Anwendbarkeit **aller Bestimmungen des FusG** auszugehen. Gleiches gilt für die ausserhalb des FusG zur Anwendung berufenen Bestimmungen des schweizerischen Gesellschaftsrechts (etwa des ZGB, des OR oder des BEHG). Wo diese eine Regelungs- und Organisationsfreiheit zulassen, was im Rahmen eines gewählten Gesellschaftstyps weitgehend die Regel bildet, sind die vom zwingenden Recht gesetzten Grenzen der Regelungsfreiheit zu beachten.

Neben den Bestimmungen des FusG und der zwingenden Bestimmungen des Gesellschaftsrechts umfasst die Anwendung des schweizerischen Rechts auch die besonderen materiellrechtlichen Bestimmungen des Abs. 3, wonach hinsichtlich Gläubigerschutz bei der Emigrationsfusion das grundsätzlich auf die binnenrechtliche Spaltung anwendbare Verfahren nach **Art. 46 FusG** an die Stelle des Verfahrens von Art. 25 FusG tritt (N 36 ff.).

b) Arbeitnehmerschutzrechtliche Bestimmungen im Besonderen

ba) Anwendung von Art. 27 FusG und Art. 333 OR

Für **Arbeitnehmer** kann eine Fusion (oder Spaltung) dann von Bedeutung sein, wenn ganze Betriebe oder Betriebsteile auf dem Wege der Vermögensübertragung auf eine ausländische Gesellschaft übertragen werden. Zum Schutz der Arbeitnehmenden der übernommenen Gesellschaft sieht Art. 27 FusG besondere Rechtsfolgen und Sicherstellungsansprüche vor sowie die Anwendung von Art. 333 OR betreffend Übergang des Arbeitsverhältnisses (vgl. dazu Art. 27 FusG N 5 ff. sowie vor Art. 27 FusG). Aufgrund der auf die *übertragende* (schweizerische) Gesellschaft beschränkten Verweisung in Art. 163b Abs. 2 IPRG kommt Art. 27 Abs. 2 FusG im internationalen Verhältnis nur für die *übertragende* (schweizerische) Gesellschaft zur Anwendung, auch wenn der Wortlaut in dieser Hinsicht einen anderen Schluss zuliesse (Botschaft, 4500; D'HOOGE, 45).

Der in Art. 27 Abs. 1 berufene Art. 333 OR kommt hingegen sowohl gegenüber der übertragenen als auch gegenüber der übernehmenden Gesellschaft zur Anwendung. Zweck dieser Bestimmungen ist allein der Schutz der Arbeitnehmer in der Schweiz, unabhängig vom Sitz der Arbeitgeber-Gesellschaft. Diesem Schutzzweck entsprechend erstreckt sich der Anwendungsbereich des Art. 333 OR nur auf Arbeitnehmer *in der Schweiz* (im Ergebnis ähnlich Handkommentar FusG-GASSMANN, N 26, der die Anwendung von Art. 333 OR an das Vertragsstatut bindet; an den Standort des Betriebs anknüpfend und damit im Ergebnis gl.M. IPRG Kommentar-VISCHER, Art. 163a IPRG N 16). Zum auf das Arbeitsverhältnis anwendbaren Recht sowie zum Gerichtsstand vgl. vor Art. 27 FusG N 55 ff.

bb) Anwendung von Art. 28 FusG und Art. 333a OR

14 Zur Frage der Anwendbarkeit von Art. 28 FusG und des dadurch berufenen Art. 333a OR, der die Konsultationsrechte der Arbeitnehmervertretung regelt, kann zunächst auf das zu Art. 27 Abs. 1 FusG und Art. 333 OR Ausgeführte (vorherige N) verwiesen werden.

15 Art. 28 Abs. 4 FusG enthält allerdings bezüglich Art. 333a OR eine besondere *Kollisionsnorm* (die an sich in das IPRG gehören würde). Dieser zufolge findet Art. 333a OR auch gegenüber der *übernehmenden* (nicht aber gegenüber der übertragenden) *ausländischen Gesellschaft* Anwendung, und zwar – dem klaren Wortlaut und der Absicht des Gesetzgebers zufolge – in der Weise, dass auch (und gerade) die Arbeitnehmer in Betrieben oder Betriebsteilen *im Ausland* erfasst werden. Art. 28 Abs. 4 FusG führt im Ergebnis (und in Abweichung vom ohne diese Norm sich ergebenden Anwendungsbereich von Art. 333a, vgl. dazu die Ausführungen zu Art. 333 OR, N 13 f.) zu einer *extraterritorialen* Wirkung einer arbeitsrechtlichen *loi d'application immédiate* des schweizerischen Rechts (vgl. vor Art. 27 FusG N 63, Botschaft, 4429).

bc) Europarechtlicher Kontext und exterritoriale Anwendung der Art. 333 und 333a OR

16 Im Verhältnis zu EWR-Staaten dürften sich aus dieser exterritorialen Anwendung wenig Schwierigkeiten ergeben. Aufgrund der weitgehenden Harmonisierung der Rechtsordnungen auch im Bereich des Arbeitnehmerschutzes bei betrieblichen Umstrukturierungen (namentlich durch die RL 2001/23/EG vom 12.3.2001 zur Angleichung der Rechtsvorschriften der Mitgliedstaaten über die Wahrung von Ansprüchen der Arbeitnehmer beim Übergang von Unternehmen, Betrieben oder Unternehmens- oder Betriebsteilen; vgl. die Übersicht gemeinschaftsrechtlicher Rechtsquellen sowie einiger Nachbarstaaten in N 49 ff. vor Art. 27 FusG), ist davon auszugehen, dass in den EWR-Mitgliedstaaten Bestimmungen über den Vertragsübergang und die Konsultation der Arbeitnehmervertretung existieren, die denen des Art. 333 f. OR zumindest gleichwertig sind. Dies ergibt sich nicht zuletzt aus den Umstand, dass die Art. 333 f. OR als Folge des autonomen Nachvollzugs der genannten Richtlinie im Rahmen des «Swisslex»-Gesetzgebungspakets Eingang in das OR fanden (D'Hooge, 54; Nufer, 557).

17 Problematischer ist die Anwendung dieser Bestimmung auf Gesellschaften in Staaten, die ein solches (oder ein entsprechendes) Konsultationsrecht nicht kennen. Wo zumindest eine Arbeitnehmervertretung besteht, dürfte mit einer Stellungnahme derselben den Anforderungen von Art. 28 FusG Genüge getan sein. Wo hingegen in der betreffenden Rechtsordnung keinerlei Arbeitnehmervertretung vorgesehen ist, sind die Art. 28 FusG und Art. 333a OR nach der hier vertretenen Ansicht nicht anwendbar. Es kann nicht Aufgabe des schweizerischen Fusionsrechts sein, im Ausland Arbeitnehmervertretungen einzuführen, wo keine bestehen (die für Binnensachverhalte in Art. 77 FusG N 7 vorgeschlagene Konsultation aller Arbeitnehmer ist jedenfalls auf die Arbeitnehmenden im Ausland einer ausländischen Gesellschaft nicht unbesehen übertragbar).

18 Art. 77 FusG beschränkt die Anwendung von Art. 333a OR auf die *übernehmende* ausländische Gesellschaft, eine *übertragende* ausländische Gesellschaft ist von der exterritorialen Anwendung ausgenommen. Wenngleich die Gründe für diese Unterscheidung

nicht ganz klar sind, ist jede Einschränkung dieser rechtspolitisch problematischen Bestimmung zu begrüssen.

c) Zulässige Fusionen

ca) Kein *numerus clausus* im internationalen Verhältnis

Die Verweisung von Art. 163b Abs. 2 IPRG auf das schweizerische Recht umfasst grundsätzlich auch den *numerus clausus* der fusionsfähigen Rechtsträger in Art. 4 FusG, bzw. in Art. 78 FusG (vorne N 10, gl.M. Handkommentar FusG-GASSMANN, N 20). 19

Wo die beteiligte ausländische Gesellschaft ohne weiteres einer schweizerischen Kategorie, namentlich derjenigen der Kapitalgesellschaft (Art. 4 Abs. 1 FusG) zuzuordnen ist (was namentlich bei Aktien- und Gesellschaften mit beschränkter Haftung der Fall ist) und eine Fusion der entsprechenden Kategorien nach dem FusG zulässig ist, stellen sich in Bezug auf Art. 4 FusG keine Probleme. Wo dies hingegen *nicht* ohne weiteres möglich ist, sind zusätzliche Überlegungen hinsichtlich der Äquivalenz und Kompatibilität der ausländischen Gesellschaft notwendig. Wie bereits erwähnt (Art. 163a IPRG N 12 ff.), darf aber der *numerus clausus* zulässiger Fusionen in Art. 4 FusG nicht unbesehen auf grenzüberschreitende Fusionen übertragen werden. Im internationalen Verhältnis ist vielmehr zunächst eine **Qualifikation** der ausländischen Gesellschaft anhand der Kategorien des schweizerischen Gesellschaftsrechts vorzunehmen. Die Zulässigkeit der Fusion ist daraufhin anhand der konkreten Struktur der betreffenden ausländischen Gesellschaft und im Lichte der **Gründe und Zielsetzungen**, die dem *numerus clausus* in Art. 4 FusG zugrunde liegen, zu prüfen (vgl. dazu Art. 163a IPRG N 13 f.). Im Gegensatz zur binnenrechtlichen Anwendung von Art. 4 FusG muss im grenzüberschreitenden Verhältnis Raum für eine Anpassung im Einzelfall bestehen. 20

Eine Emigrationsfusion ist demnach dann als zulässig zu betrachten, wenn die übernehmende Gesellschaft strukturell einem der inländischen Gesellschaftstypen entspricht, die gemäss Art. 4 FusG (bzw. 78 FusG bzgl. Stiftungen) als übernehmende Gesellschaften in Frage kommen. Wo hingegen das Vorliegen einer **qualifizierten Inkompatibilität** (Botschaft, 4393) der rechtlichen Strukturen für einen Ausschluss nach Art. 4 FusG ausschlaggebend war und diese Inkompatibilität auch im konkreten Fall besteht, gilt der Ausschluss auch für die Emigrationsfusion. 21

Eine besondere Bedeutung kommt bei der Emigrationsfusion – im Gegensatz zur Rechtslage bei der Immigrationsfusion (Art. 163a IPRG N 12) – dem **Schutz der bisherigen Gläubiger** zu. Die Überlegungen, die schon im binnenrechtlichen Verhältnis zum Ausschluss der Fusionsfähigkeit führten (so etwa beim Ausschluss der Übernahme einer Kapital- durch eine Kollektivgesellschaft, Botschaft, 4393), müssen, sofern die selbe (auch bloss abstrakte) Gefährdung bei der konkret zu beurteilenden grenzüberschreitenden Emigrationsfusion besteht, ebenfalls zum Ausschluss der Fusion führen. 22

Zahlreiche, v.a. anglo-amerikanische, Rechtsordnungen verlangen im Gegensatz zum Grossteil der kontinental-europäischen Rechtsordnungen kein festes Grundkapital (GIRSBERGER, ZSR, 328 f. m.w.H.; immerhin ist eine Tendenz zur nennwertlosen Aktie auch in Kontinentaleuropa zu erkennen, vgl. dazu MEIER-HAYOZ/FORSTMOSER, § 16 N 87a–d, N 95a–b, je m.w.H.). Zudem kennen viele Rechtsordnungen im Gegensatz zum schweizerischen Recht «echte» Stimmrechtsaktien und andere Gesellschafterprivilegien. Wie solche strukturellen Unterschiede bei einer grenzüberschreitenden Fusion oder Spaltung zu lösen sind, ist in jedem Einzelfall konkret nach den Grundsätzen der Äquivalenz und der Kompatibilität zu prüfen (oben N 19 f.). 23

24 Dem FusG liegt bekanntlich eine fusions- und spaltungsfreundliche Haltung zu Grunde (vgl. Art. 1 FusG N 1 ff.). Sprechen die Schutzüberlegungen des FusG (N 20 ff.) nicht für einen Ausschluss der Fusionsfähigkeit aufgrund der Rechtsform der ausländischen übernehmenden Gesellschaft, so ist die Fusionsmöglichkeit – die Erfüllung aller weiteren Voraussetzungen, namentlich derjenigen des Art. 163b IPRG vorausgesetzt – im Zweifelsfall zu bejahen. In Fällen mangelnder Kongruenz und Kompatibilität kann verlangt werden, dass zunächst eine Statutenänderung, eine Kapitalerhöhung, eine Vereinheitlichung der Beteiligungsrechte und ähnliche Massnahmen vorgenommen werden, bevor über den eigentlichen Fusionsplan beschlossen werden kann (GIRSBERGER, ZSR, 325). Eine solche Lösung ist im Sinne des Verhältnismässigkeitsgrundsatzes als milderes Mittel einer Verweigerung der Fusion vorzuziehen.

III. Zusätzliche materiellrechtliche Erfordernisse (Abs. 1 und 3)

1. Allgemeines

25 Art. 163b Abs. 4 IPRG unterstellt die Fusion grundsätzlich den Bedingungen des ausländischen Fusionsstatuts (N 4 f.). Wie zu Abs. 2 ausgeführt (N 10 ff.), wird jedoch die zunächst weit gehende Geltung des ausländischen Statuts sowohl durch die Sonderanknüpfung von Abs. 2 als auch durch die teilweise kumulative Anwendung zwingender Bestimmungen des schweizerischen Rechts (N 6 f.) relativiert. Zur «Wahrung berechtigter schweizerischer Interessen» (Botschaft IPRG, 4500) stellt Art. 163b in Abs. 1 und 3 IPRG in Form von IPR-Sachnormen zusätzliche Erfordernisse auf.

26 Art. 163b Abs. 1 IPRG verlangt für die Zulässigkeit der Emigrationsfusion aus schweizerischer Sicht ein Zweifaches:

1. Mit der Fusion müssen die Aktiven und Passiven der schweizerischen übertragenden Gesellschaft auf die übernehmende ausländische Gesellschaft übergehen (Abs. 1 lit. a).

2. Die Anteils- und Mitgliedschaftsrechte der Gesellschafter der schweizerischen übertragenden Gesellschaft müssen in der übernehmenden ausländischen Gesellschaft angemessen gewahrt bleiben (Abs. 1 lit. b).

27 Eine **erleichterte Fusion** im Sinne von Art. 23 und 24 FusG ist auch im grenzüberschreitenden Verhältnis möglich, sofern auch das ausländische Recht sie zulässt (IPRG Kommentar-VISCHER, N 6). Die Dritte Gesellschaftsrechtliche EU-Richtlinie (EU-Fus-RL, zit. in N 25 vor Art. 161–164b IPRG) sieht in Art. 14 ff. ebenfalls eine erleichterte Fusion vor für den Fall, dass die übernehmende Aktiengesellschaft mindestens 90% der Aktien der übertragenden Aktiengesellschaft besitzt. Die EU-Fus-RL verpflichtet allerdings nicht zur Anerkennung solcher Fusionen im internationalen Verhältnis (Vgl. vor Art. 161–164b IPRG N 25 m.w.H.). Unter den Voraussetzungen von Art. 6 FusG, die von der ausländischen übernehmenden Gesellschaft zu erfüllen sind, ist auch eine **Sanierungsfusion** aus schweizerischer Sicht zulässig (IPRG Kommentar-VISCHER, N 7).

2. Der Rechtsübergang durch Universalsukzession (lit. a)

a) Begriffselemente der Universalsukzession

28 Die erste Voraussetzung (lit. a) in Abs. 1 ist primär darauf gerichtet sicherzustellen, dass die Grundelemente einer Fusion vorliegen (vgl. dazu ausführl. Art. 163a IPRG N 6 ff.): Die übertragende Gesellschaft muss sich **ohne Liquidation** auflösen. die Aktiven und Passiven der schweizerischen Gesellschaft müssen durch **Universalsukzession** an die ausländische Gesellschaft übergehen, wobei es zu einem **Parteiwechsel** kommt, bei dem die übernehmende (ausländische) Gesellschaft in die vertraglichen Beziehungen der untergehenden Gesellschaft ohne Weiteres eintritt. Schliesslich muss die **mitgliedschaftliche Kontinuität** gewahrt bleiben, was eine Abfindung einer kleinen Minderheit allerdings nicht ausschliesst, was das FusG selbst zeigt (Art. 8 Abs. 2 FusG). Erlaubt das nach Abs. 4 massgebende ausländische Statut keine Universalsukzession in diesem Sinne – auch nicht die Annahme eines äquivalenten Rechtsvorganges mittels der Methode der Anpassung – so ist die Emigrationsfusion (auch) nach schweizerischem Recht nicht zulässig.

b) Zeitliche Koordination des Rechtsübergangs

Ein notwendiges Wesensmerkmal der Universalsukzession ist, dass der Rechtsübergang nach sämtlichen involvierten Rechtsordnungen zu einem **einheitlichen Zeitpunkt** stattfindet (vgl. dazu und zu weiteren Merkmalen der Fusion vorne, Art. 163a IPRG N 6 ff.). Für **nationale Sachverhalte** verlangt das FusG die Anmeldung beim Handelsregister, «sobald» die Fusionsbeschlüsse aller an der Fusion beteiligten Rechtsträger vorliegen (Art. 21 Abs. 1 FusG). Der übertragende Rechtsträger wird von Amtes wegen gelöscht, wenn die Fusion ins Handelsregister eingetragen wird (Art. 21 Abs. 3 FusG). Mit dieser Eintragung wird die Fusion rechtswirksam (Art. 22 Abs. 1 FusG). Für verschiedene **andere Rechtsordnungen** ist hingegen das Datum der letzten Zustimmung der massgebenden Gesellschaftsorgane entscheidend, und nach einzelnen Rechten ist der Zeitpunkt durch diese Organe frei bestimmbar. Art. 9 des EU-Vorschlags für eine Int.Fus-RL koordiniert die nationalen Bestimmungen der Mitgliedstaaten in der Weise, dass sie auf den vom Recht der übernehmenden Gesellschaft festgelegten Zeitpunkt abstellt.

29

Wo bei der Emigrationsfusion das ausländische Recht den Zeitpunkt der Rechtswirksamkeit dem Statut der übertragenden Gesellschaft (also schweizerischem Recht) überlässt oder zumindest eine Festlegung durch die Parteien erlaubt (welche dann den nach schweizerischem Recht massgeblichen Zeitpunkt vereinbaren können), lässt sich das Problem durch die Anwendung der Art. 21 f. FusG lösen. Ein *Koordinationsproblem* ergibt sich hingegen, wenn das ausländische Übernahmestatut den Zeitpunkt des Eintritts der Rechtswirkungen der Fusion abweichend vom schweizerischen Recht festlegt und keine Wahl zulässt. Hierzu sei zunächst auf die Ausführungen zum ähnlich gelagerten Problem bei der Immigrationsfusion verwiesen (Art. 163a IPRG N 15 ff.).

30

Bei der Emigrationsfusion lässt sich das Problem jedoch in Anwendung von Art. 163b IPRG einer befriedigenden Lösung zuführen. Wo immer die massgeblichen Zeitpunkte abweichen, hat nämlich die Festlegung des Zeitpunkts des Rechtsübergangs als von der Verweisung auf das Statut der übernehmenden Gesellschaft nach Abs. 4 erfasst zu gelten, ohne dass das schweizerische Recht Anwendung (etwa nach Abs. 2 oder 3) verlangt. Der Zeitpunkt des Rechtsübergangs wird demnach, analog zur Lösung von Art. 9 des EU-Vorschlags für eine Int.Fus-RL, vom ausländischen Übernahmestatut bestimmt.

31

3. Wahrung der Anteils- und Mitgliedschaftsrechte

a) Verweisung auf Art. 7 f. FusG

Die zweite Voraussetzung (lit. b) in Abs. 1 dient primär dem Schutz der *Gesellschafter* der schweizerischen Gesellschaft: Die bisherigen Anteils- oder Mitgliedschaftsrechte der schweizerischen Gesellschafter müssen in der ausländischen Gesellschaft *angemessen gewahrt* bleiben.

32

33 Wie der Wortlaut klar erkennen lässt, verweist lit. b auf die Bestimmungen des FusG über die Wahrung der Anteils- und Mitgliedschaftsrechte, namentlich auf dessen Art. 7. Die Verweisung muss allerdings auch Art. 8 FusG umfassen, der zur Wahrung der Anteils- und Mitgliedschaftsrechte auch die ausschliessliche Ausrichtung einer Abfindung für eine kleine Minderheit zulässt, sofern der Fusionsbeschluss die Zustimmung von mindestens 90% der stimmberechtigten Gesellschafter der schweizerischen übertragenden Gesellschaft erhielt (Art. 18 Abs. 5 FusG). Die umfassende Geltung der Art. 7 ff. FusG für die übertragende Gesellschaft ergibt sich zudem bereits aus Art. 163b Abs. 2 IPRG (N 10 f.; IPRG Kommentar-VISCHER, N 4 f.). Allenfalls ist darauf zu achten, dass die vereinbarte Abfindung auch vor dem ausländischen Recht standhält, sofern es die Frage ebenfalls regelt und strengere Bedingungen aufstellt (Art. 163b Abs. 4 IPRG, N 8 f.). Unzulässig, weil nicht äquivalent zu den schweizerischen Vorstellungen, wären dagegen ausländische Lösungen, die eine Abfindung einer über die 10% des schweizerischen Rechts hinausgehenden Minderheit vorsehen würden.

b) Besonderer Rechtsschutz (Art. 105 f. FusG)

34 Dem Gesellschafter der übertragenden Gesellschaft, der seine Anteils- und Mitgliedschaftsrechte nicht angemessen gewahrt sieht, steht die besondere Klage auf Überprüfung der Anteils- und Mitgliedschaftsrechte nach Art. 105 FusG zu. Diese gewährt dem obsiegenden Kläger die Möglichkeit der Festsetzung einer angemessenen Ausgleichszahlung durch das Gericht (vgl. Komm. Art. 105 FusG). Das auf Klage eines Gesellschafters hin ergangene Urteil entfaltet Wirkung für alle Gesellschafter der betreffenden (hier übertragenden) Gesellschaft (Art. 105 Abs. 2 FusG). Anders als die Klage auf Anfechtung des Fusionsbeschlusses (Art. 106 FusG), hindert die Überprüfungsklage nach Art. 105 FusG die Rechtswirksamkeit des Fusionsbeschlusses nicht (Art. 105 Abs. 4 FusG).

35 Dem Kläger steht bei der Emigrationsfusion aufgrund von Art. 164a IPRG die Klage am **schweizerischen Gerichtsstand** der übertragenden Gesellschaft zur Verfügung (vgl. dazu Art. 164a IPRG N 1 ff.; zu möglichen Einschränkungen im Anwendungsbereich des LugÜ vgl. Art. 164a IPRG N 7 ff.).

4. Schutz der Gläubiger der übertragenden Gesellschaft (Abs. 3)

a) Allgemeines

36 Für die grenzüberschreitende Verlegung einer Gesellschaft von der Schweiz ins Ausland bestand bereits vor dem FusG in Art. 163 Abs. 1 lit. c aIPRG eine Vorschrift zum Schutz der Gläubiger der emigrierenden Gesellschaft. Auf der Grundlage der Schutzüberlegungen, die allen Emigrationstatbeständen gemeinsam ist, nämlich des Schutzes der bisherigen Gesellschafter vor einer Auflösung oder «Abwanderung» des Haftungssubstrats, ist dieser Schutz im Art. 163b Abs. 3 IPRG nun auch auf die grenzüberschreitende Fusion ausgedehnt worden. Art. 163b Abs. 3 IPRG entspricht inhaltlich der in Art. 9, 2. Satz des EU-Vorschlags für eine Int.Fus-RL enthaltenen Bedingung, wonach die Verschmelzung erst wirksam wird, wenn die (i.d.R. registerrechtlichen) Kontrollen durchgeführt sind (zur Kompatibilität mit dem geltenden Gemeinschafsrecht, namentlich mit der Dritten Gesellschaftsrechtlichen Richtlinie, zit. in N 25 vor Art. 161–164 IPRG, vgl. NUFER, 572 ff.).

37 Aufgrund der besonderen Anordnung in Art. 163b Abs. 3 IPRG wird bei der Emigrationsfusion für die Sicherstellung der Gläubiger der übertragenden (schweizerischen) Gesellschaft das Verfahren des Art. 46 FusG für anwendbar erklärt. Dieses Verfahren, wel-

ches im Binnenverhältnis den Gläubigerschutz bei der Spaltung regelt (vgl. dazu Komm. zu Art. 46 FusG N 1 ff.), tritt an die Stelle des Verfahrens nach Art. 25 f. FusG, welches im Binnenverhältnis die Sicherstellung der Gläubigerforderungen der zu übertragenden Gesellschaft bei Fusionen regelt.

b) Wirkung der Verweisung auf Art. 46 FusG

Die Schuldenruf- und Sicherstellungsregelung bei der (Binnen-)Spaltung nach Art. 46 FusG unterscheidet sich von derjenigen für die Fusion (Art. 25 FusG) im Wesentlichen in den folgenden Punkten: **38**

- Die Frist, während der die Gläubiger (nach der letzten Publikation des Schuldenrufs im SHAB) die Sicherstellung ihrer Forderungen verlangen können, beträgt zwei statt drei Monate.
- Von der Publikation kann – entgegen Art. 25 Abs. 2 FusG – nicht abgesehen werden.
- Die Sicherstellung hat nicht «nach der Rechtswirksamkeit der Fusion» (Art. 25 Abs. 1 FusG i.f.), sondern vorher zu erfolgen.

Der letztgenannte Unterschied ist auf die unterschiedlichen Ansätze zurück zu führen, die dem Gläubigerschutz (im binnenrechtlichen Verhältnis) bei der Fusion (Art. 25 FusG) und bei der Spaltung (Art. 45 ff. FusG) zu Grunde liegen: Während bei der binnenrechtlichen Fusion der Gläubigerschutz erst **nach vollzogener Fusion** eingreift (nachträglicher Gläubigerschutz, vgl. Komm. Art. 25 FusG N 11 ff.), sind bei der **Spaltung** die beteiligten Gesellschaften verpflichtet, die angemeldeten Forderungen noch **vor dem Zeitpunkt des Spaltungsbeschlusses** anzumelden (System des präventiven Rechtsschutzes, vgl. Art. 43 FusG N 10 ff.). **39**

Das Prinzip des nachträglichen Rechtsschutzes von Art. 25 FusG mag bei Fusionen schweizerischer Gesellschaften unbedenklich sein, da sich das Haftungssubstrat auch nach der Fusion in der Schweiz befindet. Bei Emigrationsfusionen (ebenso wie beim Wegzug der Gesellschaft ins Ausland, vgl. Art. 163 IPRG N 15 ff.) kann sich dieser Schutz als ungenügend erweisen. Zwar bleibt die übertragende Gesellschaft aufgrund von Art. 164 IPRG bis zum Nachweis der Sicherstellung eingetragen. Zudem besteht aufgrund von Art. 164a IPRG weiterhin ein schweizerischer Betreibungs- und Gerichtsstand (zu dem möglichen Schwierigkeiten einer Anerkennung im Ausland vgl. hinten Art. 164a IPRG N 6). Dies alles nützt den schweizerischen Klägern aber u.U. wenig, wenn das Haftungssubstrat kraft des Statutenwechsels und der eintretenden Universalsukzession bereits zur ausländischen übernehmenden Gesellschaft übergegangen ist. **40**

c) Zeitpunkt des Nachweises der Sicherstellung

Diese Rechtsfolge lässt sich vermeiden, wenn die Verweisung auf Art. 46 FusG in Art. 163b IPRG (sowie in Art. 163 und 164) so verstanden wird, dass die Sicherstellungsansprüche – in Abweichung von der Rechtslage bei innerschweizerischen Fusionen – nicht erst «nach der Rechtswirksamkeit der Fusion» (Art. 25 Abs. 1 FusG) ausgelöst werden, sondern bereits **vor Eintragung der Fusion** (und des damit verbundenen Entzugs des Haftungssubstrats). Nur darin kann denn auch der Sinn der abweichenden Verweisung auf Art. 46 FusG an Stelle von Art. 25 FusG erblickt werden. Zwar legt der Gesetzestext an anderer Stelle eine andere Lösung nahe, indem Art. 163b Abs. 3 i.V.m. Art. 164 IPRG darauf hindeutet, dass nur die *Publikation* des Schuldenrufs vor der Anmeldung der Fusion zu erfolgen hat, da der Nachweis der Sicherstellung nach Art. 46 FusG gemäss Art. 164 IPRG erst bei der Anmeldung der Löschung (und nicht bei der **41**

Anmeldung der Fusion) beigebracht werden muss. Die Folge einer solchen Auslegung der Verweisung auf Art. 46 FusG wäre, wie vorne (N 37 ff.) dargelegt, ein völlig **ungenügender Rechtsschutz der Gesellschaftsgläubiger**. Dies widerspräche dem erklärten Ziel der Anwendung von Art. 46 FusG an Stelle von Art. 25 FusG, nämlich den Gläubiger- und Gesellschafterschutz zu verstärken. Es ist daher davon auszugehen, dass bei der Emigrationsfusion (bei der Emigrationsspaltung ohnehin, vgl. Art. 163d IPRG i.V.m. Art. 43 ff. FusG, aber auch bei der Verlegung ins Ausland, Art. 163 IPRG) die Sicherstellung der Ansprüche nach Art. 46 FusG bereits vor der Eintragung der Fusion (Art. 22 Abs. 2 FusG) erfolgt sein muss (VON DER CRONE ET AL., Rz 1144).

42 Nicht ausdrücklich geregelt ist die Frage, welches der **späteste Zeitpunkt** für die Sicherstellung i.S. von Art. 46 FusG bei Emigrationstatbeständen sein soll. Zumindest bei der Verlegung und der Fusion (anders hingegen bei der Spaltung, Art. 163d IPRG i.V.m. Art. 43 ff. FusG) braucht die Sicherung der Forderungen *nicht* schon vor dem entsprechenden **Beschluss** zu erfolgen (so aber Handkommentar FusG-GASSMANN, N 37). Die Durchführung eines Schuldenrufs und eines Sicherstellungsverfahrens bevor feststeht, ob eine Verlegung bzw. Fusion überhaupt erfolgen soll, wird oft wenig sinnvoll sein und kann sogar zu Verwirrung führen. Wo ein solches Vorgehen aber bevorzugt wird, dürfte es zulässig sein.

d) Möglichkeiten des Nachweises der Sicherstellung nach Art. 46 FusG

43 Art. 46 FusG bietet der in der Schweiz aufgrund einer Verlegung ins Ausland (Art. 163 Abs. 2 IPRG), einer Emigrationsfusion (Art. 163b Abs. 3 IPRG) oder einer Aufspaltung in ausländische Gesellschaften (Art. 163 Abs. 2 i.V.m. Art. 163d IPRG) aufzulösenden Gesellschaft insgesamt bis zu **fünf Alternativen**, um den Nachweis zu erbringen, dass keine Gefahr einer Schädigung der Gläubiger besteht:

44 – Bestätigung, dass die Forderungen sichergestellt sind

Art. 46 FusG schreibt eine Sicherstellung für diejenigen Forderungen vor, für welche die Gläubiger innerhalb von zwei Monaten nach der letzten Aufforderung gemäss Art. 45 FusG Sicherstellung verlangt haben. Gläubiger, die keine Sicherstellung innert Frist verlangen, haben ihren Sicherstellungsanspruch nach Art. 46 FusG verwirkt (gl.M. Handkommentar FusG-COURVOISIER, Art. 164 IPRG N 4). Diese Verwirkung wird auch im Falle einer Emigration nicht aufgehoben. Als Sicherheiten kommen sämtliche Personal- und Realsicherheiten in Frage (vgl. dazu im Einzelnen die Komm. zu Art. 25 FusG N 20 ff., zum Umfang der Sicherstellung vgl. die Komm. zu Art. 25 FusG N 11 ff.). Der Revisorenbericht muss auch festhalten, dass die gestellten Sicherheiten den Anforderungen des Art. 46 FusG entsprechen.

45 – Bestätigung, dass die Forderungen erfüllt sind

Im Gegensatz zur Sicherstellung ist die Erfüllung nur zulässig, sofern nicht andere Gläubiger hierdurch geschädigt werden (Art. 46 Abs. 3 FusG). Dass keine solche Schädigung vorliegt, muss ebenfalls im Bericht des Revisors bestätigt werden. Der Nachweis der Erfüllung muss i.a. durch die Beilage von entsprechenden Zahlungsbelegen als erbracht gelten.

46 – Bestätigung, dass keine Sicherstellung oder Erfüllung verlangt wurde

Diese Bestätigung kann (ebenso wie die in den zwei vorangehenden N Aufgeführten) erst nach Ablauf der zweimonatigen Frist nach Art. 45 FusG erbracht werden. An einen solchen negativen Nachweis können naturgemäss keine hohen Anforderungen gestellt werden. Der Registerführer wird sich mit einer Erklärung der Gesellschaft, wonach keine Sicherstellungs- oder Erfüllungsgesuche innert Frist eingegangen sind, zu begnügen haben, zumindest sofern keine Hinweise bestehen, die an der Richtigkeit der Erklärung zweifeln lassen.

– Bestätigung, dass das Einverständnis der Gläubiger vorliegt   47

Der Bericht des Revisors muss die *ausdrücklichen* Verzichtserklärungen der von Art. 46 FusG erfassten Gläubiger enthalten. Ein konkludentes Einverständnis darf – zum Schutz der Gläubiger – nicht angenommen werden (gl.M. Handkommentar FusG-COURVOISIER, Art. 164 IPRG N 5).

Die Bestätigung der Verzichtserklärungen darf erst nach Ablauf der zweimonatigen Frist   48
nach Art. 45 FusG erfolgen. Erst der Schuldenruf nach Art. 45 FusG und die zweimonatige Frist erlauben es einerseits den Gläubigern der Gesellschaft, ihre Forderungen anzumelden, und andererseits der Gesellschaft, die Gläubiger, deren Verzichterklärungen einzuholen sind, zu eruieren (offenbar **a.M.** Handkommentar FusG-COURVOISIER, Art. 164 IPRG N 5a). Bliebe der Schuldenruf aus, bestünde keine Gewähr für die Vollständigkeit der Verzichtserklärungen. Zwar besteht diese Gewähr auch nach erfolgtem Schuldenruf nicht restlos, doch haben die Gläubiger aufgrund der (vom Gesetz fingierten) Kenntnis der beabsichtigten Fusion die Möglichkeit, rechtzeitig mittels Klage auf Sicherstellung gegen die Gesellschaft vorzugehen.

– Nachweis der fehlenden Gefährdung der Gläubiger (Art. 46 Abs. 2 FusG)   49

Nach Art. 46 Abs. 2 FusG steht es einer an einer Spaltung beteiligten Gesellschaft frei, sich von der Sicherstellungspflicht zu befreien, wenn sie nachweist, dass die Erfüllung der Forderung durch die Spaltung nicht gefährdet ist. Die Beweislast obliegt dabei der Gesellschaft (Botschaft, 4442).

Aufgrund der systematischen Stellung von Art. 46 Abs. 2 FusG und des offenen Verweises in Art. 164 IPRG ist Art. 46 Abs. 2 FusG auch auf die Emigrations*spaltung* anzuwenden.   50

Hingegen geht aus dem Gesetz und der Systematik nicht eindeutig hervor, ob der Verweis auf Art. 46 FusG in Art. 164 IPRG die analoge Anwendung von Art. 46 Abs. 2 FusG auf Emigrations*fusionen* umfasst. Sowohl der Wortlaut des Verweises, welcher auf die sinngemässe Anwendung des (gesamten) Art. 46 zielt, wie auch der Zweck des Verweises (Nachweis, dass die Forderungen der Gläubiger nicht gefährdet sind), legen jedoch den Schluss nahe, dass es der fusionierenden Gesellschaft nicht verwehrt sein sollte, sich auf Art. 46 Abs. 2 FusG zu berufen (gl.M. IPRG Kommentar-VISCHER, N 13; Handkommentar FusG-COURVOISIER, Art. 164 IPRG N 7).   51

Der Revisorenbericht hat diesfalls darzulegen, dass die Forderungen der Gläubiger durch die Fusion nicht gefährdet sind, aber auch, dass die Rechtsverfolgung in der Schweiz oder im Ausland ohne grosse faktische oder rechtliche Hindernisse möglich ist. Letzteres dürfte nur bei Vorliegen besonderer Umstände wie namentlich aufgrund des LugÜ im Verhältnis zu dessen Vertragsstaaten anzunehmen sein. Während die Beurteilung der finanziellen Lage der übernehmenden Gesellschaft Inhalt des **Revisorenberichts** bilden muss, können rechtliche Überlegungen (bspw. betreffend die Rechtsverfolgung im Ausland) auch mittels eines gesonderten **Gutachtens** nachgewiesen werden.   52

IV. Erforderliche Nachweise bei der Eintragung der Fusion

53 Bei der *grenzüberschreitenden* Emigrationsfusion sind dem Handelsregisteramt am schweizerischen Sitz der übertragenden Gesellschaft mit der Anmeldung zur Eintragung der Fusion (Art. 21 Abs. 1 FusG) neben den in Art. 105a HRegV vorgesehenen Belegen (vgl. dazu Art. 21 FusG N 17 ff.) aufgrund von Art. 110 Abs. 2 HRegV **zusätzlich** folgende Belege einzureichen:

- ein **Ausweis** über den rechtlichen Bestand der übernehmenden Gesellschaft im Ausland (lit. a),
- eine **Bescheinigung** der zuständigen ausländischen Behörde über die Zulässigkeit der grenzüberschreitenden Fusion nach dem ausländischen Recht (lit. b),
- der **Bericht**, der **Nachweis** und die **Bestätigung** nach Art. 164 IPRG (lit. c).

54 Zum in lit. a geforderten *Ausweis* sowie zur nach lit. b geforderten *Bescheinigung* gilt das zu Art. 163a IPRG ausgeführte (vgl. dort, N 29 ff.) analog.

55 Der **Bericht** nach Art. 164 Abs. 1 IPRG (zum Inhalt desselben vgl. N 43 ff. sowie Art. 164 IPRG N 10 ff.) muss aus den genannten Gründen eines wirksamen Gläubigerschutzes bereits mit der **Anmeldung der Fusion** erfolgen (N 38). Hingegen kann der **Nachweis** der rechtgültig erfolgten Fusion nach Art. 162 Abs. 2 lit. a IPRG (vgl. dazu Art. 164 IPRG N 14 ff.) sowie die **Bestätigung** der Kontinuität der Mitgliedschaft nach Art. 164 Abs. 2 lit. b IPRG (vgl. dazu Art. 164 IPRG N 22 ff.) erst nach erfolgter Anmeldung der Fusion, und somit erst bei der (späteren) **Eintragung der Löschung** vorgebracht werden (Art. 164 IPRG N 5 ff.).

Art. 163c IPRG

c. Fusionsvertrag

¹ Der Fusionsvertrag hat den zwingenden gesellschaftsrechtlichen Vorschriften der auf die beteiligten Gesellschaften anwendbaren Rechte mit Einschluss der Formvorschriften zu entsprechen.

² Im Übrigen untersteht der Fusionsvertrag dem von den Parteien gewählten Recht. Bei Fehlen einer Rechtswahl untersteht der Fusionsvertrag dem Recht des Staates, mit dem er am engsten zusammenhängt. Es wird vermutet, der engste Zusammenhang bestehe mit dem Staat, dessen Rechtsordnung die übernehmende Gesellschaft untersteht.

c. Contrat de fusion

¹ Le contrat de fusion doit respecter les dispositions impératives des droits des sociétés applicables aux sociétés qui fusionnent, y compris les règles de forme.

² Pour le reste, le contrat de fusion est régi par le droit choisi par les parties. A défaut d'élection de droit, le contrat de fusion est régi par le droit de l'Etat avec lequel il présente les liens les plus étroits. Ces liens sont présumés exister avec l'Etat dont l'ordre juridique régit la société reprenante.

c. Contratto di fusione

¹ Il contratto di fusione deve ottemperare alle disposizioni imperative degli ordinamenti giuridici applicabili alle società partecipanti alla fusione, incluse le prescrizioni di forma.

² Per il rimanente, il contratto è disciplinato dal diritto scelto dalle parti. In caso di omessa scelta del diritto applicabile, il contratto di fusione è regolato dal diritto dello Stato con il quale è più strettamente connesso. Si presume che la connessione più stretta sia quella con lo Stato il cui ordinamento giuridico disciplina la società assuntrice.

Literatur

Vgl. die Literaturhinweise zu Vorbemerkungen zu Art. 161–164b IPRG.

I. Norminhalt

Art. 163c IPRG befasst sich mit dem auf den Fusionsvertrag anwendbaren Recht. Artikel 163c IPRG ist sowohl auf die Immigrationsfusion (Art. 163a IPRG) als auch auf die Emigrationsfusion anwendbar (Art. 163b IPRG). Aufgrund der Verweisung in Art. 163d Abs. 1 IPRG gilt Art. 163c IPRG unter Vorbehalt von Art. 163d Abs. 3 IPRG (vgl. dazu N 12) auch für den Spaltungs- und Vermögensübertragungsvertrag.

Um der Doppelnatur des Fusionsvertrages als schuldrechtliches und gesellschaftsrechtliches Instrument (BESSENICH, Fusion, 71 ff.; IPRG Kommentar-VISCHER, N 2 f.) Rechnung zu tragen, differenziert Art. 163c wie folgt: Die schuldrechtlichen Elemente des Fusionsvertrages unterstehen – analog zur vertragsrechtlichen Regelung von Art. 116 ff. IPRG – grundsätzlich der *Rechtswahl* der Parteien, subsidiär dem mit dem Vertrag am engsten zusammenhängenden Recht (Abs. 2).

II. Kumulative Anwendung der zwingenden gesellschaftsrechtlichen Vorschriften (Abs. 1)

1. Zweck und Umfang der kumulativen Anwendung

Der Fusionsvertrag hat den zwingenden gesellschaftsrechtlichen Vorschriften der auf die beteiligten Gesellschaften anwendbaren Rechte mit Einschluss der Formvorschriften zu entsprechen (Art. 163c Abs. 1 IPRG). Art. 163c Abs. 1 IPRG greift damit die bereits aufgrund von Art. 163a IPRG (vlg. dazu dort N 20 ff.) und in etwas beschränkterem Umfang in Art. 163b IPRG (vgl. dazu dort N 6 f.) verwirklichte Kumulation der Anknüpfung wieder auf, wonach *alle zwingenden* Normen der beteiligten Rechtsordnungen – auch aus schweizerischer Sicht – kumulativ anzuwenden sind. Der Grund für die besondere Regelung in Art. 163c IPRG besteht darin, dass die Rechtslage bezüglich der Formerfordernisse verdeutlicht und zugleich der Umfang der (limitierten) Rechtswahlfreiheit in Abs. 2 umgrenzt sein will.

Aus schweizerischer Sicht sind von der Verweisung in Art. 163c IPRG (einschliesslich Abs. 2 und 3) die folgenden Bestimmungen erfasst:

– Artikel 12 FusG betreffend die für den Abschluss des Vertrages zuständigen *Organe*, das Erfordernis der *Schriftlichkeit* (hierzu ausführlicher hinten N 6 ff.) und die erforderliche *Zustimmung* der Teilhaber bzw. der Gesellschafterversammlung. Dieses letztere Erfordernis entspricht weitgehend dem in Art. 6 EU-Vorschlag für eine Int.Fus-RL festgehaltenen Erfordernis der Zustimmung der «Hauptversammlung».

– Artikel 13 FusG betreffend den von den Form- und Zustimmungserfordernissen des Art. 12 FusG erfassten zwingenden *Vertragsinhalt*. Der Katalog des Art. 13 FusG entspricht in weiten Teilen demjenigen von Art. 3 des EU-Vorschlags für eine Int.Fus-

Art. 163c IPRG 5–7

RL bezüglich des «Fusionsplans». Tritt diese Richtlinie in Kraft, sind im Verhältnis zu EU/EWR-Staaten keine Kompatibilitätsprobleme bezüglich des Inhalts des Fusionsvertrags bzw. des «Fusionsplans» zu erwarten.

– Artikel 15 FusG betreffend die Prüfung des Fusionsvertrags, des Fusionsberichts und der Fusionsbilanz durch einen besonders befähigten Revisor (Abs. 1).

5   Weitere Bestimmungen des FusG sind ohnehin im Rahmen und im Umfang der Verweisungen der Art. 163a und 163b IPRG anwendbar. Hierzu gehören insbesondere Art. 14 FusG betreffend die Erstellung eines Fusionsberichts (Abs. 1) und über dessen zwingenden Mindestinhalt (Abs. 2) sowie Art. 16 FusG betreffend die Einsichtnahme in die darin genannten Unterlagen (Abs. 1). Eine analoge Regelung zu den Offenlegungspflichten des Art. 16 FusG gilt in den EU/EWR-Staaten aufgrund des Art. 3 EU-Fus-RL (zit. in N 25 vor Art. 161–164b IPRG). Die von Art. 163c IPRG erfassten Bestimmungen des FusG entsprechen insgesamt weitgehend dem geltenden und voraussichtlich künftigen Gemeinschaftsrecht (zur Kompatibilität mit dem geltenden Gemeinschaftsrecht vgl. ausführlich NUFER, 581 ff.).

2. Form- und Publizitätsvorschriften im Besonderen

6   Während Art. 124 IPRG für die Bestimmung der auf einen Vertrag anwendbaren Form alternativ an die *lex causae* oder an den Abschlussort anknüpft (womit im Ergebnis die weniger strenge Form als ausreichend erachtet wird), ist Art. 163c Abs. 1 IPRG wesentlich strenger: Die kumulative Anwendung der Formvorschriften der involvierten Gesellschaften führt dazu, dass stets die **strengere Form** der involvierten Rechtsordnungen einzuhalten ist (Botschaft, 4501; GIRSBERGER, ZSR, 325 ff., unter Hinweis auf die Schwierigkeiten, die sich aufgrund der strukturellen Unterschiede der massgeblichen Gesellschaftsstatuten ergeben können). Diese Abweichung von der allgemeinen Regel, wonach Formvorschriften alternativ der *lex causae* oder dem Recht am Abschlussort entsprechen, wird mit der gesellschaftsrechtlichen Natur des Fusionsvertrages begründet (BESSENICH, Fusion, 86). Aus schweizerischer Sicht ist sie problemlos, da das schweizerische Recht bloss Schriftlichkeit verlangt (Art. 12 Abs. 2 FusG). Erfordert das ausländische Recht einen behördlichen oder notariellen Beurkundungsakt und wird dieser eingehalten, wird das Formerfordernis von Art. 12 Abs. 2 FusG stets mit erfüllt sein. Wesentlich ist aber selbst dann, dass der in Art. 13 FusG enthaltene Inhalt zumindest von der einfachen Schriftlichkeit erfasst ist. Ein (ohnehin kaum denkbarer) mündlicher Fusionsvertrag kommt dagegen nicht in Frage. Zu den zwingend anzuwendenden schweizerischen *Form*vorschriften gehört auch das Erfordernis der öffentlichen Beurkundung des Generalversammlungsbeschlusses (der schweizerischen Gesellschaft) über die Genehmigung des Fusionsvertrags (Art. 12 Abs. 2 FusG, vgl. auch N 4).

7   In den meisten nationalen Rechtsordnungen ist der Fusionsvertrag bzw. -plan vom massgebenden Hauptorgan des Rechtsträgers, in der Regel der Gesellschafterversammlung, zu vollziehen, zu genehmigen oder zu ratifizieren. Entsprechende Beschlüsse sind regelmässig an besondere Quorums- und Präsenzvorschriften sowie an eine besondere Form und weitere **Publizitätsvorschriften** wie namentlich Einträge in das Handelsregister und Veröffentlichungen in amtlichen Publikationsorganen gebunden. Diese letztere Art der Publizität ist wichtiger als eine blosse Formvorschrift: Sie erlaubt es Gesellschaftern und Gläubigern, über die geplante Fusion oder Spaltung so informiert zu werden, wie sie es von «ihrem» Gesellschaftsstatut gewöhnt sind. Aus diesem Grund müssen für jeden beteiligten Rechtsträger solange seine eigenen Publizitätsvorschriften eingehalten werden, bis nach diesem Recht die Wirkungen der Strukturänderung eintreten. Das FusG erwähnt diesen Grundsatz für Publizitätsvorschriften in Art. 163c Abs. 1

IPRG zwar nicht besonders. Es wäre sinnvoll gewesen, wenn das Gesetz auch hier die notwendige Kumulation klarer zum Ausdruck gebracht hätte (GIRSBERGER, ZSR, 326 f.). Man gelangt jedoch zum gleichen Ergebnis, wenn man die Beachtung der Publizitätsvorschriften als Teil der allgemeinen Regel betrachtet, wonach jede Gesellschaft die Vorschriften ihres Gesellschaftsstatuts beachten muss.

Wo unterschiedliche Anforderungen an dieselbe Publikation oder dasselbe Dokument gestellt werden, ist das jeweils strengere Recht anzuwenden. Lassen sich die Erfordernisse beider Rechtsordnungen nicht *uno actu* erfüllen, müssen bestimmte Handlungen (bspw. Publikationen) mehrfach vorgenommen bzw. bestimmte Dokumente in doppelter Ausführung erstellt werden. 8

III. Rechtswahl (Abs. 2, Satz 1)

Art. 163c Abs. 2 IPRG gestattet für den Fusionsvertrag eine Rechtswahl, soweit dessen Zustandekommen und Inhalt nicht zwingend den beteiligten Gesellschaftsstatuten unterstehen (vgl. dazu Art. 163a IPRG N 21 ff. sowie Art. 163b IPRG N 6 ff.). Die Rechtswahl darf keine gesellschaftsrechtlichen Fragen erfassen, sondern hat sich auf typisch vertragsrechtliche Fragen zu beziehen. Hierzu gehören bspw. das Zustandekommen des Vertrages, Willensmängel, die Haftung der beteiligten Gesellschaften für falsche Informationen und Zusicherungen, Geheimhaltung, Kostentragung, Vertragserfüllung und Vertragsverletzung (Botschaft, 4501; Begleitbericht zum Vorentwurf FusG, 76; Handkommentar FusG-GASSMANN, N 7; IPRG Kommentar-VISCHER, N 6). Solche Fragen müssen und können wegen der Gefahr von inneren Widersprüchen nicht zwei Rechten gleichzeitig unterstehen. Als weitere vertragsrechtliche Vertragsinhalte kommen Einzelheiten des Aktientausches oder des Spitzenausgleichs, allfälligen Abfindungen oder die Besetzung der Organe der fusionierten Gesellschaften in Frage. Zwingende gesellschaftsrechtliche Bestimmungen, namentlich die Bestimmungen des FusG (etwa zur Angemessenheit der Gewährung von Anteilsrechten in Art. 7 f. FusG), sind jedoch vorbehalten. 9

Art. 163c Abs. 1 IPRG lässt für die Rechtswahl nach Abs. 2 im Ergebnis wenig Raum. Er bedeutet vielmehr einen Eingriff in den Grundsatz der freien Rechtswahl, der sonst das Vertragskollisionsrecht beherrscht (vgl. Art. 116 Abs. 1 IPRG). Dieser Eingriff ist durch den besonderen Inhalt des Fusionsvertrages gerechtfertigt. Dem Fusionsvertrag kommt zwar einerseits schuldrechtlicher Charakter zu, indem er gegenseitige Rechte und Pflichten der Vertragsparteien begründet (vgl. die vorangehende N). Aufgrund des auf die Änderungen gesellschaftsrechtlicher Strukturen gerichteten Inhalts und der unmittelbaren Wirkung des Vertrages auf zahlreiche Dritte, die nicht Vertragsparteien sind (Arbeitnehmer, Gläubiger, aber auch Gesellschafter), stehen aber die gesellschaftsrechtlichen Elemente des Fusionsvertrages aus rechtspolitischer Sicht im Vordergrund. Die Beschränkung der Parteiautonomie liegt daher im Schutze der Interessen der nicht am Fusionsvertrag beteiligten, aber davon betroffenen Parteien, begründet (Botschaft, 4501). Bei der Auslegung von Art. 163c Abs. 1 IPRG, namentlich bei der Abgrenzung gesellschaftsrechtlicher von schuldrechtlichen Fragen (und damit der Bestimmung des Umfangs der Rechtswahl) ist diese *ratio legis* stets vor Augen zu halten. 10

IV. Anwendbares Recht mangels Rechtswahl (Abs. 2, Satz 2 und 3)

Fehlt eine Rechtswahl, findet das Recht des Staates Anwendung, mit welchem der Fusionsvertrag am engsten zusammenhängt. Dabei stellt das Gesetz die Vermutung auf, dass 11 dieser engste Zusammenhang mit der Rechtsordnung der übernehmenden Gesellschaft besteht. Diese Schlussfolgerung des Gesetzes ist an sich nicht zwingend, denn es ist die übertragende Gesellschaft, die sich «verkauft» und ihre Existenz aufgibt, und deren Teilhaber und Gläubiger besonders schützenswert sind (GIRSBERGER, ZSR, 327 m.w.H.). Anderseits mögen jedenfalls bei der Fusion durch Kombination praktische Überlegungen den Schöpfern des Art. 163c IPRG Recht geben: Im Falle der Fusion durch Kombination ist nicht restlos klar, welche der beiden fusionswilligen Gesellschaften die übertragende ist: Wenn die übertragenden Rechtsträger einmal aufgelöst sind, ist alles auf die übernehmenden Rechtsträger ausgerichtet. Die von Art. 163c Abs. 2 IPRG aufgestellte Vermutung kann (wie auch diejenige in Art. 117 IPRG) sowohl bei der Kombinations- wie bei der Absorptionsfusion durch die konkreten Umstände widerlegt werden.

12   Bei der Spaltung gilt aufgrund von Art. 163d Abs. 2 Satz 2 i.V.m. Art. 163c Abs. 2 IPRG die umgekehrte Vermutung: Dort ist mangels Rechtswahl vermutungsweise das Recht am Sitz des sich spaltenden Rechtsträgers massgebend.

Art. 163d IPRG

4. Spaltung und Vermögensübertragung	¹ Auf die Spaltung und die Vermögensübertragung, an welchen eine schweizerische und eine ausländische Gesellschaft beteiligt sind, finden die Vorschriften dieses Gesetzes über die Fusion sinngemäss Anwendung. Artikel 163b Absatz 3 findet keine Anwendung auf die Vermögensübertragung. ² Im Übrigen unterstehen die Spaltung und die Vermögensübertragung dem Recht der sich spaltenden oder der ihr Vermögen auf einen anderen Rechtsträger übertragenden Gesellschaft. ³ Auf den Spaltungsvertrag findet unter den Voraussetzungen von Artikel 163c Absatz 2 vermutungsweise das Recht der sich spaltenden Gesellschaft Anwendung. Das gilt sinngemäss auch für den Übertragungsvertrag.
4. Scission et transfert de patrimoine	¹ Les dispositions de la présente loi concernant la fusion s'appliquent par analogie à la scission et au transfert de patrimoine auxquels sont parties une société suisse et une société étrangère. L'art. 163b, al. 3, ne s'applique pas au transfert de patrimoine. ² Pour le reste, la scission et le transfert de patrimoine sont régis par le droit applicable à la société qui se scinde ou qui transfère son patrimoine à un autre sujet. ³ Le droit applicable à la société qui se scinde est présumé s'appliquer au contrat de scission si les conditions fixées à l'art. 163c, al. 2, sont réunies. Ces règles valent par analogie pour le contrat de transfert.
4. Scissione e trasferimento di patrimonio	¹ Le disposizioni della presente legge relative alla fusione si applicano per analogia alla scissione e al trasferimento di patrimonio a cui partecipano una società svizzera e una società straniera. L'articolo 163b capoverso 3 non si applica al trasferimento di patrimonio. ² Per il rimanente, la scissione e il trasferimento di patrimonio sono regolati dal diritto applicabile alla società che opera la scissione o che trasferisce il suo patrimonio a un altro soggetto giuridico.

³ Per quanto concerne il contratto di scissione, se le condizioni di cui all'articolo 163c capoverso 2 sono soddisfatte, si presume che esso sia disciplinato dal diritto applicabile alla società che opera la scissione. Tali norme si applicano per analogia al contratto di trasferimento.

Literatur

Vgl. die Literaturhinweise zu Vorbemerkungen zu Art. 161–164b IPRG.

I. Norminhalt

1. Anwendungsbereich

Art. 163d IPRG befasst sich mit der grenzüberschreitenden **Spaltung** (N 6 ff.) und der grenzüberschreitenden **Vermögensübertragung** (N 29 ff.) unter Beteiligung mindestens einer schweizerischen und einer ausländischen Gesellschaft. Von Art. 163d IPRG erfasst wird auch eine grenzüberschreitende Spaltung, bei der die abgespaltene in- oder ausländische Gesellschaft erst entsteht. Mit der grenzüberschreitenden Spaltung und Vermögensübertragung *ohne Beteiligung einer schweizerischen Gesellschaft* befasst sich ausschliesslich Art. 164b IPRG.

Aufgrund von Art. 30 FusG ist eine **Spaltung** nur bei Kapitalgesellschaften und Genossenschaften zulässig, die sich wiederum nur in Kapitalgesellschaften oder Genossenschaften aufspalten dürfen. Diese Beschränkung ist auch im grenzüberschreitenden Verhältnis zu beachten (ebenso IPRG Kommentar-VISCHER, N 3). Die zu Art. 4 FusG entwickelten Grundsätze zur Kompatibilität und Äquivalenz sind im Rahmen einer möglichen Anpassung (vgl. dazu Art. 163a IPRG N 14 ff.) analog anzuwenden. Wo die Spaltung nicht möglich ist, namentlich bei Stiftungen, kann der mit der Spaltung beabsichtigte Zweck allenfalls mittels einer Vermögensübertragung erreicht werden (vgl. Art. 86 FusG; IPRG Kommentar-VISCHER, N 3).

Art. 69 FusG schränkt die Anwendbarkeit der Bestimmungen über die **Vermögensübertragung** auf Vermögensübertragungen von im Handelsregister eingetragenen Gesellschaften und Einzelunternehmen ein. Diese Einschränkung ist grundsätzlich auch im grenzüberschreitenden Verhältnis zu beachten (IPRG Kommentar-VISCHER, N 4). Für im Handelsregister eingetragene Stiftungen sieht Art. 86 FusG die Zulässigkeit von Vermögensübertragungen ausdrücklich vor. Nicht im Handelsregister eingetragenen Rechtsträgern steht wie bis anhin die Vermögens- und Geschäftsübernahme durch Singularsukzession nach Art. 181 OR offen (N 32).

2. Kollisionsrechtliche Methode

Art. 163d IPRG bedient sich in Abs. 1 des Verweises auf die vorangehenden Bestimmungen des IPRG zur grenzüberschreitenden Fusion, namentlich auf Art. 163a IPRG für die Immigrations- und Art. 163b IPRG für die Emigrationsfusion, welche sinngemäss auf Spaltungen und Vermögensübertragungen Anwendung finden sollen.

Abs. 2 modifiziert das Ergebnis insofern, als es die Spaltung und Vermögensübertragung «im Übrigen» abweichend von Art. 163a Abs. 2 und Art. 163b Abs. 4 IPRG dem Recht der sich spaltenden oder der ihr Vermögen auf einen anderen Rechtsträger übertragenden Gesellschaft unterstellt. Je nachdem, ob es sich um einen Immigrations- (N 9 ff.) oder Emigrationstatbestand (N 17 ff.) handelt, kommt es dadurch zur Anwendung eines anderen Rechts als bei den entsprechenden Fusionstatbeständen. Gleiches gilt für

Abs. 3, der die subsidiäre objektive Anknüpfung des Vertragsstatuts abweichend von Art. 163c Abs. 2 IPRG regelt (vgl. dazu N 26 ff.).

II. Spaltungen

1. Allgemeines

6   Art. 29 FusG definiert die Spaltung als Übertragung von Vermögensteilen auf eine (oder mehrere) übernehmende(n) Gesellschaft(en) gegen die Gewährung von Anteils- oder Mitgliedschaftsrechten dieser (übernehmenden) Gesellschaften an die Gesellschafter der übertragenden Gesellschaft (vgl. vorne N 1 ff. zu Art. 29 FusG). Der Rechtsübergang der von der Spaltung erfassten Vermögensteile und die Gewährung der Anteils- und Mitgliedschaftsrechte erfolgen *uno actu* (Botschaft, 4502). Nach der Terminologie des FusG ist eine Spaltung immer entweder eine «Aufspaltung» oder eine «Abspaltung»: Bei der Aufspaltung (Art. 29 lit. a FusG, vgl. dort N 20) wird die übertragende Gesellschaft aufgelöst, bei der Abspaltung (Art. 29 lit. b FusG, vgl. dort N 21) bleibt sie bestehen. Weiter unterscheidet das FusG zwischen der symmetrischen (Art. 31 Abs. 2 lit. a FusG, vgl. dort N 11 ff.) und der asymmetrischen Spaltung (Art. 31 Abs. 2 lit. b FusG, vgl. dort N 13 f.). Hingegen unterscheidet weder das FusG noch das IPRG zwischen der Spaltung zur Neugründung (die abgespaltene Gesellschaft besteht selbständig weiter) und der Spaltung zur Übernahme (die übertragende Gesellschaft wird von einer anderen Gesellschaft übernommen). Art. 163d IPRG erfasst sämtliche Tatbestände, sofern die Spaltung unter Beteiligung mindestens einer schweizerischen und einer ausländischen Gesellschaft stattfindet.

7   Bei der **Immigrationsspaltung** (N 9 ff.) erfolgt eine Übertragung des aufgespalteten bzw. abgespalteten Vermögensteils einer ausländischen Gesellschaft auf mindestens eine bestehende oder neu zu gründende schweizerische Gesellschaft. Bei der **Emigrationsspaltung** (N 17 ff.) erfolgt die Übertragung des aufgespalteten bzw. abgespalteten Vermögensteils einer schweizerischen Gesellschaft auf mindestens eine bestehende oder neu zu gründende ausländische Gesellschaft.

8   Dem Art. 163d IPRG (i.V.m. Art. 163a–c) und den Bestimmungen des FusG über die Spaltung entspricht im Gemeinschaftsrecht die Sechste Gemeinschaftsrechtliche Richtlinie betreffend die Spaltung von Aktiengesellschaften (EU-Spalt-RL, zit. in N 25 vor Art. 161–164b IPRG). Die Richtlinie bezweckt, die auf die Fusion anwendbaren Schutzvorschriften der EU-Fus-RL auch auf Spaltungsvorgänge von Aktiengesellschaften zu übertragen. Die dazu vorgesehenen Mindestvoraussetzungen der Richtlinie sind durch die Bestimmungen des FusG und des Art. 163d IPRG ohne weiteres erfüllt (so auch Nufer, 610 f.). Wie schon die Fusionsrichtlinie (zit. in N 25 vor Art. 161–164b IPRG), erfasst die Spaltungsrichtlinie nur die AG. Anders als die EU-Fus-RL verpflichtet sie die Mitgliedstaaten aber nicht, die Spaltung in ihrem Recht vorzusehen (Nufer, 589).

2. Immigrationsspaltung

a) Grundsätzliche Anwendung ausländischen Rechts (Art. 163d Abs. 1 i.V.m. Art. 163a Abs. 1 und Art. 163d Abs. 2 IPRG).

9   Bei der Immigrationsspaltung führt die Verweisung in Art. 163d Abs. 1 IPRG in einem ersten Schritt zur Kollisionsnorm von Art. 163a Abs. 1 IPRG und damit zur Anwendung des *ausländischen Rechts* der sich spaltenden Gesellschaft. Für die Beurteilung, welche Rechtsfragen nach Abs. 1 ausländischem Recht unterstehen, ist auf das zu Art. 163a IPRG Ausgeführte (N 20 ff.) zu verweisen. Demzufolge umfasst die Verweisung in

Art. 163a Abs. 1 IPRG alle Vorschriften des ausländischen Rechts, deren Beachtung dieses Recht selbst als **Gültigkeitsvoraussetzung** der Spaltung betrachtet. Im Hinblick auf das Ziel des internationalen Entscheidungseinklangs ist das ausländische Recht dabei als Ganzes, mit all seinen offenen und verdeckten Rück- und Weiterverweisungen zu beachten, wie es ein Richter des berufenen ausländischen Rechts täte (vgl. vor Art. 161–164b IPRG N 11).

Art. 163d Abs. 2 IPRG enthält für die Spaltung zudem eine selbständige Kollisionsnorm, die an die Stelle des Art. 163a Abs. 2 IPRG tritt. Demnach kommt «im Übrigen» bei der Immigrationsspaltung das Recht *der sich spaltenden ausländischen Gesellschaft* zur Anwendung. Anders als bei der Immigrationsfusion (vgl. dazu Art. 163a IPRG N 21 ff.) kommt es dadurch sowohl aufgrund von 163a Abs. 1 i.V.m. 163d Abs. 1 IPRG als auch aufgrund von Art. 163d Abs. 2 IPRG zur Anwendung ausländischen Rechts (IPRG Kommentar-VISCHER, N 10). Eine Abgrenzung des Umfangs der jeweiligen Verweisungen erübrigt sich damit.

Aus der umfassenden Verweisung auf das ausländische Recht darf jedoch nicht gefolgert werden, dieses verdränge das schweizerische Recht vollständig. Vielmehr ist in einem weiteren Schritt der Umfang des kumulativ zum ausländischen Recht zur Anwendung kommenden schweizerischen Rechts zu bestimmen (N 12 ff.). Ausserdem ist zu beachten, dass das ausländische Recht nur soweit anzuwenden ist, als dessen eigener Anwendungsbereich und -anspruch reicht.

b) Ergänzende kumulative Anwendung schweizerischen Rechts

Wie bei der Fusion gilt auch bei der Spaltung das Augenmerk des Gesetzes dem internationalen Entscheidungseinklang und der Vermeidung hinkender Rechtsverhältnisse. Daraus ergibt sich bei der Anwendung von Art. 163a Abs. 1 IPRG – wie schon bei der Fusion – die Notwendigkeit der kumulativen Anwendung der zwingenden Bestimmungen beider involvierten Rechtsordnungen. Die zusätzliche Anwendung des schweizerischen Rechts ergibt sich mitunter auch daraus, dass die abgespaltene Gesellschaft nach erfolgter Spaltung nach dem schweizerischem Recht gültig bestehen muss.

Zwingende Bestimmungen des schweizerischen Rechts, deren Beachtung Gültigkeitsvoraussetzung für die rechtsgültige Spaltung bilden, sind bei der Immigrationsspaltung solche, die *berechtigte schweizerische Interessen* schützen sollen (Handkommentar FusG-COURVOISIER, N 12). Darunter fallen namentlich Regeln, die den Schutz der Gesellschafter und der Gläubiger der schweizerischen Gesellschaft bezwecken. Dazu gehören etwa die Bestimmungen über die Einsichtsrechte nach Art. 41 FusG sowie die Bestimmungen des schweizerischen Rechts betreffend eine allfällige Kapitalerhöhung (Art. 32 FusG) oder Neugründung (Art. 34 FusG) der schweizerischen Gesellschaft.

Die Fragen rund um die Wahrung der Anteils- oder Mitgliedschaftsrechte der Gesellschafter ebenso wie des Schutzes der Gläubiger stellen sich – anders als bei der Emigrationsfusion – primär gegenüber der übertragenden ausländischen Gesellschaft. Eine kumulative Anwendung schweizerischen Rechts rechtfertigt sich in diesen Fällen nicht. Eine Ausnahme gilt bei der Immigrationsfusion zur Übernahme. Hier kommt – in analoger Anwendung von Art. 163a IPRG – auf die übernehmende schweizerische Gesellschaft schweizerisches Recht zur Anwendung.

Der **Zeitpunkt des Eintritts der Rechtswirkungen der Spaltung** bestimmt sich grundsätzlich nach schweizerischem Recht (Art. 51 FusG). Wo das ausländische Recht allerdings zwingend einen anderen Zeitpunkt vorsieht, ist für eine Koordination zu sorgen (vgl. hierzu bei der Fusion Art. 163b IPRG N 29 ff.). In jedem Fall müssen die schweizerischen Publizitätsvorschriften eingehalten werden (vgl. dazu N 26 f.).

c) Ausnahmsweise ausschliessliche Anwendung schweizerischen Rechts

16 Art. 163d Abs. 2 IPRG will dem ausländischen Recht keine weitergehende Geltung zukommen lassen, als dieses Recht im Einzelfall selbst vorsieht: Wo es um Fragen geht, die primär schweizerische Interessen (und keine ausländischen) betreffen und vom ausländischen Recht nicht zwingend (mit)geregelt werden, kommt deshalb einzig das schweizerische Recht zur Anwendung. Dies ist namentlich bei *rein internen Vorgängen* der schweizerischen Gesellschaft oft der Fall, etwa betreffend das Vorgehen bei einer Kapitalerhöhung der schweizerischen Gesellschaft (einschliesslich der entsprechenden Beschlussfassung) oder der Neugründung in der Schweiz. Enthält das ausländische Recht ausnahmsweise auch hierzu zwingend anzuwendendes Recht, kommt es auch hinsichtlich dieser Fragen zu einer kumulativen Anwendung.

3. Emigrationsspaltung

a) Grundsätzliche Anwendung schweizerischen Rechts (Art. 163d Abs. 1 i.V.m. Art. 163b Abs. 1 und Art. 163d Abs. 2 IPRG).

17 Bei der Emigrationsspaltung führt zunächst der Verweis in Art. 163d Abs. 1 IPRG auf die Kollisionsnorm von Art. 163b Abs. 2 IPRG und damit zur Anwendung des *schweizerischen Rechts* der sich spaltenden Gesellschaft. Dieses Recht kommt bereits aufgrund von Art. 163d Abs. 2 IPRG «im Übrigen» zur Anwendung. Während es also bei der Immigrationsspaltung (N 9 ff.) zunächst zu einer umfassenden Verweisung auf ausländisches Recht kommt, verweist Art. 163d Abs. 1 und Abs. 2 i.V.m. Art. 163b Abs. 2 IPRG primär auf das *schweizerische Recht*. Wie schon bei der Immigrationsspaltung erübrigt sich damit eine Abgrenzung des Umfangs der jeweiligen Verweisungen nach Art. 163d Abs. 1 (i.V.m. Art. 163b Abs. 2) und Abs. 2 IPRG. Wichtig ist hingegen die Ermittlung der Rechtsfragen, die aufgrund von Art. 163b Abs. 4 IPRG kumulativ dem ausländischen Recht unterstehen (Art. 163b IPRG N 6 ff.).

18 Die umfassende Geltung des schweizerischen Rechts rechtfertigt sich bei der Emigrationsspaltung – wie bei der Emigrationsfusion – durch das Schutzbedürfnis schweizerischer Gesellschafter, Gläubiger und Arbeitnehmer. Anders als bei der Immigrationsspaltung kommt es hier zu einer Verringerung des Haftungssubstrats in der Schweiz, wodurch eine Gefahr für die Sicherung der Ansprüche der Gläubiger der schweizerischen sich spaltenden Gesellschaft entsteht. Wird zudem ein Betriebsteil übertragen, sind auch die Interessen schweizerischer Arbeitnehmer betroffen (N 20).

19 Dem Verweis auf Art. 46 FusG in Art. 163b Abs. 3 IPRG kommt bei der Emigrationsspaltung keine selbständige Bedeutung zu, gehören doch die Art. 43 ff. FusG zu den ohnehin auf die Spaltung anwendbaren schweizerischen Normen des FusG (vgl. die Komm. zu Art. 29–52 FusG). Art. 43 Abs. 1 FusG zufolge muss die Sicherung der Forderungen nach Art. 46 FusG **vor der Beschlussfassung** über die Spaltung erfolgen (vgl. hingegen bei der Fusion Art. 163b IPRG N 42).

20 Art. 333 und 333a OR sind aufgrund der Verweisungen in Art. 48 i.V. mit Art. 27 und Art. 49 i.V.m. Art. 28 FusG und teilweise aufgrund ihrer Eigenschaft als *lois d'application immédiate* auf die sich spaltende schweizerische Gesellschaft zwingend anzuwenden. Dabei ist der besondere Anwendungsbereich dieser Normen (vgl. dazu vorne Art. 163b IPRG N 12 ff. m.w.H.) zu beachten.

Der Zeitpunkt des Eintritts der Rechtswirkungen bestimmt sich grundsätzlich nach 21
schweizerischem Recht (Art. 51 FusG). Wo das ausländische Recht zwingend einen anderen Zeitpunkt vorsieht, ist für eine Koordination zu sorgen (zur ähnlich gelagerten Problemstellung bei der Fusion vgl. Art. 163b IPRG N 29 ff.).

b) Umfang der kumulativen Anwendung ausländischen Rechts (Art. 163d Abs. 1 i.V.m. Art. 163b Abs. 4 IPRG)

Für die Beurteilung, welche Rechtsfragen nach Abs. 1 ausländischen Recht unterstehen, 22
ist auf das zu Art. 163b IPRG (N 4 ff.) Ausgeführte zu verweisen. Die sinngemässe Anwendung von Art. 163b IPRG auf die Emigrationsspaltung führt zur (kumulativen) Anwendung aller Vorschriften des ausländischen Rechts, deren Einhaltung dieses Recht selbst als **Gültigkeitsvoraussetzung** der Spaltung betrachtet. Im Hinblick auf das Ziel des internationalen Entscheidungseinklangs ist das ausländische Recht dabei als Ganzes, mit all seinen offenen und verdeckten Rück- und Weiterverweisungen zu beachten, wie es ein Richter des berufenen ausländischen Rechts täte (vgl. vor Art. 161–164b IPRG N 11).

Das ausländische Recht muss entsprechend Art. 163b Abs. 1 IPRG zunächst die Spaltung zulassen. Hierzu muss es die Kernelemente der Spaltung, d.h. eine Übertragung 23
uno actu von Vermögensteilen auf eine (oder mehrere) übernehmende Gesellschaft(en) gegen die Gewährung von Anteils- oder Mitgliedschaftsrechten dieser (übernehmenden) Gesellschaften an die Gesellschafter der übertragenden Gesellschaft (vgl. Art. 163a IPRG N 6 ff.) enthalten. Wo ein solcher Vorgang nach ausländischem Recht hingegen schlicht nicht zulässig ist, bzw. dessen Rechtsfolgen nicht anerkannt würden, scheitert die Spaltung. Allenfalls ist der beabsichtigte Vorgang als Vermögensübertragung durchführbar (vgl. zur Abgrenzung von der Spaltung N 29).

c) Ausnahmsweise ausschliessliche Anwendung ausländischen Rechts

Trotz des aufgrund von Art. 163d Abs. 1 und 2 IPRG zunächst umfassend erscheinenden 24
Geltungsanspruchs des schweizerischen Rechts hat dieses gegenüber dem ausländischen Recht stets dort zurückzutreten, wo keine berechtigten schweizerischen Interessen berührt sind und das ausländische Recht den engeren Zusammenhang mit der zu beurteilenden Frage aufweist (vgl. Art. 163a IPRG N 25).

Im Sinne des bei der Immigrationsspaltung zur Geltung des ausländischen Rechts Aus- 25
geführten (N 16) dürfte dies bei *rein internen Vorgängen* der ausländischen Gesellschaft der Fall sein, und zwar namentlich bezüglich der Frage, wie die Gläubiger der ausländischen übernehmenden Gesellschaft und die Gesellschaft selbst zu schützen sind, wie die übernehmende Gesellschaft ihre Kapitalerhöhung, bzw. ihre Neugründung durchzuführen und wie sie ihre Beschlüsse zu fassen hat. Bezüglich der Kapitalerhöhung oder Neugründung der übernehmenden ausländischen Gesellschaft greift das schweizerische Recht immerhin insoweit ein, als die Rechte der Gesellschafter der übertragenden schweizerischen Gesellschaft angemessen gewahrt werden müssen (Handkommentar FusG-COURVOISIER, N 27).

4. Sonderanknüpfung des Spaltungsvertrags und der Form- und Publizitätsvorschriften (Art. 163c IPRG)

Bezüglich des Spaltungsvertrages und der Formvorschriften kommen aufgrund von 26
Art. 163c IPRG die schweizerischen und ausländischen Bestimmungen in jedem Fall – also sowohl bei der Immigrations- wie bei der Emigrationsspaltung – kumulativ zur An-

wendung. Was den Umfang der Verweisung von Art. 163c IPRG betrifft, gilt das zum Fusionsvertrag (Art. 163c IPRG N 3 ff.) und zur Einhaltung der Form- und Publizitätsvorschriften (Art. 163c IPRG N 6 ff.) Ausgeführte sinngemäss.

27 Art. 163c Abs. 2 IPRG gestattet auch für den Spaltungsvertrag eine Rechtswahl, soweit dessen Zustandekommen und Inhalt nicht zwingend den beteiligten Gesellschaftsstatuten unterstehen. Die Rechtswahl darf keine gesellschaftsrechtlichen (typischerweise durch das FusG geregelten) Fragen erfassen, sondern hat sich auf typisch vertragsrechtliche Fragen zu beziehen. Hierzu gehören bspw. das Zustandekommen des Vertrages, Willensmängel, die Haftung der beteiligten Gesellschaften für falsche Informationen und Zusicherungen, die Vertragserfüllung und die Vertragsverletzung (vgl. dazu Art. 163c IPRG N 9 ff.).

28 Fehlt eine Rechtswahl, so vermutet Art. 163d Abs. 3 IPRG, der für den Spaltungsvertrag an die Stelle des Art. 163c Abs. 2 IPRG tritt, den engsten Zusammenhang mit dem Recht der *sich spaltenden* Gesellschaft. Diese Vermutung kann jedoch im Einzelfall widerlegt werden.

III. Vermögensübertragung

1. Allgemeines

29 Bei der Vermögensübertragung handelt es sich um eine vom FusG eingeführte **neue Übertragungsform** für Aktiven und Passiven von einem Rechtsträger auf den anderen (vgl. vorne Art. 69 FusG N 1 ff.). Die Vermögensübertragung unterscheidet sich von der **Spaltung** dadurch, dass es bei der Vermögensübertragung der übertragende Rechtsträger selbst ist, der eine allfällige Gegenleistung empfängt, und nicht dessen Gesellschafter. Die Vermögensübertragung kann nur gegen «Abfindung» erfolgen. Erhalten die Gesellschafter der übertragenden Gesellschaft Anteils- oder Mitgliedschaftsrechte der übernehmenden Gesellschaft, kommen von Gesetzes wegen die Vorschriften des Spaltungsrechts zur Anwendung (Art. 69 Abs. 1 2. Satz FusG). Im Unterschied zur Aufspaltung in ausländische Gesellschaften (N 6) wird bei der Vermögensübertragung keine der beteiligten Parteien mit dem Eintritt der Rechtswirksamkeit aufgelöst.

30 Bei der **Vermögensübertragung vom Ausland in die Schweiz** (N 33 ff.) erfolgt die Übertragung des gesamten oder eines Teils des Vermögens einer ausländischen Gesellschaft auf eine schweizerische Gesellschaft. Die (allfällige) Gegenleistung wird an die ausländische Gesellschaft erbracht. Bei der **Vermögensübertragung von der Schweiz ins Ausland** (N 37 ff.) erfolgt die Übertragung des gesamten oder eines Teils des Vermögens einer schweizerischen Gesellschaft auf eine ausländische Gesellschaft. Die (allfällige) Gegenleistung wird der schweizerischen Gesellschaft erbracht.

31 Fraglich ist, ob auch der Fall einer Vermögensübertragung von einer schweizerischen Gesellschaft auf eine bestehende oder zu gründende schweizerische **Zweigniederlassung** einer ausländischen Gesellschaft von Art. 163d IPRG erfasst ist. Ob hier ein internationales Verhältnis i.S.v. Art. 1 IPRG vorliegt, muss im Einzelfall beantwortet und unter Berücksichtigung der involvierten Interessen entschieden werden. Dabei gilt es zwar u.a., den internationalen Entscheidungseinklang zu wahren und hinkende Rechtsverhältnisse zu verhindern, aber in vernünftigem Masse und nicht ohne den kollisionsrechtlichen Grundsatz des engsten Zusammenhanges aus den Augen zu verlieren: Zwar kann das übertragene Vermögen zu einem im Ausland ansässigen Vermögensträger wechseln. Es entzieht sich jedoch nicht in gleichem Masse dem Zugriff des schweizerischen Rechts wie bei einer Übertragung ins Ausland: So steht schweizerischen Klägern wei-

terhin der Betreibungsstand des Art. 50 Abs. 1 SchKG offen. Es ist daher zumindest fraglich, ob ein erhöhtes Schutzbedürfnis der Gesellschafter und Gläubiger in dieser Konstellation besteht. Da Art. 163d Abs. 1 IPRG jedoch für die Vermögensübertragung das Sicherungsverfahren nach Art. 46 FusG ohnehin ausschliesst, schadet es nichts, generell von der Anwendbarkeit der Bestimmungen des IPRG und des FusG auszugehen, selbst wenn die Auslandsberührung auf die (rein formelle) Lokalisierung des Hauptsitzes der übernehmenden Gesellschaft beschränkt ist (im Ergebnis gl.M. Handkommentar FusG-COURVOISIER, N 1).

Art. 69 FusG schränkt die Anwendbarkeit der Bestimmungen des FusG auf die Vermögensübertragungen von **im Handelsregister eingetragenen** Gesellschaften und im Handelsregister eingetragenen Einzelunternehmen ein. Bei grenzüberschreitenden Vermögensübertragungen ist die Eintragung im Handelsregister der beteiligten *schweizerischen* Gesellschaft oder Einzelunternehmung ausschlaggebend. Die grenzüberschreitende Vermögensübertragung einer nicht eingetragenen schweizerischen Einzelunternehmung ist weder von Art. 163d IPRG noch vom FusG erfasst (wohl gl.M. Handkommentar FusG-COURVOISIER, N 2). Solchen Rechtsträgern bleibt somit lediglich der Vermögensübergang mittels Singularsukzession bzw. in Anwendung von Art. 181 OR (vgl. dazu Art. 69 FusG N 1 ff.). Das auf diesen Vorgang anwendbare Recht ist grundsätzlich anhand der allgemeinen (vertragsrechtlichen) Regeln der Art. 116 ff. IPRG zu bestimmen. Die Art. 163d i.V.m. Art. 163a und Art. 163b IPRG können jedoch bei der Ermittlung des am engsten mit der Transaktion zusammenhängenden Rechts i.S.v. Art. 116 ff. IPRG eine wertvolle Auslegungshilfe bilden.

2. *Vermögensübertragung vom Ausland in die Schweiz*

Vermögensübertragungen vom Ausland in die Schweiz erfahren grundsätzlich die gleiche kollisionsrechtliche Behandlung wie Immigrationsspaltungen, weshalb weitgehend auf das hierzu Ausgeführte (N 9 ff.) verwiesen werden kann. Allerdings sind dabei gewisse *Abweichungen* und *Besonderheiten* zu beachten.

Sowohl das schweizerische wie das ausländische Recht müssen die Elemente der grenzüberschreitenden Vermögensübertragung (N 29 ff.) kennen und zumindest zulassen. Wo die Vermögensübertragung nach ausländischem Recht auch den – nach schweizerischem Verständnis nicht begriffsnotwendigen – Eintritt in (mit)übertragene Vertragsverhältnisse umfasst, ist diese Rechtsfolge auch vom schweizerischen Recht zu beachten.

Bei der Vermögensübertragung in die Schweiz sind die Rechte der Gesellschafter und Gläubiger der schweizerischen Gesellschaft kaum betroffen; sie erhalten ein zusätzliches Haftungssubstrat in der Schweiz. Die einzige Bedingung aus der Sicht schweizerischer Interessen besteht darin, dass das übertragene Vermögen nach dem – als Bestandteil des Übertragungsvertrages vorzulegenden – Inventar (Art. 71 Abs. 2 FusG) einen **Aktivenüberschuss** aufweist. Als begriffsnotwendiges Element der *Vermögens*übertragung ist der Aktivenüberschuss nach den Grundsätzen der schweizerischen oder aus schweizerischer Sicht anerkannten ausländischen Rechnungslegungsvorschriften nachzuweisen (Handkommentar FusG-COURVOISIER, N 41).

Was das (auch) schweizerische Interesse am Verkehrsschutz betrifft, kommen die Bestimmungen des schweizerischen und des ausländischen Rechts aufgrund von Art. 163c IPRG ohnehin kumulativ zur Anwendung (N 41 ff.).

3. Vermögensübertragung von der Schweiz ins Ausland

37 Vermögensübertragungen von der Schweiz ins Ausland erfahren grundsätzlich die gleiche kollisionsrechtliche Behandlung wie Emigrationsspaltungen, weshalb weitgehend auf das hierzu Ausgeführte (N 17 ff.) verwiesen werden kann. Auch dabei sind aber einzelne *Abweichungen* und *Besonderheiten* zu beachten:

38 Wie bei der Emigrationsspaltung kommt es bei der Vermögensübertragung von der Schweiz ins Ausland grundsätzlich zu einer umfassenden Anwendung *schweizerischen Rechts*. Diese rechtfertigt sich – wie bei den übrigen Emigrationstatbeständen – dadurch, dass den Gesellschaftern und Gesellschaftsgläubigern in der Schweiz Vermögen der Gesellschaft bzw. Haftungssubstrat in der Schweiz entzogen wird. Diesem Schutzbedürfnis tragen die anwendbaren Bestimmungen des schweizerischen FusG, namentlich die Art. 74 f. FusG, Rechnung. Wie bei der Emigrationsspaltung und der Emigrationsfusion kommt es immer dort zur kumulativen Anwendung ausländischen Rechts, wo dieses zwingende Voraussetzungen für die Gültigkeit der Vermögensübertragung aufstellt. Wo Widersprüche entstehen, die nicht mittels Anpassung beseitigt werden können, scheitert die Vermögensübertragung. Bezüglich der Festlegung des Zeitpunktes der Wirkungen der Vermögensübertragung und der allenfalls notwendigen Koordination der Eintragungen und des Rechtsübergangs gilt das zu Art. 163b IPRG (vgl. dort N 29 ff.) Ausgeführte analog.

39 Art. 163d Abs. 2 IPRG, 2. Satz erklärt für den (diesbezüglich einzig relevanten) Fall der Vermögensübertragung von der Schweiz ins Ausland den Art. 163b Abs. 2 IPRG und damit den Verweis auf Art. 46 FusG (Sicherstellung von Gläubigerforderungen) für nicht anwendbar. Bezüglich des Schutzes der Gläubiger der schweizerischen Gesellschaft bleibt es also bei der Anwendung von Art. 75 FusG. Dieser sieht in Abs. 3 ebenfalls die Möglichkeit einer Sicherstellung vor, die gerade bei der grenzüberschreitenden Vermögensübertragung ins Ausland wichtig werden kann.

40 Für **Arbeitnehmer** kann die Vermögensübertragung dann von Bedeutung sein, wenn ganze Betriebe oder Betriebsteile auf dem Wege der Vermögensübertragung auf eine ausländische Gesellschaft übertragen werden. Für die davon betroffenen Arbeitsverhältnisse in der Schweiz kommt einerseits Art. 333 OR (Übergang des Arbeitsverhältnisses) zur Anwendung (Art. 76 Abs. 1 FusG). Art. 77 Abs. 1 FusG bestätigt zudem ausdrücklich die Anwendbarkeit von Art. 333a OR (Konsultation der Arbeitnehmervertretung). Bezüglich beider Bestimmungen (Art. 333 und 333a OR) ist deren besonderer Anwendungsbereich zu beachten. Hierzu kann auf die Ausführungen zu den Art. 27 und 28 FusG im Rahmen der Emigrationsfusion (Art. 163b IPRG N 13 ff., zu Art. 333 OR im Besonderen vgl. auch Art. 77 FusG N 7 ff.) verwiesen werden.

4. Sonderanknüpfung des Vermögensübertragungsvertrags und der Form- und Publizitätsvorschriften (Art. 163c IPRG)

41 Bezüglich des Übertragungsvertrags und der Formvorschriften kommen aufgrund von Art. 163c IPRG (auf den Art. 163d verweist) die schweizerischen und ausländischen Bestimmungen in jedem Fall – also sowohl bei der Spaltung oder Vermögensübertragung vom Ausland in die Schweiz wie von der Schweiz ins Ausland – kumulativ zur Anwendung. Was den Umfang der Verweisung von Art. 163c IPRG betrifft, gilt das dort (Art. 163c IPRG N 3 ff.) zum Fusionsvertrag und zur Einhaltung der Form- und Publizitätsvorschriften (Art. 163c IPRG N 6 ff.) Ausgeführte sinngemäss.

42 Art. 163c Abs. 2 IPRG gestattet auch für den Vermögensübertragungsvertrag eine Rechtswahl, soweit dessen Zustandekommen und Inhalt nicht zwingend den beteiligten

Gesellschaftsstatuten unterstehen. Hierzu gilt das zum Spaltungsvertrag Ausgeführte analog (N 26 ff.). Bei der Vermögensübertragung handelt es sich immerhin um den vom FusG erfassten Vorgang, der den weitesten Anwendungsbereich für die von der Rechtswahl erfassten vertraglichen Fragen bietet.

Fehlt eine Rechtswahl, so vermutet Art. 163d Abs. 3 IPRG für den Übertragungsvertrag (Art. 163d Abs. 3 2. Satz IPRG), dass der engste Zusammenhang mit dem Recht der das Vermögen *übertragenden* Gesellschaft besteht. 43

IV. Einzureichende Belege bei der Eintragung der Spaltung und der Vermögensübertragung

1. Allgemeines

Gemäss Art. 110a HRegV sind auf die grenzüberschreitende Spaltung und Vermögensübertragung die Bestimmungen der Art. 106–106e HRegV (über die binnenrechtliche Spaltung), Art. 108–108b HRegV (über die binnenrechtliche Vermögensübertragung) sowie Art. 110 HRegV (über die grenzüberschreitende Fusion) «sinngemäss» anzuwenden. Die Berücksichtigung der Internationalität des Sachverhalts beschränkt sich also im Wesentlichen auf die «sinngemässe» Anwendung von Art. 110 HRegV. Hieraus ergeben sich mehr Fragen als Antworten. 44

So ist vor allem unklar, welche der in Art. 110 HRegV bei der grenzüberschreitenden Fusion erforderlichen **zusätzlichen Belege** (d.h. zu den in den Art. 106 bzw. 108 HRegV aufgeführten) auch bei einer grenzüberschreitenden Spaltung und einer grenzüberschreitenden Vermögensübertragung erforderlich sind. 45

2. Bei der grenzüberschreitenden Spaltung

Sowohl bei der Immigrations- wie bei der Emigrationsspaltung ist ein «Ausweis über den rechtlichen Bestand» der ausländischen Gesellschaft beizufügen (Art. 110 Abs. 1 und 2 lit. a HRegV), sei dies die sich spaltende (bei der Immigrationsspaltung) oder die um die abgespaltene Gesellschaft erweiterte Gesellschaft (bei der Emigrationsspaltung). Zur Form eines solchen Nachweises vgl. Art. 163a IPRG N 29. Schwieriger gestaltet sich der Nachweis des Bestandes einer ausländischen Gesellschaft, die erst *nach* der Ab- oder Aufspaltung einer schweizerischen Gesellschaft entsteht. In diesem Fall wird sich der Registerführer mit der Bescheinigung der Zulässigkeit des Vorganges nach Art. 110 Abs. 1 und 2 lit. b HRegV zu begnügen haben. Auch hier stellen sich heikle Anpassungsprobleme bezüglich des massgeblichen Zeitpunkts der Wirkung der Spaltung (vgl. die entsprechenden Vorschläge zur Fusion bei Art. 163a IPRG N 17 f.). 46

Zur Anwendung von Art. 110 Abs. 1 lit. b und Abs. 2 lit. b HRegV gilt das zur Fusion Ausgeführte (vgl. Art. 163a IPRG N 30) analog. Die Anforderungen an die Bescheinigung sollten nicht zu hoch sein. Wo sich die Zulässigkeit des Vorganges aus den unter lit. a beigefügten Dokumenten ohne weiteres ergibt, kann auf den Beleg nach lit. b verzichtet werden. 47

Der auf die Immigrationsfusion ausgerichtete Art. 110 Abs. 1 lit. c HRegV ist auf die Immigrationsspaltung grundsätzlich nicht anwendbar, denn die Spaltung (zur Neugründung) wirft im Gegensatz zur Fusion kaum Kompatibilitätsfragen auf. Hingegen kommt Art. 100 Abs. 1 lit. c HRegV bei der Immigrationsspaltung zur Übernahme (N 6) zur Anwendung. 48

Art. 110 Abs. 2 lit. c HRegV erfasst naturgemäss nur den Fall der **Aufspaltung** (vgl. dazu vorne N 5) einer schweizerischen Gesellschaft in (ausschliesslich) ausländische Gesellschaften (Art. 164 Abs. 2 IPRG, vgl. dazu Art. 164 IPRG N 7 f.). 49

3. Bei der grenzüberschreitenden Vermögensübertragung

50 Sowohl bei Vermögensübertragung vom Ausland in die Schweiz wie bei der Vermögensübertragung aus der Schweiz ins Ausland ist ein «Ausweis über den rechtlichen Bestand» der jeweils ausländischen Gesellschaft beizufügen (Art. 110 Abs. 1 lit. a und Abs. 2 lit. a HRegV). Zur Form eines solchen Ausweises gilt das vorne in Art. 163a IPRG N 29 Ausgeführte analog.

51 Dem Erfordernis einer Bescheinigung über die Zulässigkeit der Transaktion (Art. 110 Abs. 1 und Abs. 2 lit. b HRegV) kommt hingegen bei der Vermögensübertragung nicht die gleiche Bedeutung zu wie bei der Fusion bzw. der Spaltung. Bei der Vermögensübertragung wird keine Gesellschaft aufgelöst, weshalb auch keine Gefahr besteht, dass ein Rechtsträger aufgelöst wird, bevor oder ohne dass er unter einer anderen Rechtsordnung fortbesteht. Die Unzulässigkeit einer Vermögensübertragung nach der (relativ offenen) Definition des FusG (vgl. dazu Art. 69 FusG N 1 ff.) dürfte zudem in den meisten Rechtsordnungen die Ausnahme bilden. Das Erfordernis des «Nachweises der Zulässigkeit» nach lit. b sollte sich demnach darin erschöpfen, dass die gesetzlichen Bestimmungen aufzuführen sind, aufgrund deren die Vermögensübertragung nach ausländischem Recht erfolgt. Wo das ausländische Recht die Zulässigkeit an Bedingungen knüpft (bspw. wo es die Vermögensübertragung nur im Falle einer Übertragung von Betriebsteilen erlaubt), muss sich aus der Gesamtheit der Belege (allenfalls dem im Übertragungsvertrag enthaltenen Inventar) ergeben, dass die entsprechende Bedingung erfüllt ist.

52 Art. 110 Abs. 1 lit. c und Abs. 2 lit. c HRegV sind auf die Vermögensübertragung nicht anwendbar.

Art. 164 IPRG

5. Gemeinsame Bestimmungen
a. Löschung im Handelsregister

¹ Eine im schweizerischen Handelsregister eingetragene Gesellschaft kann nur gelöscht werden, wenn durch einen Bericht eines besonders befähigten Revisors bestätigt wird, dass die Forderungen der Gläubiger im Sinne von Artikel 46 des Fusionsgesetzes vom 3. Oktober 2003 sichergestellt oder erfüllt worden sind oder dass die Gläubiger mit der Löschung einverstanden sind.

² Übernimmt eine ausländische Gesellschaft eine schweizerische, schliesst sie sich mit ihr zu einer neuen ausländischen Gesellschaft zusammen oder spaltet sich eine schweizerische Gesellschaft in ausländische Gesellschaften auf, so muss überdies:
a. nachgewiesen werden, dass die Fusion oder die Spaltung gemäss dem auf die ausländische Gesellschaft anwendbaren Recht rechtsgültig geworden ist; und
b. ein besonders befähigter Revisor bestätigen, dass die ausländische Gesellschaft den anspruchsberechtigten Gesellschaftern der schweizerischen Gesellschaft die Anteils- oder Mitgliedschaftsrechte eingeräumt oder eine allfällige Ausgleichszahlung oder Abfindung ausgerichtet oder sichergestellt hat.

5. Dispositions communes a. Radiation du registre du commerce	¹ Une société inscrite au registre du commerce en Suisse ne peut être radiée que si le rapport d'un réviseur particulièrement qualifié atteste que les créanciers ont obtenu des sûretés ou ont été désintéressés conformément à l'art. 46 de la loi du 3 octobre 2003 sur la fusion ou encore qu'ils consentent à la radiation. ² Lorsqu'une société étrangère reprend une société suisse, qu'elle s'unit à elle pour fonder une nouvelle société étrangère ou qu'une société suisse se scinde au profit de sociétés étrangères, il convient en outre: a. de prouver que la fusion ou la scission est devenue juridiquement valable en vertu du droit applicable à la société étrangère; b. qu'un réviseur particulièrement qualifié atteste que la société étrangère a attribué aux associés de la société suisse les parts sociales ou les droits de sociétariat auxquels ils ont droit, ou qu'elle a versé ou garanti une éventuelle soulte ou un éventuel dédommagement.
5. Disposizioni comuni a. Cancellazione dal registro di commercio	¹ Una società iscritta nel registro di commercio svizzero può essere cancellata soltanto se il rapporto di un revisore particolarmente qualificato attesta che i creditori hanno ottenuto garanzie, sono stati soddisfatti conformemente all'articolo 46 della legge del 3 ottobre 2003 sulla fusione o consentono alla cancellazione. ² Se una società straniera assume una società svizzera, se si unisce a quest'ultima in una nuova società straniera o se una società svizzera opera una scissione in società straniere, è inoltre necessario: a. provare che la fusione o la scissione ha acquisito validità giuridica secondo il diritto applicabile alla società straniera; e b. che un revisore particolarmente qualificato attesti che la società straniera ha attribuito ai soci della società svizzera le quote sociali o i diritti societari cui hanno diritto oppure ha versato o garantito un conguaglio o un'indennità eventuali.

Literatur

Vgl. die Literaturhinweise zu Vorbemerkungen zu Art. 161–164b IPRG.

I. Norminhalt

1. Allgemeines

Art. 164 IPRG hat gegenüber der bisherigen Fassung durch das FusG wesentliche Änderungen erfahren. Während der bisherige Art. 164 Abs. 1 IPRG nur die Voraussetzungen nannte, unter denen eine schweizerische Gesellschaft, welche ins Ausland **verlegt** wird, im Handelsregister gelöscht werden kann, umfasst Art. 164 Abs. 1 IPRG – aufgrund der neuen systematischen Stellung – neu **auch die Fusion und die Spaltung** ins Ausland und ändert die Voraussetzungen hierfür überdies inhaltlich (Botschaft, 4503). 1

Art. 164 Abs. 1 IPRG kommt nur bei Emigrationstatbeständen (Verlegung ins Ausland, Emigrationsfusion und -spaltung) zur Anwendung. Soll eine schweizerische Gesellschaft im Handelsregister gelöscht werden, nachdem sie sich mit einer ausländischen zu einer neuen *schweizerischen* Gesellschaft zusammengeschlossen hat, findet Art. 164 IPRG keine Anwendung (Botschaft, 4503); hier besteht gegenüber einer Binnenfusion kein besonderes Schutzbedürfnis der bisherigen schweizerischen Gesellschaftsgläubiger. Dieser Fall der Immigrationsfusion richtet sich nach Art. 163a IPRG. Ebenso wenig ist Art. 164 IPRG auf Vermögensübertragungen (Art. 69 ff. FusG) anwendbar. 2

3 Während Abs. 1 auf Emigrationstatbestände, einschliesslich Sitzverlegungen anwendbar ist, beschränkt sich der Anwendungsbereich von Abs. 2 auf die **Emigrationsfusion** und die **Emigrationsspaltung**. Bei Letzterer ist lediglich der Fall der **Aufspaltung** (vgl. dazu Art. 163d IPRG N 6) in (ausschliesslich) ausländische Gesellschaften relevant (IPRG Kommentar-VISCHER, N 2). Nur dort kommt es zur Löschung einer schweizerischen Gesellschaft. Die Ausführungen zur Emigrationsfusion sind auf diesen Fall analog anzuwenden (zu den erforderlichen Nachweisen bei der Löschung vgl. Art. 163d IPRG N 44 ff.). Für diese beiden Fälle stellt Abs. 2 vor der Löschung der schweizerischen Gesellschaft zwei **zusätzliche kumulative Erfordernisse** auf: Zum Schutz der Gesellschaftsgläubiger muss vor der Löschung der bisherigen schweizerischen Gesellschaft einerseits die Rechtsgültigkeit des Fusions- oder Spaltungsvorganges nach ausländischem Recht, andererseits die Wahrung der Rechte der Gesellschafter nachgewiesen werden.

4 Der Inhalt des bisherigen Art. 164 Abs. 2 aIPRG, der bis zur Sicherung der Forderungen der Gesellschaftsgläubiger einen schweizerischen Betreibungsstand vorsah, findet nunmehr eine eigenständige und erweiterte Regelung in Art. 164a IPRG (vgl. dazu Art. 164a IPRG N 1 ff.).

2. Zeitpunkt der Einreichung der Nachweise nach Art. 164 Abs. 1 und Abs. 2 IPRG

5 Bei der Binnenfusion (Art. 21 Abs. 3 FusG) und der Binnenspaltung (Art. 51 Abs. 3 FusG) erfolgt mit der Eintragung des Fusions- bzw. Spaltungsbeschlusses ins Handelsregister gleichzeitig die Löschung der übertragenden Gesellschaft. Art. 164 Abs. 2 IPRG ändert diese Rechtsfolgen bei der Emigrationsfusion dahingehend ab, dass zunächst die Emigrations*fusion* anzumelden ist und ihre Wirkungen eintreten, ohne dass dies zunächst zur Löschung der übertragenden Gesellschaft führt (Handkommentar FusG-COURVOISIER, N 16).

6 Da die Sicherungsansprüche der Gläubiger nach erfolgter Fusion nicht mehr wirksam gewahrt werden können, weil die Gesellschaft von diesem Zeitpunkt an bereits dem ausländischen Gesellschaftsstatut untersteht, ist der in Art. 164 Abs. 1 IPRG geforderte Bericht über die erfolgte Sicherstellung nach Art. 46 FusG bereits bei der **Eintragung der Fusion** beizubringen (vgl. Art. 163b IPRG N 42; Handkommentar FusG-COURVOISIER, N 10).

7 Die besonderen Nachweise nach Art. 164 Abs. 2 IPRG (N 14 ff.) können hingegen bei einer gleichzeitigen Anmeldung der Fusion gar nicht erbracht werden, da die darin geforderten Wirkungen i.d.R. erst durch den Eintrag der Fusion in das schweizerische (evtl. auch ins ausländische) Handelsregister eintreten. Entgegen dem Anschein, den der Wortlaut von Art. 164 IPRG erweckt, ist also das **Eintragungsverfahren** grundsätzlich ein **zweistufiges**: Zunächst hat die Eintragung der **Fusion** zu erfolgen, welche die Rechtswirkungen der Fusion (zumindest nach schweizerischem Recht, allenfalls zugleich nach ausländischem Recht) eintreten lässt. Erst wenn die Fusion sowohl nach schweizerischem wie nach ausländischem Recht rechtsgültig geworden ist, kann unter Vorlage der in Art. 164 Abs. 2 IPRG aufgeführten Nachweise die **Löschung** erfolgen (IPRG Kommentar-VISCHER, N 5).

8 Eine **gleichzeitige** Eintragung und Löschung ist nur ausnahmsweise denkbar, namentlich wenn:

– das ausländische Recht die Wirkung der Fusion unmittelbar auf die Eintragung im schweizerischen Handelsregister eintreten lässt,

– diese Tatsache durch einen verbindlichen Vorbescheid der ausländischen Behörden (vgl. dazu KÜNG, Art. 51 N 12) nachgewiesen werden kann, und
– der Bericht nach Art. 164 Abs. 2 lit. b IPRG (N 22 ff.) zu diesem Zeitpunkt bereits vorliegt und beigebracht wird.

Ob und in welchen Fällen diese Voraussetzungen als gegeben erscheinen können, hängt zunächst von der jeweils anwendbaren ausländischen Rechtsordnung ab und von der hierzu noch zu entwickelnden Praxis der schweizerischen Handelsregisterbehörden.

II. Allgemeine Voraussetzungen für die Löschung (Abs. 1)

Die Löschung einer Gesellschaft im schweizerischen Handelsregister, die für die Emigrationsfusion nur deklaratorischen Charakter hat (vgl. BGE 108 Ib 454 E. 4b; FORSTMOSER/MEIER-HAYOZ/NOBEL § 57 N 212), ist bei allen Emigrationstatbeständen (Verlegung ins Ausland, Emigrationsfusion und -spaltung) zunächst an zwei alternative Bedingungen gebunden. Die löschungswillige emigrierende Gesellschaft hat mittels eines **Berichts eines besonders befähigten Revisors** nachzuweisen, dass:

– die zu löschende Gesellschaft die Forderungen ihrer Gläubiger im Sinne von Art. 46 FusG **sichergestellt** oder **erfüllt** hat, oder
– das **Einverständnis** der Gläubiger zur Löschung vorliegt.

Während nach früherem Recht die alternativen Tatsachen der Gläubigerbefriedigung oder der Sicherstellung von deren Forderungen «glaubhaft» gemacht werden mussten (vgl. dazu BSK IPRG-GIRSBERGER, N 2), verlangt das Gesetz nunmehr in allen Fällen eine (schriftliche) Bestätigung durch eine **Bericht eines besonders befähigten Revisors** im Sinne der RevV (SR 221.302).

Zum Inhalt des Berichts, insb. zu den bis zu **fünf Alternativen,** die Art. 46 FusG der Gesellschaft bietet, um den Nachweis zu erbringen, dass keine Gefahr einer Schädigung der Gläubiger besteht, vgl. Art. 163b IPRG N 44 ff. Zum Zeitpunkt der Einreichung des Berichts beim Handelsregister vgl. N 5 f.

Die Gläubiger, die ihren Sicherstellungsanspruch nicht oder nicht genügend gewahrt sehen, haben stets die Möglichkeit, vor dem ordentlichen Richter auf Sicherstellung zu klagen (vgl. auch Komm. zu Art. 164a IPRG). Die Gewährung dieses **Rechtsschutzes** bedingt jedoch zweierlei: Seitens der Gesellschaft ist erforderlich, dass diese vor der Eintragung des Emigrationstatbestandes (Verlegung ins Ausland, Emigrationsfusion bzw. -spaltung) eine Aufforderung zur Anmeldung von Sicherstellungsansprüchen gemäss Art. 45 FusG veröffentlicht hat (Schuldenruf). Seitens des Klägers ist erforderlich, dass dieser innerhalb der Sicherstellungsfrist ein entsprechendes Gesuch gestellt hat und die Sicherstellungsfrist nunmehr abgelaufen ist (so auch Handkommentar FusG-COURVOISIER, N 9). Hat der Kläger seinen Anspruch nicht innerhalb der zweimonatigen Frist angemeldet, ist sein Sicherstellungsanspruch verwirkt.

III. Emigrationsfusion und Emigrationsspaltung im Besonderen (Abs. 2)

1. Allgemeines

Art. 164 Abs. 2 IPRG befasst sich mit dem Schutz der Gesellschafter einer schweizerischen Gesellschaft, welche durch **Fusion** oder durch **Aufspaltung** (in ausländische Gesellschaften) ins Ausland emigriert, und stellt für diese Fälle zwei **zusätzliche**, im Gegensatz zu denjenigen des Abs. 1 **kumulative** Erfordernisse auf, nämlich:

- dass nachgewiesen wird, dass die Fusion oder Aufspaltung nach dem auf die emigrierende Gesellschaft anwendbaren Gesellschaftsstatut rechtgültig geworden ist (Art. 164 Abs. 2 lit. a IPRG N 14 ff.);
- dass ein besonders befähigter Revisor bestätigt, dass die ausländische Gesellschaft den Gesellschaftern der schweizerischen Gesellschaft die ihnen zustehenden Anteils- und Mitgliedschaftsrechte eingeräumt hat bzw. allfällige Ausgleichszahlungen oder Abfindungen sichergestellt hat (Art. 164 Abs. 2 lit. b IPRG N 22 ff.).

2. Nachweis der Rechtsgültigkeit der Fusion bzw. Spaltung (Art. 164 Abs. 2 lit. a IPRG)

14 Der Nachweis der Rechtsgültigkeit der Umstrukturierung nach ausländischem Recht (lit. a) soll in erste Linie vermeiden, dass eine schweizerische Gesellschaft im Handelsregister gelöscht wird, ohne dass die Bestimmungen des ausländischen Rechts berücksichtigt werden, bzw. ohne dass eine Rechtsnachfolgerin im Ausland gültig entstanden ist. Er dient somit letztlich der Sicherung des internationalen Entscheidungseinklangs (vgl. vor Art. 161–164b IPRG N 11 ff.).

15 Der Nachweis nach lit. a muss die Verwirklichung gewisser **Wesenselemente** der Emigrationsfusion bzw. -spaltung umfassen. Hierzu gehört, dass die übernehmende bzw. abgespaltene ausländische Gesellschaft nach ausländischem Recht gültig existiert und dass das Vermögen bzw. der abgespaltene Teil des Vermögens auf die ausländische Gesellschaft übergegangen ist (Handkommentar FusG-COURVOISIER, N 14).

16 Art. 110 Abs. 2 HRegV verlangt für die Emigrationsfusion und -spaltung zunächst folgende Belege:

- einen **Ausweis** *über den rechtlichen Bestand der übernehmenden Gesellschaft im Ausland (lit. a), sowie*
- *eine **Bescheinigung** der zuständigen ausländischen Behörde über die Zulässigkeit der grenzüberschreitenden Fusion bzw. Spaltung nach dem ausländischen Recht (lit. b).*

17 Beim nach lit. a geforderten **Ausweis** ist ein (aktueller und apostillierter) Auszug eines ausländischen Handelsregisters oder einer vergleichbaren Registereinrichtung, aus welchem der rechtliche Bestand der übernehmenden Gesellschaft hervorgeht, ausreichend. Alternativ, d.h. wo keine solche Registereinrichtung existiert, ist ein vom «registrar of companies» ausgestelltes *Certificate of Continuation* (bei einer Neugründung durch Abspaltung allenfalls auch ein *Certificate of Incorporation*) oder ein ähnliches Dokument beizubringen, das den Weiterbestand bzw. die Existenz der Gesellschaft nachweist (KÜNG Art. 50a N 4, vgl. zur Immigrationsfusion analog Art. 163a IPRG N 29).

18 Weniger verbreitet dürfte die nach lit. b geforderte **Bescheinigung** (d.h. letztlich eine Rechtsauskunft) durch eine «zuständige ausländische Behörde» über die Zulässigkeit der grenzüberschreitenden Fusion gemäss deren Rechtsordnung sein. In Staaten, wo eine solche Rechtsauskunft bei einer staatlichen Stelle nicht eingeholt werden kann, muss auch die Rechtsauskunft einer vergleichbaren Behörde oder einer staatlichen oder staatlich anerkannten Forschungseinrichtung (Universität oder sonstige Forschungsinstitution) genügen (vgl. auch die Ausführungen von KÜNG, N 5 f. zu Art. 50a zum Nachweis der Zulässigkeit der Sitzverlegung).

Sowohl der in lit. a geforderte Ausweis als auch die in lit. b geforderte (staatliche) Bescheinigung müssen beglaubigt, überbeglaubigt, bzw. mit *Apostille* versehen werden (Art. 30 HRegV) und allenfalls durch einen qualifizierten Übersetzer beglaubigt *übersetzt* werden (Art. 7 Abs. 2 HRegV). 19

Der **Nachweis** der rechtsgültigen Fusion bzw. Spaltung umfasst auch den Übergang des Vermögens auf die ausländische Gesellschaft (N 15). Dieser Übergang dürfte sich i.d.R. ohne weiteres aus den gemäss Art. 105a und Art. 110 lit. a HRegV einzureichenden Belegen ergeben. 20

Ist hingegen der *Vermögensübergang* – der Übergang der **Mitgliedschaftsrechte** ist Gegenstand der Bestätigung nach Art. 164 Abs. 2 lit. b IPRG – aus diesen Belegen *nicht* ohne weiteres ersichtlich, so ist ein zusätzlicher Nachweis erforderlich. Dieser kann in einer **Rechtsauskunft** einer qualifizierten Person (namentlich eines Rechtsanwalts) bestehen, aus der sich – evtl. zusammen mit den bestehenden oder weiteren beizufügenden Urkunden – ergibt, dass der Vermögensübergang stattgefunden hat (Handkommentar FusG-COURVOISIER, N 16). 21

3. Bestätigung der Kontinuität der Mitgliedschaft (lit. b)

Nach Art. 164 Abs. 2 lit. b IPRG muss die **Bestätigung** eines besonders befähigten Revisors erbracht werden, wonach die ausländische Gesellschaft den anspruchsberechtigten Gesellschaftern der schweizerischen Gesellschaft die Anteils- oder Mitgliedschaftsrechte eingeräumt oder eine allfällige Ausgleichszahlung oder Abfindung ausgerichtet oder sichergestellt hat. Der in lit. b zusätzlich geforderte Revisorenbericht soll sicherstellen, dass die Rechte der bisherigen Gesellschafter im Rahmen der fusionierten oder abgespaltenen Gesellschaft auch tatsächlich vertragsgemäss gewahrt worden sind, bzw. dass die mitgliedschaftliche Kontinuität (Art. 163a IPRG N 9) gewahrt wird. 22

Die Bestätigung des Revisors nach lit. b hat *nicht* die Prüfung der Angemessenheit der Anteils- und Mitgliedschaftsrechte zum Inhalt (so aber die Botschaft, 4504), sondern hat sich auf die Prüfung zu beschränken, ob die Ansprüche der Gesellschafter der schweizerischen Gesellschaft so erfüllt bzw. sichergestellt wurden, wie es im Fusions- bzw. Spaltungsbeschluss oder im entsprechenden Vertrag vorgesehen ist. Dies entspricht dem an sich klaren Wortlaut des Art. 164 Abs. 2 lit. b IPRG. Ist zudem davon auszugehen, dass der Anmeldung der Löschung eine Anmeldung der Fusion bzw. der Aufspaltung vorangegangen ist, ergibt eine neuerliche Angemessenheitsprüfung in der Phase der Löschung keinen Sinn, es sei denn, um eben sicherzustellen, dass den Fusions- bzw. Spaltungsvereinbarungen nachgelebt wurde. 23

Die Bestätigung des Revisors wird sich demnach darauf zu konzentrieren haben, ob die im Beschluss oder Vertrag zugesicherte **Einräumung von Anteils- oder Mitgliedschaftsrechten** erfolgt ist, bzw. ob die Ausgleichszahlungen tatsächlich und **vertragsgemäss erfolgt** sind. Bei Ausgleichszahlungen wird ein Beleg der erfolgten Zahlung genügen. Bei der Einräumung von Anteils- und Mitgliedschaftsrechten hat sich der Revisor zunächst zu erkundigen, auf welche Weise diese nach ausländischem Recht eingeräumt werden. Wo sich die einzuräumenden Rechte aus einer Urkunde, etwa dem Gesellschaftervertrag oder einem Gesellschafterregister ergeben, wird eine Abschrift der Urkunde den notwendigen Nachweis erbringen. Wo hingegen keine Mitgliederregister geführt werden oder diesen keine rechtliche Wirkung zukommt, weil die Gesellschaftereigenschaft *ex lege* an die übernehmende Gesellschaft übergeht, ist der Nachweis für diese Rechtslage zu erbringen. 24

Art. 164a IPRG

b. Betreibungsort und Gerichtsstand

¹ Übernimmt eine ausländische Gesellschaft eine schweizerische, schliesst sie sich mit ihr zu einer neuen ausländischen Gesellschaft zusammen oder spaltet sich eine schweizerische Gesellschaft in ausländische Gesellschaften auf, so kann die Klage auf Überprüfung der Anteils- oder Mitgliedschaftsrechte gemäss Artikel 105 des Fusionsgesetzes vom 3. Oktober 2003 auch am schweizerischen Sitz des übertragenden Rechtsträgers erhoben werden.

² Der bisherige Betreibungsort und Gerichtsstand in der Schweiz bleibt bestehen, bis die Forderungen der Gläubiger oder Anteilsinhaber sichergestellt oder befriedigt sind.

b. Lieu de la poursuite et for

¹ Lorsqu'une société étrangère reprend une société suisse, qu'elle s'unit à elle pour fonder une nouvelle société étrangère ou qu'une société suisse se scinde au profit de sociétés étrangères, l'action demandant l'examen des parts sociales ou des droits de sociétariat conformément à l'art. 105 de la loi du 3 octobre 2003 sur la fusion peut également être introduite au siège suisse du sujet transférant.

² Le lieu de la poursuite et le for en Suisse subsistent aussi longtemps que les créanciers ou les titulaires de parts n'ont pas été désintéressés ou que leurs créances n'ont pas été garanties.

b. Luogo dell'esecuzione e foro

¹ Se una società straniera assume una società svizzera, se si unisce a quest'ultima in una nuova società straniera o se una società svizzera opera una scissione in società straniere, l'azione tendente al controllo delle quote sociali e dei diritti societari di cui all'articolo 105 della legge del 3 ottobre 2003 sulla fusione può essere promossa anche presso la sede svizzera del soggetto giuridico trasferente.

² Il luogo dell'esecuzione e il foro svizzeri sussistono dopo la cancellazione fino a quando i creditori o i titolari di quote siano stati soddisfatti o i loro crediti garantiti.

Literatur

Vgl. die Literaturhinweise zu Vorbemerkungen zu Art. 161–164b IPRG.

I. Normzweck

1   Schon vor dem Erlass des FusG sah Art. 164 Abs. 2 aIPRG für den Fall der Verlegung einer Gesellschaft ins Ausland bis zur Sicherung der Forderungen der Gesellschaftsgläubiger einen Betreibungsstand am bisherigen schweizerischen Sitz vor (vgl. dazu BSK IPRG-GIRSBERGER, Art. 164 IPRG N 1 ff.). Der Inhalt des Art. 164 Abs. 2 aIPRG findet nun eine eigenständige und erweiterte Regelung in Art. 164a IPRG. Dabei ist der Anwendungsbereich neben der schon bisher erfassten Verlegung ins Ausland (Art. 163 IPRG) um die Tatbestände der Emigrationsfusion und -spaltung erweitert worden. Nicht von Art. 164a IPRG erfasst ist die Vermögensübertragung vom und ins Ausland.

2   Art. 164a IPRG enthält gegenüber Art. 164 Abs. 2 aIPRG auch wichtige inhaltliche Neuerungen: Abs. 1 statuiert für Klagen nach Art. 105 FusG einen Gerichtsstand am (bisherigen) schweizerischen Sitz des übertragenden Rechtsträgers. Dem schon in Art. 164

Abs. 2 aIPRG enthaltenen perpetuierten Betreibungsstand stellt Art. 164a Abs. 2 IPRG nun einen Gerichtsstand zur Seite. Die *ratio* von Art. 164a IPRG besteht, wie schon bei Art. 164 Abs. 2 aIPRG, im Schutz der Gesellschafter und Gesellschaftsgläubiger der emigrierenden Gesellschaft (Botschaft, 4504). Diesen soll die Durchsetzung ihrer Forderungen gegenüber der aufgelösten Gesellschaft in der Schweiz weiterhin möglich bleiben. Für innerschweizerische Verhältnisse sieht der mit dem FusG ebenfalls neu eingeführte Art. 29a GestG für alle Klagen, die sich auf das Fusionsgesetz stützen, eine Zuständigkeit am Sitz eines der beteiligten Rechtsträger vor.

II. Gerichtsstand der Überprüfungsklage nach Art. 105 FusG (Abs. 1)

1. Allgemeines

Art. 164a Abs. 1 IPRG befasst sich mit den Klagen auf Überprüfung der **Anteils- oder Mitgliedschaftsrechte** gemäss Art. 105 FusG. Bei einer Fusion oder Spaltung im Binnenverhältnis kann gemäss dieser Bestimmung jede Gesellschafterin oder jeder Gesellschafter innerhalb von **zwei Monaten** nach der Veröffentlichung des Gesellschaftsbeschlusses verlangen, dass die Wahrung der Anteils- oder Mitgliedschaftsrechte gerichtlich überprüft und eine Ausgleichszahlung festgesetzt wird (vgl. dazu vorne Komm. zu Art. 105 FusG). Art. 105 FusG gehört zu den im Falle einer Emigrationsfusion und -spaltung zwingend zu beachtenden Vorschriften des schweizerischen Rechts im Sinne von Art. 163b Abs. 2 IPRG (vgl. dazu Art. 163b IPRG N 10 ff.; Botschaft, 4505; IPRG Kommentar-VISCHER, N 4). 3

Im internationalen Verhältnis sind aus schweizerischer Sicht die Emigrationstatbestände besonders kritisch: Einerseits wird schweizerischen Gesellschaftsgläubigern Haftungssubstrat in der Schweiz entzogen, andererseits wird mit dem Statutenwechsel meist auch die gerichtliche Durchsetzbarkeit von Ansprüchen in der Schweiz erschwert oder verunmöglicht. Zwar ist die emigrierende Gesellschaft zu diesem Zeitpunkt noch nicht aus dem schweizerischen Handelsregister gelöscht, da eine solche Löschung erst nach erfolgtem Sicherstellungsverfahren nach Art. 46 FusG und nach der Eintragung der Fusion erfolgt (vgl. zum zweistufigen Eintragungsverfahren bei der Emigrationsfusion und -spaltung Art. 164 IPRG N 5 f.). Die Fusion und mit ihr der Statutenwechsel werden allerdings bereits mit der Eintragung im Handelsregister rechtskräftig (vgl. Art. 22 FusG; zur Berücksichtigung ausländischen Rechts und zur Koordination des massgeblichen Zeitpunkts vgl. Art. 163b IPRG N 29 ff.). Nach diesem Zeitpunkt hat sich die Überprüfungsklage nach Art. 105 FusG formell nicht mehr gegen die schweizerische aufgelöste Gesellschaft zu richten, sondern gegen die ausländische übernehmende oder aus einer Spaltung hervorgegangene Gesellschaft, denn die übertragende Gesellschaft existiert nach dem Statutenwechsel als schweizerische Gesellschaft nicht mehr (IPRG Kommentar-VISCHER, N 4). 4

Ohne eine besondere Zuständigkeitsregel im IPRG müsste eine solche Klage grundsätzlich am ordentlichen Gerichtsstand der Beklagten (d.h. am Sitz der ausländischen Gesellschaft) erhoben werden. Um den durch Art. 105 FusG bezweckten Rechtsschutz auch bei einer Emigrationsfusion oder -spaltung zu gewährleisten, sieht deshalb Art. 164a Abs. 1 IPRG für die Überprüfungsklage nach Art. 105 FusG gegen die ausländische Gesellschaft einen **Gerichtsstand** *am schweizerischen Sitz der* bei der Fusion oder Spaltung *aufgelösten Gesellschaft* vor. 5

Da Art. 164a IPRG eine im IZPR eher ungewöhnliche Ausnahme vom Grundsatz des Beklagtenwohnsitzes aufstellt, muss damit gerechnet werden, dass einem auf dieser 6

Grundlage in der Schweiz ergangenen Urteil aufgrund fehlender (indirekter) Zuständigkeit der Schweiz durch den Vollstreckungsstaat (d.h. in der Regel den Staat des Sitzes der neuen Gesellschaft) die **Anerkennung** oder **Vollstreckung** verweigert wird. Ein aufgrund einer Bestimmung wie Art. 164a Abs. 1 IPRG im Ausland ergangenes Urteil wäre jedenfalls nach schweizerischem IPRG (Art. 165) nicht anerkennbar, was zu bedauern ist. Einem potenziellen Kläger ist deshalb zu raten, die Konsequenzen einer solchen Klage im Voraus zu prüfen.

2. Der Vorrang des LugÜ und die Folgen

a) Art. 16 Ziff. 2 im Gerichtsstandssystem des LugÜ

7   Das Lugano-Übereinkommen vom 16.9.1988 über die gerichtliche Zuständigkeit und die Vollstreckung gerichtlicher Entscheidungen in Zivil- und Handelssachen (LugÜ) verdrängt in seinem Anwendungsbereich die Normen des IPRG (Art. 1 Abs. 2 IPRG i.V.m. Art. 1 LugÜ). Nachdem es sich bei den von Art. 105 FusG erfassten Ansprüche um Handelssachen im Sinne des Art. 1 LugÜ handelt (Botschaft, 4505), tritt das Zuständigkeitssystem des LugÜ an die Stelle der Zuständigkeitsbestimmungen des IPRG.

8   Das LugÜ enthält in seinem II. Titel (Art. 2 bis 24 LugÜ) ein umfassendes und in sich geschlossenes System unmittelbar anwendbarer direkter Zuständigkeitsvorschriften. Gerichtsstände des *nationalen* Rechts sind neben diesen Bestimmungen im Verhältnis zu den Unterzeichnerstaaten *ausgeschlossen* (Art. 3 Abs. 1 LugÜ). Vorbehalten bleibt dabei die Anwendung von Art. 16 LugÜ (vgl. Art. 4 Abs. 1 LugÜ). Art. 16 LugÜ (der inhaltlich Art. 22 der EuGV-Verordnung entspricht) enthält eine Liste «ausschliesslicher» – nach schweizerischer Terminologie zwingender – Gerichtsstände, welche die Gerichtsstände der Art. 2 ff. LugÜ, darunter auch eine allfällige Gerichtsstandsvereinbarung (Art. 17 LugÜ) oder den Gerichtsstand der rügelosen Einlassung (Art. 18 LugÜ) verdrängen (KROPHOLLER, Art. 22 N 3). Fällt eine Klage unter einen der Tatbestände des Art. 16 LugÜ, obliegt die *örtliche* Bestimmung des Gerichtsstandes innerhalb des von Art. 16 LugÜ bezeichneten Staates dem jeweiligen nationalen Recht (WALTER, 218; KROPHOLLER, Art. 22 N 1; vgl. N 15).

b) Anwendung von Art. 16 Ziff. 2 LugÜ auf die Klage nach Art. 105 FusG

9   Art. 16 Ziff. 2 LugÜ sieht «für Klagen, welche die Gültigkeit, die Nichtigkeit oder die Auflösung einer Gesellschaft oder juristischen Person oder Beschlüsse ihrer Organe zum Gegenstand haben», einen zwingenden Gerichtsstand im Staat vor «in dessen Hoheitsgebiet die Gesellschaft oder juristische Person ihren Sitz hat». Der Wortlaut dieser Bestimmung lässt zunächst die Frage aufkommen, ob die Klage nach Art. 105 FusG in den Anwendungsbereich von Art. 16 Ziff. 2 LugÜ fällt.

10   Rechtsprechung und Lehre gehen davon aus, dass die zwingenden Gerichtsstände des Art. 16 LugÜ grundsätzlich eng auszulegen seien (EuGH, Urteil vom 21.1.2000, *Dansommer*, Rs. 8/98, Rn 21; KROPHOLLER, Art. 22 N 8). Es finden sich aber auch Stimmen, die angesichts der besondere Zwecke, die dem Art. 16 Ziff. 2 LugÜ zugrunde liegen, für eine ausnahmsweise **extensive Auslegung** von Ziff. 2 plädieren (KROPHOLLER, Art. 22 N 37; WALTER, 229). Demnach ist der Begriff der «Auflösung» nicht technisch zu verstehen, sondern umfasst alle Schritte auf dem Wege zum endgültigen Ausscheiden der Gesellschaft aus dem Rechtsverkehr (*Bericht Schlosser*, Nr. 58; weniger weit gehend BÜLOW/BÖSCKSTIEGEL/GEIMER/SCHÜTZE-SAFFERLING, B 1, Art. 16 N 20), namentlich Streitigkeiten über die Höhe der einem Gesellschafter auszurichtenden Anteile (KROPHOLLER, Art. 22 N 37; zustimmend WALTER, 229).

Für einen weiten Anwendungsbereich von Art. 16 Ziff. 2 LugÜ spricht zudem das Argument der **Rechtssicherheit**, das einen der Hauptgründe für die Aufnahme von Art. 16 Ziff. 2 ins LugÜ bildete (BERICHT JENARD, S. 53; BÜLOW/BÖSCKSTIEGEL/GEIMER/ SCHÜTZE-SAFFERLING, B 1, Art. 16 N 16). Fiele nämlich die Klage nach Art. 105 FusG *nicht* in den Anwendungsbereich von Art. 16 Ziff. 2 LugÜ (so IPRG Kommentar-VISCHER, N 5), stünden dem Kläger alle Gerichtsstände nach Art. 2 ff. LugÜ offen, namentlich der Beklagtengerichtsstand nach Art. 2 LugÜ, der Erfüllungsortgerichtsstand nach Art. 5 Nr. 1 LugÜ, oder der Gerichtsstand der rügelosen Einlassung (Art. 18 LugÜ). Ob eine Gerichtsstandsvereinbarung im Fusionsvertrag (so der Vorschlag von IPRG-Kommentar-VISCHER, a.a.O.) einem nicht zustimmenden Gesellschafter oder Aktionär entgegengehalten werden könnte, erscheint zumindest fraglich. In jedem Falle entspricht die mit der Anwendung der Art. 2 ff. LugÜ verbundene Rechtsunsicherheit und Vervielfachung möglicher Gerichtsstände nicht dem Grundgedanken des Zuständigkeitssystems des LugÜ. Sie liefe insb. dem Ziel der **Konzentration** der Gerichte am Sitzstaat der Gesellschaft, welches Art. 16 Nr. 2 LugÜ für gesellschaftsrechtliche Fragen anstrebt (DASSER, FS Forstmoser, 666), diametral entgegen. **11**

Art. 16 Ziff. 2 LugÜ hat u.a. auch zum Ziel, den **Gleichlaufgrundsatz** von Zuständigkeit und anwendbarem Recht zumindest im Bereich des Gesellschaftsrechts zu fördern. So sollen eng mit dem Statut der Gesellschaft verbundene Fragen durch die Gerichte des Staates beurteilt werden, nach dessen Recht sich die Gesellschaft richtet (BÜLOW/ BÖSCKSTIEGEL/GEIMER/SCHÜTZE-SAFFERLING, B 1, Art. 16 N 16 i.f.). Aufgrund der meist zwingenden Anwendbarkeit gesellschaftsrechtlicher Vorschriften des jeweiligen Forumsstaates wäre eine Überprüfungsklage nach Art. 105 FusG an einem *ausländischen Gerichtsstand* stets mit grosser Rechtsunsicherheit für den Kläger verbunden. Gerade die Vermeidung dieser Rechtsfolge bildet eines der wichtigen Ziele des Art. 16 Ziff. 2 LugÜ. Auch dieser Umstand legt eine Subsumtion der Klage nach Art. 105 FusG unter Art. 16 Ziff. 2 LugÜ nahe. **12**

Die Klage nach Art. 105 FusG enthält sowohl Elemente einer Feststellungs- (das Gericht wird aufgefordert, einen Betrag festzusetzen) als auch einer **Gestaltungsklage** (das Urteil hat unter den Voraussetzungen des Abs. 2 Wirkung für weitere Gesellschafter). Oft wird sie mit einer *Leistungsklage* verbunden werden, denn nur eine solche entspricht dem Interesse des Klägers, der den behaupteten Anspruch nicht bloss festgelegt, sondern auch durchgesetzt haben möchte. In solchen Fällen ist die Klage als Leistungsklage zugunsten des Klägers, stets aber mit Gestaltungswirkung für übrige Gesellschafter, zu qualifizieren. Dieser Gestaltungswirkung aufgrund von Abs. 2 kommt entscheidende Bedeutung zu, denn damit teilt die Klage nach Art. 105 FusG eine wesentliche Eigenschaft der von Art. 16 Ziff. 2 LugÜ ausdrücklich erwähnten Klagen (KROPHOLLER, Art. 22 N 39). Hinzu kommt, dass das Klagefundament – ebenso wie die von Art. 16 Ziff. 2 LugÜ primär anvisierten Anfechtungsklagen – den **Fusions- oder Spaltungsbeschluss** in Frage stellt (Botschaft, 4505), wenngleich nicht unter ebenso weit reichenden Folgen wie die Anfechtungsklage nach Art. 106 FusG (vgl. Art. 105 Abs. 4 FusG). **13**

Aufgrund der dargelegten Gründe und im Einklang mit den oben (N 10) zitierten Lehrmeinungen, die für eine weite Auslegung von Art. 16 Ziff. 2 LugÜ plädieren, ist die Klage nach **Art. 105 FusG** als Klage, welche gegen die «Beschlüsse ihrer [der beklagten Gesellschaft] Organe» i.S. von **Art. 16 Ziff. 2 LugÜ** gerichtet ist, zu qualifizieren (im Ergebnis gl.M. Handkommentar FusG-GASSMAN, N 6; DASSER, FS Forstmoser, 666; **a.M.** IPRG Kommentar-VISCHER, N 5; VON DER CRONE ET AL., Rz 1185). Für die Klage nach Art. 105 FusG sind damit die *Gerichte in der Schweiz zwingend* (d.h. unter Ausschluss aller übrigen Gerichtsstände des LugÜ, einschliesslich einer allfälligen Gerichtsstandsvereinbarung, vgl. oben N 8) *zuständig*. **14**

c) Bestimmung des örtlichen Gerichtsstandes nach Art. 164a IPRG

15 Ist von der Anwendbarkeit des Art. 16 Ziff. 2 LugÜ auszugehen, stellt sich als Nächstes die Frage, wo der **Gesellschaftssitz** nach Art. 16 Ziff. 2 LugÜ zu lokalisieren sei. Nach einhelliger Lehrmeinung ist hiermit einerseits der Sitz der Gesellschaft, die den angefochtenen Beschluss gefasst hat, andererseits auch (d.h. gerade) der Sitz der **aufzulösenden Gesellschaft** gemeint, sofern ein Beschluss im Zusammenhang mit der Auflösung in Frage gestellt wird (KROPHOLLER, Art. 22 N 37 m.w.H.). Die Bestimmung des Sitzes überlässt Art. 53 LugÜ dem Kollisionsrecht des Forumsstaates, für die Schweiz also dem Art. 21 Abs. 2 IPRG. Ergibt sich aus Art. 21 Abs. 2 IPRG ein Sitz der aufzulösenden Gesellschaft in der Schweiz (was bei Emigrationstatbeständen begriffsnotwendig stets der Fall sein wird), kommt Art. 164a IPRG immerhin die Aufgabe der Bestimmung des *örtlich* zuständigen Gerichtes zu, nämlich «am schweizerischen Sitz des übertragenden Rechtsträgers» (Art. 164a Abs. 1 IPRG).

III. Perpetuierter Betreibungs- und Gerichtsstand (Abs. 2)

1. Allgemeines

16 Die Betreibung einer Gesellschaft, die ins Ausland verlegt wird, in der Schweiz, bis die Forderungen der Gesellschaftsgläubiger sichergestellt oder befriedigt sind, war schon nach Art. 164 Abs. 2 aIPRG möglich. Diese Bestimmung fand auf in der Schweiz eintragungspflichtige wie auf nicht eintragungspflichtige Gesellschaften gleichermassen Anwendung (BSK IPRG-GIRSBERGER, Art. 164 N 4), da gerade bei den nicht eingetragenen Gesellschaften eine Kontrolle der Schuldentilgung nach Art. 164 Abs. 1 IPRG anlässlich der Löschung nicht möglich ist.

17 Das FusG hat nun diese Bestimmung in den Art. 164a Abs. 2 IPRG verlagert und erweitert. Gegenüber der früheren Rechtslage ergeben sich hieraus folgende **Neuerungen**:

- Neben dem Betreibungsort wird auch der ordentliche **Gerichtsstand** in der Schweiz perpetuiert.
- Die Perpetuierung von Betreibungsort und Gerichtsstand gilt nicht wie bisher nur bei der Verlegung einer Gesellschaft, sondern neu auch bei einer **Fusion** oder **Spaltung** von der Schweiz ins Ausland. Dies ergibt sich aus der neuen systematischen Stellung des Art. 164a IPRG.

18 Im Ergebnis eröffnet Art. 164a Abs. 2 IPRG einen neuen Betreibungsort und einen Gerichtsstand in der Schweiz gegen die übernehmende ausländische Gesellschaft (die allerdings beide vor der Emigration bereits bestanden haben müssen). Letztere wäre ohne diese Bestimmung in der Schweiz nicht passiv betreibungsfähig, denn mit dem Eintrag ins Handelsregister wird die Fusion bzw. Spaltung rechtswirksam, und die Aktiven und Passiven gehen auf die übernehmende Gesellschaft über. Art. 164a Abs. 2 IPRG will den prozessualen Rechtsnachteil des schweizerischen Klägers mildern, der sich aus dem durch die Universalsukzession eintretenden Schuldnerwechsel ergibt.

19 Art. 164a Abs. 2 IPRG erwähnt neben den Forderungen der **Gläubiger** auch diejenigen der **Anteilsinhaber**. Der Begriff des Anteilsinhabers wird lediglich in Art. 2 lit. g FusG definiert und umfasst diesem zufolge Inhaber von Aktien, Partizipationsscheinen oder Genussscheinen, Gesellschafter von Gesellschaften mit beschränkter Haftung und Genossenschafter mit Anteilsscheinen. Nicht unter den Begriff der Anteilsinhaber fallen hingegen Mitglieder von Personengesellschaften (vgl. demgegenüber die Umschreibung des Begriffs der «Gesellschafter» in Art. 2 lit. f. FusG). Der Grund für die zusätzliche

Erwähnung der Anteilsinhaber neben den Gläubigern ist nicht klar ersichtlich, denn auch einem Anteilinhaber kommt Gläubigereigenschaft zu, sobald ihm ein obligatorischer Anspruch gegenüber der Gesellschaft zusteht. Eine Ausweitung auf gesellschaftsrechtliche Ansprüche, etwa auf Auskunftserteilung oder auf Durchführung einer Sonderprüfung, widerspräche sowohl dem Wortlaut der Bestimmung, die sich auf «Forderungen» beschränkt, wie dem Zweck derselben, der primär in der Sicherung dieser Forderungen besteht (im Ergebnis ebenso Handkommentar FusG-GASSMANN, N 9 i.f.).

2. Zum perpetuierten Gerichtsstand im Besonderen

Art. 164a Abs. 2 IPRG kann nur Gerichtsstände perpetuieren, die bereits vor Verwirklichung des Emigrationstatbestands bestanden. Er kommt zudem nicht zum Tragen, wenn der schweizerische Gerichtsstand aufgrund der allgemeinen Gerichtsstandsbestimmungen des IPRG ohnehin weiter gilt. Letzteres ist stets der Fall:
– bei einem gültig prorogierten Gerichtsstand,
– wenn ein schweizerischer Gerichtsstand nach LugÜ (vgl. dazu vorne N 7 ff.) besteht, oder
– wenn ein Gerichtsstand am Erfüllungsort nach Art. 113 IPRG besteht.

Letzterer Gerichtsstand kommt deshalb vermehrt in Frage, weil nach der Emigration kein primärer Beklagtengerichtsstand am schweizerischen Sitz mehr besteht (Art. 113 Abs. 1 IPRG).

Wie beim Gerichtsstand der Überprüfungsklage nach Art. 105 Abs. 1 FusG werden auch beim perpetuierten Gerichtsstand nach Abs. 2 Zweifel an der Anerkennbarkeit im ausländischen Sitzstaat (der übernehmenden Gesellschaft) eines aufgrund dieser Bestimmung in der Schweiz ergangenen Urteils angebracht sein (vgl. dazu vorne N 6). Der Kläger tut deshalb gut daran, das allfällige Haftungssubstrat in der Schweiz noch vor der rechtkräftigen Emigration mit dem Mittel der Sicherungsansprüche nach Art. 46 FusG sicherzustellen (zur Problematik der Nicht-Anwendbarkeit des Ausländerarrests vgl. N 24 ff.).

Stets zu beachten ist ausserdem, dass auch hier der Vorrang des LugÜ gilt, sofern sich die übernehmende Gesellschaft (nunmehr) in dessen Anwendungsbereich befindet. Da das LugÜ, welches die nationalen Zuständigkeitsvorschriften in seinem Anwendungsbereich vollständig verdrängt, keine entsprechende Perpetuierungsklausel enthält, fällt die Klagemöglichkeit des Art. 164a Abs. 2 IPRG ohne weiteres dahin. Dem Kläger stehen stattdessen die Gerichtsstandsbestimmungen des LugÜ offen, namentlich die zwingenden Gerichtstände des Art. 16 Ziff. 2 und Ziff. 3 LugÜ für die davon erfassten Klagen, ebenso die Gerichtsstände der Art. 2 ff. LugÜ für die übrigen Klagen (zur Qualifikation der Klage nach Art. 105 FusG vgl. N 7 ff.).

3. Zum perpetuierten Betreibungsstand im Besonderen

Neben dem perpetuierten Gerichtsstand stellt Art. 164 Abs. 2 IPRG dem Gläubiger oder Anteilsinhaber für Klagen gegen die übernehmende ausländische Gesellschaft einen perpetuierten **Betreibungsstand** am Sitz der ursprünglichen schweizerischen Gesellschaft zur Verfügung. Abs. 2 erlaubt auch, eine gegen die nunmehr emigrierte Gesellschaft bereits eingeleitete Betreibung am bestehenden Betreibungsstand **fortzusetzen**.

Der Betreibungsstand des Art. 164a Abs. 2 IPRG führt in seinem Anwendungsbereich zur Nicht-Anwendbarkeit des **Ausländerarrests** (Art. 271 Ziff. 4 SchKG), da letzterer nur subsidiär zu anderen möglichen Betreibungsständen zur Anwendung kommen kann (Handkommentar FusG-GASSMANN, N 15 m.w.H.). Man kann sich daher die Frage stellen, ob Art. 164a Abs. 2 IPRG die schweizerischen Gläubiger wirklich besser stellt, wie der Gesetzgeber offensichtlich beabsichtigt hatte.

25 Art. 164a Abs. 2 IPRG bietet dem Gläubiger den Vorteil, dass er keine genaue Kenntnis von der Belegenheit der Vermögenswerte des Schuldners haben muss. Demgegenüber sind so genannte Sucharreste oder «fishing expeditions» beim Ausländerarrest bekanntlich unzulässig (vgl. statt vieler BSK SchKG III-STOFFEL, Art. 271 N 32). Im Rahmen einer auf der Grundlage von Art. 164a Abs. 2 IPRG eingeleiteten Betreibung auf Pfändung nach Art. 89 ff. SchKG kann der Gläubiger vielmehr auf die Hilfe des Betreibungsamtes bei der Ermittlung des inländischen pfändbaren Vermögens zählen (vgl. Art. 91 SchKG).

26 Nach erfolgtem Eintrag der Fusion im schweizerischen Handelsregister ist die emigrierte Gesellschaft nicht mehr in einer der in Art. 39 SchKG (abschliessend) aufgezählten Eigenschaften «im Handelsregister eingetragen» (Abs. 1). Die Betreibung der untergegangenen schweizerischen Gesellschaft kann daher nicht (mehr) auf Konkurs erfolgen. Sie muss also zur **Pfändung** der in der Schweiz belegenen Vermögenswerte führen. Zu beachten ist deshalb, dass bei mehreren Gläubigern der zeitlichen Priorität im Verfahren der Spezialexekution eine wichtige Bedeutung zukommen kann (vgl. aber zur Anschlusspfändung Art. 110 SchKG). Der Zugriff auf die schweizerischen Vermögenswerte durch die Pfändungsgläubiger ist so lange gegeben, als die ausländische Gesellschaft nicht in Konkurs gerät und der ausländische Konkurs aufgrund von Art. 166 i.V.m. Art. 170 IPRG anerkannt wird.

27 Spätestens bei der Beseitigung des Rechtsvorschlages, sei es durch provisorische Rechtsöffnung oder durch Anerkennungsklage, ebenso wie bei der allfälligen Erhebung der Aberkennungsklage, stellt sich im Anwendungsbereich des **Lugano-Übereinkommens** (LugÜ) erneut die Frage nach dem Bestehen eines schweizerischen **Gerichtsstands**. Dabei sind folgende Konstellationen zu unterscheiden:

28 – Die **An- und Aberkennungsklagen** des schweizerischen SchKG gelten als materiellrechtliche Klagen und unterstehen daher im eurointernationalen Verhältnis den allgemeinen Gerichtsstandsbestimmungen des LugÜ (Art. 2 ff.). Ein schweizerischer Gerichtsstand wird diesfalls nur gegeben sein, soweit ein schweizerischer Erfüllungsort (Art. 5 Nr. 1) oder eine Gerichtsstandsvereinbarung (Art. 17 LugÜ) besteht.

29 – Bei der **definitiven Rechtsöffnung**, die als betreibungsrechtliches Verfahren im Sinne des Art. 16 Nr. 5 LugÜ gilt, stellen sich keine Probleme. Dieses Verfahren kann und muss aufgrund des zwingenden Charakters von Art. 16 Ziff. 5 LugÜ in der Schweiz durchgeführt werden.

30 – Über die Rechtsnatur der **provisorischen Rechtsöffnung** herrscht Uneinigkeit (zur Kontroverse vgl. die Übersicht der Lehrmeinungen bei BSK SchKG I-STAEHELIN, Art. 84 N 24). Wird das Gesuch um provisorische Rechtsöffnung als materiellrechtliche Klage in Sinne der Art. 2 ff. LugÜ bzw. Art. 16 Ziff. 1–4 LugÜ qualifiziert, gilt auch hier die zur An- und Aberkennungsklage beschriebene Rechtslage (N 28). Ist das Rechtsöffnungsverfahren hingegen als betreibungsrechtlicher Vorgang zu qualifizieren und damit Art. 16 Ziff. 5 LugÜ zu unterstellen, so gilt das zur definitiven Rechtsöffnung Gesagte (N 29).

Art. 164b IPRG

c. Verlegung, Fusion, Spaltung und Vermögensübertragung im Ausland	Die Unterstellung einer ausländischen Gesellschaft unter eine andere ausländische Rechtsordnung und die Fusion, Spaltung und Vermögensübertragung zwischen ausländischen Gesellschaften werden in der Schweiz als gültig anerkannt, wenn sie nach den beteiligten Rechtsordnungen gültig sind.
c. Transfert, fusion, scission et transfert de patrimoine à l'étranger	La soumission d'une société étrangère à un autre ordre juridique étranger ainsi que la fusion, la scission et le transfert de patrimoine entre sociétés étrangères sont reconnues comme valables en Suisse si elles sont valables en vertu des ordres juridiques concernés.
c. Trasferimento, fusione, scissione e trasferimento di patrimonio all'estero	La validità dell'assoggettamento di una società svizzera a un altro ordinamento giuridico straniero e della fusione, della scissione, della trasformazione e del trasferimento di patrimonio tra società straniere è riconosciuta in Svizzera se tali operazioni sono valide secondo i rispettivi ordinamenti giuridici.

Literatur

Vgl. die Literaturhinweise zu Vorbemerkungen zu Art. 161–164b IPRG.

I. Normzweck

Art. 164b IPRG befasst sich mit der Frage, wann eine im Ausland ohne Beteiligung einer schweizerischen Gesellschaft erfolgte grenzüberschreitende Umstrukturierung (Verlegung, Fusion, Spaltung oder Vermögensübertragung) in der Schweiz anzuerkennen ist. Diese Bestimmung fand erst im Verlauf der Vernehmlassung Einlass in die FusG-Vorlage. Das bisherige IPRG enthielt keine Bestimmung, welche die Anerkennung der Umstrukturierung von Gesellschaften aus verschiedenen ausländischen Staaten ausdrücklich regelte. Die Rechtswirkungen einer Änderung der Rechtsverhältnisse einer ausländischen Gesellschaft fanden schon nach bisheriger Rechtslage durch das in Art. 154 f. IPRG verankerte Inkorporationsprinzip in der Schweiz Berücksichtigung (SIEHR, IPR der Schweiz, 400; TRÜTEN, 39). Gleichwohl stellt Art. 164b IPRG eine wichtige Ergänzung des Inkorporationsprinzips dar: Während Art. 154 IPRG bei der Beurteilung einer ausländischen Gesellschaft lediglich eine räumliche und zeitliche «Momentaufnahme» der Rechtslage im behaupteten Inkorporationsstaat aufnimmt, fragt Art. 164b IPRG nach der Geltung eines Rechtsübergangs in sämtlichen betroffenen Rechtsordnungen. Würde etwa die grenzüberschreitende Fusion zweier Gesellschaften lediglich nach der Rechtsordnung der übernehmenden Gesellschaft, nicht aber nach dem Recht der übertragenden Gesellschaft anerkannt, wäre die übernehmende Gesellschaft nach Art. 154 IPRG in der Schweiz anzuerkennen. Art. 164b IPRG trägt hingegen der Gefahr hinkender Rechtsverhältnisse Rechnung und verweigert die Anerkennung, solange die Rechtsverhältnisse nicht geklärt sind. Art. 164b IPRG fördert damit den internationalen Entscheidungseinklang. 1

Die schweizerische Rechtsordnung kann auch ohne direkte Beteiligung einer schweizerischen Gesellschaft durch die Umstrukturierung ausländischer Gesellschaften berührt sein, etwa in folgenden Fällen: 2

- Sind Vermögenswerte der umstrukturierten Gesellschaften in der Schweiz belegen, stellt sich die Frage, ob durch Universalsukzession ein **Rechtsübergang** an die umstrukturierte Gesellschaft erfolgt.
- Bestehen Verträge mit einem Bezug zur Schweiz, stellt sich die Frage des **Vertragseintritts** aufgrund einer nach ausländischem Recht angeordneten Rechtsnachfolge.
- Bei einem hängigen Prozess kann sich die Frage stellen, ob ein **Parteiwechsel** stattfindet und allfällige weitere prozessuale Folgen (z.B. Kautionspflicht) eintreten.

In den meisten Fällen werden sich diese Fragen als **Vorfragen** in Rahmen einer Rechtsbeziehung (bspw. beim Abschluss eines Vertrages) oder eines Rechtsstreites stellen (Handkommentar FusG-GASSMANN, N 3). Als Hauptfrage stellt sich die Frage der Anerkennung einer (ausländischen) Umstrukturierung hingegen meist in registerrechtlichen Angelegenheiten, so etwa wenn:

- der bisherige Eintrag einer **Zweigniederlassung** einer umstrukturierten Gesellschaft im Handelsregister abgeändert werden soll,
- **immaterialgüterrechtliche Berechtigungen** in den entsprechenden Registern angepasst werden sollen, oder
- eine sachenrechtliche Berechtigung an Grundstücken im **Grundbuch** angepasst werden soll.

3   Im zuletzt angesprochenen Fall einer Änderung der Eigentumsverhältnisse an in der Schweiz belegenen Grundstücken durch Umstrukturierungen ausländischer Gesellschaften ist zudem stets das BewG (SR 211.412.41, vgl. insb. Art. 6 BewG) als *loi d'application immédiate* des schweizerischen Rechts (Art. 18 IPRG) zu beachten. Änderungen in der Rechtsstellung der Rechtnachfolgerin können sich – nicht nur im Lichte des BewG – insb. dann ergeben, wenn eine bislang im EU/EFTA-Raum ansässige Gesellschaft als Folge einer Umstrukturierung nunmehr als Nicht-EU Gesellschaft zu gelten hat, bzw. im umgekehrten Fall.

4   Zur Anwendung von Art. 164b i.V.m. Art. 161 IPRG in Fällen, in denen die Verlegung einer Gesellschaft vom Ausland in die Schweiz zu Diskussion steht (Art. 161 IPRG), die jedoch zuvor von einem ausländischen Staat in den anderen verlegt worden war oder aus fusionierten ausländischen Gesellschaften entstanden ist (Art. 164b IPRG) vgl. Art. 161 IPRG N 8 f.

II. Voraussetzungen der Anerkennung

5   Art. 164b IPRG erlaubt eine Anerkennung in der Schweiz der im Ausland erfolgen grenzüberschreitenden Umstrukturierung nur, wenn diese «nach den beteiligten Rechtsordnungen gültig» ist. Das IPRG bedient sich auch hier, wie schon in Art. 163a und 163b IPRG, der **kumulativen Anwendung** der beteiligten Rechtsordnungen, allerdings ohne eine genaue Abgrenzung der von der Kumulation betroffenen Fragen vorzunehmen. Auch hier liegt der Grund für die kumulative Anknüpfung in der Förderung des internationalen Entscheidungseinklangs und der Verhinderung hinkender Rechtsverhältnisse (vgl. Vorbem. vor 161–164b IPRG N 10 f.). Dieser Gedanke sollte entsprechend als Leitlinie der Auslegung dieser Bestimmung dienen.

6   Es ist davon auszugehen, dass als «**beteiligte Rechtsordnungen**» i.S. des Art. 164b IPRG in erster Linie die Gesellschaftsstatuten derjenigen Staaten zu beachten sind, denen die ausländischen Gesellschaften einerseits vor der Umstrukturierung und anderer-

seits nach der Umstrukturierung unterstanden (IPRG Kommentar-VISCHER, N 3; Handkommentar FusG-GASSMANN, N 4). Im Hinblick auf das Ziel des internationalen Entscheidungseinklangs ist das ausländische Recht dabei als Ganzes, mit all seinen offenen und verdeckten Rück- und Weiterverweisungen zu beachten, wie es ein Richter des berufenen ausländischen Rechts, vorliegend der «betroffenen Rechtsordnungen» täten (vgl. vor Art. 161–164b IPRG N 11).

III. Wirkungen der Anerkennung und Folgen der Nicht-Anerkennung

Erfolgt die Prüfung der Anerkennung vorfrageweise (N 2), und findet diese keinen Niederschlag in einem Urteilsdispositiv, so entfaltet die Anerkennung **keine generelle Bindungswirkung** (Handkommentar FusG-GASSMANN, N 7). Erfolgt eine Änderung des entsprechenden Eintrages in einem schweizerischen öffentlichen Register (bspw. im Handelsregister oder im Grundbuch), so kommt dem Inhalt des Eintrags immerhin die Wirkung des Art. 9 ZGB zu. Ist über die Frage der Rechtsgültigkeit einer grenzüberschreitenden Umstrukturierung ein rechtsgültiges ausländisches Urteil erstritten worden, so dient dieses als Beleg für die Rechtslage im Urteilsstaat sowie jeder weiteren «beteiligten Rechtsordnung», sofern der Entscheid dort ohne weiteres vollstreckbar wäre. Art. 164b IPRG tritt hier an die Stelle des Art. 165 IPRG. 7

Probleme ergeben sich, wenn der umstrukturierten Gesellschaft die Anerkennung in der Schweiz mangels Erfüllung der Voraussetzungen von Art. 164b IPRG zu versagen ist, eines der an der Umstrukturierung beteiligten ausländischen Gesellschaftsstatuten die Umstrukturierung aber als gültig erfolgt betrachtet. In einem solchen Falle bleibt es aus schweizerischer Sicht beim rechtlichen *status quo*; die bisherige (nicht umstrukturierte) Gesellschaft bleibt weiterhin Vermögensberechtigte, Vertragspartnerin und Prozesspartei (Handkommentar FusG-GASSMANN, N 8). Es obliegt diesfalls dem ausländischen Recht, das die Umstrukturierung anerkannt hat, die Folgen der in der Schweiz formell weiterhin im Namen der noch nicht umstrukturierten (und nach dem ausländischen Recht evtl. untergegangenen) Gesellschaft erfolgten Rechtshandlungen der umstrukturierten Gesellschaft zuzuordnen. 8

Art. 165 Randtitel
VII. Ausländische Entscheidungen

5. Strafgesetzbuch

Art. 326ter
Übertretung firmenrechtlicher Bestimmungen
Wer für ein im Handelsregister eingetragenes Unternehmen eine Bezeichnung verwendet, die mit der im Handelsregister eingetragenen nicht übereinstimmt und die irreführen kann,
wer für ein im Handelsregister nicht eingetragenes Unternehmen eine irreführende Bezeichnung verwendet,
wer für ein im Handelsregister nicht eingetragenes ausländisches Unternehmen den Eindruck erweckt, der Sitz des Unternehmens oder eine Geschäftsniederlassung befinde sich in der Schweiz,
wird mit Haft oder mit Busse bestraft.

10. Kapitel: Schlussbestimmungen

6. Bundesgesetz vom 27. Juni 1973 über die Stempelabgaben

Art. 6 Abs. 1 Bst. a^{bis}

¹ Von der Abgabe sind ausgenommen:

a^{bis}. Beteiligungsrechte, die in Durchführung von Beschlüssen über Fusionen oder diesen wirtschaftlich gleichkommende Zusammenschlüsse, Umwandlungen und Spaltungen von Aktiengesellschaften, Kommanditaktiengesellschaften, Gesellschaften mit beschränkter Haftung oder Genossenschaften begründet oder erhöht werden;

Art. 9 Abs. 1 Bst. e

¹ Die Abgabe beträgt:

e. auf Beteiligungsrechten, die in Durchführung von Beschlüssen über die Fusion, Spaltung oder Umwandlung von Einzelfirmen, Handelsgesellschaften ohne juristische Persönlichkeit, Vereinen, Stiftungen oder Unternehmen des öffentlichen Rechts begründet oder erhöht werden, sofern der bisherige Rechtsträger während mindestens fünf Jahren bestand: 1 Prozent des Nennwerts, vorbehältlich der Ausnahmen in Artikel 6 Absatz 1 Buchstabe h. Über den Mehrwert wird nachträglich abgerechnet, soweit während den der Umstrukturierung nachfolgenden fünf Jahren die Beteiligungsrechte veräussert werden.

Art. 14 Abs. 1 Bst. b, i und j

¹ Von der Abgabe sind ausgenommen:

b. die Sacheinlage von Urkunden zur Liberierung in- oder ausländischer Aktien, Stammeinlagen von Gesellschaften mit beschränkter Haftung, Genossenschaftsanteile, Partizipationsscheine und Anteile an einem Anlagefonds;

i. die mit einer Umstrukturierung, insbesondere einer Fusion, Spaltung oder Umwandlung verbundene Übertragung steuerbarer Urkunden von der übernommenen, spaltenden oder umwandelnden Unternehmung auf die aufnehmende oder umgewandelte Unternehmung;

j. der Erwerb oder die Veräusserung von steuerbaren Urkunden im Rahmen von Umstrukturierungen nach den Artikeln 61 Absatz 3 und 64 Absatz 1bis des Bundesgesetzes vom 14. Dezember 1990 über die direkte Bundessteuer sowie bei der Übertragung von Beteiligungen von mindestens 20 Prozent am Grund- oder Stammkapital anderer Gesellschaften auf eine in- oder ausländische Konzerngesellschaft.

7. Bundesgesetz vom 14. Dezember 1990 über die direkte Bundessteuer

Art. 19 Sachüberschrift sowie Abs. 1 und 2

Umstrukturierungen

¹ Stille Reserven einer Personenunternehmung (Einzelfirma, Personengesellschaft) werden bei Umstrukturierungen, insbesondere im Fall der Fusion, Spaltung oder Umwandlung, nicht besteuert, soweit die Steuerpflicht in der Schweiz fortbesteht und die bisher für die Einkommenssteuer massgeblichen Werte übernommen werden:

Anhang

a. bei der Übertragung von Vermögenswerten auf eine andere Personenunternehmung;

b. bei der Übertragung eines Betriebs oder eines Teilbetriebs auf eine juristische Person;

c. beim Austausch von Beteiligungs- oder Mitgliedschaftsrechten anlässlich von Umstrukturierungen im Sinne von Artikel 61 Absatz 1 oder von fusionsähnlichen Zusammenschlüssen.

² Bei einer Umstrukturierung nach Absatz 1 Buchstabe b werden die übertragenen stillen Reserven im Verfahren nach den Artikeln 151–153 nachträglich besteuert, soweit während den der Umstrukturierung nachfolgenden fünf Jahren Beteiligungs- oder Mitgliedschaftsrechte zu einem über dem übertragenen steuerlichen Eigenkapital liegenden Preis veräussert werden; die juristische Person kann in diesem Fall entsprechende, als Gewinn versteuerte stille Reserven geltend machen.

Art. 61 Umstrukturierungen

¹ Stille Reserven einer juristischen Person werden bei Umstrukturierungen, insbesondere im Fall der Fusion, Spaltung oder Umwandlung, nicht besteuert, soweit die Steuerpflicht in der Schweiz fortbesteht und die bisher für die Gewinnsteuer massgeblichen Werte übernommen werden:

a. bei der Umwandlung in eine Personenunternehmung oder in eine andere juristische Person;

b. bei der Auf- oder Abspaltung einer juristischen Person, sofern ein oder mehrere Betriebe oder Teilbetriebe übertragen werden und soweit die nach der Spaltung bestehenden juristischen Personen einen Betrieb oder Teilbetrieb weiterführen;

c. beim Austausch von Beteiligungs- oder Mitgliedschaftsrechten anlässlich von Umstrukturierungen oder von fusionsähnlichen Zusammenschlüssen;

d. bei der Übertragung von Betrieben oder Teilbetrieben sowie von Gegenständen des betrieblichen Anlagevermögens auf eine inländische Tochtergesellschaft. Als Tochtergesellschaft gilt eine Kapitalgesellschaft oder Genossenschaft, an der die übertragende Kapitalgesellschaft oder Genossenschaft zu mindestens 20 Prozent am Grund- oder Stammkapital beteiligt ist.

² Bei einer Übertragung auf eine Tochtergesellschaft nach Absatz 1 Buchstabe d werden die übertragenen stillen Reserven im Verfahren nach den Artikeln 151–153 nachträglich besteuert, soweit während den der Umstrukturierung nachfolgenden fünf Jahren die übertragenen Vermögenswerte oder Beteiligungs- oder Mitgliedschaftsrechte an der Tochtergesellschaft veräussert werden; die Tochtergesellschaft kann in diesem Fall entsprechende, als Gewinn versteuerte stille Reserven geltend machen.

³ Zwischen inländischen Kapitalgesellschaften und Genossenschaften, welche nach dem Gesamtbild der tatsächlichen Verhältnisse durch Stimmenmehrheit oder auf andere Weise unter einheitlicher Leitung einer Kapitalgesellschaft oder Genossenschaft zusammengefasst sind, können direkt oder indirekt gehaltene Beteiligungen von mindestens 20 Prozent am Grund- oder Stammkapital einer anderen Kapitalgesellschaft oder Genossenschaft, Betriebe oder Teilbetriebe sowie Gegenstände des betrieblichen Anlagevermögens zu den bisher für die Gewinnsteuer massgeblichen Werten übertragen werden. Die Übertragung auf eine Tochtergesellschaft nach Artikel 61 Absatz 1 Buchstabe d bleibt vorbehalten.

⁴ Werden im Fall einer Übertragung nach Absatz 3 während der nachfolgenden fünf Jahre die übertragenen Vermögenswerte veräussert oder wird während dieser Zeit die einheitliche Leitung aufgegeben, so werden die übertragenen stillen Reserven im Verfahren nach den Artikeln 151–153 nachträglich besteuert. Die begünstigte juristische Person kann in diesem Fall entsprechende, als Gewinn versteuerte stille Reserven geltend machen. Die im Zeitpunkt der Sperrfristverletzung unter einheitlicher Leitung zusammengefassten inländischen Kapitalgesellschaften und Genossenschaften haften für die Nachsteuer solidarisch.

⁵ Entsteht durch die Übernahme der Aktiven und Passiven einer Kapitalgesellschaft oder einer Genossenschaft, deren Beteiligungsrechte der übernehmenden Kapitalgesellschaft oder Genossenschaft gehören, ein Buchverlust auf der Beteiligung, so kann dieser steuerlich nicht abgezogen werden; ein allfälliger Buchgewinn auf der Beteiligung wird besteuert.

Art. 64 Abs. 1bis

^{1bis} Beim Ersatz von Beteiligungen können die stillen Reserven auf eine neue Beteiligung übertragen werden, sofern die veräusserte Beteiligung mindestens 20 Prozent des Grund- oder Stammkapitals der anderen Gesellschaft ausmacht und als solche während eines Jahres im Besitze der Kapitalgesellschaft oder Genossenschaft war.

8. Bundesgesetz vom 14. Dezember 1990 über die Harmonisierung der direkten Steuern der Kantone und Gemeinden

Art. 8 Abs. 3 und 3bis

³ Stille Reserven einer Personenunternehmung (Einzelfirma, Personengesellschaft) werden bei Umstrukturierungen, insbesondere im Fall der Fusion, Spaltung oder Umwandlung, nicht besteuert, soweit die Steuerpflicht in der Schweiz fortbesteht und die bisher für die Einkommenssteuer massgeblichen Werte übernommen werden:

a. bei der Übertragung von Vermögenswerten auf eine andere Personenunternehmung;

b. bei der Übertragung eines Betriebs oder eines Teilbetriebs auf eine juristische Person;

c. beim Austausch von Beteiligungs- oder Mitgliedschaftsrechten anlässlich von Umstrukturierungen im Sinne von Artikel 24 Absatz 3 oder von fusionsähnlichen Zusammenschlüssen.

^{3bis} Bei einer Umstrukturierung nach Absatz 3 Buchstabe b werden die übertragenen stillen Reserven im Verfahren nach Artikel 53 nachträglich besteuert, soweit während der der Umstrukturierung nachfolgenden fünf Jahre Beteiligungs- oder Mitgliedschaftsrechte zu einem über dem übertragenen steuerlichen Eigenkapital liegenden Preis veräussert werden; die juristische Person kann in diesem Fall entsprechende, als Gewinn versteuerte stille Reserven geltend machen.

Art. 12 Abs. 4 Bst. a

⁴ Die Kantone können die Grundstückgewinnsteuer auch auf Gewinnen aus der Veräusserung von Grundstücken des Geschäftsvermögens des Steuerpflichtigen erheben, sofern sie diese Gewinne von der Einkommens- und Gewinnsteuer ausnehmen oder die

Grundstückgewinnsteuer auf die Einkommens- und Gewinnsteuer anrechnen. In beiden Fällen gilt:

a. die in den Artikeln 8 Absätze 3 und 4 und 24 Absätze 3 und 3^{quater} genannten Tatbestände sind bei der Grundstückgewinnsteuer als steueraufschiebende Veräusserung zu behandeln;

Art. 24 Abs. 3, 3ter, 3^{quater}, $3^{quinquies}$ und 4bis

^{3} Stille Reserven einer juristischen Person werden bei Umstrukturierungen, insbesondere im Fall der Fusion, Spaltung oder Umwandlung, nicht besteuert, soweit die Steuerpflicht in der Schweiz fortbesteht und die bisher für die Gewinnsteuer massgeblichen Werte übernommen werden:

a. bei der Umwandlung in eine Personenunternehmung oder in eine andere juristische Person;

b. bei der Auf- oder Abspaltung einer juristischen Person, sofern ein oder mehrere Betriebe oder Teilbetriebe übertragen werden und soweit die nach der Spaltung bestehenden juristischen Personen einen Betrieb oder Teilbetrieb weiterführen;

c. beim Austausch von Beteiligungs- oder Mitgliedschaftsrechten anlässlich von Umstrukturierungen oder von fusionsähnlichen Zusammenschlüssen;

d. bei der Übertragung von Betrieben oder Teilbetrieben, sowie von Gegenständen des betrieblichen Anlagevermögens auf eine inländische Tochtergesellschaft. Als Tochtergesellschaft gilt eine Kapitalgesellschaft oder Genossenschaft, an der die übertragende Kapitalgesellschaft oder Genossenschaft zu mindestens 20 Prozent am Grund- oder Stammkapital beteiligt ist.

^{3ter} Bei einer Übertragung auf eine Tochtergesellschaft nach Absatz 3 Buchstabe d werden die übertragenen stillen Reserven im Verfahren nach Artikel 53 nachträglich besteuert, soweit während den der Umstrukturierung nachfolgenden fünf Jahren die übertragenen Vermögenswerte oder Beteiligungs- oder Mitgliedschaftsrechte an der Tochtergesellschaft veräussert werden; die Tochtergesellschaft kann in diesem Fall entsprechende, als Gewinn versteuerte stille Reserven geltend machen.

^{3quater} Zwischen inländischen Kapitalgesellschaften und Genossenschaften, welche nach dem Gesamtbild der tatsächlichen Verhältnisse durch Stimmenmehrheit oder auf andere Weise unter einheitlicher Leitung einer Kapitalgesellschaft oder Genossenschaft zusammengefasst sind, können direkt oder indirekt gehaltene Beteiligungen von mindestens 20 Prozent am Grund- oder Stammkapital einer anderen Kapitalgesellschaft oder Genossenschaft, Betriebe oder Teilbetriebe sowie Gegenstände des betrieblichen Anlagevermögens zu den bisher für die Gewinnsteuer massgeblichen Werten übertragen werden. Vorbehalten bleiben:

a. die Übertragung auf eine Tochtergesellschaft nach Artikel 24 Absatz 3 Buchstabe d;

b. die Übertragung von Gegenständen des betrieblichen Anlagevermögens auf eine Gesellschaft, die nach Artikel 28 Absätze 2–4 besteuert wird.

^{3quinquies} Werden im Fall einer Übertragung nach Absatz 3^{quater} während der nachfolgenden fünf Jahre die übertragenen Vermögenswerte veräussert oder wird während dieser Zeit die einheitliche Leitung aufgegeben, so werden die übertragenen stillen Reserven im Verfahren nach Artikel 53 nachträglich besteuert. Die begünstigte juristische Person kann in diesem Fall entsprechende, als Gewinn versteuerte stille Reserven geltend machen. Die im Zeitpunkt der Sperrfristverletzung unter einheitlicher Leitung zusammengefassten inländischen Kapitalgesellschaften und Genossenschaften haften für die Nachsteuer solidarisch.

4bis Beim Ersatz von Beteiligungen können die stillen Reserven auf eine neue Beteiligung übertragen werden, sofern die veräusserte Beteiligung mindestens 20 Prozent des Grund- oder Stammkapitals der anderen Gesellschaft ausmacht und als solche während mindestens eines Jahres im Besitze der Kapitalgesellschaft oder Genossenschaft war.

Art. 72e Anpassung der kantonalen Gesetzgebung an die Änderungen

¹ Die Kantone passen ihre Gesetzgebung innert dreier Jahre nach Inkrafttreten der Gesetzesänderung vom 3. Oktober 2003 den geänderten Vorschriften des zweiten und des dritten Titels an.

² Nach Ablauf dieser Frist gilt die Regelung nach Artikel 72 Absatz 2.

Vgl. zu Art. 72e StHG vor Art. 109 FusG: Steuerliche Übergangsbestimmungen.

9. Bundesgesetz vom 13. Oktober 1965 über die Verrechnungssteuer

Art. 5 Abs. 1 Bst. a

¹ Von der Steuer sind ausgenommen:

a. die Reserven und Gewinne einer Kapitalgesellschaft gemäss Artikel 49 Absatz 1 Buchstabe a des Bundesgesetzes vom 14. Dezember 1990 51 über die direkte Bundessteuer (DBG) oder Genossenschaft, die bei einer Umstrukturierung nach Artikel 61 DBG in die Reserven einer aufnehmenden oder umgewandelten inländischen Kapitalgesellschaft oder Genossenschaft übergehen;

10. Bundesgesetz vom 25. Juni 1982 über die berufliche Alters-, Hinterbliebenen- und Invalidenvorsorge

Art. 62 Abs. 3

³ Der Bundesrat kann Bestimmungen über die aufsichtsrechtliche Genehmigung von Fusionen und Umwandlungen sowie über die Ausübung der Aufsicht bei Liquidationen und Teilliquidationen von Vorsorgeeinrichtungen erlassen.

11. Bankengesetz vom 8. November 1934

Art. 14

Aufgehoben

Anhang   **Art. 9a VAG**

12. Versicherungsaufsichtsgesetz vom 23. Juni 1978

Art. 9a VAG

Fusion, Spaltung und Umwandlung	Fusionen, Spaltungen und Umwandlungen von Versicherungseinrichtungen bedürfen der Genehmigung durch die Aufsichtsbehörde.
Fusion, scission et transformation	La fusion, la scission et la transformation d'institutions d'assurance sont soumises à l'approbation de l'autorité de surveillance.
Fusioni, scissioni e trasformazioni	Le fusioni, le scissioni e le trasformazioni di istituti d'assicurazione privati devono essere approvate dall'autorità di vigilanza.

Inhaltsübersicht   Note

    I. Allgemeines 1
        1. Entstehungsgeschichte 1
        2. Normzweck 5
        3. Rechtstatsächliches 8
        4. Fusionsgesetz und verbesserte steuerliche Rahmenbedingungen 13
   II. Anwendungsbereich 14
        1. Begriff des Versicherungsunternehmens 14
        2. Abgrenzungen 16
  III. Fusionen von Versicherungsunternehmen: Aufsichtsrechtliche Voraussetzungen 25
        1. Fusionsbegriff 25
        2. Zulässigkeit 26
        3. Informationen an die Aufsichtsbehörde 40
        4. Prüfung durch die Aufsichtsbehörde 51
        5. Antrag 73
        6. Verfahren und Rechtsmittelweg 76
        7. Auswirkungen auf den Fusionsvollzug 78
        8. Information der Versicherten über die Fusion 82
        9. Staatsgebühr 85
  IV. Spaltung von Versicherungsunternehmen: Aufsichtsrechtliche Voraussetzungen 86
        1. Spaltungsbegriff 86
        2. Zulässigkeit 90
        3. Informationen an die Aufsichtsbehörde 101
        4. Prüfung durch die Aufsichtsbehörde 102
        5. Bestandesübertragung 103
   V. Umwandlung von Versicherungsunternehmen: Aufsichtsrechtliche Voraussetzungen 120
        1. Begriff der Umwandlung 120
        2. Zulässigkeit 123
        3. Aufsichtsrechtliches Verfahren 126
  VI. Spezialfragen 127
        1. Rechtsformübergreifende Umstrukturierungen 127

2. Erleichterte Fusionen 131
3. Einsichtsrecht der Versicherten 133

Literatur

H. APPENZELLER, Fusionen von Versicherungsgesellschaften, Jusletter vom 7.6.2004; H.C. VON DER CRONE/A. GERSBACH, La fusion et la scission: procédure et réalisation, SZW 2004, 186 ff.; Bundesamt für Privatversicherungen (BPV), Die freiwillige Übertragung von Versicherungsbeständen nach Art. 39 des Versicherungsaufsichtsgesetzes (VAG), Die privaten Versicherungseinrichtungen in der Schweiz 1992, 107. Bericht, Bern 1993, 21–35 (zit. Amtsbericht 1992); *dasselbe*, Fusion und Art. 39 VAG, Die privaten Versicherungseinrichtungen in der Schweiz 1996, 111. Bericht, Bern 1997, 18 f. (zit. Amtsbericht 1996); *dasselbe*, Fusion, Die privaten Versicherungseinrichtungen in der Schweiz 1997, 112. Bericht, Bern 1998, E 21–E 24 (zit. Amtsbericht 1997); dasselbe, Zusammenarbeit mit dem Bundesamt für Sozialversicherung (BSV) bei Fusionen unter Krankenkassen, Die privaten Versicherungseinrichtungen in der Schweiz 1998, 113. Bericht, Bern 1999, E 25 f. (zit. Amtsbericht 1998); *dasselbe*, Das Konzept einer konsolidierten Aufsicht über die Zürich Financial Services Group, Die privaten Versicherungseinrichtungen in der Schweiz 1999, 114. Bericht, Bern 2000, E 16–E 18 (zit. Amtsbericht 1999); *dasselbe*, Stand der Konglomeratsaufsicht per Mitte 2001, Die privaten Versicherungseinrichtungen in der Schweiz 2000, 115. Bericht, Bern 2001, E 17–E 20 (zit. Amtsbericht 2000); A. EGGLI, Aufsichtsrechtliche Fragen in Zusammenhang mit dem Zusammenschluss von Bank und Versicherung, Veröffentlichungen aus dem Nachdiplomstudium internationales Wirtschaftsrecht der Universität Zürich und dem Europa Institut Zürich, Bd. 8, Zürich 1999; M. FREY/M. LAMBELET, Spaltung – rechtliche und steuerliche Aspekte, AJP 2004, 790 ff.; W. GERBER, Die Genossenschaft als Organisationsform von Mittel- und Grossunternehmen, ASR Heft 677, Bern 2003; ST. GEY, Aufgaben und Bedeutung der staatlichen Aufsicht über die schweizerischen Privatversicherungen zu Beginn des 21. Jahrhunderts, in: Berner Beiträge zum Steuer- und Wirtschaftsrecht Heft 17, Bern 2003; M. KUHN, Strukturwandel im Schweizerischen Lebensversicherungsmarkt – Konzentration, Wettbewerbsdruck und Allfinanz, SVZ 60 (1992) 111–115 (zit. Strukturwandel); DERS., Der Einfluss der Deregulierung und des EU-Wettbewerbsrechts auf dem Schweizerischen Versicherungsmarkt, SVZ 62 (1994) 270–275 und 339–350 (zit. Einfluss der Deregulierung); DERS., Die Deregulierung am Beispiel der Lebensversicherung, SVZ 64 (1996) 111–131 (zit. Deregulierung am Beispiel der Lebensversicherung); DERS., Umwandlung der Rentenanstalt/Swiss Life-Genossenschaft in eine Aktiengesellschaft per 30.6.1997, SZW 1999, 275–282 (zit. Umwandlung der Rentenanstalt); M. KUHN/R. MÜLLER-STUDER/M. ECKERT, Privatversicherungsrecht – Unter Mitberücksichtigung des Haftpflicht- und des Aufsichtsrecht, 2. Aufl., Zürich 2002; M. MÄCHLER-ERNE, Mögliche Formen des Zusammenwirkens zwischen Banken, Versicherungen und weiteren Erbringern von Finanzdienstleistungen, in: Dieter Zobl (Hrsg.), Rechtsprobleme der Allfinanz, Zürich 1997, 111–138; A. MAURER, Schweizerisches Privatversicherungsrecht, 3. Aufl., Bern 1995; P. NOBEL, Schweizerisches Finanzmarktrecht, 2. Aufl., Bern 2004; H. PETER, Le sort des contrats en cas de transfert de patrimoine, SZW 2004, 223 ff.; U. SCHENKER, Die Fusion, AJP 2004, 772 ff.; A. VOGT/P. BADER, Marktkonzentration in der Versicherungswirtschaft, Die privaten Versicherungseinrichtungen in der Schweiz 2001, 116. Amtsbericht des Bundesamtes für Privatversicherungen, Bern 2002, 24–27; R. WATTER/U. KÄGI, Der Übergang von Verträgen bei Fusionen, Spaltungen und Vermögensübertragungen, SZW 2004, 231 ff.

Materialien

Botschaft vom 5.5.1976 zu einem neuen Bundesgesetz über die Beaufsichtigung privater Versicherungseinrichtungen, BBl 1976 II 873–948 (zit. Botschaft VAG 1976); Botschaft vom 9.5.2003 zu einem Gesetz betreffend die Aufsicht über Versicherungsunternehmen (Versicherungsaufsichtsgesetz, VAG) und zur Änderung des Bundesgesetzes über den Versicherungsvertrag, BBl 2003, 3789–3915 (zit. Botschaft VAG 2003);

Anhang   1–5 **Art. 9a VAG**

I. Allgemeines

1. Entstehungsgeschichte

Mit Inkrafttreten des FusG werden verschiedene Bestimmungen des bisherigen Rechts **1**
geändert (Art. 109 FusG), unter anderem das Versicherungsaufsichtsgesetz vom
23.6.1978 (VAG). In der **Botschaft** wird festgelegt, dass für Fusionen, Spaltungen und
Umwandlungen von Versicherungseinrichtungen die Genehmigung der Aufsichtsbehörde vorbehalten ist (Botschaft, 4511). Der Bundesrat erlässt dazu ergänzende Bestimmungen. Das Parlament beliess Art. 9a VAG gegenüber dem Botschaftstext unverändert.
Damit wird eine gesetzliche Grundlage für die bisherige Praxis des Bundesamtes für
Privatversicherungen («BPV») geschaffen. Schon unter bisherigem Recht leitete das
BPV die Genehmigungskompetenz für Umstrukturierungsvorgänge aus seiner umfassenden materiellen Aufsicht gemäss Art. 17 VAG ab (BPV, Amtsbericht 1997, E 21).

Der Bundesrat hat von seiner Kompetenz gemäss Art. 42 Abs. 1 lit. a Ziff. 1 VAG, **ergänzende Bestimmungen** zu Art. 9a VAG zu erlassen, noch keinen Gebrauch gemacht. Es **2**
ist zu erwarten, dass der Bundesrat mit Inkrafttreten des neuen Versicherungsaufsichtsgesetzes (vgl. N 3; APPENZELLER, Rz 12) im Umstrukturierungsbereich Ausführungsbestimmungen verordnet.

Das **Versicherungsaufsichtsgesetz** wird zur Zeit total revidiert. Die Revision zielt auf **3**
grössere Sicherheit, Verbesserung des Risikomanagements und Ausbau der «Corporate
Governance». Zudem soll eine breite Palette von Sanktionsmöglichkeiten geschaffen
werden, um auf Verfehlungen der regulierten Institute angemessen reagieren zu können
(Botschaft VAG 2003, 3793). Der Entwurf zum Bundesgesetz betreffend die Aufsicht
über Versicherungsunternehmen («E VAG»; im Folgenden wird der Ausdruck «**Versicherungsunternehmen**» gemäss neuer Terminologie des E VAG verwendet, während
das geltende VAG noch von «Versicherungseinrichtungen» spricht) sieht vor, dass Fusionen, Spaltungen und Umwandlungen von Versicherungsunternehmen der Bewilligung
der Aufsichtbehörde bedürfen (Art. 3 Abs. 2 E VAG). Im Dezember 2003 hat der Ständerat den E VAG mit wenigen Änderungen angenommen (AmtlBull StR 2003, 1222 ff.).
Im März 2004 hat auch der Natonalrat der Vorlage unter Vornahme einiger weniger Modifikationen zugestimmt (AmtlBull NR 2004, 373 ff.). Beide Kammern haben Art. 3
Abs. 2 VAG diskussionslos verabschiedet, da diese Bestimmung dem geltenden Recht
entspreche (AmtlBull StR 2003, 1225; AmtlBull NR 2004, 381).

Aufgrund der Entwicklungen an den Finanzmärkten in der Schweiz und im Ausland **4**
sind Bestrebungen im Gang, eine integrierte Finanzmarktaufsicht zu schaffen. Die Expertenkommission Zimmerli hat den Entwurf zum Bundesgesetz über die Finanzmarktaufsicht erarbeitet (vgl. Teilbericht der Expertenkommission Zimmerli zur Integrierten
Finanzmarktaufsicht vom Juli 2003). Ziel dieser Revision ist, die Aufgaben der EBK
und des BPV in der Eidgenössischen Finanzmarktaufsicht (**FINMA**) zusammenzufassen. Die dadurch erzielte integrierte Finanzmarktaufsicht hat keine Auswirkungen auf
den Umfang der Aufsichtsaufgaben gemäss den Spezialgesetzen wie dem VAG.

2. Normzweck

Gemäss Art. 9a VAG bedürfen Fusionen, Spaltungen und Umwandlungen von Versicherungsunternehmen der Genehmigung (bzw. nach Art. 3 Abs. 2 E VAG der Bewilligung) **5**
durch die Aufsichtsbehörde. **Zweck** dieses Genehmigungserfordernisses ist – wie bei
Umstrukturierungen von Vorsorgeeinrichtungen (zum Begriff vgl. Art. 2 lit. i FusG) – der

Art. 9a VAG 6, 7   10. Kapitel: Schlussbestimmungen

Versichertenschutz (Botschaft, 4511; Handkommentar FusG-COMBŒUF, Art. 109 N 22). Dieser Schutzgedanke ergibt sich auch aus dem allgemeinen Zweckgedanken des Fusionsgesetzes, wonach die Interessen der von rechtlichen Strukturanpassungen betroffenen Personen zu schützen sind (Art. 1 Abs. 2 FusG; Botschaft, 4387; Handkommentar FusG-REICH, Art. 1 N 15; Art. 1 N 76). Der Begriff «**Versicherte**» ist weit auszulegen und umfasst die Versicherungsnehmer, die Versicherten im versicherungsvertraglichen Sinn, die Anspruchberechtigten, die Geschädigten (vor allem im Haftpflichtbereich) sowie selbst die Versicherungsinteressenten (Botschaft VAG 1976, 892; Botschaft VAG 2003, 3808).

6   Der **Versichertenschutz** erfolgt präventiv, in dem die betroffenen Rechtsträger (es kommen nur Aktiengesellschaften und Genossenschaften in Frage, da Versicherungsunternehmen nur diese Rechtsformen wählen dürfen; vgl. Art. 11 VAG und Art. 7 E VAG) gemäss Fusionsgesetz verschiedene Berichts-, Prüfungs- und Informationspflichten sowie gemäss Versicherungsaufsichtsgesetz gewisse aufsichtsrechtliche Voraussetzungen zu erfüllen haben. Repressiv wird der Schutz der Versicherten gewährleistet, indem den Berechtigten Anfechtungs- und Verantwortlichkeitsansprüche (Art. 106 ff. FusG) oder allenfalls Kündigungsrechte (vgl. N 63 ff.) zukommen. Der präventive Schutz wird bei **Umstrukturierungen von Versicherungsunternehmen** mittels eines zweistufigen Aufsichtskonzepts verwirklicht (ausgenommen sind die erleichterten Fusionen, vgl. N 131 f.): Einerseits erfolgt mit dem Fusions-, Spaltungs- und Umwandlungsbericht (Art. 14, 39 und 61 FusG) eine Rechenschaftsablage, und die Fusions-, Spaltungs- und Umwandlungsprüfung (Art. 15, 40 und 62 FusG) schützt den Gehalt derjenigen Transaktionsdokumente, welche der Aufsichtsbehörde zu unterbreiten sind (in der Literatur ist umstritten, ob diesen Berichts- und Prüfungspflichten neben dem Gesellschafterschutz auch andere Schutzfunktionen zukommen; für einen ausschliesslichen Gesellschafterschutz, vgl. Art. 14 FusG N 11; BERTSCHINGER, 10; ISLER/VON SALIS-LÜTOLF, 21; MEIER-SCHATZ, Fusionsgesetz und KMU, 45; MEIER-SCHATZ/GASSER, 22; VON SALIS-LÜTOLF, 96; für einen zusätzlichen Gläubigerschutz siehe Handkommentar FusG-COMBŒUF, Art. 14 N 2 und Art. 15 N 42; VON DER CRONE ET AL., Rz 227; m.E. dienen die Berichts- und Prüfungspflichten bei Umstrukturierungen von Versicherungsunternehmen wie bei den Vorsorgeeinrichtungen zusätzlich dem Schutz der Versicherten, vgl. Art. 92 FusG N 3). Anderseits müssen die Umstrukturierungen von der zuständigen Aufsichtsbehörde genehmigt werden, welche die aufsichtsrechtlichen Voraussetzungen (vgl. N 25 ff., 86 ff. und 120 ff.) überprüft. Zusammen mit den übrigen formellen Vorschriften sollen die Berichts- und Prüfungspflichten sicherstellen, dass die Aufsichtsbehörde ihre Genehmigung in Kenntnis der wesentlichen Elemente der Umstrukturierung erteilen kann.

7   Für den Schutz der Versicherten von Versicherungsunternehmen sind im Fusionsgesetz **keine besonderen Vorkehren** enthalten. Demgegenüber sind Umstrukturierungen von Vorsorgeeinrichtungen nur zulässig, wenn der Vorsorgezweck sowie die Rechte und Ansprüche der Versicherten gewahrt bleiben (Art. 88 Abs. 2, Art. 97 Abs. 2, Art. 98 Abs. 2 FusG). Zudem müssen die zuständigen Organe die Versicherten frühzeitig über eine geplante Fusion oder Umwandlung und deren Auswirkungen, insbesondere auf die Rechte und Ansprüche der Versicherten, informieren und den Versicherten Einsicht in den Fusionsvertrag und -bericht bzw. den Umwandlungsplan und -bericht gewähren (Art. 93, Art. 97 Abs. 3 FusG). Schliesslich ist die Rechtswirksamkeit der Umstrukturierung von der Rechtskraft der zustimmenden Verfügung der Aufsichtsbehörde abhängig (vgl. z.B. Art. 95 Abs. 4 FusG). Ein solches Schutzinstrumentarium ist für die Umstrukturierung von Versicherungsunternehmen im Fusionsgesetz nicht vorgesehen. Aus dem Zweckgedanken von Art. 9a VAG lassen sich zumindest einige dieser Instrumente gestützt auf

das Versicherungsaufsichtsgesetz ableiten. Es wird sich zeigen, ob der Bundesrat entsprechende Ausführungsbestimmungen erlassen wird (vgl. N 3).

3. Rechtstatsächliches

In der Schweiz sind zahlreiche Versicherungsgruppen tätig. Ihre rechtliche Struktur ist mannigfaltig und hängt insbesondere von den aufsichtsrechtlichen und steuerlichen Rahmenbedingungen ab (MÄCHLER-ERNE, 131). Das Versicherungsaufsichtsrecht ist öffentliches Recht (Wirtschaftsverwaltungsrecht) (GEY, 130) und ist gegenwärtig auf fünf verschiedene Gesetze verteilt (KUHN/MÜLLER-STUDER/ECKERT, 54 f.). Die Voraussetzungen für den Betrieb des Versicherungsgeschäftes sowie die Aufsicht über private Versicherungsunternehmen sind vor allem im VAG geregelt. Die vom Bund ausgeübte Aufsicht im Privatversicherungswesen beruht auch auf den folgenden vier Bundesgesetzen: Bundesgesetz vom 4.2.1919 über die Kaution der ausländischen Versicherungsgesellschaften (**Kautionsgesetz**, SR 961.02); Bundesgesetz vom 25.6.1930 über die Sicherstellung von Ansprüchen aus Lebensversicherungen (**Sicherstellungsgesetz**, SR 961.03); Bundesgesetz vom 20.3.1992 über die Direktversicherungen mit Ausnahme der Lebensversicherung (**Schadenversicherungsgesetz**, SchVG, SR 961.71; Bundesgesetz vom 18.6.1993 über die direkte Lebensversicherung (**Lebensversicherungsgesetz**, LeVG, SR 961.61) (vgl. sodann die Ausführungsvorschriften in der Verordnung vom 29.11.1993 über die direkte Lebensversicherung, Lebensversicherungsverordnung, **LeVV**, SR 961.611, und die Verordnung vom 8.9.1993 über die Direktversicherung mit Ausnahme der Lebensversicherung, Schadenversicherungsverordnung, **SchVV**, SR 961.711).

8

Das Versicherungsgeschäft können nur Aktiengesellschaften oder Genossenschaften betreiben (Art. 11 VAG; vgl. auch Art. 7 E VAG; für ausländische Unternehmen können in Zukunft aufgrund von völkerrechtlichen Verträgen auch andere Rechtsformen zugelassen werden, Botschaft VAG 2003, 3812), da nur diese Rechtsformen Gewähr für die erforderliche Stabilität und Kontinuität bieten (Botschaft VAG 1976, 900). Häufigste **Rechtsträger von Versicherungsunternehmen** sind Aktiengesellschaften. Die Rechtsform der Genossenschaft für den Betrieb des Versicherungsgeschäftes hat an Bedeutung eingebüsst. Allerdings gibt es noch verschiedene Genossenschaften, welche bedeutende Versicherungsunternehmen in der Schweiz kontrollieren (vgl. APPENZELLER, FN 46; z.B. Mehrheitsaktionärin der Vaudoise Versicherungen Holding ist die Genossenschaft Mutuelle Vaudoise; die Pax Holding ist ebenfalls eine Genossenschaft, welche die Pax, Schweizerische Lebensversicherungs-Gesellschaft zu 100% besitzt; die Schweizerische Mobiliargenossenschaft ist eine reine Beteiligungsgesellschaft, ohne dass sie direkt im Versicherungsgeschäft tätig ist, vgl. GERBER, 138 f.; die Patria Genossenschaft gilt als Finanzgenossenschaft, die eine bedeutende Minderheitsaktionärin der Helvetia Patria Holding ist).

9

Zu beachten sind sodann das Verbot, **versicherungsfremde Geschäfte** zu betreiben (Art. 12 VAG; vgl. ähnlich Art. 11 E VAG), und das **Gebot der Spartentrennung** (Art. 13 VAG; vgl. auch Art. 12 E VAG), wonach ein Rechtsträger nicht gleichzeitig die direkte Lebensversicherung und andere Versicherungszweige betreiben kann (ausgenommen sind die Invaliditäts-, Unfalltod- sowie Krankenzusatzversicherung und die Kranken- und Invaliditätsversicherung). Mit dem Gebot der Spartentrennung ist vereinbar, wenn eine Holdinggesellschaft über separate Tochtergesellschaften Versicherungsgeschäfte indirekt (durch Beteiligung) betreibt und diese Tochtergesellschaften über die erforderlichen Betriebsbewilligungen verfügen.

10

11 Vor allem die börsenkotierten Versicherungsgruppen bzw. -konglomerate (vgl. Art. 62 und 70 E VAG) sind oft als **strategische Holdinggesellschaften** organisiert, welche verschiedene rechtlich selbständige Versicherungsunternehmen kontrollieren. Diese Unternehmen, und nicht die Holdinggesellschaft selbst, verfügen über die aufsichtsrechtlichen Bewilligungen, welche sie für den Betrieb ihres Versicherungszweiges benötigen (vgl. <http://www.bpv.admin.ch/de/wirtschaft/versuebersicht.htm>). Zusätzlich unterstehen gewisse Versicherungskonzerne, die sowohl Versicherungsunternehmen als auch Banken oder andere im Finanzbereich tätige Unternehmen umfassen, einer konsolidierten Aufsicht (vgl. zum Stand der Konglomeratsaufsicht per Mitte 2001: BPV, Amtsbericht 2000, E 17–E 20). Mit der konsolidierten Aufsicht, welche die Einzelinstitutsaufsicht über die im Versicherungs- bzw. Bankbereich tätigen Gesellschaften nicht ersetzt, sondern nur ergänzt, soll sichergestellt werden, «dass die Solvenz eines Versicherungsunternehmens nicht durch seine Abhängigkeiten und Verpflichtungen gegenüber anderen Unternehmen beeinträchtig wird» (Botschaft VAG 2003, 3834). Dieses Ziel wird erreicht durch die Überwachung, ob die Holding als Gruppe unter anderem angemessen organisiert ist, die in ihrer gesamten Geschäftstätigkeit auftretenden Risiken angemessen erfasst, durch Personen geleitet wird, welche Gewähr für eine einwandfreie Geschäftstätigkeit bieten, sowie Eigenmittel- und Risikoverteilungsvorschriften auf konsolidierter Basis erfüllt.

12 Die **Konglomeratsaufsicht** beruht bis zum Inkrafttreten des neuen Versicherungsaufsichtsgesetzes auf Einzelfalllösungen zwischen dem BPV und der Versicherungsgruppe: z.B. Verfügung vom 23.4.2001 des BPV für die Zurich Financial Services betreffend die konsolidierte Aufsicht (unter <http://www.bpv.admin.ch/de/pdf/ZFSVerf_d.pdf>). Die schweizerische Versicherungsaufsicht kennt noch keine explizite Rechtsgrundlage für eine solche konsolidierte Aufsicht. Auch wenn die konsolidierte Aufsicht gesetzlich nicht vorgesehen ist, hat das BPV verschiedene Möglichkeiten, die konsolidierte Aufsicht durchzusetzen. Solche Versicherungsgruppen halten regelmässig massgebende Beteiligungen an Versicherungsunternehmen. Wenn diese Unternehmen eine massgebliche Beteiligung an einem versicherungsfremden Unternehmen erwerben wollen (was bewilligungspflichtig ist), stellt sich das BPV auf den Standpunkt, dass die Genehmigung eines solchen Erwerbs von einem konsolidierten Aufsichtskonzept abhängig gemacht werden darf (vgl. diesbezüglich Verfügung vom 23.4.2001 des BPV für die Zurich Financial Services betreffend die konsolidierte Aufsicht, 3, unter <http://www.bpv.admin.ch/de/pdf/ZFSVerf_d.pdf>). Mit Inkrafttreten des neuen Versicherungsaufsichtsgesetzes wird die Konglomeratsaufsicht gesetzlich vorgesehen und geregelt (vgl. Botschaft VAG 2003, 3834 ff.). Das neue Versicherungsaufsichtsgesetz wird auch die indirekte Ausübung von Versicherungsgeschäften (durch Beteiligung) erfassen. Die Regelung zielt darauf ab, qualifizierte Beteiligungen an Versicherungsunternehmen durch entsprechende Meldepflichten (Art. 21 Abs. 2 und 3 E VAG) transparent zu machen. Die Aufsichtsbehörde kann eine solche Beteiligung untersagen oder an Bedingungen knüpfen, wenn diese Beteiligung das Versicherungsunternehmen oder die Interessen der Versicherten gefährden kann (Art. 21 Abs. 4 E VAG).

4. Fusionsgesetz und verbesserte steuerliche Rahmenbedingungen

13 Die steuerlichen Rahmenbedingungen werden mit dem Fusionsgesetz erheblich verbessert. Die steuerlichen Konsequenzen für Strukturanpassungen von Versicherungsunternehmen, die in der Regel über erhebliche Kapitalanlagen (vor allem Wertschriften und Immobilien) verfügen, wirkten in der Vergangenheit oft prohibitiv (zur Beurteilung der Sacheinlage eines Versicherungsgeschäftes in eine Tochtergesellschaft, vgl. den Entscheid der eidg. Steuerrekurskommission vom 4.5.2001, VPB 65.102 = ASA 70 (2001/

2002) 774). Vor 1.7.2004 unterlagen die von der übertragenden auf die übernehmende Gesellschaft transferierten steuerbaren Urkunden im Umfang der übernommenen anteiligen Drittverbindlichkeiten der Umsatzabgabe (Merkblatt 02.134 der eidg. Steuerverwaltung betr. die Umsatzabgabe vom April 1993; mit Wirkung per 1.7.2004 wurde dieses Merkblatt aufgehoben durch das KS Nr. 5 der eidg. Steuerverwaltung vom 1.6.2004). Diese Umsatzabgabe entfällt fortan (vgl. Art. 14 Abs. 1 lit. i StG). Ebenso fallen in der Zukunft aufgrund von Art. 103 FusG und nach Ablauf der fünfjährigen Übergangsfrist (vgl. Art. 111 Abs. 3 FusG) die Handänderungssteuern dahin, welche gewisse Kantone im Zusammenhang mit Restrukturierungen und den daraus resultierenden Übertragungen von Grundstücken immer noch auferlegen.

II. Anwendungsbereich

1. Begriff des Versicherungsunternehmens

Das Genehmigungserfordernis ist gemäss Wortlaut von Art. 9a VAG (vgl. auch Art. 3 Abs. 2 E VAG) nur auf Umstrukturierungen anwendbar, an denen aufsichtspflichtige **Versicherungsunternehmen** beteiligt sind. Der Begriff «Versicherungsunternehmen» erfasst einmal private Unternehmen, die in der Schweiz oder von der Schweiz aus im direkten Versicherungs- oder im Rückversicherungsgeschäft tätig sind, also die Direktversicherung oder die Rückversicherung betreiben (Art. 3 Abs. 1 VAG; vgl. auch Art. 3 Abs. 1 i.V.m. Art. 2 Abs. 1 lit. a E VAG).

Aber auch **ausländische** Versicherungsgesellschaften gelten unter dem neuen Versicherungsaufsichtsgesetz als Versicherungsunternehmen, wenn sie Versicherungstätigkeiten in der Schweiz entfalten oder Versicherungsgeschäfte von der Schweiz aus im Ausland tätigen (vgl. Art. 3 Abs. 1 i.V.m. Art. 2 Abs. 1 lit. b E VAG; abweichende staatsvertragliche Bestimmungen bleiben jedoch vorbehalten). Folglich müsste in diesen Fällen auch die Umstrukturierung einer ausländischen Gesellschaft von der Aufsichtsbehörde gemäss Art. 9a VAG genehmigt werden. Der Zweckgedanke von Art. 9a VAG (vgl. auch Art. 3 Abs. 2 E VAG), die Versicherten zu schützen (N 5 f.), rechtfertigt eine Unterstellung von ausländischen Versicherungsunternehmen mit Versicherungstätigkeiten in der Schweiz. Auf der anderen Seite erfordert der Normzweck von Art. 9a VAG nicht, dass Versicherungsunternehmen mit Sitz im Ausland, welche ihre Tätigkeit von der Schweiz aus ausüben, Art. 9a VAG unterstehen.

2. Abgrenzungen

Nicht unter den Begriff «Versicherungsunternehmen» fallen strategische Holdinggesellschaften (vgl. N 11) bzw. Versicherungsgruppen und –konglomerate (Art. 3 Abs. 1 i.V.m. Art. 2 Abs. 1 lit. d E VAG) sowie Versicherungsunternehmen mit Sitz im Ausland, die in der Schweiz nur die Rückversicherung betreiben (Art. 4 Abs. 1 lit. a VAG; Art. 2 Abs. 2 lit. a E VAG). Ebenso wenig gelten Unternehmen als Versicherungsunternehmen, welche einer besonderen Aufsicht unterstehen (z.B. Krankenkassen und Vorsorgeeinrichtungen).

a) Versicherungsgruppen und Versicherungskonglomerate

Fraglich ist, ob Umstrukturierungen von Versicherungsgruppen und -konglomeraten unter Art. 9a VAG (Art. 3 Abs. 2 E VAG) fallen. Diese Rechtsträger unterstehen unter geltendem Recht nur in besonderen Fällen der Aufsicht nach dem VAG (vgl. N 11 f.). Im neuen Versicherungsaufsichtsgesetz sind diese Rechtsträger indessen aufsichtspflichtig, gelten aber nicht als Versicherungsunternehmen (Art. 3 Abs. 1 E VAG).

aa) Geltendes Recht

18 Bei Umstrukturierungen, an denen Versicherungsunternehmen und strategische Holdinggesellschaften (vgl. N 11, die nicht der Aufsicht gemäss VAG unterstehen und Beteiligungen an Versicherungsunternehmen halten) beteiligt sind, geht es um die Frage, ob eine solche Holdinggesellschaft als versicherungsfremdes Unternehmen gilt (z.B. bei einer Fusion eines Versicherungsunternehmens mit einer solchen Holdinggesellschaft). Meines Erachtens trifft dies zu. Als versicherungsfremd gelten Geschäfte, die mit dem Betrieb des Versicherungsunternehmens in keinem direkten Zusammenhang stehen (Art. 1 Abs. 1 der Verordnung vom 3.12.1979 über den Betrieb versicherungsfremder Geschäfte durch die privaten Versicherungseinrichtungen, SR 961.13; MAURER, 110 f.). Obwohl wirtschaftlich betrachtet eine solche Holdinggesellschaft im Versicherungsgeschäft indirekt tätig ist, steht sie mit dem Betrieb in keinem direkten Zusammenhang und qualifiziert nach einer grammatikalischen Auslegung als versicherungsfremdes Unternehmen. Zum gleichen Ergebnis gelangt man bei einer wörtlichen Auslegung von Art. 9a VAG, der von «Fusionen, Spaltungen und Umwandlungen von Versicherungseinrichtungen» spricht. Somit sind dieselben Schranken einzuhalten, wie im Zusammenhang mit Umstrukturierungen von versicherungsfremden Unternehmen (vgl. z.B. N 37 f.).

19 Ebenso wenig werden Umstrukturierungen, an denen nur nicht-aufsichtspflichtige Holdinggesellschaften beteiligt sind, von Art. 9a VAG erfasst. Nicht einmal eine Bewilligung zum direkten oder indirekten Betrieb eines versicherungsfremden Unternehmens ist in diesen Fällen erforderlich (da nicht das Versicherungsunternehmen eine Beteiligung an der Holding hält). Vielmehr können solche Umstrukturierungen ohne Genehmigung oder Bewilligung des BPV vollzogen werden, wenn diese Gruppen **keiner konsolidierten Aufsicht** kraft spezieller Verfügung unterstehen.

20 Weiter fragt sich, wie es sich verhält, wenn eine der beteiligten Holdinggesellschaften einer **konsolidierten Aufsicht** des BPV unterstellt ist (vgl. N 11 f.). Mangels expliziter Rechtsgrundlage für eine konsolidierte Aufsicht wird sie in der Praxis mittels Verfügung des BPV geschaffen. Eine solche Verfügung betreffend konsolidierter Aufsicht verlangt regelmässig, dass die Holding als Gruppe angemessen organisiert ist, die in ihrer gesamten Geschäftstätigkeit auftretenden Risiken angemessen erfasst, durch Personen geleitet wird, welche Gewähr für eine einwandfreie Geschäftstätigkeit bieten, sowie Eigenmittel- und Risikoverteilungsvorschriften auf konsolidierter Basis erfüllt. Da sich durch eine Umstrukturierung die Grundlagen (insb. Konsolidierungskreis) der entsprechenden Verfügung wesentlich ändern und dadurch die Erfüllung deren Anforderungen gefährdet werden könnte (z.B. Solvabilitätsanforderungen), ist die Gesellschaft verpflichtet, dem BPV alle Auskünfte zu erteilen und Unterlagen zur Verfügung zu stellen, welche zur Durchsetzung der konsolidierten Beaufsichtigung benötigt werden. Es ist nicht auszuschliessen, dass das BPV alsdann dieselben aufsichtsrechtlichen Voraussetzungen verlangt wie bei der Umstrukturierung von Versicherungsunternehmen (vgl. N 25 ff., N 86 ff. und N 120 ff.).

bb) Neues Versicherungsaufsichtsgesetz

21 Mit Inkrafttreten des revidierten Versicherungsaufsichtsgesetzes unterstehen Versicherungsgruppen und –konglomerate einer konsolidierten Aufsicht (Art. 2 Abs. 1 lit. d E VAG; vgl. Botschaft VAG 2003, 3834). Dennoch fallen Umstrukturierungen, an denen

diese Rechtsträger beteiligt sind, **nicht unter das Bewilligungserfordernis** nach Art. 3 Abs. 2 E VAG, weil sie nicht als Versicherungsunternehmen gelten (Art. 3 Abs. 1 E VAG; vgl. N 14 f.).

Indessen wird unter dem neuen Regime in solchen Fällen eine Mitteilungspflicht an die Aufsichtsbehörde bestehen. Denn solche Umstrukturierungen führen regelmässig dazu, dass die Beteiligungen an den Versicherungsunternehmen indirekt ändern. Die Aufsichtsbehörde kann alsdann eine solche Beteiligungsänderung infolge Umstrukturierung untersagen oder an bestimmte Bedingungen knüpfen, wenn die Interessen der Versicherten gefährdet erscheinen (vgl. Art. 21 Abs. 2–4 E VAG bzw. Botschaft VAG 2003, 3817 und 3881). Ausserdem muss die Aufsichtsbehörde im Rahmen der Gruppen- bzw. Konglomeratsaufsicht prüfen, ob die Anforderungen an die Gewähr für eine einwandfreie Geschäftstätigkeit (Art. 65 und 73 E VAG), die Risikoüberwachung (Art. 66 und 74 E VAG) und die Eigenmittel (Art. 67 und 75 E VAG) auch nach der Umstrukturierung noch erfüllt werden. Zu diesem Zweck hat die Aufsichtsbehörde «ohne Einschränkung Zugriff auf alle aufsichtsrelevanten Informationen und Unterlagen» (Botschaft VAG 2003, 3836; vgl. Art. 69 E VAG). Die unterstellten Gesellschaften haben entsprechende Auskunftspflichten, und zwar nicht nur für Versicherungsunternehmen, sondern auch für branchenfremde Gesellschaften. Denn bei der Gruppen- und Konglomeratsaufsicht geht es darum zu verhindern, dass die Solvenz eines Versicherungsunternehmens durch gruppeninterne Abhängigkeiten und Verpflichtungen gefährdet wird. Insofern werden wohl in der Praxis die aufsichtsrechtlichen Voraussetzungen für Umstrukturierungen von Versicherungsunternehmen analog auf Umstrukturierungen von Versicherungsgruppen und -konglomerate angewendet werden (vgl. N 25 ff., N 86 ff. und N 120 ff.). 22

b) Krankenkassen

Nicht berücksichtigt von Art. 9a VAG werden Umstrukturierungen von Krankenkassen. Die anerkannten Krankenkassen sind in Bezug auf die soziale Krankenversicherung von der Aufsicht gemäss VAG ausgenommen (Art. 21 des Bundesgesetzes über die Krankenversicherung vom 18.3.1994 [KVG], SR 832.10). Krankenkassen unterstehen primär der Aufsicht des Bundesamtes für Gesundheit. Wenn eine Krankenkasse Zusatzversicherungen betreibt, untersteht sie für den Zusatzversicherungsbereich zusätzlich der Aufsicht gemäss VAG (Art. 21 Abs. 2 KVG). Bei Fusionen unter Krankenkassen bzw. solche zwischen Krankenkassen und Versicherungsunternehmen muss die Aufsichtsbehörde mit dem Bundesamt für Gesundheit zusammenarbeiten (BPV, Amtsbericht 1998, E 25). 23

c) Vorsorgeeinrichtungen

Werden Vorsorgeeinrichtungen umstrukturiert, die der Aufsicht gemäss Art. 61 ff. BVG unterstellt sind (Art. 2 lit. i FusG; Handkommentar FusG-REICH, Art. 2 N 13; 98% der Vorsorgeeinrichtungen haben die Rechtsform der Stiftung gewählt; vgl. dazu Handkommentar FusG-PERROULAZ, Vorbem. zu Art. 88–96 N 4), gelten Art. 88 ff. FusG und die vorsorgerechtlichen Bestimmungen des BVG (Handkommentar FusG-PERROULAZ, Art. 88 N 14; vgl. Komm. zu Art. 88 ff. FusG). 24

III. Fusionen von Versicherungsunternehmen: Aufsichtsrechtliche Voraussetzungen

1. Fusionsbegriff

25 Fusion bedeutet, dass zwei oder mehrere Gesellschaften gestützt auf einen Fusionsvertrag durch Vermögensübertragung ohne Liquidation vereinigt werden. Die gesamten Aktiven (z.B. Kapitalanlagen oder Beteiligungen an Versicherungsunternehmen) und Passiven (z.B. versicherungstechnische Rückstellungen) der übertragenden Gesellschaften (vgl. dazu VON SALIS-LÜTOLF; 8, KLÄY, 192 f.), also derjenigen Gesellschaften, welche mit der Fusion aufgelöst und im Handelsregister gelöscht werden (Art. 3 Abs. 2 FusG), gehen gemäss Art. 22 FusG auf dem Weg der Universalsukzession auf die übernehmende Gesellschaft über (Handkommentar FusG-PASSADELIS, Art. 22 N 5; VON SALIS-LÜTOLF, 11). Ebenso gehen allfällige Versicherungsverträge von Gesetzes wegen über, ohne dass den Versicherten ein Kündigungsrecht zusteht (BPV, Amtsbericht 1996, 18; ISLER/VON SALIS-LÜTOLF, 24). Gesellschafter der übertragenden Gesellschaft erhalten Anteils- oder Mitgliedschaftsrechte an der übernehmenden Gesellschaft (Art. 7 FusG; ISLER/VON SALIS-LÜTOLF, 14 f.; GLANZMANN, 139 ff.).

2. Zulässigkeit

26 Nach Art. 9a VAG bedürfen Fusionen von Versicherungsunternehmen der **Genehmigung** durch die Aufsichtsbehörde, also zurzeit gemäss Art. 43 Abs. 1 VAG durch das BPV. Unter dem neuen Versicherungsaufsichtgesetz ist eine Bewilligung der Aufsichtsbehörde erforderlich (Art. 3 Abs. 2 E VAG).

27 Fusionen von Versicherungsunternehmen sind aufsichtsrechtlich zulässig, wenn gewisse **Schranken** beachtet werden. Schranken ergeben sich einmal aus den Anforderungen zur Aufrechterhaltung des Geschäftsbetriebs (z.B. Art. 10 ff. VAG; Nachweis des Sicherungsfonds, Solvabilitätsspanne etc.). Zudem muss die Fusion vereinbar sein mit dem Zweckgedanken des Versicherungsaufsichtsrechts, das hauptsächlich der Schutz der Versicherten vor den Folgen einer Insolvenz der Versicherungsunternehmen und vor Missbräuchen sowie die Wahrung eines ordnungsmässig funktionierenden Versicherungswesens bezweckt (GEY, 131; NOBEL, § 13 N 7; Botschaft VAG 1976, 892 f.; BGE 114 Ib 248; vgl. auch AmtlBull StR 2003, 1222). Aufgrund des **Prinzips der materiellen Staatsaufsicht** im Versicherungswesen wird die Aufsichtsbehörde im Genehmigungsverfahren umfassende Kompetenzen wahrnehmen. Die Aufsichtsbehörde kann sogar «jederzeit, wenn die Wahrung der Interessen der Versicherten dies erfordert, materiell auf den Betrieb einer Versicherungseinrichtung Einfluss nehmen» (Botschaft VAG 1976, 884; Botschaft VAG 2003, 3793; vgl. APPENZELLER, Rz 20 f.; MAURER, 114, NOBEL, § 13 N 10; BGE 110 Ib 77). Dies hat in der Vergangenheit auch schon dazu geführt, dass das BPV eine Änderung der transaktionsspezifischen Dokumente verlangte (z.B. eine bestimmte Vertragsklausel zum Schutz der Versicherten).

28 Zusätzlich ist es für die Genehmigung nach Art. 9a VAG unerlässlich, der Aufsichtsbehörde alle **Informationen und Unterlagen** (vgl. N 40 ff.) zuzustellen, damit es die nötigen Prüfungen vornehmen kann (BPV, Amtsbericht 1997, E 21).

a) Geltungsbereich

29 Das Genehmigungserfordernis von Art. 9a VAG ist nur auf Fusionen anwendbar, an denen aufsichtspflichtige Versicherungsunternehmen beteiligt sind (vgl. zum allgemeinen Anwendungsbereich von Art. 9a VAG, N 14 ff.). Fusionen zwischen einem aufsichts-

pflichtigen Versicherungsunternehmen und einem versicherungsfremden Unternehmen fallen grundsätzlich nicht unter Art. 9a VAG. Immerhin ist in diesen Fällen dreierlei zu präzisieren.

Ist der übertragende Rechtsträger das aufsichtspflichtige Versicherungsunternehmen, fällt die **Betriebsbewilligung** – da nicht übertragbar (Botschaft VAG 2003, 3810; FORSTMOSER/MEIER-HAYOZ/NOBEL, § 57 N 45; HÄFELIN/MÜLLER, N 2533; TSCHÄNI, M&A-Transaktionen, 477) – dahin, und der übernehmende Rechtsträger, sofern er als versicherungsfremdes Unternehmen gilt, muss ein neues Bewilligungsgesuch zum Betrieb eines Versicherungsgeschäftes nach Art. 7 VAG einholen. Eine Genehmigung nach Art. 9a VAG erübrigt sich wohl in diesen Fällen, da die Gewährung einer Betriebsbewilligung strengere Anforderungen voraussetzt als die Genehmigung nach Art. 9a VAG. Gleich verhält es sich regelmässig bei Kombinationsfusionen (zum Begriff, Art. 3 Abs. 1 lit. b FusG), bei denen sich zwei Versicherungsunternehmen zu einer neuen Gesellschaft zusammenschliessen. 30

Wird ein versicherungsfremdes Unternehmen in ein aufsichtspflichtiges Versicherungsunternehmen fusioniert, ist eine **Bewilligung zum indirekten Betrieb eines versicherungsfremden Geschäftes** erforderlich (Art. 3 und 6 V über den Betrieb versicherungsfremder Geschäfte durch die privaten Versicherungseinrichtungen). Denn eine solche Fusion ist mit dem Erwerb einer Beteiligung an einem versicherungsfremden Geschäft gleichzusetzen (vgl. N 33 und 37 f.). 31

Ein Spezialfall stellt die Fusion von zwei **strategischen Holdinggesellschaften** (zum Begriff N 11) dar. Obwohl nicht vom Anwendungsbereich von Art. 9a VAG erfasst, werden die aufsichtsrechtlichen Voraussetzungen wohl analog angewendet (vgl. dazu N 21 f.). 32

b) Zulässige Fusionsvorgänge

aa) Fusionen von aufsichtspflichtigen Versicherungsunternehmen

Die Fusion zwischen zwei oder mehreren aufsichtspflichtigen Versicherungsunternehmen, also Rechtsträger, welche direkt im Versicherungsgeschäft tätig sind (Art. 3 VAG), ist zulässig, wenn die aufsichtsrechtlichen Voraussetzungen erfüllt werden. 33

Schranken ergeben sich daraus, dass gewisse Fusionsvorgänge aufsichtsrechtlich nicht möglich (z.B. Gebot der Spartentrennung, vgl. N 35) sind bzw. besondere Bewilligungen (vgl. N 38 und N 53 ff.) benötigen. Ein Versicherungsunternehmen darf grundsätzlich nur mit Gesellschaften fusionieren, die als aufsichtspflichtige Versicherungsunternehmen im Sinne von Art. 3 Abs. 1 VAG qualifizieren. Denn Versicherungsunternehmen, die der Aufsicht unterstehen, dürfen keine versicherungsfremden Geschäfte betreiben (N 37 ff.; Art. 12 Abs. 1 VAG i.V.m. der V über den Betrieb versicherungsfremder Geschäfte durch die privaten Versicherungseinrichtungen; MAURER, 110; KUHN/MÜLLER-STUDER/ECKERT, 57). 34

bb) Gebot der Spartentrennung

Lebensversicherer müssen zudem das Gebot der Spartentrennung gemäss Art. 13 Abs. 1 VAG beachten (NOBEL, § 13 N 11; das Gebot der Spartentrennung wird in der Praxis häufig dadurch relativiert, dass die beiden Bereiche gemeinsame Vertriebskanäle benutzen; vgl. dazu MÄCHLER-ERNE, 121). Danach dürfen Lebensversicherer neben der direkten Lebensversicherung keine weiteren Versicherungszweige betreiben, ausgenommen davon sind nur die Invaliditäts-, die Unfalltod- und die Krankenzusatzversicherung 35 sowie die Kranken- und Invaliditätsversicherung. Mit dieser Spartentrennung soll der höheren Schutzbedürftigkeit der Versicherten im Lebensversicherungsbereich Rechnung getragen werden. In dieser Sparte können die Risiken mathematisch genau mit Hilfe von Sterbetafeln ermittelt werden. Im Nichtlebensversicherungsgeschäft lassen sich indessen die Risiken kaum kalkulieren, weil sich der Eintritt der versicherten Ereignisse (z.B. Hochwasser, Unfälle, etc) nicht berechnen lässt (NOBEL, § 13 N 11).

36 Sowohl die Einschränkungen zum Betrieb versicherungsfremder Geschäfte als auch das Gebot der Spartentrennung sind Ausfluss des Schutzgedankens des Aufsichtsrechtes, wonach die finanziellen Mittel des Versicherungsunternehmens vor Entfremdung für versicherungsfremde Zwecke zu schützen sind (MAURER, 110).

cc) Fusion mit versicherungsfremden Unternehmen

37 Nur ausnahmsweise kann ein Versicherungsunternehmen mit einem Rechtsträger fusionieren, der über keine Bewilligung zum Betrieb des Versicherungsgeschäftes verfügt, also als versicherungsfremdes Unternehmen qualifiziert (vgl. V über den Betrieb versicherungsfremder Geschäfte durch die privaten Versicherungseinrichtungen).

38 Die Fusion zwischen einem aufsichtspflichtigen Versicherungsunternehmen als übernehmender Rechtsträger und einem versicherungsfremden Unternehmen als übertragender Rechtsträger ist nur dann zulässig, wenn das aufsichtspflichtige Versicherungsunternehmen eine spezielle Bewilligung der Aufsichtsbehörde erhält. Auf besonderes Gesuch erteilt die Aufsichtsbehörde eine solche Bewilligung, wenn Art und Umfang dieser Tätigkeit nicht die Interessen der Versicherten gefährden (Art. 3, 4 und 6 der V über den Betrieb versicherungsfremder Geschäfte durch die privaten Versicherungseinrichtungen). Dabei wird die Aufsichtsbehörde das gesamte versicherungsfremde Geschäft des übertragenden Rechtsträgers beurteilen und den Zweckgedanken der entsprechenden Bestimmungen beachten (vgl. Art. 12 VAG). Mit dem Verbot von versicherungsfremden Geschäften sollen vor allem die Interessen der Versicherten geschützt werden. Diese Interessen werden dadurch gefährdet, dass allenfalls die Solvenz der betroffenen Versicherungsunternehmen beeinträchtigt wird und somit die Ansprüche der Versicherten gefährdet werden (MAURER, 111). Als versicherungsfremd gelten zum Beispiel Bankgeschäfte sowie der Betrieb von Anlagegesellschaften und Anlagefonds (MAURER, 111; KUHN/MÜLLER-STUDER/ECKERT, 57). Versicherungsfremde Geschäfte, die einer speziellen Bewilligung unterstehen, sind auch Beteiligungen an versicherungsfremden Unternehmen, soweit sie bestimmte Schwellen überschreiten (vgl. Art. 4 der V über den Betrieb versicherungsfremder Geschäfte durch die privaten Versicherungseinrichtungen).

39 Wenn zwei aufsichtspflichtige Versicherungsunternehmen fusionieren und derjenige Rechtsträger untergeht, der über eine Bewilligung zum Betrieb eines versicherungsfremden Unternehmens verfügt, bewirkt die Fusion keinen automatischen Übergang dieser Bewilligung (Botschaft VAG 2003, 3810). Vielmehr muss der übernehmende Rechtsträger neben einer Genehmigung nach Art. 9a VAG um eine neue Bewilligung nachsuchen.

3. Informationen an die Aufsichtsbehörde

40 Das BPV muss über die geplante Fusion rechtzeitig informiert werden. Dem BPV sind sämtliche Informationen und Unterlagen einzureichen, die es im Hinblick auf seinen Genehmigungsentscheid benötigt.

a) Zeitpunkt

Unter dem bisherigen Recht verlangte das BPV, dass die beteiligten Versicherungsunternehmen noch **vor Unterzeichnung** des Fusionsvertrages den Vertragsentwurf sowie die Fusionsbilanz einreichen (BPV, Amtsbericht 1997, E 21). Dies musste beim Timing und Strukturierung der Fusion beachtet werden.

Es fragt sich, ob diese Praxis unter dem neuen Fusionsgesetz aufrechterhalten werden kann. Nach Art. 9a VAG muss eine Fusion vom BPV genehmigt werden. Vom **Wortlaut** dieser Bestimmung lässt sich nicht ableiten, bis wann welche Informationen dem BPV einzureichen sind. In den Materialien finden sich ebenso wenig sachdienliche Hinweise. Es rechtfertigt sich deshalb, vergleichbare Umstrukturierungstatbestände des Fusionsgesetzes herbeizuziehen.

Bei den Stiftungsfusionen (Art. 83 FusG) und **Fusionen von Vorsorgeeinrichtungen** (Art. 95 FusG) sind auch Genehmigungen der zuständigen Aufsichtsbehörden erforderlich (Handkommentar FusG-BERNI/ROBERTO, Art. 83 N 4; Handkommentar FusG-FURRER, Art. 95 N 4; ZWICKER, Besondere Regeln, ZSR 2004 I 185 und 189). Die transaktionsspezifischen Dokumente (wie z.B. Fusionsvertrag, Fusionsbericht etc.) müssen nach deren Abschluss unterbreitet werden.

Diese **systematische Betrachtungsweise** lässt meines Erachtens den Schluss zu, dass die fusionierenden Versicherungsunternehmen die erforderlichen Dokumente erst nach Unterzeichnung dem BPV einreichen müssen. Gleichwohl sind die Beteiligten gut beraten, die transaktionsspezifischen Dokumente in **Entwurfsform** zur Prüfung einzureichen. Dies vor allem dann, wenn der Fusionsvertrag einer Generalversammlung zur Beschlussfassung zu unterbreiten ist, also wenn die Voraussetzungen für eine erleichterte Fusion gemäss Art. 23 Abs. 1 lit. a FusG nicht erfüllt sind. Denn in solchen Fällen besteht das Risiko, dass das BPV im Rahmen des Genehmigungsverfahrens und seiner umfassenden materiellen Aufsicht (vgl. N 27) Änderungen oder Ergänzungen an Fusionsdokumenten verlangt. Diesfalls muss allenfalls das Einsichtsverfahren gemäss Art. 16 FusG wiederholt werden. Ebenso müsste das Fusionsverfahren einschliesslich die Einberufung der Generalversammlung unter Umständen neu durchgeführt werden.

Auch **nach Vollzug** der Fusion muss der übernehmende Rechtsträger gewisse Informationspflichten befolgen, die sich aus seiner Berichterstattungspflicht ergeben. Gemäss Art. 22 Abs. 1 VAG müssen die Versicherungsunternehmen dem BPV jährlich bis zum 30. Juni einen Bericht über das abgelaufene Geschäftsjahr einreichen. Mit der Fusion wird das übertragende Versicherungsunternehmen aufgelöst und im Handelsregister gelöscht (Art. 3 Abs. 2 FusG). Folglich fällt auch die Berichterstattung als selbständiges Rechtssubjekt dahin. Das übernehmende Versicherungsunternehmen hat deshalb in seiner Berichterstattung gemäss Art. 22 VAG das Gesamtgeschäft der beiden involvierten Versicherungsunternehmen abzudecken.

b) Inhalt

Dem BPV sind diejenigen Informationen und Unterlagen einzureichen, welche das BPV für die Prüfung der Fusion und den Genehmigungsentscheid benötigt. Die beteiligten Gesellschaften müssen deshalb das BPV über die geplante Fusion und deren Auswirkungen informieren. Diese Angaben finden sich in den **Fusionsdokumenten**: Fusionsvertrag, Fusionsbilanz, Fusionsbericht und Prüfungsbericht (Art. 16 Abs. 1 FusG analog) (Handkommentar FusG-COMBŒUF, Art. 16 N 5 ff.). Die Jahresrechnungen und Jahresberichte der letzten drei Geschäftsjahre (vgl. Art. 16 Abs. 1 lit. d FusG) sind wohl nicht nötig, da die Versicherungsunternehmen diese Dokumente im Rahmen ihrer or-

Art. 9a VAG 47–53   10. Kapitel: Schlussbestimmungen

dentlichen Berichterstattung bereits dem BPV einreichen (Art. 21 ff. VAG; Botschaft VAG 1976, 907 f.). Ganz allgemein wird das BPV auch die übrigen, ihm bereits vorliegenden Unterlagen der beteiligten Versicherungsunternehmen konsultieren (insb. die Geschäftspläne), um die Struktur des betroffenen Versicherungsbestandes und Auswirkungen der Fusion auf das übertragende und übernehmende Versicherungsunternehmen besser beurteilen zu können (BPV, Amtsbericht 1997, E 23).

47   Der übertragende Rechtsträger muss seine Versicherten mit einem **Kundeninformationsschreiben** über die Fusion orientieren (N 82 ff.). Dieses Schreiben muss vorgängig dem BPV im Entwurf zur Prüfung zugestellt werden. Das BPV verlangt auch Informationen über den beabsichtigten Umgang mit Kündigungsbegehren von Versicherten (N 63 ff.; BPV, Amtsbericht 1997, E 22).

48   Hat die Fusion beim übernehmenden Versicherungsunternehmen eine Statutenänderung zur Folge (z.B. Kapitalerhöhung zur Schaffung der nötigen Aktien, Zweckänderung, etc.), müssen die **Statuten** ebenfalls dem BPV eingereicht werden. Denn die Statuten gehören zum genehmigungspflichtigen Teil des Geschäftsplans, weshalb deren Änderung der Zustimmung des BPV bedarf (Art. 19 VAG i.V.m. Art. 26 Abs. 1 SchVV und Art. 8 Abs. 1 lit. d VAG; MAURER, 109 f.). Gleiches gilt, wenn weitere genehmigungspflichtige Teile des **Geschäftsplanes** infolge der Fusion geändert werden (Art. 19 VAG i.V.m. Art. 26 SchVV).

49   Wenn die Fusion rechtswirksam wird (vgl. Art. 22 FusG), muss die übertragende Gesellschaft den Nachweis der durchgeführten Fusion erbringen; dies erfolgt dadurch, dass dem BPV die Kopie von **Auszügen aus dem Handelsregister** oder der entsprechenden Publikation im SHAB für die an der Fusion beteiligten Versicherungsunternehmen zugestellt wird (BPV, Amtsbericht 1997, E 24).

50   Im Übrigen sind aufgrund der **materiellen Aufsicht** (N 27) gemäss Art. 17 VAG und der Auskunftspflicht gemäss Art. 23 VAG dem BPV alle weiteren Informationen und Unterlagen herauszugeben, die es anfordert.

4. Prüfung durch die Aufsichtsbehörde

51   Die Fusion muss von der Aufsichtsbehörde, also dem BPV, genehmigt werden, sofern die Fusion in den Anwendungsbereich von Art. 9a VAG fällt (vgl. N 14 ff.). Die Genehmigung durch das BPV soll sicherstellen, dass die Voraussetzungen der Fusion **in aufsichtsrechtlicher Hinsicht**, insbesondere die Wahrung des Schutzes der Versicherten (N 5 ff.), erfüllt sind.

a) Bewilligungen des BPV

52   Wenn Versicherungsunternehmen, denen das BPV eine **Bewilligung zum Betrieb** von Versicherungsgeschäften bzw. zum Betrieb von versicherungsfremden Geschäften erteilt hat, fusionieren, werden die erteilten Bewilligungen nicht automatisch auf den übernehmenden Rechtsträger übertragen (FORSTMOSER/MEIER-HAYOZ/NOBEL, § 57 N 45; HÄFELIN/MÜLLER, N 2533; TSCHÄNI, M&A-Transaktionen, 477; vgl. auch Botschaft VAG 2003, 3810). Denn solche Polizeibewilligungen sind an die Person des Bewilligungsnehmers gebunden und deshalb nicht übertragbar (HÄFELIN/MÜLLER, N 2533).

53   Das BPV prüft, ob der übernehmende Rechtsträger über die Bewilligung zum Geschäftsbetrieb in sämtlichen **Versicherungszweigen** verfügt, welche vom übertragenden Rechtsträger betrieben wurden (BPV, Amtsbericht 1997, E 22). Die Notwendigkeit die-

ser Prüfung ergibt sich daraus, dass das Versicherungsgeschäft nur ein Rechtsträger betreiben darf, wenn er dafür die erforderliche Bewilligung hat. Eine Bewilligung ist für jeden einzelnen Versicherungszweig erforderlich (Art. 7 Abs. 1 VAG). Ohne eine entsprechende Bewilligung ist es untersagt, Versicherungsgeschäfte zu betreiben (Art. 50 VAG).

Im **Lebensversicherungsbereich** gibt es die folgenden Versicherungszweige (vgl. Anhang zur LeVV): 1. Lebensversicherung (Kapitalversicherung auf den Erlebens- und Todesfall, Rentenversicherungen, Zusatzversicherungen für Unfalltod, Krankheit und Invalidität), 2. Heiratsversicherung, Geburtenversicherung, 3. anteilgebundene Lebensversicherung, 4. Krankenversicherung (einschl. Versicherung gegen Invalidität). In der **Schadenversicherung** gibt es ebenfalls zahlreiche Versicherungszweige (vgl. dazu Anhang 1 SchVV).

Fusioniert beispielsweise ein Lebensversicherer (als übertragende Gesellschaft), der über eine Bewilligung zum Betrieb aller Versicherungszweige gemäss Anhang zur LeVV verfügt, mit einem Lebensversicherer (als übernehmende Gesellschaft), der nur die Lebensversicherung betreiben darf, hat der übernehmende Lebensversicherer nicht eine Bewilligung für jeden einzelnen Versicherungszweig.

In diesen Fällen muss das übernehmende Versicherungsunternehmen um eine **Bewilligung für den Betrieb eines zusätzlichen Versicherungszweiges** nachsuchen, für den es bisher keine Bewilligung hatte. Dieses Versicherungsunternehmen hat dem BPV zuhanden des Eidg. Finanzdepartementes ein Gesuch um Erteilung der Bewilligung zum Betrieb eines oder mehrerer zusätzlicher Versicherungszweige einzureichen (zu den Voraussetzungen vgl. Merkblätter des BPV betreffend «Voraussetzungen zum Betrieb zusätzlicher Versicherungszweige – Lebensversicherungen» unter <http://www.bpv.admin.ch/de/pdf/ADD_L_D_07–03.pdf> und «Voraussetzungen zum Betrieb zusätzlicher Versicherungszweige – Schadenversicherung» unter <http://www.bpv.admin.ch/de/pdf/ADD_NL_D_07–03.pdf>). Die Bewilligung muss erteilt werden, wenn der Gesuchsteller die gesetzlich festgelegten Voraussetzungen erfüllt (HÄFELIN/MÜLLER, N 2534). Vorausgesetzt ist einmal, dass der Betrieb des neuen Versicherungszweiges mit dem statutarischen Zweck vereinbar ist, andernfalls eine Statutenrevision erforderlich ist. Der Gesuchsteller hat sodann dem Gesuch ein Budget für die ersten drei Jahre beizulegen. Das BPV kann sodann je nach Bedeutung des neuen Versicherungszweiges für das übernehmende Versicherungsunternehmen die Bewilligung davon abhängig machen, dass höhere Anforderungen an das Mindestkapital, den Mindestgarantiefonds und den Organisationsfonds erfüllt werden (vgl. Art. 3, 4 und 5 SchVG für Schadenversicherer sowie Art. 4, 5 und 6 LeVG für Lebensversicherer).

Sollte der übertragende Rechtsträger eine Bewilligung zum Betrieb versicherungsfremder Geschäfte haben, würde sie mit Vollzug der Fusion ebenfalls dahinfallen. Folglich müsste ein neues Gesuch eingereicht werden. Das BPV prüft dann, ob die Interessen der Versicherten durch die Fusion gefährdet werden (N 39).

b) Wahrung der Interessen der Versicherten und der öffentlichen Ordnung

Die Versicherungsaufsicht bezweckt vor allem die **Wahrung der Versicherteninteressen** (vgl. Botschaft VAG 1976, 892) und der öffentlichen Ordnung (Botschaft VAG 1976, 892 f.). Im Rahmen der materiellen Aufsicht kann das BPV den gesamten Geschäftsbetrieb des fusionierten Gebildes und die Auswirkungen der Fusion auf die Versicherten und die öffentlichen Interessen prüfen (Art. 17 Abs. 1 VAG), soweit dies im

Hinblick auf den Schutzzweck notwendig und gerechtfertigt ist (N 27 ff.; Botschaft VAG 2003, 3793; Botschaft VAG 1976, 884; MAURER, 114).

59 Das BPV wird somit abklären, ob die Versicherten des übernehmenden und des übertragenden Rechtsträgers nach Vollzug der Fusion geschützt sind vor «technischer und finanzieller Insuffizienz und Insolvenz» des übernehmenden Versicherungsunternehmens, vor zu hohen Prämienbelastungen und vor widerrechtlichen Versicherungsbedingungen (Botschaft VAG 1976, 892). Im Rahmen dieser Tätigkeit wird das BPV auch beurteilen, ob die **Solvenz und die Ansprüche der Versicherten** auf Leistungen des Versicherungsunternehmens sichergestellt sind, also ob das überlebende Versicherungsunternehmen jederzeit in der Lage ist, im Versicherungsfall seine finanziellen Verpflichtungen zu erfüllen (MAURER, 113).

60 Im Lebensversicherungsbereich wird sich die Prüfung des BPV regelmässig auch auf die Auswirkungen der Fusion auf die bestehenden **Sicherungsfonds** und/oder Überschussfonds beziehen (vgl. auch N 70). Die betroffenen Versicherten könnten benachteiligt werden, wenn die an der Fusion beteiligten Versicherungsunternehmen über unterschiedlich hohe Sicherungsfonds und/oder Überschussfonds verfügen (vgl. Art. 1 und 3 des Sicherstellungsgesetzes und Art. 15 ff. sowie Art. 49 l LeVV). Die Ansprüche der Versicherten des Versicherungsunternehmens mit dem höheren Sicherungsfonds und/oder Überschussfonds könnten dadurch vermindert werden, da das auf ihren Lebensversicherungsvertrag entfallende Einzeldeckungskapital (MAURER, 443) reduziert wird. Diesen Folgen kann zum Beispiel dadurch begegnet werden, dass die Sicherungsfonds als separate Fonds weiterbestehen (Art. 13 Abs. 2 und 3 LeVV; BPV, Amtsbericht 1997, E 23).

c) Prüfung der Fusion in privatrechtlicher Hinsicht

61 Das BPV prüft, ob eine Fusion vorliegt, die eine **Universalsukzession** zur Folge hat, und welche Rechte und Pflichten des übertragenden Rechtsträgers mittels Universalsukzession auf den übernehmenden Rechtsträger übergehen (BPV, Amtsbericht 1997, E 21). Hintergrund dieser Prüfung ist, dass ohne Vorliegen einer Universalsukzession für die Übertragung der Versicherungsverträge grundsätzlich das Bestandesübertragungsverfahren nach Art. 39 VAG anwendbar wäre (vgl. BPV, Amtsbericht 1992, 21 ff.; N 103 ff.). Bei Bestandesübertragungen müssen die Rechtsträger bis zum rechtskräftigen Abschluss des entsprechenden Verfahrens rechtlich getrennt bleiben.

62 Die Prüfung des BPV erstreckt sich ferner darauf, ob die Versicherungsverträge vom übertragenden Rechtsträger zum übernehmenden Rechtsträger inhaltlich unverändert übergehen. Dem können die beteiligten Versicherungsunternehmen dadurch entsprechen, dass der **Fusionsvertrag** eine entsprechende Bestimmung enthält oder die beteiligten Rechtsträger eine entsprechende schriftliche Erklärung gegenüber dem BPV abgeben (BPV, Amtsbericht 1997, E 22). Das BPV will dadurch vermeiden, dass die Fusion zum Anlass genommen wird, Versicherungsverträge einseitig ohne Einwilligung der Versicherungsnehmer abzuändern. Diese Prüfungshandlung leitet das BPV aus Art. 17 Abs. 2 i.V.m. Art. 1 VAG ab. Danach wacht die Aufsichtsbehörde darüber, dass das schweizerische Recht über das private Versicherungswesen beachtet wird, und schreitet gegen Missstände ein, welche die Interessen der Versicherten gefährden.

d) Kündigungsbegehren von Versicherten

63 Das BPV verlangt vom übernehmenden Rechtsträger Auskunft darüber, wie er mit Kündigungsbegehren der Versicherten umzugehen beabsichtigt. Obwohl aufgrund der Fu-

sion kein Kündigungsrecht entsteht (vgl. Botschaft VAG 2003, 3834), erwartet das BPV vom übernehmenden Rechtsträger eine schriftliche Erklärung darüber, dass er **Kündigungsbegehren akzeptiert** (bzw. die auf dem BPV eintreffenden Kündigungsbegehren beantwortet), die hinreichend begründet werden (BPV, Amtsbericht 1997, E 22 f.). In diesem Zusammenhang prüft das BPV auch, wie die Umsetzung dieser Erklärung gesellschaftsintern erfolgt (z.B. Weisungen an die Agenturen).

Mit diesem **faktischen Kündigungsrecht** sollen die Versicherten geschützt werden, wenn aus irgendwelchen Gründen das Vertrauensverhältnis zwischen dem übernehmenden Versicherungsunternehmen und den Versicherten des übertragenden Versicherungsunternehmens erschüttert wurde. War beispielsweise der Versicherte einmal beim übernehmenden Rechtsträger versichert und in diesem Zusammenhang in eine gerichtliche Auseinandersetzung bei der Erledigung eines Schadenfalles verwickelt, wäre eine Verweigerung des Kündigungsbegehrens durch den Versicherten gemäss Auffassung des BPV nicht verständlich (BPV, Amtsbericht 1997, E 22). Gleich verhält es sich, wenn der übernehmende Rechtsträger einen Versicherungsantrag des kündigenden Versicherten in der Vergangenheit abgelehnt hat (BPV, Amtsbericht 1992, 24).

Mit der Kündigung eines Versicherungsvertrages stellt sich die Frage nach dem **Schicksal der Prämien**. Das VVG statuiert den Grundsatz, wonach bei einseitiger Vertragsaufhebung der Anspruch des Versicherers auf die Prämie gewahrt bleibt (**Unteilbarkeit der Prämie**, Art. 25 VVG) (BSK VVG-FUHRER, Art. 25–27 N 56; MAURER, 291; im Entwurf zum neuen Versicherungsvertragsgesetz wird der Grundsatz der Unteilbarkeit der Prämie aufgegeben; vgl. Botschaft VAG 2003, 3856 f.). In diesem Fall könnte der Versicherungsnehmer die Prämie für die noch nicht abgelaufene Versicherungszeit nicht zurückfordern bzw. müsste die noch nicht entrichtete Prämie noch leisten. Meines Erachtens sollte der Grundsatz der Unteilbarkeit der Prämie bei Kündigungen im Zusammenhang mit Fusionen gelten. Denn dieses Kündigungsrecht ist gesetzlich nicht vorgesehen und entspricht bereits einem weitgehenden Entgegenkommen. Dies im Gegensatz zur freiwilligen Übertragung von Versicherungsbeständen, bei denen in Art. 39 Abs. 5 VAG explizit ein Kündigungsrecht vorgesehen ist und dieses gesetzlich eingeräumte Recht ausgehöhlt würde, wenn der Versicherungsnehmer gezwungen wäre, entweder auf die vorausbezahlten Prämien zu verzichten oder aber zunächst den Ablauf der vorausbezahlten Versicherungsperiode abzuwarten (BPV, Amtsbericht 1992, 32).

Wird ein Lebensversicherungsvertrag aufgelöst, stellt sich die Frage, ob der Versicherungsnehmer das **Deckungskapital** (also den auf jeden einzelnen Versicherten rechnungsmässig anfallenden Anteil am Gesamtdeckungskapital, d.h. das volle Deckungskapital zuzüglich angesammelter Überschussanteile) zurückfordern kann (Art. 36 Abs. 3 VVG; BSK VVG-SCHNYDER/GROLIMUND, Art. 36 N 20) oder der Versicherer die für den Rückkauf festgestellte Mindestleistung zu gewähren hat (Art. 25 Abs. 4 VVG; BSK VVG-FUHRER, Art. 25–27 N 84 ff.). Auch hier ist aufgrund des fehlenden gesetzlichen Kündigungsrechts eine Auslegung vorzuziehen, die vorstehend dargelegt wurde (N 65).

e) *Gebundenes Vermögen und Sicherungsfonds*

Zur Sicherstellung der Ansprüche aus Versicherungsverträgen bestehen sowohl in der Schadenversicherung (Art. 8–13 SchVG und Art. 13–17 SchVV) als auch in der Lebensversicherung (Art. 1 und 3 des Sicherstellungsgesetzes und Art. 15 ff. LeVV) bestimmte Rechtsinstitute (gebundenes Vermögen bzw. Sicherungsfonds).

In der **Schadenversicherung** erfolgt diese Sicherstellung in Form des gebundenen Vermögens. Damit soll die Sicherheit der Versicherten bei Insolvenz des Versicherers verstärkt werden. Das Versicherungsunternehmen muss dem BPV innerhalb dreier Monate nach Rechnungsabschluss den **Nachweis der Deckung des Sollbetrages** erbringen (Art. 13 Abs. 2 SchVV). In diesem Nachweis muss der Sollbetrag des gebundenen Vermögens und die dem gebundenen Vermögen zugeordneten Vermögensgegenstände einzeln mit ihren Werten aufgeführt werden. Der Sollbetrag muss jederzeit durch bestimmte, dem gebundenen Vermögen zugeordnete Vermögenswerte gedeckt sein (Art. 11 SchVG).

69 Wenn die Fusion per 1. Januar (Fusionszeitpunkt) erfolgt, erachtet es das BPV als zweckmässig, wenn der **Sollbetrag des gebundenen Vermögens** des übernehmenden Versicherungsunternehmens anstatt per 31. Dezember des Vorjahres (Art. 10 SchVG) auf den Fusionszeitpunkt (1. Januar) berechnet wird (BPV, Amtsbericht 1997, E 23). Der Sollbetrag enthält sämtliche Elemente des gebundenen Vermögens aus der Fusion. Der Sollbetrag muss dann binnen dreier Monaten nach dem 1. Januar dem BPV mitgeteilt werden (Art. 10 Abs. SchVG). Wenn eine Fusion während des Geschäftsjahres durchgeführt wird, sind in Bezug auf das gebundene Vermögen keine besonderen Vorkehrungen nötig. Vielmehr sind auf den nächsten Rechnungsabschluss die Zahlen des kombinierten Gebildes eingeschlossen.

70 Bei den **Lebensversicherern** ist zwar in Bezug auf den Sicherungsfonds ein analoges Vorgehen wie beim gebundenen Vermögen der Schadenversicherer denkbar. Die Besonderheiten der Lebensversicherung sind jedoch zu berücksichtigen. Im Lebensversicherungsbereich können verschiedene separate Sicherungsfonds bestehen (vgl. Art. 13 Abs. 2 und 3 LeVV). Im Falle einer Fusion müssen die involvierten Gesellschaften bzw. das BPV abklären, welche Sicherungsfonds des übertragenden Rechtsträgers mit denjenigen des übernehmenden Rechtsträgers zu verschmelzen sind und welche Sicherungsfonds separat weiterbestehen. Letzteres ist vor allem dann angezeigt, wenn die Ansprüche der Versicherten des einen Rechtsträgers durch die Fusion beeinträchtigt werden, weil der Sicherungsfonds des anderen Rechtsträgers bedeutend geringer ist (vgl. N 60).

f) Geschäftsplan

71 Hat die Fusion Änderungen von genehmigungspflichtigen Teilen des Geschäftsplanes zur Folge, muss das BPV diesen Änderungen zustimmen (Art. 19 VAG). Gleiches gilt bei Statutenänderungen des übernehmenden Rechtsträgers (Art. 8 Abs. 1 lit. d VAG i.V.m. Art. 26 Abs. 1 SchVV).

72 Selbst wenn die Fusion nicht zu den vorgenannten Änderungen führt, wird das BPV die möglichen Auswirkungen der Fusion auf den übernehmenden Rechtsträger anhand der ihm vorliegenden Geschäftspläne prüfen. Wenn das BPV aufgrund dieser Prüfungen der Auffassung ist, dass **negative Auswirkungen** möglich sind, wird das BPV mit dem übernehmenden Rechtsträger über die Notwendigkeit allfälliger Änderungen des Geschäftsplanes Gespräche führen und nötigenfalls entsprechende Massnahmen in die Wege leiten (BPV, Amtsbericht 1997, E 23). Begründet wird diese Prüfung mit der Gewährspflicht nach Art. 10 VAG, wonach Versicherungsunternehmen für Versicherte insbesondere in Bezug auf Solvenz, Organisation und Geschäftsführung die notwendige Garantie bieten müssen.

5. Antrag

73 Die an der Fusion beteiligten Versicherungsunternehmen haben beim BPV die Genehmigung der Fusion zu beantragen. Aus Praktikabilitätsgründen sollten die beteiligten Gesellschaften einen gemeinsamen Antrag stellen.

Im Antrag sollte schriftlich dargelegt werden, dass die aufsichtsrechtlichen Voraussetzungen für die Fusion erfüllt sind. Im Weiteren ist zu belegen (z.B. mit dem Prüfungsbericht gemäss Art. 15 FusG oder weiteren Unterlagen bezüglich der Einhaltung der Arbeitnehmerschutzvorschriften), dass die privatrechtlichen Voraussetzungen einschliesslich das erforderlich Verfahren (KLÄY, 207 ff.; SCHENKER, 780 ff.) beachtet werden. 74

Mit dem Antrag sind dem BPV der erforderlichen Informationen und Unterlagen einzureichen. Es empfiehlt sich sodann, dem Antrag die Protokolle mit den erforderlichen Organbeschlüssen (Zustimmung der obersten Verwaltungssorgane zum Fusionsvertrag) sowie die aktuellen Handelsregisterauszüge einzureichen. 75

6. Verfahren und Rechtsmittelweg

Das BPV erlässt seinen Genehmigungsentscheid in Form einer **Verfügung**. Im Rahmen des Verfügungsverfahrens hat das BPV die allgemeinen Rechtsgrundsätze des Verwaltungsrechts – insbesondere Gesetzmässigkeit, Gleichbehandlung, Verhältnismässigkeit und Anspruch auf rechtliches Gehör – zu beachten. 76

Gegen die Verfügung des BPV steht zunächst der behördliche Beschwerdeweg offen. Gemäss Art. 45a Abs. 1 VAG entscheidet die **Rekurskommission** für die Aufsicht über die Privatversicherung als Beschwerdeinstanz gegen Verfügungen des BPV. Ihre Entscheide unterliegen der Verwaltungsgerichtsbeschwerde an das **Bundesgericht** (MAURER, 134 ff.). 77

7. Auswirkungen auf den Fusionsvollzug

Die Genehmigung des BPV ist keine Voraussetzung zum Fusionsvollzug und muss auch nicht als Beleg dem Handelsregister eingereicht werden (Art. 105a HRegV). Das Handelsregisteramt hat somit nicht zu prüfen, ob die erforderliche Genehmigung gemäss Art. 9a VAG vorliegt. Es hat lediglich zu prüfen, ob die **nötigen Belege** vorliegen (Art. 105a HRegV) und die Fusion, d.h. mit Blick auf den *numerus clausus* der Fusionstatbestände, zulässig ist (Art. 105a lit. a HRegV). 78

Dennoch empfiehlt sich, die Fusion nur zu vollziehen, wenn das BPV oder die zuständige Rechtsmittelinstanz die Fusion genehmigt hat. 79

Die Fusion wird mit dem Handelsregistereintrag beim übernehmenden Versicherungsunternehmen **rechtswirksam**. Auf diesen Zeitpunkt gehen sämtliche Aktiven und Passiven des übertragenden Versicherungsunternehmens von Gesetzes wegen auf das übernehmende Versicherungsunternehmen über. Gleichzeitig wird das übertragende Versicherungsunternehmen aufgelöst und im Handelsregister gelöscht (Art. 3 Abs. 2 und Art. 21 Abs. 3 FusG). Für die Bestimmung des Zeitpunkts der Eintragung in das Handelsregister ist die Einschreibung in das Tagebuch massgebend (vgl. Art. 932 Abs. 2 OR). Der Tagebucheintrag ist jedoch bedingt, weil er der Genehmigung durch das Eidg. Handelsregisteramt bedarf. Liegt diese vor, entfaltet die Eintragung ihre Rechtswirkungen rückwirkend auf den Tag des Tagebucheintrages. Davon zu unterscheiden ist die Publizitätswirkung gegenüber Dritten, die erst mit der SHAB-Publikation eintritt (vgl. Art. 932 Abs. 2 OR). 80

Die Eintragung der Fusion ist im SHAB zu **publizieren** (Art. 931 OR). Sobald die Publikation erfolgt ist, löscht das Handelsregisteramt das übertragende Versicherungsunternehmen von Amtes wegen; befinden sich die beteiligten Versicherungsunternehmen nicht im selben Registerbezirk, so muss das Handelsregisteramt am Sitz des übernehmenden Versicherungsunternehmens das Handelsregisteramt am Sitz des übertragenden 81

Versicherungsunternehmens unter Beilage eines Handelsregisterauszugs unverzüglich über die Fusion informieren (Art. 105b Abs. 2 HRegV). Diese Regelung stellt sicher, dass das übertragende Versicherungsunternehmen nicht gelöscht wird, bevor die Fusion beim übernehmenden Versicherungsunternehmen eingetragen ist.

8. Information der Versicherten über die Fusion

82   Die Kunden des übertragenden Versicherers müssen über die bevorstehende Fusion schriftlich orientiert werden (**Kundeninformationsschreiben**). Das Kundeninformationsschreiben muss vorgängig dem BPV zur Prüfung in Entwurfsform eingereicht werden (N 47). Das BPV prüft, ob die Angaben im Kundeninformationsschreiben über die vertragsrechtlichen Folgen der Fusion (d.h. die Universalsukzession) korrekt sind. Zudem achtet das BPV darauf, ob das Kundeninformationsschreiben erwähnt, dass die Versicherungsverträge inhaltlich unverändert vom übertragenden zum übernehmenden Versicherungsunternehmen übergehen (BPV, Amtsbericht 1997, E 22).

83   Wenn das Kundeninformationsschreiben diese Angaben nicht enthält, empfiehlt das BPV entsprechende Ergänzungen. Diese Kompetenz leitet das BPV aus Art. 17 Abs. 2 VAG ab, wonach das BPV über die Einhaltung des schweizerischen Rechts über das private Versicherungswesen wacht.

84   Die Pflicht, die betroffenen Kunden zu informieren, ergibt sich auch aus dem Zweckgedanken des Fusionsgesetzes. Die Interessen der von der Fusion betroffenen Personen sind zu schützen (Art. 1 Abs. 2 FusG) (Botschaft, 4387). Dieser Schutz erfolgt präventiv, in dem die fusionierenden Rechtsträger verschiedene Prüfungs- und Informationspflichten zu erfüllen haben, und repressiv, indem den Berechtigten Anfechtungs- und Verantwortlichkeitsansprüche (Art. 106 ff. FusG) zukommen.

9. Staatsgebühr

85   Das übernehmende Versicherungsunternehmen ist verpflichtet, die Staatsgebühr des übertragenden Rechtsträgers für das letzte Geschäftsjahr zu zahlen. Mit der Universalsukzession gehen bekanntlich sämtliche Rechte und Pflichten auf den übernehmenden Rechtsträger über, einschliesslich der Pflicht zur Bezahlung der Staatsgebühr.

IV. Spaltung von Versicherungsunternehmen: Aufsichtsrechtliche Voraussetzungen

1. Spaltungsbegriff

86   Das Fusionsgesetz führt mit der Spaltung ein neues Rechtsinstitut ein. Die übertragende Gesellschaft überträgt Teile ihres Vermögens mittels Spaltung auf eine oder mehrere übernehmende Gesellschaften unter Wahrung der mitgliedschaftlichen Kontinuität (Botschaft, 4430; Handkommentar FusG-EPPER, Art. 29 N 1; KLÄY, 197 f.; MALACRIDA, 39 f.). Schon unter bisherigem Recht konnte ein solches Ergebnis erzielt werden, allerdings musste eine Spaltung umständlich in zwei Schritten durchgeführt werden (BÜCHI, 91 ff.; MALACRIDA, 40; WATTER/BÜCHI, 10 ff.).

87   Es gibt zwei Formen der Spaltung: die Aufspaltung (Art. 29 lit. a FusG) und die Abspaltung (Art. 29 lit. b FusG). Die zwei Spaltungsformen unterscheiden sich dadurch, dass mit der **Aufspaltung** die übertragende Gesellschaft ihr Vermögen mit allen Aktiven und Passiven auf zwei oder mehrere übernehmende Gesellschaften überträgt und infolgedessen als Rechtsperson aufgelöst sowie im Handelsregister gelöscht wird. Demgegenüber

scheidet bei der **Abspaltung** die übertragende Gesellschaft nicht ihr Gesamtvermögen, sondern nur einen Teil ihres Vermögens aus und überträgt dieses auf die übernehmenden Gesellschaften. Gemeinsam ist diesen beiden Spaltungsformen, dass die Gesellschafter der übertragenden Gesellschaft zu Gesellschaftern der übernehmenden Gesellschaft werden (Art. 29 FusG; Botschaft, 4430; MALACRIDA, 40 f.; vorbehalten bleibt die asymmetrische Abspaltung gemäss Art. 31 Abs. 2 lit. b FusG).

Die Spaltung kann entweder **symmetrisch** (Art. 31 Abs. 2 lit. a FusG) oder **asymmetrisch** (Art. 31 Abs. 2 lit. b FusG) durchgeführt werden. Bei der symmetrischen Auf- oder Abspaltung werden die Anteilsrechte der übernehmenden Gesellschaften den Gesellschaftern der übertragenden Gesellschaft *pro rata* ihrer bisherigen Beteiligung zugewiesen. Im Gegensatz dazu werden bei der asymmetrischen Auf- oder Abspaltung die Beteiligungsverhältnisse geändert, wobei sogar ein Ausschluss der Gesellschafter aus der übertragenden bzw. übernehmenden Gesellschaft möglich ist (zu den verschiedenen Varianten, Art. 31 FusG N 14 ff.; Handkommentar FusG-EPPER, Art. 31 N 15 ff.). 88

Je nach dem, ob das betroffene Vermögen mit Aktiven und Passiven auf bestehende oder neu zu gründende Gesellschaften übertragen wird, spricht man von «**Spaltung zur Übernahme**» oder «**Spaltung zur Neugründung**» (Botschaft, 4432). 89

2. Zulässigkeit

Spaltungen von Versicherungsunternehmen sind unter Beachtung bestimmter aufsichtsrechtlicher Schranken (vgl. N 27 f.) zulässig, dürfen aber gemäss Art. 9a VAG nur mit Genehmigung durch die Aufsichtsbehörde durchgeführt werden (vgl. zum Verfahren, N 73 ff. analog). Unter bisherigem Recht war die direkte Spaltung eines Versicherungsunternehmens nicht zulässig (MEIER-HAYOZ/FORSTMOSER, § 24 N 67). Vielmehr musste eine Spaltung in zwei Schritten vollzogen werden: Zuerst mussten die abzuspaltenden Vermögenswerte (einschliesslich der Versicherungsverträge mittels freiwilliger Übertragung des Versicherungsbestandes gemäss Art. 39 VAG, vgl. N 103 ff.) in eine Tochtergesellschaft ausgegliedert und danach die Aktien dieser Tochtergesellschaft an die Gesellschafter der Muttergesellschaft übertragen werden. Nur die Übertragung des schweizerischen Versicherungsbestandes bedurfte der Zustimmung der Aufsichtsbehörde (Art. 39 Abs. 1 VAG). 90

a) Geltungsbereich

Art. 9a VAG gilt nur, wenn ein **aufsichtspflichtiges Versicherungsunternehmen** auf- oder abgespalten wird (vgl. N 14 ff.). Dies unabhängig davon, ob der abzuspaltende Vermögensteil ein Versicherungsgeschäft oder ein versicherungsfremdes Geschäft betrifft. Spezialfragen ergeben sich bei **strategischen Holdinggesellschaften** (zum Begriff N 11). 91

Wenn ein Versicherungsunternehmen sein **versicherungsfremdes Geschäft** abspaltet (z.B. das Asset Management), ist das Genehmigungserfordernis gemäss Art. 9a VAG anwendbar. Das Genehmigungserfordernis lässt sich mit dem Schutz der Versicherten begründen. Mit der Spaltung wird Vermögen vom Versicherungsunternehmen auf eine Drittgesellschaft übertragen (wenn möglich aus steuerlichen Gründen zum Buchwert). Dies kann einen Einfluss auf die Solvenz des Versicherungsunternehmens haben und entzieht ihm zudem Haftungssubstrat. Dient der abzuspaltende Vermögensteil ausserdem der Sicherstellung der Ansprüche aus Versicherungsverträgen und ist damit Teil des Sicherungsfonds bzw. gebundenen Vermögens (vgl. Art. 1 Abs. 1 Sicherstellungsgesetz; Art. 8 Abs. 11 SchVG), ist das Schutzbedürfnis der Versicherten offensichtlich. 92

93 Handelt es sich um die Spaltung einer **strategischen Holdinggesellschaft** (zum Begriff N 11), ist Art. 9a VAG nicht unmittelbar anwendbar. Dennoch sind wohl die aufsichtsrechtlichen Voraussetzungen analog zu berücksichtigen (vgl. dazu N 21 f.). Unter dem neuen Versicherungsaufsichtgesetz wird wohl die Aufsichtsbehörde ihre Genehmigungskompetenz aufgrund von Art. 21 Abs. 4 E VAG und ihrer umfassenden materiellen Aufsichtskompetenz (APPENZELLER, Rz 31 FN 61) ableiten (N 22).

b) Zulässige Spaltungsvorgänge

aa) Aktiengesellschaften und Genossenschaften

94 Nach Art. 30 FusG können sich nur Kapitalgesellschaften und Genossenschaften in Kapitalgesellschaften und Genossenschaften spalten. Da das Versicherungsgeschäft nur Aktiengesellschaften und Genossenschaften betreiben können (Art. 11 VAG; Art. 7 E VAG; N 9), sind bei Spaltungen von Versicherungsunternehmen nur diese Rechtsformen zu berücksichtigen.

95 Zulässig ist zum Beispiel, dass sich eine Genossenschaft spaltet, in dem sie Teile ihres Vermögens oder ihr Gesamtvermögen auf eine oder mehrere Aktiengesellschaften überträgt. In solchen «rechtsformübergreifenden» Konstellationen, bei denen den Genossenschaftern gemäss Art. 31 FusG Aktien der übernehmenden Gesellschaft zugewiesen werden müssen, werden sich schwierige Fragen bei der Bestimmung der Ansprüche auf Zuteilung der Aktien stellen (vgl. N 127 ff.).

bb) Spaltung zur Übernahme

96 Bei der Spaltung zur Übernahme wird das Vermögen auf eine oder mehrere bestehende Gesellschaften übertragen. Die aufsichtsrechtlichen Voraussetzungen hängen davon ab, ob ein Versicherungsgeschäft oder ein versicherungsfremdes Geschäft ab- oder aufgespalten wird.

97 Wird ein **Versicherungsgeschäft** (einschliesslich der dazu gehörenden Versicherungsverträge) übertragen, haben sowohl die übertragende als auch die übernehmende Gesellschaft bestimmte aufsichtsrechtliche Voraussetzungen zu erfüllen. Die *übernehmende Gesellschaft* muss ein aufsichtspflichtiges Versicherungsunternehmen sein und bedarf für jeden Versicherungszweig, der mit dem Versicherungsgeschäft übertragen wird, einer Betriebsbewilligung (Art. 7 Abs. 1 VAG; vgl. N 53 ff.). Trifft dies nicht zu, muss die übernehmende Gesellschaft mit dem Antrag zur Genehmigung nach Art. 9a VAG auch ein Gesuch für die erforderlichen Bewilligungen stellen (Art. 8 VAG; N 110 f.; vgl. APPENZELLER, Rz 16 ff.). Ausserdem muss die übernehmende Gesellschaft – neben den übrigen gesetzlichen Erfordernissen (Art. 9 ff. VAG) – das Gebot der Spartentrennung beachten (Art. 13 Abs. 1 VAG; N 35), ansonsten die Aufsichtsbehörde die Genehmigung nicht erteilen wird. Für die Übertragung der Versicherungsverträge, die in der Schweiz zu erfüllen sind (sog. Versicherungsbestand) hat insbesondere die *übertragende Gesellschaft* die besonderen Voraussetzungen von Art. 39 VAG (Art. 60 E VAG) zu erfüllen (vgl. N 103 ff.). In diesem Zusammenhang ist somit zu beachten, dass sich der Übergang des Versicherungsbestandes nach Art. 39 VAG (Art. 60 E VAG) richtet. Art. 39 VAG ist *lex specialis* zu den spaltungsrechtlichen Bestimmungen im FusG (Art. 36 ff.).

98 Die Ab- oder Aufspaltung eines **versicherungsfremden Geschäftes** ist aus aufsichtsrechtlicher Sicht einfacher zu vollziehen. In diesen Fällen ist grundsätzlich nur eine Genehmigung nach Art. 9a VAG erforderlich. Nur wenn die übernehmende Gesellschaft ein Versicherungsunternehmen ist, muss sie zusätzlich eine Bewilligung zum Betrieb eines versicherungsfremden Geschäftes einholen (vgl. N 37 ff.).

cc) Spaltung zur Neugründung

Die Spaltung in eine neu zu gründende Gesellschaft wird als Spaltung zur Neugründung **99** bezeichnet. Die übernehmende Gesellschaft wird somit infolge der Spaltung neu gegründet. Es ist wie bei der Spaltung zur Übernahme zu unterscheiden, ob ein Versicherungsgeschäft oder ein versicherungsfremdes Geschäft ab- oder aufgespalten wird.

Bei der Abspaltung von **versicherungsfremden Geschäften** ergeben sich aufsichts- **100** rechtlich keine Besonderheiten. Anders verhält es sich, wenn ein **Versicherungsgeschäft** betroffen ist. Die neu zu gründende Gesellschaft muss eine Bewilligung zum Betrieb des Versicherungsgeschäftes bei der Aufsichtsbehörde beantragen (zum Verfahren und zu den Voraussetzungen, vgl. Art. 8 ff. VAG; vgl. auch N 110 f.). Für die Übertragung des Versicherungsbestandes gilt sodann dasselbe wie bei der Spaltung zur Übernahme (N 97).

3. Informationen an die Aufsichtsbehörde

Für die Informationen und Unterlagen, die der Aufsichtsbehörde im Hinblick auf ihren **101** Genehmigungsentscheid einzureichen sind, gelten dieselben Erfordernisse wie bei der Fusion (N 40–50).

4. Prüfung durch die Aufsichtsbehörde

Die Prüfungshandlungen der Aufsichtsbehörde entsprechen im Wesentlichen denjeni- **102** gen bei der Fusion (vgl. N 50–72; gleiches gilt für das Verfahren, N 73 ff.). Der Hauptunterschied bezieht sich auf die Übertragung des Versicherungsbestandes, also der Versicherungsverträge, die in der Schweiz zu erfüllen sind (Art. 39 VAG und Art. 60 E VAG). Während bei der Fusion alle Verträge von Gesetzes wegen auf den übernehmenden Rechtsträger übergehen (Art. 22 Abs. 1 FusG), werden bei der Spaltung nach wohl herrschender Ansicht die Vertragsverhältnisse nicht *qua* Gesetz übertragen (Art. 52 FusG), sondern bedürfen der Zustimmung der Vertragsgegenseite (Botschaft, 4445; KLÄY, 226 f.; WATTER/KÄGI, 235 ff.; a.M. BERETTA, 253; MALACRIDA, 60 f.; Handkommentar FusG-PASSADELIS, Art. 52 N 4). Für die Versicherungsverträge gilt m.E. die Spezialbestimmung von Art. 39 VAG (vgl. N 103 ff.).

5. Bestandesübertragung

Art. 39 VAG regelt die freiwillige Übertragung des schweizerischen Versicherungsbe- **103** standes (Art. 60 E VAG entspricht weitgehend dem geltenden Recht; vgl. Botschaft VAG 2003, 3833). Freiwillig ist eine Übertragung, wenn sie aufgrund einer vertraglichen Vereinbarung zwischen den beteiligten Versicherungsunternehmen erfolgt (Botschaft VAG 1976, 912). Art. 39 VAG ist eine spezialgesetzliche Vorschrift und geht m.E. den allgemeinen fusionsgesetzlichen Vorschriften vor. Nach Art. 39 Abs. 1 VAG ist eine Bewilligung durch das Eidgenössische Finanzdepartement erforderlich, wenn ein Versicherungsunternehmen seinen schweizerischen Versicherungsbestand gestützt auf eine vertragliche Vereinbarung (z.B. Spaltungsvertrag) ganz oder teilweise auf ein anderes Versicherungsunternehmen überträgt.

a) Normzweck von Art. 39 VAG

Die Übertragung des Versicherungsbestandes würde nach obligationenrechtlichen **104** Grundsätzen die Zustimmung der Versicherten erfordern (vgl. wegen der Schuldübernahme der Verpflichtung zur Versicherungsleistung; Botschaft VAG 1976, 912). Eine solche Bestandesübertragung wäre schwerfällig und aus praktischen Gründen kaum durchführbar. Der Gesetzgeber hat deshalb eine aufsichtsrechtliche Form der Bestandesübertragung geschaffen, um eine **rasche und effiziente Übertragung** von Versicherungsverträgen zu ermöglichen (BPV, Amtsbericht 1992, 22). Bei dieser öffentlichrechtlichen Bestandesübertragung gehen die Versicherungsverträge ohne Zustimmung der Versicherten über, da die Zustimmung der zuständigen Aufsichtsbehörde diejenige der Versicherten ersetzt (Botschaft VAG 1976, 912). Somit gehen bei einer Bestandesübertragung sämtliche Versicherungsverhältnisse des betreffenden Bestandes auf das übernehmende Versicherungsunternehmen als Rechtsnachfolger des übertragenden Versicherungsunternehmens über. Das übernehmende Versicherungsunternehmen «tritt in alle Rechte und Pflichten aus den Versicherungsverträgen ein, so insbesondere in die Ansprüche auf die Prämien und die Pflicht zur Leistung im Versicherungsfall wie auch in die der Versicherungseinrichtung zustehenden Kündigungs- und Rücktrittsrechte» (Botschaft VAG 1976, 912).

b) Anwendungsbereich

105   Art. 39 VAG wird angewendet, wenn ein Versicherungsunternehmen einen Teil oder alle Versicherungsverträge, die in der Schweiz zu erfüllen sind (Art. 27 VAG), auf eine andere Gesellschaft überträgt. Unerheblich ist, ob die übertragende Gesellschaft damit ihren Geschäftsbetrieb beendigt oder weiterführt. Die Bestandesübertragung kann sich auf einzelne oder mehrere Versicherungszweige oder nur auf eine einzelne Vertragskategorie innerhalb eines Versicherungszweiges (z.B. auf das Kollektiv-Versicherungsgeschäft) beschränken. Die übrigen Versicherungszweige oder Teile davon kann das übertragende Versicherungsunternehmen weiterführen (BPV, Amtsbericht 1992, 22).

c) Bewilligungspflicht

aa) Bewilligung

106   Die Übertragung des Versicherungsbestandes ist bewilligungspflichtig. Das **Eidgenössische Finanzdepartement** erteilt die Zustimmung nur, wenn die Interessen der Gesamtheit der Versicherten gewahrt sind (Art. 39 Abs. 3 VAG). Rechtlich handelt es sich bei dieser Bewilligung um eine Polizeibewilligung (BPV, Amtsbericht 1992, 23; HÄFELIN/MÜLLER, N 2523 ff.). Die Zustimmung der Aufsichtsbehörde ersetzt diejenige der Versicherten, womit die Bestandesübertragung rechtsverbindlich wird. Die vorbestehenden Versicherungsverträge gehen *qua* Verfügung als Ganzes, d.h. mit allen Rechten und Pflichten, von der übertragenden auf die übernehmende Gesellschaft über (vgl. Art. 39 Abs. 1 VAG). Änderungen durch das Versicherungsunternehmen sind nicht zulässig, insbesondere wären einseitige Erhöhungen von Prämien oder Änderungen von Vertragsbedingungen zu Lasten der Versicherten nicht erlaubt. «Solche Vertragsänderungen kann der übernehmende Versicherer somit nur im Einverständnis mit dem Versicherungsnehmer und gemäss den vertraglichen Bestimmungen durchführen» (BPV, Amtsbericht 1992, 23).

bb) Gesuch um Genehmigung der Bestandesübertragung

107   Die involvierten Versicherungsunternehmen müssen ein **Gesuch um Genehmigung** der Bestandesübertragung einreichen mit dem Antrag, das Bestandesübertragungsverfahren einzuleiten und die Bestandesübertragung zu bewilligen. Dieses Gesuch wird regelmässig an das BPV gerichtet, das dieses Gesuch an die zuständige Stelle des Eidgenössischen Finanzdepartements weiterleitet. Das Gesuch richtet sich auf die Genehmigung der Übertragung desjenigen Versicherungsbestandes, der im Spaltungsvertrag (Art. 36 f.

FusG; bzw. im Vertrag betreffend die Übertragung des Versicherungsbestandes) definiert wird.

Dem Gesuch ist der **Spaltungsvertrag** beizulegen. Dieser Vertrag regelt insbesondere die folgenden Punkte (vgl. daneben Art. 37 FusG): 108

- *Vertragsgegenstand*: es ist anzugeben, welcher Versicherungsbestand übertragen wird; die übernehmende Gesellschaft muss sich unter anderem verpflichten, sämtliche Pflichten aus den laufenden Versicherungsverträgen gegenüber den Versicherten und übrigen Anspruchsberechtigten zu übernehmen, wie z.B. die Verpflichtungen aus schwebenden Schäden;

- *Sicherungsfond bzw. gebundenes Vermögen* (vgl. N 67 ff.): auf den Übertragungszeitpunkt muss die übertragende Gesellschaft alle ihre Rechte an den Werten ihres Sicherungsfonds bzw. gebundenen Vermögens auf die übernehmende Gesellschaft übertragen (Art. 39 Abs. 4 VAG); dazu gehören auch Liegenschaften, die mit Erteilung der Bewilligung zur Bestandesübertragung durch das Eidgenössische Finanzdepartement ohne weiteres (d.h. ausserbuchlich ohne öffentliche Urkunden) in das Eigentum der übernehmenden Gesellschaft übergeht; der Vertrag kann auch eine Garantie der übertragenden Gesellschaft vorsehen, wonach die übernehmende Gesellschaft mit Erfüllung des Vertrages über genügend Werte im Sicherungsfond bzw. gebundenen Vermögen verfügt und die aufsichtsrechtlich erforderliche Solvabilität erfüllt, um das Versicherungsgeschäft ohne Einschränkung betreiben zu können;

- *Überschussfonds*: der Überschussfonds muss ebenfalls im Übertragungszeitpunkt auf die übernehmende Gesellschaft zugunsten der Versicherten übertragen werden;

- *Neue Geschäfte*: das Schicksal der Versicherungsverträge, die bis zur Rechtswirksamkeit der Spaltung abgeschlossen werden, muss geregelt werden; die Parteien können beispielsweise vorsehen, dass Neugeschäfte bis zum Übertragungszeitpunkt von der übertragenden Gesellschaft noch abgeschlossen werden können, sofern der Antragsteller seine Zustimmung zur Übertragung seines Versicherungsvertrages im Rahmen der geplanten Bestandesübertragung abgibt (dies ist beim Vorgehen gemäss N 112 unerlässlich).

Im Gesuch um Genehmigung der Bestandesübertragung sollte der Publikationstext für das SHAB (vgl. Art. 39 Abs. 2 VAG) in Entwurfsform beigelegt werden. Ebenso ist anzugeben, zu welchem Zeitpunkt und wie die Versicherten über den Vollzug der Bestandesübertragung informiert werden. Zu diesem Zweck empfiehlt sich, ein allfälliges Kundeninformationsschreiben im Entwurf mit dem Gesuch einzureichen. 109

cc) Erfordernis einer zusätzlichen Betriebsbewilligung

Besonderheiten ergeben sich, wenn die übernehmende Gesellschaft nicht über die erforderlichen Betriebsbewilligungen verfügt (vgl. N 97 und 100). Gemäss **Praxis des BPV** muss die übernehmende Gesellschaft vor der Bestandesübertragung im Besitz der nötigen Betriebsbewilligungen sein. Damit das BPV beim Eidgenössischen Finanzdepartement einen entsprechenden Antrag zur Betriebsbewilligung stellt, müssen verschiedene gesetzliche und weitere, vom BPV entwickelte Voraussetzungen erfüllt werden (vgl. Art. 8 ff. VAG), was im entsprechenden Gesuch darzulegen ist. Das BPV verlangt einmal, dass die Statuten der übernehmenden Gesellschaft eine Vorschrift enthält, wonach mindestens 10% des jährlich ausgewiesenen Jahresergebnisses den gesetzlichen Reserven zufliessen, bis diese die Hälfte des einbezahlten Aktienkapitals erreicht haben (vgl. Art. 671 Abs. 6 OR). Sodann ist gegenüber dem BPV auszuweisen, dass der Gegenwert 110 des Aktienkapitals auf der Aktivseite aus marktgängigen und grösstenteils leicht liquidierbaren Vermögenswerten besteht. Zudem ist anzugeben, aus welchen Quellen das Aktienkapital finanziert wird. In diesem Zusammenhang macht das BPV aus Solvenzgründen geltend, dass Forderungen gegenüber Gesellschaften des gleichen Konzerns als Gegenwert des Aktienkapitals nicht geeignet sind. Im Hinblick auf die Gewährsgarantie (Art. 10 VAG) fordert das BPV, dass die übernehmende Gesellschaft die Kundenbetreuung sowie die kaufmännische und technische Administration in eigener Kompetenz und Verantwortung ausüben kann. Immerhin lässt es das BPV zu, wenn die übernehmende Gesellschaft den technischen Teil des Geschäftsplanes (vgl. Art. 8 VAG) der übertragenden Gesellschaft übernimmt.

111 Wird die übernehmende Gesellschaft **neu gegründet** (Spaltung zur Neugründung, vgl. N 99 f.), ergibt sich vor allem im Zusammenhang mit der Ausstattung des Mindestkapitals (Art. 4 Abs. 1 LeVG: CHF 5 Mio. bis CHF 10 Mio.; Art. 3 Abs. 1 SchVG: CHF 600 000 bis CHF 10 Mio.) Klärungsbedarf. Die übernehmende Gesellschaft muss gemäss Praxis des BPV vor der Bestandesübertragung über die erforderlichen Betriebsbewilligungen verfügen und somit die aufsichtsrechtlichen Voraussetzungen (insb. Mindestkapital) erfüllen. Wenn die zu gründende Gesellschaft das gesamte Mindestkapital (z.B. CHF 10 Mio.) auszuweisen hat, bevor die Spaltung rechtswirksam wird (bei Rechtswirksamkeit der Spaltung wird das Aktienkapital infolge Sacheinlage regelmässig ausreichend sein), kann dies zu erheblichen steuerlichen Nachteilen (z.B. zusätzliche Emissionsabgaben) führen. Das Mindestkapitalerfordernis sollte deshalb im Zeitpunkt des formellen Gesuchs für eine Betriebsbewilligung noch nicht ganz erfüllt werden müssen. Im Gegenzug darf die neue Gesellschaft ihren Versicherungsbetrieb erst im Zeitpunkt der Rechtswirksamkeit der Spaltung aufnehmen. Dementsprechend sollte folgendes Vorgehen zulässig sein:

112 – Die übernehmende Gesellschaft wird mit einem minimalen Eigenkapital gegründet; diese Gründung erfolgt als reine Bargründung;

– auf dem Weg der Sacheinlage erfolgt die Erhöhung des Aktienkapitals auf eine Höhe, die vom BPV bewilligt wird; die Sacheinlage besteht darin, dass die übertragende Gesellschaft ihre sämtlichen Aktiven und Passiven (bzw. die definierten Vermögensgegenstände) auf die übernehmende Gesellschaft überträgt; gleichzeitig mit dieser Übertragung erfolgt der Übergang des gesamten Versicherungsportefeuilles und des gebundenen Vermögens bzw. Sicherungsfonds;

– erst mit der Rechtswirksamkeit der Spaltung nimmt die übernehmende Gesellschaft ihren Versicherungsbetrieb auf; dies gilt auch für jegliche Art von Neugeschäften, weshalb neue Versicherungsverträge vor Wirksamkeit der Spaltung durch die übertragende Gesellschaft abgeschlossen werden müssen (für die diesbezüglichen Voraussetzungen, insb. die Zustimmung der Versicherten zur Übertragung des Versicherungsvertrages, vgl. N 108);

– vor der Rechtswirksamkeit der Spaltung existiert die übernehmende Gesellschaft nur, um als Gesuchstellerin bzw. -trägerin für die Betriebsbewilligung aufzutreten; sie muss sich im Gesuch entsprechend verpflichten, den Betrieb erst dann aufzunehmen, wenn die Kapitalerhöhung und die Übertragung des Versicherungsportefeuilles wirksam geworden sind; in der Publikation im SHAB (N 113; Art. 39 Abs. 2 VAG) müsste festgehalten werden, dass die Bestandesübertragung erst gleichzeitig mit der Spaltung wirksam und die übernehmende Gesellschaft ihren Betrieb als Versicherungsunternehmen erst danach aufnehmen wird.

d) Veröffentlichungspflicht

Die Bestandesübertragung ist veröffentlichungspflichtig. Die Übertragung ist dreimal auf Kosten des Versicherungsunternehmens im **Schweizerischen Handelsamtsblatt** zu veröffentlichen (Art. 39 Abs. 2 VAG). In diesem Zeitpunkt kann erst die Absicht der Bestandesübertragung veröffentlicht werden, da die Zustimmung der Aufsichtsbehörde noch nicht vorliegt. Sobald die zuständige Behörde zugunsten der Bestandesübertragung entschieden hat, wird diese Zustimmung auch einmal im SHAB veröffentlicht (Art. 54e lit. b der Verordnung über die Beaufsichtigung von privaten Versicherungseinrichtungen vom 11.9.1931, SR 961.05). Zudem muss in diesen Veröffentlichungen auf das gesetzliche Kündigungsrecht nach Art. 39 Abs. 5 VAG (N 116) und auf eine allfällige gleichzeitige Rechtswirksamkeit der Bestandesübertragung sowie Spaltung (N 112) hingewiesen werden. Wenn die beabsichtigte Bestandesübertragung mit einem Verzicht des übertragenden Versicherungsunternehmens auf eine Betriebsbewilligung, was ebenfalls publikationspflichtig ist, zusammenfällt, so wird dieser Verzicht in der Praxis mit der Absicht der Bestandesübertragung im SHAB veröffentlicht (vgl. Art. 41 Abs. 1 und 4 VAG).

e) Prüfung durch die Aufsichtsbehörde

Die Aufsichtsbehörde stimmt einer Bestandesübertragung zu, wenn sie zur Auffassung gelangt, dass die **Interessen der Gesamtheit** der Versicherten gewahrt sind. Einsprachen von Versicherten gegen die Bestandesübertragung wird die Aufsichtsbehörde berücksichtigen, sie kann aber dennoch ihre Zustimmung erteilen. Der Versicherungsnehmer muss sich grundsätzlich gefallen lassen, dass sein Versicherungsvertrag übertragen wird.

Die Aufsichtsbehörde wird ihren Entscheid weitgehend darauf abstützen, «welche finanziellen Auswirkungen die Bestandesübertragung auf die beteiligten Versicherer haben wird, d.h. es wird insbesondere darauf schauen, dass der übernehmende Versicherer den neuen Versicherungsbestand finanziell und auch organisatorisch verkraften kann und die Bestandesübertragung nicht zu einer Benachteiligung einzelnen Kategorien von Versicherungsnehmern, sei es beim übertragenden oder beim übernehmenden Versicherer führt. Wesentliche Aspekte bilden dabei der Übertragungsvertrag, die Übertragungsbilanz sowie die damit verbundenen Geldflüsse» (BPV, Amtsbericht 1992, 25).

f) Gesetzliches Kündigungsrecht nach Art. 39 VAG

Gemäss Art. 39 Abs. 5 VAG hat der Versicherungsnehmer nach jeder Bestandesübertragung das Recht, den Versicherungsvertrag innerhalb von drei Monaten seit der Übertragung zu **kündigen**. Aus dem Gesetz ergibt sich nur, dass der übernehmende Versicherer die Versicherungsnehmer über die erfolgte Bestandesübertragung informieren muss, jedoch nicht über das damit verbundene Kündigungsrecht. Das BPV macht deshalb beliebt, dass im Rahmen der Publikationen nach Art. 39 Abs. 2 VAG sowie in der Publikation der Zustimmung der Aufsichtsbehörde (vgl. N 113) der Text von Art. 39 Abs. 5 Satz 1 VAG zitiert und somit auf die Rechtslage (d.h. das Kündigungsrecht) hingewiesen wird. Damit soll verhindert werden, dass die zuständigen Amtsstellen mit zahlreichen Einsprachen konfrontiert werden, die in Tat und Wahrheit reine Kündigungsbegehren darstellen. Denn es sei davon auszugehen, dass nicht alle Versicherungsnehmer ihr Kündigungsrecht gemäss Art. 39 Abs. 5 VAG kennen (BPV, Amtsbericht 1992, 30).

Obwohl das Gesetz das Kündigungsrecht der Versicherungsnehmer geregelt hat, ist das Schicksal der **vorausbezahlten Prämien** für die laufenden Versicherungsperioden gesetzlich nicht beantwortet. Gemäss Art. 24 und 25 VVG gilt der Grundsatz der Unteilbarkeit der Prämie (im neuen Entwurf zum neuen Versicherungsvertragsgesetz wird der Grundsatz der Teilbarkeit der Prämie bei vorzeitiger Auflösung oder Beendigung des Versicherungsvertrages statuiert, vgl. Botschaft VAG 2003, 3856 f.). Nach diesem Grundsatz wird, soweit der Versicherungsvertrag oder das Gesetz nichts anderes bestimmt, die für die laufende Versicherungsperiode vereinbarte Prämie auch dann ganz geschuldet, wenn der Versicherer die Gefahr nur für einen Teil dieser Zeit getragen hat. Nach der Auffassung des BPV sei es nicht die Absicht des Gesetzgebers gewesen, einerseits ein Kündigungsrecht gesetzlich einzuräumen und andererseits es sogleich wieder faktisch einzuschränken, indem der Versicherungsnehmer gezwungen würde, entweder auf einen Teil der vorausbezahlten Prämie zu verzichten oder aber vorerst noch den Ablauf der vorausbezahlten Versicherungsperiode abzuwarten (BPV, Amtsbericht 1992, 32). Daraus schliesst das BPV, dass der Versicherungsnehmer eine anteilige Prämienrückerstattung beim übernehmenden Versicherungsunternehmen verlangen kann, wenn er sein Kündigungsrecht ausübt.

118 Eine solche Kündigung zeitigt in der **Lebensversicherung** auch Wirkungen auf die Versicherten. Es fragt sich insbesondere, welche Ansprüche der Versicherungsnehmer nach seinem Lebensversicherungsvertrag gelten machen kann. Das BPV stellt sich auch hier auf den Standpunkt, dass dem Versicherungsnehmer aufgrund des gesetzlichen Kündigungsrechts keine finanziellen Nachteile auferlegt werden dürfen (BPV, Amtsbericht 1992, 32). «Dies bedeutet, dass sich der Anspruch des Versicherungsnehmers nicht auf die Auszahlung eines allfälligen Rückkaufswertes beschränken kann. Vielmehr ist zu fordern, dass dem Versicherungsnehmer das volle, ungekürzte Deckungskapital zuzüglich angesammelter Überschussanteile zusteht. Damit bestünde Analogie zu Art. 36 VVG» (BPV, Amtsbericht 1992, 32 f.).

g) Einsprache

119 Mit der Einführung des Kündigungsrechtes ist davon auszugehen, dass die Einsprache gemäss Art. 39 Abs 2 VAG an Bedeutung verloren hat. Einem Versicherungsnehmer fehlt regelmässig das Rechtsschutzinteresse für solche Einsprachen, wenn er daneben ein Kündigungsrecht geltend machen kann. Die Einsprache könnte aus praktischer Sicht nur noch dazu dienen, dass der Versicherungsnehmer gegenüber der Aufsichtsbehörde Sachverhaltselemente einbringt, die der Aufsichtsbehörde noch nicht bekannt waren (BPV, Amtsbericht 1992, 33; vgl. auch N 14).

V. Umwandlung von Versicherungsunternehmen: Aufsichtsrechtliche Voraussetzungen

1. Begriff der Umwandlung

120 Mit der Umwandlung wird lediglich die Rechtsform eines bestimmten Rechtsträgers geändert. Im Gegensatz zur Fusion oder Spaltung, bei denen mindestens zwei Rechtsträger beteiligt sind, qualifiziert die Umwandlung als innergesellschaftlicher Vorgang (ZOBL, 169; MEIER-HAYOZ/FORSTMOSER, § 24 N 69; WAMISTER, 63 f.).

121 Gemäss Art. 53 FusG kann eine Gesellschaft ihre Rechtsform ändern, ohne dass dadurch ihre Rechtsverhältnisse verändert werden. Mithin ändert die Rechtsform eines Rechtsträgers unter Wahrung der vermögens- und mitgliedschaftsrechtlichen Beziehungen. Die Identität und Rechtspersönlichkeit des Rechtsträgers werden davon nicht tan-

giert, und es werden keine Rechtsverhältnisse übertragen (Botschaft, 4357; Handkommentar FusG-RIMLE, Art. 53 N 2 f.; WAMISTER, 64; ZOBL, 169).

122 Die Umwandlung ist kein neuer Umstrukturierungstatbestand. Schon unter bisherigem Recht war die Umwandlung in spezifischen Fällen gesetzlich geregelt (MEIER-HAYOZ/FORSTMOSER, § 24 N 70 ff.). Sodann wurde die Zulässigkeit aussergesetzlicher Rechtsformwechsel in der Praxis des Eidgenössischen Handelsregisteramtes (REPRAX 1/1999, 45 ff.) und des Bundesgerichtes (BGE 125 III 18 ff.) anerkannt. Dennoch blieben in der Praxis viele Fragen (z.B. Beschlussfassungsquoren, verfahrensrechtliche Fragen; vgl. dazu ZOBL, 171 FN 18) offen.

2. Zulässigkeit

123 Umwandlungen von Versicherungsunternehmen bedürfen der Genehmigung der Aufsichtsbehörde (Art. 9a VAG). Sie sind zulässig, sofern keine aufsichtsrechtlichen Schranken der Genehmigung entgegenstehen (vgl. dazu N 27).

124 Art. 9a VAG gilt nur für Umwandlungen von Versicherungsunternehmen. Da die Umwandlung die Identität und Rechtspersönlichkeit des Unternehmens nicht tangiert, ist davon auszugehen, dass die Betriebsbewilligungen weitergelten und nicht neu zu beantragen sind.

125 Aus rechtlicher und praktischer Sicht sind im Versicherungsbereich lediglich Umwandlungen von Genossenschaften in Aktiengesellschaften relevant. Dies ergibt sich aus drei Gründen. Erstens dürfen das Versicherungsgeschäft nur Aktiengesellschaften oder Genossenschaften betreiben (Art. 11 VAG; Botschaft VAG 1976, 900). Sodann hat die Rechtsform der Genossenschaft für den Betrieb des Versicherungsgeschäftes an Bedeutung verloren (vgl. APPENZELLER, Rz 23 ff.). In den 90er Jahren haben verschiedene Versicherungsunternehmen, die als Stammhaus strukturiert waren, ihr Rechtskleid von einer Genossenschaft in eine Aktiengesellschaft geändert (vgl. z.B. KUHN, Umwandlung der Rentenanstalt, 275 ff.). Schliesslich hat die Rechtsform der Genossenschaft im heutigen Wettbewerbsumfeld verschiedene praktische Nachteile. Insbesondere ist für Genossenschaften die Beschaffung von Eigen- und Fremdkapital am Kapitalmarkt erschwert, wenn nicht sogar verunmöglicht.

3. Aufsichtsrechtliches Verfahren

126 Für die aufsichtsrechtlichen Voraussetzungen und das Verfahren gelten die Ausführungen zur Fusion sinngemäss (N 40 ff.).

VI. Spezialfragen

1. Rechtsformübergreifende Umstrukturierungen

127 Bei rechtsformübergreifenden Umstrukturierungen sind die Besonderheiten im Versicherungsbereich zu beachten. Als Rechtsformen kommen nur die Aktiengesellschaft und die Genossenschaft in Frage (Art. 11 VAG). Sodann ist es im gegenwärtigen wirtschaftlichen Umfeld kaum denkbar, dass eine Aktiengesellschaft in eine Genossenschaft fusioniert oder spaltet (vgl. APPENZELLER, Rz 4 ff.; KUHN, Deregulierung am Beispiel der Lebensversicherungen, 111 ff.; DERS., Einfluss der Deregulierung, 270 ff.). Somit stellt sich bei rechtsformübergreifenden Umstrukturierungen von Versicherungsunternehmen, bei denen die Genossenschaft die übertragende und die Aktiengesellschaft die übernehmende Gesellschaft ist, vor allem die Frage, wie die **Anteils- oder Mitglied-**

schaftsrechte der Genossenschafter gewahrt werden bzw. wie das Umtauschverhältnis festgelegt wird (vgl. Art. 7 FusG N 3 ff.).

128 Bei **Fusionen und Spaltungen** wird der Anspruch der Genossenschafter durch das Umtauschverhältnis geregelt. Die Festlegung des Umtauschverhältnisses, das zwingender Inhalt des Fusions- und Spaltungsvertrages (Art. 13 Abs. 1 lit. b und c sowie Art. 37 lit. c und d FusG) ist, erfolgt unter Berücksichtigung des Vermögens (d.h. des nach betriebswirtschaftlich anerkannten Grundsätzen ermittelten Unternehmenswerts) der beteiligten Gesellschaften, der Verteilung der Stimmrechte und aller anderen relevanten Umstände wie z.B. Entwicklungsaussichten oder Synergien (Art. 7 Abs. 1 und 31 Abs. 1 FusG; Botschaft, 4401; Art. 7 FusG N 9 ff.). Das relative Wertverhältnis zwischen Aktiengesellschaft und Genossenschaft lässt sich ohne weiteres ermitteln (Art. 7 FusG N 9 ff.). Bei Genossenschaften mit Anteilscheinen lassen sich die Aktien auf dieser Basis grundsätzlich einfach zuteilen.

129 Problematisch ist indes die Verteilung der Aktien unter Genossenschaftern, die keine Anteilscheine haben (also bei Genossenschaften ohne Anteilscheinkapital) oder die in unterschiedlicher Weise durch persönliche Tätigkeit, Benutzung der Genossenschaftseinrichtung oder Abschluss bzw. Vermittlung von Geschäften zum Wert der Genossenschaft beigetragen haben. Gleich verhält es sich bei **Umwandlungen** (vgl. Art. 56 FusG N 49). In diesen Fällen ist Art. 7 Abs. 3 bzw. Art. 56 Abs. 2 FusG zu beachten, wonach die Genossenschafter Anspruch auf mindestens eine Aktie haben. Dies selbst dann, wenn diese Aktie einen höheren Wert aufweist als ihre Mitgliedschaft in der übertragenden Genossenschaft (Art. 7 FusG N 14).

130 Der Zuteilungsschlüssel unter den Genossenschaftern wird in der Praxis unterschiedlich festgelegt. Im wohl praxisweisenden Fall der Umwandlung der Rentenanstalt in eine Aktiengesellschaft, der auch für Fusionen oder Spaltungen sinngemäss beigezogen werden kann, wurden die Aktien an die einzelnen Genossenschafter wie folgt verteilt: «Die Zuteilung der Aktien an die Mitglieder erfolgte aufgrund des relativen Beitrags eines jeden Mitgliedes an den Unternehmenswert der RA/SL-Genossenschaft, wobei es einerseits die Benützung der genossenschaftlichen Einrichtungen und anderseits die Versicherungsbeziehungen zu gewichten galt. Die Ermittlung des Beitrags erfolgte zudem in Berücksichtigung der Versicherungsbeziehungen in der Vergangenheit, der Gegenwart und der Zukunft» (KUHN, Umwandlung der Rentenanstalt, 280).

2. Erleichterte Fusionen

131 Das Genehmigungserfordernis nach Art. 9a VAG gilt unbeschränkt, auch wenn die Voraussetzungen für eine erleichterte Fusion gegeben sind. Dies wird damit gerechtfertigt, dass der Normzweck, die Versicherten zu schützen, unabhängig von den Beteiligungsverhältnissen gewährleistet werden muss (N 5 ff.).

132 Fraglich ist, ob in diesen Fällen die Erleichterungen gemäss Art. 24 FusG gelten. Der Wortlaut von Art. 23 f. FusG ist klar: Wenn die Voraussetzungen erfüllt sind, ist eine erleichterte Fusion möglich. Dies führt indessen dazu, dass der Zweckgedanke von Art. 9a VAG (N 5 ff.) unterlaufen wird. Das zweistufige Aufsichtskonzept (N 6), wonach mit dem Fusionsbericht und der Fusionsprüfung der Gehalt der transaktionsspezifischen Dokumente geschützt wird und die Aufsichtsbehörde ihren Genehmigungsentscheid in Kenntnis der wesentlichen Umstände fällen kann, ist nicht mehr durchführbar. Diese Rechtslage unterscheidet sich auch von derjenigen bei der Fusion von Vorsorgeeinrichtungen (vgl. Art. 91 FusG N 6). Es wird sich zeigen, ob die Ausführungsbestimmungen

3. Einsichtsrecht der Versicherten

Das Einsichtsrecht der Versicherten ist bei Versicherungsunternehmen im Gegensatz zu den Vorsorgeeinrichtungen (Art. 93 FusG) nicht vorgesehen. Fraglich ist, ob die Versicherten über die geplante Umstrukturierung und deren Auswirkungen auf ihre Rechte und Ansprüche orientiert werden müssen (vgl. für Vorsorgeeinrichtungen, Art. 93 FusG N 6; Handkommentar FusG-FURRER, Art. 93 N 4; TAUFER, 782). Die Beantwortung dieser Frage hängt m.E. auch davon ab, ob die Versicherten Rechtsbehelfe (vgl. Art. 105 ff. FusG) gegen die Umstrukturierung oder den Genehmigungsentscheid der Aufsichtsbehörde ergreifen können. Wenn auf den Wortlaut der massgeblichen Bestimmungen abgestellt wird (vorbehalten bleibt Art. 39 Abs. 2 VAG; vgl. N 119), ist nicht davon auszugehen, dass den Versicherten irgendwelche Rechtsbehelfe zustehen. Entspricht dies nicht dem Willen des Gesetzgebers, sollte der Verordnungsgeber entsprechende Ausführungsbestimmungen erlassen (vgl. N 3) und Klarheit schaffen.

Art. 42 Abs. 1 Bst. a Ziff. 1

[1] Der Bundesrat erlässt:

a. ergänzende Bestimmungen:

1. zu den Artikeln 3 Absatz 1, 5 Absatz 3, 9a, 12, 13 Absatz 3, 14 Absatz 3, 15, 21 Absatz 3, 24, 38a Absätze 4 und 5, 39 Absatz 5 und 44 dieses Gesetzes;

Sachregister

A

Abfindung, 3 N 9, 12 f., 19; 7 N 7 f., 16, 31; 8 N 1 ff.; 9 N 10; 12 N 3; 22 N 18; 25 N 21, 30, 41; 31 N 5
- Fusion, *s. dort*
  - Kapitalgesellschaften und Genossenschaften mit Anteilscheinen, *s. dort*
- Klage auf Überprüfung, 8 N 18
- Quoren, 18 N 35 ff.
- Spaltung, *s. dort*
- Umwandlung, 56 N 23
- Verrechnungssteuer, 3 N 215, 417
- Vertretbarkeit, 15 N 35d f.
- Wahlrecht, 18 N 38
- zwangsweise, 8 N 1, 8 ff.

Abgabeumgehung
- Emissionsabgabe, vor 3 N 444
- fusionsähnliche Zusammenschlüsse von Kapitalgesellschaften, *s. dort*

Abgeltung, *s. Spaltung*

abgeschriebene Beteiligung, *s. Vermögensübertragung Kapitalgesellschaft oder Genossenschaft auf Kapitalgesellschaft oder Genossenschaft*

Abrechnung über stille Reserven, *s. Spaltung*

Abrechnungspflicht, Umsatzabgabe, vor 3 N 275

Abschluss
- Übertragungshandlungen, 110 N 6
- (Zwischen-)Abschluss, *s. Spaltung von Kapitalgesellschaft oder Genossenschaft auf Verein, Stiftung oder Anlagefonds mit direktem Grundbesitz*

Abschreibung
- Ersatzbeschaffung, Teil 3 vor 69 N 10 ff.
- Kostendeckungsprinzip, 103 N 37
- Spaltung, *s. dort*
- wiedereingebrachte, Teil 3 vor 69 N 11 ff.

Absorption, 3 N 3 ff., 7, 11, 13, 16, 34
- Mehrfachabsorptionsfusion, *s. dort*
- Verrechnungssteuer, vor 3 N 217

Absorption der Muttergesellschaft durch die Tochtergesellschaft
- Fusion Kapitalgesellschaften und Genossenschaften mit Anteilscheinen, *s. dort*
- Gewinnsteuer, vor 3 N 401 ff.

Absorption einer Parallelgesellschaft
- Fusion Kapitalgesellschaften und Genossenschaften mit Anteilscheinen, *s. dort*
- Gewinnsteuer, vor 3 N 393 f.

Absorption einer teilweise beherrschten Gesellschaft
- Fusion Kapitalgesellschaften und Genossenschaften mit Anteilscheinen, *s. dort*
- Gewinnsteuer, vor 3 N 405 ff.

Absorption einer Tochtergesellschaft
- Fusion Kapitalgesellschaften und Genossenschaften mit Anteilscheinen, *s. dort*
- Gewinnsteuer, vor 3 N 395 ff.

Absorptionsfusion, 5 N 7; 6 N 5, 22; 7 N 5; 9 N 5
- einzureichende Belege, 21 N 18 ff.
- Fusion, *s. dort*
- öffentliche Beurkundung, 20 N 7
- Stiftung, 78 N 2

Abspaltung, 29 N 2, 12, 21 f.
- Beteiligungen, Gewinnsteuer auf Unternehmensebene, vor 29 N 56
- Beteiligungen, Stempelabgaben, vor 29 N 228

Agio
- Beteiligungsrechte im Privatvermögen, vor 3 N 39 f.
- Einkommenssteuer, vor 3 N 39 f.
- Emissionsabgabe, vor 3 N 236
- Fusion Kapitalgesellschaften und Genossenschaften mit Anteilscheinen, *s. dort*
- Fusion Personengesellschaften in Kapitalgesellschaften, *s. dort*
- Fusion Vereine und Genossenschaften ohne Anteilscheine, *s. dort*

1413

Agio

- Gewinnsteuer, vor 3 N 393 f., 402, 406 f.
- Verrechnungssteuer, vor 3 N 384, 456

Aktien, eigene, *s. eigene Aktien*

Aktiengesellschaft
- erleichterte Fusion, 18 N 7
- Fusionsbeschluss, 18 N 5, 7, 14 ff.
- gemischt-wirtschaftliche, 99 N 12
- öffentliche Beurkundung des Fusionsbeschlusses, 20 N 6, 11
- Quoren Fusionsbeschluss, 18 N 14 ff.
- spezialgesetzliche, 99 N 12; 100 N 7
- Zuständigkeit für Fusionsbeschluss, 18 N 5

Aktiensplit, 7 N 11

Aktientausch, *s. Quasifusion*

Aktionärbindungsvertrag, 12 N 3

Aktionärskreditorenkonto, *s. Vermögensübertragung Kapitalgesellschaft oder Genossenschaft auf Kapitalgesellschaft oder Genossenschaft*

Aktionärsschutz, *s. Aktionärsinteresse*

Aktiv- und Passivvermögen, Veränderungen, 42 N 7

Aktivenüberschuss, Erfordernis Vermögensübertragung, 71 N 13 ff.; 9 N 19; 29 N 23

Aktivierung, *s. Fusion Institut des öffentlichen Rechts mit Kapitalgesellschaft, Genossenschaft, Verein, Stiftung*

Aktivvermögen, Zuordnung bei der Vermögensübertragung, 72 N 2

Alkoholverwaltung, 103 N 11

allgemein anerkannte kaufmännische Grundsätze, 25 N 37

altrechtliche Sperrfristen, *s. Spaltung*

Altreserven, Verrechnungssteuer, Teil 2 vor 69 N 120

Altreservenpraxis, Verrechnungssteuer, vor 3 N 176

Amtsschreibereien, Kostendeckungsprinzip, 103 N 37

Änderung
- Aktiv- oder Passivvermögen, 42 N 4 ff.
- Statuten, Spaltung, 43 N 9
- Steuersatz, vor 3 N 74

Änderungskündigungen, vor 27 N 14

Anerkennung ohne Beteiligung einer schweizerischen Gesellschaft, IPRG 164b N 1 ff.

Anfechtung
- Fusionsbeschlüsse, 18 N 47 f.; 42 N 26
- paulianische, 25 N 43 ff.
- Verfügung der Aufsichtsbehörde, 95 N 15
- Verletzung von Quorumsvorschriften, 18 N 48 f.

Anfechtungsfrist, 84 N 13
- Beginn, 66 N 9

Anfechtungsklage, 3 N 29 f.; 7 N 32; 84 N 8
- fusionsgesetzliche, 108 N 15
- paulianische, 108 N 14

Angemessenheit, *s. Steuerbefreiung Vorsorgeeinrichtung*

Angemessenheitsbestätigung, 14 N 3, 46; 15 N 4, 7, 15a, 35, 38

Anlageeinrichtung, Steuerbefreiung, vor 88 N 23 ff.

Anlagefonds
- Einkommensteuer, vor 3 N 3
- Emissionsabgabe, vor 3 N 224
- Umsatzabgabe, vor 3 N 266, 277, 302
- Verrechnungssteuer, vor 3 N 147

Anlagefonds mit direktem Grundbesitz, vor 109 N 32
- Einkommensteuer, vor 3 N 3
- Gewinnsteuer, vor 3 N 61

Anlagestiftung, vor 88 N 23 ff., 40

Anlagevermögen, betriebliches, *s. betriebliches Anlagevermögen*

Anlagevermögen, betriebsnotwendiges, vor 109 N 40

Anleihe, 22 N 15

Anleihensobligation, 26 N 14

Anmeldung zur Eintragung ins Handelsregister
- Abspaltung, Belege, 51 N 9, 14
- Belege, 66 N 11
- Form, 66 N 9
- Fusion, 83 N 14

Anmeldung beim Grundbuchamt, 104 N 6 ff.
- Urkundsperson, 104 N 30

Anmeldung zur Eintragung ins Handelsregister
- anmeldende Personen, 21 N 8 f.
- Form, 21 N 10
- Kartellrecht, 21 N 12 f.
- örtliche Zuständigkeit, 21 N 17
- Spaltung, 51 N 4, 6 ff., 11

- Sprache, 66 N 10
- Unterzeichnung, 21 N 9
- Verantwortlichkeit bei verspäteter Anmeldung, 21 N 14
- Zeitpunkt, 21 N 11 ff.; 51 N 4, 6 f.; 66 N 7
- Zuständigkeit zur Anmeldung, 21 N 6 f.

Anmeldungsbelege, s. Handelsregister

Anpassung
- FusG, 110 N 13
- Spaltungsvertrag, 37 N 44
- Steuergesetzgebung, vor 109 N 24 ff.

Anpassungsklauseln
- Spaltungsvertrag, 37 N 44
- Umtauschverhältnis, 31 N 9

Anspruchsgrundlagenkonkurrenz, GestG 29a N 28

Anstalt, öffentlich-rechtliche, s. Institute des öffentlichen Rechts

Anstalten der Kantone, Steuerbefreiung, vor 99 N 19

Anstalten, selbständige öffentlichrechtliche, s. selbständige öffentlich-rechtliche Anstalten

Anstalten des öffentlichen Rechts des Bundes, Steuerbefreiung, 99 N 16

Anteile
- Stimmrecht, Spaltungsvertrag, 37 N 26
- ohne Stimmrecht, 7 N 2, 13, 15 ff.; 8 N 10 f.

Anteile Publikumsgesellschaften, Beteiligungsrechte im Privatvermögen, vor 3 N 53

Anteils- und Mitgliedschaftsrechte
- Begriff, 56 N 3
- Emigrationsfusion, IPRG 163b N 32 ff.

Anteilschein, 7 N 2 f., 9, 14

Anteilsinhaber, Begriff, 2 N 28 ff.

Anteilsrechte, 3 N 16, 19; 7 N 1 ff., 28, 34; 8 N 19 f.; 22 N 3; 31 N 3 ff.
- Begriff, 56 N 3
- Klage auf Überprüfung, 7 N 31; 8 N 18
- Unterpari-Ausgabe, 14 N 8g
- Wahrung, 9 N 2, 8

Anteilstausch
- Spaltung Anlagefonds mit direktem Grundbesitz in Kapitalgesellschaft oder Genossenschaft, s. dort

- Spaltung Kapitalgesellschaft oder Genossenschaft in Verein oder Stiftung, s. dort

Antrag auf Genehmigung
- Belege, 95 N 12
- Form und Inhalt, 95 N 10 ff.
- Fusion, 83 N 7 ff.

Anwartschaft, 25 N 19
- Spaltung, 46 N 7
- Vermögensübertragung, 75 N 6, 12

anwendbares Recht, vor 27 N 56

Anwendungsbereich, intertemporaler, 110 N 1

Apostille, 65 N 7

Äquivalenzprinzip, 103 N 38 ff.

Arbeitgeberbeitragsreserven, 88 N 15

Arbeitnehmer, vor 27 N 5

Arbeitnehmerschutz, 1 N 17, 22, 41, 66 ff.; 3 N 27 f.; 14 N 12
- Fusion, 1 N 67
- Spaltung, 1 N 68
- Umwandlung, 1 N 69
- Vermögensübertragung, 1 N 70

Arbeitnehmerschutzvorschriften, Prüfung durch Aufsichtsbehörde, 83 N 6; 95 N 8

Arbeitnehmervertretung, 3 N 28; vor 27 N 28, 29
- Spaltungsbeschluss, 43 N 15

Arbeitsverhältnis, 3 N 27; 22 N 11
- Sicherstellung, 46 N 7, 8; 75 N 13
- solidarische Haftung, 75 N 7
- Spaltung, 46 N 8

Arbeitsvertrag, 25 N 20; 26 N 9

Art. 181 OR, 76 N 6

Art. 29a GestG, vor 27 N 40

Art. 579 OR, 55 N 6

Asset deal, IPRG vor 161–164 N 3

asymmetrische Auf- und Abspaltung, s. Spaltung

asymmetrische Spaltung
- Spaltungsbeschluss, 43 N 23 ff.
- Spaltungsvertrag, Umtauschverhältnis, 37 N 20 ff.

Auf- und Abspaltung, asymmetrische, s. asymmetrische Auf- und Abspaltung

Auf- und Abspaltung, symmetrische, s. symmetrische Auf- und Abspaltung

Aufdeckung stiller Reserven, s. Spaltung von privilegiert besteuerter auf ordentlich besteuerte Gesellschaft

Aufenthalt

Aufenthalt
- Einkommenssteuer, vor 3 N 1, 4, 6
- steuerrechtlicher, *s. steuerrechtlicher Aufenthalt*
- unbeschränkte Steuerpflicht, vor 3 N 4

Aufforderung, Gläubiger, 45 N 6 ff.

Aufgeld
- anteiliges, vor 53 N 32 f.
- Umwandlung Personengesellschaft in Personengesellschaft mit anderer Rechtsform, *s. dort*
- Verzicht, vor 53 N 34
- volles, vor 53 N 29 f.

Auflösung, 3 N 12, 23; 22 N 3
- amtliche Verfügung, 5 N 14
- Anmeldung zur Eintragung ins Handelsregister, 21 N 6 f.
- Eintragung ins Handelsregister, 21 N 36 ff.
- Gesellschafterbeschluss, 5 N 10
- Gesellschaftsvertrag, 5 N 10, 12
- Konkurs, 5 N 11
- mit Liquidation, 3 N 6, 34; OR 738 N 1, 3 ff.
- ohne Liquidation, OR 738 N 1, 8
- Richter, 5 N 10, 13
- statuarische, 5 N 10, 12
- Stiftung, 83 N 17
- Verrechnungssteuer, vor 3 N 158
- Vorsorgeeinrichtung, 95 N 21

Auflösungsbeschluss, 43 N 8

Auflösungsklage, 5 N 8

Aufschub der Grundstückgewinnsteuer, *s. Spaltung*

Aufsichtsbehörden
- Genehmigung bei Liquidationen von Vorsorgeeinrichtungen, 98 N 6
- Genehmigung und Vollzug der Vermögensübertragung durch Stiftungen, 87 N 2 ff.

Aufspaltung, 29 N 2, 11, 20; OR 738 N 1, 8
- Eintragung, 51 N 15

Aufwertung
- Emissionsabgabe, vor 3 N 233
- Fusion Institut des öffentlichen Rechts mit Kapitalgesellschaft, Genossenschaft, Verein, Stiftung, *s. dort*
- Handänderungssteuer, 103 N 17
- Übertragung auf juristische Person, vor 3 N 29

- Umsatzabgabe, vor 3 N 288
- Verrechnungssteuer, vor 3 N 206

Ausführungsbestimmungen, OR 936a N 7 ff.
- Grundbuchanmeldung, 102 N 6 f.
- Handelsregistereintrag, 102 N 2 ff.

Ausgabe steuerbarer Urkunden, vor 3 N 276

ausgenommener Umsatz, vor 3 N 326

Ausgleichsanspruch, 38 N 2

Ausgleichsfonds der AHV, 103 N 11

Ausgleichszahlung, 7 N 12, 28 ff., 31; 8 N 1, 18; 25 N 30, 41; 31 N 17; 42 N 26
- Beteiligungsrechte im Privatvermögen, vor 3 N 42, 45
- Einkommenssteuer, vor 3 N 34, 40, 45, 360, 411 f., 433 ff.; Teil 1 vor 69 N 21, 145, 157
- Fusion, *s. dort*
  - Kapitalgesellschaften und Genossenschaften mit Anteilscheinen, *s. dort*
  - Personengesellschaften mit Personengesellschaften, *s. dort*
  - fusionsähnliche Zusammenschlüsse von Kapitalgesellschaften, *s. dort*
- Gewinnsteuer, vor 3 N 438
- Spaltung, *s. dort*
- Spaltungsvertrag, 37 N 20 ff., 25
- Vermögensübertragung Kapitalgesellschaft oder Genossenschaft auf Stiftung, *s. dort*
- Vermögensübertragung Kapitalgesellschaft oder Genossenschaft auf Verein, *s. dort*
- Vermögensübertragung Personenunternehmung auf Personenunternehmung, *s. dort*
- Verrechnungssteuer, vor 3 N 156, 214, 417

Ausgliederung, 29 N 3, 12, 16 ff., 26; 69 N 2
- Emissionsabgabe, vor 3 N 234
- Entstehungsgeschichte, *s. dort*
- Spaltung, *s. dort*
- Umsatzabgabe, vor 3 N 287

Ausgliederung von Betrieben, *s. Vermögensübertragung Kapitalgesellschaft oder Genossenschaft auf Kapitalgesellschaft oder Genossenschaft*

Auskunftspflicht, beteiligte Gesellschaften, 40 N 15
ausländische Bank, Umsatzabgabe, vor 3 N 302
ausländische Beteiligungsrechte, Emissionsabgabe, vor 3 N 223
ausländische Betriebsstätten, *s. Vermögensübertragung inländische auf ausländische Unternehmung*
ausländische Börse, Umsatzabgabe, vor 3 N 303
ausländische Börsenagentur, Umsatzabgabe, vor 3 N 302
ausländische Handelsgesellschaft, Einkommenssteuer, vor 3 N 2
ausländische institutionelle Anleger, Umsatzabgabe, vor 3 N 301
ausländische Konzerngesellschaft, *s. Vermögensübertragung inländische auf ausländische Unternehmung*
ausländische Obligationen, Umsatzabgabe, vor 3 N 299
ausländische Personengesamtheiten ohne juristische Persönlichkeit
– Einkommenssteuer, vor 3 N 2
– Spaltung, *s. dort*
ausländische Tochtergesellschaft
– Gewinnsteuer, Teil 1 vor 69 N 187 ff., 193
– Vermögensübertragung inländische auf ausländische Unternehmung, *s. dort*
– Verrechnungssteuer, Teil 1 vor 69 N 201
ausländischer Geschäftsbetrieb, *s. Vermögensübertragung inländische auf ausländische Unternehmung*
Auslegung, wirtschaftliche, *s. wirtschaftliche Auslegung*
Ausscheidungsmethode, objektmässige, *s. objektmässige Ausscheidungsmethode*
Ausschluss von Mitgliedern, *s. Squeeze-Out Merger*
Ausschüttungen
– Spaltungsvertrag, Anpassung der Wertverhältnisse, 37 N 25
– Verrechnungssteuer, vor 3 N 213 ff.
Ausschüttungstatbestände, Beteiligungsrechte im Privatvermögen, vor 3 N 44 ff.

Austrittsrecht, 8 N 22 f.
– Genossenschaft im Fall der Fusion, 18 N 25
Austrittsrecht bei der Fusion von Vereinen
– Anwendungsbereich, 19 N 4
– Austrittserklärung, 19 N 6
– Austrittsfrist, 19 N 7 f.
– Auswirkungen des Austritts, 19 N 10 ff.
– Beitragspflicht, 19 N 11 ff.
– Nachschusspflicht, 19 N 12
– Persönlichkeitsschutz, 19 N 2
– Rechtsschutz, 19 N 15
– Vereinsmitgliedschaft, 19 N 2, 11
– Vereinsschulden, 19 N 12
– Verhältnis zum allgemeinen vereinsrechtlichen Austrittsrecht, 19 N 13
– Verwirkung des Austrittsrechts, 19 N 7
– Voraussetzungen, 19 N 5 ff.
– Zeitpunkt der Wirksamkeit des Austritts, 19 N 9
– zwingendes Recht, 19 N 14
autonome Dienststelle, Mehrwertsteuer, vor 99 N 78

B
Bank
– Fusion Kapitalgesellschaften und Genossenschaften mit Anteilscheinen, *s. dort*
– Fusion Personengesellschaften in Kapitalgesellschaften, *s. dort*
– Fusion Personengesellschaften mit Personengesellschaften, *s. dort*
– Fusion Vereine und Genossenschaften ohne Anteilscheine, *s. dort*
– Umsatzabgabe, vor 3 N 368, 388, 424, 459
– Verrechnungssteuer, vor 3 N 151
Bankengesetz, Befreiung von der Handänderungssteuer, 103 N 13
Barabfindung, *s. Barabgeltung*
Barabgeltung
– Gewinnsteuer, vor 3 N 91 ff.
– Umstrukturierung juristischer Personen, vor 3 N 91 ff.
Barspaltung, *s. Spaltung*
Bedingungen
– auflösende, Spaltungsbeschluss, 46 N 13
– Spaltungsvertrag, 37 N 30, 40

Beeinträchtigung von Bundeszivilrecht

Beeinträchtigung von Bundeszivilrecht, 103 N 5
Befreiung von der Handänderungssteuer, vor 3 N 136
Befreiung bei Umstrukturierung
– Emissionsabgabe, vor 3 N 229 ff.
– Umsatzabgabe, vor 3 N 285 ff.
Befreiung von der Handänderungssteuer
– Bankengesetz, 103 N 13
– Post, 103 N 12
– Telekommunikationsunternehmen, 103 N 12
Befreiung von Handänderungsabgaben, Umstrukturierung, 103 N 15 ff.
Befreiungstatbestände Emissionsabgabe, vor 3 N 248
Begriff Beteiligungsaustausch, *s. Spaltung*
Begriff juristische Person, *s. Spaltung*
Begründungspflicht, 14 N 4, 29d, 35 ff.
– keine Verallgemeinerung, 14 N 32
Begünstigender Erlass, echte Rückwirkung, vor 109 N 7
Bekanntmachungen der Gesellschaft, 25 N 27
Belege
– Grundbuchanmeldung, 104 N 9 f., 19 f.
– Handelsregister, 100 N 14, 16
Bemessung, zeitliche, *s. zeitliche Bemessung*
Bemessungsgrundlage
– Emissionsabgabe, vor 3 N 227 f., 247
– Mehrwertsteuer, vor 3 N 327 ff., 331
Benutzer, *s. Fusion Institut des öffentlichen Rechts mit Kapitalgesellschaft, Genossenschaft, Verein, Stiftung*
Bericht Steuern, 1 N 9 f.
Beschluss, vorbereitender, 64 N 33
Beschlussfassung
– Fusionsbeschluss, 18 N 13 ff.
– Quoren, 18 N 13 ff.
– sachgerechte, 14 N 1, 5
– Zuständigkeit, 18 N 4 ff.
Beschränkte Steuerpflicht
– Betriebsstätte, vor 3 N 9
– Einkommenssteuer, vor 3 N 9 ff.
– Geschäftsbetrieb, vor 3 N 9
– Grundstück, vor 3 N 9
– Vermögensübertragung inländische auf ausländische Unternehmung, *s. dort*
– wirtschaftliche Zugehörigkeit, vor 3 N 9
Beschwerde, staatsrechtliche, *s. staatsrechtliche Beschwerde*
Beschwerdelegitimation
– Anfechtung der Stiftungsfusion, 83 N 13
– Anfechtung der Verfügung der Aufsichtsbehörde, 95 N 16
Besitzstand, 88 N 10
Besitzverschaffung, Realisationszeitpunkt, vor 109 N 10
besondere Vorteile
– nahestehende Personen, 37 N 37
– Organpersonen, 37 N 34 ff.
– Revisoren, OR 727c N 1–6
besonders befähigter Revisor, 5 N 22; 6 N 19, 32, 34 f.
Bestandesschutz, vor 27 N 13; 68 N 8; 110 N 18
Bestandesübertragung, VAG 9a N 103 ff.
Bestätigung eines Revisors
– Befreiung von der Publikation von Schuldenrufen, 25 N 28, 38 f.
– Befreiung von der Sicherstellungspflicht, 25 N 39
Besteuerung ohne Wertzufluss, *s. Spaltung auf privilegiert besteuerte Gesellschaft oder steuerbefreite Institution*
Besteuerungsvorbehalt, *s. Vermögensübertragung Kapitalgesellschaft oder Genossenschaft auf Kapitalgesellschaft oder Genossenschaft*
Beteiligung
– an aktiven Tochtergesellschaften, *s. Spaltung von Holding- und Beteiligungsgesellschaften*
– Begriff, Teil 3 vor 69 N 7 f.
– als Betrieb, *s. Spaltung*
– Einkommenssteuer, vor 3 N 13
– Emissionsabgabe, Teil 1 vor 69 N 120
– Ersatzbeschaffung, Teil 3 vor 69 N 1 ff.
– Geschäftsvermögen, vor 3 N 13 f.
– Gewinnsteuer, Teil 1 vor 69 N 88 ff., 187 f., 190
– indirekte, 3 N 20
– Konzernübertragung, *s. dort*
– Mehrwertsteuer, Teil 1 vor 69 N 130, 218
– Tochterausgliederung, *s. dort*
– Umsatzabgabe, Teil 1 vor 69 N 214

- Vermögensübertragung inländische auf ausländische Unternehmung, *s. dort*
- Vermögensübertragung Kapitalgesellschaft oder Genossenschaft auf Kapitalgesellschaft oder Genossenschaft, *s. dort*
- Verrechnungssteuer, Teil 1 vor 69 N 201 ff., 207
- Zwangsaufwertung, Teil 2 vor 69 N 65 ff.

Beteiligungsabzug, vor 53 N 44
- Fusion Institut des öffentlichen Rechts mit Kapitalgesellschaft, Genossenschaft, Verein, Stiftung, *s. dort*
- Fusion Kapitalgesellschaften und Genossenschaften mit Anteilscheinen, *s. dort*
- Gewinnsteuer, vor 3 N 89, 91, 397, 407, 413
- Spaltung von Kapitalgesellschaft oder Genossenschaft auf Verein, Stiftung oder Anlagefonds mit direktem Grundbesitz, *s. dort*
- Tochterausgliederung, *s. dort*
- Umstrukturierung juristischer Personen, vor 3 N 89, 91
- Vermögensübertragung Kapitalgesellschaft oder Genossenschaft auf Kapitalgesellschaft oder Genossenschaft, *s. dort*

Beteiligungsaustausch, *s. Beteiligungstausch*

Beteiligungsertrag, *s. Vermögensübertragung Kapitalgesellschaft oder Genossenschaft auf Personenunternehmung*

Beteiligungsquote
- Gewinnsteuer, vor 3 N 89
- Umstrukturierung juristischer Personen, vor 3 N 89

Beteiligungsrechte im Privatvermögen, vor 3 N 37 ff.

Beteiligungsrechte im Geschäftsvermögen
- Einkommenssteuer, vor 3 N 412, 435
- Fusion Kapitalgesellschaften und Genossenschaften mit Anteilscheinen, *s. dort*
- fusionsähnliche Zusammenschlüsse von Kapitalgesellschaften, *s. dort*

Beteiligungsrechte im Privatvermögen
- Agio, vor 3 N 39 f.
- Anteile Publikumsgesellschaften, vor 3 N 53
- Ausgleichszahlung, vor 3 N 42, 45
- Ausschüttungstatbestände, vor 3 N 44 ff.
- Bezugsrecht, vor 3 N 43
- Dreieckstheorie, vor 3 N 47
- eigene Aktien, vor 3 N 44
- Einkommenssteuer, vor 3 N 37 ff., 411, 433
- Erbenholding, vor 3 N 52
- Fusion Kapitalgesellschaften und Genossenschaften mit Anteilscheinen, *s. dort*
- Gratisaktien, vor 3 N 44
- Gratisnennwert, vor 3 N 4
- Kapitalrückzahlungsprinzip, vor 3 N 40
- Liquidationsüberschuss, vor 3 N 37
- Minderheitsbeteiligung, vor 3 N 51
- modifizierte Dreieckstheorie, vor 3 N 48
- Nennwerterhöhung, vor 3 N 39, 42, 44
- Nennwertprinzip, vor 3 N 39
- objektbezogene Betrachtungsweise, vor 3 N 37
- privater Kapitalgewinn, vor 3 N 37
- Privatvermögen, vor 3 N 37 ff.
- Quasifusion, vor 3 N 42
- Sanierungen, vor 3 N 54
- Squeeze-out, vor 3 N 46
- Tausch, vor 3 N 41
- Transponierung, vor 3 N 49 ff.
- Veräusserungsgewinn, vor 3 N 37
- Verkauf, vor 3 N 41
- wirtschaftliche Doppelbesteuerung, vor 3 N 38

Beteiligungstausch
- Fusion Kapitalgesellschaften und Genossenschaften mit Anteilscheinen, *s. dort*
- Gewinnsteuer, vor 3 N 87 ff., 413

Beteiligungsverhältnis, Abänderung, 31 N 13

Beteiligungsverkauf, *s. Vermögensübertragung Kapitalgesellschaft oder Genossenschaft auf Kapitalgesellschaft oder Genossenschaft*

Betreibungsstand, IPRG 164a N 16 ff., 23 ff.

Betrieb

Betrieb, vor 27 N 9
– Einkommenssteuer, vor 3 N 374
– Fortführung, vor 109 N 23
– Fusion Kapitalgesellschaften und Genossenschaften mit Anteilscheinen, *s. dort*
– Fusion Personengesellschaften in Kapitalgesellschaften, *s. dort*
– Gewinnsteuer, vor 3 N 394, 400, 407
– Konzernübertragung, *s. dort*
– Spaltung, *s. dort*
– Übertragung auf juristische Person, vor 3 N 27 f., 30
– Übertragung, Spaltung, 52 N 6, 8, 10
– Umstrukturierung juristischer Personen, vor 3 N 75, 79
– unveränderte Weiterführung, vor 109 N 35
– Vermögensübertragung inländische auf ausländische Unternehmung, *s. dort*
– Vermögensübertragung Kapitalgesellschaft oder Genossenschaft auf Kapitalgesellschaft oder Genossenschaft, *s. dort*
– Vermögensübertragung Personenunternehmung auf Personenunternehmung, *s. dort*
– Vermögensübertragung Personenunternehmung auf Stiftung, *s. dort*
– Vermögensübertragung Personenunternehmung auf Verein, *s. dort*
– Vermögensübertragung Verein auf Kapitalgesellschaft oder Genossenschaft, *s. dort*
betriebliches Aktivum, *s. Vermögensübertragung Kapitalgesellschaft oder Genossenschaft auf Kapitalgesellschaft oder Genossenschaft*
betriebliches Anlage- und Umlaufvermögen, *s. Vermögensübertragung Kapitalgesellschaft oder Genossenschaft auf Kapitalgesellschaft oder Genossenschaft*
betriebliches Anlagevermögen
– Emissionsabgabe, Teil 1 vor 69 N 121
– Gewinnsteuer, Teil 1 vor 69 N 84 ff., 93, 188
– Konzernübertragung, *s. dort*
– Tochterausgliederung, *s. dort*
– Umsatzabgabe, Teil 1 vor 69 N 128

– Vermögensübertragung inländische auf ausländische Unternehmung, *s. dort*
– Vermögensübertragung Kapitalgesellschaft oder Genossenschaft auf Kapitalgesellschaft oder Genossenschaft, *s. dort*
– Verrechnungssteuer, Teil 1 vor 69 N 203
Betriebsbegriff, 76 N 8
– bei Vermögensverwaltungsgesellschaften, *s. Spaltung*
Betriebserfordernis
– doppeltes, vor 109 N 36
– Spaltung von Kapitalgesellschaft oder Genossenschaft auf Verein, Stiftung oder Anlagefonds mit direktem Grundbesitz, *s. dort*
– Stiftung, *s. Spaltung*
– übrige juristische Personen, *s. Spaltung*
– Verein, *s. Spaltung*
– zwei Ebenen, *s. Spaltung von Holding- und Beteiligungsgesellschaften*
Betriebskriterium, 52 N 10, 8
Betriebsnotwendiges Anlagevermögen, vor 109 N 40
Betriebsstätte
– beschränkte Steuerpflicht, vor 3 N 9
– Einkommenssteuer, vor 3 N 9
– Fusion Vereine und Genossenschaften ohne Anteilscheine, *s. dort*
– inländische, *s. inländische Betriebsstätte*
– Mehrwertsteuer, vor 3 N 312
– Vermögensübertragung inländische auf ausländische Unternehmung, *s. dort*
– Verrechnungssteuer, vor 3 N 456
Betriebsteil, vor 27 N 9
– Tochterausgliederung, *s. dort*
– Zuordnung, Inventar, Spaltungsvertrag, 37 N 19
Beurkundung, öffentliche, *s. öffentliche Beurkundung*
Bevormundete, Einkommmenssteuer, vor 3 N 7
Beweis, Sicherstellung, 46 N 13, 15
Beweislast, Sicherstellung, 75 N 18
Bewertung
– beteiligten Gesellschaften, Spaltungsvertrag, Umtauschverhältnis, 37 N 23
– Spaltung, 35 N 3

Bewertungsmethode
- allgemein, 7 N 19 ff.
- Angemessenheit, 15 N 1, 5, 29, 31, 35, 35c
- Börsenkapitalisierung, 7 N 25
- Discounted-Cash-Flow-Methode, 7 N 22 f.
- Ertragswert, 7 N 24
- Ertragswertverfahren, 7 N 24
- Marktwertmethode, 7 N 23
- Mittelwertverfahren (Praktikermethode), 7 N 24
- Substanzwert, 7 N 24

Bewertungsregeln, Vermögensübertragung, 71 N 8, 13 f.

Bewilligung, Versicherungsunternehmen, VAG 9a N 25 ff., 86 ff., 120 ff.

Bezugsrecht
- Beteiligungsrechte im Privatvermögen, vor 3 N 43
- Einkommensteuer, vor 3 N 43
- Umsatzabgabe, vor 3 N 263

Bezugsrechtsausschluss, 9 N 30, 44

Bilanz
- Rolle für Bewertung, 35 N 2 f.
- Stiftung, 80 N 5 ff.
- Vorsorgeeinrichtung, 89 N 4 ff.

bilanzielle Rückwirkung, *s. Vermögensübertragung Kapitalgesellschaft oder Genossenschaft auf Kapitalgesellschaft oder Genossenschaft*

Bilanzkontinuität, *s. Fusion Institut des öffentlichen Rechts mit Kapitalgesellschaft, Genossenschaft, Verein, Stiftung*

Bilanzstetigkeit, *s. Fusion Institut des öffentlichen Rechts mit Kapitalgesellschaft, Genossenschaft, Verein, Stiftung*

Bilanzstichtag, 11 N 8 f., 9

Bilanzwerte, *s. Fusion Institut des öffentlichen Rechts mit Kapitalgesellschaft, Genossenschaft, Verein, Stiftung*

Bodenrecht, bäuerliches, 104 N 14

Bonität, 25 N 1, 24

Bonitätsrisiken, 46 N 5

Bonitätsschutz
- Spaltung, 45 N 1, 2
- Vermögensübertragung, 75 N 1, 5, 6

Bonus, Verrechnungssteuer, vor 3 N 153

Börsenkurs, 42 N 10

Break-up Fee, 12 N 10, 14; 13 N 18
- Spaltungsvertrag, 37 N 45

Buchführung, getrennte, 25 N 5

Buchführungspflicht, 11 N 5

buchmässige Realisation, Einkommenssteuer, vor 3 N 16

Buchwert
- Abstellung auf, Kapitalherabsetzung bei der Spaltung, 32 N 3
- Konzernübertragung, *s. dort*
- Vermögensübertragung Kapitalgesellschaft oder Genossenschaft auf Kapitalgesellschaft oder Genossenschaft, *s. dort*
- Vermögensübertragung Personenunternehmung auf Personenunternehmung, *s. dort*

Buchwertübertragung, *s. Vermögensübertragung inländische auf ausländische Unternehmung*

Buchwertverkauf, *s. Spaltung*

Bundesamt für Justiz, Gutachten vom 16.6.1999, 103 N 2

Bundesgericht, Kognition, 103 N 34

Bundesgesetze, Massgeblichkeit, 103 N 7

Bundesrecht, Begriff gemäss Art. 72 StHG, vor 109 N 3

Bürgschaft, 25 N 19

Business Judgement Rule, 108 N 37

C

Cash out-Merger, Verrechnungssteuer, vor 3 N 215

Cash out-Umwandlung, 53 N 18, 20; 68 N 2

Change of Control-Klausel, 22 N 10
- Spaltung, 52 N 11

Charakter, verwaltungsrechtlicher, 110 N 15

clausula rebus sic stantibus, 42 N 11

D

Dauersachverhalt
- Rückwirkung, vor 109 N 9
- Sperrfrist, vor 109 N 20
- unechte Rückwirkung, vor 109 N 9

Dauerschuldverhältnis, 22 N 10
- Sicherstellung, 46 N 8; 75 N 7, 12
- solidarische Haftung, 75 N 7

Dauervertrag, 25 N 18; 26 N 9

Deckungsgrad, 88 N 11

Delegationsmöglichkeit Spaltungsbeschluss, 43 N 6

Delegiertenversammlung

Delegiertenversammlung
- Fusionsbeschluss, 18 N 3, 5
- Genossenschaft, 64 N 25, 28
- Verein, 64 N 28

Demerger, 29 N 11

Derivat, Umsatzabgabe, vor 3 N 263, 266

derogatorische Kraft des Bundesrechts, 103 N 34
- Rüge, 103 N 34

Destinatäre, 82 N 6

Dienstelle, autonome, *s. autonome Dienststelle*

Dienstleistung, Mehrwertsteuer, vor 3 N 324

Dienstleistungsimport, Mehrwertsteuer, vor 3 N 332

Differenzierungskonzept, *s. Vermögensübertragung Kapitalgesellschaft oder Genossenschaft auf Kapitalgesellschaft oder Genossenschaft*

Direkt und indirekt gehaltene Beteiligung, *s. Vermögensübertragung Kapitalgesellschaft oder Genossenschaft auf Kapitalgesellschaft oder Genossenschaft*

Direktbegünstigtentheorie, Verrechnungssteuer, vor 3 N 171

Direktbegünstigungstheorie
- Emissionsabgabe, Teil 2 vor 69 N 126 ff.; *s.a. Spaltung ohne Ausgabe von Beteiligungsrechten*
- Spaltung, *s. dort*
- Vermögensübertragung inländische auf ausländische Unternehmung, *s. dort*

direkter Grundbesitz, Einkommenssteuer, vor 3 N 3

Dividende
- Fusion Kapitalgesellschaften und Genossenschaften mit Anteilscheinen, *s. dort*
- Mehrwertsteuer, vor 3 N 323
- Verrechnungssteuer, vor 3 N 153, 213, 417

Dividendenberechtigung, Spaltungsvertrag, 37 N 31 ff.

Domizilgesellschaft, *s. Spaltung*

Doppelbesteuerung, wirtschaftliche, *s. wirtschaftliche Doppelbesteuerung*

doppeltes Betriebserfordernis
- Spaltung, *s. dort*
- Vermögensübertragung Verein auf Personenunternehmung, *s. dort*

Down-Stream Merger
- Fusion Kapitalgesellschaften und Genossenschaften mit Anteilscheinen, *s. dort*
- Gewinnsteuer, vor 3 N 401
- Tochter-Mutter-Fusion, *s. dort*

Dreiecksfusion, *s. Triangular Merger*

Dreieckstheorie
- Beteiligungsrechte im Privatvermögen, vor 3 N 47
- Einkommenssteuer, vor 3 N 47
- Emissionsabgabe, vor 3 N 221; *s.a. Spaltung mit Ausgabe von Beteiligungsrechten*
- Konzernübertragung, *s. dort*
- modifizierte, *s. modifizierte Dreieckstheorie*
- Spaltung, *s. dort*
- Vermögensübertragung inländische auf ausländische Unternehmung, *s. dort*

Drittinteressen, 6 N 2 f., 14

Drittorganschaft, Spaltungsvertrag, 37 N 35

dualistisches System
- Fusion Institut des öffentlichen Rechts mit Kapitalgesellschaft, Genossenschaft, Verein, Stiftung, *s. dort*
- Grundstückgewinnsteuer, vor 3 N 96 f., 101, 105 f., 107 ff.

Durchlaufgesellschaft, Verrechnungssteuer, vor 3 N 170

dynamische Verweisung, vor 109 N 44

E

echte Realisation, Einkommenssteuer, vor 3 N 15

echte Realisierung der Vermögenswerte, *s. Vermögensübertragung inländische auf ausländische Unternehmung*

echte Rückwirkung, vor 109 N 6 ff., 22
- begünstigender Erlass, vor 109 N 7

echter Fusionsverlust
- Gewinnsteuer, vor 3 N 86
- Umstrukturierung juristischer Personen, vor 3 N 86

Effektenhändler
- Umsatzabgabe, vor 3 N 253 ff., 368, 388, 424, 459

– Vermögensübertragung Verein auf Personenunternehmung, *s. dort*
Eidgenossenschaft, Steuerbefreiung, 103 N 11
Eidgenössisches Amt für das Handelsregister, 66 N 7
eigene Aktien
– Beteiligungsrechte im Privatvermögen, vor 3 N 44
– Einkommenssteuer, vor 3 N 44, 375, 411
– Emissionsabgabe, vor 3 N 237
– Fusion Kapitalgesellschaften und Genossenschaften mit Anteilscheinen, *s. dort*
– Fusion Personengesellschaften in Kapitalgesellschaften, *s. dort*
– fusionsähnliche Zusammenschlüsse von Kapitalgesellschaften, *s. dort*
– Gewinnsteuer, vor 3 N 93, 379, 427
– Umstrukturierung juristischer Personen, vor 3 N 93
– Verrechnungssteuer, *s. Spaltung*
eigene Anteile, 9 N 14
Eigengeschäfte, Umsatzabgabe, vor 3 N 273
Eigenkapitalbuchung, *s. Vermögensübertragung Kapitalgesellschaft oder Genossenschaft auf Kapitalgesellschaft oder Genossenschaft*
Eigenkapitalveränderungen, *s. Spaltung*
Eigentumserwerb, ausserbuchlicher, 104 N 1
Eigenverbrauch
– Mehrwertsteuer, vor 3 N 328 ff., 349; vor 99 N 102; *s.a. Spaltung*
– Vermögensübertragung inländische auf ausländische Unternehmung, *s. dort*
– Vermögensübertragung Kapitalgesellschaft oder Genossenschaft auf Kapitalgesellschaft oder Genossenschaft, *s. dort*
Eingangsbilanz, *s. Fusion Institut des öffentlichen Rechts mit Kapitalgesellschaft, Genossenschaft, Verein, Stiftung*
einheitliche Leitung, *s. Konzernübertragung*
Einheitsbesteuerung, Gemeinwesen, vor 99 N 84

Einkommensbesteuerung
– Vermögensübertragung Kapitalgesellschaft oder Genossenschaft auf Stiftung, *s. dort*
– Vermögensübertragung Kapitalgesellschaft oder Genossenschaft auf Verein, *s. dort*
Einkommenssteuer, vor 2 N 10; vor 3 N 1 ff.
– Agio, *s. dort*
– Anlagefonds, *s. dort*
– Anlagefonds mit direktem Grundbesitz, *s. dort*
– Aufenthalt, *s. dort*
– Ausgleichszahlung, *s. dort*
– ausländische Handelsgesellschaft, *s. dort*
– ausländische Personengesamtheiten ohne juristische Persönlichkeit, *s. dort*
– beschränkte Steuerpflicht, *s. dort*
– Beteiligungen, *s. dort*
– Beteiligungsrechte im Geschäftsvermögen, *s. dort*
– Beteiligungsrechte im Privatvermögen, *s. dort*
– Betrieb, *s. dort*
– Betriebsstätte, *s. dort*
– Bevormundete, *s. dort*
– Bezugsrecht, *s. dort*
– buchmässige Realisation, vor 3 N 16
– Bund, *s. dort*
– direkter Grundbesitz, *s. dort*
– Dreieckstheorie, *s. dort*
– echte Realisation, *s. dort*
– eigene Aktien, *s. dort*
– Einkommen, *s. dort*
– Einkommenssteuerwert, *s. dort*
– Einzelfirma, *s. dort*
– Entgelt, *s. dort*
– Erbenholding, *s. dort*
– Ertrag aus Beteiligungsrechten, *s. dort*
– Fortbestand der Steuerpflicht, *s. dort*
– Fusion Institut des öffentlichen Rechts mit Kapitalgesellschaft, Genossenschaft, Verein, Stiftung, *s. dort*
– Fusion Kapitalgesellschaften und Genossenschaften mit Anteilscheinen, *s. dort*
– Fusion Personengesellschaften in Kapitalgesellschaften, *s. dort*

1423

Einkommenssteuer

- Fusion Personengesellschaften mit Personengesellschaften, *s. dort*
- Fusion Vereine und Genossenschaften ohne Anteilscheine, *s. dort*
- fusionsähnliche Zusammenschlüsse von Kapitalgesellschaften, *s. dort*
- geldwerte Vorteile, *s. dort*
- Geschäftsbetrieb, *s. dort*
- Geschäftsvermögen, *s. dort*
- gesetzlicher Wohnsitz, *s. dort*
- Goodwill, *s. dort*
- Gratisaktien, *s. dort*
- Gratisnennwert, *s. dort*
- Grundstück, *s. dort*
- indirekte Teilliquidation, *s. dort*
- inländische Betriebsstätte, *s. dort*
- internationales Verhältnis, *s. dort*
- juristische Person, *s. dort*
- Kanton, *s. dort*
- Kapitalgewinn, *s. dort*
- Kapitalrückzahlungsprinzip, *s. dort*
- Liebhaberei, *s. dort*
- Liegenschaft, *s. dort*
- Liquidation, *s. dort*
- Liquidationsdividende, *s. dort*
- Liquidationsüberschuss, *s. dort*
- Mantelhandel, *s. dort*
- Massgeblichkeitsprinzip, *s. dort*
- mitgliedschaftliche Rechte im Privatvermögen, *s. dort*
- modifizierte Dreieckstheorie, *s. dort*
- Naturaldividende, *s. dort*
- natürliche Person, *s. dort*
- Nennwertdifferenzen, *s. dort*
- Nennwerterhöhung, *s. dort*
- Nennwertprinzip, *s. dort*
- Nennwertzuwachs, *s. dort*
- nichtkaufmännische Kollektivgesellschaft, *s. dort*
- nichtkaufmännische Kommanditgesellschaft, *s. dort*
- Personengesellschaft, *s. dort*
- private Vermögensverwaltung, *s. dort*
- Privatentnahme, *s. dort*
- privater Kapitalgewinn, *s. dort*
- Privatvermögen, *s. dort*
- Progressionsvorbehalt, *s. dort*
- Quasifusion, *s. dort*
- Realisation, *s. dort*
- Realisationszeitpunkt, *s. dort*
- Sanierung, *s. dort*
- selbständige Erwerbstätigkeit, *s. dort*
- Sperrfrist, *s. dort*
- Squeeze-out, *s. dort*
- Steuerneutralität, *s. dort*
- Steuerobjekt, *s. dort*
- Steuerpflicht, *s. dort*
- steuerrechtlicher Aufenthalt, *s. dort*
- steuerrechtlicher Wohnsitz, *s. dort*
- Steuersubjekt, *s. dort*
- steuersystematische Realisation, *s. dort*
- stille Reserven, *s. dort*
- Teilbetrieb, *s. dort*
- Transponierung, *s. dort*
- Überführung Geschäftsvermögen in ausländische Betriebe oder Betriebsstätten, *s. dort*
- Übernahme Einkommenssteuerwerte, *s. dort*
- Übertragung auf juristische Personen, *s. dort*
- Umstrukturierung Personengesellschaften, *s. dort*
- Umwandlung Genossenschaft in Verein, *s. dort*
- Umwandlung Institut des öffentlichen Rechts in Kapitalgesellschaft, Genossenschaft, Verein, Stiftung, *s. dort*
- Umwandlung Kapitalgesellschaft in Personengesellschaft, *s. dort*
- Umwandlung Kapitalgesellschaft und Genossenschaft in andere Kapitalgesellschaft und Genossenschaft, *s. dort*
- Umwandlung Kapitalgesellschaft und Genossenschaft in Personenunternehmung, *s. dort*
- Umwandlung Personengesellschaft in Einzelunternehmung, *s. dort*
- Umwandlung Personengesellschaft in Personengesellschaft mit anderer Rechtsform, *s. dort*
- Umwandlung Personenunternehmung in Kapitalgesellschaft oder Genossenschaft, *s. dort*
- Umwandlung Verein in Kapitalgesellschaft und Genossenschaft, *s. dort*
- unbeschränkte Steuerpflicht, *s. dort*
- Vermögensübertragung eines anderen Rechtsträgers auf ein Institut des öffentlichen Rechts, *s. dort*

- Vermögensübertragung eines Instituts des öffentlichen Rechts auf anderen Rechtsträger, *s. dort*
- Vermögensübertragung inländische auf ausländische Unternehmung, *s. dort*
- Vermögensübertragung Kapitalgesellschaft oder Genossenschaft auf Personenunternehmung, *s. dort*
- Vermögensübertragung Personenunternehmung auf Personenunternehmung, *s. dort*
- Vermögensübertragung Personenunternehmung auf Stiftung, *s. dort*
- Vermögensübertragung Verein auf Personenunternehmung, *s. dort*
- Vermögenswerte, *s. dort*
- Vorjahresverlust, *s. dort*
- Vorsorgeeinrichtung, *s. dort*
- Wertschriften, *s. dort*
- wirtschaftliche Doppelbesteuerung, *s. dort*
- wirtschaftliche Zugehörigkeit, *s. dort*
- Wohnsitz, *s. dort*
- zurückbleibender Vermögenskomplex, *s. dort*
- Zuschüsse der Aktionäre, *s. dort*

Einkommenssteuerwert
- Einkommenssteuer, vor 3 N 356, 373
- Fusion Personengesellschaften in Kapitalgesellschaften, *s. dort*
- Fusion Personengesellschaften mit Personengesellschaften, *s. dort*
- Gewinnsteuer, vor 3 N 377

Einlageentsteuerung, Mehrwertsteuer, vor 3 N 337, 349; vor 99 N 104
Einmann-Gründung, Spaltung, 34 N 12
Einsicht, Geschäftsunterlagen, 15 N 37
einsichtsberechtigte Personen, 41 N 12 f.
Einsichtsrecht, 3 N 13, 15, 17, 19; 7 N 33; 16 N 1 ff.; vor 27 N 11; 93 N 9
- Arbeitnehmer, 68 N 6
- Berechtigte, 16 N 3, 6 f.
- Dauer, 16 N 8
- Frist, 41 N 17 f.
- früheres Recht, 16 N 2
- Gesellschafter, 43 N 15 f.
- Gläubiger, 25 N 13
- Hinweis, 16 N 1, 15
- Kopien, 16 N 1, 9, 14; 41 N 20, 24
- Ort, 16 N 5 f.; 41 N 19
- Publikation, 41 N 14 ff.

- Rechtsvergleich, 16 N 18
- relativ zwingender Charakter, 16 N 10
- Umfang, 16 N 5 f.
- Umwandlung, 63 N 1 ff.

Einsichtsverfahren, 42 N 18
- zeitliche Abkürzung, 41 N 23

Einspruch, privatrechtlicher bei Spaltung, 46 N 11
Einstimmigkeit, absolut, 64 N 17
Eintragung ins Handelsregister, 3 N 13 f., 19, 23, 25, 28; 8 N 5, 10 f.; 22 N 1 ff., 18 ff., 23; 83 N 14 ff.; OR 181 N 6 f.
- Anmeldung der Fusion, 21 N 4 ff.
- Eintragungspflicht, 21 N 4 f., 42
- einzutragende Tatsachen, 21 N 40
- Fusion, 21 N 1 ff.
- Kognition des Handelsregisterführers, 21 N 34
- Rechtswirksamkeit der Fusion, 21 N 35 ff.
- Spaltung, 51 N 1 ff.
- Spaltung, Rechtsvergleich, 51 N 16 f.
- Tagebuch, 22 N 3 f.
- Zweigniederlassungen, 51 N 10

Eintragungsprinzip, relatives, 104 N 1, 12
Einzelfirma, 55 N 6
- Einkommenssteuer, vor 3 N 9, 19
- Fusion, 4 N 8
- Umstrukturierung von Personengesellschaften, *s. dort*
- Vermögensübertragung, 4 N 8

einzelner Vermögenswert, *s. Vermögensübertragung Kapitalgesellschaft oder Genossenschaft auf Kapitalgesellschaft oder Genossenschaft*
Einzelrechtsnachfolge, *s. Singularsukzession*
Einzelstatut, IPRG vor 161–164 N 20
Emigrationsabsorption
- Fusion Kapitalgesellschaften und Genossenschaften mit Anteilscheinen, *s. dort*
- Gewinnsteuer, vor 3 N 410
- Vermögensübertragung inländische auf ausländische Unternehmung, *s. dort*

Emigrationsabspaltung, Vermögensübertragung inländische auf ausländische Unternehmung, *s. Emigrationsspaltung*
Emigrationsfusion, IPRG 163b N 1 ff.
- Anteils- und Mitgliedschaftsrechte, IPRG 163b N 32 ff.

Emigrationsfusion
- anwendbares Recht, IPRG 163b N 4 ff.
- Arbeitnehmerschutz, IPRG 163b N 12 ff.
- Gläubigerschutz, IPRG 163b N 36 ff.
- Kollisionsrechtliches Kumulationsprinzip, IPRG 163b N 6 ff.
- Löschung, IPRG 164 N 1 ff., 13 ff.
- Sicherstellungsansprüche, IPRG 163b N 38 ff.
- Vermögensübertragung inländische auf ausländische Unternehmung, *s. dort*
- Verrechnungssteuer, vor 3 N 160, 419; Teil 1 vor 69 N 206
- zulässige Emigrationsfusionen, IPRG 163b N 19 ff.

Emigrationskombination
- Fusion Kapitalgesellschaften und Genossenschaften mit Anteilscheinen, *s. dort*
- Gewinnsteuer, vor 3 N 410
- Vermögensübertragung inländische auf ausländische Unternehmung, *s. dort*

Emigrationsspaltung
- anwendbares Recht, IPRG 163d N 17 ff.
- Beteiligtenebene bei Geschäftsvermögen, vor 29 N 187
- Beteiligtenebene bei Privatvermögen, vor 29 N 186
- Fiktive Liquidation wegen Sitzverlegung, vor 29 N 217
- Löschung, IPRG 164 N 1 ff., 13 ff.
- objektmässige oder quotenmässig direkte Ausscheidungsmethode, vor 29 N 183
- Rückerstattungsverfahren bei Verrechnungssteuer, vor 29 N 217
- Sonderrücklage, vor 29 N 184
- Spaltung, *s. dort*
- Steuerfolgen beim Anteilsinhaber, vor 29 N 185
- Vermögensübertragung inländische auf ausländische Unternehmung, *s. dort*
- Verrechnungssteuer, vor 29 N 216; Teil 1 vor 69 N 206

Emigrationsumwandlung
- Vermögensübertragung inländische auf ausländische Unternehmung, *s. dort*
- Verrechnungssteuer, Teil 1 vor 69 N 206

Emissionsabgabe, vor 3 N 219 ff.
- Abgabeumgehung, *s. dort*
- Agio, *s. dort*
- Anlagefonds, *s. dort*
- Aufwertung, *s. dort*
- Ausgliederung, *s. dort*
- ausländische Beteiligungsrechte, *s. dort*
- Befreiung bei Umstrukturierung, *s. dort*
- Befreiungstatbestände, *s. dort*
- Bemessungsgrundlage, *s. dort*
- Beteiligung, *s. dort*
- betriebliches Anlagevermögen, *s. dort*
- Direktbegünstigungstheorie, *s. dort*
- Dreieckstheorie, *s. dort*
- eigene Aktien, *s. dort*
- Entstehung der Steuerforderung, *s. dort*
- Freigrenzen, *s. dort*
- Fusion, *s. dort*
  - Institut des öffentlichen Rechts mit Kapitalgesellschaft, Genossenschaft, Verein, Stiftung, *s. dort.*
  - Kapitalgesellschaften und Genossenschaften mit Anteilscheinen, *s. dort*
  - Personengesellschaften in Kapitalgesellschaften, *s. dort*
  - Personengesellschaften mit Personengesellschaften, *s. dort*
  - Vereine und Genossenschaften ohne Anteilscheine, *s. dort*
- fusionsähnliche Zusammenschlüsse von Kapitalgesellschaften, *s. dort*
- Joint Venture, *s. dort*
- Kapitalerhöhung, *s. dort*
- Konzernübertragung, *s. dort.*
- Mantelhandel, *s. dort*
- Quasifusion, *s. dort*
- Reduktion bei Umstrukturierungen, *s. dort*
- Sacheinlage, *s. dort*
- Sanierung, *s. dort*
- Sitzverlegung, *s. dort*
- Spaltung, *s. dort*
- Sperrfrist, *s. dort*
- Steuerobjekt, *s. dort*
- Steuersatz, *s. dort*
- Steuersubjekt, *s. dort*
- Tochterausgliederung, *s. dort*
- Tochtergesellschaft, *s. dort*

Erlös

- Umwandlung Genossenschaft in Verein, *s. dort*
- Umwandlung Institut des öffentlichen Rechts in Kapitalgesellschaft, Genossenschaft, Verein, Stiftung, *s. dort*
- Umwandlung Kapitalgesellschaft und Genossenschaft in andere Kapitalgesellschaft oder Genossenschaft, *s. dort*
- Umwandlung Kapitalgesellschaft und Genossenschaft in Personenunternehmung, *s. dort*
- Umwandlung Personengesellschaft in Einzelunternehmung, *s. dort*
- Umwandlung Personengesellschaft in Personengesellschaft mit anderer Rechtsform, *s. dort*
- Umwandlung Personenunternehmung in Kapitalgesellschaft und Genossenschaft, *s. dort*
- Umwandlung Verein in Kapitalgesellschaft und Genossenschaft, *s. dort*
- Vermögensübertragung eines anderen Rechtsträgers auf ein Institut des öffentlichen Rechts, *s. dort*
- Vermögensübertragung eines Instituts des öffentlichen Rechts auf anderen Rechtsträger, *s. dort*
- Vermögensübertragung inländische auf ausländische Unternehmung, *s. dort*
- Vorsorgeeinrichtung, *s. dort*
- Zuschuss, *s. dort*

Empfängerortsprinzip, Mehrwertsteuer, vor 3 N 325

Entgelt
- Einkommenssteuer, vor 3 N 25; Teil 1 vor 69 N 21
- Vermögensübertragung Personenunternehmung auf Personenunternehmung, *s. dort*

entgeltliche Drittveräusserung, *s. Vermögensübertragung Kapitalgesellschaft oder Genossenschaft auf Kapitalgesellschaft oder Genossenschaft*

entgeltliches Geschäft, Umsatzabgabe, vor 3 N 267

Entharmonisierungsverbot, vor 109 N 43

Entschädigung
- Fusion Personengesellschaften in Kapitalgesellschaften, *s. dort*
- Gewinnsteuer, vor 3 N 378

Entschädigungsanspruch, 110 N 18

Entscheidungseinklang, internationaler, IPRG vor 161–164 N 11

Entstehung der Steuerforderung
- Emissionsabgabe, vor 109 N 12
- Umsatzabgabe, vor 109 N 13

Entstehungsgeschichte, 1 N 7 ff.
- Ausgliederung, 1 N 14
- Entwurf zum Fusionsgesetz, 1 N 18 ff.
- Groupe de réflexion «Gesellschaftsrecht», 1 N 9
- Kommission Stockar, 1 N 9
- Liberalisierung, 1 N 8
- Rechtsfortentwicklung, 1 N 8, 38, 42
- Vernehmlassung, 1 N 10 ff.
- Vorentwurf zum Fusionsgesetz, 1 N 10 ff.

Entstehungsgrund einer Forderung, 26 N 9

Entwurf zum Fusionsgesetz
- Entstehungsgeschichte, *s. dort*
- Neuerungen gegenüber Vorentwurf, 1 N 18 ff.

Enumerationsmethode, *s. Numerus clausus*

Erbenholding
- Beteiligungsrechte im Privatvermögen, vor 3 N 52
- Einkommenssteuer, vor 3 N 52
- indirekte Teilliquidation, vor 3 N 57

Erbgang
- Grundstückgewinnsteuer, vor 3 N 106
- Sperrfrist, *s. dort*

Erfolgshonorar, Revisoren, OR 727c N 3

Erfüllung, Sicherstellung, 25 N 44 f.

Erfüllungsinteresse, *s. Vertragsinteresse, positives*

Erhöhung Nennkapital, *s. Spaltung mit Ausgabe von Beteiligungsrechten*

Erlass, begünstigender, *s. begünstigender Erlass*

Erläuterungsbericht, 14 N 1, 3, 28, 43; 15 N 4

Erläuterungspflicht, 14 N 4, 29d, 35 ff.
- keine Verallgemeinerung, 14 N 32

erleichterte Fusion, 5 N 4; 6 N 4
- einzureichende Belege, 21 N 26
- Immigrationsfusion, IPRG 163a N 1

Erlös
- Gewinnsteuer, Teil 1 vor 69 N 103
- Tochterausgliederung, *s. dort*

1427

Eröffnungsbilanz

Eröffnungsbilanz, Spaltungsbilanz, 35 N 7
Errichtungsakt, Spaltung mit Neugründung, 34 N 9 ff.
Ersatzbeschaffung
– Abschreibung, vor 69 N 10 ff.
– Beteiligung, vor 69 N 1 ff.; vor 109 N 40 f.
– Frist, Teil 3 vor 69 N 9
– Gewinnsteuer, Teil 3 vor 69 N 2 ff.
– Grundstückgewinnsteuer, Teil 3 vor 69 N 19
– Handänderungssteuer, 103 N 20
– Umsatzabgabe, vor 3 N 296 f.; Teil 3 vor 69 N 23 f.
– Vermögensübertragung Kapitalgesellschaft oder Genossenschaft auf Kapitalgesellschaft oder Genossenschaft, *s. dort*
Ersatzobjekt
– Ersatzbeschaffung von Beteiligungen, vor 109 N 40 f.
– Reinvestition, vor 109 N 41
Ersatzrecht, vor 109 N 46
Ertrag aus Beteiligungsrechten
– Einkommenssteuer, vor 3 N 37 ff.
– Privatvermögen, vor 3 N 37 ff.
Ertragswert, *s. Bewertungsmethoden*
Erwerb eigener Anteile, 14 N 47d
Erwerb eigener Aktien, 6 N 17, 22
Erwerbstätigkeit, selbständige, *s. selbständige Erwerbstätigkeit*
Essentialia, Spaltungsvertrag, 37 N 3 ff.
EU-Publizitäts-RL, OR 936a N 10
EU-Recht, 1 N 26 ff., 51 ff., 77 ff., 97
– Abweichungen zum Schweizer Recht, 1 N 30 ff., 52 ff.
– Arbeitnehmerschutz, 1 N 81
– Europakompatibilität, 1 N 27
– Fusionsbeschluss, 18 N 52
– Fusionsrichtlinie, 1 N 27 f.
– Gläubigerschutz, 1 N 80; *s.a. dort*
– Harmonisierung, 1 N 26
– Internationale Fusionsrichtlinie, Vorschlag, 1 N 29
– Kartellrecht, 1 N 97
– KMU, 2 N 25
– Löschung der übertragenden Gesellschaft, 21 N 45
– öffentliche Beurkundung, 20 N 15
– Rechtssicherheit, 1 N 78

– Regelungsbereich, 1 N 51 ff.
– Sitzverlegungsrichtlinie, Vorentwurf, 1 N 29
– Spaltungsrichtlinie, 1 N 27 f.
– Transparenz, 1 N 79
– Umwandlung, 1 N 28
Euroobligationen, Umsatzabgabe, vor 3 N 277
Europakompatibilität, *s. EU-Recht*
Exekutivorgan, 64 N 4
Experte der beruflichen Vorsorge, 92 N 9

F

Fairness Opinion, 7 N 13
– Angemessenheitsbestätigung, *s. dort*
faktische Liquidation, *s. Vermögensübertragung inländische auf ausländische Unternehmung*
Familienstiftung, Begriff, 85 N 5
Feststellungsurkunde, 104 N 27
Festübernahme, Umsatzabgabe, vor 3 N 276
fiktive Liquidation, *s. Emigrationsspaltung*
Finanz- und Immaterialgüterverwertungsgesellschaften, *s. Spaltung*
Finanzielles Anlagevermögen, *s. Vermögensübertragung Kapitalgesellschaft oder Genossenschaft auf Kapitalgesellschaft oder Genossenschaft*
Finanzierung im Konzern, Verrechnungssteuer, vor 3 N 150
FINMA, VAG 9a N 4
Firma, Nennung im Spaltungsvertrag, 37 N 7
fiskalische Verknüpfung, Handänderungssteuer, 103 N 18
Forderung
– aufschiebend bedingte, 75 N 6
– bedingte, 25 N 18 f.
– bekannte oder zu erwartende, 25 N 29
– besicherte, 25 N 21; 46 N 7; 75 N 12
– bestrittene, 25 N 22; 46 N 7; 75 N 12
– Entstehungsgrund, 25 N 18; 26 N 9
– Erfüllung, 25 N 44 f.
– Gefährdung der Erfüllung, 25 N 24, 34 ff., 48
– künftig entstehende, 25 N 18 f.
– sicherzustellende, 25 N 18 f.
– suspensiv bedingte, 46 N 7

Form- und Publizitätsvorschriften, grenzüberschreitendes Verhältnis, IPRG 163c N 6 ff.
formelle Liquidation, *s. Vermögensübertragung inländische auf ausländische Unternehmung*
Formvorschriften, Übertragung, Spaltung, 52 N 2, 15 f.
Formwechsel UmwG, 68 N 13
Fortbestand Steuerpflicht
– Einkommenssteuer, vor 3 N 20
– Übertragung auf juristische Person, vor 3 N 28
– Umstrukturierung juristischer Personen, vor 3 N 70 f.
– Umstrukturierung Personengesellschaften, vor 3 N 20
– Vermögensübertragung inländische auf ausländische Unternehmung, *s. dort*
– Vermögensübertragung Kapitalgesellschaft oder Genossenschaft auf Kapitalgesellschaft oder Genossenschaft, *s. dort*
– Vermögensübertragung Kapitalgesellschaft oder Genossenschaft auf Stiftung, *s. dort*
– Vermögensübertragung Kapitalgesellschaft oder Genossenschaft auf Verein, *s. dort*
Fortführung eines Betriebes, *s. Vermögensübertragung Kapitalgesellschaft oder Genossenschaft auf Personenunternehmung*
Fortführung Einkommenssteuerwerte, Übertragung auf juristische Person, vor 3 N 29
Fortführung Steuerpflicht, *s. Spaltung*
Fortführung wirtschaftliches Engagement, *s. Spaltung*
Forum shopping, GestG 29a 2 f., 14
frei verwendbares Eigenkapital, 6 N 1, 16 ff., 30, 35
– Umwandlung, 9 N 20
Freigrenzen Emissionsabgabe, vor 3 N 249
Frist Ersatzbeschaffung, Teil 3 vor 69 N 9
Fristberechnung, Sperrfrist, vor 53 N 130 ff.
fünfjährige Sperrfrist, *s. Vermögensübertragung Kapitalgesellschaft oder Genossenschaft auf Kapitalgesellschaft oder Genossenschaft*

Fusion, OR 738 N 1, 8
– Abfindung, 1 N 32
– Absorptionsfusion, 4 N 7; 12 N 2
– Anmeldung zur Eintragung ins Handelsregister, 21 N 4 ff.
– Auflösung der übertragenden Gesellschaft, 21 N 36 ff.
– Ausgleichszahlung, 1 N 31
– Austrittsrecht bei der Fusion von Vereinen, 19 N 1 ff.
– Eintragung ins Handelsregister, 21 N 4 f., 36 ff.
– Emissionsabgabe, vor 3 N 235
– erleichtertes Verfahren, 12 N 3
– erleichterte, 23 N 1 ff.
  – Erleichterungen, 24 N 2
  – Fusionsbeschluss, 18 N 7
  – Genussscheine, 24 N 3
  – Kapitalerhöhung, 23 N 11
  – massgebender Zeitpunkt, 23 N 15
  – Nachschusspflicht, 23 N 14
  – Partizipationsscheine, 24 N 3
  – Personengruppe, 23 N 7 f.
  – Sacheinlagevorschriften, 24 N 4 f.
  – Stimmrecht, 23 N 5
  – Umfang, 24 N 1
  – Wahlrecht, 23 N 13
– Familienstiftungen, 84 N 1 ff.
– einer Gesellschaft in Liquidation
  – Anwendungsbereich, 5 N 1 ff.
  – Bestätigung gegenüber dem Handelsregisteramt, 5 N 22 ff.
  – Voraussetzungen, 5 N 9 ff.
– Gesellschaften gleicher Rechtsform, 4 N 6
– grenzüberschreitende, *s. grenzüberschreitende Fusion*
– Gläubigerschutz, 4 N 16 ff.
– Grundbuchgebühr, 103 N 15
– internationale, 3 N 10
– Institute des öffentlichen Rechts, 12 N 1
– Institut des öffentlichen Rechts mit Kapitalgesellschaft, Genossenschaft, Verein, Stiftung
  – Aktivierung, vor 99 N 26
  – Aufwertung, vor 99 N 21 f.
  – Benutzer, vor 99 N 42 ff., 115, 130
  – Beteiligungsabzug, vor 99 N 37 f.

1429

Fusion

- Bilanzkontinuität, vor 99 N 29, 34
- Bilanzstetigkeit, vor 99 N 29, 34
- Bilanzwerte, vor 99 N 24 ff.
- dualistisches System, vor 99 N 51
- Eingangsbilanz, vor 99 N 27 f.
- Einkommenssteuer, vor 99 N 42 ff.
- Emissionsabgabe, vor 99 N 64 ff.
- Gewinnsteuer, vor 99 N 12 ff.
- Goodwill, vor 99 N 26, 30
- Grundstückgewinnsteuer, vor 99 N 46 ff.
- Handänderungssteuer, vor 99 N 53 ff.
- Immobilien, vor 99 N 106 f.
- Inventar, vor 99 N 24 ff., 28
- Massgeblichkeitsprinzip, vor 99 N 35
- Mehrwertsteuer, vor 99 N 77 ff.
- monistisches System, vor 99 N 52
- Partizipationsscheine, vor 99 N 62
- Pauschalsteuersätze, vor 99 N 95, 105
- Privatisierungsvorgang, vor 99 N 29
- Rechtsformändernde Umwandlung, vor 99 N 116 f.
- Saldosteuersatzmethode, vor 99 N 96
- Steuerbefreiung, vor 99 N 12 ff., 46 ff., 53 f.
- Steuerbilanz, vor 99 N 32 ff.
- Überführungsbilanz, vor 99 N 25
- Übertragungswerte, vor 99 N 27
- Umsatzabgabe, vor 99 N 64 ff.
- Verluste, vor 99 N 41
- Verrechnungssteuer, vor 99 N 55 ff.
- Vorsteuern, vor 99 N 95
- Kapitalgesellschaften und Genossenschaften mit Anteilscheinen
  - Abfindungen, vor 3 N 417
  - Absorption der Muttergesellschaft durch die Tochtergesellschaft, vor 3 N 401 ff.
  - Absorption einer Parallelgesellschaft, vor 3 N 393 f.
  - Absorption einer teilweise beherrschten Gesellschaft, vor 3 N 405 ff.
  - Absorption einer Tochtergesellschaft, vor 3 N 395 ff.
  - Agio, vor 3 N 393 f., 402, 406 f.
  - Ausgleichszahlung, vor 3 N 411 f., 417
  - Bank, vor 3 N 424
  - Beteiligungsabzug, vor 3 N 397, 407, 413
  - Beteiligungsrechte im Geschäftsvermögen, vor 3 N 412
  - Beteiligungsrechte im Privatvermögen, vor 3 N 411
  - Beteiligungstausch, vor 3 N 413
  - Betrieb, vor 3 N 394, 400, 407
  - Dividenden, vor 3 N 417
  - Down-Stream Merger, vor 3 N 401
  - Effektenhändler, vor 3 N 424
  - eigene Aktien, vor 3 N 411
  - Einkommenssteuer, vor 3 N 411 f.
  - Emigrationsabsorption, vor 3 N 410
  - Emigrationsfusion, vor 3 N 410, 419
  - Emigrationskombination, vor 3 N 410
  - Emissionsabgabe, vor 3 N 423
  - Fusionsagio, vor 3 N 393
  - Fusionsgewinn, vor 3 N 395 ff.
  - Fusionsverlust, vor 3 N 395, 398 ff., 418
  - geldwerte Vorteile, vor 3 N 411 f.
  - Gewinnsteuer, vor 3 N 391 ff., 413
  - Gratisaktien, vor 3 N 411, 417
  - Grundstückgewinnsteuer, vor 3 N 414
  - Haltedauer, vor 3 N 414
  - Handänderungssteuer, vor 3 N 415
  - Immigrationsabsorption, vor 3 N 409
  - Immigrationsfusion, vor 3 N 409, 420
  - Immigrationskombination, vor 3 N 409
  - Kapitalerhöhung, vor 3 N 423
  - Kombinationsfusion, vor 3 N 408
  - Mehrwertsteuer, vor 3 N 426
  - Nennkapital, vor 3 N 417
  - Nennwertdifferenzen, vor 3 N 412
  - Nennwertzuwachs, vor 3 N 411
  - objektmässige Ausscheidungsmethode, vor 3 N 410
  - Reserven, vor 3 N 416 f.
  - Reverse Merger, vor 3 N 401
  - Sperrfrist, vor 3 N 394, 400, 407
  - Squeeze-out, vor 3 N 411
  - Steueraufschub, vor 3 N 414

- Steuerpflicht, vor 3 N 394, 404, 407
- Steuerumgehung, vor 3 N 418
- stille Reserven, vor 3 N 409 f.
- Übertragung von Grundstücken, vor 3 N 415
- Umsatzabgabe, vor 3 N 424 f.
- Verlustvortrag, vor 3 N 394, 397, 400
- Verrechnungssteuer, vor 3 N 416 ff.
- Kartellrecht, 21 N 12 f.
- kirchliche Stiftungen, 84 N 1 ff.
- Kombinationsfusion, 4 N 7; 12 N 2; 13 N 3
- Kontinuität der Mitgliedschaft, 1 N 39
- Kontinuität des Vermögens, 1 N 39
- Löschung der übertragenden Gesellschaft, 21 N 36 ff.
- Personengesellschaften in Kapitalgesellschaften
  - Agio, vor 3 N 384
  - Bank, vor 3 N 388
  - Betrieb, vor 3 N 374
  - Effektenhändler, vor 3 N 388
  - eigene Aktien, vor 3 N 375, 379
  - Einkommenssteuer, vor 3 N 371 ff.
  - Einkommenssteuerwert, vor 3 N 373, 377
  - Emissionsabgabe, vor 3 N 386 f.
  - Entschädigung, vor 3 N 378
  - Gewinnsteuer, vor 3 N 377 ff.
  - Goodwill, vor 3 N 381
  - Grundstückgewinnsteuer, vor 3 N 382 f.
  - Haltedauer, vor 3 N 382
  - Handänderungssteuer, vor 3 N 383
  - Mehrwertsteuer, vor 3 N 390
  - Nennkapital, vor 3 N 384
  - Obligationen, vor 3 N 385
  - Reserven, vor 3 N 384
  - Sperrfrist, vor 3 N 376, 380, 387
  - Steuerpflicht, vor 3 N 372
  - stille Reserven, vor 3 N 376, 381
  - Teilbetrieb, vor 3 N 374
  - Übertragung von Grundstücken, vor 3 N 383
  - Umsatzabgabe, vor 3 N 388 f.
  - Verrechnungssteuer, vor 3 N 384 f.
  - Vorjahresverlust, vor 3 N 380
- Personengesellschaften mit Personengesellschaften
  - Ausgleichszahlung, vor 3 N 360
  - Bank, vor 3 N 368
  - Befreiung von der Umsatzabgabe, vor 3 N 369
  - Effektenhändler, vor 3 N 368
  - Einkommenssteuer, vor 3 N 354 ff.
  - Einkommenssteuerwert, vor 3 N 356
  - Emissionsabgabe, vor 3 N 367
  - Gewinnsteuer, vor 3 N 361 f.
  - Goodwill, vor 3 N 360
  - Grundstückgewinnsteuer, vor 3 N 363
  - Handänderungssteuer, vor 3 N 364
  - inländische Betriebsstätte, vor 3 N 355
  - Kundenguthaben, vor 3 N 366
  - Mehrwertsteuer, vor 3 N 370
  - Obligationen, vor 3 N 366
  - Privatentnahmen, vor 3 N 358
  - Reserven, vor 3 N 365
  - Sperrfrist, vor 3 N 357, 362
  - Steuerpflicht, vor 3 N 355
  - Übertragung von Grundstücken, vor 3 N 364
  - Umsatzabgabe, vor 3 N 368 f.
  - Verrechnungssteuer, vor 3 N 365 f.
  - Vorjahresverlust, vor 3 N 359
- Quasifusion, 4 N 9 f.
- rechtsformübergreifende, 3 N 7, 11; 4 N 6, 7
- Rechtswirksamkeit, 21 N 36 ff.
- Regelungselemente, 1 N 39
- Sanierungsmassnahme, 6 N 6, 11
- Schutz von Minderheitsaktionären, 4 N 15
- Stiftungen, 12 N 1; vor 78 N 11 ff., 20; 78 N 1
- umgekehrte, 29 N 11
- Umsatzabgabe, vor 3 N 280, 287
- unechte, *s. unechte Fusion*
- Universalsukzession, 21 N 36
- Vereine und Genossenschaften ohne Anteilscheine
  - Agio, vor 3 N 455
  - Bank, vor 3 N 459
  - Betriebsstätte, vor 3 N 456
  - Effektenhändler, vor 3 N 459
  - Einkommenssteuer, vor 3 N 452
  - Emissionsabgabe, vor 3 N 457 f.
  - Geldwerte Vorteile, vor 3 N 452
  - Gewinnsteuer, vor 3 N 449 ff.

Fusion

- Grundstückgewinnsteuer, vor 3 N 453
- Haltedauer, vor 3 N 454
- Handänderungssteuer, vor 3 N 454
- Mehrwertsteuer, vor 3 N 460
- Mitgliederbeitrag, vor 3 N 449
- Obligationen, vor 3 N 456
- Reserven, vor 3 N 455
- Sperrfrist, vor 3 N 458
- Steuerneutralität, vor 3 N 449
- stille Reserven, vor 3 N 450 f.
- Tarifwechsel, vor 3 N 450 f.
- Übertragung von Grundstücken, vor 3 N 454
- Umsatzabgabe, vor 3 N 459
- Verlustvortrag, vor 3 N 449, 451
- Verrechnungssteuer, vor 3 N 455 f.
- von Vorsorgeeinrichtungen, 12 N 1; vor 88 N 2 ff.; 95 N 1 ff.
  - Antrag auf Genehmigung, 95 N 3, 10 ff.
  - Belege für Eintragung ins Handelsregister, 95 N 19
  - Eintragung ins Handelsregister, 95 N 18
  - Gegenleistung, vor 88 N 35 ff.
  - Prüfung durch Handelsregister, 95 N 20
  - Vollzug, 95 N 3, 18 ff.
- Verhältnis zum bisherigen Recht, 1 N 37 f.
- Versicherungsunternehmen, VAG 9a N 26 ff.
- zulässige, 4 N 1 ff.
  - Genossenschaften, 4 N 15, 22 ff.
  - Gesellschaften, Übersicht, 4 N 12
  - Kapitalgesellschaften, 4 N 13 ff.
  - Kollektiv- und Kommanditgesellschaften, 4 N 19 ff., 23
  - Vereine, 4 N 23 ff., 26 ff.
- Zweck und Folgen, 14 N 38 ff.

Fusionsagio, 9 N 17
- Fusion Kapitalgesellschaften und Genossenschaften mit Anteilscheinen, s. dort
- Gewinnsteuer, vor 3 N 393

fusionsähnliche Zusammenschlüsse von Kapitalgesellschaften
- Abgabeumgehung, vor 3 N 444
- Ausgleichszahlung, vor 3 N 433 ff., 438
- Beteiligungsrechte im Geschäftsvermögen, vor 3 N 435
- eigene Aktien, vor 3 N 427
- Einkommenssteuer, vor 3 N 433 ff.
- Emissionsabgabe, vor 3 N 443 ff.
- Gewinnsteuer, vor 3 N 427, 436 ff.
- Grundstückgewinnsteuer, vor 3 N 439
- Handänderungssteuer, vor 3 N 440
- Immobiliengesellschaft, vor 3 N 439 f.
- Kapitalerhöhung, vor 3 N 444 f.
- Kapitalgewinn, vor 3 N 433
- Mehrwertsteuer, vor 3 N 448
- Nennwerterhöhungen, vor 3 N 433 ff.
- Quasifusion, vor 3 N 427, 439, 441, 443
- Sperrfrist, vor 3 N 431
- Steuerneutralität, vor 3 N 430
- Steuerumgehung, vor 3 N 442
- Übertragung von Grundstücken, vor 3 N 440
- Umsatzabgabe, vor 3 N 443, 446 f.
- Verrechnungssteuer, vor 3 N 441 f.

Fusionsbericht, 3 N 13, 15, 17, 19, 27; 7 N 13, 18, 29; 8 N 18; 14 N 1 ff.; 25 N 12; 91 N 1
- Abfindung, 14 N 50 ff.
- Ausgleichszahlung, 14 N 44 ff.
- Auswirkungen auf die Arbeitnehmer, 14 N 59 ff.
- Auswirkungen auf die Gläubiger, 14 N 62
- Besonderheiten bei der Bewertung, 14 N 53
- Delegation, 14 N 15
- Detaillierungsgrad, 14 N 28 ff.
- Entstehungsgeschichte, 14 N 4
- Entwurf, 14 N 16
- Form, 14 N 18
- früheres Recht, 14 N 2 f.
- Fusionsvertrag, 14 N 42 f.
- Geheimhaltungsinteressen, 14 N 19, 33, 47, 47e
- gemeinsamer, 14 N 19
- Genehmigung, 14 N 16
- handelsregisterrechtlicher Beleg, 14 N 10
- Hinweise auf behördliche Bewilligungen, 14 N 63
- Hinweise auf Sozialplan, 14 N 59 ff.
- Inhalt, 14 N 27, 37
- Interessenabwägung, 14 N 33 f.

- mitgliedschaftliche Kontinuität, 14 N 44 ff., 51, 54
- Nachschusspflicht, 14 N 55
- Normzweck, 14 N 5 ff.
- persönliche Haftung, 14 N 55
- persönliche Leistungspflicht, 14 N 55
- Plausibilitätskontrolle, 14 N 30, 42
- rechtsformübergreifende Fusionen, 14 N 57 f.
- Rechtsvergleich, 14 N 69 f.
- schutzwürdige Interessen, 14 N 33, 47e
- Statuten, 14 N 64
- Umfang, 14 N 28 ff.
  – der Kapitalerhöhung, 14 N 54
- Umtauschverhältnis, 14 N 44 ff.
- Verantwortung, 14 N 16, 67
- Vertrauensprinzip, 14 N 35
- Verzicht, 14 N 1, 7, 21 ff., 26
- zuständige Organe, 14 N 13 ff.
- Zweck und Folgen der Fusion, 14 N 38 ff.

Fusionsbeschluss, 3 N 13, 19, 29; 5 N 20; 7 N 8, 31 f.; 8 N 4 f., 8; 22 N 23; 94 N 1 ff.
- Anfechtung, 18 N 48 f.; 84 N 5
- Anmeldung zur Eintragung ins Handelsregister, 21 N 4 ff.
- Ausnahme von Genehmigung durch Generalversammlung, 18 N 7
- Ausnahmen von der öffentlichen Beurkundung, 20 N 12 f.
- Bedingungen und Befristungen, 18 N 12, 45
- Delegiertenversammlung, 18 N 3, 5
- Durchführung der Beschlussfassung, 18 N 46
- erleichterte Fusion, 18 N 7
- EU-Recht, 18 N 52
- Gegenstand und Inhalt, 18 N 10 f.
- Generalversammlung, 18 N 4 f.
- Genossenschaft, 94 N 3 f.
- kirchlichen Stiftungen und Familienstiftungen, 84 N 3
- Minderheitenschutz, 18 N 2
- Modalitäten der Beschlussfassung, 84 N 4
- Nichtigkeit, 18 N 47 f.; 84 N 5
- öffentliche Beurkundung, 20 N 11 f.
- Quoren bei der AG und KAG, 18 N 14 ff.
- Quoren bei der Genossenschaft, 18 N 23 ff.
- Quoren bei der GmbH, 18 N 19 ff.
- Quoren bei der Kollektiv- und Kommanditgesellschaft, 18 N 30 f.
- Quoren beim Verein, 18 N 27 ff.
- Reihenfolge der Beschlussfassung, 18 N 45
- Sanktionen und Rechtsschutz, 18 N 47 f.
- Sonderversammlung, 18 N 8
- Stiftung, 94 N 2
- Urabstimmung, 18 N 6
- Veröffentlichung, 26 N 5, 7
- Versammlungszwang, 18 N 6
- Wirksamkeit, 18 N 12
- Zuständigkeit für Beschlussfassung, 18 N 4 ff.
- zwingendes Recht, 18 N 9, 44

Fusionsbewertung, 12 N 3

Fusionsbilanz, 3 N 13, 15; 11 N 3; 25 N 11
- Bewertung, 11 N 3
- Einsichtsrecht, 11 N 3
- Funktion, 11 N 3
- Fusionsprüfung, 11 N 3
- Gewinnsteuerwerte, 11 N 3
- Kapitalaufbringung, 11 N 3

fusionsdurchführende Kapitalerhöhung, 9 N 1
- Aktientausch, 9 N 47
- Anteilszeichnung, 9 N 47
- bedingte, 9 N 43
- Dreimonatsfrist, 9 N 41
- Durchführungsbeschluss, 9 N 46
- Ermächtigungsbeschluss, 9 N 45
- Feststellungsbeschluss, 9 N 46
- Fusionsbeschluss, 9 N 45
- Fusionsvertrag, 9 N 45
- genehmigte, 9 N 42
- Kapitalerhöhungsbeschluss, 9 N 45
- Liberierung, 9 N 1, 18 ff.
- ordentliche, 9 N 41
- Teilliberierung, 9 N 20

Fusionsgewinn
- Fusion Kapitalgesellschaften und Genossenschaften mit Anteilscheinen, s. dort
- Gewinnsteuer, vor 3 N 84, 395 ff.
- Umstrukturierung juristischer Personen, vor 3 N 84

Fusionsprüfer

Fusionsprüfer
- Aufgaben, 81 N 12 ff.; 92 N 10 ff.
- Befähigung, 81 N 7; 92 N 7 ff.
- Unabhängigkeit, 81 N 9 ff.; 92 N 8 f.
Fusionsprüfung, 15 N 1 ff.; 25 N 12
- abschliessender Katalog, 15 N 6, 30 ff., 25g
- Absorptionsfusion, 15 N 4, 16, 33
- Anwendungsbereich, 81 N 5; 92 N 5 f.
- Auftragsrecht, 15 N 18
- Berichtspflichten, 15 N 20, 22 ff., 27 ff.
- besonders befähigter Revisor, 15 N 4, 7, 12 ff.
- Entstehungsgeschichte, 15 N 5 ff.
- früheres Recht, 15 N 4
- Geheimhaltungsinteressen, 15 N 37
- Gläubigerschutzfunktion, 15 N 8, 43
- Haftung, 81 N 26; 92 N 24
- Informationspflichten, 15 N 36 ff.
- Kapitalerhöhung, 15 N 33 f.
- Kombinationsfusion, 15 N 4, 16, 25c, 33
- Kontrollfunktion, 15 N 11
- Methodenprüfung, 15 N 5, 15a f., 25a, 35 ff.
- mitgliedschaftliche Kontinuität, 15 N 9
- Normzweck, 15 N 8 ff.
- Plausibilitätskontrolle, 15 N 29, 32
- Prüfungsbericht, 15 N 27 ff.
- Prüfungsgegenstand, 15 N 20 f.; 81 N 12 ff.; 92 N 10 ff.
- Prüfungsinhalt, 15 N 6, 20, 22 ff.
- Rechtsvergleich, 15 N 17, 47
- Prüfung des Fusionsberichtes sowie Prüfung des Fusionsvertrages, *s. dort*
- Sacheinlage, 15 N 4
- Vertretbarkeit, 15 N 4, 11
- Vollständigkeitsprüfung, 15 N 25b ff.
- Voraussetzungen, 15 N 3, 12
Fusionsrichtlinie, 3 N 34, 36; 5 N 1, 18; 7 N 34; 8 N 24
Fusionsverfahren
- erleichtertes, 3 N 15 ff.; 7 N 32; 8 N 3, 13, 19
- erschwertes, 3 N 22
- ordentliches, 3 N 13 f.
Fusionsverlust
- echter, *s. echter Fusionsverlust*
- Fusion Kapitalgesellschaften und Genossenschaften mit Anteilscheinen, *s. dort*

- Gewinnsteuer, vor 3 N 395, 398 ff.
- Verrechnungssteuer, vor 3 N 216, 418
- unechter, *s. unechter Fusionsverlust*
Fusionsvertrag, 3 N 6, 9, 13, 15, 17, 19; 5 N 21; 7 N 3, 7, 9 f.,15, 17, 29, 33; 8 N 3 f., 8; 22 N 1; 91 N 4 f.
- Abfindung, 13 N 9
- Abschlusskompetenz, 12 N 1, 5 f., 12
- Abschlusszuständigkeit, 90 N 4 ff.
- Aktionärbindungsvertrag, 13 N 18
- Änderungen, 12 N 19; 18 N 10
- Änderungsvorbehalt, 17 N 2
- Anfechtbarkeit, 12 N 8
- Anfechtung, 13 N 15 f.
- Anspruchsberechtigung, 12 N 21
- anwendbares Recht, IPRG 163c N 3 ff.
- Aufhebung, 12 N 19
- Auflösungsklage, 12 N 20
- Ausgleichszahlung, 13 N 4
- Auslegung, 12 N 24
- Bedingungen, 13 N 18
- Beschluss, 90 N 5
- Bindungswirkung, 12 N 16 f.
- culpa in contrahendo, 12 N 13
- Durchsetzung, 12 N 20
- Erläuterung, 14 N 42 f.
- Essentialia, 13 N 15
- fakultativer Inhalt, 13 N 17 f.
- Form, 12 N 1, 7 f.
- Form- und Publizitätsvorschriften, IPRG 163c N 6 ff.
- Formmangel, 12 N 8
- Funktion, 12 N 3
- Garantien, 13 N 18
- Gegenstand, 12 N 2 f.
- Geheimhaltungsklausel, 13 N 18
- Genehmigungsvorbehalt, 90 N 6
- Genussscheine, 13 N 6
- Gewinnberechtigung, 13 N 8
- Handelsregistereintrag, 12 N 16, 23
- Inhalt, 13 N 1 ff.
- Kontinuität der Mitgliedschaft, 13 N 7
- Mängel, 13 N 1, 14 ff.
- Mindestinhalt, 13 N 13 ff.
- Mitgliedschaftsrechte, 13 N 5
- öffentliche Urkunde, 79 N 13
- Parteien, 12 N 5; 13 N 3
- Quoren für Genehmigung, 18 N 13 ff.
- Rechtsnatur, 12 N 2, 4
- Rechtswahl, IPRG 163c N 9 f.
- Rücktrittsrecht, 12 N 20

– Rückwirkung, 79 N 9; 90 N 11
– Schadenersatzpflicht, 12 N 13
– Schriftform, 79 N 12 f.; 90 N 13
– Sonderrechte, 13 N 6
– Stichtag, 13 N 10
– Stiftung, 79 N 3, 5 ff.
– Umtauschverhältnis, 13 N 4, 7
– Unterzeichnung, 90 N 5
– Vereine, 13 N 13
– Vertrag zu Gunsten Dritter, 12 N 21
– Vorbereitungshandlungen, 12 N 13
– Vorteile, 13 N 11
– Willensmangel, 12 N 25
– Zuständigkeit, 12 N 1, 5 f., 12
   – für Genehmigung, 18 N 1, 4 ff.
– Zustimmung, 12 N 1, 9 ff., 12, 14, 22
– Zweck, 13 N 1; 90 N 8

G
Garantiegesetz, 103 N 11
Gefährdung der Erfüllung, *s. Forderung*
Gegenstände des betrieblichen Anlagevermögens
– Konzernübertragung, *s. dort*
– Vermögensübertragung inländische auf ausländische Unternehmung, *s. dort*
– Vermögensübertragung Kapitalgesellschaft oder Genossenschaft auf Kapitalgesellschaft oder Genossenschaft, *s. dort*
Geldmarktpapiere, Umsatzabgabe, vor 3 N 265, 299
geldwerte Leistung
– Vermögensübertragung inländische auf ausländische Unternehmung, *s. dort*
– Vermögensübertragung Verein auf Personenunternehmung, *s. dort*
– Verrechnungssteuer, vor 3 N 153
geldwerte Vorteile
– Einkommenssteuer, vor 3 N 411 f., 452
– Fusion Kapitalgesellschaften und Genossenschaften mit Anteilscheinen, *s. dort*
gemeinschaftliche Gläubigerschaft mit Quotenbeteiligung, 38 N 14
Gemeinschaftsunternehmen, *s. Joint Venture*
Gemeinwesen
– Einheitsbesteuerung, vor 99 N 84
– Gruppenbesteuerung, vor 99 N 83
Gemengsteuer, 103 N 22, 37, 43 ff.

gemischte Gesellschaft
– Spaltung, *s. dort*
   – auf privilegiert besteuerte Gesellschaft oder steuerbefreite Institution, *s. dort*
gemischte Schenkungen, Revisoren, OR 727c N 3
gemischte Umwandlung, vor 53 N 3
genehmigtes Kapital, 9 N 37
Genehmigung
– Spaltung, Spaltungsbeschluss, 43 N 5 ff.
– Umwandlung einer Personalvorsorgeeinrichtung, 97 N 24 ff.
– Versicherungsunternehmen, VAG 9a N 25 ff., 86 ff., 120 ff.
Generalversammlung, 5 N 12, 14, 17; 64 N 5
– Begriff, 2 N 31 ff.
– Einbezug bei der Durchführung der Spaltung, 43 N 1–35
– Einladungsfrist, Spaltungsbeschluss, 43 N 16
– unübertragbare Befugnisse, OR 888/893 N 6
– Zuständigkeit für Fusionsbeschluss, 18 N 4 ff.
– Zuständigkeit für Spaltungsbeschluss, 43 N 6 ff.
Genossenschaft
– Delegiertenversammlung, 18 N 5
– Fusionsbeschluss, 18 N 5 f., 23 ff.
– öffentliche Beurkundung des Fusionsbeschlusses, 20 N 6, 11
– Quoren beim Fusionsbeschluss, 18 N 23 ff.
– Spaltung mit Neugründung, 34 N 4, 12
– Urabstimmung, 18 N 6
– Zuständigkeit für Fusionsbeschluss, 18 N 5
Genussschein, 7 N 2, 15, 17; 8 N 9 f.; 25 N 20
– Spaltungsvertrag, 37 N 26
Gerichtsstand, vor 27 N 60; GestG 29a N 1 ff.; IPRG 164a N 1 ff.
– Arbeitsrecht, GestG 29a N 23 ff.
– Beklagter, GestG 29a N 16, 19
– Einlassung, GestG 29a N 20
– freiwillige Gerichtsbarkeit, GestG 29a N 21

Gerichtsstand

- gesellschaftsrechtliche Verantwortlichkeit, GestG 29a N 26 f.
- gewöhnlicher Aufenthaltsort, GestG 29a N 19
- Klagenhäufung, GestG 29a N 20
- Lugano-Übereinkommen, IPRG 164a N 7 ff., 22
- Niederlassung, GestG 29a N 19
- perpetuierter, IPRG 164a N 16 ff., 20 ff.
- Überprüfungsklage nach Art. 105 FusG, IPRG 164a N 3 ff.
- unerlaubte Handlungen, GestG 29a N 28
- verfassungsmässiger, GestG 29a N 16
- vorsorgliche Massnahmen, GestG 29a N 30
- Widerklage, GestG 29a N 20

Gerichtsstandsvereinbarung, GestG 29a N 20

Gerichtsstandsbestimmungen
- allgemeine, GestG 29a N 19 ff.
- besondere, GestG 29a N 22 ff.

Gesamt- oder Teilvermögen, *s. Vermögensübertragung Kapitalgesellschaft oder Genossenschaft auf Kapitalgesellschaft oder Genossenschaft*

Gesamtrechtsnachfolge, *s. Universalsukzession*

Gesamtstatut, IPRG vor 161–164 N 19

Gesamtvermögen
- Mehrwertsteuer, vor 3 N 345
- Meldeverfahren, vor 99 N 98
- Spaltung, *s. dort*

Geschäftsbetrieb
- beschränkte Steuerpflicht, vor 3 N 9
- Einkommensteuer, vor 3 N 9
- Vermögensübertragung inländische auf ausländische Unternehmung, *s. dort*

Geschäftsübernahme, Abgrenzung zur Vermögensübertragung, OR 181 N 1 ff., 6 f.

Geschäftsvermögen
- Beteiligungen, vor 3 N 13 f.
- Einkommensteuer, vor 3 N 12 f., 24
- Umstrukturierung Personengesellschaften, vor 3 N 24
- Vermögensübertragung Personenunternehmung auf Personenunternehmung, *s. dort*

Geschenke, Revisoren, OR 727c N 3

Gesellschaft
- einfache, 1 N 50; 2 N 5; 3 N 10, 16
- gesunde, 6 N 3
- im Sinne des FusG
  - Begriff, 2 N 9 ff., 12
  - Genossenschaften, 2 N 12
- kapitalbezogen, 64 N 6
- im Konkurs, 6 N 7 f., 10 f., 27
- mit Kapitalverlust oder Überschuldung, einzureichende Belege, 21 N 28
- in Liquidation, 5 N 1 ff., 15 ff.; 6 N 6 ff.
- Belege, einzureichende, 21 N 27
- neu zu gründende, 36 N 2, 13
- personenbezogen, 64 N 7
- primär haftende, 47 N 9
- sekundär haftende, 47 N 10

Gesellschafter im Sinne des FusG, Begriff, 2 N 26 ff.

Gesellschafterklage, 12 N 20

Gesellschafterschutz, 14 N 6 f., 8c, 11 25 f.

Gesellschaftsvertrag, 64 N 30 f.

Gesellschaftszweck, Liquidation, 5 N 17

Gesetzgebung, Willkür, 103 N 8

Gesetzgebungskompetenz
- des Bundes, Steuerharmonisierung, 103 N 4
- Handänderungssteuer, vor 3 N 134

gesetzlicher Wohnsitz
- Einkommensteuer, vor 3 N 7
- unbeschränkte Steuerpflicht, *s. dort*

gesetzliches Realisationskonzept, *s. Vermögensübertragung Kapitalgesellschaft oder Genossenschaft auf Kapitalgesellschaft oder Genossenschaft*

Gestehungskosten
- der Beteiligung
  - Tochterausgliederung, *s. dort*
  - Vermögensübertragung Kapitalgesellschaft oder Genossenschaft auf Kapitalgesellschaft oder Genossenschaft, *s. dort*
- Konzernübertragung, *s. dort*
- Vermögensübertragung Kapitalgesellschaft oder Genossenschaft auf Kapitalgesellschaft oder Genossenschaft, *s. dort*

Gewalt, hoheitliche, *s. hoheitliche Gewalt*

Gewinnsteuer

Gewinn- und Einkommenssteuer bei internationalen Sachverhalten, *s. Spaltung*

Gewinn- und Einkommenssteuer bei Verletzung der Steuerneutralitätsvoraussetzungen, *s. Spaltung*

Gewinnanteile, Verrechnungssteuer, vor 3 N 149 ff.

Gewinnausschüttung, Verrechnungssteuer, vor 3 N 149

Gewinne, Verrechnungssteuer, vor 3 N 204

Gewinnrealisation, *s. Vermögensübertragung inländische auf ausländische Unternehmung*

Gewinnsteuer, vor 3 N 61 ff.
- Absorption der Muttergesellschaft durch die Tochtergesellschaft, *s. dort*
- Absorption einer Parallelgesellschaft, *s. dort*
- Absorption einer teilweise beherrschten Gesellschaft, *s. dort*
- Absorption einer Tochtergesellschaft, *s. dort*
- Agio, *s. dort*
- Änderung Steuersatz, *s. dort*
- Anlagefonds mit direktem Grundbesitz, *s. dort*
- der Anteilseigner, *s. Spaltung*
- Ausgleichszahlung, *s. dort*
- ausländische Tochtergesellschaft, *s. dort*
- Barabgeltung, *s. dort*
- Bemessung, zeitliche, *s. dort*
- Beteiligung, *s. dort*
- Beteiligungsabzug, *s. dort*
- Beteiligungsquote, *s. dort*
- Beteiligungstausch, *s. dort*
- Betrieb, *s. dort*
- betriebliches Anlagevermögen, *s. dort*
- Down-Stream Merger, *s. dort*
- echter Fusionsverlust, *s. dort*
- eigene Aktien, *s. dort*
- Einkommenssteuerwert, *s. dort*
- Emigrationsabsorption, *s. dort*
- Emigrationsfusion, *s. dort*
- Emigrationskombination, *s. dort*
- Entschädigung, *s. dort*
- Erlös, *s. dort*
- Ersatzbeschaffung, *s. dort*
- Fusion Institut des öffentlichen Rechts mit Kapitalgesellschaft, Genossenschaft, Verein, Stiftung, *s. dort*
- Fusion Kapitalgesellschaften und Genossenschaften mit Anteilscheinen, *s. dort*
- Fusion Personengesellschaften in Kapitalgesellschaften, *s. dort*
- Fusion Personengesellschaften mit Personengesellschaften, *s. dort*
- Fusion Vereine und Genossenschaften ohne Anteilscheine, *s. dort*
- Fusionsagio, *s. dort*
- Fusionsähnliche Zusammenschlüsse von Kapitalgesellschaften, *s. dort*
- Fusionsgewinn, *s. dort*
- Fusionsverlust, *s. dort*
- Goodwill, *s. dort*
- grenzüberschreitende Fusion, *s. dort*
- grenzüberschreitende Spaltung, *s. dort*
- grenzüberschreitende Umstrukturierung, *s. dort*
- grenzüberschreitende Umwandlung, *s. dort*
- Immaterialgüter, *s. dort*
- Immaterialgüterrecht, *s. dort*
- Immigrationsabsorption, *s. dort*
- Immigrationsfusion, *s. dort*
- Immigrationskombination, *s. dort*
- Immobiliengesellschaft, *s. dort*
- Joint Venture, *s. dort*
- juristische Person, *s. dort*
- Kapitalherabsetzung, *s. dort*
- Kombinationsfusion, *s. dort*
- Konzernübertragung, *s. dort*
- Liegenschaft, *s. dort*
- Liquidation, *s. dort*
- Liquidationsdividende, *s. dort*
- Mantelhandel, *s. dort*
- Massgeblichkeitsprinzip, *s. dort*
- Mitarbeiterbeteiligung, *s. dort*
- Mitgliederbeitrag, *s. dort*
- objektmässige Ausscheidungsmethode, *s. dort*
- Quasifusion, *s. dort*
- Realisation, *s. dort*
- Realisationszeitpunkt, vor 109 N 10 f.
- Reverse Merger, *s. dort*
- SBB, vor 99 N 15 ff.
- Sitzverlegung, *s. dort*
- solidarische Haftung, *s. dort*

1437

Gewinnsteuer

- Spaltung mit Passivenüberschuss, *s. dort*
- Sperrfrist, *s. dort*
- Spitzenausgleich, *s. dort*
- Squeeze-out, *s. dort*
- Statusänderung, *s. dort*
- Steueraufschub, *s. dort*
- Steuerbefreite juristische Person, *s. dort*
- Steuerbefreiung, *s. dort*
- Steuerneutralität, *s. dort*
- Steuerobjekt, *s. dort*
- Steuerpflicht, *s. dort*
- Steuersubjekt, *s. dort*
- stille Reserven, *s. dort*
- Tarifwechsel, *s. dort*
- Tochterausgliederung, *s. dort*
- Tochtergesellschaft, *s. dort*
- Übernahme Steuerfaktoren, *s. dort*
- Umstrukturierung juristischer Personen, *s. dort*
- Umwandlung Genossenschaft in Verein, *s. dort*
- Umwandlung Institut des öffentlichen Rechts in Kapitalgesellschaft, Genossenschaft, Verein, Stiftung, *s. dort*
- Umwandlung Kapitalgesellschaft in Personengesellschaft, *s. dort*
- Umwandlung Kapitalgesellschaft und Genossenschaft in andere Kapitalgesellschaft und Genossenschaft, *s. dort*
- Umwandlung Kapitalgesellschaft und Genossenschaft in Personenunternehmung, *s. dort*
- Umwandlung Personengesellschaft in Personengesellschaft mit anderer Rechtsform, *s. dort*
- Umwandlung Verein in Kapitalgesellschaft und Genossenschaft, *s. dort*
- unechte Fusion, *s. dort*
- unechte Spaltung, *s. dort*
- unechte Umwandlung, *s. dort*
- unechter Fusionsverlust, *s. dort*
- auf Unternehmensebene
  - Abspaltung von Beteiligungen, *s. dort*
  - Spaltung, *s. dort*
- Verlustvortrag, *s. dort*
- Vermögensübertragung eines anderen Rechtsträgers auf ein Institut des öffentlichen Rechts, *s. dort*
- Vermögensübertragung inländische auf ausländische Unternehmung, *s. dort*
- Vermögensübertragung eines Instituts des öffentlichen Rechts auf anderen Rechtsträger, *s. dort*
- Vermögensübertragung Kapitalgesellschaft oder Genossenschaft auf Personenunternehmung, *s. dort*
- Vermögensübertragung Verein auf Kapitalgesellschaft oder Genossenschaft, *s. dort*
- Vermögensübertragung Verein auf Personenunternehmung, *s. dort*
- Vermögensverwaltungsgesellschaft, *s. dort*
- Vorjahresverlust, *s. dort*
- Vorsorgeeinrichtung, *s. dort*
- Zeitliche Bemessung, *s. dort*

Gewinnsteuerrecht, Vermögensübertragung Kapitalgesellschaft oder Genossenschaft auf Personenunternehmung, *s. dort*

Gewinnsteuerwert
- Konzernübertragung, *s. dort*
- Tochterausgliederung, *s. dort*
- Vermögensübertragung Kapitalgesellschaft oder Genossenschaft auf Kapitalgesellschaft oder Genossenschaft, *s. dort*
- Vermögensübertragung Kapitalgesellschaft oder Genossenschaft auf Personenunternehmung, *s. dort*

Gewinnsteuerwertübernahme
- Spaltung, *s. dort*

Gewinnstrebigkeit, 64 N 22

Glaubhaftmachung, Sicherstellung, 75 N 16

Gläubigerbevorzugung, 25 N 44

Gläubigerforderungen, Sicherstellung, Spaltungsbeschluss, 43 N 4, 10 ff.

Gläubigergefährdung
- Forderung, Gefährdung der Erfüllung, *s. dort*
- Fusion und Fusionsrecht, 25 N 4, 33, 45

Gläubigergemeinschaft (bei Anleihensobligationen), 26 N 14

Gläubigerinteressen, *s. Gläubigerschutz*

grenzüberschreitender Beteiligungstausch

Gläubigerschutz, 3 N 24 ff.; 5 N 3, 13 f., 17, 19 ff., 24 f.; 6 N 2 f., 4, 9, 18, 25 f., 30 ff., 35; 9 N 2; 14 N 8g, 62; 25 N 45
– Auflösung und Löschung der übertragenden Gesellschaft, 21 N 37
– Bestimmungen mit Gläubigerschutzfunktion, 25 N 10 ff.
– Emigrationsfusion, IPRG 163b N 36 ff.
– Fusion, 1 N 62
– nachträglicher, 1 N 62; 14 N 8f f., 11; 45 N 5
– präventiver, 45 N 4
– Spaltung, 1 N 63
– Spaltungsbilanz, 35 N 6
– Stiftungsfusion, 85 N 1 ff.
– Umwandlung, 1 N 64
– Vermögensübertragung, 1 N 65; 75 N 1 ff.
– vorgängiger, 1 N 63, 41, 61 ff.
– Zweck des Fusionsgesetzes, *s. dort*
Gläubigerschutzfunktion, Fusionsbericht, 14 N 8, 8e, 11, 26
Gleichbehandlung, Steuerbefreiung Vorsorgeeinrichtung, vor 88 N 17 ff.
GmbH
– erleichterte Fusion, 18 N 7
– Fusionsbeschluss, 18 N 5, 7, 19 ff.
– öffentliche Beurkundung des Fusionsbeschlusses, 20 N 6, 11
– Quoren beim Fusionsbeschluss, 18 N 19 ff., 16
– Treuepflicht, 18 N 16; 64 N 15
– Urabstimmung, 18 N 6
GmbH-Recht, Revision, 26 N 6
Goodwill
– Einkommenssteuer, vor 3 N 360; Teil 1 vor 69 N 21
– Fusion Institut des öffentlichen Rechts mit Kapitalgesellschaft, Genossenschaft, Verein, Stiftung, *s. dort*
– Fusion Personengesellschaften in Kapitalgesellschaften, *s. dort*
– Fusion Personengesellschaften mit Personengesellschaften, *s. dort*
– Gewinnsteuer, vor 3 N 72, 85, 381; Teil 1 vor 69 N 108
– Tochterausgliederung, *s. dort*
– Umstrukturierung juristischer Personen, vor 3 N 72, 85
– Vermögensübertragung Kapitalgesellschaft oder Genossenschaft auf Kapitalgesellschaft oder Genossenschaft, *s. dort*
– Vermögensübertragung Personenunternehmung auf Personenunternehmung, *s. dort*; 9 N 19
Gratisaktien
– Beteiligungsrechte im Privatvermögen, vor 3 N 44
– Einkommenssteuer, vor 3 N 44, 59, 411; Teil 1 vor 69 N 145, 157
– Fusion Kapitalgesellschaften und Genossenschaften mit Anteilscheinen, *s. dort*
– Spaltung, *s. dort*
– Vermögensübertragung Kapitalgesellschaft oder Genossenschaft auf Stiftung, *s. dort*
– Vermögensübertragung Kapitalgesellschaft oder Genossenschaft auf Verein, *s. dort*
– Verrechnungssteuer, vor 3 N 153, 155, 209, 212, 417
Gratisnennwert
– Beteiligungsrechte im Privatvermögen, vor 3 N 40
– Einkommenssteuer, vor 3 N 40
Gratis-Partizipationsschein, Verrechnungssteuer, vor 3 N 153
grenzüberschreitende Fusion
– Gewinnsteuer, Teil 1 vor 69 N 171, 185
– Vermögensübertragung inländische auf ausländische Unternehmung, *s. dort*
grenzüberschreitende Spaltung
– Gewinnsteuer, Teil 1 vor 69 N 172
– Vermögensübertragung inländische auf ausländische Unternehmung, *s. dort*
grenzüberschreitende Umstrukturierung
– Gewinnsteuer, Teil 1 vor 69 N 180
– juristischer Personen, vor 3 N 82
– Vermögensübertragung inländische auf ausländische Unternehmung, *s. dort*
grenzüberschreitende Umwandlung
– Gewinnsteuer, Teil 1 vor 69 N 173
– Vermögensübertragung inländische auf ausländische Unternehmung, *s. dort*
grenzüberschreitende Vermögensübertragung, *s. Vermögensübertragung inländische auf ausländische Unternehmung*
grenzüberschreitender Beteiligungstausch, *s. Spaltung*

grenzüberschreitender Reservenübertrag,
  s. *Spaltung*
Gross Jost, Initiative, vor 27 N 1, 42
Grossgenossenschaft, Umwandlung,
  57 N 23
Grossmuttergesellschaft, 23 N 4
Groupe de réflexion «Gesellschaftsrecht»,
  s. *Entstehungsgeschichte*
Grundbesitz, direkter, s. *direkter Grundbesitz*
Grundbuchabgaben
– Handänderungssteuer, vor 3 N 137
– Spaltung, *s. dort*
Grundbuchgebühr, 103 N 15
– Verwaltungsgebühr, 103 N 42
Gründer, gewillkürte Vertretung,
  10 N 8 f., 15
Gründerhaftung, 108 N 8
– Anwendbarkeit, 33 N 12
Grundkapital, 9 N 6
Grundsatz der Nichtrückwirkung, s.
  Nichtrückwirkung
Grundsteuer
– Umwandlung Personengesellschaft in
  Einzelunternehmung, *s. dort*
– Vorsorgeeinrichtung, *s. dort*
Grundstück
– beschränkte Steuerpflicht, *s. dort*
– Einkommenssteuer, vor 3 N 4, 9, 15
– Grundstückgewinnsteuer, vor 3
  N 94 ff.; Teil 1 vor 69 N 25 f., 46 f., 56,
  111 ff., 192 ff.
– Handänderungssteuer, Teil 1 vor 69
  N 27 f., 57, 196
– Inventar, Spaltungsvertrag, 37 N 16
– Mehrwertsteuer, vor 3 N 325 f.
– Tochterausgliederung, *s. dort*
– Übertragung, Spaltung, 52 N 2
– Vermögensübertragung inländische auf
  ausländische Unternehmung, *s. dort*
– Vermögensübertragung Kapitalgesellschaft oder Genossenschaft auf Personenunternehmung, *s. dort*
– Vermögensübertragung Personenunternehmung auf Personenunternehmung,
  s. dort
– Vermögensübertragung Verein auf Personenunternehmung, *s. dort*
Grundstückgewinnsteuer, vor 3 N 94 ff.
– Dualistisches System, *s. dort*
– Erbgang, *s. dort*

– Ersatzbeschaffung, *s. dort*
– Fusion Institut des öffentlichen Rechts
  mit Kapitalgesellschaft, Genossenschaft, Verein, Stiftung, *s. dort*
– Fusion Kapitalgesellschaften und Genossenschaften mit Anteilscheinen,
  s. dort
– Fusion Personengesellschaften in Kapitalgesellschaften, *s. dort*
– Fusion Personengesellschaften mit Personengesellschaften, *s. dort*
– Fusion Vereine und Genossenschaften
  ohne Anteilscheine, *s. dort*
– fusionsähnliche Zusammenschlüsse
  von Kapitalgesellschaften, *s. dort*
– Grundstück, *s. dort*
– Haltedauer, *s. dort*
– Handänderung, *s. dort*
– Immobiliengesellschaft, *s. dort*
– Konzernübertragung, *s. dort*
– Landumlegung, *s. dort*
– Liegenschaft, *s. dort*
– Monistisches System, *s. dort*
– Quasifusion, *s. dort*
– SBB, vor 99 N 46 ff.
– Schenkung, *s. dort*
– Sperrfrist, *s. dort*
– Steueraufschub, *s. dort*
– Steuerbefreiung, *s. dort*
– Steuerobjekt, *s. dort*
– Steuersubjekt, *s. dort*
– Tochterausgliederung, *s. dort*
– Tochtergesellschaft, *s. dort*
– Umwandlung Genossenschaft in Verein, *s. dort*
– Umwandlung Institut des öffentlichen
  Rechts in Kapitalgesellschaft, Genossenschaft, Verein, Stiftung, *s. dort*
– Umwandlung Kapitalgesellschaft und
  Genossenschaft in andere Kapitalgesellschaft und Genossenschaft, *s. dort*
– Umwandlung Kapitalgesellschaft und
  Genossenschaft in Personenunternehmung, *s. dort*
– Umwandlung Personengesellschaft in
  Personengesellschaft mit anderer
  Rechtsform, *s. dort*
– Umwandlung Personenunternehmung
  in Kapitalgesellschaft und Genossenschaft, *s. dort*

- Umwandlung Verein in Kapitalgesellschaft und Genossenschaft, *s. dort*
- Vermögensübertragung eines anderen Rechtsträgers auf ein Institut des öffentlichen Rechts, *s. dort*
- Vermögensübertragung eines Instituts des öffentlichen Rechts auf anderen Rechtsträger, *s. dort*
- Vermögensübertragung inländische auf ausländische Unternehmung, *s. dort*
- Vermögensübertragung Kapitalgesellschaft oder Genossenschaft auf Personenunternehmung, *s. dort*
- Vermögensübertragung Personenunternehmung auf Personenunternehmung, *s. dort*
- Vermögensübertragung Verein auf Personenunternehmung, *s. dort*
- Vorsorgeeinrichtung, *s. dort*
- wirtschaftliche Handänderung, *s. dort*
- zivilrechtliche Handänderung, *s. dort*
- Spaltung, *s. dort*

Gründung
- nach behördlichen Bewilligungen, 10 N 11
- nach Fusionsbeschluss, 10 N 10

Gründungsbericht, 14 N 8

Gründungsbestimmungen, OR bei Spaltung mit Neugründung, 34 N 5

Gründungshaftung, 9 N 35

Gründungsvorschriften, 10 N 2, 6
- Aktienzeichnung, 10 N 6, 8, 13
- Errichtungsakt, 10 N 6
- Gründerversammlung, 10 N 6 f.
- Statuten, 10 N 6

Gruppenbesteuerung
- Gemeinwesen, vor 99 N 83
- Mehrwertsteuer, vor 3 N 314 ff.; Teil 2 vor 69 N 137

Gruppenbesteuerung bei Mehrwertsteuer
- Vermögensübertragung inländische auf ausländische Unternehmung, *s. dort*
- Vermögensübertragung Kapitalgesellschaft oder Genossenschaft auf Kapitalgesellschaft oder Genossenschaft, *s. dort*

Gutachten, des BJ vom 16.6.1999, 103 N 7

H

Haftung
- Gesellschafter, 25 N 2; 26 N 3, 14; 48 N 8; 68
- Kapitalherabsetzung bei der Spaltung, 32 N 9
- Mehrwertsteuer, vor 3 N 321
- persönliche, 3 N 19, 26 f.; OR 181 N 3 ff.
- an der Spaltung beteiligte Gesellschaften, 47 N 10
- Verrechnungssteuer, vor 3 N 164 f.

Haftung, solidarische, OR 181 N 3 ff.
- Verjährung, 75 N 9
- Vermögensübertragung, 75 N 6 ff.

Haftungssubstrat, 47 N 1; 48 N 1; 68 N 3
- Spaltung, 45 N 1, 6

Haltedauer
- Fusion Kapitalgesellschaften und Genossenschaften mit Anteilscheinen, *s. dort*
- Fusion Personengesellschaften in Kapitalgesellschaften, *s. dort*
- Fusion Vereine und Genossenschaften ohne Anteilscheine, *s. dort*
- Grundstückgewinnsteuer, vor 3 N 104, 363, 382, 414, 454

Handänderung
- Grundstückgewinnsteuer, Teil 1 vor 69 N 112
- Tochterausgliederung, *s. dort*
- Umsatzabgabe, Teil 1 vor 69 N 212
- Vermögensübertragung inländische auf ausländische Unternehmung, *s. dort*

Handänderung, wirtschaftliche, *s. wirtschaftliche Handänderung*

Handänderung, zivilrechtliche, *s. zivilrechtliche Handänderung*

Handänderungsabgaben, Übergangsregelung, 103 N 51 f.

Handänderungssteuer, vor 3 N 133 ff.; *s. Befreiung von der Handänderungssteuer*
- Aufwertung, 103 N 17
- Ersatzbeschaffung, 103 N 20
- fiskalische Verknüpfung, 103 N 18
- Fusion, *s. dort*
- Fusion Institut des öffentlichen Rechts mit Kapitalgesellschaft, Genossenschaft, Verein, Stiftung, *s. dort*

Handänderungssteuer

- Fusion Personengesellschaften in Kapitalgesellschaften, *s. dort*
- Fusion Personengesellschaften mit Personengesellschaften, *s. dort*
- Fusion Vereine und Genossenschaften ohne Anteilscheine, *s. dort*
- Fusionsähnliche Zusammenschlüsse von Kapitalgesellschaften, *s. dort*
- Gesetzgebungskompetenz, *s. dort*
- Grundbuchabgaben, *s. dort*
- Grundstück, *s. dort*
- Immobiliengesellschaft, *s. dort*
- Konzernübertragung, *s. dort*
- Liegenschaft, *s. dort*
- SBB, vor 99 N 53 f.
- Spaltung, *s. dort*
- Sperrfrist, *s. dort*
- Sperrfristverletzung, 103 N 28 ff.
- Steuerbefreiung, *s. dort*
- Tochterausgliederung, *s. dort*
- Übertragung von Grundstücken, *s. dort*
- Umstrukturierungen, *s. dort*
- Umwandlung, *s. dort*
  - Genossenschaft in Verein, *s. dort*
  - Institut des öffentlichen Rechts in Kapitalgesellschaft, Genossenschaft, Verein, Stiftung, *s. dort*
  - Kapitalgesellschaft und Genossenschaft in andere Kapitalgesellschaft und Genossenschaft, *s. dort*
  - Kapitalgesellschaft und Genossenschaft in Personenunternehmung, *s. dort*
  - Personengesellschaft in Personengesellschaft mit anderer Rechtsform, *s. dort*
  - Personenunternehmung in Kapitalgesellschaft und Genossenschaft, *s. dort*
  - Verein in Kapitalgesellschaft und Genossenschaft, *s. dort*
- Verfassungswidrigkeit, 103 N 8
- Vermögensübertragung eines anderen Rechtsträgers auf ein Institut des öffentlichen Rechts, *s. dort*
- Vermögensübertragung eines Instituts des öffentlichen Rechts auf anderen Rechtsträger, *s. dort*
- Vermögensübertragung inländische auf ausländische Unternehmung, *s. dort*
- Vermögensübertragung Kapitalgesellschaft oder Genossenschaft auf Personenunternehmung, *s. dort*
- Vermögensübertragung Personenunternehmung auf Personenunternehmung, *s. dort*
- Vermögensübertragung Verein auf Personenunternehmung, *s. dort*
- Vorsorgeeinrichtung, *s. dort*
- wirtschaftliche Handänderung, 103 N 24 ff.

Handelsbestand, Umsatzabgabe, vor 3 N 300

Handelsgesellschaft, ausländische, *s. ausländische Handelsgesellschaft*

Handelsregister
- Anmeldung, 110 N 2
  - und Eintragung einer Vermögensübertragung, 73 N 2 ff.
  - der Fusion zur Eintragung, 21 N 1 ff.
- Anmeldungsbelege für Fusion, 25 N 31
- einzureichende Belege, 21 N 18 ff.
- Eintragung, 1 N 46, 50, 58
  - der Fusion, 21 N 36 ff.
  - der Spaltung, 51 N 1 ff.
- Eintragungspflicht, 21 N 4 f.
- Form der Belege, 21 N 33
- heilende Wirkung der Eintragung bei der Vermögensübertragung, 73 N 8
- Institute des öffentlichen Rechts, 2 N 15
- Kapitalerhöhung, 21 N 15, 20 ff.
- Kognition des Handelsregisterführers, 21 N 35; 73 N 8
- Prüfungsbefugnis des Handelsregisterführers, 1 N 13, 59
- Prüfungsgegenstände, 25 N 31
- Publizitätswirkung im Hinblick auf eine Vermögensübertragung, 73 N 1, 10 ff.
- Rechtswirksamkeit der Fusion, 21 N 36 ff.
- Statutenänderung, 21 N 16, 23
- Transparenz, *s. dort*
- Zweckänderung, 21 N 23; 100 N 12 ff.

Handelsregisteramt, 5 N 22; 6 N 1

Handelsregisterauszug, beglaubigter, 104 N 9, 19

Handelsregistereintrag, 84 N 20; 100 N 15
- Ablehnung, 30 N 4; 32 N 4, 8

Handelsregisterführer, Kognition, 66 N 3, 14
Handelsregistersperre, Spaltung, 46 N 11
Händler, Umsatzabgabe, vor 3 N 254
Harmonisierung, *s. EU-Recht*
Höchststimmklausel, 64 N 12
hoheitliche Gewalt, Mehrwertsteuer, vor 99 N 82, 87 ff.
Holding, gemeinsame, 3 N 6, 12
Holdinggesellschaft
– Spaltung, *s. dort*
  – auf privilegiert besteuerte Gesellschaft oder steuerbefreite Institution, *s. dort*

I

Identifikationsnummer, OR 936a N 10, 18
Identitätsprinzip, 53 N 13; 68 N 1
Immaterialgüter
– Gewinnsteuer, Teil 1 vor 69 N 85
– Inventar, Spaltungsvertrag, 37 N 16 ff.
– Tochterausgliederung, *s. dort*
Immaterialgüterrecht
– Gewinnsteuer, vor 3 N 73
– Umstrukturierung juristischer Personen, vor 3 N 73
Immigrationsabsorption, IPRG 163a N 1
– Fusion Kapitalgesellschaften und Genossenschaften mit Anteilscheinen, *s. dort*
– Gewinnsteuer, vor 3 N 409
Immigrationsfusion, IPRG 163a N 1 ff.
– anwendbares Recht, IPRG 163a N 10 ff.
– erleichterte Fusion, IPRG 163a N 1
– Fusion Kapitalgesellschaften und Genossenschaften mit Anteilscheinen, *s. dort*
– Gewinnsteuer, vor 3 N 409
– Sanierungsfusion, IPRG 163a N 1
– Verrechnungssteuer, vor 3 N 420
– Zeitpunkt des Rechtsübergangs, IPRG 163a N 15 ff.
Immigrationskombination, IPRG 163a N 1
– Fusion Kapitalgesellschaften und Genossenschaften mit Anteilscheinen, *s. dort*
– Gewinnsteuer, vor 3 N 409

Immigrationsspaltung, vor 29 N 102, 180 f., 218, 233
– anwendbares Recht, IPRG 163d N 12 ff.
Immobilien
– Fusion Institut des öffentlichen Rechts mit Kapitalgesellschaft, Genossenschaft, Verein, Stiftung, *s. dort*
– Spaltung, *s. dort*
Immobiliengesellschaft
– Fusionsähnliche Zusammenschlüsse von Kapitalgesellschaften, *s. dort*
– Gewinnsteuer, vor 3 N 79
– Grundstückgewinnsteuer, vor 3 N 100, 439
– Handänderungssteuer, vor 3 N 440
– Spaltung, *s. dort*
– Umstrukturierung juristischer Personen, vor 3 N 79
– wirtschaftliche Handänderung, 103 N 26
indirekte Nennwertliberierung, *s. Spaltung*
indirekte Spaltung, vor 29 N 4 ff.
indirekte Teilliquidation
– Einkommenssteuer, vor 3 N 56 ff.
– Erbenholding, vor 3 N 57
– Leveraged Buyout, vor 3 N 57
– Management Buyout, vor 3 N 57
– Verrechnungssteuer, vor 3 N 173
Information, vor 27 N 33
– rechtzeitige, vor 27 N 27
– Vertragspartner, 42 N 14 ff.
Information der Gesellschafter
– Ausnahme von der Informationspflicht bei der Vermögensübertragung, 74 N 8
– Form und Zeitpunkt bei der Vermögensübertragung, 74 N 4
– Informationsrecht und Informationspflicht, 74 N 3
– Inhalt der Information bei der Vermögensübertragung, 74 N 7
– Modalitäten bei der Vermögensübertragung, 74 N 3 ff.
– Rechtsfolgen einer Verletzung der Informationspflicht bei der Vermögensübertragung, 74 N 8
– Vermögensübertragung, 74 N 1 ff.
Informationspflicht, vor 27 N 24; 42 N 4 ff.
– Anwendungsbereich, 82 N 4 f.

Informationspflicht

- Form, 93 N 7
- Inhalt, 82 N 8; 93 N 6
- vertragliche, 42 N 11
- Zeitpunkt, 93 N 8

Informationsrechte, 14 N 1, 6, 9, 34; 15 N 10
Inhaltsschutz, vor 27 N 14; 68 N 8
Inkorporationsprinzip, IPRG vor 161–164 N 27
Inkrafttreten, vor 109 N 4, 38 ff.
- steuerrechtliche Bestimmungen, vor 109 N 1 ff.

Inländer, Verrechnungssteuer, vor 3 N 150 ff.
inländische Bank, Umsatzabgabe, vor 3 N 253
inländische Betriebsstätte
- Einkommenssteuer, vor 3 N 355
- Fusion Personengesellschaften mit Personengesellschaften, *s. dort*
- Spaltung, *s. dort*
- Vermögensübertragung inländische auf ausländische Unternehmung, *s. dort*

inländische Kapitalgesellschaft, Umsatzabgabe, vor 3 N 255
inländische Vorsorgeeinrichtung, Umsatzabgabe, vor 3 N 256
inländische Zweigniederlassung, Umsatzabgabe, vor 3 N 253
Inlandumsatz, Mehrwertsteuer, vor 3 N 322 f.
Institute der Gemeinden, *s. Steuerbefreiung*
Institute der Kantone, *s. Steuerbefreiung*
Institute des öffentlichen Rechts, 1 N 83 ff.; vor 27 N 4
- Begriff, 2 N 14 ff.
- Besonderheiten bei Umstrukturierungen, 1 N 85
- Eintrag im Handelsregister, 2 N 15
- Fusion, 1 N 83 f.
- organisatorische Verselbständigung, 2 N 16
- Privatisierung, 1 N 87
- privatrechtliche Voraussetzungen für Fusion, Spaltung und Vermögensübertragung, 1 N 83 ff.
- Profit Center, 2 N 18
- Umwandlung, 1 N 83 f.
- Vermögensübertragung, 1 N 83 f., 88
- Verstaatlichung, 1 N 87 f.

- Verzicht auf Spaltung, 1 N 86

Institute des öffentlichen Rechts des Bundes, *s. Steuerbefreiung*
Interessenkonflikt bei Spaltungsvertrag, 37 N 35
interkantonale Spaltung, *s. Spaltung*
internationale Sachverhalte, *s. Spaltung*
internationale Steuerausscheidung, *s. Vermögensübertragung inländische auf ausländische Unternehmung*
internationales Verhältnis
- Einkommenssteuer, vor 3 N 8
- unbeschränkte Steuerpflicht, vor 3 N 8

Internationalität, Gerichtsstand, GestG 29a N 6 ff.
intertemporales Recht, Sperrfrist, vor 53 N 141 ff.
Inventar, 100 N 9, 15
- Grundlage für Wertbestimmung, 37 N 11
- Fusion Institut des öffentlichen Rechts mit Kapitalgesellschaft, Genossenschaft, Verein, Stiftung, *s. dort*
- Spaltungsvertrag, 37 N 10 ff.
- Vermögensübertragung, 71 N 5

Inventarpflicht, 100 N 9
IPRG
- Eintragung der Spaltung, 51 N 17
- Zuständigkeit, GestG 29a N 9

J

Jahresabschluss, 11 N 6
Jahresrechnung und Jahresbericht, Einsichtsrecht, 41 N 10
Joint Venture, 3 N 6, 12
- Emissionsabgabe, Teil 1 vor 69 N 121
- Gewinnsteuer, Teil 1 vor 69 N 80, 82
- Tochterausgliederung, *s. dort*

juristische Personen
- Einkommenssteuer, vor 3 N 26 ff.
- Gewinnsteuer, vor 3 N 61 ff.
- Übertragung auf juristische Person, vor 3 N 27 ff.
- Umstrukturierung von Personengesellschaften, vor 3 N 26
- Spaltung, *s. dort*

K

Kaderversicherung, Steuerbefreiung Vorsorgeeinrichtung, vor 88 N 8 f.
kantonale Umstrukturierungsnormen, 103 N 56 ff.
Kantonalbanken, 99 N 13
– Verrechnungssteuer, vor 99 N 55
kantonales Recht, unselbständiges, 103 N 33
Kantone, Steuerbefreiung, *s. dort*
Kapital
– Emissionsabgabe, Teil 1 vor 69 N 122 ff.
– Tochterausgliederung, *s. dort*
Kapitalaufbringung, 9 N 18, 35
Kapitalerhöhung, 3 N 13, 18; 7 N 1, 11, 26; 8 N 4; 25 N 7
– Anmeldung zur Eintragung ins Handelsregister, 21 N 12, 15
– Autorisierung des Verwaltungsrats, 33 N 15
– Bezugsrechtverzicht, *s. Spaltung*
– Durchführung, 33 N 16
– einzureichende Belege, 21 N 18 ff.
– Emissionsabgabe, vor 3 N 238 f., 423, 444 f.
– Fusion Kapitalgesellschaften und Genossenschaften mit Anteilscheinen, *s. dort*
– Fusionsähnliche Zusammenschlüsse von Kapitalgesellschaften, *s. dort*
– Fusionsbeschluss, 18 N 11
– öffentliche Beurkundung, 20 N 7
– Quoren, 18 N 41 ff.
– Rechtsvergleich, 33 N 17 f.
– Spaltung, *s. dort*
– Spaltungsvertrag, Anpassung der Wertverhältnisse, 37 N 25
– Sperrfrist, vor 3 N 376; vor 53 N 128
– Umfang, 33 N 4 ff.
– Verrechnungssteuer, vor 3 N 209 f.
– Voraussetzungen, 33 N 4 ff.
Kapitalerhöhungsbericht, 33 N 11; 14 N 8 ff., 26
Kapitalgesellschaften, 3 N 2, 11, 13, 16, 19 f.; 7 N 10, 14; 8 N 3, 8, 10, 13; 22 N 1
– des Bundes, *s. Steuerbefreiung*
– im Sinne des FusG, 2 N 13
– Konzernübertragung, *s. dort*

– Verfahrenserleichterungen, 14 N 1, 7, 8c, 8h, 66; 15 N 3, 12, 44; 16 N 1, 10, 13
Kapitalgewinn
– Einkommensteuer, vor 3 N 433
– Fusionsähnliche Zusammenschlüsse von Kapitalgesellschaften, *s. dort*
– privater, *s. privater Kapitalgewinn*
Kapitalherabsetzung
– Abspaltung, 32 N 1 ff.
  – Anwendung der obligationenrechtlichen Vorschriften zur Kapitalherabsetzung, 32 N 5 ff.
  – Rechtsvergleich, 32 N 10 f.
  – Verzicht, 32 N 4
  – Voraussetzungen, 32 N 2 ff.
– Eintragung der Spaltung, 51 N 14
– Gewinnsteuer, vor 3 N 93
– Spaltung, *s. dort*
– Spaltungsvertrag, Anpassung der Wertverhältnisse, 37 N 25
– Umstrukturierung juristischer Personen, vor 3 N 93
Kapitalrückzahlungsprinzip
– Beteiligungsrechte im Privatvermögen, vor 3 N 40
– Einkommensteuer, vor 3 N 40
Kapitalschutz, 6 N 16, 26 f.
– Vorschriften, 25 N 1, 3, 35 f.
Kapitalverlust, 5 N 6; 6 N 8, 11, 13 ff., 25, 27, 31; 25 N 11, 35
– Umstrukturierung juristischer Personen, vor 3 N 77
Kartellgesetz, 3 N 33; 22 N 19 ff.
Kartellrecht
– Eintritt der Rechtskraft, 1 N 90–96
– kumulative Anwendung, 1 N 92 f.
– Meldepflicht, 1 N 95 f
– Schnittstelle zum Privatrecht, 1 N 94 ff.
– Unternehmenszusammenschluss, Begriff, 1 N 90 f.
– Verletzung des Vollzugsverbots, 1 N 95 f.
– Vorbehalt zugunsten des, 1 N 23, 89 ff.
– Zeitpunkt der Anmeldung der Fusion zur Eintragung, 21 N 12 f.
Kassenobligationen
– Umsatzabgabe, vor 3 N 264
– Obligationen, *s. dort*
Kaufrecht, Umsatzabgabe, vor 3 N 263
Kausalabgaben, 103 N 22

1445

kirchliche Stiftung

kirchliche Stiftung, Begriff, 85 N 5
Klage, Sicherstellung, 25 N 40
KMU, 1 N 16, 21; vor 27 N 11
– Begriff, 2 N 19 ff.
– einzureichende Belege, 21 N 25
– Erleichterungen, 1 N 34; 2 N 22 ff.; 51 N 11
– EU-Recht, *s. dort*
– Kriterien, 2 N 20 f.
– Missbrauchspotential, 14 N 25
– Unternehmensgrösse, 2 N 21
– Verfahrenserleichterungen, 14 N 1, 4, 8c ff., 21 ff.; 15 N 3, 6, 12, 40 ff.; 16 N 1, 10, 11 ff.
– Verzicht auf Einsichtsverfahren, 41 N 21
– Verzicht auf Spaltungsbericht, 39 N 6 ff.
– Verzicht auf Spaltungsprüfung, 40 N 22
– Vorentwurf zum Fusionsgesetz, *s. dort*
Koalitionsfreiheit, negative, vor 27 N 20
Kognition
– Aufsichtsbehörde, 83 N 6
– Bundesgericht, 103 N 34
– Handelsregisteramt, 83 N 16
– Handelsregisterführer, 51 N 12; 102 N 5
Kollektivgesellschaft
– Fusionsbeschluss, 18 N 5, 30 f.
– nichtkaufmännisch, *s. nichtkaufmännische Kollektivgesellschaft*
– öffentliche Beurkundung des Fusionsbeschlusses, 20 N 6
– Quoren beim Fusionsbeschluss, 18 N 30 f., 5
Kollektivität, Steuerbefreiung Vorsorgeeinrichtung, vor 88 N 8 ff.
Kombination, 3 N 3 ff., 34
Kombinationsfusion, 5 N 7; 6 N 5; 7 N 5; 10 N 5
– einzureichende Belege, 21 N 24
– Fusion, *s. dort*
– Fusion Kapitalgesellschaften und Genossenschaften mit Anteilscheinen, *s. dort*
– Gewinnsteuer, vor 3 N 408
– öffentliche Beurkundung, 20 N 7
– Stiftung, 78 N 2
– Vereitelung durch Handänderungssteuern, 103 N 6

– Versicherungsunternehmen, VAG 9a N 30
Kommanditaktiengesellschaft
– erleichterte Fusion, 18 N 7
– Fusionsbeschluss, 18 N 5, 7, 14 ff.
– öffentliche Beurkundung des Fusionsbeschlusses, 20 N 6, 11
– Quoren beim Fusionsbeschluss, 18 N 14 ff.
– Zuständigkeit für Fusionsbeschluss, 18 N 5
Kommanditgesellschaft
– Fusionsbeschluss, 18 N 5, 30
– nichtkaufmännische, *s. nichtkaufmännische Kommanditgesellschaft*
– öffentliche Beurkundung des Fusionsbeschlusses, 20 N 6
– Quoren beim Fusionsbeschluss, 18 N 30 f.
– Zuständigkeit für Fusionsbeschluss, 18 N 5
Kommission Stockar, *s. Entstehungsgeschichte*
kommunale Handänderungsabgaben, 103 N 23
Kompetenzverteilung, 36 N 3
Komplementär, 64 N 18
Konglomeratsaufsicht, VAG 9a N 11
Konkurs, 25 N 5
– Gesellschaft im Konkurs, *s. dort*
– Klasse, 25 N 21, 34
– Verfahren, vor 27 N 42
Konnexität, Verfahren, GestG 29a N 31
Konsultation, vor 27 N 27, 33
Konsultationspflicht, vor 27 N 25 f.
Kontinuität
– Mitgliedschaft, 6 N 12, 20 ff.; 31 N 1, 3 ff.
– mitgliedschaftliche, 29 N 8; 34 N 6; 53 N 18
– vermögensmässige, 29 N 8
Kontinuitätsprinzip, 53 N 14
Kontrollstelle, 92 N 8
Konventionalstrafe, 13 N 18
Konzerngesellschaft, Umsatzabgabe, vor 3 N 295
konzerninterne Beteiligungsveräusserung, *s. Vermögensübertragung inländische auf ausländische Unternehmung*
konzerninterne Übertragung
– Konzernübertragung, *s. dort*

1446

- Umsatzabgabe, vor 3 N 292 ff.
- Vermögensübertragung Kapitalgesellschaft oder Genossenschaft auf Kapitalgesellschaft oder Genossenschaft, *s. dort*

Konzernübertragung, Teil 1 vor 69 N 72; vor 109 N 39
- Ausland, Teil 2 vor 69 N 11, 13, 22 f., 25 f., 61, 63, 107, 119 f., 133, 136
- Beteiligung, Teil 2 vor 69 N 23 ff., 44 ff., 60 ff.
- Betrieb, Teil 1 vor 69 N 72; Teil 2 vor 69 N 23 ff., 44 ff.
- Betriebliches Anlagevermögen, Teil 2 vor 69 N 34 ff., 44 ff.
- Buchwert, Teil 2 vor 69 N 44 ff.
- Dreieckstheorie, Teil 2 vor 69 N 10, 102, 126 f.
- einheitliche Leitung, Teil 2 vor 69 N 16 ff.
- Emissionsabgabe, Teil 2 vor 69 N 125 ff.
- Gegenstände des betrieblichen Anlagevermögens, Teil 1 vor 69 N 72
- Gestehungskosten, Teil 2 vor 69 N 44 ff.
- Gewinnsteuer, Teil 2 vor 69 N 6 ff., 78 ff.
- Gewinnsteuerwert, Teil 1 vor 69 N 72; Teil 2 vor 69 N 44 ff.
- Grundstückgewinnsteuer, Teil 2 vor 69 N 114 ff.
- Handänderungssteuer, Teil 2 vor 69 N 117
- Kapitalgesellschaften, Teil 2 vor 69 N 12 ff.
- Mehrwertsteuer, Teil 2 vor 69 N 137 ff.
- Mithaftung, Teil 2 vor 69 N 106 ff.
- Muttergesellschaft, Teil 2 vor 69 N 15 ff., 46 ff., 54 ff., 65 ff., 95 ff., 102, 119 ff., 125, 140
- Nachbesteuerung, Teil 2 vor 69 N 78 ff.
- Sanierung, Teil 2 vor 69 N 75 ff., 123, 127
- Schwestergesellschaft, Teil 2 vor 69 N 1 ff., 10, 44 ff., 67, 75 ff., 78 ff., 100 f., 103 ff., 123, 126 ff.
- Sperrfrist, Teil 2 vor 69 N 78 ff.
- Steuerprivileg, Teil 2 vor 69 N 72 f.
- Stiftung, vor 78 N 22
- stille Reserven, Teil 2 vor 69 N 10, 44 ff., 97 f., 103 ff.
- Teilbetrieb, Teil 1 vor 69 N 72; Teil 2 vor 69 N 27 ff., 44 ff.
- Tochtergesellschaft, Teil 2 vor 69 N 44 ff., 60 ff., 68, 70 f., 100 f., 107, 125
- Umsatzabgabe, Teil 2 vor 69 N 133 ff.
- Vermögensübertragung inländische auf ausländische Unternehmung, *s. dort*
- Vermögensübertragung Kapitalgesellschaft oder Genossenschaft auf Kapitalgesellschaft oder Genossenschaft, *s. dort*
- Verrechnungssteuer, Teil 2 vor 69 N 118 ff.
- Zwangsaufwertung Beteiligung, Teil 2 vor 69 N 65 ff.

Konzernverhältnis, 6 N 4, 18
- Vermögensübertragung Kapitalgesellschaft oder Genossenschaft auf Kapitalgesellschaft oder Genossenschaft, *s. dort*

Kopfstimmrecht, 64 N 21
Körperschaft, 64 N 3
- öffentlich-rechtliche, *s. Institute des öffentlichen Rechts*

kostendeckende Gebühren
- Vermögensübertragung inländische auf ausländische Unternehmung, *s. dort*
- Vermögensübertragung Kapitalgesellschaft oder Genossenschaft auf Personenunternehmung, *s. dort*

Kostendeckungsprinzip, 103 N 22, 36 ff.
- Abschreibungen, 103 N 37
- Amtsschreibereien, 103 N 37
- Reserven, 103 N 37
- Rückstellungen, 103 N 37
- Verwaltungszweig, 103 N 37

Krankenkassen, Steuerbefreiung, 103 N 11
Kumulationsprinzip, kollisionsrechtliches, IPRG vor 161–164 N 10 f.
Kundenguthaben
- Fusion Personengesellschaften mit Personengesellschaften, *s. dort*
- Verrechnungssteuer, vor 3 N 148, 366

Kündigung, vorsorgliche, vor 27 N 12
Kündigungsrecht, ausserordentliches, 22 N 10, 12
Kurverein, Mehrwertsteuer, vor 99 N 99

Landumlegung

L

Landumlegung, Grundstückgewinnsteuer, vor 3 N 106
Legitimation, Anfechtung, 84 N 10
Leistungspflicht, persönlich, 64 N 14, 27
Leitungs-, Verwaltungsorgane: Zuständigkeit zum Abschluss des Übertragungsvertrages, 70 N 2
Leitungsorgan, oberstes, 64 N 4
Leveraged Buyout, indirekte Teilliquidation, vor 3 N 57
Lex Friedrich, 104 N 14
Lex Koller, 104 N 14
Lex mitior
– Steuerstrafrecht, vor 109 N 8
– Verwaltungsstrafrecht, vor 109 N 8
Liberierung ausländischer Beteiligungsrechte, *s. Spaltung*
Liberierung durch Verrechnung, 6 N 23
Liberierungspflicht, 6 N 12
Liebhaberei, Einkommenssteuer, vor 3 N 12
Lieferung, Mehrwertsteuer, vor 3 N 324
Liegenschaft
– Einkommenssteuer, vor 3 N 4, 9, 12
– Gewinnsteuer, Teil 1 vor 69 N 41
– Grundstückgewinnsteuer, Teil 1 vor 69 N 165
– Handänderungssteuer, Teil 1 vor 69 N 165
– Vermögensübertragung auf Vorsorgeeinrichtung, *s. dort*
– Vermögensübertragung Kapitalgesellschaft oder Genossenschaft auf Personenunternehmung, *s. dort*
Liegenschaftssteuer, *s. Vorsorgeeinrichtung*
Liquidation, 3 N 1, 3, 11 f., 22; 25 N 8; OR 738 N 1 ff.
– Auflösung ohne Liquidation, *s. dort*
– Einkommenssteuer, Teil 1 vor 69 N 43 f.
– faktische, *s. faktische Liquidation*
– Gesellschaft in Liquidation, *s. dort*
– Gewinnsteuer, Teil 1 vor 69 N 40
– Konkurs, OR 738 N 9 f.
– Liquidationsstatus, *s. dort*
– Nachlassvertrag, OR 738 N 9 f.
– Vermögensübertragung inländische auf ausländische Unternehmung, *s. dort*
– Vermögensübertragung Kapitalgesellschaft oder Genossenschaft auf Personenunternehmung, *s. dort*
– Vermögensübertragung Kapitalgesellschaft oder Genossenschaft auf Stiftung, *s. dort*
– Verrechnungssteuer, vor 3 N 190; Teil 1 vor 69 N 49, 157, 199, 205
Liquidations- bzw. Naturaldividende, *s. Vermögensübertragung Kapitalgesellschaft oder Genossenschaft auf Personenunternehmung*
Liquidationsbesteuerung
– Vermögensübertragung Kapitalgesellschaft oder Genossenschaft auf Stiftung, *s. dort*
– Vermögensübertragung Kapitalgesellschaft oder Genossenschaft auf Verein, *s. dort*
– Vermögensübertragung Verein auf Personenunternehmung, *s. dort*
– Vermögensübertragung Verein auf Stiftung, *s. dort*
Liquidationsdividende
– Einkommenssteuer, Teil 1 vor 69 N 43 f.
– Gewinnsteuer, Teil 1 vor 69 N 38
– Vermögensübertragung Kapitalgesellschaft oder Genossenschaft auf Personenunternehmung, *s. dort*
Liquidationsfiktion, *s. Vermögensübertragung inländische auf ausländische Unternehmung*
Liquidationsgesellschaft, OR 738 N 5
Liquidationsstatus, 5 N 3, 5 f., 9 ff., 15 ff., 19 ff., 22 ff.
Liquidationsüberschuss
– Beteiligungsrechte im Privatvermögen, vor 3 N 37
– Einkommenssteuer, vor 3 N 37, 58; Teil 1 vor 69 N 145, 157
– Spaltung, *s. dort*
  – Kapitalgesellschaft oder Genossenschaft in Verein oder Stiftung, *s. dort*
  – Vermögensübertragung inländische auf ausländische Unternehmung, *s. dort*
  – Vermögensübertragung Kapitalgesellschaft oder Genossenschaft auf Personenunternehmung, *s. dort*

- Vermögensübertragung Kapitalgesellschaft oder Genossenschaft auf Personenunternehmung, *s. dort*
- Vermögensübertragung Kapitalgesellschaft oder Genossenschaft auf Stiftung, *s. dort*
- Vermögensübertragung Kapitalgesellschaft oder Genossenschaft auf Verein, *s. dort*
- Verrechnungssteuer, vor 3 N 153, 157; Teil 1 vor 69 N 49, 206

Liquidationsverfahren, 5 N 12, 14, 19 f.
Liquidationsvorschriften, 68 N 6
Liquidatoren, 5 N 23 ff.; 6 N 7
Liquidität, 25 N 30
Lizenzvertrag, 22 N 13, 15
Löschung, 3 N 14, 23 f.; 22 N 3
- allgemeine Voraussetzungen bei Emigrationstatbeständen, IPRG 164 N 1 ff.
- Anmeldung zur Eintragung ins Handelsregister, 21 N 7
- Eintragung ins Handelsregister, 21 N 36 ff.
- Emigrationsfusion und Emigrationsspaltung im Besonderen, IPRG 164 N 13 ff.
- Stiftung, 83 N 17
- Vorsorgeeinrichtung, 95 N 21
- Zeitpunkt, IPRG 164 N 5 ff.

Lugano Übereinkommen, GestG 29a N 8, 37
- Überprüfungsklage nach Art. 105 FusG, IPRG 164a N 7 ff.

M

Management Buyout, indirekte Teilliquidation, vor 3 N 57
Mantel, *s. Mantelhandel*
Mantelhandel
- Beteiligungsrechte im Privatvermögen, vor 3 N 58
- Einkommenssteuer, vor 3 N 58
- Emissionsabgabe, vor 3 N 222
- Gewinnsteuer, vor 3 N 75
- Umstrukturierung juristischer Personen, vor 3 N 75
- Verrechnungssteuer, vor 3 N 159

Massenentlassung, vor 27 N 14, 31
Massgeblichkeit Bundesgesetze, 103 N 7
Massgeblichkeitsprinzip
- Einkommenssteuer, vor 3 N 14

- Fusion Institut des öffentlichen Rechts mit Kapitalgesellschaft, Genossenschaft, Verein, Stiftung, *s. dort*
- Gewinnsteuer, vor 3 N 62
- Spaltung von privilegiert besteuerter auf ordentlich besteuerte Gesellschaft, *s. dort*

Massnahmen, vorsorgliche, 46 N 13
Materialien, Gerichtsstand, GestG 29a N 1
Mehrheits- und Zustimmungserfordernisse, *s. Quoren*
Mehrheitsbeteiligung
- Transponierung, vor 3 N 53
- Übertragung der ~ einer Immobiliengesellschaft, 103 N 24 ff.

Mehrwertsteuer, vor 3 N 304 ff.
- ausgenommener Umsatz, *s. dort*
- autonome Dienststelle, *s. dort*
- Beginn Steuerpflicht, *s. dort*
- Bemessungsgrundlage, *s. dort*
- Beteiligung, *s. dort*
- Betriebsstätte, *s. dort*
- Dienstleistung, *s. dort*
- Dienstleistungsimport, *s. dort*
- Dividenden, *s. dort*
- Eigenverbrauch, *s. dort*
- Einlageentsteuerung, *s. dort*
- Empfängerortsprinzip, *s. dort*
- Fusion Institut des öffentlichen Rechts mit Kapitalgesellschaft, Genossenschaft, Verein, Stiftung, *s. dort*
- Fusion Kapitalgesellschaften und Genossenschaften mit Anteilscheinen, *s. dort*
- Fusion Personengesellschaften in Kapitalgesellschaften, *s. dort*
- Fusion Personengesellschaften mit Personengesellschaften, *s. dort*
- Fusion Vereine und Genossenschaften ohne Anteilscheine, *s. dort*
- Fusionsähnliche Zusammenschlüsse von Kapitalgesellschaften, *s. dort*
- Gesamtvermögen, *s. dort*
- Grundstück, *s. dort*
- Gruppenbesteuerung, *s. dort*
- Haftung, *s. dort*
- Hoheitliche Gewalt, *s. dort*
- Inlandumsatz, *s. dort*
- Konzernübertragung, *s. dort*
- Kurverein, *s. dort*

1449

Mehrwertsteuer

- Lieferung, *s. dort*
- Meldeverfahren, *s. dort*
- Option, *s. dort*
- Ort der Dienstleistung, *s. dort*
- Ort der Lieferung, *s. dort*
- Rechtskleidwechsel, *s. dort*
- selbständige öffentlichrechtliche Anstalten, vor 99 N 79
- Spaltung, *s. dort*
- Steuerbarer Umsatz, *s. dort*
- Steuernachfolge, *s. dort*
- Steuerobjekt, *s. dort*
- Steuerpflicht, *s. dort*
- Steuersubjekt, *s. dort*
- Steuerzahllast, *s. dort*
- Stiftung, *s. dort*
- Subvention, *s. dort*
- Teilvermögen, *s. dort*
- Tochterausgliederung, *s. dort*
- Tochtergesellschaft, *s. dort*
- Übertragung Aktiven und Passiven, *s. dort*
- Übertragung Beteiligungsrechte, *s. dort*
- Umsatzgrenze, *s. dort*
- Umstrukturierungen, *s. dort*
- Umwandlung Genossenschaft in Verein, *s. dort*
- Umwandlung Institut des öffentlichen Rechts in Kapitalgesellschaft, Genossenschaft, Verein, Stiftung, *s. dort*
- Umwandlung Kapitalgesellschaft und Genossenschaft in andere Kapitalgesellschaft und Genossenschaft, *s. dort*
- Umwandlung Kapitalgesellschaft und Genossenschaft in Personenunternehmung, *s. dort*
- Umwandlung Personengesellschaft in Einzelunternehmung, *s. dort*
- Umwandlung Personengesellschaft in Personengesellschaft mit anderer Rechtsform, *s. dort*
- Umwandlung Personenunternehmung in Kapitalgesellschaft oder Genossenschaft, *s. dort*
- Umwandlung Verein in Kapitalgesellschaft und Genossenschaft, *s. dort*
- Verkehrsverein, *s. dort*
- Vermögensübertragung eines anderen Rechtsträgers auf ein Institut des öffentlichen Rechts, *s. dort*
- Vermögensübertragung eines Instituts des öffentlichen Rechts auf einen anderen Rechtsträger, *s. dort*
- Vermögensübertragung inländische auf ausländische Unternehmung, *s. dort*
- Vermögensübertragung Kapitalgesellschaft oder Genossenschaft auf Personenunternehmung, *s. dort*
- Vermögensübertragung Personenunternehmung auf Personenunternehmung, *s. dort*
- Vermögensübertragung Verein auf Personenunternehmung, *s. dort*
- Vorsorgeeinrichtung, *s. dort*
- Vorsteuerabzug, *s. dort*

Mehrwertsteuergruppe
- Vermögensübertragung inländische auf ausländische Unternehmung, *s. dort*
- Vermögensübertragung Kapitalgesellschaft oder Genossenschaft auf Kapitalgesellschaft oder Genossenschaft, *s. dort*

Meldeverfahren
- Gesamtvermögen, vor 99 N 98
- Mehrwertsteuer, vor 3 N 330, 340 ff., 370, 390, 426, 460; Teil 2 vor 69 N 138
- Teilvermögen, vor 99 N 98
- Verrechnungssteuer, vor 3 N 179 ff., 422, 426; vor 99 N 56, 97

Meldeverfahren bei Mehrwertsteuer
- Spaltung, *s. dort*
- Vermögensübertragung inländische auf ausländische Unternehmung, *s. dort*
- Vermögensübertragung Kapitalgesellschaft oder Genossenschaft auf Kapitalgesellschaft oder Genossenschaft, *s. dort*

Meldeverfahren bei Verrechnungssteuer
- Spaltung, *s. dort*
- Vermögensübertragung inländische auf ausländische Unternehmung, *s. dort*
- Vermögensübertragung Kapitalgesellschaft oder Genossenschaft auf Personenunternehmung, *s. dort*

Mietvertrag, 22 N 12, 15
Militäranstalten, 103 N 11
Minderheitenschutz
- Fusionsbeschluss, 18 N 2
- Spaltungsbeschluss, 43 N 3

Minderheitsbeteiligung, 5 N 8, 13; 6 N 3 f., 31
- Beteiligungsrechte im Privatvermögen, vor 3 N 51
- Transponierung, vor 3 N 51, 53
- Übertragung der ~ einer Immobiliengesellschaft, 103 N 24 ff.
- Aktionärsinteressen, *s. dort*

Minderheitsgesellschafter, Schutz, 15 N 9, 40, 43; 16 N 4, 8

Minderheitsschutz, *s. Minderheitsbeteiligungen*

Mindestkapital bei der Verlegung vom Ausland in die Schweiz, IPRG 162 N 10 ff.

Mindeststandard, 101 N 8

Missbrauchsregelung, verobjektivierte, *s. Spaltung*

Mitarbeiterbeteiligung
- Gewinnsteuer, vor 3 N 93
- Umstrukturierung juristischer Personen, vor 3 N 93

Mitbestimmungsrecht, vor 27 N 25

Miteigentum
- Aufhebung, 38 N 10
- beteiligte Gesellschaften, 38 N 8 ff.
- Verwaltung, 38 N 10

Mitgliederbeitrag
- Fusion Vereine und Genossenschaften ohne Anteilscheine, *s. dort*
- Gewinnsteuer, vor 3 N 449

Mitgliedschaft Personengesellschaft, Umsatzabgabe, vor 3 N 262

mitgliedschaftliche Kontinuität, 3 N 6, 9, 34; 7 N 1, 7, 14, 26, 28, 34; 8 N 1, 24; 10 N 13; 22 N 3, 18
- Einschränkung, 7 N 7

Mitgliedschaftsrechte, 3 N 1, 9, 30; 7 N 1 ff., 7 ff., 10, 16, 31, 33; 8 N 1, 3, 8, 12; 31 N 3 ff.
- Einkommenssteuer Privatvermögen, vor 3 N 59
- Begriff, 56 N 3
- Klage auf Überprüfung, 7 N 31; 8 N 18
- Wahrung, 9 N 2, 8

Mithaftung, *s. Konzernübertragung*

Mittel, freie, 88 N 12 ff.

Mitwirkungsgesetz, vor 27 N 25, 29

modifizierte Dreieckstheorie
- Beteiligungsrechte im Privatvermögen, vor 3 N 48

- Einkommenssteuer, vor 3 N 48
- Spaltung, *s. dort*

monistisches System
- Fusion Institut des öffentlichen Rechts mit Kapitalgesellschaft, Genossenschaft, Verein, Stiftung, *s. dort*
- Grundstückgewinnsteuer, vor 3 N 96, 103 f., 123

Muttergesellschaft, 3 N 5, 16 ff.; 7 N 26; 8 N 12
- Konzernübertragung

Mutter-Tochter Fusion, 7 N 26; 9 N 11, 16; 23 N 12 ff.; 24 N 2 ff.
- Muttergesellschaft, *s. dort*

N

Nachbesteuerung
- Konzernübertragung, *s. dort*
- Spaltung, *s. dort*
- Sperrfrist, vor 53 N 134 ff.
- Vermögensübertragung inländische auf ausländische Unternehmung, *s. dort*
- Vermögensübertragung Kapitalgesellschaft oder Genossenschaft auf Kapitalgesellschaft oder Genossenschaft, *s. dort*

Nachbesteuerung, der stillen Reserven, *s. Vermögensübertragung Kapitalgesellschaft oder Genossenschaft auf Kapitalgesellschaft oder Genossenschaft*

Nacherhebung der Umsatzabgabe, *s. Vermögensübertragung inländische auf ausländische Unternehmung*

Nachlassverfahren, vor 27 N 42

Nachschusspflicht, 6 N 14; 26 N 4, 11; 64 N 14, 27
- Fusionsbeschluss, 18 N 16, 25

Nachsteuerverfahren, *s. Vermögensübertragung Kapitalgesellschaft oder Genossenschaft auf Kapitalgesellschaft oder Genossenschaft*

nachträgliche Besteuerung bei Realisation, *s. Vermögensübertragung inländische auf ausländische Unternehmung*

nachträglicher Gläubigerschutz, Stiftungsfusion, 85 N 2

Nachwirkung, StHG-Bestimmungen, vor 109 N 3

nahestehende Person, *s. Vermögensübertragung inländische auf ausländische Unternehmung*

Nationalbank

Nationalbank, Umsatzabgabe, vor 3 N 253
Naturaldividende
– Einkommensteuer, Teil 1 vor 69 N 43 f.
– Vermögensübertragung Kapitalgesellschaft oder Genossenschaft auf Personenunternehmung, s. dort
natürliche Person
– Einkommensteuer, vor 3 N 1, 3, 5, 9, 20, 28
– Fusion, 4 N 8
– Übertragung auf juristische Person, vor 3 N 28
– Umstrukturierung von Personengesellschaften, vor 3 N 20
Nennkapital, 68 N 5
– Fusion Kapitalgesellschaften und Genossenschaften mit Anteilscheinen, s. dort
– Fusion Personengesellschaften in Kapitalgesellschaften, s. dort
– Verrechnungssteuer, vor 3 N 154 f., 384, 417
Nennwertanpassung, Anpassung der Wertverhältnisse beim Spaltungsvertrag, 37 N 25
Nennwertdifferenzen
– Einkommensteuer, vor 3 N 412
– Fusion Kapitalgesellschaften und Genossenschaften mit Anteilscheinen, s. dort
Nennwerterhöhung
– Beteiligungsrechte im Privatvermögen, vor 3 N 39, 42, 44
– Einkommensteuer, vor 3 N 39, 42, 44, 433 ff.; Teil 1 vor 69 N 145, 157
– fusionsähnliche Zusammenschlüsse von Kapitalgesellschaften, s. dort
– Vermögensübertragung Kapitalgesellschaft oder Genossenschaft auf Stiftung, s. dort
– Vermögensübertragung Kapitalgesellschaft oder Genossenschaft auf Verein, s. dort
Nennwertprinzip
– Beteiligungsrechte im Privatvermögen, vor 3 N 39
– Einkommensteuer, vor 3 N 39
– Verrechnungssteuer, vor 3 N 154

Nennwertzuwachs
– Einkommensteuer, vor 3 N 411
– Fusion Kapitalgesellschaften und Genossenschaften mit Anteilscheinen, s. dort
– Spaltung, s. dort
Nettoaktivenüberschuss, s. Vermögensübertragung inländische auf ausländische Unternehmung
Nettoaktivvermögen, 47 N 10, 22
Neugründung
– öffentliche Beurkundung, 20 N 7
– Spaltung, 34 N 1 ff.
Nichtigkeit
– öffentliche Beurkundung, 20 N 14
– von Fusionsbeschlüssen, 18 N 47 f.
nichtkaufmännische Kollektivgesellschaft
– Einkommensteuer, vor 3 N 24
– Umstrukturierung Personengesellschaften, vor 3 N 24
nichtkaufmännische Kommanditgesellschaft
– Einkommensteuer, vor 3 N 24
– Umstrukturierung von Personengesellschaften, vor 3 N 24
Nichtrückwirkung
– Grundsatz, vor 109 N 5, 22
– Verletzung, vor 109 N 5
nichtsteuerneutrale konzerninterne Übertragung, s. Spaltung
Niederlassungsfreiheit
– Centros, Überseering, IPRG vor 161–164 N 28
– EuGH-Rechtsprechung, IPRG vor 161–164 N 27 ff.
– EU-Recht, IPRG vor 161–164 N 23
Normadressat, 103 N 9
Normenkontrolle, 103 N 7
Notariat, 104 N 28
Notariatsgebühr, 103 N 48 ff.
numerus clausus, 1 N 15; 4 N 1 ff.; 99 N 6
– Kritik, 4 N 2
– Rechtssicherheit, 4 N 1
Nutzungsberechtigung, Verrechnungssteuer, vor 3 N 178

O

oberstes Leitungs- oder Verwaltungsorgan, 5 N 22 ff.; 6 N 1, 33
objektbezogene Betrachtungsweise
– Beteiligungsrechte im Privatvermögen, vor 3 N 37
– Einkommensteuer, vor 3 N 37
objektiv wesentliche Punkte beim Spaltungsvertrag, 37 N 3 ff.
objektivierte Sperrfrist, 109 N 20
objektivierte Veräusserungssperrfrist, *s. Vermögensübertragung Kapitalgesellschaft oder Genossenschaft auf Kapitalgesellschaft oder Genossenschaft*
objektmässige Ausscheidungsmethode
– Emigrationsspaltung, *s. dort*
– Fusion Kapitalgesellschaften und Genossenschaften mit Anteilscheinen, *s. dort*
– Gewinnsteuer, vor 3 N 410
– Vermögensübertragung inländische auf ausländische Unternehmung, *s. dort*
Obligationen
– ausländische, *s. ausländische Obligationen*
– Fusion Personengesellschaften in Kapitalgesellschaften, *s. dort*
– Fusion Personengesellschaften mit Personengesellschaften, *s. dort*
– Fusion Vereine und Genossenschaften ohne Anteilscheine, *s. dort*
– Umsatzabgabe, vor 3 N 264
– Verrechnungssteuer, vor 3 N 146, 366, 385, 456
offene Reserven, *s. Spaltung*
Offenlegungspflicht, 42 N 24
öffentliche Beurkundung, 65 N 4 ff.
– Anerkennung von im Ausland errichteten Urkunden, 20 N 5
– Ausnahmen, 20 N 12 f.
– Begriff, 20 N 4
– Belege der öffentlichen Urkunde, 20 N 8
– erleichterten Fusion, 20 N 6
– EU-Recht, 20 N 15
– Fehlen der öffentlichen Beurkundung, 20 N 14
– Fusionsbeschluss, 20 N 1 ff.
– Gegenstand der öffentlichen Urkunde, 20 N 7
– Nichtigkeit des Beschlusses bei Fehlen der öffentlichen Beurkundung, 20 N 14
– örtliche Zuständigkeit, 20 N 5
– Rechtsschutz und Sanktionen, 20 N 14
– Spaltungsbeschluss, 44 N 1 ff.
  – Gültigkeitserfordernis, 44 N 4
  – kantonales Recht, 44 N 5
– Urabstimmung, 20 N 10
– Verfahren, 20 N 5
– Zweck, 20 N 3
öffentlich-rechtliche Stiftungen des Bundes, Steuerbefreiung, vor 99 N 14
Optimismus, Gesetzgeber, 110 N 11
Option, Mehrwertsteuer, vor 3 N 309 f.
Organ, anmeldepflichtiges, 66 N 5
Organhaftung, Kapitalherabsetzung bei der Spaltung, 32 N 9
Orientierung Generalversammlung, 42 N 23
Ort der Dienstleistung, Mehrwertsteuer, vor 3 N 325
Ort der Lieferung, Mehrwertsteuer, vor 3 N 325

P

parallele Verfahren, GestG 29a N 31 ff.
Parallelität der Steuerfolgen, 103 N 16
parlamentarische Initiative Schiesser, 78 N 8, 14 f.
Parteiwechsel, 22 N 16
partielle Universalsukzession
– Nachvollzug durch Einzelrechtsnachfolge, 73 N 22
– Theorienstreit im Rahmen der Vermögensübertragung, 73 N 17
– Vermögensübertragung, 73 N 13 f.
Partizipationsschein
– Anteile ohne Stimmrecht, *s. dort*
– Fusion Institut des öffentlichen Rechts mit Kapitalgesellschaft, Genossenschaft, Verein, Stiftung, *s. dort*
Passivenüberschuss, 9 N 20; 29 N 23
– Spaltung, *s. dort*
Passivsaldo, Zulässigkeit, 33 N 5
Passivvermögen, Zuordnung bei der Vermögensübertragung, 72 N 3
Paulianische Anfechtung, *s. Anfechtung, paulianische*
Pauschalsteuersätze, *s. Fusion Institut des öffentlichen Rechts mit Kapitalgesellschaft, Genossenschaft, Verein, Stiftung*

Person, juristische

Person, juristische, *s. juristische Person*
Person, natürliche, *s. natürliche Person*
Personalsicherheit, 25 N 23 f.
– Spaltung, 46 N 10
– Vermögensübertragung, 75 N 16
Personengesamtheiten ohne juristische Persönlichkeit, ausländische, *s. Spaltung*
Personengesellschaft
– Einkommensteuer, vor 3 N 1 f., 9, 12 f., 19 ff., 26
– nicht kaufmännische, vor 53 N 21, 38, 83, 157
– Steuerliche Transparenz, vor 53 N 6
– Steuersubjekt, vor 53 N 6
– Umstrukturierung, *s. dort*
Pflichten, Spaltungsvertrag, 37 N 28
Planmässigkeit, Steuerbefreiung Vorsorgeeinrichtung, vor 88 N 11 f.
Post, Befreiung von der Handänderungssteuer, 103 N 12
Praktikabilitätsgrenzen, 37 N 14
private Vermögensverwaltung, Einkommensteuer, vor 3 N 12
Privatentnahme
– Einkommenssteuer, vor 3 N 17, 24, 358
– Fusion Personengesellschaften mit Personengesellschaften, *s. dort*
– Umstrukturierung Personengesellschaften, vor 3 N 24
privater Kapitalgewinn
– Beteiligungsrechte im Privatvermögen, vor 3 N 37, 41
– Einkommenssteuer, vor 3 N 37
Privatisierung, Institute des öffentlichen Rechts, 99 N 4, 14
Privatisierungsvorgang, *s. Fusion Institut des öffentlichen Rechts mit Kapitalgesellschaft, Genossenschaft, Verein, Stiftung*
Privatrechtsgesetzgebungskompetenz, 103 N 5 f., 9
Privatvermögen
– Beteiligungsrechte im Privatvermögen, vor 3 N 37 ff.
– Einkommenssteuer, vor 3 N 12 f., 24
– Umstrukturierung Personengesellschaften, vor 3 N 24
Progressionsvorbehalt, Einkommenssteuer, vor 3 N 4

Promilletarif, 103 N 41 f.
Prospekt (für Anleihensobligationen), 26 N 14
Prospekthaftung, 108 N 10
Protokoll Fusionsbeschluss, 84 N 4
Prüfung
– Aufsichtsbehörde, 95 N 8 f.
– Exekutivorgane, 42 N 17 ff.
– Fusionsbericht, 15 N 1 ff., 21, 24
– Fusionsbilanz, 15 N 2, 21, 24
– Fusionsvertrag, 15 N 1, 21, 24
Prüfungsbericht, 3 N 13, 17; 7 N 33; 15 N 2
– Bewertungsmethoden, 40 N 18 f.
– Einsichtsrecht, 41 N 9
– Form, 40 N 17
– Kapitalerhöhung und Kapitalherabsetzung, 40 N 18
– Mängel, 40 N 24 f.; 92 N 22
– Umwandlung einer Personalvorsorgeeinrichtung, 97 N 17 ff.
– Vorbehalte, 40 N 21; 92 N 23
Prüfungsbestätigung, 14 N 7, 8 ff., 26; 33 N 11
Prüfungsgegenstand, Spaltungsprüfung, 40 N 10
Prüfungshaftung, 108 N 30, 39 ff.
Prüfungsinhalt, Spaltungsprüfung, 40 N 11 ff.
Prüfungsverfahren, Spaltungsprüfung, 40 N 15 ff.
Publikation, SHAB, 45 N 7 ff.
Publikumsgesellschaften, asymetrische Spaltung, 31 N 16
Publizität, *s. Transparenz*
Publizitätswirkung, Vermögensübertragung, 73 N 10 ff.

Q

Quasifusion, 3 N 6, 12; IPRG vor 161–164 N 3
– Anforderungen, vor 109 N 37
– Beteiligungsrechte im Privatvermögen, vor 3 N 42
– Einkommenssteuer, vor 3 N 42
– Emissionsabgabe, vor 3 N 240 f., 443
– Fusionsähnliche Zusammenschlüsse von Kapitalgesellschaften, *s. dort*
– Gewinnsteuer, vor 3 N 427
– grenzüberschreitende, vor 109 N 37
– Grundstückgewinnsteuer, vor 3 N 439

- Fusion, *s. dort*
- Steuerneutralität, vor 3 N 430
- Umsatzabgabe, vor 3 N 269
- Verrechnungssteuer, vor 3 N 177, 217, 441

Quasi-Liegenschaftenhändler, *s. Spaltung*
Quasi-Wertschriftenhändler, *s. Spaltung*
Querschnitterlass, 1 N 2
Quoren
- asymmetrische Spaltung, Spaltungsbeschluss, 43 N 23 ff.
- doppelte, 64 N 11 ff.
- Fusionsbeschluss, 18 N 13 ff.
- Spaltungsbeschluss, 43 N 3, 18 ff.
- statutarische, 18 N 44
- symmetrische Spaltung, Spaltungsbeschluss, 43 N 18 ff.
- Verletzung, 18 N 48 ff.
- zwingendes Recht, 18 N 44

quotale steuerliche Abrechnung, *s. Vermögensübertragung Kapitalgesellschaft oder Genossenschaft auf Kapitalgesellschaft oder Genossenschaft*
quotenmässig direkte Ausscheidungsmethode, *s. Emigrationsspaltung*

R

Rangrücktritt, 6 N 1 f., 18 ff., 35; 25 N 21
Realisation
- buchmässige, *s. buchmässige Realisation*
- echte, *s. echte Realisation*
- Einkommenssteuer, vor 3 N 15 ff.
- Gewinnsteuer, vor 3 N 62
- steuersystematische, *s. steuersystematische Realisation*
- Zeitpunkt, *s. Realisationszeitpunkt*

Realisationszeitpunkt, vor 109 N 10 ff.
- Besitzverschaffung, vor 109 N 10 f.
- Einkommenssteuer, vor 3 N 15; vor 109 N 10 f.
- Gewinnsteuer, vor 109 N 10 f.
- Verfügungsgeschäft, vor 109 N 10
- Vertragsabschluss, vor 109 N 11

Realsicherheit, 25 N 23
- Spaltung, 46 N 10
- Vermögensübertragung, 75 N 16

Realteilung, *s. Spaltung*
Rechnungslegungsgrundsätze, 100 N 12
Recht, wohlerworbenes, *s. wohlerworbene Rechte*

Recht zur Nutzung, Verrechnungssteuer, vor 3 N 169
Rechte und Ansprüche der Versicherten, 88 N 10 ff.; 91 N 6 ff.
Rechtsform, Nennung im Spaltungsvertrag, 37 N 7
rechtsformändernde Umwandlung, vor 53 N 4; *s. Fusion Institut des öffentlichen Rechts mit Kapitalgesellschaft, Genossenschaft, Verein, Stiftung*
Rechtsformänderung, 31 N 4
Rechtsformwechsel, 31 N 4
Rechtskleidwechsel, Mehrwertsteuer, vor 3 N 338
Rechtskraft, Spaltung, 47 N 8; 48 N 5
Rechtsmittel
- staatsrechtliche Beschwerde, 103 N 33 f.

Rechtsöffnungstitel, Sicherstellung, 75 N 16
Rechtssicherheit, 1 N 56; *s.a. Zweck des Fusionsgesetzes*
Rechtsträger, 1 N 50; GestG 29a N 15; OR 936a N 1 f., 4 ff., 8
- Begriff, 2 N 1 ff.
- einfache Gesellschaft, 2 N 5
- Einzelfirma, 2 N 6
- IPRG, 2 N 7
- übernehmender, 4 N 7
- übertragender, 4 N 7
- Vorsorgeeinrichtungen in Form von Genossenschaften, 2 N 3

Rechtsunsicherheit, 110 N 12
Rechtsvergleich
- EU-Recht, *s. dort*
- UmwG, deutsches, *s. dort*

Rechtswirksamkeit, 3 N 9, 14, 25, 33; 7 N 4, 10, 26, 31; 8 N 5, 18; 22 N 1 ff.; 25 N 33; 84 N 18
- Fusion, 83 N 17
- Spaltung, 52 N 1 ff.
  - Zeitpunkt, 52 N 1 ff.
- Vereine, 22 N 23
- Vermögensübertragung, 73 N 7 ff.

Rechtswirkung, Handelsregistereintragung, Spaltung, 52 N 1 ff.
Reduktion bei Umstrukturierungen, Emissionsabgabe, vor 3 N 242 ff.
Regelungsbereich des Fusionsgesetzes, 1 N 36 ff.
- Fusion, 1 N 37 ff.

1455

Regelungsbereich des Fusionsgesetzes

- Spaltung, 1 N 40 ff.
- Umwandlung, 1 N 42 ff.
- Vermögensübertragung, 1 N 45 ff.

Regierungs- und Verwaltungsorganisationsgesetz, 103 N 11
Regress, 47 N 21
Regulierung
- rechtsformunabhängige, 1 N 2
- transaktionsformunabhängige, 1 N 2

reine Umwandlung, vor 53 N 3
Reinvermögen, 38 N 3, 9; 47 N 21
Reinvestition, Ersatzobjekt, vor 109 N 41
Remote member, Umsatzabgabe, vor 3 N 259, 300
Repo-Geschäft, Umsatzabgabe, vor 3 N 271
Reserven
- Fusion Kapitalgesellschaften und Genossenschaften mit Anteilscheinen, *s. dort*
- Fusion Personengesellschaften in Kapitalgesellschaften, *s. dort*
- Fusion Personengesellschaften mit Personengesellschaften, *s. dort*
- Fusion Vereine und Genossenschaften ohne Anteilscheine, *s. dort*
- gebundene, 6 N 14, 17, 31
- Kostendeckungsprinzip, 103 N 37
- statutarische Reserven, 6 N 17, 31
- stille, *s. dort*
- Verrechnungssteuer, vor 3 N 204, 365, 384, 416 f., 455

Reserveneinlage bei Emissionsabgabe, *s. Spaltung*
Reserveübertrag, grenzüberschreitender, *s. Spaltung*
Restrukturierungsvorgänge, Umsatzabgabe, vor 3 N 268
Reverse Merger, 3 N 16; 9 N 12
- Fusion Kapitalgesellschaften und Genossenschaften mit Anteilscheinen, *s. dort*
- Gewinnsteuer, vor 3 N 401
- Tochter-Mutter-Fusion, *s. dort*

Revisionsbericht, *s. Bestätigung eines Revisors*
Revisionsstelle, 40 N 5 ff.
Revisor
- besondere Vorteile, OR 727c N 1–6
- besonders befähigter, 25 N 28; 100 N 11; *s.a. Fusionsprüfung*
- besonders qualifizierter, 15 N 11, 14
- gemeinsamer, 1 N 33; 15 N 16; 40 N 8
- gesetzliche Revisionsstelle, 15 N 15
- Organstellung, 15 N 19
- unabhängiger, 15 N 11, 14 ff.
- Unabhängigkeit, OR 727c N 1–6
- Wahl, 15 N 13

Rückerstattung Verrechnungssteuer, vor 3 N 166 ff.
Rückerstattungsverfahren bei Verrechnungssteuer
- Emigrationsspaltung, *s. dort*
- Vermögensübertragung inländische auf ausländische Unternehmung, *s. dort*

Rückgabe Urkunden, Umsatzabgabe, vor 3 N 278
Rückstellungen, Kostendeckungsprinzip, 103 N 37
Rückwirkung
- begünstigender Erlass, vor 109 N 7
- Dauersachverhalt, vor 109 N 9
- echte, vor 109 N 6 ff., 21
- Fusion, 22 N 5
- Spaltung, *s. dort*
- Sperrfrist, vor 109 N 21 f.
- unechte, vor 109 N 9

Rüge, derogatorische Kraft des Bundesrechts, 103 N 34

S

Sachdividende, *s. Spaltung*
Sacheinlage, 3 N 12; 8 N 17; 68 N 5
- Emissionsabgabe, Teil 1 vor 69 N 118, 120
- steuerbare Urkunden, *s. Spaltung*
- Tochterausgliederung, *s. dort*
- Umsatzabgabe, vor 3 N 268, 279 ff.; Teil 1 vor 69 N 127
- Vermögensübertragung inländische auf ausländische Unternehmung, *s. dort*
- Vermögensübertragung Kapitalgesellschaft oder Genossenschaft auf Kapitalgesellschaft oder Genossenschaft, *s. dort*
- Verrechnungssteuer, Teil 1 vor 69 N 211

Sacheinlagevertrag, Kapitalerhöhung im Rahmen von Spaltung, 33 N 11
Sacheinlagevorschriften, 9 N 24; 10 N 16 ff.; 25 N 7, 12
- Anwendung, 33 N 9 ff.

- Ausschluss, 9 N 21 ff.; 14 N 7, 8
 – Voraussetzungen, 9 N 21 f.
- Beschlussanträge, 9 N 27
- Deckung, 9 N 26
- Emissionsprospekt, 9 N 27
- erleichterte Fusion, 9 N 32 ff.; 10 N 17
- Ermächtigungsbeschluss, 9 N 27
- Fusion von KMU, 9 N 32 ff.; 10 N 17
- Fusionsvertrag, 9 N 25
- Gründerbericht, 10 N 17
- Handelsregistereintragung, 10 N 17
- Kapitalerhöhungsbericht, 9 N 29, 46
- Kapitalerhöhungsbeschluss, 9 N 27
- Prüfungsbestätigung, 9 N 30, 46; 10 N 17
- Sacheinlagevertrag, 9 N 25
- Spaltung mit Neugründung, 34 N 13
- Statutenpublizität, 9 N 28; 10 N 17
Sachübernahmevorschriften, 9 N 31; 10 N 17
Saldosteuersatzmethode, *s. Fusion Institut des öffentlichen Rechts mit Kapitalgesellschaft, Genossenschaft, Verein, Stiftung*
Sammelpositionen Inventar Spaltungsvertrag, 37 N 12
Sanierung, 5 N 6, 14
- Beteiligungsrechte im Privatvermögen, vor 3 N 54
- Einkommenssteuer, vor 3 N 54
- Emissionsabgabe, Teil 2 vor 69 N 127
- Konzernübertragung, *s. dort*
- sanierungsbedürftige Gesellschaft, 6 N 3, 9, 13 ff., 23, 25, 30 f.
- Spaltung, 6 N 24
- Transponierung, vor 3 N 54
- Umwandlung, 6 N 24 f.
- Vermögensübertragung, 6 N 24
sanierungsbedürftige Gesellschaft, *s. Sanierung*
Sanierungsfusion, 9 N 20
- Anwendungsbereich, 6 N 1 ff.
- Begriff, 6 N 10 ff.
- Bestätigung gegenüber dem Handelsregister, 6 N 19, 30, 32 f.
- erleichterte, 6 N 18
- Gläubigerschutz, 6 N 30 f.
- Immigrationsfusion, IPRG 163a N 1
- Kapitalerhöhungen, 6 N 22 f.
- Tatbestandsmerkmale, 6 N 13 ff.
- unter bisheriger Rechtslage, 6 N 10 ff.

- Verhältnis zu Art. 725 f. OR, 6 N 26 ff.
- Voraussetzungen, s. Anwendungsbereich und Tatbestandsmerkmale
- *s.a. Sanierung*
Sanierungsspaltung, vor 29 N 147, 156, 166 ff., 170, 177, 208, 222, 229 ff.
Sanktion, vor 27 N 30, 33
SBB, 103 N 11 f.
- Gewinnsteuer, vor 99 N 15 ff.
- Grundstückgewinnsteuer, vor 99 N 46 ff.
- Handänderungssteuer, vor 99 N 53 f.
- Steuerbefreiung, vor 99 N 15 ff., 46 ff., 53 f.
Schädigung, Gläubigerinnen oder Gläubiger, 101 N 4
Schattenrechnung, 25 N 5, 8
Schenkung
- Grundstückgewinnsteuer, vor 3 N 106
- Sperrfrist, *s. dort*
Schuldenruf, 3 N 24; 25 N 5, 9, 26; 43 N 16; 68 N 4, 7
Schuldnerwechsel, 68 N 2
- Spaltung, 45 N 1, 6
Schuldübernahme, OR 181 N 1
Schuldverschreibung, öffentlich ausgegebene, 26 N 14
Schutz
- Minderheitsgesellschafter, 14 N 1
- Personen mit Minderheitsbeteiligungen, 1 N 71 ff.; *s.a. Zweck des Fusionsgesetzes*
- Stiftungsdestinatäre, 1 N 75; *s.a. Zweck des Fusionsgesetzes*
- Versicherte von Vorsorgeeinrichtungen, 1 N 76; *s.a. Zweck des Fusionsgesetzes*
Schutznorm, einseitig zwingend, 64 N 8, 13
Schutzvorschriften, 29 N 10, 17 f.
schweizerische Betriebsstätte, *s. Vermögensübertragung inländische auf ausländische Unternehmung*
Schweizerische Bundesbahnen, *s. SBB*
schweizerische Steuerhoheit, *s. Vermögensübertragung inländische auf ausländische Unternehmung, s. dort*
Schweizerisches Handelsamtsblatt, 66 N 8
Schwesterfusion, 9 N 13, 22; 24 N 4
- Schwestergesellschaft, *s. dort*
- Tochtergesellschaft, *s. dort*

Schwestergesellschaft

Schwestergesellschaft, 3 N 5, 16 ff.;
  7 N 26
– Konzernübertragung, *s. dort*
– verdeckte Vorteilszuwendung, *s. Spaltung*
Securities Borrowing, Umsatzabgabe,
  vor 3 N 271
Securities Lending, Umsatzabgabe,
  vor 3 N 271
selbständige Erwerbstätigkeit, Einkommenssteuer, vor 3 N 12
selbständige öffentlich-rechtliche Anstalten, Mehrwertsteuer, vor 99 N 79
Selbsthilfe, gemeinsame, 64 N 20, 22
Sicherheit
– Art, 46 N 10; 75 N 16
– Umfang, 46 N 10; 75 N 15
– Wahl, 46 N 10; 75 N 16
Sicherstellung, 25 N 14 ff.; vor 27 N 38,
  43
– Art, 25 N 23 ff.
– Befreiung von der Pflicht zur ~,
  25 N 34
– Begehren des Gläubigers, 25 N 33
– Begriff, 25 N 23
– Entfallen, *s. Befreiung von der Pflicht zur*
– erfasste Forderungen, 25 N 18 f.
– Forderung, 3 N 23, 27; *s.a. dort*
– gerichtliche Durchsetzung, 75 N 18
– Gläubigerforderungen, Spaltungsbeschluss, 43 N 10 ff.
– Spaltung, 46 N 2 ff.
– Vermögensübertragung, 75 N 10 ff.
– Verwirkung des Anspruchs, 25 N 26, 33
– Verzicht, 25 N 16
– Zeitpunkt der Erfüllung, Spaltungsbeschluss, 43 N 14
Sicherstellungsansprüche
– Emigrationsfusion, IPRG 163b N 38 ff.
– Rechtsnatur, 46 N 14
Sicherstellungsbegehren
– Spaltung, 46 N 9
– Vermögensübertragung, 75 N 15
Sicherstellungspflicht, Spaltung, 46 N 7 f.
Singularsukzession, 1 N 45 f.; 3 N 13;
  OR 181 N 1 f.
Sitz, Nennung im Spaltungsvertrag,
  37 N 7
Sitzprinzip, IPRG vor 161–164 N 27 ff.

Sitzverlegung
– Emissionsabgabe, vor 3 N 225
– Gewinnsteuer, vor 3 N 62, 80; Teil 1
  vor 69 N 173, 182 f.
– Umstrukturierung juristischer Personen, vor 3 N 80
– Vermögensübertragung inländische auf ausländische Unternehmung, *s. dort*
– Verrechnungssteuer, vor 3 N 160;
  Teil 1 vor 69 N 199, 205
solidarische Haftung
– Gewinnsteuer, Teil 1 vor 69 N 95
– Tochterausgliederung, *s. dort*
Sondergesetz, 1 N 4; 110 N 1
Sonderrechte, 7 N 16
– Spaltungsvertrag, 37 N 26 ff.
Sonderrücklage, *s. Emigrationsspaltung*
Sonderversammlung, Fusionsbeschluss,
  18 N 8
Sorgfaltspflicht, 25 N 42
Sozialplan, vor 27 N 10
Sozialversicherungsabgaben
– Umwandlung Personengesellschaft in Einzelunternehmung, *s. dort*
– Umwandlung Personengesellschaft in Personengesellschaft mit anderer Rechtsform, *s. dort*
– Umwandlung Personenunternehmung in Kapitalgesellschaft und Genossenschaft, *s. dort*
Sozialversicherungseinrichtung, Umsatzabgabe, vor 3 N 258
Spaltung
– Abfindung bei Gewinn- und Einkommenssteuer bei internationalen Sachverhalten, vor 29 N 187
– Abfindung bei Gewinn- und Einkommenssteuer der Anteilseigner,
  vor 29 N 127, 138 f., 141
– Abfindung bei Gewinnsteuer auf Unternehmensebene, vor 29 N 87 ff., 93
– Abfindung bei Verrechnungssteuer,
  vor 29 N 198, 200, 201 f.
– Abfindungen, zivilrechtliche Behandlung, vor 29 N 131
– Abgeltung des buchmässigen Aktivenüberschusses bei Gewinn- und Einkommenssteuer, vor 29 N 156
– Abgeltung für Genusscheine, steuerrechtliche Behandlung bei Gewinn-

1458

Spaltung

und Einkommenssteuer, vor 29 N 138 f.
- Abgeltung für Genusscheine, zivilrechtliche Behandlung, vor 29 N 133
- Abgeltung für Sonderrechte bei Gewinn- und Einkommenssteuer der Anteilseigner, vor 29 N 138 f.
- Abgeltung für Sonderrechte bei Verrechnungssteuer, vor 29 N 201
- Abgeltung für Sonderrechte, zivilrechtliche Behandlung, vor 29 N 132
- Abgrenzung zu anderen Umstrukturierungstatbeständen, vor 29 N 41
- Abrechnung über stille Reserven nach materiellem Ansatz, vor 29 N 154
- Abrechnung über stille Reserven nach quasi-materiellem Ansatz und formellem Ansatz, vor 29 N 155, 165, 168, 192, 205 f.
- Abschreibung auf übertragenen Beteiligungen bei Gewinnsteuer auf Unternehmensebene, vor 29 N 104
- Abschreibungsmodell bei Gewinn- und Einkommenssteuer der Anteilseigner, vor 29 N 121
- Abspaltung einzelner Aktiven aus verschiedenen Gruppengesellschaften, vor 29 N 51
- Abwicklung aus Sicht der Gesellschafter, 37 N 29
- Anlagefonds mit direktem Grundbesitz in Kapitalgesellschaft oder Genossenschaft, Anteilstausch, vor 29 N 146
- Art. 62 Abs. 4 DBG, vor 29 N 104, 122
- asymmetrische, 1 N 40; 29 N 5 ff.; 31 N 1, 13 ff.; 31 N 13 ff.
  - Ausgleichszahlungen, 31 N 17
  - nach EU-Spalt-RL, 31 N 18
  - Spaltungsvertrag, Umtauschverhältnis, 37 N 20 ff.
  - nach UmwG, 31 N 18
- Auf- und Abspaltung, asymmetrische, vor 29 N 3, 77
- Auf- und Abspaltung, symmetrische, vor 29 N 3
- Aufschub der Grundstückgewinnsteuer, vor 29 N 188 ff.
  - mit Ausgabe von Beteiligungsrechten
    - Dreieckstheorie bei Emissionsabgabe, vor 29 N 223
  - Erhöhung Nennkapital, vor 29 N 223
- Ausgleichszahlung bei Verrechnungssteuer, vor 29 N 200
- Ausgleichszahlungen, zivilrechtliche Behandlung, vor 29 N 130
- Auslegung, wirtschaftliche, vor 29 N 7
- Ausgleichszahlungen, steuerrechtliche Behandlung bei Anteilsinhabern, vor 29 N 134 ff.
- Ausgliederung, vor 29 N 8
- ausländische Personengesamtheiten ohne juristische Persönlichkeit, vor 29 N 39
- Barspaltung, vor 29 N 139
- Begriff Beteiligungsaustausch, vor 29 N 119
- Begriff juristische Person, vor 29 N 35
- Benutzerkreis, 29 N 7; 30 N 1
- Beteiligtenebene bei Geschäftsvermögen, vor 29 N 118, 187
- Beteiligtenebene bei Privatvermögen, vor 29 N 118, 186
- Beteiligung als Betrieb, vor 29 N 57
- Beteiligungsaustausch, vor 29 N 78, 116
- Beteiligungstausch, vor 29 N 119
- Betrieb, vor 29 N 40 ff., 61, 66
- Betrieb, Weiterführung, vor 29 N 68 ff.
- von Betrieben, *s. Vermögensübertragung Kapitalgesellschaft oder Genossenschaft auf Kapitalgesellschaft oder Genossenschaft*
- Betriebsbegriff bei Vermögensverwaltungsgesellschaften, vor 29 N 66
- Betriebserfordernis bei Stiftung, vor 29 N 47, 111
- Betriebserfordernis bei Verein, vor 29 N 47, 111
- Betriebserfordernis bei übrigen juristischen Personen, vor 29 N 47
- Betriebserfordernis, doppeltes, vor 29 N 41 f.
- bisheriges Recht, vor 29 N 71
- Buchwertabgeltung, vor 29 N 210
- Buchwertverkauf, vor 29 N 90 ff.
- Definition, 29 N 2
- Direktbegünstigungstheorie, vor 29 N 197, 204, 214, 222, 230
- direkte, 29 N 7, 12 ff., 16 f.
- Domizilgesellschaft, vor 29 N 106

Spaltung

- Dreieckstheorie, vor 29 N 149, 151, 167, 172, 175, 208, 214, 223, 229
  - modifizierte, vor 29 N 121
- eigene Aktien bei Verrechnungssteuer, vor 29 N 202
- Eigenkapitalveränderungen, vor 29 N 84
- Eigenverbrauch bei Mehrwertsteuer, vor 29 N 246
- ein Schritt, 29 N 1, 12 ff., 18 f.
- Einleitung, 36 N 1
- Eintragung Handelsregister, 44 N 1, 4
- Emigrationsspaltung, vor 29 N 182 ff., 248; IPRG 163d N 17 ff.
- Emissionsabgabe, vor 29 N 219 ff.
- Finanz- und Immaterialgüterverwertungsgesellschaften, vor 29 N 66
- formeller Ansatz zur Bestimmung Gewinn- und Einkommenssteuerfolgen, vor 29 N 151 ff., 168
- Fortführung Steuerpflicht, vor 29 N 19, 125 f.
- Fortführung wirtschaftliches Engagement, vor 29 N 71
- Gegenstand, vor 29 N 40
- Gegenüberstellung bisheriges Recht und neues Recht, vor 29 N 12
- gemischte Gesellschaft, vor 29 N 106
- Gesamtvermögen, vor 29 N 40, 244, 250
- Gesellschaft in Liquidation, 29 N 24
- Gewinn- und Einkommenssteuer bei internationalen Sachverhalten, vor 29 N 180 ff.
- Gewinn- und Einkommenssteuer bei Verletzung der Steuerneutralitätsvoraussetzungen, vor 29 N 147 ff.
- Gewinnsteuer auf Unternehmensebene, vor 29 N 11 ff.
- Gewinnsteuer der Anteilseigner, vor 29 N 116 ff.
- Gewinnsteuerwertübernahme, vor 29 N 21, 25, 120, 129, 225
- Gratisaktien bei Verrechnungssteuer, vor 29 N 199
- grenzüberschreitende, vor 29 N 237; IPRG 163d N 6 ff.
- grenzüberschreitender Beteiligungstausch, vor 29 N 129
- grenzüberschreitender Reserveübertrag, vor 29 N 20
- Grundbuchabgaben, vor 29 N 195
- Grundstückgewinnsteuer, vor 29 N 188 ff.
- Handänderungssteuer, vor 29 N 193 ff.; 103 N 15
- von Holding- und Beteiligungsgesellschaften
  - Beteiligung an aktiven Tochtergesellschaften, vor 29 N 61
  - Betriebserfordernis auf zwei Ebenen, vor 29 N 63
  - bisherige Praxis, vor 29 N 56
- Holdinggesellschaft, vor 29 N 106
- Identifikation der beteiligten Gesellschafter, 37 N 8
- Immigrationsspaltung, vor 29 N 102, 180 f., 218, 233; IPRG 163d N 12 ff.
- Immobilien, vor 29 N 53
- Immobiliengesellschaften, vor 29 N 53
- indirekte, *s. indirekte Spaltung*
- indirekte Nennwertliberierung, vor 29 N 5
- inländische Betriebsstätte, vor 29 N 249
- interkantonale, vor 29 N 101
- internationale Sachverhalte, vor 29 N 180 f.
- juristische Person, vor 29 N 34 ff., 37
  - nicht verrechnungssteuerpflichtig, vor 29 N 214
  - auf Kapitalgesellschaft oder Genossenschaft, vor 29 N 115
- Kapitalerhöhung, vor 29 N 5, 84, 86; 33 N 1 ff.
  - mit Bezugsrechtverzicht, vor 29 N 5
- von Kapitalgesellschaft oder Genossenschaft auf Verein, Stiftung oder Anlagefonds mit direktem Grundbesitz
  - (Zwischen-)Abschluss, vor 29 N 113
  - Beteiligungsabzug, vor 29 N 114
  - Betriebserfordernis, vor 29 N 111
  - Tarifwechsel, vor 29 N 112
- Kapitalgesellschaft oder Genossenschaft in Verein oder Stiftung
  - Anteilstausch, vor 29 N 145
  - Liquidationsüberschuss, vor 29 N 144
  - Teilumwandlung, vor 29 N 144
- Kapitalherabsetzung, vor 29 N 84

Spaltung

- keine steuerbegründende Wirkung der Umstrukturierungsnormen, vor 29 N 33
- Kollektivgesellschaft, 30 N 5
- Konzerninterne Übertragung, vor 29 N 152
- Kostenfolgen, Spaltungsvertrag, 37 N 30
- Leistungen zwischen Anteilsinhabern, vor 29 N 142
- Liberierung ausländischer Beteiligungsrechte, vor 29 N 236
- Liquidationsüberschuss, vor 29 N 144
- Mehrwertsteuer, vor 29 N 242 ff.
- Meldeverfahren bei Mehrwertsteuer, vor 29 N 242
- Meldeverfahren bei Verrechnungssteuer, vor 29 N 202, 207, 209, 217
- Missbrauchsregelung, verobjektivierte, vor 29 N 44
- modifizierte Dreieckstheorie, vor 29 N 121, 173 f., 176
- Möglichkeiten der Übertragung von Beteiligungen, vor 29 N 60
- nach oben, vor 29 N 10
- nach unten, vor 29 N 8
- Nachbesteuerung, vor 29 N 152, 165, 169, 179, 203
- nachfolgende Umstrukturierungen, vor 29 N 76
- Nennwertzuwachs, vor 29 N 140
- Neugründung, 29 N 6; 34 N 1 ff., 4, 8, 9 ff., 14 f.
  - Erleichterungen, 34 N 12 f.
- nichtsteuerneutrale konzerninterne Übertragung, vor 29 N 158
- offene Reserven, vor 29 N 85
- ohne Ausgabe von Beteiligungsrechten, Direktbegünstigungstheorie bei Emissionsabgabe, vor 29 N 222
- Passivenüberschuss, vor 29 N 95
  - Gewinnsteuer, vor 29 N 95 f.
  - Verrechnungssteuer, vor 29 N 212
- Personengesamtheiten ohne juristische Persönlichkeit, ausländische, vor 29 N 39
- Personengesellschaften, 30 N 2
- auf privilegiert besteuerte Gesellschaft oder steuerbefreite Institution
  - Besteuerung ohne Wertzufluss, vor 29 N 106
- Domizilgesellschaft, vor 29 N 106
- gemischte Gesellschaft, vor 29 N 106
- Holdinggesellschaft, vor 29 N 106
- Realisation, steuersystematische, vor 29 N 106
- steuersystematische Realisation, vor 29 N 106
- von privilegiert besteuerter auf ordentlich besteuerte Gesellschaft
  - Aufdeckung stiller Reserven, vor 29 N 108
  - Massgeblichkeitsprinzip, vor 29 N 108
  - Realisation, steuersystematische, vor 29 N 108
  - Steuerbilanz, vor 29 N 108
- Publikumsgesellschaften, asymmetrische, 31 N 16
- Quasi-Liegenschaftenhändler, vor 29 N 55
- Quasi-Wertschriftenhändler, vor 29 N 65
- Querfunktion einer Unternehmensgruppe als Betrieb, vor 29 N 50 f.
- Realisation, steuersystematische, *s. steuersystematische Realisation*
- Realteilung, vor 29 N 3, 73, 77
- rechtsformändernde, 30 N 1; 48 N 1
- rechtsformübergreifende, 30 N 1, 3; 48 N 1
- Rechtsvergleich, 30 N 6
  - EU, 29 N 25
  - UmwG, 29 N 3, 26
- Regelungselemente, 1 N 41
- Reserveneinlage bei Emissionsabgabe, vor 29 N 219
- Reservenübertrag, grenzüberschreitender, vor 29 N 20
- Rückstellung auf übertragenen Beteiligungen, vor 29 N 104
- Rückwirkung, vor 29 N 97
- Sachdividende, vor 29 N 5
- Sacheinlage von steuerbaren Urkunden, vor 29 N 236
- Sanierungs~, vor 29 N 23 ff., 156, 166 f., 177, 208, 229, 231
- Schwestergesellschaft, verdeckte Vorteilszuwendung, vor 29 N 151
- Spaltungssubjekte, vor 29 N 34 ff.
- Sperrfrist, vor 29 N 71, 74, 82 f., 176

Spaltung

- altrechtlich, vor 29 N 79, 227
- Spielarten, 31 N 14
- Spin-off, vor 29 N 2
- Split-off, vor 29 N 2
- Statuswechsel für Beteiligungsabzug, vor 29 N 20, 103, 106, 127
- Stempelabgaben, vor 29 N 219 ff.
- steuerbefreite Institution, vor 29 N 106, 115
- Steuerbilanz, vor 29 N 108
- Steuerfolgen, Spaltungsvertrag, 37 N 30
- Steuerneutralitätssystematik, vor 29 N 29
- Steuerpflicht bei Gewinnsteuer, vor 29 N 97
- steuerrechtliche Behandlung Abfindungen, vor 29 N 138 f.
- steuerrechtliche Behandlung Abgeltung für Genussscheine, vor 29 N 138 f.
- steuerrechtliche Behandlung Abgeltung für Sonderrechte, vor 29 N 138 f.
- steuerrechtliche Behandlung von Ausgleichszahlungen, vor 29 N 134 ff.
- Steuersukzession, vor 29 N 105
- steuersystematische Realisation, vor 29 N 20, 106, 108, 125 ff.
- Steuerumgehung bei Gewinn- und Einkommensteuer, vor 29 N 159
- Steuerzahlungspflicht bei Mehrwertsteuer, vor 29 N 245
- Stichtag, vor 29 N 97
- Stiftung, 30 N 2; vor 78 N 13, 21; 78 N 6
  - auf Kapitalgesellschaft oder Genossenschaft, vor 29 N 115
- strukturelle Anpassungen nach der ~, vor 29 N 70
- symmetrische, 1 N 40; 29 N 5 ff.; 31 N 1, 11 f.
  - vertikale, 29 N 6
  - Spaltungsvertrag, Umtauschverhältnis, 37 N 20 ff.
- Systemwechselfälle, vor 29 N 106
- Tarifwechsel, vor 29 N 112
- Teilbetrieb als Mindestvoraussetzung, vor 29 N 49
  - Definition, vor 29 N 49
  - Weiterführung, vor 29 N 68
- Teilvermögen, vor 29 N 40, 244, 250
- Tochterausgliederung, vor 29 N 65, 152
- Tochtergesellschaft als Betrieb, vor 29 N 59
- Überblick, 29 N 4 ff.
- Übergangsrecht, vor 29 N 21, 103
- Übernahme, 29 N 6; 31 N 2, 12; 33 N 1
  - Haltedauer bei Beteiligungen, vor 29 N 21
  - Spaltungsvertrag, Umtauschverhältnis, 37 N 23
- Übertragung steuerbarer Urkunden, vor 29 N 237
- Umklassifizierung von Alt- und Neubeteiligungen, vor 29 N 124
- Umsatzabgabe, vor 29 N 234 ff., 239
- unechte, *s. unechte Spaltung*
- unzulässige, 31 N 5
- Veräusserung von Anteils- und Mitgliedschaftsrechten unmittelbar nach ~, vor 29 N 75
- Veräusserungssachverhalte, vor 29 N 226
- Veräusserungssperrfrist, *s. Sperrfrist bei Spaltung*
- verdeckte Vorteilszuwendung an Schwestergesellschaft, vor 29 N 151, 161, 231
- Verein auf Kapitalgesellschaft oder Genossenschaft, vor 29 N 115
- Verein oder Stiftung in Kapitalgesellschaft oder Genossenschaft, vor 29 N 143
- Verfahren, zweistufiges, vor 29 N 4 ff.
- Vergleich zur Beteiligungsübertragung, vor 29 N 57
- Verhältnis Spaltungsnormen zu Gewinnermittlungsnormen, vor 29 N 28
- Verhältnis zum bisherigen Recht, 1 N 40
- Verhinderung verkappte Liquidation, vor 29 N 69
- verkapptes Veräusserungsgeschäft, vor 29 N 162
- Verkauf Unternehmensbereich durch Spaltung, vor 29 N 75
- Verkauf von Beteiligungsrechten, vor 29 N 239
- Verkehrswertmodell, vor 29 N 121
- Verletzung Betriebs- und Weiterführungserfordernis, vor 29 N 162, 203

- Verletzung objektiver Spaltungsvoraussetzungen nach bisherigem Recht, vor 29 N 148 f.
- Verletzung objektiver Spaltungsvoraussetzungen nach neuem Recht, vor 29 N 150 f.
- Verlustvorträge, vor 29 N 24, 99 ff.
- Vermögensverwaltungsgesellschaften, vor 29 N 65
- Verobjektivierte Missbrauchsregelung, vor 29 N 44
- Verrechnungssteuer, vor 3 N 158; vor 29 N 197 ff.
- Versicherungsunternehmen, VAG 9a N 86 ff.
- vertikale, 31 N 11
- Verursacherprinzip, vor 29 N 99
- verwässernde Kapitalerhöhungen, vor 29 N 76
- Verwässerungssachverhalte, vor 29 N 226
- Verwendung eigene Aktien bei Einkommenssteuer, vor 29 N 141
- Verwendung eigene Aktien bei Gewinnsteuer, vor 29 N 87 ff.
- Verwendung eigene Aktien bei Verrechnungssteuer, vor 29 N 202
- Verwendung eigener Aktien, vor 29 N 87, 141, 202
- Verzicht auf das Betriebserfordernis bei Abspaltung von Immobilien, vor 29 N 16
- Verzicht auf das Betriebserfordernis bei Spaltung von Holdinggesellschaften, vor 29 N 16
- Vorsorgeeinrichtung, vor 29 N 67
- Vorsteuerabzug bei Mehrwertsteuer, vor 29 N 248
- Vorsteuerkürzung bei Mehrwertsteuer, vor 29 N 247
- Weiterführung Betrieb, vor 29 N 68
- Weiterführung Teilbetrieb, vor 29 N 68 ff.
- Wertberichtigung, vor 29 N 171
- Werterholung der Beteiligung, vor 29 N 122 f.
- Wertverschiebung, vor 29 N 116, 120 f.
- Wirkungszeitpunkt, 37 N 33
- wirtschaftliche Auslegung, vor 29 N 7
- wirtschaftliches Engagement, vor 29 N 149
- Zeitpunkt, vor 29 N 51
- zulässige, 30 N 1 ff.
- Zwangsaufwertung, vor 29 N 122 ff.
- zweistufiges Verfahren (zwei Schritte), vor 29 N 1, 4, 12 ff., 18 f.; 47 N 2
- Zwischenabschluss, vor 29 N 113

Spaltungsbericht
- Adressaten, 39 N 3
- Ausgleichzahlung, 39 N 15
- Auswirkungen auf Arbeitnehmer, 39 N 20
- Auswirkungen auf Gläubiger, 39 N 21
- Beilage der Statuten, 39 N 23
- Besonderheit bei der Bewertung, 39 N 17
- Detaillierungsgrad, 39 N 10
- Einsichtsrecht, 41 N 8
- gemeinsamer Bericht, 39 N 5
- Gesellschaftspflichten, 39 N 19
- Hinweis auf behördliche Bewilligung, 39 N 22
- Inhalt, 39 N 9 ff.
  – des Spaltungsvertrages, 39 N 14
- interne Zuständigkeit, 39 N 4
- Mängel, 39 N 24 f.
- Mitgliedschaftliche Stellung, 39 N 15
- Nachschusspflicht, 39 N 18
- persönliche Haftung, 39 N 18
- persönliche Leistungspflicht, 39 N 18
- rechtliche und wirtschaftliche Erläuterungen, 39 N 11
- Sozialplan, 39 N 20
- Überprüfung, 40 N 13
- Umtauschverhältnis, 39 N 15 f.
- Zweck und Folgen der Spaltung, 39 N 2, 13

Spaltungsbeschluss, 33 N 11
- bedingte Beschlussfassung, 43 N 35
- Durchführung der Generalversammlung, 43 N 10 ff., 16 f.
- Genehmigung des Spaltungsplans, 43 N 2
- heilende Wirkung der Sicherstellung, 43 N 13 f.
- Kompetenzverteilung, 43 N 1
- öffentliche Beurkundung, 44 N 1 ff.
- Quoren, 43 N 3, 18 ff.
- Rechtsunsicherheit, 43 N 12
- Sicherstellung, 46 N 11
- Voraussetzungen, Sicherstellung der Gläubigerforderungen, 43 N 4, 10 ff.

Spaltungsbilanz

Spaltungsbilanz
- Auslegung, 38 N 7
- Eröffnungsbilanz, 35 N 7
- Frist, 35 N 6
- Gliederung, 35 N 7 f.
- Notwendigkeit, 35 N 2 ff., 11 ff.
- bzw. Zwischenbilanz, Einsichtsrecht, 41 N 11

Spaltungsplan, 36 N 13
- Auslegung, 38 N 7
- Genehmigung, 43 N 6 ff.
- Inhalt, 37 N 1–45
- materielle Änderung, 43 N 7

Spaltungsprüfung
- Bewertungsverhältnisse, 40 N 1, 11
- Gläubigerschutzfunktion, 40 N 3, 11
- Zweck, 40 N 3

Spaltungsrechnung, 41 N 10
spaltungsrelevante Unterlagen, 41 N 6 ff.
Spaltungssubjekte, *s. Spaltung*
Spaltungsvertrag
- Abschluss, 36 N 6 ff.
- Änderung, 36 N 11
- Anpassungsklauseln, 37 N 44
- anwendbares Recht, IPRG 163c N 1, 3 ff.
- Auslegung, 36 N 9; 38 N 7
- Bedingungen, 37 N 30, 43
- Break-up Fees, 37 N 45
- Fehlen von Angaben, 37 N 5
- Form- und Publizitätsvorschriften, IPRG 163c N 1, 6 ff.
- Inhalt, 37 N 1–45
- Inventar, 37 N 10 ff.
- Modalitäten für den Umtausch von Anteilen, 37 N 29
- Negativerklärung, 37 N 6
- Offenlegungsnormen, 37 N 4
- Pflichten der Gesellschafter, 37 N 28
- Rechtsvergleich, 37 N 46
- Rechtswahl, IPRG 163c N 1, 9 ff.
- schriftliche Form, 36 N 8
- Überprüfung, 40 N 12
- Ungültigkeit, 37 N 4, 14, 38
- Vorprüfung, 37 N 6
- Willensmängel, 36 N 10; 37 N 41 f.
- zusätzliche Vereinbarungen, 37 N 43 ff.
- Zustimmung der Generalversammlung, 36 N 12

Spaltungsvertrag bzw. Spaltungsplan, Einsichtsrecht, 41 N 7

Spartentrennung, VAG 9a N 10, 35 f., 97
Sperrfrist
- altrechtliche, 103 N 28 ff.
- Dauersachverhalt, vor 109 N 20
- Einkommenssteuer, vor 3 N 26, 357, 376
- Emissionsabgabe, vor 3 N 234, 246, 387, 458; Teil 2 vor 69 N 131; vor 99 N 59
- Erbgang, vor 3 N 376
- Fristberechnung, vor 53 N 130 ff.
- Fusion Kapitalgesellschaften und Genossenschaften mit Anteilscheinen, *s. dort*
- Fusion Personengesellschaften in Kapitalgesellschaften, *s. dort*
- Fusion Personengesellschaften mit Personengesellschaften, *s. dort*
- Fusion Vereine und Genossenschaften ohne Anteilscheine, *s. dort*
- Fusionsähnliche Zusammenschlüsse von Kapitalgesellschaften, *s. dort*
- Gewinnsteuer, vor 3 N 78, 362, 381, 394, 400, 407, 431
- Grundstückgewinnsteuer, Teil 2 vor 69 N 116, 118
- Handänderungssteuer, Teil 2 vor 69 N 117
- intertemporales Recht, vor 53 N 141 ff.
- Kapitalerhöhung, vor 3 N 376; vor 53 N 128
- Konzernübertragung, *s. dort*
- Nachbesteuerung, vor 53 N 134 ff.
- objektivierte, vor 53 N 121
- Rückwirkung, vor 109 N 21 f.
- Schenkung, vor 3 N 376
- Spaltung, *s. dort*
- subjektivierte, vor 53 N 120
- subjektives Verständnis, vor 109 N 19
- Transponierung, vor 3 N 376
- Übertragung auf juristische Person, vor 3 N 32
- Umsatzabgabe, vor 3 N 291; vor 53 N 175 f.; Teil 2 vor 69 N 135
- Umstrukturierung juristischer Personen, vor 3 N 78
- Umstrukturierung Personengesellschaften, vor 3 N 26
- Umwandlung Personengesellschaft in Einzelunternehmung, *s. dort*

Steueraufschub

- Umwandlung Personengesellschaft in Personengesellschaft mit anderer Rechtsform, *s. dort*
- Umwandlung Personenunternehmung in Kapitalgesellschaft oder Genossenschaft, *s. dort*
- unentgeltliche Veräusserung, vor 53 N 127
- Veräusserungssperrfrist bei Spaltung, *s. Sperrfrist bei Spaltung*
- Vermögensübertragung Kapitalgesellschaft oder Genossenschaft auf Kapitalgesellschaft oder Genossenschaft, *s. dort*
- Verrechnungssteuer, vor 3 N 218; Teil 2 vor 69 N 124
- versteuerte Reserve, vor 53 N 138 ff.

Sperrfrist bei Spaltung
- altrechtliche, vor 109 N 15 ff.
- objektiviertes Verständnis, vor 109 N 20
- Rechtsnatur, vor 109 N 18
- subjektives Verständnis, vor 109 N 19
- Veräusserungssperrfrist, vor 109 N 17

Sperrfristenkonzept
- Vermögensübertragung inländische auf ausländische Unternehmung, *s. dort*
- Vermögensübertragung Kapitalgesellschaft oder Genossenschaft auf Kapitalgesellschaft oder Genossenschaft, *s. dort*

Sperrfristregelung
- Spaltung, *s. dort*
- Vermögensübertragung Kapitalgesellschaft oder Genossenschaft auf Kapitalgesellschaft oder Genossenschaft, *s. dort*

Sperrfristverletzung
- Handänderungssteuer, 103 N 28 ff.
- Vermögensübertragung Kapitalgesellschaft oder Genossenschaft auf Kapitalgesellschaft oder Genossenschaft, *s. dort*

Sperrkapital, 68 N 6
Spin-off, *s. Spaltung*
Spitzenausgleich, 31 N 10
- Ausgleichszahlung, *s. dort*
- Gewinnsteuer, vor 3 N 91
- Umstrukturierung juristischer Personen, vor 3 N 91

Split-off, *s. Spaltung*

Splitting-Fusion, 9 N 15, 22
Squeeze-out
- Beteiligungsrechte im Privatvermögen, vor 3 N 46
- Börsenrecht, 8 N 14 ff.
- Einkommenssteuer, vor 3 N 46, 411
- Fusion Kapitalgesellschaften und Genossenschaften mit Anteilscheinen, *s. dort*
- Gewinnsteuer, vor 3 N 92
- Umstrukturierung juristischer Personen, vor 3 N 92

Squeeze-out Merger, 3 N 9; 7 N 7; 8 N 9 f., 14 ff., 17, 19
- Abfindung, 23 N 13
- Quoren, 18 N 35 ff.

Squeeze-out Spaltung, 31 N 5
Staatsgarantie, 101 N 5
Staatshaftung, Zuständigkeit, GestG 29a N 11

staatsrechtliche Beschwerde
- Rechtsmittel, 103 N 33 f.
- Verletzung des Grundsatzes der Nichtrückwirkung, vor 109 N 6

Stampa-Erklärung, 9 N 29
Statusänderung
- Gewinnsteuer, vor 3 N 73
- Umstrukturierung juristischer Personen, vor 3 N 73

Statuswechsel, *s. Spaltung*
Statuten
- Änderung, Spaltungsbeschluss, vor 43 N 9

Statutenänderung
- Anmeldung zur Eintragung ins Handelsregister, vor 21 N 16
- Fusionsbeschluss, 18 N 11, 41 ff.
- öffentliche Beurkundung, vor 20 N 7

Statutenpublizität, vor 33 N 11
Stempelabgaben
- Abspaltung von Beteiligungen, *s. dort*
- Spaltung, *s. dort*

steueraufschiebende Veräusserung, *s. Vermögensübertragung inländische auf ausländische Unternehmung*

Steueraufschub
- Fusion Kapitalgesellschaften und Genossenschaften mit Anteilscheinen, *s. dort*
- Gewinnsteuer, vor 3 N 69 ff.

1465

Steueraufschub

- Grundstückgewinnsteuer, vor 3 N 103 ff., 413
- resolutiv bedingter, vor 109 N 19
- Umstrukturierung juristischer Personen, vor 3 N 69 ff.
- Vermögensübertragung inländische auf ausländische Unternehmung, *s. dort*
- Vermögensübertragung Kapitalgesellschaft oder Genossenschaft auf Kapitalgesellschaft oder Genossenschaft, *s. dort*
- Vermögensübertragung Kapitalgesellschaft oder Genossenschaft auf Personenunternehmung, *s. dort*
- Vermögensübertragung Verein auf Personenunternehmung, *s. dort*
- Verrechnungssteuer, vor 3 N 192

steuerbare Urkunden
- Umsatzabgabe, vor 3 N 260 ff.
- Vermögensübertragung Kapitalgesellschaft oder Genossenschaft auf Kapitalgesellschaft oder Genossenschaft, *s. dort*

steuerbarer Liquidationsüberschuss, *s. Vermögensübertragung Kapitalgesellschaft oder Genossenschaft auf Personenunternehmung*

steuerbarer Umsatz, Mehrwertsteuer, vor 3 N 326

steuerbefreite Institution, *s. Spaltung*

steuerbefreite juristische Person
- Gewinnsteuer, vor 3 N 73
- Umstrukturierung juristischer Personen, vor 3 N 73

Steuerbefreiung
- Anlageeinrichtung, vor 88 N 23 ff.
- Anstalten der Kantone, vor 99 N 19
- Anstalten des öffentlichen Rechts des Bundes, vor 99 N 16
- Eidgenossenschaft, 103 N 11
- Fusion Institut des öffentlichen Rechts mit Kapitalgesellschaft, Genossenschaft, Verein, Stiftung, *s. dort*
- Gewinnsteuer, vor 99 N 12 ff.
- Grundstückgewinnsteuer, vor 99 N 46 ff.
- Handänderungssteuer, vor 99 N 53 f.
- Institute der Gemeinden, vor 99 N 20
- Institute der Kantone, vor 99 N 20
- Institute des öffentlichen Rechts des Bundes, vor 99 N 13
- Kantone, vor 99 N 19
- Kapitalgesellschaften des Bundes, vor 99 N 15
- Krankenkassen, 103 N 11
- Öffentlichrechtliche Stiftungen des Bundes, vor 99 N 14
- SBB, vor 99 N 15 ff., 46 ff., 53 f.
- Stiftung, vor 78 N 4 ff.
- Umsatzabgabe, vor 3 N 276 ff.
- Umwandlung Institut des öffentlichen Rechts in Kapitalgesellschaft, Genossenschaft, Verein, Stiftung, *s. dort*
- Vermögensübertragung auf Vorsorgeeinrichtung, *s. dort*
- Vermögensübertragung eines anderen Rechtsträgers auf ein Institut des öffentlichen Rechts, *s. dort*
- Vermögensübertragung eines Instituts des öffentlichen Rechts auf anderen Rechtsträger, *s. dort*
- Vermögensübertragung inländische auf ausländische Unternehmung, *s. dort*
- Vermögensübertragung Verein auf Personenunternehmung, *s. dort*
- Vermögensübertragung Kapitalgesellschaft oder Genossenschaft auf Kapitalgesellschaft oder Genossenschaft, *s. dort*
- Vermögensübertragung Kapitalgesellschaft oder Genossenschaft auf Personenunternehmung, *s. dort*
- Vorsorgeeinrichtung, vor 88 N 3 ff.
  - Angemessenheit, vor 88 N 13 ff.
  - Ausschliesslichkeit des Zwecks, vor 88 N 6 f.
  - Bezug zur Schweiz, vor 88 N 21 f.
  - Gleichbehandlung, vor 88 N 17 ff.
  - Kaderversicherung, vor 88 N 8 f.
  - Kollektivität, vor 88 N 8 ff.
  - Planmässigkeit, vor 88 N 11 f.
  - Verfahren, vor 88 N 31 f.

Steuerbilanz
- Fusion Institut des öffentlichen Rechts mit Kapitalgesellschaft, Genossenschaft, Verein, Stiftung, *s. dort*
- Spaltung, *s. dort*
  - von privilegiert besteuerter auf ordentlich besteuerte Gesellschaft, *s. dort*
- Vermögensübertragung Kapitalgesellschaft oder Genossenschaft auf Kapi-

Steuerobjekt

talgesellschaft oder Genossenschaft, *s. dort*
Steuerfolgen Anteilsinhaber
– Emigrationsspaltung, *s. dort*
– Umstrukturierung juristische Person, vor 3 N 34 ff.
Steuerfolgen Gesellschafter
– Umstrukturierung juristischer Personen, vor 3 N 87 ff.
steuerfreier privater Kapitalgewinn, *s. Vermögensübertragung Kapitalgesellschaft oder Genossenschaft auf Kapitalgesellschaft oder Genossenschaft*
Steuergesetzgebung, Anpassung, vor 109 N 24 ff.
Steuerharmonisierung
– Gesetzgebungskompetenz des Bundes, 103 N 4
– vertikale, vor 109 N 29
Steuerharmonisierungskompetenz, 103 N 1
Steuerhoheit, Vermögensübertragung inländische auf ausländische Unternehmung, *s. dort*
steuerliche Realisation
– Vermögensübertragung Kapitalgesellschaft oder Genossenschaft auf Kapitalgesellschaft oder Genossenschaft, *s. dort*
– Vermögensübertragung Personenunternehmung auf Personenunternehmung, *s. dort*
Steuernachfolge, Mehrwertsteuer, vor 3 N 319 f.
steuerneutrale Ausgliederung, *s. Vermögensübertragung Kapitalgesellschaft oder Genossenschaft auf Kapitalgesellschaft oder Genossenschaft*
steuerneutrale Bildung von Joint Ventures, *s. Vermögensübertragung Kapitalgesellschaft oder Genossenschaft auf Kapitalgesellschaft oder Genossenschaft*
steuerneutrale Buchwertübertragung, *s. Vermögensübertragung Kapitalgesellschaft oder Genossenschaft auf Kapitalgesellschaft oder Genossenschaft*
steuerneutrale Fusion
– Vermögensübertragung inländische auf ausländische Unternehmung, *s. dort*

– Vermögensübertragung Kapitalgesellschaft oder Genossenschaft auf Stiftung, *s. dort*
– Vermögensübertragung Kapitalgesellschaft oder Genossenschaft auf Verein, *s. dort*
– Vermögensübertragung Verein auf Verein, *s. dort*
steuerneutrale Spaltung
– Vermögensübertragung inländische auf ausländische Unternehmung, *s. dort*
– Vermögensübertragung Kapitalgesellschaft oder Genossenschaft auf Stiftung, *s. dort*
– Vermögensübertragung Kapitalgesellschaft oder Genossenschaft auf Verein, *s. dort*
– Vermögensübertragung Verein auf Kapitalgesellschaft oder Genossenschaft, *s. dort*
steuerneutrale Umstrukturierung, *s. Vermögensübertragung inländische auf ausländische Unternehmung*
steuerneutrale Umwandlung
– Vermögensübertragung inländische auf ausländische Unternehmung, *s. dort*
– Vermögensübertragung Kapitalgesellschaft oder Genossenschaft auf Stiftung, *s. dort*
– Vermögensübertragung Kapitalgesellschaft oder Genossenschaft auf Verein, *s. dort*
– Vermögensübertragung Verein auf Kapitalgesellschaft oder Genossenschaft, *s. dort*
Steuerneutralität
– Einkommenssteuer, vor 3 N 19 ff.
– Fusion Vereine und Genossenschaften ohne Anteilscheine, *s. dort*
– Fusionsähnliche Zusammenschlüsse von Kapitalgesellschaften, *s. dort*
– Gewinnsteuer, vor 3 N 430, 449
– Quasifusion, vor 3 N 430
– Umstrukturierung juristischer Person, vor 3 N 35
– Umstrukturierung Personengesellschaften, vor 3 N 19 ff.
– Systematik, *s. Spaltung*
Steuerobjekt
– Einkommenssteuer, vor 3 N 10 f.
– Emissionsabgabe, vor 3 N 220 ff.

1467

Steuerobjekt
- Gewinnsteuer, vor 3 N 62
- Grundstückgewinnsteuer, vor 3 N 95, 99 ff.
- Mehrwertsteuer, vor 3 N 322
- Verrechnungssteuer, vor 3 N 143 ff., 153 ff.

Steuerpflicht
- beschränkte, *s. beschränkte Steuerpflicht*
- Einkommenssteuer, vor 3 N 355, 372
- Fortbestand, *s. Fortbestand Steuerpflicht*
- Fusion Kapitalgesellschaften und Genossenschaften mit Anteilscheinen, *s. dort*
- Fusion Personengesellschaften in Kapitalgesellschaften, *s. dort*
- Fusion Personengesellschaften mit Personengesellschaften, *s. dort*
- Gewinnsteuer, vor 3 N 394, 404, 407; *s. Spaltung*
- juristische Person, vor 3 N 80
- Mehrwertsteuer, vor 3 N 306 ff., 311 ff.
- Umfang, vor 109 N 6
- unbeschränkte, *s. unbeschränkte Steuerpflicht*
- Vermögensübertragung Verein auf Personenunternehmung, *s. dort*

Steuerprivileg Konzernübertragung, Teil 2 vor 69 N 72 f.

Steuerrecht, Zustimmung der Steuerbehörden zur Löschung, 21 N 38

steuerrechtliche Bestimmungen, Inkrafttreten, vor 109 N 1 ff.

steuerrechtlicher Aufenthalt
- Einkommenssteuer, vor 3 N 1, 6
- unbeschränkte Steuerpflicht, vor 3 N 6

steuerrechtlicher Wohnsitz
- Einkommenssteuer, vor 3 N 1, 5, 7
- unbeschränkte Steuerpflicht, vor 3 N 5

Steuersatz
- Emissionsabgabe, vor 3 N 227
- Umsatzabgabe, vor 3 N 274

Steuerschuldner Verrechnungssteuer, vor 3 N 163

Steuerstrafrecht, Lex mitior, vor 109 N 8

Steuersubjekt
- Einkommenssteuer, vor 3 N 1 ff.
- Emissionsabgabe, vor 3 N 226
- Gewinnsteuer, vor 3 N 61
- Grundstückgewinnsteuer, vor 3 N 98
- Mehrwertsteuer, vor 3 N 306 ff.
- Personengesellschaften, vor 53 N 6
- Verrechnungssteuer, vor 3 N 149, 152

Steuersukzession, *s. Spaltung*

steuersystematische Realisation
- Einkommenssteuer, vor 3 N 17 f.
- Spaltung auf privilegiert besteuerte Gesellschaft oder steuerbefreite Institution, *s. dort*
- Spaltung von privilegiert besteuerter auf ordentlich besteuerte Gesellschaft, *s. dort*
- Vermögensübertragung auf ein Institut des öffentlichen Rechts, *s. dort*
- Vermögensübertragung inländische auf ausländische Unternehmung, *s. dort*
- Spaltung, *s. dort*

Steuerumgehung
- Fusion Kapitalgesellschaften und Genossenschaften mit Anteilscheinen, *s. dort*
- Fusionsähnliche Zusammenschlüsse von Kapitalgesellschaften, *s. dort*
- Spaltung, *s. dort*
- Vermögensübertragung Kapitalgesellschaft oder Genossenschaft auf Kapitalgesellschaft oder Genossenschaft, *s. dort*
- Verrechnungssteuer, vor 3 N 150, 172 ff., 418, 442; Teil 2 vor 69 N 120

Steuerzahllast, Mehrwertsteuer, vor 3 N 306

Steuerzahlungspflicht bei Mehrwertsteuer, *s. Spaltung*

StHG-Bestimmungen, Nachwirkung, vor 109 N 3

Stichtag
- Aufsicht, 78 N 9
- Bilanz, 79 N 9
- Buchführung, 79 N 9
- Ermessen, 78 N 9
- Fusion, *s. dort*
- Informationspflicht, 82 N 5 ff.
- klassische und gemischte, 83 N 1
- Konzernübertragung, *s. dort*
- Mehrwertsteuer, vor 78 N 10
- öffentlich-rechtliche, *s. Institute des öffentlichen Rechts*
- Organisationsänderung, 78 N 15
- Parteien von Vermögensübertragungen, 86 N 2 f.

- Rechtsansprüche, 78 N 10; 79 N 7
- Spaltung, *s. dort*
- Steuerbefreiung, vor 78 N 4 ff.
- Umwandlung, *s. dort*
- Verlust Steuerbefreiung, vor 78 N 8
- Wechsel Steuerstatus, vor 78 N 5 ff.
- Zweckänderung, 78 N 8, 11
- Zwischenbilanz, 79 N 9

Stiftungsfusion
- Altgläubigerschutz, 85 N 14
- Arbeitnehmerschutz, 85 N 24
- Art der Sicherstellung, 85 N 18 f.
- Schuldenruf, 85 N 4, 6
- Sicherstellung, 85 N 10 ff.
- Sicherstellungsbegehren, 85 N 10 f.
- sicherstellungsberechtigte Gläubiger, 85 N 12
- sicherzustellende Forderungen, 85 N 14 ff.
- Umfang der Sicherstellung, 85 N 17
- Verzicht auf Schuldenruf, 85 N 7 f.
- Verzicht auf Sicherstellung, 85 N 20 ff.

Stiftungsgläubiger
- Gefährdungspotential, 85 N 1
- Informationspflicht, 85 N 2, 4 ff.
- Sicherstellungsanspruch, 85 N 9 ff.

stille Reserven
- Einkommenssteuer, vor 3 N 376
- Fusion Kapitalgesellschaften und Genossenschaften mit Anteilscheinen, *s. dort*
- Fusion Personengesellschaften in Kapitalgesellschaften, *s. dort*
- Fusion Vereine und Genossenschaften ohne Anteilscheine, *s. dort*
- Gewinnsteuer, vor 3 N 361, 381, 409 f., 450 f.
- Konzernübertragung, *s. dort*
- Tochterausgliederung, *s. dort*
- Vermögensübertragung inländische auf ausländische Unternehmung, *s. dort*
- Vermögensübertragung Kapitalgesellschaft oder Genossenschaft auf Kapitalgesellschaft oder Genossenschaft, *s. dort*
- Vermögensübertragung Kapitalgesellschaft oder Genossenschaft auf Personenunternehmung, *s. dort*
- Vermögensübertragung Personenunternehmung auf Personenunternehmung, *s. dort*

Stimmrechtsaktie, 64 N 12
Strohpersonen-Gründung, 10 N 9
subjektive Sperrfristenlösung, *s. Vermögensübertragung Kapitalgesellschaft oder Genossenschaft auf Kapitalgesellschaft oder Genossenschaft*
Subordinationserklärung, *s. Rangrücktritt*
Subsidiarität, 48 N 3
Substanzwert, *s. Bewertungsmethoden*
Subvention, Mehrwertsteuer, vor 99 N 103
Superlegalisation, 65 N 7
symmetrische Auf- und Abspaltung, *s. Spaltung*
System, dualistisches, *s. dualistisches System*
System, monistisches, *s. monistisches System*
Systemwechselfälle, *s. Spaltung*

T
Tagebuch, Eintrag, 67 N 6
Tarifwechsel
- Fusion Vereine und Genossenschaften ohne Anteilscheine, *s. dort*
- Gewinnsteuer, vor 3 N 450 f.
- Spaltung, *s. dort*
  - von Kapitalgesellschaft oder Genossenschaft auf Verein, Stiftung oder Anlagefonds mit direktem Grundbesitz, *s. dort*
- Vermögensübertragung Kapitalgesellschaft oder Genossenschaft auf Stiftung, *s. dort*

Tausch
- Beteiligungsrechte im Privatvermögen, *s. dort*
- Umsatzabgabe, vor 3 N 269, 274

Teil- oder Gesamtliquidation Vorsorgeeinrichtung, 98 N 6
Teilbetrieb
- Definition, *s. Spaltung*
- Einkommenssteuer, vor 3 N 374
- Fusion Personengesellschaften in Kapitalgesellschaften, *s. dort*
- Konzernübertragung, *s. dort*
- Mindestvoraussetzung, *s. Spaltung*
- Übertragung auf juristische Person, vor 3 N 27 f., 30
- Umstrukturierung juristischer Personen, vor 3 N 75

Teilbetrieb

- Unveränderte Weiterführung eines ~, vor 109 N 35
- Vermögensübertragung inländische auf ausländische Unternehmung, *s. dort*
- Vermögensübertragung Kapitalgesellschaft oder Genossenschaft auf Kapitalgesellschaft oder Genossenschaft, *s. dort*
- Vermögensübertragung Personenunternehmung auf Personenunternehmung, *s. dort*
- Vermögensübertragung Personenunternehmung auf Stiftung, *s. dort*
- Vermögensübertragung Personenunternehmung auf Verein, *s. dort*
- Vermögensübertragung Verein auf Kapitalgesellschaft oder Genossenschaft, *s. dort*
- Weiterführung, *s. Spaltung*

Teilliberierung, Spaltung mit Neugründung, 34 N 8

Teil-Liquidation
- indirekte, *s. indirekte Teilliquidation*
- Vermögensübertragung, 70 N 4

Teilumwandlung, *s. Spaltung Kapitalgesellschaft oder Genossenschaft in Verein oder Stiftung*

Teilvermögen
- Aktivenüberschuss, 47 N 1
- Mehrwertsteuer, vor 3 N 345
- Meldeverfahren, vor 99 N 98
- Passivenüberschuss, 47 N 1, 7
- Spaltung, *s. dort*
- Vermögensübertragung inländische auf ausländische Unternehmung, *s. dort*

Telekommunikationsunternehmen, Befreiung von der Handänderungssteuer, 103 N 12

Tochterausgliederung
- Beteiligung, Teil 1 vor 69 N 88 ff., 120, 130
- Beteiligungsabzug, Teil 1 vor 69 N 75
- betriebliches Anlagevermögen, Teil 1 vor 69 N 84 ff., 93, 121, 128
- Betriebsteil, Teil 1 vor 69 N 75
- Emissionsabgabe, Teil 1 vor 69 N 118 ff.
- Erlös, Teil 1 vor 9 N 103
- Gestehungskosten der Beteiligung, Teil 1 vor 69 N 75
- Gewinnsteuer, Teil 1 vor 69 N 75 ff.
- Gewinnsteuerwert, Teil 1 vor 69 N 75
- Goodwill, Teil 1 vor 69 N 108
- Grundstück, Teil 1 vor 69 N 111 ff.
- Grundstückgewinnsteuer, Teil 1 vor 69 N 111 ff.
- Handänderung, Teil 1 vor 69 N 112
- Handänderungssteuer, Teil 1 vor 69 N 114 ff.
- Immaterialgüter, Teil 1 vor 69 N 85
- Joint Venture, Teil 1 vor 69 N 80, 82, 121
- Kapital, Teil 1 vor 69 N 122 ff.
- Mehrwertsteuer, Teil 1 vor 69 N 130 ff.
- Sacheinlage, Teil 1 vor 69 N 74, 118, 120, 127
- solidarische Haftung, Teil 1 vor 69 N 95
- Spaltung, *s. dort*
- stille Reserven, Teil 1 vor 69 N 75
- Tochtergesellschaft, Teil 1 vor 69 N 73 ff., 81, 83, 91 ff., 103 ff., 107 ff., 117 f., 120 ff., 128, 130
- Umsatzabgabe, Teil 1 vor 69 N 127 ff.
- verdeckte Kapitaleinlage, Teil 1 vor 69 N 75
- Verrechnungssteuer, Teil 1 vor 69 N 117 ff.

Tochtergesellschaft, 3 N 16 ff.; 7 N 26; 23 N 6; 47 N 11; Teil 1 vor 69 N 10
- ausländische, *s. ausländische Tochtergesellschaft*
- Betrieb, *s. Spaltung*
- Emissionsabgabe, Teil 1 vor 69 N 118, 120 ff.
- Gewinnsteuer, Teil 1 vor 69 N 76 ff., 81, 83, 91 ff., 103 ff., 107 ff., 188
- Grundstückgewinnsteuer, Teil 1 vor 69 N 111 ff.
- Konzernübertragung, *s. dort*
- Mehrwertsteuer, Teil 1 vor 69 N 130
- Tochterausgliederung, *s. dort*
- Umsatzabgabe, Teil 1 vor 69 N 128
- Vermögensübertragung inländische auf ausländische Unternehmung, *s. dort*
- Verrechnungssteuer, vor 3 N 207; Teil 1 vor 69 N 117, 209
- vorgängige Gründung, 36 N 2

Tochter-Mutter Fusion, 7 N 26; 9 N 12; 23 N 3, 10

Transaktionsform, 1 N 1

Übertragung einer Beteiligung

Transaktionsstruktur, doppelgleisige, 110 N 10
Transparenz, 1 N 57 ff.
– Handelsregister, *s. dort*
– Spaltungsvertrag, 37 N 2
– Zweck des Fusionsgesetzes, *s. dort*
Transponierung, vor 3 N 49 ff.
– Beteiligungsrechte im Privatvermögen, vor 3 N 49 ff.
– Einkommenssteuer, vor 3 N 49 ff.
– Mehrheitsbeteiligung, vor 3 N 53
– Minderheitsbeteiligung, vor 3 N 51, 53
– Sanierung, vor 3 N 54
– Sperrfrist, vor 3 N 376
– Verrechnungssteuer, vor 3 N 175
Treu und Glauben, Grundsatz, 110 N 15 ff.
Treuepflicht
– allgemein, 64 N 15
– Fusionsbeschluss, 18 N 16
Treuhandverhältnis, 23 N 4, 10
Triangular Merger, 8 N 8, 12
typologische Auslegungsmethode, vor 103 N 4

U
Überführung Geschäftsvermögen in ausländische Betriebe oder Betriebsstätten, Einkommenssteuer, vor 3 N 18
Überführungsbilanz, *s. Fusion Institut des öffentlichen Rechts mit Kapitalgesellschaft, Genossenschaft, Verein, Stiftung*
Übergang
– Ablehnung, vor 27 N 17
– Aktiven, Spaltung, 52 N 15
– Passiven, Spaltung, 52 N 15
– Verträge, Spaltung, 52 N 5 ff., 15
Übergangsrecht, *s. Spaltung*
Übergangsregelung
– eigene, 110 N 1
– Handänderungsabgaben, 103 N 51 f.
Übernahme Einkommenssteuerwerte, vor 3 N 21
Übernahme Gewinnsteuerwerte, vor 3 N 72
Übernahme Haltedauer bei Beteiligungen, *s. Spaltung*
Übernahme Steuerfaktoren, vor 3 N 82
übernehmende Gesellschaft, 5 N 3, 15 ff.; 6 N 6, 12, 22
– Verrechnungssteuer, vor 3 N 200 ff.

übernehmende juristische Person, vor 3 N 28
Überprüfungsklage nach Art. 105 FusG
– Gerichtsstand, IPRG 164a N 3 ff.
– Lugano-Übereinkommen, IPRG 164a N 7 ff.
Überschuldung, 5 N 6; 6 N 7, 11, 13 ff., 16, 18 f., 23, 25, 27 ff., 30 f., 35; 25 N 11, 35
– Umstrukturierung juristischer Personen, vor 3 N 77, 79, 83
übertragende Gesellschaft, 5 N 3, 7, 9, 12, 14 f., 19 ff.; 6 N 6, 9, 12
– Verrechnungssteuer, vor 3 N 195 ff.
übertragende Umwandlung, vor 53 N 4
Übertragung
– Aktiven/Passiven, 3 N 8; 22 N 3, 7; OR 181 N 1 f., 7
  – Mehrwertsteuer, vor 3 N 339 ff.
– Inventar bei der Vermögensübertragung, 73 N 13 f.
– konzerninterne, *s. Konzernübertragung*
– Verträge, 3 N 8; 22 N 9 ff.
– Vollzug, 22 N 17
Übertragung auf juristische Person
– Aufwertung, vor 3 N 29
– Betrieb, vor 3 N 27 f., 30
– Einkommenssteuer, vor 3 N 28 ff.
– Fortbestand Steuerpflicht, vor 3 N 28
– Fortführung Einkommenssteuerwerte, vor 3 N 29
– juristische Person, vor 3 N 27 ff.
– natürliche Person, vor 3 N 28
– Sperrfrist, vor 3 N 32
– Teilbetrieb, vor 3 N 27 f., 30
– übernehmende juristische Person, vor 3 N 28
– Verlustvorträge, vor 3 N 33
Übertragung Beteiligungsrechte, Mehrwertsteuer, vor 3 N 353
Übertragung der Betriebsstätte, *s. Vermögensübertragung inländische auf ausländische Unternehmung*
Übertragung des Betriebs, *s. Vermögensübertragung inländische auf ausländische Unternehmung*
Übertragung des Vermögens, *s. Vermögensübertragung*
Übertragung einer Beteiligung, *s. Vermögensübertragung inländische auf ausländische Unternehmung*

1471

Übertragung eines Teilbetriebs

Übertragung eines Teilbetriebs, *s. Vermögensübertragung inländische auf ausländische Unternehmung*
Übertragung gemäss Inventar (auch: «partielle Universalsukzession»), Spaltung, 52 N 3 ff., 9, 12 ff.
Übertragung steuerbarer Urkunden, *s. Spaltung*
Übertragung von Altbeteiligungen, *s. Vermögensübertragung inländische auf ausländische Unternehmung*
Übertragung von Beteiligungen ins Ausland, *s. Vermögensübertragung inländische auf ausländische Unternehmung*
Übertragung von Betrieben oder Teilbetrieben, *s. Vermögensübertragung Kapitalgesellschaft oder Genossenschaft auf Kapitalgesellschaft oder Genossenschaft*
Übertragung von Grundstücken
– Handänderungssteuer, vor 3 N 363, 383, 415, 440, 454
– Fusion Kapitalgesellschaften und Genossenschaften mit Anteilscheinen, *s. dort*
– Fusion Personengesellschaften in Kapitalgesellschaften, *s. dort*
– Fusion Personengesellschaften mit Personengesellschaften, *s. dort*
– Fusion Vereine und Genossenschaften ohne Anteilscheine, *s. dort*
– Fusionsähnliche Zusammenschlüsse von Kapitalgesellschaften, *s. dort*
Übertragung von Neubeteiligungen, *s. Vermögensübertragung inländische auf ausländische Unternehmung*
Übertragung zum Buchwert, *s. Vermögensübertragung inländische auf ausländische Unternehmung*
Übertragungshindernisse, Vermögensübergang, 73 N 15
Übertragungsvertrag
– Arbeitsverhältnisse, 71 N 12
– Essentialia, 71 N 1
– Gegenleistung, 71 N 15
– Inhalt, 71 N 2 ff.
– Inventar, 71 N 5
– Verfügungsvertrag, 71 N 2
– Wert der zu übertragenden Aktiven und Passiven, 71 N 7 f.

Übertragungswerte, *s. Fusion Institut des öffentlichen Rechts mit Kapitalgesellschaft, Genossenschaft, Verein, Stiftung*
Überwälzung der Verrechnungssteuer
– Vermögensübertragung inländische auf ausländische Unternehmung, *s. dort*
Überwälzung Verrechnungssteuer, vor 3 N 161 f.
Überzeugungsurkunde, 104 N 27
Umsatz, ausgenommener, *s. ausgenommener Umsatz*
Umsatz, steuerbarer, *s. steuerbarer Umsatz*
Umsatzabgabe, vor 3 N 251 ff.
– Abrechnungspflicht, *s. dort*
– Altreserven, *s. dort*
– Anlagefonds, *s. dort*
– Aufwertung, *s. dort*
– Ausgabe steuerbarer Urkunden, *s. dort*
– Ausgliederung, *s. dort*
– ausländische Bank, *s. dort*
– ausländische Börse, *s. dort*
– ausländische Börsenagentur, *s. dort*
– ausländische institutionelle Anleger, *s. dort*
– ausländische Obligationen, *s. dort*
– Bank, *s. dort*
– Befreiung Umstrukturierung, *s. dort*
– Beteiligung, *s. dort*
– betriebliches Anlagevermögen, *s. dort*
– Bezugsrecht, *s. dort*
– Derivat, *s. dort*
– Effektenhändler, *s. dort*
– Eigengeschäfte, *s. dort*
– entgeltliches Geschäft, *s. dort*
– Entstehung der Steuerforderung, *s. dort*
– Ersatzbeschaffung, *s. dort*
  – Beteiligungen, *s. dort*
– Euroobligationen, *s. dort*
– Festübernahme, *s. dort*
– Fusion, *s. dort*
  – Institut des öffentlichen Rechts mit Kapitalgesellschaft, Genossenschaft, Verein, Stiftung, *s. dort*
  – Kapitalgesellschaften und Genossenschaften mit Anteilscheinen, *s. dort*
  – Personengesellschaften in Kapitalgesellschaften, *s. dort*
  – Personengesellschaften mit Personengesellschaften, *s. dort*

- Vereine und Genossenschaften ohne Anteilscheine, *s. dort*
- Fusionsähnliche Zusammenschlüsse von Kapitalgesellschaften, *s. dort*
- Geldmarktpapiere, *s. dort*
- Handänderung, *s. dort*
- Handelsbestand, *s. dort*
- Händler, *s. dort*
- inländische Bank, *s. dort*
- inländische Kapitalgesellschaft, *s. dort*
- inländische Vorsorgeeinrichtung, *s. dort*
- inländische Zweigniederlassung, *s. dort*
- Kassenobligationen, *s. dort*
- Kaufrecht, *s. dort*
- Konzerngesellschaft, *s. dort*
- Konzerninterne Übertragung, *s. dort*
- Konzernübertragung, *s. dort*
- Mitgliedschaft Personengesellschaft, *s. dort*
- Nationalbank, *s. dort*
- Obligationen, *s. dort*
- Quasifusion, *s. dort*
- Remote member, *s. dort*
- Repo-Geschäft, *s. dort*
- Restrukturierungsvorgänge, *s. dort*
- Rückgabe Urkunden, *s. dort*
- Sacheinlage, *s. dort*
- Securities Borrowing, *s. dort*
- Securities Lending, *s. dort*
- Sozialversicherungseinrichtung, *s. dort*
- Spaltung, *s. dort*
- Sperrfrist, *s. dort*
- steuerbare Urkunden, *s. dort*
- Steuerbefreiungen, *s. dort*
- Steuersatz, *s. dort*
- Tausch, *s. dort*
- Tochterausgliederung, *s. dort*
- Tochtergesellschaft, *s. dort*
- Umwandlung Genossenschaft in Verein, *s. dort*
- Umwandlung Institut des öffentlichen Rechts in Kapitalgesellschaft, Genossenschaft, Verein, Stiftung, *s. dort*
- Umwandlung Kapitalgesellschaft und Genossenschaft in andere Kapitalgesellschaft und Genossenschaft, *s. dort*
- Umwandlung Kapitalgesellschaft und Genossenschaft in Personenunternehmung, *s. dort*
- Umwandlung Personengesellschaft in Einzelunternehmung, *s. dort*
- Umwandlung Personengesellschaft in Personengesellschaft mit anderer Rechtsform, *s. dort*
- Umwandlung Personenunternehmung in Kapitalgesellschaft und Genossenschaft, *s. dort*
- Umwandlung Verein in Kapitalgesellschaft und Genossenschaft, *s. dort*
- Unternehmung, *s. dort*
- Vermittler, *s. dort*
- Vermögensübertragung eines anderen Rechtsträgers auf ein Institut des öffentlichen Rechts, *s. dort*
- Vermögensübertragung eines Instituts des öffentlichen Rechts auf anderen Rechtsträger, *s. dort*
- Vermögensübertragung inländische auf ausländische Unternehmung, *s. dort*
- Vermögensübertragung Kapitalgesellschaft oder Genossenschaft auf Personenunternehmung, *s. dort*
- Vermögensübertragung Personenunternehmung auf Personenunternehmung, *s. dort*
- Vermögensübertragung Verein auf Personenunternehmung, *s. dort*
- Vorsorgeeinrichtung, vor 88 N 58 ff., 75, 93
- Wandelanleihe, *s. dort*
- Zuschuss, *s. dort*

Umsatzgrenze Mehrwertsteuer, vor 3 N 306, 309

Umsetzung des FusG
- Aargau, vor 109 N 25
- Basel-Stadt, vor 109 N 26
- Bern, vor 109 N 25
- Freiburg, vor 109 N 25
- Graubünden, vor 109 N 25
- Luzern, vor 109 N 25
- Obwalden, vor 109 N 25
- Schwyz, vor 109 N 25
- St. Gallen, vor 109 N 25, 45
- Tessin, vor 109 N 25
- Thurgau, vor 109 N 25, 45
- Wallis, vor 109 N 25
- Zürich, vor 109 N 27

Umstrukturierung
- Befreiung von Handänderungsabgaben, 103 N 15 ff.

Umstrukturierung

- grenzüberschreitende, *s. grenzüberschreitende Umstrukturierung*
- Handänderungssteuer, vor 3 N 135 ff.
- Mehrwertsteuer, vor 3 N 338 ff.
- Verrechnungssteuer, vor 3 N 186 ff., 205

Umstrukturierung juristischer Personen
- Anwendungsbereich, vor 3 N 67
- Barabgeltung, vor 3 N 91 ff.
- Beteiligungsabzug, vor 3 N 89, 91
- Beteiligungsquote, vor 3 N 89
- Beteiligungstausch, vor 3 N 87 ff.
- Betrieb, vor 3 N 75, 79
- Charakter Umstrukturierungsnormen, vor 3 N 63 ff.
- echter Fusionsverlust, vor 3 N 86
- eigene Aktien, vor 3 N 93
- Fortbestand Steuerpflicht, vor 3 N 70 f.
- Fusionsgewinn, vor 3 N 84
- Gewinnsteuer, vor 3 N 63 ff.
- Goodwill, vor 3 N 72, 85
- Immaterialgüterrecht, vor 3 N 73
- Immobiliengesellschaft, vor 3 N 79
- Kapitalherabsetzung, vor 3 N 93
- Kapitalverlust, vor 3 N 77
- Mantelhandel, vor 3 N 75
- Mitarbeiterbeteiligung, vor 3 N 93
- Sitzverlegung, vor 3 N 80
- Sperrfrist, vor 3 N 78
- Spitzenausgleich, vor 3 N 91
- Squeeze-out, vor 3 N 92
- Statusänderung, vor 3 N 73
- Steueraufschub, vor 3 N 69 ff.
- steuerbefreite juristische Person, vor 3 N 73
- Steuerfolgen Anteilsinhaber, vor 3 N 34 ff.
- Steuerfolgen Gesellschafter, vor 3 N 87 ff.
- Steuerneutralität, vor 3 N 35
- Teilbetrieb, vor 3 N 75
- Übernahme Gewinnsteuerwerte, vor 3 N 72
- Übernahme Steuerfaktoren, vor 3 N 82
- Überschuldung, vor 3 N 77, 79, 83
- unechte Fusion, vor 3 N 68
- unechte Spaltung, vor 3 N 68
- unechte Umwandlung, vor 3 N 68
- unechter Fusionsverlust, vor 3 N 72, 85
- Verlustverrechnung, vor 3 N 82 ff.
- Vermögensverwaltungsgesellschaft, vor 3 N 79
- zeitliche Bemessung, vor 3 N 80 f.
- zweistufiges Verfahren, vor 3 N 64 ff.
- Zwischenbilanz, vor 3 N 81

Umstrukturierung Personengesellschaften
- Einkommenssteuer, vor 3 N 19 ff.
- Einzelfirma, vor 3 N 19
- Entgelt, vor 3 N 25
- Fortbestand der Steuerpflicht, vor 3 N 20
- Geschäftsvermögen, vor 3 N 24
- juristische Person, vor 3 N 26
- natürliche Person, vor 3 N 20
- nichtkaufmännische Kollektivgesellschaft, vor 3 N 24
- nichtkaufmännische Kommanditgesellschaft, vor 3 N 24
- Personengesellschaft, vor 3 N 19 ff., 26
- Privatentnahme, vor 3 N 24
- Privatvermögen, vor 3 N 24
- Sperrfrist, vor 3 N 26
- Steuerneutralität, vor 3 N 19 ff.
- Übernahme Einkommenssteuerwerte, vor 3 N 21
- Vermögenswerte, vor 3 N 22
- zurückbleibender Vermögenskomplex, vor 3 N 23

Umstrukturierungsbegriff des Gewinnsteuerrechts, *s. Vermögensübertragung Kapitalgesellschaft oder Genossenschaft auf Kapitalgesellschaft oder Genossenschaft*

Umstrukturierungshaftung, 108 N 27 ff., 34 ff.

Umtausch, 37 N 29

Umtauschverhältnis, 3 N 13, 17; 7 N 3, 9 ff., 18 f., 28, 31, 34; 12 N 3; 31 N 6 ff.
- Angemessenheit, 14 N 3
- Anpassung, 7 N 10; 17 N 26b
- Anpassungsklausel, 31 N 9
- Besonderheiten, 31 N 7
- Bewertungsmethoden, 31 N 7
- Kriterien, 31 N 7
- Spaltungsbilanz (Bedeutung), 31 N 7
- Spaltungsvertrag, 37 N 20 ff.
- Überprüfung, 31 N 8
- Vertretbarkeit, 15 N 1, 25a, 29, 35, 35d f., 38

Umwandlung
- Art. 333a OR, 53 N 23

Umwandlung Genossenschaft in Verein

- Abfindung, 56 N 23
- Aktiengesellschaft, 57 N 22 f.
  - in GmbH, 56 N 51
- Ausschluss, Ausscheiden, 56 N 27 f.
- Barausgleich, 56 N 23 ff.
- dispositives Recht, 56 N 6, 21
- Ermessensspielraum, 56 N 26
- errichtende, 53 N 14
- Festsetzung Liberierungsquote, 57 N 18 ff.
- Festsetzung Nennkapital, 57 N 13 ff.
- formfixierte Rechtsstruktur, 57 N 3
- formwechselnde, 53 N 9; 68 N 2
- gemischte, *s. gemischte Umwandlung*
- Genossenschaft in Aktiengesellschaft, 56 N 49 f.
- Genossenschaft ohne Anteilscheine, 54 N 7
- Genussscheine, 56 N 39 ff.
- GmbH, 56 N 47 f.; 57 N 24
- grenzüberschreitende, 53 N 12; 68 N 11; IPRG vor 161–164 N 6; IPRG 163 N 13
- Grossgenossenschaft, 57 N 23
- Gründer, 57 N 6
- Gründungsverfahren, 57 N 4
- Handänderungssteuer, 103 N 15
- Klage nach Art. 643 OR, 57 N 26
- Kollektiv- in eine Kommanditgesellschaft, 55 N 4; 68 N 10
- Kontinuität der Mitgliedschaft, 1 N 44; 56 N 27 f.
- Kontinuität des Vermögens, 1 N 44
- Liberierungspflichten, 56 N 17 f.
- Missbrauch, 56 N 26
- Nichtausweitung der Pflichten, 56 N 15 ff.
- Optionen, 56 N 5, 35, 44
- Partizipationsscheine, 56 N 29 ff., 36, 46
- Personengesellschaften, 65 N 3
- Pflichten der Gesellschaft, 56 N 15 ff.
- rechtsformändernde, 1 N 43; *s.a. rechtsformändernde Umwandlung*
- Rechtskleidwechsel, 1 N 43 f.
- Rechtsschutz, 56 N 52 ff.
- Regelungselemente, 1 N 43
- reine, *s. reine Umwandlung*
- Sacheinlagen, 57 N 5, 7 ff.
- Sachübernahmen, 57 N 12
- serielle, 54 N 5

- Sonderversammlung der Partizipanten, 56 N 31, 38
- Statuteninhalt, 57 N 5, 3
- steuerrechtlicher Begriff, vor 53 N 2
- Stiftung, vor 78 N 13 ff.; 78 N 4
- Stimmrechts- und Vorzugsaktien, 56 N 33 ff.
- übertragende, 1 N 43; 53 N 9; 54 N 9; 68 N 2; *s.a. übertragende Umwandlung*
- Umwandlungsbilanz, *s. dort*
- Unterbilanz, 56 N 18; 57 N 16
- Veränderungen im Kreise der Gesellschafter, 53 N 9
- Verantwortlichkeitsklage und Gründungshaftung, 57 N 27
- Verein, 54 N 5; 78 N 5
- Verhältnis Umwandlungsvorschriften/ Gründungsvorschriften, 57 N Art. 57
- Verhältnis zum bisherigen Recht, 1 N 42
- Vermögens- und Mitwirkungsrecht, 56 N 10 ff.
- Versicherungsunternehmen, VAG 9a N 120 ff.
- Verteilung Liquidationserlös, 56 N 33
- Vorsorgeeinrichtung, vor 88 N 65 ff.; 97 N 1 ff.
- Wahrung der Rechte der Gesellschafter, 56 N Art. 56
- Zustimmung der Genussscheininhaber, 56 N 43
- zwingendes Recht der neuen Rechtsform, 56 N 20
- Zwischenbilanz, 58 N 3 ff., 8 ff.

Umwandlung Einzelunternehmen in Personengesellschaft, *s. Umwandlung Personengesellschaft in Einzelunternehmung*

Umwandlung Genossenschaft in Kapitalgesellschaft, vor 53 N 179 ff.

Umwandlung Genossenschaft in Personenunternehmen, vor 53 N 244 ff.

Umwandlung Genossenschaft in Verein, vor 53 N 204 ff.

- Einkommenssteuer, vor 53 N 207 f.
- Emissionsabgabe, vor 53 N 217
- Gewinnsteuer, vor 53 N 204 ff.
- Grundstückgewinnsteuer, vor 53 N 211 f.
- Handänderungssteuer, vor 53 N 213

Umwandlung Genossenschaft in Verein

- Mehrwertsteuer, vor 53 N 218
- Umsatzabgabe, vor 53 N 216 f.
- Verlustübernahme, vor 53 N 210
- Verrechnungssteuer, vor 53 N 214
- Wechsel Steuertarif, vor 53 N 205, 210
- Zwischenabschluss, vor 53 N 208

Umwandlung inländische Personenunternehmung in ausländische Personenunternehmung, vor 53 N 91 ff.

Umwandlung Institut des öffentlichen Rechts in Kapitalgesellschaft, Genossenschaft, Verein, Stiftung
- Einkommenssteuer, vor 99 N 115
- Emissionsabgabe, vor 99 N 121
- Gewinnsteuer, vor 99 N 113 ff.
- Grundstückgewinnsteuer, vor 99 N 116 ff.
- Handänderungssteuer, vor 99 N 118 f.
- Mehrwertsteuer, vor 99 N 125 f.
- Steuerbefreiung, vor 99 N 113 f.
- Umsatzabgabe, vor 99 N 123
- Verrechnungssteuer, vor 99 N 120

Umwandlung Institut des öffentlichen Rechts in Verein, Handänderungssteuer, vor 99 N 118 f.

Umwandlung Kapitalgesellschaft in Personengesellschaft
- Einkommenssteuer, vor 109 N 33
- Gewinnsteuer, vor 109 N 33

Umwandlung Kapitalgesellschaft und Genossenschaft in andere Kapitalgesellschaft und Genossenschaft
- Einkommenssteuer, vor 53 N 186 f.
- Emissionsabgabe, vor 53 N 198
- Gewinnsteuer, vor 53 N 181 ff., 188
- Grundstückgewinnsteuer, vor 53 N 190
- Handänderungssteuer, vor 53 N 191
- Mehrwertsteuer, vor 53 N 201
- Umsatzabgabe, vor 53 N 199 f.
- Verlustübernahme, vor 53 N 189
- Verrechnungssteuer, vor 53 N 192 ff.
- Wechsel Steuertarif, vor 53 N 184, 205
- Zwischenabschluss, vor 53 N 179 ff., 208

Umwandlung Kapitalgesellschaft und Genossenschaft in Personenunternehmung
- Einkommenssteuer, vor 53 N 249
- Emissionsabgabe, vor 53 N 258
- Gewinnsteuer, vor 53 N 244 ff.
- Grundstückgewinnsteuer, vor 53 N 255
- Handänderungssteuer, vor 53 N 256
- Mehrwertsteuer, vor 53 N 260
- Umsatzabgabe, vor 53 N 259
- Verlustübernahme, vor 53 N 254
- Verrechnungssteuer, vor 53 N 257
- Wechsel Steuertarif, vor 53 N 251
- Zwischenabschluss, vor 53 N 254 ff.

Umwandlung Personengesellschaft in Einzelunternehmung, vor 53 N 73 ff.
- Einkommenssteuer, vor 53 N 78 ff.
- Emissionsabgabe, vor 53 N 87
- Grundsteuer, vor 53 N 85
- Mehrwertsteuer, vor 53 N 89
- Sozialversicherungsabgaben, vor 53 N 90
- Sperrfrist, vor 53 N 77
- Umsatzabgabe, vor 53 N 88
- Verlustverrechnung, vor 53 N 76
- Verrechnungssteuer, vor 53 N 86

Umwandlung Personengesellschaft in Personengesellschaft mit anderer Rechtsform, vor 53 N 5 ff.
- Aufgeld, vor 53 N 29 ff.
- Einkommenssteuer, vor 53 N 13 ff.
- Emissionsabgabe, vor 53 N 62
- Gewinnsteuer, vor 53 N 41 ff.
- Grundstückgewinnsteuer, vor 53 N 47 ff.
- Handänderungssteuer, vor 53 N 54 ff.
- Mehrwertsteuer, vor 53 N 67 ff.
- Nicht kaufmännische Personengesellschaft, vor 53 N 21, 38
- Sozialversicherungsabgaben, vor 53 N 71 f.
- Sperrfrist, vor 53 N 23
- Umsatzabgabe, vor 53 N 63 ff.
- Verlustübernahme, vor 53 N 10 ff.
- Verrechnungssteuer, vor 53 N 61

Umwandlung Personenunternehmung in Kapitalgesellschaft oder Genossenschaft, vor 53 N 94 ff.; 56 N 46
- in bestehende Kapitalgesellschaft oder Genossenschaft, vor 53 N 116 f.
- Einkommenssteuer, vor 53 N 96 ff.
- Emissionsabgabe, vor 53 N 155 ff.
- Grundstückgewinnsteuer, vor 53 N 144 ff.
- Handänderungssteuer, vor 53 N 148 ff.
- Mehrwertsteuer, vor 53 N 177
- Sozialversicherungsabgaben, vor 53 N 178

- Sperrfrist, vor 53 N 118 ff.
- Umsatzabgabe, vor 53 N 170 ff.
- Verrechnungssteuer, vor 53 N 153 f.

Umwandlung Verein in Kapitalgesellschaft und Genossenschaft, vor 53 N 221 ff.
- Einkommensteuer, vor 53 N 226 f.
- Emissionsabgabe, vor 53 N 237 ff.
- Gewinnsteuer, vor 53 N 222 ff.
- Grundstückgewinnsteuer, vor 53 N 232
- Handänderungssteuer, vor 53 N 234
- Mehrwertsteuer, vor 53 N 242
- Umsatzabgabe, vor 53 N 240
- Verlustübernahme, vor 53 N 230
- Verrechnungssteuer, vor 53 N 236
- Wechsel Steuertarif, vor 53 N 224
- Zwischenabschluss, vor 53 N 228

Umwandlung von Personengesellschaften, Verlustübernahme, vor 53 N 10 ff., 76, 93, 114 ff.

Umwandlung, grenzüberschreitende, *s. grenzüberschreitende Umwandlung*

Umwandlung, rechtsformändernde, *s. rechtsformändernde Umwandlung*

Umwandlung, unechte, *s. unechte Umwandlung*

Umwandlungsbericht
- Inhalt, 61 N 4 ff.
- Kompetenz, 61 N 2
- Unterzeichnung, 61 N 3
- Verzicht, 61 N 12 f.
- Vorsorgeeinrichtung, 97 N 13 ff., 22

Umwandlungsbilanz
- Anwendungsbereich, 58 N 5
- letzte Bilanz, 58 N 7
- Prüfung bzw. Revision, 58 N 14 f.
- Rechtsschutz, 58 N 16 ff.
- Vorsorgeeinrichtung, 97 N 1
- wichtige Änderungen der Vermögenslage, 58 N 10, 13
- Zweck, 58 N 3
- Zwischenbilanz, 58 N 8 ff.

Umwandlungsgesetz, 12 N 11
- deutsches, 1 N 35, 55, 82, 98
  – Kartellrecht, 1 N 98
  – Rechtsträger, 1 N 35; 2 N 8
  – Regelungsbereich, 1 N 55

Umwandlungsplan
- Änderung, 59 N 23
- Anfechtungsklage, 59 N 19
- Aufhebung, 59 N 24
- Auslegung, 59 N 16, 17
- einseitiges Rechtsgeschäft, 59 N 3
- Form, 59 N 2, 13
- Grundstück, 59 N 14
- Handelsregisterbeleg, 59 N 8
- Mängel, 59 N 15, 18, 20 f.
- Sprache, 59 N 8
- Verantwortlichkeit, 59 N 11, 22
- Vorsorgeeinrichtung, 97 N 10 ff.
- Zeitpunkt der Erstellung, 59 N 7
- Zuständigkeit, 59 N 2, 9 f.
- zwingende Natur, 59 N 6

Umwandlungsprüfer
- Wahl, 62 N 4
- Wahlvoraussetzungen, 62 N 5

Umwandlungsprüfung
- Prüfungsbericht, 62 N 14
- Prüfungsumfang, 62 N 9 ff.
- Verzicht, 62 N 15 ff.

Unabhängigkeit
- Revisoren, OR 727c N 1–6
- Revisoren, Rechtsvergleich, OR 727c N 6

unbeschränkte Steuerpflicht
- Aufenthalt, vor 3 N 4
- Einkommensteuer, vor 3 N 4 ff.
- gesetzlicher Wohnsitz, vor 3 N 7
- internationales Verhältnis, vor 3 N 8
- steuerrechtlicher Aufenthalt, vor 3 N 6
- Vermögensübertragung Kapitalgesellschaft oder Genossenschaft auf Kapitalgesellschaft oder Genossenschaft, *s. dort*
- Wohnsitz, vor 3 N 4 f.

unbesteuerte Reserve, *s. Vermögensübertragung inländische auf ausländische Unternehmung*

unechte Fusion, 3 N 6, 12; 4 N 9 f.; IPRG vor 161–164 N 3
- Gewinnsteuer, vor 3 N 68
- Umstrukturierung juristischer Personen, vor 3 N 68

unechte Rückwirkung, vor 109 N 9

unechte Spaltung
- Gewinnsteuer, vor 3 N 68
- Umstrukturierung juristischer Personen, vor 3 N 68

unechte Umwandlung
- Gewinnsteuer, vor 3 N 68
- Umstrukturierung juristischer Personen, vor 3 N 68

unechter Fusionsverlust

unechter Fusionsverlust, vor 3 N 72, 85
unentgeltliche Veräusserung, Sperrfrist, vor 53 N 127
Universalsukzession, 1 N 45 f.; 3 N 1, 6, 8, 34; 12 N 2; 22 N 3, 6 ff., 17; 25 N 8; 104 N 1, 4; OR 181 N 1, 7
– Fusion, 21 N 37
– partielle, *s. dort*; 22 N 3; 29 N 9, 20 f.
 – Missbrauch, 52 N 8
 – Spaltung, 52 N 2 ff.
 – Spaltung, Begriff, 52 N 4 ff.
 – Spaltung, Wirkung, 52 N 5 ff., 15 f.
 – Spaltung, Wirkung, Einschränkungen, 52 N 16
unselbständiges kantonales Recht, 103 N 33
Unterdeckung, 6 N 14, 16, 18, 35
Unternehmen, kleine und mittlere, 64 N 32
Unternehmensbewertung, 7 N 10, 16 f., 20 ff.; 8 N 19; *s.a. Bewertungsmethoden*
Unternehmung, Umsatzabgabe, vor 3 N 289
Unter-Pari Emission, 9 N 22, 33
Unveränderbarkeit, OR 936a N 6
Urabstimmung
– beim Fusionsbeschluss, 18 N 6
– öffentliche Beurkundung, 20 N 10
Urkunde
– öffentliche, 104 N 25 ff.
– steuerbare, *s. steuerbare Urkunden*

V

Veränderungen, Vermögen, *s. Vermögensveränderungen*
Verantwortlichkeit
– aktienrechtliche, 108 N 2
– Bund, 101 N 10
– fusionsgesetzliche, 108 N 5 ff.
– verspätete Anmeldung, 21 N 14
Verantwortlichkeitsgesetz, GestG 29a N 11
Verantwortlichkeitsklage, 3 N 31; 5 N 8; 6 N 31; 7 N 32; 25 N 11, 26, 42; 68 N 5
– Aktivlegitimation, 108 N 17 ff.
– Einreden, 108 N 60 f.
– Einwendungen, 108 N 60 f.
– Exkulpation, 108 N 56 f.
– Gerichtsstand, 108 N 62 ff.
– Kausalzusammenhang, 108 N 50 ff.
– Kostentragung, 108 N 67
– Parteifähigkeit, 108 N 18
– Passivlegitimation, 108 N 27 ff.
– Pflichtverletzung, 108 N 31 ff.
– Prozessfähigkeit, 108 N 18
– Rechtsnatur, 108 N 22
– Schaden, 108 N 43 ff.
– Schutznorm, 108 N 31 ff.
– Solidarität, 108 N 58 ff.
– Spaltungsbeschluss, 43 N 13
– Verjährung, 108 N 61
– Zuständigkeit, GestG 29a N 26 f.
Veräusserung Geschäftsvermögen, *s. Vermögensübertragung Kapitalgesellschaft oder Genossenschaft auf Kapitalgesellschaft oder Genossenschaft*
Veräusserung Privatvermögen, *s. Vermögensübertragung Kapitalgesellschaft oder Genossenschaft auf Kapitalgesellschaft oder Genossenschaft*
Veräusserung von Beteiligungen, *s. Vermögensübertragung Kapitalgesellschaft oder Genossenschaft auf Kapitalgesellschaft oder Genossenschaft*
Veräusserungsgewinn, Beteiligungsrechte im Privatvermögen, vor 3 N 37
Veräusserungssachverhalte, *s. Spaltung*
Veräusserungssperrfrist
– Spaltung, vor 109 N 17; *s.a. Sperrfrist bei Spaltung*
– Vermögensübertragung inländische auf ausländische Unternehmung, *s. dort*
– Vermögensübertragung Kapitalgesellschaft oder Genossenschaft auf Kapitalgesellschaft oder Genossenschaft, *s. dort*
– Vermögensübertragung Kapitalgesellschaft oder Genossenschaft auf Personenunternehmung, *s. dort*
Verbindlichkeit
– Altgläubiger der übernehmenden Gesellschaft, 47 N 7
– Forderungen, *s. dort*
– nicht zugeordnete, 38 N 1, 20 ff.
– übertragende, 47 N 5
– verbleibende, 47 N 6
Verbot Kapitalrückzahlung, 5 N 21
verdeckte Kapitaleinlage
– Tochterausgliederung, *s. dort*

- Vermögensübertragung inländische auf ausländische Unternehmung, *s. dort*
- Vermögensübertragung Kapitalgesellschaft oder Genossenschaft auf Kapitalgesellschaft oder Genossenschaft, *s. dort*

verdeckte Vorteilszuwendung an Schwestergesellschaft, *s. Spaltung*

verdecktes Eigenkapital, *s. Vermögensübertragung Kapitalgesellschaft oder Genossenschaft auf Kapitalgesellschaft oder Genossenschaft*

Verein, 2 N 11
- Austrittsrecht bei der Fusion von Vereinen, 19 N 1 ff.
- Beitragspflicht, 19 N 11 f.
- Delegiertenversammlung, 18 N 3, 5
- Eintragung im Handelsregister, 4 N 29; 21 N 42 ff.
- Eintragungspflicht, 21 N 42 ff.
- Fusionsbeschluss, 18 N 5 f., 27 ff.
- Mitgliedschaft, 19 N 2, 11
- Nachschusspflicht, 19 N 12
- nicht eingetragener, 25 N 26; 26 N 8
- öffentliche Beurkundung des Fusionsbeschlusses, 20 N 12 f.
- Persönlichkeitsschutz des Vereinsmitglieds, 19 N 2
- Quoren beim Fusionsbeschluss, 18 N 27 ff.
- Rechtsschutz, 19 N 15
- Urabstimmung, 18 N 6
- vereinfachtes Fusionsverfahren, 4 N 26
- Verfahrenserleichterungen, 14 N 1, 4, 65
- Zweckumwandlung, 18 N 40

Vereitelung von Bundeszivilrecht, 103 N 5 f.

Verfahren, Steuerbefreiung Vorsorgeeinrichtung, vor 88 N 31 f.

Verfahren, zweistufiges, *s. zweistufiges Verfahren*

Verfassungsgrundlage
- Fusionsgesetz, 1 N 6
- geänderter Steuergesetze, 1 N 6

verfassungsmässiges Recht, 103 N 34

Verfassungswidrigkeit, Handänderungssteuer, 103 N 8

Verfügung
- Aufsichtsbehörde, 83 N 10 ff.; 95 N 14
- im Sinne von Art. 5 VwVG, 103 N 33

Verfügungsgeschäft, Realisationszeitpunkt, vor 109 N 10

Verhältnis Spaltungsnormen zu Gewinnermittlungsnormen, *s. Spaltung*

Verhältnis, internationales, *s. internationales Verhältnis*

Verhinderung verkappte Liquidation, *s. Spaltung*

Verjährung, vor 47 N 18; OR 181 N 5
- persönliche Haftung der Gesellschafter, 26 N 3, 12 ff.

verkapptes Veräusserungsgeschäft, *s. Spaltung*

Verkauf Unternehmensbereich durch Spaltung, *s. Spaltung*

Verkauf von Beteiligungsrechten, *s. Spaltung*

Verkehrsverein, Mehrwertsteuer, vor 99 N 90

Verkehrswert
- Vermögensübertragung inländische auf ausländische Unternehmung, *s. dort*
- Vermögensübertragung Kapitalgesellschaft oder Genossenschaft auf Kapitalgesellschaft oder Genossenschaft, *s. dort*

Verkehrswertmodell, *s. Spaltung*

Verkehrswertübertragung, *s. Vermögensübertragung inländische auf ausländische Unternehmung*

Verlegung der Gesellschaft
- Äquivalenz der Gesellschaftsformen, IPRG 161 N 5 ff.
- bundesrätlicher Entscheid, IPRG 161 N 13 f.
- erforderliche Beschlussquoren, IPRG 163 N 10 f.
- erforderliche Nachweise, IPRG 163 N 16 ff.
- Mindestkapital, IPRG 162 N 10 ff.
- Schutzmassnahme bei internationalen Konflikten, IPRG 163 N 22 f.
- Unterstellung unter ausländisches Recht, von der Schweiz ins Ausland, IPRG 163 N 1 ff.
- Unterstellung unter schweizerisches Recht, vom Ausland in die Schweiz, IPRG 161 N 1 ff.
- Unterstellung unter schweizerisches Recht, vom Unterstellung unter

Verlegung der Gesellschaft

schweizerisches Recht, Ausland in die Schweiz, IPRG 162 N 1 ff.
– Zeitpunkt der Unterstellung unter schweizerisches Recht, IPRG 162 N 7 ff.
Verlegung des Sitzes, *s. Sitzverlegung*
Verletzung Betriebs- und Weiterführungserfordernis, *s. Spaltung*
Verletzung Sperrfrist, *s. Vermögensübertragung Kapitalgesellschaft oder Genossenschaft auf Kapitalgesellschaft oder Genossenschaft*
Verletzung Grundsatzes Nichtrückwirkung
– staatsrechtliche Beschwerde, vor 109 N 6
– Willkürbeschwerde, vor 109 N 6
Verlust Steuerbefreiung, Stiftung, vor 78 N 8
Verluste, *s. Fusion Institut des öffentlichen Rechts mit Kapitalgesellschaft, Genossenschaft, Verein, Stiftung*
Verlustübernahme
– Umwandlung Genossenschaft in Verein, *s. dort*
– Umwandlung Kapitalgesellschaft und Genossenschaft in andere Kapitalgesellschaft und Genossenschaft, *s. dort*
– Umwandlung Kapitalgesellschaft und Genossenschaft in Personenunternehmung, *s. dort*
– Umwandlung Personengesellschaft in Personengesellschaft mit anderer Rechtsform, *s. dort*
– Umwandlung Verein in Kapitalgesellschaft oder Genossenschaft, *s. dort*
– Umwandlung von Personengesellschaften, *s. dort*
Verlustverrechnung
– Spaltung zwecks Sanierung, *s. dort*
– Umstrukturierung juristischer Personen, vor 3 N 82 ff.
– Umwandlung Personengesellschaft in Einzelunternehmung, *s. dort*
Verlustvortrag, *s. Spaltung*
– Fusion Kapitalgesellschaften und Genossenschaften mit Anteilscheinen, *s. dort*
– Fusion Vereine und Genossenschaften ohne Anteilscheine, *s. dort*

– Gewinnsteuer, vor 3 N 394, 397, 400, 449, 451
– Übertragung auf juristische Person, vor 3 N 33
– Vermögensübertragung inländische auf ausländische Unternehmung, *s. dort*
– Vermögensübertragung Kapitalgesellschaft oder Genossenschaft auf Personenunternehmung, *s. dort*
Vermittler, Umsatzabgabe, vor 3 N 254, 272
Vermögen, freies, 25 N 30
Vermögensübertragung, 3 N 6, 10; 7 N 6; 8 N 1; 22 N 6 f.; 69 N 1 ff.; 99 N 5, 14 ff.; 100 N 5 ff.; 101 N 4 ff.; OR 181 N 1 ff., 55 ff.
– Abgrenzung gegenüber Fusion, Spaltung und Umwandlung, 69 N 12
– Abgrenzung zu Art. 181 OR, 69 N 13
– Anwendungsbereich, 1 N 48
– Auffangtatbestand, 4 N 1
– Ausland in die Schweiz, IPRG 163d N 33 ff.
– Dispositionsfreiheit der Parteien, 69 N 18
– Erfordernis Aktivenüberschuss, 71 N 13 ff.
– Flexibilität, 4 N 1
– Formvorschriften, 70 N 5 ff.
– Funktion und Normzweck, 69 N 1 ff.
– Genehmigung und Vollzug durch die Aufsichtsbehörden bei Stiftungen, 87 N 2 f.
– Generalklausel im Umstrukturierungsrecht, 69 N 3
– Gläubigerschutz, 75 N 1 ff.
– grenzüberschreitendes Verhältnis, IPRG 163d N 29 ff.
– Grundgeschäft, 69 N 10
– Gutglaubensschutz, 73 N 23 f.
– Information der Gesellschafter, 74 N 1 ff.
– Kapitalschutzbestimmungen und Liquidationsvorschriften, 69 N 15
– objektiver Anwendungsbereich, 69 N 8 ff.
– Rechtsvergleich, 69 N 19
– Schweiz ins Ausland, IPRG 163d N 37 ff.
– Sicherstellung, 75 N 11 ff.
– solidarische Haftung, 75 N 1 ff.

Vermögensübertragung inländische auf ausländische Unternehmung

- Stiftung, 78 N 7; 86 N 1 ff.
- subjektiver Anwendungsbereich, 69 N 5 ff.
- Übertragungsbeschränkungen, 1 N 46
- Verfügungsgeschäft, 69 N 9
- Verhältnis zum bisherigen Recht, 1 N 45
- Verhältnis zur Vermögensübernahme, 1 N 45 f., 47
- Vorsorgeeinrichtung, vor 88 N 77 ff.; 98 N 1 ff.
- Zuordnung des Aktivvermögens, 72 N 2 f.

Vermögensübertragung auf Vorsorgeeinrichtung, Teil 1 vor 69 N 164 f.
- Liegenschaft, Teil 1 vor 69 N 165
- Steuerbefreiung, Teil 1 vor 69 N 165

Vermögensübertragung eines anderen Rechtsträgers auf ein Institut des öffentlichen Rechts
- Einkommenssteuer, vor 99 N 41
- Emissionsabgabe, vor 99 N 146
- Gewinnsteuer, vor 99 N 139
- Grundstückgewinnsteuer, vor 99 N 142
- Handänderungssteuer, vor 99 N 143 f.
- Mehrwertsteuer, vor 99 N 48
- Steuerbefreiung, vor 99 N 39
- Umsatzabgabe, vor 99 N 147
- Verrechnungssteuer, vor 99 N 144

Vermögensübertragung eines Institut des öffentlichen Rechts auf einen anderen Rechtsträger
- Einkommenssteuer, vor 99 N 130
- Emissionsabgabe, vor 99 N 135
- Gewinnsteuer, vor 99 N 128 f.
- Grundstückgewinnsteuer, vor 99 N 131
- Handänderungssteuer, vor 99 N 132 f.
- Mehrwertsteuer, vor 99 N 138
- Steuerbefreiung, vor 99 N 128
- Umsatzabgabe, vor 99 N 137
- Verrechnungssteuer, vor 99 N 134

Vermögensübertragung, grenzüberschreitende, s. *grenzüberschreitende Vermögensübertragung*

Vermögensübertragung inländische auf ausländische Unternehmung
- ausländische Betriebsstätte, Teil 1 vor 69 N 182, 209 f.
- ausländische Konzerngesellschaft, Teil 1 vor 69 N 201
- ausländische Tochtergesellschaft, Teil 1 vor 69 N 187 ff., 193, 201
- ausländischer Geschäftsbetrieb, Teil 1 vor 69 N 177
- beschränkte Steuerpflicht, Teil 1 vor 69 N 177, 192
- Beteiligung, Teil 1 vor 69 N 187 f., 190, 201 ff., 207, 214, 218
- Betrieb, Teil 1 vor 69 N 172, 178, 188, 196, 203, 212 f., 218
- betriebliches Anlagevermögen, Teil 1 vor 69 N 188, 203
- Betriebsstätte, Teil 1 vor 69 N 171, 173 f., 176 f., 182, 197
- Buchwertübertragung, Teil 1 vor 69 N 189
- Direktbegünstigungstheorie, Teil 1 vor 69 N 204, 206 ff., 212, 215
- Dreieckstheorie, Teil 1 vor 69 N 208
- echte Realisierung der Vermögenswerte, Teil 1 vor 69 N 186
- Eigenverbrauch, Teil 1 vor 69 N 218
- Einkommenssteuer, Teil 1 vor 69 N 174 ff.
- Emigrationsabsorption, Teil 1 vor 69 N 170
- Emigrationsfusion, Teil 1 vor 69 N 206
- Emigrationskombination, Teil 1 vor 69 N 170
- Emigrationsspaltung, Teil 1 vor 69 N 170, 206
- Emigrationsumwandlung, Teil 1 vor 69 N 206
- Emissionsabgabe, Teil 1 vor 69 N 210
- faktische Liquidation, Teil 1 vor 69 N 199
- formelle Liquidation, Teil 1 vor 69 N 199
- Fortbestand der Steuerpflicht in der Schweiz, Teil 1 vor 69 N 171 ff., 175, 177 f.
- Gegenstände des betrieblichen Anlagevermögens, Teil 1 vor 69 N 181, 188, 203
- Geldwerte Leistung, Teil 1 vor 69 N 200, 204
- Gesamtvermögen, Teil 1 vor 69 N 218
- Geschäftsbetrieb, Teil 1 vor 69 N 171, 173 f., 182
- Gewinnrealisation, Teil 1 vor 69 N 188
- Gewinnsteuer, Teil 1 vor 69 N 180 ff.

Vermögensübertragung inländische auf ausländische Unternehmung

- grenzüberschreitende Fusion, Teil 1 vor 69 N 171, 185
- grenzüberschreitende Spaltung, Teil 1 vor 69 N 172
- grenzüberschreitende Umstrukturierung, Teil 1 vor 69 N 180
- grenzüberschreitende Umstrukturierungen juristischer Personen, Teil 1 vor 69 N 180
- grenzüberschreitende Umwandlung, Teil 1 vor 69 N 173
- grenzüberschreitende Vermögensübertragung, Teil 1 vor 69 N 169 f.
- Grundstück, Teil 1 vor 69 N 192 ff., 196
- Grundstückgewinnsteuer, Teil 1 vor 69 N 191 ff.
- Gruppenbesteuerung bei Mehrwertsteuer, Teil 1 vor 69 N 220
- Handänderung, Teil 1 vor 69 N 212
- Handänderungssteuer, Teil 1 vor 69 N 195 ff.
- inländische Betriebsstätte, Teil 1 vor 69 N 180
  - ausländischer Unternehmungen, Teil 1 vor 69 N 217
- internationale Steuerausscheidung, Teil 1 vor 69 N 174, 178
- Konzerninterne Beteiligungsveräusserung, Teil 1 vor 69 N 214
- Konzernübertragung, Teil 1 vor 69 N 190, 202
- kostendeckende Gebühren, Teil 1 vor 69 N 195
- Liquidation, Teil 1 vor 69 N 170, 199, 205
- Liquidationsfiktion, Teil 1 vor 69 N 183
- Liquidationsüberschuss, Teil 1 vor 69 N 206
- Mehrwertsteuer, Teil 1 vor 69 N 216
- Mehrwertsteuergruppe, Teil 1 vor 69 N 220
- Meldeverfahren bei Mehrwertsteuer, Teil 1 vor 69 N 218
- Nachbesteuerung, Teil 1 vor 69 N 215
- Nacherhebung der Umsatzabgabe, Teil 1 vor 69 N 215
- nachträgliche Besteuerung bei Realisation, Teil 1 vor 69 N 186
- nahestehende Person, Teil 1 vor 69 N 219
- Nettoaktivenüberschuss, Teil 1 vor 69 N 209
- objektmässige Ausscheidungsmethode, Teil 1 vor 69 N 178
- Objektsteuer, Teil 1 vor 69 N 196
- offene und stille Reserven, Teil 1 vor 69 N 200
- Option, Teil 1 vor 69 N 218
- Sacheinlage, Teil 1 vor 69 N 211
- schweizerische Betriebsstätte, Teil 1 vor 69 N 199
- schweizerische Steuerhoheit, Teil 1 vor 69 N 174, 177, 180
- Sitzverlegung, Teil 1 vor 69 N 169 f., 173, 182 f., 199, 205
- Sperrfristenkonzept, Teil 1 vor 69 N 215
- steueraufschiebende Veräusserung, Teil 1 vor 69 N 191
- Steueraufschub, Teil 1 vor 69 N 192 f.
- Steuerbefreiung, Teil 1 vor 69 N 196 f., 216
- Steuerhoheit, Teil 1 vor 69 N 182
- steuerneutrale Fusion, Teil 1 vor 69 N 171
- steuerneutrale Spaltung, Teil 1 vor 69 N 172
- steuerneutrale Umstrukturierung, Teil 1 vor 69 N 212
- steuerneutrale Umwandlung, Teil 1 vor 69 N 173
- steuersystematische Realisation, Teil 1 vor 69 N 177, 182, 184
- stille Reserven, Teil 1 vor 69 N 209
- Teilbetrieb, Teil 1 vor 69 N 172, 178, 188, 196, 203, 212 f.
- Teilvermögen, Teil 1 vor 69 N 218
- Tochtergesellschaft, Teil 1 vor 69 N 188, 209
- Überführung von Geschäftsvermögen in ausländische Betriebe, Teil 1 vor 69 N 183
- Übertragung der Betriebsstätte, Teil 1 vor 69 N 183
- Übertragung des Betriebs, Teil 1 vor 69 N 183, 192
- Übertragung einer Beteiligung, Teil 1 vor 69 N 201

Vermögensübertragung Kapitalgesellschaft oder Genossenschaft

- Übertragung eines Teilbetriebs, Teil 1 vor 69 N 192
- Übertragung von Altbeteiligungen, Teil 1 vor 69 N 189
- Übertragung von Beteiligungen ins Ausland, Teil 1 vor 69 N 187
- Übertragung von Neubeteiligungen, Teil 1 vor 69 N 188
- Übertragung zum Buchwert, Teil 1 vor 69 N 219
- Überwälzung der Verrechnungssteuer, Teil 1 vor 69 N 204
- Umsatzabgabe, Teil 1 vor 69 N 211 ff.
- unbesteuerte Reserve, Teil 1 vor 69 N 189
- Veräusserungssperrfrist, Teil 1 vor 69 N 188, 190, 201 f., 215
- verdeckte Kapitaleinlage, Teil 1 vor 69 N 187
- Verkehrswert, Teil 1 vor 69 N 219
- Verkehrswertübertragung, Teil 1 vor 69 N 189
- Verlustvortrag, Teil 1 vor 69 N 176
- Verrechnungssteuer, Teil 1 vor 69 N 199 ff., 205
- Vorsteuerabzug, Teil 1 vor 69 N 216
- Wegzugsbesteuerung, Teil 1 vor 69 N 183, 205
- Weiterführung eines Betriebs oder Teilbetriebs, Teil 1 vor 69 N 172

Vermögensübertragung Kapitalgesellschaft oder Genossenschaft auf Kapitalgesellschaft oder Genossenschaft, Teil 1 vor 69 N 67 ff.
- abgeschriebene Beteiligung, Teil 1 vor 69 N 93
- Aktionärskreditorenkonto, Teil 1 vor 69 N 107
- anteilsmässige Nacherhebung, Teil 1 vor 69 N 126
- Ausgliederung von Betrieben, Teil 1 vor 69 N 109
- Besteuerung stiller Reserven, Teil 1 vor 69 N 93
- Besteuerungsvorbehalt, Teil 1 vor 69 N 93
- Beteiligung, Teil 1 vor 69 N 72, 88
- Beteiligungsabzug, Teil 1 vor 69 N 75, 81, 90, 110
- Beteiligungsverkauf, Teil 1 vor 69 N 75
- Betrieb, Teil 1 vor 69 N 69, 72, 74, 79, 84, 93, 110, 121
- betriebliches Aktivum, Teil 1 vor 69 N 87
- betriebliches Anlage- und Umlaufvermögen, Teil 1 vor 69 N 109
- betriebliches Anlagevermögen, Teil 1 vor 69 N 86, 89
- Bilanzielle Rückwirkung, Teil 1 vor 69 N 101
- Buchwert, Teil 1 vor 69 N 124
- Differenzierungskonzept, Teil 1 vor 69 N 100
- direkt und indirekt gehaltene Beteiligung, Teil 1 vor 69 N 78
- Eigenkapitalbuchung, Teil 1 vor 69 N 107
- Eigenverbrauch, Teil 1 vor 69 N 130
- einzelner Vermögenswert, Teil 1 vor 69 N 74
- entgeltliche Drittveräusserung, Teil 1 vor 69 N 97
- Ersatzbeschaffung, Teil 1 vor 69 N 97
- finanzielles Anlagevermögen, Teil 1 vor 69 N 86
- Fortbestand der Steuerpflicht, Teil 1 vor 69 N 83
- fünfjährige Sperrfrist, Teil 1 vor 69 N 101, 104 f., 122, 125
- Gegenstände des betrieblichen Anlagevermögens, Teil 1 vor 69 N 72, 79, 88 f., 93, 110, 121
- Gegenstände des betriebsnotwendigen Anlagevermögens, Teil 1 vor 69 N 78
- Gesamt- oder Teilvermögen, Teil 1 vor 69 N 130
- gesetzliches Realisationskonzept, Teil 1 vor 69 N 100
- Gestehungskosten, Teil 1 vor 69 N 91
- Gestehungskosten der Beteiligung, Teil 1 vor 69 N 75
- Gewinnsteuerwert, Teil 1 vor 69 N 75, 88, 91, 107
- Goodwill, Teil 1 vor 69 N 108
- Gruppenbesteuerung bei Mehrwertsteuer, Teil 1 vor 69 N 87
- Konzerninterne Übertragung, Teil 1 vor 69 N 72
- Konzernübertragung, Teil 1 vor 69 N 77 ff., 85, 93, 95, 99
- Konzernverhältnis, Teil 1 vor 69 N 72

Vermögensübertragung Kapitalgesellschaft oder Genossenschaft

- latente Gewinnsteuer, Teil 1 vor 69 N 83
- latente Steuerlast auf Grundstück, Teil 1 vor 69 N 112
- latenter Kapitalgewinn, Teil 1 vor 69 N 95
- Mehrwertsteuergruppe, Teil 1 vor 69 N 130
- Meldeverfahren bei Mehrwertsteuer, Teil 1 vor 69 N 130
- Nachbesteuerung, Teil 1 vor 69 N 83, 95 f., 98–104 f., 100, 113, 125, 129
- Nachsteuerverfahren, Teil 1 vor 69 N 106
- objektivierte Veräusserungssperrfrist, Teil 1 vor 69 N 100
- offene Reserven, Teil 1 vor 69 N 74
- quotale steuerliche Abrechnung, Teil 1 vor 69 N 99
- Realisation der stillen Reserven, Teil 1 vor 69 N 101
- Realisationsvorgang, Teil 1 vor 69 N 75
- Sacheinlage von Urkunden zur Liberierung ausländischer Wertpapiere, Teil 1 vor 69 N 127
- Spaltung von Betrieben, Teil 1 vor 69 N 109
- Sperrfrist, Teil 1 vor 69 N 99
- Sperrfristenkonzept, Teil 1 vor 69 N 109, 129
- Sperrfristregelung, Teil 1 vor 69 N 77, 94 f., 110
- Sperrfristverletzung, Teil 1 vor 69 N 102
- Steueraufschub, Teil 1 vor 69 N 111
- steuerbare Urkunden, Teil 1 vor 69 N 128
- Steuerbefreiung, Teil 1 vor 69 N 114
- Steuerbilanz, Teil 1 vor 69 N 107
- steuerfreier privater Kapitalgewinn, Teil 1 vor 69 N 109
- steuerlich zulässige Abschreibungen, Teil 1 vor 69 N 108
- steuerlich zulässige Rückstellungen, Teil 1 vor 69 N 108
- steuerlich zulässige Wertberichtigungen, Teil 1 vor 69 N 108
- steuerliche Gewinnrealisation, Teil 1 vor 69 N 90
- steuerneutrale Ausgliederung, Teil 1 vor 69 N 89, 121
- steuerneutrale Bildung von Joint Ventures, Teil 1 vor 69 N 80
- steuerneutrale Buchwertübertragung, Teil 1 vor 69 N 90
- Steuerneutralität, Teil 1 vor 69 N 69
- Steuerumgehung, Teil 1 vor 69 N 100, 123
- stille Reserven, Teil 1 vor 69 N 94, 99, 102 f., 107
- stille und offene Reserven, Teil 1 vor 69 N 92
- subjektive Sperrfristenlösung, Teil 1 vor 69 N 109
- Teilbetrieb, Teil 1 vor 69 N 69, 72, 74, 79, 84, 93, 110, 121
- Übertragung von Betrieben oder Teilbetrieben, Teil 1 vor 69 N 109
- Umstrukturierungsbegriff des Gewinnsteuerrechts, Teil 1 vor 69 N 128
- unbeschränkte Steuerpflicht, Teil 1 vor 69 N 81
- Veräusserung Geschäftsvermögen, Teil 1 vor 69 N 96
- Veräusserung Privatvermögen, Teil 1 vor 69 N 96
- Veräusserung von Beteiligungen, Teil 1 vor 69 N 96
- Veräusserungssperrfrist, Teil 1 vor 69 N 83, 90
- verdeckte Kapitaleinlage, Teil 1 vor 69 N 75, 87 f.
- verdecktes Eigenkapital, Teil 1 vor 69 N 122
- Verkauf von Beteiligungsrechten, Teil 1 vor 69 N 97
- Verkehrswert, Teil 1 vor 69 N 124
- Verletzung der Sperrfrist, Teil 1 vor 69 N 113, 116, 126
- verobjektivierte Veräusserungssperrfrist, Teil 1 vor 69 N 109
- Wegfall der Steuerpflicht, Teil 1 vor 69 N 83
- Weiterführung des (Teil-) Betriebs, Teil 1 vor 69 N 87
- wiedereingebrachte Abschreibungen, Teil 1 vor 69 N 93
- wirtschaftliche Doppelbelastung, Teil 1 vor 69 N 110
- Zwangsaufwertung, Teil 1 vor 69 N 93

Vermögensübertragung Kapitalgesellschaft oder Genossenschaft auf Personenunternehmung
– Beteiligungsertrag, Teil 1 vor 69 N 44
– Betriebserfordernis, Teil 1 vor 69 N 41
– Einkommenssteuer, Teil 1 vor 69 N 42 ff.
– Fortführung des Betriebes, Teil 1 vor 69 N 38, 41
– Gewinnsteuer, Teil 1 vor 69 N 38 ff., 41, 50
– Grundstück, Teil 1 vor 69 N 46 f.
– Grundstückgewinnsteuer, Teil 1 vor 69 N 46 f.
– Handänderungssteuer, Teil 1 vor 69 N 47 f.
– kostendeckende Gebühren, Teil 1 vor 69 N 48
– latente Steuerlast, Teil 1 vor 69 N 47
– Liegenschaft, Teil 1 vor 69 N 41
– Liquidation, Teil 1 vor 69 N 40, 43 f., 49
– Liquidations- bzw. Naturaldividende, Teil 1 vor 69 N 43 f.
– Liquidationsdividende, Teil 1 vor 69 N 38, 43 f.
– Liquidationsüberschuss, Teil 1 vor 69 N 49
– Mehrwertsteuer, Teil 1 vor 69 N 51
– Naturaldividende, Teil 1 vor 69 N 43 f.
– Steueraufschub, Teil 1 vor 69 N 46 f.
– Steuerbarer Liquidationsüberschuss, Teil 1 vor 69 N 44
– Steuerbefreiung, Teil 1 vor 69 N 48
– stille Reserven, Teil 1 vor 69 N 38, 41
– Übertragung von Betrieben oder Teilbetrieben, Teil 1 vor 69 N 40
– Umsatzabgabe, Teil 1 vor 69 N 50
– Veräusserungssperrfrist, Teil 1 vor 69 N 38, 45
– Verlustvortrag, Teil 1 vor 69 N 39
– Verrechnungssteuer, Teil 1 vor 69 N 45, 49
– wirtschaftliche Doppelbesteuerung, Teil 1 vor 69 N 45

Vermögensübertragung Kapitalgesellschaft oder Genossenschaft auf Stiftung, Teil 1 vor 69 N 154
– Ausgleichszahlung, Teil 1 vor 69 N 157

– Einkommensbesteuerung, Teil 1 vor 69 N 157
– Fortbestand der Steuerpflicht in der Schweiz, Teil 1 vor 69 N 155 ff.
– Gratisaktien, Teil 1 vor 69 N 157
– Liquidation, Teil 1 vor 69 N 157
– Liquidationsüberschuss, Teil 1 vor 69 N 157
– Liquidationsbesteuerung, Teil 1 vor 69 N 157
– Nennwerterhöhung, Teil 1 vor 69 N 157
– steuerneutrale Fusion, Teil 1 vor 69 N 155
– steuerneutrale Spaltung, Teil 1 vor 69 N 156
– steuerneutrale Umwandlung, Teil 1 vor 69 N 157
– Tarifwechsel, Teil 1 vor 69 N 157
– Übernahme der Gewinnsteuerwerte, Teil 1 vor 69 N 155 ff.
– Weiterführung eines Betriebes oder Teilbetriebes, Teil 1 vor 69 N 156

Vermögensübertragung Kapitalgesellschaft oder Genossenschaft auf Verein, Teil 1 vor 69 N 142 ff.
– Ausgleichszahlung, Teil 1 vor 69 N 145
– Betrieb, Teil 1 vor 69 N 144
– Einkommensbesteuerung, Teil 1 vor 69 N 145
– Fortbestand der Steuerpflicht in der Schweiz, Teil 1 vor 69 N 143 ff.
– Gratisaktien, Teil 1 vor 69 N 145
– Liquidationsbesteuerung, Teil 1 vor 69 N 145
– Liquidationsüberschuss, Teil 1 vor 69 N 145
– Nennwerterhöhung, Teil 1 vor 69 N 145
– Steuerneutrale Fusion, Teil 1 vor 69 N 143
– Steuerneutrale Spaltung, Teil 1 vor 69 N 144
– Steuerneutrale Umwandlung, Teil 1 vor 69 N 145
– Teilbetrieb, Teil 1 vor 69 N 144
– Übernahme der Gewinnsteuerwerte, Teil 1 vor 69 N 143 ff.

Vermögensübertragung öffentlich-rechtliches Institut auf Kapitalgesellschaft

Vermögensübertragung öffentlich-rechtliches Institut

oder Genossenschaft, Teil 1 vor 69 N 139
Vermögensübertragung öffentlich-rechtliches Institut auf Personenunternehmung, Teil 1 vor 69 N 63
Vermögensübertragung öffentlich-rechtliches Institut auf Verein, Teil 1 vor 69 N 151
Vermögensübertragung Personenunternehmung auf Kapitalgesellschaft oder Genossenschaft, Teil 1 vor 69 N 65f
– Steuerneutralität, Teil 1 vor 69 N 66
Vermögensübertragung Personenunternehmung auf Personenunternehmung
– Ausgleichszahlung, Teil 1 vor 69 N 21
– Betrieb, Teil 1 vor 69 N 18
– Buchwert, Teil 1 vor 69 N 18
– Einkommenssteuer, Teil 1 vor 69 N 17
– Einkommenssteuerwert, Teil 1 vor 69 N 17
– Entgeltlichkeit, Teil 1 vor 69 N 21
– Geschäftsvermögen, Teil 1 vor 69 N 17
– Goodwill, Teil 1 vor 69 N 21
– Grundstückgewinnsteuer, Teil 1 vor 69 N 25 ff.
– Handänderungssteuer, Teil 1 vor 69 N 27 ff.
– Mehrwertsteuer, Teil 1 vor 69 N 32
– Steuerliche Realisation, Teil 1 vor 69 N 18
– Steuersubjekt, Teil 1 vor 69 N 18
– stille Reserven, Teil 1 vor 69 N 18
– Teilbetrieb, Teil 1 vor 69 N 18
– Umsatzabgabe, Teil 1 vor 69 N 30 f.
– Vermögenswert, Teil 1 vor 69 N 18
Vermögensübertragung Personenunternehmung auf Stiftung, Teil 1 vor 69 N 153
– Betrieb, Teil 1 vor 69 N 153
– Einkommenssteuerrecht, Teil 1 vor 69 N 153
– Teilbetrieb, Teil 1 vor 69 N 153
Vermögensübertragung Personenunternehmung auf Verein, Teil 1 vor 69 N 141
– Betrieb, Teil 1 vor 69 N 141
– Teilbetrieb, Teil 1 vor 69 N 141
Vermögensübertragung Stiftung auf Kapitalgesellschaft oder Genossenschaft, Teil 1 vor 69 N 137

Vermögensübertragung Stiftung auf Personenunternehmung, Teil 1 vor 69 N 61
Vermögensübertragung Stiftung auf Stiftung, Teil 1 vor 69 N 161
Vermögensübertragung Stiftung auf Verein, Teil 1 vor 69 N 149
Vermögensübertragung Verein auf Kapitalgesellschaft oder Genossenschaft
– Betrieb, Teil 1 vor 69 N 135
– Gewinnsteuer, Teil 1 vor 69 N 134 f.
– steuerneutrale Spaltung, Teil 1 vor 69 N 135
– steuerneutrale Umwandlung, Teil 1 vor 69 N 135
– Teilbetrieb, Teil 1 vor 69 N 135
Vermögensübertragung Verein auf Personenunternehmung
– doppeltes Betriebserfordernis, Teil 1 vor 69 N 54
– Effektenhändler, Teil 1 vor 69 N 59
– Einkommenssteuer, Teil 1 vor 69 N 55
– geldwerte Leistung, Teil 1 vor 69 N 55, 58
– Gewinnsteuer, Teil 1 vor 69 N 54
– Grundstück, Teil 1 vor 69 N 56 f.
– Grundstückgewinnsteuer, Teil 1 vor 69 N 56
– Gutschrift auf Kapital- oder Privatkonti, Teil 1 vor 69 N 55
– Handänderungssteuer, Teil 1 vor 69 N 57
– Liquidationsbesteuerung, Teil 1 vor 69 N 55
– Mehrwertsteuer, Teil 1 vor 69 N 60
– Steueraufschub, Teil 1 vor 69 N 56
– Steuerbefreiung, Teil 1 vor 69 N 57, 59
– Steuerpflicht, Teil 1 vor 69 N 54
– Umsatzabgabe, Teil 1 vor 69 N 59
– Verrechnungssteuer, Teil 1 vor 69 N 58
Vermögensübertragung Verein auf Stiftung, Teil 1 vor 69 N 159 f.
– Liquidationsbesteuerung, Teil 1 vor 69 N 160
Vermögensübertragung Verein auf Verein, Teil 1 vor 69 N 147 f.
– steuerneutrale Fusion, Teil 1 vor 69 N 148
– steuerneutrale Spaltung, Teil 1 vor 69 N 148

Vermögensübertragung von einem öffentlich-rechtlichen Institut auf eine Stiftung, Teil 1 vor 69 N 163
Vermögensübertragung Vorsorgeeinrichtung auf Kapitalgesellschaft oder Genossenschaft, Teil 1 vor 69 N 138
Vermögensübertragung Vorsorgeeinrichtung auf Personenunternehmung, Teil 1 vor 69 N 62
Vermögensübertragung Vorsorgeeinrichtung auf Stiftung, Teil 1 vor 69 N 162
Vermögensübertragung Vorsorgeeinrichtung auf Verein, Teil 1 vor 69 N 150
Vermögensübertragungsvertrag
– anwendbares Recht, IPRG 163c N 1, 3 ff.
– Form- und Publizitätsvorschriften, IPRG 163c N 1, 6 ff.
– Rechtswahl, IPRG 163c N 1, 9 ff.
Vermögensveränderungen, 17 N 1 ff.
– Aktiv- oder Passivvermögen, 17 N 1, 6, 8 ff.
– Anpassung des Fusionsvertrages, 17 N 1, 12, 16 f., 21
– antizipierte, 17 N 11d
– früheres Recht, 17 N 2 f.
– Informationspflicht, 17 N 6 ff., 14 f., 26d
– keine Anpassung des Fusionsvertrages, 17 N 1, 12, 16 f., 22 ff.
– nach Abschluss des Fusionsvertrages, 17 N 13
– Plausibilitätskontrolle, 17 N 11e
– praktische Relevanz, 17 N 26 ff.
– Prüfung der Auswirkungen, 17 N 1
– qualifizierte, 17 N 10 ff.; s.a. wesentliche Vermögensveränderungen
– Rechtsvergleich, 17 N 29
– Verzicht auf die Fusion, 17 N 1, 12, 16 f., 18 ff.
– wesentliche, 17 N 11 ff., 26c
– Zweck, 17 N 4, 11e
Vermögensverteilung, 5 N 17, 19 ff., 24; 6 N 9
Vermögensverwaltung, getrennte, 14 N 8f; 25 N 5, 14; 26 N 2
Vermögensverwaltungsgesellschaft
– Gewinnsteuer, vor 3 N 79
– Spaltung, s. dort
– Umstrukturierung juristischer Personen, vor 3 N 79

Vermögenswert
– nicht zugeordnete, 38 N 4 f.
– Vermögensübertragung Personenunternehmung auf Personenunternehmung, s. dort
Vernehmlassung, 1 N 10 ff.; s.a. Entstehungsgeschichte
verobjektivierte Missbrauchsregelung, s. Spaltung
verobjektivierte Veräusserungssperrfrist, s. Vermögensübertragung Kapitalgesellschaft oder Genossenschaft auf Kapitalgesellschaft oder Genossenschaft
Veröffentlichung
– Fusionsbeschluss, 25 N 9; 26 N 5, 7 f.
– Handelsregistereintragung, 26 N 7 f.; 47 N 8; 48 N 5; 68 N 9
– Schuldenruf, s. dort
– SHAB, Eintragung der Spaltung, 51 N 1
Verrechnungssteuer, vor 3 N 140 ff.
– Abfindung, s. dort
– Absorption, s. dort
– Agio, s. dort
– Altreserven, s. dort
– Altreservenpraxis, s. dort
– Anlagefonds, s. dort
– Auflösung ohne Liquidation, s. dort
– Aufwertung, s. dort
– Ausgleichszahlung, s. dort
– ausländische Tochtergesellschaft, s. dort
– Ausschüttungen, s. dort
– Bank, s. dort
– Beteiligung, s. dort
– betriebliches Anlagevermögen, s. dort
– Betriebsstätte, s. dort
– Bonus, s. dort
– Cash out-Merger, s. dort
– Direktbegünstigtentheorie, s. dort
– Dividende, s. dort
– Durchlaufgesellschaft, s. dort
– Emigrationsfusion, s. dort
– Emigrationsspaltung, s. dort
– Emigrationsumwandlung, s. dort
– Finanzierung im Konzern, s. dort
– Fusion Institut des öffentlichen Rechts mit Kapitalgesellschaft, Genossenschaft, Verein, Stiftung, s. dort

Verrechnungssteuer

- Fusion Kapitalgesellschaften und Genossenschaften mit Anteilscheinen, *s. dort*
- Fusion Personengesellschaften in Kapitalgesellschaften, *s. dort*
- Fusion Personengesellschaften mit Personengesellschaften, *s. dort*
- Fusion Vereine und Genossenschaften ohne Anteilscheine, *s. dort*
- Fusionsähnliche Zusammenschlüsse von Kapitalgesellschaften, *s. dort*
- Fusionsverlust, *s. dort*
- geldwerte Leistung, *s. dort*
- Gewinnanteile, *s. dort*
- Gewinnausschüttung, *s. dort*
- Gewinne, *s. dort*
- Gratisaktien, *s. dort*
- Gratis-Partizipationsschein, *s. dort*
- Haftung, *s. dort*
- Immigrationsfusion, *s. dort*
- indirekte Teilliquidation, *s. dort*
- Inländer, *s. dort*
- Kantonalbanken, *s. dort*
- Kapitalerhöhung, *s. dort*
- Konzernübertragung, *s. dort*
- Kundenguthaben, *s. dort*
- Liquidation, *s. dort*
- Liquidationsüberschuss, *s. dort*
- Mantelhandel, *s. dort*
- Meldeverfahren, *s. dort*
- Nennkapital, *s. dort*
- Nennwertprinzip, *s. dort*
- Nutzungsberechtigung, *s. dort*
- Obligationen, *s. dort*
- Quasifusion, *s. dort*
- Recht zur Nutzung, *s. dort*
- Reserven, *s. dort*
- Rückerstattung, *s. dort*
- Sacheinlage, *s. dort*
- Sitzverlegung, *s. dort*
- Spaltung, *s. dort*
  - mit Passivenüberschuss, *s. dort*
- Sperrfrist, *s. dort*
- Steueraufschub, *s. dort*
- Steuerobjekt, *s. dort*
- Steuerschuldner, *s. dort*
- Steuersubjekt, *s. dort*
- Steuerumgehung, *s. dort*
- Tochterausgliederung, *s. dort*
- Tochtergesellschaft, *s. dort*
- Transponierung, *s. dort*
- Übergang Reserven in Nennkapital, *s. dort*
- Übergang Reserven in Reserven, *s. dort*
- übernehmende Gesellschaft, *s. dort*
- übertragende Gesellschaft, *s. dort*
- Überwälzung, *s. dort*
- Umstrukturierung, *s. dort*
- Umwandlung Genossenschaft in Verein, *s. dort*
- Umwandlung Institut des öffentlichen Rechts in Kapitalgesellschaft, Genossenschaft, Verein, Stiftung, *s. dort*
- Umwandlung Kapitalgesellschaft und Genossenschaft in andere Kapitalgesellschaft und Genossenschaft, *s. dort*
- Umwandlung Kapitalgesellschaft und Genossenschaft in Personenunternehmung, *s. dort*
- Umwandlung Personengesellschaft in Einzelunternehmung, *s. dort*
- Umwandlung Personengesellschaft in Personengesellschaft mit anderer Rechtsform, *s. dort*
- Umwandlung Personenunternehmung in Kapitalgesellschaft oder Genossenschaft, *s. dort*
- Umwandlung Verein in Kapitalgesellschaft und Genossenschaft, *s. dort*
- Vermögensübertragung eines anderen Rechtsträgers auf ein Institut des öffentlichen Rechts, *s. dort*
- Vermögensübertragung eines Instituts des öffentlichen Rechts auf anderen Rechtsträger, *s. dort*
- Vermögensübertragung inländische auf ausländische Unternehmung, *s. dort*
- Vermögensübertragung Kapitalgesellschaft oder Genossenschaft auf Personenunternehmung, *s. dort*
- Vermögensübertragung Verein auf Personenunternehmung, *s. dort*
- Vorsorgeeinrichtung, vor 88 N 49 ff., 70 f., 88 f.

Verrechnungssteuerliche Abrechnung, *s. Emigrationsspaltung*

Verselbständigung, organisatorische, *s. Institute des öffentlichen Rechts*

Versicherte, 93 N 5
- Begriff, VAG 9a N 5
- Einsichtsrecht, VAG 9a N 133

– Rechtsbehelfe, VAG 9a N 133
Versichertenschutz, Normzweck,
    VAG 9a N 5 f.
Versicherungsaufsichtsgesetz, Revision,
    VAG 9a N 3
Versicherungsbestand, VAG 9a N 103 ff.
versicherungsfremde Geschäfte,
    VAG 9a N 10
Versicherungsgesellschaften, 25 N 19
– konzessionierte, OR 888/893 N 4
Versicherungsgruppe, VAG 9a N 11,
    17 ff.
Versicherungskonglomerat, VAG 9a N 11,
    17 ff.
Versicherungsunternehmen
– Begriff, VAG 9a N 3, 14 ff.
– erleichterte Fusion, VAG 9a N 131 f.
– Gebot der Spartentrennung,
    VAG 9a N 10, 35 f., 97
– rechtsformübergreifende Umstrukturierung, VAG 9a N 127 ff.
– Rechtstatsächliches, VAG 9a N 8 ff.
Versicherungsvertrag, 22 N 14
Verstaatlichung, 99 N 4, 14; OR 738
    N 1, 8
versteuerte Reserve, Sperrfrist, vor 53
    N 138 ff.
vertikale Steuerharmonisierung, vor 109
    N 29
Vertragsabschluss, Realisationszeitpunkt,
    vor 109 N 10 f.
Vertragsanpassung, 22 N 10
Vertragsergänzung, richterliche, 25 N 37
Vertragsinteresse, positives, 25 N 17
Vertrauensschutz
– allgemeine Voraussetzungen, 110 N 16
– Rechtsfolgen, 110 N 18
– Voraussetzungen bei Auskünften,
    110 N 17
Vertretungsbefugnis bei Gesellschaft in
    Liquidation, OR 738 N 9 f.
Verursacherprinzip, s. Spaltung
Verwaltung, 64 N 25
Verwaltungsgebühr, 103 N 35
– Grundbuchgebühr, 103 N 42
Verwaltungsgerichtsbeschwerde,
    103 N 33 f.
– gemäss Art. 73, vor 109 N 3
Verwaltungshandlung, Wert, 103 N 40
Verwaltungsorgan, oberstes, 64 N 4
Verwaltungsrat, 5 N 23 ff.; 64 N 9

Verwaltungsrecht, Grundsätze, 110 N 15
Verwaltungsstrafrecht, lex mitior,
    vor 109 N 8
Verwaltungszweig, Kostendeckungsprinzip, 103 N 37
verwässernde Kapitalerhöhungen, s. Spaltung
Verwässerungssachverhalte, s. Spaltung
Verweisung, dynamische, vor 109 N 44
Verwendung eigener Aktien, s. Spaltung
Verwirkung Sicherstellungsanspruch,
    25 N 26
Verwirkungsfrist Spaltung, 46 N 9
Verzichtsbeschluss, 64 N 32
Verzichtserklärung Gesellschafter, 39 N 7
Vollmacht
– gesetzliche, 104 N 30
– Grundbuchanmeldung, 104 N 30
Vollzug, 84 N 16
– fehlende Planbarkeit, 110 N 9
Voraussetzungen von Art. 725 Abs. 2 OR,
    5 N 19
Vorentwurf, 5 N 2, 16
– zum Fusionsgesetz, 1 N 10 ff.
    – KMU, 2 N 19
    – s.a. Entstehungsgeschichte
Vorjahresverlust
– Einkommensteuer, vor 3 N 359
– Fusion Personengesellschaften in Kapitalgesellschaften, s. dort
– Fusion Personengesellschaften mit Personengesellschaften, s. dort
– Gewinnsteuer, vor 3 N 380
Vorprüfung Spaltungsvertrag, 37 N 6
Vorratsanteile, 9 N 14
Vorsorgeeinrichtungen, 5 N 5; 6 N 1;
    vor 88 N 1
– Aufsicht, 2 N 33
– Begriff, 2 N 33 ff.; 88 N 4
– Einkommensteuer, vor 88 N 42, 67,
    79
– Emissionsabgabe, vor 88 N 55 f., 72 ff.,
    90 ff.
– Fusion, vor 88 N 2 ff.
– Gewinnsteuer, vor 88 N 2 f., 67, 77 f.
– Grundsteuer, vor 88 N 41
– Grundstückgewinnsteuer, vor 88 N 43,
    68, 80 ff.
– Handänderungssteuer, vor 88 N 47 f.,
    69, 87
– Informationspflicht, 93 N 4 ff.

Vorsorgeeinrichtungen
- juristische Person, 2 N 34 f.
- Liegenschaftssteuer, vor 88 N 43
- Mehrwertsteuer, vor 88 N 62 ff., 76, 94
- Spaltung, *s. dort*
- Steuerbefreiung, vor 88 N 3 ff.
- Umsatzabgabe, vor 88 N 58 ff., 75, 93
- Umwandlung, vor 88 N 65 ff.
- Vermögensübertragung, vor 88 N 77 ff.; 98 N 1 ff.
- Verrechnungssteuer, vor 88 N 49 ff., 70 f., 88 f.

Vorsorgezweck, 88 N 6 ff.
Vorsorgliche Massnahmen, 84 N 17
Vorstand, 64 N 28
Vorsteuerabzug
- Mehrwertsteuer, vor 3 N 333 ff.; *s.a. dort*
- Vermögensübertragung inländische auf ausländische Unternehmung, *s. dort*

Vorsteuerkürzung bei Mehrwertsteuer, *s. Spaltung*
Vorsteuern, *s. Fusion Institut des öffentlichen Rechts mit Kapitalgesellschaft, Genossenschaft, Verein, Stiftung*
Vorteile, geldwerte, *s. geldwerte Vorteile*
Vorwirkung
- echte, 110 N 7
- positive, 110 N 7
- unechte, 110 N 7

W

Wahlrecht, 7 N 17; 8 N 1, 3 ff., 23 f.
Wandelanleihe, Umsatzabgabe, vor 3 N 276
Wechsel Steuerstatus Stiftung, vor 78 N 5 ff.
Wechsel Steuertarif
- Umwandlung Genossenschaft in Verein, *s. dort*
- Umwandlung Kapitalgesellschaft und Genossenschaft in andere Kapitalgesellschaft und Genossenschaft, *s. dort*
- Umwandlung Kapitalgesellschaft und Genossenschaft in Personenunternehmung, *s. dort*
- Umwandlung Verein in Kapitalgesellschaft und Genossenschaft, *s. dort*

Wegfall der Steuerpflicht, *s. Vermögensübertragung Kapitalgesellschaft oder Genossenschaft auf Kapitalgesellschaft oder Genossenschaft*
Wegzugsbesteuerung, *s. Vermögensübertragung inländische auf ausländische Unternehmung*
Weiterführung Betrieb, *s. Spaltung*
Weiterführung eines Betriebes oder Teilbetriebes
- Vermögensübertragung inländische auf ausländische Unternehmung, *s. dort*
- Vermögensübertragung Kapitalgesellschaft oder Genossenschaft auf Kapitalgesellschaft oder Genossenschaft, *s. dort*
- Vermögensübertragung Kapitalgesellschaft oder Genossenschaft auf Stiftung, *s. dort*

Weiterführung Teilbetrieb, *s. Spaltung*
Wert
- Verwaltungshandlung, 103 N 40
- wirklicher, 3 N 19; 7 N 17, 28 f., 34; 8 N 8, 19; 22 N 6

Wertberichtigung, *s. Spaltung*
Werterholung der Beteiligung, *s. Spaltung*
Wertpapiere, Inventar Spaltungsvertrag, 37 N 16 f.
Wertschriften, Einkommenssteuer, vor 3 N 12
Wertverschiebung, *s. Spaltung*
Wesentlichkeit, Änderung im Vermögen, 42 N 8 ff.
Wettbewerbskommission, 3 N 33; 22 N 19
wichtige Änderungen, 11 N 12
Widerruf Auflösungsbeschluss, 5 N 3, 12, 17 ff., 21, 25
wiedereingebrachte Abschreibungen, *s. Vermögensübertragung Kapitalgesellschaft oder Genossenschaft auf Kapitalgesellschaft oder Genossenschaft*
Willensbildung Gesellschafter, 14 N 6, 8a, 30; 15 N 10
Willensmängel
- Anfechtung, Fusionsbeschluss, 84 N 10
- Spaltungsvertrag, 37 N 41 f.

Willkürbeschwerde, Verletzung des Grundsatzes der Nichtrückwirkung, vor 109 N 6
Willkürverbot, 103 N 8
Wirkung, heilende, Spaltung, 46 N 11
wirtschaftliche Auslegung, *s. Spaltung*

wirtschaftliche Doppelbesteuerung
– Beteiligungsrechte im Privatvermögen, vor 3 N 38
– Einkommenssteuer, vor 3 N 38
wirtschaftliche Doppelbelastung
– Vermögensübertragung Kapitalgesellschaft oder Genossenschaft auf Kapitalgesellschaft oder Genossenschaft, *s. dort*
– Vermögensübertragung Kapitalgesellschaft oder Genossenschaft auf Personenunternehmung, *s. dort*
wirtschaftliche Handänderung, 103 N 24 ff.
– Grundstückgewinnsteuer, vor 3 N 100
– Handänderungssteuer, 103 N 24 ff.
– Immobiliengesellschaft, 103 N 26
wirtschaftliche Zugehörigkeit
– beschränkte Steuerpflicht, vor 3 N 9
– Einkommenssteuer, vor 3 N 9
wohlerworbene Rechte, unechte Rückwirkung, vor 109 N 9
Wohnsitz
– Einkommenssteuer, vor 3 N 1, 4 f., 7
– gesetzlicher, *s. gesetzlicher Wohnsitz*
– steuerrechtlicher, *s. steuerrechtlicher Wohnsitz*
– unbeschränkte Steuerpflicht, vor 3 N 4

Z

Zeichnung, Spaltung mit Neugründung, 34 N 11
Zeitgesetz, vor 109 N 8
zeitliche Bemessung
– Gewinnsteuer, vor 3 N 80 f.
– Umstrukturierung juristischer Personen, vor 3 N 80 f.
Zeitpunkt
– Dividendenberechtigung, 37 N 32
– Realisation, *s. Realisationszeitpunkt*
– Übergang Arbeitsverhältnisse, vor 27 N 15
Zivilklagen, GestG 29a N 10
zivilrechtliche Handänderung, Grundstückgewinnsteuer, vor 3 N 99
Zivilrechtsgesetzgebungskompetenz, 103 N 5 f., 9
Zugehörigkeit, wirtschaftliche, *s. wirtschaftliche Zugehörigkeit*

Zuordnung
– Forderungen und immaterielle Rechte, 38 N 13 ff.
– Vermögenswerte und Verbindlichkeiten, 38 N 2 ff.
Zuordnungsregel, gesetzliche, 38 N 4 f.
Zurückbehaltung der eigenen Leistung (Art. 83 OR), 25 N 16
Zusammenschluss Institut des öffentlichen Rechts mit Kapitalgesellschaft, Genossenschaft, Verein, Stiftung, *s. Fusion Institut des öffentlichen Rechts mit Kapitalgesellschaft, Genossenschaft, Verein, Stiftung*
Zusammenschluss, meldepflichtiger, 3 N 33; 22 N 19
Zusatzarbeiten Revisionsstelle, OR 727c N 4
Zuschuss
– Emissionsabgabe, vor 3 N 221, 245
– Umsatzabgabe, vor 3 N 270
Zuschüsse der Aktionäre, Einkommenssteuer, vor 3 N 39
Zuständigkeit
– Abschluss Spaltungsvertrag, 36 N 7
– Abschluss Übertragungsvertrag, 70 N 1
– Aufsichtsbehörde, 83 N 4 ff., 12; 95 N 5 ff.
– Klagen, 3 N 32
– örtliche, 84 N 14
– Zivilgerichte, 83 N 12
Zustimmung
– Gesellschafter, 14 N 21 ff.
– Vertragsübergang, 3 N 8; 22 N 9, 12
Zustimmungserklärung der unbeschränkt haftenden Gesellschafter, Spaltungsbeschluss, öffentliche Beurkundung, 44 N 2
Zuteilung, 31 N 6, 10 f.
Zuteilungsverhältnis, 31 N 6
Zuzahlung, bare, 31 N 10
Zwangsaufwertung
– Beteiligung, Teil 2 vor 69 N 65 ff.
  – Konzernübertragung, *s. dort*
– Spaltung, *s. dort*
– Vermögensübertragung Kapitalgesellschaft oder Genossenschaft auf Kapitalgesellschaft oder Genossenschaft, *s. dort*

Zweck

Zweck
– FusG, 1 N 56 ff.
– mittelbar, 64 N 20, 22
– unmittelbar, 64 N 20, 22
Zweckänderung
– Anmeldung zur Eintragung ins Handelsregister, 21 N 16
– Mehrheits- und Zustimmungserfordernisse bei der übernehmenden Gesellschaft, 18 N 41 ff.
– Mehrheits- und Zustimmungserfordernisse bei der übertragenden Gesellschaft, 18 N 39 ff.
– öffentliche Beurkundung, 20 N 7
– Vermögensübertragung, 70 N 4
Zweckartikel, vor 27 N 3
zweistufiges Verfahren
– Umstrukturierung juristischer Personen, vor 3 N 64 ff.
– Spaltung, *s. dort*
Zwischenabschluss
– Prüfung, 35 N 17 ff.
– Rechtsvergleich, 35 N 23
– Spaltung, *s. dort*
  – Form, 35 N 14 ff.
  – Inhalt, 35 N 14 ff.
– Umwandlung Genossenschaft in Verein, *s. dort*
– Umwandlung Kapitalgesellschaft und Genossenschaft in andere Kapitalgesellschaft und Genossenschaft, *s. dort*
– Umwandlung Kapitalgesellschaft und Genossenschaft in Personenunternehmung, *s. dort*
– Umwandlung Verein in Kapitalgesellschaft und Genossenschaft, *s. dort*
– Unterlassen Erstellung, 35 N 20 ff.
Zwischenbilanz, 25 N 12
– Anhang, 11 N 16
– Bewertungen, 11 N 15
– Erfolgsrechnung, 11 N 16
– Erstellung, 58 N 11 ff.
– Erstellungsgrundsätze, 11 N 15
– Erstellungspflicht, 58 N 8 ff.
– Fortführungsgrundsatz, 11 N 15
– Inventur, 11 N 15
– Kapitalaufbringung, 11 N 12
– Prüfung, 11 N 17
– Prüfung bzw. Revision, 58 N 14 f.
– Revision, 11 N 17
– Spaltung, 35 N 1 ff.
– Spaltung, Frist, 35 N 4 f.
– Stiftung, 80 N 8 ff.
– Umstrukturierung juristischer Personen, vor 3 N 81
– Umtauschverhältnis, 11 N 12
– Umwandlung, 58 N 8 ff.
– Vorsorgeeinrichtung, 89 N 5 ff.
– Wesentlichkeitsprinzip, 11 N 12